Chinois

DICTIONNAIRE

français - chinois

LAROUSSE
DICTIONNAIRES

© Larousse, 2012
21, rue du Montparnasse
75283 Paris Cedex 06, France
www.larousse.fr

ISBN 978-2-03-591590-0

Direction de la publication :
Carine Girac-Marinier

Direction éditoriale :
Claude Nimmo

Direction de l'ouvrage :
Ralf Brockmeier
Avec Wang Yiyao

Traduction :
Département de français de l'université des langues étrangères numéro 2 de Pékin
Yang Gang (direction), Tan Jiajia, Zhang Ge
Avec Guo Ni

Révision du français :
Jade Charles, Michel Grenié, Emma Lemoine, Mathilde Pyskir, Sandrine Tétard

Révision du chinois :
Chen Jing, Li Zheng, Luo Jiamei, Hui-Chun Palahouane,
Wang Guo-Qing, Yan Ming, Yang Jie, Yu Wenhong

Rédaction du pinyin :
Sharon Yung Vibert Cheung, Zhang Miaomiao, Liu Yi, Tan Xinyi

Texte français de départ :
Nathalie Da Silva, Anne Marsaleix, Giovanni Picci

Structuration des données :
Monika Al Mourabit, Marc Chabrier, Aurélie Prissette

Informatique éditoriale et composition :
Dalila Abdelkader, Sharareh Maljaei, Marion Pépin

Maquette et mise en page :
Sylvie Sénéchal

Mise en page des suppléments :
Jérôme Faucheux

Fabrication :
Marlène Delbeken

Dépôt légal: mai 2011.316259/01. Imprimé en Espagne par Rodesa. N° de projet: 11030308-mai 2016.

Au lecteur

Ce nouveau dictionnaire LAROUSSE français-chinois a été conçu pour répondre aux besoins spécifiques des sinisants francophones. Il est en effet destiné aux apprenants francophones qui, dans le cadre d'un parcours scolaire ou en autoapprentissage, veulent entreprendre l'étude de la langue chinoise. Cet outil de travail fiable doit permettre de traduire en toute confiance des textes français en chinois et de s'exprimer correctement dans cette langue.

Aboutissement d'un travail collectif visant à rendre toute la richesse de la langue, à l'écrit comme à l'oral, ce nouveau dictionnaire privilégie les expressions les plus courantes d'aujourd'hui. La contribution d'enseignants de chinois en contexte francophone a été précieuse, car elle a permis de prendre en compte les difficultés spécifiques de l'apprenant francophone.

Les 40 000 mots et expressions représentent le vocabulaire général ainsi que certains domaines très présents dans la vie de tous les jours, tels que les nouvelles technologies, la cuisine, le sport. Un grand nombre de termes géographiques, de noms propres et de faits historiques sont traités, couvrant notamment le domaine chinois.

D'abondants exemples d'usage ainsi que de nombreuses collocations illustrent l'emploi d'un mot ou d'une expression et permettent de préciser la traduction dans des contextes représentatifs. Des constructions grammaticales ainsi que des tournures idiomatiques montrent également le fonctionnement des mots dans leur contexte naturel.

Les 50 000 traductions sont données en caractères chinois simplifiés suivis systématiquement de la transcription en pinyin pour faciliter la lecture et la prononciation du chinois. Ce procédé lexicographique unique vous permet de tirer un bénéfice maximal de la consultation du dictionnaire.

Les classificateurs, qui forment une des particularités de la langue chinoise, font l'objet d'une mention particulière en début de traduction d'un nom dès lors que le classificateur général 个[gè] n'est pas utilisé.

Ce dictionnaire LAROUSSE a pour vocation de constituer votre premier dictionnaire de référence du chinois et deviendra vite indispensable dès que vous voudrez parler ou écrire en chinois. Il vous permettra de vous exprimer de manière simple et sans hésitation, et vous ne risquerez plus de faire des contresens.

N'hésitez pas à nous faire part de vos observations, questions ou critiques éventuelles : vous contribuerez ainsi à rendre cet ouvrage encore meilleur.

L'ÉDITEUR

Abréviations utilisées dans ce dictionnaire

abr	abréviation
adj	adjectif, adjectival
ADMIN	administration
adv	adverbe, adverbial
AÉRON	aéronautique
AGRIC	agriculture
ANAT	anatomie
ARCHIT	architecture
arg scol	argot scolaire
art	article
ASTROL	astrologie
ASTRON	astronomie
att	attributif
AUTO	automobile
aux	auxiliaire
BIOL	biologie
BOT	botanique
CHIM	chimie
CINÉ	cinéma
cl.	classificateur
COMM	commerce
compar	comparatif
conj	conjonction, conjonctif
CONSTR	construction
COUT	couture
CULIN	cuisine
déf	défini
dém	démonstratif
DR	droit
ÉCON	économie
ÉLECTR	électricité
ÉLECTRON	électronique
euphém	euphémisme
excl	exclamatif
f	féminin
fam	familier
fig	figuré
FIN	finances
gén	généralement
GÉOGR	géographie
GÉOL	géologie
GÉOM	géométrie
GRAMM	grammaire
HIST	histoire
hum	humoristique
impers	impersonnel
indéf	indéfini
INFORM	informatique
injur	injurieux
interj	interjection
interr	interrogatif
inv	invariable
iron	ironique
LING	linguistique
litt	littéraire
LITTÉR	littérature
loc	locution
m	masculin
MATH	mathématiques
MÉD	médecine
MÉTÉOR	météorologie
mf	masculin et féminin - même forme pour le masculin et le féminin : ex. démocrate
MIL	militaire
MUS	musique
MYTHOL	mythologie
n	nom
NAUT	nautique
nm ou nf	nom dont le genre est flottant : ex. un arobase OU une arobase
nm, f	nom masculin, nom féminin - avec une désinence féminine : ex. menteur, euse
nmf	nom masculin et féminin - même forme pour le masculin et le féminin : ex. démocrate
npr	nom propre
num	numéral
péj	péjoratif
pers	personnel
PHILO	philosophie
PHOTO	photographie
PHYS	physique
pl	pluriel
POLIT	politique
poss	possessif
pp	participe passé
p prés	participe présent
préf	préfixe
prép	préposition, prépositionnel
prés	présent
pron	pronom
prov	proverbe
PSYCHO	psychologie
qqch	quelque chose
qqn	quelqu'un
®	nom déposé
rel	relatif
RELIG	religion
SCOL	scolaire
sing	singulier
sout	soutenu
suj	sujet
superl	superlatif
TECHNOL	technologie
TÉLÉCOM	télécommunications
tfam	très familier
TV	télévision
TYPO	typographie
UNIV	université
v	verbe
vi	verbe intransitif
vp	verbe pronominal
vt	verbe transitif
vulg	vulgaire
ZOOL	zoologie

I. Comment trouver le mot ou l'expression que l'on recherche ?

Il convient d'abord de regarder s'il s'agit :
- d'un mot isolé
- d'un pluriel
- d'un nom composé
- d'un verbe pronominal
- d'une expression ou d'une locution

Mots isolés

En règle générale, on trouve le mot recherché à la place qui lui correspond dans l'ordre alphabétique.

Les entrées commençant par une ***majuscule*** apparaissent après celles qui s'écrivent de la même façon mais commencent par une minuscule.

> **réunion** nf (rassemblement) ○ (cl. 次 [cì]) 团聚 [tuánjù] ▸ **une réunion de famille** 家庭团聚 [jiātíng tuánjù].
>
> **Réunion** nf ▸ **(l'île de) La Réunion** 留尼汪(岛) [Liúníwāng (dǎo)].

Dans certains cas, l'entrée est suivie d'un chiffre en ***exposant***. Ceci veut dire que juste avant ou juste après figure une autre entrée, elle aussi suivie d'un chiffre, qui s'écrit de la même façon mais a un sens ou une prononciation totalement différents. Il faut s'assurer que l'on ne se trompe pas d'entrée.

> **son^1, sa, ses** adj poss (possesseur défini - homme) 他的 [tāde] ▸ **son père et sa mère** 他的父亲和母亲 [tāde fùqin hé mǔqin] ; …
>
> **son^2** nm (bruit) ○ (cl. 种 [zhǒng]) 声音 [shēngyīn] ; …
>
> **son^3** nm (céréale) 麸皮 [fūpí] ; …

Les pluriels

Si l'on cherche un nom qui, au ***pluriel***, a un sens différent de celui du singulier, c'est sous la forme au singulier qu'on le trouvera : le mot au pluriel y figure en sous-entrée après un carré noir (▪).

> **animation** nf (vie) 生机勃勃 [shēngjī bóbó] ▸ **il y a de l'animation par ici** 这里一片生机勃勃 [zhèli yí piàn shēngjī bóbó].
> ▪ **animations** nfpl 集体活动 [jítǐ huódòng] ▸ **organiser des animations** 组织集体活动 [zǔzhī jítǐ huódòng].

Certains noms apparaissent directement au pluriel dans la liste alphabétique, soit parce qu'ils n'existent pas au singulier, soit parce que ce dernier est rare.

> **amygdales** nfpl 扁桃体 [biǎntáotǐ].

Les noms composés

Certains noms composés français dont le sens est éloigné du mot d'entrée figurent en sous-entrée après un carré noir (▪).

> **barbe** nf 胡子 [húzi] ▸ **se laisser pousser la barbe** 留胡子 [liú húzi].
> ▪ **barbe à papa** nf 棉花糖 [miánhuatáng].

D'autres noms composés conservent le sens du mot d'entrée, même s'ils sont dotés par leur composition d'une nouvelle signification globale.

On trouve ces composés dans le dictionnaire à l'entrée correspondant au premier élément. Ainsi, **homme d'affaires** sera sous **homme**.

> **homme** nm ❶ (être humain) 人类 [rénlèi] ❷ (individu de sexe masculin) 男人 [nánrén] ▸ **homme d'affaires** 商人 [shāngrén] ▸ **homme politique** 政治家 [zhèngzhìjiā] ; 政客 [zhèngkè].

Au sein d'une entrée, les différents noms composés sont classés par ordre alphabétique, sans tenir compte de la préposition médiane ; dans l'entrée **borne** par exemple, **borne téléphonique** vient après **borne d'incendie**, **borne kilométrique** et **borne de taxi**.

> **borne** nf (objet) 界标 [jièbiāo] ▸ **borne d'incendie** 消防栓 [xiāofáng shuān] ▸ **borne kilométrique** 里程标 [lǐchéngbiāo] ▸ **borne de taxi** 出租汽车站牌 [chūzū qìchē zhànpái] ▸ **borne téléphonique** 公用电话 [gōngyòng diànhuà].

Les verbes pronominaux

La plupart des verbes pronominaux sont placés après un carré noir (▪), en sous-entrée de la forme principale qui leur correspond.

> **chamailler** ▪ **se chamailler** vp 争吵 [zhēngchǎo] ▸ **les enfants n'arrêtent pas de se chamailler** 孩子们不停地争吵 [háizimen bùtíng de zhēngchǎo].

Expressions et locutions

Toutes les expressions et locutions sont repérables par une demi-lune (▸).
Par ***expression***, on entend un groupe de mots qui se manifestent toujours dans le même ordre et qui ont un sens donné. La ***locution*** est une expression qui comporte une dimension figurée.

Toutes les expressions sont à chercher sous le premier nom qui les compose : **tomber dans les oubliettes** est à **oubliettes**.

oubliettes nfpl 遗忘 [yíwàng] ▸ **tomber dans les oubliettes** 彻底被遗忘 [chèdǐ bèi yíwàng].

Cette règle s'applique également aux collocations qui se composent d'un verbe et d'un COD. Les expressions **allumer les bougies** et **souffler les bougies** se trouvent ainsi à l'entrée du collocateur **bougie**, car les deux verbes **allumer** et **souffler** sont souvent associés à ce nom.

bougie nf (chandelle) ○ (cl. 根 [gēn] ou 支 [zhī]) 蜡烛 [làzhú] ▸ **allumer des bougies** 点蜡烛 [diǎn làzhú] ▸ **souffler les bougies** 吹蜡烛 [chuī làzhú] ▸ **bougies d'anniversaire** 生日蜡烛 [shēngrì làzhú].

Certains groupes nominaux, en revanche, sont insérés sous l'adjectif typique. Ici l'exemple **musique baroque** à **baroque**.

baroque adj 巴洛克式的 [bāluòkèshì de] ▸ **architecture baroque** 巴洛克式的建筑 [bāluòkèshì de jiànzhù] ▸ **musique baroque** 巴洛克音乐 [bāluòkè yīnyuè].

S'il n'y a pas de nom dans l'expression, on cherchera sous le verbe caractéristique. Par exemple, l'expression **faire breveter qqch** se trouve à **breveter**.

breveter vt 授予专利 [shòuyǔ zhuānlì] ▸ **faire breveter qqch** 为……申请专利 [wèi… shēnqǐng zhuānlì].

Lorsqu'une expression ou une locution constitue un sens à part qui, souvent, ne peut pas être rattaché aux acceptions sémantiques de l'article, elle est introduite par un losange évidé. C'est le cas, notamment, des locutions figurées et idiomatiques.

chat, chatte nm, f (cl. 只 [zhī]) 猫 [māo] ◊ **avoir un chat dans la gorge** 嗓子嘶哑 [sǎngzi sīyǎ] ▸ **donner sa langue au chat** 哑口无言 [yákǒu wúyán].

À l'instar d'un mot, une expression peut véhiculer plusieurs sens. Les différents sens sont annoncés par a), b), c), etc., qui séparent les différentes acceptions de l'expression.

baron, onne nm, f 男爵 [nánjué] ▸ **madame la baronne** - a) (épouse d'un baron) 男爵夫人 [nánjué fūrén] - b) (femme possédant une baronnie) 女男爵 [nǚ nánjué].

Parfois, un renvoi aide à trouver l'article auquel est rangé une expression ou une locution.

forain, e adj 赶集的 [gǎnjí de] ▸ **marchand forain** 赶集的商贩 [gǎnjí de shāngfàn] ➤ **fête**.

II. Comment trouver une traduction ?

Dès que l'entrée ou la sous-entrée est identifiée, le premier choix doit porter sur la catégorie grammaticale.

Il faut choisir celle que l'on recherche afin de trouver la traduction adéquate. Les différentes catégories grammaticales sont annoncées par un losange plein (♦).

> **bordeaux** ♦ adj inv (couleur) 深红色的 [shēnhóngsè de]. ♦ nm ❶ (vin) 波尔多葡萄酒 [Bō'ěrduō pútaojiǔ] ❷ (couleur) 深红色 [shēnhóngsè].

Dès que la bonne catégorie est trouvée, il faut choisir le sens visé. Les différentes acceptions d'un mot dans une catégorie grammaticale donnée sont numérotées et suivies d'un indicateur sémantique afin de guider le lecteur.
Ici, les différents sens de **bouger** en usage intransitif sont : 1. (remuer), 2. (sortir) et 3. (changer)

> **bouger** ♦ vt (déplacer) 移动 [yídòng]. ♦ vi ❶ (remuer) 移动 [yídòng] ▸ **arrête de bouger !** 别动了！ [biédòng le!] ❷ (sortir) 走动 [zǒudòng] ▸ **ne pas bouger de chez soi** 不出家门 [bù chū jiāmén] ❸ (changer) 变化 [biànhuà] ▸ **le monde bouge vite** 世界变化快 [shìjiè biànhuà kuài].

Les indicateurs de domaine peuvent également apporter une précision sur un sens à identifier.

> **souris** nf ❶ (animal) ○ (cl. 只 [zhī]) 老鼠 [lǎoshǔ] ❷ INFORM 鼠标 [shǔbiāo] ▸ **une souris sans fil** 无线鼠标 [wúxiàn shǔbiāo].

III. Comment tirer le meilleur parti des informations en langue chinoise ?

Comment lire les informations sur les classificateurs ?

Les classificateurs sont systématiquement indiqués, à l'exception du classificateur général 个 [gè]. La mention du classificateur avec sa transcription en pinyin précède la traduction du nom. Un « ○ » sépare le classificateur de l'indicateur sémantique.

> **bourse** nf (d'études) ○ (cl. 份 [fèn] ou 笔 [bǐ]) 助学金 [zhùxuéjīn].

> **chaise** nf (cl. 把 [bǎ]) 椅子 [yǐzi].

Au cas où il existerait plusieurs classificateurs pour un nom, toutes les possibilités sont indiquées. Le classificateur général 个 [gè] est donné dès lors qu'il se trouve en concurrence avec un autre classificateur.

antiquité nf ❶ (époque) ▸ **l'Antiquité** 古代 [gǔdài] ❷ (objet) ○ (cl. 个 [gè] ou 件 [jiàn]) 古董 [gúdǒng] ▸ **un magasin d'antiquités** 一家古董店 [yì jiā gúdǒng diàn].

Concernant les personnes, trois possibilités sont généralement indiquées :
个 [gè] fait office de classificateur général, il est d'un usage assez répandu.
位 [wèi] est utilisé pour désigner les personnes de façon polie.
名 [míng] est utilisé pour désigner des personnes de rang social élevé (politiciens, avocats, médecins, etc.), des personnes renommées (écrivains, chanteurs, etc.) ou bien encore des personnes figurant sur une liste.

chanteur, euse nm, f (cl. 个 [gè] ou 位 [wèi] ou 名 [míng]) 歌唱家 [gēchàngjiā].

Comment lire le pinyin ?

S'agissant de la traduction du mot d'entrée dans ses diverses acceptions, ou bien de la traduction d'une expression, les caractères sont systématiquement suivis de leur transcription en pinyin.

famille nf ❶ (ménage) 家 [jiā] ▸ **famille nombreuse** 大家庭 [dà jiātíng] ▸ **comment va la famille ?** 家人怎么样？ [jiārén zěnmeyàng?] ❷ (parenté) 亲戚 [qīnqi] ▸ **la famille proche** 近亲 [jìnqīn] ▸ **nous avons de la famille en Italie** 我们在意大利有亲戚 [wǒmen zài Yìdàlì yǒu qīnqi].

La transcription tient compte du changement du ton en fonction de l'environnement. Par exemple 不 [bù], normalement prononcé au quatrième ton, se prononce au deuxième ton [bú], devant une syllabe au quatrième ton.

bancal, e, als adj (meuble) 腿长短不齐的 [tuǐ chángduǎn bùqí de].

ampleur nf (d'un mouvement, d'un vêtement) 宽大 [kuāndà] ▸ **cette veste manque d'ampleur aux épaules** 这件外衣的肩部不够宽 [zhè jiàn wàiyī de jiānbù búgòu kuān].

La transcription en pinyin des classificateurs suit directement le caractère.

ambassadeur, drice nm, f ❶ (diplomate) ○ (cl. 位 [wèi]) 大使 [dàshǐ] ❷ *fig* (représentant) ○ (cl. 位 [wèi] ou 个 [gè]) 使者 [shízhě].

À quoi servent les commentaires ?

Un commentaire explique une traduction ambiguë et permet au sinophone de la comprendre. Il est entre parenthèses.

> **boucler** ♦ vt (attacher) 系上 [jìshang]. ♦ vi (头发)卷曲 [(tóufa) juǎnqū] ▸ **mes cheveux bouclent avec l'humidité** 我的头发因潮湿而卷曲 [wǒde tóufa yīn cháoshī ér juǎnqū].

Comment est indiquée une expression discontinue en chinois ?

Lorsque la traduction d'un mot ou d'une expression français est composée d'une chaîne de caractères en discontinu, les six points de suspension indiquent l'emplacement de la variable.

> **bénir** vt RELIG 为…… 祝福 [wèi… zhùfú] ▸ **le pape bénit les fidèles** 教皇为信徒们祝福 [jiàohuáng wèi xìntúmen zhùfú].

Noms de marque

Les noms de marque sont désignés dans ce dictionnaire par le symbole ®.
Cependant, ni ce symbole, ni son absence ne sont représentatifs du statut légal de la marque.

GUIDE DE PRONONCIATION – LE PINYIN

Adopté en 1955 par les autorités de la République populaire de Chine comme langue de référence, le 普通话 [pǔtōnghuà], littéralement la « langue commune » (également appelé « mandarin »), est essentiellement basé sur la grammaire et la prononciation des dialectes du nord de la Chine. C'est la langue enseignée dans les écoles, ainsi qu'aux étrangers.
Pour favoriser la promotion du putonghua et harmoniser sa prononciation à l'intérieur du pays, les autorités ont instauré en 1958 un système de transcription phonétique, le 拼音 [pīnyīn], utilisant l'alphabet latin. Non seulement permet-il de connaître la prononciation exacte d'un caractère chinois, mais il sert également à ordonner les mots dans le dictionnaire, ainsi qu'à saisir les caractères sur un clavier d'ordinateur ou de téléphone portable. Son apprentissage est donc indispensable, mais peut néanmoins présenter certaines difficultés pour un francophone, du fait que toutes les lettres du pinyin ne se prononcent pas nécessairement de la même manière qu'en français. Les tableaux ci-dessous donnent des indications sur la correspondance entre le pinyin et la prononciation, dans la mesure du possible par rapport aux sons du français. Le cas échéant, des explications aideront le lecteur à trouver la bonne prononciation.

La syllabe

La notion de syllabe est essentielle en chinois, d'une part parce que chaque caractère correspond à une syllabe, mais aussi parce qu'il s'agit de l'unité signifiante minimale. Les syllabes se construisent à partir d'éléments qui ne sont pas permutables, et se décomposent en trois parties : l'initiale, la finale et le ton. L'initiale est une consonne. La finale est composée d'une voyelle simple ou composée, parfois suivie d'une consonne nasale. La partie finale de chaque syllabe est affectée d'un ton dont le corrélat physique le plus manifeste est la hauteur de la voix. Près de 420 syllabes différentes sont dénombrées en chinois, et 1300 si l'on prend en compte les tons.

Les voyelles

Voyelles simples

Notation en pinyin	Exemple en pinyin	En caractères	Prononciation correspondante
a	bàba, māma	爸爸、妈妈	*a* de « m*a* », « t*a* », « s*a* ».
o	mōyimō, mápó	摸一摸、麻婆	*o* un peu plus ouvert que celui de « m*o*t ».
e	chē, hē, gē	车、喝、哥	*eu* de « *œu*f » mais plus ouvert.
i	lì, nǐ	力、你	*i* de « l*i*t ».
i	zì, cì, sì	字、次、四	après *z, c, s* : c'est la voyelle produite en imitant le bourdonnement d'un insecte « bzzz ».

i	zhǐ, chī, shì, rì	纸、吃、是、日	après *zh, ch, sh, r* : c'est une voyelle rétroflexe qui aide uniquement à la prononciation de ces consonnes, sorte de *e* muet rétroflexe.
u	bù, zhù	不、住	*ou* de « n*ou*s ».
ü	lǜ, nǚ, jù, qù, xǔ, yù	绿、女、句、 去、许、玉	*u* de « men*u* ».
Attention : voir plus loin les particularités sur la notation du tréma.			

Voyelles composées (diphtongues) dans lesquelles la première lettre est l'élément principal

Notation en pinyin	Exemple en pinyin	En caractères	Prononciation correspondante
ai	tài, zài, ài	太、在、爱	*aie* de « *aïe !* ».
ei	běi, gěi, shéi, fēi	北、给、谁、飞	*eil* de « par*eil* », presque comme *é,* avec un *i* bref.
ao	hǎo, zhào	好、照	comme dans « ci*ao* » en italien.
ou	dōu, zǒu	都、走	*o* de « m*o*t » et *ou* de « n*ou*s », très bref, proche de « l*ow* » en anglais.

Voyelles composées débutant par i *et dans lesquelles la partie suivante est l'élément principal*

Notation en pinyin	Exemple en pinyin	En caractères	Prononciation correspondante
ia	jiā, xià	家、下	comme dans « Sof*ia* ».
iao	biǎo, piào, yào	表、票、要	*i* avec *a* et *o*, ouvert et très bref.
ie	bié, xiè, yě	别、谢、也	*yé* de « *yé*ti ».
iu	liù, jiǔ	六、九	*i* avec *o* et *ou* de « n*ou*s », très bref.
Attention : c'est par commodité que l'on note *iu* et non *iou*.			

Voyelles composées débutant par u *et dans lesquelles la partie suivante est l'élément principal*

Notation en pinyin	Exemple en pinyin	En caractères	Prononciation correspondante
ua	guà, huā	挂、花	comme dans « w*ouah !* ».
uo	shuō, cuò, wǒ	说、错、我	*ou* de « n*ou*s » et *o* de « m*o*t ».
uai	kuài, wài	快、外	*ou* de « n*ou*s » et *aille* de « p*aille* », la dernière partie étant brève.

ui	duì, guì, zuì	对、贵、最	*oué* avec un *ou* à peine esquissé et un *é* un peu ouvert.
Attention : c'est par commodité que l'on note *ui* et non *uei*.			

Voyelles composées débutant par ü *et dans lesquelles la partie suivante est l'élément principal*

Notation en pinyin	Exemple en pinyin	En caractères	Prononciation correspondante
üe	lüè, nüè, jué, quē, xué, yuè	略、虐、决、缺、学、月	*ué* de « b*ué*e ».
Attention : voir plus loin les particularités sur la notation du tréma.			

Voyelles combinées avec les finales nasales n *et* ng

Certaines voyelles peuvent être suivies par la consonne nasale alvéolaire *n* ou par la consonne nasale vélaire *ng*.

Notation en pinyin	Exemple en pinyin	En caractères	Prononciation correspondante
an	fàn, màn	饭、慢	*an* de « c*an*e », mais *n* peu accentué.
ang	zhāng, shàng	张、上	*ang* de « g*ang* ». La voyelle est plus ouverte que *eng*.
en	rén, hěn	人、很	*en* de « éd*en* ».
eng	děng, néng	等、能	*engue* de « d*engue* », la prononciation finale du *g* étant à peine esquissée. La voyelle est plus fermée que *ang*.
in	nín, jīn, xīn	您、今、心	*in* de « f*in*e », mais *n* peu accentué.
ian	tiān, nián, qiān	天、年、千	*yen* de « *yen* », mais *n* peu accentué. Attention : dans ce contexte, la transcription *a* note un *é* ouvert.
iang	liǎng, xiāng	两、香	*ian* de « r*ian*t », très nasalisé, et la prononciation finale du *g* étant à peine esquissée.
ing	míng, qǐng, xīng	明、请、星	*ing* de « p*ing*-pong », la prononciation finale du *g* étant à peine esquissée.
iong	yòng, qióng, xióng	用、穷、雄	*ion* de « l*ion* », la prononciation finale du *g* étant à peine esquissée.

ong	tōng, cóng, hóng	通、从、红	*ong* de « ping-p*ong* », la prononciation finale du *g* étant à peine esquissée.
uan	suān, huān, wǎn	酸、欢、晚	*oine* de « id*oine* », avec un *n* léger.
un	lún, chūn, zhǔn	轮、春、准	*own* de « cl*own* ».
uang	huáng, zhuāng, wàng	黄、装、忘	*ou* avec le *an* de « r*ang* », très nasalisé, et le *g* que l'on amorce sans le prononcer (par un mouvement de la langue).
üan	yuán, quān, xuǎn	圆、圈、选	*u* de « men*u* » et *èn* de « sc*èn*e ».
ün	yún, jūn, qún	云、军、群	*une* de « l*une* », avec un *n* léger.
Attention : voir plus loin les particularités sur la notation du tréma.			

Particularités des syllabes qui débutent par une voyelle

Par convention, lorsque la syllabe ne comprend pas de consonne initiale :

- *y* remplace *i* en première lettre de la syllabe. Exemple : *yao, ye, ying, yang.*
- *y* est ajouté devant *i* quand *i* est seul. Exemple : *yi.*

- *w* remplace *u* en première lettre de la syllabe. Exemple : *wo, wai, wang.*
- *w* est ajouté devant *u* quand *u* est seul. Exemple : *wu.*

- *yu* remplace *ü* et *yue* remplace *üe* en l'absence de consonne initiale.

Particularités sur la notation du tréma (¨) dans le son *ü*

- Les sons *ü* et *üe* ne peuvent se trouver qu'après les consonnes *n,l, j, q,* et *x.*

- Cependant, comme le son *u* ne peut se trouver après *j, q* et *x,* on supprime par convention le tréma quand les sons *ü* et *üe* sont placés après ces trois consonnes. Par exemple, dans *ju, jue, qu, que, xu* et *xue,* la lettre *u* note le son *ü.*
Ainsi la même lettre *u* note deux sons différents : *u* et *ü.* Dans *lu*, il note *u,* et dans *qu*, il note *ü.*

- La transcription des syllabes qui débutent par les sons *ü, üe, üan* et *ün* est *yu, yue, yuan* et *yun.*

Les consonnes

Le chinois comprend 21 consonnes. Certaines sont proches de consonnes du français, d'autres se prononcent de façon très différente ou ressemblent à la combinaison de plusieurs consonnes du français. La position de la langue dans la bouche et la façon dont l'air sort sont importantes.

Les consonnes occlusives (avec fermeture complète du conduit buccal)

Le chinois dispose d'une opposition entre des consonnes accompagnées d'un souffle (dites « aspirées »), et d'autres qui ont la même position articulatoire mais sont « non-aspirées ».

Notation en pinyin	Exemple en pinyin	En caractères	Prononciation correspondante
b	bái, běi	白、北	sans souffle, entre le *b* de « *b*as » et le *p* de « *p*as ».
p	pǎo, páng	跑、旁	avec souffle, comme un *p* de « *p*as » mais bref et explosif, en expirant beaucoup d'air.
d	dà, dōu, duō	大、都、多	sans souffle, entre le *d* de « *d*on » et le *t* de « *t*on ».
t	tā, tài, tiān	他、太、天	avec souffle, comme le *t* de « *t*on » mais bref et explosif, en expirant beaucoup d'air.
g	gē, gěi, guì	哥、给、贵	sans souffle, entre le *g* de « *g*are » et le *c* de « *c*ar ».
k	kāi, kàn, kuài	开、看、快	avec souffle, comme le *c* de « *c*ar » mais bref, en expirant beaucoup d'air.

Les consonnes constrictives (avec fermeture partielle du conduit buccal)

Notation en pinyin	Exemple en pinyin	En caractères	Prononciation correspondante
m	mā, méi, míng	妈、没、明	*m* de « *m*a », « *m*on ».
f	fàn, fēng	饭、风	*f* de « *f*ort ».
n	nà, nǚ, nián	那、女、年	*n* de « *n*os », « *n*ous ».
l	lái, lèi, liǎng	来、累、两	*l* de « *l*e », « *l*a ».
z	zì, zài, zuò	字、在、做	*dz,* combinaison de *d* et *z,* sans souffle.
c	cì, cài, cuò	次、菜、错	*ts* de « *ts*ar », mais bref et explosif, en expirant beaucoup d'air.
s	sì, suì, suān	四、岁、酸	*s* de « *s*a », « *s*on ».
h	hē, hái, hǎo	喝、孩、好	proche du *r* de « *r*ail » mais sans rouler le *r,* en élevant le dos de la langue vers le voile du palais et en expirant beaucoup d'air.

Les consonnes dites « rétroflexes »

La pointe de la langue est retournée contre le palais, et l'air s'écoule sur le bord de la langue.

Notation en pinyin	Exemple en pinyin	En caractères	Prononciation correspondante
zh	zhào, zhōng, zhù	照、中、住	combinaison du *d* et du *j*, comme dans « *j*ean » (prononcé « *dj*inn »).
ch	chē, chī, cháng	车、吃、长	*tch* de « *tch*èque », mais bref et explosif, en expirant beaucoup d'air.
sh	shì, shéi, shēng	是、谁、声	cette consonne proche du *ch* de « *ch*at », « *ch*ien » s'en distingue par la rétroflexion.
r	rè, rì, róng	热、日、容	proche du *j* de « *je* », cette consonne combine la vibration des cordes vocales, la rétroflexion de la langue et la position de la mâchoire inférieure vers l'avant.

Les consonnes dites « palatales »

Elles ne se trouvent que devant les sons *i* et *ü*. Pour ces consonnes, la pointe de la langue est en avant et le dos de la langue est proche du palais, ce qui produit un bruit de mouillure caractéristique.

Notation en pinyin	Exemple en pinyin	En caractères	Prononciation correspondante
j	jiā, jiào, jiàn	家、叫、见	comme le *d* du pinyin, sans souffle, mais avec le bruit de l'air qui s'échappe entre l'avant de la langue et le palais.
q	qī, qiān, qù	七、千、去	comme le *j* du pinyin, mais avec un souffle plus fort.
x	xiǎo, xīn, xué	小、心、学	bouche assez fermée, la pointe de la langue s'élève près des alvéoles, et le reste est près du palais en laissant échapper l'air sur l'avant.

Le suffixe rétroflexe

Le caractère 儿 se transcrit en pinyin [ér], sauf lorsqu'il constitue un suffixe nominal. Par exemple : 儿童 « enfant » se transcrit [értóng] tandis que 花儿 « fleur » se transcrit [huār]. De même : 那儿 [nàr], 把儿 [bàr], 袋儿 [dàir], 片儿 [piānr].

Les tons du chinois

La langue chinoise comporte quatre tons et un ton neutre. Toute syllabe est affectée d'un ton. Les différences entre les tons sont aussi importantes concernant la distinction du sens des mots que les consonnes et les voyelles.

1er ton	**2e ton**	**3e ton**	**4e ton**	**ton neutre**
mā	má	mǎ	mà	ma
妈	麻	马	骂	吗
maman	chanvre, lin	cheval	insulter	*particule interrogative*

Bien prononcer les tons exige beaucoup d'entraînement !

Les tons sont signalés sur la transcription en pinyin par des signes diacritiques placés sur la voyelle, ou sur la voyelle « dominante » lorsqu'il y en a plusieurs. Exemples : [nǐ], [hǎo], [guó].

- « ¯ » 1er ton : plat et long. La voix est haute et le reste, sans monter ni descendre.
- « ´ » 2e ton : montant et bref. La voix part d'assez bas et monte haut.
- « ˇ » 3e ton : descendant puis montant, et long. La voix descend très bas puis remonte.
- « ` » 4e ton : descendant et bref. La voix part de très haut et descend rapidement très bas.
- ton neutre : marqué par l'absence de signe diacritique. Il est plus court que les autres et sa réalisation varie selon le ton qui précède. En syllabe isolée, le ton neutre n'apparaît que sur des morphèmes grammaticaux. Présent dans certains mots dissyllabiques, il apparaît sur la deuxième syllabe, jamais sur la première. Exemples : 桌子 [zhuōzi], 哥哥 [gēge], 先生 [xiānsheng], 休息 [xiūxi].

Les tons sont symbolisés par des flèches sur les graphiques ci-dessous. L'échelle graduée représente la hauteur de la voix, du plus haut (5) au plus bas (1).

1er ton	**2e ton**	**3e ton**	**4e ton**

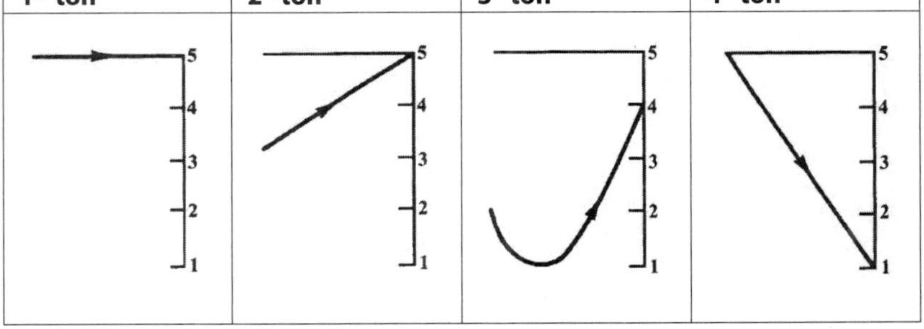

Changement de ton en contexte : Règles de sandhi

Pour faciliter la production des tons, plusieurs règles modifient les séquences de certains tons. Les deux règles les plus connues sont propres au 3e ton.

Règles concernant le 3e ton

• Quand deux 3e tons se suivent, le premier devient un 2e ton.
Exemple : 你好 [nǐhǎo] se prononce en réalité [níhǎo].

• Quand trois 3e tons se suivent, les deux premiers deviennent des 2e tons.
Exemple : 管理组 [guǎnlǐzǔ] se prononce en réalité [guánlízǔ].

Règles particulières pour 一 [yī] *et* 不 [bù]

• 一 [yī] ne se prononce au 1er ton que lorsqu'il est numéral.
Exemple : 一楼 [yī lóu].
Autrement, devant un 4e ton, il est au 2e ton.
Exemple : 一半 [yíbàn].
Devant les trois autres tons, il est au 4e ton.
Exemples : 一般 [yìbān], 一直 [yìzhí], 一起 [yìqǐ].

• La négation 不 [bù] se prononce au 2e ton devant un 4e ton.
Exemple : 不必 [búbì].

• Lorsque 一 [yī] et 不 [bù] se trouvent entres deux verbes identiques, ils se prononcent au ton neutre.
Exemples : 听一听 [tīngyitīng], 去不去 [qùbuqù].

a

a, A nm inv 法语字母表的第一个字母 [fáyǔ zìmúbiǎo de dìyī ge zìmǔ]

◊ **de A à Z** 从头到尾 [cóng tóu dào wěi] ▸ **il m'a exposé le problème de A à Z** 他把这个问题从头到尾给我叙述了一遍 [tā bǎ zhè ge wèntí cóng tóu dào wěi gěi wǒ xùshù le yí biàn].

à prép *(contraction de à + le =* au*, contraction de à + les =* aux*)* ❶ (indique le lieu où l'on est) 在 [zài] ▸ **je reste à la maison** 我呆在家里 [wǒ dāi zài jiā lǐ] ▸ **il habite à Paris** 他住在巴黎 [tā zhù zài Bālí] ❷ (indique une distance) 离 [lí] ▸ **l'école est à 2 kilomètres d'ici** 学校离这里有两公里 [xuéxiào lí zhè lǐ yǒu liǎng gōnglǐ] ❸ (indique le lieu où l'on va) 去 [qù] ▸ **un voyage à Rome** 去罗马旅行 [qù Luómǎ lǚxíng] ▸ **ce soir, nous allons au théâtre** 今天晚上我们去看戏 [jīntiān wǎnshang wǒmen qù kànxì] ❹ (introduit un complément de temps) 到 [dào] ▸ **de 8 à 10 heures** 从八点到十点 [cóng bā diǎn dào shí diǎn] ▸ **je suis née au mois d'août** 我是八月出生的 [wǒ shì bāyuè chūshēng de] ▸ **à lundi !** 周一见！ [zhōuyī jiàn!] ▸ **à plus tard !** 回头见！ [huítóu jiàn!] ❺ (marque l'appartenance) 属于 [shǔyú] ▸ **à qui sont ces lunettes ?** 这副眼镜是谁的？ [zhè fù yǎnjìng shì shéi de?] ▸ **ce vélo est à ma mère** 这辆自行车是我母亲的 [zhè liàng zìxíngchē shì wǒ mǔqin de] ▸ **c'est un ami à lui** 这是他的一个朋友 [zhè shì tāde yí ge péngyou] ❻ (introduit un complément d'objet indirect) ▸ **donner qqch à qqn** 给某人某物 [gěi mǒurén mǒuwù] ▸ **parler à qqn** 和某人说话 [hé mǒurén shuōhuà] ❼ (introduit la manière) ▸ **se promener à bicyclette** 骑车溜达 [qíchē liūda] ▸ **écrire au crayon** 用铅笔写 [yòng qiānbǐ xiě] ▸ **parler à haute voix** 大声说话 [dàshēng shuōhuà] ▸ **fait à la main** 手工制作 [shǒugōng zhìzuò] ❽ (introduit le but) 要 [yào] ▸ **le travail à faire** 要做的工作 [yào zuò de gōngzuò] ▸ **le courrier à poster** 要寄的信件 [yàojì de xìnjiàn] ▸ **maison à vendre** 要出售的房子 [yào chūshòu de fángzi] ❾ (indique une caractéristique) ▸ **un tissu à fleurs** 一块花布 [yí kuài huā bù] ▸ **une pompe à essence** 汽油泵 [qìyóu bèng] ▸ **le garçon aux yeux bleus** 蓝眼睛的男孩 [lán yǎnjing de nánhái] ▸ **l'homme à l'imperméable** 穿雨衣的人 [chuān yǔyī de rén] ❿ (introduit un chiffre) ▸ **ils sont venus à dix** 他们来了十个人 [tāmen lái le shí gè rén] ▸ **une place à 15 euros** 十五欧元一张票 [shíwǔ ōuyuán yì zhāng piào] ▸ **la vitesse est limitée à 50 km/h** 速度限制在每小时五十公里 [sùdù xiànzhì zài měi xiǎoshí wǔshí gōnglǐ].

abaisser vt ❶ (déplacer vers le bas) 降下 [jiàngxià] ▸ **abaisser la vitre de la voiture** 降下车窗 [jiàngxià chē chuāng] ❷ (diminuer) 降低 [jiàngdī] ▸ **abaisser un prix** 降低价格 [jiàngdī jiàgé].

▪ **s'abaisser** vp ❶ (descendre) 下降 [xiàjiàng] ▸ **le rideau s'abaisse à la fin du spectacle** 节目结束后降下帷幕 [jiémù jiéshù hòu jiàngxià wéimù] ❷ (s'humilier) 卑躬屈膝 [bēigōng qūxī] ▸ **il s'est abaissé devant elle** 他在她面前卑躬屈膝 [tā zài tā miànqián bēigōng qūxī] ▸ **je ne m'abaisserai pas à lui répondre** 我不会

低三下四地迎合他 [wǒ búhuì dīsānxiàsì de yínghé tā].

abandon nm ❶ (délaissement, désertion) 遗弃 [yíqì] ▸ **abandon du domicile conjugal** (夫妻)离家出走 [(fūqī) líjiā chūzǒu] ▸ **abandon d'enfant** 遗弃儿童 [yíqì értóng] ❷ (renonciation) 放弃 [fàngqì] ▸ **l'abandon d'un projet** 放弃一项计划 [fàngqì yí xiàng jìhuà] ❸ SPORT 弃权 [qìquán] ▸ **gagner par abandon** 因弃权而获胜 [yīn qìquán ér huòshèng].

▪ **à l'abandon** loc adv 废弃的 [fèiqì de] ▸ **une maison à l'abandon** 一所废弃的房子 [yì suǒ fèiqì de fángzi].

abandonner ♦ vt ❶ (déserter) 擅离 [shànlí] ▸ **abandonner son poste** 擅离职守 [shànlí zhíshǒu] ❷ (laisser) 抛弃 [pāoqì] ▸ **abandonner un animal** 丢弃一只动物 [diūqì yì zhī dòngwù] ▸ **partir en abandonnant femme et enfants** 抛弃妻子和孩子出走 [pāoqì qīzi hé háizi chūzǒu] ❸ (renoncer à) 放弃 [fàngqì] ▸ **abandonner ses études** 放弃自己的学业 [fàngqì zìjǐ de xuéyè] ❹ (se retirer de) 弃权 [qìquán] ▸ **il a abandonné la course** 他在这次赛跑中弃权 [tā zài zhè cì sàipǎo zhōng qìquán]. ♦ vi 退出比赛 [tuìchū bǐsài] ▸ **après sa chute, le cycliste a abandonné** 这个自行车运动员摔倒后就退出了比赛 [zhè ge zìxíngchē yùndòngyuán shuāidǎo hòu jiù tuìchū le bǐsài].

abat-jour nm inv 灯罩 [dēngzhào].

abats nmpl 下水 [xiàshuǐ].

abattement nm ❶ (moral) 沮丧 [jǔsàng] ▸ **sa rupture l'a jeté dans un grand abattement** 感情破裂使他极为沮丧 [gǎnqíng pòliè shǐ tā jíwéi jǔsàng] ❷ (physique) 虚弱 [xūruò] ❸ (déduction) 减免 [jiánmiǎn] ▸ **abattement fiscal** 税收减免 [shuìshōu jiánmiǎn].

abattoir nm 屠宰场 [túzáichǎng].

abattre vt ❶ (faire tomber) 推倒 [tuīdǎo] ▸ **abattre un mur** 推倒一面墙 [tuīdǎo yí miàn qiáng] ▸ **abattre un arbre** 坎倒一棵树 [kǎndǎo yì kē shù] ❷ (tuer) 杀 [shā] ❸ (démoraliser) 使……气馁 [shǐ… qìněi] ▸ **ne pas se laisser abattre** 不要气馁 [bú yào qìněi] ▸ **cette nouvelle m'a complètement abattu** 这个消息让我完全崩溃了 [zhè ge xiāoxi ràng wǒ wánquán bēngkuì le].

▪ **s'abattre sur** vp (intempéries) 袭击 [xíjī] ▸ **un violent orage s'est abattu sur la région** 一场猛烈的暴风雨袭击了这个地区 [yì chǎng měngliè de bàofēngyǔ xíjī le zhè ge dìqū].

abattu, e adj ❶ (moralement) 沮丧的 [jǔsàng de] ▸ **sa mine abattue faisait peine à voir** 他沮丧的神情看了让人可怜 [tā jǔsàng de shénqíng kàn le ràng rén kělián] ❷ (physiquement) 虚弱的 [xūruò de] ▸ **malgré un mieux, le malade semble encore abattu** 尽管有好转，病人看起来仍很虚弱 [jínguǎn yǒu háozhuǎn, bìngrén kànqǐlái réng hěn xūruò].

abbaye nf (cl. 个 [gè] ou 座 [zuò]) 修道院 [xiūdàoyuàn].

abbé nm ❶ (prêtre catholique) 天主教教士 [tiānzhǔjiào jiàoshì] ❷ (supérieur d'un couvent) 修道院院长 [xiūdàoyuàn yuànzhǎng].

abcès nm MÉD 脓肿 [nóngzhǒng] ▸ **avoir un abcès** 有一块脓肿 [yǒu yí kuài nóngzhǒng] ◊ **crever l'abcès** 根除祸患 [gēnchú huòhuàn].

abdiquer ♦ vt ❶ (renoncer à) 放弃 [fàngqì] ▸ **abdiquer une fonction** 放弃职位 [fàngqì zhíwèi] ❷ (sujet : roi) 放弃 [fàngqì] ▸ **abdiquer la couronne** 放弃王位 [fàngqì wángwèi]. ♦ vi 让位 [ràngwèi] ▸ **le roi a abdiqué** 国王让位了 [guówáng ràngwèi le].

abeille nf (cl. 只 [zhī]) 蜜蜂 [mìfēng].

aberrant, e adj ▸ **comportement aberrant** 反常的行为 [fǎncháng de xíngwéi] ▸ **décision aberrante** 荒谬的决定 [huāngmiù de juédìng].

abîme nm (cl. 条 [tiáo] ou 道 [dào]) 鸿沟 [hónggōu] ▸ **il y a un abîme entre nous** 我们之间存在着一道鸿沟 [wǒmen zhījiān cúnzàizhe yí dào hónggōu].

abîmer vt 弄坏 [nònghuài] ▸ **attention, tu abîmes la table !** 小心，你别弄坏桌子！ [xiǎoxīn, nǐ bié nònghuài zhuōzi!].

▪ **s'abîmer** vp ❶ (se gâter) 烂掉 [làndiào] ▸ **ces fruits sont en train de s'abîmer** 这些水果正在烂掉 [zhèxiē shuíguǒ zhèngzài làndiào] ❷ (se détériorer) 损坏 [sǔnhuài] ▸ **si tu laisses la table dehors, elle va s'abîmer** 如果你把桌子放在外边，它会损坏的 [rúguǒ nǐ bǎ zhuōzi fàng zài wàibian, tā huì sǔnhuài de] ▸ **s'abîmer la santé** 累垮身体 [lèikuǎ shēntǐ].

aboiement nm 狗叫声 [gǒujiàoshēng].

abolir vt 废除 [fèichú] ▸ **abolir une loi** 废除一项法律 [fèichú yí xiàng fǎlǜ] ▸ **abolir la peine de mort** 废除死刑 [fèichú sǐxíng].

abolition nf 废除 [fèichú] ▸ **l'abolition de l'esclavage** 奴隶制的废除 [núlìzhì de fèichú].

abominable adj ❶ (atroce) 残酷的 [cánkù de] ▸ **un crime abominable** 一桩残酷的罪行 [yì zhuāng cánkù de zuìxíng] ❷ (exécrable) 可恶的 [kěwù de] ▸ **quel temps abominable !** 可恶的天气！ [kěwù de tiānqì!] ▸ **une odeur abominable** 一股难闻的味道 [yì gǔ nánwén de wèidao].

abondance nf ❶ (profusion) 丰富 [fēngfù] ▸ **une abondance de plats** 丰富的菜肴 [fēngfù de càiyáo] ▸ **des fruits en abondance** 大量的水果 [dàliàng de shuíguǒ] ▸ **corne d'abondance** 象征丰收的羊角 [xiàngzhēng fēngshōu de yángjiǎo] ❷ (opulence) 富裕 [fùyù] ▸ **vivre dans l'abondance** 生活很富裕 [shēnghuó hěn fùyù].

abondant, e adj 丰富的 [fēngfù de] ▸ **chevelure abondante** 浓密的头发 [nóngmì de tóufa] ▸ **nourriture abondante** 丰富的食品 [fēngfù de shípǐn] ▸ **pluie abondante** 大量的降雨 [dàliàng de jiàngyǔ] ▸ **des récoltes abondantes** 丰收 [fēngshōu].

abonné, e nm, f 订户 [dìnghù] ▸ **un supplément réservé aux abonnés** 给订户的增刊 [gěi dìnghù de zēngkān] ▸ **être abonné à un journal** 是一份报纸的订户 [shì yí fèn bàozhǐ de dìnghù] ▸ **être abonné au téléphone** 是电话用户 [shì diànhuà yònghù].

abonnement nm ❶ (à un journal) 订购 [dìnggòu] ▸ **souscrire un abonnement** 办理订购 [bànlǐ dìnggòu] ▸ **la revue n'est disponible que sur abonnement** 这种杂志只能订阅 [zhè zhǒng zázhì zhǐnéng dìngyuè] ❷ (à un service) (mensuel) 包月 [bāoyuè] ▸ **abonnement au téléphone** 电话包月 [diànhuà bāoyuè] ▸ **abonnement à Internet** 上网包月 [shàngwǎng bāoyuè].

abonner vt (给某人)预订 [(gěi mǒurén) yùdìng] ▸ **nous l'avons abonné à une revue** 我们给他订了一本杂志 [wǒmen gěi tā dìng le yì běn zázhì] ▸ **êtes-vous abonné à un quotidien ?** 您订日报了吗？ [nín dìng rìbào le ma?].

▪ **s'abonner (à)** vp 订 [dìng] ▸ **s'abonner à un journal** 订报纸 [dìng bàozhǐ].

abord nm 接触 [jiēchù] ▸ **au premier abord** 初次接触 [chūcì jiēchù].

▪ **d'abord** loc adv ❶ (en premier lieu) 先 [xiān] ▸ **il vient, mais il passe d'abord chez lui** 他来，但他要先回一趟家 [tā lái, dàn tā yào xiān huí yí tàng jiā] ❷ (avant tout) 首先 [shǒuxiān] ▸ **tout d'abord** 首先 [shǒuxiān].

▪ **abords** nmpl 周围 [zhōuwéi] ▸ **les abords de l'église** 教堂周围 [jiàotáng zhōuwéi] ▸ **aux abords de la gare** 在火车站附近 [zài huǒchēzhàn fùjìn].

abordable adj (prix) 适中的 [shìzhōng de].

aborder ♦ vt ❶ (personne) 同(某人)交谈 [tóng (mǒurén) jiāotán] ▸ **un étranger m'a abordé dans le métro** 一个外国人在地铁里跟我搭讪 [yí ge wàiguórén zài dìtiě lǐ gēn wǒ dāshàn] ❷ (question) 着手 [zhuóshǒu] ▸ **aborder un problème** 着手解决一个问题 [zhuóshǒu jiějué yí ge wèntí] ❸ (côte) 靠岸 [kào'àn]. ♦ vi 上岸 [shàng'àn] ▸ **aborder en Chine** 在中国上岸 [zài zhōngguó shàng'àn].

aborigène adj 本地的 [běndì de].

▪ **Aborigène** nmf 土著人 [Tǔzhùrén].

aboutir vi ❶ (mener à) ▸ **aboutir à** 通向 [tōngxiàng] ▸ **ce sentier aboutit à la mer** 这条小路通向大海 [zhè tiáo xiǎolù tōngxiàng dàhǎi] ❷ (réussir) 获得成功 [huòdé chénggōng] ▸ **les négociations ont abouti** 谈判取得了成功 [tánpàn qǔdé le chénggōng].

▪ **aboutir à** v+prép 导致 [dǎozhì] ▸ **ces tensions peuvent aboutir à un conflit** 紧张的气氛会导致一场冲突 [jǐnzhāng de qìfen huì dǎozhì yì chǎng chōngtū] ▸ **cela n'aboutira à rien** 这样将一事无成 [zhèyàng jiāng yíshì wúchéng].

aboyer vi 狗叫 [gǒujiào].

abréger vt ❶ (raccourcir) 缩短 [suōduǎn] ▸ **abréger un discours** 缩短一段讲话 [suōduǎn yí duàn jiǎnghuà] ▸ **il a dû abréger ses vacances** 他不得不缩短他的假期 [tā bùdébù suōduǎn tāde jiàqī] ❷ (faire court) 使……变短 [shǐ… biànduǎn] ▸ **abrège un peu !** 长话短说！ [chánghuà duǎnshuō!].

abréviation nf 缩写 [suōxiě].

abri nm 躲避处 [duǒbì chù] ▸ **chercher un abri** 寻找一个躲避处 [xúnzhǎo yí ge duǒbì chù] ▸ **se mettre à l'abri** 躲起来 [duóqǐlái] ▸ **se mettre à l'abri sous un porche** 躲在门廊下 [duǒ zài ménláng xià] ▸ **à l'abri de** 不受……侵袭 [búshòu… qīnxí] ▸ **à l'abri des soupçons** 以免别人怀疑 [yímiǎn biérén huáiyí].

abricot nm 杏 [xìng].

abricotier nm (cl. 棵 [kē]) 杏树 [xìngshù].

abriter vt ❶ (protéger) ▸ **abriter qqn de** 保护某人免受…… [bǎohù mǒurén miǎnshòu…] ▸ **abriter qqch de** 保护某物免遭…… [bǎohù mǒuwù miǎnzāo…] ❷ (héberger) 提供住处 [tígōng zhùchù] ▸ **l'hôpital abrite une centaine de malades** 医院接收了一百来个病人 [yīyuàn jiēshōu le yì bǎi lái ge bìngrén].

▪ **s'abriter** vp 躲避 [duǒbì] ▸ **s'abriter du vent** 避风 [bì fēng].

abroger vt 废除 [fèichú] ▸ **abroger une loi** 废除一项法律 [fèichú yí xiàng fǎlǜ].

abrupt, e adj ❶ (raide) 陡峭的 [dǒuqiào de] ▸ **un chemin très abrupt** 一条十分陡峭的路 [yì tiáo shífēn dǒuqiào de lù] ❷ (rude) 粗鲁的 [cūlǔ de] ▸ **des manières abruptes** 粗鲁的态度 [cūlǔ de tàidu] ▸ **une question abrupte** 一个冒失的问题 [yí ge màoshi de wèntí].

abruti, e *fam* ♦ adj 愚蠢的 [yúchǔn de]. ♦ nm, f 蠢货 [chǔnhuò].

abrutir vt ❶ (abêtir) 使……迟钝 [shǐ… chídùn] ▸ **une propagande qui abrutit les gens** 一个迷惑人的宣传 [yí ge míhuò rén de xuānchuán] ▸ **l'alcool l'a complètement abruti** 酒精使他完全变迟钝了 [jiǔjīng shǐ tā wánquán biàn chídùn le] ❷ (accabler) 使……头昏脑胀 [shǐ… tóuhūn nǎozhàng] ▸ **le vacarme m'abrutit** 吵闹声吵得我头昏脑胀 [chǎonàoshēng chǎo de wǒ tóuhūn nǎozhàng].

absence nf ❶ (défaut de présence) 缺席 [quēxí] ▸ **ton absence a été très remarquée** 大家都注意到你没来 [dàjiā dōu zhùyì dào nǐ méilái] ▸ **déplorer l'absence de qqn** 为某人的缺席而遗憾 [wèi mǒurén de quēxí ér yíhàn] ▸ **pendant mon absence** 当我不在的时候 [dāng wǒ bú zài de shíhou] ❷ (manque) 缺乏 [quēfá] ▸ **en l'absence de preuves, il ne peut être condamné** 由于缺乏证据，他不能被定罪 [yóuyú quēfá zhèngjù, tā bù néng bèi dìngzuì] ❸ (moment d'inattention) 走神 [zǒu shén] ▸ **avoir une absence** 走神 [zǒu shén].

absent, e ♦ adj ❶ (qui n'est pas là) 缺席的 [quē xí de] ▸ **il est absent pour cause de maladie** 他因病而缺席 [tā yīnbìng ér quēxí] ❷ (distrait) 心不在焉的 [xīnbúzàiyān de] ▸ **avoir l'air absent** 看起来心不在焉 [kànqǐlái xīnbúzàiyān] ▸ **regard absent** 目光失神 [mùguāng shīshén] ❸ (manquant) 没有的 [méiyǒu de] ▸ **un texte d'où la ponctuation est absente** 一篇没有标点的文章 [yì piān méiyǒu biāodiǎn de wénzhāng]. ♦ nm, f 缺席者 [quēxízhě] ▸ **peux-tu faire la liste des absents ?** 你能列出一份缺席者的名单吗？ [nǐ néng lièchū yí fèn quēxízhě de míngdān ma?].

absenter ▪ **s'absenter (de)** vp 离开 [líkāi] ▸ **je dois m'absenter quelques jours** 我必须离开几天 [wǒ bìxū líkāi jǐ tiān] ▸ **s'absenter de Paris** 离开巴黎 [líkāi Bālí] ▸ **s'absenter d'une réunion** 会议中间离开一下 [huìyì zhōngjiān líkāi yí xià].

absolu, e ♦ adj ❶ (total) 完全的 [wánquán de] ▸ **une confiance absolue** 绝对信任 [juéduì xìnrèn] ▸ **le silence absolu** 鸦雀无声 [yāquè wúshēng] ❷ (impérieux) 专横 [zhuānhèng] ▸ **un ordre absolu** 专横的命令 [zhuānhèng de mìnglìng] ❸ (autocratique) 专制的 [zhuānzhì de] ▸ **monarchie absolue** 君主专制制度 [jūnzhǔ zhuānzhì zhìdù]. ♦ nm ▸ **dans l'absolu** 理论上 [lǐlùnshang].

absolument adv ❶ (à tout prix) 非……不可 [fēi… bùkě] ▸ **il faut absolument que je parte** 我非走不可 [wǒ fēi zǒu bùkě le] ▸ **elle veut absolument le voir** 她非要见他不可 [tā fēi yào jiàn tā bùkě] ❷ (totalement) 完全地

[wánquán de] ▸ **vous avez absolument raison** 您完全正确 [nín wánquán zhèngquè].

absolutisme nm 专制制度 [zhuānzhì zhìdù].

absorbant, e adj ❶ (matière) 能吸水的 [néng xīshuǐ de] ▸ **un tissu absorbant** 一块能吸水的布料 [yí kuài néng xīshuǐ de bùliào] ❷ (occupation) 使人专心投入的 [shǐ rén zhuānxīn tóurù de] ▸ **un travail absorbant** 使人专心投入的工作 [shǐ rén zhuānxīn tóurù de gōngzuò].

absorber vt ❶ (s'imprégner de) 吸收 [xīshōu] ▸ **l'éponge absorbe l'eau** 海绵吸水 [hǎimián xī shuǐ] ❷ (manger) 吃 [chī] ▸ **il absorbe des quantités de médicaments** 他吃很多药 [tā chī hěnduō yào] ❸ (fusionner) 吞并 [tūnbìng] ▸ **l'entreprise a absorbé ses concurrents** 公司吞并了竞争对手 [gōngsī tūnbìng le jìngzhēng duìshǒu] ❹ (occuper) 专心致志 [zhuānxīn zhìzhì] ▸ **être absorbé dans sa lecture** 专心致志地阅读 [zhuānxīn zhìzhì de yuèdú].

absoudre vt 宽恕 [kuānshù] ▸ **le prêtre absout celui qui se confesse** 忏悔者得到神父的宽恕 [chànhuǐzhě dédào shénfù de kuānshù].

abstenir ▪ s'abstenir vp ❶ (s'interdire, éviter) ▸ **s'abstenir de** 克制 [kèzhì] ▸ **'pas sérieux s'abstenir'** 无意者勿扰 [wúyìzhě wù rǎo] ❷ (ne pas intervenir) 避免 [bìmiǎn] ▸ **dans le doute, abstiens-toi** 拿不准，不要干 [nábuzhǔn, bú yào gàn] ❸ (ne pas voter) 弃权 [qìquán].

abstention nf 弃权 [qìquán] ▸ **les résultats du vote : 15 pour, 7 contre et 3 abstentions** 投票结果：15票赞成，7票反对，3票弃权 [tóupiào jiéguǒ: 15 piào zànchéng, 7 piào fǎnduì, 3 piào qìquán].

abstinence nf 节制 [jiézhì] ▸ **faire abstinence** 斋戒 [zhāijiè].

abstraction nf 抽象思维 [chōuxiàng sīwéi] ▸ **faire abstraction de qqch** 不考虑某事 [bù kǎolǜ mǒushì].

abstrait, e adj ❶ (non concret) 抽象的 [chōuxiàng de] ▸ **une idée abstraite** 一个抽象的概念 [yí ge chōuxiàng de gàiniàn] ❷ (non figuratif) 抽象派的 [chōuxiàngpài de] ▸ **l'art abstrait** 抽象派艺术 [chōuxiàngpài yìshù].

absurde adj 荒唐的 [huāngtang de] ▸ **une histoire absurde** 荒唐的故事 [huāngtang de gùshi] ▸ **tu ne vas pas abandonner maintenant, ce serait absurde !** 你现在不能放弃，那会是很蠢的！ [nǐ xiànzài bù néng fàngqì, nà huì shì hěn chǔn de!].

absurdité nf ❶ (non-sens) 荒唐 [huāngtang] ▸ **l'absurdité d'une situation** 一个局势的荒谬性 [yí ge júshì de huāngmiùxìng] ❷ (stupidité) 蠢话 [chǔnhuà] ▸ **dire des absurdités** 胡说八道 [húshuō bādào].

abus nm ❶ (excès) 过度 [guòdù] ▸ **attention à l'abus d'alcool** 当心饮酒过量 [dāngxīn yínjiǔ guòliàng] ❷ (injustice) 滥用 [lànyòng] ▸ **abus de pouvoir** 滥用权力 [lànyòng quánlì] ▸ **abus sexuels** 滥交 [lànjiāo].

abuser vi ❶ (dépasser les bornes) 过分 [guòfèn] ▸ **cette fois, il a vraiment abusé** 这次，他实在太过分了 [zhè cì, tā shízài tài guòfèn le] ❷ (faire un mauvais usage de qqch) 滥用 [lànyòng] ▸ **abuser des médicaments** 滥用药物 [lànyòng yàowù] ▸ **vous abusez de ma gentillesse** 您在耍我 [nín zài shuǎ wǒ] ▸ **abuser de son autorité** 滥用自己的职权 [lànyòng zìjǐ de zhíquán] ▸ **abuser de la situation** 钻形势的空子 [zuān xíngshì de kòngzi] ❸ (violer) 奸污 [jiānwū] ▸ **abuser d'une femme** 奸污一个妇女 [jiānwū yí ge fùnǚ].

acacia nm 洋槐 [yánghuái].

académie nf ❶ (circonscription universitaire) 学区 [xuéqū] ❷ (lieu d'exercice) ○ (cl. 所 [suǒ]) 专科院校 [zhuānkē yuànxiào] ▸ **académie de billard** (cl. 间 [jiān]) 弹子房 [dànzifáng] ▸ **académie de musique** (cl. 所 [suǒ]) 音乐学校 [yīnyuè xuéxiào] ▸ **académie de peinture** (cl. 所 [suǒ]) 美术学校 [měishù xuéxiào] ❸ (groupe de gens de lettres) 学派 [xuépài] ▸ **l'Académie française** 法兰西学院 [Fǎlánxī Xuéyuàn].

acajou ♦ nm (bois, arbre) 桃花心木 [táohuāxīnmù] ▸ **en acajou** 桃木的 [táomù de]. ♦ adj inv (couleur) 棕红色的 [zōnghóngsè de].

acariâtre adj 爱争吵的 [ài zhēngchǎo de].

acarien nm 螨虫 [mǎnchóng] ▸ **être allergique aux acariens** 对螨虫过敏 [duì mǎnchóng guòmǐn].

accabler vt ❶ (surcharger) 负担过重 [fùdān guòzhòng] ▸ **accabler qqn de travail** 使某人承受过重的工作 [shǐ mǒurén chéngshòu guòzhòng de gōngzuò] ▸ **être accablé d'impôts** 税收负担过重 [shuìshōu fùdān guòzhòng] ▸ **être accablé de chagrin** 悲痛欲绝 [bēitòng yùjué] ▸ **être accablé de soucis** 忧虑过度 [yōulǜ guòdù] ❷ (couvrir) 大加 [dàjiā] ▸ **accabler qqn de reproches** 对某人大加指责 [duì mǒurén dàjiā zhǐzé] ❸ (attrister) 使……沮丧 [shǐ… jǔsàng] ▸ **cette nouvelle l'a accablé** 这个消息让他情绪沮丧 [zhè ge xiāoxi ràng tā qíngxù jǔsàng].

accalmie nf 暂时平静 [zànshí píngjìng] ▸ **une accalmie entre deux averses** 两场大雨间的暂时平静 [liǎng chǎng dàyǔ jiān de zànshí píngjìng] ▸ **une accalmie sur les marchés boursiers** 股票市场的暂时平静 [gǔpiào shìchǎng de zànshí píngjìng].

accéder ▪ **accéder à** vi ❶ (pénétrer dans, aboutir à) 通向 [tōngxiàng] ▸ **on accède à la terrasse par le salon** 穿过客厅就是平台 [chuān guò kètīng jiùshì píngtái] ▸ **cet escalier permet d'accéder aux chambres** 从这楼梯上去就是房间 [cóng zhè lóutī shàngqu jiùshì fángjiān] ❷ (atteindre, parvenir à) 获得 [huòdé] ▸ **accéder à la culture** 接触文化 [jiēchù wénhuà] ▸ **accéder à l'indépendance** 取得独立 [qǔdé dúlì] ▸ **accéder au pouvoir** 获得权利 [huòdé quánlì].

accélérateur nm 油门 [yóumén] ▸ **appuyer sur l'accélérateur** 踩油门 [cǎi yóumén].

accélération nf ❶ (augmentation de vitesse) 加速 [jiāsù] ▸ **accélération du rythme cardiaque** 心跳加速 [xīntiào jiāsù] ❷ (d'un projet) 加快 [jiākuài] ▸ **l'accélération des travaux** 加快工程进度 [jiākuài gōngchéng jìndù].

accélérer ♦ vt ❶ (augmenter la vitesse de) 加快速度 [jiākuài sùdù] ▸ **la pesanteur accélère la chute des corps** 重力加快物体下降的速度 [zhònglì jiākuài wùtǐ xiàjiàng de sùdù] ❷ (hâter) 加快 [jiākuài] ▸ **accélérer son rythme de travail** 加快工作节奏 [jiākuài gōngzuò jiézòu]. ♦ vi 加速 [jiāsù] ▸ **accélère, on va arriver en retard !** 快一点，我们要迟到了！ [kuài yìdiǎn, wǒmen yào chídào le!].
▪ **s'accélérer** vp 变快 [biànkuài] ▸ **son pouls s'accélère** 他的脉搏变快了 [tāde màibó biànkuài le].

accent nm ❶ (signe graphique) 音符 [yīnfú] ▸ **accent aigu** 闭口音符 [bìkǒu yīnfú] ▸ **accent circonflexe** 长音符 [cháng yīnfú] ▸ **accent grave** 开口音符 [kāikǒu yīnfú] ❷ (d'une région) 口音 [kǒuyīn]
◊ **mettre l'accent sur** 强调…… [qiángdiào…].

accentuation nf ❶ (intensification) 加强 [jiāqiáng] ▸ **accentuation d'une crise** 一个危机的加剧 [yí ge wēijī de jiājù] ▸ **accentuation d'un problème** 一个问题的加重 [yí ge wèntí de jiāzhòng] ▸ **accentuation d'une tendance** 一种趋势的加强 [yì zhǒng qūshì de jiāqiáng] ❷ LING 重读 [zhòngdú].

accentuer vt ❶ (mettre les accents sur les lettres) 重读 [zhòngdú] ❷ (donner du relief, de l'importance) 强调 [qiángdiào] ▸ **accentuer un effort** 更加努力 [gèngjiā nǔlì] ▸ **la barbe accentue son air sévère** 大胡子使他显得更严厉 [dàhúzi shǐ tā xiǎnde gèng yánlì].
▪ **s'accentuer** vp 加重 [jiāzhòng] ▸ **le froid s'accentue** 寒冷加剧 [hánlěng jiājù] ▸ **la crise économique tend à s'accentuer** 经济危机逐渐加剧 [jīngjì wēijī zhújiàn jiājù].

acceptable adj 可接受的 [kě jiēshòu de].

accepter vt ❶ (prendre volontiers) 接受 [jiēshòu] ▸ **accepter une proposition** 接受一个建议 [jiēshòu yí ge jiànyì] ❷ (consentir à) 同意 [tóngyì] ▸ **j'accepte vos conditions** 我同意您的条件 [wǒ tóngyì nínde tiáojiàn] ▸ **il n'accepte pas de vieillir** 他不愿意变老 [tā bú yuànyì biànlǎo] ▸ **il n'accepte pas qu'on lui fasse des reproches** 他受不了别人的指责 [tā shòubùliǎo biéren de zhǐzé] ❸ (accueillir) ▸ **accepter qqn** 接纳 [jiēnà] ▸ **se faire accepter** 被接纳 [bèi jiēnà].

accès nm ❶ (entrée) 通道 [tōngdào] ▸ **tous les accès à la capitale sont embouteillés** 所有进入首都的通道都堵塞了 [suóyǒu jìnrù shǒudū de tōngdào dōu dǔsè le] ▸ **cette porte donne accès au jardin** 这扇门通向花园 [zhè shàn mén tōngxiàng huāyuán] ▸ **ce diplôme**

donne accès aux carrières d'ingénieur 有这个文凭就可以当工程师 [yǒu zhè ge wénpíng jiù kéyǐ dāng gōngchéngshī] ▸ **avoir accès à** 可以获取 [kéyǐ huòqǔ] ❷ (crise) 发作 [fāzuò] ▸ **accès de colère** 发怒 [fā nù] ▸ **accès de fièvre** 发烧 [fā shāo].

accessible adj ❶ (auquel on peut avoir accès) 可到达的 [kě dàodá de] ▸ **un village difficilement accessible** 一个很难去的村庄 [yí ge hěnnán qù de cūnzhuāng] ▸ **accessible au public** 向公众开放 [xiàng gōngzhòng kāifàng] ❷ (abordable) 买得起的 [mǎideqǐ de] ▸ **un prix accessible** 一个消费得起的价格 [yí ge xiāofèi de qǐ de jiàgé] ❸ (compréhensible) 可理解的 [kě lǐjiě de] ▸ **un livre accessible** 一本通俗易懂的书 [yì běn tōngsú yìdǒng de shū].

accessoire ♦ adj ❶ (secondaire) 附加的 [fùjiā de] ▸ **une clause accessoire** 一项附加条款 [yí xiàng fùjiā tiáokuǎn] ❷ (insignifiant) 次要的 [cìyào de] ▸ **un détail accessoire** 一个次要的细节 [yí ge cìyào de xìjié]. ♦ nm ❶ (de théâtre, de cinéma) 道具 [dàojù] ❷ (de machine) 附件 [fùjiàn] ▸ **les accessoires d'un appareil photo** 照相机的附件 [zhàoxiàngjī de fùjiàn] ❸ (de mode) 饰物 [shìwù].

accident nm ❶ (évènement malheureux) ○ (cl. 起 [qǐ]) 事故 [shìgù] ▸ **accident d'avion** (cl. 次 [cì]) 飞机失事 [fēijī shīshì] ▸ **accident cardiaque** 突发心脏病 [tūfā xīnzàngbìng] ▸ **accident de la route** (cl. 起 [qǐ]) 交通事故 [jiāotōng shìgù] ▸ **accident du travail** (cl. 起 [qǐ]) 工伤事故 [gōngshāng shìgù] ▸ **accident de voiture** 车祸 [chēhuò] ▸ **avoir un accident** 出事故 [chū shìgù] ❷ (évènement fortuit) 意外事件 [yìwài shìjiàn] ▸ **les accidents d'une longue carrière** 长期职业生涯中的意外事件 [chángqī zhíyè shēngyá zhōng de yìwài shìjiàn] ▸ **un accident de parcours** 意外事件 [yìwài shìjiàn].

accidenté, e ♦ adj ❶ (irrégulier) 高低不平的 [gāodī bùpíng de] ▸ **terrain accidenté** 高低不平的地面 [gāodī bùpíng de dìmiàn] ❷ (qui a subi un accident) 出了事故的 [chū le shìgù de] ▸ **voiture accidentée** 出了事故的汽车 [chū le shìgù de qìchē]. ♦ nm, f 事故受害者 [shìgù shòuhàizhě] ▸ **les accidentés de la route** 交通事故受害者 [jiāotōng shìgù shòuhàizhě].

accidentel, elle adj ❶ (dû à un accident) 由事故造成的 [yóu shìgù zàochéng de] ▸ **une mort accidentelle** 由事故造成的死亡 [yóu shìgù zàochéng de sǐwáng] ❷ (dû au hasard) 偶然的 [ǒurán de] ▸ **une rencontre accidentelle** 一次邂逅 [yí cì xièhòu].

acclamation nf 欢呼 [huānhū].

acclamer vt 欢呼 [huānhū].

acclimatation nf 对新环境的适应 [duì xīnhuánjìng de shìyìng].

acclimater vt 引进 [yǐnjìn] ▸ **acclimater une plante** 引进一种植物 [yǐnjìn yì zhǒng zhíwù].

▪ **s'acclimater à** vp+prép 适应...... [shìyìng ...] ▸ **s'acclimater au changement** 适应变化 [shìyìng biànhuà].

accommoder ▪ **s'accommoder** vp 适应 [shìyìng] ▸ **je me suis accommodé à la nouvelle situation** 我适应了新环境 [wǒ shìyìng le xīn huánjìng].

accompagnateur, trice nm, f ❶ (guide) ○ (cl. 名 [míng] ou 个 [gè] ou 位 [wèi]) 全程陪同 [quánchéng péitóng] ❷ (musicien) ○ (cl. 名 [míng] ou 个 [gè] ou 位 [wèi]) 伴奏者 [bànzòuzhě].

accompagnement nm ❶ (encadrement) 陪同 [péitóng] ▸ **des professeurs assureront l'accompagnement du groupe** 老师担任团队的陪同工作 [lǎoshī dānrèn tuánduì de péitóng gōngzuò] ❷ CULIN 配菜 [pèicài] ❸ MUS 伴奏 [bànzòu] ▸ **un accompagnement au piano** 钢琴伴奏 [gāngqín bànzòu].

accompagner vt ❶ (escorter) 陪同 [péitóng] ▸ **accompagner qqn** 陪同某人 [péitóng mǒurén] ❷ (aller avec) 附上 [fùshàng] ▸ **une lettre accompagne le colis** 随包裹附上一封信 [suí bāoguǒ fùshàng yì fēng xìn] ❸ MUS 伴奏 [bànzòu] ▸ **accompagner qqn au piano** 用钢琴给某人伴奏 [yòng gāngqín gěi mǒurén bànzòu].

accomplir vt ❶ (exécuter) 履行 [lǚxíng] ▸ **accomplir son devoir** 履行自己的义务 [lǚxíng zìjǐ de yìwù] ▸ **mission accomplie !** 任务完成了！ [rènwu wánchéng le!] ❷ (faire, commettre) 做 [zuò] ▸ **accomplir un exploit** 立下一个功绩 [lìxià yí ge gōngjì].

▪ **s'accomplir** vp 实现 [shíxiàn] ▸ **son vœu s'est accompli** 他的愿望实现了 [tā de yuànwàng shíxiàn le].

accord nm ❶ (consentement) 同意 [tóngyì] ▸ **avoir l'accord de qqn** 得到某人的同意 [dédào mǒurén de tóngyì] ▸ **donner son accord à qqn** 赞同某人 [zàntóng mǒurén] ▸ **d'un commun accord** 一致同意地 [yízhì tóngyì de] ❷ (entente) 共识 [gòngshí] ▸ **vivre en bon accord** 和谐地生活 [héxié de shēnghuó] ▸ **les deux pays sont en parfait accord sur ce point** 两国在这一点上达成了完全的共识 [liǎngguó zài zhè yì diǎn shàng dáchéng le wánquán de gòngshí] ❸ (contrat, traité) 协定 [xiédìng] ▸ **accord de paix** 和平协定 [hépíng xiédìng] ▸ **passer un accord avec qqn** 和某人定下协议 [hé mǒurén dìngxià xiéyì] ❹ MUS 和弦 [héxián] ❺ LING 配合 [pèihé].

▪ **d'accord** ♦ loc adv 好(的) [hǎo (de)] ▸ **tu viens ce soir? d'accord!** 你晚上来吗？好的！ [nǐ wǎnshang lái ma? hǎode!] ▸ **se mettre d'accord** 商妥 [shāngtuǒ]. ♦ loc adj 同意 [tóngyì] ▸ **je suis d'accord avec toi** 我同意你的意见 [wǒ tóngyì nǐde yìjiàn].

accordéon nm (cl. 架 [jià]) 手风琴 [shǒufēngqín] ▸ **jouer de l'accordéon** 演奏手风琴 [yǎnzòu shǒufēngqín].

accorder vt ❶ (généralement) 给予 [jíyǔ] ▸ **accorder un délai** 给一个期限 [gěi yí ge qīxiàn] ▸ **accorder une faveur** 给予照顾 [jíyǔ zhàogù] ▸ **accorder un rendez-vous** 安排一次约会 [ānpái yí cì yuēhui] ▸ **accorder de l'importance à qqch** 重视某事 [zhòngshì mǒushì] ❷ (admettre, reconnaître) 承认 [chéngrèn] ▸ **je vous accorde que j'ai eu tort** 我向您承认我错了 [wǒ xiàng nín chéngrèn wǒ cuò le] ❸ MUS 调音 [tiáoyīn] ▸ **accorder son piano** 给钢琴调音 [gěi gāngqín tiáoyīn] ❹ GRAMM 配合 [pèihé].

▪ **s'accorder** vp ❶ (être assorti) 协调 [xiétiáo] ▸ **ces couleurs s'accordent bien** 这些颜色非常协调 [zhè xiē yánsè fēicháng xiétiáo] ❷ (s'entendre) 一致同意 [yízhì tóngyì] ▸ **ils se sont accordés pour l'accuser** 他们一致同意控告他 [tāmen yízhì tóngyì kònggào tā] ▸ **s'accorder à** 一致同意…… [yízhì tóngyì…] ▸ **tout le monde s'accorde à dire qu'il est gentil** 大家都说他人很好 [dàjiā dōu shuō tā rén hénhǎo] ❸ GRAMM 配合 [pèihé] ❹ (s'octroyer) 给自己 [gěi zìjǐ] ▸ **je me suis accordé une journée de repos** 我给自己一天的休息时间 [wǒ gěi zìjǐ yì tiān de xiūxi shíjiān].

accouchement nm 分娩 [fēnmiǎn] ▸ **accouchement sous X** 匿名分娩 [nìmíng fēnmiǎn].

accoucher vi 生 [shēng] ▸ **elle a accouché d'un garçon** 她生了一个男孩 [tā shēng le yí ge nánhái].

accouder ▪ **s'accouder** vp 支胳膊肘 [zhī gēbozhǒu] ▸ **s'accouder à** 把胳膊肘支在……上 [bǎ gēbozhǒu zhī zài… shàng].

accouplement nm 交配 [jiāopèi].

accoupler ▪ **s'accoupler** vp 交配 [jiāopèi].

accourir vi 跑来 [pǎolái] ▸ **dès qu'on a besoin de lui, il accourt** 只要有需要，他便立即赶到 [zhǐyào yǒu xūyào, tā biàn lìjí gǎndào].

accoutrement nm (cl. 件 [jiàn] ou 身 [shēn]) 可笑的服装 [kěxiào de fúzhuāng].

accoutumer vt 使……习惯 [shǐ… xíguàn] ▸ **accoutumer un enfant à se lever tôt** 使一个孩子习惯于早起 [shǐ yí ge háizi xíguàn yú zǎo qǐ].

▪ **s'accoutumer (à)** vp 习惯(于……) [xíguàn (yú…)].

accréditer vt ❶ (rendre crédible) 证实 [zhèngshí] ▸ **l'enquête accrédite la thèse de l'attentat** 调查证实了谋杀的嫌疑 [diàochá zhèngshí le móushā de xiányí] ❷ (donner une autorité) 委派 [wěipài] ▸ **accréditer un ambassadeur** 委派一个大使 [wěipài yí ge dàshǐ].

accro adj *fam* 上瘾的 [shàngyǐn de] ▸ **ils sont accros aux jeux vidéo** 他们沉迷于电子游戏 [tāmen chénmí yú diànzǐ yóuxì].

accroc nm 钩破的裂缝 [gōupò de lièfèng] ▸ **faire un accroc à un vêtement** 钩破衣服 [gōupò yīfu].

accrochage nm ❶ (mise en place) 挂 [guà] ▸ **l'accrochage d'un tableau** 挂一幅画 [guà yì fú huà] ❷ (accident) 蹭 [cèng] ▸ **un accrochage entre deux voitures** 两车相蹭 [liǎng chē xiāng cèng] ❸ (altercation) ○ (cl. 次 [cì]) 争吵

[zhēngchǎo] ▸ **avoir un accrochage** 发生争吵 [fāshēng zhēngchǎo].

accrocher vt ❶ (suspendre) 挂 [guà] ▸ **accrocher un tableau au mur** 把一幅画挂在墙上 [bǎ yì fú huà guà zài qiáng shàng] ▸ **accrocher sa veste au portemanteau** 把他的上衣挂到衣帽架上 [bǎ tāde shàngyī guà dào yīmàojià shàng] ❷ (attacher) 挂上 [guàshàng] ▸ **accrocher un wagon au train** 把一节车厢挂到火车上 [bǎ yì jié chēxiāng guà dào huǒchē shàng].

▪ **s'accrocher** vp ❶ (s'agripper) 抓住 [zhuāzhù] ▸ **s'accrocher à qqch** 抓住某物 [zhuāzhù mǒuwù] ▸ **elle s'accroche à la rambarde** 她抓住扶手 [tā zhuāzhù fúshou] ▸ **s'accrocher à qqn** 拽住某人 [zhuàizhù mǒurén] ❷ *fig* (se cramponner) 难以忘怀 [nányǐ wànghuái] ▸ **il s'accroche à son passé** 他对往事难以忘怀 [tā duì wǎngshì nányǐ wànghuái] ▸ **il s'accroche à elle car il a peur de rester seul** 他缠住她不放，因为他害怕孤独 [tā chánzhù tā bú fàng, yīnwèi tā hàipà gūdú] ❸ (se disputer) 争吵 [zhēngchǎo] ▸ **ils se sont accrochés pour une broutille** 他们为一件无关紧要的事争吵起来 [tāmen wèi yí jiàn wúguān jǐnyào de shì zhēngchǎoqǐlái] ❹ *fam* (persévérer) 坚持 [jiānchí].

accroissement nm 增长 [zēngzhǎng] ▸ **l'accroissement de la population** 人口的增长 [rénkǒu de zēngzhǎng] ▸ **accroissement du chômage** 失业人数的增加 [shīyè rénshù de zēngjiā].

accroître vt 增加 [zēngjiā] ▸ **accroître la richesse d'un pays** 增加一个国家的财富 [zēngjiā yí ge guójiā de cáifù] ▸ **accroître son patrimoine** 扩大家业 [kuòdà jiāyè].

▪ **s'accroître** vp 增长 [zēngzhǎng] ▸ **la tension s'accroît** 紧张加剧 [jǐnzhāng jiājù].

accroupir ▪ **s'accroupir** vp 蹲 [dūn].

accueil nm ❶ (action) 接待 [jiēdài] ▸ **un accueil très chaleureux** 非常热情的接待 [fēicháng rèqíng de jiēdài] ❷ (lieu) 服务台 [fúwùtái] ▸ **on se retrouve à l'accueil à 12 h ?** 我们12点在服务台见吧？ [wǒmen 12 diǎn zài fúwùtái jiàn ba?].

accueillant, e adj ❶ (personne) 好客的 [hàokè de] ❷ (lieu) 舒适的 [shūshì de].

accueillir vt ❶ (saluer, aller chercher) 迎接 [yíngjiē] ▸ **il les a accueillis à l'aéroport** 他去机场接他们了 [tā qù jīchǎng jiē tāmen le] ❷ (loger, héberger) 接待 [jiēdài] ▸ **cet hôtel peut accueillir cent personnes** 这个饭店可以接待一百人 [zhè ge fàndiàn kéyǐ jiēdài yì bǎi rén] ❸ (recevoir) 看待 [kàndài] ▸ **comment a-t-il accueilli la nouvelle ?** 他是如何看待这个消息的？ [tā shì rúhé kàndài zhè ge xiāoxi de?].

accumulation nf 堆积 [duījī] ▸ **une accumulation de mensonges** 谎言的堆积 [huǎngyán de duījī].

accumuler vt ❶ (amasser) 积累 [jīlěi] ▸ **accumuler les richesses** 积累财富 [jīlěi cáifù] ❷ (réunir) 收集 [shōují] ▸ **accumuler des preuves** 搜集证据 [sōují zhèngjù] ▸ **accumuler des informations** 收集信息 [shōují xìnxī].

▪ **s'accumuler** vp 堆积 [duījī].

accusation nf ❶ (reproche) 指责 [zhǐzé] ▸ **tes accusations sont injustes** 你的指责是不公平的 [nǐde zhǐzé shì bù gōngpíng de] ❷ (action en justice) 诉讼 [sùsòng] ▸ **lancer une accusation contre qqn** 对某人提起诉讼 [duì mǒurén tíqǐ sùsòng] ❸ DR 原告方 [yuángàofāng] ▸ **la parole est à l'accusation** 由原告方发言 [yóu yuángàofāng fāyán].

accusé, e nm, f 被告人 [bèigàorén].

▪ **accusé de réception** nm ADMIN 回执 [huízhí] ▸ **une lettre recommandée avec accusé de réception** 一封带有回执的挂号信 [yì fēng dàiyǒu huízhí de guàhàoxìn].

accuser vt ❶ (porter une accusation contre) 指控 [zhǐkòng] ▸ **il est accusé de vol** 他被指控盗窃 [tā bèi zhǐkòng dàoqiè] ❷ (critiquer) 指责 [zhǐzé] ▸ **on l'a accusé de négligence** 有人指责他漫不经心 [yǒu rén zhǐzé tā mànbù jīngxīn].

acerbe adj 尖刻的 [jiānkè de].

acéré, e adj 锋利的 [fēnglì de].

acharnement nm 激烈 [jīliè] ▸ **avec acharnement** 激烈地 [jīliè de] ▸ **acharnement thérapeutique** 尽力抢救 [jìnlì qiǎngjiù].

acharner ▪ **s'acharner** vp ❶ (combattre opiniâtrement) 顽强拼搏 [wánqiáng pīnbó] ▸ **s'acharner sur** 猛烈地追击 [měngliè de zhuījī]

▸ **j'ai beau m'acharner sur cette serrure, elle ne veut pas céder!** 我拼命砸锁也没用，它就是打不开 [wǒ pīnmìng zá suǒ yě méiyòng, tā jiùshì dǎbukāi] ▸ **s'acharner contre qqn** 跟某人没完没了 [gēn mǒurén méiwán méiliǎo] ❷ (s'obstiner à) 坚持 [jiānchí] ▸ **il s'acharne au travail** 他发奋工作 [tā fāfèn gōngzuò].

achat nm ❶ (fait d'acheter) 购买 [gòumǎi] ▸ **faire l'achat de** 买…… [mǎi…] ▸ **à l'achat** 要买 [yào mǎi] ▸ **un achat groupé** 团购 [tuán gòu] ❷ (objet acheté) 买来的东西 [mǎilái de dōngxi] ▸ **faire des achats** 购物 [gòuwù].

acheminer vt 运送 [yùnsòng].

acheter vt ❶ (acquérir) 买 [mǎi] ▸ **ils ont acheté une voiture neuve** 他们买了一辆新车 [tāmen mǎi le yí liàng xīn chē] ▸ **acheter qqch pour qqn** 给某人买某物 [gěi mǒurén mǎi mǒuwù] ▸ **acheter qqch chez qqn** 在某人那里买某物 [zài mǒurén nàli mǎi mǒuwù] ▸ **j'achète toujours mon beurre chez eux** 我总是在他们店里买黄油 [wǒ zǒngshì zài tāmen diàn lǐ mǎi huángyóu] ▸ **acheter qqch à qqn** 从某人那里买某物 [cóng mǒurén nàli mǎi mǒuwù] ▸ **il leur achète leur fromage de chèvre** 他从他们那里买山羊奶酪 [tā cóng tāmen nàli mǎi shānyáng nǎilào] ❷ (corrompre) 收买 [shōumǎi] ▸ **les trafiquants ont essayé d'acheter les journalistes** 不法商人曾试图收买记者 [bùfǎ shāngrén céng shìtú shōumǎi jìzhě].

acheteur, euse nm, f ❶ (client) 顾客 [gùkè] ❷ (profession) 采购员 [cǎigòuyuán].

achèvement nm 完成 [wánchéng] ▸ **l'achèvement des travaux** 完工 [wán gōng].

achever vt ❶ (terminer) 完成 [wánchéng] ▸ **il n'a pas pu achever ses études** 他没能完成学业 [tā méi néng wánchéng xuéyè] ❷ (porter le coup de grâce à) 给某人致命一击 [gěi mǒurén zhìmìng yì jī] ▸ **le chasseur a achevé l'animal** 猎人结果了野兽 [lièrén jiéguǒ le yěshòu] ❸ (accabler) 使某人一蹶不振 [shǐ mǒurén yìjué búzhèn] ▸ **son discours m'a achevé** 他的话使我一蹶不振 [tāde huà shǐ wǒ yìjué búzhèn].

■ **s'achever** vp 结束 [jiéshù] ▸ **les vacances s'achèvent** 假期快结束了 [jiàqī kuài jiéshù le].

acide ♦ adj (saveur) 酸的 [suān de]. ♦ nm CHIM 酸 [suān] ▸ **acide aminé** 氨基酸 [ānjīsuān] ▸ **acide nitrique** 硝酸 [xiāosuān].

acidulé, e adj ▸ **des bonbons acidulés** 带酸味的糖果 [dàisuānwèi de tángguǒ].

acier nm 钢 [gāng] ▸ **acier inoxydable** 不锈钢 [búxiùgāng] ▸ **en acier** 钢制的 [gāngzhì de] ▸ **d'acier** 结实的 [jiēshi de] ▸ **des muscles d'acier** 结实的肌肉 [jiēshi de jīròu].

acné nf (cl. 颗 [kē] ou 粒 [lì]) 粉刺 [fěncì] ▸ **acné juvénile** (cl. 颗 [kē]) 痤疮 [cuóchuāng].

acompte nm (cl. 笔 [bǐ]) 定金 [dìngjīn] ▸ **verser un acompte** 预付一笔定金 [yùfù yì bǐ dìngjīn].

à-coup ■ **par à-coups** loc adv (travailler, avancer) 时断时续地 [shíduàn shíxù de].

acoustique ♦ nf ❶ (propagation du son) 音响效果 [yīnxiǎng xiàoguǒ] ▸ **l'acoustique de ce théâtre est excellente** 该剧院的音响效果极佳 [gāijùyuàn de yīnxiǎng xiàoguǒ jí jiā] ❷ PHYS 声学 [shēngxué]. ♦ adj 声学的 [shēngxué de] ▸ **un phénomène acoustique** 一种声学现象 [yì zhǒng shēngxué xiànxiàng].

acquéreur nm 买主 [mǎizhǔ].

acquérir vt ❶ (acheter) 买 [mǎi] ❷ (expérience, connaissances, technique) 获得 [huòdé] ▸ **il a acquis beaucoup d'expérience dans ce travail** 他从这项工作中获得了很多经验 [tā cóng zhè xiàng gōngzuò zhōng huòdé le hěn duō jīngyàn]; (sujet : maison, tableau) ▸ **acquérir de la valeur** 升值 [shēngzhí].

acquiescer vi 同意 [tóngyì] ▸ **il acquiesça d'un signe de tête** 他点头表示同意 [tā diǎntóu biǎoshì tóngyì].

acquis, e adj ❶ (avantage, droit) 既得的 [jìdé de] ▸ **un fait acquis** 既成事实 [jìchéng shìshí] ❷ (caractère) 后天的 [hòutiān de].

■ **acquis** nm ▸ **acquis sociaux** 社会权益 [shèhuì quányì].

acquisition nf ❶ (fait d'acquérir) 购得 [gòudé] ▸ **faire l'acquisition de qqch** 购得某物 [gòudé mǒuwù] ❷ (chose acquise) 买的东西

[mǎi de dōngxi] ▸ **regarde ma nouvelle acquisition !** 看我新买的东西！ [kàn wǒ xīn mǎi de dōngxi!].

acquit nm ▸ **par acquit de conscience** 为了问心无愧 [wèile wènxīn wúkuì].

acquitter vt 宣布无罪 [xuānbù wúzuì] ▸ **le tribunal a acquitté l'accusé** 法庭宣布被告无罪 [fǎtíng xuānbù bèigào wúzuì].

▪ **s'acquitter de** vp+prép ▸ **s'acquitter d'une dette** 偿清一笔债务 [chángqīng yì bǐ zhàiwù] ▸ **s'acquitter d'une mission** 完成一项使命 [wánchéng yí xiàng shǐmìng].

âcre adj 呛人的 [qiàngrén de].

acrobate nmf 杂技演员 [zájì yǎnyuán].

acrobatie nf 杂技 [zájì] ▸ **acrobaties aériennes** 特技飞行 [tèjì fēixíng].

acte nm ❶ (action) ○ (cl. 个 [gè] ou 种 [zhǒng]) 行为 [xíngwéi] ▸ **acte de charité** 慈善行为 [císhàn xíngwéi] ▸ **acte de terrorisme** 恐怖主义行为 [kǒngbùzhǔyì xíngwéi] ▸ **passer à l'acte** 采取行动 [cáiqǔ xíngdòng] ❷ THÉÂTRE 幕 [mù] ▸ **une tragédie classique en cinq actes** 一场五幕古典悲剧 [yì chǎng wǔ mù gúdiǎn bēijù] ❸ DR ▸ **acte d'accusation** 起诉书 [qǐsùshū] ▸ **acte de vente** 卖契 [màiqì] ❹ (état civil) 证书 [zhèngshū] ▸ **acte de décès** 死亡证明 [sǐwáng zhèngmíng] ▸ **acte de mariage** 结婚证 [jiéhūn zhèng] ▸ **acte de naissance** 出生证 [chūshēng zhèng].

acteur, trice nm, f ❶ THÉÂTRE & CINÉ 演员 [yǎnyuán] ❷ (protagoniste) 从业人员 [cóngyè rényuán] ▸ **les principaux acteurs du marché financier** 金融市场的主要从业人员 [jīnróng shìchǎng de zhǔyào cóngyè rényuán] ❸ (participants) 参与者 [cānyùzhě].

actif, ive adj ❶ (personne) 活跃的 [huóyuè de] ❷ (chose) 有效的 [yǒuxiào de] ▸ **principe actif** 有效原则 [yǒuxiào yuánzé] ❸ (qui travaille) 就业的 [jiùyè de] ▸ **la population active** 就业人口 [jiùyè rénkǒu] ▸ **entrer dans la vie active** 就业 [jiùyè] ❹ GRAMM 主动的 [zhǔdòng de] ▸ **la voix active** 主动态 [zhǔdòngtài].

▪ **actif** nm FIN (cl. 笔 [bǐ]) 资产 [zīchǎn] ▸ **l'actif d'une société** 一家公司的资产 [yì jiā gōngsī de zīchǎn].

action nf ❶ (acte) ○ (cl. 个 [gè] ou 种 [zhǒng]) 行为 [xíngwéi] ▸ **bonne action** 善举 [shànjǔ] ❷ (fait d'agir) 行动 [xíngdòng] ▸ **il a toujours été un homme d'action** 他从来就是位实干家 [tā cónglái jiùshì wèi shígànjiā] ❸ (activité) 行动 [xíngdòng] ▸ **action militaire** 军事行动 [jūnshì xíngdòng] ❹ DR 诉讼 [sùsòng] ▸ **action civile** 民事诉讼 [mínshì sùsòng] ▸ **intenter une action en justice** 提起法律诉讼 [tíqǐ fǎlǜ sùsòng] ❺ (mouvement) 运动 [yùndòng] ▸ **une action syndicale** 工会运动 [gōnghuì yùndòng] ❻ (influence) ▸ **sous l'action de** 由于…… [yóuyú...] ❼ FIN 公司股份 [gōngsī gǔfèn] ▸ **acheter des actions à la Bourse** 在证券交易所购买股票 [zài zhèngquàn jiāoyìsuǒ gòumǎi gǔpiào] ❽ CINÉ, THÉÂTRE & LITTÉR 情节 [qíngjié] ▸ **ce roman manque d'action** 这部小说缺少情节 [zhè bù xiǎoshuō quēshǎo qíngjié].

actionnaire nmf FIN 股东 [gǔdōng] ▸ **actionnaire majoritaire** 持半数以上股权的股东 [chí bànshù yǐshàng gǔquán de gǔdōng] ▸ **actionnaire minoritaire** 持半数以下股权的股东 [chí bànshù yǐxià gǔquán de gǔdōng].

actionner vt ▸ **actionner un levier** 拉动杠杆 [lādòng gànggǎn] ▸ **actionner une pédale** 踩踏板 [cǎi tàbǎn] ▸ **actionner un signal d'alarme** 拉响警铃 [lāxiǎng jǐnglíng] ▸ **actionner une porte par télécommande** 用遥控器开门/关门 [yòng yáokòngqì kāi mén/guān mén].

activer vt (hâter) ▸ **activer le mouvement** 推动一场运动 [tuīdòng yì chǎng yùndòng] ▸ **activer la marche** 加快步伐 [jiākuài bùfá] ▸ **activer un processus** 加快进程 [jiākuài jìnchéng].

▪ **s'activer** vp (s'affairer) ▸ **si tu veux réussir, active-toi !** 如果你想成功，就得努力！ [rúguǒ nǐ xiǎng chénggōng, jiù děi nǔlì!] ▸ **ils s'activaient autour des blessés** 他们围着伤员忙个不停 [tāmen wéizhe shāngyuán máng ge bùtíng].

activité nf ❶ (dynamisme) 活力 [huólì] ▸ **déployer une activité débordante** 表现出充沛的活力 [biǎoxiàn chū chōngpèi de huólì] ❷ (occupation) 繁忙 [fánmáng] ▸ **une**

période de grande activité 繁忙的阶段 [fánmáng de jiēduàn] ❸ 活动 [huódòng] ▸ **activité intellectuelle** 智力活动 [zhìlì huódòng] ▸ **activité physique** 体育活动 [tǐyù huódòng] ❹ (professionelle) 工作 [gōngzuò] ▸ **il a cessé toute activité** 他停止了一切工作 [tā tíngzhǐ le yíqiè gōngzuò] ▸ **reprendre son activité professionnelle** 重操旧业 [chóngcāo jiùyè] ❺ (d'une entreprise) 经营活动 [jīngyíng huódòng] ▸ **diversifier ses activités** 经营活动多样化 [jīngyíng huódòng duōyànghuà] ❻ (d'un volcan) 运动 [yùndòng] ▸ **un volcan en activité** 活火山 [huó huǒshān].

actualité nf (cl. 件 [jiàn]) 时事 [shíshì] ▸ **l'actualité sportive** 体坛时事 [tǐtán shíshì] ▸ **l'actualité politique** 时政 [shízhèng] ▸ **d'actualité** 热门的 [rèmén de] ▸ **sujet d'actualité** 热门话题 [rèmén huàtí].

▪ **actualités** nfpl (informations) 新闻片 [xīnwénpiān] ▸ **les actualités régionales** 地方新闻片 [dìfang xīnwénpiān].

actuel, elle adj ❶ (personne) 现任的 [xiànrèn de] ▸ **l'actuel Premier ministre** 现任总理 [xiànrèn Zónglǐ] ❷ (d'actualité) 当前的 [dāngqián de] ▸ **le débat actuel sur la crise économique** 当前关于经济危机的辩论 [dāngqián guānyú jīngjì wēijī de biànlùn] ▸ **l'époque actuelle** 当今 [dāngjīn] ▸ **un film très actuel** 一部现实题材的影片 [yí bù xiànshí tícái de yǐngpiàn] ❸ (à la mode) 流行的 [liúxíng de] ▸ **un vêtement très actuel** 一件很时髦的衣服 [yí jiàn hěn shímáo de yīfu].

actuellement adv 目前 [mùqián].

acuité nf ❶ (intensité) ▸ **l'acuité de la crise** 危机的严重 [wēijī de yánzhòng] ▸ **acuité de la concurrence** 竞争的激烈 [jìngzhēng de jīliè] ❷ (sensibilité) 敏锐度 [mǐnruìdù] ▸ **acuité auditive/visuelle** 听觉/视觉敏锐度 [tīngjué/shìjué mǐnruìdù] ▸ **d'une grande acuité** 非常敏锐的 [fēicháng mǐnruì de].

acupuncture nf 针灸 [zhēnjiǔ] ▸ **se faire soigner par l'acupuncture** 接受针灸治疗 [jiēshòu zhēnjiǔ zhìliáo].

adaptateur nm (pour prise de courant) 适配器 [shìpèiqì].

adaptation nf ❶ (adéquation) 调整 [tiáozhěng] ▸ **l'adaptation de l'enseignement aux besoins des élèves** 为适应学生的需求而做出的教学调整 [wèi shìyìng xuésheng de xūqiú ér zuòchū de jiàoxué tiáozhěng] ❷ (acclimatation) 适应 [shìyìng] ▸ **faculté d'adaptation** 适应能力 [shìyìng nénglì] ▸ **temps d'adaptation** 适应时间 [shìyìng shíjiān] ❸ (d'une œuvre) 改编 [gǎibiān] ▸ **l'adaptation d'un roman au cinéma** 把一部小说改编成电影 [bǎ yí bù xiǎoshuō gǎibiān chéng diànyǐng].

adapter vt ❶ (ajuster) 装配 [zhuāngpèi] ▸ **il faut adapter le filtre sur l'objectif** 得把滤光镜装在镜头上 [děi bǎ lǜguāngjìng zhuāng zài jìngtóu shàng] ❷ (accorder) 使……适应 [shǐ… shìyìng] ▸ **adapter son langage à la situation** 使用语适应具体情况 [shǐ yòngyǔ shìyìng jùtǐ qíngkuàng] ❸ (transposer) 改编 [gǎibiān] ▸ **adapter un opéra au cinéma** 把一部歌剧改编成电影 [bǎ yí bù gējù gǎibiān chéng diànyǐng].

▪ **s'adapter** vp 适应 [shìyìng] ▸ **s'adapter aux circonstances** 适应环境 [shìyìng huánjìng].

additif nm ❶ (produit) ○ (cl. 种 [zhǒng]) 添加剂 [tiānjiājì] ▸ **'sans additifs'** 不含添加剂 [bù hán tiānjiājì] ❷ (texte) 附加条款 [fùjiātiáokuǎn] ▸ **additif à une loi** 法律附加条款 [fǎlǜ fùjiātiáokuǎn].

addition nf ❶ (ajout) 添加 [tiānjiā] ▸ **sans addition de sucre** 不加糖的 [bù jiā táng de] ❷ (calcul) 加法 [jiāfǎ] ▸ **faire une addition** 做加法 [zuò jiāfǎ] ❸ (facture) 账单 [zhàngdān] ▸ **l'addition, s'il vous plaît !** 请结账！ [qǐng jiézhàng!] ▸ **demander l'addition** 要求结账 [yāoqiú jiézhàng] ▸ **payer l'addition** 付账 [fùzhàng].

additionner vt ❶ (ajouter) 加 [jiā]; 掺 [chān] ▸ **additionner qqch de qqch** 在某物里加某物 [zài mǒuwù lǐ jiā mǒuwù] ▸ **un verre de vin additionné d'eau** 一杯掺了水的酒 [yì bēi chān le shuǐ de jiǔ] ❷ (calculer) 把……加起来 [bǎ… jiāqǐlái] ▸ **additionner les chiffres d'une colonne** 把一栏的数字加起来 [bǎ yì lán de shùzì jiāqǐlái].

adepte nmf 教徒 [jiàotú]; 信徒 [xìntú] ▸ **les adeptes d'une secte** 一个邪教的教徒 [yí ge xiéjiào de jiàotú] ▸ **être un/une adepte de**

qqch 是一个……迷 [shì yí ge… mí] **▸ c'est un adepte des films de science-fiction** 他是一个科幻片迷 [tā shì yí ge kēhuànpiàn mí] **▸ faire des adeptes** 培养信徒 [péiyǎng xìntú].

adéquat, e adj (approprié) 恰当的 [qiàdàng de] **▸ c'est l'expression adéquate** 这是恰当的表达方式 [zhè shì qiàdàng de biǎodá fāngshì] **▸ adéquat à** 对……贴切的 [duì… tiēqiè de] **▸ une réponse adéquate à la question posée** 一个贴切的回答 [yí ge tiēqiè de huídá].

adhérent, e ♦ adj (collant) 黏着的 [niánzhuó de]. ♦ nm, f (membre d'une association) 会员 [huìyuán].

adhérer vi ❶ (coller) 贴在……上 [tiē zài… shàng] **▸ un papier qui adhère au mur** 贴在墙上的纸 [tiē zài qiáng shàng de zhǐ] ❷ (devenir membre) 加入 [jiārù] **▸ adhérer à un parti** 加入一个党派 [jiārù yí ge dǎngpài] ❸ (être d'accord) 赞同 [zàntóng] **▸ adhérer à un principe** 赞同一个原则 [zàntóng yí ge yuánzé].

adhésif, ive adj 胶黏的 [jiāonián de] **▸ pansement adhésif** 胶布 [jiāobù] **▸ ruban adhésif** 胶带 [jiāodài].

■ adhésif nm 胶纸 [jiāozhǐ].

adhésion nf ❶ (accord) 赞同 [zàntóng] **▸ adhésion à une idée** 赞同一个观点 [zàntóng yí ge guāndiǎn] ❷ (inscription) 加入 [jiārù] **▸ carte d'adhésion** 会员卡 [huìyuán kǎ].

adieu interj **▸ dire adieu à qqch** 放弃某物 [fàngqì mǒuwù] **▸ avec ce film, il dit adieu à la violence** 因这部电影，他放弃暴力 [yīn zhè bù diànyǐng, tā fàngqì bàolì] **▸ avec trois enfants, tu peux dire adieu à ta tranquillité** 有了三个孩子，你就别指望安宁了 [yǒu le sān ge háizi, nǐ jiù bié zhǐwàng ānníng le] **▸ fête/lettre/dîner d'adieu** 告别聚会/信/晚餐 [gàobié jùhuì/xìn/wǎncān].

■ adieux nmpl **▸ faire ses adieux à qqn/qqch** 向某人/某物告别 [xiàng mǒurén/mǒuwù gàobié] **▸ faire ses adieux à la scène** 告别舞台 [gàobié wǔtái].

adjectif nm GRAMM 形容词 [xíngróngcí] **▸ adjectif attribut** 表语形容词 [biáoyǔ xíngróngcí] **▸ adjectif démonstratif** 指示形容词 [zhǐshì xíngróngcí] **▸ adjectif épithète** 修饰形容词 [xiūshì xíngróngcí] **▸ adjectif possessif** 主有形容词 [zhúyǒu xíngróngcí] **▸ adjectif qualificatif** 品质形容词 [pǐnzhì xíngróngcí].

adjoint, e ♦ adj 副的 [fù de] **▸ directeur adjoint** 副经理 [fùjīnglǐ]. ♦ nm, f 助理 [zhùlǐ] **▸ l'adjoint au maire** 市长助理 [shìzhǎng zhùlǐ].

adjudant, e nm, f MIL 军士 [jūnshì].

adjuger vt ❶ (aux enchères) 成交 [chéngjiāo] **▸ 10 000 euros, une fois, deux fois, trois fois, adjugé, vendu !** 一万欧元，一次，两次，三次，好，成交！ [yí wàn ōuyuán, yí cì, liǎng cì, sān cì, hǎo, chéngjiāo!] ❷ (décerner) 颁发 [bānfā] **▸ adjuger un prix** 颁奖 [bānjiǎng] **▸ adjuger qqch à qqn** 把某物授予某人 [bǎ mǒuwù shòuyǔ mǒurén] **▸ le premier prix a été adjugé à Camille** 一等奖被授予了卡米尔 [yīděng jiǎng bèi shòuyǔ le Kámǐ'ěr].

admettre vt ❶ (tolérer, accepter) 允许进入 [yúnxǔ jìnrù] **▸ les chiens ne sont pas admis à l'hôtel** 不准带狗进入酒店 [bù zhǔn dài gǒu jìnrù jiǔdiàn] ❷ (supposer) 假设 [jiǎshè] **▸ en admettant que cela soit vrai** 假设这是真的 [jiǎshè zhè shì zhēnde] **▸ admettons que vous ayez raison** 就算您有理 [jiùsuàn nín yóulǐ] ❸ (accueillir, recevoir) **▸ être admis à l'Académie française** 入选法兰西学院 [rùxuǎn fǎlánxī Xuéyuàn] **▸ être admis à l'hôpital** 被接受住院 [bèi jiēshòu zhùyuàn] **▸ être admis en cinquième** 考取初中二年级 [káoqǔ chūzhōng èr niánjí] **▸ ils n'admettent que 30 candidats cette année** 他们今年只录取三十名考生 [tāmen jīnnián zhǐ lùqǔ sānshí míng kǎoshēng] **▸ être admis au concours d'entrée** SCOL 通过入学考试 [tōngguò rùxué kǎoshì].

administrateur, trice nm, f ❶ (quigère) 管理人 [guánlǐ rén] **▸ administrateur de biens** 资产管理人 [zīchǎn guánlǐ rén] **▸ administrateur de site Web** 网站管理人 [wǎngzhàn guánlǐ rén] ❷ (professionel) 董事 [dǒngshì] **▸ administrateur délégué** 常务董事 [chángwù dǒngshì].

administratif, ive adj 行政的 [xíngzhèng de] ▸ **service administratif** 行政部门 [xíngzhèng bùmén].

administration nf ❶ (service public) 行政部门 [xíngzhèng bùmén] ▸ **l'Administration** 政府机关 [zhèngfǔ jīguān] ▸ **entrer dans l'Administration** 进入政府机关工作 [jìnrù zhèngfǔ jīguān gōngzuò] ▸ **l'administration des Douanes** 海关部门 [Hǎiguān bùmén] ❷ (gestion) 管理 [guánlǐ] ▸ **l'administration des contrats** 合同管理 [hétong guánlǐ].

administrer vt ❶ (gérer) 治理 [zhìlǐ] ▸ **le maire administre la commune** 镇长治理市镇 [zhènzhǎng zhìlǐ shìzhèn] ❷ (donner) 给 [gěi] ▸ **administrer une correction** 给一顿揍 [gěi yí dùn zòu] ▸ **administrer un médicament** 服一种药 [fú yì zhǒng yào] ▸ **administrer un sacrement** 行圣事 [xíng shèngshì].

admirable adj ▸ **c'était une femme admirable** 这是一位令人钦佩的女士 [zhè shì yí wèi lìngrén qīnpèi de nǚshì] ▸ **une œuvre admirable** 一件令人赞赏的作品 [yí jiàn lìngrén zànshǎng de zuòpǐn] ▸ **un admirable paysage** 赏心悦目的风景 [shǎngxīn yuèmù de fēngjǐng].

admirateur, trice nm, f 仰慕者 [yǎngmùzhě].

admiratif, ive adj 赞赏的 [xīnshǎng de] ▸ **air admiratif** 赞赏的神情 [xīnshǎng de shénqíng].

admiration nf 钦佩 [qīnpèi] ▸ **avec admiration** 钦佩地 [qīnpèi de] ▸ **avoir de l'admiration pour qqn/qqch** 欣赏某人/某物 [xīnshǎng mǒurén/mǒuwù] ▸ **éprouver de l'admiration pour qqn/qqch** 钦佩某人/某物 [qīnpèi mǒurén/mǒuwù] ▸ **être en admiration devant qqn** 崇拜某人 [chóngbài mǒurén] ▸ **être en admiration devant qqch** 欣赏某物 [xīnshǎng mǒuwù] ▸ **faire l'admiration de qqn** 得到某人的欣赏 [dédào mǒurén de xīnshǎng].

admirer vt ❶ (éprouver de l'admiration) 佩服 [pèifu] ▸ **je l'admire beaucoup** 我很佩服他 [wǒ hěn pèifu tā] ❷ (contempler) 欣赏 [xīnshǎng] ▸ **faire admirer qqch à qqn** 让某人欣赏某物 [ràng mǒurén xīnshǎng mǒuwù] ❸ *iron* (s'étonner de) 佩服 [pèifu] ▸ **j'admire ta patience, moi je ne pourrais pas** 我真佩服你的耐心，我是做不到的 [wǒ zhēn pèifu nǐde nàixīn, wǒ shì zuòbudào de].

ADN (abr de **acide désoxyribonucléique**) nm BIOL 脱氧核糖核酸 [tuōyǎng hétáng hésuān] ▸ **analyse de l'ADN** DNA检验 [DNA jiǎnyàn].

ado nmf *fam* (adolescent) 青少年 [qīngshàonián].

adolescence nf 青春期 [qīngchūnqī].

adolescent, e nm, f 青少年 [qīngshàonián].

adonner ■ **s'adonner à** vp+prép ❶ (se consacrer à) 专心于 [zhuānxīn yú] ▸ **elle s'adonne uniquement à l'étude** 她只专心于学习 [tā zhǐ zhuānxīn yú xuéxí] ❷ (se laisser aller à) 沉湎于 [chénmiǎn yú] ▸ **s'adonner à la boisson** 嗜酒 [shìjiǔ].

adopter vt ❶ (un enfant) 收养 [shōuyǎng] ❷ (bien accueillir) 接纳 [jiēnà] ▸ **j'ai tout de suite été adopté par les membres du groupe** 我当即被接纳为集团成员之一了 [wǒ dāngjí bèi jiēnà wéi jítuán chéngyuán zhī yī le] ❸ (faire sien) 采用 [cǎiyòng] ▸ **adopter le langage d'un pays** 采用一个国家的语言 [cǎiyòng yí ge guójiā de yǔyán] ▸ **adopter une idée** 采纳一个观点 [cǎinà yí ge guāndiǎn] ▸ **adopter un comportement** 采取一种行动 [cáiqǔ yì zhǒng xíngdòng] ❹ DR 通过 [tōngguò] ▸ **adopter une loi** 通过一项法律 [tōngguò yí xiàng fǎlǜ].

adoptif, ive adj ❶ (qui adopte) 收养的 [shōuyǎng de] ▸ **famille adoptive** 收养孩子的家庭 [shōuyǎng háizi de jiātíng] ▸ **parents adoptifs** 养父养母 [yǎngfù yángmǔ] ▸ **père adoptif** 养父 [yǎngfù] ▸ **mère adoptive** 养母 [yángmǔ] ❷ (qui a été adopté) 被收养的 [bèi shōuyǎng de] ▸ **enfant adoptif** 被收养的孩子 [bèi shōuyǎng de háizi] ▸ **fils adoptif** 养子 [yángzǐ].

adoption nf ❶ (d'un enfant) 收养 [shōuyǎng] ❷ (d'une loi) 采纳 [cǎinà].

adorable adj ❶ (gentil) 好的 [hǎode] ▸ **merci de m'aider, tu es adorable** 谢谢你对我的帮助，你真是太好了 [xièxie nǐ duì wǒde bāngzhù, nǐ zhēnshì tài hǎo le] ❷ (joli, pittoresque) 可爱的 [kě'ài de] ▸ **quelle adorable**

enfant ! 多可爱的孩子啊！ [duō kě'ài de háizi a!].

adoration nf ❶ (amour) 热爱 [rè'ài] ▸ **vouer une adoration sans bornes à qqn** 极其崇拜某人 [jíqí chóngbài mǒurén] ▸ **être en adoration devant qqn/qqch** 热爱某人/某物 [rè'ài mǒurén/mǒuwù] ❷ RELIG 朝拜 [cháobài].

adorer vt ❶ (aimer) 钟爱 [zhōng'ài] ▸ **il adore sa fille** 他钟爱他的女儿 [tā zhōng'ài tāde nǚ'ér] ▸ **j'adore le chocolat** 我很喜欢巧克力 [wǒ hěn xǐhuān qiǎokèlì] ▸ **il adore faire la sieste** 他很喜欢睡午觉 [tā hěn xǐhuān shuìwǔjiào] ❷ RELIG 朝拜 [cháobài].

adosser ▪ **s'adosser** vp ▸ **s'adosser à ou contre qqch** (背)靠着某物 [(bèi) kàozhe mǒuwù].

adoucir vt ❶ (rendre plus doux) 使......柔软 [shǐ… róuruǎn] ▸ **adoucir le linge** 使衣服柔软 [shǐ yīfu róuruǎn] ▸ **adoucir la voix** 使声音温和 [shǐ shēngyīn wēnhé] ▸ **adoucir la peau** 使皮肤光滑 [shǐ pífū guānghuá] ❷ (rendre plus supportable) 减轻 [jiǎnqīng] ▸ **adoucir les peines de qqn** 减轻某人的痛苦 [jiǎnqīng mǒurén de tòngkǔ].

▪ **s'adoucir** vp 变温和 [biàn wēnhé] ▸ **le climat s'est adouci** 气候变暖了 [qìhòu biànnuǎn le] ▸ **en voyant la petite fille, il s'est adouci** 看着这个小女孩，他变得温和起来 [kànzhe zhè ge xiǎo nǚhái, tā biànde wēnhé qǐlái].

adresse[1] nf ❶ (domicile) 地址 [dìzhǐ] ▸ **je vais noter ton adresse** 我要记下你的地址 [wǒ yào jìxia nǐde dìzhǐ] ❷ INFORM ▸ **adresse électronique** 电子邮件地址 [diànzǐ yóujiàn dìzhǐ] ▸ **adresse e-mail** 伊妹儿地址 [yī mèir dìzhǐ] ▸ **adresse Internet/Web** 网站地址 [wǎngzhàn dìzhǐ].

adresse[2] nf ❶ (habileté physique) 身手敏捷 [shēnshǒu mǐnjié] ▸ **il faut beaucoup d'adresse pour faire ce métier** 做这一行需要很多的技巧 [zuò zhè yì háng xūyào hěn duō de jìqiǎo] ▸ **l'adresse d'un prestidigitateur** 变戏法的人的敏捷身手 [biànxìfǎ de rén de mǐnjié shēnshǒu] ❷ (habileté intellectuelle) 机灵 [jīling] ▸ **répondre avec adresse** 机灵地回答 [jīling de huídá].

adresser vt ❶ (faire parvenir) ▸ **adresser une lettre au directeur** 她给经理寄了一封信 [tā gěi jīnglǐ jì le yì fēng xìn] ❷ (dire) ▸ **adresser un compliment à qqn** 表扬某人 [biǎoyáng mǒurén] ▸ **adresser la parole à qqn** 对某人讲话 [duì mǒurén jiǎnghuà].

▪ **s'adresser à** vp+prép ❶ (parler à) 对......说话 [duì… shuōhuà] ❷ (avoir recours à) 去问 [qù wèn] ▸ **adressez-vous à la gardienne** 您去问门卫吧 [nín qù wèn ménwèi ba] ❸ (être destiné à) 针对 [zhēnduì] ▸ **cette remarque ne s'adressait pas à toi** 这个指责不是针对你的 [zhè ge zhǐzé búshì zhēnduì nǐ de] ▸ **ce film s'adresse à un public averti** 这部电影是专给内行人看的 [zhè bù diànyǐng shì zhuān gěi nèiháng rén kàn de].

adroit, e adj ❶ (habile) 灵巧的 [língqiǎo de] ▸ **être adroit de ses mains** 双手灵巧 [shuāngshǒu língqiǎo] ❷ (ingénieux) 机智的 [jīzhì de] ▸ **c'est un négociateur adroit** 这是一个机智的谈判者 [zhè shì yí ge jīzhì de tánpàn zhě].

adroitement adv ❶ (avec dextérité) 灵巧地 [língqiǎo de] ▸ **il manie adroitement son arme** 他操纵武器很灵巧 [tā cāozòng wǔqì hěn língqiǎo] ❷ (avec finesse) 机智地 [jīzhì de] ▸ **elle a adroitement dévié la conversation** 她机智地叉开了话题 [tā jīzhì de chǎkāi le huàtí].

ADSL (abr de **asymmetric digital subscriber line**) nm 宽带 [kuāndài] ▸ **passer à l'ADSL** 转换成宽带 [zhuǎnhuàn chéng kuāndài].

adulte ♦ nmf 成年人 [chéngniánrén] ▸ **pour adultes** 供给成年人的 [gōngjǐ chéngniánrén de] ▸ **réservé aux adultes** 仅供成年人的 [jǐn gōng chéngniánrén de]. ♦ adj 成熟的 [chéngshú de] ▸ **devenir adulte** 变成熟 [biàn chéngshú].

adultère ♦ adj 通奸的 [tōngjiān de] ▸ **amours adultères** 奸情 [jiānqíng] ▸ **mari adultère** 奸夫 [jiānfū]. ♦ nm 通奸 [tōngjiān] ▸ **être coupable d'adultère** 犯有通奸罪 [fàn yǒu tōngjiān zuì].

advenir ▪ **il advient que** v impers 发生了...... [fāshēng le…] ▸ **qu'est-il advenu de qqn/qqch ?** 某人/某事现在怎么样了？ [mǒurén/mǒushì xiànzài zěnmeyàng le?]

▸ **advienne que pourra** 不管结果怎样 [bùguǎn jiéguǒ zěnyàng] ▸ **quoi qu'il advienne...** 不管发生什么事情...... [bùguǎn fāshēng shénme shìqing...].

adverbe nm 副词 [fùcí] ▸ **adverbe de manière** 方式副词 [fāngshì fùcí] ▸ **adverbe de temps** 时间副词 [shíjiān fùcí].

adversaire nmf 对手 [duìshǒu].

adverse adj (opposé) 对立的 [duìlì de] ▸ **l'équipe adverse** 对方 [duìfāng] ▸ **dans le camp adverse** 在对立方 [zài duìlì fāng] ▸ **les forces adverses** 敌对势力 [díduì shìlì].

aération nf 通风 [tōngfēng] ▸ **bouche d'aération** 通风孔 [tōngfēng kǒng] ▸ **conduit d'aération** 通风管 [tōngfēng guǎn].

aérer vt ❶ (renouveler l'air) 给......通风 [gěi... tōngfēng] ▸ **aérer une pièce** 给房间通风 [gěi fángjiān tōngfēng] ❷ (rendre moins lourd) 使......(空间)稀疏 [shǐ... (kōngjiān) xīshū] ▸ **aérer un texte** 使文章空间稀疏 [shǐ wénzhāng kōngjiān xīshū].

aérien, enne adj ❶ (dans l'air) 空中的 [kōngzhōng de] ▸ **un câble aérien** 空中电缆 [kōngzhōng diànlǎn] ▸ **un passage aérien** 悬空道 [xuánkōng dào] ▸ **le métro aérien** 高架铁道 [gāojià tiědào] ❷ (relatif aux avions) 航空的 [hángkōng de] ▸ **transports aériens** 航空运输 [hángkōng yùnshū] ❸ MIL 空军的 [kōngjūn de] ▸ **une base aérienne** 空军基地 [kōngjūn jīdì] ▸ **une attaque aérienne** 空袭 [kōngxí].

aérobic nm 有氧运动 [yóuyǎng yùndòng] ▸ **faire de l'aérobic** 做有氧运动 [zuò yóuyǎng yùndòng].

aérodrome nm ❶ (piste) 机场跑道 [jīchǎng pǎodào] ❷ (petit aéroport) 停机坪 [tíngjīpíng].

aérogare nf (aéroport) 候机大楼 [hòujīdàlóu].

aéroglisseur nm 气垫船 [qìdiànchuán] ▸ **en aéroglisseur** 坐气垫船 [zuò qìdiànchuán].

aéronautique ♦ adj 航空的 [hángkōng de] ▸ **la construction aéronautique** 航空建筑 [hángkōng jiànzhù]. ♦ nf 航空学 [hángkōngxué].

aéroport nm (飞)机场 [(fēi) jīchǎng].

aérosol nm 喷雾剂 [pēnwùjì] ▸ **en aérosol** 喷雾型的 [pēnwùxíng de].

aérospatial, e, aux ♦ nf ▸ **l'aérospatiale** 航空航天工业集团 [hángkōng hángtiān gōngyè jítuán]. ♦ adj 航空航天的 [hángkōng hángtiān de] ▸ **l'industrie aérospatiale** 航空航天业 [hángkōng hángtiān yè].

affable adj 和蔼可亲的 [hé'ǎi kěqīn de] ▸ **une personne affable** 一个和蔼可亲的人 [yí ge hé'ǎi kěqīn de rén] ▸ **un comportement affable** 亲切的举止 [qīnqiè de júzhǐ].

affaiblir vt ❶ (fatiguer) 使......变得虚弱 [shǐ... biànde xūruò] ▸ **la maladie l'a affaibli** 疾病使他变得虚弱 [jíbìng shǐ tā biànde xūruò] ❷ (rendre moins fort) 削弱 [xuēruò] ▸ **les crises politiques affaiblissent l'autorité de l'État** 政治危机削弱了政府的威信 [zhèngzhì wēijī xuēruò le Zhèngfǔ de wēixìn] ❸ (dévaluer) 使......贬值 [shǐ... biǎnzhí] ▸ **affaiblir une monnaie** 使货币贬值 [shǐ huòbì biǎnzhí] ❹ (atténuer) 使......变弱 [shǐ... biànruò] ▸ **un bruit affaibli par la distance** 距离使噪音减弱 [jùlí shǐ zàoyīn jiǎnruò].

affaire nf ❶ (question) 问题 [wèntí] ▸ **une affaire délicate** 一个棘手的问题 [yí ge jíshǒu de wèntí] ▸ **une affaire de goût** 一个个人爱好的问题 [yí ge gèrén àihào de wèntí] ▸ **ça, c'est une autre affaire** 这是另外一回事 [zhè shì lìngwài yì huí shì] ❷ (situation à problème) 事情 [shìqing] ▸ **c'est une sale affaire** 这是一件卑鄙龌龊的事 [zhè shì yí jiàn bēibǐ wòchuò de shì] ❸ (marché avantageux) 买卖 [mǎimai] ▸ **une affaire en or** 一本万利的买卖 [yìběn wànlì de mǎimai] ▸ **conclure une affaire** 达成一笔交易 [dáchéng yì bǐ jiāoyì] ▸ **faire une affaire** 做一笔合算的买卖 [zuò yì bǐ hésuàn de mǎimai] ▸ **une (bonne) affaire** 一笔合算的买卖 [yì bǐ hésuàn de mǎimai] ▸ **c'est une affaire !** 这是一笔好买卖! [zhè shì yì bǐ hǎo mǎimài!] ❹ (entreprise) 企业 [qǐyè] ▸ **gérer une affaire** 管理一家企业 [guǎnlǐ yì jiā qǐyè] ❺ (procès) 案件 [ànjiàn] ▸ **plaider une affaire** 为一个案子辩护 [wèi yí ge ànzi biànhù] ❻ (scandale) 事件 [shìjiàn] ▸ **cette affaire a divisé l'opinion publique** 这次事件使得公众的意见产生分歧 [zhè cì shìjiàn shǐde gōngzhòng de yìjiàn chǎnshēng fēnqí] ▸ **l'affaire des pots de vin** 贿赂事件 [huìlù shìjiàn]

◊ **faire l'affaire** 合适 [héshì] ▸ **ce morceau de ficelle fera l'affaire** 这根绳子正合适 [zhè gēn shéngzi zhèng héshì] ▸ **tirer qqn d'affaire** 使某人摆脱困境 [shǐ mǒurén bǎituō kùnjìng].

▪ **affaires** nfpl ❶ (activités publiques) 事务 [shìwù] ▸ **être aux affaires** 在任 [zàirèn] ▸ **revenir aux affaires** 重掌国家大权 [chóngzhǎng guójiā dàquán] ❷ (situation personnelle) 事 [shì] ▸ **c'est mes affaires !** 这是我的事 [zhè shì wǒde shì] ▸ **ce ne sont pas tes affaires !** 这不关你的事！ [zhè bù guān nǐde shì!] ▸ **mêle-toi de tes affaires !** 管好你自己的事情就行了！ [guánhǎo nǐ zìjǐ de shìqing jiù xíng le!] ❸ (objets personnels) (个人的)东西 [(gèrén de) dōngxi] ▸ **prends tes affaires et va-t'en !** 拿上你的东西，滚吧！ [náshang nǐde dōngxi, gǔn ba!] ❹ (activités commerciales) 生意 [shēngyì] ▸ **être dur en affaires** 做生意很厉害 [zuò shēngyì hěn lìhai] ▸ **le monde des affaires** 商业界 [shāngyè jiè] ▸ **parler affaires** 谈笔交易 [tán bǐ jiāoyì].

▪ **avoir affaire à** v ❶ (entrer en relation avec qqn) 与某人打交道 [yǔ mǒurén dǎ jiāodào] ▸ **je n'ai pas eu affaire à lui** 我没有跟他打过交道 [wǒ méiyǒu gēn tā dǎ guò jiāodào] ❷ (avoir qqn comme adversaire) 找某人算账 [zhǎo mǒurén suànzhàng] ▸ **vous aurez affaire à moi !** 我会找您算帐的！ [wǒ huì zhǎo nín suànzhàng de!].

affairer ▪ **s'affairer** vp 忙着 [mángzhe].

affaisser ▪ **s'affaisser** vp ❶ (sujet : chose) 下陷 [xiàxiàn] ▸ **le sol s'affaisse** 路面下陷 [lùmiàn xiàxiàn] ❷ (sujet : personne) 瘫倒 [tāndǎo] ▸ **il s'affaissa lourdement dans un fauteuil** 他重重地瘫倒在椅子上 [tā zhòngzhòng de tāndǎo zài yǐzi shàng].

affaler ▪ **s'affaler** vp 重重地倒下 [zhòngzhòng de dǎoxià] ▸ **il s'est affalé sur le canapé** 他重重地倒在沙发上 [tā zhòngzhòng de dǎo zài shāfā shàng].

affamé, e adj 非常饥饿的 [fēicháng jī'è de].

▪ **affamé de** loc adj *fig* 贪图 [tāntú] ▸ **affamé de revanche** 贪图回报 [tāntú huíbào].

affecter vt ❶ (consacrer) ▸ **affecter qqch à qqch** 把某物用于某事 [bǎ mǒuwù yòng yú mǒushì] ▸ **affecter des crédits à la recherche** 把贷款用于研究项目 [bǎ dàikuǎn yòng yú yánjiū xiàngmù] ❷ (nommer) ▸ **affecter qqn à qqch** 把某人分配到某事上 [bǎ mǒurén fēnpèi dào mǒushì shàng] ▸ **affecter un fonctionnaire à un poste** 把一个公务员分配到一个职位上 [bǎ yí ge gōngwùyuán fēnpèi dào yí ge zhíwèi shàng] ❸ (feindre) 假装 [jiǎzhuāng] ▸ **affecter d'être…** 假装…… [jiǎzhuāng…] ❹ (émouvoir) 使……痛苦 [shǐ… tòngkǔ] ▸ **cette nouvelle m'a beaucoup affecté** 这个消息使我极其痛苦 [zhè ge xiāoxi shǐ wǒ jíqí tòngkǔ].

affectif, ive adj 情感的 [qínggǎn de] ▸ **troubles affectifs** 情感危机 [qínggǎn wēijī].

affection nf ❶ (sentiment) 感情 [gǎnqíng] ▸ **marque** ou **signe d'affection** 感情示意 [gǎnqíng shìyì] ▸ **prendre qqn en affection** 喜欢上某人 [xǐhuānshang mǒurén] ▸ **avoir de l'affection pour qqn** 对某人有感情 [duì mǒurén yǒu gǎnqíng] ❷ (maladie) 疾病 [jíbìng] ▸ **une affection chronique** 一种慢性疾病 [yì zhǒng mànxìng jíbìng].

affectueusement adv ❶ (tendrement) 深情地 [shēnqíng de] ▸ **il l'embrassa affectueusement** 他深情地吻了她 [tā shēnqíng de wěn le tā] ❷ (dans une lettre) ▸ **(bien) affectueusement** (非常)热情地 [(fēicháng) rèqíng de].

affectueux, euse adj 深情的 [shēnqíng de].

affichage nm ❶ (action d'afficher) 贴布告 [tiēbùgào] ▸ **campagne d'affichage** 广告攻势 [guǎnggào gōngshì] ❷ ÉLECTRON 显示 [xiǎnshì] ▸ **affichage à cristaux liquides** 液晶显示 [yèjīng xiǎnshì] ▸ **affichage numérique** 数字显示 [shùzì xiǎnshì].

affiche nf 布告 [bùgào] ▸ **affiche électorale** 选举海报 [xuǎnjǔ hǎibào] ▸ **une affiche publicitaire** 一张广告 [yì zhāng guǎnggào] ▸ **être à l'affiche** 正在上映 [zhèngzài shàngyìng] *(pour un film)*; 正在上演 [zhèngzài shàngyǎn] *(pour une pièce de théâtre)* ▸ **être en haut de l'affiche** 当头号明星 [dāng tóuhào míngxīng].

afficher vt ❶ (placarder) 张贴 [zhāngtiē] ❷ (faire connaître par affichage) 公布 [gōngbù] ▸ **afficher des horaires** 公布时间表 [gōngbù shíjiānbiǎo] ▸ **afficher des résultats** 公布结果 [gōngbù jiéguǒ] ❸ INFORM 显示 [xiǎnshì]

▸ **afficher la page** 显示页面 [xiǎnshì yèmiàn] ❹ (laisser transparaître) 公开表示 [gōngkāi biǎoshì] ▸ **afficher le dédain le plus complet** 公开表示极端的蔑视 [gōngkāi biǎoshì jíduān de mièshì].

affilée ■ **d'affilée** loc adv 连续地 [liánxù de] ▸ **rester absent plusieurs jours d'affilée** 连续好几天都不在 [liánxù hǎo jǐ tiān dōu búzài].

affiler vt (aiguiser) 磨利 [mólì] ▸ **affiler un couteau** 磨刀 [mó dāo].

affirmatif, ive adj ❶ (positif, certain) 肯定的 [kěndìng de] ▸ **une réponse affirmative** 一个肯定的回答 [yí ge kěndìng de huídá] ▸ **il était absolument affirmatif** 他曾非常肯定 [tā céng fēicháng kěndìng] ❷ LING 肯定的 [kěndìng de] ▸ **phrase affirmative** 肯定句 [kěndìng jù].

affirmation nf ❶ (assertion) 断言 [duànyán] ▸ **affirmation péremptoire** 不容置疑的断言 [bùróng zhìyí de duànyán] ❷ (manifestation) 显示 [xiǎnshì] ▸ **l'affirmation de son talent** 他才能的显示 [tā cáinéng de xiǎnshì].

affirmer vt ❶ (soutenir) 肯定…… [kěndìng…] ▸ **j'affirme l'avoir vu sortir à midi** 我肯定那天中午看到他出去了 [wǒ kěndìng nà tiān zhōngwǔ kàndào tā chūqù le] ▸ **affirmer que** *(+ indicatif)* 肯定…… [kěndìng…] ▸ **rien ne permet d'affirmer que…** 没有任何迹象可以肯定…… [méiyǒu rènhé jìxiàng kéyǐ kěndìng…] ❷ (montrer) 显示 [xiǎnshì] ▸ **affirmer son autorité** 显示自己的威信 [xiǎnshì zìjǐ de wēixìn].

affligé, e adj ❶ (attristé) 悲痛的 [bēitòng de] ❷ (frappé) ▸ **être affligé de qqch** 患有…… [huànyǒu…] ▸ **être affligé d'un défaut** 有一种缺陷 [yǒu yì zhǒng quēxiàn].

affligeant, e adj 令人悲痛的 [lìngrén bēitòng de] ▸ **une nouvelle affligeante** 令人悲痛的消息 [lìngrén bēitòng de xiāoxi] ▸ **d'une banalité affligeante** 平庸得可悲 [píngyōng de kěbēi] ▸ **votre comportement est affligeant !** 你的举止令人难受！ [nǐde júzhǐ lìngrén nánshòu!].

affliger vt 使……痛苦 [shǐ… tòngkǔ] ▸ **sa réaction m'afflige** 他的反应使我很痛苦 [tāde fǎnyìng shǐ wǒ hěn tòngkǔ].

affluence nf 大量人流 [dàliàng rénliú] ▸ **il y a toujours de l'affluence dans ce musée** 这家博物馆总是有大量人流 [zhè jiā bówùguǎn zǒngshì yǒu dàliàng rénliú] ▸ **en cas d'affluence** 如果人多的话 [rúguǒ rén duō de huà] ▸ **aux heures d'affluence** (人流)高峰时间 [(rénliú) gāofēng shíjiān].

affluent nm 支流 [zhīliú] ▸ **être un affluent de…** 是……的一条支流 [shì… de yì tiáo zhīliú].

affluer vi ❶ (couler vers) 涌向 [yǒngxiàng] ▸ **le sang afflue au visage** 血液涌上脸庞 [xuèyè yǒngshàng liǎnpáng] ❷ (arriver en grand nombre) 大量涌入 [dàliàng yǒngrù] ▸ **des capitaux qui affluent** 大量汇集的资金 [dàliàng huìjí de zījīn] ▸ **les spectateurs affluent** 观众大量涌入 [guānzhòng dàliàng yǒngrù].

afflux nm ❶ (circulation) 涌入 [yǒngrù] ▸ **un afflux de sang** 充血 [chōng xuè] ❷ (arrivée) 汇集 [huìjí] ▸ **un afflux de personnes** 人群的大量汇集 [rénqún de dàliàng huìjí].

affoler vt 使……恐慌 [shǐ… kǒnghuāng] ▸ **les rumeurs de guerre affolent les populations** 战争的谣言使人们很恐慌 [zhànzhēng de yáoyán shǐ rénmen hěn kǒnghuāng].

■ **s'affoler** vp 慌乱 [huāngluàn] ▸ **ne vous affolez pas** 您别慌 [nín bié huāng].

affranchir vt ❶ (timbrer) 贴邮票 [tiēyóupiào] ▸ **affranchir une lettre** 在信上贴邮票 [zài xìn shàng tiēyóupiào] ▸ **affranchir au tarif en vigueur** 以现行邮价贴邮票 [yǐ xiànxíng yóujià tiēyóupiào] ❷ HIST (esclave) 解放(奴隶) [jiěfàng (núlì)].

affreusement adv (extrêmement) 非常 [fēicháng] ▸ **être affreusement en retard** 来得非常晚 [lái de fēicháng wǎn] ▸ **un blessé affreusement mutilé** 伤残极其严重的伤员 [shāngcán jíqí yánzhòng de shāngyuán].

affreux, euse adj 非常糟糕的 [fēicháng zāogāo de] ▸ **il fait un temps affreux** 天气非常糟糕 [tiānqì fēicháng zāogāo] ▸ **ce bâtiment est vraiment affreux** 这栋房子真是糟糕 [zhè dòng fángzi zhēnshì zāogāo] ▸ **un affreux**

cauchemar 可怕的噩梦 [kěpà de èmèng] ▸ **un affreux personnage** 令人讨厌的人 [lìngrén tǎoyàn de rén].

affront nm 耻辱 [chírǔ] ▸ **essuyer** ou **subir un affront** 遭受耻辱 [zāoshòu chírǔ] ▸ **faire un affront à qqn** 侮辱某人 [wúrǔ mǒurén] ▸ **il lui a fait l'affront de ne pas assister à son mariage** 他以不参加她的婚礼的方式来侮辱她 [tā yǐ bù cānjiā tāde hūnlǐ de fāngshì lái wúrǔ tā].

affrontement nm 冲突 [chōngtu] ▸ **un affrontement avec les forces de sécurité** 与治安部队之间的冲突 [yǔ zhì'ān bùduì zhījiān de chōngtu].

affronter vt 面对 [miànduì] ▸ **affronter un problème** 面对一个难题 [miàn duì yí ge nántí] ▸ **affronter une personne** 对付一个人 [duìfù yí ge rén].

Afghanistan nm ▸ **l'Afghanistan** 阿富汗 [Āfùhàn].

afin ▪ **afin de** loc prép *(+ infinitif)* 为了 [wèile] ▸ **partir tôt afin d'arriver à l'heure** 为了准时到达而提早出发 [wèile zhǔnshí dàodá ér tízǎo chūfā].

▪ **afin que** loc conj *(+ subjonctif)* 以便 [yǐbiàn] ▸ **appelez-moi afin que je puisse vous renseigner** 给我打电话以便我能告诉您一些情况 [gěi wǒ dǎ diànhuà yǐbiàn wǒ néng gàosu nín yìxiē qíngkuàng].

africain, e adj 非洲的 [fēizhōu de].

▪ **Africain, e** nm, f 非洲人 [Fēizhōurén].

Afrique nf ▸ **l'Afrique** 非洲 [Fēizhōu] ▸ **l'Afrique du Nord** 北非 [Běifēi] ▸ **l'Afrique du Sud** 南非 [Nánfēi].

agaçant, e adj 烦人的 [fánrén de] ▸ **attitude agaçante** 使人恼火的态度 [shǐrén nǎohuǒ de tàidu] ▸ **personne agaçante** 烦人的人 [fánrén de rén].

agacer vt 使......恼火 [shǐ... nǎohuǒ] ▸ **agacer qqn** 使某人恼火 [shǐ mǒurén nǎohuǒ].

âge nm ❶ (nombre d'années de vie) 年龄 [niánlíng] ▸ **quel âge as-tu ?** 你多大了？ [nǐ duōdà le?] ▸ **quel âge avez-vous ?** 您多大年纪了？ [nín duōdà niánjì le?] ▸ **avoir l'âge de** 到了......的年龄 [dàole... niánlíng] ▸ **avoir passé l'âge de faire qqch** 过了做某事的年龄 [guò le zuò mǒushì de niánlíng] ▸ **ne pas faire son âge** 不像那么大岁数 [bú xiàng nàme dà suìshù] ▸ **une personne d'un certain âge** 一个上了年纪的人 [yí ge shàng le niánjì de rén] ❷ (tranche de vie) 时期 [shíqī] ▸ **le troisième âge** 老年 [lǎonián] ▸ **l'âge adulte** 成年 [chéngnián] ❸ (époque) 时代 [shídài] ▸ **l'âge d'or de la littérature** 文学的黄金时代 [wénxué de huángjīn shídài] ▸ **le Moyen Âge** 中世纪 [zhōng shìjì].

âgé, e adj 上年纪的 [shàngniánjì de] ▸ **un homme âgé** 一位老年人 [yí wèi lǎoniánrén] ▸ **il est plus âgé que moi** 他比我岁数大 [tā bǐ wǒ suìshù dà] ▸ **il est âgé de 20 ans** 他20岁了 [tā 20 suì le].

agence nf 代理处 [dàilǐchù] ▸ **agence immobilière** 房地产代理公司 [fángdìchǎn dàilǐ gōngsī] ▸ **agence de voyages** 旅行社 [lǚxíngshè] ▸ **Agence nationale pour l'emploi**= **ANPE**.

agenda nm 记事本 [jìshìběn].

agenouiller ▪ **s'agenouiller** vp 跪 [guì] ▸ **s'agenouiller devant** 在......前面跪下 [zài... qiánmian guìxià].

agent nm ❶ (personne) 代理人 [dàilǐrén] ▸ **agent immobilier** 房产代理人 [fángchǎn dàilǐrén] ▸ **agent de police** 警察 [jǐngchá] ▸ **agent secret** 秘探 [mì tàn] ❷ (facteur) 因素 [yīnsù] ▸ **agent atmosphérique** 大气因素 [dàqì yīnsù] ▸ **agent chimique** 化学因素 [huàxué yīnsù] ❸ GRAMM 施动者 [shī dòng zhě].

agglomération nf 城市及郊区的统称 [chéngshì jí jiāoqū de tǒngchēng] ▸ **l'agglomération parisienne** 巴黎市及其郊区 [bālí shì jíqí jiāoqū] ▸ **en agglomération** 在居民点 [zài jūmíndiǎn] ▸ **hors agglomération** 在居民点以外 [zài jūmíndiǎn yǐwài].

aggloméré nm 压缩木料 [yāsuōmùliào] ▸ **des planches en aggloméré** (cl. 块 [kuài]) 压缩木板 [yāsuō mùbǎn].

agglutiner ▪ **s'agglutiner** vp 聚集 [jùjí] ▸ **la foule s'agglutinait devant les grilles** 群众聚集在护栏前 [qúnzhòng jùjí zài hùlán qián].

aggraver vt ❶ (intensifier, dégrader) 使......加剧 [shǐ... jiājù] ▸ **aggraver une crise** 使危

机加剧 [shǐ wēijī jiājù] ▸ **aggraver un état de santé** 使身体状况恶化 [shǐ shēntǐ zhuàngkuàng èhuà] ❷ (rendre plus grave) 加重 [jiāzhòng] ▸ **aggraver son cas** *fam* 使自己的问题严重 [shǐ zìjǐ de wèntí yánzhòng].

▪ **s'aggraver** vp 加剧 [jiājù] ▸ **la situation n'a fait que s'aggraver** 形势恶化 [xíngshì èhuà] ▸ **son état s'est encore aggravé** 他的病情又加重了 [tāde bìngqíng yòu jiāzhòng le].

agile adj 灵活的 [línghuó de].

agir vi ❶ (entreprendre une action) 行动 [xíngdòng] ▸ **il faut agir vite !** 行动要快！ [xíngdòng yào kuài!] ❷ (se comporter) 行为 [xíngwéi] ▸ **quelle étrange façon d'agir !** 这种做法真奇怪！ [zhè zhǒng zuòfǎ zhēn qíguài!] ▸ **mal agir (envers qqn)** (对某人)不好 [(duì mǒurén) bù hǎo] ❸ (être efficace) 起作用 [qǐzuòyòng] ▸ **ce remède agit en quelques heures** 这个药在几小时内起作用 [zhè ge yào zài jǐ xiǎoshí nèi qǐzuòyòng].

▪ **il s'agit de** v impers 涉及到…… [shèjí dào…] ▸ **il s'agit de toi** 这涉及到你 [zhè shèjí dào nǐ] ▸ **de quoi s'agit-il ?** 怎么回事？ [zěnme huíshì?] ▸ **quand il s'agit de…** 当涉及到……的时候 [dāng shèjí dào… de shíhou].

agissements nmpl 行径 [xíngjìng] ▸ **des agissements suspects** 可疑的行径 [kěyí de xíngjìng].

agitation nf ❶ (nervosité) 烦躁 [fánzào] ▸ **être dans un état de grande agitation** 心情烦躁不安 [xīnqíng fánzào bù'ān] ❷ (trouble) 动乱 [dòngluàn] ▸ **l'agitation sociale** 社会动乱 [shèhuì dòngluàn] ❸ (mouvement) 动荡 [dòngdàng] ▸ **l'agitation de l'eau** 水的波澜荡漾 [shuǐ de bōlán dàngyàng].

agité, e adj ❶ (en mouvement) 动荡的 [dòngdàng de] ▸ **une mer agitée** 波涛汹涌的大海 [bōtāo xiōngyǒng de dàhǎi] ❷ (énervé) 烦躁不安的 [fánzào bù'ān de] ▸ **un enfant agité** 一个烦躁不安的孩子 [yí ge fánzào bù'ān de háizi] ▸ **une classe agitée** 一个吵闹的班级 [yí ge chǎonào de bānjí] ❸ (tourmenté) 焦虑不安的 [jiāolǜ bù'ān de] ▸ **sommeil agité** 不安稳的睡眠 [bù'ānwěn de shuìmián] ▸ **malade agité** 焦躁不安的病人 [jiāozào bù'ān de bìngrén].

agiter vt 摇动 [yáodòng] ▸ **agiter avant l'emploi** 在使用前摇动 [zài shǐyòng qián yáodòng] ▸ **elle agitait un mouchoir pour lui dire adieu** 她挥动着一块手帕跟他道别 [tā huīdòngzhe yí kuài shǒupà gēn tā dàobié].

▪ **s'agiter** vp 兴奋 [xìngfèn] ▸ **arrête de t'agiter !** 别太兴奋了！ [bié tài xìngfèn le!].

agneau nm ❶ (animal) 羔羊 [gāoyáng] ❷ (viande) 羔羊肉 [gāoyáng ròu].

agonie nf 垂危 [chuíwēi] ▸ **être à l'agonie** 生命垂危 [shēngmìng chuíwēi].

agoniser vi 垂死 [chuísǐ] ▸ **des soldats agonisaient sur le champ de bataille** 一些士兵在战场上奄奄一息 [yìxiē shìbīng zài zhànchǎng shàng yányǎn yìxī] ▸ **le régime agonise** 垂死的政权 [chuísǐ de zhèngquán].

agrafe nf ❶ (à papier) 订书钉 [dìngshūdīng] ▸ **des agrafes de bureau** 办公室的订书钉 [bàngōngshì de dìngshūdīng] ❷ (d'un vêtement) 搭扣 [dākòu] ❸ MÉD 创口夹 [chuāngkǒujiā] ▸ **mettre des agrafes à qqn** 给某人用创口夹 [gěi mǒurén yòng chuāngkǒujiā].

agrafer vt ❶ (du papier) 夹住 [jiāzhù] ❷ (un vêtement) 扣上 [kòushang].

agrafeuse nf ▸ **agrafeuse à papier** 订书机 [dìngshūjī] ▸ **agrafeuse pour revêtement mural** 用于墙的饰面的装订器 [yòngyú qiáng de shìmiàn de zhuāngdìngqì].

agraire adj 土地的 [tǔdì de] ▸ **réforme agraire** 土地改革 [tǔdì gǎigé].

agrandir vt ❶ (rendre plus grand) 扩大 [kuòdà] ▸ **agrandir une maison** 扩建一所房子 [kuòjiàn yì suǒ fángzi] ▸ **agrandir une ouverture** 加大开口度 [jādà kāikǒu dù] ❷ PHOTO 放大 [fàngdà] ▸ **faire agrandir une photo** 放大一张照片 [fàngdà yì zhāng zhàopiàn] ❸ (développer) 发展壮大 [fāzhǎn zhuàngdà] ▸ **il a agrandi sa société** 他发展壮大了他的公司 [tā fāzhǎn zhuàngdà le tāde gōngsī].

▪ **s'agrandir** vp ❶ (s'étendre) 变大 [biàndà] ▸ **le trou s'est agrandi** 洞变大了 [dòng biàndà le] ❷ (se développer) 变壮大 [biàn zhuàngdà] ▸ **ce commerçant s'est agrandi** 这个商人生意做大了 [zhè ge shāngrén shēngyì zuòdà le].

agrandissement nm ❶ (élargissement) 扩大 [kuòdà] ❷ PHOTO 放大 [fàngdà].

agréable adj 愉快的 [yúkuài de] ▸ **passer une soirée agréable** 度过一个愉快的晚上 [dùguò yí ge yúkuài de wǎnshang] ▸ **ville agréable** 惬意的城市 [qièyì de chéngshì] ▸ **personne agréable** 可爱的人 [kě'ài de rén].

agréé, e adj 授权的 [shòuquán de] ▸ **concessionnaire agréé** 独家代理商 [dújiā dàilǐshāng] ▸ **organisme agréé** 获授权的机构 [huò shòuquán jīgòu] ▸ **vendeur agréé** 特许经销商 [tèxǔ jīngxiāoshāng].

agréer vt *sout* ❶ (approuver) 同意 [tóngyì] ▸ **agréer une demande** 同意一项请求 [tóngyì yí xiàng qǐngqiú] ❷ (dans les formules de politesse) ▸ **veuillez agréer l'expression de mes sentiments distingués** 请接受我崇高的敬意 [qǐng jiēshòu wǒ cónggāo de jìngyì].

agrégation nf UNIV 法国大学和中学教师的学衔考试 [Fǎguó dàxué hé zhōngxué jiàoshī de xuéxián kǎoshì] ▸ **passer l'agrégation** 参加教师学衔考试 [cānjiā jiàoshī xuéxián kǎoshì].

agrément nm (approbation) 许可 [xúkě] ▸ **l'agrément d'un projet** 对一项计划的许可 [duì yí xiàng jìhuà de xúkě] ▸ **obtenir un agrément** 获得许可 [huòdé xǔkě] ▸ **donner son agrément à qqn** 批准某人 [pīzhǔn mǒurén].

agrès nmpl SPORT 体操器械 [tǐcāoqìxiè] ▸ **aux agrès** 器械体操 [qìxiètǐcāo].

agresser vt ❶ (assaillir) 袭击 [xíjī] ▸ **deux hommes ont agressé le conducteur** 两个男人袭击了司机 [liǎng ge nánrén xíjī le sījī] ❷ *fig* (se montrer agressif) 挑衅 [tiǎoxìn] ▸ **ne m'agresse pas comme ça, je ne t'ai rien fait !** 你别这样冲我，我又没招惹你！ [nǐ bié zhèyàng chòng wǒ, wǒ yòu méi zhāorě nǐ!].

agresseur nm 袭击者 [xíjīzhě].

agressif, ive adj 挑衅的 [tiǎoxìn de] ▸ **couleur agressive** 刺眼的颜色 [cìyǎn de yánsè] ▸ **discours agressif** 挑衅的话 [tiǎoxìn de huà] ▸ **personne agressive** 好斗的人 [hàodòu de rén].

agression nf ❶ (d'un pays) 侵略 [qīnlüè] ▸ **agression militaire** 军事侵略 [jūnshì qīnlüè] ❷ (d'une personne) 袭击 [xíjī] ▸ **être victime d'une agression** 一次袭击的受害者 [yí cì xíjī de shòuhàizhě] ▸ **commettre une agression contre qqn** 袭击某人 [xíjī mǒurén] ▸ **agression raciste** 种族主义侵犯 [zhǒngzúzhǔyì qīnfàn] ▸ **agression sexuelle** 性侵犯 [xìng qīnfàn].

agressivité nf 挑衅性 [tiǎoxìnxìng] ▸ **montrer de l'agressivité envers qqn** 向某人挑衅 [xiàng mǒurén tiǎoxìn].

agricole adj 农业的 [nóngyè de] ▸ **ouvrier agricole** 农业工人 [nóngyè gōngrén] ▸ **produit agricole** 农产品 [nóngchánpǐn].

agriculteur, trice nm, f 名 [míng]) 农耕者 [nónggēngzhě].

agriculture nf 农业 [nóngyè] ▸ **agriculture biologique** 生态农业 [shēngtài nóngyè] ▸ **agriculture durable** 可持续农业 [kě chíxù nóngyè].

agripper vt 紧紧抓住 [jǐnjǐn zhuāzhù] ▸ **agripper un objet** 紧抓一样东西 [jǐnzhuā yí yàng dōngxi] ▸ **agripper une personne** 揪住一个人 [jiūzhù yí ge rén].

▪ **s'agripper à** vp+prép 抓紧 [zhuājǐn].

agroalimentaire ♦ adj 农业食品加工的 [nóngyè shípǐn jiāgōng de]. ♦ nm 农业食品加工业 [nóngyè shípǐn jiāgōng yè].

agrume nm 柑橘类 [gānjúlèi].

aguets ▪ **aux aguets** loc adv ▸ **être aux aguets** 窥伺着 [kuīsìzhe].

aguicher vt 诱惑 [yòuhuò].

ah interj ❶ (marque une émotion) 啊 [a] ▸ **ah ! quel plaisir !** 啊！真高兴啊！ [a! zhēn gāoxìng a!] ❷ (marque la surprise) 啊 [a] ▸ **ah bon ? pas possible !** 是吗？不可能！ [shìma? bù kěnéng!] ❸ (exclamation) 唉呀 [āiyā] ▸ **ah non, je ne veux pas !** 唉呀不行，我不愿意！ [āiyā bù xíng, wǒ bú yuànyì!] ❹ (marque le rire) 哈 [hā] ▸ **ah ! ah !** 哈！哈！ [hā! hā!].

ahuri, e adj 目瞪口呆的 [mùdèng kǒudāi de].

ahurissant, e adj 令人目瞪口呆的 [lìngrén mùdèng kǒudāi de].

aide ♦ nf ❶ (assistance) 帮助 [bāngzhù] ▸ **avoir besoin d'aide** 需要帮助 [xūyào bāngzhù] ▸ **demander de l'aide à qqn** 向某人请求帮助 [xiàng mǒurén qǐngqiú bāngzhù]

▸ **à l'aide !** 救命！ [jiùmìng!] ▸ **appeler à l'aide** 求救 [qiújiù] ❷ (secours financier) 援助 [yuánzhù] ▸ **recevoir des aides de l'État** 得到国家的救助 [dédào guójiā de jiùzhù] ▸ **aide au développement** 援助发展 [yuánzhù fāzhǎn] ▸ **aide à l'emploi** 就业救济 [jiùyè jiùjì] ▸ **aide humanitaire** 人道主义援助 [réndàozhǔyì yuánzhù]. ♦ nmf (personne) 助手 [zhùshǒu] ▸ **aide ménagère** 家务助理女工 [jiāwù zhùlǐ nǚgōng] ▸ **aide à domicile** 家政服务 [jiāzhèng fúwù].

▪ **à l'aide de** loc prép 借助于 [jièzhù yú] ▸ **marcher à l'aide de béquilles** 借助拐杖走路 [jièzhù guǎizhàng zǒulù].

aider ♦ vt 帮助 [bāngzhù] ▸ **aidez-moi, je vais tomber !** 帮我一把，我要摔倒了！ [bāng wǒ yì bǎ, wǒ yào shuāidǎo le!] ▸ **aider qqn à faire qqch** 帮助某人做某事 [bāngzhù mǒurén zuò mǒushì]. ♦ vi ▸ **aider à…** 有助于…… [yǒuzhù yú…].

▪ **s'aider de** vp+prép (se servir de) 借助…… [jièzhù…].

aide-soignant, e nm, f 助理护士 [zhùlǐ hùshi].

aïe interj (exprime la douleur) 哎呦 [āi yōu].

aigle nm (cl. 只 [zhī]) 鹰 [yīng].

aigre adj ❶ (goût) 酸的 [suān de] ❷ (voix) 刺耳的 [cì'ěr de] ❸ (ton) 尖刻的 [jiānkè de] ▸ **une remarque aigre** 尖刻的意见 [jiānkè de yìjiàn] ▸ **tourner à l'aigre** 变得激烈 [biàn de jīliè].

aigreur nf (d'un aliment) 酸味 [suānwèi] ▸ **avoir des aigreurs d'estomac** 胃反酸 [wèi fǎn suān].

aigri, e adj 乖戾的 [guāilì de].

aigu, uë adj ❶ (haut, perçant) 尖的 [jiān de] ▸ **cri aigu** 尖叫声 [jiānjiào shēng] ▸ **note aiguë** 高音符 [gāoyīn fú] ❷ (très intense et brutal) 剧烈的 [jùliè de] ▸ **douleur aiguë** 剧烈的疼痛 [jùliè de téngtòng].

▪ **aigu** nm MUS 高音 [gāoyīn].

aiguille nf ❶ (à coudre) ○ (cl. 根 [gēn]) 缝衣针 [féngyīzhēn] ❷ (à tricoter) ○ (cl. 根 [gēn]) 编织针 [biānzhīzhēn] ❸ (d'une pendule) 指针 [zhǐ zhēn] ▸ **la petite aiguille** 时针 [shízhēn] ▸ **la grande aiguille** 分针 [fēnzhēn]

◊ **chercher une aiguille dans une botte de foin** 大海捞针 [dàhǎi lāo zhēn].

aiguiser vt 磨快 [mókuài] ▸ **aiguiser un couteau** 磨刀 [mó dāo].

ail nm 大蒜 [dàsuàn].

aile nf ❶ (d'animaux) ○ (cl. 只 [zhī]) 翅膀 [chìbǎng] ▸ **déployer ses ailes** 展开双翅 [zhǎnkāi shuāngchì] ❷ (d'avion) 机翼 [jīyì].

aileron nm ❶ (d'oiseau) 翅尖 [chìjiān] ▸ **des ailerons de poulet** 鸡翅尖 [jīchì jiān] ❷ (de poisson) 鱼翅 [yúchì] ▸ **des ailerons de requin** 鲨鱼翅 [shāyú chì].

ailleurs adv 在别处 [zài biéchù] ▸ **il n'y a rien ici, allons voir ailleurs** 这儿什么都没有，我们去别的地方看看吧 [zhèr shénme dōu méiyǒu, wǒmen qù bié de dìfang kànkan ba] ▸ **nulle part ailleurs** 在任何别的地方 [zài rènhé bié de dìfang].

▪ **d'ailleurs** loc adv 此外 [cǐwài] ▸ **son père est avare ; sa mère aussi, d'ailleurs** 他父亲是吝啬鬼；此外，他母亲也是 [tā fùqin shì lìnsèguǐ; cǐwài, tā mǔqin yěshì].

▪ **par ailleurs** loc adv 另一方面 [lìng yì fāngmiàn].

aimable adj 可爱的 [kě'ài de] ▸ **air aimable** 和蔼的态度 [hé'ǎi de tàidu] ▸ **sourire aimable** 亲切的微笑 [qīnqiè de wēixiào] ▸ **c'est très aimable de votre part** 您真是太客气了 [nín zhēn shì tài kèqi le].

aimablement adv 亲切地 [qīnqiè de].

aimant nm 磁铁 [cítiě].

aimer vt ❶ (pour exprimer des goûts) 喜欢 [xǐhuān] ▸ **il aime voyager** 他喜欢旅行 [tā xǐhuān lǚxíng] ▸ **je n'aime pas que tu rentres seule le soir** 我不愿意你晚上一个人回家 [wǒ bú yuànyì nǐ wǎnshang yí ge rén huíjiā] ▸ **j'aime à croire que…** 我希望…… [wǒ xīwàng…] ❷ (pour exprimer un souhait) 想要 [xiǎngyào] ▸ **j'aimerais que tu restes avec moi** 我很想让你留下来陪我 [wǒ hěn xiǎng ràng nǐ liúxiàlái péi wǒ] ▸ **j'aimerais bien une autre tasse de café** 我很想再来一杯咖啡 [wǒ hěn xiǎng zài lái yì bēi kāfēi] ❸ (pour exprimer une préférence) 更喜欢 [gèng xǐhuān] ▸ **j'aime mieux rester ici** 我更喜欢待在这儿 [wǒ gèng xǐhuān dāi zài zhèr] ▸ **j'aime mieux lire**

que regarder la télévision 相对于看电视我更喜欢看书 [xiāngduìyú kàn diànshì wǒ gèng xǐhuān kànshū] ❹ (éprouver de l'amour pour) 爱 [ài].

▪ **s'aimer** vp (emploi réciproque) 相爱 [xiāng ài] ▸ **ils s'aiment depuis des années** 他们已经相爱了多年 [tāmen yǐjīng xiāng'ài le duōnián] ▸ **ils s'aiment bien** 他们彼此很相爱 [tāmen bícǐ hěn xiāng'ài].

aine nf 腹股沟 [fùgǔgōu].

aîné, e ♦ adj 最年长的 [zuì niánzhǎng de] ▸ **sœur aînée** 姐姐 [jiějie] ▸ **frère aîné** 哥哥 [gēge] ▸ **fils aîné** 长子 [zhángzǐ] ▸ **fille aînée** 长女 [zhángnǚ]. ♦ nm, f (personne plus âgée) 较年长的人 [jiào niánzhǎng de rén] ▸ **elle est mon aînée de deux ans** 她比我大两岁 [tā bǐ wǒ dà liǎngsuì].

ainsi adv 这样 [zhèyàng] ▸ **il a eu tort d'agir ainsi** 他这样做是错的 [tā zhèyàng zuò shì cuò de] ▸ **et ainsi de suite** 就这样继续下去 [jiù zhèyàng jìxùxiàqù].

▪ **ainsi que** loc conj ❶ (de même que) 和……一样 [hé… yíyàng] ▸ **elle arrive à 11 heures, ainsi que mon frère** 她11点到，我哥哥也一样 [tā 11 diǎn dào, wǒ gēge yě yíyàng] ❷ (et) 和 [hé] ▸ **la maison ainsi que les terrains voisins** 房子和临近的土地 [fángzi hé línjìn de tǔdì].

air nm ❶ (que l'on respire) 空气 [kōngqì] ▸ **l'air est pur ici** 这里空气纯净 [zhèli kōngqì chúnjìng] ▸ **air frais** 新鲜的空气 [xīnxiān de kōngqì] ▸ **air conditionné** 空调 [kōng tiáo] ▸ **prendre l'air** 呼吸新鲜空气 [hūxī xīnxiān kōngqì] ❷ (espace) 天空 [tiānkōng] ▸ **dans les airs** 在空中 [zài kōngzhōng] ▸ **en l'air** 向空中 [xiàng kōngzhōng] ▸ **en plein air** 在户外 [zài hùwài] ▸ **un concert en plein air** 一场露天音乐会 [yì chǎng lùtiān yīnyuèhuì] ❸ (apparence) 样子 [yàngzi] ▸ **avoir l'air de** *(+ infinitif)* 看起来 [kànqǐlái] ▸ **il a l'air de faire beau** 天气看起来不错 [tiānqì kànqǐlái búcuò] ▸ **avoir l'air de qqch** 像…… [xiàng…] ▸ **tu as l'air d'un intellectuel** 你像个知识分子 [nǐ xiàng ge zhīshí fènzi] ❹ MUS (cl. 首 [shǒu]) 段 [duàn]) 乐曲 [yuèqǔ] ▸ **un air d'opéra** 一段歌剧的曲调 [yí duàn gējù de qǔdiào]
◊ **des paroles en l'air** 空话 [kōng huà].

aire nf ❶ (terrain aménagé) ○ (cl. 块 [kuài] ou 片 [piàn]) 空地 [kòngdì] ▸ **aire de jeux** 游戏区 [yóuxì qū] ▸ **aire de repos** 停车休息处 [tíngchē xiūxi chù] ❷ (superficie) 面积 [miànji].

airelle nf (cl. 棵 [kē]) 越桔树 [yuèjiéshù].

aisance nf ❶ (facilité) 自如 [zìrú] ▸ **avec aisance** 自如地 [zìrú de] ▸ **s'exprimer avec aisance** 表达流畅自如 [biǎodá liúchàng zìrú] ❷ (richesse) 富裕 [fùyù].

aise nf 舒服 [shūfu] ▸ **se sentir à l'aise** 感觉舒服 [gǎnjué shūfu] ▸ **se mettre à l'aise** 不拘束 [bù jūshù] ▸ **être mal à l'aise** 感到不自在 [gǎndào bú zìzài] ▸ **mettre qqn mal à l'aise** 使某人感到不自在 [shǐ mǒurén gǎndào bú zìzài].

aisé, e adj (riche) 富裕的 [fùyù de].

aisément adv 轻易地 [qīngyì de].

aisselle nf 腋窝 [yèwō].

ajourner vt ❶ (reporter) 推迟 [tuīchí] ▸ **ajourner une décision** 推迟一个决定 [tuīchí yí ge juédìng] ❷ (recaler) 考试不及格者下次再考 [kǎoshì bù jígé zhě xià cì zài kǎo] ▸ **le candidat a été ajourné** 应试者考试不及格，下次再考 [yìngshìzhě kǎoshì bù jígé, xià cì zài kǎo].

ajout nm 附加成分 [fùjiā chéngfen] ▸ **un produit sans ajout de conservateur** 不加防腐剂的产品 [bù jiā fángfǔjì de chánpǐn].

ajouter vt ❶ (mettre en plus) 加 [jiā] ▸ **ajouter du sel** 加点盐 [jiādiǎn yán] ❷ (dire en plus) 补充 [bǔchōng] ▸ **elle ajouta un mot pour remercier l'assistance** 她补充了一句为了感谢获得的帮助 [tā bǔchōng le yí jù wèile gānxiè huòdé de bāngzhù].

▪ **s'ajouter à** vp 增加到 [zēngjiā dào] ▸ **à sa bourse s'ajoutent diverses aides régionales** 奖学金之外另加上各种地区补助 [jiǎngxuéjīn zhīwài lìngjiāshang gèzhǒng dìqū bǔzhù].

ajuster vt ❶ (régler) 校准 [jiàozhǔn] ▸ **ajuster une balance** 校准天平 [jiàozhǔn tiānpíng] ❷ (adapter) 装配 [zhuāngpèi] ▸ **ajuster un manche à un outil** 给工具装柄 [gěi gōngjù zhuāng bǐng] ▸ **ajuster un tuyau à un robinet** 把一根管子装到水龙头上 [bǎ yì gēn guǎnzi zhuāng dào shuǐlóngtóu shàng] ❸ (mettre en harmonie) 使……协调 [shǐ…xiétiáo] ▸ **ajuster un vêtement** 把衣服改得合身 [bǎ yīfu gǎi de héshēn] ❹ (rendre précis) 修正 [xiūzhèng] ▸ **ajuster son tir** 修正射击偏差 [xiūzhèng shèjī piānchā] ❺ (arranger) 整理 [zhénglǐ] ▸ **ajuster sa cravate** 整理他的领带 [zhénglǐ tāde lǐngdài].

alarme nf ❶ (alerte) 警报 [jǐngbào] ▸ **donner l'alarme** 发出警报 [fāchū jǐngbào] ❷ (dispositif) 警报器 [jǐngbàoqì] ▸ **système d'alarme** 警报系统 [jǐngbào xìtǒng] ▸ **alarme de voiture** 汽车警报器 [qìchē jǐngbàoqì].

alarmer ▪ **s'alarmer** vp 惊慌 [jīnghuāng] ▸ **il n'y aucune raison de s'alarmer** 根本不用惊慌 [gēnběn bú yòng jīnghuāng].

albanais, e ♦ adj 阿尔巴尼亚的 [ā'ěrbāníyà de]. ♦ nm (langue) 阿尔巴尼亚语 [ā'ěrbāníyàyǔ].

Albanie nf ▸ **l'Albanie** 阿尔巴尼亚 [Ā'ěrbāníyà].

albâtre nm 大理石 [dàlǐshí].

albatros nm (cl. 只 [zhī]) 信天翁 [xìntiānwēng].

album nm ❶ (classeur) 册 [cè] ▸ **un album de timbres** 一本集邮册 [yì běn jíyóucè] ▸ **un album photos** 一本相册 [yì běn xiàngcè] ❷ (livre) ◦ (cl. 本 [běn]) 画册 [huàcè] ▸ **album de bandes dessinées** 连环画册 [liánhuánhuà cè] ❸ (disque) ◦ (cl. 张 [zhāng]) 专辑 [zhuānjí] ▸ **tu as écouté leur dernier album ?** 你听了他们最新的专辑了吗？ [nǐ tīng le tāmen zuìxīn de zhuānjí le ma?].

alcool nm ❶ CHIM 酒精 [jiǔjīng] ▸ **alcool à 90°** 浓度为90度的酒精 [nóngdù wéi 90 dù de jiǔjīng] ❷ (boisson) 白酒 [báijiǔ] ▸ **non merci, je ne bois pas d'alcool** 不，谢谢，我不喝酒 [bù, xièxie, wǒ bù hē jiǔ] ▸ **alcool blanc** 白酒 [báijiǔ] ▸ **alcool fort** 烈性酒 [lièxìng jiǔ] ▸ **alcool jaune** 黄酒 [huángjiǔ] ▸ **sans alcool** 不含酒精的 [bùhán jiǔjīng de].

alcoolique ♦ adj 酗酒的 [xùjiǔ de]. ♦ nm, f 酗酒者 [xùjiúzhě] ▸ **les Alcooliques Anonymes** 酗酒者互戒协会 [xùjiúzhě hùjiè xiéhuì].

alcoolisé, e adj 含酒精的 [hán jiǔjīng de] ▸ **une bière très peu alcoolisée** 酒精含量极低的饮料 [jiǔjīng hánliàng jídī de yǐnliào] ▸ **une boisson non alcoolisée** 不含酒精的饮料 [bùhán jiǔjīng de yǐnliào].

alcoolisme nm 酒精中毒 [jiǔjīng zhòngdú].

Alco(o)test® nm 呼吸验酒器 [hūxī yànjiǔqì] ▸ **souffler dans l'alcootest** 往验酒器里呼气 [wǎng yànjiǔqì lǐ hūqì].

aléas nmpl 风险 [fēngxiǎn] ▸ **aléas du métier** 职业的风险 [zhíyè de fēngxiǎn] ▸ **aléas de l'existence** 生存中的风险 [shēngcún de fēngxiǎn].

aléatoire adj 偶然的 [ǒurán de] ▸ **caractère aléatoire** 偶然性 [ǒuránxìng].

alentours nmpl 周围 [zhōuwéi] ▸ **il n'y a personne aux alentours** 周围一个人都没有 [zhōuwéi yí ge rén dōu méiyǒu] ▸ **les alentours d'une ville** 市郊 [shìjiāo] ▸ **dans les alentours** 在附近 [zài fùjìn].

▪ **aux alentours de** loc prép ❶ (spatial) 在……附近 [zài… fùjìn] ▸ **aux alentours du parc** 在公园附近 [zài gōngyuán fùjìn] ❷ (temporel) 左右 [zuǒyòu] ▸ **nous arriverons aux alentours de 8 h** 我们8点左右到达 [wǒmen 8 diǎn zuǒyòu dàodá].

alerte ♦ adj ❶ (personne) 敏捷的 [mǐnjié de] ▸ **une démarche alerte** 敏捷的步伐 [mǐnjié de bùfá] ❷ (esprit) 灵活的 [línghuó de] ▸ **un esprit vif et alerte** 活泼灵敏的思维 [huópō língmǐn de sīwéi]. ♦ nf 警报 [jǐngbào] ▸ **donner l'alerte** 报警 [bàojǐng] ▸ **une alerte à la bombe** 炸弹警报 [zhàdàn jǐngbào] ▸ **une fausse alerte** 假警报 [jiǎ jǐngbào] ▸ **être en état d'alerte** 处于戒备状态 [chǔyú jièbèi zhuàngtài].

alerter vt 使……警觉 [shǐ…jǐngjué] ▸ **c'est un petit bruit qui m'a alerté** 是一个小小的声音让我警觉起来的 [shì yí ge xiáoxiǎo de shēngyīn ràng wǒ jǐngjué qǐlái de] ▸ **alerter la police** 报警 [bàojǐng] ▸ **alerter le voisinage** 向邻居们发出警告 [xiàng línjūmen fāchū jǐnggào].

Alger npr 阿尔及尔 [Ā'ěrjí'ěr].

Algérie nf ▸ **l'Algérie** 阿尔及利亚 [Ā'ěrjílìyà] ▸ **la guerre d'Algérie** 阿尔及利亚战争 [Ā'ěrjílìyà zhànzhēng].

algérien, enne adj 阿尔及利亚的 [ā'ěrjílìyà de].

▪ **algérien** nm (langue) 阿尔及利亚人讲的阿拉伯语 [ā'ěrjílìyà rén jiǎng de ālābóyǔ].

▪ **Algérien, enne** nm,f 阿尔及利亚人 [Ā'ěrjílìyàrén].

algue nf 藻类 [zǎolèi] ▸ **algue toxique** 毒藻 [dú zǎo].

alibi nm 不在现场的证据 [búzài xiànchǎng de zhèngjù] ▸ **avoir un alibi** 有一个不在现场的证据 [yǒu yí ge búzài xiànchǎng de zhèngjù] ▸ **fournir un alibi** 提供一个不在现场的证据 [tígōng yí ge búzài xiànchǎng de zhèngjù].

aliénation nf ❶ MÉD 精神错乱 [jīngshén cuòluàn] ❷ (asservissement) 束缚 [shùfù] ▸ **le travail entraîne l'aliénation de l'individu** 工作导致个人的束缚 [gōngzuò dǎozhì gèrén de shùfù].

aliéner vt ❶ (asservir) 束缚 [shùfù] ▸ **le travail nous aliène** 工作束缚我们 [gōngzuò shùfù wǒmen] ❷ (renoncer à) 放弃 [fàngqì] ▸ **aliéner sa liberté** 丧失自由 [sàngshī zìyóu] ❸ DR 让与 [ràngyǔ] ▸ **aliéner ses biens** 转让财产 [zhuǎnràng cáichǎn].

aligner vt ❶ (disposer en ligne) 排成直线 [páichéng zhíxiàn] ▸ **les livres sont alignés sur l'étagère** 书整齐地排在书架上 [shū zhěngqí de pái zài shūjià shàng] ▸ **aligner des plants de roses** 把玫瑰花栽成行 [bǎ méiguihuā zāichéng háng] ❷ (adapter) ▸ **aligner qqch sur qqch** 根据某事调整某事 [gēnjù mǒushì tiáozhěng mǒushì] ▸ **il a aligné sa conduite sur la mienne** 他根据我的行为调整他自己的表现 [tā gēnjù wǒde xíngwéi tiáozhěng tā zìjǐ de biǎoxiàn] ❸ (mettre à la suite) 排列 [páiliè] ▸ **aligner des arguments** 罗列论据 [luóliè lùnjù] ▸ **aligner des chiffres** 做帐 [zuò zhàng].

▪ **s'aligner** vp ❶ (se mettre en ligne) 排齐 [pái qí] ▸ **alignez-vous deux par deux !** 你们每两个人为一组排整齐！ [nǐmen měi liǎng ge rén wéi yì zǔ pái zhěngqí!] ❷ *fig* (s'adapter) ▸ **s'aligner sur qqch** 跟某物保持一致 [gēn mǒuwù bǎochí yízhì].

aliment nm 食物 [shíwù].

alimentaire adj 食物的 [shíwù de] ▸ **intoxication alimentaire** 食物中毒 [shíwù zhòngdú] ▸ **pension alimentaire** 抚养费 [fǔyǎngfèi] ▸ **régime alimentaire** 饮食制度 [yǐnshí zhìdù].

alimentation nf ❶ (nourriture) 进食 [jìnshí] ▸ **une alimentation à base de céréales** 以全麦食品为主的进食 [yǐ quánmài shípǐn wéi zhǔ de jìnshí] ❷ (activité) 食品行业 [shípǐn hángyè] ▸ **travailler dans l'alimentation** 在食品行业工作 [zài shípǐn hángyè gōngzuò] ❸ (approvisionnement) 供应 [gōngyìng] ▸ **alimentation électrique** 供电 [gōngdiàn] ▸ **alimentation en eau** 供水 [gōngshuǐ] ▸ **l'alimentation en gaz** 煤气供应 [méiqì gōngyìng].

alimenter vt ❶ (nourrir) 给食 [gěishí] ▸ **alimenter qqn** 喂某人吃饭 [wèi mǒurén chīfàn] ❷ (approvisionner) 供给 [gōngjǐ] ▸ **alimenter une chaudière en mazout** 给一个锅炉供应燃料油 [gěi yí ge guōlú gōngyìng ránliàoyóu] ❸ *fig* (entretenir) 使……继续 [shǐ… jìxù] ▸ **alimenter la conversation** 使谈话继续下去 [shǐ tánhuà jìxù xiàqu].

▪ **s'alimenter** vp 进食 [jìnshí].

alinéa nm ❶ (retrait de ligne) 另起一行(开始一个段落) [lìng qǐ yì háng (kāishǐ yí ge duànluò)] ❷ (sous-paragraphe) 段 [duàn].

aliter vt 使……卧床 [shǐ… wòchuáng] ▸ **être alité** 卧床不起 [wòchuáng bùqǐ].

▪ **s'aliter** vp 卧床 [wòchuáng].

allaitement nm 哺乳 [bǔrǔ] ▸ **allaitement maternel** 母乳喂养 [mǔrǔ wèiyǎng].

allaiter vt 喂奶 [wèinǎi] ▸ **allaiter un nourrisson** 给一个婴儿喂奶 [gěi yí ge yīng'ér wèinǎi].

alléchant, e adj ❶ (plat, odeur) 引起食欲的 [yǐnqǐ shíyù de] ▸ **un dessert alléchant** 诱人的甜点 [yòurén de tiándiǎn] ❷ (proposition) 吸引人的 [xīyǐnrén de] ▸ **une offre alléchante** 吸引人的提议 [xīyǐnrén de tíyì].

allécher vt 吸引 [xīyǐn] ▸ **être alléché par une odeur** 被一股香味吸引 [bèi yì gǔ xiāngwèi xīyǐn].

allée nf ❶ (chemin) ○ (cl. 条 [tiáo]) 小路 [xiǎolù] ❷ (couloir, passage) ○ (cl. 条 [tiáo]) 通道 [tōngdào] ▸ **les allées d'un avion** 一架飞机的航道

[yí jià fēijī de hángdào] ▸ **les allées d'un théâtre** 一个剧院的过道 [yí ge jùyuàn de guòdào].

▪ **allées et venues** nfpl 来来往往 [láilai wángwǎng] ▸ **j'ai fait des allées et venues entre Paris et Marseille** 我往来于巴黎和马赛之间 [wǒ wǎnglái yú Bālí hé Mǎsài zhījiān].

allégé, e adj (en matière grasse) 低脂的 [dīzhī de] ▸ **un produit allégé** 低脂肪产品 [dī zhīfáng chánpǐn].

alléger vt 减轻 [jiǎnqīng] ▸ **alléger un fardeau** 减轻负担 [jiǎnqīng fùdān] ▸ **alléger les impôts** 减轻赋税 [jiǎnqīng fùshuì] ▸ **alléger les programmes scolaires** 降低教学大纲的要求 [jiàngdī jiàoxué dàgāng de yāoqiú] ▸ **alléger les souffrances de qqn** 减轻某人的痛苦 [jiǎnqīng mǒurén de tòngkǔ].

allégorie nf 寓意 [yùyì].

allégresse nf 欢乐 [huānlè] ▸ **dans l'allégresse** 在欢乐之中 [zài huānlè zhīzhōng].

alléguer vt 提出 [tíchū] ▸ **alléguer une excuse** 提出一个借口 [tíchū yí ge jièkǒu].

Allemagne nf ▸ **l'Allemagne** 德国 [Déguó].

allemand, e adj 德国的 [déguó de].

▪ **allemand** nm (langue) 德语 [déyǔ].

▪ **Allemand, e** nm, f 德国人 [Déguó rén].

aller ♦ nm ❶ (billet) ○ (cl. 张 [zhāng]) 去程票 [qùchéng piào] ▸ **je voudrais un aller simple pour Pékin** 我想买一张去北京的单程票 [wǒ xiǎng mǎi yì zhāng qù Běijīng de dānchéngpiào] ▸ **un aller(et)retour** 往返票 [wángfǎnpiào] ❷ (trajet) 去程 [qùchéng] ▸ **l'aller s'est bien passé** 去程一切顺利 [qùchéng yíqiè shùnlì]. ♦ vi ❶ (se déplacer) 去 [qù] ▸ **aller à pied** 走着去 [zǒuzhe qù] ▸ **aller à vélo** 骑车去 [qí chē qù] ▸ **aller en avion** 乘飞机去 [chéng fēijī qù] ▸ **aller en bateau** 坐船去 [zuò chuán qù] ▸ **aller en métro** 坐地铁去 [zuò dìtiě qù] ▸ **aller en voiture** 开车去 [kāi chē qù] ▸ **aller à la campagne** 去乡下 [qù xiāngxia] ▸ **aller en vacances** 去度假 [qù dùjià] ❷ (mener à) 通往 [tōngwǎng] ▸ **cette route va bien à l'aéroport ?** 这条路通往机场吗？ [zhè tiáo lù shì tōngwǎng jīchǎng ma?] ❸ (suivi d'un infinitif, pour exprimer le but) 去 [qù] ▸ **aller travailler** 去工作 [qù gōngzuò] ▸ **aller voir qqn/qqch** 去看某人/某物 [qù kàn mǒurén/mǒuwù] ▸ **va voir si tout se passe bien** 去看看是否一切都进展顺利 [qù kànkan shìfǒu yíqiè dōu jìnzhǎn shùnlì] ❹ (suivi d'un infinitif, pour exprimer le futur proche) 就要 [jiùyào] ▸ **le film va commencer** 电影就要开始了 [diànyǐng jiùyào kāishǐ le] ▸ **quand vas-tu te décider ?** 你打算什么时候下决心？ [nǐ dǎsuàn shénme shíhou xià juéxīn?] ❺ (exprime un état) 进展 [jìnzhǎn] ▸ **aller bien/mal** 进展得好/不好 [jìnzhǎn de hǎo/bù hǎo] ▸ **aller mieux** 好些了 [hǎo xiē le] ▸ **comment ça va ? — ça va, merci** 怎么样？— 还好，谢谢 [zěnme yāng? — háihǎo, xièxie] ▸ **les affaires vont bien** 生意好 [shēngyì hǎo] ▸ **ça a l'air d'aller pour lui** 他看起来一切进展顺利 [tā kànqǐlái yíqiè jìnzhǎng shùnlì] ❻ (convenir) 适合 [shìhé] ▸ **ça te va d'aller au cinéma ?** 去看电影怎么样？ [qù kàn diànyǐng zěnmeyàng?] ▸ **cette jupe te va très bien** 这条裙子很适合你 [zhè tiáo qúnzi hěn shìhé nǐ] ▸ **le rouge ne va pas bien avec le rose** 红色和粉红色不相配 [hóngsè hé fěnhóngsè bù xiāngpèi] ▸ **le jaune ne me va pas du tout** 黄色一点都不适合我 [huáng sè yìdiǎn dōu bú shìhé wǒ] ❼ (pour encourager) ▸ **allez, on y va !** 来，我们走吧！ [lái, wǒmen zǒu ba!] ▸ **allez, encore un petit effort !** 加油，再加把劲！ [jiāyóu, zài jiā bǎ jìn!] ❽ (dans des expressions) ▸ **aller jusqu'au bout** 坚持到底 [jiānchí dàodǐ] ▸ **cela va de soi** 不言而喻 [bù yán ér yù].

▪ **s'en aller** vp ❶ (partir) 离开 [lí kāi] ▸ **je m'en vais** 我走了 [wǒ zǒu le] ▸ **ils s'en vont à la campagne** 他们去乡下 [tāmen qù xiāngxia] ❷ (disparaître) 消失 [xiāoshī] ▸ **cette tache ne veut pas s'en aller** 这个污点去不掉 [zhè ge wūdiǎn qù bú diào].

▪ **aller-retour** nm ❶ (billet) ○ (cl. 张 [zhāng]) 往返票 [wángfǎnpiào] ▸ **un aller-retour pour Nice, s'il vous plaît** 劳驾，我要一张去尼斯的往返票 [láojià, wǒ mǎi yì zhāng qù Nísī de wángfǎnpiào] ❷ (trajet) 来回 [láihuí] ▸ **faire l'aller-retour dans la journée** 当天跑个来回 [dāngtiān pǎo ge láihuí].

allergie nf MÉD 过敏 [guòmǐn] ▸ **faire une allergie à qqch** 对某物过敏 [duì mǒuwù guòmǐn] ▸ **allergie au pollen** 对花粉过敏 [duì huāfěn guòmǐn].

allergique adj MÉD 过敏的 [guòmǐn de] ▸ **être allergique à qqch** 对某物过敏 [duì mǒuwù guòmǐn].

alliance nf ❶ (union) 联盟 [liánméng] ▸ **conclure une alliance** 缔结盟约 [dìjié méngyuē] ❷ (mariage) 联姻 [liányīn] ▸ **une alliance entre deux familles** 两个家族的联姻 [liǎng ge jiāzú de liányīn] ▸ **par alliance** 通过联姻 [tōngguò liányīn] ❸ (anneau) ○ (cl. 枚 [méi]) 结婚戒指 [jiéhūn jièzhǐ].

allié, e nm, f MIL 盟国 [méngguó] ▸ **les Alliés ont déclaré la guerre au Japon** 同盟国向日本宣战 [tóngméngguó xiàng rìběn xuānzhàn].

allier vt ❶ (des métaux) 熔合 [rónghé] ❷ *fig* (deux choses contraires) 结合 [jiéhé] ▸ **allier l'utile à l'agréable** 实用和舒适相结合 [shíyòng hé shūshì xiāngjiéhé] ▸ **un mobilier qui allie le moderne et l'ancien** 一套结合了现代与古典特色的家具 [yí tào jiéhé le xiàndài yǔ gúdiǎn tèsè de jiājù].

▪ **s'allier** vp 联合 [liánhé] ▸ **s'allier à...** 和……结盟 [hé... jiéméng].

alligator nm (cl. 只 [zhī]) 钝吻鳄 [dùnwěn'è].

allô interj ▸ **allô ?** 喂？ [wéi?].

allocation nf 补助 [bǔzhù] ▸ **verser une allocation à qqn** 拨给某人一份补助 [bōgěi mǒurén yí fèn bǔzhù] ▸ **allocation chômage** 失业补助金 [shīyè bǔzhùjīn] ▸ **toucher les allocations familiales** 领取家庭补助金 [lǐngqǔ jiātíng bǔzhùjīn] ▸ **allocation logement** 住房补贴 [zhùfáng bǔtiē].

allongé, e adj ❶ (long) 拉长的 [lācháng de] ▸ **une forme allongée** 一个拉长的形状 [yí ge lācháng de xíngzhuàng] ▸ **avoir le visage allongé** 愁眉苦脸 [chóuméi kúliǎn] ❷ (couché) 平躺 [píngtǎng] ▸ **il doit rester allongé** 他应该保持平躺 [tā yīnggāi bǎochí píngtǎng].

allonger vt ❶ (rendre plus long) 加长 [jiācháng] ▸ **allonger une robe** 加长一条连衣裙 [jiācháng yì tiáo liányīqún] ❷ (faire paraître plus long) 使……显得更长 [shǐ... xiǎnde gèngcháng] ▸ **un vêtement qui allonge la silhouette** 一件使体形显得更长的衣服 [yí jiàn shǐ tǐxíng xiǎnde gèngcháng de yīfu] ❸ (étendre) 伸开 [shēnkāi] ▸ **allonger ses jambes** 伸开双腿 [shēnkāi shuāngtuǐ] ▸ **allonger un malade** 让病人平躺 [ràng bìngrén píngtǎng] ▸ **allonger qqn sur qqch** 让某人平躺在某物上 [ràng mǒurén píngtǎng zài mǒuwù shàng] ▸ **allonger le bras pour atteindre qqch** 伸长胳膊去够某物 [shēncháng gēbo qù gòu mǒuwù].

▪ **s'allonger** vp ❶ (s'étendre, se coucher) 躺 [tǎng] ▸ **elle s'allongea sur le lit, éreintée** 她躺在了床上，疲惫不堪 [tā tǎng zài le chuángshàng, píbèi bùkān] ❷ (devenir plus long) 变长 [biàn cháng] ▸ **la liste des victimes s'allonge d'heure en heure** 受害者的名单越来越长 [shòuhàizhě de míngdān yuèlái yuècháng].

allumer vt ❶ (enflammer) 点燃 [diǎnrán] ▸ **allumer une cigarette** 点燃一支香烟 [diǎnrán yì zhī xiāngyān] ▸ **allumer le feu** 点火 [diánhuǒ] ▸ **allumer un incendie** 引发一场火灾 [yǐnfā yì chǎng huǒzāi] ❷ (mettre en marche) 打开 [dǎkāi] ▸ **allumer la lumière** 开灯 [kāidēng] ▸ **allumer la télévision** 打开电视 [dǎkāi diànshì] ▸ **allumer les phares** 打开车灯 [dǎkāi chēdēng] ❸ (provoquer) 挑起 [tiáoqǐ] ▸ **allumer les passions** 燃起激情 [ránqǐ jīqíng].

▪ **s'allumer** vp ❶ (prendre feu) 着火 [zháohuǒ] ▸ **le bois mouillé ne s'allume pas facilement** 湿柴不容易点着 [shīchái bù róngyì diǎnzháo] ❷ (se mettre en marche) 开 [kāi] ▸ **comment s'allume ton ordinateur ?** 怎么开你的电脑？ [zěnme kāi nǐde diànnǎo?] ❸ (émettre de la lumière) 点亮 [diǎnliàng] ▸ **le phare droit ne s'allume plus** 右侧的车灯不亮了 [yòucè de chēdēng bú liàng le].

allumette nf (cl. 根 [gēn]) 火柴 [huǒchái] ▸ **craquer une allumette** 划一根火柴 [huà yì gēn huǒchái].

allure nf ❶ (vitesse) 速度 [sùdù] ▸ **à vive allure** 急速 [jísù] ❷ (prestance) 风度 [fēngdù] ▸ **avoir de l'allure** 有风度 [yǒu fēngdù] ❸ (apparence générale) 外形 [wàixíng] ▸ **avoir une drôle d'allure** 样子怪怪的 [yàngzi guàiguài de].

allusion nf 暗示 [ànshì] ▸ **il a fait quelques allusions à son passé** 他影射了他的几件往事 [tā yǐngshè le tāde jǐ jiàn wǎngshì].

alluvions nfpl 冲积地 [chōngjīdì].

alors adv ❶ (fait référence à une période passée) 那时 [nàshí] ▸ **les femmes d'alors** 那时候的

妇女 [nàshíhou de fùnǚ] ▸ **il était alors soldat** 他那时候在当兵 [tā nàshíhou zài dāngbīng] ❷ (exprime la conséquence) 于是 [yúshì] ▸ **j'étais fatigué, alors j'ai décidé de rester à la maison** 我那时很疲惫，于是我决定呆在家里 [wǒ nàshí hěn píbèi, yúshì wǒ juédìng dāi zài jiāli] ❸ (dans des expressions) 那么 [nàme] ▸ **et alors, qu'est-ce qui s'est passé ?** 那么，发生什么事情了？ [nàme, fāshēng shénme shìqing le?] ▸ **il va se mettre en colère — et alors ?** 他要生气了— 那又怎么样？ [tā yào shēngqì le — nà yòu zěnmeyàng?] ▸ **ça alors !** 居然有这种事！ [jūrán yǒu zhè zhǒng shì!].

■ **alors que** loc conj ❶ (exprime la simultanéité) 当……时 [dāng… shí] ▸ **le téléphone a sonné alors que je prenais un bain** 当我在洗澡时，电话铃响了 [dāng wǒ zài xízǎo shí, diànhuà líng xiǎng le] ❷ (exprime l'opposition) 而 [ér] ▸ **elle est sortie alors que c'était interdit** 她出去了，而这是不允许的 [tā chūqu le, ér zhè shì bù yúnxǔ de].

alouette nf ZOOL (cl. 只 [zhī]) 云雀 [yúnquè].

Alpes nfpl ▸ **les Alpes** 阿尔卑斯山 [Ā'ěrbēisī shān] ▸ **les Alpes du Sud** 阿尔卑斯山南部 [Ā'ěrbēisī shān nánbù].

alphabet nm 字母表 [zìmúbiǎo].

alphabétique adj 字母的 [zìmǔ de] ▸ **par ordre alphabétique** 按照字母的顺序 [ànzhào zìmǔ de shùnxù].

alphabétiser vt 扫盲 [sǎománg] ▸ **alphabétiser un pays** 在一个地区进行扫盲 [zài yí ge dìqū jìnxíng sǎománg].

alpin, e adj 高山的 [gāoshān de] ▸ **ski alpin** 高山滑雪 [gāoshān huáxuě].

alpinisme nm 登山运动 [dēngshān yùndòng] ▸ **faire de l'alpinisme** 登山 [dēngshān].

Alsace nf ▸ **l'Alsace** 阿尔萨斯 [Ā'ěrsàsī].

altérer vt ❶ (modifier) 使……变质 [shǐ… biànzhì] ▸ **ce mode de conservation altère le goût des denrées** 这种储存方式使食品变味 [zhè zhǒng chǔcún fāngshì shǐ shípǐn biànwèi] ❷ (fausser) 歪曲 [wāiqū] ▸ **altérer la vérité** 歪曲事实 [wāiqū shìshí] ▸ **altérer un récit** 篡改一个故事 [cuàngǎi yí ge gùshi].

■ **s'altérer** vp ❶ (matière) 变质 [biànzhì] ▸ **les couleurs se sont altérées** 颜色褪了 [yánsè tuì le] ▸ **le vin s'est altéré** 葡萄酒变质了 [pútaojiǔ biànzhì le] ❷ (sentiment, état) 恶化 [èhuà] ▸ **sa santé s'altère de jour en jour** 他的健康状况在一天天恶化 [tāde jiànkāng zhuàngkuàng zài yì tiāntiān èhuà].

alternance nf ❶ (succession) 交替 [jiāotì] ▸ **alternance des saisons** 四季交替 [sìjì jiāotì] ▸ **une formation en alternance** 轮换培训 [lúnhuàn péixùn] ❷ POLIT 交替 [jiāotì] ▸ **l'alternance politique** 政权交替 [zhèngquán jiāotì].

alternatif, ive adj ❶ (périodique) 交替的 [jiāotì de] ▸ **le courant alternatif** 交流电 [jiāoliú diàn] ▸ **le mouvement alternatif d'une pendule** 一个钟摆的往复运动 [yí ge zhōngbǎi de wǎngfù yùndòng] ❷ (non traditionnel) 更替的 [gēngtì de] ▸ **mouvement alternatif** 往复运动 [wǎngfù yùndòng].

■ **alternative** nf 二选一 [èr xuǎn yī] ▸ **il vous reste une alternative** 您只能二选一了 [nín zhǐ néng èr xuǎn yī le] ▸ **il n'y a pas d'autre alternative !** 没有别的选择！ [méiyǒu biéde xuǎnzé!].

alternativement adv 交替地 [jiāotì de].

alterner ♦ vt 轮流 [lúnliú] ▸ **alterner la garde des enfants** 轮流看孩子 [lúnliú kàn háizi]. ♦ vi 交替 [jiāotì] ▸ **les jours et les nuits alternent** 日夜交替 [rìyè jiāotì].

altitude nf ❶ (hauteur) 海拔 [hǎibá] ▸ **à 1 500 m d'altitude** 在海拔1500米处 [zài hǎibá 1500 mǐ chù] ▸ **en altitude** 在高海拔处 [zài gāo hǎibá chù] ❷ AÉRON 高度 [gāodù] ▸ **voler à basse altitude** 低空飞行 [dīkōng fēixíng] ▸ **l'avion prend de l'altitude** 飞机上升 [fēijī shàngshēng].

aluminium nm 铝 [lǚ] ▸ **une casserole en aluminium** 一只铝锅 [yì zhī lǚguō] ▸ **de l'aluminium/du papier aluminium** 铝箔 [lǚbó].

amadouer vt 哄骗 [hǒngpiàn] ▸ **amadouer qqn avec qqch** 用某物来哄骗某人 [yòng mǒuwù lái hǒngpiàn mǒurén].

amaigrissant, e adj 使……变瘦的 [shǐ… biànshòu de] ▸ **un régime amaigrissant** 一种减肥食谱 [yí zhǒng jiǎnféi shípǔ].

amalgame nm *fig* (assimilation) 混合 [hùnhé] ▸ **faire l'amalgame entre…et…** 把……和……混合 [bǎ… he… hùnhé].

amande nf 杏仁 [xìngrén] ▸ **pâte d'amandes** 杏仁馅儿 [xìngrén xiànr] ▸ **des yeux en amande** 杏眼 [xìngyǎn].

amant nm 情人 [qíngrén].

amarre nf NAUT (cl. 根 [gēn]) 缆绳 [lǎnshéng] ▸ **larguer les amarres** 解缆启航 [jiélǎn qǐháng] ▸ **rompre les amarres** 割断缆绳 [gēduàn lǎnshéng].

amas nm 堆 [duī] ▸ **un amas de ruines** 一堆废墟 [yì duī fèixū].

amasser vt 积聚 [jījù] ▸ **amasser de l'argent** 积聚钱财 [jījù qiáncái] ▸ **amasser des connaissances** 积累知识 [jīlěi zhīshi].

amateur, trice ♦ nm, f ❶ (personne qui aime) 爱好者 [àihàozhě] ▸ **être amateur de café** 是爱喝咖啡的人 [shì àihē kāfēi de rén] ▸ **il est amateur de science-fiction** 他是科幻小说的爱好者 [tā shì kēhuàn xiǎoshuō de àihàozhě] ❷ (non professionnel) 业余爱好者 [yèyú àihàozhě] ▸ **en amateur** 业余地 [yèyú de]. ♦ adj (non professionnel) 业余的 [yèyú de] ▸ **théâtre amateur** 业余剧团 [yèyú jùtuán].

Amazonie nf ▸ **l'Amazonie** 亚马逊平原 [Yàmǎxùn píngyuán].

ambassade nf 大使馆 [dàshǐguǎn] ▸ **l'ambassade de Chine à Paris** 中国驻巴黎大使馆 [Zhōngguó zhù Bālí dàshǐguǎn].

ambassadeur, drice nm, f ❶ (diplomate) ○ (cl. 位 [wèi]) 大使 [dàshǐ] ❷ *fig* (représentant) ○ (cl. 位 [wèi] ou 个 [gè]) 使者 [shízhě] ▸ **l'ambassadrice d'une marque** 一个品牌的形象大使 [yí ge pǐnpái de xíngxiàng dàshǐ].

ambiance nf 气氛 [qìfen] ▸ **il y a une bonne ambiance** 有个很好的气氛 [yǒu ge hěn hǎo de qìfen] ▸ **l'ambiance est nulle** 没气氛 [méi qìfen] ▸ **se mettre dans l'ambiance** 融入气氛 [róngrù qìfen] ▸ **éclairage d'ambiance** 背景照明 [bèijǐng zhàomíng] ▸ **musique d'ambiance** 背景音乐 [bèijǐng yīnyuè].

ambiant, e adj 周围的 [zhōuwéi de] ▸ **air ambiant** 周围的空气 [zhōuwéi de kōngqì] ▸ **la morosité ambiante** 忧郁的氛围 [yōuyù de fēnwéi] ▸ **dans le contexte ambiant** 在这种环境背景下 [zài zhè zhǒng huánjìng bèijǐng xià] ▸ **à température ambiante** 常温 [chángwēn].

ambigu, uë adj ❶ (à double sens) 模棱两可的 [móléng liángkě de] ❷ (énigmatique) 捉摸不透的 [zhuōmo bútòu de].

ambitieux, euse adj ❶ (arriviste) 有志向的 [yǒu zhìxiàng de] ❷ (hardi) 大胆的 [dàdǎn de] ▸ **un programme de réformes ambitieux** 一个大胆的改革计划 [yí ge dàdǎn de gǎigé jìhuà].

ambition nf ❶ (arrivisme) 野心 [yěxīn] ▸ **agir par ambition** 出于野心来做事 [chūyú yěxīn lái zuòshì] ▸ **avoir de l'ambition** 有抱负 [yǒu bàofù] ❷ (désir) 愿望 [yuànwàng] ▸ **avoir l'ambition de faire qqch** 有做某事的愿望 [yǒu zuò mǒushì de yuànwàng].

ambulance nf (cl. 辆 [liàng]) 救护车 [jiùhùchē].

âme nf ❶ RELIG 灵魂 [línghún] ❷ (esprit) 精神 [jīngshén] ▸ **avoir une âme généreuse** 具有宽厚的胸怀 [jùyǒu kuānhòu de xiōnghuái] ▸ **corps et âme** 全身心地 [quánshēnxīn de] ❸ (personne) 心灵 [xīnlíng] ▸ **être une âme sensible** 是个敏感的人 [shì ge míngǎn de rén] ▸ **rencontrer l'âme sœur** 遇到命中注定的人 [yùdào mìngzhōng zhùdìng de rén].

amélioration nf 改善 [gǎishàn].

améliorer vt 改善 [gǎishàn] ▸ **améliorer des conditions de vie** 改善生活条件 [gǎishàn shēnghuó tiáojiàn].

▪ **s'améliorer** vp 好转 [háozhuǎn] ▸ **son état s'améliore de jour en jour** 他的情况在一天天好转 [tāde qíngkuàng zài yì tiāntiān háozhuǎn] ▸ **le temps s'améliore** 天气好转 [tiānqì háozhuǎn].

aménagement nm ❶ (d'un lieu) 治理 [zhìlǐ] ▸ **aménagement du territoire** 国土整治 [guótǔ zhěngzhì] ▸ **faire des aménagements dans un appartement** 布置一套公寓 [bùzhì yí tào gōngyù] ❷ (d'un programme) 调整 [tiáozhěng] ▸ **aménagement du temps de travail** 工作时间的调整 [gōngzuò shíjiān de tiáozhěng].

aménager vt ❶ (rendre habitable) 拾掇 [shíduo] ▸ **on pourrait aménager la grange** 我们把谷仓拾掇一下吧 [wǒmen bǎ gǔcāng shíduo yí xià ba] ▸ **aménager une cave en salle de concerts** 把地下室改成音乐厅 [bǎ dìxiàshì gǎi chéng yīnyuètīng] ❷ (organiser) 调整 [tiáozhěng] ▸ **aménager ses horaires de travail** 调整工作时间 [tiáozhěng gōngzuò shíjiān].

amende nf 罚款 [fákuǎn] ▸ **défense de stationner sous peine d'amende** 禁止停车，违者罚款 [jìnzhǐ tíngchē, wéizhě fákuǎn] ▸ **mettre une amende (à qqn)** 罚(某人的)款 [fá (mǒurén de) kuǎn] ▸ **payer une amende** 付罚金 [fù fájīn].

amendement nm 修正案 [xiūzhèng'àn].

amender vt 修正 [xiūzhèng] ▸ **amender le texte d'une loi** 修正一条法律的文本 [xiūzhèng yì tiáo fǎlǜ de wénběn].

amener vt ❶ (mener) 带 [dài] ▸ **amener ses enfants au zoo** 带他的孩子们去动物园 [dài tāde háizimen qù dòngwùyuán] ▸ **le métro vous amène jusqu'à la gare** 地铁会一直把您带到火车站 [dìtiě huì yìzhí bǎ nín dài dào huǒchēzhàn] ❷ (inciter) 促使 [cùshǐ] ▸ **amener qqn à faire qqch** 促使某人做某事 [cùshǐ mǒurén zuò mǒushì] ❸ (occasionner) 造成 [zàochéng] ▸ **la vitesse et l'alcool au volant amènent de nombreux accidents** 超速驾驶和酒后驾驶造成众多事故 [chāosù jiàshǐ he jiǔhòu jiàshǐ zàochéng zhòngduō shìgù] ▸ **cette chaleur risque de nous amener de l'orage** 高温有可能给我们带来一场暴雨 [gāowēn yǒu kěnéng gěi wǒmen dàilái yì chǎng bàoyǔ].

amenuiser ▪ **s'amenuiser** vp 减少 [jiǎnshǎo] ▸ **nos provisions s'amenuisent** 我们的储备在减少 [wǒmen de chǔbèi zài jiǎnshǎo].

amer, ère adj ❶ (âpre) 苦的 [kǔ de] ▸ **l'écorce d'orange est amère** 橙皮是苦的 [chéngpí shì kǔ de] ❷ (pénible) 痛苦的 [tòngkǔ de] ▸ **une amère déconvenue** 一次极大的痛苦 [yí cì jídà de tòngkǔ] ❸ (aigri) 辛酸的 [xīnsuān de] ▸ **un sourire amer** 一个辛酸的微笑 [yí ge xīnsuān de wēixiào] ▸ **ses échecs l'ont rendu amer** 他的失败让他感到辛酸 [tāde shībài ràng tā gǎndào xīnsuān].

américain, e adj ❶ (du continent) 美洲的 [měizhōu de] ❷ (des États-Unis) 美国的 [měiguó de].
▪ **américain** nm (langue) 美国英语 [měiguó yīngyǔ].
▪ **Américain, e** nm, f ❶ (du continent) 美洲人 [Měizhōurén] ❷ (des États-Unis) 美国人 [Měiguórén].

Amérique nf ▸ **l'Amérique** 美洲 [Měizhōu] ▸ **l'Amérique du Nord** 北美洲 [Běi měizhōu] ▸ **l'Amérique du Sud** 南美洲 [Nán měizhōu] ▸ **l'Amérique centrale** 中美洲 [Zhōng měizhōu] ▸ **l'Amérique latine** 拉丁美洲 [Lādīng měizhōu].

amertume nf ❶ (saveur) 苦味 [kǔwèi] ▸ **l'amertume du café** 咖啡的苦味 [kāfēi de kǔwèi] ❷ (rancœur) 痛苦 [tòngkǔ] ▸ **des critiques pleines d'amertume** 非常严厉的批评 [fēicháng yánlì de pīpíng] ▸ **ressentir de l'amertume** 感到痛苦 [gǎndào tòngkǔ].

ami, e ♦ nm, f ❶ (camarade) 朋友 [péngyou] ▸ **ami d'enfance** 儿时的朋友 [érshí de péngyou] ❷ (personne avec laquelle on a une relation amoureuse) ▸ **petit ami** 男朋友 [nán péngyou] ▸ **petite amie** 女朋友 [nǚ péngyǒu]. ♦ adj 友好的 [yóuhǎo de] ▸ **un peuple ami** 一个友好民族 [yí ge yóuhǎo mínzú].

amiable adj 和解的 [héjiě de] ▸ **constat amiable** (cl. 张 [zhāng]) 事故申报单 [shìgù shēnbào dān] ▸ **à l'amiable** 以和解的方式 [yǐ héjiě de fāngshì] ▸ **un divorce à l'amiable** 协议离婚 [xiéyì líhūn] ▸ **régler un différend à l'amiable** 以私了的方式解决一起纠纷 [yǐ sīliǎo de fāngshì jiějué yì qǐ jīufēn].

amical, e, aux adj ❶ (d'un ami) 友好的 [yóuhǎo de] ▸ **geste amical** 友好的举动 [yóuhǎo de jǔdòng] ▸ **sourire amical** 友善的微笑 [yǒushàn de wēixiào] ❷ SPORT 友谊的 [yǒuyì de] ▸ **un match amical** 一场友谊赛 [yì chǎng yǒuyì sài].

amicalement adv ❶ (de façon amicale) 友好地 [yóuhǎo de] ▸ **saluer amicalement** 友好地致意 [yóuhǎo de zhìyì] ❷ (dans une lettre) 致以亲切的问候 [zhìyǐ qīnqiè de wènhòu].

amincissant, e adj 使……变瘦的 [shǐ… biànshòu de] ▸ **crème amincissante** 减肥霜 [jiǎnféi shuāng].

amiral, aux nm (cl. 位 [wèi]) 海军司令 [hǎijūn sīlìng].

amitié nf ❶ (affection) 友爱 [yǒuài] ▸ **avoir de l'amitié pour qqn** 对某人有好感 [duì mǒurén yǒu háogǎn] ❷ (rapport amical) 友谊 [yǒuyì] ▸ **l'amitié entre deux peuples** 两国人民之间的友谊 [liǎngguó rénmín zhījiān de yǒuyì].

▪ **amitiés** nfpl 友好的致意 [yóuhǎo de zhìyì] ▸ **faire ses amitiés à qqn** 对某人表示友好 [duì mǒurén biǎoshì yóuhǎo].

ammoniac, aque adj CHIM 氨的 [ān de] ▸ **sel ammoniac** 氯化铵 [lǜhuà'ān].

amnésique adj 患遗忘症的 [huàn yíwàngzhèng de].

amnistie nf 赦免 [shèmiǎn].

amoindrir vt 减少 [jiánshǎo].

▪ **s'amoindrir** vp 变小 [biànxiǎo] ▸ **ses chances de guérir s'amoindrissent de jour en jour** 他被治愈的机会在一天天变小 [tā bèi zhìyù de jīhuì zài yì tiāntiān biàn xiǎo].

amont nm ❶ GÉOGR 上游 [shàngyóu] ▸ **en amont** 在上游 [zài shàngyóu] ▸ **se situer en amont de** 位于……的上游 [wèiyú… de shàngyóu] ❷ (plus tôt) 及早 [jízǎo] ▸ **nous aurions dû traiter ce problème en amont** 我们本该及早处理这个问题 [wǒmen běngāi jízǎo chúlǐ zhè ge wèntí] ▸ **intervenir en amont de la crise** 在危机发生之前采取措施 [zài wēijī fāshēng zhī qián cáiqǔ cuòshī].

amoral, e, aux adj 不道德的 [búdàodé de].

amorcer vt ❶ (commencer) 开始 [kāishǐ] ▸ **amorcer un virage** 开始拐弯 [kāishǐ guǎiwān] ▸ **amorcer une discussion** 开始讨论 [kāishǐ tǎolùn] ❷ (un explosif) 装 [zhuāng] ▸ **amorcer un obus** 装炮弹 [zhuāng pàodàn].

amortir vt ❶ (assourdir, atténuer) 减弱 [jiǎnruò] ▸ **amortir un bruit** 减弱一种噪音 [jiǎnruò yì zhǒng zàoyīn] ▸ **amortir un coup** 减轻受击的程度 [jiǎnqīng shòujī de chéngdù] ❷ (dette) 分期偿还 [fēnqī chánghuán] ▸ **amortir une dette** 分期偿还债务 [fēnqī chánghuán zhàiwù] ❸ (achat, dépense, investissement) 逐步回收 [zhúbù huíshōu] ▸ **amortir un achat** 回收购置款 [huíshōu gòuzhì kuǎn] ▸ **amortir un investissement** 逐步收回投资 [zhúbù shōuhuí tóuzī].

amour nm ❶ (sentiment amoureux) 爱情 [àiqíng] ▸ **éprouver de l'amour pour qqn** 对某人产生爱慕之情 [duì mǒurén chǎnshēng àimù zhī qíng] ▸ **elle a renoncé à sa carrière par amour** 她为了爱情放弃了事业 [tā wèile àiqíng fàngqì le shìyè] ❷ (personne aimée) 爱人 [àiren] ▸ **mon amour** 我亲爱的 [wǒ qīn'ài de] ▸ **un amour de jeunesse** 一个年轻时的恋人 [yí ge niánqīngshí de liànrén] ❸ (relations sexuelles) 性爱 [xìngài] ▸ **la saison des amours** 繁殖季节 [fánzhí jìjié] ▸ **faire l'amour** 做爱 [zuò ài] ❹ (affection) 爱 [ài] ▸ **amour maternel** 母爱 [mǔ ài] ❺ (goût marqué) 热爱 [rè'ài] ▸ **l'amour des livres** 对书籍的热爱 [duì shūjí de rè'ài] ❻ (personne) 可爱的人 [kě'ài de rén] ▸ **tu es un amour !** 你太可爱了！ [nǐ tài kě'ài le!].

▪ **amours** nfpl 恋爱关系 [liàn'ài guānxi] ▸ **les premières amours** 初恋 [chūliàn].

Amour npr (fleuve) 黑龙江 [Hēilóngjiāng].

amoureux, euse ♦ adj ❶ (épris, passionné) 爱恋的 [àiliàn de] ▸ **être amoureux de qqn** 爱某人 [ài mǒurén] ▸ **tomber amoureux de qqn** 爱上某人 [àishang mǒurén] ❷ (relatif à l'amour) 多情的 [duōqíng de] ▸ **un regard amoureux** 多情的目光 [duōqíng de mùguāng]. ♦ nm, f ❶ (prétendant) 恋人 [liànrén] ▸ **les deux amoureux se promenaient main dans la main** 这一对恋人手牵着手散步 [zhè yí duì liànrén shǒu qiānzhe shǒu sànbù] ▸ **un dîner en amoureux** 情侣的晚餐 [qínglǚ de wǎncān] ❷ (passionné) 爱好者 [àihàozhě] ▸ **être un amoureux de qqch** 爱好某物 [àihào mǒuwù].

amour-propre nm 自尊 [zìzūn] ▸ **être blessé dans son amour-propre** 自尊心受到伤害 [zìzūnxīn shòudào shānghài] ▸ **n'avoir aucun amour propre** 毫无自尊 [háowú zìzūn].

amovible adj 可移动的 [kěyídòng de] ▸ **siège amovible** 可拆卸的座椅 [kěchāixiè de zuòyǐ] ▸ **disque amovible** 移动磁盘 [yídòng cípán].

amphithéâtre nm ❶ HIST (古罗马)圆形剧场 [(gǔluómǎ) yuánxíng jùchǎng] ❷ (d'université) ○ (cl. 间 [jiān]) 阶梯教室 [jiētī jiàoshì].

ample adj 宽大的 [kuāndà de] ▸ **un vêtement ample** 一件宽大的衣服 [yí jiàn kuāndà de yīfu] ▸ **geste ample** 幅度大的动作 [fúdù dà de dòngzuò] ▸ **pour de plus amples informations...** 为了得到更多的信息...... [wèile dédào gèngduō de xìnxī...].

amplement adv 充分地 [chōngfèn de] ▸ **c'est amplement suffisant** 这绰绰有余 [zhè chuòchuò yǒuyú].

ampleur nf ❶ (d'un mouvement, d'un vêtement) 宽大 [kuāndà] ▸ **cette veste manque d'ampleur aux épaules** 外衣的肩部不够宽 [wàiyi de jiānbù búgòu kuān] ❷ *fig* (d'un événement) 规模 [guīmó] ▸ **mesurer l'ampleur des dégâts** 测定损失程度 [cèdìng sǔnshī chéngdù] ▸ **prendre de l'ampleur** 广泛发展 [guǎngfàn fāzhǎn] ▸ **le mouvement a pris de l'ampleur** 运动蓬勃发展起来 [yùndòng péngbó fāzhǎn qǐlái].

ampli nm *fam* (amplificateur) 扩音器 [kuòyīnqì].

amplificateur nm (de chaîne stéréo) 扩音器 [kuòyīnqì].

ampoule nf ❶ (d'une lampe) ○ (cl. 只 [zhī]) 个 [gè]) 灯泡 [dēngpào] ▸ **ampoule électrique** 电灯泡 [diàndēngpào] ▸ **l'ampoule a grillé** 那只灯泡烧坏了 [nà zhī dēngpào shāohuài le] ❷ (de la peau) 水泡 [shuǐpào] ▸ **avoir des ampoules** 长水泡 [zhǎng shuǐpào] ▸ **se faire des ampoules** 起水泡 [qǐ shuǐpào] ❸ (médicament) 安瓿 [ānbù].

amputer vt ❶ MÉD 截肢 [jiézhī] ▸ **il a été amputé du bras gauche** 他被截去了左臂 [tā bèi jié qù le zuǒbì] ❷ *fig* (retrancher une partie) 删掉 [shāndiào] ▸ **amputer un poème d'une strophe** 删掉诗的一节 [shāndiào shī de yì jié].

Amsterdam npr 阿姆斯特丹 [Āmǔsītèdān].

amusant, e adj ❶ (plaisant, qui fait rire) 有趣的 [yǒuqù de] ▸ **un jeu très amusant** 一个很好玩的游戏 [yí ge hěn hǎowán de yóuxì] ▸ **une anecdote amusante** 一件有趣的轶事 [yí jiàn yǒuqù de yìshì] ❷ (surprenant) 意外的 [yìwài de] ▸ **c'est amusant, je n'avais jamais remarqué ce détail** 真不可思议，我从没注意到这个细节 [zhēn bùkěsīyì, wǒ cóngméi zhùyì dào zhè ge xìjié] ▸ **c'est amusant de te rencontrer ici** 想不到在这儿碰到你 [xiǎngbudào zài zhèr pèng dào nǐ].

amusement nm 高兴 [gāoxìng] ▸ **avec amusement** 高兴地 [gāoxìng de].

amuser vt ❶ (distraire) 逗笑 [dòuxiào] ▸ **le cirque amuse les enfants** 马戏表演逗孩子们很开心 [mǎxì biáoyǎn dòu háizimen hěn kāixīn] ❷ (faire plaisir) 使......高兴 [shǐ ... gāoxìng] ▸ **si ça t'amuse** 如果这能让你高兴 [rúguǒ zhè néng ràng nǐ gāoxìng].

■ **s'amuser** vp ❶ (se distraire) 消遣 [xiāoqiǎn] ▸ **on s'est bien amusé !** 我们玩得真高兴！ [wǒmen wánde zhēn gāoxìng!] ▸ **je me suis beaucoup amusé à lire ce livre** 我读这本书读得很开心 [wǒ dú zhè běn shū dúde hěn kāixīn] ❷ (prendre du bon temps) 吃喝玩乐 [chīhēwánlè] ▸ **ne penser qu'à s'amuser** 光想着吃喝玩乐 [guāng xiǎngzhe chīhēwánlè].

amygdales nfpl 扁桃体 [biǎntáotǐ].

an nm ❶ (exprime l'âge) 岁 [suì] ▸ **il a 7 ans** 他七岁了 [tā qī suì le] ❷ (exprime la durée, un moment dans le temps, une date) 年 [nián] ▸ **nous nous connaissons depuis deux ans** 我们认识两年了 [wǒmen rènshi liǎng nián le] ▸ **ils ont loué la maison pour trois ans** 他们预租了三年的房 [tāmen yùzū le sān nián de fáng] ▸ **l'an dernier** 去年 [qùnián] ▸ **l'an prochain** 明年 [míngnián] ▸ **tous les ans** 每年 [měinián] ▸ **l'an 2000** 2000年 [2000 nián]

◊ **le nouvel an** 新年 [xīnnián] ▸ **le jour de l'an** 元旦 [yuándàn].

anachronique adj 年代错误的 [niándài cuòwù de].

analgésique ♦ nm MÉD (cl. 片 [piàn]) 止痛药 [zhǐtòngyào] ▸ **prendre des analgésiques** 服止痛药 [fú zhǐtòngyào]. ♦ adj MÉD 止痛的 [zhǐtòng de].

analogie nf 类似 [lèisì] ▸ **il y a une analogie entre ces deux situations** 这两种情况有相似之处 [zhè liǎng zhǒng qíngkuàng yǒu xiāngsì zhīchù] ▸ **procéder par analogie** 按类比法进行 [àn lèibǐfǎ jìnxíng].

analphabète ♦ adj 不识字的 [bù shízì de]. ♦ nmf 文盲 [wénmáng].

analyse nf ❶ (généralement) 分析 [fēnxī] ▸ **faire l'analyse de qqch** 分析某物 [fēnxī mǒuwù] ▸ **analyse grammaticale** 语法分析 [yúfǎ fēnxī] ▸ **faire une analyse de sang** 做血液分析 [zuò xuèyè fēnxī] ❷ PSYCHO 精神分析治疗 [jīngshén fēnxī zhìliáo] ▸ **être en analyse** 进行精神分析治疗 [jìnxíng jīngshén fēnxī zhìliáo].

analyser vt ❶ (étudier) 分析 [fēnxī] ▸ **analyser une situation** 分析一个局面 [fēnxī yí ge júmiàn] ❷ PSYCHO 对……进行精神分析 [duì... jìnxíng jīngshén fēnxī] ▸ **analyser un patient** 对病人进行精神分析 [duì bìngrén jìnxíng jīngshén fēnxī].

ananas nm 菠萝 [bōluó].

anarchique adj (désordonné) 无秩序的 [wú zhìxù de] ▸ **travailler d'une manière anarchique** 工作得乱七八糟 [gōngzuò de luànqībāzāo] ▸ **ce classement est totalement anarchique** 这种排列完全是杂乱无章的 [zhè zhǒng páiliè wánquán shì záluàn wúzhāng de].

anarchiste nmf 无政府主义者 [wú zhèngfǔ zhǔyì zhě].

anatomie nf (science) 解剖学 [jiěpōuxué] ▸ **anatomie humaine** 人体解剖学 [réntǐ jiěpōuxué].

ancêtre nm ❶ (aïeul) 祖先 [zǔxiān] ▸ **il entend rester digne de ses ancêtres** 他要使自己无愧于他的祖先 [tā yào shǐ zìjǐ wúkuìyú tā de zǔxiān] ❷ *fig* (précurseur) 雏形 [chúxíng].

▪ **ancêtres** nmpl 祖先 [zǔxiān].

anchois nm 鳀鱼 [tíyú] ▸ **filet d'anchois** 鳀鱼排 [tíyú pái].

ancien, enne ♦ adj ❶ (qui n'est plus) 以前的 [yǐqián de] ▸ **c'est un de mes anciens professeurs** 这是我以前的一个老师 [zhè shì wǒ yǐqián de yí ge lǎoshī] ▸ **un ancien ministre** 一个前任部长 [yí ge qiánrèn bùzhǎng] ▸ **l'ancien franc** 旧法郎 [jiù fǎláng] ▸ **ancien combattant** (cl. 个 [gè] ou 名 [míng]) 退伍军人 [tuìwǔ jūnrén] ❷ (du passé) 古老的 [gúlǎo de] ▸ **une coutume très ancienne** 一个很古老的习俗 [yí ge hěn gúlǎo de xísú] ▸ **à l'ancienne** 老式的 [lǎoshì de] ▸ **l'Ancien Régime** 法国旧君主专制制度 [Fǎguó jiù jūnzhǔ zhuānzhì zhìdù]. ♦ nm, f 校友 [xiàoyǒu] ▸ **les anciens du club** 俱乐部的老会员 [jùlèbù de lǎohuìyuán].

ancienneté nf 资历 [zīlì] ▸ **ancienneté d'un employé** 一个职员的资历 [yí ge zhíyuán de zīlì] ▸ **à l'ancienneté** 按工龄 [àn gōnglíng] ▸ **avoir vingt ans d'ancienneté** 有二十年的工龄 [yǒu èr shí nián de gōnglíng].

ancre nf NAUT 锚 [máo] ▸ **jeter l'ancre** 抛锚 [pāo máo] ▸ **lever l'ancre** 起锚 [qǐ máo].

ancrer ▪ **s'ancrer** vp *fig* (idée, habitude) 植根 [zhígēn] ▸ **avoir une idée ancrée dans la tête** 脑中有一种根深蒂固的想法 [nǎo zhōng yǒu yì zhǒng gēnshēn dìgù de xiángfǎ].

Andorre nf ▸ **(la principauté d') Andorre** 安道尔 [Āndào'ěr].

âne, ânesse nm, f ❶ ZOOL (cl. 头 [tóu]) 驴 [lǘ] ❷ (personne) 傻瓜 [shǎguā] ▸ **c'est un âne, il ne sait rien faire !** 他真是个傻瓜，什么都不会干！ [tā zhēn shì ge shǎguā, shénme dōu búhuì gàn!].

anéantir vt ❶ (détruire) 摧毁 [cuīhuǐ] ▸ **une récolte anéantie par la grêle** 被冰雹摧毁的收成 [bèi bīngbáo cuīhuǐ de shōuchéng] ❷ (ruiner) 毁灭 [huǐmiè] ▸ **tous nos efforts ont été anéantis** 我们所有的努力都白费了 [wǒmen suóyǒu de nǔlì dōu báifèi le] ▸ **cet événement a anéanti nos chances de succès** 这个事件使我们丧失了成功的机会 [zhè ge shìjiàn shǐ wǒmen sàngshī le chénggōng de jīhuì] ▸ **anéantir les espoirs de qqn** 毁灭某人的希望 [huǐmiè mǒurén de xīwàng] ❸ (démoraliser) 使……沮丧 [shǐ... jǔsàng] ▸ **il était anéanti par la nouvelle** 这个消息使他很沮丧 [zhè ge xiāoxi shǐ tā hěn jǔsàng].

anecdote nf (cl. 件 [jiàn]) 轶事 [yìshì] ▸ **raconter une anecdote** 讲一件轶事 [jiǎng yí jiàn yìshì].

anémie nf MÉD 贫血 [pínxuè] ▸ **souffrir d'anémie** 患贫血症 [huàn pínxuèzhèng].

anesthésie nf MÉD 麻醉 [mázuì] ▸ **opérer sous anesthésie** 在麻醉的状态下做手术 [zài mázuì de zhuàngtài xià zuò shǒushù]

▸ **anesthésie générale** 全身麻醉 [quánshēn mázuì] ▸ **anesthésie locale** 局部麻醉 [júbù mázuì].

anesthésier vt MÉD 麻醉 [mázuì].

aneth nm 小茴香 [xiǎohuíxiāng].

ange nm ❶ RELIG 天使 [tiānshǐ] ▸ **ange gardien** 护守天使 [hùshǒu tiānshǐ] ▸ **une patience d'ange** 无限的耐心 [wúxiàn de nàixīn] ❷ *fig* (personne) 天使般的人 [tiānshǐ bān de rén] ▸ **cette nourrice est un ange** 这个保育员是个天使般的人 [zhè ge bǎoyùyuán shì ge tiānshǐ bān de rén] ▸ **peux-tu aller me chercher mon manteau, tu seras un ange!** 你要是能去帮我把大衣拿来，那就太好了！[nǐ yàoshi néng qù bāng wǒ bǎ dàyī nálái, nà jiù tàihǎo le!].

angélique adj 天使般的 [tiānshǐbān de] ▸ **sourire angélique** 天使般的微笑 [tiānshǐbān de wēixiào] ▸ **patience angélique** 耐心十足 [nàixīn shízú].

angine nf MÉD 咽炎 [yānyán] ▸ **avoir une angine** 患咽炎 [huàn yānyán].

anglais, e adj 英国的 [yīngguó de].

▪ **anglais** nm (langue) 英语 [yīngyǔ].

▪ **Anglais, e** nm, f 英国人 [Yīngguórén].

angle nm ❶ (coin) 角落 [jiǎoluò] ▸ **à l'angle de la rue** 在街角 [zài jiējiǎo] ▸ **angle mort** 死角 [sǐjiǎo] ❷ MATH 角 [jiǎo] ▸ **angle droit** 直角 [zhíjiǎo] ▸ **angle aigu** 锐角 [ruìjiǎo] ▸ **angle obtus** 钝角 [dùnjiǎo] ❸ (point de vue) 角度 [jiǎodù] ▸ **voir les choses sous un certain angle** 从某种角度看待事情 [cóng mǒu zhǒng jiǎodù kàndài shìqing].

Angleterre nf ▸ **l'Angleterre** 英国 [Yīngguó].

anglican, e ♦ adj 英国国教的 [Yīngguó guójiào de]. ♦ nm, f 英国国教教徒 [Yīngguó guójiào jiàotú].

anglophone adj & nmf 讲英语的(人) [jiǎng yīngyǔ de (rén)] ▸ **littérature anglophone** 讲英语国家的文学 [jiǎng yīngyǔ guójiā de wénxué] ▸ **pays anglophone** 讲英语的国家 [jiǎng yīngyǔ de guójiā].

anglo-saxon, onne adj 盎格鲁-撒克逊的 [ànggélǔ sākèxùn de].

▪ **Anglo-Saxon, onne** nm, f 盎格鲁-撒克逊人 [Ànggélǔ sākèxùn rén].

angoissant, e adj 使……人焦急的 [shǐ… rén jiāojí de] ▸ **l'obscurité devenait angoissante** 昏暗变得令人焦急 [hūnàn biànde lìngrén jiāojí] ▸ **la situation internationale est angoissante** 国际形势令人担忧 [guójì xíngshì lìngrén dānyōu].

angoisse nf 焦虑 [jiāolǜ] ▸ **être paralysé par l'angoisse** 因极度焦虑而不知所措 [yīn jídù jiāolǜ ér bùzhī suǒcuò] ▸ **l'angoisse de la mort** 对死亡的恐慌 [duì sǐwáng de kǒnghuāng].

angoisser vt 使……焦虑 [shǐ… jiāolǜ] ▸ **ça m'angoisse de la savoir seule là-bas** 知道她一个人在那儿，我很不安 [zhīdào tā yí ge rén zài nàr, wǒ hěn bù'ān].

▪ **s'angoisser** vp 焦躁不安 [jiāozào bù'ān] ▸ **s'angoisser à l'idée que...** 一想到……就感到焦躁不安 [yì xiǎngdào… jiù gǎndào jiāozào bù'ān].

Angola nm ▸ **l'Angola** 安哥拉 [Āngēlā].

anguille nf (cl. 条 [tiáo]) 鳗鱼 [mányú].

Anhui npr (province) 安徽 [Ānhuī].

animal, e, aux adj 动物的 [dòngwù de] ▸ **le règne animal** 动物界 [dòngwùjiè].

▪ **animal, aux** nm (cl. 只 [zhī] OU 种 [zhǒng]) 动物 [dòngwù] ▸ **animal domestique** 家畜 [jiāchù] ▸ **animal sauvage** 野生动物 [yěshēng dòngwù].

animateur, trice nm, f ❶ RADIO & TV (cl. 个 [gè]) 位 [wèi]) 主持人 [zhǔchírén] ▸ **un animateur radio** 一位广播节目主持人 [yí wèi guǎngbō jiémù zhǔchírén] ❷ (socio-culturel, d'une manifestation) ○ (cl. 个 [gè]) 位 [wèi]) 组织者 [zǔzhīzhě] ▸ **les animateurs du centre culturel** 文化中心的活动组织者 [wénhuà zhōngxīn de huódòng zǔzhīzhě].

animation nf ❶ (vie) 生机勃勃 [shēngjī bóbó] ▸ **il y a de l'animation par ici** 这里一片生机勃勃 [zhèli yí piàn shēngjī bóbó] ▸ **discuter avec animation** 热烈地讨论 [rèliè de tǎolùn] ❷ COMM 宣传活动 [xuānchuán huódòng] ▸ **faire une animation** 做宣传活动 [zuò xuānchuán huódòng] ❸ CINÉ &

TV 动画片 [dònghuàpiān] ▸ **un film d'animation** 一部动画片 [yí bù dònghuàpiàn].

▪ **animations** nfpl 集体活动 [jítǐ huódòng] ▸ **organiser des animations** 组织集体活动 [zǔzhī jítǐ huódòng].

animé, e adj (plein de vie) 充满活力的 [chōngmǎn huólì de] ▸ **visage animé** (cl. 张 [zhāng]) 有生气的面孔 [yǒu shēngqì de miànkǒng] ▸ **conversation animée** 活跃的谈话 [huóyuè de tánhuà] ▸ **rue animée** 热闹的街道 [rènao de jiēdào].

animer vt ❶ (donner du dynamisme) 使……活跃 [shǐ… huóyuè] ▸ **animer une émission** 主持一个节目 [zhǔchí yí ge jiémù] ▸ **animer une conversation** 使谈话活跃 [shǐ tánhua huóyuè] ❷ (pousser à agir) 激励 [jīlì] ▸ **l'idéal qui nous anime** 激励我们的理想 [jīlì wǒmen de lǐxiǎng].

▪ **s'animer** vp 获得生气 [huòdé shēngqì] ▸ **à cette nouvelle, son visage s'est animé** 听到这个消息，他的表情激动起来 [tīngdào zhè ge xiāoxi, tāde biǎoqíng jīdòng qǐlái] ▸ **les rues commencent à s'animer vers dix heures** 十点左右，街上就热闹起来 [shí diǎn zuǒyòu, jiē shàng jìu rènaoqǐlái].

animosité nf 恶意 [èyì] ▸ **sans (aucune) animosité** 没有(任何)恶意 [méiyǒu (rènhé) èyì].

anis nm 茴香 [huíxiāng] ▸ **anis étoilé** 八角茴香 [bājiǎo huíxiāng].

ankylosé, e adj (membre, personne) 关节僵硬的 [guānjié jiāngjìng de] ▸ **être tout ankylosé** 全身关节僵硬 [quánshēn guānjié jiāngjìng].

ankyloser ▪ **s'ankyloser** vp (使……)关节僵硬 [(shǐ…) guānjié jiāngjìng].

anneau nm ❶ (attache, cercle) 环 [huán] ▸ **anneau de rideau** 窗帘环 [chuānglián huán] ▸ **les anneaux olympiques** 奥林匹克的五环 [àolínpǐkè de wǔhuán] ❷ (bijou) 戒指 [jièzhi] ▸ **anneau de mariage** 结婚戒指 [jiéhūn jièzhǐ] ❸ ASTRON 光环 [guānghuán] ▸ **anneau de Saturne** 土星光环 [Tǔxīng guānghuán].

année nf ❶ (généralement) 年 [nián] ▸ **l'année prochaine** 明年 [míngnián] ▸ **l'année dernière** 去年 [qùnián] ▸ **à la fin de l'année** 年底 [niándǐ] ▸ **pendant des années** 在几年期间 [zài jǐ nián qījiān] ▸ **année bissextile** 闰年 [rùnnián] ▸ **année fiscale** 财政年度 [cáizhèng niándù] ▸ **année civile** 民用年 [mínyòng nián] ▸ **souhaiter la bonne année à qqn** 祝福某人新年快乐 [zhùfú mǒurén xīnnián kuàilè] ▸ **bonne année !** 新年快乐！ [xīnnián kuàilè!] ❷ (cycle d'études) 学年 [xuénián] ▸ **année scolaire** 学年 [xuénián] ▸ **il est en première année de droit** 他是法律系一年级学生 [tā shì fǎlǜxì yī niánjí xuésheng] ▸ **prendre une année sabbatique** 休一年的假期 [xiū yì nián de jiàqī].

annexe ♦ adj 附属的 [fùshǔ de] ▸ **question annexe** 附属问题 [fùshǔ wèntí]. ♦ nf ❶ (d'un dossier) 附件 [fùjiàn] ▸ **le règlement complet figure en annexe** 完整的条例列在附件中 [wánzhěng de tiáolì liè zài fùjiàn zhōng] ❷ (d'un bâtiment) ○ (cl. 座 [zuò]) 附属建筑物 [fùshǔ jiànzhùwù].

annexer vt ❶ (incorporer) 附 [fù] ▸ **annexer des pièces à un dossier d'inscription** 把一些文件附入进注册档案 [bǎ yìxiē wénjiàn fùrù jìn zhùcè dàngàn] ❷ (un pays) 兼并 [jiānbìng].

anniversaire ♦ nm ❶ (jour de la naissance) 生日 [shēngrì] ▸ **bon anniversaire !** 生日快乐！ [shēngrì kuàilè!] ❷ (commémoration d'un événement) 周年纪念日 [zhōunián jìniànrì] ▸ **anniversaire de mariage** 结婚纪念日 [jiéhūn jìniànrì] ▸ **le 50e anniversaire de l'armistice** 停战50周年纪念日 [tíngzhàn 50 zhōunián jìniànrì]. ♦ adj 周年纪念的 [zhōunián jìniàn de] ▸ **date anniversaire** 周年纪念日 [zhōunián jìniànrì].

annonce nf ❶ (proclamation) 公布 [gōngbù] ▸ **annonce d'un événement** 一个事件的公布 [yí ge shìjiàn de gōngbù] ▸ **à l'annonce de qqch** 听到宣布某事 [tīngdào xuānbù mǒushì] ▸ **faire une annonce** 宣布一件事 [xuānbù yí jiàn shì] ❷ (texte) ○ (cl. 则 [zé]) 告示 [gàoshi] ▸ **annonce publicitaire** 广告 [guǎnggào] ▸ **annonce d'offre d'emploi** 招聘启事 [zhāopìn qǐshì] ▸ **passer une petite annonce** 刊登一则启事 [kāndēng yì zé qǐshì].

annoncer vt 宣布 [xuānbù] ▸ **annoncer une bonne nouvelle** 宣布一个好消息 [xuānbù yí ge hǎo xiāoxi].

annoter vt 给……加注 [gěi… jiāzhù] ▸ **annoter un livre** 给一本书作评注 [gěi yì běn shū zuò píngzhù] ▸ **annoter un texte** 给一篇文章加注 [gěi yì piān wénzhāng jiāzhù].

annuaire nm 年鉴 [niánjiàn] ▸ **annuaire électronique** 电子电话号码簿 [diànzǐ diànhuà hàomǎ bù] ▸ **annuaire professionnel** 企业名录 [qǐyè mínglù] ▸ **annuaire téléphonique** 电话簿 [diànhuàbù].

annuel, elle adj ❶ (qui a lieu chaque année) 每年的 [měinián de] ▸ **publication annuelle** 年刊 [niánkān] ▸ **spectacle annuel** 一年一度的演出 [yìnián yídù de yǎnchū] ❷ (qui couvre une période d'un an, qui dure un an) 年度的 [niándù de] ▸ **revenu annuel** 年收入 [nián shōurù] ▸ **moyenne annuelle** 年平均数 [nián píngjūnshù].

annulaire nm ANAT 无名指 [wúmíngzhǐ].

annulation nf 取消 [qǔxiāo] ▸ **annulation d'un vol** 航班的取消 [hángbān de qǔxiāo].

annuler vt ❶ (décommander) 取消 [qǔxiāo] ▸ **j'ai dû annuler mon voyage** 我不得不取消我的旅行 [wǒ bùdébù qǔxiāo wǒde lǚxíng] ❷ (rendre caduc) 撤销 [chèxiāo] ▸ **annuler un jugement** 撤销判决 [chèxiāo pànjué] ▸ **annuler un mariage** 解除婚约 [jiěchú hūnyuē] ▸ **annuler un contrat** 废除一份合同 [fèichú yí fèn hétong].

anoblir vt 封为贵族 [fēngwéi guìzú].

anodin, e adj ❶ (sans danger) 轻微的 [qīngwēi de] ▸ **blessure anodine** 轻伤 [qīngshāng] ❷ (qui n'a pas d'importance) 无足轻重的 [wúzú qīngzhòng de] ▸ **une remarque anodine** 无关痛痒的意见 [wúguān tòngyǎn de yìjiàn].

anomalie nf ❶ (irrégularité) 反常 [fǎncháng] ▸ **dans ce dessin, il y a dix anomalies** 在这幅画中，有十个怪异之处 [zài zhè fú huà zhōng, yǒu shí ge guàiyì zhīchù] ❷ BIOL 异常 [yìcháng] ▸ **une anomalie génétique** 基因异常 [jīyīn yìcháng].

anonyme ◆ adj (sans nom) 匿名的 [nìmíng de] ▸ **appel anonyme** 匿名电话 [nìmíng diànhuà] ▸ **lettre anonyme** (cl. 封 [fēng]) 匿名信 [nìmíngxìn] ▸ **œuvre anonyme** (cl. 件 [jiàn] ou 部 [bù]) 作者不详的作品 [zuòzhě bùxiáng de zuòpǐn]. ◆ nmf 匿名者 [nìmíngzhě].

anorak nm (cl. 件 [jiàn]) 滑雪运动衫 [huáxuě yùndòngshān].

anormal, e, aux adj ❶ (inhabituel) 异常的 [yìcháng de] ▸ **être dans un état anormal** 处于一种异常的状态 [chǔyú yì zhǒng yìcháng de zhuàngtài] ▸ **une chute de neige anormale pour la saison** 这个季节降雪很反常 [zhè ge jìjié jiàngxuě hěn fǎncháng] ❷ (injuste, intolérable) 不公平的 [bù gōngpíng de] ▸ **il est anormal que l'on vous refuse ce droit** 您的这项权利被拒绝是不公平的 [nínde zhè xiàng quánlì bèi jùjué shì bù gōngpíng de] ❸ (handicapé) 精神不正常的 [jīngshén bú zhèngcháng de] ▸ **enfant anormal** 神经质的儿童 [shénjīngzhì de értóng].

ANPE (abr de **Agence nationale pour l'emploi**) nf 国家就业总局 [guójiā jiùyè zǒngjú].

anse nf 把儿 [bàr].

antagoniste adj 对立的 [duìlì de] ▸ **thèses antagonistes** 对立的论点 [duìlì de lùndiǎn].

antan ▪ **d'antan** loc adv 以前的 [yǐqián de] ▸ **les amours d'antan** 过去的爱情 [guòqù de àiqíng].

antarctique adj GÉOGR 南极的 [nánjí de] ▸ **le cercle polaire antarctique** 南极圈 [nánjíquān].

▪ **Antarctique** nf (continent) ▸ **l'Antarctique** 南极洲 [Nánjízhōu]; (océan) ▸ **l'Antarctique** 南极的海域 [Nánjí de hǎiyù].

antécédents nmpl 即往史 [jìngwǎngshǐ] ▸ **antécédents familiaux** 家族史 [jiāzú shǐ] ▸ **les antécédents d'un accusé** 一个被告人的前科 [yí ge bèigàorén de qiánkē].

antenne nf ❶ (de télévision, de radio) ○ (cl. 根 [gēn]) 天线 [tiānxiàn] ▸ **antenne parabolique** 抛物面型天线 [pāowùmiànxíng tiānxiàn] ❷ (émission) 无线电广播 [wúxiàndiàn guǎngbō] ▸ **vous pourrez suivre le match en direct sur notre antenne** 您可以在我台的广播中收听这场比赛的实况 [nín kéyǐ zài wǒ tái de guǎngbō zhōng shōutīng zhè chǎng bǐsài de shíkuàng] ▸ **être à l'antenne** 进入直播 [jìnrù zhíbō] ▸ **hors antenne** 未进入直播 [wèi jìnrù zhíbō] ❸ (d'un insecte) ○ (cl. 根 [gēn]) 触角 [chùjiǎo] ❹ (annexe, bâtiment) 船帆的斜桁 [chuánfān de xiéhéng] ❺ (succursale) 分部 [fēnbù] ▸ **notre entreprise a une antenne à Tokyo** 我们的公司在东京有一家分公司 [wǒmen de gōngsī zài Dōngjīng yǒu yì jiā fēngōngsī].

antérieur, e adj ❶ (dans l'espace) 前部的 [qiánbù de] ▸ **les pattes antérieures d'un animal** 一只动物的前爪 [yì zhī dòngwù de qiánzhuǎ] ❷ (dans le temps) 先前的 [xiānqián de] ▸ **être antérieur à qqch** 在某事之前 [zài mǒushì zhīqián].

antériorité nf 先前性 [xiānqiánxìng] ▸ **l'antériorité de ses travaux relativement aux vôtres est incontestable** 他的研究工作相对地先于您的，这是不容置疑的 [tāde yánjiū gōngzuò xiāngduì de xiānyú nínde, zhèshì búróng zhìyí de] ▸ **antériorité d'une période** 在此之前的一个阶段 [zài cǐ zhīqián de yí ge jiēduàn].

anthologie nf (cl. 本 [běn]) 文选 [wénxuǎn] ▸ **une anthologie de la littérature** 一本文学选读 [yì běn wénxué xuǎndú].

anthropophage ♦ adj 吃人肉的 [chīrénròu de]. ♦ nmf 吃人肉的人 [chīrénròu de rén].

antibactérien, enne adj 抗菌的 [kàngjūn de].

antibiotique nm 抗生素 [kàngshēngsù] ▸ **être sous antibiotiques** 接受抗生素治疗 [jiēshòu kàngshēngsù zhìliáo] ▸ **prendre des antibiotiques** 服用抗生素 [fúyòng kàngshēngsù] ▸ **prescrire des antibiotiques** 开抗生素类药 [kāi kàngshēngsùlèi yào].

anticipation nf ❶ (prévision) 预测 [yùcè] ▸ **un film d'anticipation** 一部幻想电影 [yí bù huànxiǎng diànyǐng] ❷ FIN 预付 [yùfù] ▸ **rembourser par anticipation** 提前偿还 [tíqián chánghuán].

anticipé, e adj 提前的 [tíqián de] ▸ **remboursement anticipé** 先期清偿 [xiānqī qīngcháng] ▸ **retour anticipé** 提前返回 [tíqián fǎnhuí] ▸ **retraite anticipée** 提前退休 [tíqián tuìxiū].

anticiper ♦ vt 预测 [yùcè] ▸ **anticiper un paiement** 提前付款 [tíqián fùkuǎn]. ♦ vi 预测 [yùcè] ▸ **attendons les résultats, n'anticipons pas !** 等结果出来吧，先别下结论！ [děng jiéguǒ chūlái ba, xiān bié xià jiélùn!].

anticlérical, e, aux adj 反教权的 [fǎn jiàoquán de].

anticorps nm 抗体 [kàngtǐ].

anticyclone nm 反气旋 [fǎnqìxuán].

antidépresseur nm 兴奋剂 [xìngfènjì] ▸ **être sous antidépresseurs** 服用兴奋剂 [fúyòng xìngfènjì] ▸ **mettre qqn sous antidépresseurs** 让某人服用兴奋剂 [ràng mǒurén fúyòng xìngfènjì].

antidote nm ❶ (contrepoison) 解毒药 [jiědú yào] ❷ *fig* (moral) 解药 [jiěyào] ▸ **le travail est un bon antidote contre l'ennui** 工作是摆脱烦恼的良药 [gōngzuò shì bǎituō fánnǎo de liángyào].

antillais, e adj 安的列斯的 [āndelièsī de]. ■ **Antillais, e** nm, f 安的列斯人 [Āndelièsī rén].

Antilles nfpl ▸ **les Antilles** 安的列斯群岛 [Āndelièsī qúndǎo].

antilope nf (cl. 只 [zhī] ou 头 [tóu]) 羚羊 [língyáng].

antipathie nf 反感 [fángǎn] ▸ **éprouver de l'antipathie pour qqn** 对某人感到厌恶 [duì mǒurén gǎndào yànwù].

antipathique adj 讨厌的 [tǎoyàn de] ▸ **il a une tête antipathique** 他的长相让人讨厌 [tāde zhǎngxiàng ràngrén tǎoyàn] ▸ **être antipathique à qqn** 令某人讨厌 [lìng mǒurén tǎoyàn] ▸ **trouver qqn antipathique** 觉得某人讨厌 [juéde mǒurén tǎoyàn].

antipelliculaire adj 去屑的 [qùxiè de].

antipode nm ❶ GÉOGR 对跖地 [duìzhídì] ▸ **la Nouvelle-Zélande est aux antipodes de la France** 新西兰是法国的对跖地 [Xīnxīlán shì Fǎguó de duìzhídì] ❷ *fig* (opposé) 相反 [xiāngfǎn] ▸ **les idées de mon frère sont à l'antipode des miennes** 我哥哥的想法和我的截然相反 [wǒ gēge de xiángfǎ hé wǒde jiérán xiāngfǎn].

antiquaire nmf 古董商 [gúdǒngshāng].

antique adj 古代的 [gǔdài de] ▸ **un monument antique** 一座古建筑 [yí zuò gǔ jiànzhù] ▸ **une antique croyance** 一种古代的信仰 [yì zhǒng gǔdài de xìnyǎng].

antiquité nf ❶ (époque) ▸ **l'Antiquité** 古代 [gǔdài] ▸ **l'Antiquité égyptienne** 古埃及 [gǔ Āijí] ❷ (objet) ○ (cl. 个 [gè] ou 件 [jiàn]) 古董 [gúdǒng] ▸ **un magasin d'antiquités** 一家古董店 [yí jiā gúdǒng diàn] ❸ *hum* (vieillerie) 老古董 [lǎo gúdǒng] ▸ **sa voiture, c'est une antiquité !** 他那辆车可是个老古董啊！ [tā nà liàng chē kě shì ge lǎo gúdǒng a!].

antisémite ♦ adj 仇视犹太人的 [chóushì yóutàirén de] ▸ **acte antisémite** 反犹太人的行为 [fǎn yóutàirén de xíngwéi] ▸ **loi antisémite** 反犹太人法 [fǎn yóutàirén fǎ] ▸ **propos antisémites** 仇视犹太人的言论 [chóushì yóutàirén de yánlùn]. ♦ nmf 反犹太分子 [fǎn yóutài fènzi].

antithèse nf 反命题 [fǎnmìngtí].

antitranspirant, e adj 抑汗的 [yìhàn de].

antivirus nm INFORM 杀毒软件 [shādú ruǎnjiàn].

antivol ♦ adj inv 防盗的 [fángdào de] ▸ **système antivol** 防盗系统 [fángdào xìtǒng]. ♦ nm 防盗装置 [fángdào zhuāngzhì] ▸ **mettre un antivol à la roue de son scooter** 在自己的助动车轮子上装上防盗锁 [zài zìjǐ de zhùdòngchē lúnzi shàng zhuāngshang fángdàosuǒ].

anus nm 肛门 [gāngmén].

anxiété nf 焦虑 [jiāolǜ] ▸ **être dans l'anxiété** 心情焦虑 [xīnqíng jiāolǜ] ▸ **avec anxiété** 焦虑地 [jiāolǜ de].

anxieux, euse ♦ adj 焦虑的 [jiāolǜ de] ▸ **air anxieux** 焦虑的神情 [jiāolǜ de shénqíng]. ♦ nm, f 生性忧虑的人 [shēngxìng yōulǜ de rén] ▸ **être un anxieux** 生性忧虑 [shēngxìng yōulǜ].

août nm 八月 [bāyuè] ▸ **le mois d'août** 八月 [bāyuè].

apaiser vt ❶ (calmer) 使……平静 [shǐ… píngjìng] ▸ **le bébé pleurait, mais la voix de sa mère l'a apaisé** 婴儿在哭，但他母亲的声音让他平静了下来 [yīng'ér zài kū, dàn tā mǔqin de shēngyīn ràng tā píngjìng le xiàlái] ▸ **apaiser les manifestants** 平息示威者 [píngxī shìwēizhě] ❷ (douleur) 减轻 [jiǎnqīng] ▸ **un médicament pour apaiser la douleur** 减轻疼痛的药 [jiǎnqīng téngtòng de yào] ❸ (besoin, désir) 缓和 [huǎnhé] ▸ **apaiser la faim** 缓解饥饿 [huánjiě jī'è].

■ **s'apaiser** vp 平息 [píngxī] ▸ **sa colère s'est apaisée d'un seul coup** 他的怒气一下子平息了下来 [tāde nùqì yí xiàzi píngxī le xiàlái] ▸ **la tempête s'apaise** 暴风雨平息了 [bàofēngyǔ píngxī le].

aparté nm 个别交谈 [gèbié jiāotán] ▸ **faire des apartés** 私下交谈 [sīxià jiāotán] ▸ **en aparté** 私下地 [sīxià de].

apathie nf 懒散 [lánsǎn].

apatride ♦ adj 无国籍的 [wúguójí de]. ♦ nmf 无国籍的人 [wúguójí de rén].

apercevoir vt ❶ (distinguer) 看见 [kànjiàn] ▸ **j'aperçois une lueur au loin** 我看见远处有微光 [wǒ kànjiàn yuǎnchù yǒu wēiguāng] ❷ (voir furtivement) 瞥见 [piējiàn] ▸ **je l'ai aperçu hier à la gare** 昨天我在火车站瞧见他了 [zuótiān wǒ zài huǒchēzhàn qiáojiàn tā le].

■ **s'apercevoir** vp 发觉 [fājué] ▸ **tout le monde s'est aperçu de votre absence** 大家都发觉您缺席了 [dàjiā dōu fājué nín quēxí le] ▸ **il s'est aperçu de son lapsus** 他意识到了自己的口误 [tā yìshí dào le zìjǐ de kǒuwù] ▸ **s'apercevoir que** 意识到…… [yìshí dào…] ▸ **sans s'en apercevoir** 不知不觉地 [bùzhībùjué de] ▸ **tu as écrasé une fleur sans t'en apercevoir** 你无意中踩坏了一朵花 [nǐ wúyì zhōng cǎihuài le yì duǒ huā].

aperçu nm 概括介绍 [gàikuò jièshào] ▸ **un aperçu d'un problème** 对一个问题的概括介绍 [duì yí ge wèntí de gàikuò jièshào] ▸ **donner un aperçu de qqch** 对某事做概括介绍 [duì mǒushì zuò gàikuò jièshào] ▸ **avoir un aperçu de** 对……有一个概观 [duì… yǒu yí ge gàiguān].

apéritif nm 开胃酒 [kāiwèijiǔ] ▸ **prendre l'apéritif** 喝开胃酒 [hē kāiwèijiǔ].

apesanteur nf 失重 [shīzhòng] ▸ **en apesanteur** 处于失重状态 [chǔyú shīzhòng zhuàngtài].

aphte nm 口疮 [kǒuchuāng] ▸ **avoir des aphtes** 长口疮 [zhǎng kǒuchuāng].

apitoyer vt 使……同情 [shǐ… tóngqíng] ▸ **apitoyer qqn** 使某人同情 [shǐ mǒurén tóngqíng] ▸ **apitoyer qqn sur le sort de qqn** 使某人同情某人的遭遇 [shǐ mǒurén tóngqíng mǒurén de zāoyù].

▪ **s'apitoyer sur** vp 同情 [tóngqíng] ▸ **s'apitoyer sur son sort** 同情自己的遭遇 [tóngqíng zìjǐ de zāoyù].

ap. J.-C. (abr écrite de **après Jésus-Christ**) 公元 [gōngyuán] ▸ **en 138 ap. J.-C.** 在公元138年 [zài gōngyuán 138 nián].

aplati, e adj 压扁的 [yābiǎn de].

aplatir vt ❶ (écraser) 压扁 [yābiǎn] ▸ **aplatir de la viande** 把肉压扁 [bǎ ròu yābiǎn] ❷ (des cheveux) 压平 [yāpíng].

aplomb nm ❶ (stabilité) 平衡 [pínghéng] ❷ (audace) 镇定 [zhèndìng] ▸ **avoir de l'aplomb** 泰然自若 [tàirán zìruò] ▸ **avec aplomb** 镇定地 [zhèndìng de].

▪ **d'aplomb** loc adv 平稳地 [píngwěn de] ▸ **ne pas être d'aplomb** 不平稳 [bù píngwěn] ▸ **remettre qqn d'aplomb** 使某人恢复健康 [shǐ mǒurén huīfù jiànkāng].

apogée nm *fig* 顶峰 [dǐngfēng].

apologie nf 赞扬 [zànyáng] ▸ **faire l'apologie de qqch/qqn** 为某事/某人辩解 [wèi mǒushì/mǒurén biànjiě] ▸ **être une apologie de qqch** 是对某事的辩解 [shì duì mǒushì de biànjiě].

apostrophe nf (signe graphique) 省文撇 [shěngwénpiě].

apothéose nf ❶ (consécration) 特殊荣誉 [tèshū róngyù] ❷ (point culminant) 最精彩的节目 [zuì jīngcǎi de jiémù] ▸ **être l'apothéose de qqch** 是某事的最精彩部分 [shì mǒushì de zuì jīngcǎi bùfen].

apparaître ♦ vi ❶ (se montrer, se manifester) 出现 [chūxiàn] ▸ **apparaître à la fenêtre** 出现在窗口 [chūxiàn zài chuāngkǒu] ▸ **les premiers symptômes sont apparus** 疾病的初始症状出现了 [jíbìng de chūshǐ zhèngzhuàng chūxiàn le] ❷ (sembler) 让……觉得 [ràng… juéde] ▸ **ces vêtements nous apparaissent aujourd'hui bien démodés** 这些衣服让我们现在觉得很过时 [zhèxiē yīfu ràng wǒmen xiànzài juéde hěn guòshí]. ♦ v impers ▸ **il apparaît (à qqn) que/de** (在某人)看来 [(zài mǒurén) kànlái] ▸ **il m'apparaît difficile de vous croire** 在我看来难以相信您 [zài wǒ kànlái nányǐ xiāngxìn nín].

appareil nm ❶ (instrument) ○ (cl. 台 [tái]) 架 [jià]) 仪器 [yíqì] ▸ **appareil auditif** 助听器 [zhùtīngqì] ▸ **appareil dentaire** 假牙 [jiǎyá] ▸ **porter un appareil** 戴一副假牙 [dài yí fù jiǎyá] ▸ **appareil électroménager** (cl. 件 [jiàn]) 台 [tái]) 套 [tào]) 家用电器 [jiāyòng diànqì] ❷ (téléphone) 电话 [diànhuà] ▸ **allô, qui est à l'appareil ?** 喂，您是哪一位？ [wéi, nín shì nǎ yí wèi?] ❸ ANAT 器官 [qìguān] ▸ **appareil digestif** 消化器官 [xiāohuà qìguān] ▸ **appareil respiratoire** 呼吸器官 [hūxī qìguān].

▪ **appareil photo** nm 照相机 [zhàoxiàngjī] ▸ **appareil photo numérique** 数码相机 [shùmǎ xiàngjī].

appareiller vi NAUT 出海 [chūhǎi].

apparemment adv 表面上 [biǎomiàn shàng].

apparence nf 外表 [wàibiǎo] ▸ **d'apparence** 外表的 [wàibiǎo de] ▸ **juger d'après les apparences** 根据外表作判断 [gēnjù wàibiǎo zuò pànduàn] ▸ **ne vous fiez pas aux apparences** 不要相信外表 [búyào xiāngxìn wàibiǎo].

apparent, e adj ❶ (perceptible) 明显的 [míngxiǎn de] ▸ **sans raison apparente** 没有明显的理由 [méiyǒu míngxiǎn de lǐyóu] ❷ (visible) 清楚的 [qīngchǔ de] ▸ **une couture apparente** 一道清楚的缝合线 [yí dào qīngchǔ de fénghéxiàn].

apparenter ▪ **s'apparenter à** vp 类似 [lèisì] ▸ **s'apparenter à qqch** 和某事类似 [hé mǒushì lèisì].

apparition nf ❶ (d'une personne) 出现 [chūxiàn] ▸ **faire son apparition** 露面 [lòumiàn] ▸ **ne faire qu'une brève apparition** 只露一面 [zhǐ lòu yí miàn] ❷ (naissance) 诞生 [dànshēng]

▸ **l'apparition de nouvelles technologies** 新科技的诞生 [xīn kējì de dànshēng] ❸ (vision) 显圣 [xiǎnshèng] ▸ **avoir des apparitions** 产生幻觉 [chǎnshēng huànjué].

appart (abr de **appartement**) nm *fam* 套房 [tàofáng].

appartement nm ❶ (dans un immeuble) 套房 [tàofáng] ▸ **appartement de fonction** 公务用住房 [gōngwùyòng zhùfáng] ▸ **'appartement à louer'** 套房出租 [tàofáng chūzū] ▸ **appartement témoin** 样板套房 [yàngbǎn tàofáng] ❷ (dans un château) 宅第 [zháidì] ▸ **les appartements du roi** 国王的内宅 [guówáng de nèizhái].

appartenir vi ❶ (être la propriété de) ▸ **appartenir à qqn** 归某人所有 [guī mǒurén suóyǒu] ❷ (faire partie de) 属于 [shǔyú] ▸ **appartenir à qqch** 属于某物 [shǔyú mǒuwù] ❸ (dépendre de) ▸ **appartenir à qqn** 属于某人的权利 [shǔyú mǒurén de quánlì] ▸ **le droit de grâce appartient au président de la République** 赦免权属于共和国总统所有 [shèmiǎn quán shǔyú gònghéguó zóngtǒng suóyǒu] ▸ **ton avenir t'appartient** 你的未来由你作主 [nǐde wèilái yóu nǐ zuòzhǒ] ▸ **appartenir à qqn de faire qqch** 应该由某人做某事 [yīnggāi yóu mǒurén zuò mǒushì].

appauvrir vt 使……变穷 [shǐ… biànqióng] ▸ **appauvrir une personne** 使一个人变穷 [shǐ yí ge rén biànqióng] ▸ **appauvrir une chose** 使某物贫乏 [shǐ mǒuwù pínfá] ▸ **appauvrir une langue** 使一种语言贫乏 [shǐ yì zhǒng yǔyán pínfá].

▪ **s'appauvrir** vp 变穷 [biànqióng].

appel nm ❶ (cri) 呼喊 [hūhǎn] ▸ **appel à l'aide** 求援 [qiúyuán] ❷ DR 上诉 [shàngsù] ▸ **en appel** 上诉 [shàngsù] ▸ **gagner en appel** 二审胜诉 [èrshěn shèngsù] ▸ **faire appel** 提出上诉 [tíchū shàngsù] ❸ SCOL 点名 [diǎnmíng] ▸ **cahier d'appel** (cl. 本 [běn]) 点名册 [diǎnmíng cè] ▸ **faire l'appel** 点名 [diǎnmíng] ❹ (signe) 示意 [shìyì] ▸ **faire un appel de phares** 闪车灯示意 [shǎn chēdēng shìyì] ❺ (téléphonique) 电话 [diànhuà] ❻ (exhortation) 号召 [hàozhào] ▸ **lancer un appel à qqch** 发出一个……的号召 [fāchū yí ge… de hàozhào]

◊ **faire appel à qqn/qqch** 求助于某人/某事 [qiúzhù yú mǒurén/mǒushì] ▸ **sans appel** 不可改变的 [bùkě gǎibiàn de].

appeler vt ❶ (apostropher) 叫 [jiào] ▸ **tu m'as appelé ?** 你叫我吗？ [nǐ jiào wǒ ma?] ▸ **appeler au secours** 呼救 [hūjiù] ▸ **appeler à l'aide** 求援 [qiúyuán] ❷ (téléphoner à) 打电话 [dǎ diànhuà] ▸ **appeler la police** 打电话报警 [dǎ diànhuà bàojǐng] ▸ **je t'appelle de Nice** 我从尼斯给你打电话 [wǒ cóng Nísī gěi nǐ dǎ diànhuà] ❸ (prénommer) 取名 [qǔmíng] ▸ **ils ont appelé leur fille Louise** 他们给女儿取名叫露易丝 [tāmen gěi nǚ'ér qǔmíng jiào Lùyìsī] ❹ (qualifier) 把……称为 [bǎ… chēngwéi] ▸ **j'appelle ça de la malhonnêteté !** 我把这称为不诚实！ [wǒ bǎ zhè chēngwéi bù chéngshí!] ❺ (exhorter) 号召 [hàozhào] ▸ **appeler qqn à faire qqch** 号召某人做某事 [hàozhào mǒurén zuò mǒushì].

▪ **s'appeler** vp ❶ (se nommer) 叫…… [jiào…] ▸ **comment t'appelles-tu ?** 你叫什么名字？ [nǐ jiào shénme míngzì?] ▸ **comment ça s'appelle ?** 那叫什么？ [nà jiào shénme?] ❷ (se téléphoner) 互通电话 [hùtōng diànhuà] ▸ **ils s'appellent tous les jours** 他们每天都互通电话 [tāmen měitiān dōu hùtōng diànhuà].

appendice nm ANAT 阑尾 [lánwěi].

appendicite nf MÉD 阑尾炎 [lánwěiyán] ▸ **avoir une crise d'appendicite** 得了急性阑尾炎 [dé le jíxìng lánwěiyán] ▸ **se faire opérer de l'appendicite** 接受一次阑尾炎手术 [jiēshōu yí cì lánwěiyán shǒushù].

appesantir ▪ **s'appesantir sur** vp+prép 强调 [qiángdiào] ▸ **s'appesantir sur les détails** 强调细节 [qiángdiào xìjié].

appétissant, e adj 诱人的 [yòurén de].

appétit nm 胃口 [wèikǒu] ▸ **bon appétit !** 多吃点！ [duōchī diǎn!] ▸ **couper l'appétit** 倒胃口 [dǎo wèikǒu]

◊ **l'appétit vient en mangeant** 越吃越有胃口 [yuèchī yuèyǒu wèikǒu]; *fig* 贪得无厌 [tāndé wúyàn].

applaudir vt & vi 鼓掌 [gúzhǎng] ▸ **applaudir qqn** 为某人鼓掌 [wèi mǒurén gúzhǎng] ▸ **applaudir à qqch** 赞同某事 [zàntóng mǒushì] ▸ **les non-fumeurs ont applaudi aux**

nouvelles mesures anti-tabac 非烟民赞同反吸烟的新措施 [fēi yānmín zàntóng fǎn xīyān de xīn cuòshī].

applaudissements nmpl 掌声 [zhǎngshēng].

application nf ❶ (étalage) 涂 [tú] ▸ **application de crème** 涂护肤霜 [tú hùfūshuāng] ▸ **application de peinture** 涂油漆 [tú yóuqī] ❷ (mise en pratique) 实施 [shíshī] ▸ **en application de la loi** 按照法律的指示 [ànzhào fǎlǜ de zhǐshì] ▸ **application d'un tarif** 一个售价表的实施 [yí ge shòujià biǎo de shíshī] ▸ **mettre qqch en application** 将某事付诸于实施 [jiāng mǒushì fùzhū yú shíshī] ❸ (sérieux) 专心 [zhuānxīn] ▸ **avec application** 专心地 [zhuānxīn de] ❹ INFORM 应用程序 [yìngyòng chéngxù].

appliquer vt ❶ (étaler) 涂 [tú] ▸ **appliquer de la crème** 涂油膏 [tú yóugāo] ▸ **appliquer de la peinture** 涂油漆 [tú yóuqī] ❷ (mettre en pratique) 实施 [shíshī] ▸ **appliquer une loi** 实施一项法律 [shíshī yí xiàng fǎlǜ] ▸ **appliquer un tarif** 实施一种价目表 [shíshī yì zhǒng jiàmùbiǎo] ▸ **faire appliquer qqch** 将某事付诸于实施 [jiāng mǒushì fùzhū yú shíshī].

▪ **s'appliquer** vp ❶ (se concentrer) 专心 [zhuānxīn] ▸ **applique-toi un peu !** 专心点！ [zhuānxīn diǎn!] ❷ (convenir à) 适合 [shìhé] ▸ **s'appliquer à qqn** 适用于某人 [shìyòng yú mǒurén] ▸ **s'appliquer à qqch** 适用于某物 [shìyòng yú mǒuwù] ❸ (s'étaler) 涂 [tú] ▸ **cet enduit s'applique facilement** 这种涂料涂起来很好 [zhè zhǒng túliào túqǐlái hénhǎo].

appoint nm 零钱 [língqián] ▸ **faire l'appoint** - a) (remettre la somme exacte) 备好零钱支付 [bèihǎo língqián zhīfù] - b) (compléter une somme en petite monnaie) 用零钱补足 [yòng língqián bǔzú].

▪ **d'appoint** loc adj (lit, chauffage) 补充的 [bǔchōng de].

apport nm ❶ (action d'apporter) 提供 [tígōng] ▸ **l'apport en calories** 热量提供 [rèliàng tígōng] ❷ (contribution) 贡献 [gòngxiàn] ▸ **l'apport de la civilisation romaine à l'histoire** 罗马文明对历史的贡献 [luómǎ wénmíng duì lìshǐ de gòngxiàn] ❸ FIN & DR 投资 [tóuzī].

apporter vt ❶ (porter) 带来 [dàilái] ▸ **apporter qqch à qqn** 给某人带来某物 [gěi mǒurén dàilái mǒuwù] ❷ (donner) 提供 [tígōng] ▸ **apporter qqch dans/à** 为/给……提供…… [wèi/gěi… tígōng…] ▸ **apporter un élément nouveau à l'enquête** 给一份调查提供新的要素 [gěi yí fèn diàochá tígōng xīn de yàosù] ▸ **apporter qqch à qqn** 使某人得到什么 [shǐ mǒurén dédào shénme].

apposer vt ❶ (affiche, plaque) 张贴 [zhāngtiē] ❷ (signature, cachet) ▸ **apposer une signature** 签名 [qiānmíng] ▸ **apposer un cachet** 盖章 [gàizhāng].

apposition nf ❶ (de signature) 签署 [qiānshǔ] ❷ GRAMM 同位语 [tóngwèiyǔ] ▸ **en apposition** 作为同位语 [zuòwéi tóngwèiyǔ].

appréciation nf ❶ (estimation) 估计 [gūjì] ▸ **l'appréciation d'une distance** 估计一段距离 [gūjì yí duàn jùlí] ❷ (jugement) 意见 [yìjiàn] ❸ SCOL 评价 [píngjià] ▸ **les appréciations du bulletin scolaire** 成绩单上的评语 [chéngjìdān shàng de píngyǔ].

apprécier vt ❶ (aimer) 喜欢 [xǐhuān] ▸ **il n'a pas apprécié !** 他不喜欢！ [tā bù xǐhuān!] ▸ **apprécier de faire qqch** 喜欢做某事 [xǐhuān zuò mǒushì] ❷ (estimer) 欣赏 [xīnshǎng] ▸ **j'apprécie beaucoup ton cousin** 我很欣赏你的堂兄 [wǒ hěn xīnshǎng nǐde tángxiōng] ❸ (évaluer) 估计 [gūjì] ▸ **apprécier l'étendue des dégâts** 估算损失的程度 [gūsuàn sǔnshī de chéngdù].

appréhension nf 担忧 [dānyōu] ▸ **avec appréhension** 担忧地 [dānyōu de].

apprendre vt ❶ (assimiler) 学习 [xuéxí] ▸ **apprendre par cœur** 熟记在心 [shújì zàixīn] ❷ (s'initier à) 学 [xué] ▸ **apprendre un métier** 学一门手艺 [xué yì mén shǒuyì] ❸ (faire connaître) 告诉 [gàosù] ▸ **apprendre qqch à qqn** 告诉某人某事 [gàosù mǒurén mǒushì] ❹ (être informé de) 得知 [dézhī] ▸ **apprendre qqch** 得知某事 [dézhī mǒushì] ▸ **apprendre que** 听说…… [tīngshuō…] ❺ (enseigner) 教 [jiāo] ▸ **apprendre qqch à qqn** 教某人某事 [jiāo mǒurén mǒushì] ▸ **apprendre à qqn à faire qqch** 教某人做某事 [jiāo mǒurén zuò mǒushì].

apprenti, e nm,f 学徒 [xuétú] ▸ **être apprenti chez qqn** 在某人那里做学徒 [zài mǒurén nàli zuò xuétú].

apprentissage nm ❶ (formation) 学手艺 [xué shǒuyì] ▸ **être en apprentissage chez qqn** 在某人那里学手艺 [zài mǒurén nàli xué shǒuyì] ▸ **faire un apprentissage (en qqch)** 开始学做(某事) [kāishǐ xué zuò (mǒushì)] ▸ **prendre qqn en apprentissage** 收某人为学徒 [shōu mǒurén wéi xuétú] ❷ (initiation) 学习 [xuéxí].

apprêter ▪ **s'apprêter** vp ❶ (être sur le point de) ▸ **s'apprêter à faire qqch** 准备(好)做某事 [zhǔnbèi (hǎo) zuò mǒushì] ❷ (se parer) 打扮自己 [dǎbàn zìjǐ].

apprivoiser vt (un animal) 驯养 [xùnyǎng].

approbation nf 赞同 [zàntóng] ▸ **demander l'approbation de qqn** 征求某人的赞同 [zhēngqiú mǒurén de zàntóng] ▸ **donner son approbation à qqch** 对某事表示赞同 [duì mǒushì biǎoshì zàntóng].

approche nf ❶ (arrivée) 临近 [línjìn] ❷ (d'un sujet) 研究方式 [yánjiū fāngshì] ▸ **une approche de qqch** 一个研究某物的方式 [yí ge yánjiū mǒuwù de fāngshì]
◊ **à l'approche de qqch** 在某事临近时 [zài mǒushì línjìn shí] ▸ **à l'approche d'un événement** 在事件即将发生时 [zài shìjiàn jíjiāng fāshēng shí].

approcher ♦ vt ❶ (rapprocher) 使……靠近 [shǐ… kàojìn] ▸ **approcher qqch de qqch** 把某物靠近某物 [bǎ mǒuwù kàojìn mǒuwù] ❷ (aborder) 靠近 [kàojìn] ▸ **ne m'approche pas !** 不要靠近我！ [búyào kàojìn wǒ!]. ♦ vi ❶ (venir près) 走近 [zǒujìn] ▸ **le bateau approche** 船靠近了 [chuán kàojìn le] ❷ (devenir plus proche) 快到 [kuài dào] ▸ **les vacances approchent** 假期快到了 [jiàqī kuài dào le].
▪ **s'approcher** vp 走近 [zǒujìn] ▸ **s'approcher de qqn** 走近某人 [zǒujìn mǒurén] ▸ **s'approcher de qqch** 靠近某物 [kàojìn mǒuwù].

approfondir vt (développer) 深入 [shēnrù] ▸ **approfondir une réflexion** 深入地进行思考 [shēnrù de jìnxíng sīkǎo] ▸ **approfondir la recherche** 深入研究 [shēnrù yánjiū].

approprier ▪ **s'approprier** vp 据为己有 [jùwéi jíyǒu] ▸ **s'approprier qqch** 把某物据为己有 [bǎ mǒuwù jùwéi jíyǒu].

approuver vt ❶ (être d'accord) 赞成 [zànchéng] ▸ **j'approuve votre choix** 我赞成您的选择 [wǒ zànchéng nínde xuǎnzé] ❷ (autoriser) 批准 [pīzhǔn] ▸ **approuver le budget** 批准预算 [pīzhǔn yùsuàn] ❸ DR 通过 [tōngguò] ▸ **approuver un projet de loi** 通过一项法律草案 [tōngguò yí xiàng fǎlǜ cǎoàn].

approximatif, ive adj 粗略的 [cūlüè de] ▸ **un devis approximatif** 一份粗略的估算单 [yí fèn cūlüè de gūsuàndān] ▸ **un prix approximatif** 一个不确切的价格 [yí ge búquèdìng de jiàgé] ▸ **un travail approximatif** 一件马虎的工作 [yí jiàn mǎhu de gōngzuò] ▸ **calcul approximatif** 粗算 [cūsuàn].

approximation nf ❶ (à-peu-près) 粗略估计 [cūlüè gūjì] ❷ MATH 近似法 [jìnsìfǎ].

appt (abr écrite de **appartement**) 套房 [tàofáng] ▸ **'loue appt'** 租房 [zū fáng].

appuyer ♦ vt ❶ (poser) ▸ **appuyer qqch contre qqch** 把某物靠在某物上 [bǎ mǒuwù kào zài mǒuwù shàng] ▸ **appuyer qqch sur qqch** 把某物支撑在某物上 [bǎ mǒuwù zhīchēng zài mǒuwù shàng] ❷ (presser) 按 [àn] ▸ **appuyer qqch sur qqch** 把某物按在某物上 [bǎ mǒuwù àn zài mǒuwù shàng] ❸ *fig* (soutenir) 支持 [zhīchí] ▸ **appuyer un candidat (aux élections)** 支持一名(选举)候选人 [zhīchí yì míng (xuǎnjǔ) hòuxuǎnrén]. ♦ vi 按 [àn].
▪ **s'appuyer** vp ❶ (se tenir à) 靠 [kào] ▸ **s'appuyer sur qqch** 靠着某物 [kàozhe mǒuwù] ▸ **s'appuyer contre qqch/qqn** 依靠某物/某人 [yīkào mǒuwù/mǒurén] ❷ (se baser sur) 依据 [yījù] ▸ **s'appuyer sur qqch** 依据某事 [yījù mǒushì].

âpre adj ❶ (goût) 涩的 [sè de] ▸ **fruit âpre** 味涩的水果 [wèisè de shuíguǒ] ❷ (lutte, discussion, concurrence) 激烈的 [jīliè de] ▸ **d'âpres rivalités entre les partis** 党派之间的激烈竞争 [dǎngpài zhījiān de jīliè jìngzhēng].

après ♦ prép ❶ (temps) 在……以后 [zài… yǐhòu] ▸ **après Jésus-Christ** 公元 [gōngyuán] ▸ **après quoi…** ……之后 […zhīhòu] ❷ (lieu) 在……后面 [zài… hòumian] ❸ (dans un ordre)

在……之后 [zài… zhīhòu] ▸ **faire passer qqch après qqch** 将某事安排在某事之后 [jiāng mǒushì ānpái zài mǒushì zhīhòu]. ♦ adv ❶ (temps) 以后 [yǐhòu] ▸ **le mois d'après** 此后那个月 [cǐhòu nà ge yuè] ▸ **un mois après** 一个月以后 [yí ge yuè yǐhòu] ▸ **après, je rentrerai à la maison** 之后，我将回家 [zhīhòu, wǒ jiāng huíjiā] ❷ (lieu, dans un ordre) 后面 [hòumian] ▸ **la rue d'après** 后面那条街 [hòumian nà tiáo jiē] ▸ **la personne qui vient après, c'est ma sœur** 后面那个，是我姐姐 [hòumian nà ge, shì wǒ jiějie].

▪ **après coup** loc adv 事后 [shìhòu].

▪ **après que** loc conj 在……之后 [zài… zhīhòu].

▪ **après tout** loc adv 总之 [zǒngzhī].

▪ **d'après** loc prép 根据 [gēnjù].

après-demain adv 后天 [hòutiān].

après-guerre nm 战后 [zhànhòu].

après-midi nm ou nf inv 下午 [xiàwǔ] ▸ **cet après-midi** 今天下午 [jīntiān xiàwǔ] ▸ **il était 3 heures de l'après-midi** 那时是下午三点 [nàshí shì xiàwǔ sān diǎn].

après-ski nm 软靴 [ruǎn xuē].

à-propos nm inv 适当 [shìdàng] ▸ **avoir le sens de l'à-propos** 善于适当地回答 [shànyú shìdàng de huídá].

apte adj 有能力的 [yǒu nénglì de] ▸ **être apte à faire qqch** 有能力做某事 [yǒu nénglì zuò mǒushì].

aptitude nf 才能 [cáinéng] ▸ **aptitude physique** 体能 [tǐnéng] ▸ **aptitude intellectuelle** 智能 [zhìnéng] ▸ **avoir une aptitude à qqch** 有做某事的才能 [yǒu zuò mǒushì de cáinéng] ▸ **avoir des aptitudes pour** ou **en qqch** 有某方面的天赋 [yǒu mǒu fāngmian de tiānfù].

aquarelle nf (cl. 幅 [fú]) 水彩画 [shuǐcǎihuà] ▸ **exposer ses aquarelles** 展览他的水彩画 [zhǎnlǎn tāde shuǐcǎihuà] ▸ **peindre à l'aquarelle** 画水彩画 [huà shuǐcǎihuà].

aquarium nm ❶ (réservoir) 玻璃鱼缸 [bōli yúgāng] ❷ (lieu) 水族馆 [shuǐzúguǎn].

arabe ♦ adj 阿拉伯的 [ālābó de]. ♦ nm (langue) 阿拉伯语 [ālābóyǔ].

▪ **Arabe** nmf 阿拉伯人 [Ālābórén].

Arabie nf ▸ **l'Arabie (Saoudite)** (沙特)阿拉伯 [(Shātè) Ālābó].

araignée nf (cl. 只 [zhī]) 蜘蛛 [zhīzhū] ▸ **araignée d'eau** 水蜘蛛 [shuǐ zhīzhū] ▸ **araignée de mer** 蜘蛛蟹 [zhīzhū xiè].

arbitraire adj ❶ (pouvoir) 专制的 [zhuānzhì de] ❷ (choix) 随意的 [suíyì de].

arbitre nm ❶ SPORT (cl. 个 [gè] ou 名 [míng]) 裁判 [cáipàn] ❷ (conciliateur) 仲裁人 [zhòngcáirén] ▸ **servir d'arbitre dans un conflit** 做冲突的仲裁人 [zuò chōngtū de zhòngcáirén].

arbitrer vt ❶ (un conflit) 仲裁 [zhòngcái] ❷ SPORT 裁判 [cáipàn] ▸ **arbitrer un match** 为一场比赛作裁判 [wèi yì chǎng bǐsài zuò cáipàn].

arbre nm BOT (cl. 棵 [kē]) 树 [shù] ▸ **arbre fruitier** 果树 [guǒshù] ▸ **arbre généalogique** 家谱 [jiāpǔ] ▸ **arbre de Noël** 圣诞树 [shèngdànshù].

arbuste nm 小灌木 [xiǎoguànmù].

arc nm ❶ (arme) 弓 [gōng] ▸ **tirer à l'arc** 射箭 [shèjiàn] ❷ (courbe) 弧形 [húxíng] ▸ **arc de cercle** 圆弧 [yuánhú] ❸ ARCHIT 拱 [gǒng] ▸ **l'Arc de Triomphe** 凯旋门 [kǎixuánmén].

arcades nfpl ARCHIT 拱廊 [gǒngláng].

arc-bouter ▪ **s'arc-bouter** vp 用力靠在……上 [yònglì kào zài… shàng].

arc-en-ciel ♦ nm (cl. 条 [tiáo]) 彩虹 [cǎihóng]. ♦ adj inv 多彩的 [duōcǎi de].

archange nm 大天使 [dàtiānshǐ].

arche nf ❶ ARCHIT 桥拱 [qiáogǒng] ▸ **la Grande Arche** 大拱门 [Dà Gǒngmén] ❷ RELIG ▸ **l'arche de Noé** 挪亚方舟 [Nuóyà fāngzhōu].

archéologie nf 考古学 [kǎogǔxué].

archéologue nmf 考古学者 [kǎogǔxuézhě].

archevêque nm RELIG 大主教 [dàzhǔjiào].

archipel nm 群岛 [qúndǎo].

architecte nmf (cl. 个 [gè] ou 位 [wèi]) 名 [míng]) 建筑师 [jiànzhùshī].

architecture nf 建筑 [jiànzhù] ▸ **architecture gothique** 哥特式建筑 [gētèshì jiànzhù] ▸ **architecture d'intérieur** 室内布

局 [shìnèi bùjú] ▸ **architecture romane** 罗曼式建筑 [luómànshì jiànzhù].

archives nfpl 档案 [dàng'àn] ▸ **les Archives nationales** 国家档案馆 [guójiā dàng'ànguǎn] ▸ **chercher un document dans les archives** 在档案里找资料 [zài dàng'àn lǐ zhǎo zīliào].

arctique adj GÉOGR 北极的 [běijí de] ▸ **le cercle polaire arctique** 北极圈 [běijíquān].

▪ **Arctique** nm (océan) ▸ **l'Arctique** 北冰洋 [Běibīngyáng].

ardemment adv 强烈地 [qiángliè de] ▸ **désirer ardemment** 强烈地渴望 [qiángliè de kěwàng].

ardent, e adj ❶ (brûlant) 火热的 [huǒrè de] ▸ **soleil ardent** (cl. 轮 [lún]) 烈日 [lièrì] ▸ **chaleur ardente** 炽热 [chìrè] ❷ (fort) 强烈的 [qiángliè de] ▸ **désir ardent** 强烈的欲望 [qiángliè de yùwàng].

ardeur nf ❶ (vigueur, empressement) 活力 [huólì] ▸ **avec ardeur** 充满活力地 [chōngmǎn huólì de] ❷ (enthousiasme) 热情 [rèqíng] ❸ (chaleur) 炽热 [chìrè].

ardoise nf ❶ (roche) 石板 [shíbǎn] ❷ (tablette) 小黑板 [xiǎohēibǎn].

arène nf (piste) 竞技场 [jìngjìchǎng] ▸ **les gladiateurs combattaient dans l'arène** 从前斗士在竞技场比武 [cóngqián dòushì zài jìngjìchǎng bíwǔ].

▪ **arènes** nfpl ❶ (romaines) 圆形竞技场 [yuánxíng jìngjìchǎng] ❷ (pour corridas) 斗牛场 [dòuniúchǎng].

arête nf ❶ (d'un poisson) ○ (cl. 根 [gēn] ou 条 [tiáo]) 鱼刺 [yúcì] ❷ (du nez) 梁 [liáng] ❸ (d'une montagne, d'un toit, d'un mur) 脊 [jǐ].

argent nm ❶ (monnaie) 钱 [qián] ▸ **donne-moi un peu d'argent** 给我一点钱 [gěi wǒ yìdiǎn qián] ▸ **avoir de l'argent** 有钱 [yǒu qián] ▸ **argent de poche** 零花钱 [línghuā qián] ▸ **argent public** 公款 [gōng kuǎn] ▸ **argent sale** 黑钱 [hēi qián] ❷ (métal) 银 [yín] ▸ **en argent** 银质的 [yínzhì de]

◊ **jeter l'argent par les fenêtres** 大手大脚地花钱 [dàshǒu dàjiǎo de huāqián].

argenterie nf (cl. 套 [tào] ou 件 [jiàn]) 银餐具 [yíncānjù] ▸ **faire l'argenterie** 擦拭银餐具 [cāshì yíncānjù].

argile nf 黏土 [niántǔ].

argot nm (cl. 句 [jù]) 行话 [hánghuà] ▸ **des mots d'argot** (cl. 句 [jù]) 暗语 [ànyǔ] ▸ **parler (l')argot** 说暗语 [shuō ànyǔ].

argument nm 论据 [lùnjù] ▸ **avoir de bons arguments** 有可靠的论据 [yǒu kěkào de lùnjù] ▸ **apporter des arguments à l'appui d'une thèse** 为某个论点提供论据 [wèi mǒu ge lùndiǎn tígōng lùnjù].

argumentation nf ❶ (développement) ○ (cl. 场 [chǎng]) 论证 [lùnzhèng] ▸ **la force d'une argumentation** 有力的论证 [yǒulì de lùnzhèng] ❷ (débat) ○ (cl. 场 [chǎng]) 辩论 [biànlùn].

argumenter ♦ vi 辩论 [biànlùn]. ♦ vt 论证 [lùnzhèng].

aride adj 干旱的 [gānhàn de] ▸ **terre aride** 干旱的土地 [gānhàn de tǔdì] ▸ **sujet aride** 枯燥无味的题材 [kūzào wúwèi de tícái].

aristocrate nmf (cl. 位 [wèi] ou 名 [míng]) 贵族 [guìzú].

arme nf ❶ (pour blesser) 武器 [wǔqì] ▸ **braquer une arme contre qqn** 拿武器对准某人 [ná wǔqì duìzhǔn mǒurén] ▸ **arme blanche** 白刃 [báirèn] ▸ **arme à feu** 火器 [huǒqì] ▸ **arme nucléaire** 核武器 [héwǔqì] ▸ **l'arme du crime** 凶器 [xiōngqì] ❷ *fig* (moyen de lutte) 手段 [shǒuduàn] ▸ **une arme psychologique** 一种攻心手段 [yì zhǒng gōngxīn shǒuduàn].

▪ **armes** nfpl 武器 [wǔqì] ▸ **prendre les armes** 拿起武器 [náqǐ wǔqì] ▸ **déposer les armes** 放下武器 [fàngxia wǔqì].

armé, e adj ❶ (personne, pays) 持有武器的 [chíyǒu wǔqì de] ▸ **être armé de** 持有……武器 [chíyǒu... wǔqì] ❷ (doté de) ▸ **armé de courage** 勇敢地 [yónggǎn de].

armée nf ❶ (troupes) ○ (cl. 支 [zhī]) 军队 [jūnduì] ▸ **l'armée de l'air** 空军 [kōngjūn] ▸ **l'armée de terre** 陆军 [lùjūn] ❷ (institution) 军 [jūn] ▸ **entrer dans l'armée** 参军 [cānjūn] ❸ *fig* (groupe important) 大批 [dàpī] ▸ **une armée de paysans** 一大群农民 [yí dàqún nóngmín].

armement nm ❶ MIL (ensemble d'armes, fourniture d'armes) 军备 [jūnbèi] ▸ **la course aux armements** 军备竞赛 [jūnbèi jìngsài] ❷ (d'une personne) 武器装备 [wǔqì zhuāngbèi].

armer vt 武装 [wǔzhuāng] ▸ **armer un pays** 武装一个国家 [wǔzhuāng yí ge guójiā] ▸ **armer une personne** 给一个人配备武器 [gěi yí ge rén pèibèi wǔqì].

armistice nm 停战 [tíngzhàn] ▸ **signer l'armistice** 签订停战协定 [qiāndìng tíngzhàn xiédìng].

armoire nf 衣柜 [yīguì] ▸ **armoire à pharmacie** 药柜 [yào guì].

armure nf (cl. 副 [fù]) 盔甲 [kuījiǎ].

arnaque nf *fam* 诈骗 [zhàpiàn] ▸ **quelle arnaque!** 真是诈骗！ [zhēnshì zhàpiàn!].

arnaquer vt *fam* 诈骗 [zhàpiàn] ▸ **se faire arnaquer** 被骗 [bèi piàn].

arobase, ar(r)obas nm ou nf INFORM 电子邮件的埃特符号 [diànzǐ yóujiàn de āi tè fúhào].

arôme nm ❶ (odeur) ○ (cl. 种 [zhǒng] ou 股 [gǔ]) 香味 [xiāngwèi] ▸ **ces roses dégagent un arôme subtil** 这些玫瑰散发出一股清香 [zhèxiē méigui sànfā chū yì gǔ qīngxiāng] ❷ (goût) 味 [wèi] ▸ **arôme chocolat** 巧克力香味 [qiǎokèlì xiāngwèi] ❸ (additif) ○ (cl. 种 [zhǒng]) 香料 [xiāngliào] ▸ **arôme artificiel** 人造香料 [rénzào xiāngliào] ▸ **arôme naturel** 天然香料 [tiānrán xiāngliào].

arrache-pied ▪ **d'arrache-pied** loc adv 坚持不懈地 [jiānchí búxiè de] ▸ **travailler d'arrache-pied** 坚持不懈地工作 [jiānchí búxiè de gōngzuò].

arracher vt ❶ (extraire) 拔除 [báchú] ▸ **arracher les mauvaises herbes** 拔除野草 [báchú yécǎo] ▸ **arracher une dent de sagesse** 拔掉一颗智齿 [bádiào yì kē zhìchǐ] ❷ (déchirer) 撕掉 [sīdiào] ▸ **arracher une page** 撕掉一页 [sīdiào yí yè] ❸ (sectionner) 弄掉 [nòngdiào] ▸ **un obus lui a arraché le bras** 炮弹炸掉了他的一只手臂 [pàodàn zhàdiào le tāde yì zhī shǒubì] ❹ (prendre de force) 从……夺去 [cóng… duóqù] ▸ **il m'a arraché le journal des mains** 他从我手中夺走了报纸 [tā cóng wǒ shǒuzhōng duózǒu le bàozhǐ].

arrangement nm ❶ (disposition) 布置 [bùzhì] ❷ (adaptation musicale) 乐曲改编 [yuèqǔ gǎibiān] ❸ (accord) ○ (cl. 项 [xiàng] ou 份 [fèn]) 协议 [xiéyì] ▸ **trouver un arrangement (avec qqn)** (和某人)达成协议 [(hé mǒurén) dáchéng xiéyì].

arranger vt ❶ (organiser) 安排 [ānpái] ▸ **arranger une entrevue** 安排一次会面 [ānpái yí cì huìmiàn] ❷ (convenir à) 适合 [shìhé] ▸ **ça m'arrange** 这对我合适 [zhè duì wǒ héshì] ▸ **ça ne m'arrange pas (du tout)** 这对我(完全)不合适 [zhè duì wǒ (wánquán) bù héshì] ❸ (régler) 解决 [jiějué] ▸ **arranger qqch** 解决某事 [jiějué mǒushì] ❹ MUS 改编 [gǎibiān].

▪ **s'arranger** vp ❶ (s'entendre) 取得一致 [qǔdé yízhì] ▸ **s'arranger avec qqn** 与某人达成协议 [yǔ mǒurén dáchéng xiéyì] ❷ (se débrouiller) 设法 [shèfǎ] ▸ **arrange-toi pour être à l'heure!** 你想办法准时到! [nǐ xiǎng bànfǎ zhǔnshí dào!] ❸ (bien finir) 解决 [jiějué] ▸ **ça va s'arranger** 这能解决 [zhè néng jiějué].

arrestation nf 逮捕 [dàibǔ] ▸ **être en état d'arrestation** 在受拘留 [zàishòu jūliú].

arrêt nm ❶ (d'un mouvement) 停止 [tíngzhǐ] ▸ **à l'arrêt** 处于停止状态 [chǔyú tíngzhǐ zhuàngtài] ▸ **faire un arrêt quelque part** 在某处停一下 [zài mǒuchù tíng yí xià] ❷ (station) 站 [zhàn] ▸ **arrêt de bus** 公共汽车站 [gōnggòng qìchēzhàn] ❸ (interruption) 中断 [zhōngduàn] ▸ **avoir ou faire un arrêt cardiaque** 心脏停搏 [xīnzàng tíngbó] ▸ **arrêts de jeu** 比赛暂停 [bǐsài zàntíng] ▸ **l'arrêt des essais nucléaires** 停止核试验 [tíngzhǐ héshìyàn] ▸ **temps d'arrêt** 暂停 [zàntíng] ▸ **marquer un temps d'arrêt** 暂停片刻 [zàntíng piànkè] ❹ (cessation d'activité) ▸ **arrêt maladie** 病假 [bìngjià] ▸ **arrêt de travail** 停工 [tínggōng] ▸ **sans arrêt** 不停地 [bù tíng de] ❺ DR 判决 [pànjué] ▸ **rendre un arrêt** 作出判决 [zuòchū pànjué] ❻ (position de non fonctionnement) 关闭键 [guānbìjiàn] ▸ **appuyer sur (la touche) arrêt** 按关闭键 [àn guānbìjiàn].

arrêter ♦ vt ❶ (stopper) 阻止 [zúzhǐ] ▸ **rien ne l'arrête!** 什么也不能阻止他！ [shénme yě bù néng zúzhǐ tā!] ▸ **arrêter une hémorragie** 止血 [zhǐxuè] ❷ (immobiliser) 使……停下 [shǐ… tíngxia] ▸ **arrêter une voiture** 让

一辆车停下 [ràng yí liàng chē tíngxià] ▸ **arrêter un passant** 叫住一个过路人 [jiàozhù yí ge guòlùrén] ❸ (suspendre) 中断 [zhōngduàn] ▸ **pendant la grève tous les programmes sont arrêtés** 罢工期间，所有的活动都中断了 [bàgōng qījiān, suóyǒu de huódòng dōu zhōngduàn le] ❹ (appréhender) 捉住 [zhuōzhù] ▸ **arrêter un voleur** 捉住一个小偷 [zhuōzhù yí ge xiǎotōu] ❺ (abandonner) 放弃 [fàngqì] ▸ **tu ne regrettes pas d'avoir arrêté la danse ?** 你放弃了跳舞，不遗憾吗？ [nǐ fàngqì le tiàowǔ, bù yíhàn ma?] ❻ SPORT 扑住 [pūzhù] ▸ **le goal a arrêté le penalty** 守门员扑住了点球 [shǒuményuán pūzhù le diǎnqiú]. ♦ vi 停止 [tíngzhǐ] ▸ **je n'ai pas arrêté de la journée** 我忙了整整一天 [wǒ máng le zhéngzhěng yì tiān] ▸ **arrêter de** *(+ infinitif)* 停止…… [tíngzhǐ…] ▸ **ne pas arrêter de** *(+ infinitif)* 一直不停地…… [yìzhí bùtíng de…] ▸ **il n'arrête pas de me critiquer** 他不停地批评我 [tā bùtíng de pīpíng wǒ] ▸ **arrête !** 够了！ [gòu le!].

▪ **s'arrêter** vp ❶ (faire halte) 停 [tíng] ▸ **arrête-toi un peu plus loin** 请你停得稍微远点 [qǐng nǐ tíngde shāowēi yuándiǎn] ❷ (séjourner) 逗留/待 [dòuliú/dāi] ❸ (tomber en panne) 停了 [tíngle] ❹ (cesser) 停止 [tíngzhǐ] ▸ **l'hémorragie s'est enfin arrêtée** 血终于止住了 [xuè zhōngyú zhǐzhù le] ▸ **l'histoire de ce livre s'arrête en 1960** 此书的故事止于1960年 [cǐ shū de gùshi zhǐyú 1960 nián] ▸ **s'arrêter de** 停止…… [tíngzhǐ…].

arrhes nfpl (cl. 笔 [bǐ]) 定金 [dìngjīn] ▸ **verser des arrhes** 付定金 [fù dìngjīn].

arrière ♦ adj inv 后面的 [hòumian de] ▸ **les feux arrière** 尾灯 [wěidēng] ▸ **la marche arrière** 倒车 [dàochē] ▸ **les pneus arrière** 后轮胎 [hòu lúntāi]. ♦ nm ❶ (partie postérieure) 尾部 [wěibù] ▸ **à l'arrière** 后面 [hòumian] ❷ SPORT 后卫 [hòuwèi].

▪ **en arrière** loc adv ❶ (dans la direction opposée) 向后 [xiàng hòu] ▸ **faire un pas en arrière** 向后退一步 [xiànghòu tuì yí bù] ❷ (dans le passé) 朝后 [cháohòu] ▸ **regarder en arrière** 朝后看 [cháohòu kàn].

arriéré, e adj *péj* 落后的 [luòhòu de].

arrière-plan nm 背景 [bèijǐng] ▸ **à l'arrière-plan** 远处 [yuǎnchù] ▸ **reléguer à l'arrière-plan** 置于次要地位 [zhìyú cìyào dìwèi] ▸ **en arrière-plan** 在背景上 [zài bèijǐng shàng].

arrivée nf ❶ (venue, terme d'un trajet) 到达 [dàodá] ▸ **appelle pour prévenir de ton arrivée** 到达之前打电话通知我 [dàodá zhīqián dǎ diànhuà tōngzhī wǒ] ▸ **attendre l'arrivée de qqn** 等待某人的到来 [děngdài mǒurén de dàolái] ▸ **l'heure d'arrivée** 到达时间 [dàodá shíjiān] ▸ **à l'arrivée** 到达时 [dàodá shí] ❷ (alimentation, canalisation) 入口 [rùkǒu] ▸ **arrivée d'air** 进气口 [jìnqì kǒu] ▸ **arrivée d'eau** 进水口 [jìnshuǐ kǒu].

arriver vi ❶ (se produire, survenir) 发生 [fāshēng] ▸ **ce sont des choses qui arrivent** 有这种事发生 [yǒu zhè zhǒng shì fāshēng] ▸ **tout peut arriver** 什么都可能发生 [shénme dōu kěnéng fāshēng] ▸ **qu'est-ce qui t'arrive ?** 你怎么了？ [nǐ zěnme le?] ▸ **je ne sais pas ce qui lui est arrivé** 我不知道他遇到了什么事 [wǒ bù zhīdào tā yùdào le shénme shì] ❷ (venir, parvenir) 到达 [dàodá] ▸ **attends-moi, j'arrive !** 你等等我，我就到了！ [nǐ déngděng wǒ, wǒ jiù dào le!] ▸ **est-ce que le courrier est arrivé ?** 邮件到了吗？ [yóujiàn dào le ma?] ▸ **nous sommes bien arrivés** 我们到了 [wǒmen dào le] ▸ **il arrive à 9 h** 他9点钟到 [tā 9 diǎnzhōng dào] ▸ **j'arrive de Londres** 我刚从伦敦过来 [wǒ gāng cóng Lúndūn guòlai] ▸ **nous arriverons par le train** 我们将坐火车到 [wǒmen jiāng zuò huǒchē dào] ❸ (atteindre) 达到 [dádào] ▸ **arriver à** 达到…… [dádào…] ▸ **arriver au genou/à la taille de qqn** 达到某人的膝盖/腰那儿 [dádào mǒurén de xīgài/yāo nàr] ▸ **la rumeur n'est pas encore arrivée à ses oreilles** 流言还没有传到他的耳朵里 [liúyán hái méiyǒu chuán dào tāde ěrduo lǐ].

▪ **arriver à** v+prép 成功 [chénggōng] ▸ **tu crois qu'il y arrivera ?** 你认为他会成功吗？ [nǐ rènwéi tā huì chénggōng ma?].

▪ **en arriver à** v+prép 终于达到……地步 [zhōngyú dádào… dìbù] ▸ **j'en arrive à ma dernière question** 我终于只剩下最后一个问题了 [wǒ zhōngyú zhǐ shèngxia zuìhòu yí ge wèntí le] ▸ **j'en arrive à douter de sa sincérité** 我甚至怀疑他是否真诚 [wǒ shènzhì huáiyí tā shìfǒu zhēnchéng].

arriviste nmf 投机钻营者 [tóujī zuānyíng zhě].

arrobas, arobas nf = **arobase**.

arrogance nf 傲慢 [àomàn].

arrogant, e adj 傲慢的 [àomàn de].

arroger ▪ **s'arroger** vp 冒称具有 [màochēng jùyǒu] ▸ **s'arroger le droit de faire qqch** 冒称具有做某件事情的权利 [màochēng jùyǒu zuò mǒu jiàn shìqíng de quánlì].

arrondir vt ❶ (chiffre, capital) 化成整数 [huàchéng zhěngshù] ▸ **arrondir au chiffre inférieur/supérieur** 四舍五入化成整数 [sìshěwǔrù huàchéng zhěngshù] ❷ (forme) 使……成圆形 [shǐ… chéng yuánxíng]
◊ **arrondir ses fins de mois** (干点小活)弥补收入 [(gān diǎn xiǎo huó) míbǔ shōurù].

arrondissement nm ADMIN 区 [qū] ▸ **le sixième arrondissement** 第六区 [dì liù qū].

arroser vt 给……浇水 [gěi… jiāoshuǐ] ▸ **arroser son jardin** 给花园浇水 [gěi huāyuán jiāoshuǐ].

arrosoir nm 喷水壶 [pēnshuǐ hú].

art nm ❶ (discipline) ○ (cl. 门 [mén] ou 种 [zhǒng]) 艺术 [yìshù] ▸ **arts appliqués** 装饰艺术 [zhuāngshì yìshù] ▸ **d'art** 艺术的 [yìshù de] ▸ **salle d'art et d'essai** 实验艺术厅 [shíyàn yìshù tīng] ▸ **le septième art** 第七艺术(电影) [dìqī yìshù (diànyǐng)] ❷ (savoir-faire) ○ (cl. 项 [xiàng] ou 种 [zhǒng]) 本事 [běnshi] ▸ **avoir l'art de** *(+ infinitif)* 有……的本事 [yǒu… de běnshi] ▸ **cet enfant a l'art de se faire plaindre !** 这孩子真会装模作样来博得同情！ [zhè háizi zhēn huì zhuāngmó zuòyàng lái bódé tóngqíng!].
▪ **arts** nmpl ▸ **arts graphiques** 书画刻印艺术 [shūhuà kèyìn yìshù] ▸ **arts martiaux** 武术 [wǔshù].

art. (abr écrite de **article**) (cl. 项 [xiàng]) 条款 [tiáokuǎn] ▸ **conformément à l'art. 34** 根据第34项条款 [gēnjù dì 34 xiàng tiáokuǎn].

artère nf ❶ ANAT 动脉 [dòngmài] ❷ (rue) ○ (cl. 条 [tiáo]) 交通要道 [jiāotōng yàodào] ▸ **une grande artère** 一条宽阔的交通要道 [yì tiáo kuānkuò de jiāotōng yàodào].

arthrose nf 关节病 [guānjié bìng] ▸ **souffrir d'arthrose** 患关节病 [huàn guānjié bìng].

artichaut nm 朝鲜蓟 [cháoxiānjì].

article nm ❶ COMM (cl. 件 [jiàn]) 商品 [shāngpǐn] ▸ **article de luxe** 奢侈品 [shēchǐpǐn] ▸ **article de bureau** 办公用品 [bàngōng yòngpǐn] ❷ (de presse) ○ (cl. 篇 [piān]) 文章 [wénzhāng] ❸ (paragraphe) ○ (cl. 项 [xiàng]) 条款 [tiáokuǎn] ▸ **citer un article du Code Pénal** 引用"刑法典"的一项条款 [yǐnyòng "xíngfǎ diǎn" de yí xiàng tiáokuǎn] ❹ GRAMM 冠词 [guàncí] ▸ **article défini** 定冠词 [dìngguàncí] ▸ **article indéfini** 不定冠词 [búdìng guàncí].

articulation nf ❶ ANAT 关节 [guānjié] ▸ **avoir mal aux articulations** 关节疼 [guānjiéténg] ❷ (prononciation) 清晰的发音 [qīngxī de fāyīn].

articuler ♦ vt ❶ (prononcer) 清晰地发音 [qīngxī de fāyīn] ▸ **bien articuler un mot** 清晰地发出某词的音 [qīngxī de fāchū mǒucí de yīn] ❷ (organiser) 组织 [zǔzhī] ▸ **articuler un texte** 组织一篇文章 [zǔzhī yì piān wénzhāng]. ♦ vi 清楚地说 [qīngchu de shuō] ▸ **il articule mal** 他口齿不清 [tā kóuchǐ bùqīng].

artifice nm ❶ (moyen astucieux) 巧计 [qiǎojì] ❷ (tromperie) 诡计 [guǐjì] ▸ **user d'artifices** 使用诡计 [shǐyòng guǐjì].

artificiel, elle adj ❶ (non naturel) 人造的 [rénzào de] ▸ **fleurs artificielles** 假花 [jiǎ huā] ▸ **lac artificiel** 人工湖 [réngōng hú] ▸ **lumière artificielle** 人造光 [rénzào guāng] ❷ (feint) 假装的 [jiǎzhuāng de] ▸ **un sourire artificiel** 不自然的笑 [bú zìrán de xiào].

artillerie nf 炮兵 [pàobīng].

artisan, e nm, f (cl. 名 [míng] ou 位 [wèi]) 手工业者 [shǒugōngyèzhě].

artisanal, e, aux adj 手工做的 [shǒugōng zuò de] ▸ **un tissu artisanal** 手工织的布 [shǒugōng zhī de bù].

artiste nmf ❶ ART (cl. 名 [míng] ou 位 [wèi]) 艺术家 [yìshùjiā] ▸ **artiste-peintre** 画家 [huàjiā] ❷ THÉÂTRE (cl. 名 [míng] ou 位 [wèi]) 演员 [yǎnyuán] ; MUS 歌手 [gēshǒu].

artistique adj ❶ (qui se rapporte à l'art) 艺术的 [yìshù de] ❷ (qui est fait avec goût, avec art) 富有艺术性的 [fùyǒu yìshùxìng de] ▸ **bouquet artistique** 一束插得很艺术的花 [yí shù chāde hěn yìshù de huā].

as nm ❶ (de carte) (扑克牌的)A [(pūkèpái de) āisi/jiānr] ▸ **as de pique** 黑桃A [hēitáo āisi/jiānr] ❷ (champion) 高手 [gāoshǒu] ▸ **c'est un as du volant** 这是位驾车高手 [zhè shì wèi jiàchē gāoshǒu].

AS (abr de **association sportive**) nf inv 体育协会 [tǐyù xiéhuì].

ascenseur nm (cl. 部 [bù]) 电梯 [diàntī] ▸ **prendre l'ascenseur** 乘电梯 [chéng diàntī] ▸ **appeler l'ascenseur** 按按钮叫电梯 [àn ànniǔ jiào diàntī].

ascension nf ❶ (d'une montagne) 攀登 [pāndēng] ▸ **faire l'ascension du Mont Blanc** 攀登勃朗峰 [pāndēng Bólǎngfēng] ❷ (progression) 上升 [shàngshēng] ▸ **ascension sociale** 社会地位上升 [shèhuì dìwèi shàngshēng] ▸ **ascension professionnelle** 职务晋升 [zhíwù jìnshēng].

▪ **Ascension** nf RELIG 耶稣升天节 [Yēsū shēngtiān jié].

asiatique adj 亚洲的 [yàzhōu de].

▪ **Asiatique** nmf 亚洲人 [Yàzhōurén].

Asie nf ▸ **l'Asie** 亚洲 [Yàzhōu] ▸ **l'Asie centrale** 中亚 [Zhōngyà] ▸ **l'Asie Mineure** 小亚细亚 [Xiǎoyàxìyà] ▸ **l'Asie du Sud-Est** 东南亚 [Dōngnányà].

asile nm ❶ (refuge) 庇护 [bìhù] ▸ **asile politique** 政治庇护 [zhèngzhì bìhù] ▸ **droit d'asile** 庇护权 [bìhùquán] ❷ (psychiatrique) ○ (cl. 家 [jiā]) 精神病院 [jīngshénbìngyuàn].

asocial, e, aux ♦ adj 不适应社会生活的 [bú shìyìng shèhuì shēnghuó de]. ♦ nm, f 不适应社会生活的人 [bú shìyìng shèhuì shēnghuó de rén].

aspect nm ❶ (apparence) 外观 [wàiguān] ▸ **à l'aspect ou d'aspect...** 外表......的 [wàibiǎo... de] ▸ **une femme d'aspect agréable** 一位外表讨人喜欢的女人 [yí wèi wàibiǎo tǎorén xǐhuān de nǚrén] ❷ (côté) 方面 [fāngmiàn] ▸ **sous un aspect** 从某个方面 [cóng mǒu ge fāngmiàn].

asperge nf (cl. 根 [gēn]) 芦笋 [lúsǔn] ▸ **asperge verte** 绿芦笋 [lǜ lúsǔn] ▸ **une botte d'asperges** 一把芦笋 [yì bǎ lúsǔn].

asperger vt 喷水 [pēnshuǐ] ▸ **asperger un coussin de parfum** 给垫子洒点香水 [gěi diànzi sǎ diǎn xiāngshuǐ] ▸ **les enfants aspergent d'eau les passants** 孩子们往过路者的身上洒水 [háizimen wǎng guòlùzhě de shēn shàng sǎ shuǐ].

asphalte nm ❶ (goudron, bitume) 柏油 [bǎiyóu] ❷ (chaussée) ○ (cl. 条 [tiáo]) 柏油马路 [bǎiyóu mǎlù].

asphyxier vt ❶ MÉD 使......窒息 [shǐ... zhìxī] ▸ **être asphyxié par qqch** 被某物所窒息 [bèi mǒuwù suǒ zhìxī] ❷ *fig* (économie) 使......停滞 [shǐ... tíngzhì] ▸ **asphyxier un secteur économique** 使某个经济部门的活动停滞下来 [shǐ mǒu ge jīngjì bùmén de huódòng tíngzhì xiàlai].

▪ **s'asphyxier** vp 窒息死亡 [zhìxī sǐwáng].

aspirateur nm 吸尘器 [xīchénqì] ▸ **passer l'aspirateur** 吸尘 [xī chén].

aspiration nf ❶ *(souvent au pl)* (désir) ○ (cl. 份 [fèn] ou 种 [zhǒng]) 向往 [xiàngwǎng] ❷ (action d'inspirer) 吸入 [xīrù].

aspirer vt ❶ (respirer) 吸气 [xīqì] ▸ **aspirer un peu d'air frais** 吸一点新鲜空气 [xī yìdiǎn xīnxiān kōngqì] ❷ (attirer un liquide dans sa bouche en aspirant) 吸 [xī] ❸ (attirer un fluide, un gaz ou un liquide dans un appareil) 抽/吸 [chōu/xī].

▪ **aspirer à** v+prép 向往 [xiàngwǎng] ▸ **j'aspire au calme et à la tranquillité** 我向往有个安静而无人打扰的环境 [wǒ xiàngwǎng yǒu ge ānjìng ér wúrén dárǎo de huánjìng].

aspirine nf (cl. 粒 [lì] ou 片 [piàn]) 阿司匹林 [āsīpīlín].

assagir vt 使......明智 [shǐ... míngzhì].

▪ **s'assagir** vp 变明智 [biàn míngzhì].

assaillant, e nm, f 进攻者 [jìngōngzhě].

assaillir vt ❶ (attaquer) 攻击 [gōngjī] ▸ **être assailli par qqn** 受到某人的攻击 [shòudào mǒurén de gōngjī] ❷ *fig* (harceler) 纠缠 [jiūchán] ▸ **être assailli par qqn** 受到某人的纠缠 [shòudào mǒurén de jiūchán] ▸ **l'orateur fut assailli de questions** 演说者遭

到一连串的提问 [yǎnshuōzhě zāodào yì liánchuàn de tíwèn].

assaisonner vt 给……加佐料 [gěi… jiā zuǒliào] ▸ **assaisonner une salade** 给生菜加佐料 [gěi shēngcài jiā zuǒliào].

assassin, e adj 恶意的 [èyì de] ▸ **regard assassin** 恶意的眼光 [èyì de yǎnguāng].

■ **assassin** nm (cl. 名 [míng] OU 个 [gè]) 凶手 [xiōngshǒu].

assassinat nm 谋杀 [móushā] ▸ **commettre un assassinat** 犯谋杀罪 [fàn móushā zuì].

assassiner vt 谋杀 [móushā] ▸ **se faire assassiner** 被人谋杀 [bèi rén móushā].

assaut nm MIL 进攻 [jìngōng] ▸ **donner l'assaut** 发动进攻 [fādòng jìngōng] ▸ **prendre qqch d'assaut** 攻取某物 [gōngqǔ mǒuwù].

ASSEDIC, Assedic (abr de **Association pour l'emploi dans l'industrie et le commerce**) nfpl ❶ (indemnité) 失业金 [shīyèjīn] ▸ **toucher les ASSEDIC** 领取失业金 [lǐngqǔ shīyèjīn] ❷ (organisme) 工商业失业基金委员会 [gōngshāngyè shīyè jījīn wěiyuánhuì].

assemblée nf ❶ (public, groupe) 聚会者 [jùhuìzhě] ▸ **y a-t-il des enfants dans l'assemblée ?** 聚会者中有小孩吗？ [jùhuìzhě zhōng yǒu xiǎohái ma?] ❷ (réunion, jury) 会议 [huìyì] ▸ **assemblée générale** 全体会议 [quántǐ huìyì] ❸ POLIT 议会 [yìhuì] ▸ **l'Assemblée nationale** 国民议会 [guómín yìhuì] ▸ **l'Assemblée populaire nationale (de Chine)** (中国)全国人民代表大会 [(Zhōngguó) quánguó rénmín dàibiǎo dàhuì].

assembler vt ❶ (monter) 组装 [zǔzhuāng] ▸ **assembler une armoire** 组装一个衣柜 [zǔzhuāng yí ge yīguì] ❷ (réunir) 收集 [shōují] ▸ **assembler des documents pour un procès** 收集诉讼资料 [shōují sùsòng zīliào].

■ **s'assembler** vp ◊ **qui se ressemble s'assemble** 物以类聚，人以群分 [wùyǐlèijù, rényǐqúnfēn].

assener, asséner vt ❶ (un coup) 猛击 [měngjī] ❷ (exprimer avec force une opinion) ▸ **assener une critique** 狠狠地批评 [hénhěn de pīpíng].

asseoir vt ❶ (sur un siège) 使……坐 [shǐ… zuò] ▸ **asseoir un enfant sur le siège arrière** 让孩子坐在后座上 [ràng háizi zuò zài hòuzuò shàng] ❷ (rendre plus assuré) 树立 [shùlì] ▸ **asseoir son autorité** 树立威信 [shùlì wēixìn].

■ **s'asseoir** vp 坐 [zuò] ▸ **asseyez-vous, je vous en prie** 请坐 [qǐngzuò] ▸ **s'asseoir sur qqch** 坐在某物上 [zuò zài mǒuwù shàng] ▸ **il s'est assis sur le canapé** 他坐到长沙发上 [tā zuò dào chángshāfā shàng].

asservir vt 奴役 [núyì].

assez adv ❶ (suffisamment) 足够 [zúgòu] ▸ **j'ai faim, je n'ai pas assez mangé** 我饿了，我没吃够/饱 [wǒ è le, wǒ méi chīgòu/bǎo] ▸ **il en reste juste assez** 剩下的刚好够 [shèngxià de gānghǎo gòu] ▸ **assez de** 足够的 [zúgòu de] ▸ **nous n'aurons pas assez de temps pour finir** 我们将没有足够的时间来完成 [wǒmen jiāng méiyǒu zúgòu de shíjiān lái wánchéng] ❷ *euphém* (trop) 够 [gòu] ▸ **assez !** 够了！ [gòu le!] ▸ **en avoir assez de qqch** 对某事感到厌倦 [duì mǒushì gǎndào yànjuàn] ▸ **j'en ai assez de ce mauvais temps** 这种坏天气我受够了 [zhè zhǒng huài tiānqì wǒ shòu gòu le] ❸ (plutôt) 相当 [xiāngdāng] ▸ **je suis assez fatigué** 我相当累 [wǒ xiàngdāng lèi].

assidu, e adj 勤奋的 [qínfèn de] ▸ **élève assidu** 勤奋的学生 [qínfèn de xuésheng] ▸ **spectateur assidu** 忠实观众 [zhōngshí guānzhòng] ▸ **travail assidu** 工作勤奋 [gōngzuò qínfèn].

assiduité nf 勤奋 [qínfèn] ▸ **assiduité d'un élève** 学生的刻苦勤奋 [xuésheng de kèkǔ qínfèn] ▸ **avec assiduité** 勤奋地 [qínfèn de].

assiette nf ❶ (vaisselle) 盘子 [pánzi] ▸ **assiette creuse** 凹底盘 [āodǐ pán] ▸ **assiette plate** 浅盘 [qiǎn pán] ▸ **assiette à dessert** 甜点盘 [tiándiǎn pán] ❷ CULIN 一盘 [yì pán] ▸ **une assiette de crudités** 一盘凉拌蔬菜 [yì pán liángbàn shūcài]

◊ **ne pas être dans son assiette** 身体不舒服 [shēntǐ bù shūfú].

assimilation nf ❶ (intégration) 同化 [tónghuà] ❷ (d'aliments) 吸收 [xīshōu] ❸ (de connaissances) 掌握 [zhǎngwò] ▸ **l'assimilation des règles de grammaire est difficile** 掌握语法规则很难 [zhǎngwò yúfǎ guīzé hěn nán].

assimiler vt ❶ (confondre) 同等看待 [tóngděng kàndài] ▸ **assimiler qqch à qqch** 把某物当作某物 [bǎ mǒuwù dāngzuò mǒuwù] ▸ **assimiler qqn à qqn** 把某人和某人进行比较 [bǎ mǒurén hé mǒurén jìnxíng bǐjiào] ❷ (digérer) 吸收 [xīshōu] ▸ **j'assimile mal les oligo-éléments** 我难以吸收微量元素 [wǒ nányǐ xīshōu wēiliàng yuánsù] ❸ (mémoriser, comprendre) 掌握 [zhǎngwò] ▸ **assimiler des connaissances** 掌握知识 [zhǎngwò zhīshi] ▸ **des lectures mal assimilées** 阅读的内容没掌握好 [yuèdú de nèiróng méi zhǎngwò hǎo].

assis, e adj 坐着 [zuòzhe] ▸ **il est assis sur le canapé** 他坐在长沙发上 [tā zuò zài chángshāfā shàng].

▪ **assises** nfpl ❶ DR 刑事法庭 [xíngshì fǎtíng] ▸ **être jugé en assises** 在刑事法庭受审 [zài xíngshìfǎtíng shòushěn] ❷ (congrès) 大会 [dàhuì].

assistance nf ❶ (auditoire) 与会者 [yùhuìzhě] ▸ **dans l'assistance** 在与会者中 [zài yùhuìzhě zhōng] ❷ (aide) 帮助 [bāngzhù] ❸ (secours) 援助 [yuánzhù] ▸ **assistance technique** 技术援助 [jìshù yuánzhù] ▸ **prêter assistance à qqn** 给予某人援助 [jíyǔ mǒurén yuánzhù] ❹ (protection par contrat) 急修服务 [jíxiū fúwù] ▸ **assistance automobile** 汽车急修服务 [qìchē jíxiū fúwù] ❺ MÉD 辅助 [fǔzhù] ▸ **assistance respiratoire** 辅助呼吸 [fǔzhù hūxī] ❻ ADMIN ▸ **l'Assistance publique** 公共救济事业局 [gōnggòng jiùjì shìyè jú].

assistant, e nm, f ❶ (auxiliaire) ○ (cl. 名 [míng] ou 位 [wèi] ou 个 [gè]) 助手 [zhùshǒu] ▸ **assistante de direction** 经理助理 [jīnglǐ zhùlǐ] ▸ **assistant réalisateur** 导演助理 [dáoyǎn zhùlǐ] ❷ UNIV 助教 [zhùjiào] ❸ ADMIN ▸ **assistante maternelle** 育婴保姆 [yùyīng báomǔ] ▸ **assistante sociale** 女社会福利员 [nǚ shèhuì fúlì yuán].

assister vt ❶ (seconder) 帮助 [bāngzhù] ▸ **se faire assister par qqn** 让人帮助自己 [ràng rén bāngzhù zìjǐ] ❷ (porter secours à) 援助 [yuánzhù] ▸ **assister les personnes en danger** 援助遭受危险的人 [yuánzhù zāoshòu wēixiǎn de rén].

▪ **assister à** v+prép 出席 [chūxí] ▸ **assister à un spectacle** 看表演 [kàn biáoyǎn].

association nf ❶ (analogie) 联想 [liánxiǎng] ▸ **une association d'idées** 观念联想 [guānniàn liánxiǎng] ❷ (union) 协会 [xiéhuì] ▸ **association humanitaire** 人道主义协会 [réndàozhǔyì xiéhuì] ▸ **association sportive** 体育协会 [tǐyù xiéhuì] ▸ **association à but non lucratif** 非营利的协会 [fēi yínglì de xiéhuì] ▸ **association de malfaiteurs** 流氓团伙 [liúmáng tuánhuǒ].

associé, e nm, f 合伙人 [héhuǒrén].

associer vt ❶ (faire profiter de) 让……分享 [ràng… fēnxiǎng] ▸ **il a tenu à nous associer à son succès** 他坚持让我们分享他的成功 [tā jiānchí ràng wǒmen fēnxiǎng tāde chénggōng] ❷ (faire participer) 使……参加 [shǐ… cānjiā] ▸ **associer qqn à qqch** 使某人参与某事 [shǐ mǒurén cānyù mǒushì].

▪ **s'associer** vp ❶ (participer) ▸ **s'associer à** 参加 [cānjiā] ▸ **je m'associe de tout cœur à votre douleur** 我由衷地分担您的痛苦 [wǒ yóuzhōng de fēndān nín de tòngkǔ] ❷ COMM 合伙 [héhuǒ] ▸ **ils ont décidé de s'associer** 他们决定合伙 [tāmen juédìng héhuǒ] ▸ **s'associer à ou avec qqn** 与某人合伙 [yǔ mǒurén héhuǒ].

assoiffé, e adj ❶ (d'eau) 渴的 [kě de] ❷ *fig* (de pouvoir, de richesses) 渴求 [kěqiú] ▸ **un homme assoiffé de pouvoir** 一个贪图权利的男人 [yí ge tāntú quánlì de nánren].

assombrir vt ❶ (plonger dans l'obscurité) 使……阴暗 [shǐ… yīn'àn] ▸ **la couleur de cette peinture assombrit la pièce** 油漆的颜色使房间变得阴暗 [yóuqī de yánsè shǐ fángjiān biànde yīn'àn] ❷ *fig* (attrister) 使……忧郁 [shǐ… yōuyù] ▸ **en entendant la nouvelle, son visage s'assombrit** 听到这个消息，他的脸色变得忧郁起来 [tīngdào zhè ge xiāoxi, tāde liǎnsè biànde yōuyù qǐlái].

assommer vt ❶ (frapper) 击昏 [jīhūn] ❷ (accabler) 使……难以承受 [shǐ… nányǐ chéngshòu] ▸ **la nouvelle l'a assommé** 这个消息使他深受打击 [zhè ge xiāoxi shǐ tā shēnshòu dǎjī].

assorti, e adj ❶ (accordé) 协调的 [xiétiáo de] ▸ **vêtements assortis** 搭配协调的衣服 [dāpèi xiétiáo de yīfu] ▸ **bien assorti** 搭配很协调的 [dāpèi hěn xiétiáo de] ▸ **mal assorti**

搭配不协调的 [dāpèi bù xiétiáo de] ❷ (accompagné) 附有……的 [fùyǒu... de] ▸ **un contrat assorti de clauses restrictives** 附带限制性条款的合约 [fùdài xiànzhìxìng tiáokuǎn de héyuē].

assortiment nm ▸ **un assortiment de chocolats** 一盒什锦巧克力 [yì hé shíjǐn qiǎokèlì] ▸ **un assortiment de tissus** 各种各样的料子 [gèzhǒng gèyàng de liàozi].

assortir vt (objet) 使……相配 [shǐ... xiāngpèi] ▸ **assortir qqch à qqch** 使某物与某物相配 [shǐ mǒuwù yǔ mǒuwù xiāngpèi].

assoupi, e adj 打盹儿的 [dádǔnr de] ▸ **elle est assoupie sur le canapé** 她在长沙发上打盹儿 [tā zài chángshāfā shàng dádǔnr].

assoupir ▪ **s'assoupir** vp 打盹儿 [dádǔnr] ▸ **il s'est assoupi devant la cheminée** 他在壁炉前打盹儿 [tā zài bìlú qián dádǔnr].

assouplir vt ❶ (rendre plus souple) 使……柔软 [shǐ... róuruǎn] ▸ **assouplir le corps** 使身体柔软 [shǐ shēntǐ róuruǎn] ▸ **assouplir le cuir** 使皮革变软 [shǐ pígé biànruǎn] ❷ (rendre moins rigoureux) 使……灵活 [shǐ... línghuó] ▸ **assouplir un règlement** 使规则灵活些 [shǐ guīzé línghuó xiē].

▪ **s'assouplir** vp 变得柔软 [biànde róuruǎn] ▸ **personne qui s'est assouplie** 身体柔软的人 [shēntǐ róuruǎn de rén] ▸ **le cuir s'est assoupli** 皮子变软了 [pízi biànruǎn le].

assourdir vt ❶ (rendre sourd) 震聋 [zhènlóng] ❷ (amortir) 减轻（声音）[jiǎnqīng (shēngyīn)].

assouvir vt *litt* 使……满足 [shǐ... mǎnzú] ▸ **assouvir sa curiosité** 满足他的好奇心 [mǎnzú tāde hàoqíxīn].

assumer ♦ vt ❶ (une fonction) 担任 [dānrèn] ▸ **assumer de hautes fonctions** 担任高级职务 [dānrèn gāojí zhíwù] ❷ (une responsabilité) 承担 [chéngdān] ▸ **assumer l'entière responsabilité de qqch** 为某事承担全部责任 [wéi mǒushì chéngdān quánbù zérèn]. ♦ vi 负责 [fùzé] ▸ **j'assume !** 我负责！ [wǒ fùzé!].

▪ **s'assumer** vp (se prendre en charge) 自我承担 [zìwǒ chéngdān].

assurance nf ❶ (comportement) 信心 [xìnxīn] ▸ **avoir de l'assurance** 有信心 [yǒu xìnxīn] ▸ **manquer d'assurance** 缺乏自信 [quēfá zìxìn] ❷ (contrat) ○ (cl. 份 [fèn]) 保险 [bǎoxiǎn] ▸ **assurance automobile** 汽车保险 [qìchē bǎoxiǎn] ▸ **assurance chômage** 失业保险 [shīyè bǎoxiǎn] ▸ **contracter une assurance** 签订保险合同 [qiāndìng bǎoxiǎn hétong] ▸ **assurance maladie** 医疗保险 [yīliáo bǎoxiǎn] ▸ **assurance tous risques** 保全险 [bǎo quánxiǎn] ▸ **assurance-vie** 人寿保险 [rénshòu bǎoxiǎn].

assuré, e ♦ adj ❶ (confiant, décidé) 坚定的 [jiāndìng de] ▸ **une démarche assurée** 坚定的步伐 [jiāndìng de bùfá] ❷ (certain) 确实的 [quèshí de] ▸ **une victoire assurée** 有把握的胜利 [yǒu bǎwò de shènglì]. ♦ nm, f (cl. 名 [míng] ou 位 [wèi]) 被保险人 [bèi bǎoxiǎn rén] ▸ **assuré social** 上了社会保险的人 [shàng le shèhuì bǎoxiǎn de rén].

assurer vt ❶ (voiture, maison, bijou) 为……保险 [wèi... bǎoxiǎn] ▸ **être assuré contre le vol** 上被盗险 [shàng bèidàoxiǎn] ❷ (de sa bonne foi) 保证 [bǎozhèng] ▸ **ça te va bien, je t'assure !** 这个很适合你，我向你保证！ [zhè ge hěn shìhé nǐ, wǒ xiàng nǐ bǎozhèng!] ▸ **assurer à qqn que** 向某人保证…… [xiàng mǒurén bǎozhèng...] ▸ **il m'a assuré de sa discrétion** 他向我保证他的谨慎 [tā xiang wǒ bǎozhèng tāde jǐnshèn] ❸ (garantir) 负责 [fùzé] ▸ **assurer une permanence** 值班 [zhíbān] ▸ **assurer la sécurité** 保证安全 [bǎozhèng ānquán] ▸ **assurer qqch à qqn** 确保某人的某物 [quèbǎo mǒurén de mǒuwù] ▸ **un traité visant à assurer la paix** 确保和平的条约 [quèbǎo hépíng de tiáoyuē].

▪ **s'assurer** vp ❶ (protection) 购买保险 [gòumǎi bǎoxiǎn] ▸ **s'assurer contre l'incendie** 购买火险 [gòumǎi huóxiǎn] ❷ (vérification) 确认 [quèrèn] ▸ **je vais m'assurer que la porte est bien fermée** 我去确认一下门是否关好了 [wǒ qù quèrèn yí xià mén shìfǒu guān hǎo le] ▸ **nous nous sommes assurés de la qualité du produit** 我们确信这种产品的质量 [wǒmen quèxìn zhè zhǒng chánpǐn de zhìliàng].

astérisque nm 星号 [xīnghào].

asthme nm MÉD 哮喘病 [xiàochuǎnbìng] ▸ **avoir de l'asthme** 患有哮喘病 [huànyǒu xiàochuǎnbìng].

astre nm 星球 [xīngqiú] ▸ **astre solaire** 太阳 [tàiyáng] ▸ **observer les astres** 观察星球 [guānchá xīngqiú].

astreindre vt 强制 [qiángzhì] ▸ **astreindre qqn à qqch** 强制某人做某事 [qiángzhì mǒurén zuò mǒushì].

astrologie nf 星相学 [xīngxiàngxué].

astrologue nmf (cl. 名 [míng] ou 位 [wèi]) 星相学家 [xīngxiàng xuéjiā].

astronaute nmf (cl. 名 [míng] ou 位 [wèi]) 宇航员 [yǔhángyuán].

astronomie nf 天文学 [tiānwénxué].

astronomique adj ❶ ASTRON 天文学的 [tiānwénxué de] ❷ *fam* (excessif) 过大的 [guòdà de] ▸ **prix astronomique** 天价 [tiānjià] ▸ **quantité astronomique** 过大的数量 [guòdà de shùliàng].

astuce nf ❶ (procédé ingénieux) 窍门 [qiàomén] ▸ **j'ai trouvé une astuce pour réparer la lampe** 我找到了一个修灯的窍门 [wǒ zhǎodào le yí ge xiū dēng de qiàomén] ❷ (ingéniosité) 机灵 [jīling] ▸ **faire preuve d'astuce** 表现机灵 [biǎoxiàn jīling].

astucieux, euse adj ❶ (idée, manœuvre) 巧妙的 [qiǎomiào de] ▸ **un système très astucieux** 一套很巧妙的系统 [yí tào hěn qiǎomiào de xìtǒng] ❷ (personne) 机灵的 [jīling de].

atelier nm ❶ (lieu de travail) 工作间 [gōngzuòjiān] ▸ **un atelier de réparation** 一个修理间 [yí ge xiūlǐjiān] ▸ **un atelier de menuiserie** 一间木工房 [yì jiān mùgōng fáng] ▸ **l'atelier d'un peintre** 一间画家的画室 [yì jiān huàjiā de huàshì] ❷ (session de travail) 研讨会 [yántǎohuì] ▸ **un atelier d'écriture** 书法研讨会 [shūfǎ yántǎohuì].

athée ♦ adj 无神论的 [wúshénlùn de]. ♦ nmf 无神论者 [wúshénlùnzhě].

athéisme nm 无神论 [wúshénlùn].

Athènes npr 雅典 [Yǎdiǎn].

athlète nmf 田径运动员 [tiánjìng yùndòngyuán].

athlétisme nm 田径运动 [tiánjìngyùndòng] ▸ **pratiquer l'athlétisme** 做田径运动 [zuò tiánjìng yùndòng].

atlantique adj 大西洋的 [dàxīyáng de] ▸ **le Pacte atlantique** 北大西洋公约 [běidàxīyáng Gōngyuē].

▪ **Atlantique** nm ▸ **l'(océan) Atlantique** 大西洋 [Dàxīyáng] ▸ **l'Atlantique nord** 北大西洋 [běi Dàxīyáng].

atlas nm (cl. 本 [běn]) 地图册 [dìtúcè].

atmosphère nf ❶ (de la terre) 大气层 [dàqìcéng] ❷ (air que l'on respire) 空气 [kōngqì] ▸ **une atmosphère confinée** 空气不流通 [kōngqì bù liútōng] ❸ (ambiance) 气氛 [qìfēn] ▸ **une atmosphère de travail tendue** 紧张的工作气氛 [jǐnzhāng de gōngzuò qìfēn].

atome nm CHIM 原子 [yuánzǐ].

atomique adj ❶ CHIM 原子的 [yuánzǐ de] ▸ **l'énergie atomique** 原子能 [yuánzǐnéng] ❷ (relatif à l'arme atomique) 核武器的 [héwǔqì de] ▸ **une puissance atomique** 一个拥有原子弹的大国 [yí ge yōngyǒu yuánzǐdàn de dàguó].

atout nm ❶ (carte) ○ (cl. 张 [zhāng]) 王牌 [wángpái] ▸ **atout cœur** 红桃主牌 [hóngtáo wángpái] ▸ **jouer atout** 出王牌 [chū wángpái] ❷ *fig* (avantage) ○ (cl. 种 [zhǒng]) 成功的手段 [chénggōng de shǒuduàn] ▸ **être un atout pour** 是……成功的手段 [shì… chénggōng de shǒuduàn] ▸ **avoir tous les atouts en main** 稳操胜券 [wěncāoshèngquàn].

atroce adj ❶ (cruel) 残暴的 [cánbào de] ▸ **crime atroce** 残暴的罪行 [cánbào de zuìxíng] ▸ **scène atroce** 残酷的场面 [cánkù de chǎngmiàn] ❷ (douloureux) 难以忍受的 [nányǐ rěnshòu de] ▸ **mourir dans d'atroces souffrances** 在难以忍受的痛苦中死去 [zài nányǐ rěnshòu de tòngkǔ zhōng sǐqù] ❸ (détestable, épouvantable) 恶劣的 [èliè de] ▸ **un temps atroce** 恶劣的天气 [èliè de tiānqì].

atrocité nf ❶ (horreur) 残暴 [cánbào] ▸ **l'atrocité d'un crime** 残暴的罪行 [cánbào de zuìxíng] ❷ *(souvent au pl)* (chose atroce) 暴行 [bàoxíng] ▸ **les atrocités de la guerre** 战争中的暴行 [zhànzhēng zhòng de bàoxíng] ▸ **commettre des atrocités** 犯下暴行 [fànxia bàoxíng].

atrophier ▪ **s'atrophier** vp 萎缩 [wěisuō] ▸ **ses muscles se sont atrophiés** 他的肌肉萎缩了 [tāde jīròu wěisuō le].

attabler ▪ **s'attabler** vp 桌前就座 [zhuō qián jiùzuò] ▸ **s'attabler devant un repas** 在饭桌前就座 [zài fànzhuō qián jiùzuò].

attachant, e adj 给人好感的 [géirén hǎogǎn de].

attache nf 扣 [kòu] ▸ **attache d'un bracelet** 手镯扣 [shǒuzhuó kòu] ▸ **attache pour skis** 滑雪板扣绊 [huáxuěbǎn kòubàn].

▪ **attaches** nfpl (lien affectif, d'amitié, de sympathie) 关系 [guānxi] ▸ **conserver des attaches avec qqn** 跟某人保持联系 [gēn mǒurén bǎochí liánxì] ▸ **ne pas avoir d'attaches** 没有牵挂 [méiyǒu qiānguà].

attaché-case nm 手提公文包 [shǒutí gōngwénbāo].

attachement nm 依恋 [yīliàn] ▸ **montrer de l'attachement** 表达依恋之情 [biǎodá yīliàn zhī qíng].

attacher ♦ vt ❶ (lier) 拴 [shuān] ▸ **attacher un cheval à un poteau** 把马拴在木桩上 [bǎ mǎ shuān zài mùzhuāng shàng] ▸ **attacher qqn à qqch** 把某人绑在某物上 [bǎ mǒurén bǎng zài mǒuwù shàng] ▸ **elle a attaché ses cheveux avec un élastique** 她用皮筋把头发扎起来 [tā yòng píjīn bǎ tóufa zhāqǐlái] ❷ (fermer) 系 [jì] ▸ **attacher sa ceinture** 系上带子 [jìshang dàizi] ❸ (attribuer) 给予 [jǐyǔ] ▸ **attacher de l'importance à qqch** 重视某事 [zhòngshì mǒushì]. ♦ vi 粘 [zhān] ▸ **les pâtes ont attaché** 面条粘在一起了 [miàntiáo zhān zài yìqǐ le] ▸ **cette poêle attache** 这个锅粘东西 [zhè ge guō zhān dōngxi].

▪ **s'attacher** vp 系 [jì] ▸ **son manteau s'attache avec une ceinture** 他的大衣有腰带系着 [tāde dàyī yǒu yāodài jìzhe].

▪ **s'attacher à** vp+prép ❶ (se prendre d'affection pour) 喜爱 [xǐ'ài] ▸ **s'attacher à qqn** 依恋某人 [yīliàn mǒurén] ❷ (s'appliquer à) 专心地…… [zhuānxīn de…] ▸ **il s'attache à écrire proprement** 他专心地把字写工整 [tā zhuānxīn de bǎ zì xiě gōngzhěng].

attaquant, e nm, f SPORT 进攻型的 [jìngōngxíng de].

attaque nf ❶ (offensive, agression) ○ (cl. 次 [cì] ou 场 [chǎng]) 进攻 [jìngōng] ▸ **repousser une attaque** 击退一次进攻 [jītuì yí cì jìngōng] ▸ **attaque aérienne** 空袭 [kōngxí] ▸ **attaque à main armée** 持械袭击 [chíxiè xíjī] ❷ (critique) 抨击 [pēngjī] ▸ **il m'énerve avec ses attaques permanentes contre nous** 我很恼火他总抨击我们 [wǒ hěn nǎohuǒ tā zǒng pēngjī wǒmen] ❸ (crise) 发作 [fāzuò] ▸ **avoir une attaque** 发作了 [fāzuò le] ▸ **attaque cardiaque** 心脏病发作 [xīnzàngbìng fāzuò] ❹ SPORT (cl. 次 [cì]) 进攻 [jìngōng]

◊ **être d'attaque** 精力饱满 [jīnglì bǎomǎn] ▸ **es-tu d'attaque pour entreprendre cette randonnée ?** 你有精力组织这次远足吗？ [nǐ yǒu jīnglì zǔzhī zhè cì yuǎnzú ma?].

attaquer vt ❶ (agresser) 攻击 [gōngjī] ▸ **elle a été attaquée dans la rue** 她在街上遭到了袭击 [tā zài jiē shàng zāodào le xíjī] ❷ (critiquer) 抨击 [pēngjī] ▸ **le ministre a été attaqué au Parlement** 部长在议会上受到了抨击 [bùzhǎng zài yìhuì shàng shòudào le pēngjī] ❸ (en justice) 控告 [kònggào] ▸ **attaquer qqn en diffamation** 控告某人诽谤 [kònggào mǒurén fěibàng] ▸ **attaquer un jugement** 对一项判决提出质疑 [duì yí xiàng pànjué tíchū zhìyí] ❹ (matière) 侵蚀 [qīnshí] ▸ **l'acide attaque la pierre** 酸侵蚀石头 [suān qīnshí shítou].

▪ **s'attaquer à** vp ❶ (combattre) 攻击 [gōngjī] ▸ **s'attaquer à qqn** 攻击某人 [gōngjī mǒurén] ❷ (critiquer) 抨击 [pēngjī] ▸ **s'attaquer à qqch** 抨击某事 [pēngjī mǒushì] ❸ (affronter) 谋求解决 [móuqiú jiějué] ▸ **s'attaquer à un problème** 谋求解决一个问题 [móuqiú jiějué yí ge wèntí].

attardé, e ♦ adj 弱智的 [ruòzhì de]. ♦ nm, f 弱智的人 [ruòzhì de rén].

attarder ▪ **s'attarder** vp 耽搁 [dānge] ▸ **ne t'attarde pas** 你别耽搁了 [nǐ bié dānge le] ▸ **s'attarder sur des détails** 在细节上花费时间 [zài xìjié shàng huāfèi shíjiān].

atteindre vt ❶ (parvenir à) 达到 [dádào] ▸ **atteindre ses objectifs** 达到自己的目的 [dádào zìjǐ de mùdì] ▸ **atteindre des records** 平了记录 [píng le jìlù] ❷ (blesser, toucher) 击中 [jīzhòng] ▸ **une balle perdue l'a**

atteint au bras 流弹击中了他的手臂 [liúdàn jīzhòng le tāde shǒubì] ❸ (arriver) 到 [dào] ▸ **nous atteindrons la gare dans dix minutes** 我们十分钟后到火车站 [wǒmen shífēnzhōng hòu dào huǒchēzhàn] ❹ (parvenir à toucher) 够到 [gòu dào] ▸ **pouvez-vous atteindre l'interrupteur ?** 您能够到开关吗？ [nín néng gòudào kāiguān ma?] ❺ (arriver à un moment, un niveau donné) 到 [dào] ▸ **il a atteint l'âge de la retraite** 他到了退休年龄 [tā dàole tuìxiū niánlíng] ▸ **cette voiture atteint les 250 km/h** 这辆车时速高达250公里 [zhè liàng chē shísù gāodá 250 gōnglǐ] ❻ (s'élever à) 高达 [gāodá] ▸ **la tour Eiffel atteint 324 mètres** 埃菲尔铁塔高达324米 [āifēi'ěr tiétǎ gāodá 324 mǐ].

atteint, e adj 染上 [rǎnshàng] ▸ **être atteint d'une maladie** 患病 [huànbìng] ▸ **il est atteint d'un cancer** 他患了癌症 [tā huàn le áizhèng].

atteinte nf 侵犯 [qīnfàn] ▸ **atteinte aux droits de l'homme** 侵犯人权 [qīnfàn rénquán] ▸ **atteinte à la vie privée** 侵犯私生活 [qīnfàn sīshēnghuó] ▸ **hors d'atteinte** 不能触及 [bùnéng chùjí].

attendre ♦ vt ❶ (personne, évènement, réponse) 等 [děng] ▸ **je ne t'attendais plus** 我不等你了 [wǒ bù děng nǐ le] ▸ **je t'attends pour commencer le travail** 我等你到了再开始工作 [wǒ děng nǐ dàole zài kāishǐ gōngzuò] ▸ **qu'est-ce que tu attends ?** 你在等什么？ [nǐ zài děng shénme?] ▸ **attendre que la pluie cesse** 等雨停 [děng yǔ tíng] ▸ **attendre son tour** 排队 [páiduì] ▸ **se faire attendre** 久等不来 [jiúděng bùlái] ❷ (être enceinte de) 怀孕 [huáiyùn] ▸ **attendre un enfant** 怀着一个孩子 [huáizhe yí ge háizi] ❸ (espérer) 想要 [xiǎngyào] ▸ **qu'attend-il de moi ?** 他想要我为他做什么？ [tā xiǎngyào wǒ wèi tā zuò shénme?] ▸ **j'attends beaucoup de sa visite** 我很期盼他的来访 [wǒ hěn qīpàn tāde láifǎng]. ♦ vi ❶ (patienter) 等 [děng] ▸ **je n'aime pas attendre** 我不喜欢等 [wǒ bù xǐhuān děng] ❷ (ne pas être urgent) 不急 [bùjí] ▸ **ce travail peut attendre** 这项工作不急 [zhè xiàng gōngzuò bùjí] ▸ **ça peut attendre demain** 这可以等到明天再说 [zhè kéyǐ děngdào míngtiān zàishuō].

▪ **s'attendre** vp 等 [děng] ▸ **on s'attend après les cours ?** 我们下课后(等一下)一起走？ [wǒmen xiàkè hòu (děng yíxià) yìqǐ zǒu?].

▪ **s'attendre à** vp+prép 预料 [yùliào] ▸ **je ne m'attendais pas à une telle surprise** 我没有预料到这样一件意外事 [wǒ méiyǒu yùliào dào zhèyàng yí jiàn yìwàishì] ▸ **comme il fallait s'y attendre** 正如预料中的 [zhèngrú yùliàozhōng de] ▸ **il faut s'attendre à tout** 要把一切都预计在内 [yào bǎ yíqiè dōu yùjì zài nèi].

▪ **en attendant** loc adv ❶ (pendant ce temps) 在此期间 [zài cǐ qījiān] ▸ **tu n'as qu'à lire en attendant que je revienne** 在我回来之前，你就看书吧 [zài wǒ huílai zhīqián, nǐ jiù kànshū ba] ❷ (malgré tout) 不管怎么说 [bùguǎn zěnme shuō] ▸ **en attendant, il aurait pu nous prévenir** 不管怎么说，他也该先告诉我们一声 [bùguǎn zěnme shuō, tā yě gāi xiān gàosu wǒmen yì shēng].

attendrir vt 感动 [gǎndòng] ▸ **se laisser attendrir par qqch** 任自己受某事的感染 [rèn zìjǐ shòu mǒushì de gánrǎn].

▪ **s'attendrir** vp 同情 [tóngqíng] ▸ **s'attendrir sur le sort de qqn** 同情某人的遭遇 [tóngqíng mǒurén de zāoyù].

attendu, e adj 盼望已久的 [pànwang yíjiǔ de] ▸ **une décision très attendue** 一个盼望已久的决定 [yíge pànwang yíjiǔ de juédìng].

▪ **attendu** nm DR 理由 [lǐyóu].

attentat nm (cl. 起 [qǐ]) 暴力袭击(事件) [bàolì xíjī (shìjiàn)] ▸ **attentat à la bombe** 炸弹袭击 [zhàdàn xíjī] ▸ **attentat suicide** 自杀式袭击 [zìshāshì xíjī] ▸ **attentat à la voiture piégée** 汽车炸弹袭击 [qìchē zhàdàn xíjī] ▸ **commettre un attentat contre qqch** 犯下袭击什么的罪 [fànxia xíjī shénme de zuì] ▸ **être la cible d'un attentat** 成为袭击的目标 [chéngwéi xíjī de mùbiāo] ▸ **revendiquer un attentat** 宣称对一起袭击事件负责 [xuānchēng duì yì qǐ xíjī shìjiàn fùzé].

attente nf ❶ (temporelle) 等待 [děngdài] ▸ **l'attente des résultats** 等待结果 [děngdài jiéguǒ] ▸ **ce dossier est en attente** 这个文件在处理之中 [zhè ge wénjiàn zài chúlǐ zhīzhōng] ❷ (espérance) 要求 [yāoqiú] ▸ **quelles sont vos attentes en matière de salaire ?** 您

对工资有什么要求？ [nín duì gōngzī yǒu shénme yāoqiú?] ▸ **contre toute attente** 出乎预料 [chūhū yùliào] ▸ **dans l'attente de** 期待... [qīdài...] ▸ **répondre aux attentes de qqn** 满足某人的期望 [mǎnzú mǒurén de qīwàng].

attenter ▪ **attenter à** v+prép 谋害 [móuhài] ▸ **attenter à ses jours** 企图自杀 [qǐtú zìshā].

attentif, ive adj ❶ (concentré) 专心的 [zhuānxīn de] ▸ **écouter d'une oreille attentive** 专心听 [zhuānxīn tīng] ❷ (scrupuleux) 认真 [rènzhēn] ▸ **l'examen attentif d'un dossier** 认真查看一份文件 [rènzhēn chákàn yí fèn wénjiàn].

attention ♦ nf ❶ (concentration) 专心 [zhuānxīn] ▸ **avec attention** 专注地 [zhuānzhù de] ▸ **écouter avec attention** 专注地听 [zhuānzhù de tīng] ▸ **faire attention à qqch** 注意某事 [zhùyì mǒushì] ❷ (égards) 关怀 [guānhuái] ▸ **être plein d'attentions pour** ou **envers qqn** 对某人关怀备至 [duì mǒurén guānhuái bèizhì] ▸ **prêter attention à qqn** 关注某人 [guānzhù mǒurén] ▸ **faites attention !** 当心！ [dāngxīn!] ▸ **attirer l'attention** 引起注意 [yínqǐ zhùyì] ▸ **attirer l'attention de qqn sur qqch** 让某人注意某事 [ràng mǒurén zhùyì mǒushì] ▸ **retenir l'attention de qqn** 引起某人的注意 [yínqǐ mǒurén de zhùyì]. ♦ interj 小心 [xiǎoxīn] ▸ **'attention à la marche'** 小心台阶 [xiǎoxīn táijiē] ▸ **'attention au départ'** 注意车开了 [zhùyì chē kāi le] ▸ **'attention chien méchant'** 当心狗咬 [dāngxīn góuyǎo] ▸ **'attention fragile'** 小心易碎 [xiǎoxīn yìsuì] ▸ **'attention peinture fraîche'** 油漆未干 [yóuqī wèigān] ▸ **'attention travaux'** 正在施工 [zhèngzài shīgōng].

atténuer vt 减轻 [jiǎnqīng] ▸ **atténuer la douleur** 减轻痛苦 [jiǎnqīng tòngkǔ] ▸ **atténuer un bruit** 减少噪音 [jiánshǎo zàoyīn] ▸ **atténuer un propos** 缓和说话的语气 [huǎnhé shuōhuà de yǔqì] ▸ **atténuer les inégalités** 减少不平等 [jiánshǎo bù píngděng].

▪ **s'atténuer** vp 减少 [jiánshǎo] ▸ **la douleur s'atténue** 痛苦减少了 [tòngkǔ jiánshǎo le] ▸ **le bruit semble s'atténuer** 噪音好像减弱了 [zàoyīn hǎoxiàng jiǎnruò le].

atterré, e adj 惊呆的 [jīngdāi de] ▸ **être atterré par qqch** 为某事感到震惊 [wèi mǒushì gǎndào zhènjīng].

atterrir vi ❶ (toucher le sol) 着陆 [zhuólù] ▸ **l'avion n'a pas encore atterri** 飞机还没有着陆 [fēijī hái méiyǒu zhuólù] ▸ **atterrir en catastrophe** 紧急迫降 [jǐnjí pòjiàng] ❷ (arriver) 落到 [luò dào] ▸ **atterrir dans un fossé** 掉进沟里 [diàojìn gōu lǐ] ▸ **nous avons finalement atterri dans un petit hôtel** 我们最后在一家小旅馆里落了脚 [wǒmen zuìhòu zài yì jiā xiǎo lǘguǎn lǐ luò le jiǎo] ▸ **atterrir en prison** 进监狱 [jìn jiānyù].

atterrissage nm 降落 [jiàngluò] ▸ **piste d'atterrissage** 降落跑道 [jiàngluò pǎodào] ▸ **à l'atterrissage** 在降落时 [zài jiàngluò shí].

attestation nf ❶ (certificat) 证明 [zhèngmíng] ▸ **attestation d'assurance** 保险证明 [báoxiǎn zhèngmíng] ▸ **attestation de domicile** 住房证明 [zhùfáng zhèngmíng] ▸ **attestation médicale** 医疗证明 [yīliáo zhèngmíng] ▸ **attestation de sortie du territoire** 出境证明 [chūjìng zhèngmíng] ❷ (déclaration) 证书 [zhèngshū] ▸ **attestation sur l'honneur** 以个人名誉证明 [yǐ gèrén míngyù zhèngmíng].

attesté, e adj LING 有根据的 [yǒu gēnjù de].

attester vt ❶ (confirmer) 证实 [zhèngshí] ▸ **les faits sont attestés par de nombreux témoins** 这些情况被大量证据所证实 [zhèxiē qíngkuàng bèi dàliàng zhèngjù suǒ zhèngshí] ❷ (certifier) 证明 [zhèngmíng] ▸ **attester que** 证明...... [zhèngmíng...].

attirail nm 装备 [zhuāngbèi].

attirance nf 吸引力 [xīyǐnlì] ▸ **avoir** ou **éprouver de l'attirance pour qqn** 对某人有吸引力 [duì mǒurén yǒu xīyǐnlì].

attirer vt ❶ (charmer) 诱惑 [yòuhuò] ▸ **être attiré par qqn** 被某人所诱惑 [bèi mǒurén suǒ yòuhuò] ❷ (tirer) 引入 [yǐnrù] ▸ **la police a attiré le malfaiteur dans un piège** 警察把罪犯引入了埋伏 [jǐngchá bǎ zuìfàn yǐnrù le máifu] ❸ (exercer une force d'attraction sur) 招引 [zhāoyǐn] ▸ **la lumière attire les insectes** 光亮招引昆虫 [guāngliàng zhāoyǐn kūnchóng] ▸ **l'aimant attire le fer** 磁石吸铁 [císhí xī tiě] ❹ (capter) 吸引 [xīyǐn] ▸ **attirer l'attention de**

qqn 吸引某人的注意 [xīyǐn mǒurén de zhùyì].

▪ **s'attirer** vp 招徕 [zhāolái] ▸ **s'attirer la haine de qqn** 招徕某人的怨恨 [zhāolái mǒurén de yuànhèn] ▸ **les contraires s'attirent** 异性相吸 [yìxìng xiāngxī].

attiser vt ❶ (feu) 把……弄旺 [bǎ… nòngwàng] ❷ *fig* (augmenter) 激起 [jīqǐ] ▸ **les reproches attisèrent sa colère** 指责激起了他的怒火 [zhǐzé jīqǐ le tāde nùhuǒ].

attitude nf ❶ (posture) 姿态 [zītài] ❷ (comportement) 态度 [tàidu] ▸ **attitude arrogante** 狂妄的态度 [kuángwàng de tàidu] ▸ **l'attitude de qqn envers qqn** 某人对某人的态度 [mǒurén duì mǒurén de tàidu].

attouchements nmpl 触摸 [chùmō] ▸ **se livrer à des attouchements sur qqn** 对某人动手动脚 [duì mǒurén dòngshǒudòngjiǎo] ▸ **subir des attouchements** 遭到猥亵 [zāodào wěixiè].

attractif, ive adj ❶ (intéressant) 诱人的 [yòurén de] ▸ **prix attractif** 诱人的价格 [yòurén de jiàgé] ❷ PHYS 有吸引力的 [yǒu xīyǐnlì de].

attraction nf ❶ (force) 引力 [yǐnlì] ▸ **attraction magnétique** 磁引力 [cí yǐnlì] ▸ **l'attraction terrestre** 地球引力 [dìqiú yǐnlì] ❷ (attirance) 吸引力 [xīyǐnlì] ▸ **exercer une attraction sur qqn** 对某人有吸引力 [duì mǒurén yǒu xīyǐnlì] ❸ (distraction) 吸引人的东西 [xīyǐnrén de dōngxi] ▸ **il y a peu d'attractions touristiques dans la région** 这个地区吸引人的东西很少 [zhè ge dìqū xīyǐnrén de dōngxi hénshǎo] ❹ (fête foraine) (集市的)游艺活动 [(jíshì de) yóuyì huódòng] ▸ **les attractions sont gratuites** 集市的游艺活动是免费的 [jíshì de yóuyì huódòng shì miǎnfèi de].

attrait nm 好感 [háogǎn] ▸ **éprouver de l'attrait pour qqn** 对某人有好感 [duì mǒurén yǒu háogǎn] ▸ **l'attrait de la nouveauté** 新鲜事物的吸引力 [xīnxiān shìwù de xīyǐnlì].

attraper vt ❶ (saisir, capturer) 抓住 [zhuāzhù] ▸ **attraper un ballon** 抓到一个球 [zhuādào yí ge qiú] ▸ **je l'ai attrapé par la manche** 我揪住了他的袖子 [wǒ jiūzhù le tāde xiùzi] ▸ **attraper un animal** 抓住一个动物 [zhuāzhù yí ge dòngwù] ▸ **la police a fini par attraper le voleur** 警察终于抓住了小偷 [jǐngchá zhōngyú zhuāzhù le xiǎotōu] ❷ (prendre de justesse) 赶 [gǎn] ▸ **attraper un train** 赶火车 [gǎn huǒchē] ❸ (contracter) 染上 [rǎnshàng] ▸ **attraper un rhume** 染上了感冒 [rǎnshàng le gǎnmào].

attribuer vt ❶ (donner) 分配 [fēnpèi] ▸ **attribuer qqch à qqn** 把某事分配给某人 [bǎ mǒushì fēnpèi gěi mǒurén] ▸ **attribuer un rôle** 分配角色 [fēnpèi juésè] ▸ **attribuer une récompense** 颁发奖励 [bānfā jiǎnglì] ❷ (imputer) 归结 [guījié] ▸ **attribuer à qqn un accident** 把一个事故归咎于某人 [bǎ yíge shìgù guījiù yú mǒurén] ▸ **attribuer une œuvre à qqn** 认为是某人的作品 [rènwéi shì mǒurén de zuòpǐn] ▸ **attribuer la responsabilité de qqch à qqn** 把某事的责任归咎于某人 [bǎ mǒushì de zérèn guījiù yú mǒurén].

attribut nm ❶ (caractéristique, symbole) 象征 [xiàngzhēng] ▸ **les attributs du pouvoir** 权力的象征 [quánlì de xiàngzhēng] ❷ GRAMM 表语 [biáoyǔ] ▸ **attribut du sujet** 主语的表语 [zhúyǔ de biáoyǔ].

attributions nfpl 职权 [zhíquán] ▸ **cela ne rentre pas dans mes attributions** 这不在我的职权范围内 [zhè bú zài wǒde zhíquán fànwéi nèi].

attrister vt 使……伤感 [shǐ…shānggǎn] ▸ **son départ m'a vraiment attristé** 他的离开使我十分悲伤 [tāde líkāi shǐ wǒ shífēn bēishāng].

attroupement nm 围观 [wéiguān] ▸ **l'incendie du magasin a provoqué un attroupement** 商店起火引起了人们的围观 [shāngdiàn qǐhuǒ yínqǐ le rénmen de wéiguān].

attrouper ▪ **s'attrouper** vp 聚集 [jùjí].

aubaine nf 意外收获 [yìwài shōuhuò] ▸ **c'est une aubaine!** 这是一个意外的收获！ [zhè shì yí ge yìwài de shōuhuò!].

aube nf 黎明 [límíng] ▸ **se réveiller à l'aube** 在黎明时分醒来 [zài límíng shífēn xǐnglái].

auberge nf 小旅店 [xiáolǚdiàn] ▸ **auberge de jeunesse** 青年旅馆 [qīngnián lǚguǎn].

aubergine nf 茄子 [qiézi].

aucun, e ♦ adj ❶ (sens négatif) 没有任何的 [méiyǒu rènhé de] ▸ **je n'ai aucune nouvelle de lui** 我没有任何他的消息 [wǒ méiyǒu rènhé tāde xiāoxi] ▸ **il est entré sans faire aucun bruit** 他进来一点声音都没有 [tā jìnlai yìdiǎn shēngyin dōu méiyǒu] ▸ **il n'y a plus aucun espoir** 一点希望都没有了 [yìdiǎn xīwàng dōu méiyǒu le] ▸ **aucune idée !** 不知道！ [bùzhīdào!] ▸ **il n'y a aucun problème** 没有任何问题 [méiyǒu rènhé wèntí] ❷ (sens positif) 任何 [rènhé] ▸ **il connaît le cinéma mieux qu'aucun de nous** 他比我们中的任何人都更了解电影 [tā bǐ wǒmen zhōng de rènhérén dōu gèng liáojiě diànyǐng]. ♦ pron (dans une phrase négative) ▸ **aucun de** 没有一个 [méiyǒu yí ge] ▸ **aucun d'entre vous n'est capable de me répondre ?** 你们中间没有一个人能回答我吗？ [nǐmen zhōngjiān méiyǒu yí ge rén néng huídá wǒ ma?].

aucunement adv 绝不 [juébù] ▸ **je n'ai aucunement envie de céder** 我绝不想让步 [wǒ juébù xiǎng ràngbù].

audace nf ❶ (hardiesse) 勇气 [yǒngqì] ▸ **manquer d'audace** 缺少勇气 [quēshǎo yǒngqì] ❷ (insolence) 放肆 [fàngsì] ▸ **avoir l'audace de faire qqch** 竟敢做某事 [jìnggǎn zuò mǒushì].

audacieux, euse adj 大胆的 [dàdǎn de].

au-dehors loc adv 在外面 [zài wàimiàn] ▸ **il est gentil, même si au-dehors il paraît distant** 他很和善，尽管外表看起来很冷淡 [tā hěn héshàn, jǐnguǎn wàibiǎo kànqǐlái hěn lěngdàn] ▸ **se pencher au-dehors** 往外探身 [wàngwài tànshēn].

au-delà ♦ loc adv ❶ (plus loin) 在……以外 [zài… yǐwài] ▸ **avancez jusqu'à la ligne mais pas au-delà** 往前走到线为止但是不要过线 [wàngqián zǒu dào xiàn wéizhǐ dànshì búyào guòxiàn] ▸ **vous voyez la poste ? la boulangerie est un peu au-delà** 您看到邮局了吗？再往前一点就是面包店 [nín kàndào yóujú le ma? zài wàngqián yìdiǎn jiùshì miànbāodiàn] ❷ (davantage, plus) 超过 [chāoguò] ▸ **c'est trop cher, je ne peux pas monter au-delà** 太贵了，我不能超过这数 [tài guì le, wǒ bù néng chāoguò zhèshù]. ♦ nm ▸ **l'au-delà** RELIG 冥世 [míngshì].

▪ **au-delà de** loc prép 在……之外 [zài… zhī wài] ▸ **au-delà de la frontière** 在边境线外 [zài biānjìngxiàn wài] ▸ **aller au-delà de qqch** 超过某物 [chāoguò mǒuwù].

au-dessous loc adv ❶ (dans l'espace) 在下面 [zài xiàmian] ▸ **mes parents habitent juste au-dessous** 我父母就住在下面 [wǒ fùmǔ jiù zhùzài xiàmian] ❷ (dans une hiérarchie) 以下 [yǐxià] ▸ **les enfants de 8 ans et au-dessous ne payent pas** 8岁和8岁以下的孩子免费 [8 suì hé 8 suì yǐxià de háizi miǎnfèi] ▸ **un ton au-dessous** 降一个调 [jiàng yí ge diào].

▪ **au-dessous de** loc prép ❶ (dans l'espace) 在……下面 [zài… xiàmian] ▸ **regardez au-dessous du lit** 看看床下面 [kànkan chuáng xiàmian] ❷ (dans une hiérarchie) 以下 [yǐxià] ▸ **les enfants au-dessous de dix ans** 10岁以下的孩子 [10 suì yǐxià de háizi] ▸ **la température est tombée au-dessous de zéro la nuit dernière** 昨晚，气温降到了零度以下 [zuówǎn, qìwēn jiàngdào le língdù yǐxià].

au-dessus loc adv ❶ (dans l'espace) 在上面 [zài shàngmian] ▸ **regardez, c'est écrit au-dessus** 看，就写在上面呢 [kàn, jiù xiě zài shàngmian ne] ❷ (dans une hiérarchie) 以上 [yǐshàng] ▸ **avez-vous la taille au-dessus ?** 您有大一号的吗？ [nín yǒu dà yí hào de ma?].

▪ **au-dessus de** loc prép ❶ (dans l'espace) 在……上方 [zài… shàngfāng] ▸ **il est interdit de voler au-dessus de la capitale** 禁止飞越首都上空 [jìnzhǐ fēiyuè shǒudū shàngkōng] ❷ (dans une hiérarchie) 大 [dà] ▸ **le capitaine est au-dessus du lieutenant** 上尉比中尉大 [shàngwèi bǐ zhōngwèi dà] ▸ **la température est montée au-dessus de zéro** 气温升到零度以上了 [qìwēn shēngdào língdù yǐshàng le]

◊ **être au-dessus de ça** 超然在外 [chāorán zàiwài].

au-devant ▪ **au-devant de** loc prép 迎着 [yíngzhe] ▸ **aller au-devant de qqn** 上前迎某人 [shàngqián yíng mǒurén] ▸ **aller au-devant du danger** 迎着危险上 [yíngzhe wēixiǎn shàng].

audience nf ❶ (public) 听众 [tīngzhòng] ▸ **il y eut un grand brouhaha dans l'audience** 听众中发出一阵喧哗 [tīngzhòng zhōng fāchū yí zhèn xuānhuá] ▸ **un record d'audience** 收视记录 [shōushì jìlù] ▸ **faire de l'audience** 收视率高 [shōushìlǜ gāo] ❷ DR 庭审 [tíngshěn] ▸ **une audience à huis clos** 无旁听庭审 [wúpángtīng tíngshěn] ❸ (entretien) 会见 [huìjiàn] ▸ **accorder une audience** 接见 [jiējiàn].

audiovisuel, elle adj 视听的 [shìtīng de]. ▪ **audiovisuel** nm 视听技术 [shìtīng jìshù] ▸ **travailler dans l'audiovisuel** 在视听领域工作 [zài shìtīng lǐngyù gōngzuò].

audit nm 审计 [shěnjì] ▸ **réaliser un audit** 完成一项审计 [wánchéng yí xiàng shěnjì].

auditeur, trice nm, f 听众 [tīngzhòng].

audition nf ❶ (ouïe) 听觉 [tīngjué] ▸ **troubles de l'audition** 听力障碍 [tīnglì zhàng'ài] ❷ DR 听取 [tīngqǔ] ▸ **l'audition des témoins** 听取证人陈述 [tīngqǔ zhèngrén chénshù] ❸ THÉÂTRE 试演 [shìyǎn] ▸ **passer une audition** 进行一次试演 [jìnxíng yí cì shìyǎn].

auditoire nm 听众 [tīngzhòng].

auditorium nm 礼堂 [lǐtáng].

augmentation nf ❶ (en quantité, en intensité, en valeur) 增长 [zēngzhǎng] ▸ **augmentation du nombre d'immigrés** 移民人数的增长 [yímín rénshù de zēngzhǎng] ▸ **augmentation des prix** 价格的上涨 [jiàgé de shàngzhǎng] ❷ (en rémunération) 加薪 [jiāxīn] ▸ **augmentation de salaire** 加薪 [jiāxīn] ▸ **demander une augmentation** 要求加薪 [yāoqiú jiāxīn].

augmenter ◆ vt ❶ (quantité, intensité, valeur) 增加 [zēngjiā] ▸ **augmenter sa fortune** 增加财富 [zēngjiā cáifù] ▸ **augmenter le volume** 开大音量 [kāidà yīnliàng] ▸ **augmenter les prix** 涨价 [zhǎngjià] ▸ **l'État a augmenté les impôts de 5%** 政府增加了5%的税收 [zhèngfǔ zēngjiā le 5% de shuìshōu] ❷ (rémunération) 加薪 [jiāxīn] ▸ **augmenter un salaire de 50 euros** 加薪50欧元 [jiāxīn 50 ōuyuán]. ◆ vi ❶ (devenir plus grand) 增长 [zēngzhǎng] ▸ **son mal augmente de jour en jour** 他的病痛一天天加剧 [tāde bìngtòng yìtiāntiān jiājù] ▸ **la population augmente** 人口增长 [rénkǒu zēngzhǎng] ❷ (devenir plus cher) 涨价 [zhǎngjià] ▸ **l'essence a encore augmenté** 汽油又涨价了 [qìyóu yòu zhǎngjià le].

augure nm 征兆 [zhēngzhào] ▸ **être de bon augure** 是好兆头 [shì hǎo zhàotou] ▸ **ce temps est de bon augure pour les récoltes** 这样的天气是丰年的预兆 [zhèyàng de tiānqì shì fēngnián de yùzhào] ▸ **être de mauvais augure** 是不祥之兆 [shì bùxiáng zhī zhào] ▸ **un oiseau de mauvais augure** 不祥之物 [bùxiáng zhī wù].

aujourd'hui adv 今天 [jīntiān] ▸ **aujourd'hui, nous sommes lundi** 今天星期一 [jīntiān xīngqīyī] ▸ **c'est tout pour aujourd'hui** 今天就到这里 [jīntiān jiù dào zhèli] ▸ **d'aujourd'hui** 今天的 [jīntiān de] ▸ **il est toujours en retard, et ça ne date pas d'aujourd'hui** 他总是迟到，而且由来以久 [tā zǒngshì chídào, érqiě yóulái yíjiǔ].

auparavant adv ❶ (tout d'abord) 在这之前 [zài zhè zhīqián] ▸ **je viendrai, mais auparavant j'ai une course à faire** 我会来的，可是在这之前我先要去买点东西 [wǒ huì lái de, kěshì zài zhè zhīqián wǒ xiānyào qù mǎi diǎn dōngxi] ❷ (avant) 之前 [zhīqián] ▸ **un mois auparavant** 一个月以前 [yí ge yuè zhīqián].

auprès ▪ **auprès de** loc prép ❶ (à côté de) 在……旁边 [zài… pángbiān] ▸ **viens t'asseoir auprès de moi** 过来坐在我旁边 [guòlai zuò zài wǒ pángbiān] ❷ (dans l'opinion de) 在某人眼里 [zài mǒurén yǎnli] ▸ **il passe pour un idiot auprès de ses collègues** 在同事眼里，他是个白痴 [zài tóngshì yǎnli, tā shì gè báichī] ❸ (en s'adressant à) 在某人那里 [zài mǒurén nàli] ▸ **ils font des démarches auprès du ministre** 他们在部长那里做了些工作 [tāmen zài bùzhǎng nàli zuò le xiē gōngzuò] ❹ (en diplomatie) 驻 [zhù] ▸ **l'ambassadeur de France auprès du Vatican** 法国驻梵蒂冈大使 [Fǎguó zhù Fàndìgāng dàshǐ].

auréole nf ❶ RELIG 光环 [guānghuán] ❷ (tache) 圆形的污迹 [yuánxíng de wūjì].

auriculaire nm 小指 [xiǎozhǐ].

aurore nf 曙光 [shǔguāng] ▸ **se lever aux aurores** 天一亮就起床 [tiān yíliàng jiù qǐchuáng] ▸ **aurore boréale** 北极光 [běijíguāng].

ausculter vt 听诊 [tīngzhěn] ▸ **ausculter un patient** 为病人听诊 [wèi bìngrén tīngzhěn].

aussi adv ❶ (pareillement) 也 [yě] ▸ **j'y vais — moi aussi** 我去 — 我也去 [wǒ qù — wǒ yě qù] ❷ (en plus) 还 [hái] ▸ **le talent ne suffit pas, il faut aussi travailler !** 仅有才能是不够的，还需要勤奋！ [jǐnyǒu cáinéng shì búgòu de, hái xūyào qínfèn!] ❸ (à ce point) 这样 [zhèyàng] ▸ **je n'ai jamais rien vu d'aussi beau** 我从来没有见过这样美的东西 [wǒ cónglái méiyǒu jiàn guò zhèyàng měi de dōngxi] ❹ (introduit une comparaison) 那样 [nàyàng] ▸ **il n'est pas aussi intelligent que son père** 他没有他父亲那样聪明 [tā méiyǒu tā fùqin nàyàng cōngming] ❺ (malgré) 尽管 [jǐnguǎn] ▸ **aussi léger qu'il soit, je ne pourrai pas le porter** 尽管很轻，我也不能带上它 [jǐnguǎn hěn qīng, wǒ yě bù néng dàishang tā] ▸ **aussi incroyable que cela paraisse** 尽管这看上去那么难以置信 [jǐnguǎn zhè kànshangqu nàme nányǐ zhìxìn].

▪ **(tout) aussi bien** loc adv 也一样 [yě yíyàng] ▸ **tu ferais aussi bien de téléphoner toi-même** 你自己打电话也一样 [nǐ zìjǐ dǎ diànhuà yě yíyàng] ▸ **j'aurais pu (tout) aussi bien refuser** 我本来也可以拒绝的 [wǒ běnlái yě kéyǐ jùjué de].

▪ **aussi bien que** loc conj 和……一样 [hé… yíyàng] ▸ **elle travaille aussi bien que moi** 她工作干的和我一样好 [tā gōngzuò gānde hé wǒ yíyàng hǎo] ▸ **tu le sais aussi bien que moi** 你我都清楚 [nǐ wǒ dōu qīngchu] ▸ **on n'est jamais aussi bien servi que par soi-même** 求人不如求己 [qiúrén bùrú qiújǐ].

aussitôt adv 立刻 [lìkè] ▸ **je l'ai appelé et il est venu aussitôt** 我一叫他，他立刻就来了 [wǒ yí jiào tā, tā lìkè jiù lái le] ▸ **aussitôt après ton départ il s'est mis à pleuvoir** 你一走，就下起雨来了 [nǐ yì zǒu, jiù xià qǐ yǔ lái le].

▪ **aussitôt que** loc conj 一……就…… [yī… jiù…] ▸ **aussitôt que le réveil sonne, il se lève** 闹钟一响，他就起来了 [nàozhōng yì xiǎng, tā jiù qǐlái le].

austère adj ❶ (personne, caractère) 严肃的 [yánsù de] ▸ **un homme austère** 严肃的人 [yánsù de rén] ❷ (vie) 清苦的 [qīngkǔ de] ▸ **mener une vie austère** 过着清苦的生活 [guòzhe qīngkǔ de shēnghuó] ❸ (chose) 简朴的 [jiánpǔ de] ▸ **un bâtiment austère** 一幢简朴的楼房 [yí zhuàng jiánpǔ de lóufáng].

austral, e adj 南方的 [nánfāng de] ▸ **l'hémisphère austral** 南半球 [nán bànqiú].

Australie nf ▸ **l'Australie** 澳大利亚 [Àodàlìyà].

australien, enne adj 澳大利亚的 [àodàlìyà de].

▪ **Australien, enne** nm, f 澳大利亚人 [Àodàlìyàrén].

autant adv ❶ (introduit une comparaison) 一样多 [yíyàngduō] ▸ **je l'aime autant que toi** 我和你一样爱他 [wǒ hé nǐ yíyàng ài tā] ▸ **je n'ai pas autant d'amis que lui** 我没有他那么多的朋友 [wǒ méi yǒu tā nàme duō de péngyou] ▸ **il y a autant de femmes que d'hommes** 男女人数相等 [nán nǚ rén shù xiāngděng] ❷ (pour marquer l'intensité) 那么多 [nàmeduō] ▸ **est-ce qu'elle travaille toujours autant ?** 她工作总是那么努力吗？ [tā gōngzuò zǒngshì nàme nǔlì ma?] ▸ **je ne pensais pas qu'il aurait autant de patience** 我原本认为他不那么耐心 [wǒ yuánběn rènwéi tā bú nàme nàixīn] ❸ (il vaut mieux) 还是……好 [háishi… hǎo] ▸ **autant dire la vérité** 还是说实话好 [háishi shuō shíhuà hǎo] ❹ (dans des expressions) 同样 [tóngyàng] ▸ **j'aime autant…** 我同样喜欢…… [wǒ tóngyàng xǐhuān…] ▸ **je ne peux pas en dire autant** 我不能这么说 [wǒ bù néng zhème shuō] ▸ **tu devrais en faire autant** 你也应该这么做 [nǐ yě yīnggāi zhème zuò] ▸ **il parlait très vite, autant dire que je n'ai rien compris** 他说得太快了，可以说我什么都没听懂 [tā shuōde tài kuài le, kéyǐ shuō wǒ shénme dōu méi tīngdǒng].

▪ **autant… autant…** loc correlative ……却…… [… què…] ▸ **autant il est gentil avec moi, autant il est désagréable avec elle** 他对我友善，却对她不客气 [tā duì wǒ yǒushàn, què duì tā bú kèqi].

▪ **(pour) autant que** loc conj 就……而言 [jiù… éryán] ▸ **(pour) autant que je sache** 就我所知 [jiù wǒ suǒzhī].

▪ **d'autant** loc adv 相应地 [xiāngyìng de] ▸ **cela augmente d'autant nos intérêts** 这相应地增加了我们的利润 [zhè xiāngyìng de zēngjiā le wǒmen de lìrùn].

▪ **d'autant que** loc conj 更何况 [gèng hékuàng] ▸ **je ne viendrai pas, d'autant que je suis malade** 我不来了，更何况我病了 [wǒ bù lái le, gèng hékuàng wǒ bìng le].

▪ **d'autant mieux** loc adv 更好 [gèng hǎo] ▸ **cela ira d'autant mieux** 这样会更好 [zhèyàng huì gèng hǎo] ▸ **vous économiserez d'autant mieux que vous ne paierez pas de loyer** 您不用交房租，就更省钱了 [nín bú yòng jiāo fángzū, jiù gèng shěngqián le].

▪ **d'autant moins… que** loc adv 因为……就更不…… [yīnwèi… jiù gēng bù…] ▸ **il ose d'autant moins le rappeler qu'il lui doit beaucoup d'argent** 因为他欠他很多钱，就更不敢给他打电话 [yīnwèi tā qiàn tā hěnduō qián, jiù gèng bù gǎn gěi tā dǎ diànhuà].

▪ **d'autant plus… que** loc adv 因为……就更加…… [yīnwèi… jiù gèngjiā…] ▸ **je suis d'autant plus content de vous voir que je ne m'attendais plus à votre venue** 因为我本以为您不来了，所以见到您就更加高兴 [yīnwèi wǒ běn yǐwéi nín bù lái le, suóyǐ jiàndào nín jiù gèngjiā gāoxìng].

▪ **pour autant** loc adv 因此 [yīncǐ] ▸ **il a eu beau m'expliquer, je ne comprends pas sa réaction pourautant** 他跟我解释了也没用，我并不因此而理解他的反应 [tā gēn wǒ jiěshì le yě méiyòng, wǒ bìngbù yīncǐ ér lǐjiě tāde fǎnyìng] ▸ **explique-lui sans t'énerver pour autant** 你跟他解释一下，但不要因此而发火 [nǐ gēn tā jiěshì yí xia, dàn búyào yīncǐ ér fāhuǒ].

autarcie nf 自给自足 [zìjǐ zìzú] ▸ **vivre en autarcie** 自给自足地生活 [zìjǐ zìzú de shēnghuó].

autel nm 祭台 [jìtái].

auteur nm ❶ (responsable) 肇事人 [zhàoshìrén] ❷ (d'une œuvre) ○ (cl. 个 [gè] ou 位 [wèi]) 作家 [zuòjiā].

authentique adj ❶ (qui n'est ni une copie ni un faux) 原著的 [yuánzhù de] ▸ **un document authentique** (cl. 份 [fèn]) 原件 [yuán jiàn] ▸ **un tableau authentique** 一幅原画 [yì fú yuán huà] ❷ (qui n'est pas une simulation) 真诚的 [zhēnchéng de] ▸ **sa joie était authentique** 他的快乐是真诚的 [tāde kuàilè shì zhēnchéng de].

autiste adj 患自闭症的 [huàn zìbìzhèng de].

auto nf (automobile) ○ (cl. 辆 [liàng]) 汽车 [qìchē].

autobus nm (cl. 辆 [liàng]) 公共汽车 [gōnggòng qìchē] ▸ **prendre l'autobus** 乘/坐公共汽车 [chéng/zuò gōnggòng qìchē].

autocar nm (cl. 辆 [liàng]) 大客车 [dàkèchē] ▸ **en autocar** 乘/坐大客车 [chéng/zuò dàkèchē].

autochtone ♦ adj 当地的 [dāngdì de]. ♦ nmf 当地人 [dāngdìrén].

autocollant, e adj 自动粘贴的 [zìdòng zhāntiē de] ▸ **enveloppe autocollante** 自动粘贴的信封 [zìdòng zhāntiē de xìnfēng].

▪ **autocollant** nm 自动粘贴标签 [zìdòng zhāntiē biāoqiān].

autocritique nf 自我批评 [zìwǒ pīpíng] ▸ **faire son autocritique** 作自我批评 [zuò zìwǒ pīpíng].

autocuiseur nm 压力锅 [yālìguō].

autodéfense nf 自卫 [zìwèi].

auto-école nf 汽车驾驶学校 [qìchē jiàshǐ xuéxiào].

autographe ♦ adj 亲笔的 [qīnbǐ de]. ♦ nm 亲笔签名 [qīnbǐ qiānmíng] ▸ **signer des autographes** 亲笔签名 [qīnbǐ qiānmíng].

automatique ♦ adj ❶ (inconscient) 无意识的 [wúyìshi de] ▸ **un geste automatique** 一个下意识的动作 [yí ge xiàyìshi de dòngzuò] ❷ TECHNOL (régulier) 自动的 [zìdòng de] ▸ **fermeture automatique des portes** 门的自动关闭 [mén de zìdòng guānbì] ▸ **prélèvement automatique** 自动扣除 [zìdòng kòuchú]. ♦ nm (cl. 把 [bǎ]) 自动手枪 [zìdòng shǒuqiāng].

automne nm 秋天 [qiūtian].

automobile ♦ adj ❶ (qui concerne la voiture) 汽车的 [qìchē de] ▸ **l'industrie automobile** 汽

车工业 [qìchē gōngyè] ❷ (relatif au sport) 赛车的 [sàichē de] ▸ **coureur automobile** 赛车手 [sàichē shǒu]. ♦ nf 汽车 [qìchē].

automobiliste nmf (cl. 个 [gè] ou 名 [míng]) 司机 [sījī].

autonome adj ❶ (autogéré) 自治的 [zìzhì de] ▸ **région autonome** 自治区 [zìzhì qū] ❷ (non affilié) 独立的 [dúlì de] ▸ **syndicat autonome** 独立工会 [dúlì gōnghuì] ❸ (qui se prend en charge) 自主的 [zìzhǔ de] ❹ (qui subvient à ses besoins) 自立的 [zìlì de] ▸ **maintenant qu'il travaille, il est autonome** 既然他工作，他就自立了 [jìrán tā gōngzuò, tā jiù zìlì le].

autonomie nf ❶ (indépendance) 独立 [dúlì] ▸ **faire preuve d'autonomie dans son travail** 在工作上表现得独立 [zài gōngzuò shàng biǎoxiànde dúlì] ❷ (d'un véhicule) 最大行程 [zuìdà xíngchéng]; (d'un avion, d'un hélicoptère) 最大航程 [zuìdà hángchéng]; (d'un appareil) 连续使用时间 [liánxù shǐyòng shíjiān] ▸ **mon ordinateur a une autonomie de deux heures** 我的电脑可以连续使用两个小时 [wǒde diànnǎo kéyǐ liánxù shǐyòng liǎng ge xiǎoshí].

autoportrait nm (cl. 幅 [fú]) 自画像 [zìhuàxiàng].

autopsie nf 尸体剖验 [shītǐ pōuyàn] ▸ **pratiquer une autopsie** 进行尸体剖验 [jìnxíng shītǐ pōuyàn].

autoradio nm 汽车收音机 [qìchē shōuyīnjī].

autorisation nf ❶ (permission) 许可 [xúkě] ▸ **demander l'autorisation de...** *(+ infinitif)* 征求同意...... [zhēngqiú tóngyì...] ▸ **il a demandé l'autorisation de sortir à ses parents** 他征求了父母的意见是否同意他出去 [tā zhēngqiú le fùmǔ de yìjiàn shìfǒu tóngyì tā chūqu] ▸ **avoir l'autorisation de...** *(+ infinitif)* 获准...... [huòzhǔn...] ▸ **elle a l'autorisation de le voir** 她获准看望他 [tā huòzhǔn kànwang tā] ▸ **donner l'autorisation à qqn de...** *(+ infinitif)* 同意某人...... [tóngyì mǒurén...] ❷ (attestation) 许可证 [xúkězhèng] ▸ **autorisation de sortie du territoire** 出境许可证 [chūjìng xúkězhèng].

autoriser vt 准许 [zhúnxǔ] ▸ **autoriser qqn à faire qqch** 准许某人做某事 [zhúnxǔ mǒurén zuò mǒushì] ▸ **les sorties ne sont pas autorisées** 不允许外出 [bù yúnxǔ wàichū].

autoritaire adj 专制的 [zhuānzhì de] ▸ **personne autoritaire** 专横的人 [zhuānhèng de rén] ▸ **régime autoritaire** 专制制度 [zhuānzhì zhìdù].

autorité nf ❶ (ascendant) 权力 [quánlì] ▸ **être sous l'autorité de qqn** 在某人的领导下 [zài mǒurén de lǐngdǎo xià] ▸ **manquer d'autorité** 缺少威信 [quēshǎo wēixìn] ▸ **l'autorité parentale** 父母的监护权 [fùmǔ de jiānhù quán] ❷ ADMIN 权利机关 [quánlì jīguān] ▸ **l'autorité judiciaire** 司法机关 [sīfǎ jīguān] ◊ **faire autorité** 作为权威 [zuòwéi quánwēi].

▪ **autorités** nfpl ADMIN 当局 [dāngjú] ▸ **les autorités civiles** 民政当局 [mínzhèng dāngjú] ▸ **les autorités militaires** 军事当局 [jūnshì dāngjú].

autoroute nf (cl. 条 [tiáo]) 高速公路 [gāosù gōnglù] ▸ **prendre l'autoroute** 走高速公路 [zǒu gāosù gōnglù].

auto-stop, autostop nm sing 搭便车 [dābiànchē] ▸ **prendre qqn en auto-stop** 让某人搭便车 [ràng mǒurén dābiànchē].

autostoppeur, euse, auto-stoppeur, euse nm, f 搭便车的人 [dābiànchē de rén].

autour adv 在周围 [zài zhōuwéi].

▪ **autour de** loc prép ❶ (sens spatial) 在......周围 [zài... zhōuwéi] ▸ **la circulation autour de Paris est difficile** 巴黎周围的交通不顺畅 [Bālí zhōuwéi de jiāotōng bú shùnchàng] ❷ (environ) 大约 [dàyuē] ▸ **je reviendrai autour de vingt heures** 我将在大约20点回来 [wǒ jiāng zài dàyuē 20 diǎn huílai].

autre ♦ adj indéf ❶ (distinct, différent) *(au singulier)* 另外一个的 [lìngwài yí ge de] ▸ **c'est un autre problème !** 这是另一个问题！ [zhè shì lìng yí ge wèntí!] ▸ **un autre jour** 改天 [gǎi tiān] ▸ **autre chose** 别的东西 [bié de dōngxi] ▸ **autre part** 在别处 [zài bié chù]; *(au pluriel)* 别的 [bié de] ▸ **les autres classes** 别的班级 [bié de bānjí] ❷ (supplémentaire) 再一个 [zài yí ge] ▸ **je reprendrais bien une autre pomme** 我很想再吃一个苹果 [wǒ hěn xiǎng zài chī yí ge píngguǒ] ❸ (qui reste) 其他的 [qítā de] ▸ **les autres passagers ont été rapatriés** 其他旅客被遣返回国 [qítā lǚkè bèi qiánfǎn huíguó]. ♦ pron indéf 另一个 [lìng yí ge] ▸ **l'une chante, l'autre danse** 一个唱歌，另一个跳舞 [yí ge chànggē, lìng yí ge tiàowǔ] ▸ **l'un à côté de l'autre** 一个挨着一个 [yí ge āizhe yí ge] ▸ **ni l'un ni l'autre** 不是这个，也不是那个 [bú shì zhè ge, yě bú shì nà ge] ▸ **personne d'autre** 没有其他人 [méiyǒu qítā rén] ▸ **quelqu'un d'autre** 另外一个人 [lìngwài yí ge rén] ▸ **rien d'autre** 没有别的 [méiyǒu bié de].

▪ **entre autres** loc adv 其中有 [qízhōng yǒu] ▸ **il y avait, entre autres, Pierre et Jean** 其中有皮埃尔和让 [qízhōng yǒu Pí'āi'ěr hé Ràng].

autrefois adv 过去 [guòqù].

autrement adv ❶ (différemment) 不一样 [bùyíyàng] ▸ **la prochaine fois, tu t'habilleras autrement pour faire du vélo** 下次，你要换身衣服骑自行车 [xià cì, nǐ yào huàn shēn yīfu qí zìxíngchē] ▸ **autrement dit** 也就是说 [yě jiù shì shuō] ❷ (sinon) 不然 [bùrán].

Autriche nf ▸ **l'Autriche** 奥地利 [Àodìlì].

autrichien, enne adj 奥地利的 [àodìlì de].

▪ **Autrichien, enne** nm, f 奥地利人 [Àodìlìrén].

autruche nf (cl. 只 [zhī]) 鸵鸟 [tuóniǎo].

autrui pron 他人 [tārén] ▸ **ne reproche pas à autrui ce que tu fais toi-même** 不要拿你自己做的事来责怪他人 [bú yào ná nǐ zìjǐ zuòde shì lái zéguài tārén].

auxiliaire ♦ adj (secondaire) 备用的 [bèiyòng de]. ♦ nm GRAMM 助动词 [zhùdòngcí].

av. (abr écrite de **avenue**) (dans une adresse) 大街 [dàjiē].

aval[1], als nm GÉOGR 下游 [xiàyóu] ▸ **en aval (de...)** - a) 在(......的)下游 [zài (... de) xiàyóu] - b) *fig* 是/在(......的)后续阶段 [shì/zài (... de) hòuxù jiēduàn] ▸ **la fabrication est en aval de la conception** 制造是设计的后续阶段 [zhìzào shì shèjì de hòuxù jiēduàn].

aval[2], als nm 支持 [zhīchí] ▸ **donner son aval à qqch** 支持某事 [zhīchí mǒushì].

avalanche nf ❶ (de neige) 雪崩 [xuěbēng] ❷ *fig* (profusion) ▸ **une avalanche de** 大量的...... [dàliàng de...].

avaler vt ❶ (manger) 吞 [tūn] ▸ **je n'ai rien avalé de toute la journée** 我一整天什么都没吃 [wǒ yì zhěng tiān shénme dōu méi chī] ❷ *fam* (croire) 相信 [xiāngxìn] ▸ **il avale tout ce qu'on lui raconte** 他相信人们对他所说的一切 [tā xiāngxìn rénmen duì tā suǒshuō de yíqiè] ▸ **faire avaler qqch à qqn** 使某人轻信某事 [shǐ mǒurén qīngxìn mǒushì].

avance nf ❶ (distance) 超前的距离 [chāoqián de jùlí] ❷ (anticipation) 提前 [tíqián] ▸ **avoir de l'avance** 提前 [tíqián] ❸ (somme d'argent) 预付款 [yùfùkuǎn] ▸ **verser une avance** 支付一笔预付款 [zhīfù yì bǐ yùfùkuǎn] ▸ **demander une avance** 要求预支一笔钱 [yāoqiú yùzhī yì bǐ qián].

▪ **avances** nfpl 主动接近 [zhǔdòng jiējìn] ▸ **faire des avances à qqn** 主动接近某人 [zhǔdòng jiējìn mǒurén].

▪ **d'avance** loc adv ❶ (avant l'heure, le terme prévus) 提早 [tízǎo] ▸ **je suis arrivé avec une heure d'avance** 我提早到了一个小时 [wǒ tízǎo dào le yí ge xiǎoshí] ❷ (par anticipation) 先 [xiān] ▸ **je vous remercie d'avance** 我就先谢谢您了 [wǒ jiù xiān xièxie nín le] ▸ **savoir qqch d'avance** 预先得知某事 [yùxiān dézhī mǒushì].

▪ **en avance** loc adj 提前 [tíqián] ▸ **être en avance** 超前 [chāoqián] ▸ **nous sommes en avance sur le programme** 我们比计划超前 [wǒmen bǐ jìhuà chāoqián].

▪ **par avance** loc adv *sout* 提前 [tíqián].

avancement nm ❶ (développement) 进展 [jìnzhǎn] ▸ **l'avancement des travaux** 工程的进展 [gōngchéng de jìnzhǎn] ❷ (promotion) 晋升 [jìnshēng].

avancer ♦ vt ❶ (déplacer vers l'avant) 把......往前移 [bǎ... wǎngqián yí] ▸ **avance ta chaise** 把你的椅子往前移 [bǎ nǐde yǐzi wǎngqián yí] ❷ (dans une séquence) 提前 [tíqián] ▸ **avancer une date** 把日期提前 [bǎ rìqī tíqián] ❸ (proposer) 提出 [tíchū] ▸ **avancer une idée intéressante** 提出一个令人感兴趣的看法

[tíchū yí ge lìngrén gǎnxìngqu de kànfa] ❹ (affirmer) 肯定 [kěndìng] ▸ **avez-vous des preuves de ce que vous avancez ?** 您有您所肯定的证据吗？ [nín yǒu nín suǒ kěndìng de zhèngjù ma?] ❺ (montre, horloge) 拨快 [bōkuài] ▸ **j'ai avancé ma montre d'une heure** 我把我的表拨快了一小时 [wǒ bǎ wǒde biǎo bōkuài le yì xiǎoshí] ❻ (prêter de l'argent) 借给 [jiègěi] ▸ **est-ce que tu peux m'avancer 100 euros ?** 你能借给我100欧元吗？ [nǐ néng jiègěi wǒ 100 ōuyuán ma?] ❼ (servir) 有用 [yǒuyòng] ▸ **à quoi cela va-t-il vous avancer ?** 这对你有什么用？ [zhè duì nǐ yǒu shénme yòng?] ▸ **cela n'avance à rien** 这一点用都没有 [zhè yì diǎn yòng dōu méiyǒu]. ♦ vi ❶ (marcher) 往前走 [wàngqián zǒu] ❷ (progresser) 进展 [jìnzhǎn] ▸ **le projet n'avance pas vite** 计划进展得不快 [jìhuà jìnzhǎnde bú kuài] ▸ **alors, ça avance ?** 怎么样，有进展吗？ [zěnmeyàng, yǒu jìnzhǎn ma?] ❸ (faire saillie) 伸出 [shēnchū] ▸ **le cap avance sur la mer** 这个海角伸入海中 [zhè ge hǎijiǎo shēnrù hǎi zhōng] ❹ (montre, horloge) 走得快 [zǒude kuài] ▸ **ma montre avance de dix minutes** 我的表快十分钟 [wǒde biǎo kuài shí fēnzhōng].

▪ **s'avancer** vp ❶ (s'approcher) 前进 [qiánjìn] ▸ **s'avancer vers** 向……前进 [xiàng… qiánjìn] ❷ (prendre de l'avance) 前行 [qiánxíng] ▸ **s'avancer dans** 在……前进 [zài… qiánjìn] ❸ (se hasarder) 冒失地说/做 [màoshi de shuō/zuò] ▸ **tu t'avances un peu en affirmant cela** 你这么肯定有点冒失 [nǐ zhème kěndìng yǒu diǎn màoshi].

avant ♦ prép ❶ (indique une antériorité dans le temps) 在……之前 [zài… zhīqián] ▸ **avant la nuit** 在天黑之前 [zài tiānhēi zhīqián] ▸ **elle est arrivée avant nous** 她比我们先到 [tā bǐ wǒmen xiān dào] ▸ **avant J.C.** 公元前 [gōngyuán qián] ❷ (indique une antériorité dans l'espace, dans un ordre) 在……前面 [zài… qiánmian] ▸ **ce n'est pas cette rue, c'est la rue d'avant** 不是这条街，是前面那条 [bú shì zhè tiáo jiē, shì qiánmian nà tiáo]. ♦ adv ❶ (indique une antériorité dans le temps) 以前 [yǐqián] ▸ **quelques jours avant** 几天以前 [jǐ tiān yǐqián] ▸ **il fallait y penser avant** 早该先想到 [zǎogāi xiān xiǎngdào] ▸ **d'avant** 之前 [zhīqián] ❷ (indique une antériorité dans l'espace, dans un ordre) 在前面 [zài qiánmian] ▸ **le chemin se situe un peu avant** 那条路在前面不远处 [nà tiáo lù zài qiánmian bù yuǎn chù] ▸ **le nom doit figurer avant** 名字应该写在前面 [míngzì yīnggāi xiě zài qiánmian]. ♦ adj inv 前面的 [qiánmian de] ▸ **les roues avant** 前轮 [qián lún] ▸ **les pattes avant** (cl. 只 [zhī]) 前爪 [qián zhuǎ]. ♦ nm (partie antérieure) 前部 [qiánbù] ▸ **tout l'avant de la voiture a été enfoncé** 汽车的前部都被撞扁了 [qìchē de qiánbù dōu bèi zhuàngbiǎn le] ▸ **à l'avant** 在前面 [zài qiánmian].

▪ **avant de** loc prép *(+ infinitif)* 在……之前 [zài… zhīqián] ▸ **finis ton travail avant d'aller jouer** 出去玩之前先完成你的工作 [chūqù wán zhīqián xiān wánchéng nǐde gōngzuò].

▪ **avant que** loc conj *(+ subjonctif)* 在……之前 [zài… zhīqián] ▸ **ne posez pas de questions avant qu'il ait fini** 在他说完之前，不要提问 [zài tā shuōwán zhīqián, búyào tíwèn].

▪ **en avant** loc adv 向前 [xiàngqián].

▪ **avant tout** loc adv 首先 [shǒuxiān] ▸ **avant tout, je voudrais vous rappeler les faits** 首先，我想向您重申事实 [shǒuxiān, wǒ xiǎng xiàng nín chóngshēn shìshí] ▸ **sa carrière passe avant tout** 他以事业为第一 [tā yǐ shìyè wéi dìyī].

avantage nm ❶ (privilège) 利益 [lìyì] ▸ **avantages financiers** 金钱利益 [jīnqián lìyì] ▸ **avantage en nature** 实物报酬 [shíwù bàochóu] ❷ (supériorité) 优势 [yōushì] ▸ **avoir un avantage sur qqn** 比某人有优势 [bǐ mǒurén yǒu yōushì] ▸ **j'ai sur elle l'avantage de l'expérience** 我比她有经验上的优势 [wǒ bǐ tā yǒu jīngyàn shàng de yōushì] ❸ (intérêt) 好处 [hǎochù] ▸ **la souplesse des horaires est un avantage** 时间的灵活性是一个好处 [shíjiān de línghuóxìng shì yí ge hǎochù] ❹ SPORT 优势 [yōushì] ▸ **prendre/perdre l'avantage** 取得/失去优势 [qǔdé/shīqù yōushì] ▸ **avoir l'avantage** 占优势 [zhàn yōushì].

avantager vt ❶ (donner un avantage à qqn, le favoriser) 给予优惠 [jíyǔ yōuhuì] ▸ **l'arbitre a avantagé l'équipe adverse** 裁判照顾了对方

队 [cáipàn zhàogù le duìfāng duì] ❷ (mettre en valeur) 使……特点突出 [shǐ… tèdiǎn tūchū] ▸ **sa robe l'avantage** 她的连衣裙使她显得更漂亮 [tāde liányīqún shǐ tā xiǎnde gèng piàoliang].

avant-dernier, ère ♦ adj 倒数第二的 [dàoshǔ dì'èr de]. ♦ nm, f 倒数第二名 [dàoshǔ dì'èr míng] ▸ **l'avant-dernier de la classe** 班上的倒数第二名 [bān shàng de dàoshǔ dì'èr míng].

avant-hier adv 前天 [qiántiān].

avant-première nf (d'un film) ○ (cl. 场 [chǎng]) 预映 [yùyìng]; (d'une exposition) ○ (cl. 场 [chǎng]) 预展 [yùzhǎn]; (d'une pièce de théâtre) ○ (cl. 场 [chǎng]) 预演 [yùyǎn] ▸ **en avant-première** 预映地 [yùyìng de].

avare adj 吝啬的 [lìnsè de].

avarice nf 吝啬 [lìnsè].

avarié, e adj 变质的 [biànzhì de].

avatar nm 改变 [gǎibiàn].

avec ♦ prép ❶ (indique l'accompagnement) 和 [hé] ▸ **elle est venue avec un de ses amis** 她和她的一个朋友一起来了 [tā hé tāde yí ge péngyou yìqǐ lái le] ▸ **avec moi** 和我 [hé wǒ] ❷ (indique une caractéristique) 有 [yǒu] ▸ **une chambre avec vue** 一间视野开阔的房间 [yì jiān shìyě kāikuò de fángjiān] ▸ **une maison avec jardin** 一栋有花园的住宅 [yí dòng yǒu huāyuán de zhùzhái] ❸ (à l'égard de, envers) 对 [duì] ▸ **il est gentil avec nous** 他对我们很好 [tā duì wǒmen hénhǎo] ❹ (indique la manière) ……地 [… de] ▸ **avancer avec prudence** 小心地前进 [xiǎoxīn de qiánjìn] ▸ **parler avec gentillesse** 亲切地讲话 [qīnqiè de jiǎnghuà] ❺ (indique le moyen) 用…… [yòng…] ▸ **boire avec une paille** 用一根吸管喝 [yòng yì gēn xīguǎn hē]. ♦ adv ▸ **faire avec** 将就 [jiāngjiu] ▸ **tiens mon sac, je ne peux pas courir avec** 你帮我拿着包，我不能带着它跑 [nǐ bāng wǒ názhe bāo, wǒ bù néng dàizhe tā pǎo] ▸ **j'ai perdu mon portefeuille et mes papiers avec** 我丢了钱包和里面的证件 [wǒ diū le qiánbāo hé lǐmian de zhèngjiàn].

avenant, e adj 讨人喜欢的 [tǎorén xǐhuān de].

avenir nm ❶ (futur) 未来 [wèilái] ▸ **prédire l'avenir** 预言未来 [yùyán wèilái] ❷ (perspective, bien-être futur) 前途 [qiántú] ▸ **avoir de l'avenir** 有前途 [yǒu qiántú] ▸ **assurer l'avenir de qqn** 保证某人的前途 [bǎozhèng mǒurén de qiántú].

▪ **à l'avenir** loc adv 今后 [jīnhòu].

▪ **d'avenir** loc adj 有前途的 [yǒu qiántú de] ▸ **un métier d'avenir** 一个有前途的职业 [yí ge yǒu qiántú de zhíyè].

aventure nf ❶ (imprévu, récit) 冒险 [màoxiǎn] ❷ (liaison amoureuse) ○ (cl. 段 [duàn]) 恋史 [liànshǐ] ▸ **avoir une aventure (avec qqn)** (和某人)有一段恋史 [(hé mǒurén) yǒu yí duàn liànshǐ].

▪ **à l'aventure** loc adv 无目的地 [wú mùdì de] ▸ **partir à l'aventure** 无目的地出发 [wú mùdì de chūfā].

aventurer ▪ **s'aventurer** vp 冒险 [màoxiǎn] ▸ **s'aventurer dehors en pleine nuit** 深夜里在外面冒险 [shēnyè lǐ zài wàimian màoxiǎn] ◊ **s'aventurer à faire qqch** *fig* 冒险做某事 [màoxiǎn zuò mǒushì].

aventurier, ère nm, f 冒险家 [màoxiǎnjiā].

avenue nf (cl. 条 [tiáo]) 林荫道 [línyīndào].

avérer ▪ **s'avérer** ♦ vp ❶ (se confirmer) 证实 [zhèngshí] ▸ **la prédiction s'est avérée** 预言得到了证实 [yùyán dédào le zhèngshí] ❷ (se révéler) 显示出 [xiǎnshì chū] ▸ **s'avérer difficile** 显示出困难 [xiǎnshì chū kùnnan] ▸ **il s'avère que** 事实上…… [shìshíshang…]. ♦ v att ▸ **s'avérer** 显得 [xiǎnde] ▸ **s'avérer utile** 显得有用 [xiǎnde yǒuyòng].

averse nf 骤雨 [zhòuyǔ].

aversion nf 厌恶 [yànwù] ▸ **avoir de l'aversion pour qqch** 厌恶某物 [yànwù mǒuwù].

averti, e adj 富有经验的 [fùyǒu jīngyàn de] ▸ **critique averti** 富有经验的批评家 [fùyǒu jīngyàn de pīpíngjiā] ▸ **public averti** 内行的观众 [nèiháng de guānzhòng].

avertir vt ❶ (mettre en garde) 警告 [jǐnggào] ▸ **je t'aurai averti !** 我可警告过你了！[wǒ kě jǐnggào guò nǐ le!] ❷ (prévenir) 通知 [tōngzhī] ▸ **avertissez-moi dès que possible** 一有可

能就通知我 [yì yǒu kěnéng jiù tōngzhī wǒ] ▸ **avertir qqn de qqch** 通知某人某事 [tōngzhī mǒurén mǒushì] ▸ **il m'a averti de son arrivée** 他通知了我他的到来 [tā tōngzhī le wǒ tāde dàolái].

avertissement nm ❶ (conseil, signe) 警告 [jǐnggào] ▸ **négliger les avertissements d'un ami** 忽视一个朋友的警告 [hūshì yí ge péngyou de jǐnggào] ❷ SPORT & SCOL 警告 [jǐnggào] ▸ **avoir un avertissement** 受到一个警告 [shòudào yí ge jǐnggào].

aveu, x nm ❶ (d'un crime) 招供 [zhāogòng] ▸ **passer aux aveux** 招供 [zhāogòng] ❷ (confidence) 承认 [chéngrèn] ▸ **faire un aveu à qqn** 向某人承认 [xiàng mǒurén chéngrèn].

aveugle ♦ adj ❶ (privé de la vue) 失明的 [shīmíng de] ❷ *fig* (sans discernement) 盲目的 [mángmù de] ▸ **l'amour rend aveugle** 爱情使人盲目 [àiqíng shǐ rén mángmù] ▸ **avoir une confiance aveugle en qqn** 盲目信任某人 [mángmù xìnrèn mǒurén]. ♦ nmf (cl. 个 [gè] ou 位 [wèi]) 盲人 [mángrén].

aveuglément adv 盲目地 [mángmù de] ▸ **obéir aveuglément à qqn** 盲目地服从某人 [mángmù de fúcóng mǒurén].

aveugler vt ❶ (priver qqn de la vue) 使……失明 [shǐ… shīmíng] ❷ (priver qqn de sa lucidité) 使……失去理智 [shǐ… shīqù lǐzhì] ❸ (éblouir) 使……眼花 [shǐ… yǎnhuā] ▸ **la lumière nous aveuglait** 光线使我们的眼睛花了 [guāngxiàn shǐ wǒmen de yǎnjing huā le].

aveuglette ■ **à l'aveuglette** loc adv ❶ (sans y voir, à tâtons) 摸索地 [mōsuǒ de] ❷ (au hasard, sans calculer les risques) 盲目地 [mángmù de].

aviation nf (avions) 航空 [hángkōng] ▸ **aviation civile** 民用航空 [mínyòng hángkōng] ▸ **aviation militaire** 军用航空 [jūnyòng hángkōng].

avide adj 贪婪的 [tānlán de] ▸ **(être) avide de** 贪…… [tān…] ▸ **avide d'argent** 贪钱 [tān qián].

avilir vt 使……堕落 [shǐ… duòluò].
■ **s'avilir** vp 堕落 [duòluò].

avion nm (cl. 架 [jià]) 飞机 [fēijī] ▸ **prendre l'avion** 坐飞机 [zuò fēijī]; 乘飞机 [chéng fēijī] ▸ **en avion** 坐飞机 [zuò fēijī] ▸ **par avion** (courrier) 航空 [hángkōng].

aviron nm SPORT 划船运动 [huáchuán yùndòng] ▸ **faire de l'aviron** 划船 [huáchuán].

avis nm ❶ (opinion) 意见 [yìjiàn] ▸ **j'aimerais connaître ton avis** 我很想知道你的意见 [wǒ hěn xiǎng zhīdào nǐde yìjiàn] ▸ **les avis sont partagés** 意见有分歧 [yìjiàn yǒu fēnqí] ▸ **changer d'avis** 改变主意 [gǎibiàn zhǔyi] ▸ **à mon avis** 在我看来 [zài wǒ kànlái] ❷ (notification) 通知 [tōngzhī] ▸ **avis de tempête** 暴风雨预报 [bàofēngyǔ yùbào] ▸ **avis de recherche** 寻人启事 [xúnrén qǐshì].

avisé, e adj 深思熟虑的 [shēnsī shúlǜ de].

aviser ♦ vt 告知 [gàozhī] ▸ **aviser qqn de qqch** 告知某人某事 [gàozhī mǒurén mǒushì] ▸ **je l'ai avisé de ma décision** 我告知他我的决定 [wǒ gàozhī tā wǒde juédìng]. ♦ vi 考虑 [kǎolǜ] ▸ **j'aviserai quand la situation se présentera** 当情况出现时，我再考虑 [dāng qíngkuàng chūxiàn shí, wǒ zài kǎolǜ].
■ **s'aviser** vp ❶ (se rendre compte) 发觉 [fājué] ▸ **s'aviser de qqch** 发觉某事 [fājué mǒushì] ❷ (oser) 竟敢 [jìnggǎn] ▸ **ne pas s'aviser de faire qqch** 不无所顾忌地做某事 [bù wúsuǒ gùjì de zuò mǒushì].

aviver vt 使……更强烈 [shǐ… gèng qiángliè] ▸ **cette nouvelle a avivé sa colère** 这个消息使他火气更大了 [zhè ge xiāoxi shǐ tā huǒqì gèng dà le].

av. J.-C. (abr écrite de **avant Jésus-Christ**) 公元前 [gōngyuán qián] ▸ **Rome aurait été fondée en 753 av. J.C.** 罗马大约建于公元前753年 [Luómǎ dàyuē jiàn yú gōngyuán qián 753 nián].

avocat[1], e nm, f (cl. 个 [gè] ou 名 [míng]) 律师 [lǜshī] ▸ **avocat commis d'office** 被法庭指定的律师 [bèi fǎtíng zhǐdìng de lǜshī] ▸ **avocat d'affaires** 商务律师 [shāngwù lǜshī].

avocat[2] nm (fruit) 鳄梨 [èlí].

avoine nf 燕麦 [yànmài].

avoir ♦ nm ❶ (fortune) 财产 [cáichǎn] ▸ **son avoir s'élève à plusieurs millions d'euros** 他的财产高达几百万欧元 [tāde cáichǎn gāodá jǐ bǎi wàn ōuyuán] ❷ (document) 借据 [jièjù] ▸ **obtenir un avoir en échange d'une**

marchandise 以一件商品交换到一张借据 [yǐ yí jiàn shāngpǐn jiāohuàn dào yì zhāng jièjù]. ♦ v aux ▸ **j'ai fini** 我做完了 [wǒ zuò wán le] ▸ **il a été malade** 他生过病了 [tā shēng guò bìng le]. ♦ vt ❶ (posséder, être caractérisé par) 有 [yǒu] ▸ **j'ai deux ordinateurs** 我有两台电脑 [wǒ yǒu liǎng tái diànnǎo] ▸ **elle a deux enfants** 她有两个孩子 [tā yǒu liǎng ge háizi] ▸ **il a les cheveux bruns** 他长着褐色头发 [tā zhǎngzhe hèsè tóufa] ▸ **j'ai beaucoup d'ambition** 我有雄心壮志 [wǒ yǒu xióngxīn zhuàngzhì] ❷ (être âgé de) ▸ **quel âge as-tu ?** 你多大了？ [nǐ duō dà le?] ▸ **il a vingt ans** 他20岁 [tā 20 suì] ❸ (obtenir) 获得 [huòdé] ▸ **j'ai eu mon permis le mois dernier** 我上个月拿到执照 [wǒ shàng ge yuè nádào zhízhào] ▸ **j'ai eu mon examen** 我考试通过了 [wǒ kǎoshì tōngguò le] ❹ (éprouver) 感受 [gǎnshòu] ▸ **j'ai faim/soif** 我饿/渴 [wǒ è/kě] ▸ **j'ai envie de le voir** 我想见他 [wǒ xiǎng jiàn tā] ▸ **il a des remords** 他感到内疚 [tā gǎndào nèijiù] ▸ **tu n'as pas peur ?** 你不害怕吗？ [nǐ bú hàipà ma?] ❺ (duper) 欺骗 [qīpiàn] ▸ **se faire avoir** *fam* 上当受骗 [shàngdàng shòupiàn].

■ **avoir à** v+prép (devoir) 需要 [xūyào] ▸ **tu n'as pas à t'inquiéter** 你不需要担心 [nǐ bù xūyào dānxīn] ▸ **vous n'avez qu'à remplir ce formulaire** 您只需要填写这个表格 [nín zhǐ xūyào tiánxiě zhè ge biǎogé] ▸ **tu n'as qu'à y aller toi-même** 你自己去就可以 [nǐ zìjǐ qù jiù kéyǐ].

■ **en avoir** vt ▸ **en avoir pour cinq minutes** 只需要五分钟就行 [zhǐ xūyào wǔ fēnzhōng jiù xíng] ▸ **en avoir assez de qqch/qqn/faire qqch** 厌烦某物/某人/做某事 [yànfán mǒuwù/mǒurén/zuò mǒushì] ▸ **en avoir après qqn** 怨恨某人 [yuànhèn mǒurén].

■ **il y a** v impers ❶ (présentatif) ▸ **qu'est-ce qu'il y a ?** 怎么了？ [zěnme le?] ▸ **il y a un problème** 有一个问题 [yǒu yí ge wèntí] ❷ (temporel) 在……前 [zài… qián] ▸ **il y a dix ans** 十年前 [shí nián qián] ▸ **ça s'est passé il y a très longtemps** 这事发生在很久以前 [zhè shì fāshēng zài hěn jiǔ yǐqián] ▸ **je l'ai rencontré il n'y a pas longtemps** 我不久前见到了他 [wǒ bùjiǔ qián jiàndào le tā] ▸ **il y a longtemps que je n'y suis pas allé** 我很长时间没去那儿了 [wǒ hěncháng shíjiān méi qù nàr le] ❸ (dans des expressions) ▸ **il n'y a pas de quoi** 不用客气 [búyòng kèqi].

avortement nm MÉD 流产 [liúchǎn] ▸ **avortement thérapeutique** 治疗过程中的流产 [zhìliáo guòchéng zhōng de liúchǎn].

avorter vi ❶ MÉD 流产 [liúchǎn] ▸ **se faire avorter** 做人工流产 [zuò réngōng liúchǎn] ❷ *fig* (échouer) 失败 [shībài] ▸ **la réforme a avorté** 这个改革失败了 [zhè ge gǎigé shībài le].

avouer vt ❶ (confesser, reconnaître) 承认 [chéngrèn] ▸ **avouer sa faute** 承认错误 [chéngrèn cuòwù] ▸ **avouer que** *(+ indicatif)* 承认…… [chéngrèn…] ❷ (déclarer) 表白 [biǎobái] ▸ **il lui a avoué son amour** 他向她表白了爱情 [tā xiàng tā biǎobái le àiqíng].

avril nm 四月 [sìyuè].

axe nm ❶ GÉOM (cl. 条 [tiáo]) 轴线 [zhóuxiàn] ❷ (prolongement) ○ (cl. 条 [tiáo]) 中心线 [zhōngxīnxiàn] ❸ (grande voie de communication) 交通大道 [jiāotōng dàdào].

axer vt 指向 [zhǐxiàng] ▸ **axer qqch sur qqch** 将某物指向某物 [jiāng mǒuwù zhǐxiàng mǒuwù] ▸ **il faut axer ta démonstration sur le premier point** 应该将你演示的重点放在第一点上 [yīnggāi jiāng nǐ yǎnshì de zhòngdiǎn fàngzài dìyī diǎn shàng].

azalée nf (cl. 棵 [kē]) 杜鹃 [dùjuān].

azimut ■ **tous azimuts** loc adv 四面八方 [sìmiàn bāfāng].

azote nm 氮 [dàn].

azur nm *sout* 蔚蓝色 [wèilánsè].

b

b, B nm inv 法语字母表中第二个字母 [fáyǔ zìmúbiǎo zhōng dì'èr ge zìmǔ].

baby-sitter nmf 保姆 [báomǔ].

baby-sitting nm 照看婴儿 [zhàokàn yīng'ér] ▸ **faire du baby-sitting** 帮人照看婴儿 [bāng rén zhàokàn yīng'ér].

bac nm ❶ (baccalauréat) 中学毕业会考 [zhōngxué bìyè huìkǎo] ▸ **passer le** ou **son bac** 参加中学毕业会考 [cānjiā zhōngxué bìyè huìkǎo] ▸ **avoir le** ou **son bac** 获得业士学位 [huòdé yèshì xuéwèi] ❷ (bateau) 渡船 [dùchuán] ❸ (récipient) 盘 [pán] ▸ **bac à glace** 冰盘 [bīng pán] ❹ (dans un terrain de jeu) 箱 [xiāng] ▸ **bac à sable** 沙箱 [shā xiāng].

baccalauréat nm 中学毕业会考 [zhōngxué bìyè huìkǎo] ▸ **passer le** ou **son baccalauréat** 参加中学毕业会考 [cānjiā zhōngxué bìyè huìkǎo] ▸ **avoir le** ou **son baccalauréat** 获得业士学位 [huòdé yèshì xuéwèi].

bachelier, ère nm, f 业士 [yèshì].

bâcler vt 草率地做 [cǎoshuài de zuò] ▸ **bâcler un travail** 草率地工作 [cǎoshuài de gōngzuò].

bactérie nf 细菌 [xìjūn].

Bada Shanren npr (peintre) 八大山人 [Bādàshānrén].

badaud, e nm, f 闲逛马路者 [xiánguàngmǎlùzhě].

badge nm 胸卡 [xiōngkǎ] ▸ **présenter son badge** 出示胸卡 [chūshì xiōngkǎ].

badminton nm 羽毛球运动 [yǔmáoqiú yùndòng] ▸ **jouer au badminton** 打羽毛球 [dǎ yǔmáoqiú].

baffe nf *fam* (cl. 记 [jì]) 耳光 [ěrguāng] ▸ **donner une baffe à qqn** 打某人一记耳光 [dǎ mǒurén yí jì ěrguāng].

baffle nm 喇叭箱 [lǎbaxiāng].

bafouer vt *sout* 嘲讽 [cháofěng] ▸ **bafouer les droits de l'homme** 嘲讽人权 [cháofěng rénquán].

bafouiller vi & vt 含混不清地说话 [hánhùnbùqīng de shuōhuà] ▸ **bafouiller des excuses** 含糊其辞地道歉 [hánhuqící de dàoqiàn].

bagage nm ❶ (valise, sac) ○ (cl. 件 [jiàn]) 行李 [xíngli] ▸ **bagage à main** 手提行李 [shǒutí xíngli] ▸ **faire ses bagages** 收拾行李 [shōushi xíngli] ❷ (ensemble des connaissances) 知识 [zhīshi] ▸ **bagage culturel** 文化知识 [wénhuà zhīshi] ▸ **bagage intellectuel** 学识 [xué shí].

bagarre nf (cl. 场 [chǎng]) 斗殴 [dòu'ōu] ▸ **il y a eu une bagarre au café** 在咖啡馆发生了一场斗殴 [zài kāfēiguǎn fāshēng le yì chǎng dòu'ōu] ▸ **chercher la bagarre** 寻衅斗殴 [xúnxìn dòu'ōu].

bagarrer ■ **se bagarrer** vp 斗争 [dòuzhēng] ▸ **se bagarrer avec qqn** 和某人打架 [hé mǒurén dǎjià] ▸ **se bagarrer contre qqch** 和某物斗争 [hé mǒuwù dòuzhēng].

bagatelle nf 琐事 [suǒshì] ▸ **se fâcher pour une bagatelle** 为琐事而生气 [wèi suǒshì ér shēngqì].

Bagdad npr 巴格达 [Bāgédá].

bagnard nm 苦役犯 [kǔyìfàn].

bagne nm 苦役犯监狱 [kǔyìfàn jiānyù].

bagnole nf *fam* (cl. 辆 [liàng]) 汽车 [qìchē].

bague nf (cl. 枚 [méi]) 戒指 [jièzhi] ▸ **une bague en or** 一枚金戒指 [yì méi jīn jièzhi] ▸ **bague de fiançailles** 订婚戒指 [dìnghūn jièzhǐ].

baguette nf ❶ (pain) 长棍面包 [chánggùn miànbāo] ❷ (pour manger) ○ (cl. 双 [shuāng] ou 副 [fù]) 筷子 [kuàizi] ❸ (de chef d'orchestre) ○ (cl. 根 [gēn]) 指挥棒 [zhǐhuībàng] ❹ (petit bâton) ▸ **baguettes de tambour** 鼓槌 [gǔ chuí] ▸ **baguette magique** 魔术棒 [móshù bàng]
◊ **d'un coup de baguette magique** 像变魔术一般 [xiàng biàn móshù yìbān].

Bahamas nfpl ▸ **les Bahamas** 巴哈马 [Bāhāmǎ].

baie nf ❶ (fruit) 浆果 [jiāngguǒ] ❷ GÉOGR 小海湾 [xiáohǎiwān] ❸ (fenêtre) ▸ **baie vitrée** 玻璃窗洞 [bōli chuāngdòng].

baignade nf 洗澡 [xízǎo] ▸ **'baignade interdite'** 禁止洗澡 [jìnzhǐ xízǎo].

baigner ♦ vt ❶ (donner un bain à) 给……洗澡 [gěi… xízǎo] ❷ (tremper) 润湿 [rùnshī] ▸ **baigner ses tempes d'eau fraîche** 用凉水润湿太阳穴 [yòng liángshuǐ rùnshī tàiyángxué] ❸ *fig* (inonder) 沐浴 [mùyù] ▸ **le visage baigné de soleil** 沐浴在阳光下的面孔 [mùyù zài yángguāng xià de miànkǒng]. ♦ vi (être immergé dans) 浸泡 [jìnpào] ▸ **baigner dans la graisse** 浸泡在油脂中 [jìnpào zài yóuzhī zhōng].
▪ **se baigner** vp 游泳 [yóuyǒng].

baignoire nf 浴盆 [yùpén].

bail nm DR 租约 [zūyuē] ▸ **signer un bail** 签订租约 [qiāndìng zūyuē] ▸ **renouveler un bail** 续订租约 [xùdìng zūyuē]
◊ **ça fait un bail que…** *fam* ……有很长时间了 [… yǒu hěncháng shíjiān le].

bâillement nm 打哈欠 [dǎhāqian].

bâiller vi 打哈欠 [dǎhāqian].

bâillon nm 堵在嘴里的东西 [dǔ zài zuǐ lǐ de dōngxi] ▸ **mettre un bâillon à qqn** 塞住某人的嘴 [sāizhù mǒurén de zuǐ].

bain nm ❶ (dans une baignoire) 洗澡水 [xízǎoshuǐ] ▸ **faire couler un bain** 放洗澡水 [fàng xízǎoshuǐ] ▸ **prendre un bain** 洗澡 [xízǎo] ▸ **bain moussant** 泡沫浴 [pàomò yù] ❷ (d'une partie du corps) 洗 [xǐ] ▸ **bain de bouche** 口腔清洗液 [kǒuqiāng qīngxǐyè] ❸ (bassin de natation) 游泳池 [yóuyǒngchí] ▸ **grand bain** 深水池 [shēn shuǐchí] ▸ **petit bain** 浅水池 [qiǎn shuǐchí]
◊ **bain de soleil** 日光浴 [rìguāng yù] ▸ **se mettre dans le bain** 熟悉情况 [shúxī qíngkuàng].

baiser nm 吻 [wěn].

baisse nf 下降 [xiàjiàng] ▸ **une baisse des prix** 价格下降 [jiàgé xiàjiàng] ▸ **une baisse des températures** 温度下降 [wēndù xiàjiàng] ▸ **en baisse** 在下降 [zài xiàjiàng].

baisser ♦ vt ❶ (descendre) 降下 [jiàngxià] ❷ (une partie du corps) ▸ **baisser la tête** 低下头 [dīxià tóu] ▸ **baisser les yeux** 垂下眼睛 [chuíxià yǎnjing] ❸ (diminuer) 降低 [jiàngdī] ▸ **baisser les prix** 降低价格 [jiàngdī jiàgé] ▸ **baisser la radio** 降低收音机的音量 [jiàngdī shōuyīnjī de yīnliàng] ▸ **baisser le ton** 降低语调 [jiàngdī yǔdiào]
◊ **baisser les bras** 认输 [rènshū].
♦ vi ❶ (diminuer d'intensité) 减弱 [jiǎnruò] ▸ **le jour baisse** 天色暗下来了 [tiānsè ànxiàlái le] ▸ **ma vue baisse** 我视力在减退 [wǒ shìlì zài jiǎntuì] ▸ **la température va baisser** 气温会下降 [qìwēn huì xiàjiàng] ❷ (perdre de sa valeur) 降低 [jiàngdī] ▸ **les prix baissent** 价格降低 [jiàgé jiàngdī].
▪ **se baisser** vp 弯腰 [wānyāo] ▸ **il s'est baissé pour ramasser son stylo** 他弯下腰捡起他的钢笔 [tā wānxià yāo jiánqǐ tāde gāngbǐ].

Ba Jin npr (écrivain) 巴金 [Bā Jīn].

bal nm (cl. 个 [gè] ou 场 [chǎng]) 舞会 [wǔhuì] ▸ **bal costumé** 化妆舞会 [huàzhuāng wǔhuì] ▸ **bal masqué** 假面舞会 [jiǎmiàn wǔhuì] ▸ **bal populaire** 民间舞会 [mínjiān wǔhuì].

balade nf *fam* 溜达 [liūda] ▸ **faire une balade** 去溜达 [qù liūda].

balader ▪ se balader vp *fam* 闲逛 [xiánguàng].

baladeur nm 随身听 [suíshēntīng].

balai nm (cl. 把 [bǎ]) 扫帚 [sàozhou] ▸ **balai-brosse** 擦地刷 [cā dì shuā] ▸ **donner un coup de balai** 打扫一下 [dásǎo yí xià] ▸ **passer le balai** 打扫 [dásǎo].

balance nf ❶ (instrument de mesure) ○ (cl. 台 [tái] ou 杆 [gǎn]) 秤 [chèng] ▸ **peser des fruits sur une balance** 在秤上称水果 [zài chèng shàng chēng shuíguǒ] ▸ **monter sur la balance** 站到秤上 [zhàn dào chèng shàng] ❷ COMM ▸ **balance commerciale** 贸易差额 [màoyì chā'é].

▪ **Balance** nf ASTROL 天平座 [tiānpíngzuò] ▸ **être Balance** 是天平座 [shì tiānpíngzuò].

balancer vt ❶ (bouger) 摆动 [bǎidòng] ▸ **balancer les bras** 摆动双臂 [bǎidòng shuāngbì] ❷ *fam* (jeter) 扔掉 [rēngdiào].

▪ **se balancer** vp 摇晃 [yáohuang] ▸ **se balancer sur sa chaise** 在椅子上摇晃 [zài yǐzi shàng yáohuang].

balançoire nf 秋千 [qiūqiān] ▸ **faire de la balançoire** 荡秋千 [dàng qiūqiān].

balayer vt ❶ (nettoyer) 打扫 [dásǎo] ▸ **balayer une pièce** 打扫房间 [dásǎo fángjiān] ▸ **balayer le sol** 扫地 [sǎo dì] ❷ (chasser) 驱散 [qūsàn] ❸ (détruire) 烧杀抢掠 [shāoshā qiǎnglüè].

balayette nf 小扫帚 [xiǎosàozhou].

balayeur, euse nm, f 马路清洁工 [mǎlù qīngjiégōng].

balbutier vt 含糊不清地说 [hánhu bùqīng de shuō] ▸ **balbutier des excuses** 含糊不清地道歉 [hánhu bùqīng de dàoqiàn].

balcon nm ❶ (sur une façade) ○ (cl. 个 [gè]) 阳台 [yángtái] ❷ (au théatre) ○ (cl. 个 [gè]) 包厢C2 [bāoxiāngC2].

baleine nf ❶ (mammifère) ○ (cl. 头 [tóu]) 鲸 [jīng] ❷ (de parapluie) ○ (cl. 把 [bǎ]) 伞骨 [sángǔ].

balise nf NAUT 航标 [hángbiāo].

baliser ♦ vt 设置路标 [shèzhì lùbiāo] ▸ **baliser un parcours** 在道上设置路标 [zài dào shàng shèzhì lùbiāo] ▸ **baliser un port** 在港口设置航标 [zài gángkǒu shèzhì hángbiāo]. ♦ vi *fam* 害怕 [hàipà].

ballade nf (cl. 首 [shǒu]) 叙事诗 [xùshìshī].

balle nf ❶ (d'arme à feu) ○ (cl. 颗 [kē] ou 发 [fā]) 子弹 [zǐdàn] ❷ (de jeu, de sport) 球 [qiú] ▸ **jouer à la balle** 打球 [dǎ qiú] ▸ **lancer une balle** 发球 [fā qiú] ▸ **balle de golf** 高尔夫球 [gāo'ěrfū qiú] ▸ **balle de ping-pong** 乒乓球 [pīngpāng qiú] ▸ **balle de tennis** 网球 [wǎng qiú]
◊ **la balle est dans ton camp** 球在你这边 [qiú zài nǐ zhèbiān].

ballet nm ❶ (spectacle de danse) ○ (cl. 场 [chǎng]) 芭蕾舞 [bālěiwǔ] ❷ (troupe de danseurs) 芭蕾舞团 [bālěiwǔtuán].

ballon nm ❶ (pour le jeu, le sport) 球 [qiú] ▸ **jouer au ballon** 玩球 [wán qiú] ▸ **ballon de basket** 篮球 [lán qiú] ▸ **ballon de football** 足球 [zú qiú] ▸ **ballon de rugby** 橄榄球 [gánlǎn qiú] ❷ (gonflé à l'hélium) 气球 [qìqiú] ▸ **ce ballon a éclaté** 这个气球爆了 [zhè ge qìqiú bào le] ❸ AÉRON 热气球 [rèqìqiú] ▸ **ballon dirigeable** (cl. 艘 [sōu]) 飞艇 [fēitǐng] ❹ (réservoir) ▸ **ballon d'eau chaude** 热水存储桶 [rèshuǐ cúnchǔ tǒng] ❺ (pour l'alcootest) 酒精检测器 [jiǔjīng jiǎncèqì] ▸ **souffler dans le ballon** 向酒精检测器吹气 [xiàng jiǔjīng jiǎncèqì chuīqì].

ballonné, e adj 发胀的 [fāzhàng de].

bambou nm ❶ (plante) ○ (cl. 根 [gēn]) 竹子 [zhúzi] ❷ (matériau) 竹 [zhú] ▸ **en bambou** 竹(制)的 [zhú (zhì) de].

banal, e, als adj 平凡的 [píngfán de].

banalité nf ❶ (absence d'originalité) 平淡无奇 [píngdàn wúqí] ❷ (lieu commun) 平庸的言谈 [píngyōng de yántán] ▸ **échanger des banalités** 交换一些平庸的见解 [jiāohuàn yìxiē píngyōng de jiànjiě].

banane nf ❶ (fruit) ○ (cl. 根 [gēn]) 香蕉 [xiāngjiāo] ❷ (petit sac) 腰包 [yāobāo].

banc nm (siège) ○ (cl. 条 [tiáo]) 长凳 [chángdèng]
◊ **banc de poissons** 鱼群 [yú qún] ▸ **banc de sable** 浅滩 [qiǎn tān].

bancaire adj 银行的 [yínháng de] ▸ **commission bancaire** (cl. 笔 [bǐ]) 银行手续费 [yínháng shǒuxùfèi] ▸ **opération bancaire** (cl. 笔 [bǐ]) 银行业务 [yínháng yèwù].

bancal, e, als adj ❶ (meuble) 腿长短不齐的 [tuǐ chángduǎn bùqí de] ❷ (mal construit) 有毛病的 [yǒu máobing de] ▸ **phrase bancale** 病句 [bìng jù] ▸ **projet bancal** 经不起推敲的计划 [jīngbuqǐ tuīqiāo de jìhuà] ▸ **raisonnement bancal** 站不住脚的道理 [zhànbuzhùjiǎo de dàolǐ].

bandage nm (cl. 卷 [juǎn] ou 条 [tiáo]) 绷带 [bēngdài].

bande nf ❶ (de tissu, de papier) ○ (cl. 条 [tiáo]) 带 [dài] ❷ (bandage) 绷带 [bēngdài] ❸ (voie) ▸ **bande d'arrêt d'urgence** 紧急停车道 [jǐnjí tíngchē dào] ❹ (de terrain) 地带 [dìdài] ▸ **bande de terre** 狭长地带 [xiácháng dìdài] ▸ **bande de sable** 狭长的沙地 [xiácháng de shādì] ❺ (groupe) 群 [qún] ▸ **en bande** 成群结队地 [chéngqún jiéduì de] ▸ **la bande des Quatre** POLIT 四人帮 [Sìrénbāng] ▸ **bande de voleurs** 一伙小偷 [yì huǒ xiǎotōu] ❻ (pellicule de film) ○ (cl. 卷 [juǎn]) (电影)声带 [(diànyǐng) shēngdài] ▸ **bande originale** (电影)原声带 [(diànyǐng) yuánshēng dài] ▸ **bande-son** ou **bande sonore** 声带 [shēngdài]
◊ **faire bande à part** 离开大家另处一方 [líkāi dàjiā lìng chǔ yìfāng].
▪ **bande dessinée** nf (cl. 本 [běn] ou 套 [tào]) 连环画 [liánhuánhuà].

bande-annonce nf (cl. 部 [bù]) 预告片 [yùgàopiàn].

bandeau nm ❶ (sur les yeux) ○ (cl. 条 [tiáo]) 蒙眼带 [méngyǎndài] ❷ (dans les cheveux) ○ (cl. 条 [tiáo]) 束发带 [shùfàdài].

bander vt ❶ (couvrir d'un bandeau) 用绷带包扎 [yòng bēngdài bāozā] ▸ **bander les yeux de qqn** 用布条蒙住某人的眼睛 [yòng bùtiáo méngzhù mǒurén de yǎnjing] ❷ (tendre) ▸ **bander un arc** 张弓 [zhāng gōng].

banderole nf (cl. 条 [tiáo]) 横幅 [héngfú].

bande-son ➤ **bande**

bandit nm ❶ (voleur) 强盗 [qiángdào] ❷ (personne sans scrupule) 无赖 [wúlài].

bandoulière nf (斜挂的)背带 [(xiéguà de) bēidài] ▸ **bandoulière d'un sac** 一个包的背带 [yí ge bāo de bēidài] ▸ **en bandoulière** 斜挂在肩上 [xiéguà zài jiān shàng] ▸ **porter un fusil en bandoulière** 把枪斜挂在肩上 [bǎ qiāng xiéguà zài jiān shàng].

banlieue nf 郊区 [jiāoqū] ▸ **habiter en banlieue** 住在郊区 [zhù zài jiāoqū] ▸ **la banlieue parisienne** 巴黎郊区 [bālí jiāoqū].

bannir vt ❶ (personne) 驱逐出境 [qūzhú chūjìng] ❷ (chose) 排除 [páichú] ▸ **il faudrait bannir les pesticides de l'agriculture** 应该排除农药 [yīnggāi páichú nóngyào] ▸ **j'ai banni ce mot de mon vocabulaire** 我已经不再使用这个词了 [wǒ yǐjīng bú zài shǐyòng zhè ge cí le].

banque nf ❶ FIN (cl. 家 [jiā]) 银行 [yínháng] ▸ **ouvrir un compte en banque** 开一个银行账户 [kāi yí ge yínháng zhànghù] ▸ **passer à la banque** 去银行 [qù yínháng] ❷ (lieu de conservation) 库 [kù] ▸ **banque alimentaire** 食品库 [shípǐn kù] ▸ **banque d'organes** 器官库 [qìguān kù] ▸ **banque du sang** 血库 [xuè kù].
▪ **banque de données** nf INFORM 数据库 [shùjù kù].

banquet nm 宴会 [yànhuì].

banquette nf 软长椅 [ruǎnchángyǐ] ▸ **banquette arrière** 后排座位 [hòupái zuòwèi].

banquier, ère nm, f 银行家 [yínhángjiā].

banquise nf (cl. 块 [kuài]) 大浮冰 [dàfúbīng].

baptême nm ❶ RELIG (cl. 次 [cì]) 洗礼 [xǐlǐ] ❷ (première fois) 初次 [chūcì] ▸ **baptême de l'air** 初次乘飞机 [chūcì chéng fēijī].

baptiser vt ❶ RELIG 给……洗礼 [gěi… xǐlǐ] ❷ (donner un nom à) 给……起名 [gěi… qǐ míng].

bar nm ❶ (débit de boissons) 酒吧 [jiǔbā] ▸ **au bar** 在酒吧里 [zài jiǔbā lǐ] ❷ (comptoir) 吧台 [bātái] ▸ **au bar** 在吧台旁 [zài bātái páng] ❸ (poisson) 狼鲈鱼 [lánglúyú].

baraqué, e adj *fam* 身材魁梧的 [shēncái kuíwú de].

barbare ◆ adj ❶ *péj* (qui n'est pas civilisé) 野蛮的 [yěmán de] ▸ **une peuplade barbare** 一个未开化的部落 [yí ge wèi kāihuà de bùluò] ❷ (qui choque) 粗野的 [cūyě de] ▸ **manières barbares** 粗俗的举止 [cūsú de júzhǐ] ▸ **mœurs barbares** 野蛮的习俗 [yěmán de xísú] ❸ (cruel) 残忍的 [cánrěn de]

▸ **c'est barbare de faire ça !** 这样做太残忍了！ [zhèyàng zuò tài cánrěn le!]
◊ **un crime barbare** 一件残暴的罪行 [yí jiàn cánbào de zuìxíng].
♦ nmf 野蛮人 [yěmánrén].

barbarie nf ❶ (manque de civilisation) 野蛮 [yěmán] ❷ (cruauté) 残忍 [cánrěn].

barbe nf 胡子 [húzi] ▸ **se laisser pousser la barbe** 留胡子 [liú húzi] ▸ **se raser la barbe** 刮胡子 [guā húzi]
◊ **rire dans sa barbe** 窃笑 [qièxiào] ▸ **quelle barbe** ou **la barbe !** *fam* 真烦！ [zhēn fán!].
▪ **barbe à papa** nf 棉花糖 [miánhuatáng].

barbelé, e adj 带倒刺的 [dàidàocì de] ▸ **fil (de fer) barbelé** 带刺铁丝 [dàicì tiěsī].
▪ **barbelés** nmpl 带刺铁丝网 [dàicì tiěsīwǎng].

barboter vi ❶ (personne) 戏水 [xìshuǐ] ❷ (animal) 扑水 [pūshuǐ].

barbouiller vt ❶ (salir) 弄脏 [nòngzāng] ▸ **il a barbouillé son livre d'encre** 他用墨水弄脏了书 [tā yòng mòshuǐ nòngzāng le shū] ❷ (donner la nausée) 让人恶心 [ràng rén ěxīn] ▸ **être barbouillé** ou **avoir l'estomac barbouillé** 想呕吐 [xiǎng ǒutù].

barbu, e adj 有胡子的 [yǒu húzi de].
▪ **barbu** nm 有胡子的人 [yǒu húzi de rén].

barème nm 计算表 [jìsuànbiǎo] ▸ **barème des notes** 分数计算表 [fēnshù jìsuànbiǎo] ▸ **barème des prix** 价格计算表 [jiàgé jìsuànbiǎo] ▸ **barème des salaires** 工资等级表 [gōngzī děngjíbiǎo].

baril nm 一桶的容量 [yì tǒng de róngliàng] ▸ **baril de poudre** 火药桶 [huǒyào tǒng] ▸ **baril de lessive** 一桶洗涤液 [yì tǒng xǐdíyè] ▸ **suivre le cours du baril** (pétrole) 关注石油行情的变化 [guānzhù shíyóu hángqíng de biànhuà].

baromètre nm ❶ 气压计 [qìyājì] ▸ **baromètre à mercure** 水银气压计 [shuǐyín qìyājì] ❷ *fig* ÉCON 晴雨表 [qíngyǔbiǎo].

baron, onne nm, f 男爵 [nánjué] ▸ **madame la baronne** - a) (épouse d'un baron) 男爵夫人 [nánjué fūrén] - b) (femme possédant une baronnie) 女男爵 [nǚ nánjué].

baroque adj 巴洛克式的 [bāluòkèshì de] ▸ **architecture baroque** 巴洛克式的建筑 [bāluòkèshì de jiànzhù] ▸ **musique baroque** 巴洛克音乐 [bāluòkè yīnyuè].

barque nf (cl. 艘 [sōu]) 小船 [xiǎochuán].

barquette nf ❶ (récipient) 包装盒 [bāozhuānghé] ▸ **barquette de frites** 一盒炸薯条 [yì hé zhá shǔtiáo] ▸ **barquette de congélation** 冷冻盒 [lěngdòng hé] ❷ (tartelette) 船形小糕点 [chuánxíng xiǎo gāodiǎn].

barrage nm ❶ (de rue) 路障 [lùzhàng] ▸ **un barrage de police** 一条警戒线 [yì tiáo jǐngjièxiàn] ❷ CONSTR (cl. 座 [zuò]) 水坝 [shuǐbà] ▸ **le barrage des Trois-Gorges** 三峡大坝 [Sānxiá dàbà]
◊ **faire barrage (à)** 阻止…… [zúzhǐ…].

barre nf ❶ (de bois, de métal) ○ (cl. 根 [gēn]) 棒 [bàng] ❷ SPORT (cl. 根 [gēn]) 杠 [gàng] ▸ **barres asymétriques** 高低杠 [gāodī gàng] ▸ **barre fixe** 单杠 [dān gàng] ▸ **barres parallèles** 双杠 [shuāng gàng] ▸ **faire des barres parallèles** 练习双杠 [liànxí shuāng gàng] ❸ NAUT 舵 [duò] ▸ **barre d'un voilier** 一艘帆船的舵 [yì sōu fānchuán de duò] ▸ **tenir la barre** 掌舵 [zhǎng duò] ❹ (de chocolat) 条状物 [tiáozhuàngwù] ▸ **manger une barre de chocolat** 吃一条巧克力 [chī yì tiáo qiǎokelì] ❺ (trait) ○ (cl. 条 [tiáo]) 横线 [héngxiàn] ▸ **la barre de fraction** 分数线 [fēnshù xiàn] ❻ (niveau) 水准 [shuízhǔn] ❼ DR ▸ **être appelé à la barre** 被传讯到庭 [bèi chuánxùn dào tíng] ❽ INFORM 栏 [lán] ▸ **barre de défilement** 滚动栏 [gǔndòng lán] ▸ **barre de menu** 菜单栏 [càidān lán] ▸ **barre d'outils** 工具栏 [gōngjù lán].

barreau nm ❶ (petite barre de métal, de bois) ○ (cl. 根 [gēn]) 铁条 [tiětiáo] ▸ **barreau d'une fenêtre** 窗户的铁条 [chuānghu de tiětiáo] ▸ **barreau d'une échelle** 梯子的横档 [tīzi de héngdàng] ❷ (de prison) ○ (cl. 根 [gēn]) 铁条 [tiětiáo] ❸ (profession d'avocat) 律师职业 [lǜshī zhíyè] ▸ **être inscrit au barreau** 登记做律师 [dēngjì zuò lǜshī]
◊ **(être) derrière les barreaux** 坐牢 [zuòláo].

barrer vt ❶ (rue, route) 挡住 [dǎngzhù] ▸ **barrer le passage à qqn** 挡住某人的路 [dǎngzhù mǒurén de lù] ❷ (mot, phrase) 划掉 [huàdiào].

barrette nf 发卡 [fàqiǎ].

barricade nf 路障 [lùzhàng] ▸ **élever des barricades** 设置路障 [shèzhì lùzhàng].

barrière nf ❶ (pour empêcher le passage) ○ (cl. 道 [dào]) 栏杆 [lángān] ❷ (pour limiter les importations) 壁垒 [bìlěi] ▸ **barrières douanières** 关税壁垒 [guānshuì bìlěi] ❸ *fig* (culturelle, linguistique, sociale) 障碍 [zhàng'ài].

bas, basse adj ❶ (peu haut) 矮的 [ǎi de] ▸ **maison basse** (cl. 栋 [dòng]) 矮房子 [ǎi fángzi] ▸ **mur bas** (cl. 堵 [dǔ]) 矮墙 [ǎi qiáng] ▸ **table basse** (cl. 张 [zhāng]) 茶几 [chájī] ❷ (à faible hauteur) 低矮的 [dī'ǎi de] ▸ **ciel bas** 低矮的天空 [dī'ǎi de tiānkōng] ▸ **nuages bas** 低矮的云层 [dī'ǎi de yúncéng] ▸ **plafond bas** 低矮的屋顶 [dī'ǎi de wūdǐng] ❸ (incliné vers le sol) 垂下的 [chuíxià de] ▸ **la tête basse** 羞愧地 [xiūkuì de] ❹ GÉOGR 地势低的 [dìshì dī de] ▸ **terres basses** 低洼地 [dīwā dì] ▸ **basses Alpes** 阿尔卑斯山脚下的地区 [Ā'ěrbēisīshān jiǎoxià de dìqū] ❺ (en grandeur) 低的 [dī de] ▸ **prix bas** 低价 [dī jià] ▸ **température basse** 低温 [dī wēn] ▸ **en bas âge** 年幼的 [niányòu de] ▸ **parler à voix basse** 低声说话 [dī shēng shuōhuà] ❻ (médiocre) 低级的 [dījí de] ❼ MUS 音调低的 [yīndiào dī de].

■ **bas** ♦ nm ❶ (partie inférieure) 下部 [xiàbù] ▸ **le bas du visage** 脸的下部 [liǎn de xiàbù] ▸ **le bas du ventre** 下腹部 [xià fùbù] ▸ **signer au bas de la page** 在本页下方签名 [zài běn yè xiàfāng qiānmíng] ❷ (vêtement) ○ (cl. 双 [shuāng]) 长筒袜 [chángtǒngwà]. ♦ adv & adj ❶ (à faible hauteur, niveau) 低地/的 [dī de/de] ▸ **les nuages sont bas** 云层低 [yúncéng dī] ❷ (à faible intensité) 轻声地 [qīngshēng de] ▸ **parler bas** 轻声说话 [qīngshēng shuōhuà] ❸ MUS 低音地 [dīyīn de] ▸ **chanter trop bas** 音调唱得太低 [yīndiào chàngde tài dī]

◊ **mettre bas** (动物)下小崽 [(dòngwù) xià xiáozǎi] ▸ **bas les mains** ou **bas les pattes !** 把手拿开！ [bǎ shǒu nákāi!].

■ **à bas** loc prép 倒在地上 [dǎo zài dì shàng] ▸ **ils ont mis à bas tout le quartier** 他们把整个地区都拆掉了 [tāmen bǎ zhěnggè dìqū dōu chāidiào le] ▸ **à bas... !** 打倒......! [dádǎo...!] ▸ **à bas la dictature !** 打倒独裁！ [dádǎo dúcái!].

■ **du bas** loc adj 在下面的 [zài xiàmian de] ▸ **sur l'étagère du bas** 在下面的架子上 [zài xiàmiàn de jiàzi shàng].

■ **en bas** loc adv 在下边 [zài xiàbian] ▸ **attends-moi en bas** 你在下面等我吧 [nǐ zài xiàmian děng wǒ ba] ▸ **d'en bas** 从下边 [cóng xiàbian] ▸ **les voisins d'en bas** 楼下的邻居 [lóuxià de línjū].

■ **en bas de** loc prép 在......下部 [zài... xiàbù] ▸ **attendre un ami en bas de chez lui** 在自家楼下等一个朋友 [zài zìjiā lóuxià děng yí ge péngyou] ▸ **en bas de l'échelle sociale** 处于社会低阶层 [chǔyú shèhuì dī jiēcéng] ▸ **en bas de page** 在一页的下部 [zài yí yè de xiàbù].

basané, e adj 黝黑的 [yǒuhēi de].

bas de gamme ♦ adj 低档的 [dīdàng de]. ♦ nm 低档商品 [dīdàng shāngpǐn].

base nf ❶ (partie inférieure) 底部 [dǐbù] ▸ **base d'un édifice** 建筑物的地基 [jiànzhùwù de dìjī] ▸ **base d'une montagne** 山脚 [shān jiǎo] ▸ **base d'une pyramide** 金字塔的底部 [jīnzìtǎ de dǐbù] ❷ (principe fondamental) 基础 [jīchǔ] ▸ **base d'un accord** 一份协议的基础 [yí fèn xiéyì de jīchǔ] ▸ **base d'une théorie** 一门学说的基本原理 [yì mén xuéshuō de jīběn yuánlǐ] ▸ **base d'imposition** 纳税基数 [nàshuì jīshù] ▸ **de base** 基本的 [jīběn de] ▸ **vocabulaire de base** 基本词汇 [jīběn cíhuì] ❸ MIL 基地 [jīdì] ▸ **base aérienne** 空军基地 [kōngjūn jīdì] ▸ **base militaire** 军事基地 [jūnshì jīdì] ❹ (terrain) 场所 [chángsuǒ] ▸ **base nautique** 水上娱乐场所 [shuǐshàng yúlè chángsuǒ] ❺ GÉOM 底边 [dǐbiān] ▸ **base d'un triangle** 三角形的底边 [sānjiǎoxíng de dǐbiān] ❻ MATH ▸ **compter en base deux** 底数为2的计算 [dǐshù wéi 2 de jìsuàn].

■ **à base de** loc prép 以......为原料 [yǐ... wéi yuánliào] ▸ **un cocktail à base d'orange** 以橙子为原料制作的鸡尾酒 [yǐ chéngzi wéi yuánliào zhìzuò de jīwěijiǔ].

■ **sur la base de** loc prép 按......为基准 [àn... wéi jīzhǔn] ▸ **vous serez payé sur la base de**

15 euros de l'heure 您将按每小时15欧元的标准领取酬金 [nín jiāng àn měi xiǎoshí 15 ōuyuán de biāozhǔn língqǔ chóujīn].

▪ **base de données** nf INFORM 数据库 [shùjùkù] ▸ **interroger une base de données** 查阅数据库 [cháyuè shùjùkù].

base-ball nm 棒球 [bàngqiú] ▸ **jouer au base-ball** 打棒球 [dǎ bàngqiú].

baser vt ❶ MIL 驻扎 [zhùzhā] ❷ (fonder) 把……建立在……的基础上 [bǎ… jiànlì zài… de jīchǔ shàng] ▸ **il a basé son argumentation sur un principe erroné** 他把论据建立在错误的原则上 [tā bǎ lùnjù jiànlì zài cuòwù de yuánzé shàng].

basilic nm 罗勒草 [luólècǎo].

basilique nf (cl. 座 [zuò]) 大教堂 [dàjiàotáng].

basique adj ❶ CHIM 碱性的 [jiǎnxìng de] ▸ **sel basique** 碱性盐 [jiǎnxìng yán] ❷ (de base) 基本的 [jīběn de] ▸ **recette basique** 基本的烹饪法 [jīběn de pēngrènfǎ].

basket ♦ nm = **basket-ball**. ♦ nf (cl. 只 [zhī]) ▸ **une paire de baskets** 一双运动鞋 [yì shuāng yùndòngxié] ▸ **porter des baskets** 穿运动鞋 [chuān yùndòngxié].

basket-ball nm 篮球 [lánqiú] ▸ **jouer au basket-ball** 打篮球 [dǎ lánqiú].

basque ♦ adj 巴斯克的 [bāsīkè de] ▸ **le Pays basque** 巴斯克地区 [bāsīkè dìqū]. ♦ nm (langue) 巴斯克语 [bāsīkèyǔ].

▪ **Basque** nmf 巴斯克人 [Bāsīkèrén].

basse nf ❶ (personne) 男低音 [nándīyīn] ▸ **une voix de basse** 男低音的嗓子 [nándīyīn de sǎngzi] ❷ (son grave, voix) 低音 [dīyīn] ❸ (instrument) 低音乐器 [dīyīn yuèqì] ▸ **jouer de la basse** 弹低音吉他 [tán dīyīn jítā].

bassement adv 卑鄙地 [bēibǐ de] ▸ **il est bassement intéressé** 他卑鄙地追求私利 [tā bēibǐ de zhuīqiú sīlì].

bassin nm ❶ (pièce d'eau) 池 [chí] ▸ **bassin de décantation** 沉淀池 [chéndiàn chí] ▸ **bassin de pisciculture** 养鱼池 [yǎngyú chí] ▸ **bassin des jardins de Versailles** 凡尔赛花园的水池 [Fán'ěrsài huāyuán de shuǐchí] ❷ (de piscine) 游泳池 [yóuyǒng chí] ▸ **grand bassin** 深水池 [shēnshuǐ chí] ▸ **petit bassin** 浅水池 [qiǎnshuǐ chí] ❸ ANAT 骨盆 [gǔpén] ❹ GÉOL 盆地 [péndì] ▸ **bassin houiller** 煤田 [méi tián] ▸ **bassin minier** 矿床 [kuàng chuáng] ▸ **le Bassin parisien** 巴黎盆地 [Bālí péndì].

bassine nf 大盆 [dàpén].

bataille nf ❶ MIL (cl. 场 [chǎng]) 战斗 [zhàndòu] ▸ **bataille aéronavale** 海空联合战 [hǎikōng liánhé zhàn] ▸ **gagner une bataille** 打赢一仗 [dǎyíng yí zhàng] ▸ **perdre une bataille** 输掉一仗 [shūdiào yí zhàng] ❷ (bagarre) ○ (cl. 场 [chǎng]) (游戏)仗 [(yóuxì) zhàng] ▸ **faire une bataille de boules de neige** 打雪仗 [dá xuě zhàng] ▸ **faire une bataille de polochons** 用枕头打仗玩 [yòng zhěntou dǎ zhàng wán] ❸ *fig* (combat) ○ (cl. 场 [chǎng]) 斗争 [dòuzhēng] ▸ **mener une bataille contre le racisme** 同种族主义作斗争 [tóng zhǒngzú zhǔyì zuò dòuzhēng] ▸ **bataille électorale** 选举斗争 [xuǎnjǔ dòuzhēng].

bâtard, e nm, f *péj* 私生子 [sīshēngzǐ].

bateau nm (cl. 艘 [sōu]) 船 [chuán] ▸ **bateau à moteur** 机动船 [jīdòng chuán] ▸ **bateau de pêche** 渔船 [yú chuán] ▸ **bateau à voile** 帆船 [fān chuán] ▸ **faire du bateau** 划船游玩 [huáchuán yóuwán] ▸ **prendre le bateau** 乘船 [chéng chuán] ▸ **nous sommes venus en bateau** 我们是乘船来的 [wǒmen shì chéng chuán lái de].

bâtiment nm ❶ (édifice) ○ (cl. 栋 [dòng]) 建筑物 [jiànzhùwù] ❷ (métier, secteur) 建筑业 [jiànzhùyè] ▸ **travailler dans le bâtiment** 在建筑业工作 [zài jiànzhùyè gōngzuò] ❸ NAUT (cl. 艘 [sōu]) 巨轮 [jùlún].

bâtir vt ❶ (construire) 建造 [jiànzào] ▸ **il a bâti lui-même sa maison** 他的房子是他自己建造的 [tāde fángzi shì tā zìjǐ jiànzào de] ▸ **l'oiseau bâtit son nid** 鸟儿筑巢 [niǎor zhùcháo] ❷ COUT 粗缝 [cūféng] ▸ **bâtir une jupe** 粗缝一条裙子 [cūféng yì tiáo qúnzi] ❸ (constituer) 建立 [jiànlì] ▸ **bâtir une fortune** 建立资产 [jiànlì zīchǎn] ▸ **bâtir une phrase** 造句 [zào jù] ▸ **bâtir une théorie** 创建一种理论 [chuàngjiàn yì zhǒng lǐlùn].

bâton nm ❶ (morceau de bois) ○ (cl. 根 [gēn]) 棍 [gùn] ❷ (canne) ○ (cl. 根 [gēn]) 手杖 [shǒuzhàng]

❸ SPORT (de ski) ○ (cl. 根 [gēn]) 滑雪杆 [huáxuě gǎn]

◊ **à bâtons rompus** 断断续续地 [duànduàn xùxù de] ▸ **mettre des bâtons dans les roues** 给……制造麻烦 [gěi… zhìzào máfan].

bâtonnet nm 杆形物 [gǎnxíng wù] ▸ **un bâtonnet de colle** 一管胶 [yì guǎn jiāo] ▸ **un bâtonnet d'encens** 一柱香 [yí zhù xiāng] ▸ **un bâtonnet d'encre** 一根墨条 [yì gēn mòtiáo].

battant, e ♦ adj 拍打的 [pāidǎ de] ▸ **le cœur battant** 跳动的心 [tiàodòng de xīn] ▸ **une pluie battante** 一场倾盆大雨 [yì chǎng qīngpén dàyǔ]. ♦ nm, f 有活力且斗志旺盛的人 [yǒu huólì qiě dòuzhì wàngshèng de rén]. ♦ nm ❶ (de porte, de fenêtre) 门扇 [ménshàn] ▸ **une porte à deux battants** 一个双扇门 [yí ge shuāng shàn mén] ❷ (de cloche) 钟锤 [zhōngchuí].

battement nm ❶ (mouvement) 拍打 [pāidǎ] ▸ **battement d'ailes** 拍打双翼 [pāidǎ shuāngyì] ▸ **battement de cœur** 心跳 [xīn tiào] ▸ **battement de jambes** 击打双腿 [jīdǎ shuāngtuǐ] ▸ **battement de paupières** 眨眼 [zháyǎn] ❷ (bruit) 敲打声 [qiāodǎ shēng] ▸ **battement de la pluie sur les vitres** 雨打玻璃窗声 [yǔ dǎ bōlichuāng shēng] ▸ **battement de tambour** 敲鼓声 [qiāogǔ shēng] ❸ (intervalle de temps) 间歇 [jiànxiē] ▸ **avoir deux jours de battement** 有两天的间歇 [yǒu liǎng tiān de jiànxiē].

batterie nf ❶ ÉLECTR (cl. 节 [jié] ou 块 [kuài]) 电池 [diànchí] ▸ **batterie de voiture** 汽车的电瓶 [qìchē de diànpíng] ▸ **batterie de téléphone portable** 手机的电池 [shǒujī de diànchí] ▸ **batterie d'ordinateur portable** 手提电脑的电池 [shǒutí diànnǎo de diànchí] ▸ **je n'ai plus de batterie** 我没有电池了 [wǒ méiyǒu diànchí le] ▸ **la batterie est à plat** 电池没电了 [diànchí méi diàn le] ▸ **recharger la batterie** 充电 [chōngdiàn] ❷ MUS (instrument) ○ (cl. 套 [tào]) 打击乐器 [dǎjīyuèqì] ▸ **jouer de la batterie** 玩打击乐器 [wán dǎjīyuèqì] ❸ MIL 排炮 [páipào] ❹ (attirail) ▸ **batterie de cuisine** 成套的厨房用具 [chéngtào de chúfáng yòngjù]

◊ **recharger ses batteries** 恢复体力 [huīfù tǐlì].

battre ♦ vt ❶ (frapper une personne, un animal) 打 [dǎ] ▸ **il bat sa femme** 他在打妻子 [tā zài dǎ qīzi] ❷ (frapper une chose) 拍打 [pāidǎ] ▸ **battre un tapis** 拍地毯 [pāi dìtǎn] ▸ **battre le blé** 打麦子 [dǎ màizi] ▸ **battre monnaie** 造币 [zào bì] ▸ **le forgeron bat le fer** 铁匠在打铁 [tiějiàng zài dátiě] ❸ (vaincre) 战胜 [zhànshèng] ❹ (aux cartes) 洗牌 [xǐpái]

◊ **battre tous les records** 打破了所有的纪录 [dǎpò le suóyǒu de jìlù].

♦ vi ❶ (frapper, heurter) 敲打 [qiāodǎ] ▸ **la pluie bat contre la fenêtre** 雨敲打着玻璃窗 [yǔ qiāodǎzhe bōlichuāng] ❷ (palpiter) 跳动 [tiàodòng] ▸ **son cœur ne bat plus** 他的心停止了跳动 [tāde xīn tíngzhǐ le tiàodòng]

◊ **battre en retraite** *fig* 让步 [ràngbù] ▸ **battre son plein** 正值高潮 [zhèngzhí gāocháo].

■ **se battre** vp ❶ (lutter) 斗争 [dòuzhēng] ▸ **se battre contre qqn/qqch** 同某人/某事斗争 [tóng mǒurén/mǒushì dòuzhēng] ▸ **se battre pour qqch** 为……奋斗 [wéi… fèndòu] ▸ **se battre pour** *(+ infinitif)* 为……而斗争 [wèi… ér dòuzhēng] ❷ (se quereller) 争吵 [zhēngchǎo].

battu, e adj

◊ **avoir l'air d'un chien battu** 看起来像一条挨了打的狗 [kànqǐlái xiàng yì tiáo āi le dǎ de gǒu] ▸ **sortir des sentiers battus** 打破常规 [dǎpò chángguī].

bavard, e ♦ adj 话多的 [huàduō de]. ♦ nm, f 话多的人 [huàduō de rén].

bavardage nm 闲聊 [xiánliáo].

bavarder vi ❶ (parler) 闲聊 [xiánliáo] ❷ (jaser) 说长道短 [shuōcháng dàoduǎn].

bave nf 唾沫 [tuòmo].

baver vi ▸ **une personne/un animal bave** 人/动物流涎 [rén/dòngwù liúxián] ▸ **mon stylo bave** 我的笔漏水 [wǒde bǐ lòushuǐ] ▸ **l'encre a bavé** 墨水渗开 [mòshuǐ shèn kāi]

◊ **baver d'admiration devant qqn/qqch** 对某人/某事赞赏不已 [duì mǒurén/mǒushì zànshǎng bùyǐ] ▸ **en baver** *fam* 吃苦 [chīkǔ] ▸ **en faire baver à qqn** 让某人吃苦 [ràng mǒurén chīkǔ].

bavoir nm 围嘴儿 [wéizuǐr].

bavure nf ❶ (tache) 墨迹 [mòjì] ▸ **un manuscrit plein de bavures** 布满墨迹的手稿 [bùmǎn mòjì de shóugǎo] ❷ (erreur) 失误 [shīwù] ▸ **bavure policière** 警方的失误 [jǐngfāng de shīwù].

bazar nm ❶ (souk) 集市 [jíshì] ❷ *fam* (désordre) 杂乱的地方 [záluàn de dìfang].

BD, bédé (abr de **bande dessinée**) nf inv (cl. 套 [tào] ou 本 [běn]) 连环画 [liánhuánhuà].

beach-volley nm 沙滩排球 [shātān páiqiú] ▸ **jouer au beach-volley** 打沙滩排球 [dǎ shātān páiqiú].

beau, belle, beaux adj ❶ (joli) 漂亮的 [piàoliang de]; 美丽的 [měilì de] ▸ **une belle maison** 一座漂亮的房子 [yí zuò piàoliang de fángzi] ▸ **un beau visage** 一张漂亮的脸 [yì zhāng piàoliang de liǎn] ▸ **un bel homme** 一个英俊的男子 [yí ge yīngjùn de nánzǐ] ▸ **une belle femme** 一个美丽的女子 [yí ge měilì de nǚzǐ] ▸ **un beau paysage** 美丽的风景 [měilì de fēngjǐng] ▸ **c'est une belle chanson** 这是一首动听的歌曲 [zhè shì yì shǒu dòngtīng de gēqǔ] ❷ (agréable) 愉快的 [yúkuài de] ▸ **faire un beau voyage** 进行一次愉快的旅行 [jìnxíng yí cì yúkuài de lǚxíng] ▸ **beau temps** 晴朗的天气 [qínglǎng de tiānqì] ▸ **belle journée** 晴朗的一天 [qínglǎng de yì tiān] ❸ (important) 大 [dà] ▸ **une belle fortune** 一大笔财富 [yí dàbǐ cáifù] ▸ **une belle somme** 一笔巨款 [yì bǐ jùkuǎn] ▸ **une belle réussite** 一次巨大的成功 [yí cì jùdà de chénggōng] ▸ **avoir une belle situation** 拥有一个好职位 [yōngyǒu yí ge hǎo zhíwèi] ❹ (noble) 崇高的 [chónggāo de] ▸ **un beau sacrifice** 一次崇高的牺牲 [yí cì chónggāo de xīshēng] ▸ **une belle action** 一种高尚的行动 [yì zhǒng gāoshàng de xíngdòng] ▸ **un beau geste** 一种崇高的举动 [yì zhǒng chónggāo de jǔdòng].

▪ **beau** ♦ adv 晴朗 [qínglǎng] ▸ **il fait beau** 天气晴朗 [tiānqì qínglǎng] ▸ **avoir beau** *(+ infinitif)* 徒劳…… [túláo…] ▸ **j'ai beau essayer, je n'y arrive pas** 我徒劳一试，根本办不到 [wǒ túláo yí shì, gēnběn bànbudào]. ♦ nm 美 [měi].

▪ **belle** nf (revanche) ○ (cl. 场 [chǎng]) 决赛 [juésài] ▸ **faire la belle** 进行决赛 [jìnxíng juésài].

▪ **de plus belle** loc adv 变本加厉地 [biànběn jiālì de].

beaucoup ♦ adv ❶ (indique un grand nombre) 很多 [hěnduō] ▸ **beaucoup de gens sont venus à la fête** 很多人来参加了晚会 [hěnduō rén lái cānjiā le wǎnhuì] ▸ **il y en a beaucoup** 有很多 [yǒu hěnduō] ❷ (indique une grande quantité) 大量 [dàliàng] ▸ **ce travail demande beaucoup d'énergie** 这项工作需要大量精力 [zhè xiàng gōngzuò xūyào dàliàng jīnglì] ▸ **il n'a pas beaucoup de temps** 他没有许多的时间 [tā méiyǒu xǔduō de shíjiān] ❸ (modifie un verbe) 很多 [hěnduō] ▸ **il boit beaucoup** 他喝得很多 [tā hēde hěnduō] ▸ **il ne parle pas beaucoup** 他的话不多 [tāde huà bù duō] ▸ **le film ne m'a pas beaucoup plu** 这部电影我不是很喜欢 [zhè bù diànyǐng wǒ bú shì hěn xǐhuān] ❹ (modifie un adjectif comparatif) ……多了 [… duō le] ▸ **c'est beaucoup mieux** 这好多了 [zhè hǎo duō le] ▸ **c'est beaucoup plus rapide en avion** 坐飞机快多了 [zuò fēijī kuài duō le]. ♦ pron inv 许多人 [xǔduō rén] ▸ **nous sommes beaucoup à penser que…** 我们许多人都认为…… [wǒmen xǔduō rén dōu rènwéi…].

beau-fils nm ❶ (gendre) 女婿 [nǚxu] ❷ (fils de l'ex-mari) 前夫的儿子 [qiánfū de érzi] ❸ (fils de l'ex-femme) 前妻的儿子 [qiánqī de érzi].

beau-frère nm ❶ (frère aîné de l'époux) 大伯 [dàbó] ❷ (frère cadet de l'époux) 小叔 [xiǎoshū] ❸ (frère aîné de l'épouse) 大舅 [dàjiù] ❹ (frère cadet de l'épouse) 小舅 [xiǎojiù] ❺ (mari de la sœur aînée) 姐夫 [jiěfu] ❻ (mari de la sœur cadette) 妹夫 [mèifu].

beau-père nm ❶ (père de l'époux) 岳父 [yuèfù] ❷ (père de l'épouse) 公公 [gōnggong] ❸ (par remariage) 继父 [jìfù].

beauté nf ❶ (ce qui est beau) 美 [měi] ▸ **la beauté d'un visage** 容貌的美 [róngmào de měi] ▸ **la beauté d'une musique** 音乐的美 [yīnyuè de měi] ❷ (noblesse) 崇高 [chónggāo] ▸ **la beauté d'un geste** 举动的崇高 [jǔdòng de chónggāo] ▸ **la beauté d'un sentiment** 情感的崇高 [qínggǎn de chónggāo] ❸ (femme très belle) 美人 [měirén]

◊ **finir en beauté** 出色完成 [chūsè wánchéng].

■ **de beauté** loc adv ▸ **concours de beauté** 选美比赛 [xuánměi bǐsài] ▸ **prix de beauté** 选美奖金 [xuánměi jiǎngjīn].

beaux-arts nmpl ❶ ART 艺术 [yìshù] ❷ (école) 美术学校 [měishù xuéxiào] ▸ **faire les beaux-arts** 学美术 [xué měishù].

beaux-parents nmpl ❶ (parents de l'époux) 公婆 [gōngpó] ❷ (parents de l'épouse) 岳父母 [yuèfùmǔ].

bébé nm ❶ (enfant) 婴儿 [yīng'ér] ▸ **attendre un bébé** 怀孕了 [huáiyùn le] ❷ (animal) 崽 [zǎi] ▸ **un bébé phoque** 一只小海豹 [yì zhī xiǎo hǎibào] ❸ (personne immature) 幼稚的人 [yòuzhì de rén].

bec nm ❶ (d'oiseau) 鸟嘴 [niáozuǐ] ❷ (d'instrument de musique) 吹口 [chuīkǒu] ▸ **bec de clarinette** 单簧管吹口 [dānhuángguǎn chuīkǒu] ❸ (d'objet) 嘴 [zuǐ] ▸ **bec d'une théière** 茶壶嘴 [cháhú zuǐ] ▸ **bec verseur** (倾倒液体的)喷嘴 [(qīngdào yètǐ de) pēnzuǐ].

bédé = **BD**

bée adj f ▸ **rester bouche bée** 惊讶得张大了嘴 [jīngyà de zhāngdà le zuǐ].

bégayer ♦ vi 口吃 [kǒuchī]. ♦ vt 结结巴巴地说 [jiējie bāba de shuō] ▸ **bégayer des excuses** 结结巴巴地道歉 [jiējie bāba de dàoqiàn].

bégonia nm (cl. 株 [zhū]) 秋海棠 [qiūhǎitáng].

beige adj 米色的 [mǐsè de].

bêler vi 咩咩叫 [miēmiē jiào].

belge adj 比利时的 [Bǐlìshí de].

■ **Belge** nm ou nf 比利时人 [Bǐlìshírén].

Belgique nf ▸ **la Belgique** 比利时 [Bǐlìshí].

Belgrade npr 贝尔格莱德 [Bèi'ěrgéláidé].

bélier nm (cl. 只 [zhī]) 公羊 [gōngyáng].

■ **Bélier** nm ASTROL 白羊座 [báiyángzuò] ▸ **être Bélier** 是白羊座 [shì báiyángzuò].

Belize nm ▸ **le Belize** 伯利兹 [Bólìzī].

belle-famille nf ❶ (famille de l'époux) 公婆家 [gōngpó jiā] ❷ (famille de l'épouse) 岳父母家 [yuèfùmǔ jiā].

belle-fille nf ❶ (épouse du fils) 儿媳 [érxí] ❷ (fille de l'ex-mari) 前夫的女儿 [qiánfū de nǚ'ér] ❸ (fille de l'ex-femme) 前妻的女儿 [qiánqī de nǚ'ér].

belle-mère nf ❶ (mère de l'époux) 婆婆 [pópo] ❷ (mère de l'épouse) 岳母 [yuèmǔ] ❸ (par remariage) 继母 [jìmǔ].

belle-sœur nf ❶ (grande sœur de l'époux) 大姑子 [dà gū zi] ❷ (petite sœur de l'époux) 小姑子 [xiǎo gū zi] ❸ (grande sœur de l'épouse) 大姨子 [dà yí zi] ❹ (petite sœur de l'épouse) 小姨子 [xiǎo yí zi] ❺ (épouse du grand frère) 嫂子 [sǎozi] ❻ (épouse du petit frère) 弟媳 [dìxí].

belligérant, e ♦ adj 交战的 [jiāozhàn de] ▸ **puissances belligérantes** 交战列强 [jiāozhàn lièqiáng]. ♦ nm, f 交战者 [jiāozhànzhě].

bémol ♦ adj MUS 降半音的 [jiàng bànyīn de]. ♦ nm MUS 降号 [jiànghào].

bénédiction nf ❶ RELIG 祝福 [zhùfú] ▸ **donner sa bénédiction** 赐福祈祷 [cìfú qídǎo] ❷ (faveur, évènement heureux) 恩惠 [ēnhuì].

bénéfice nm ❶ (gain d'argent) 利润 [lìrùn] ▸ **réaliser des bénéfices** 获得利润 [huòdé lìrùn] ❷ (avantage) 益处 [yìchu] ▸ **au bénéfice de qqn/qqch** 为了某人/某事的利益 [wèile mǒurén/mǒushì de lìyì] ▸ **tirer un bénéfice de qqch** 从某事中受益 [cóng mǒushì zhōng shòuyì].

bénéficiaire ♦ adj 获利的 [huòlì de]. ♦ nmf 受益者 [shòuyìzhě] ▸ **bénéficiaire d'un droit** 一条法令的受益者 [yì tiáo fǎlìng de shòuyìzhě] ▸ **bénéficiaire d'un avantage** 一个好处的受益者 [yí ge hǎochù de shòuyìzhě].

bénéficier ■ **bénéficier de** v+prép ❶ (profiter de) 得益于…… [déyì yú…] ❷ (jouir de) 享有 [xiángyǒu] ❸ (obtenir) 获得 [huòdé].

bénéfique adj 有益的 [yǒuyì de] ▸ **séjour bénéfique** 有益的旅居 [yǒuyì de lǚjū].

Bénélux, Benelux nm ▸ **le Bénélux** 比荷卢经济联盟 [Bǐhélú jīngjì liánméng].

bénévole ♦ adj ❶ (personne) 义务的 [yìwù de] ▸ **travailleur bénévole** 义务劳动者 [yìwù láodòngzhě] ❷ (activité) 无偿的 [wúcháng de]

▸ **action bénévole** 义务行为 [yìwù xíngwéi] ▸ **travail bénévole** 无偿的工作 [wúcháng de gōngzuò]. ♦ nmf 志愿服务者 [zhìyuàn fúwùzhě] ▸ **avoir besoin de bénévoles** 需要志愿服务者 [xūyào zhìyuàn fúwùzhě].

bénin, bénigne adj ❶ (anodin, sans conséquence) 轻微的 [qīngwēi de] ▸ **accident bénin** 轻微的事故 [qīngwēi de shìgù] ▸ **erreur bénigne** 轻微的错误 [qīngwēi de cuòwù] ❷ MÉD (sans gravité) 不严重的 [bù yánzhòng de] ▸ **maladie bénigne** 不严重的病 [bù yánzhòng de bìng] ▸ **trouble bénin** 轻微的障碍 [qīngwēi de zhàng'ài] ▸ **tumeur bénigne** 良性肿瘤 [liángxìng zhǒngliú].

Bénin nm ▸ **le Bénin** 贝宁 [Bèiníng].

bénir vt ❶ RELIG 为…… 祝福 [wèi…zhùfú] ▸ **le pape bénit les fidèles** 教皇为信徒们祝福 [jiàohuáng wèi xìntúmen zhùfú] ❷ *sout* (choses) 庆幸 [qìngxìng] ▸ **je bénis le jour où je l'ai rencontrée** 我庆幸那天遇到了她 [wǒ qìngxìng nà tiān yùdào le tā] ❸ *sout* (personnes) 感激 [gǎnjī] ▸ **je la bénis de m'avoir tiré d'embarras** 我感激她把我从困境中解脱出来 [wǒ gǎnjī tā bǎ wǒ cóng kùnjìng zhōng jiětuō chūlái].

BEP, Bep (abr de **brevet d'études professionnelles**) nm inv 职业学校毕业证书 [zhíyèxuéxiào bìyèzhèngshū] ▸ **faire un BEP** 上职业学校 [shàng zhíyèxuéxiào] ▸ **être titulaire d'un BEP** 持有职业学校毕业证书 [chíyǒu zhíyèxuéxiào bìyèzhèngshū] ▸ **passer le** ou **son BEP** 参加职业学校毕业考试 [cānjiā zhíyèxuéxiào bìyèkǎoshì].

béquille nf ❶ (pour marcher) ○ (cl. 把 [bǎ] ou 根 [gēn]) 拐杖 [guǎizhàng] ▸ **marcher avec des béquilles** 架着拐杖走路 [jiàzhe guǎizhàng zǒulù] ❷ (d'un deux-roues) 支架 [zhījià].

berceau, x nm ❶ (lit d'enfant) 摇篮 [yáolán] ❷ *fig* (lieu d'origine) 发祥地 [fāxiángdì] ▸ **la Grèce est le berceau de la civilisation occidentale** 希腊是西方文明的发祥地 [Xīlà shì xīfāng wénmíng de fāxiángdì].

bercer vt 摇晃 [yáohuàng] ▸ **bercer un bébé** 摇婴儿 [yáo yīng'ér].

béret nm (cl. 顶 [dǐng]) 贝雷帽 [bèiléimào].

berger[1], ère nm, f 牧羊人 [mùyángrén].

berger[2] nm (cl. 只 [zhī] ou 条 [tiáo]) 牧羊犬 [mùyángquǎn] ▸ **un berger allemand** 一条德国牧羊犬 [yì tiáo Déguó mùyángquǎn].

Berlin npr 柏林 [Bólín] ▸ **la chute du mur de Berlin** 柏林墙的倒塌 [Bólín qiáng de dǎotā].

berline nf (cl. 辆 [liàng]) 四门轿车 [sìmén jiàochē].

berlinois, e adj 柏林的 [Bólín de].

bermuda nm (cl. 条 [tiáo]) 百慕大短裤 [Bǎimùdà duǎnkù] ▸ **en bermuda** 穿着百慕大短裤 [chuānzhe Bǎimùdà duǎnkù].

berne ▪ **en berne** loc adj 半旗的 [bànqí de] ▸ **mettre un drapeau en berne** 挂半旗 [guà bànqí].

berner vt 欺骗 [qīpiàn] ▸ **il a été berné par un arnaqueur** 他被一个诈骗者骗了 [tā bèi yí ge zhàpiànzhě piàn le] ▸ **se laisser berner** 让人欺骗 [ràngrén qīpiàn].

besogne nf 活儿 [huór].

besoin nm ❶ (nécessité) 需要 [xūyào] ▸ **avoir besoin de qqch** 需要某物 [xūyào mǒuwù] ▸ **avoir besoin de faire qqch** 需要做某事 [xūyào zuò mǒushì] ▸ **il a besoin de repos** 他需要休息 [tā xūyào xiūxi] ▸ **avoir besoin que** 需要…… [xūyào…] ▸ **au besoin** 必要时 [bìyào shí] ❷ (dénuement) 贫困 [pínkùn] ▸ **être dans le besoin** 处于贫困中 [chǔyú pínkùn zhōng].

▪ **besoins** nmpl 需求 [xūqiú] ▸ **satisfaire les besoins des consommateurs** 满足消费者的需求 [mǎnzú xiāofèizhě de xūqiú]

◊ **faire ses besoins** 上厕所 [shàng cèsuǒ].

bestial, e, aux adj 野兽般的 [yěshòubān de] ▸ **comportement bestial** 野兽般的行为 [yěshòubān de xíngwéi].

bestiole nf (cl. 只 [zhī]) 小虫子 [xiǎo chóngzi].

bétail nm 家畜 [jiāchù] ▸ **nourrir le bétail** 喂养家畜 [wèiyǎng jiāchù].

bête ♦ adj ❶ (pas intelligent) 傻的 [shǎ de] ▸ **il est trop bête pour saisir la nuance** 他太笨了，无法体会细微的差别 [tā tài bèn le, wúfǎ tǐhuì xìwēi de chābié] ❷ (stupide) 糊涂的 [hútu de] ▸ **suis-je bête ! j'ai oublié mes clés** 我真糊涂啊！我忘了拿我的钥

匙 [wǒ zhēn hútu a! wǒ wàng le ná wǒde yàoshi] ❸ (regrettable) 可惜的 [kěxī de] ▸ **c'est bête !** 真可惜！ [zhēn kěxī!] ▸ **c'est bête qu'il soit tombé malade** 他生病了，真倒霉 [tā shēngbìng le, zhēn dǎoméi]
◊ **c'est tout bête** 非常简单 [fēicháng jiǎndān].
♦ nf (cl. 只 [zhī]) 兽 [shòu] ▸ **bête féroce** (cl. 只 [zhī] ou 头 [tóu]) 猛兽 [měngshòu]
◊ **chercher la petite bête** 吹毛求疵 [chuī máo qiú cī] ▸ **travailler comme une bête** 拼命工作 [pīnmìng gōngzuò].

bêtement adv 傻呵呵地 [shǎhēhē de] ▸ **rire bêtement** 傻笑 [shǎxiào] ▸ **tout bêtement** 简简单单地 [jiánjiǎn dāndān de].

bêtise nf ❶ (d'une personne) 愚蠢 [yúchǔn] ▸ **sa bêtise risque de tout compromettre** 所有的一切可能因他的愚蠢而受影响 [suóyǒu de yíqiè kěnéng yīn tāde yúchǔn ér shòu yíngxiǎng] ❷ (action sotte) 蠢事 [chǔnshì] ▸ **faire des bêtises** 做蠢事 [zuò chǔnshì] ❸ (propos) 蠢话 [chǔnhuà] ▸ **raconter des bêtises** 说蠢话 [shuō chǔnhuà] ▸ **est-ce que j'ai dit une bêtise ?** 我说了一句蠢话吗？ [wǒ shuō le yí jù chǔnhuà ma?].

béton ♦ nm 混凝土 [hùnníngtǔ] ▸ **en béton** 混凝土建的 [hùnníngtǔ jiàn de]
◊ **en béton** 无懈可击的 [wúxiè kějī de].
♦ adj *fam* 无懈可击的 [wúxiè kějī de] ▸ **un argument béton** 一个无懈可击的论据 [yí ge wúxiè kějī de lùnjù].

betterave nf (cl. 棵 [kē]) 甜菜 [tiáncài] ▸ **betterave rouge** 红菜头 [hóngcàitóu].

beur nmf 生于法国的北非移民子女 [shēng yú Fǎguó de Běifēi yímín zínǚ].

beurre nm (aliment) 黄油 [huángyóu] ▸ **une tartine de beurre** 一片黄油面包 [yí piàn huángyóu miànbāo].

beurrer vt 涂黄油 [tú huángyóu] ▸ **beurrer une tartine** 在一片面包上涂黄油 [zài yí piàn miànbāo shàng tú huángyóu] ▸ **beurrer un plat** 在一个盘子上涂黄油 [zài yí ge pánzi shàng tú huángyóu].

bévue nf 差错 [chācuò] ▸ **commettre une bévue** 出一个差错 [chū yí ge chācuò].

Beyrouth npr 贝鲁特 [Bèilǔtè].

biais nm ❶ (ligne oblique) 歪斜 [wāixié] ▸ **en biais** 歪斜地 [wāixié de] ▸ **marcher en biais** 歪斜地走路 [wāixié de zǒulù] ▸ **de biais** 歪斜地 [wāixié de] ▸ **regarder quelqu'un de biais** 斜视某人 [xiéshì mǒurén] ❷ (moyen détourné) 迂回的办法 [yūhuí de bànfǎ] ▸ **il a trouvé un biais pour échapper aux corvées** 他找到了一个逃避苦差事的借口 [tā zhǎodào le yí ge táobì kǔchāishì de jièkǒu] ❸ (aspect) 角度 [jiǎodù] ▸ **ils ont abordé la question par un autre biais** 他们从另一个角度开始讨论这个问题 [tāmen cóng lìng yí ge jiǎodù kāishǐ tǎolùn zhè ge wèntí]
◊ **par le biais de** 通过 [tōngguò].

bibelot nm 小玩意儿 [xiǎo wányì'r].

biberon nm 奶瓶 [nǎipíng] ▸ **donner le biberon** 给(他)奶瓶喝奶 [gěi (tā) nǎipíng hē nǎi] ▸ **boire le ou son biberon** 喝瓶奶 [hē píng nǎi].

bible nf ❶ (Écriture Sainte) 圣经 [Shèngjīng] ❷ *fig* (référence) ○ (cl. 部 [bù]) 权威著作 [quánwēi zhùzuò] ▸ **ce dictionnaire est une bible** 这本词典是一部权威词典 [zhè běn cídiǎn shì yí bù quánwēi cídiǎn].

bibliothécaire nmf 图书馆管理员 [túshūguǎn guánlǐyuán].

bibliothèque nf ❶ (meuble) 书柜 [shūguì] ▸ **une bibliothèque en bois** 一个木书柜 [yí ge mù shūguì] ❷ (édifice) 图书馆 [túshūguǎn] ▸ **bibliothèque municipale** 市图书馆 [shì túshūguǎn] ▸ **la Bibliothèque Nationale de France** 法国国立图书馆 [Fǎguó guólì túshūguǎn].

biceps nm 二头肌 [èr tóu jī].

biche nf (cl. 头 [tóu] ou 只 [zhī]) 母鹿 [mǔ lù].

bicolore adj 双色的 [shuāngsè de] ▸ **drapeau bicolore** (cl. 面 [miàn]) 双色旗 [shuāngsè qí].

bicyclette nf (cl. 辆 [liàng]) 自行车 [zìxíngchē] ▸ **faire de la bicyclette** 骑自行车 [qí zìxíngchē] ▸ **à bicyclette** 骑自行车 [qí zìxíngchē].

bidon ♦ nm ❶ (récipient) 桶 [tǒng] ▸ **bidon d'huile** 油桶 [yóu tǒng] ▸ **bidon d'essence** 汽油桶 [qìyóu tǒng] ❷ *fam* (ventre) 肚子 [dùzi]

◊ **c'est du bidon** *fam* 这是吹牛 [zhè shì chuīniú].

♦ adj inv *fam* (faux) 伪造的 [wěizào de] ▸ **une excuse bidon** 一个编造的借口 [yí ge biānzào de jièkǒu].

bidonville nm 贫民窟 [pínmínkū].

Biélorussie nf ▸ **la Biélorussie** 白俄罗斯 [Bái'éluósī].

bien ♦ adj inv ❶ (satisfaisant) 好的 [hǎode] ▸ **il est bien comme prof** 他是一位好老师 [tā shì yí wèi hǎo lǎoshī] ▸ **il est bien ton ordinateur** 你的电脑挺好的 [nǐde diànnǎo tǐng hǎo de] ❷ (à l'aise) 舒服的 [shūfu de] ▸ **je suis bien ici** 我在这里觉得很舒服 [wǒ zài zhèli juéde hěn shūfu] ❸ (joli) 漂亮的 [piàoliang de] ▸ **elle est bien avec cette coiffure** 她配上这个发型很漂亮 [tā pèishang zhè ge fàxíng hěn piàoliang] ❹ (moralement) 好的 [hǎode] ▸ **c'est une fille bien** 这是一个好女孩 [zhè shì yí ge hǎo nǚhái]. ♦ adv ❶ (en bonne santé) 身体好 [shēntǐ hǎo] ▸ **tu vas bien ?** 你身体好吗？ [nǐ shēntǐ hǎoma?] ▸ **je ne me sens pas bien** 我觉得身体不舒服 [wǒ juéde shēntǐ bù shūfu] ❷ (de manière satisfaisante) 好 [hǎo] ▸ **on mange bien ici** 我们在这里吃得很好 [wǒmen zài zhèli chīde hěn hǎo] ▸ **il ne s'est pas bien conduit** 他表现得不好 [tā biǎoxiànde bù hǎo] ▸ **j'ai très bien dormi** 我睡得很好 [wǒ shuìde hěn hǎo] ❸ (avec un sens intensif) 很 [hěn] ▸ **je me suis bien amusée pendant les vacances** 我假期玩得很高兴 [wǒ jiàqī wánde hěn gāoxìng] ▸ **on a bien ri** 我们笑得很开心 [wǒmen xiàode hěn kāixīn] ▸ **il est parti bien plus tard** 他走得更晚了 [tā zǒude gèng wǎn le] ▸ **j'espère bien qu'il viendra** 我很希望他来 [wǒ hěn xīwàng tā lái] ▸ **en es-tu bien sûr ?** 你很确定吗？ [nǐ hěn quèdìng ma?] ❹ (au moins) 至少 [zhìshǎo] ▸ **il y a bien trois heures que je l'attends** 我等了他至少三个小时了 [wǒ děngle tā zhìshǎo sān ge xiǎoshí le] ❺ (en effet) 就 [jiù] ▸ **c'est bien ce que je disais** 这就是我所说的 [zhè jiù shì wǒ suǒ shuōde] ▸ **c'est bien lui** 就是他 [jiùshì tā] ❻ (dans des expressions) ▸ **c'est bien fait (pour toi) !** (你)活该！ [(nǐ) huógāi!]. ♦ interj ▸ **eh bien, tu es déjà là !** 怎么，你已经在那儿了！ [zěnme, nǐ yǐjing zài nàr le!] ▸ **eh bien, qu'en penses-tu ?** 那么，你认为如何？ [nàme, nǐ rènwéi rúhé?]. ♦ nm ❶ (intérêt) 好处 [hǎochù] ▸ **je te dis ça pour ton bien** 我对你说这些是为你好 [wǒ duì nǐ shuō zhèxiē shì wèi nǐ hǎo] ❷ (sens moral) 善 [shàn] ▸ **le Bien et le Mal** 善与恶 [shàn yǔ è] ▸ **faire le bien** 做善事 [zuò shànshì] ❸ (dans des expressions) 好处 [hǎochù] ▸ **dire du bien de qqn/qqch** 为某人/某事说好话 [wèi mǒurén/mǒushì shuō hǎohuà] ▸ **faire du bien (à qqn/qqch)** (对某人/某事)有好处 [(duì mǒurén/mǒushì) yǒu hǎochù].

▪ **biens** nmpl (richesses) 财产 [cáichǎn] ▸ **biens de consommation** 消费品 [xiāofèipǐn].

▪ **bien du..., de la..., des...** loc adj 很多 [hěn duō] ▸ **il a bien de la chance** 他很有运气 [tā hěn yǒu yùnqi] ▸ **il y a bien du monde** 有很多人 [yǒu hěn duō rén] ▸ **bien des gens sont venus** 很多人来了 [hěn duō rén lái le].

▪ **bien que** loc conj 尽管 [jǐnguǎn] ▸ **bien que terminant à 16h, il ne rentre jamais avant 18h** 尽管他下午四点下班，他却从没在六点之前回家 [jǐnguǎn tā xiàwǔ sìdiǎn xiàbān, tā què cóngméi zài liùdiǎn zhīqián huíjiā] ▸ **bien que fatiguée, je t'accompagne** 尽管我很累，我还是陪你去 [jǐnguǎn wǒ hěn lèi, wǒ háishi péi nǐ qù].

▪ **bien entendu** loc adv 当然 [dāngrán] ▸ **tu viens avec nous ? — bien entendu !** 你跟我们一起来吗？— 当然了！ [nǐ gēn wǒmen yìqǐ lái ma? — dāngrán le!].

▪ **bien sûr** loc adv 当然 [dāngrán] ▸ **tu peux m'aider ? — bien sûr !** 你能帮我吗？— 当然！ [nǐ néng bāng wǒ ma? — dāngrán!] ▸ **bien sûr que non !** 当然不行！ [dāngrán bùxíng!].

bien-être nm inv ❶ (physique, moral) 舒适 [shūshì] ❷ (matériel) 富裕 [fùyù].

bienfaiteur, trice nm, f ❶ (donateur) 慈善家 [císhànjiā] ▸ **honorer le bienfaiteur qui a financé l'hôpital** 向资助了那家医院的慈善家表示敬意 [xiàng zīzhù le nà jiā yīyuàn de císhànjiā biǎoshì jìngyì] ❷ (sauveur) 恩人 [ēnrén] ▸ **les savants sont les bienfaiteurs de l'humanité** 学者们是人类的恩人 [xuézhěmen shì rénlèi de ēnrén].

bientôt adv 快要 [kuàiyào] ▸ **il va bientôt arriver** 他快要到了 [tā kuàiyào dào le] ▸ **à bientôt !** 一会儿见！ [yíhuìr jiàn!].

bienveillant, e adj 亲切的 [qīnqiè de] ▸ **personne bienveillante** 亲切的人 [qīnqiè de rén] ▸ **sourire bienveillant** 亲切的微笑 [qīnqiè de wēixiào].

bienvenu, e ♦ adj 来得正是时候 [láide zhèng shì shíhou] ▸ **la neige fut bienvenue dans les stations de ski** 这场雪在滑雪场来得正是时候 [zhè chǎng xuě zài huáxuěchǎng láide zhèng shì shíhou] ▸ **une augmentation serait bienvenue** 能增加工资就好了 [néng zēngjiā gōngzī jiùhǎo le]. ♦ nm, f 受欢迎的人/物 [shòuhuānyíng de rén/wù] ▸ **être le bienvenu** 是个受欢迎的人 [shìge shòuhuānyíng de rén] ▸ **soyez le bienvenu/la bienvenue** 欢迎您 [huānyíng nín].

▪ **bienvenue** nf 欢迎 [huānyíng] ▸ **souhaiter la bienvenue à qqn** 欢迎某人 [huānyíng mǒurén].

bière[1] nf (boisson) 啤酒 [píjiǔ] ▸ **prendre une bière** 喝一杯啤酒 [hē yì bēi píjiǔ] ▸ **bière blonde/brune** 黄/黑啤 [huáng/hēi pí] ▸ **bière pression** 扎啤 [zhāpí].

bière[2] nf (cercueil) ○ (cl. 口 [kǒu]) 棺材 [guāncai] ▸ **mise en bière** 入殓 [rùliàn].

bifteck nm (cl. 块 [kuài]) 牛排 [niúpái] ▸ **bifteck haché** 碎肉牛排 [suìròu niúpái].

bifurcation nf 岔路口 [chàlùkǒu] ▸ **prenez à gauche à la prochaine bifurcation** 在下一个岔路口向左拐 [zài xià yí ge chàlùkǒu xiàngzuǒ guǎi].

bigoudi nm 卷发夹子 [juǎnfà jiāzi] ▸ **mettre des bigoudis** 戴卷发夹子 [dài juǎnfà jiāzi].

bijou, x nm (joyau) ○ (cl. 个 [gè] ou 件 [jiàn]) 首饰 [shǒushi] ▸ **porter des bijoux** 戴首饰 [dài shǒushi].

bijouterie nf 珠宝店 [zhūbǎo diàn].

bilan nm ❶ COMM & FIN 资产负债表 [zīchǎn fùzhàibiǎo] ▸ **bilan annuel** 年度资产负债表 [niándù zīchǎn fùzhàibiǎo] ▸ **bilan d'une entreprise** 一个公司的资产负债表 [yí ge gōngsī de zīchǎn fùzhàibiǎo] ▸ **déposer le bilan** 递交资产负债表 [dìjiāo zīchǎn fùzhàibiǎo] ❷ (état d'une situation) 总结 [zǒngjié] ▸ **faire le bilan de qqch** 对某事做总结 [duì mǒushì zuò zǒngjié] ❸ MÉD ▸ **bilan de santé** 体检 [tǐjiǎn].

bilatéral, e, aux adj (réciproque) 双边的 [shuāngbiān de] ▸ **accord bilatéral** 双边协定 [shuāngbiān xiédìng].

bilingue adj ❶ (qui est en deux langues) 双语的 [shuāngyǔ de] ▸ **dictionnaire bilingue** 双语词典 [shuāngyǔ cídiǎn] ▸ **édition bilingue** 双语对照版本 [shuāngyǔ duìzhào bánběn] ❷ (qui parle deux langues) 会两种语言的 [huì liǎng zhǒng yǔyán de] ▸ **secrétaire bilingue** 会两种语言的秘书 [huì liǎng zhǒng yǔyán de mìshū] ▸ **être bilingue** 会两种语言 [huì liǎng zhǒng yǔyán].

billard nm ❶ (jeu) 台球 [táiqiú] ▸ **faire un billard** 打一局台球 [dǎ yì jú táiqiú] ▸ **jouer au billard** 打台球 [dǎ táiqiú] ❷ (table de jeu) ○ (cl. 张 [zhāng]) 台球桌 [táiqiú zhuō].

bille nf (cl. 个 [gè] ou 颗 [kē]) 弹子 [dànzi] ▸ **jouer aux billes** 打弹子 [dǎ dànzi].

▪ **à bille** loc adj ➤ **stylo**.

billet nm ❶ (argent) 钞票 [chāopiào] ▸ **billet de banque** (cl. 张 [zhāng]) 钞票 [chāopiào] ❷ (ticket) ○ (cl. 张 [zhāng]) 票 [piào] ▸ **billet aller-retour** 往返票 [wǎngfǎn piào] ▸ **billet d'avion** 飞机票 [fēijī piào] ▸ **billet de loterie** 彩票 [cǎipiào] ▸ **billet de train** 火车票 [huǒchē piào] ▸ **prendre son billets** ou **les billets** 买票 [mǎipiào].

billetterie nf 售票处 [shòupiàochù] ▸ **billetterie automatique** 自动售票机 [zìdòng shòupiàojī].

billion nm 万亿 [wàn yì].

binaire adj 双的 [shuāng de] ▸ **numération binaire** 二进制记数法 [èrjìnzhì jìshùfǎ] ▸ **mesure binaire** 双拍子 [shuāng pāizi].

Bing Xin npr (écrivaine) 冰心 [Bīng Xīn].

bio ♦ adj inv (abr de **biologique**) 天然的 [tiānrán de] ▸ **culture bio** 天然种植 [tiānrán zhòngzhí] ▸ **produits bio** 绿色产品 [lǜsè chánpǐn] ▸ **manger bio** 吃绿色食品 [chī lǜsè shípǐn]. ♦ nm (abr de **biologique**) 绿色食

品 [lǜsè shípǐn] ▸ **les adeptes du bio** 绿色食品的爱好者 [lǜsè shípǐn de àihàozhě].

biodégradable adj 可被生物降解的 [kě bèi shēngwù jiàngjiě de] ▸ **emballage biodégradable** 可被生物降解的包装 [kě bèi shēngwù jiàngjiě de bāozhuāng].

biographie nf (cl. 部 [bù] ou 本 [běn] ou 篇 [piān]) 传记 [zhuànjì].

biologie nf 生物学 [shēngwùxué] ▸ **étudier la biologie** 学习生物学 [xuéxí shēngwùxué].

biologique adj ❶ (produit, culture) 天然的 [tiānrán de] ❷ (arme, guerre) 生物的 [shēngwù de].

bip nm ▸ **bip sonore** 嘟嘟声 [dūdū shēng].

Birmanie nf ▸ **la Birmanie** 缅甸 [Miǎndiàn].

bis adj 乙 [yǐ] ▸ **habiter au 13 bis** 住在13号乙 [zhù zài 13 hào yǐ].

bisannuel, elle adj 每两年一次的 [měi liǎngnián yí cì de] ▸ **exposition bisannuelle** 每两年一次的展览 [měi liǎngnián yí cì de zhánlǎn].

biscotte nf 面包干 [miànbāogān].

biscuit nm (cl. 块 [kuài]) 饼干 [bǐnggān].

bise nf ❶ (vent) 凛冽的北风 [lǐnliè de běifēng] ❷ *fam* (baiser) 亲吻 [qīnwěn] ▸ **faire la bise à qqn** 亲吻某人 [qīnwěn mǒurén] ▸ **grosses bises** 热烈的亲吻 [rèliè de qīnwěn].

bisexuel, elle ♦ adj 双性恋的 [shuāngxìngliàn de]. ♦ nm, f 双性恋者 [shuāngxìngliànzhě].

bison nm (cl. 头 [tóu]) 野牛 [yěniú].

bisou nm *fam* (baiser) 亲吻 [qīnwěn] ▸ **faire un bisou à qqn** 亲某人一下 [qīn mǒurén yí xià] ▸ **gros bisous** 热烈的亲吻 [rèliè de qīnwěn].

bistouri nm MÉD (cl. 把 [bǎ]) 手术刀 [shǒushùdāo] ▸ **faire une incision au bistouri** 用手术刀划一个切口 [yòng shǒushùdāo huà yí ge qiēkǒu].

bistro(t) nm *fam* 咖啡馆 [kāfēiguǎn] ▸ **au bistrot** 在咖啡馆 [zài kāfēiguǎn].

bizarre adj ❶ (étrange) 奇怪的 [qíguài de] ▸ **c'est bizarre qu'il ne soit pas venu** 真奇怪，他没有来 [zhēn qíguài, tā méiyǒu lái] ❷ (excentrique) 怪癖的 [guàipǐ de] ▸ **idée bizarre** 怪癖的想法 [guàipǐ de xiángfǎ] ▸ **vêtement bizarre** 奇装异服 [qízhuāng yìfú] ▸ **avoir des goûts bizarres** 有怪癖的偏好 [yǒu guàipǐ de piānhào].

blafard, e adj 苍白的 [cāngbái de] ▸ **lumière blafarde** 微弱的光线 [wēiruò de guāngxiàn] ▸ **mine blafarde** 苍白的脸色 [cāngbái de liǎnsè] ▸ **avoir le teint blafard** 脸色苍白 [liǎnsè cāngbái].

blague nf ❶ (plaisanterie) 笑话 [xiàohua] ▸ **il sait bien raconter les blagues** 他很会讲笑话 [tā hěn huì jiǎng xiàohua] ❷ (farce) 玩笑 [wánxiào] ▸ **faire une blague à qqn** 跟某人开玩笑 [gēn mǒurén kāi wánxiào]

◊ **sans blague !** 不是开玩笑的！ [búshì kāiwánxiào de!].

blaguer *fam* vi 开玩笑 [kāiwánxiào].

blagueur, euse *fam* ♦ adj 爱说笑的 [ài shuōxiào de] ▸ **air blagueur** 开玩笑的表情 [kāiwánxiào de biǎoqíng] ▸ **enfant blagueur** 爱说笑的孩子 [ài shuōxiào de háizi]. ♦ nm, f 爱说笑的人 [ài shuōxiào de rén].

blâme nm (sanction) 责备 [zébèi] ▸ **donner un blâme à qqn** 责备某人 [zébèi mǒurén] ▸ **recevoir un blâme** 受到责备 [shòudào zébèi].

blâmer vt ❶ (désapprouver) 责备 [zébèi] ▸ **il est plus à plaindre qu'à blâmer** 他应该被同情而不是被责备 [tā yīnggāi bèi tóngqíng ér búshì bèi zébèi] ❷ (infliger un blâme à) 处分 [chǔfèn] ▸ **blâmer un élève/un employé** 处分学生/职员 [chǔfèn xuésheng/zhíyuán].

blanc, blanche adj ❶ (couleur) 白色 [báisè] ▸ **cheveux blancs** (cl. 根 [gēn]) 白发 [báifà] ▸ **linge blanc** 白色的衣物 [báisè de yīwù] ▸ **mur blanc** (cl. 面 [miàn]) 白墙 [bái qiáng] ❷ (vierge) 空白的 [kòngbái de] ▸ **bulletin blanc** (cl. 张 [zhāng]) 空白选票 [kòngbái xuǎnpiào] ▸ **page blanche** (cl. 张 [zhāng]) 空白页 [kòngbái yè] ▸ **vote blanc** 空白选票 [kòngbái xuǎnpiào] ❸ (sans effet) 形式上的 [xíngshìshàng de] ▸ **mariage blanc** 假结婚 [jiǎ jiéhūn] ❹ (clair) 白的 [bái de] ▸ **pain blanc** 白面包 [bái miànbāo] ▸ **peau blanche** 白皮肤 [bái pífū] ▸ **vin blanc** 白葡萄酒 [bái pútaojiǔ].

▪ **Blanc, Blanche** nm, f 白人 [báirén].

▪ **blanc** nm ❶ (couleur) 白色 [báisè] ❷ (linge de maison) 白色衣物 [báisè yīwù] ▸ **faire une lessive de blanc** 洗白色衣物 [xǐ báisè yīwù] ❸ (sur une page) 空白 [kòngbái] ▸ **laisser un blanc** 留一处空白 [liú yí chù kòngbái] ❹ (dans une conversation) 间断 [jiànduàn] ❺ (de volaille) 胸脯肉 [xiōngpú ròu] ▸ **blanc de poulet** 鸡胸脯肉 [jī xiōngpú ròu] ▸ **blanc de dinde** 火鸡胸脯肉 [huǒjī xiōngpú ròu].

▪ **blanc d'œuf** nm 蛋清 [dànqīng]

◊ **battre** ou **monter les blancs en neige** 打蛋清 [dǎ dànqīng].

blancheur nf 白色 [báisè].

blanchiment nm 漂白 [piǎobái] ▸ **blanchiment d'argent** 洗钱 [xǐqián].

blasé, e adj 感到厌烦的 [gǎndào yànfán de] ▸ **avoir l'air blasé** 似乎很厌烦 [sìhū hěn yànfán].

blason nm (cl. 枚 [méi]) 徽章 [huīzhāng].

blasphème nm 亵渎神明的话 [xièdú shénmíng de huà] ▸ **proférer un blasphème** 说亵渎神明的话 [shuō xièdú shénmíng de huà].

blatte nf (cl. 只 [zhī]) 蟑螂 [zhāngláng].

blé nm ❶ (céréale) 小麦 [xiǎomài] ▸ **blé noir** 荞麦 [qiáomài] ▸ **champ de blé** (cl. 块 [kuài] ou 片 [piàn]) 麦田 [màitián] ▸ **farine de blé** 面粉 [miànfěn] ❷ *fam* (argent) 钱 [qián].

blême adj 苍白的 [cāngbái de] ▸ **teint blême** 脸色苍白 [liǎnsè cāngbái] ▸ **devenir blême** 变得苍白 [biàn de cāngbái].

blessant, e adj 得罪人的 [dézuìrén de] ▸ **attitude blessante** 得罪人的态度 [dézuìrén de tàidu] ▸ **propos blessants** 伤人的话 [shāngrén de huà].

blessé, e nm, f 伤员 [shāngyuán] ▸ **blessé grave** ou **grand blessé** 重伤员 [zhòng shāngyuán] ▸ **blessé léger** 轻伤员 [qīng shāngyuán].

blesser vt ❶ (infliger une blessure) 使……受伤 [shǐ… shòushāng] ▸ **être blessé au bras** 手臂受伤 [shǒubì shòushāng] ▸ **être blessé dans une bagarre** 在一次殴打中受伤 [zài yí cì ōudǎ zhōng shòushāng] ❷ (vexer) 伤害 [shānghài] ▸ **ses paroles m'ont blessé** 他的话伤害了我 [tāde huà shānghài le wǒ].

▪ **se blesser** vp 受伤 [shòushāng].

blessure nf ❶ (plaie) ○ (cl. 个 [gè] ou 道 [dào] ou 处 [chù]) 伤口 [shāngkǒu] ▸ **blessure grave** 重伤 [zhòng shāng] ▸ **blessure légère** 轻伤 [qīng shāng] ▸ **blessure mortelle** 致命伤 [zhìmìng shāng] ▸ **soigner une blessure** 治疗一处伤口 [zhìliáo yí chù shāngkǒu] ❷ *fig* (du cœur, de l'âme) 伤害 [shānghài] ▸ **blessure d'amour-propre** 自尊心的伤害 [zìzūnxīn de shānghài].

bleu, e adj ❶ (couleur) 蓝色的 [lánsè de] ▸ **une robe bleue** 一条蓝色的连衣裙 [yì tiáo lánsè de liányīqún] ▸ **avoir les yeux bleus** 长着蓝眼睛 [zhǎngzhe lán yǎnjing] ❷ (lèvres, mains, peau) 发青的 [fā qīng de] ❸ CULIN 半生不熟的 [bànshēng bùshú de] ▸ **un steak bleu** 一块半生不熟的牛排 [yí kuài bànshēng bùshú de niúpái].

▪ **bleu** nm ❶ (couleur) 蓝色 [lánsè] ▸ **bleu ciel** 天蓝色 [tiānlánsè] ▸ **bleu marine** 海军蓝 [hǎijūnlán] ❷ (meurtrissure) 瘀青 [yūqīng] ▸ **se faire un bleu** 撞出一块瘀青 [zhuàngchū yí kuài yūqīng].

bleuet nm (cl. 棵 [kē] ou 株 [zhū]) 矢车菊 [shǐchējú].

bleuir ♦ vt 使……成青色 [shǐ… chéng qīngsè] ▸ **le froid bleuissait mes lèvres** 我的嘴唇被冻青了 [wǒde zuǐchún bèi dòng qīng le]. ♦ vi 变成蓝色 [biànchéng lánsè] ▸ **mon polo a bleui au lavage!** 我的翻领运动衫在洗涤时被染成蓝色了！ [wǒde fānlǐng yùndòngshān zài xǐdí shí bèi rǎnchéng lánsè le!].

blindé, e ♦ adj ❶ (renforcé) 装甲的 [zhuāngjiǎ de] ▸ **coffre blindé** 保险箱 [bǎoxiǎnxiāng] ▸ **porte blindée** (cl. 扇 [shàn]) 防盗门 [fángdào mén] ▸ **voiture blindée** (cl. 辆 [liàng]) 装甲车 [zhuāngjiǎchē] ❷ *fam* (endurci) 坚强的 [jiānqiáng de]. ♦ nm MIL (cl. 辆 [liàng]) 装甲车 [zhuāngjiǎchē].

bloc nm ❶ (morceau) 大块 [dà kuài] ▸ **bloc de pierre** 大石块 [dà shíkuài] ▸ **bloc de marbre** 大理石块 [dàlǐshí kuài] ❷ (de papier) 本子 [běnzi] ▸ **bloc de papier à lettres** 信笺本 [xìnjiān běn] ▸ **bloc à dessin** 绘画本 [huìhuà běn] ❸ (assemblage) 整套设备 [zhěngtào shèbèi] ▸ **bloc opératoire** 全套外科手术设备 [quántào wàikē shǒushù shèbèi]

◊ **en bloc** 全部地 [quánbù de] ▸ **à bloc** 完全地 [wánquán de] ▸ **être vissé à bloc** 被拧紧 [bèi níngjǐn] ▸ **faire bloc** 团结一致 [tuánjié yí zhì].

blocage nm ❶ ÉCON 冻结 [dòngjié] ▸ **blocage des prix** 物价冻结 [wùjià dòngjié] ▸ **blocage des salaires** 工资冻结 [gōngzī dòngjié] ❷ PSYCHO 心理障碍 [xīnlǐ zhàng'ài] ▸ **faire un blocage** 有心理障碍 [yǒu xīnlǐ zhàng'ài] ▸ **il fait un blocage sur les mathématiques** 他对数学有心理障碍 [tā duì shùxué yǒu xīnlǐ zhàng'ài].

bloc-notes nm 活页记事本 [huóyè jìshìběn].

blocus nm 封锁 [fēngsuǒ] ▸ **blocus économique** 经济封锁 [jīngjì fēngsuǒ].

blond, e ♦ adj ❶ (cheveux, personne) 金黄色的 [jīnhuángsè de] ▸ **avoir les cheveux blonds** 长着金黄色的头发 [zhǎngzhe jīnhuángsè de tóufa] ❷ (couleur) 淡黄色的 [dànhuángsè de] ▸ **bière blonde** 黄啤 [huáng pí] ▸ **cigarette blonde** 黄烟丝香烟 [huángyānsī xiāngyān].

♦ nm, f 长着金黄色头发的人 [zhǎngzhe jīnhuángsè tóufa de rén].

▪ **blond** nm 金黄色 [jīnhuángsè].

▪ **blonde** nf ❶ (cigarette) ○ (cl. 根 [gēn] OU 支 [zhī]) 黄烟丝香烟 [huángyānsī xiāngyān] ❷ (bière) ○ (cl. 杯 [bēi]) 黄啤 [huáng pí].

bloquer vt ❶ (immobiliser) 堵住 [dǔzhù] ❷ (boucher, obstruer) 堵塞 [dǔsè] ▸ **bloquer la route** 堵塞公路 [dǔsè gōnglù] ❸ *fam* (retenir) 留住 [liúzhù] ▸ **être bloqué à la maison** 被迫留在家里 [bèipò liú zài jiālǐ] ❹ (compte, salaire, marché) 冻结 [dòngjié] ❺ PSYCHO 产生心理障碍 [chǎnshēng xīnlǐ zhàng'ài] ▸ **la peur de parler en public le bloque** 在公众前发言的恐惧让他产生了心理障碍 [zài gōngzhòng qián fāyán de kǒngjù ràng tā chǎnshēng le xīnlǐ zhàng'ài].

blottir ▪ **se blottir** vp 蜷缩 [quánsuō] ▸ **se blottir contre qqn** 蜷缩在某人身旁 [quánsuō zài mǒurén shēnpáng] ▸ **se blottir sous les couvertures** 蜷缩在被子下面 [quánsuō zài bèizi xiàmiàn].

blouse nf (cl. 件 [jiàn]) 工作罩衫 [gōngzuò zhàoshān].

blouson nm (cl. 件 [jiàn]) 茄克衫 [jiākèshān].

bobine nf 卷筒 [juántǒng] ▸ **bobine de fil** 纱线卷筒 [shāxiàn juántǒng] ▸ **bobine de film** 胶卷 [jiāojuǎn].

bocal, aux nm ❶ (récipient) 短颈大口瓶 [duánjǐng dàkǒu píng] ▸ **des bocaux de confitures** 果酱瓶 [guǒjiàng píng] ❷ (aquarium) 鱼缸 [yúgāng].

bœuf nm ❶ (animal) ○ (cl. 只 [zhī] OU 头 [tóu]) 牛 [niú] ❷ (viande) 牛肉 [niúròu].

bof interj *fam* 噗 [pu].

Bogota npr 波哥大 [Bōgēdà].

bogue, bug nm INFORM (程序设计上的)故障 [(chéngxù shèjì shàng de) gùzhàng].

bohémien, enne nm, f 波希米亚人 [Bōxīmǐyà rén].

boire vt ❶ (avaler un liquide) 喝 [hē] ▸ **tu veux boire qqch ?** 你想喝点什么吗？ [nǐ xiǎng hē diǎn shénme ma?] ▸ **boire un coup** *fam* 喝一口 [hē yì kǒu] ▸ **boire un verre** 喝一杯 [hē yì bēi] ❷ (abuser de boissons alcoolisées) 酗酒 [xùjiǔ] ▸ **cet homme boit** 这个男人酗酒 [zhè ge nánren xùjiǔ]

◊ **boire la tasse** 呛水 [qiāng shuǐ].

bois ♦ nm ❶ (petite forêt) ○ (cl. 片 [piàn]) 树林 [shùlín] ❷ (matériau) 木材 [mùcái] ▸ **bois de chauffage** 取暖木柴 [qúnuǎn mùchái] ▸ **en bois** 木制的 [mùzhì de]

◊ **toucher du bois** 摸一下木头驱邪 [mō yí xià mùtou qūxié].

♦ nmpl (cornes des cervidés) ○ (cl. 只 [zhī]) 鹿角 [lùjiǎo] ▸ **les bois du cerf** 雄鹿的角 [xiónglù de jiǎo].

boisson nf ❶ (breuvage) 饮料 [yǐnliào] ❷ (alcoolisme) 酒癖 [jiǔpǐ] ▸ **s'adonner à la boisson** 嗜酒 [shìjiǔ].

boîte nf ❶ (récipient, objet) 盒子 [hézi] ▸ **boîte d'allumettes** 火柴盒 [huǒchái hé] ▸ **boîte de conserves** 罐头盒 [guàntou hé] ▸ **boîte aux lettres** 信箱 [xìnxiāng] ❷ (dispositif, appareil) 仪器 [yíqì] ▸ **boîte de vitesses** 变速器 [biànsù qì] ❸ INFORM ▸ **boîte de réception** 收件箱 [shōujiàn xiāng] ❹ (discothèque) ▸ **boîte (de nuit)**

夜总会 [yèzǒnghuì] ▸ **aller en boîte** 去夜总会 [qù yèzǒnghuì] ❺ *fam* (entreprise) 公司 [gōngsī] ▸ **je vais créer ma propre boîte** 我要创建我自己的公司 [wǒ yào chuàngjiàn wǒ zìjǐ de gōngsī].

boiter vi 跛行 [bǒxíng] ▸ **elle boite à cause de son entorse** 因为扭了脚，她一瘸一拐地走路 [yīnwèi niǔ le jiǎo, tā yìqué yìguǎi de zǒulù].

boiteux, euse adj ❶ (personne) 跛脚的 [bójiǎo de] ❷ *fig* (bancal) 不牢靠的 [bù láokào de].

boîtier nm 外壳 [wàiké] ▸ **boîtier d'appareil photo** 照相机的外壳 [zhàoxiàngjī de wàiké].

Bo Juyi npr (poète) 白居易 [Bái Jūyì].

bol nm ❶ (récipient) 碗 [wǎn] ❷ (contenu d'un bol) 碗 [wǎn] ▸ **un bol de soupe/de céréales/de riz** 一碗汤/麦片/米饭 [yì wǎn tāng/màipiàn/mǐfàn]

◊ **avoir du bol/ne pas avoir de bol** 运气好/运气不好 [yùnqi hǎo/yùnqi bù hǎo].

bolide nm (cl. 辆 [liàng]) 高速车 [gāosù chē].

Bolivie nf ▸ **la Bolivie** 玻利维亚 [Bōlìwéiyà].

bolivien, enne adj 玻利维亚的 [Bōlìwéiyà de].

bombardement nm 轰炸 [hōngzhà] ▸ **bombardement aérien** 空中轰炸 [kōngzhōng hōngzhà].

bombarder vt ❶ MIL 轰炸 [hōngzhà] ❷ (assaillir) 纠缠 [jiūchán] ▸ **bombarder qqn de questions** 提一大堆问题纠缠某人 [tí yídàduī wèntí jiūchán mǒurén] ▸ **bombarder qqn de messages** 发送一大堆邮件纠缠某人 [fāsòng yídàduī yóujiàn jiūchán mǒurén].

bombe nf ❶ (projectile) ○ (cl. 颗 [kē] ou 枚 [méi]) 炸弹 [zhàdàn] ▸ **bombe atomique** (cl. 颗 [kē] ou 枚 [méi]) 原子弹 [yuánzǐdàn] ▸ **bombe à retardement** (cl. 颗 [kē] ou 枚 [méi]) 定时炸弹 [dìngshí zhàdàn] ❷ (atomiseur) 喷雾器 [pēnwùqì] ▸ **bombe d'insecticide** 农药喷雾器 [nóngyào pēnwùqì] ▸ **bombe lacrymogène** 催泪弹 [cuīlèidàn] ▸ **bombe de peinture** 油漆喷雾器 [yóuqī pēnwùqì].

bombé, e adj 凸起的 [tūqǐ de] ▸ **front bombé** 凸起的前额 [tūqǐ de qián'é].

bon, bonne adj ❶ (qui fonctionne bien) 好的 [hǎo de] ▸ **c'est un bon appareil photo** 这是一部很好的照相机 [zhè shì yí bù hěn hǎo de zhàoxiàngjī] ▸ **elle a de bons yeux** 她的视力很好 [tāde shìlì hěn hǎo] ❷ (de bonne qualité) 好的 [hǎo de] ▸ **un bon film/roman** 一部好电影/小说 [yí bù hǎo diànyǐng/xiǎoshuō] ▸ **c'est une bonne idée** 这是一个好主意 [zhè shì yí ge hǎo zhǔyi] ▸ **il a des bonnes notes à l'école** 他在学校成绩很好 [tā zài xuéxiào chéngjì hěn hǎo] ❸ (agréable) 令人愉快的 [lìngrén yúkuài de] ▸ **il est bon, ce gâteau !** 很好吃，这蛋糕！ [hěn hǎochī, zhè dàngāo!] ▸ **nous avons passé de très bonnes vacances** 我们度过了非常愉快的假期 [wǒmen dùguò le fēicháng yúkuài de jiàqī] ▸ **l'eau est bonne** 水的温度适中 [shuǐ de wēndù shìzhōng] ❹ (doué) 优秀的 [yōuxiù de] ▸ **elle est très bonne en chinois** 她中文很优秀 [tā Zhōngwén hěn yōuxiù] ❺ (correct) 正确的 [zhèngquè de] ▸ **est-ce le bon numéro ?** 这个号码对吗？ [zhè ge hàomǎ duì ma?] ▸ **c'est la bonne réponse** 这是正确答案 [zhè shì zhèngquè dá'àn] ❻ (utile) 有利的 [yǒulì de] ▸ **c'est bon à savoir** 这是值得了解的 [zhè shì zhídé liáojiě de] ▸ **c'est bon pour la santé** 这对身体有好处 [zhè duì shēntǐ yǒu hǎochù] ❼ (valable) 有效的 [yǒuxiào de] ▸ **mon ticket n'est plus bon** 我的票作废了 [wǒde piào zuòfèi le] ❽ (avec un sens intensif) 足足的 [zúzú de] ▸ **il a une bonne grippe** 他得了重感冒 [tā déle zhòng gǎnmào] ▸ **cela fait une bonne heure que j'attends** 我已经等了足足一小时了 [wǒ yǐjīng děng le zúzú yì xiǎoshí le] ❾ (pour exprimer des vœux) 好的 [hǎode] ▸ **bonne année !** 新年好！ [xīnniánhǎo!] ▸ **bon anniversaire !** 生日快乐！ [shēngri kuàilè!] ▸ **bonne chance !** 祝你好运！ [zhù nǐ hǎoyùn!] ❿ (dans des expressions) ▸ **tu es bon pour tout recommencer** *fam* 你只好都从头再来 [nǐ zhíhǎo dōu cóngtóu zài lái] ▸ **je ne suis bon à rien aujourd'hui** 我今天什么也干不了 [wǒ jīntiān shénme yě gànbuliǎo] ▸ **à quoi bon continuer ?** 何必再继续？ [hébì zài jìxù?].

■**bon** ♦ adv ▸ **il fait bon** 天气很好 [tiānqì hěn hǎo] ▸ **ça sent bon !** 这闻起来真香！[zhè wénqǐlái zhēn xiāng!] ▸ **tiens bon !** 坚持住！ [jiānchí zhù!]. ♦ interj ▸ **bon, j'accepte...** 行，我接受…… [xíng, wǒ jiēshòu...] ▸ **ah bon ?** 真的？ [zhēnde?]. ♦ nm ❶ (document) ○ (cl. 张 [zhāng]) 票单 [piàodān] ▸ **bon d'achat** (cl. 张 [zhāng]) 购物券 [gòuwù quàn] ▸ **bon de commande** (cl. 张 [zhāng]) 订货单 [dìnghuòdān] ▸ **bon du Trésor** (cl. 张 [zhāng]) 国库券 [guókùquàn] ❷ (personne) 好人 [hǎorén] ▸ **les bons et les méchants** 好人和坏人 [hǎorén hé huàirén].

bonbon nm (cl. 个 [gè] ou 颗 [kē] ou 块 [kuài]) 糖果 [tángguǒ] ▸ **bonbon à la menthe** (cl. 个 [gè] ou 颗 [kē] ou 块 [kuài]) 薄荷糖 [bòhe táng] ▸ **bonbon aux fruits** (cl. 个 [gè] ou 颗 [kē] ou 块 [kuài]) 水果糖 [shuíguǒ táng].

bonbonne nf 瓶 [píng] ▸ **bonbonne de gaz** 燃气瓶 [ránqì píng].

bond nm ❶ (saut) 跳 [tiào] ▸ **faire un bond** 跳一跳 [tiào yí tiào] ▸ **faire des bonds** 连续弹跳 [liánxù tántiào] ❷ (progrès brusque et important) 暴涨 [bàozhǎng] ▸ **la Bourse a fait un bond** 股市暴涨 [gǔshì bàozhǎng] ▸ **faire un bond en avant** 跃进 [yuèjìn] ▸ **le grand bond en avant de la Chine** 中国大跃进 [Zhōngguó dàyuèjìn]
◊ **faire faux bond à qqn** 对某人违背诺言 [duì mǒurén wéibèi nuòyán].

bondé, e adj 挤满的 [jímǎn de] ▸ **train bondé** 挤满人的火车 [jímǎn rén de huǒchē] ▸ **salle bondée** 坐满人的房间 [zuòmǎn rén de fángjiān].

bondir vi ❶ (sauter) 跳 [tiào] ❷ (se précipiter) 冲向 [chōng xiàng] ▸ **il bondit sur son réveil pour l'éteindre** 他冲过去关闹钟 [tā chōngguòqù guān nàozhōng].

bonheur nm ❶ (félicité) 幸福 [xìngfú] ▸ **je vous souhaite beaucoup de bonheur** 我祝您幸福快乐 [wǒ zhù nín xìngfú kuàilè] ❷ (chance) 运气 [yùnqi] ▸ **par bonheur** 幸亏 [xìngkuī]
◊ **porter bonheur** 带来好运 [dàilái hǎoyùn].

bonhomme nm *fam* & *péj* 家伙 [jiāhuo]
◊ **bonhomme de neige** 雪人 [xuěrén].

bonjour ♦ nm ▸ **bonjour** - a) (en tutoyant) 你好 [nǐhǎo] - b) (en vouvoyant) 您好 [nínhǎo] - c) (en s'adressant à plusieurs personnes) 你们好 [nǐmen hǎo] ▸ **dire bonjour à qqn** 向某人问好 [xiàng mǒurén wènhǎo]. ♦ interj *fam* ▸ **pour le faire aller à l'école, bonjour !** 让他去上学，难啊！ [ràng tā qù shàngxué, nán a!]
◊ **bonjour les dégâts !** 真是损失惨重啊！ [zhēnshì sǔnshī cǎnzhòng a!].

bonne nf *vieilli* (domestique) 女仆 [nǚpú].

bonnet nm (cl. 顶 [dǐng]) 无边软帽 [wúbiān ruǎnmào] ▸ **bonnet de bain** 浴帽 [yùmào] ▸ **bonnet de laine** 毛线帽子 [máoxiàn màozi].

bonsaï nm 盆景 [pénjǐng].

bonsoir nm ▸ **bonsoir** 晚上好 [wǎnshang hǎo] ▸ **bonsoir tout le monde** 大家晚上好 [dàjiā wǎnshang hǎo] ▸ **dire bonsoir à qqn** 向某人道晚安 [xiàng mǒurén dào wǎn'ān].

bonté nf 仁慈 [réncí] ▸ **être d'une grande bonté** 非常善良 [fēicháng shànliáng].

bord nm ❶ (extrémité, côté) 边 [biān] ▸ **au bord d'une table** 在一张桌子的边上 [zài yì zhāng zhuōzi de biānshàng] ▸ **à ras bord** 满 [mǎn] ▸ **il a rempli les verres à ras bords** 他往酒杯里倒满了酒 [tā wǎng jiǔbēi lǐ dàomǎn le jiǔ] ▸ **au bord de la route** 在路边 [zài lùbiān] ❷ (rivage) 岸边 [ànbiān] ▸ **au bord de la mer** 在海滨 [zài hǎibīn]
◊ **être au bord des larmes** 含着眼泪 [hánzhe yǎnlèi].

■**à bord de** loc prép 在……上 [zài... shàng] ▸ **monter à bord d'un navire** 上船 [shàngchuán].

bordeaux ♦ adj inv (couleur) 深红色的 [shēnhóngsè de]. ♦ nm ❶ (vin) 波尔多葡萄酒 [Bō'ěrduō pútaojiǔ] ❷ (couleur) 深红色 [shēnhóngsè].

bordel *tfam* nm ❶ (maison close) ○ (cl. 家 [jiā]) 妓院 [jìyuàn] ❷ (désordre) 混乱 [hùnluàn] ▸ **quel bordel !** 真是乱七八糟！ [zhēn shì luànqībāzāo!].

bordure nf ❶ (bord) 边 [biān] ▸ **en bordure de route** 在路边 [zài lùbiān] ❷ (de fleurs) 边饰 [biānshì] ❸ (de trottoir) 马路边沿 [mǎlù biānyán].

borgne ♦ adj 独眼的 [dúyǎn de]. ♦ nmf 独眼的人 [dúyǎn de rén].

borne nf ❶ (objet) 界标 [jièbiāo] ▸ **borne d'incendie** 消防栓 [xiāofáng shuān] ▸ **borne kilométrique** 里程标 [lǐchéngbiāo] ▸ **borne de taxi** 出租汽车站牌 [chūzū qìchē zhànpái] ▸ **borne téléphonique** 公用电话 [gōngyòng diànhuà] ❷ *fam* (kilomètre) 公里 [gōnglǐ]
◊ **dépasser les bornes** 过分 [guòfèn].

borné, e adj 狭隘的 [xiá'ài de] ▸ **esprit borné** 思想狭隘 [sīxiǎng xiá'ài].

borner ▪ **se borner à** vp+prép (se contenter de) 仅仅局限于 [jǐnjǐn júxiàn yú] ▸ **leurs relations se bornent à la courtoisie** 他们的关系仅限于礼仪之交 [tāmen de guānxi jǐn xiànyú lǐyí zhī jiāo] ▸ **je me borne à vous mettre en garde** 我仅仅想提醒您 [wǒ jǐnjǐn xiǎng tíxǐng nín].

bosniaque ♦ adj 波斯尼亚的 [Bōsīníyà de]. ♦ nmf 波斯尼亚人 [Bōsīníyà rén].

Bosnie-Herzégovine nf ▸ **la Bosnie-Herzégovine** 波斯尼亚–黑塞哥维那 [Bōsīníyà-Hēisàigēwéinà].

bosquet nm 小树林 [xiǎo shùlín].

bosse nf ❶ (enflure) 肿包 [zhǒngbāo] ▸ **se faire une bosse (à…)** (在……)磕了一个包 [(zài…) kē le yí ge bāo] ❷ (de chameau, de dromadaire) 驼峰 [tuófēng] ❸ (relief) 隆起 [lóngqǐ] ▸ **les creux et les bosses d'un terrain** 地面的凹凸不平 [dìmiàn de āotū bùpíng].

bosser *fam* vi 干活 [gànhuó].

bossu, e ♦ adj 驼背的 [tuóbèi de]. ♦ nm, f 驼背的人 [tuóbèi de rén].

botanique ♦ adj ➤ **jardin**. ♦ nf (science) 植物学 [zhíwùxué].

Botswana nm ▸ **le Botswana** 博茨瓦纳 [Bócíwǎnà].

botte nf ❶ (chaussure) ○ (cl. 只 [zhī]) 长统靴 [chángtǒng xuē] ▸ **une paire de bottes** 一双长统靴 [yì shuāng chángtǒng xuē] ▸ **botte de ou en caoutchouc** 橡胶靴 [xiàngjiāo xuē] ❷ (assemblage) 捆 [kǔn] ▸ **botte de radis** 一捆萝卜 [yì kǔn luóbo].

bouc nm ❶ (animal) ○ (cl. 只 [zhī]) 公山羊 [gōng shānyáng] ❷ (barbe) ○ (cl. 缕 [lǚ]) 山羊胡子 [shānyáng húzi] ▸ **avoir un bouc/porter le bouc** 长着一缕山羊胡子/留着山羊胡子 [zhǎngzhe yì lǚ shānyáng húzi/liúzhe shānyáng húzi]
◊ **bouc émissaire** 替罪羊 [tìzuìyáng].

bouche nf ❶ ANAT (cl. 张 [zhāng]) 嘴 [zuǐ] ▸ **ne parle pas la bouche pleine** 不要嘴里含着食物说话 [búyào zuǐli hánzhe shíwù shuōhuà] ❷ (ouverture) 口 [kǒu] ▸ **bouche d'aération** 通风口 [tōngfēng kǒu] ▸ **bouche d'égout** 下水道口 [xiàshuǐdào kǒu]
◊ **faire du bouche à bouche à qqn** 给某人做人工呼吸 [gěi mǒurén zuò réngōng hūxī] ▸ **de bouche à oreille** 口耳相传 [kǒuěr xiāngchuán].

bouché, e adj ▸ **l'évier est bouché** 洗碗槽堵了 [xǐwǎncáo dǔ le] ▸ **avoir le nez bouché** 鼻塞 [bí sāi].

bouchée nf 一口 [yì kǒu] ▸ **ne prends pas de si grosses bouchées** 别吃那么大口 [bié chī nàme dàkǒu]
◊ **pour une bouchée de pain** 非常便宜 [fēicháng piányi].

boucher[1] vt ❶ (remplir) 堵住 [dǔzhù] ▸ **le peintre a bouché les fissures avec de l'enduit** 漆匠用灰浆塞住了裂缝 [qījiàng yòng huījiāng sāizhù le lièfèng] ❷ (fermer avec un bouchon) 塞紧 [sāijǐn] ▸ **boucher une bouteille** 塞紧瓶口 [sāijǐn píng kǒu] ❸ (obstruer) 堵塞 [dǔsè] ▸ **un bus bouche la rue** 一辆公车堵塞了街道 [yí liàng gōngchē dǔsè le jiēdào].

boucher[2]**, ère** nm, f 肉店老板 [ròudiàn láobǎn].

boucherie nf ❶ (magasin) ○ (cl. 家 [jiā] ou 个 [gè]) 肉店 [ròudiàn] ❷ *fig* (carnage) ○ (cl. 场 [chǎng]) 屠杀 [túshā].

bouchon nm ❶ (pour obturer) 塞子 [sāizi] ▸ **bouchon de bouteille** 瓶塞 [píngsāi] ▸ **bouchon en liège** 软木塞 [ruǎnmùsāi] ❷ (de canne à pêche) 浮漂 [fúpiāo] ❸ (embouteillage) 交通堵塞 [jiāotōng dǔsè] ▸ **être coincé dans les bouchons** 被交通堵塞所困 [bèi jiāotōng dǔsè suǒkùn].

boucle nf ❶ (de ceinture) 扣 [kòu] ❷ (de cheveux) 卷发 [juǎnfà]
◊ **boucle d'oreille** 耳环 [ěrhuán].

bouclé, e adj ❶ (cheveux) 卷曲的 [juǎnqū de] ▸ **avoir les cheveux bouclés** 有一头卷发 [yǒu yì tóu juǎnfà] ❷ (personne) 长着卷发的 [zhǎngzhe juǎnfà de] ▸ **à quatre ans, elle était toute bouclée** 四岁时，她长着满头卷发 [sì suì shí, tā zhǎngzhe mǎntóu juǎnfà].

boucler ♦ vt ❶ (attacher) 系上 [jìshang] ▸ **boucler sa ceinture de sécurité** 系上安全带 [jìshang ānquándài] ❷ (fermer) 关上 [guānshang] ▸ **boucler sa valise** 扣上箱子 [kòushang xiāngzi] ❸ (encercler) 围住 [wéizhù] ▸ **boucler une rue** 戒严一条街 [jièyán yì tiáo jiē] ❹ (friser) 使……成环形 [shǐ… chéng huánxíng] ❺ (terminer) 结束 [jiéshù] ▸ **boucler un travail** 结束一项工作 [jiéshù yí xiàng gōngzuò]

◊ **boucle-la !** *fam* 闭嘴！ [bìzuǐ!].

♦ vi (头发)卷曲 [(tóufa) juǎnqū] ▸ **mes cheveux bouclent avec l'humidité** 我的头发因潮湿而卷曲 [wǒde tóufa yīn cháoshī ér juǎnqū].

bouclier nm (cl. 块 [kuài] ou 副 [fù]) 盾牌 [dùnpái]

◊ **un bouclier humain** 人盾 [rén dùn].

Bouddha npr 佛 [Fó].

bouddhisme nm 佛教 [fójiào] ▸ **se convertir au bouddhisme** 皈依佛教 [guīyī fójiào].

bouddhiste ♦ adj 佛教的 [fójiào de] ▸ **moine bouddhiste** 和尚 [héshang] ▸ **nonne bouddhiste** 尼姑 [nígū] ▸ **être bouddhiste** 信佛教 [xìn fójiào]. ♦ nmf 佛教徒 [fójiàotú].

bouder ♦ vi (être renfrogné) 赌气 [dǔqì] ▸ **bouder dans son coin** 待在一边赌气 [dāi zài yì biān dǔqì]. ♦ vt ▸ **bouder qqn** 和某人赌气 [hé mǒurén dǔqì].

boudin nm ❶ CULIN (cl. 根 [gēn]) 猪血香肠 [zhūxiě xiāngcháng] ❷ *tfam* & *péj* (personne laide) 丑八怪 [chǒubāguài].

boue nf 污泥 [wūní]

◊ **traîner qqn dans la boue** 毁坏某人的名誉 [huǐhuài mǒurén de míngyù].

bouée nf ❶ (balise) 浮标 [fúbiāo] ❷ (pour flotter) 浮水圈 [fúshuǐ quān] ▸ **bouée de sauvetage** 救生圈 [jiùshēng quān].

boueux, euse adj 泥泞的 [nínìng de].

bouffe nf *fam* ❶ (nourriture) 饭菜 [fàncài] ▸ **faire ou préparer la bouffe** 做饭 [zuòfàn] ❷ (repas) ▸ **une bouffe** 一顿饭 [yí dùn fàn] ▸ **se faire une bouffe** 一块儿吃顿饭 [yíkuàir chī dùn fàn].

bouffée nf ❶ (souffle) 一阵 [yí zhèn]；一股 [yì gǔ] ▸ **une bouffée d'air glacial entra dans la pièce** 一股寒气进入了房间 [yì gǔ hánqì jìnrù le fángjiān] ❷ (inhalation) 一口 [yì kǒu] ▸ **tirer une bouffée** 吸一口烟 [xī yì kǒu yān] ❸ (brusque accès) 突发 [tūfā] ▸ **avoir des bouffées de chaleur** (突然)感到阵热 [(tūrán) gǎndào zhènrè].

bouffer ♦ vi *fam* ▸ **on a super bien bouffé** 我们美美地撮了一顿 [wǒmen méiměi de cuō le yí dùn]. ♦ vt *fam* ▸ **qu'est-ce qu'on bouffe ce soir ?** 今晚咱们吃什么？ [jīnwǎn zánmen chī shénme?].

bouffi, e adj (gonflé) 肿胀的 [zhǒngzhàng de] ▸ **des yeux bouffis de sommeil** 因困乏而肿胀的眼睛 [yīn kùnfá ér zhǒngzhàng de yǎnjing] ▸ **un visage bouffi par l'alcool** 因喝酒而肿的脸 [yīn hējiǔ ér zhǒng de liǎn].

bouffon, onne nm ❶ THÉÂTRE 弄臣 [nòngchén] ❷ (pitre) 小丑 [xiáochǒu].

bougeoir nm 烛台 [zhútái].

bouger ♦ vt (déplacer) 移动 [yídòng]. ♦ vi ❶ (remuer) 移动 [yídòng] ▸ **arrêtez de bouger !** 别动了！ [biédòng le!] ❷ (sortir) 走动 [zǒudòng] ▸ **ne pas bouger de chez soi** 不出家门 [bù chū jiāmén] ❸ (changer) ▸ **le monde bouge vite** 世界变化快 [shìjiè biànhuà kuài] ▸ **faire bouger les choses** 让事情有进展 [ràng shìqing yǒu jìnzhǎn].

bougie nf ❶ (chandelle) ○ (cl. 根 [gēn] ou 支 [zhī]) 蜡烛 [làzhú] ▸ **allumer des bougies** 点蜡烛 [diǎn làzhú] ▸ **souffler les bougies** 吹蜡烛 [chuī làzhú] ▸ **bougies d'anniversaire** 生日蜡烛 [shēngri làzhú] ❷ (de moteur) 火花塞 [huǒhuāsāi].

bougon, onne adj 爱发牢骚的 [àifā láosao de].

bougonner vi 嘟囔 [dūnang].

bouillant, e adj ❶ (qui bout) 沸腾的 [fèiténg de] ▸ **l'eau bouillante** 沸水 [fèishuǐ]；开水 [kāishuǐ] ❷ (très chaud) 滚烫的 [gǔntàng de].

bouillie nf (aliment) 奶糊 [nǎihú].
■ **en bouillie** loc adv & loc adj 成糊状 [chéng húzhuàng] ▸ **réduire des légumes en bouillie** 把蔬菜绞烂 [bǎ shūcài jiǎolàn]
◊ **réduire qqn en bouillie** *fam* 把某人打个稀巴烂 [bǎ mǒurén dǎ ge xībālàn].

bouillir vi ❶ (être en ébullition) 沸腾 [fèiténg] ▸ **l'eau bout à 100 degrés** 水在100摄氏度沸腾 [shuǐ zài 100 Shèshìdù fèiténg] ❷ (cuire) 煮 [zhǔ].

bouilloire nf 开水壶 [kāishuǐ hú] ▸ **bouilloire électrique** 电热壶 [diànrè hú].

bouillon nm ❶ (bulle) (水开时冒出的)水泡 [(shuǐ kāi shí màochū de) shuǐpào] ▸ **faire cuire à gros bouillons** 用沸水煮 [yòng fèishuǐ zhǔ] ❷ (soupe) 汤 [tāng].

bouillotte nf 热水袋 [rèshuǐdài].

boulanger, ère nm, f 面包师 [miànbāoshī].

boulangerie nf (cl. 家 [jiā] ou 个 [gè]) 面包店 [miànbāodiàn].

boule nf 球 [qiú] ▸ **boule de neige** 雪球 [xuěqiú] ▸ **faire une bataille de boules de neige** 打雪仗 [dǎ xuězhàng]
◊ **se mettre en boule** 发火 [fāhuǒ] ▸ **faire boule de neige** (滚雪球般)越来越大 [(gúnxuěqiúbān) yuèlái yuèdà] ▸ **c'est une histoire qui a fait boule de neige** 这件事滚雪球般越闹越大 [zhè jiàn shì gúnxuěqiúbān yuènào yuèdà] ▸ **perdre la boule** 失去理智 [shīqù lǐzhì] ▸ **donner un coup de boule** 重击头部 [zhòngjī tóubù].
■ **boules** nfpl (pétanque) ▸ **jouer aux boules** 玩滚球游戏 [wán gǔnqiú yóuxì]
◊ **avoir les boules** *tfam* 害怕 [hàipà].

bouleau nm (cl. 棵 [kē]) 桦树 [huàshù].

bouledogue nm (cl. 只 [zhī] ou 条 [tiáo]) 叭喇狗 [bālagǒu].

boulet nm ❶ (de canon) ○ (cl. 颗 [kē]) (圆)炮弹 [(yuán) pàodàn] ❷ (de forçat) 铁球 [tiěqiú]
◊ **être un boulet pour qqn** 拖累某人 [tuōlèi mǒurén] ▸ **quel boulet !** 真是个累赘！ [zhēn shì ge léizhuì!].

boulette nf ❶ (petite boule) 小球 [xiǎo qiú] ▸ **boulettes de papier** 小纸团 [xiǎo zhǐ tuán] ❷ (de nourriture) 丸子 [wánzi] ▸ **boulette de bœuf** 牛肉丸子 [niúròu wánzi]
◊ **faire une boulette** *fam* 犯错误 [fàn cuòwù].

boulevard nm (cl. 条 [tiáo]) 大道 [dàdào] ▸ **le boulevard périphérique** 环城大道 [huánchéng dàdào].

bouleversant, e adj 令人震惊的 [lìngrén zhènjīng de] ▸ **un souvenir bouleversant** 一个震撼人的回忆 [yí ge zhènhànrén de huíyì].

bouleversement nm (cl. 次 [cì] ou 场 [chǎng]) 动荡 [dòngdàng] ▸ **le décès de son père a été un bouleversement dans sa vie** 他父亲的去世曾是他生命中的一次动荡 [tā fùqin de qùshì céng shì tā shēngmìng zhōng de yí cì dòngdàng] ▸ **bouleversements politiques** 政治动乱 [zhèngzhì dòngluàn].

bouleverser vt ❶ (émouvoir) ▸ **sa beauté me bouleverse** 她的美貌使我神魂颠倒 [tāde měimào shǐ wǒ shénhún diāndǎo] ▸ **ce livre m'a bouleversé** 这本书让我心神不宁 [zhè běn shū ràng wǒ xīnshén bùníng] ❷ (modifier) 打乱 [dǎluàn] ▸ **bouleverser ses projets** 打乱计划 [dǎluàn jìhuà].

boulier nm 算盘 [suànpán] ▸ **se servir d'un boulier** 打算盘 [dǎ suànpán].

boulon nm (cl. 颗 [kē] ou 枚 [méi] ou 个 [gè]) 螺钉 [luódīng].

boulot nm *fam* 活儿 [huór] ▸ **aller au boulot** 去干活儿 [qù gànhuór] ▸ **faire des petits boulots** 打小工 [dǎ xiǎogōng]
◊ **au boulot !** 开工！ [kāigōng!] ▸ **il y a du boulot !** 颇费工夫！ [pō fèi gōngfu!] ▸ **faire le sale boulot** 干坏事 [gàn huàishì].

boum nf *fam* & *vieilli* (cl. 次 [cì] ou 场 [chǎng] ou 个 [gè]) 舞会 [wǔhuì].

bouquet nm ❶ (de fleurs) ○ (cl. 捧 [pěng]) 花束 [huāshù] ▸ **faire un bouquet** 扎一束花 [zhā yí shù huā] ❷ CULIN ▸ **bouquet garni** 调味香料 [tiáowèi xiāngliào].

bouquin nm *fam* (cl. 本 [běn]) 书 [shū].

bouquiner vi & vt 读书 [dúshū] ▸ **passer son temps à bouquiner** 将时间用于啃书本 [jiāng shíjiān yòngyú kěn shūběn].

bourbier nm *fig* 困境 [kùnjìng] ▸ **je n'arrive pas à me sortir de ce bourbier** 我摆脱不了这个困境 [wǒ bǎituō bùliǎo zhè ge kùnjìng].

bourde nf ▸ **faire une bourde** 干一件蠢事 [gàn yí jiàn chǔnshì].

bourdonnement nm ❶ (bruit d'insecte) (昆虫的)嗡嗡声 [(kūnchóng de) wēngwēngshēng] ▸ **bourdonnement d'insecte** 嗡嗡虫鸣 [wēngwēng chóngmíng] ❷ (bruit sourd) 轰鸣声 [hōngmíngshēng] ▸ **le bourdonnement des machines** 机器的轰鸣声 [jīqì de hōngmíngshēng] ▸ **un bourdonnement s'échappait du bureau** 嘈杂声从办公室传来 [cáozáshēng cóng bàngōngshì chuánlái] ❸ MÉD ▸ **bourdonnement d'oreille** 耳鸣 [ěr míng].

bourgeois, e ♦ adj 资产阶级的 [zīchǎnjiējí de] ▸ **un quartier bourgeois** 一个富人区 [yí ge fùrén qū]. ♦ nm, f 有产者 [yóuchǎnzhě] ▸ **petit bourgeois** 小资 [xiǎo zī].

bourgeoisie nf 资产阶级 [zīchǎnjiējí] ▸ **la haute bourgeoisie** 上层资产阶级 [shàngcéng zīchǎnjiējí].

bourgeon nm BOT 芽 [yá] ▸ **les bourgeons apparaissent au printemps** 春天发芽 [chūntiān fāyá].

Bourgogne nf ▸ **la Bourgogne** 勃艮第(地区) [Bógèndì (dìqū)].

bourrage ▪ **bourrage de crâne** nm *fam* (propagande) 洗脑 [xǐnǎo].

bourré, e adj *fam* ❶ (plein) ▸ **bourré de...** 塞满……的 [sāimǎn... de] ▸ **une valise bourrée de livres** 一个塞满书的旅行箱 [yí ge sāimǎn shū de lǚxíngxiāng] ❷ *fam* (ivre) 喝醉的 [hēzuì de].

bourreau nm HIST 刽子手 [guìzishǒu] ◊ **bourreau de travail** 工作狂 [gōngzuòkuáng].

bourrelet nm 赘肉 [zhuìròu] ▸ **avoir des bourrelets** 长赘肉 [zhǎng zhuìròu].

bourrer vt ❶ (remplir) 装满 [zhuāngmǎn] ▸ **bourrer une valise** 装满一个手提箱 [zhuāngmǎn yí ge shǒutíxiāng] ❷ (gaver) 硬塞 [yìng sāi] ▸ **elle bourre ses enfants de nourriture** 她硬给孩子们塞吃的 [tā yìng gěi háizimen sāi chīde].

▪ **se bourrer** vp *fam* (se gaver) ▸ **se bourrer de** 吃过多的…… [chī guòduō de...].

bourrique nf ❶ (ânesse) ○ (cl. 头 [tóu]) 驴 [lǘ] ❷ *fam* (personne) (顽固得)像头驴的人 [(wángù de) xiàng tóu lǘ de rén] ▸ **quelle bourrique ce gamin!** 这小孩顽固得像头驴! [zhè xiǎohái wángùde xiàng tóu lǘ!] ◊ **faire tourner qqn en bourrique** 耍弄某人 [shuǎnòng mǒurén].

bourru, e adj (peu aimable) 性情孤僻的 [xìngqíng gūpì de].

bourse nf (d'études) ○ (cl. 份 [fèn] ou 笔 [bǐ]) 助学金 [zhùxuéjīn] ▸ **obtenir une bourse** 获得一份助学金 [huòdé yí fèn zhùxuéjīn].

▪ **Bourse** nf FIN 交易所 [jiāoyìsuǒ] ▸ **la Bourse de Paris** 巴黎证券交易所 [Bālí zhèngquàn jiāoyìsuǒ] ▸ **la Bourse** 股市 [gǔshì] ▸ **société côtée en Bourse** 上市公司 [shàngshì gōngsī].

boursier, ère ♦ adj ❶ (élève) 获得助学金的 [huòdé zhùxuéjīn de] ❷ FIN 交易所的 [jiāoyìsuǒ de] ▸ **cours boursier** 交易所行情 [jiāoyìsuǒ hángqíng] ▸ **opération boursière** 交易所业务 [jiāoyìsuǒ yèwù]. ♦ nm, f (élève) 助学金获得者 [zhùxuéjīn huòdézhě].

boursouflé, e adj 肿胀的 [zhǒngzhàng de] ▸ **un visage boursouflé** 肿胀的脸 [zhǒngzhàng de liǎn].

bousculade nf (人群)拥挤 [(rénqún) yōngjǐ].

bousculer vt ❶ (heurter) 撞 [zhuàng] ▸ **il m'a bousculé en sortant du magasin** 他从商店出来时撞了我 [tā cóng shāngdiàn chūlái shí zhuàng le wǒ] ❷ (presser) 催促 [cuīcù] ▸ **ne me bouscule pas comme ça!** 不要这样催我! [búyào zhèyàng cuī wǒ!] ❸ (changer) 搅乱 [jiǎoluàn] ▸ **bousculer des habitudes** 打乱生活习惯 [dǎluàn shēnghuó xíguàn].

▪ **se bousculer** vp (se pousser) 互相挤来挤去 [hùxiāng jǐlái jǐqù].

bousiller vt *fam* (abîmer) 弄坏 [nònghuài] ▸ **il a bousillé ma voiture** 他弄坏了我的车 [tā nònghuài le wǒde chē].

boussole nf 指南针 [zhǐnánzhēn].

bout nm ❶ (morceau) ▸ **un bout de papier** 一小张纸 [yì xiǎozhāng zhǐ] ▸ **un bout de pain** 一块面包 [yí kuài miànbāo] ▸ **un bon bout de**

temps 好长一段时间 [hǎo cháng yí duàn shíjiān] ❷ (extrémité) 端 [duān] ▸ **bout du nez** 鼻尖 [bíjiān] ❸ (fin) 尽头 [jìntóu] ▸ **arriver au bout du chemin** 到路的尽头 [dào lù de jìntóu] ▸ **au bout d'un moment** 在一段时间以后 [zài yí duàn shíjiān yǐhòu] ▸ **je tiendrai jusqu'au bout** 我要坚持到底 [wǒ yào jiānchí dàodǐ]

◊ **être à bout** 到了极限 [dào le jíxiàn] ▸ **à bout de souffle** 精疲力尽 [jīngpí lìjìn].

bouteille nf (玻璃)瓶 [(bōli) píng] ▸ **une bouteille de vin rouge** 一瓶红酒 [yì píng hóngjiǔ] ▸ **boire à la bouteille** 用瓶子喝 [yòng píngzi hē] ▸ **bouteille de plongée** 钢瓶 [gāng píng] ▸ **bouteille d'oxygène** 氧气瓶 [yǎngqì píng].

boutique nf (cl. 间 [jiān] ou 家 [jiā] ou 个 [gè]) 店铺 [diànpù] ▸ **je préfère les petites boutiques aux grands magasins** 比起大商场，我更喜欢小商店 [bíqǐ dàshāngchǎng, wǒ gèng xǐhuān xiǎoshāngdiàn].

bouton nm ❶ COUT (cl. 颗 [kē] ou 个 [gè]) 扣子 [kòuzi] ❷ (bourgeon) 花蕾 [huālěi]; 花苞 [huābāo] ▸ **en boutons** 含苞欲放 [hánbāo yù fàng] ❸ (sur la peau) ▸ **avoir un bouton** 长了一个包 [zhǎngle yí ge bāo] ▸ **visage couvert de boutons** 长满疱疹的脸 [zhángmǎn pàozhěn de liǎn] ❹ (commutateur) 按钮 [ànniǔ] ▸ **appuyer sur un bouton** 按一个按钮 [àn yí ge ànniǔ].

boutonner vt 扣纽扣 [kòu niǔkòu] ▸ **boutonner sa chemise** 扣上一件大衣的纽扣 [kòushang yí jiàn dàyī de niǔkòu].

boutonneux, euse adj 有疱疹的 [yǒu pàozhěn de] ▸ **un visage boutonneux** 一张长痘痘的脸 [yì zhāng zhǎng dòudòu de liǎn].

boutonnière nf (de vêtement) 扣眼 [kòuyǎn].

bovin, e ♦ adj ❶ (animal) 牛的 [niú de] ▸ **élevage bovin** 牛的饲养 [niú de sìyǎng] ❷ *fig* (sans intelligence) 呆滞无神的 [dāizhì wúshén de] ▸ **avoir un regard bovin** 目光呆滞无神 [mùguāng dāizhì wúshén]. ♦ nm ZOOL 牛科 [niú kē].

bowling nm ❶ (jeu) 保龄球 [bǎolíngqiú] ▸ **jouer au bowling** 打保龄球 [dǎ bǎolíngqiú] ❷ (lieu) 保龄球场 [bǎolíngqiúchǎng].

box nm inv ❶ (garage) 个人车库 [gèrén chēkù] ❷ (d'écurie) 马厩栏 [mǎjiù lán] ❸ DR ▸ **le box des accusés** 被告席 [bèigàoxí].

boxe nf 拳击 [quánjī] ▸ **faire de la boxe** 打拳击 [dǎ quánjī].

boxer[1] vi 打拳击 [dǎ quánjī].

boxer[2] nm (chien) ○ (cl. 只 [zhī] ou 条 [tiáo]) 斗拳狗 [dòuquán gǒu].

boxeur, euse nm, f (cl. 个 [gè] ou 名 [míng]) 拳击手 [quánjīshǒu].

boyau, x nm (intestin) ○ (cl. 段 [duàn] ou 条 [tiáo]) 肠衣 [chángyī].

boycotter vt ▸ **boycotter des produits** 抵制货物 [dǐzhì huòwù] ▸ **boycotter des élections** 拒绝参加竞选 [jùjué cānjiā jìngxuǎn].

BP (abr de **boîte postale**) nf inv 邮箱 [yóuxiāng].

bracelet nm ❶ (bijou) ▸ **un bracelet de perles** 珍珠手链 [zhēnzhū shǒuliàn] ▸ **un bracelet en jade** 玉镯 [yùzhuó] ❷ (de montre) ○ (cl. 条 [tiáo]) 表带 [biǎodài].

braconner vi 偷猎 [tōuliè].

brader vt 廉价出售 [liánjià chūshòu] ▸ **brader les articles invendus** 甩卖存货 [shuǎimài cúnhuò].

braderie nf 旧货集市 [jiùhuò jíshì] ▸ **organiser une braderie** 举办一次旧货集市 [jǔbàn yí cì jiùhuò jíshì].

braguette nf 裤子前面的开裆 [kùzi qiánmian de kāidāng] ▸ **fermer sa braguette** 拉上裤子的开裆 [lāshang kùzi de kāidāng].

braille nm 布莱叶盲文 [Bùláiyè mángwén] ▸ **en braille** 盲文的 [mángwén de] ▸ **lire le braille** 识别盲文 [shíbié mángwén].

brailler *fam* & *péj* vi 大喊大叫 [dàhǎn dàjiào].

braire vi (crier pour un âne) 驴叫 [lǘjiào].

braise nf 火炭 [huǒtàn].

▪ **de braise** loc adj 炯炯有神的 [jiǒngjiǒngyǒushén de] ▸ **regard de braise** 炯炯有神的目光 [jiǒngjiǒngyǒushén de mùguāng].

brancard nm (cl. 副 [fù]) 担架 [dānjià].

brancardier, ère nm, f 抬担架者 [tái dānjià zhě].

branchages nmpl (cl. 根 [gēn]) 树枝 [shùzhī] ▸ **ramasser des branchages** 捡树枝 [jiǎn shùzhī].

branche nf ❶ BOT (cl. 根 [gēn]) 树枝 [shùzhī] ❷ (secteur, discipline) 门类 [ménlèi] ▸ **les différentes branches de l'enseignement** 教育的不同门类 [jiàoyù de bùtóng ménlèi] ▸ **branche d'activité** 工作的部门 [gōngzuò de bùmén].

branché, e adj *fam* 时髦的 [shímáo de] ▸ **magasin branché** 时尚的商店 [shíshàng de shāngdiàn].

branchement nm 接通 [jiētōng].

brancher vt ❶ (raccorder) 接通 [jiētōng] ▸ **brancher l'eau/le gaz/l'électricité** 接通水/煤气/电 [jiētōng shuǐ/méiqì/diàn] ▸ **brancher un appareil sur le réseau électrique** 把一台机器接通电源 [bǎ yì tái jīqì jiētōng diànyuán] ❷ *fam* (plaire à) ▸ **ça te branche d'aller au resto chinois ?** 你乐意去中国餐馆吗？ [nǐ lèyì qù Zhōngguó cānguǎn ma?] ▸ **ce garçon me branche** 我喜欢这个男孩 [wǒ xǐhuān zhè ge nánhái] ❸ *fam* (aborder) 搭讪 [dāshàn] ▸ **une fille m'a branché dans la rue** 一个女孩在路上和我搭讪 [yí ge nǚhái zài lùshang hé wǒ dāshàn] ▸ **se faire brancher par qqn** 某人向我搭讪 [mǒurén xiàng wǒ dāshàn].

brandir vt 挥舞 [huīwǔ] ▸ **brandir un étendard** 挥舞一面旗帜 [huīwǔ yí miàn qízhì] ▸ **brandir une arme** 挥动武器 [huīdòng wǔqì].

branlant, e adj (peu stable) 摇晃的 [yáohuàng de].

braquage nm 持械抢劫 [chíxiè qiǎngjié] ▸ **le braquage d'une banque** 对一家银行的持械抢劫 [duì yì jiā yínháng de chí xiè qiǎngjié].

braquer ♦ vt ❶ (diriger) 瞄准 [miáozhǔn] ▸ **braquer une arme sur qqn** 把武器对准某人 [bǎ wǔqì duìzhǔn mǒurén] ❷ (fixer) 凝视 [níngshì] ▸ **braquer le regard sur qqn** 把目光投向某人 [bǎ mùguāng tóuxiàng mǒurén] ❸ *fam* (attaquer à main armée) 持械抢劫 [chíxiè qiǎngjié]. ♦ vi (汽车)转弯 [(qìchē) zhuǎnwān] ▸ **braquer à droite** 向右转 [xiàng yòu zhuǎn] ▸ **braquer à gauche** 向左转 [xiàng zuǒ zhuǎn].

■ **se braquer** vp (se buter) 赌气 [dǔqì].

bras nm ❶ ANAT 胳膊 [gēbo] ▸ **avoir mal au bras** 胳膊疼 [gēbo téng] ▸ **prendre qqn dans ses bras** 拥抱某人 [yōngbào mǒurén] ▸ **serrer qqn dans ses bras** 把某人紧紧抱在怀中 [bǎ mǒurén jǐnjǐn bào zài huáizhōng] ❷ (de fauteuil) 扶手 [fúshǒu] ❸ (main-d'œuvre) 人手 [rénshǒu] ▸ **on manque de bras dans cette entreprise** 这个公司缺少人手 [zhè ge gōngsī quēshǎo rénshǒu] ❹ (de cours d'eau) ○ (cl. 条 [tiáo]) 支流 [zhīliú] ▸ **un bras de mer** 海湾 [hǎiwān]

◊ **être le bras droit de qqn** 是某人的左膀右臂 [shì mǒurén de zuóbǎngyòubì] ▸ **baisser les bras** 气馁 [qìněi] ▸ **rester les bras croisés** 无动于衷 [wúdòngyúzhōng].

brasier nm 烈火 [lièhuǒ].

bras-le-corps ■ **à bras-le-corps** loc adv 拦腰抱住 [lányāo bàozhù] ▸ **saisir qqn à bras-le-corps** 拦腰抱住某人 [lányāo bàozhù mǒurén].

brassard nm (cl. 个 [gè]) 臂章 [bìzhāng] ▸ **porter un brassard** 佩戴臂章 [pèidài bìzhāng].

brasse nf 蛙泳 [wāyǒng] ▸ **nager la brasse** 游蛙泳 [yóu wāyǒng].

brasser vt ❶ (de la bière) 酿造 [niàngzào] ▸ **brasser la bière** 酿造啤酒 [niàngzào píjiǔ] ❷ (mélanger) 搅动 [jiǎodòng] ▸ **le ventilateur brasse l'air** 风扇搅动着空气 [fēngshàn jiǎodòngzhe kōngqì]

◊ **brasser de l'air** 装模作样（干活）[zhuāngmó zuòyàng (gànhuó)] ▸ **brasser de l'argent** 掌管钱财 [zhángguǎn qiáncái].

brasserie nf ❶ (usine) ○ (cl. 家 [jiā] ou 个 [gè]) 啤酒厂 [píjiúchǎng] ❷ (restaurant) ○ (cl. 家 [jiā] ou 个 [gè]) 小餐馆 [xiǎo cānguǎn].

brasseur, euse nm, f (cl. 位 [wèi] ou 个 [gè] ou 名 [míng]) 啤酒酿造者 [píjiǔ niàngzàozhě].

bravade nf 虚张声势 [xūzhāng shēngshì] ▸ **par bravade** 吓唬 [xiàhu].

brave adj ❶ (courageux) 勇敢的 [yónggǎn de] ▸ **un homme brave** 一个勇敢的人 [yíge yónggǎn de rén] ❷ (honnête) 正直的 [zhèngzhí de] ▸ **un brave homme** 正直的人 [zhèngzhí de rén].

braver vt (affronter courageusement) 抵御 [dǐyù] ▸ **braver le danger** 抵御危险 [dǐyù wēixiǎn].

bravo interj 好！棒极了！ [hǎo! bàng jí le!] ▸ **tu as très bien joué dans cette pièce, bravo !** 你在这个剧中表演得真好，太精彩了！[nǐ zài zhè ge jù zhōng biáoyǎn de zhēn hǎo, tài jīngcǎi le!] ▸ **bravo pour ta réussite !** 祝贺你成功！ [zhùhè nǐ chénggōng!].

bravoure nf 勇敢 [yónggǎn] ▸ **avec bravoure** 勇敢地 [yónggǎn de].

break nm ❶ (voiture) ○ (cl. 辆 [liàng]) 客货两用车 [kèhuò liǎngyòng chē] ❷ (pause) 短暂的休息 [duǎnzàn de xiūxi] ▸ **faire un break** 短暂休息 [duǎnzàn xiūxi].

brebis nf (cl. 头 [tóu] ou 只 [zhī]) 母羊 [mǔyáng].

brèche nf (cl. 个 [gè]) 缺口 [quēkǒu] ▸ **colmater une brèche** 堵住缺口 [dǔzhù quēkǒu].

bredouiller vt 嘟囔 [dūnang] ▸ **bredouiller des excuses** 嘟嘟囔囔地表示歉意 [dūdu nāngnang de biǎoshì qiànyì] ▸ **bredouiller un compliment** 含混不清地说着恭维的话 [hánhùn bùqīng de shuōzhe gōngwéi de huà].

bref, brève adj ❶ (de courte durée) 短 [duǎn] ▸ **notre séjour ici fut bref** 我们在这儿的逗留很短 [wǒmen zài zhèr de dòuliú hěn duǎn] ❷ (concis) 简短 [jiánduǎn] ▸ **soyez bref !** 说得简短些！ [shuō de jiánduǎn xiē!].

▪ **bref** adv 总之 [zǒngzhī] ▸ **bref, il a refusé** 总之，他拒绝了 [zǒngzhī, tā jùjué le].

Brésil nm ▸ **le Brésil** 巴西 [Bāxī].

brésilien, enne adj 巴西的 [bāxī de].

Bretagne nf ▸ **la Bretagne** 布列塔尼 [Bùliètǎní].

bretelle nf ❶ (raccordement) ▸ **bretelle d'autoroute** (高速公路与普通公路的)联接道 [(gāosù gōnglù yǔ pǔtōng gōnglù de) liánjiē dào] ❷ (de robe, de soutien-gorge) 吊带 [diàodài] ▸ **une robe à bretelles** 吊带长裙 [diàodài chángqún].

▪ **bretelles** nmpl ❶ (de pantalon) 背带 [bēidài] ▸ **porter des bretelles** 穿背带裤 [chuān bēidàikù] ❷ (bandes de cuir ou de tissu) 带子 [dàizi] ▸ **les bretelles d'un sac à dos** 背包的带子 [bēibāo de dàizi].

breuvage nm (cl. 种 [zhǒng]) (配方特殊或味道怪的) 饮料 [(pèifāng tèshū huò wèidao guài de) yǐnliào].

brevet nm ❶ (certificat) ○ (cl. 张 [zhāng]) 证书 [zhèngshū] ▸ **passer un brevet de qqch** 考取某种证书 [káoqǔ mǒu zhǒng zhèngshū] ▸ **brevet de pilote** 飞行员执照 [fēixíngyuán zhízhào] ▸ **brevet de secourisme** 急救执照 [jíjiù zhízhào] ❷ (diplôme) ▸ **brevet des collèges** 初中毕业证书 [chūzhōng bìyè zhèngshū] ❸ (d'invention) 专利 [zhuānlì] ▸ **déposer un brevet (d'invention)** 注册(发明)专利 [zhùcè (fāmíng) zhuānlì].

breveter vt 授予专利 [shòuyǔ zhuānlì] ▸ **breveter une invention** 给一项发明授以专利 [gěi yí xiàng fāmíng shòuyǐ zhuānlì] ▸ **faire breveter qqch** 为……申请专利 [wèi… shēnqǐng zhuānlì].

bribes nfpl 片段 [piànduàn] ▸ **des bribes de conversation** 谈话的片段 [tánhuà de piànduàn].

bricolage nm ❶ (travaux) 修修补补的活儿 [xiūxiūbúbǔ de huór] ▸ **faire du bricolage** 干些修修补补的活儿 [gàn xiē xiūxiūbúbǔ de huór] ❷ (rafistolage) 凑和的活儿 [còuhe de huór] ▸ **c'est du bricolage** 这可够凑和的 [zhè kěgòu còuhe de].

bricole nf ❶ (babiole) 小玩意儿 [xiǎowányìr] ▸ **acheter une bricole en souvenir** 买一个作纪念用的小玩意儿 [mǎi yí ge zuò jìniàn yòngde xiǎowányìr] ❷ (chose insignifiante) 小事 [xiǎoshì] ▸ **se disputer pour des bricoles** 为一些小事争吵 [wèi yìxiē xiǎoshì zhēngchǎo].

bricoler ♦ vi 修修补补 [xiūxiūbúbǔ] ▸ **il passe tous ses week-ends à bricoler** 他每个周末都在家干些修修补补的活儿 [tā měi ge zhōumò dōu zài jiā gàn xiē xiūxiūbúbǔ de huór]. ♦ vt 简单修理 [jiǎndān xiūlǐ] ▸ **j'ai bricolé la radio et elle a l'air de fonctionner** 我简单修理了一下录音机，它看起来行了 [wǒ jiǎndān xiūlǐ le yí xià lùyīnjī, tā kànqǐlái xíngle].

bricoleur, euse nm, f 喜欢修修补补的人 [xǐhuān xiūxiūbúbǔ de rén].

bride nf (de cheval) 缰绳 [jiāngshéng]
◊ **courir à bride abattue** 疾驰 [jíchí] ▸ **tenir la bride à qqn** 管束某人的行动 [guǎnshù mǒurén de xíngdòng].

brièvement adv 简要地 [jiǎnyào de] ▸ **elle m'a brièvement expliqué la situation** 她简短地向我解释了局势 [tā jiánduǎn de xiàng wǒ jiěshì le júshì].

brièveté nf 简要 [jiǎnyào] ▸ **la brièveté d'un discours** 简明扼要的演说 [jiǎnmíng éyào de yǎnshuō].

brigade nf ❶ MIL 旅 [lǚ] ▸ **brigade de chars** 坦克旅 [tǎnkè lǚ] ❷ (corps de police) 特种警队 [tèzhǒng jǐngduì] ▸ **brigade de gendarmerie** 宪兵队 [xiànbīngduì] ▸ **brigade des mineurs** 少年犯罪警察部队 [shàonián fànzuì jǐngchá bùduì] ▸ **brigade des stups** 缉毒刑警大队 [jīdú xíngjǐng dàduì].

brigand nm (bandit) ○ (cl. 个 [gè]) 强盗 [qiángdào].

brillamment adv 出色地 [chūsè de] ▸ **réussir brillamment un examen** 出色地通过考试 [chūsè de tōngguò kǎoshì].

brillant, e adj ❶ (qui brille) 闪光的 [shǎnguāng de] ▸ **une soie brillante** 闪光的丝绸 [shǎnguāng de sīchóu] ❷ (remarquable) 杰出的 [jiéchū de] ▸ **faire une brillante carrière** 事业上十分成功 [shìyè shàng shífēn chénggōng] ▸ **un élève brillant** 一个出色的学生 [yí ge chūsè de xuésheng].
■ **brillant** nm (diamant) ○ (cl. 颗 [kē] ou 粒 [lì]) 钻石 [zuànshí] ▸ **ma bague a deux brillants** 我的戒指上有两颗钻石 [wǒde jièzhi shàng yǒu liǎng kē zuànshí].

briller vi ❶ (avoir de l'éclat) 发亮 [fāliàng] ▸ **des yeux qui brillent** 炯炯有神的眼睛 [jiǒngjiǒngyǒushén de yǎnjing] ▸ **les étoiles brillent dans le ciel** 星星在天上闪烁 [xīngxīng zài tiānshàng shǎnshuò] ▸ **faire briller qqch** 使某物发亮 [shǐ mǒuwù fāliàng] ▸ **faire briller l'argenterie** 把银器擦亮 [bǎ yínqì cāliàng] ❷ *fig* (se distinguer) 出众 [chūzhòng] ▸ **briller à un examen** 考试成绩出色 [kǎoshì chéngjì chūsè] ▸ **briller en société** 在社会上表现突出 [zài shèhuì shàng biǎoxiàn tūchū] ▸ **briller par son intelligence** 因聪明而出众 [yīn cōngming ér chūzhòng].

brimer vt 欺负 [qīfu] ▸ **brimer ses employés** 欺负员工 [qīfu yuángōng] ▸ **se sentir brimé** 感觉受到欺负 [gǎnjué shòudào qīfu].

brin nm ❶ (petite tige) ▸ **un brin de muguet** 一枝铃兰 [yì zhī línglán] ▸ **un brin d'herbe** 一棵草 [yì kē cǎo] ▸ **un brin de paille** 一根麦秆 [yì gēn màigǎn] ❷ (petite quantité) 一点儿 [yìdiǎnr] ▸ **un brin de folie** 有点儿疯 [yóudiǎnr fēng] ▸ **faire un brin de toilette** 简单梳理一下 [jiǎndān shūlǐ yí xià].

brindille nf (cl. 根 [gēn]) 干树枝 [gān shùzhī] ▸ **ramasser des brindilles** 捡干树枝 [jiǎn gān shùzhī].

brio nm 才华 [cáihuá] ▸ **avec brio** 有才华 [yǒu cáihuá] ▸ **parler avec brio** 说话生动 [shuōhuà shēngdòng].

brioche nf 黄油面包 [huángyóu miànbāo].

brique nf ❶ (pierre) 砖 [zhuān] ▸ **en brique(s)** 用砖砌的 [yòng zhuān qì de] ▸ **une maison en briques** 砖房 [zhuānfáng] ❷ (produit) 盒 [hé] ▸ **brique de soupe** 一盒汤 [yì hé tāng] ▸ **brique de lait** 一盒牛奶 [yì hé niúnǎi].

briquet nm 打火机 [dáhuǒjī] ▸ **allumer la bougie avec un briquet** 用打火机点蜡烛 [yòng dáhuǒjī diǎn làzhú].

brise nf 微风 [wēifēng] ▸ **une légère brise** 一阵轻柔的微风 [yí zhèn qīngróu de wēifēng].

briser vt ❶ (casser) 打碎 [dǎsuì] ▸ **briser un vase** 打碎一只花瓶 [dǎsuì yì zhī huāpíng] ▸ **briser une vitre** 打碎一块（门窗)玻璃 [dǎsuì yí kuài (ménchuāng) bōli] ❷ (anéantir) 摧毁 [cuīhuǐ]; 破坏 [pòhuài] ▸ **briser une grève** 破坏罢工 [pòhuài bàgōng] ▸ **briser la carrière de qqn** 断送某人的前程 [duànsòng mǒurén de qiánchéng]
◊ **briser le cœur de qqn** 伤某人的心 [shāng mǒurén de xīn].

britannique adj 英国的 [Yīngguó de].
■ **Britannique** nmf 英国人 [Yīngguórén].

brocante nf ❶ (marché) ○ (cl. 个 [gè]) 旧货市场 [jiùhuò shìchǎng] ▸ **sur une brocante** 在

一个旧货市场 [zài yí ge jiùhuò shìchǎng] ❷ (magasin) ○ (cl. 家 [jiā]) 旧货店 [jiùhuòdiàn] ▸ **dans une brocante** 在一家旧货店 [zài yì jiā jiùhuòdiàn].

broche nf ❶ (bijou) 胸针 [xiōngzhēn] ❷ CULIN 烤肉的铁扦 [kǎoròu de tiěqiān] ▸ **à la broche** 串在铁扦上 [chuàn zài tiěqiān shàng] ❸ MÉD 钢钉 [gāngdīng].

broché, e adj 简装的 [jiǎnzhuāng de] ▸ **un livre broché** 简装书 [jiǎnzhuāng shū].

brochette nf ❶ (ustensile, plat) (烤肉等用的)小铁扦 [(kǎoròu děng yòng de) xiǎo tiěqiān]; (串在小铁扦上烤的)肉/鱼 [(chuàn zài xiǎo tiěqiān shàng kǎo de) ròu / yú] ▸ **brochette de viande** (cl. 串 [chuàn]) 烤肉串 [kǎoròu chuàn] ▸ **manger des brochettes d'agneau** 吃烤羊肉串 [chī kǎoyángròu chuàn] ❷ *fam* (groupe) 一群 [yì qún] ▸ **une brochette de candidats** 一群候选人 [yì qún hòuxuǎnrén].

brochure nf COMM ▸ **brochure publicitaire** 小册子 [xiǎocèzi].

brocoli nm 花椰菜 [huāyēcài].

broder ♦ vt (tissu) 刺绣 [cìxiù] ▸ **broder un mouchoir** 绣一块手帕 [xiù yí kuài shǒupà]. ♦ vi (exagérer) 夸张 [kuāzhāng] ▸ **raconter sa vie en brodant un peu** 有点夸张地叙述生活 [yóudiǎn kuāzhāng de xùshù shēnghuó].

broderie nf ❶ (art) 刺绣 [cìxiù] ▸ **faire de la broderie** 做刺绣活儿 [zuò cìxiù huór] ❷ (ouvrage) 刺绣品 [cì xiùpǐn] ▸ **sa robe est ornée de broderies** 她裙子上有刺绣的图案作点缀 [tā qúnzi shàng yǒu cìxiù de tú'àn zuò diǎnzhuì].

bronzage nm ❶ (fait de bronzer) 成为古铜色 [chéngwéi gǔtóngsè] ❷ (couleur) 古铜色 [gǔtóngsè] ▸ **mon bronzage a déjà disparu** 我皮肤的古铜色已经消失了 [wǒ pífū de gǔtóngsè yǐjīng xiāoshī le].

bronze nm ❶ (métal) 青铜 [qīngtóng] ▸ **en bronze** 青铜的 [qīngtóng de] ▸ **un vase en bronze** 一个青铜瓶 [yí ge qīngtóng píng] ▸ **médaille de bronze** 铜牌 [tóngpái] ▸ **l'âge du bronze** 青铜时代 [Qīngtóng Shídài] ❷ (objet) 青铜艺术品 [qīngtóng yìshùpǐn] ▸ **un bronze de Rodin** 一件罗丹的青铜作品 [yí jiàn Luódān de qīngtóng zuòpǐn].

bronzé, e adj 晒黑 [shàihēi] ▸ **il est rentré de Grèce tout bronzé** 他从希腊回来晒得黑黑的 [tā cóng Xīlà huílai shài de hēihēi de].

bronzer vi 晒黑 [shàihēi] ▸ **se faire bronzer** 使自己晒黑 [shǐ zìjǐ shàihēi].

brosse nf ❶ (ustensile) 刷子 [shuāzi] ▸ **brosse à cheveux** 发刷 [fàshuā] ▸ **brosse à dents** 牙刷 [yáshuā] ❷ (pinceau) 画笔 [huàbǐ] ▸ **peindre à la brosse** 用画笔画 [yòng huàbǐ huà] ❸ (coiffure) 平头 [píngtóu] ▸ **avoir les cheveux (coupés) en brosse** 留平头 [liú píngtóu].

brosser vt ❶ (frotter) 刷 [shuā] ▸ **brosser le sol** 刷地 [shuā dì] ▸ **brosser ses cheveux** 用发刷梳头发 [yòng fàshuā shū tóufa] ❷ (dépeindre) 画画 [huà huà] ▸ **brosser le portrait de qqn/qqch** 画某人/某物的画像 [huà mǒurén/mǒuwù de huàxiàng] ▸ **brosser le tableau de qqch** 对某事作一个概述 [duì mǒushì zuò yí ge gàishù].

■ **se brosser** vp ❶ (se coiffer) 用发刷梳头 [yòng fàshuā shūtóu] ▸ **se brosser les cheveux** 自己用发刷梳头 [zìjǐ yòng fàshuā shūtóu] ❷ (se laver les dents) 刷牙 [shuāyá] ▸ **se brosser les dents** 刷牙 [shuā yá].

brouette nf (cl. 个 [gè]) 独轮车 [dúlúnchē] ▸ **pousser une brouette** 推独轮车 [tuī dúlúnchē].

brouillard nm 雾 [wù] ▸ **le brouillard se lève** 起雾了 [qǐ wù le] ▸ **dans le brouillard** 在雾中 [zài wù zhōng].

brouille nf 不和 [bùhé] ▸ **une brouille entre deux frères** 两兄弟间的不和 [liǎng xiōngdi jiān de bùhé].

brouiller vt ❶ (fâcher) 使……不和 [shǐ… bùhé] ▸ **il est brouillé avec sa famille** 他和家里闹翻了 [tā hé jiāli nàofān le] ▸ **cette histoire les a brouillés à jamais** 这件事使他们一直不和 [zhè jiàn shì shǐ tāmen yìzhí bùhé] ❷ (troubler) 模糊 [móhu] ▸ **ses explications me brouillent l'esprit** 他的解释模糊了我的想法 [tāde jiěshì móhu le wǒde xiángfǎ] ❸ (mélanger) ▸ **brouiller des œufs** 打蛋 [dǎ dàn] ❹ (rendre confus) 搞乱 [gǎoluàn] ▸ **brouiller les pistes** 把线索搞乱

[bǎ xiànsuǒ gǎoluàn] ▸ **brouiller les cartes** 故意把事情搞复杂，故意把水搅浑 [gùyì bǎ shìqing gǎo fùzá, gùyì bǎ shuǐ jiǎohún] ❺ (parasiter) 干扰 [gānrǎo] ▸ **brouiller une émission de radio** 干扰某个广播节目 [gānrǎo mǒu ge guǎngbō jiémù].

■ **se brouiller** vp ❶ (se fâcher) 闹翻 [nàofān] ▸ **elle s'est brouillée avec ses amis** 她和朋友们闹翻了 [tā hé péngyoumen nàofān le] ▸ **ils se sont brouillés pour un rien** 他们为了一桩小事闹翻了 [tāmen wèile yì zhuāng xiǎoshì nàofān le] ❷ (devenir gris) 转阴 [zhuǎn yīn] ▸ **le temps se brouille** 天气转阴 [tiānqì zhuǎn yīn].

brouillon nm 草稿 [cǎogǎo] ▸ **au brouillon** 打草稿 [dǎ cǎogǎo].

brouter ♦ vt (牲畜)吃(青草) [(shēngchù) chī (qīngcǎo)] ▸ **les moutons broutent l'herbe** 羊群在吃草 [yángqún zài chī cǎo]. ♦ vi 吃草 [chī cǎo] ▸ **la chèvre broute dans le champ** 山羊在田野里吃草 [shānyáng zài tiányě lǐ chī cǎo].

broyer vt 捣碎 [dǎosuì] ▸ **broyer du blé pour faire de la farine** 捣碎麦子做面粉 [dǎosuì màizi zuò miànfěn] ▸ **la machine lui a broyé la main** 机器轧坏了他的手 [jīqì yàhuài le tāde shǒu]

◊ **broyer du noir** 心情忧郁 [xīnqíng yōuyù].

bruissement nm 沙沙声 [shāshāshēng] ▸ **le bruissement des feuilles** 叶子的沙沙声 [yèzi de shāshāshēng].

bruit nm ❶ (son) 声音 [shēngyīn] ▸ **le bruit de la mer** 大海的声音 [dàhǎi de shēngyīn] ▸ **un bruit de porte** 门发出的声音 [mén fāchū de shēngyīn] ▸ **un bruit de pas** 脚步声 [jiǎobùshēng] ❷ (vacarme) 喧闹 [xuānnào] ▸ **faire du bruit** 发出喧闹声 [fāchū xuānnàoshēng] ▸ **sans faire de bruit** 轻轻地 [qīngqīng de] ▸ **il y a trop de bruit** 太吵了 [tài chǎo le] ❸ (rumeur) 传闻 [chuánwén] ▸ **le bruit court qu'il va démissionner** 传闻他要辞职 [chuánwén tā yào cízhí].

brûlant, e adj ❶ (chaud) 灼热的 [zhuórè de] ▸ **soleil brûlant** 烈日 [lièrì] ▸ **plat brûlant** 滚烫的盘子 [gǔntàng de pánzi] ▸ **sable brûlant** 滚烫的沙子 [gǔntàng de shāzi] ❷ (fiévreux) 发烧 [fāshāo] ▸ **avoir le front brûlant** 额头发烫 [étóu fātàng] ❸ (question) 棘手的 [jíshǒu de] ▸ **un sujet brûlant** 棘手的问题 [jíshǒu de wèntí].

brûler ♦ vt ❶ (détruire par le feu) 烧 [shāo] ▸ **brûler des mauvaises herbes** 烧野草 [shāo yécǎo] ▸ **il a brûlé tous ses dossiers** 他烧了自己所有的文件 [tā shāo le zìjǐ suóyǒu de wénjiàn] ❷ (trop cuire) 烧糊 [shāohú] ▸ **brûler un gâteau** 把蛋糕烤糊了 [bǎ dàngāo kǎohú le] ❸ (consommer de l'énergie) 消耗 [xiāohào] ▸ **brûler de l'électricité** 用电 [yòng diàn] ▸ **brûler des calories** 消耗热量 [xiāohào rèliàng] ❹ (causer une brûlure à) 烧伤 [shāoshāng] ▸ **l'acide lui a brûlé la peau** 酸烧伤了他的皮肤 [suān shāoshāng le tāde pífū] ▸ **le soleil lui a brûlé le dos** 阳光晒伤了他的背 [yángguāng shàishāng le tāde bèi] ▸ **le soleil brûle la végétation** 太阳晒枯了植物 [tàiyáng shàikū le zhíwù] ❺ (donner une sensation de brûlure) 刺痛 [cìtòng] ▸ **la fumée me brûle les yeux** 烟刺痛了我的眼睛 [yān cìtòng le wǒde yǎnjing] ❻ (ne pas s'arrêter) 闯 [chuǎng] ▸ **brûler un feu rouge** 闯红灯 [chuǎng hóngdēng]. ♦ vi ❶ (matière) 烧着 [shāozháo] ▸ **le papier brûle bien** 纸容易烧着 [zhǐ róngyì shāozháo] ❷ (être en flammes) 燃烧 [ránshāo] ▸ **la forêt brûle** 森林着火了 [sēnlín zháohuǒ le] ❸ (être détruit par le feu, la chaleur) 烧焦 [shāojiāo] ▸ **le rôti a brûlé** 肉烤糊了 [ròu kǎohú le] ▸ **ma maison a brûlé** 我的房子烧毁了 [wǒde fángzi shāohuǐ le].

■ **brûler de** v+prép (désirer ardemment) 因……激动 [yīn… jīdòng] ▸ **brûler d'envie** 渴望 [kěwàng].

■ **se brûler** vp (subir une brûlure) 被……烫伤 [bèi… tàngshāng] ▸ **je me suis brûlé avec le fer** 我被烙铁烫了 [wǒ bèi làotiě tàng le].

brûleur nm (appareil) ○ (cl. 个 [gè]) 喷嘴 [pēnzuǐ].

brûlure nf ❶ (lésion) ○ (cl. 块 [kuài]) 烫伤 [tàngshāng] ▸ **se faire une brûlure à la main** 手上被烫伤了一块 [shǒushàng bèi tàngshāng le yí kuài] ❷ (sensation) 灼热感 [zhuórègǎn] ▸ **avoir des brûlures d'estomac** 胃部有灼热感 [wèibù yǒu zhuórègǎn] ❸ (marque) ○ (cl. 块 [kuài]) 烫痕 [tànghén] ▸ **une brûlure**

de cigarette 香烟的烫痕 [xiāngyān de tànghén].

brume nf (brouillard) 雾气 [wùqì] ▸ **dans la brume** 在雾中 [zài wù zhōng].

brumeux, euse adj (nuageux) 有雾的 [yǒu wù de].

brun, e ♦ adj ❶ (personne, cheveux) 褐色 [hèsè] ▸ **il est brun** 他有褐色的头发 [tā yǒu hèsè de tóufa] ❷ (bière, tabac) 黑 [hēi] ▸ **tabac brun** 黑烟叶 [hēi yānyè]. ♦ nm, f (personne) 褐色头发的人 [hèsè tóufa de rén].

brusque adj ❶ (sec) 粗鲁 [cūlǔ] ▸ **mouvement brusque** 粗鲁的动作 [cūlǔ de dòngzuò] ▸ **geste brusque** 鲁莽的动作 [lúmǎng de dòngzuò] ▸ **personne brusque** 粗暴的人 [cūbào de rén] ▸ **être brusque avec** ou **envers qqn** 粗暴地对待某人 [cūbào de duìdài mǒurén] ❷ (soudain) 突然的 [tūrán de] ▸ **départ brusque** 突然离去 [tūrán líqù] ▸ **changement brusque** 突变 [tūbiàn] ▸ **une brusque élévation de température** 气温突然上升 [qìwēn tūrán shàngshēng].

brusquement adv 突然 [tūrán] ▸ **la voiture s'arrêta brusquement** 车子突然停了 [chēzi tūrán tíng le].

brusquer vt ❶ (traiter qqn sans ménagement) 粗暴对待 [cūbào duìdài] ▸ **ne le brusquez pas !** 对他不要那么粗暴！ [duì tā búyào nàme cūbào!] ❷ (accélérer) 加快 [jiākuài] ▸ **j'ai brusqué mon départ** 我提前出发了 [wǒ tíqián chūfā le] ▸ **brusquer une décision** 仓促作出决定 [cāngcù zuòchū juédìng].

brut, e adj ❶ (pur) 天然的 [tiānrán de] ▸ **pétrole brut** 原油 [yuányóu] ▸ **champagne brut** 初发酵的香槟酒 [chū fājiào de xiāngbīnjiǔ] ❷ ÉCON 毛的 [máo de] ▸ **bénéfice brut** 毛利 [máolì] ▸ **salaire brut** 毛工资 [máo gōngzī].

▪ **brute** nf (personne violente) 野蛮的人 [yěmán de rén] ▸ **quelle brute !** 多粗鲁的家伙！ [duō cūlǔ de jiāhuo!] ▸ **comme une brute** 像个野蛮人 [xiàng ge yěmánrén].

brutal, e, aux adj ❶ (violent) 粗暴的 [cūbào de]; 激烈的 [jīliè de] ▸ **geste brutal** 粗暴的动作 [cūbào de dòngzuò] ▸ **réaction brutale** 激烈的反应 [jīliè de fǎnyìng] ▸ **c'est un homme brutal** 他是一个暴躁的人 [tā shì yí ge bàozào de rén] ▸ **être brutal avec / envers qqn** 粗暴地对待某人 [cūbào de duìdài mǒurén] ❷ (soudain) 突然 [tūrán] ▸ **choc brutal** 突然撞击 [tūrán zhuàngjī] ▸ **une chute brutale des températures** 气温突然下降 [qìwēn tūrán xiàjiàng] ▸ **mort brutale** 猝死 [cù sǐ] ▸ **nouvelle brutale** 意外的消息 [yìwài de xiāoxi] ▸ **réveil brutal** 突然醒来 [tūrán xǐnglái].

brutaliser vt (personne, animal) 虐待 [nüèdài].

Bruxelles npr 布鲁塞尔 [Bùlǔsài'ěr].

bruyamment adv 大声地 [dàshēng de] ▸ **parler bruyamment** 大声说话 [dàshēng shuōhuà] ▸ **rire bruyamment** 放声大笑 [fàngshēng dàxiào].

bruyant, e adj ❶ (qui fait du bruit) 吵闹的 [chǎonào de] ▸ **des écoliers bruyants** 一些吵闹的小学生 [yìxiē chǎonào de xiǎoxuéshēng] ▸ **un moteur bruyant** 一个声音很大的发动机 [yí ge shēngyīn hěn dà de fādòngjī] ❷ (où il y a beaucoup de bruit) 喧闹 [xuānnào] ▸ **appartement bruyant** 住户很吵的公寓房 [zhùhù hěn chǎo de gōngyùfáng] ▸ **quartier bruyant** 喧闹的街区 [xuānnào de jiēqū] ▸ **réunion bruyante** 闹烘烘的会议 [nàohōnghōng de huìyì] ▸ **rue bruyante** 声音嘈杂的街道 [shēngyīn cáozá de jiēdào].

BTS (abr de **brevet de technicien supérieur**) nm inv 高级技术员证书 [gāojí jìshùyuán zhèngshū] ▸ **avoir un BTS de gestion** 拥有管理学高级技术员证书 [yōngyǒu guǎnlǐxué gāojí jìshùyuán zhèngshū].

BU (abr de **bibliothèque universitaire**) nf inv 大学图书馆 [dàxué túshūguǎn] ▸ **s'inscrire à la BU** 在大学图书馆注册 [zài dàxué túshūguǎn zhùcè].

Bucarest npr 布加勒斯特 [Bùjiālèsītè].

bûche nf ❶ (bois) ◦ (cl. 根 [gēn]) 木柴 [mùchái] ▸ **fendre des bûches** 劈柴 [pī chái] ▸ **mettre des bûches dans le poêle** 在炉子里放些木柴 [zài lúzi lǐ fàng xiē mùchái] ❷ CULIN ▸ **bûche de Noël** 木柴形圣诞蛋糕 [mùcháixíng shèngdàn dàngāo].

bûcheron nm (cl. 位 [wèi] ou 个 [gè] ou 名 [míng]) 伐木工 [fámùgōng].

Budapest npr 布达佩斯 [Bùdápèisī].

budget nm ❶ (de l'État) ○ (cl. 笔 [bǐ]) 预算 [yùsuàn] ▸ **le budget de la Défense** 国防预算 [guófáng yùsuàn] ▸ **voter le budget** 投票通过预算 [tóupiào tōngguò yùsuàn] ❷ (individuel) 个人预算 [gèrén yùsuàn] ▸ **un budget limité** 有限的个人预算 [yǒuxiàn de gèrén yùsuàn] ▸ **le budget vacances** 度假的预算 [dùjià de yùsuàn].

budgétaire adj 预算的 [yùsuàn de] ▸ **année budgétaire** 预算年度 [yùsuàn niándù] ▸ **dépenses budgétaires** 预算支出 [yùsuàn zhīchū] ▸ **prévisions budgétaires** 预算指标 [yùsuàn zhǐbiāo].

buée nf (cl. 片 [piàn] ou 层 [céng]) 水汽 [shuǐqì] ▸ **la vitre est couverte de buée** 玻璃窗上蒙着水汽 [bōlichuāng shàng méngzhe shuǐqì].

Buenos Aires npr 布宜诺斯艾利斯 [Bùyínuòsī'àilìsī].

buffet nm ❶ (meuble) ○ (cl. 个 [gè]) 碗橱 [wǎnchú] ▸ **ranger la vaisselle dans le buffet** 把餐具放进碗橱 [bǎ cānjù fàngjìn wǎnchú] ❷ (réception) ○ (cl. 次 [cì]) 冷餐会 [lěngcānhuì]; ○ (cl. 个 [gè]) 冷餐台 [lěngcāntái] ▸ **organiser un buffet** 组织一次冷餐会 [zǔzhī yí cì lěngcānhuì] ▸ **les invités se pressent devant le buffet** 来宾们冲向冷餐台 [láibīnmen chōngxiàng lěngcāntái].

bug nm = **bogue**.

buisson nm (végétation) ○ (cl. 片 [piàn]) 灌木丛 [guànmùcóng] ▸ **se cacher dans les buissons** 藏在灌木丛里 [cáng zài guànmùcóng lǐ].

bulbe nm BOT 球茎 [qiújīng] ▸ **bulbe de la jacinthe** 风信子球茎 [fēngxìnzǐ qiújīng] ▸ **planter des bulbes** 种下球茎 [zhòngxià qiújīng].

bulgare ♦ adj 保加利亚的 [Bǎojiālìyà de]. ♦ nm (langue) 保加利亚语 [Bǎojiālìyàyǔ].
▪ **Bulgare** nmf 保加利亚人 [Bǎojiālìyàrén].

Bulgarie nf ▸ **la Bulgarie** 保加利亚 [Bǎojiālìyà].

bulldozer nm CONSTR (cl. 部 [bù] ou 台 [tái] ou 辆 [liàng]) 推土机 [tuītǔjī] ▸ **la maison a été détruite au bulldozer** 用推土机推倒了房子 [yòng tuītǔjī tuīdǎo le fángzi].

bulle nf ❶ (d'air) ○ (cl. 个 [gè]) 气泡 [qìpào] ▸ **bulle de champagne** 香槟酒气泡 [xiāngbīnjiǔ qìpào] ▸ **bulle de savon** 肥皂泡 [féizào pào] ▸ **faire des bulles de savon** 吹肥皂泡 [chuī féizào pào] ❷ (de bande dessinée) 话框 [huàkuàng].

bulletin nm ❶ (communiqué) ○ (cl. 个 [gè]) 公报 [gōngbào] ▸ **bulletin (de la) météo** 气象预报 [qìxiàng yùbào] ▸ **bulletin de santé** 健康公报 [jiànkāng gōngbào] ❷ (papier) ▸ **bulletin de vote** (cl. 张 [zhāng]) 选票 [xuǎnpiào] ▸ **bulletin blanc** (cl. 张 [zhāng]) 弃权票 [qìquán piào] ▸ **mettre son bulletin dans l'urne** 将选票投入票箱 [jiāng xuǎnpiào tóurù piàoxiāng] ❸ (scolaire) ○ (cl. 张 [zhāng]) 成绩单 [chéngjìdān] ❹ (certificat) ○ (cl. 张 [zhāng]) 证明单据 [zhèngmíng dānjù] ▸ **bulletin de salaire ou de paie** 工资单 [gōngzī dān].

buraliste nmf (d'un bureau de tabac) ○ (cl. 位 [wèi]) 香烟店老板 [xiāngyāndiàn láobǎn].

bureau nm ❶ (meuble) ○ (cl. 张 [zhāng]) 办公桌 [bàngōngzhuō] ▸ **pose le dossier sur mon bureau** 把文件放在我办公桌上 [bǎ wénjiàn fàng zài wǒ bàngōngzhuō shàng] ▸ **être assis à son bureau** 坐在办公桌前 [zuò zài bàngōngzhuō qián] ❷ (pièce) ○ (cl. 间 [jiān]) 办公室 [bàngōngshì] ▸ **la réunion a lieu dans mon bureau** 会议在我的办公室里召开 [huìyì zài wǒde bàngōngshì lǐ zhàokāi] ❸ (lieu de travail) ○ (cl. 个 [gè]) 办公处 [bàngōngchù] ▸ **aller au bureau** 去上班 [qù shàngbān] ▸ **rentrer du bureau** 下班 [xiàbān] ❹ (office) 处 [chù] ▸ **bureau de poste** 邮局 [yóujú] ▸ **bureau de tabac** 烟草专卖店 [yāncǎo zhuānmàidiàn] ▸ **bureau de vote** 投票处 [tóupiào chù].

bureaucratie nf *péj* 官僚主义 [guānliáozhǔyì] ▸ **excès de bureaucratie** 官僚主义的过度 [guānliáozhǔyì de guòdù].

Burkina nm ▸ **le Burkina** 布基纳法索 [Bùjīnàfásuǒ].

burlesque adj ❶ (extravagant) 滑稽 [huáji] ▸ **acteur burlesque** 滑稽演员 [huáji yǎnyuán] ▸ **comédie burlesque** 滑稽剧 [huáji jù] ❷ (absurde) 荒唐 [huāngtang] ▸ **une situation burlesque** 一个荒唐可笑的情境 [yí ge huāngtang kěxiào de qíngjìng].

Burundi nm ▸ **le Burundi** 布隆迪 [Bùlóngdí].

bus nm (cl. 辆 [liàng]) 公共汽车 [gōnggòngqìchē] ▸ **attendre le bus** 等公共汽车 [děng gōnggòngqìchē] ▸ **prendre le bus** 乘公共汽车 [chéng gōnggòngqìchē] ▸ **aller quelque part en bus** 乘公共汽车去某地 [chéng gōnggòngqìchē qù mǒudì].

buste nm ❶ (partie du corps) 胸 [xiōng] ❷ (sculpture) ○ (cl. 尊 [zūn] ou 座 [zuò]) 半身雕像 [bànshēn diāoxiàng] ▸ **un buste de Napoléon** 一尊拿破仑的半身像 [yì zūn Nápòlún de bànshēnxiàng].

but nm ❶ (point visé) 目标 [mùbiāo] ▸ **la flèche est passée à côté du but** 箭从目标旁擦过 [jiàn cóng mùbiāo páng cāguò] ❷ (objectif) 目的 [mùdì] ▸ **son seul but est de faire fortune** 他唯一的目的是发财 [tā wéiyī de mùdì shì fā cái] ▸ **c'est le but de mon voyage** 这是我此次旅行的目的 [zhè shì wǒ cǐ cì lǚxíng de mùdì] ▸ **il n'a aucun but dans la vie** 他生活中没有任何目标 [tā shēnghuó zhōng méiyǒu rènhé mùbiāo] ❸ SPORT (filet) 球门 [qiúmén] ▸ **le ballon est allé droit dans les buts** 足球直射进了球门 [zúqiú zhíshè jìnle qiúmén] ▸ **gardien de but** 守门员 [shǒuményuán] ❹ FOOTBALL (point marqué) 得分 [défēn] ▸ **marquer un but** 进球得分 [jìnqiú défēn] ▸ **on a perdu deux buts à un** 我们以一比二输了 [wǒmen yǐ yī bǐ èr shū le].

▪ **dans le but de** loc prép 为了…… [wèile…] ▸ **cette loi a été votée dans le but de réduire les inégalités** 投票通过了这条为了减少不平等现象的法律 [tóupiào tōngguò le zhè tiáo wèile jiánshǎo bùpíngděng xiànxiàng de fǎlǜ].

buté, e adj 固执的 [gùzhí de] ▸ **il est buté, il ne veut pas admettre qu'il a tort** 他很固执，总是不想承认他有错 [tā hěn gùzhí, zǒngshì bùxiǎng chéngrèn tā yǒu cuò].

buter ♦ vi ❶ (heurter qqch) 绊 [bàn] ▸ **buter sur ou contre qqch** 被某物绊了一下 [bèi mǒuwù bàn le yí xià] ▸ **buter contre la marche de l'escalier** 被台阶绊了一下 [bèi táijiē bàn le yí xià] ❷ (se heurter à une difficulté) 碰到 [pèngdào] ▸ **buter sur un problème** 碰到一个难题 [pèngdào yí ge nántí]. ♦ vt *tfam* (tuer) 杀害 [shāhài] ▸ **se faire buter** 被杀害 [bèi shāhài].

butte nf 高地 [gāodì] ▸ **la butte Montmartre** 蒙马特尔高地 [Méngmǎtè'ěr gāodì]

◊ **être en butte à** (être exposé à) 成为……的目标 [chéngwéi… de mùbiāo] ▸ **il était en butte aux railleries de ses collègues** 他成了同事们嘲笑的目标 [tā chéngle tóngshìmen cháoxiào de mùbiāo].

buvard nm (papier) ○ (cl. 张 [zhāng]) 吸墨水纸 [xī mòshuǐ zhǐ].

buvette nf (cl. 家 [jiā]) 小酒吧 [xiǎo jiǔbā] ▸ **aller boire un coup à la buvette** 去小酒吧喝一杯 [qù xiǎo jiǔbā hē yì bēi].

buveur, euse nm, f (ivrogne) ○ (cl. 名 [míng]) 嗜酒者 [shìjiǔzhě] ▸ **un gros buveur** 老酒鬼 [lǎo jiúguǐ] ▸ **un buveur occasionnel** 偶尔嗜酒者 [óu'ěr shìjiǔzhě].

C

c, C nm inv 法语字母表中第三个字母 [fáyǔ zìmúbiǎo zhōng dìsān ge zìmǔ].

CA nm abr écrite de **chiffre d'affaires.**

ça pron dém ❶ (désigne un objet) 这个 [zhè ge] ▸ **c'est vraiment ça que tu veux ?** 你想要的真是这个吗？ [nǐ xiǎngyào de zhēnshì zhè ge ma?] ▸ **passe-moi ça, s'il te plaît** 请把那个递给我 [qǐng bǎ nà ge dìgěi wǒ] ▸ **tu préfères ça ou ça ?** 你喜欢这个，还是那个？ [nǐ xǐhuān zhè ge, háishi nà ge?] ❷ (reprenant ce que l'on vient de voir, ce dont on vient de parler) 这 [zhè] ▸ **qu'est-ce que tu dis de ça ?** 你对这有什么看法？ [nǐ duì zhè yǒu shénme kànfǎ?] ▸ **tout ça** 所有这些 [suóyǒu zhèxiē] ▸ **tu sais tout ça ? bravo !** 你都知道啦？太好了！ [nǐ dōu zhīdào la? tài hǎo le!] ❸ (sujet indéterminé) 这 [zhè] ▸ **ça dépend** 这得看情况 [zhè děi kàn qíngkuàng] ▸ **ça ne fait rien** 这没什么 [zhè méi shénme] ▸ **ça ne m'étonne pas** 这我不奇怪 [zhè wǒ bù qíguài] ▸ **ça vaut mieux** 这样好些 [zhèyàng hǎoxiē] ▸ **ça y est** 好了 [hǎole] ▸ **comment ça se passe ?** 这是怎么回事啊？ [zhè shì zěnme huí shì a?] ▸ **comment ça va ?** 还好吗？ [hái hǎo ma?] ❹ (renforcement expressif) ▸ **comment ça ?** 怎么会这样？ [zěnme huì zhèyàng?] ▸ **où ça ?** 在哪呢？ [zài nǎ ne?] ▸ **quand ça ?** 什么时候啊？ [shénme shíhòu a?] ▸ **qui ça ?** 谁啊？ [shéi a?].

çà adv ▸ **çà et là** 到处 [dàochù] ▸ **errer çà et là** 到处流浪 [dàochù liúlàng].

cabane nf ❶ (abri) ○ (cl. 间 [jiān]) 小屋 [xiǎowū] ▸ **une cabane de bûcheron** 伐木工的小屋 [fámùgōng de xiǎowū] ▸ **construire une cabane** 盖个小屋 [gài ge xiǎowū] ❷ (remise) 简陋的小屋 [jiǎnlòu de xiǎowū] ▸ **dans la cabane du jardin** 在花园的小屋里 [zài huāyuán de xiǎowū lǐ].

cabine nf ❶ (petit réduit) 小间 [xiǎojiān] ▸ **cabine d'essayage** 试衣间 [shìyī jiān] ▸ **cabine téléphonique** 电话间 [diànhuà jiān] ❷ (de bateau) 船舱 [chuán cāng] ❸ (d'un avion, d'un engin spatial) 机舱 [jī cāng] ▸ **cabine de pilotage** 驾驶舱 [jiàshǐ cāng] ▸ **cabine spatiale** 宇航舱 [yǔháng cāng].

cabinet nm ❶ (petite pièce) ○ (cl. 个 [gè]) 小房间 [xiǎofángjiān] ▸ **cabinet de toilette** 盥洗室 [guànxǐshì] ❷ (local professionnel) ○ (cl. 个 [gè] ou 间 [jiān]) 事务所 [shìwùsuǒ] ▸ **cabinet d'avocat** 律师事务所 [lǜshī shìwùsuǒ] ▸ **cabinet dentaire** 牙医诊所 [yáyī zhénsuǒ] ▸ **cabinet médical** 诊所 [zhénsuǒ] ❸ ADMIN (cl. 个 [gè] ou 间 [jiān]) 办公室 [bàngōngshì] ▸ **le cabinet d'un ministre** 部长办公室 [bùzhǎng bàngōngshì].

▪ **cabinets** nmpl 洗手间 [xíshǒujiān] ▸ **aller aux cabinets** 去洗手间 [qù xíshǒujiān].

câble nm ❶ (gros cordage) ○ (cl. 条 [tiáo] ou 段 [duàn]) 缆绳 [lǎnshéng] ▸ **câble d'acier** 钢缆 [gānglǎn] ❷ TV 有线电视 [yǒuxiàn diànshì] ▸ **avoir le câble** 可以看有线电视 [kéyǐ kàn yǒuxiàn diànshì] ▸ **être abonné au câble** 订了

有线电视 [dìng le yǒuxiàn diànshì] ❸ ÉLECTR ▸ **câble électrique** 电缆 [diànlǎn].

câbler vt (équiper d'un réseau par câble) 接通有线电视网 [jiētōng yǒuxiàn diànshì wǎng] ▸ **câbler un quartier** 给街区接通有线电视网 [gěi jiēqū jiētōng yǒuxiàn diànshì wǎng].

cabrer ■ **se cabrer** vp (cheval) 直立 [zhílì] ▸ **sa jument s'est cabrée devant l'obstacle** 他的母马在障碍物前直立起来 [tāde múmǎ zài zhàng'àiwù qián zhílì qǐlái].

cabriole nf (culbute, pirouette) 蹦跳 [bèngtiào] ▸ **les cabrioles des animaux de cirque** 马戏团动物蹦跳打滚 [mǎxìtuán dòngwù bèngtiào dágǔn] ▸ **faire des cabrioles** 打滚 [dágǔn].

cabriolet nm (cl. 辆 [liàng]) 敞篷汽车 [chǎngpéng qìchē] ▸ **rouler en cabriolet** 乘坐敞篷汽车 [chéngzuò chǎngpéng qìchē].

caca nm ❶ *fam* (excrément) 屎 [shǐ] ▸ **faire caca** 拉屎 [lā shǐ] ❷ (couleur) ▸ **caca d'oie** 浅黄绿色 [qiǎn huánglǜsè].

cacahouète, cacahuète nf 花生米 [huāshēngmǐ] ▸ **cacahouètes grillées** 炒花生 [chǎo huāshēng] ▸ **cacahouète salées** 咸花生 [xián huāshēng].

cacao nm (graine, poudre) 可可 [kékě].

cachalot nm (cl. 头 [tóu] ou 只 [zhī]) 抹香鲸 [mǒxiāngjīng].

cache-cache nm inv 捉迷藏 [zhuōmícáng] ▸ **jouer à cache-cache** 玩捉迷藏 [wán zhuōmícáng].

cacher vt ❶ (dissimuler) 藏 [cáng] ▸ **cacher un trésor** 藏宝 [cáng bǎo] ▸ **cacher des billets dans un livre** 把钞票藏在书里 [bǎ chāopiào cáng zài shū lǐ] ❷ (masquer) 挡 [dǎng] ▸ **des nuages cachent le soleil** 云层挡住了太阳 [yúncéng dǎngzhù le tàiyáng] ❸ (garder secret) 掩饰 [yǎnshì] ▸ **cacher ses larmes** 掩饰自己的泪水 [yǎnshì zìjǐ de lèishuǐ] ▸ **cacher sa joie** 掩饰自己的喜悦心情 [yǎnshì zìjǐ de xǐyuè xīnqíng] ▸ **cacher sa déception** 掩饰自己的失望心情 [yǎnshì zìjǐ de shīwàng xīnqíng] ▸ **cacher la vérité** 掩盖真相 [yǎngài zhēnxiàng] ▸ **je ne vous cache pas que j'en suis ravi** 不瞒你说，我真为此感到高兴 [bùmán nǐ shuō, wǒ zhēn wèicǐ gǎndào gāoxìng]
◊ **cacher son jeu** 隐瞒意图 [yǐnmán yìtú].
■ **se cacher** vp ❶ (personne) 躲藏 [duǒcáng] ▸ **il se cache car il est recherché par la police** 他躲藏起来，因为警方正在搜捕他 [tā duǒcáng qǐlái, yīnwèi jǐngfāng zhèngzài sōubǔ tā] ▸ **se cacher de qqn pour faire qqch** 背着某人做某事 [bèizhe mǒurén zuò mǒushì] ▸ **elle se cache de son mari pour téléphoner** 她背着他丈夫打电话 [tā bèizhe tā zhàngfu dǎ diànhuà] ❷ (chose) 藏 [cáng] ▸ **le soleil se cache derrière les nuages** 太阳藏在云层后面 [tàiyáng cáng zài yúncéng hòumian].

cachet nm ❶ (marque) 印章 [yìnzhāng] ▸ **le cachet de la poste faisant foi** 以邮戳为准 [yǐ yóuchuō wéi zhǔn] ❷ (rétribution) 酬金 [chóujīn] ▸ **toucher un gros cachet** 领取丰厚的酬金 [lǐngqǔ fēnghòu de chóujīn] ❸ (comprimé) 药片 [yàopiàn] ▸ **prendre un cachet d'aspirine** 吃一片阿司匹林 [chī yí piàn āsīpīlín].

cacheter vt (enveloppe) 封(信封) [fēng (xìnfēng)] ▸ **cacheter une enveloppe à la cire** 用腊封好信封 [yòng là fēng hǎo xìnfēng].

cachette nf 隐蔽的地方 [yǐnbì de dìfang] ▸ **trouver une cachette pour qqch** 找一个隐蔽的地方藏某物 [zhǎo yí ge yǐnbì de dìfang cáng mǒuwù].
■ **en cachette** loc adv 偷偷地 [tōutōu de] ▸ **elle fume en cachette** 她偷偷地抽烟 [tā tōutōu de chōuyān] ▸ **il boit en cachette de sa femme** 他瞒着他妻子偷偷喝酒 [tā mánzhe tā qīzi tōutōu hējiǔ].

cachot nm ❶ (cellule) ○ (cl. 间 [jiān]) 单人囚室 [dānrén qiúshì] ❷ (punition) 禁闭 [jìnbì] ▸ **tout déserteur fera un mois de cachot** 所有逃兵都要关一个月的禁闭 [suóyǒu táobīng dōu yào guān yí ge yuè de jìnbì].

cachotterie nf (secret) 小秘密 [xiǎo mìmì] ▸ **faire des cachotteries** 故弄玄虚 [gùnòng xuánxū].

cactus nm (cl. 棵 [kē]) 仙人掌 [xiānrénzhǎng].

c.-à-d. (abr écrite de **c'est-à-dire**) 就是说 [jiùshìshuō].

cadastre nm (registre) ○ (cl. 本 [běn]) 地籍簿 [dìjíbù].

cadavérique adj 死人般的 [sǐrén bānde] ▸ **avoir un teint cadavérique** 死人般的脸色 [sǐrén bānde liǎnsè].

cadavre nm (corps) ○ (cl. 具 [jù]) 尸体 [shītǐ] ▸ **on a retrouvé le cadavre de la victime** 人们找到了被害者的尸体 [rénmen zhǎodào le bèihàizhě de shītǐ].

Caddie® nm (cl. 辆 [liàng]) 小推车 [xiǎotuīchē] ▸ **pousser un Caddie** 推着一辆小推车 [tuīzhe yí liàng xiǎotuīchē].

cadeau, x ♦ nm (cl. 份 [fèn]) 礼物 [lǐwù] ▸ **cadeau d'anniversaire** 生日礼物 [shēngri lǐwù] ▸ **cadeau de mariage** 结婚贺礼 [jiéhūn hèlǐ] ▸ **cadeau de naissance** 出生贺礼 [chūshēng hèlǐ] ▸ **cadeau de Noël** 圣诞节礼物 [Shèngdànjié lǐwù] ▸ **faire un cadeau à qqn** 给某人送一份礼物 [gěi mǒurén sòng yí fèn lǐwù] ▸ **faire cadeau de qqch à qqn** 把某物作为礼物送给某人 [bǎ mǒuwù zuòwéi lǐwù sònggěi mǒurén]
◊ **ne pas faire de cadeau à qqn** 对某人很严厉 [duì mǒurén hěn yánlì].
♦ adj inv 送礼的 [sònglǐ de] ; ➤ **paquet**.

cadenas nm (cl. 把 [bǎ]) 锁 [suǒ] ▸ **mettre un cadenas** 上一把锁 [shàng yì bǎ suǒ].

cadence nf ❶ (rythme musical) 节奏 [jiézòu] ▸ **en cadence** 有节奏地 [yǒu jiézòu de] ❷ (de travail) 节奏 [jiézòu] ▸ **à cette cadence** 以这个节奏 [yǐ zhè ge jiézòu].

cadencé, e adj (rythmé) 有节奏的 [yǒu jiézòu de] ▸ **mouvement cadencé** 有节奏的动作 [yǒu jiézòu de dòngzuò].

cadet, ette ♦ adj 较年幼的 [jiào niányòu de] ▸ **frère cadet** 弟弟 [dìdi] ▸ **fils cadet** 小儿子 [xiǎo'érzi]. ♦ nmf ❶ (né après l'aîné) 次子 [cìzǐ] ▸ **il est le cadet de trois enfants** 他是三个儿子中的次子 [tā shì sān ge érzi zhōng de cìzǐ] ❷ (moins âgé) 比……小 [bǐ… xiǎo] ▸ **elle est ma cadette d'un an** 她比我小一岁 [tā bǐ wǒ xiǎo yí suì]
◊ **c'est le cadet de mes soucis** 我毫不在乎 [wǒ háobù zàihū].

cadran nm 刻度盘 [kèdùpán] ▸ **cadran de baromètre** 气压表的刻度盘 [qìyābiǎo de kèdùpán] ▸ **cadran de compteur** (煤气/水)表刻度盘 [(méiqì/shuǐ) biǎo kèdùpán] ▸ **cadran de montre** 表面 [biǎo miàn] ▸ **cadran solaire** 日晷仪 [rìguǐ yí].

cadre nm ❶ (bordure) 框 [kuàng] ▸ **cadre de photo** 相框 [xiàng kuàng] ▸ **mettre une photo dans un cadre** 把一张照片装进相框 [bǎ yì zhāng zhàopiàn zhuāngjìn xiàngkuàng] ▸ **cadre de tableau** 画框 [huà kuàng] ▸ **accrocher un cadre au mur** 把一个画框挂在墙上 [bǎ yí ge huàkuàng guà zài qiáng shàng] ❷ (de bicyclette) 车架 [chējià] ❸ (environnement) 环境 [huánjìng] ▸ **vivre dans un cadre agréable** 生活在舒适的环境中 [shēnghuó zài shūshì de huánjìng zhōng] ❹ (dans une entreprise) ○ (cl. 位 [wèi] ou 个 [gè] ou 名 [míng]) 干部 [gànbù].
▪ **dans le cadre de** loc prép ❶ (contexte) 以……为背景 [yǐ…wéi bèijǐng] ▸ **cette manifestation a lieu dans le cadre du festival** 这次活动是以音乐节为背景举办的 [zhècì huódòng shì yǐ yīnyuèjié wéi bèijǐng jǔbàn de] ❷ (limite) 在……范围内 [zài… fànwéi nèi] ▸ **rester dans le cadre de la légalité** 处于合法范围内 [chǔyú héfǎ fànwéi nèi].

cadrer ♦ vi (concorder) 相符 [xiāngfú] ▸ **ne pas cadrer avec** 与……不相符 [yǔ… bù xiāngfú]. ♦ vt PHOTO, CINÉ & TV 取像 [qǔ xiàng] ▸ **cadrer une image** 取景 [qǔ jǐng] ▸ **cadrer une photo** 照片取景 [zhàopiàn qǔjǐng].

caduc, uque adj ❶ (feuilles) 落叶的 [luòyè de] ▸ **arbre à feuilles caduques** 落叶树 [luòyè shù] ❷ (qui n'a plus cours) 过时的 [guòshí de] ▸ **loi caduque** 过时的法律 [guòshí de fǎlǜ] ▸ **raisonnement caduc** 陈旧的推论 [chénjiù de tuīlùn].

cafard nm (cl. 只 [zhī]) 蟑螂 [zhāngláng]
◊ **avoir le cafard** 感到沮丧 [gǎndào jǔsàng].

café ♦ nm ❶ (plante) 咖啡豆 [kāfēi dòu] ❷ (boisson) ○ (cl. 杯 [bēi]) 咖啡 [kāfēi] ▸ **prendre ou boire un café** 喝一杯咖啡 [hē yì bēi kāfēi] ▸ **café au lait** 牛奶咖啡 [niúnǎi kāfēi] ▸ **café instantané** 速溶咖啡 [sùróng kāfēi] ❸ (lieu) ○ (cl. 家 [jiā] ou 个 [gè]) 咖啡馆 [kāfēiguǎn] ▸ **au café** 在咖啡馆 [zài kāfēiguǎn]. ♦ adj inv (couleur) 咖啡色的 [kāfēisè de].

caféine nf 咖啡因 [kāfēiyīn] ▸ **sans caféine** 不含咖啡因 [bùhán kāfēiyīn].

cafétéria nf 快餐厅 [kuàicāntīng] ▸ **cafétéria de la fac** 大学的快餐厅 [dàxué de kuàicāntīng] ▸ **cafétéria d'un grand magasin** 一家大商场的快餐厅 [yì jiā dà shāngchǎng de kuàicāntīng].

cafetière nf 咖啡壶 [kāfēihú] ▸ **cafetière électrique** 电咖啡壶 [diàn kāfēihú].

cafouiller vi *fam* 搞糊涂 [gǎohútu] ▸ **j'ai cafouillé à mon examen** 我在考试中搞糊涂了 [wǒ zài kǎoshì zhōng gǎohútu le].

cage nf ❶ (pour animaux) 笼子 [lóngzi] ▸ **en cage** 在笼子里 [zài lóngzi lǐ] ▸ **mettre un oiseau en cage** 把一只鸟关进笼子 [bǎ yì zhī niǎo guānjìn lóngzi] ❷ (de maison) ▸ **cage d'escalier** 楼梯间 [lóutī jiān] ❸ ANAT ▸ **cage thoracique** 胸廓 [xiōngkuò].

cageot nm (emballage) 木条箱 [mùtiáoxiāng] ▸ **un cageot de légumes** 一箱蔬菜 [yì xiāng shūcài].

cagibi nm (réduit) 小储藏室 [xiǎo chǔcángshì].

cagnotte nf ❶ (caisse commune) ○ (cl. 只 [zhī]) 集体出钱 [jítǐ chūqián] ▸ **faire une cagnotte** 一起出钱 [yìqǐ chūqián] ❷ (au loto) (彩票摇奖的)重彩 [(cǎipiào yáojiǎng de) zhòngcǎi] ▸ **remporter la cagnotte** 中了头彩 [zhòng le tóucǎi].

cagoule nf ❶ (passe-montagne) ○ (cl. 顶 [dǐng]) 风雪帽 [fēngxuěmào] ▸ **mettre une cagoule** 戴一顶风雪帽 [dài yì dǐng fēngxuěmào] ❷ (de voleur) ○ (cl. 顶 [dǐng]) 仅露两眼的风帽 [jǐnlù liángyǎn de fēngmào] ▸ **porter une cagoule** 戴着一顶仅露两眼的风帽 [dàizhe yì dǐng jǐnlù liángyǎn de fēngmào].

cahier nm 本子 [běnzi] ▸ **cahier de brouillon** 草稿本 [cáogǎo běn] ▸ **cahier d'écolier** 练习册 [liànxí cè] ▸ **cahier de musique** 乐谱本 [yuèpǔ běn] ▸ **écrire sur son cahier** 在本子上写 [zài běnzi shàng xiě].

cahot nm 车辆的颠簸 [chēliàng de diānbǒ] ▸ **être ballotté par les cahots** 被车辆的颠簸摇晃着 [bèi chēliàng de diānbǒ yáohuangzhe].

cahute nf (cabane) 窝棚 [wōpeng] ▸ **dans une cahute** 在一个窝棚里 [zài yí ge wōpeng lǐ].

caille nf (oiseau) ○ (cl. 只 [zhī]) 鹌鹑 [ānchún].

caillou, x nm 石子 [shízǐ] ▸ **lancer des cailloux** 扔石子 [rēng shízǐ].

Caire npr ▸ **Le Caire** 开罗 [Kāiluó].

caisse nf ❶ (coffre) 箱 [xiāng] ▸ **une caisse de champagne** 一箱香槟 [yì xiāng xiāngbīn] ▸ **caisse à outils** 工具箱 [gōngjù xiāng] ❷ (de guichet, de supermarché) 收银台 [shōuyíntái] ▸ **passer à la caisse** 去收银台 [qù shōuyíntái] ▸ **payer à la caisse** 在收银台付款 [zài shōuyíntái fùkuǎn] ▸ **caisse enregistreuse** 现金出纳机 [xiànjīn chūnàjī] ❸ (établissement) ○ (cl. 家 [jiā]) 银行 [yínháng] ▸ **caisse d'allocations familiales** 家庭补助金管理处 [jiātíng bǔzhùjīn guánlǐchù] ▸ **caisse d'épargne** 储蓄银行 [chǔxù yínháng] ❹ *fam* (voiture) ○ (cl. 辆 [liàng]) 车子 [chēzi].

caissier, ère nm, f 收银员 [shōuyínyuán].

calamar, calmar nm (cl. 条 [tiáo]) 鱿鱼 [yóuyú].

calamité nf (fléau, malheur) ○ (cl. 场 [chǎng]) 灾难 [zāinàn].

calcaire ♦ adj 钙质的 [gàizhì de] ▸ **eau calcaire** 硬水 [yìng shuǐ] ▸ **roche calcaire** 钙质岩 [gàizhì yán]. ♦ nm (matière) 石灰质 [shíhuīzhì].

calciné, e adj 被烧焦的 [bèi shāojiāo de] ▸ **une voiture calcinée** 一辆被烧焦了的车 [yí liàng bèi shāojiāo le de chē].

calcul[1] nm ❶ (opération) 演算 [yǎnsuàn] ▸ **faire un calcul** 计算 [jìsuàn] ▸ **être bon en calcul** 算术很好 [suànshù hěn hǎo] ▸ **calcul mental** 心算 [xīnsuàn] ❷ (compte) 计算 [jìsuàn] ▸ **se tromper dans ses calculs** 计算出错 [jìsuàn chūcuò] ❸ (plan) 盘算 [pánsuàn] ▸ **agir par calcul** 盘算着做 [pánsuànzhe zuò] ▸ **faire un mauvais calcul** 失算 [shī suàn].

calcul[2] nm MÉD (cl. 块 [kuài]) 结石 [jiéshí] ▸ **avoir des calculs** 长了结石 [zhǎng le jiéshí] ▸ **calcul rénal** 肾结石 [shèn jiéshí].

calculateur, trice ♦ adj *fig* (qui agit par calcul) 会算计的 [huìsuànji de]. ♦ nm, f 会算计的人 [huìsuànji de rén].

■ **calculatrice** nf 计算器 [jìsuànqì].

calculer ♦ vt ❶ (déterminer par des calculs) 计算 [jìsuàn] ▸ **calculer la surface d'un triangle**

计算一个三角形的面积 [jìsuàn yí ge sānjiǎoxíng de miànji] ❷ (évaluer) 估量 [gūliang] ▸ **calculer ses chances de réussite** 估量自己成功的机会 [gūliang zìjǐ chénggōng de jīhuì] ❸ *fig* (prévoir) 算计 [suànji] ▸ **bien/mal calculer qqch** 算计对/错某事 [suànji duì/cuò mǒushì]. ♦ vi (faire des calculs) 计算 [jìsuàn] ▸ **apprendre à calculer** 学习计算 [xuéxí jìsuàn].

calculette nf 袖珍计算器 [xiùzhēn jìsuànqì] ▸ **faire une division avec sa calculette** 用计算器作一道除法 [yòng jìsuànqì zuò yí dào chúfǎ].

cale nf ❶ (d'un navire) 货舱 [huòcāng] ▸ **descendre les caisses dans la cale** 卸下箱子装进货舱 [xièxià xiāngzi zhuāngjìn huòcāng] ❷ (pour immobiliser) 垫块 [diànkuài] ▸ **mettre une cale sous la table** 在桌子下放一个垫块 [zài zhuōzi xià fàng yí ge diànkuài].

calé, e adj *fam* (fort, savant) 有学问的 [yǒuxuéwèn de] ▸ **être calé en** 在……方面懂得很多的 [zài… fāngmiàn dǒngde hěnduō de].

calèche nf (cl. 辆 [liàng]) 敞篷马车 [chǎngpéng mǎchē] ▸ **en calèche** 乘敞篷马车 [chéng chǎngpéng mǎchē].

caleçon nm (cl. 条 [tiáo]) 短衬裤 [duǎnchènkù] ▸ **être en caleçon** 穿着短衬裤 [chuānzhe duǎnchènkù].

calendrier nm ❶ (tableau) 日历 [rìlì] ▸ **noter un rendez-vous sur un calendrier** 在日历上记下一个约会 [zài rìlì shàng jìxia yí ge yuēhuì] ❷ (planning) 日程表 [rìchéngbiǎo] ▸ **le ministre a un calendrier très chargé** 部长的日程表排得满满的 [bùzhǎng de rìchéngbiǎo páide mánmǎn de].

calepin nm (cl. 本 [běn] ou 个 [gè]) 备忘录 [bèiwànglù] ▸ **noter qqch sur son calepin** 在自己的备忘录上记下某事 [zài zìjǐ de bèiwànglù shàng jìxia mǒushì].

caler ♦ vt ❶ (avec une cale) 用木块垫稳 [yòng mùkuài diànwěn] ▸ **caler les roues d'une voiture** 用木块卡住车轮 [yòng mùkuài kǎzhù chēlún] ▸ **caler une table** 用木块垫稳桌子 [yòng mùkuài diànwěn zhuōzi] ❷ *fam* (remplir) 填 [tián] ▸ **ça cale l'estomac** 填饱肚子 [tiánbǎo dùzi]. ♦ vi ❶ (moteur, véhicule) 突然停止不动 [tūrán tíngzhǐ búdòng] ▸ **la voiture a calé** 车突然熄火了 [chē tūrán xīhuǒ le] ❷ *fam* (ne plus savoir) 做不出来 [zuò bù chūlái] ▸ **j'ai calé sur la dernière question** 最后一道题我做不出来了 [zuìhòu yí dào tí wǒ zuò bù chūlái le] ❸ *fam* (être rassasié) 吃不下了 [chībuxià le] ▸ **je cale** 我吃不下了 [wǒ chībuxià le].

calfeutrer vt 堵塞缝隙 [dǔsè fèngxì] ▸ **calfeutrer une porte/une fenêtre** 堵塞门/窗户的缝隙 [dǔsè mén/chuānghu de fèngxì].

■ **se calfeutrer** vp 闭门不出 [bìmén bùchū] ▸ **se calfeutrer chez soi** 在家闭门不出 [zài jiā bìmén bùchū].

calibre nm ❶ (d'une arme à feu) 口径 [kǒujìng] ▸ **un revolver de gros calibre** 大口径手枪 [dàkǒujìng shǒuqiāng] ❷ (de fruits, d'œufs) 大小 [dàxiǎo].

Californie nf ▸ **la Californie** 加利福尼亚 [Jiālìfúníyà].

câlin, e adj 喜欢爱抚的 [xǐhuān àifǔ de] ▸ **personne câline** 温存的人 [wēncún de rén] ▸ **animal câlin** 喜欢得到爱抚的动物 [xǐhuān dédào àifǔ de dòngwù].

■ **câlin** nm (caresse) 爱抚 [àifǔ] ▸ **il adore les câlins** 他喜欢被爱抚 [tā xǐhuān bèi àifǔ] ▸ **faire un câlin à qqn** 爱抚某人 [àifǔ mǒurén].

câliner vt 爱抚 [àifǔ] ▸ **câliner un enfant** 爱抚一个孩子 [àifǔ yí ge háizi].

calligraphe nm, f 书法家 [shūfǎjiā].

calligraphie nf 书法 [shūfǎ] ▸ **admirer la calligraphie chinoise** 欣赏中国书法 [xīnshǎng zhōngguó shūfǎ].

calligraphier vt 用书法写 [yòng shūfǎ xiě] ▸ **calligraphier un poème** 用书法写一首诗 [yòng shūfǎ xiě yì shǒu shī].

calmant nm 镇静剂 [zhènjìngjì] ▸ **être sous calmants** 在镇静剂作用下 [zài zhènjìngjì zuòyòng xià] ▸ **prendre des calmants** 服镇静剂 [fú zhènjìngjì].

calmar = **calamar**

calme ♦ adj ❶ (tranquille) 平静的 [píngjìng de] ▸ **caractère calme** 文静的性格 [wénjìng de xìnggé] ▸ **enfant calme** 安静的孩子 [ānjìng de háizi] ▸ **vie calme** 平静的生活 [píngjìng de shēnghuó] ❷ (silencieux) 静的 [jìng de]

▸ **appartement calme** 安静的公寓 [ānjìng de gōngyù] ▸ **campagne calme** 恬静的乡村 [tiánjìng de xiāngcūn] ▸ **nuit calme** 宁静的夜晚 [níngjìng de yèwǎn] ❸ (immobile) 平静的 [píngjìng de] ▸ **mer calme** 平静的大海 [píngjìng de dàhǎi]. ♦ nm ❶ (absence de bruit, d'agitation) 安静 [ānjìng] ▸ **au calme** 安静地 [ānjìng de] ▸ **rester au calme** 静静地待着 [jìngjìng de dāizhe] ▸ **dans le calme** 在安静的环境中 [zài ānjìng de huánjìng zhōng] ▸ **rétablir le calme** 恢复平静 [huīfù píngjìng] ▸ **avoir besoin de calme pour réfléchir** 需要安静来思考 [xūyào ānjìng lái sīkǎo] ❷ (placidité) 冷静 [lěngjìng] ▸ **garder son calme** 保持冷静 [bǎochí lěngjìng] ▸ **il est d'un calme à toute épreuve** 他能冷静地对待一切考验 [tā néng lěngjìng de duìdài yíqiè kǎoyàn]

◊ **du calme !** 安静！ [ānjìng!].

calmer vt ❶ (soulager) 减轻 [jiǎnqīng] ▸ **calmer la douleur** 止痛 [zhǐtòng] ▸ **calmer la soif** 止渴 [zhíkě] ▸ **calmer les inquiétudes de qqn** 平息某人的忧虑 [píngxī mǒurén de yōulǜ] ❷ (rendre calme) 使某人平静 [shǐ mǒurén píngjìng].

▪ **se calmer** vp ❶ (devenir calme) 平静下来 [píngjìng xiàlai] ▸ **les gens se sont calmés** 人们平静下来 [rénmen píngjìng xiàlai] ▸ **calme-toi !** 冷静些！ [lěngjìng xiē!] ▸ **la discussion s'est calmée grâce à l'intervention d'un médiateur** 争论的平息多亏了和解人的调停 [zhēnglùn de píngxī dūokuī le héjiěrén de tiáotíng] ▸ **la tempête s'est calmée** 暴风雨小了下来 [bàofēngyǔ xiǎo le xiàlai] ❷ (diminuer) 缓和 [huǎnhé] ▸ **la douleur s'est calmée** 疼痛缓和了 [téngtòng huǎnhé le] ▸ **la fièvre s'est calmée** 烧退了 [shāo tuì le] ▸ **son inquiétude s'est calmée** 他的忧虑缓解了 [tāde yōulǜ huǎnjiě le] ❸ (s'immobiliser) 平静 [píngjìng] ▸ **la mer s'est calmée** 大海平静下来了 [dàhǎi píngjìng xiàlai le].

calomnie nf 诽谤 [fěibàng] ▸ **dire des calomnies sur qqn** 诽谤某人 [fěibàng mǒurén].

calorie nf 卡路里 [kǎlùlǐ] ▸ **pauvre en calories** 热量少 [rèliàng shǎo].

calorique adj 热的 [rè de] ▸ **un plat calorique** 一盘热量高的菜 [yì pán rèliàng gāo de cài].

calotte nf (bonnet) 无边圆帽 [wúbiān yuánmào] ▸ **calotte d'un chirurgien** 外科医生的无边圆帽 [wàikē yīshēng de wúbiān yuánmào] ▸ **calotte d'un évêque** 主教的无边圆帽 [zhǔjiào de wúbiān yuánmào].

▪ **calotte glaciaire** nf 冰帽 [bīngmào].

calque nm ❶ (copie d'un dessin) 用透明纸描的图 [yòng tòumíngzhǐ miáo de tú] ▸ **faire un calque** 用透明纸描图 [yòng tòumíngzhǐ miáotú] ❷ (imitation) 翻版 [fānbǎn] ▸ **il est le calque de son père** 他是他父亲的翻版 [tā shì tā fùqin de fānbǎn].

calquer vt ❶ (reproduire) 用透明纸描 [yòng tòumíngzhǐ miáo] ▸ **calquer une carte** 描一张地图 [miáo yì zhāng dìtú] ❷ (imiter) 仿制 [fǎngzhì] ▸ **calquer qqch sur qqn/qqch** 按某人/某物仿制某物 [àn mǒurén/mǒuwù fǎngzhì mǒuwù] ▸ **calquer son comportement sur celui de qqn** 模仿某人的行为 [mófǎng mǒurén de xíngwéi].

calvaire nm ❶ (croix) 十字架 [shízìjià] ❷ *fig* (épreuve) 长期的苦难 [chángqī de kǔnàn] ▸ **sa vie est un vrai calvaire** 他的一生真是历经苦难 [tāde yì shēng zhēnshi lìjīng kǔnàn] ▸ **quel calvaire !** 真痛苦！ [zhēn tòngkǔ!].

calvitie nf 秃发 [tūfà] ▸ **avoir une calvitie** 秃发 [tūfà].

camarade adj & nmf ❶ (ami) ◦ (cl. 个 [gè] ou 位 [wèi]) 同伴 [tóngbàn] ▸ **camarade de classe** 同班同学 [tóngbān tóngxué] ❷ POLIT 同志 [tóngzhì].

camaraderie nf (solidarité) 团结一致 [tuánjié yízhì] ▸ **un esprit de camaraderie** 团结一致的精神 [tuánjié yízhì de jīngshén].

Cambodge nm ▸ **le Cambodge** 柬埔寨 [Jiánpǔzhài].

cambré, e adj 弯成弓形的 [wānchéng gōngxíng de] ▸ **être cambré** 弓形的 [gōngxíng de].

cambriolage nm (cl. 起 [qǐ]) 入室盗窃 [rùshì dàoqiè] ▸ **être victime d'un cambriolage** 是一起入室盗窃的受害者 [shì yì qǐ rùshì dàoqiè de shòuhàizhě].

cambrioler vt 入室盗窃 [rùshì dàoqiè] ▸ **leur maison a été cambriolée** 他们家被盗了 [tāmen jiā bèi dào le] ▸ **se faire cambrioler** 被盗 [bèi dào].

cambrioleur, euse nm, f 入室盗窃犯 [rùshì dàoqiè fàn].

camélia nm (cl. 朵 [duǒ]) 山茶花 [shānchāhuā] ▸ **offrir des camélias** 送一些山茶花 [sòng yìxiē shānchāhuā].

camelote nf *péj* 蹩脚货 [biéjiǎohuò].

caméra nf (cl. 个 [gè] ou 台 [tái]) 摄影机 [shèyǐngjī] ▸ **filmer avec une caméra** 用一台摄影机拍摄 [yòng yì tái shèyǐngjī pāishè] ▸ **caméra vidéo** 摄像机 [shèxiàngjī].

Cameroun nm ▸ **le Cameroun** 喀麦隆 [Kāmàilóng].

Caméscope® nm (cl. 台 [tái]) 手提式摄像机 [shǒutíshì shèxiàngjī] ▸ **filmer avec un Caméscope** 用一台手提式摄像机拍摄 [yòng yì tái shǒutíshì shèxiàngjī pāishè].

camion nm (cl. 辆 [liàng]) 卡车 [kǎchē] ▸ **camion de déménagement** 搬运卡车 [bānyùn kǎchē].

camionnette nf (cl. 辆 [liàng]) 小型卡车 [xiǎoxíng kǎchē].

camionneur nm (cl. 个 [gè] ou 位 [wèi] ou 名 [míng]) 卡车司机 [kǎchē sījī].

camion-poubelle nm (cl. 辆 [liàng]) 垃圾车 [lājī chē] ▸ **le camion-poubelle passe à 6 h** 垃圾车六点经过 [lājī chē liù diǎn jīngguò].

camomille nf 洋甘菊 [yánggānjú] ▸ **boire une camomille** 喝洋甘菊茶 [hē yánggānjú chá].

camouflage nm MIL 伪装 [wěizhuāng] ▸ **une tenue de camouflage** 一身伪装服 [yì shēn wěizhuāng fú].

camoufler vt ❶ MIL 伪装 [wěizhuāng] ▸ **camoufler un tank** 把一辆坦克伪装起来 [bǎ yí liàng tǎnkè wěizhuāngqǐlái] ❷ (déguiser) 掩盖 [yǎngài] ▸ **camoufler un crime en accident** 用事故来掩盖罪行 [yòng shìgù lái yǎngài zuìxíng] ❸ (dissimuler) 掩饰 [yǎnshì] ▸ **camoufler un bouton sur son visage** 掩饰自己脸上的一个疱 [yǎnshì zìjǐ liǎnshàng de yí ge pào].

camp nm ❶ MIL 营地 [yíngdì] ❷ (lieu d'internement) 拘留所 [jūliúsuǒ] ▸ **camp de concentration** 集中营 [jízhōng yíng] ▸ **camp de réfugiés** 难民营 [nànmín yíng] ▸ **camp de travail** 劳改营 [láogǎi yíng] ❸ (de campeurs) 露营地 [lùyíngdì] ▸ **établir un camp de base** 设立一个露营基地 [shèlì yí ge lùyíng jīdì] ❹ SPORT 一方 [yì fāng] ▸ **envoyer la balle dans le camp adverse** 把球传给对方 [bǎ qiú chuángěi duìfāng] ▸ **marquer contre son camp** 将球打进本方球门 [jiāng qiú dǎjìn běnfāng qiúmén] ❺ (parti) 党派 [dǎngpài] ▸ **changer de camp** 更换党派 [gēnghuàn dǎngpài]

◊ **ficher** ou **foutre le camp** *tfam* 走开 [zǒukāi] ▸ **il a fichu le camp à l'arrivée de la police** 警察到时他已经溜掉了 [jǐngchá dào shí tā yǐjīng liūdiào le].

campagnard, e ♦ adj 乡下的 [xiāngxia de] ▸ **air campagnard** 田园气息 [tiányuán qìxī] ▸ **mode de vie campagnarde** 乡村生活方式 [xiāngcūn shēnghuó fāngshì] ▸ **recette campagnarde** 农家制法 [nóngjiā zhìfǎ]. ♦ nm, f 乡下人 [xiāngxiarén].

campagne nf ❶ (régions rurales) 农村 [nóngcūn] ▸ **à la campagne** 在农村 [zài nóngcūn] ▸ **de campagne** 乡村的 [xiāngcūn de] ▸ **maison de campagne** 农村住宅 [nóngcūn zhùzhái] ▸ **médecin de campagne** 乡村医生 [xiāngcūn yīshēng] ▸ **pain de campagne** 乡村风味的面包 [xiāngcūn fēngwèi de miànbāo] ❷ MIL 出征 [chūzhēng] ▸ **la campagne d'Égypte** 埃及的出征 [Āijí de chūzhēng] ❸ POLIT ▸ **campagne électorale** 竞选宣传 [jìngxuǎn xuānchuán] ▸ **faire campagne pour** 为……开展运动 [wèi… kāizhǎn yùndòng] ❹ (action d'information) 宣传运动 [xuānchuán yùndòng] ▸ **campagne publicitaire** ou **de publicité** 广告宣传 [guǎnggào xuānchuán].

campanule nf (cl. 棵 [kē] ou 株 [zhū]) 风铃草 [fēnglíngcǎo].

campement nm ❶ MIL 营地 [yíngdì] ▸ **installer un campement au bord d'une rivière** 在一条河边设营 [zài yì tiáo hé biān shè yíng] ❷ (installation provisoire) 临时居住地 [línshí jūzhù dì] ▸ **un campement de Tsiganes** 茨冈人的临时居住地 [Cígāngrén de línshí jūzhù dì].

camper vi (faire du camping) 露营 [lùyíng] ▸ **aller camper à la montagne** 去山里露营 [qù shān lǐ lùyíng]

◊ **camper sur ses positions** 固执己见 [gùzhíjǐjiàn].

campeur, euse nm, f 露营的人 [lùyíng de rén].

camping nm ❶ (séjour) 露营 [lùyíng] ▸ **faire du camping** 露营 [lùyíng] ▸ **camping sauvage** 在允许场地之外的野营 [zài yúnxǔ chǎngdì zhīwài de yěyíng] ▸ **matériel de camping** 野营用品 [yěyíng yòngpǐn] ❷ (lieu) 露营地 [lùyíngdì] ▸ **le camping est à 100 m de la plage** 露营地距海滩100米远 [lùyíngdì jù hǎitān 100 mǐ yuǎn].

camping-car nm (cl. 辆 [liàng]) 野营车 [yěyíng chē] ▸ **partir en camping-car** 乘野营车出发 [chéng yěyíng chē chūfā].

Canada nm ▸ **le Canada** 加拿大 [Jiānádà].

canadien, enne adj 加拿大的 [jiānádà de].

■ **Canadien, enne** nm, f 加拿大人[Jiānádàrén].

canaille nf ❶ (personne malhonnête) 恶棍 [ègùn] ❷ (coquin) 淘气的孩子 [táoqì de háizi] ▸ **petite canaille !** 小淘气！ [xiǎo táoqì!].

canal, aux nm ❶ (cours d'eau) ○ (cl. 条 [tiáo]) 运河 [yùnhé] ▸ **au bord du canal** 在运河边 [zàiyùnhé biān] ▸ **le Canal impérial** ou **le Grand Canal** 大运河 [Dà Yùnhé] ▸ **le canal de Panamá/de Suez** 巴拿马/苏伊士运河 [Bānámǎ/Sūyīshì yùnhé] ❷ TV 信道 [xìndào].

canalisation nf (cl. 条 [tiáo]) 管道 [guǎndào] ▸ **les canalisations d'eau ont gelé** 水管冻上了 [shuíguǎn dòngshang le].

canaliser vt ❶ (un cours d'eau) 疏通航道 [shūtōng hángdào] ▸ **canaliser une rivière** 疏通一条河流的航道 [shūtōng yì tiáo héliú de hángdào] ❷ *fig* (orienter) 集中 [jízhōng] ▸ **canaliser la foule** 引导人群 [yíndǎo rénqún] ▸ **canaliser son énergie** 集中精力 [jízhōng jīnglì].

canapé nm (cl. 张 [zhāng]) 长沙发 [chángshāfā] ▸ **s'asseoir sur un canapé** 坐在一张长沙发上 [zuò zài yì zhāng chángshāfā shàng].

canapé-lit nm (cl. 张 [zhāng]) 沙发床 [shāfāchuáng] ▸ **dormir sur un canapé-lit** 睡在一张沙发床上 [shuì zài yì zhāng shāfāchuáng shàng].

canard nm ❶ (oiseau) ○ (cl. 只 [zhī]) 鸭 [yā] ▸ **canard laqué à la pékinoise** 北京烤鸭 [běijīng kǎo yā] ❷ *fam* (journal) ○ (cl. 份 [fèn]) 报纸 [bàozhǐ] ▸ **lire son canard** 看报纸 [kàn bàozhǐ].

canari nm (cl. 只 [zhī]) 金丝雀 [jīnsīquè].

cancer nm MÉD 癌 [ái] ▸ **avoir un cancer des poumons** 患肺癌 [huàn fèi ái] ▸ **se faire opérer d'un cancer du sein** 动乳腺癌切除手术 [dòng rǔxiàn ái qiēchú shǒushù].

■ **Cancer** nm ASTROL 巨蟹座 [Jùxièzuò] ▸ **être Cancer** 是巨蟹座 [shì Jùxièzuò].

cancérigène adj 致癌的 [zhì'ái de].

cancre nm *fam* (cl. 个 [gè] ou 名 [míng]) 劣等生 [lièděngshēng].

candidat, e nm, f (cl. 个 [gè] ou 位 [wèi] ou 名 [míng]) 候选人 [hòuxuǎnrén] ▸ **être ou se porter candidat à qqch** 作为某事的候选人 [zuòwéi mǒushì de hòuxuǎnrén].

candidature nf ❶ (à un poste) 谋求职位 [móuqiú zhíwèi] ▸ **j'ai posé ma candidature à un poste d'enseignante** 我申请教师职位 [wǒ shēnqǐng jiàoshī zhíwèi] ❷ (à une élection) 候选人资格 [hòuxuǎnrén zīgé] ▸ **elle a posé sa candidature aux élections municipales** 她参加市政选举 [tā cānjiā shìzhèng xuánjǔ].

candide adj (innocent) 天真的 [tiānzhēn de] ▸ **air candide** 天真的样子 [tiānzhēn de yàngzi] ▸ **regard candide** 天真的眼神 [tiānzhēn de yǎnshén].

cane nf (cl. 只 [zhī]) 母鸭 [mǔyā].

caneton nm (cl. 只 [zhī]) 小鸭 [xiǎoyā].

canette nf 拉罐 [lāguàn] ▸ **boire une canette de coca** 喝一罐可口可乐 [hē yí guàn kěkǒu kělè] ▸ **une canette de bière** 一罐啤酒 [yí guàn píjiǔ].

canevas nm COUT (cl. 块 [kuài]) 绣花底布 [xiùhuā dǐbù] ▸ **faire du canevas** 绣花 [xiùhuā].

caniche nm (cl. 只 [zhī]) 卷毛狗 [juǎnmáogǒu].

canicule nf 酷热 [kùrè] ▸ **quelle canicule !** 天气真热啊！ [tiānqì zhēn rè a!].

canif nm (cl. 把 [bǎ]) 小折刀 [xiǎozhédāo].

canine nf (dent) ○ (cl. 颗 [kē]) 犬齿 [quánchǐ].

caniveau nm (cl. 道 [dào]) 排水沟 [páishuǐgōu] ▸ **jeter qqch dans le caniveau** 把某物扔进排水沟 [bǎ mǒuwù rēngjìn páishuǐgōu].

canne nf (bâton) ○ (cl. 支 [zhī]) 拐杖 [guǎizhàng] ▸ **marcher avec une canne** 拄着拐杖走路 [zhǔzhe guǎizhàng zǒulù] ▸ **canne blanche** 盲人用的探路杖 [mángrén yòng de tànlùzhàng] ▸ **canne à pêche** 钓竿 [diào gān].

▪ **canne à sucre** nf (cl. 根 [gēn]) 甘蔗 [gānzhe].

cannibale ♦ adj 食同类的 [shí tónglèi de]. ♦ nmf 食人者 [shírénzhě].

canoë nm (cl. 只 [zhī] ou 条 [tiáo]) 独木舟 [dúmùzhōu] ▸ **faire du canoë** 划独木舟 [huá dúmùzhōu].

canoë-kayak nm (cl. 只 [zhī] ou 个 [gè]) 皮划艇 [píhuátǐng] ▸ **faire du canoë-kayak** 划皮划艇 [huá píhuátǐng].

canon nm ❶ (arme) ○ (cl. 门 [mén]) 炮 [pào] ▸ **entendre des coups de canon** 听见炮响 [tīngjiàn pào xiǎng] ❷ *fam* (belle fille) 美女 [měinǚ] ▸ **être un canon** 是个美女 [shì ge měinǚ] ❸ (norme, règle) 准则 [zhǔnzé] ▸ **les canons de la beauté** 美的准则 [měi de zhǔnzé] ❹ (chant) 轮唱 [lúnchàng] ▸ **chanter en canon** 以轮唱的形式唱 [yǐ lúnchàng de xíngshì chàng].

canot nm (barque) ▸ **canot pneumatique** 橡皮艇 [xiàngpí tǐng] ▸ **canot de sauvetage** (cl. 只 [zhī]) 救生艇 [jiùshēng tǐng].

cantatrice nf (cl. 个 [gè] ou 位 [wèi] ou 名 [míng]) 女歌唱家 [nǚgēchàngjiā].

cantine nf (réfectoire) 食堂 [shítáng] ▸ **cantine d'école** 学校食堂 [xuéxiào shítáng] ▸ **manger à la cantine** 在食堂就餐 [zài shítáng jiùcān].

cantique nm 圣歌 [shènggē] ▸ **chanter un cantique** 唱圣歌 [chàng shènggē].

canton nm ❶ (en France) 区 [qū] ❷ (en Suisse) 州 [zhōu].

Canton npr ❶ (ville) 广州 [Guǎngzhōu] ❷ (province) 广东 [Guǎngdōng].

cantonais, e adj 广东的 [guǎngdōng de]. ➤ **riz.**

▪ **cantonais** nm (langue) 广东话 [guǎngdōnghuà]; 粤语 [yuèyǔ].

▪ **Cantonais, e** nm, f ❶ (de la ville) 广州人 [Guǎngzhōurén] ❷ (de la province) 广东人 [Guǎngdōngrén].

canular nm (farce) 恶作剧 [èzuòjù] ▸ **faire un canular** 搞一个恶作剧 [gǎo yì ge èzuòjù] ▸ **monter un canular** 制造恶作剧 [zhìzào èzuòjù].

Cao Cao npr POLIT 曹操 [Cáo Cāo].

caoutchouc nm ❶ (substance) 橡胶 [xiàngjiāo] ▸ **en caoutchouc** 橡胶质的 [xiàngjiāozhì de] ❷ (plante) 橡胶树 [xiàngjiāoshù].

Cao Xueqin npr (écrivain) 曹雪芹 [Cáo Xuěqín].

Cao Yu npr (dramaturge) 曹禺 [Cáo Yú].

cap nm ❶ GÉOGR 海角 [hǎijiǎo] ▸ **le cap de Bonne-Espérance** 好望角 [Hǎowàng jiǎo] ❷ (direction) 航向 [hángxiàng] ▸ **mettre le cap sur** 朝……方向航行 [cháo… fāngxiàng hángxíng] ▸ **changer de cap** 改变方向 [gǎibiàn fāngxiàng]

◊ **c'est un cap à passer** 这是一个要度过的难关 [zhè shì yí ge yào dùguò de nánguān] ▸ **franchir** ou **passer le cap de** 超过 [chāoguò] ▸ **pour cet article, on a passé le cap des cent mille commandes** 这件商品，订货已经超过了十万件 [zhè jiàn shāngpǐn, dìnghuò yǐjīng chāoguò le shí wàn jiàn].

CAP (abr de **certificat d'aptitude professionnelle**) nm inv 专业技能证书 [zhuānyè jìnéng zhèngshū].

capable adj ❶ (compétent) 有能力的 [yǒunénglì de] ▸ **un ministre très capable** 一位十分有能力的部长 [yí wèi shífēn yǒunénglì de bùzhǎng] ❷ (apte à) 有能力做……的 [yǒunénglì zuò… de] ▸ **être capable de qqch**

具备做某事的能力 [jùbèi zuò mǒushì de nénglì] ▸ **être capable de faire qqch** 有能力做某事 [yǒu nénglì zuò mǒushì] ❸ (susceptible de) 很可能发生……的 [hěn kěnéng fāshēng… de] ▸ **il est capable de se fâcher pour un rien** 他很可能为了鸡毛蒜皮的小事生气 [tā hěn kěnéng wèile jīmáosuànpí de xiǎoshì shēngqì].

capacité nf ❶ (contenance) 容量 [róngliàng] ▸ **un bidon d'une capacité de cinq litres** 一个容量是五升的罐子 [yí ge róngliàng shì wǔ shēng de guànzi] ❷ (aptitude) 能力 [nénglì] ▸ **capacités intellectuelles** 智力 [zhìlì] ▸ **capacité de travail** 工作能力 [gōngzuò nénglì].

cape nf (vêtement) ○ (cl. 件 [jiàn]) 短斗篷 [duándǒupéng] ▸ **porter une cape** 穿着一件短斗篷 [chuānzhe yí jiàn duándǒupéng]
◊ **rire sous cape** 暗笑 [ànxiào] ▸ **de cape et d'épée** 武侠的 [wǔxiá de] ▸ **roman de cape et d'épée** 武侠小说 [wǔxiá xiǎoshuō].

CAPES, Capes (abr de **Certificat d'aptitude au professorat de l'enseignement secondaire**) nm inv 中学师资合格证书 [zhōngxué shīzī hégé zhèngshū] ▸ **les candidats au CAPES de lettres modernes** 参加现代文学科中学师资合格证的投考者 [cānjiā xiàndài wénxuékē zhōngxué shīzī hégé zhèngshū de tóukǎozhě] ▸ **passer le CAPES** 参加中学师资合格证书的考试 [cānjiā zhōngxué shīzī hégé zhèngshū de kǎoshì] ▸ **avoir le CAPES** 拥有中学师资合格证书 [yōngyǒu zhōngxué shīzī hégé zhèngshū] ▸ **rater le CAPES** 中学师资合格证书考试失败 [zhōngxué shīzī hégé zhèngshū kǎoshì shībài].

capitaine nm ❶ MIL (cl. 名 [míng]) 上尉 [shàngwèi] ❷ (des pompiers) 队长 [duìzhǎng] ▸ **le capitaine des pompiers** 消防队长 [xiāofáng duìzhǎng] ❸ (d'un navire) 船长 [chuánzhǎng] ❹ (d'équipe sportive) 队长 [duìzhǎng] ▸ **le capitaine de l'équipe de France** 法国队的队长 [Fǎguó duì de duìzhǎng].

capital, e, aux adj ❶ (essentiel) 重要的 [zhòngyào de] ▸ **décision capitale** 重要决定 [zhòngyào juédìng] ▸ **être d'un intérêt capital** 有重大的利益 [yǒu zhòngdà de lìyì] ▸ **c'est capital !** 这很重要！ [zhè hěn zhòngyào!] ❷ DR 处以死刑的 [chùyǐ sǐxíng de] ▸ **peine capitale** 死刑 [sǐxíng].

▪ **capitale** nf ❶ (ville) 首都 [shǒudū] ▸ **Paris est la capitale de la France** 巴黎是法国的首都 [Bālí shì Fǎguó de shǒudū] ▸ **Bordeaux est la capitale du vin** 波尔多是葡萄酒之都 [Bō'ěrduō shì pútaojiǔ zhī dū] ❷ (lettre majuscule) 大写 [dàxiě] ▸ **en capitales** 大写的 [dàxiě de].

▪ **capital** nm ❶ (biens) 资产 [zīchǎn] ▸ **son capital n'est pas négligeable** 他的资产不可小看 [tāde zīchǎn bùkě xiǎokàn] ❷ (argent) 资金 [zījīn] ▸ **investir des capitaux** 投入一些资金 [tóurù yìxiē zījīn].

capitaliser vt 使……变为本金 [shǐ… biànwéi běnjīn] ▸ **capitaliser une rente** 根据年金收入计算本金数额 [gēnjù niánjīn shōurù jìsuàn běnjīn shù'é] ▸ **capitaliser des intérêts** 将利息变成本金 [jiāng lìxī biànchéng běnjīn].

capitalisme nm 资本主义 [zīběnzhǔyì] ▸ **être contre le capitalisme libéral** 反对自由资本主义 [fǎnduì zìyóu zīběnzhǔyì].

capitaliste ♦ adj 资本主义的 [zīběnzhǔyì de] ▸ **régime capitaliste** 资本主义制度 [zīběnzhǔyì zhìdù]. ♦ nmf 资本家 [zīběnjiā].

capituler vi (se rendre) 投降 [tóuxiáng] ▸ **capituler devant qqn/qqch** 在某人/某事面前妥协 [zài mǒurén/mǒushì miànqián tuǒxié].

caporal, aux nm MIL (cl. 名 [míng]) 下士 [xiàshì].

capot nm 引擎盖 [yǐnqínggài] ▸ **ouvrir le capot** 打开引擎盖 [dǎkāi yǐnqínggài].

capote nf ❶ (de voiture) 车顶篷 [chēdǐngpéng] ▸ **baisser/relever la capote** 降下/掀起车顶篷 [jiàngxia/xiānqǐ chēdǐngpéng] ❷ (de landau) 车顶篷 [chēdǐngpéng] ▸ **baisser la capote** 拉下车顶篷 [lāxià chēdǐngpéng] ❸ (grand manteau de militaire) ○ (cl. 件 [jiàn]) 军大衣 [jūndàyī] ▸ **porter une capote** 穿着一件军大衣 [chuānzhe yí jiàn jūndàyī].

▪ **capote (anglaise)** nf 避孕套 [bìyùntào] ▸ **acheter des capotes** 买避孕套 [mǎi bìyùntào] ▸ **mettre une capote** 戴上避孕套 [dàishang bìyùntào].

câpre nf 刺山柑花蕾 [cìshāngān huālěi] ▸ **aux câpres** 刺山柑花蕾酱的 [cìshāngān huālěi jiàng de].

caprice nm ❶ (envie subite) 任性 [rènxìng] ▸ **faire des caprices** 反复无常 [fǎnfù wúcháng] ❷ *fig* (changement soudain) 频繁的变化 [pínfán de biànhuà] ▸ **les caprices de la météo** 天气的反复无常 [tiānqì de fǎnfù wúcháng].

capricieux, euse adj ❶ (personne) 任性的 [rènxìng de] ❷ *fig* (chose) 变幻莫测的 [biànhuàn mòcè de] ▸ **un temps capricieux** 变幻莫测的天气 [biànhuàn mòcè de tiānqì].

capricorne nm ASTROL 摩羯座 [mójiézuò] ▸ **être Capricorne** 是摩羯座 [shì mójiézuò].

capsule nf ❶ (de bouteille) 瓶盖 [pínggài] ▸ **enlever la capsule** 打开瓶盖 [dǎkāi pínggài] ❷ (de médicament) 胶囊 [jiāonáng] ▸ **prendre des capsules** 服用一些胶囊 [fúyòng yìxiē jiāonáng] ❸ (spatiale) 空间密封舱 [kōngjiān mìfēngcāng].

capter vt ❶ (recevoir) 接收 [jiēshōu] ▸ **capter les ondes** 接收波 [jiēshōu bō] ▸ **capter la lumière du soleil** 采集太阳光 [cǎijí tàiyáng guāng] ▸ **mon portable ne capte pas ici** 我的手机在这儿收不到信号 [wǒde shǒujī zài zhèr shōu búdào xìnhào] ❷ (recueillir) 引水 [yínshuǐ] ▸ **capter les eaux d'une rivière** 引河水 [yǐn hé shuǐ] ❸ *fig* (attirer) ▸ **capter l'attention** 吸引注意力 [xīyǐn zhùyìlì] ❹ *fam* (comprendre) 明白 [míngbai] ▸ **il ne capte rien** 他什么也没明白 [tā shénme yě méi míngbai].

captif, ive nm, f 俘虏 [fúlǔ].

captivant, e adj 吸引人的 [xīyǐnrén de] ▸ **lecture captivante** 引人入迷的阅读 [yǐnrén rùmí de yuèdú] ▸ **livre/film captivant** 有吸引力的书/电影 [yǒu xīyǐnlì de shū/diànyǐng] ▸ **personne captivante** 有魅力的人 [yǒu mèilì de rén].

captiver vt 吸引 [xīyǐn] ▸ **un livre qui captive le lecteur** 一本吸引读者的书 [yì běn xīyǐn dúzhě de shū] ▸ **captiver le public** 引起大众的兴趣 [yínqǐ dàzhòng de xìngqù].

captivité nf 囚禁 [qiújìn] ▸ **en captivité** 在囚禁中 [zài qiújìn zhōng].

capturer vt 捕获 [bǔhuò] ▸ **capturer un voleur** 抓住小偷 [zhuāzhù xiǎotōu] ▸ **capturer un fugitif** 逮捕逃亡者 [dàibǔ táowángzhě] ▸ **capturer un soldat** 俘获士兵 [fúhuò shìbīng] ▸ **capturer un animal** 捕获动物 [bǔhuò dòngwù].

capuche nf 可卸风帽 [kěxiè fēngmào] ▸ **à capuche** 带风帽的 [dài fēngmào de] ▸ **mettre sa capuche** 戴上风帽 [dàishang fēngmào] ▸ **capuche d'imperméable** 雨衣的风帽 [yǔyī de fēngmào].

capuchon nm ❶ (capuche) 风帽 [fēngmào] ▸ **à capuchon** 带风帽的 [dài fēngmào de] ❷ (de stylo) 笔帽 [bǐmào] ▸ **enlever/remettre le capuchon** 拔掉/盖上笔帽 [bádiào/gàishang bǐmào].

Cap-Vert npr ▸ **le Cap-Vert** 佛得角 [Fódéjiǎo].

car[1] nm (autocar) ○ (cl. 辆 [liàng]) 旅行大客车 [lǚxíng dàkèchē] ▸ **prendre le car** 乘坐旅行大客车 [chéngzuò lǚxíng dàkèchē].

car[2] conj (introduisant une explication) 因为 [yīnwèi] ▸ **je ne viendrai pas car je suis malade** 我不来了，因为我病了 [wǒ bù lái le, yīnwèi wǒ bìng le].

carabine nf (cl. 把 [bǎ]) 短枪 [duǎnqiāng] ▸ **tirer à la carabine** 用短枪射击 [yòng duǎnqiāng shèjī].

caractère nm ❶ (tempérament) 性格 [xìnggé] ▸ **le caractère méditerranéen** 地中海人的性格 [dìzhōnghǎi rén de xìnggé] ▸ **avoir du caractère** 性格刚强 [xìnggé gāngqiáng] ▸ **avoir bon/mauvais caractère** 性格好/坏 [xìnggé hǎo/huài] ▸ **avoir un sale caractère** 令人讨厌的性格 [lìngrén tǎoyàn de xìnggé] ❷ (aspect) 性质 [xìngzhì] ▸ **sa maladie ne présentait aucun caractère de gravité** 他所患的疾病没有表现出任何危险性 [tā suǒhuàn de jíbìng méiyǒu biǎoxiàn chū rènhé wēixiǎnxìng] ▸ **le caractère officiel d'un document** 文件的官方色彩 [wénjiàn de guānfāng sècǎi] ❸ (cachet) 特色 [tèsè] ▸ **avoir du caractère** 有特色 [yǒu tèsè] ❹ (écriture) 字体 [zìtǐ] ▸ **en petits/gros caractères** 小号/大号字体的 [xiǎohào/dàhào zìtǐ de] ▸ **caractères chinois** 汉字 [hàn zì] ▸ **en caractères gras** 粗体字 [cū tǐ zì].

caractériel, elle ♦ adj 性格障碍的 [xìnggé zhàng'ài de] ▸ **enfant caractériel** 患性格障碍的儿童 [huàn xìnggé zhàng'ài de értóng] ▸ **troubles caractériels** 性格障碍 [xìnggé zhàng'ài]. ♦ nm, f (personne) 患性格障碍的人 [huàn xìnggé zhàng'ài de rén].

caractériser vt ❶ (être le trait dominant de) 构成……的特点 [gòuchéng… de tèdiǎn] ▸ **la gentillesse qui le caractérise** 他特有的和善 [tā tèyǒu de héshàn] ❷ (définir) 显示……的特征 [xiǎnshì… de tèzhēng] ▸ **les symptômes qui caractérisent une maladie** 一种疾病显示出的症状 [yì zhǒng jíbìng xiǎnshì chū de zhèngzhuàng].

▪ **se caractériser par** vp+prép 以……表现特征 [yǐ… biǎoxiàn tèzhēng].

caractéristique ♦ adj 特有的 [tèyǒu de] ▸ **signes caractéristiques** 特征 [tèzhēng] ▸ **(être) caractéristique de** (是)……的特点 [(shì)… de tèdiǎn]. ♦ nf (caractère distinctif) 特性 [tèxìng] ▸ **quelles sont les caractéristiques de cet ordinateur ?** 这台电脑有哪些特性？ [zhè tái diànnǎo yǒu nǎxiē tèxìng?].

carafe nf (récipient) 长颈大肚玻璃瓶 [chángjǐng dàdù bōlipíng] ▸ **une carafe d'eau/de vin** 一瓶水/葡萄酒 [yì píng shuǐ/pútaojiǔ] ▸ **en carafe** 瓶装的 [píng zhuāng de].

Caraïbes nfpl ▸ **les Caraïbes** 加勒比海 [Jiālèbǐhǎi].

carambolage nm 连续相撞 [liánxù xiāngzhuàng].

caramel nm ❶ (sucre fondu) 焦糖 [jiāotáng] ▸ **napper un moule de caramel** 浇一模子的焦糖 [jiāo yì múzi de jiāotáng] ❷ (bonbon) ○ (cl. 粒 [lì]) 焦糖制的糖果 [jiāotáng zhì de tángguǒ] ▸ **manger des caramels** 吃一些焦糖制的糖果 [chī yìxiē jiāotáng zhì de tángguǒ].

carapace nf ❶ (d'animal, de crustacé) 背甲 [bèijiǎ] ▸ **la tortue a une carapace** 龟有背甲 [guī yǒu bèijiǎ] ❷ *fig* (ce qui protège une personne) 保护层 [bǎohùcéng] ▸ **avoir une carapace** 有保护层 [yǒu bǎohùcéng].

caravane nf ❶ (de camping) 旅行挂车 [lǚxíng guàchē] ▸ **partir en caravane** 乘旅行挂车出发 [chéng lǚxíng guàchē chūfā] ❷ (de nomades) 沙漠游牧队 [shāmò yóumùduì] ❸ (cortège) 结队而行的车 [jiéduì érxíng de chē] ▸ **la caravane du Tour de France** 环法自行车车队 [Huánfǎ zìxíngchē chēduì].

carbone nm CHIM 碳 [tàn] ▸ **carbone 14** 碳14 [tàn 14].

carbonique adj CHIM 碳酸的 [tànsuān de] ▸ **gaz carbonique** 二氧化碳 [èryǎnghuàtàn] ▸ **neige carbonique** 干冰 [gānbīng].

carbonisé, e adj 烧焦的 [shāojiāo de] ▸ **forêt carbonisée** 烧尽的森林 [shāojìn de sēnlín] ▸ **bois carbonisé** 烧焦的木材 [shāojiāo de mùcái] ▸ **la viande était carbonisée** 肉被烧焦了 [ròu bèi shāojiāo le].

carburant nm ❶ (combustible) 碳氢燃料 [tànqīng ránliào] ▸ **le prix du carburant a augmenté** 碳氢燃料的价格上涨了 [tànqīng ránliào de jiàgé shàngzhǎng le] ❷ *fig* (moteur) 动力 [dònglì] ▸ **l'amour est un bon carburant dans la vie** 爱是生活中一种良好的动力 [ài shì shēnghuó zhōng yì zhǒng liánghǎo de dònglì].

carcasse nf ❶ (d'animal) 骨架 [gǔjià] ❷ (épave) 构架 [gòujià] ▸ **carcasse d'avion** 飞机的构架 [fēijī de gòujià] ▸ **carcasse d'un navire** 一条船的龙骨 [yì tiáo chuán de lónggǔ] ▸ **carcasse de voiture** 车架 [chē jià].

cardiaque ♦ adj ❶ (du cœur) 心脏的 [xīnzàng de] ▸ **le muscle cardiaque** 心肌 [xīn jī] ❷ (malade du cœur) 患心脏病的 [huàn xīnzàngbìng de] ▸ **elle est cardiaque** 她患有心脏病 [tā huànyǒu xīnzàngbìng] ❸ ➤ **crise**. ♦ nmf (cl. 个 [gè] ou 位 [wèi]) 心脏病患者 [xīnzàngbìng huànzhě].

cardigan nm (cl. 件 [jiàn]) 长袖羊毛开衫 [chángxiù yángmáo kāishān] ▸ **mettre un cardigan** 穿着一件长袖羊毛开衫 [chuānzhe yí jiàn chángxiù yángmáo kāishān].

cardinal, e, aux adj ❶ (nombre) 基数的 [jīshù de] ▸ **5 et 13 sont des nombres cardinaux** 5和13是基数 [5 hé 13 shì jīshù] ❷ GÉOGR 基点 [jīdiǎn] ▸ **les (quatre) points cardinaux** (四个)方位基点 [(sì ge) fāngwèi jīdiǎn].

▪ **cardinal** nm RELIG (cl. 个 [gè] ou 位 [wèi] ou 名 [míng]) 枢机主教 [shūjī zhǔjiào].

cardiologue nmf (cl. 个 [gè] ou 位 [wèi] ou 名 [míng]) 心脏病科医生 [xīnzàngbìng kē yīshēng].

cardio-vasculaire adj 心血管的 [xīnxuèguǎn de] ▸ **accident cardio-vasculaire** 心血管偶发症状 [xīnxuèguǎn ǒufā zhèngzhuàng] ▸ **maladie cardio-vasculaire** 心血管疾病 [xīnxuèguǎn jíbìng].

carence nf ❶ MÉD 缺乏 [quēfá] ▸ **souffrir d'une carence en magnésium** 缺镁 [quē měi] ❷ (manque) 缺乏 [quēfá] ▸ **avoir des carences affectives** 缺乏爱 [quēfá ài].

caresse nf 爱抚 [àifǔ] ▸ **faire des caresses à qqn** 爱抚某人 [àifǔ mǒurén].

caresser vt ❶ (avec sa main) 爱抚 [àifǔ] ▸ **caresser un animal** 爱抚动物 [àifǔ dòngwù] ▸ **il lui caressa la main** 他爱抚她的手 [tā àifǔ tāde shǒu] ❷ *fig* (entretenir) 抱有 [bàoyǒu] ▸ **caresser le rêve de faire qqch** 抱有做某事的梦想 [bàoyǒu zuò mǒushì de mèngxiǎng] ▸ **caresser l'espoir de revoir qqn** 怀有再见某人的希望 [huáiyǒu zàijiàn mǒurén de xīwàng].

cargaison nf ❶ (de navire, d'avion) 货载 [huòzài] ▸ **une cargaison de bananes** 一船香蕉 [yì chuán xiāngjiāo] ▸ **décharger une cargaison** 卸货 [xiè huò] ❷ *fam* (grande quantité) 许多 [xǔduō] ▸ **elle a ramené une cargaison de vêtements à la maison** 她带了许多衣服回家 [tā dài le xǔduō yīfu huíjiā].

cargo nm (cl. 艘 [sōu]) 货船 [huòchuán].

caricature nf ❶ (dessin) ○ (cl. 幅 [fú]) 漫画 [mànhuà] ▸ **les caricatures des journaux satiriques** 讽刺报纸的漫画 [fěngcì bàozhǐ de mànhuà] ▸ **cette caricature est très ressemblante** 这幅漫画画得太像了 [zhè fú mànhuà huà de tài xiàng le] ❷ (représentation déformée de la réalité) 歪曲 [wāiqū] ▸ **ce compte rendu est une caricature de la vérité** 这个报告是对事实的歪曲 [zhè ge bàogào shì duì shìshí de wāiqū] ❸ (description satirique) 夸张讽刺的描绘 [kuāzhāng fěngcì de miáohuì] ▸ **faire la caricature de qqch** 对某物做夸张讽刺的描绘 [duì mǒuwù zuò kuāzhāng fěngcì de miáohuì].

carie nf MÉD 龋 [qǔ] ▸ **carie dentaire** 龋齿 [qǔ chǐ] ▸ **j'ai une carie** 我有一颗龋齿 [wǒ yǒu yì kē qúchǐ].

carié, e adj 被蛀的 [bèizhù de] ▸ **j'ai une molaire cariée** 我有一颗臼齿被蛀了 [wǒ yǒu yì kē jiùchǐ bèizhù le].

carnage nm (cl. 场 [chǎng]) 屠杀 [túshā].

carnassier, ère nm, f 食肉动物 [shíròu dòngwù].

carnaval nm 狂欢节 [kuánghuānjié] ▸ **le carnaval de Nice se déroule en février** 尼斯的狂欢节在每年二月进行 [Nísī de kuánghuānjié zài měi nián èryuè jìnxíng].

carnet nm ❶ (petit cahier) 小本子 [xiáoběnzi] ▸ **carnet d'adresses** 地址本 [dìzhǐ běn] ▸ **carnet de notes** (cl. 本 [běn]) 成绩册 [chéngjì cè] ❷ (bloc de feuilles) ○ (cl. 本 [běn]) 簿 [bù] ▸ **carnet de chèques** 支票簿 [zhīpiào bù] ▸ **carnet de tickets** (cl. 本 [běn]) 车票 [chēpiào] ▸ **carnet de timbres** (cl. 套 [tào]) 邮票 [yóupiào].

carnivore ◆ adj (animal, plante) 食肉的 [shíròu de] ▸ **un animal carnivore** 一种食肉动物 [yì zhǒng shíròu dòngwù] ▸ **une plante carnivore** 一种肉食植物 [yì zhǒng ròushí zhíwù]. ◆ nm 食肉动物 [shíròu dòngwù].

carotte nf (cl. 根 [gēn]) 胡萝卜 [húluóbo] ▸ **carottes râpées** 胡萝卜丝 [húluóbo sī].

carré, e adj ❶ (de forme carrée) 正方形的 [zhèngfāngxíng de] ▸ **une pièce carrée** 一间正方形的房间 [yì jiān zhèngfāngxíng de fángjiān] ▸ **une table carrée** 一个方桌 [yí ge fāngzhuō] ❷ (mesure) 平方的 [píngfāng de] ▸ **un appartement de 40 mètres carrés** 一个40平方米的套房 [yí ge 40 píngfāng mǐ de tàofáng] ❸ MATH (racine) 平方的 [píngfāng de] ▸ **la racine carrée de 81 est 9** 9是81的平方根 [9 shì 81 de píngfāng gēn] ❹ (massif) 方形的 [fāngxíng de] ▸ **il a un visage carré** 他是方脸 [tā shì fāng liǎn] ▸ **avoir les épaules carrées** 长着宽肩 [zhǎngzhe kuān jiān].

▪ **carré** nm ❶ (quadrilatère) 正方形 [zhèngfāngxíng] ❷ NAUT ▸ **carré (des officiers)** 军官食堂 [jūnguān shítáng] ❸ (cartes) 四张同点的牌 [sìzhāng tóngdiǎn de pái] ❹ MATH 平方 [píngfāng] ▸ **le carré d'un nombre** 一个数的平方数 [yí ge shù de píngfāngshù] ❺ (petit terrain) 四方形场所 [sìfāngxíng chángsuǒ] ▸ **un carré de jardin** 一个四方形的花园 [yí ge sìfāngxíng de huāyuán] ❻ (coiffure) 平齐式 [píngqíshì] ▸ **elle a une coupe au carré** 她留着平齐式发型 [tā liúzhe píngqíshì fàxíng].

carreau nm ❶ (carrelage) ◦ (cl. 块 [kuài]) 方瓷砖 [fāng cízhuān] ▸ **les carreaux de la salle de bains sont bleus** 浴室的瓷砖是蓝色的 [yùshì de cízhuān shì lánsè de] ❷ (vitre) ◦ (cl. 块 [kuài]) 门窗玻璃 [ménchuāng bōli] ▸ **laver les carreaux** 擦门窗玻璃 [cā ménchuāng bōli] ▸ **il y a un carreau cassé à la fenêtre** 窗户上有一块玻璃被打碎了 [chuānghu shàng yǒu yí kuài bōli bèi dǎsuì le] ❸ (motif carré) 方格子图案 [fānggézi tú'àn] ▸ **je préfère les rayures aux carreaux** 与方格子图案相比我更喜欢条纹的 [yǔ fānggézi tú'àn xiāngbǐ wǒ gèngxǐhuān tiáowén de] ▸ **une chemise à carreaux** 一件方格子图案的衬衫 [yí jiàn fānggézi tú'àn de chènshān] ❹ (aux cartes) 方块 [fāngkuài]
◊ **rester sur le carreau** 被淘汰 [bèi táotài] ▸ **se tenir à carreau** 小心提防 [xiǎoxīn dīfáng].

carrefour nm 十字路口 [shízìlùkǒu] ▸ **au carrefour, tournez à gauche** 在十字路口，向左转 [zài shízìlùkǒu, xiàng zuǒ zhuǎn].

carrelage nm 瓷砖贴面 [cízhuān tiēmiàn] ▸ **laver le carrelage** 擦洗瓷砖贴面 [cāxǐ cízhuān tiēmiàn] ▸ **poser le** ou **du carrelage** 贴瓷砖 [tiē cízhuān].

carrément adv *fam* ❶ (franchement) 直截了当地 [zhíjié liǎodàng de] ▸ **je lui ai dit carrément de se taire** 我直截了当地叫他闭嘴 [wǒ zhíjié liǎodàng de jiào tā bìzuǐ] ❷ (complètement) 根本 [gēnběn] ▸ **c'est carrément inutile de crier** 喊根本没用 [hǎn gēnběn méiyòng] ▸ **il est carrément nul en maths** 他对数学根本一窍不通 [tā duì shùxué gēnběn yíqiào bùtōng].

carrière nf ❶ (gisement) 采石场 [cǎishíchǎng] ▸ **une carrière de sable** 一个采沙场 [yí ge cǎishāchǎng] ❷ (profession) 职业 [zhíyè] ▸ **faire carrière dans qqch** 获得在某职业上的成就 [huòdé zài mǒu zhíyè shàng de chéngjiù] ▸ **faire une carrière de qqch** 从事某职业 [cóngshì mǒu zhíyè].

carrosse nm (cl. 辆 [liàng]) 四轮华丽马车 [sìlún huálì mǎchē]
◊ **être la cinquième roue du carrosse** 多余的人 [duōyú de rén].

carrosserie nf 车身 [chēshēn].

carrure nf ❶ (de personne) 宽肩 [kuānjiān] ▸ **un homme de forte carrure** 一个宽肩的男人 [yí ge kuānjiān de nánren] ▸ **avoir une carrure d'athlète** 有着田径运动员的宽肩膀 [yǒuzhe tiánjìng yùndòngyuán de kuānjiānbǎng] ❷ *fig* (envergure) 才干 [cáigàn] ▸ **ce ministre a plus de carrure que son prédécesseur** 这位部长比他的前任更有才干 [zhè wèi bùzhǎng bǐ tāde qiánrèn gèng yǒu cáigàn].

cartable nm (sac d'écolier) 书包 [shūbāo] ▸ **faire son cartable** 整理书包 [zhénglǐ shūbāo].

carte nf ❶ (de jeu) ◦ (cl. 张 [zhāng]) 扑克牌 [pūkèpái] ▸ **jouer aux cartes** 打扑克牌 [dǎ pūkèpái] ❷ GÉOGR (cl. 张 [zhāng]) 地图 [dìtú] ▸ **carte géographique** 地图 [dì tú] ▸ **carte routière** 交通图 [jiāotōng tú] ❸ (au restaurant) 菜单 [càidān] ▸ **demander la carte** 要菜单 [yào càidān] ▸ **carte des vins** 酒单 [jiǔ dān] ❹ (attestation) 证件 [zhèngjiàn] ▸ **carte d'embarquement** 登机牌 [dēngjī pái] ▸ **carte d'étudiant** 学生证 [xuésheng zhèng] ▸ **carte grise** 汽车执照 [qìchē zhízhào] ▸ **carte d'identité** 身份证 [shēnfen zhèng] ▸ **carte de séjour** 居留证 [jūliú zhèng] ❺ (carton) 片 [piàn] ▸ **carte postale** 明信片 [míngxìn piàn] ▸ **carte de visite** 名片 [míng piàn] ❻ BANQUE 卡 [kǎ] ▸ **Carte Bleue®** 信用卡 [xìnyòng kǎ] ▸ **carte de crédit** 信用卡 [xìnyòng kǎ] ▸ **on a volé ma carte de crédit** 有人偷了我的信用卡 [yǒu rén tōu le wǒde xìnyòng kǎ] ▸ **carte d'adhérent** 会员卡 [huìyuán kǎ] ❼ TÉLÉCOM ▸ **carte téléphonique** ou **de téléphone** 电话卡 [diànhuà kǎ]
◊ **donner carte blanche à qqn** 让某人全权负责 [ràng mǒurén quánquán fùzé] ▸ **jouer cartes sur table** 开诚布公 [kāichéng bùgōng] ▸ **jouer sa dernière carte** 作最后的努力 [zuò zuìhòu de nǔlì] ▸ **brouiller les cartes** 故意把水搅浑 [gùyì bǎ shuǐ jiǎohún].

cartilage nm 软骨 [ruángǔ].

carton nm ❶ (matière) 纸板 [zhíbǎn] ▸ **en carton** 用纸板做的 [yòng zhíbǎn zuò de] ❷ (emballage) 纸箱 [zhǐxiāng] ▸ **les déménageurs déchargent les cartons** 搬家工卸纸箱 [bānjiāgōng xiè zhǐxiāng] ❸ SPORT 牌子 [páizi] ▸ **carton jaune** 黄牌 [huáng pái] ▸ **carton rouge** 红牌 [hóng pái]
◊ **carton d'invitation** 请柬卡 [qíngjiǎn kǎ].

cartonné, e adj 硬皮的 [yìngpí de] ▸ **livre cartonné** 硬皮书 [yìngpí shū] ▸ **fiche cartonnée** 硬纸卡片 [yìng zhíkǎpiàn].

cartouche nf ❶ (munition) ○ (cl. 颗 [kē] ou 发 [fā]) 子弹 [zǐdàn] ▸ **le chasseur met une cartouche dans son fusil** 猎人在枪里装一颗子弹 [lièrén zài qiāng lǐ zhuāng yì kē zǐdàn] ❷ (d'encre) 墨水囊 [mòshuǐnáng] ▸ **cartouche de stylo** 钢笔的墨水囊 [gāngbǐ de mòshuǐnáng] ▸ **cartouche d'imprimante** 打印机的墨盒 [dǎyìnjī de mòhé] ❸ (de cigarettes) 条装（香烟） [tiáozhuāng (xiāngyān)] ▸ **acheter une cartouche** 买一条香烟 [mǎi yì tiáo xiāngyān].

cas nm ❶ (hypothèse) 情况 [qíngkuàng] ▸ **au cas où** *(+conditionnel)* 万一 [wànyī] ▸ **en cas de...** 在……的情况下 [zài... de qíngkuàng xià] ▸ **en cas d'urgence** 在紧急情况下 [zài jǐnjí qíngkuàng xià] ▸ **en tout cas** 不管怎样 [bùguǎn zěnyàng] ▸ **dans ce cas** 在这种情况下 [zài zhè zhǒng qíngkuàng xià] ❷ MÉD 病例 [bìnglì] ▸ **il y a de nombreux cas de grippe dans la région** 这个地区有许多流感病例 [zhè ge dìqū yǒu xǔduō liúgǎn bìnglì] ▸ **c'est un cas grave** 这是一个严重病例 [zhè shì yí ge yánzhòng bìnglì] ❸ DR 案例 [ànlì] ▸ **un cas prévu par la loi** 一项法律有明文规定的案例 [yí xiàng fǎlǜ yǒu míngwén guīdìng de ànlì] ❹ (évènement) ▸ **un cas de force majeure** 一个不可抗力的情况 [yí ge bùkě kànglì de qíngkuàng].

casaque nf (cl. 件 [jiàn]) 赛马骑师服 [sàimǎ qíshī fú].

cascade nf ❶ (chute d'eau) 瀑布 [pùbù] ❷ CINÉ 特技表演 [tèjì biáoyǎn] ▸ **cet acteur est toujours doublé pour les cascades** 这个演员在表演特技时总是找替身 [zhè ge yǎnyuán zài biáoyǎn tèjì shí zǒngshì zhǎo tìshēn] ▸ **faire des cascades** 表演特技 [biáoyǎn tèjì].

cascadeur, euse nm, f CINÉ (cl. 个 [gè] ou 名 [míng] ou 位 [wèi]) 特技演员 [tèjì yǎnyuán].

case nf ❶ (habitation) 茅屋 [máowū] ▸ **construire une case en pisé** 用黏土盖一间茅屋 [yòng niántǔ gài yì jiān máowū] ❷ (dans les jeux) 格子 [gézi] ▸ **les cases d'un damier** 棋盘格 [qípán gé] ▸ **les cases d'une grille de mots croisés** 纵横填字谜的填字格 [zònghéng tiánzìmí de tiánzì gé] ❸ (division) 空格 [kònggé] ▸ **'cochez la case choisie'** 在选定的空格内打一个勾/叉 [zài xuǎndìng de kònggé nèi dǎ yí ge gōu/chā].

caser vt (ranger) 放置 [fàngzhì] ▸ **j'ai casé les revues derrière les livres** 我把那些杂志放到书后面 [wǒ bǎ nàxiē zázhì fàngdào shū hòumiàn].
▪ **se caser** vp *fam* (se marier) 成家 [chéngjiā] ▸ **il s'est enfin casé** 他终于成家了 [tā zhōngyú chéngjiā le].

caserne nf MIL 兵营 [bīngyíng] ▸ **après leur permission, les soldats rentrent à la caserne** 在休假后，士兵们回兵营 [zài xiūjià hòu, shìbīngmen huí bīngyíng] ▸ **caserne de(s) pompiers** 消防站 [xiāofáng zhàn].

cash nm 现金 [xiànjīn] ▸ **payer cash** 现金支付 [xiànjīn zhīfù].

casier nm 柜格 [guìgé].
▪ **casier judiciaire** nm 犯罪纪录 [fànzuì jìlù] ▸ **avoir un casier judiciaire** 有一项犯罪纪录 [yǒu yí xiàng fànzuì jìlù] ▸ **son casier judiciaire est vierge** 他从未犯罪 [tā cóng wèi fànzuì].

casino nm 娱乐场 [yúlèchǎng] ▸ **aller au casino** 去娱乐场 [qù yúlèchǎng].

casque nm ❶ (de conducteur) ○ (cl. 顶 [dǐng]) 安全帽 [ānquánmào] ▸ **le port du casque est obligatoire** 戴安全帽是必须的 [dài ānquánmào shì bìxū de] ❷ (pour écouter de la musique) 耳机 [ěrjī] ▸ **écouter de la musique au casque** 带耳机听音乐 [dài ěrjī tīng yīnyuè].
▪ **Casque bleu** nm 联合国蓝盔部队 [Liánhéguó lánkuī bùduì].

casquette nf (cl. 顶 [dǐng]) 鸭舌帽 [yāshémào] ▸ **mettre une casquette** 戴一顶鸭舌帽 [dài yì dǐng yāshémào].

cassant, e adj ❶ (fragile) 易断的 [yìduàn de] ▸ **verre cassant** 易碎的玻璃 [yìsuì de bōli] ▸ **elle a les cheveux secs et cassants** 她的头发既干又易断 [tāde tóufa jì gān yòu yìduàn] ❷ (dur) 断然的 [duànrán de] ▸ **ton cassant** 断然的语气 [duànrán de yǔqì].

casse ♦ nm *fam* (cambriolage) 入室盗窃 [rùshì dàoqiè] ▸ **faire un casse** 入室盗窃 [rùshì dàoqiè]. ♦ nf ❶ (action de casser, dégâts) 打碎 [dǎsuì] ▸ **attention à la casse quand tu prendras ces paquets fragiles** 你拿这些易碎的盒子时，注意别打碎了 [nǐ ná zhèxiē yìsuì de hézi shí, zhùyì bié dǎsuì le] ❷ (de voitures) 废旧汽车处理站 [fèijiù qìchē chúlǐ zhàn] ▸ **mettre une voiture à la casse** 把一辆汽车放到处理站 [bǎ yí liàng qìchē fàng dào chúlǐ zhàn].

casse-cou ♦ adj inv 冒失的 [màoshi de]. ♦ nm inv 冒失的人 [màoshi de rén].

casse-croûte nm inv 快餐 [kuàicān] ▸ **manger un casse-croûte** 吃快餐 [chī kuàicān].

casse-noix nm inv 核桃夹 [hétao jiā].

casse-pieds *fam* ♦ adj inv 讨厌的 [tǎoyàn de] ▸ **travail casse-pieds** 讨厌的工作 [tǎoyàn de gōngzuò] ▸ **ce type est vraiment casse-pieds** 这人真讨厌 [zhè rén zhēn tǎoyàn]. ♦ nmf inv 讨厌的人 [tǎoyàn de rén].

casser ♦ vt ❶ (briser, mettre en morceaux) 打碎 [dǎsuì] ▸ **casser une assiette** 打碎一只盘子 [dǎsuì yì zhī pánzi] ❷ (abîmer, mettre hors d'usage) 损坏 [sǔnhuài] ▸ **j'ai cassé ma montre** 我弄坏了我的手表 [wǒ nònghuài le wǒde shóubiǎo] ❸ DR 撤消 [chèxiāo] ▸ **casser un jugement** 撤消原判 [chèxiāo yuánpàn] ❹ COMM 使……猛跌 [shǐ… měngdiē] ▸ **casser les prix** 猛降价格 [měngjiàng jiàgé]
◊ **casser la figure à qqn** 痛打某人 [tòngdǎ mǒurén] ▸ **casser les oreilles à qqn** 把某人的耳朵震聋 [bǎ mǒurén de ěrduo zhènlóng] ▸ **casser les pieds à qqn** 烦某人 [fán mǒurén] ▸ **casser du sucre sur le dos de qqn** 诽谤某人 [fěibàng mǒurén] ▸ **à tout casser** 充其量 [chōngqíliàng] ▸ **ça te coûtera 50 euros à tout casser** 这充其量也就花你50欧元 [zhè chōngqíliàng yě jiù huā nǐ 50 ōuyuán].
♦ vi ❶ (se briser) 断裂 [duànliè] ▸ **la corde a cassé** 绳子断了 [shéngzi duàn le] ❷ *fam* (se séparer) 分手 [fēnshǒu].
▪ **se casser** vp ❶ (se briser) 碎裂 [suìliè] ❷ (membre) 自己撞断 [zìjǐ zhuàngduàn] ▸ **se casser un bras** 弄断手臂 [nòngduàn shǒubì] ❸ (s'en aller) 尽快离开 [jǐnkuài líkāi] ▸ **allez, on se casse !** 来吧，我们走！ [lái ba, wǒmen zǒu!]
◊ **se casser la figure** *fam* 摔伤 [shuāi shāng].

casserole nf 有柄平底锅 [yǒu bǐng píngdǐguō] ▸ **faire cuire qqch dans une casserole** 用有柄平底锅做某种菜 [yòng yǒu bǐng píngdǐguō zuò móuzhǒng cài].

cassette nf (cl. 盒 [hé] ou 盘 [pán]) 磁带 [cídài] ▸ **cassette audio** 录音带 [lùyīn dài] ▸ **cassette vidéo** 录像带 [lùxiàng dài] ▸ **regarder une cassette vidéo** 看一盘录像带 [kàn yì pán lùxiàng dài].

casseur, euse nm, f 破坏分子 [pòhuài fènzǐ].

cassis nm ❶ (arbuste, fruit) 黑加仑子 [hēi jiālúnzǐ] ❷ (sur la route) ○ (cl. 条 [tiáo]) 凹坑 [āokēng] ▸ **fais attention : la route est pleine de cassis et de dos d'âne** 小心，路面有很多的凹坑和隆起 [xiǎoxīn, lùmiàn yǒu hěnduō de āokēng hé lóngqǐ].

cassure nf 裂口 [lièkǒu] ▸ **la cassure est nette** 裂口很清楚 [lièkǒu hěn qīngchǔ].

castrer vt 阉割 [yāngē] ▸ **faire castrer son chien** 找人阉割他的狗 [zhǎorén yāngē tāde gǒu].

cataclysme nm (cl. 场 [chǎng]) 天灾 [tiānzāi].

catalan, e adj 卡塔卢尼亚的 [kátǎlúníyà de].
▪ **catalan** nm (langue) 卡塔卢尼亚语 [kátǎlúníyàyǔ].
▪ **Catalan, e** nm, f 卡塔卢尼亚人 [Kátǎlúníyàrén].

Catalogne nf ▸ **la Catalogne** 卡塔卢尼亚 [Kátǎlúníyà].

catalogue nm (cl. 本 [běn]) 目录 [mùlù] ▸ **catalogue de vente par correspondance** 通信销售录 [tōngxìn xiāoshòu lù] ▸ **(choisir) sur catalogue** 在商品目录上(挑选) [zài shāngpǐn mùlù shàng (tiāoxuǎn)].

cataloguer vt *péj* (juger) 分类 [fēnlèi] ▸ **tu ne devrais pas cataloguer les gens si vite** 你不应该这么快就把人分类 [nǐ bù yīnggāi zhème kuài jiù bǎ rén fēnlèi].

catamaran nm (cl. 条 [tiáo]) 双体船 [shuāngtǐchuán] ▸ **faire du catamaran** 划双体船 [huá shuāngtǐchuán].

catapulte nf 投石器 [tóushíqì].

cataracte nf ❶ (chute d'eau) 瀑布 [pùbù] ▸ **les plus célèbres cataractes sont celles du Niagara** 最著名的瀑布是尼亚加拉大瀑布 [zuì zhùmíng de pùbù shì Níyàjiālā dà pùbù] ❷ MÉD 白内障 [báinèizhàng] ▸ **se faire opérer de la cataracte** 做白内障手术 [zuò báinèizhàng shǒushù].

catastrophe nf ❶ (désastre) ○ (cl. 次 [cì] ou 场 [chǎng]) 灾难 [zāinàn] ▸ **catastrophe aérienne** 空难 [kōng nàn] ▸ **catastrophe naturelle** 自然灾害 [zìrán zāihài] ❷ (malheur) 不幸的事 [búxìng de shì] ▸ **quelle catastrophe!** 真倒霉！ [zhēn dǎoméi!].

▪ **en catastrophe** loc adv 紧急地 [jǐnjí de] ▸ **l'avion a atterri en catastrophe** 飞机紧急地着陆了 [fēijī jǐnjí de zhuólù le] ▸ **ils sont partis en catastrophe** 他们紧急地出发了 [tāmen jǐnjí de chūfā le].

catastrophé, e adj 吓呆的 [xiàdāi de] ▸ **quand j'ai appris la nouvelle, j'ai été catastrophé** 听到这个消息时，我被吓呆了 [tīngdào zhè ge xiāoxi shí, wǒ bèi xiàdāi le].

catéchisme nm RELIG 教理讲授 [jiàolǐ jiǎngshòu] ▸ **aller au catéchisme** 上教理课 [shàng jiàolǐ kè].

catégorie nf ❶ (de personnes) 类别 [lèibié] ▸ **catégorie socio-professionnelle** 社会职业的类别 [shèhuì zhíyè de lèibié] ▸ **il fait partie de cette catégorie de gens qui se moquent de tout** 他就属于对一切都满不在乎的那类人 [tā jiù shǔyú duì yíqiè dōu mǎn bú zàihu de nà lèi rén] ❷ (de choses) 种类 [zhǒnglèi] ▸ **la trompette appartient à la catégorie des instruments à vent** 小号属于管乐器 [xiǎohào shǔyú guǎnyuèqì] ▸ **ranger des dossiers par catégories** 按类别整理文件 [àn lèibié zhénglǐ wénjiàn] ❸ SPORT 等级 [děngjí] ▸ **un boxeur de la catégorie des poids plume** 一位轻量级的拳击手 [yí wèi qīngliàngjí de quánjīshǒu] ▸ **toutes catégories** 所有级别的 [suóyǒu jíbié de] ▸ **il est champion du monde toutes catégories** 他是所有级别的世界冠军 [tā shì suóyǒu jíbié de shìjiè guànjūn].

catégorique adj ❶ (personne) 毫不含糊的 [háobù hánhu de] ▸ **il a été catégorique sur ce point** 在这点上他曾毫不含糊 [zài zhè diǎn shàng tā céng háo bù hánhu] ❷ (réponse, refus) 明确的 [míngquè de] ▸ **c'est un non catégorique** 这是断然拒绝 [zhè shì duànrán jùjué] ▸ **sa réponse a été catégorique** 他的回答是明确的 [tāde huídá shì míngquè de].

cathédrale nf (cl. 座 [zuò]) 大教堂 [dàjiàotáng].

catholicisme nm 天主教 [tiānzhǔjiào].

catholique ♦ adj RELIG 天主教的 [tiānzhǔjiào de]. ♦ nmf (cl. 个 [gè] ou 位 [wèi] ou 名 [míng]) 天主教教徒 [tiānzhǔjiào jiàotú].

catimini ▪ **en catimini** loc adv 悄悄地 [qiāoqiao de] ▸ **prévenir qqn en catimini** 悄悄地通知某人 [qiāoqiao de tōngzhī mǒurén].

cauchemar nm ❶ (mauvais rêve) 恶梦 [èmèng] ▸ **faire un cauchemar** 做了一个恶梦 [zuò le yí ge èmèng] ❷ *fig* (situation pénible) 令人讨厌的事 [lìngrén tǎoyàn de shì] ▸ **encore une réunion, quel cauchemar!** 又一个会议，真令人讨厌！ [yòu yí ge huìyì, zhēn lìngrén tǎoyàn!] ❸ (personne détestable) 令人厌恶的人 [lìngrén yànwù de rén] ▸ **quel cauchemar, ce type!** 这个人，真令人讨厌！ [zhè ge rén, zhēn lìngrén tǎoyàn!].

cause nf ❶ (motif) 原因 [yuányīn] ▸ **être la cause de qqch** 是……的原因 [shì… de yuányīn] ▸ **à cause de** 由于 [yóuyú] ▸ **pour cause de** 因……的理由 [yīn… de lǐyóu] ▸ **en connaissance de cause** 了解情况 [liáojiě qíngkuàng] ▸ **il a agi en connaissance de cause** 他是在了解情况下做的 [tā shì zài liáojiě qíngkuàng xià zuò de] ❷ (ensemble d'intérêts) 利益 [lìyì] ▸ **une cause juste** 正义事业 [zhèngyì shìyè] ▸ **c'est pour la bonne cause** 这是出于正义 [zhè shì chūyú zhèngyì] ❸ DR (cas) ○ (cl. 起 [qǐ]) 诉讼案件 [sùsòng ànjiàn] ▸ **plaider une cause** 为一起诉讼案辩护 [wèi yì qǐ sùsòng àn biànhù]

◊ **être en cause** 受怀疑 [shòu huáiyí] ▸ **remettre en cause** 重新提出讨论 [chóngxīn tíchū tǎolùn].

causer vt ❶ (provoquer, occasionner) 造成 [zào chéng] ▸ **les chutes de neige ont causé de nombreux accidents** 降雪造成了数起事故 [jiàngxuě zàochéng le shùqǐ shìgù] ▸ **causer qqch à qqn** 给某人造成某事 [gěi mǒurén zàochéng mǒushì] ▸ **causer des ennuis à qqn** 给某人带来麻烦 [gěi mǒurén dàilái máfan] ❷ *fam* (bavarder) 交谈 [jiāotán] ▸ **causer de qqch** 谈到某事 [tándào mǒushì].

caustique adj ❶ (corrosif) 苛性的 [kēxìng de] ▸ **soude caustique** 苛性钠 [kēxìng nà] ▸ **produits caustiques** 腐蚀性产品 [fǔshíxìng chánpǐn] ❷ (mordant) 刻薄的 [kèbó de] ▸ **un esprit caustique** 一个刻薄的人 [yí ge kèbó de rén] ▸ **un humour caustique** 一种刻薄的幽默 [yì zhǒng kèbó de yōumò].

caution nf ❶ (somme servant de garantie) ○ (cl. 笔 [bǐ]) 保证金 [bǎozhèngjīn] ▸ **verser une caution** 缴纳一笔保证金 [jiǎonà yì bǐ bǎozhèngjīn] ▸ **quel est le montant de la caution ?** 保证金总额是多少？ [bǎozhèngjīn zǒng'é shì duōshao?] ❷ (personne) ○ (cl. 个 [gè] ou 位 [wèi] ou 名 [míng]) 担保人 [dānbǎorén] ▸ **se porter caution pour qqn** 给某人做担保 [gěi mǒurén zuò dānbǎo].

cautionner vt *fig* (appuyer, soutenir) 支持 [zhīchí] ▸ **cautionner une politique** 支持一项政策 [zhīchí yí xiàng zhèngcè] ▸ **cautionner une idée** 赞同一个想法 [zàntóng yí ge xiángfǎ] ▸ **je ne cautionne pas ces agissements** 我不赞同这种行径 [wǒ bú zàntóng zhè zhǒng xíngjìng].

cavalerie nf MIL (cl. 支 [zhī]) 骑兵部队 [qíbīng bùduì].

cavalier, ère nm, f ❶ (à cheval) ○ (cl. 位 [wèi]) 骑士 [qíshì] ❷ (partenaire) 舞伴 [wǔbàn] ▸ **son cavalier est un excellent danseur** 她的舞伴跳舞很出色 [tāde wǔbàn tiàowǔ hěn chūsè].
▪ **cavalier** nm (aux échecs) 马 [mǎ].

cave nf ❶ (local souterrain) 地窖 [dìjiào] ▸ **descendre à la cave** 下到地窖 [xià dào dìjiào] ❷ (réserve de vins) 酒窖 [jiǔjiào] ▸ **ils ont une très bonne cave** 他们有一个很好的酒窖 [tāmen yǒu yí ge hénhǎo de jiǔjiào].

caverne nf 洞穴 [dòngxué] ▸ **les randonneurs ont fait halte dans une caverne** 徒步旅行者在一个洞穴里歇了脚 [túbù lǚxíngzhě zài yí ge dòngxué lǐ xiē le jiǎo]
◊ **l'homme des cavernes** 山顶洞人 [shāndǐngdòng rén].

caviar nm 鲟鱼子酱 [xúnyúzǐjiàng].

cavité nf 孔洞 [kǒngdòng].

CD (abr de **compact disc**) nm inv (cl. 张 [zhāng]) 光盘 [guāngpán].

CDD (abr de **contrat à durée déterminée**) nm (cl. 份 [fèn]) 定期合同 [dìngqī hétong] ▸ **être en CDD** 是定期约聘的 [shì dìngqī yuēpìn de].

CDI (abr de **contrat à durée indéterminée**) nm inv (cl. 份 [fèn]) 长期合同 [chángqī hétong] ▸ **être en CDI** 是长期约聘的 [shì chángqī yuēpìn de].

CD-ROM nm (cl. 张 [zhāng]) 光盘 [guāngpán] ▸ **une encyclopédie sur CD-ROM** 一张百科全书光盘 [yì zhāng bǎikē quánshū guāngpán].

ce, cette ♦ adj dém ❶ (désigne un objet ou une personne proche du locuteur ou déjà évoqué par lui) 这 [zhè] ▸ **j'aime beaucoup ce chapeau** 我很喜欢这顶帽子 [wǒ hěn xǐhuān zhè dǐng màozi] ▸ **cette année, je prends des cours de judo** 今年，我上柔道课 [jīnnián, wǒ shàng róudào kè] ▸ **j'aime beaucoup ce film** 我很喜欢这部电影 [wǒ hěn xǐhuān zhè bù diànyǐng] ❷ (désigne un objet ou une personne éloignés du locuteur ou évoqués par un autre locuteur) 那 [nà] ▸ **à cette époque, j'habitais à Toulouse** 那时，我住在图卢兹 [nàshí, wǒ zhù zài Túlúzī] ▸ **d'ici, je n'arrive pas à lire ce panneau** 从这儿，我看不到那个牌子 [cóng zhèr, wǒ kàn bú dào nà ge páizi] ▸ **j'aime beaucoup ce film** 我很喜欢那部电影 [wǒ hěn xǐhuān nà bù diànyǐng] ❸ (pour renforcer) 这/那 [zhè/nà] ▸ **ce mois-ci** 这个月 [zhè ge yuè] ▸ **cette année-là** 那一年 [nà yì nián]. ♦ pron dém inv (c' *devant le verbe « être » 3e personne singulier*) ❶ (devant le verbe être, pour présenter qqn ou qqch) 这 [zhè] ▸ **ce sont mes enfants** 这是我的孩子们 [zhè shì wǒde háizimen] ▸ **c'est mon bureau** 这是我的办公室 [zhè shì wǒde bàngōngshì] ▸ **c'est une prof très sévère** 这是一位严厉的女教授 [zhè shì yí wèi yánlì de nǚ jiàoshòu] ▸ **c'est à Paris** 这是在巴黎 [zhè shì zài Bālí] ❷ (devant un pronom relatif) ▸ **ce que j'aime, c'est ton enthousiasme** 我所喜欢的，是你的热忱 [wǒ suǒ xǐhuān de, shì nǐde rèchén] ▸ **ce qui est dommage, c'est que notre appartement soit si petit** 遗憾的是，我们的公寓太小了 [yíhàn de shì, wǒmende gōngyù tài xiǎo le] ▸ **ils ont eu ce qui leur revenait** 他们已经得到了他们应得的东西 [tāmen yǐjīng dédào le tāmen yīngdé de dōngxi] ▸ **vous savez bien ce à quoi je pense** 您很清楚我在想什么 [nín hěn qīngchu wǒ zài xiǎng shénme] ▸ **faites donc ce pour quoi on vous paie** 做人们花钱请您做的事吧 [zuò rénmen huāqián qǐng nín zuò de shì ba] ❸ (pour faire une reprise) 这 [zhè] ▸ **il n'est jamais revenu, ce qui est très étonnant** 他从此再没回来，这真奇怪 [tā cóngcǐ zài méi huílai, zhè zhēn qíguài] ▸ **elle m'a humilié, et ce, devant tout le monde** 她让我出丑了，而且是在大家面前 [tā ràng wǒ chūchǒu le, érqiě shì zài dàjiā miànqián].

ceci pron dém ❶ (ce qu'on montre) 这个 [zhè ge] ▸ **je voulais vous montrer ceci** 我想给您看看这个 [wǒ xiǎng gěi nín kànkan zhè ge] ▸ **ceci est un échantillon de notre production** 这个是我们产品的样品 [zhè ge shì wǒmen chánpǐn de yàngpǐn] ❷ (ce dont on parle) 这 [zhè] ▸ **ceci va vous étonner** 这会让您惊讶的 [zhè huì ràng nín jīngyà de] ▸ **notez bien ceci** 请记住这点 [qǐng jìzhu zhè diǎn] ▸ **ceci (étant) dit** 既然说了 [jìrán shuō le].

cécité nf 失明 [shīmíng] ▸ **être atteint de cécité** 失明 [shīmíng].

céder ♦ vt ❶ (donner) 让给 [rànggěi] ▸ **céder sa place à qqn** 把座位让给某人 [bǎ zuòwèi rànggěi mǒurén] ▸ **'céder le passage'** 让路 [ràng lù] ❷ (revendre) 出让 [chūràng] ▸ **il m'a cédé son stock pour 1 000 euros** 他以1000欧元把存货出让给了我 [tā yǐ 1000 ōuyuán bǎ cúnhuò chūràng gěi le wǒ]. ♦ vi ❶ (accepter, se soumettre) 顺从 [shùncóng] ▸ **il finira bien par céder** 他最后还是得顺从 [tā zuìhòu háishì děi shùncóng] ▸ **céder à qqch** 对某事让步 [duì mǒushì ràngbù] ▸ **céder aux caprices des enfants** 对孩子们的任性让步 [duì háizimen de rènxìng ràngbù] ❷ (succomber) 屈服 [qūfú] ▸ **céder à qqch** 不能抗拒某事 [bùnéng kàngjù mǒushì] ❸ (capituler) 让步 [ràngbù] ▸ **il a cédé par faiblesse** 他由于软弱而让步了 [tā yóuyú ruǎnruò ér ràngbù le] ▸ **dans cette affaire, personne ne veut céder** 在这件事上，没有人想让步 [zài zhè jiàn shì shàng, méiyǒu rén xiǎng ràngbù].

cédérom nm INFORM 光盘 [guāngpán].

cédille nf 软音符号 [ruǎn yīn fúhào].

cèdre nm (cl. 棵 [kē]) 雪松 [xuěsōng].

CEI (abr de **Communauté des États indépendants**) nf inv 独立国家联合体 [dúlì guójiā liánhétǐ] ▸ **les pays membres de la CEI** 独立国家联合体的成员国 [dúlì guójiā liánhétǐ de chéngyuánguó].

ceinture nf ❶ (de vêtement) ○ (cl. 条 [tiáo]) 裤带 [kùdài] ▸ **une ceinture en cuir** 一条皮带 [yì tiáo pídài] ❷ (dispositif qui entoure la taille) 安全带 [ānquándài] ▸ **ceinture de sécurité** 安全带 [ānquán dài] ▸ **attachez vos ceintures** 系好安全带 [jì hǎo ānquándài] ❸ SPORT 腰带 [yāodài] ▸ **une ceinture de judo** 柔道腰带 [róudào yāodài] ▸ **être ceinture noire** 黑带级 [hēi dài jí]

◊ **se serrer la ceinture** 勒紧裤带过日子 [lēijǐn kùdài guò rìzi].

cela pron dém ❶ (servant à désigner un objet que l'on montre) 那个 [nà ge] ▸ **non, pas ceci, donne-moi plutôt cela** 不，不是这个，给我那个 [bù, búshì zhè ge, gěi wǒ nà ge] ❷ (servant à désigner ce dont on parle) 这 [zhè] ▸ **je n'ai pas dit cela** 我没有说过这话 [wǒ méiyǒu shuō guò zhè huà] ▸ **cela dit,...** 话说回来，...... [huà shuōhuílái,...] ▸ **cela dit, il n'est pas méchant** 话说回来，他不凶 [huà shuōhuílái, tā bù xiōng] ❸ (servant à désigner un évènement) 这 [zhè] ▸ **cela fait une heure que je t'attends** 我等你一个小时了 [wǒ děng nǐ yí ge xiǎoshí le] ▸ **cela ne fait rien** 这没关系 [zhè méiguānxi].

célèbre adj 著名的 [zhùmíng de] ▸ **c'est un acteur célèbre** 这是一位著名的演员 [zhè shì yí wèi zhùmíng de yǎnyuán].

célébrer vt ❶ (fêter) 庆祝 [qìngzhù] ▸ **célébrer le bicentenaire de la Révolution française** 庆祝法国大革命200周年 [qìngzhù Făguó Dàgémìng 200 zhōunián] ❷ RELIG 主持 [zhǔchí] ▸ **célébrer la messe** 主持弥撒 [zhǔchí mísa].

célébrité nf ❶ (renommée) 名声 [míngshēng] ▸ **célébrité d'une personne** 一个人的名声 [yí ge rén de míngshēng] ▸ **la célébrité de Picasso est mondiale** 毕加索的名声是享誉世界的 [Bìjiāsuǒ de míngshēng shì xiǎngyù shìjiè de] ▸ **célébrité d'un lieu** 一个地区的名声 [yí ge dìqū de míngshēng] ❷ (personne) ○ (cl. 位 [wèi]) 知名人士 [zhīmíng rénshì] ▸ **les célébrités du cinéma** 电影界的知名人士 [diànyǐngjiè de zhīmíng rénshì].

céleri nm (cl. 棵 [kē]) 芹菜 [qíncài].

célibataire ♦ adj 独身的 [dúshēn de]. ♦ nmf 独身者 [dúshēnzhě] ▸ **c'est un célibataire endurci** 这是一个顽固的独身主义者 [zhè shì yí ge wángù de dúshēn zhǔyìzhě].

cellule nf ❶ (de prisonnier) ○ (cl. 间 [jiān]) 单人牢房 [dānrén láofáng] ▸ **ramener un prisonnier dans sa cellule** 带犯人回他的单人牢房 [dài fànrén huí tāde dānrén láofáng] ❷ BIOL 细胞 [xìbāo] ▸ **une cellule nerveuse** 一个神经细胞 [yí ge shénjīng xìbāo] ▸ **une cellule cancéreuse** 一个癌细胞 [yí ge ái xìbāo].

cellulite nf 桔皮组织 [jiépí zǔzhī] ▸ **avoir de la cellulite** 有桔皮组织 [yǒu jiépí zǔzhī].

celtique adj 克尔特人的 [kè'ěrtèrén de].

celui, celle (mpl **ceux**, fpl **celles**) pron dém ❶ (suivi d'un complément prépositionnel) 这个 [zhè ge] ▸ **celle de devant** 前面的这个 [qiánmian de zhè ge] ▸ **celui d'hier** 昨天的这个 [zuótiān de zhè ge] ▸ **ceux d'entre vous** 你们中的这些人 [nǐmen zhōng de zhèxiē rén] ❷ (suivi d'un pronom relatif) 那个 [nà ge] ▸ **celui que tu veux** 你想要的那个 [nǐ xiǎngyào de nà ge] ▸ **ceux que je connais** 我知道的那些 [wǒ zhīdào de nàxiē] ❸ (suivi d'un adjectif, d'un participe) 那个 [nà ge] ▸ **le train d'aujourd'hui et celui partant demain** 今天的火车和明天出发的那班火车 [jīntiān de huǒchē hé míngtiān chūfā de nà bān huǒchē].

celui-ci, celle-ci (mpl **ceux-ci**, fpl **celles-ci**) pron dém ❶ (servant à désigner une personne ou un objet proches) 这个 [zhè ge] ▸ **passe-moi celui-ci** 递给我这个 [dìgěi wǒ zhè ge] ❷ (en opposition avec celui-là) 这个 [zhè ge] ▸ **pas celui-là, celui-ci** 不是那个，这个 [búshì nà ge, zhè ge] ❸ (désignant ce dont on va parler ou ce dont on vient de parler) 这个 [zhè ge] ▸ **son inquiétude était celle-ci** 他的担忧曾是这个 [tāde dānyōu céng shì zhè ge] ▸ **j'ai appelé Anne, mais celle-ci était absente** 我叫过安娜，但她没在 [wǒ jiào guò Annà, dàn tā méizài].

celui-là, celle-là (mpl **ceux-là**, fpl **celles-là**) pron dém (servant à désigner une personne ou un objet éloignés) 那个 [nà ge] ▸ **passe-moi celui-là** 递给我那个 [dìgěi wǒ nà ge] ▸ **pas celui-ci, celui-là** 不是这个，那个 [búshì zhè ge, nà ge]; (emploi expressif) 那 [nà] ▸ **il a toujours une bonne excuse, celui-là !** 那家伙，他总有十足的借口！ [nà jiāhuo, tā zǒngyǒu shízú de jièkǒu!].

cendre nf ❶ (de bois) 灰 [huī] ▸ **le foyer de la cheminée est rempli de cendre** 壁炉炉膛里积满了灰 [bìlú lútáng lǐ jīmǎn le huī] ❷ (de cigarette) 烟灰 [yānhuī] ▸ **mets la cendre de ta cigarette dans le cendrier** 把烟灰弹在烟灰缸里 [bǎ yānhuī tán zài yānhuīgāng lǐ].

■ **cendres** nfpl (d'un mort) 骨灰 [gǔhuī]

◊ **réduire qqch en cendres** 使某物化为灰烬 [shǐ mǒuwù huàwéi huījìn].

cendrier nm 烟灰缸 [yānhuīgāng].

censé, e adj (supposé) 被认为……的 [bèi rènwéi... de] ▸ **être censé** (+ *infinitif*) 被认为做…… [bèi rènwéi zuò...] ▸ **elle est censée venir ce soir ?** 她今晚是说会来吗？ [tā jīnwǎn shì shuō huì lái ma?] ▸ **ne pas être censé** (+ *infinitif*) 不被认为会 [búbèi rènwéi huì] ▸ **il n'est pas censé être au courant** 按说他应该是不知道的 [ànshuō tā yīnggāi shì bùzhīdào de].

censeur nm (de commission de censure) ○ (cl. 个 [gè] ou 位 [wèi] ou 名 [míng]) 审查官 [shěnchá-guān].

censure nf ❶ (contrôle sur la presse, le cinéma) 查禁 [chájìn] ▸ **ce journal a été victime de la censure du gouvernement** 这份报纸受

到了政府的查禁 [zhè fèn bàozhǐ shòudào le zhèngfǔ de chájìn] ❷ (commission) 审查委员会 [shěnchá wěiyuánhuì].

censurer vt (interdire) 查禁 [chájìn] ▸ **certaines scènes de ce film ont été censurées** 这部影片里的一些镜头被禁了 [zhè bù yǐngpiān lǐ de yìxiē jìngtóu bèi jìn le].

cent ♦ adj num ❶ (chiffre) 一百个 [yìbǎi ge] ▸ **trois cents** 三百 [sān bǎi] ❷ (un grand nombre de) 许多的 [xǔduō de] ▸ **cent fois** 许多次/倍 [xǔduō cì/bèi] ▸ **cet hôtel est cent fois mieux que l'autre** 这家旅馆比另一家好一百倍 [zhè jiā lǚguǎn bǐ lìng yì jiā hǎo yìbǎi bèi]. ♦ adj inv (centième) 第一百 [dìyìbǎi] ▸ **page quatre cent** 第四百页 [dìsì bǎi yè]. ♦ nm (chiffre) 一百 [yìbǎi] ▸ **j'habite au cent, rue de Paris** 我住在巴黎街一百号 [wǒ zhù zài Bālí jiē yìbǎi hào] ▸ **pour cent** 百分之…… [bǎifēn zhī…] ▸ **cent pour cent** 百分之百地 [bǎifēn zhī bǎi de] ▸ **le cent mètres** 百米 [bái mǐ].

centaine nf ❶ (cent unités) 百个 [bǎige] ▸ **le chiffre des centaines** 百位数 [bǎiwèi shù] ❷ (un grand nombre) 大量 [dàliàng] ▸ **une centaine de qqch** 百来个的某物 [bǎi lái ge de mǒuwù] ▸ **des centaines de qqch** 数百的某物 [shùbǎi de mǒuwù].

centenaire ♦ adj 百年的 [bǎinián de] ▸ **un chêne centenaire** 一棵百年的橡树 [yì kē bǎinián de xiàngshù] ▸ **personne centenaire** 百岁老人 [bǎisuì lǎorén]. ♦ nmf 百岁老人 [bǎisuì lǎorén]. ♦ nm (centième anniversaire) 百年纪念 [bǎinián jìniàn] ▸ **fêter le centenaire de qqch** 举办某事的百年庆典 [jǔbàn mǒushì de bǎinián qìngdiǎn].

centième ♦ adj num 第一百的 [dìyìbǎi de] ▸ **le centième anniversaire de qqch** 某事的第一百周年 [mǒushì de dìyìbǎi zhōunián] ▸ **pour la centième fois** 无数次了 [wúshù cì le] ▸ **je te le répète pour la centième fois** 我和你重复无数次了 [wǒ hé nǐ chóngfù wúshù cì le]. ♦ nmf 第一百个 [dìyìbǎi ge] ♦ nm 百分之一 [bǎifēn zhī yī].

centigramme nm 厘克 [líkè] ▸ **peser 20 centigrammes** 重20厘克 [zhòng 20 líkè].

centilitre nm 厘升 [líshēng] ▸ **mélangez l'œuf dans 20 centilitres de crème** 将鸡蛋搅拌进20厘升奶油中 [jiāng jīdàn jiǎobàn jìn 20 líshēng nǎiyóu zhōng].

centime nm ❶ (centième d'euro) 欧分 [ōufēn] ▸ **une pièce de cinquante centimes** 一个五十欧分的硬币 [yí ge wǔshí ōufēn de yìngbì] ❷ (petite somme) 很少的钱 [hénshǎo de qián] ▸ **je n'ai plus un centime en poche** 我口袋里连一分钱都没有了 [wǒ kǒudài lǐ lián yì fēn qián dōu méiyǒu le].

centimètre nm (mesure) 厘米 [límǐ] ▸ **grandir de deux centimètres par an** 每年长两厘米 [měinián chǎng liǎng límǐ].

central, e, aux adj ❶ (au centre) 中心的 [zhōngxīn de] ▸ **nous habitons un quartier central** 我们住在中心区 [wǒmen zhù zài zhōngxīn qū] ❷ (principal) 主要的 [zhǔyào de] ▸ **l'argument central d'une thèse** 论文的主要论据 [lùnwén de zhǔyào lùnjù] ❸ (qui centralise) 中央的 [zhōngyāng de] ▸ **pouvoir central** 中央政权 [zhōngyāng zhèngquán] ▸ **chauffage central** 中央供暖 [zhōngyāng gōngnuǎn].

▪ **central** nm (d'un réseau) ▸ **central téléphonique** 电话交换局 [diànhuà jiāohuàn jú].

▪ **centrale** nf (usine qui produit de l'électricité) ○ (cl. 座 [zuò]) 发电站 [fādiànzhàn] ▸ **centrale nucléaire** 核电站 [hédiànzhàn].

centraliser vt ❶ POLIT 集中领导 [jízhōng língdǎo] ▸ **centraliser les pouvoirs** 集权 [jí quán] ❷ (réunir) 集中 [jízhōng] ▸ **nous devons centraliser les informations** 我们应该集中信息 [wǒmen yīnggāi jízhōng xìnxī].

centre nm ❶ (milieu) 中心 [zhōngxīn] ▸ **le centre d'un cercle** 圆心 [yuán xīn] ❷ (lieu d'activité) 中心 [zhōngxīn] ▸ **centre commercial** 商业中心 [shāngyè zhōngxīn] ▸ **centre culturel** 文化中心 [wénhuà zhōngxīn] ▸ **centre de recherche** 研究中心 [yánjiū zhōngxīn] ❸ (quartier central) 市中心 [shìzhōngxīn] ▸ **habiter dans le centre** 住在市中心 [zhù zài shìzhōngxīn] ❹ (cœur) 核心 [héxīn] ▸ **le centre du problème** 问题的核心 [wèntí de héxīn] ❺ PHYS ▸ **centre de gravité** 重心 [zhòng xīn]
◊ **se prendre pour le centre du monde** 妄自尊大 [wàngzì zūndà].

centrer vt ❶ (disposer au centre) 置于正中 [zhìyú zhèngzhōng] ▸ **centrer le titre sur la page** 使标题在页面居中 [shǐ biāotí zài yèmiàn jūzhōng] ❷ (orienter) 指向 [zhǐxiàng] ▸ **centrer une discussion sur qqch** 把讨论指向某事 [bǎ tǎolùn zhǐxiàng mǒushì].

centre-ville nm 市中心 [shìzhōngxīn].

centuple nm (cent fois plus) 一百倍的 [yìbǎibèi de] ▸ **gagner le centuple de sa mise** 赢了赌注的一百倍 [yíng le dǔzhù de yìbǎibèi] ▸ **ses efforts ont été récompensés au centuple** 他的努力获得了百倍的回报 [tāde nǔlì huòdé le bǎibèi de huíbào].

cependant conj 可是 [kěshì] ▸ **je suis d'accord avec vous, cependant j'ai une petite remarque à faire** 我同意您的观点，可是我还想提一个小意见 [wǒ tóngyì nínde guāndiǎn, kěshì wǒ hái xiǎng tí yí ge xiǎo yìjiàn].

céramique nf (matière) 陶瓷 [táocí] ▸ **en céramique** 陶瓷做的 [táocí zuò de].

cercle nm ❶ GÉOM 圆 [yuán] ▸ **tracer un cercle au compas** 用圆规画一个圆 [yòng yuánguī huà yí ge yuán] ❷ (ligne circulaire) 环形线 [huánxíngxiàn] ▸ **l'avion décrit des cercles dans le ciel** 飞机在空中盘旋 [fēijī zài kōngzhōng pánxuán] ❸ (disposition en cercle) 圆圈 [yuánquān] ▸ **un cercle de badauds s'était formé** 看热闹的人形成了一个圆圈 [kàn rènao de rén xíngchéng le yí ge yuánquān] ❹ (groupe) 圈子 [quānzi] ▸ **un cercle d'amis** 朋友圈子 [péngyou quānzi].

▪ **cercle vicieux** nm 恶性循环 [èxìng xúnhuán] ▸ **il emprunte de l'argent pour rembourser ses dettes, c'est un cercle vicieux** 他借钱还债，这是恶性循环 [tā jiè qián huán zhài, zhè shì èxìng xúnhuán].

cercueil nm (cl. 口 [kǒu]) 棺材 [guāncai].

céréale nf ❶ AGRIC 谷类 [gǔlèi] ▸ **pays producteur de céréales** 谷类生产国 [gǔlèi shēngchǎn guó] ❷ (flocons) 谷物食品 [gǔwù shípǐn] ▸ **manger des céréales au petit déjeuner** 早餐吃一些谷物食品 [zǎocān chī yìxiē gǔwù shípǐn].

cérémonie nf ❶ (fête sacrée) 典礼 [diánlǐ] ▸ **cérémonie de mariage** 结婚典礼 [jiéhūn diánlǐ] ▸ **cérémonie religieuse** 宗教仪式 [zōngjiào yíshì] ❷ (manifestation solennelle) 仪式 [yíshì] ▸ **cérémonie d'ouverture/de clôture** 开幕/闭幕式 [kāimù/bìmù shì] ▸ **cérémonie de remise des prix** 颁奖仪式 [bānjiǎng yíshì].

cerf nm (cl. 只 [zhī]) 鹿 [lù].

cerfeuil nm (cl. 棵 [kē]) 香叶芹 [xiāngyèqín].

cerf-volant nm (jouet) ○ (cl. 只 [zhī]) 风筝 [fēngzheng] ▸ **faire du cerf-volant** 放风筝 [fàng fēngzheng].

cerise nf 樱桃 [yīngtáo] ▸ **de la confiture de cerise** 樱桃酱 [yīngtáo jiàng].

cerisier nm ❶ (arbre) ○ (cl. 棵 [kē]) 樱桃树 [yīngtáoshù] ❷ (bois) 樱桃木 [yīngtáomù] ▸ **un meuble en cerisier** 一件樱桃木家具 [yí jiàn yīngtáomù jiājù].

cerne nm (sous les yeux) 黑眼眶 [hēiyǎnkuàng] ▸ **avoir des cernes** 有黑眼圈 [yǒu hēiyǎnquān].

cerner vt ❶ (encercler) 包围 [bāowéi] ▸ **rendez-vous, vous êtes cernés !** 投降吧，你们被包围了！[tóuxiáng ba, nǐmen bèi bāowéi le!] ❷ *fig* (identifier) 确定 [quèdìng] ▸ **cerner un problème** 确定一个问题 [quèdìng yí ge wèntí].

certain, e ♦ adj 确实的 [quèshí de] ▸ **ce médicament a des effets secondaires certains** 这种药确实有副作用 [zhè zhǒng yào quèshí yǒu fùzuòyòng] ▸ **c'est sûr et certain** 这是确信无疑的 [zhè shì quèxìnwúyí de] ▸ **être certain de qqch** 对某事很肯定 [duì mǒushì hěn kěndìng] ▸ **je suis certain d'avoir mis mes clés là** 我很肯定把自己的钥匙放在那儿了 [wǒ hěn kěndìng bǎ zìjǐ de yàoshi fàng zài nàr le] ▸ **être certain que…** 肯定…… [kěndìng…]. ♦ adj indéf ❶ (exprimant l'indétermination) 某种 [móuzhǒng] ▸ **il a un certain talent** 他有某种才能 [tā yǒu móuzhǒng cáinéng] ▸ **il faut un certain courage pour faire ça** 做这件事需要些勇气 [zuò zhè jiàn shì xūyào xiē yǒngqì] ▸ **un certain temps** 一些时间 [yìxiē shíjiān] ▸ **à un certain moment** 在某一时 [zài móu yì shí] ▸ **dans une certaine mesure** 在某种程度上 [zài móuzhǒng chéngdù shàng] ❷ (devant un nom de personne) 叫……的 [jiào… de] ▸ **un certain Jean a**

téléphoné 一个叫让的打过电话 [yí ge jiào Ràng de dǎ guò diànhuà].

▪ **certains, certaines** ♦ adj indéf pl (plusieurs, quelques) 某些 [mǒuxiē] ▸ **certaines personnes** 某些人 [mǒuxiē rén] ▸ **dans certains pays** 在某些国家里 [zài mǒuxiē guójiā lǐ]. ♦ pron indéf pl ❶ (personnes) 有些人 [yǒuxiērén] ▸ **certains pensent que...** 有些人认为 [yǒuxiērén rènwéi] ▸ **certains veulent-ils venir avec moi ?** 有人想和我一起来吗？ [yǒu rén xiǎng hé wǒ yìqǐ lái ma?] ▸ **ils ont fait des exceptions pour certains** 他们为某些人破例 [tāmen wèi mǒuxiērén pòlì] ❷ (choses) 有些 [yǒuxiē] ▸ **il vend des toiles et certaines sont très chères** 他卖画，有些很贵 [tā mài huà, yǒuxiē hěn guì].

certainement adv ❶ (oui renforcé) 当然 [dāngrán] ▸ **viendras-tu à la soirée ? — certainement !** 你会来参加晚会吗？—当然！ [nǐ huì lái cānjiā wǎnhuì ma? — dāngrán!] ❷ (assurément) 确实地 [quèshí de] ▸ **c'est certainement un garçon intelligent** 他确实是个聪明的男孩 [tā quèshí shì ge cōngming de nánhái].

certes adv ❶ (indique une concession) 固然 [gùrán] ▸ **certes, elle a bien agi, mais...** 她固然做得很好，但是...... [tā gùrán zuòde hěn hǎo, dànshì...] ❷ (servant de réponse) 当然 [dāngrán] ▸ **oui, certes !** 是，当然啦！ [shì, dāngrán la!].

certificat nm (attestation) ○ (cl. 份 [fèn] ou 张 [zhāng]) 证书 [zhèngshū] ▸ **certificat médical** (cl. 份 [fèn]) 诊断书 [zhěnduàn shū].

certifier vt ❶ (assurer) 证明 [zhèngmíng] ▸ **je te certifie que...** 我向你证明...... [wǒ xiàng nǐ zhèngmíng...] ❷ (authentifier) 用书面保证 [yòng shūmiàn bǎozhèng] ▸ **certifier un document** 保证一份文件可靠 [bǎozhèng yí fèn wénjiàn kěkào] ▸ **une copie certifiée conforme** 一份被证明与原本相符的复本 [yí fèn bèi zhèngmíng yǔ yuánběn xiāngfú de fùběn].

certitude nf ❶ (évidence) 肯定 [kěndìng] ▸ **c'est une certitude** 这是肯定的 [zhè shì kěndìng de] ❷ (conviction) 确信 [quèxìn] ▸ **avoir la certitude de...** 确信...... [quèxìn...] ▸ **avoir la certitude que...** 坚信...... [jiānxìn...].

cerveau, x nm ❶ ANAT 大脑 [dànǎo] ▸ **son cancer a atteint le cerveau** 他的癌细胞已进入大脑 [tāde áixìbāo yǐ jìnrù dànǎo] ❷ (tête pensante) 首脑 [shóunǎo] ▸ **c'est lui le cerveau de l'entreprise** 他是企业的首脑 [tā shì qǐyè de shóunǎo] ❸ (personne très intelligente) ○ (cl. 位 [wèi]) 智者 [zhìzhě] ▸ **ce savant est un cerveau** 这位学者是个绝顶聪明的人 [zhè wèi xuézhě shì ge juédǐng cōngming de rén].

cervelle nf CULIN 脑 [nǎo] ▸ **cervelle d'agneau** 羊脑 [yáng nǎo]
◊ **se creuser la cervelle** 绞尽脑汁 [jiǎojìn nǎozhī] ▸ **ne rien avoir dans la cervelle** 没有头脑 [méiyǒu tóunǎo].

cervical, e, aux adj ANAT 颈的 [jǐng de] ▸ **vertèbres cervicales** 颈椎 [jǐng zhuī].
▪ **cervicales** nfpl ANAT 颈部 [jǐngbù].

césarienne nf MÉD 剖腹产 [pōufùchǎn] ▸ **accoucher par césarienne** 剖腹分娩 [pōufù fēnmiǎn] ▸ **le médecin a pratiqué une césarienne** 医生施行了剖腹产手术 [yīshēng shīxíng le pōufùchǎn shǒushù].

cesse ▪ **sans cesse** loc adv 不停地 [bùtíng de] ▸ **il parle sans cesse** 他不停地说 [tā bùtíng de shuō] ▸ **elle travaille sans cesse depuis dix jours** 她不停地工作了十天 [tā bùtíng de gōngzuò le shí tiān].

cesser ♦ vi 停止 [tíngzhǐ] ▸ **l'orage a cessé** 暴风雨停了 [bàofēngyǔ tíng le] ▸ **cesser de...** 停止...... [tíngzhǐ...] ▸ **ne pas cesser de...** 不停地...... [bùtíng de...]. ♦ vt (suspendre, arrêter) 使......停止 [shǐ... tíngzhǐ] ▸ **cesser le travail** 停止工作 [tíngzhǐ gōngzuò].

cessez-le-feu nm inv 停火 [tínghuǒ] ▸ **proclamer le cessez-le-feu** 宣布停火 [xuānbù tínghuǒ].

cession nf 转让 [zhuǎnràng] ▸ **cession d'un bail** 租约的转让 [zūyuē de zhuǎnràng] ▸ **cession de droits** 权利的转让 [quánlì de zhuǎnràng] ▸ **cession de parts** 份额的转让 [fèn'é de zhuǎnràng] ▸ **cession de biens** 财产转让 [cáichǎn zhuǎnràng].

c'est-à-dire conj ❶ (en d'autres termes) 就是说 [jiùshìshuō] ▸ **il souffre de céphalées, c'est-à-dire de maux de tête** 他头痛，就是说头部不适 [tā tóutòng, jiùshìshuō tóubù búshì]

❷ (introduit une restriction, précision, réponse) 不 [bù] ▸ **tu viens au cinéma ce soir ? — c'est-à-dire que je vais dîner chez ma sœur** 你今晚来看电影吗？—不，我要去我姐姐家吃饭 [nǐ jīnwǎn lái kàn diànyǐng ma? — bù, wǒ yào qù wǒ jiějie jiā chīfàn].

cf. (abr écrite de **confer**) ❶ 参看 [cānkàn] ▸ **cf. chap. 2** 参看第二章 [cānkàn dièr zhāng].

ch. ❶ (abr écrite de **charges**) 费用 [fèiyòng] ▸ **loyer + ch.** 房租+杂费 [fángzū+záfèi] ❷ (abr écrite de **cherche**) 求 [qiú] ▸ **ch. appart. à louer** 公寓待租 [gōngyù dàizū].

chacun, e pron indéf 每一个 [měiyíge] ▸ **chacun son verre** 每人一杯 [měirén yì bēi] ▸ **répondez chacun à votre tour** 每个人按次序回答 [měige rén àn cìxù huídá] ▸ **ils valent 50 euros chacun** 它们每一个值50欧元 [tāmen měiyíge zhí 50 ōuyuán]
◊ **chacun pour soi** 各人顾各人 [gèrén gù gèrén] ▸ **chacun son tour !** 每人轮流着来！ [měirén lúnliú zhe lái!].

chagrin nm 悲伤 [bēishāng] ▸ **avoir du chagrin** 感到悲伤 [gǎndào bēishāng] ▸ **chagrin d'amour** 失恋的痛苦 [shīliàn de tòngkǔ].

chahut nm 吵 [chǎo] ▸ **il y a trop de chahut dans cette classe !** 这个班太吵了 [zhè ge bān tài chǎo le] ▸ **faire du chahut** 大声喧哗 [dàshēng xuānhuá].

chahuter vi 吵嚷 [cháorǎng] ▸ **les élèves chahutent dans le couloir** 一些学生在楼道里吵嚷 [yìxiē xuésheng zài lóudào lǐ cháorǎng] ▸ **arrêtez de chahuter !** 你们别吵了！ [nǐmen bié chǎo le!].

chaîne nf ❶ (bijou) ○ (cl. 条 [tiáo]) 项链 [xiàngliàn] ▸ **une chaîne en or** 一条金项链 [yì tiáo jīn xiàngliàn] ❷ (de vélo) ○ (cl. 条 [tiáo]) 车链 [chēliàn] ▸ **j'ai encore déraillé, il faut que je remette ma chaîne** 我的车链又掉了，我要再上一次 [wǒde chēliàn yòu diào le, wǒ yào zài shàng yí cì] ❸ GÉOGR (cl. 条 [tiáo]) 脉 [mài] ▸ **chaîne de montagnes** 山脉 [shānmài] ❹ (industrie) ○ (cl. 条 [tiáo]) 流水线 [liúshuǐxiàn] ▸ **chaîne de fabrication ou de montage** 生产线或装配线 [shēngchǎnxiàn huò zhuāngpèixiàn] ▸ **travailler à la chaîne** 流水作业 [liúshuǐ zuòyè] ❺ (de télévision) 频道 [píndào] ▸ **ça passe sur quelle chaîne ?** 在哪个频道上演？ [zài nǎ ge píndào shàngyǎn?] ▸ **chaîne câblée** 有线电视频道 [yǒuxiàn diànshì píndào] ▸ **chaîne thématique** 主题频道 [zhǔtí píndào] ❻ (hi-fi) ○ (cl. 套 [tào]) 组合音响 [zǔhé yīnxiǎng] ▸ **chaîne hi-fi** 高保真组合音响 [gāobǎozhēn zǔhé yīnxiǎng] ❼ COMM 连锁店 [liánsuǒdiàn] ▸ **une chaîne de magasins** 连锁商店 [liánsuǒ shāngdiàn] ▸ **une chaîne d'hôtels** 连锁旅馆 [liánsuǒ lǚguǎn].
■ **chaînes** nfpl (pour pneus) 防滑链 [fánghuáliàn] ▸ **mettre les chaînes** 套防滑链 [tào fánghuáliàn].

chair ♦ nf CULIN 肉 [ròu] ▸ **chair à saucisse** 做香肠用的猪肉 [zuò xiāngcháng yòng de zhūròu] ▸ **la chair d'un fruit** 果肉 [guǒ ròu]
◊ **en chair et en os** 本人 [běnrén] ▸ **bien en chair** 肉感的 [ròugǎn de] ▸ **avoir la chair de poule** (de froid, de peur) 起鸡皮疙瘩 [qǐ jīpí gēda].
♦ adj inv (couleur) 肉色的 [ròusè de] ▸ **collants couleur chair** 肉色连裤袜 [ròusè liánkùwà].

chaire nf ❶ RELIG 讲道台 [jiǎngdàotái] ❷ UNIV (poste de professeur) 教授的职位 [jiàoshòu de zhíwèi] ▸ **obtenir la chaire de philosophie** 获得哲学教授的职位 [huòdé zhéxué jiàoshòu de zhíwèi].

chaise nf (cl. 把 [bǎ]) 椅子 [yǐzi] ▸ **s'asseoir sur une chaise** 坐在一把椅子上 [zuò zài yì bǎ yǐzi shàng] ▸ **chaise électrique** 电椅 [diàn yǐ] ▸ **chaise longue** 躺椅 [táng yǐ] ▸ **chaise roulante** 轮椅 [lún yǐ].

châle nm (cl. 条 [tiáo]) 披肩 [pījiān] ▸ **porter un châle** 披着披肩 [pī zhe pījiān].

chalet nm (cl. 个 [gè] ou 栋 [dòng]) 木屋 [mùwū].

chaleur nf ❶ (température élevée) 热 [rè] ▸ **chaleur du soleil** 太阳的灼热 [tàiyáng de zhuórè] ▸ **chaleur du chauffage** 暖气的高温 [nuǎnqì de gāowēn] ▸ **quelle chaleur !** 真热啊！ [zhēn rè a!] ▸ **il fait une chaleur insupportable !** 天气酷热难当！ [tiānqì kùrè nándāng!] ❷ (des femelles d'animaux) 发情 [fāqíng] ▸ **une chienne en chaleur** 一只发情的母狗 [yì zhī fāqíng de múgǒu].

■ **chaleurs** nfpl (période de chaleur) 热天 [rètiān] ▸ **les grandes chaleurs de l'été 2003** 2003年夏天的酷暑 [2003 nián xiàtiān de kùshǔ].

chaleureux, euse adj 热情的 [rèqíng de] ▸ **accueil chaleureux** 热情的接待 [rèqíng de jiēdài] ▸ **c'est une personne très chaleureuse** 这是一个很热情的人 [zhè shì yí ge hěn rèqíng de rén].

chaloupe nf (cl. 只 [zhī] ou 艘 [sōu]) 小艇 [xiáotǐng].

chamailler ■ **se chamailler** vp 争吵 [zhēngchǎo] ▸ **les enfants n'arrêtent pas de se chamailler** 孩子们不停地争吵 [háizimen bùtíng de zhēngchǎo].

chambre nf ❶ (où l'on dort) ○ (cl. 个 [gè] ou 间 [jiān]) 房间 [fángjiān] ▸ **chambre à coucher** 卧室 [wò shì] ▸ **chambre d'amis** 客房 [kè fáng] ▸ **chambre de bonne** 女佣房 [nǚyōng fáng] ▸ **chambre d'hôtel** 旅馆的房间 [lǚguǎn de fángjiān] ❷ (pièce pour un usage précis) ▸ **chambre froide** 冷藏室 [lěngcáng shì] ▸ **chambre à gaz** 毒气室 [dúqì shì] ❸ POLIT ▸ **Chambre des députés** 众议院 [Zhòngyìyuàn].

chameau, x nm (cl. 头 [tóu] ou 只 [zhī]) 骆驼 [luòtuo].

champ nm ❶ AGRIC (cl. 块 [kuài] ou 片 [piàn]) 田地 [tiándì] ▸ **champ de blé** 麦田 [mài tián] ▸ **champ de betteraves** 甜菜地 [tiáncài dì] ▸ **labourer un champ** 耕田 [gēng tián] ❷ (terrain) 场地 [chǎngdì] ▸ **champ de bataille** 战场 [zhàn chǎng] ▸ **champ de courses** 赛马场 [sàimǎ chǎng] ❸ (étendue) 范围 [fànwéi] ▸ **champ d'action** 活动范围 [huódòng fànwéi] ❹ PHYS 场 [chǎng] ▸ **champ magnétique** 磁场 [cí chǎng]

◊ **laisser le champ libre à qqn** 给某人完全的自由 [gěi mǒurén wánquán de zìyóu].

champagne nm 香槟酒 [xiāngbīnjiǔ] ▸ **déboucher une bouteille de champagne** 开一瓶香槟酒 [kāi yì píng xiāngbīnjiǔ].

champignon nm ❶ (végétal) 蘑菇 [mógu] ▸ **champignons comestibles** 食用蘑菇 [shíyòng mógu] ▸ **champignon vénéneux** 毒蘑菇 [dú mógu] ▸ **champignons de Paris** 巴黎蘑菇 [Bālí mógu] ▸ **une omelette aux champignons** 蘑菇鸡蛋卷 [mógu jīdànjuǎn] ❷ MÉD 真菌 [zhēnjūn] ▸ **il a des champignons sur les pieds** 他脚上感染了真菌 [tā jiǎo shàng gánrǎn le zhēnjūn].

champion, onne nm, f SPORT (cl. 位 [wèi]) 冠军 [guànjūn] ▸ **un champion de karaté** 一位空手道冠军 [yí wèi kōngshǒudào guànjūn] ▸ **être champion de…** 是……的冠军 [shì… de guànjūn] ▸ **être champion du monde** 是世界冠军 [shì shìjiè guànjūn].

championnat nm 锦标赛 [jǐnbiāosài] ▸ **championnat du monde** 世界锦标赛 [shìjiè jǐnbiāosài].

chance nf ❶ (hasard favorable) 运气 [yùnqi] ▸ **avoir de la chance** 走运 [zǒu yùn] ▸ **ne pas avoir de chance** 不走运 [bù zǒu yùn] ▸ **bonne chance !** 祝你好运！ [zhù nǐ hǎo yùn!] ▸ **quelle chance !** 太走运了！ [tài zǒu yùn le!] ▸ **porter chance** 带来好运 [dàilái hǎo yùn] ❷ (probabilité, possibilité) 可能性 [kěnéngxìng] ▸ **avoir des chances de…** 有可能做…… [yǒu kěnéng zuò…] ▸ **une chance sur…** 有……分之一的可能性 [yǒu… fēn zhī yī de kěnéngxìng].

■ **par chance** loc adv 幸好 [xìnghǎo] ▸ **par chance, j'avais laissé un double de mes clés chez le gardien** 幸好，我在看门人那里留了一套备份钥匙 [xìnghǎo, wǒ zài kānménrén nà lǐ liú le yí tào bèifèn yàoshi].

chanceler vi 摇晃 [yáohuang] ▸ **il avançait en chancelant** 他摇摇晃晃地向前走 [tā yáoyáohuànghuàng de xiàngqiánzǒu].

chancelier nm (Premier ministre) ○ (cl. 位 [wèi] ou 个 [gè]) 总理 [zǒnglǐ].

chandelle nf (cl. 支 [zhī]) 蜡烛 [làzhú] ▸ **dîner aux chandelles** 烛光晚餐 [zhúguāng wǎncān]

◊ **devoir une fière chandelle à qqn** 欠某人一份大人情 [qiàn mǒurén yí fèn dàrenqíng] ▸ **le jeu n'en vaut pas la chandelle** 得不偿失 [débùchángshī].

Changchun npr (ville) 长春 [Chángchūn].

change nm FIN 汇率 [huìlǜ] ▸ **à combien est le change ?** 汇率是多少？ [huìlǜ shì duōshao?]

◊ **perdre au change** 在交易中吃亏 [zài jiāoyì zhōng chīkuī].

changeant, e adj 多变的 [duōbiàn de] ▸ **en mars, le temps est souvent changeant** 三月的天气经常多变 [sānyuè de tiānqì jīngcháng duōbiàn] ▸ **il est d'humeur changeante** 他有个变化无常的脾气 [tā yǒu ge biànhuà wúcháng de píqi].

changement nm ❶ (modification) 改变 [gǎibiàn] ▸ **effectuer des changements** 进行改变 [jìnxíng gǎibiàn] ▸ **changement d'adresse** 地址的变更 [dìzhǐ de biàngēng] ▸ **changement de gouvernement** 政权的更替 [zhèngquán de gēngtì] ▸ **changement de programme** 计划的改变 [jìhuà de gǎibiàn] ▸ **changement de propriétaire** 所有者的更换 [suóyóuzhě de gēnghuàn] ▸ **changement de vitesse** 变速杆 [biànsù gǎn] ❷ (variation) 变化 [biànhuà] ▸ **changements de température** 温度变化 [wēndù biànhuà] ❸ (bouleversement) ○ (cl. 场 [chǎng] ou 次 [cì]) 变革 [biàngé] ▸ **il va y avoir du changement** 这将会有一场变革 [zhè jiāng huì yǒu yì chǎng biàngé] ❹ (remplacement) 更换 [gēnghuàn] ▸ **le changement de la moquette** 换地毯 [huàn dìtǎn] ❺ (correspondance) 换乘 [huànchéng] ▸ **en métro, il y a deux changements** 做地铁，要换乘两次 [zuò dìtiě, yào huànchéng liǎng cì].

changer ♦ vt ❶ (modifier) 改变 [gǎibiàn] ▸ **cette coiffure te change complètement** 这个发型使你完全变了 [zhè ge fàxíng shǐ nǐ wánquán biàn le] ▸ **on ne le changera pas** 人们改变不了他 [rénmen gǎibiàn bùliǎo tā] ❷ (remplacer) 更换 [gēnghuàn] ▸ **changer une ampoule** 换一个灯泡 [huàn yí ge dēngpào] ▸ **changer les piles d'un appareil** 给机器换电池 [gěi jīqì huàn diànchí] ❸ FIN 兑换 [duìhuàn] ▸ **changer de l'argent** 换钱 [huànqián] ▸ **changer une devise en euros** 把外汇换成欧元 [bǎ wàihuì huànchéng ōuyuán] ❹ (un bébé) 换尿布 [huànniàobù]. ♦ vi ❶ (se transformer) 变化 [biànhuà] ▸ **il a beaucoup changé** 他变了许多 [tā biàn le xǔduō] ▸ **les temps changent** 时代变了 [shídài biàn le] ❷ (prendre une correspondance) 换乘 [huànchéng] ▸ **faut-il changer à la prochaine station ?** 应该在下一站换车吗？ [yīnggāi zài xià yí zhàn huànchē ma?] ❸ (apporter une différence) 变化 [biànhuà] ▸ **un week-end à la campagne, ça changera un peu !** 去乡下度周末，这样有点变化！ [qù xiāngxia dù zhōumò, zhèyàng yǒu diǎn biànhuà!]

◊ **changer d'air** 换换空气 [huànhuan kōngqì].

▪ **changer de** v+prép 换 [huàn] ▸ **changer d'adresse** 换地址 [huàn dìzhǐ] ▸ **changer d'idée** 改变主意 [gǎibiàn zhǔyì] ▸ **changer de coiffure** 换发型 [huàn fàxíng] ▸ **changer de voiture** 换车 [huàn chē].

▪ **se changer** vp (s'habiller) 换衣服 [huànyīfu] ▸ **change-toi, il va pleuvoir** 换衣服吧，要下雨了 [huànyīfu ba, yào xiàyǔ le]

◊ **se changer les idées** 换换脑子 [huànhuan nǎozi].

Changsha npr (ville) 长沙 [Chángshā].

chanson nf MUS (cl. 首 [shǒu] ou 支 [zhī]) 歌 [gē] ▸ **chanson d'amour** 爱情歌曲 [àiqíng gēqǔ] ▸ **chanson populaire** 通俗歌曲 [tōngsú gēqǔ].

chant nm ❶ (son) 叫声 [jiàoshēng] ▸ **chant de personne** 人的歌声 [rén de gēshēng] ▸ **chant d'oiseau** 鸟的叫声 [niǎo de jiàoshēng] ▸ **chant d'insecte** 虫鸣 [chóng míng] ▸ **le chant des cigales** 蝉鸣声 [chán míngshēng] ❷ (chanson) 歌曲 [gēqǔ] ▸ **chant populaire** (cl. 首 [shǒu] ou 支 [zhī]) 通俗歌曲 [tōngsú gēqǔ] ❸ (technique vocale) 声乐 [shēngyuè] ▸ **un professeur de chant** 一位声乐教授 [yí wèi shēngyuè jiàoshòu] ▸ **prendre des cours de chant** 上声乐课 [shàng shēngyuè kè].

chantage nm 敲诈 [qiāozhà] ▸ **faire du chantage** 进行敲诈 [jìnxíng qiāozhà] ▸ **ne pas céder au chantage** 不向敲诈屈服 [bú xiàng qiāozhà qūfú].

chanter ♦ vt (une chanson) 唱 [chàng] ▸ **chanter une berceuse à son enfant** 为孩子唱一首摇篮曲 [wèi háizi chàng yì shǒu yáolánqǔ]. ♦ vi ❶ (personne) 唱 [chàng] ▸ **tu chantes bien** 你唱得好 [nǐ chàng de hǎo] ▸ **chanter juste** 唱得准 [chàng de zhǔn] ▸ **chanter faux** 走调 [zǒu diào] ❷ (oiseau, insecte) 叫 [jiào] ▸ **le rossignol chante** 夜莺啼叫 [yèyīng tíjiào]

◊ **faire chanter qqn** 勒索某人 [lèsuǒ mǒurén].

chanteur, euse nm, f (cl. 个 [gè] ou 位 [wèi] ou 名 [míng]) 歌唱家 [gēchàngjiā] ▸ **chanteur d'opéra** 歌剧演唱家 [gējù yǎnchàngjiā] ▸ **chanteur populaire** 民歌手 [míngē shǒu] ▸ **chanteur de variété** 通俗歌手 [tōngsú gēshǒu].

chantier nm ❶ CONSTR 工地 [gōngdì] ▸ **chantier naval** 造船厂 [zàochuán chǎng] ▸ **chantier de construction** 建筑工地 [jiànzhù gōngdì] ▸ **'chantier interdit au public'** 施工重地，闲人免进 [shīgōng zhòngdì, xiánrén miǎnjìn] ❷ *fig* (désordre) 乱糟糟的地方 [luànzāozāo de dìfang] ▸ **leur maison est un véritable chantier** 他们家真是个乱糟糟的地方 [tāmen jiā zhēnshì ge luànzāozāo de dìfang].

Chantilly nf ▸ **(crème) Chantilly** 掼奶油 [guànnǎiyóu] ▸ **un banana split avec de la (crème) Chantilly** 掼奶油香蕉圣代 [guànnǎiyóu xiāngjiāo shèngdài].

chanvre nm (arbuste) 大麻 [dàmá] ▸ **une chemise en chanvre** 一件麻质衬衫 [yí jiàn mázhì chènshān].

chaos nm (confusion extrême) 混乱 [hùnluàn] ▸ **dans le chaos** 陷于混乱 [xiànyú hùnluàn] ▸ **le tremblement de terre a plongé la région dans le chaos** 地震让这个地区陷入混乱 [dìzhèn ràng zhè ge dìqū xiànrù hùnluàn].

chapeau, x nm (cl. 顶 [dǐng]) 帽子 [màozi] ▸ **porter un chapeau** 戴着一顶帽子 [dàizhe yì dǐng màozi] ▸ **mettre/enlever son chapeau** 戴/脱帽 [dài/tuō mào]

◊ **chapeau !** 棒极了！ [bàngjíle!] ▸ **démarrer sur les chapeaux de roues** 全速启动 [quánsù qǐdòng] ▸ **un travail qui démarre sur les chapeaux de roues** 工作飞快地进行 [gōngzuò fēikuài de jìnxíng] ▸ **tirer son chapeau à qqn** 对某人表示钦佩 [duì mǒurén biǎoshì qīnpèi].

chapelet nm RELIG (objet, prières) ○ (cl. 粒 [lì] ou 串 [chuàn]) 念珠 [niànzhū] ▸ **dire son chapelet** 数念珠祷告 [shǔ niànzhū dǎogào].

chapelle nf ❶ (petite église) ○ (cl. 座 [zuò] ou 个 [gè]) 小教堂 [xiǎojiàotáng] ❷ (dans une église) ○ (cl. 间 [jiān]) 祭室 [jìshì]

◊ **chapelle ardente** (cl. 间 [jiān]) 停尸房 [tíngshī fáng].

chapiteau nm ❶ (de colonne) 柱头 [zhùtóu] ▸ **les chapiteaux sculptés des églises romanes** 罗曼式教堂的雕刻柱头 [luómànshì jiàotáng de diāokè zhùtóu] ❷ (de cirque) ○ (cl. 顶 [dǐng]) 马戏团的帐篷 [mǎxìtuán de zhàngpeng] ▸ **dresser le chapiteau** 搭起马戏团的帐篷 [dā qǐ mǎxìtuán de zhàngpeng].

chapitre nm (d'un livre) 章节 [zhāngjié] ▸ **un livre en dix chapitres** 一本十章的书 [yì běn shí zhāng de shū].

chaque adj indéf ❶ (indique la répartition) 每个 [měige] ▸ **on remettra à chaque étudiant un dossier complet** 我们将给每位学生一份完整的文档 [wǒmen jiāng gěi měiwèi xuésheng yí fèn wánzhěng de wéndàng] ❷ (indique la répétition) 每 [měi] ▸ **chaque jour** 每天 [měi tiān] ▸ **chaque année** 每年 [měi nián] ▸ **(à) chaque fois que...** 每次...... [měi cì...] ▸ **(à) chaque fois qu'il vient, on se dispute** 每次他来，我们都吵架 [měi cì tā lái, wǒmen dōu chǎojià]

◊ **chaque chose en son temps** 每件事有每件事的时候 [měi jiàn shì yǒu měi jiàn shì de shíhou].

char nm ❶ MIL (cl. 辆 [liàng] ou 架 [jià]) 坦克 [tǎnkè] ▸ **char d'assaut** ou **de combat** 坦克 [tǎnkè] ❷ (de carnaval) ○ (cl. 辆 [liàng]) 彩车 [cǎichē] ▸ **char fleuri** 花车 [huā chē] ❸ HIST (romain) ○ (cl. 辆 [liàng]) 二轮马车 [èrlún mǎchē].

charabia nm *fam* 难懂的话 [nándǒng de huà] ▸ **ce que tu dis, c'est du charabia !** 你说的话，真是难懂！ [nǐ shuō de huà, zhēnshì nándǒng!] ▸ **je ne comprends rien à ce charabia administratif** 对于难懂的行政文体我什么也没明白 [duìyú nándǒng de xíngzhèng wéntǐ wǒ shénme yě méi míngbai].

charbon nm (combustible) ○ (cl. 块 [kuài]) 煤 [méi] ▸ **charbon de bois** (cl. 块 [kuài]) 木炭 [mùtàn] ▸ **travailler dans les mines de charbon** 在煤矿工作 [zài méikuàng gōngzuò].

charcuterie nf ❶ (magasin) ○ (cl. 家 [jiā]) 肉食店 [ròushídiàn] ❷ (produits) 猪肉食品 [zhūròu shípǐn] ▸ **une assiette de charcuterie** 一盘猪肉食品 [yì pán zhūròu shípǐn].

chardon nm (plante) 刺茎植物 [cìjīng zhíwù].

charge nf ❶ (fardeau) 负重 [fùzhòng] ❷ (gêne) 负担 [fùdān] ▸ **venir arroser tes plantes n'est pas une charge pour moi** 来浇你的花草对我不是负担 [lái jiāo nǐde huācǎo duì wǒ búshì fùdān] ❸ (frais) 支出 [zhīchū] ▸ **charges sociales** 社会保险支出 [shèhuì báoxiǎn zhīchū] ▸ **les charges d'entretien d'un bâtiment** 一座大楼的维修支出 [yí zuò dàlóu de wéixiū zhīchū] ❹ (tâche) 任务 [rènwu] ▸ **elle n'est pas à la hauteur de cette charge** 她不能胜任这个任务 [tā bùnéng shèngrèn zhè ge rènwu] ▸ **on lui a confié la charge d'organiser la réunion** 他受委托组织这次会议 [tā shòu wěituō zǔzhī zhè cì huìyì] ❺ ÉLECTR 充电 [chōngdiàn] ▸ **mettre une batterie en charge** 给电池充电 [gěi diànchí chōngdiàn]

◊ **être à la charge de qqn** 由某人负担 [yóu mǒurén fùdān] ▸ **il est encore à la charge de ses parents** 他的生活还是由他的父母负担 [tāde shēnghuó háishì yóu tāde fùmǔ fùdān] ▸ **prendre qqch en charge** 承担某事 [chéngdān mǒushì] ▸ **les frais de déplacement sont pris en charge par l'employeur** 出差费用由雇主担负 [chūchāi fèiyòng yóu gùzhǔ dānfù] ▸ **prendre qqn en charge** 负责养某人 [fùzé yǎng mǒurén] ▸ **prendre un enfant en charge** 负责养育一个孩子 [fùzé yǎngyù yí ge háizi].

chargé, e adj ❶ (qui porte une charge) 带了东西的 [dài le dōngxi de] ▸ **il ne pourra pas tout prendre, il est trop chargé** 他不能都带走，他已经带了太多东西了 [tā bù-néng dōu dàizǒu, tā yǐjīng dài le tàiduō dōngxi le] ❷ (arme) 上了子弹的 [shàng le zǐdàn de] ▸ **fusil chargé** 上了子弹的步枪 [shàng le zǐdàn de bùqiāng] ❸ (occupé) 繁忙的 [fánmáng de] ▸ **j'ai eu une journée chargée** 我度过了繁忙的一天 [wǒ dùguò le fánmáng de yì tiān].

chargement nm ❶ (marchandises) 装载的货物 [zhuāngzài de huòwù] ▸ **le camion a perdu son chargement** 这辆卡车丢了装的货物 [zhè liàng kǎchē diū le zhuāng de huòwù] ❷ (action de charger) 装载 [zhuāngzài] ▸ **le chargement du navire a pris six heures** 给船装货花了六小时 [gěi chuán zhuānghuò huā le liù xiǎoshí].

charger ♦ vt ❶ (remplir) 装载 [zhuāngzài] ▸ **je vais charger la voiture** 我要去装车了 [wǒ yào qù zhuāng chē le] ❷ (une personne, un animal) 使……负重 [shǐ… fùzhòng] ▸ **ne le charge pas trop, il va se fatiguer** 别让他背太多东西，他会累坏的 [bié ràng tā bēi tài duō dōngxi, tā huì lèihuài de] ▸ **elle a chargé sa mule de sacs de grains** 她往骡背上装了几袋谷物 [tā wǎng luó bèi shàng zhuāng le jǐ dài gǔwù] ❸ (une arme) 给……装子弹 [gěi… zhuāng zǐdàn] ▸ **le chasseur a chargé son fusil** 猎人给枪装了子弹 [lièrén gěi qiāng zhuāng le zǐdàn] ❹ (attaquer) 攻击 [gōngjī] ▸ **charger l'ennemi** 攻击敌人 [gōngjī dírén] ▸ **la vachette a chargé la foule** 小牛犊冲向了人群 [xiǎoniúdú chōng xiàng le rénqún]

◊ **charger qqn de faire qqch** 让某人负责做某事 [ràng mǒurén fùzé zuò mǒushì] ▸ **j'ai été chargé de vous remettre cette lettre** 我受人之托转交这封信给您 [wǒ shòurén zhītuō zhuǎnjiāo zhèfēng xìn gěi nín].

♦ vi 进攻 [jìngōng] ▸ **l'armée a chargé** 军队发起了进攻 [jūnduì fāqǐ le jìngōng].

■ **se charger** vp **se charger de qqn** 照看某人 [zhàokàn mǒurén] ▸ **ce week-end je me charge des enfants** 这周末由我照看孩子们 [zhè zhōumò yóu wǒ zhàokàn háizimen] ▸ **se charger de qqch** 负责某事 [fùzé mǒushì] ▸ **pour la réception, je me charge de tout** 接待的事我都负责了 [jiēdài de shì wǒ dōu fùzé le].

chargeur nm ❶ (d'une arme) 子弹匣 [zǐdàn xiá] ▸ **vider le chargeur d'une arme** 清空武器的弹匣 [qīngkōng wǔqì de dànxiá] ❷ (de batterie) 充电器 [chōngdiànqì].

chariot nm ❶ (pour les courses, table roulante) 推车 [tuīchē] ▸ **remplir son chariot de commissions** 把自己的推车装满货品 [bǎ zìjǐ de tuīchē zhuāngmǎn huòpǐn] ❷ (à bagages) ○ (cl. 辆 [liàng]) 行李车 [xínglichē] ▸ **mettre ses valises sur un chariot** 把自己的行李放上一辆行李车 [bǎ zìjǐ de xíngli fàngshang yí liàng xínglichē].

charisme nm 感召力 [gǎnzhàolì] ▸ **avoir du charisme** 具有感召力 [jùyǒu gǎnzhàolì].

charitable adj 慈善的 [císhàn de] ▸ **association charitable** 慈善协会 [císhàn xiéhuì]

▸ **personne charitable** 慈善家 [císhànjiā] ▸ **être charitable envers qqn** 宽厚地对待某人 [kuānhòu de duìdài mǒurén].

charité nf ❶ RELIG 爱德 [ài dé] ❷ (générosité) 仁慈 [réncí] ❸ (aumône) 施舍 [shīshě] ▸ **demander la charité** 请求施舍 [qǐngqiú shīshě].

charmant, e adj ❶ (ravissant) 迷人的 [mírén de] ▸ **cette fille est charmante** 这个女孩真迷人 [zhè ge nǚhái zhēn mírén] ▸ **un endroit charmant** 一个迷人的地方 [yí ge mírén de dìfang] ❷ (gentil, bien élevé) 可爱的 [kě'ài de].

charme nm (attrait, séduction) 魅力 [mèilì] ▸ **cet homme a beaucoup de charme** 这个男子很有魅力 [zhè ge nánzǐ hěn yǒu mèilì] ▸ **cette maison a beaucoup de charme** 这所房子很吸引人 [zhè suǒ fángzi hěn xīyǐn rén].

charmer vt ❶ (captiver) 吸引 [xīyǐn] ▸ **charmer le public** 吸引公众 [xīyǐn gōngzhòng] ❷ (séduire) 迷惑 [míhuo] ▸ **il l'a immédiatement charmée par sa gentillesse** 他用他的殷勤一下子就把她迷住了 [tā yòng tāde yīnqín yíxiàzi jiù bǎ tā mízhù le].

charmeur, euse ♦ adj 迷人的 [mírén de] ▸ **un air charmeur** 一副迷人的样子 [yí fù mírén de yàngzi] ▸ **un sourire charmeur** 迷人的微笑 [mírén de wēixiào]. ♦ nm, f (séducteur) 有魅力的人 [yǒu mèilì de rén].

charnel, elle adj 肉欲的 [ròuyù de] ▸ **amour charnel** 肉欲的爱 [ròuyù de ài] ▸ **les plaisirs charnels** 肉体快感 [ròutǐ kuàigǎn].

charnier nm 万人坑 [wànrénkēng].

charnière ♦ nf (de porte, de fenêtre) 合页 [héyè]. ♦ adj *(en apposition)* 转折点 [zhuǎnzhédiǎn] ▸ **c'est un moment charnière de sa vie** 这是他生命中的转折点 [zhè shì tā shēngmìng zhōng de zhuǎnzhédiǎn].

charnu, e adj ❶ (formé de chair) 肉的 [ròu de] ▸ **les parties charnues du corps** 身体上多肉的部位 [shēntǐ shàng duōròu de bùwèi] ❷ (épais) 肉厚的 [ròuhòu de] ▸ **lèvres charnues** 厚嘴唇 [hòu zuǐchún].

charogne nf (d'animal) ○ (cl. 具 [jù]) 腐烂的动物尸体 [fǔlàn de dòngwù shītǐ].

charpente nf (d'un bâtiment) 屋架 [wūjià] ▸ **une charpente en bois** 木质的屋架 [mùzhì de wūjià].

charpentier nm 木匠 [mùjiang].

charrette nf (chariot) ○ (cl. 辆 [liàng]) 大车 [dàchē] ▸ **sur une charrette** 在一辆大车上 [zài yí liàng dàchē shàng].

charte nf 宪章 [xiànzhāng] ▸ **la charte des Nations-Unies** 联合国宪章 [Liánhéguó xiànzhāng].

chasse nf ❶ (action) 打猎 [dǎliè] ▸ **la chasse au canard** 打野鸭 [dǎ yěyā] ▸ **aller à la chasse** 去打猎 [qù dǎliè] ❷ (période) 猎期 [lièqī] ▸ **la chasse est ouverte** 猎期开始了 [lièqī kāishǐ le] ❸ (des cabinets) ▸ **chasse (d'eau)** (马桶的)冲水系统 [(mátǒng de) chōngshuǐ xìtǒng] ▸ **tirer la chasse (d'eau)** 冲一下抽水马桶 [chōng yí xià chōushuǐ mátǒng]

◊ **qui va à la chasse, perd sa place !** 一旦离开，位置不保 [yídàn líkāi, wèizhi bùbǎo].

chasser ♦ vt ❶ (un animal) 打猎 [dǎliè] ▸ **chasser le lièvre** 打野兔 [dǎ yětù] ▸ **le chat chasse les souris** 猫捉老鼠 [māo zhuō lǎoshǔ] ❷ (expulser) 驱逐 [qūzhú] ▸ **chasser qqn de son pays** 把某人从他的国家驱逐出去 [bǎ mǒurén cóng tāde guójiā qūzhú chūqu] ▸ **ils les ont chassés de la ville** 他们把他们赶出了城 [tāmen bǎ tāmen gǎnchū le chéng] ❸ (dissiper) 驱散 [qūsàn] ▸ **chasser des idées noires** 消除悲观的情绪 [xiāochú bēiguān de qíngxù] ▸ **le vent chasse les nuages** 风吹云散 [fēng chuī yún sàn] ▸ **ouvre la fenêtre pour chasser cette mauvaise odeur** 请开窗散散臭味 [qǐng kāi chuāng sànsan chòuwèi]. ♦ vi (aller à la chasse) 去打猎 [qù dǎliè].

chasseur nm ❶ (personne qui pratique la chasse) 猎人 [lièrén] ❷ MIL ▸ **chasseur alpin** 阿尔卑斯山的轻步兵 [Ā'ěrbēisīshān de qīng bùbīng] ❸ (avion de chasse) ○ (cl. 架 [jià]) 歼击机 [jiānjījī].

châssis nm ❶ (d'une fenêtre) 框 [kuàng] ▸ **châssis de la fenêtre** 窗框 [chuāngkuàng] ❷ (d'un véhicule) 底盘 [dǐpán].

chaste adj 纯洁的 [chúnjié de] ▸ **amour chaste** 纯洁的爱情 [chúnjié de àiqíng] ▸ **baiser chaste** 纯洁的吻 [chúnjié de wěn]

▸ **c'est une jeune fille chaste** 这是一个贞洁的少女 [zhè shì yí ge zhēnjié de shàonǚ] ▸ **ils mènent une vie très chaste** 他们过着纯朴的生活 [tāmen guòzhe chúnpǔ de shēnghuó].

chasteté nf 贞节 [zhēnjié] ▸ **faire vœu de chasteté** 发誓要恪守贞节 [fāshì yào kèshǒu zhēnjié].

chat, chatte nm, f (cl. 只 [zhī]) 猫 [māo] ◊ **il n'y a pas un chat** 一个人都没有 [yí ge rén dōu méiyǒu] ▸ **avoir un chat dans la gorge** 嗓子嘶哑 [sǎngzi sīyǎ] ▸ **donner sa langue au chat** 哑口无言 [yǎkǒu wúyán].

châtaigne nf (fruit) 栗子 [lìzi].

châtaignier nm (arbre) ○ (cl. 棵 [kē]) 栗树 [lì shù].

châtain adj (couleur) 褐色的 [hèsè de] ▸ **elle est châtain** 她是个褐发女子 [tā shì ge hèfà nǚzǐ].

château, x nm ❶ (forteresse) ▸ **château fort** (cl. 座 [zuò]) 城堡 [chéngbǎo] ❷ (résidence seigneuriale) ○ (cl. 座 [zuò]) 宫殿 [gōngdiàn] ▸ **le château de Versailles** 凡尔赛宫 [Fán'ěrsàigōng] ❸ (construction, jeu) ▸ **château de sable** 沙子堆的城堡 [shāzi duī de chéngbǎo] ❹ (vignoble) 酒堡 [jiǔbǎo] ▸ **'mis en bouteille au château'** 在酒堡装瓶 [zài jiǔbǎo zhuāng píng].

▪ **château d'eau** nm (cl. 座 [zuò]) 水塔 [shuǐtǎ].

châtiment nm (punition) ○ (cl. 次 [cì]) 处罚 [chǔfá] ▸ **un châtiment corporel** 体罚 [tǐfá] ▸ **un châtiment exemplaire** 惩戒性的处罚 [chéngjièxìng de chǔfá].

chaton nm (petit chat) ○ (cl. 只 [zhī]) 小猫 [xiǎomāo].

chatouiller vt (faire des chatouilles à) 胳肢 [gézhi] ▸ **arrête de me chatouiller** 别胳肢我了 [bié gézhi wǒ le].

châtrer vt (un animal) 阉割 [yāngē].

chaud, e adj ❶ (température) 热的 [rè de] ▸ **une boisson chaude** 一杯热饮 [yì bēi rèyǐn] ▸ **de l'eau chaude** 热水 [rèshuǐ] ▸ **un pays chaud** 一个炎热的国家 [yí ge yánrè de guójiā] ▸ **prendre un bain chaud** 洗个热水澡 [xǐ ge rèshuǐ zǎo] ❷ (qui tient chaud) 保暖的 [bǎonuǎn de] ▸ **un manteau bien chaud** 一件保暖的大衣 [yí jiàn bǎonuǎn de dàyī] ❸ (voix) 煽情的 [shānqíng de] ▸ **cette femme a une voix chaude** 这个女人嗓音很煽情 [zhè ge nǚrén sǎngyīn hěn shānqíng] ❹ *fam* (animé) 热闹的 [rènao de] ▸ **la semaine sera chaude en raison des grèves** 因为有罢工，这一周会很热闹 [yīnwèi yǒu bàgōng, zhè yì zhōu huì hěn rènao] ▸ **le match était chaud** 这场比赛很激烈 [zhè chǎng bǐsài hěn jīliè].

▪ **chaud** ♦ adv 热 [rè] ▸ **avoir chaud** 感到热 [gǎndào rè] ▸ **manger chaud** 趁热吃 [chènrè chī] ▸ **il fait chaud** 天气热 [tiānqì rè] ▸ **ce manteau me tient chaud** 这件大衣使我暖和 [zhè jiàn dàyī shǐ wǒ nuǎnhuo]. ♦ nm (chaleur) 炎热 [yánrè] ▸ **rester bien au chaud** 待在暖和的地方 [dāi zài nuǎnhuo de dìfang] ▸ **je garde la viande au chaud en attendant qu'il arrive** 我温着肉等他回来 [wǒ wēnzhe ròu děng tā huílai].

chaudement adv ❶ (pour avoir chaud) 暖和地 [nuǎnhuo de] ▸ **s'habiller chaudement** 穿得暖和 [chuān de nuǎnhuo] ❷ (chaleureusement) 热烈地 [rèliè de] ▸ **ils ont applaudi chaudement** 他们热烈地鼓掌 [tāmen rèliè de gǔzhǎng] ▸ **féliciter qqn chaudement** 热烈地祝贺某人 [rèliè de zhùhè mǒurén].

chauffage nm 暖气 [nuǎnqì] ▸ **mettre le chauffage** 开暖气 [kāi nuǎnqì] ▸ **baisser le chauffage** 调低暖气温度 [tiáodī nuǎnqì wēndù] ▸ **monter le chauffage** 调高暖气温度 [tiáogāo nuǎnqì wēndù] ▸ **chauffage central** 集中供暖 [jízhōng gōngnuǎn] ▸ **chauffage électrique** 电暖气 [diàn nuǎnqì] ▸ **chauffage au gaz** 燃气供暖 [ránqì gōngnuǎn].

chauffant, e adj 发热的 [fārè de] ▸ **une couverture chauffante** 一张电热毯 [yì zhāng diànrè tǎn] ▸ **une plaque chauffante** 一个电炉 [yí ge diànlú].

chauffard nm *péj* 粗心大意的司机 [cūxīn dàyì de sījī].

chauffe-eau nm inv (cl. 台 [tái] ou 个 [gè]) 热水器 [rèshuǐqì].

chauffer ♦ vt (rendre chaud) 加热 [jiārè] ▸ **chauffer une pièce** 给一间房子供暖 [gěi yì jiān fángzi gōngnuǎn] ▸ **chauffer de l'eau** 烧水 [shāoshuǐ] ▸ **chauffer un plat au four** 在

烤箱里热菜 [zài kǎoxiāng lǐ rè cài] ▸ **faire chauffer qqch** 加热某物 [jiārè mǒuwù]. ♦ vi ❶ (devenir chaud) 热 [rè] ▸ **j'ai mis le lait à chauffer** 我拿牛奶去加热了 [wǒ ná niúnǎi qù jiārè le] ❷ (s'échauffer) 发热 [fārè] ▸ **un moteur qui chauffe** 发动机太热了 [fādòngjī tài rè le] ❸ (produire de la chaleur) 热 [rè] ▸ **le soleil chauffe déjà** 太阳已经很晒人了 [tàiyáng yǐjīng hěn shàirén le] ▸ **le radiateur chauffe trop** 散热器太热了 [sànrèqì tài rè le].

chauffeur nm (cl. 名 [míng] ou 个 [gè] ou 位 [wèi]) 司机 [sījī].

chaumière nf (cl. 个 [gè] ou 间 [jiān]) 茅屋 [máowū].

chaussée nf 车行道 [chēxíngdào] ▸ **sur la chaussée** 在车行道上 [zài chēxíngdào shàng] ▸ **'chaussée glissante'** 当心路滑 [dāngxīn lùhuá].

chausser vt ❶ (des chaussures) 穿 [chuān] ▸ **chausser ses bottes** 穿靴子 [chuān xuēzi] ▸ **chausser ses skis** 戴滑雪板 [dài huáxuébǎn] ❷ (avoir telle pointure) 穿……码的鞋 [chuān duōshǎo mǎ] ▸ **vous chaussez du combien ?** 您穿多少码的鞋？ [nín chuān duōshao mǎ de xié?] ▸ **je chausse du 40** 我穿40码的鞋 [wǒ chuān 40 mǎ de xié].

chaussette nf (cl. 只 [zhī]) 袜子 [wàzi] ▸ **une paire de chaussettes** 一双袜子 [yì shuāng wàzi] ▸ **mettre des chaussettes** 穿袜子 [chuān wàzi].

chausson nm ❶ (pantoufle) ○ (cl. 只 [zhī]) 拖鞋 [tuōxié] ▸ **une paire de chaussons** 一双拖鞋 [yì shuāng tuōxié] ▸ **mettre des chaussons** 穿拖鞋 [chuān tuōxié] ❷ (chaussure souple) ○ (cl. 只 [zhī]) 软底鞋 [ruǎn dǐ xié] ▸ **chausson de danse** 舞蹈鞋 [wúdǎo xié] ▸ **chausson de gymnastique** 体操鞋 [tǐcāo xié] ❸ CULIN (pâtisserie) ○ (cl. 块 [kuài]) 果酱馅饼 [guǒjiàng xiànbǐng] ▸ **chausson aux pommes** (cl. 块 [kuài]) 苹果酱馅饼 [píngguǒjiàng xiànbǐng].

chaussure nf ❶ (soulier) ○ (cl. 只 [zhī]) 鞋 [xié] ▸ **une paire de chaussures** 一双鞋 [yì shuāng xié] ▸ **porter des chaussures** 穿着鞋 [chuānzhe xié] ▸ **chaussure en cuir** 皮鞋 [pí xié] ▸ **chaussure de marche** 步行鞋 [bùxíng xié] ▸ **chaussure plate** 平底鞋 [píngdǐ xié] ▸ **chaussure de ski** 滑雪鞋 [huáxuě xié] ▸ **chaussure de sport** 运动鞋 [yùndòng xié] ▸ **chaussure à talons** 带跟的鞋 [dàigēn de xié] ❷ (industrie) 制鞋业 [zhìxiéyè].

chauve ♦ adj 秃的 [tū de] ▸ **crâne chauve** 秃顶 [tūdǐng] ▸ **homme chauve** 秃子 [tūzi] ▸ **devenir chauve** 变秃 [biàn tū]. ♦ nm 秃顶的人 [tūdǐng de rén].

chauve-souris nf (cl. 只 [zhī]) 蝙蝠 [biānfú].

chauvin, e adj 沙文主义的 [Shāwénzhǔyì de].

chavirer ♦ vi (se retourner) 翻倒 [fāndǎo] ▸ **le bateau a chaviré** 船翻了 [chuán fān le]. ♦ vt 把……弄翻 [bǎ... nòngfān] ▸ **arrête, tu vas faire chavirer la barque !** 别动了，你会把船弄翻的！ [biédòng le, nǐ huì bǎ chuán nòngfān de!].

chef nm ❶ (celui qui dirige) ○ (cl. 位 [wèi] ou 个 [gè]) 头领 [tóulǐng] ▸ **le chef d'une milice** 一个民兵头领 [yí ge mínbīng tóulǐng] ▸ **chef de chantier** 工长 [gōng zhǎng] ▸ **chef d'entreprise** 企业经理 [qǐyè jīnglǐ] ▸ **chef de l'État ou d'État** 国家元首 [guójiā yuánshǒu] ▸ **chef de famille** 家长 [jiāzhǎng] ▸ **chef d'orchestre** 乐队指挥 [yuèduì zhǐhuī] ❷ (cuisinier) ○ (cl. 位 [wèi] ou 个 [gè]) 厨师长 [chúshīzhǎng] ▸ **un grand chef** 一位名厨 [yí wèi míngchú] ▸ **la spécialité du chef** 招牌菜 [zhāopáicài]
◊ **se débrouiller comme un chef** 得心应手 [déxīn yìngshǒu].

▪ **en chef** loc adj 总 [zǒng] ▸ **il est ingénieur en chef** 他是总工程师 [tā shì zǒng gōngchéngshī].

▪ **chef d'accusation** nm DR 主要罪状 [zhǔyào zuìzhuàng].

chef-d'œuvre nm (œuvre parfaite) ○ (cl. 件 [jiàn] ou 部 [bù] ou 个 [gè]) 杰作 [jiézuò].

chef-lieu nm ADMIN 首府 [shǒufǔ] ▸ **chef-lieu de département** 省会 [shěnghuì].

chemin nm ❶ (voie) ○ (cl. 条 [tiáo] ou 段 [duàn]) 路 [lù] ▸ **un chemin de terre** 一条土路 [yì tiáo tǔlù] ❷ (itinéraire) 路途 [lùtú] ▸ **c'est sur mon chemin** 我是顺路 [wǒ shì shùnlù] ▸ **j'ai fait le chemin à pied** 我步行走完了这段路 [wǒ bùxíng zǒu wán le zhè duàn lù] ▸ **demander son chemin à qqn** 向某人问

路 [xiàng mǒurén wènlù] ▸ **en chemin** 在路上 [zài lù shàng]

◊ **faire du chemin** 有进步 [yǒu jìnbù] ▸ **cette idée a fait du chemin** 这一见解渐渐被人重视了 [zhè yí jiànjiě jiànjiàn bèi rén zhòngshì le].

▪ **chemin de fer** nm (cl. 条 [tiáo] ou 段 [duàn]) 铁路 [tiělù] ▸ **ligne de chemin de fer** (cl. 条 [tiáo]) 铁路线 [tiělùxiàn] ▸ **un accident de chemin de fer** 一起铁路交通事故 [yì qǐ tiělù jiāotōng shìgù].

cheminée nf ❶ (d'une maison) 壁炉 [bìlú] ▸ **faire du feu dans la cheminée** 在壁炉里生火 [zài bìlú lǐ shēnghuǒ] ▸ **une cheminée en marbre** 一个大理石壁炉 [yí ge dàlǐshí bìlú] ❷ (d'une usine) 烟囱 [yāncōng] ❸ (d'un bateau, d'une locomotive) 排气口 [páiqìkǒu].

cheminer vi ❶ (marcher) 走 [zǒu] ▸ **nous avons cheminé pendant deux heures** 我们走了两个小时的路了 [wǒmen zǒu le liǎng ge xiǎoshí de lù le] ▸ **nous cheminions à travers la forêt** 我们步行穿过树林 [wǒmen bùxíng chuānguò shùlín] ❷ *fig* (évoluer) 缓慢进展 [huǎnmàn jìnzhǎn] ▸ **cette idée chemine dans mon esprit** 这一想法在我的头脑中逐渐发展 [zhè yì xiángfǎ zài wǒde tóunǎo zhōng zhújiàn fāzhǎn].

cheminot nm 铁路工人 [tiělù gōngrén].

chemise nf ❶ (vêtement) ○ (cl. 件 [jiàn]) 衬衫 [chènshān] ▸ **une chemise à manches courtes** 一件短袖衬衫 [yí jiàn duǎn xiù chènshān] ▸ **une chemise à manches longues** 一件长袖衬衫 [yí jiàn cháng xiù chènshān] ▸ **chemise de nuit** (cl. 件 [jiàn]) 长睡衣 [cháng shuìyī] ❷ (dossier) 文件夹 [wénjiànjiā] ▸ **j'ai mis les factures dans une chemise** 我把这些发票放在一个文件夹里了 [wǒ bǎ zhèxiē fāpiào fàng zài yí ge wénjiànjiā lǐ le]

◊ **s'en moquer comme de sa première chemise** 对……不在乎 [duì… búzàihu] ▸ **changer d'avis comme de chemise** 经常改变主意 [jīngcháng gǎibiàn zhǔyì].

chemisette nf (cl. 件 [jiàn]) 短袖衬衣 [duǎnxiù chènyī].

chemisier nm (cl. 件 [jiàn]) 女式衬衫 [nǚshì chènshān] ▸ **son chemisier est taché** 她的衬衫弄脏了 [tāde chènshān nòngzāng le].

Chen Duxiu npr POLIT 陈独秀 [Chén Dúxiù].

chêne nm ❶ (arbre) ○ (cl. 棵 [kē]) 橡树 [xiàngshù] ❷ (bois) 橡木 [xiàngmù] ▸ **une table en chêne** 一张橡木桌子 [yì zhāng xiàngmù zhuōzi].

Chengdu npr (ville) 成都 [Chéngdū].

chenille nf (insecte) ○ (cl. 只 [zhī] ou 条 [tiáo]) 毛虫 [máochóng].

Chen Kaige npr (cinéaste) 陈凯歌 [Chén Kǎigē].

chèque nm (cl. 张 [zhāng]) 支票 [zhīpiào] ▸ **faire un chèque** 开一张支票 [kāi yì zhāng zhīpiào] ▸ **payer par chèque** 用支票支付 [yòng zhīpiào zhīfù] ▸ **remplir un chèque** 填写一张支票 [tiánxiě yì zhāng zhīpiào] ▸ **toucher un chèque** 兑现一张支票 [duìxiàn yì zhāng zhīpiào] ▸ **chèque bancaire** 银行支票 [yínháng zhīpiào] ▸ **chèque sans provision** 空头支票 [kōngtóu zhīpiào] ▸ **chèque en blanc** 空白支票 [kòngbái zhīpiào].

chéquier nm (cl. 本 [běn]) 支票簿 [zhīpiàobù].

cher, chère ♦ adj ❶ (coûteux) 宝贵的 [bǎoguì de] ▸ **la vie est chère** 生命是宝贵的 [shēngmìng shì bǎoguì de] ❷ (qui vend à des prix élevés) 贵的 [guì de] ▸ **ce magasin est très cher** 这个商店的商品价格很贵 [zhè ge shāngdiàn de shāngpǐn jiàgé hěn guì] ❸ (aimé) 亲爱的 [qīn'ài de] ▸ **mon cher ami** 我亲爱的朋友 [wǒ qīn'ài de péngyou] ▸ **un être cher** 心爱的人 [xīn'ài de rén] ❹ (dans une lettre) 尊敬的 [zūnjìng de] ▸ **chère Madame,…** 尊敬的夫人，…… [zūnjìng de fūrén,…] ▸ **cher Monsieur,…** 尊敬的先生，…… [zūnjìng de xiānsheng,…]. ♦ nmf 亲爱的 [qīn'ài de] ▸ **entrez, ma chère** 进来，亲爱的 [jìnlai, qīn'ài de].

▪ **cher** adv (à haut prix) 贵 [guì] ▸ **c'est trop cher** 这太贵了 [zhè tài guì le] ▸ **coûter cher** 价格贵 [jiàgé guì]

◊ **je donnerais cher pour** (+ *infinitif*) 为……而付出很大代价 [wèi… ér fùchū hěn dà dàijià].

chercher ♦ vt ❶ (essayer de trouver) 寻找 [xúnzhǎo] ▸ **chercher qqn dans la foule** 在人群中寻找某人 [zài rénqún zhōng xúnzhǎo mǒurén] ▸ **je cherche le collier que j'ai perdu**

我在找我丢了的那条项链 [wǒ zài zhǎo wǒ diū le de nà tiáo xiàngliàn] ▸ **ils cherchent le musée** 他们在找博物馆 [tāmen zài zhǎo bówùguǎn] ❷ (essayer d'obtenir) 寻求 [xúnqiú] ▸ **chercher la tranquillité** 寻求安宁 [xúnqiú ānníng] ▸ **chercher du travail** 找工作 [zhǎo gōngzuò] ▸ **chercher du secours** 求援 [qiú yuán] ❸ ▸ **chercher la solution d'un problème** 寻求解决问题的办法 [xúnqiú jiějué wèntí de bànfǎ] ▸ **chercher un moyen de s'en sortir** 找一个脱身的办法 [zhǎo yí ge tuōshēn de bànfǎ] ❹ (aller prendre) 找 [zhǎo] ▸ **aller chercher qqn** 去找某人 [qù zhǎo mǒurén] ▸ **aller chercher qqch** 去拿某物 [qù ná mǒuwù]. ♦ vi ▸ **chercher à** *(+ infinitif)* (s'efforcer de) 力图 [lìtú] ▸ **elle cherche à se faire connaître** 她力图扩大自己的知名度 [tā lìtú kuòdà zìjǐ de zhīmíngdù].

chercheur, euse nm, f (scientifique) ○ (cl. 个 [gè] ou 名 [míng]) 研究员 [yánjiūyuán].

chéri, e ♦ adj (aimé) 心爱的 [xīn'ài de] ▸ **ma fille chérie** 我心爱的女儿 [wǒ xīn'ài de nǚ'ér]. ♦ nm, f (terme d'affection) 亲爱的 [qīn'ài de] ▸ **ma chérie** 我亲爱的 [wǒ qīn'ài de] ▸ **mon chéri** 我亲爱的 [wǒ qīn'ài de].

chérir vt (aimer tendrement) 珍爱 [zhēn'ài] ▸ **chérir ses enfants** 疼爱她的孩子们 [téng'ài tāde háizimen].

chétif, ive adj ❶ (malingre) 体弱的 [tǐruò de] ▸ **un enfant chétif** 一个体弱的孩子 [yí ge tǐruò de háizi] ❷ (insuffisant) 清贫的 [qīngpín de] ▸ **des revenus chétifs** 清贫的收入 [qīngpín de shōurù].

cheval, aux nm ❶ (animal) ○ (cl. 匹 [pǐ]) 马 [mǎ] ❷ (équitation) ▸ **faire du cheval** 骑马 [qí mǎ] ▸ **monter à cheval** 上马 [shàng mǎ] ❸ AUTO 马力 [mǎlì] ▸ **cheval fiscal** 马力 [mǎlì] ❹ (viande) ○ (cl. 块 [kuài]) 马肉 [mǎròu] ▸ **manger du cheval** 吃马肉 [chī mǎròu].

chevalier nm ❶ HIST (cl. 名 [míng] ou 个 [gè] ou 位 [wèi]) 骑士 [qíshì] ▸ **être fait chevalier** 被授予骑士勋位 [bèi shòuyǔ qíshì xūnwèi] ▸ **les chevaliers de la Table ronde** 圆桌骑士 [yuán zhuō qíshì] ❷ (membre d'un ordre honorifique) 勋位获得者 [xūnwèi huòdézhě] ▸ **chevalier de la Légion d'honneur** 荣誉勋章获得者 [róngyù xūnzhāng huòdézhě].

chevaucher vt (être à cheval) 骑 [qí] ▸ **chevaucher un cheval** 骑一匹马 [qí yì pǐ mǎ].

chevelure nf (cheveux) 头发 [tóufa] ▸ **elle a une belle chevelure blonde** 她有一头漂亮的金发 [tā yǒu yì tóu piàoliang de jīnfà].

chevet nm (tête de lit) 床头 [chuángtóu] ▸ **être au chevet de qqn** 在某人床头 [zài mǒurén chuángtóu].

■ **de chevet** loc adv 床头的 [chuángtóu de] ▸ **c'est mon livre de chevet** 这是我放在床头的书 [zhè shì wǒ fàng zài chuángtóu de shū] ▸ **une table de chevet** 一个床头柜 [yí ge chuángtóuguì].

cheveu, x nm (cl. 根 [gēn]) 头发 [tóufa] ▸ **c'est une belle fille aux cheveux longs** 这是个漂亮的长发女孩 [zhè shì ge piàoliang de cháng fà nǚhái] ▸ **avoir des cheveux blancs** 有白头发 [yǒu bái tóufa]

◊ **avoir un cheveu sur la langue** 发不出卷舌音 [fā bùchū juǎnshéyīn].

■ **cheveux** nmpl 头发 [tóufa] ▸ **avoir les cheveux courts** 留着短头发 [liúzhe duǎn tóufa] ▸ **se brosser les cheveux** 梳头 [shūtóu]

◊ **couper les cheveux en quatre** 钻牛角尖 [zuān niújiǎojiān] ▸ **faire dresser les cheveux sur la tête à qqn** 使某人毛骨悚然 [shǐ mǒurén máogǔ sǒngrán] ▸ **tiré par les cheveux** 牵强附会 [qiānqiǎng fùhuì] ▸ **la fin du film est tirée par les cheveux** 这个电影的结尾牵强附会 [zhè ge diànyǐng de jiéwěi qiānqiǎng fùhuì] ▸ **c'est à s'arracher les cheveux !** 这真快把人逼疯了！ [zhè zhēn kuài bǎ rén bīfēng le!].

cheville nf ANAT 踝 [huái] ▸ **se fouler la cheville** 扭伤踝关节 [niǔshāng huáiguānjié]

◊ **ne pas arriver à la cheville de qqn** 远不及某人 [yuǎn bù jí mǒurén].

chèvre ♦ nf (cl. 只 [zhī]) 山羊 [shānyáng] ▸ **un troupeau de chèvres** 一群山羊 [yì qún shānyáng]. ♦ nm (fromage) ○ (cl. 块 [kuài]) 山羊奶酪 [shānyáng nǎilào].

chèvrefeuille nm (cl. 棵 [kē] ou 株 [zhū]) 忍冬 [rěndōng].

chez prép ❶ (dans la demeure de) 在……家里 [zài… jiā lǐ] ▸ **je serai chez moi toute la journée** 我一整天都会呆在家里 [wǒ yì zhěngtiān dōu huì dāi zài jiā lǐ] ▸ **fais comme chez toi** 就像在自己家一样 [jiù xiàng zài zìjǐ jiā yíyàng] ▸ **on va chez moi ou chez toi ?** 我们是去我家还是你家？ [wǒmen shì qù wǒjiā háishì nǐjiā?] ❷ (dans l'entreprise) 在（某工作场所） [zài (mǒu gōngzuò chángsuǒ)] ▸ **travailler chez Air France** 在法航工作 [zài Fǎháng gōngzuò] ▸ **aller chez le coiffeur** 去理发店 [qù lǐfà diàn].

chic ♦ adj inv 雅致的 [yǎzhì de] ▸ **dîner chic** 高雅的晚餐 [gāoyǎ de wǎncān]. ♦ nm (allure élégante) 优雅的 [yōuyǎ de] ▸ **cet acteur s'habille avec chic** 这个演员穿得很优雅 [zhè ge yǎnyuán chuān de hěn yōuyǎ].

chicorée nf ❶ (salade) 菊苣 [jújù] ❷ (boisson) 菊苣根粉冲制的饮料 [(jújù gēn fěn chōng zhì de yǐnliào)].

chien, chienne nmf (cl. 只 [zhī] ou 条 [tiáo]) 狗 [gǒu] ▸ **chien d'aveugle** 导盲犬 [dǎománg quǎn] ▸ **chien de berger** 牧羊犬 [mùyáng quǎn] ▸ **chien de chasse** 猎犬 [liè quǎn] ▸ **chien de garde** 看门狗 [kānmén gǒu] ◊ **avoir un mal de chien à faire qqch** 做某事遇到许多麻烦 [zuò mǒushì yùdào xǔduō máfan] ▸ **traiter qqn comme un chien** 粗暴地对待某人 [cūbào de duìdài mǒurén].

▪ **de chien** loc adv 很差地 [hěnchà de] ▸ **un temps de chien** 一个鬼天气 [yí ge guǐ tiānqì] ▸ **un caractère de chien** 一个狗脾气 [yí ge gǒu píqi] ▸ **une vie de chien** 一段苦日子 [yí duàn kǔ rìzi].

chiffon nm (cl. 片 [piàn] ou 块 [kuài]) 破布 [pòbù] ▸ **chiffon à poussière** 抹布 [mābù].

chiffonné, e adj (froissé) 皱的 [zhòu de] ▸ **robe chiffonnée** 皱的连衣裙 [zhòu de liányīqún] ▸ **la nappe est toute chiffonnée** 桌布皱巴巴的 [zhuōbù zhòubāba de].

chiffre nm ❶ (caractère) 数字 [shùzì] ▸ **chiffre arabe** 阿拉伯数字 [ālābó shùzì] ▸ **chiffre romain** 罗马数字 [luómǎ shùzì] ▸ **à trois chiffres** 三位数 [sān wèi shù] ❷ (montant) 数目 [shùmù] ▸ **les chiffres du chômage augmentent** 失业人数增长 [shīyè rénshù zēngzhǎng].

▪ **chiffre d'affaires** nm 营业额 [yíngyè'é].

chiffrer ♦ vt (évaluer) 估计 [gūjì] ▸ **chiffrer des travaux** 估算工程 [gūsuàn gōngchéng]. ♦ vi (atteindre un montant important) 达到可观数字 [dádào kěguān shùzì] ▸ **ces réparations commencent à chiffrer** 这些修理费开始变得可观了 [zhèxiē xiūlǐfèi kāishǐ biàn de kěguān le].

chignon nm 发髻 [fàjì] ▸ **se faire un chignon** 盘一个发髻 [pán yí ge fàjì].

chiisme nm RELIG 什叶派 [Shíyèpài].

chimie nf 化学 [huàxué] ▸ **étudier la chimie** 学化学 [xué huàxué].

chimiothérapie nf MÉD 化学疗法 [huàxué liáofǎ] ▸ **faire de la/suivre une chimiothérapie** 做/接受化疗 [zuò/jiēshòu huàliáo].

chimique adj 化学的 [huàxué de] ▸ **produit chimique** 化学产品 [huàxué chánpǐn] ▸ **industrie chimique** 化工业 [huà gōngyè] ▸ **arme chimique** 化学武器 [huàxué wǔqì].

chimpanzé nm (cl. 只 [zhī]) 黑猩猩 [hēi-xīngxing].

Chine nf ▸ **la Chine** 中国 [Zhōngguó] ▸ **travailler/vivre en Chine** 在中国工作/生活 [zài Zhōngguó gōngzuò/shēnghuó].

▪ **République populaire de Chine** nf 中华人民共和国 [Zhōnghuá rénmín gònghéguó].

chinois, e adj 中国的 [zhōngguó de] ▸ **la culture chinoise** 中国文化 [zhōngguó wénhuà] ▸ **le Parti communiste chinois** 中国共产党 [zhōngguó Gòngchándǎng] ▸ **les caractères chinois** 汉字 [hànzì] ▸ **la cuisine chinoise est très réputée** 中国菜很有名 [zhōngguócài hěn yǒumíng].

▪ **chinois** nm (langue) 汉语 [hànyǔ]; 中文 [zhōngwén] ▸ **apprendre le chinois** 学汉语 [xué hànyǔ] ▸ **répéter les tons du chinois** 重复汉语的声调 [chóngfù hànyǔ de shēngdiào] ▸ **écrire le chinois** 写汉字 [xiě hànzì].

▪ **Chinois, e** nm, f 中国人 [Zhōngguórén] ▸ **les Chinois ont beaucoup de fêtes traditionnelles** 中国人有很多的传统节日 [Zhōngguórén yǒu hěnduō de chuántǒng jiérì].

chiot nm (cl. 只 [zhī] ou 条 [tiáo]) 小狗 [xiǎogǒu].

chipie nf 泼妇 [pōfù].

chips nfpl (cl. 片 [piàn]) 炸薯片 [zhá shǔpiàn] ▸ **un paquet de chips** 一袋炸薯片 [yí dài zhá shǔpiàn] ▸ **manger des chips** 吃炸薯片 [chī zhá shǔpiàn].

chirurgical, e, aux adj MÉD 外科的 [wàikē de] ▸ **intervention chirurgicale** 外科手术 [wàikē shǒushù] ▸ **matériel chirurgical** 外科器械 [wàikē qìxiè].

chirurgie nf 外科 [wàikē] ▸ **chirurgie dentaire** 牙医外科 [yáyī wàikē] ▸ **chirurgie esthétique** 矫形外科 [jiǎoxíng wàikē].

chirurgien, enne nmf (cl. 位 [wèi] ou 个 [gè] ou 名 [míng]) 外科医生 [wàikē yīshēng].

chlorophylle nf 叶绿素 [yèlǜsù] ▸ **à la chlorophylle** 含叶绿素的 [hán yèlǜsù de].

choc nm ❶ (heurt, coup) 碰撞 [pèngzhuàng] ▸ **le choc entre les deux voitures a été violent** 这两辆车猛烈地撞到了一起 [zhè liǎng liàng chē měngliè de zhuàngdào le yìqǐ] ▸ **un choc à la tête** 头部受到的一击 [tóubù shòudào de yì jī] ❷ (conflit) 冲突 [chōngtū] ▸ **le choc des opinions** 意见的冲突 [yìjiàn de chōngtū] ❸ (crise) 危机 [wēijī] ▸ **le choc pétrolier** 石油危机 [shíyóu wēijī]

◊ **faire un choc à qqn** 让某人吃惊 [ràng mǒurén chījīng] ▸ **être sous le choc** 受到打击 [shòudào dǎjī] ▸ **ne pas tenir le choc** 承受不住打击 [chéngshòu búzhù dǎjī] ▸ **en état de choc** 处于受惊吓状态 [chǔyú shòu jīngxià zhuàngtài].

▪ **de choc** loc adv 休克的 [xiūkè de] ▸ **un traitement de choc** 一种休克疗法 [yì zhǒng xiūkè liáofǎ] ▸ **une mesure de choc** 一项突然性措施 [yí xiàng tūrán xìng cuòshī].

chocolat nm ❶ (en tablette) ○ (cl. 块 [kuài]) 巧克力 [qiǎokèlì] ▸ **un carré de chocolat** 一块巧克力 [yí kuài qiǎokèlì] ▸ **tablette de chocolat** 整块巧克力 [zhěng kuài qiǎokèlì] ▸ **chocolat blanc** 白巧克力 [bái qiǎokèlì] ▸ **chocolat au lait** 牛奶巧克力 [niúnǎi qiǎokèlì] ▸ **chocolat noir** 黑巧克力 [hēi qiǎokèlì] ❷ (boisson) ▸ **chocolat (chaud)** (热)巧克力饮料 [(rè) qiǎokèlì yǐnliào] ❸ (bonbon) ○ (cl. 块 [kuài] ou 颗 [kē]) 巧克力糖 [qiǎokèlì táng] ▸ **une boîte de chocolats** 一盒巧克力糖 [yì hé qiǎokèlì táng].

▪ **au chocolat** loc adv 巧克力口味的 [qiǎokèlì kǒuwèi de] ▸ **gâteau au chocolat** 巧克力蛋糕 [qiǎokèlì dàngāo] ▸ **glace au chocolat** 巧克力冰淇淋 [qiǎokèlì bīngqílín].

chœur nm ❶ (groupe de chanteurs) 合唱队 [héchàngduì] ❷ (d'une église) 祭台区 [jìtái qū] ❸ (groupe de personnes) 一群人 [yì qún rén] ▸ **en chœur** 齐声地 [qíshēng de] ▸ **chanter en chœur** 齐声唱 [qíshēng chàng].

choisir ♦ vt 挑选 [tiāoxuǎn] ▸ **choisir un cadeau** 挑一件礼物 [tiāo yí jiàn lǐwù] ▸ **choisir une carrière** 选定一个职业 [xuǎndìng yí ge zhíyè] ▸ **on ne choisit pas sa famille** 我们无法选择自己的家庭 [wǒmen wúfǎ xuǎnzé zìjǐ de jiātíng]. ♦ vi ❶ (se prononcer pour) 选择 [xuǎnzé] ▸ **il est parfois difficile de choisir** 有时候很难选择 [yǒu shíhou hěnnán xuǎnzé] ❷ (décider de) ▸ **choisir de...** 决定…… [juédìng…] ▸ **elle a choisi de vivre à la campagne** 她决定到乡下生活 [tā juédìng dào xiāngxià shēnghuó].

choix nm ❶ (décision) 选择 [xuǎnzé] ▸ **effectuer des choix** 进行选择 [jìnxíng xuǎnzé] ▸ **faire le bon/mauvais choix** 做好/坏的选择 [zuò hǎo/huài de xuǎnzé] ❷ (liberté de choisir) 任选 [rènxuǎn] ▸ **avoir le choix** 有选择 [yǒu xuǎnzé] ▸ **laisser le choix à qqn** 让某人选择 [ràng mǒurén xuǎnzé] ▸ **c'est mon choix** 这是我的选择 [zhè shì wǒde xuǎnzé] ❸ (sélection) 挑选 [tiāoxuǎn] ▸ **un grand choix d'articles** 大量供挑选的商品 [dàliàng gōng tiāoxuǎn de shāngpǐn].

choléra nm 霍乱 [huòluàn].

cholestérol nm 胆固醇 [dǎngùchún] ▸ **avoir du cholestérol** 胆固醇高 [dǎngùchún gāo].

chômage nm ❶ (absence d'emploi) 失业 [shīyè] ▸ **le chômage a augmenté** 失业人数增加了 [shīyè rénshù zēngjiā le] ▸ **mettre qqn au chômage** 让某人失业 [ràng mǒurén shīyè] ▸ **chômage technique** 技术性失业 [jìshùxìng shīyè] ❷ (allocation) 失业金 [shīyèjīn] ▸ **toucher le chômage** 领取失业金 [lǐngqǔ shīyèjīn] ▸ **elle touche le chômage depuis six**

mois 她已经领了半年失业金了 [tā yǐjīng lǐng le bànnián shīyèjīn le].

chômeur, euse nm, f 失业者 [shīyèzhě].

Chongqing npr (ville) 重庆 [Chóngqìng].

choper vt *fam* ❶ (arrêter) 逮住 [dǎizhù] ▸ **se faire choper** 被逮住 [bèi dǎizhù] ▸ **ils ont chopé le voleur** 他们抓住了小偷 [tāmen zhuāzhù le xiǎotōu] ❷ (attraper une maladie) 得病 [débìng] ▸ **j'ai chopé un rhume** 我得了感冒 [wǒ dé le gǎnmào].

choquant, e adj 令人反感的 [lìngrén fángǎn de] ▸ **attitude choquante** 令人反感的态度 [lìngrén fángǎn de tàidù] ▸ **propos choquants** 刺耳的话 [cì'ěr de huà] ▸ **image choquante** 不堪入目的画面 [bùkān rùmù de huàmiàn] ▸ **je ne trouve pas ça choquant** 我不觉得这难以接受 [wǒ bù jué de zhè nányǐ jiēshòu].

choquer vt ❶ (scandaliser) 使……反感 [shǐ… fángǎn] ▸ **son attitude m'a choqué** 他的态度让我反感 [tāde tàidu ràng wǒ fángǎn] ❷ (traumatiser) 打击 [dǎjī] ▸ **la mort de sa mère l'a choqué** 他母亲的去世打击了他 [tā mǔqin de qùshì dǎjī le tā].

chorale nf 合唱团 [héchàngtuán] ▸ **chanter dans une chorale** 在一个合唱团唱歌 [zài yí ge héchàngtuán chànggē].

chorégraphie nf 编舞 [biānwǔ].

chose nf ❶ (objet) 东西 [dōngxi] ▸ **il y a trop de choses ici** 这里东西太多了 [zhèlǐ dōngxi tài duō le] ▸ **tu veux autre chose ?** 你想要别的东西吗？ [nǐ xiǎngyào bié de dōngxi ma?] ❷ (événement, éventualité) ○ (cl. 件 [jiàn]) 事情 [shìqing] ▸ **c'est la plus belle chose qui me soit arrivée** 这是我遇到过的最美好的事情 [zhè shì wǒ yùdào guò de zuì měihǎo de shìqing] ▸ **la chose que je redoute le plus, c'est l'ennui** 我最怕的事就是无聊 [wǒ zuì pà de shì jiùshì wúliáo].

■ **choses** nfpl (cl. 件 [jiàn]) 事情 [shìqing]
◊ **faire bien les choses** 事情办得体面 [shìqing bàn de tǐmiàn] ▸ **faire les choses à moitié** 半途而废 [bàntú ér fèi] ▸ **c'est la moindre des choses** 这是最起码的事 [zhè shì zuì qǐmǎ de shì] ▸ **regarder les choses en face** 正视现实 [zhèngshì xiànshí] ▸ **parler de choses et d'autres** 闲聊天 [xián liáotiān].

■ **quelque chose** pron indéf ❶ (événement) 事 [shì] ▸ **j'ai quelque chose à faire** 我有事要做 [wǒ yǒu shì yào zuò] ❷ (objet) 东西 [dōngxi] ▸ **j'ai oublié quelque chose dans le train** 我把东西落在火车上了 [wǒ bǎ dōngxi là zài huǒchē shàng le].

chou, x nm ❶ (légume) ○ (cl. 棵 [kē]) 卷心菜 [juǎnxīncài] ▸ **chou blanc/rouge** 白色卷心菜/花椰菜 [báisè juǎnxīncài/huāyēcài] ▸ **chou vert** 白菜 [báicài] ▸ **chou de Bruxelles** (cl. 棵 [kē]) 孢子甘蓝 [bāozǐ gānlán] ▸ **chou brocoli** 西兰花 [xīlánhuā] ❷ (pâtisserie) ▸ **choux (à la crème)** 泡夫(奶油) [pàofū (nǎiyóu)].

chouette ♦ nf (oiseau) ○ (cl. 只 [zhī]) 猫头鹰 [māotóuyīng]. ♦ interj 真棒 [zhēnbàng].

chou-fleur nm (cl. 棵 [kē]) 花菜 [huācài].

chrétien, enne ♦ adj 基督教的 [Jīdūjiào de]. ♦ nm, f 基督徒 [Jīdūtú].

Christ nm RELIG (Jésus) 基督 [Jīdū].

christianisme nm 基督教 [Jīdūjiào].

chrome nm CHIM 铬 [gè].

chromosome nm BIOL (cl. 条 [tiáo]) 染色体 [rǎnsètǐ] ▸ **chromosome X** X染色体 [X rǎnsètǐ].

chronique ♦ adj ❶ MÉD 慢性的 [mànxìng de] ▸ **une bronchite chronique** 慢性支气管炎 [mànxìng zhīqìguǎn yán] ❷ (qui persiste) 长期的 [chángqī de] ▸ **chômage chronique** 长期失业 [chángqī shīyè] ▸ **crise chronique** 持久的危机 [chíjiǔ de wēijī]. ♦ nf PRESSE 专栏 [zhuānlán] ▸ **chronique sportive** 体育专栏 [tǐyù zhuānlán] ▸ **chronique littéraire** 文学专栏 [wénxué zhuānlán].

chronologie nf (succession d'événements) 时间顺序 [shíjiān shùnxù] ▸ **la chronologie des événements** 事件发生的时间顺序 [shìjiàn fāshēng de shíjiān shùnxù].

chronologique adj 按年代的 [ànniándài de] ▸ **dans l'ordre chronologique** 按年代顺序 [ànniándài shùnxù] ▸ **tableau chronologique** 年代表 [niándài biǎo].

chronomètre nm 秒表 [miáobiǎo].

chrysanthème nm (cl. 朵 [duǒ]) 菊花 [júhuā] ▸ **déposer des chrysanthèmes sur une tombe** 在一个墓碑前放一些菊花 [zài yí ge mùbēi qián fàng yìxiē júhuā].

chuchoter ♦ vt 小声说话 [xiǎoshēng shuōhuà] ▸ **les élèves chuchotaient pendant les cours** 学生们在课堂上小声说话[xuéshēngmen zài kètáng shàng xiǎoshēng shuōhuà]. ♦ vi 低声说 [dīshēng shuō] ▸ **chuchoter qqch à l'oreille de qqn** 在某人耳边低声说某事 [zài mǒurén ěrbiān dīshēng shuō mǒushì].

chut interj 嘘 [xū] ▸ **chut ! il dort !** 嘘！他在睡觉！ [xū! tā zài shuìjiào!].

chute nf ❶ (action de tomber) 落 [luò] ▸ **chute de cheveux** 头发的脱落 [tóufa de tuōluò] ▸ **chute des feuilles** 树叶的飘落 [shùyè de piāoluò] ▸ **chute de neige** 下雪 [xiàxuě] ▸ **faire une chute** 摔一跤 [shuāi yì jiāo] ❷ (cascade) ○ (cl. 处 [chù]) 瀑布 [pùbù] ▸ **les chutes du Niagara** 尼亚加拉瀑布 [Níyàjiālā pùbù] ▸ **chute d'eau** (cl. 处 [chù]) 瀑布 [pùbù] ❸ (ruine) 衰落 [shuāiluò] ▸ **la chute d'un empire** 一个王国的衰落 [yí ge wángguó de shuāiluò] ❹ ÉCON (effondrement) 贬值 [biǎnzhí] ▸ **la chute (des cours) de la Bourse** 股票下跌 [gǔpiào xiàdiē] ❺ (brusque diminution) 下降 [xiàjiàng] ▸ **chute de température** 降温 [jiàngwēn].

-ci adv *(après un nom)* 这 [zhè] ▸ **cet homme-ci** 这个男子 [zhè ge nánzǐ] ▸ **ces jours-ci** 这些天 [zhèxiē tiān] ▸ **cette fois-ci** 这次 [zhè cì] ▸ **tu veux ce livre-ci ou ce livre-là ?** 你想要这本书还是那本书？ [nǐ xiǎng yào zhè běn shū háishi nà běn shū?].

ci-après loc adv 此后 [cǐhòu] ▸ **voir le paragraphe ci-après** 见下一段 [jiàn xià yí duàn].

cible nf ❶ (de tir) 靶子 [bǎzi] ▸ **viser la cible** 瞄准靶子 [miáozhǔn bǎzi] ❷ *fig* (personne) 对象 [duìxiàng] ▸ **être la cible des plaisanteries de qqn** 是某人取笑的对象 [shì mǒurén qǔxiào de duìxiàng] ❸ COMM (groupe visé) 受众 [shòuzhòng] ▸ **la cible d'une campagne publicitaire** 广告宣传的受众 [guǎnggào xuānchuán de shòuzhòng].

ciboulette nf (plante) ○ (cl. 根 [gēn]) 细香葱 [xìxiāngcōng].

cicatrice nf (marque) 疤痕 [bāhén] ▸ **avoir des cicatrices** 有一些疤痕 [yǒu yìxiē bāhén].

cicatriser ♦ vt (faire guérir) 使……愈合 [shǐ… yùhé]. ♦ vi (guérir) 愈合 [yùhé] ▸ **la plaie cicatrise** 伤口愈合 [shāngkǒu yùhé].

▪ **se cicatriser** vp 结瘢 [jiébān].

ci-contre loc adv (tout à côté) 旁边 [pángbiān] ▸ **voir photo ci-contre** 见旁边的照片 [jiàn pángbiān de zhàopiàn].

ci-dessous loc adv 下面 [xiàmian] ▸ **écrire à l'adresse mentionnée ci-dessous** 给下面提到的地址写信 [gěi xiàmian tídào de dìzhǐ xiěxìn].

ci-dessus loc adv 上面 [shàngmian] ▸ **se rapporter aux faits énoncés ci-dessus** 和上述事实有关 [hé shàngshù shìshí yǒuguān].

cidre nm (cl. 瓶 [píng] ou 杯 [bēi]) 苹果酒 [píngguójiǔ] ▸ **cidre brut** 天然苹果酒 [tiānrán píngguójiǔ] ▸ **cidre doux** 甜苹果酒 [tián píngguójiǔ].

Cie (abr écrite de **compagnie**) 公司 [gōngsī] ▸ **la société Dupond & Cie** 杜邦公司 [Dùbāng gōngsī].

ciel nm 天空 [tiānkōng] ▸ **dans le ciel** 在天空 [zài tiānkōng] ▸ **un ciel clair** 一片明朗的天空 [yí piàn mínglǎng de tiānkōng] ▸ **un ciel nuageux** 多云的天气 [duōyún de tiānqì] ◊ **remuer ciel et terre** 四处奔走 [sìchù bēnzǒu] ▸ **tomber du ciel** 从天而降 [cóng tiān ér jiàng].

cierge nm RELIG (cl. 根 [gēn]) 大蜡烛 [dàlàzhú].

cigale nf (cl. 只 [zhī]) 蝉 [chán] ▸ **le chant des cigales** 蝉鸣声 [chán míngshēng].

cigare nm (cl. 支 [zhī]) 雪茄 [xuějiā] ▸ **fumer le cigare** 抽雪茄 [chōu xuějiā].

cigarette nf (cl. 支 [zhī]) 烟 [yān] ▸ **fumer une cigarette** 抽一支香烟 [chōu yì zhī xiāngyān] ▸ **rouler une cigarette** 卷一支烟 [juǎn yì zhī yān].

cigogne nf (cl. 支 [zhī]) 鹳 [hè].

ci-inclus, e adj 内附的 [nèifù de] ▸ **vous trouverez la lettre ci-incluse** 请查收附件中的信件 [qǐng cháshōu fùjiàn zhōng de xìnjiàn].

ci-joint, e adj 内附的 [nèifù de] ▸ **la documentation ci-jointe vous sera utile** 附件中的资料会对您有所帮助 [fùjiàn zhōng de zīliào huì duì nín yóusuǒ bāngzhù].

cil nm (cl. 根 [gēn]) 睫毛 [jiémáo] ▸ **avoir de longs cils** 长着长长的睫毛 [zhǎngzhe chángcháng de jiémáo].

cime nf (d'un arbre, d'une montagne) 顶 [dǐng] ▸ **il est monté à la cime de l'arbre** 他爬到树顶上去了 [tā pá dào shùdǐng shàng qù le].

ciment nm (matériau) 水泥 [shuǐní] ▸ **en ciment** 水泥磨的 [shuǐní mó de].

cimetière nm (cl. 片 [piàn]) 墓地 [mùdì] ▸ **aller au cimetière** 去墓地 [qù mùdì].

ciné nm *fam* 影院 [yǐngyuàn] ▸ **aller au ciné** 去看电影 [qù kàn diànyǐng] ▸ **acheter une place de ciné** 买一张电影票 [mǎi yì zhāng diànyǐng piào].

cinéma nm ❶ (art) 电影 [diànyǐng] ▸ **faire du cinéma** 拍电影 [pāi diànyǐng] ❷ (industrie) 电影业 [diànyǐngyè] ❸ (salle) ◦ (cl. 家 [jiā] ou 个 [gè]) 电影院 [diànyǐngyuàn] ▸ **cinéma en plein air** 露天电影场 [lùtiān diànyǐng chǎng] ▸ **aller au cinéma** 去看电影 [qù kàn diànyǐng]

◊ **faire du cinéma** ou **faire tout un cinéma** *fam* 演戏 [yǎnxì].

cinéphile nmf 电影迷 [diànyǐng mí].

cinglé, e *fam* ♦ adj (fou) 疯的 [fēng de]. ♦ nmf (fou) 疯子 [fēngzi].

cinq ♦ adj num inv 五个 [wǔ ge]. ♦ nm inv 五 [wǔ].

cinquantaine nf ❶ (nombre) 五十左右 [wǔshí zuǒyòu] ▸ **une cinquantaine de personnes** 五十个人左右 [wǔshí ge rén zuǒyòu] ❷ (âge) 五十岁 [wǔshí suì] ▸ **approcher de la cinquantaine** 快五十岁了 [kuài wǔshí suì le].

cinquante ♦ adj num inv 五十个 [wǔshí ge]. ♦ nm inv 五十 [wǔshí].

cinquantième ♦ adj num 第五十 [dìwǔshí]. ♦ nmf 第五十个 [dìwǔshí ge].

cinquième ♦ adj num 第五 [dìwǔ]. ♦ nmf 第五个 [dìwǔ ge]. ♦ nf ❶ SCOL 初中二年级 [chūzhōng èrniánjí] ▸ **elle est en cinquième** 她上初二了 [tā shàng chū'èr le] ❷ AUTO 五挡速度 [wǔ dǎng sùdù] ▸ **passer la cinquième** 挂五挡 [guà wǔ dǎng].

cintre nm 衣架 [yījià] ▸ **je range toujours mes chemises sur des cintres** 我总是把我的衬衫挂在衣架上 [wǒ zǒngshì bǎ wǒde chènshān guàzài yījià shàng].

cirage nm (produit) ◦ (cl. 管 [guǎn]) 鞋油 [xiéyóu].

circoncis, e adj 受过割礼的 [shòuguò gēlǐ de].

circoncision nf 割礼 [gēlǐ].

circonflexe ➤ **accent**

circonscription nf ADMIN (division d'un territoire) 区域 [qūyù] ▸ **circonscription électorale** 选区 [xuǎnqū].

circonspect, e adj 谨慎的 [jǐnshèn de] ▸ **rester circonspect** 保持谨慎 [bǎochí jǐnshèn].

circonstance nf ❶ (occasion) ◦ (cl. 种 [zhǒng] ou 个 [gè]) 场合 [chǎnghé] ▸ **pour la circonstance** 在这种场合 [zài zhè zhǒng chǎnghé] ❷ (conjoncture) 形势 [xíngshì] ▸ **étant donné les circonstances** 考虑到形势 [kǎolǜdào xíngshì] ❸ (contexte) 背景 [bèijǐng] ▸ **les circonstances d'un accident** 一场事故发生的背景 [yì chǎng shìgù fāshēng de bèijǐng] ▸ **tenir compte des circonstances** 考虑到实际情况 [kǎolǜdào shíjì qíngkuàng] ❹ DR ▸ **circonstances atténuantes** 可减轻罪行的情节 [kě jiǎnqīng zuìxíng de qíngjié].

circuit nm ❶ (parcours touristique) ◦ (cl. 条 [tiáo]) 路线 [lùxiàn] ▸ **un circuit touristique** 一条旅游路线 [yì tiáo lǚyóu lùxiàn] ❷ (parcours sportif) ◦ (cl. 条 [tiáo]) 赛道 [sàidào] ▸ **le circuit du Tour de France** 环法自行车赛的路线 [Huánfǎ zìxíngchē sài de lùxiàn] ▸ **un circuit automobile** 一条赛车道 [yì tiáo sàichē dào] ❸ ÉLECTR (cl. 条 [tiáo]) 电路 [diànlù].

circulaire ♦ adj ❶ (en forme de cercle) 圆形的 [yuánxíng de] ▸ **piste circulaire** 圆形跑道 [yuánxíng pǎodào] ❷ (qui décrit un cercle) 圆周的 [yuánzhōu de] ▸ **un mouvement circulaire** 一次圆周运动 [yí cì yuánzhōu yùndòng]. ♦ nf (lettre) ◦ (cl. 则 [zé]) 通报 [tōngbào] ▸ **circulaire gouvernementale** 政府通报 [zhèngfǔ tōngbào].

circulation nf ❶ (mouvement d'un fluide) 流动 [liúdòng] ▸ **circulation du sang** 血液循环 [xuèyè xúnhuán] ▸ **avoir une bonne circulation** 交通顺畅 [jiāotōng shùnchàng] ▸ **avoir une mauvaise circulation** 交通阻塞 [jiāotōng zǔsè] ▸ **circulation d'air** 空气流动 [kōngqì liúdòng] ❷ (déplacement) 流通 [liútōng] ▸ **circulation d'argent** 货币流通 [huòbì liútōng] ▸ **circulation de capitaux** 资金的周转 [zījīn de zhōuzhuǎn] ▸ **la circulation de l'information** 信息传播 [xìnxī chuánbō] ▸ **mettre qqch en circulation** 发行某物 [fāxíng mǒuwù] ▸ **retirer qqch de la circulation** 使某物不再流通 [shǐ mǒuwù búzài liútōng] ❸ (trafic) 交通 [jiāotōng] ▸ **circulation aérienne** 空中交通 [kōngzhōng jiāotōng] ▸ **circulation ferroviaire** 铁路交通 [tiělù jiāotōng] ▸ **circulation routière** 道路交通 [dàolù jiāotōng] ▸ **une circulation dense** 大流量交通 [dà liúliàng jiāotōng] ▸ **une circulation fluide** 顺畅的交通 [shùnchàng de jiāotōng]
◊ **disparaître de la circulation** 消失不见 [xiāoshī bújiàn].

circuler vi ❶ (sang, air) 流动 [liúdòng] ▸ **le sang circule dans le corps** 血液在身体里流动 [xuèyè zài shēntǐ lǐ liúdòng] ❷ (argent) 流通 [liútōng] ▸ **des faux billets circulent** 假币流通 [jiǎ bì liútōng] ❸ (aller et venir) 通行 [tōngxíng] ▸ **le bus 21 ne circule pas le dimanche** 21路公交车周日不通车 [21 lù gōngjiāochē zhōurì bù tōngchē] ❹ (se propager) 传播 [chuánbō] ▸ **la rumeur circule en ville** 谣言在市里传开了 [yáoyán zài shì lǐ chuánkāi le] ▸ **la pétition circule sur Internet** 请愿书在互联网上传播 [qǐngyuànshū zài Hùliánwǎng shàng chuánbō].

cire nf ❶ (matière) 蜡 [là] ▸ **cire d'abeilles** 蜂蜡 [fēnglà] ❷ (encaustique) 地板蜡 [dìbǎn là] ❸ (de l'oreille) 耳垢 [ěrgòu] ▸ **un bouchon de cire** 耳垢 [ěrgòu].

cirer vt (meuble, parquet, chaussures) 打蜡 [dǎlà] ▸ **cirer les meubles** 给家具打蜡 [gěi jiājù dǎlà]
◊ **n'en avoir rien à cirer** *fam* 一点都不在乎 [yìdiǎn dōu bú zàihu].

cirque nm ❶ HIST (arène) 竞技场 [jìngjìchǎng] ❷ (chapiteau, spectacle) 马戏团 [mǎxìtuán] ▸ **aller au cirque** 去看马戏 [qù kàn mǎxì]
◊ **arrête ton cirque!** *fam* 别耍把戏了！[bié shuǎ bǎxì le!].

ciseau ▪ **ciseaux** nmpl ❶ (instrument) ○ (cl. 把 [bǎ]) 剪刀 [jiǎndāo] ▸ **ciseaux à ongles** 指甲刀 [zhǐjiadāo] ▸ **une paire de ciseaux** 一把剪刀 [yì bǎ jiǎndāo] ❷ SPORT 剪式 [jiǎnshì] ▸ **sauter en ciseaux** 剪式跳高 [jiǎnshì tiàogāo].

Cisjordanie nf ▸ **la Cisjordanie** 西约旦尼 [Xīyuēdànní].

citadin, e nmf 城市人 [chéngshì rén].

citation nf ❶ (extrait) ○ (cl. 段 [duàn] ou 篇 [piān] ou 句 [jù]) 引文 [yǐnwén] ▸ **sa dissertation était pleine de citations** 他的论文满是引文 [tāde lùnwén mǎnshì yǐnwén] ❷ DR 传唤 [chuánhuàn] ▸ **citation à comparaître** 传票 [chuánpiào].

cité nf ❶ (ville) ○ (cl. 座 [zuò] ou 个 [gè]) 城市 [chéngshì] ❷ (lotissement) ▸ **cité universitaire** 大学城 [dàxué chéng] ❸ (habitation à loyer modéré) ○ (cl. 个 [gè] ou 片 [piàn]) 低租金住房区 [dī zūjīn zhùfáng qū]
◊ **la Cité interdite** 故宫 [Gùgōng]; 紫禁城 [Zǐjìnchéng].

citer vt ❶ (rapporter) 引用 [yǐnyòng] ▸ **citer les propos de qqn** 引用某人的话 [yǐnyòng mǒurén de huà] ▸ **citer un auteur** 引用一个作家的话 [yǐnyòng yí ge zuòjiā de huà] ❷ DR (convoquer) 传唤 [chuánhuàn] ▸ **citer un témoin à la barre** 传唤一个证人入席 [chuánhuàn yí ge zhèngrén rùxí] ❸ (évoquer) 表扬 [biǎoyáng] ▸ **citer qqn en exemple** 表扬某人 [biǎoyáng mǒurén].

citerne nf ❶ (réservoir d'eau) 蓄水池 [xùshuǐchí] ❷ (cuve) 油罐 [yóuguàn] ▸ **une citerne à mazout** 一个燃料油罐 [yí ge ránliào yóuguàn].

citoyen, enne ♦ adj 民众的 [mínzhòng de] ▸ **une manifestation citoyenne** 一次民众游行 [yí cì mínzhòng yóuxíng]. ♦ nm, f (cl. 名 [míng] ou 个 [gè]) 公民 [gōngmín] ▸ **un citoyen français** 法国公民 [Fǎguó gōngmín] ▸ **les citoyens d'une ville** 一个城市的市民 [yí ge chéngshì de shìmín].

citron nm 柠檬 [níngméng] ▸ **citron pressé** 柠檬汁 [níngméngzhī] ▸ **citron vert** 青柠 [qīngníng] ▸ **une tarte au citron** 一块柠檬馅饼 [yí kuài níngméng xiànbǐng].

citrouille nf (légume) 南瓜 [nánguā].

civière nf 担架 [dānjià] ▸ **transporter qqn sur une civière** 用担架运送某人 [yòng dānjià yùnsòng mǒurén].

civil, e adj ❶ (relatif aux citoyens) 国民的 [guómín de] ▸ **guerre civile** 内战 [nèizhàn] ❷ (non militaire) 平民的 [píngmín de] ▸ **les autorités civiles** 民政当局 [mínzhèng dāngjú] ❸ DR 非宗教的 [fēizōngjiào de] ▸ **mariage civil** 非宗教婚礼 [fēizōngjiào hūnlǐ].

▪ **civil** nm 平民 [píngmín] ▸ **dans le civil** 老百姓中 [láobǎixìng zhōng] ▸ **en civil** 穿便服 [chuān biànfú].

civilisation nf ❶ (société évoluée) 文明社会 [wénmíng shèhuì] ❷ (culture) 文明 [wénmíng] ▸ **la civilisation chinoise** 华夏文明 [huáxià wénmíng] ▸ **la civilisation occidentale** 西方文明 [xīfāng wénmíng] ▸ **la civilisation orientale** 东方文明 [dōngfāng wénmíng] .

civilisé, e adj ❶ (évolué) 文明的 [wénmíng de] ▸ **un pays civilisé** 一个文明的国家 [yí ge wénmíng de guójiā] ▸ **les peuples civilisés** 文明的民族 [wénmíng de mínzú] ❷ (raffiné) 有教养的 [yǒujiàoyǎng de] ▸ **des gens civilisés** 有教养的人 [yǒujiàoyǎng de rén].

civique adj 公民的 [gōngmín de] ▸ **instruction civique** 公民教育 [gōngmín jiàoyù] ▸ **esprit civique** 公民意识 [gōngmín yìshi].

civisme nm (sens civique) 公民责任感 [gōngmín zérèngǎn].

Cixi npr (impératrice) 慈禧 [Cíxǐ].

cl (abr écrite de **centilitre**) 厘升 [líshēng].

clair, e adj ❶ (lumineux) 明亮的 [míngliàng de] ▸ **une pièce très claire** 一间明亮的屋子 [yì jiān míngliàng de wūzi] ❷ (pâle) 浅色的 [qiǎnsè de] ▸ **avoir les cheveux clairs** 长着浅色的头发 [zhǎngzhe qiǎnsè de tóufa] ▸ **une couleur claire** 一种浅颜色 [yì zhǒng qiǎn yánsè] ▸ **des yeux clairs** 明亮的眼睛 [míngliàng de yǎnjing] ❸ (limpide) 清澈的 [qīngchè de] ▸ **un ciel clair** 明朗的天空 [mínglǎng de tiānkōng] ▸ **de l'eau claire** 清澈的水 [qīngchè de shuǐ] ❹ (précis) 明白的 [míngbai de] ▸ **une explication claire** 一个明白的解释 [yí ge míngbai de jiěshì] ❺ (évident) 清楚的 [qīngchu de] ▸ **tout cela n'est pas clair** 这一切并不都是清楚的 [zhè yíqiè bìngbù dōu shì qīngchu de] ▸ **c'est clair et net** 这一清二楚 [zhè yìqīng èrchǔ] ▸ **il est clair que...** ……是明显的 [… shì míngxiǎn de] ▸ **c'est clair** 清楚了 [qīngchu le].

▪ **clair** adv ▸ **(y) voir clair** 看清楚 [kàn qīng chu] ▸ **il fait nuit, je ne vois pas clair** 天黑了，我看不清楚了 [tiān hēi le, wǒ kàn bù qīngchu le].

clairement adv ❶ (distinctement) 清楚地 [qīngchu de] ▸ **il distingue clairement les objets** 他能清楚地辨别物体 [tā néng qīngchu de biànbié wùtǐ] ❷ (intelligiblement) 明确地 [míngquè de] ▸ **expliquer clairement qqch** 明确地讲解某事 [míngquè de jiǎngjiě mǒushì] ❸ (manifestement) 显然地 [xiǎnrán de].

clairvoyant, e adj (perspicace) 有远见的 [yǒu yuǎnjiàn de] ▸ **une personne clairvoyante** 一个有远见的人 [yí ge yǒu yuǎnjiàn de rén] ▸ **avoir un esprit clairvoyant** 有远见 [yǒu yuǎnjiàn].

clamer vt 叫喊 [jiàohǎn] ▸ **clamer son innocence** 喊冤 [hǎn yuān].

clan nm 集团 [jítuán] ▸ **ils forment un petit clan très soudé** 他们形成了一个非常紧密的小集团 [tāmen xíngchéng le yí ge fēicháng jǐnmì de xiǎojítuán].

clandestin, e adj ❶ (illégal) 非法的 [fēifǎ de] ▸ **commerce clandestin** 非法交易 [fēifǎ jiāoyì] ▸ **passager clandestin** 偷渡者 [tōudùzhě] ▸ **travailleur clandestin** 非法劳工 [fēifǎ láogōng] ❷ (en secret) 秘密的 [mìmì de] ▸ **activité clandestine** 秘密活动 [mìmì huódòng] ▸ **journal clandestin** 地下报纸 [dìxià bàozhǐ].

claque nf (gifle) ○ (cl. 记 [jì] ou 个 [gè]) 耳光 [ěrguāng] ▸ **donner une claque à qqn** 打某人一个耳光 [dǎ mǒurén yí ge ěrguāng]

◊ **en avoir sa claque de** *fam* 受够了 [shòu gòu le].

claquer ♦ vt ❶ (fermer violemment) 摔 [shuāi] ▸ **claquer la porte** 摔门 [shuāi mén] ❷ *fam* (dépenser) 花 [huā] ▸ **il a claqué deux cents euros** 他花了两百欧元 [tā huā le liǎng bǎi ōuyuán] ❸ *fam* (fatiguer) 累垮 [lèikuǎ] ▸ **je suis complètement claqué** 我累垮了 [wǒ lèikuǎ le]
◊ **claquer des dents** 咬牙 [yǎoyá].
♦ vi (porte, volet) 劈啪作响 [pīpā zuòxiǎng].

clarifier vt *fig* 使……明朗 [shǐ... mínglǎng] ▸ **clarifier une situation** 使局势明朗 [shǐ júshì mínglǎng].
▪ **se clarifier** vp *fig* 明朗 [mínglǎng].

clarinette nf (cl. 只 [zhī]) 单簧管 [dānhuángguǎn] ▸ **jouer de la clarinette** 吹单簧管 [chuī dānhuángguǎn].

clarté nf (d'une démonstration, d'un discours) 清晰 [qīngxī] ▸ **s'exprimer avec clarté** 清晰地表达 [qīngxī de biǎodá].

classe nf ❶ (groupe social) 阶级 [jiējí] ▸ **classe moyenne** 中产阶级 [zhōngchǎn jiējí] ▸ **classe sociale** 社会阶层 [shèhuì jiēcéng] ❷ (dans les moyens de transport) 等级 [děngjí] ▸ **première classe** 头等舱 [tóuděng cāng] ▸ **deuxième** ou **seconde classe** 二等舱 [èrděng cāng] ❸ (distinction) 档次 [dàngcì] ▸ **avoir de la classe** 高雅 [gāoyǎ] ❹ SCOL ▸ **aller en classe** 去上课 [qù shàngkè] ▸ **faire la classe** 教课 [jiāo kè] ▸ **je suis en classe de première** 我读高中二年级 [wǒ dú gāozhōng èr niánjí] ▸ **toute la classe a eu une punition** 全班都受了惩罚 [quánbān dōu shòu le chéngfá].

classement nm ❶ (rangement) 整理 [zhěnglǐ] ▸ **le classement des papiers** 文件整理 [wénjiàn zhěnglǐ] ▸ **faire du classement** 归整 [guīzheng] ❷ (classification) 排序 [páixù] ▸ **classement alphabétique** 按字母排序 [àn zìmǔ páixù] ❸ (d'un élève, d'un coureur) 名次 [míngcì] ▸ **il a eu un bon classement** 他取得了不错的名次 [tā qǔdé le búcuò de míngcì] ▸ **il est premier au classement général** 他在全体名次中排第一 [tā zài quántǐ míngcì zhōng pái dìyī].

classer vt ❶ (ranger) 整理 [zhěnglǐ] ❷ (ordonner) 排列 [páiliè] ▸ **classer par ordre de grandeur** 按大小排列 [àn dàxiǎo páiliè] ❸ (attribuer un rang) 排名 [páimíng] ▸ **il a été classé troisième au concours** 他在考试中排第三 [tā zài kǎoshì zhōng pái dìsān] ❹ (plantes, animaux) 归类 [guīlèi] ▸ **on classe la baleine parmi les mammifères** 把鲸鱼归在哺乳动物类 [bǎ jīngyú guīzài bǔrǔ dòngwù lèi] ❺ (monument, site) 列为 [lièwéi] ▸ **classer un bâtiment monument historique** 将一个建筑列为文物 [jiāng yí ge jiànzhù lièwéi wénwù]
◊ **c'est une affaire classée** 这件事结了 [zhè jiàn shì jié le].

classeur nm (d'écolier, d'étudiant) 文件夹 [wénjiànjiā].

classification nf (classement en catégories) 分类 [fēnlèi] ▸ **la classification des plantes** 植物的分类 [zhíwù de fēnlèi].

classique ♦ adj ❶ ART 古典的 [gúdiǎn de] ▸ **auteur classique** 古典主义作家 [gúdiǎn zhǔyì zuòjiā] ▸ **théâtre classique** 古典戏剧 [gúdiǎn xìjù] ❷ (sobre) 典雅的 [diányǎ de] ▸ **vêtements classiques** 典雅的衣服 [diányǎ de yīfu]. ♦ nm ❶ (auteur, artiste) 古典作家 [gúdiǎn zuòjiā]; 古典艺术家 [gúdiǎn yìshùjiā] ❷ (œuvre de référence) 经典作品 [jīngdiǎn zuòpǐn] ▸ **les classiques latins** 拉丁语经典作品 [Lādīngyǔ jīngdiǎn zuòpǐn] ▸ **connaître ses classiques** 通晓古今 [tōngxiǎo gǔjīn] ❸ MUS 古典音乐 [gúdiǎn yīnyuè] ▸ **écouter du classique** 听古典音乐 [tīng gúdiǎn yīnyuè].

clause nf DR 条款 [tiáokuǎn] ▸ **clause d'un contrat** 合同的条款 [hétong de tiáokuǎn].

claustrophobe adj & nm, f 幽闭恐惧症患者 [yōubì kǒngjù zhèng huànzhě] ▸ **je suis claustrophobe** 我有幽闭恐惧症 [wǒ yǒu yōubì kǒngjù zhèng].

clavicule nf ANAT 锁骨 [suógǔ].

clavier nm 键盘 [jiànpán] ▸ **clavier de piano** 钢琴键盘 [gāngqín jiànpán] ▸ **taper sur le clavier d'un ordinateur** 在电脑键盘上打字 [zài diànnǎo jiànpán shàng dǎzì].

clé, clef ♦ nf ❶ (de porte) 钥匙 [yàoshi] ▸ **clé de maison** 家门钥匙 [jiāmén yàoshi] ▸ **fermer à clé** 锁上 [suǒshang] ▸ **la porte est fermée à clé** 门被锁上了 [mén bèi suǒshang le] ❷ (outil) ▸ **clé anglaise** 螺丝扳手 [luósī bānshǒu] ▸ **clé**

à molette 活络扳手 [huóluò bānshǒu] ❸ *fig* (qui permet de comprendre) 关键 [guānjiàn] ▸ **la clé du mystère** 破解谜团的关键 [pòjiě mítuán de guānjiàn] ❹ (qui permet de réussir) 关键 [guānjiàn] ▸ **la ténacité est la clé du succès** 坚韧不拔是成功的关键 [jiānrèn bùbá shì chénggōng de guānjiàn] ❺ MUS 谱号 [pǔhào] ▸ **clé de sol** 高音谱号 [gāoyīn pǔhào] ▸ **jouer en clé de fa** 以低音谱号演奏 [yǐ dīyīn pǔhào yǎnzòu] ❻ LING 部首 [bùshǒu] ▸ **la clé de l'homme** 人字旁 [rénzì páng]. ♦ adj (essentiel) 重要 [zhòngyào] ▸ **un poste clé** 重要职位 [zhòngyào zhíwèi].

clématite nf BOT (cl. 棵 [kē]) 铁线莲 [tiěxiànlián].

clément, e adj 宽容的 [kuānróng de] ▸ **le juge s'est montré clément** 法官表现得很宽容 [fǎguān biǎoxiàn de hěn kuānróng]; MÉTÉOR 温和的 [wēnhé de] ▸ **hiver clément** 暖冬 [nuǎn dōng].

clémentine nf 柑橘 [gānjú].

clerc nm ❶ RELIG (cl. 位 [wèi] ou 个 [gè]) 教士 [jiàoshì] ❷ (employé dans une étude) ▸ **clerc de notaire** 公证处文员 [gōngzhèngchù wényuán].

clergé nm 神职人员会 [shénzhí rényuán huì].

cliché nm ❶ PHOTO (cl. 张 [zhāng]) 底片 [dǐpiàn] ❷ *fig* (lieu commun) 陈词滥调 [chéncí làndiào] ▸ **un texte plein de clichés** 一篇满是陈词滥调的文章 [yì piān mǎn shì chéncí làndiào de wénzhāng].

client, e nm, f ❶ (acquéreur d'un service, d'une marchandise) ○ (cl. 位 [wèi]) 顾客 [gùkè] ▸ **servir un client** 为顾客服务 [wèi gùkè fúwù] ❷ (commerce) 客户 [kèhù] ▸ **le Mexique est un gros client des États-Unis** 墨西哥是美国的一个大客户 [Mòxīgē shì Měiguó de yí ge dà kèhù].

clientèle nf (ensemble de clients) 客户群 [kèhù qún] ▸ **avoir une clientèle fidèle** 有忠实的客户群 [yǒu zhōngshí de kèhù qún] ▸ **se faire une clientèle** 发展自己的客户群 [fāzhǎn zìjǐ de kèhù qún].

cligner vt 眨 [zhǎ] ▸ **cligner des yeux** 眨眼 [zháyǎn].

clignotant nm AUTO (cl. 盏 [zhǎn]) 转向灯 [zhuǎnxiàngdēng] ▸ **mettre son clignotant** 打转向灯 [dǎ zhuǎnxiàngdēng].

clignoter vi (lumière) 闪动 [shǎndòng] ▸ **une enseigne lumineuse qui clignote** 闪动的霓虹灯招牌 [shǎndòng de níhóngdēng zhāopai].

clim nf *fam* 空调 [kōngtiáo] ▸ **allumer la clim** 开空调 [kāi kōngtiáo].

climat nm ❶ MÉTÉOR 气候 [qìhòu] ▸ **climat tempéré** 温和的气候 [wēnhé de qìhòu] ▸ **climat tropical** 热带气候 [rèdài qìhòu] ❷ *fig* (atmosphère) 气氛 [qìfen] ▸ **il règne un climat d'insécurité** 气氛不稳定 [qìfen bùwěndìng].

climatisation nf 空调 [kōngtiáo] ▸ **avoir la climatisation** 有空调 [yǒu kōngtiáo].

climatisé, e adj 有空调的 [yǒu kōngtiáo de] ▸ **hôtel climatisé** 有空调的宾馆 [yǒu kōngtiáo de bīnguǎn].

clin ▪ **clin d'œil** nm 挤眼 [jíyǎn] ▸ **faire un clin d'œil à qqn** 对某人挤眼 [duì mǒurén jíyǎn].
▪ **en un clin d'œil** loc adv (très vite) 一眨眼的功夫 [yìzháyǎn de gōngfu].

clinique ♦ adj 临床的 [línchuáng de] ▸ **examen clinique** 临床检查 [línchuáng jiǎnchá]. ♦ nf (cl. 间 [jiān]) 诊所 [zhénsuǒ] ▸ **être à la clinique** 在诊所里 [zài zhénsuǒ lǐ].

clip nm (vidéo) ○ (cl. 部 [bù]) 短片 [duǎnpiān].

cliquer vi INFORM 点击(鼠标) [diǎnjī (shǔbiāo)] ▸ **cliquez sur « OK » ou tapez « Entrée »** 点击“OK”或者按回车键 [diǎnjī “OK” huòzhě àn huíchējiàn].

clitoris nm ANAT 阴蒂 [yīndì].

clivage nm (division) 划分 [huàfēn] ▸ **clivage social** 社会划分 [shèhuì huàfēn].

clochard, e nm, f 流浪汉 [liúlànghàn].

cloche ♦ nf ❶ (d'église) 钟 [zhōng] ▸ **les cloches sonnent midi** 正午时分敲响钟声 [zhèngwǔ shífēn qiāoxiǎng zhōngshēng] ❷ *fam* (personne stupide) 笨蛋 [bèndàn]. ♦ adj *fam* (idiot) 笨的 [bèn de] ▸ **elle est cloche, cette fille !** 这个女孩真够笨的！[zhè ge nǚhái zhēn gòu bèn de!].

cloche-pied ▪ **à cloche-pied** loc adv 单脚地 [dān jiǎo de] ▸ **sauter à cloche-pied** 单脚跳 [dān jiǎo tiào].

clocher[1] vi (être bancal) 有问题 [yǒu wèntí] ▸ **il y a quelque chose qui cloche** 有点问题 [yǒu diǎn wèntí].

clocher[2] nm (d'église) ○ (cl. 座 [zuò]) 钟楼 [zhōnglóu].

clochette nf (petite cloche) 铃铛 [língdang].

cloison nf ❶ (mur peu épais) ○ (cl. 道 [dào]) 隔板 [gébǎn] ▸ **abattre une cloison** 拆除隔板 [chāichú gébǎn] ❷ ANAT ▸ **cloison nasale** 鼻中隔 [bízhōng gé].

cloisonné nm 景泰蓝 [jǐngtàilán] ▸ **la technique du cloisonné** 景泰蓝技术 [jǐngtàilán jìshù].

cloisonner vt (une pièce, une maison) 分隔 [fēngé] ▸ **cloisonner une pièce pour en faire deux** 将一个房间隔成两间 [jiāng yí ge fángjiān géchéng liǎng jiān].

cloître nm (d'un monastère) 修道院的回廊 [xiūdàoyuàn de huíláng].

clonage nm 克隆 [kèlóng] ▸ **le clonage d'une cellule** 一个细胞的克隆 [yí ge xìbāo de kèlóng] ▸ **clonage humain** 人类的克隆 [rénlèi de kèlóng].

cloner vt BIOL 克隆 [kèlóng] ▸ **cloner un embryon** 克隆胚胎 [kèlóng pēitāi] ▸ **cloner un homme** 克隆人 [kèlóng rén].

cloque nf (sur la peau) 水疱 [shuǐpào] ▸ **avoir une cloque** 起水疱 [qǐ shuǐpào].

clore vt ❶ (entourer) 围住 [wéizhù] ▸ **clore un terrain** 围住一块地 [wéizhù yí kuài dì] ❷ (finir) 使……结束 [shǐ…jiéshù] ▸ **clore un débat** 结束一场争论 [jiéshù yì chǎng zhēnglùn].

clos, e adj ❶ (fermé) 关闭的 [guānbì de] ▸ **les volets sont clos** 百叶窗是关着的 [bǎiyèchuāng shì guānzhe de] ❷ (terminé) 结束的 [jiéshù de] ▸ **la séance est close** 会议结束了 [huìyì jiéshù le] ▸ **l'incident est clos** 事件已了结 [shìjiàn yǐ liǎojié].

clôture nf ❶ (enceinte) ○ (cl. 道 [dào]) 围墙 [wéiqiáng] ▸ **la clôture du pré est électrifiée** 牧场的围墙是通电的 [mùchǎng de wéiqiáng shì tōngdiàn de] ❷ (fermeture) 关闭 [guānbì] ▸ **la clôture d'un compte** 关闭帐户 [guānbì zhànghù] ❸ (fin) 终结 [zhōngjié] ▸ **la clôture des négociations** 谈判的终结 [tánpàn de zhōngjié].

clou nm ❶ (pointe) 钉子 [dīngzi] ▸ **planter un clou dans un mur** 把钉子钉在墙上 [bǎ dīngzi dīng zài qiáng shàng] ▸ **fixer qqch avec des clous** 用钉子固定某物 [yòng dīngzi gùdìng mǒuwù] ❷ (attraction) ▸ **le clou de la soirée** 晚会的亮点 [wǎnhuì de liàngdiǎn] ▸ **le clou du spectacle** 节目的高潮 [jiémù de gāocháo]

◊ **ne pas valoir un clou** 一文不值 [yìwén bùzhí] ▸ **être maigre comme un clou** 骨瘦如柴 [gǔ shòu rú chái].

▪ **clou de girofle** nm CULIN (调味用)丁香 [(tiáowèi yòng) dīngxiāng].

clouer vt ❶ (fixer avec des clous) 钉 [dīng] ▸ **clouer une planche sur un mur** 把一块木板钉在墙上 [bǎ yí kuài mùbǎn dīng zài qiáng shàng] ❷ (immobiliser) ▸ **clouer son adversaire au sol** 把对手打在地上一动不动 [bǎ duìshǒu dǎ zài dìshàng yídòngbúdòng]

◊ **être cloué au lit** 起不了床 [qǐ bù liǎo chuáng] ▸ **j'étais cloué au lit par une forte fièvre** 由于高烧我一直起不了床 [yóuyú gāoshāo wǒ yìzhí qǐ bù liǎo chuáng] ▸ **rester cloué sur place** 呆若木鸡 [dāi ruò mùjī].

clouté, e adj (pneu) 防滑(轮胎) [fánghuá (lúntāi)] ▸ **rouler avec des pneus cloutés** 开装有防滑轮胎的车 [kāi zhuāngyǒu fánghuá lúntāi de chē]

◊ **passage clouté** (cl. 条 [tiáo]) 人行横道 [rénxíng héngdào] ▸ **traverser sur le passage clouté** 走人行横道 [zǒu rénxíng héngdào].

clown nm ❶ (de cirque) 小丑 [xiǎochǒu] ▸ **le numéro du clown** 小丑的表演 [xiáochǒu de biǎoyǎn] ❷ (pitre) 搞笑的人 [gǎoxiào de rén] ▸ **faire le clown** 搞笑 [gǎoxiào].

club nm ❶ (association) 俱乐部 [jùlèbù] ▸ **être inscrit dans un club** 在一个俱乐部注册 [zài yí ge jùlèbù zhùcè] ▸ **club de football** 足球俱乐部 [zúqiú jùlèbù] ❷ (de golf) 高尔夫球棒 [gāo'ěrfū qiúbàng].

cm (abr écrite de **centimètre**) 厘米 [límǐ].

coaguler vi (figer un liquide) 凝固 [nínggù] ▸ **le sang coagule à l'air** 血在空气中凝固 [xuè zài kōngqì zhōng nínggù].

■ **se coaguler** vp 凝固 [nínggù].

coaliser ■ **se coaliser** vp 结盟 [jiéméng] ▸ **se coaliser contre qqn** 联合起来反对某人 [liánhé qǐlái fǎnduì mǒurén].

coalition nf (alliance) 联盟 [liánméng] ▸ **coalition politique** 政治联盟 [zhèngzhì liánméng] ▸ **coalition militaire** 军事联盟 [jūnshì liánméng].

cocaïne nf (stupéfiant) 可卡因 [kékǎyīn].

coccinelle nf (insecte) ○ (cl. 只 [zhī]) 瓢虫 [piáochóng].

cocher[1] nm HIST 马车夫 [mǎchēfū].

cocher[2] vt 划出 [huàchū] ▸ **cocher un nom sur une liste** 标出名单上的一个名字 [biāochū míngdān shàng de yí ge míngzì] ▸ **cocher la bonne réponse** 划出正确答案 [huàchū zhèngquè dá'àn].

cochon nm (animal) ○ (cl. 只 [zhī] ou 口 [kǒu] ou 头 [tóu]) 猪 [zhū].

■ **cochon d'Inde** nm (cl. 只 [zhī]) 豚鼠 [túnshǔ].

■ **cochon, onne** nm, f ❶ *péj* (personne sale) (辱骂)脏猪 [(rǔmà) zāngzhū] ▸ **manger comme un cochon** 吃得像头脏猪一样 [chīde xiàng tóu zāngzhū yíyàng] ❷ (personne qui aime dire des obscénités) 下流坯 [xiàliúpī] ▸ **c'est un vieux cochon** 这是个下流坯 [zhè shì ge xiàliúpī].

cocotte nf (marmite) ○ (cl. 口 [kǒu]) 小锅 [xiǎoguō] ▸ **faire cuire qqch dans une cocotte** 用小锅煮某物 [yòng xiǎoguō zhǔ mǒuwù].

cocu, e *fam* adj 戴绿帽子 [dài lǜmàozi] ▸ **faire cocu qqn** 给某人戴绿帽子 [gěi mǒurén dài lǜmàozi].

code nm ❶ (ensemble de lois) ○ (cl. 部 [bù]) 法 [fǎ] ▸ **code civil** 民法 [mín fǎ] ▸ **code pénal** 刑法 [xíng fǎ] ▸ **code de la route** 交通法规 [jiāotōng fǎguī] ▸ **code du travail** 劳动法 [láodòng fǎ] ❷ (combinaison) 密码 [mìmǎ] ▸ **'veuillez taper votre code'** 请输入密码 [qǐng shūrù mìmǎ] ▸ **peux-tu me donner le code d'entrée ?** 你能给我进去的密码吗？ [nǐ néng gěi wǒ jìnqu de mìmǎ ma?] ❸ TÉLÉCOM ▸ **code postal** 邮政编码 [yóuzhèng biānmǎ].

■ **codes** nmpl (phares de voiture) ○ (cl. 盏 [zhǎn]) (汽车)近光灯 [(qìchē) jìnguāngdēng] ▸ **se mettre en codes** 打开近光灯 [dǎkāi jìnguāngdēng].

code-barre nm 条形码 [tiáoxíng mǎ] ▸ **la lecture du code-barre** 条形码识别器 [tiáoxíng mǎ shíbié qì].

coder vt 将……编成代码 [jiāng… biānchéng dàimǎ] ▸ **coder un message** 把消息编成代码 [bǎ xiāoxi biānchéng dàimǎ] ▸ **l'espion a envoyé un message codé** 间谍发送出去了一条密码信息 [jiàndié fāsòng chūqu le yì tiáo mìmǎ xìnxī].

coefficient nm ❶ (à un examen) 分值系数 [fēnzhí xìshù] ▸ **une matière à coefficient élevé** 分值系数高的科目 [fēnzhí xìshù gāo de kēmù] ❷ (pourcentage) 率 [lǜ] ▸ **coefficient d'erreur** 误差率 [wùchā lǜ].

coéquipier, ère nm, f (cl. 名 [míng] ou 个 [gè] ou 位 [wèi]) (同队的)队员 [(tóng duì de) duìyuán].

cœur nm ❶ ANAT 心脏 [xīnzàng] ▸ **battements de cœur** 心跳 [xīn tiào] ❷ (estomac) ▸ **le roulis lui donne mal au cœur** 船的摇摆使他感到恶心 [chuán de yáobǎi shǐ tā gǎndào ěxīn] ❸ (aux cartes) 红桃 [hóngtáo] ▸ **le huit de cœur** 红桃八 [hóngtáo bā] ❹ (forme) 心形 [xīnxíng] ▸ **un tissu avec des cœurs bleus** 有蓝色心形图案的布料 [yǒu lánsè xīnxíng tú'àn de bùliào]

◊ **apprendre qqch par cœur** 记住 [jìzhù] ▸ **faire qqch de bon cœur** 心甘情愿做某事 [xīngān qíngyuàn zuò mǒushì] ▸ **avoir le cœur sur la main** 大方 [dàfang] ▸ **avoir un cœur de pierre** 铁石心肠 [tiěshí xīncháng] ▸ **briser le cœur à qqn** 使某人心碎 [shǐ mǒurén xīnsuì] ▸ **en avoir le cœur net** 弄清楚某事 [nòng qīngchǔ mǒushì].

coffre nm ❶ (meuble en bois) ▸ **coffre à jouets** 玩具箱 [wánjù xiāng] ❷ (d'une voiture) (汽车)后备箱 [(qìchē) hòubèi xiāng] ❸ (coffre-fort) 保险箱 [bǎoxiǎn xiāng].

coffre-fort nm 保险箱 [bǎoxiǎn xiāng].

coffret nm ❶ (petit coffre) ▸ **coffret à bijoux** 首饰盒 [shǒushi hé] ❷ (boîte) (唱片、音带、书籍等的)套装盒 [(chàngpiàn、yīndài、shūjí děng de) tàozhuāng hé] ▸ **disques vendus en coffret** 唱片以套装出售 [chàngpiàn yǐ tàozhuāng chūshòu].

cogner ▪ **se cogner** vp (se heurter) 撞 [zhuàng] ▸ **je me suis cogné la tête** 我把头撞了 [wǒ bǎ tóu zhuàng le] ▸ **je me suis cogné à la table** 我撞到桌子上了 [wǒ zhuàngdào zhuōzi shàng le].

cohérent, e adj (logique) ▸ **un programme cohérent** 严密的程序 [yánmì de chéngxù] ▸ **son raisonnement est cohérent** 他的思路很有逻辑性 [tāde sīlù hěn yǒu luóji xìng] ▸ **ce que tu dis n'est pas cohérent !** 你所说的简直漏洞百出！ [ní suǒ shuōde jiǎnzhí lòudòng bǎichū!].

cohésion nf ❶ (d'un groupe) 凝聚力 [níngjùlì] ▸ **de la cohésion de l'équipe dépend le résultat du match** 队伍的凝聚力对比赛结果举重若轻 [duìwǔ de níngjùlì duì bǐsài jiéguǒ jǔzhòngruòqīng] ❷ (organisation) 严谨 [yánjǐn].

cohue nf (foule de personnes qui se bousculent) 人头攒动 [réntóu cuándòng] ▸ **quelle cohue !** 真是人山人海！ [zhēnshi rénshānrénhǎi!].

coiffé, e adj 梳过头的 [shūguòtóu de] ▸ **être bien coiffé** 头发整齐梳好的 [tóufa zhěngqí shū hǎo de] ▸ **être mal coiffé** 头发梳得乱七八糟的 [tóufa shū de luànqī bāzāo de].

coiffer vt ❶ (cheveux) 给……理发 [gěi… lǐfà] ▸ **ce coiffeur m'a très bien coiffé** 美发师给我做了个很好的发型 [měifàshī gěi wǒ zuò le ge hénhǎo de fàxíng] ❷ (mettre sur la tête) 头戴 [tóu dài] ▸ **être coiffé de qqch** 头戴某物 [tóu dài mǒuwù] ▸ **il est coiffé d'un béret rouge** 头戴红色贝雷帽 [tóu dài hóngsè bèiléimào].

▪ **se coiffer** vp (arranger ses cheveux) 梳头 [shūtóu] ▸ **elle s'est coiffée avant de sortir** 她出门前梳了一下头发 [tā chūmén qián shū le yíxià tóufa].

coiffeur, euse nm, f (cl. 名 [míng] ou 个 [gè] ou 位 [wèi]) 美发师 [měifàshī] ▸ **aller chez le coiffeur** 去发廊 [qù fàláng].

coiffure nf ❶ (arrangement des cheveux) 发型 [fàxíng] ▸ **cette coiffure te va bien** 这个发型很适合你 [zhège fàxíng hěn shìhé nǐ] ❷ (profession) 美发（职业）[měifà (zhíyè)] ▸ **salon de coiffure** (cl. 家 [jiā] ou 个 [gè]) 美发店 [měifà diàn]; 发廊 [fàláng].

coin nm ❶ (angle) 角 [jiǎo] ▸ **un rectangle a quatre coins** 矩形有四个角 [jǔxíng yǒu sì ge jiǎo] ▸ **coin d'une rue** 街角 [jiē jiǎo] ❷ (endroit) 角落 [jiǎoluò] ▸ **je connais un coin tranquille** 我知道个清静的地方 [wǒ zhīdào ge qīngjìng de dìfang] ▸ **dans un coin** 在一个角落里 [zài yí ge jiǎoluò lǐ] ▸ **coin d'une pièce** 房间的角落 [fángjiān de jiǎoluò] ▸ **au coin du feu** 炉火边 [lúhuǒ biān] ▸ **dans le coin** 在这一带 [zài zhè yídài] ▸ **il vous fera visiter : il est du coin** 他会来看你的，他就住这一带 [tā huì lái kàn nǐ de, tā jiù zhù zhè yídài] ▸ **coin cuisine** 厨角 [chú jiǎo]

◊ **aux quatre coins du monde** 世界各地 [shìjiè gèdì].

coincer vt ❶ (bloquer) 卡住 [kǎzhù] ▸ **j'ai coincé la clé dans la serrure** 我把钥匙卡在了锁里 [wǒ bǎ yàoshi kǎ zài le suǒ lǐ] ❷ *fam* (prendre) 逮住 [dǎizhù] ▸ **les policiers ont coincé le voleur** 警察们逮住了小偷 [jǐngchámen dǎizhù le xiǎotōu].

▪ **se coincer** vp (se bloquer) 卡住 [kǎzhù] ▸ **ma veste s'est coincée dans la portière** 我的外套卡在车门里了 [wǒde wàitào kǎ zài chēmén lǐ le].

coïncidence nf 巧合 [qiǎohé] ▸ **quelle coïncidence !** 真巧！ [zhēnqiǎo!].

coïncider vi ❶ GÉOM (se rencontrer) 重合 [chónghé] ▸ **les deux cercles coïncident** 两个圆相互重合 [liǎng gè yuán xiānghù chónghé] ❷ (être simultané) 同时发生 [tóngshí fāshēng] ▸ **mes vacances et celles des enfants ne coïncident pas** 我的假期和孩子们的不在同一个时间 [wǒde jiàqī hé háizimen de búzài tóngyíge shíjiān] ❸ (s'accorder) 相符 [xiāngfú] ▸ **votre désir coïncide avec le mien** 您的愿望与我的相符 [nínde yuànwang yǔ wǒde xiāngfú].

coït nm 性交 [xìngjiāo].

col nm ❶ (de vêtement) 领子 [lǐngzi] ▸ **remonte ton col, il fait froid** 把领子立起来，天冷了 [bǎ lǐngzi lìqǐlái, tiān lěng le] ▸ **col roulé** (cl. 件 [jiàn]) 长领套头衫 [cháng lǐng tàotóushān] ❷ (partie rétrécie d'objets ou d'organes) 颈 [jǐng] ▸ **col du fémur** 股骨颈 [gúgǔ jǐng] ▸ **col de l'utérus** 子宫颈 [zǐgōng jǐng] ▸ **col d'un vase** 瓶颈 [píngjǐng] ❸ GÉOGR 山口 [shānkǒu]

▸ **franchir/passer un col** 越过/经过一个山口 [yuèguò/jīngguò yí ge shānkǒu].

colère nf (irritation) 生气 [shēngqì] ▸ **être en colère** 发火 [fāhuǒ] ▸ **se mettre en colère** 发起火来 [fāqǐ huǒ lai] ▸ **entrer dans une colère noire** 大发雷霆 [dàfā léitíng].

colérique adj 易怒的 [yìnù de] ▸ **il est très colérique** 他很易怒 [tā hěn yìnù].

colimaçon ■ **en colimaçon** loc adv 螺旋状 [luóxuánzhuàng] ▸ **un escalier en colimaçon** 螺旋型楼梯 [luóxuánxíng lóutī].

colique nf ❶ (douleur abdominale) 腹痛 [fùtòng] ▸ **être pris de coliques** 感到腹痛 [gǎndào fùtòng] ▸ **coliques néphrétiques** 肾绞痛 [shèn jiǎotòng] ❷ *fam* (diarrhée) 腹泻 [fùxiè] ▸ **avoir la colique** 得了腹泻 [dé le fùxiè].

colis nm 包裹 [bāoguǒ] ▸ **envoyer un colis par la poste** 邮寄一个包裹 [yóujì yí ge bāoguǒ].

collaborateur, trice nm, f ❶ (employé) 协作者 [xiézuòzhě] ▸ **un collaborateur précieux** 一位可贵的协作者 [yíwèi kěguì de xiézuòzhě] ❷ HIST 通敌者 [tōngdízhě] ▸ **les collaborateurs sous l'Occupation** 法国被占领时期与德国法西斯通敌的法奸 [Fǎguó bèi zhànlǐng shíqī yǔ Déguó fǎxīsī tōngdí de fǎjiān].

collaboration nf ❶ (à un travail) 合作 [hézuò] ▸ **travailler en collaboration avec qqn** 与某人合作 [yǔ mǒurén hézuò] ❷ HIST 通敌 [tōngdí] ▸ **collaboration sous l'Occupation** 在法国被占领时与德国法西斯通敌 [zài Fǎguó bèi zhànlǐng shí yǔ Déguó fǎxīsī tōngdí].

collaborer vi ❶ (coopérer) 合作 [hézuò] ▸ **collaborer avec qqn** 与某人合作 [yǔ mǒurén hézuò] ▸ **elle collabore avec moi à ce projet** 她和我合作这个计划 [tā hé wǒ hézuò zhège jìhuà] ❷ (participer) 协作 [xiézuò] ▸ **collaborer à qqch** 协作某事 [xiézuò mǒushì] ❸ HIST ▸ **collaborer avec l'ennemi** 通敌 [tōngdí].

collant, e adj ❶ (adhésif) 上胶的 [shàngjiāo de] ▸ **étiquette collante** 带胶标签 [dài jiāo biāoqiān] ▸ **papier collant** 胶纸 [jiāo zhǐ] ❷ (poisseux) 黏的 [nián de] ▸ **avoir les mains collantes** 手很黏 [shǒu hěn nián] ❸ (vêtement) 紧身的 [jǐnshēn de] ▸ **pantalon collant** 紧身裤 [jǐnshēn kù] ❹ *fam* (importun) 使人腻烦 [shǐrén nìfan] ▸ **qu'est-ce qu'il est collant, ce type !** 这个家伙真叫人腻烦！ [zhège jiāhuo zhēnjiào rén nìfan!].

■ **collant** nm (sous-vêtement féminin) ○ (cl. 条 [tiáo] ou 双 [shuāng]) 连裤袜 [liánkùwà] ▸ **porter un collant** 穿连裤袜 [chuān liánkùwà] ▸ **filer son collant** 使连裤袜脱丝 [shǐ liánkùwà tuō sī].

colle nf ❶ (substance) ○ (cl. 种 [zhǒng]) 胶水 [jiāoshuǐ] ▸ **enduire qqch de colle** 给某物涂上胶水 [gěi mǒuwù túshang jiāoshuǐ] ▸ **colle forte** 强力胶 [qiánglì jiāo] ▸ **colle à bois** 粘木头的胶 [zhān mùtou de jiāo] ❷ (question difficile) ○ (cl. 道 [dào]) 难题 [nántí] ▸ **poser une colle à qqn** 给某人出难题 [gěi mǒurén chū nántí] ❸ SCOL (retenue) 放学后留校 [fàngxué hòu liúxiào] ▸ **avoir une heure de colle** 放学后留校一小时 [fàngxué hòu liúxiào yì xiǎoshí]

◊ **ah, ce type ! un vrai pot de colle !** 啊，这家伙，真是块狗皮膏药！ [a, zhè jiāhuo, zhēnshì kuài gǒupí gāoyào!].

collecte nf ❶ (quête) ○ (cl. 次 [cì]) 募捐 [mùjuān] ▸ **organiser une collecte au profit d'une œuvre de charité** 组织一次为慈善事业的募捐 [zǔzhī yí cì wèi císhàn shìyè de mùjuān] ❷ (action de réunir) ▸ **collecte de sang** 献血 [xiàn xuè] ▸ **collecte de fonds** 集资 [jízī] ▸ **collecte de données** 数据采集 [shùjù cǎijí].

collectif, ive adj (fait par un groupe) 集体的 [jítǐ de] ▸ **participer à un travail collectif** 参加集体工作 [cānjiā jítǐ gōngzuò] ▸ **pratiquer un sport collectif** 进行一项团体运动 [jìnxíng yíxiàng tuántǐ yùndòng] ▸ **donner des cours collectifs** 教公共课 [jiāo gōnggòng kè].

collection nf ❶ (d'objets) ○ (cl. 套 [tào] ou 系列 [xìliè]) 收藏 [shōucáng] ▸ **collection de timbres** 邮票的收藏 [yóupiào de shōucáng] ▸ **collection privée** 私人收藏 [sīrén shōucáng] ▸ **faire collection de qqch** 收集某物 [shōují mǒuwù] ❷ (d'une même série) 系列 [xìliè] ▸ **j'ai trois livres de la même collection** 我有这套丛书中的三本 [wǒ yǒu zhètào cóngshū zhōng de sān běn] ❸ COUT 时装系列 [shízhuāng xìliè] ▸ **collection d'été/d'hiver** 夏

季/冬季时装系列 [xiàjì/dōngjì shízhuāng xìliè].

collectionner vt ❶ (conserver) 收集 [shōují] ▸ **collectionner les timbres** 集邮 [jíyóu] ❷ *fig* (accumuler) 屡做 [lǚzuò] ▸ **il collectionne les aventures amoureuses** 他艳遇不断 [tā yànyù bú duàn].

collectionneur, euse nm, f (cl. 位 [wèi] ou 个 [gè] ou 名 [míng]) 收藏者 [shōucángzhě] ▸ **une collectionneuse d'estampes** 一个石版印刷品的收藏者 [yí ge shíbǎn yìnshuāpǐn de shōucángzhě].

collectivité nf ❶ (communauté) 集体 [jítǐ] ▸ **dans l'intérêt de la collectivité** 根据集体利益 [gēnjù jítǐ lìyì] ▸ **vivre en collectivité** 过集体生活 [guò jítǐ shēnghuó] ❷ ADMIN ▸ **les collectivités locales** 地方行政区域 [dìfāng xíngzhèng qūyù].

collège nm (établissement scolaire) ○ (cl. 所 [suǒ]) 初中 [chūzhōng] ▸ **aller au collège** 上初中 [shàng chūzhōng].

collégien, enne nm, f SCOL (cl. 名 [míng] ou 个 [gè]) 初中生 [chūzhōngshēng].

collègue nmf (cl. 名 [míng] ou 个 [gè] ou 位 [wèi]) 同事 [tóngshì].

coller ♦ vt ❶ (fixer avec de la colle) 贴 [tiē] ▸ **coller une affiche** 贴海报 [tiē hǎibào] ❷ (appuyer) 紧贴 [jǐntiē] ▸ **coller son oreille à la porte** 把耳朵紧贴在门上 [bǎ ěrduo jǐntiē zài mén shàng] ❸ *fam* (suivre partout) 纠缠 [jiūchán] ▸ **t'as pas fini de me coller ?** 你还没把我缠够吗！ [nǐ hái méi bǎ wǒ chán gòu ma!] ❹ SCOL (punir) 被罚课后留校 [bèi fá kèhòu liúxiào] ▸ **il est collé mercredi** 他被罚周三课后留校 [tā bèi fá zhōusān kèhòu liúxiào]. ♦ vi (adhérer) 粘上 [zhānshang] ▸ **cette enveloppe ne colle pas** 这个信封粘不上 [zhège xìnfēng zhān bú shàng].

collet nm (piège) (捕捉动物用的)活套 [(bǔzhuō dòngwù yòng de) huótào] ▸ **poser des collets** 下活套 [xià huótào] ▸ **prendre au collet** 套住 [tào zhù]

◊ **mettre la main au collet de qqn** 抓住某人 [zhuāzhù mǒurén].

collier nm ❶ (bijou) ○ (cl. 条 [tiáo]) 项链 [xiàngliàn] ▸ **porter un collier** 戴项链 [dài xiàngliàn] ❷ (de chien) 颈圈 [jǐngquān]

◊ **donner un coup de collier** 加把劲 [jiā bǎ jìn].

colline nf 山丘 [shānqiū].

collision nf (choc) ○ (cl. 次 [cì]) 相撞 [xiāngzhuàng] ▸ **entrer en collision avec qqch** 与某物相撞 [yǔ mǒuwù xiāngzhuàng] ▸ **il y a eu une collision entre deux bateaux** 发生了一次两船相撞事件 [fāshēng le yí cì liǎng chuán xiāngzhuàng shìjiàn].

colloque nm (cl. 场 [chǎng] ou 次 [cì] ou 个 [gè]) 研讨会 [yántǎohuì] ▸ **participer à un colloque** 参加研讨会 [cānjiā yántǎohuì].

colo nf *fam* 夏令营 [xiàlìngyíng] ▸ **partir en colo** 去夏令营 [qù xiàlìngyíng].

colocataire nmf ADMIN 合租房客 [hézū fángkè].

colombe nf (cl. 只 [zhī]) 白鸽 [báigē] ▸ **la colombe de la paix** 和平鸽 [hépíng gē].

Colombie nf ▸ **la Colombie** 哥伦比亚 [Gēlúnbǐyà].

colombien, enne adj 哥伦比亚的 [Gēlúnbǐyà de].

colon nm (habitant d'une colonie) 殖民者 [zhímínzhě].

colonel, elle nm, f (cl. 名 [míng] ou 个 [gè] ou 位 [wèi]) 上校 [shàngxiào] ▸ **le colonel commande un régiment** 上校指挥一个团 [shàngxiào zhǐhuī yí ge tuán].

colonial, e, aux adj 殖民的 [zhímín de] ▸ **empire colonial** 殖民帝国 [zhímín dìguó].

colonie nf ❶ (territoire) 殖民地 [zhímíndì] ❷ (d'expatriés) 移民群体 [yímín qúntǐ].

▪ **colonie de vacances** nf 夏令营 [xiàlìngyíng].

colonisation nf 殖民 [zhímín].

colonne nf ❶ (pilier) ARCHIT (cl. 根 [gēn]) 柱子 [zhùzi] ❷ (section) 栏 [lán]; 列 [liè] ▸ **colonne d'un tableau** 表格中的列 [biǎogé zhōng de liè] ▸ **colonne d'un journal** 报纸的栏 [bàozhǐ de lán] ▸ **article sur trois colonnes** 占了三栏的文章 [zhàn le sān lán de wénzhāng].

▪ **colonne vertébrale** nf 脊柱 [jǐzhù].

colorer vt (teindre) 染色 [rǎnsè] ▸ **colorer en rouge** 染成红色 [rǎn chéng hóngsè].

colorier vt 上色 [shàngsè] ▸ **colorier une carte de géographie** 给地图上色 [gěi dìtú shàngsè].

coloriser vt CINÉ 处理成彩色 [chǔlǐ chéng cǎisè] ▸ **coloriser un vieux film en noir et blanc** 把一部黑白老电影处理成彩色 [bǎ yí bù hēibái lǎo diànyǐng chúlǐ chéng cǎisè].

colossal, e, aux adj 巨大的 [jùdà de] ▸ **avoir une force colossale** 有巨大的力量 [yǒu jùdà de lìliàng] ▸ **une fortune colossale** 巨额财富 [jù'é cáifù].

colza nm (cl. 棵 [kē]) 油菜 [yóucài] ▸ **huile de colza** 菜籽油 [càizǐ yóu].

coma nm 昏迷 [hūnmí] ▸ **tomber dans le coma** 陷入昏迷中 [xiànrù hūnmí zhōng] ▸ **être dans le coma** 处在昏迷中 [chǔzài hūnmí zhōng] ▸ **sortir du coma** 从昏迷中醒来 [cóng hūnmí zhōng xǐnglái].

comateux, euse adj 昏迷的 [hūnmí de] ▸ **être dans un état comateux** 处于昏迷状态 [chǔyú hūnmí zhuàngtài].

combat nm ❶ (bataille) ○ (cl. 场 [chǎng]) 战斗 [zhàndòu] ▸ **combat de rue** 街道战 [jiēdào zhàn] ▸ **en combat singulier** 进行一对一的格斗 [jìnxíng yīduìyī de gédòu] ▸ **hors de combat** 被击溃 [bèi jīkuì] ❷ SPORT (cl. 场 [chǎng]) 比赛 [bǐsài] ▸ **un combat de boxe** 一场拳击比赛 [yì chǎng quánjī bǐsài] ▸ **sport de combat** 格斗运动 [gédòu yùndòng] ❸ *fig* (lutte) ○ (cl. 场 [chǎng] ou 次 [cì]) 斗争 [dòuzhēng] ▸ **combat idéologique** 意识形态的斗争 [yìshí xíngtài de dòuzhēng] ▸ **mener un combat contre qqch** 进行着一场反对某事的斗争 [jìnxíngzhe yì chǎng fǎnduì mǒushì de dòuzhēng].

combattant, e nm, f (soldat) ○ (cl. 名 [míng] ou 个 [gè]) 战士 [zhànshì] ▸ **les anciens combattants** 退伍军人 [tuìwǔ jūnrén].

combattre ♦ vt ❶ (adversaire) 对……作战 [duì… zuòzhàn] ▸ **les Alliés ont combattu l'Allemagne nazie** 同盟国对纳粹德国作了战 [Tóngméngguó duì Nàcuì Déguó zuò le zhàn] ❷ (incendie, maladie) 与……斗争 [yǔ … dòuzhēng] ▸ **il combat son cancer avec détermination** 他坚强地与癌症作斗争 [tā jiānqiáng de yǔ áizhèng zuò dòuzhēng] ▸ **les pompiers combattent l'incendie** 消防员在灭火 [xiāofángyuán zài mièhuǒ] ▸ **combattre une infection** 消灭传染病 [xiāomiè chuánrǎnbìng]. ♦ vi 斗争 [dòuzhēng] ▸ **combattre contre la faim** 与饥饿做斗争 [yǔ jī'è zuò dòuzhēng] ▸ **combattre pour la liberté** 为了自由而斗争 [wèi le zìyóu ér dòuzhēng].

combien ♦ adv ❶ (sens quantitatif) 多少 [duōshǎo] ▸ **combien coûte ce livre ?** 这本书值多少钱？ [zhèběn shū zhí duōshǎo qián?] ▸ **combien de…** 多少 [duōshǎo] ▸ **combien de temps vous faut-il ?** 您需要多长时间？ [nín xūyào duōcháng shíjiān?] ❷ (pour de petits nombres) 几 [jǐ] ▸ **le combien sommes-nous ? le 22 ou le 23 ?** 今天几号？22号还是23号？ [jīntiān jǐhào? 22 hào háishì 23 hào?]. ♦ nm inv ▸ **l'autobus passe tous les combien ?** 公共汽车多少分钟一趟？ [gōnggòngqìchē duōshǎo fēnzhōng yítàng?].

combinaison nf ❶ (d'éléments) 结合 [jiéhé] ▸ **une combinaison de couleurs** 色彩的组合 [sècǎi de zǔhé] ❷ (vêtement) ○ (cl. 套 [tào]) 连裤装 [liánkùzhuāng] ▸ **combinaison de plongée** 潜水服 [qiánshuǐ fú] ▸ **combinaison de ski** 滑雪服 [huáxuě fú] ❸ (d'un coffre) 密码 [mìmǎ] ▸ **il m'a confié la combinaison de son coffre-fort** 他向我吐露了保险箱的密码 [tā xiàng wǒ tǔlù le bǎoxiǎn xiāng de mìmǎ].

combine nf *fam* 办法 [bànfǎ] ▸ **avoir une combine pour…** 对……有办法 [duì… yǒu bànfǎ] ▸ **trouver une combine pour…** 找到一个计策来…… [zhǎodào yí ge jìcè lái…].

combiné nm TÉLÉCOM ▸ **combiné (téléphonique)** (电话)听筒 [(diànhuà) tīngtǒng] ▸ **décrocher le combiné (téléphonique)** 拿起(电话)听筒 [náqǐ (diànhuà) tīngtǒng].

combiner vt ❶ (associer) 组合 [zǔhé] ▸ **combiner des chiffres** 组合数字 [zǔhé shùzì] ▸ **combiner des couleurs** 配色 [pèisè] ❷ (organiser) 安排 [ānpái] ▸ **elle a tout combiné pour que cette rencontre ait lieu** 她把一切都安排好了，以保证这次会面得以进行 [tā bǎ yíqiè dōu ānpái hǎo le, yǐ bǎozhèng zhècì huìmiàn déyǐ jìnxíng].

comble ♦ nm (sommet) 极致 [jízhì] ▸ **le comble de qqch** 某事的极致 [mǒushì de jízhì] ▸ **à son comble** 极度的 [jídù de] ▸ **être au comble de qqch** ……至极 [… zhìjí] ▸ **il était au comble de la joie** 他高兴至极 [tā gāoxìng zhìjí]
◊ **de fond en comble** 上上下下 [shàngshàng xiàxià] ▸ **c'est un comble !** 这太过分了！ [zhè tài guòfèn le!].
♦ adj 挤满的 [jímǎn de] ▸ **la salle était comble** 大厅里挤满了人 [dàtīng lǐ jímǎn le rén] ▸ **faire salle comble** 让大厅满座 [ràng dàtīng mǎnzuò].
▪ **combles** nfpl (cl. 间 [jiān]) 顶楼 [dǐnglóu] ▸ **sous les combles** 在顶楼 [zài dǐnglóu].

combler vt ❶ (gâter) 厚待 [hòudài] ▸ **c'est trop ! vous me comblez !** 担当不起！您对我太客气了！ [dāndāng bùqǐ! nín duì wǒ tài kèqi le!] ▸ **combler qqn de qqch** 给某人大量的某物 [gěi mǒurén dàliàng de mǒuwù] ❷ (remplir) 填满 [tiánmǎn] ▸ **combler un trou** 填满一个洞 [tiánmǎn yí ge dòng] ❸ (remédier à) 填补 [tiánbǔ] ▸ **combler un déficit** 填补亏损 [tiánbǔ kuīsǔn] ▸ **combler une lacune** 填补一个空白 [tiánbǔ yí ge kòngbái].

comédie nf ❶ THÉÂTRE & CINÉ (cl. 场 [chǎng] ou 部 [bù]) 喜剧 [xǐjù] ▸ **comédie musicale** 音乐剧 [yīnyuè jù] ❷ (attitude) ▸ **jouer** ou **faire la comédie** 装样子 [zhuāng yàngzi] ▸ **c'est de la comédie !** 这完全是在做戏！ [zhè wánquán shì zài zuòxì!] ❸ (difficulté) 困难 [kùnnan] ▸ **c'est toute une comédie pour venir chez toi !** 你家真是难找啊！ [nǐjiā zhēnshì nán zhǎo a!].

comédien, enne nm, f ❶ (acteur) ○ (cl. 名 [míng] ou 个 [gè] ou 位 [wèi]) 演员 [yǎnyuán] ❷ *péj* (simulateur) 善于装的人 [shànyú zhuāng de rén] ▸ **quel comédien tu fais !** 你真会装啊！ [nǐ zhēn huì zhuāng a!].

comestible adj 可食用的 [kě shíyòng de] ▸ **champignon comestible** 可食用蘑菇 [kě shíyòng mógu].

comète nf ASTRON (cl. 颗 [kē]) 彗星 [huìxīng] ▸ **la comète de Halley** 哈雷彗星 [Hāléi huìxīng]
◊ **tirer des plans sur la comète** 作白日梦 [zuò báirì mèng].

comique ♦ nmf (acteur, personne drôle) ○ (cl. 名 [míng] ou 个 [gè] ou 位 [wèi]) 笑星 [xiàoxīng] ▸ **rôle de comique** 丑角 [chǒujué]. ♦ adj ❶ (style) 喜剧的 [xǐjù de] ▸ **un film comique** 一部喜剧影片 [yíbù xǐjù yǐngpiān] ❷ (drôle) 滑稽的 [huájī de] ▸ **la situation était vraiment comique** 情形真是滑稽 [qíngxíng zhēnshì huájī].

comité nm (groupe) 委员会 [wěiyuánhuì] ▸ **comité d'entreprise** 职工代表委员会 [zhígōng dàibiǎo wěiyuánhuì] ▸ **comité de soutien** 援助委员会 [yuánzhù wěiyuánhuì]
◊ **en petit comité** 在小范围内 [zài xiǎo fànwéi nèi] ▸ **on sera en petit comité pour le repas de ce soir** 我们今晚是小范围内的聚餐 [wǒmen jīnwǎn shì xiǎo fànwéi nèi de jùcān].

commandant nm ❶ MIL (cl. 名 [míng] ou 个 [gè] ou 位 [wèi]) 少校 [shàoxiào] ❷ (d'un navire) ○ (cl. 名 [míng] ou 个 [gè] ou 位 [wèi]) 船长 [chuánzhǎng] ❸ (d'un avion) ▸ **commandant de bord** (cl. 名 [míng] ou 个 [gè] ou 位 [wèi]) 机长 [jīzhǎng].

commande nf ❶ (de marchandises) 订货 [dìnghuò] ▸ **passer une commande** 订一批货 [dìng yì pī huò] ▸ **sur commande** 订购 [dìnggòu] ▸ **bon de commande** (cl. 份 [fèn]) 订单 [dìngdān] ▸ **votre commande a été livrée ce matin** 您订的货今早已发出 [nín dìng de huò jīnzǎo yǐ fāchū] ❷ (au restaurant) 点菜 [diǎncài] ▸ **prendre la commande** 记下所点的菜 [jìxià suódiǎn de cài]
◊ **être aux commandes** 操控 [cāokòng] ▸ **il est aux commandes d'un char de combat** 他操控坦克 [tā cāokòng tǎnkè].

commandement nm ❶ (ordre) RELIG ▸ **les dix commandements** 十戒 [shíjiè] ❷ (pouvoir) 指挥 [zhǐhuī] ▸ **le général assure le commandement des armées** 将军确保着军队的指挥 [jiāngjūn quèbǎozhe jūnduì de zhǐhuī].

commander ♦ vt ❶ (être le chef de) 指挥 [zhǐhuī] ▸ **commander un régiment** 指挥一个团 [zhǐhuī yí ge tuán] ❷ (réserver) 订购 [dìnggòu] ▸ **commander un livre par correspondance** 邮购一本书 [yóugòu yì běn shū] ❸ (au restaurant) 点 [diǎn] ▸ **nous n'avons pas encore commandé** 我们还没有点菜呢 [wǒmen hái méiyǒu diǎncài ne] ▸ **j'ai commandé**

une bière 我要了啤酒 [wǒ yào le píjiǔ]. ♦ vi ❶ (décider) 做主 [zuòzhǔ] ▸ **qui est-ce qui commande ici ?** 这里谁做主？ [zhèlǐ shéi zuòzhǔ?].

comme ♦ conj ❶ (dans une comparaison) 像 [xiàng] ▸ **il est médecin comme son père** 他是个医生，正如他父亲 [tā shìge yīshēng, zhèngrú tā fùqin] ❷ (exprime la manière) 像……那样 [xiàng… nàyàng] ▸ **comme prévu/convenu** 像预计的/说好的那样 [xiàng yùjì de/shuōhǎo de nàyàng] ▸ **fais comme il te plaira** 你高兴怎么做就怎么做 [nǐ gāoxìng zěnme zuò jiù zěnme zuò] ▸ **il faut faire comme ça** 要像这样来做 [yào xiàng zhèyàng lái zuò] ▸ **ça va comme ci comme ça** 过的一般般 [guò de yìbānbān] ❸ (tel que) 比如 [bǐrú] ▸ **les arbres comme le marronnier** 树，比如栗树 [shù, bǐrú lìshù] ❹ (en tant que) 作为 [zuòwéi] ▸ **il vaut mieux l'avoir comme ami que comme petit ami** 把他作朋友要比作男友好 [bǎ tā zuò péngyǒu yào bǐ zuò nányǒu hǎo] ▸ **qu'est-ce que tu as comme voiture ?** 你有辆什么车？ [nǐ yǒu liàng shénme chē?] ❺ (introduit une cause) 由于 [yóuyú] ▸ **comme il pleuvait, nous sommes rentrés** 由于下雨，我们回来了 [yóuyú xiàyǔ, wǒmen huílái le] ❻ (ainsi que) 和……一样 [hé… yíyàng] ▸ **les filles, comme les garçons, peuvent participer à ce cours** 女孩们，和男孩们一样，都可以参加这门课 [nǚháimen, hé nánháimen yíyàng, dōu kéyǐ cānjiā zhèmén kè]. ♦ adv (marque l'intensité) 多 [duō] ▸ **regarde comme elle nage bien !** 看，她游的多好！ [kàn, tā yóu de duōhǎo!] ▸ **comme c'est beau !** 多美啊！ [duō měi a!].

commémorer vt 纪念 [jìniàn] ▸ **commémorer le cinquantième anniversaire de l'armistice** 纪念停战50周年 [jìniàn tíngzhàn 50 zhōunián].

commencement nm (début) 开始 [kāishǐ] ▸ **reprenons par le commencement** 让我们从开头重来 [ràng wǒmen cóng kāitóu chónglái].

commencer ♦ vt 开始 [kāishǐ] ▸ **j'ai commencé le chinois en seconde** 我在高一开始学中文 [wǒ zài gāoyī kāishǐ xué zhōngwén]. ♦ vi 开始 [kāishǐ] ▸ **tu commences à quelle heure ?** 你几点开始？ [nǐ jídiǎn kāishǐ?] ▸ **bien commencer** 开始得好 [kāishǐ de hǎo].

■ **commencer à** vp+prép 开始 [kāishǐ] ▸ **il a commencé à pleuvoir** 开始下雨了 [kāishǐ xiàyǔ le].

comment ♦ adv (interrogatif) ▸ **je ne sais pas comment vous faites** 我不知道您是怎么做的 [wǒ bù zhīdào nín shì zěnme zuò de] ▸ **comment t'appelles-tu ?** 你叫什么？ [nǐ jiào shénme?] ▸ **comment allez-vous ?** 您好吗？ [nín hǎo ma?]. ♦ nm inv 方法 [fāngfǎ] ▸ **chercher les pourquoi et les comment** 探寻原因及方法 [tànxún yuányīn jí fāngfǎ].

commentaire nm ❶ (explication) 解说 [jiěshuō] ❷ (observation) 评论 [pínglùn] ▸ **faire des commentaires** 做评论 [zuò pínglùn] ▸ **avez-vous des commentaires (à faire) ?** 您对此有什么评论（要做）吗？ [nín duì cǐ yǒu shénme pínglùn (yào zuò) ma?] ▸ **ça se passe de commentaires !** 这是不言而喻的！ [zhè shì bùyán'éryù de!] ❸ SCOL ▸ **commentaire de texte** (cl. 篇 [piān]) 议论文 [yìlùnwén].

commentateur, trice nm, f (de radio, de télé) ○ (cl. 名 [míng] ou 个 [gè] ou 位 [wèi]) 评论员 [pínglùnyuán] ▸ **commentateur sportif** 体育解说员 [tǐyù jiěshuōyuán].

commenter vt 评论 [pínglùn] ▸ **commenter l'actualité** 评论时事 [pínglùn shíshì] ▸ **commenter une œuvre** 评论一部作品 [pínglùn yíbù zuòpǐn].

commerçant, e ♦ adj (où il y a des commerces) 商业聚集的 [shāngyè jùjí de] ▸ **quartier commerçant** 商业区 [shāngyè qū] ▸ **rue commerçante** 商业街 [shāngyè jiē]. ♦ nm, f (marchand) 商人 [shāngrén] ▸ **une rue pleine de commerçants** 满是商铺的大街 [mǎnshì shāngpù de dàjiē].

commerce nm ❶ (achat et vente) 商业 [shāngyè] ▸ **faire du commerce** 经商 [jīngshāng] ▸ **elle fait des études de commerce** 她学习商业 [tā xuéxí shāngyè] ❷ (magasin) 商铺 [shāngpù] ▸ **il a un commerce en ville** 他在这个城市有家店铺 [tā zài zhège chéngshì yǒu jiā diànpù].

commercial, e, aux ♦ adj ❶ (relatif à l'achat et la vente) 贸易的 [màoyì de] ▸ **entreprise commerciale** 贸易公司 [màoyì gōngsī] ❷ *péj* (à but lucratif) 商业的 [shāngyè de] ▸ **un film commercial** 商业电影 [shāngyè diànyǐng]. ♦ nm, f 商务人员 [shāngwù rényuán].

commercialiser vt 商业化 [shāngyè huà] ▸ **ce produit sera commercialisé dans un mois** 这个产品将在一个月后投入销售 [zhège chánpǐn jiāng zài yí ge yuè hòu tóurù xiāoshòu].

commettre vt (perpétrer) 犯 [fàn] ▸ **commettre un crime** 犯罪 [fànzuì] ▸ **commettre une erreur** 犯错误 [fàn cuòwu] ▸ **commettre une imprudence** 做了一件不谨慎的事 [zuò le yí jiàn bù jǐnshèn de shì].

commis nm (employé) ○ (cl. 名 [míng] ou 个 [gè] ou 位 [wèi]) 员工 [yuángōng].

commissaire nm ❶ (policier) ▸ **commissaire (de police)** (cl. 名 [míng] ou 个 [gè] ou 位 [wèi]) 警察局长 [jǐngchá júchǎng] ❷ FIN ▸ **commissaire aux comptes** (cl. 名 [míng] ou 个 [gè] ou 位 [wèi]) 稽核员 [jīhé yuán].

commissariat nm (local) 派出所 [pàichūsuǒ].

commission nf ❶ (délégation) 委员会 [wěiyuánhuì] ▸ **une commission d'enquête** 一个调查委员会 [yí ge diàochá wěiyuánhuì] ▸ **la Commission européenne** 欧洲委员会 [Ōuzhōu wěiyuánhuì] ❷ (rémunération) 佣金 [yòngjīn]; 提成 [tíchéng] ▸ **être payé à la commission** 拿佣金 [ná yòngjīn] ▸ **toucher une commission de 5 % sur les ventes** 拿销售额5%的提成 [ná xiāoshòu'é 5% de tíchéng].

▪ **commissions** nfpl (achats) 购买的东西 [gòumǎi de dōngxi] ▸ **faire les commissions** 购物 [gòuwù].

commode ♦ adj ❶ (pratique) 方便的 [fāngbiàn de] ▸ **ce système est très commode** 这个系统非常方便 [zhège xìtǒng fēicháng fāngbiàn] ❷ (aimable) 随和的 [suíhé de] ▸ **pas très commode, ton père!** 你父亲真不随和！ [nǐ fùqin zhēn bù suíhé!]. ♦ nf (meuble) 五斗橱 [wúdǒuchú].

commodité nf 方便 [fāngbiàn] ▸ **pour plus de commodité** 为了更加方便 [wèi le gèngjiā fāngbiàn].

commun, e adj ❶ (collectif) 公用的 [gōngyòng de] ▸ **les parties communes** 公用部分 [gōngyòng bùfen] ▸ **les transports en commun** 公共交通 [gōnggòng jiāotōng] ❷ (répandu) 普遍的 [pǔbiàn de] ▸ **c'est la méthode la plus commune** 这是最普遍的方法 [zhè shì zuì pǔbiàn de fāngfǎ] ▸ **le fer est un métal commun** 铁是一种常见金属 [tiě shì yìzhǒng chángjiàn jīnshǔ] ❸ *péj* (banal) 平庸的 [píngyōng de] ▸ **elle a une voix très commune** 她的嗓音很平庸 [tāde sǎngyīn hěn píngyōng]

◊ **d'un commun accord** 一致地 [yízhì de] ▸ **avoir qqch en commun avec qqn** 和某人在某处相同 [hé mǒurén zài mǒuchù xiāngtóng] ▸ **avoir des points communs avec qqn** 与某人有共同点 [yǔ mǒurén yǒu gòngtóng diǎn].

▪ **commune** nf (ville) 市镇 [shìzhèn].

communal, e, aux adj 市镇的 [shìzhèn de] ▸ **école communale** 市立学校 [shìlì xuéxiào].

communauté nf ❶ (groupe d'Etats) ▸ **la Communauté européenne** 欧洲共同体 [Ōuzhōu gòngtóngtǐ] ❷ RELIG ▸ **communauté religieuse** 宗教社团 [zōngjiào shètuán] ❸ (groupe de personnes) 团体 [tuántǐ] ▸ **vivre en communauté** 过团体生活 [guò tuántǐ shēnghuó].

communément adv 通常 [tōngcháng] ▸ **c'est une idée communément admise** 这是一个通常能被接受的观点 [zhè shì yí ge tōngcháng néng bèi jiēshòu de guāndiǎn].

communication nf ❶ (échange) 沟通 [gōutōng] ▸ **avoir des problèmes de communication** 有沟通上的问题 [yǒu gōutōng shàng de wèntí] ❷ (transmission d'information) 交流 [jiāoliú] ▸ **améliorer la communication dans l'entreprise** 改善企业内部的交流 [gǎishàn qǐyè nèibù de jiāoliú] ❸ (message, information) 通知 [tōngzhī] ▸ **j'ai une importante communication à faire** 我有一个重要的通知要说 [wǒ yǒu yí ge zhòngyào de tōngzhī yào shuō] ❹ TÉLÉCOM ▸ **communication (téléphonique)** 通话 [tōnghuà] ▸ **être en communication avec qqn** 正与某人通话 [zhèng yǔ mǒurén tōnghuà] ❺ (moyen de liaison) 交通 [jiāotōng] ▸ **moyens de communication** 交通

工具 [jiāotōng gōngjù] ❻ (relations publiques) 公共关系 [gōnggòng guānxì] ▸ **il est conseiller en communication** 他是公关顾问 [tā shì gōngguān gùwèn].

communion nf RELIG (sacrement) 领圣体 [lǐngshèngtǐ] ▸ **première communion** 初领圣体 [chū lǐngshèngtǐ].

communiqué nm 公告 [gōnggào] ▸ **publier un communiqué** 发表公告 [fābiǎo gōnggào] ▸ **communiqué de presse** 新闻通稿 [xīnwén tōnggǎo].

communiquer ♦ vt 传达 [chuándá] ▸ **communiquer qqch à qqn** 传达某事给某人 [chuándá mǒushì gěi mǒurén] ▸ **communiquer une information** 传达一条消息 [chuándá yì tiáo xiāoxi] ▸ **communiquer ses coordonnées à qqn** 告诉某人其联系方式 [gàosu mǒurén qí liánxì fāngshì] ▸ **communiquer un sentiment** 传递一种情感 [chuándì yìzhǒng qínggǎn]. ♦ vi 联系 [liánxì] ▸ **les deux entreprises communiquent régulièrement** 这两个企业定期联系 [zhè liǎng ge qǐyè dìngqī liánxì] ▸ **communiquer par mail** 通过电子邮件联系 [tōngguò diànzǐ yóujiàn liánxì] ▸ **avoir du mal à communiquer** 沟通有困难 [gōutōng yǒu kùnnan].

communisme nm 共产主义 [gòngchǎnzhǔyì].

communiste ♦ adj 共产主义的 [gòngchǎnzhǔyì de] ▸ **parti communiste** 共产党 [Gòngchǎndǎng]. ♦ nmf (cl. 名 [míng] ou 个 [gè] ou 位 [wèi]) 共产党员 [Gòngchǎndǎngyuán].

Comores nfpl ▸ **les Comores** 科摩罗 [Kēmóluó].

compact, e adj ❶ (matériau) 紧密的 [jǐnmì de] ▸ **une pâte compacte** 结实的面团 [jiēshí de miàntuán] ❷ (dense) 密集的 [mìjí de] ▸ **une foule compacte** 密集的人群 [mìjí de rénqún] ❸ (de faible encombrement) 小型的 [xiǎoxíng de] ▸ **une chaîne stéréo compacte** 小型立体声组合音响 [xiǎoxíng lìtǐshēng zǔhé yīnxiǎng] ❹ (disque) ▸ **disques compacts** 光盘 [guāngpán].

compagnie nf ❶ (présence) 陪伴 [péibàn] ▸ **avoir de la compagnie** 有人陪伴 [yǒu rén péibàn] ▸ **j'aime la compagnie des personnes âgées** 我喜欢与老人们为伴 [wǒ xǐhuān yǔ lǎorénmen wéi bàn] ▸ **en compagnie de qqn** 在某人陪同下 [zài mǒurén péitóng xià] ▸ **tenir compagnie à qqn** 陪伴某人 [péibàn mǒurén] ▸ **être en bonne compagnie** 有良友为伴 [yǒu liángyǒu wéi bàn] ❷ (entreprise) ◦ (cl. 家 [jiā] ou 个 [gè]) 公司 [gōngsī] ▸ **compagnie aérienne** 航空公司 [hángkōng gōngsī] ▸ **compagnie d'assurances** 保险公司 [bǎoxiǎn gōngsī].

compagnon, compagne nm, f ❶ (ami) 伙伴 [huǒbàn] ▸ **un compagnon de voyage** 旅伴 [lǚbàn] ▸ **un compagnon de cellule** 室友 [shì yǒu] ❷ *sout* (époux, concubin) ◦ (cl. 位 [wèi] ou 个 [gè]) 伴侣 [bànlǚ].

comparable adj 可比的 [kěbǐ de] ▸ **être comparable à qqch** 可与某物相比 [kě yǔ mǒuwù xiāngbǐ] ▸ **ce n'est pas comparable !** 这是不能相提并论的！ [zhè shì bùnéng xiāngtíbìnglùn de!].

comparaison nf 比较 [bǐjiào] ▸ **faire la comparaison** 作比较 [zuò bǐjiào] ▸ **en comparaison de** 与……相比 [yǔ… xiāngbǐ] ▸ **c'est sans comparaison** 这无法相比 [zhè wúfǎ xiāngbǐ].

comparaître vi 出庭 [chūtíng] ▸ **comparaître en justice** 到庭受审 [dàotíng shòushěn] ▸ **être cité à comparaître** 被传讯到庭 [bèi chuánxùn dàotíng].

comparatif, ive adj 比较的 [bǐjiào de] ▸ **un tableau comparatif** 对照表 [duìzhào biǎo] ▸ **une étude comparative** 一项比较研究 [yí xiàng bǐjiào yánjiū].

■ **comparatif** nm GRAMM 比较级 [bǐjiàojí] ▸ **comparatif de supériorité** 较高程度的比较级 [jiàogāo chéngdù de bǐjiàojí] ▸ **comparatif d'infériorité** 较低程度的比较级 [jiàodī chéngdù de bǐjiàojí] ▸ **comparatif d'égalité** 同级比较级 [tóngjí bǐjiàojí].

comparer vt ❶ (confronter) 对照 [duìzhào] ▸ **il faut comparer ce qui est comparable** 要把有可比性的东西进行对照 [yào bǎ yǒu kébǐxìng de dōngxi jìnxíng duìzhào] ▸ **comparer qqn avec qqn** 把某人与某人进行对照 [bǎ mǒurén yǔ mǒurén jìnxíng duìzhào] ▸ **comparer qqch avec qqch** 把某物与某物进行对照 [bǎ mǒuwù yǔ mǒuwù jìnxíng duìzhào] ❷ (assimiler) 相比 [xiāngbǐ] ▸ **on compare souvent son succès à celui de son père** 人们常把他的成功与他父亲的相比 [rénmen cháng bǎ tāde chénggōng yǔ tā fùqin de xiāngbǐ].

compartiment nm ❶ (division) 格子 [gézi] ▸ **compartiment d'un meuble** 家具的格子 [jiājù de gézi] ❷ (dans un train) 厢 [xiāng] ▸ **compartiment de première classe** 头等厢 [tóuděng xiāng] ▸ **compartiment non-fumeurs** 禁烟车厢 [jìnyān chēxiāng].

compas nm ❶ (pour tracer des cercles) ○ (cl. 副 [fù] ou 个 [gè]) 圆规 [yuánguī] ▸ **avec un compas** 用圆规 [yòng yuánguī] ❷ NAUT (cl. 副 [fù]) 罗盘 [luópán] ▸ **il navigue au compas** 他航海时使用罗盘 [tā hánghǎi shí shǐyòng luópán].

compassion nf 同情 [tóngqíng] ▸ **éprouver de la compassion pour qqn** 同情某人 [tóngqíng mǒurén] ▸ **avec compassion** 同情地 [tóngqíng de].

compatible adj (qui peut s'accorder) 兼容的 [jiānróng de] ▸ **compatible avec** 和……兼容 [hé… jiānróng].

compatir à v+prép 同情 [tóngqíng] ▸ **je compatis à votre douleur** 我很同情您的痛苦 [wǒ hěn tóngqíng nín de tòngkǔ].

compatriote nmf 同胞 [tóngbāo].

compensation nf 补偿 [bǔcháng] ▸ **en compensation** 作为补偿 [zuòwéi bǔcháng] ▸ **donner une compensation** 给予补偿 [jíyǔ bǔcháng].

compenser ◆ vt (remplacer) 弥补 [míbǔ] ▸ **la beauté du paysage compense le manque de confort** 美丽的景色弥补了不舒适的感觉 [měilì de jǐngsè míbǔ le bù shūshì de gǎnjué]. ◆ vi (équilibrer) 补偿 [bǔcháng] ▸ **pour compenser, je t'offrirai quelque chose** 作为补偿，我会送给你些东西 [zuòwéi bǔcháng, wǒ huì sònggěi nǐ xiē dōngxi].

compétence nf ❶ (qualification) 能力 [nénglì] ▸ **cela dépasse mes compétences** 这超出了我的能力所及 [zhè chāochū le wǒde nénglì suǒ jí] ▸ **avoir des compétences en qqch** 掌握某方面的技能 [zhǎngwò mǒu fāngmiàn de jìnéng] ▸ **avec compétence** 称职 [chènzhí] ❷ DR 权限 [quánxiàn] ▸ **être de la compétence d'un juge** 在法官的权限内 [zài fǎguān de quánxiàn nèi] ▸ **compétence d'un tribunal** 法院的权能 [fǎyuàn de quánnéng].

compétent, e adj ❶ (qualifié) 有能力的 [yǒu nénglì de] ▸ **être compétent en qqch** 在某事上很有能力 [zài mǒushì shàng hěn yǒu nénglì] ▸ **il n'est pas assez compétent pour ce poste** 他不能胜任这个职务 [tā bùnéng shèngrèn zhège zhíwù] ▸ **un expert très compétent** 一位很有能力的专家 [yí wèi hěn yǒu nénglì de zhuānjiā] ❷ DR 有权力的 [yǒu quánlì de] ▸ **le tribunal compétent** 有审理权的法院 [yǒu shénlǐquán de fǎyuàn] ❸ (responsable) 主管的 [zhúguǎn de] ▸ **adressez-vous aux autorités compétentes !** 请您去咨询主管机关！ [qǐng nín qù zīxún zhúguǎn jīguān!].

compétitif, ive adj 有竞争力的 [yǒu jìngzhēnglì de] ▸ **un prix compétitif** 有竞争力的价格 [yǒu jìngzhēnglì de jiàgé] ▸ **être compétitif** 有竞争力 [yǒu jìngzhēnglì].

compétition nf ❶ SPORT (cl. 场 [chǎng]) 比赛 [bǐsài] ▸ **faire de la compétition** 进行比赛 [jìnxíng bǐsài] ▸ **participer à une compétition** 参加一场比赛 [cānjiā yì chǎng bǐsài] ▸ **remporter une compétition** 赢得比赛 [yíngdé bǐsài] ❷ (concurrence) 竞争 [jìngzhēng] ▸ **des entreprises en compétition** 相互竞争的企业 [xiānghù jìngzhēng de qǐyè] ▸ **avoir l'esprit de compétition** 有竞争精神 [yǒu jìngzhēng jīngshén].

compile nf *fam* 合辑 [héjí] ▸ **la dernière compile des Beatles** 披头士的最后一张专辑 [Pītóushì de zuìhòu yì zhāng zhuānjí].

complainte nf (chanson) ○ (cl. 首 [shǒu]) 悲伤的民歌 [bēishāng de míngē].

complément nm ❶ (supplément) 补充部分 [bǔchōng bùfen] ▸ **complément d'information** 信息的补充部分 [xìnxī de bǔchōng bùfen] ❷ GRAMM 补语 [búyǔ] ▸ **complément d'objet direct** 直接宾语 [zhíjiē bīnyǔ] ▸ **complément d'objet indirect** 间接宾语 [jiànjiē bīnyǔ].

complémentaire adj (supplémentaire) 补充的 [bǔchōng de] ▸ **pour tout renseignement complémentaire** 至于所有补充情况 [zhìyú suóyǒu bǔchōng qíngkuàng].

complet, ète adj ❶ (auquel il ne manque rien) 完全的 [wánquán de] ▸ **le jeu de cartes est complet** 扑克牌是完整的 [pūkèpái shì wánzhěng de] ▸ **les œuvres complètes de qqn** 某人的作品全集 [mǒurén de zuòpǐn quánjí] ❷ (où il n'y a plus de place) 满员的 [mǎnyuán de] ▸ **train complet** 火车座满 [huǒchē zuò mǎn] ▸ **l'hôtel est complet** 旅馆已经住满了 [lǚguǎn yǐjīng zhù mǎn le] ❸ (brut) 粗粮的 [cūliáng de] ▸ **blé complet** 全麦 [quánmài] ▸ **pain complet** 全麦面包 [quánmài miànbāo].

complètement adv 完全地 [wánquán de] ▸ **il est complètement rétabli** 他完全康复了 [tā wánquán kāngfù le] ▸ **j'ai complètement raté mon examen** 我考试彻底失败了 [wǒ kǎoshì chèdǐ shībài le].

compléter vt (rendre complet) 补充 [bǔchōng] ▸ **complétez ce poème avec les caractères manquants** 补充这首诗中所缺的字 [bǔchōng zhèshǒu shī zhōng suǒquē de zì] ▸ **compléter une collection** 补充收藏 [bǔchōng shōucáng] ▸ **compléter un dossier** 补全案卷[bǔquán ànjuàn] ▸ **compléter sa formation** 完成培训 [wánchéng péixùn] ▸ **compléter une enquête** 使调查完整 [shǐ diàochá wánzhěng].

complexe ♦ adj (compliqué) 复杂的 [fùzá de] ▸ **cette affaire est très complexe** 这件事非常复杂 [zhèjiàn shì fēicháng fùzá]. ♦ nm ❶ (comportement) 情结 [qíngjié] ▸ **complexe d'infériorité** 自卑感 [zìbēi gǎn] ▸ **complexe d'Œdipe** 恋母情结 [liàn mǔ qíngjié] ▸ **complexe de supériorité** 优越感 [yōuyuè gǎn] ▸ **avoir des complexes** 感到自卑 [gǎndào zìbēi] ❷ (ensemble d'installations) 建筑群 [jiànzhùqún] ▸ **complexe hospitalier** 医院建筑群 [yīyuàn jiànzhùqún]; (ensemble d'industries) 联合企业 [liánhé qǐyè] ▸ **complexe sidérurgique** 钢铁联合企业 [gāngtiě liánhé qǐyè].

complexé, e adj 感到自卑的 [gǎndào zìbēi de] ▸ **un adolescent complexé** 一个自卑的少年 [yí ge zìbēi de shàonián] ▸ **elle est complexée parce qu'elle a de gros mollets** 她因她的小腿肚太胖而感到自卑 [tā yín tāde xiǎo tuǐdù tài pàng ér gǎndào zìbēi].

complications nfpl ❶ (difficultés, ennuis) 复杂情况 [fùzá qíngkuàng] ▸ **ne cherchez pas les complications** 别自找难题了 [bié zìzhǎo nántí le] ❷ MÉD 并发症 [bìngfāzhèng] ▸ **les complications d'une maladie** 一种疾病的并发症 [yìzhǒng jíbìng de bìngfāzhèng].

complice ♦ adj ❶ (personne) 有默契的 [yǒu mòqì de] ▸ **être très complices** 非常有默契 [fēicháng yǒu mòqì] ❷ (expression) 会心的 [huìxīn de] ▸ **un regard complice** 会心的眼神 [huìxīn de yǎnshén] ▸ **un sourire complice** 会心一笑 [huìxīn yíxiào]. ♦ nmf 同谋 [tóngmóu] ▸ **être complice d'un vol** 是一次盗窃的共犯 [shì yí cì dàoqiè de gòngfàn].

complicité nf ❶ (participation à un délit) 合谋 [hémóu] ❷ (entente) 默契 [mòqì].

compliment nm ❶ (louange) 称赞 [chēngzàn] ▸ **ce compliment me fait très plaisir** 这种称赞真让我高兴 [zhèzhǒng chēngzàn zhēn ràng wǒ gāoxìng] ▸ **faire des compliments à qqn** 称赞某人 [chēngzàn mǒurén] ❷ (félicitations) 祝贺 [zhùhè] ▸ **mes compliments à la cuisinière !** 向厨师祝贺！ [xiàng chúshī zhùhè!].

compliqué, e adj ❶ (difficile) 复杂的 [fùzá de] ▸ **un problème compliqué** 一个复杂的问题[yí ge fùzá de wèntí] ▸ **cet exercice est compliqué** 这个练习很难 [zhège liànxí hěn nán] ❷ (complexe) 心理复杂的 [xīnlǐ fùzá de] ▸ **ma sœur, c'est quelqu'un de compliqué** 我姐姐真是个心理复杂的人 [wǒ jiějie zhēnshì ge xīnlǐ fùzá de rén].

compliquer vt 使......复杂化 [shǐ… fùzáhuà] ▸ **il complique toujours les choses** 他总是把事情复杂化 [tā zǒngshì bǎ shìqing fùzáhuà].

▪ **se compliquer** vp 复杂化 [fùzáhuà] ▸ **l'affaire s'est compliquée** 事情变得复杂了 [shìqing biàn de fùzá le] ▸ **se compliquer la vie** 把生活复杂化 [bǎ shēnghuó fùzáhuà].

complot nm 阴谋 [yínmóu] ▸ **organiser un complot** 策划一个阴谋 [cèhuà yí ge yīnmóu] ▸ **déjouer un complot** 挫败阴谋 [cuòbài yīnmóu].

comploter vi 密谋 [mìmóu] ▸ **les généraux complotent de renverser le régime** 将军们

密谋推翻政体 [jiāngjūnmen mìmóu tuīfān zhèngtǐ] ▸ **comploter contre** 密谋反对…… [mìmóu fǎnduì…].

comportement nm (attitude) 举止 [júzhǐ] ▸ **avoir un comportement bizarre** 举止很奇怪 [júzhǐ hěn qíguài] ▸ **avoir un comportement admirable** 行为举止令人钦佩 [xíngwéi júzhǐ lìngrén qīnpèi] ▸ **il a changé son comportement** 他改变了处事方式 [tā gǎibiàn le chǔshì fāngshì].

comporter vt ❶ (inclure) 含有 [hányǒu] ▸ **comporter des exceptions** 含有例外 [hányǒu lìwài] ▸ **comporter des risques** 有风险 [yǒu fēngxiǎn] ▸ **comporter des avantages** 具有优势 [jùyǒu yōushì] ❷ (être composé) 包括 [bāokuò] ▸ **son discours comporte trois parties** 讲话包括三个部分 [jiǎnghuà bāokuò sān ge bùfen] ▸ **l'appartement comporte trois pièces** 这套公寓有三个房间 [zhètào gōngyù yǒu sān ge fángjiān].

▪ **se comporter** vp (se conduire) 举止 [júzhǐ] ▸ **bien se comporter** 举止得体 [júzhǐ détǐ] ▸ **il s'est comporté comme un idiot** 他表现得像个白痴 [tā biǎoxiàn de xiàng ge báichī].

composant nm 成分 [chéngfèn] ▸ **les composants de l'air** 空气的成分 [kōngqì de chéngfèn].

composer ♦ vt ❶ (constituer) 组成 [zǔchéng] ▸ **cet appartement est composé de trois pièces** 这套房子是由三个房间组成的 [zhè tào fángzi shì yóu sān ge fángjiān zǔchéng de] ▸ **ce livre est composé de plusieurs parties** 这本书是由几个部分组成的 [zhè běn shū shì yóu jǐ ge bùfen zǔchéng de] ▸ **composer un tout** 组成一个整体 [zǔchéng yí ge zhěngtǐ] ❷ (créer) 创作 [chuàngzuò] ▸ **composer une œuvre** 创作一个作品 [chuàngzuò yí ge zuòpǐn] ▸ **composer un poème** 作诗 [zuòshī] ▸ **composer une sonate** 创作一首奏鸣曲 [chuàngzuò yì shǒu zòumíngqǔ] ▸ **composer un bouquet de fleurs** 选配一束花 [xuǎnpèi yí shù huā] ❸ (numéro de téléphone) 拨 [bō] ▸ **composez le 17** 拨17 [bō 17]. ♦ vi ❶ (rédiger un devoir) 写作 [xiězuò] ▸ **composer en sciences** 科学著作 [kēxué zhùzuò] ❷ (transiger) 妥协 [tuǒxié] ▸ **composer avec l'ennemi** 和敌人妥协 [hé dírén tuǒxié].

▪ **se composer de** vp+prép (être constitué de) 由……组成 [yóu… zǔchéng] ▸ **l'équipe se compose de quatre personnes** 队伍由四人组成 [duìwǔ yóu sì rén zǔchéng] ▸ **la maison se compose de deux étages** 这所房屋有两层 [zhè suǒ fángwū yǒu liǎngcéng].

compositeur nm, f MUS (cl. 名 [míng] ou 个 [gè] ou 位 [wèi]) 作曲家 [zuòqǔjiā].

composition nf ❶ (création, réalisation) 创作 [chuàngzuò] ▸ **la composition d'une œuvre** 一个作品的创作 [yí ge zuòpǐn de chuàngzuò] ❷ THÉÂTRE & CINÉ 虚构 [xūgòu] ▸ **un rôle de composition** 一个虚构的角色 [yí ge xūgòu de juésè] ❸ ART 作品 [zuòpǐn] ▸ **une composition florale** 一个插花作品 [yí ge chāhuā zuòpǐn] ❹ (formation) 组成 [zǔchéng] ▸ **composition d'un gouvernement** 政府的组成 [zhèngfǔ de zǔchéng] ▸ **composition d'un jury** 评审委员会的组成 [píngshěn wěiyuánhuì de zǔchéng] ▸ **composition d'une équipe** 队伍的组成 [duìwǔ de zǔchéng] ❺ (structure) 搭配 [dāpèi] ▸ **composition d'un plat** 一道菜的搭配 [yí dào cài de dāpèi] ▸ **composition d'un médicament** 一种药的配方 [yì zhǒng yào de pèifāng] ▸ **composition d'un produit** 一个产品的构成 [yí ge chánpǐn de gòuchéng] ▸ **composition d'un métal** 一种金属的组成成分 [yì zhǒng jīnshǔ de zǔchéng chéngfèn] ❻ (tempérament) 妥协 [tuǒxié] ▸ **être de bonne composition** 容易妥协的 [róngyì tuǒxié de].

composter vt (un billet) 打孔验票 [dǎkǒng yànpiào] ▸ **compostez votre billet avant de monter dans le train** 请在上火车之前把您的票打一下孔 [qǐng zài shàng huǒchē zhī qián bǎ nínde piào dǎ yíxià kǒng].

compote nf CULIN (cl. 份 [fèn] ou 个 [gè]) 糖煮水果浆 [tángzhǔ shuíguǒjiāng] ▸ **une compote de poires** 糖煮梨子浆 [tángzhǔ lízijiāng]

◊ **en compote** *fam* 受到伤害 [shòudào shānghài] ▸ **j'ai les pieds en compote à force de marcher** 我的脚走伤了 [wǒde jiǎo zǒu shāng le].

compréhensible adj ❶ (intelligible) 清晰的 [qīngxī de] ▸ **paroles compréhensibles** 清晰的话语 [qīngxī de huàyǔ] ▸ **exprime-toi de façon compréhensible** 你讲的清楚点 [nǐ jiǎng de qīngchu diǎn] ❷ *fig* (normal) 可以理解的 [kéyǐ lǐjiě de] ▸ **il est déçu d'avoir perdu son match, c'est compréhensible** 他正为打输了比赛而感到沮丧，这是可以理解的 [tā zhèng wèi dǎshū le bǐsài ér gǎndào jǔsàng, zhè shì kéyǐ lǐjiě de].

compréhensif, ive adj 善解人意的 [shànjiěrényì de] ▸ **se montrer compréhensif** 表现出善解人意 [biǎoxiàn chū shànjiěrényì].

compréhension nf ❶ (intelligence) 理解力 [lǐjiělì] ▸ **avoir des difficultés de compréhension** 在理解力方面有问题 [zài lǐjiělì fāngmiàn yǒu wèntí] ❷ (indulgence) 体谅 [tǐliang] ▸ **faire preuve de compréhension** 表现出能够理解 [biǎoxiàn chū nénggòu lǐjiě].

comprendre vt ❶ (percevoir le sens de) 懂 [dǒng] ▸ **comprendre un film** 看懂一部电影 [kàndǒng yí bù diànyǐng] ▸ **tu ne comprends pas le chinois ?** 你不懂中文吗？ [nǐ bùdǒng zhōngwén ma?] ▸ **comprendre un problème** 明白一个问题 [míngbai yí ge wèntí] ▸ **tu as compris ?** 你明白了吗？ [nǐ míngbai le ma?] ❷ (concevoir) 明白 [míngbai] ▸ **je ne comprends pas pourquoi il ne veut pas venir** 我不明白他为什么不愿意来 [wǒ bù míngbai tā wèishénme bú yuànyì lái] ▸ **je comprends qu'il soit malheureux** 我知道他很不幸 [wǒ zhīdào tā hěn búxìng] ▸ **je ne comprends pas comment il a fait pour réussir** 我不明白他是如何成功的 [wǒ bù míngbai tā shì rúhé chénggōng de] ❸ (quelqu'un) 理解 [lǐjiě] ▸ **ses parents ne le comprennent pas** 他的父母不理解他 [tāde fùmǔ bù lǐjiě tā] ❹ (comporter) 有 [yǒu] ▸ **ce bâtiment comprend plusieurs annexes** 这幢建筑有好几个附属设施 [zhè zhuàng jiànzhù yǒu hǎo jǐ ge fùshǔ shèshī] ▸ **l'équipe comprend trois joueurs étrangers** 团队有三个外国运动员 [tuánduì yǒu sān ge wàiguó yùndòngyuán] ❺ (inclure) 包括 [bāokuò] ▸ **le prix ne comprend pas le transport** 价格中不包括交通费 [jiàgé zhōng bù bāokuò jiāotōng fèi].

compression nf ❶ (action de comprimer) 压缩 [yāsuō] ▸ **la compression d'un gaz** 气体压缩 [qìtǐ yāsuō] ❷ (diminution) 削减 [xuējiǎn] ▸ **compression des dépenses** 开支的削减 [kāizhī de xuējiǎn] ▸ **compression du personnel** 人员的裁减 [rényuán de cáijiǎn].

comprimé nm (cl. 片 [piàn]) 药片 [yàopiàn] ▸ **prendre un comprimé** 吃片药 [chī piàn yào] ▸ **un comprimé d'aspirine** 一片阿司匹林 [yípiàn Āsīpīlín].

comprimer vt ❶ (serrer) 收紧 [shōujǐn] ▸ **cette jupe me comprime la taille** 这条裙子收紧了我的腰 [zhè tiáo qúnzi shōujǐn le wǒde yāo] ▸ **les voyageurs sont comprimés dans le bus** 旅客都挤在大客车里 [lǚkè dōu jǐ zài dàkèchē lǐ] ❷ MÉD 压迫 [yāpò] ▸ **comprimer une artère pour éviter l'hémorragie** 压迫动脉避免大出血 [yāpò dòngmài bìmiǎn dàchūxiě].

compris, e adj (inclus) 包括在内 [bāokuò zàinèi] ▸ **tout compris** 都包括在内了 [dōu bāokuò zàinèi le] ▸ **toutes taxes comprises** 含税 [hán shuì] ▸ **petit déjeuner non compris** 不包括早餐 [bù bāokuò zǎocān] ▸ **service compris** 服务费包括在内 [fúwùfèi bāokuò zàinèi].

compromettre vt ❶ (nuire moralement) 累及 [lěijí] ▸ **compromettre sa réputation** 累及他的名誉 [lěijí tāde míngyù] ▸ **compromettre qqn** 牵连某人 [qiānlián mǒurén] ❷ (mettre en danger) 损害 [sǔnhài] ▸ **compromettre sa santé** 损害健康 [sǔnhài jiànkāng] ▸ **compromettre son avenir** 有损自己的前程 [yǒusǔn zìjǐ de qiánchéng].

compromis nm (concession) ○ (cl. 项 [xiàng]) 妥协 [tuǒxié] ▸ **trouver un compromis** 达成一项妥协 [dáchéng yí xiàng tuǒxié].

comptabilité nf ❶ (comptes) ○ (cl. 本 [běn]) 帐 [zhàng] ▸ **tenir la comptabilité** 管帐 [guǎn zhàng] ▸ **faire la comptabilité (de qqn)** (替某人)管帐 [(tì mǒurén) guǎn zhàng] ❷ (service) 财会部门 [cáikuài bùmén] ▸ **la comptabilité se charge des paiements** 财会部门负责付款 [cáikuài bùmén fùzé fùkuǎn].

comptable ♦ nmf (cl. 位 [wèi] ou 个 [gè] ou 名 [míng]) 会计 [kuàijì] ▸ **chef comptable** 会

计师 [kuàijì shī]. ♦ adj FIN 财务方面的 [cáiwù fāngmiàn de] ▸ **erreur comptable** 财务方面的错误 [cáiwù fāngmiàn de cuòwù].

comptant ♦ adv 用现款 [yòngxiànkuǎn] ▸ **payer comptant** 付现款 [fù xiànkuǎn] ▸ **il a acheté sa moto comptant** 他用现款买下了摩托车 [tā yòng xiànkuǎn mǎixià le mótuōchē]. ♦ adj inv 现款的 [xiànkuǎn de] ▸ **verser cinq cents euros comptant** 支付五百欧元现款 [zhīfù wǔ bǎi ōuyuán xiànkuǎn].

compte nm ❶ (calcul) 计算 [jìsuàn] ▸ **faire le compte des dépenses** 计算开支 [jìsuàn kāizhī] ▸ **compte à rebours** 倒计时 [dàojìshí] ❷ (somme) 数目 [shùmù] ▸ **le compte est bon** 数目正确 [shùmù zhèngquè] ❸ BANQUE 帐户 [zhànghù] ▸ **compte bancaire** ou **en banque** 银行帐户 [yínháng zhànghù] ▸ **fermer un compte** 关闭一个帐户 [guānbì yí ge zhànghù]
◊ **se mettre à son compte** 自己干 [zìjǐ gàn] ▸ **être à son compte** 为自己干 [wèi zìjǐ gàn] ▸ **tenir compte de** 考虑到 [kǎolǜ dào] ▸ **prendre qqch en compte** 把某事考虑在内 [bǎ mǒushì kǎolǜ zàinèi] ▸ **rendre compte de qqch (à qqn)** (向某人)汇报某事 [(xiàng mǒurén) huìbào mǒushì] ▸ **se rendre compte de/que** 意识到…… [yìshidào…] ▸ **en fin de compte** 毕竟 [bìjìng].
▪ **comptes** nmpl 帐 [zhàng] ▸ **faire ses comptes** 计帐 [jìzhàng]
◊ **rendre des comptes (à qqn)** (向某人)交代 [(xiàng mǒurén) jiāodài] ▸ **je n'ai aucun compte à te rendre** 我没有什么要向你交代的 [wǒ méiyǒu shénme yào xiàng nǐ jiāodài de].

compter ♦ vt ❶ (dénombrer) 数 [shǔ] ▸ **compter les étoiles** 数星星 [shǔ xīngxing] ▸ **compter les élèves présents** 统计到场的学生人数 [tǒngjì dàochǎng de xuésheng rénshù] ❷ (facturer) 算 [suàn] ▸ **tu as compté les frais de transport ?** 你算上运输费了吗？ [nǐ suànshang yùnshū fèi le ma?] ❸ (comporter) 有 [yǒu] ▸ **ce hameau ne compte que douze habitants** 小村庄只有十二个居民 [xiǎo cūnzhuāng zhíyǒu shí'èr ge jūmín] ❹ (estimer) 算起来 [suànqǐlái] ▸ **il faut compter une heure de marche jusqu'au refuge** 到隐蔽地点算起来得走一个小时 [dào yǐnbì dìdiǎn suànqǐlái déi zǒu yí ge xiǎoshí] ▸ **pour ce voyage, il faut compter 1 000 euros par personne** 这次旅行算起来得一人1000欧元 [zhè cì lǚxíng suànqǐlái děi yìrén 1000 ōuyuán] ❺ (avoir l'intention de faire qqch) 打算 [dǎsuan] ▸ **je compte m'installer à Paris** 我打算在巴黎安家 [wǒ dǎsuan zài Bālí ānjiā]. ♦ vi ❶ (calculer) 数数 [shǔshù] ▸ **savoir compter** 会数数 [huì shǔshù] ▸ **mon fils compte jusqu'à 20** 我儿子会数到20了 [wǒ érzi huì shǔ dào 20 le] ❷ (avoir de l'importance) 是重要的 [shì zhòngyào de] ▸ **c'est l'intention qui compte !** 心意才是最重要的！ [xīnyì cái shì zuì zhòngyào de!] ▸ **tu comptes beaucoup pour moi** 你对我很重要 [nǐ duì wǒ hěn zhòngyào].
▪ **compter sur** vp+prép ❶ (faire confiance à) 相信…… [xiāngxìn…] ▸ **vous pouvez compter sur ma discrétion** 您可以相信我是不会张扬出去的 [nín kéyǐ xiāngxìn wǒ shì búhuì zhāngyáng chūqu de] ▸ **c'est quelqu'un sur qui l'on peut compter** 这是一个可信的人 [zhè shì yí ge kěxìn de rén] ❷ (espérer) 指望 [zhǐwàng] ▸ **je compte sur cet argent pour partir en vacances** 我指望着这笔钱去外出度假 [wǒ zhǐwàng zhe zhè bǐ qián qù wàichū dùjià] ▸ **j'y compte bien !** 我就指望它了！ [wǒ jiù zhǐwàng tā le!].
▪ **sans compter que** loc conj 再说 [zàishuō] ▸ **il est un peu tard pour sortir, sans compter que je suis fatigué** 要想出去时间有些晚了，再说我也累了 [yào xiǎng chūqu shíjiān yǒuxiē wǎn le, zàishuō wǒ yě lèi le].

compte-rendu, compte rendu nm (cl. 个 [gè] ou 篇 [piān] ou 份 [fèn]) 汇报 [huìbào] ▸ **vous me ferez un compte rendu de la réunion pour demain** 明天您给我做一个关于会议的汇报 [míngtiān nín gěi wǒ zuò yí ge guānyú huìyì de huìbào].

compteur nm ❶ (d'une voiture) ▸ **compteur de vitesse** 速度盘 [sùdùpán] ▸ **compteur kilométrique** 计程器 [jìchéngqì] ❷ (d'un taxi) 计价器 [jìjiàqì] ❸ ÉLECTR ▸ **compteur d'électricité** 电表 [diànbiǎo] ▸ **relever le compteur** 抄表 [chāo biǎo] ▸ **compteur de gaz** 煤气表 [méiqìbiǎo].

comptoir nm ❶ (de bar) 吧台 [bātái] ▸ **commander une bière au comptoir** 在吧台叫一杯啤酒 [zài bātái jiào yì bēi píjiǔ] ❷ (de magasin) 柜台 [guìtái] ▸ **sur le comptoir** 在柜台上 [zài guìtái shàng] ❸ (commercial) HIST 商行 [shāngháng] ▸ **le comptoir français des Indes** 印度法国商行 [Yìndù Fǎguó shāngháng].

comte, comtesse nm, f 伯爵 [bójué].

con, conne ♦ adj *tfam* ❶ (stupide) 傻 [shǎ] ▸ **tu es trop con de lui avoir dit !** 你对他说了，太傻了！ [nǐ duì tā shuō le, tài shǎ le!] ❷ (regrettable) 真是的 [zhēnshi de] ▸ **c'est con, j'ai oublié mon livre** 真是的，我忘带我的书了 [zhēnshi de, wǒ wàng dài wǒde shū le] ❸ (facile) ▸ **c'est tout con !** 小菜一碟！ [xiǎocài yì dié!]. ♦ nm, f *tfam* 傻子 [shǎzi] ▸ **quel con !** 真傻！ [zhēn shǎ!].

concéder vt (un droit) 出让 [chūràng] ▸ **concéder l'exploitation d'un terrain** 出让一个地皮的开发权 [chūràng yí ge dìpí de kāifāquán].

concentration nf ❶ (de population, d'entreprises) 集中 [jízhōng] ▸ **il y a une importante concentration de réfugiés dans la région** 在这个地区，难民非常地集中 [zài zhè ge dìqū, nànmín fēicháng de jízhōng] ❷ (intellectuelle) 集中精力 [jízhōngjīnglì] ▸ **il faut de la concentration pour réussir ce travail** 完成这项工作需要集中精力 [wánchéng zhè xiàng gōngzuò xūyào jízhōngjīnglì].

concentrer vt ❶ (rassembler) 集结 [jíjié] ▸ **concentrer des troupes aux frontières** 在边境集结部队 [zài biānjìng jíjié bùduì] ▸ **concentrer le pouvoir entre les mains d'un seul homme** 把权力集中在一个人的手中 [bǎ quánlì jízhōng zài yí ge rén de shǒuzhōng] ❷ (une énergie) 集中 [jízhōng] ▸ **concentrer son attention sur qqch** 把注意力集中在某事上 [bǎ zhùyìlì jízhōng zài mǒushì shàng] ▸ **concentrer ses forces sur qqch** 把力量集中在某事上 [bǎ lìliang jízhōng zài mǒushì shàng].

▪ **se concentrer** vp ❶ (se rassembler) 聚集 [jùjí] ▸ **la foule se concentre sur la place** 人群聚集在广场上 [rénqún jùjí zài guǎngcháng shàng] ❷ (personne) 集中精力 [jízhōngjīnglì] ▸ **le bruit m'empêche de me concentrer** 噪音妨碍我集中精力 [zàoyīn fáng'ài wǒ jízhōngjīnglì] ▸ **se concentrer sur qqch** 把精力集中在某事上 [bǎ jīnglì jízhōng zài mǒushì shàng].

concept nm 概念 [gàiniàn] ▸ **le concept de beauté** 美的概念 [měi de gàiniàn] ▸ **un nouveau concept de voiture** 一个汽车的新概念 [yí ge qìchē de xīn gàiniàn].

conception nf ❶ (biologique) 受孕 [shòuyùn] ▸ **la conception d'un enfant** 怀孕 [huáiyùn] ❷ (élaboration) 构思 [gòusī] ▸ **la conception d'un projet** 一个计划的构思 [yí ge jìhuà de gòusī] ▸ **la conception d'un produit** 一个产品的设计 [yí ge chánpǐn de shèjì] ❸ (opinion) 观念 [guānniàn] ▸ **nous avons la même conception des choses** 我们对事物有相同的观念 [wǒmen duì shìwù yǒu xiāngtóng de guānniàn].

concerner vt 关系到 [guānxidào] ▸ **cette mesure concerne tous les employés** 这条措施涉及所有员工 [zhè tiáo cuòshī shèjí suóyǒu yuángōng] ▸ **il ne se sent pas concerné** 他觉得和他没有关系 [tā juéde hé tā méiyǒu guānxi] ▸ **en ce qui concerne...** 关于…… [guānyú...] ▸ **en ce qui me concerne,...** 至于我，…… [zhìyú wǒ,...].

concert nm MUS (cl. 场 [chǎng]) 音乐会 [yīnyuèhuì] ▸ **aller à un concert** 去听一场音乐会 [qù tīng yì chǎng yīnyuèhuì].

concertation nf (cl. 次 [cì]) 商议 [shāngyì] ▸ **il y a eu une concertation entre les différents groupes** 各个团队之间进行过一次商议 [gège tuánduì zhījiān jìnxíng guò yí cì shāngyì].

concerter ▪ **se concerter** vp 商议 [shāngyì] ▸ **nous avons eu la même idée sans même nous concerter** 没经过商议，我们就有相同的想法 [méi jīngguò shāngyì, wǒmen jiù yǒu xiāngtóng de xiángfǎ].

concession nf (compromis) 让步 [ràngbù] ▸ **faire des concessions** 作出让步 [zuòchū ràngbù].

concevoir vt ❶ (comprendre) 想象 [xiǎngxiàng] ▸ **je n'arrive pas à concevoir comment on peut faire ça** 我想象不出来我们怎么来做 [wǒ xiǎngxiàng bù chūlái wǒmen zěnme lái zuò] ❷ (créer, imaginer) 构思 [gòusī] ▸ **concevoir un projet** 构思一个计划 [gòusī yí ge jìhuà] ▸ **bien/mal conçu** 构思巧妙/粗糙 [gòusī qiǎomiào/cūcāo] ❸ (former dans son utérus)

怀孕 [huáiyùn] ▸ **concevoir un enfant** 怀着一个孩子 [huái zhe yí ge háizi].

concierge nmf (d'immeuble) 看门人 [kānménrén].

concilier vt ❶ (mettre en accord) 调停 [tiáoting] ▸ **le juge essaie de concilier les adversaires** 法官试着调停双方 [fǎguān shìzhe tiáoting shuāngfāng] ❷ (faire aller ensemble) 协调 [xiétiáo] ▸ **elle s'efforce de concilier sa vie professionnelle et sa vie familiale** 她努力把自己的工作和家庭生活协调起来 [tā nǔlì bǎ zìjǐ de gōngzuò hé jiātíng shēnghuó xiétiáo qǐlái].

concis, e adj 简洁的 [jiǎnjié de] ▸ **une réponse claire et concise** 一个简洁明了的回答 [yí ge jiǎnjié míngliǎo de huídá] ▸ **soyez plus concis!** 请简短些！ [qǐng jiǎnduǎn xiē!].

conclure vt ❶ (signer) 签署 [qiānshǔ] ▸ **conclure la paix** 签署和平协议 [qiānshǔ hépíng xiéyì] ▸ **conclure un accord** 签署一项协议 [qiānshǔ yí xiàng xiéyì] ▸ **conclure une affaire** 成交一桩买卖 [chéngjiāo yì zhuāng mǎimai] ▸ **marché conclu!** 成交！ [chéngjiāo!] ❷ (terminer) 结束 [jiéshù] ▸ **conclure qqch par qqch** 以某事来结束某事 [yǐ mǒushì lái jiéshù mǒushì] ▸ **pour conclure...** 在结束之前…… [zài jiéshù zhī qián…] ❸ (déduire) 推断 [tuīduàn] ▸ **il a conclu de mon silence que j'étais d'accord** 他从我的沉默推断我同意了 [tā cóng wǒde chénmò tuīduàn wǒ tóngyì le].

conclusion nf ❶ (partie finale) 结尾 [jiéwěi] ▸ **la conclusion d'un discours** 一个演说的结尾[yí ge yǎnshuō de jiéwěi] ❷ (conséquence d'un raisonnement) 结论 [jiélùn] ▸ **tirer les conclusions de qqch** 从某事中得出结论 [cóng mǒushì zhōng déchū jiélùn] ▸ **en conclusion,...** 总之，…… [zǒngzhī, …] ▸ **j'en étais arrivé à la conclusion qu'il avait menti** 我由此可以得出的结论是他说了谎 [wǒ yóucǐ kéyǐ déchū de jiélùn shì tā shuō le huǎng] ❸ (au total) 总的来说 [zǒngde láishuō] ▸ **conclusion, il n'y a rien à faire!** 总的来说，没办法了！ [zǒngde láishuō, méi bànfǎ le!].

concombre nm (cl. 根 [gēn]) 黄瓜 [huángguā].

concorder vi (être en accord, coïncider) 相符合 [xiāngfúhé] ▸ **tous les résultats concordent** 所有的结论都相符合 [suóyǒu de jiélùn dōu xiāngfúhé] ▸ **la date indiquée ne concorde pas avec ce qui était convenu** 书面的日期与曾约定的不符 [shūmiàn de rìqī yǔ céng yuēdìng de bùfú].

concourir vi (participer à un concours) 参加考试 [cānjiā kǎoshì] ▸ **concourir pour le championnat du monde** 参加世界锦标赛的选拔赛 [cānjiā shìjiè jǐnbiāosài de xuǎnbásài].

▪ **concourir à** v+prép (aller vers un même but) 促使 [cùshǐ].

concours nm ❶ (examen) ○ (cl. 次 [cì] ou 场 [chǎng] ou 项 [xiàng] ou 个 [gè]) 考试 [kǎoshì] ▸ **concours d'entrée** 入学考试 [rùxué kǎoshì] ▸ **rater un concours** 没有通过一项考试 [méiyǒu tōngguò yí xiàng kǎoshì] ❷ (compétition) 比赛 [bǐsài] ▸ **concours de chant** 唱歌比赛 [chànggē bǐsài] ▸ **concours de photo** 摄影比赛 [shèyǐng bǐsài] ▸ **concours hippique** 马术比赛 [mǎshù bǐsài] ▸ **concours de beauté** 选美比赛 [xuánměi bǐsài]

◊ **hors concours** 超群的 [chāoqún de] ▸ **un sportif hors concours** 一位技艺超群的运动员 [yí wèi jìyì chāoqún de yùndòngyuán].

▪ **concours de circonstances** nm 巧合 [qiǎohé] ▸ **par un fâcheux concours de circonstances, ils étaient là aussi** 出于一次不幸的巧合，他们也在那儿 [chūyú yí cì búxìng de qiǎohé, tāmen yě zài nàr] ▸ **un heureux concours de circonstances** 一次幸运的巧合[yí cì xìngyùn de qiǎohé].

concret, ète adj ❶ (palpable) 实在的 [shízài de] ▸ **un objet concret** 一个实实在在的东西 [yí ge shíshí zàizài de dōngxi] ❷ (pratique) 具体的 [jùtǐ de] ▸ **les applications concrètes d'un projet** 一项计划的具体实施方法 [yí xiàng jìhuà de jùtǐ shíshī fāngfǎ] ▸ **faire des propositions concrètes** 提一些具体的建议 [tí yìxiē jùtǐ de jiànyì].

concrétiser vt (matérialiser) 实现 [shíxiàn] ▸ **concrétiser un projet** 实现一个计划 [shíxiàn yí ge jìhuà] ▸ **concrétiser un rêve** 实现一个梦想 [shíxiàn yí ge mèngxiǎng] ▸ **concrétiser un espoir** 实现一个愿望 [shíxiàn yí ge yuànwang].

■ **se concrétiser** vp 成为现实 [chéngwéi xiànshí] ▸ **ses espoirs se sont concrétisés** 他的期望都成为了现实 [tāde qīwàng dōu chéngwéi le xiànshí].

concubinage nm 同居 [tóngjū] ▸ **vivre en concubinage** 同居 [tóngjū].

concurrence nf 竞争 [jìngzhēng] ▸ **être en concurrence avec qqn** 与某人竞争 [yǔ mǒurén jìngzhēng] ▸ **elles sont en concurrence pour la médaille d'or** 她们为金牌而竞争 [tāmen wèi jīnpái ér jìngzhēng] ▸ **une concurrence acharnée** 一场激烈的竞争 [yìchǎng jīliè de jìngzhēng] ▸ **concurrence déloyale** 不正当的竞争 [búzhèngdāng de jìngzhēng] ▸ **faire concurrence à** 与……竞争 [yǔ… jìngzhēng] ▸ **défier toute concurrence** 最具竞争力 [zuì jù jìngzhēnglì].

concurrent, e nm, f ❶ (adversaire) 竞争对手 [jìngzhēng duìshǒu] ▸ **il cherche à éliminer ses concurrents** 他力图清除他的竞争对手 [tā lì tú qīngchú tāde jìngzhēng duìshǒu] ❷ SPORT (participant) 竞赛者 [jìngsàizhě] ▸ **beaucoup de concurrents ont déclaré forfait** 许多竞赛者放弃了比赛 [xǔduō jìngsàizhě fàngqì le bǐsài].

condamnation nf ❶ DR (décision de justice) 审判 [shěnpàn] ▸ **condamnation à la réclusion à perpétuité** 判处终身监禁 [pànchǔ zhōngshēn jiānjìn] ▸ **condamnation à mort** 死刑 [sǐxíng] ▸ **faire l'objet d'une condamnation** 受到审判 [shòudào shěnpàn] ❷ *fig* (blâme, dénonciation) 谴责 [qiǎnzé] ▸ **ce livre est une condamnation du régime actuel** 这本书是对现行制度的谴责 [zhè běn shū shì duì xiànxíng zhìdù de qiǎnzé].

condamné, e ♦ adj ❶ DR 被判刑的 [bèi pànxíng de] ▸ **un innocent condamné à vingt ans de prison** 一个被判二十年刑的无辜者 [yí ge bèi pàn èrshí nián xíng de wúgūzhě] ❷ (qui ne guérira pas) 无药可医的 [wúyàokěyī de] ▸ **il se savait condamné depuis longtemps** 他早就知道自己是无药可医了 [tā zǎojiù zhīdào zìjǐ shì wúyàokěyī le] ❸ (définitivement fermé) 堵死了的 [dǔsǐ le de] ▸ **la porte est condamnée** 门被堵死了 [mén bèi dǔsǐ le]. ♦ nm, f DR 服刑人员 [fúxíng rényuán] ▸ **gracier un condamné** 特赦服刑人员 [tèshè fúxíng rényuán].

condamner vt ❶ DR 判刑 [pànxíng] ▸ **condamner qqn à** 判处某人…… [pànchǔ mǒurén…] ▸ **il a été condamné à trois mois de prison** 他被判处三个月的监禁 [tā bèi pànchǔ sān ge yuè de jiānjìn] ❷ (blâmer, dénoncer) 谴责 [qiǎnzé] ▸ **il a publiquement condamné la politique du gouvernement** 他公开谴责了政府的政策 [tā gōngkāi qiǎnzé le zhèngfǔ de zhèngcè] ❸ (obstruer) 堵上 [dǔ shàng] ▸ **condamner une porte/une fenêtre** 堵上一扇门/一扇窗户 [dǔshàng yí shàn mén/yí shàn chuānghu].

condenser vt (réduire, résumer) 压缩 [yāsuō] ▸ **condenser un récit** 缩写一个故事 [suōxiě yí ge gùshi] ▸ **condenser une pensée** 提炼一个思想 [tíliàn yí ge sīxiǎng].

condescendant, e adj 不屑的 [búxiè de] ▸ **un air condescendant** 一副不屑的样子 [yì fù búxiè de yàngzi].

condiment nm (cl. 种 [zhǒng] ou 份 [fèn]) 作料 [zuóliao].

condition nf ❶ (exigence) 条件 [tiáojiàn] ▸ **condition préalable** 先决条件 [xiānjué tiáojiàn] ▸ **remplir les conditions** 符合条件 [fúhé tiáojiàn] ▸ **à une condition** 有一个条件 [yǒu yí ge tiáojiàn] ❷ (situation) 状况 [zhuàngkuàng] ▸ **la condition des étrangers** 外国人的状况 [wàiguórén de zhuàngkuàng] ▸ **la condition féminine** 女性状况 [nǚxìng zhuàngkuàng] ▸ **la condition humaine** 人文状况 [rénwén zhuàngkuàng] ❸ (place sociale) 地位 [dìwèi] ▸ **être de condition modeste** 地位卑微 [dìwèi bēiwēi] ❹ (état) 状态 [zhuàngtài] ▸ **être en condition pour…** 进入做……的状态 [jìnrù zuò… de zhuàngtài] ▸ **être en bonne condition physique** 身体状态良好 [shēntǐ zhuàngtài liánghǎo].

■ **conditions** nfpl 条件 [tiáojiàn] ▸ **conditions de travail** 工作条件 [gōngzuò tiáojiàn] ▸ **dans ces conditions, je laisse ma place** 在这样的情况下，我让位 [zài zhèyàng de qíngkuàng xià, wǒ ràngwèi] ▸ **je le ferai, mais à une seule condition : …** 我会做的，但只有在一个条件下:…… [wǒ huì zuò de, dàn zhíyǒu zài yí ge tiáojiàn xià:…].

■ **à condition de** loc prép 条件是…… [tiáojiàn shì…] ▸ **on peut y aller, à condition de rentrer tôt** 可以去，条件是要早回来 [kéyǐ qù, tiáojiàn shì yào zǎo huílai].

■ **à condition que** loc prép 但要…… [dàn yào…] ▸ **j'irai, à condition que tu m'accompagnes** 我会去，但要你陪我 [wǒ huì qù, dàn yào nǐ péi wǒ].

conditionné, e ➤ **air**

conditionnel nm GRAMM 条件式 [tiáojiànshì].

condoléances nfpl 哀悼 [āidào] ▸ **présenter ses condoléances** 表示哀悼 [biǎoshì āidào] ▸ **toutes mes condoléances** 我最诚挚的哀悼 [wǒ zuì chéngzhì de āidào].

condor nm (cl. 只 [zhī]) 大兀鹰 [dàwùyīng].

conducteur, trice nm, f (chauffeur) ○ (cl. 名 [míng] ou 个 [gè]) 司机 [sījī] ▸ **conducteur de bus** 大巴司机 [dàbā sījī] ▸ **conducteur de train** 火车司机 [huǒchē sījī].

■ **conducteur** nm ÉLECTR 导体 [dáotǐ].

conduire ♦ vt ❶ (piloter) 驾驶 [jiàshǐ] ▸ **conduire une voiture** 驾驶一辆车 [jiàshǐ yí liàng chē] ▸ **il conduit bien** 他驾驶得不错 [tā jiàshǐ de búcuò] ❷ (accompagner) 陪同 [péitóng] ▸ **je l'ai conduit chez le médecin** 我陪他去看医生 [wǒ péi tā qù kàn yīshēng] ❸ (transmettre) 导 [dǎo] ▸ **le cuivre conduit bien la chaleur** 铜的导热性能很好 [tóng de dǎorèxìngnéng hénhǎo] ❹ (mener) 导致 [dǎozhì] ▸ **il a conduit l'entreprise à la faillite** 他导致企业破产了 [tā dǎozhì qǐyè pòchǎn le] ▸ **conduire les troupes à la victoire** 他领导军队走向了胜利 [tā língdǎo jūnduì zǒuxiàng le shènglì] ❺ (diriger) 领导 [língdǎo] ▸ **conduire des fouilles** 领导挖掘活动 [língdǎo wājué huódòng] ▸ **il a conduit cette affaire avec brio** 他出色地处理了这项事务 [tā chūsè de chùlǐ le zhè xiàng shìwù].
♦ vi 开车 [kāichē] ▸ **conduire trop vite** 开车开得太快 [kāichē kāi de tài kuài].

■ **conduire à** v+prép ❶ (mener à) 通向 [tōngxiàng] ▸ **cette route conduit à la ville** 这条路通向城里 [zhè tiáo lù tōngxiàng chéngli] ❷ (avoir pour conséquence) 引起 [yínqǐ] ▸ **ce genre de politique conduit à la crise** 这样的政策会引起危机 [zhèyàng de zhèngcè huì yínqǐ wēijī].

■ **se conduire** vp (se comporter) 表现 [biǎoxiàn] ▸ **il s'est conduit comme un imbécile** 他表现得像一个白痴 [tā biǎoxiàn de xiàng yí ge báichī].

conduit nm (tuyau) 管道 [guǎndào] ▸ **le conduit d'aération est bouché** 通风管道被堵住了 [tōngfēng guǎndào bèi dǔzhù le].

conduite nf ❶ (d'un véhicule) 驾驶 [jiàshǐ] ▸ **prendre des leçons de conduite** 学驾驶 [xué jiàshǐ] ❷ (comportement) 举止 [júzhǐ] ▸ **une conduite exemplaire** 一种规范的举止 [yì zhǒng guīfàn de júzhǐ] ❸ (canalisation) 管道 [guǎndào] ▸ **conduite de gaz** 煤气管道 [méiqì guǎndào] ▸ **conduite d'eau** 水管 [shuíguǎn].

cône nm GÉOM 锥体 [zhuītǐ] ▸ **en forme de cône** 呈锥形 [chéng zhuīxíng].

confection nf ❶ (réalisation) 制作 [zhìzuò] ▸ **la confection d'un gâteau** 一个蛋糕的制作 [yí ge dàngāo de zhìzuò] ❷ (prêt-à-porter) 制衣厂 [zhìyīchǎng].

confectionner vt (réaliser) 做 [zuò] ▸ **confectionner un vêtement** 做一件衣服 [zuò yí jiàn yīfu] ▸ **confectionner un plat** 做一道菜 [zuò yí dào cài].

confédération nf ❶ (union d'États) 联邦 [liánbāng] ▸ **la Confédération helvétique** 瑞士联邦 [Ruìshì Liánbāng] ❷ (groupement d'associations) 联合会 [liánhéhuì] ▸ **la Confédération générale du travail** 法国总工会 [Fǎguó zǒng gōnghuì].

conférence nf ❶ (assemblée de hautes personnalités) ○ (cl. 次 [cì] ou 个 [gè]) 会议 [huìyì] ▸ **une conférence internationale s'est réunie à Paris** 一个国际会议在巴黎召开了 [yí ge guójì huìyì zài Bālí zhàokāi le] ❷ (réunion de travail) 会 [huì] ▸ **être en conférence** 正在开会 [zhèngzài kāihuì] ❸ (exposé oral public) ○ (cl. 次 [cì] ou 个 [gè]) 讲座 [jiǎngzuò] ▸ **assister à une conférence sur la protection de l'environnement** 参加一次关于环境保护的讲座 [cānjiā yí cì guānyú huánjìng bǎohù de jiǎngzuò].

■ **conférence de presse** nf (cl. 次 [cì] ou 个 [gè]) 记者招待会 [jìzhě zhāodàihuì] ▸ **donner une**

conférence de presse 召开一次记者招待会 [zhàokāi yí cì jìzhě zhāodàihuì].

confesser vt ❶ RELIG 忏悔 [chànhuǐ] ▸ **confesser qqn** 听某人的忏悔 [tīng mǒurén de chànhuǐ] ❷ (avouer) 坦白 [tǎnbái] ▸ **confesser qqch (à qqn)** (向某人)坦白某事 [(xiàng mǒurén) tǎnbái mǒushì] ▸ **il a confessé son ignorance** 他承认了自己的无知 [tā chéngrèn le zìjǐ de wúzhī].

▪ **se confesser** vp RELIG 忏悔 [chànhuǐ] ▸ **elle s'est confessée** 她进行了忏悔 [tā jìnxíng le chànhuǐ].

confession nf ❶ (aveu de ses pêchés) 忏悔 [chànhuǐ] ▸ **entendre qqn en confession** 听某人忏悔 [tīng mǒurén chànhuǐ] ❷ (aveu d'un secret) 坦白 [tǎnbái] ▸ **confession d'un crime** 罪行的坦白 [zuìxíng de tǎnbái] ❸ (appartenance à une religion) 宗教信仰 [zōngjiào xìnyǎng] ▸ **être de confession catholique** 信仰天主教 [xìnyǎng Tiānzhǔjiào].

confiance nf (sentiment de sécurité) 信任 [xìnrèn] ▸ **avoir confiance en qqn** 信任某人 [xìnrèn mǒurén] ▸ **faire confiance à qqn** 对某人信任 [duì mǒurén xìnrèn] ▸ **avoir confiance en soi** 有自信 [yǒu zìxìn] ▸ **manquer de confiance en soi** 缺乏自信 [quēfá zìxìn].

confiant, e adj ❶ (assuré) 充满信心的 [chōngmǎn xìnxīn de] ▸ **être confiant en l'avenir** 对前途充满信心 [duì qiántú chōngmǎn xìnxīn] ❷ (sans méfiance) 轻信的 [qīngxìn de] ▸ **elle est trop confiante** 她过于轻信 [tā guòyú qīngxìn].

confidence nf (confession) 秘密 [mìmì] ▸ **faire des confidences à qqn** 跟某人讲知心话 [gēn mǒurén jiǎng zhīxīnhuà] ▸ **je vous le dis en confidence** 我这是跟您私下讲 [wǒ zhè shì gēn nín sīxia jiǎng] ▸ **être dans la confidence** 知道秘密 [zhīdào mìmì].

confident, e nm, f (cl. 位 [wèi] ou 个 [gè] ou 名 [míng]) 知情人 [zhīqíngrén].

confidentiel, elle adj (secret) 机密的 [jīmì de] ▸ **un document confidentiel** 一份机密文件 [yí fèn jīmì wénjiàn] ▸ **une lettre confidentielle** 一封密信 [yì fēng mì xìn] ▸ **une information confidentielle** 一个秘密消息 [yí ge mìmì xiāoxi].

confier vt ❶ (donner à garder) 交给……保存 [jiāogěi… bǎocún] ▸ **je te confie mes clés** 我把我的钥匙交给你保存 [wǒ bǎ wǒde yàoshi jiāogěi nǐ bǎocún] ▸ **elle lui a confié ses enfants pour la journée** 她白天把孩子交给他照管 [tā báitiān bǎ háizi jiāogěi tā zhàoguǎn] ❷ (dire en secret) 私下告诉 [sīxia gàosu] ▸ **elle m'a confié tous ses problèmes** 她把她的问题都私下告诉给我了 [tā bǎ tāde wèntí dōu sīxia gàosu gěi wǒ le].

▪ **se confier à** vp+prép (faire des confidences à) 向某人说出实情 [xiàng mǒurén shuōchū shíqíng] ▸ **elle s'est confiée à moi** 她向我说出了实情 [tā xiàng wǒ shuōchū le shíqíng].

configurer vt INFORM 配置 [pèizhì] ▸ **configurer un compte de messagerie** 配置邮箱帐号 [pèizhì yóuxiāng zhànghào].

confins ▪ **aux confins de** loc adv (à la limite de, à la frontière de) 在……的边缘 [zài… biānyuán].

confirmation nf 确认 [quèrèn] ▸ **j'ai eu confirmation de votre nomination** 我得到了对您任命的确认 [wǒ dédào le duì nín rènmìng de quèrèn] ▸ **confirmation par écrit** 书面确认 [shūmiàn quèrèn].

confirmer vt ❶ (certifier) 确认 [quèrèn] ▸ **confirmer une réservation** 确认一个预定 [quèrèn yí ge yùdìng] ▸ **il m'a confirmé qu'il avait déménagé** 他向我证实他搬了家 [tā xiàng wǒ zhèngshí tā bān le jiā] ❷ (conforter) 增加 [zēngjiā] ▸ **cela confirme mes soupçons** 这增加了我的怀疑 [zhè zēngjiā le wǒde huáiyí].

▪ **se confirmer** vp (s'avérer) 被证实 [bèi zhèngshí] ▸ **la nouvelle se confirme** 消息被证实 [xiāoxi bèi zhèngshí].

confiserie nf ❶ (sucrerie) 糖果 [tángguǒ] ❷ (magasin) ○ (cl. 家 [jiā] ou 个 [gè]) 糖果店 [tángguǒdiàn].

confisquer vt 没收 [mòshōu] ▸ **confisquer des marchandises de contrebande** 没收走私的货物 [mòshōu zǒusī de huòwù].

confiture nf CULIN 果酱 [guǒjiàng] ▸ **confiture de framboises** 覆盆子酱 [fùpénzǐ jiàng] ▸ **faire de la confiture** 做果酱 [zuò guǒjiàng].

conflit nm ❶ (situation tendue) 矛盾 [máodùn] ▸ **conflit social** 社会矛盾 [shèhuì máodùn] ▸ **conflit familial** 家庭矛盾 [jiātíng máodùn]

▸ **être en conflit avec qqn** 和某人有矛盾 [hé mǒurén yǒu máodùn] ❷ (crise entre États) 冲突 [chōngtū] ▸ **conflit armé** 武装冲突 [wǔzhuāng chōngtū] ▸ **conflit international** 国际冲突 [guójì chōngtū].

confondre vt (mêler) 把……弄混 [bǎ… nònghǔn] ▸ **confondre des dates** 把日期弄混 [bǎ rìqī nònghǔn] ▸ **confondre des noms** 把名字弄混 [bǎ míngzi nònghǔn] ▸ **je l'ai confondu avec quelqu'un d'autre** 我把他和另外一个人弄混了 [wǒ bǎ tā hé lìngwài yí ge rén nònghǔn le] ▸ **il confond la droite et la gauche** 他左右不分 [tā zuǒyòu bù fēn].

conforme adj ❶ (semblable) 一致 [yízhì] ▸ **être conforme à qqch** 与某物一致 [yǔ mǒuwù yízhì] ▸ **une copie conforme à l'original** 一个与原件一致的复印件 [yí ge yǔ yuánjiàn yí zhì de fùyìn jiàn] ❷ (qui répond à la règle) 符合规则 [fúhé guīzé] ▸ **votre installation électrique n'est pas conforme** 您的电路安装不符合规则 [nínde diànlù ānzhuāng bù fúhé guīzé].

conformément ▪ **conformément à** loc prép (selon) 依照 [yīzhào] ▸ **conformément à la loi** 依照法律 [yīzhào fǎlǜ].

conformer ▪ **se conformer** vp (obéir à) 符合 [fúhé] ▸ **se conformer au règlement** 符合规章制度 [fúhé guīzhāng zhìdù].

conformité nf (accord) ▸ **être en conformité avec** 与……一致 [yǔ… yízhì] ▸ **ses actes sont en conformité avec ses principes** 他的行为与他所奉行的原则一致 [tāde xíngwéi yǔ tā suǒ fèngxíng de yuánzé yízhì].

confort ♦ nm (commodité) 舒适程度 [shūshì chéngdù] ▸ **confort d'un appartement** 一个套房的舒适程度 [yí ge tàofáng de shūshì chéngdù] ▸ **confort d'un vêtement** 一件衣服的舒适程度 [yí jiàn yīfu de shūshì chéngdù]. ♦ adj inv 舒适的 [shūshì de] ▸ **un hôtel tout confort** 一家舒适的旅馆 [yì jiā shūshì de lǚguǎn].

confortable adj 舒适的 [shūshì de] ▸ **un fauteuil confortable** 一个舒适的沙发 [yí ge shūshì de shāfā] ▸ **des chaussures confortables** 舒服的鞋子 [shūfu de xiézi].

confrère nm 同行 [tóngháng].

confrontation nf (face à face) 对质 [duìzhì].

confronter vt ❶ (mettre face à face) 对质 [duìzhì] ▸ **l'accusé a été confronté aux témoins** 被告曾经与证人对质 [bèigào céngjīng yǔ zhèngrén duìzhì] ❷ (comparer) 对比 [duìbǐ] ▸ **confronter deux points de vue** 对比两个观点 [duìbǐ liǎng ge guāndiǎn] ▸ **confronter deux textes** 对照两个文本 [duìzhào liǎng ge wénběn] ❸ (devoir faire face à) 应该面对 [yīnggāi miànduì] ▸ **être confronté à qqch** 面临某事 [miànlín mǒushì].

confucianisme nm (philosophie) 儒学 [rúxué].

confucianiste adj 儒学家的 [rúxuéjiā de] ▸ **une théorie confucianiste** 一个儒家理论 [yí ge rújiā lǐlùn].

Confucius npr (philosophe) 孔子 [Kóngzǐ].

confus, e adj ❶ (vague) 含混的 [hánhùn de] ▸ **une explication confuse** 一个含混的解释 [yí ge hánhùn de jiěshì] ❷ (embarrassé) 尴尬的 [gāngà de] ▸ **être confus de** 不好意思 [bùhǎoyìsi] ▸ **je suis confus de vous déranger** 不好意思打扰您 [bùhǎoyìsi dárǎo nín].

confusion nf ❶ (erreur) 混淆 [hùnxiáo] ▸ **une confusion de noms** 名字混淆了 [míngzi hùnxiáo le] ▸ **faire une confusion** 混淆 [hùnxiáo] ❷ (désordre) 混乱 [hùnluàn] ▸ **le débat s'est terminé dans la confusion générale** 争论到后来成为了一片混乱[zhēnglùn dào hòulái chéngwéi le yí piàn hùnluàn] ❸ (manque de clarté) 含混 [hánhùn] ▸ **son exposé était d'une grande confusion** 他的讲述含混不清 [tāde jiǎngshù hánhùn bùqīng].

congé nm ❶ (arrêt de travail) 假日 [jiàrì] ▸ **congé (de) maladie** 病假 [bìngjià] ▸ **congé (de) maternité** 产假 [chǎnjià] ❷ (vacances) 假期 [jiàqī] ▸ **congés scolaires** 学校放假 [xuéxiào fàngjià] ▸ **congés payés** 带薪休假 [dàixīn xiūjià] ▸ **être en congé** 在假期中 [zài jiàqī zhōng] ❸ (renvoi) 解雇 [jiěgù] ▸ **donner son congé à qqn** 解雇某人 [jiěgù mǒurén] ▸ **donner son congé à un locataire** 通知房客解除合同 [tōngzhī fángkè jiěchú hétóng] ◊ **prendre congé (de qqn)** (向某人)告辞 [(xiàng mǒurén) gàocí].

congédier vt (renvoyer) 解雇 [jiěgù] ▸ **congédier un employé** 解雇一名雇员 [jiěgù yì míng gùyuán].

congélateur nm 冰柜 [bīngguì] ▸ **mettre qqch au congélateur** 把某物放入冰柜 [bǎ mǒuwù fàngrù bīngguì] ▸ **sortir qqch du congélateur** 把某物从冰柜中拿出来 [bǎ mǒuwù cóng bīngguì zhōng náchūlai].

congeler vt 速冻 [sùdòng] ▸ **congeler des aliments** 速冻食品 [sùdòng shípǐn].

congénital, e, aux adj 先天性的 [xiāntiānxìng de] ▸ **une maladie congénitale** 一种先天性疾病 [yì zhǒng xiāntiānxìng jíbìng].

congestion nf MÉD 充血 [chōngxuè] ▸ **une congestion cérébrale** 脑充血 [nǎo chōngxuè].

Congo nm ▸ **le Congo** 刚果 [Gāngguǒ].

congrès nm (colloque) ○ (cl. 次 [cì] ou 个 [gè]) 会议 [huìyì] ▸ **participer à un congrès** 参加一个会议 [cānjiā yí ge huìyì] ▸ **un congrès de dentistes** 一个牙科医生会议 [yí ge yákē yīshēng huìyì].

conifère nm BOT 针叶树 [zhēnyèshù] ▸ **une forêt de conifères** 一片针叶树林 [yí piàn zhēnyèshù lín].

conjecture nf (hypothèse) 推测 [tuīcè] ▸ **se perdre en conjectures** 在各种推测中找不出答案 [zài gezhǒng tuīcè zhōng zhǎobuchū dá'àn].

conjoint, e nm, f 配偶 [pèi'ǒu] ▸ **elle est venue avec son conjoint** 她是和她的配偶一起来的 [tā shì hé tāde pèi'ǒu yìqǐ lái de].

conjonctif, ive adj GRAMM 连词的 [liáncí de] ▸ **une proposition conjonctive** 一个连词 [yí ge liáncí] ▸ **une locution conjonctive** 一个连词短语 [yí ge liáncí duányǔ].

conjonction nf GRAMM 连词 [liáncí] ▸ **conjonction de coordination** 并列连词 [bìnglièliáncí].

conjonctivite nf MÉD 结膜 [jiémó] ▸ **avoir une conjonctivite** 患有结膜炎 [huànyǒu jiémóyán].

conjoncture nf (contexte) 形势 [xíngshì] ▸ **la conjoncture internationale** 国际形势 [guójì xíngshì].

conjugaison nf GRAMM 动词变位 [dòngcí biànwèi] ▸ **une conjugaison régulière** 规则动词变位 [guīzé dòngcí biànwèi].

conjugal, e, aux adj 夫妻间的 [fūqījiān de] ▸ **des problèmes conjugaux** 夫妻间的问题 [fūqījiān de wèntí] ▸ **la vie conjugale** 夫妻生活 [fūqī shēnghuó].

conjuguer vt ❶ GRAMM 动词变位 [dòngcí biànwèi] ▸ **conjuguer un verbe au futur** 把一个动词变位成将来时 [bǎ yí ge dòngcí biànwèi chéng jiāngláishí] ❷ (unir) 集中 [jízhōng] ▸ **conjuguer ses efforts** 集中自己的力量 [jízhōng zìjǐ de lìliang].

connaissance nf ❶ (savoir) 知道 [zhīdào] ▸ **avoir connaissance de qqch** 知道某事 [zhīdào mǒushì] ▸ **je n'ai jamais eu connaissance de ces faits** 我从来不知道这类事情 [wǒ cónglái bù zhīdào zhèlèi shìqing] ▸ **avoir des connaissances en qqch** 有关于某事的知识 [yǒu guānyú mǒushì de zhīshi] ▸ **à ma connaissance** 据我所知 [jù wǒ suǒ zhī] ❷ (personne que l'on connaît) 熟人 [shúrén] ▸ **c'est une simple connaissance** 这只是一个熟人 [zhè zhǐshì yí ge shúrén]
◊ **faire connaissance (avec qqn)** 认识(某人) [rènshi(mǒurén)] ▸ **j'ai fait connaissance avec elle l'an dernier** 我是去年认识她的 [wǒ shì qùnián rènshi tā de] ▸ **perdre connaissance** 昏过去 [hūnguoqu].

connaisseur, euse nm, f (cl. 个 [gè] ou 位 [wèi]) 行家 [hángjia] ▸ **c'est un connaisseur en pierres précieuses** 这是位宝石方面的行家 [zhè shì wèi bǎoshí fāngmiàn de hángjiā].

connaître vt ❶ (savoir) 知道 [zhīdào] ▸ **connaissez-vous la réponse ?** 你们知道答案吗？ [nǐmen zhīdào dá'àn ma?] ▸ **elle connaît l'allemand et le grec** 她会德语和希腊语 [tā huì déyǔ hé xīlàyǔ] ❷ (avoir rencontré) 认识 [rènshi] ▸ **tu ne la connais pas ? c'est la fille du pharmacien** 你不认识她？她是药店老板的女儿 [nǐ bú rènshi tā? tā shì yàodiàn láobǎn de nǚ'ér] ▸ **connaître qqn de vue** 见过某人的面 [jiàn guò mǒurén de miàn] ▸ **connaître qqn de nom** 知道某人的名字

[zhīdào mǒurén de míngzi] ❸ (avoir visité) 到过 [dàoguo] ▸ **connaissez-vous Lille ?** 您到过里尔吗？ [nín dàoguo Lí'ěr ma?].

▪ **se connaître** vp ❶ (savoir qui on est) 自我了解 [zìwǒ liáojiě] ▸ **il faut apprendre à bien se connaître pour maîtriser ses émotions** 要真正学会自我了解才能控制自己的情绪 [yào zhēnzhèng xuéhuì zìwǒ liáojiě cáinéng kòngzhì zìjǐ de qíngxù] ❷ (se rencontrer) 彼此认识 [bǐcǐ rènshi] ▸ **ils se sont connus aux sports d'hiver** 他们是在冬季体育活动中彼此认识的 [tāmen shì zài dōngjì tǐyù huódòng zhōng bǐcǐ rènshi de].

▪ **s'y connaître (en)** vp+prép (être expert) 很熟 [hěn shú] ▸ **il s'y connaît en mécanique !** 他对机械很熟! [tā duì jīxiè hěn shú!].

connecter vt ÉLECTR 连接 [liánjiē] ▸ **connecter une imprimante à un ordinateur** 把一台打印机连接到计算机上 [bǎ yì tái dǎyìnjī liánjiē dào jìsuànjī shàng].

▪ **se connecter** vp INFORM 连接 [liánjiē] ▸ **se connecter à qqch** 连接上某物 [liánjiē shàng mǒuwù] ▸ **se connecter à un serveur** 连接到一个服务器上 [liánjiē dào yí ge fúwùqì shàng].

connexion nf INFORM & ÉLECTR 连接 [liánjiē] ▸ **connexion à Internet** 与英特网的连接 [yǔ Yīngtèwǎng de liánjiē] ▸ **établir une connexion** 建立连接 [jiànlì liánjiē].

connu, e adj ❶ (célèbre) 著名的 [zhùmíng de] ▸ **un chanteur connu** 一个著名的歌唱家 [yí ge zhùmíng de gēchàngjiā] ❷ (notoire) 众所周知的 [zhòngsuǒ zhōuzhī de] ▸ **c'est bien connu !** 这是众所周知的！ [zhè shì zhòngsuǒ zhōuzhī de!] ▸ **cette information est déjà connue du grand public** 这条消息广大公众都已经知道了 [zhè tiáo xiāoxi guǎngdà gōngzhòng dōu yǐjing zhīdào le].

conquérant, e adj & nm, f (cl. 名 [míng] ou 个 [gè] ou 位 [wèi]) 征服者 [zhēngfúzhě] ▸ **un peuple conquérant** 一个作为征服者的民族 [yí ge zuòwéi zhēngfúzhě de mínzú].

conquérir vt ❶ (s'emparer) 征服 [zhēngfú] ▸ **conquérir un pays** 征服一个国家 [zhēngfú yí ge guójiā] ❷ (séduire) 征服 [zhēngfú] ▸ **conquérir une personne** 征服一个人 [zhēngfú yí ge rén] ▸ **sa gentillesse m'a conquise** 他的友善征服了我 [tāde yǒushàn zhēngfú le wǒ] ▸ **être conquis par qqn/qqch** 被某人/某事所征服 [bèi mǒurén/ mǒushì suǒ zhēngfú].

conquête nf ❶ (action de conquérir) 征服 [zhēngfú] ▸ **conquête d'un territoire** 征服了一块领土 [zhēngfú le yí kuài lǐngtǔ] ❷ *fam* (personne séduite) 被征服者 [bèi zhēngfúzhě] ▸ **il nous a présenté sa nouvelle conquête** 他向我们介绍了他最近弄到手的女人[tā xiàng wǒmen jièshào le tā zuìjìn nòngdàoshǒu de nǚrén].

consacrer vt (accorder, réserver) 给 [gěi] ▸ **as-tu un moment à me consacrer ?** 你可以给我些时间吗？ [nǐ kéyǐ gěi wǒ xiē shíjiān ma?] ▸ **il a consacré sa journée à lire** 他白天的时间都花在了阅读上 [tā báitiān de shíjiān dōu huāzài le yuèdú shàng].

▪ **se consacrer à** vp+prép (s'occuper de) 投身于 [tóushēn yú] ▸ **elle se consacre aux personnes âgées** 她投身于为老年人服务的工作 [tā tóushēn yú wèi lǎoniánrén fúwù de gōngzuò] ▸ **elle se consacre désormais à ses enfants** 她从此负责照看自己的孩子 [tā cóngcǐ fùzé zhàokàn zìjǐ de háizi].

conscience nf ❶ (connaissance) 意识 [yìshi] ▸ **avoir conscience de ses responsabilités** 有责任意识 [yǒu zérèn yìshi] ▸ **prendre conscience de qqch** 认识到 [rènshidào] ❷ (sentiment moral) 良心 [liángxīn] ▸ **avoir la conscience tranquille** 无愧于良心 [wúkuìyú liángxīn] ▸ **avoir bonne conscience** 心安理得 [xīn'ān lǐdé]
◊ **perdre conscience** 晕过去 [yūnguoqu].

consciencieux, euse adj 认真的 [rènzhēn de] ▸ **un travail consciencieux** 一份认真完成的工作 [yí fèn rènzhēn wánchéng de gōngzuò] ▸ **une personne consciencieuse** 一个尽责的人 [yí ge jìnzé de rén].

conscient, e adj ❶ (qui connaît) 了解 [liáojiě] ▸ **il est conscient de nos problèmes** 他了解我们的问题 [tā liáojiě wǒmende wèntí] ❷ (lucide) 有意识的 [yǒu yìshi de] ▸ **le malade est encore conscient** 病人还是有意识的 [bìngrén háishi yǒu yìshi de] ❸ (volontaire) 自觉的 [zìjué de] ▸ **un geste conscient** 自觉的行为 [zìjué de xíngwéi].

conscrit nm 新兵 [xīnbīng].

consécration nf 大众的认可 [dàzhòng de rènkě].

consécutif, ive adj ❶ (successif) 连续的 [liánxù de] ▸ **il a été malade pendant six jours consécutifs** 他曾经连续生了六天的病 [tā céngjīng liánxù shēng le liù tiān de bìng] ❷ (résultant) 由……引起的 [yóu… yínqǐ de] ▸ **la fatigue consécutive à une longue marche** 疲劳是由走长路引起的 [píláo shì yóu zǒu chánglù yínqǐ de].

conseil nm ❶ (avis) ○ (cl. 条 [tiáo] ou 个 [gè] ou 项 [xiàng]) 建议 [jiànyì] ▸ **donner un conseil** 提出一项建议 [tíchū yí xiàng jiànyì] ▸ **suivre les conseils de qqn** 听从某人的建议 [tīngcóng mǒurén de jiànyì] ▸ **demander conseil à qqn** 征求某人的意见 [zhēngqiú mǒurén de yìjiàn] ❷ (assemblée) 会 [huì] ▸ **conseil d'administration** ÉCON 董事会 [dǒngshì huì] ▸ **conseil de classe** SCOL 班委会 [bānwěi huì] ▸ **conseil municipal** 市议会 [shìyì huì].

conseiller[1]**, ère** nm, f ❶ (personne donnant son avis) ○ (cl. 名 [míng] ou 个 [gè] ou 位 [wèi]) 顾问 [gùwèn] ▸ **un conseiller juridique** 法律顾问 [fǎlǜ gùwèn] ▸ **conseiller principal d'éducation** 教务长 [jiàowù zhǎng] ▸ **conseiller d'orientation** 就学/就业顾问 [jiùxué/jiùyè gùwèn] ❷ (membre d'un conseil) ○ (cl. 名 [míng] ou 个 [gè] ou 位 [wèi]) 议员 [yìyuán] ▸ **conseiller municipal** 市议员 [shì yìyuán] ▸ **conseiller régional** 地区议员 [dìqū yìyuán].

conseiller[2] vt (recommander) 推荐 [tuījiàn] ▸ **conseiller qqch à qqn** 向某人推荐某事 [xiàng mǒurén tuījiàn mǒushì] ▸ **conseiller qqn à qqn** 向某人推荐某人 [xiàng mǒurén tuījiàn mǒurén] ▸ **il m'a conseillé son dentiste** 他向我推荐过他的牙医 [tā xiàng wǒ tuījiàn guò tāde yáyī] ▸ **conseiller à qqn de** *(+ infinitif)* 建议某人做…… [jiànyì mǒurén zuò…].

consentement nm 同意 [tóngyì] ▸ **avec/sans le consentement de qqn** 有/没有某人的同意 [yǒu/méiyǒu mǒurén de tóngyì].

consentir ◆ vt (accorder) 给予 [jíyǔ] ▸ **consentir un prêt** 给予一项借贷 [jíyǔ yí xiàng jièdài] ▸ **consentir un délai supplémentaire** 给予一项额外延期 [jíyǔ yí xiàng éwài yánqī]. ◆ vi (accepter) 同意 [tóngyì] ▸ **consentir que** *(+ subjonctif)* 同意某事 [tóngyì mǒushì] ▸ **je consens qu'il parte** 我同意他走 [wǒ tóngyì tā zǒu] ▸ **consentir à qqch** 赞成 [zànchéng] ▸ **les parents ont consenti au mariage** 父母都赞成这桩婚事 [fùmǔ dōu zànchéng zhè zhuāng hūnshì].

conséquence nf (effet) 结果 [jiéguǒ] ▸ **avoir des conséquences (sur qqch)** (对某事)造成结果 [(duì mǒushì) zàochéng jiéguǒ] ▸ **sa démission a eu des conséquences fâcheuses** 他的辞职造成了一些严重的后果 [tāde cízhí zàochéng le yìxiē yánzhòng de hòuguǒ].

conséquent, e adj *fam* (important) 高 [gāo] ▸ **un salaire conséquent** 一份高工资 [yí fèn gāo gōngzī].

■ **par conséquent** loc adv (donc) 那么 [nàme].

conservateur, trice ◆ adj POLIT 保守的 [báoshǒu de] ▸ **un parti conservateur** 一个保守党 [yí ge báoshǒudǎng]. ◆ nm, f ❶ POLIT 保守派 [báoshǒupài] ▸ **les conservateurs n'ont pas voté cet amendement** 保守派没有投票通过这项修正案 [báoshǒupài méiyǒu tóupiào tōngguò zhè xiàng xiūzhèng'àn] ❷ (administrateur) ○ (cl. 名 [míng] ou 个 [gè] ou 位 [wèi]) 馆长 [guánzhǎng] ▸ **le conservateur d'un musée** 博物馆馆长 [bówùguǎn guánzhǎng].

■ **conservateur** nm (substance ajoutée) 防腐剂 [fángfǔjì] ▸ **sans conservateur(s)** 没有防腐剂 [méiyǒu fángfǔjì].

conservation nf (préservation) 贮藏 [zhùcáng] ▸ **la conservation des aliments** 食品的贮藏 [shípǐn de zhùcáng].

conserve nf (cl. 听 [tīng] ou 盒 [hé]) 罐头 [guàntou] ▸ **des légumes en conserve** 罐头蔬菜 [guàntou shūcài] ▸ **boîte de conserve** 罐头盒 [guàntou hé].

conserver vt ❶ (préserver) 保存 [bǎocún] ▸ **conserver des produits alimentaires** 保存一些食品 [bǎocún yìxiē shípǐn] ▸ **conserver un produit au frais** 在阴凉处保存一种产品 [zài yīnliáng chù bǎocún yì zhǒng chánpǐn] ❷ (garder) 保留 [bǎoliú] ▸ **il a conservé le dossier** 他保留了文档 [tā bǎoliú le wéndàng] ▸ **j'en conserve un excellent souve-**

nir 我对此保留着美好的回忆 [wǒ duì cǐ bǎoliúzhe méihǎo de huíyì] ❸ (maintenir en forme) 保养 [báoyǎng] ▸ **être bien conservé** 保养得好 [báoyǎng dé hǎo].

considérable adj 大的 [dà de] ▸ **une somme considérable** 一大笔钱 [yí dàbǐ qián] ▸ **un travail considérable** 一项重大的工作 [yí xiàng zhòngdà de gōngzuò].

considération nf (estime) 敬意 [jìngyì] ▸ **avoir de la considération pour qqn** 对某人怀有敬意 [duì mǒurén huáiyǒu jìngyì]

◊ **prendre qqch en considération** 重视某事 [zhòngshì mǒushì].

▪ **considérations** nfpl (pensées) 思考 [sīkǎo] ▸ **des considérations sans intérêt** 一些毫无意义的思考 [yìxiē háowú yìyì de sīkǎo].

considérer vt ❶ (estimer) 认为 [rènwéi] ▸ **je considère que vous avez tort** 我认为您错了 [wǒ rènwéi nín cuò le] ❷ (juger) 当作 [dāngzuò] ▸ **ils le considèrent comme un imbécile** 他们把他当作一个白痴 [tāmen bǎ tā dāngzuò yí ge báichī].

consigne nf ❶ (instruction) ○ (cl. 项 [xiàng] ou 个 [gè]) 指令 [zhǐlìng] ▸ **respecter les consignes** 遵守指令 [zūnshǒu zhǐlìng] ▸ **il faut lire les consignes avant de faire l'exercice** 做练习前要阅读题目要求 [zuò liànxí qián yào yuèdú tímù yāoqiú] ▸ **consignes de sécurité** 安全须知 [ānquán xūzhī] ❷ (local) 行李寄存处 [xíngli jìcúnchù] ▸ **il a déposé sa valise à la consigne** 他把行李箱放在行李寄存处了 [tā bǎ xínglixiāng fàng zài xíngli jìcúnchù le] ▸ **consigne automatique** 行李自动寄存处 [xíngli zìdòng jìcúnchù] ❸ (somme d'argent) 押金 [yājīn].

consistance nf ❶ (solidité) 稠度 [chóudù] ▸ **une consistance un peu liquide** 液体一样的稠度 [yètǐ yí yàng de chóudù] ❷ (force) 充分 [chōngfèn] ▸ **une argumentation qui manque de consistance** 论证不够充分 [lùnzhèng búgòu chōngfèn].

consistant, e adj ❶ (épais) 稠的 [chóu de] ▸ **une peinture consistante** 一种稠油漆 [yì zhǒng chóu yóuqī] ❷ (nourrissant) 有营养的 [yǒu yíngyǎng de] ▸ **un repas consistant** 有营养的饭菜 [yǒu yíngyǎng de fàncài] ❸ (sérieux) 可靠的 [kěkào de] ▸ **des informations consistantes** 可靠的消息 [kěkào de xiāoxi].

consister vi ❶ (reposer sur) 关于 [guānyú] ▸ **en quoi consiste votre projet ?** 您的计划是关于哪方面的？ [nínde jìhuà shì guānyú nǎ fāngmiàn de?] ❷ (avoir pour nature) ▸ **consister à** *(+ infinitif)* 是…… [shì...] ▸ **son travail consiste à contrôler les entrées** 他的工作就是检查进来的人 [tāde gōngzuò jiùshì jiǎnchá jìnlai de rén].

consœur nf 女同行 [nǚ tóngháng].

consolation nf ❶ (réconfort, satisfaction) 安慰 [ānwèi] ▸ **des paroles de consolation** 一些安慰的话 [yìxiē ānwèi de huà] ▸ **ses enfants sont sa seule consolation** 孩子们是她唯一的安慰 [háizimen shì tā wéiyī de ānwèi] ❷ (prix) ▸ **prix de consolation** 安慰奖 [ānwèi jiǎng].

console nf ❶ (table) ○ (cl. 张 [zhāng]) 桌子 [zhuōzi] ▸ **une console de salon** 一张大厅的桌子 [yì zhāng dàtīng de zhuōzi] ❷ INFORM 控制器 [kòngzhìqì] ▸ **console de jeux** 游戏控制器 [yóuxì kòngzhìqì].

consoler vt 安慰 [ānwèi] ▸ **la mère consolait sa fille qui pleurait** 母亲安慰正在哭的女儿 [mǔqin ānwèi zhèngzài kū de nǚ'ér].

consolider vt 加固 [jiāgù] ▸ **consolider un mur** 加固一面墙 [jiāgù yí miàn qiáng].

consommateur, trice ♦ adj 消费的 [xiāofèi de]. ♦ nm, f ❶ (acheteur) ○ (cl. 名 [míng] ou 个 [gè] ou 位 [wèi]) 消费者 [xiāofèizhě] ▸ **une association de consommateurs** 一个消费者协会 [yí ge xiāofèizhě xiéhuì] ▸ **c'est un gros consommateur de pain** 这是面包的大买主 [zhè shì miànbāo de dà máizhǔ] ❷ (client) ○ (cl. 名 [míng] ou 个 [gè] ou 位 [wèi]) 顾客 [gùkè] ▸ **les toilettes sont réservées aux consommateurs** 洗手间供顾客专用 [xíshǒujiān gōng gùkè zhuānyòng].

consommation nf ❶ (action de consommer) 消费 [xiāofèi] ▸ **la consommation de viande** 肉类的消费 [ròulèi de xiāofèi] ▸ **la consommation de gaz** 煤气的消耗 [méiqì de xiāohào] ▸ **consommation d'une voiture** 汽车的油耗 [qìchē de yóuhào] ▸ **consommation d'un appareil électrique** 一种电器的

电耗 [yì zhǒng diànqì de diànhào] ❷ (usage de biens et de services) 消费 [xiāofèi] ▸ **société de consommation** 消费社会 [xiāofèi shèhuì] ▸ **biens de consommation** 消费资料 [xiāofèi zīliào] ❸ (boisson) ○ (cl. 种 [zhǒng]) 饮料 [yǐnliào] ▸ **régler sa consommation** 为饮料付帐 [wèi yǐnliào fùzhàng].

consommer ♦ vt ❶ (utiliser) 消费 [xiāofèi] ▸ **consommer de l'énergie** 消费能源 [xiāofèi néngyuán] ❷ (manger) 食用 [shíyòng] ▸ **consommer des laitages** 食用乳制品 [shíyòng rǔzhìpǐn] ▸ **'à consommer avant le...'** 在……前食用 [zài… qián shíyòng]. ♦ vi (prendre une boisson) 饮用 [yǐnyòng] ▸ **consommer en terrasse** 请在平台上饮用 [qǐng zài píngtái shàng yǐnyòng].

consonance nf 听起来 [tīngqǐlái] ▸ **un nom aux consonances bizarres** 一个听起来有些怪的名字 [yí ge tīngqǐlái yǒu xiē guài de míngzì].

consonne nf (lettre, son) 辅音 [fǔyīn].

conspiration nf 阴谋 [yīnmóu] ▸ **être victime d'une conspiration** 一个阴谋的牺牲品 [yí ge yīnmóu de xīshēngpǐn].

conspirer vi 密谋 [mìmóu] ▸ **conspirer contre l'Etat** 密谋反政府 [mìmóu fǎn zhèngfǔ].

constamment adv 一直 [yìzhí] ▸ **je vous le répète constamment** 我一直给你们重复这个 [wǒ yìzhí gěi nǐmen chóngfù zhège].

constant, e adj ❶ (continuel) 持续的 [chíxù de] ▸ **une augmentation constante** 持续增长 [chíxù zēngzhǎng] ❷ (invariable) 恒定的 [héngdìng de] ▸ **une température constante** 恒温 [héngwēn].

constat nm ❶ (procès-verbal) ○ (cl. 项 [xiàng] ou 个 [gè]) 笔录 [bǐlù] ▸ **dresser un constat** 做一个笔录 [zuò yí ge bǐlù] ❷ (bilan) ○ (cl. 项 [xiàng] ou 个 [gè]) 说明报告 [shuōmíng bàogào] ▸ **faire le constat de qqch** 做个关于某事的说明报告 [zuò ge guānyú mǒushì de shuōmíng bàogào]

◊ **constat amiable** 事故记录单 [shìgù jìlù dān].

constatation nf (observation) 调查 [diàochá] ▸ **la constatation des faits** 对事实的调查 [duì shìshí de diàochá].

constater vt ❶ (se rendre compte) 发现 [fāxiàn] ▸ **je constate qu'il n'est pas encore arrivé** 我发现他还没有到 [wǒ fāxiàn tā hái méiyǒu dào] ▸ **vous pouvez constater par vous-même : il y a une erreur !** 你们可以自己看看：这里有一个错误 [nǐmen kéyǐ zìjǐ kànkan: zhèlǐ yǒu yí ge cuòwù] ❷ (consigner) 确认 [quèrèn] ▸ **constater les dégâts** 确认损失 [quèrèn sǔnshī] ▸ **constater par procès-verbal** 通过笔录确认 [tōngguò bǐlù quèrèn] ▸ **le médecin a constaté le décès** 医生已经确认了死亡 [yīshēng yǐjīng quèrèn le sǐwáng].

constellation nf (groupe d'étoiles) 星座 [xīngzuò].

consterné, e adj 沮丧的 [jǔsàng de] ▸ **avoir un air consterné** 一副沮丧的样子 [yí fù jǔsàng de yàngzi].

consterner vt 使……沮丧 [shǐ… jǔsàng] ▸ **sa conduite me consterne** 他的表现使我沮丧 [tāde biǎoxiàn shǐ wǒ jǔsàng].

constipation nf 便秘 [biànbì] ▸ **souffrir de constipation** 患了便秘 [huàn le biànbì] ▸ **un médicament contre la constipation** 一种治疗便秘的药 [yì zhǒng zhìliáo biànbì de yào].

constipé, e adj (qui souffre de constipation) 便秘的 [biànbì de] ▸ **il est constipé depuis quatre jours** 他便秘已经四天了 [tā biànbì yǐjing sì tiān le].

constituer vt ❶ (former) 建立 [jiànlì] ▸ **constituer une collection** 建立一种收藏 [jiànlì yì zhǒng shōucáng] ▸ **constituer un dossier** 建立一份档案 [jiànlì yí fèn dàng'àn] ▸ **constituer une équipe** 建立一个团队 [jiànlì yí ge tuánduì] ❷ (composer) 构成 [gòuchéng] ▸ **les timbres qui constituent sa collection** 构成了他全部收藏的那些邮票 [gòuchéng le tā quánbù shōucáng de nàxiē yóupiào] ❸ (représenter) 是 [shì] ▸ **le vol constitue un délit** 偷窃是一种犯罪 [tōuqiè shì yì zhǒng fànzuì].

constitution nf ❶ (établissement) 建立 [jiànlì] ▸ **la constitution d'un dossier** 一个文档的建立 [yí ge wéndàng de jiànlì] ❷ (composition) 组成 [zǔchéng] ▸ **la constitution du gouvernement est la suivante** 政府的组成如下 [zhèngfǔ de zǔchéng rúxià] ❸ (morphologie) 形状 [xíngzhuàng] ▸ **être de constitution robuste** 形状粗壮 [xíngzhuàng cūzhuàng].

■ **la Constitution** nf (loi fondamentale) ○ (cl. 部 [bù]) 宪法 [xiànfǎ].

construction nf ❶ (édification) 建造 [jiànzào] ▸ **la construction d'un immeuble** 建造一座楼房 [jiànzào yí zuò lóufáng] ▸ **une maison en construction** 一座正在盖的房子 [yí zuò zhèngzài gài de fángzi] ❷ (édifice) 建筑物 [jiànzhùwù] ▸ **une construction en briques** 一个砖砌的建筑物 [yí ge zhuān qì de jiànzhùwù].

construire vt ❶ (bâtir) 修建 [xiūjiàn] ▸ **construire une route** 修建一条路 [xiūjiàn yì tiáo lù] ▸ **construire une maison** 修建一座房屋 [xiūjiàn yí zuò fángwū] ❷ (fabriquer) 制造 [zhìzào] ▸ **construire un avion** 制造一架飞机 [zhìzào yí jià fēijī].

consul nm (cl. 位 [wèi] ou 个 [gè]) 领事 [lǐngshì] ▸ **le consul de France** 法国领事 [Fǎguó lǐngshì].

consulat nm 领事馆 [lǐngshìguǎn] ▸ **aller au consulat pour obtenir un visa** 去领事馆办理签证 [qù lǐngshìguǎn bànlǐ qiānzhèng].

consultation nf ❶ (lecture) 查阅 [cháyuè] ▸ **la consultation d'un dictionnaire** 查阅一本字典 [cháyuè yì běn zìdiǎn] ❷ (examen médical) 门诊 [ménzhěn] ▸ **les heures de consultation** 门诊时间 [ménzhěn shíjiān].

consulter ♦ vt ❶ (regarder) 查看 [chákàn] ▸ **consulter un dictionnaire** 查一本字典 [chá yì běn zìdiǎn] ▸ **consulter un plan** 查看一张地图 [chákàn yì zhāng dìtú] ▸ **consulter un site (sur) Internet** 查看一个网站 [chákàn yí ge wǎngzhàn] ▸ **consulter sa montre** 看表 [kàn biǎo] ❷ (prendre conseil de) 问 [wèn] ▸ **j'ai consulté mes parents avant d'agir** 在做事之前，我问过我的父母 [zài zuòshì zhīqián, wǒ wèn guò wǒde fùmǔ] ❸ (se faire examiner) 向某人咨询 [xiàng mǒurén zīxún] ▸ **consulter un médecin** 向一位医生咨询 [xiàng yí wèi yīshēng zīxún]. ♦ vi (recevoir des patients) 坐诊 [zuòzhěn] ▸ **le médecin consulte tous les jours** 医生天天坐诊 [yīshēng tiāntiān zuòzhěn].

■ **se consulter** vp 思考 [sīkǎo].

contact nm ❶ (toucher) 接触 [jiēchù] ▸ **évitez tout contact de ce produit avec la peau** 这种产品避免任何皮肤接触 [zhè zhǒng chǎnpǐn bìmiǎn rènhé pífū jiēchù] ❷ (relation) 来往 [láiwǎng] ▸ **avoir des contacts à l'étranger** 与海外有来往 [yǔ hǎiwài yǒu láiwǎng] ▸ **être en contact avec qqn** 与某人有来往 [yǔ mǒurén yǒu láiwǎng] ▸ **prendre contact avec qqn** 和某人交往 [hé mǒurén jiāowǎng] ❸ ÉLECTR 开关 [kāiguān] ▸ **mettre le contact** 打开开关 [dǎkāi kāiguān] ▸ **couper le contact** 切断开关 [qiēduàn kāiguān] ❹ (lentille) ▸ **lentilles de contact** 隐形眼镜 [yǐnxíng yǎnjìng].

■ **au contact de** loc prép 在接触……后 [zài jiēchù… hòu] ▸ **le fer s'oxyde au contact de l'air** 铁在接触空气后就开始氧化 [tiě zài jiēchù kōngqì hòu jiù kāishǐ yǎnghuà] ▸ **il a changé d'opinion au contact des jeunes** 在与青年人接触后，他的观念就转变了 [zài yǔ qīngniánrén jiēchù hòu, tāde guānniàn jiù zhuǎnbiàn le].

contacter vt 联系 [liánxì] ▸ **contacter par mail** 通过电子邮件联系 [tōngguò diànzǐ yóujiàn liánxì] ▸ **contacter qqn par téléphone** 与某人电话联系 [yǔ mǒurén diànhuà liánxì].

contagieux, euse adj ❶ (transmissible) 传染的 [chuánrǎn de] ▸ **une maladie contagieuse** 一种传染病 [yì zhǒng chuánrǎn bìng] ❷ (qui peut transmettre une maladie) 患传染病的 [huàn chuánrǎnbìng de] ▸ **les enfants contagieux ne sont pas acceptés à l'école** 患传染病的孩子们不能上学 [huàn chuánrǎnbìng de háizimen bùnéng shàngxué].

contagion nf 传染 [chuánrǎn] ▸ **éviter les risques de contagion** 避免传染的危险 [bìmiǎn chuánrǎn de wēixiǎn].

contaminer vt 传染 [chuánrǎn].

conte nm (récit) 故事 [gùshi] ▸ **conte de fées** 童话故事 [tónghuà gùshi].

contemplation nf 欣赏 [xīnshǎng] ▸ **être en contemplation devant qqch** 正在欣赏某物 [zhèngzài xīnshǎng mǒuwù].

contempler vt 凝视 [níngshì] ▸ **contempler un tableau** 凝视一幅画 [níngshì yì fú huà].

contemporain, e ♦ adj ❶ (de la même époque) 同时代的 [tóng shídài de] ▸ **être contemporain de qqn** 与某人同时代的人 [yǔ mǒurén tóng shídài de rén] ❷ (actuel) 当代的

[dāngdài de] ▸ **l'art contemporain** 当代艺术 [dāngdài yìshù] ▸ **la musique contemporaine** 当代音乐 [dāngdài yīnyuè]. ♦ nm, f (personne de la même époque qu'une autre) 同时代的人 [tóng shídài de rén].

contenance nf ❶ (capacité) 容量 [róngliàng] ▸ **contenance d'une bouteille** 一个瓶子的容量 [yí ge píngzi de róngliàng] ▸ **contenance d'une caisse** 一个箱子的容量 [yí ge xiāngzi de róngliàng] ▸ **contenance d'un réservoir** 一个容器的容量 [yí ge róngqì de róngliàng] ▸ **une contenance de 10 litres** 10升的容量 [10 shēng de róngliàng] ❷ (attitude) ○ (cl. 副 [fù]) 样子 [yàngzi] ▸ **prendre une contenance décontractée** 作出一副轻松的样子 [zuòchū yí fù qīngsōng de yàngzi] ▸ **perdre contenance** 失了常态 [shī le chángtài].

contenir vt ❶ (être composé) 含有 [hányǒu] ▸ **cette boisson contient de l'alcool** 这种饮料含有酒精 [zhè zhǒng yǐnliào hányǒu jiǔjīng] ▸ **son texte contient un certain nombre d'erreurs** 他的文章中有一些错误 [tāde wénzhāng zhōng yǒu yìxiē cuòwù] ❷ (avoir une capacité) 可以容纳 [kéyǐ róngnà] ▸ **le réservoir contient quarante litres** 容器可以容纳四十升 [róngqì kéyǐ róngnà sìshí shēng] ▸ **le stade contient dix mille spectateurs** 体育场可以容纳一万观众 [tǐyùchǎng kéyǐ róngnà yíwàn guānzhòng] ❸ (maintenir) 控制 [kòngzhì] ▸ **contenir la foule en colère** 控制愤怒的人群 [kòngzhì fènnù de rénqún] ▸ **contenir les eaux d'une crue** 控制洪水的激流 [kòngzhì hóngshuǐ de jīliú].

▪ **se contenir** vp (se retenir) 忍住 [rěnzhù] ▸ **j'étais si furieux que je n'ai pas pu me contenir** 我当时很生气没办法克制住 [wǒ dāngshí hěn shēngqì méi bànfǎ kèzhìzhù].

content, e adj ❶ (satisfait) 满意 [mǎnyì] ▸ **il est très content de sa nouvelle voiture** 他很满意自己的新车 [tā hěn mǎnyì zìjǐ de xīn chē] ❷ (heureux) 高兴 [gāoxìng] ▸ **je suis content de partir en vacances** 我很高兴能去度假 [wǒ hěn gāoxìng néng qù dùjià] ▸ **je suis contente que tu sois venu** 我很高兴你能来 [wǒ hěn gāoxìng nǐ néng lái].

contenter vt (satisfaire) 使……满意 [shǐ… mǎnyì] ▸ **contenter sa clientèle** 使自己的顾客们满意 [shǐ zìjǐ de gùkèmen mǎnyì].

▪ **se contenter de** vp (se suffire de) 满足于…… [mǎnzú yú…] ▸ **il se contente d'un salaire modeste** 他满足于有一份微薄的工资 [tā mǎnzú yú yǒu yí fèn wēibó de gōngzī] ▸ **il s'est contenté d'assister à la réunion sans prendre la parole** 他满足于参加会议而不发言 [tā mǎnzú yú cānjiā huìyì ér bù fāyán].

contentieux nm (cl. 项 [xiàng] ou 个 [gè]) 争议 [zhēngyì] ▸ **régler un contentieux** 解决一项争议 [jiějué yí xiàng zhēngyì].

contenu nm ❶ (dans un récipient) 装的东西 [zhuāng de dōngxi] ▸ **le contenu d'un récipient** 一个容器里装的东西 [yí ge róngqì lǐ zhuāng de dōngxi] ▸ **le contenu d'un flacon** 一个小瓶子里装的东西 [yí ge xiǎo píngzi lǐ zhuāng de dōngxi] ❷ (dans un texte) 内容 [nèiróng] ▸ **le contenu d'un texte** 一篇文章的内容 [yì piān wénzhāng de nèiróng] ▸ **le contenu d'un discours** 一个演讲的内容 [yí ge yánjiǎng de nèiróng].

contestation nf (protestation) 争议 [zhēngyì] ▸ **la contestation d'un droit** 一个关于权利的争议 [yí ge guānyú quánlì de zhēngyì].

contester vt ❶ (dénoncer, s'opposer à) 对……提出异议 [duì… tíchū yìyì] ▸ **les héritiers ont contesté le testament** 继承人对遗嘱提出异议 [jìchéngrén duì yízhǔ tíchū yìyì] ❷ (mettre en doute) 质疑 [zhìyí] ▸ **contester la réalité d'un fait** 质疑一个事实的真实性 [zhìyí yí ge shìshí de zhēnshíxìng].

contexte nm ❶ (ensemble de texte) 上下文 [shàngxiàwén] ▸ **replacer une citation dans son contexte** 把一段引用的话放回到它的上下文中 [bǎ yí duàn yǐnyòng de huà fànghuí dào tāde shàngxiàwén zhōng] ❷ (situation) 背景 [bèijǐng] ▸ **le contexte économique** 经济背景 [jīngjì bèijǐng] ▸ **le contexte politique** 政治背景 [zhèngzhì bèijǐng].

continent nm GÉOGR 大洲 [dàzhōu] ▸ **les cinq continents** 五大洲 [wǔ dàzhōu].

contingences nfpl 意外情况 [yìwài qíngkuàng] ▸ **les contingences matérielles** 具体的意外情况 [jùtǐ de yìwài qíngkuàng].

continu, e adj ❶ (incessant) 连续的 [liánxù de] ▸ **un bruit continu** 一种连续的声响 [yì zhǒng liánxù de shēngxiǎng] ▸ **une douleur continue** 一种持续的疼痛 [yì zhǒng chíxù de téngtòng] ❷ (ininterrompu) 整的 [zhěng de] ▸ **une journée continue** 白天一整天 [báitiān yì zhěngtiān] ▸ **une ligne continue** 一整条线 [yì zhěngtiáo xiàn].

continuation nf (prolongement) 继续 [jìxù] ▸ **la continuation d'une grève** 一场罢工的继续 [yì chǎng bàgōng de jìxù] ▸ **bonne continuation** 再接再励 [zàijiē zàilì].

continuel, elle adj ❶ (répété) 持久的 [chíjiǔ de] ▸ **des disputes continuelles** 一些持久的争吵 [yìxiē chíjiǔ de zhēngchǎo] ❷ (incessant) 不断的 [búduàn de] ▸ **un bruit continuel** 不断的噪音 [búduàn de zàoyīn].

continuer ♦ vt (poursuivre) 继续 [jìxù] ▸ **continuer un traitement** 继续一种治疗 [jìxù yì zhǒng zhìliáo] ▸ **continuer une conversation** 继续一次谈话 [jìxù yí cì tánhuà] ▸ **continuer d'étudier à l'étranger** 继续在国外学习 [jìxù zài guówài xuéxí] ▸ **continuer à faire qqch** 继续做某事 [jìxù zuò mǒushì] ▸ **continuer de faire qqch** 继续做某事 [jìxù zuò mǒushì]. ♦ vi ❶ (durer) 持续 [chíxù] ❷ (se prolonger) 延伸 [yánshēn].

contorsionner ▪ **se contorsionner** vp 扭动 [niǔdòng].

contour nm ❶ (tracé, bord) 轮廓 [lúnkuò] ▸ **le contour du visage** 面部的轮廓 [miànbù de lúnkuò] ▸ **le contour des lèvres** 嘴唇的轮廓线 [zuǐchún de lúnkuòxiàn] ❷ (courbe) 弯 [wān].

contourner vt ❶ (faire le tour de) 环绕 [huánrào] ❷ (détourner) 绕过 [ràoguò] ▸ **contourner la loi** 绕过法律 [ràoguò fǎlǜ].

contraceptif, ive ♦ adj 避孕的 [bìyùn de] ▸ **un produit contraceptif** 一种避孕产品 [yì zhǒng bìyùn chánpǐn]. ♦ nm 避孕措施 [bìyùn cuòshī] ▸ **utiliser un contraceptif** 采取一种避孕措施 [cáiqǔ yì zhǒng bìyùn cuòshī].

contraception nf 避孕 [bìyùn] ▸ **une méthode de contraception** 一种避孕方法 [yì zhǒng bìyùn fāngfǎ].

contracter vt ❶ (durcir) 绷紧 [bēngjǐn] ▸ **contracter un muscle** 绷紧一块肌肉 [bēngjǐn yí kuài jīròu] ❷ (attraper) 传染上 [chuánrǎnshàng] ▸ **contracter une maladie** 传染上一种病 [chuánrǎnshàng yì zhǒng bìng] ▸ **contracter la grippe** 传染上感冒 [chuánrǎnshàng gǎnmào] ❸ (acquérir) 养成 [yǎngchéng] ▸ **contracter une habitude** 养成一种习惯 [yǎngchéng yì zhǒng xíguàn].

contraction nf 收缩 [shōusuō] ▸ **une contraction musculaire** 肌肉收缩 [jīròu shōusuō] ▸ **avoir des contractions** 有宫缩现象 [yǒu gōngsuō xiànxiàng].

contradiction nf 矛盾 [máodùn].

contradictoire adj 矛盾的 [máodùn de] ▸ **des théories contradictoires** 相互矛盾的理论 [xiānghù máodùn de lǐlùn] ▸ **un discours contradictoire** 一个自相矛盾的讲话 [yí ge zìxiāng máodùn de jiǎnghuà].

contrainte nf ❶ (force) 强迫 [qiǎngpò] ▸ **par la contrainte** 强迫 [qiǎngpò] ▸ **sous la contrainte** 被迫 [bèipò] ▸ **il leur a donné son portefeuille sous la contrainte** 他被迫把自己的钱包交给了他们 [tā bèipò bǎ zìjǐ de qiánbāo jiāogěi le tāmen] ❷ (obligation) 约束 [yuēshù] ▸ **les contraintes d'un métier** 一种职业的约束 [yì zhǒng zhíyè de yuēshù].

contraire ♦ nm ❶ (opposé) 相反 [xiāngfǎn] ❷ GRAMM 反义词 [fǎnyìcí]. ♦ adj ❶ (inverse) 逆 [nì] ❷ (non conforme) 违背 [wéibèi] ▸ **une décision contraire au règlement** 一项违背规定的决定 [yí xiàng wéibèi guīdìng de juédìng].

▪ **au contraire** loc adv 相反 [xiāngfǎn].

▪ **au contraire de** loc prép 与……相反 [yǔ… xiāngfǎn].

contrairement ▪ **contrairement à** loc prép 与……相反 [yǔ… xiāngfǎn].

contrarier vt (fâcher, énerver) 惹恼 [rénǎo].

contrariété nf ❶ (ennui, souci) 不快 [búkuài] ▸ **éprouver de la contrariété** 感到不快 [gǎndào búkuài] ❷ (mécontentement) 不高兴 [bù gāoxìng].

contraste nm 反差 [fǎnchā] ▸ **le contraste de deux couleurs** 两种颜色的反差 [liáng zhǒng yánsè de fǎnchā].

contrat nm (cl. 份 [fèn]) 合同 [hétong] ▸ **contrat à durée déterminée** 有限期合同 [yǒuxiàn qī hétong] ▸ **contrat à durée indéterminée** 无限期合同 [wúxiàn qī hétong] ▸ **contrat de travail** 劳动合同 [láodòng hétong] ▸ **signer un contrat** 签定合同 [qiāndìng hétong].

contravention nf ❶ (infraction) 违章 [wéizhāng] ▸ **payer une contravention** 付违章罚款 [fù wéizhāng fákuǎn] ❷ (procès-verbal) ○ (cl. 张 [zhāng]) 违章通知单 [wéizhāng tōngzhīdān] ▸ **dresser une contravention** 开一张违章通知单 [kāi yì zhāng wéizhāng tōngzhīdān].

contre ♦ prép ❶ (indique la juxtaposition) 挨着 [áizhe] ▸ **sa maison est contre la nôtre** 他的房子紧挨着我们家的房子 [tāde fángzi jǐn'āizhe wǒmenjiā de fángzi] ❷ (sur) 靠着 [kàozhe] ▸ **appuyer une échelle contre un mur** 靠着墙支一个梯子 [kàozhe qiáng zhī yí ge tīzi] ▸ **serrer un enfant contre sa poitrine** 把一个孩子紧紧搂在胸前 [bǎ yí ge háizi jínjǐn lǒu zài xiōngqián] ❸ (indique l'opposition) 抗 [kàng] ▸ **un vaccin contre la grippe** 一支抗感冒疫苗 [yì zhī kàng gǎnmào yìmiáo] ▸ **une assurance contre le vol** 一种防盗险 [yì zhǒng fángdào xiǎn] ▸ **être contre qqch** 反对 [fǎnduì] ▸ **avoir qqch contre qqn** 有跟某人过不去的事情 [yǒu gēn mǒurén guòbúqù de shìqing] ❹ (indique l'échange) 用某物换某物 [yòng mǒuwù huàn mǒuwù]. ♦ adv (opposition) 反对 [fǎnduì] ▸ **être contre** 不同意 [bù tóngyì].

■ **par contre** loc adv 但是 [dànshì].

contre-attaque nf (cl. 场 [chǎng] ou 次 [cì]) 反击 [fǎnjī] ▸ **lancer une contre-attaque** 发起一场反击 [fāqǐ yì chǎng fǎnjī].

contrebalancer vt *sout* 抵消 [dǐxiāo].

contrebande nf 走私 [zǒusī] ▸ **faire de la contrebande** 进行走私 [jìnxíng zǒusī] ▸ **des marchandises de contrebande** 走私商品 [zǒusī shāngpǐn].

contrebasse nf (instrument) ○ (cl. 把 [bǎ]) 大提琴 [dàtíqín] ▸ **jouer de la contrebasse** 拉大提琴 [lā dàtíqín].

contrecarrer vt 阻挠 [zǔnáo].

contrecœur ■ **à contrecœur** loc adv 不情愿地 [bùqíngyuàn de].

contredire vt (réfuter) 与某人抬杠 [yǔ mǒu rén táigàng].

■ **se contredire** vp (s'opposer) 出尔反尔 [chū'ěr fǎn'ěr].

contrée nf 地方 [dìfang] ▸ **une contrée lointaine** 一个遥远的地方 [yí ge yáoyuǎn de dìfang].

contrefaçon nf 伪造 [wěizào] ▸ **la contrefaçon de billets de banque** 伪造钞票 [wěizào chāopiào].

contrefort nm (pilier) 城垛 [chéngduǒ] ▸ **les contreforts d'un château** 一个城堡的城垛[yí ge chéngbǎo de chéngduǒ].

■ **contreforts** nmpl 山脊 [shānjǐ].

contre-indication nf MÉD 禁忌症 [jìnjìzhèng].

contre-jour nm 逆光 [nìguāng].

■ **à contre-jour** loc adv 逆光 [nìguāng].

contre-offensive nf 反击 [fǎnjī].

contrepartie nf 补偿 [bǔcháng] ▸ **recevoir une contrepartie financière** 接受一份经济补偿 [jiēshòu yí fèn jīngjì bǔcháng].

■ **en contrepartie** loc adv 作为交换 [zuòwéi jiāohuàn].

contrepoids nm (masse) 平衡锤 [pínghéngchuí] ▸ **le contrepoids d'une horloge** 一个钟表的平衡锤 [yí ge zhōngbiǎo de pínghéngchuí] ▸ **faire contrepoids (à qqch)** (与某物)平衡 [(yǔ mǒuwù) pínghéng].

contrer vt 阻挡 [zúdǎng] ▸ **contrer un adversaire** 阻挡一个对手 [zúdǎng yí ge duìshǒu].

contresens nm (erreur) 反方向 [fǎnfāngxiàng] ▸ **faire un contresens** 搞反方向 [gǎo fǎnfāngxiàng].

■ **à contresens** loc adv 逆行 [nìxíng] ▸ **le cycliste circule à contresens** 自行车选手逆向而行 [zìxíngchē xuánshǒu nìxiàng érxíng].

contretemps nm (cl. 场 [chǎng] ou 个 [gè]) 意外 [yìwài] ▸ **avoir un contretemps** 遇上一个意外 [yù shàng yí ge yìwài].

■ **à contretemps** loc adv 不合时宜地 [bùhé shíyí de].

contribuable nmf (cl. 名 [míng] ou 个 [gè] ou 位 [wèi]) 纳税人 [nàshuìrén].

contribuer ■ **contribuer à qqch** v+prép 为某事作出贡献 [wèi mǒushì zuòchū gòngxiàn].

contribution nf ❶ (participation) 参与 [cānyù] ▸ **apporter sa contribution à** 参与某事 [cānyù mǒushì] ❷ (aide) 帮助 [bāngzhù] ▸ **mettre qqn à contribution** 要求某人的帮助 [yāoqiú mǒurén de bāngzhù].

■ **contributions** nfpl (impôts, taxes) ○ (cl. 项 [xiàng]) 税 [shuì] ▸ **les contributions directes** 直接税 [zhíjiēshuì].

contrit, e adj *sout* 内疚的 [nèijiù de] ▸ **avoir un air contrit** 一副内疚的样子 [yí fù nèijiù de yàngzi].

contrôle nm ❶ (vérification) 检查 [jiǎnchá] ▸ **un contrôle d'identité** 检查身份 [jiǎnchá shēnfen] ▸ **un contrôle des billets** 验钞 [yàn chāo] ▸ **contrôle technique** 汽车安全性检验 [qìchē ānquánxìng jiǎnyàn] ❷ SCOL (interrogation) 测验 [cèyàn] ▸ **un contrôle d'histoire** 历史课测验 [lìshǐkè cèyàn] ❸ (maîtrise) 控制 [kòngzhì] ▸ **avoir le contrôle de qqch** 能控制某事 [néng kòngzhì mǒushì] ▸ **perdre le contrôle de** 失去对......的控制 [shīqù duì... de kòngzhì] ▸ **prendre le contrôle de qqch** 控制了某事 [kòngzhì le mǒushì].

contrôler vt ❶ (vérifier) 查验 [cháyàn] ▸ **contrôler l'identité de qqn** 查验某人的身份 [cháyàn mǒurén de shēnfen] ❷ (diriger) 监管 [jiānguǎn] ▸ **contrôler un territoire** 监管一处领土 [jiānguǎn yí chù língtǔ] ❸ (maîtriser) 控制 [kòngzhì] ▸ **contrôler la situation** 控制形势 [kòngzhì xíngshì] ▸ **contrôler ses émotions** 控制自己的情绪 [kòngzhì zìjǐ de qíngxù].

■ **se contrôler** vp 自我控制 [zìwǒ kòngzhì].

contrôleur, euse nm, f (cl. 名 [míng] ou 个 [gè] ou 位 [wèi]) 检查员 [jiǎncháyuán] ▸ **un contrôleur aérien** 一个空中管制人员 [yí ge kōngzhōng guǎnzhì rényuán].

controverse nf (cl. 场 [chǎng] ou 次 [cì]) 争论 [zhēnglùn] ▸ **susciter des controverses** 引起一些争论 [yínqǐ yìxiē zhēnglùn].

controversé, e adj 有争议的 [yǒuzhēngyì de] ▸ **une décision controversée** 一项有争议的决定 [yí xiàng yǒuzhēngyì de juédìng].

convaincant, e adj 有说服力的 [yǒu shuōfúlì de] ▸ **un argument convaincant** 一个有说服力的论据 [yí ge yǒu shuōfúlì de lùnjù] ▸ **se montrer convaincant** 表现出令人信服 [biǎoxiàn chū lìngrén xìnfú].

convaincre vt 使......信服 [shǐ... xìnfú] ▸ **convaincre qqn de qqch** 使某人相信某事 [shǐ mǒurén xiāngxìn mǒushì] ▸ **convaincre qqn de faire qqch** 说服某人去做某事 [shuōfú mǒurén qù zuò mǒushì].

convalescence nf 康复 [kāngfù] ▸ **être en convalescence** 正在康复 [zhèngzài kāngfù] ▸ **entrer en convalescence** 进入康复阶段 [jìnrù kāngfù jiēduàn].

convenable adj ❶ (décent) 得体的 [détǐ de] ▸ **une tenue convenable** 一身得体的衣裳 [yì shēn détǐ de yīshang] ❷ (correct) 合适的 [héshì de] ▸ **un travail convenable** 一份合适的工作 [yí fèn héshì de gōngzuò] ▸ **un logement convenable** 一个适宜的住所 [yí ge shìyí de zhùsuǒ].

convenance nf ❶ (savoir-vivre) 社会礼节 [shèhuì lǐjié] ❷ (goût, gré) 中意 [zhòngyì].

convenir vi 合适 [héshì].

■ **convenir à** v+prép ❶ (être approprié) 适合...... [shìhé...] ❷ (plaire) 合适 [héshì] ▸ **ça me convient** 这对我挺合适 [zhè duì wǒ tǐng héshì].

■ **convenir de** v+prép (se mettre d'accord) 说好 [shuōhǎo] ▸ **avoir convenu de** *(+ infinitif)* 说好做某事 [shuōhǎo zuò mǒushì] ▸ **avoir convenu de qqch** 谈好了某事 [tán hǎo le mǒushì].

convention nf ❶ (accord) ○ (cl. 项 [xiàng] ou 个 [gè]) 协议 [xiéyì] ▸ **signer une convention** 签署一项协议 [qiānshǔ yí xiàng xiéyì] ❷ (norme) ○ (cl. 种 [zhǒng] ou 个 [gè]) 习惯 [xíguàn] ▸ **les conventions orthographiques** 拼写习惯 [pīnxiě xíguàn].

■ **conventions** nfpl (cl. 种 [zhǒng] ou 个 [gè]) 习惯 [xíguàn] ▸ **les conventions sociales** 所有社会习惯 [suóyǒu shèhuì xíguàn].

conventionnel, elle adj ❶ (convenu) 通常的 [tōngcháng de] ❷ (conforme aux conventions) 礼节性的 [lǐjiéxìng de] ▸ **une lettre conventionnelle** 一封礼节性的信函 [yì fēng lǐjiéxìng de xìnhán].

convenu, e adj 商定 [shāngdìng] ▸ **comme convenu** 按说定了的 [àn shuōdìng le de].

converger vi 汇集 [huìjí].

conversation nf (discussion) ○ (cl. 次 [cì]) 谈话 [tánhuà] ▸ **engager la conversation avec qqn** 与某人进行谈话 [yǔ mǒurén jìnxíng tánhuà].

convertir vt ❶ RELIG 使……皈依 [shǐ… guīyī] ▸ **convertir qqn à** 使某人皈依…… [shǐ mǒurén guīyī…] ❷ (transformer) 改变 [gǎibiàn] ▸ **convertir en** 改变成为 [gǎibiàn chéngwéi] ❸ (échanger) 兑换 [duìhuàn] ▸ **convertir une monnaie** 兑换一种货币 [duìhuàn yì zhǒng huòbì].

▪ **se convertir à** vp+prép 皈依 [guīyī].

conviction nf ❶ (certitude) 坚信 [jiānxìn] ▸ **avoir la conviction que** *(+ indicatif)* 坚信某事 [jiānxìn mǒushì] ❷ (ardeur) 信心 [xìnxīn] ▸ **manquer de conviction** 缺乏信心 [quēfá xìnxīn] ▸ **avec/sans conviction** 认真地/不认真地 [rènzhēn de/búrènzhēn de].

▪ **convictions** nfpl (opinions) 信仰 [xìnyǎng] ▸ **des convictions religieuses** 一些宗教信仰 [yìxiē zōngjiào xìnyǎng].

convocation nf (cl. 次 [cì]) 召见 [zhàojiàn] ▸ **recevoir une convocation** 受到一次召见 [shòudào yí cì zhàojiàn].

convoi nm ❶ (groupe de véhicules) ○ (cl. 列 [liè]) 车队 [chēduì] ▸ **un convoi de camions** 一列卡车车队 [yí liè kǎchē chēduì] ▸ **convoi exceptionnel** 特大货物运送车队 [tèdà huòwù yùnsòng chēduì] ❷ (train) ○ (cl. 列 [liè]) 列车 [lièchē].

convoiter vt 向往已久 [xiàngwǎng yǐjiǔ].

convoitise nf 贪欲 [tānyù] ▸ **exciter la convoitise de qqn** 引起了某人的贪欲之心 [yínqǐ le mǒurén de tānyù zhīxīn].

convoquer vt ❶ (ordonner de venir) 叫到 [jiào dào] ▸ **convoquer qqn à qqch** 召集某人干某事 [zhàojí mǒurén gān mǒushì] ❷ (appeler à se réunir) 召开 [zhàokāi] ▸ **convoquer une assemblée** 召开一个全体大会 [zhàokāi yí ge quántǐ dàhuì].

convulsion nf MÉD 痉挛 [jìngluán] ▸ **être pris de convulsions** 发生痉挛 [fāshēng jìngluán].

coopérer vi 合作 [hézuò] ▸ **coopérer à qqch** 合作做某事 [hézuò zuò mǒushì].

coordonnée nf MATH 坐标 [zuòbiāo].

▪ **coordonnées** nfpl (adresse) 联系方式 [liánxì fāngshì]

◊ **coordonnées géographiques** 地理坐标 [dìlǐzuòbiāo].

coordonner vt ❶ (synchroniser) 协调 [xiétiáo] ▸ **coordonner ses mouvements** 协调自己的动作 [xiétiáo zìjǐ de dòngzuò] ❷ (organiser) 调整 [tiáozhěng] ▸ **coordonner des actions** 调整一些行动 [tiáozhěng yìxiē xíngdòng] ▸ **coordonner les secours** 调配救援行动 [diàopèi jiùyuán xíngdòng] ❸ (assortir) 搭配 [dāpèi] ▸ **coordonner un pull avec un pantalon** 用件套头毛衣搭配条裤子 [yòng jiàn tàotóu máoyī dāpèi tiáo kùzi].

copain, copine ♦ adj *fam* 朋友 [péngyou] ▸ **être copain avec qqn** 和某人是朋友 [hé mǒurén shì péngyou]. ♦ nm, f *fam* ❶ (camarade) 同学 [tóngxué] ❷ (petit ami) 男/女朋友 [nán/nǚpéngyǒu].

copie nf ❶ (reproduction) ○ (cl. 件 [jiàn]) 复制品 [fùzhìpǐn] ▸ **faire une copie (de qqch)** 制作(某物的)一件复制品 [zhìzuò (mǒuwù de) yí jiàn fùzhìpǐn] ▸ **merci de faire une copie de cette lettre** 请复印一下这封信 [qǐng fùyìn yíxià zhè fēng xìn] ▸ **copie certifiée conforme** 经过公证的复印件 [jīngguò gōngzhèng de fùyìn jiàn] ❷ SCOL (cl. 份 [fèn]) 试卷 [shìjuàn] ▸ **corriger les copies** 批改试卷 [pīgǎi shìjuàn] ❸ (feuille de papier) 复印件 [fùyìn jiàn] ▸ **une copie simple** 一式一份 [yí shì yí fèn] ▸ **une copie double** 一式两份 [yí shì liǎng fèn].

copier vt ❶ (réécrire) 抄 [chāo] ▸ **copier une recette de cuisine** 抄下一个菜谱 [chāo xià yí ge càipǔ] ❷ (tricher) 偷抄 [tōu chāo] ▸ **copier sur qqn** 偷抄某人的…… [tōu chāo mǒurén de…] ❸ (imiter) 模仿 [mófǎng] ▸ **copier les manières de qqn** 模仿某人的举止 [mófǎng mǒurén de júzhǐ].

copier-coller nm INFORM 复制 [fùzhì] ▸ **faire un copier-coller** 进行复制 [jìnxíng fùzhì].

copieux, euse adj 丰盛的 [fēngshèng de] ▸ **un repas copieux** 一顿丰盛的饭菜 [yí dùn fēngshèng de fàncài].

copilote nmf (cl. 名 [míng] ou 个 [gè] ou 位 [wèi]) 副驾驶 [fùjiàshǐ].

copulation nf 交配 [jiāopèi].

coq nm ❶ (mâle de la poule) ○ (cl. 只 [zhī]) 公鸡 [gōngjī] ❷ CULIN ▸ **coq au vin** 红葡萄酒焖子鸡 [hóng pútaojiǔ mèn zǐjī].

coque nf ❶ (coquille) 壳 [ké] ▸ **la coque d'une noix** 一个核桃的壳 [yí ge hétao de ké] ▸ **la coque d'une noisette** 一个榛子的壳 [yí ge zhēnzi de ké] ▸ **œuf à la coque** 溏心蛋 [tángxīn dàn] ❷ (partie d'un bateau) 船身 [chuánshēn] ❸ (mollusque) 蚶子 [hānzi] ▸ **aller à la pêche aux coques** 去捕捞蚶子 [qù bǔlāo hānzi].

coquelicot nm (fleur) ○ (cl. 朵 [duǒ]) 虞美人 [yúměirén].

coqueluche nf ❶ (maladie) 百日咳 [bǎirìké] ▸ **avoir** ou **attraper la coqueluche** 患上百日咳 [huànshang bǎirìké] ❷ (admiré) 受追捧的人 [shòu zhuīpěng de rén] ▸ **être la coqueluche de** 受到某人的追捧 [shòudào mǒurén de zhuīpěng].

coquet, ette adj ❶ (qui cherche à plaire) 俏丽的 [qiàolì de] ▸ **une femme coquette** 一个俏丽的女人 [yí ge qiàolì de nǚrén] ❷ (charmant) 别致的 [biézhì de] ▸ **un appartement coquet** 一套别致的公寓房 [yí tào biézhì de gōngyùfáng] ▸ **une toilette coquette** 一副漂亮的妆扮 [yí fù piàoliang de zhuāngbàn].

coquetier nm 蛋盅 [dànzhōng] ▸ **un coquetier de porcelaine** 一个瓷蛋盅 [yí ge cí dànzhōng].

coquetterie nf 俏丽 [qiàolì].

coquillage nm ❶ (mollusque) 海贝 [hǎibèi] ▸ **une soupe aux coquillages** 一种海贝汤 [yì zhǒng hǎibèi tāng] ❷ (coquille) 贝壳 [bèiké] ▸ **ramasser des coquillages** 拣贝壳 [jiǎn bèiké].

coquille nf ❶ (enveloppe des mollusques) 壳 [ké] ▸ **une coquille d'escargot** 一个蜗牛的壳 [yí ge wōniú de ké] ▸ **une coquille d'huître** 一个牡蛎壳 [yí ge mǔlì ké] ▸ **coquille Saint-Jacques** 扇贝壳 [shànbèi ké] ❷ (enveloppe de l'œuf) 蛋壳 [dàn ké] ❸ (enveloppe de fruit) 壳 [ké] ▸ **la coquille d'une noisette** 一个榛子的壳 [yí ge zhēnzi de ké].

coquin, e ♦ adj ❶ (malicieux) 调皮的 [tiáopí de] ❷ (osé) 下流的 [xiàliú de] ▸ **un regard coquin** 一种下流的眼神 [yì zhǒng xiàliú de yǎnshén] ▸ **une histoire coquine** 一个淫秽的故事 [yí ge yínhuì de gùshi]. ♦ nm, f (personne malicieuse) 调皮鬼 [tiáopí guǐ].

cor nm ❶ (instrument) ○ (cl. 把 [bǎ]) 号角 [hàojiǎo] ▸ **cor de chasse** 狩猎的号角 [shòuliè de hàojiǎo] ❷ (callosité) 鸡眼 [jīyǎn] ▸ **avoir des cors au pied** 脚上长了些鸡眼 [jiǎo shàng zhǎng le xiē jīyǎn].

corail, aux nm ❶ (animal) 珊瑚虫 [shānhúchóng] ❷ (matière) 珊瑚 [shānhú] ▸ **un collier de corail** 一条珊瑚项链 [yì tiáo shānhú xiàngliàn].

Coran nm 古兰经 [Gǔlánjīng] ▸ **les versets du Coran** 古兰经的经文 [Gǔlánjīng de jīngwén].

corbeau nm (oiseau) ○ (cl. 只 [zhī]) 乌鸦 [wūyā] ▸ **une bande de corbeaux** 一群乌鸦 [yì qún wūyā].

corbeille nf ❶ (panier) 篮 [lán] ▸ **corbeille à pain** 面包篮 [miànbāo lán] ▸ **corbeille à papier** 纸篓 [zhǐ lǒu] ❷ THÉÂTRE (balcon) 包厢 [bāoxiāng] ▸ **une place de corbeille** 包厢的一个位子 [bāoxiāng de yí ge wèizi].

corbillard nm (cl. 辆 [liàng]) 灵车 [língchē].

corde nf ❶ (ensemble de fils) ○ (cl. 条 [tiáo]) 绳子 [shéngzi] ▸ **grimper à la corde** 爬绳 [páshéng] ▸ **corde à linge** (cl. 根 [gēn]) 晾衣绳 [liàngyīshéng] ▸ **corde à sauter** (cl. 根 [gēn]) 跳绳 [tiàoshéng] ❷ MUS (gros fil) ○ (cl. 根 [gēn]) 弦 [xián] ▸ **les cordes d'un violon** 小提琴的琴弦 [xiǎotíqín de qínxián] ❸ ANAT ▸ **cordes vocales** 声带 [shēngdài].

cordial, e, aux adj 热情的 [rèqíng de] ▸ **un accueil cordial** 热情的款待 [rèqíng de kuǎndài].

cordon nm ❶ (petite corde) ○ (cl. 根 [gēn]) 带子 [dàizi] ▸ **les cordons d'un tablier** 一条围裙

的带子 [yì tiáo wéiqún de dàizi] ❷ ANAT ▸ **cordon ombilical** 脐带 [qídài].

cordonnier, ère nm, f (artisan) 鞋匠 [xiéjiàng] ▸ **aller chez le cordonnier** 去修鞋 [qù xiūxié].

Corée nf 朝鲜 [Cháoxiǎn] ▸ **la Corée du Nord** 北朝鲜 [Běi Cháoxiǎn] ▸ **la Corée du Sud** 南朝鲜 [Náncháoxiǎn].

coriace adj ❶ (dur) 硬的 [yìngde] ▸ **une viande coriace** 一块啃不动的肉 [yíkuàikěnbúdòng de ròu] ❷ *fig* (tenace) 固执的 [gùzhí de].

cormoran nm (cl. 只 [zhī]) 鸬鹚 [lúcí].

corne nf ❶ (organe) ◦ (cl. 只 [zhī]) 角 [jiǎo] ▸ **les cornes d'un taureau** 公牛的犄角 [gōngniú de jījiǎo] ▸ **les cornes d'escargots** 蜗牛的触角 [wōniú de chùjiǎo] ❷ (instrument) ◦ (cl. 只 [zhī]) 笛 [dí] ▸ **corne de brume** 雾笛 [wù dí] ❸ (coin de page) 卷角 [juánjiǎo].

cornemuse nf (cl. 只 [zhī]) 风笛 [fēngdí] ▸ **jouer de la cornemuse** 吹风笛 [chuī fēngdí].

corner[1] vt (faire un pli à) 折角 [zhéjiǎo] ▸ **corner une page** 把一页折上角 [bǎ yí yè zhéshang jiǎo].

corner[2] nm SPORT 角球 [jiǎoqiú] ▸ **tirer un corner** 踢角球 [tī jiǎoqiú].

cornet nm ❶ (récipient) 卷桶 [juántǒng] ▸ **un cornet de frites** 一卷桶炸薯条 [yì juántǒng zháshǔtiáo] ❷ (gaufrette) 卷 [juǎn] ▸ **un cornet de glace** 一个蛋卷冰激凌 [yí ge dànjuǎn bīngjilíng] ❸ (gobelet) 杯 [bēi] ▸ **cornet de jeu** 摇杯 [yáo bēi] ▸ **un cornet à dés** 一个掷色子的摇杯 [yí ge zhì shǎizi de yáobēi].

corniche nf ❶ (moulure) 上楣 [shàngméi] ❷ (route) 峭壁上的公路 [qiàobì shàng de gōnglù].

cornichon nm 小酸黄瓜 [xiǎo suānhuángguā].

corolle nf (BOT) 花冠 [huāguān].

corporel, elle adj 形体的 [xíngtǐ de] ▸ **un exercice corporel** 一项形体运动 [yí xiàng xíngtǐ yùndòng] ▸ **des châtiments corporels** 体罚 [tǐ fá].

corps nm ❶ (organisme) 身体 [shēntǐ] ▸ **le corps humain** 人的身体 [rén de shēntǐ] ❷ (tronc) 上身 [shàngshēn] ❸ (groupe de personnes) 行 [xíng] ▸ **un corps de métier** 一个行业 [yí ge hángyè] ▸ **le corps médical** 医生行业 [yīshēng hángyè] ▸ **le corps enseignant** 教师行业 [jiàoshī hángyè] ❹ (consistance) 型 [xíng] ▸ **prendre corps** 成型 [chéngxíng].

corpulent, e adj 大块头的 [dàkuàitóu de] ▸ **une personne corpulente** 一个大块头的人 [yí ge dàkuàitóu de rén].

correct, e adj ❶ (exact) 正确的 [zhèngquè de] ▸ **une réponse correcte** 一个正确的答案 [yí ge zhèngquè de dá'àn] ❷ (convenable) 正规的 [zhèngguī de] ▸ **une tenue correcte est exigée** 要求穿正规的服装 [yāoqiú chuān zhèngguī de fúzhuāng] ❸ (acceptable) 说得过去的 [shuōde guòqù de] ▸ **un salaire correct** 一份说得过去的薪水 [yí fèn shuōde guòqù de xīnshui].

correcteur, trice nm, f 阅卷人 [yuèjuànrén].

correction nf ❶ (notation) 批阅 [pīyuè] ▸ **la correction de copies d'examen** 考试试卷的批阅 [kǎoshì shìjuàn de pīyuè] ▸ **la correction d'un devoir** 批阅一份作业 [pīyuè yí fèn zuòyè] ❷ (modification, rectification) 改 [gǎi] ▸ **correction d'une faute** 改一个错 [gǎi yí ge cuò] ▸ **correction d'une erreur** 改正一个错误 [gǎizhèng yí ge cuòwù] ▸ **apporter des corrections à** 对......进行修改 [duì... ìnxíng xiūgǎi] ❸ (politesse) 礼貌 [lǐmào] ❹ (punition) 教训 [jiàoxun] ▸ **donner une correction à qqn** 给某人一个教训 [gěi mǒurén yí ge jiàoxun].

correspondance nf ❶ (échange de lettres) 通信 [tōngxìn] ▸ **entretenir une correspondance avec qqn** 与某人保持通信 [yǔ mǒurén bǎochí tōngxìn] ▸ **par correspondance** 通过信函 [tōngguò xìnhán] ▸ **suivre des cours par correspondance** 上函授课程 [shàng hánshòu kèchéng] ❷ (concordance d'horaires) 换乘 [huàn chéng] ▸ **attendre sa correspondance** 等着换车 [děngzhe huànchē] ▸ **rater sa correspondance** 误了要换的车 [wù le yào huàn de chē].

correspondant, e ♦ adj (qui convient) 相应的 [xiāngyìng de]. ♦ nm, f ❶ (à qui on écrit) ◦ (cl. 个 [gè] ou 位 [wèi]) 笔友 [bíyǒu] ▸ **un correspondant**

anglais 一位英国笔友 [yí wèi Yīngguó bíyǒu] ❷ (à qui on téléphone) ○ (cl. 个 [gè] ou 位 [wèi]) 要找的人 [yào zhǎo de rén] ❸ PRESSE 特派记者 [tèpài jìzhě] ▸ **notre correspondant à Pékin** 我们驻在北京的特派记者 [wǒmen zhù zài Běijīng de tèpài jìzhě].

correspondre vi (communiquer par lettres) 通信 [tōngxìn] ▸ **correspondre avec qqn** 与某人通信 [yǔ mǒurén tōngxìn].

■ **correspondre à** vt ❶ (être conforme à) 符合 [fúhé] ❷ (être équivalent à) 相当于 [xiāngdāngyú].

corridor nm 走廊 [zǒuláng].

corrigé nm 解答 [jiědá] ▸ **faire le corrigé d'un devoir** 解答一份作业 [jiědá yí fèn zuòyè] ▸ **le corrigé d'un problème** 一道题的标准答案 [yí dào tí de biāozhǔn dá'àn].

corriger vt ❶ (modifier) 改 [gǎi] ▸ **corriger une faute** 改一个错 [gǎi yí ge cuò] ▸ **corriger un devoir** 批改一个作业 [pīgǎi yí ge zuòyè] ❷ (noter) 批改作业 [pīgǎi zuòyè] ▸ **corriger les copies des élèves** 批改学生们的试卷 [pīgǎi xuéshēngmen de shìjuàn] ❸ (punir) 教训 [jiàoxun].

corrompre vt ❶ (soudoyer) 贿赂 [huìlù] ▸ **corrompre un juge** 贿赂一个法官 [huìlù yí ge fǎguān] ❷ (dépraver) 腐蚀 [fǔshí] ▸ **un film qui corrompt la jeunesse** 一部腐蚀青年的电影 [yí bù fǔshí qīngnián de diànyǐng].

corruption nf ❶ (subornation) 贪污 [tānwū] ▸ **la corruption d'un fonctionnaire** 一个官员的贪污 [yí ge guānyuán de tānwū] ❷ (dépravation) 败坏 [bàihuài] ▸ **la corruption des mœurs** 道德败坏 [dàodé bàihuài].

corsaire nm ❶ (marin) ○ (cl. 个 [gè] ou 位 [wèi] ou 名 [míng]) 私掠船船员 [sīlüèchuán chuányuán] ❷ (pantalon) ○ (cl. 条 [tiáo]) 齐腿肚的紧身裤 [qí tuǐdù de jǐnshēn kù] ▸ **porter un corsaire** 穿着一条齐腿肚的紧身裤 [chuānzhe yì tiáo qí tuǐdù de jǐnshēn kù].

corse adj (de Corse) 科西嘉的 [kēxījiā de].

■ **Corse** ♦ nmf (habitant) 科西嘉人 [Kēxījiārén]. ♦ nf ▸ **la Corse** 科西嘉 [Kēxījiā].

corsé, e adj (relevé, intense) 浓味的 [nóngwèi de] ▸ **un café corsé** 一杯浓咖啡 [yì bēi nóng kāfēi] ▸ **une sauce corsée** 一种浓味的调味汁 [yì zhǒng nóngwèi de tiáowèizhī].

cortège nm ❶ (procession) 行列 [hángliè] ▸ **un cortège funèbre** 一个送殡的行列 [yí ge sòngbìn de hángliè] ❷ (défilé) 队伍 [duìwǔ].

corvée nf ❶ (tâche) ○ (cl. 项 [xiàng]) 勤务 [qínwù] ▸ **être de corvée (de qqch)** 担任(某事的)勤务 [dānrèn (mǒushì de) qínwù] ❷ (travail pénible) 苦差事 [kǔ chāishi].

cosmétique ♦ adj 化妆的 [huàzhuāng de] ▸ **un produit cosmétique** 一种化妆品 [yì zhǒng huàzhuāngpǐn]. ♦ nm 化妆品 [huàzhuāngpǐn].

cosmonaute nmf 宇航员 [yǔhángyuán].

cosmos nm (univers, espace) 宇宙 [yǔzhòu].

cossu, e adj ❶ (riche) 富裕的 [fùyù de] ▸ **une famille cossue** 一个富裕的家庭 [yí ge fùyù de jiātíng] ❷ (luxueux) 豪华的 [háohuá de] ▸ **une maison cossue** 一所豪宅 [yì suǒ háo zhái].

costard nm *fam* (costume) ○ (cl. 套 [tào] ou 身 [shēn] ou 件 [jiàn]) 西装 [xīzhuāng] ▸ **un costard trois-pièces** 一身三件套西装 [yì shēn sān jiàn tào xīzhuāng].

Costa Rica nm ▸ **le Costa Rica** 哥斯达黎加 [Gēsīdálíjiā].

costaud, e *fam* adj 强壮的 [qiángzhuàng de] ▸ **un garçon costaud** 一个强壮的小伙子 [yí ge qiángzhuàng de xiáohuǒzi].

■ **costaud** nm 壮汉 [zhuànghàn].

costume nm ❶ (vêtement d'homme) ○ (cl. 套 [tào] ou 身 [shēn] ou 件 [jiàn]) 男式西装 [nánshì xīzhuāng] ▸ **un costume trois-pièces** 一身三件套西装 [yì shēn sān jiàn tào xīzhuāng] ▸ **se mettre en costume** 穿西装 [chuān xīzhuāng] ❷ (habit) ○ (cl. 套 [tào] ou 身 [shēn] ou 件 [jiàn]) 服装 [fúzhuāng] ▸ **un costume traditionnel** 一身传统服装 [yì shēn chuántǒng fúzhuāng].

costumé, e adj 化装的 [huàzhuāng de] ▸ **bal costumé** 化装舞会 [huàzhuāng wǔhuì].

cotation nf (valeur d'un objet) 定价 [dìngjià].

cote nf ❶ (valeur) 牌价 [páijià] ▸ **la cote d'une voiture** 一辆汽车的牌价 [yí liàng qìchē de páijià] ▸ **la cote d'un timbre rare** 一枚稀少邮票的牌价 [yì méi xīshǎo yóupiào de páijià] ❷ (appréciation) 评价 [píngjià] ▸ **la cote de popularité** 民意评价 [mínyì píngjià].

côte[1] nf ❶ ANAT (cl. 根 [gēn]) 肋骨 [lèigǔ] ▸ **se casser une côte** 自己撞断一根肋骨 [zìjǐ zhuàngduàn yì gēn lèigǔ] ❷ CULIN (cl. 块 [kuài] ou 份 [fèn]) 排骨 [páigǔ] ▸ **une côte de porc** 一块猪排骨 [yí kuài zhū páigǔ]

◊ **côte à côte** 肩并肩地 [jiānbìngjiān de].

côte[2] nf ❶ (pente) 坡 [pō] ▸ **monter/descendre une côte** 上/下一个坡 [shàng/xià yí ge pō] ❷ (littoral) 海岸 [hǎi'àn] ▸ **une côte escarpée** 一处陡峭的海岸 [yí chù dǒuqiào de hǎi'àn] ▸ **la Côte d'Azur** 蓝色海岸 [Lánsè Hǎi'àn].

côté nm ❶ (flanc) 体侧 [tǐcè] ▸ **dormir sur le côté** 侧身而睡 [cèshēn ér shuì] ❷ (partie latérale) 侧面 [cèmiàn] ▸ **les deux côtés d'une armoire** 一个衣柜的两侧 [yí ge yīguì de liǎng cè] ❸ (face) 面 [miàn] ▸ **les deux côtés d'une feuille** 一页纸的两面 [yí yè zhǐ de liǎng miàn] ❹ (direction) 方向 [fāngxiàng] ▸ **de tous côtés** 四面八方 [sìmiàn bāfāng].

■ **à côté de** loc prép (près de) 在……旁边 [zài… pángbiān].

■ **de côté** loc adv (de travers) 斜着 [xiézhe] ▸ **marcher de côté** 斜着走 [xiézhe zǒu].

Côte d'Ivoire nf ▸ **la Côte d'Ivoire** 科特迪瓦 [Kētèdíwǎ].

côtelette nf CULIN (cl. 块 [kuài]) 排骨 [páigǔ] ▸ **une côtelette d'agneau** 一块羔羊排骨 [yí kuài gāoyáng páigǔ].

cotisation nf (quote-part) 缴费 [jiǎofèi] ▸ **payer** ou **verser sa cotisation** 缴费 [jiǎofèi].

cotiser vi 缴费 [jiǎofèi] ▸ **cotiser à la Sécurité sociale** 缴纳社会保险费 [jiǎonà shèhuì bǎoxiǎn fèi].

■ **se cotiser** vp (réunir de l'argent) 凑份子 [còu fènzi].

coton nm ❶ (plante, fibre) 棉花 [miánhua] ▸ **la cueillette du coton** 棉花采摘 [miánhua cǎizhāi] ❷ (tissu) 棉布 [miánbù] ▸ **en coton** 棉的 [mián de] ❸ (ouate) 脱脂棉 [tuōzhīmián] ▸ **du coton à démaquiller** 卸妆棉 [xièzhuāng mián].

Coton-Tige® nm (cl. 根 [gēn]) 棉花签 [miánhuaqiān].

côtoyer vt (fréquenter) 交往 [jiāowǎng].

cou nm 脖子 [bózi] ▸ **se casser** ou **se rompre le cou** 摔死 [shuāisǐ]

◊ **sauter** ou **se jeter au cou de qqn** 扑上去拥抱某人 [pū shàngqù yōngbào mǒurén].

couchant ➤ **soleil**

couche nf ❶ (épaisseur) 层 [céng] ▸ **une couche de peinture** 一层油漆 [yì céng yóuqī] ▸ **une couche de poussière** 一层灰尘 [yì céng huīchén] ▸ **la couche d'ozone** 臭氧层 [chòuyǎng céng] ❷ (protection) 尿布 [niàobù] ▸ **un paquet de couches** 一包尿布 [yì bāo niàobù] ❸ (classe sociale) 阶层 [jiēcéng] ▸ **les couches les plus pauvres de la société** 社会中最贫困的阶层 [shèhuì zhōng zuì pínkùn de jiēcéng].

■ **fausse couche** nf (cl. 次 [cì]) 流产 [liúchǎn] ▸ **faire une fausse couche** 流产 [liúchǎn].

couché, e adj ❶ (étendu) 躺着的 [tǎngzhe de] ▸ **être couché sur le canapé** 躺在长沙发上 [tǎng zài cháng shāfā shàng] ❷ (endormi) 睡着的 [shuìzháo de].

coucher[1] ♦ vt ❶ (allonger) 使……躺下 [shǐ… tǎngxia] ▸ **coucher un malade** 使病人躺下 [shǐ bìngrén tǎngxia] ❷ (mettre au lit) 上床睡觉 [shàngchuáng shuìjiào] ▸ **coucher un enfant** 让孩子上床睡觉 [ràng háizi shàngchuáng shuìjiào] ❸ (incliner) 放倒 [fàngdǎo] ▸ **coucher une bouteille** 把一个瓶子放倒 [bǎ yí ge píngzi fàngdǎo] ❹ (dormir) 睡觉 [shuìjiào] ❺ *fam* (avoir des rapports sexuels) 上床 [shàngchuáng] ▸ **coucher avec qqn** 与某人上床 [yǔ mǒurén shàngchuáng]. ♦ vi (passer la nuit) 过夜 [guòyè] ▸ **coucher à l'hôtel** 在旅馆过夜 [zài lǚguǎn guòyè].

■ **se coucher** vp ❶ (s'allonger) 躺 [tǎng] ❷ (se mettre au lit) 上床睡觉 [shàngchuáng shuìjiào] ❸ (disparaître) 落下 [luòxià].

coucher[2] nm 落 [luò] ▸ **un coucher de soleil** 日落 [rìluò].

couchette nf (banquette) 卧铺 [wòpù] ▸ **réserver une couchette** 定一个卧铺 [dìng yí ge wòpù] ▸ **couchette dure/molle** 硬/软卧 [yìng/ruǎn wò].

coucou ♦ nm ❶ (oiseau) ○ (cl. 只 [zhī]) 布谷鸟 [bùgúniǎo] ▸ **le chant du coucou** 布谷鸟

的叫声 [bùgúniǎo de jiàoshēng] ❷ (pendule) ○ (cl. 座 [zuò]) 自鸣钟 [zìmíngzhōng]. ♦ interj *fam* 嗨 [hāi] ▸ **coucou, c'est moi !** 嗨，是我呀！ [hāi, shì wǒ yā!] ▸ **faire coucou (à qqn)** (和某人)打招呼 [(hé mǒurén) dǎ zhāohu].

coude nm ❶ ANAT 胳膊肘 [gēbozhǒu] ▸ **mettre les coudes sur la table** 把胳膊肘放在桌子上 [bǎ gēbozhǒu fàng zài zhuōzi shàng] ▸ **donner un coup de coude** 用胳膊肘碰 [yòng gēbozhǒu pèng] ❷ (courbe) 拐弯处 [guǎiwānchù]

◊ **coude à coude** 肩并肩地 [jiānbìngjiān de].

coudre ♦ vt 缝 [féng] ▸ **coudre un bouton** 缝一个纽扣 [féng yí ge niǔkòu]. ♦ vi 裁缝 [cáifeng] ▸ **apprendre à coudre** 学习裁缝 [xuéxí cáifeng] ▸ **coudre à la main/à la machine** 用手/用机器缝 [yòng shǒu/ yòng jīqì féng].

couette[1] nf (édredon) ○ (cl. 床 [chuáng]) 羽绒被 [yǔróng bèi].

couette[2] *fam* nf (coiffure) ○ (cl. 束 [shù]) 扎起来的头发 [zhāqǐlái de tóufa] ▸ **porter des couettes** 扎着头发 [zāzhe tóufa] ▸ **se faire des couettes** 自己扎头发 [zìjǐ zhā tóufa].

couffin nm (berceau) 摇篮 [yáolán].

coulant, e adj *fam* (indulgent) 宽容的 [kuānróng de].

couler ♦ vt ❶ (verser) 浇 [jiāo] ▸ **couler du béton** 浇水泥 [jiāo shuǐní] ❷ (un navire, une personne) 使……沉没 [shǐ… chénmò] ▸ **des pirates ont coulé un navire** 海盗们使一只船沉没了 [hǎidàomen shǐ yì zhī chuán chénmò le]. ♦ vi ❶ (se répandre) 流 [liú] ▸ **les larmes coulaient sur ses joues** 泪水流到了他的面颊上 [lèishuǐ liú dào le tāde miànjiá shàng] ❷ (fuir) 漏水 [lòushuǐ] ▸ **le robinet coule** 水龙头漏水 [shuǐlóngtóu lòushuǐ] ▸ **ton stylo coule** 你的钢笔漏水 [nǐde gāngbǐ lòushuǐ] ▸ **j'ai le nez qui coule** 我流鼻涕 [wǒ liú bítì] ❸ (sombrer) 沉 [chén] ❹ *fig* (péricliter) 使……破产 [shǐ… pòchǎn] ▸ **leur entreprise a coulé** 他们的企业破产了 [tāmende qǐyè pòchǎn le]

◊ **couler de source** 明摆的事 [míngbǎi de shì].

couleur nf ❶ (teinte) ○ (cl. 种 [zhǒng]) 颜色 [yánsè] ▸ **les couleurs primaires** 三原色 [sānyuán sè] ▸ **une couleur vive** 一种鲜艳的颜色 [yì zhǒng xiānyàn de yánsè] ❷ (peinture) ○ (cl. 管 [guǎn]) 颜料 [yánliào] ▸ **un tube de couleur** 一管颜料 [yì guǎn yánliào] ❸ (dessin des cartes) 花色 [huāsè]

◊ **prendre des couleurs** 气色好起来 [qìsè hǎo qǐlái].

couleuvre nf (serpent) ○ (cl. 条 [tiáo]) 游蛇 [yóushé]

◊ **avaler des couleuvres** *fam* 忍气吞声 [rěnqì tūnshēng].

coulisse nf 滑槽 [huácáo] ▸ **une fenêtre à coulisse** (cl. 扇 [shàn]) 滑动窗 [huádòng chuāng].

▪ **coulisses** nfpl THÉÂTRE 后台 [hòutái].

couloir nm 走廊 [zǒuláng] ▸ **couloir d'autobus** 公交车通道 [gōngjiāochē tōngdào].

coup nm ❶ (geste) 击 [jī] ▸ **coup de pied** 脚踢 [jiǎo tī] ▸ **coup de poing** 拳击 [quán jī] ▸ **un coup de tête** 头撞 [tóu zhuàng] ▸ **donner des coups à qqn** 给某人几下子 [gěi mǒurén jǐ xià zi] ❷ (choc) 下 [xià] ▸ **un coup de couteau** 刀砍了一下 [dāo kǎn le yí xià] ▸ **un coup de marteau** 锤子砸了一下 [chuízi zá le yí xià] ❸ (bruit) 声响 [shēngxiǎng] ▸ **coup de feu** 枪声 [qiāngshēng] ▸ **un coup de tonnerre** 一声雷响 [yì shēng léi xiǎng] ❹ (choc moral) ○ (cl. 个 [gè] ou 次 [cì]) 打击 [dǎjī] ▸ **un coup dur** 一次沉重的打击 [yí cì chénzhòng de dǎjī] ❺ (action rapide) 一下 [yí xià] ▸ **passer un coup de balai** 用笤帚扫一下 [yòng tiáozhou sǎo yí xià] ▸ **se donner un coup de peigne** 用梳子梳一下 [yòng shūzi shū yí xià] ▸ **jeter un coup d'œil** 看一眼 [kàn yì yǎn] ❻ (fois) 次 [cì] ❼ (manifestation soudaine) 阵 [zhèn] ▸ **coup de chance** 走运 [zǒuyùn] ▸ **coup de fatigue** 一下子累了 [yí xià zi lèi le] ▸ **coup de vent** 一阵风 [yí zhèn fēng] ❽ (action nuisible) 坏事 [huàishì] ▸ **préparer un mauvais coup** 准备干坏事 [zhǔnbèi gàn huàishì]

◊ **passer un coup de fil** ou **de téléphone** 打一个电话 [dǎ yí ge diànhuà] ▸ **donner un coup de main à qqn** 帮某人一把 [bāng mǒurén yì bǎ] ▸ **tenir le coup** 坚持 [jiānchí] ▸ **valoir le coup** 值得 [zhídé].

▪ **après coup** loc adv 事后 [shìhòu].

▪ **coup sur coup** loc adv 接连地 [jiēlián de].

▪ **du coup** loc adv 因此 [yīncǐ].

▪ **sous le coup de** loc prép (sous l'effet de) 在……影响下 [zài… yíngxiǎng xià].

▪ **sur le coup** loc adv 马上 [mǎshàng] ▸ **je n'ai pas compris sur le coup** 我当时没有明白 [wǒ dāngshí méiyǒu míngbai].

▪ **tout à coup** loc adv 突然 [tūrán].

▪ **coup d'Etat** nm 政变 [zhèngbiàn].

▪ **coup de foudre** nm 一见钟情 [yíjiàn zhōngqíng].

▪ **coup de soleil** nm 中暑 [zhòng shǔ] ▸ **attraper un coup de soleil** 中暑了 [zhòng shǔ le].

coupable ♦ adj ❶ (fautif, criminel) 有罪的 [yǒuzuì de] ▸ **être reconnu coupable** 被认为是有罪的 [bèi rènwéi shì yǒuzuì de] ❷ (blâmable, honteux) 有过错的 [yǒuguòcuò de] ▸ **se sentir coupable** 感到自己有过错 [gǎndào zìjǐ yǒuguòcuò]. ♦ nmf (cl. 个 [gè] ou 名 [míng]) 罪犯 [zuìfàn].

coupant, e adj 锋利的 [fēnglì de] ▸ **une lame coupante** 锋利的刀刃 [fēnglì de dāorèn].

coupe nf ❶ (verre) ○ (cl. 只 [zhī]) 高脚杯 [gāojiǎobēi] ▸ **une coupe de champagne** 一只香槟酒杯 [yì zhī xiāngbīnjiǔ bēi] ❷ (action de couper) 剪 [jiǎn] ▸ **une coupe de cheveux** 发式 [fàshì] ▸ **une coupe en brosse/au carré** 平头/平齐式发式 [píngtóu/píngqíshì fàshì] ❸ SPORT (trophée) ○ (cl. 只 [zhī]) 奖杯 [jiǎngbēi].

coupé nm (voiture) ○ (cl. 辆 [liàng]) 双座小轿车 [shuāngzuò xiǎojiàochē].

coupe-ongles nm inv (cl. 把 [bǎ]) 指甲钳 [zhǐjiaqián].

couper ♦ vt ❶ (sectionner) 劈 [pī] ▸ **couper du bois** 劈柴 [pī chái] ▸ **couper l'herbe** 割草 [gē cǎo] ▸ **couper le blé** 割麦子 [gē màizi] ❷ (découper) 切 [qiē] ▸ **couper un aliment** 切食品 [qiē shípǐn] ▸ **couper du pain** 切面包 [qiē miànbāo] ❸ (amputer) 截 [jié] ▸ **couper une partie du corps** 截下身体的一部分 [jiéxià shēntǐ de yí bùfen] ❹ (interrompre) 断 [duàn] ▸ **couper le gaz/l'eau/l'électricité** 断煤气/水/电 [duàn méiqì/shuǐ/diàn] ▸ **couper l'envie** 打消欲望 [dǎxiāo yùwàng] ▸ **couper l'appétit/la soif** 倒胃口/止渴 [dǎo wèikou/zhǐ kě] ❺ (diviser) 分成 [fēnchéng] ▸ **la France fut coupée en deux pendant l'occupation** 法国在占领时期曾被分成两部分 [Fǎguó zài zhànlǐng shíqī céng bèi fēnchéng liǎng bùfen] ❻ (traverser, croiser) 穿过 [chuānguò] ▸ **le chemin de fer coupe la route nationale** 铁路穿过国道 [tiělù chuānguò guódào]. ♦ vi (être tranchant) 锋利 [fēnglì].

▪ **se couper** vp (se blesser) 割自己 [gē zìjǐ] ▸ **se couper le doigt** 割自己的手指头 [gē zìjǐ de shǒuzhítou].

couper-coller nm inv INFORM 剪贴 [jiǎntiē] ▸ **faire un couper-coller** 进行剪贴 [jìnxíng jiǎntiē].

couple nm ❶ (mari et femme) ○ (cl. 对 [duì]) 夫妻 [fūqī] ▸ **former un beau couple** 组成一对匹配相当的夫妻 [zǔchéng yí duì pǐpèi xiāngdāng de fūqī] ❷ (deux personnes) 一对 [yí duì] ▸ **un couple de danseurs** 一对舞伴 [yí duì wǔbàn].

couplet nm 段 [duàn] ▸ **les couplets d'une chanson** 一首歌的唱段 [yì shǒu gē de chàngduàn].

coupole nf 穹顶 [qióngdǐng].

coupon nm (titre de transport) ○ (cl. 张 [zhāng]) 票 [piào] ▸ **un coupon mensuel** 一张月票 [yì zhāng yuèpiào].

coupure nf ❶ (blessure) ○ (cl. 道 [dào]) 伤口 [shāngkǒu] ❷ (billet de banque) ○ (cl. 张 [zhāng]) 钞票 [chāopiào] ▸ **des petites coupures** 一些小额钞票 [yìxiē xiǎo'é chāopiào] ❸ (interruption de l'alimentation) 停 [tíng] ▸ **une coupure de courant** 停电 [tíng diàn] ▸ **une coupure de gaz** 停煤气 [tíng méiqì] ❹ PRESSE ▸ **coupure de journal** 剪报 [jiǎn bào].

cour nf ❶ (espace découvert) 院子 [yuànzi] ▸ **une cour de récréation** 一个操场 [yí ge cāochǎng] ❷ (tribunal) 法院 [fǎyuàn] ▸ **cour d'appel** 上诉法院 [shàngsù fǎyuàn] ▸ **cour d'assises** 重罪法庭 [zhòngzuì fǎtíng] ❸ HIST (entourage du roi) 王室 [wángshì]

◊ **faire la cour à qqn** 奉承某人 [fèngcheng mǒurén] ▸ **faire la cour à une femme** 追求一个女人 [zhuīqiú yí ge nǚrén].

courage nm ❶ (bravoure) 勇敢 [yónggǎn] ▸ **se battre avec courage** 勇敢地战斗 [yónggǎn de zhàndòu] ▸ **manquer de courage** 缺乏勇气 [quēfá yǒngqì] ▸ **avoir le courage de** *(+ infinitif)* 有勇气做某事 [yǒu yǒngqì zuò mǒushì]

❷ (énergie) 热忱 [rèchén] ▸ **travailler avec courage** 热忱地工作 [rèchén de gōngzuò]
◊ **courage !** 加油！ [jiāyóu!] ▸ **prendre son courage à deux mains** 鼓足勇气 [gǔzú yǒngqì].

courageux, euse adj (brave) 勇敢的 [yónggǎn de] ▸ **des sauveteurs courageux** 一些勇敢的救生员 [yìxiē yónggǎn de jiùshēngyuán].

couramment adv ❶ (fréquemment) 经常地 [jīngcháng de] ❷ (avec aisance) 流利地 [liúlì de].

courant, e adj (habituel) 常见的 [chángjiàn de].
▪ **courant** nm ❶ (mouvement) 流 [liú] ▸ **remonter le courant** 溯流而上 [sùliú'érshàng] ▸ **courant d'air** (cl. 股 [gǔ]) 穿堂风 [chuāntáng fēng] ▸ **ferme la fenêtre, je suis en plein courant d'air** 关上窗户，穿堂风正吹着我呢 [guānshàng chuānghu, chuāntáng fēng zhèng chuīzhe wǒ ne] ❷ (d'idées, de sentiments) 潮流 [cháoliú] ▸ **le courant romantique** 浪漫主义潮流 [làngmànzhǔyì cháoliú] ❸ ÉLECTR 电流 [diànliú] ▸ **une panne de courant** 停电 [tíng diàn] ▸ **couper le courant** 断电 [duàn diàn].
▪ **au courant** loc adv 清楚 [qīngchu] ▸ **être au courant de qqch** 清楚某事 [qīngchu mǒushì].

courbature nf 疲惫 [píbèi] ▸ **avoir des courbatures** 身感疲惫 [shēn gǎn píbèi].

courbe ♦ nf (ligne arrondie) ○ (cl. 个 [gè] ou 道 [dào]) 弧形 [húxíng] ▸ **la courbe des cils** 眉毛的弧形 [méimao de húxíng]. ♦ adj 弯曲的 [wānqū de] ▸ **une ligne courbe** 一条弯曲的线 [yì tiáo wānqū de xiàn].

courber vt ❶ (plier) 使……弯 [shǐ… wān] ▸ **le vent courbe les arbres** 风吹弯了树 [fēng chuī wān le shù] ❷ (incliner) 使……弯下 [shǐ… wānxià] ▸ **courber une partie du corps** 弯下身体的一部分 [wānxià shēntǐ de yí bùfen] ▸ **courber la tête** 低下头 [dīxià tóu].
▪ **se courber** vp (se baisser) 弯下 [wānxià] ▸ **il se courba pour le saluer** 他鞠躬向他致意 [tā jūgōng xiàng tā zhìyì].

coureur, euse nm, f SPORT (cl. 个 [gè] ou 名 [míng] ou 位 [wèi]) 赛跑运动员 [sàipǎo yùndòngyuán] ▸ **un coureur cycliste** 一名自行车运动员 [yì míng zìxíngchē yùndòngyuán] ▸ **un coureur automobile** 一名赛车运动员 [yì míng sàichē yùndòngyuán].

courge nf 葫芦瓜 [húlu guā].

courgette nf 小西葫芦 [xiǎo xīhúlu] ▸ **un gratin de courgettes** 一道用面包屑或干酪丝洒在小西葫芦上烘烤的菜 [yí dào yòng miànbāoxiè huò gānlàosī sǎ zài xiǎo xīhúlu shàng hōngkǎo de cài].

courir ♦ vt SPORT 跑 [pǎo] ▸ **courir le cent mètres** 跑百米 [pǎo bǎi mǐ]
◊ **courir un danger** 冒危险 [mào wēixiǎn].
♦ vi ❶ (se déplacer rapidement) 跑 [pǎo] ❷ (se propager) 流传 [liúchuán].

couronne nf (objet circulaire) ○ (cl. 顶 [dǐng]) 冠 [guān] ▸ **la couronne royale** 王冠 [wángguān] ▸ **une couronne de fleurs** 一顶花冠 [yì dǐng huā guān].

couronnement nm (sacre) 加冕 [jiāmiǎn] ▸ **le couronnement d'un roi** 一个国王的加冕 [yí ge guówáng de jiāmiǎn].

couronner vt ❶ (sacrer roi) 加冕 [jiāmiǎn] ❷ *fig* (récompenser) 赞誉 [zànyù].

courriel nm INFORM 电子邮件 [diànzǐ yóujiàn] ▸ **envoyer un courriel** 发一个电子邮件 [fā yí ge diànzǐ yóujiàn].

courrier nm 邮件 [yóujiàn] ▸ **recevoir du courrier** 收到邮件 [shōudào yóujiàn] ▸ **courrier électronique** 电子邮件 [diànzǐ yóujiàn].

courroie nf (sangle) ○ (cl. 条 [tiáo]) 带 [dài].

cours nm ❶ (écoulement) 流 [liú] ▸ **cours d'eau** 水流 [shuǐ liú] ❷ (déroulement) 期间 [qījiān] ▸ **le cours de la vie** 生命期间 [shēngmìng qījiān] ▸ **au cours de la nuit** 在夜间 [zài yè jiān] ▸ **en cours de route** 在路上 [zài lù shàng] ▸ **être en cours** 正在进行 [zhèngzài jìnxíng] ❸ (leçon) ○ (cl. 堂 [táng]) 课 [kè] ▸ **avoir cours** 有课 [yǒu kè] ▸ **un cours de français** 一堂法语课 [yì táng fǎyǔ kè] ▸ **cours particulier** 个别授课 [gèbié shòukè] ❹ SCOL 班 [bān] ▸ **cours élémentaire** 初级班 [chūjíbān] ▸ **cours moyen** 中级班 [zhōngjí bān] ▸ **cours préparatoire** 预科班 [yùkē bān].

course nf ❶ (action de courir) 跑步 [pǎobù] ▸ **faire la course avec qqn** 跟某人一起跑步 [gēn mǒurén yìqǐ pǎobù] ❷ (compétition) ○ (cl. 场

[chǎng]) 比赛 [bǐsài] ▸ **une course automobile** 一场汽车赛 [yì chǎng qìchē sài] ▸ **une course cycliste** 一场自行车比赛 [yì chǎng zìxíngchē bǐsài] ▸ **une course de chevaux** 一场赛马 [yì chǎng sàimǎ] ▸ **la course à pied** 跑步比赛 [pǎobù bǐsài] ❸ (achat) 购物 [gòuwù] ▸ **faire les courses** 购物 [gòuwù].

coursier, ère nm, f (cl. 名 [míng] ou 个 [gè] ou 位 [wèi]) 专递员 [zhuāndìyuán].

court, e ♦ adj ❶ (de faible longueur) 短的 [duǎn de] ▸ **des cheveux courts** 短发 [duǎn fà] ❷ (bref) 短的 [duǎn de] ▸ **une histoire courte** 一个小故事 [yí ge xiǎo gùshì] ▸ **un délai trop court** 一个过短的期限 [yí ge guò duǎn de qīxiàn] ▸ **avoir la mémoire courte** 健忘 [jiànwàng]. ♦ nm SPORT ▸ **court de tennis** 网球场 [wǎngqiú chǎng].

▪ **court** adv (de manière courte) 短地 [duǎn de]

◊ **couper court à** 当即制止…… [dāngjí zhìzhǐ…] ▸ **être à court de** (manquer de) 缺 [quē] ▸ **être à court d'argent** 缺钱 [quē qián] ▸ **prendre de court** 使……猝不及防 [shǐ… cùbùjífáng] ▸ **sa question m'a pris de court** 他的问题使我猝不及防 [tāde wèntí shǐ wǒ cùbùjífáng].

courtier, ère nm, f COMM (cl. 位 [wèi] ou 个 [gè] ou 名 [míng]) 经纪人 [jīngjìrén] ▸ **un courtier en bourse** 一名证券交易经纪人 [yì míng zhèngquàn jiāoyì jīngjìrén].

courtisan nm HIST (cl. 位 [wèi] ou 个 [gè] ou 名 [míng]) 朝臣 [cháochén].

courtisane nf HIST (cl. 位 [wèi] ou 个 [gè] ou 名 [míng]) 高等妓女 [gāoděng jìnǚ].

courtiser vt 献殷勤 [xiàn yīnqín] ▸ **courtiser une femme** 向一个女人献殷勤 [xiàng yí ge nǚrén xiàn yīnqín].

courtois, e adj 有礼貌的 [yóulǐmào de] ▸ **une personne courtoise** 彬彬有礼的人 [bīnbīn yóulǐ de rén] ▸ **un geste courtois** 有礼貌的举止 [yóulǐmào de júzhǐ].

courtoisie nf 礼貌 [lǐmào] ▸ **un homme d'une parfaite courtoisie** 一个十分有礼貌的人 [yí ge shífēn yóulǐmào de rén].

couscous nm 粗麦饭 [cūmàifàn] 一种肉、菜、粗麦粉加佐料做的北非菜肴 [yì zhǒng ròu、cài、cū màifěn jiā zuǒliào zuò de Běifēi càiyáo].

cousin nm ❶ (côté paternel) ○ (cl. 位 [wèi] ou 个 [gè]) 堂兄弟 [tángxiōngdì] ❷ (côté maternel) 表兄弟 [biǎoxiōngdì].

▪ **cousin germain** nm ❶ (né du frère ou de la sœur du père) 第一代堂兄弟 [dìyī dài tángxiōngdì] ❷ (né du frère ou de la sœur de la mère) 第一代表兄弟 [dìyī dài biǎoxiōngdì].

cousine nf ❶ (côté paternel) ○ (cl. 位 [wèi] ou 个 [gè]) 堂姐妹 [tángjiěmèi] ❷ (côté maternel) 表姐妹 [biǎojiěmèi].

▪ **cousine germaine** nf ❶ (née du frère ou de la sœur du père) 第一代堂姐妹 [dìyī dài tángjiěmèi] ❷ (née du frère ou de la sœur de la mère) 第一代表姐妹 [dìyī dài biáojiěmèi].

coussin nm 靠垫 [kàodiàn] ▸ **les coussins d'un fauteuil** 一张扶手椅的靠垫 [yì zhāng fúshóuyǐ de kàodiàn].

coût nm (cl. 笔 [bǐ]) 费用 [fèiyòng] ▸ **le coût de la vie** 生活费用 [shēnghuó fèiyòng].

couteau, x nm (cl. 把 [bǎ]) 刀 [dāo] ▸ **ce couteau coupe mal** 这把刀不快 [zhè bǎ dāo bú kuài] ▸ **couteau de cuisine** (cl. 把 [bǎ]) 菜刀 [càidāo]

◊ **mettre le couteau sous la gorge à qqn** 把刀架在某人的脖子上 [bǎ dāojià zài mǒurén de bózi shàng].

coûter ♦ vi ❶ (valoir) 卖价 [màijià] ▸ **combien coûte ce vase ?** 这个花瓶卖价多少？ [zhè ge huāpíng màijià duōshǎo?] ❷ (être pénible) ▸ **coûter à qqn** 使某人为难 [shǐ mǒurén wéinán] ▸ **ça lui coûte de reconnaître ses erreurs** 承认自己的错误让他很为难 [chéngrèn zìjǐ de cuòwù ràng tā hěn wéinán]. ♦ vt (causer) 使……付出 [shǐ… fùchū] ▸ **coûter qqch à qqn** 使某人付出某物 [shǐ mǒurén fùchū mǒuwù] ▸ **son imprudence lui a coûté la vie** 他的冒失使他付出了性命 [tāde màoshi shǐ tā fùchū le xìngmìng].

▪ **coûte que coûte** loc adv 无论如何 [wúlùn rúhé] ▸ **elle doit être à Paris ce soir coûte que coûte** 她今晚无论如何都要到巴黎 [tā jīnwǎn wúlùn rúhé dōu yào dào Bālí].

coûteux, euse adj 昂贵的 [ángguì de] ▸ **un projet coûteux** 一项昂贵的计划 [yí xiàng ángguì de jìhuà].

coutume nf 习俗 [xísú] ▸ **les coutumes locales** 当地习俗 [dāngdì xísú] ▸ **avoir coutume de** *(+ infinitif)* 有 (做……的)习惯 [yǒu (zuò…de) xíguàn] ▸ **elle a coutume de faire une promenade avant de se coucher** 她有在临睡前散步的习惯 [tā yǒu zài línshuì qián sànbù de xíguàn].

couture nf ❶ (action de coudre) 针线活 [zhēnxiànhuó] ▸ **faire de la couture** 做针线活 [zuò zhēnxiànhuó] ❷ (points) 针脚 [zhēnjiao] ▸ **la couture de ma jupe a craqué** 我裙子的针脚绷开了 [wǒ qúnzi de zhēnjiao bèng kāi le] ❸ (métier) 服装业 [fúzhuāng yè] ▸ **travailler dans la couture** 在服装业工作 [zài fúzhuāng yè gōngzuò]

◊ **la haute couture** 高级时装 [gāojí shízhuāng].

couturier nm ❶ (métier) 裁缝 [cáifeng] ❷ (cl. 位 [wèi] ou 个 [gè] ou 名 [míng]) 时装设计师 [shízhuāng shèjìshī] ▸ **grand couturier** (cl. 位 [wèi] ou 个 [gè] ou 名 [míng]) 时装设计大师 [shízhuāng shèjì dàshī].

couturière nf (cl. 位 [wèi] ou 个 [gè] ou 名 [míng]) 女裁缝 [nǚ cáifeng].

couvent nm RELIG (cl. 座 [zuò]) 修道院 [xiūdàoyuàn] ▸ **entrer au couvent** 进修道院 [jìn xiūdàoyuàn].

couver ♦ vt ❶ (œufs) 孵 [fū] ❷ (protéger) 护着 [hùzhe] ▸ **couver qqn** 呵护某人 [hēhù mǒurén] ❸ *fam* (être atteint de) 出现症状 [chūxiàn zhèngzhuàng] ▸ **couver une maladie** 出现一种疾病的症状 [chūxiàn yì zhǒng jíbìng de zhèngzhuàng]. ♦ vi (se préparer) 酝酿 [yùnniàng] ▸ **la révolte couvait depuis quelques semaines** 起义已经酝酿几个星期了 [qǐyì yǐjīng yùnniàng jǐ ge xīngqī le].

couvercle nm 盖子 [gàizi].

couvert, e adj ❶ (habillé) 穿 [chuān] ▸ **il n'attrapera pas froid, il est bien couvert** 他不会着凉的, 他穿得很厚 [tā bú huì zháoliáng de, tā chuān de hěn hòu] ❷ (recouvert) 带篷的 [dàipéng de] ▸ **un passage couvert** 带篷人行过道 [dàipéng rén xíng guòdào] ▸ **une piscine couverte** 一个室内游泳池 [yí ge shìnèi yóuyǒngchí] ▸ **(être) couvert de** 布满了…… [bùmǎn le…] ▸ **une plage couverte de monde** 充满人的沙滩 [chōngmǎn rén de shātān] ▸ **un ciel couvert d'étoiles** 布满星星的天空 [bùmǎn xīngxīng de tiānkōng] ▸ **il est couvert de boutons** 他长满了疙瘩 [tā zhángmǎn le gēda] ❸ (nuageux) 阴的 [yīn de] ▸ **un ciel couvert** 阴沉的天空 [yīnchén de tiānkōng] ▸ **un temps couvert** 阴天 [yīn tiān].

▪ **couvert** nm (cl. 副 [fù] ou 套 [tào]) 餐具 [cānjù] ▸ **les couverts à poisson** 吃鱼用的餐具 [chī yú yòng de cānjù] ▸ **des couverts d'argent** 银质餐具 [yínzhì cānjù] ▸ **combien de couverts ?** 有几位就餐？ [yǒu jǐ wèi jiùcān?] ▸ **une table de six couverts** 一张六个座的餐桌 [yì zhāng liù ge zuò de cānzhuō] ▸ **mettre le couvert** 摆餐具 [bǎi cānjù].

couverture nf ❶ (pièce de tissu) ○ (cl. 条 [tiáo]) 毯子 [tǎnzi] ▸ **une couverture de laine** 一条羊毛毯 [yì tiáo yángmáo tǎn] ❷ (protection) 封皮 [fēngpí] ▸ **couverture d'un livre** 一本书的封皮 [yì běn shū de fēngpí] ❸ PRESSE 封面 [fēngmiàn] ▸ **couverture d'un magazine** 一本杂志的封面 [yì běn zázhì de fēngmiàn] ▸ **elle a sa photo en couverture** 她的照片上了封面 [tāde zhàopiàn shàng le fēngmiàn].

couvre-feu nm 宵禁 [xiāojìn] ▸ **lever le couvre-feu** 解除宵禁令 [jiěchú xiāojìn lìng].

couvreur nm (métier) ○ (cl. 位 [wèi] ou 个 [gè] ou 名 [míng]) 泥瓦工 [níwǎgōng].

couvrir vt ❶ (recouvrir) ▸ **couvrir ses livres** 包书皮 [bāo shūpí] ▸ **couvrir un fauteuil** 把扶手椅罩上 [bǎ fúshóuyǐ zhàoshang] ▸ **couvrir qqch de** 用……覆盖某物 [yòng… fùgài mǒuwù] ❷ (fermer) 盖 [gài] ▸ **couvrir une casserole** 给锅盖上盖子 [gěi guō gàishang gàizi] ❸ *fig* (combler) 给……很多 [gěi… hěnduō] ▸ **couvrir qqn d'honneurs** 给予某人很多荣誉 [jíyǔ mǒurén hěnduō róngyù] ▸ **couvrir qqn de baisers** 不停地亲吻某人 [bùtíng de qīnwěn mǒurén].

▪ **se couvrir** vp ❶ (se vêtir) 穿 [chuān] ▸ **il fait froid, tu dois te couvrir davantage** 天冷了, 你应该多穿些衣服 [tiān lěng le, nǐ yīnggāi duō chuān xiē yīfu] ❷ (se recouvrir) 布满 [bùmǎn] ▸ **la vitre se couvre de buée** 玻璃窗上布满水汽 [bōlichuāng shàng bùmǎn shuǐqì].

CP (abr de **cours préparatoire**) nm inv 小学一年级 [xiǎoxué yī niánjí] ▸ **être au CP** 读小学一年级 [dú xiǎoxué yī niánjí].

crabe nm (cl. 只 [zhī]) 螃蟹 [pángxie].

cracher ♦ vi 吐唾沫 [tǔtuòmo]; 吐痰 [tǔtán] ▸ **cracher par terre** 随地吐痰 [suídì tǔtán]. ♦ vt ❶ (rejeter hors de la bouche) 吐 [tǔ] ▸ **cracher du sang** 吐血 [tù xiě] ❷ (rejeter une substance) 喷 [pēn] ▸ **la cheminée de l'usine crache une fumée noire** 工厂的烟囱喷出浓烟 [gōngchǎng de yāncōng pēnchū nóngyān].

craie nf (pour écrire) ◦ (cl. 根 [gēn]) 粉笔 [fěnbǐ].

craindre vt ❶ (redouter) 害怕 [hàipà] ▸ **craindre qqch** 害怕某事 [hàipà mǒushì] ▸ **craindre la mort** 害怕死亡 [hàipà sǐwáng] ▸ **craindre qqn** 害怕某人 [hàipà mǒurén] ▸ **craindre que** *(+ ne, + subjonctif)* 害怕...... [hàipà...] ❷ (s'inquiéter) 担心 [dānxīn].

crainte nf 害怕 [hàipà] ▸ **la crainte de l'échec** 对失败的害怕 [duì shībài de hàipà] ▸ **la crainte que** *(+ subjonctif)* 害怕...... [hàipà...].

▪ **de crainte de** loc prép 因为害怕...... [yīnwèi hàipà...].

▪ **de crainte que** loc conj 以免 [yímiǎn] ▸ **fuyez de crainte qu'on ne vous voie** 逃走吧以免有人看见您 [táozǒu ba yímiǎn yǒu rén kànjian nín].

craintif, ive adj (peureux) 胆怯的 [dǎnqiè de] ▸ **un enfant craintif** 一个胆小的孩子 [yí ge dǎnxiǎo de háizi].

crampe nf (cl. 次 [cì]) 痉挛 [jìngluán] ▸ **crampe musculaire** 肌肉痉挛 [jīròu jìngluán] ▸ **avoir une crampe** 抽筋 [chōujīn] ▸ **crampes d'estomac** 胃痉挛 [wèi jìngluán].

crampon nm SPORT (cl. 颗 [kē] ou 个 [gè]) 鞋钉 [xiédīng] ▸ **des chaussures à crampons** 防滑鞋 [fánghuá xié].

cramponner ▪ **se cramponner** vp (s'agripper) 抓紧 [zhuājǐn].

cran nm ❶ (trou) 扣眼 [kòuyǎn] ▸ **serrer sa ceinture d'un cran** 把腰带系紧一个扣眼 [bǎ yāodài jìjǐn yí ge kòuyǎn] ❷ (degré) 级 [jí] ▸ **reculer d'un cran** 后退一级 [hòutuì yì jí] ❸ *fam* (courage) 胆量 [dǎnliàng].

crâne nm ❶ ANAT 颅骨 [lúgǔ] ▸ **une fracture du crâne** 颅骨骨折 [lúgǔ gǔzhé] ❷ *fam* (tête) 头 [tóu] ▸ **avoir mal au crâne** 头痛 [tóu tòng] ▸ **le crâne rasé** 光头 [guāng tóu].

crâner vi *fam* 充好汉 [chōng hǎohàn].

crânien, enne adj 颅的 [lú de] ; ➤ **traumatisme**.

crapaud nm (cl. 只 [zhī]) 蛤蟆 [háma].

crapule nf 坏蛋 [huàidàn] ▸ **il fréquente des crapules** 他常跟坏蛋们往来 [tā cháng gēn huàidànmen wǎnglái].

craquement nm 嘎嘎作响 [gāgā zuòxiǎng].

craquer vi ❶ (faire un bruit) 发出劈啪声 [fāchū pīpā shēng] ▸ **le parquet craque** 地板发出咔吱声 [dìbǎn fāchū kāzhī shēng] ❷ (se déchirer) 裂开 [lièkai] ▸ **ma jupe a craqué** 我的裙子裂开了 [wǒde qúnzi lièkai le] ❸ *fam* (s'effondrer) 崩溃 [bēngkuì] ▸ **ses nerfs ont craqué** 他的神经崩溃了 [tāde shénjīng bēngkuì le].

crasse nf (saleté) 污垢 [wūgòu].

cratère nm 火山口 [huǒshānkǒu] ▸ **le cratère d'un volcan** 一座火山的火山口 [yí zuò huǒshān de huǒshānkǒu] ▸ **les cratères de la Lune** 月球的环形山 [yuèqiú de huánxíngshān].

cravache nf (cl. 条 [tiáo]) 马鞭 [mǎbiān] ▸ **donner des coups de cravache** 快马加鞭 [kuài mǎ jiā biān].

cravate nf (cl. 条 [tiáo]) 领带 [lǐngdài] ▸ **faire un nœud de cravate** 打领带 [dǎ lǐngdài].

crawl nm SPORT 自由泳 [zìyóuyǒng] ▸ **nager le crawl** 游自由泳 [yóu zìyóuyǒng].

crayon nm (à papier) ◦ (cl. 支 [zhī]) 铅笔 [qiānbǐ] ▸ **crayon de couleur** 彩色铅笔 [cǎisè qiānbǐ].

créancier, ère nm, f 债主 [zhàizhǔ].

créateur, trice nm, f ❶ (inventeur) ◦ (cl. 位 [wèi] ou 个 [gè] ou 名 [míng]) 创作者 [chuàngzuòzhě] ❷ (couturier) ◦ (cl. 位 [wèi] ou 个 [gè] ou 名 [míng]) 设计师 [shèjìshī] ▸ **une créatrice de mode** 一位时尚设计师 [yí wèi shíshàng shèjìshī].

création nf ❶ (production) 创造 [chuàngzào] ▸ **création d'emplois** 创造就业机会 [chuàngzào jiùyè jīhuì] ▸ **la création artistique** 艺术创作 [yìshù chuàngzuò] ❷ (modèle) 作品

[zuòpǐn] ▸ **les nouvelles créations d'un couturier** 一位时装设计师的新作 [yí wèi shízhuāng shèjìshī de xīn zuò].

créature nf ❶ (tout être vivant) 生物 [shēngwù] ❷ (personne) 人 [rén].

crèche nf ❶ (garderie) ○ (cl. 所 [suǒ] ou 家 [jiā] ou 个 [gè]) 幼儿园 [yòu'éryuán]; 托儿所 [tuō'érsuǒ] ▸ **déposer son enfant à la crèche** 送孩子上幼儿园 [sòng háizi shàng yòu'éryuán] ❷ RELIG 马槽 [mǎcáo].

crédible adj 可信的 [kěxìn de].

crédit nm ❶ (prêt) ○ (cl. 笔 [bǐ]) 贷款 [dàikuǎn] ▸ **crédit immobilier** 房产贷款 [fángchǎn dàikuǎn] ❷ (délai de paiement) ▸ **acheter qqch à crédit** 分期付款购买某物 [fēnqī fùkuǎn gòumǎi mǒuwù] ▸ **faire crédit à qqn** 允许某人赊帐 [yúnxǔ mǒurén shēzhàng].

▪ **au crédit de** loc prép 归功于 [guī gōng yú].

créditeur, trice ♦ adj 贷方的 [dàifāng de] ▸ **un solde créditeur** 贷方差额 [dàifāng chā'é]. ♦ nm, f 贷方 [dàifāng].

créer vt ❶ (inventer) 开发 [kāifā] ❷ (fonder) 创造 [chuàngzào] ▸ **créer des emplois** 创造就业机会 [chuàngzào jiùyè jīhuì] ▸ **créer une entreprise** 创办一个企业 [chuàngbàn yí ge qǐyè] ❸ (causer) 制造 [zhìzào] ▸ **créer des ennuis à qqn** 给某人制造麻烦 [gěi mǒurén zhìzào máfan].

crémaillère nf 厨房挂锅铁钩 [chúfáng guàguō tiěgōu]
◊ **pendre la crémaillère** 庆祝乔迁之喜 [qìngzhù qiáoqiān zhī xǐ].

crémation nf 火化 [huǒhuà].

crématoire ➤ **four**

crème ♦ nf ❶ (matière grasse) 奶油 [nǎiyóu] ▸ **crème fouettée** 掼奶油 [guàn nǎiyóu] ▸ **crème fraîche** 生奶油 [shēng nǎiyóu] ❷ (dessert) 奶油（甜品）[nǎiyóu (tiánpǐn)] ▸ **crème glacée** 冰淇淋 [bīngqilín] ▸ **crème pâtissière** 盖在蛋糕上的奶油 [gài zài dàngāo shàng de nǎiyóu] ❸ (produit de beauté) 乳霜 [rǔshuāng] ▸ **crème à raser** 剃须膏 [tì xū gāo] ▸ **crème solaire** (cl. 瓶 [píng] ou 盒 [hé]) 防晒霜 [fáng shài shuāng]. ♦ adj inv (couleur) 乳白色的 [rǔbáisè de] ▸ **des murs crème** 乳白色的墙壁 [rǔbáisè de qiángbì].

créneau, x nm ❶ (manœuvre) 停车位 [tíngchē wèi] ▸ **j'ai raté mon créneau le jour du permis** 在考驾照那天我没把车停到位 [zài kǎo jiàzhào nàtiān wǒ méi bǎ chē tíng dàowèi] ❷ (temps libre) 空 [kòng] ▸ **j'ai un créneau entre midi et 14 heures** 我中午12点到下午两点之间有空 [wǒ zhōngwǔ 12 diǎn dào xiàwǔ liǎng diǎn zhījiān yǒukòng].

créole ♦ adj 克里奥尔的 [Kèlǐ'ào'ěr de] ▸ **la cuisine créole** 克里奥尔餐 [Kèlǐ'ào'ěr cān]. ♦ nm (langue) 克里奥尔语 [kèlǐ'ào'éryǔ].

crêpe nf CULIN (cl. 张 [zhāng]) (法国)薄饼 [(Fǎguó) báobǐng].

crépi nm 粗涂灰泥层 [cū tú huīní céng] ▸ **refaire le crépi des murs** 再往墙上抹一次灰浆 [zài wǎng qiáng shàng mǒ yí cì huījiāng].

crépuscule nm 黄昏 [huánghūn].

cresson nm 水田芹 [shuǐtián qín].

Crète nf ▸ **la Crète** 克里特岛 [Kèlǐtèdǎo].

crête nf ❶ (excroissance) 冠子 [guānzi] ▸ **la crête du coq** 鸡冠 [jī guān] ❷ (sommet) 山顶 [shāndǐng] ▸ **la crête d'une montagne** 一座山的山顶 [yí zuò shān de shāndǐng].

crétois, e adj 克里特岛的 [Kèlǐtèdǎo de] ▸ **la cuisine crétoise** 克里特岛的风味餐 [Kèlǐtèdǎo de fēngwèi cān].

creuser vt (faire un trou) 挖 [wā] ▸ **creuser un puits** 挖一眼井 [wā yì yǎn jǐng] ▸ **creuser un tunnel** 挖掘一条隧道 [wājué yì tiáo suìdào] ▸ **creuser la terre** 翻地 [fān dì] ▸ **creuser à la pelle** 用锹挖 [yòng qiāo wā].

creux, creuse adj ❶ (vide) 空心的 [kōngxīn de] ▸ **une dent creuse** 一颗蛀空的牙 [yì kē zhù kōng de yá] ▸ **avoir le ventre creux** 肚子饿 [dùzi è] ❷ (concave) 深的 [shēn de]; ➤ **assiette** ❸ (amaigri) 深陷的 [shēnxiàn de] ▸ **des joues creuses** 深陷的双颊 [shēnxiàn de shuāng jiá] ▸ **un visage creux** 一张瘦削的脸庞 [yì zhāng shòuxuē de liǎnpáng].

▪ **creux** ♦ nm (concavité) 窝 [wō] ▸ **le creux de la main** 手掌窝 [shóuzhǎng wō]. ♦ adv ▸ **sonner creux** (敲打空心物体时)发出粗沉声 [(qiāodǎ kōngxīn wùtǐ shí) fāchū cū chén shēng].

crevant, e adj *fam* (fatigant) 累死人的 [lèisǐ rén de] ▸ **un travail crevant** 一份累死人的工作 [yí fèn lèisǐ rén de gōngzuò] ▸ **une journée crevante** 累人的一天 [lèirén de yì tiān].

crevasse nf (fente) ○ (cl. 道 [dào]) 裂缝 [lièfèng] ▸ **reboucher une crevasse** 堵住一道裂缝 [dǔzhù yí dào lièfèng].

crevé, e adj ❶ (troué) 爆了的 [bào le de] ▸ **un pneu crevé** 一只爆了的轮胎 [yì zhī bào le de lúntāi] ❷ *fam* (fatigué) 累死了 [lèisǐ le].

crève-cœur nm inv 令人心碎 [lìngrén xīnsuì].

crever ♦ vi ❶ (exploser) 破 [pò] ❷ (avoir une crevaison) 爆胎 [bàotāi] ▸ **j'ai crevé deux fois depuis Paris** 从巴黎起我都爆了两次胎了 [cóng Bālí qǐ wǒ dōu bào le liǎng cì tāi le]. ♦ vt (percer) 扎破 [zhāpò] ▸ **crever un ballon** 扎破一只气球 [zhāpò yì zhī qìqiú].

crevette nf (crustacé) ○ (cl. 只 [zhī]) 虾 [xiā] ▸ **pêcher la crevette** 捞虾 [lāo xiā] ▸ **décortiquer des crevettes** 剥虾仁 [bō xiārén].

cri nm ❶ (hurlement) ○ (cl. 声 [shēng]) 叫喊 [jiàohǎn] ▸ **pousser un cri** 发出一声叫喊 [fāchū yì shēng jiàohǎn] ❷ (son) 叫声 [jiàoshēng] ▸ **le cri de la chouette** 猫头鹰的叫声 [māotóuyīng de jiàoshēng].

criblé, e adj (percé) ▸ **criblé de** 布满……的 [bùmǎn… de] ▸ **un cadavre criblé de balles** 一具布满弹孔的尸体 [yí jù bùmǎn dànkǒng de shītǐ]

◊ **être criblé de dettes** 负债累累 [fùzhài léilěi].

cricket nm SPORT 板球 [bǎnqiú] ▸ **jouer au cricket** 打板球 [dǎ bǎnqiú].

crier vi & vt (pousser un cri) 叫喊 [jiàohǎn] ▸ **crier de douleur** 痛得叫唤 [tòng de jiàohuan].

crime nm 罪 [zuì] ▸ **commettre un crime** 犯罪 [fàn zuì] ▸ **l'arme du crime est un poignard** 凶器是一把匕首 [xiōngqì shì yì bǎ bíshǒu].

criminalité nf 犯罪活动 [fànzuì huódòng] ▸ **la criminalité est en baisse** 犯罪活动减少了 [fànzuì huódòng jiǎnshǎo le].

criminel, elle ♦ adj 犯罪的 [fànzuì de] ▸ **un acte criminel** 一种犯罪行为 [yì zhǒng fànzuì xíngwéi] ▸ **un incendie criminel** 纵火 [zòng huǒ]. ♦ nm, f (cl. 个 [gè] ou 名 [míng]) 罪犯 [zuìfàn].

crinière nf ▸ **la crinière du lion** 狮鬣 [shī liè] ▸ **la crinière du cheval** 马鬃 [mǎ zōng].

criquet nm (cl. 只 [zhī]) 蝗虫 [huángchóng] ▸ **le chant du criquet** 蝗虫嗡鸣 [huángchóng wēngmíng].

crise nf ❶ MÉD 发作 [fāzuò] ▸ **crise cardiaque** 心脏病发作 [xīnzàngbìng fāzuò] ❷ (manifestation émotive) ▸ **une crise de larmes** 一次痛哭 [yí cì tòngkū] ▸ **une crise de rire** 一阵狂笑 [yí zhèn kuángxiào] ❸ (phase critique) ○ (cl. 次 [cì] ou 场 [chǎng]) 危机 [wēijī] ▸ **la crise économique** 经济危机 [jīngjì wēijī] ▸ **le pays est en crise** 国家处于危机中 [guójiā chǔyú wēijī zhōng]

◊ **crise de foie** 消化不良 [xiāohuà bùliáng] ▸ **crise de nerfs** 歇斯底里 [xiēsīdǐlǐ].

crispé, e adj 僵硬的 [jiāngyìng de] ▸ **un sourire crispé** 一个僵硬的微笑 [yí ge jiāngyìng de wēixiào].

crisper vt ❶ (contracter) 使……痉挛 [shǐ… jìngluán] ▸ **la douleur crispait son visage** 疼痛使他的面部肌肉痉挛 [téngtòng shǐ tāde miànbù jīròu jìngluán] ❷ *fam* (agacer) 惹急 [rějí].

▪ **se crisper** vp (se contracter) 绷紧 [bēngjǐn].

cristal nm (verre) ○ (cl. 只 [zhī]) 水晶 [shuǐjīng] ▸ **coupes de champagne en cristal** 水晶香槟杯 [shuǐjīng xiāngbīn bēi].

critère nm (cl. 条 [tiáo] ou 个 [gè]) 标准 [biāozhǔn] ▸ **critère de sélection** 选拔的标准 [xuǎnbá de biāozhǔn].

critique ♦ adj 批评的 [pīpíng de]. ♦ nmf (cl. 篇 [piān] ou 番 [fān]) 评论 [pínglùn] ▸ **un critique de cinéma** 一篇影评 [yì piān yǐng píng] ▸ **un critique musical** 一篇音乐评论 [yì piān fān yīnyuè pínglùn]. ♦ nf (reproche) 批评 [pīpíng] ▸ **faire des critiques** 批评 [pīpíng].

critiquer vt 批评 [pīpíng].

croasser vi 叫 [jiào] ▸ **le corbeau croasse** 乌鸦叫 [wūyā jiào].

croate ♦ adj 克罗地亚的 [kèluódìyà de]. ♦ nm (langue) 克罗地亚语 [kèluódìyà yǔ].

Croatie nf ▸ **la Croatie** 克罗地亚 [Kèluódìyà].

croc nm (dent) ○ (cl. 颗 [kē]) 獠牙 [liáoyá] ▸ **les crocs d'un chien** 狗牙 [gǒu yá] ▸ **les crocs d'un lion** 狮子的牙 [shīzi de yá].

croche-pied nm 绊 [bàn] ▸ **faire un croche-pied à qqn** 绊某人一下 [bàn mǒurén yíxià].

crochet nm ❶ (pièce de métal) 挂钩 [guàgōu] ▸ **suspendre un manteau à un crochet** 把大衣挂在挂钩上 [bǎ dàyī guà zài guàgōu shàng] ❷ (tricot) ○ (cl. 根 [gēn]) 钩针 [gōuzhēn] ▸ **faire du crochet** 钩织 [gōu zhī] ▸ **un napperon en crochet** 一块钩织的小桌布 [yí kuài gōu zhī de xiǎo zhuōbù].

crocodile nm (cl. 只 [zhī]) 鳄鱼 [èyú].

croire ♦ vt ❶ (avoir foi en) 相信 [xiāngxìn] ▸ **croire une histoire** 相信一个故事 [xiāngxìn yí ge gùshi] ❷ (penser à tort) 原以为 [yuán yǐwéi] ▸ **je croyais que c'était ton frère** 我原以为这是你哥哥 [wǒ yuán yǐwéi zhè shì nǐ gēge] ▸ **croire** *(+ infinitif)* 原以为 [yuán yǐwéi] ❸ (penser) 认为 [rènwéi] ▸ **je crois qu'il viendra** 我认为他会来 [wǒ rènwéi tā huì lái]. ♦ vi 信教 [xìnjiào].

▪ **croire à** v+prép (tenir pour réel) 相信 [xiāngxìn] ▸ **croire aux fantômes** 相信有鬼魂存在 [xiāngxìn yǒu guǐhún cúnzài].

▪ **croire en** v+prép 信任 [xìnrèn] ▸ **croire en qqn** 信任某人 [xìnrèn mǒurén] ▸ **croire en Dieu** 信上帝 [xìn Shàngdì].

▪ **se croire** vp 自以为 [zìyǐwéi] ▸ **il se croit intelligent** 他自以为聪明 [tā zìyǐwéi cōngming].

croisade nf HIST 十字军东征 [Shízìjūn dōngzhēng] ▸ **le temps des croisades** 十字军东征的时代 [Shízìjūn dōngzhēng de shídài].

croisé, e adj 交叉的 [jiāochā de].

croisement nm 十字路口 [shízì lùkǒu].

croiser vt ❶ (disposer en croix) 使……交叉 [shǐ… jiāochā] ▸ **croiser les bras** 把双臂交叉在胸前 [bǎ shuāngbì jiāochā zài xiōngqián] ▸ **il croise toujours les jambes quand il s'assied** 他总是翘二郎腿坐着 [tā zǒngshì qiáo èrlángtuǐ zuòzhe] ▸ **rester les bras croisés** 袖手旁观 [xiùshǒu pángguān] ❷ (rencontrer) 擦肩而过 [cājiān ér guò] ▸ **croiser qqn** 与某人擦肩而过 [yǔ mǒurén cājiān ér guò].

▪ **se croiser** vp (se rencontrer) 碰到 [pèngdào] ▸ **on s'est croisé hier** 我们昨天碰到过 [wǒmen zuótiān pèngdào guò].

croisière nf (乘游轮做)水上旅行 [(chéng yóulún zuò) shuǐ shàng lǚxíng] ▸ **faire une croisière** 乘船出游 [chéngchuán chūyóu].

croissance nf ❶ (fait de grandir) 成长 [chéngzhǎng] ▸ **un enfant en pleine croissance** 一个正在发育的孩子 [yí ge zhèngzài fāyù de háizi] ❷ (développement) 增长 [zēngzhǎng] ▸ **croissance économique** 经济增长 [jīngjì zēngzhǎng] ▸ **un secteur en pleine croissance** 一个快速发展的部门 [yí ge kuàisù fāzhǎn de bùmén].

croissant, e adj 不断增加的 [búduàn zēngjiā de].

▪ **croissant** nm CULIN 羊角面包 [yángjiǎo miànbāo].

croître vi ❶ (pousser) 长 [zhǎng] ▸ **le bambou croît très vite** 竹子长得很快 [zhúzi zhǎng de hěn kuài] ❷ (augmenter en nombre, en importance, en durée) 增加 [zēngjiā] ▸ **la production automobile a crû de 10%** 汽车生产增加了10% [qìchē shēngchǎn zēngjiā le 10%] ▸ **l'économie du pays a crû très vite ces dernières années** 国家的经济近年来增长很快 [guójiā de jīngjì jìn nián lái zēngzhǎng hěn kuài] ▸ **la population croît sans cesse** 人口不断增多 [rénkǒu búduàn zēngduō] ▸ **la taille de l'entreprise a crû l'année dernière** 企业的规模在去年扩大了 [qǐyè de guīmó zài qùnián kuòdà le].

croix nf ❶ (signe graphique) 十字 [shízì] ❷ RELIG 十字架 [shízìjià].

croque-madame nm inv CULIN (cl. 份 [fèn] ou 个 [gè] ou 块 [kuài]) 加煎蛋的火腿干酪烤面包 [jiā jiāndàn de huótuǐ gānlào kǎo miànbāo].

croque-monsieur nm inv CULIN (cl. 块 [kuài] ou 份 [fèn] ou 个 [gè]) 火腿干酪烤面包 [huótuǐ gānlào kǎo miànbāo].

croquer ♦ vt (manger) 咬 [yǎo] ▸ **croquer une pomme** 咬苹果 [yǎo píngguǒ] ▸ **croquer une dragée** 嚼糖衣杏仁 [jiáo tángyī xìngrén].
♦ vi (craquer) 脆 [cuì] ▸ **un biscuit qui croque sous la dent** 一块吃起来很脆的饼干 [yí kuài chīqǐlái hěn cuì de bǐnggān].

croquis nm (dessin) ○ (cl. 张 [zhāng]) 草图 [cǎotú] ▸ **faire un croquis** 画一张草图 [huà yì zhāng cǎotú].

cross nm SPORT 越野障碍赛跑 [yuèyě zhàng'ài sàipǎo] ▸ **faire du cross** 参加越野障碍赛跑 [cānjiā yuèyě zhàng'ài sàipǎo].

crotte nf 粪 [fèn] ▸ **des crottes de lapin** 兔子粪 [tùzi fèn].

crouler vi 塌 [tā] ▸ **la voiture croulait sous le poids des bagages** 汽车被行李压塌了 [qìchē bèi xíngli yā tā le]
◊ **crouler sous le travail** 被工作累垮 [bèi gōngzuò lèi kuǎ].

croustillant, e adj 松脆的 [sōngcuì de] ▸ **du pain croustillant** 松脆的面包 [sōngcuì de miànbāo].

croûte nf ❶ (partie extérieure) 皮 [pí] ▸ **la croûte du pain** 面包皮 [miànbāo pí] ▸ **la croûte du fromage** 干酪皮 [gānlào pí] ❷ (plaque épaisse) 痂皮 [jiāpí] ▸ **croûte d'une plaie** 伤口的痂皮 [shāngkǒu de jiāpí].

croûton nm ❶ (bout du pain) 面包头 [miànbāo tóu] ❷ (pain frit) (油煎)面包丁 [(yóujiān) miànbāo dīng] ▸ **des croûtons à l'ail** 蒜茸面包丁 [suànróng miànbāo dīng].

croyance nf ❶ (opinion) 信念 [xìnniàn] ▸ **les croyances personnelles** 个人信念 [gèrén xìnniàn] ▸ **les croyances populaires** 普遍观点 [pǔbiàn guāndiǎn] ❷ (foi) (宗教)信仰 [(zōngjiào) xìnyǎng] ▸ **la croyance en Dieu** 信奉上帝 [xìnfèng Shàngdì] ▸ **respecter toutes les croyances** 尊重所有的信仰 [zūnzhòng suóyǒu de xìnyǎng].

CRS (abr de **compagnie républicaine de sécurité**) nm (policier) (法兰西)共和国保安部队 [(Fǎlánxī) gònghéguó bǎo'ān bùduì].

cru, e adj 生的 [shēng de] ▸ **la viande est crue** 肉是生的 [ròu shì shēng de] ▸ **du poisson cru** 生鱼 [shēng yú].

cruauté nf 残忍 [cánrěn].

cruche nf ❶ (objet) 罐 [guàn] ▸ **une cruche d'eau** 一罐水 [yí guàn shuǐ] ▸ **une cruche de vin** 一壶酒 [yì hú jiǔ] ❷ *fam* (personne sotte) 傻瓜 [shǎguā].

crucial, e, aux adj 决定性的 [juédìngxìng de] ▸ **un problème crucial** 一个关键性问题 [yí ge guānjiànxìng wèntí] ▸ **un moment crucial** 一个决定性的时刻 [yí ge juédìngxìng de shíkè].

crucifix nm RELIG 带耶稣像的十字架 [dài Yēsū xiàng de shízìjià].

crudité nf 生硬 [shēngyìng] ▸ **la crudité d'une expression** 表情生硬 [biǎoqíng shēngyìng] ▸ **la crudité d'un langage** 措词生硬 [cuòcí shēngyìng].

▪ **crudités** nfpl 凉拌蔬菜 [liángbàn shūcài] ▸ **une salade de crudités** 一道凉拌色拉 [yí dào liángbàn sèlā].

cruel, elle adj ❶ (méchant) 残酷的 [cánkù de] ▸ **un homme cruel** 一个残酷的人 [yí ge cánkù de rén] ▸ **un sourire cruel** 一个冷酷的微笑 [yí ge lěngkù de wēixiào] ❷ (douloureux) 痛苦的 [tòngkǔ de] ▸ **une perte cruelle** 一个令人痛心的损失 [yí ge lìngrén tòngxīn de sǔnshī] ▸ **une cruelle déception** 一种痛苦的失望 [yì zhǒng tòngkǔ de shīwàng].

crustacé nm 甲壳动物 [jiǎké dòngwù].

Cuba npr 古巴 [Gǔbā].

cubain, e adj 古巴的 [gǔbā de] ▸ **les cigares cubains** 古巴雪茄 [gǔbā xuějiā].

cube nm (objet) 立方体 [lìfāngtǐ] ▸ **des cubes de bois** 木头的立方体 [mùtou de lìfāngtǐ] ▸ **des cubes de glace** 冰块 [bīngkuài] ▸ **un jeu de cubes** 积木 [jīmù].

cueillette nf (récolte) 采摘 [cǎizhāi] ▸ **la cueillette des fraises** 草莓的采摘 [cǎoméi de cǎizhāi].

cueillir vt 采摘 [cǎizhāi] ▸ **cueillir des fraises** 摘草莓 [zhāi cǎoméi] ▸ **cueillir des roses** 采玫瑰 [cǎi méigui].

cuillère, cuiller nf 匙 [chí] ▸ **cuillère à café** 咖啡匙 [kāfēi chí] ▸ **cuillère à soupe** 汤匙 [tāng chí].

cuir nm (matière) 皮革 [pígé] ▸ **une ceinture en cuir** 一条皮带 [yì tiáo pídài] ▸ **un blouson de cuir** 一件皮夹克 [yí jiàn píjiákè].

cuirassé nm NAUT (cl. 艘 [sōu]) 装甲舰 [zhuāngjiǎjiàn].

cuire ♦ vt ❶ (au four) 烤 [kǎo] ▸ **cuire du pain** 烤面包 [kǎo miànbāo] ❷ (à la vapeur) 蒸 [zhēng] ▸ **légumes cuits à la vapeur** 蒸蔬菜 [zhēng shūcài] ❸ (à l'eau) 煮 [zhǔ] ▸ **faire cuire des raviolis** 煮饺子 [zhú jiǎozi] ❹ (frire) 炸 [zhá] ▸ **faire cuire un poisson à la poêle** 炸鱼 [zhá yú]. ♦ vi 烤 [kǎo] ▸ **faire cuire qqch** 把某物做熟 [bǎ mǒuwù zuò shú].

cuisine nf ❶ (pièce) ○ (cl. 间 [jiān]) 厨房 [chúfáng] ▸ **la cuisine d'un restaurant** 一家饭店的厨房 [yì jiā fàndiàn de chúfáng] ❷ (art culinaire) 烹调 [pēngtiáo] ▸ **la cuisine orientale** 东方烹调 [dōngfāng pēngtiáo] ▸ **la cuisine chinoise** 中餐 [zhōngcān] ▸ **faire la cuisine** 做饭 [zuò fàn].

cuisiné, e adj 做好的 [zuòhǎo de] ▸ **plat cuisiné** 做好的菜 [zuòhǎo de cài].

cuisiner ♦ vt 烧 [shāo] ▸ **cuisiner un poisson** 烧一条鱼 [shāo yì tiáo yú]. ♦ vi 做菜 [zuòcài] ▸ **il cuisine très bien** 他做菜很好 [tā zuòcài hén hǎo].

cuisinier, ère nm, f (cl. 位 [wèi] ou 个 [gè] ou 名 [míng]) 厨师 [chúshī] ▸ **les grands cuisiniers** 烹饪大师 [pēngrèn dàshī].

▪ **cuisinière** nf (appareil) 炉灶 [lúzào] ▸ **cuisinière à gaz** 煤气炉 [méiqì lú] ▸ **cuisinière électrique** 电炉 [diàn lú].

cuisse nf ❶ ANAT (cl. 条 [tiáo]) 大腿 [dàtuǐ] ❷ CULIN (cl. 条 [tiáo]) 腿 [tuǐ] ▸ **cuisse de poulet** 鸡腿 [jī tuǐ].

cuisson nf 烧制 [shāozhì] ▸ **une cuisson rapide** 快速烧制 [kuàisù shāozhì] ▸ **cuisson au four** 在烤箱烤制 [zài kǎoxiāng kǎo zhì] ▸ **cuisson à la vapeur** 蒸 [zhēng].

cuit, e adj 熟的 [shú de] ▸ **bien cuit** 熟透的 [shútòu de].

cuivre nm (métal) 铜 [tóng].

cul nm *vulg* (postérieur) 屁股 [pìgu].

cul-de-sac nm 死胡同 [sǐhútòng].

culinaire adj 烹调的 [pēngtiáo de] ▸ **l'art culinaire** 烹调艺术 [pēngtiáo yìshù] ▸ **avoir des talents culinaires** 有烹饪的才能 [yǒu pēngrèn de cáinéng].

culminer vi 处于最高点 [chǔyú zuìgāodiǎn].

▪ **culminer à** v+prép (s'élever à) 高达 [gāodá] ▸ **le mont Blanc culmine à plus de 4 000 mètres** 勃朗峰高达4000多米 [Bólǎngfēng gāodá 4000 duō mǐ].

culot nm ❶ *fam* (audace) 胆量 [dǎnliàng] ▸ **avoir le culot de** *(+ infinitif)* 竟敢 [jìnggǎn] ▸ **il a eu le culot de dire que c'était de ma faute** 他竟敢说那是我的错 [tā jìnggǎn shuō nà shì wǒde cuò] ▸ **avoir du culot** 有胆量 [yǒu dǎnliàng] ❷ (fond) 底部 [dǐbù] ▸ **le culot d'une ampoule électrique** 电灯头 [diàndēng tóu] ❸ (dépôt) 沉淀物 [chéndiànwù] ▸ **le culot d'une pipe** 烟斗底部的烟垢 [yāndǒu dǐbù de yāngòu].

culotte nf ❶ (sous-vêtement féminin) ○ (cl. 条 [tiáo]) 三角裤 [sānjiǎokù] ❷ (vêtement) ○ (cl. 条 [tiáo]) 短裤 [duǎnkù] ▸ **culotte de cheval** 马裤 [mǎ kù].

culpabilité nf ❶ 罪行 [zuìxíng] ❷ (sentiment) 犯罪感 [fànzuì gǎn].

culte ♦ nm ❶ (religion) 宗教信仰 [zōngjiào xìnyǎng] ▸ **le culte catholique** 天主教信仰 [tiānzhǔjiào xìnyǎng] ▸ **le culte protestant** 新教礼拜 [xīnjiào lǐbài] ❷ (hommage) 崇拜 [chóngbài] ▸ **le culte des ancêtres** (对)祖先崇拜 [(duì) zǔxiān chóngbài]. ♦ adj 大受欢迎的 [dà shòu huānyíng de] ▸ **un film culte** 一部大受欢迎的电影 [yí bù dà shòu huānyíng de diànyǐng].

cultivé, e adj ❶ (labouré) 被耕作的 [bèigēngzuò de] ▸ **des champs cultivés** 耕地 [gēng dì] ❷ *fig* (instruit) 有教养的 [yǒujiàoyǎng de].

cultiver vt (exploiter) 种 [zhòng] ▸ **cultiver du blé** 种小麦 [zhòng xiǎomài] ▸ **cultiver des champs** 耕种田地 [gēngzhòng tiándì].

▪ **se cultiver** vp 提高自己的修养 [tígāo zìjǐ de xiūyǎng].

culture nf ❶ AGRIC 耕作 [gēngzuò] ▸ **la culture artisanale** 手工耕作 [shǒugōng gēngzuò] ▸ **la culture du blé** 小麦种植 [xiǎomài zhòngzhí] ❷ (savoir) 学识 [xuéshí] ▸ **enrichir sa culture** 丰富自己的学识 [fēngfù zìjǐ de xuéshí] ▸ **un homme d'une grande culture** 一位学识渊博的人 [yí wèi xuéshí yuānbó de rén] ▸ **la culture générale** (个人)修养 [(gèrén) xiūyǎng] ❸ (civilisation) 文化 [wénhuà] ▸ **la culture orientale** 东方文化 [dōngfāng wénhuà].

culturel, elle adj 文化的 [wénhuà de] ▸ **la richesse culturelle d'un pays** 一个国家的文化财产 [yí ge guójiā de wénhuà cáichǎn].

culturisme nm 健美运动 [jiànměiyùndòng] ▸ **faire du culturisme** 做健美运动 [zuò jiànměiyùndòng].

cumuler vt 兼任 [jiānrèn] ▸ **cumuler des fonctions** 兼任职位 [jiānrèn zhíwèi].

cupide adj 贪婪的 [tānlán de].

cure nf MÉD 疗法 [liáofǎ] ▸ **cure de désintoxication** 解毒治疗 [jiědú zhìliáo] ▸ **cure thermale** 温泉疗法 [wēnquán liáofǎ].

curé nm (cl. 位 [wèi] ou 个 [gè] ou 名 [míng]) 神甫 [shénfu].

curieux, euse adj ❶ (qui cherche à savoir) 好奇的 [hàoqí de] ▸ **être curieux de** (+ *infinitif*) 很想…… [hén xiǎng…] ❷ (indiscret) 爱打听的 [àidǎting de] ▸ **vous êtes trop curieuse** 您也太爱打听了 [nín yě tài ài dǎting le] ❸ (étrange) 奇特的 [qítè de].

curiosité nf ❶ (désir de connaître) 好奇心 [hàoqíxīn] ▸ **j'ai essayé ce produit par curiosité** 我出于好奇试了这种产品 [wǒ chū yú hàoqí shì le zhè zhǒng chánpǐn] ❷ (indiscrétion) 猎奇心 [lièqíxīn] ▸ **la curiosité est un vilain défaut** 猎奇心是个恶劣的缺点 [lièqíxīn shì ge èliè de quēdiǎn].

curriculum vitae nm inv (cl. 份 [fèn]) 履历 [lǚlì].

curseur nm ❶ (pièce mobile) 游标 [yóubiāo] ▸ **le curseur d'une branche de compas** 一只圆规脚上的游标 [yì zhī yuánguī jiǎo shàng de yóubiāo] ❷ INFORM 鼠标 [shǔbiāo].

cutané, e adj 皮肤的 [pífū de] ▸ **une affection cutanée** 一种皮肤疾病 [yì zhǒng pífū jíbìng].

cuvette nf ❶ (récipient) 盆 [pén] ▸ **cuvette d'eau** 水盆 [shuǐ pén] ❷ (partie en faïence) ▸ **la cuvette des toilettes** 抽水马桶 [chōushuǐ mátǒng].

CV nm inv ❶ (abr de **curriculum vitae**) (cl. 份 [fèn]) 简历 [jiǎnlì] ❷ AUTO (puissance fiscale) (abr de **cheval-vapeur**) 马力 [mǎlì] ▸ **un moteur de 11 CV fiscaux** 一台11捐马力的发动机 [yì tái 11 juān mǎlì de fādòngjī].

cybercafé nm (cl. 个 [gè] ou 家 [jiā]) 网吧 [wǎngbā].

cyclable ➤ **piste**

cycle nm ❶ (phénomène périodique) 循环的 [xúnhuán de] ▸ **le cycle menstruel** 月经周期 [yuèjīng zhōuqī] ▸ **le cycle des saisons** 季节的循环 [jìjié de xúnhuán] ❷ SCOL ▸ **premier cycle du secondaire** 初中 [chūzhōng] ▸ **second cycle du secondaire** 高中 [gāozhōng].

cyclique adj 周期的 [zhōuqī de] ▸ **un phénomène cyclique** 一种周期性现象 [yì zhǒng zhōuqīxìng xiànxiàng].

cyclisme nm SPORT 自行车运动 [zìxíngchē yùndòng].

cycliste ♦ adj 自行车比赛的 [zìxíngchē bǐsài de] ▸ **une course cycliste** 一场自行车比赛 [yì chǎng zìxíngchē bǐsài]. ♦ nmf (coureur) ○ (cl. 位 [wèi] ou 个 [gè] ou 名 [míng]) 自行车运动员 [zìxíngchē yùndòngyuán].

▪ **cycliste** nm (vêtement) ○ (cl. 套 [tào]) 自行车运动服 [zìxíngchē yùndòngfú].

cyclone nm (cl. 阵 [zhèn]) 狂风 [kuángfēng].

cygne nm (cl. 只 [zhī]) 天鹅 [tiān'é] ▸ **un cygne sauvage** 一只野生天鹅 [yì zhī yěshēng tiān'é].

cylindre nm GÉOM 圆柱体 [yuánzhùtǐ].

cymbale nf MUS (cl. 副 [fù]) 钹 [bó] ▸ **donner un coup de cymbale** 敲一下钹 [qiāo yí xià bó] ▸ **une paire de cymbales** 一副钹 [yí fù bó].

cynique adj & nmf *péj* 厚颜无耻的 [hòuyán wúchǐ de].

cyprès nm BOT (cl. 棵 [kē]) 柏 [bǎi] ▸ **une allée de cyprès** 一条柏树林荫道 [yì tiáo bǎishù línyìndào] ▸ **bois de cyprès** 柏木 [bǎi mù].

d

d, D nm inv 法语字母表中第四个字母 [fáyǔ zìmúbiǎo zhōng dìsì ge zìmǔ].

DAB (abr de **distributeur automatique de billets**) nm (cl. 台 [tái]) 自动提款机 [zìdòng tíkuǎnjī].

d'abord= **abord**

dahlia nm BOT (cl. 朵 [duǒ]) 大丽菊 [dàlìjú].

daigner vi *sout* ▸ **daigner** *(+ infinitif)* 屈尊 [qūzūn] ▸ **il a daigné se joindre à nous** 他屈尊加入了我们 [tā qūzūn jiārù le wǒmen] ▸ **ne pas daigner** *(+ infinitif)* 不屑于 [búxièyú] ▸ **il n'a même pas daigné répondre à la question** 他甚至不屑回答这个问题 [tā shènzhì búxiè huídá zhè ge wèntí].

daim nm ❶ (animal) ○ (cl. 只 [zhī] ou 头 [tóu]) 黄鹿 [huánglù] ▸ **chasser le daim** 猎黄鹿 [liè huánglù] ❷ (peau) 麂皮 [jǐpí].

Dalian npr (ville) 大连 [Dàlián].

dalle nf (cl. 块 [kuài]) 板 [bǎn] ▸ **dalle de pierre** 石板 [shíbǎn]

◊ **avoir la dalle** *fam* 饿 [è].

daltonien, enne adj & nm, f 色盲患者 [sèmáng huànzhě].

dame nf ❶ (femme) ○ (cl. 位 [wèi]) 女士 [nǚshì] ▸ **un coiffeur pour dames** 一位女宾理发师 [yí wèi nǚbīn lǐfàshī] ▸ **une grande dame** 一位非凡的女人 [yí wèi fēifán de nǚrén] ▸ **c'est une grande dame de la chanson** 这是位一流女歌手 [zhè shì wèi yīliú nǚ gēshǒu] ❷ (figure de jeux) 王后 [wánghòu] ▸ **la dame de carreau** 方块Q [fāngkuài Q].

■ **dames** nfpl (jeu) ○ (cl. 盘 [pán] ou 套 [tào]) 跳棋 [tiàoqí] ▸ **jouer aux dames** 下跳棋 [xià tiàoqí].

damné, e ♦ adj *fam* (satané) 该死的 [gāisǐ de]. ♦ nm, f RELIG 入地狱的人 [rùdìyù de rén] ▸ **souffrir comme un damné** 痛不欲生 [tòngbúyùshēng].

Danemark nm ▸ **le Danemark** 丹麦 [Dānmài].

danger nm 危险 [wēixiǎn] ▸ **être en danger** 处于危险之中 [chǔyú wēixiǎn zhīzhōng] ▸ **être hors de danger** 脱离危险 [tuōlí wēixiǎn] ▸ **mettre qqn/qqch en danger** 使某人/某事处于危险之中 [shǐ mǒurén/mǒushì chǔyú wēixiǎn zhīzhōng] ▸ **sans danger** 没有危险 [méiyǒu wēixiǎn] ▸ **danger public** 祸害 [huòhai].

dangereux, euse adj 危险的 [wēixiǎn de] ▸ **un virage dangereux** 一个危险的转弯 [yí ge wēixiǎn de zhuǎnwān] ▸ **un dangereux criminel** 一个危险的罪犯 [yí ge wēixiǎn de zuìfàn].

danois, e ♦ adj 丹麦的 [Dānmài de]. ♦ nm (langue) 丹麦语 [Dānmàiyǔ].

■ **Danois, e** nm, f 丹麦人 [Dānmàirén].

dans prép ❶ (exprime le lieu) 在……里 [zài… lǐ] ▸ **il est dans sa chambre** 他在自己的房间里 [tā zài zìjǐ de fángjiān lǐ] ▸ **dans la rue** 在街上 [zài jiēshang] ❷ (exprime le temps) 在……时候/后 [zài… shíhou/hòu] ▸ **dans son enfance** 他小时候 [tā xiǎoshíhou] ▸ **je reviens dans une heure** 我一小时后回来 [wǒ yì xiǎoshí hòu huílai] ▸ **je te téléphone dans la journée**

我白天给你打电话 [wǒ báitiān géi nǐ dǎ diànhuà] ❸ (exprime la manière) ▸ **dans un geste de colère, il brisa le vase** 一气之下，他把花瓶打碎了 [yí qì zhī xià, tā bǎ huāpíng dǎsuì le] ❹ (indique un état) 在……中 [zài… zhōng] ▸ **ils vivent dans la misère** 他们生活在贫困之中 [tāmen shēnghuó zài pínkùn zhīzhōng] ▸ **être dans une mauvaise posture** 处境不佳 [chǔjìng bùjiā] ❺ *fam* (exprime une approximation) 大约 [dàyuē] ▸ **ça coûte dans les 20 euros** 这东西大约20欧元 [zhè dōngxi dàyuē 20 ōuyuán].

danse nf ❶ ART (cl. 支 [zhī]) 舞 [wǔ] ▸ **faire de la danse** 跳舞 [tiàowǔ] ▸ **la danse classique** 古典舞 [gúdiǎn wǔ] ❷ (suite de mouvements) 舞步 [wǔbù] ▸ **la rumba est une danse d'origine cubaine** 伦巴是一种起源于古巴的舞步 [lúnbā shì yì zhǒng qǐyuán yú Gǔbā de wǔbù].

danser ♦ vi 跳舞 [tiàowǔ] ▸ **ils ont dansé jusqu'à l'aube** 他们一直跳舞到黎明时分 [tāmen yìzhí tiàowǔ dào límíng shífèn]. ♦ vt 跳……舞 [tiào… wǔ] ▸ **danser un slow** 跳慢狐步舞 [tiào mànhúbùwǔ].

danseur, euse nm, f ❶ (artiste) ○ (cl. 位 [wèi] ou 个 [gè] ou 名 [míng]) 舞蹈演员 [wúdǎo yǎnyuán] ▸ **un danseur de claquettes** 踢踏舞演员 [tītàwǔ yǎnyuán] ▸ **un danseur étoile** 明星芭蕾舞演员 [míngxīng bāléiwǔ yǎnyuán] ❷ (personne) 跳舞的人 [tiàowǔ de rén] ▸ **elle est une très bonne danseuse** 她是个跳舞很棒的人 [tā shì ge tiàowǔ hěn bàng de rén].

date nf ❶ (jour, mois, année) 日期 [rìqī] ▸ **date de naissance** 出生日期 [chūshēng rìqī] ▸ **'date limite de consommation'** 食用期限 [shíyòng qīxiàn] ▸ **en date du** 始于 [shǐyú] ▸ **de longue date** 久远的 [jiúyuǎn de] ▸ **un ami de longue date** 一位老朋友 [yí wèi lǎopéngyou] ❷ (évènement) 事件 [shìjiàn] ▸ **la Révolution est une date importante de notre histoire** 法国大革命是历史上的一个重要事件 [Fǎguó Dàgémìng shì lìshǐ shàng de yí ge zhòngyào shìjiàn].

dater ♦ vt 注明日期 [zhùmíng rìqī]. ♦ vi ❶ (exister depuis) 始于 [shǐyú] ▸ **dater de** 追溯到 [zhuīsù dào] ▸ **notre rencontre ne date pas d'hier !** 我们相识已久！ [wǒmen xiāngshí yíjiǔ!] ❷ (être démodé) 过时 [guòshí].

datte nf 椰枣 [yēzǎo].

dauphin nm ❶ (mammifère) ○ (cl. 只 [zhī]) 海豚 [hǎitún] ❷ HIST (héritier du trône) ○ (cl. 位 [wèi]) 王储 [wángchǔ].

daurade, **dorade** nf (cl. 条 [tiáo]) 鲷鱼 [diāoyú].

davantage adv ❶ (plus) 更多 [gèngduō] ▸ **j'ai besoin de davantage de temps** 我需要更多的时间 [wǒ xūyào gèngduō de shíjiān] ❷ (plus longtemps) 再 [zài] ▸ **il est trop en retard, nous n'attendrons pas davantage** 他迟到时间太长了，我们不再等他了 [tā chídào shíjiān tài cháng le, wǒmen búzài děng tā le].

de ♦ prép ❶ (indique le lieu) 从 [cóng] ▸ **revenir de Paris** 从巴黎回来 [cóng Bālí huílai] ▸ **il est de Lyon** 他来自里昂 [tā láizì Lǐ'áng] ❷ (indique le temps) ▸ **je serais absente du 15 au 28 mai** 五月15号到28号我不在 [wǔyuè 15 hào dào 28 hào wǒ búzài] ❸ (indique la cause) 由于 [yóuyú] ▸ **mourir de faim** 死于饥饿 [sǐ yú jī'è] ▸ **pleurer de joie** 高兴得直哭 [gāoxìng de zhí kū] ❹ (indique le moyen, la manière) 用 [yòng] ▸ **il m'a salué d'un geste de la main** 他用手势同我打招呼 [tā yòng shǒushì tóng wǒ dǎzhāohu] ❺ (exprime l'appartenance) 的 [de] ▸ **le frère de Pierre** 皮埃尔的兄弟 [Píāiěr de xiōngdi] ▸ **la porte du salon** 客厅的门 [kètīng de mén] ▸ **le pied du lit** 床脚 [chuáng jiǎo] ❻ (indique une caractéristique) 的 [de] ▸ **un homme de 1,80 m** 一个身高一米八的男人 [yí ge shēngāo yì mǐ bā de nánren] ▸ **un peignoir de soie** 一件丝质罩衫 [yí jiàn sīzhì zhàoshān] ❼ (indique le contenu) ▸ **un verre de vin** 一杯酒 [yì bēi jiǔ] ▸ **un bol de riz** 一碗饭 [yì wǎn fàn] ❽ (parmi) ……中的 [… zhōng de] ▸ **la moitié de nos clients** 我们客户中的一半 [wǒmen kèhù zhōngde yíbàn]. ♦ art partitif 一些 [yìxiē] ▸ **boire de l'eau** 喝些水 [hē xiē shuǐ] ▸ **voulez-vous du vin ?** 您想要些红酒吗？ [nín xiǎng yào xiē hóngjiǔ ma?].

DE (abr de **diplômé d'Etat**) adj 持国家文凭的人 [chí guójiā wénpíng de rén].

dé nm ❶ (cube) 骰子 [tóuzi] ▸ **lancer les dés** 掷骰子 [zhì tóuzi] ❷ (morceau) 丁 [dīng] ▸ **couper les légumes en dés** 把菜切成丁 [bǎ cài qiēchéng dīng] ❸ COUT ▸ **dé à coudre** 顶针 [dǐngzhēn].

dealer[1] nm 毒品贩子 [dúpǐn fànzi].

dealer[2] vt *fam* 贩卖毒品 [fànmài dúpǐn].

débâcle nf 溃退 [kuìtuì].

déballer vt 拆包 [chāibāo] ▸ **déballer un cadeau** 拆开一份礼物 [chāikāi yí fèn lǐwù].

débarbouiller vt 洗脸 [xǐliǎn] ▸ **elle débarbouille son fils** 她给她儿子洗脸 [tā gěi tā érzi xǐliǎn].

▪ **se débarbouiller** vp 洗脸 [xǐliǎn].

débardeur nm (vêtement) ○ (cl. 件 [jiàn]) 背心 [bèixīn].

débarquement nm ❶ (action de descendre) 下 [xià] ▸ **débarquement d'un avion** 下飞机 [xià fēijī] ▸ **le débarquement des marchandises** 商品卸货 [shāngpǐn xièhuò] ▸ **le débarquement des passagers** (d'un train) 乘客下车 [chéngkè xiàchē] ❷ MIL 登陆 [dēnglù] ▸ **le débarquement des Alliés sur les côtes normandes** 盟军的诺曼底登陆 [Méngjūn de nuòmàndǐ dēnglù].

débarquer ♦ vt (sortir d'un bateau, d'un avion) 卸 [xiè] ▸ **le navire a débarqué sa cargaison** 船上的货卸了 [chuánshàng de huò xiè le]. ♦ vi (descendre d'un bateau, d'un avion) 下船/飞机 [xiàchuán/fēijī].

débarrasser vt ❶ (dégager) 清理 [qīnglǐ] ▸ **débarrasser la table** 清理桌子 [qīnglǐ zhuōzi] ❷ (libérer) 使......摆脱 [shǐ… bǎituō] ▸ **débarrasser qqn de ses soucis** 使某人摆脱忧虑 [shǐ mǒurén bǎituō yōulǜ] ▸ **débarrasser un invité de son manteau** 替来宾脱大衣 [tì láibīn tuō dàyī].

▪ **se débarrasser de** vp+prép ❶ (se défaire) 清掉 [qīngdiào] ▸ **elle s'est débarrassée de ses vieux jouets** 她清掉了那些旧玩具 [tā qīngdiào le nàxiē jiù wánjù] ❷ (éloigner) 摆脱 [bǎituō] ▸ **se débarrasser d'un intrus** 摆脱一个不速之客 [bǎituō yí ge búsù zhī kè].

débat nm (cl. 场 [chǎng]) 辩论 [biànlùn] ▸ **un débat télévisé** 一场电视辩论 [yì chǎng diànshì biànlùn].

débattre vt 探讨 [tàntǎo] ▸ **débattre une question** 探讨一个问题 [tàntǎo yí ge wèntí] ▸ **débattre un prix** 讨价还价 [tǎojià huánjià] ▸ **'à débattre'** 可议 [kěyì] ▸ **vends canapé 500 euros, à débattre** 500欧元出售长沙发，价格可议 [500 ōuyuán chūshòu chángshāfā, jiàgé kěyì].

▪ **se débattre** vp 挣扎 [zhēngzhá] ▸ **le poisson se débat au bout de l'hameçon** 鱼在鱼钩上挣扎 [yú zài yúgōu shàng zhēngzhá].

débaucher vt (licencier) 解雇 [jiěgù].

débile ♦ nmf ❶ *fam* (idiot) 笨蛋 [bèndàn] ❷ (atteint de débilité) 弱智患者 [ruòzhì huànzhě] ▸ **débile mental** 低能者 [dīnéng zhě]. ♦ adj *fam* (idiot) 傻的 [shǎ de] ▸ **ce film est complètement débile** 这部影片真傻 [zhè bù yǐngpiàn zhēn shǎ].

débit nm ❶ (volume de liquide écoulé) 流量 [liúliàng] ▸ **le débit d'un fleuve** 一条河的流量 [yì tiáo hé de liúliàng] ❷ BANQUE 借方 [jièfāng] ▸ **vous inscrirez cette somme au débit de mon compte** 您把这笔钱计入我的借方账户 [nín bǎ zhè bǐ qián jìrù wǒde jièfāng zhànghù] ❸ (établissement) ○ (cl. 个 [gè] ou 家 [jiā]) 专卖店 [zhuānmàidiàn] ▸ **débit de boissons** 酒吧 [jiǔbā] ▸ **débit de tabac** 烟草店 [yāncǎo diàn].

débiter vt BANQUE 划出 [huáchū].

débiteur, trice ♦ adj ❶ (qui doit de l'argent) 欠债的 [qiànzhài de] ▸ **je suis débitrice de 500 euros** 我欠了500欧元的债 [wǒ qiàn le 500 ōuyuán de zhài] ❷ BANQUE 借方的 [jièfāng de] ▸ **un compte débiteur** 借方帐户 [jièfāng zhànghù]. ♦ nm, f (qui doit de l'argent) ○ (cl. 位 [wèi] ou 个 [gè] ou 名 [míng]) 债务人 [zhàiwùrén] ▸ **être le débiteur de qqn** 是某人的债务人 [shì mǒurén de zhàiwùrén].

débloquer vt 解除 [jiěchú] ▸ **débloquer une rue** 解禁一条街 [jiějìn yì tiáo jiē] ▸ **débloquer un verrou** 开锁 [kāisuǒ].

déboires nmpl 挫折 [cuòzhé].

déboîter ♦ vt (déplacer un os) 使......脱臼 [shǐ… tuōjiù] ▸ **le choc lui a déboîté l'épaule**

撞击使他肩关节脱臼了 [zhuàngjī shǐ tā jiānguānjié tuōjiù le]. ♦ vi (véhicule) 离开行列 [líkāi hánglìè] ▸ **il a déboîté à gauche pour doubler** 为了超过去，他从左侧出来了 [wèi le chāoguòqù, tā cóng zuǒcè chūlái le].

■ **se déboîter** vp (se démettre) 脱臼 [tuōjiù].

débordé, e adj 忙 [máng] ▸ **être débordé** 忙不过来 [mángbúguòlái].

déborder vi ❶ (être trop plein) 溢出 [yìchū] ▸ **la baignoire a débordé** 浴缸满得溢出来了 [yùgāng mǎn de yìchūlai le] ❷ (dépasser) ▸ **déborder de** 超出 [chāochū].

déboucher ♦ vt ❶ (ôter le bouchon) 拔开 [bákāi] ▸ **déboucher une bouteille** 拔开瓶塞 [bákāi píngsāi] ❷ (débarrasser) 疏通 [shūtōng] ▸ **déboucher un lavabo** 疏通盥洗池 [shūtōng guànxǐchí]. ♦ vi ❶ (s'ouvrir sur) ▸ **déboucher dans ou sur qqch** 通向 [tōngxiàng] ▸ **la rue débouche dans l'avenue** 这条街通向大道 [zhè tiáo jiē tōngxiàng dàdào] ❷ *fig* (mener à) 达到 [dádào] ▸ **déboucher sur qqch** 达到……结果 [dádào… jiéguǒ] ▸ **ces beaux discours ne débouchent sur rien de concret** 这些高谈阔论没有达到任何实质性结果 [zhèxiē gāotán kuòlùn méiyǒu dádào rènhé shízhìxìng jiéguǒ].

déboussoler vt *fam* 不知所措 [bùzhī suǒcuò].

debout adv ❶ (en position verticale) 站 [zhàn] ▸ **nous sommes restés debout toute la soirée** 我们站了一整晚 [wǒmen zhàn le yì zhéngwǎn] ▸ **la chaise est tombée, remets-la debout** 椅子倒了，把它扶起来 [yǐzi dǎo le, bǎ tā fúqǐlái] ❷ (levé) 起床 [qǐchuáng] ▸ **elle est debout depuis 6 heures du matin** 她早上六点起床 [tā zǎoshang liù diǎn qǐchuáng]

◊ **tenir debout** 站得住脚 [zhàndezhù jiǎo] ▸ **son raisonnement ne tient pas debout** 他的理由站不住脚 [tāde lǐyóu zhànbuzhù jiǎo].

déboutonner vt 解开纽扣 [jiěkāi niǔkòu].

débrancher vt 切断 [qiēduàn] ▸ **débrancher le téléphone** 切断电话 [qiēduàn diànhuà] ▸ **débrancher la radio** 关收音机 [guān shōuyīnjī].

débrayer vi AUTO 踩离合器 [cǎilíhéqì].

débris nm (fragment) ○ (cl. 片 [piàn]) 碎片 [suìpiàn] ▸ **des débris de verre** 玻璃碎片 [bōli suìpiàn].

débrouillard, e adj & nm, f *fam* 有办法的人 [yǒubànfǎ de rén].

débrouiller ■ **se débrouiller** vp *fam* ❶ (réussir) 应付 [yìngfu] ▸ **elle se débrouille très bien** 她应付得很好 [tā yìngfu de hén hǎo] ❷ (parvenir à) 想尽办法 [xiǎngjìn bànfǎ] ▸ **il s'est débrouillé pour avoir le meilleur rôle !** 为了得到最好的角色他想尽了办法！ [wèi le dédào zuìhǎo de juésè tā xiǎngjìn le bànfǎ!].

début nm 开始 [kāishǐ] ▸ **le début du printemps** 初春 [chūchūn] ▸ **je vous appelle début janvier** 我一月初给您打电话 [wǒ yīyuè chū gěi nín dǎ diànhuà] ▸ **le début du livre est passionnant** 书的开头很引人入胜 [shū de kāitóu hén yǐnrén rùshèng] ▸ **du début à la fin** 从头到尾 [cóng tóu dào wěi].

■ **au début de** loc prép ❶ (action) 在……的初期 [zài… de chūqī] ▸ **au début de leur mariage, tout allait bien** 在他们婚姻的初期，一切都很顺利 [zài tāmen hūnyīn de chūqī, yíqiè dōu hěn shùnlì] ❷ (chose) 在……的开头 [zài… de kāitóu] ▸ **le magasin se trouve au début de la rue** 商店位于街的开头 [shāngdiàn wèiyú jiē de kāitóu].

débutant, e ♦ adj 初出茅庐的 [chūchū máolú de] ▸ **un pianiste débutant** 一位初出茅庐的钢琴家 [yí wèi chūchū máolú de gāngqínjiā]. ♦ nm, f (cl. 位 [wèi] ou 个 [gè] ou 名 [míng]) 初学者 [chūxuézhě] ▸ **c'est un débutant** 他是个新手 [tā shì ge xīnshǒu] ▸ **un débutant en informatique** 一个电脑初学者 [yí ge diànnǎo chūxuézhě] ▸ **grand débutant** 零起点初学者 [língqídiǎn chūxuézhě].

débuter vi ❶ (commencer) 开始 [kāishǐ] ▸ **la séance débute à quinze heures** 会议在下午三点开始 [huìyì zài xiàwǔ sān diǎn kāishǐ] ▸ **débuter par** 以……开始 [yǐ… kāishǐ] ❷ (faire ses débuts) 开始工作 [kāishǐ gōngzuò] ▸ **j'ai débuté comme serveur** 我开始工作时是个服务生 [wǒ kāishǐ gōngzuòshí shì ge fúwùshēng] ▸ **elle a débuté dans le cinéma**

à quinze ans 她十五岁时开始在电影业工作 [tā shíwǔ suì shí kāishǐ zài diànyǐngyè gōngzuò].

deçà ■ **en deçà de** prép 低于 [dī yú] ▸ **ce que tu dis est en deçà de la vérité** 你所说的远不及事实 [nǐ suǒshuō de yuǎnbùjí shìshí].

décadence nf 没落 [mòluò] ▸ **la décadence d'un empire** 一个帝国的没落 [yí ge dìguó de mòluò].

décadent, e adj 衰退 [shuāituì] ▸ **une époque décadente** 一个衰退的时代 [yí ge shuāituì de shídài] ▸ **une vie décadente** 一种堕落的生活 [yì zhǒng duòluò de shēnghuó].

décaféiné nm 无咖啡因的（咖啡）[wú kāfēiyīn de (kāfēi)].

décalage nm ❶ (écart temporel) 间隔 [jiàngé] ▸ **décalage horaire** 时差 [shíchā] ▸ **être en décalage avec qqch** 脱离了某物 [tuōlí le mǒuwù] ▸ **il est complètement en décalage avec son époque** 他脱离了他所处的时代 [tā tuōlí le tā suǒ chù de shídài] ❷ *fig* (différence) 差距 [chājù] ▸ **il y a un grand décalage entre ses convictions et leur mise en pratique !** 他的信念与实践之间有巨大的差距！ [tāde xìnniàn yǔ shíjiàn zhījiān yǒu jùdà de chājù!].

décaler vt (déplacer) 改变 [gǎibiàn].

■ **se décaler** vp (se déplacer) 挪动 [nuódong] ▸ **décale-toi un peu** 你挪开点 [nǐ nuókāi diǎn] ▸ **nous nous sommes décalés d'un rang pour mieux voir l'écran** 为了更好地看到屏幕，我们挪了一排 [wèi le gèng hǎo de kàndào píngmù, wǒmen nuó le yì pái].

décalquer vt 描摹 [miáomó].

décaper vt 擦洗 [cāxǐ] ▸ **décaper un meuble** 擦洗一件家具 [cāxǐ yí jiàn jiājù].

décapiter vt 砍头 [kǎntóu].

décapotable ♦ nf (cl. 辆 [liàng]) 活篷车 [huópéngchē]. ♦ adj 敞篷的 [chǎngpéng de] ▸ **une voiture décapotable** 一辆敞篷车 [yí liàng chǎngpéngchē].

décapsuler vt 开（瓶盖）[kāi (pínggài)] ▸ **décapsuler une bouteille de bière** 开一瓶啤酒 [kāi yì píng píjiǔ].

décapsuleur nm 开瓶器 [kāipíngqì].

décéder vi 去世 [qùshì].

déceler vt 发现 [fāxiàn] ▸ **déceler une panne de moteur** 发现一个发动机故障 [fāxiàn yí ge fādòngjī gùzhàng] ▸ **déceler une maladie** 诊断出一种疾病 [zhěnduàn chū yì zhǒng jíbìng].

décembre nm 十二月 [shí'èryuè]; voir aussi **septembre**.

décemment adv (convenablement) 得体地 [détǐ de] ▸ **se tenir décemment** 举止得体 [júzhǐ détǐ] ▸ **s'habiller décemment** 穿着得体 [chuānzhuó détǐ].

décennie nf 十年 [shínián].

décent, e adj ❶ (correct) 得体的 [détǐ de] ▸ **une tenue décente** 一套得体的穿着 [yí tào détǐ de chuānzhuó] ❷ (convenable) 不错的 [búcuò de] ▸ **des conditions de vie décentes** 不错的生活条件 [búcuò de shēnghuó tiáojiàn] ▸ **un salaire décent** 一份优厚的薪水 [yí fèn yōuhòu de xīnshui].

décentralisation nf 分权 [fēnquán].

déception nf 失望 [shīwàng] ▸ **éprouver une grande déception** 倍感失望 [bèigǎn shīwàng].

décerner vt 授予 [shòuyǔ] ▸ **décerner une médaille** 授予一枚奖章 [shòuyǔ yìméi jiǎngzhāng] ▸ **décerner un prix** 颁发一个奖 [bānfā yí ge jiǎng].

décès nm 死亡 [sǐwáng] ▸ **le médecin est venu constater le décès** 医生来确认了死亡 [yīshēng lái quèrèn le sǐwáng].

décevant, e adj 令人失望的 [lìngrén shīwàng de].

décevoir vt 使……失望 [shǐ… shīwàng] ▸ **tu me déçois beaucoup** 你令我大失所望 [nǐ lìng wǒ dà shī suǒwàng] ▸ **être déçu de qqch** 对某事感到失望 [duì mǒushì gǎndào shīwàng].

déchaîné, e adj (agité) 极度兴奋的 [jídù xīngfèn de].

déchaîner vt 激起 [jīqǐ].

■ **se déchaîner** vp (s'emporter) 发火 [fāhuǒ].

décharge nf ❶ (dépotoir) 垃圾场 [lājīchǎng] ❷ (choc) 电击 [diànjī] ▸ **décharge électrique** 放电 [fàngdiàn].

décharger vt ❶ (débarrasser de sa charge) 卸 [xiè] ▸ **décharger un navire** 卸船 [xièchuán] ❷ (prendre en charge) 替 [tì] ▸ **décharger qqn de qqch** 替某人做某事 [tì mǒurén zuò mǒushì] ❸ (vider) ▸ **décharger une arme** 退枪膛 [tuì qiāngtáng].

déchausser vt 给某人脱鞋 [gěi mǒurén tuōxié].

▪ **se déchausser** vp 脱鞋 [tuōxié].

déchéance nf (déclin) 衰退 [shuāituì] ▸ **déchéance morale** 道德败坏 [dàodé bàihuài] ▸ **déchéance physique** 体力衰退 [tǐlì shuāituì].

déchet nm (d'aliment) 残渣 [cánzhā].

▪ **déchets** nmpl (ordures) 废料 [fèiliào] ▸ **mettez vos déchets dans la poubelle** 把废料扔进垃圾桶去 [bǎ fèiliào rēngjìn lājītǒng qù] ▸ **déchets nucléaires** 核废料 [héfèiliào].

déchiffrer vt (réussir à lire) 破译 [pòyì] ▸ **déchiffrer un code** 破译密码 [pòyì mìmǎ].

déchirant, e adj 揪心的 [jiūxīn de] ▸ **un cri déchirant** 一声揪心的喊叫 [yì shēng jiūxīn de hǎnjiào] ▸ **une lettre déchirante** 一封令人心碎的信 [yì fēng lìngrén xīnsuì de xìn].

déchirement nm ❶ (étoffe, papier) 撕碎 [sīsuì] ▸ **un bruit de déchirement** 撕碎的声音 [sīsuì de shēngyīn] ❷ MÉD 撕裂 [sīliè] ▸ **le déchirement d'un muscle** 肌肉撕裂 [jīròu sīliè] ❸ *fig* (souffrance morale) 痛苦 [tòngkǔ] ▸ **le déchirement du départ** 离别的痛苦 [líbié de tòngkǔ].

déchirer vt ❶ (mettre en morceaux) 撕碎 [sīsuì] ▸ **déchirer une lettre** 撕碎一封信 [sīsuì yì fēng xìn] ▸ **déchirer son pantalon** 撕破裤子 [sīpò kùzi] ❷ (causer une douleur physique) 划破 [huápò] ▸ **il s'est déchiré la main sur un clou** 钉子划破了他的手 [dīngzi huápò le tāde shǒu] ❸ (causer une douleur morale) 使……痛苦 [shǐ… tòngkǔ] ▸ **déchirer le cœur à** 使……心碎 [shǐ… xīnsuì] ❹ (diviser) 分裂 [fēnliè] ▸ **la guerre déchire le pays** 战争使国家分裂 [zhànzhēng shǐ guójiā fēnliè].

▪ **se déchirer** vp (se rompre) 被扯破 [bèi chěpò].

décidé, e adj ❶ (résolu) 坚决的 [jiānjué de] ▸ **un pas décidé** 坚定的步伐 [jiāndìng de bùfá] ▸ **c'est un homme décidé** 这是个果断的人 [zhè shì ge guǒduàn de rén] ❷ (réglé) 已决定了 [yǐ juédìng le] ▸ **cette affaire est toute décidée** 这件事都已决定了 [zhè jiàn shì dōu yǐ juédìng le].

décidément adv 总之 [zǒngzhī] ▸ **décidément, il ne changera jamais** 总之，他永远不会改变 [zǒngzhī, tā yóngyuǎn búhuì gǎibiàn] ▸ **il est décidément très laid** 他确实很丑 [tā quèshí hěn chǒu].

décider ♦ vt ❶ (déterminer) 决定 [juédìng] ▸ **il a décidé qu'il ne travaillerait plus** 他已经决定不再工作了 [tā yǐjīng juédìng búzài gōngzuò le] ▸ **j'ai décidé d'y aller moi-même** 我决定自己去那儿 [wǒ juédìng zìjǐ qù nàr] ▸ **décider de l'avenir de ses enfants** 决定孩子们的未来 [juédìng háizimen de wèilái] ❷ (convaincre) 作决定 [zuò juédìng] ▸ **je l'ai décidé à rester** 我使他下决心留下来 [wǒ shǐ tā xià juéxīn liúxiàlái]. ♦ vi (prendre les décisions) 作决定 [zuò juédìng] ▸ **c'est toujours elle qui décide** 总是由她来作决定 [zǒngshì yóu tā lái zuò juédìng].

▪ **se décider** vp 决定 [juédìng] ▸ **se décider à** *(+ infinitif)* 决定…… [juédìng…].

décilitre nm 分升 [fēnshēng].

décimal, e, aux adj 十进制的 [shíjìnzhì de] ▸ **nombre décimal** 十进制数 [shíjìnzhì shù] ▸ **système décimal** 十进制 [shíjìn zhì].

décimer vt 造成……的大量死亡 [zàochéng… de dàliàng sǐwáng] ▸ **l'épidémie a décimé la population** 流行病造成人口的大量死亡 [liúxíngbìng zàochéng rénkǒu de dàliàng sǐwáng].

décimètre nm ❶ (dixième de mètre) 分米 [fēnmǐ] ▸ **le mètre se divise en 10 décimètres** 一米分成十分米 [yì mǐ fēnchéng shí fēnmǐ] ❷ (règle) ○ (cl. 把 [bǎ]) 分米尺 [fēnmíchǐ] ▸ **double-décimètre** 20 厘米的尺子 [20 límǐ de chǐzi].

décisif, ive adj 决定性的 [juédìngxìng de] ▸ **un argument décisif** 一个决定性的论据 [yí ge juédìngxìng de lùnjù].

décision nf 决定 [juédìng] ▸ **prendre une décision** 作出一个决定 [zuòchū yí ge juédìng].

déclaration nf ❶ (communication) ○ (cl. 项 [xiàng] ou 个 [gè]) 声明 [shēngmíng] ▸ **faire une déclaration** 发表一项声明 [fābiǎo yí xiàng shēngmíng] ❷ (écrit) 申报 [shēnbào] ▸ **déclaration d'impôts** 纳税申报 [nàshuì shēnbào] ▸ **déclaration de vol** 失窃申报 [shīqiè shēnbào].

déclarer vt ❶ (annoncer) 宣布 [xuānbù] ▸ **déclarer la guerre** 宣战 [xuān zhàn] ❷ (signaler) 申报 [shēnbào] ▸ **déclarer un vol** 申报失窃 [shēnbào shīqiè].

▪ **se déclarer** vp ❶ (se manifester) 发生 [fāshēng] ▸ **la fièvre s'est déclarée brutalement** 突然发烧了 [tūrán fāshāo le] ▸ **le feu s'est déclaré dans la nuit** 火灾在夜间发生了 [huǒzāi zài yèjiān fāshēng le] ❷ (exprimer son sentiment) 表明态度 [biǎomíng tàidu] ▸ **se déclarer en faveur des réformes** 表明支持改革的态度 [biǎomíng zhīchí gǎigé de tàidu].

déclencher vt 启动 [qǐdòng] ▸ **déclencher une alarme** 启动报警铃 [qǐdòng bàojǐnglíng].

▪ **se déclencher** vp 开启 [kāiqǐ] ▸ **l'alarme s'est déclenchée** 报警铃响了 [bàojǐnglíng xiǎng le] ▸ **le chauffage se déclenche automatiquement** 取暖设备是自动开启的 [qúnuǎn shèbèi shì zìdòng kāiqǐ de].

déclic nm (bruit) 咯嗒声 [gēdashēng] ▸ **le déclic d'un appareil photo** 照相机的咯嗒声 [zhàoxiàngjī de gēdashēng].

déclin nm ❶ (diminution) 衰退 [shuāituì] ▸ **le déclin de la population** 人口减少 [rénkǒu jiǎnshǎo] ❷ (crépuscule) 黄昏 [huánghūn] ▸ **le déclin du jour** 黄昏时刻 [huánghūn shíkè].

déclinaison nf GRAMM 性、数、格的变化 [xìng、shù、gé de biànhuà] ▸ **les cinq déclinaisons latines** 拉丁语的五种性、数、格的变化 [lādīngyǔ de wǔ zhǒng xìng、shù、gé de biànhuà].

décliner ♦ vi ❶ (s'affaiblir) 衰退 [shuāituì] ▸ **sa santé décline** 他的健康变差了 [tāde jiànkāng biànchà le] ❷ (diminuer) 缩减 [suōjiǎn] ▸ **la population décline** 人口缩减 [rénkǒu suōjiǎn] ❸ (tomber) 落 [luò]. ♦ vt ❶ (énoncer) ▸ **décliner son identité** 说出自己的身份 [shuōchū zìjǐ de shēnfen] ❷ (refuser) 谢绝 [xièjué] ▸ **décliner toute responsabilité** 不负任何责任 [búfù rènhé zérèn] ▸ **décliner une invitation** 谢绝邀请 [xièjué yāoqǐng].

décoincer vt 松动 [sōngdòng] ▸ **décoincer un mécanisme** 松动被卡住的机械 [sōngdòng bèi kǎzhù de jīxiè] ▸ **je n'arrive pas à décoincer le tiroir** 我没办法拉开被卡住的抽屉 [wǒ méi bànfǎ lākāi bèi kǎzhù de chōuti].

décollage nm ❶ (avion) 起飞 [qǐfēi] ❷ (essor) 腾飞 [téngfēi] ▸ **le décollage d'une économie** 经济腾飞 [jīngjì téngfēi].

décoller ♦ vt 揭下 [jiēxià] ▸ **décoller un timbre** 揭下一张邮票 [jiēxià yì zhāng yóupiào] ▸ **décoller du papier peint** 揭下墙纸 [jiēxià qiángzhǐ]. ♦ vi ❶ (s'envoler) 起飞 [qǐfēi] ▸ **l'avion a décollé à 15 heures** 飞机是在下午三点起飞的 [fēijī shì zài xiàwǔ sān diǎn qǐfēi de] ❷ (se développer) 发展 [fāzhǎn] ▸ **son entreprise a fini par décoller** 最终他的公司发展起来 [zuìzhōng tāde gōngsī fāzhánqǐlái].

décolleté, e ♦ adj 袒胸露背的 [tǎnxiōng lùbèi de] ▸ **une robe très décolletée** 一条十分暴露的连衣裙 [yì tiáo shífēn bàolù de liányīqún]. ♦ nm 低胸 [dīxiōng] ▸ **cette robe a un décolleté très profond** 这条裙子开胸很低 [zhè tiáo qúnzi kāixiōng hěn dī].

décolonisation nf 非殖民化 [fēizhímínhuà] ▸ **la décolonisation de l'Afrique** 非洲的非殖民化 [Fēizhōu de fēizhímínhuà].

décombres nmpl 瓦砾 [wǎlì] ▸ **être enseveli sous les décombres** 被埋在瓦砾下 [bèi mái zài wǎlì xià].

décommander vt (annuler) 取消 [qǔxiāo] ▸ **décommander un rendez-vous** 取消约会 [qǔxiāo yuēhuì].

décomposer vt (disséquer) 分解 [fēnjiě] ▸ **décomposer un mouvement** 分解一个动作 [fēnjiě yí ge dòngzuò].

▪ **se décomposer** vp ❶ (pourrir) 腐烂 [fǔlàn] ▸ **un corps qui commence à se décomposer** 一具开始腐烂的尸体 [yí jù kāishǐ fǔlàn de shītǐ] ❷ (troubler) 变样 [biànyàng] ▸ **à l'annonce de cette nouvelle, son visage s'est décomposé** 听到宣布这个消息，他

的脸变了样 [tīngdào xuānbù zhè ge xiāoxi, tāde liǎn biàn le yàng].

décompresser vi *fam* 放松 [fàngsōng] ▸ **je prends des vacances pour décompresser un peu** 我通过度假来放松一下 [wǒ tōngguò dùjià lái fàngsōng yíxià].

déconcentrer vt 分散 [fēnsàn] ▸ **les cris du public déconcentrent les joueurs** 观众的呐喊声分散了运动员的注意力 [guānzhòng de nàhǎn shēng fēnsàn le yùndòngyuán de zhùyìlì].

décongeler vt 使……解冻 [shǐ… jiědòng] ▸ **décongeler du pain** 使面包解冻 [shǐ miànbāo jiědòng].

déconnecter vt 断开 [duànkāi] ▸ **j'ai déconnecté l'imprimante** 我断开了打印机的连接 [wǒ duànkāi le dǎyìnjī de liánjiē].

▪ **se déconnecter** vp INFORM 断开连接 [duànkāi liánjiē] ▸ **pour vous déconnecter, cliquez sur l'icône** 您要断开连接的话，点击这个图标 [nín yào duànkāi liánjiē de huà, diǎnjī zhè ge túbiāo].

déconseiller vt 劝阻 [quànzǔ] ▸ **je vous déconseille ce film** 我劝您别去看这部电影 [wǒ quàn nín biéqù kàn zhè bù diànyǐng] ▸ **ce restaurant m'a été déconseillé** 有人建议我不要来这家餐馆 [yǒu rén jiànyì wǒ bùyào lái zhè jiā cānguǎn] ▸ **le médecin me déconseille de boire de l'alcool** 医生劝我不要喝酒 [yīshēng quàn wǒ bùyào hējiǔ].

déconsidérer vt 使……不受尊重 [shǐ… búshòu zūnzhòng].

décontenancer vt 使……不知所措 [shǐ… bùzhīsuǒcuò] ▸ **il était complètement décontenancé par leur attitude** 他们的态度使他不知所措 [tāmen de tàidu shǐ tā bùzhīsuǒcuò].

décontracté, e adj ❶ (relâché) 放松的 [fàngsōng de] ▸ **des muscles décontractés** 放松的肌肉 [fàngsōng de jīròu] ❷ (détendu) 轻松的 [qīngsōng de] ▸ **une ambiance décontractée** 轻松的环境 [qīngsōng de huánjìng] ▸ **une tenue décontractée** 休闲装 [xiūxián zhuāng].

décontracter vt 使……放松 [shǐ… fàngsōng] ▸ **décontracter ses muscles** 使肌肉放松 [shǐ jīròu fàngsōng].

▪ **se décontracter** vp 放松 [fàngsōng] ▸ **ils se sont décontractés pendant la soirée** 他们在晚会上很放松 [tāmen zài wǎnhuì shàng hěn fàngsōng].

décor nm ❶ (aménagement) 装潢 [zhuānghuáng] ▸ **elle a changé tout le décor de son appartement** 她换了自己公寓里的整个装潢 [tā huàn le zìjǐ gōngyù lǐ de zhěng gè zhuānghuáng] ❷ (paysage) 环境 [huánjìng] ▸ **un décor de montagnes** 山地的环境 [shāndì de huánjìng] ❸ CINÉ & THÉÂTRE 布景 [bùjǐng] ▸ **le décor figure un jardin** 布景是花园 [bùjǐng shì huāyuán].

décorateur, trice nm, f ❶ (métier) ○ (cl. 位 [wèi] ou 个 [gè] ou 名 [míng]) 装饰设计师 [zhuāngshì shèjìshī] ▸ **décorateur d'intérieur** 室内装饰设计师 [shìnèi zhuāngshì shèjìshī] ❷ CINÉ & THÉÂTRE (cl. 位 [wèi] ou 个 [gè] ou 名 [míng]) 布景师 [bùjǐngshī] ▸ **décorateur de théâtre** 戏剧布景师 [xìjù bùjǐngshī].

décoratif, ive adj 装饰的 [zhuāngshì de] ▸ **des plantes décoratives** 一些观赏性植物 [yìxiē guānshǎngxìng zhíwù].

décoration nf ❶ (action de décorer) 装潢 [zhuānghuáng] ▸ **la décoration d'un appartement** 公寓的装潢 [gōngyù de zhuānghuáng] ❷ (médaille) ○ (cl. 枚 [méi]) 勋章 [xūnzhāng] ▸ **recevoir une décoration** 得到一枚勋章 [dédào yì méi xūnzhāng] ▸ **décoration militaire** 军功章 [jūngōngzhāng].

▪ **décorations** nfpl 装饰品 [zhuāngshìpǐn] ▸ **les décorations de Noël** 圣诞节的装饰品 [Shèngdànjié de zhuāngshìpǐn].

décorer vt (embellir) 装饰 [zhuāngshì] ▸ **décorer une pièce** 装饰一个房间 [zhuāngshì yí ge fángjiān] ▸ **décorer un sapin de Noël** 装饰一棵圣诞树 [zhuāngshì yì kē Shèngdàn shù].

découcher vi 在外面过夜 [zài wàimian guòyè].

découler vt 来自 [láizì] ▸ **les conséquences qui découlent de son acte** 他的行为带来的后果 [tāde xíngwéi dàilái de hòuguǒ] ▸ **cette erreur découle d'une faute de traduction** 这

个错误来自一个翻译失误 [zhè ge cuòwù láizì yí ge fānyì shīwù] ▸ **il en découle que** 由此引起的 [yóucǐ yǐnqǐ de].

découpage nm ❶ (activité) 分割 [fēngē] ▸ **faire du découpage** 进行分割 [jìnxíng fēngē] ❷ (administratif) 划分 [huàfēn] ▸ **le découpage électoral** 选区的划分 [xuǎnqū de huàfēn].

découper vt ❶ (couper) 剪 [jiǎn] ▸ **découper un article de journal** 剪下报纸上的一篇文章 [jiǎnxià bàozhǐ shàng de yì piān wénzhāng] ❷ (trancher) 切 [qiē] ▸ **découper un rôti** 切一块烤肉 [qiē yí kuài kǎoròu].

décourager vt ❶ (démoraliser) 使......灰心 [shǐ... huīxīn] ▸ **les difficultés l'ont découragé** 困难吓倒了他 [kùnnan xiàdǎo le tā] ❷ (dissuader) 打消(某人的)念头 [dǎxiāo (mǒurén de) niàntou] ▸ **il l'a découragée de son projet de voyage** 他打消了她的旅行计划 [tā dǎxiāo le tā de lǚxíng jìhuà] ❸ (arrêter) 阻止 [zúzhǐ] ▸ **décourager la fraude** 阻止走私舞弊 [zúzhǐ zǒusī wǔbì].

▪ **se décourager** vp 气馁 [qìněi] ▸ **il se décourage à la première difficulté** 他刚一遇到困难就气馁了 [tā gāng yí yùdào kùnnan jiù qìněi le].

découvert, e adj 暴露的 [bàolù de] ▸ **avoir les épaules découvertes** 袒露双肩 [tǎnlù shuāng jiān] ▸ **témoigner à visage découvert** 公开作证 [gōngkāi zuòzhèng] ▸ **être en terrain découvert** 在空地上 [zài kòngdì shàng].

▪ **découvert** nm BANQUE 透支 [tòuzhī] ▸ **sa banque lui autorise un découvert de 1 000 euros** 他的银行准许他有1000欧元的透支额度 [tāde yínháng zhǔnxǔ tā yǒu 1000 ouyuán de tòuzhī édù]

◊ **être à découvert** 透支了 [tòuzhī le].

▪ **découverte** nf ❶ (trouvaille) 发现 [fāxiàn] ▸ **faire une découverte** 发现 [fāxiàn] ▸ **la découverte d'un trésor** 一件珍宝的发现 [yí jiàn zhēnbǎo de fāxiàn] ❷ (invention) 发现 [fāxiàn] ▸ **les découvertes de la science** 科学发现 [kēxué fāxiàn]

◊ **aller** ou **partir à la découverte de qqch** 去探索某事 [qù tànsuǒ mǒushì].

découvrir vt ❶ (ôter le couvercle de) 揭开盖子 [jiēkāi gàizi] ▸ **découvrir une casserole** 揭开锅盖 [jiēkāi guōgài] ❷ (trouver) 发现 [fāxiàn] ▸ **découvrir un secret** 发现一个秘密 [fāxiàn yí ge mìmì].

décret nm DR (cl. 条 [tiáo] ou 项 [xiàng]) 法令 [fǎlìng] ▸ **adopter un décret** 采纳一条法令 [cǎinà yì tiáo fǎlìng].

décréter vt (décider) 认定 [rèndìng] ▸ **il a décrété qu'il fallait partir** 他认定得要离开 [tā rèndìng děi yào líkāi].

décrire vt 描述 [miáoshù] ▸ **décrire une personne** 描述一个人 [miáoshù yí ge rén] ▸ **décrire une situation** 描述一种局面 [miáoshù yì zhǒng júmiàn].

décrocher vt ❶ (enlever) 取下 [qǔxià] ▸ **décrocher un tableau du mur** 从墙上取下一幅画 [cóng qiáng shàng qǔxià yì fú huà] ❷ (soulever le combiné) 使......脱离 [shǐ... tuōlí] ▸ **décrocher le téléphone** 拿起电话听筒 [náqǐ diànhuà tīngtǒng].

décrypter vt 破译 [pòyì] ▸ **décrypter un message** 破译一条信息 [pòyì yì tiáo xìnxī].

décupler vt & vi 增加十倍 [zēngjiā shíbèi] ▸ **la population a décuplé en un siècle** 人口在一个世纪里增加了十倍 [rénkǒu zài yí ge shìjì lǐ zēngjiā le shíbèi].

dédaigner vt 蔑视 [mièshì].

dédain nm 轻蔑 [qīngmiè] ▸ **il nous regarde avec dédain** 他轻蔑地看着我们 [tā qīngmiè de kànzhe wǒmen].

dedans ♦ adv 在里面 [zài lǐmian] ▸ **ouvre le paquet pour voir ce qu'il y a dedans !** 打开盒子看看里面有什么！ [dǎkāi hézi kànkan lǐmian yǒu shénme!] ▸ **rentrons, il fait meilleur dedans** 回去吧，还是在屋里好些 [huíqu ba, háishì zài wūli hǎoxiē]. ♦ nm 里面 [lǐmian] ▸ **le dedans d'une boîte** 盒子里面 [hézi lǐmian].

dédicace nf 题词 [tící].

dédier vt 题献 [tí xiàn] ▸ **dédier son dernier roman à un ami** 把自己最新出的小说题献给一位朋友 [bǎ zìjǐ zuìxīn chū de xiǎoshuō tíxiàn gěi yí wèi péngyou].

dédommagement nm (cl. 笔 [bǐ] ou 份 [fèn]) 个 [gè]) 赔偿 [péicháng] ▸ **obtenir un dédommagement** 获得赔偿 [huòdé péicháng].

dédommager vt ❶ (indemniser) ○ (cl. 笔 [bǐ] ou 份 [fèn]) 赔偿 [péicháng] ▸ **les assureurs ont dédommagé les sinistrés** 保险人赔偿了受损失的人们 [bǎoxiǎnrén péicháng le shòu sǔnshī de rénmen] ❷ (récompenser) 酬谢 [chóuxiè] ▸ **je vous dédommagerai de vos efforts** 我将酬谢您的努力 [wǒ jiāng chóuxiè nínde nǔlì].

dédouaner vt 办理报关手续 [bànlǐ bàoguān shǒuxù] ▸ **dédouaner des marchandises** 办理商品报关手续 [bànlǐ shāngpǐn bàoguān shǒuxù].

dédoubler vt 分成两份 [fēnchéng liǎng fèn] ▸ **il faut dédoubler les groupes de travail** 应该把工作小组分成两队 [yīnggāi bǎ gōngzuò xiǎozǔ fēnchéng liǎng duì].

déduction nf ❶ (soustraction) 扣除 [kòuchú] ▸ **toutes déductions faites, vous nous devez cent euros** 所有都扣除后，您应付给我们一百欧元 [suóyǒu dōu kòuchú hòu, nín yīng fù gěi wǒmen yìbǎi ōuyuán] ❷ (conclusion) 推断 [tuīduàn] ▸ **quelles déductions pouvons-nous tirer de cette expérience ?** 从这次经历中我们能得出什么推断？[cóng zhè cì jīnglì zhōng wǒmen néng déchū shénme tuīduàn?].

déduire vt ❶ (retrancher) 扣除 [kòuchú] ▸ **déduire des frais** 扣除费用 [kòuchú fèiyòng] ▸ **il faut déduire les acomptes du prix total** 应该从总价中扣除部分付款 [yīnggāi cóng zǒngjià zhōng kòuchú bùfen fùkuǎn] ❷ (conclure) 推断 [tuīduàn] ▸ **j'en déduis que vous avez raison** 由此我推断出是您有理 [yóucǐ wǒ tuīduàn chū shì nín yǒu lǐ].

déesse nf (cl. 位 [wèi]) 女神 [nǚshén] ▸ **la déesse de la mer** 海之女神 [hǎi zhī nǚshén].

défaillir vi ❶ (s'évanouir) 晕 [yūn] ▸ **en apprenant la nouvelle, j'ai cru défaillir** 听到这个消息，我觉得要晕过去了 [tīngdào zhè ge xiāoxi, wǒ jué de yào yūn guòqu le] ❷ (faiblir) 衰退 [shuāituì] ▸ **sa mémoire commence à défaillir** 他的记忆力开始衰退了 [tāde jìyìlì kāishǐ shuāituì le].

défaire vt ❶ (détacher) 解开 [jiěkāi] ▸ **défaire un nœud** 解开一个结 [jiěkāi yí ge jié] ▸ **défaire une cravate** 解开领带 [jiěkāi lǐngdài] ❷ (modifier l'ordre) 打乱原来的次序 [dǎluàn yuánlái de cìxù] ▸ **défaire son lit** 把铺好的床弄乱 [bǎ pūhǎo de chuáng nòngluàn] ❸ (déballer) 打开 [dǎkāi] ▸ **défaire ses bagages** 打开自己的行李 [dǎkāi zìjǐ de xíngli].

▪ **se défaire** vp (se débarrasser de) 摆脱掉 [bǎituō diào] ▸ **je me suis défait de mes vieux vêtements** 我处理掉了我的旧衣服 [wǒ chǔlǐ diào le wǒde jiù yīfú] ▸ **se défaire d'une mauvaise habitude** 改掉一个坏习惯 [gǎidiào yí ge huài xíguàn].

défaite nf (cl. 次 [cì] ou 个 [gè]) 失败 [shībài] ▸ **défaite d'une armée** 一支军队的失败 [yì zhī jūnduì de shībài] ▸ **défaite électorale** 选举失败 [xuánjǔ shībài] ▸ **défaite d'une équipe** 一个队的失败 [yí ge duì de shībài].

défaut nm ❶ (imperfection) 缺点 [quēdiǎn] ▸ **masquer un défaut** 掩盖缺点 [yǎngài quēdiǎn] ▸ **la curiosité est un vilain défaut** 猎奇心是个不光彩的缺点 [lièqí xīn shì gè bù guāngcǎi de quēdiǎn] ❷ (malfaçon) 缺陷 [quēxiàn] ▸ **défaut de fabrication** 制作上的缺陷 [zhìzuò shàng de quēxiàn] ❸ (manque) 缺少 [quēshǎo] ▸ **défaut d'organisation** 组织性的缺乏 [zǔzhīxìng de quēfá]

◊ **faire défaut** 缺乏 [quēfá] ▸ **ses forces lui ont fait défaut** 他缺少体力 [tā quēshǎo tǐlì].

▪ **à défaut de** loc prép 没有…… [méiyǒu…] ▸ **à défaut de vin, on boira du cidre** 没有葡萄酒，我们就喝苹果酒 [méiyǒu pútaojiǔ, wǒmen jiù hē píngguǒjiǔ] ▸ **à défaut d'être intelligent, il est gentil** 他不够聪明，但很和善 [tā búgòu cōngming, dàn hěn héshàn].

défaveur nf 不利 [búlì] ▸ **le match a tourné en ma défaveur** 比赛的发展对我不利 [bǐsài de fāzhǎn duì wǒ búlì].

défavorable adj 不利的 [búlì de] ▸ **le jury était défavorable à l'accusé** 陪审团不支持被告 [péishěntuán bù zhīchí bèigào].

défavorisé, e adj & nm, f 条件差的 [tiáojiànchà de] ▸ **un quartier défavorisé** 条件差的街区 [tiáojiànchà de jiēqū] ▸ **l'aide aux défavorisés** 对条件差的人的帮助 [duì tiáojiànchà de rén de bāngzhù].

défavoriser vt 不利于 [búlì yú] ▸ **le vent a défavorisé son adversaire** 风不利于他的对手 [fēng búlì yú tāde duìshǒu].

défectueux, euse adj (imparfait) 有瑕疵的 [yǒu xiácī de] ▸ **un produit défectueux** 一件有瑕疵的产品 [yí jiàn yǒu xiácī de chánpǐn].

défendeur, eresse nm, f DR (cl. 名 [míng]) 被告 [bèigào].

défendre vt ❶ (interdire) 禁止 [jìnzhǐ] ▸ **le médecin lui a défendu l'alcool** 医生禁止他喝酒 [yīshēng jìnzhǐ tā hējiǔ] ▸ **il lui défend de sortir** 他不准她出去 [tā bùzhǔn tā chūqu] ❷ (protéger) 保护 [bǎohù] ▸ **défendre une frontière** 保卫边境 [bǎowèi biānjìng] ▸ **la lionne défend ses petits** 母狮保护小狮子 [mǔshī bǎohù xiǎo shīzi] ▸ **défendre du froid** 防寒 [fánghán] ❸ (soutenir) 维护 [wéihù] ▸ **défendre une idée** 维护一种想法 [wéihù yì zhǒng xiángfǎ] ❹ (plaider pour) 为……辩护 [wèi… biànhù] ▸ **défendre un accusé** 为被告辩护 [wèi bèigào biànhù].

■ **se défendre** vp (se protéger) 自卫 [zìwèi] ▸ **il s'est défendu un couteau à la main** 他手持一把刀自卫 [tā shǒuchí yì bǎ dāo zìwèi] ▸ **se défendre contre l'ennemi** 抵抗敌人 [dǐkàng dírén].

défense nf ❶ (interdiction) ○ (cl. 项 [xiàng]) 禁止 [jìnzhǐ] ▸ **'défense d'entrer'** 禁止入内 [jìnzhǐ rùnèi] ❷ (protection) 保护 [bǎohù] ▸ **prendre la défense de qqn** 为某人辩护 [wèi mǒurén biànhù] ❸ (dent d'animal) 獠牙 [liáoyá] ▸ **une défense d'éléphant** 象牙 [xiàng yá].

défenseur nm (protecteur) ○ (cl. 位 [wèi] ou 个 [gè] ou 名 [míng]) 捍卫者 [hànwèizhě] ▸ **c'est un défenseur des droits de l'Homme** 这是一位人权的捍卫者 [zhè shì yíwèi rénquán de hànwèizhě].

défensif, ive adj 防卫的 [fángwèi de] ▸ **des armes défensives** 防卫武器 [fángwèi wǔqì].

■ **défensive** nf ▸ **être sur la défensive** 严阵以待 [yánzhèn yǐdài].

déferlant, e adj 汹涌的 [xiōngyǒng de] ▸ **une vague déferlante** 一阵汹涌的波涛 [yí zhèn xiōngyǒng de bōtāo].

défi nm 挑战 [tiǎozhàn] ▸ **lancer un défi à qqn** 向某人挑战 [xiàng mǒurén tiǎozhàn] ▸ **relever le défi** 应战 [yìngzhàn].

déficit nm ❶ FIN (cl. 笔 [bǐ]) 亏损 [kuīsǔn] ▸ **un déficit de vingt millions** 一笔两千万的亏损 [yì bǐ liǎng qiānwàn de kuīsǔn] ▸ **le déficit de la balance commerciale** 贸易逆差 [màoyì nìchā] ❷ (manque) 不足 [bùzú] ▸ **un déficit d'informations** 信息不足 [xìnxī bùzú].

déficitaire adj FIN 亏空的 [kuīkong de].

défier vt ❶ (provoquer) 向……挑战 [xiàng… tiǎozhàn] ▸ **défier un ami aux échecs** 向朋友提出对弈 [xiàng péngyou tíchū duìyì] ▸ **défier qqn de** *(+ infinitif)* 量某人不能…… [liàng mǒurén bùnéng …] ▸ **je vous défie de faire mieux** 我量你不会做得更好 [wǒ liàng nǐ búhuì zuò de gènghǎo] ❷ (braver) 对抗 [duìkàng] ▸ **défier l'autorité** 对抗当局 [duìkàng dāngjú].

défigurer vt 毁容 [huǐróng].

défilé nm ❶ (parade) ○ (cl. 场 [chǎng]) 展示 [zhǎnshì] ▸ **défilé de mode** 时装展示 [shízhuāng zhǎnshì] ▸ **le défilé du 14 Juillet** 7月14日的国庆阅兵 [qī yuè shísì rì de guóqìng yuèbīng] ❷ (cortège) 行列 [hángliè] ▸ **un défilé de visiteurs** 参观者的行列 [cānguānzhě de hángliè] ❸ (passage étroit) 狭窄的过道 [xiázhǎi de guòdào].

défiler vi (marcher en rangs) 列队游行 [lièduì yóuxíng] ▸ **les manifestants ont défilé dans les rues** 示威者在街道上列队游行 [shìwēizhě zài jiēdào shàng lièduì yóuxíng].

défini, e adj ❶ (déterminé, précis) 明确的 [míngquè de] ▸ **un projet bien défini** 一个明确的计划 [yí ge míngquè de jìhuà] ❷ GRAMM 定指的 [dìng zhǐ de] ▸ **un article défini** 一个定冠词 [yí ge dìng guàncí].

définir vt 下定义 [xiàdìngyì] ▸ **définir un mot** 给一个词下定义 [gěi yí ge cí xiàdìngyì].

définitif, ive adj 决定性的 [juédìngxìng de] ▸ **sa décision est définitive** 他的决定是最终的 [tāde juédìng shì zuìzhōng de].

■ **en définitive** loc adv 最终地 [zuìzhōng de].

définition nf ❶ (signification) 定义 [dìngyì] ▸ **la définition d'un mot** 一个词的定义 [yí ge cí de dìngyì] ❷ TV (图像)清晰度 [(túxiàng) qīngxīdù] ▸ **un écran à haute définition** 一个高清晰度的屏幕 [yí ge gāo qīngxīdù de píngmù].

définitivement adv 彻底地 [chèdǐ de] ▸ **ils ont définitivement abandonné le projet** 他们彻底放弃了这个计划 [tāmen chèdǐ fàngqì le zhè ge jìhuà].

déflation nf ÉCON 通货紧缩 [tōnghuò jǐnsuō].

défoncer vt 撞破 [zhuàngpò] ▸ **défoncer une porte** 撞破门 [zhuàngpò mén].

déformation nf 变形 [biànxíng] ▸ **une déformation du pied** 足部变形 [zúbù biànxíng] ◊ **déformation professionnelle** 职业习惯 [zhíyè xíguàn].

déformer vt ❶ (changer la forme) 使……变形 [shǐ…biànxíng] ▸ **les rhumatismes ont déformé ses doigts** 风湿使他的手指变形了 [fēngshī shǐ tāde shóuzhǐ biànxíng le] ❷ *fig* (dénaturer) 曲解 [qūjiě] ▸ **déformer des propos** 曲解意图 [qūjiě yìtú].

défouler ▪ **se défouler** *fam* vp 发泄 [fāxiè] ▸ **il se défoule en faisant du sport** 他靠运动来发泄 [tā kào yùndòng lái fāxiè] ▸ **tu es énervé, mais ne te défoule pas sur moi !** 你急了不要拿我撒气！ [nǐ jí le bùyào ná wǒ sāqì!].

défrayer vt ◊ **défrayer la chronique** 引起议论纷纷 [yínqǐ yìlùn fēnfēn].

défunt, e ♦ adj 已故的 [yǐgù de] ▸ **sa défunte mère** 他已故的母亲 [tā yǐgù de mǔqin]. ♦ nm, f (cl. 名 [míng] ou 个 [gè]) 死者 [sízhě] ▸ **les dernières volontés du défunt** 死者最后的遗愿 [sízhě zuìhòu de yíyuàn].

dégagé, e adj ❶ (non encombré) 无遮挡的 [wú zhēdǎng de] ▸ **une route dégagée** 畅通的道路 [chàngtōng de dàolù] ▸ **une vue dégagée sur la ville** 能看到整个城市的视野 [néng kàndào zhěnggè chéngshì de shìyě] ▸ **ciel dégagé** 晴空 [qíng kōng] ❷ (découvert) 露出的 [lòuchū de] ▸ **avoir la nuque dégagée** 露出颈项 [lòuchū jǐngxiàng] ❸ (désinvolte) 轻快的 [qīngkuài de] ▸ **une allure dégagée** 轻快的步伐 [qīngkuài de bùfá].

dégager vt ❶ (délivrer) 解救 [jiějiù] ❷ (désencombrer) 清理 [qīnglǐ] ▸ **j'ai dégagé le couloir des cartons qui l'obstruaient** 我清理了堵在走廊里的纸箱 [wǒ qīnglǐ le dǔ zài zǒuláng lǐ de zhǐxiāng] ▸ **dégagez le passage, circulez !** 往前走走，别堵住通道！ [wǎng qián zóuzou, bié dǔzhù tōng dào!] ❸ (émettre) 散发出 [sànfā chū] ▸ **dégager un parfum** 散发出香气 [sànfā chū xiāngqì] ❹ (extraire) 得出 [déchū] ▸ **dégager les conclusions d'une enquête** 得出调查结果 [déchū diàochá jiéguǒ] ❺ (rendre disponible) 收回 [shōuhuí] ▸ **dégager des fonds** 收回资金 [shōuhuí zījīn].

▪ **se dégager** vp ❶ (s'éclaircir) 转晴 [zhuǎn qíng] ▸ **le temps se dégage** 天气转晴了 [tiānqì zhuǎn qíng le] ❷ (émaner) 散发出 [sànfā chū] ▸ **se dégager de** 从……散发出 [cóng… sànfā chū].

dégarnir ▪ **se dégarnir** vp ❶ (se vider) 变空 [biànkōng] ▸ **à la fin du spectacle, les rangs se dégarnissent** 演出结束后，观众席空了 [yǎnchū jiéshù hòu, guānzhòngxí kōng le] ❷ (perdre ses cheveux) 头发脱落 [tóufa tuōluò] ▸ **il se dégarnit sur le haut du crâne** 他头顶脱发 [tā tóudǐng tuōfà].

dégât nm (cl. 项 [xiàng] ou 个 [gè]) 损失 [sǔnshī] ▸ **faire des dégâts** 造成损失 [zàochéng sǔnshī] ▸ **constater les dégâts** 查明损失 [chámíng sǔnshī] ▸ **dégâts matériels** 物资损失 [wùzī sǔnshī].

dégénéré, e adj ❶ (altéré) 生长不良的 [shēngzhǎng bùliáng de] ▸ **des plantes dégénérées** 生长不良的植物 [shēngzhǎng bùliáng de zhíwù] ❷ *fam* (taré) 先天不足的 [xiāntiān bùzú de] ▸ **il est un peu dégénéré** 他有点先天缺陷 [tā yǒu diǎn xiāntiān quēxiàn].

dégénérer vi (mal tourner) 变糟 [biànzāo] ▸ **la soirée a dégénéré** 晚会变糟了 [wǎnhuì biànzāo le] ▸ **la discussion a dégénéré en bagarre** 讨论转化为争吵 [tǎolùn zhuǎnhuà wéi zhēngchǎo].

dégivrer vt 除霜 [chúshuāng] ▸ **dégivrer un réfrigérateur** 给一台电冰箱除霜 [gěi yì tái diànbīngxiāng chúshuāng].

déglutir vi 吞咽 [tūnyàn].

dégonfler ♦ vt 给……放气 [gěi… fàngqì] ▸ **dégonfler un pneu** 给轮胎放气 [gěi lúntāi fàngqì]. ♦ vi 消肿 [xiāozhǒng] ▸ **sa paupière a bien dégonflé** 他的眼皮明显消肿了 [tāde yǎnpí míngxiǎn xiāozhǒng le].

■ **se dégonfler** vp (se vider) 瘪 [biě] ▸ **le ballon s'est dégonflé** 气球瘪了 [qìqiú biě le].

dégouliner vi *fam* 流 [liú] ▸ **la pluie dégouline sur son cou** 雨水顺着他的脖子流下来 [yúshuǐ shùnzhe tāde bózi liú xiàlái] ▸ **son visage dégouline de sueur** 他的脸不住地流汗 [tāde liǎn bùzhù de liú hàn].

dégourdi, e ♦ adj 机灵的 [jīling de]. ♦ nm, f 机灵的人 [jīling de rén].

dégourdir vt 舒展 [shūzhǎn] ▸ **dégourdir ses membres** 舒展他的四肢 [shūzhǎn tāde sì zhī].

■ **se dégourdir** vp 活动 [huódòng] ▸ **se dégourdir les jambes** 活动一下腿脚 [huódòng yíxià tuǐjiǎo].

dégoût nm 厌恶 [yànwù] ▸ **faire une grimace de dégoût** 表现出厌恶的神情 [biǎoxiàn chū yànwù de shénqíng] ▸ **inspirer du dégoût à qqn** 令某人反感 [lìng mǒurén fǎngǎn].

dégoûtant, e ♦ adj ❶ (sale) 脏的 [zāng de] ▸ **tes mains sont dégoûtantes, va les laver !** 你的手太脏了，去洗一洗！ [nǐde shǒu tài zāng le, qù xǐ yì xǐ!] ❷ (répugnant) 恶心的 [ěxīn de] ▸ **tu as mangé des sauterelles ? mais c'est dégoûtant !** 你吃蚱蜢了？可那多恶心啊！ [nǐ chī zhàměng le? kě nà duō ěxīn a!]. ♦ nm, f *fam* 下流的人 [xiàliú de rén] ▸ **vous êtes un vieux dégoûtant !** 你真是个老流氓！ [nǐ zhēnshì ge lǎo liúmáng!].

dégoûter vt (inspirer du dégoût) 使……厌恶 [shǐ… yànwù] ▸ **dégoûter qqn de qqch** 使某人讨厌某物 [shǐ mǒurén tǎoyàn mǒuwù].

dégoutter vi 滴 [dī] ▸ **la sueur lui dégoutte du front** 汗水从他的额头往下滴 [hànshuǐ cóng tāde étóu wàngxià dī].

dégradé, e nm ❶ (nuances) 变化 [biànhuà] ▸ **dégradé de couleurs** 色彩的变化 [sècǎi de biànhuà] ❷ (coiffure) 逐渐削薄法 [zhújiàn xiāobáo fǎ] ▸ **couper les cheveux en dégradé** 把头发逐渐削薄 [bǎ tóufa zhújiàn xiāobáo].

dégrader vt ❶ (abîmer) 损坏 [sǔnhuài] ▸ **dégrader un édifice** 损坏一个建筑 [sǔnhuài yí ge jiànzhù] ❷ (destituer) 罢免 [bàmiǎn] ▸ **dégrader un militaire** 罢免一个军官 [bàmiǎn yí ge jūnguān].

■ **se dégrader** vp ❶ (se détériorer) 被损坏 [bèi sǔnhuài] ▸ **la façade de la maison se dégrade** 房子的外墙被损坏了 [fángzi de wàiqiáng bèi sǔnhuài le] ❷ (empirer) 恶化 [èhuà] ▸ **nos relations se sont dégradées** 我们的关系恶化了 [wǒmende guānxi èhuà le] ▸ **son état s'est encore dégradé** 他的状况又恶化了 [tāde zhuàngkuàng yòu èhuà le].

degré nm ❶ (unité de mesure) 度 [dù] ▸ **de l'alcool à 90 degrés** 90度的酒 [90 dù de jiǔ] ▸ **il fait 40 degrés à l'ombre** 阴凉处的温度是40度 [yīnliáng chù de wēndù shì 40 dù] ▸ **un angle de 90 degrés** 90度角 [90 dù jiǎo] ▸ **degré Celsius** 摄氏度 [Shèshìdù] ❷ (échelon, rang) 级别 [jíbié] ❸ (niveau) 水平 [shuǐpíng]
◊ **par degrés** 逐步的 [zhúbù de].

dégressif, ive adj 递减的 [dìjiǎn de] ▸ **un tarif dégressif** 递减税率 [dìjiǎn shuìlǜ].

dégringoler *fam* vt (dévaler) 滚下 [gǔnxià] ▸ **dégringoler les escaliers** 滚下楼梯 [gǔnxià lóutī].

déguisement nm (costume) ◦ (cl. 身 [shēn] ou 套 [tào] ou 副 [fù]) 装扮 [zhuāngbàn] ▸ **un déguisement de cow-boy** 一身牛仔的装扮 [yì shēn niúzǎi de zhuāngbàn].

déguiser vt 掩饰 [yǎnshì] ▸ **déguiser sa voix** 掩饰其嗓音 [yǎnshì qí sǎngyīn] ▸ **déguiser ses intentions** 隐瞒其意图 [yǐnmán qí yìtú].

■ **se déguiser** vp 化装 [huàzhuāng] ▸ **se déguiser en** 装扮成…… [zhuāngbàn chéng…].

déguster vt 品尝 [pǐncháng] ▸ **déguster un plat** 品尝一道菜 [pǐncháng yí dào cài].

déhancher ■ **se déhancher** vp 扭动胯部 [niǔdòng kuàbù].

dehors ♦ adv 在外面 [zài wàimian] ▸ **dormir dehors** 睡在外面 [shuì zài wàimian] ▸ **mettre qqn dehors** 把某人赶出去 [bǎ mǒurén gǎn chūqu]. ♦ nm 外面 [wàimian] ▸ **le bruit venait du dehors** 声音是从外面传来的 [shēngyīn shì cóng wàimian chuánlái de] ▸ **le dehors d'une boîte** 一个盒子的外部 [yí ge hézi de wàibù].

■ **en dehors** loc adv 在外面 [zài wàimian].

■ **en dehors de** loc prép 除了 [chúle] ▸ **en dehors de toi, personne ne le sait** 除了

你，没人知道这件事 [chúle nǐ, méirén zhīdào zhè jiàn shì] ▸ **rester en dehors de qqch** 不参与某事 [bù cānyù mǒushì].

déjà adv ❶ (exprime la rapidité dans l'exécution d'une action) 已经 [yǐjīng] ▸ **elle a déjà fini !** 她已经完成了！ [tā yǐjīng wánchéng le!] ❷ (exprime une action réalisée précédemment) 已经 [yǐjīng] ▸ **je suis sûr d'être déjà venu ici** 我肯定已经来过这儿 [wǒ kěndìng yǐjīng láiguò zhèr] ❸ (renforce une affirmation) 已经 [yǐjīng] ▸ **il est déjà bien payé** 他已经有很好的报酬了 [tā yǐjīng yǒu hénhǎo de bàochou le] ❹ (au fait) 对了 [duìle] ▸ **comment t'appelles-tu, déjà ?** 对了，你叫什么名字？ [duìle, nǐ jiào shénme míngzi?].

déjeuner ♦ vi ❶ (prendre le repas de midi) 吃午饭 [chīwǔfàn] ❷ (prendre le petit-déjeuner) 吃早饭 [chīzǎofàn]. ♦ nm ❶ (repas du midi) ○ (cl. 顿 [dùn]) 午饭 [wǔfàn] ❷ (repas du matin) 早饭 [zǎofàn].

déjouer vt 使……挫败 [shǐ…cuòbài] ▸ **déjouer un plan** 挫败一个计划 [cuòbài yí ge jìhuà] ▸ **déjouer un complot** 挫败一个阴谋 [cuòbài yí ge yīnmóu].

délabré, e adj (bâtiment) 破烂的 [pòlàn de] ▸ **une maison délabrée** 一栋破烂的房屋 [yí dòng pòlàn de fángwū].

délai nm 期限 [qīxiàn] ▸ **vous avez un délai de dix jours** 您有十天期限 [nín yǒu shítiān qīxiàn] ▸ **délai de livraison** 交货期限 [jiāohuò qīxiàn] ▸ **dans les délais** 在限期内 [zài xiànqī nèi].

délaisser vt 忽视 [hūshì] ▸ **délaisser ses amis** 忽视自己的朋友 [hūshì zìjǐ de péngyou] ▸ **délaisser son travail** 忽视自己的工作 [hūshì zìjǐ de gōngzuò] ▸ **délaisser qqn/qqch pour qqch** 为了某事放弃某人/某事 [wèi le mǒushì fàngqì mǒurén/mǒushì].

délasser vt 使……消除疲劳 [shǐ… xiāochú píláo].

délation nf 告密 [gàomì].

délavé, e adj 褪色的 [tuìsè de] ▸ **un jean délavé** 一条褪色的牛仔裤 [yì tiáo tuìsè de niúzǎikù].

délecter ▪ **se délecter** vp 非常喜欢 [fēicháng xǐhuān] ▸ **se délecter de qqch/à faire qqch** 非常喜欢某事/做某事 [fēicháng xǐhuān mǒushì/zuò mǒushì].

délégation nf 代表团 [dàibiǎotuán].

délégué, e ♦ adj 被委派为代表的 [bèi wěipài wéi dàibiǎo de] ▸ **un ministre délégué** 一位部长级代表 [yí wèi bùzhǎngjídàibiǎo]. ♦ nm, f (cl. 个 [gè] ou 位 [wèi] ou 名 [míng]) 代表 [dàibiǎo].

déléguer vt ❶ (mandater) 委派 [wěipài] ❷ (transmettre) 授予 [shòuyǔ] ▸ **déléguer ses pouvoirs à qqn** 授权于某人 [shòuquán yú mǒurén].

délibération nf ❶ (discussion) 决议 [juéyì] ▸ **les délibérations du jury** 评审委员会的决议 [píngshěn wěiyuánhuì de juéyì] ❷ (réflexion) 深思熟虑 [shēnsī shúlǜ].

délibéré, e adj 故意的 [gùyì de].

délibérer vi 商议 [shāngyì] ▸ **délibérer sur qqch** 评议某事 [píngyì mǒushì].

délicat, e adj ❶ (fin) 精致的 [jīngzhì de] ▸ **de la dentelle délicate** 精致的花边 [jīngzhì de huābiān] ❷ (raffiné) 精美的 [jīngměi de] ▸ **un mets délicat** 一道精美的菜肴 [yí dào jīngměi de càiyáo] ❸ (aimable) 周到的 [zhōudào de] ▸ **une délicate attention** 一种周到的关怀 [yì zhǒng zhōudào de guānhuái] ❹ (difficile) 棘手的 [jíshǒu de].

délice nm (régal) ○ (cl. 件 [jiàn]) 乐事 [lèshì].

délicieux, euse adj ❶ (savoureux) 可口的 [kěkǒu de] ❷ *sout* (charmant) 迷人的 [mírén de] ▸ **une femme délicieuse** 一个迷人的女人 [yí ge mírén de nǚrén] ▸ **cet endroit est délicieux** 这个地方真是迷人 [zhè ge dìfang zhēnshì mírén].

délier vt ❶ (dénouer, détacher) 解开 [jiěkāi] ❷ (libérer) 使……解除 [shǐ… jiěchú] ▸ **délier qqn de qqch** 免除某人某事 [miǎnchú mǒurén mǒushì].

délimiter vt ❶ (frontière) 划定界限 [huàdìng jièxiàn] ▸ **délimiter un terrain** 划定一块地的界限 [huàdìng yí kuài dì de jièxiàn] ❷ *fig* (question, domaine) 限定范围 [xiàndìng fànwéi] ▸ **délimiter l'objet d'une étude** 限定研究对象的范围 [xiàndìng yánjiū duìxiàng de fànwéi].

délinquance nf 犯罪 [fànzuì] ▸ **délinquance juvénile** 少年犯罪 [shàonián fànzuì].

délinquant, e ♦ adj 犯轻罪的 [fànqīngzuì de] ▸ **des enfants délinquants** 一些犯了轻罪的孩子 [yìxiē fàn le qīngzuì de háizi]. ♦ nm, f (cl. 个 [gè] ou 名 [míng]) 犯轻罪者 [fànqīngzuìzhě].

délire nm (agitation) 狂热 [kuángrè] ▸ **en délire** 狂热的 [kuángrè de].

délirer vi ❶ MÉD 发谵妄病 [fā zhānwàngbìng] ❷ (divaguer) 胡说八道 [húshuō bādào].

délit nm DR 轻罪 [qīngzuì] ▸ **en flagrant délit** 现行犯罪 [xiànxíng fànzuì].

délivrance nf ❶ (soulagement) 解脱 [jiětuō] ❷ (remise) 发放 [fāfàng] ▸ **la délivrance d'un passeport** 一本护照的发放 [yì běn hùzhào de fāfàng].

délivrer vt ❶ (libérer) 释放 [shìfàng] ▸ **délivrer un prisonnier** 释放一名犯人 [shìfàng yì míng fànrén] ❷ (remettre) 发给 [fāgěi] ▸ **délivrer un certificat** 发一张证书 [fā yì zhāng zhèngshū].

délocaliser vt 转移 [zhuǎnyí].

déloyal, e adj ❶ (infidèle) 不忠诚的 [bù zhōngchéng de] ▸ **un ami déloyal** 一位不忠诚的朋友 [yí wèi bù zhōngchéng de péngyou] ❷ (malhonnête) 不光明正大的 [bù guāngmíng zhèngdà de] ▸ **un adversaire déloyal** 一个不光明正大的对手 [yí ge bù guāngmíng zhèngdà de duìshǒu].

delta-plane, delta-planes, deltaplane nm (cl. 架 [jià]) 三角形滑翔机 [sānjiǎoxíng huáxiángjī] ▸ **faire du deltaplane** 驾驶三角形滑翔机 [jiàshǐ sānjiǎoxíng huáxiángjī].

déluge nm ❶ RELIG (cl. 场 [chǎng] ou 次 [cì]) 洪水 [hóngshuǐ] ▸ **le Déluge** 诺亚时代的大洪水 [Nuòyà shídài de dà hóngshuǐ] ❷ (pluie) 大雨 [dàyǔ].

déluré, e adj ❶ (malin) 机灵的 [jīling de] ▸ **un enfant déluré** 一个机灵的孩子 [yí ge jīling de háizi] ❷ *péj* (dévergondé) 不知廉耻的 [bùzhī liánchǐ de].

démagogie nf 蛊惑 [gǔhuò] ▸ **faire de la démagogie** 作蛊惑宣传 [zuò gǔhuò xuānchuán].

demain ♦ adv (jour suivant) 明天 [míngtiān]. ♦ nm (jour suivant) 明天 [míngtiān] ▸ **à demain !** 明天见！[míngtiān jiàn!].

demande nf ❶ (souhait) 要求 [yāoqiú] ▸ **à la demande de qqn** 在某人的要求下 [zài mǒurén de yāoqiú xià] ❷ (démarche) 请求 [qǐngqiú] ▸ **demande en mariage** 求婚 [qiú hūn] ❸ (candidature) 申请 [shēnqǐng] ▸ **demande d'emploi** 求职 [qiúzhí] ❹ ÉCON 需求 [xūqiú] ▸ **la loi de l'offre et de la demande** 供求规律 [gōng qiú guīlǜ].

demandé, e adj 抢手的 [qiángshǒu de].

demander vt ❶ (chercher à savoir) 问 [wèn] ▸ **demander un renseignement** 问个情况 [wèn ge qíngkuàng] ▸ **demander des nouvelles de qqn** 打听某人的消息 [dǎting mǒurén de xiāoxi] ▸ **demander l'heure à qqn** 向某人问时间 [xiàng mǒurén wèn shíjiān] ❷ (réclamer) 要求 [yāoqiú] ▸ **demander l'addition** 要求结账 [yāoqiú jiézhàng] ▸ **demander une augmentation de salaire** 要求加薪 [yāoqiú jiā xīn] ❸ (solliciter) 请求 [qǐngqiú] ▸ **demander de l'aide (à qqn)** 请求(某人)帮助 [qǐngqiú (mǒurén) bāngzhù] ❹ (nécessiter) 需要 [xūyào] ▸ **demander à** (+ *infinitif*) 要求 [yāoqiú] ❺ (appeler) 找 [zhǎo] ▸ **il y a quelqu'un qui vous demande à la réception** 接待处有人找您 [jiēdàichù yǒu rén zhǎo nín] ▸ **on te demande au téléphone** 电话中有人找你 [diànhuà zhōng yǒu rén zhǎo nǐ].

▪ **se demander** vp 想 [xiǎng] ▸ **je me demande ce qu'il est devenu** 我在想他现在怎么样了 [wǒ zài xiǎng tā xiànzài zěnmeyàng le] ▸ **se demander si** (+ *indicatif*) 考虑是否 [kǎolǜ shìfǒu] ▸ **je me demande si c'est bien raisonnable** 我在考虑这是否很合理 [wǒ zài kǎolǜ zhè shìfǒu hěn hélǐ].

demandeur, euse nm, f (cl. 个 [gè] ou 位 [wèi] ou 名 [míng]) 需求者 [xūqiúzhě] ▸ **demandeur d'emploi** 求职者 [qiúzhí zhě].

démanger vt ❶ (gratter) 发痒 [fāyǎng] ❷ *fig* (avoir très envie de) 忍不住要 [rěnbúzhù yào] ▸ **ça me démange de tout lui dire** 我忍不住要告诉他一切 [wǒ rěnbúzhù yào gàosù tā yíqiè].

démaquillant, e adj 卸妆的 [xièzhuāng de] ▸ **un produit démaquillant** 一种卸妆产品 [yì zhǒng xièzhuāng chánpǐn].

▪ **démaquillant** nm 卸妆用品 [xièzhuāng yòngpǐn].

démaquiller ▪ **se démaquiller** vp 卸妆 [xièzhuāng].

démarche nf ❶ (manière de marcher) ○ (cl. 种 [zhǒng]) 步伐 [bùfá] ▸ **une démarche assurée** 坚定的步伐 [jiāndìng de bùfá] ❷ (raisonnement) 方法 [fāngfǎ] ▸ **par des démarches différentes, ils arrivent à des conclusions analogues** 经由不同的方法，他们得到类似的结论 [jīngyóu bùtóng de fāngfǎ, tāmen dédào lèisì de jiélùn] ❸ (requête) 活动 [huódòng] ▸ **faire les démarches pour** *(+ infinitif)* 为……而奔走 [wèi… ér bēnzǒu].

démarquer ▪ **se démarquer** vp (se distinguer) 有别于 [yǒubiéyú].

démarrage nm ❶ (action de démarrer) 开动 [kāidòng] ▸ **un démarrage en côte** 斜坡上开动 [xiépō shàng kāidòng] ❷ (début) 开始 [kāishǐ].

démarrer ♦ vi ❶ (se mettre en marche) 起动 [qǐdòng] ❷ (commencer) 开始 [kāishǐ]. ♦ vt (mettre en marche) 开动 [kāidòng] ▸ **démarrer une voiture** 开动一辆汽车 [kāidòng yí liàng qìchē] ▸ **démarrer l'ordinateur** 启动电脑 [qǐdòng diànnǎo].

démasquer vt (identifier) 揭露 [jiēlù].

démêler vt 解开 [jiěkāi] ▸ **démêler des fils** 解开一些线 [jiěkāi yìxiē xiàn] ▸ **démêler ses cheveux** 梳理自己的头发 [shūlǐ zìjǐ de tóufa].

déménagement nm 搬家 [bānjiā].

déménager ♦ vt (déplacer) 搬 [bān]. ♦ vi 搬家 [bānjiā].

déménageur nm 搬家工人 [bānjiā gōngrén].

démener ▪ **se démener** vp 挣扎 [zhēngzhá]; (faire des efforts) 努力 [nǔlì] ▸ **se démener pour qqch** 为了某事努力 [wèi le mǒushì nǔlì].

dément, e nm, f MÉD 疯子 [fēngzi].

démenti nm 辟谣 [pìyáo] ▸ **publier un démenti** 公开辟谣 [gōngkāi pìyáo].

démentir vt (réfuter) 揭穿谎言 [jiēchuān huǎngyán] ▸ **démentir une information** 揭穿一个消息是谎言 [jiēchuān yí ge xiāoxi shì huǎngyán] ▸ **démentir une rumeur** 辟谣 [pìyáo].

démettre vt 免职 [miǎnzhí] ▸ **démettre qqn de ses fonctions** 免除某人的职务 [miǎnchú mǒurén de zhíwù].

demeurant ▪ **au demeurant** adv 总之 [zǒngzhī].

demeure nf (cl. 处 [chù]) 住所 [zhùsuǒ] ◊ **mettre qqn en demeure de faire qqch** 责令某人做某事 [zélìng mǒurén zuò mǒushì].

demeuré, e *fam* adj & nm, f 头脑迟钝的 [tóunǎo chídùn de].

demeurer ♦ vi (habiter) 住 [zhù]. ♦ v att (rester) 依然是 [yīrán shì].

demi, e adj 一半的 [yíbàn de] ▸ **une demie bouteille de vin** 半瓶红酒 [bàn píng hóngjiǔ] ▸ **à demi** 一半地 [yíbàn de].

▪ **et demi, et demie** loc adj 半 [bàn] ▸ **il est trois heures et demie** 现在三点半 [xiànzài sān diǎn bàn].

▪ **demi** nm (bière) 半升啤酒 [bànshēng píjiǔ].

▪ **demie** nf (demi-heure) 半小时 [bàn xiǎoshí] ▸ **il est la demie** 半点了 [bàn diǎn le].

demi-douzaine nf 半打 [bàn dá] ▸ **une demi-douzaine d'œufs** 半打鸡蛋 [bàn dá jīdàn].

demi-finale nf SPORT (cl. 场 [chǎng]) 半决赛 [bàn juésài] ▸ **il s'est qualifié pour les demi-finales** 他获得了半决赛权 [tā huòdé le bàn juésài quán] ▸ **jouer la demi-finale** 打半决赛 [dǎ bàn juésài].

demi-frère nm ❶ (du côté paternel) 异父兄弟 [yìfù xiōngdì] ❷ (du côté maternel) 异母兄弟 [yìmǔ xiōngdì].

demi-heure nf 半小时 [bàn xiǎoshí].

demi-journée nf 半天 [bàn tiān].

démilitariser vt 使……非军事化 [shǐ… fēi jūnshìhuà].

demi-litre nm 半升 [bàn shēng] ▸ **un demi-litre de lait** 半升牛奶 [bàn shēng niúnǎi].

demi-mot ▪ **à demi-mot** adv 不用说明地 [búyòng shuōmíng de].

demi-pension nf ❶ (tarif d'un hôtel) 半包餐 [bàn bāocān] ❷ SCOL 半寄膳 [bàn jìshàn].

demi-sœur nf ❶ (du côté paternel) 异父的姐妹 [yìfù de jiěmèi] ❷ (du côté maternel) 异母的姐妹 [yìmǔ de jiěmèi].

démission nf 辞职 [cízhí] ▸ **donner sa démission** 提出辞职 [tíchū cízhí].

démissionner vi ❶ (se démettre) 辞职 [cízhí] ▸ **démissionner de qqch** 辞去某事的职务 [cíqù mǒushì de zhíwù] ❷ (renoncer) 放弃 [fàngqì] ▸ **démissionner devant qqch** 放弃某事 [fàngqì mǒushì].

demi-tarif nm 半价 [bàn jià].
▪ **demi-tarif** adj inv 半价的 [bàn jià de] ▸ **un billet demi-tarif** 一张半价票 [yì zhāng bàn jià piào].

demi-tour nm 向后转 [xiànghòuzhuǎn] ◊ **faire demi-tour** 返回 [fǎnhuí].

démocrate ♦ adj ❶ (attaché à la démocratie) 民主主义的 [mínzhúzhǔyì de] ▸ **un esprit démocrate** 民主精神 [mínzhǔ jīngshén] ❷ (relatif au parti politique) 民主党的 [mínzhúdǎng de]. ♦ nmf (cl. 个 [gè] ou 位 [wèi] ou 名 [míng]) 民主党人 [mínzhúdǎng rén].

démocratie nf ❶ (régime politique) 民主政治 [mínzhǔ zhèngzhì] ❷ (État) 民主国家 [mínzhǔ guójiā].

démocratique adj 民主的 [mínzhǔ de] ▸ **un pays démocratique** 一个民主国家 [yí ge mínzhǔ guójiā].

démodé, e adj ❶ (désuet) 不时髦的 [bù shímáo de] ▸ **des vêtements démodés** 不时髦的衣服 [bù shímáo de yīfu] ❷ (dépassé) 过时的 [guòshí de].

démolir vt 拆除 [chāichú].

démolition nf 拆除 [chāichú] ▸ **la démolition d'un immeuble** 一栋大楼的拆除 [yí dòng dàlóu de chāichú].

démon nm ❶ (diable) 魔鬼 [móguǐ] ❷ (enfant turbulent) 淘气鬼 [táoqìguǐ].

démonstration nf ❶ (présentation) 演示 [yǎnshì] ▸ **faire une démonstration** 做一个演示 [zuò yí ge yǎnshì] ❷ (manifestation) 表示 [biǎoshì] ▸ **des démonstrations de joie** 高兴的表示 [gāoxìng de biǎoshì].

démonter vt (défaire) 拆下 [chāixià].
▪ **se démonter** vp *fam* (se troubler) 不知所措 [bùzhīsuǒcuò].

démontrer vt ❶ (prouver) 证明 [zhèngmíng] ▸ **démontrer que** 证明…… [zhèngmíng…] ❷ (témoigner de) 显示 [xiǎnshì] ▸ **ces incidents démontrent la nécessité des réformes** 这些事件显示出改革的必要 [zhèxiē shìjiàn xiǎnshì gǎigé de bìyào].

démoraliser vt 使……气馁 [shǐ… qìněi].

démordre vi ◊ **ne pas démordre de** 不放弃 [bú fàngqì].

démotiver vt 使……变得消极 [shǐ… biàn de xiāojí].

démunir ▪ **se démunir** vp ▸ **se démunir de qqch** 放弃 [fàngqì].

Deng Xiaoping npr POLIT 邓小平 [Dèng Xiǎopíng].

dénigrer vt 诋毁 [díhuǐ].

dénomination nf 命名 [mìngmíng] ▸ **la dénomination d'un nouveau produit** 一种新产品的命名 [yì zhǒng xīn chánpǐn de mìngmíng].

dénommé, e adj 名叫……的 [míng jiào… de].

dénoncer vt ❶ (accuser) 揭发 [jiēfā] ▸ **dénoncer un criminel** 揭发一名罪犯 [jiēfā yì míng zuìfàn] ❷ (faire connaître) 揭露 [jiēlù] ▸ **dénoncer un scandale** 揭露一件丑闻 [jiēlù yí jiàn chǒuwén] ▸ **dénoncer un crime** 揭露一起罪行 [jiēlù yì qǐ zuìxíng].

dénoter vt 表明 [biǎomíng].

dénouement nm ❶ (fin) 结局 [jiéjú] ▸ **le dénouement d'un film** 一部影片的结局 [yí bù yǐngpiàn de jiéjú] ❷ (conclusion) 结束 [jiéshù] ▸ **le dénouement d'une affaire** 一件事的结束 [yí jiàn shì de jiéshù].

dénouer vt ❶ (détacher) 解开 [jiěkāi] ▸ **dénouer ses cheveux** 解开自己的头发 [jiěkāi zìjǐ de tóufa] ▸ **dénouer sa cravate** 解开自己的领带 [jiěkāi zìjǐ de lǐngdài] ❷ *fig* (résoudre) 解决 [jiějué] ▸ **dénouer une affaire** 解决一件事 [jiějué yí jiàn shì] ▸ **dénouer une intrigue** 使情节有结局 [shǐ qíngjié yǒu jiéjú].

denrée nf (cl. 种 [zhǒng]) 食品 [shípǐn] ▸ **denrées périssables** 容易坏的食品 [róngyì huài de shípǐn].

dense adj ❶ (touffu) 浓密的 [nóngmì de] ▸ **un feuillage dense** 浓密的树叶 [nóngmì de shùyè] ▸ **une forêt dense** 一片浓密的森林 [yí piàn nóngmì de sēnlín] ❷ (épais) 浓厚的 [nónghòu de] ▸ **un brouillard dense** 一片浓雾 [yí piàn nóng wù].

densité nf (épaisseur) 浓/密度 [nóng/mìdù] ▸ **la densité du brouillard** 雾的浓度 [wù de nóngdù] ▸ **la densité de population** 人口密度 [rénkǒu mìdù].

dent nf ❶ (organe) ○ (cl. 颗 [kē]) 牙 [yá] ▸ **dent de lait** 乳牙 [rǔ yá] ▸ **dent de sagesse** 智齿 [zhì chǐ] ▸ **se brosser les dents** 刷牙 [shuā yá] ❷ (tige pointue) 齿状物 [chǐzhuàngwù] ▸ **les dents d'une fourchette** 叉子的齿 [chāzi de chǐ]

◊ **faire ses dents** 出牙 [chū yá] ▸ **avoir une dent contre qqn** 对某人怀恨在心 [duì mǒurén huáihèn zàixīn].

dentelle nf (tissu) 花边 [huābiān] ▸ **en dentelle** 有花边的 [yǒu huābiān de].

dentier nm (cl. 副 [fù]) 假牙 [jiǎyá] ▸ **porter un dentier** 戴着一副假牙 [dàizhe yí fù jiǎyá].

dentifrice nm (cl. 管 [guǎn] ou 支 [zhī]) 牙膏 [yágāo] ▸ **un tube de dentifrice** 一管牙膏 [yì guǎn yágāo].

dentiste nmf (cl. 个 [gè] ou 位 [wèi] ou 名 [míng]) 牙科医生 [yákē yīshēng] ▸ **aller chez le dentiste** 去看牙医 [qù kàn yáyī].

dénué adj 毫无……的 [háowú… de] ▸ **un livre dénué de tout intérêt** 一本毫无乐趣的书 [yì běn háowú lèqù de shū].

dénuement nm 贫困 [pínkùn] ▸ **vivre dans un grand dénuement** 生活在极度贫困中 [shēnghuó zài jídù pínkùn zhōng] ▸ **être dans le dénuement** 生活贫困 [shēnghuó pínkùn].

déodorant, e adj 除味的 [chúwèi de].

▪ **déodorant** nm (cl. 瓶 [píng]) 除味剂 [chúwèi jì] ▸ **un déodorant sans alcool** 一瓶不含酒精的除味剂 [yì píng bù hán jiǔjīng de chúwèi jì].

déontologie nf 职业道德 [zhíyè dàodé] ▸ **un problème de déontologie** 一个职业道德的问题 [yí ge zhíyè dàodé de wèntí].

dépanner vt ❶ (réparer) 排除故障 [páichú gùzhàng] ❷ (remorquer) 拖 [tuō] ❸ *fam* (aider) ▸ **dépanner qqn** 救某人的急 [jiù mǒurén de jí].

dépanneur, euse nm, f (cl. 个 [gè] ou 位 [wèi] ou 名 [míng]) 抢修工 [qiǎngxiūgōng].

dépanneuse nf (cl. 辆 [liàng]) 牵引车 [qiānyǐnchē].

départ nm ❶ (fait de partir) ○ (cl. 次 [cì]) 出发 [chūfā] ▸ **les départs en vacances** 出发去度假 [chūfā qù dùjià] ▸ **le départ d'un train** 火车发车 [huǒchē fāchē] ❷ (démission, licenciement) 辞职 [cízhí] ▸ **le départ d'un employé** 一个雇员的辞职 [yí ge gùyuán de cízhí] ❸ SPORT 起跑 [qípǎo] ▸ **prendre le départ** 起跑 [qípǎo].

▪ **au départ** loc adv 起初 [qǐchū].

départager vt 裁决 [cáijué].

département nm ❶ (territoire) 省 [shěng] ▸ **les départements d'une région** 一个大区的省 [yí ge dàqū de shěng] ▸ **département d'outre-mer** 海外省 [hǎiwài shěng] ❷ ADMIN (division) 部/院/司/处 [bù/ yuàn/ sī/ chù].

départemental, e adj 省的 [shěng de] ▸ **une route départementale** 一条省级公路 [yì tiáo shěngjí gōnglù].

▪ **départementale** nf (cl. 条 [tiáo]) 省级公路 [shěngjí gōnglù].

dépassé, e adj ❶ (démodé) 过时的 [guòshí de] ▸ **des méthodes dépassées** 一些过时的方法 [yìxiē guòshí de fāngfǎ] ❷ *fam* (impuissant) ▸ **être dépassé (par qqch)** 控制不了(某事) [kòngzhì bùliǎo (mǒushì)].

dépasser ♦ vt ❶ (doubler) 超越 [chāoyuè] ❷ (excéder) 超过 [chāoguò] ❸ (aller au-delà de) 超出 [chāochū]. ♦ vi 突出 [tūchū] ▸ **dépasser de qqch** 从某物露出 [cóng mǒuwù lòuchū].

dépayser vt (changer de cadre) 使……换环境 [shǐ… huàn huánjìng].

dépêche nf (information) ○ (cl. 条 [tiáo] ou 则 [zé]) 通讯 [tōngxùn] ▸ **lire une dépêche** 读一则快信 [dú yì zé kuàixìn].

dépêcher ▪ **se dépêcher** vp 赶快 [gǎnkuài] ▸ **se dépêcher de** *(+ infinitif)* 赶快做 [gǎnkuài zuò].

dépendance nf ❶ (lien, soumission) 依赖 [yīlài] ▸ **être sous la dépendance de qqn** 依赖某人 [yīlài mǒurén] ❷ MÉD 依赖 [yīlài].

dépendre ▪ **dépendre de** vi ❶ (tenir à) 取决于 [qǔjué yú] ❷ (être sous la responsabilité de) 依附于 [yīfù yú].

dépens ▪ **aux dépens de** loc prép ❶ (à la charge de) 靠……养活 [kào… yǎnghuo] ❷ (au détriment de) 损害 [sǔnhài] ▸ **apprendre qqch à ses dépens** 因受过教训而懂得某事 [yīn shòuguò jiàoxun ér dǒngdé mǒushì].

dépense nf ❶ (action de dépenser) 开销 [kāixiāo] ▸ **faire des dépenses** 花钱 [huāqián] ❷ (consommation) 耗费量 [hàofèi liàng] ▸ **les dépenses d'électricité** 耗电量 [hào diàn liàng].

dépenser vt ❶ (de l'argent) 花 [huā] ❷ (consommer) 耗费 [hàofèi] ▸ **dépenser de l'essence** 耗油 [hàoyóu] ▸ **dépenser de l'énergie** 费力 [fèilì].

▪ **se dépenser** vp (se fatiguer) 花力气 [huā lìqi].

dépensier, ère adj 爱花钱的 [àihuāqián de].

dépérir vi ❶ (s'affaiblir) 衰弱 [shuāiruò] ▸ **sa santé dépérit de jour en jour** 他的身体日益衰弱 [tāde shēntǐ rìyì shuāiruò] ❷ (se faner) 枯萎 [kūwěi] ▸ **sans eau, cette plante va dépérir** 没有水，植物将会枯萎 [méiyǒu shuǐ, zhíwù jiāng huì kūwěi] ❸ (décliner) 日趋衰败 [rìqū shuāibài] ▸ **son commerce dépérit** 他的生意日趋衰败 [tāde shēngyì rìqū shuāibài].

dépeupler vt ❶ (pays) 使……人口减少 [shǐ …rénkǒu jiǎnshǎo] ❷ (milieu naturel) 使……动物减少 [shǐ… dòngwù jiǎnshǎo].

dépister vt ❶ (un voleur) 发现踪迹 [fāxiàn zōngjī] ▸ **le policier a rapidement dépisté les voleurs** 警察很快就发现了小偷们的踪迹 [jǐngchá hěn kuài jiù fāxiàn le xiǎotōumen de zōngjī] ❷ (une maladie) 检查出 [jiǎnchá chū] ▸ **dépister les cancers** 检查出癌症 [jiǎnchá chū áizhèng] ▸ **se faire dépister** 去检查 [qù jiǎnchá].

dépit nm 气恼 [qìnǎo] ▸ **par dépit** 无可奈何地 [wúkě nàihé de].

▪ **en dépit de** loc prép 虽然 [suīrán] ▸ **en dépit de la fatigue, il viendra** 虽然很累，但他还是会来的 [suīrán hěn lèi, dàn tā háishì huì lái de]

◊ **en dépit du bon sens** 不近情理 [bújìn qínglǐ].

dépité, e adj 气恼的 [qìnǎo de].

déplacement nm ❶ (changement de place) 挪动 [nuódòng] ▸ **le déplacement des meubles** 家具的挪动 [jiājù de nuódòng] ❷ (voyage) 出差 [chūchāi] ▸ **un déplacement à l'étranger** 在国外出差 [zài guówài chūchāi] ▸ **en déplacement** 出差 [chūchāi].

déplacer vt ❶ (changer de place) 挪动 [nuódòng] ▸ **il a déplacé les fauteuils** 他挪动了靠背椅 [tā nuódòng le kàobèiyǐ] ❷ (modifier) 改动 [gǎidòng] ▸ **elle a déplacé l'heure de la réunion** 她改动了会议时间 [tā gǎidòng le huìyì shíjiān].

▪ **se déplacer** vp ❶ (aller ailleurs) 移动 [yídòng] ▸ **cet avion se déplace à la vitesse du son** 这架飞机以音速向前移动 [zhè jià fēijī yǐ yīnsù xiàngqián yídòng] ❷ (se mouvoir) 走动 [zǒudòng] ▸ **il ne peut se déplacer qu'en chaise roulante** 他只能用轮椅来代步 [tā zhǐnéng yòng lúnyǐ lái dàibù].

déplaire ▪ **déplaire à** vi ❶ (ne pas plaire) 不讨人喜欢 [bù tǎorén xǐhuān] ▸ **cette ville me déplaît** 我不喜欢这座城市 [wǒ bù xǐhuān zhè zuò chéngshì] ▸ **son comportement m'a déplu** 他的行为令我不愉快 [tāde xíngwéi lìng wǒ bù yúkuài] ❷ (irriter) 惹人生气 [rě rén shēngqì] ▸ **n'arrivez pas en retard, cela lui déplaît** 您别来晚了，这会惹他生气的 [nín biélái wǎn le, zhè huì rě tā shēngqì de].

dépliant nm (cl. 本 [běn]) 折页简介 [zhéyè jiǎnjiè] ▸ **des dépliants publicitaires** 折页广告 [zhéyè guǎnggào].

déplier vt 打开 [dǎkāi] ▸ **déplier un journal** 打开一张报纸 [dǎkāi yì zhāng bàozhǐ] ▸ **déplier son bras** 张开双臂 [zhāngkāi shuāng bì].

déplorable adj ❶ (affligeant) 可悲的 [kěbēi de] ❷ (désastreux) 恶劣的 [èliè de] ▸ **une attitude déplorable** 恶劣的态度 [èliè de tàidu] ▸ **des résultats déplorables** 糟糕的结果 [zāogāo de jiéguǒ].

déployer vt ❶ (déplier) 展开 [zhǎnkāi] ▸ **l'oiseau déploie ses ailes** 鸟儿展开双翅 [niǎor zhǎnkāi shuāng chì] ▸ **déployer le plan d'une ville** 摊开城市地图 [tānkāi chéngshì dìtú] ❷ (mettre en œuvre) 表现出 [biǎoxiàn chū] ▸ **déployer d'immenses efforts** 表现出极大的努力 [biǎoxiàn chū jídà de nǔlì] ▸ **déployer toute son énergie** 表现出十足的干劲 [biǎoxiàn chū shízú de gànjìn].

déportation nf 集中营关押 [jízhōngyíng guānyā] ▸ **en déportation** 在集中营关押期间 [zài jízhōngyíng guānyā qījiān].

déporter vt ❶ (dévier) 使……偏离方向 [shǐ… piānlí fāngxiàng] ▸ **le vent a déporté le bateau vers les rochers** 风把船刮向了礁石 [fēng bǎ chuán guā xiàng le jiāoshí] ❷ (exiler) 押送到集中营 [yāsòng dào jízhōngyíng].

déposer ♦ vt ❶ (poser) 放 [fàng] ▸ **déposer un vase sur la table** 把一支花瓶放在桌子上 [bǎ yì zhī huāpíng fàng zài zhuōzi shàng] ❷ (conduire) 用车把某人送到 [yòngchē bǎ mǒurén sòng dào] ▸ **mon père me dépose tous les matins au lycée** 我父亲每天早上开车送我到学校 [wǒ fùqin měitiān zǎoshang kāichē sòng wǒ dào xuéxiào] ▸ **le bus la dépose devant chez elle** 公交车把她送到家门口 [gōngjiāochē bǎ tā sòng dào jiā ménkǒu] ❸ (verser) 存入 [cúnrù] ▸ **déposer 1 000 euros sur son compte** 把 1000 欧元存入账上 [bǎ 1000 ōuyuán cúnrù zhàng shàng] ❹ (faire enregistrer) 注册 [zhùcè] ▸ **déposer un brevet** 注册专利证 [zhùcè zhuānglìzhèng]. ♦ vi DR (témoigner) 提出 [tíchū] ▸ **déposer contre un accusé** 提出诉讼 [tíchū sùsòng] ▸ **déposer en faveur de l'accusé** 提出辩护 [tíchū biànhù].

dépositaire nm ❶ (gardien) 保管人 [báoguǎnrén] ▸ **le dépositaire des documents** 文件保管人 [wénjiàn báoguǎnrén] ❷ COMM 经销人 [jīngxiāorén] ▸ **le dépositaire d'une marque** 品牌经销人 [pǐnpái jīngxiāorén].

déposition nf DR (cl. 句 [jù]) 证词 [zhèngcí] ▸ **faire une déposition** 作证 [zuò zhèng].

déposséder vt 剥夺 [bōduó] ▸ **déposséder qqn de** 剥夺某人的…… [bōduó mǒurén de] ▸ **on l'a dépossédé de ses biens** 他被剥夺了财产 [tā bèi bōduó le cháchǎn].

dépôt nm ❶ (action de déposer) 存放 [cúnfàng] ▸ **il a laissé une valise en dépôt chez eux** 他把一个手提箱存放在他们家 [tā bǎ yí ge shǒutíxiāng cúnfàng zài tāmen jiā] ❷ BANQUE (somme) ◦ (cl. 笔 [bǐ]) 存款 [cúnkuǎn] ❸ (résidu) 沉淀物 [chéndiànwù] ▸ **ce vin laisse un dépôt au fond de la bouteille** 这瓶葡萄酒在瓶底残留了些沉淀物 [zhè píng pútaojiǔ zài píng dǐ cánliú le xiē chéndiànwù] ❹ (entrepôt) ◦ (cl. 间 [jiān]) 仓库 [cāngkù] ▸ **dépôt de bus** 公交车停车场 [gōngjiāochē tíngchēchǎng] ▸ **dépôt de marchandises** 商品仓库 [shāngpǐn cāngkù] ▸ **dépôt d'ordures** 垃圾场 [lājī chǎng].

dépotoir nm ❶ (débarras) 垃圾场 [lājī chǎng] ▸ **ce terrain vague est un dépotoir** 这片荒地是一个垃圾场 [zhè piàn huāngdì shì yí ge lājī chǎng] ❷ *fam* & *fig* (décharge) 堆破烂的地方 [duī pòlàn de dìfang] ▸ **ta chambre est un vrai dépotoir!** 你的卧室真是一个堆破烂的地方! [nǐde wòshì zhēnshì yí ge duī pòlàn de dìfang!].

dépouiller vt ❶ (dévaliser) 抢劫 [qiǎngjié] ▸ **dépouiller les magasins au moment des soldes** 大减价时把商店抢购一空 [dàjiǎnjià shí bǎ shāngdiàn qiǎnggòu yìkōng] ▸ **dépouiller qqn de** 剥夺某人的…… [bōduó mǒurén de…] ❷ (mis à nu) 掉落 [diàoluò] ▸ **un arbre dépouillé de ses feuilles** 落了叶的树 [luò le yè de shù] ❸ (ouvrir, lire) 查看 [chákàn] ▸ **dépouiller son courrier** 查看邮件 [chákàn yóujiàn] ▸ **dépouiller des bulletins de vote** 清点选票 [qīngdiǎn xuǎnpiào].

dépourvu, e adj ▸ **(être) dépourvu de** 缺乏……的 [quēfá… de] ▸ **ce film est dépourvu d'intérêt** 这部电影很乏味 [zhè bù diànyǐng hěn fáwèi].

▪ **au dépourvu** loc adv ◊ **prendre qqn au dépourvu** 使某人措手不及 [shǐ mǒurén cuòshǒu bùjí].

dépravation nf 败坏 [bàihuài] ▸ **la dépravation des mœurs** 道德败坏 [dàodé bàihuài].

dépravé, e ◆ adj (perverti) 道德败坏的 [dàodé bàihuài de] ▸ **une société dépravée** 一个道德败坏的社会 [yí ge dàodé bàihuài de shèhuì]. ◆ nm, f (pervers) 道德败坏者 [dàodé bàihuài zhě].

dépréciation nf 贬值 [biǎnzhí] ▸ **la dépréciation du dollar** 美元的贬值 [měiyuán de biǎnzhí].

déprécier vt ❶ (dénigrer) 贬低 [biǎndī] ▸ **déprécier le mérite d'un écrivain** 贬低一位作家的价值 [biǎndī yí wèi zuòjiā de jiàzhí] ❷ (dévaloriser) 使……贬值 [shǐ… biǎnzhí] ▸ **l'inflation a déprécié la monnaie** 通货膨胀使货币贬值了 [tōnghuò péngzhàng shǐ huòbì biǎnzhí le].

dépressif, ive ◆ adj 抑郁的 [yìyù de]. ◆ nm, f (cl. 个 [gè] ou 名 [míng]) 抑郁症患者 [yìyùzhèng huànzhě].

dépression nf PSYCHO 抑郁症 [yìyùzhèng] ▸ **dépression nerveuse** 精神抑郁症 [jīngshén yìyùzhèng].

déprimant, e adj 令人沮丧的 [lìngrén jǔsàng de].

déprime nf *fam* 消沉 [xiāochén] ▸ **il est en pleine déprime** 他的情绪十分消沉 [tāde qíngxù shífēn xiāochén] ▸ **faire une déprime** 消沉起来 [xiāochén qǐlái].

déprimé, e adj 消沉的 [xiāochén de].

déprimer ◆ vt 使……消沉 [shǐ… xiāochén] ▸ **son échec l'a beaucoup déprimé** 失败使他很消沉 [shībài shǐ tā hěn xiāochén]. ◆ vi *fam* 消沉 [xiāochén].

dépuceler vt *fam* 使……失去贞操 [shǐ …shīqù zhēncāo].

depuis ◆ prép ❶ (indique un point de départ dans le temps) 从……以后 [cóng… yǐhòu] ▸ **je ne l'ai pas vu depuis son mariage** 自从他结婚以后，我再也没见过他 [zìcóng tā jiéhūn yǐhòu, wǒ zàiyě méi jiàn guò tā] ▸ **il est parti depuis hier** 他从昨天就出发了 [tā cóng zuótiān jiù chūfā le] ▸ **depuis quand le connaissez-vous ?** 您是从什么时候认识他的？ [nín shì cóng shénme shíhou rènshi tāde?] ❷ (exprime une durée) ▸ **il est malade depuis une semaine** 他病了一个星期了 [tā bìng le yí ge xīngqī le] ▸ **on se connaît depuis 10 ans** 我们认识有十年了 [wǒmen rènshi yǒu shínián le] ▸ **ils sont amis depuis toujours** 他们一直都是朋友 [tāmen yìzhí dōu shì péngyou] ❸ (indique un point de départ dans l'espace) 从…… [cóng…] ▸ **depuis la route, on pouvait voir la mer** 我们可以从马路那儿看到大海 [wǒmen kéyǐ cóng mǎlù nàr kàndào dàhǎi]. ◆ adv 从那以后 [cóng nà yǐhòu] ▸ **nous ne l'avons pas revu depuis** 从那以后，我们再没有见过他 [cóng nà yǐhòu, wǒmen zài méiyǒu jiàn guò tā].

■ **depuis que** loc conj 自从……以后 [zìcóng … yǐhòu].

député, e nm, f (cl. 名 [míng] ou 位 [wèi]) 众议员 [zhòngyìyuán] ▸ **député européen** 欧盟议员 [ōuméng yìyuán].

dérailler vi ❶ (train) 脱轨 [tuōguǐ] ❷ *fam* (divaguer) 瞎扯 [xiāchě] ▸ **tu dérailles complètement !** 你完全是在瞎扯！ [nǐ wánquán shì zài xiāchě!] ❸ *fam* (fonctionner mal) 失灵 [shīlíng] ▸ **le moteur déraille** 发动机失灵了 [fādòngjī shīlíng le].

déraisonnable adj *sout* 不理智的 [bùlǐzhì de] ▸ **il a eu une conduite déraisonnable** 他的那次行为不理智 [tāde nà cì xíngwéi bùlǐzhì].

dérangement nm ❶ (gêne) 麻烦 [máfan] ▸ **je voudrais vous éviter ce dérangement** 我不希望给您增添麻烦 [wǒ bù xīwàng gěi nín zēngtiān máfan] ▸ **causer du dérangement à qqn** 打搅某人 [dájiǎo mǒurén] ❷ (dérèglement) ▸ **en dérangement** 出故障 [chū gùzhàng].

déranger ◆ vt ❶ (mettre en désordre) 弄乱 [nòngluàn] ▸ **tu as dérangé tous mes dossiers** 你弄乱了我所有的文件 [nǐ nòngluàn le wǒ suóyǒu de wénjiàn] ❷ (gêner) 打扰 [dárǎo] ▸ **excusez-moi de vous déranger** 请原谅我打扰您 [qǐng yuánliàng wǒ dárǎo nín] ▸ **ça vous dérange si je fume ?** 我抽烟会打扰您吗？ [wǒ chōuyān huì dárǎo nín ma?]. ◆ vi (gêner) 打扰 [dárǎo] ▸ **des personnes qui dérangent** 打扰别人的人 [dárǎo biéren de rén] ▸ **des vérités qui dérangent** 让人感到

不舒服的事实 [ràng rén gǎndào bù shūfu de shìshí].

▪ **se déranger** vp 麻烦某人 [máfan mǒurén] ▸ **inutile de vous déranger** 不必麻烦您 [bùbì máfan nín] ▸ **surtout ne vous dérangez pas pour moi !** 您千万别为我忙！ [nín qiānwàn bié wèi wǒ máng!].

dérapage nm ❶ (glissement) ○ (cl. 次 [cì]) 滑动 [huádòng] ▸ **l'automobiliste a fait plusieurs dérapages** 汽车司机使车打滑了好几次 [qìchē sījī shǐ chē dǎhuá le hǎo jǐ cì] ❷ (changement incontrôlé) 失去控制 [shīqù kòngzhì].

déraper vi ❶ (glisser) 打滑 [dǎhuá] ▸ **la moto a dérapé dans le virage** 摩托在转弯时打滑了 [mótuō zài zhuǎnwān shí dǎhuá le] ❷ *fig* (échapper au contrôle) 失去控制 [shīqù kòngzhì] ▸ **des propos qui dérapent** 失去控制的话题 [shīqù kòngzhì de huàtí].

déréglé, e adj ❶ 失常的 [shīcháng de] ▸ **ma montre est déréglée** 我的手表不准了 [wǒde shóubiǎo bùzhǔn le] ❷ *fig* (désordonné) 放荡的 [fàngdàng de] ▸ **mener une vie déréglée** 过一种放荡的生活 [guò yì zhǒng fàngdàng de shēnghuó].

dérégler vt 使……失常 [shǐ… shīcháng] ▸ **ne dérègle pas la télévision !** 别把电视搞坏了！ [bié bǎ diànshì gǎohuài le!] ▸ **dérégler sa montre** 使表走不准 [shǐ biǎo zǒu bùzhǔn] ▸ **l'orage a déréglé le temps** 暴风雨使天气反常 [bàofēngyǔ shǐ tiānqì fǎncháng].

▪ **se dérégler** vp 失灵 [shīlíng] ▸ **ma montre s'est déréglée** 我的表走不准了 [wǒde biǎo zǒu bùzhǔn le].

dérision nf 嘲笑 [cháoxiào] ▸ **tourner qqch en dérision** 嘲笑某事 [cháoxiào mǒushì].

dérive nf (飞机/船)偏航 [(fēijī/chuán) piānháng] ▸ **le voilier est parti à la dérive** 帆船失去了控制 [fānchuán shīqù le kòngzhì]
◊ **aller** ou **être à la dérive** 失去控制 [shīqù kòngzhì] ▸ **ses affaires vont à la dérive** 他的生意每况愈下 [tāde shēngyì měi kuàng yù xià].

dériver ♦ vt (détourner) 使……改道 [shǐ… gǎidào] ▸ **dériver un fleuve** 使江河改道 [shǐ jiānghé gǎidào]. ♦ vi (dévier) 偏航 [piānháng].

dermatologie nf 皮肤病学 [pífūbìngxué].

dermatologue nmf (cl. 名 [míng] ou 位 [wèi]) 皮肤科医生 [pífūkē yīshēng].

dernier, ère ♦ adj ❶ (ultime) 最后的 [zuìhòu de] ▸ **c'est la dernière fois que je vous le dis** 这是我最后一次跟您说 [zhè shì wǒ zuìhòu yí cì gēn nín shuō] ▸ **le dernier jour du mois** 一个月的最后一天 [yí ge yuè de zuìhòu yìtiān] ▸ **prendre le dernier métro** 乘末班地铁 [chéng mòbān dìtiě] ▸ **faire un dernier effort** 做最后一次努力 [zuò zuìhòu yí cì nǔlì] ❷ (précédent) 上一个 [shàng yí ge] ▸ **l'année dernière** 去年 [qù nián] ▸ **le week-end dernier** 上个周末 [shàngge zhōumò] ❸ (plus récent) 最新的 [zuìxīn de]. ♦ nm, f ❶ (après les autres) 最后一个 [zuìhòu yí ge] ▸ **c'est le dernier de la classe** 他是班上最后一名 [tā shì bān shàng zuìhòu yì míng] ▸ **je suis arrivé le dernier** 我是最后一个到的 [wǒ shì zuìhòu yí ge dào de] ❷ (reprend un énoncé) ▸ **ce dernier** 后者 [hòuzhě] ❸ (benjamin) 最小的孩子 [zuìxiǎo de háizi].

▪ **en dernier** loc adv 最后 [zuìhòu].

dernièrement adv (récemment) 最近 [zuìjìn] ▸ **je l'ai rencontré dernièrement** 我最近碰见他了 [wǒ zuìjìn pèngjiàn tā le].

dernier-né, dernière-née nm, f (bébé) 最小的孩子 [zuìxiǎo de háizi].

dérober vt *sout* 偷 [tōu] ▸ **on lui a dérobé son sac** 她的包被偷了 [tāde bāo bèi tōu le].

dérogation nf 特别准许 [tèbié zhǔnxǔ].

déroulement nm ❶ (d'un objet) 展开 [zhǎnkāi] ❷ *fig* (d'un événement) 进展情况 [jìnzhǎn qíngkuàng] ▸ **le déroulement des opérations** 事情的进展情况 [shìqing de jìnzhǎn qíngkuàng].

dérouler vt (étendre) 展开 [zhǎnkāi] ▸ **dérouler un câble** 放缆 [fàng lǎn] ▸ **dérouler une bobine** 展开线团 [zhǎnkāi xiàntuán] ▸ **elle déroule le tapis du salon** 她铺开客厅的地毯 [tā pūkāi kètīng de dìtǎn].

▪ **se dérouler** vp 发生 [fāshēng] ▸ **l'histoire se déroule à Paris** 故事发生在巴黎 [gùshi fāshēng zài Bālí] ▸ **la manifestation s'est déroulée dans le calme** 示威游行是在冷静的气氛中进行的 [shìwēi yóuxíng shì zài lěngjìng de qìfen zhōng jìnxíng de] ▸ **la scène**

s'est déroulée sous nos yeux 那一幕在我们眼皮底下发生了 [nà yí mù zài wǒmen yǎnpí dǐxià fāshēng le].

déroute nf MIL (débâcle) 溃逃 [kuìtáo] ▸ **la déroute d'une armée** 军队的溃逃 [jūnduì de kuìtáo].

dérouter vt ❶ (dévier) 使……改变航线 [shǐ… gǎibiàn hángxiàn] ▸ **dérouter un avion** 使飞机改变航线 [shǐ fēijī gǎibiàn hángxiàn] ▸ **dérouter un navire** 使船改变航向 [shǐ chuán gǎibiàn hángxiàng] ❷ (déconcerter) 难倒 [nándǎo].

derrière ♦ prép 在……后面 [zài… hòumian] ▸ **elle s'est cachée derrière un arbre** 她藏在一棵树的后面 [tā cáng zài yì kē shù de hòumian] ▸ **ils marchaient derrière lui** 他们走在他的后面 [tāmen zǒu zài tāde hòumian] ▸ **regarder derrière soi** 朝后看 [cháo hòu kàn] ▸ **il est derrière moi dans le classement** 他的名次在我后面 [tāde míngcì zài wǒ hòumian]. ♦ adv 在后面 [zài hòumiàn] ▸ **il est resté derrière** 他待在后面 [tā dāi zài hòumian] ▸ **regardez derrière** 朝后看 [cháo hòu kàn] ▸ **monter derrière en voiture** 坐在车的后面 [zuò zài chē de hòumian]. ♦ nm ❶ (partie arrière) 后部 [hòubù] ▸ **le derrière de la maison** 房子的里间 [fángzi de lǐjiān] ▸ **passer par la porte de derrière** 从后门过 [cóng hòumén guò] ❷ *fam* (partie du corps) 屁股 [pìgu] ▸ **il est tombé sur le derrière** 他一屁股摔倒在地上 [tā yí pìgu shuāidǎo zài dì shàng].

dès prép 从……起 [cóng… qǐ] ▸ **dès son plus jeune âge** 从他很小的时候起 [cóng tā hěn xiǎo de shíhou qǐ] ▸ **il s'est endormi dès son retour** 他一回来就睡着了 [tā yì huílái jiù shuìzháo le] ▸ **dès à présent** 从现在起 [cóng xiànzài qǐ] ▸ **je vous en remercie dès à présent** 我就此感谢您 [wǒ jiù cǐ gǎnxiè nín].

▪ **dès que** loc conj 一……就 [yī… jiù] ▸ **nous viendrons dès que nous pourrons** 我们一有可能就会来 [wǒmen yì yǒu kěnéng jiù huìlái] ▸ **prévenez-moi dès qu'il sera là** 他一到就请您通知我 [tā yí dào jiù qǐng nín tōngzhī wǒ].

désaccord nm 不和 [bùhé] ▸ **il y a eu entre eux un léger désaccord** 他们之间有点不和 [tāmen zhījiān yǒu diǎn bùhé] ▸ **être en désaccord** 意见不和 [yìjiàn bùhé].

désaccordé, e adj (instrument de musique) 走音的 [zǒuyīn de].

désaffecté, e adj 废弃的 [fèiqì de].

désagréable adj 令人不快的 [lìngrén búkuài de] ▸ **odeur désagréable** 难闻的气味 [nánwén de qìwèi] ▸ **personne désagréable** 令人讨厌的人 [lìngrén tǎoyàn de rén] ▸ **sensation désagréable** 令人不快的感觉 [lìngrén búkuài de gǎnjué] ▸ **propos désagréable** 令人讨厌的话题 [lìngrén tǎoyàn de huàtí].

désagréger ▪ **se désagréger** vp 分解 [fēnjiě] ▸ **la peinture du portail se désagrège** 大门的油漆在剥落 [dàmén de yóuqī zài bōluò] ▸ **le sucre se désagrège dans l'eau** 糖在水中溶解 [táng zài shuǐ zhōng róngjiě].

désagrément nm 不快 [búkuài] ▸ **causer des désagréments à qqn** 使某人不快 [shǐ mǒurén búkuài].

désaltérant, e adj 解渴的 [jiékě de].

désaltérer ♦ vt 使……解渴 [shǐ… jiékě] ▸ **un verre d'eau te désaltérera** 一杯水会使你解渴 [yì bēi shuǐ huì shǐ nǐ jiékě]. ♦ vi 解渴 [jiékě].

▪ **se désaltérer** vp 解渴 [jiěkě] ▸ **elle s'est désaltérée en buvant de la limonade** 她喝汽水来解渴 [tā hē qìshuǐ lái jiékě].

désamorcer vt (une arme) 拆除 [chāichú] ▸ **désamorcer une bombe** 拆弹 [chāidàn].

désapprouver vt 不赞成 [búzànchéng] ▸ **je désapprouve votre attitude** 我不赞成您的态度 [wǒ búzànchéng nínde tàidu].

désarmement nm 解除武器 [jiěchú wǔqì] ▸ **le désarmement nucléaire** 解除核武器 [jiěchú héwǔqì].

désarmer ♦ vt ❶ (enlever les armes) 使……缴械 [shǐ… jiǎoxiè] ❷ *fig* (toucher) 消气 [xiāoqì] ▸ **sa bonne humeur me désarme** 他的好心情使我消了气 [tāde hǎo xīnqíng shǐ wǒ xiāo le qì]. ♦ vi *fig* (résister) ▸ **ne pas désarmer** 不罢休 [búbàxiū].

désarroi nm 不安 [bù'ān] ▸ **plonger ou laisser dans le désarroi** 使……心中不安

[shǐ… xīnzhōng bù'ān] ▸ **en plein désarroi** 处于极度慌乱之中 [chǔyú jídù huāngluàn zhīzhōng].

désastre nm ❶ (catastrophe) ○ (cl. 场 [chǎng]) 灾难 [zāinàn] ▸ **un désastre écologique** 一场生态灾难 [yìchǎng shēngtài zāinàn] ❷ *fig* (malheur) ○ (cl. 种 [zhǒng] ou 场 [chǎng]) 不幸 [búxìng].

désastreux, euse adj 糟糕的 [zāogāo de] ▸ **des résultats désastreux** 糟糕的结果 [zāogāo de jiéguǒ].

désavantage nm ❶ (handicap) 劣势 [lièshì] ▸ **un désavantage compétitif** 竞争劣势 [jìngzhēng lièshì] ❷ (inconvénient) 不利 [búlì] ▸ **quels sont les désavantages de ce métier ?** 这个职业有哪些不利因素？ [zhè ge zhíyè yǒu nǎxiē búlì yīnsù?].

désavantager vt 对……不利 [duì… búlì] ▸ **cette question désavantage les candidats étrangers** 这个问题对国外候选人不利 [zhè ge wèntí duì guówài hòuxuǎnrén búlì] ▸ **je suis désavantagée par ma taille** 我的身高对我不利 [wǒde shēngāo duì wǒ búlì].

descendance nf 后代 [hòudài] ▸ **il est mort sans descendance** 他没有留下后代就死了 [tā méiyǒu liúxià hòudài jiù sǐ le].

descendant, e ♦ adj 下降的 [xiàjiàng de]. ♦ nm, f (héritier) 后代 [hòudài].

descendre ♦ vt ❶ (parcourir de haut en bas) 沿……而下 [yán… ér xià] ▸ **descendre l'escalier** 下楼梯 [xià lóutī] ▸ **nous avons descendu la rivière en canoë** 我们划独木舟沿河而下 [wǒmen huá dúmùzhōu yán hé ér xià] ❷ (porter en bas) 把……拿下去 [bǎ… náxiàqù] ▸ **descendre les valises** 把手提箱拿下去 [bǎ shǒu tíxiāng náxiàqù] ▸ **descendre le vin à la cave** 把葡萄酒拿到酒窖去 [bǎ pútaojiǔ nádào jiǔjiàoqù] ❸ *fam* (abattre) 打倒 [dádǎo] ▸ **descendre un avion ennemi** 击落一架敌机 [jīluò yí jià díjī]. ♦ vi ❶ (aller de haut en bas) 下 [xià] ▸ **peux-tu descendre, on sonne ?** 有人在按门铃，你可以下去看看吗？ [yǒurén zài àn ménlíng, nǐ kéyǐ xiàqù kànkan ma?] ▸ **descendre à la cave** 下到酒窖 [xiàdào jiǔjiào] ▸ **descendre de cheval** 下马 [xiàmǎ] ❷ (se déplacer) 南下 [nánxià] ▸ **je descends dans le sud cet été** 今年夏天我要南下 [jīnnián xiàtiān wǒ yào nánxià] ❸ (être en pente) 延伸 [yánshēn] ▸ **la route descend jusqu'à la rivière** 公路延伸到河边 [gōnglù yánshēn dào hébiān] ❹ (baisser de niveau) 下降 [xiàjiàng] ▸ **l'avion commence à descendre** 飞机开始下降 [fēijī kāishǐ xiàjiàng] ▸ **les températures descendent** 气温在下降 [qìwēn zài xiàjiàng] ❺ (d'un véhicule) 下车 [xiàchē] ▸ **je descends à la prochaine station** 我在下一站下车 [wǒ zài xià yí zhàn xiàchē] ❻ (séjourner) 住 [zhù] ▸ **descendre à l'hôtel** 住酒店 [zhù jiǔdiàn] ❼ (être issu) 出身于 [chūshēn yú] ▸ **il descend d'une famille illustre** 他出身于显赫的家庭 [tā chūshēn yú xiǎnhè de jiātíng].

descente nf ❶ (action de descendre) 下 [xià] ❷ (pente) 下坡 [xiàpō] ❸ (irruption) ○ (cl. 次 [cì]) 突然到来 [tūrán dàolái] ▸ **une descente de police** 警察的突击检查 [jǐngchá de tūjī jiǎnchá].

descriptif, ive ♦ adj 描写的 [miáoxiě de] ▸ **les passages descriptifs d'un roman** 一部小说的描写段落 [yí bù xiǎoshuō de miáoxiě duànluò]. ♦ nm 施工说明书 [shīgōng shuōmíngshū].

description nf 描述 [miáoshù] ▸ **faire une description de qqch/qqn** 描述某事/某人 [miáoshù mǒushì/mǒurén].

désemparé, e adj 惊慌失措的 [jīnghuāng shīcuò de].

désenchanté, e adj 幻想破灭的 [huànxiǎng pòmiè de] ▸ **un sourire désenchanté** 苦笑 [kǔ xiào].

déséquilibre nm ❶ (manque d'équilibre) 不平稳 [bù píngwěn] ❷ (instabilité mentale) 失常 [shīcháng] ▸ **déséquilibre affectif** 情感失常 [qínggǎn shīcháng] ▸ **déséquilibre mental** 精神失常 [jīngshén shīcháng].

déséquilibré, e nm, f 精神病人 [jīngshén bìngrén].

déséquilibrer vt ❶ (faire perdre l'équilibre à) 使……失去平衡 [shǐ… shīqù pínghéng] ▸ **il a déséquilibré son adversaire** 他使他的对手失去了平衡 [tā shǐ tāde duìshǒu shīqù le pínghéng] ❷ *fig* (perturber) 使……情绪不安

[shǐ… qíngxù bù'ān] ▸ **le divorce de ses parents l'a un peu déséquilibré** 父母离婚使他有点情绪不安 [fùmǔ líhūn shǐ tā yǒudiǎn qíngxù bù'ān].

désert, e adj ❶ (inhabité) 无人居住的 [wúrén jūzhù de] ▸ **une île déserte** 一座荒岛 [yí zuò huāngdǎo] ❷ (peu fréquenté) 冷清的 [lěngqing de] ▸ **une rue déserte** 一条冷清的街道 [yìtiáo lěngqing de jiēdào].

■ **désert** nm ❶ GÉOGR (cl. 片 [piàn]) 沙漠 [shāmò] ▸ **désert de Gobi** 戈壁沙漠 [Gēbì shāmò] ▸ **le désert du Sahara** 撒哈拉沙漠 [Sāhālā shāmò] ❷ *fig* (lieu vide) 人迹罕至的地方 [rénjìhǎnzhì de dìfang].

déserter ♦ vt (quitter) 离开 [líkāi] ▸ **les jeunes désertent les villages** 年轻人离开乡村 [niánqīngrén líkāi xiāngcūn]. ♦ vi MIL 开小差 [kāixiǎochāi] ▸ **des soldats ont déserté** 士兵们开小差了 [shìbīngmen kāixiǎochāi le].

déserteur nm MIL (cl. 名 [míng]) 开小差的士兵 [kāixiǎochāi de shìbīng].

désespéré, e ♦ adj 绝望的 [juéwàng de] ▸ **une situation désespérée** 绝境 [juéjìng] ▸ **un regard désespéré** 绝望的眼光 [juéwàng de yǎnguāng]. ♦ nm, f 绝望的人 [juéwàng de rén].

désespérément adv ❶ (sans espoir) 绝望地 [juéwàng de] ▸ **il appelait à l'aide, désespérément** 他绝望地呼救 [tā juéwàng de hūjiù] ❷ (avec acharnement) 拼命地 [pīnmìng de] ▸ **j'essayais désespérément de me faire comprendre** 我拼命地让人理解我 [wǒ pīnmìng de ràng rén lǐjiě wǒ].

désespérer ♦ vt ❶ (décourager) 使……绝望 [shǐ… juéwàng] ▸ **sa mauvaise conduite désespère ses parents** 他的不良行为使他的父母失望 [tāde bùliáng xíngwéi shǐ tāde fùmǔ shīwàng] ❷ (perdre espoir) 对……绝望 [duì… juéwàng] ▸ **je désespère qu'il réussisse** 我对他的成功不抱希望 [wǒ duì tāde chénggōng búbào xīwàng]. ♦ vi 灰心 [huīxīn] ▸ **il ne faut jamais désespérer** 永远都不要灰心 [yóngyuǎn dōu búyào huīxīn].

désespoir nm 绝望 [juéwàng]
◊ **faire le désespoir de qqn** 使某人绝望 [shǐ mǒurén juéwàng].

déshabiller vt 给……脱衣服 [gěi… tuōyīfu].

■ **se déshabiller** vp 脱衣服 [tuōyīfu].

déshériter vt 剥夺继承权 [bōduó jìchéngquán].

déshonneur nm (cl. 种 [zhǒng]) 耻辱 [chírǔ].

déshydrater vt 使……脱水 [shǐ…tuōshuǐ] ▸ **des aliments déshydratés** 脱水食品 [tuōshuǐ shípǐn].

■ **se déshydrater** vp 脱水 [tuōshuǐ] ▸ **on se déshydrate vite avec la chaleur** 在高温下脱水很快 [zài gāowēn xià tuōshuǐ hěn kuài].

désigner vt ❶ (choisir) 选定 [xuǎndìng] ▸ **désigner un représentant** 选定一个代表 [xuǎndìng yí ge dàibiǎo] ❷ (montrer) 指出 [zhǐchū] ▸ **désigner un coupable** 指认一个罪犯 [zhǐrèn yí ge zuìfàn].

désillusion nf 幻想破灭 [huànxiǎng pòmiè].

désinfectant, e adj 消毒的 [xiāodú de].

■ **désinfectant** nm 消毒剂 [xiāodújì] ▸ **mettre du désinfectant** 消毒 [xiāodú].

désinfecter vt 对……进行消毒 [duì… jìnxíng xiāodú] ▸ **désinfecter une blessure** 对伤口进行消毒 [duì shāngkǒu jìnxíng xiāodú].

désinstaller vt INFORM 卸载 [xièzài] ▸ **désinstaller un logiciel** 卸载一个软件 [xièzài yí ge ruǎnjiàn].

désintégrer vt 瓦解 [wájiě] ▸ **l'explosion a désintégré la voiture** 炸弹炸毁了汽车 [zhàdàn zhàhuǐ le qìchē].

■ **se désintégrer** vp ❶ (se détruire) 解体 [jiětǐ] ❷ *fig* (se désagréger) 瓦解 [wájiě].

désintéresser ■ **se désintéresser de** vp+prép 对……不感兴趣 [duì… bùgǎn xìngqù] ▸ **il se désintéresse de ses affaires** 他对自己的事业不感兴趣 [tā duì zìjǐ de shìyè bùgǎn xìngqù].

désintoxication nf 戒毒 [jièdú].

désinvolte adj ❶ (sans gêne) 毫不拘束的 [háobù jūshù de] ▸ **une attitude désinvolte** 毫不拘束的态度 [háobù jūshù de tàidu] ❷ (impertinent) 放肆的 [fàngsì de].

désinvolture nf ❶ (sans gêne) 无拘无束 [wújū wúshù] ❷ (impertinent) 放肆 [fàngsì].

désir nm ❶ (souhait) 愿望 [yuànwang] ▸ **mon principal désir est de réussir** 我最大的愿望就是成功 [wǒ zuìdà de yuànwang jiùshì chénggōng] ❷ (attirance) 欲望 [yùwàng] ▸ **il n'y a plus de désir entre eux** 他们之间不再有欲望 [tāmen zhījiān búzài yǒu yùwàng] ▸ **éprouver du désir pour qqn** 对某人怀有欲望 [duì mǒurén huáiyǒu yùwàng].

désirable adj ❶ (souhaitable) 合乎要求的 [héhū yāoqiú de] ▸ **il serait désirable que vous en teniez compte** 最好您能考虑一下 [zuìhǎo nín néng kǎolǜ yíxià] ❷ (attirant) 性感的 [xìnggǎn de] ▸ **une femme désirable** 一个性感的女人 [yí ge xìnggǎn de nǚrén].

désirer vt ❶ (souhaiter) 希望 [xīwàng] ▸ **je désire partir ce soir** 我希望今晚出发 [wǒ xīwàng jīnwǎn chūfā] ❷ (vouloir) 要 [yào] ▸ **vous désirez autre chose ?** 您还要点别的吗？ [nín hái yào diǎn bié de ma?] ❸ (éprouver un attrait physique) 对某人有欲望 [duì mǒurén yǒu yùwàng].

désireux, euse adj *sout* ▸ **être désireux de** *(+ infinitif)* 渴望…… [kěwàng…] ▸ **elle est désireuse de fonder un foyer** 她渴望成家 [tā kěwàng chéngjiā].

désister ▪ **se désister** vp (se retirer) 退出竞选 [tuìchū jìngxuǎn] ▸ **se désister en faveur de qqn** 为使某人当选而退出竞选 [wèi shǐ mǒurén dāngxuǎn ér tuìchū jìngxuǎn].

désobéir vi 不服从 [bùfúcóng] ▸ **désobéir à qqn/qqch** 不服从某人/某事 [bùfúcóng mǒurén/mǒushì].

désobéissance nf 违抗 [wéikàng] ▸ **la désobéissance d'un militaire aux ordres** 军人违抗命令 [jūnrén wéikàng mìnglìng].

désobéissant, e adj 不服从的 [bùfúcóng de].

désobligeant, e adj *sout* 得罪人的 [dézuìrén de] ▸ **une remarque désobligeante** 一条得罪人的意见 [yì tiáo dézuìrén de yìjiàn].

désœuvré, e adj 闲散的 [xiánsǎn de].

désœuvrement nm 闲散 [xiánsǎn] ▸ **le désœuvrement lui pèse** 他闲得难受 [tā xián de nánshòu].

désolation nf *sout* (affliction) 悲痛 [bēitòng] ▸ **une expression de profonde désolation** 沉痛的表达 [chéntòng de biǎodá].

désolé, e adj ❶ (contrarié) 感到抱歉的 [gǎndào bàoqiàn de] ▸ **vous m'en voyez désolé** 我为此感到抱歉 [wǒ wèicǐ gǎndào bàoqiàn] ▸ **être désolé de** *(+ infinitif)* 对……感到歉意 [duì… gǎndào qiànyì] ▸ **être désolé que** *(+ subjonctif)* 因……感到遗憾 [yīn… gǎndào yíhàn] ❷ (désert) 荒凉的 [huāngliáng de] ▸ **une région désolée** 一个荒凉的地区 [yí ge huāngliáng de dìqū].

désoler vt ❶ (chagriner) 使……悲痛 [shǐ… bēitòng] ▸ **ça me désole de devoir partir si tôt** 这么早走我感到很抱歉 [zhème zǎo zǒu wǒ gǎndào hěn bàoqiàn] ▸ **ça me désole que tu ne puisses pas venir** 你不能来我感到很遗憾 [nǐ bùnéng lái wǒ gǎndào hěn yíhàn] ❷ (contrarier) 使……懊恼 [shǐ… àonǎo].

désolidariser ▪ **se désolidariser** vp 脱离 [tuōlí] ▸ **se désolidariser de qqn/qqch** 脱离某人/某事 [tuōlí mǒurén/mǒushì].

désordonné, e adj ❶ (qui manque d'ordre) 没有条理的 [méiyǒu tiáolǐ de] ▸ **un enfant très désordonné** 一个很没有条理的孩子 [yí ge hěn méiyǒu tiáolǐ de háizi] ❷ (en désordre) 不规则的 [bùguīzé de] ▸ **des mouvements désordonnés** 不规则运动 [bùguīzé yùndòng].

désordre nm ❶ (fouillis) 杂乱无章 [záluàn wúzhāng] ▸ **quel désordre sur son bureau !** 他的办公室真是杂乱无章！[tāde bàngōngshì zhēn shì záluàn wúzhāng!] ▸ **en désordre** 杂乱无章的 [záluàn wúzhāng de] ❷ (agitation) 骚乱 [sāoluàn] ▸ **on craint des désordres dans tout le pays** 人们担心全国性的骚乱 [rénmen dānxīn quánguóxìng de sāoluàn].

désormais adv 今后 [jīnhòu] ▸ **désormais, je ne t'aiderai plus** 今后我不再帮你了 [jīnhòu wǒ búzài bāng nǐ le].

despote ♦ nm ❶ (tyran) 暴君 [bàojūn] ❷ *péj* (personne dominatrice) 专横的人 [zhuānhèng de rén] ▸ **leur mère est un despote** 他们的母亲是一个专横的人 [tāmende mǔqin shì yí ge zhuānhèng de rén]. ♦ adj 专横的 [zhuānhèng de] ▸ **un mari despote** 专横的丈夫 [zhuānhèng de zhàngfu].

dessécher vt 使……干燥 [shǐ… gānzào] ▸ **le froid dessèche la peau** 寒冷使皮肤干燥 [hánlěng shǐ pífū gānzào] ▸ **le vent dessèche les fleurs** 风使花朵干枯 [fēng shǐ huāduǒ gānkū].

▪ **se dessécher** vp 干燥 [gānzào] ▸ **ma peau s'est desséchée** 我的皮肤干燥起来了 [wǒde pífū gānzào qǐlái le].

desserrer vt 松开 [sōngkāi] ▸ **desserrer une cravate** 松开领带 [sōngkāi lǐngdài] ▸ **desserrer sa ceinture d'un cran** 将皮带放松一个孔 [jiāng pídài fàngsōng yí ge kǒng] ▸ **desserrer une vis** 拧松螺丝 [nǐngsōng luósī]
◊ **ne pas desserrer les dents** 一言不发 [yìyán bùfā].

dessert nm 甜品 [tiánpǐn].

desservir vt ❶ (passer par) 给……提供交通服务 [gěi… tígōng jiāotōng fúwù] ▸ **desservir une localité** 给一个地方提供交通服务 [gěi yí ge dìfang tígōng jiāotōng fúwù] ▸ **ce train dessert toutes les gares jusqu'à Paris** 这辆火车每站都停，最后到达巴黎 [zhè liàng huǒchē měi zhàn dōu tíng, zuìhòu dàodá Bālí] ❷ (débarrasser) 收拾餐桌 [shōushi cānzhuō] ▸ **le traiteur dessert le buffet** 熟食店主在收拾自助餐桌 [shúshí diànzhǔ zài shōushi zìzhù cānzhuō] ❸ (désavantager) 对……不利 [duì… búlì] ▸ **sa réputation le dessert** 他的名声对他不利 [tāde míngshēng duì tā búlì].

dessin nm ❶ (œuvre) ○ (cl. 幅 [fú]) 画 [huà] ▸ **faire un dessin** 画画 [huà huà] ❷ (art) 绘画 [huìhuà] ▸ **apprendre le dessin** 学绘画 [xué huìhuà] ▸ **elle est professeur de dessin** 她是绘画老师 [tā shì huìhuà lǎoshī] ▸ **un dessin au fusain** 一幅炭笔画 [yì fú tànbǐhuà] ❸ *fig* (contour) 轮廓 [lúnkuò] ▸ **le dessin d'un visage** 一张脸的轮廓 [yì zhāng liǎn de lúnkuò] ▸ **le dessin de sa bouche est régulier** 他的嘴形很匀称 [tāde zuǐ xíng hěn yúnchèn].

▪ **dessin animé** nm (cl. 部 [bù]) 动画片 [dònghuàpiàn].

dessiner ♦ vt ❶ (représenter) 画 [huà] ▸ **dessiner une maison** 画一栋房子 [huà yí dòng fángzi] ❷ (souligner) 突出 [tūchū] ▸ **une robe qui dessine bien la taille** 突出身材的连衣裙 [tūchū shēncái de liányīqún]. ♦ vi (faire du dessin) 画画 [huàhuà] ▸ **Il apprend à dessiner** 他在学画画 [tā zài xué huàhuà].

dessous ♦ adv 在下面 [zàixiàmian] ▸ **le prix est marqué dessous** 价格被标在下面 [jiàgé bèi biāozài xiàmian]. ♦ nm 下面 [xiàmian] ▸ **le dessous du lit** 床下面 [chuáng xiàmian] ▸ **la voisine du dessous** 楼下的女邻居 [lóuxià de nǚlínjū]. ♦ nmpl (sous-vêtements féminins) ○ (cl. 件 [jiàn]) 内衣 [nèiyī].

▪ **en dessous** loc adv 在下面 [zài xiàmian] ▸ **leur appartement se trouve en dessous** 他们的房子在下面 [tāmende fángzi zài xiàmian].

▪ **en dessous de** loc prép 在……下面 [zài… xiàmian] ▸ **ton livre est en dessous du classeur** 你的书在文件夹下面 [nǐde shū zài wénjiànjiā xiàmian] ▸ **vous êtes très en dessous de la vérité** 您错得太厉害了 [nín cuò de tài lìhai le].

dessus ♦ adv 在上面 [zài shàngmian] ▸ **faites attention à ne pas marcher dessus** 请注意不要踩在上面 [qǐng zhùyì búyào cǎi zài shàngmian] ▸ **n'oubliez pas d'inscrire l'adresse dessus** 请不要忘记写上地址 [qǐng búyào wàngjì xiěshang dìzhǐ]. ♦ nm 上面 [shàngmian] ▸ **le dessus de l'armoire** 衣柜的上面 [yīguì de shàngmian] ▸ **l'appartement du dessus** 楼上的公寓 [lóu shàng de gōngyù]
◊ **avoir le dessus** 占上风 [zhàn shàngfēng] ▸ **prendre le dessus** 占上风 [zhàn shàngfēng].

▪ **en dessus** loc adv 在上面 [zài shàngmian] ▸ **le dossier est posé en dessus** 资料放在上面 [zīliào fàng zài shàngmian].

déstabiliser vt 使……不安稳 [shǐ… bù'ānwěn] ▸ **le départ de sa femme l'a déstabilisé** 他妻子的离开使他很不安稳 [tā qīzi de líkāi shǐ tā hěn bù'ānwěn].

destin nm 命运 [mìngyùn] ▸ **un destin tragique** 悲惨的命运 [bēicǎn de mìngyùn].

destinataire nmf 收件人 [shōujiànrén].

destination nf 终点 [zhōngdiǎn] ▸ **quelle est la destination de ce train ?** 这趟火车的终点是哪里？ [zhè tàng huǒchē de zhōngdiǎn shì nǎli?] ▸ **à destination de** 前往……的 [qiánwǎng… de] ▸ **arriver à destination** 到达目的地 [dàodá mùdìdì].

destinée nf 命运 [mìngyùn].

destiner vt ❶ (consacrer) 指定供……用 [zhǐdìnggōng… yòng] ▸ **destiner qqch à qqn** 指定某物给某人 [zhǐdìng mǒuwù gěi mǒurén] ▸ **ce livre est destiné à tous ceux qui aiment l'histoire** 这本书是写给那些喜欢历史的人的 [zhè běn shū shì xié gěi nàxiē xǐhuān lìshǐ de rén de] ▸ **elle destine cet argent à l'achat d'une voiture** 她将这笔钱用于买汽车 [tā jiāng zhè bǐ qián yòng yú mǎi qìchē] ❷ (adresser) 保留给 [bǎoliúgěi] ▸ **cette remarque t'était destinée** 这条意见是针对你的 [zhè tiáo yìjiàn shì zhēnduì nǐ de] ▸ **cette lettre t'est destinée** 这封信是写给你的 [zhè fēng xìn shì xiě gěi nǐ de] ❸ (vouer) ▸ **destiner qqn à** 使某人从事 [shǐ mǒurén cóngshì].

destituer vt 撤销职务 [chèxiāo zhíwù] ▸ **le Parlement a destitué le président** 国会罢免了总统 [Guóhuì bàmiǎn le zóngtǒng].

destructeur, trice adj 毁灭性的 [huǐmièxìng de] ▸ **une guerre destructrice** 一场毁灭性的战争 [yì chǎng huǐmièxìng de zhànzhēng].

destruction nf 毁坏 [huǐhuài] ▸ **la destruction d'un immeuble** 毁坏一栋楼房 [huǐhuài yí dòng lóufáng].

détacher vt ❶ (nettoyer) 除去……污渍 [chúqù… wūzì] ▸ **détacher un pull** 除去毛衣上的污渍 [chúqù máoyī shàng de wūzì] ❷ (défaire les liens) 解开 [jiěkāi] ▸ **détacher un chien** 解开拴狗的绳子 [jiěkāi shuāngǒu de shéngzi] ▸ **détacher ses cheveux** 解开头发 [jiěkāi tóufa] ▸ **détacher un wagon d'un train** 使一节车厢与列车脱钩 [shǐ yì jié chēxiāng yǔ lièchē tuōgōu] ❸ (libérer) 解开 [jiěkāi] ▸ **détacher un prisonnier** 给囚犯松绑 [gěi qiúfàn sōngbǎng] ❹ (éloigner) 远离 [yuǎnlí] ▸ **détacher son regard** 远离他的视线 [yuǎnlí tāde shìxiàn] ❺ (envoyer) 派遣 [pàiqiǎn] ▸ **détacher un ambassadeur** 派遣一任大使 [pàiqiǎn yí ren dàshǐ].

▪ **se détacher** vp ❶ (se libérer) 脱离 [tuōlí] ▸ **le prisonnier est parvenu à se détacher** 囚犯终于挣脱了捆绑 [qiúfàn zhōngyú zhèngtuō le kúnbǎng] ▸ **se détacher de ses mauvaises habitudes** 改掉坏习惯 [gǎidiào huài xíguàn] ❷ (se désintéresser) 疏远 [shūyuǎn] ▸ **se détacher de qqn** 疏远某人 [shūyuǎn mǒurén].

détail nm ❶ (information superflue) 细节 [xìjié] ▸ **un détail sans importance** 不重要的细节 [bú zhòngyào de xìjié] ▸ **c'est un détail** 这是微不足道的 [zhè shì wēibùzúdào de] ❷ (analyse détaillée) 细目 [xìmù] ▸ **avec tous les détails** 详细地 [xiángxì de] ▸ **donner des détails** 详细介绍 [xiángxì jièshào] ▸ **sans entrer dans le détail** 简要地 [jiǎnyào de] ▸ **en détail** 详细地 [xiángxì de].

▪ **au détail** loc adv (à l'unité) 零星地 [língxīng de] ▸ **vendre au détail** 零售 [língshòu] ▸ **acheter au détail** 零买 [língmǎi].

détaillé, e adj 详细的 [xiángxì de] ▸ **une description détaillée** 详细的描述 [xiángxì de miáoshù].

détaler vi *fam* 逃跑 [táopǎo] ▸ **le lapin a détalé devant le chasseur** 兔子当着猎人的面跑掉了 [tùzi dāng zhe lièrén de miàn pǎodiào le].

détaxe nf 免税 [miǎnshuì].

détecter vt 检测 [jiǎncè] ▸ **détecter une fuite de gaz** 检测煤气的泄漏 [jiǎncè méiqì de xièlòu].

détecteur nm (cl. 台 [tái] ou 个 [gè]) 探测器 [tàncèqì] ▸ **un détecteur de métaux** 金属探测器 [jīnshǔ tàncèqì].

détection nf (cl. 次 [cì]) 探测 [tàncè] ▸ **la détection d'avions ennemis** 敌机侦察 [díjī zhēnchá] ▸ **un dispositif de détection** 探测设备的性能 [tàncè shèbèi de xìngnéng].

détective nmf (cl. 名 [míng] ou 个 [gè]) 侦探 [zhēntàn] ▸ **détective privé** 私人侦探 [sīrén zhēntàn].

déteindre ♦ vt 使……褪色 [shǐ… tuìsè] ▸ **le soleil a déteint le tissu du canapé** 阳光照得沙发布都褪色了 [yángguāng zhào de shāfā bù dōu tuìsè le]. ♦ vi 褪色 [tuìsè] ▸ **déteindre au lavage** 水洗褪色 [shuíxǐ tuìsè] ▸ **déteindre au soleil** 日照褪色 [rìzhào tuìsè].

▪ **déteindre sur** vi ❶ (donner de sa couleur à) 颜色染在……上 [yánsè rǎn zài… shàng] ❷ (avoir de l'influence sur) 对……有影响 [duì… yǒu yíngxiǎng].

détendre vt ❶ (relâcher) 松开 [sōngkāi] ▸ **détendre une corde** 松开一条绳子 [sōngkāi yì tiáo shéngzi] ❷ (délasser) 放松 [fàngsōng] ▸ **un bon bain te détendra** 好好泡个澡会让你放松的 [háohǎo pào ge zǎo huì ràng nǐ fàngsōng de].

▪ **se détendre** vp ❶ (se relâcher) 松开 [sōngkāi] ▸ **la corde s'est détendue** 绳子松了 [shéngzi sōng le] ❷ (se décontracter) 放松 [fàngsōng] ▸ **elle se détend en regardant un film** 她用看电影放松自己 [tā yòng kàn diànyǐng fàngsōng zìjǐ].

détendu, e adj 放松的 [fàngsōng de].

détenir vt ❶ (posséder) 持有 [chíyǒu] ▸ **l'agresseur ne détenait aucune arme** 行凶者没有持武器 [xíngxiōngzhě méiyǒu chí wǔqì] ❷ (garder prisonnier) 拘押 [jūyā] ▸ **ils sont détenus dans un lieu secret** 他们被拘押在一个秘密的地方 [tāmen bèi jūyā zài yí ge mìmì de dìfang].

détente nf ❶ (relâchement) 松开 [sōngkāi] ▸ **la détente de la corde d'un arc** 弓弦的松开 [gōngxián de sōngkāi] ▸ **la détente d'un ressort** 弹簧的弹力 [tánhuáng de tánlì] ❷ (repos) 放松 [fàngsōng] ▸ **un moment de détente** 放松一会儿 [fàngsōng yíhuìr] ❸ (gâchette) 扳机 [bānjī] ▸ **appuyer sur la détente** 扣扳机 [kòu bānjī]

◊ **être dur à la détente** 头脑迟钝 [tóunǎo chídùn].

détention nf ❶ (possession) 持有 [chíyǒu] ▸ **détention de drogue** 持有毒品 [chíyǒu dúpǐn] ❷ DR (emprisonnement) 监禁 [jiānjìn] ▸ **les conditions de détention** 监禁条件 [jiānjìn tiáojiàn].

détenu, e ♦ adj 被拘留的 [bèi jūliú de]. ♦ nm, f (cl. 名 [míng] ou 个 [gè]) 犯人 [fànrén].

détérioration nf ❶ (dégradation) 损坏 [sǔnhuài] ❷ *fig* 恶化 [èhuà] ▸ **la détérioration des conditions de vie** 生活条件的恶化 [shēnghuó tiáojiàn de èhuà].

détériorer vt 损坏 [sǔnhuài] ▸ **le matériel a été détérioré** 设备被损坏 [shèbèi bèi sǔnhuài].

▪ **se détériorer** vp ❶ (s'abîmer) 损坏 [sǔnhuài] ▸ **les tableaux se détériorent à cause de l'humidité** 这些画由于潮湿而损坏 [zhèxiē huà yóuyú cháoshī ér sǔnhuài] ❷ *fig* (se dégrader) 恶化 [èhuà] ▸ **son état de santé se détériore** 他的身体状况在恶化 [tāde shēntǐ zhuàngkuàng zài èhuà].

déterminant, e adj 决定性的 [juédìngxìng de] ▸ **une influence déterminante** 一个决定性的影响 [yí ge juédìngxìng de yǐngxiǎng].

▪ **déterminant** nm GRAMM 限定词 [xiàndìng cí].

détermination nf (fermeté) 坚决 [jiānjué] ▸ **elle a fait preuve d'une grande détermination** 她表现得非常坚决 [tā biǎoxiàn de fēicháng jiānjué].

déterminé, e adj ❶ (fixé) 确定的 [quèdìng de] ▸ **l'avion accepte un nombre déterminé de passagers** 飞机承载确定数量的乘客 [fēijī chéngzài quèdìng shùliàng de chéngkè] ❷ (résolu) 果断的 [guǒduàn de] ▸ **un air déterminé** 果断的表情 [guǒduàn de biǎoqíng] ▸ **elle paraît déterminée à obtenir ce poste** 她看上去坚决要得到这个职位 [tā kànshàngqù jiānjué yào dédào zhè ge zhíwèi].

déterminer vt ❶ (définir) 确定 [quèdìng] ▸ **les causes de l'accident n'ont pas été déterminées** 事故的起因尚未确定 [shìgù de qǐyīn shàngwèi quèdìng] ❷ (motiver) 使……决定 [shǐ… juédìng] ▸ **c'est sans doute ce qui l'a déterminée à changer d'emploi** 大概就是这个使她下决心换工作 [dàgài jiùshì zhè ge shǐ tā xià juéxīn huàn gōngzuò] ▸ **c'est cela qui a déterminé ma prise de position** 就是这决定了我所持的立场 [jiùshì zhè juédìng le wǒ suǒ chí de lìchǎng].

▪ **se déterminer** vp (faire un choix) 决定 [juédìng] ▸ **elle s'est déterminée à tout avouer** 她决定全部招认 [tā juédìng quánbù zhāorèn].

déterrer vt 挖出 [wāchū] ▸ **le chien a déterré un os** 狗挖出一块骨头 [gǒu wāchū yí kuài gútou] ▸ **déterrer des racines** 找出根源 [zhǎochū gēnyuán].

détester vt 讨厌 [tǎoyàn] ▸ **je déteste les courgettes** 我讨厌西葫芦 [wǒ tǎoyàn xīhúlu] ▸ **je déteste faire la vaisselle** 我讨厌洗碗 [wǒ tǎoyàn xǐwǎn] ▸ **il déteste qu'on le prenne pour un incapable** 他讨厌人们把他看

成无能者 [tā tǎoyàn rénmen bǎ tā kànchéng wúnéngzhě].

détonation nf 爆炸声 [bàozhàshēng].

détour nm ❶ (déviation) ▸ **faire un détour** 绕道 [ràodào] ▸ **faire un détour par la boulangerie** 从面包店那里绕道 [cóng miànbāodiàn nàli ràodào] ❷ (moyen indirect) 拐弯抹角 [guǎiwān mòjiǎo]; 兜圈子 [dōu quānzi] ▸ **sans détour** 直截了当地 [zhíjiéliǎodàng de] ▸ **parle-moi sans détour !** 直截了当地对我说！ [zhíjiéliǎodàng de duì wǒ shuō!].

détournement nm ❶ (déviation) 改道 [gǎidào] ▸ **détournement d'un cours d'eau** 一条河流的改道 [yì tiáo héliú de gǎidào] ▸ **détournement d'avion** 劫机 [jiéjī] ❷ *fig* (vol) 盗用 [dàoyòng] ▸ **détournement de fonds** 盗用资金 [dàoyòng zījīn].

détourner vt ❶ (dévier) 使……改道 [shǐ… gǎidào] ▸ **détourner la circulation** 将交通改道 [jiāng jiāotōng gǎidào] ▸ **détourner un avion** 劫持一架飞机 [jiéchí yí jià fēijī] ▸ **détourner la conversation** 转移话题 [zhuǎnyí huàtí] ❷ (éloigner) 使……离开 [shǐ… líkāi] ▸ **rien ne peut le détourner de son travail** 没有什么事能让他放下工作 [méiyǒu shénmeshì néng ràng tā fàngxià gōngzuò] ❸ (voler) 侵吞 [qīntūn] ▸ **détourner de l'argent** 侵吞钱款 [qīntūn qiánkuǎn] ▸ **détourner des fonds publics** 挪用公款 [nuóyòng gōngkuǎn].

▪ **se détourner** vp *fig* (s'écarter) 转过头 [zhuǎn guòtóu] ▸ **il se détourna pour cacher ses larmes** 他转过头以隐藏他的眼泪 [tā zhuǎn guòtóu yǐ yǐncáng tāde yǎnlèi] ▸ **elle s'est détournée de sa mère** 她疏远了她母亲 [tā shūyuǎn le tā mǔqin].

détraquer vt ❶ (dérégler) 弄坏 [nònghuài] ▸ **détraquer un appareil** 弄坏一台机器 [nònghuài yì tái jīqì] ▸ **la foudre a probablement détraqué le radar** 雷电很可能破坏了雷达 [léidiàn hěn kěnéng pòhuài le léidá] ❷ *fam* & *fig* (nuire à la santé) 搞垮（身体） [gǎokuǎ (shēntǐ)] ▸ **ses insomnies le détraquent** 失眠症搞垮了他的身体 [shīmiánzhēng gǎokuǎ le tāde shēntǐ].

▪ **se détraquer** vp *fam* 变坏 [biànhuài] ▸ **l'imprimante s'est détraquée** 打印机坏了 [dǎyìnjī huài le].

détresse nf ❶ (chagrin) 悲痛 [bēitòng] ▸ **sa détresse faisait peine à voir** 他的悲痛让人看了难受 [tāde bēitòng ràng rén kàn le nánshòu] ▸ **la détresse des réfugiés** 逃亡者的痛楚 [táowángzhě de tòngchǔ] ❷ (perdition) 遇难 [yùnàn] ▸ **un navire en détresse** 一艘遇难的船 [yì sōu yùnàn de chuán].

détriment ▪ **au détriment de** loc prép 损害 [sǔnhài] ▸ **elle fume au détriment de sa santé** 她吸烟损害健康 [tā xīyān sǔnhài jiànkāng].

détroit nm GÉOGR 海峡 [hǎixiá].

détromper vt 指出（错误） [zhǐchū (cuòwù)] ▸ **détrompe-la, elle croit que cette remarque s'adresse à elle** 你去纠正她一下，她以为这个意见是针对她的 [nǐ qù jiūzhèng tā yíxià, tā yǐwéi zhè ge yìjiàn shì zhēnduì tā de].

détrôner vt ❶ (destituer) 废黜 [fèichù] ❷ *fig* (surpasser) 取代 [qǔdài] ▸ **le CD-rom a détrôné la disquette** 光盘取代了磁盘 [guāngpán qǔdài le cípán] ▸ **détrôner un concurrent** 胜过一个对手 [shèngguò yí ge duìshǒu].

détruire vt ❶ (démolir) 摧毁 [cuīhuǐ] ▸ **la ville a été entièrement détruite par le cyclone** 城市被飓风完全摧毁了 [chéngshì bèi jùfēng wánquán cuīhuǐ le] ❷ (miner) 侵蚀 [qīnshí] ▸ **la drogue le détruit petit à petit** 毒品一点点地侵蚀着他 [dúpǐn yìdiándiǎn de qīnshí zhe tā] ❸ *fig* (anéantir) 毁掉 [huǐdiào] ▸ **son divorce a détruit sa vie** 离婚毁掉了他的生活 [líhūn huǐdiào le tāde shēnghuó] ▸ **détruire des preuves** 销毁证据 [xiāohuǐ zhèngjù].

▪ **se détruire** vp 毁坏 [huǐhuài] ▸ **se détruire la santé** 毁坏健康 [huǐhuài jiànkāng].

dette nf ❶ (impayé) ○ (cl. 笔 [bǐ]) 债务 [zhàiwù] ▸ **avoir des dettes** 欠有债务 [qiànyǒu zhàiwù] ▸ **payer ses dettes** 还债 [huán zhài] ▸ **une dette de jeu** 赌债 [dǔ zhài] ❷ *fig* (reconnaissance) ○ (cl. 笔 [bǐ]) （人情）债 [(rénqíng) zhài] ▸ **avoir une dette envers qqn** 欠某人一笔人情债 [qiàn mǒurén yì bǐ rénqíngzhài].

deuil nm ❶ (décès) 丧事 [sāngshì] ▸ **des vêtements de deuil** 丧服 [sāngfú] ▸ **elle porte le deuil de son mari depuis un mois** 她为丈夫戴孝一个月 [tā wèi zhàngfu dàixiào yí ge yuè] ▸ **elle est en deuil de son père** 她在为她父亲服丧 [tā zài wèi tā fùqin fúsāng] ❷ (douleur) 哀悼 [āidào] ▸ **jour de deuil national** 全国哀悼日 [quánguó āidào rì].

deux ♦ adj num inv ❶ (chiffre) 两个 [liǎng ge] ▸ **son fils a deux mois** 他儿子两个月了 [tā érzi liǎng gè yuè le] ▸ **il a attendu deux heures** 他等了两小时了 [tā děng le liáng xiǎoshí le] ❷ (deuxième) 第二 [dì'èr] ▸ **le chapitre deux** 第二章 [dì'èr zhāng]. ♦ nm inv ❶ (numéro) 二 [èr] ▸ **dix est divisible par deux** 十可以被二除 [shí kěyǐ bèi èr chú] ▸ **le deux de carreau** 方块二 [fāngkuài èr] ❷ (jour, chambre) 二号 [èrhào].

deuxième ♦ adj num 第二 [dì'èr] ▸ **la deuxième fois** 第二次 [dì'èr cì] ▸ **sa deuxième fille a dix ans** 他的二女儿十岁 [tāde èrnǚ'ér shí suì]. ♦ nmf (dans une série) 第二个 [dì'èr ge] ▸ **elle est la deuxième sur la liste** 她是名单中的第二个 [tā shì míngdān zhōng de dì'èr ge] ▸ **l'appartement du deuxième** 二楼的公寓 [èr lóu de gōngyù]. ♦ nf (vitesse) 二挡 [èrdǎng] ▸ **passer la deuxième** 挂二挡 [guà èrdǎng].

dévaler vt 奔下 [bēnxià] ▸ **dévaler un escalier** 奔下楼梯 [bēnxià lóutī] ▸ **dévaler une pente** 奔下斜坡 [bēnxià xiépō].

dévaliser vt ❶ 抢劫 [qiǎngjié] ▸ **dévaliser une bijouterie** 抢劫一家珠宝店 [qiǎngjié yì jiā zhūbǎo diàn] ▸ **se faire dévaliser** 遭到抢劫 [zāodào qiǎngjié] ❷ *fam* & *fig* (prendre d'assaut) 抢购 [qiǎnggòu] ▸ **dévaliser une boutique** 将一家商店抢购一空 [jiāng yì jiā shāngdiàn qiǎnggòu yìkōng].

dévaloriser vt ❶ (dévaluer) 使……贬值 [shǐ… biǎnzhí] ▸ **dévaloriser une monnaie** 使货币贬值 [shǐ huòbì biǎnzhí] ❷ *fig* (déprécier) 贬低 [biǎndī] ▸ **des critiques qui dévalorisent l'adversaire** 贬低对方的评价 [biǎndī duìfāng de píngjià].

dévaluation nf ÉCON (货币)贬值 [(huòbì) biǎnzhí] ▸ **la dévaluation du dollar** 美元的贬值 [měiyuán de biǎnzhí].

dévaluer ♦ vt ÉCON 贬值(货币) [biǎnzhí (huòbì)] ▸ **dévaluer une monnaie** 使货币贬值 [shǐ huòbì biǎnzhí]. ♦ vi ÉCON (货币)贬值 [(huòbì) biǎnzhí].

▪ **se dévaluer** vp 贬值 [biǎnzhí] ▸ **une voiture se dévalue de jour en jour** 汽车日益贬值 [qìchē rìyì biǎnzhí].

devant ♦ prép ❶ (en face de) 在……面前 [zài… miànqián] ▸ **il est resté devant moi sans bouger** 他待在我面前一动不动 [tā dāizài wǒ miànqián yídòng búdòng] ❷ (avant) 在……前面 [zài… qiánmian] ▸ **elle marchait devant moi** 她走在我前面 [tā zǒu zài wǒ qiánmian] ❸ (en présence de, face à) 面对 [miànduì] ▸ **ne pas reculer devant les problèmes** 面对问题不要退缩 [miànduì wèntí búyào tuìsuō] ▸ **n'aborde pas ce sujet devant lui** 当着他的面不要谈这个话题 [dāngzhe tāde miàn búyào tán zhè ge huàtí]. ♦ adv 在前面 [zài qiánmian] ▸ **marcher devant** 走在前面 [zǒuzài qiánmian] ▸ **Il est parti devant** 他先走了 [tā xiān zǒu le]. ♦ nm (face antérieure) 前面 [qiánmian] ▸ **le devant de la voiture** 汽车的前部 [qìchē de qiánbù]

◊ **prendre les devants** 抢先 [qiǎngxiān].

▪ **de devant** loc adj 前面的 [qiánmian de] ▸ **les dents de devant** 前面的牙齿 [qiánmian de yáchǐ] ▸ **les roues de devant** 前轮 [qiánlún].

▪ **au devant de** loc prép ▸ **aller au devant de qqn/qqch** 迎接某人/某事 [yíngjiē mǒurén/mǒushì] ▸ **aller au devant du danger** 迎险而上 [yíng xiǎn ér shàng].

dévaster vt (ravager) 毁坏 [huǐhuài] ▸ **la guerre a dévasté le pays** 战争摧毁了这个国家 [zhànzhēng cuīhuǐ le zhè ge guójiā].

développement nm ❶ (essor) 发展 [fāzhǎn] ▸ **le développement économique** 经济发展 [jīngjì fāzhǎn] ❷ (croissance) 发育 [fāyù] ❸ PHOTO 冲洗 [chōngxǐ] ▸ **le développement d'une pellicule** 胶片的冲洗 [jiāopiàn de chōngxǐ] ❹ (exposé détaillé) 详细论述 [xiángxì lùnshù] ▸ **le développement d'une idée** 对一个想法的详细论述 [duì yí ge xiángfǎ de xiángxì lùnshù].

développer vt ❶ (augmenter, faire prospérer) 发展 [fāzhǎn] ▸ **développer une entreprise** 发展一个企业 [fāzhǎn yí ge qǐyè] ▸ **développer ses bénéfices** 增加盈利 [zēngjiā yínglì] ❷ (stimuler) 培养 [péiyǎng] ▸ **développer des**

facultés 培养才能 [péiyǎng cáinéng] ▸ **développer ses muscles** 使自己的肌肉发达 [shǐ zìjǐ de jīròu fādá] ❸ PHOTO 冲洗 [chōngxǐ] ❹ (exposer de façon détaillée) 详细论述 [xiáng xì lùnshù].

▪ **se développer** vp ❶ (s'épanouir) 发育 [fāyù] ▸ **un enfant qui se développe normalement** 一个发育正常的孩子 [yí ge fāyù zhèngcháng de háizi] ▸ **ses biceps se sont développés** 他的二头肌变发达了 [tāde èr tóu jī biàn fādá le] ❷ (prendre de l'ampleur) 发展 [fāzhǎn] ▸ **un secteur d'activités qui se développe** 一个正在发展的业务领域 [yí ge zhèngzài fāzhǎn de yèwù lǐngyù].

devenir v att 变成 [biànchéng] ▸ **nous deviendrons tous vieux un jour** 我们有一天都会变老 [wǒmen yǒu yìtiān dōu huì biànlǎo] ▸ **l'ancien maire est devenu ministre** 原先的市长成为了部长 [yuánxiān de shìzhǎng chéngwéi le bùzhǎng] ▸ **qu'est-ce que tu deviens ?** 你近来过得如何？ [nǐ jìnlái guò de rúhé?].

dévergondé, e adj & nm, f 浪荡的（人） [làngdàng de (rén)].

déverser vt ❶ (faire couler) 注入 [zhùrù] ▸ **la ville déverse ses eaux usées dans la mer** 城市将废水排入大海 [chéngshì jiāng fèishuǐ páirù dàhǎi] ❷ (décharger) 倾卸 [qīng xiè] ▸ **le camion déverse les ordures dans la décharge** 卡车把垃圾卸在垃圾场 [kǎchē bǎ lājī xiè zài lājīchǎng].

déviation nf 绕行 [ràoxíng] ▸ **déviation de la circulation** 交通绕行 [jiāotōng ràoxíng] ▸ **déviation d'une trajectoire** 轨迹的偏离 [guǐjì de piānlí].

dévier ♦ vi (s'écarter) 偏离 [piānlí] ▸ **le vélo a dévié pour éviter une plaque** 自行车偏行以避开一块牌子 [zìxíngchē piānxíng yǐ bìkāi yí kuài páizi] ▸ **ils l'ont fait dévier du droit chemin** 他们使他步入歧途 [tāmen shǐ tā bùrù qítú] ▸ **cet exposé dévie sur un autre problème** 这个报告转移到另外一个问题上 [zhè ge bàogào zhuǎnyí dào lìngwài yí ge wèntí shàng]. ♦ vt (détourner) 使……改道 [shǐ... gǎidào] ▸ **dévier la circulation à cause d'un accident** 因一起事故而使交通改道 [yīn yì qǐ shìgù ér shǐ jiāotōng gǎidào].

devin, devineresse nm, f (cl. 位 [wèi] ou 个 [gè]) 先知 [xiānzhī].

deviner vt ❶ (découvrir, trouver) 猜测 [cāi cè] ▸ **je devine ce qu'il va se passer** 我猜测将要发生的事 [wǒ cāicè jiāngyào fāshēng de shì] ❷ (apercevoir) 隐约看见 [yǐnyuē kànjiàn] ▸ **on devinait la ville derrière les arbres** 我们隐约看见树后面的城市 [wǒmen yǐnyuē kànjiàn shù hòumian de chéngshì].

devinette nf (cl. 则 [zé] ou 个 [gè]) 谜语 [míyǔ] ▸ **jouer aux devinettes** 猜谜语 [cāi míyǔ].

devis nm (cl. 份 [fèn] ou 张 [zhāng]) 预算单 [yùsuàn dān].

dévisager vt 凝视 [níngshì] ▸ **il la dévisagea sans un mot** 他一言不发地凝视着她 [tā yìyán bùfā de níngshì zhe tā].

devise nf ❶ (formule) 座右铭 [zuòyòumíng] ❷ (monnaie) 外汇 [wàihuì] ▸ **changer des devises** 换外汇 [huàn wàihuì].

dévisser ♦ vt 拧下 [nǐngxià] ▸ **dévisser le couvercle d'un bocal** 拧下瓶盖 [nǐngxià pínggài]. ♦ vi (en alpinisme) 跌落 [diēluò] ▸ **l'alpiniste a dévissé** 登山运动员跌落下来 [dēngshān yùndòngyuán diēluò xiàlai].

dévoiler vt ❶ (ôter le voile) 揭去幕布 [jiēqù mùbù] ▸ **le maire a dévoilé la nouvelle statue** 市长为新塑像揭幕 [shìzhǎng wèi xīn sùxiàng jiēmù] ❷ (révéler) 揭露 [jiēlù] ▸ **l'identité du voleur n'a pas été dévoilée** 小偷的身份尚未被揭露 [xiǎotōu de shēnfen shàngwèi bèi jiēlù] ▸ **dévoiler ses intentions** 公开意图 [gōngkāi yìtú] ▸ **il n'a rien voulu dévoiler du projet** 他对计划丝毫没有透露 [tā duì jìhuà sīháo méiyǒu tòulù].

devoir ♦ nm ❶ (obligation) ○ (cl. 项 [xiàng]) 义务 [yìwù] ▸ **voter fait partie des devoirs des citoyens** 选举是公民义务的一部分 [xuǎnjǔ shì gōngmín yìwù de yí bùfen] ▸ **faire son devoir** 履行自己的职责 [lǚxíng zìjǐ de zhízé] ❷ SCOL 作业 [zuòyè] ▸ **un devoir de français** 法语作业 [fǎyǔ zuòyè] ▸ **faire ses devoirs** 做作业 [zuò zuòyè]. ♦ vt ❶ (avoir à payer) 欠 [qiàn] ▸ **je lui dois 20 euros** 我欠他 20 欧元 [wǒ qiàn tā 20 ōuyuán] ❷ (être redevable) 多亏 [duōkuī] ▸ **tu m'as sauvée, je te**

dois la vie 你救了我，我的生命多亏了你 [nǐ jiù le wǒ, wǒde shēngmìng duōkuī le nǐ] ❸ (avoir une obligation morale) 应该 [yīnggāi] ▸ **vous lui devez le respect** 您应该尊敬他 [nín yīnggāi zūnjìng tā] ▸ **elle a dû avoir peur** 她想必害怕了 [tā xiǎngbì hàipà le] ▸ **nous devons y aller demain** 我们明天该走了 [wǒmen míngtiān gāi zǒu le].

dévorer vt ❶ (manger, engloutir) 吞食 [tūnshí] ▸ **le lion dévora sa proie** 狮子吞食了他的猎物 [shīzi tūnshí le tāde lièwù] ▸ **les enfants ont dévoré leurs sandwichs** 孩子们狼吞虎咽地吃了三明治 [háizimen lángtūn hǔyàn de chī le sānmíngzhì] ❷ *fig* (faire qqch avec intensité) 贪婪地做 [tānlán de zuò] ▸ **dévorer des yeux du regard** 贪婪地盯着看 [tānlán de dīng zhe kàn] ▸ **dévorer un livre** 一口气看完一本书 [yìkǒuqì kàn wán yì běn shū].

dévotion nf RELIG 虔诚崇拜 [qiánchéng chóngbài].

dévoué, e adj 忠实的 [zhōngshí de] ▸ **il nous est tout dévoué** 他对我们非常忠实 [tā duì wǒmen fēicháng zhōngshí].

dévouement nm 奉献 [fèngxiàn] ▸ **le dévouement des bénévoles** 志愿者的奉献 [zhìyuànzhě de fèngxiàn] ▸ **avec dévouement** 尽心尽力地 [jìnxīn jìnlì de].

dévouer ▪ **se dévouer** vp ❶ (se consacrer) ▸ **se dévouer à** 致力于 [zhìlì yú] ▸ **se dévouer à une cause** 献身于一项事业 [xiànshēn yú yí xiàng shìyè] ❷ (se sacrifier) 牺牲一下 [xīshēng yíxià] ▸ **personne ne veut se dévouer pour faire la vaisselle ?** 没有人愿意牺牲一下去洗碗吗？ [méiyǒu rén yuànyì xīshēng yíxià qù xǐwǎn ma?].

dévoyé, e ♦ adj (dévergondé) 堕落的 [duòluò de]. ♦ nm, f (délinquant) 不法分子 [bùfǎfènzǐ].

dextérité nf ❶ (habileté) 灵巧 [língqiǎo] ❷ (ingéniosité) 灵活 [línghuó] ▸ **il a mené cette affaire avec dextérité** 他灵活地处理了这件事 [tā línghuó de chùlǐ le zhè jiàn shì].

diabète nm 糖尿病 [tángniàobìng] ▸ **avoir du diabète** 患糖尿病 [huàn tángniàobìng].

diable nm ❶ (démon) 魔鬼 [móguǐ] ❷ *fam* (enfant turbulent) 捣蛋鬼 [dǎodàn guǐ].

diabolique adj 狠毒的 [hěndú de] ▸ **un piège diabolique** 一个狠毒的陷阱 [yí ge hěndú de xiànjǐng] ▸ **un rire diabolique** 阴笑 [yīnxiào].

diabolo nm (boisson) ○ (cl. 瓶 [píng] ou 杯 [bēi]) 果汁汽水 [guǒzhī qìshuǐ] ▸ **diabolo menthe** 薄荷汽水 [bòhe qìshuǐ].

diadème nm (cl. 顶 [dǐng]) 王冠 [wángguān].

diagnostic nm ❶ MÉD 诊断 [zhěnduàn] ▸ **faire une erreur de diagnostic** 诊断失误 [zhěnduàn shīwù] ❷ *fig* (jugement) 判断 [pànduàn].

diagonal, e, aux ♦ adj 对角线的 [duìjiǎoxiàn de] ▸ **une ligne diagonale** 一条对角线 [yì tiáo duìjiǎoxiàn]. ♦ nf GÉOM (cl. 条 [tiáo]) 对角线 [duìjiǎoxiàn] ▸ **en diagonale** 斜向地 [xiéxiàng de].

dialecte nm (cl. 种 [zhǒng]) 方言 [fāngyán].

dialogue nm ❶ (conversation) ○ (cl. 次 [cì]) 对话 [duìhuà] ▸ **le dialogue est impossible avec lui** 简直没法跟他对话 [jiǎnzhí méifǎ gēn tā duìhuà] ❷ CINÉ & THÉÂTRE (cl. 段 [duàn] ou 场 [chǎng]) 对白 [duìbái].

diamant nm ○ (cl. 颗 [kē]) 钻石 [zuànshí]

diamètre nm 直径 [zhíjìng] ▸ **ce cercle fait 15 centimètres de diamètre** 这个圆的直径为15厘米 [zhè ge yuán de zhíjìng wéi 15 límǐ].

diapositive nf (cl. 张 [zhāng]) 幻灯片 [huàndēngpiàn] ▸ **passer des diapositives** 播放幻灯片 [bōfàng huàndēngpiàn].

diarrhée nf 腹泻 [fùxiè] ▸ **avoir la diarrhée** 腹泻 [fùxiè].

diaspora nf 侨团 [qiáotuán] ▸ **la diaspora chinoise dans le Sud-Est asiatique** 东南亚华侨 [Dōngnányà huáqiáo].

dictateur nm 独裁者 [dúcáizhě] ▸ **un dictateur militaire** 一个军事独裁者 [yí ge jūnshì dúcáizhě].

dictature nf ❶ POLIT 独裁 [dúcái] ❷ *fig* (toute-puissance) 主宰 [zhǔzǎi] ▸ **la dictature de la mode** 时尚的主宰 [shíshàng de zhǔzǎi].

dictée nf (cl. 次 [cì]) 听写 [tīngxiě] ▸ **faire une dictée** 进行一次听写 [jìnxíng yí cì tīngxiě].

dicter vt ❶ (texte) 口授 [kǒushòu] ▸ **dicter une lettre à sa secrétaire** 向秘书口授信稿 [xiàng mìshū kǒushòu xìngǎo] ❷ (commander) 支配 [zhīpèi] ▸ **son instinct lui dicte de se méfier** 他的本能让他小心 [tāde běnnéng ràng tā xiǎoxīn].

dictionnaire nm ❶ (de mots) ○ (cl. 本 [běn] ou 部 [bù]) 词典 [cídiǎn] ▸ **un dictionnaire bilingue** 一本双语词典 [yì běn shuāngyǔ cídiǎn] ❷ (de caractères) ○ (cl. 本 [běn] ou 部 [bù]) 字典 [zìdiǎn] ▸ **consulter un dictionnaire** 查字典 [chá zìdiǎn].

dièse ♦ adj MUS 升 [shēng] ▸ **fa dièse** 升Fa [shēng Fā]. ♦ nm ❶ MUS 升号 [shēnghào] ❷ (touche) 井号 [jǐng hào] ▸ **appuyez sur la touche dièse** 请按井号键 [qǐng àn jǐng hào jiàn].

diesel ♦ adj inv 柴油的 [cháiyóu de] ▸ **un moteur diesel** 一部柴油发动机 [yíbù cháiyóu fādòngjī]. ♦ nm (cl. 部 [bù]) 柴油机 [cháiyóujī].

diététique ♦ nf 饮食学 [yǐnshí xué]; 营养学 [yíngyǎngxué]. ♦ adj 营养的 [yíngyǎng de] ▸ **un menu diététique** 一份营养菜单 [yí fèn yíngyǎng càidān].

dieu, x nm 神 [shén] ▸ **les dieux grecs** 希腊诸神 [Xīlà zhū shén] ▸ **Dieu** 上帝 [Shàngdì] ▸ **mon Dieu !** 天哪！ [tiān na!].

diffamation nf 诬蔑 [wūmiè].

diffamer vt 诽谤 [fěibàng] ▸ **il diffame son ancien associé** 他诽谤他原来的合伙人 [tā fěibàng tā yuánlái de héhuǒrén].

différence nf ❶ (dissemblance) 差别 [chābié] ▸ **une différence d'âge** 年龄差别 [niánlíng chābié] ▸ **la différence de températures** 温度的差异 [wēndù de chāyì] ▸ **la différence entre un tableau et sa copie** 一幅画和其仿造品的区别 [yì fú huà hé qí fǎngzàopǐn de qūbié] ▸ **faire la différence** 区分 [qūfēn] ❷ (résultat d'une soustraction) 差额 [chā'é] ▸ **payer la différence** 支付差额 [zhīfù chā'é].

différencier vt 区分 [qūfēn] ▸ **on a souvent du mal à différencier les jumeaux** 人们经常很难区分双胞胎 [rénmen jīngcháng hěn nán qūfēn shuāngbāotāi].

■ **se différencier** vp (se démarquer) 不同于 [bùtóngyú] ▸ **elle se différencie des autres par son talent** 她不同于他人之处是她的才华 [tā bùtóngyú tārén zhīchù shì tāde cáihuá].

différent, e ♦ adj (distinct) 不同的 [bùtóng de] ▸ **avoir des goûts différents** 有不同的品味 [yǒu bùtóng de pǐnwèi] ▸ **leurs personnalités sont différentes** 他们的个性不同 [tāmende gèxìng bùtóng]. ♦ adj indéf (divers) ▸ **j'ai acheté différentes choses** 我买了各种各样的东西 [wǒ mǎi le gèzhǒng gèyàng de dōngxi] ▸ **nous avons parlé de différentes choses** 我们谈论了许多话题 [wǒmen tánlùn le xǔduō huàtí].

différer ♦ vt (retarder) 推迟 [tuīchí] ▸ **différer un départ** 推迟出发时间 [tuīchí chūfā shíjiān]. ♦ vi ❶ (être différent) 有差别 [yǒu chābié] ▸ **les coutumes diffèrent selon les pays** 不同国家的风俗各异 [bùtóng guójiā de fēngsú gèyì] ▸ **les tarifs diffèrent en fonction de l'horaire** 价目随时间表变动 [jiàmù suí shíjiānbiǎo biàndòng] ▸ **cette méthode diffère de la mienne** 这个方法与我的不同 [zhè ge fāngfǎ yǔ wǒde bùtóng] ❷ (diverger) (意见)不一致 [(yìjiàn) bùyízhì] ▸ **nous différons sur ce point** 在这一点上我们的意见不一致 [zài zhè yì diǎn shàng wǒmende yìjiàn bùyízhì].

difficile ♦ adj ❶ (compliqué) 困难的 [kùnnan de] ▸ **il lui a confié une tâche difficile** 他委托了他一项困难的任务 [tā wěituō le tā yí xiàng kùnnan de rènwu] ▸ **ce jeu est difficile pour les enfants** 这个游戏对于孩子们来说很难 [zhè ge yóuxì duìyú háizimen láishuō hěn nán] ▸ **il n'est pas difficile de savoir la vérité** 知道真相并不难 [zhīdào zhēnxiàng bìngbù nán] ❷ (pénible) 艰难的 [jiānnán de] ▸ **des conditions difficiles** 艰难的条件 [jiānnán de tiáojiàn] ❸ (exigeant) 苛刻的 [kēkè de] ▸ **il est difficile dans le choix de ses amis** 他在选择朋友上很苛刻 [tā zài xuǎnzé péngyou shàng hěn kēkè] ▸ **un enfant difficile** 一个任性的孩子 [yí ge rènxìng de háizi] ▸ **mes parents sont difficiles à convaincre** 我的父母很难说服 [wǒde fùmǔ hěn nán shuōfú]. ♦ nmf ▸ **faire le/la difficile** 挑剔 [tiāoti].

difficilement adv 困难地 [kùnnan de] ▸ **depuis son opération, il marche difficilement** 自从做了手术，他走路很困难 [zìcóng zuò le shǒushù, tā zǒulù hěn kùnnan] ▸ **une telle solution est difficilement imaginable** 这样的一个解决办法让人难以想象 [zhèyàng de yí ge jiějué bànfǎ ràng rén nányǐ xiǎngxiàng].

difficulté nf ❶ (complexité) 难点 [nándiǎn] ▸ **la difficulté d'un exercice** 一个练习的难点 [yí ge liànxí de nándiǎn] ❷ (peine) 困难 [kùnnan] ▸ **elle a des difficultés à s'exprimer** 她表达有困难 [tā biǎodá yǒu kùnnan] ▸ **avec difficulté/sans difficulté** 困难地/轻易地 [kùnnan de/qīngyì de] ▸ **en difficulté** 有困难的 [yǒu kùnnan de] ❸ (obstacle) 难题 [nántí] ▸ **les difficultés à résoudre sont nombreuses** 要解决的难题很多 [yào jiějué de nántí hěn duō].

difforme adj 变形的 [biànxíng de].

diffuser vt ❶ (transmettre) 播送 [bōsòng] ▸ **diffuser une émission de radio** 播送一个广播节目 [bōsòng yí ge guǎngbō jiémù] ❷ (publier) 发行 [fāxíng] ▸ **diffuser des livres** 发行书籍 [fāxíng shūjí] ❸ (répandre) 散发 [sànfā] ▸ **la cheminée diffuse de la chaleur dans toute la maison** 壁炉把热量散发到整个房屋 [bìlú bǎ rèliàng sànfā dào zhěnggè fángwū].

diffusion nf ❶ (transmission) 播送 [bōsòng] ▸ **la diffusion de ce film est reportée** 这部电影的播出推迟了 [zhè bù diànyǐng de bōchū tuīchí le] ❷ (publication) 发行 [fāxíng] ▸ **la diffusion de revues** 杂志的发行 [zázhì de fāxíng] ❸ (propagation) 扩散 [kuòsàn] ▸ **la diffusion d'un parfum dans l'air** 一股香气在空中的扩散 [yì gǔ xiāngqì zài kōngqì zhōng de kuòsàn].

digérer vt ❶ (un repas) 消化 [xiāohuà] ❷ *fam* (un désagrément) 接受 [jiēshòu] ▸ **laisse-moi le temps de digérer la nouvelle** 你给我点时间来接受这个消息 [nǐ géi wǒ diǎn shíjiān lái jiēshòu zhè ge xiāoxi].

digestion nf 消化 [xiāohuà] ▸ **une digestion difficile** 消化不良 [xiāohuà bùliáng].

digital, e, aux adj ❶ INFORM 数码的 [shùmǎ de] ▸ **un écran digital** 一个数码屏幕 [yí ge shùmǎ píngmù] ❷ ➤ **empreinte**.

digne adj ❶ (honorable) 庄重的 [zhuāngzhòng de] ▸ **savoir rester digne** 懂得保持庄重 [dǒngdé bǎochí zhuāngzhòng] ▸ **il répondit d'une façon digne** 他郑重其事地回答 [tā zhèngzhòng qíshì de huídá] ❷ (méritant) ▸ **tu n'es pas digne de ma confiance** 你不值得我信任 [nǐ bù zhídé wǒ xìnrèn] ❸ (à la mesure de) ▸ **(être) digne de qqn** 与某人相称 [yǔ mǒurén xiāngchèn] ▸ **ce geste est digne d'un grand homme** 这不愧是一个伟人的作为 [zhè búkuì shì yí ge wěirén de zuòwéi].

dignité nf ❶ (noblesse) 尊严 [zūnyán] ▸ **la dignité de la personne humaine** 人的尊严 [rén de zūnyán] ▸ **se comporter sans aucune dignité** 行为举止一点不自重 [xíngwéi jǔzhǐ yìdiǎn búzìzhòng] ❷ (amour-propre) 自尊 [zìzūn] ▸ **par dignité** 出于自尊 [chūyú zìzūn] ❸ (haute fonction) 高位 [gāowèi].

digression nf 离题 [lítí].

digue nf (cl. 座 [zuò]) 堤 [dī].

dilapider vt 浪费 [làngfèi] ▸ **dilapider de l'argent** 挥霍钱财 [huīhuò qiáncái] ▸ **il a dilapidé toute sa fortune** 他把财产挥霍一空 [tā bǎ cáichǎn huīhuò yìkōng].

dilater vt 使……膨胀 [shǐ… péngzhàng] ▸ **la chaleur dilate les métaux** 高温使金属膨胀 [gāowēn shǐ jīnshǔ péngzhàng] ▸ **la peur dilate les pupilles** 恐惧使瞳孔放大 [kǒngjù shǐ tóngkǒng fàngdà].

dilemme nm 两难境地 [liǎngnán jìngdì] ▸ **un cruel dilemme** 一个残酷的两难境地 [yí ge cánkù de liǎngnán jìngdì] ▸ **être devant un dilemme** 进退两难 [jìntuì liǎngnán].

diluant nm (cl. 种 [zhǒng]) 稀释剂 [xīshìjì].

diluer vt (délayer) 使……稀释 [shǐ… xīshì] ▸ **diluer le sachet dans l'eau** 把药袋放在水中稀释 [bǎ yàodài fàng zài shuǐ zhōng xīshì].

dimanche nm 星期日 [xīngqīrì]; 星期天 [xīngqītiān]; 周日 [zhōurì].

dimension nf ❶ (mesure) 尺寸 [chǐcùn] ▸ **la dimension d'un meuble** 一件家具的尺寸 [yí jiàn jiājù de chǐcùn] ▸ **prendre les dimensions de qqch** 测量某物的尺寸 [cèliáng mǒuwù de chǐcùn] ❷ (taille) (体积)大

小 [(tǐjī) dàxiǎo] ▸ **un téléviseur de grande dimension** 一台大电视 [yìtái dà diànshì].

diminuer ♦ vt (réduire) ▸ **diminuer la longueur d'une jupe** 缩短一条裙子的长度 [suōduǎn yì tiáo qúnzi de chángdù] ▸ **ce commerçant a diminué ses prix** 这个商人降低了价格 [zhè ge shāngrén jiàngdī le jiàgé]. ♦ vi ▸ **les jours diminuent** 白天变短了 [báitiān biàn duǎn le] ▸ **mes économies diminuent dangereusement** 我的积蓄在大量减少 [wǒde jīxù zài dàliàng jiánshǎo].

diminutif, ive adj LING 指小的 [zhǐ xiǎode]. ▪ **diminutif** nm 昵称 [nìchēng].

diminution nf ▸ **la diminution du personnel** 人员的减少 [rényuán de jiánshǎo] ▸ **la diminution des salaires** 工资的降低 [gōngzī de jiàngdī].

dinde nf (cl. 只 [zhī]) 雌火鸡 [cíhuǒjī] ▸ **la dinde aux marrons** 栗子火鸡 [lìzi huǒjī].

dindon nm (cl. 只 [zhī]) 雄火鸡 [xiónghuǒjī].

dîner ♦ vi 吃晚饭 [chīwǎnfàn] ▸ **des amis viennent dîner à la maison** 一些朋友们来家里吃晚饭 [yìxiē péngyoumen lái jiāli chī wǎnfàn]. ♦ nm (repas du soir) ○ (cl. 顿 [dùn]) 晚饭 [wǎnfàn]; (cl. 顿 [dùn] ou 次 [cì]) 晚餐 [wǎncān] ▸ **un dîner d'affaires** 一次业务晚餐 [yí cì yèwù wǎncān].

dingue *fam* ♦ adj ❶ (fou) 疯的 [fēng de] ❷ (incroyable) 不可思议的 [bùkěsīyì de]. ♦ nmf 疯子 [fēngzi].

dinosaure nm (cl. 只 [zhī]) 恐龙 [kǒnglóng].

diplomate ♦ adj 善于交际的 [shànyú jiāojì de]. ♦ nm ❶ (ambassadeur) ○ (cl. 位 [wèi] ou 个 [gè] ou 名 [míng]) 外交官 [wàijiāoguān] ❷ (gâteau) 蜜饯布丁 [mìjiàn bùdīng].

diplomatie nf ❶ POLIT 外交界 [wàijiāojiè] ▸ **entrer dans la diplomatie** 步入外交生涯 [bùrù wàijiāo shēngyá] ❷ (habileté) 老练 [lǎoliàn] ▸ **agir avec diplomatie** 处事老练 [chǔshì lǎoliàn].

diplomatique adj ❶ POLIT 外交的 [wàijiāo de] ▸ **des incidents diplomatiques** 外交事件 [wàijiāo shìjiàn] ❷ *fig* (habile) 圆滑的 [yuánhuá de].

diplôme nm 文凭 [wénpíng] ▸ **un diplôme universitaire** 一个大学文凭 [yí ge dàxué wénpíng] ▸ **obtenir un diplôme** 获得一个文凭 [huòdé yí ge wénpíng].

diplômé, e ♦ adj ❶ (études secondaires) 毕业的 [bìyè de] ❷ (études supérieures) 有(高等教育)文凭的 [yǒu (gāoděng jiàoyù) wénpíng de] ▸ **un architecte diplômé** 一位有文凭的建筑师 [yíwèi yǒu wénpíng de jiànzhùshī] ▸ **elle est diplômée en géographie** 她有地理专业高等教育文凭 [tā yǒu dìlǐ zhuānyè gāoděng jiàoyù wénpíng]. ♦ nm, f (études supérieures) 高等学校毕业者 [gāoděng xuéxiào bìyè zhě] ▸ **les jeunes diplômés** 年轻的高等学校毕业生 [niánqīng de gāoděng xuéxiào bìyèshēng].

dire vt ❶ (prononcer, énoncer) 说 [shuō] ▸ **comment dit-on « de rien » en italien ?** "不用谢"用意大利语怎么说? ["búyòng xiè" yòng yìdàlìyǔ zěnme shuō?] ▸ **il a dit la vérité** 他说了实话 [tā shuō le shíhuà] ▸ **dis-nous ce qui s'est passé** 告诉我们发生了什么事 [gàosu wǒmen fāshēng le shénmeshì] ❷ (signifier) 意思是 [yìsishì] ▸ **que veut dire ce mot ?** 这个词是什么意思? [zhè ge cí shì shénme yìsi?] ❸ (penser, juger) ▸ **on dit qu'ils se sont séparés** 据说他们分开了 [jùshuō tāmen fēnkāi le] ❹ (plaire) ▸ **ça te dit de manger une pizza ?** 你愿意吃匹萨吗? [nǐ yuànyì chī pīsà ma?]
◊ **à vrai dire** 老实说 [lǎoshishuō] ▸ **cela dit** 话说回来 [huà shuō húilai].

direct, e adj ❶ (sans détour) 径直的 [jìngzhí de] ❷ *fig* (franc) 直率的 [zhíshuài de] ▸ **une question directe** 一个直率的问题 [yí ge zhíshuài de wèntí] ❸ (sans intermédiaire) 直接的 [zhíjiē de] ▸ **conséquence directe** 直接后果 [zhíjiē hòuguǒ] ▸ **la vente directe** 直销 [zhí xiāo] ❹ (sans changement) 直达的 [zhídá de] ▸ **un vol direct** 一趟直达航班 [yí tàng zhídá hángbān].
▪ **direct** nm ❶ RADIO & TV (émission) ○ (cl. 场 [chǎng] ou 次 [cì]) 直播 [zhíbō] ▸ **en direct** 现场 [xiànchǎng] ▸ **retransmission en direct** 实况转播 [shíkuàng zhuǎnbō] ❷ (train) ○ (cl. 辆 [liàng]) 直达列车 [zhídálièchē].

directement adv 直接 [zhíjiē] ▸ **rentrer directement chez soi** 直接回家 [zhíjiē huíjiā] ▸ **adressez-vous directement à lui** 你们直接找他 [nǐmen zhíjiē zhǎo tā].

directeur, trice ♦ adj ❶ (dirigeant) 领导的 [lǐngdǎo de] ▸ **le comité directeur** 指导委员会 [zhǐdǎo wěiyuánhuì] ❷ *fig* (principal) 主要的 [zhǔyào de] ▸ **ligne directrice** 主线 [zhǔxiàn] ▸ **l'idée directrice d'un exposé** 报告的指导思想 [bàogào de zhǐdǎo sīxiǎng]. ♦ nm, f (chef) ○ (cl. 名 [míng] ou 位 [wèi] ou 个 [gè]) 经理 [jīnglǐ] ▸ **un directeur de banque** 银行行长 [yínháng hángzhǎng] ▸ **un directeur commercial** 商务经理 [shāngwù jīnglǐ] ▸ **un directeur d'entreprise** 企业经理 [qǐyè jīnglǐ] ▸ **la directrice d'une école primaire** 小学校长 [xiǎoxué xiàozhǎng].

direction nf ❶ (orientation) 方向 [fāngxiàng] ▸ **il a pris la mauvaise direction** 他方向错了 [tā fāngxiàng cuò le] ▸ **ils partent en direction de la gare** 他们朝火车站方向走去 [tāmen cháo huǒchēzhàn fāngxiàng zǒuqù] ❷ (gestion) 管理 [guǎnlǐ] ▸ **on lui a confié la direction du magasin** 人们委托他来管理商店 [rénmen wěituō tā lái guǎnlǐ shāngdiàn] ▸ **sous la direction de** 在……的领导下 [zài…de lǐngdǎo xià].

directive nf 指示 [zhǐshì].

dirigeant, e ♦ adj 领导的 [lǐngdǎo de] ▸ **les classes dirigeantes** 领导阶层 [lǐngdǎo jiēcéng]. ♦ nm, f (cl. 位 [wèi] ou 个 [gè] ou 名 [míng]) 领导(人) [lǐngdǎo (rén)] ▸ **les dirigeants d'une entreprise** 企业领导 [qǐyè lǐngdǎo].

diriger vt ❶ (commander) 领导 [lǐngdǎo] ▸ **elle dirige l'entreprise de son père** 她领导着父亲的企业 [tā lǐngdǎozhe fùqin de qǐyè] ▸ **il dirige l'orchestre** 他指挥乐队 [tā zhǐhuī yuèduì] ❷ (orienter) 朝向 [cháoxiàng] ▸ **il les dirigea vers la sortie** 他把他们领向出口 [tā bǎ tāmen lǐng xiàng chūkǒu].

▪ **se diriger** vp (aller) ▸ **se diriger vers** 走向 [zǒuxiàng] ▸ **le bateau se dirige vers le large** 船向大海驶去 [chuán xiàng dàhǎi shǐ qù].

disciple nm 门徒 [méntú] ▸ **les disciples de Jésus** 耶稣的门徒 [Yēsū de méntú] ▸ **un disciple de Confucius** 孔子的一位弟子 [Kǒngzǐ de yí wèi dìzǐ].

discipline nf ❶ (règle de conduite) 纪律 [jìlǜ] ▸ **la discipline militaire** 军纪 [jūnjì] ▸ **la discipline d'un collège** 某个初中的校规 [mǒu ge chūzhōng de xiàoguī] ❷ (matière) ○ (cl. 门 [mén]) 学科 [xuékē] ▸ **une discipline facultative** 选修课 [xuǎnxiūkè].

discothèque nf 迪厅 [dítīng] ▸ **aller en discothèque** 去迪厅跳舞 [qù dítīng tiàowǔ].

discours nm (allocution) 讲话 [jiǎnghuà] ▸ **faire un discours** 发表讲话 [fābiǎo jiǎnghuà] ▸ **un discours du chef de l'État** 国家首脑的讲话 [guójiā shóunǎo de jiǎnghuà].

discréditer vt 使……失去信任 [shǐ…shīqù xìnrèn] ▸ **discréditer qqn** 使某人失去威信 [shǐ mǒurén shīqù wēixìn] ▸ **discréditer une idée** 使某个观念失去影响 [shǐ mǒu ge guānniàn shīqù yǐngxiǎng].

discret, ète adj ❶ (réservé) 持重的 [chízhòng de] ▸ **des voisins très discrets** 不引人注目的邻居们 [bù yǐnrén zhùmù de línjūmen] ▸ **elle est discrète sur sa vie privée** 她对自己的私生活很少谈及 [tā duì zìjǐ de sīshēnghuó hén shǎo tánjí] ❷ (sobre) 不引人注意的 [bù yǐnrén zhùyì de] ▸ **un parfum discret** 清淡的香水 [qīngdàn de xiāngshuǐ] ▸ **une tenue discrète** 衣着朴素 [yīzhuó pǔsù].

discrètement adv 不引人注意地 [bù yǐn rén zhùyì de] ▸ **il les regarda discrètement** 他偷偷地打量着他们 [tā tōutou de dǎliangzhe tāmen].

discrétion nf ❶ (aptitude à garder un secret) 严守秘密 [yánshǒu mìmì] ▸ **tu peux compter sur ma discrétion** 你可以相信我会守口如瓶的 [nǐ kéyǐ xiāngxìn wǒ huì shóu kǒu rúpíng de] ❷ (réserve, tact) 审慎 [shěnshèn] ▸ **il quitta la pièce avec discrétion** 他悄悄地离开了房间 [tā qiāoqiāo de líkāi le fángjiān].

discrimination nf 歧视 [qíshì] ▸ **discrimination raciale** 种族歧视 [zhǒngzú qíshì] ▸ **discrimination sexuelle** 性别歧视 [xìngbié qíshì].

discriminatoire adj 歧视的 [qíshì de] ▸ **des mesures discriminatoires** 歧视性规定 [qíshìxìng guīdìng].

disculper vt (innocenter) 证明无罪 [zhèngmíng wúzuì] ▸ **cette lettre a permis de disculper l'accusé** 这封信证明了被告无罪 [zhè fēng xìn zhèngmíng le bèigào wúzuì].

discussion nf (conversation) ○ (cl. 次 [cì] ou 场 [chǎng]) 讨论 [tǎolùn] ▸ **j'ai eu une longue discussion avec lui** 我和他进行了长时间的讨论 [wǒ hé tā jìnxíng le chángshíjiān de tǎolùn] ▸ **leur discussion porte sur ce film** 他们讨论的是这部电影 [tāmen tǎolùn de shì zhè bù diànyǐng].

discutable adj 有争议的 [yǒu zhēngyì de] ▸ **son point de vue est discutable** 他的观点有待讨论 [tāde guāndiǎn yǒudài tǎolùn].

discuter ♦ vt (contester) 争论 [zhēnglùn] ▸ **discuter un ordre** 对命令进行争论 [duì mìnglìng jìnxíng zhēnglùn]. ♦ vi (converser) 讨论 [tǎolùn] ▸ **on ne peut pas discuter avec toi** 没法跟你进行讨论 [méi fǎ gēn nǐ jìnxíng tǎolùn] ▸ **ils discutent de politique** 他们在谈论政治 [tāmen zài tánlùn zhèngzhì].

disloquer vt ❶ (désintégrer) 拆散 [chāisàn] ▸ **le vent a disloqué la cabane** 大风拆坏了小茅屋 [dàfēng chāihuài le xiǎomáowū] ❷ (disperser) 驱散 [qūsàn] ▸ **les policiers ont disloqué l'attroupement** 警察驱散了聚集的人群 [jǐngchá qūsàn le jùjí de rénqún].

disparaître vi ❶ (cesser d'être visible) 消失 [xiāoshī] ▸ **disparaître au loin** 在远处消失 [zài yuǎnchù xiāoshī] ❷ (partir) 失踪 [shīzōng] ▸ **elle a disparu depuis un mois** 她已经失踪一个月了 [tā yǐjing shīzōng yí ge yuè le].

disparité nf 差异 [chāyì] ▸ **disparité des salaires** 工资的差异 [gōngzī de chāyì] ▸ **des disparités de caractère** 性格的不同 [xìnggé de bùtóng].

disparition nf ❶ (fait de disparaître) 消失 [xiāoshī] ▸ **la disparition du soleil à l'horizon** 太阳从地平线上消失 [tàiyáng cóng dìpíngxiàn shàng xiāoshī] ❷ (mort) 去世 [qùshì] ▸ **la disparition d'un être cher** 一位心爱者的去世 [yí wèi xīn'àizhě de qùshì].

disparu, e ♦ adj (mort) 死去的 [sǐqù de] ▸ **penser à un ami disparu** 怀念死去的朋友 [huáiniàn sǐqù de péngyou] ▸ **être porté disparu** 被列为失踪 [bèi lièwéi shīzōng]. ♦ nm, f (personne disparue) ○ (cl. 名 [míng] ou 位 [wèi] ou 个 [gè]) 失踪者 [shīzōngzhě].

dispense nf (cl. 项 [xiàng]) 免除 [miǎnchú] ▸ **dispense de service militaire** 对兵役的免除 [duì bīngyì de miǎnchú].

dispenser vt (exempter de) 免除 [miǎnchú] ▸ **dispenser un élève d'éducation physique** 免去一名学生的体育课 [miǎnqù yì míng xuésheng de tǐyùkè] ▸ **je te dispense de tes commentaires** *iron* 我请你免加评论 [wǒ qíng nǐ miǎnjiā pínglùn].

disperser vt ❶ (éparpiller) 使……四散 [shǐ… sìsàn] ▸ **le vent a dispersé les feuilles** 风把树叶吹得四处都是 [fēng bǎ shùyè chuī de sìchù dōu shì] ❷ (disloquer) 驱散 [qūsàn] ▸ **la police a dispersé la foule** 警察驱散了人群 [jǐngchá qūsàn le rénqún].

■ **se disperser** vp (s'éparpiller) 散开 [sànkāi] ▸ **la foule s'est dispersée sans incident** 人群顺利地散开了 [rénqún shùnlì de sànkāi le].

disponibilité nf ❶ (usage libre) 可供使用 [kěgōng shǐyòng] ▸ **date de disponibilité d'un appartement** 一套公寓可供使用的日期 [yítào gōngyù kěgōng shǐyòng de rìqī] ❷ (temps libre) 有空 [yǒukòng] ▸ **quelles sont vos disponibilités en mai ?** 您五月什么时候有空？ [nín wǔyuè shénme shíhòu yǒukòng?] ❸ (bonne disposition) 无拘束 [wújūshù] ▸ **disponibilité d'esprit** 开放的思想 [kāifàng de sīxiǎng].

disponible adj ❶ (vacant) 空着的 [kòngzhe de] ▸ **deux places sont encore disponibles** 还有两个空着的位子 [háiyǒu liǎng ge kòngzhe de wèizi] ❷ (libre) 空闲的 [kòngxián de] ▸ **est-ce que tu es disponible ce soir ?** 今晚你有空吗？ [jīnwǎn nǐ yǒukòng ma?].

disposé, e adj ❶ (arrangé) 被布置的 [bèi bùzhì de] ▸ **des objets joliment disposés dans une vitrine** 橱窗里的东西布置得很漂亮 [chúchuāng lǐ de dōngxi bùzhì de hěn piàoliang] ❷ (prêt) 准备好的 [zhǔnbèi hǎode] ▸ **être disposé à faire qqch** 准备好做某事 [zhǔnbèi hǎo zuò mǒushì].

disposer vt (arranger) 安排 [ānpái] ▸ **disposer les meubles dans un appartement** 在公寓里安排家具的摆放 [zài gōngyù lǐ ānpái jiājù de bǎifàng].

■ **disposer de** vp+prép (avoir) 拥有 [yōngyǒu] ▸ **il dispose d'une voiture** 他有一辆小汽车 [tā yǒu yí liàng xiǎoqìchē] ▸ **je ne dispose que de quelques heures** 我只有几个小时 [wǒ zhíyǒu jǐ ge xiǎoshí].

dispositif nm (mécanisme) 装置 [zhuāngzhì] ▸ **un dispositif d'alarme** 报警装置 [bàojǐng zhuāngzhì].

disposition nf ❶ (arrangement) 布置 [bùzhì] ▸ **la disposition des pièces d'une maison** 房子各间的布局 [fángzi gèjiān de bùjú] ❷ (disponibilité) 支配 [zhīpèi] ▸ **mettre qqch à la disposition de qqn** 把某物交给某人支配 [bǎ mǒuwù jiāogěi mǒurén zhīpèi] ▸ **mettre une somme à la disposition de qqn** 把一笔钱交给某人支配 [bǎ yì bǐ qián jiāogěi mǒurén zhīpèi] ▸ **je suis à ta disposition pour t'aider** 我是来帮你的，听你安排 [wǒ shì lái bāng nǐ de, tīng nǐ ānpái].

■ **dispositions** nfpl (mesures) 准备 [zhǔnbèi] ▸ **prendre des dispositions** 做好准备 [zuòhǎo zhǔnbèi] ▸ **les dispositions d'un contrat** 合同的所有条款 [hétong de suóyǒu tiáokuǎn].

disproportionné, e adj 不相称的 [bùxiāngchèn de] ▸ **un salaire disproportionné par rapport au travail fourni** 一份与所做工作不相称的工资 [yí fèn yú suǒ zuò gōngzuò bùxiāngchèn de gōngzī].

dispute nf (cl. 场 [chǎng] OU 次 [cì]) 争吵 [zhēngchǎo] ▸ **une violente dispute** 一场激烈的争吵 [yì chǎng jīliè de zhēngchǎo].

disputer vt ❶ SPORT (participer) 参与 [cānyù] ▸ **disputer une compétition** 参加一场比赛 [cānjiā yì chǎng bǐsài] ▸ **disputer la victoire** 夺取胜利 [duóqǔ shènglì] ❷ *fam* (réprimander) 责怪 [zéguài] ▸ **si je rentre tard, je vais me faire disputer** 我回去晚了，就会受到责怪 [wǒ huíqu wǎn le, jiùhuì shòudào zéguài].

■ **se disputer** vp ❶ (se quereller) 争吵 [zhēngchǎo] ❷ SPORT (se dérouler) 进行 [jìnxíng] ▸ **le match se disputera à Marseille** 比赛将在马赛进行 [bǐsài jiāng zài Mǎsài jìnxíng].

disqualification nf 取消比赛资格 [qǔxiāo bǐsài zīgé].

disqualifier vt (exclure) 取消比赛资格 [qǔxiāo bǐsài zīgé] ▸ **il a été disqualifié pour dopage** 他由于服用兴奋剂被取消比赛资格 [tā yóuyú fúyòng xīngfènjì bèi qǔxiāo bǐsài zīgé] ▸ **se faire disqualifier** 被取消比赛资格 [bèi qǔxiāo bǐsài zīgé].

disque nm ❶ MUS (cl. 张 [zhāng]) 唱片 [chàngpiàn] ▸ **disque compact/laser** 激光唱片 [jīguāng chàngpiàn] ▸ **écouter un disque** 听唱片 [tīng chàngpiàn] ▸ **enregistrer un disque compact** 录制一张激光唱片 [lùzhì yì zhāng jīguāng chàngpiàn] ❷ INFORM 磁盘 [cípán] ▸ **disque dur** 硬盘 [yìngpán].

disquette nf INFORM 软盘 [ruǎnpán].

disséminer vt 分散 [fēnsàn] ▸ **mes amis sont disséminés aux quatre coins du pays** 我的朋友分布在祖国各地 [wǒde péngyou fēnbù zài zǔguó gèdì].

disséquer vt ❶ (découper) 解剖 [jiěpōu] ▸ **disséquer un cadavre** 解剖尸体 [jiěpōu shītǐ] ❷ *fig* (analyser) 剖析 [pōuxī] ▸ **disséquer un texte** 剖析一篇文章 [pōuxī yì piān wénzhāng].

dissertation nf SCOL (cl. 篇 [piān]) 论文 [lùnwén] ▸ **un sujet de dissertation** 作文题目 [zuòwén tímù] ▸ **une dissertation de philosophie** 一篇哲学论文 [yì piān zhéxué lùnwén].

dissident, e adj & nm, f POLIT 持不同政见的 [chí bùtóng zhèngjiàn de] ▸ **les dissidents du parti** 党内异端分子 [dǎngnèi yìduān fènzi].

dissimuler vt ❶ (masquer) 遮盖 [zhēgài] ▸ **le maquillage dissimule sa cicatrice** 化妆品遮掩了她的疤痕 [huàzhuāngpǐn zhēyǎn le tāde bāhén] ❷ *fig* (tenir caché) 掩饰 [yǎnshì] ▸ **dissimuler ses sentiments** 掩饰其感情 [yǎnshì qí gǎnqíng] ▸ **dissimuler sa joie** 隐藏其喜悦之情 [yǐncáng qí xǐyuè zhī qíng].

■ **se dissimuler** vp 隐藏 [yǐncáng] ▸ **se dissimuler derrière un arbre** 藏在一棵树后 [cáng zài yì kē shù hòu].

dissiper vt ❶ (chasser) 驱散 [qūsàn] ▸ **le vent a dissipé les nuages** 风吹云散 [fēngchuī yúnsàn] ❷ (rendre inattentif) 使……分心 [shǐ… fēnxīn] ▸ **cet élève dissipe la classe** 该学生使全班的注意力都无法集中 [gāi xuésheng shǐ quánbān de zhùyìlì dōu wúfǎ jízhōng] ❸ *fig* (éliminer) 消除 [xiāochú] ▸ **dissiper les doutes de qqn** 消除某人的疑虑 [xiāochú mǒurén de yílǜ] ▸ **dissiper un malentendu** 消除误会 [xiāochú wùhuì].

▪ **se dissiper** vp (disparaître) 消散 [xiāosàn] ▸ **le brouillard s'est dissipé** 雾散了 [wù sàn le].

dissocier vt 分开 [fēnkāi] ▸ **dissocier deux questions** 把两个问题分开 [bǎ liǎng ge wèntí fēnkāi].

dissolution nf ❶ (dans un liquide) 溶解 [róngjiě] ▸ **la dissolution du sucre dans l'eau** 糖溶解在水中 [táng róngjiě zài shuǐ zhōng] ❷ (cessation légale) 解除 [jiěchú] ▸ **la dissolution d'un mariage** 婚姻关系的解除 [hūnyīn guānxi de jiěchú] ▸ **la dissolution de l'Assemblée Nationale** 国民议会的解散 [Guómín Yìhuì de jiěsàn].

dissoudre vt (dans un liquide) 溶解 [róngjiě] ▸ **dissoudre un cachet dans un verre d'eau** 把一片药溶解在一杯水里 [bǎ yí piàn yào róngjiě zài yì bēi shuí lǐ].

▪ **se dissoudre** vp 溶解 [róngjiě] ▸ **le sel se dissout dans l'eau** 盐溶于水 [yán róngyú shuǐ].

dissuader vt ▸ **dissuader qqn de** *(+ infinitif)* 说服某人不做某事 [shuōfú mǒurén bú zuò mǒushì] ▸ **elle m'a dissuadé de partir** 她说服了我不走 [tā shuōfú le wǒ bù zǒu].

dissuasion nf 劝阻 [quànzǔ].

distance nf ❶ (éloignement) ○ (cl. 段 [duàn] ou 个 [gè]) 距离 [jùlí] ▸ **parcourir une distance** 跑了一段距离 [pǎo le yí duàn jùlí] ▸ **la distance entre deux villes** 两个城市间的距离 [liǎng ge chéngshì jiān de jùlí] ▸ **à distance** 远距离 [yuǎnjùlí] ▸ **commander un appareil à distance** 遥控一台机器 [yáokòng yì tái jīqì] ▸ **tenir qqn à distance** 疏远某人 [shūyuǎn mǒurén] ▸ **garder ses distances** 保持一定的距离 [bǎochí yídìng de jùlí] ❷ (intervalle de temps) 间隔 [jiàngé] ▸ **ils sont morts à trois mois de distance** 他们先后去世，相隔才三个月 [tāmen xiānhòu qùshì, xiānggé cái sān ge yuè].

distancer vt 超过 [chāoguò] ▸ **il a distancé les autres coureurs** 他超过了其他的赛跑运动员 [tā chāoguò le qítā de sàipǎo yùndòngyuán].

distant, e adj ❶ (éloigné) 相隔 [xiānggé] ▸ **deux villes distantes de 50 kilomètres** 相隔五十公里的两个城市 [xiānggé wǔshí gōnglǐ de liǎng gè chéngshì] ❷ *fig* (froid) 冷淡的 [lěngdàn de] ▸ **elle s'est montrée distante envers nous** 她对我们态度冷淡 [tā duì wǒmen tàidu lěngdàn] ▸ **un air distant** 冷淡的神态 [lěngdàn de shéntài].

distinct, e adj ❶ (clair, net) 清楚的 [qīngchu de] ▸ **parler d'une voix distincte** 声音清晰地说 [shēngyīn qīngxī de shuō] ❷ (séparé) 不同的 [bùtóng de] ▸ **deux problèmes distincts** 两个不同的问题 [liǎng ge bùtóng de wèntí].

distinction nf ❶ (différenciation) 区别 [qūbié] ▸ **faire la distinction entre le bien et le mal** 区分好坏 [qūfēn hǎohuài] ▸ **sans distinction (de)** 不加区别 [bùjiā qūbié] ▸ **recevoir tout le monde sans distinction** 一视同仁地接待所有人 [yíshì tóngrén de jiēdài suóyǒu rén] ❷ (raffinement) 优雅 [yōuyǎ] ▸ **un homme d'une grande distinction** 一个十分优雅的男人 [yí ge shífēn yōuyǎ de nánrén].

distingué, e adj (raffiné) 优雅的 [yōuyǎ de].

distinguer vt ❶ (différencier) 区别 [qūbié] ▸ **distinguer le vrai du faux** 区分真假 [qūfēn zhēnjiǎ] ▸ **distinguer deux jumeaux** 识别双胞胎 [shíbié shuāngbāotāi] ❷ (percevoir) 辨认出 [biànrènchū] ▸ **je distingue les collines au loin** 我看到远处的山丘 [wǒ kàndào yuǎnchù de shānqiū] ▸ **distinguer des sons** 听出一些声音 [tīngchū yìxiē shēngyīn].

▪ **se distinguer** vp 引人注目 [yǐnrén zhùmù] ▸ **se distinguer par ses talents** 才能出众 [cáinéng chūzhòng].

distraction nf ❶ (passe-temps) 消遣 [xiāoqiǎn] ❷ (manque d'attention) 不专心 [bùzhuānxīn] ▸ **sa distraction l'empêche d'être efficace** 漫不经心使他难以有效率 [mànbùjīngxīn shǐ tā nányǐ yǒu xiàolǜ] ▸ **par distraction** 不小心 [bùxiǎoxīn].

distraire vt ❶ (déranger) 打扰 [dǎrǎo] ▸ **arrête de le distraire, tu vois bien qu'il travaille** 别打扰他，你明知他在工作 [bié dǎrǎo tā, nǐ míngzhī tā zài gōngzuò] ❷ (divertir) 使……得到消遣 [shǐ… dédào xiāoqiǎn] ▸ **des jeux pour distraire les enfants** 让孩子消遣的游戏 [ràng háizi xiāoqiǎn de yóuxì].

■ **se distraire** vp (se détendre) 消遣 [xiāoqiǎn] ▸ **j'ai grand besoin de me distraire** 我非常需要散散心 [wǒ fēicháng xūyào sànsànxīn].

distrait, e adj ❶ (étourdi) 心不在焉的 [xīnbùzàiyān de] ❷ (inattentif) 不专心的 [bùzhuānxīn de] ▸ **un écolier distrait** 不专心的学生 [bùzhuānxīn de xuésheng] ▸ **poser un regard distrait sur qqch** 漫不经心地看一眼某物 [mànbùjīngxīn de kàn yìyǎn mǒuwù] ▸ **écouter d'une oreille distraite** 漫不经心地听 [mànbùjīngxīn de tīng].

distribuer vt ❶ (répartir) 分发 [fēnfā] ▸ **distribuer le courrier** 分送邮件 [fēnsòng yóujiàn] ▸ **distribuer des copies aux candidats** 把复印件分发给候选人 [bǎ fùyìnjiàn fēnfā gěi hòuxuǎnrén] ▸ **distribuer les cartes** 发牌 [fā pái] ❷ (fournir) 分配 [fēnpèi] ▸ **distribuer le courant électrique** 配电 [pèidiàn].

distributeur, trice nm, f (cl. 名 [míng] ou 位 [wèi] ou 个 [gè]) 分发者 [fēnfāzhě] ▸ **un distributeur de films** 影片发行人 [yǐngpiàn fāxíngrén].

■ **distributeur** nm (machine) 售货机 [shòuhuòjī] ▸ **un distributeur de billets** 自动取款机 [zìdòng qǔkuǎnjī] ▸ **un distributeur de boissons** 饮料出售机 [yǐnliào chūshòujī].

distribution nf (répartition) ○ (cl. 次 [cì]) 分配 [fēnpèi] ▸ **distribution des prix** 颁奖 [bānjiǎng].

dit, e adj ❶ (appelé) 被称作 [bèi chēngzuò] ▸ **Louis XV, dit le Bien-Aimé** 路易十五，(被称为)最受爱戴的路易十五 [Lùyì shíwǔ, (bèi chēngwéi) zuì shòu àidài de Lùyì shíwǔ] ❷ (fixé) 说定的 [shuōdìng de] ▸ **à l'heure dite** 在说定的时间 [zài shuōdìng de shíjiān] ▸ **venez à l'heure dite** 您在约定的时间来吧 [nín zài yuēdìng de shíjiān lái ba].

divagation nf ❶ (délire) ○ (cl. 段 [duàn] ou 句 [jù]) 胡言乱语 [húyán luànyǔ] ❷ (rêverie) 胡思乱想 [húsī luànxiǎng] ▸ **laissons-les à leurs divagations** 随他们去异想天开吧 [suí tāmen qù yìxiǎng tiānkāi ba].

divaguer vi ❶ (délirer) 说胡话 [shuōhúhuà] ▸ **c'est la fièvre qui la fait divaguer** 她发烧说胡话 [tā fāshāo shuōhúhuà] ❷ (rêver) 胡思乱想 [húsī luànxiǎng] ▸ **si tu crois qu'il va te prêter sa voiture, tu divagues!** 你以为他会借你汽车，那是你在幻想！ [nǐ yǐwéi tā huì jiè nǐ qìchē, nà shì nǐ zài huànxiǎng!].

divan nm (cl. 张 [zhāng]) 长沙发 [chángshāfā] ▸ **s'allonger sur le divan** 躺在长沙发上 [tǎng zài chángshāfā shàng].

divergence nf (désaccord) 分歧 [fēnqí] ▸ **une divergence d'opinions** 意见分歧 [yìjiàn fēnqí] ▸ **une divergence de goûts** 兴趣不一致 [xìngqù bùyízhì].

diverger vi ❶ (s'écarter) 分岔 [fēnchà] ❷ *fig* (être en désaccord) 发生分歧 [fāshēng fēnqí] ▸ **nos opinions sur ce sujet divergent** 我们在问题上意见不一 [wǒmen zài wèntí shàng yìjiàn bùyī].

divers, e adj ❶ (différent, varié) 各种各样的 [gèzhǒng gèyàng de] ▸ **les divers sens d'un mot** 一个词的各种意义 [yí ge cí de gèzhǒng yìyì] ▸ **une végétation très diverse** 品种繁多的植物 [pǐnzhǒng fánduō de zhíwù] ❷ (plusieurs) 多个 [duō ge] ▸ **divers témoins l'ont vu** 多位证人都目击了这事 [duō wèi zhèngrén dōu mùjī le zhè shì].

diversifier vt (varier) 使……多样化 [shǐ… duōyànghuà] ▸ **diversifier les méthodes de travail** 变换工作方法 [biànhuàn gōngzuò fāngfǎ].

diversion nf 散心 [sànxīn] ▸ **faire diversion** 使……散心 [shǐ… sànxīn] ▸ **cet incident a fait diversion** 这件事分散了注意力 [zhè jiàn shì fēnsàn le zhùyìlì].

diversité nf 多样性 [duōyàngxìng] ▸ **la diversité des opinions sur un sujet** 关于一个问题的多样观点 [guānyú yí ge wèntí de duōyàng guāndiǎn] ▸ **une diversité de produits** 种类繁多的商品 [zhǒnglèi fánduō de shāngpǐn].

divertir vt (distraire) 使……开心 [shǐ… kāixīn].

■ **se divertir** vp (s'amuser) 消遣 [xiāoqiǎn].

divertissement nm ❶ (passe-temps) 消遣 [xiāoqiǎn] ❷ (amusement) ○ (cl. 项 [xiàng] ou 种 [zhǒng] ou 个 [gè]) 娱乐 [yúlè] ▸ **il fait cela pour son divertissement personnel** 他做这件事是为了个人消遣 [tā zuò zhè jiàn shì shì wèi le gèrén xiāoqiǎn].

divin, e adj ❶ RELIG 神的 [shén de] ▸ **la volonté divine** 神的旨意 [shén de zhǐyì] ❷ (sublime) 极好的 [jíhǎo de] ▸ **elle est divine dans ce film** 她在这部电影中可爱极了 [tā zài zhè bù diànyǐng zhōng kě'ài jí le] ▸ **ce repas était divin** 这顿饭好吃极了 [zhè dùn fàn hǎochī jí le].

divinité nf ❶ (nature divine) 神性 [shénxìng] ▸ **la divinité de Jésus** 基督的神性 [Jīdū de shénxìng] ❷ (dieu) 神 [shén] ▸ **les divinités païennes** 异教的诸神 [yìjiào de zhūshén].

diviser vt ❶ (partager) 分 [fēn] ▸ **diviser un gâteau en huit** 把蛋糕分成八块 [bǎ dàngāo fēnchéng bā kuài] ▸ **la rivière divise la propriété** 这条河将地产分成二份 [zhè tiáo hé jiāng dìchǎn fēnchéng liǎng fèn] ❷ MATH 除 [chú] ▸ **diviser 25 par 5** 25 除以 5 [25 chúyǐ 5].

division nf ❶ (partage) 分 [fēn] ▸ **la division d'un livre en chapitres** 一本书的章节划分 [yì běn shū de zhāngjié huàfēn] ▸ **une division des tâches** 任务的摊派 [rènwu de tānpài] ❷ MATH 除法 [chúfǎ] ▸ **faire une division** 做除法 [zuò chúfǎ].

divorce nm DR 离婚 [líhūn] ▸ **demander le divorce** 要求离婚 [yāoqiú líhūn] ▸ **prononcer le divorce** 宣布离婚 [xuānbù líhūn].

divorcé, e adj & nm, f 离婚的 [líhūn de] ▸ **ils sont divorcés depuis un an** 他们离婚已经一年了 [tāmen líhūn yǐjing yìnián le] ▸ **un enfant de parents divorcés** 父母离异的孩子 [fùmǔ líyì de háizi].

divorcer vi 离婚 [líhūn] ▸ **ses parents ont divorcé** 他父母离婚了 [tā fùmǔ líhūn le] ▸ **divorcer (d')avec qqn** 同……离婚 [tóng… líhūn].

dix ♦ adj num inv ❶ (chiffre) 十个 [shí ge] ❷ (dixième) 第十 [dìshí] **page dix** 第十页 [dìshí yè] ❸ (dans une série) 十世 [shíshì] ▸ **Charles X** 查理十世 [Chálǐ shíshì] ❹ (un grand nombre) 许多次 [xǔduō cì] ▸ **je te l'ai répété dix fois !** 这事儿我和你说了多少次了！ [zhè shìr wǒ hé nǐ shuō le duōshao cì le!]. ♦ nm inv 十 [shí].

dix-huit adj num inv & nm 十八(个) [shíbā (ge)].

dix-huitième adj num inv & nmf 第十八(个) [dìshíbā (ge)].

dixième adj num 第十 [dìshí] ♦ nmf 第十个 [dìshí ge] ♦ nm 十分之一 [shífēn zhī yī].

dix-neuf adj num inv & nm 十九(个) [shíjiǔ (ge)].

dix-neuvième adj num inv & nmf 第十九(个) [dìshíjiǔ (ge)].

dix-sept adj num inv & nm 十七(个) [shíqī (ge)].

dix-septième adj num inv & nmf 第十七(个) [dìshíqī (ge)].

dizaine nf ❶ (dix) MATH 十位 [shíwèi] ▸ **dans « 231 », « 3 » est le chiffre des dizaines** "231" 中，"3" 是十位数 ["231" zhōng, "3" shì shíwèi shù] ❷ (environ dix) 十来个 [shí lái gè] ▸ **il y avait une dizaine de personnes** 有十来个人 [yǒu shí lái ge rén] ▸ **dans une dizaine de jours** 十来天后 [shí lái tiān hòu].

DJ (abr de **disc-jockey**) nm 电台或舞厅流行音乐播放人 [diàntái huò wǔtīng liúxíng yīnyuè bōfàngrén].

Djibouti ♦ nm (État) ▸ **la République de Djibouti** 吉布提共和国 [Jíbùtí Gònghéguó]. ♦ npr (ville) 吉布提 [Jíbùtí].

do nm inv MUS 音阶七个唱名之一 [yīnjiē qī ge chàngmíng zhīyī].

docile adj 顺从的 [shùncóng de] ▸ **un serviteur docile** 顺从的仆人 [shùncóng de púrén] ▸ **un animal docile** 驯服的动物 [xùnfú de dòngwù].

docteur nmf ❶ (médecin) ◦ (cl. 名 [míng] ou 位 [wèi] ou 个 [gè]) 医生 [yīshēng] ▸ **le docteur est absent** 大夫没来 [dàifu méi lái] ▸ **allez chez le docteur** 去看医生 [qù kàn yīshēng] ❷ (qui a un doctorat) ◦ (cl. 名 [míng] ou 位 [wèi] ou 个 [gè]) 博士 [bóshì] ▸ **il est docteur en physique** 他是物理学博士 [tā shì wùlǐxué bóshì].

doctrine nf 学说 [xuéshuō] ▸ **une doctrine politique** 政治学说 [zhèngzhì xuéshuō].

document nm (cl. 份 [fèn] ou 个 [gè]) 文件 [wénjiàn] ▸ **cette lettre est un document précieux** 这封信是一份珍贵的文件 [zhè fēng xìn shì yí fèn zhēnguì de wénjiàn] ▸ **classer des documents** 整理文件 [zhénglǐ wénjiàn].

documentaire ♦ adj 文献的 [wénxiàn de] ▸ **un livre documentaire** 文献书籍 [wénxiàn shūjí]. ♦ nm (film) ○ (cl. 部 [bù]) 纪录片 [jìlùpiàn].

documentation nf ❶ (ensemble de documents) ○ (cl. 份 [fèn]) 资料 [zīliào] ❷ (action de se documenter) ○ (cl. 次 [cì]) 资料查阅 [zīliào cháyuè].

documenter vt 提供资料 [tígōng zīliào] ▸ **à la bibliothèque, on te documentera sur ce sujet** 图书馆将给你提供这方面的资料 [túshūguǎn jiāng gěi nǐ tígōng zhè fāngmiàn de zīliào].

▪ **se documenter** vp 搜集资料 [sōují zīliào] ▸ **se documenter sur une question** 搜集一个问题的资料 [sōují yí ge wèntí de zīliào].

dodu, e adj ❶ *fam* (potelé) 胖的 [pàng de] ▸ **des bras dodus** 胖胳膊 [pàng gēbo] ❷ *fam* (gras) 肥的 [féi de] ▸ **un poulet dodu** 一只肥鸡 [yì zhī féijī].

dogme nm ❶ (en religion) 教义 [jiàoyì] ▸ **le dogme de la religion chrétienne** 基督教教义 [Jīdūjiào jiàoyì] ❷ (en philosophie) 信条 [xìntiáo] ▸ **le dogme de l'immortalité de l'âme** 灵魂不死的信条 [línghún bùsǐ de xìntiáo].

doigt nm ANAT 手指 [shóuzhǐ] ▸ **les cinq doigts de la main** 手的五指 [shǒu de wúzhǐ] ▸ **doigt de pied** 脚趾 [jiáozhǐ]

◊ **être à deux doigts de** 离……很近 [lí… hěn jìn] ▸ **il était à deux doigts de la mort** 他那时快要死了 [tā nàshí kuài yào sǐ le] ▸ **il connaît son texte sur le bout des doigts** 他对该文了如指掌 [tā duì gāi wén liǎorú zhǐzhǎng].

dollar nm 美元 [měiyuán] ▸ **ça coûte dix dollars** 这要十美元 [zhè yào shí měiyuán].

domaine nm ❶ (propriété) ○ (cl. 块 [kuài]) 地产 [dìchǎn] ▸ **un domaine d'une centaine d'hectares** 占地数百顷的产业 [zhàndì shùbǎi qǐng de chǎnyè] ❷ (secteur) 领域 [lǐngyù] ▸ **le domaine de l'informatique** 信息技术领域 [xìnxī jìshù lǐngyù] ❸ (compétence) 专长 [zhuāncháng] ▸ **la physique, c'est son domaine** 物理学是他的专长 [wùlǐxué shì tāde zhuāncháng]

◊ **tomber dans le domaine public** 著作权期满 [zhùzuòquán qīmǎn].

dôme nm ARCHIT (toit) 圆屋顶 [yuánwūdǐng].

domestique ♦ adj ❶ (ménager) 家庭的 [jiātíng de] ▸ **des travaux domestiques** 家务活 [jiāwùhuó] ❷ (apprivoisé) 家养的 [jiāyǎng de] ▸ **un animal domestique** 家畜 [jiāchù]. ♦ nmf (employé de maison) ○ (cl. 名 [míng] ou 位 [wèi] ou 个 [gè]) 仆人 [púrén].

domicile nm (lieu d'habitation) 住处 [zhùchù] ▸ **à domicile** 在家里 [zài jiāli] ▸ **travailler à domicile** 在家中工作 [zài jiāzhōng gōngzuò] ▸ **sans domicile fixe** 无家可归的 [wújiā kěguī de].

domination nf (autorité) 统治 [tǒngzhì] ▸ **exercer une domination sur qqn** 控制某人 [kòngzhì mǒurén] ▸ **sous la domination de qqn** 在某人的统治下 [zài mǒurén de tǒngzhìxià].

dominer ♦ vt ❶ (commander) 统治 [tǒngzhì] ▸ **il voulait dominer le monde** 他想要统治世界 [tā xiǎng yào tǒngzhì shìjiè] ❷ (surpasser) 胜过 [shèngguò] ▸ **le boxeur a dominé son adversaire** 这位拳击手控制住了他的对手 [zhè wèi quánjīshǒu kòngzhì zhù le tāde duìshǒu]. ♦ vi (prédominer) 占优势 [zhànyōushì] ▸ **les hommes dominent dans cette salle** 厅里男人占了优势 [tīng lǐ nánren zhàn le yōushì] ▸ **une couleur qui domine** 主色 [zhǔ sè].

▪ **se dominer** vp 克制自己 [kèzhì zìjǐ].

dommage nm (dégât causé) 损失 [sǔnshī] ▸ **des dommages matériels** 物质损失 [wùzhì sǔnshī]

◊ **c'est dommage** 真遗憾 [zhēn yíhàn] ▸ **ce serait dommage de s'arrêter maintenant** 现在停下来那就太遗憾了 [xiànzài tíng xiàlai nà jiù tài yíhàn le].

▪ **dommages** nmpl ▸ **dommages et intérêts** (cl. 笔 [bǐ]) 损害赔偿 [sǔnhài péicháng].

dompter vt (dresser) 驯服 [xùnfú] ▸ **dompter un animal** 驯服动物 [xùnfú dòngwù].

DOM-TOM (abr de **département d'outre-mer/territoire d'outre-mer**) nmpl (法国)海外省及海外领土 [(Fǎguó) hǎi wài shěng jí hǎiwài lǐngtǔ].

don nm ❶ (cadeau) 馈赠 [kuìzèng] ▸ **un don en espèces** (cl. 笔 [bǐ]) 捐款 [juānkuǎn] ▸ **faire don de qqch** 赠送某物 [zèngsòng mǒuwù] ❷ (talent) 天赋 [tiānfù] ▸ **avoir un don pour la musique** 有音乐天赋 [yǒu yīnyuè tiānfù].

donateur, trice nm, f (personne qui fait un don) ○ (cl. 名 [míng] ou 位 [wèi] ou 个 [gè]) 捐赠人 [juānzèngrén].

donation nf DR 赠与 [zèngyǔ] ▸ **faire une donation à une association** 向协会捐赠 [xiàng xiéhuì juānzèng] ▸ **par donation** 通过赠与 [tōngguò zèngyǔ].

donc conj ❶ (marque la conséquence) 因此 [yīncǐ] ▸ **son train est annulé, elle ne viendra donc pas** 她的那班火车取消了，因此她不来了 [tāde nà bān huǒchē qǔxiāo le, yīncǐ tā bùlái le] ❷ (pour renforcer) 那么 [nàme] ▸ **qui donc a pu téléphoner ?** 那么谁打的电话呢？ [nàme shéi dǎ de diànhuà ne?] ▸ **allons donc, ce n'est pas possible !** 得啦，根本不可能！ [dé la, gēnběn bù kěnéng!].

Dong Qichang npr (peintre) 董其昌 [Dǒng Qíchāng].

donjon nm HIST (cl. 座 [zuò] ou 个 [gè]) 城堡主塔 [chéngbǎo zhútǎ].

donné, e adj (déterminé) 一定的 [yídìng de] ▸ **à une distance donnée** 在一定距离内 [zài yídìng jùlí nèi] ▸ **à un moment donné** 迟早 [chízǎo].

▪ **étant donné** loc prép 由于 [yóuyú] ▸ **étant donné l'heure, nous allons commencer la réunion** 由于时间关系，我们马上开始开会 [yóuyú shíjiān guānxi, wǒmen mǎshàng kāishǐ kāihuì].

▪ **étant donné que** loc conj 由于 [yóuyú] ▸ **étant donné qu'il pleut, nous resterons à la maison** 因为下雨，我们就待在家里不出去了 [yīnwèi xiàyǔ, wǒmen jiù dāi zài jiāli bùchūqù le].

donnée nf ❶ (élément) ○ (cl. 份 [fèn]) 资料 [zīliào] ❷ INFORM 数据 [shùjù].

donner ♦ vt ❶ (offrir) 送给 [sònggěi] ▸ **donner qqch à qqn** 把某物送给某人 [bǎ mǒuwù sònggěi mǒurén] ▸ **elle m'a donné son collier** 她把自己的项链送给了我 [tā bǎ zìjǐ de xiàngliàn sònggěi le wǒ] ❷ (céder) 让给 [rànggěi] ▸ **donner sa place à une vieille dame** 给一位老太太让座 [gěi yí wèi lǎotàitai ràngzuò] ❸ (confier) 托付给 [tuōfù gěi] ▸ **elle a donné sa fille à garder** 她把女儿托给别人看管 [tā bǎ nǚ'ér tuōgěi biéren kānguǎn] ❹ (payer) 付给 [fùgěi] ▸ **j'ai donné 2 euros de pourboire au coursier** 我给了送件人两欧元的小费 [wǒ gěi le sòngjiànrén liǎng ōuyuán de xiǎofèi] ❺ (passer) 递给 [dìgěi] ▸ **tu peux me donner le sel ?** 你能把盐递给我吗？ [nǐ néng bǎ yán dìgěi wǒ ma?] ❻ (attribuer un caractère) 估计 [gūjì] ▸ **quel âge lui donnes-tu ?** 你看他有多大年纪？ [nǐ kàn tā yǒu duōdà niánjì?] ❼ (avoir un résultat) 得出(结果) [déchū (jiéguǒ)] ▸ **les recherches n'ont rien donné** 寻找毫无结果 [xúnzhǎo háowú jiéguǒ]

◊ **donner faim/soif** 使……饥饿/口渴 [shǐ… jī'è/kóukě] ▸ **donner envie** 使人想 [shǐ rén xiǎng] ▸ **cette histoire me donne envie de pleurer** 这个故事让我想哭 [zhè ge gùshi ràng wǒ xiǎng kū].

♦ vi ❶ (aux cartes) 发牌 [fā pái] ▸ **c'est à moi de donner** 该我发牌了 [gāi wǒ fā pái le] ❷ (inciter) ▸ **donner à** *(+ infinitif)* 使人 [shǐrén] ▸ **l'incident donne à réfléchir** 这起事件发人深思 [zhèqǐ shìjiàn fārén shēnsī].

▪ **donner sur** vp+prép (être orienté vers) 朝向 [cháoxiàng] ▸ **toutes les fenêtres donnent sur la rue** 所有的窗户都临街 [suóyǒu de chuānghu dōu línjiē].

dont pron rel ❶ (complément du verbe, du nom, de l'adjectif) ……的 [… de] ▸ **la personne dont tu parles est ma sœur** 你所说的那个人是我姐姐 [nǐ suǒshuō de nà ge rén shì wǒ jiějie] ▸ **l'accident dont il est responsable** 他应该负责任的那次事故 [tā yīnggāi fù zérèn de nà cì shìgù] ❷ (complément d'un pronom numéral ou indéfini) 其中 [qízhōng].

dopage nm 服用兴奋剂 [fúyòng xīngfènjì].

doper vt (droguer) 使……服用兴奋剂 [shǐ… fúyòng xīngfènjì] ▸ **doper une personne** 给某人服用兴奋剂 [gěi mǒurén fúyòng xīngfènjì].

▪ **se doper** vp 服用兴奋剂 [fúyòng xīngfènjì] ▸ **je suis sûr qu'il se dope** 我确信他服兴奋剂 [wǒ quèxìn tā fú xīngfènjì].

doré, e adj ❶ (couvert d'une dorure) 镀金的 [dùjīn de] ▸ **des boucles d'oreille dorées** 镀金的耳环 [dùjīn de ěrhuán] ❷ (de la couleur de l'or) 金色的 [jīnsè de] ▸ **des cheveux dorés** 金色的头发 [jīnsè de tóufa].

dorénavant adv 今后 [jīnhòu] ▸ **dorénavant, je me lèverai plus tôt** 今后，我要起得更早 [jīnhòu, wǒ yào qǐ de gèng zǎo].

dorer vt ❶ (couvrir d'or) 着金色 [zhuójīnsè] ▸ **dorer un cadre** 给一个框架着金色 [gěi yí ge kuàngjià zhuójīnsè] ❷ (bronzer) 做日光浴 [zuò rìguāngyù] ▸ **dorer au soleil** 在太阳下做日光浴 [zài tàiyáng xià zuò rìguāngyù] ❸ CULIN 烤黄 [kǎohuáng] ▸ **faire dorer le poulet** 使鸡肉烤黄 [shǐ jīròu kǎohuáng].

dormir vi 睡觉 [shuìjiào] ▸ **dormir profondément** 熟睡 [shúshuì] ▸ **laisser dormir qqn** 让某人睡觉 [ràng mǒurén shuìjiào]
◊ **dormir sur ses deux oreilles** 放心睡大觉 [fàngxīn shuìdàjiào] ▸ **dormir debout** 困极了 [kùn jíle].

dortoir nm 宿舍 [sùshè].

dos nm ❶ ANAT 背 [bèi] ▸ **avoir le dos voûté** 驼背 [tuóbèi] ▸ **il a mal au dos** 他背疼 [tā bèi téng] ▸ **de dos** 从背后 [cóng bèihòu] ▸ **sur le dos** 仰着 [yǎngzhe] ❷ (côté opposé) 背面 [bèimiàn] ▸ **le dos d'une cuillère** 勺子的背面 [sháozi de bèimiàn] ▸ **le dos d'un fauteuil** 沙发的靠背 [shāfā de kàobèi] ▸ **le dos de la main** 手背 [shǒubèi] ▸ **voir au dos** 见反面 [jiàn fǎnmiàn]
◊ **se mettre qqn à dos** 得罪某人 [dézuì mǒurén] ▸ **dans** ou **derrière le dos de qqn** 背着某人 [bèizhe mǒurén] ▸ **ils ont agi dans mon dos** 他们是背着我干的 [tāmen shì bèizhe wǒ gān de].

DOS, Dos (abr de **Disc Operating System**) nm INFORM 磁盘操作系统 [cípán cāozuò xìtǒng].

dosage nm 定一次量 [dìng yí cì liàng] ▸ **faire un dosage de deux produits** 给两种产品定一次量 [gěi liáng zhǒng chánpǐn dìng yí cì liàng].

dose nf 量 [liáng] ▸ **'ne pas dépasser la dose prescrite'** 勿超过标明剂量 [wù chāoguò biāomíng jìliàng].

doser vt (mesurer) 定量 [dìngliàng] ▸ **doser un médicament** 确定一种药的剂量 [quèdìng yì zhǒng yào de jìliàng] ▸ **doser un ingrédient** 确定一种成分的用量 [quèdìng yì zhǒng chéngfèn de yòngliàng].

dossard nm 号坎 [hàokǎn].

dossier nm ❶ (partie d'un siège) 椅背 [yǐbèi] ▸ **le dossier de cette chaise est confortable** 这把椅子的靠背很舒服 [zhè bǎ yǐzi de kàobèi hěn shūfu] ❷ (ensemble de documents) 文档 [wéndàng] ▸ **consulter un dossier** 查阅一个文档 [cháyuè yí ge wéndàng] ▸ **un dossier d'inscription** 注册档案 [zhùcè dàng'àn] ▸ **un dossier médical** 医疗记录 [yīliáo jìlù].

dot nf (cl. 份 [fèn]) 嫁妆 [jiàzhuang] ▸ **apporter qqch en dot** 带来某物作嫁妆 [dàilái mǒuwù zuò jiàzhuang].

doté, e adj 具有......的 [jùyǒu... de] ▸ **ma voiture est dotée d'une alarme** 我的汽车有警报器 [wǒde qìchē yǒu jǐngbàoqì].

doter vt ▸ **doter qqn de qqch** 赋予某人什么 [fùyǔ mǒurén shénme] ▸ **la nature l'a doté de grands talents** 大自然赋予他极高的才华 [dàzìrán fùyǔ tā jí gāo de cáihuá].

douane nf ❶ ADMIN (bureau) 海关 [hǎiguān] ▸ **le service des douanes** 海关部门 [hǎiguān bùmén] ▸ **passer (à) la douane** 做通关检查 [zuò tōngguān jiǎnchá] ❷ (taxe) 关税 [guānshuì] ▸ **payer des droits de douane** 缴付关税 [jiǎofù guānshuì].

douanier, ère ♦ adj 海关的 [hǎiguān de] ▸ **les contrôles douaniers** 海关检查 [hǎiguān jiǎnchá]. ♦ nm, f 海关人员 [hǎiguān rényuán].

double ♦ adj ❶ (multiplié par deux) 两倍的 [liǎngbèi de] ▸ **double airbag** 双重安全气袋 [shuāngchóng ānquán qì dài] ▸ **double salaire** 两倍的薪金 [liǎngbèi de xīnjīn] ▸ **faire un double nœud** 打一个死结 [dǎ yí ge sǐjié] ▸ **fermer la porte à double tour** 把门关牢 [bǎmén guān láo] ▸ **présenter un double avantage** 有两个好处 [yǒu liǎng ge hǎochu] ❷ *fig* (qui a deux aspects) 两面性的 [liǎngmiànxìng de] ▸ **mener** ou **avoir une double vie** 有双重生活 [yǒu shuāngchóng shēnghuó] ▸ **jouer un double jeu** 耍两面派

[shuá liǎngmiànpài]. ♦ adv 两倍地 [liǎngbèi de] ▸ **les derniers points comptent double** 最后所有的点加倍计算 [zuìhòu suóyǒu de diǎn jiābèi jìsuàn] ▸ **voir double** 眼花 [yǎnhuā]. ♦ nm ❶ (quantité) 两倍 [liǎngbèi] ▸ **dix est le double de cinq** 十是五的两倍 [shí shì wǔ de liǎngbèi] ▸ **elle gagne le double de moi** 她挣的钱是我的两倍 [tā zhèng de qián shì wǒde liǎngbèi] ❷ (copie) 复制品 [fùzhìpǐn] ▸ **faire un double de qqch** 复制某物 [fùzhì mǒu wù] ▸ **avoir le double des clefs** 有备份钥匙 [yǒubèi fèn yàoshi] ▸ **avoir qqch en double** 有两个一样的…… [yǒu liǎng ge yíyàng de …].

double-cliquer vt INFORM 双击 [shuāng jī].

doublement adv 倍增地 [bèizēng de] ▸ **je suis doublement satisfaite** 我倍感满意 [wǒ bèi gǎn mǎnyì] ▸ **elle est doublement fautive** 她错上加错 [tā cuò shàng jiā cuò].

doubler ♦ vt ❶ (multiplier par deux) 加倍 [jiābèi] ▸ **doubler la mise** 多下一倍赌注 [duō xià yíbèi dǔzhù] ❷ (dépasser) 超过 [chāoguò] ▸ **elle a doublé un camion** 她超过了一辆卡车 [tā chāoguò le yí liàng kǎchē]. ♦ vi (être multiplié par deux) 翻一番 [fānyìfān] ▸ **les prix ont doublé en cinq ans** 五年内价格已经翻了一番 [wǔ nián nèi jiàgé yǐjing fān le yìfān].

doucement adv ❶ (avec délicatesse) 轻轻地 [qīngqīng de] ▸ **frapper doucement à la porte** 轻轻地敲门 [qīngqīng de qiāomén] ❷ (lentement) 慢慢地 [mànmàn de] ▸ **rouler doucement** 慢慢地开车 [mànmàn de kāichē] ❸ (à voix basse) 轻声地 [qīngshēng de] ▸ **parler doucement** 轻声地说 [qīngshēng de shuō].

douceur nf ❶ (sensation douce) 柔和 [róuhé] ▸ **la douceur de la peau** 皮肤的柔嫩 [pífū de róunèn] ▸ **la douceur de la soie** 绸缎的柔软 [chóuduàn de róuruǎn] ❷ (gentillesse) 温和 [wēnhé] ▸ **elle parle à ses enfants avec douceur** 她温和地跟她的孩子们说话 [tā wēnhé de gēn tāde háizimen shuōhuà] ▸ **en douceur** 平稳地 [píngwěn de] ❸ (friandise) 甜食 [tiánshí].

douche nf 淋浴 [línyù] ▸ **prendre une douche** 洗淋浴 [xǐ línyù] ▸ **être sous la douche** 正在洗淋浴 [zhèngzài xǐ línyù] ▸ **douche froide** 泼冷水 [pō lěngshuǐ].

doucher vt 给……洗淋浴 [gěi… xǐ línyù] ▸ **doucher un enfant** 给孩子洗淋浴 [gěi háizi xǐ línyù].

▪ **se doucher** vp 洗淋浴 [xǐ línyù].

doué, e adj 有天分的 [yǒu tiānfèn de] ▸ **cet enfant est très doué** 这个孩子极有天分 [zhè ge háizi jí yǒu tiānfèn] ▸ **il est doué pour la musique** 他在音乐方面很有天赋 [tā zài yīnyuè fāngmiàn hěn yǒu tiānfù].

douleur nf ❶ (physique) 疼痛 [téngtòng] ▸ **éprouver une forte douleur** 感到一阵剧烈的疼痛 [gǎndào yí zhèn jùliè de téngtòng] ▸ **des douleurs dans le ventre** 腹部疼痛 [fùbù téngtòng] ❷ (morale) 悲痛 [bēitòng] ▸ **éprouver une grande douleur** 感到十分悲痛 [gǎndào shífēn bēitòng].

douloureux, euse adj ❶ (qui fait mal) 疼痛的 [téngtòng de] ▸ **une blessure douloureuse** 一个疼痛的伤口 [yí ge téngtòng de shāngkǒu] ▸ **c'est une opération douloureuse** 这是一个痛苦的手术 [zhè shì yí ge tòngkǔ de shǒushù] ❷ (pénible) 沉痛的 [chéntòng de] ▸ **c'est un moment douloureux** 这是沉痛的一刻 [zhè shì chéntòng de yíkè].

doute nm ❶ (incertitude) 犹疑 [yóuyí] ▸ **avoir un doute** 怀疑 [huáiyí] ▸ **laisser qqn dans le doute** 让某人存有疑虑 [ràng mǒurén cúnyǒu yílǜ] ▸ **en doute** 怀疑 [huáiyí] ▸ **ne faire aucun doute** 毋庸置疑 [wúyōng zhìyí] ❷ (méfiance) 疑心 [yíxīn] ▸ **sa méthode m'inspire des doutes** 他的做法引起了我的疑心 [tāde zuòfǎ yínqǐ le wǒde yíxīn] ▸ **avoir des doutes sur qqn/qqch** 对某人/某事存有疑心 [duì mǒurén/mǒushì cúnyǒu yíxīn].

▪ **sans doute** loc adv 可能 [kěnéng] ▸ **il a sans doute oublié le rendez-vous** 他可能忘了这个约会 [tā kěnéng wàng le zhè ge yuēhuì].

douter vi ▸ **douter que** *(+ subjonctif)* 怀疑 [huáiyí] ▸ **faire douter qqn** 使某人怀疑 [shǐ mǒurén huáiyí].

▪ **douter de** vp+prép ▸ **douter de qqn/qqch** 怀疑某人/某事 [huáiyí mǒurén/mǒushì].

▪ **se douter** vp ▸ **se douter de qqch** 觉察到某事 [juéchá dào mǒushì] ▸ **je crois qu'il se doute de quelque chose** 我想他是察觉了一些事 [wǒ xiǎng tā shì chájué le yìxiē shì]

▸je me doute qu'il a des choses à faire 我料想他有些事要做 [wǒ liàoxiǎng tā yǒuxiē shì yào zuò].

douteux, euse adj ❶ (incertain) 值得怀疑的 [zhídé huáiyí de] **▸l'issue du procès est douteuse** 案子的结果值得怀疑 [ànzi de jiéguǒ zhídé huáiyí] ❷ (suspect) 可疑的 [kěyí de] **▸un revirement assez douteux** 一笔来路不明的转帐 [yì bǐ láilubùmíng de zhuǎnzhàng] **▸cette viande est douteuse** 这肉的质量有问题 [zhè ròu de zhìliàng yǒu wèntí].

doux, douce adj ❶ (agréable au toucher) 柔软的 [róuruǎn de] **▸les bébés ont la peau douce** 婴儿们的皮肤是柔嫩的 [yīng'érmen de pífū shì róunèn de] ❷ (peu intense) 柔和的 [róuhe de] **▸une lumière douce** 柔和的光线 [róuhe de guāngxiàn] **▸parler d'une voix douce** 用柔和的嗓音说话 [yòng róuhe de sǎngyīn shuōhuà].

■ **en douce** *fam* loc adv ❶ (discrètement) 轻轻地 [qīngqīng de] **▸il est parti en douce** 他轻轻地出门了 [tā qīngqīng de chūmén le] ❷ (en cachette) 偷偷地 [tōutōu de] **▸elle lui a téléphoné en douce** 她偷偷地给他打了电话 [tā tōutōu de gěi tā dǎ le diànhuà].

douzaine nf ❶ (douze) 十二个 [shí'èr ge]; 一打 [yì dá] **▸une douzaine d'œufs** 一打鸡蛋 [yì dá jīdàn] ❷ (environ douze) 十二左右 [shí'èr zuǒyòu] **▸il a une douzaine d'années** 他十二岁左右 [tā shí'èr suì zuǒyòu].

douze ♦ adj num inv ❶ (chiffre) 十二个 [shí'èr ge] **▸elle a douze ans** 她十二岁了 [tā shí'èr suì le] ❷ (douzième) 第十二 [dìshí'èr]. ♦ nm inv 十二 [shí'èr].

douzième adj num & nmf 第十二(个) [dìshí'èr (ge)].

doyen, enne nm, f ❶ (personne la plus âgée) 最年长者 [zuì niánzhǎngzhě] **▸la doyenne des Français** 法国人中最年长者 [Fǎguórén zhōng zuì niánzhǎngzhě] ❷ (personne la plus ancienne) 资历最老者 [zīlì zuì lǎozhě] **▸le doyen de l'Académie française** 法兰西学院中资格最老的院士 [Fǎlánxī Xuéyuàn zhōng zīgé zuì lǎo de yuànshì] **▸le doyen de la faculté de médecine** 医学院院长 [yīxuéyuàn yuànzhǎng].

Dr (abr écrite de **Docteur**) 医生 [yīshēng].

dragée nf (bonbon) 糖衣果仁 [tángyī guǒrén] **▸offrir des dragées à un baptême** 为一次洗礼赠送糖衣果仁 [wèi yí cì xǐlǐ zèngsòng tángyī guǒrén] **▸des dragées au chocolat** 巧克力糖衣果仁 [qiǎokèlì tángyī guǒrén].

dragon nm (monstre) 龙 [lóng]; ASTROL 龙 [lóng] **▸être du signe du dragon** 属龙 [shǔ lóng]

◊ **les quatre dragons (Corée du Sud, Hong Kong, Singapour et Taïwan)** 四小龙(南韩，香港，新加坡和台湾) [sì xiǎo lóng (Nánhán, Xiānggǎng, Xīnjiāpō hé Táiwān)].

draguer vt ❶ *fam* (séduire) 追 [zhuī] **▸elle s'est fait draguer toute la soirée** 整个晚上都有人在追她 [zhěng ge wǎnshang dōu yǒu rén zài zhuī tā] ❷ (nettoyer) 疏通 [shūtōng] **▸draguer un cours d'eau** 疏通河道 [shūtōng hédào].

dramatique adj ❶ (grave) 严重的 [yánzhòng de] **▸une situation dramatique** 严重的情况 [yánzhòng de qíngkuàng] ❷ THÉÂTRE 戏剧的 [xìjù de] **▸un acteur dramatique** 一个戏剧演员 [yí ge xìjù yǎnyuán].

dramatiser vt 夸大 [kuādà] **▸dramatiser un événement** 夸大事件 [kuādà shìjiàn] **▸il ne faut pas dramatiser la situation !** 不要夸大情况！ [búyào kuādà qíngkuàng!].

drame nm ❶ (catastrophe) 惨剧 [cǎnjù] **▸ce n'est pas un drame !** 这不是什么惨事！ [zhè bú shì shénme cǎnshì!] ❷ THÉÂTRE 悲剧 [bēijù] **▸un drame en cinq actes** 一场五幕悲剧 [yì chǎng wǔ mù bēijù].

drap nm ❶ (pièce de toile) ○ (cl. 条 [tiáo]) 单 [dān] **▸un drap de lit** 一条床单 [yì tiáo chuángdān] **▸le drap du dessus/du dessous** 被单/褥单 [bèidān/rùdān] **▸changer les draps** 换床单 [huàn chuángdān] ❷ (serviette) 毛巾 [máojīn] **▸drap de bain** 浴巾 [yùjīn]

◊ **être dans de beaux draps** *fam* 为难 [wéinán].

drapeau, x nm 旗 [qí] **▸hisser un drapeau** 升旗 [shēngqí] **▸le drapeau tricolore** 三色旗 [sānsèqí].

dresser vt ❶ (mettre droit) 竖起 [shùqǐ] **▸dresser une échelle contre le mur** 靠墙竖起一个

梯子 [kào qiáng shùqǐ yí ge tīzi] ❷ (monter) 搭起 [dāqǐ] ▸ **dresser une tente** 搭起一个帐篷 [dā qǐ yí ge zhàngpeng] ▸ **dresser des barricades** 搭街垒 [dā jiēlěi] ❸ (disposer) 摆放 [bǎifàng] ▸ **dresser la table/le couvert** 摆放桌子/餐具 [bǎifàng zhuōzi/cānjù] ❹ (dompter) 训练 [xùnliàn] ▸ **dresser un animal** 训练动物 [xùnliàn dòngwù]
◊ **dresser l'oreille** 支起耳朵 [zhī qǐ ěrduo].

▪ **se dresser** vp (se mettre debout) 站立 [zhànlì] ▸ **se dresser sur la pointe des pieds** 踮起脚尖 [diǎnqǐ jiǎojiān]
◊ **se dresser contre qqn/qqch** 奋起反抗某人/某事 [fènqǐ fǎnkàng mǒurén/ mǒushì].

dribbler vi & vt SPORT 带球过人 [dàiqiúguòrén] ▸ **dribbler un adversaire** 带球绕过一名对手 [dàiqiú ràoguò yì míng duìshǒu].

drogue nf (cl. 种 [zhǒng]) 毒品 [dúpǐn] ▸ **prendre de la drogue** 吸毒 [xīdú] ▸ **drogue douce** 软性毒品 [ruǎnxìng dúpǐn] ▸ **drogue dure** 烈性毒品 [lièxìng dúpǐn].

drogué, e adj & nm, f (cl. 个 [gè] ou 名 [míng]) 吸毒者 [xīdúzhě].

droguer vt 使……吸毒 [shǐ… xīdú].

▪ **se droguer** vp 吸毒 [xīdú] ▸ **il se drogue à la cocaïne** 他吸食可卡因 [tā xīshí kékǎyīn].

droguerie nf (cl. 家 [jiā]) 杂货店 [záhuòdiàn].

droit, e adj ❶ (situé du côté droit) 右的 [yòu de] ▸ **se blesser à la main droite** 右手受伤 [yòushǒu shòushāng] ❷ (rectiligne, vertical) 直的 [zhí de] ▸ **une ligne droite** 直线 [zhíxiàn] ▸ **une route toute droite** 笔直的路 [bǐzhí de lù] ▸ **tiens-toi droite !** 站直！ [zhàn zhí!] ▸ **les murs ne sont pas droits** 墙壁不直 [qiángbì bù zhí] ▸ **le tableau n'est pas droit** 画摆得不正 [huà bǎi de bú zhèng] ❸ (honnête) 正直的 [zhèngzhí de] ▸ **un homme droit** 一个正直的人 [yígè zhèngzhí de rén].

▪ **droit** ♦ adv ❶ (selon une ligne droite) 笔直地 [bǐzhí de] ▸ **marcher droit** 笔直地往前走 [bǐzhí de wǎng qián zǒu] ▸ **écrire droit** 写得很直 [xiě de hěn zhí] ❷ (directement) 直接地 [zhíjiē de] ▸ **regarder qqn droit dans les yeux** 直视某人 [zhíshì mǒurén]
◊ **aller droit au cœur** 为之感动 [wèi zhī gǎndòng] ▸ **marcher droit** 走正道 [zǒu zhèngdào].
♦ nm ❶ DR (législation) 法 [fǎ] ▸ **le droit français** 法国法律 [Fǎguó fǎlǜ] ▸ **le droit international** 国际法 [guójì fǎ] ❷ (autorisation) 权 [quán] ▸ **droit de vote** 投票权 [tóupiào quán] ▸ **les droits de l'Homme** 人权 [rén quán] ▸ **avoir le droit (de faire qqch)** 有权做某事 [yǒu quán zuò mǒushì] ▸ **avoir droit à qqch** 有做某事的权利 [yǒu zuò mǒushì de quánlì] ❸ (science) 法学 [fǎxué] ▸ **faire des études de droit** 学习法律 [xuéxí fǎlǜ] ▸ **faire son droit** 学习法律 [xuéxí fǎlǜ].

▪ **droite** nf ❶ GÉOM 直线 [zhíxiàn] ▸ **une droite parallèle** 一条平行的直线 [yì tiáo píngxíng de zhíxiàn] ❷ (partie droite) 右边 [yòubian] ▸ **à droite** 向右转 [xiàngyòuzhuǎn] ▸ **serrer à droite** 靠右边行驶 [kào yòubian xíngshǐ] ▸ **à la droite de qqn** 在某人的右边 [zài mǒurén de yòubian] ❸ POLIT 右派 [yòupài] ▸ **être de droite** 属于右派 [shǔyú yòupài].

droitier, ère adj & nm, f 右撇子 [yòupiězi] ▸ **il est droitier** 他是右撇子 [tā shì yòupiězi] ▸ **c'est une droitière** 这是个右撇子的女孩/人 [zhè shì gè yòupiězi de nǚhái/rén].

drôle adj ❶ (amusant) 有趣的 [yǒuqù de] ▸ **un film très drôle** 一部有趣的电影 [yí bù yǒuqù de diànyǐng] ▸ **ton ami est très drôle** 你的朋友真有趣 [nǐde péngyou zhēn yǒuqù] ❷ (bizarre) 奇怪的 [qíguài de] ▸ **un drôle de/de drôles de** *(+ nom)* 怪的 [guài de].

drôlement adv ❶ (bizarrement) 怪怪地 [guàiguài de] ▸ **il m'a regardé drôlement** 他样子怪怪地看着我 [tā yàngzi guàiguài de kànzhe wǒ] ❷ *fam* (très) 非常 [fēicháng] ▸ **il fait drôlement froid aujourd'hui !** 今天非常冷！ [jīntiān fēicháng lěng!].

dromadaire nm (cl. 匹 [pǐ] ou 头 [tóu]) 单峰驼 [dānfēngtuó].

dû, due adj ❶ (à payer) 欠的 [qiàn de] ▸ **payer la somme due** 付欠款 [fù qiànkuǎn] ❷ (causé) 由……引起的 [yóu… yínqǐ de] ▸ **un incendie dû à une fuite de gaz** 由煤气泄露引起的火灾 [yóu méiqì xièlòu yínqǐ de huǒzāi].

▪ **dû** nm 欠款 [qiànkuǎn] ▸ **réclamer son dû** 要求还他的欠款 [yāoqiú huán tāde qiànkuǎn].

Dublin npr 都柏林 [Dūbólín].

duc, duchesse nm, f 公爵 [gōngjué].

duel nm (combat) 决斗 [juédòu] ▸ **se battre en duel** 进行决斗 [jìnxíng juédòu].

Du Fu npr (poète) 杜甫 [Dù Fǔ].

dûment adv 按照规定 [ànzhào guīdìng].

dune nf 沙丘 [shāqiū].

Dunhuang npr (ville) 敦煌 [Dūnhuáng].

duo nm MUS 二重奏 [èrchóngzòu] ▸ **un duo pour violoncelles** 大提琴二重奏 [dàtíqín èrchóngzòu] ▸ **chanter en duo** 二重唱 [èrchóng chàng].

dupe adj 上当 [shàngdàng] ▸ **(ne pas) être dupe (de qqch/qqn)** (不)上(某事/某人的)当 [(bú) shàng (mǒushì/mǒurén de) dàng].

duplex nm ❶ (appartement) ○ (cl. 套 [tào]) 双层套间 [shuāngcéng tàojiān] ▸ **elle vit dans un duplex** 她住一套双层套间 [tā zhù yí tào shuāngcéng tàojiān] ❷ RADIO & TV 双工制 [shuānggōng zhì] ▸ **émission en duplex** 双工传播 [shuānggōng chuánbō].

duplicata nm 副本 [fùběn] ▸ **le duplicata d'une facture** 发票副本 [fāpiào fùběn].

dur, e ♦ adj ❶ (ferme) 硬的 [yìngde] ▸ **un lit dur** 一张硬床 [yì zhāng yìng chuáng] ❷ (difficile) 难的 [nán de] ▸ **un problème dur à résoudre** 一道难题 [yí dào nántí] ▸ **je n'y arrive pas, c'est trop dur** 我做不了，太难了 [wǒ zuò bù liǎo, tài nán le] ❸ (rude) 严酷的 [yánkù de] ▸ **l'hiver a été dur** 这个冬天非常寒冷 [zhè ge dōngtiān fēicháng hánlěng] ▸ **les temps sont durs** 气候恶劣 [qìhòu èliè]. ♦ nm, f *fam* 硬汉 [yìnghàn] ▸ **il joue les durs devant ses amis** 在朋友们面前，他做出是个硬汉样子 [zài péngyoumen miànqián, tā zuòchū shì ge yìnghàn yàngzi] ▸ **un dur à cuire** 倔强的人 [juéjiàng de rén].

▪ **dur** adv *fam* ❶ (fort) 猛烈地 [měngliè de] ▸ **frapper dur** 猛烈地敲 [měngliè de qiāo] ▸ **le soleil tape dur** 太阳强烈照射 [tàiyáng qiánglie zhàoshè] ❷ (beaucoup) 刻苦地 [kèkǔ de] ▸ **il a travaillé dur pour réussir son examen** 为了通过考试，他刻苦学习 [wèile tōngguò kǎoshì, tā kèkǔ xuéxí].

durable adj 持久的 [chíjiǔ de] ▸ **trouver une solution durable** 找一个解决问题的长远办法 [zhǎo yí ge jiějué wèntí de chángyuǎn bànfǎ] ▸ **une paix durable** 一个持久的和平 [yí ge chíjiǔ de hépíng].

durant prép *(avant ou après le nom)* (pendant) 在多少时间里 [zài duōshao shíjiān lǐ] ▸ **il peut rêvasser durant des heures** 他能够几个小时地在那里胡思乱想 [tā nénggòu jǐge xiǎoshí de zài nàli húsīluànxiǎng] ▸ **il a plu durant toute la nuit** 雨下了整整一夜 [yǔ xià le zhěngzhěng yí yè] ▸ **ils se sont rencontrés durant leur séjour** 当他们都在那里逗留的那段时间里，他们相遇了 [dāng tāmen dōu zài nàli dòuliú de nà duàn shíjiān lǐ, tāmen xiāngyù le].

durcir ♦ vt ❶ (rendre dur) 使……变硬 [shǐ… biànyìng] ▸ **la cuisson durcit l'argile** 焙烧使黏土变硬 [bèishāo shǐ niántǔ biànyìng] ❷ *fig* (rendre plus sévère) 使……变硬 [shǐ… biànyìng] ▸ **durcir sa voix** 使声音变得生硬 [shǐ shēngyīn biàn de shēngyìng]. ♦ vi 变硬 [biànyìng] ▸ **la pâte a durci** 和好的面变硬了 [huòhǎo de miàn biànyìng le].

▪ **se durcir** vp 变硬 [biànyìng] ▸ **la neige s'est durcie** 雪已经变硬了 [xuě yǐjīng biànyìng le].

durée nf 期间 [qījiān] ▸ **durée de vie** 生命期间 [shēngmìng qījiān] ▸ **durée de conservation** 保存期限 [bǎocún qīxiàn] ▸ **quelle est la durée du film ?** 这部电影要放多长时间？ [zhè bù diànyǐng yào fàng duō cháng shíjiān?] ▸ **pour une durée indéterminée** 无限期地 [wú xiànqī de] ▸ **pendant la durée de** 在……期间 [zài… qījiān] ▸ **sur la durée** 由时间而定 [yóu shíjiān ér dìng] ▸ **de courte durée** 短时间的 [duǎn shíjiān de].

durement adv ❶ (sévèrement) 生硬地 [shēngyìng de] ▸ **répondre durement** 生硬地回答 [shēngyìng de huídá] ❷ (péniblement) 艰难地 [jiānnán de] ▸ **être durement éprouvé par qqch** 艰难地经受了某种事情 [jiānnán de jīngshòu le móuzhǒng shìqing].

durer vi ❶ (se dérouler) 持续 [chíxù] ▸ **le film dure deux heures et demie** 电影持续了两个半小时 [diànyǐng chíxù le liǎng gè bàn xiǎoshí]

❷ (se prolonger) 延续 [yánxù] ▸ **le beau temps devrait durer** 好天气应该会延续下去 [hǎo tiānqì yīnggāi huì yánxù xiàqu] ▸ **ça va durer encore longtemps ?** 这会延续很长时间吗？ [zhè huì yánxù hěn cháng shíjiān ma?] ▸ **cela ne peut plus durer !** 不能再这样下去了！ [bùnéng zài zhèyàng xiàqu le!].

dureté nf ❶ (résistance) 硬度 [yìngdù] ▸ **la dureté de l'acier** 钢的硬度 [gāng de yìngdù] ❷ (sévérité) 严厉 [yánlì] ▸ **dureté d'un châtiment** 处罚之严厉 [chǔfá zhī yánlì] ▸ **traiter qqn avec dureté** 严厉地对待某人 [yánlì de duìdài mǒurén] ▸ **la dureté du climat** 气候的严酷 [qìhòu de yánkù].

duvet nm ❶ (plumes) 羽绒 [yǔróng] ❷ (sac de couchage) 睡袋 [shuìdài] ▸ **dormir dans un duvet** 在睡袋里睡觉 [zài shuìdài lǐ shuìjiào] ❸ (poils fins) 汗毛 [hànmáo] ▸ **son fils commence à avoir du duvet** 他的儿子开始长细胡须了 [tāde érzi kāishǐ zhǎng xì húxū le].

DVD (abr de **Digital Video ou Versatile Disk**) nm inv 数码激光视盘 [shùmǎ jīguāng shìpán] ▸ **regarder un DVD** 看光盘 [kàn guāngpán] ▸ **louer un DVD** 租光盘 [zū guāngpán].

dynamique ♦ adj (énergique) 有活力的 [yǒu huólì de] ▸ **une personne très dynamique** 十分有活力的人 [shífēn yǒu huólì de rén]. ♦ nf (processus) 动力 [dònglì] ▸ **dynamique de paix** 和平的动力 [hépíng de dònglì] ▸ **dynamique de groupe** 团队的动力 [tuánduì de dònglì].

dynamisme nm (vitalité) 活力 [huólì] ▸ **il fait preuve d'un grand dynamisme** 他表现出极大的活力 [tā biǎoxiàn chū jídà de huólì].

dynamite nf 炸药 [zhàyào] ▸ **faire sauter un édifice à la dynamite** 用炸药炸掉一个建筑 [yòng zhàyào zhàdiào yí ge jiànzhù] ▸ **des bâtons de dynamite** 一些炸药 [yìxiē zhàyào].

dynastie nf ❶ (famille de souverains) 王朝 [wángcháo] ▸ **la dynastie Han** 汉朝 [Hàn cháo] ❷ (suite de personnes célèbres) 家族 [jiāzú] ▸ **une dynastie de banquiers** 一个银行家家族 [yí ge yínhángjiā jiāzú].

dyslexique adj 患诵读困难症的 [huàn sòngdú kùnnan zhèng de] ▸ **un enfant dyslexique** 一个患诵读困难症的孩子 [yí ge huàn sòngdú kùnnan zhèng de háizi] ▸ **des troubles dyslexiques** 一些诵读困难 [yìxiē sòngdú kùnnan].

e

e, E nm inv 法语字母表中第五个字母 [fáyǔ zìmǔbiǎo zhōng dìwǔ ge zìmǔ].

E (abr écrite de **est**) 东方 [dōngfāng].

eau, x nf ❶ (élément naturel) 水 [shuǐ] ▸ **sur l'eau** 在水上 [zài shuǐ shàng] ▸ **eau douce/de mer** 淡/海水 [dàn/hǎi shuǐ] ❷ (liquide potable) 可饮用的水 [kě yǐnyòng de shuǐ] ▸ **eau bouillante** 开水 [kāi shuǐ] ▸ **eau courante** 自来水 [zìlái shuǐ] ▸ **eau gazeuse/plate** 苏打/不含气体的矿泉水 [sūdǎ/bùhán qìtǐ de kuàngquán shuǐ] ▸ **eau minérale** 矿泉水 [kuàngquán shuǐ]

◊ **tomber à l'eau** *fam* 落空 [luòkōng] ▸ **mettre de l'eau dans son vin** 缓和一些 [huǎnhé yìxiē] ▸ **se jeter à l'eau** 大胆地去做 [dàdǎn de qù zuò].

ébauche nf ❶ (esquisse) 草稿 [cáogǎo] ▸ **l'ébauche d'un tableau** 一张画的草图 [yìzhāng huà de cǎotú] ❷ (commencement) 初露 [chūlù] ▸ **l'ébauche d'un sourire** 一个笑容的初露 [yí ge xiàoróng de chūlù].

ébène nf 乌木 [wūmù] ▸ **des meubles en ébène** 乌木家具 [wūmù jiājù] ▸ **des cheveux d'ébène** 乌黑的头发 [wūhēi de tóufa].

éblouir vt ❶ (aveugler) 耀眼 [yàoyǎn] ▸ **j'ai été ébloui par ses phares** 他的车灯使我眼花 [tāde chēdēng shǐ wǒ yǎnhuā] ❷ (émerveiller) 赞叹 [zàntàn] ▸ **le public a été ébloui** 观众赞叹不已 [guānzhòng zàntànbùyǐ].

éborgner vt 弄瞎一只眼 [nòng xiā yì zhī yǎn].

éboueur nm (cl. 名 [míng]) 垃圾清理工 [lājī qīnglǐgōng].

éboulement nm (cl. 场 [chǎng]) 崩塌 [bēngtā].

ébranler vt ❶ (faire trembler) 震动 [zhèndòng] ▸ **l'explosion ébranla les vitres** 爆炸使玻璃窗震动起来 [bàozhà shǐ bōlichuāng zhèndòngqǐlái] ❷ (rendre fragile) 使……动摇 [shǐ… dòngyáo] ▸ **les émeutes ont ébranlé le régime** 暴动动摇了社会制度 [bàodòng dòngyáo le shèhuì zhìdù].

▪ **s'ébranler** vp (se mouvoir) 行动 [xíngdòng] ▸ **le cortège s'ébranla en silence** 一行人默默地动身了 [yì xíng rén mòmò de dòngshēn le] ▸ **le train s'ébranle lentement** 火车慢慢地起动了 [huǒchē mànmàn de qǐdòng le].

ébriété nf 酒醉 [jiǔzuì] ▸ **être en état d'ébriété** 处于醉酒状态 [chǔyú zuìjiǔ zhuàngtài].

ébrouer ▪ **s'ébrouer** vp 抖动身体 [dǒudòng shēntǐ].

ébruiter vt 使……公开 [shǐ… gōngkāi] ▸ **le scandale a été ébruité** 丑闻被公开了 [chǒuwén bèi gōngkāi le].

▪ **s'ébruiter** vp 流传 [liúchuán] ▸ **la nouvelle s'est ébruitée rapidement** 消息迅速地流传开来 [xiāoxi xùnsù de liúchuán kāilái].

ébullition nf 沸腾 [fèiténg] ▸ **porter l'eau à ébullition** 把水烧开 [bǎ shuǐ shāokāi].

écaille nf ❶ (d'animaux) ○ (cl. 片 [piàn]) 鳞 [lín] ▸ **les écailles d'un poisson** 鱼的鳞 [yú de lín]

▸ **des écailles de serpent** 蛇的鳞 [shé de lín] ❷ (de peinture, plâtre) 鳞片状脱落物 [línpiàn zhuàng tuōluò wù].

écailler vt ❶ (enlever les écailles) 刮去鳞 [guāqù lín] ▸ **écailler un poisson** 刮去鱼鳞 [guāqù yúlín] ❷ (ouvrir la coquille) 打开 [dǎkāi] ▸ **écailler des huîtres** 打开牡蛎的壳 [dǎkāi mǔlì de ké].

▪ **s'écailler** vp 呈鳞片状剥落 [chéng línpiàn zhuàng bōluò] ▸ **le mur s'écaille** 墙壁呈鳞片状剥落 [qiángbì chéng línpiàn zhuàng bōluò].

écarlate adj 鲜红色 [xiānhóngsè] ▸ **un tissu écarlate** 一块鲜红色的布 [yí kuài xiānhóngsè de bù] ▸ **il est devenu écarlate** 他满脸通红 [tā mánliǎn tōnghóng].

écarquiller vt ▸ **écarquiller les yeux** 睁大眼睛 [zhēng dà yǎnjing].

écart nm ❶ (différence) 间距 [jiānjù] ▸ **un écart de 10 cm** 十厘米的间距 [shí límǐ de jiānjù] ▸ **un écart de 20 minutes** 二十分钟的间隔 [èrshí fēnzhōng de jiàngé] ❷ (marge) 差距 [chājù] ▸ **un écart de prix important** 大的价格差距 [dà de jiàgé chājù] ❸ (transgression) 偏差 [piānchā] ▸ **il respecte son régime, malgré quelques écarts** 尽管有些偏差，他遵守他的饮食制度 [jǐnguǎn yǒuxiē piānchā, tā zūnshǒu tāde yǐnshí zhìdù] ▸ **écart de langage** 语言的偏差 [yǔyán de piānchā].

écartement nm ❶ (distance) 间距 [jiānjù] ▸ **l'écartement des rails** 铁路轨距 [tiělùguǐ jù] ❷ (action d'écarter) 分开 [fēnkāi] ▸ **l'écartement des jambes** 双腿叉开 [shuāng tuǐ chàkāi].

écarter vt ❶ (séparer) 张开 [zhāngkāi] ▸ **écarter les doigts** 张开手指 [zhāngkāi shóuzhǐ] ▸ **écarter les bras** 张开手臂 [zhāngkāi shǒubì] ▸ **écarter un rideau** 拉开帷幕 [lākāi wéimù] ❷ (éliminer) 除去 [chúqù] ▸ **écarter un candidat de la compétition** 除去一个竞赛选手 [chúqù yí ge jìngsài xuǎnshǒu] ▸ **écarter une hypothèse** 排除一个假设 [páichú yí ge jiǎshè].

▪ **s'écarter** vp ❶ (se séparer) 离开 [líkāi] ▸ **écartez-vous du mur** 您快离开墙 [nín kuài líkāi qiáng] ❷ (se détourner) 偏离 [piānlí] ▸ **s'écarter du sujet** 偏离主题 [piānlí zhǔtí].

ecchymose nf 瘀斑 [yūbān].

ecclésiastique ♦ adj 教会的 [jiàohuì de] ▸ **la vie ecclésiastique** 教会人士的生活 [jiàohuì rénshì de shēnghuó]. ♦ nm 教士 [jiàoshì].

échafaudage nm CONSTR 脚手架 [jiáoshǒujià] ▸ **monter un échafaudage** 搭建脚手架 [dājiàn jiáoshǒujià].

échange nm ❶ (d'une chose contre une autre) 交换 [jiāohuàn] ▸ **un échange de lettres** 通信 [tōngxìn] ▸ **un échange de coups de feu** 交火 [jiāohuǒ] ❷ COMM 贸易 [màoyì] ▸ **les échanges internationaux** 国际贸易 [guójì màoyì] ❸ SPORT 换 [huàn] ▸ **un échange de balles** 换发球 [huàn fā qiú].

▪ **en échange** loc adv 作为交换 [zuòwéi jiāohuàn].

▪ **en échange de** loc prép 以……作为补偿 [yǐ… zuòwéi bǔcháng].

échanger vt ❶ (troquer) 交换 [jiāohuàn] ▸ **échanger des timbres de collection** 交换集邮邮票 [jiāohuàn jíyóu yóupiào] ▸ **échanger des vêtements dans un magasin** 在一家商店换衣服 [zài yì jiā shāngdiàn huàn yīfu] ❷ (communiquer) 相互 [xiānghù] ▸ **échanger des lettres** 相互通信 [xiānghù tōngxìn] ▸ **échanger des opinions** 交换看法 [jiāohuàn kànfa].

échangiste adj & nmf 交换性伴侣的人 [jiāohuàn xìng bànlǚ de rén] ▸ **un club échangiste** 交换性伴侣俱乐部 [jiāohuàn xìng bànlǚ jùlèbù].

échantillon nm 样品 [yàngpǐn] ▸ **un échantillon de parfum** 一种香水样品 [yì zhǒng xiāngshuǐ yàngpǐn].

échappatoire nf 脱身之计 [tuōshēn zhī jì] ▸ **trouver une échappatoire** 找一个脱身之计 [zhǎo yí ge tuōshēn zhī jì].

échappement nm AUTO 排放 [páifàng] ▸ **les gaz d'échappement** 车的尾气 [chē de wěiqì] ➤ **pot**.

échapper vt ❶ (ne pas être retenu) 脱落 [tuōluò] ▸ **la tasse m'a échappé des mains** 杯子从我手中脱落了 [bēizi cóng wǒ shǒu zhōng tuōluò le] ▸ **je regrette les paroles qui m'ont échappé** 我为我脱口而出的话感到

懊悔 [wǒ wèi wǒ tuōkǒu ér chū de huà gǎndào àohuǐ] ❷ (ne pas se souvenir) 想不起 [xiǎng bù qǐ] ▸ **son nom m'échappe** 我想不起他的名字来了 [wǒ xiǎng bù qǐ tāde míngzi lái le]
◊ **l'échapper belle** 幸免于难 [xìngmiǎn-yúnàn].

▪ **échapper à** vi 躲过 [duǒguò] ▸ **échapper à un danger** 躲过一个危险 [duǒguò yí ge wēixiǎn].

▪ **s'échapper** vp ❶ (s'enfuir) 逃 [táo] ▸ **il s'est échappé de prison** 他从监狱逃走了 [tā cóng jiānyù táozǒu le] ❷ (sortir) 冒出 [màochū] ▸ **de la fumée s'échappe du dernier étage** 烟从最高一层冒出来 [yān cóng zuì gāo yì céng màochū lái].

écharde nf 刺 [cì] ▸ **j'ai une écharde dans le doigt** 我手指上扎了一根刺 [wǒ shóuzhǐ shàng zhā le yì gēn cì].

écharpe nf (cl. 条 [tiáo]) 披肩 [pījiān]
◊ **en écharpe** 用绷带吊着 [yòng bēngdài diàozhe].

échasse nf 高跷 [gāoqiāo] ▸ **monter/marcher sur des échasses** 踩高跷 [cǎi gāoqiāo].

échauffement nm 热身活动 [rèshēn huódòng] ▸ **échauffement des muscles** 活动肌肉 [huódòng jīròu] ▸ **des exercices d'échauffement** 一些热身练习活动 [yìxiē rèshēn liànxí huódòng].

échauffer vt (exciter) 使......激动 [shǐ… jīdòng] ▸ **échauffer les esprits** 激动人心 [jīdòng rénxīn] ▸ **échauffer l'imagination** 激发想象力 [jīfā xiǎngxiànglì]
◊ **échauffer les oreilles** (énerver) 让某人上火 [ràng mǒurén shànghuǒ].

▪ **s'échauffer** vp SPORT 热身 [rèshēn].

échéance nf 期限 [qīxiàn] ▸ **arriver à échéance** 到期 [dàoqī].

échéant adj
◊ **le cas échéant** 必要的话 [bìyào dehuà].

échec nm 失败 [shībài] ▸ **l'échec scolaire** 学业失败 [xuéyè shībài] ▸ **courir à l'échec** 注定要失败 [zhùdìng yào shībài] ▸ **tenir qqn en échec** 干扰某人 [gānrǎo mǒurén].

▪ **échecs** nmpl 国际象棋 [guójì xiàngqí] ▸ **jouer aux échecs** 下国际象棋 [xià guójì xiàngqí].

échelle nf ❶ (objet) ○ (cl. 架 [jià]) 梯子 [tīzi] ▸ **monter sur une échelle** 登上梯子 [dēng-shang tīzi] ❷ (suite de niveaux) 等级 [děngjí] ❸ (graduations) 比例 [bǐlì]
◊ **à grande échelle** 大规模地 [dàguīmó de] ▸ **faire la courte échelle à qqn** 助某人一臂之力 [zhù mǒurén yíbìzhīlì].

échelon nm ❶ (barreau) 梯级 [tījí] ❷ (degré d'une série) 级别 [jíbié].

échelonner ▪ **s'échelonner** vp 分期进行 [fēnqī jìnxíng].

échiquier nm 棋盘 [qípán] ▸ **jouer des pions sur l'échiquier** 下棋 [xiàqí].

écho nm 回音 [huíyīn] ▸ **il y a de l'écho dans la salle** 房间里有回音 [fángjiān lí yǒu huíyīn].

échographie nf 超声波检查 [chāo shēng-bō jiǎnchá] ▸ **faire ou passer une échographie** 做超声波检查 [zuò chāoshēngbō jiǎnchá].

échoir vi 到期 [dàoqī] ▸ **le terme échoit le 15 janvier** 最后期限为1月15日 [zuìhòu qīxiàn wéi 1 yuè 15 rì].

échoppe nf 小卖部 [xiǎomàibù].

échouer vi ❶ (ne pas réussir) 失败 [shībài] ▸ **les négociations ont échoué** 谈判失败了 [tánpàn shībài le] ▸ **échouer à un examen** 考试考砸了 [kǎoshì kǎozá le] ❷ (toucher le fond) 搁浅 [gēqiǎn] ▸ **le bateau a échoué** 船搁浅了 [chuán gēqiǎn le].

▪ **s'échouer** vp 搁浅 [gēqiǎn] ▸ **un voilier s'est échoué** 一艘帆船搁浅了 [yì sōu fānchuán gēqiǎn le].

éclabousser vt 溅污 [jiànwū].

éclair nm ❶ (lumière) 闪光 [shǎnguāng] ▸ **les éclairs de l'orage** 雷雨中的闪电 [léiyǔ zhōng de shǎndiàn] ▸ **l'éclair d'un flash** 闪光灯的闪光 [shǎnguāngdēng de shǎnguāng] ❷ (gâteau) ○ (cl. 块 [kuài] ou 个 [gè]) 长条蛋糕 [chángtiáo dàngāo].

éclairage nm 灯光 [dēngguāng] ▸ **l'éclairage d'une pièce** 一个房间的灯光 [yí ge fángjiān de dēngguāng] ▸ **l'éclairage électrique** 电力照明 [diànlì zhàomíng].

éclaircie nf 阴雨天的暂时晴朗 [yīnyǔ tiān de zànshí qínglǎng].

éclaircir vt ❶ (rendre plus clair) 使……明亮 [shǐ… míngliàng] ▸ **ce papier éclaircit la pièce** 这种壁纸使房间显得明亮 [zhè zhǒng bìzhǐ shǐ fángjiān xiǎnde míngliàng] ▸ **éclaircir une couleur** 使一种颜色变淡 [shǐ yì zhǒng yánsè biàn dàn] ❷ (rendre facile à comprendre) 弄清楚 [nòng qīngchǔ] ▸ **éclaircir un mystère** 解开一个谜 [jiěkāi yí ge mí] ▸ **éclaircir une situation** 弄清楚一个状况 [nòng qīngchǔ yí ge zhuàngkuàng].

■ **s'éclaircir** vp ❶ (devenir plus clair) 变晴 [biàn qíng] ▸ **le ciel s'est éclairci** 天转晴了 [tiān zhuǎn qíng le] ❷ (se clarifier) 变得清晰明了 [biàn de qīngxī míngliǎo]

◊ **s'éclaircir la voix** 清嗓子 [qīng sǎngzi].

éclaircissement nm 解释 [jiěshì] ▸ **demander des éclaircissements** 要求作出解释 [yāoqiú zuòchū jiěshì] ▸ **apporter des éclaircissements sur qqch** 对某事作出解释 [duì mǒushì zuòchū jiěshì].

éclairer vt 照亮 [zhàoliàng] ▸ **les phares éclairent la route** 汽车的前灯照亮路面 [qìchē de qiándēng zhàoliàng lùmiàn]

◊ **éclairer la lanterne de qqn** 给某人讲关键的东西 [géi mǒurén jiǎng guānjiàn de dōngxi].

■ **s'éclairer** vp (devenir lumineux) 被照亮 [bèi zhàoliàng] ▸ **s'éclairer à la bougie** 用蜡烛照亮 [yòng làzhú zhàoliàng].

éclat nm ❶ (fragment) 碎片 [suìpiàn] ▸ **des éclats de verre** 玻璃碎片 [bōli suìpiàn] ❷ (bruit) 大的声响 [dà de shēngxiǎng] ▸ **des éclats de rire** 大笑声 [dàxiào shēng] ▸ **des éclats de voix** 大的说话声 [dà de shuōhuà shēng]

◊ **faire un éclat** 引起轰动 [yínqǐ hōngdòng] ▸ **voler en éclats** 打个粉碎 [dǎ ge fěnsuì].

éclater vi ❶ (exploser) 爆裂 [bàoliè] ▸ **le pneu a éclaté** 轮胎爆了 [lúntāi bào le] ❷ (se produire) 爆发 [bàofā] ▸ **la guerre a éclaté** 战争爆发了 [zhànzhēng bàofā le] ▸ **l'orage va éclater** 暴风雨降临了 [bàofēngyǔ jiànglín le]

◊ **éclater de rire** 哈哈大笑 [hāha dàxiào] ▸ **éclater en sanglots** 嚎啕大哭 [háotáo dàkū].

■ **s'éclater** vp *fam* (s'amuser) 感到很开心 [gǎndào hěn kāixīn].

éclipse nf ASTRON (cl. 次 [cì]) 食 [shí] ▸ **une éclipse de lune/de soleil** 一次月食/日食 [yí cì yuèshí/rìshí].

éclipser vt ASTRON 食 [shí].

■ **s'éclipser** vp *fam* (s'esquiver) 溜走 [liūzǒu].

éclore vi ❶ (sortir de l'œuf) 出壳 [chūké] ▸ **les œufs sont éclos** 蛋破壳出雏了 [dàn pòké chūchú le] ▸ **les poussins ont éclos** 小鸡孵出来了 [xiǎojī fūchūlái le] ❷ (fleurir) 开花 [kāihuā] ▸ **les roses ne sont pas encore écloses** 这些玫瑰还没开呢 [zhèxiē méigui hái méi kāi ne].

écœurant, e adj ❶ (dégoûtant) 令人恶心的 [lìngrén éxin de] ▸ **une odeur écœurante** 一股令人恶心的气味 [yì gǔ lìngrén éxin de qìwèi] ▸ **un gâteau écœurant** 一块甜得发腻的蛋糕 [yí kuài tián dé fānì de dàngāo] ❷ (révoltant) 令人厌恶的 [lìngrén yànwù de].

écœurer vt ❶ (dégoûter) 令人恶心 [lìngrén éxin] ▸ **son parfum m'écœure** 他的香味让我恶心 [tāde xiāngwèi ràng wǒ éxin] ▸ **j'ai mangé trop de chocolat, ça m'écœure** 我吃了太多巧克力，腻死了 [wǒ chī le tài duō qiǎokèlì, nì sǐ le] ❷ (inspirer de l'indignation) 使……反感 [shǐ… fǎngǎn].

école nf (cl. 所 [suǒ]) 学校 [xuéxiào] ▸ **aller à l'école** 去上学 [qù shàngxué] ▸ **école maternelle** 幼儿园 [yòu'éryuán] ▸ **école primaire** 小学 [xiǎoxué] ▸ **une école de danse** 一所舞蹈学校 [yì suǒ wúdǎo xuéxiào]

◊ **faire l'école buissonnière** 逃学 [táoxué] ▸ **être à bonne école** 受到良好的教育 [shòudào liánghǎo de jiàoyù].

écolier, ère nm, f 小学生 [xiǎoxuéshēng] ▸ **un groupe d'écoliers** 一群小学生 [yìqún xiǎoxuéshēng].

écolo *fam* ♦ nmf abr de **écologiste**. ♦ adj abr de **écologique, écologiste**.

écologie nf 生态学 [shēngtàixué].

écologique adj 生态的 [shēngtài de] ▸ **des problèmes écologiques** 生态问题 [shēngtài wèntí] ▸ **un produit écologique** 一件环保产品 [yí jiàn huánbǎo chánpǐn].

écologiste ♦ nmf 环境保护主义者 [huánjìng bǎohù zhǔyìzhě]. ♦ adj 环保的 [huánbǎo de] ▸ **le mouvement écologiste** 环保运动 [huánbǎo yùndòng].

économe ♦ adj (avare) 节俭的 [jiéjiǎn de] ▸ **cette femme est très économe** 这个妇女很节俭 [zhè ge fùnǚ hěn jiéjiǎn] ▸ **être économe de qqch** 爱惜…… [àixī…]. ♦ nm (couteau) ○ (cl. 把 [bǎ]) 蔬菜削刨刀 [shūcài xiāobàodāo].

économie nf ❶ (gain) 节约 [jiéyuē] ▸ **des économies d'énergie** 节约能源 [jiéyuē néngyuán] ▸ **économie de papier** 节约纸张 [jiéyuē zhǐzhāng] ▸ **économie de temps** 节省时间 [jiéshěng shíjiān] ▸ **économie de travail** 节省做功 [jiéshěng zuògōng] ❷ (activités d'un pays) 经济 [jīngjì] ▸ **l'économie mondiale** 全球经济 [quánqiú jīngjì].

▪ **économies** nfpl (épargne) 储蓄 [chǔxù] ▸ **mettre ses économies à la banque** 把积蓄存入银行 [bǎ jīxù cúnrù yínháng] ▸ **faire des économies** 积蓄 [jīxù].

économique adj ❶ (avantageux) 省钱的 [shěngqián de] ▸ **cette voiture est plus économique** 这辆车更实惠 [zhè liàng chē gèng shíhuì] ❷ ÉCON 经济的 [jīngjì de] ▸ **l'activité économique d'un pays** 一个国家的经济活力 [yí ge guójiā de jīngjì huólì] ▸ **des problèmes économiques** 经济问题 [jīngjì wèntí].

économiser vt ❶ (épargner) 积攒 [jīzǎn] ▸ **économiser de l'argent** 攒钱 [zǎnqián] ❷ (ménager) 节约 [jiéyuē] ▸ **économiser l'eau** 节约用水 [jiéyuē yòngshuǐ] ▸ **économiser ses forces** 节省体力 [jiéshěng tǐlì].

économiste nmf (cl. 个 [gè] ou 位 [wèi]) 经济学家 [jīngjìxuéjiā].

écorce nf (enveloppe d'un végétal) 皮 [pí] ▸ **l'écorce d'un arbre** 树皮 [shùpí] ▸ **l'écorce de fruits** 果皮 [guǒpí] ▸ **une écorce d'orange** 橙子皮 [chéngzi pí].

écorcher vt ❶ (égratigner) 擦伤 [cāshāng] ▸ **une ronce lui a écorché la jambe** 一根荆棘擦破了他的腿 [yì gēn jīngjí cāpò le tāde tuǐ] ❷ (déformer) 吐字不清 [tǔzì bùqīng] ▸ **écorcher un nom** 念错一个名字 [niàn cuò yí ge míngzi].

▪ **s'écorcher** vp 擦破 [cāpò] ▸ **s'écorcher le genou** 擦破膝盖 [cāpò xīgài].

écossais, e adj 苏格兰的 [sūgélán de] ▸ **du whisky écossais** 苏格兰威士忌酒 [sūgélán wēishìjì jiǔ].

▪ **Écossais, e** nm, f 苏格兰人 [Sūgélánrén].

Écosse nf ▸ **l'Écosse** 苏格兰 [Sūgélán].

écouler vt 出售 [chūshòu] ▸ **écouler un stock de marchandises** 出售存货 [chūshòu cúnhuò] ▸ **écouler un produit** 推销一件产品 [tuīxiāo yíjiàn chánpǐn].

▪ **s'écouler** vp ❶ (couler) 流淌 [liútǎng] ❷ (passer) 流逝 [liúshì] ▸ **cinq ans se sont écoulés** 五年过去了 [wǔ nián guòqù le] ▸ **le temps s'écoule vite** 时间飞逝 [shíjiān fēishì].

écourter vt 缩短 [suōduǎn] ▸ **écourter un séjour** 缩短逗留期限 [suōduǎn dòuliú qīxiàn] ▸ **écourter un discours** 缩短一次讲话 [suōduǎn yí cì jiǎnghuà].

écouter vt ❶ (prêter attention à) 听 [tīng] ▸ **écouter de la musique** 听音乐 [tīng yīnyuè] ▸ **écouter les informations** 听新闻 [tīng xīnwén] ❷ (obéir, suivre) 听从 [tīngcóng] ▸ **écouter les conseils d'un ami** 听取一个朋友的建议 [tīngqǔ yí ge péngyou de jiànyì] ▸ **écouter ses parents** 听父母的话 [tīng fùmǔ de huà]
◊ **écouter aux portes** 在门外偷听 [zài ménwài tōutīng].

écouteur nm ❶ TÉLÉCOM 电话听筒 [diànhuà tīngtǒng] ▸ **décrocher l'écouteur** 拿起电话听筒 [náqǐ diànhuà tīngtǒng] ❷ (de radio) ○ (cl. 副 [fù]) 耳机 [ěrjī].

écran nm (cl. 面 [miàn]) 屏幕 [píngmù] ▸ **travailler sur écran** 在电脑上工作 [zài diànnǎo shàng gōng zuò] ▸ **un écran de cinéma** 一面电影银幕 [yí miàn diànyǐng yínmù] ▸ **un écran d'ordinateur** 一面电脑屏幕 [yí miàn diànnǎo píngmù]
◊ **le petit écran** 电视 [diànshì].

écrasant, e adj *fig* (accablant) 沉重的 [chénzhòng de] ▸ **une victoire écrasante** 决定性的胜利 [juédìngxìng de shènglì] ▸ **une chaleur écrasante** 酷热 [kùrè].

écraser vt ❶ (aplatir) 压 [yā] ▸ **écraser le pied de qqn** 踩某人的脚 [cǎi mǒurén de jiǎo] ▸ **écraser une cigarette** 把烟掐了 [bǎ yān qiā le] ❷ (renverser) 轧 [yà] ▸ **cette voiture a écrasé un chien** 那辆车轧死了一条狗 [nà liàng chē yàsǐ le yì tiáo gǒu] ▸ **se faire écraser (par)** (被)撞坏 [(bèi) zhuànghuài].

▪ **s'écraser** vp (s'aplatir) 跌碎 [diēsuì] ▸ **l'avion s'est écrasé au sol** 飞机坠毁在地面 [fēijī zhuìhuǐ zài dìmiàn].

écrevisse nf (cl. 只 [zhī]) 螯虾 [áoxiā].

écrier ▪ **s'écrier** vp 喊叫 [hǎnjiào].

écrin nm 首饰盒 [shǒushihé] ▸ **un écrin de velours** 一个天鹅绒的首饰盒 [yí ge tiān'éróng de shǒushihé].

écrire vt ❶ (rédiger) 写 [xiě] ▸ **écrire une lettre** 写一封信 [xiě yì fēng xìn] ▸ **écrire un roman** 写一部小说 [xiě yí bù xiǎoshuō] ❷ (tracer) 书写 [shūxiě] ▸ **ne pas savoir écrire** 不会写字 [bú huì xiězì] ▸ **écrire son nom** 写自己的名字 [xiě zìjǐ de míngzi] ▸ **écrire lisiblement** 书写字迹清楚 [shūxiě zìjì qīngchu] ▸ **écrire au crayon** 用铅笔写 [yòng qiānbǐ xiě].

▪ **s'écrire** vp ❶ (orthographier) 拼写 [pīnxiě] ▸ **comment ça s'écrit ?** 那个词该怎么拼写？ [nà ge cí gāi zěnme pīnxiě?] ❷ (correspondre) 相互通信 [xiānghù tōngxìn] ▸ **nous nous écrivons une fois par mois** 我们每个月通一次信 [wǒmen měi ge yuè tōng yí cì xìn].

écrit, e ♦ adj 书面的 [shūmiàn de] ▸ **une épreuve écrite** 笔试 [bǐshì]. ♦ nm (ouvrage, document) 写出来的东西 [xiěchūlai de dōngxi] ▸ **les écrits d'un auteur** 一个作家的作品 [yí ge zuòjiā de zuòpǐn] ▸ **un écrit anonyme** 一份匿名文书 [yí fèn nìmíng wénshū].

▪ **par écrit** loc adv 书面地 [shūmiàn de] ▸ **s'engager par écrit** 以书面形式担保 [yǐ shūmiàn xíngshì dānbǎo].

écriteau, x nm 告示牌 [gàoshipái].

écriture nf ❶ (système de signes) 文字 [wénzì] ▸ **l'écriture chinoise** 汉字 [hànzì] ❷ (manière d'écrire) 笔迹 [bǐjì] ▸ **une belle écriture** 一手好字 [yìshǒu hǎozì] ▸ **une écriture illisible** 字迹不清 [zìjì bùqīng].

écrivain nm (cl. 位 [wèi] ou 个 [gè]) 作家 [zuòjiā].

écrou nm 螺母 [luómǔ] ▸ **serrer/visser un écrou** 夹紧/拧紧一个螺母 [jiājǐn/níngjǐn yí ge luómǔ].

écrouer vt 监禁 [jiānjìn] ▸ **écrouer un assassin** 监禁一个杀人犯 [jiānjìn yí ge shārénfàn].

écrouler ▪ **s'écrouler** vp ❶ (s'affaisser) 坍塌 [tāntā] ▸ **une partie de la falaise s'est écroulée** 悬崖的一部份坍塌了 [xuányá de yí bùfèn tāntā le] ▸ **l'immeuble s'est écroulé** 这幢房子倒塌了 [zhè zhuàng fángzi dǎotā le] ❷ (s'effondrer) 倒下 [dǎoxià] ▸ **s'écrouler de fatigue** 累跨 [lèi kuà]

◊ **être écroulé de rire** *fam* 笑得前仰后合 [xiào de qiányǎng hòuhé].

écru, e adj 本色的 [běnsè de] ▸ **un pantalon écru** 浅米色裤子 [qiánmǐsè kùzi].

écueil nm (cl. 块 [kuài]) 礁石 [jiāoshí] ▸ **le navire s'est échoué sur les écueils** 船在礁石上搁浅了 [chuán zài jiāoshí shàng gēqiǎn le].

écuelle nf 碗 [wǎn] ▸ **une écuelle d'eau** 一碗水 [yì wǎn shuǐ].

écume nf 泡沫 [pàomò] ▸ **l'écume de la mer** 海水的泡沫 [háishuǐ de pàomò].

écureuil nm (cl. 只 [zhī]) 松鼠 [sōngshǔ].

écurie nf (bâtiment) ○ (cl. 间 [jiān]) 牲口棚 [shēngkoupéng].

écusson nm (cl. 枚 [méi]) 盾徽 [dùnhuī] ▸ **un écusson d'or/d'argent** 一枚金质/银质的盾徽 [yì méi jīnzhì/yínzhì de dùnhuī] ▸ **l'écusson d'une ville** 一个城市的市徽 [yí ge chéngshì de shìhuī].

édifiant, e adj 有教益的 [yǒu jiàoyì de] ▸ **un discours édifiant** 一次有教益的演讲 [yí cì yǒu jiàoyì de yánjiǎng].

édifice nm (cl. 座 [zuò]) 建筑物 [jiànzhùwù] ▸ **un édifice public** 一座公共建筑 [yí zuò gōnggòng jiànzhù].

édifier vt 建造 [jiànzào] ▸ **édifier une église** 兴建一座教堂 [xīngjiàn yí zuò jiàotáng] ▸ **édifier un musée** 修建一个博物馆 [xiūjiàn yí ge bówùguǎn].

Édimbourg npr 爱丁堡 [Àidīngbǎo].

éditer vt 出版 [chūbǎn] ▸ **éditer un roman** 出版一本小说 [chūbǎn yì běn xiǎoshuō].

éditeur, trice nm, f 发行人 [fāxíngrén].

édition nf ❶ (publication) 出版 [chūbǎn] ▸ **l'édition d'une bande dessinée** 一本连环画的出版 [yì běn liánhuánhuà de chūbǎn] ▸ **une édition spéciale** 一本特刊 [yì běn tèkān] ❷ (industrie du livre) 出版业 [chūbǎnyè] ▸ **il travaille dans l'édition** 他从事出版业 [tā cóngshì chūbǎnyè].

édredon nm (cl. 条 [tiáo] ou 床 [chuáng]) 鸭绒被 [yāróngbèi].

éducateur, trice ♦ nm, f 教育者 [jiàoyùzhě]. ♦ adj 教育的 [jiàoyù de] ▸ **la fonction éducatrice des professeurs** 教师的教育职责 [jiàoshī de jiàoyù zhízé].

éducatif, ive adj 有教育意义的 [yǒu jiàoyù yìyì de] ▸ **un jeu éducatif** 教育游戏 [jiàoyù yóuxì] ▸ **des méthodes éducatives** 教育方法 [jiàoyù fāngfǎ].

éducation nf ❶ (enseignement) 教育 [jiàoyù] ▸ **recevoir une bonne éducation** 接受良好的教育 [jiēshòu liánghǎo de jiàoyù] ▸ **l'éducation des enfants** 儿童教育 [értóngjiàoyù] ▸ **une bonne éducation musicale** 良好的音乐修养 [liánghǎo de yīnyuè xiūyǎng] ❷ (institution) 教育事业 [jiàoyù shìyè] ▸ **ministère de l'Éducation nationale** 国家教育部 [guójiā Jiàoyù bù].

éduquer vt ❶ (instruire) 教育 [jiàoyù] ▸ **éduquer un enfant** 教育一个孩子 [jiàoyù yí ge háizi] ❷ (apprendre les bonnes manières) 教养 [jiàoyǎng] ▸ **être bien/mal éduqué** 有/没有教养 [yǒu/méiyǒu jiàoyǎng].

effacé, e adj ❶ (disparu) 模糊不清的 [móhu bùqīng de] ▸ **une inscription effacée** 模糊不清的碑文 [móhu bùqīng de bēiwén] ❷ *fig* (timide) 谦逊的 [qiānxùn de] ▸ **un garçon effacé** 一个谦逊的男孩 [yí ge qiānxùn de nánhái].

effacer vt 擦去 [cā qù] ▸ **effacer un enregistrement** 删掉一段录音 [shāndiào yí duàn lùyīn] ▸ **effacer un fichier** 删除一个文件 [shānchú yí ge wénjiàn].

▪ **s'effacer** vp 变模糊 [biàn móhu] ▸ **les inscriptions se sont effacées** 碑文变得模糊不清了 [bēiwén biàn de móhu bùqīng le] ▸ **cette tache s'est effacée** 这个污点被擦掉了 [zhè ge wūdiǎn bèi cādiào le].

effaceur nm (cl. 支 [zhī]) 修正笔 [xiūzhèngbǐ].

effarant, e adj 让人惊讶的 [ràngrén jīngyà de] ▸ **une baisse des prix effarante** 惊人的降价 [jīngrén de jiàngjià].

effarer vt 使......惊恐 [shǐ… jīngkǒng] ▸ **cet attentat a effaré la population** 这场谋杀让人们惊恐万分 [zhè chǎng móushā ràng rénmen jīngkǒng wànfēn].

effaroucher vt 吓跑 [xiàpǎo] ▸ **un air effarouché** 受惊吓的神情 [shòu jīngxià de shénqíng] ▸ **ce bruit a effarouché le chien** 这声音把狗吓跑了 [zhè shēngyīn bá gǒu xiàpǎo le].

effectif, ive adj 实际的 [shíjì de] ▸ **apporter une aide effective** 给与具体的帮助 [jíyǔ jùtǐ de bāngzhù].

▪ **effectif** nm 编制人数 [biānzhì rénshù] ▸ **l'effectif d'un bataillon** 兵力 [bīnglì] ▸ **augmenter/réduire les effectifs** 增加/裁减人数 [zēngjiā/cáijiǎn rénshù] ▸ **l'effectif d'une classe** 一个班级的学生人数 [yí ge bānjí de xuésheng rénshù] ▸ **l'entreprise a doublé ses effectifs** 公司员工人数增长了一倍 [gōngsī yuángōng rénshù zēngzhǎng le yíbèi].

effectivement adv ❶ (réellement) 确实 [quèshí] ▸ **tout ceci est effectivement arrivé** 所有这一切都确确实实地发生了 [suóyǒu zhè yíqiè dōu quèquèshíshí de fāshēng le] ❷ (en effet) 的确 [díquè] ▸ **effectivement, il s'est trompé** 他的确搞错了 [tā díquè gǎocuò le].

effectuer vt 进行 [jìnxíng] ▸ **effectuer une visite** 进行访问 [jìnxíng fǎngwèn] ▸ **effectuer une enquête** 作一次调查 [zuò yí cì diàochá] ▸ **effectuer des travaux** 施工 [shīgōng].

efféminé, e adj 带女人气的 [dài nǚrénqì de].

effervescent, e adj 起泡的 [qǐpào de].

effet nm ❶ (conséquence) 结果 [jiéguǒ] ▸ **rester sans effet** 一直没有结果 [yìzhí méiyǒu jiéguǒ] ▸ **avoir pour effet de** 有......结果 [yǒu… jiéguǒ] ❷ (impression produite) 印象 [yìnxiàng] ▸ **un effet de surprise** 意想不到的印象 [yìxiǎng búdào de yìnxiàng] ▸ **faire de l'effet** 产生深刻印象 [chǎnshēng shēnkè yìnxiàng] ▸ **faire mauvais effet** 产生不好的印象 [chǎnshēng bùhǎo de yìnxiàng] ▸ **faire**

l'effet de 好象 [hǎoxiàng] ❸ (emprise) 影响 [yǐngxiǎng] ▸ **sous l'effet de** 在……的影响下 [zài…de yíngxiǎng xià].

▪ **en effet** loc adv 其实 [qíshí] ▸ **en effet, nous aurions dû partir plus tôt** 其实，我们本应该更早些出发 [qíshí, wǒmen běn yīnggāi gèng zǎoxiē chūfā] ▸ **il ne viendra pas, en effet, il est malade** 他不会来了，因为他病了 [tā búhuìlái le, yīnwèi tā bìng le].

▪ **effets** nmpl *sout* (vêtements) ○ (cl. 件 [jiàn]) 衣服 [yīfu]

◊ **effets spéciaux** CINÉ 特技 [tèjì].

efficace adj ❶ (actif, puissant) 有效的 [yǒuxiào de] ▸ **un traitement efficace** 一次有效的治疗 [yí cì yǒuxiào de zhìliáo] ▸ **un produit efficace** 一种有效的产品 [yì zhǒng yǒuxiào de chánpǐn] ❷ (compétent) 有能力的 [yǒunénglì de] ▸ **une infirmière efficace** 一个能干的护士 [yí ge nénggàn de hùshi].

efficacité nf ❶ (action, puissance) 功效 [gōngxiào] ▸ **l'efficacité d'un remède** 一种药物的疗效 [yì zhǒng yàowù de liáoxiào] ▸ **l'efficacité d'un produit d'entretien** 一种养护剂的功效 [yì zhǒng yǎnghù jì de gōngxiào] ❷ (utilité, compétence) 效率 [xiàolǜ] ▸ **efficacité d'une personne** 一个人的效率 [yí ge rén de xiàolǜ].

effigie nf (cl. 幅 [fú] ou 尊 [zūn]) 肖像 [xiàoxiàng] ▸ **une pièce à l'effigie d'une personne célèbre** 一枚刻着一个名人肖像的钱币 [yì méi kèzhe yí ge míngrén xiàoxiàng de qiánbì].

effilocher ▪ **s'effilocher** vp 散成丝缕 [sànchéng sīlǚ].

effleurer vt ❶ (frôler) 轻轻触及 [qīngqīng chùjí] ▸ **il lui a effleuré la main** 他轻轻抚摸了她的手 [tā qīngqīng fǔmō le tāde shǒu] ❷ (aborder un sujet) 提到 [tídào].

effluve nm 散发的气味 [sànfā de qìwèi] ▸ **des effluves parfumés** 散发的香味 [sànfā de xiāngwèi].

effondrement nm 坍塌 [tāntā] ▸ **l'effondrement d'un plafond** 天花板的坍塌 [tiānhuābǎn de tāntā].

effondrer ▪ **s'effondrer** vp ❶ (s'écrouler) 倒塌 [dǎotā] ▸ **le toit s'est effondré** 屋顶坍塌 [wūdǐng tāntā] ❷ *fig* (être anéanti) 崩溃 [bēngkuì] ▸ **ses projets se sont effondrés** 他的计划落空了 [tāde jìhuà luòkōng le].

efforcer ▪ **s'efforcer** vp ▸ **s'efforcer de faire qqch** 尽力做某事 [jìnlì zuò mǒushì].

effort nm 努力 [nǔlì] ▸ **faire un effort** 做出努力 [zuòchū nǔlì] ▸ **un effort d'attention** 注意力 [zhùyìlì] ▸ **un effort intellectuel** 脑力 [nǎolì] ▸ **des efforts physiques** 体力 [tǐlì].

effraction nf DR 撬锁破门 [qiàosuǒ pòmén] ▸ **vol avec effraction** 破门盗窃 [pòmén dàoqiè] ▸ **par effraction** 通过非法方式 [tōngguò fēifǎ fāngshì].

effrayer vt 吓坏 [xiàhuài] ▸ **ce film d'horreur m'a effrayée** 这个恐怖电影让我感到害怕 [zhè ge kǒngbù diànyǐng ràng wǒ gǎndào hàipà] ▸ **l'orage effraie les chevaux** 暴风雨让马受惊了 [bàofēngyǔ ràng mǎ shòujīng le].

▪ **s'effrayer** vp 害怕 [hàipà] ▸ **ils se sont effrayés à la vue de l'animal** 他们一看到那动物就害怕了 [tāmen yí kàndào nà dòngwù jiù hàipà le].

effréné, e adj 无限制的 [wúxiànzhì de] ▸ **une course effrénée** 疯狂购物 [fēngkuáng gòuwù] ▸ **un besoin effréné** 需求过度 [xūqiú guòdù].

effriter vt 弄碎 [nòngsuì] ▸ **effriter du pain** 把面包弄碎 [bǎ miànbāo nòngsuì].

effroi nm 恐惧 [kǒngjù] ▸ **ce séisme a provoqué l'effroi des habitants** 这场地震引起了市民的恐惧 [zhè chǎng dìzhèn yínqǐ le shìmín de kǒngjù].

effronté, e adj & nm, f 厚颜无耻的（人）[hòuyán wúchǐ de (rén)].

effroyable adj 可怕的 [kěpà de] ▸ **une catastrophe effroyable** 一场可怕的灾难 [yì chǎng kěpà de zāinàn].

effroyablement adv 可怕地 [kěpà de] ▸ **des prisonniers effroyablement traités** 被虐待的囚犯 [bèi nüèdài de qiúfàn].

effusion nf 感情流露 [gǎnqíng liúlù] ▸ **des effusions d'amitié** 友情流露 [yǒuqíng liúlù] ▸ **avec effusion** 热情地 [rèqíng de]

◊ **sans effusion de sang** 不流一滴血 [bù liú yì dī xuè].

égal, e, aux ♦ adj 相等的 [xiāngděng de] ▸ **deux parts égales de gâteau** 被均分的两块蛋糕 [bèi jūnfēn de liǎng kuài dàngāo] ▸ **les hommes sont égaux devant la loi** 法律面前人人平等 [fǎlǜ miànqián rénrén píngděng] ◊ **ça m'est égal** 这对我来说无所谓 [zhè duì wǒ láishuō wúsuǒwèi].
♦ nm, f (de même rang) 同等的人 [tóngděng de rén] ▸ **elle méprise ses égaux** 她瞧不起跟她地位身份相同的人 [tā qiáobuqǐ gēn tā dìwèi shēnfen xiāngtóng de rén] ▸ **être l'égal de** 与……同等 [yǔ… tóngděng] ▸ **d'égal à égal** 平等地 [píngděng de].

également adv 也 [yě] ▸ **si tu y vas, j'irai également** 如果你去，那么我也去 [rúguǒ nǐ qù, nàme wǒ yě qù].

égaler vt 比得上 [bǐdeshàng] ▸ **il n'égalera jamais son père** 他永远比不上他父亲 [tā yóngyuǎn bǐbushàng tā fùqin] ▸ **sa force égale la tienne** 他的力气跟你一样大 [tāde lìqi gēn nǐ yíyàng dà].

égaliser ♦ vt (rendre égal) 使……均等 [shǐ… jūnděng] ▸ **on a égalisé le terrain** 平整了这块场地 [píngzhěng le zhè kuài chǎngdì] ▸ **égaliser les salaires** 使工资均等 [shǐ gōngzī jūnděng]. ♦ vi (en sport) 成平局 [chéngpíngjú].

égalitaire adj 平均主义的 [píngjūnzhǔyì de].

égalité nf 相等 [xiāngděng] ▸ **l'égalité des salaires** 工资均等 [gōngzī jūnděng] ▸ **être à égalité** 相同 [xiāngtóng].

égard nm 考虑 [kǎolǜ] ▸ **je n'ai aucun égard pour cette personne** 我根本不考虑这个人 [wǒ gēnběn bù kǎolǜ zhège rén].
▪ **à l'égard de** loc prép 对于…… [duìyú…] ▸ **elle a été injuste à son égard** 她曾对他不公平 [tā céng duì tā bùgōngping].
▪ **par égard pour** loc prép 从……考虑 [cóng… kǎolǜ].

égarement nm 失去理智 [shīqù lǐzhì].

égarer vt *sout* 一时丢失 [yìshí diūshī] ▸ **égarer ses clefs** 忘了钥匙放在哪儿 [wàng le yàoshi fàngzài nǎr].
▪ **s'égarer** vp 迷路 [mílù] ▸ **la lettre a dû s'égarer** 这封信想必是送错了 [zhè fēng xìn xiǎngbì shì sòngcuò le] ▸ **elles se sont égarées en route** 她们在途中迷路了 [tāmen zài túzhōng mílù le].

égayer vt ❶ (divertir) 使……高兴 [shǐ… gāoxìng] ▸ **les enfants égayent la maison** 孩子们给房间带来活泼愉快的气氛 [háizimen gěi fángjiān dàilái huópo yúkuài de qìfen] ❷ (orner) 修饰 [xiūshì] ▸ **ces fleurs égayent la table** 这些花装点了桌子 [zhè xiē huā zhuāngdiǎn le zhuōzi].

égide nf (protection) ▸ **sous l'égide de** 在……支持下 [zài… zhīchí xià].

église nf ❶ (édifice) ○ (cl. 座 [zuò]) 教堂 [jiàotáng] ▸ **aller à l'église** 去教堂做礼拜 [qù jiàotáng zuò lǐbài] ▸ **se marier à l'église** 在教堂结婚 [zài jiàotáng jiéhūn] ❷ RELIG 教会 [jiàohuì] ▸ **l'Église catholique** 天主教会 [Tiānzhǔ jiàohuì] ▸ **l'Église orthodoxe** 东正教派 [Dōngzhèng jiàopài] ▸ **l'Église protestante** 新教教派 [Xīnjiào jiàopài].

égocentrique adj 以自我为中心的 [yǐ zìwǒ wéi zhōngxīn de] ▸ **une personne égocentrique** 以自我为中心的人 [yǐ zìwǒ wéi zhōngxīn de rén] ▸ **une attitude égocentrique** 自我主义的态度 [zìwǒ zhǔyì de tàidu].

égoïsme nm 利己主义 [lìjǐzhǔyì] ▸ **faire preuve d'égoïsme** 表现出私心 [biǎoxiàn chū sīxīn].

égoïste ♦ adj 自私的 [zìsī de] ▸ **un geste égoïste** 一个自私的行为 [yí ge zìsī de xíngwéi]. ♦ nmf 自私自利的人 [zìsī zìlì de rén].

égorger vt 割喉宰杀 [gēhóu zǎishā] ▸ **égorger un mouton** 割喉杀一只羊 [gēhóu shā yì zhī yáng] ▸ **l'otage a été égorgé** 人质被杀害了 [rénzhì bèi shāhài le].

égosiller ▪ **s'égosiller** vp 声嘶力竭地喊 [shēngsī lìjié de hǎn].

égout nm (cl. 条 [tiáo] ou 根 [gēn]) 污水管 [wūshuǐguǎn] ▸ **les égouts se déversent dans la rivière** 污水管注入河中 [wūshuǐguǎn zhùrù hé zhōng].

égoutter vt 把水沥干 [báshuǐ lìgān] ▸ **égoutter des pâtes** 把面条中的水沥干 [bǎ miàntiáo zhōng de shuǐ lìgān].

égouttoir nm 食具沥水架 [shíjù lìshuǐjià] ▸ **poser la vaisselle sur un égouttoir** 把碗碟放在沥水架上 [bá wǎndié fàngzài lìshuǐjià shàng].

égratigner vt 划伤 [huáshāng] ▸ **les ronces lui ont égratigné les jambes** 荆棘划破了他的腿 [jīngjí huápò le tāde tuǐ].

▪ **s'égratigner** vp 被擦伤 [bèi cāshāng] ▸ **s'égratigner le genou** 膝盖被擦伤 [xīgài bèi cāshāng].

égratignure nf 刮伤 [guāshāng] ▸ **il n'a que quelques égratignures au bras** 他胳膊上只有几处刮痕 [tā gēbo shàng zhíyǒu jǐ chù guāhén].

égrener vt 脱粒 [tuōlì] ▸ **égrener du blé** 脱麦子粒 [tuō màizilì] ▸ **égrener du raisin** 摘葡萄果粒 [zhāi pútao guǒlì].

Égypte nf ▸ **l'Égypte** 埃及 [Āijí].

égyptien, enne adj 埃及的 [āijí de] ▸ **l'art égyptien** 埃及艺术 [āijí yìshù].

▪ **Égyptien, enne** nm, f 埃及人 [Āijírén].

éhonté, e adj 无耻的 [wúchǐ de] ▸ **des mensonges éhontés** 无耻的谎言 [wúchǐ de huǎngyán].

Eiffel npr ▸ **la tour Eiffel** 埃菲尔铁塔 [Āifēi'ěr tiétǎ].

éjecter vt 弹出 [tán chū].

élaboration nf 制订 [zhìdìng] ▸ **l'élaboration d'une loi** 一项法律的制订 [yí xiàng fǎlǜ de zhìdìng] ▸ **l'élaboration d'un projet** 一个计划的制订 [yí ge jìhuà de zhìdìng].

élaborer vt 制订 [zhìdìng] ▸ **élaborer un plan** 制订一个计划 [zhìdìng yí ge jìhuà] ▸ **élaborer une stratégie** 设计一个策略 [shèjì yí ge cèlüè] ▸ **élaborer une théorie** 制订一条理论 [zhìdìng yì tiáo lǐlùn].

élan nm 猛冲 [měngchōng] ▸ **prendre son élan** 猛冲过去 [měngchōng guòqù].

élancé, e adj 瘦长的 [shòucháng de] ▸ **une jeune femme élancée** 一个瘦长的年轻女子 [yí ge shòucháng de niánqīng nǚzǐ].

élancer vi 引起阵阵剧痛 [yínqǐ zhènzhèn jùtòng] ▸ **sa jambe l'a élancé** 他的腿阵阵作痛 [tāde tuǐ zhènzhèn zuòtòng].

▪ **s'élancer** vp 向前冲 [xiàngqiánchōng] ▸ **ils se sont élancés à la poursuite du voleur** 他们冲上去赶上了小偷 [tāmen chōngshàngqù gǎnshang le xiǎotōu].

élargir vt 放宽 [fàngkuān] ▸ **élargir une jupe** 把一条裙子加宽 [bǎ yì tiáo qúnzi jiākuān] ▸ **élargir une route** 拓宽一条公路 [tuòkuān yì tiáo gōnglù].

▪ **s'élargir** vp 变宽 [biànkuān] ▸ **après le virage, la route s'élargit** 拐过这个弯，道路变宽了 [guǎi guò zhè ge wān, dàolù biàn kuān le].

élasticité nf 弹性 [tánxìng] ▸ **l'élasticité du caoutchouc** 橡胶的弹性 [xiàngjiāo de tánxìng].

élastique ◆ adj 有弹性的 [yǒu tánxìng de] ▸ **des bretelles élastiques** 弹性吊带 [tánxìng diàodài]. ◆ nm (cl. 个 [gè] ou 根 [gēn]) 橡皮筋 [xiàngpíjīn] ▸ **s'attacher les cheveux avec un élastique** 用一根橡皮筋把头发扎起来 [yòng yì gēn xiàngpíjīn bǎ tóufa zhāqǐlái].

électeur, trice nm, f 选民 [xuǎnmín] ▸ **la confiance des électeurs** 选民的信任 [xuǎnmín de xìnrèn].

élection nf 选举 [xuǎnjǔ] ▸ **l'élection du président de la République** 共和国总统选举 [gònghéguó zóngtǒng xuánjǔ] ▸ **élections législatives** 议会选举 [yìhuì xuánjǔ].

électoral, e, aux adj 选举的 [xuánjǔ de] ▸ **les listes électorales** 选民名单 [xuǎnmín míngdān] ▸ **une réunion électorale** 竞选大会 [jìngxuǎn dàhuì].

électricien, enne nm, f 电工 [diàngōng].

électricité nf 电 [diàn] ▸ **les besoins du pays en électricité** 国家的电力需求 [guójiā de diànlì xūqiú] ▸ **installer l'électricité dans un appartement** 给一所房子里接上电 [gěi yì suǒ fángzi lǐ jiēshang diàn].

électrique adj 电的 [diàn de] ▸ **appareil électrique** 电器 [diànqì] ▸ **fil électrique** 电线 [diànxiàn].

électrochoc nm 电休克疗法 [diànxiūkè liáofǎ] ▸ **faire des électrochocs (à qqn)** (给某人)做电疗 [(géi mǒurén) zuò diànliáo].

électrocuter ▪ **s'électrocuter** vp 被电死 [bèi diànsǐ].

électroménager nm (cl. 件 [jiàn]) 家用电器 [jiāyòng diànqì] ▸ **un magasin d'électroménager** 一个家用电器商场 [yí ge jiāyòng diànqì shāngchǎng].

électronique ♦ adj 电子的 [diànzǐ de] ▸ **un jeu électronique** 一个电子游戏 [yí ge diànzǐ yóuxì]. ♦ nf PHYS 电子学 [diànzǐxué] ▸ **un ingénieur en électronique** 一个电子技术工程师 [yí ge diànzǐ jìshù gōngchéngshī].

élégance nf 高雅 [gāoyǎ] ▸ **l'élégance d'une personne** 一个人的风度 [yí ge rén de fēngdù] ▸ **s'habiller avec élégance** 穿着高雅 [chuānzhuó gāoyǎ].

élégant, e adj 优雅的 [yōuyǎ de] ▸ **une femme élégante** 优雅的女子 [yōuyǎ de nǚzǐ] ▸ **une robe très élégante** 精美的裙子 [jīngměi de qúnzi].

élément nm ❶ (composant) 组成部分 [zǔchéng bùfen] ▸ **nous n'avons pas tous les éléments du problème** 我们没有这个问题的全部数据 [wǒmen méiyǒu zhè ge wèntí de quánbù shùjù] ❷ (milieu) 合适的环境 [héshì de huánjìng] ▸ **au milieu des bambous, le panda est dans son élément** 熊猫适合生活在竹林当中 [xióngmāo shìhé shēnghuó zài zhú lín dāngzhōng] ▸ **les quatre éléments** 四大元素 [sìdà yuánsù].

élémentaire adj ❶ (simple) 简单的 [jiǎndān de] ▸ **c'est un exercice élémentaire** 这是一道简单的练习 [zhè shì yí dào jiǎndān de liànxí] ❷ (fondamental) 基础的 [jīchǔ de] ▸ **les notions élémentaires d'une science** 一门科学的基础知识 [yì mén kēxué de jīchǔ zhīshi].

éléphant nm (cl. 头 [tóu]) 大象 [dàxiàng].

élevage nm 饲养 [sìyǎng] ▸ **l'élevage des poulets** 养鸡 [yǎng jī] ▸ **une région d'élevage** 饲养区 [sìyǎng qū].

élève nmf (cl. 个 [gè] ou 名 [míng]) 学生 [xuésheng] ▸ **c'est un bon élève** 这是一个好学生 [zhè shì yí ge hǎoxuésheng].

élevé, e adj ❶ (haut) 高的 [gāo de] ▸ **une âme élevée** 崇高的灵魂 [chónggāo de línghún] ❷ *fig* (important) 大量的 [dàliàng de] ▸ **payer une somme élevée** 支付一大笔钱 [zhīfù yí dàbǐ qián] ▸ **des quantités élevées** 数量多 [shùliàng duō] ❸ (éduqué) 受教养的 [shòujiàoyǎng de] ▸ **être bien** ou **mal élevé** 有或没有教养 [yǒu huò méiyǒu jiàoyǎng].

élever vt ❶ (éduquer) 培养 [péiyǎng] ▸ **elle a élevé ses enfants toute seule** 她一个人把孩子们养大 [tā yí ge rén bǎ háizimen yǎngdà] ❷ (faire l'élevage) 饲养 [sìyǎng] ▸ **élever des chevaux** 养马 [yǎng mǎ] ❸ (augmenter) 提高 [tígāo] ▸ **élever les prix** 提高价格 [tígāo jiàgé] ▸ **élever la voix** 提高嗓门 [tígāo sǎngmén] ▸ **élever le ton** 抬高音调 [táigāo yīndiào].

▪ **s'élever** vp ❶ (monter) 上升 [shàngshēng] ▸ **l'oiseau s'élève dans le ciel** 小鸟飞上了天空 [xiáoniǎo fēi shàng le tiānkōng] ❷ (atteindre) 达到 [dádào] ▸ **le montant s'élève à 2 000 euros** 总额达到 2000 欧元 [zǒng'é dádào 2000 ōuyuán].

éleveur, euse nm, f (cl. 个 [gè] ou 名 [míng]) 饲养员 [sìyǎngyuán] ▸ **un éleveur de poulets** 一名小鸡饲养员 [yì míng xiǎojī sìyǎngyuán].

éligible adj 有被选资格的 [yǒu bèixuǎn zīge de] ▸ **un candidat éligible** 一个有被选资格的候选人 [yí ge yǒu bèixuǎn zīge de hòuxuǎnrén].

élimination nf (rejet) 淘汰 [táotài] ▸ **l'élimination d'un candidat** 淘汰一名候选人 [táotài yì míng hòuxuǎnrén] ▸ **par élimination** 以淘汰的方式 [yǐ táotài de fāngshì].

éliminatoire ♦ adj 淘汰的 [táotài de] ▸ **des épreuves éliminatoires** 淘汰赛 [táotàisài] ▸ **une note éliminatoire** 淘汰分 [táotài fēn]. ♦ nf SPORT 淘汰赛 [táotàisài] ▸ **participer aux éliminatoires du championnat** 参加冠军淘汰赛 [cānjiā guànjūn táotàisài].

éliminer vt ❶ (écarter) 淘汰 [táotài] ▸ **notre équipe a été éliminée en demi-finale** 我们

的队伍在半决赛时被淘汰了 [wǒmende duìwu zài bànjuésài shí bèi táotài le] ❷ (tuer) 除掉 [chúdiào] ▸ **éliminer un témoin compromettant** 除掉一个可能对名誉造成威胁的证人 [chúdiào yí ge kěnéng duì míngyù zàochéng wēixié de zhèngrén].

élire vt 推选 [tuīxuǎn] ▸ **élire un candidat** 推选出一位候选人 [tuīxuǎn chū yí wèi hòuxuǎnrén] ▸ **élire un député** 选举一名议员 [xuánjǔ yì míng yìyuán].

élite nf 精英 [jīngyīng] ▸ **l'élite intellectuelle d'un pays** 一个国家的知识分子精英 [yí ge guójiā de zhīshifènzǐ jīngyīng].

élitiste adj 精英主义的 [jīngyīng zhǔyì de] ▸ **une politique élitiste** 精英主义的政策 [jīngyīng zhǔ yì de zhèngcè].

elle pron pers ❶ (le sujet est une personne, pour renforcer dans une interrogation, complément) 她 [tā] ▸ **Marie est arrivée, elle déjeune avec Jacques** 玛丽已经到了，她在和雅克吃午饭 [Mǎlì yǐjing dào le, tā zài hé Yǎkè chī wǔfàn] ▸ **est-elle jolie ?** 她漂亮吗？ [tā piàoliang ma?] ▸ **Marie est-elle là ?** 玛丽她在吗？ [Mǎlì tā zài ma?] ▸ **c'est elle** 是她 [shì tā] ▸ **il n'aime qu'elle** 他只爱她 [tā zhǐ ài tā] ❷ (le sujet est une chose, un animal) 它 [tā] ▸ **j'aime cette toile, elle est très sensuelle** 我喜欢这幅画，它很感性 [wǒ xǐhuān zhè fú huà, tā hén gǎnxìng] ▸ **la chatte a eu ses petits, elle ne les quitte jamais** 母猫生了小猫之后，它就从不离开它们 [mǔmāo shēng le xiǎomāo zhī hòu, tā jiù cóngbù líkāi tāmen].

▪ **elles** pron pers pl 她们 [tāmen] ▸ **elles se connaissent depuis toujours** 她们相识多年了 [tāmen xiāngshí duōnián le] ▸ **on ne parle que d'elles** 人们只谈论她们 [rénmen zhǐ tánlùn tāmen].

▪ **elle-même** pron pers 她自己 [tā zìjǐ].

éloge nm 赞扬 [zànyáng] ▸ **couvrir qqn d'éloges** 大力赞扬某人 [dàlì zànyáng mǒurén] ▸ **faire l'éloge de qqn/qqch** 称赞某人/某事 [chēngzàn mǒurén/mǒushì].

élogieux, euse adj 赞扬的 [zànyáng de] ▸ **une critique élogieuse de son dernier film** 一个对他新出的电影表示赞扬的评论 [yí ge duì tā xīn chū de diànyǐng biǎoshì zànyáng de pínglùn] ▸ **on m'a parlé de toi en termes élogieux** 人们和我谈起你时用的都是赞美之词 [rénmen hé wǒ tánqǐ nǐ shí yòng de dōu shì zànměi zhī cí].

éloignement nm ❶ (distance) 距离 [jùlí] ▸ **l'éloignement fait paraître la maison minuscule** 距离使房子显得小极了 [jùlí shǐ fángzi xiǎnde xiǎo jíle] ❷ (séparation) 远离 [yuǎnlí] ▸ **l'éloignement de sa fille l'attriste** 远离自己的女儿使他很痛苦 [yuǎnlí zìjǐ de nǚ'ér shǐ tā hěn tòngkǔ].

éloigner vt ❶ (écarter) 使……远离 [shǐ… yuǎnlí] ▸ **éloignez les enfants du feu !** 让孩子们远离火！ [ràng háizimen yuǎnlí huǒ!] ▸ **pourrais-tu éloigner un peu le fauteuil ?** 你能将扶手椅搬远点吗？ [nǐ néng jiāng fúshouyǐ bān yuándiǎn ma?] ❷ (détourner) 使……离开 [shǐ… líkāi] ▸ **son travail l'éloigne de sa famille** 他的工作使他离开他的家人 [tāde gōngzuò shǐ tā líkāi tāde jiārén].

▪ **s'éloigner** vp ❶ (partir) 走远 [zóuyuǎn] ▸ **les nuages menaçants s'éloignent** 阴云飘远了 [yīnyún piāoyuǎn le] ▸ **le bateau s'éloigne lentement** 船慢慢地划远了 [chuán mànmàn de huáyuǎn le] ❷ (s'écarter) 离开 [líkāi] ▸ **elle s'éloigne de lui** 她疏远他 [tā shūyuǎn tā] ▸ **s'éloigner du sujet** 离题 [lítí].

élongation nf MÉD 拉伤 [lāshāng] ▸ **une élongation musculaire** 一处肌肉拉伤 [yí chù jīròu lāshāng].

éloquent, e adj ❶ (persuasif) 善辩的 [shàn biàn de] ▸ **l'avocat a été éloquent** 那时律师善辩 [nàshí lǜshī shàn biàn] ▸ **un discours éloquent** 一个有说服力的演讲 [yí ge yǒu shuōfúlì de yǎnjiǎng] ❷ (parlant) 意味深长的 [yìwèi shēncháng de] ▸ **un regard éloquent** 一个意味深长的眼神 [yí ge yìwèi shēncháng de yǎnshén] ▸ **un silence éloquent** 一片意味深长的沉默 [yí piàn yìwèi shēncháng de chénmò].

élu, e ♦ adj POLIT 选出的 [xuǎnchū de] ▸ **les représentants élus** 选出的代表 [xuǎnchū de dàibiǎo]. ♦ nm, f POLIT 选民代表 [xuǎnmín dàibiǎo] ▸ **les élus locaux** 地方选民代表 [dìfang xuǎnmín dàibiǎo]

◊ **l'élu de son cœur** 意中人 [yìzhōngrén] ▸ **l'heureux élu/l'heureuse élue** 幸运儿 [xìngyùn'ér].

élucider vt 使……澄清 [shǐ… chéngqīng] ▸ **élucider un mystère** 揭开一个谜团 [jiēkāi yí ge mítuán] ▸ **élucider un crime** 澄清一个罪案 [chéngqīng yí ge zuì'àn].

éluder vt 回避 [huíbì] ▸ **éluder les questions** 回避问题 [huíbì wèntí] ▸ **éluder un problème** 逃避问题 [táobì wèntí].

Élysée nm ▸ **(le palais de) l'Élysée** 爱丽舍宫 [Àilìshègōng].

e-mail nm 电子邮件 [diànzǐ yóujiàn] ▸ **je reçois dix e-mails par jour** 我每天收到十封电子邮件 [wǒ měi tiān shōudào shí fēng diànzǐ yóujiàn].

émanation nf 散发 [sànfā] ▸ **des émanations de gaz** 煤气的散发 [méiqì de sànfā] ▸ **des émanations fétides** 恶臭的散发 [èchòu de sànfā].

émanciper vt 解放 [jiěfàng] ▸ **émanciper un mineur** 解除对未成年人的监护 [jiěchú duì wèichéngniánrén de jiānhù] ▸ **émanciper les femmes** 解放妇女 [jiěfàng fùnǚ].

▪ **s'émanciper** vp 获得自由 [huòdé zìyóu] ▸ **les anciennes colonies se sont émancipées** 旧殖民地解放了 [jiù zhímíndì jiěfàng le] ▸ **il s'est émancipé de ses parents** 他父母解除了对他的监护 [tā fùmǔ jiěchú le duì tāde jiānhù].

émaner vi ❶ (se dégager) 散发出 [sànfāchū] ▸ **la lumière qui émane du soleil** 太阳发出的光 [tàiyáng fāchū de guāng] ▸ **il émane de qqch/qqn qqch** 从某物/某人中散发出某物 [cóng mǒuwù/mǒurén zhōng sànfāchū mǒuwù] ❷ (provenir) 来自 [láizì] ▸ **le pouvoir qui émane du peuple** 来自人民的权利 [láizì rénmín de quánlì].

emballage nm ❶ (action) 打包 [dǎbāo] ▸ **l'emballage de la marchandise** 商品的打包 [shāngpǐn de dǎbāo] ❷ (conditionnement) 包装 [bāozhuāng] ▸ **sortir un produit de son emballage** 从包装中取出商品 [cóng bāozhuāng zhōng qǔchū shāngpǐn] ▸ **récupérer les emballages** 回收包装 [huíshōu bāozhuāng] ▸ **un emballage en papier** 纸制的包装 [zhǐzhì de bāozhuāng].

emballer vt 打包 [dǎbāo] ▸ **emballer de la vaisselle** 包装餐具 [bāozhuāng cānjù] ▸ **emballer des vêtements** 包装衣服 [bāozhuāng yīfu].

▪ **s'emballer** vp ❶ (tourner rapidement) 超速运行 [chāosù yùnxíng] ▸ **le moteur s'emballe** 发动机超速运行 [fādòngjī chāosù yùnxíng] ❷ (échapper au contrôle) 溜缰 [liūjiāng].

embarcadère nm 码头 [mǎtou].

embarcation nf (cl. 条 [tiáo] ou 艘 [sōu]) 小船 [xiǎochuán] ▸ **mettre les embarcations à la mer** 使小船下海 [shí xiǎochuán xiàhǎi].

embargo nm 禁运 [jìnyùn] ▸ **un embargo sur les armes** 武器禁运 [wǔqì jìnyùn] ▸ **embargo économique** 经济禁运 [jīngjì jìnyùn] ▸ **sous embargo** 禁运期间 [jìnyùn qījiān] ▸ **mettre l'embargo sur** 禁止……运出 [jìnzhǐ… yùnchū].

embarquement nm ❶ (à bord d'un bateau) 上船 [shàngchuán] ▸ **l'embarquement des passagers** 旅客们上船 [lǚkèmen shàngchuán] ▸ **l'embarquement de la marchandise** 货物装载 [huòwù zhuāngzài] ❷ (à bord d'un avion) 登机 [dēngjī] ▸ **embarquement immédiat** 立即登机 [lìjí dēngjī].

embarquer ♦ vt (faire monter) 装 [zhuāng] ▸ **embarquer des marchandises** 把货物装船 [bǎ huòwù zhuāngchuán]. ♦ vi ❶ (monter à bord d'un bateau) 上船 [shàng chuán] ❷ (monter à bord d'un avion) 登机 [dēngjī] ❸ ▸ **embarquer pour** *(+ lieu)* 出发去…… [chūfā qù…].

▪ **s'embarquer** vp (sur un bateau) 乘船 [chéngchuán] ▸ **il s'est embarqué pour les Antilles** 他乘船去安的列斯群岛 [tā chéngchuán qù Āndìlièsī Qúndǎo].

embarras nm ❶ (gêne) 尴尬 [gāngà] ▸ **il dissimulait mal son embarras** 他没有掩饰住自己的尴尬 [tā méiyǒu yǎnshìzhù zìjǐ de gāngà] ❷ (situation difficile) 困境 [kùnjìng] ▸ **être dans l'embarras** 处于困境中 [chǔyú kùnjìng zhōng] ▸ **mettre qqn dans l'embarras** 使某人处于困境中 [shí mǒurén chǔyú kùnjìng zhōng] ▸ **tirer qqn d'embarras** 使某人摆脱困境 [shí mǒurén bǎituō kùnjìng] ❸ (incertitude) ▸ **avoir l'embarras du choix** 难以选择 [nányǐ xuǎnzé].

embarrassé, e adj ❶ (timide) 腼腆的 [miántiǎn de] ▸ **elle est très embarrassée en public**

她在公众面前很腼腆 [tā zài gōngzhòng miànqián hěn miántiǎn] ❷ (encombré) 不方便的 [bùfāngbiàn de] ▸ **il a les bras embarrassés de paquets** 他的双手拿许多盒子很不方便 [tāde shuāngshǒu ná xǔduō hézi hěn bùfāngbiàn].

embarrasser vt ❶ (encombrer) 堵塞 [dǔsè] ▸ **les valises embarrassent le couloir** 这些行李箱堵塞在走廊上 [zhè xiē xíngli xiāng dǔsè zài zǒuláng shàng] ❷ (troubler) 使......尴尬 [shǐ...gāngà] ▸ **sa question m'a embarrassé** 他的问题使我很尴尬 [tāde wèntí shí wǒ hěn gāngà].

▪ **s'embarrasser** vp 感到碍事 [gǎndào àishì] ▸ **s'embarrasser d'un parapluie** 感到带着的雨伞碍事 [gǎndào dàizhe de yúsǎn àishì].

embauche nf 雇佣 [gùyōng] ▸ **il n'y a pas d'embauche en ce moment** 现在不雇人 [xiànzài bú gù rén] ▸ **l'embauche de personnel** 职员的雇佣 [zhíyuán de gùyōng].

embaucher vt 雇佣 [gùyōng].

embellir ♦ vt (agrémenter) 美化 [měihuà] ▸ **les plantes embellissent ton salon** 植物美化了你的客厅 [zhíwù měihuà le nǐde kètīng]. ♦ vi (devenir plus beau) 变得美丽 [biàn de měilì] ▸ **elle a embelli en grandissant** 她越长越美丽 [tā yuèzhǎng yuèměilì].

embêtant, e adj *fam* ❶ (ennuyeux) 无聊的 [wúliáo de] ▸ **un film embêtant** 一部无聊的电影 [yí bù wúliáo de diànyǐng] ❷ (contrariant) 讨厌的 [tǎoyàn de] ▸ **c'est embêtant, j'ai oublié mon sac** 真讨厌，我把包忘了 [zhēn tǎoyàn, wǒ bǎ bāo wàng le].

embêtement nm *fam* 烦恼 [fánnǎo] ▸ **avoir des embêtements** 有烦恼 [yǒu fánnǎo].

embêter vt *fam* ❶ (ennuyer) 使......烦 [shǐ... fán] ▸ **il m'embête avec ses histoires** 他的麻烦事让我烦透了 [tāde máfanshì ràng wǒ fán tòu le] ❷ (importuner) 缠 [chán] ▸ **arrête d'embêter ta sœur!** 别再去缠你姐姐了！ [bié zài qù chán nǐ jiějie le!].

▪ **s'embêter** vp *fam* (s'ennuyer) 烦闷 [fánmèn] ▸ **je me suis embêtée à cette soirée** 这个晚会让我感到烦闷 [zhè ge wǎnhuì ràng wǒ gǎndào fánmèn].

emblée ▪ **d'emblée** loc adv 一下子就 [yíxiàzi jiù] ▸ **ils ont accepté notre proposition d'emblée** 他们一下子就接受了我们的建议 [tāmen yíxiàzi jiù jiēshòu le wǒmende jiànyì].

emblème nm 徽章 [huīzhāng] ▸ **l'emblème d'un pays/d'une ville** 国/市徽 [guó/shìhuī] ▸ **la balance est l'emblème de la justice** 天平是司法的象征 [tiānpíng shì sīfǎ de xiàngzhēng].

emboîter vt 接合 [jiēhé] ▸ **emboîter les pièces d'un jeu de construction** 搭积木 [dā jīmù] ▸ **emboîter qqch dans qqch** 把某物和某物穿插在一起 [bá mǒuwù hé mǒuwù chuānchā zài yìqǐ] ▸ **un ensemble de récits emboîtés les uns dans les autres** 一整个彼此穿插在一起的故事 [yì zhěnggè bícǐ chuānchā zài yìqǐ de gùshi]

◊ **emboîter le pas à qqn** 紧跟某人的步子 [jǐngēn mǒurén de bùzi].

embouchure nf 河口 [hékǒu].

embourber ▪ **s'embourber** vp 陷入泥坑 [xiànrù níkēng] ▸ **la voiture s'est embourbée** 汽车陷入了泥坑 [qìchē xiànrù le níkēng] ▸ **il s'est embourbé dans des explications confuses** 他越解释越不清楚 [tā yuè jiěshì yuè bù qīngchǔ].

embout nm 套接管 [tào jiēguǎn] ▸ **l'embout d'un parapluie** 雨伞的箍 [yúsǎn de gū] ▸ **l'embout d'une seringue** 注射器的套接管 [zhùshèqì de tàojiēguǎn].

embouteillage nm 交通堵塞 [jiāotōng dǔsè] ▸ **il y a un gros embouteillage** 发生了严重的交通堵塞 [fāshēng le yánzhòng de jiāotōng dǔsè] ▸ **être pris dans les embouteillages** 遇上交通堵塞 [yùshang jiāotōng dǔsè].

emboutir vt 猛撞 [měngzhuàng] ▸ **emboutir une voiture** 猛撞一辆汽车 [měngzhuàng yí liàng qìchē].

embranchement nm 岔路口 [chàlùkǒu] ▸ **à l'embranchement, tourner à droite** 在岔路口，向右转 [zài chàlù kǒu, xiàngyòuzhuǎn].

embraser vt *sout* 使......燃烧 [shǐ... ránshāo] ▸ **une cigarette mal éteinte a embrasé la garrigue** 一支没有熄灭的香烟点燃了灌

木丛 [yì zhī méiyǒu xīmiè de xiāngyān diǎnrán le guànmù cóng].

▪ **s'embraser** vp 着火 [zháohuǒ] ▸ **la forêt s'est embrasée** 森林着火了 [sēnlín zháohuǒ le].

embrassade nf 互相拥抱 [hùxiāng yōngbào] ▸ **échanger ou se faire des embrassades** 互相拥抱 [hùxiāng yōngbào].

embrasser vt 亲吻 [qīnwěn] ▸ **embrasser sur la joue** 吻脸颊 [wěn liǎnjiá] ▸ **embrasse les enfants pour moi** 替我亲吻孩子们 [tì wǒ qīnwěn háizimen].

▪ **s'embrasser** vp 相互抱吻 [xiānghù bàowěn] ▸ **un couple qui s'embrasse** 夫妻相互抱吻 [fūqī xiānghù bào wěn].

embrasure nf 洞 [dòng] ▸ **l'embrasure d'une fenêtre/d'une porte** 窗/门洞 [chuāng/méndòng].

embrayage nm 离合器 [líhéqì] ▸ **un embrayage automatique** 自动离合器 [zìdòng líhéqì] ▸ **appuyer sur l'embrayage** 踩离合器 [cǎi líhéqì].

embrayer vi AUTO 松离合器 [sōng líhéqì].

embrouiller vt 弄乱 [nòngluàn] ▸ **embrouiller des dossiers** 把卷宗弄乱了 [bǎ juànzōng nòngluàn le].

▪ **s'embrouiller** vp 搞混 [gǎohùn] ▸ **s'embrouiller dans des dates** 把日期搞混了 [bǎ rìqī gǎohùn le].

embruns nmpl 浪花 [lànghuā].

embûche nf 陷阱 [xiànjǐng] ▸ **des questions pleines d'embûches** 一些充满陷阱的问题 [yìxiē chōngmǎn xiànjǐng de wèntí] ▸ **déjouer les embûches** 挫败预谋 [cuòbài yùmóu] ▸ **semer ou tendre des embûches à qqn** 给某人设陷阱 [géi mǒurén shè xiànjǐng].

embué, e adj 使……蒙上了水汽 [shǐ… méngshang le shuǐqì] ▸ **le pare-brise est embué, il faut l'essuyer** 挡风玻璃上有水汽，该擦擦了 [dǎngfēng bōli shàng yǒu shuǐqì, gāi cācā le] ▸ **les yeux embués de larmes** 被泪水模糊的双眼 [bèi lèishuǐ móhu de shuāngyǎn].

embuer vt 使……蒙上水汽 [shǐ...méngshàng shuǐqì] ▸ **la vapeur embue les vitres de la cuisine** 水蒸气使厨房的窗户蒙上了水汽 [shuǐzhēngqì shǐ chúfáng de chuānghu méngshàng le shuǐqì].

embuscade nf 埋伏 [máifu] ▸ **tendre une embuscade à qqn** 给某人设下埋伏 [géi mǒurén shè xià máifu] ▸ **tomber dans une embuscade** 中了埋伏 [zhòng le máifu].

éméché, e adj *fam* 微醉的 [wēizuì de].

émerger vi 露出 [lùchu] ▸ **des rochers qui émergent à marée basse** 一些低潮的时候露出海面的岩石 [yìxiē dīcháo de shíhou lùchu hǎimiàn de yánshí].

émérite adj 有经验的 [yǒu jīngyàn de] ▸ **un professeur émérite** 一位有经验的教师 [yí wèi yǒu jīngyàn de jiàoshī].

émerveiller vt 使……惊叹 [shǐ… jīngtàn] ▸ **la beauté de la ville m'a émerveillée** 城市的美景让我惊叹不已 [chéngshì de méijǐng ràng wǒ jīngtàn bùyǐ].

▪ **s'émerveiller** vp 惊叹 [jīngtàn] ▸ **ils s'émerveillent devant la beauté du paysage** 在美景面前他们惊叹不已 [zài méijǐng miànqián tāmen jīngtàn bùyǐ] ▸ **le public s'émerveillait du talent de ce musicien** 公众惊叹于音乐家的才华 [gōngzhòng jīngtàn yú yīnyuèjiā de cáihuá].

émetteur, trice ♦ adj 发射的 [fāshè de] ▸ **une station émettrice** 广播电台 [guǎngbō diàntái] ▸ **un poste émetteur** 发射台 [fāshè tái]. ♦ nm, f ❶ TÉLÉCOM 发送设备 [fāsòng shèbèi] ▸ **un émetteur de radio** 广播发射台 [guǎngbō fāshètái] ▸ **un émetteur de télévision** 电视发射台 [diànshì fāshètái] ❷ BANQUE 签发人 [qiānfā rén] ▸ **l'émetteur d'un chèque** 开支票的人 [kāizhīpiào de rén].

émettre vt ❶ (produire) 发射 [fāshè] ▸ **le violon émet des sons aigus** 小提琴发出尖细的声音 [xiǎotíqín fāchū jiānxì de shēngyīn] ▸ **ta lampe émet une lumière douce** 你的灯发出了柔和的光线 [nǐde dēng fāchū le róuhe de guāngxiàn] ❷ (diffuser) 播送 [bōsòng] ▸ **émettre un message radio** 播送广播信息 [bōsòng guǎngbō xìnxī] ❸ (formuler) 提出 [tíchū] ▸ **émettre une hypothèse** 提出一个假设 [tíchū yí ge jiǎshè].

émeute nf (cl. 场 [chǎng]) 骚动 [sāodòng] ▸ **provoquer une émeute** 引起一场骚动

[yínqǐ yì chǎng sāodòng] ▸ **des émeutes ont éclaté après la manifestation** 在示威游行之后，骚动爆发了 [zài shìwēi yóuxíng zhī hòu, sāodòng bàofā le].

émigrant, e adj & nm, f 移民 [yímín] ▸ **un bateau chargé d'émigrants** 一艘载满移民的船 [yì sōu zàimǎn yímín de chuán] ▸ **une population émigrante** 移民人口 [yímín rénkǒu].

émigré, e adj & nm, f 移居国外的/移居国外者 [yíjū guówài de/ yíjū guówài zhě] ▸ **émigré politique** 政治移民 [zhèngzhì yímín].

émigrer vi (personnes) 移居国外 [yíjū guówài]; (animaux) 迁徙 [qiānxǐ].

éminemment adv 非常地 [fēicháng de] ▸ **un élève éminemment doué** 一个非常有天赋的学生 [yí ge fēicháng yǒu tiānfù de xuésheng].

éminence nf ❶ (colline) 山丘 [shānqiū] ▸ **un bâtiment construit sur une éminence** 一个建在山丘上的建筑物 [yí ge jiàn zài shānqiū shàng de jiànzhùwù] ❷ RELIG 阁下 [géxià] ▸ **Son Éminence** 红衣主教阁下 [Hóngyī zhǔjiào géxià].

éminent, e adj 杰出的 [jiéchū de] ▸ **une personnalité éminente** 杰出的人格 [jiéchū de réngé] ▸ **jouer un rôle éminent** 扮演一个杰出的角色 [bànyǎn yí ge jiéchū de juésè].

émir nm 酋长 [qiúzhǎng] ▸ **l'émir de Dubaï** 迪拜的酋长 [Díbài de qiúzhǎng].

Émirats arabes unis nmpl ▸ **les Émirats arabes unis** 阿拉伯联合酋长国 [Ālābó liánhé qiúzhǎngguó].

émissaire nm 密使 [mìshǐ] ▸ **l'émissaire du gouvernement** 政府的密使 [zhèngfǔ de mìshǐ].

émission nf ❶ (programme) 广播节目 [guǎngbō jiémù] ▸ **l'émission est en direct** 直播节目 [zhíbō jiémù] ▸ **regarder une émission à la télévision** 看电视节目 [kàn diànshì jiémù] ❷ (transmission) 发送 [fāsòng] ▸ **émission d'un son** 声音的发出 [shēngyīn de fāchū] ▸ **l'émission d'images** 图像的发送 [túxiàng de fāsòng] ❸ (de gaz) 散发 [sànfā] ▸ **émission de gaz à effet de serre** 引起温室效应的气体散发 [yínqǐ wēnshì xiàoyìng de qìtǐ sànfā].

emmêler vt 弄乱 [nòngluàn] ▸ **tes cheveux sont tout emmêlés** 你的头发弄乱了 [nǐde tóufa nòngluàn le].

▪ **s'emmêler** vp 被弄乱 [bèi nòngluàn] ▸ **ses cheveux s'emmêlent facilement** 他的头发很容易被弄乱 [tāde tóufa hěn róngyì bèi nòngluàn]

◊ **s'emmêler les pinceaux** 搞不清 [gǎobuqīng].

emménagement nm 搬进 [bānjìn].

emménager vi 搬进 [bānjìn] ▸ **emménager dans une maison** 搬进一所房子 [bānjìn yì suǒ fángzi] ▸ **ils viennent d'emménager** 他们刚刚搬进来 [tāmen gānggāng bānjìnlái].

emmener vt ❶ (accompagner) 带 [dài] ▸ **je t'emmène à l'école** 我带你去上学 [wǒ dài nǐ qù shàngxué] ▸ **elle les emmène au cinéma** 她带他们去看电影 [tā dài tāmen qù kàn diànyǐng] ❷ (emporter avec soi) 带着 [dàizhe] ▸ **j'emmène un livre pour le voyage** 我带着一本书，准备旅行的时候看 [wǒ dàizhe yì běn shū, zhǔnbèi lǚxíng de shíhou kàn].

emmerder *tfam* vt (embêter) 让……烦 [ràng…fán] ▸ **tu m'emmerdes avec tes questions** 你的问题让我很烦 [nǐde wèntí ràng wǒ hěn fán].

▪ **s'emmerder** *tfam* vp (s'ennuyer) 感到厌烦 [gǎndào yànfán].

emmitoufler ▪ **s'emmitoufler** vp 全身穿得暖和 [quánshēn chuān de nuǎnhuo] ▸ **je me suis bien emmitouflée dans mon manteau** 我穿着一件很暖和的大衣 [wǒ chuānzhe yí jiàn hén nuǎnhuo de dàyī].

émoi nm *sout* 不安 [bù'ān] ▸ **en émoi** 处于不安之中 [chǔyú bù'ān zhīzhōng].

émotif, ive ♦ adj 易激动的 [yì jīdòng de] ▸ **un caractère émotif** 易激动的性格 [yì jīdòng de xìnggé] ▸ **une personne émotive** 易激动的人 [yì jīdòng de rén]. ♦ nm, f 易激动的人 [yì jīdòng de rén].

émotion nf 激动 [jīdòng] ▸ **il y avait de l'émotion dans sa voix** 他的声音中表露出了激动 [tāde shēngyīn zhōng biǎolùchu le jīdòng] ▸ **éprouver des émotions fortes** 感到强烈

的激动 [gǎndào qiángliè de jīdòng] ▸ **donner des émotions à qqn** 让某人激动 [ràng mǒurén jīdòng].

émotionnel, elle adj 情感上的 [qínggǎn shàng de] ▸ **des troubles émotionnels** 一些情感上的障碍 [yìxiē qínggǎn shàng de zhàng'ài].

émouvant, e adj 感动人的 [gǎndòng rén de] ▸ **une histoire émouvante** 感动人的故事 [gǎndòng rén de gùshi] ▸ **un film émouvant** 感动人的电影 [gǎndòng rén de diànyǐng].

émouvoir vt 感动 [gǎndòng] ▸ **ce spectacle l'a émue** 这个表演感动了她 [zhè ge biáoyǎn gǎndòng le tā].

▪ **s'émouvoir** vp 被感动 [bèigǎndòng] ▸ **elle ne s'émeut pas facilement** 她不轻易感动 [tā bù qīngyì gǎndòng] ▸ **il s'est ému de notre malheur** 他被我们的不幸打动了 [tā bèi wǒmende búxìng dǎdòng le].

empaillé, e adj 被制成标本的 [bèi zhìchéng biāoběn de].

emparer ▪ **s'emparer de** vp ❶ (conquérir) 夺取 [duóqǔ] ▸ **l'ennemi s'est emparé de plusieurs villes** 敌人占领了几个城市 [dírén zhànlǐng le jǐ ge chéngshì] ❷ (saisir) 抓住 [zhuāzhù] ▸ **il s'empara d'un bâton pour se défendre** 他抓住了一根棍子保护自己 [tā zhuāzhù le yì gēn gùnzi bǎohù zìjǐ] ▸ **le joueur de l'équipe adverse s'empare du ballon** 对方球员抢球 [duìfāng qiúyuán qiǎngqiú].

empâter ▪ **s'empâter** vp (grossir) 发胖 [fāpàng] ▸ **avec l'âge, il s'est un peu empâté** 随着年龄的增长，他有点发胖了 [suízhe niánlíng de zēngzhǎng, tā yǒudiǎn fāpàng le].

empêchement nm 变故 [biàngù] ▸ **avoir un empêchement** 有一个变故 [yǒu yí ge biàngù].

empêcher vt 阻止 [zúzhǐ] ▸ **son père a tout fait pour empêcher le mariage** 他的父亲想尽一切办法来阻止这桩婚事 [tāde fùqin xiǎngjìn yíqiè bànfǎ lái zúzhǐ zhè zhuāng hūnshì] ▸ **empêcher que** *(+ subjonctif)* 阻止 [zúzhǐ] ▸ **empêcher qqn/qqch de** *(+ infinitif)* 阻碍某人/某事...... [zǔ'ài mǒurén/mǒushì...]

◊ **(il) n'empêche que** 尽管如此 [jǐnguǎn rúcǐ].

▪ **s'empêcher de** vp+prép 忍住 [rěnzhù] ▸ **je n'ai pas pu m'empêcher de rire** 我忍不住笑了 [wǒ rěnbuzhù xiào le].

empereur nm 皇帝 [huángdì].

empester ♦ vt 使......发出臭味 [shǐ... fāchū chòuwèi] ▸ **cet égout empeste la ville** 这个下水道使整个城市发出臭味 [zhè ge xiàshuǐdào shǐ zhěnggè chéngshì fāchū chòuwèi]. ♦ vi 发出难闻的味 [fāchū nánwén de wèi] ▸ **la chambre d'hôtel empestait la fumée** 旅馆的房间发出难闻的烟味 [lǚguǎn de fángjiān fāchū nánwén de yān wèi] ▸ **ça empeste dans la cuisine!** 厨房里发出难闻的味！ [chúfáng lǐ fāchū nánwén de wèi!].

empêtrer ▪ **s'empêtrer dans** vp+prép ❶ (se prendre les pieds) 被绊住 [bèi bànzhù] ▸ **la mariée s'est empêtrée dans sa traîne** 新娘被自己的婚纱裙的拖裾绊住了 [xīnniáng bèi zìjǐ de hūnshāqún de tuōjū bànzhù le] ❷ *fig* (s'embrouiller) 变得尴尬 [biàn de gāngà] ▸ **il s'est empêtré dans ses explications** 他越解释越尴尬 [tā yuè jiěshì yuè gāngà].

emphase nf 夸张 [kuāzhāng] ▸ **l'emphase d'un discours** 演说的夸张 [yǎnshuō de kuāzhāng] ▸ **parler avec emphase** 说话夸张 [shuōhuà kuāzhāng].

empiéter vi ❶ (déborder) 侵占 [qīnzhàn] ▸ **leur grange empiète sur notre terrain** 他们的谷仓侵占了我们的土地 [tāmende gǔcāng qīnzhàn le wǒmen de tǔdì] ❷ *fig* (usurper) 侵犯 [qīnfàn] ▸ **empiéter sur la liberté des autres** 侵犯别人的自由 [qīnfàn biéren de zìyóu] ▸ **il empiète sur mes attributions** 他侵犯了我的权限 [tā qīnfàn le wǒde quánxiàn].

empiffrer ▪ **s'empiffrer (de)** vp+prép *fam* 大吃(......) [dàchī (...)] ▸ **elle s'est empiffrée de chocolat** 她大吃了一顿巧克力 [tā dàchī le yí dùn qiǎokèlì] ▸ **tu t'es bien empiffré au dîner!** 晚饭你是大吃了一顿！ [wǎnfàn nǐ shì dàchī le yí dùn!].

empiler ♦ vt 堆积 [duījī] ▸ **empiler des livres sur une étagère** 把书堆积在书架上 [bǎ shū duījī zài shūjià shàng]. ♦ vp 堆放 [duīfàng] ▸ **la vaisselle sale s'empile dans l'évier** 脏碗

碟堆放在洗碗槽里 [zàng wǎndié duīfàng zài xíwǎncáo lǐ].

empire nm ❶ HIST 帝国 [dìguó] ▸ **l'Empire japonais** 日本帝国 [Rìběn dìguó] ▸ **l'Empire du Milieu** 中国 [Zhōngguó] ▸ **l'ancien empire colonial français** 从前的法国殖民帝国 [cóngqián de Fǎguó zhímíndìguó] ❷ (puissant groupe) 大企业 [dà qǐyè] ▸ **un empire financier** 财团 [cáituán].

empirer vi 恶化 [èhuà] ▸ **la situation économique a encore empiré** 经济状况又恶化了 [jīngjì zhuàngkuàng yòu èhuà le] ▸ **son état de santé empire** 他的健康状况恶化了 [tāde jiànkāng zhuàngkuàng èhuà le].

empirique adj 凭经验得到的 [píng jīngyàn dédào de] ▸ **des connaissances empiriques** 凭经验得到的知识 [píng jīngyàn dédào de zhīshi] ▸ **des méthodes empiriques** 无科学依据的方法 [wú kēxué yījù de fāngfǎ].

emplacement nm (lieu, position) 位置 [wèizhì] ▸ **l'emplacement de la cuisine** 厨房的位置 [chúfáng de wèizhì] ▸ **un emplacement de parking** 停车场的位置 [tíngchēchǎng de wèizhì].

emplette nf 购买 [gòumǎi] ▸ **faire des emplettes** 购物 [gòuwù] ▸ **elle m'a montré toutes ses emplettes** 她把她买的东西都给我看了 [tā bǎ tā mǎi de dōngxi dōu gěi wǒ kàn le].

emplir vt 装满 [zhuāngmǎn] ▸ **emplir un verre de vin** 倒满一杯酒 [dàomǎn yì bēi jiǔ] ▸ **la foule emplit la salle** 大厅里挤满了人 [dàtīng lǐ jǐmǎn le rén].

emploi nm ❶ (travail) ○ (cl. 份 [fèn]) 工作 [gōngzuò] ▸ **il cherche un (nouvel) emploi** 他在找(新)工作 [tā zài zhǎo (xīn) gōngzuò] ❷ (utilisation) 使用 [shǐyòng] ▸ **tu as fait un bon emploi de ton argent** 你的钱使用得当 [nǐde qián shǐyòng dédàng] ▸ **les différents emplois d'un mot** 一个词的不同用法 [yí ge cí de bùtóng yòngfǎ] ▸ **mode d'emploi** 使用说明 [shǐyòng shuōmíng] ▸ **faire double emploi** 多余的 [duōyú de] ▸ **emploi du temps** 时间表 [shíjiānbiǎo].

employé, e nm, f (cl. 个 [gè] ou 名 [míng] ou 位 [wèi]) 职员 [zhíyuán] ▸ **un employé de bureau** 一名办公室职员 [yì míng bàngōngshì zhíyuán] ▸ **un employé de banque** 一名银行职员 [yì míng yínháng zhíyuán] ▸ **employé de maison** 佣人 [yōngrén].

employer vt ❶ (utiliser) 使用 [shǐyòng] ▸ **employer un mot** 使用一个单词 [shǐyòng yí ge dāncí] ▸ **employer les bons outils** 使用好用的工具 [shǐyòng hǎoyòng de gōngjù] ▸ **employer la force** 使用武力 [shǐyòng wǔlì] ❷ (donner du travail à) 雇用 [gùyòng] ▸ **cette entreprise emploie 2 000 ouvriers** 这个企业雇用了2000个工人 [zhè ge qǐyè gùyòng le 2000 ge gōngrén].

employeur, euse nm, f (cl. 个 [gè] ou 位 [wèi]) 雇主 [gùzhǔ].

empoigner ♦ vt (prendre) 抓紧 [zhuājǐn] ▸ **empoigner la rampe de l'escalier** 抓紧楼梯的扶手 [zhuājǐn lóutī de fúshǒu] ▸ **empoigner un outil** 紧抓着一个工具 [jǐnzhuāzhe yí ge gōngjù]. ♦ vp (se battre) 互相扭打 [hùxiāng niúdǎ] ▸ **les deux adversaires se sont empoignés** 两个对手互相扭打在一起 [liǎng ge duìshǒu hùxiāng niúdǎ zài yìqǐ].

empoisonnement nm 中毒 [zhòngdú] ▸ **un empoisonnement alimentaire** 食物中毒 [shíwù zhòngdú] ▸ **un empoisonnement dû aux champignons** 蘑菇引起的中毒 [mógu yínqǐ de zhòngdú].

empoisonner vt 下毒 [xiàdú] ▸ **il a empoisonné sa femme à l'arsenic** 他用砒霜给他妻子下了毒 [tāyòng pīshuāng gěi tā qīzi xià le dú].

emporté, e adj 急躁的 [jízào de] ▸ **un caractère emporté** 急躁的性格 [jízào de xìnggé].

emporter vt ❶ (prendre) 带走 [dàizǒu] ▸ **j'emporte mon matériel avec moi** 我随身携带着我的设备 [wǒ suíshēn xiédàizhe wǒde shèbèi] ▸ **'à emporter'** (plats) 外卖 [wàimài] ❷ (entraîner) 冲走 [chōngzǒu] ▸ **le courant emporte la barque** 河流冲走了小船 [héliú chōngzǒu le xiǎochuán] ❸ (arracher) 夺走 [duózǒu] ▸ **le typhon a tout emporté sur son passage** 台风所到之处夺走了一切 [táifēng suǒdào zhīchù duózǒu le yíqiè] ❹ (faire mourir) 夺走生命 [duózǒu shēngmìng] ▸ **un cancer l'a emporté il y a deux ans** 两年前，癌症夺走了他的生命 [liǎng nián qián, áizhèng duózǒu le tāde shēngmìng]

◊ **l'emporter sur** 战胜 [zhànshèng] ▸ **la colère l'a emporté sur l'amitié** 愤怒超越了友情 [fènnù chāoyuè le yǒuqíng].

▪ **s'emporter** vp (se mettre en colère) 发火 [fāhuǒ] ▸ **elle s'est emportée contre son mari** 她对她的丈夫发了火 [tā duì tāde zhàngfu fā le huǒ].

empoté, e adj & nm, f *fam* 木 [mù] ▸ **quelle empotée, cette fille !** 也太木了，这个女孩！ [yě tài mù le, zhè ge nǚhái!].

empreint, e adj *sout* ▸ **empreint de** 带有…… [dàiyǒu…].

empreinte nf 印记 [yìnjì] ▸ **des empreintes de pas** 一些脚印 [yìxiē jiǎoyìn] ▸ **des empreintes de pneus** 一些轮胎印 [yìxiē lúntāi yìn] ▸ **empreintes digitales** 指纹 [zhǐwén].

empressement nm 热情 [rèqíng] ▸ **elle a accepté son offre avec empressement** 她热情地接受了他的建议 [tā rèqíng de jiēshòu le tāde jiànyì].

empresser ▪ **s'empresser** vp ❶ (se hâter) 急忙 [jímáng] ▸ **s'empresser de faire qqch** 急忙做某事 [jímáng zuò mǒushì] ❷ (se démener) ▸ **s'empresser auprès de qqn** 热心地对待某人 [rèxīn de duìdài mǒurén].

emprise nf (cl. 种 [zhǒng]) 影响 [yǐngxiǎng] ▸ **avoir de l'emprise sur qqn** 对某人有影响力 [duì mǒurén yǒu yíngxiǎnglì] ▸ **sous l'emprise de** 在……的影响下 [zài… yíngxiǎng xià].

emprisonnement nm 监禁 [jiānjìn] ▸ **l'emprisonnement d'un cambrioleur** 一个盗窃犯的监禁 [yí ge dàoqièfàn de jiānjìn].

emprisonner vt 关进监狱 [guānjìn jiānyù] ▸ **la police a emprisonné les voleurs** 警察把小偷关进了监狱 [jǐngchá bǎ xiǎotōu guānjìn le jiānyù].

emprunt nm 借钱 [jièqián] ▸ **faire un emprunt auprès d'une banque** 向银行贷款 [xiàng yínháng dàikuǎn] ▸ **rembourser un emprunt** 还债 [huánzhài].

emprunter vt 借入 [jièrù] ▸ **emprunter de l'argent** 借钱 [jiè qián] ▸ **emprunter des livres** 借书 [jiè shū].

ému, e adj 激动的 [jīdòng de] ▸ **nous étions tous émus par ce spectacle** 这个表演让我们非常激动 [zhè ge biáoyǎn ràng wǒmen fēicháng jīdòng] ▸ **répondre d'une voix émue** 用激动的声音回答 [yòng jīdòng de shēngyīn huídá].

émulsion nf CHIM (cl. 种 [zhǒng]) 乳液 [rǔyè] ▸ **une émulsion d'huile dans l'eau** 一种在水中呈油状的乳液 [yì zhǒng zài shuǐzhōng chéng yóuzhuàng de rǔyè].

en ♦ prép ❶ (pour indiquer le lieu, le moment, la durée, un état) 在 [zài] ▸ **j'habite en France** 我住在法国 [wǒ zhùzài Fǎguó] ▸ **ils sont en classe** 他们在上课 [tāmen zài shàngkè] ▸ **aller en ville** 去城里 [qù chénglì] ▸ **en été** 在夏季 [zài xiàjì] ▸ **en 2008** 在2008年 [zài 2008 nián] ▸ **peux-tu fermer la porte en partant ?** 你走的时候可以关上门吗？ [nǐ zǒu de shíhou kéyǐ guānshang mén ma?] ▸ **en 10 minutes** 在十分钟内 [zài shífēn zhōng nèi] ▸ **en un temps record** 转眼之间 [zhuányǎn zhī jiān] ▸ **être en vacances** 在度假 [zài dùjià] ▸ **être en bonne santé** 身体健康 [shēntǐ jiànkāng] ▸ **être en colère** 在生气 [zài shēngqì] ❷ (pour indiquer la matière) 用……制的 [yòng… zhì de] ▸ **une jupe en lin** 亚麻制的裙子 [yàmá zhì de qúnzi] ▸ **une montre en or** 金表 [jīnbiǎo] ❸ (pour indiquer la manière) ▸ **il parle en connaisseur** 他很内行地讲话 [tā hěn nèiháng de jiǎnghuà] ▸ **il a agi en traître** 他背信弃义 [tā bèixìn qìyì] ▸ **il marchait en sifflotant** 他吹着口哨走着 [tā chuīzhe kǒushào zǒuzhe] ❹ (pour indiquer une caractéristique) ▸ **je la préfère en vert** 我更喜欢绿色的那个 [wǒ gèng xǐhuān lǜsè de nà ge] ▸ **je la préfère en plus grand** 我更喜欢比较大的那个 [wǒ gèng xǐhuān bǐjiào dà de nà ge] ▸ **une robe en 38** 38号的连衣裙 [38 hào de liányīqún] ▸ **elle est forte en maths** 她数学很强 [tā shùxué hěn qiáng] ❺ (pour indiquer le moyen de transport) 乘 [chéng] ▸ **en voiture** 乘汽车 [chéng qìchē] ▸ **en bateau** 乘船 [chéng chuán] ▸ **en train** 乘火车 [chéng huǒchē] ▸ **en avion** 乘飞机 [chéng fēijī].

♦ pron ❶ (indique l'endroit d'où l'on vient) 那儿 [nàr]

❷ (remplace un nom précédé de la préposition « de ») 此 [cǐ] ▸ **j'en garde un très bon souvenir** 我对此保留着一段美好的回忆 [wǒ duì cǐ bǎoliúzhe yí duàn méihǎo de huíyì] ▸ **qu'en dites-vous ?** 您看如何？ [nín kàn rúhé?] ❸ (remplace un nom dénombrable précédé des articles partitifs « de la », « du » ou « des ») 一些 [yìxiē] ▸ **j'ai des bonbons, tu en veux ?** 我有糖果，你来一些吗？ [wǒ yǒu tángguǒ, nǐ lái yìxiē ma?] ❹ (remplace un nom indénombrable précédé des articles partitifs « de la », « du » ou « des ») 一点 [yìdiǎn] ▸ **il reste de la soupe, en reprendrez-vous ?** 还有汤，您再喝一点吗？ [háiyǒu tāng, nín zài hē yìdiǎn ma?].

encadrement nm 镶框 [xiāngkuàng] ▸ **l'encadrement d'un tableau** 一幅画的镶框 [yì fú huà de xiāngkuàng] ▸ **l'encadrement d'une porte** 门框 [ménkuàng].

encadrer vt 装框子 [zhuāngkuàngzi] ▸ **encadrer une photo** 给照片装相框 [gěi zhàopiàn zhuāngxiàngkuàng] ▸ **encadrer un tableau** 给一幅画装框子 [gěi yì fú huà zhuāngkuàngzi]

◊ **ne pas pouvoir encadrer qqn** *fam* (supporter) 无法忍受某人 [wúfǎ rěnshòu mǒurén].

encaissé, e adj 夹在峭壁之间的 [jiā zài qiàobì zhījiān de] ▸ **une vallée encaissée** 夹在峭壁之间的山谷 [jiā zài qiàobì zhījiān de shāngǔ].

encaisser vt 纳入 [nàrù] ▸ **encaisser de l'argent** 纳入现金 [nàrù xiànjīn] ▸ **encaisser un chèque** 兑现一张支票 [duìxiàn yì zhāng zhīpiào].

encastrer vt 使......嵌入 [shǐ... qiànrù].

enceinte ♦ adj 怀孕的 [huáiyùn de] ▸ **une femme enceinte** 一位怀孕的妇女 [yí wèi huáiyùn de fùnǚ] ▸ **elle est enceinte de six mois** 她怀孕六个月了 [tā huáiyùn liù ge yuè le]. ♦ nf ❶ (muraille) 围墙 [wéiqiáng] ▸ **la ville est dotée d'une ancienne enceinte fortifiée** 城市被古老的防御城墙围着 [chéngshì bèi gúlǎo de fángyù chéngqiáng wéizhe] ❷ (espace clos) 内部 [nèibù] ▸ **l'enceinte du tribunal** 法庭的审判大厅 [fǎtíng de shěnpàn dàtīng] ▸ **dans l'enceinte de** 在......范围内 [zài... fànwéinèi].

encens nm 香 [xiāng] ▸ **faire brûler de l'encens** 焚烧乳香 [fénshāo rǔxiāng].

encenser vt RELIG 上香 [shàngxiāng] ▸ **le prêtre encense l'autel** 神父给祭台上香 [shénfu gěi jìtái shàngxiāng].

encercler vt ❶ (environner) 环绕 [huánrào] ▸ **des bois encerclent le terrain** 这片地被树林环绕着 [zhè piàn dì bèi shùlín huánràozhe] ▸ **la police a encerclé tout le quartier** 警察包围了整个街区 [jǐngchá bāowéi le zhěngge jiēqū] ❷ (entourer) 圈 [quān] ▸ **encercler un mot au stylo rouge** 用红笔圈一个单词 [yòng hóng bǐ quān yí ge dāncí].

enchaînement nm ❶ (succession) 一连串 [yìliánchuàn] ▸ **un enchaînement de circonstances** 一连串的情况 [yìliánchuàn de qíngkuàng] ❷ (liaison) 连贯 [liánguàn] ▸ **l'enchaînement des idées dans un raisonnement** 在推理中思路连贯 [zài tuīlǐ zhōng sīlù liánguàn].

enchaîner ♦ vt (attacher) 用链系住 [yòng liàn jìzhù] ▸ **il a enchaîné son chien à un arbre** 他用链子把他的狗拴在了树上 [tā yòng liànzi bǎ tā de gǒu shuān zài le shù shàng] ▸ **les prisonniers ont été enchaînés** 犯人们被锁链拴着 [fànrenmen bèi suǒliàn shuān zhe]. ♦ vi (reprendre) 接上 [jiēshang] ▸ **elle a enchaîné, sans prêter attention au perturbateur** 她接了下去，没有被捣乱者分心 [tā jiē le xiàqù, méiyǒu bèi dǎoluànzhě fēnxīn] ▸ **enchaîner sur qqch** 接上...... [jiēshang...].

▪ **s'enchaîner** vp (se suivre) 连贯 [liánguàn] ▸ **ses arguments s'enchaînent bien** 他的论据连接得非常缜密 [tāde lùnjù liánjiē de fēicháng zhěnmì].

enchanté, e adj 非常高兴的 [fēicháng gāoxìng de] ▸ **elle est enchantée de sa soirée** 她为她的晚会感到非常高兴 [tā wèi tāde wǎnhuì gǎndào fēicháng gāoxìng] ▸ **enchanté (de faire votre connaissance)** 幸会 [xìnghuì]; 很高兴认识您 [hěn gāoxìng rènshi nín].

enchantement nm 神奇 [shénqí] ▸ **ce château est un enchantement** 这座城堡真神奇 [zhè zuò chéngbǎo zhēn shénqí]

◊ **comme par enchantement** 神奇地 [shénqí de].

enchanter vt 使……很高兴 [shǐ… hěn gāoxìng] ▸ **ce paysage m'enchante** 这景色使我很高兴 [zhè jǐngsè shǐ wǒ hěn gāoxìng] ▸ **j'ai été enchanté par ce séjour** 这段日子曾让我十分开心 [zhè duàn rìzi céng ràng wǒ shífēn kāixīn].

enchère nf 竞价卖出 [jìngjià màichū] ▸ **faire monter les enchères** 实行拍卖 [shíxíng pāimài] ▸ **vendre qqch aux enchères** 拍卖某物 [pāimài mǒuwù].

enclencher vt (mettre en marche) 使……启动 [shǐ… qǐdòng] ▸ **enclencher la marche arrière d'une voiture** 启动倒车 [qǐdòng dào chē] ▸ **enclencher un processus de paix** 启动和平进程 [qǐdòng hépíng jìnchéng].

▪ **s'enclencher** vp (se mettre en marche) 启动 [qǐdòng] ▸ **le signal d'alarme s'est enclenché** 警报信号启动了 [jǐngbào xìnhào qǐdòng le].

enclos nm (terrain) 围场 [wéichǎng] ▸ **les chèvres sont dans l'enclos** 山羊都在围场里 [shānyáng dōu zài wéichǎng lǐ].

encombrant, e adj 笨重的 [bènzhòng de] ▸ **des paquets encombrants** 一些笨重的包裹 [yìxiē bènzhòng de bāoguǒ] ▸ **une présence encombrante** 一个令人尴尬的人 [yí ge lìngrén gāngà de rén].

encombrement nm ❶ (embouteillage) 堵车 [dǔchē] ▸ **être pris dans les encombrements** 遇到堵车 [yùdào dǔchē] ❷ *fig* (fait d'obstruer) 拥堵 [yōngdǔ] ▸ **l'encombrement des lignes téléphoniques** 电话线路拥堵 [diànhuà xiànlù yōngdǔ].

encombrer vt ❶ (embarrasser) 堵 [dǔ] ▸ **des valises qui encombrent le couloir** 一些行李箱堵在走廊里 [yìxiē xínglixiāng dǔ zài zǒuláng lǐ] ❷ (surcharger) 拥堵 [yōngdǔ] ▸ **encombrer le réseau** 拥堵网络 [yōngdǔ wǎngluò] ▸ **encombrer une ligne téléphonique** 挤占一条电话线路 [jǐzhàn yì tiáo diànhuà xiànlù].

encontre ▪ **à l'encontre de** loc prép 与某事相违背 [yǔ mǒushì xiāng wéibèi] ▸ **aller à l'encontre de qqch** 与某事背道而驰 [yǔ mǒushì bèidàoérchí].

encore adv ❶ (toujours) 还 [hái] ▸ **il dort encore** 他还在睡 [tā háizài shuì] ▸ **il n'est pas encore arrivé** 他还没到 [tā hái méi dào] ❷ (de nouveau) 又 [yòu] ▸ **j'ai encore oublié mes clés** 我又忘记带钥匙了 [wǒ yòu wàngjì dài yàoshi le] ❸ (en plus) 再 [zài] ▸ **je peux avoir encore un peu de pain?** 我能再要些面包吗? [wǒ néng zài yào xiē miànbāo ma?] ▸ **reste encore un peu** 再呆一会儿 [zài dāi yíhuìr].

▪ **encore que** loc conj *(+ subjonctif)* litt 尽管 [jǐnguǎn] ▸ **son intervention, encore que tardive, s'est avérée utile** 他的介入尽管晚了些，但还是起到了作用 [tāde jièrù jǐnguǎn wǎn le xiē, dàn háishì qǐdào le zuòyòng].

encouragement nm (soutien) 鼓励 [gǔlì] ▸ **ses encouragements m'ont beaucoup aidé** 他的鼓励对我帮助很大 [tāde gǔlì duì wǒ bāngzhù hěn dà].

encourager vt ❶ (soutenir) 激励 [jīlì] ▸ **vos conseils m'ont beaucoup encouragée** 您的建议大大地激励了我 [nínde jiànyì dàdà de jīlì le wǒ] ❷ (inciter) 鼓励 [gǔlì] ▸ **l'Etat encourage la recherche** 国家鼓励科研 [guójiā gǔlì kēyán] ▸ **encourager qqn à** *(+ infinitif)* 鼓励某人…… [gǔlì mǒurén…] ▸ **nous encourageons nos enfants à poursuivre leurs études** 我们鼓励自己的孩子们继续学习 [wǒmen gǔlì zìjǐ de háizimen jìxù xuéxí].

encourir vt *sout* 受到 [shòudào] ▸ **encourir un châtiment** 受到一个惩罚 [shòudào yí ge chéngfá] ▸ **encourir le mépris** 遭到鄙视 [zāodào bǐshì].

encrasser vt 堵住 [dǔzhù] ▸ **le radiateur est encrassé** 散热器被堵住了 [sànrèqì bèi dǔzhù le] ▸ **la suie a encrassé la cheminée** 煤烟灰堵住了烟囱 [méiyānhuī dǔzhù le yāncōng].

encre nf 墨 [mò] ▸ **écrire à l'encre** 用墨写 [yòng mò xiě] ▸ **un stylo à encre** 一支墨水笔 [yì zhī mòshuǐ bǐ]

◊ **faire couler de l'encre** 在报刊上引发大量评论 [zài bàokān shàng yǐnfā dàliàng pínglùn].

encrier nm 砚 [yàn].

encyclopédie nf (cl. 卷 [juàn] ou 本 [běn] ou 套 [tào]) 百科全书 [bǎikē quánshū] ▸ **une encyclopédie en 20 volumes** 一套20卷的

百科全书 [yí tào 20 juàn de bǎikē quánshū] ▸ **une encyclopédie de la musique** 一本音乐百科全书 [yì běn yīnyuè bǎikē quánshū].

endetter vt 使……负债 [shǐ… fùzhài] ▸ **la crise a endetté les petites entreprises** 危机使这些小企业负债 [wēijī shǐ zhèxiē xiǎo qǐyè fùzhài].

▪ **s'endetter** vp 欠债 [qiànzhài] ▸ **ils se sont endettés pour acheter leur maison** 为了买房他们欠了债 [wèi le mǎi fáng tāmen qiàn le zhài].

endimancher ▪ **s'endimancher** vp 穿着打扮一番 [chuānzhuó dǎban yì fān].

endive nf (cl. 棵 [kē]) 玉兰菜 [yùláncài].

endoctriner vt 灌输 [guànshū] ▸ **il essaye de m'endoctriner avec ses idées politiques** 他试图向我灌输他的政治观点 [tā shìtú xiàng wǒ guànshū tāde zhèngzhì guāndiǎn].

endolori, e adj 疼 [téng] ▸ **avoir les pieds (tout) endoloris** 双脚(很)疼 [shuāng jiǎo (hěn) téng].

endommager vt 使……受到损失 [shǐ… shòudào sǔnshī] ▸ **la pluie a endommagé les récoltes** 下雨使收成受到损失 [xiàyǔ shǐ shōucheng shòudào sǔnshī].

endormi, e adj ❶ (qui dort) 睡着的 [shuìzháo de] ▸ **je l'ai trouvé endormi sur son fauteuil** 我发现他在沙发椅上睡着了 [wǒ fāxiàn tā zài shāfāyǐ shàng shuìzháo le] ❷ (calme) 沉睡的 [chénshuì de] ▸ **une ville endormie** 一座沉睡的城市 [yí zuò chénshuì de chéngshì].

endormir vt ❶ (faire dormir) 使……入睡 [shǐ… rùshuì] ▸ **bercer un bébé pour l'endormir** 摇晃婴儿使他入睡 [yáohuàng yīng'ér shǐ tā rùshuì] ❷ (assoupir) 使……打瞌睡 [shǐ… dǎ kēshuì] ▸ **la chaleur m'endort** 炎热的气候使我直打瞌睡 [yánrè de qìhou shǐ wǒ zhí dǎ kēshuì].

▪ **s'endormir** vp (s'assoupir) 睡着 [shuìzháo] ▸ **j'ai du mal à m'endormir** 我睡不着觉 [wǒ shuìbùzháo jào]

◊ **s'endormir sur ses lauriers** 吃老本 [chī láoběn].

endosser vt ❶ (mettre) 披上 [pīshang] ▸ **endosser un manteau** 披上一件大衣 [pīshang yí jiàn dàyī] ❷ *fig* (assumer) 承担 [chéngdān] ▸ **endosser la responsabilité d'un échec** 为一项失败承担责任 [wèi yí xiàng shībài chéngdān zérèn].

endroit nm ❶ (lieu) 地方 [dìfang] ▸ **un endroit idéal pour camper** 一个安扎营地的理想地方 [yí ge ānzhā yíngdì de lǐxiǎng dìfang] ❷ (partie déterminée) 部位 [bùwèi] ▸ **il a été blessé à plusieurs endroits** 他被伤到了好几个部位 [tā bèi shāngdào le hǎo jǐ gè bùwèi].

▪ **à l'endroit** loc adv 正面地 [zhèngmiàn de] ▸ **mettre son pull à l'endroit** 把他的羊毛衫翻正过来 [bǎ tāde yángmáoshān fān zhèng guòlai].

enduire vt 抹 [mǒ] ▸ **enduire la poêle avec un peu d'huile** 在锅里抹一些油 [zài guō lǐ mǒ yìxiē yóu] ▸ **enduire un mur** 抹一面墙 [mǒ yí miàn qiáng].

▪ **s'enduire de** vp+prép 给自己抹…… [gěi zìjǐ mǒ…] ▸ **il s'est enduit de crème solaire** 他给自己抹了防晒霜 [tā gěi zìjǐ mǒ le fáng shài shuāng].

endurance nf 耐力 [nàilì] ▸ **l'endurance physique** 身体耐力 [shēntǐ nàilì] ▸ **une épreuve d'endurance** 一个耐力试验 [yí ge nàilì shìyàn].

endurcir vt (rendre dur) 使……结实 [shǐ… jiēshi] ▸ **endurcir ses muscles** 使他的肌肉结实 [shǐ tāde jīròu jiēshi].

▪ **s'endurcir** vp 变得结实 [biàn de jiēshi] ▸ **il s'endurcira avec l'âge** 他将随着年龄的增长变得结实起来 [tā jiāng suízhe niánlíng de zēngzhǎng biàn de jiēshi qǐlái].

endurer vt 忍受 [rěnshòu] ▸ **endurer la faim** 忍受饥饿 [rěnshòu jī'è] ▸ **endurer des souffrances** 忍受痛苦 [rěnshòu tòngkǔ].

énergétique adj 能量的 [néngliàng de] ▸ **les ressources énergétiques d'un pays** 一个国家所有的能量资源 [yí ge guójiā suóyǒu de néngliàng zīyuán] ▸ **un aliment énergétique** 一种补充能量的食物 [yì zhǒng bǔchōng néngliàng de shíwù].

énergie nf ❶ (vigueur) 气力 [qìlì] ▸ **avec énergie** 用力地 [yònglì de] ❷ (dynamisme) 精力 [jīnglì] ▸ **une femme pleine d'énergie** 一个精力饱满的女人 [yí ge jīnglì báomǎn de nǚrén] ❸ PHYS 能量 [néngliàng].

énergique adj 精力充沛的 [jīnglì chōngpèi de] ▸ **une femme énergique** 一个精力充沛的女人 [yí ge jīnglì chōngpèi de nǚrén].

énerver vt 使某人烦 [shǐ mǒurén fán] ▸ **le bruit l'énerve** 噪音使他烦躁 [zàoyīn shǐ tā fánzào].

▪ **s'énerver** vp 发火 [fāhuǒ] ▸ **ne t'énerve pas !** 别发火！ [bié fāhuǒ!] ▸ **elle s'énerve souvent sans raison** 她经常无缘无故地发火 [tā jīngcháng wúyuán wúgù de fāhuǒ].

enfance nf 童年 [tóngnián] ▸ **le village de leur enfance** 他们童年时的村子 [tāmen tóngnián shí de cūnzi] ▸ **d'enfance** 童年的 [tóngnián de] ▸ **mes souvenirs d'enfance** 我童年的记忆 [wǒ tóngnián de jìyì]

◊ **retomber en enfance** 变得幼稚 [biàn de yòuzhì].

enfant nmf ❶ (généralement) 孩子 [háizi] ▸ **ils ont trois enfants** 他们有三个孩子 [tāmen yǒu sān ge háizi] ▸ **enfant de chœur** 唱诗班的孩子 [chàngshībān de háizi] ❷ (à l'écrit) 儿童 [értóng] ▸ **un enfant en bas âge** 一个低龄儿童 [yí ge dīlíng értóng]

◊ **un enfant du pays** 当地人 [dāngdì rén].

▪ **enfant unique** nm 独生子女 [dúshēng zínǚ].

enfantillage nm 孩子气 [háiziqì] ▸ **arrête ces enfantillages !** 别耍孩子气了！ [bié shuǎ háiziqì le!] ▸ **perdre son temps en enfantillages** 为一些幼稚的事情浪费时间 [wèi yìxiē yòuzhì de shìqing làngfèi shíjiān].

enfantin, e adj ❶ (qui se rapporte à l'enfance) 儿童的 [értóng de] ▸ **un rire enfantin** 孩子般的笑 [háizi bān de xiào] ▸ **la littérature enfantine** 儿童文学 [értóng wénxué] ❷ (facile) 小儿科的 [xiǎo'érkē de] ▸ **ce problème est enfantin** 这个问题是小儿科 [zhè ge wèntí shì xiǎo'érkē].

enfer nm ❶ RELIG 地狱 [dìyù] ▸ **aller en enfer** 下地狱 [xià dìyù] ❷ (lieu, situation de souffrance) 地狱 [dìyù] ▸ **cette vie est un enfer** 这是地狱般的生活 [zhè shì dìyù bān de shēnghuó].

▪ **d'enfer** loc adj ❶ (épouvantable) 可怕的 [kěpà de] ▸ **un bruit d'enfer** 可怕的噪音 [kěpà de zàoyīn] ❷ *fig* (rapide) 飞速的 [fēisù de] ▸ **rouler à un train d'enfer** 飞速地开车 [fēisù de kāichē].

enfermer vt ❶ (mettre en prison) 关押 [guānyā] ▸ **enfermer un malfaiteur dans une cellule** 把一个罪犯关押在一间单人牢房里 [bǎ yí ge zuìfàn guānyā zài yì jiān dānrén láofáng lǐ] ❷ (mettre sous clé) 锁 [suǒ] ▸ **enfermer ses bijoux dans un coffre** 把首饰锁在保险箱里 [bǎ shǒushi suǒ zài bǎoxiǎnxiāng lǐ].

▪ **s'enfermer** vp (se cloîtrer) 把自己关起来 [bǎ zìjǐ guānqǐlái] ▸ **il s'est enfermé dans sa chambre** 他把自己关在卧室里 [tā bǎ zìjǐ guān zài wòshì lǐ].

enfiler vt ❶ (passer un fil) 穿 [chuān] ▸ **enfiler une aiguille** 穿针 [chuān zhēn] ❷ *fam* (vêtement) ▸ **enfiler un manteau** 放好大衣 [fànghǎo dàyī].

enfin adv ❶ (indique la fin) 终于 [zhōngyú] ▸ **j'ai enfin terminé mon dossier** 我终于完成我的文案工作 [wǒ zhōngyú wánchéng wǒde wén'àn gōngzuò] ▸ **te voilà enfin !** 你终于到了！ [nǐ zhōngyú dào le!] ❷ (indique une conclusion) 总之 [zǒngzhī] ▸ **elle est attentive, souriante, enfin, charmante** 她很认真，总是微笑，总之很有魅力 [tā hěn rènzhēn, zǒngshì wēixiào, zǒngzhī hěn yǒu mèilì].

enflammer vt ❶ (faire brûler) 点燃 [diǎnrán] ▸ **enflammer une allumette** 点燃一根火柴 [diǎnrán yì gēn huǒchái] ❷ *fig* (galvaniser) 鼓舞 [gǔwǔ] ▸ **son discours a enflammé le public** 他的演讲鼓舞了公众 [tāde yǎnjiǎng gǔwǔ le gōngzhòng].

▪ **s'enflammer** vp (brûler) 着火 [zháohuǒ] ▸ **le bois sec s'enflamme facilement** 干柴容易着火 [gān chái róngyì zháohuǒ].

enflé, e adj 肿的 [zhǒng de] ▸ **ma cheville est enflée** 我的脚踝肿了 [wǒde jiǎohuái zhǒng le].

enfler ♦ vi (gonfler) 肿胀 [zhǒngzhàng] ▸ **j'ai les mains qui enflent** 我的双手肿胀 [wǒde shuāng shǒu zhǒngzhàng]. ♦ vt (grossir) 使……上涨 [shǐ… shàngzhǎng] ▸ **la pluie enfle les cours d'eau** 雨水使河水上涨 [yúshuǐ shǐ héshuǐ shàngzhǎng].

enfoncer vt ❶ (planter) 钉入 [dìngrù] ▸ **enfoncer un clou avec un marteau** 用把榔头钉钉子 [yòng bǎ lángtou dìng dīngzi] ❷ (enfouir) 把某物放进深处 [bǎ mǒuwù fàngjìn shēnchù] ▸ **enfoncer qqch dans** 使某物进

入……深处 [shǐ mǒuwù jìnrù… shēnchù] ▸ **enfoncer sa tête dans l'oreiller** 把头埋进枕头里 [bǎ tóu mái jìn zhěntou lǐ]

◊ **enfoncer une porte ouverte** 小题大做 [xiǎotí dàzuò].

▪ **s'enfoncer** vp ❶ (couler) 沉入 [chénrù] ▸ **le navire s'enfonçait lentement dans la mer** 船慢慢地沉入海里 [chuán mànman de chénrù hǎi lǐ] ❷ (pénétrer) 进入 [jìnrù] ▸ **les clous s'enfoncent facilement dans le plâtre** 钉子很容易被钉进石膏 [dīngzi hěn róngyì bèi dìng jìn shígāo].

enfouir vt ❶ (mettre en terre) 埋 [mái] ▸ **le chien a enfoui son os** 狗把骨头埋了起来 [gǒu bǎ gǔtou mái le qǐlái] ❷ (ensevelir) 掩埋 [yǎnmái] ▸ **les victimes étaient enfouies sous les décombres** 罹难者被掩埋在了瓦砾下面 [línànzhě bèi yǎnmái zài le wǎlì xiàmiàn].

enfreindre vt 违背 [wéibèi] ▸ **enfreindre un règlement** 违背一项规定 [wéibèi yí xiàng guīdìng] ▸ **enfreindre la loi** 触犯法律 [chùfàn fǎlǜ].

enfuir ▪ **s'enfuir** vp 逃走 [táozǒu] ▸ **un prisonnier s'est enfui** 一个囚犯逃走了 [yí ge qiúfàn táozǒu le] ▸ **elle s'est enfuie en courant** 她已经逃跑了 [tā yǐjīng táopǎo le].

enfumé, e adj 有烟的 [yǒuyān de] ▸ **une pièce enfumée** 一个烟雾腾腾的房间 [yí ge yānwù téngténg de fángjiān].

engagement nm ❶ (promesse) 诺言 [nuòyán] ▸ **tenir ses engagements** 履行自己的诺言 [lǚxíng zìjǐ de nuòyán] ❷ (embauche) 聘用 [pìnyòng] ▸ **l'engagement d'une nouvelle secrétaire** 聘用了一个新秘书 [pìnyòng le yí ge xīn mìshū].

engager vt ❶ (impliquer) 对……负责 [duì… fùzé] ▸ **engager sa parole** 对自己的诺言负责 [duì zìjǐ de nuòyán fùzé] ▸ **engager sa responsabilité** 承担自己的职责 [chéngdān zìjǐ de zhízé] ▸ **cela n'engage à rien** 这不会有任何影响 [zhè bú huì yǒu rènhé yíngxiǎng] ❷ (embaucher) 雇佣 [gùyōng] ▸ **ils devront engager plus de personnel** 他们应该雇佣更多的人员 [tāmen yīnggāi gùyōng gèngduō de rényuán] ❸ (inciter) ▸ **engager qqn à qqch** 建议某人要如何 [jiànyì mǒurén yào rúhé] ▸ **engager qqn à** *(+ infinitif)* 劝某人做某事 [quàn mǒurén zuò mǒushì].

▪ **s'engager à** vp+prép (promettre) 保证 [bǎozhèng] ▸ **je me suis engagée à lui répondre** 我保证回答他 [wǒ bǎozhèng huídá tā].

▪ **s'engager sur** vp+prép (entrer) 进入 [jìnrù] ▸ **le camion s'engage sur l'autoroute** 卡车驶进高速公路 [kǎchē shǐ jìn gāosù gōnglù].

▪ **s'engager dans** vp+prép (signer un contrat) 被聘 [bèipìn] ▸ **s'engager dans la police** 被聘进入警察局工作 [bèipìn jìnrù jǐngchájú gōngzuò].

engendrer vt *fig* (causer) 引发 [yǐnfā] ▸ **ce traité risque d'engendrer des problèmes** 这个条约有引发某些问题的危险 [zhè ge tiáoyuē yǒu yǐnfā mǒuxiē wèntí de wēixiǎn].

engin nm 机器 [jīqì]; 装备[zhuāngbèi] ▸ **un engin spatial** 一个宇宙飞行器 [yí ge yǔzhòu fēixíng qì] ▸ **des engins de guerre** 一些作战装备 [yìxiē zuòzhàn zhuāngbèi].

englober vt 包括 [bāokuò] ▸ **ce devis englobe les frais de livraison** 这份报价包括运送的费用 [zhè fèn bàojià bāokuò yùnsòng de fèiyòng].

engloutir vt ❶ (submerger) 吞没 [tūnmò] ▸ **la mer a englouti le navire** 大海吞没了那只船 [dàhǎi tūnmò le nà zhī chuán] ❷ (dévorer) 吞下 [tūnxià] ▸ **il a englouti son repas en quelques minutes** 他几分钟就吞下了他的饭 [tā jǐ fēnzhōng jiù tūnxià le tāde fàn].

engorger vt (obstruer) 堵塞 [dǔsè] ▸ **des feuilles mortes engorgeaient la gouttière** 枯叶堵塞了排水沟 [kūyè dǔsè le páishuǐgōu] ▸ **la canalisation est engorgée** 管道被堵住了 [guǎndào bèi dǔzhù le].

engouement nm 痴迷 [chīmí] ▸ **l'engouement du public pour un chanteur** 观众对某歌手的痴迷 [guānzhòng duì mǒu gēshǒu de chīmí].

engouffrer vt *fam* (dévorer) 吞 [tūn] ▸ **il a engouffré son sandwich** 他吞下了他的三明治 [tā tūnxià le tāde sānmíngzhì].

▪ **s'engouffrer dans** vp+prép 冲进 [chōngjìn] ▸ **le vent s'engouffre dans la rue** 风吹进街道 [fēng chuījìn jiēdào] ▸ **l'eau s'engouffre dans un canal** 水涌进一条运河 [shuǐ yǒngjìn yì tiáo yùnhé] ▸ **elle s'est engouffrée dans un taxi** 她冲进了一辆出租车 [tā chōngjìn le yí liàng chūzūchē].

engourdi, e adj 麻木的 [mámù de] ▸ **avoir les mains engourdies par le froid** 双手被冻麻木了 [shuāng shǒu bèi dòng mámù le].

engourdir vt ❶ (raidir) 使......麻木 [shǐ... mámù] ▸ **le froid engourdit les doigts** 寒冷使手指麻木了 [hánlěng shǐ shóuzhǐ mámù le] ❷ *fig* (endormir) 使......迟钝 [shǐ... chídùn] ▸ **la routine engourdit l'esprit** 例行公事使精神迟钝 [lìxíng gōngshì shǐ jīngshén chídùn].

engrais nm 肥料 [féiliào] ▸ **engrais chimique** 化肥 [huàféi] ▸ **engrais végétal** 腐植肥 [fǔ zhí féi].

engrenage nm (enchaînement de circonstances) 一连串的事件 [yìliánchuàn de shìjiàn] ▸ **être pris dans un engrenage** 被卷进一连串的事件中 [bèi juǎnjìn yìliánchuàn de shìjiàn zhōng] ▸ **l'engrenage de la violence** 暴力引起的连锁反应 [bàolì yínqǐ de liánsuǒ fǎnyìng]

◊ **mettre le doigt dans l'engrenage** 被牵扯进一连串的麻烦事里 [bèi qiānchě jìn yìliánchuàn de máfan shì lǐ].

engueulade nf *fam* 大骂 [dàmà] ▸ **elle a eu une engueulade avec ses parents** 她跟她父母相互大骂了一场 [tā gēn tā fùmǔ xiānghù dàmà le yì chǎng].

engueuler vt *fam* 责骂 [zémà] ▸ **sa mère l'a engueulé quand il est rentré** 他一回家，他母亲就把他责骂了一顿 [tā yì huíjiā, tā mǔqin jiù bǎ tā zémà le yí dùn] ▸ **se faire engueuler** 挨骂 [áimà].

▪ **s'engueuler** vp *fam* 相互谩骂 [xiānghù mànmà] ▸ **ils n'arrêtent pas de s'engueuler** 他们不停地相互谩骂 [tāmen bùtíng de xiānghù mànmà].

enhardir ▪ **s'enhardir** vp 鼓起勇气 [gúqǐ yǒngqì] ▸ **elle s'est enhardie à poser une question** 她鼓起勇气提了一个问题 [tā gúqǐ yǒngqì tí le yí ge wèntí].

énième adj *fam* ▸ **pour la énième fois** 无数次的 [wúshù cì de] ▸ **je vous le répète pour la énième fois** 我跟你们说了有无数次了 [wǒ gēn nǐmen shuō le yǒu wúshù cì le].

énigme nf ❶ (jeu d'esprit) 迷语 [míyǔ] ▸ **résoudre une énigme** 猜谜语 [cāi míyǔ] ❷ (mystère) 迷 [mí] ▸ **sa disparition est une énigme** 他的失踪是个迷 [tāde shīzōng shì ge mí].

enivrer vt (soûler) 使......醉 [shǐ... zuì] ▸ **un verre de vin suffit à l'enivrer** 一杯酒就能使他醉了 [yì bēi jiǔ jiù néng shǐ tā zuì le].

enjeu nm ❶ (mise) 赌注 [dǔzhù] ▸ **quel sera l'enjeu de votre pari ?** 您打赌的赌注会是什么？ [nín dádǔ de dǔzhù huì shì shénme?] ❷ (gain) 利害关系 [lìhài guānxi] ▸ **dans cette affaire, l'enjeu est d'importance** 这件事中，利害关系很重要 [zhè jiàn shì zhōng, lìhài guānxi hěn zhòngyào] ▸ **des enjeux politiques** 政治利害 [zhèngzhì lìhài].

enjoliver vt (embellir) 装扮 [zhuāngbàn] ▸ **ces plantes enjolivent ton balcon** 这些植物装扮着你的阳台 [zhèxiē zhíwù zhuāngbàn zhe nǐde yángtái].

enjoué, e adj 活泼的 [huópo de] ▸ **un caractère enjoué** 活泼的性格 [huópo de xìnggé] ▸ **une voix enjouée** 一种欢快的语调 [yì zhǒng huānkuài de yǔdiào] ▸ **un air enjoué** 欢快的神情 [huānkuài de shénqíng].

enlacer vt (prendre dans ses bras) 抱住 [bàozhù] ▸ **enlacer qqn d'un geste tendre** 温柔地抱住某人 [wēnróu de bàozhù mǒurén].

▪ **s'enlacer** vp (se serrer dans les bras) 相互拥抱 [xiānghù yōngbào].

enlèvement nm ❶ (action d'enlever) 清除 [qīngchú] ▸ **l'enlèvement des ordures ménagères** 清除生活垃圾 [qīngchú shēnghuó lājī] ▸ **'enlèvement demandé'** 拖车 [tuōchē] ❷ (rapt) 绑架 [bǎngjià] ▸ **être victime d'un enlèvement** 被绑架者 [bèi bǎngjiàzhě] ▸ **l'enlèvement d'un enfant** 绑架一名儿童 [bǎngjià yì míng értóng].

enlever vt ❶ (ôter) 脱掉 [tuōdiào] ▸ **enlever son manteau** 脱掉自己的大衣 [tuōdiào zìjǐ de dàyī] ▸ **veux-tu enlever les assiettes ?** 你能把这些盘子拿走吗？ [nǐ néng bǎ zhèxiē pánzi názǒu ma?] ❷ (emporter) 搬走 [bānzǒu] ▸ **ils viennent pour enlever les meubles** 他们来是为了搬走这些家具 [tāmen lái shì wèi le bānzǒu zhèxiē jiājù] ❸ (kidnapper) 绑架 [bǎngjià] ▸ **sa fille a été enlevée** 他的女儿被绑架了 [tāde nǚ'ér bèi bǎngjià le].

enliser vt ❶ (embourber) 使……陷进 [shǐ … xiànjìn] ▸ **j'ai enlisé ma voiture** 我把车陷进了泥坑 [wǒ bǎ chē xiànjìn le níkēng] ❷ *fig* (paralyser) 陷入困境 [xiànrù kùnjìng] ▸ **le pays est enlisé dans une crise profonde** 这个国家因为一场严重的危机而陷入困境 [zhè ge guójiā yīnwèi yì chǎng yánzhòng de wēijī ér xiànrù kùnjìng].

▪ **s'enliser** vp (s'enfoncer) 陷入 [xiànrù] ▸ **s'enliser dans les sables mouvants** 陷入流沙中 [xiànrù liúshā zhōng].

enneigé, e adj 积雪覆盖的 [jīxuě fùgài de].

ennemi, e ♦ adj 敌对的 [díduì de] ▸ **une nation ennemie** 一个敌对国家 [yí ge díduì guójiā] ▸ **une attaque ennemie** 一次敌人的进攻 [yí cì dírén de jìngōng]. ♦ nm, f ❶ MIL 敌方 [dífāng] ▸ **l'ennemi a passé la frontière** 敌方越过了边境 [dífāng yuèguò le biānjìng] ▸ **les ennemis sont en déroute** 敌军溃逃了 [díjūn kuìtáo le] ❷ (adversaire) 对手 [duìshǒu] ▸ **ennemi juré** 死对头 [sǐ duìtou] ▸ **ennemi public (numéro un)** (头号)公敌 [(tóuhào) gōngdí] ❸ (opposant) 反对者 [fǎnduìzhě] ▸ **les ennemis de la réforme** 改革的反对者 [gǎigé de fǎnduìzhě].

ennui nm ❶ (lassitude) 无聊 [wúliáo] ▸ **ce film était d'un ennui !** 这部电影真无聊！ [zhè bù diànyǐng zhēn wúliáo!] ▸ **tromper son ennui** 排解无聊 [páijiě wúliáo] ❷ (tracas) 麻烦事 [máfanshì] ▸ **chercher les ennuis** 自找麻烦 [zì zhǎo máfan] ▸ **avoir des ennuis** 有纠纷，有麻烦 [yǒu jiūfēn, yǒu máfan] ▸ **avoir des ennuis d'argent** 有财务纠纷 [yǒu cáiwù jiūfēn].

ennuyé, e adj (contrarié) 烦的 [fán de] ▸ **je suis très ennuyée de ne pas avoir reçu votre lettre** 没有收到您的来信使我很烦恼 [méiyǒu shōudào nínde láixìn shǐ wǒ hěn fánnǎo] ▸ **avoir l'air ennuyé (par qqch)** (因某事而)样子烦恼 [(yīn mǒushì ér) yàngzi fánnǎo].

ennuyer vt ❶ (lasser) 使……厌倦 [shǐ… yànjuàn] ▸ **ce film m'a ennuyé** 这部电影使我感到厌倦 [zhè bù diànyǐng shǐ wǒ gǎndào yànjuàn] ❷ (contrarier) 讨厌 [tǎoyàn] ▸ **cela m'ennuie d'être obligée de revenir** 我讨厌得回来 [wǒ tǎoyàn děi huílai].

▪ **s'ennuyer** vp ❶ (éprouver de l'ennui) 感到无聊 [gǎndào wúliáo] ▸ **depuis qu'il a pris sa retraite, il s'ennuie** 自从退休后，他总感到无聊 [zìcóng tuìxiū hòu, tā zǒng gǎndào wúliáo] ❷ (se languir) ▸ **s'ennuyer de qqn** 想念某人 [xiǎngniàn mǒurén] ▸ **il s'ennuie de sa famille** 他在想念自己的家 [tā zài xiǎngniàn zìjǐ de jiā].

ennuyeux, euse adj ❶ (lassant) 令人乏味的 [lìngrén fáwèi de] ▸ **un spectacle très ennuyeux** 一个十分令人乏味的演出 [yí ge shífēn lìngrén fáwèi de yǎnchū] ❷ (contrariant) 令人心烦的 [lìngrén xīnfán de] ▸ **un incident ennuyeux** 一件令人心烦的事 [yí jiàn lìngrén xīnfán de shì] ▸ **c'est ennuyeux qu'il ne puisse pas venir** 他来不了了，真讨厌 [tā lái bù liǎo le, zhēn tǎoyàn].

énoncé nm 陈述 [chénshù] ▸ **l'énoncé du problème n'est pas clair** 对问题的陈述不清楚 [duì wèntí de chénshù bù qīngchu].

énorme adj 巨大的 [jùdà de].

énormément adv 大为 [dàwéi] ▸ **cela m'étonne énormément** 这使我大为吃惊 [zhè shǐ wǒ dàwéi chījīng].

enquête nf (cl. 项 [xiàng]) 调查 [diàochá] ▸ **mener une enquête** 进行一项调查 [jìnxíng yí xiàng diàochá].

enquêter vi 进行调查 [jìnxíng diàochá] ▸ **la police enquête sur le crime** 警察对犯罪行为进行调查 [jǐngchá duì fànzuì xíngwéi jìnxíng diàochá].

enragé, e adj ❶ (atteint de la rage) 患狂犬病的 [huàn kuángquǎnbìng de] ▸ **un chien enragé** 一只疯狗 [yì zhī fēnggǒu] ❷ (furieux) 大发脾气 [dàfā píqi] ▸ **être enragé contre qqn** 对某人大发脾气 [duì mǒurén dàfā píqi].

enrayer vt (stopper) 阻止 [zúzhǐ]; 控 [kòngzhì] ▸ **enrayer une épidémie** 阻止一种传染病的蔓延 [zúzhǐ yì zhǒng chuánrǎnbìng de mànyán] ▸ **enrayer la crise** 控制危机 [kòngzhì wēijī].

enregistrement nm ❶ (action d'enregistrer) 记录 [jìlù] ▸ **faire un enregistrement** 登记

[dēngjì] ▸ **un enregistrement sonore** 一段录音 [yí duàn lùyīn] ❷ (à l'aéroport) ▸ **enregistrement des bagages** 行李托运 [xíngli tuōyùn].

enregistrer vt ❶ (fixer un son, une image) 录制 [lùzhì] ▸ **enregistrer une émission de télévision** 录制一个电视节目 [lùzhì yí ge diànshì jiémù] ▸ **enregistrer un CD** 录制一张CD [lùzhì yì zhāng CD] ❷ (inscrire dans un registre) 登记 [dēngjì] ▸ **enregistrer une commande** 登记一个订货 [dēngjì yí ge dìnghuò] ▸ **enregistrer un bagage** 托运行李 [tuōyùn xíngli].

enrhumé, e adj 感冒了 [gǎnmào le] ▸ **je ne pourrai pas sortir, je suis enrhumée** 我不能出去，我感冒了 [wǒ bùnéng chūqu, wǒ gǎnmào le].

enrhumer ▪ **s'enrhumer** vp 感冒 [gǎnmào] ▸ **les enfants s'enrhument facilement** 孩子们很容易感冒 [háizimen hěn róngyì gǎnmào].

enrichir vt ❶ (rendre riche) 使……富裕 [shǐ… fùyù] ▸ **le tourisme enrichit notre région** 旅游业使我们地区变富裕了 [lǚyóuyè shǐ wǒmen dìqū biàn fùyù le] ❷ (développer) 充实 [chōngshí] ▸ **la lecture enrichit l'esprit** 读书可以充实思想 [dúshū kéyǐ chōngshí sīxiǎng].

▪ **s'enrichir** vp (financièrement) 有钱 [yǒuqián] ▸ **il s'enrichit de plus en plus** 他越来越有钱了 [tā yuèláiyuè yǒuqián le].

enrobé, e adj ❶ (recouvert) 裹着…… [guǒzhe…] ▸ **un bonbon enrobé de chocolat** 一块裹着巧克力的糖果 [yí kuài guǒzhe qiǎokèlì de tángguǒ] ❷ (grassouillet) 丰满 [fēngmǎn].

enrôler vt 招募 [zhāomù] ▸ **enrôler des soldats** 招募一些士兵 [zhāomù yìxiē shìbīng].

▪ **s'enrôler** vp 加入 [jiārù] ▸ **elle s'est enrôlée dans une association caritative** 她加入了一个慈善协会 [tā jiārù le yí ge císhàn xiéhuì].

enroué, e adj 嘶哑的 [sīyǎ de] ▸ **avoir la voix enrouée** 嗓子哑了 [sǎngzi yǎ le].

enrouler vt ❶ (fil) 缠 [chán] ▸ **enrouler du fil sur une bobine** 把线缠在一个线轴上 [bǎ xiàn chán zài yí ge xiànzhóu shàng] ❷ (écharpe) 围住 [wéizhù] ▸ **enrouler son écharpe autour du cou** 用他的围巾围住脖子 [yòng tāde wéijīn wéizhù bózi] ❸ (rouler) 卷 [juǎn] ▸ **enrouler un tapis** 卷起一块地毯 [juánqǐ yí kuài dìtǎn].

▪ **s'enrouler** vp ❶ (entourer) ▸ **s'enrouler autour de** 缠绕在……周围 [chánrǎo zài… zhōuwéi] ❷ (se pelotonner) ▸ **s'enrouler dans** 裹在……里 [guǒ zài… lǐ].

ensabler vt 用沙子盖住 [yòng shāzi gàizhù] ▸ **ensabler une surface** 用沙子盖住一块地面 [yòng shāzi gàizhù yí kuài dìmiàn].

▪ **s'ensabler** vp (se recouvrir de sable) 被沙淤塞 [bèi shā yūsè] ▸ **un port qui s'ensable** 一个被沙淤塞了的港口 [yí ge bèi shā yūsè le de gángkǒu].

enseignant, e ♦ adj 教学的 [jiàoxué de] ▸ **le personnel enseignant** 教学人员 [jiàoxué rényuán]. ♦ nm, f 教师 [jiàoshī].

enseigne nf (panneau) ○ (cl. 块 [kuài]) 招牌 [zhāopai] ▸ **enseigne d'un commerce** 一个店铺的招牌 [yí ge diànpù de zhāopai] ▸ **une enseigne lumineuse** 一块灯光招牌 [yí kuài dēngguāng zhāopai]

◊ **être logé à la même enseigne** 一样倒霉 [yíyàng dǎoméi].

enseignement nm ❶ SCOL & UNIV 教学 [jiàoxué] ▸ **l'enseignement du français** 法语教学 [fáyǔ jiàoxué] ▸ **l'enseignement privé** 私立学校教学 [sīlì xuéxiào jiàoxué] ▸ **enseignement primaire** 小学教学 [xiǎoxué jiàoxué] ▸ **enseignement secondaire** 中学教学 [zhōngxué jiàoxué] ▸ **enseignement supérieur** 大学教学 [dàxué jiàoxué] ❷ (leçon) 教训 [jiàoxun] ▸ **tirer les enseignements de qqch** 从某事中吸取教训 [cóng mǒushì zhōng xīqǔ jiàoxun].

enseigner ♦ vt ❶ SCOL & UNIV 教 [jiāo] ▸ **enseigner l'anglais** 教英语 [jiāo yīngyǔ] ❷ (apprendre) 教 [jiāo] ▸ **il lui a enseigné l'art de se défendre** 他教给他自我保护的技巧 [tā jiāogěi tā zìwǒ bǎohù de jìqiǎo] ▸ **enseigner à qqn que** *(+ indicatif)* 教给某人…… [jiāogěi mǒurén…]. ♦ vi 教书 [jiāoshū] ▸ **elle enseigne à l'université** 她在大学教书 [tā zài dàxué jiāoshū].

ensemble ♦ adv ❶ (conjointement) 一起 [yìqǐ] ▸ **nous avons travaillé ensemble** 我们曾一起工作 [wǒmen céng yìqǐ gōngzuò] ❷ (en même temps) 同时 [tóngshí] ▸ **ne parlez pas tous ensemble !** 别都同时说啊！[bié dōu tóngshí shuō a!]
◊ **aller bien ensemble** 相配 [xiāngpèi] ▸ **vivre ensemble** 同居 [tóngjū].
♦ nm ❶ (totalité) 所有 [suóyǒu] ▸ **l'ensemble des habitants d'une ville** 一个城市的所有居民 [yí ge chéngshì de suóyǒu jūmín] ❷ (groupe) 组 [zǔ] ▸ **un ensemble de problèmes** 一组问题 [yì zǔ wèntí]
◊ **dans l'ensemble** 从总体上看 [cóng zóngtǐ shàng kàn] ▸ **dans son ensemble** 整个 [zhěnggè] ▸ **la population française dans son ensemble** 整个法国人口 [zhěnggè fǎguó rénkǒu] ▸ **un grand ensemble** 一个居民区 [yí ge jūmínqū].

ensoleillé, e adj 有阳光的 [yǒu yángguāng de] ▸ **une pièce ensoleillée** 一个有阳光的房间 [yí ge yǒu yángguāng de fángjiān] ▸ **une journée ensoleillée** 一个晴天 [yí ge qíngtiān].

ensuite adv ❶ (puis) 然后 [ránhòu] ▸ **fais tes devoirs, ensuite tu joueras** 你先做作业，然后再玩 [nǐ xiān zuò zuòyè, ránhòu zài wán] ❷ (plus loin) 之后 [zhīhòu] ▸ **on entre dans un couloir, ensuite c'est le salon** 先进入一条走廊，之后就是客厅 [xiān jìnrù yì tiáo zǒuláng, zhīhòu jiù shì kètīng].

ensuivre ▪ **s'ensuivre** vp 接着就是 [jiēzhe jiùshì] ▸ **la saison a été mauvaise, il s'ensuit une hausse des prix** 这个季节情况不好，接着就是物价上涨 [zhè ge jìjié qíngkuàng bùhǎo, jiēzhe jiùshì wùjià shàngzhǎng] ▸ **et tout ce qui s'ensuit** 诸如此类的 [zhūrú cǐlèi de].

▪ **il s'ensuit que** v impers 结果 [jiéguǒ] ▸ **il s'ensuit qu'il a tort** 结果还就是他错了 [jiéguǒ hái jiùshì tā cuò le].

entaille nf ❶ (fente) 切口 [qiēkǒu] ▸ **faire une entaille dans le tronc d'un arbre** 在树干上拉一个切口 [zài shùgàn shàng lá yí ge qiēkǒu] ❷ (blessure) 伤口 [shāngkǒu] ▸ **se faire une entaille à la main** 给自己手上弄了一道伤口 [gěi zìjǐ shǒu shàng nòng le yí dào shāngkǒu].

entamer vt ❶ (commencer à consommer) 开始 [kāishǐ] ▸ **qui a entamé le pain ?** 谁开始吃面包了？ [shéi kāishǐ chī miànbāo le?] ▸ **on entame une deuxième bouteille ?** 我们再开第二瓶？ [wǒmen zài kāi dì'èr píng?] ❷ (engager) 开始 [kāishǐ] ▸ **entamer une conversation** 开始交谈 [kāishǐ jiāotán] ▸ **entamer des négociations** 开始谈判 [kāishǐ tánpàn].

entartrer vt 使……结水垢 [shǐ… jié shuǐgòu] ▸ **l'eau a entartré les tuyaux** 水使管道结水垢了 [shuǐ shǐ guǎndào jié shuǐgòu le].

entasser vt ❶ (accumuler) 堆 [duī] ▸ **entasser les déchets dans un coin** 把废品堆在一个角落里 [bǎ fèipǐn duī zài yí ge jiǎoluò lǐ] ▸ **entasser des provisions** 堆放必需品 [duīfàng bìxūpǐn] ❷ (serrer) 让……挤在 [ràng…jǐzài] ▸ **entasser douze personnes dans une pièce** 让十二个人挤在一个房间里 [ràng shí'èrge rén jǐzài yí ge fángjiān lǐ].

▪ **s'entasser** vp ❶ (s'empiler) 堆 [duī] ▸ **les livres s'entassent sur mon bureau** 书都堆在我的书桌上 [shū dōu duī zài wǒde shūzhuō shàng] ❷ (être trop nombreux) 挤在 [jǐzài] ▸ **les gens s'entassent dans le métro** 人们挤在地铁里 [rénmen jǐzài dìtiě lǐ].

entendre vt ❶ (percevoir) 听见 [tīngjiàn] ▸ **entends-tu les oiseaux ?** 你听见鸟叫了吗？ [nǐ tīngjiàn niǎo jiào le ma?] ❷ (écouter) 听话 [tīnghuà] ▸ **essayer de se faire entendre** 试图让别人听到自己的话 [shìtú ràng biéren tīngdào zìjǐ de huà] ❸ *sout* (comprendre) ▸ **laisser entendre que** *(+ indicatif)* 暗示 [ànshì]
◊ **à l'entendre** 按他的说法 [àn tāde shuōfǎ] ▸ **à l'entendre, il aurait déjà gagné !** 按他的说法，他本该赢了 [àn tāde shuōfǎ, tā běngāi yíng le] ▸ **entendre parler de** 听说 [tīngshuō] ▸ **je n'en ai jamais entendu parler** 我从没听说过这些 [wǒ cóngméi tīngshuō guò zhèxiē].

▪ **s'entendre** vp ❶ (être perçu par l'oreille) 听到 [tīngdào] ▸ **la cloche s'entend de loin** 很远就能听到钟声 [hěn yuǎn jiù néng tīngdào zhōngshēng] ▸ **on ne s'entend plus** 人们彼此再也听不见了 [rénmen bícǐ zàiyě tīng bù jiàn le] ❷ (s'accorder) 意见一致 [yìjiàn yízhì] ▸ **s'entendre sur la manière d'agir** 在行动方式上意见一致 [zài xíngdòng fāngshì shàng yìjiàn yízhì] ▸ **entendons-nous bien** 咱们说好了 [zánmen shuō hǎo le] ❸ (sympathiser) ▸ **s'entendre avec qqn** 与某人合得来 [yǔ mǒurén hédelái] ▸ **elle s'entend avec tout le monde** 她与所有人都合得来 [tā yǔ suóyǒu rén dōu hédelái].

entendu, e adj ❶ (décidé) 决定了的 [juédìng le de] ▸ **c'est une affaire entendue** 这是一件决定了的事 [zhè shì yí jiàn juédìng le de shì] ❷ (complice) ▸ **un air entendu** 一副诡秘的样子 [yí fù guǐmì de yàngzi] ▸ **un sourire entendu** 一个会意的微笑 [yí ge huìyì de wēixiào]

◊ **bien entendu** 当然 [dāngrán] ▸ **(c'est) entendu !** 就这么定了！ [jiù zhème dìng le!].

entente nf ❶ (harmonie) 和睦 [hémù] ▸ **l'entente est parfaite dans la famille** 这个家庭十分和睦 [zhè ge jiātíng shífēn hémù] ▸ **être en bonne entente (avec qqn)** 与某人和睦相处 [yǔ mǒurén hémù xiāngchǔ] ▸ **vivre en bonne entente** 生活融洽 [shēnghuó róngqià] ❷ (accord) ○ (cl. 份 [fèn]) 协议 [xiéyì] ▸ **les deux pays sont parvenus à une entente** 两个国家达成了一份协议 [liǎng gè guójiā dáchéng le yí fèn xiéyì] ▸ **une entente commerciale** 一份商业协议 [yí fèn shāngyè xiéyì].

entériner vt (rendre définitif) 批准 [pīzhǔn] ▸ **entériner une décision** 批准一个决议 [pīzhǔn yí ge juéyì] ▸ **entériner un texte de loi** 批准一个法律文本 [pīzhǔn yí ge fǎlǜ wénběn].

enterrement nm 葬礼 [zànglǐ] ▸ **assister à un enterrement** 参加一个葬礼 [cānjiā yí ge zànglǐ] ▸ **l'enterrement aura lieu demain matin** 葬礼将在明天早上举行 [zànglǐ jiāng zài míngtiān zǎoshang jǔxíng]

◊ **faire une tête d'enterrement** 阴沉着脸 [yīnchénzhe liǎn] ▸ **enterrement de vie de jeune fille/de vie de garçon** 告别单身生活 [gàobié dānshēn shēnghuó].

enterrer vt ❶ (ensevelir) 安葬 [ānzàng] ▸ **on a enterré sa grand-mère hier** 昨天人们安葬了他的祖母 [zuótiān rénmen ānzàng le tāde zúmǔ] ❷ (enfouir) 埋 [mái] ▸ **il a enterré son argent dans le jardin** 他把钱埋在了花园里 [tā bǎ qián máizài le huāyuán lǐ] ❸ *fig* (abandonner) 放弃 [fàngqì] ▸ **enterrer un projet** 放弃一项计划 [fàngqì yí xiàng jìhuà].

en-tête nm 抬头 [táitóu] ▸ **l'en-tête d'une lettre** 一封信的抬头 [yì fēng xìn de táitóu] ▸ **écrire sur du papier à en-tête** 在印有抬头的纸上书写 [zài yìnyǒu táitóu de zhǐ shàng shūxiě].

entêter ▪ **s'entêter** vp *péj* (s'obstiner) 固执 [gùzhí] ▸ **s'entêter à faire qqch** 固执地要做某事 [gùzhí de yào zuò mǒushì] ▸ **s'entêter dans qqch** 在某事中表现顽强 [zài mǒushì zhōng biǎoxiàn wánqiáng].

enthousiasme nm 热情 [rèqíng] ▸ **elle a accepté ma proposition avec enthousiasme** 她热情地接受了我的建议 [tā rèqíng de jiēshòu le wǒde jiànyì] ▸ **sans grand enthousiasme** 并不热情的 [bìng bú rèqíng de].

enthousiasmer vt 使……兴奋 [shǐ… xīngfèn] ▸ **cette visite les a enthousiasmés** 这次参观使他们很兴奋 [zhè cì cānguān shǐ tāmen hěn xīngfèn].

▪ **s'enthousiasmer** vp ▸ **s'enthousiasmer pour qqch** 迷恋于某物 [míliàn yú mǒuwù].

enthousiaste adj 热烈的 [rèliè de] ▸ **une admiratrice enthousiaste** 一个热烈的仰慕者 [yí ge rèliè de yǎngmùzhě] ▸ **des cris enthousiastes** 狂热的叫喊 [kuángrè de jiàohǎn].

entier, ère adj ❶ (complet) 完整的 [wánzhěng de] ▸ **il reste un gâteau entier** 还剩下一个完整的蛋糕 [hái shèngxia yí ge wánzhěng de dàngāo] ▸ **une semaine entière** 整整一周 [zhéngzhěng yì zhōu] ❷ (absolu) 全部的 [quánbù de] ▸ **il lui accorde son entière confiance** 他对他表示完全的信任 [tā duì tā biǎoshì wánquán de xìnrèn].

entièrement adv ❶ (intégralement) 全部地 [quánbù de] ▸ **lire le journal entièrement** 把这份报纸全部地看一遍 [bǎ zhè fèn bàozhǐ quánbù de kàn yí biàn] ❷ (totalement) 完全地

[wánquán de] ▸ **je lui donne entièrement raison** 我完全认为他有理 [wǒ wánquán rènwéi tā yǒu lǐ].

entonnoir nm 漏斗 [lòudǒu].

entorse nf 扭伤 [niǔshāng] ▸ **se faire une entorse à la cheville** 扭伤自己的踝关节 [niǔshāng zìjǐ de huáiguānjié]
◊ **faire une entorse à** 违反...... [wéifǎn…] ▸ **il a fait une entorse au règlement** 他违反了规定 [tā wéifǎn le guīdìng].

entourage nm (milieu) 周围的人 [zhōuwéi de rén] ▸ **dans l'entourage de qqn** 在某人的周围人中 [zài mǒurén de zhōuwéi rén zhōng].

entourer vt ❶ (enclore) 围住 [wéizhù] ▸ **entourer un jardin d'une clôture** 用篱笆把花园围住 [yòng líba bǎ huāyuán wéizhù] ❷ (encercler) 圈上 [quānshang] ▸ **entourez les verbes en rouge** 用红色圈上动词 [yòng hóngsè quānshang dòngcí] ❸ (fréquenter) 在......周围 [zài… zhōuwéi] ▸ **les gens qui nous entourent** 在我们周围的人 [zài wǒmen zhōuwéi de rén] ▸ **être bien entouré** - a) (dans l'intimité) 受到关心 [shòudào guānxīn] - b) (dans le travail) 工作环境好 [gōngzuò huánjìng hǎo] ▸ **être mal entouré** 不受关心 *(dans l'intimité)* [bú shòu guānxīn]; 工作环境不好 *(dans le travail)* [gōngzuò huánjìng bùhǎo].

entracte nm THÉÂTRE & CINÉ 幕间休息 [mùjiān xiūxī].

entraider ▪ **s'entraider** vp 互相帮助 [hùxiāng bāngzhù].

entraînement nm ❶ SPORT (préparation) 锻练 [duànliàn] ▸ **un entraînement intensif** 密集锻练 [mìjí duànliàn] ❷ (pratique) 训练 [xùnliàn] ▸ **elle manque d'entraînement pour parler en public** 她缺乏当众讲话的训练 [tā quēfá dāngzhòng jiǎnghuà de xùnliàn].

entraîner vt ❶ (emporter) 带走 [dàizǒu] ▸ **se faire entraîner par le courant** 被水流卷走 [bèi shuǐliú juánzǒu] ❷ (attirer) 引 [yǐn] ▸ **il l'a entraîné vers la sortie** 他把他拉向出口 [tā bǎ tā lā xiàng chūkǒu] ▸ **se faire entraîner dans qqch** 被拖进某事中 [bèi tuōjìn mǒushì zhōng] ▸ **se laisser entraîner par qqn** 任某人驱使 [rèn mǒurén qūshǐ] ❸ (causer) 引起 [yínqǐ] ▸ **les travaux ont entraîné de grosses dépenses** 工程带来了巨大的开支 [gōngchéng dàilái le jùdà de kāizhī] ❹ (préparer) 训练 [xùnliàn] ▸ **entraîner des soldats** 训练士兵 [xùnliàn shìbīng].
▪ **s'entraîner** vp ❶ SPORT 进行锻练 [jìnxíng duànliàn] ▸ **les nageurs s'entraînent pour le championnat** 游泳运动员为了锦标赛在训练 [yóuyǒng yùndòngyuán wèi le jǐnbiāosài zài xùnliàn] ❷ (se préparer) ▸ **s'entraîner (à)** *(+ infinitif)* 练习做某事 [liànxí zuò mǒushì].

entraîneur, euse nm, f SPORT (cl. 名 [míng] ou 位 [wèi] ou 个 [gè]) 教练 [jiàoliàn].

entrave nf 困难 [kùnnan] ▸ **sans entrave** 没有困难 [méiyǒu kùnnan] ▸ **être une entrave à qqch** 对某事来说是个束缚 [duì mǒushì láishuō shì ge shùfù].

entre prép ❶ (dans l'espace ou le temps) 在......之间 [zài… zhījiān] ▸ **j'arriverai entre 5 et 7 heures** 我会在五点到七点之间到达 [wǒ huì zài wǔ diǎn dào qī diǎn zhījiān dàodá] ▸ **entre 1830 et 1900** 在1830年到1900年之间 [zài 1830 nián dào 1900 nián zhījiān] ▸ **entre la France et la Chine** 在法国和中国之间 [zài Fǎguó hé Zhōngguó zhījiān] ❷ (au milieu de, parmi) 在......之中 [zài… zhīzhōng] ▸ **l'un d'entre nous ira** 我们其中的一个将去 [wǒmen qízhōng de yí ge jiāng qù] ❸ (indique une comparaison) ......和......之间 [… hé… zhījiān] ▸ **entre ce modèle et l'autre, je ne vois pas la différence** 我没有看出这个和那个样式之间的差别 [wǒ méiyǒu kànchū zhè ge hé nà ge yàngshì zhījiān de chābié].

entrebâiller vt 微开 [wēikāi] ▸ **la porte est entrebâillée** 门微开着 [mén wēikāizhe].

entrechoquer ▪ **s'entrechoquer** vp 相互撞击 [xiānghù zhuàngjī].

entrecôte nf (cl. 块 [kuài] ou 份 [fèn]) 排骨肉 [páigǔròu].

entrecouper vt 使......一再中断 [shǐ… yízài zhōngduàn] ▸ **des énigmes entrecoupent ce récit** 一些迷使这个故事一再中断 [yìxiē mí shǐ zhè ge gùshi yízài zhōngduàn].

■ **s'entrecouper** vp (se croiser) 交叉 [jiāochā] ▸ **ces deux ruelles s'entrecoupent** 这两条小街相互交叉 [zhè liǎng tiáo xiǎo jiē xiānghù jiāochā].

entrecroiser vt 使……交错 [shǐ… jiāocuò] ▸ **il entrecroise les fils de fer pour faire un grillage** 他把铁丝相互交错在一起做铁丝网 [tā bǎ tiěsī xiānghù jiāocuò zài yìqǐ zuò tiěsī wǎng].

■ **s'entrecroiser** vp 交错 [jiāocuò] ▸ **les routes s'entrecroisent** 道路纵横交错 [dàolù zònghéng jiāocuò].

entrée nf ❶ (arrivée) 进入 [jìnrù] ▸ **l'entrée du train en gare** 火车进站 [huǒchē jìn zhàn] ▸ **faire son entrée** 出场 [chūchǎng] ❷ (endroit par où l'on entre) 入口 [rùkǒu] ▸ **ne restez pas dans l'entrée, passez au salon** 不要呆在入口处，请到客厅来 [bùyào dāi zài rùkǒuchù, qǐng dào kètīng lái] ▸ **l'ascenseur est à l'entrée de l'immeuble** 电梯就在大楼的入口处 [diàntī jiù zài dàlóu de rùkǒuchù] ▸ **entrée de service** 工勤人员入口 [gōngqín rényuán rùkǒu] ❸ (accès) 允许进入 [yúnxǔ jìnrù] ▸ **entrée interdite pour cause de travaux** 因施工禁止进入 [yīn shīgōng jìnzhǐ jìnrù] ▸ **'entrée libre'** 自由入场 [zìyóu rùchǎng] ❹ (billet) ○ (cl. 张 [zhāng]) 门票 [ménpiào] ▸ **se procurer deux entrées pour une exposition** 为一个展览会弄到两张门票 [wèi yí ge zhánlǎnhuì nòngdào liǎng zhāng ménpiào] ❺ (plat) ○ (cl. 份 [fèn]) 头道菜 [tóudàocài] ▸ **comme entrée, elle a servi des asperges** 她用芦笋做的头道菜 [tā yòng lúsǔn zuò de tóudàocài]

◊ **d'entrée de jeu** 一开始就 [yì kāishǐ jiù].

entrefaites ■ **sur ces entrefaites** loc adv 就在这时候 [jiù zài zhè shíhòu].

entrejambe, entre-jambe nm 裤裆 [kùdāng].

entrelacer vt 编 [biān].

■ **s'entrelacer** vp 交织 [jiāozhī] ▸ **les branches se sont entrelacées** 树枝交织在一起 [shùzhī jiāozhī zài yìqǐ].

entremettre ■ **s'entremettre** vp 调解 [tiáojiě] ▸ **s'entremettre entre deux personnes** 在两人之间进行调解 [zài liǎng rén zhījiān jìnxíng tiáojiě].

entrepôt nm 仓库 [cāngkù] ▸ **un entrepôt frigorifique** 一个冷藏库 [yí ge lěngcáng kù].

entreprendre vt (commencer) 着手进行 [zhuóshǒu jìnxíng] ▸ **entreprendre un projet** 着手进行一项计划 [zhuóshǒu jìnxíng yí xiàng jìhuà] ▸ **entreprendre de** *(+ infinitif)* 试着干某事 [shìzhe gàn mǒushì] ▸ **j'ai entrepris de ranger la cave** 我曾试着整理地窖 [wǒ céng shìzhe zhénglǐ dìjiào].

entrepreneur, euse nm, f 企业家 [qǐyèjiā].

entreprise nf (société) 企业 [qǐyè] ▸ **diriger une entreprise de cent personnes** 领导一个百余人的企业 [língdǎo yí ge bǎi yú rén de qǐyè] ▸ **une entreprise publique** 一个公有企业 [yí ge gōngyǒu qǐyè].

entrer ♦ vi ❶ (pénétrer) 进入 [jìnrù] ▸ **entrez !** 请进！ [qǐng jìn!] ▸ **faire entrer qqn** 让某人进来 [ràng mǒurén jìnlai] ▸ **entrer dans Paris par la porte d'Italie** 经由意大利门进入巴黎 [jīngyóu Yìdàlì mén jìnrù Bālí] ❷ (être admis, devenir membre) 入 [rù] ▸ **il entre au collège l'année prochaine** 他明年上初中 [tā míngnián shàng chūzhōng] ▸ **entrer à l'hôpital** 入院 [rù yuàn] ▸ **entrer dans l'armée** 入伍 [rù wǔ]. ♦ vt 使……进入 [shǐ… jìnrù] ▸ **entrer la voiture au garage** 把汽车开进车库 [bǎ qìchē kāijìn chēkù].

■ **entrer en** v+prép (commencer à) 开始 [kāishǐ] ▸ **entrer en vigueur** 开始生效 [kāishǐ shēngxiào] ▸ **entrer en convalescence** 开始康复 [kāishǐ kāngfù]

◊ **entrer en matière** 进入主题 [jìnrù zhǔtí].

entre-temps adv 在这期间 [zài zhè qījiān].

entretenir vt ❶ (soigner) 整理 [zhénglǐ] ▸ **entretenir son jardin** 修整花园 [xiūzhěng huāyuán] ▸ **entretenir sa maison** 整理住宅 [zhénglǐ zhùzhái] ▸ **entretenir sa forme physique** 保持身材 [bǎochí shēncái] ❷ (faire durer) 使……持续 [shǐ… chíxù] ▸ **entretenir le feu** 使火持续不灭 [shǐ huǒ chíxù búmiè] ❸ (faire vivre) ▸ **entretenir qqn** 养活 [yǎnghuo] ▸ **se faire entretenir par qqn** 被某人供养 [bèi mǒurén gòngyǎng] ❹ (cultiver) 培养

[péiyǎng] ▸ **entretenir une amitié** 保持友谊 [bǎochí yǒuyì] ▸ **entretenir une liaison avec qqn** 与某人交往 [yǔ mǒurén jiāowǎng].

▪ **s'entretenir** vp ❶ (se parler) 谈话 [tánhuà] ▸ **s'entretenir avec qqn sur qqch** 与某人谈论某事 [yǔ mǒurén tánlùn mǒushì] ▸ **s'entretenir de qqch** 谈论某事 [tánlùn mǒushì] ❷ (prendre soin de soi) 自我保养 [zìwǒ báoyǎng] ▸ **c'est une femme qui s'entretient** 这是个注重自我保养的女人 [zhè shì ge zhùzhòng zìwǒ báoyǎng de nǚrén].

entretien nm ❶ (soins) 修整 [xiūzhěng] ▸ **elle s'occupe de l'entretien du jardin** 她负责修整花园 [tā fùzé xiūzhěng huāyuán] ❷ (entrevue) ○ (cl. 次 [cì]) 会谈 [huìtán] ▸ **entretien d'embauche** 招聘面试 [zhāopìn miànshì] ▸ **solliciter un entretien** 请求一次会谈 [qǐngqiú yí cì huìtán].

entre-tuer ▪ **s'entre-tuer** vp 相互厮杀 [xiānghù sīshā].

entrevoir vt ❶ (distinguer) 隐约可见 [yǐnyuē kějiàn] ▸ **les maisons qu'on entrevoit au loin** 一些从远处隐约可见的房子 [yìxiē cóng yuǎnchù yǐnyuē kějiàn de fángzi] ❷ (voir rapidement) 见了一眼 [jiàn le yì yǎn] ▸ **je n'ai fait qu'entrevoir le directeur** 我只见了一眼主任 [wǒ zhǐ jiàn le yì yǎn zhǔrèn].

entrevue nf (cl. 次 [cì]) 会见 [huìjiàn].

entrouvert, e adj 微开的 [wēikāi de] ▸ **une fenêtre entrouverte** 微开的窗户 [wēikāi de chuānghu].

entrouvrir vt 微开 [wēikāi] ▸ **il a entrouvert les yeux** 他微微睁开眼睛 [tā wēiwēi zhēngkāi yǎnjing].

▪ **s'entrouvrir** vp 微开 [wēikāi] ▸ **la porte s'était entrouverte** 门微微开着 [mén wēiwēi kāizhe].

énumérer vt 列举 [lièjǔ].

envahir vt ❶ MIL 侵占 [qīnzhàn] ▸ **les troupes ennemies ont envahi le nord du pays** 敌军侵占了国家的北部 [díjūn qīnzhàn le guójiā de běibù] ❷ (se répandre) 蔓延 [mànyán] ▸ **les orties envahissent le jardin** 荨麻蔓延到了整个花园 [qiánmá mànyán dào le zhěnggè huāyuán].

envahissant, e adj ❶ (qui se répand) 蔓延的 [mànyán de] ▸ **la mauvaise herbe est envahissante** 野草是容易蔓延的 [yěcǎo shì róngyì mànyán de] ❷ (importun) 扰人的 [rǎorén de] ▸ **des voisins envahissants** 一些扰人的邻居 [yìxiē rǎorén de línjū].

envahisseur nm 入侵者 [rùqīnzhě].

enveloppe nf 信封 [xìnfēng] ▸ **une enveloppe à fenêtre** 一个开窗信封 [yí ge kāi chuāng xìnfēng] ▸ **une enveloppe timbrée** 已贴邮票的信封 [yǐ tiē yóupiào de xìnfēng] ▸ **mettre sous enveloppe** 放进信封 [fàngjìn xìnfēng].

envelopper vt ❶ (emballer) 包 [bāo] ❷ (emmitoufler) 裹 [guǒ].

envenimer vt ❶ (infecter) 使……感染 [shǐ… gánrǎn] ▸ **il envenime sa blessure en travaillant dans la poussière** 在尘埃中工作使他的伤口感染了 [zài chén'āi zhōng gōngzuò shǐ tāde shāngkǒu gánrǎn le] ❷ *fig* (aggraver) 使……恶化 [shǐ… èhuà] ▸ **ses remarques enveniment la situation** 他的评论使情况恶化了 [tāde pínglùn shǐ qíngkuàng èhuà le].

▪ **s'envenimer** vp ❶ (s'infecter) 感染 [gánrǎn] ▸ **la plaie s'est envenimée** 伤口感染了 [shāngkǒu gánrǎn le] ❷ *fig* (se détériorer) 恶化 [èhuà] ▸ **la discussion s'est envenimée** 讨论激化了 [tǎolùn jīhuà le].

envers[1] nm (derrière, verso) 反面 [fǎnmiàn] ▸ **l'envers d'une feuille de papier** 一张纸的反面 [yì zhāng zhǐ de fǎnmiàn]

◊ **l'envers du décor** 幕后 [mùhòu].

▪ **à l'envers** loc adv 反了 [fǎn le] ▸ **tu comprends tout à l'envers !** 你完全理解反了！ [nǐ wánquán lǐjiě fǎn le!] ▸ **il a mis son pull à l'envers** 你把套头衫穿反了 [nǐ bǎ tàotóushān chuān fǎn le].

envers[2] prép (à l'égard de) 对 [duì] ▸ **il est loyal envers ses amis** 他对朋友是忠诚的 [tā duì péngyou shì zhōngchéng de]

◊ **envers et contre tous** 不顾别人的反对 [búgù biérén de fǎnduì] ▸ **envers et contre tout** 不顾任何事的阻挠 [búgù rènhéshì de zǔnáo].

envi ▪ **à l'envi** loc adv *litt* 争着 [zhēngzhe] ▸ **les journalistes critiquent à l'envi la politique du**

gouvernement 记者们争着批评政府的政策 [jìzhěmen zhēngzhe pīpíng zhèngfǔ de zhèngcè].

envie nf ❶ (désir) 想 [xiǎng] ▸ **j'ai envie de manger du chocolat** 我想吃巧克力 [wǒ xiǎng chī qiǎokèlì] ▸ **j'ai envie de cette robe** 我想要这条连衣裙 [wǒ xiǎngyào zhè tiáo liányīqún] ▸ **faire envie à qqn** 让某人想要 [ràng mǒurén xiǎngyào] ▸ **donner envie à qqn de faire qqch** 使某人想...... [shǐ mǒurén xiǎng…] ❷ (convoitise, jalousie) 嫉妒 [jídù] ▸ **c'est l'envie qui le fait parler** 由于嫉妒，他就说了 [yóuyú jídù, tā jiù shuō le] ▸ **son entourage observe sa réussite avec envie** 他周围的人嫉妒地看着他的成功 [tā zhōuwéi de rén jídù de kànzhe tāde chénggōng] ❸ (besoin) 想要 [xiǎngyào] ▸ **avoir envie de dormir** 想要睡觉 [xiǎngyào shuìjiào] ▸ **il se nourrit, mais sans envie** 他不想吃，但还是吃了 [tā bù xiǎng chī, dàn háishì chī le].

envier vt (jalouser) 羡慕 [xiànmù] ▸ **je vous envie de pouvoir voyager autant** 我羡慕您可以到如此多的地方去旅游 [wǒ xiànmù nín kéyǐ dào rúcǐ duō de dìfang qù lǚyóu].

environ adv 大约 [dàyuē] ▸ **elle a environ trente ans** 她大约三十岁 [tā dàyuē sānshí suì] ▸ **j'arriverai vers seize heures environ** 我大约十六点钟到 [wǒ dàyuē shíliù diǎnzhōng dào].

environnement nm ❶ (milieu) 环境 [huánjìng] ▸ **l'environnement naturel** 自然环境 [zìrán huánjìng] ▸ **la protection de l'environnement** 环境保护 [huánjìng bǎohù] ❷ (entourage) 环境 [huánjìng] ▸ **l'environnement familial** 家庭环境 [jiātíng huánjìng].

environs nmpl 附近 [fùjìn] ▸ **les environs de Paris** 巴黎市郊 [Bālí shìjiāo] ▸ **aux environs de** *(+ lieu ou temps)* 在......的附近 [zài… de fùjìn] ▸ **aux environs de minuit** 在午夜左右 [zài wǔyè zuǒyòu].

envisager ♦ vt ❶ (projeter) 打算 [dǎsuan] ▸ **ils envisagent la création d'un centre culturel** 他们打算建一个文化中心 [tāmen dǎsuan jiàn yí ge wénhuà zhōngxīn] ❷ (considérer) 考虑 [kǎolǜ] ▸ **il faut envisager toutes les possibilités** 应该考虑到所有可能发生的情况 [yīnggāi kǎolǜdào suóyǒu kěnéng fāshēng de qíngkuàng]. ♦ vi (projeter) 打算 [dǎsuan] ▸ **nous envisageons de partir en janvier** 我们打算在一月出发 [wǒmen dǎsuan zài yīyuè chūfā].

envoi nm ❶ (expédition) 寄 [jì] ▸ **l'envoi d'une lettre** 寄封信 [jì fēng xìn] ▸ **un envoi de fleurs** 送花 [sòng huā] ❷ (colis) 邮包 [yóubāo] ▸ **j'ai reçu votre envoi aujourd'hui** 我今天收到了您的邮包 [wǒ jīntiān shōudào le nínde yóubāo] ▸ **envoi recommandé** 挂号邮包 [guàhào yóubāo].

envoler ▪ **s'envoler** vp ❶ (s'éloigner) 飞走 [fēizǒu] ▸ **les oiseaux se sont envolés à mon arrivée** 我一到，鸟都飞走了 [wǒ yí dào, niǎo dōu fēizǒu le] ❷ (décoller) 起飞 [qǐfēi] ▸ **l'avion s'est envolé pour Londres** 飞往伦敦的飞机起飞了 [fēiwǎng Lúndūn de fēijī qǐfēi le] ❸ (partir en avion) 乘飞机 [chéngfēijī] ▸ **il s'est envolé pour Paris à seize heures** 他乘十六点飞机去巴黎 [tā chéng shíliù diǎn fēijī qù Bālí].

envoyer vt ❶ (faire partir) 送 [sòng] ▸ **envoyer un enfant en colonie de vacances** 送孩子去夏令营 [sòng háizi qù xiàlìngyíng] ▸ **mon entreprise m'envoie en Inde** 我的公司派我去印度 [wǒde gōngsī pài wǒ qù Yìndù] ▸ **il a envoyé son fils acheter du pain** 他打发他儿子去买面包 [tā dǎfa tā érzi qù mǎi miànbāo] ❷ (expédier) 发 [fā] ▸ **j'ai envoyé un message à Paul** 我给保罗发去了一条短信 [wǒ gěi Bǎoluó fāqù le yì tiáo duǎnxìn]
◊ **envoyer balader** ou **paître** ou **promener qqn** 打发某人 [dǎfā mǒurén].

épais, épaisse adj ❶ (large) 厚的 [hòu de] ▸ **un mur épais** 一堵厚墙 [yì dǔ hòu qiáng] ❷ (dense) 浓的 [nóng de] ▸ **un brouillard épais** 浓雾 [nóng wù] ▸ **une soupe épaisse** 浓汤 [nóng tāng].

épaisseur nf ❶ (largeur) 厚度 [hòudù] ▸ **un mur d'un mètre d'épaisseur** 一米厚的墙 [yì mǐ hòu de qiáng] ❷ (densité) 浓厚 [nónghòu] ▸ **l'épaisseur du brouillard** 雾的浓厚 [wù de nónghòu] ▸ **l'épaisseur d'une chevelure** 头发的浓密 [tóufa de nóngmì].

épaissir ♦ vt (rendre plus épais) 使......变稠 [shǐ… biànchóu] ▸ **épaissir la mayonnaise** 使

蛋黄酱变稠 [shǐ dànhuángjiàng biàn chóu]. ♦ vi (prendre de la consistance) 变浓厚 [biàn nónghòu] ▸ **la sauce va épaissir** 汤汁要变稠了 [tāngzhī yào biàn chóu le] ▸ **le brouillard épaississait d'heure en heure** 雾越来越浓 [wù yuèláiyuè nóng].

épancher ▪ **s'épancher** vp (se confier) 诉说心声 [sùshuō xīnshēng].

épanouir vt *fig* (combler) 使……精神焕发 [shǐ… jīngshén huànfā].

▪ **s'épanouir** vp ❶ (fleurir) 盛开 [shèngkāi] ▸ **les fleurs s'épanouissent au soleil** 花朵在阳光下盛开 [huāduǒ zài yángguāng xià shèngkāi] ❷ (se développer) 充分成长 [chōngfèn chéngzhǎng].

épanouissement nm ❶ (floraison) 盛开 [shèngkāi] ▸ **l'épanouissement des roses** 玫瑰花的盛开 [méiguihuā de shèngkāi] ❷ (développement) 充分施展 [chōngfèn shīzhǎn] ▸ **l'épanouissement d'un talent** 才能的充分施展 [cáinéng de chōngfèn shīzhǎn] ▸ **l'épanouissement moral** 道德风尚的展现 [dàodé fēngshàng de zhǎnxiàn].

épargne nf ÉCON & BANQUE 储蓄 [chǔxù] ▸ **je n'ai pas une grande capacité d'épargne** 我没有很强的储蓄能力 [wǒ méi yǒu hěn qiáng de chǔxù nénglì] ▸ **épargne logement** 住房储蓄 [zhùfáng chǔxù] ▸ **épargne retraite** 退休储蓄 [tuìxiū chǔxù].

épargner ♦ vt ❶ (économiser) 储蓄 [chǔxù] ▸ **on a épargné une certaine somme d'argent** 我们已积蓄了一笔钱 [wǒmen yǐ jīxù le yì bǐ qián] ❷ (dispenser, éviter) ▸ **épargner qqch à qqn** 免去某人某事 [miǎnqù mǒurén mǒushì]. ♦ vi (faire des économies) 节约 [jiéyuē] ▸ **elle n'épargne pas beaucoup** 她不够节约 [tā bú gòu jiéyuē].

éparpiller vt ❶ (répandre) 使……散落 [shǐ… sànluò] ▸ **le vent a éparpillé ses papiers** 风把他的纸吹散了 [fēng bǎ tāde zhǐ chuīsàn le] ❷ *fig* (disperser, gaspiller) 分散 [fēnsàn] ▸ **éparpiller ses forces** 消耗他的力量 [xiāohào tāde lìliang] ▸ **éparpiller son attention** 分散他的注意力 [fēnsàn tāde zhùyìlì].

▪ **s'éparpiller** vp (se disperser) 分散 [fēnsàn] ▸ **la foule s'éparpilla dans les rues** 人群在街道上散开 [rénqún zài jiēdào shàng sànkāi].

épater vt *fam* 使……惊讶 [shǐ… jīngyà] ▸ **son courage m'a épatée** 他的勇气使我惊讶 [tāde yǒngqì shǐ wǒ jīngyà].

épaule nm ❶ ANAT 肩膀 [jiānbǎng] ▸ **avoir mal à l'épaule** 肩膀疼 [jiānbǎng téng] ▸ **il porte sa fille sur ses épaules** 他让他的女儿坐在他的肩上 [tā ràng tāde nǚ'ér zuò zài tāde jiān shàng] ❷ CULIN 肩肉 [jiānròu]

◊ **avoir la tête sur les épaules** 有理智 [yǒu lǐzhì].

épauler vt (aider) 帮助 [bāngzhù] ▸ **se faire épauler** 受到帮助 [shòudào bāngzhù].

épave nf (navire) 遇难船只残骸 [yùnàn chuánzhī cánhái].

épée nf (cl. 把 [bǎ]) 剑 [jiàn] ▸ **se battre à l'épée** 用剑打斗 [yòng jiàn dǎdòu]

◊ **épée de Damoclès** 千钧一发 [qiānjūn yífà].

épeler vt 拼读 [pīndú] ▸ **pourriez-vous m'épeler le mot ?** 您可以给我拼读一下单词么？ [nín kéyǐ gěi wǒ pīndú yíxià dāncí me?] ▸ **épeler son nom** 拼读自己的名字 [pīndú zìjǐ de míngzì].

épervier nm (cl. 只 [zhī]) 鹰 [yīng] ▸ **la chasse à l'épervier** 带鹰狩猎 [dài yīng shòuliè].

éphémère adj 短暂的 [duǎnzàn de] ▸ **connaître un succès éphémère** 感受短暂的成功 [gǎnshòu duǎnzàn de chénggōng] ▸ **des fleurs éphémères** 花期短暂的花 [huāqī duǎnzàn de huā].

épi nm ❶ (haut d'une tige) 穗 [suì] ▸ **des épis de maïs** 玉米穗 [yùmǐ suì] ▸ **des épis de blé** 麦穗 [mài suì] ❷ (mèche de cheveux) 一绺蓬乱的头发 [yì liǔ péngluàn de tóufa] ▸ **un épi rebelle** 一绺不服贴的头发 [yì liǔ bù fútiē de tóufa] ▸ **avoir un épi** 有一绺不服贴的头发 [yǒu yì liǔ bù fútiē de tóufa]

◊ **en épi** 呈人字型交错的/地 [chéng rénzì xíng jiāocuò de/de].

épice nf 香料 [xiāngliào].

épicé, e adj 辛辣的 [xīnlà de].

épicerie nf ❶ (magasin) 食品杂货店 [shípǐn záhuò diàn] ❷ (denrées) 香料 [xiāngliào] ▸ **épi-**

cerie fine 上等的香料 [shàngděng de xiāngliào].

épicier, ère nm, f 食品杂货商 [shípǐn záhuò shāng] ▸ **aller chez l'épicier** 去食品杂货店 [qù shípǐn záhuò diàn].

épidémie nf 流行病 [liúxíngbìng] ▸ **une épidémie de grippe** 流行性感冒 [liúxíngxìng gǎnmào].

épier vt (espionner) 窥伺 [kuīsì] ▸ **épier ses voisins** 窥伺他的邻居 [kuīsì tāde línjū] ▸ **il épiait nos moindres faits et gestes** 他密切注意我们的一举一动 [tā mìqiè zhùyì wǒmende yìjǔ yídòng].

épiler vt 拔毛发 [bámáofà] ▸ **épiler ses jambes à la cire** 用蜡拔腿毛 [yòng là bá tuǐ máo] ▸ **se faire épiler (les jambes)** 拔腿毛 [bá tuǐ máo].

▪ **s'épiler** vp 拔毛发 [bámáofà] ▸ **elle s'épile les jambes tous les mois** 她每个月拔一次腿毛 [tā měi ge yuè bá yí cì tuǐ máo].

épilogue nm 尾声 [wěishēng].

épinard nm 菠菜 [bōcài] ▸ **des épinards hachés** 剁碎的菠菜 [duòsuì de bōcài].

épine nf 刺 [cì] ▸ **les épines des ronces** 荆棘的刺 [jīngjí de cì] ▸ **les épines du hérisson** 刺猬的刺 [cìwei de cì]

◊ **épine dorsale** 脊柱 [jǐ zhù] ▸ **enlever** ou **ôter à qqn une épine du pied** 为某人摆脱烦恼 [wèi mǒurén bǎituō fánnǎo].

épineux, euse adj 带刺的 [dàicì de] ▸ **un arbuste épineux** 带刺的小灌木 [dàicì de xiǎoguànmù].

épingle nf 大头针 [dàtóuzhēn] ▸ **marquer un ourlet avec des épingles** 用大头针标出折边 [yòng dàtóuzhēn biāochū zhébiān] ▸ **épingle à cheveux** 发夹 [fà jiā] ▸ **épingle à linge** 衣夹 [yī jiā] ▸ **épingle de cravate** 领带夹 [lǐngdài jiā] ▸ **épingle de nourrice** ou **de sûreté** 安全别针 [ānquán biézhēn].

épingler vt (fixer) 别住 [biézhù] ▸ **épingler un ourlet** 别住折边 [biézhù zhébiān] ▸ **épingler une étiquette à un vêtement** 在衣服上别一个标签 [zài yīfu shàng bié yí ge biāoqiān].

épisode nm 集 [jí] ▸ **un feuilleton en plusieurs épisodes** 多集电视连续剧 [duō jí diànshì liánxùjù].

épithète adj GRAMM 定语的 [dìngyǔ de] ▸ **un adjectif épithète** 一个定语形容词 [yí ge dìngyǔ xíngróngcí].

épluche-légumes nm inv 削皮刀 [xiāopí dāo].

éplucher vt 削 [xiāo] ▸ **éplucher des pommes de terre** 削土豆皮 [xiāo tǔdòu pí].

éponge nf 海绵 [hǎimián] ▸ **une éponge à récurer** 一块海绵擦 [yí kuài hǎimián cā] ▸ **laver la vaisselle avec une éponge** 用海绵洗碗 [yòng hǎimián xǐ wǎn]

◊ **jeter l'éponge** 放弃竞赛 [fàngqì jìngsài] ▸ **passer l'éponge (sur qqch)** *fam* 原谅(某事) [yuánliàng (mǒushì)].

éponger vt 吸干 [xīgān] ▸ **éponger son front** 擦干额头 [cāgān étóu].

époque nf ❶ (moment de l'année, de la vie) 时候 [shíhou] ▸ **c'est à cette époque que j'ai fait sa connaissance** 就在这个时候，我认识了他 [jiù zài zhè ge shíhou, wǒ rènshi le tā] ▸ **l'époque des vendanges** 收获葡萄的时节 [shōuhuò pútao de shíjié] ❷ (période de l'histoire) 时期 [shíqī] ▸ **l'époque des croisades** 十字军东征时期 [shízìjūn dōngzhēng shíqī] ▸ **son comportement était courageux pour l'époque** 在那个时期，他的行为就是十分勇敢的了 [zài nà ge shíqī, tāde xíngwéi jiùshì shífēn yónggǎn de le] ▸ **à l'époque** 在那时候 [zài nàshíhou] ▸ **d'époque** 古老的 [gǔlǎo de] ▸ **la Belle Époque** 黄金时代 [Huángjīn Shídài].

épouser vt ❶ (se marier avec) 和某人结婚 [hé mǒurén jiéhūn] ❷ (s'adapter à) 适合 [shìhé] ▸ **vêtement qui épouse la forme du corps** 合身的衣服 [héshēn de yīfu] ❸ *fig* (prendre parti pour) 支持 [zhīchí] ▸ **épouser les idées de qqn** 支持某人的想法 [zhīchí mǒurén de xiǎngfǎ].

époustouflant, e adj *fam* 惊人的 [jīngrén de] ▸ **ce film a connu un succès époustouflant** 这部电影获得了惊人的成功 [zhè bù diànyǐng huòdé le jīngrén de chénggōng] ▸ **un**

spectacle époustouflant 一个令人吃惊的演出 [yí ge lìngrén chījīng de yǎnchū].

épouvantable adj ❶ (insoutenable) 恐怖的 [kǒngbù de] ▸ **des hurlements épouvantables** 恐怖的吼叫 [kǒngbù de hǒujiào] ▸ **une odeur épouvantable** 一股恶臭 [yì gǔ èchòu] ❷ (affreux) 恶劣的 [èliè de].

épouvantail nm 稻草人 [dàocǎorén].

épouvante nf ❶ (effroi) 十分不安 [shífēn bù'ān] ▸ **avec épouvante** 十分不安地 [shífēn bù'ān de] ❷ (terreur) 恐怖 [kǒngbù] ▸ **semer l'épouvante** 使……笼罩着恐怖 [shǐ… lǒngzhàozhe kǒngbù].

époux, épouse nm, f 丈夫，妻子 [zhàngfu, qīzi] ▸ **prendre qqn pour époux** 嫁给某人 [jià gěi mǒurén] ▸ **prendre qqn pour épouse** 娶某人(为妻子) [qǔ mǒurén (wéi qīzi)] ▸ **les époux** 夫妻 [fūqī].

éprendre ▪ **s'éprendre** vp (devenir amoureux) 爱上 [àishang] ▸ **elle s'est éprise de cet homme** 她爱上了这个男人 [tā àishang le zhè ge nánren].

épreuve nf ❶ (difficulté) 考验 [kǎoyàn] ▸ **une épreuve douloureuse** 一场痛苦的考验 [yì chǎng tòngkǔ de kǎoyàn] ❷ (test, expérience) ○ (cl. 次 [cì]) 测试 [cèshì] ▸ **une épreuve de résistance aux chocs** 一次抗冲击力测试 [yí cì kàng chōngjīlì cèshì] ▸ **à l'épreuve de** 防……的 [fáng… de] ▸ **à toute épreuve** 经得起一切考验 [jīng de qǐ yíqiè kǎoyàn] ▸ **mettre à l'épreuve** 考验 [kǎoyàn] ❸ (examen) 测试 [cèshì] ▸ **les épreuves écrites/orales** 笔/口试 [bǐ/kǒushì] ▸ **une épreuve éliminatoire** 一场淘汰赛 [yì chǎng táotàisài] ▸ **les épreuves du bac** 中学毕业会考 [zhōngxué bìyè huìkǎo] ❹ SPORT (compétition) 比赛 [bǐsài] ▸ **une épreuve contre la montre** 计时赛 [jìshí sài] ▸ **les épreuves d'un championnat** 冠军赛 [guànjūn sài].

éprouvant, e adj 难以忍受的 [nányǐ rěnshòu de].

éprouver vt ❶ (ressentir) 感受到 [gǎnshòudào] ▸ **éprouver du plaisir** 感受到乐趣 [gǎnshòudào lèqù] ▸ **éprouver de l'amour pour qqn** 感到对某人有爱意 [gǎndào duì mǒurén yǒu àiyì] ▸ **éprouver une douleur** 感到疼痛 [gǎndào téngtòng] ▸ **éprouver le besoin de** *(+ infinitif)* 感到需要…… [gǎndào xūyào…] ❷ (faire souffrir) 使……经受 [shǐ… jīngshòu] ▸ **ses malheurs l'ont durement éprouvé** 他经受了巨大的不幸 [tā jīngshòu le jùdà de bùxìng] ▸ **elle a été très éprouvée par la mort de son père** 她经受了父亲去世的打击 [tā jīngshòu le fùqin qùshì de dǎjī].

éprouvette nf (tube à essai) 试管 [shìguǎn].

EPS (abr de **éducation physique et sportive**) nf (cl. 堂 [táng]) 体育课 [tǐyùkè] ▸ **être dispensé d'EPS** 免上体育课 [miǎn shàng tǐyùkè].

épuisant, e adj 令人疲惫不堪的 [lìngrén píbèi bùkān de].

épuisé, e adj ❶ (exténué) 精疲力尽的 [jīngpí lìjìn de] ▸ **elle est rentrée épuisée** 她精疲力尽地回到了家 [tā jīngpí lìjìn de huídào le jiā] ❷ (indisponible) 脱销 [tuōxiāo] ▸ **ce livre est épuisé** 这本书脱销了 [zhè běn shū tuōxiāo le].

épuisement nm 耗尽 [hàojìn] ▸ **l'épuisement physique** 体力耗尽 [tǐlì hàojìn].

épuiser vt ❶ (fatiguer) 使……疲惫不堪 [shǐ… píbèi bùkān] ❷ (consommer) 消耗完 [xiāohàowán] ▸ **épuiser une source d'énergie** 消耗完一种能源 [xiāohàowán yì zhǒng néngyuán].

▪ **s'épuiser** vp ❶ (diminuer) 耗尽 [hàojìn] ▸ **nos réserves d'eau s'épuisent** 我们储备的水用完了 [wǒmen chǔbèi de shuǐ yòngwán le] ❷ (se fatiguer) ▸ **s'épuiser à** *(+ infinitif)* 做……做得筋疲力尽 [zuò… zuòde jīnpílìjìn].

Équateur nm ▸ **l'Équateur** 厄瓜多尔 [Èguāduō'ěr].

équateur nm (cercle imaginaire, région) 赤道 [chìdào]; 赤道区 [chìdào qū] ▸ **les peuples de l'équateur** 赤道区的人民 [chìdào qū de rénmín].

équation nf MATH 方程 [fāngchéng] ▸ **poser une équation** 列出一个方程 [lièchū yí ge fāngchéng] ▸ **résoudre une équation** 解一个方程 [jiě yí ge fāngchéng].

équerre nf 角尺 [jiǎochǐ] ▸ **équerre à dessiner** 三角尺 [sānjiǎochǐ] ▸ **à l'équerre** ou **en équerre** 垂直的 [chuízhí de].

équestre adj 马术的 [mǎshù de] ▸ **un centre équestre** 马术中心 [mǎshù zhōngxīn] ▸ **les sports équestres** 马术运动 [mǎshù yùndòng].

équilibre nm 平衡 [pínghéng] ▸ **garder/perdre l'équilibre** 保持/失去平衡 [bǎochí/shīqù pínghéng] ▸ **être en équilibre** 在平衡的状态 [zài pínghéng de zhuàngtài] ▸ **équilibre mental** 心理平衡 [xīnlǐ pínghéng].

équilibré, e adj ❶ (sain) 均衡的 [jūnhéng de] ▸ **une alimentation équilibrée** 均衡的饮食 [jūnhéng de yǐnshí] ▸ **mentalement, elle n'est pas très équilibrée** 在心理方面，她有些失衡 [zài xīnlǐ fāngmiàn, tā yǒu xiē shīhéng] ❷ (réparti) 平衡的 [pínghéng de] ▸ **un budget équilibré** 平衡的预算 [pínghéng de yùsuàn] ▸ **un chargement bien équilibré** 均衡的承载 [jūnhéng de chéngzài].

équilibrer vt ❶ (mettre en équilibre) 使……平衡 [shǐ… pínghéng] ❷ (répartir) 使……相当 [shǐ… xiāngdāng] ▸ **équilibrer des équipes** 使一些队的人数相当 [shǐ yìxiē duì de rénshù xiāngdāng] ▸ **équilibrer les forces** 使所有力量平衡 [shǐ suóyǒu lìliang pínghéng].

▪ **s'équilibrer** vp (revenir à égalité) 相互平衡 [xiānghù pínghéng] ▸ **les gains et les pertes s'équilibrent** 得失相当 [dé shī xiāngdāng].

équipage nm 全组人员 [quánzǔ rényuán] ▸ **équipage d'un avion** 飞机上机组人员 [fēijī shàng jīzǔ rényuán] ▸ **équipage d'un bateau** 全体船员 [quántǐ chuányuán] ▸ **un homme d'équipage** 一个船员 [yí ge chuányuán].

équipe nf ❶ SPORT 队 [duì] ▸ **une équipe de football** 足球队 [zúqiú duì] ▸ **une équipe masculine/féminine** 男/女队 [nán/nǚ duì] ❷ (groupe) 团队 [tuánduì] ▸ **l'équipe de jour/de nuit** 白/夜班 [bái/yè bān] ▸ **l'équipe de secours** 救援队 [jiùyuán duì] ▸ **travailler en équipe** 团队合作工作 [tuánduì hézuò gōngzuò] ▸ **faire équipe avec qqn** 和某人合作 [hé mǒurén hézuò].

équipé, e adj 配备的 [pèibèi de] ▸ **cuisine équipée** 设备齐全的厨房 [shèbèi qíquán de chúfáng] ▸ **tout équipé** 配齐设备的 [pèiqí shèbèi de].

équipement nm ❶ (matériel) 设备 [shèbèi] ▸ **un équipement de ski** 滑雪设备 [huáxuě shèbèi] ❷ (aménagement) 装备 [zhuāngbèi] ▸ **un équipement sportif** 体育装备 [tǐyù zhuāngbèi].

équiper vt 装备 [zhuāngbèi] ▸ **être bien/mal équipé** 装备好/装备不好 [zhuāngbèi hǎo/zhuāngbèi bùhǎo] ▸ **équiper les salles d'une école** 装备一个学校的教室 [zhuāngbèi yí ge xuéxiào de jiàoshì] ▸ **équiper sa voiture d'une alarme** 给他的汽车装警报器 [gěi tāde qìchē zhuāng jǐngbàoqì].

▪ **s'équiper (de)** vp 为自己配备…… [wèi zìjǐ pèibèi…].

équipier, ère nm, f SPORT (cl. 名 [míng] ou 个 [gè] ou 位 [wèi]) 队员 [duìyuán] ▸ **il a passé la balle à son équipier** 他把球传给了自己的队友 [tā bǎ qiú chuángěi le zìjǐ de duìyǒu].

équitable adj 公正的 [gōngzhèng de] ▸ **un jugement équitable** 公正的裁判 [gōngzhèng de cáipàn] ▸ **le commerce équitable** 公平的交易 [gōngpíng de jiāoyì].

équitation nf 马术 [mǎshù] ▸ **faire de l'équitation** 骑马 [qí mǎ].

équivalent, e adj ❶ (égal) 相等的 [xiāngděng de] ▸ **ajoutez une quantité équivalente de sucre** 加入等量的糖 [jiārù děngliàng de táng] ▸ **deux sommes équivalentes** 两笔相等的金额 [liǎng bǐ xiāngděng de jīn'é] ❷ (similaire) 对等的 [duìděng de] ▸ **vous serez muté à un poste équivalent** 您将被调到一个对等的职位上 [nín jiāng bèi diàodào yí ge duìděng de zhíwèi shàng].

▪ **équivalent** nm 等价物 [děngjiàwù] ▸ **je voudrais l'équivalent de cent dollars en euros** 我想将一百美元兑换成欧元 [wǒ xiǎng jiāng yībǎi měiyuán duìhuàn chéng ōuyuán] ▸ **remplacez par un équivalent le mot souligné** 用一个同义词代替那个底下画线的词 [yòng yí ge tóngyìcí dàitì nà ge dǐxia huàxiàn de cí].

équivaloir vi 等于 [děngyú] ▸ **son silence équivaut à un refus** 他的沉默就等于是拒绝了 [tāde chénmò jiù děngyú shì jùjué le] ▸ **le mille marin équivaut à 1 852 mètres** 一

海里等于1852米 [yī háilǐ děngyú 1852 mǐ].

équivoque ♦ adj (ambigu) 含糊不清的 [hánhu bùqīng de] ▸ **un mot équivoque** 一个含糊不清的词 [yí ge hánhu bùqīng de cí] ▸ **une attitude équivoque** 一种模棱两可的态度 [yì zhǒng móléng liángkě de tàidu]. ♦ nf 误解 [wùjiě] ▸ **il n'y a aucune équivoque entre nous** 我们之间没有任何误解 [wǒmen zhījiān méiyǒu rènhé wùjiě] ▸ **sans équivoque** 毫不含糊地 [háobù hánhu de].

érable nm 槭树 [qìshù] ▸ **un meuble en érable** 一件槭木家具 [yí jiàn qìmù jiājù] ▸ **du sirop d'érable** 槭糖汁 [qì tángzhī].

éradiquer vt 根除 [gēnchú] ▸ **éradiquer une maladie** 根除一个疾病 [gēnchú yí ge jíbìng] ▸ **éradiquer la pauvreté** 消除贫穷 [xiāochú pínqióng].

érafler vt ❶ (égratigner) 划伤 [huáshāng] ▸ **les ronces lui ont éraflé les jambes** 荆棘划伤了他的腿 [jīngjí huáshāng le tāde tuǐ] ❷ (rayer) 刮坏 [guāhuài] ▸ **j'ai éraflé le vernis avec un couteau** 我用刀子刮落了漆面 [wǒ yòng dāozi guāluò le qīmiàn].

▪ **s'érafler** vp 擦伤 [cāshāng] ▸ **il s'est éraflé le bras** 擦伤了自己的胳膊 [cāshāng le zìjǐ de gēbo].

éraflure nf (égratignure) ○ (cl. 道 [dào]) 划痕 [huáhén] ▸ **ses jambes sont couvertes d'éraflures** 他的腿上有一些划痕 [tāde tuǐ shàng yǒu yìxiē huáhén].

ère nf 时代 [shídài] ▸ **l'ère chrétienne** 公元 [gōngyuán] ▸ **l'ère industrielle** 工业时代 [gōngyè shídài] ▸ **l'ère du rock** 摇滚年代 [yáogǔn niándài].

érection nf 勃起 [bóqǐ] ▸ **être en érection** 在勃起状态中 [zài bóqǐ zhuàngtài zhōng] ▸ **avoir une érection** 有勃起 [yǒu bóqǐ].

éreintant, e adj 令人疲惫不堪的 [lìngrén píbèi bùkān de] ▸ **une journée éreintante** 令人疲惫的一天 [lìngrén píbèi de yì tiān].

ériger vt (édifier) 建造 [jiànzào] ▸ **ériger une statue** 竖立一尊雕像 [shùlì yì zūn diāoxiàng] ▸ **ériger une chapelle** 建造一个小教堂 [jiànzào yí ge xiǎojiàotáng].

érosion nf 侵蚀 [qīnshí].

érotique adj 色情的 [sèqíng de].

errer vi ❶ (flâner) 闲逛 [xiánguàng] ▸ **elle erre à travers les rues** 她在街上闲逛 [tā zài jiē shàng xiánguàng] ❷ (vagabonder) 流浪 [liúlàng] ▸ **un chien errait dans les bois** 一只狗在森林里流浪 [yì zhī gǒu zài sēnlín lǐ liúlàng].

erreur nf ❶ (inexactitude) 错误 [cuòwù] ▸ **faire une erreur** 犯错 [fàn cuò] ▸ **corriger les erreurs** 纠正错误 [jiūzhèng cuòwù] ▸ **induire en erreur** 引导……犯错误 [yíndǎo… fàn cuòwu] ▸ **une erreur de calcul** 一个计算错误 [yí ge jìsuàn cuòwù] ❷ (méprise) 失误 [shīwù] ▸ **être victime d'une erreur judiciaire** 成为一次法院判决失误的受害人 [chéngwéi yí cì fǎyuàn pànjué shīwù de shòuhàirén] ▸ **faire erreur** 搞错 [gǎocuò].

érudit, e adj 博学的 [bóxué de].

éruption nf (jaillissement) 喷发 [pēnfā] ▸ **entrer en éruption** 开始喷发 [kāishǐ pēnfā].

escabeau, x nm 凳梯 [dèngtī] ▸ **monter sur un escabeau** 爬上凳梯 [páshàng dèngtī].

escalade nf ❶ (ascension) 攀登 [pāndēng] ▸ **faire de l'escalade en montagne** 攀登上山 [pāndēng shàng shān] ❷ *fig* ▸ **l'escalade des prix** 价格飞快上涨 [jiàgé fēikuài shàngzhǎng] ▸ **l'escalade de la violence** 暴力剧增 [bàolì jùzēng].

escalader vt 攀登 [pāndēng] ▸ **escalader une montagne** 登山 [dēng shān].

escalator® nm 自动扶梯 [zìdòng fútī] ▸ **prendre l'escalator** 乘自动扶梯 [chéng zìdòng fútī] ▸ **l'escalator est en panne** 自动扶梯出故障了 [zìdòng fútī chū gùzhàng le].

escale nf (arrêt) 中途停靠 [zhōngtú tíngkào] ▸ **un vol sans escale** 直飞 [zhífēi] ▸ **faire escale à** 在……停靠 [zài… tíngkào].

escalier nm 楼梯 [lóutī] ▸ **monter/descendre l'escalier** 上/下楼梯 [shàng/xià lóutī] ▸ **prendre un escalier** 走楼梯 [zǒu lóutī] ▸ **escalier roulant/mécanique** 滚梯/自动扶梯 [gǔntī/ zìdòng fútī] ▸ **un escalier en colimaçon** 螺旋梯 [luóxuán tī].

escalope nf CULIN 肉片 [ròupiàn] ▸ **une escalope panée** 裹上面包屑的肉片 [guǒshang miànbāoxiè de ròupiàn].

escargot nm 蜗牛 [wōniú]
◊ **avancer comme un escargot** 走得像蜗牛爬一样慢 [zǒu de xiàng wōniú pá yíyàng màn].

escient nm ◊ **à bon escient** 恰如其分地 [qiàrú qífèn de] ▸ **à mauvais escient** 没有分寸地 [méiyǒu fēncùn de].

esclaffer ▪ **s'esclaffer** vp 大笑 [dàxiào].

esclavage nm HIST 奴隶制度 [núlì zhìdù] ▸ **réduire qqn en esclavage** 使某人成为奴隶 [shǐ mǒurén chéngwéi núlì].

esclave ♦ adj 受奴役的 [shòu núyì de]
◊ **être esclave de qqch** *fig* 受……束缚 [shòu… shùfù].
♦ nmf 奴隶 [núlì] ▸ **un esclave affranchi** 被解放的奴隶 [bèi jiěfàng de núlì].

escorte nf (cl. 支 [zhī]) 护卫队 [hùwèiduì] ▸ **une escorte officielle** 一支正式的护卫队 [yì zhī zhèngshì de hùwèiduì] ▸ **sans escorte** 没有护卫队陪同地 [méiyǒu hùwèiduì péitóng de].

escorter vt ❶ (guider, surveiller ou protéger) 押送 [yāsòng] ▸ **escorter un prisonnier** 押解囚犯 [yājiè qiúfàn] ❷ (accompagner) 作陪 [zuòpéi] ▸ **le président est escorté par le maire** 总统由市长作陪 [zǒngtǒng yóu shìzhǎng zuòpéi].

escrime nf SPORT 剑术 [jiànshù] ▸ **faire de l'escrime** 练剑术 [liàn jiànshù].

escrimer ▪ **s'escrimer à** vp+prép *(+ infinitif)* (s'évertuer) 尽力 [jìnlì] ▸ **je m'escrime à te faire comprendre le problème** 我尽力让你明白这个问题 [wǒ jìnlì ràng nǐ míngbai zhè ge wèntí].

escroc nm 骗子 [piànzi] ▸ **être victime d'un escroc** 受骗者 [shòupiànzhě].

escroquer vt 骗 [piàn] ▸ **se faire escroquer** 被骗 [bèi piàn] ▸ **escroquer qqch à qqn** 骗取某人的某物 [piànqǔ mǒurén de mǒuwù] ▸ **escroquer qqn** 骗某人 [piàn mǒurén].

eskimo adj = **esquimau**.

espace nm ❶ (univers) 太空 [tàikōng] ▸ **la conquête de l'espace** 太空的征服 [tàikōng de zhēngfú] ❷ (place) 空间 [kōngjiān] ▸ **nous manquons d'espace** 我们缺少空间 [wǒmen quēshǎo kōngjiān] ❸ (surface) 地方 [dìfang] ▸ **espace vert** 绿地 [lǜ dì] ▸ **'espace fumeurs/non-fumeurs'** 吸/无烟区 [xī/wú yān qū] ▸ **un espace publicitaire** 广告时间段 [guǎnggào shíjiān duàn] ❹ (intervalle) 空隙 [kòngxì] ▸ **l'espace entre deux meubles** 两个家具之间的空隙 [liǎng ge jiājù zhījiān de kòngxì] ▸ **laisser un espace après la virgule** 在逗号之后留下空隙 [zài dòuhào zhīhòu liúxià kòngxì] ▸ **en l'espace de** 在……时间内 [zài… shíjiān nèi].

espacer vt ❶ (dans l'espace) 使……有间隔 [shǐ… yǒujiàn gé] ❷ (dans le temps) 拉长……的间隔时间 [lācháng… de jiàngé shíjiān].

Espagne nf ▸ **l'Espagne** 西班牙 [Xībānyá].

espagnol, e adj 西班牙的 [xībānyá de].
▪ **espagnol** nm (langue) 西班牙语 [xībānyáyǔ].
▪ **Espagnol, e** nm, f 西班牙人 [Xībānyárén].

espèce nf ❶ BIOL, BOT & ZOOL 种类 [zhǒnglèi] ▸ **les espèces d'arbres** 树木的种类 [shùmù de zhǒnglèi] ▸ **les espèces animales/végétales** 动物/植物的种类 [dòngwù/zhíwù de zhǒnglèi] ▸ **l'espèce humaine** 人类 [rén lèi] ▸ **espèce en voie de disparition** ou **d'extinction** 即将消失/绝灭的物种 [jíjiāng xiāoshī/juémiè de wùzhǒng] ❷ (sorte) 类 [lèi] ▸ **je ne discute pas avec des gens de votre espèce** 我不和你们这类人争论 [wǒ bù hé nǐmen zhè lèi rén zhēnglùn] ▸ **un mensonge de la pire espèce** 最恶劣的谎言 [zuì èliè de huǎngyán] ▸ **une espèce d'avion** 一种飞机 [yì zhǒng fēijī] ▸ **espèce de** *(+ nom) fam* ……的家伙 [… de jiāhuo] ▸ **espèce d'imbécile !** 蠢货！ [chǔnhuò!].
▪ **espèces** nfpl (argent liquide) 现金 [xiànjīn] ▸ **je n'ai pas d'espèces sur moi** 我没带现金 [wǒ méi dài xiànjīn] ▸ **payer en espèces** 用现金支付 [yòng xiànjīn zhīfù].

espérance nf ❶ (espoir) 希望 [xīwàng] ▸ **contre toute espérance** 与预期相反 [yǔ yùqī xiāngfǎn] ▸ **voir ses espérances déçues** 看到自己的希望破灭 [kàndào zìjǐ de xīwàng pòmiè] ❷ ▸ **espérance de vie** 平均寿命 [píngjūn shòumìng].

espérer ♦ vt (souhaiter) 希望 [xīwàng] ▸ **espérer un miracle** 期待一个奇迹 [qīdài yí ge qíjì] ▸ **espérer faire qqch** 希望做某事 [xīwàng zuò mǒushì] ▸ **espérer que** *(+ indicatif)* 希望…… [xīwàng…]. ♦ vi (avoir confiance) 有信心 [yǒu xìnxīn] ▸ **il faut toujours espérer** 要有信心 [yào yǒu xìnxīn] ▸ **espérer en qqn/qqch** 相信某人/某事 [xiāngxìn mǒurén/mǒushì].

espiègle adj 调皮的 [tiáopí de].

espion, onne nm, f 间谍 [jiàndié] ▸ **un espion double** 双重间谍 [shuāngchóng jiàndié] ▸ **un avion espion** 间谍飞机 [jiàndié fēijī].

espionnage nm 间谍活动 [jiàndié huódòng] ▸ **l'espionnage de conversations téléphoniques** 窃听电话交谈 [qiètīng diànhuà jiāotán] ▸ **démanteler un réseau d'espionnage** 粉碎间谍网 [fěnsuì jiàndié wǎng] ▸ **un film d'espionnage** 一部间谍影片 [yí bù jiàndié yǐngpiàn].

espionner vt 窥伺 [kuīsì] ▸ **elle nous espionne à longueur de journée** 她整天窥伺我们 [tā zhěngtiān kuīsì wǒmen].

esplanade nf 广场 [guángchǎng].

espoir nm 希望 [xīwàng] ▸ **il n'y a plus d'espoir** 没有救了 [méi yǒu jiù le] ▸ **elle est pleine d'espoir** 她满怀希望 [tā mǎnhuái xīwàng] ▸ **sans espoir** 没有希望 [méiyǒu xīwàng] ▸ **perdre espoir** 失去希望 [shīqù xīwàng].

esprit nm ❶ (âme) 精神 [jīngshén] ▸ **être large d'esprit** 为人豁达 [wéirén huòdá] ▸ **un état d'esprit** 精神状态 [jīngshén zhuàngtài] ❷ (entendement) 智力 [zhìlì] ▸ **revenir à l'esprit de qqn** 某人想到了 [mǒurén xiǎngdào le] ▸ **perdre l'esprit** 精神失常 [jīngshén shīcháng] ▸ **reprendre ses esprits** 恢复理智 [huīfù lǐzhì] ❸ (attitude) 精神 [jīngshén] ▸ **avoir l'esprit critique/de compétition** 有批判/竞争精神 [yǒu pīpàn/jìngzhēng jīngshén] ❹ (humour) 风趣 [fēngqù] ▸ **faire de l'esprit** 装作风趣 [zhuāngzuò fēngqù] ❺ (fantôme) 鬼神 [guǐshén].

esquimau, aude, x adj 爱斯基摩人的 [àisījīmórén de].

■ **Esquimau, aude, x** nm, f 爱斯基摩人 [Àisījīmórén].

■ **Esquimau®** nm (glace) 紫雪糕 [Zíxuěgāo].

esquinter vt *fam* (abîmer) 弄坏 [nònghuài] ▸ **j'ai esquinté ma voiture** 我把我的车弄坏了 [wǒ bǎ wǒde chē nònghuài le].

esquisse nf (ébauche) 草图 [cǎotú] ▸ **l'esquisse d'un tableau** 一幅画的草图 [yì fú huà de cǎotú] ▸ **l'esquisse d'un roman** 一部小说的提纲 [yí bù xiǎoshuō de tígāng].

esquisser vt (dessiner) 勾出……的轮廓 [gōuchū… de lúnkuò] ▸ **esquisser un portrait** 勾出画像的轮廓 [gōuchū huàxiàng de lúnkuò].

esquiver vt 逃避 [táobì] ▸ **esquiver un coup** 避开一击 [bìkāi yì jī] ▸ **esquiver une question** 回避一个问题 [huíbì yí ge wèntí] ▸ **esquiver les difficultés** 逃避困难 [táobì kùnnán].

■ **s'esquiver** vp 溜走 [liūzǒu] ▸ **il s'est esquivé pendant la pause** 他在休息的时候溜走了 [tā zài xiūxi de shíhou liūzǒu le].

essai nm ❶ (tentative, effort) 尝试 [chángshì] ▸ **essai fructueux/infructueux** 有成效的/无成效的尝试 [yǒu chéngxiào de/wú chéngxiào de chángshì] ▸ **un essai de conciliation** 尝试调解 [chángshì tiáojiě] ▸ **un essai malheureux** 失败了的尝试 [shībài le de chángshì] ❷ (vérification) 试验 [shìyàn] ▸ **un essai concluant** 成功的试验 [chénggōng de shìyàn] ▸ **faire un essai** 做试验 [zuò shìyàn] ▸ **faire l'essai d'un produit** 对产品进行试验 [duì chánpǐn jìnxíng shìyàn] ▸ **mettre qqn à l'essai** 考验某人 [kǎoyàn mǒurén].

essayage nm ➤ **cabine**.

essayer ♦ vt ❶ (mettre) 试穿 [shìchuān] ▸ **essayer une robe** 试穿一条连衣裙 [shìchuān yì tiáo liányīqún] ❷ (expérimenter) 检测 [jiǎncè] ▸ **essayer une voiture** 检测一辆汽车 [jiǎncè yí liàng qìchē] ▸ **essayer un restaurant** 试一家没去过的饭店 [shì yì jiā méi qù guò de fàndiàn]. ♦ vi 试图 [shìtú] ▸ **essaie de dormir** 试图睡着 [shìtú shuìzháo].

essence nf ❶ (carburant) 汽油 [qìyóu] ▸ **faire le plein d'essence** 加满汽油 [jiā mǎn qìyóu] ▸ **essence sans plomb** 无铅汽油 [wú qiān

qìyóu] ▸ **un moteur à essence** 汽油发动机 [qìyóu fādòngjī] ❷ (nature, fondement) 本质 [běnzhì] ▸ **saisir l'essence des choses** 理解事物的本质 [lǐjiě shìwù de běnzhì]
◊ **par essence** *sout* 实质上 [shízhì shàng].

essentiel, elle adj ❶ (indispensable) 必要的 [bìyào de] ▸ **il manque encore deux documents essentiels** 还缺少两份必要的资料 [hái quēshǎo liǎng fèn bìyào de zīliào] ▸ **des connaissances essentielles à l'obtention d'un diplôme** 获取文凭的基本知识 [huòqǔ wénpíng de jīběn zhīshí] ▸ **être essentiel à** ou **pour** 对……来说是必不可少的 [duì… láishuō shì bìbùkéshǎo de] ❷ (fondamental) 重要的 [zhòngyào de] ▸ **il s'agit d'une œuvre essentielle** 关于一部重要的作品 [guānyú yí bù zhòngyào de zuòpǐn] ▸ **être essentiel que** *(+ subjonctif)* 重要的是…… [zhòngyào de shì…].

■ **essentiel** nm ❶ (point principal) 重点 [zhòngdiǎn] ▸ **l'essentiel est de participer** 重在参与 [zhòng zài cānyù] ▸ **l'essentiel (c')est que** *(+ subjonctif)* 重点是…… [zhòngdiǎn shì…] ❷ (objets indispensables) 必需品 [bìxūpǐn] ▸ **mon sac ne contient que l'essentiel** 我的包里只有必需品 [wǒde bāo lǐ zhíyǒu bìxūpǐn] ❸ (la majeure partie) 大部分 [dàbùfen] ▸ **passer l'essentiel de son temps à faire qqch** 花大部分的时间来做某事 [huā dàbùfen de shíjiān lái zuò mǒushì].

essentiellement adv 主要地 [zhǔyào de].

essor nm 飞速发展 [fēisù fāzhǎn] ▸ **l'essor de l'industrie automobile** 汽车工业的飞速发展 [qìchē gōngyè de fēisù fāzhǎn] ▸ **en plein essor** 突飞猛进 [tūfēi měngjìn].

essorer vt 弄干 [nònggān] ▸ **essorer du linge** 弄干衣物 [nònggān yīwù] ▸ **essorer la salade** 把生菜弄干 [bǎ shēngcài nònggān].

essoufflé, e adj 气喘吁吁的 [qìchuǎn xūxū de].

essouffler vt 使……气喘吁吁 [shǐ…qìchuǎn xūxū].

■ **s'essouffler** vp (perdre son souffle) 气喘 [qìchuǎn].

essuie-glace nm 刮水器 [guāshuǐqì].

essuie-mains nm inv 擦手巾 [cāshǒujīn].

essuie-tout nm inv 多用吸纸 [duōyòng xīzhǐ] ▸ **un rouleau d'essuie-tout** 一卷多用吸纸 [yì juǎn duōyòng xīzhǐ].

essuyer vt (nettoyer) 擦 [cā] ▸ **essuyer la vaisselle** 擦干餐具 [cāgān cānjù] ▸ **essuyer la bouche d'un enfant** 给孩子擦嘴 [gěi háizi cā zuǐ] ▸ **essuyer ses pieds** 把鞋底擦干净 [bǎ xiédǐ cāgānjìng]
◊ **essuyer un échec** 遭到失败 [zāodào shībài].

■ **s'essuyer** vp 擦干 [cāgān] ▸ **s'essuyer les mains** 擦手 [cā shǒu] ▸ **s'essuyer avec une serviette** 用餐巾擦 [yòng cānjīn cā] ▸ **s'essuyer les pieds sur le paillasson** 在擦鞋垫上擦干净鞋底 [zài cāxiédiàn shàng cāgānjìng xiédǐ].

est ♦ adj inv 东边的 [dōngbiān de] ▸ **la côte est de l'île** 岛的东岸 [dǎo de dōng àn].
♦ nm inv ▸ **l'Est** 东方 [dōngfāng].

estampe nf 铜版画 [tóngbǎnhuà]; 石印品 [shíyìnpǐn].

est-ce que adv interr ▸ **est-ce que tu viens ?** 你来吗？ [nǐ lái ma?] ▸ **où est-ce que tu vas ?** 你去哪儿？ [nǐ qù nǎr?] ▸ **qu'est-ce que tu fais demain ?** 你明天做什么？ [nǐ míngtiān zuò shénme?].

esthéticienne nf 美容师 [měiróngshī].

esthétique adj (qui entretient la beauté) 美容的 [měiróng de] ▸ **la chirurgie esthétique** 整形外科手术 [zhěngxíng wàikē shǒushù] ▸ **les soins esthétiques du visage** 脸部美容护理 [liǎn bù měiróng hùlǐ].

estimation nf 估计 [gūjì] ▸ **l'estimation des frais de réparation** 维修费用的估计 [wéixiū fèiyòng de gūjì] ▸ **l'estimation d'un bijou** 一件珠宝的估价 [yí jiàn zhūbǎo de gūjià].

estime nf 尊重 [zūnzhòng] ▸ **être digne d'estime** 值得尊重 [zhídé zūnzhòng] ▸ **avoir de l'estime pour qqn** 对某人很尊重 [duì mǒurén hěn zūnzhòng] ▸ **monter/descendre dans l'estime de qqn** 获得/失去某人的尊重 [huòdé/shīqù mǒurén de zūnzhòng] ▸ **tenir une personne en (grande) estime** 对某人极为尊重 [duì mǒurén jíwéi zūnzhòng].

estimer vt ❶ (respecter) 尊重 [zūnzhòng] ▸ **j'estime beaucoup votre père** 我十分尊重您的父亲 [wǒ shífēn zūnzhòng nínde fùqin] ❷ (évaluer) 估计 [gūji] ❸ (expertiser) 估价 [gūjià] ▸ **estimer un objet d'art** 给一件艺术品估价 [gěi yí jiàn yìshùpǐn gūjià] ❹ (penser, trouver) 认为 [rènwéi].

estomac nm ❶ ANAT 胃 [wèi] ▸ **avoir l'estomac barbouillé** 想呕吐 [xiǎng ǒutù] ❷ (ventre) 肚子 [dùzi] ▸ **il lui a donné un coup dans l'estomac** 他打了他肚子一下 [tā dǎ le tā dùzi yí xià].

estomper vt ❶ (ombrer) 擦晕 [cāyùn] ▸ **estomper des couleurs** 使色彩晕开 [shǐ sècǎi yùnkāi] ❷ (atténuer) 使……减轻 [shǐ… jiǎnqīng] ▸ **le temps estompe les douleurs** 时间减轻了痛苦 [shíjiān jiǎnqīng le tòngkǔ].

Estonie nf ▸ **l'Estonie** 爱沙尼亚 [Àishānīyà].

estonien, enne adj 爱沙尼亚的 [àishāníyà de].

▪ **estonien** nm (langue) 爱沙尼亚语 [àishāníyàyǔ].

▪ **Estonien, enne** nm, f 爱沙尼亚人 [Àishāníyàrén].

estrade nf ❶ (de salle de classe) 讲台 [jiǎngtái] ❷ (de salle de spectacle) 舞台 [wǔtái].

estragon nm 龙蒿 [lónghāo].

esturgeon nm 鲟鱼 [xúnyú].

et conj ❶ (reliant deux noms ou pronoms) 和 [hé] ▸ **toi et moi** 你和我 [nǐ hé wǒ] ▸ **Paris et Pékin** 巴黎和北京 [Bālí hé Běijīng] ❷ (reliant deux adjectifs ou adverbes) 又 [yòu] ▸ **elle est à la fois belle et intelligente** 她既美丽又聪明 [tā jì měilì yòu cōngming] ▸ **noir et blanc** 黑白 [hēi bái] ▸ **vite et bien** 又快又好 [yòu kuài yòu hǎo] ❸ (reliant deux verbes ou propositions) 也 [yě] ▸ **il nous salua et sortit** 他和我们打招呼，然后走了 [tā hé wǒmen dǎ zhāohu,ránhòu zǒu le] ▸ **je le dis et je le pense** 我这么说，我也这么想 [wǒ zhème shuō, wǒ yě zhème xiǎng] ❹ (reliant termes ou propositions de nature différente) 而且 [érqiě] ▸ **c'est un concept très original, et qui a beaucoup de succès** 这是一个非常独特的概念，而且获得了很大的成功 [zhè shì yí ge fēicháng dútè de gàiniàn, érqiě huòdé le hěn dà de chénggōng] ▸ **un manteau court et sans manches** 一件短而没有袖子的大衣 [yí jiàn duǎn ér méiyǒu xiùzi de dàyī] ❺ (pour insister) 并且 [bìngqiě] ▸ **c'est fini et bien fini** 完成了，并且出色地完成了 [wánchéng le, bìngqiě chūsè de wánchéng le] ▸ **je l'ai dit et répété** 我这么说了，并且我重复了 [wǒ zhème shuō le, bìngqiě wǒ chóngfù le] ▸ **et après, on fait quoi ?** 然后，我们做什么？ [ránhòu, wǒmen zuò shénme?] ▸ **et moi, alors ?** 那我呢？ [nà wǒ ne?] ❻ (dans les mesures et les nombres composés) ▸ **vingt et un** 二十一 [èrshí yī] ▸ **deux ans et demi** 两年半 [liǎng nián bàn] ▸ **deux heures et demie** 两点半 [liǎng diǎn bàn].

établir vt ❶ (instaurer) 建立 [jiànlì] ▸ **établir un règlement** 订立一个规章 [dìnglì yí ge guīzhāng] ▸ **établir des relations diplomatiques** 建立外交关系 [jiànlì wàijiāo guānxi] ▸ **établir le silence** 恢复安静 [huīfù ānjìng] ❷ (dresser) 编制 [biānzhì] ▸ **établir un devis** 编制预算表 [biānzhì yùsuàn biǎo] ▸ **établir une liste** 列表 [lièbiǎo] ▸ **établir un emploi du temps** 制定时间表 [zhìdìng shíjiān biǎo].

▪ **s'établir** vp ❶ (s'installer) 定居 [dìngjū] ▸ **il s'est établi chez son frère** 他居住在他哥哥家 [tā jūzhù zài tā gēge jiā] ▸ **elle s'est établie à Paris** 她在巴黎定居 [tā zài Bālí dìngjū] ❷ (exercer un métier) ▸ **s'établir (à son compte)** 开业 [kāiyè] ▸ **il s'est établi comme menuisier** 他以细木工为业 [tā yǐ xìmùgōng wéi yè].

établissement nm 机构 [jīgòu] ▸ **établissement hospitalier** 医疗机构 [yīliáo jīgòu] ▸ **établissement public** 公家机构 [gōngjia jīgòu] ▸ **établissement scolaire** 学校 [xuéxiào].

étage nm 层 [céng] ▸ **un immeuble de six étages** 六层楼房 [liù céng lóufáng] ▸ **il y a une salle de bains à l'étage** 楼上有一间浴室 [lóu shàng yǒu yì jiān yùshì]

◊ **de bas étage** *péj* 低级的 [dījí de].

étagère nf 架子 [jiàzi].

étaler vt ❶ (déployer) 摊开 [tānkāi] ▸ **étaler des papiers sur la table** 把纸摊开在桌上 [bǎ zhǐ tānkāi zài zhuō shàng] ❷ (appliquer) 涂抹 [túmǒ] ▸ **étaler de la confiture sur du pain** 在面包上抹果酱 [zài miànbāo shàng mǒ guǒjiàng] ▸ **étaler de la peinture** 涂油漆 [tú yóuqī] ❸ (exposer) 展示 [zhǎnshì] ▸ **étaler des objets dans une vitrine** 展示橱窗里的物品 [zhǎnshì chúchuāng lǐ de wùpǐn] ❹ (exhiber) 炫耀 [xuànyào] ▸ **étaler ses connaissances** 炫耀自己的知识 [xuànyào zìjǐ de zhīshi].

▪ **s'étaler** vp ❶ (s'étendre) 铺开 [pūkāi] ▸ **la ville s'étale sur 15 kilomètres** 这座城市占地15公里 [zhè zuò chéngshì zhàndì 15 gōnglǐ] ❷ (durer) 持续 [chíxù] ▸ **mes vacances s'étalent sur cinq semaines** 我的假期持续五周 [wǒde jiàqī chíxù wǔ zhōu]

◊ **s'étaler de tout son long** 直挺挺地倒下 [zhítǐngtǐng de dǎoxià].

étalon nm 种公马 [zhǒng gōngmǎ] ▸ **un étalon pur-sang** 纯种公马 [chúnzhǒng gōngmǎ].

étang nm 池塘 [chítáng].

étape nf ❶ (halte) 站 [zhàn] ▸ **Marrakech sera notre prochaine étape** 马拉喀什将是我们下一站 [Mǎlākāshí jiāng shì wǒmen xià yí zhàn] ❷ (phase) 阶段 [jiēduàn] ▸ **les étapes de la vie** 人生的阶段 [rénshēng de jiēduàn] ▸ **brûler** ou **griller les étapes** 兼程前进 [jiānchéng qiánjìn].

état nm ❶ (manière d'être d'une personne) 状态 [zhuàngtài] ▸ **état de santé** 健康状况 [jiànkāng zhuàngkuàng] ▸ **état d'esprit** 精神状态 [jīngshén zhuàngtài] ▸ **être dans un état stationnaire** 处于稳定状态 [chǔyú wěndìng zhuàngtài] ▸ **être dans un état second** 神志不清 [shénzhì bùqīng] ▸ **être en état/hors d'état de faire qqch** 能够/不能够做某事 [nénggòu/bù nénggòu zuò mǒushì] ❷ (aspect d'une chose) 状态 [zhuàngtài] ▸ **en bon/mauvais état** 处于良好/不好的状态 [chǔyú liánghǎo/bùhǎo de zhuàngtài] ▸ **en état de marche** 处于运转状态 [chǔyú yùnzhuǎn zhuàngtài] ▸ **remettre qqch en état** 修复某物 [xiūfù mǒuwù]

◊ **être dans tous ses états** 非常激动 [fēicháng jīdòng].

▪ **État** nm (nation) 国家 [guójiā] ▸ **un État membre** 成员国 [chéngyuán guó] ▸ **un État démocratique** 民主国家 [mínzhǔ guójiā] ▸ **les États européens** 欧洲国家 [Ōuzhōu guójiā].

États-Unis nmpl ▸ **les États-Unis (d'Amérique)** 美国 [Měiguó].

étayer vt *fig* (appuyer) 支持 [zhīchí] ▸ **étayer un raisonnement** 支持一个论证 [zhīchí yí ge lùnzhèng] ▸ **une démonstration bien étayée** 备受支持的一个论证 [bèishòu zhīchí de yí ge lùnzhèng].

etc abr écrite de **et cetera**

et cetera adv 等等 [děngděng].

été nm 夏天 [xiàtiān] ▸ **les vacances d'été** 暑假 [shǔ jià] ▸ **été indien** 秋老虎 [qiūlǎohu].

éteindre vt ❶ (arrêter un appareil) 关 [guān] ▸ **éteindre la télévision** 关电视 [guān diànshì] ▸ **éteindre la lumière** 关灯 [guān dēng] ❷ (arrêter un feu) 熄灭 [xīmiè] ▸ **éteindre une cigarette** 熄灭香烟 [xīmiè xiāngyān] ▸ **éteindre une bougie** 熄灭蜡烛 [xīmiè làzhú].

▪ **s'éteindre** vp (cesser de brûler) 熄灭 [xīmiè] ▸ **le feu s'est éteint** 火熄灭了 [huǒ xīmiè le].

éteint, e adj 熄灭的 [xīmiè de] ▸ **un volcan éteint** 死火山 [sǐ huǒshān] ▸ **une cigarette éteinte** 熄了的香烟 [xī le de xiāngyān].

étendre vt ❶ (déployer) 伸开 [shēnkāi] ▸ **étendre ses jambes** 伸开腿 [shēnkāi tuǐ] ▸ **l'aigle étend ses ailes** 老鹰张开了翅膀 [lǎoyīng zhāngkāi le chìbǎng] ❷ (étaler) 铺开 [pūkāi] ▸ **étendre le linge** 晾衣服 [liàng yīfu] ▸ **étendre une couverture par terre** 在地上铺开一条被子 [zài dì shàng pūkāi yì tiáo bèizi] ❸ (coucher) 使……平躺 [shǐ…píngtǎng] ▸ **étendre un blessé sur une civière** 让伤员平躺在担架上 [ràng shāngyuán píngtǎng zài dānjià shàng].

▪ **s'étendre** vp ❶ (s'allonger) 躺 [tǎng] ▸ **je vais m'étendre quelques minutes** 我要躺几分钟 [wǒ yào tǎng jǐ fēnzhōng] ❷ (s'étaler) 延伸 [yánshēn] ▸ **s'étendre à perte de vue** 一望无际地延伸 [yíwàng wújì de yánshēn].

étendu, e adj 广阔的 [guǎngkuò de] ▸ **une forêt étendue** 广阔的森林 [guǎngkuò de sēnlín] ▸ **des connaissances étendues** 广博的知识 [guǎngbó de zhīshi].

▪ **étendue** nf ❶ (surface) 面积 [miànjī] ▸ **un pays d'une grande étendue** 幅员辽阔的国家 [fúyuán liáokuò de guójiā] ▸ **une étendue d'eau** 水域的面积 [shuǐyù de miànjī] ❷ (importance) 程度 [chéngdù] ▸ **l'étendue de ses connaissances** 知识的广博 [zhīshi de guǎngbó]

▸ **mesurer l'étendue des dégâts** 衡量损坏的程度 [héngliáng sǔnhuài de chéngdù].

éternel, elle adj ❶ (infini) 永恒的 [yǒnghéng de] ▸ **une éternelle jeunesse** 永恒的青春 [yǒnghéng de qīngchūn] ❷ (continuel) 没完没了的 [méiwán méiliǎo de].

éterniser vt (prolonger) 拖长 [tuōcháng] ▸ **éterniser une discussion** 拖长争论 [tuōcháng zhēnglùn].

▪ **s'éterniser** vp (se prolonger) 无限制地拖长 [wúxiànzhì de tuōcháng] ▸ **la soirée s'est éternisée** 晚会被拖长了 [wǎnhuì bèi tuōcháng le].

éternité nf 永远 [yóng yuǎn] ▸ **il repose en paix pour l'éternité** 他永远安息了 [tā yóngyuǎn ānxī le].

éternuer vi 打喷嚏 [dǎpēntì].

Éthiopie nf ▸ **l'Éthiopie** 埃塞俄比亚 [Āisài'-ébǐyà].

éthiopien, enne adj 埃塞俄比亚的 [āisài'-ébǐyà de].

éthique ♦ adj 道德的 [dàodé de] ▸ **des valeurs éthiques** 道德标准 [dàodé biāozhǔn]. ♦ nf 道德 [dàodé] ▸ **l'éthique professionnelle** 职业道德 [zhíyè dàodé].

étinceler vi 闪烁 [shǎnshuò].

étincelle nf ❶ (parcelle incandescente) 火星 [huǒxīng] ▸ **le brasier jetait des étincelles** 炽热的炭火迸发出火星 [chìrè de tànhuǒ bèngfā chū huǒxīng] ❷ *fig* (lueur fugitive) 闪现 [shǎnxiàn] ▸ **avoir une étincelle de génie** 灵机一动 [língjī yídòng] ▸ **une étincelle de courage** 勇气的闪现 [yǒngqì de shǎnxiàn]
◊ **faire des étincelles** *fam* - a) (avoir des résultas brillants) 出风头 [chū fēngtou] - b) (susciter une polémique) 引起一场风波 [yínqǐ yì chǎng fēngbō].

étiquette nf 标签 [biāoqiān] ▸ **mettre une étiquette** 加标签 [jiā biāoqiān] ▸ **l'étiquette d'une bouteille de vin** 一瓶酒的标签 [yì píng jiǔ de biāoqiān].

étirer vt (étendre) 伸展 [shēnzhǎn] ▸ **étirer les bras** 伸展胳膊 [shēnzhǎn gēbo] ▸ **étirer ses muscles** 伸展肌肉 [shēnzhǎn jīròu].

▪ **s'étirer** vp (se dégourdir) 伸展四肢 [shēnzhǎn sìzhī] ▸ **le chat s'étire** 这只猫伸了伸四肢 [zhè zhī māo shēn le shēn sìzhī].

étoile nf 星 [xīng] ▸ **étoile filante** 流星 [liúxīng] ▸ **l'étoile Polaire** 北极星 [Běijí xīng]
◊ **à la belle étoile** 露天 [lòu tiān] ▸ **être né sous une bonne étoile** 生来命好 [shēng lái mìng hǎo] ▸ **étoile de David** 大卫王之星 [Dàwèiwáng zhī xīng].

▪ **étoile de mer** nf 海星 [hǎixīng].

étonnant, e adj 非凡的 [fēifán de].

étonné, e adj 吃惊的 [chījīng de] ▸ **être étonné de** ou **par qqch** 因为某事而感到吃惊 [yīnwèi mǒushì ér gǎndào chījīng].

étonnement nm 惊讶 [jīngyà] ▸ **à mon grand étonnement, il a réussi à son examen** 我太吃惊了，他通过了考试 [wǒ tài chījīng le, tā tōngguò le kǎoshì] ▸ **causer de l'étonnement à qqn** 引起某人的惊讶 [yínqǐ mǒurén de jīngyà].

étonner vt 使……惊讶 [shǐ… jīngyà].

▪ **s'étonner** vp 惊讶 [jīngyà] ▸ **il s'étonne de tout** 他对一切都感到惊奇 [tā duì yíqiè dōu gǎndào jīngqí] ▸ **ne t'étonne pas si elle refuse** 如果她拒绝的话，你不要吃惊[rúguǒ tā jùjué de huà, nǐ bùyào chījīng] ▸ **s'étonner de qqch** 对某事感到惊讶 [duì mǒushì gǎndào jīngyà] ▸ **s'étonner que** *(+ subjonctif)* 因为……而惊讶 [yīnwèi… ér jīngyà].

étouffant, e adj 令人窒息的 [lìngrén zhìxī de] ▸ **une atmosphère étouffante** 令人窒息的气氛 [lìngrén zhìxī de qìfen] ▸ **une chaleur étouffante** 闷热 [mēnrè].

étouffée ▪ **à l'étouffée** loc adv 焖 [mèn] ▸ **faire cuire un aliment à l'étouffée** 焖食品 [mèn shípǐn].

étouffer ♦ vt ❶ (asphyxier) 使……窒息 [shǐ… zhìxī] ❷ (assourdir) 减轻 [jiǎnqīng] ▸ **étouffer un bruit** 减轻噪音 [jiǎnqīng zàoyīn] ❸ (empêcher d'éclater) 平息 [píngxī] ▸ **étouffer un scandale** 平息一起丑闻 [píngxī yì qǐ chǒuwén]. ♦ vi (manquer d'air) 感到不自在 [gǎndào bùzìzài] ▸ **j'étouffe ici !** 在这儿，我感到不自在！ [zài zhèr, wǒ gǎndào bùzìzài!].

■ **s'étouffer** vp (s'étrangler) 噎住 [yēzhù] ▸ **s'étouffer en mangeant** 吃得噎住了 [chī de yēzhù le].

étourderie nf (distraction) 轻率 [qīngshuài] ▸ **par étourderie** 轻率地 [qīngshuài de].

étourdi, e ♦ adj 轻率的 [qīngshuài de]. ♦ nm, f 冒失鬼 [màoshīguǐ].

étourdir vt (assommer) 使……头昏眼花 [shǐ… tóuhūn yǎnhuā] ▸ **le choc l'a étourdi** 这一击打得他头昏眼花 [zhè yì jī dǎ de tā tóuhūn yǎnhuā].

étrange adj 奇怪的 [qíguài de].

étranger, ère ♦ adj ❶ (d'un autre pays) 外国的 [wàiguó de] ▸ **étudier les langues étrangères** 学习外语 [xuéxí wài yǔ] ❷ (inconnu) 陌生的 [mòshēng de] ▸ **ce visage ne m'est pas étranger** 对我来说，这不是一张陌生的面孔 [duì wǒ láishuō, zhè búshì yì zhāng mòshēng de miànkǒng]. ♦ nm, f ❶ (de nationalité autre) 外国人 [wàiguórén] ▸ **accueillir des étrangers** 接待外国人 [jiēdài wàiguórén] ❷ (inconnu) 陌生人 [mòshēngrén] ▸ **il n'est pas d'ici, c'est un étranger** 他不是本地人，他是个外地人 [tā búshì běndìrén, tā shì ge wàidìrén]. ♦ nm ▸ **l'étranger** 国外 [guówài].

étrangler vt (tuer) 勒死 [lēisǐ] ▸ **la victime a été étranglée** 被害者是被勒死的 [bèihàizhě shì bèi lēisǐ de].

■ **s'étrangler** vp (s'étouffer) 噎住 [yēzhù] ▸ **s'étrangler en mangeant** 吃得噎住了 [chī de yēzhù le].

être ♦ nm 生物 [shēngwù] ▸ **les êtres vivants** 生物 [shēngwù] ▸ **un être humain** 一个人 [yí ge rén]. ♦ v aux (pour former les temps composés, le passif) ▸ **il est parti hier** 他昨天走了 [tā zuótiān zǒu le] ▸ **la maison a été vendue** 房子已经被卖了 [fángzi yǐjing bèi mài le]. ♦ v impers ▸ **quelle heure est-il ?** 几点了？ [jǐ diǎn le?] ▸ **il est dix heures dix** 十点十分了 [shí diǎn shí fēn le] ▸ **il est inutile de crier, j'ai entendu** 不用喊了，我听到了 [búyòng hǎn le, wǒ tīngdào le] ▸ **il serait bon de partir tout de suite** 最好马上就走 [zuìhǎo mǎshàng jiù zǒu]. ♦ vi ❶ (pour indiquer un état) ▸ **la maison est blanche** 房子是白色的 [fángzi shì báisè de] ▸ **sois sage !** 乖点！ [guāi diǎn!] ❷ (pour indiquer la profession, la nationalité, le moment, la possession et pour identifier) 是 [shì] ▸ **il est médecin** 他是医生 [tā shì yīshēng] ▸ **il est Chinois** 他是中国人 [tā shì Zhōngguórén] ▸ **nous sommes au printemps** 现在是春天 [xiànzài shì chūntiān] ▸ **cette maison est à lui** 这幢房子是他的 [zhè zhuàng fángzi shì tāde] ▸ **qu'est-ce que c'est ?** 这是什么？ [zhè shì shénme?] ❸ (pour indiquer le lieu) 在 [zài] ▸ **il est à Paris** 他在巴黎 [tā zài Bālí].

étreindre vt (embrasser) 搂抱 [lǒubào].

étrenner vt 第一次使用 [dìyī cì shǐyòng].

étrennes nfpl 新年礼物 [xīnnián lǐwù] ▸ **donner ses étrennes à qqn** 送某人新年礼物 [sòng mǒurén xīnnián lǐwù].

étriper vt (vider) 开膛取出内脏 [kāitáng qǔchū nèizàng].

étroit, e adj ❶ (qui a peu de largeur) 窄的 [zhǎi de] ▸ **une porte étroite** 一扇窄门 [yí shàn zhǎi mén] ▸ **avoir des épaules étroites** 肩膀长得窄 [jiānbǎng zhǎng de zhǎi] ❷ (borné) 狭隘的 [xiá'ài de] ▸ **un esprit étroit** 思想狭隘的人 [sīxiǎng xiá'ài de rén] ▸ **des idées étroites** 狭隘的观念 [xiá'ài de guānniàn]
◊ **à l'étroit** 狭窄地 [xiázhǎi de].

étude nf 学习 [xuéxí] ▸ **l'étude du piano** 钢琴学习 [gāngqín xuéxí] ▸ **l'étude des sciences** 科学研究 [kēxué yánjiū].

■ **études** nfpl 学业 [xuéyè] ▸ **faire des études** 求学 [qiú xué] ▸ **les études secondaires** 中学 [zhōng xué] ▸ **les études supérieures** 大学 [dà xué].

étudiant, e ♦ adj 大学生的 [dàxuéshēng de]. ♦ nm, f 大学生 [dàxuéshēng].

étudier ♦ vt ❶ (apprendre) 学习 [xuéxí] ▸ **étudier le latin** 学习拉丁文 [xuéxí lādīngwén] ▸ **étudier le piano** 学钢琴 [xué gāngqín] ▸ **étudier ses leçons** 学习课程 [xuéxí kèchéng] ❷ (analyser) 研究 [yánjiū] ▸ **étudier une œuvre** 研究一部作品 [yánjiū yí bù zuòpǐn] ▸ **il faut étudier la question avant d'agir** 在行动之前应该先研究一下问题 [zài xíngdòng zhīqián yīnggāi xiān yánjiū yí xià wèntí]. ♦ vi (faire ses études) 学习 [xuéxí] ▸ **elle étudie dans une école privée** 她在一所私立学校学习 [tā zài yì suǒ sīlì xuéxiào xuéxí].

étui nm 盒 [hé] ▸ **ranger qqch dans son étui** 放好某物在它的盒子里 [fànghǎo mǒuwù zài tāde hézi lǐ] ▸ **un étui à lunettes** 眼镜盒 [yǎnjìng hé].

eucalyptus nm 桉树 [ānshù].

euh interj 嗯 [n].

euphémisme nm 委婉的措辞 [wéiwǎn de cuòcí] ▸ **par euphémisme** 委婉地 [wéiwǎn de].

euro nm 欧元 [ōuyuán] ▸ **un billet de 100 euros** 一张 100 欧元的钞票 [yì zhāng 100 ōuyuán de chāopiào] ▸ **zone euro** 欧元区 [ōuyuán qū].

Europe nf ▸ **l'Europe** 欧洲 [Ōuzhōu] ▸ **l'Europe de l'Est** 东欧 [Dōng Ōu].

européen, enne adj 欧洲的 [ōuzhōu de].
▪ **européennes** nfpl POLIT 欧洲议会选举 [ōuzhōu yìhuì xuǎnjǔ] ▸ **être candidat aux européennes** 成为欧洲议会选举候选人 [chéngwéi ōuzhōu yìhuì xuǎnjǔ hòuxuǎnrén].
▪ **Européen, enne** nm, f 欧洲人 [Ōuzhōurén].

euthanasie nf 安乐死 [ānlèsǐ] ▸ **euthanasie volontaire** 自愿安乐死 [zìyuàn ānlèsǐ] ▸ **par euthanasie** 通过安乐死 [tōngguò ānlèsǐ].

eux pron pers 他们 [tāmen] ▸ **eux ne pratiquent pas de sport** 他们不进行体育运动 [tāmen bú jìnxíng tǐyù yùndòng] ▸ **c'est à eux que je voudrais parler** 我想同他们说话 [wǒ xiǎng tóng tāmen shuōhuà] ▸ **je passerai après eux** 我会在他们之后过去 [wǒ huì zài tāmen zhīhòu guòqù].
▪ **eux-mêmes** pron pers 他们自己 [tāmen zìjǐ] ▸ **ils iront eux-mêmes** 他们自己去 [tāmen zìjǐ qù].

évacuer vt ❶ (déverser) 排出 [páichū] ▸ **évacuer l'eau** 排水 [pái shuǐ] ❷ (faire partir) 撤离 [chèlí] ▸ **évacuer un blessé** 撤离一名伤员 [chèlí yì míng shāngyuán] ▸ **ils ont évacué la salle** 他们撤离了大厅 [tāmen chèlí le dàtīng].

évader ▪ **s'évader** vp ❶ (s'enfuir) 越狱 [yuèyù] ▸ **il s'est évadé de prison** 他越狱了 [tā yuèyù le] ❷ (se distraire) 放松 [fàngsōng] ▸ **aller au cinéma pour s'évader** 去电影院放松一下 [qù diànyǐngyuàn fàngsōng yí xià].

évaluer vt ❶ (estimer) 估计 [gūjì] ▸ **évaluer une distance** 估计一段距离 [gūjì yí duàn jùlí] ▸ **évaluer les risques** 测算风险 [cèsuàn fēngxiǎn] ❷ (expertiser) 估价 [gūjià] ▸ **évaluer un tableau** 给一幅画估价 [gěi yì fú huà gūjià].

évangile nm RELIG (cl. 本 [běn]) 福音书 [fúyīnshū] ▸ **lire l'évangile** 看福音书 [kàn fúyīnshū]
◊ **parole d'évangile** 金科玉律 [jīnkē yùlǜ].
▪ **Évangile** nm RELIG (cl. 本 [běn]) 四福音书 [sì Fúyīnshū] ▸ **l'Évangile selon saint Jean** 圣约翰的第四福音书 [shèng Yuēhàn de dìsì Fúyīnshū].

évanouir ▪ **s'évanouir** vp (défaillir) 昏过去 [hūnguòqu] ▸ **elle s'est évanouie en apprenant la nouvelle** 听到这个消息她昏了过去 [tīngdào zhè ge xiāoxi tā hūn le guòqu].

évaporer ▪ **s'évaporer** vp (se volatiliser) 挥发 [huīfā].

évasé, e adj 喇叭口的 [lǎbakǒu de] ▸ **une jupe évasée** 一条喇叭裙 [yì tiáo lǎba qún].

évaser vt 扩大开口 [kuòdà kāikǒu] ▸ **évaser un tuyau** 扩大管口 [kuòdà guánkǒu].

évasif, ive adj 搪塞的 [tángsè de] ▸ **une réponse évasive** 一个搪塞的答复 [yí ge tángsè de dáfù].

évasion nf 逃跑 [táopǎo] ▸ **une tentative d'évasion** 一次试图逃跑 [yí cì shìtú táopǎo].

éveil nm ❶ (sortie du sommeil) 醒 [xǐng] ▸ **l'éveil de la nature** 大自然的苏醒 [dàzìrán de sūxǐng] ❷ (action de se révéler) 觉醒 [juéxǐng] ▸ **l'éveil de l'enfant** 孩子的觉醒 [háizi de juéxǐng] ▸ **l'éveil de l'intelligence** 智力的觉醒 [zhìlì de juéxǐng]
◊ **en éveil** 警惕 [jǐngtì].

éveiller vt (susciter) 引起 [yínqǐ] ▸ **éveiller les soupçons** 引起猜疑 [yínqǐ cāiyí] ▸ **éveiller la curiosité** 引起好奇心 [yínqǐ hàoqíxīn].
▪ **s'éveiller** vp (sortir du sommeil) 睡醒 [shuìxǐng] ▸ **elle s'est éveillée à l'aube** 她在黎明醒了 [tā zài límíng xǐng le].

événement, évènement nm (cl. 件 [jiàn]) 事 [shì] ▸ **un événement des plus attendus**

最为期待的一件事 [zuìwéi qīdài de yí jiàn shì] ▸ **un événement malheureux** 一件不幸的事 [yí jiàn búxìng de shì].

éventail nm ❶ (objet) ○ (cl. 把 [bǎ]) 扇子 [shànzi] ▸ **déployer/fermer un éventail** 打开/合上扇子 [dǎkāi/héshàng shànzi] ▸ **en éventail** 扇形的 [shànxíng de] ❷ (variété) 不同档次 [bùtóng dàngcì] ▸ **un large éventail de prix** 多种不同档次的价格 [duō zhǒng bùtóng dàngcì de jiàgé]
◊ **les doigts de pieds en éventail** 无所事事 [wúsuǒ shìshì].

éventualité nf ❶ (cas) ○ (cl. 种 [zhǒng]) 可能性 [kěnéngxìng] ▸ **c'est une éventualité à envisager** 这是要考虑到的一种可能性 [zhè shì yào kǎolǜdào de yì zhǒng kěnéngxìng] ▸ **parer à toute éventualité** 预防万一 [yùfáng wànyī] ❷ (hypothèse) 可能发生的情况 [kěnéng fāshēng de qíngkuàng] ▸ **dans l'éventualité d'un refus, des recours existent** 万一遭到拒绝，还有补救措施 [wànyī zāodào jùjué, háiyǒu ubǔjiù cuòshī].

éventuel, elle adj 可能的 [kěnéng de] ▸ **il se prépare à un éventuel départ** 他准备好如果出发就走 [tā zhǔnbèi hǎo rúguǒ chūfā jiù zǒu].

éventuellement adv 可能 [kěnéng] ▸ **je peux éventuellement vous accompagner** 我可能会陪您 [wǒ kěnéng huì péi nín].

évêque nm (cl. 位 [wèi] ou 个 [gè] ou 名 [míng]) 主教 [zhǔjiào].

Everest ▪ **l'Everest** npr (mont) 珠穆朗玛峰 [Zhūmùlángmǎfēng].

évertuer ▪ **s'évertuer à** vp+prép 竭力 [jiélì] ▸ **je m'évertue à lui expliquer en vain** 我竭力向他解释，但没有结果 [wǒ jiélì xiàng tā jiěshì, dàn méiyǒu jiéguǒ].

évidemment adv ❶ (certainement) 显然 [xiǎnrán] ▸ **c'est évidemment de ma faute !** 这显然是我的错！ [zhè xiǎnrán shì wǒde cuò!] ❷ (bien sûr) 当然 [dāngrán] ▸ **évidemment, je vous accompagne !** 当然，我陪您去 [dāngrán, wǒ péi nín qù].

évidence nf 明显 [míngxiǎn] ▸ **nier l'évidence** 否认事实 [fǒurèn shìshí] ▸ **elle est innocente, c'est une évidence** 她无罪，这是明显的事 [tā wúzuì, zhè shì míngxiǎn de shì]
◊ **de toute évidence** 显然 [xiǎnrán] ▸ **mettre en évidence** 使……明显 [shǐ… míngxiǎn] ▸ **se rendre à l'évidence** 承认事实 [chéngrèn shìshí].

évident, e adj 明显的 [míngxiǎn de] ▸ **il dit la vérité, c'est évident** 很明显，他说的是实话 [hěn míngxiǎn, tā shuō de shì shíhuà] ▸ **il est évident que** *(+ indicatif)* 显然 [xiǎnrán] ▸ **il n'est pas évident que** *(+ subjonctif)* 不一定 [bùyídìng]
◊ **ce n'est pas évident** *fam* 不容易 [bù róngyì] ▸ **ce n'est pas évident de réussir à l'examen** 通过考试不是件容易事 [tōngguò kǎoshì bú shì jiàn róngyì shì].

évier nm 洗碗池 [xǐwǎnchí].

éviter vt ❶ (esquiver) 躲避 [duǒbì] ▸ **éviter un coup** 避开一击 [bìkāi yì jī] ❷ (fuir) 避开 [bìkāi] ▸ **je l'ai croisé mais il m'a évité** 我和他迎面而过，但他避开了我 [wǒ hé tā yíngmiàn ér guò, dàn tā bìkāi le wǒ].

évoluer vi 进步 [jìnbù] ▸ **il a beaucoup évolué depuis que je le connais** 自从我认识他以来，他进步很大 [zìcóng wǒ rènshi tā yǐlái, tā jìnbù hěn dà] ▸ **faire évoluer** 使……进步 [shǐ… jìnbù].

évolution nf ❶ (changement) 发展 [fāzhǎn] ▸ **l'évolution des techniques** 一些技术的发展 [yìxiē jìshù de fāzhǎn] ▸ **l'évolution des mœurs** 一些习俗的演变 [yìxiē xísú de yǎnbiàn] ❷ BIOL 进化 [jìnhuà] ▸ **la théorie de l'Évolution** 进化论 [jìnhuà lùn].

évoquer vt ❶ (mentionner) 谈到 [tándào] ▸ **nous avons déjà évoqué ce problème** 我们已经谈到过这个问题 [wǒmen yǐjīng tándào guò zhè ge wèntí] ▸ **nous avons évoqué le passé** 我们提到过过去 [wǒmen tídào guò guòqù] ❷ (faire penser à) 使……想起 [shǐ… xiǎngqǐ] ▸ **ce nom ne t'évoque rien ?** 这个名字没让你想起什么吗？ [zhè ge míngzì méi ràng nǐ xiǎngqǐ shénme ma?].

exacerber vt 使……激化 [shǐ… jīhuà] ▸ **exacerber des sentiments** 使情感激化 [shǐ qínggǎn jīhuà] ▸ **il n'a fait qu'exacerber ma**

colère 他只是让我更生气了 [tā zhǐshì ràng wǒ gèng shēngqì le].

exact, e adj ❶ (juste, correct) 准确的 [zhǔnquè de] ▸ **le calcul est exact** 计算是准确的 [jìsuàn shì zhǔnquè de] ❷ (authentique) 真实的 [zhēnshí de] ▸ **un récit exact des événements** 一篇如实反映事件的报道 [yì piān rúshí fǎnyìng shìjiàn de bàodào].

exactement adv ❶ (justement) 正是 [zhèngshì] ▸ **c'est exactement ce que je craignais** 这正是我所担心的 [zhè zhèngshì wǒ suǒ dānxīn de] ❷ (précisément) 确实 [quèshí] ▸ **il y avait exactement 36 invités** 确实有36位来宾 [quèshí yǒu 36 wèi láibīn].

ex æquo ♦ adj inv 并列的 [bìngliè de] ▸ **deux candidats ex æquo** 两位并列的候选人 [liǎng wèi bìngliè de hòuxuǎnrén]. ♦ adv 同时地 [tóngshí de] ▸ **ils sont arrivés ex æquo** 他们是同时到达的 [tāmen shì tóngshí dàodá de]. ♦ nm inv 并列名次 [bìngliè míngcì].

exagération nf 夸张 [kuāzhāng] ▸ **il y a beaucoup d'exagération dans ses propos** 他的话中有许多夸张之处 [tāde huà zhōng yǒu xǔduō kuāzhāng zhīchù] ▸ **tomber dans l'exagération** 说话夸大其辞 [shuōhuà kuādàqící] ▸ **sans exagération** 毫不夸大 [háobù kuādà].

exagérer ♦ vt 夸大 [kuādà] ▸ **exagérer les risques d'une situation** 夸大事情的风险 [kuādà shìqing de fēngxiǎn]. ♦ vi (abuser) 过分 [guòfèn] ▸ **tu exagères de rentrer à cette heure-ci !** 你在这个时候才回来真是太过分了！ [nǐ zài zhè ge shíhou cái huílai zhēnshi tài guòfèn le!].

exalter vt ❶ (exciter) 激发 [jīfā] ▸ **un récit qui exalte l'imagination** 一个激发人们想像力的故事 [yí ge jīfā rénmen xiǎngxiànglì de gùshi] ❷ (vanter) 颂扬 [sòngyáng] ▸ **exalter les mérites de qqn** 颂扬某人的功绩 [sòngyáng mǒurén de gōngjì].

examen nm ❶ (épreuve) ◦ (cl. 次 [cì] ou 个 [gè]) 考试 [kǎoshì] ▸ **un examen d'entrée** 一次入学考试 [yí cì rùxué kǎoshì] ▸ **passer un examen** 参加考试 [cānjiā kǎoshì] ❷ (étude, analyse) ◦ (cl. 次 [cì] ou 个 [gè]) 检查 [jiǎnchá] ▸ **un examen médical** 一次医疗检查 [yí cì yīliáo jiǎnchá] ▸ **l'examen d'un dossier** 一份案卷的审查 [yí fèn ànjuàn de shěnchá].

examinateur, trice nm, f (cl. 位 [wèi] ou 个 [gè] ou 名 [míng]) 主考人 [zhǔkǎorén].

examiner vt 检查 [jiǎnchá] ▸ **il va falloir examiner cette question de près** 应该仔细研究一下这个问题 [yīnggāi zǐxì yánjiū yí xià zhè ge wèntí].

exaspérer vt 激怒 [jīnù] ▸ **arrête de faire du bruit, tu m'exaspères !** 别再弄出声了，你气死我了！ [bié zài nòngchū shēng le, nǐ qìsǐ wǒ le!].

exaucer vt 使……满足 [shǐ… mǎnzú] ▸ **exaucer les désirs de qqn** 满足某人的要求 [mǎnzú mǒurén de yāoqiú] ▸ **exaucer les prières de qqn** 满足某人的恳求 [mǎnzú mǒurén de kěnqiú] ▸ **exaucer un vœu** 实现一个心愿 [shíxiàn yí ge xīnyuàn].

excédent nm 超量 [chāoliàng] ▸ **un excédent de poids** 超重 [chāo zhòng] ▸ **un excédent de bagages** 行李超重 [xíngli chāo zhòng] ▸ **l'excédent de la balance commerciale** 进出口贸易顺差 [jìnchūkǒu màoyì shùnchā].

excéder vt ❶ (dépasser) 超过 [chāoguò] ▸ **les dépenses excèdent les recettes** 支出超过收入 [zhīchū chāoguò shōurù] ❷ (énerver) 使……烦 [shǐ… fán] ▸ **ce bruit m'excède** 这噪音让我烦 [zhè zàoyīn ràng wǒ fán].

excellence nf 优秀 [yōuxiù] ▸ **elle a été félicitée pour l'excellence de son travail** 她曾因工作优秀受表扬 [tā céng yīn gōngzuò yōuxiù shòu biǎoyáng]

◊ **son Excellence** 阁下 [géxià] ▸ **par excellence** 典型的 [diǎnxíng de] ▸ **la France est le pays du vin par excellence** 法国是盛产葡萄酒的国家 [Fǎguó shì shèngchǎn pútaojiǔ de guójiā].

excellent, e adj 卓越的 [zhuóyuè de] ▸ **un excellent chanteur** 一位卓越的歌唱家 [yíwèi zhuóyuè de gēchàngjiā] ▸ **excellente idée !** 好主意！ [hǎo zhǔyì!].

excentrique adj 古怪的 [gǔguài de].

excepté, e adj 除外的 [chúwài de] ▸ **tout le monde est concerné, les enfants exceptés** 这涉及到所有人，孩子们除外 [zhè shèjí dào suóyǒu rén, háizimen chúwài].

■ **excepté** prép 除了 [chúle] ▸ **ils sont tous malades, excepté lui** 他们都病了，除了他 [tāmen dōu bìng le, chúle tā].

exception nf 例外 [lìwài] ▸ **nous ne ferons aucune exception** 我们不做任何例外处理 [wǒmen bú zuò rènhé lìwài chúlǐ] ▸ **sans exception** 毫无例外 [háowú lìwài] ▸ **faire exception (à)** (对……)另行处理 [(duì…) lìngxíng chúlǐ] ▸ **à l'exception de** 除了…… [chúle…].

exceptionnel, elle adj ❶ (extraordinaire) 特殊的 [tèshū de] ▸ **des mesures de sécurité exceptionnelles** 一些特殊的安全措施 [yìxiē tèshū de ānquán cuòshī] ❷ (remarquable) 杰出的 [jiéchū de] ▸ **un athlète exceptionnel** 杰出的运动员 [jiéchū de yùndòngyuán] ❸ (rare) 罕见的 [hǎnjiàn de] ▸ **un froid exceptionnel pour la saison** 在这一季节里罕见的寒冷 [zài zhè yī jìjié lǐ hǎnjiàn de hánlěng].

excès nm inv 过剩 [guòshèng] ▸ **excès de nourriture** 食物过剩 [shíwù guòshèng] ▸ **faire des excès** 行为不节制 [xíngwéi bù jiézhì] ▸ **excès de vitesse** 超速 [chāo sù] ▸ **sans excès** 有节制地 [yǒu jiézhì de] ▸ **à l'excès** 过分地 [guòfèn de].

excessif, ive adj ❶ (démesuré) 过分的 [guòfèn de] ▸ **des prix excessifs** 过高的价格 [guògāo de jiàgé] ❷ (immodéré) 极端的 [jíduān de] ▸ **un caractère excessif** 一种极端的性格 [yì zhǒng jíduān de xìnggé].

excitation nf 兴奋 [xīngfèn] ▸ **l'excitation le gagne** 他兴奋起来 [tā xīngfèn qǐlái] ▸ **être dans un état de grande excitation** 处于极度兴奋的状态 [chǔyú jídù xīngfèn de zhuàngtài].

excité, e adj (énervé) 兴奋的 [xīngfèn de].

exciter vt ❶ (susciter) 引发 [yǐnfā] ▸ **exciter le rire des spectateurs** 引得观众笑起来 [yǐndé guānzhòng xiàoqǐlái] ▸ **exciter un sentiment** 激发情感 [jīfā qínggǎn] ❷ (énerver) 使……激动 [shǐ…jīdòng] ▸ **exciter un chien** 逗弄一条狗 [dòunong yì tiáo gǒu] ▸ **exciter la foule** 使人群激动起来 [shǐ rénqún jīdòngqǐlái].

exclamation nf (cl. 声 [shēng] ou 阵 [zhèn]) 欢呼 [huānhū] ▸ **pousser une exclamation de joie** 发出欢呼 [fāchū huānhū].

exclamer ■ **s'exclamer** vp 惊呼 [jīnghū].

exclure vt ❶ (expulser) 把某人开除 [bǎ mǒurén kāichú] ▸ **l'élève a été exclu définitivement** 这名学生最终被开除了 [zhè míng xuésheng zuìzhōng bèi kāichú le] ▸ **exclure qqn d'un parti** 把某人开除出党 [bǎ mǒurén kāichú chūdǎng] ❷ (rejeter) 排除 [páichú] ❸ (empêcher) 妨碍 [fáng'ài] ▸ **ces mesures n'excluent pas la prudence** 尽管有这些措施，我们还要谨慎 [jǐnguǎn yǒu zhèxiē cuòshī, wǒmen háiyào jǐnshèn].

exclusif, ive adj 专属的 [zhuānshǔ de] ▸ **des privilèges exclusifs** 一些专属待遇 [yìxiē zhuānshǔ dàiyù] ▸ **des droits exclusifs** 一些专有权 [yìxiē zhuānyǒu quán].

exclusion nf (renvoi) 开除 [kāichú] ▸ **cet élève risque l'exclusion** 这名学生冒着被开除的危险 [zhè míng xuésheng màozhe bèi kāichú de wēixiǎn]

◊ **à l'exclusion de** 除了 [chúle].

exclusivement adv 只 [zhǐ] ▸ **il s'intéresse exclusivement à la musique** 他只对音乐感兴趣 [tā zhǐ duì yīnyuè gǎnxìngqu].

exclusivité nf 专营权 [zhuānyíngquán] ▸ **avoir l'exclusivité d'une interview** 有专访权 [yǒu zhuān fǎng quán] ▸ **en exclusivité** 以专有权的方式 [yǐ zhuānyǒuquán de fāngshì] ▸ **ce film passe en exclusivité dans deux salles** 这部影片由两家影院专映 [zhè bù yǐngpiàn yóu liǎng jiā yǐngyuàn zhuānyìng].

excrément nm *(gén pl)* 粪便 [fènbiàn].

excursion nf (cl. 次 [cì]) 郊游 [jiāoyóu] ▸ **faire une excursion** 去郊游 [qù jiāoyóu].

excuse nf ❶ (justification) 解释 [jiěshì] ▸ **il n'a donné aucune excuse pour son retard** 他没有对自己的迟到做任何辩解 [tā méiyǒu duì zìjǐ de chídào zuò rènhé biànjiě] ▸ **trouver des excuses à qqn** 为某人辩解 [wèi mǒurén biànjiě] ❷ (prétexte) 借口 [jièkǒu] ▸ **avoir une bonne excuse** 有个好借口 [yǒu ge hǎo jièkǒu].

■ **excuses** nfpl 赔礼 [péilǐ] ▸ **faire ou présenter ses excuses à qqn** 向某人赔礼道歉 [xiàng mǒurén péilǐ dàoqiàn].

excuser vt ❶ (justifier) 开脱 [kāituō] ▸ **sa jeunesse n'excuse pas son acte** 他的年轻并不能为他的行为开脱 [tāde niánqīng bìng bùnéng wèi tāde xíngwéi kāituō] ❷ (pardonner) 原谅 [yuánliàng] ▸ **tu es tout excusé** 你被彻底原谅了 [nǐ bèi chèdǐ yuánliàng le] ▸ **veuillez m'excuser** 请原谅我 [qǐng yuánliàng wǒ].

■ **s'excuser** vp 请求原谅 [qǐngqiú yuánliàng] ▸ **elle s'est excusée d'être en retard** 她请求原谅她的迟到 [tā qǐngqiú yuánliàng tāde chídào] ▸ **il s'est excusé de sa maladresse** 他对自己的笨拙表示抱歉 [tā duì zìjǐ de bènzhuō biǎoshì bàoqiàn].

exécrable adj 很坏的 [hěnhuài de] ▸ **une humeur exécrable** 极坏的心情 [jíhuài de xīnqíng] ▸ **un temps exécrable** 糟透了的天气 [zāotòu le de tiānqì].

exécuter vt ❶ (accomplir) 执行 [zhíxíng] ▸ **exécuter les ordres** 执行命令 [zhíxíng mìnglìng] ❷ (réaliser) 完成 [wánchéng] ▸ **exécuter un saut** 完成一次跳跃 [wánchéng yí cì tiàoyuè] ❸ (tuer) 处死 [chúsǐ] ▸ **exécuter un otage** 处死一个人质 [chúsǐ yí ge rénzhì] ❹ (jouer) 演奏 [yǎnzòu] ▸ **exécuter une sonate au piano** 演奏一首钢琴奏鸣曲 [yǎnzòu yì shǒu gāngqín zòumíngqǔ].

exécutif, ive adj 行政的 [xíngzhèng de] ▸ **le pouvoir exécutif** 行政权 [xíngzhèng quán].

■ **exécutif** nm 行政权 [xíngzhèngquán].

exécution nf ❶ (réalisation) 实施 [shíshī] ▸ **des travaux en cours d'exécution** 施工中的工程 [shīgōng zhōng de gōngchéng] ▸ **l'exécution d'un ordre** 一个命令的执行 [yí ge mìnglìng de zhíxíng] ▸ **mettre à exécution** 开始执行 [kāishǐ zhíxíng] ❷ (mise à mort) 处决 [chǔjué] ▸ **l'exécution d'un condamné** 一名罪犯的处决 [yì míng zuìfàn de chǔjué] ▸ **exécution capitale** 执行死刑 [zhíxíng sǐxíng].

exemplaire ♦ adj ❶ (irréprochable) 模范的 [mófàn de] ▸ **une conduite exemplaire** 模范行为 [mófàn xíngwéi] ❷ (dissuasif) 惩戒性的 [chéngjièxìng de] ▸ **un châtiment exemplaire** 惩戒性的处罚 [chéngjièxìng de chǔfá].
♦ nm (unité) 册 [cè].

exemple nm ❶ (modèle) 榜样 [bǎngyàng] ▸ **c'est un exemple à suivre** 这是学习的榜样 [zhè shì xuéxí de bǎngyàng] ▸ **montrer l'exemple à qqn** 为某人做出榜样 [wèi mǒurén zuòchū bǎngyàng] ▸ **servir d'exemple à qqn** 让某人引以为戒 [ràng mǒurén yínyǐ wéijiè] ❷ (aperçu, illustration) 例子 [lìzi] ▸ **donner un exemple** 举一个例子 [jǔ yí ge lìzi] ▸ **citer qqn en exemple** 以某人为例 [yǐ mǒurén wéi lì] ▸ **prendre exemple sur qqn** 向某人学习 [xiàng mǒurén xuéxí] ▸ **par exemple** 例如 [lìrú].

exempté, e adj 被免除了的 [bèi miǎnchú le de] ▸ **être exempté d'impôts** 被免税的 [bèi miǎnshuì de] ▸ **être exempté de service militaire** 被免除兵役的 [bèi miǎnchú bīngyì de].

exercer vt ❶ (entraîner) 训练 [xùnliàn] ▸ **exercer son esprit** 训练他的才智 [xùnliàn tāde cáizhì] ❷ (faire usage de) 行使 [xíngshǐ] ▸ **exercer son autorité** 行使他的权力 [xíngshǐ tāde quánlì] ▸ **exercer un contrôle sur qqch** 行使操控某物的权力 [xíngshǐ cāokòng mǒuwù de quánlì] ▸ **exercer une influence** 发挥影响 [fāhuī yíngxiǎng] ❸ (pratiquer) 从事 [cóngshì] ▸ **elle exerce le métier d'architecte** 她从事建筑师行业 [tā cóngshì jiànzhùshī hángyè] ▸ **il exerce à Paris** 他在巴黎工作 [tā zài Bālí gōngzuò].

■ **s'exercer** vp (s'entraîner) 练习 [liànxí] ▸ **il s'exerce au maniement des armes** 他练习使用武器 [tā liànxí shǐyòng wǔqì] ▸ **s'exercer à taper à la machine** 练习使用打字机打字 [liànxí shǐyòng dǎzìjī dǎzì].

exercice nm ❶ (travail) 练习 [liànxí] ▸ **tu as fait tes exercices ?** 你做练习了吗？ [nǐ zuò liànxí le ma?] ▸ **un exercice de mathématiques** 一道数学练习 [yí dào shùxué liànxí] ❷ (activité physique) 体育锻炼 [tǐyù duànliàn] ▸ **faire de l'exercice** 进行体育锻炼 [jìnxíng tǐyù duànliàn] ▸ **des exercices d'assouplissement** 柔韧性训练 [róurènxìng xùnliàn] ❸ (pratique) 行使 [xíngshǐ] ▸ **l'exercice du pouvoir** 行使

权力 [xíngshǐ quánlì] ▸ **en exercice** 在任的 [zàirèn de].

exhaler vt 散发出 [sànfā chū] ▸ **les roses exhalent un doux parfum** 玫瑰花散发出芳香 [méiguìhuā sànfā chū fāngxiāng].

exhaustif, ive adj 完整的 [wánzhěng de] ▸ **une liste exhaustive** 一张完整的清单 [yì zhāng wánzhěng de qīngdān].

exhiber vt *fam* 炫耀 [xuànyào] ▸ **exhiber ses bijoux** 炫耀首饰 [xuànyào shǒushì].

exhibitionniste nmf 有暴露癖的人 [yǒu bàolùpǐ de rén].

exhorter vt 劝说 [quànshuō] ▸ **exhorter qqn à la patience** 劝某人要有耐心 [quàn mǒurén yào yǒu nàixīn].

exigeant, e adj ❶ (difficile à contenter) 挑剔的 [tiāotì de] ▸ **une clientèle exigeante** 爱挑剔的顾客群 [yí wèi ài tiāotì de gùkèqún] ❷ (qui demande beaucoup d'efforts) 要求严格的 [yāoqiú yángé de] ▸ **un métier exigeant** 一个要求严格的职业 [yí ge yāoqiú yángé de zhíyè].

exigence nf 要求 [yāoqiú] ▸ **répondre aux exigences de la clientèle** 满足顾客的要求 [mǎnzú gùkè de yāoqiú].

exiger vt ❶ (demander) 要 [yào] ▸ **exiger de l'argent** 要钱 [yào qián] ▸ **exiger que** *(+ subjonctif)* 要求 [yāoqiú] ▸ **exiger qqch de qqn** 向某人要求某物 [xiàng mǒurén yāoqiú mǒuwù] ❷ (nécessiter) 需要 [xūyào] ▸ **son état de santé exige des soins** 他的身体需要进行治疗 [tāde shēntǐ xūyào jìnxíng zhìliáo].

exigu, ë adj 狭小的 [xiáxiǎo de].

exil nm 流放 [liúfàng] ▸ **être contraint/poussé à l'exil** 被强制流放 [bèi qiángzhì liúfàng].

exiler vt 驱逐 [qūzhú] ▸ **exiler des opposants** 驱逐反对派 [qūzhú fǎnduìpài].

▪ **s'exiler** vp (émigrer) 远居他乡 [yuǎnjū tāxiāng] ▸ **des populations qui s'exilent** 侨居他乡的人们 [qiáojū tāxiāng de rénmen].

existence nf ❶ (vie) 生命 [shēngmìng] ▸ **une courte existence** 短寿 [duǎn shòu] ❷ (présence) 存在 [cúnzài] ❸ (façon de vivre) 生活方式 [shēnghuó fāngshì] ▸ **mener une existence paisible** 过平静的生活 [guò píngjìng de shēnghuó].

exister vi ❶ (vivre) 生存 [shēngcún] ▸ **de nombreuses espèces existent sur terre** 大量的物种在地球上生存 [dàliàng de wùzhǒng zài dìqiú shàng shēngcún] ❷ (avoir une réalité, être) 有 [yǒu] ▸ **cette robe existe en bleu ou en vert** 这条裙子有蓝色和绿色的 [zhè tiáo qúnzi yǒu lánsè hé lǜsè de].

exode nm 大批迁徙 [dàpī qiānxǐ] ▸ **l'exode des citadins vers la campagne** 大批市民迁徙到乡村 [dàpī shìmín qiānxǐ dào xiāngcūn] ▸ **exode rural** 农村人口外流 [nóngcūn rénkǒu wàiliú].

exonération nf 免除 [miǎnchú] ▸ **une exonération d'impôts** 免税 [miǎn shuì].

exorbitant, e adj 过度的 [guòdù de] ▸ **des prix exorbitants** 过高的价格 [guògāo de jiàgé].

exorciste nmf (cl. 位 [wèi] ou 个 [gè] ou 名 [míng]) 驱邪者 [qūxiézhě].

exotique adj (d'un pays lointain) 异域的 [yìyù de] ▸ **du bois exotique** 进口木材 [jìnkǒu mùcái].

exotisme nm (caractère exotique) 异国情调 [yìguó qíngdiào] ▸ **mettre une note d'exotisme** 表现出异国情调 [biǎoxiàn chū yìguó qíngdiào] ▸ **l'exotisme d'un paysage** 异国情调的景色 [yìguó qíngdiào de jǐngsè].

exp. (abr écrite de **expéditeur**) (cl. 位 [wèi] ou 个 [gè]) 发货人 [fāhuòrén].

expansif, ive adj (communicatif) 善交际的 [shànjiāojì de].

expansion nf 发展 [fāzhǎn] ▸ **expansion économique** 经济发展 [jīngjì fāzhǎn] ▸ **une industrie en pleine expansion** 飞速发展的工业 [fēisù fāzhǎn de gōngyè].

expatrier vt 逐出本国 [zhúchū běnguó] ▸ **expatrier des immigrés clandestins** 将非法移民逐出本国 [jiāng fēifǎ yímín zhúchū běnguó].

▪ **s'expatrier** vp (émigrer) 移民 [yímín] ▸ **il s'est expatrié en Chine** 他移民到中国 [tā yímín dào Zhōngguó].

expédier vt (envoyer) 寄 [jì] ▸ **expédier un colis** 寄一个包裹 [jì yí ge bāoguǒ].

expéditeur, trice ◆ adj 寄发的 [jìfā de] ▸ **un bureau expéditeur** 寄发邮局 [jìfā yóujú]. ◆ nm, f (cl. 位 [wèi] ou 个 [gè] ou 名 [míng]) 寄信人 [jìxìnrén].

expéditif, ive adj 快速的 [kuàisù de] ▸ **des méthodes expéditives** 一些快速的方法 [yìxiē kuàisù de fāngfǎ] ▸ **un employé expéditif** 一个办事迅速的职员 [yí ge bànshì xùnsù de zhíyuán].

expédition nf ❶ (envoi) 寄送 [jìsòng] ▸ **l'expédition d'un colis** 邮寄包裹 [yóujì bāoguǒ] ❷ (voyage, mission) ○ (cl. 次 [cì]) 探险 [tànxiǎn] ▸ **partir en expédition** 出发探险 [chūfā tànxiǎn] ▸ **une expédition au pôle nord** 一次北极点探险 [yí cì běijídiǎn tànxiǎn] ▸ **une expédition scientifique** 一次科学考察 [yí cì kēxué kǎochá].

expérience nf ❶ (pratique) 经验 [jīngyàn] ▸ **avoir de l'expérience** 有经验 [yǒu jīngyàn] ❷ (essai) 实验 [shíyàn] ▸ **une expérience de chimie** 一次化学实验 [yí cì huàxué shíyàn] ▸ **une expérience de vie commune** 夫妻共同生活的一次尝试 [fūqī gòngtóng shēnghuó de yí cì chángshì] ▸ **faire** ou **tenter une expérience** 做一个实验 [zuò yí ge shíyàn].

expérimental, e, aux adj 实验的 [shíyàn de] ▸ **une méthode expérimentale** 一种实验的方法 [yì zhǒng shíyàn de fāngfǎ] ▸ **une science expérimentale** 一门实验科学 [yì mén shíyàn kēxué].

expérimenté, e adj 经验丰富的 [jīngyàn fēngfù de] ▸ **un pilote expérimenté** 一名经验丰富的飞行员 [yì míng jīngyàn fēngfù de fēixíngyuán].

expert, e adj (habile, spécialiste) 专业的 [zhuānyè de] ▸ **il est expert en mécanique** 他精通机械 [tā jīngtōng jīxiè] ▸ **l'œil expert d'un connaisseur** 内行专业的眼光 [nèiháng zhuānyè de yǎnguāng].

■ **expert** nm (spécialiste) ○ (cl. 位 [wèi] ou 个 [gè] ou 名 [míng]) 专家 [zhuānjiā].

expert-comptable nm (cl. 位 [wèi] ou 个 [gè] ou 名 [míng]) 会计师 [kuàijìshī].

expertise nf (cl. 份 [fèn] ou 个 [gè] ou 项 [xiàng]) 鉴定 [jiàndìng] ▸ **demander une expertise** 要求做一份鉴定 [yāoqiú zuò yí fèn jiàndìng].

expertiser vt 鉴定 [jiàndìng] ▸ **expertiser un tableau** 鉴定一幅画 [jiàndìng yì fú huà].

expirer ◆ vt (souffler) 呼气 [hūqì] ▸ **inspirez, puis expirez !** 吸气，然后呼气！ [xīqì, ránhòu hūqì!]. ◆ vi (prendre fin) 到期 [dàoqī].

explicatif, ive adj 说明的 [shuōmíng de] ▸ **un schéma explicatif** 一份说明图解 [yí fèn shuōmíng tújiě] ▸ **une notice explicative** 一份使用说明书 [yí fèn shǐyòng shuōmíngshū].

explication nf ❶ (éclaircissement) 说明 [shuōmíng] ▸ **l'explication d'un phénomène** 对这一现象的说明 [duì zhè yī xiànxiàng de shuōmíng] ▸ **une explication de texte** 一篇文章的分析 [yì piān wénzhāng de fēnxī] ❷ (justification) 解释 [jiěshì] ▸ **on ne m'a donné aucune explication** 人们没有向我做出任何解释 [rénmen méiyǒu xiàng wǒ zuòchū rènhé jiěshì] ▸ **il est parti sans explication** 他没做解释就走了 [tā méi zuò jiěshì jiù zǒu le] ❸ (discussion) ○ (cl. 场 [chǎng]) 争论 [zhēnglùn] ▸ **avoir une explication avec qqn** 要和某人讲清楚 [yào hé mǒurén jiǎng qīngchu].

explicite adj 明确的 [míngquè de] ▸ **une réponse explicite** 一个明确的回答 [yí ge míngquè de huídá] ▸ **il a été très explicite** 他曾是很明确 [tā céngshì hěn míngquè].

expliciter vt (formuler en détail) 阐明 [chǎnmíng] ▸ **expliciter sa pensée** 阐明他的思想 [chǎnmíng tāde sīxiǎng].

expliquer vt ❶ (éclaircir, exposer) 说明 [shuōmíng] ▸ **il m'a expliqué la règle du jeu** 他向我说明了游戏规则 [tā xiàng wǒ shuōmíng le yóuxì guīzé] ▸ **peux-tu m'expliquer comment faire ?** 你能给我讲一下怎么做吗？ [nǐ néng gěi wǒ jiǎng yí xià zěnme zuò ma?] ❷ (commenter) 讲解 [jiǎngjiě] ▸ **expliquer un texte** 讲解一篇文章 [jiǎngjiě yì piān wénzhāng] ❸ (justifier) 解释 [jiěshì] ▸ **il est incapable d'expliquer son geste** 他无法解释他的行为 [tā wúfǎ jiěshì tāde xíngwéi].

■ **s'expliquer** vp (exprimer sa pensée) 表达思想 [biǎodá sīxiǎng] ▸ **explique-toi** 你来解释一

下 [nǐ lái jiěshì yí xià] ▸ **laissez-moi m'expliquer** 让我来解释一下 [ràng wǒ lái jiěshì yí xià].

exploit nm (cl. 项 [xiàng] ou 个 [gè]) 成就 [chéngjiù] ▸ **un exploit sportif** 一项体育方面的成就 [yí xiàng tǐyù fāngmiàn de chéngjiù].

exploitation nf ❶ (affaire qu'on exploite) 开垦 [kāikěn] ▸ **exploitation agricole** 农业开垦 [nóngyè kāikěn] ❷ (action d'exploiter) 开采 [kāicǎi] ▸ **l'exploitation d'un gisement pétrolier** 油田的开采 [yóutián de kāicǎi] ❸ (utilisation abusive) 剥削 [bōxuē].

exploiter vt ❶ (faire valoir) 经营 [jīngyíng] ▸ **exploiter une entreprise** 经营一家企业 [jīngyíng yì jiā qǐyè] ▸ **exploiter son talent** 发挥他的才干 [fāhuī tāde cáigàn] ▸ **exploiter la situation** 利用形势 [lìyòng xíngshì] ❷ (utiliser abusivement) 剥削 [bōxuē] ▸ **il exploite ses employés** 他剥削他的职员 [tā bōxuē tāde zhíyuán].

explorateur, trice nm, f (cl. 位 [wèi] ou 个 [gè] ou 名 [míng]) 探险家 [tànxiǎnjiā] ▸ **un grand explorateur** 一个大探险家 [yí ge dà tànxiǎnjiā].

exploration nf (voyage) ○ (cl. 次 [cì]) 探险 [tànxiǎn] ▸ **partir en exploration** 出发去探险 [chūfā qù tànxiǎn].

explorer vt ❶ (parcourir pour étudier) 勘探 [kāntàn] ▸ **explorer une région inconnue** 勘探一个新地区 [kāntàn yí ge xīn dìqū] ❷ (examiner) 探索 [tànsuǒ] ▸ **explorer les possibilités d'un accord** 探索协议的可行性 [tànsuǒ xiéyì de kěxíngxìng].

exploser vi 爆炸 [bàozhà] ▸ **une bombe a explosé** 一颗炸弹爆炸了 [yì kē zhàdàn bàozhà le].

explosif, ive adj 爆炸性的 [bàozhàxìng de] ▸ **un mélange explosif** 一种混合爆炸物 [yì zhǒng hùnhé bàozhàwù] ▸ **une situation explosive** *fig* 紧张的局势 [jǐnzhāng de júshì].

■ **explosif** nm (substance) 炸药 [zhàyào].

explosion nf ❶ (éclatement) 爆炸 [bàozhà] ▸ **l'explosion d'une bombe** 一颗炸弹爆炸 [yì kē zhàdàn bàozhà] ❷ (débordement) 爆发 [bàofā] ▸ **une explosion de joie** 爆发出一阵欢呼声 [bàofā chū yí zhèn huānhūshēng].

exportateur, trice ♦ adj 出口的 [chūkǒu de] ▸ **un pays exportateur de pétrole** 一个石油出口国 [yí ge shíyóu chūkǒu guó].
♦ nm, f (cl. 位 [wèi] ou 个 [gè] ou 名 [míng]) 出口商 [chūkǒushāng] ▸ **un exportateur de vins** 一位葡萄酒出口商 [yí wèi pútaojiǔ chūkǒushāng] ▸ **le sixième exportateur mondial** 世界第六大出口商 [shìjiè dìliù dà chūkǒushāng].

exportation nf (vente à l'étranger) 出口 [chūkǒu] ▸ **l'exportation d'armes** 出口武器 [chūkǒu wǔqì] ▸ **les exportations vers l'Asie** 向亚洲出口 [xiàng Yàzhōu chūkǒu] ▸ **à l'exportation** 供出口的 [gòng chūkǒu de].

exporter vt ❶ (vendre à l'étranger) 出口 [chūkǒu] ▸ **la France exporte du vin** 法国出口葡萄酒 [Fǎguó chūkǒu pútaojiǔ] ❷ (répandre à l'étranger) 输出 [shūchū] ▸ **exporter une mode** 输出一种时尚 [shūchū yì zhǒng shíshàng].

exposé, e adj (orienté côté soleil) 朝着 [cháozhe] ▸ **un appartement exposé au sud** 一套朝南的公寓房 [yí tào cháonán de gōngyùfáng] ▸ **le versant exposé d'une montagne** 一座山向阳的那个山坡 [yí zuò shān xiàng yáng de nà ge shānpō].

■ **exposé** nm ❶ (compte rendu) ○ (cl. 份 [fèn] ou 个 [gè] ou 次 [cì]) 报告 [bàogào] ▸ **un exposé de la situation** 一次形势报告 [yí cì xíngshì bàogào] ❷ SCOL (cl. 次 [cì] ou 个 [gè]) 专题讲座 [zhuāntí jiǎngzuò] ▸ **faire un exposé en histoire** 做一次历史专题讲座 [zuò yí cì lìshǐ zhuāntí jiǎngzuò].

exposer vt ❶ (présenter au public) 展出 [zhǎnchū] ▸ **exposer des tableaux dans une galerie** 在一家画廊展出画 [zài yì jiā huàláng zhǎnchū huà] ❷ (orienter) 朝向 [cháoxiàng] ▸ **la maison est exposée au nord** 房子是朝北的 [fángzi shì cháo běi de] ▸ **exposer son visage au soleil** 把脸朝向太阳 [bǎ liǎn cháoxiàng tàiyáng] ❸ (expliquer) 讲述 [jiǎngshù] ▸ **exposer un problème** 讲述一个问题 [jiǎngshù yí ge wèntí] ▸ **exposer un point de vue** 阐述观点 [chǎnshù guāndiǎn].

■ **s'exposer** vp ❶ (se mettre) 暴露于 [bàolù yú] ▸ **s'exposer au regard d'autrui** 在别人面前

暴露 [zài biéren miànqián bàolù] ▸ **s'exposer au soleil** 晒太阳 [shài tàiyáng] ❷ (courir un risque) 招来 [zhāolái] ▸ **elle s'expose aux critiques** 她招来人们的批评 [tā zhāolái rénmen de pīpíng].

exposition nf ❶ (présentation au public) 展示 [zhǎnshì] ▸ **une exposition de peinture** 一个画展 [yí ge huàzhǎn] ❷ (récit, explication) 陈述 [chénshù] ▸ **l'exposition des faits** 陈述事实 [chénshù shìshí].

exprès[1], **esse** ♦ adj (formel, absolu) 绝对的 [juéduì de] ▸ **une interdiction expresse** 绝对禁止 [juéduì jìnzhǐ] ▸ **agir sur l'ordre exprès de qqn** 在某人的绝对命令下行动 [zài mǒurén de juéduì mìnglìng xià xíngdòng]. ♦ adj inv (urgent) 快递的 [kuàidì de] ▸ **une lettre exprès** 一封快信 [yì fēng kuài xìn].

exprès[2] adv (à dessein) 故意地 [gùyì de].

express ♦ adj 快的 [kuài de] ▸ **une voie express** 快行道 [kuàixíng dào] ▸ **train express** 快车 [kuài chē]. ♦ nm 快车 [kuàichē] ▸ **l'express pour Shanghai** 开往上海的快车 [kāiwǎng Shànghǎi de kuàichē].

expressément adv 明确地 [míngquè de] ▸ **le médecin lui a expressément défendu de sortir** 医生明确禁止他外出 [yīshēng míngquè jìnzhǐ tā wàichū].

expressif, ive adj 有表现力的 [yǒu biǎoxiànlì de] ▸ **un regard expressif** 富有表情的目光 [fùyǒu biǎoqíng de mùguāng] ▸ **un acteur très expressif** 一位十分有表现力的男演员 [yí wèi shífēn yǒu biǎoxiànlì de nán yǎnyuán].

expression nf ❶ (manifestation d'un sentiment) 表现 [biǎoxiàn] ▸ **une expression de désespoir** 一种绝望的表现 [yì zhǒng juéwàng de biǎoxiàn] ❷ (manifestation) 表达 [biǎodá] ▸ **la faim est l'expression d'un besoin** 饥饿表达了一种需要 [jī'è biǎodá le yì zhǒng xūyào] ▸ **la liberté d'expression** 言论自由 [yánlùn zìyóu] ❸ (formule) 表达方式 [biǎodá fāngshì] ▸ **une expression figée** 一个固定的表达方式 [yí ge gùdìng de biǎodá fāngshì].

exprimer vt (manifester extérieurement) 表达 [biǎodá] ▸ **il exprime sa colère par des cris** 他以叫喊表达他的愤怒 [tā yǐ jiàohǎn biǎodá tāde fènnù].
▪ **s'exprimer** vp ❶ (communiquer) 表达 [biǎodá] ▸ **bien s'exprimer** 表达好 [biǎodá hǎo] ▸ **s'exprimer en anglais** 用英语表达 [yòng yīngyǔ biǎodá] ❷ (se manifester) 用……表达 [yòng… biǎodá] ▸ **elle s'exprime par la musique** 她用音乐来表达 [tā yòng yīnyuè lái biǎodá].

exproprier vt 剥夺所有权 [bōduó suóyǒuquán] ▸ **exproprier qqn** 剥夺某人所有权 [bōduó mǒurén suóyǒuquán] ▸ **se faire exproprier** 被剥夺所有权 [bèi bōduó suóyǒuquán].

expulser vt ❶ (renvoyer) 驱逐 [qūzhú] ▸ **expulser un ressortissant étranger** 驱逐一个外国侨民 [qūzhú yí ge wàiguó qiáomín] ▸ **expulser un élève du lycée** 从中学开除一名学生 [cóng zhōngxué kāichú yì míng xuéshēng] ▸ **expulser un locataire** 赶走一位房客 [gánzǒu yí wèi fángkè] ▸ **se faire expulser** 受到驱逐 [shòudào qūzhú] ❷ (faire évacuer) 排出 [páichū] ▸ **expulser l'eau des poumons** 排出肺里的水 [páichū fèi lǐ de shuǐ].

expulsion nf 驱除 [qūchú] ▸ **l'expulsion d'un élève** 开除一名学生 [kāichú yì míng xuésheng] ▸ **l'expulsion d'un joueur** 驱逐一名赌徒 [qūzhú yì míng dǔtú] ▸ **l'expulsion d'un locataire** 赶走一位房客 [gánzǒu yí wèi fángkè].

extase nf ▸ **en extase** 出神 [chūshén].

extasier ▪ **s'extasier** vp (admirer) 着迷 [zháomí] ▸ **s'extasier devant un paysage** 对景色着迷 [duì jǐngsè zháomí].

extensible adj (élastique) 可伸缩的 [kěshēnsuō de] ▸ **le caoutchouc est extensible** 橡胶具有伸缩性 [xiàngjiāo jùyǒu shēnsuōxìng].

exténuer vt (épuiser) 使……筋疲力尽 [shǐ… jīnpílìjìn] ▸ **la randonnée m'a exténuée** 这次徒步越野使我筋疲力尽 [zhè cì túbù yuèyě shǐ wǒ jīnpílìjìn].

extérieur, e adj ❶ (du dehors) 外面的 [wàimian de] ▸ **le monde extérieur** 外面的世界 [wàimian de shìjiè] ▸ **des bruits extérieurs** 外面的声音 [wàimian de shēngyīn] ❷ (externe) 外面的 [wàimian de] ▸ **un escalier extérieur**

屋外的楼梯 [wūwài de lóutī] ▸ **une poche extérieure** 外面的衣袋 [wàimian de yīdài] ❸ (en dehors de l'individu) 外部的 [wàibù de] ▸ **le monde extérieur** 外部世界 [wàibù shìjiè] ❹ (manifeste) 外部特征 [wàibù tèzhēng] ▸ **des signes extérieurs de richesse** 富裕的外部特征 [fùyù de wàibù tèzhēng] ❺ (étranger) 外国的 [wàiguó de] ▸ **la politique extérieure** 对外政策 [duìwài zhèngcè].

▪ **extérieur** nm 外面 [wàimian] ▸ **cette pièce communique avec l'extérieur par une porte-fenêtre** 这个房间通过落地窗跟外面相通 [zhè ge fángjiān tōngguò luòdìchuāng gēn wàimian xiāngtōng].

▪ **à l'extérieur** loc prép 在外面 [zài wàimian] ▸ **ne restez pas à l'extérieur** 别呆在外面 [bié dāizài wàimian].

▪ **à l'extérieur de** loc prép 在……外面 [zài… wàimian] ▸ **déménager à l'extérieur de Paris** 搬出巴黎 [bānchū Bālí].

▪ **de l'extérieur** loc adj & loc adv 从外面 [cóng wàimian] ▸ **inviter des gens de l'extérieur** 从外面邀请一些人 [cóng wàimian yāoqǐng yìxiē rén] ▸ **regarder de l'extérieur** 从外面看 [cóng wàimian kàn].

extérioriser vt (exprimer) 流露 [liúlù] ▸ **extérioriser ses sentiments** 流露出自己的感情 [liúlùchū zìjǐ de gǎnqíng].

exterminer vt 消灭 [xiāomiè] ▸ **exterminer des animaux** 消灭一些动物 [xiāomiè yìxiē dòngwù] ▸ **exterminer un peuple** 灭绝一个民族 [mièjué yí ge mínzú].

externe adj ❶ (du dehors) 外面的 [wàimian de] ▸ **un problème externe à notre service** 我们部门以外的一个问题 [wǒmen bùmén yǐwài de yí ge wèntí] ❷ (au dehors) 外面的 [wàimian de] ▸ **la couche externe de l'épiderme** 外层表皮 [wàicéng biǎopí].

extincteur nm 灭火器 [mièhuǒqì] ▸ **éteindre le feu avec un extincteur** 用一个灭火器灭火 [yòng yí ge mièhuǒqì mièhuǒ].

extinction nf ❶ (action d'éteindre) 扑灭 [pūmiè] ▸ **l'extinction d'un incendie** 一场火灾的扑灭 [yì chǎng huǒzāi de pūmiè] ▸ **extinction des feux** 熄灯 [xīdēng] ❷ (disparition) 消失 [xiāoshī] ▸ **en voie d'extinction** 正在消失 [zhèngzài xiāoshī] ❸ (affaiblissement) 衰退 [shuāituì] ▸ **une extinction de voix** 失音 [shīyīn].

extorquer vt 勒索 [lèsuǒ] ▸ **extorquer de l'argent** 勒索钱财 [lèsuǒ qiáncái] ▸ **extorquer des aveux** 逼供 [bīgòng].

extradition nf 引渡 [yǐndù] ▸ **demander l'extradition d'un criminel** 要求引渡一名罪犯 [yāoqiú yǐndù yì míng zuìfàn].

extraire vt ❶ (retirer) 拔除 [báchú] ▸ **extraire une dent** 拔一颗牙 [bá yì kē yá] ▸ **extraire une balle de la jambe d'un blessé** 从伤员腿上取出一颗子弹 [cóng shāngyuán tuǐ shàng qǔchū yì kē zǐdàn] ❷ (faire sortir) 使……出来 [shǐ… chūlái] ▸ **extraire les survivants des décombres** 从瓦砾中救出幸存者 [cóng wǎlì zhōng jiùchū xìngcúnzhě].

extrait nm (partie) 摘录 [zhāilù] ▸ **un extrait de roman** 一本小说的一段摘录 [yì běn xiǎoshuō de yí duàn zhāilù] ▸ **extrait d'acte de naissance** 出身证明抄件 [chūshēn zhèngmíng chāojiàn].

extraordinaire adj 非凡的 [fēifán de] ▸ **remporter un succès extraordinaire** 获得非凡的成功 [huòdé fēifán de chénggōng] ▸ **une femme extraordinaire** 一位出色的妇女 [yí wèi chūsè de fùnǚ] ▸ **une chaleur extraordinaire** 异常的高温 [yìcháng de gāowēn].

extrapoler vi 以此类推 [yǐcǐlèituī].

extraterrestre adj 太空的 [tàikōng de].

extrême ♦ adj ❶ (intense) 高度 [gāodù] ▸ **une chaleur extrême** 高温 [gāowēn] ❷ (excessif) 极端的 [jíduān de] ▸ **un caractère extrême** 一种极端的性格 [yì zhǒng jíduān de xìnggé] ▸ **des moyens extrêmes** 一些过激手段 [yìxiē guòjī shǒuduàn] ▸ **une opinion extrême** 一种极端的意见 [yì zhǒng jíduān de yìjiàn] ❸ (ultime) 最后的 [zuìhòu de] ▸ **l'extrême limite** 极限 [jíxiàn] ▸ **une date extrême** 最后期限 [zuìhòu qīxiàn]. ♦ nm (opposé) 极 [jí] ▸ **les extrêmes se rejoignent** 两极相接 [liǎngjí xiāngjiē] ▸ **à l'extrême** 极 [jí] ▸ **passer d'un extrême à l'autre** 从一个极端走向另一个极端 [cóng yí ge jíduān zǒuxiàng lìng yí ge jíduān].

extrêmement adv 极为地 [jíwéi de] ▸ **il est extrêmement intelligent** 他极为聪明 [tā jíwéi cōngming].

Extrême-Orient nm ▸ **l'Extrême-Orient** 远东 [Yuǎndōng].

extrémiste ♦ adj 极端主义的 [jíduānzhǔyì de] ▸ **un parti extrémiste** 一个极端主义政党 [yí ge jíduānzhǔyì zhèngdǎng]. ♦ nmf 极端主义者 [jíduānzhǔyì zhě] ▸ **des extrémistes radicaux** 一些激进的极端主义者 [yìxiē jījìn de jíduānzhǔyì zhě].

extrémité nf 顶端 [dǐngduān] ▸ **une flèche pointue à l'extrémité** 一个顶端尖尖的箭头 [yí ge dǐngduān jiānjiān de jiàntóu] ▸ **un village situé à l'extrémité ouest de l'île** 位于岛上最西端的一个村庄 [wèiyú dǎo shàng zuì xīduān de yí ge cūnzhuāng].

exulter vi 高兴极了 [gāoxìng jíle] ▸ **il exulte d'avoir gagné la course** 因赛跑获胜他高兴极了 [yīn sàipǎo huòshèng tā gāoxìng jíle].

f

f, F nm inv 法语字母表中第六个字母 [fáyǔ zìmǔbiǎo zhōng dìliù ge zìmǔ].

F (abr écrite de **féminin**) 阴性 [yīnxìng].

fa nm inv MUS 发 [fā].

fable nf (cl. 则 [zé]) 寓言 [yùyán].

fabricant, e nm, f (cl. 位 [wèi] ou 个 [gè] ou 名 [míng]) 制造商 [zhìzàoshāng] ▸ **un fabricant de meubles** 一位家具制造商 [yí wèi jiājù zhìzàoshāng].

fabrication nf 制作 [zhìzuò] ▸ **fabrication artisanale** 手工制作 [shǒugōng zhìzuò].

fabrique nf (usine) ○ (cl. 家 [jiā] ou 个 [gè]) 工厂 [gōngchǎng] ▸ **une fabrique de porcelaine** 一家瓷器厂 [yì jiā cíqìchǎng].

fabriquer vt 制造 [zhìzào] ▸ **fabriquer des meubles** 制造家具 [zhìzào jiājù].

fabuleux, euse adj 传说中的 [chuánshuōzhōng de] ▸ **un animal fabuleux** 一种传说中的动物 [yì zhǒng chuánshuōzhōng de dòngwù] ▸ **une histoire fabuleuse** 一个传说故事 [yí ge chuánshuō gùshi].

fac nf *fam* (cl. 所 [suǒ] ou 个 [gè]) 大学 [dàxué] ▸ **aller à la fac** 上大学 [shàng dàxué] ▸ **être en fac de lettres** 在文科大学 [zài wénkē dàxué].

façade nf (face extérieure) 外观 [wàiguān] ▸ **la façade d'un immeuble** 一座建筑物的外观 [yí zuò jiànzhùwù de wàiguān].

face nf ❶ (visage) ○ (cl. 张 [zhāng]) 脸 [liǎn] ▸ **détourner la face** 转过脸去 [zhuǎnguò liǎn qù] ▸ **perdre la face** 丢脸 [diū liǎn] ❷ (côté) 面 [miàn] ▸ **la face nord d'une montagne** 一座山的北面 [yí zuò shān de běimiàn] ▸ **les faces d'un dé** 一个骰子的各个面 [yí ge tóuzi de gège miàn] ▸ **pile ou face** 硬币的正面或反面 [yìngbì de zhèngmiàn huò fǎnmiàn]
◊ **faire face à** 面对 [miànduì] ▸ **la maison fait face à la mer** 房子面向大海 [fángzi miànxiàng dàhǎi] ▸ **face à face** 面对面 [miàn duì miàn].

■ **de face** loc adv (en regardant en face) 从正面 [cóng zhèngmiàn] ▸ **je te photographie de face ou de profil ?** 我是给你从正面照还是侧面照？ [wǒ shì géi nǐ cóng zhèngmiàn zhào háishì cèmiàn zhào?].

■ **en face** loc adv 当面 [dāng miàn] ▸ **je le lui dirai en face** 我会当面和他讲这事 [wǒ huì dāngmiàn hé tā jiǎng zhèshì] ▸ **regarder qqch en face** 面对某事 [miànduì mǒushì].

■ **en face de** loc prép (vis-à-vis de) 面向 [miàn xiàng] ▸ **l'église se trouve en face de la bibliothèque** 教堂座落在图书馆对面 [jiàotáng zuòluò zài túshūguǎn duìmiàn].

face-à-face nm inv (cl. 场 [chǎng] ou 次 [cì]) 辩论 [biànlùn] ▸ **un face-à-face politique** 一次政治辩论 [yí cì zhèngzhì biànlùn] ▸ **un face-à-face télévisé** 一场电视辩论 [yì chǎng diànshì biànlùn].

facette nf (aspect) 面 [miàn] ▸ **les facettes de sa personnalité** 他性格的各个方面 [tā xìnggé de gège fāngmiàn].

fâché, e adj ❶ (en colère) 不快的 [búkuài de] ▸ **avoir l'air fâché** 快快不乐 [yàngyàng búlè] ❷ (contrarié) 对……遗憾 [duì… yíhàn] ▸ **je suis fâchée de ce qui vous arrive** 我对您的遭遇感到遗憾 [wǒ duì nín de zāoyù gǎndào yíhàn] ❸ (brouillé) 闹翻 [nàofān] ▸ **ils sont fâchés depuis plusieurs années** 他们闹翻好几年了 [tāmen nàofān háojǐ nián le].

fâcher vt (mettre en colère) 惹恼 [rénǎo] ▸ **cette histoire a fâché mon père** 这件事惹恼了我父亲 [zhè jiàn shì rénǎo le wǒ fùqin].

▪ **se fâcher** vp ❶ (se mettre en colère) 生气 [shēngqì] ▸ **arrête ou je me fâche !** 停下来，不然我生气了！ [tíng xiàlai, bùrán wǒ shēngqì le!] ▸ **se fâcher contre qqn** 生某人的气 [shēng mǒurén de qì] ❷ (se brouiller) 闹翻 [nàofān] ▸ **on s'est fâché pour une histoire d'argent** 大家因为一桩钱的事闹翻了 [dàjiā yīnwèi yì zhuāng qián de shì nàofān le] ▸ **se fâcher avec qqn** 同某人闹翻 [tóng mǒurén nàofān].

fâcheusement adv 倒霉地 [dǎoméi de] ▸ **il a été fâcheusement surpris** 他倒霉地被人撞见了 [tā dǎoméi de bèi rén zhuàngjiàn le].

fâcheux, euse adj (contrariant, regrettable) 讨厌的 [tǎoyàn de] ▸ **avoir la fâcheuse habitude de toujours être en retard** 有个总迟到的令人讨厌的习惯 [yǒu ge zǒng chídào de lìngrén tǎoyàn de xíguàn] ▸ **un fâcheux contre-temps** 一个可恶的意外 [yí ge kěwù de yìwài] ▸ **un incident fâcheux** 一件倒霉的事 [yí jiàn dǎoméi de shì].

facile adj ❶ (simple) 简单的 [jiǎndān de] ▸ **un exercice facile** 一个简单的练习 [yí ge jiǎndān de liànxí] ▸ **avoir une vie facile** 有一个安逸的生活 [yǒu yí ge ānyì de shēnghuó] ❷ (conciliant) 随和的 [suíhe de] ▸ **elle a un caractère facile** 她性格随和 [tā xìnggé suíhe].

facilement adv 容易地 [róngyì de] ▸ **il a trouvé son chemin facilement** 他很容易地找到了路 [tā hěn róngyì de zhǎodào le lù].

facilité nf ❶ (simplicité) 简单 [jiǎndān] ▸ **un exercice d'une grande facilité** 一个十分简单的练习 [yí ge shífēn jiǎndān de liànxí] ❷ (capacité) 才能 [cáinéng] ▸ **il a beaucoup de facilité pour apprendre les langues** 他很有学习语言的天赋 [tā hén yǒu xuéxí yǔyán de tiānfù].

faciliter vt 方便 [fāngbiàn] ▸ **faciliter la tâche à qqn** 方便某人的工作 [fāngbiàn mǒurén de gōngzuò].

façon nf 方式 [fāngshì] ▸ **c'est une façon de parler** 这是一种讲话方式 [zhè shì yì zhǒng jiǎnghuà fāngshì] ▸ **voilà une drôle de façon d'accueillir ses amis !** 这就是他迎接朋友的奇特的方式 [zhè jiùshì tā yíngjiē péngyou de qítè de fāngshì] ▸ **je vais lui dire ma façon de penser** 我要告诉他我是怎么想的 [wǒ yào gàosu tā wǒ shì zěnme xiǎng de].

▪ **de façon à** loc prép 为了 [wèi le] ▸ **elle part tôt de façon à arriver à l'heure** 为了能按时到她走得很早 [wèi le néng ànshí dào tā zǒu de hén zǎo].

▪ **de (telle) façon que** loc conj 以便 [yǐbiàn] ▸ **on doit s'organiser de telle façon qu'on puisse terminer dans les délais** 我们应该组织起来以便在期限内完成 [wǒmen yīnggāi zǔzhīqǐlái yǐbiàn zài qīxiànnèi wánchéng].

▪ **de toute façon** loc adv 无论如何 [wúlùn rúhé] ▸ **de toute façon, je ne viendrai pas** 无论如何我都不会来 [wúlùn rúhé wǒ dōu búhuì lái].

facteur nm (élément) 因素 [yīnsù] ▸ **divers facteurs sont à prendre en compte** 各种因素都要考虑在内 [gè zhǒng yīnsù dōu yào kǎolǜ zàinèi] ▸ **un facteur de risques** 一个危险因素 [yí ge wēixiǎn yīnsù].

▪ **facteur, trice** nm, f (cl. 位 [wèi] ou 个 [gè] ou 名 [míng]) 邮递员 [yóudìyuán] ▸ **le facteur n'est pas encore passé** 邮递员还没来过 [yóudìyuán hái méi láiguò].

factice adj 假的 [jiǎde] ▸ **un diamant factice** 一颗假钻 [yì kē jiǎ zuàn].

facture nf (note) ○ (cl. 张 [zhāng]) 发票 [fāpiào] ▸ **régler une facture** 支付一张发票 [zhīfù yì zhāng fāpiào] ▸ **la facture d'eau** 水费发票 [shuǐfèi fāpiào] ▸ **une facture détaillée** 一张零售发票 [yì zhāng língshòu fāpiào].

facturer vt (établir une facture à) 在发票上开价 [zài fāpiào shàng kāijià].

facturette nf (cl. 张 [zhāng]) 小收据 [xiǎoshōujù].

facultatif, ive adj (optionnel) 自选的 [zìxuǎn de] ▸ **une épreuve facultative** 一门可自选的考试 [yì mén kě zìxuǎn de kǎoshì].

faculté nf ❶ (aptitude) 能力 [nénglì] ▸ **une grande faculté de concentration** 集中精力的能力强 [jízhōng jīnglì de nénglì qiáng] ▸ **ses facultés commencent à diminuer** 他的各项能力开始减弱 [tāde gèxiàng nénglì kāishǐ jiǎnruò] ❷ (université) 学院 [xuéyuàn] ▸ **la faculté de lettres** 文学院 [wénxué yuàn] ▸ **la faculté de médecine** 医学院 [yīxuéyuàn].

fade adj 淡的 [dàn de] ▸ **une sauce fade** 淡的调味汁 [dàn de tiáowèizhī] ▸ **un goût fade** 口淡 [kǒudàn].

fagoté, e adj *fam* 胡乱穿衣 [húluàn chuānyī].

faible ♦ adj ❶ (fragile) 虚弱的 [xūruò de] ▸ **la maladie l'a rendu très faible** 疾病曾使他十分虚弱 [jíbìng céng shǐ tā shífēn xūruò] ❷ (médiocre) 在某方面差 [zài mǒu fāngmiàn chà] ▸ **un élève faible en maths** 一个数学差的学生 [yí ge shùxué chà de xuésheng] ❸ (petit, bas) 弱的 [ruò de] ▸ **il a la vue faible** 他是弱视 [tā shì ruòshì] ▸ **point faible de qqn** 某人的弱点 [mǒurén de ruòdiǎn]. ♦ nmf (sans défense) 弱者 [ruòzhě]. ♦ nm (penchant) 嗜好 [shìhào] ▸ **avoir un faible pour qqn/qqch** 偏爱某人/某事 [piān'ài mǒurén/ mǒushì].

faiblement adv (peu) 略微 [lüèwēi] ▸ **la bougie éclairait faiblement la pièce** 蜡烛微微照亮了房间 [làzhú wēiwēi zhàoliàng le fángjiān] ▸ **un vin faiblement alcoolisé** 一种含少量酒精的葡萄酒 [yì zhǒng hán shǎoliàng jiǔjīng de pútaojiǔ].

faiblesse nf ❶ (fatigue, épuisement) 衰弱 [shuāiruò] ▸ **être dans un état de faiblesse** 在衰弱的状况下 [zài shuāiruò de zhuàngkuàng xià] ▸ **être pris de faiblesse** 昏厥 [hūnjué] ❷ (défaut) 弱点 [ruòdiǎn] ▸ **sa faiblesse, c'est d'être trop gentil** 他的弱点，就是对人太友善了 [tāde ruòdiǎn, jiùshì duìrén tài yǒushàn le].

faiblir vi ❶ (s'affaiblir) 衰弱 [shuāiruò] ▸ **le malade faiblit de jour en jour** 病人一天天地衰弱 [bìngrén yìtiāntiān de shuāiruò] ❷ (fléchir) 变弱 [biàn ruò] ▸ **sentir ses forces faiblir** 他感觉力量在变弱 [tā gǎnjué lìliang zài biànruò] ▸ **sa détermination faiblit peu à peu** 他的决心一点一点动摇了 [tāde juéxīn yìdiǎn yìdiǎn dòngyáo le].

faïence nf 彩釉陶器 [cǎiyòu táoqì] ▸ **une assiette en faïence** 一个彩釉的陶盘 [yí ge cǎiyòu de táopán].

faignant = **fainéant**

faille nf ❶ (défaut) 缺陷 [quēxiàn] ❷ (fracture) 断层 [duàncéng] ▸ **une ligne de faille** 一条断层裂缝 [yì tiáo duàncéng lièfèng].

faillible adj 可能犯错误的 [kěnéng fàn cuòwu de] ▸ **tout homme est faillible** 人人都可能犯错误 [rénrén dōu kěnéng fàn cuòwu].

faillir vi ❶ (manquer) 违背 [wéibèi] ▸ **faillir à ses promesses** 违背诺言 [wéibèi nuòyán] ❷ (avoir été sur le point de) 差点儿 [chàdiǎnr] ▸ **j'ai failli tomber** 我差点儿跌倒 [wǒ chàdiǎnr diēdǎo].

faillite nf 破产 [pòchǎn] ▸ **ce commerçant est en faillite** 这个商人破产了 [zhè ge shāngrén pòchǎn le] ▸ **faire faillite** 倒闭 [dǎobì].

faim nf ❶ (besoin de manger) 饥饿 [jī'è] ▸ **avoir faim** 饿 [è] ❷ (famine) 饥饿 [jī'è] ▸ **la faim dans le monde** 世界上的食物短缺 [shìjiè shàng de shíwù duǎnquē] ▸ **souffrir de la faim** 挨饿 [ái'è]

◊ **avoir une faim de loup** 非常饿 [fēicháng è].

fainéant, e, faignant, e ♦ adj 懒惰的 [lǎnduò de] ▸ **tu es trop fainéante** 你太懒惰了 [nǐ tài lǎnduò le] ♦ nm, f 懒惰的人 [lǎnduò de rén] ▸ **lève-toi, fainéant !** 起来，懒惰鬼！ [qǐlái, lǎnduòguǐ!].

faire ♦ vt ❶ (préparer) 做 [zuò] ▸ **j'ai fait un gâteau** 我做了一个蛋糕 [wǒ zuò le yí ge dàngāo] ▸ **faire la cuisine** 做饭 [zuòfàn] ❷ (réaliser) 实现 [shíxiàn] ▸ **faire un film** 拍电影 [pāi diànyǐng] ▸ **faire un meuble** 做家具 [zuò jiājù] ❸ (effectuer) 进行 [jìnxíng] ▸ **faire des démarches administratives** 办理行政手续 [bànlǐ xíngzhèng shǒuxù] ▸ **faire le ménage** 做家务 [zuò jiāwù] ❹ (exercer) 从事 [cóngshì] ❺ (commettre) 犯 [fàn]；干 [gàn] ▸ **faire une erreur** 犯错误 [fàn cuòwu] ❻ (occasionner) 带来 [dàilái] ▸ **ça fait du bien de partir en vacances** 出去度假会给人带来好的感觉 [chūqu dùjià huì gěi rén dàilái hǎo de gǎnjué] ▸ **faire de la peine** 让人难过 [ràng rén nánguò] ❼ (parcourir) 走 [zǒu] ▸ **nous avons fait 150 kilomètres** 我们已经走了150公里 [wǒmen yǐjing zǒu le 150 gōnglǐ] ❽ (pratiquer) 实行 [shíxíng] ▸ **faire de la danse** 跳舞 [tiào wǔ] ▸ **faire du football** 踢球 [tī qiú] ▸ **faire du piano** 弹钢琴 [tán gāngqín] ❾ (mesurer) 尺寸为 [chǐcùnwéi] ▸ **je fais 1,70 m** 我身高1米7 [wǒ shēngāo 1 mǐ 7] ▸ **je fais du 38** 我穿38码的 [wǒ chuān 38 mǎ de] ▸ **la table fait deux mètres de long** 这张桌子长两米 [zhè zhāng zhuōzi cháng liáng mǐ] ❿ MATH 等于 [děngyú] ▸ **10 et 3 font 13** 10加3等于13 [10 jiā 3 děngyú 13]. ♦ v impers ❶ (pour indiquer le temps qu'il fait, l'atmosphère) 气候 [qìhòu] ▸ **il fait chaud** 天气热 [tiānqì rè] ▸ **il fait jour** 天亮了 [tiānliàng le] ❷ (pour exprimer la durée) 有 [yǒu] ▸ **ça fait un mois que j'habite ici** 我住在这儿有一个月了 [wǒ zhù zài zhèr yǒu yí ge yuè le]. ♦ v att (paraître) 显得 [xiǎnde] ▸ **il fait plus jeune que son âge** 他比实际年龄显得年轻 [tā bǐ shíjì niánlíng xiǎnde niánqīng]. ♦ v aux 使 [shǐ] ▸ **faire démarrer une voiture** 使车启动 [shǐ chē qǐdòng] ▸ **faire manger un enfant** 让孩子吃饭 [ràng háizi chīfàn] ▸ **faire tomber un livre par terre** 把书弄掉在地上 [bǎ shū nòng diào zài dì shàng].

▪ **se faire** ♦ vp ❶ (avoir lieu) 举行 [jǔxíng] ▸ **la soirée se fera ici** 晚会将在这里举行 [wǎnhuì jiāng zài zhèli jǔxíng] ❷ (s'habituer à) 适应 [shìyìng] ▸ **je ne me ferai jamais à ce temps** 我永远都不会适应这个天气 [wǒ yǒngyuǎn dōu búhuì shìyìng zhè ge tiānqì]. ♦ v att (devenir) 变 [biàn] ▸ **il se fait tard** 天晚了 [tiān wǎn le] ▸ **il se fait vieux** 他变老了 [tā biànlǎo le].

faire-part nm inv (cl. 张 [zhāng]) 通知书 [tōngzhīshū] ▸ **un faire-part de mariage** 一张结婚喜帖 [yì zhāng jiéhūn xítiě].

faisable adj (réalisable) 可做的 [kězuò de] ▸ **ce travail est faisable en deux jours** 这项工作可以在两天内做完 [zhè xiàng gōngzuò kéyǐ zài liǎng tiān nèi zuòwán].

faisan, e nm, f (cl. 只 [zhī]) 雉鸡 [zhìjī] ▸ **un élevage de faisans** 一个雉鸡饲养场 [yí ge zhìjī sìyǎngchǎng].

faisceau nm 束 [shù] ▸ **le faisceau de la lampe** 一束灯光 [yí shù dēngguāng] ▸ **un faisceau lumineux** 一个光束 [yí ge guāngshù].

fait, e adj ❶ (exécuté) 做完的 [zuòwán de] ▸ **un travail bien fait** 一份做完的工作 [yí fèn zuòwán de gōngzuò] ❷ (constitué) 长的 [zhǎng de] ▸ **une femme bien faite** 一个长得漂亮的女人 [yí ge zhǎng de piàoliang de nǚrén]

◊ **être fait** 被骗 [bèi piàn] ▸ **être fait pour** 是干某事的料 [shì gàn mǒushì de liào] ▸ **tout fait** 现成的 [xiànchéng de] ▸ **des idées toutes faites** 一些固有的观点 [yìxiē gùyǒu de guāndiǎn].

▪ **fait** nm ❶ (acte) 行为 [xíngwéi] ▸ **le fait de parler** 讲话的行为 [jiǎnghuà de xíngwéi] ❷ (événement) 事件 [shìjiàn] ▸ **le fait marquant de l'année** 年度大事件 [niándù dàshìjiàn] ▸ **fait divers** 杂闻 [zá wén]

◊ **haut fait** 战功 [zhàngōng] ▸ **aller droit au fait** 直接谈要点 [zhíjiē tán yàodiǎn] ▸ **prendre qqn sur le fait** 当场捉住某人 [dāngchǎng zhuōzhù mǒurén].

▪ **au fait** loc adv 对了 [duì le] ▸ **au fait, tu as les clés ?** 对了，你有钥匙吗？ [duì le, nǐ yǒu yàoshi ma?].

▪ **du fait de** loc prép 由于 [yóuyú] ▸ **du fait de son retard, elle a raté son rendez-vous** 由于迟到，她没赶上约会 [yóuyú chídào, tā méi gǎnshang yuēhui].

▪ **en fait** loc adv 其实 [qíshí] ▸ **en fait, il n'est pas parti** 其实，他没有出发 [qíshí, tā méiyǒu chūfā].

▪ **tout à fait** loc adv 完全地 [wánquán de] ▸ **je suis tout à fait rassuré** 我完全放心 [wǒ wánquán fàngxīn].

fait-tout, faitout nm (cl. 口 [kǒu] ou 只 [zhī] ou 个 [gè]) 双耳盖锅 [shuāngěr gàiguō].

falaise nf 悬崖 [xuányá] ▸ **au pied de la falaise** 悬崖脚下 [xuányá jiǎoxià].

falloir v impers ❶ (exprime un besoin, une nécessité) 需要 [xūyào] ▸ **il me faut du temps** 我需要时间 [wǒ xūyào shíjiān] ▸ **il me faudrait deux kilos de pommes, s'il vous plaît** 麻烦您给我两公斤苹果 [máfan nín gěi wǒ liǎng gōngjīn píngguǒ] ▸ **il faut deux heures pour aller à Canton** 去广东需要两个小时 [qù Guǎngdōng xūyào liǎng ge xiǎoshí]

❷ (exprime une obligation) 应该 [yīnggāi] ▸ **il faut que tu partes** 你应该走了 [nǐ yīnggāi zǒu le] ▸ **il faut faire attention** 应该多加注意 [yīnggāi duōjiā zhùyì]
◊ **il s'en est fallu de peu** 差点儿 [chàdiǎnr] ▸ **il s'en est fallu de peu pour que tu rates le train** 你差点儿就误了火车 [nǐ chàdiǎnr jiù wù le huǒchē].

falsifier vt 伪造 [wěizào] ▸ **falsifier une signature** 假冒一个签名 [jiǎmào yí ge qiānmíng].

fameux, euse adj ❶ (célèbre) 著名的 [zhùmíng de] ▸ **un fameux écrivain** 一位著名的作家 [yí wèi zhùmíng de zuòjiā] ❷ (excellent) 出色的 [chūsè de] ▸ **un vin fameux** 出色的葡萄酒 [chūsè de pútaojiǔ].

familial, e, aux adj 家庭的 [jiātíng de] ▸ **une réunion familiale** 一次家庭团聚 [yí cì jiātíng tuánjù] ▸ **la vie familiale** 家庭生活 [jiātíng shēnghuó].

familiariser vt ▸ **familiariser qqn avec** 使某人熟悉 [shí mǒurén shúxī] ▸ **il m'a familiarisé avec la montagne** 他让我熟悉了山 [tā ràng wǒ shúxī le shān].
▪ **se familiariser** vp (s'accoutumer) ▸ **se familiariser avec qqch** 熟悉 [shúxī] ▸ **il a eu du mal à se familiariser avec l'ordinateur** 熟悉计算机对他来说很难 [shúxī jìsuànjī duì tā láishuō hěn nán].

familiarité nf ❶ (camaraderie) 亲密 [qīnmì] ❷ (désinvolture) 随便 [suíbiàn] ▸ **il la traite avec trop de familiarité** 他对她太随便了 [tā duì tā tài suíbiàn le] ▸ **se permettre des familiarités avec qqn** 对某人无所顾忌 [duì mǒurén wúsuǒ gùjì].

familier, ère ♦ adj ❶ (connu) 熟悉的 [shúxī de] ▸ **des objets familiers** 一些熟悉的物品 [yìxiē shúxī de wùpǐn] ▸ **votre visage m'est familier** 我看您眼熟 [wǒ kàn nín yǎnshú] ❷ (désinvolte) 随便的 [suíbiàn de] ▸ **s'exprimer de façon familière** 以一种随便的方式说话 [yǐ yì zhǒng suíbiàn de fāngshì shuōhuà] ▸ **avoir des manières familières** 随和的态度 [suíhe de tàidu] ❸ (d'usage courant) 通俗的 [tōngsú de] ▸ **un mot familier** 俗语 [súyǔ] ❹ (domestique) 家庭的 [jiātíng de] ▸ **un animal familier** 家养宠物 [jiāyǎng chǒngwù].
♦ nm, f (habitué) ○ (cl. 位 [wèi] ou 个 [gè] ou 名 [míng]) 常客 [chángkè].

famille nf ❶ (ménage) 家 [jiā] ▸ **famille nombreuse** 大家庭 [dà jiātíng] ▸ **comment va la famille ?** 家人怎么样？ [jiārén zěnmeyàng?] ❷ (parenté) 亲戚 [qīnqi] ▸ **la famille proche** 近亲 [jìnqīn] ▸ **nous avons de la famille en Italie** 我们在意大利有亲戚 [wǒmen zài Yìdàlì yǒu qīnqi].

famine nf (cl. 次 [cì] ou 场 [chǎng]) 饥荒 [jīhuang] ▸ **il a souffert de la famine pendant la guerre** 战争时他忍受过饥荒 [zhànzhēng shí tā rěnshòu guò jīhuang]
◊ **crier famine** 哭穷 [kūqióng].

fan (abr de **fanatique**) nmf *fam* (cl. 位 [wèi] ou 个 [gè] ou 名 [míng]) 崇拜者 [chóngbàizhě].

fanatique ♦ nmf (passionné) 痴迷者 [chīmízhě] ▸ **un fanatique des jeux vidéo** 一个电子游戏迷 [yí ge diànzǐ yóuxì mí]. ♦ adj (extrémiste) 疯狂的 [fēngkuáng de] ▸ **un discours fanatique** 一次疯狂的演说 [yí cì fēngkuáng de yǎnshuō].

fanatisme nm 盲目崇拜 [mángmù chóngbài] ▸ **le fanatisme d'un parti politique** 对一个政党的盲目崇拜 [duì yí ge zhèngdǎng de mángmù chóngbài].

faner vi (se dessécher) 枯萎 [kūwěi] ▸ **les roses ont fané dans le vase** 瓶里的玫瑰花枯萎了 [píng lǐ de méiguihuā kūwěi le].

fanfare nf (orchestre) 铜管乐队 [tóngguǎnyuèduì] ▸ **la fanfare municipale** 市立铜管乐队 [shìlì tóngguǎnyuèduì] ▸ **en fanfare** 大事宣扬 [dàshìxuānyáng] ▸ **faire une arrivée en fanfare** 安排一个排场的抵达仪式 [ānpái yí ge páichang de dǐdá yíshì].

fanfaron, onne ♦ adj 硬充好汉的 [yìngchōng hǎohàn de] ▸ **une attitude fanfaronne** 一副硬充好汉的样子 [yífù yìngchōng hǎohàn de yàngzi]. ♦ nm, f (vantard) ▸ **faire le fanfaron** 充好汉 [chōng hǎohàn].

fantaisie nf ❶ (imagination) 想像力 [xiǎngxiànglì] ▸ **donner libre cours à sa fantaisie** 充分发挥自己的想像力 [chōngfèn fāhuī zìjǐ de xiǎngxiànglì] ❷ (caprice) 怪念头 [guài niàntou] ▸ **quelle est cette nouvelle fantaisie qui te prend ?** 你怎么会有这个新奇

的怪念头？ [nǐ zěnme huì yǒu zhè ge xīnqí de guài niàntou?] ❸ (bijoux) 新奇的 [xīnqí de] ▸ **des bijoux fantaisie** 一些新奇的首饰 [yìxiē xīnqí de shǒushi].

fantaisiste ♦ adj ❶ (inventé) 异想天开的 [yìxiǎng tiānkāi de] ▸ **une explication fantaisiste** 一个异想天开的说法 [yí ge yìxiǎng tiānkāi de shuōfa] ❷ (fantasque) 古怪的 [gǔguài de] ▸ **une employée fantaisiste** 一个古怪的雇员 [yí ge gǔguài de gùyuán]. ♦ nmf (qui manque de sérieux) 任性的人 [rènxìng de rén] ▸ **cet homme est un fantaisiste** 这是个任性的男人 [zhè shì ge rènxìng de nánren].

fantasme, phantasme nm 幻想 [huànxiǎng] ▸ **un fantasme sexuel** 性幻想 [xìng huànxiǎng] ▸ **assouvir ses fantasmes** 满足自己的幻想 [mǎnzú zìjǐ de huànxiǎng].

fantastique adj (qui parle de surnaturel) 神话的 [shénhuà de] ▸ **un conte fantastique** 一个神话故事 [yí ge shénhuà gùshi] ▸ **un film fantastique** 一部极好的电影 [yí bù jíhǎo de diànyǐng].

fantôme nm 鬼魂 [guǐhún] ▸ **croire aux fantômes** 相信鬼魂的存在 [xiāngxìn guǐhún de cúnzài].

farandole nf 法兰多拉舞 [fǎlánduōlā wǔ] ▸ **faire une farandole** 跳法兰多拉舞 [tiào fǎlánduōlā wǔ].

farce nf ❶ (blague) 玩笑 [wánxiào] ▸ **faire une farce à qqn** 开某人的玩笑 [kāi mǒurén de wánxiào] ❷ CULIN 菜肉馅 [càiròuxiàn] ▸ **une farce aux champignons** 蘑菇馅 [mógu xiàn].

farceur, euse nm, f 爱开玩笑的人 [ài kāiwánxiào de rén] ▸ **à l'école, c'était un vrai farceur !** 在学校时，他就是个特爱开玩笑的人！ [zài xuéxiào shí, tā jiù shì ge tè ài kāiwánxiào de rén!].

farcir vt CULIN 塞肉馅 [sāiròuxiàn] ▸ **farcir une dinde** 往火鸡里塞肉馅 [wǎng huǒjī lǐ sāi ròuxiàn].

fard nm 脂粉 [zhīfěn] ▸ **fard à joues** 腮红 [sāihóng] ▸ **fard à paupières** 眼脸膏 [yǎnjiǎngāo]
◊ **piquer un fard** 脸红 [liǎnhóng].

fardeau, x nm ❶ (poids) 重物 [zhòngwù] ▸ **porter un fardeau sur ses épaules** 肩上扛着重物 [jiān shàng kángzhe zhòngwù] ❷ *fig* (charge) 负担 [fùdān].

farfelu, e adj 离奇的 [líqí de] ▸ **un projet farfelu** 一个离奇的计划 [yí ge líqí de jìhuà].

farfouiller vi *fam* 乱翻 [luàn fān].

farine nf 面粉 [miànfěn] ▸ **farine de blé** 小麦面 [xiǎomài miàn] ▸ **farine de froment** 面粉 [miànfěn] ▸ **farine de maïs** 玉米面 [yùmǐmiàn].

farouche adj ❶ (sauvage) 野的 [yě de] ▸ **un animal farouche** 一只野兽 [yì zhī yěshòu] ❷ (craintif) 怕生的 [pàshēng de] ▸ **un enfant au tempérament farouche** 一个怕生的孩子 [yí ge pàshēng de háizi] ❸ (acharné) 凶恶的 [xiōng'è de] ▸ **mon plus farouche ennemi** 我最凶恶的敌人 [wǒ zuì xiōng'è de dírén] ▸ **une haine farouche** 一股强烈的仇恨 [yì gǔ qiángliè de chóuhèn].

fart nm 滑雪板蜡 [huáxuébǎn là].

fascination nf (attrait) ○ (cl. 种 [zhǒng]) 诱惑力 [yòuhuòlì] ▸ **la fascination du pouvoir** 权力的诱惑力 [quánlì de yòuhuòlì].

fasciner vt ❶ (attirer le regard) 吸引 [xīyǐn] ▸ **il était fasciné par les lumières** 他当时被灯光所吸引 [tā dāngshí bèi dēngguāng suǒ xīyǐn] ❷ (séduire) 使……倾倒 [shǐ… qīngdǎo] ▸ **il fascinait ses auditeurs** 他令听众倾倒 [tā lìng tīngzhòng qīngdǎo] ▸ **nous étions fascinés par ce spectacle** 我们被这场演出迷住了 [wǒmen bèi zhè chǎng yǎnchū mízhù le].

fascisme nm 法西斯主义 [fǎxīsīzhǔyì].

fasciste adj 法西斯的 [fǎxīsī de] ▸ **une idéologie fasciste** 法西斯思想 [fǎxīsī sīxiǎng].

faste nm 排场 [páichǎng] ▸ **le faste d'une cérémonie** 一个典礼的排场 [yí ge diǎnlǐ de páichǎng] ▸ **il a été reçu avec faste** 他受到隆重的接待 [tā shòudào lóngzhòng de jiēdài].

fastidieux, euse adj 令人厌倦的 [lìngrén yànjuàn de] ▸ **un travail fastidieux** 一份令人厌倦的工作 [yí fèn lìngrén yànjuàn de gōngzuò] ▸ **un discours fastidieux** 一个枯燥乏味的讲演 [yí ge kūzào fáwèi de jiǎngyǎn].

fastueux, euse adj 奢侈的 [shēchǐ de] ▸ **mener une vie fastueuse** 过一种奢侈的生活 [guò yì zhǒng shēchǐ de shēnghuó]

▸ **un décor fastueux** 一种豪华的装饰 [yì zhǒng háohuá de zhuāngshì].

fatal, e, als adj ❶ (mortel) 致命的 [zhìmìng de] ▸ **un coup fatal** 致命的一击 [zhìmìng de yì jī] ❷ (nuisible) 后果严重的 [hòuguǒ yánzhòng de] ▸ **une erreur fatale** 一个后果严重的错误 [yí ge hòuguǒ yánzhòng de cuòwù].

fatalement adv 必定 [bìdìng] ▸ **il va fatalement nous demander de l'argent** 他必定会来向我们要钱 [tā bìdìng huì lái xiàng wǒmen yào qián].

fatalisme nm 宿命论 [sùmìnglùn].

fataliste adj 听天由命的 [tīngtiān yóumìng de] ▸ **avec le temps, il est devenu fataliste** 随着时间的流逝，他变成了听天由命的人 [suízhe shíjiān de liúshì, tā biànchéng le tīngtiān yóumìng de rén] ▸ **une vision du monde trop fataliste** 过于宿命的世界观 [guòyú sùmìng de shìjièguān].

fatalité nf 命运 [mìngyùn].

fatigant, e adj 累人的 [lèirén de] ▸ **un travail fatigant** 一项累人的工作 [yí xiàng lèirén de gōngzuò].

fatigue nf 疲劳 [píláo] ▸ **une fatigue passagère** 一时的疲劳 [yì shí de píláo] ▸ **une fatigue physique** 身体的疲劳 [shēntǐ de píláo]

◊ **tomber de fatigue** 累倒 [lèidǎo] ▸ **être mort de fatigue** 累死 [lèisǐ].

fatigué, e adj (las) 累的 [lèi de] ▸ **je suis trop fatiguée pour sortir** 我太累了，出不了门了 [wǒ tài lèi le, chūbùliǎo mén le] ▸ **être fatigué de** 对……感到厌倦 [duì… gǎndào yànjuàn] ▸ **je suis fatigué de répéter les mêmes choses** 我厌倦了老重复这些相同的东西 [wǒ yànjuàn le lǎo chóngfù zhèxiē xiāngtóng de dōngxi].

fatiguer vt ❶ (épuiser) 使……疲劳 [shǐ… píláo] ▸ **ce travail m'a fatigué** 这项工作使我很疲劳 [zhè xiàng gōngzuò shǐ wǒ hěn píláo] ❷ (ennuyer) 使……不耐烦 [shǐ… búnàifán] ▸ **ils me fatiguent avec leurs questions** 他们的问题使我很不耐烦 [tāmende wèntí shǐ wǒ hěn búnàifán].

■ **se fatiguer** vp ❶ (s'épuiser) 疲劳 [píláo] ▸ **se fatiguer en travaillant trop** 因过度工作而疲劳 [yīn guòdù gōngzuò ér píláo] ❷ (se lasser) ▸ **se fatiguer de qqch** 对某事感到厌倦 [duì mǒushì gǎndào yànjuàn].

faubourg nm 郊区 [jiāoqū] ▸ **la ville et ses faubourgs** 城市和郊区 [chéngshì hé jiāoqū].

fauché, e adj *fam* 没钱了 [méiqián le].

faucher vt ❶ (couper) 割 [gē] ▸ **le paysan fauche les blés** 农民割小麦 [nóngmín gē xiǎomài] ❷ (renverser) 撞倒 [zhuàngdǎo] ▸ **il a été fauché par une voiture** 他被一辆汽车撞倒了 [tā bèi yí liàng qìchē zhuàngdǎo le].

faucille nf (cl. 把 [bǎ]) 半月形镰刀 [bànyuèxíng liándāo].

faucon nm (cl. 只 [zhī]) 隼 [sǔn] ▸ **la chasse au faucon** 放隼捕猎 [fàngsǔn bǔliè].

faufiler vt 粗缝 [cūféng] ▸ **faufiler un ourlet** 粗缝贴边 [cūféng tiēbiān].

■ **se faufiler** vp (se glisser adroitement) 溜进 [liūjìn] ▸ **il se faufila à l'intérieur** 他溜进里面了 [tā liūjìn lǐmian le] ▸ **il s'est faufilé jusqu'à elle à travers la foule** 他穿过人群一直来到她身边 [tā chuānguò rénqún yìzhí láidào tā shēnbiān] ▸ **se faufiler entre** 钻到……之间 [zuāndào… zhījiān].

faune nf (animaux) 动物 [dòngwù] ▸ **la faune tropicale** 热带动物 [rèdài dòngwù].

faussaire nmf (cl. 个 [gè] ou 名 [míng]) 造假者 [zàojiàzhě] ▸ **un faussaire de tableaux** 一个制造假画的人 [yí ge zhìzào jiǎhuà de rén].

faussement adv ❶ (de façon erronée) 错误地 [cuòwù de] ▸ **il a été faussement accusé de vol** 他曾被误告进行盗窃 [tā céng bèi wùgào jìnxíng dàoqiè] ▸ **raisonner faussement** 错误地进行推理 [cuòwù de jìnxíng tuīlǐ] ❷ (hypocritement) 装作 [zhuāngzuò] ▸ **un air faussement modeste** 装作一副谦虚的样子 [zhuāngzuò yí fù qiānxū de yàngzi].

fausser vt 使……错误 [shǐ… cuòwù] ▸ **fausser un résultat** 使一个结果出现错误 [shǐ yí ge jiéguǒ chūxiàn cuòwù].

faute nf ❶ (erreur) 错误 [cuòwù] ▸ **faute de frappe** 一个打字错误 [yí ge dǎzì cuòwù]

▸ **faute de goût** 品味差 [pǐnwèi chà] ▸ **faute d'inattention** 因疏忽造成的错误 [yīn shūhu zàochéng de cuòwù] ▸ **faute d'orthographe** 一个拼写错误 [yí ge pīnxiě cuòwù] ❷ (responsabilité) 责任 [zérèn] ▸ **c'est de ta faute** 这是你的责任 [zhè shì nǐde zérèn] ▸ **par la faute de qqn** 由于某人的疏忽 [yóuyú mǒurén de shūhu] ▸ **tout ceci est arrivé par sa faute** 这一切都是由于他的疏忽才发生的 [zhè yíqiè dōushì yóuyú tāde shūhu cái fāshēng de] ❸ (infraction) 过失 [guòshī] ▸ **faute professionnelle** 工作上的过失 [gōngzuò shàng de guòshī] ▸ **prendre qqn en faute** 当场抓住某人 [dāngchǎng zhuāzhù mǒurén]
◊ **sans faute** 一定 [yídìng].

▪ **faute de** loc prép (par manque de) 由于缺乏 [yóuyú quēfá] ▸ **ils ne purent l'arrêter faute de preuves** 由于缺乏证据，他们不能逮捕他 [yóuyú quēfá zhèngjù, tāmen bùnéng dàibǔ tā]
◊ **faute de mieux** 由于没有更好的办法 [yóuyú méiyǒu gèng hǎo de bànfǎ].

fauteuil nm ○ (cl. 把 [bǎ]) 扶手椅 [fúshóuyǐ] ▸ **s'asseoir dans un fauteuil** 坐在扶手椅上 [zuò zài fúshóuyǐ shàng] ▸ **fauteuil à bascule** 摇椅 [yáo yǐ] ▸ **fauteuil roulant** 轮椅 [lún yǐ].

fautif, ive ♦ adj ❶ (coupable) 犯错的 [fàncuò de] ▸ **il se sent fautif** 他感到自己犯错了 [tā gǎndào zìjǐ fàncuò le] ❷ (erroné) 错误的 [cuòwù de] ▸ **une citation fautive** 一篇错误的引文 [yì piān cuòwù de yǐnwén]. ♦ nm, f (coupable) 犯错的人 [fàncuò de rén] ▸ **c'est elle la fautive** 犯错的人是她 [fàncuò de rén shì tā].

fauve ♦ adj (roux) 浅黄褐色的 [qiǎnhuáng hèsè de] ▸ **un sac de cuir fauve** 一个浅黄褐色的皮包 [yí ge qiǎnhuáng hèsè de píbāo]. ♦ nm (animal) ○ (cl. 只 [zhī]) 猛兽 [měngshòu] ▸ **dompter un fauve** 驯服一只猛兽 [xùnfú yì zhī měngshòu].

faux, fausse adj ❶ (inexact) 错的 [cuò de] ▸ **tous mes calculs sont faux** 我所有的计算都是错的 [wǒ suóyǒu de jìsuàn dōu shì cuò de] ❷ (mensonger, contrefait, postiche) 假的 [jiǎde] ▸ **c'est faux !** 是假的！ [shì jiǎ de!] ▸ **une fausse information** 一条假信息 [yì tiáo jiǎ xìnxī] ▸ **un faux tableau** 一幅假画 [yì fú jiǎ huà] ▸ **un faux billet** 一张假钞 [yì zhāng jiǎchāo] ▸ **de fausses dents** 假牙 [jiǎyá] ❸ (hypocrite) 虚伪的 [xūwěi de] ▸ **un homme faux** 一个虚伪的人 [yí ge xūwěi de rén] ▸ **un regard faux** 虚伪的目光 [xūwěi de mùguāng] ❹ (désaccordé) 走调的 [zǒudiào de] ▸ **une fausse note** 一个走调的音 [yí ge zǒudiào de yīn].

▪ **faux** ♦ adv 音调不准地 [yīndiào bùzhǔn de] ▸ **chanter faux** 唱歌跑调 [chànggē pǎodiào] ▸ **jouer faux** 演奏走调 [yǎnzòu zǒudiào]. ♦ nm ❶ (contraire de la vérité) 假 [jiǎ] ▸ **distinguer le vrai du faux** 区别真假 [qūbié zhēnjiǎ] ❷ (contrefaçon) 伪造品 [wěizàopǐn] ▸ **ce document est un faux** 这份文件是个伪造文书 [zhè fèn wénjiàn shì ge wěizàowén shū] ▸ **ces tableaux sont des faux** 这些画是赝品 [zhèxiē huà shì yànpǐn]. ♦ nf (outil) ○ (cl. 把 [bǎ]) 长柄镰刀 [chángbǐng liándāo].

▪ **faux ami** nm 假同源词 [jiǎ tóngyuáncí].

faux-filet nm (cl. 块 [kuài]) 牛腩 [niúnǎn] ▸ **un faux-filet saignant** 一块带血的牛腩 [yí kuài dài xuè de niúnǎn].

faux-sens nm inv 词义误解 [cíyì wùjiě].

faveur nf ❶ (service) 照顾 [zhàogù] ▸ **solliciter une faveur** 请求照顾 [qǐngqiú zhàogù] ▸ **faire une faveur à qqn** 给予某人照顾 [jíyǔ mǒurén zhàogù] ❷ (privilège) 优待 [yōudài] ▸ **c'est une faveur d'avoir été invitée** 被邀请是一种优待 [bèi yāoqǐng shì yì zhǒng yōudài]
◊ **de faveur** 优待的 [yōudài de] ▸ **un traitement de faveur** 一项优惠待遇 [yí xiàng yōuhuì dàiyù] ▸ **en faveur de** 为了……利益 [wèile… lìyì] ▸ **voter en faveur d'un candidat** 投某个候选人的票 [tóu mǒu ge hóuxuǎnrén de piào] ▸ **à la faveur de** 趁 [chèn] ▸ **s'évader à la faveur de la nuit** 趁着黑夜逃跑 [chènzhe hēiyè táopǎo].

favorable adj ❶ (propice) 有利的 [yǒulì de] ▸ **un terrain favorable pour la culture** 一块适于耕种的土地 [yí kuài shìyú gēngzhòng de tǔdì] ▸ **un développement favorable à l'entreprise** 一种有利于企业的发展 [yì zhǒng yǒulì yú qǐyè de fāzhǎn] ❷ (bienveillant) 赞成的 [zànchéng de] ▸ **son livre a reçu un accueil favorable** 他的书得到了欢迎

[tāde shū dédào le huānyíng] ▸ **être favorable à un projet** 赞成一项计划 [zànchéng yí xiàng jìhuà].

favori, ite ♦ adj ❶ (préféré) 最喜爱的 [zuì xǐ'ài de] ▸ **mon dessert favori** 我最喜爱的餐后甜点 [wǒ zuì xǐ'ài de cānhòu tiándiǎn] ❷ SPORT 最有希望获胜的 [zuì yǒu xīwàng huòshèng de] ▸ **ce coureur est parti favori** 这位赛跑选手是最有希望获胜的 [zhè wèi sàipǎo xuánshǒu shì zuì yǒu xīwàng huòshèng de]. ♦ nm, f ❶ (préféré) 宠儿 [chǒng'ér] ▸ **c'est le favori de sa mère** 他是他妈妈的宠儿 [tā shì tā māmāde chǒng'ér] ❷ (gagnant probable) (- personne) ○ (cl. 位 [wèi] ou 名 [míng]) 最有希望赢的选手 [zuìyǒu xīwàng yíng de xuánshǒu] ; (- cheval) ○ (cl. 匹 [pǐ]) 最有希望赢的马 [zuìyǒu xīwàng yíng de mǎ].

favoriser vt ❶ (avantager) 优待 [yōudài] ▸ **on le soupçonne de favoriser ses amis** 有人怀疑他优待自己的朋友 [yǒurén huáiyí tā yōudài zìjǐ de péngyou] ❷ (contribuer à) 有利于 [yǒulì yú] ▸ **un nuit noire favorisa son évasion** 黑夜有利于他的逃跑 [hēiyè yǒulì yú tāde táopǎo] ❸ (encourager) 鼓励 [gǔlì] ▸ **la politique actuelle favorise les entreprises** 现行政策鼓励了所有企业 [xiànxíng zhèngcè gǔlì le suóyǒu qǐyè].

fax nm (cl. 份 [fèn]) 传真 [chuánzhēn] ▸ **envoyer/recevoir un fax** 发/收一份传真 [fā/shōu yí fèn chuánzhēn] ▸ **un numéro de fax** 一个传真号码 [yí ge chuánzhēn hàomǎ].

faxer vt 传真 [chuánzhēn] ▸ **faxer un document** 传真一份文件 [chuánzhēn yí fèn wénjiàn].

fayot *fam* nm ❶ (haricot sec) 干菜豆 [gāncàidòu] ▸ **manger des fayots** 吃一些干菜豆 [chī yìxiē gāncài dòu] ❷ *péj* (personne) 马屁精 [mǎpìjīng].

fébrile adj ❶ (fiévreux) 发烧的 [fāshāo de] ▸ **la grippe l'a rendu fébrile** 流感使他发烧了 [liúgǎn shǐ tā fāshāo le] ❷ (agité) 焦躁的 [jiāozào de] ▸ **des gestes fébriles** 一些焦躁的举动 [yìxiē jiāozào de jǔdòng].

fécond, e adj ❶ (non stérile) 繁殖力强的 [fánzhílì qiáng de] ❷ (fertile) 肥沃的 [féiwò de] ▸ **une terre féconde** 一块肥沃的土地 [yí kuài féiwò de tǔdì] ❸ *fig* (qui produit beaucoup) 丰富的 [fēngfù de] ▸ **un écrivain fécond** 一位多产作家 [yí wèi duōchǎn zuòjiā] ▸ **un esprit fécond** 想象力丰富的头脑 [xiǎngxiànglì fēngfù de tóunǎo].

fécondation nf BIOL 受精 [shòujīng] ▸ **la fécondation d'un ovule** 卵子受精 [luǎnzǐ shòujīng].

fécondité nf ❶ BIOL 生殖力 [shēngzhílì] ▸ **le taux de fécondité d'un pays** 一个国家的生殖率 [yí ge guójiā de shēngzhílǜ] ❷ (fertilité) 肥沃 [féiwò] ▸ **la fécondité d'un sol** 一块土地的肥沃 [yí kuài tǔdì de féiwò] ❸ *fig* (créativité) 丰富 [fēngfù] ▸ **la fécondité d'un auteur** 一位作家的多产 [yí wèi zuòjiā de duōchǎn] ▸ **la fécondité de l'imagination** 想象力的丰富 [xiǎngxiànglì de fēngfù].

féculent nm 含淀粉物 [hán diànfěnwù].

fédéral, e, aux adj ❶ (constitué de plusieurs États) 联邦的 [liánbāng de] ▸ **un État fédéral** 一个联邦国家 [yí ge liánbāng guójiā] ❷ (dépendant de l'État fédéral) 联邦政府的 [liánbāng zhèngfǔ de] ▸ **la police fédérale** 联邦政府警察 [liánbāng zhèngfǔ jǐngchá].

fédération nf ❶ (État fédéral) 联邦国家 [liánbāng guójiā] ▸ **les États-Unis sont une fédération** 美国是一个联邦国家 [Měiguó shì yí ge liánbāng guójiā] ❷ (groupement) 联合会 [liánhéhuì] ▸ **une fédération sportive** 一个运动联合会 [yí ge yùndòng liánhéhuì].

fédérer vt (réunir) 召集 [zhàojí] ▸ **fédérer des étudiants autour d'un projet** 召集学生们讨论一项计划 [zhàojí xuéshēngmen tǎolùn yí xiàng jìhuà].

fée nf (cl. 位 [wèi] ou 个 [gè]) 仙女 [xiānnǚ] ◊ **fée du logis** 贤妻良母 [xiánqī liángmǔ].

féerie nf ❶ (monde fantastique) 仙境 [xiānjìng] ▸ **un royaume de féerie** 一个仙国 [yí ge xiān guó] ❷ (spectacle merveilleux) 美景 [měijǐng] ▸ **la féerie d'un coucher de soleil** 太阳落山时的美景 [tàiyáng luòshān shí de měijǐng].

féerique adj ❶ (du monde des fées) 梦幻的 [mènghuàn de] ▸ **un personnage féerique** 一位神话人物 [yí wèi shénhuà rénwù] ❷ (enchanteur) 美妙的 [měimiào de] ▸ **un paysage féerique** 一片美景 [yí piàn měijǐng].

feindre ♦ vt (simuler) 假装 [jiǎzhuāng] ▸ **feindre la colère** 假装发火 [jiǎzhuāng fāhuǒ]. ♦ vi (faire semblant) 假装 [jiǎzhuāng] ▸ **elle feint de ne pas comprendre** 她假装不懂 [tā jiǎzhuāng bùdǒng].

feinte nf 圈套 [quāntào] ▸ **son départ n'était qu'une feinte** 他的离开只不过是个圈套 [tāde líkāi zhǐbúguò shì ge quāntào].

fêlé, e adj ❶ (fendu) 有裂痕的 [yǒulièhén de] ▸ **une assiette fêlée** 一只有裂痕的盘子 [yì zhī yǒulièhén de pánzi] ❷ *fam* (fou) 失常的 [shīcháng de].

fêler vt 打裂 [dǎliè] ▸ **fêler un objet en porcelaine** 把一个瓷器打裂 [bǎ yí ge cíqì dǎ liè].

félicitations nfpl (compliments) 贺词 [hècí] ▸ **j'ai appris la bonne nouvelle, félicitations !** 我听说了这个好消息，恭喜！ [wǒ tīngshuō le zhè ge hǎo xiāoxi, gōngxǐ!] ▸ **présenter ses félicitations à qqn** 向某人表示祝贺 [xiàng mǒurén biǎoshì zhùhè].

féliciter vt (complimenter) 祝贺 [zhùhè] ▸ **féliciter des jeunes mariés** 祝贺新婚夫妇 [zhùhè xīnhūn fūfù] ▸ **je vous félicite d'avoir remporté cette épreuve** 祝贺您赢得了这场比赛 [zhùhè nín yíngdé le zhè chǎng bǐsài].

▪ **se féliciter de** vp+prép (se réjouir) 感到高兴 [gǎndào gāoxìng] ▸ **je me félicite de ce succès** 我为这次成功感到高兴 [wǒ wèi zhè cì chénggōng gǎndào gāoxìng] ▸ **il se félicite d'avoir réussi son examen** 他为通过了考试感到高兴 [tā wèi tōngguò le kǎoshì gǎndào gāoxìng].

félin, e adj ❶ (des félidés) 猫科的 [māokē de] ❷ *fig* (gracieux, souple) 轻柔的 [qīngróu de] ▸ **une allure féline** 一种轻柔的体态 [yì zhǒng qīngróu de tǐtài].

▪ **félin** nm 猫科动物 [māokē dòngwù].

fêlure nf 裂痕 [lièhén] ▸ **la fêlure d'un verre** 玻璃杯的裂痕 [bōlibēi de lièhén].

femelle ♦ adj BIOL 母的 [mǔ de] ▸ **une souris femelle** 一只母老鼠 [yì zhī mǔ lǎoshǔ]. ♦ nf (animal) ○ (cl. 只 [zhī] ou 个 [gè]) 雌性动物 [cíxìng dòngwù] ▸ **la femelle et ses petits** 雌性动物及其幼仔 [cíxìng dòngwù jíqí yòuzǐ].

féminin, e adj ❶ (propre aux femmes) 女性的 [nǚxìng de] ▸ **une revue féminine** 一本妇女杂志 [yì běn fùnǚ zázhì] ▸ **des sous-vêtements féminins** 一些女性内衣 [yìxiē nǚxìng nèiyī] ❷ (composé de femmes) 女子的 [nǚzǐ de] ▸ **une équipe féminine de football** 一支女子足球队 [yì zhī nǚzǐ zúqiúduì] ❸ GRAMM 阴性的 [yīnxìng de] ▸ **un nom féminin** 一个阴性名词 [yí ge yīnxìng míngcí].

▪ **féminin** nm GRAMM 阴性 [yīnxìng] ▸ **le féminin d'un mot** 词的阴性形式 [cí de yīnxìng xíngshì].

féministe ♦ adj 女权运动的 [nǚquán yùndòng de] ▸ **un mouvement féministe** 一次女权运动 [yí cì nǚquán yùndòng]. ♦ nmf (cl. 位 [wèi] ou 个 [gè] ou 名 [míng]) 女权运动者 [nǚquán yùndòngzhě] ▸ **une manifestation de féministes** 一次女权运动者的示威游行 [yí cì nǚquán yùndòngzhě de shìwēi yóuxíng].

féminité nf 女性 [nǚxìng].

femme nf ❶ (personne de sexe féminin) ○ (cl. 位 [wèi] ou 个 [gè] ou 名 [míng]) 妇女 [fùnǚ] ▸ **une jeune femme** 一位少妇 [yí wèi shàofù] ▸ **une belle femme** 一位美女 [yí wèi měinǚ] ❷ (épouse) 妻子 [qīzi] ▸ **je vous présente ma femme** 我给您介绍一下我的妻子 [wǒ gěi nín jièshào yí xià wǒde qīzi]

◊ **femme d'affaires** (cl. 位 [wèi] ou 个 [gè] ou 名 [míng]) 女企业家 [nǚ qǐyèjiā] ▸ **femme au foyer** (cl. 位 [wèi] ou 个 [gè] ou 名 [míng]) 家庭妇女 [jiātíng fùnǚ] ▸ **femme de ménage** (cl. 位 [wèi] ou 个 [gè] ou 名 [míng]) 女佣 [nǚyōng].

fémur nm 股骨 [gǔgǔ] ▸ **se casser le col du fémur** 折断股骨颈 [zhéduàn gǔgǔ jǐng].

fendre vt ❶ (couper) 劈开 [pīkāi] ▸ **fendre du bois** 劈木柴 [pī mùchái] ❷ (crevasser) 使……开裂 [shǐ… kāiliè] ▸ **la sécheresse fend la terre** 干旱使土地开裂了 [gānhàn shǐ tǔdì kāiliè le] ❸ (écarter) 冲开 [chōngkāi] ▸ **fendre la foule** 冲开人群 [chōngkāi rénqún] ▸ **fendre la mer** 破海前进 [pòhǎi qiánjìn]

◊ **fendre le cœur** 令人心碎 [lìngrén xīnsuì].

▪ **se fendre** vp (se fêler) 裂 [liè] ▸ **le vase s'est fendu** 花瓶裂了 [huāpíng liè le].

fendu, e adj 有开口的 [yǒukāikǒu de] ▸ **une jupe fendue** 一条开衩裙 [yì tiáo kāichà qún].

fenêtre nf (cl. 扇 [shàn]) 窗户 [chuānghu] ▸ **ouvrir/fermer la fenêtre** 开/关窗户 [kāi/guān chuānghu].

Feng Shui nm 风水 [FēngShui] ▸ **aménager son intérieur selon les règles du Feng Shui** 根据风水法则布置自己的室内环境 [gēnjù FēngShui fǎzé bùzhì zìjǐ de shìnèi huánjìng].

fenouil nm 茴香 [huíxiāng].

fente nf ❶ (fissure) ○ (cl. 道 [dào]) 裂缝 [lièfèng] ▸ **une fente dans un mur** 墙上的一道裂缝 [qiáng shàng de yí dào lièfèng] ❷ (ouverture) 间隙 [jiànxì] ▸ **les fentes des volets** 护窗板的间隙 [hù chuāngbǎn de jiànxì] ❸ (coupure) 衩 [chà] ▸ **la fente d'une jupe** 裙子的衩 [qúnzi de chà].

féodal, e, aux adj 封建的 [fēngjiàn de] ▸ **un château féodal** 一座封建古堡 [yí zuò fēngjiàn gúbǎo].

fer ♦ nm ❶ (métal) 铁 [tiě] ▸ **le fer rouille** 铁生锈 [tiě shēngxiù] ❷ (renfort métallique) ▸ **fer à cheval** 马蹄铁 [mátítiě] ❸ (substance) 铁质 [tiězhì] ▸ **certains aliments contiennent du fer** 一些食物含铁质 [yìxiē shíwù hán tiězhì] ❹ (appareil) ▸ **fer à repasser** 熨斗 [yùndǒu] ▸ **fer à souder** 烙铁 [làotie]

◊ **il faut battre le fer quand il est chaud** *(proverbe)* 打铁须趁热 [dátiě xū chènrè] ▸ **de fer** 钢铁般的 [gāngtiěbān de] ▸ **une volonté de fer** 钢铁般的意志 [gāngtiěbān de yìzhì].

♦ nmpl 镣铐 [liàokào] ▸ **mettre un prisonnier aux fers** 给一个囚犯带上镣铐 [gěi yí ge qiúfàn dàishang liàokào].

férié, e adj 放假的 [fàngjià de] ▸ **un jour férié** 一个假日 [yí ge jiàrì].

ferme[1] ♦ adj ❶ (consistant) 坚实的 [jiānshí de] ▸ **un sol ferme** 一块坚实的土地 [yí kuài jiānshí de tǔdì] ▸ **un fruit à chair ferme** 硬的水果 [yìng de shuíguǒ] ▸ **des cuisses fermes** 结实的大腿 [jiēshi de dàtuǐ] ❷ (déterminé) 坚决的 [jiānjué de] ▸ **se montrer ferme, ne pas céder** 表现出坚决不让步 [biǎoxiàn chū jiānjué búràngbù] ▸ **une décision ferme et définitive** 一个最终不变的决定 [yí ge zuìzhōng búbiàn de juédìng] ❸ (assuré) 坚定的 [jiāndìng de] ▸ **parler d'un ton ferme** 用一种坚定的语气讲话 [yòng yì zhǒng jiāndìng de yǔqì jiǎnghuà] ▸ **une écriture ferme** 遒劲的字体 [qiújìng de zìtǐ]. ♦ adv (intensément) ▸ **discuter ferme** 激烈地争论 [jīliè de zhēnglùn] ▸ **s'ennuyer ferme** 十分地烦恼 [shífēn de fánnǎo] ▸ **travailler ferme** 拼命地工作 [pīnmìng de gōngzuò]

◊ **tenir ferme** 坚持 [jiānchí].

ferme[2] nf (exploitation agricole) ○ (cl. 家 [jiā] ou 个 [gè]) 农场 [nóngchǎng].

fermé, e adj ❶ (clos) 关闭的 [guānbì de] ▸ **une porte fermée** 一扇关闭的门 [yí shàn guānbì de mén] ▸ **un robinet mal fermé** 一个没关严的水龙头 [yí ge méi guānyán de shuǐlóngtóu] ▸ **un magasin fermé le lundi** 一家周一停业的商店 [yì jiā zhōuyī tíngyè de shāngdiàn] ▸ **avoir les yeux fermés** 闭着眼睛 [bìzhe yǎnjing] ❷ (sélect) 封闭的 [fēngbì de] ▸ **faire partie d'un cercle très fermé** 一个极封闭团体中的一分子 [yí ge jí fēngbì tuántǐ zhōng de yífènzǐ] ❸ (impénétrable) 捉摸不透的 [zhuōmo bútòu de] ▸ **un visage fermé** 一张捉摸不透的面孔 [yì zhāng zhuōmo bútòu de miànkǒng].

fermement adv ❶ (avec détermination) 坚决地 [jiānjué de] ▸ **ils sont fermement décidés à ne pas céder** 他们已经下定决心不让步 [tāmen yǐjing xiàdìng juéxīn bú ràngbù] ❷ (avec assurance) 紧紧地 [jínjǐn de] ▸ **il la tenait fermement enlacée** 他紧紧地搂着她 [tā jínjǐn de lǒuzhe tā].

ferment nm (levure) 酵母 [jiàomǔ].

fermenter vi 发酵 [fājiào] ▸ **laisser fermenter la pâte** 让面团发酵 [ràng miàntuán fājiào].

fermer ♦ vt ❶ (clore) 关 [guān] ▸ **fermer une porte** 关一扇门 [guān yí shàn mén] ▸ **fermer le verrou** 插上插销 [chāshang chāxiāo] ▸ **fermer le robinet** 关上水龙头 [guānshang shuǐlóngtóu] ❷ (verrouiller) 锁 [suǒ] ▸ **sa chambre est fermée à clé** 他的卧室锁上了 [tāde wòshì suǒshang le] ▸ **fermer son sac** 把袋子扎上 [bǎ dàizi zāshang] ▸ **fermer son bureau** 锁上他办公室的门 [suǒshang tā bàngōngshì de mén] ❸ (interdire l'accès de) 关闭 [guānbì] ▸ **fermer les frontières** 关闭边境 [guānbì biānjìng] ▸ **fermer une route** 关闭一条路 [guānbì yì tiáo lù] ❹ (rapprocher)

闭上 [bìshang] ▸ **fermer les yeux** 闭上眼睛 [bìshang yǎnjing] ▸ **fermer la bouche** 闭上嘴 [bìshang zuǐ] ❺ (boutonner) 扣上 [kòushang] ▸ **ferme ta veste, il fait froid** 扣好你的上衣，天很冷 [kòu hǎo nǐde shàngyī, tiān hén lěng] ❻ (refermer) 合上 [héshang] ▸ **fermer un livre** 合上一本书 [héshang yì běn shū] ▸ **fermer un parapluie** 收起一把雨伞 [shōuqǐ yì bǎ yúsǎn] ❼ (éteindre) 关 [guān] ▸ **fermer la télévision** 关电视 [guān diànshì] ▸ **fermer l'électricité** 关电 [guān diàn]. ♦ vi ❶ (se clore) 关 [guān] ▸ **cette porte ferme mal** 这扇门关不好 [zhè shàn mén guānbùhǎo] ❷ (ne pas être ouvert au public) 关门 [guānmén] ▸ **les magasins ferment le dimanche** 商场在星期天关门 [shāngchǎng zài xīngqītiān guānmén] ▸ **ils ont fermé il y a quelques années déjà** 他们停业已经有几年了 [tāmen tíngyè yǐjing yóu jǐnián le].

■ **se fermer** vp ❶ (se rabattre) 关上 [guānshang] ▸ **la porte s'est fermée avec le vent** 门被风吹得关上了 [mén bèi fēng chuī dé guānshang le] ❷ (pouvoir être fermé) 被合上 [bèihéshang] ▸ **cette robe se ferme par devant** 这条连衣裙在前面系 [zhè tiáo liányīqún zài qiánmiàn jì].

fermeté nf ❶ (solidité) 坚硬 [jiānyìng] ▸ **la fermeté d'une pâte** 一个面团的坚硬 [yí ge miàntuán de jiānyìng] ▸ **la fermeté du sol** 土地的坚硬 [tǔdì de jiānyìng] ❷ (assurance, force) 坚定 [jiāndìng] ▸ **la fermeté d'une poignée de main** 握手时表现出的坚定 [wòshǒu shí biǎoxiànchū de jiāndìng] ❸ (autorité) 威严 [wēiyán] ▸ **faire preuve de fermeté** 表现出威严 [biǎoxiàn chū wēiyán].

fermeture nf ❶ (clôture) 关上 [guānshang] ▸ **la fermeture automatique des portes** 门的自动关闭装置 [mén de zìdòng guānbì zhuāngzhì] ❷ (dispositif) 拉链 [lāliàn] ▸ **fermeture Eclair**® **ou à glissière** 拉链 [lāliàn] ❸ (cessation d'activité) 停业 [tíngyè] ▸ **la fermeture du bureau de poste** 邮局的停业 [yóujú de tíngyè] ▸ **l'heure de fermeture de la banque** 银行歇业期间 [yínháng xiēyè qījiān].

fermier, ère ♦ nm, f (cl. 位 [wèi] ou 个 [gè] ou 名 [míng]) 农场主 [nóngchángzhǔ] ▸ **ses parents sont de riches fermiers** 他的父母亲是富裕的农场主 [tāde fùmǔqin shì fùyù de nóngchángzhǔ]. ♦ adj 农家的 [nóngjiā de] ▸ **un poulet fermier** 一只农家鸡 [yì zhī nóngjiā jī].

fermoir nm 搭钩 [dāgōu] ▸ **le fermoir d'un collier** 项链的搭钩 [xiàngliàn de dāgōu] ▸ **le fermoir d'une montre** 手表的搭钩 [shóubiǎo de dāgōu].

féroce adj ❶ (sauvage) 凶猛的 [xiōngměng de] ▸ **une bête féroce** 一只猛兽 [yì zhī měngshòu] ❷ (méchant) 凶狠的 [xiōnghěn de] ▸ **un regard féroce** 一道凶狠的目光 [yí dào xiōnghěn de mùguāng] ❸ (énorme) 极强的 [jíqiáng de] ▸ **un appétit féroce** 极好的胃口 [jíhǎo de wèikǒu] ▸ **une envie féroce** 一种强烈的欲望 [yì zhǒng qiángliè de yùwàng].

ferraille nf 废铁 [fèitiě].

ferroviaire adj 铁路的 [tiělù de] ▸ **le réseau ferroviaire** 铁路网 [tiělù wǎng].

ferry, ferry-boat nm (cl. 艘 [sōu]) 渡轮 [dùlún] ▸ **faire une traversée en ferry** 乘渡轮过去 [chéng dùlún guòqù].

fertile adj ❶ (fécond) 盛产某物的 [shèngchǎn mǒuwù de] ▸ **une région fertile en blé** 一个盛产小麦的地区 [yí ge shèngchǎn xiǎomài de dìqū] ❷ (inventif) 丰富的 [fēngfù de] ▸ **une imagination fertile** 一种丰富的想像力 [yì zhǒng fēngfù de xiǎngxiànglì] ❸ (riche) 富有......的 [fùyǒu... de] ▸ **une journée fertile en événements** 一个多事之日 [yí ge duōshì zhī rì].

fertiliser vt 使......肥沃 [shǐ... féiwò] ▸ **fertiliser la terre** 使土壤肥沃 [shǐ túrǎng féiwò].

fertilité nf ❶ (fécondité) 肥沃 [féiwò] ▸ **la fertilité de la terre** 土地的肥沃 [tǔdì de féiwò] ❷ (créativité) 丰富 [fēngfù] ▸ **la fertilité de l'imagination** 想像力的丰富 [xiǎngxiànglì de fēngfù].

féru, e adj *sout* (passionné) 痴迷的 [chīmí de] ▸ **elle est férue de littérature** 她痴迷于文学 [tā chīmíyú wénxué].

fervent, e ♦ adj 热诚的 [rèchéng de] ▸ **un fervent admirateur** 一位热诚的仰慕者 [yí wèi rèchéng de yǎngmùzhě]. ♦ nm, f (passionné)

迷 [mí] ▸ **un fervent de sport** 一个体育迷 [yí ge tǐyù mí].

ferveur nf 虔诚 [qiánchéng] ▸ **prier avec ferveur** 虔诚地祈祷 [qiánchéng de qídǎo] ▸ **écouter avec ferveur** 热诚地倾听 [rèchéng de qīngtīng].

fessée nf 打屁股 [dǎpìgu] ▸ **donner/recevoir une fessée** 打/被打屁股 [dǎ/bèidǎ pìgu].

fesses nfpl 臀部 [túnbù] ▸ **avoir les fesses rebondies** 有丰满的臀部 [yǒu fēngmǎn de túnbù].

festin nm ❶ (banquet) ○ (cl. 场 [chǎng] ou 个 [gè]) 宴会 [yànhuì] ▸ **un festin de noces** 一个婚宴 [yí ge hūn yàn] ❷ *fam* (très bon repas) 丰盛的大餐 [fēngshèng de dàcān].

festival, als nm 节 [jié] ▸ **un festival de cinéma** 一个电影节 [yí ge diànyǐngjié] ▸ **un festival de la chanson française** 一个法文歌曲的音乐节 [yí ge fǎwén gēqǔ de yīnyuè jié].

festivités nfpl 庆典 [qìngdiǎn] ▸ **les festivités de Noël** 圣诞节庆典 [Shèngdànjié qìngdiǎn] ▸ **donner lieu à des festivités** 引起庆典的机会 [yínqǐ qìngdiǎn de jīhuì].

fêtard, e *fam* nm, f 寻欢作乐的人 [xúnhuān zuòlè de rén] ▸ **c'est un joyeux fêtard** 这是个快活的寻欢作乐的人 [zhè shì ge kuàihuo de xúnhuān zuòlè de rén].

fête nf ❶ (réunion, réception) ○ (cl. 场 [chǎng] ou 个 [gè]) 宴会 [yànhuì] ▸ **une fête de famille** 一个家庭聚会 [yí ge jiātíng jùhuì] ▸ **une fête d'anniversaire** 一个生日宴会 [yí ge shēngri yànhuì] ❷ (commémoration) 节 [jié] ▸ **fête nationale** 国庆节 [guóqìngjié] ❸ (réjouissances publiques) 庆祝会 [qìngzhùhuì] ▸ **il y a la fête au village ce soir** 今晚村子里有庆祝会 [jīnwǎn cūnzi lǐ yǒu qìngzhùhuì] ▸ **fête foraine** 集市节 [jíshì jié]

◊ **faire la fête** 吃喝玩乐 [chīhe wánlè].

▪ **fêtes** nfpl 节期 [jiéqī] ▸ **les fêtes de fin d'année** 年终节期 [niánzhōng jiéqī].

fêter vt ❶ (célébrer) 庆祝 [qìngzhù] ▸ **fêter un anniversaire** 庆祝一个生日 [qìngzhù yí ge shēngri] ▸ **fêter l'arrivée de qqn** 庆祝某人的到来 [qìngzhù mǒurén de dàolái] ▸ **fêter le Nouvel An chinois** 过春节 [guò Chūnjié] ❷ (accueillir) 热烈欢迎 [rèliè huānyíng] ▸ **fêter un ami** 热烈欢迎一位朋友 [rèliè huānyíng yí wèi péngyou] ▸ **fêter le vainqueur** 热烈欢迎优胜者 [rèliè huānyíng yōushèngzhě].

fétiche nm (porte-bonheur) 护符 [hùfú] ▸ **il ne fait rien sans sa médaille fétiche** 没有护符牌，他什么也不干 [méiyǒu hùfú pái, tā shénme yě bùgān].

fétichisme nm ❶ RELIG 拜物教 [bàiwùjiào] ❷ (culte) 物恋 [wùliàn] ▸ **elle a le fétichisme de la propreté** 她有洁癖 [tā yǒu jiépǐ] ❸ (vénération) 盲目崇拜 [mángmù chóngbài] ▸ **une admiration qui tient du fétichisme** 一种带有盲目崇拜的仰慕 [yì zhǒng dàiyǒu mángmù chóngbài de yǎngmù].

fétide adj 臭的 [chòu de] ▸ **il a une haleine fétide** 他有口臭 [tā yǒu kǒuchòu].

feu[1], **x** nm ❶ (flambée) ○ (cl. 把 [bǎ]) 火 [huǒ] ▸ **le feu brûlait dans la cheminée** 火在壁炉里燃烧 [huǒ zài bìlú lǐ ránshāo] ▸ **faire du feu** 生火 [shēng huǒ] ▸ **feu de camp** 营火 [yínghuǒ] ▸ **feu de cheminée** 壁炉炉火 [bìlú lúhuǒ] ❷ (incendie) 失火 [shīhuǒ] ▸ **la maison a pris feu** 房子失火了 [fángzi shīhuǒ le] ▸ **feu de forêt** 森林火灾 [sēnlín huǒzāi] ▸ **au feu !** 救火 [jiùhuǒ] ▸ **en feu** 着火的 [zháohuǒ de] ❸ (source de chaleur) 炉子 [lúzi] ▸ **la soupe est sur le feu** 炉子上正在烧汤 [lúzi shàng zhèngzài shāotāng] ▸ **à feu doux/vif** 文火/旺火 [wénhuǒ/wànghuǒ] ❹ (signal lumineux) 灯 [dēng] ▸ **tournez à gauche après le feu** 过了红绿灯后向左转 [guò le hónglǜdēng hòu xiàngzuózhuǎn] ▸ **feux de position/de croisement/de route** 侧灯/会车灯/公路行车灯 [cè dēng/huìchē dēng/gōnglù xíngchē dēng] ▸ **feux de détresse** 警示灯 [jǐngshì dēng] ❺ (décharge d'une arme) 射击 [shèjī] ▸ **tirer un coup de feu** 开一枪 [kāi yì qiāng] ▸ **feu nourri** 持续不断的射击 [chíxù búduàn de shèjī] ▸ **faire feu** 开火 [kāihuǒ].

▪ **feu d'artifice** nm 烟火 [yānhuǒ] ▸ **les feux d'artifice furent inventés par les Chinois** 烟火是中国人发明的 [yānhuǒ shì Zhōngguórén fāmíng de].

feu[2], **e, s** adj (défunt) 已故的 [yǐgù de] ▸ **feu la mère de...** 某人最近去世的母亲 [mǒurén zuìjìn qùshì de mǔqin] ▸ **feu M. X** 已

故的X先生 [yǐgù de X xiānsheng] ▸ **la feue reine** 已故王后 [yǐgù wánghòu].

feuillage nm (一棵树的全部)树叶 [(yì kē shù de quánbù) shùyè] ▸ **le feuillage d'un arbre** 一棵树的树叶 [yì kē shù de shùyè].

feuille nf ❶ (partie de végétaux) ○ (cl. 片 [piàn]) 叶子 [yèzi] ▸ **les feuilles des arbres sont toutes tombées** 树上的树叶都落了 [shù shàng de shùyè dōu luò le] ▸ **des feuilles mortes** 一些枯叶 [yìxiē kūyè] ❷ (page) ○ (cl. 张 [zhāng]) 纸页 [zhǐyè] ▸ **une feuille blanche** 一张白纸 [yì zhāng báizhǐ] ❸ (plaque) 薄片 [báopiàn] ▸ **feuille d'or** (cl. 片 [piàn]) 金箔 [jīnbó] ❹ (document) ○ (cl. 张 [zhāng]) 单据 [dānjù] ▸ **une feuille d'impôts** 一张税收单 [yì zhāng shuìshōudān] ▸ **une feuille de soins** 一张医疗保险单据 [yì zhāng yīliáo báoxiǎn dānjù] ◊ **trembler comme une feuille** 浑身发抖 [húnshēn fādǒu].

feuillet nm (feuille) 页 [yè] ▸ **les feuillets d'un livre** 书页 [shūyè] ▸ **des feuillets mobiles ou détachables** 一些活页纸 [yìxiē huóyèzhǐ].

feuilleté, e adj CULIN ▸ **pâte feuilletée** (cl. 块 [kuài]) 千层黄油面团 [qiān céng huángyóu miàntuán].

feuilleter vt 翻阅 [fānyuè] ▸ **feuilleter un magazine** 翻阅一本杂志 [fānyuè yì běn zázhì].

feuilleton nm ❶ TV (cl. 部 [bù]) 连续剧 [liánxùjù] ▸ **un feuilleton télévisé** 一部电视连续剧 [yí bù diànshì liánxùjù] ❷ (roman) 连载小说 [liánzǎi xiǎoshuō].

feutre nm ❶ (crayon) ○ (cl. 支 [zhī]) 毡笔 [zhānbǐ] ▸ **dessiner au feutre** 用一支毡笔画图 [yòng yìzhī zhānbǐ huàtú] ▸ **feutre (de) couleur** (cl. 支 [zhī]) 彩色毡笔 [cǎisè zhānbǐ] ❷ (étoffe) 毡子 [zhānzi] ▸ **un chapeau de feutre** 一顶毡帽 [yì dǐng zhānmào].

feutré, e adj ❶ (qui a l'aspect du feutre) 仿毡的 [fǎngzhān de] ▸ **un pull feutré** 一件仿毡羊毛衫 [yí jiàn fǎngzhān yángmáoshān] ❷ (doux) 轻柔的 [qīngróu de] ▸ **une ambiance feutrée** 一种柔和的气氛 [yì zhǒng róuhé de qìfen] ▸ **à pas feutrés** 轻轻地 [qīngqīng de].

fève nf ❶ (plante) ○ (cl. 颗 [kē] ou 粒 [lì]) 蚕豆 [cándòu] ▸ **planter des fèves** 种一些蚕豆 [zhǒng yìxiē cándòu] ▸ **un plat de fèves** 一盘蚕豆 [yì pán cándòu] ❷ (figurine) 小瓷人 [xiǎocírén] ▸ **la fève des Rois** 三王来朝节烘饼里的小瓷人 [Sānwáng láicháo jié hōngbǐng lǐ de xiǎocírén].

février nm 二月 [èryuè].

fiable adj ❶ (sûr) 可靠的 [kěkào de] ▸ **une machine fiable** 一部可靠的机器 [yí bù kěkào de jīqì] ❷ (fidèle) 可信赖的 [kěxìnlài de] ▸ **une amie fiable** 一个可信赖的女朋友 [yí ge kěxìnlài de nǚpéngyǒu].

fiancé, e nm, f ❶ (homme) 未婚夫 [wèihūnfū] ❷ (femme) 未婚妻 [wèihūnqī].

fiancer ▪ **se fiancer** vp 订婚 [dìnghūn] ▸ **se fiancer à/avec qqn** 和/与某人订婚 [hé/yǔ mǒurén dìnghūn].

fibre nf (substance) ○ (cl. 根 [gēn]) 纤维 [xiānwéi] ▸ **fibres alimentaires** 食物纤维 [shíwù xiānwéi].

ficelle nf (fil) ○ (cl. 根 [gēn] ou 条 [tiáo]) 细绳 [xìshéng] ▸ **un bout de ficelle** 一段细绳 [yí duàn xìshéng].

fiche nf ❶ (feuille) ○ (cl. 张 [zhāng]) 卡片 [kǎpiàn] ❷ (document) ○ (cl. 份 [fèn] ou 张 [zhāng]) 记录单 [jìlùdān] ▸ **fiche d'état civil** 个人档案 [gèrén dàng'àn] ▸ **fiche de paie** 工资单 [gōngzī dān].

ficher vt ❶ (inscrire) 写入记录 [xiěrù jìlù] ▸ **être fiché par la police** 被记入警方档案 [bèi jìrù jǐngfāng dàng'àn] ❷ *fam* (faire) 干 [gàn] ▸ **mais qu'est-ce qu'il fiche ?** 那他干什么呢？ [nà tā gàn shénme ne?].

▪ **se ficher de** vp + prép *fam* ❶ (se moquer de) 嘲笑 [cháoxiào] ❷ (ne pas tenir compte de) 对……无所谓 [duì ... wúsuǒwèi] ▸ **je m'en fiche !** 我无所谓！ [wǒ wúsuǒwèi!].

fichier nm ❶ (ensemble de fiches) ○ (cl. 套 [tào] ou 份 [fèn]) 资料 [zīliào] ▸ **les fichiers de clients** 客户资料 [kèhù zīliào] ❷ INFORM 文件 [wénjiàn] ▸ **fichier joint** 附件 [fù jiàn] ▸ **enregistrer un fichier** 保存一个文件 [bǎocún yí ge wénjiàn].

fichu, e adj *fam* ❶ (très abîmé) 完蛋的 [wándàn de] ▸ **ma voiture est fichue** 我的汽车完蛋了 [wǒde qìchē wándàn le] ❷ (sans espoir) 没戏

的 [méixì de] ▸ **c'est fichu !** 没戏了！ [méixì le!].

fictif, ive adj (imaginaire) 虚构的 [xūgòu de] ▸ **un personnage fictif** 一个虚构的人物 [yí ge xūgòu de rénwù].

fiction nf (œuvre d'imagination) ○ (cl. 部 [bù] ou 篇 [piān]) 小说 [xiǎoshuō] ▸ **un livre de fiction** 一本小说书 [yì běn xiǎoshuō shū].

fidèle ♦ adj ❶ (loyal) 忠诚的 [zhōngchéng de] ▸ **une amie fidèle** 一个忠诚的朋友 [yí ge zhōngchéng de péngyou] ❷ (qui ne trahit pas) 忠实的 [zhōngshí de] ▸ **être fidèle à ses engagements** 忠实于其诺言 [zhōngshí yú qí nuòyán] ❸ (conforme) 忠于……的 [zhōngyú... de] ▸ **un récit fidèle à la réalité** 一段忠于事实的叙述 [yí duàn zhōngyú shìshí de xùshù]. ♦ nmf RELIG (cl. 名 [míng] ou 个 [gè]) 信徒 [xìntú].

fidélité nf ❶ (loyauté) 忠诚 [zhōngchéng] ❷ (fiabilité) 准确性 [zhǔnquèxìng] ▸ **la fidélité d'une traduction** 一篇翻译的准确性 [yì piān fānyì de zhǔnquèxìng].

Fidji nfpl ▸ **les (îles) Fidji** 斐济 群岛 [Fěijì qúndǎo].

fier[1] ▪ **se fier à** vp+prép 信赖 [xìnlài] ▸ **ne te fie pas à elle** 你不要相信她 [nǐ búyào xiāngxìn tā] ▸ **se fier à sa mémoire** 信赖其记忆 [xìnlài qí jìyì].

fier[2], **fière** adj ❶ (orgueilleux) 骄傲的 [jiāo'ào de] ❷ (content) 自豪的 [zìháo de] ▸ **elle est fière de ses enfants** 她以她的孩子们为荣 [tā yǐ tāde háizimen wéi róng].

fièvre nf (température) 发烧 [fāshāo] ▸ **avoir de la fièvre** 发烧 [fāshāo] ▸ **avoir 40 de fièvre** 发烧40度 [fāshāo 40 dù].

figer vt ❶ (immobiliser) 使……不动 [shǐ… búdòng] ▸ **la surprise l'a figé sur place** 这一意外让他当场愣住了 [zhè yí yìwài ràng tā dāngchǎng lèngzhù le] ❷ (solidifier) 使……凝固 [shǐ… nínggù].

▪ **se figer** vp (s'immobiliser) 僵住 [jiāngzhù].

figue nf 无花果 [wúhuāguǒ].

figurant, e nmf CINÉ & THÉÂTRE 群众演员 [qúnzhòng yǎnyuán].

figure nf ❶ (visage) ○ (cl. 张 [zhāng]) 脸 [liǎn] ❷ (forme) 形状 [xíngzhuàng] ▸ **figure géométrique** 几何图形 [jǐhé túxíng].

figuré, e adj (imagé) 引申的 [yǐnshēn de] ▸ **le sens figuré d'un mot** 一个词的引申义 [yí ge cí de yǐnshēn yì].

figurer ♦ vt (symboliser) 象征 [xiàngzhēng] ▸ **la colombe figure la paix** 白鸽象征和平 [báigē xiàngzhēng hépíng]. ♦ vi (être mentionné) ▸ **figurer sur** 出现在 [chūxiàn zài].

fil nm ❶ (brin) ○ (cl. 根 [gēn]) 线 [xiàn] ▸ **fil à coudre** 缝衣服的线 [féng yīfu de xiàn] ❷ (matière métallique) ○ (cl. 根 [gēn]) (金属)丝 [(jīnshǔ) sī] ▸ **fil électrique** 电线 [diàn xiàn] ▸ **fil de fer** 铁丝 [tiě sī] ❸ (cours) ▸ **au fil des ans** 随着时光的流逝 [suízhe shíguāng de liúshì]

◊ **passer un coup de fil** 打个电话 [dǎ ge diànhuà].

file nf ❶ (suite de personnes) 队 [duì] ▸ **file d'attente** 等候的队伍 [děnghòu de duìwǔ] ❷ (suite de choses) 列 [liè] ▸ **une file de voitures** 车列 [chē liè] ❸ (voie d'une chaussée) ○ (cl. 条 [tiáo]) 道 [dào] ▸ **la voiture a changé de file** 汽车换了道 [qìchē huàn le dào].

filer ♦ vt ❶ (sécréter un fil) 吐丝 [tǔsī] ❷ (suivre discrètement) 跟踪 [gēnzōng]. ♦ vi (se dérouler) 脱线 [tuōxiàn].

filet nm ❶ (tissu à larges mailles) ○ (cl. 张 [zhāng]) 网 [wǎng] ▸ **filet de pêche** 鱼网 [yú wǎng] ❷ CULIN (cl. 块 [kuài]) 脊肉 [jǐròu] ▸ **un filet de bœuf** 一块牛里脊 [yí kuài niú lǐji].

filial, e, aux adj ▸ **la piété filiale** 孝顺 [xiàoshùn].

▪ **filiale** nf ÉCON (cl. 家 [jiā] ou 个 [gè]) 分公司 [fēngōngsī].

filiation nf (lien de parenté) 亲子关系 [qīnzǐ guānxi] ▸ **la filiation maternelle** 母子关系 [múzǐ guānxi].

filière nf (voie) 专修课程 [zhuānxiū kèchéng] ▸ **suivre une filière scientifique** 上专修科学课程的课 [shàng zhuānxiū kēxué kèchéng de kè].

filiforme adj 极瘦的 [jíshòu de] ▸ **une femme filiforme** 一个极瘦的女人 [yí ge jíshòu de nǚrén] ▸ **des jambes filiformes** 纤细的双腿 [xiānxì de shuāng tuǐ].

filigrane nm (dessin) 水印 [shuǐyìn] ▸ **le filigrane d'un billet de banque** 钞票的水印 [chāopiào de shuǐyìn].

fille nf ❶ (enfant par rapport aux parents) 女儿 [nǚ'ér] ▸ **ils ont deux filles** 他们有两个女儿 [tāmen yǒu liǎng gè nǚ'ér] ▸ **une fille adoptive** 一个养女 [yí ge yángnǚ] ❷ (personne de sexe féminin) 女孩 [nǚhái] ▸ **une jeune fille** 一个年轻女孩 [yí ge niánqīng nǚhái] ▸ **une petite fille** 一个小女孩 [yí ge xiáonǚ hái]
◊ **vieille fille** *péj* 老处女 [láochǔnǚ].

fillette nf 小女孩 [xiáonǚhái].

filleul, e nm, f 教子 [jiàozǐ].

film nm ❶ (œuvre) ○ (cl. 部 [bù]) 电影片 [diànyǐngpiàn] ▸ **film fantastique** 神怪片 [shénguài piàn] ▸ **film policier** 侦探片 [zhēntàn piàn] ▸ **tourner un film** 拍一部电影 [pāi yí bù diànyǐng] ❷ (pellicule) ○ (cl. 卷 [juǎn]) 胶片 [jiāopiàn] ▸ **faire développer un film** 使……冲洗胶卷 [shǐ…chōngxǐ jiāojuǎn] ❸ (couche mince) ○ (cl. 张 [zhāng]) 薄膜 [bómó] ▸ **film plastique** 塑料薄膜 [sùliào bómó].

filmer vt 拍摄 [pāishè] ▸ **filmer une scène d'amour** 拍一个爱情场面 [pāi yí ge àiqíng chǎngmiàn].

filon nm (cl. 条 [tiáo]) 矿脉 [kuàngmài] ▸ **un filon d'or** 一条金矿脉 [yì tiáo jīnkuàngmài].

fils nm 儿子 [érzi] ▸ **un fils adoptif** 一个养子 [yí ge yángzǐ] ▸ **son fils aîné a douze ans** 他的大儿子十二岁 [tāde dà'érzǐ shí'èr suì].

filtrant, e adj 过滤用的 [guòlǜyòng de] ▸ **des verres filtrants** 一些滤杯 [yìxiē lǜ bēi].

filtre nm ❶ (papier) 过滤纸 [guòlǜzhǐ] ▸ **filtre à café** 咖啡过滤纸 [kāfēi guòlǜ zhǐ] ❷ (embout) 过滤嘴 [guòlǜzuǐ] ▸ **des cigarettes sans filtre** 一些不带过滤嘴的香烟 [yìxiē búdài guòlǜzuǐ de xiāngyān] ❸ (dispositif) 过滤器 [guòlǜqì] ▸ **le filtre d'un aspirateur** 吸尘器的过滤器 [xīchénqì de guòlǜqì] ▸ **filtre à huile** 滤油器 [lǜyóuqì].

filtrer ♦ vt ❶ (faire passer) 过滤 [guòlǜ] ▸ **filtrer de l'air** 过滤空气 [guòlǜ kōngqì] ❷ (contrôler) 检查 [jiǎnchá] ▸ **filtrer des informations** 检查一些消息 [jiǎnchá yìxiē xiāoxi] ▸ **filtrer des appels téléphoniques** 检查一些来电 [jiǎnchá yìxiē láidiàn]. ♦ vi (passer) 渗透 [shèntòu] ▸ **l'eau filtre à travers le mur** 水渗过墙壁 [shuǐ shèn guò qiángbì] ▸ **le soleil filtre à travers les volets** 阳光透过护窗板 [yángguāng tòuguò hùchuāng bǎn].

fin, e adj ❶ (mince) 纤细的 [xiānxì de] ▸ **avoir une taille fine** 有着苗条的身材 [yǒuzhe miáotiao de shēncái] ▸ **des cheveux fins** 一些细发 [yìxiē xìfa] ▸ **du sel fin** 精盐 [jīngyán] ▸ **du sable fin** 细沙 [xìshā] ▸ **un drap fin** 一块薄呢 [yí kuài báoní] ❷ (délicat) 细的 [xì de] ▸ **une écriture fine** 一种纤细的字体 [yì zhǒng xiānxì de zìtǐ] ▸ **un visage aux traits fins** 一张清秀的面孔 [yì zhāng qīngxiù de miànkǒng] ❸ (raffiné) 上等的 [shàngděng de] ▸ **un vin fin** 一种上等酒 [yì zhǒng shàngděng jiǔ] ▸ **une cuisine très fine** 上等的厨艺 [shàngděng de chúyì] ❹ (subtil) 敏感的 [míngǎn de] ▸ **un homme fin** 一个敏感的男人 [yí ge míngǎn de nánren] ▸ **une remarque fine** 一道敏锐的评语 [yí dào mǐnruì de píngyǔ].

■ **fin** nf ❶ (terme) 结尾 [jiéwěi] ▸ **on se voit en fin de journée** 我们傍晚见 [wǒmen bàngwǎn jiàn] ▸ **la fin d'une réunion** 一个会议的结尾 [yí ge huìyì de jiéwěi] ❷ (but) 目的 [mùdì] ▸ **arriver** ou **parvenir à ses fins** 达到目的 [dádào mùdì]
◊ **mettre fin à qqch** 使……结束 [shǐ… jiéshù] ▸ **prendre fin** 结束 [jiéshù] ▸ **tirer** ou **toucher à sa fin** 快要结束 [kuàiyào jiéshù].

■ **à la fin de** loc prép 在……结尾 [zài… jiéwěi] ▸ **à la fin du livre, le héros meurt** 在书的结尾，英雄死了 [zài shū de jiéwěi, yīngxióng sǐ le].

final, e, als, aux adj (dernier) 最终的 [zuìzhōng de] ▸ **un point final** 终点 [zhōngdiǎn] ▸ **une scène finale** 最后一幕 [zuìhòu yímù].

■ **final** nm MUS 最后乐章 [zuìhòu yuèzhāng] ▸ **le final d'un opéra** 歌剧的最后乐章 [gējù de zuìhòu yuèzhāng].

■ **finale** nf (dernière épreuve) 决赛 [juésài] ▸ **être en finale** 进入决赛了 [jìnrù juésài le].

finalement adv 最后 [zuìhòu] ▸ **finalement, il a décidé de venir** 最后，他决定来了

[zuìhòu, tā juédìng lái le] ▸ **finalement, tu as raison** 最终，你是对的 [zuìzhōng, nǐ shì duìde].

finaliste ♦ nmf SPORT (cl. 位 [wèi] ou 个 [gè] ou 名 [míng]) 决赛选手 [juésài xuánshǒu] ▸ **les finalistes d'un championnat national** 国家锦标赛的决赛选手们 [guójiā jǐnbiāosài de juésài xuánshǒumen]. ♦ adj SPORT 参加决赛的 [cānjiā juésài de] ▸ **les équipes finalistes** 参加决赛队 [cānjiā juésài duì].

finalité nf (but) 最终目的 [zuìzhōng mùdì] ▸ **quelle est la finalité de cette réunion ?** 这次会议的最终目的是什么？ [zhè cì huìyì de zuìzhōng mùdì shì shénme?].

finance nf 金融业 [jīnróngyè] ▸ **être dans la finance** 在金融集团里 [zài jīnróng jítuán lǐ] ▸ **le monde de la finance** 金融界 [jīnróngjiè].

▪ **finances** nfpl (argent de l'État) 财政 [cáizhèng] ▸ **le ministère des Finances** 财政部 [Cáizhèngbù].

financement nm 提供资金 [tígōng zījīn] ▸ **le financement d'une entreprise** 一个企业提供的资金 [yí ge qǐyè tígōng de zījīn].

financer vt 提供资金 [tígōng zījīn] ▸ **financer un projet** 为一项计划提供资金 [wèi yí xiàng jìhuà tígōng zījīn].

financier, ère ♦ adj 财政的 [cáizhèng de] ▸ **le secteur financier** 财政部门 [cáizhèng bùmén] ▸ **des problèmes financiers** 一些财政问题 [yìxiē cáizhèng wèntí]. ♦ nm (banquier) ○ (cl. 位 [wèi] ou 个 [gè] ou 名 [míng]) 金融资本家 [jīnróng zīběnjiā] ▸ **un grand financier** 一位大金融资本家 [yí wèi dà jīnróng zīběnjiā].

finesse nf ❶ (délicatesse) 精致 [jīngzhì] ▸ **la finesse des traits d'un visage** 一张面孔的精致轮廓 [yì zhāng miànkǒng de jīngzhì lúnkuò] ❷ (minceur) 纤细 [xiānxì] ▸ **la finesse de ses doigts** 他手指的纤细 [tā shóuzhǐ de xiānxì] ❸ (intelligence, subtilité) 机敏 [jīmǐn] ▸ **la finesse d'un raisonnement** 一段推论的机敏之处 [yí duàn tuīlùn de jīmǐn zhīchù] ▸ **un jugement plein de finesse** 一个非常敏锐的判断 [yí ge fēicháng mǐnruì de pànduàn].

finir ♦ vt ❶ (achever) 完成 [wánchéng] ▸ **finir ses devoirs** 完成作业 [wánchéng zuòyè] ▸ **finir ses jours** 结束自己的余生 [jiéshù zìjǐ de yúshēng] ▸ **je n'ai pas fini de lire mon livre** 我还没有看完我的书 [wǒ hái méiyǒu kànwán wǒde shū] ❷ (consommer totalement) 吃/喝完 [chī/hē wán] ▸ **finir son assiette** 吃完自己的饭 [chīwán zìjǐ de fàn] ▸ **finir son verre** 喝完自己杯内的饮料 [hē wán zìjǐ bēinèi de yǐnliào]. ♦ vi ❶ (arriver à un état) 最后会 [zuìhòuhuì] ▸ **il a fini en prison** 他最后进了监狱 [tā zuìhòu jìn le jiānyù] ❷ (parvenir) ▸ **finir par** *(+ infinitif)* 终于 [zhōngyú] ❸ (se terminer) 结束 [jiéshù] ▸ **les vacances scolaires finissent fin août** 学校假期在八月底结束 [xuéxiào jiàqī zài bāyuè dǐ jiéshù] ▸ **en finir avec qqn/qqch** 摆脱某人/了结某事 [bǎituō mǒurén/liǎojié mǒushì].

finition nf (dernière opération) 最后一道工序 [zuìhòu yí dào gōngxù] ▸ **des travaux de finition** 收尾工程 [shōuwěi gōngchéng].

finlandais, e adj 芬兰的 [fēnlán de].

▪ **Finlandais, e** nm, f 芬兰人 [Fēnlánrén].

Finlande nf ▸ **la Finlande** 芬兰 [Fēnlán].

finnois, e adj 芬兰族的 [fēnlánzú de].

▪ **finnois** nm (langue) 芬兰语 [fēnlányǔ].

fioul = **fuel**

firmament nm *sout* 天空 [tiānkōng].

firme nf (cl. 家 [jiā]) 公司 [gōngsī] ▸ **firme multinationale** 跨国公司 [kuàguó gōngsī].

fisc nm (trésor public) 税务机关 [shuìwù jīguān] ▸ **déclarer ses revenus au fisc** 向税务机关申报个人收入 [xiàng shuìwù jīguān shēnbào gèrén shōurù] ▸ **les agents du fisc** 税务人员 [shuìwù rényuán].

fiscal, e, aux adj 税务的 [shuìwù de] ▸ **une déclaration fiscale** 税务申报 [shuìwù shēnbào] ▸ **des mesures fiscales** 一些税收措施 [yìxiē shuìshōu cuòshī].

fiscalité nf (cl. 部 [bù]) 税法 [shuìfǎ] ▸ **la fiscalité directe** 直接税法 [zhíjiē shuìfǎ].

fissure nf (fente) ○ (cl. 道 [dào] ou 个 [gè]) 裂缝 [lièfèng] ▸ **la fissure d'un mur** 一堵墙上的裂缝 [yì dǔ qiáng shàng de lièfèng].

fissurer vt (fendre) 使……产生裂缝 [shí… chǎnshēng lièfèng] ▸ **les inondations ont fissuré les murs** 洪水使围墙产生了裂缝 [hóngshuǐ shǐ wéiqiáng chǎnshēng le lièfèng].

▪ **se fissurer** vp (se fendre) 产生裂缝 [chǎnshēng lièfèng] ▸ **les murs se fissurent** 墙裂缝了 [qiáng lièfèng le].

fiston nm *fam* (fils) 儿子 [érzi].

FIV (abr de **fécondation in vitro**) nf 体外受精 [tǐwàishòujīng] ▸ **avoir recours à une FIV** 采用体外受精的手段 [cǎiyòng tǐwàishòujīng de shǒuduàn].

fixation nf 固定 [gùdìng] ▸ **la fixation d'une étagère au mur** 墙上一个搁物架的固定 [qiáng shàng yí ge gēwùjià de gùdìng].

fixe adj ❶ (immobile) 不动的 [búdòng de] ▸ **un regard fixe** 一动不动的目光 [yídòng búdòng de mùguāng] ❷ (régulier) 固定的 [gùdìng de] ▸ **des revenus fixes** 一些固定收入 [yìxiē gùdìng shōurù] ▸ **des horaires fixes** 固定的时间 [gùdìng de shíjiān].

fixement adv 不动地 [búdòng de] ▸ **regarder fixement qqn/qqch** 一动不动地看着某人/某物 [yídòng búdòng de kànzhe mǒurén/mǒuwù].

fixer vt ❶ (attacher, accrocher) 固定 [gùdìng] ▸ **fixer un tableau au mur** 把一幅画固定在墙上 [bǎ yì fú huà gùdìng zài qiáng shàng] ❷ (déterminer) 定 [dìng] ▸ **fixer un rendez-vous** 定一个约会 [dìng yí ge yuēhuì] ▸ **fixer son choix sur un modèle** 选定一个样式 [xuǎndìng yí ge yàngshì] ▸ **fixer un prix** 确定价格 [quèdìng jiàgé].

▪ **se fixer** vp (s'installer) 定居 [dìngjū] ▸ **se fixer en Provence** 在普罗旺斯省定居 [zài Pǔluówàngsī shěng dìngjū].

flacon nm 小瓶 [xiǎopíng] ▸ **un flacon de parfum** 一个小瓶香水 [yí ge xiǎopíng xiāngshuǐ].

flageller vt 鞭打 [biāndǎ].

flagrant, e adj ❶ (évident) 明显的 [míngxiǎn de] ▸ **un mensonge flagrant** 一个明显的谎言 [yí ge míngxiǎn de huǎngyán] ❷ ▸ **en flagrant délit** 现行犯罪 [xiànxíng fànzuì].

flair nm ❶ (odorat) 嗅觉 [xiùjué] ▸ **le flair du chien** 狗的嗅觉 [gǒu de xiùjué] ❷ (intuition) 嗅觉 [xiùjué] ▸ **avoir du flair** 嗅觉灵敏 [xiùjué língmǐn].

flairer vt ❶ (sentir) 闻 [wén] ❷ *fig* (pressentir) 预感 [yùgǎn] ▸ **flairer un danger** 预感到危险 [yùgǎndào wēixiǎn].

flamand, e adj 佛来芒的 [fóláimáng de].

▪ **flamand** nm (langue) 佛来芒语 [fóláimángyǔ].

▪ **Flamand, e** nm, f (cl. 个 [gè] ou 位 [wèi] ou 名 [míng]) 佛来芒人 [Fóláimángrén].

flamant nm (cl. 只 [zhī]) 火烈鸟 [huǒlièniǎo] ▸ **flamant rose** 粉红色的火烈鸟 [fěnhóngsè de huǒlièniǎo].

flambant, e adj ▸ **flambant neuf** 崭新的 [zhǎnxīn de].

flambeau, x nm 火炬 [huǒjù] ▸ **le flambeau olympique** 奥林匹克圣火 [Àolínpǐkè shènghuǒ]

◊ **passer le flambeau à qqn** 交班给某人 [jiāobān géi mǒurén].

flamber ♦ vi (brûler) 燃烧 [ránshāo] ▸ **les bûches flambent** 木柴在燃烧 [mùchái zài ránshāo]. ♦ vt CULIN 火烧 [huǒshāo] ▸ **flamber des crêpes** 火烧薄煎饼 [huǒshāo báojiānbing] ▸ **des bananes flambées** 烧酒火烧香蕉 [shāojiǔ huǒshāo xiāngjiāo].

flamboyant, e adj (étincelant) 闪闪发光的 [shánshǎn fāguāng de] ▸ **un ciel flamboyant** 一片闪闪发光的天空 [yí piàn shánshǎn fāguāng de tiānkōng] ▸ **une couleur flamboyante** 一种火红的颜色 [yì zhǒng huǒhóng de yánsè].

flamme nf ❶ (feu) 火焰 [huǒyàn] ▸ **la flamme d'une bougie** 一根蜡烛的火焰 [yì gēn làzhú de huǒyàn] ▸ **la maison est en flammes** 房子着火了 [fángzi zháohuǒ le] ❷ (passion) 激情 [jīqíng] ▸ **un discours plein de flamme** 一篇充满激情的演讲 [yì piān chōngmǎn jīqíng de yánjiǎng] ▸ **avec flamme** 热情洋溢地 [rèqíng yángyì de].

flan nm (crème) 布丁 [bùdīng] ▸ **un flan au caramel** 一个焦糖布丁 [yí ge jiāotáng bùdīng].

flanc nm ❶ (côté du corps) 肋部 [lèibù] ▸ **flanc d'une personne/d'un animal** 人/动物的肋部 [rén/dòngwù de lèibù] ▸ **le chien est couché sur le flanc** 狗侧卧着 [gǒu cèwò zhù]

❷ (partie latérale de qqch) 侧面 [cèmiàn] ▸ **le flanc d'un navire** 一条船的侧面 [yì tiáo chuán de cèmiàn] ▸ **les flancs d'une montagne** 山坡 [shānpō]

◊ **être sur le flanc** *fam* 累倒 [lèidǎo].

flancher vi *fam* 顶不住 [dǐngbúzhù] ▸ **c'est le cœur qui a flanché** 是心脏顶不住了 [shì xīnzàng dǐngbúzhù le] ▸ **le coureur a flanché dans les derniers mètres** 在最后几米时赛跑运动员坚持不住了 [zài zuìhòu jí mǐ shí sàipǎo yùndòngyuán jiānchí búzhù le].

flanelle nf 法兰绒 [fǎlánróng] ▸ **une chemise de flanelle** 一件法兰绒衬衫 [yí jiàn fǎlánróng chènshān].

flâner vi 闲逛 [xiánguàng] ▸ **nous avons flâné dans les rues** 我们在街上闲逛来着 [wǒmen zài jiē shàng xiánguàng láizhe].

flâneur, euse nm, f 闲逛的人 [xiánguàng de rén].

flanquer vt ❶ *fam* (lancer, jeter) 扔 [rēng] ▸ **il a flanqué son assiette par terre** 他把他的盘子扔在地上 [tā bǎ tāde pánzi rēngzài dì shàng] ▸ **flanquer qqn dehors** 把某人赶出门去 [bá mǒurén gǎnchū mén qù] ❷ *fam* (donner) 给 [gěi] ▸ **flanquer une gifle à qqn** 给某人一个耳光 [géi mǒurén yí ge ěrguāng].

flaque nf 水洼 [shuǐwā] ▸ **une flaque d'eau** 一个水洼 [yí ge shuǐwā] ▸ **une flaque d'huile** 一个油洼 [yí ge yóuwā].

flash nm ❶ PHOTO 闪光灯 [shǎnguāngdēng] ▸ **un appareil photo équipé d'un flash** 一个带闪光灯的照相机 [yí ge dài shǎnguāngdēng de zhàoxiàngjī] ❷ RADIO & TV (cl. 条 [tiáo]) 快讯 [kuàixùn] ▸ **flash d'information** 快讯 [kuàixùn]

◊ **avoir un flash** 闪过一个念头 [shǎnguò yí ge niàntou].

flash-back nm inv CINÉ 闪回 [shǎnhuí].

flatter vt ❶ (faire des compliments) 奉承 [fèngcheng] ▸ **flatter son chef de service** 奉承他的部门领导 [fèngcheng tāde bùmén língdǎo] ❷ (faire plaisir à) 使……满意 [shí… mǎnyì] ▸ **ta visite me flatte** 你的来访让我很满意 [nǐde láifǎng ràng wǒ hén mǎnyì].

flatterie nf 恭维话 [gōngweihuà] ▸ **être sensible à la flatterie** 爱听恭维话 [àitīng gōngweihuà].

flatteur, euse ♦ adj (élogieux) 使人得意的 [shǐrén déyì de] ▸ **une remarque flatteuse** 一条使人得意的评语 [yì tiáo shǐrén déyì de píngyǔ]. ♦ nm, f 奉承者 [fèngchengzhě] ▸ **un habile flatteur** 一个机灵的奉承者 [yí ge jīling de fèngchengzhě].

fléau, x nm (cl. 种 [zhǒng] ou 场 [chǎng] ou 次 [cì]) 灾难 [zāinàn] ▸ **la famine est un terrible fléau** 饥荒是一种可怕的灾难 [jīhuang shì yì zhǒng kěpà de zāinàn].

flèche nf ❶ (tige de bois) ○ (cl. 只 [zhī]) 箭 [jiàn] ▸ **flèche d'un arc** 一张弓的箭 [yì zhāng gōng de jiàn] ▸ **la flèche a atteint la cible** 箭射中了靶子 [jiàn shèzhòng le bǎzi] ❷ (signe) 箭头标志 [jiàntóu biāozhì]

◊ **en flèche** ou **comme une flèche** 飞一般地 [fēiyìbān de].

fléchette nf (cl. 只 [zhī]) 飞镖 [fēibiāo] ▸ **jouer aux fléchettes** 投飞镖 [tóu fēibiāo].

fléchir ♦ vt (plier) 使……弯曲 [shǐ… wānqū] ▸ **fléchir l'avant-bras** 弯前臂 [wān qiánbì]. ♦ vi ❶ (plier) 弯 [wān] ▸ **la branche a fléchi sans se casser** 树枝弯了没有断 [shùzhī wān le méiyǒu duàn] ❷ (faiblir) 屈从 [qūcóng] ▸ **elle fléchit toujours devant son fils** 她对她儿子总是屈从 [tā duì tā érzi zǒngshì qūcóng].

flegme nm (sérénité) 冷静 [lěngjìng] ▸ **avec flegme** 冷静地 [lěngjìng de].

flemmard, e nm, f *fam* 懒惰的人 [lǎnduò de rén].

flemme nf *fam* 懒惰 [lǎnduò] ▸ **j'ai la flemme d'aller au supermarché** 我懒得去超市 [wǒ lǎnde qù chāoshì].

flétrir vt ❶ (faner) 使……枯萎 [shǐ… kūwěi] ▸ **la chaleur a flétri les roses** 炎热使玫瑰花枯萎了 [yánrè shǐ méiguihuā kūwěi le] ❷ (ternir) 败坏 [bàihuài] ▸ **flétrir la réputation de qqn** 败坏某人的名声 [bàihuài mǒurén de míngshēng].

fleur nf ❶ (végétal) ○ (cl. 朵 [duǒ]) 花 [huā] ▸ **un bouquet de fleurs** 一束花 [yí shù huā] ❷ (motif) 花的图案 [huā de tú'àn] ▸ **une**

robe à fleurs 一条花连衣裙 [yì tiáo huā liányīqún]

◊ **avoir les nerfs à fleur de peau** 火暴脾气 [huǒbào píqi] ▸ **être fleur bleue** 多愁善感 [duōchóu shàngǎn] ▸ **faire une fleur à qqn** 无偿地帮助某人 [wúcháng de bāngzhù mǒurén] ▸ **la fleur de l'âge** 年轻力壮 [niánqīng lìzhuàng].

fleuri, e adj 开满花的 [kāimǎnhuā de] ▸ **une maison fleurie** 一栋种满花的房子 [yí dòng zhòngmǎn huā de fángzi] ▸ **un jardin fleuri** 一个开满花的园子 [yí ge kāimǎn huā de yuánzi].

fleurir ♦ vi (se couvrir de fleurs) 开花 [kāihuā] ▸ **les arbres fleurissent au printemps** 树木在春天开花 [shùmù zài chūntiān kāihuā]. ♦ vt (orner de fleurs) 用花装饰 [yònghuā zhuāngshì] ▸ **elle a fleuri la table** 她在桌子上摆了花 [tā zài zhuōzi shàng bǎi le huā].

fleuriste nmf (cl. 个 [gè] ou 位 [wèi] ou 名 [míng]) 花商 [huāshāng] ▸ **aller chez le fleuriste** 去买花 [qù mǎi huā].

fleuve nm (cours d'eau) ○ (cl. 条 [tiáo]) 大江 [dàjiāng] ▸ **un long fleuve** 一条长长的大江 [yì tiáo chángchángde dàjiāng].

▪ **fleuve Bleu** nm 长江 [Chángjiāng].

▪ **fleuve Jaune** nm 黄河 [Huánghé].

flexibilité nf (souplesse) 灵活性 [línghuóxìng] ▸ **la flexibilité des horaires** 时间安排的灵活性 [shíjiān ānpái de línghuóxìng].

flexible adj ❶ (souple) 柔韧的 [róurèn de] ▸ **une corde flexible** 一条柔韧的绳子 [yì tiáo róurèn de shéngzi] ❷ (adaptable) 灵活的 [línghuó de] ▸ **des horaires flexibles** 灵活的时间安排 [línghuó de shíjiān ānpái].

flexion nf 弯曲 [wānqū] ▸ **la flexion du genou** 屈膝 [qūxī] ▸ **faire des exercices de flexion** 做弯曲运动 [zuò wānqū yùndòng].

flic nm *fam* 警察 [jǐngchá].

flipper nm 电动弹子 [diàndòng dànzǐ] ▸ **faire une partie de flipper** 打一盘电动弹子 [dǎ yì pán diàndòng dànzǐ].

flirter vi (se fréquenter) 调情 [tiáoqíng] ▸ **ils ont flirté ensemble pendant une semaine** 他们曾在一个星期里一起调情 [tāmen céng zài yí ge xīngqī lǐ yìqǐ tiáoqíng].

flocon nm ❶ (petit amas de neige) 雪花 [xuěhuā] ▸ **la neige tombe à gros flocons** 鹅毛大雪 [émáo dàxuě] ❷ CULIN 片 [piàn] ▸ **flocons d'avoine** 燕麦片 [yànmài piàn] ▸ **de la purée en flocons** 压成片状的土豆泥 [yāchéng piànzhuàng de tǔdòuní].

floraison nf 花期 [huāqī] ▸ **les rosiers sont en pleine floraison** 玫瑰正在花期 [méigui zhèngzài huāqī].

floral, e, aux adj 花的 [huā de] ▸ **une décoration florale** 一个花饰 [yí ge huāshì].

flore nf BOT 植物 [zhíwù] ▸ **la flore sauvage** 野生植物 [yěshēng zhíwù].

Floride nf ▸ **la Floride** 佛罗里达 [Fóluólǐdá].

florissant, e adj (prospère) 兴旺的 [xīngwàng de] ▸ **un secteur florissant** 一个兴旺的部门 [yí ge xīngwàng de bùmén].

flot nm 流水 [liúshuǐ] ▸ **des flots de sang** 血流 [xuè liú] ▸ **le bateau navigue sur les flots** 船在流水上行驶 [chuán zài liúshuǐ shàng xíngshǐ] ▸ **mettre un bateau à flot** 使一只船浮起来 [shǐ yì zhī chuán fú qǐlái] ▸ **se remettre à flot** 摆脱困境 [bǎituō kùnjìng].

flottaison nf 吃水线 [chīshuǐxiàn] ▸ **la ligne de flottaison d'un bateau** 一只船的吃水线 [yì zhī chuán de chīshuǐxiàn].

flottant, e adj 漂浮的 [piāofú de] ▸ **des bougies flottantes** 一些漂浮着的蜡烛 [yìxiē piāofúzhe de làzhú].

flotte nf ❶ (ensemble de navires) ○ (cl. 支 [zhī] ou 个 [gè]) 船队 [chuánduì] ▸ **la flotte de pêcheurs** 捕鱼船队 [bǔyú chuánduì] ❷ MIL 海军 [hǎijūn] ▸ **flotte aérienne** 空军 [kōngjūn].

flottement nm (mouvement) 飘动 [piāodòng] ▸ **le flottement d'un drapeau** 一面旗帜的飘动 [yí miàn qízhì de piāodòng].

flotter vi ❶ (rester à la surface) 漂浮 [piāofú] ▸ **flotter sur qqch** 漂浮在某物之上 [piāofú zài mǒuwù zhīshàng] ❷ (onduler, voltiger) 飘扬 [piāoyáng] ▸ **le drapeau flottait au vent** 旗帜在风中飘扬 [qízhì zài fēng zhōng piāoyáng] ❸ (dans un vêtement) ▸ **flotter dans un son pantalon** 穿的裤子太大了 [chuānde kùzi tàidà le].

flotteur nm (bouchon) 浮标 [fúbiāo] ▸ **le flotteur d'une ligne de pêche** 渔线的浮标 [yúxiàn de fúbiāo].

flou, e ♦ adj (qui manque de netteté) 模糊的 [móhu de] ▸ **une image floue** 一张模糊的图片 [yì zhāng móhu de túpiàn]. ♦ adv (de façon imprécise) 模糊地 [móhu de] ▸ **sans ses lunettes, elle voit flou** 没有眼镜，她看东西模糊 [méiyǒu yǎnjìng, tā kàn dōngxi móhu].

fluctuer vi 波动 [bōdòng] ▸ **les prix fluctuent** 价格波动 [jiàgé bōdòng].

fluet, ette adj 纤细的 [xiānxì de] ▸ **des jambes fluettes** 细长的腿 [xìcháng de tuǐ].

fluide adj 流畅的 [liúchàng de] ▸ **une huile très fluide** 一种非常稀的油 [yì zhǒng fēicháng xī de yóu] ▸ **la circulation est fluide** 交通畅通 [jiāotōng chàngtōng] ▸ **un style fluide** 流畅的文笔 [liúchàng de wénbǐ].

fluidifier vt 使……畅通 [shǐ… chàngtōng] ▸ **fluidifier la circulation** 使交通畅通 [shǐ jiāotōng chàngtōng].

fluidité nf 流动性 [liúdòngxìng] ▸ **la fluidité de l'eau** 水的流动性 [shuǐ de liúdòngxìng].

fluo (abr de **fluorescent**) adj inv 荧光的 [yíngguāng de] ▸ **du jaune fluo** 带荧光的黄色 [dài yíngguāng de huángsè] ▸ **un short fluo** 一条荧光短裤 [yì tiáo yíngguāng duǎnkù].

fluorescent, e adj 荧光的 [yíngguāng de] ▸ **une couleur fluorescente** 一种带荧光的颜色 [yì zhǒng dài yíngguāng de yánsè].

flûte nf ❶ MUS (instrument) ○ (cl. 只 [zhī]) 笛 [dí] ▸ **flûte à bec** 竖笛 [shù dí] ▸ **flûte traversière** 横笛 [héng dí] ❷ (verre) ○ (cl. 只 [zhī] ou 个 [gè]) 高脚酒杯 [gāojiǎo jiǔbēi] ▸ **une flûte à champagne** 一只高脚香槟酒杯 [yì zhī gāojiǎo xiāngbīn jiǔbēi].

fluvial, e, aux adj 江河的 [jiānghé de] ▸ **un port fluvial** 一个河港 [yí ge hégǎng].

flux nm 流出 [liúchū] ▸ **un flux de paroles** 滔滔不绝的话 [tāotāo bùjué de huà].

FN (abr de **Front national**) nm 民族阵线党 [Mínzú zhènxiàn dǎng].

FO (abr de **Force ouvrière**) nf 工人力量总工会 [Gōngrén lìliang zǒnggōnghuì].

fœtus nm 胎儿 [tāi'ér].

foi nf ❶ RELIG 信仰 [xìnyǎng] ▸ **avoir la foi** 有信仰 [yǒu xìnyǎng] ▸ **perdre la foi** 失去信仰 [shīqù xìnyǎng] ❷ (confiance) 信任 [xìnrèn] ▸ **avoir foi en qqn** 信任某人 [xìnrèn mǒurén]

◊ **être de bonne foi** 真诚 [zhēnchéng] ▸ **faire foi** 证实 [zhèngshí].

foie nm ❶ ANAT 肝脏 [gānzàng] ❷ CULIN 肝 [gān] ▸ **du foie de veau** 小牛肝 [xiǎoniú gān] ▸ **foie gras (d'oie/de canard)** 肥(鹅/鸭)肝(酱) [féi(é/yā)gān (jiàng)].

foin nm (cl. 束 [shù] ou 捆 [kǔn]) 干草 [gāncǎo] ▸ **une botte de foin** 一捆干草 [yì kǔn gāncǎo].

foire nf ❶ (marché) 集市 [jíshì] ▸ **la foire aux bestiaux** 牲口集市 [shēngkou jíshì] ❷ (fête foraine) ○ (cl. 次 [cì] ou 个 [gè]) 庙会 [miàohuì] ▸ **les manèges de la foire** 庙会的旋转木马 [miàohuì de xuánzhuǎn mùmǎ].

fois nf ❶ (marque la répétition) 次 [cì] ▸ **j'ai gagné deux fois** 我赢了两次 [wǒ yíng le liǎng cì] ▸ **je fais du sport une fois par semaine** 我每周进行一次体育锻炼 [wǒ měizhōu jìnxíng yí cì tǐyù duànliàn] ❷ (marque un degré de grandeur) 倍 [bèi] ▸ **sa chambre est deux fois plus grande que la mienne** 他的房间比我的大两倍 [tāde fángjiān bí wǒde dà liǎng bèi] ❸ (marque la multiplication) 乘 [chéng] ▸ **2 fois 3 égal 6** 2乘以3等于6 [2 chéngyǐ 3 děngyú 6]

◊ **une fois pour toutes** 最后地 [zuìhòu de] ▸ **il était une fois…** 从前…… [cóngqián…].

▪ **à la fois** loc adv 同时 [tóngshí] ▸ **ils sont arrivés tous à la fois** 他们是同时到达的 [tāmen shì tóngshí dàodá de] ▸ **il est à la fois peintre et écrivain** 他既是画家又是作家 [tā jìshì huàjiā yòushì zuòjiā].

▪ **des fois** loc adv (parfois) 有时候 [yǒushíhou].

▪ **une fois** loc adv *(+ participe passé)* 一……就 [yī… jiù] ▸ **une fois ton travail terminé, tu pourras sortir** 工作一做完，你就可以出去了 [gōngzuò yí zuòwán, nǐ jiù kéyǐ chūqu le].

▪ **une fois que** loc conj 一旦……就 [yídàn… jiù] ▸ **je ne serai soulagé qu'une fois que j'aurai terminé** 一旦完成工作，我就会轻松了 [yídàn wánchéng gōngzuò, wǒ jiù huì qīngsōng le].

foisonner vi ❶ (abonder) 很多 [hěnduō] ▸ **les lapins foisonnent dans cette prairie** 这片草地上兔子很多 [zhè piàn cǎodì shàng tùzi hěn duō] ❷ (regorger) ▸ **foisonner de** ou **en** 充满 [chōngmǎn] ▸ **le ruisseau foisonne de truites** 溪里充满鳟鱼 [xī lǐ chōngmǎn zūnyú] ❸ (se développer) 繁殖 [fánzhí] ▸ **les moustiques foisonnent au bord du lac** 蚊子在湖边繁殖 [wénzi zài húbiān fánzhí].

folâtrer vi 玩耍 [wánshuǎ].

folie nf ❶ (trouble) 精神病 [jīngshénbìng] ▸ **être atteint de folie** 得了精神病 [dé le jīngshénbìng] ❷ (acte déraisonnable) 荒唐事 [huāngtangshì] ▸ **faire des folies** 挥霍 [huīhuò] ◊ **à la folie** 热烈地 [rèliè de].

folklore nm 民俗 [mínsú] ▸ **le folklore alsacien** 阿尔萨斯省的民俗 [Ā'ěrsàsī shěng de mínsú].

folklorique adj 民间的 [mínjiān de] ▸ **une danse folklorique** 一种民间舞蹈 [yì zhǒng mínjiān wúdǎo].

follement adv 疯狂地 [fēngkuáng de] ▸ **elle est follement amoureuse de lui** 她疯狂地爱上了他 [tā fēngkuáng de àishang le tā].

foncé, e adj 深色的 [shēnsè de] ▸ **du bleu foncé** 深蓝色 [shēnlánsè].

foncer ♦ vt (rendre sombre) 使……颜色加深 [shǐ… yánsè jiāshēn] ▸ **foncer une couleur en ajoutant du noir** 加些黑色来使一种颜色更深 [jiā xiē hēisè lái shǐ yì zhǒng yánsè gēngshēn]. ♦ vi ❶ (s'assombrir) 颜色变深 [yánsè biàn shēn] ▸ **ses cheveux ont foncé** 他的头发颜色变深了 [tāde tóufa yánsè biàn shēn le] ❷ (se ruer) ▸ **foncer sur qqch/qqn** 冲向某物/某人 [chōngxiàng mǒuwù/mǒurén].

foncier, ère adj 土地的 [tǔdì de] ▸ **les impôts fonciers** 土地税 [tǔdìshuì].

foncièrement adv 本质上 [běnzhì shàng] ▸ **c'est quelqu'un de foncièrement bon** 这是一个本质好的人 [zhè shì yí ge běnzhì hǎo de rén].

fonction nf ❶ (rôle) 作用 [zuòyòng] ❷ (profession) 职责 [zhízé] ▸ **la fonction de directeur** 主任职责 [zhǔrèn zhízé] ▸ **entrer en fonction** 就职 [jiùzhí] ◊ **faire fonction de qqch** 用来当…… [yònglái dāng…] ▸ **cette pièce fait fonction de bureau** 这个房间用来当办公室 [zhè ge fángjiān yòng lái dāng bàngōngshì].

▪ **en fonction de** loc prép 根据 [gēnjù] ▸ **on verra en fonction du temps** 我们根据天气情况再看 [wǒmen gēnjù tiānqì qíngkuàng zài kàn].

fonctionnaire nmf (cl. 个 [gè] ou 位 [wèi] ou 名 [míng]) 公务员 [gōngwùyuán] ▸ **les fonctionnaires de l'enseignement** 教职员 [jiàozhíyuán].

fonctionnel, elle adj (pratique) 实用的 [shíyòng de] ▸ **un appartement fonctionnel** 一间实用的公寓 [yì jiān shíyòng de gōngyù].

fonctionnement nm 运转 [yùnzhuǎn] ▸ **vérifier le bon fonctionnement de qqch** 查看某物是否运转良好 [chákàn mǒuwù shìfǒu yùnzhuǎn liánghǎo].

fonctionner vi 运转 [yùnzhuǎn] ▸ **mon ordinateur ne fonctionne plus** 我的电脑运转不灵了 [wǒde diànnǎo yùnzhuǎn bùlíng le] ▸ **fonctionner à qqch** 用什么的 [yòng shénme de] ▸ **cet appareil fonctionne à l'électricité** 这台机器是用电的 [zhè tái jīqì shì yòng diàn de].

fond nm ❶ (partie la plus basse) 底 [dǐ] ▸ **le fond d'une tasse** 杯底 [bēi dǐ] ▸ **le fond d'un puits** 井底 [jǐngdǐ] ❷ (partie la plus éloignée) 后面 [hòumian] ▸ **le fond de la classe** 教室后面 [jiàoshì hòumian] ❸ (arrière-plan) 底 [dǐ] ▸ **une robe à fleurs blanches sur fond noir** 一条黑底白花的连衣裙 [yìtiáo hēi dǐ báihua de liányīqún] ❹ (partie essentielle) 深处 [shēnchù] ▸ **je vais te dire le fond de ma pensée** 我要和你讲讲我出自内心的想法 [wǒ yào hé nǐ jiǎngjiǎng wǒ chūzì nèixīn de xiǎngfǎ] ❺ (nature profonde) 本质 [běnzhì] ▸ **avoir un bon fond** 本质善良 [běnzhì shànliáng].

▪ **à fond** loc adv (entièrement) 彻底地 [chèdǐ de] ▸ **traiter un sujet à fond** 深入地探讨一题目 [shēnrù de tàntǎo yì tímù] ▸ **ranger sa chambre à fond** 彻底地整理他的房间 [chèdǐ de zhénglǐ tāde fángjiān].

▪ **au fond** loc adv 实际上 [shíjì shàng] ▸ **au fond, il n'avait pas tort** 实际上，他没有错 [shíjì shàng, tā méiyǒu cuò].

▪ **dans le fond** loc adv 其实 [qíshí] ▸ **ce n'est pas une mauvaise idée dans le fond** 其实这也不是个坏主意 [qíshí zhè yě búshì ge huàizhǔyì].

▪ **fond de teint** nm 打底面霜 [dádǐ miànshuāng].

fondamental, e, aux adj 基本的 [jīběn de] ▸ **un principe fondamental** 一条基本原则 [yì tiáo jīběn yuánzé].

fondant, e adj ❶ (qui fond) 融化的 [rónghuà de] ▸ **neige fondante** 融化的雪 [rónghuà de xuě] ❷ (qui fond dans la bouche) 易溶于口的 [yìróngyú kǒu de] ▸ **bonbon fondant** 易溶于口的糖果 [yìróngyú kǒu de tángguǒ] ❸ (juteux) 多汁的 [duōzhī de] ▸ **poire fondante** 多汁的梨 [duōzhī de lí].

fondateur, trice nm, f 创办人 [chuàngbànrén] ▸ **être le fondateur de** 是……的创办人 [shì… de chuàngbànrén].

fondation nf ❶ (création) 创立 [chuànglì] ▸ **la fondation d'un parti** 一个党的创立 [yí ge dǎng de chuànglì] ❷ (de bienfaisance) 基金 [jījīn].

▪ **fondations** nfpl (d'une construction) 地基 [dìjī] ▸ **les fondations d'un immeuble** 一栋楼房的地基 [yí dòng lóufáng de dìjī].

fondé, e adj (justifié) 有根据的 [yǒugēnjù de] ▸ **des reproches non fondés** 没有根据的责备 [méiyǒu gēnjù de zébèi].

fondement nm ❶ (principe) 基础 [jīchǔ] ▸ **les fondements d'une doctrine** 一门学说的基础 [yì mén xuéshuō de jīchǔ] ❷ (raison) 依据 [yījù] ▸ **tes craintes n'ont aucun fondement** 你的担心毫无依据 [nǐde dānxīn háowú yījù] ▸ **ce sont des critiques sans fondement** 这是些没有理由的批评 [zhè shì xiē méiyǒu lǐyóu de pīpíng].

fonder vt ❶ (créer) 创建 [chuàngjiàn] ▸ **fonder une entreprise** 创办一个企业 [chuàngbàn yí ge qǐyè] ▸ **fonder une famille** 建立一个家庭 [jiànlì yí ge jiātíng] ▸ **fonder une ville** 创建一座城市 [chuàngjiàn yí zuò chéngshì] ❷ (baser) ▸ **fonder qqch sur** 以……为某事的依据 [yǐ… wéi mǒushì de yījù].

▪ **se fonder sur** vp+prép 根据…… [gēnjù…] ▸ **sur quoi vous fondez-vous pour dire ça ?** 您根据什么这样说？ [nín gēnjù shénme zhèyàng shuō?].

fondre ♦ vi ❶ (se liquéfier) 融化 [rónghuà] ▸ **la neige fond au soleil** 雪在太阳下融化 [xuě zài tàiyáng xià rónghuà] ▸ **faire fondre du beurre** 使黄油融化 [shǐ huángyóu rónghuà] ❷ (maigrir) 消瘦 [xiāoshòu] ▸ **elle a fondu** 她瘦了 [tā shòu le] ❸ (se ruer) ▸ **fondre sur** 向……猛扑过去 [xiàng… měngpū guòqù]

◊ **fondre en larmes** 泪如雨下 [lèirú yǔxià].

♦ vt (liquéfier) 使……熔化 [shǐ… rónghuà] ▸ **fondre du métal** 熔化金属 [rónghuà jīnshǔ].

fonds ♦ nm ❶ (bien immobilier) ▸ **fonds de commerce** 商铺 [shāng pù] ❷ (ressources) 馆藏 [guǎncáng] ▸ **les fonds d'un musée** 一个博物馆的藏品 [yí ge bówùguǎn de cángpǐn] ▸ **cette bibliothèque a un fonds très riche** 这家图书馆的藏书很丰富 [zhè jiā túshūguǎn de cángshū hěn fēngfù]. ♦ nmpl (capital) 资金 [zījīn] ▸ **recueillir des fonds** 筹集资金 [chóují zījīn] ▸ **Fonds monétaire international** 国际货币基金组织 [guójì huòbì Jījīn zǔzhī].

fondue nf 火锅 [huǒguō] ▸ **faire une fondue** 做火锅 [zuò huǒguō] ▸ **fondue bourguignonne** 勃艮第涮肉火锅 [bógèndì shuànròu huǒguō] ▸ **fondue savoyarde** 奶酪火锅 [nǎilào huǒguō] ▸ **fondue sichuanaise** 四川火锅 [sìchuān huǒguō].

fontaine nf ❶ (source) ○ (cl. 眼 [yǎn] ou 口 [kǒu]) 泉水 [quánshuǐ] ❷ (édicule) 喷泉 [pēnquán] ▸ **fontaine publique** 公共场所的喷泉 [gōnggòng chángsuǒ de pēnquán] ❸ (distributeur d'eau) ○ (cl. 台 [tái]) 饮水机 [yǐnshuǐjī].

fonte nf ❶ (des neiges) 融化 [rónghuà] ❷ (d'un métal) 熔化 [rónghuà] ❸ (alliage) 生铁 [shēngtiě] ▸ **en fonte** 生铁制的 [shēngtiě zhì de].

foot nm *fam* 足球 [zúqiú] ▸ **jouer au foot** 踢球 [tīqiú].

football nm 足球 [zúqiú] ▸ **jouer au football** 踢足球 [tī zúqiú].

▪ **football américain** nm 美式橄榄球 [měishì gǎnlǎnqiú].

footballeur, euse nm, f 足球运动员 [zúqiú yùndòngyuán].

footing nm 慢跑 [mànpǎo] ▸ **faire du footing** 慢跑 [màn pǎo].

for nm ▸ **dans son for intérieur** 在内心深处 [zài nèixīn shēnchù].

forain, e adj ❶ 赶集的 [gǎnjí de] ▸ **marchand forain** 赶集的商贩 [gǎnjí de shāngfàn] ❷ ➤ **fête**.

▪ **forain** nm ❶ (exposant, marchand) 赶集的流动商贩 [gǎnjí de liúdòng shāngfàn] ❷ (propriétaire de manège) 杂耍艺人 [záshuǎ yìrén].

force nf ❶ (vigueur physique) 力气 [lìqi] ▸ **avoir de la force** 有力气 [yǒu lìqi] ❷ (énergie) 精力 [jīnglì] ▸ **être à bout de force** 精疲力竭 [jīngpí lìjié] ❸ (de l'esprit) 毅力 [yìlì] ▸ **avoir une grande force de caractère** 性格刚强 [xìnggé gāngqiáng] ❹ PHYS 力 [lì] ▸ **la force d'attraction de la terre** 地球的引力 [dìqiú de yǐnlì] ▸ **la force du vent** 风力 [fēnglì] ❺ (violence) 武力 [wǔlì] ▸ **employer la force** 动用武力 [dòngyòng wǔlì] ▸ **obtenir qqch par la force** 以武力获取某物 [yǐ wǔlì huòqǔ mǒuwù] ❻ (degré d'efficacité) 力度 [lìdù] ▸ **la force d'un argument** 一个论据的力度 [yí ge lùnjù de lìdù] ❼ (contrainte) 强制 [qiángzhì] ▸ **de force** 强迫 [qiǎngpò] ➤ **gré** ; ➤ **cas**.

▪ **à force de** loc prép 由于 (不断的/大量的) [yóuyú (búduàn de/dàliàng de)].

▪ **forces** nfpl ❶ (énergie) 精力 [jīnglì] ▸ **reprendre des forces** 恢复精力 [huīfù jīnglì] ▸ **ménager ses forces** 节省精力 [jiéshěng jīnglì] ▸ **au-dessus de ses forces** 超出了他的能力 [chāochū le tāde nénglì] ▸ **de toutes ses forces** 竭尽全力地 [jiéjìn quánlì de] ▸ **crier de toutes ses forces** 拼命地喊叫 [pīnmìng de hǎnjiào] ❷ (armées) 部队 [bùduì] ▸ **les forces armées** 军队 [jūnduì] ▸ **les forces de police** 警察部队 [jǐngchá bùduì].

forcé, e adj ❶ (inévitable, obligatoire) 被迫的 [bèipò de] ▸ **un atterrissage forcé** 迫降 [pòjiàng] ❷ (artificiel) 勉强的 [miánqiǎng de] ▸ **un sourire forcé** 一个勉强的微笑 [yí ge miánqiǎng de wēixiào].

forcément adv 必然地 [bìrán de] ▸ **au début c'est forcément plus difficile** 一开始必然会比较难 [yìkāishǐ bìránhuì bǐjiào nán].

forcer ♦ vt ❶ (obliger) 强迫 [qiǎngpò] ▸ **forcer qqn à faire qqch** 强迫某人做某事 [qiǎngpò mǒurén zuò mǒushì] ▸ **être forcé de** 不得不 [bùdébù] ❷ (faire céder qqch) 将......强行弄开 [jiāng... qiángxíng nòngkāi] ▸ **forcer une porte** 把门强行打开 [bǎ mén qiángxíng dǎkāi] ▸ **forcer une serrure** 撬锁 [qiàosuǒ]. ♦ vi ❶ *fam* (abuser) ▸ **forcer sur** 过度用...... [guòdù yòng...] ▸ **on a un peu forcé sur le whisky** 我们喝威士忌有点多了 [wǒmen hē wēishìjì yóudiǎn duō le] ❷ (insister) 用力 [yònglì].

▪ **se forcer** vp (s'obliger) 强迫自己 [qiǎngpò zìjǐ] ▸ **force-toi un peu, mange !** 你强迫自己吃点 [nǐ qiǎngpò zìjǐ chī diǎn] ▸ **se forcer à** 尽力...... [jìnlì...] ▸ **elle se force à parler lentement** 她尽力说得很慢 [tā jìnlì shuó de hěn màn].

forer vt 钻孔 [zuānkǒng] ▸ **forer un puits** 钻井 [zuānjǐng].

forestier, ère adj 森林的 [sēnlín de] ▸ **exploitation forestière** 森林的开发 [sēnlín de kāifā].

forêt nf (bois) ○ (cl. 片 [piàn]) 森林 [sēnlín] ▸ **se promener en forêt** 在森林里散步 [zài sēnlín lǐ sànbù] ▸ **forêt de chênes** 橡树林 [xiàngshù lín] ▸ **la forêt vierge** 原始森林 [yuánshǐ sēnlín].

forfait nm 统包价合同 [tǒngbāojià hétong] ▸ **avoir un forfait de téléphone** 有一个电话的统包价合同 [yǒu yí ge diànhuà de tǒngbāojià hétong] ▸ **prendre un forfait** 签个统包价合同 [qiān ge tǒngbāojià hétong] ▸ **être payé au forfait** 按统包价付费 [àn tǒngbāojià fùfèi]

◊ **déclarer forfait** 宣布退出比赛 [xuānbù tuìchū bǐsài].

forfaitaire adj 统包价的 [tǒngbāojià de] ▸ **prix forfaitaire** 统包价 [tǒngbāo jià].

forge nf (cl. 个 [gè] ou 家 [jiā]) 作坊 [zuōfang].

forger vt ❶ (un métal) 锻造 [duànzào] ▸ **forger le fer** 打铁 [dátiě] ❷ *fig* (façonner) 锻炼 [duànliàn] ▸ **forger le caractère de qqn** 锻炼某人的性格 [duànliàn mǒurén de xìnggé].

forgeron nm 铁匠 [tiějiang]

◊ **c'est en forgeant qu'on devient forgeron** 熟能生巧 [shúnéngshēngqiǎo].

formaliser ▪ **se formaliser** vp 生气 [shēngqì] ▸ **se formaliser de** 为......生气 [wèi... shēngqì].

formalisme nm 形式主义 [xíngshìzhǔyì].

formaliste adj 形式主义的 [xíngshìzhǔyì de].

formalité nf 手续 [shǒuxù] ▸ **remplir des formalités** 办理手续 [bànlǐ shǒuxù] ▸ **formalités administratives** 行政手续 [xíngzhèng shǒuxù]
◊ **une simple formalité** 一个简单的步骤 [yí ge jiǎndān de bùzhòu].

format nm ❶ (dimension) 尺寸 [chǐcùn] ▸ **du papier au format A4** A4尺寸的纸 [A4 chǐcùn de zhǐ] ▸ **une photo grand format** 大幅照片 [dàfú zhàopiàn] ❷ INFORM 格式 [géshi] ▸ **format compatible** 兼容格式 [jiānróng géshi].

formatage nm INFORM (cl. 次 [cì]) 格式化 [géshihuà].

formater vt INFORM 使......格式化 [shǐ... géshihuà] ▸ **formater un disque dur** 把一个硬盘格式化 [bǎ yí ge yìngpán géshi huà].

formateur, trice ♦ adj 锻炼人的 [duànliàn rén de] ▸ **une expérience formatrice** 锻炼人的经历 [duànliàn rén de jīnglì]. ♦ nm, f (cl. 名 [míng] ou 个 [gè] ou 位 [wèi]) 职业培训工作者 [zhíyè péixùn gōngzuòzhě].

formation nf ❶ (apprentissage) 培训 [péixùn] ▸ **suivre une formation** 参加培训 [cānjiā péixùn] ▸ **formation professionnelle** 职业培训 [zhíyè péixùn] ❷ (cursus) 研修 [yánxiū] ▸ **avoir une formation littéraire** 有文学上的研修 [yǒu wénxué shàng de yánxiū] ❸ (création) 构成 [gòuchéng] ▸ **la formation d'un mot** 一个词的构成 [yí ge cí de gòuchéng] ▸ **la formation du nouveau gouvernement** 新政府的构成 [xīn zhèngfǔ de gòuchéng] ❹ (groupe) 团体 [tuántǐ] ▸ **formation de jazz** 爵士乐队 [juéshì yuèduì] ▸ **formation politique** 政治团体 [zhèngzhì tuántǐ].

forme nf ❶ (aspect) 形 [xíng] ▸ **une table de forme ronde** 一张圆形的桌子 [yì zhāng yuánxíng de zhuōzi] ▸ **en forme de poire** 梨形的 [lí xíng de] ▸ **avoir la forme de** 是......形的 [shì... xíng de] ❷ (présentation) 外形 [wàixíng] ▸ **sous forme de** 外形为......的 [wàixíng wéi... de] ▸ **juger qqch sur la forme** 从形式上来判断某事 [cóng xíngshì shàng lái pànduàn mǒushì] ❸ (structure) 形状 [xíngzhuàng] ▸ **prendre forme** 成形 [chéngxíng] ❹ (type) 类型 [lèixíng] ▸ **il existe différentes formes d'intelligence** 有各种不同类型的聪明 [yǒu gèzhǒng bùtóng lèixíng de cōngming] ❺ (tonus) 精神状态 [jīngshén zhuàngtài] ▸ **être en pleine forme** 精神焕发 [jīngshén huànfā] ▸ **avoir la forme** *fam* 有精神 [yǒu jīngshén].
■ **formes** nfpl ❶ (silhouette) 体形 [tǐxíng] ❷ (convenances) 礼貌 [lǐmào] ▸ **annoncez-lui la nouvelle en y mettant les formes** 请礼貌地告诉他这个消息 [qíng lǐmào de gàosu tā zhè ge xiāoxi].

formel, elle adj ❶ (définitif, ferme) 明确的 [míngquè de] ▸ **déclaration formelle** 正式声明 [zhèngshì shēngmíng] ▸ **interdiction formelle** 严禁 [yánjìn] ▸ **être formel sur un point** 在某一点上很明确 [zài mǒu yì diǎn shàng hěn míngquè] ❷ (pour la forme) 形式上的 [xíngshì shàng de] ▸ **sa politesse est uniquement formelle** 他的礼貌只是表面上的 [tāde lǐmào zhǐshì biǎomiàn shàng de].

former vt ❶ (constituer, instituer) 组建 [zǔjiàn] ▸ **former un gouvernement** 组建一个政府 [zǔjiàn yí ge zhèngfǔ] ▸ **former un groupe** 组建一个团体 [zǔjiàn yí ge tuántǐ] ❷ (composer) 组成 [zǔchéng] ▸ **former un couple** 结成一对 [jiéchéng yí duì] ▸ **ces mots forment une phrase** 这些词构成了一个句子 [zhèxiē cí gòuchéng le yí ge jùzi] ❸ (concevoir) 酝酿 [yùnniàng] ▸ **former un projet** 酝酿一个计划 [yùnniàng yí ge jìhuà] ❹ (instruire) 培养 [péiyǎng] ▸ **former un apprenti** 培养学徒 [péiyǎng xuétú].
■ **se former** vp ❶ (se constituer) 形成 [xíngchéng] ❷ (s'instruire) ▸ **se former sur le tas** 在实践中学习 [zài shíjiàn zhōng xuéxí].

formidable adj (épatant) 很好的 [hénhǎo de].

formulaire nm ADMIN (cl. 份 [fèn] ou 张 [zhāng]) 表格 [biǎogé] ▸ **remplir un formulaire** 填表 [tiánbiǎo] ▸ **formulaire d'inscription** 登记表 [dēngjìbiǎo].

formule nf ❶ (expression) ○ (cl. 句 [jù] ou 个 [gè]) 用语 [yòngyǔ] ▸ **formule de politesse** 礼貌用语 [lǐmào yòngyǔ] ❷ (méthode) ○ (cl. 种 [zhǒng]) 方式 [fāngshì] ▸ **formule de paiement**

付款方式 [fùkuǎn fāngshì] ❸ (menu, voyage) ○ (cl. 个 [gè] ou 份 [fèn]) 套餐 [tàocān] ▸ **une formule à 15 euros tout compris** 一份15欧元的全包套餐 [yí fèn 15 ōuyuán de quánbāo tàocān] ❹ (mathématique) 公式 [gōngshì] ▸ **apprendre une formule par cœur** 背公式 [bèi gōngshì] ❺ (chimique) 式 [shì] ▸ **la formule chimique** 化学式 [huàxué shì] ❻ (magique) 咒语 [zhòuyǔ] ▸ **prononcer une formule magique** 念咒语 [niàn zhòuyǔ].

formuler vt 提出 [tíchū] ▸ **formuler une plainte** 提出控诉 [tíchū kòngsù] ▸ **formuler une question** 提出一个问题 [tíchū yí ge wèntí] ▸ **formuler un souhait** 表达一个愿望 [biǎodá yí ge yuànwàng].

fort, e adj ❶ (puissant) 强有力的 [qiángyǒulì de] ▸ **c'est quelqu'un de très fort** 这是个很有力气的人 [zhè shì gè hén yǒu lìqì de rén] ▸ **régime politique fort** 强有力的政治体制 [qiángyǒulì de zhèngzhì tǐzhì] ▸ **utiliser la manière forte** 使用强硬措施 [shǐyòng qiángyìng cuòshī] ❷ (corpulent) 胖的 [pàng de] ▸ **une dame un peu forte** 一个有点胖的太太 [yí ge yóudiǎn pàng de tàitai] ❸ (doué) 能力强的 [nénglìqiáng de] ▸ **être fort en qqch** 在某事上能力强 [zài mǒushì shàng nénglì qiáng] ❹ (au goût) 浓重的 [nóngzhòng de] ▸ **café fort** 浓咖啡 [nóng kāfēi] ▸ **fromage fort** 味道重的奶酪 [wèidao zhòng de nǎilào] ❺ (courageux) 坚强的 [jiānqiáng de] ❻ (intense, important) 强烈的 [qiángliè de] ▸ **sentiment fort** 强烈的感觉 [qiángliè de gǎnjué] ▸ **vent fort** 狂风 [kuángfēng] ▸ **une forte fièvre** 一次高烧 [yí cì gāoshāo] ▸ **il y a de fortes chances que...** 很可能...... [hén kěnéng...] ▸ **il a une forte tendance à...** 他非常倾向于...... [tā fēicháng qīngxiàng yú...] ❼ (exagéré) 过分的 [guòfèn de] ▸ **le terme est un peu fort** 措辞有点过分 [cuòcí yóu diǎn guòfèn] ❽ (prononcé) 明显的 [míngxiǎn de] ▸ **accent fort** 明显的口音 [míngxiǎn de kǒuyīn] ▸ **odeur forte** 浓烈的气味 [nóngliè de qìwèi] ❾ (résistant) 坚实的 [jiānshí de] ▸ **colle forte** 强力胶 [qiánglì jiāo] ▸ **fil fort** 结实的线 [jiēshi de xiàn]
◊ **c'est plus fort que lui** 这超出了他的控制 [zhè chāochū le tāde kòngzhì].

■ **fort** ♦ adv ❶ (avec force) 用力地 [yònglì de] ▸ **frappez fort!** 用力打! [yònglì dǎ!] ❷ (sons) 大声 [dàshēng] ▸ **parler fort** 大声说话 [dàshēng shuōhuà] ▸ **mettre la radio trop fort** 把收音机开得太大声 [bǎ shōuyīnjī kāi de tài dàshēng]. ♦ nm ❶ (château) ○ (cl. 座 [zuò] ou 个 [gè]) 要塞 [yàosài] ❷ (spécialité) 特长 [tècháng] ▸ **ce n'est pas mon fort** 这不是我的特长 [zhè bú shì wǒde tècháng].

forte adv MUS 用强音 [yòngqiángyīn] ▸ **jouer forte** 用强音演奏 [yòngqiángyīn yǎnzòu].

fortement adv ❶ (avec force) 用力地 [yònglì de] ▸ **appuyez fortement sur le bouton** 请用力按那个按钮 [qǐng yònglì àn nà ge ànniǔ] ❷ (avec intensité) 强烈地 [qiángliè de] ▸ **baisser fortement** 大幅度下降 [dàfúdù xiàjiàng] ▸ **progresser fortement** 取得很大进展 [qǔdé hěndà jìnzhǎn].

forteresse nf (cl. 座 [zuò] ou 个 [gè]) 堡垒 [báolěi].

fortifications nfpl 旧城墙 [jiùchéngqiáng].

fortifier vt ❶ (physiquement) 使......强健 [shǐ... qiángjiàn] ▸ **un aliment qui fortifie l'organisme** 一种强身健体的食品 [yì zhǒng qiángshēn jiàntǐ de shípǐn] ❷ (ville) 修筑防御工事 [xiūzhù fángyù gōngshì] ▸ **une ville fortifiée** 一座有防御工事的城市 [yí zuò yǒu fángyù gōngshì de chéngshì].

fortuit, e adj 偶然的 [ǒurán de] ▸ **rencontre fortuite** 偶然的相遇 [ǒurán de xiāngyù] ▸ **occasion fortuite** 偶然的机会 [ǒurán de jīhuì].

fortune nf ❶ (richesse) ○ (cl. 笔 [bǐ]) 财富 [cáifù] ▸ **faire fortune** 发财 [fācái] ❷ (chance) 运气 [yùnqi] ▸ **la fortune leur a souri** 他们交上了好运气 [tāmen jiāoshang le hǎoyùnqì]
◊ **de fortune** 临时简易的 [línshí jiǎnyì de].

fortuné, e adj (riche) 富有的 [fùyǒu de].

forum nm ❶ HIST 广场 [guángchǎng] ▸ **les forums romains** 古罗马集会广场 [gǔluómǎ jíhuì guángchǎng] ❷ (colloque) ○ (cl. 个 [gè] ou 次 [cì]) 研讨会 [yántǎohuì] ❸ INFORM 论坛 [lùntán].

fosse nf ❶ (trou) 坑 [kēng] ❷ (tombe) ○ (cl. 个 [gè] ou 座 [zuò]) 墓穴 [mùxué] ▸ **fosse commune** 公墓 [gōngmù].

fossé nm ❶ (ravin) ○ (cl. 个 [gè] ou 条 [tiáo]) 沟 [gōu] ▸ **tomber dans un fossé** 掉到一个沟里 [diào dào yí ge gōu lǐ] ❷ *fig* (écart) ○ (cl. 个 [gè] ou 道 [dào]) 鸿沟 [hónggōu] ▸ **il y a un fossé entre eux** 他们之间有一道鸿沟 [tāmen zhījiān yǒu yí dào hónggōu].

fossette nf 酒窝 [jiǔwō].

fossile ♦ adj 化石的 [huàshí de] ▸ **énergie fossile** 化石能源 [huàshí néngyuán]. ♦ nm GÉOL (cl. 块 [kuài] ou 个 [gè]) 化石 [huàshí].

fou, folle ♦ adj ❶ MÉD 疯癫的 [fēngdiān de] ▸ **devenir fou** 变疯 [biàn fēng] ❷ *fig* (déraisonnable) 疯狂的 [fēngkuáng de] ▸ **une folle passion** 一种狂热 [yì zhǒng kuángrè] ▸ **tu es folle de sortir par un temps pareil !** 这种天气出去，你真是疯了！ [zhè zhǒng tiānqì chūqu, nǐ zhēnshi fēng le!] ▸ **être fou de joie** 欣喜若狂 [xīnxǐ ruòkuáng] ▸ **être fou de rage** 怒发冲冠 [nùfà chōngguān] ❸ (prodigieux) 令人震惊的 [lìngrén zhènjīng de] ▸ **charme fou** 巨大的魅力 [jùdà de mèilì] ▸ **succès fou** 惊人的成功 [jīngrén de chénggōng] ▸ **c'est fou !** 不可思议！ [bùkěsīyì!] ❹ *fig* (passionné) 狂热的 [kuángrè de] ▸ **être fou de qqch** 迷上某事 [míshang mǒushì] ▸ **être fou de qqn** 疯狂地爱恋某人 [fēngkuáng de àiliàn mǒurén]

◊ **un monde fou** 人山人海 [rénshān rénhǎi].

♦ nm, f ❶ (malade) 疯子 [fēngzi] ▸ **un asile de fous** 一家疯人院 [yì jiā fēngrényuàn] ❷ (personne extravagante) 狂人 [kuángrén] ▸ **faire le fou** 发疯 [fāfēng] ▸ **nous avons ri comme des fous toute la soirée** 我们整晚狂笑不止 [wǒmen zhéngwǎn kuángxiào bùzhǐ] ❸ (personne passionnée) 迷 [mí] ▸ **c'est une folle de cinéma** 她是一个电影迷 [tā shì yí gè diànyǐng mí]

◊ **une histoire de fous** 难以置信的事 [nányǐ zhìxìn de shì].

foudre nf MÉTÉOR (cl. 道 [dào]) 雷电 [léidiàn].

▪ **foudres** nfpl

◊ **s'attirer les foudres de qqn** 招致某人的怒斥 [zhāozhì mǒurén de nùchì].

foudroyant, e adj 突如其来的 [tūrúqílái de] ▸ **maladie foudroyante** 令人猝死的疾病 [lìngrén cùsǐ de jíbìng] ▸ **succès foudroyant** 令人震惊的成功 [lìngrén zhènjīng de chénggōng].

foudroyer vt ❶ (frapper par la foudre) 雷击 [léijī] ▸ **l'arbre a été foudroyé** 那棵树被雷击了 [nà kē shù bèi léijī le] ❷ (faire mourir brutalement) 使……猝死 [shǐ… cùsǐ] ▸ **il a été foudroyé par un malaise cardiaque** 他猝死于心脏病 [tā cùsǐ yú xīnzàngbìng].

fouet nm ❶ (en cuir) ○ (cl. 根 [gēn] ou 条 [tiáo]) 鞭子 [biānzi] ▸ **recevoir des coups de fouet** 受到鞭打 [shòudào biāndǎ] ❷ CULIN 搅拌器 [jiǎobànqì]

◊ **de plein fouet** 猛烈地 [měngliè de] ▸ **ce secteur a subi la crise de plein fouet** 这个领域严重地遭受了危机 [zhè ge lǐngyù yánzhòng de zāoshòu le wēijī].

fouetter vt ❶ (battre) 鞭打 [biāndǎ] ❷ (cingler) 拍打 [pāidǎ] ❸ CULIN 搅拌 [jiǎobàn] ▸ **fouetter des œufs** 打鸡蛋 [dǎ jīdàn].

fougère nf 蕨类植物 [juélèizhíwù].

fougue nf 激情 [jīqíng] ▸ **avec fougue** 满怀激情地 [mǎnhuái jīqíng de].

fougueux, euse adj 狂烈的 [kuángliè de] ▸ **cheval fougueux** 烈马 [lièmǎ] ▸ **tempérament fougueux** 爆脾气 [bào píqi].

fouille nf (cl. 次 [cì] ou 场 [chǎng]) 搜查 [sōuchá].

▪ **fouilles** nfpl (du sol) 挖掘 [wājué] ▸ **faire des fouilles archéologiques** 进行考古挖掘 [jìnxíng kǎogǔ wājué].

fouiller ♦ vt (examiner, visiter) 搜查 [sōuchá] ▸ **fouiller une maison** 搜查一所住宅 [sōuchá yì suǒ zhùzhái] ▸ **fouiller une personne** 搜身 [sōushēn]. ♦ vi 翻寻 [fānxún] ▸ **arrête de fouiller dans mes affaires !** 你别乱翻我的东西！ [nǐ bié luànfān wǒde dōngxi!].

fouillis nm (cl. 团 [tuán]) 杂乱 [záluàn].

fouiner vi 管闲事 [guǎnxiánshì].

foulard nm (cl. 条 [tiáo]) 丝巾 [sījīn] ▸ **porter un foulard autour du cou** 在脖子上围上一条丝巾 [zài bózi shàng wéishang yì tiáo sījīn] ▸ **foulard islamique** 伊斯兰头巾 [yīsīlán tóujīn].

foule nf ❶ (de gens) 人群 [rénqún] ▸ **se fondre dans la foule** 消失在人群里 [xiāoshī zài rénqún lǐ] ▸ **il y avait foule à sa fête** 在他的聚会上有很多人 [zài tāde jùhuì shàng yóu hěn duō rén] ❷ (le public) 大众 [dàzhòng] ▸ **l'en-**

gouement de la foule pour cet artiste 大众对这位艺术家的迷恋 [dàzhòng duì zhè wèi yìshùjiā de míliàn] ❸ (multitude) ▸ **une foule de** 很多 [hěn duō] ▸ **j'ai une foule de choses à te raconter** 我有很多事要给你讲 [wǒ yóu hěn duō shì yào géi nǐ jiǎng].

foulée nf ◊ **dans la foulée** 顺便 [shùnbiàn].

fouler vt (marcher sur) 行走在……上 [xíngzǒuzài… shàng] ▸ **fouler le sol natal après une longue absence** 行走在久违的故土上 [xíngzǒuzài jiǔwéi de gùtǔ shàng].

▪ **se fouler** vp ❶ MÉD 扭伤 [niǔshāng] ▸ **se fouler la cheville** 扭伤踝骨 [niǔshāng huáigǔ] ❷ *fam* (se fatiguer) 卖力地做 [màilì de zuò].

foulure nf MÉD (cl. 处 [chù]) 轻微扭伤 [qīngwēi niǔshāng] ▸ **se faire une foulure au poignet** 轻微扭伤手腕 [qīngwēi niǔshāng shǒuwàn].

four nm ❶ (appareil ménager) ○ (cl. 台 [tái] ou 个 [gè]) 烤箱 [kǎoxiāng] ▸ **four électrique** 电烤箱 [diànkǎoxiāng] ▸ **four à micro-ondes** 微波炉 [wēibōlú] ❷ (en pierre) 烘炉 [hōnglú] ▸ **four à pain** 面包烘炉 [miànbāo hōnglú].

▪ **four crématoire** nm 火葬炉 [huǒzànglú].

fourbe adj *sout* 狡诈的 [jiǎozhà de] ▸ **air fourbe** 狡诈的样子 [jiǎozhà de yàngzi] ▸ **paroles fourbes** 狡诈的言辞 [jiǎozhà de yáncí].

fourbu, e adj 疲惫不堪的 [píbèi bùkān de].

fourche nf ❶ (outil) ○ (cl. 把 [bǎ]) 长柄叉 [chángbǐngchā] ❷ (d'un vélo) ○ (cl. 根 [gēn]) 车叉 [chēchā] ❸ (d'une route) 岔路口 [chàlùkǒu] ❹ (d'un arbre) ○ (cl. 根 [gēn]) 枝杈 [zhīchà] ❺ (d'un cheveu) 分叉 [fēnchā].

fourchette nf ❶ (couvert) ○ (cl. 把 [bǎ]) 叉子 [chāzi] ▸ **fourchette à dessert** 甜品叉 [tiánpǐn chā] ▸ **fourchette à poisson** 吃鱼用的叉子 [chīyú yòng de chāzi] ❷ (écart) 差幅 [chāfú] ▸ **donner une fourchette de prix** 给一个价格差幅 [gěi yí ge jiàgé chāfú].

fourgon nm ❶ (camionnette) ○ (cl. 辆 [liàng]) 小卡车 [xiǎokǎchē] ❷ (ferroviaire) ○ (cl. 节 [jié]) 运货车厢 [yùnhuò chēxiāng] ▸ **fourgon à bestiaux** 牲畜运输车厢 [shēngchù yùnshū chēxiāng] ▸ **fourgon postal** 邮政运输车厢 [yóuzhèng yùnshū chēxiāng].

fourgonnette nf (cl. 辆 [liàng]) 小货车 [xiǎohuòchē].

fourmi nf ❶ (insecte) ○ (cl. 只 [zhī]) 蚂蚁 [máyǐ] ▸ **fourmi rouge** 红蚁 [hóng yǐ] ▸ **fourmi volante** 飞蚁 [fēi yǐ] ❷ (fourmillement) ▸ **avoir des fourmis dans les jambes** 双腿发麻 [shuāngtuǐ fāmá].

fourmiller vi ❶ (pulluler) 乱挤乱爬 [luànjǐ luànpá] ❷ (abonder) 充满 [chōngmǎn] ▸ **les fautes fourmillent dans son texte** 他的文章错误百出 [tāde wénzhāng cuòwù bǎichū].

fournaise nf *fig* 大火炉 [dàhuǒlú].

fourneau, x nm ❶ (cuisinière) 灶 [zào] ▸ **fourneau à bois** 柴火灶 [cháihuǒ zào] ❷ (de fonderie) 炉 [lú] ▸ **haut fourneau** 高炉 [gāolú] ◊ **être aux fourneaux** 在做饭 [zài zuòfàn].

fournée nf ❶ (de pain) 一炉（面包）[yì lú (miànbāo)] ❷ *fig* (de personnes) 一批 [yì pī] ▸ **une nouvelle fournée de ministres** 一批新部长 [yì pī xīn bùzhǎng].

fourni, e adj ❶ (barbe, cheveux) 浓密的 [nóngmì de] ▸ **sa barbe est très fournie** 他的胡须很浓密 [tāde húxū hěn nóngmì] ❷ (magasin) 东西丰富的 [dōngxi fēngfù de] ▸ **ce magasin n'est pas assez fourni** 这家商店的商品不够丰富 [zhè jiā shāngdiàn de shāngpǐn búgòu fēngfù].

fournir vt ❶ (procurer) 供应 [gōngyìng] ▸ **fournir qqch à qqn** 向某人供应某物 [xiàng mǒurén gōngyìng mǒuwù] ▸ **fournir qqn en qqch** 为某人供应某物 [wèi mǒurén gōngyìng mǒuwù] ▸ **fournir du travail à qqn** 给某人提供工作 [géi mǒurén tígōng gōngzuò] ❷ (documents) 提供 [tígōng] ▸ **pièces à fournir au dossier** 为这个卷宗提供的资料 [wèi zhè ge juànzōng tígōng de zīliào] ❸ (apporter) 拿出 [náchū] ▸ **fournir un alibi à la police** 向警察局出具不在现场证明 [xiàng jǐngchájú chūjù búzài xiànchǎng zhèngmíng] ▸ **tu devras fournir beaucoup d'efforts** 你必须付出很多的努力 [nǐ bìxū fùchū hěnduō de nǔlì] ❹ (approvisionner) 给……供货 [gěi… gōnghuò] ▸ **fournir un magasin** 给一家商店供货 [gěi yì jiā shāngdiàn gōnghuò].

fournisseur, euse nm, f (cl. 个 [gè] ou 名 [míng] ou 位 [wèi]) 供货商 [gōnghuòshāng]

▸ **fournisseur d'accès** INFORM 网络运营商 [wǎngluò yùnyíngshāng].

fourniture nf 供应 [gōngyìng] ▸ **fourniture et installation d'équipements** 设备的供应和安装 [shèbèi de gōngyìng hé ānzhuāng].

▪ **fournitures** nfpl ▸ **fournitures de bureau** 办公用品 [bàngōng yòngpǐn] ▸ **fournitures scolaires** 学习用品 [xuéxí yòngpǐn].

fourrage nm 草料 [cǎoliào].

fourré nm 矮树丛 [ǎishùcóng].

fourrer vt ❶ CULIN 在……里填入 [zài… lǐ tiánrù] ▸ **fourrer un gâteau à la pâte d'amandes** 在饼里填入杏仁酱 [zài bǐng lǐ tiánrù xìngrén jiàng] ❷ *fam* (mettre) 塞进 [sāijìn] ▸ **fourrer ses affaires dans un sac** 把东西塞进一个袋子 [bǎ dōngxi sāijìn yí ge dàizi] ❸ *fam* (être) 待在 [dāizài] ▸ **être toujours fourré chez qqn** 总是待在某人家里 [zǒngshì dāizài mǒurén jiāli]

◊ **fourrer son nez dans** 插手…… [chāshǒu…].

▪ **se fourrer** vp ▸ **se fourrer dans le pétrin** 置身困境 [zhìshēn kùnjìng] ▸ **se fourrer le doigt dans l'œil** 完全搞错 [wánquán gǎocuò].

fourrière nf ❶ (pour chiens) 动物认领所 [dòngwù rènlǐng suǒ] ❷ (pour voitures) 被扣的违章汽车存放处 [bèi kòu de wéizhāng qìchē cúnfàng chù].

fourrure nf ❶ (d'un animal) ○ (cl. 身 [shēn]) 皮毛 [pímáo] ❷ (vêtement) ○ (cl. 件 [jiàn]) 皮草服装 [pícǎo fúzhuāng].

foutoir nm *fam* 乱七八糟 [luànqī bāzāo] ▸ **c'est vraiment le foutoir, ici !** 这里真是乱七八糟！ [zhèli zhēnshi luànqī bāzāo!].

foutre *tfam* vt ❶ (mettre) 赶 [gǎn] ▸ **il m'a foutu à la porte** 他把我赶出了门 [tā bá wǒ gǎnchū le mén] ❷ (donner) 给 [gěi] ▸ **il lui a foutu une baffe** 他给了她一个耳光 [tā géi le tā yí ge ěrguāng] ▸ **fous-moi la paix !** 给我安静！ [gěi wǒ ānjìng!] ❸ (faire) 干 [gàn] ▸ **je n'ai rien foutu de la journée** 我这一整天什么也没干 [wǒ zhè yì zhěngtiān shénme yě méi gàn] ▸ **qu'est-ce que tu fous ?** 你在干什么？ [nǐ zài gàn shénme?].

▪ **se foutre** vp ❶ (se mettre) 处于 [chǔyú] ▸ **se foutre dans une situation impossible** 身处困境 [shēnchǔ kùnjìng] ❷ (se moquer) 嘲笑 [cháoxiào] ▸ **se foutre de qqn** 嘲笑某人 [cháoxiào mǒurén] ❸ (ne pas s'intéresser) 不在乎 [búzàihu] ▸ **se foutre de qqch** 不在乎某事 [búzàihu mǒushì].

foutu, e adj *tfam* ❶ (maudit) 该死的 [gāisǐ de] ▸ **quel foutu temps !** 该死的天气！ [gāisǐ de tiānqì!] ❷ (bien conçu, bien fait) 长得 [zhǎng de] ▸ **elle est bien foutue cette nana !** 这个女的长得很漂亮！ [zhè ge nǚde zhǎng de hěn piàoliang!] ❸ (hors d'usage) 坏的 [huài de] ▸ **mon appareil photo est foutu** 我的照相机坏了 [wǒde zhàoxiàngjī huàile] ❹ (gâché) 没戏的 [méixì de] ▸ **j'ai raté l'occasion, c'est foutu maintenant** 我错过了机会，现在没戏了 [wǒ cuòguò le jīhuì, xiànzài méixì le].

foyer nm ❶ (famille) 家 [jiā] ▸ **fonder un foyer** 成家 [chéngjiā] ❷ (résidence) 寓所 [yùsuǒ] ▸ **foyer d'étudiants** 学生公寓 [xuésheng gōngyù] ▸ **foyer de personnes âgées** (cl. 所 [suǒ]) 养老院 [yánglǎoyuàn] ❸ (d'une cheminée) 炉火 [lúhuǒ] ❹ (point central) 源头 [yuántóu] ▸ **foyer d'infection** 感染源 [gánrǎn yuán] ❺ (de lunettes) 焦点 [jiāodiǎn].

fracas nm (cl. 声 [shēng] OU 阵 [zhèn]) 哗啦声 [huālā shēng].

fracasser vt 打碎 [dǎsuì].

fraction nf ❶ MATH 分数 [fēnshù] ▸ **réduire les fractions au même dénominateur** 通分 [tōngfēn] ❷ (portion) 一部分 [yí bùfen] ▸ **une fraction de l'Assemblée** 议会的一部分 [yìhuì de yí bùfen] ▸ **en une fraction de seconde** 在一瞬间 [zài yí shùnjiān].

fractionner vt 分成 [fēnchéng].

fracture nf ❶ MÉD 骨折 [gǔzhé] ▸ **fracture ouverte** 开放性骨折 [kāifàngxìng gǔzhé] ❷ (en sociologie) ▸ **fracture sociale** 社会分化 [shèhuì fēnhuà].

fracturer vt ❶ MÉD 使……骨折 [shí… gǔzhé] ▸ **sa jambe a été fracturée lors de l'accident** 她的腿在车祸中骨折了 [tāde tuǐ zài chēhuò zhōng gǔzhé le] ❷ (forcer) 砸开 [zákāi] ▸ **le voleur a fracturé la porte** 小偷砸开了门 [xiǎotōu zákāi le mén] ▸ **fracturer un coffre** 砸开保险柜 [zákāi báoxiǎnguì].

▪ **se fracturer** vp 骨折 [gǔzhé] ▸ **il s'est fracturé le tibia** 他把胫骨摔骨折了 [tā bǎ jìnggǔ shuāi gǔzhé le].

fragile adj ❶ (cassant) 易碎的 [yìsuì de] ▸ **la porcelaine est fragile** 瓷器是易碎的 [cíqì shì yìsuì de] ❷ (délicat) 脆弱的 [cuìruò de] ▸ **peau fragile** 脆弱的皮肤 [cuìruò de pífū] ▸ **santé fragile** 虚弱的身体 [xūruò de shēntǐ] ▸ **tissu fragile** 易破损的布料 [yìpòsǔn de bùliào].

fragiliser vt 使……变得脆弱 [shǐ… biàn de cuìruò] ▸ **ce virus fragilise l'organisme** 这种病毒使机体变得虚弱 [zhè zhǒng bìngdú shǐ jītǐ biàn de xūruò].

fragilité nf 易碎性 [yìsuìxìng].

fragment nm ❶ (morceau d'une chose brisée) ○ (cl. 块 [kuài]) 碎片 [suìpiàn] ❷ (part, partie) 部分 [bùfen].

fraîchement adv ❶ (récemment) 刚刚 [gānggāng] ▸ **une pièce fraîchement repeinte** 一间刚刚重新粉刷过的房间 [yì jiān gānggāng chóngxīn fěnshuā guò de fángjiān] ❷ (froidement) 冷淡地 [lěngdàn de] ▸ **ils m'ont accueilli fraîchement** 他们冷淡地接待了我 [tāmen lěngdàn de jiēdài le wǒ].

fraîcheur nf ❶ (de l'air) 凉爽 [liángshuǎng] ❷ *fig* (froideur) 冷淡 [lěngdàn] ❸ (éclat) 鲜艳 [xiānyàn] ▸ **cette lessive garde la fraîcheur des couleurs** 这种洗衣粉保持颜色的鲜艳 [zhè zhǒng xǐyīfěn bǎochí yánsè de xiānyàn] ❹ (non altération) 新鲜 [xīnxiān] ▸ **des aliments d'une grande fraîcheur** 一些非常新鲜的食品 [yìxiē fēicháng xīnxiān de shípǐn].

frais, fraîche adj ❶ (presque froid) 凉的 [liáng de] ▸ **il fait frais** 天气很凉 [tiānqì hěn liáng] ▸ **des nuits fraîches** 凉爽的夜晚 [liángshuǎng de yèwǎn] ❷ *fig* (accueil) 冷淡的 [lěngdàn de] ❸ (récent) 新鲜的 [xīnxiān de] ▸ **fruits frais** 新鲜的水果 [xīnxiān de shuíguǒ] ▸ **attention, peinture fraîche** 当心，油漆未干 [dāngxīn, yóuqī wèi gān] ❹ (reposé) 精神焕发的 [jīngshén huànfā de] ▸ **je ne me sens pas très frais ce matin** 今天早晨我感到精神不太好 [jīntiān zǎochen wǒ gǎndào jīngshén bú tài hǎo] ❺ (odeur) 清新的 [qīngxīn de] ▸ **avoir l'haleine fraîche** 口气清新 [kǒuqì qīngxīn].

▪ **frais** ♦ nm 凉处 [liáng chù] ▸ **mettre qqch au frais** 把某物放到凉处 [bǎ mǒuwù fàng dào liáng chù]. ♦ nmpl (dépenses) ○ (cl. 笔 [bǐ]) 费用 [fèiyòng]; 开销 [kāixiao] ▸ **j'ai eu des frais importants, ce mois-ci** 我这个月的开销很大 [wǒ zhè ge yuè de kāixiāo hěn dà] ▸ **frais d'inscription** 注册费 [zhùcèfèi] ▸ **frais bancaires** 银行手续费 [yínháng shǒuxùfèi].

fraise nf (cl. 颗 [kē]) 草莓 [cǎoméi].

fraisier nm ❶ (plante) ○ (cl. 株 [zhū] ou 棵 [kē]) 草莓 [cǎoméi] ❷ (gâteau) ○ (cl. 块 [kuài] ou 个 [gè]) 草莓蛋糕 [cǎoméi dàngāo].

framboise nf (cl. 枚 [méi] ou 颗 [kē]) 覆盆子 [fùpénzǐ].

franc, franche adj ❶ (sincère) 坦诚的 [tǎnchéng de] ▸ **il est franc avec toi** 他对你很坦诚 [tā duì nǐ hěn tǎnchéng] ▸ **rire franc** 爽朗的笑 [shuánglǎng de xiào] ❷ (net) 明确的 [míngquè de] ▸ **une franche hostilité** 明显的敌意 [míngxiǎn de díyì] ❸ (détaxé) 免税的 [miǎnshuì de] ▸ **ville franche** 免税城市 [miǎnshuì chéngshì] ▸ **port franc** 自由港 [zìyóugǎng].

▪ **franc** nm (monnaie) 法郎 [fǎláng] ▸ **franc suisse** 瑞士法郎 [ruìshì fǎláng].

français, e adj 法国的 [fǎguó de] ▸ **la cuisine française** 法餐 [fǎ cān].

▪ **français** nm (langue) 法语 [fǎyǔ].

▪ **Français, e** nm, f 法国人 [Fǎguórén].

France nf 法国 [Fǎguó] ▸ **en France** 在法国 [zài Fǎguó].

franchement adv ❶ (sincèrement) 坦率地 [tǎnshuài de] ▸ **parler franchement** 坦率地说 [tǎnshuài de shuō] ❷ (sans hésitation) 果断地 [guǒduàn de] ▸ **y aller franchement** 果断地做 [guǒduàn de zuò] ❸ (marque l'irritation) 说真的 [shuō zhēn de] ▸ **franchement, tu exagères !** 说真的，你太过分了！ [shuō zhēn de, nǐ tài guòfèn le!].

franchir vt 越过 [yuèguò] ▸ **il a franchi la frontière clandestinement** 他非法地越过了边境 [tā fēifǎ de yuèguò le biānjìng] ▸ **il a franchi la ligne d'arrivée en premier** 他第一个冲过终点线 [tā dìyī ge chōng guò zhōngdiǎn xiàn].

franchise nf ❶ (sincérité) 坦率 [tǎnshuài] ▸ **parler avec franchise** 坦率地讲 [tǎnshuài de jiǎng] ❷ (détaxe) 免税 [miǎnshuì] ▸ **franchise douanière** 关税免付 [guānshuì miǎnfù] ❸ COMM (cl. 项 [xiàng]) 特许权 [tèxǔquán] ▸ **une boutique de vêtements en franchise** 一家特许服装店 [yì jiā tèxǔ fúzhuāng diàn].

francilien, enne adj 巴黎大区的 [Bālí dàqū de].

franciser vt 使……法语化 [shǐ… fǎyǔ huà].

franc-jeu nm ▸ **jouer franc-jeu** 打开窗户说亮话 [dǎkāi chuānghu shuō liànghuà].

franc-maçon, onne ♦ adj 共济会的 [gòng jì huì de]. ♦ nm, f 共济会会员 [gòng jì huì huìyuán].

franco adv *fam* 直爽地 [zhíshuǎng de] ◊ **franco de port** 运费已付 [yùnfèi yǐfù].

francophone adj & nmf 讲法语的(人)[jiǎng fǎyǔ de (rén)].

francophonie nf 法语国家 [fǎyǔ guójiā].

frange nf ❶ (coiffure) 刘海儿 [liúhǎir] ▸ **ma sœur a une frange** 我姐姐有刘海儿 [wǒ jiějie yǒu liúhǎir] ❷ (bordure) 流苏 [liúsū] ▸ **une jupe à franges** 一条镶边的裙子 [yì tiáo xiāngbiān de qúnzi].

franglais nm 英语式法语 [yīngyǔ shì fǎyǔ].

frappant, e adj 惊人的 [jīngrén de] ▸ **la ressemblance entre eux est frappante** 他们俩惊人地相像 [tāmenliǎ jīngrén de xiāngxiàng].

frapper ♦ vt ❶ (cogner) 打 [dǎ] ▸ **être frappé par la foudre** 被雷击 [bèi léi jī] ▸ **frapper qqn du pied** 踢某人 [tī mǒurén] ❷ (impressionner) 打动 [dǎdòng] ▸ **j'ai été frappé par sa franchise** 我被他的坦诚打动了 [wǒ bèi tāde tǎnchéng dǎdòng le] ❸ (une monnaie) 轧制 [yàzhì]. ♦ vi (à la porte) 敲门 [qiāomén].

fraternel, elle adj 兄弟般的 [xiōngdìbān de].

fraterniser vi 亲如兄弟 [qīn rú xiōngdì].

fraternité nf 博爱 [bó'ài] ▸ **'liberté, égalité, fraternité'** 自由，平等，博爱 [zìyóu, píngděng, bó'ài].

fratricide adj & nmf 骨肉相残的(人)[gǔròu xiāngcán de (rén)].

fraude nf (cl. 次 [cì]) 作弊 [zuòbì] ▸ **on l'accuse de fraude aux examens** 有人告发他考试作弊 [yǒu rén gàofā tā kǎoshì zuòbì] ▸ **fraude électorale** 选举舞弊 [xuǎnjǔ wǔbì] ▸ **en fraude** 非法地 [fēifǎ de] ▸ **fraude fiscale** 偷税漏税 [tōu shuì lòu shuì].

frauder ♦ vt 偷漏 [tōulòu] ▸ **frauder le fisc** 偷税漏税 [tōu shuì lòu shuì]. ♦ vi 作弊 [zuòbì] ▸ **frauder à un concours** 考试作弊 [kǎoshì zuòbì] ▸ **frauder dans le métro** 逃地铁票 [táo dìtiě piào].

frauduleux, euse adj 非法的 [fēifǎ de] ▸ **s'enrichir par des moyens frauduleux** 以非法的方式致富 [yǐ fēifǎ de fāngshì zhìfù].

frayer vt 开辟 [kāipì] ▸ **frayer la voie à qqn** 为某人开辟道路 [wèi mǒurén kāipì dàolù].

▪ **se frayer** vp ◊ **se frayer un chemin** 开出一条道路 [kāichū yì tiáo dàolù] ▸ **se frayer un chemin à travers la foule** 挤出一条道路穿过人群 [jǐchū yì tiáo dàolù chuānguò rénqún].

frayeur nf 恐惧 [kǒngjù] ▸ **quelle frayeur !** 真可怕！[zhēn kěpà!] ▸ **tu m'as fait une sacrée frayeur** 你吓了我一大跳 [nǐ xià le wǒ yí dà tiào].

fredonner vt & vi 哼唱 [hēngchàng].

freezer nm (冰箱)冷冻室 [(bīngxiāng) lěngdòngshì].

frégate nf ❶ (bateau) ◦ (cl. 艘 [sōu]) 护卫舰 [hùwèijiàn] ❷ (oiseau) ◦ (cl. 只 [zhī]) 军舰鸟 [jūnjiànniǎo].

frein nm ❶ (d'un véhicule) 制动器 [zhìdòngqì]; 车闸 [chēzhá] ▸ **les freins arrière** 后轮制动 [hòulún zhìdòng] ▸ **coup de frein** 急刹车 [jí shāchē] ▸ **frein à main** 手闸 [shǒu zhá] ▸ **serrer le frein à main** 握紧手闸 [wòjǐn shǒu zhá] ❷ *fig* (obstacle) 制约 [zhìyuē] ▸ **être un coup de frein à** 是……的制约 [shì… de zhìyuē] ▸ **tu devrais mettre un frein à tes dépenses** 你应该限制你的开支 [nǐ yīnggāi xiànzhì nǐde kāizhī].

freiner ♦ vt 限制 [xiànzhì] ▸ **freiner l'inflation** 限制通货膨胀 [xiànzhì tōnghuò péngzhàng]. ♦ vi 刹车 [shāchē] ▸ **cette voiture freine bien** 这辆汽车刹车很灵 [zhè liàng qìchē shāchē hěn líng].

frêle adj 纤弱的 [xiānruò de].

frelon nm (cl. 只 [zhī]) 大胡蜂 [dàhúfēng].

frémir vi ❶ (trembler légèrement) 颤动 [chàndòng] ▸ **l'eau commence à frémir** 水开始滚动起来 [shuǐ kāishǐ gǔndòngqǐlái] ❷ (d'émotion, de froid) 哆嗦 [duōsuo].

frémissement nm ❶ (eau, feuilles) 颤动 [chàndòng] ▸ **un frémissement agite le feuillage** 枝叶颤动起来 [zhīyè chàndòngqǐlái] ❷ (d'émotion, de froid) 哆嗦 [duōsuo] ▸ **elle a été parcourue par un frémissement de colère** 她被气得浑身哆嗦 [tā bèi qì de húnshēn duōsuo].

frêne nm (cl. 棵 [kē]) 白蜡树 [báilàshù].

frénésie nf 狂热 [kuángrè] ▸ **la foule l'a applaudie avec frénésie** 人群狂热地为她鼓掌 [rénqún kuángrè de wéi tā gúzhǎng].

frénétique adj 疯狂的 [fēngkuáng de].

fréquemment adv 经常 [jīngcháng] ▸ **cela t'arrive fréquemment ?** 你经常遇到这种情况吗？ [nǐ jīngcháng yùdào zhè zhǒng qíngkuàng ma?].

fréquence nf ❶ (d'un événement) 频率 [pínlǜ] ▸ **à quelle fréquence passent les trains vers Paris ?** 开往巴黎的火车多长时间过一趟？ [kāiwǎng Bālí de huǒchē duō cháng shíjiān guò yí tàng?] ❷ PHYS 频率 [pínlǜ] ▸ **la fréquence d'un son** 音频 [yīnpín].

fréquent, e adj 常见的 [chángjiàn de].

fréquentation nf ▸ **la fréquentation des magasins** 经常性地逛商场 [jīngcháng xìng de guàng shāngchǎng].

▪ **fréquentations** nfpl 常交往的人 [cháng jiāowǎng de rén] ▸ **avoir de mauvaises fréquentations** 常跟不三不四的人交往 [cháng gēn bùsānbúsì de rén jiāowǎng].

fréquenté, e adj ❶ 人们常去的 [rénmen cháng qù de] ▸ **peu fréquenté** 冷清的 [lěngqing de] ❷ ▸ **mal fréquenté** 不正派的人常去的 [bú zhèngpài de rén cháng qù de].

fréquenter vt ❶ (voir) 经常来往 [jīngcháng láiwǎng] ▸ **je ne fréquente plus cet homme** 我不再和这个人来往 [wǒ bú zài hé zhè ge rén láiwǎng] ❷ (se rendre dans) 常去 [cháng qù] ▸ **peu de gens fréquentent ce magasin** 很少人常去这个商店 [hěn shǎo rén cháng qù zhè ge shāngdiàn].

frère nm ❶ 兄弟 [xiōngdi] ▸ **je l'aime comme un frère** 我对他的感情如同兄弟 [wǒ duì tāde gǎnqíng rútóng xiōngdi] ▸ **frère jumeau** 孪生兄弟 [luánshēng xiōngdì] ▸ **grand frère** 哥哥 [gēge] ▸ **petit frère** 弟弟 [dìdi] ❷ (moine) 修士 [xiūshì].

fresque nf ❶ ART (cl. 幅 [fú]) 壁画 [bìhuà] ▸ **des fresques du XVe siècle** 十五世纪的壁画 [shíwǔ shìjì de bìhuà] ❷ LITTÉR (cl. 部 [bù]) 文学巨著 [wénxué jùzhù] ▸ **une grande fresque historique** 一部历史性的文学巨著 [yí bù lìshǐ xìng de wénxué jùzhù].

fret nm (cl. 批 [pī]) 运货 [yùnhuò] ▸ **fret ferroviaire** 铁路运货 [tiělù yùnhuò] ▸ **fret aérien** 空运货物 [kōng yùnhuòwù] ▸ **décharger le fret** 卸货 [xiè huò].

frétiller vi 动 [dòng] ▸ **frétiller d'impatience** 不耐烦地动来动去 [búnàifán de dòng lái dòng qù] ▸ **frétiller de joie** 兴奋得坐不住 [xīngfèn de zuòbúzhù].

friable adj 易碎的 [yìsuì de].

friandise nf 甜食 [tiánshí].

fric nm *fam* 钱 [qián].

friche nf (cl. 片 [piàn] ou 块 [kuài]) 荒地 [huāngdì] ▸ **laisser une terre en friche** 任土地荒着 [rèn tǔdì huāng zhe].

friction nf ❶ (massage) 擦身 [cāshēn] ❷ *fig* (désaccord) 摩擦 [mócā] ▸ **il y a eu quelques frictions entre elles** 她们之间有点摩擦 [tāmen zhījiān yǒu diǎn mócā].

frictionner vt 擦 [cā] ▸ **frictionner le corps avec un baume** 用香脂擦身 [yòng xiāngzhī cāshēn].

Frigidaire® nm (cl. 台 [tái]) 电冰箱 [Diànbīngxiāng].

frigide adj 冷淡的 [lěngdàn de].

frigo nm *fam* (cl. 台 [tái]) 冰箱 [bīngxiāng].

frigorifié, e adj *fam* 冻僵的 [dòngjiāng de].

frileux, euse adj 怕冷的 [pàlěng de].

frimer vi *fam* 显摆 [xiǎnbai].

frimeur, euse nm, f 爱显摆的人 [ài xiǎnbai de rén].

frimousse nf *fam* 脸蛋儿 [liǎndànr].

fringale nf *fam* 极度饥饿 [jídù jī'è] ▸ **avoir une fringale** 饿极了 [è jí le].

fripouille nf *fam* 坏蛋 [huàidàn].

frire vt & vi 油炸 [yóuzhá]; 油煎 [yóujiān].

frise nf (cl. 条 [tiáo]) 装饰带 [zhuāngshìdài].

frisé, e ♦ adj 卷的 [juǎn de] ▸ **des cheveux frisés** 卷发 [juǎnfà]. ♦ nf (salade) 皱叶莴苣 [zhòuyèwōju].

friser ♦ vt ❶ (boucler) 使……卷曲 [shǐ… juǎnqū] ▸ **j'ai fait friser mes cheveux** 我把头发烫卷了 [wǒ bǎ tóufa tàng juǎn le] ❷ (être proche de) 几乎 [jīhū] ▸ **ça frise l'indécence** 这几乎下流 [zhè jīhū xiàliú]. ♦ vi 卷曲 [juǎnqū] ▸ **mes cheveux frisent naturellement** 我的头发自来卷 [wǒde tóufa zìlái juǎn].

frisquet, ette adj *fam* 凉 [liáng] ▸ **il fait frisquet** 天有点凉 [tiān yǒu diǎn liáng].

frisson nm 哆嗦 [duōsuo] ▸ **être pris de frissons** 打哆嗦 [dǎ duōsuo] ▸ **frisson de fièvre** 发烧引起的寒颤 [fāshāo yǐnqǐ de hánzhàn] ▸ **donner le frisson** 使……发抖 [shǐ…fādǒu].

frissonner vi 颤抖 [chàndǒu] ▸ **frissonner de froid** 冷得哆嗦 [lěng de duōsuo] ▸ **frissonner de peur** 吓得发抖 [xià de fādǒu].

frite nf (cl. 根 [gēn]) 炸薯条 [zháshǔtiáo].

friteuse nf (cl. 台 [tái] ou 个 [gè]) 炸薯条机 [zháshǔtiáo jī].

friture nf ❶ CULIN 油炸 [yóuzhá] ▸ **odeur de friture** 油炸的气味 [yóuzhá de qìwèi] ❷ (poisson) 煎鱼 [jiānyú].

frivole adj ❶ (personne) 浮浅的 [fúqiǎn de] ❷ (léger) 无聊的 [wúliáo de] ▸ **une occupation frivole** 一件无聊的事情 [yí jiàn wúliáo de shìqing].

froid, e adj ❶ (température) 冷的 [lěng de] ▸ **boisson froide** 冷饮 [lěng yǐn] ❷ *fig* (personne) 冷淡的 [lěngdàn de] ▸ **accueil froid** 冷淡的接待 [lěngdàn de jiēdài] ❸ *fig* (calme) 冷静的 [lěngjìng de] ▸ **laisser qqn froid** 让某人无动于衷 [ràng mǒurén wúdòngyúzhōng] ▸ **garder la tête froide** 保持头脑冷静 [bǎochí tóunǎo lěngjìng].

■ **froid** ♦ adv 冷 [lěng] ▸ **manger froid** 吃冷的 [chī lěng de]

◊ **faire froid** (天气)冷 [(tiānqì) lěng] ▸ **il fait froid** 天冷 [tiān lěng] ▸ **avoir froid** (觉得)冷 [(juéde) lěng] ▸ **j'ai trop froid pour sortir** 我太冷了，不想出去 [wǒ tài lěng le, bùxiǎng chūqu].

♦ nm ❶ (température) 冷 [lěng] ▸ **conserver qqch au froid** 冷藏某物 [lěngcáng mǒuwù] ▸ **par ce froid** 这么冷 [zhème lěng] ❷ (rhume) ▸ **prendre froid** 着凉 [zháoliáng] ❸ (relations) 疏远 [shūyuǎn] ▸ **être en froid avec qqn** 与某人疏远 [yǔ mǒurén shūyuǎn] ▸ **jeter un froid** 使……冷淡 [shǐ… lěngdàn].

froidement adv ❶ (sans enthousiasme) 冷淡地 [lěngdàn de] ▸ **accueillir froidement** 冷淡地接待 [lěngdàn de jiēdài] ❷ (avec insensibilité) 冷酷地 [lěngkù de] ▸ **tuer froidement** 冷酷地杀害 [lěngkù de shāhài] ❸ (avec lucidité) 冷静地 [lěngjìng de] ▸ **examiner froidement la situation** 冷静地观察形势 [lěngjìng de guānchá xíngshì].

froisser vt ❶ (chiffonner) 揉皱 [róuzhòu] ▸ **froisser une feuille de papier** 揉皱一页纸 [róuzhòu yí yè zhǐ] ❷ *fig* (offenser) 冒犯 [màofàn] ▸ **froisser qqn** 冒犯某人 [màofàn mǒurén].

■ **se froisser** vp ❶ (tissu) 起皱 [qǐzhòu] ▸ **se froisser facilement** 很容易起皱 [hěn róngyì qǐzhòu] ❷ (muscle) 挫伤 [cuòshāng] ▸ **se froisser un muscle** 挫伤一块肌肉 [cuòshāng yí kuài jīròu] ❸ *fig* (se vexer) 生气 [shēngqì] ▸ **se froisser pour un rien** 为一点小事就生气 [wéi yì diǎn xiǎoshì jiù shēngqì].

frôler vt ❶ (toucher) (轻轻)擦过 [(qīngqīng) cāguò] ▸ **sa main a frôlé la mienne** 他的手碰了我的手 [tāde shǒu pèng le wǒde shǒu] ▸ **la moto le frôla de justesse** 那辆摩托刚好和他擦肩而过 [nà liàng mótuō gānghǎo hé tā cājiān ér guò] ❷ *fig* (friser) 险些 [xiǎnxiē]; 差点 [chàdiǎn] ▸ **frôler la catastrophe** 险些酿成大祸 [xiǎnxiē niàngchéng dàhuò] ▸ **frôler la mort** 差点死去 [chà diǎn sǐqù] ❸ (être près de) 接近 [jiējìn] ▸ **la température frôle les 40 degrés** 温度接近40度 [wēndù jiējìn 40 dù].

fromage nm (cl. 块 [kuài]) 干酪 [gānlào]; 奶酪 [nǎilào].

froncer vt 打褶子 [dǎ zhězi] ▸ **la couturière fronce la jupe** 女裁缝给裙子打褶子 [nǚ cáifeng gěi qúnzi dǎ zhězi]

◊ **froncer les sourcils** 皱眉头 [zhòu méitóu].

fronde nf ❶ (arme) ○ (cl. 把 [bǎ]) 弹弓 [dàngōng] ❷ (révolte) ○ (cl. 场 [chǎng] ou 次 [cì]) 暴动 [bàodòng].

front nm ❶ ANAT 前额 [qián'é] ❷ MIL 前线 [qiánxiàn] ▸ **partir pour le front** 出发上前线 [chūfā shàng qiánxiàn] ▸ **mourir au front** 在前线阵亡 [zài qiánxiàn zhènwáng] ❸ POLIT 阵线 [zhènxiàn] ▸ **Front national** 国民阵线（党）[guómín Zhènxiàn (dǎng)] ▸ **Front populaire** 人民阵线 [rénmín Zhènxiàn] ❹ (l'avant) ▸ **front de mer** (cl. 条 [tiáo]) 海滨大道 [hǎibīn dàdào]

◊ **faire front** 抵抗 [dǐkàng].

▪ **de front** loc adv ❶ (par l'avant) 从正面 [cóng zhèngmiàn] ▸ **heurter de front** 从正面撞击 [cóng zhèngmiàn zhuàngjī] ❷ *fig* (faire face) 直接地 [zhíjiē de] ▸ **aborder un problème de front** 直接谈论一个问题 [zhíjiē tánlùn yí ge wèntí].

frontal, e, aux adj ❶ ANAT 前额的 [qián'é de] ▸ **os frontal** (cl. 块 [kuài]) 额骨 [égǔ] ❷ (par l'avant) 正面的 [zhèngmiàn de] ▸ **un choc frontal** 一次正面冲突 [yí cì zhèngmiàn chōngtū] ▸ **attaque frontale** 正面攻击 [zhèngmiàn gōngjī].

frontalier, ère ♦ adj 边疆的 [biānjiāng de] ▸ **région frontalière** 边疆地区 [biānjiāng dìqū]. ♦ nm, f 边境居民 [biānjìng jūmín].

frontière ♦ adj 边境的 [biānjìng de] ▸ **une ville frontière** 一座边境城市 [yí zuò biānjìng chéngshì]. ♦ nf ❶ (géographique) 边境 [biānjìng] ❷ *fig* (limite) 边界 [biānjiè] ▸ **les frontières de la science** 科学的边界 [kēxué de biānjiè].

fronton nm 三角楣 [sānjiǎo méi].

frottement nm 摩擦 [mócā].

frotter ♦ vt ❶ (mettre en contact) 摩擦 [mócā] ▸ **frotter deux pierres l'une contre l'autre** 把两块石头相互摩擦 [bǎ liǎng kuài shítou xiānghù mócā] ❷ (nettoyer) 擦 [cā] ▸ **frotter un parquet** 擦地板 [cā dìbǎn]. ♦ vi 卡住 [kǎzhù] ▸ **la porte s'ouvre mal, ça frotte** 这扇门不好开，总卡住 [zhè shàn mén bù hǎo kāi, zǒng kǎzhù].

▪ **se frotter** vp ▸ **le chat se frotte le dos contre le mur** 这只猫靠着墙蹭背 [zhè zhī māo kàozhe qiáng cèng bèi] ▸ **se frotter les yeux** 揉眼睛 [róu yǎnjīng].

frottis nm MÉD 涂片 [túpiàn] ▸ **frottis vaginal** 阴道涂片 [yīndào túpiàn].

froussard, e *fam* adj & nm, f 胆小鬼 [dǎnxiáoguǐ].

fructifier vi ❶ (dégager un profit) 带来利润 [dàilái lìrùn] ▸ **faire fructifier** 使……产生效益 [shǐ… chǎnshēng xiàoyì] ❷ *fig* 产生效果 [chǎnshēng xiàoguǒ].

fructueux, euse adj 有成果的 [yǒu chéngguǒ de] ▸ **des recherches fructueuses** 一些有成果的研究 [yīxiē yǒu chéngguǒ de yánjiū].

frugal, e, aux adj 节俭的 [jiéjiǎn de] ▸ **un repas frugal** 一顿便饭 [yí dùn biànfàn].

fruit nm ❶ (aliment) 水果 [shuíguǒ] ▸ **fruits exotiques** 外来水果 [wàilái shuíguǒ] ❷ BOT 果实 [guǒshí] ❸ (profit, résultat) 成果 [chéngguǒ] ▸ **porter ses fruits** 取得成果 [qǔdé chéngguǒ] ▸ **le fruit du hasard** 意外的收获 [yìwài de shōuhuò].

▪ **fruits de mer** nmpl 海鲜 [hǎixiān].

fruité, e adj 果味的 [guǒwèi de].

fruitier, ère ♦ adj 结果子的 [jiēguǒzi de] ▸ **un arbre fruitier** 一棵果树 [yì kē guǒshù]. ♦ nm, f 水果商 [shuíguǒ shāng].

fruste adj 粗鲁的 [cūlǔ de] ▸ **des manières frustes** 粗鲁的举止 [cūlǔ de jǔzhǐ].

frustrant, e adj 令人扫兴的 [lìngrén sǎoxìng de] ▸ **c'est frustrant, je n'ai pas pu le voir !** 我没能见到他，真扫兴！[wǒ méi néng jiàndào tā, zhēn sǎoxìng!].

frustration nf 失望 [shīwàng] ▸ **un sentiment de frustration** 失落感 [shīluò gǎn].

frustrer vt 使……受挫 [shǐ… shòucuò] ▸ **être frustré par un échec** 因一次失败而受挫 [yīn yí cì shībài ér shòucuò] ▸ **être frustré sexuellement** 性压抑 [xìng yāyì].

fuchsia ♦ nm ❶ BOT (cl. 株 [zhū] ou 棵 [kē]) 吊钟海棠 [diàozhōng hǎitáng] ❷ (couleur) 紫红色 [zǐhóngsè]. ♦ adj inv 紫红色的 [zǐhóngsè de].

fuel, fioul nm ❶ (de chauffage) 燃油 [rányóu] ❷ (carburant) 重油 [zhòngyóu].

fugace adj 短暂的 [duǎnzàn de] ▸ **souvenir fugace** 短暂的记忆 [duǎnzàn de jìyì] ▸ **sentiment fugace** 瞬间的感觉 [shùnjiān de gǎnjué].

fugitif, ive nm, f (cl. 名 [míng] ou 个 [gè]) 逃犯 [táofàn] ▸ **un fugitif recherché par la police** 被警察通缉的逃犯 [bèi jǐngchá tōngjī de táofàn].

fugue nf ❶ (fuite) ◦ (cl. 次 [cì]) 出走 [chūzǒu] ▸ **faire une fugue** 离家出走 [líjiā chūzǒu] ❷ MUS (cl. 首 [shǒu]) 赋格曲 [fùgéqǔ].

fuir ♦ vi ❶ (chercher à s'échapper) 逃跑 [táopǎo] ▸ **ils ont fui devant le danger** 他们临危逃跑了 [tāmen línwēi táopǎo le] ▸ **faire fuir qqn** 赶跑某人 [gánpǎo mǒurén] ❷ (avoir des fuites) 漏水 [lòushuǐ]. ♦ vt 躲避 [duǒbì] ▸ **fuir qqn** 躲避某人 [duǒbì mǒurén] ▸ **fuir qqch** 逃避某事 [táobì mǒushì].

fuite nf ❶ (de personne) ◦ (cl. 次 [cì]) 逃跑 [táopǎo] ▸ **prendre la fuite** 逃走 [táozǒu] ▸ **délit de fuite** (cl. 桩 [zhuāng]) (肇事)潜逃罪 [(zhàoshì) qiántáo zuì] ❷ (écoulement) ◦ (cl. 处 [chù] ou 次 [cì]) 泄漏 [xièlòu] ▸ **une fuite de gaz** 煤气泄漏 [méiqì xièlòu] ▸ **fuite d'huile** 漏油 [lòu yóu] ❸ *fig* (départ) ◦ (cl. 笔 [bǐ] ou 次 [cì]) 流失 [liúshī] ▸ **la fuite des capitaux** 资产流失 [zīchǎn liúshī] ❹ *fig* (indiscrétion) 泄密 [xièmì] ▸ **il y a eu des fuites** 发生了泄密 [fāshēng le xièmì].

Fujian npr (province) 福建 [Fújiàn].

fulgurant, e adj 飞速的 [fēisù de] ▸ **faire des progrès fulgurants** 取得飞速的进步 [qǔdé fēisù de jìnbù].

fumé, e adj ❶ CULIN 熏制的 [xūnzhì de] ▸ **saumon fumé** 熏三文鱼 [xūn sānwényú] ❷ (teinté) 深色的 [shēnsè de] ▸ **verre fumé** 深色玻璃 [shēnsè bōli].

fumée nf 烟 [yān]
◊ **partir en fumée** 灰飞烟灭 [huīfēi yānmiè].

fumer ♦ vi 冒烟 [màoyān] ▸ **cheminée qui fume** 冒着烟的烟囱 [màozhe yān de yāncōng] ▸ **plat chaud qui fume** 冒着热气的菜 [màozhe rèqì de cài]. ♦ vt ❶ (cigarettes) 吸烟 [xīyān]; 抽烟 [chōuyān] ▸ **arrêter de fumer** 戒烟 [jièyān] ❷ (aliments) 熏制 [xūnzhì].

fumeur, euse nm, f (cl. 名 [míng] ou 个 [gè]) 吸烟者 [xīyānzhě] ▸ **être un gros fumeur** 是个烟鬼 [shì ge yān guǐ] ▸ **zone fumeurs** 吸烟区 [xīyān qū] ▸ **les non-fumeurs** 不吸烟的人 [bù xīyān de rén].

fumier nm 肥料 [féiliào] ▸ **répandre le fumier sur les cultures** 给农作物施肥 [gěi nóngzuòwù shīféi].

fumiste nmf *fam* 滑头 [huátóu].

fun ♦ adj inv 有趣的 [yǒuqù de]. ♦ nm ▸ **pour le fun** 出于好玩 [chūyú hàowán].

funambule nmf (cl. 名 [míng] ou 个 [gè]) 走钢丝演员 [zǒu gāngsī yǎnyuán].

funèbre adj ❶ (de funérailles) 葬礼的 [zànglǐ de] ▸ **veillée funèbre** 守灵 [shǒu líng] ▸ **éloge funèbre** (cl. 篇 [piān]) 悼词 [dàocí] ▸ **chant funèbre** (cl. 首 [shǒu]) 挽歌 [wǎn gē] ❷ (lugubre) 阴郁的 [yīnyù de].

funérailles nfpl 葬礼 [zànglǐ] ▸ **assister aux funérailles de qqn** 出席某人的葬礼 [chūxí mǒurén de zànglǐ] ▸ **célébrer des funérailles nationales** 举行国葬 [jǔxíng guózàng].

funéraire adj 葬礼的 [zànglǐ de] ▸ **cortège funéraire** 丧葬队 [sāngzàng duì] ▸ **urne funéraire** 骨灰瓮 [gǔhuī wèng].

funeste adj 灾难性的 [zāinànxìng de].

funiculaire nm (cl. 部 [bù] ou 架 [jià]) 缆车 [lǎnchē].

fur ▪ **au fur et à mesure** loc adv 逐渐地 [zhújiàn de] ▸ **apprendre au fur et à mesure** 循序渐进地学习 [xúnxù jiànjìn de xuéxí].

fureur nf ❶ (colère) 愤怒 [fènnù] ▸ **se mettre dans une grande fureur** 大发雷霆 [dà fā léitíng] ▸ **être pris d'un accès de fureur** 勃然大怒 [bórán dànù] ❷ (passion) 酷爱 [kù'ài] ▸ **avoir la fureur du jeu** 酷爱游戏 [kù'ài yóuxì] ❸ (succès) ▸ **faire fureur** 风靡 [fēngmǐ] ▸ **une mode qui fait fureur en Chine** 风靡中国的时尚 [fēngmǐ Zhōngguó de shíshàng].

furie nf ❶ *fig* (femme) 泼妇 [pōfù] ❷ (colère) ▸ **en furie** 发怒的 [fānù de] ▸ **mettre qqn en furie** 激怒某人 [jīnù mǒurén] ❸ (agitation) ▸ **en furie** 猛烈的 [měngliè de] ▸ **la mer est en furie** 大海波涛汹涌 [dàhǎi bōtāo xiōngyǒng].

furieux, euse adj 愤怒的 [fènnù de] ▸ **être furieux de qqch** 为某事而愤怒 [wèi mǒushì ér fènnù] ▸ **être furieux contre qqn** 对某人发怒 [duì mǒurén fānù].

furoncle nm 疖子 [jiēzi] ▸ **avoir un furoncle** 长一个疖子 [zhǎng yí ge jiēzi].

furtif, ive adj 偷偷的 [tōutōu de] ▸ **jeter un coup d'œil furtif** 偷瞥一眼 [tōu piē yì yǎn].

fusain nm (cl. 支 [zhī] ou 根 [gēn]) 炭笔 [tànbǐ].

fuseau, x nm ❶ (outil, bobine) 纺锤 [fǎngchuí] ❷ ▸ **fuseau horaire** 时区 [shíqū].

fusée nf ❶ AÉRON (cl. 枚 [méi] ou 艘 [sōu]) 火箭 [huǒjiàn] ❷ (pièce d'artifice) 烟火 [yānhuǒ] ▸ **fusée de détresse** 求救信号弹 [qiújiù xìnhàodàn].

fuser vi 爆发 [bàofā] ▸ **des rires fusaient de toutes parts** 笑声从四面八方爆发出来 [xiàoshēng cóng sìmiàn bāfāng bàofā chūlái].

fusible nm (cl. 根 [gēn]) 保险丝 [báoxiǎnsī] ▸ **les fusibles ont sauté** 保险丝烧断了 [báoxiǎnsī shāoduàn le].

fusil nm (cl. 支 [zhī] ou 杆 [gǎn]) 步枪 [bùqiāng] ▸ **fusil à pompe** 泵动式步枪 [bèngdòngshì bùqiāng] ▸ **fusil de chasse** 猎枪 [liè qiāng] ▸ **fusil semi-automatique** 半自动步枪 [bàn zìdòng bùqiāng]
◊ **changer son fusil d'épaule** 改变主意 [gǎibiàn zhǔyì].

fusillade nf (cl. 场 [chǎng] ou 次 [cì]) 枪战 [qiāngzhàn].

fusiller vt 枪毙 [qiāngbì]
◊ **fusiller qqn du regard** 怒视某人 [nùshì mǒurén].

fusion nf ❶ (du métal) 熔化 [rónghuà] ▸ **fer en fusion** 熔化的铁 [rónghuà de tiě] ▸ **température de fusion** 熔点 [róngdiǎn] ❷ ÉCON 合并 [hébìng] ▸ **la fusion de deux sociétés** 两个公司的合并 [liǎng ge gōngsī de hébìng].

fusionnel, elle adj 亲密无间的 [qīnmì wújiàn de] ▸ **relation fusionnelle** 亲密无间的关系 [qīnmì wújiàn de guānxi].

fusionner ♦ vt 使……合并 [shǐ… hébìng] ▸ **fusionner qqch avec qqch** 使某物和某物合并 [shǐ mǒuwù hé mǒuwù hébìng]. ♦ vi 合并 [hébìng] ▸ **les deux groupes ont fusionné** 这两个组合并了 [zhè liǎng ge zǔ hébìng le] ▸ **fusionner avec** 与……合并 [yǔ… hébìng].

fût nm ❶ (tonneau) 酒桶 [jiǔ tǒng] ▸ **un vin vieilli en fût de chêne** 用橡木桶装的陈年红酒 [yòng xiàngmù tǒng zhuāng de chénnián hóngjiǔ] ❷ (d'arbre) 树干 [shùgàn].

futé, e adj 机灵的 [jīling de].

futile adj ❶ (insignifiant) 无聊的 [wúliáo de] ▸ **parler de choses futiles** 谈论一些无聊之事 [tánlùn yìxiē wúliáo zhī shì] ❷ (frivole) 肤浅的 [fūqiǎn de] ▸ **personne futile** 浅薄的人 [qiǎnbó de rén] ▸ **esprit futile** 肤浅的思想 [fūqiǎn de sīxiǎng].

futur, e adj 未来的 [wèilái de] ▸ **la future maison** 未来的家 [wèilái de jiā].

■ **futur** nm ❶ (avenir) 将来 [jiānglái] ▸ **dans le futur** 在将来 [zài jiānglái] ❷ LING 将来时 [jiānglái shí] ▸ **mettre une phrase au futur** 把一句话变成将来时 [bǎ yí jù huà biànchéng jiānglái shí] ▸ **futur antérieur** 将来完成时 [jiānglái wánchéng shí].

futuriste ♦ adj ❶ (conception) 未来主义的 [wèiláizhǔyì de] ▸ **une vision futuriste du monde** 一个未来主义世界观 [yí ge wèiláizhǔyì shìjiè guān] ❷ ART 未来派的 [wèiláipài de] ▸ **une toile futuriste** 一幅未来派的画 [yí fú wèiláipài de huà]. ♦ nmf 未来派 [wèiláipài].

fuyant, e adj ❶ (qui ne fixe pas) 游离的 [yóulí de] ▸ **avoir le regard fuyant** 目光游离 [mùguāng yóulí] ❷ (partie du visage) ▸ **avoir le menton fuyant** 长着扁下巴 [zhǎngzhe biǎn xiàba] ▸ **front fuyant** 塌脑门 [tā nǎomén].

fuyard, e nm, f (cl. 名 [míng] ou 个 [gè]) 逃跑者 [táopáozhě].

Fuzhou npr (ville) 福州 [Fúzhōu].

g

g, G nm inv 法语字母表中第七个字母 [fáyǔ zìmúbiǎo zhōng dìqī ge zìmǔ].

gabarit nm ❶ (mesure) 规定的尺寸 [guīdìng de chǐcùn] ▸ **être hors gabarit** 超出了规定的尺寸 [chāochū le guīdìng de chǐcùn] ❷ *fam* (stature d'une personne) 身材 [shēncái] ▸ **une personne de petit gabarit** 一个矮个子的人 [yí ge ǎi gèzi de rén] ▸ **gros gabarit** 胖子 [pàngzi].

Gabon nm ▸ **le Gabon** 加蓬 [Jiāpéng].

gâcher vt ❶ (gaspiller) 浪费 [làngfèi] ▸ **gâcher son argent** 浪费金钱 [làngfèi jīnqián] ▸ **gâcher une occasion** 错过一次机会 [cuòguò yí cì jīhuì] ❷ (gâter) 破坏 [pòhuài] ▸ **la pluie a gâché mes vacances** 下雨破坏了我的假期 [xiàyǔ pòhuài le wǒde jiàqī] ▸ **gâcher la vie à qqn** 破坏某人的生活 [pòhuài mǒurén de shēnghuó].

gâchette nf 扳机 [bānjī] ▸ **appuyer sur la gâchette** 开枪射击 [kāiqiāng shèjī].

gâchis nm ❶ (gaspillage) 浪费 [làngfèi] ▸ **c'est du gâchis !** 这是浪费！ [zhè shì làngfèi!] ❷ *fig* (désastre) 糟糕 [zāogāo] ▸ **sa vie est un vrai gâchis !** 他的生活简直一团糟！ [tāde shēnghuó jiǎnzhí yì tuán zāo!].

gadget nm 小玩意儿 [xiǎowányìr].

gaffe nf *fam* ❶ (impair) ○ (cl. 件 [jiàn]) 蠢事 [chǔnshì] ▸ **faire une gaffe** 做件蠢事 [zuò jiàn chǔnshì] ❷ ▸ **faire gaffe** 留神 [liúshén].

gag nm 笑料 [xiàoliào] ▸ **c'est un gag ou quoi ?** 开玩笑还是干嘛？ [kāiwánxiào háishì gàn má?].

gage nm ❶ (dépôt) ○ (cl. 件 [jiàn]) 抵押 [dǐyā] ▸ **mettre un objet en gage** 典当一件物品 [diǎndàng yí jiàn wùpǐn] ❷ (assurance) 保障 [bǎozhàng] ▸ **être le gage de qqch** 是某物的保障 [shì mǒuwù de bǎozhàng] ❸ (pénitence) 处罚 [chǔfá] ▸ **avoir un gage** 被处罚 [bèi chǔfá].

gagnant, e ♦ adj 中奖的 [zhòngjiǎng de] ▸ **numéro gagnant** 中奖号码 [zhòngjiǎng hàomǎ] ▸ **donner qqn gagnant** 认为某人会赢 [rènwéi mǒurén huì yíng] ▸ **partir gagnant** 走向胜利 [zǒuxiàng shènglì]. ♦ nm, f (cl. 名 [míng] ou 个 [gè] ou 位 [wèi]) 中奖者 [zhòngjiángzhě].

gagne-pain nm inv 谋生的手段 [móushēng de shǒuduàn] ▸ **il est écrivain mais son gagne-pain c'est la traduction** 他是作家但他靠翻译谋生 [tā shì zuòjiā dàn tā kào fānyì móushēng].

gagner ♦ vt ❶ (argent, salaire) 赚取 [zhuànqǔ] ▸ **il a gagné beaucoup d'argent** 他赚了很多钱 [tā zhuàn le hěnduō qián] ▸ **gagner sa vie** 谋生 [móushēng] ▸ **bien gagner sa vie** 挣钱多 [zhèngqián duō] ❷ (remporter) 赢得 [yíngdé] ▸ **gagner les élections** 赢得选举 [yíngdé xuánjǔ] ❸ (conquérir) 获得 [huòdé] ▸ **gagner la confiance de qqn** 获得某人的信任 [huòdé mǒurén de xìnrèn] ▸ **gagner du terrain** 扩张 [kuòzhāng] ❹ (économiser) 节

省 [jiéshěng] ▸ **gagner du temps** 节省时间 [jiéshěng shíjiān] ▸ **gagner de la place** 节省空间 [jiéshěng kōngjiān]. ◆ vi ❶ (être payé) 挣（钱）[zhèng (qián)] ▸ **elle gagne deux fois plus que lui** 她挣的比他多两倍 [tā zhèng de bǐ tā duō liǎng bèi] ❷ (s'améliorer) ▸ **gagner à** 从……中受益 [cóng…zhōng shòuyì] ▸ **gagner en** 在……方面改善 [zài… fāngmiàn gǎishàn] ❸ (se propager) 蔓延 [mànyán] ▸ **le feu gagne rapidement** 大火迅速蔓延 [dàhuǒ xùnsù mànyán].

gai, e adj ❶ (joyeux) 快活的 [kuàihuo de] ❷ (couleur) 鲜艳的 [xiānyàn de] ▸ **des vêtements de couleur gaie** 一些色彩鲜艳的衣服 [yīxiē sècǎi xiānyàn de yīfu] ❸ (plaisant) 惬意的 [qièyì de] ▸ **c'est la pièce la plus gaie de la maison** 这是房子里最惬意的房间 [zhè shì fángzi lǐ zuì qièyì de fángjiān] ❹ (un peu ivre) 微醉的 [wēizuì de] ▸ **on était tous un peu gais au dîner** 我们晚饭时都有点喝得飘飘然 [wǒmen wǎnfàn shí dōu yǒu diǎn hē de piāopiāorán].

gaieté nf 快活 [kuàihuo] ▸ **un enfant plein de gaieté** 一个十分快活的孩子 [yí ge shífēn kuàihuo de háizi] ▸ **ne pas faire qqch de gaieté de cœur** 不情愿做某事 [bù qíngyuàn zuò mǒushì].

gaillard, e ◆ adj 健壮的 [jiànzhuàng de]. ◆ nm, f (fort) 健壮的人 [jiànzhuàng de rén] ▸ **grand gaillard** 高大魁梧的男子 [gāodà kuíwú de nánzǐ].

gain nm ❶ (profit) 收益 [shōuyì] ▸ **faire un gain** 获得收益 [huòdé shōuyì] ▸ **l'appât du gain** 利益的引诱 [lìyì de yǐnyòu] ❷ DR ▸ **obtenir gain de cause** 胜诉 [shèngsù] ❸ (économie) 节省 [jiéshěng] ▸ **un gain de temps** 省出的时间 [shěng chū de shíjiān].

▪ **gains** nmpl 利润 [lìrùn] ▸ **réaliser des gains** 获得利润 [huòdé lìrùn].

gaine nf ❶ (de protection) 套子 [tàozi] ▸ **gaine d'un fil électrique** 电线的绝缘套 [diànxiàn de juéyuán tào] ❷ (sous-vêtement) ○ (cl. 件 [jiàn]) (女式)紧身衣 [(nǚshì) jǐnshēnyī].

gala nm (cl. 场 [chǎng] ou 次 [cì]) 盛大活动 [shèngdà huódòng] ▸ **gala de soutien** 盛大的赞助活动 [shèngdà de zànzhù huódòng] ▸ **tenue de gala** 盛装 [shèngzhuāng] ▸ **dîner de gala** 盛宴 [shèngyàn].

galant, e adj ❶ (courtois) 殷勤的 [yīnqín de] ▸ **un galant homme** 绅士 [shēnshì] ❷ (amoureux) 恋爱的 [liàn'ài de] ▸ **avoir un rendez-vous galant** 有一个幽会 [yǒu yí ge yōuhuì].

galanterie nf 绅士风度 [shēnshì fēngdù].

galaxie nf 星系 [xīngxì].

galère nf ❶ NAUT (cl. 艘 [sōu]) 帆桨战船 [fān jiǎng zhànchuán] ❷ *fam* (situation pénible) 困境 [kùnjìng] ▸ **la galère !** 倒霉！ [dǎoméi!] ▸ **quelle galère !** 真是个苦差事！ [zhēnshì ge kǔ chāishi!].

galérer vi *fam* 费很大劲 [fèi hěn dà jìn].

galerie nf ❶ (passage) 长廊 [chángláng] ▸ **galerie marchande** 商场 [shāng chǎng] ▸ **galerie de peinture** 画廊 [huà láng] ❷ (tunnel) ○ (cl. 条 [tiáo]) 地道 [dìdao] ❸ (porte-bagages) 行李架 [xínglijià].

galet nm (cl. 颗 [kē]) 卵石 [luǎnshí].

galette nf CULIN (cl. 块 [kuài] ou 张 [zhāng]) 饼 [bǐng] ▸ **galette bretonne** (cl. 块 [kuài]) 布列塔尼饼 [bùliètǎní bǐng] ▸ **galette des rois** 国王饼 [guówáng bǐng].

galipette nf *fam* 筋斗 [jīndou] ▸ **faire des galipettes** 翻筋斗 [fān jīndou].

gallicisme nm 法语特有的表达方式 [fǎyǔ tè yǒu de biǎodá fāngshì].

gallois, e adj 威尔士的 [wēi'ěrshì de].

▪ **gallois** nm (langue) 威尔士语 [wēi'ěrshìyǔ].

▪ **Gallois, e** nm, f 威尔士人 [Wēi'ěrshìrén].

galon nm ❶ COUT (cl. 条 [tiáo]) 饰带 [shìdài] ❷ MIL (cl. 条 [tiáo]) 纹 [wén].

galop nm 奔跑 [bēnpǎo] ▸ **partir au galop** 飞奔而去 [fēibēn ér qù].

galoper vi 奔驰 [bēnchí].

galopin nm *fam* 淘气鬼 [táoqìguǐ].

galvaniser vt ❶ (métalliser) 镀锌 [dùxīn] ▸ **galvaniser le fer** 给铁镀锌 [gěi tiě dùxīn] ❷ (stimuler) 鼓舞 [gǔwǔ] ▸ **galvaniser les foules** 鼓舞群众 [gǔwǔ qúnzhòng].

gambader vi 蹦跳 [bèngtiào].

Gambie nf ▸ **la Gambie** 冈比亚 [Gāngbǐyà].

gamelle nf ❶ (récipient) 饭盒 [fànhé] ❷ *fam* (chute) 失败 [shībài] ▸ **se prendre une gamelle** 遭受一次惨败 [zāoshòu yí cì cǎnbài].

gamin, e *fam* ♦ adj 年幼的 [niányòu de]. ♦ nm, f 小孩儿 [xiǎoháir].

gamme nf ❶ MUS 音阶 [yīnjiē] ❷ (série continue) 系列 [xìliè] ▸ **gamme de couleurs** 色列 [sè liè] ▸ **gamme de prix** 价格级 [jiàgé jí] ▸ **gamme de produits** 产品系列 [chánpǐn xìliè] ▸ **bas de gamme** 低档的 [dīdàng de] ▸ **haut de gamme** 高档的 [gāodàng de].

gang nm 黑帮 [hēibāng] ▸ **faire partie d'un gang** 属于一个黑帮 [shǔyú yí ge hēibāng] ▸ **la guerre des gangs** 黑帮争斗 [hēibāng zhēngdòu].

ganglion nm 淋巴结 [línbājié].

gangster nm 匪徒 [fěitú].

Gansu npr (province) 甘肃 [Gānsù].

gant nm (cl. 副 [fù]) 手套 [shǒutào] ▸ **enfiler des gants** 戴上手套 [dàishang shǒutào] ▸ **gant de boxe** 拳击手套 [quánjī shǒutào] ▸ **prendre des gants** 讲究方式方法 [jiǎngjiu fāngshì fāngfǎ].

garage nm ❶ (abri) 车库 [chēkù] ▸ **rentrer sa voiture au garage** 把车开进车库 [bǎ chē kāijìn chēkù] ▸ **garage souterrain** 地下车库 [dìxià chēkù] ❷ (atelier) 汽车修理厂 [qìchē xiūlíchǎng] ▸ **conduire sa voiture au garage** 把车开到汽车修理厂 [bǎ chē kāidào qìchē xiūlíchǎng].

garagiste nmf 汽车修理工 [qìchē xiūlǐgōng].

garant, e nm, f 担保 [dānbǎo] ▸ **se porter garant pour qqn** 为某人提供担保 [wèi mǒurén tígōng dānbǎo] ▸ **se porter garant pour qqch** 为某事担保 [wèi mǒushì dānbǎo].

▪ **garant** nm 担保人 [dānbǎorén].

garantie nf ❶ (assurance) 保障 [bǎozhàng] ▸ **donner des garanties** 提供保障 [tígōng bǎozhàng] ▸ **une garantie contre qqch** 防止某事 [fángzhǐ mǒushì] ▸ **cette alarme est une garantie contre le vol** 这个警报器是防盗的 [zhè ge jǐngbàoqì shì fángdào de] ❷ COMM 保修 [bǎoxiū] ▸ **la garantie de cette montre est d'un an** 这块表的保修期是一年 [zhè kuài biǎo de bǎoxiūqī shì yìnián].

▪ **sous garantie** loc adj ▸ **être sous garantie** 在保修期内 [zài bǎoxiū qī nèi].

garantir vt ❶ (assurer) 保证 [bǎozhèng] ▸ **garantir à qqn que** 向某人保证 [xiàng mǒurén bǎozhèng] ❷ COMM ▸ **garantir la qualité d'un produit** 确保一件产品的质量 [quèbǎo yí jiàn chánpǐn de zhìliàng] ❸ (protéger) ▸ **garantir qqn/qqch de** 使某人/某物免受…… [shǐ mǒurén/mǒuwù miǎnshòu…].

garçon nm ❶ (enfant) 男孩 [nánhái] ▸ **un garçon de sept ans** 一个七岁的小男孩 [yí ge qī suì de xiǎo nánhái] ▸ **garçon manqué** 假小子 [jiǎ xiǎozi] ❷ (célibataire) 单身男子 [dānshēn nánzǐ] ▸ **vieux garçon** 单身汉 [dānshēn hàn] ▸ **enterrer sa vie de garçon** 结束单身男子生活 [jiéshù dānshēn nánzǐ shēnghuó] ❸ (serveur) 侍者 [shìzhě] ▸ **garçon de café** 咖啡馆侍者 [kāfēiguǎn shìzhě].

garde ♦ nf ❶ (surveillance) ▸ **confier la garde de qqn/qqch à qqn** 把某人/某物交给某人照管 [bǎ mǒurén/mǒuwù jiāogěi mǒurén zhàoguǎn] ▸ **après le divorce, c'est elle qui a eu la garde des enfants** 离婚后，她得到了孩子的监护权 [líhūn hòu, tā dédào le háizi de jiānhù quán] ▸ **le chien monte la garde** 狗看守 [gǒu kānshǒu] ▸ **les soldats montent la garde** 士兵们在站岗 [shìbīngmen zài zhàn gǎng] ❷ (permanence) 守卫 [shǒuwèi] ▸ **faire des gardes de nuit** 守夜 [shǒu yè] ❸ *fig* 戒备 [jièbèi] ▸ **se tenir sur ses gardes** 有所戒备 [yǒu suǒ jièbèi] ▸ **mettre qqn en garde contre qqch** 事前让某人对某事有所准备 [shìqián ràng mǒurén duì mǒushì yǒu suǒ zhǔnbèi]

◊ **garde à vue** 拘留 [jūliú] ▸ **placer un suspect en garde à vue** 拘留一个嫌疑犯 [jūliú yí ge xiányífàn].

♦ nm ▸ **garde du corps** 保镖 [bǎobiāo] ▸ **garde d'enfants** 保姆 [báomǔ] ▸ **garde des Sceaux** 司法部长 [Sīfǎ bùzhǎng].

▪ **de garde** loc adj ▸ **être de garde** 值班 [zhíbān] ▸ **chien de garde** 看门狗 [kānmén gǒu] ▸ **médecin de garde** 值班医生 [zhíbān yīshēng] ▸ **pharmacie de garde** 夜间药店 [yèjiān yàodiàn].

garde-boue nm inv 挡泥板 [dǎngníbǎn].

gardénia nm 栀子 [zhīzi].

garder vt ❶ (surveiller) ▸ **garder les enfants de qqn** 照看某人的孩子 [zhàokàn mǒurén de háizi] ▸ **garder un prévenu** 拘留一名嫌疑犯 [jūliú yì míng xiányífàn] ❷ (conserver) 保存 [bǎocún] ▸ **garder la viande au frais** 将肉保存在凉处 [jiāng ròu bǎocún zài liángchù] ▸ **garder un excellent souvenir de qqch** 对某事存有美好的回忆 [duì mǒushì cúnyǒu méihǎo de huíyì] ❸ (sur soi) 戴着 [dàizhe] ▸ **garder son chapeau** 戴着帽子 [dàizhe màozi] ❹ (ne pas divulguer) 保守 [báoshǒu] ▸ **garder un secret** 保守一个秘密 [báoshǒu yí ge mìmì] ❺ *fig* (observer) 保持 [bǎochí] ▸ **garder son sérieux** 保持严肃 [bǎochí yánsù] ❻ (réserver) 留 [liú] ▸ **garder une part de gâteau** 留下一块蛋糕 [liúxia yí kuài dàngāo].

▪ **se garder** vp ❶ (se conserver) 存放 [cúnfàng] ▸ **ce fromage ne se garde pas plus de deux jours** 这块奶酪不能存放两天以上 [zhè kuài nǎilào bù néng cúnfàng liǎng tiān yǐshàng] ❷ (se méfier) 警惕 [jǐngtì] ❸ (s'abstenir) 执意不 [zhíyì bù].

garderie nf 幼儿园 [yòu'éryuán]; 托儿所 [tuō'érsuǒ].

garde-robe nf 衣柜 [yīguì] ▸ **renouveler sa garde-robe** 更新衣柜里的衣服 [gēngxīn yīguì lǐ de yīfu].

gardien, enne nm, f ❶ (surveillant) 看守者 [kànshóuzhě] ▸ **gardien de nuit** 守夜人 [shǒuyè rén] ▸ **gardien de prison** 监狱看守 [jiānyù kānshǒu] ▸ **gardien d'immeuble** 大楼门房 [dàlóu ménfáng] ▸ **gardien de musée** 博物馆门卫 [bówùguǎn ménwèi] ❷ SPORT ▸ **gardien de but** 守门员 [shǒuményuán] ❸ (agent) ▸ **gardien de la paix** 保安警察 [bǎo'ān jǐngchá].

gare nf 火车站 [huǒchēzhàn] ▸ **gare routière** 长途汽车站 [chángtú qìchē zhàn] ▸ **gare de triage** 调车站 [diàochē zhàn].

garer vt 停放 [tíngfàng] ▸ **garer sa voiture** 停车 [tíngchē].

▪ **se garer** vp 停车 [tíngchē] ▸ **avoir du mal à se garer** 难以停车 [nányǐ tíngchē].

gargouiller vi 咕咕叫 [gūgū jiào] ▸ **avoir le ventre qui gargouille** 肚子咕咕叫 [dùzi gūgū jiào].

garnement nm 坏蛋 [huàidàn].

garnir vt ❶ (équiper) 配备 [pèibèi] ▸ **garnir une porte d'un blindage** 给门配备护板 [gěi mén pèibèi hùbǎn] ▸ **garnir une maison de meubles** 给一个房子置办家具 [gěi yí ge fángzi zhìbàn jiājù] ❷ (couvrir) 盖上 [gàishang] ▸ **garnir un fauteuil d'un joli tissu** 给沙发盖上漂亮的布 [gěi shāfā gàishang piàoliang de bù] ❸ (orner) 装饰 [zhuāngshì] ▸ **garnir une table avec des fleurs** 用花装饰餐桌 [yòng huā zhuāngshì cānzhuō] ❹ CULIN 加配菜 [jiā pèicài] ▸ **garnir un plat** 给一道菜加上配菜 [gěi yí dào cài jiāshang pèicài].

garnison nf ❶ MIL (troupes) 驻军 [zhùjūn] ▸ **être en garnison** 在驻防 [zài zhùfáng] ❷ MIL (ville) 驻扎 [zhùzhá] ▸ **ville de garnison** 驻扎的城市 [zhùzhá de chéngshì] ▸ **changer de garnison** 换防 [huànfáng].

garniture nf 配菜 [pèicài] ▸ **ingrédients pour la garniture** 配菜的用料 [pèicài de yòngliào].

garrot nm ❶ (grands quadrupèdes) ▸ **ce cheval mesure 1,50m au garrot** 这匹马后肩部高1.50米 [zhè pǐ mǎ hòu jiānbù gāo 1.50 mǐ] ❷ MÉD (cl. 根 [gēn] ou 条 [tiáo]) 止血带 [zhǐxuèdài] ▸ **poser un garrot** 扎一根止血带 [zhā yì gēn zhǐxuèdài].

gars nm *fam* 小伙子 [xiǎohuǒzi].

gascon, onne adj 加斯科涅的 [jiāsīkēniè de].

gas-oil, gas-oils, gazole nm 柴油 [cháiyóu].

gaspillage nm 浪费 [làngfèi] ▸ **c'est du gaspillage de temps** 这是浪费时间 [zhè shì làngfèi shíjiān].

gaspiller vt 浪费 [làngfèi] ▸ **gaspiller son argent** 浪费金钱 [làngfèi jīnqián].

gastrique adj 胃的 [wèi de] ▸ **avoir des douleurs gastriques** 感到胃疼 [gǎndào wèi téng].

gastro-entérite nf 胃肠炎 [wèichángyán].

gastronomie nf 美食学 [měishí xué].

gâté, e adj 被宠爱的 [bèi chǒng'ài de] ▸ **un enfant gâté** 被宠坏的孩子 [bèi chǒnghuài de háizi].

gâteau, x nm ❶ CULIN 蛋糕 [dàngāo] ▸ **gâteau d'anniversaire** 生日蛋糕 [shēngri dàngāo] ❷ (biscuits) 饼 [bǐng] ▸ **gâteau sec** 饼干 [bǐng gān] ❸ *fig* (butin) 好处 [hǎochu] ▸ **vouloir sa part du gâteau** 分好处 [fēn hǎochu] ❹ *fig* (facile) 小事 [xiǎoshì] ▸ **c'est du gâteau** 这是小事一桩 [zhè shì xiǎoshì yì zhuāng].

gâter vt (combler) ▸ **il a été gâté pour Noël** 他收到了许多圣诞节礼物 [tā shōudào le xǔduō Shèngdànjié lǐwù] ▸ **gâter un enfant** 溺爱孩子 [nì'ài háizi] ▸ **être gâté par la vie** 生活一帆风顺 [shēnghuó yìfānfēngshùn].

▪ **se gâter** vp ❶ (aliments) 变质 [biànzhì] ▸ **les pommes se gâtent à l'humidité** 苹果会因潮湿而变质 [píngguǒ huì yīn cháoshī ér biànzhì] ❷ (temps) 变坏 [biànhuài] ▸ **le temps va se gâter** 天气要变了 [tiānqì yào biàn le] ❸ (situation) 恶化 [èhuà] ▸ **ça se gâte !** 糟糕了！ [zāogāo le!] ▸ **les choses se gâtent entre eux** 他们之间的关系恶化了 [tāmen zhījiān de guānxi èhuà le].

gauche ♦ adj ❶ (côté) 左 [zuǒ] ▸ **écrire de la main gauche** 用左手写 [yòng zuǒ shǒu xiě] ▸ **du côté gauche de la rue** 在街道的左边 [zài jiēdào de zuǒbian] ❷ (maladroit) ▸ **démarche gauche** 笨拙的步态 [bènzhuō de bùtài] ▸ **écriture gauche** 难看的字迹 [nánkàn de zìjī] ▸ **avoir deux mains gauches** 举止笨拙 [júzhǐ bènzhuō]. ♦ nm SPORT 左拳 [zuǒ quán]. ♦ nf ❶ (côté) 左边 [zuǒbian] ▸ **doubler par la gauche** 从左边超车 [cóng zuǒbian chāochē] ▸ **rouler à gauche** 靠左行驶 [kào zuǒ xíngshǐ] ▸ **à gauche de** 在……左边 [zài… zuǒbian] ▸ **à ma gauche** 在我的左边 [zài wǒde zuǒbian] ▸ **de gauche à droite** 从左到右 [cóng zuǒ dào yòu] ▸ **sur la gauche** 朝左边 [cháo zuǒbian] ❷ POLIT 左派 [zuǒpài] ▸ **être à gauche** 左倾 [zuǒqīng] ▸ **être de gauche** 左翼 [zuǒyì] ▸ **un gouvernement de gauche** 左翼政府 [zuǒyì zhèngfǔ].

gaucher, ère adj & nm, f 左撇子 [zuópiězi].

gauchiste adj 极左的 [jízuǒ de].

gaufre nf (cl. 块 [kuài]) (布鲁塞尔)松饼 [(Bùlǔsāi'ěr) sōngbǐng].

gaufrette nf (cl. 块 [kuài]) 小(布鲁塞尔)松饼 [xiǎo (Bùlǔsāi'ěr) sōngbǐng].

gaulois, e adj 高卢的 [gāolú de].

▪ **Gaulois, e** nm, f 高卢人 [Gāolúrén].

gaver vt ❶ (volailles) 填喂 [tiánwèi] ▸ **gaver les canards** 填鸭 [tián yā] ❷ (personne) 使……多吃 [shǐ… duō chī] ▸ **gaver qqn de qqch** 硬给某人吃某物 [yìng gěi mǒurén chī mǒuwù].

▪ **se gaver** vp 吃很多 [chī hěnduō] ▸ **elle s'est gavée de bonbons** 她吃了很多糖果 [tā chī le hěnduō tángguǒ].

gay adj & nmf 男同性恋的(人) [nán tóngxìng liàn de (rén)] ▸ **la communauté gay** 男同性恋群体 [nán tóngxìngliàn qúntǐ].

gaz nm ❶ CHIM 气体 [qìtǐ] ▸ **gaz inflammable** 易燃气体 [yìrán qìtǐ] ▸ **gaz carbonique** 二氧化碳 [èryǎnghuàtàn] ▸ **gaz lacrymogène** 催泪瓦斯 [cuī lèi wǎsī] ❷ (combustible, carburant) 燃气 [ránqì] ▸ **gaz naturel** 天然气 [tiānrán qì] ▸ **gaz de ville** 管道煤气 [guǎndào méiqì] ▸ **chauffage au gaz** 燃气供暖 [ránqì gōngnuǎn] ▸ **compteur à gaz** 燃气表 [ránqì biǎo] ❸ (dans l'estomac) 胃肠胀气 [wèicháng zhàng qì] ▸ **avoir des gaz** 肚子胀气 [dùzi zhàng qì].

gaze nf 纱布 [shābù].

gazelle nf (cl. 只 [zhī]) 羚羊 [língyáng].

gazette nf (cl. 张 [zhāng] ou 份 [fèn]) 报纸 [bàozhǐ].

gazeux, euse adj ❶ CHIM 气体的 [qìtǐ de] ▸ **corps gazeux** 气体 [qìtǐ] ▸ **mélange à l'état gazeux** 气态混合物 [qìtài hùnhéwù] ❷ (boisson) 苏打 [sūdǎ].

gazoduc nm (cl. 条 [tiáo]) 输气管道 [shū qì guǎndào].

gazole = **gas-oil**

gazon nm 草坪 [cǎopíng] ▸ **tondre le gazon** 修剪草坪 [xiūjiǎn cǎopíng] ▸ **ne marchez pas sur le gazon** 请勿践踏草坪 [qǐng wù jiàntà cǎopíng].

gazouiller vi ❶ (oiseau) 叽叽喳喳叫 [jījī zhāzhā jiào] ▸ **les oiseaux gazouillent** 小鸟们

叽叽喳喳地叫 [xiáoniǎomen jīji zhāzhā de jiào] ❷ (bébé) 咿呀学语 [yīyāxuéyǔ].

géant, e ♦ adj 巨大的 [jùdà de] ▸ **un séquoia géant** 一棵巨杉 [yì kē jùshān]. ♦ nm, f ❶ (personne de grande taille) 巨人 [jùrén] ▸ **à pas de géant** 快步地 [kuàibù de] ❷ *fig* (autorité) ▸ **les géants de l'automobile** 汽车行业巨头 [qìchē hángyè jùtóu] ▸ **un géant de la littérature** 文学巨匠 [wénxué jùjiàng].

▪ **géant** nm SPORT ▸ **slalom géant** 大回转滑雪 [dà huízhuǎn huáxuě].

gel nm ❶ MÉTÉOR 霜冻 [shuāngdòng] ▸ **les dégâts provoqués par le gel** 霜冻造成的损失 [shuāngdòng zàochéng de sǔnshī] ❷ (des eaux) 结冰 [jiébīng] ▸ **le gel a fait éclater les canalisations** 结冰崩开了管道 [jiébīng bēng kāi le guǎndào] ❸ (suspension) 冻结 [dòngjié] ▸ **gel de crédits** 信贷的冻结 [xìndài de dòngjié] ❹ (cosmétique) 啫喱 [zhělí] ▸ **gel coiffant** 定型啫喱 [dìngxíng zhělí] ▸ **gel douche** 沐浴液 [mùyù yè].

gélatine nf 明胶 [míngjiāo].

gelée nf ❶ MÉTÉOR 严寒 [yánhán] ▸ **gelée blanche** 霜 [shuāng] ❷ CULIN ▸ **gelée royale** 蜂王浆 [fēngwángjiāng] ▸ **gelée de mûres** 桑椹果冻 [sāngshèn guǒdòng] ▸ **terrine de viande en gelée** 肉冻 [ròudòng].

geler ♦ vt ❶ (eau, sol) 使……结冰 [shǐ…jiébīng] ▸ **le froid a gelé l'eau de la rivière** 严寒使河水结冰 [yánhán shǐ héshuǐ jiébīng] ❷ (partie du corps) 冻伤 [dòngshāng] ▸ **le froid me gèle les oreilles** 严寒冻伤了我的耳朵 [yánhán dòngshāng le wǒde ěrduo] ❸ (capitaux) 冻结 [dòngjié] ▸ **geler des crédits** 冻结贷款 [dòngjié dàikuǎn]. ♦ vi ❶ MÉTÉOR 霜冻 [shuāngdòng] ❷ (eau) 结冰 [jiébīng] ❸ (sol, végétation) 冻坏 [dònghuài] ▸ **les salades ont gelé** 生菜被冻坏了 [shēngcài bèi dònghuài le] ▸ **la terre a gelé** 地冻上了 [dì dòngshang le] ❹ (partie du corps) 冻伤 [dòngshāng] ❺ *fam* (faire très froid) 感到极冷 [gǎndào jí lěng] ▸ **ça gèle !** 冷死了！ [lěng sǐ le!].

gélule nf 胶囊 [jiāonáng].

Gémeaux nmpl ASTROL 双子星座 [Shuāngzǐ xīngzuò].

gémir vi 呻吟 [shēnyín] ▸ **gémir de douleur** 痛苦地呻吟 [tòngkǔ de shēnyín].

gémissement nm 呻吟 [shēnyín].

gênant, e adj ▸ **question gênante** 尴尬的问题 [gāngà de wèntí] ▸ **stationnement gênant** 停车有碍 [tíngchē yǒu'ài] ▸ **ça devient gênant à la fin** 这最后变得让人很为难 [zhè zuìhòu biàn de ràng rén hěn wéinán].

gencive nf 牙龈 [yáyín].

gendarme nm (cl. 名 [míng] ou 个 [gè]) 警察 [jǐngchá].

gendarmerie nf 警察总队 [jǐngchá zǒngduì] ▸ **appeler la gendarmerie** 叫警察 [jiào jǐngchá].

gendre nm 女婿 [nǚxu].

gène nm ❶ ANAT 基因 [jīyīn] ❷ *fig* ▸ **c'est dans ses gènes** 天生如此 [tiānshēng rúcǐ].

gêne nf ❶ (physique) 困难 [kùnnan] ▸ **il éprouve de la gêne à bouger la jambe** 他觉得腿活动起来有困难 [tā juéde tuǐ huódòng qǐlái yǒu kùnnan] ❷ (psychologique) 为难 [wéinán] ▸ **j'éprouve de la gêne à parler de moi** 一谈到我自己，我就感到不好意思 [yì tándào wǒ zìjǐ, wǒ jiù gǎndào bùhǎoyìsi] ▸ **être sans gêne** 为所欲为 [wéisuǒyùwéi].

généalogie nf 家谱 [jiāpǔ].

généalogique adj 家族谱系的 [jiāzú pǔxì de] ▸ **faire des recherches généalogiques** 做家族谱系研究 [zuò jiāzú pǔxì yánjiū].

gêner vt ❶ (physiquement) 妨碍 [fáng'ài] ▸ **la lumière me gêne pour travailler** 这道光线妨碍我工作 [zhè dào guāngxiàn fáng'ài wǒ gōngzuò] ❷ (moralement) 使……为难 [shǐ…wéinán] ▸ **il a toujours peur de gêner** 他总是怕使别人为难 [tā zǒngshì pà shǐ biéren wéinán] ▸ **tes questions me gênent** 你的问题让我很尴尬 [nǐde wèntí ràng wǒ hěn gāngà] ▸ **se sentir gêné** 感到窘迫 [gǎndào jiǒngpò] ❸ (encombrer, entraver) 妨碍 [fáng'ài] ▸ **gêner la circulation** 妨碍交通 [fáng'ài jiāotōng].

▪ **se gêner** vp 感到拘束 [gǎndào jūshù] ▸ **ne pas se gêner** 不要客气 [bú yào kèqi] ▸ **ne pas se gêner pour ...** 不犹豫地…… [bù yóuyù de…].

général, e, aux adj ❶ (d'ensemble, sommaire) ▸ **conditions générales** 大体的状况 [dàtǐ de zhuàngkuàng] ▸ **idée générale** 总体的看法 [zóngtǐ de kànfǎ] ❷ (commun) 一般的 [yìbān de] ▸ **en général** 通常 [tōngcháng] ▸ **en règle générale** 按一般规则 [àn yìbān guīzé] ❸ ADMIN 职位最高的 [zhíwèi zuìgāo de] ▸ **assemblée générale** 大会 [dà huì] ▸ **directeur général** 总经理 [zǒng jīnglǐ] ▸ **secrétaire général** 秘书长 [mìshū zhǎng].

▪ **général** nm ❶ MIL 将军 [jiāngjūn] ▸ **le général de Gaulle** 戴高乐将军 [Dàigāolè jiāngjūn] ❷ (ensemble) 普遍 [pǔbiàn].

▪ **générale** nf 彩排 [cǎipái] ▸ **la générale d'une pièce** 一幕剧的彩排 [yí mù jù de cǎipái].

généralement adv 通常 [tōngcháng].

généralisation nf ❶ (extension) 扩大化 [kuòdàhuà] ▸ **la généralisation d'un conflit** 争端的扩大化 [zhēngduān de kuòdàhuà] ❷ (règle générale) 一概而论 [yígài ér lùn] ▸ **faire une généralisation** 一概而论 [yígài ér lùn].

généraliser vt ❶ (rendre applicable à tous) 推广 [tuīguǎng] ▸ **généraliser une méthode** 推广一种方法 [tuīguǎng yì zhǒng fāngfǎ] ❷ (tirer une conclusion générale) 一概而论 [yígài ér lùn] ▸ **il ne faut pas généraliser** 不能一概而论 [bù néng yígài ér lùn].

▪ **se généraliser** vp 扩大 [kuòdà] ▸ **l'infection s'est généralisée** 感染扩大了 [gánrǎn kuòdà le].

généraliste ♦ adj (par opposition à spécialiste) 综合的 [zōnghé de] ▸ **une chaîne généraliste** 综艺频道 [zōngyì píndào]. ♦ nmf MÉD 普通科医生 [pǔtōngkē yīshēng].

généralité nf ❶ (idée répandue) ▸ **faire une généralité** 一概而论 [yígài ér lùn] ❷ (universalité) 普遍性 [pǔbiànxìng] ▸ **la généralité d'une proposition** 一个命题的普遍性 [yí ge mìngtí de pǔbiànxìng].

▪ **généralités** nfpl 普遍现象 [pǔbiàn xiànxiàng] ▸ **dire des généralités** 泛泛之谈 [fànfàn zhī tán].

générateur, trice adj 产生……的 [chǎnshēng… de].

génération nf ❶ (degré de descendance) 辈 [bèi] ▸ **il y a deux générations entre eux** 他们之间隔着两辈 [tāmen zhījiān gézhe liǎng bèi] ❷ (tranche d'âge) 代 [dài] ▸ **nous sommes de la même génération** 我们是同一代人 [wǒmen shì tóng yí dài rén] ▸ **le conflit des générations** 代沟 [dài gōu] ▸ **sauter une génération** 跨一代 [kuà yí dài] ❸ *fig* (produit) 代 [dài] ▸ **les téléphones « nouvelle génération »** 新一代电话 [xīn yí dài diànhuà].

générer vt 产生 [chǎnshēng].

généreux, euse adj ❶ (qui donne sans compter) 慷慨的 [kāngkǎi de] ▸ **âme généreuse** 宽广的心胸 [kuānguǎng de xīnxiōng] ▸ **avoir un geste généreux** 举止慷慨大方 [júzhǐ kāngkǎi dàfang] ❷ (dévoué, noble) 崇高的 [chónggāo de] ▸ **avoir des idées généreuses** 拥有崇高的思想 [yōngyǒu chónggāo de sīxiǎng].

générique ♦ adj LING 同一属性的 [tóngyì shǔxìng de] ▸ **caractère générique** 同一属性 [tóngyì shǔxìng] ▸ **terme générique** 统称 [tǒngchēng]. ♦ nm CINÉ & TV 字幕 [zìmù] ▸ **générique de film** (au début) 电影片头字幕 [diànyǐng piàn tóu zìmù] ▸ **générique de fin** 片尾字幕 [piàn wěi zìmù].

générosité nf 慷慨 [kāngkǎi] ▸ **faire preuve de générosité** 表现出慷慨大方 [biǎoxiàn chū kāngkǎi dàfang].

genèse nf ❶ (élaboration) 创作 [chuàngzuò] ▸ **genèse d'une œuvre** 一件作品的创作 [yí jiàn zuòpǐn de chuàngzuò] ❷ (dans la Bible) ▸ **la Genèse** 创世纪 [Chuàngshìjì].

génétique ♦ adj 基因的 [jīyīn de] ▸ **mutations génétiques** 基因突变 [jīyīn tūbiàn]. ♦ nf 遗传学 [yíchuánxué] ▸ **étudier les lois de la génétique** 研究遗传学规律 [yánjiū yíchuánxué guīlǜ].

Genève npr 日内瓦 [Rìnèiwǎ].

Gengis Khan npr (empereur) 成吉思汗 [Chéng jísīhán].

génial, e, aux adj ❶ (qui a du génie) 天才的 [tiāncái de] ▸ **artiste génial** 有才华的艺术家 [yǒu cáihuá de yìshùjiā] ▸ **idée géniale** 奇思妙想 [qísī miàoxiǎng] ▸ **invention géniale** 天才的发明 [tiāncái de fāmíng] ❷ *fam* (formidable) 棒 [bàng] ▸ **c'est génial !** 真是棒极了！ [zhēnshì bàng jí le!].

génie nm ❶ (personne) 天才 [tiāncái] ❷ (aptitude) 才华 [cáihuá] ▸ **avoir du génie** 有才华 [yǒu cáihuá] ▸ **une idée de génie** 绝妙的主意 [juémiào de zhǔyi] ❸ TECHNOL 工程学 [gōngchéngxué] ▸ **le génie civil** 土木工程学 [tǔmù gōngchéngxué].

génital, e, aux adj 生殖的 [shēngzhí de] ▸ **appareil génital** 生殖器 [shēngzhí qì] ▸ **organes génitaux** 生殖器官 [shēngzhí qìguān].

génitif nm 所有格 [suóyǒugé].

génocide nm 种族灭绝 [zhǒngzú mièjué] ▸ **génocide du peuple juif** 对犹太人的种族灭绝 [duì yóutàirén de zhǒngzú mièjué].

genou, x nm ❶ ANAT 膝盖 [xīgài] ▸ **tenir qqn sur ses genoux** 让某人坐在自己的膝盖上 [ràng mǒurén zuò zài zìjǐ de xīgài shàng] ▸ **se mettre à genoux** 跪下 [guìxià] ❷ *fig* 屈服 [qūfú] ▸ **être à genoux devant qqn** 拜倒在某人脚下 [bàidǎo zài mǒurén jiǎoxià] ▸ **elle pouvait tout lui demander, il était à genoux devant elle** 她可以向他提任何要求，他完全拜倒在她石榴裙之下 [tā kéyǐ xiàng tā tí rènhé yāoqiú, tā wánquán bàidǎo zài tā shíliuqún zhī xià] ▸ **être sur les genoux** 累趴下了 [lèi pāxià le].

genre nm ❶ (espèce) 物种 [wùzhǒng] ▸ **le genre humain** 人类 [rén lèi] ❷ (type) 类型 [lèixíng] ▸ **ce n'est pas mon genre** 这不是我喜欢的类型 [zhè bú shì wǒ xǐhuan de lèixíng] ▸ **être du genre à** 是那种……的人 [shì nà zhǒng… de rén] ▸ **en tous genres** 各种各样的 [gèzhǒng gèyàng de] ▸ **être unique en son genre** 这方面是独一无二的 [zhè fāngmiàn shì dúyī wú'èr de] ❸ (style d'une personne) 风度 [fēngdù] ▸ **avoir mauvais genre** 没风度 [méi fēngdù] ▸ **se donner un genre** 装腔作势 [zhuāngqiāng zuòshì] ❹ (catégorie) 类别 [lèibié] ▸ **genre musical** 音乐类 [yīnyuè lèi] ▸ **genre romanesque** 小说类 [xiǎoshuō lèi] ❺ (sexe) 性别 [xìngbié] ▸ **genre féminin/masculin** 女/男性 [nǚ/nán xìng] ❻ LING 性 [xìng] ▸ **genre féminin/masculin** 阴/阳性 [yīn/yáng xìng].

gens nmpl 人 [rén] ▸ **des gens bien** 好人 [hǎo rén].

gentiane nf 龙胆 [lóngdǎn].

gentil, ille adj ❶ (charmant, aimable) ▸ **elle est très gentille** 她很善良 [tā hěn shànliáng] ▸ **vous seriez gentil de me tenir au courant** 您如果能有情况随时告诉我，就太好了 [nín rúguǒ néng yǒu qíngkuàng suíshí gàosu wǒ, jiù tài hǎole] ▸ **c'est gentil d'être venus** 你们能来太好了 [nǐmen néng lái tài hǎo le] ❷ (obéissant) 乖 [guāi] ▸ **soyez gentils avec votre grand-mère !** 跟你们的祖母在一起时要乖啊！ [gēn nǐmen de zúmǔ zài yìqǐ shí yào guāi a!].

gentillesse nf ❶ (qualité d'une personne) 亲切 [qīnqiè] ▸ **être d'une grande gentillesse** 和蔼可亲 [hé'ǎi kěqīn] ❷ (amabilité) 好心 [hǎoxīn] ▸ **faire qqch par gentillesse** 出于好心做某事 [chūyú hǎoxīn zuò mǒushì] ▸ **avoir la gentillesse de faire qqch** 行行好做某事 [xíngxínghǎo zuò mǒushì].

gentiment adv ❶ (aimablement) 客气地 [kèqi de] ▸ **elle m'a gentiment demandé de l'aider** 她客气地请求我帮忙 [tā kèqi de qǐngqiú wǒ bāngmáng] ❷ (sagement) 乖乖地 [guāiguāi de] ▸ **les enfants s'amusent gentiment dans le jardin** 孩子们乖乖地在花园里玩耍 [háizimen guāiguāi de zài huāyuán lǐ wánshuǎ] ❸ (tranquillement) 平稳地 [píngwěn de] ▸ **les choses avancent gentiment** 事情平稳地向前推进 [shìqing píngwěn de xiàngqián tuījìn].

géographie nf ❶ (science) 地理学 [dìlǐxué] ▸ **géographie humaine** 人文地理学 [rénwén dìlǐxué] ▸ **géographie physique** 物理地理学 [wùlǐ dìlǐxué] ❷ (d'une réalité territoriale) 地理 [dìlǐ] ▸ **la géographie de l'Europe** 欧洲地理 [Ōuzhōu dìlǐ].

géologie nf 地质学 [dìzhìxué].

géologue nmf (cl. 位 [wèi] ou 个 [gè] ou 名 [míng]) 地质学家 [dìzhìxuéjiā].

géomancie nf (divination) 土占 [tǔzhàn]; 风水 [fēngshuǐ].

géométrie nf 几何学 [jǐhéxué].

géranium nm (cl. 棵 [kē]) 天竺葵 [tiānzhúkuí].

gérant, e nm, f 管理人 [guánlǐrén] ▸ **gérant d'une société** 一家企业的主管 [yì jiā qǐyè de zhúguǎn].

gerbe nf 捆 [kǔn] ▸ **gerbe de blé** 麦捆 [mài kǔn].

gercé, e adj 裂开的 [lièkai de] ▸ **avoir les lèvres gercées** 嘴唇开裂 [zuǐchún kāiliè] ▸ **mains gercées** 皲裂的手 [jūnliè de shǒu] ▸ **terre gercée** 皲裂的土地 [jūnliè de tǔdì].

gérer vt ❶ (administrer) 管理 [guǎnlǐ] ▸ **gérer un magasin** 经营一家商店 [jīngyíng yì jiā shāngdiàn] ▸ **gérer un service** 管理一个部门 [guǎnlǐ yí ge bùmén] ❷ *fig* (faire face à) 处理 [chúlǐ] ▸ **gérer son stress** 应对压力 [yìngduì yālì].

gériatrie nf 老年医学 [lǎonián yīxué].

germain, e ➤ **cousin**

germe nm ❶ (bourgeon) 芽 [yá] ▸ **des germes ont poussé sur la pomme de terre** 马铃薯发芽了 [mǎlíngshǔ fā yá le] ▸ **germe de soja** 豆芽 [dòu yá] ❷ (microbe) ▸ **germe infectieux** 传染性病菌 [chuánrǎnxìng bìngjūn] ▸ **germe de maladie** 病原体 [bìngyuántǐ].

germer vi ❶ BOT 发芽 [fāyá] ❷ *fig* (naître) 产生 [chǎnshēng].

gestation nf ❶ (d'un fœtus) 妊娠期 [rènshēnqī] ▸ **six semaines de gestation** 怀孕六个星期 [huáiyùn liù ge xīngqī] ❷ (d'un projet) 酝酿 [yùnniàng] ▸ **la gestation d'un roman** 酝酿一部小说 [yùnniàng yí bù xiǎoshuō] ▸ **être en gestation** 在酝酿之中 [zài yùnniàng zhīzhōng].

geste nm ❶ (mouvement) 姿势 [zīshì] ▸ **faire un geste de la main** 做个手势 [zuò ge shǒushì] ▸ **geste maladroit** 笨拙的动作 [bènzhuō de dòngzuò] ❷ (acte) 举动 [jǔdòng] ▸ **c'est un geste qui lui fera plaisir** 这样做会让他高兴的 [zhè yàng zuò huì ràng tā gāoxìng de] ▸ **faire un geste** 表示一下 [biǎoshì yí xià] ▸ **geste amical** 友好的表示 [yóuhǎo de biǎoshì].

gesticuler vi 指手画脚 [zhǐshǒu huàjiǎo] ▸ **gesticuler dans tous les sens** 手舞足蹈 [shǒuwǔ zúdǎo].

gestion nf ❶ (discipline) 管理学 [guǎnlǐxué] ▸ **faire des études de gestion** 学习管理学 [xuéxí guǎnlǐxué] ❷ (organisation) 管理 [guǎnlǐ] ▸ **gestion administrative** 行政管理 [xíngzhèng guǎnlǐ] ▸ **gestion du budget** 预算管理 [yùsuàn guǎnlǐ] ▸ **gestion du personnel** 人员管理 [rényuán guǎnlǐ] ▸ **vérifier la bonne gestion d'une entreprise** 核实一家企业的运营良好 [héshí yì jiā qǐyè de yùnyíng liánghǎo].

Ghana nm ▸ **le Ghana** (非洲)加纳 [(Fēizhōu) Jiānà].

gibier nm ❶ (à la chasse) 猎物 [lièwù] ▸ **chasser le gibier** 打猎 [dǎ liè] ❷ (viande) 野味 [yěwèi].

giboulée nf (cl. 场 [chǎng]) 夹雪骤雨 [jiā xuě zhòuyǔ].

gicler vi 喷出 [pēnchū].

gifle nf ❶ (coup) ○ (cl. 记 [jì]) 耳光 [ěrguāng] ▸ **donner une paire de gifles à qqn** 给某人两记耳光 [gěi mǒurén liǎng jì ěrguāng] ❷ *fig* (déception, humiliation) 侮辱 [wǔrǔ] ▸ **nous ne nous attendions pas à une telle gifle** 我们没想到会有这样的侮辱 [wǒmen méi xiǎngdào huì yǒu zhè yàng de wǔrǔ].

gifler vt 打耳光 [dǎ'ěrguāng].

gigantesque adj ❶ (géant) 高大的 [gāodà de] ▸ **un homme de taille gigantesque** 一个身材魁梧的人 [yí ge shēncái kuíwú de rén] ❷ *fig* (démesuré) 巨大的 [jùdà de] ▸ **c'est une entreprise gigantesque** 这是一家规模巨大的企业 [zhè shì yì jiā guīmó jùdà de qǐyè].

gigot nm (cl. 条 [tiáo]) 后腿 [hòutuǐ].

gigoter vi 两腿乱动 [liǎng tuǐ luàndòng].

gilet nm ❶ (cardigan) ○ (cl. 件 [jiàn]) 羊毛开衫 [yángmáo kāishān] ❷ (vêtement sans manches) ○ (cl. 件 [jiàn]) 背心 [bèixīn] ▸ **gilet pare-balles** 防弹背心 [fángdàn bèixīn] ▸ **gilet de sauvetage** 救生衣 [jiùshēng yī].

gin nm 金酒 [jīnjiǔ] ▸ **boire un gin tonic** 喝杯金汤力 [hē bēi jīntānglì].

gingembre nm 姜 [jiāng].

ginseng nm (plante et sa racine) 人参 [rénshēn].

girafe nf (cl. 只 [zhī]) 长颈鹿 [chángjǐnglù].

giratoire ◆ adj 回转的 [huízhuǎn de] ▸ **sens giratoire** 环形交通方向 [huánxíng jiāotōng fāngxiàng]. ◆ nm 环岛交叉口 [huándǎo jiāochākǒu].

girofle ➤ **clou**

girouette nf ❶ (objet) 风向标 [fēngxiàngbiāo] ❷ (personne) 没主见的人 [méi zhǔjiàn de rén].

gisement nm 矿床 [kuàngchuáng].

gitan, e adj 茨冈的 [cígāng de] ▸ **musique gitane** 茨冈音乐 [cígāng yīnyuè].
■ **Gitan, e** nm, f 吉普赛人 [Jípǔsàirén].

gîte nm (logement) ○ (cl. 间 [jiān]) 住所 [zhùsuǒ] ▸ **gîte d'étape** 宿营地 [sùyíng dì] ▸ **gîte rural** 乡村会所 [xiāngcūn huìsuǒ].

givre nm 霜 [shuāng].

glace nf ❶ (eau congelée) 冰 [bīng] ▸ **une épaisse couche de glace** 厚厚的冰层 [hòuhòu de bīng céng] ▸ **glace pilée** 碎冰 [suì bīng] ❷ (crème glacée) 冰淇淋 [bīngqilín] ▸ **glace en bâton** 冰棒 [bīngbàng] ▸ **glace en cornet** 蛋筒冰淇淋 [dàntǒng bīngqilín] ❸ (plaque de verre) 玻璃 [bōli] ▸ **en cas de danger, brisez la glace** 如遇危险，打碎玻璃 [rú yù wēixiǎn, dǎsuì bōli] ❹ (d'une voiture) 车窗玻璃 [chē chuāng bōli] ▸ **baisser/monter la glace** 降下/升起车窗玻璃 [jiàngxià/shēngqǐ chē chuāng bōli] ❺ (miroir) 镜子 [jìngzi] ▸ **se regarder dans la glace** 照镜子 [zhào jìngzi] ❻ *fig* ▸ **un silence de glace** 一片死寂 [yí piàn sǐjì] ▸ **rester de glace** 无动于衷 [wúdòngyúzhōng] ▸ **rompre la glace** 打破僵局 [dǎpò jiāngjú].

glacé, e adj ❶ (froid) 冰冷的 [bīnglěng de] ▸ **avoir les mains glacées** 双手冰冷 [shuāngshǒu bīnglěng] ❷ CULIN 冰的 [bīng de] ▸ **barre glacée** 冰棍儿 [bīnggùnr] ▸ **crème glacée** 冰激凌 [bīngjilíng] ❸ (brillant) 上了光的 [shàng le guāng de] ▸ **magazines sur papier glacé** 有光纸的杂志 [yǒu guāngzhǐ de zázhì].

glacer vt ❶ (refroidir) 使……寒冷 [shǐ… hánlěng] ▸ **le vent m'a glacé** 风吹得我很冷 [fēng chuī de wǒ hěn lěng] ❷ *fig* ▸ **un regard qui glace** 冰冷的目光 [bīnglěng de mùguāng] ▸ **glacer le sang de qqn** 让某人的血液凝结住 [ràng mǒurén de xuèyè níngjié zhù] ❸ CULIN 裹上糖面 [guǒshang táng miàn] ▸ **glacer un gâteau** 给蛋糕裹上糖面 [gěi dàngāo guǒshang táng miàn].

glacial, e, aux adj ❶ (très froid) 冰冷的 [bīnglěng de] ▸ **un vent glacial** 冰冷的风 [bīnglěng de fēng] ❷ *fig* (hostile) 冷淡的 [lěngdàn de] ▸ **un accueil glacial** 冷遇 [lěngyù].

glacier nm ❶ GÉOL (cl. 座 [zuò]) 冰川 [bīngchuān] ❷ (marchand de glaces) 冷饮商 [lěng yǐn shāng].

glaçon nm ❶ (cube de glace) ○ (cl. 块 [kuài]) 冰块 [bīngkuài] ❷ *fig* (personne) 冷血的人 [lěngxuè de rén].

glaïeul nm 菖兰 [chānglán].

glaive nm (cl. 场 [chǎng]) 战争 [zhànzhēng].

gland nm ❶ (fruit du chêne, ornement) 橡栗 [xiànglì] ❷ ANAT 龟头 [guītóu].

glande nf ANAT 腺 [xiàn] ▸ **glande endocrine** 内分泌腺 [nèifēnmì xiàn].

glaner vt ❶ (ramasser) 拾 [shí] ▸ **glaner du blé** 拾麦穗 [shí màisuì] ❷ *fig* (recueillir) 搜集 [sōují] ▸ **glaner des informations ici et là** 到处搜集信息 [dàochù sōují xìnxī].

glauque adj ▸ **c'est glauque, ici!** 这里真脏！ [zhè lǐ zhēn zāng!] ▸ **ambiance glauque** 阴郁的氛围 [yīnyù de fēnwéi] ▸ **lumière glauque** 浑浊的光线 [húnzhuó de guāngxiàn].

glissade nf 滑动 [huádòng] ▸ **faire des glissades** 滑行 [huáxíng].

glissant, e adj ❶ 滑的 [huá de] ▸ **attention! chaussée glissante** 当心！路滑 [dāngxīn! lù huá] ❷ *fig* (dangereux) 危险的 [wēixiǎn de] ▸ **pente glissante** 危险的处境 [wēixiǎn de chǔjìng].

glissement nm 滑 [huá] ▸ **glissement de terrain** 滑坡 [huápō].

glisser ♦ vi ❶ (se déplacer) 滑 [huá] ▸ **glisser sur la glace** 滑冰 [huá bīng] ▸ **glisser sur l'eau** 在水面上滑行 [zài shuǐmiàn shàng huáxíng] ❷ (déraper) 滑 [huá] ▸ **attention, ça glisse!** 当心，路滑！ [dāngxīn, lù huá!] ▸ **la tasse m'a glissé des mains** 茶杯从我手中滑脱了 [chábēi cóng wǒ shǒu zhōng huátuō le] ❸ INFORM ▸ **faire glisser un fichier vers un dossier** 将一个文件拖入文件夹中 [jiāng yí ge wénjiàn tuōrù wénjiàn jiā zhōng]. ♦ vt ❶ (donner) ▸ **glisser qqch à qqn** 悄悄地把某物给某

人 [qiāoqiāo de bǎ mǒuwù gěi mǒurén] ▸ **glisser une lettre sous la porte** 从门下面悄悄塞入一封信 [cóng mén xiàmiàn qiāoqiāo sāirù yì fēng xìn] ▸ **glisser un mot à qqn** 悄悄跟某人说句话 [qiāoqiāo gēn mǒurén shuō jù huà] ❷ INFORM 拖动 [tuōdòng].

▪ **se glisser** vp ❶ 钻进 [zuānjìn] ▸ **se glisser dans le lit** 钻进被窝 [zuānjìn bèiwō] ❷ 出现 [chūxiàn] ▸ **une erreur s'est glissée dans les calculs** 计算中出现了一个差错 [jìsuàn zhōng chūxiàn le yí ge chācuò].

global, e, aux adj 整体的 [zhéngtǐ de] ▸ **avoir une vision globale de la situation** 对形势有一个整体的看法 [duì xíngshì yǒu yí ge zhéngtǐ de kànfǎ] ▸ **somme globale** 总数 [zǒngshù].

globalement adv 大体上 [dàtǐshàng].

globe nm ❶ (terre, sphère) 球体 [qiútǐ] ▸ **globe terrestre** 地球 [dìqiú] ▸ **à la surface du globe** 在地球表面 [zài dìqiú biǎomiàn] ❷ (œil) 球状体 [qiúzhuàng tǐ] ▸ **globe oculaire** 眼球 [yǎnqiú].

globule nm 球形颗粒 [qiúxíng kēlì] ▸ **globule blanc** 白血球 [báixuèqiú] ▸ **globule rouge** 红血球 [hóngxuèqiú].

globuleux, euse adj 小球状的 [xiǎoqiúzhuàng de] ▸ **avoir les yeux globuleux** 长着暴凸眼 [zhǎngzhe bàotū yǎn].

gloire nf ❶ (renommée) 声誉 [shēngyù] ▸ **connaître la gloire** 声誉鹊起 [shēngyùquèqǐ] ▸ **être au sommet de sa gloire** 盛誉之隆，如日中天 [shèngyù zhīlóng, rú rì zhōngtiān] ❷ (mérite) 荣誉 [róngyù] ▸ **à la gloire de qqn** 献给某人 [xiàngěi mǒurén] ▸ **pour la gloire** 为了荣誉 [wèi le róngyù] ❸ (fierté) 骄傲 [jiāo'ào] ▸ **ce tableau est la gloire du musée** 这幅画是博物馆的骄傲 [zhè fú huà shì bówùguǎn de jiāo'ào].

glorifier vt 颂扬 [sòngyáng].

▪ **se glorifier** vp 自豪 [zìháo].

glossaire nm 词汇汇编 [cíhuì huìbiān] ▸ **glossaire de termes techniques** 科技术语汇编 [kējìshùyǔ huìbiān].

glousser vi ❶ (animal) 咯咯叫 [gēgē jiào] ❷ *péj* (personne) 格格地笑 [gēgē de xiào].

glouton, onne ♦ adj 贪吃的 [tānchī de] ▸ **un appétit glouton** 大胃口 [dà wèikǒu]. ♦ nm, f 贪吃的人 [tānchī de rén].

glu nf 胶 [jiāo].

gluant, e adj 粘的 [nián de] ▸ **liquide gluant** 粘液 [niányè] ▸ **riz gluant** 糯米 [nuò mǐ].

glucide nm 碳水化合物 [tànshuǐ huàhéwù] ▸ **un aliment riche en glucides** 富有碳水化合物的食品 [fùyǒu tànshuǐ huàhéwù de shípǐn].

glutamate nm 味精 [wèijīng].

glycine nf (cl. 棵 [kē]) 紫藤 [zǐténg].

goal nm (cl. 名 [míng] ou 个 [gè]) 守门员 [shǒuményuán].

gobelet nm (cl. 只 [zhī]) 杯子 [bēizi] ▸ **gobelet en plastique** 塑料杯 [sùliào bēi].

goéland nm (cl. 只 [zhī]) 海鸥 [hǎi'ōu].

goinfre nmf *fam* 狼吞虎咽的人 [lángtūn hǔyān de rén] ▸ **manger comme un goinfre** 吃东西狼吞虎咽 [chī dōngxi lángtūn hǔyān] ▸ **quelle goinfre !** 真是个饿狼！ [zhēn shì ge èláng!].

goinfrer ▪ **se goinfrer** vp *fam* 狼吞虎咽地吃 [lángtūn hǔyān de chī] ▸ **se goinfrer de sucreries** 狼吞虎咽地吃甜品 [lángtūn hǔyān de chī tiánpǐn].

golf nm ❶ (jeu) 高尔夫球 [gāo'ěrfūqiú] ▸ **golf miniature** 小型高尔夫球 [xiǎoxíng gāo'ěrfūqiú] ▸ **jouer au golf** 打高尔夫球 [dǎ gāo'ěrfūqiú] ▸ **terrain de golf** 高尔夫球场 [gāo'ěrfū qiúchǎng] ❷ (terrain) 高尔夫球场 [gāo'ěrfū qiúchǎng] ▸ **un golf de neuf trous** 九洞的高尔夫球场 [jiǔ dòng de gāo'ěrfū qiúchǎng].

golfe nm 海湾 [hǎiwān].

gomme nf ❶ (pour effacer) 橡皮 [xiàngpí] ❷ (substance) 树胶 [shùjiāo] ▸ **gomme arabique** 阿拉伯树胶 [ālābó shùjiāo].

gommer vt ❶ (effacer avec une gomme) 擦去 [cāqù] ❷ *fig* (atténuer) 去除 [qùchú] ▸ **une crème pour gommer les rides** 一种能去除皱纹的面霜 [yì zhǒng néng qùchú zhòuwén de miànshuāng].

gond nm 合页 [héyè] ▸ **gond d'une porte** 门的合页 [mén de héyè].

gondole nf ❶ (bateau) 贡多拉轻舟 [gòngduōlā qīngzhōu] ▸ **faire un tour en gondole** 乘贡多拉轻舟转一圈 [chéng gòngduōlā qīngzhōu zhuǎn yì quān] ❷ (présentoir) 叠层货架 [diécéng huòjià] ▸ **en tête de gondole** 促销的商品放在叠层货架的前方 [cùxiāo de shāngpǐn fàngzài diécéng huòjià de qiánfāng].

gonfler ♦ vt ❶ (faire augmenter de volume) 充气 [chōngqì] ▸ **gonfler un ballon** 给球充气 [gěi qiú chōngqì] ▸ **gonfler un pneu** 给轮胎充气 [gěi lúntāi chōngqì] ❷ *fig* (grossir, exagérer) 夸大 [kuādà] ▸ **gonfler l'importance d'une affaire** 夸大某事的重要性 [kuādà mǒushì de zhòngyàoxìng] ❸ (emplir d'un sentiment) ▸ **il est gonflé d'orgueil** 他十分骄傲 [tā shífēn jiāo'ào]. ♦ vi 膨胀 [péngzhàng] ▸ **le bois gonfle à l'humidité** 木头遇潮就膨胀 [mùtou yù cháo jiù péngzhàng] ▸ **ma cheville a gonflé** 我的脚腕肿了 [wǒde jiǎowàn zhǒng le].

gong nm (cl. 面 [miàn]) 锣 [luó].

gorge nf ❶ (gosier) ○ (cl. 副 [fù]) 嗓子 [sǎngzi] ▸ **avoir mal à la gorge** 嗓子疼 [sǎngzi téng] ▸ **avoir la gorge sèche** 嗓子干 [sǎngzi gān] ▸ **se racler la gorge** 清清嗓子 [qīngqing sǎngzi] ❷ (cou) 咽部 [yānbù] ▸ **sauter à la gorge de qqn** 扑向某人 [pū xiàng mǒurén] ❸ (vallée étroite) 峡谷 [xiágǔ] ▸ **descendre des gorges** 深入到峡谷里 [shēnrù dào xiágǔ lǐ] ▸ **les versants d'une gorge** 峡谷的谷壁 [xiágǔ de gǔbì] ▸ **les Trois Gorges du Yangzi** 长江三峡 [Chángjiāng Sānxiá]

◊ **avoir la gorge serrée** (因激动而)哽咽 [(yīn jīdòng ér) gěngyè].

gorgée nf 一口 [yì kǒu] ▸ **boire à petites gorgées** 一小口一小口地喝 [yì xiáokǒu yì xiáokǒu de hē] ▸ **une gorgée d'eau** 一口水 [yì kǒu shuǐ].

gorger vt 充满 [chōngmǎn] ▸ **avoir les poumons gorgés de sang** 肺部充血 [fèibù chōngxuè] ▸ **un fruit gorgé d'eau** 多汁的水果 [duō zhī de shuíguǒ].

■ **se gorger** vp 拼命地吃 [pīnmìng de chī] ▸ **se gorger de gâteaux** 拼命吃蛋糕 [pīnmìng chī dàngāo].

gorille nm (cl. 只 [zhī]) 大猩猩 [dàxīngxing].

gosse nmf *fam* ❶ (enfant) 孩子 [háizi] ▸ **élever ses gosses** 养育孩子 [yǎngyù háizi] ❷ (esprit juvénile) 孩子气 [háiziqì] ▸ **c'est un vrai gosse** 真是孩子气 [zhēn shì háiziqì].

gothique ♦ adj ❶ ARCHIT 哥特式的 [gētèshì de] ▸ **cathédrale gothique** 哥特式教堂 [gētèshì jiàotáng] ❷ TYPO 哥特的 [gētè de] ▸ **écriture gothique** 哥特字体 [gētè zìtǐ]. ♦ nm ❶ (style) 哥特式 [gētèshì] ▸ **le gothique flamboyant** 火焰哥特式 [huǒyàn gētèshì] ❷ TYPO 哥特字体 [gētè zìtǐ] ❸ (mouvement) 哥特运动 [gētè yùndòng].

gouache nf 水粉画颜料 [shuífěnhuà yánliào].

goudron nm ❶ (substance) 焦油 [jiāoyóu] ▸ **les goudrons du tabac** 烟草中的焦油 [yāncǎo zhòng de jiāoyóu] ❷ (bitume) 柏油 [bǎiyóu].

gouffre nm ❶ (abîme) 深坑 [shēnkēng] ▸ **un gouffre béant** 开着口的一个深坑 [kāizhe kǒu de yí ge shēn kēng] ❷ *fig* (situation difficile) 深渊 [shēnyuān] ▸ **être au bord du gouffre** 面临深渊 [miànlín shēnyuān].

goulot nm 瓶颈 [píngjǐng] ▸ **boire au goulot** 对着瓶嘴喝 [duìzhe píngzuǐ hē].

goulu, e adj & nm, f 贪婪的(人) [tānlán de (rén)].

gourde ♦ adj *fam* 蠢 [chǔn] ▸ **avoir l'air gourde** 生得一副蠢样 [shēng de yí fù chǔnyàng]. ♦ nf 水壶 [shuǐhú] ▸ **boire de l'eau à la gourde** 用水壶喝水 [yòng shuǐhú hē shuǐ].

gourdin nm 短粗木棒 [duǎncū mùbàng].

gourmand, e ♦ adj ❶ (qui aime manger) 馋 [chán] ▸ **un enfant gourmand** 一个馋孩子 [yí ge chán háizi] ▸ **être gourmand de chocolat** 爱吃巧克力 [àichī qiǎokèlì] ❷ *fig* (avide) 贪 [tān]. ♦ nm, f 贪吃的人 [tānchī de rén].

gourmandise nf ❶ (caractère) 贪吃 [tānchī] ▸ **par gourmandise** 出于贪吃 [chūyú tānchī] ❷ (sucrerie) 甜食 [tiánshí] ▸ **adorer les gourmandises** 喜欢甜食 [xǐhuān tiánshí].

gourmette nf 手链 [shǒuliàn] ▸ **porter une gourmette** 戴手链 [dài shǒuliàn] ▸ **gourmette en or** 金手链 [jīn shǒuliàn].

gousse nf 荚果 [jiáguǒ] ▸ **gousse d'ail** 蒜瓣 [suànbàn] ▸ **gousse de vanille** 香草荚 [xiāngcǎo jiá].

goût nm ❶ (sens) 味觉 [wèijué] ❷ (saveur) 味道 [wèidao] ▸ **je n'aime pas le goût du gingembre** 我不喜欢姜的味道 [wǒ bù xǐhuan jiāng de wèidao] ▸ **goût acide** 酸味 [suān wèi] ▸ **goût salé** 咸味 [xián wèi] ▸ **goût sucré** 甜味 [tián wèi] ▸ **n'avoir aucun goût** 没味 [méi wèi] ❸ (jugement esthétique) 品位 [pǐnwèi] ▸ **avoir du goût** 有品位 [yóu pǐnwèi] ▸ **chacun ses goûts** 各有所好 [gè yǒu suóhào] ❹ (penchant) 爱好 [àihào] ▸ **prendre goût à** 开始喜欢 [kāishǐ xǐhuan]
◊ **les goûts et les couleurs, ça ne se discute pas** 萝卜白菜，各有所爱 [luóbo báicài, gèyóu suǒài] ▸ **tous les goûts sont dans la nature** 各有所好 [gè yǒu suóhào].
▪ **de bon goût** loc adj 高品位 [gāo pǐnwèi] ▸ **des meubles de bon goût** 高品位的家具 [gāo pǐnwèi de jiājù].
▪ **de mauvais goût** loc adj 没品位 [méi pǐnwèi] ▸ **des plaisanteries de mauvais goût** 低级玩笑 [dījí wánxiào].

goûter ♦ vt (manger pour la première fois) 品尝 [pǐncháng] ▸ **as-tu goûté ce vin ?** 你尝过这种酒吗？ [nǐ chángguò zhè zhóng jiǔ ma?] ▸ **goûter un plat** 品尝一道菜 [pǐncháng yí dào cài]. ♦ vi ❶ (prendre une collation) 吃下午点心 [chī xiàwǔ diǎnxin] ❷ (faire l'expérience) 尝试 [chángshì] ▸ **goûter à l'indépendance** 体验一下独立的滋味 [tǐyàn yíxià dúlì de zīwèi]. ♦ nm (下午)点心 [(xiàwǔ) diǎnxin].

goutte nf ❶ (de liquide) 滴 [dī] ▸ **goutte d'eau** 水滴 [shuǐdī] ▸ **goutte de sang** 血滴 [xuèdī] ▸ **je n'ai plus une goutte d'essence** 我连一滴汽油都没有了 [wǒ lián yì dī qìyóu dōu méiyǒu le] ❷ (petite quantité) 一点儿 [yì diǎnr] ▸ **prendre juste une goutte de vodka** 只喝一点儿伏特加 [zhǐ hē yì diǎnr fútèjiā]
◊ **se ressembler comme deux gouttes d'eau** 长得一模一样 [zhǎng de yìmú yíyàng].

goutte-à-goutte nm inv 滴注 [dīzhù].

gouttelette nf 小水珠 [xiáoshuǐzhū].

gouttière nf 檐槽 [yáncáo].

gouvernail nm 舵 [duò] ▸ **tenir le gouvernail** 掌舵 [zhǎng duò].

gouvernement nm ❶ (action) 治理 [zhìlǐ] ▸ **assurer le gouvernement d'un pays** 负责治理国家 [fùzé zhìlǐ guójiā] ❷ (cabinet) 政府 [zhèngfǔ] ▸ **gouvernement provisoire** 临时政府 [línshí zhèngfǔ] ▸ **former un gouvernement** 组阁 [zǔgé] ▸ **membre du gouvernement** 政府成员 [zhèngfǔ chéngyuán].

gouverner vt 治理 [zhìlǐ] ▸ **gouverner un pays** 治理国家 [zhìlǐ guójiā].

gouverneur nm 高级官员 [gāojí guānyuán] ▸ **gouverneur de la banque de France** 法兰西银行总裁 [Fǎlánxī yínháng zǒngcái] ▸ **gouverneur militaire** 军区司令 [jūnqū sīlìng] ▸ **gouverneur d'une province** 省长 [shéngzhǎng].

goyave nf 番石榴 [fānshíliú].

grâce nf ❶ (charme) 优雅 [yōuyǎ] ▸ **une fille pleine de grâce** 一个非常优雅的女孩 [yí ge fēicháng yōuyǎ de nǚhái] ▸ **avec grâce** 优雅地 [yōuyǎ de] ❷ (pardon) 特赦 [tèshè] ▸ **grâce présidentielle** 总统特赦 [zóngtǒng tèshè] ❸ (faveur) 恩惠 [ēnhuì] ▸ **faites-nous la grâce de rester** 您能留下，我们将感到十分荣幸 [nín néng liúxia, wǒmen jiāng gǎndào shífēn róngxìng] ❹ (pour dispenser) ▸ **faire grâce de qqch à qqn** 免除某人某事 [miǎnchú mǒurén mǒushì] ❺ (bonté divine) 天恩 [tiānēn] ▸ **à la grâce de Dieu** 承蒙上帝恩典 [chéngméng Shàngdì ēndiǎn].
▪ **grâce à** loc prép 多亏 [duōkuī] ▸ **c'est grâce à elle que j'ai réussi** 全靠她，我才成功的 [quánkào tā, wǒ cái chénggōng de].

gracier vt 特赦 [tèshè] ▸ **gracier un condamné** 给判刑者特赦 [gěi pànxíngzhě tèshè].

gracieusement adv ❶ (avec grâce) 优雅地 [yōuyǎ de] ▸ **elle salua gracieusement le public** 她优雅地向公众致意 [tā yōuyǎ de xiàng gōngzhòng zhìyì] ❷ (gratuitement) 免费 [miǎnfèi] ▸ **gracieusement offert par la maison** 由本店免费提供 [yóu běndiàn miǎnfèi tígōng].

gracieux, euse adj ❶ (charmant) 优雅的 [yōuyǎ de] ▸ **gestes gracieux** 优雅的动作 [yōuyǎ de dòngzuò] ❷ (gratuit) 免费的 [miǎnfèi de] ▸ **à titre gracieux** 无偿地 [wúcháng de].

gradation nf 渐变 [jiànbiàn] ▸ **une gradation de couleurs** 颜色的浓淡层次 [yánsè de nóngdàn céngcì].

grade nm 级别 [jíbié] ▸ **monter en grade** 晋级 [jìnjí] ▸ **grade inférieur** 下级 [xiàjí]

▸ **grade militaire** 军衔 [jūnxián] ▸ **grade supérieur** 上级 [shàngjí] ▸ **grade universitaire** 学位 [xuéwèi].

gradé, e ◆ adj 有军衔的 [yǒu jūnxián de]. ◆ nm, f 军士 [jūnshì].

gradin nm 阶梯 [jiētī] ▸ **gradin d'un stade** 体育场的阶梯座位 [tǐyùchǎng de jiētī zuòwèi] ▸ **gradin d'un théâtre** 剧场的阶梯座位 [jùchǎng de jiētī zuòwèi].

graduation nf 刻度 [kèdù] ▸ **les graduations d'un verre doseur** 量杯的刻度 [liángbēi de kèdù].

graduel, elle adj 逐渐 [zhújiàn] ▸ **amélioration graduelle** 逐渐改善 [zhújiàn gǎishàn].

graffiti nm 涂鸦 [túyā].

grain nm ❶ (de céréale, de café, de fruit, particule) 粒 [lì] ▸ **grain de blé** 麦粒 [màilì] ▸ **grain de café** 咖啡豆 [kāfēi dòu] ▸ **grain de maïs** 玉米粒 [yùmǐlì] ▸ **grain de poussière** 尘埃 [chén'āi] ▸ **grain de raisin** 葡萄粒 [pútao lì] ▸ **grain de riz** 米粒 [mǐlì] ▸ **grain de sable** 沙粒 [shā lì] ▸ **grain de sel** 盐粒 [yán lì] ❷ (de peau, de papier) 纹理 [wénlǐ] ▸ **un papier photo au grain lisse** 布纹相纸 [bùwén xiàngzhǐ] ▸ **grain d'un cuir** 皮革的颗粒面 [pígé de kēlìmiàn]

◊ **avoir un grain** *fam* 有点儿疯 [yóudiǎnr fēng].

▪ **grain de beauté** nm (cl. 颗 [kē]) 美人痣 [měirén zhì].

graine nf 籽 [zǐ] ▸ **graine de tournesol** 葵花籽 [kuíhuā zǐ]

◊ **en prendre de la graine** 仿效 [fǎngxiào].

graisse nf ❶ (dans le corps) 脂肪 [zhīfáng] ▸ **brûler les graisses** 减去脂肪 [jiǎnqù zhīfáng] ❷ CULIN 动物油 [dòngwùyóu] ▸ **graisse de canard** 鸭油 [yā yóu] ❸ (pour lubrifier ou protéger) 皮革油 [pígéyóu].

graisser vt ❶ (mécanisme) 上油 [shàngyóu] ▸ **graisser une chaîne de vélo** 给自行车链条上油 [gěi zìxíngchē liàntiáo shàngyóu] ❷ (cuisine) 加油 [jiāyóu] ▸ **graisser une poêle** 在锅里放油 [zài guōlǐ fàngyóu].

grammaire nf ❶ (ensemble de règles) 语法 [yǔfǎ] ▸ **apprendre la grammaire chinoise** 学习汉语语法 [xuéxí hànyǔ yǔfǎ] ❷ (livre) 语法书 [yǔfǎshū] ▸ **quelle grammaire me conseillez-vous ?** 您看我用哪本语法书好？ [nín kàn wǒ yòng nǎ běn yǔfǎshū hǎo?].

grammatical, e, aux adj 语法的 [yǔfǎ de] ▸ **règle grammaticale** 语法规则 [yǔfǎ guīzé].

gramme nm 克 [kè] ▸ **125 grammes de sucre** 125克糖 [125 kè táng].

grand, e ◆ adj ❶ (en hauteur) 高的 [gāo de] ▸ **elle est déjà grande pour son âge** 在这个年龄她就算是高的了 [zài zhè ge niánlíng tā jiùsuàn shì gāo de le] ❷ (en taille, en quantité) 大的 [dà de] ▸ **boire un grand verre d'eau** 喝一大杯水 [hē yí dà bēi shuǐ] ▸ **un grand écran** 大屏幕 [dà píngmù] ▸ **une grande forêt** 大森林 [dà sēnlín] ❸ (plus âgé) 成年的 [chéngnián de] ▸ **quand tu seras grand, tu comprendras** 等你长大了，就明白了 [déng nǐ zhǎngdà le, jiù míngbai le] ▸ **grand frère** 哥哥 [gēge] ▸ **grande sœur** 姐姐 [jiějie] ▸ **les grandes personnes** 大人 [dà rén] ❹ (intense) 强烈的 [qiángliè de] ▸ **un grand chagrin** 沉痛 [chéntòng] ❺ (important) 重要的 [zhòngyào de] ▸ **le grand jour est arrivé** 重要的一天来到了 [zhòngyào de yì tiān láidào le] ▸ **un grand homme** 一个伟人 [yí ge wěi rén] ▸ **les grandes puissances** 大国 [dà guó]. ◆ nm, f ❶ (adulte) 大人 [dàren] ▸ **comme un grand** 像一个大人 [xiàng yí ge dàren] ❷ (personnage) 要人 [yàorén] ▸ **les grands de ce monde** 世上的要人 [shìshàng de yàorén].

grand-chose ▪ **pas grand-chose** pron indéf 大不了的事 [dàbuliǎo de shì] ▸ **tu t'es fait mal ? c'est pas grand-chose** 你磕疼了吗？没什么大不了的事 [nǐ kē téng le ma? méi shénme dàbuliǎo de shì].

Grande-Bretagne nf ▸ **la Grande-Bretagne** 英国 [Yīngguó].

grandeur nf ❶ (taille) 大小 [dàxiǎo] ▸ **grandeur d'un appartement** 公寓的大小 [gōngyù de dàxiǎo] ▸ **grandeur nature** 与实物一样大小 [yǔ shíwù yí yàng dàxiǎo] ▸ **une tache de la grandeur de ......** 大小的污点 [... dàxiǎo de wūdiǎn] ❷ (importance) 强盛 [qiángshèng] ▸ **la grandeur d'un pays** 国家的强盛 [guójiā de qiángshèng] ❸ (noblesse) 高尚 [gāoshàng] ▸ **grandeur d'âme** 高尚的灵魂 [gāoshàng de línghún].

grandiose adj 壮丽的 [zhuànglì de] ▸ **paysage grandiose** 壮丽的景象 [zhuànglì de jǐngxiàng] ▸ **spectacle grandiose** 壮观的场面 [zhuàngguān de chǎngmiàn].

grandir ♦ vi ❶ (en taille) 长大 [zhǎngdà] ▸ **qu'est-ce que tu as grandi !** 你都长这么大了！ [nǐ dōu zhǎng zhème dà le!] ❷ (en maturité) 成熟 [chéngshú] ▸ **après cette expérience, il a grandi** 经历了这些后，他成熟了 [jīnglì le zhèxiē hòu, tā chéngshú le] ❸ (en intensité) 加剧 [jiājù] ▸ **l'inquiétude grandissait de minute en minute** 焦虑在一分钟一分钟地加剧 [jiāolǜ zài yì fēnzhōng yì fēnzhōng de jiājù]. ♦ vt ❶ (rendre plus haut) 使……变高大 [shǐ… biàngāodà] ▸ **ces chaussures la grandissent** 鞋子使她变高了 [xiézi shǐ tā biàngāo le] ❷ *fig* (ennoblir) 使……提高威望 [shǐ… tígāo wēiwàng] ▸ **cela ne peut que le grandir** 这只会提高他的威望 [zhè zhīhuì tígāo tāde wēiwàng].

grand-mère nf ❶ (paternelle) 祖母 [zúmǔ]; 奶奶 [nǎinai] ❷ (maternelle) 外祖母 [wàizúmǔ]; 姥姥 [lǎolao].

grand-père nm ❶ (paternel) 祖父 [zǔfù]; 爷爷 [yéye] ❷ (maternel) 外祖父 [wàizǔfù]; 姥爷 [lǎoye].

grands-parents nmpl ❶ (paternels) 祖父母 [zǔfùmǔ] ❷ (maternels) 外祖父母 [wàizǔfùmǔ].

grange nf 谷仓 [gǔcāng].

granuleux, euse adj 颗粒状的 [kēlìzhuàng de].

graphique ♦ adj 绘图的 [huìtú de] ▸ **représentation graphique** 图表展示 [túbiǎo zhǎnshì]. ♦ nm 图表 [túbiǎo] ▸ **faire un graphique** 绘制图表 [huìzhì túbiǎo].

grappe nf 串 [chuàn] ▸ **grappe de raisin** 葡萄串 [pútao chuàn] ▸ **en grappes** 成串的 [chéngchuàn de].

gras, grasse adj ❶ (formé de gras) 脂肪的 [zhīfáng de] ❷ (de nature graisseuse) 油性的 [yóuxìng de] ▸ **peau grasse** 油性皮肤 [yóuxìng pífū] ▸ **cheveux gras** 油性头发 [yóuxìng tóufa] ❸ (gros) 肥胖 [féipàng] ▸ **un homme gras** 肥胖的男人 [féipàng de nánren] ❹ (poisseux) 黏乎乎的 [niánhūhū de] ▸ **avoir les mains grasses** 手上黏乎乎的 [shǒushàng niánhūhū de]

◊ **faire la grasse matinée** 睡懒觉 [shuìlǎnjiào].

▪ **gras** ♦ nm ❶ CULIN 肥肉 [féiròu] ▸ **le gras du jambon** 火腿的肥肉 [huótuǐ de féiròu] ❷ TYPO 粗体字 [cūtǐzì] ▸ **en gras** 用粗体 [yòng cūtǐ]. ♦ adv 荤 [hūn] ▸ **manger gras** 吃荤 [chīhūn].

grassement adv 丰厚地 [fēnghòu de] ▸ **être grassement payé** 得到丰厚的报酬 [dédào fēnghòu de bàochou].

gratifier vt 赠给 [zènggěi] ▸ **gratifier qqn de qqch** 赠给某人某物 [zènggěi mǒurén mǒuwù] ▸ **elle m'a gratifié d'un beau sourire** 她对我嫣然一笑 [tā duì wǒ yānrán yí xiào].

gratin nm ❶ CULIN 撒上面包屑或干酪丝烘烤的食物 [sāshang mianbāoxiè huò gānlàosī hōngkǎo de shíwù] ▸ **gratin de pommes de terre** 表面撒上干酪丝的烤土豆饼 [biǎomiàn sāshang gānlàosī de káo tǔdòubǐng] ❷ *fam* (haute société) 社会名流 [shèhuì míngliú] ▸ **inviter tout le gratin** 邀请所有社会名流 [yāoqǐng suóyǒu shèhuì míngliú].

gratiné, e adj ❶ CULIN 烤制的 [kǎozhì de] ▸ **du chou-fleur gratiné** 烤制的菜花 [kǎozhì de càihuā] ❷ *fam* (difficile) 很难 [hěnnán] ▸ **le problème de maths était gratiné !** 这个数学题很难！ [zhè ge shùxué tí hěnnán!].

gratis adv *fam* 免费地 [miǎnfèi de] ▸ **rentrer gratis quelque part** 免费进入某处 [miǎnfèi jìnrù mǒuchù].

gratitude nf 感激 [gǎnjī] ▸ **témoigner sa gratitude envers qqn** 对某人表示感谢 [duì mǒurén biǎoshì gǎnxiè].

gratte-ciel nm inv (cl. 栋 [dòng]) 摩天大楼 [mótiān dàlóu].

gratter ♦ vt ❶ (frotter) 刷 [shuā] ▸ **gratter un mur** 刷墙 [shuā qiáng] ▸ **gratter une allumette** 划火柴 [huá huǒchái] ❷ (racler) 刮 [guā] ▸ **gratter le papier peint** 刮壁纸 [guā bìzhǐ] ❸ (une personne) 挠 [náo] ▸ **gratte-moi le dos** 给我挠挠后背 [gěi wǒ náonao hòubèi] ❹ (démanger) 使……发痒 [shǐ… fāyǎng] ▸ **ces collants me grattent** 这连裤袜使我发痒 [zhè liánkùwà shǐ wǒ fāyǎng] ❺ *fam* (soutirer) 捞到 [lāodào] ▸ **gratter de l'argent** 捞钱

[lāoqián] ▸ **gratter une cigarette** 捞到一根烟 [lāodào yì gēn yān]. ♦ vi 发痒 [fāyǎng].

▪ **se gratter** vp 挠 [náo] ▸ **se gratter le menton** 挠下巴颏儿 [náo xiàbakēr].

gratuit, e adj ❶ (non payant) 免费的 [miǎnfèi de] ▸ **entrée gratuite** 免费入场 [miǎnfèi rùchǎng] ❷ (sans fondement) 无动机的 [wú dòngjī de] ▸ **accusation gratuite** 无故指控 [wúgù zhǐkòng] ▸ **violence gratuite** 无动机暴力行为 [wú dòngjī bàolì xíngwéi].

gratuitement adv 免费地 [miǎnfèi de] ▸ **je suis entrée gratuitement** 我是免费进来的 [wǒ shì miǎnfèi jìnlai de].

gravats nmpl 瓦砾 [wǎlì].

grave ♦ adj ❶ (important, alarmant) 严重的 [yánzhòng de] ▸ **une faute grave** 严重的错误 [yánzhòng de cuòwù] ▸ **une grave crise** 严重的危机 [yánzhòng de wēijī] ▸ **de graves problèmes** 严峻的问题 [yánjùn de wèntí] ▸ **un blessé grave** 重伤员 [zhòngshāng yuán] ❷ (solennel) 庄重的 [zhuāngzhòng de] ▸ **prendre un air grave** 做出一副郑重的样子 [zuòchū yí fù zhèngzhòng de yàngzi] ❸ (bas) 低沉的 [dīchén de] ▸ **avoir la voix grave** 低沉的嗓音 [dīchén de sǎngyīn]. ♦ nm MUS 低音 [dīyīn].

gravement adv ❶ (sérieusement) 严重的 [yánzhòng de] ▸ **être gravement malade** 病得很重 [bìng de hěnzhòng] ❷ (solennellement) 郑重地 [zhèngzhòng de] ▸ **parler gravement** 郑重地说 [zhèngzhòng de shuō].

graver vt ❶ (matière dure) 雕刻 [diāokè] ▸ **graver le bois** 雕刻木头 [diāokè mùtou] ❷ INFORM 刻录 [kèlù] ▸ **graver un disque** 刻录磁盘 [kèlù cípán] ❸ *fig* (dans l'esprit) 铭刻 [míngkè] ▸ **un souvenir gravé dans la mémoire** 铭刻在心中的回忆 [míngkè zài xīnzhōng de huíyì].

gravier nm 砾石 [lìshí].

gravillon nm 细沙石 [xìshā shí].

gravir vt ❶ (grimper, escalader) 登 [dēng] ▸ **gravir une montagne** 登山 [dēngshān] ❷ *fig* (s'élever dans la hiérarchie) 爬 [pá] ▸ **gravir les échelons** 一级一级往上爬 [yì jí yì jí wàngshàng pá].

gravité nf ❶ (caractère important) 严重 [yánzhòng] ▸ **la gravité d'une situation** 形势严峻 [xíngshì yánjùn] ▸ **sans gravité** 不严重 [bù yánzhòng] ❷ PHYS 重力 [zhònglì] ▸ **les lois de la gravité** 重力法则 [zhònglì fǎzé].

graviter vi ❶ (astre) 环绕着运行 [huánràozhe yùnxíng] ▸ **des planètes qui gravitent autour des étoiles** 行星环绕恒星运行 [xíngxīng huánrào héngxīng yùnxíng] ❷ (évoluer) 转 [zhuàn] ▸ **graviter autour de qqn** 围着某人转 [wéizhe mǒurén zhuàn] ▸ **il gravite dans les milieux intellectuels** 他在知识界里转来转去 [tā zài zhīshijiè lǐ zhuànlái zhuànqù].

gravure nf ❶ (technique) 雕刻 [diāokè] ▸ **gravure sur bois** 木雕 [mùdiāo] ▸ **gravure sur métal** 金属雕刻 [jīnshǔ diāokè] ❷ (estampe) ○ (cl. 幅 [fú]) 版画 [bǎnhuà] ▸ **une gravure du XVIIe siècle** 一幅十七世纪的版画 [yìfú shíqī shìjì de bǎnhuà] ❸ INFORM 刻录 [kèlù] ▸ **gravure de disque** 磁盘的刻录 [cípán de kèlù].

gré nm ❶ (consentement) 意愿 [yìyuàn] ▸ **de plein gré** 完全自愿地 [wánquán zìyuàn de] ▸ **il est parti de son plein gré** 他完全是自愿走的 [tā wánquán shì zìyuàn zǒu de] ▸ **contre mon gré** 违背我的意愿 [wéibèi wǒde yìyuàn] ▸ **de bon gré** 心甘情愿地 [xīngān qíngyuàn de] ▸ **de gré ou de force** 不管愿意与否 [bùguǎn yuànyì yúfǒu] ❷ (guise) 意向 [yìxiàng] ▸ **au gré de** 顺着…… [shùnzhe…] ▸ **le bateau voguait au gré du vent** 船在顺风行驶 [chuán zài shùnfēng xíngshǐ] ▸ **il a agi au gré de sa fantaisie** 他随心所欲地行事 [tā suíxīn suǒyù de xíngshì].

grec, grecque adj 希腊的 [xīlà de].

▪ **grec** nm (langue) 希腊语 [xīlàyǔ].

▪ **Grec, Grecque** nm, f 希腊人 [Xīlàrén].

Grèce nf ▸ **la Grèce** 希腊 [Xīlà].

greffe ♦ nf 移植 [yízhí] ▸ **réaliser une greffe** 做移植手术 [zuò yízhí shǒushù] ▸ **subir une greffe** 接受移植手术 [jiēshòu yízhí shǒushù] ▸ **greffe d'organe** 器官移植 [qìguān yízhí]. ♦ nm 书记室 [shūjìshì] ▸ **le greffe du tribunal** 法庭书记室 [fǎtíng shūjìshì].

greffer vt 移植 [yízhí] ▸ **on lui a greffé un rein** 给他移植了一只肾 [gěi tā yízhí le yì zhī shèn].

greffier, ière nm, f (cl. 名 [míng] ou 个 [gè] ou 位 [wèi]) 书记员 [shūjìyuán].

grêle nf 冰雹 [bīngbáo] ▸ **une averse de grêle** 一阵暴雨加冰雹 [yí zhèn bàoyǔ jiā bīngbáo].

grêler v impers 下冰雹 [xià bīngbáo].

grelotter vi 发抖 [fādǒu] ▸ **grelotter de froid** 冷得发抖 [lěng de fādǒu].

grenade nf ❶ (fruit) 石榴 [shíliu] ❷ MIL (cl. 颗 [kē]) 手榴弹 [shǒuliúdàn] ▸ **grenade lacrymogène** 催泪弹 [cuīlèidàn].

Grenade npr 格林纳达 [Gélínnàdá].

grenat ♦ nm 石榴红宝石 [shíliúhóng bǎoshí]. ♦ adj inv 石榴红的 [shíliúhóng de].

grenier nm ❶ (de maison) 阁楼 [gélóu] ▸ **avoir un grenier aménagé** 有一间整理出来的阁楼 [yǒu yì jiān zhénglǐ chūlái de gélóu] ❷ (de ferme) 仓库 [cāngkù] ▸ **grenier à blé** 麦仓 [màicāng] ▸ **grenier à foin** 堆草料的房屋 [duī cǎoliào de fángwū].

grenouille nf (cl. 只 [zhī]) 青蛙 [qīngwā].

grès nm ❶ (roche) 砂岩 [shāyán] ▸ **grès rose** 粉色砂岩 [fěnsè shāyán] ❷ (poterie) 粗陶 [cūtáo] ▸ **en grès** 粗陶的 [cūtáo de].

grésiller vi 噼啪作响 [pīpā zuòxiǎng].

grève nf ❶ (protestation) ○ (cl. 次 [cì] ou 场 [chǎng]) 罢工 [bàgōng] ▸ **faire grève** 罢工 [bàgōng] ▸ **être en grève** 在罢工 [zài bàgōng] ▸ **grève de la faim** 绝食 [juéshí] ▸ **grève générale** 总罢工 [zǒngbàgōng] ▸ **grève reconductible** 无限期罢工 [wúxiànqī bàgōng] ▸ **grève sauvage** 自发性罢工 [zìfāxìng bàgōng] ❷ (rivage) 沙滩 [shātān].

grever vt 加重负担 [jiāzhòng fùdān] ▸ **être grevé d'impôts** 承受苛捐杂税的重负 [chéngshòu kējuān záshuì de zhòngfù] ▸ **grever un budget** 加重预算负担 [jiāzhòng yùsuàn fùdān].

gréviste ♦ adj 罢工的 [bàgōng de]. ♦ nmf 罢工者 [bàgōngzhě].

gribouiller vt 乱画 [luànhuà].

grièvement adv 严重地 [yánzhòng de] ▸ **être grièvement blessé** 受了重伤 [shòu le zhòngshāng].

griffe nf (cl. 只 [zhī]) 爪子 [zhuǎzi] ▸ **donner un coup de griffe à qqn** 抓某人一下 [zhuā mǒurén yí xià] ▸ **faire ses griffes** 乱抓 [luànzhuā] ▸ **griffe acérée** 锋利的爪子 [fēnglì de zhuǎzi].

griffer vt 抓 [zhuā] ▸ **le chat m'a griffée** 猫抓了我 [māo zhuā le wǒ].

griffonner vt 潦草地写 [liáocǎo de xiě] ▸ **griffonner sur un bout de papier** 在一张纸片上草草地写 [zài yì zhāng zhǐpiàn shàng cáocǎo de xiě].

grignoter ♦ vt ❶ (manger) 啃食 [kěnshí] ▸ **grignoter des petits gâteaux** 吃点儿小点心 [chī diǎnr xiǎo diǎnxin] ❷ *fam* (acquérir) 蚕食 [cánshí] ▸ **grignoter des parts de marché** 蚕食市场的份额 [cánshí shìchǎng de fèn'é]. ♦ vi 吃 (零食) [chī (língshí)] ▸ **elle a grignoté toute la journée** 她一天到晚都在吃 (零食) [tā yì tiān dào wǎn dōuzài chī (língshí)].

gril nm 烤架 [kǎojià] ▸ **au gril** 在烤架上 [zài kǎojià shàng] ▸ **le gril d'un four** 烤箱的烤架 [kǎoxiāng de kǎojià].

grillade nf 烤肉 [kǎoròu] ▸ **faire des grillades** 做烤肉 [zuò kǎoròu].

grillage nm 铁丝网 [tiěsīwǎng].

grille nf ❶ (portail) 栅栏门 [zhàlanmén] ▸ **tu as bien fermé la grille ?** 你关好栅栏门了吗？ [nǐ guān hǎo zhàlanmén le ma?] ❷ (imprimé) 格子 [gézi] ▸ **grille de loto** 彩票单格子 [cǎipiàodān gézi] ▸ **grille de mots croisés** 填字游戏的格子 [tiánzì yóuxì de gézi] ▸ **grille des programmes** 节目表 [jiémù biǎo].

grille-pain nm inv 烤面包器 [kǎomiànbāo qì].

griller ♦ vt ❶ (aliments) 烤 [kǎo] ▸ **griller du pain** 烤面包 [kǎo miànbāo] ▸ **griller du poisson** 烤鱼 [kǎo yú] ❷ *fam* (fumer) 抽烟 [chōuyān] ▸ **griller une cigarette** 抽支烟 [chōu zhī yān] ❸ *fam* (dépasser) 闯 [chuǎng] ▸ **griller un feu rouge** 闯红灯 [chuǎng hóngdēng]. ♦ vi ❶ (mettre hors d'usage) 烧坏 [shāohuài] ▸ **l'ampoule a grillé** 灯泡烧坏了 [dēngpào shāohuài le] ❷ (mettre au gril) 烤 [kǎo] ▸ **faire griller de la viande** 烤肉 [kǎoròu].

grillon nm (cl. 只 [zhī]) 蟋蟀 [xīshuài].

grimace nf 鬼脸 [guǐliǎn] ▸ **faire des grimaces** 作鬼脸 [zuò guǐliǎn] ▸ **faire la grimace** 蹙眉 [cùméi].

grimper ♦ vi ❶ (monter) 爬 [pá] ▸ **grimper à l'échelle** 爬梯子 [pá tīzi] ▸ **grimper sur un tabouret** 爬到凳子上 [pádào dèngzi shàng] ▸ **grimper dans un taxi** 钻进一辆的士 [zuānjìn yí liàng dīshì] ▸ **le chemin grimpe dans la montagne** 道路盘山而上 [dàolù pánshān ér shàng] ❷ *fig* (prix) 攀升 [pānshēng] ▸ **les prix ont grimpé !** 价格攀升了！[jiàgé pānshēng le!]. ♦ vt 爬 [pá] ▸ **grimper l'escalier** 爬楼梯 [pá lóutī].

grincement nm 咯吱作响 [gēzhī zuòxiǎng] ▸ **grincement de dents** 咬牙切齿 [yǎoyá qièchǐ] ▸ **grincement de porte** 门的咯吱声 [mén de gēzhīshēng].

grincer vi 咯吱作响 [gēzhī zuòxiǎng] ▸ **grincer des dents** 咬牙切齿 [yǎoyá qièchǐ].

grippe nf 流行性感冒 [liúxíngxìng gǎnmào] ▸ **avoir la grippe** 患感冒 [huàn gǎnmào] ▸ **grippe intestinale** 肠胃性感冒 [chángwèi xìng gǎnmào].

gris, e adj ❶ (couleur) 灰色的 [huīsè de] ▸ **avoir les cheveux gris** 头发是灰色的 [tóufa shì huīsè de] ▸ **gris anthracite** 黑灰色的 [hēihuīsè de] ▸ **gris clair** 浅灰色的 [qiǎnhuīsè de] ▸ **gris foncé** 深灰色的 [shēnhuīsè de] ❷ (morne) 阴沉的 [yīnchén de] ▸ **un temps gris** 阴沉的天气 [yīnchén de tiānqì].

▪ **gris** nm 灰色 [huīsè].

griser vt 使……陶醉 [shǐ… táozuì] ▸ **se laisser griser par le succès** 陶醉于成功之中 [táozuì yú chénggōng zhīzhōng].

grisonner vi 变花白 [biàn huābái] ▸ **avoir les cheveux qui grisonnent** 头发变成了花白色 [tóufa biànchéng le huābáisè].

grivois, e adj 放荡的 [fàngdàng de] ▸ **des chansons grivoises** 放荡的歌曲 [fàngdàng de gēqǔ].

Groenland nm ▸ **le Groenland** 格陵兰 [Gélínglán].

grognement nm ❶ (animal) ○ (cl. 阵 [zhèn]) 低声吼叫 [dīshēng hǒujiào] ▸ **grognement de sanglier** 野猪的低声吼叫 [yězhū de dīshēng hǒujiào] ❷ (son inintelligible) 小声嘀咕 [xiǎoshēng dígu] ▸ **pousser un grognement** 嘀咕 [dígu].

grogner vi ❶ (animal) 低声吼叫 [dīshēng hǒujiào] ❷ (personne) 小声抱怨 [xiǎoshēng bàoyuàn].

grognon, onne adj 好低声抱怨的 [hào dīshēng bàoyuàn de].

grommeler vi & vt 嘟囔 [dūnang] ▸ **il a obéi en grommelant** 他嘟囔着，但还是服从了 [tā dūnangzhe, dàn háishi fúcóng le].

grondement nm (du tonnerre, d'un torrent) 隆隆声 [lónglóng shēng] ▸ **grondement sourd** 低沉的隆隆声 [dīchén de lónglóng shēng] ▸ **grondement du tonnerre** 打雷的隆隆声 [dǎléi de lónglóng shēng].

gronder ♦ vi 发出隆隆声 [fāchū lónglóng shēng] ▸ **le canon a grondé toute la nuit** 炮声隆隆地响了一夜 [pàoshēng lónglóng de xiǎng le yí yè]. ♦ vt 责骂 [zémà] ▸ **gronder un enfant** 责骂一个孩子 [zémà yí ge háizi] ▸ **se faire gronder** 被责骂 [bèi zémà].

gros, grosse ♦ adj ❶ (volumineux, fort, important) 大的 [dà de] ▸ **un gros chien** 一只大狗 [yì zhī dà gǒu] ▸ **de gros ennuis** 一些大麻烦 [yìxiē dà máfan] ▸ **une grosse grippe** 一场重感冒 [yì chǎng zhòng gǎnmào] ▸ **un gros nez** 一个大鼻子 [yí ge dàbízi] ▸ **un gros orage** 一场大暴雨 [yì chǎng dà bàoyǔ] ▸ **une grosse voix** 一副大嗓门 [yí fù dà sǎngmén] ▸ **être un gros buveur** *péj* 是一个大酒鬼 [shì yí gedà jiǔguǐ] ❷ (épais) 厚的 [hòu de] ▸ **une grosse couverture** 一床厚被子 [yì chuáng hòu bèizi]. ♦ nm, f 胖子 [pàngzi].

▪ **gros** ♦ adv 很多 [hěnduō] ▸ **gagner gros** 赚很多 [zhuàn hěnduō]. ♦ nm 批发 [pīfā] ▸ **le commerce de gros** 批发贸易 [pīfā màoyì].

groseille nf (cl. 颗 [kē] ou 个 [gè]) 醋栗 [cùlì].

grossesse nf 怀孕 [huáiyùn] ▸ **pendant ma grossesse** 在我怀孕期间 [zài wǒ huáiyùn qījiān] ▸ **avoir une grossesse difficile** 妊娠期很困难 [rènshēnqī hěn kùnnan] ▸ **grossesse extra-utérine** 宫外孕 [gōng wài yùn] ▸ **grossesse nerveuse** 精神性妊娠 [jīngshén xìng rènshēn].

grosseur nf 大小 [dàxiǎo].

grossier, ère adj ❶ (de mauvaise qualité) 粗劣的 [cūliè de] ▸ **un travail grossier** 一个粗活儿 [yí ge cūhuór] ❷ (qui manque de finesse) 粗糙的 [cūcāo de] ▸ **des traits du visage grossiers** 面部线条粗犷 [miànbù xiàntiáo cūguǎng] ❸ (grave) 严重的 [yánzhòng de] ▸ **une grossière erreur** 一个严重的错误 [yí ge yánzhòng de cuòwù] ❹ (vulgaire) 粗俗的 [cūsú de] ▸ **une plaisanterie grossière** 一个粗俗的玩笑 [yí ge cūsú de wánxiào].

grossièrement adv ❶ (vulgairement) 粗鲁地 [cūlǔ de] ▸ **parler grossièrement** 讲话粗鲁 [jiǎnghuà cūlǔ] ❷ (beaucoup) 显然地 [xiǎnrán de] ▸ **se tromper grossièrement** 大错特错 [dàcuò tècuò].

grossir ♦ vi ❶ (prendre du poids) 长胖 [zhǎngpàng] ▸ **il a grossi ces derniers temps** 最近一段时间他长胖了 [zuìjìn yí duàn shíjiān tā zhǎngpàng le] ▸ **j'ai grossi de deux kilos** 我胖了两公斤 [wǒ pàng le liǎng gōngjīn] ❷ (augmenter) 增大 [zēngdà] ▸ **la tumeur a grossi très rapidement** 肿瘤很快地增大了 [zhǒngliú hěn kuài de zēngdà le]. ♦ vt ❶ (faire voir plus gros) 放大 [fàngdà] ▸ **le microscope grossit les objets** 显微镜将物体放大 [xiǎnwēijìng jiāng wùtǐ fàngdà] ❷ (faire paraître plus gros) 使……显胖 [shǐ…xiǎn pàng] ▸ **cette robe me grossit** 这条连衣裙让我显胖 [zhè tiáo liányīqún ràng wǒ xiǎn pàng] ❸ (exagérer) 夸大 [kuādà] ▸ **grossir les faits** 夸大事实 [kuādà shìshí].

grosso modo adv 大致地 [dàzhì de].

grotte nf 洞窟 [dòngkū].

grouiller ▪ **grouiller de** vp+prép 攒动 [cuándòng] ▸ **le camembert grouille d'asticots** 蛆虫在干酪里蠕动 [qūchóng zài gānlào lǐ rúdòng] ▸ **ça grouille de monde** 人头攒动 [réntóu cuándòng].

groupe nm ❶ (ensemble) 团队 [tuánduì] ▸ **un groupe de touristes** 一群游客 [yì qún yóukè] ▸ **un groupe de travail** 一个工作队 [yí ge gōngzuò duì] ▸ **un groupe de rock** 一个摇滚乐队 [yí ge yáogǔn yuèduì] ▸ **de groupe** 整体的 [zhěngtǐ de] ▸ **en groupe** 分组 [fēnzǔ] ❷ COMM 集团 [jítuán] ▸ **groupe industriel** 工业集团 [gōngyè jítuán] ▸ **groupe de presse** 报业集团 [bàoyè jítuán] ❸ POLIT 集团 [jítuán] ▸ **groupe armé** 武装集团 [wǔzhuāng jítuán] ▸ **groupe parlementaire** 议会党团 [yìhuì dǎngtuán] ▸ **groupe de pression** 压力集团 [yālì jítuán] ❹ LING 组 [zǔ] ▸ **verbe du premier groupe** 第一组动词 [dìyī zǔ dòngcí] ▸ **groupe nominal** 名词词组 [míngcí cízǔ].

▪ **groupe sanguin** nm 血型 [xuèxíng] ▸ **je suis du groupe sanguin O+** 我是O+型血 [wǒ shì O+ xíng xuè].

groupement nm 集合 [jíhé] ▸ **groupement de textes** 文章的收集 [wénzhāng de shōují].

grouper vt 集合 [jíhé].

▪ **se grouper** vp 聚集 [jùjí].

grue nf ❶ (appareil de levage) ○ (cl. 台 [tái]) 起重机 [qǐzhòngjī] ❷ ZOOL (cl. 只 [zhī]) 鹤 [hè] ▸ **la grue est un symbole de longévité en Chine** 鹤在中国是一个长寿的象征 [hè zài Zhōngguó shì yí ge chángshòu de xiàngzhēng].

Guadeloupe nf ▸ **la Guadeloupe** 瓜德罗普岛 [Guādéluópúdǎo].

guadeloupéen, enne ♦ adj 瓜德罗普岛的 [Guādéluópúdǎo de]. ♦ nm, f 瓜德罗普岛人 [Guādéluópúdǎo rén].

Guangdong npr (province) 广东 [Guǎngdōng].

Guangxi npr (région) 广西 [Guǎngxī].

Guan Hanqing npr (dramaturge) 关汉卿 [Guān Hànqīng].

Guanyin npr (bodhisattva) 观音 [Guānyīn].

Guatemala nm ▸ **le Guatemala** 瓜地马拉 [Guādìmǎlā].

guenille ▪ **guenilles** nfpl (cl. 件 [jiàn]) 破衣服 [pòyīfu].

guépard nm (cl. 只 [zhī] ou 头 [tóu]) 猎豹 [lièbào].

guêpe nf (cl. 只 [zhī]) 胡蜂 [húfēng] ▸ **une piqûre de guêpe** 一个胡蜂蜇的伤口 [yí ge húfēng zhē de shāngkǒu].

guêpier nm *fig* 胡蜂窝 [húfēngwō].

guère adv 很少 [hénshǎo] ▸ **il n'est guère attentif** 他很少有专心的时候 [tā hénshǎo yǒu zhuānxīn de shíhou].

guéridon nm (cl. 张 [zhāng]) 独脚小圆桌 [dújiǎo xiǎo yuánzhuō].

guérir ♦ vt 治好 [zhìhǎo] ▸ **guérir qqn de qqch** 治好某人的某种病 [zhìhǎo mǒurén de móuzhǒng bìng]. ♦ vi 康复 [kāngfù] ▸ **si tu veux guérir, prends tes médicaments** 你要想康复，就把药吃了 [nǐ yào xiǎng kāngfù, jiù bǎ yào chī le].

■ **se guérir** vp 治愈 [zhìyù].

guérison nf 康复 [kāngfù] ▸ **être en voie de guérison** 正在康复中 [zhèngzài kāngfù zhōng].

guerre nf ❶ (lutte armée) ○ (cl. 场 [chǎng]) 战争 [zhànzhēng] ▸ **déclarer la guerre à qqn** 向某人宣战 [xiàng mǒurén xuānzhàn] ▸ **être en guerre** 处于战争状态 [chǔyú zhànzhēng zhuàngtài] ▸ **faire la guerre** 打仗 [dǎzhàng] ▸ **en temps de guerre** 在战争期间 [zài zhànzhēng qījiān] ▸ **guerre civile** 内战 [nèizhàn] ▸ **guerre nucléaire** 核战争 [hé zhànzhēng] ▸ **guerre froide** 冷战 [lěngzhàn] ▸ **la première guerre mondiale** 第一次世界大战 [dìyī cì shìjiè dàzhàn] ▸ **la seconde guerre mondiale** 第二次世界大战 [dì'èr cì shìjiè dàzhàn] ❷ (conflit non armé) 斗争 [dòuzhēng] ▸ **la guerre aux injustices** 反对不公平的斗争 [fǎnduì bùgōngpíng de dòuzhēng] ▸ **partir en guerre contre** 向……开战 [xiàng … kāizhàn].

guerrier, ère ♦ adj 战争的 [zhànzhēng de] ▸ **chant guerrier** 战歌 [zhàn gē]. ♦ nm, f (cl. 名 [míng] ou 个 [gè]) 战士 [zhànshì].

guet-apens nm 埋伏 [máifu] ▸ **tomber dans un guet-apens** 中埋伏 [zhòng máifu].

guetter vt ❶ (épier) 监视 [jiānshì] ▸ **guetter l'ennemi** 监视敌人 [jiānshì dírén] ❷ (menacer) 威胁 [wēixié].

gueule nf ❶ (d'un animal) 嘴 [zuǐ] ❷ *fam* (d'une personne) 嘴脸 [zuǐliǎn] ▸ **pousser un coup de gueule** 发出一声吼叫 [fāchū yì shēng hǒujiào] ▸ **ta gueule !** 闭嘴！ [bìzuǐ!] ▸ **faire la gueule à qqn** 给某人脸色看 [gěi mǒurén liǎnsè kàn] ▸ **casser la gueule à qqn** 痛打某人 [tòngdǎ mǒurén] ▸ **se casser la gueule** 跌倒 [diēdǎo].

gueuler vi *fam* 大喊大叫 [dàhǎn dàjiào].

gui nm 槲寄生 [hújìshēng].

guichet nm 窗口 [chuāngkǒu] ▸ **guichet automatique** 自动取款机 [zìdòng qúkuǎnjī] ▸ **guichet de banque** 银行业务窗口 [yínháng yèwù chuāngkǒu] ▸ **guichet de gare** 火车站售票口 [huǒchēzhàn shòupiàokǒu].

guide nm ❶ (personne) ○ (cl. 名 [míng] ou 位 [wèi] ou 个 [gè]) 导游 [dǎoyóu] ▸ **guide de haute montagne** 高山向导 [gāoshān xiàngdǎo] ❷ (livre) ○ (cl. 本 [běn]) 指南 [zhǐnán] ▸ **guide touristique** 旅行指南 [lǚxíng zhǐnán].

guider vt ❶ (accompagner) 带路 [dàilù] ▸ **guider un aveugle** 给一位盲人带路 [gěi yí wèi mángrén dàilù] ❷ (orienter) 指引 [zhǐyǐn] ▸ **les panneaux indicateurs vous guideront** 指示牌会为您引路的 [zhǐshìpái huì wèi nín yǐnlù de] ▸ **guider qqn dans qqch** 在某方面指导某人 [zài mǒu fāngmiàn zhídǎo mǒurén].

guidon nm 车把 [chēbǎ].

guignol nm ❶ (marionnette) 木偶 [mù'ǒu] ❷ *fig* (personne ridicule) 滑稽的人 [huájī de rén].

Guilin npr (ville) 桂林 [Guìlín].

guillemet nm 引号 [yǐnhào] ▸ **ouvrir/fermer les guillemets** 加左/右引号 [jiā zuǒ/yòu yǐnhào] ▸ **entre guillemets** 加引号 [jiā yǐnhào].

guillotine nf (cl. 座 [zuò] ou 个 [gè]) 断头台 [duàntóutái] ▸ **condamner qqn à la guillotine** 判处某人死刑 [pànchǔ mǒurén sǐxíng].

guimauve nf (cl. 棵 [kē]) 蜀葵 [shǔkuí].

Guinée nf ▸ **la Guinée** 几内亚 [Jǐnèiyà] ▸ **la Guinée-Bissau** 几内亚比绍 [Jǐnèiyà Bǐshào] ▸ **la Guinée-Équatoriale** 赤道几内亚 [Chìdàojǐnèiyà].

guirlande nf (cl. 串 [chuàn]) 花饰 [huāshì] ▸ **guirlande lumineuse** 灯饰 [dēngshì] ▸ **guirlande de fleurs** 花环 [huāhuán].

guise nf ❶ (selon son goût) 意愿 [yìyuàn] ▸ **n'en faire qu'à sa guise** 随意行事 [suíyì xíngshì] ❷ (à la place de) ▸ **en guise de** 作为 [zuòwéi].

guitare nf (cl. 把 [bǎ]) 吉他 [jítā] ▸ **jouer de la guitare** 弹吉他 [tán jítā] ▸ **accompagner qqn à la guitare** 用吉他给某人伴奏 [yòng jítā gěi mǒurén bànzòu] ▸ **guitare électrique**

电吉他 [diàn jítā] ▸ **guitare sèche** 木吉他 [mù jítā].

guitariste nmf (cl. 名 [míng] ou 位 [wèi] ou 个 [gè]) 吉他手 [jítāshǒu].

Guiyang npr (ville) 贵阳 [Guìyáng].

Guizhou npr (province) 贵州 [Guìzhōu].

Gu Kaizhi npr (peintre) 顾楷之 [Gù Kǎizhī].

Guo Moruo npr (écrivain) POLIT 郭沫若 [Guō Mòruò].

Guyane nf ▸ **la Guyane** 圭亚那 [Guīyànà].

gym (abr de **gymnastique**) nf *fam* 体操 [tǐcāo] ▸ **aller à la gym** 去健身 [qù jiànshēn] ▸ **une salle de gym** 健身房 [jiànshēn fáng].

gymnase nm 体育馆 [tǐyùguǎn].

gymnastique nf 体操 [tǐcāo] ▸ **faire de la gymnastique** 练体操 [liàn tǐcāo] ▸ **gymnastique rythmique et sportive** 艺术体操 [yìshù tǐcāo].

gynécologue nmf (cl. 个 [gè] ou 位 [wèi] ou 名 [míng]) 妇科医生 [fùkē yīshēng].

gyrophare nm 警灯 [jǐngdēng].

h

h, H nm inv 法语字母表中第八个字母 [fáyǔ zìmǔbiǎo zhōng dìbā ge zìmǔ] ▸ **h aspiré** 虚音 h [xū yīn h] ▸ **h muet** 哑音 h [yǎ yīn h].

h (abr écrite de **heure**) 小时 [xiǎoshí] (abr écrite de **hecto**) 百克 [bǎikè].

H (abr écrite de **hydrogène**) 氢 [qīng].

ha (abr écrite de **hectare**) 公顷 [gōngqǐng] ▸ **un terrain de 35 ha** 一块35公顷的土地 [yí kuài 35 gōngqǐng de tǔdì].

hab. (abr écrite de **habitant**) 居民 [jūmín].

habile adj ❶ (adroit) 技术娴熟的 [jìshù xiánshú de] ▸ **un chirurgien habile** 一位技术娴熟的外科医生 [yí wèi jìshù xiánshú de wàikē yīshēng] ❷ (intelligent) 精明的 [jīngmíng de] ▸ **un habile diplomate** 一个精明的外交官 [yí ge jīngmíng de wàijiāoguān] ❸ (fin) 巧妙的 [qiǎomiào de] ▸ **une manœuvre habile** 一次巧妙的操作 [yí cì qiǎomiào de cāozuò].

habileté nf 技巧 [jìqiǎo] ▸ **un jeu d'habileté** 技巧性游戏 [jìqiǎo xìng yóuxì].

habiller vt ❶ (vêtir) 给……穿衣服 [gěi… chuān yīfú] ▸ **habiller une poupée** 给一个玩具娃娃穿衣服 [gěi yí ge wánjù wáwa chuān yīfú] ❷ (fabriquer des vêtements pour) 为……做衣服 [wèi… zuò yīfu] ▸ **le couturier qui habille cet acteur** 给这个演员做衣服的裁缝 [gěi zhè ge yǎnyuán zuò yīfu de cáifeng].

▪ **s'habiller** vp ❶ (se vêtir) 穿衣服 [chuān yīfú] ▸ **s'habiller chaudement** 穿得暖和 [chuān de nuǎnhuo] ❷ (se vêtir élégamment) 着正装 [zhuó zhèngzhuāng].

habit nm (cl. 件 [jiàn]) 衣服 [yīfu].

▪ **habits** nmpl 衣服 [yīfu].

habitant, e nm, f 居民 [jūmín] ▸ **les habitants de la planète Mars** 火星上的居民们 [Huǒ xīng shàng de jūmínmen] ▸ **par habitant** 人均 [rénjūn] ▸ **chez l'habitant** 在当地居民家 [zài dāngdì jūmín jiā].

habitation nf ❶ (fait d'habiter) 居住 [jūzhù] ▸ **des locaux à usage d'habitation** 一些住宅区 [yìxiē zhùzháiqū] ❷ (résidence) 住房 [zhùfáng] ▸ **habitation à loyer modéré** = **HLM**.

habiter ♦ vt ❶ (résider) 住 [zhù] ▸ **j'habite Paris** 我住在巴黎 [wǒ zhù zài Bālí] ▸ **j'habite une maison au bord de la mer** 我住在海边的一所房子里 [wǒ zhù zài hǎibiān de yì suǒ fángzi lǐ] ❷ (animer, posséder) 占据 [zhànjù] ▸ **être habité par la peur** 吓呆了 [xiàdāi le].
♦ vi ▸ **habiter à** 住 [zhù] ▸ **habiter en ville** 住在城里 [zhù zài chéng lǐ].

habitude nf ❶ (façon de faire habituelle) 习惯 [xíguàn] ▸ **avoir l'habitude de faire qqch** 习惯做某事 [xíguàn zuò mǒushì] ▸ **avoir l'habitude de qqch** 对某物有经验 [duì mǒuwù yǒu jīngyàn] ▸ **prendre l'habitude de** 养成……的习惯 [yǎngchéng … de xíguàn] ▸ **perdre l'habitude de** 失去……的习惯 [shīqù … de xíguàn] ▸ **par habitude** 出于习惯 [chūyú xíguàn] ❷ (coutume) 习俗 [xísú].

▪ **d'habitude** loc adv 通常 [tōngcháng].

habitué, e nm, f 常客 [chángkè] ▸ **les habitués d'un café** 一家咖啡馆的常客 [yì jiā kāfēiguǎn de chángkè].

habituel, elle adj ❶ (passé en habitude) 例行的 [lìxíng de] ❷ (normal, courant) 平常的 [píngcháng de] ▸ **ne pas être dans son état habituel** 不在平常状态 [bù zài píngcháng zhuàngtài].

habituer vt 使……习惯 [shǐ… xíguàn] ▸ **habituer qqn à qqch** 让某人习惯某事 [ràng mǒurén xíguàn mǒushì] ▸ **habituer qqn à faire qqch** 使某人习惯做某事 [shǐ mǒurén xíguàn zuò mǒushì].

▪ **s'habituer** vp 适应 [shìyìng] ▸ **s'habituer à qqch/qqn** 适应某事/某人 [shìyìng mǒushì/mǒurén] ▸ **s'habituer à faire qqch** 习惯做某事 [xíguàn zuò mǒushì].

hache nf (cl. 把 [bǎ]) 斧头 [fǔtou].

hacher vt 切碎 [qiēsuì] ▸ **hacher des oignons** 把洋葱切碎 [bǎ yángcōng qiēsuì] ▸ **hacher de la viande** 剁肉 [duòròu].

haie nf ❶ (d'arbustes) ○ (cl. 道 [dào] ou 个 [gè]) 树篱 [shùlí] ▸ **tailler la haie** 修剪树篱 [xiūjiǎn shùlí] ❷ SPORT 跨栏赛跑 [kuàlán sàipǎo] ▸ **400 mètres haies** 400米跨栏赛跑 [400 mǐ kuàlán sàipǎo].

Haikou npr (ville) 海口 [Háikǒu].

Hainan npr (île et province) 海南 [Hǎinán].

haine nf 憎恶 [zēngwù] ▸ **par haine de** 由于对……的憎恶 [yóuyú duì… de zēngwù] ▸ **il a raté ses études par haine de l'école** 出于对学校的憎恶，他耽误了学习 [chūyú duì xuéxiào de zēngwù, tā dānwù le xuéxí] ▸ **éprouver de la haine envers qqn** 憎恨某人 [zēnghèn mǒurén].

haïr vt 恨 [hèn].

Haïti npr 海地 [Hǎidì] ▸ **à** ou **en Haïti** 在海地 [zài Hǎidì].

Hakkas npr (peuple) 客家 [Kèjiā].

hâlé, e adj 晒成褐色的 [shài chéng hèsè de] ▸ **avoir le teint hâlé** 脸晒成褐色 [liǎn shài chéng hèsè] ▸ **peau hâlée** 晒成褐色的皮肤 [shài chéng hèsè de pífū].

haleine nf 口气 [kǒuqì] ▸ **avoir mauvaise haleine** 有口臭 [yǒu kǒu chòu] ▸ **haleine fraîche** 清新的口气 [qīngxīn de kǒuqì]

◊ **un travail de longue haleine** 一项长期的工作 [yí xiàng chángqī de gōngzuò].

hall nm ❶ (dans une habitation) 前厅 [qiántīng] ▸ **hall d'entrée** 门厅 [mén tīng] ▸ **hall d'immeuble** 大楼前厅 [dàlóu qiántīng] ❷ (dans un lieu public) 大厅 [dàtīng] ▸ **hall d'arrivée** 到达大厅 [dàodá dàtīng] ▸ **hall de départ** 出发大厅 [chūfā dàtīng] ▸ **hall de gare** 火车站大厅 [huǒchēzhàn dàtīng].

halle ♦ nf (grand bâtiment) 敞厅 [chǎngtīng].
♦ nfpl (marché couvert) 菜市场 [càishìchǎng].

hallucinant, e adj 非常的 [fēicháng de].

hallucinogène adj 引起幻觉的 [yǐnqǐ huànjué de] ▸ **un champignon hallucinogène** 一个引起幻觉的蘑菇 [yí ge yǐnqǐ huànjué de mógu].

halte nf ❶ (pause) 休息 [xiūxi] ▸ **faire halte** 休息 [xiūxi] ❷ (étape) 歇脚处 [xiējiǎochù].

haltère nm 哑铃 [yǎlíng] ▸ **faire des haltères** 练哑铃 [liàn yǎlíng].

haltérophilie nf 举重 [jǔzhòng].

hamac nm (cl. 张 [zhāng]) 吊床 [diàochuáng].

hamburger nm 汉堡包 [hànbǎobāo].

hameau, x nm 小村庄 [xiǎocūnzhuāng].

hameçon nm 钓鱼钩 [diàoyúgōu].

hamster nm (cl. 只 [zhī]) 仓鼠 [cāngshǔ].

Han npr ❶ (dynastie) 汉朝 [Hàncháo] ❷ (peuple) 汉族 [Hànzú].

hanche nf 胯骨 [kuàgǔ] ▸ **avoir les hanches larges** 胯骨宽大 [kuàgǔ kuāndà].

handball nm 手球 [shǒuqiú] ▸ **joueur de handball** 手球运动员 [shǒuqiú yùndòng yuán].

handicap nm ❶ (infirmité) 残障 [cánzhàng] ▸ **handicap mental** 智障 [zhìzhàng] ▸ **handicap moteur** 运动机能障碍 [yùndòng jīnéng zhàng'ài] ▸ **handicap physique** 身体残障 [shēntǐ cánzhàng] ▸ **handicap visuel** 视觉残障 [shìjué cánzhàng] ❷ *fig* (désavantage) 不利条件 [búlì tiáojiàn] ▸ **il ne parle pas anglais et c'est un lourd handicap** 他不会说英语是个极不利的条件 [tā bú huì shuō yīngyǔ shì ge jí búlì de tiáojiàn].

handicapé, e ♦ adj ❶ (physique) 残疾的 [cánjí de] ▸ **personne handicapée** 残疾人 [cánjí rén] ❷ *fig* 不利的 [búlì de] ▸ **être handicapé par qqch** 受某事的限制 [shòu mǒushì de xiànzhì] ▸ **je suis handicapé par ma petite taille** 我由于身材矮小而吃亏 [wǒ yóuyú shēncái ǎixiǎo ér chīkuī]. ♦ nm, f 残疾人 [cánjí rén] ▸ **handicapé mental** 智障患者 [zhìzhàng huànzhě].

handicaper vt 妨碍 [fáng'ài].

Han Fei npr (philosophe) 韩非 [Hán Fēi].

Han Gaozu (Liu Bang) npr (empereur) 汉高祖(刘邦) [Hàn Gāozǔ (Liú Bāng)].

hangar nm 货棚 [huòpéng].

Hangzhou npr (ville) 杭州 [Hángzhōu].

hanté, e adj 闹鬼的 [nàoguǐ de] ▸ **maison hantée** 鬼屋 [guǐwū].

hanter vt ❶ (sujet : fantôme) 经常出没 [jīngcháng chūmò] ▸ **on dit qu'un fantôme hante ce château** 听说这个城堡经常有鬼魂出没 [tīngshuō zhè ge chéngbǎo jīngcháng yǒu guǐhún chūmò] ❷ (obséder) 萦绕 [yíngrào] ▸ **son souvenir me hante** 对他的记忆萦绕在我心头 [duì tāde jìyì yíngrào zài wǒ xīntóu].

hantise nf 烦扰 [fánrǎo] ▸ **avoir la hantise de faire qqch** 有做某事的烦扰 [yǒu zuò mǒushì de fánrǎo].

Han Wudi npr (empereur) 汉武帝 [Hàn Wǔdì].

haranguer vt 发表讲话 [fābiǎo jiǎnghuà] ▸ **haranguer la foule** 对众人发表讲话 [duì zhòngrén fābiǎo jiǎnghuà].

haras nm 种马场 [zhǒngmǎchǎng].

harassant, e adj 让人筋疲力尽的 [ràng rén jīnpí lìjìn de].

Harbin npr (ville) 哈尔滨 [Hā'ěrbīn].

harcèlement nm 骚扰 [sāorǎo] ▸ **être victime de harcèlement** 遭受到骚扰 [zāoshòu dào sāorǎo] ▸ **harcèlement moral** 精神骚扰 [jīngshén sāorǎo] ▸ **harcèlement sexuel** 性骚扰 [xìng sāorǎo].

harceler vt 骚扰 [sāorǎo] ▸ **il ne cessait de la harceler** 他不停地骚扰她 [tā bùtíng de sāorǎo tā] ▸ **être harcelé par le téléphone** 被电话骚扰 [bèi diànhuà sāorǎo] ▸ **harceler de questions** 不断地提问 [bùduàn de tíwèn].

hardi, e adj 大胆的 [dàdǎn de] ▸ **un explorateur hardi** 大胆的探险家 [dàdǎn de tànxiǎnjiā] ▸ **un projet hardi** 大胆的计划 [dàdǎn de jìhuà].

hareng nm (cl. 条 [tiáo]) 鲱鱼 [fēiyú] ▸ **pêcher le hareng** 钓鲱鱼 [diào fēiyú] ▸ **hareng saur** 烟熏鲱鱼 [yānxūn fēiyú] ▸ **filet de hareng** 鲱鱼的脊肉 [fēiyú de jǐròu].

hargne nf 斗志 [dòuzhì].

haricot nm 四季豆 [sìjìdòu] ▸ **semer des haricots** 种四季豆 [zhòng sìjìdòu] ▸ **récolter des haricots** 采摘四季豆 [cǎizhāi sìjìdòu] ▸ **haricot blanc** 菜豆 [càidòu] ▸ **haricot rouge** 红豆 [hóngdòu].

▪ **haricots verts** nmpl 嫩豆角 [nèn dòujiǎo].

harmonica nm (cl. 只 [zhī] ou 个 [gè]) 口琴 [kǒuqín] ▸ **jouer de l'harmonica** 吹口琴 [chuī kǒuqín].

harmonie nf ❶ (accord, beauté) 和谐 [héxié] ❷ (entente) 一致 [yízhì] ▸ **être en harmonie avec qqch/qqn** 与某物/某人一致 [yǔ mǒuwù/mǒurén yízhì].

harmonieux, euse adj ❶ (beau, équilibré) 匀称的 [yúnchèn de] ▸ **visage harmonieux** 匀称的面孔 [yúnchèn de miànkǒng] ▸ **couleurs harmonieuses** 和谐的色彩 [héxié de sècǎi] ❷ (agréable à l'oreille) 悦耳的 [yuè'ěr de] ▸ **accord harmonieux** 悦耳的和弦 [yuè'ěr de héxián] ▸ **voix harmonieuse** 悦耳的嗓音 [yuè'ěr de sǎngyīn].

harmoniser vt ❶ (unifier) 使……协调 [shǐ… xiétiáo] ▸ **harmoniser des couleurs** 使色彩协调 [shǐ sècǎi xiétiáo] ▸ **harmoniser des normes** 使标准一致 [shǐ biāozhǔn yízhì] ▸ **harmoniser des pratiques** 协调实际做法 [xiétiáo shíjì zuòfǎ] ❷ MUS 配和声 [pèi héshēng].

▪ **s'harmoniser** vp 协调搭配 [xiétiáo dāpèi].

harnais nm ❶ (de cheval) ○ (cl. 副 [fù]) 马具 [mǎjù] ❷ SPORT (cl. 套 [tào]) 全部配套装备 [quánbù pèitào zhuāngbèi].

harpe nf (cl. 架 [jià]) 竖琴 [shùqín].

hasard nm ❶ (événement imprévu) 巧合 [qiǎohé] ▸ **le hasard d'une rencontre** 一次巧遇 [yí cì qiǎoyù] ▸ **un heureux hasard** 一个机遇 [yí ge jīyù] ❷ (cause imprévisible) 碰巧 [pèngqiǎo] ▸ **la**

loterie est un jeu de hasard 彩票是碰运气的游戏 [cǎipiào shì pèng yùnqì de yóuxì] ▸ **ne rien laisser au hasard** 全盘仔细搜索 [quánpán zǐxì sōusuǒ] ▸ **par hasard** 碰巧 [pèngqiǎo] ▸ **comme par hasard** 似乎碰巧 [sìhu pèngqiǎo]

◊ **au hasard** 胡乱地 [húluàn de] ▸ **à tout hasard** 以防万一 [yǐ fáng wànyī].

hasarder vt 试 [shì] ▸ **hasarder une démarche** 试试一种方法 [shìshi yì zhǒng fāngfǎ].

▪ **se hasarder** vp ▸ **se hasarder à** 冒险做...... [màoxiǎn zuò...] ▸ **je me suis hasardée à lui poser une question** 我大着胆子向他提了一个问题 [wǒ dàzhe dǎnzi xiàng tā tí le yí ge wèntí].

hâte nf 急忙 [jímáng] ▸ **avoir hâte de** 急着...... [jízhe...] ▸ **à la hâte** 匆忙地 [cōngmáng de].

hâter vt 加快 [jiākuài] ▸ **hâter le mouvement** 加快动作 [jiākuài dòngzuò] ▸ **hâter le pas** 加快脚步 [jiākuài jiǎobù].

▪ **se hâter** vp 赶快 [gǎnkuài] ▸ **se hâter de faire qqch** 赶快做某事 [gǎnkuài zuò mǒushì].

hausse nf 上涨 [shàngzhǎng] ▸ **la hausse des prix** 价格上涨 [jiàgé shàngzhǎng] ▸ **une hausse de 10%** 10%的涨幅 [10% de zhǎngfú] ▸ **en hausse** 上涨 [shàngzhǎng].

hausser vt ❶ (soulever) 耸 [sǒng] ▸ **hausser les épaules** 耸肩膀 [sǒng jiānbǎng] ▸ **hausser les sourcils** 耸眉毛 [sǒng méimao] ❷ (donner plus d'intensité à) 提高 [tígāo] ▸ **hausser le ton** 提高声调 [tígāo shēngdiào] ▸ **hausser la voix** 提高嗓门 [tígāo sǎngmén].

haut, e adj ❶ (de grande taille) 高的 [gāo de] ▸ **être haut** 高的 [gāo de] ▸ **être haut de** 高度为多少 [gāodù wéi duōshao] ❷ (situé en hauteur) 高处的 [gāochù de] ▸ **les nuages sont hauts dans le ciel** 云朵在高高的天空上 [yúnduǒ zài gāogāo de tiānkōng shàng] ❸ (eaux) 涨高的 [zhǎnggāo de] ▸ **en haute mer** 在远海 [zài yuǎn hǎi] ❹ *fig* (important) 上层的 [shàngcéng de] ▸ **un haut responsable** 一名上层负责人 [yì míng shàngcéng fùzérén] ▸ **haute trahison** 叛国罪 [pànguózuì] ❺ (intense) 高的 [gāo de] ▸ **haute température** 高温 [gāowēn] ▸ **à voix haute** 高声地 [gāoshēng de] ▸ **le haut débit** 宽带 [kuāndài].

▪ **haut** ♦ adv ❶ (en altitude) 高 [gāo] ▸ **voler haut dans le ciel** 在天空高飞 [zài tiānkōng gāo fēi] ❷ (fort) 高声地 [gāoshēng de] ▸ **parler haut** 高声地说话 [gāoshēng de shuōhuà]. ♦ nm ❶ (hauteur) 高度 [gāodù] ▸ **de haut** 高达 [gāodá] ▸ **la Tour Eiffel mesure trois cent vingt mètres de haut** 艾菲尔铁塔高达三百二十米 [Àifēi'ěr Tiětǎ gāodá sān bǎi èrshí mǐ] ❷ (sommet) 顶端 [dǐngduān] ▸ **le haut d'un arbre** 树的顶端 [shù de dǐngduān].

▪ **de haut** loc adv 傲慢地 [àomàn de] ▸ **prendre de haut** 说话盛气凌人 [shuōhuà shèngqì língrén] ▸ **regarder qqn de haut** 蔑视某人 [mièshì mǒurén] ▸ **tomber de haut** 愣住了 [lèngzhù le].

▪ **du haut de** loc prép 从......的上面 [cóng... de shàngmian] ▸ **du haut de la tour Eiffel, on voit tout Paris** 从埃菲尔铁塔上面可以看到整个巴黎 [cóng Āifēi'ěr Tiětǎ shàngmian kěyǐ kàndào zhěnggè Bālí].

▪ **en haut de** loc prép 在......的上部 [zài... de shàngbù] ▸ **retour en haut de page** 回到页首 [huídào yè shǒu] ▸ **aller en haut d'une tour** 到一座塔上面 [dào yí zuò tǎ shàngmian].

▪ **là-haut** loc adv 在那上边 [zài nà shàngbian].

hautain, e adj 傲慢的 [àomàn de] ▸ **avoir un regard hautain** 眼神傲慢 [yǎnshén àomàn].

hautement adv 高度地 [gāodù de].

hauteur nf ❶ (dimension verticale) 高 [gāo] ▸ **1,50 m de hauteur** 高1.5米 [gāo 1,5 mǐ] ❷ (altitude) 高度 [gāodù] ▸ **prendre de la hauteur** 升高 [shēnggāo] ▸ **une forteresse construite sur une hauteur** 在一块高地上建造的堡垒 [zài yí kuài gāodì shàng jiànzào de bǎolěi] ❸ (niveau) 水平 [shuǐpíng] ▸ **ne pas être à la hauteur de** 不及......的水平 [bùjí... de shuǐpíng] ▸ **à hauteur d'homme** 人的高度所能及的 [rén de gāodù suǒnéng jí de].

haut-parleur nm 扩音器 [kuòyīnqì].

Haye npr ▸ **La Haye** 海牙 [Hǎiyá].

hebdo adj & nm 周报 [zhōubào].

hebdomadaire ♦ adj 每周一次的 [měizhōu yí cì de] ▸ **jour de repos hebdomadaire**

每周一次的休息日 [měizhōu yí cì de xiūxirì]. ♦ nm 周报 [zhōubào].

Hebei npr (province) 河北 [Héběi].

hébergement nm 住宿 [zhùsù] ▸ **un centre d'hébergement** 收容中心 [shōuróng zhōngxīn].

héberger vt 住宿 [zhùsù].

hébraïque adj 希伯来人的 [xībóláirén de].

hébreu, x ♦ adj m 希伯来语的 [xībóláiyǔ de]. ♦ nm 希伯来语 [xībóláiyǔ].

hécatombe nf ❶ (massacre) ○ (cl. 场 [chǎng]) 大屠杀 [dà túshā] ❷ *fig* 大量被淘汰者 [dàliàng bèi táotài zhě].

hectare nm 公顷 [gōngqǐng].

Heilongjiang npr (province) 黑龙江 [Hēilóngjiāng].

hein interj *fam* ❶ (indiquant l'incompréhension) 嗯 [n] ▸ **hein ? tu peux répéter ?** 嗯？你能再说一遍吗？ [n? nǐ néng zàishuō yí biàn ma?] ❷ (pour susciter l'approbation) 是吧 [shì ba] ▸ **c'est gentil, hein ?** 真好，是吧？ [zhēn hǎo, shì ba?].

hélas interj *sout* 唉 [ài] ▸ **est-ce grave ? — hélas, oui** 严重吗？—唉，是啊 [yánzhòng ma? — ài, shì a].

hélice nf 螺旋桨 [luóxuánjiǎng].

hélicoptère nm (cl. 架 [jià]) 直升飞机 [zhíshēng fēijī].

helvétique adj 瑞士的 [ruìshì de] ▸ **la Confédération helvétique** 瑞士联邦 [ruìshì Liánbāng].

hémicycle nm ❶ (demi-cercle) 半圆建筑 [bànyuán jiànzhù] ❷ POLIT 半圆形会场 [bànyuánxíng huìchǎng] ▸ **l'hémicycle** 国会会议室 [guóhuì huìyìshì].

hémisphère nm ❶ GÉOGR 半球体 [bànqiútǐ] ▸ **l'hémisphère Nord** 北半球 [Běi bànqiú] ▸ **l'hémisphère Sud** 南半球 [Nán bànqiú] ❷ ANAT 脑半球 [nǎo bànqiú] ▸ **hémisphère cérébral** 大脑半球 [dànǎo bànqiú].

hémophile adj & nmf 血友病患者 [xuèyǒubìng huànzhě].

hémorragie nf 出血 [chūxuè] ▸ **arrêter l'hémorragie** 止血 [zhǐ xuè] ▸ **hémorragie cérébrale** 脑溢血 [nǎo yìxuè] ▸ **hémorragie interne** 内出血 [nè ichūxuè].

hémorroïdes nfpl 痔疮 [zhìchuāng] ▸ **avoir des hémorroïdes** 得了痔疮 [dé le zhìchuāng].

Henan npr (province) 河南 [Hénán].

henné nm 散沫花 [sànmòhuā].

hennir vi 马嘶 [mǎsī].

herbe nf ❶ (plante) ○ (cl. 棵 [kē]) 草 [cǎo] ❷ (champs) 草地 [cǎodì] ▸ **s'allonger dans l'herbe** 躺在草地上 [tǎng zài cǎodì shàng] ❸ CULIN 香料 [xiāngliào] ▸ **herbes de Provence** 普罗旺斯香料 [Pǔluówàngsī xiāngliào] ❹ *fam* (marijuana) 大麻 [dàmá] ▸ **fumer de l'herbe** 吸大麻 [xī dàmá].

héréditaire adj ❶ (transmis génétiquement) 遗传的 [yíchuán de] ▸ **une tare héréditaire** 一个遗传性缺陷 [yí ge yíchuánxìng quēxiàn] ❷ (transmis par succession) 世袭的 [shìxí de] ▸ **un titre héréditaire** 一个世袭的头衔 [yí ge shìxí de tóuxián].

hérisser vt ❶ (animaux) 竖起毛发 [shùqǐ máofà] ❷ (personne) 引起反感 [yǐnqǐ fǎngǎn] ▸ **toutes ces bêtises me hérissent** 所有这些蠢事都令我反感 [suóyǒu zhèxiē chǔnshì dōu lìng wǒ fǎngǎn] ▸ **hérisser le poil à qqn** 让某人心烦 [ràng mǒurén xīnfán].

hérisson nm (cl. 只 [zhī]) 刺猬 [cìwei].

héritage nm ○ (cl. 份 [fèn] ou 笔 [bǐ]) 遗产 [yíchǎn] ▸ **faire un héritage** 继承一笔遗产 [jìchéng yì bǐ yíchǎn] ▸ **en héritage** 作为遗产 [zuòwéi yíchǎn] ▸ **l'héritage culturel d'un pays** 一个国家的文化遗产 [yí ge guójiā de wénhuà yíchǎn].

hériter vt 继承 [jìchéng] ▸ **hériter qqch de qqn** 继承某人的某物 [jìchéng mǒurén de mǒuwù].

▪ **hériter de** v+prép ▸ **hériter de qqch** 继承某物 [jìchéng mǒuwù] ▸ **hériter de qqn** 继承某人的遗产 [jìchéng mǒurén de yíchǎn].

héritier, ère nm, f ❶ (personne qui hérite) ○ (cl. 位 [wèi] ou 个 [gè]) 继承人 [jìchéngrén] ▸ **héritier de la couronne** 皇位继承人 [huángwèi jìchéngrén] ❷ *fig* (continuateur) 继承者 [jìchéngzhě] ▸ **les héritiers du romantisme**

浪漫主义的继承者 [làngmànzhǔyì de jìchéngzhě].

hermétique adj ❶ (étanche) 密封的 [mìfēng de] ▸ **fermeture hermétique** 密闭封口 [mìbì fēngkǒu] ❷ (difficile à comprendre) 费解的 [fèijiě de] ▸ **écrivain hermétique** 令人费解的作家 [lìngrén fèijiě de zuòjiā] ▸ **texte hermétique** 晦涩难懂的文章 [huìsè nándǒng de wénzhāng].

hernie nf 疝 [shàn] ▸ **se faire une hernie** 得疝病 [dé shànbìng] ▸ **hernie discale** 椎间盘突出 [zhuījiānpán tūchū].

héroïne nf ❶ (personne) ➤ **héros** ❷ (drogue) 海洛因 [hǎiluòyīn].

héroïque adj 英勇的 [yīngyǒng de].

héron nm (cl. 只 [zhī]) 鹭 [lù].

héros, héroïne nm, f ❶ MYTHOL 神人 [shénrén] ❷ (personne courageuse) ○ (cl. 个 [gè] ou 位 [wèi]) 英雄 [yīngxióng] ▸ **il est mort en héros** 他死得像英雄 [tā sǐ de xiàng yīngxióng] ❸ (personnage fictif) 主人公 [zhǔréngōng] ▸ **le héros de ce roman** 这部小说的主人公 [zhè bù xiǎoshuō de zhǔréngōng].

hésitant, e adj 犹豫的 [yóuyù de] ▸ **répondre d'une voix hésitante** 用犹豫的声音回答 [yòng yóuyù de shēngyīn huídá] ▸ **geste hésitant** 犹豫不决的举动 [yóuyù bùjué de jǔdòng].

hésitation nf 犹豫 [yóuyù] ▸ **après une hésitation, il prit la parole** 犹豫了一下后，他开始讲话 [yóuyù le yí xià hòu, tā kāishǐ jiǎnghuà] ▸ **sans hésitation** 毫不犹豫地 [háobù yóuyù de].

hésiter vi ❶ (tergiverser) 犹豫 [yóuyù] ▸ **sans hésiter** 毫不犹豫地 [háobù yóuyù de] ▸ **hésiter entre… et…** 在……和……之间犹豫不决 [zài… hé… zhījiān yóuyù bùjué] ▸ **hésiter à** 不敢 [bùgǎn] ❷ (ânonner) 结结巴巴 [jiējie bāba] ▸ **il hésitait en récitant son texte** 他结结巴巴地背诵课文 [tā jiējie bāba de bèisòng kèwén].

hétérosexuel, elle ♦ adj 异性恋的 [yìxìngliàn de]. ♦ nm, f 异性恋者 [yìxìngliàn zhě].

hêtre nm (cl. 棵 [kē]) 山毛榉 [shānmáojǔ].

heure nf ❶ (unité de temps) 小时 [xiǎoshí] ▸ **ça fait une bonne heure que je vous attends** 我等了你一个来小时了 [wǒ děng le nǐ yí ge lái xiǎoshí le] ▸ **jouer une heure de piano** 弹一小时钢琴 [tán yì xiǎoshí gāngqín] ▸ **une heure de route** 一小时的路 [yì xiǎoshí de lù] ❷ (horaire) 点钟 [diǎnzhōng] ▸ **il est déjà deux heures de l'après-midi** 已经下午两点了 [yǐjing xiàwǔ liáng diǎn le] ▸ **à cinq heures pile** 在五点整 [zài wú diǎn zhěng] ▸ **à l'heure** 准时 [zhǔnshí] ▸ **mettre qqch à l'heure** 把某物的时间调准 [bá mǒuwù de shíjiān tiáozhǔn] ▸ **quelle heure est-il ?** 几点了？ [jídiǎn le?] ▸ **demander l'heure à qqn** 向某人问时间 [xiàng mǒurén wèn shíjiān] ▸ **heure locale** 当地时间 [dāngdì shíjiān] ▸ **heure d'ouverture/de fermeture** 开门/关门时间 [kāimén/guānmén shíjiān] ❸ (unité de travail, de salaire) 工时 [gōngshí] ▸ **faire des heures supplémentaires** 加班 [jiābān] ❹ (moment du jour) 时刻 [shíkè] ▸ **c'est l'heure de** 是时候…… [shì shíhou…] ▸ **de bonne heure** 大清早 [dà qīngzǎo]

◊ **heure d'été** 夏令时 [xiàlìngshí] ▸ **heure d'hiver** 冬令时 [dōnglìngshí] ▸ **heure de pointe** 高峰时段 [gāofēng shíduàn].

▪ **les 35 heures** nfpl (每周)35小时工作制 [(měizhōu) 35 xiǎoshí gōngzuòzhì].

▪ **tout à l'heure** loc adv ❶ (plus tard) 过一会儿 [guò yíhuìr] ▸ **tu finiras tout à l'heure** 你过会儿结束 [nǐ guòhuìr jiéshù] ▸ **à tout à l'heure** 一会儿见 [yíhuìr jiàn] ❷ (plus tôt) 刚才 [gāngcái] ▸ **je l'ai vu tout à l'heure** 我刚才见到了他 [wǒ gāngcái jiàndào le tā].

heureusement adv 幸好 [xìnghǎo] ▸ **heureusement, le train avait du retard** 幸好，火车晚点了 [xìnghǎo, huǒchē wándiǎn le].

heureux, euse adj ❶ (content) 高兴的 [gāoxìng de] ▸ **avoir l'air heureux** 面带喜色 [miàndài xǐsè] ▸ **être heureux de** 高兴…… [gāoxìng…] ▸ **j'ai été très heureux de faire votre connaissance** 我很高兴认识您 [wǒ hěn gāoxìng rènshi nín] ❷ (qui procure du bonheur) 幸福的 [xìngfú de] ▸ **un heureux événement** (naissance) (子女降生的)喜事 [(zínǚ jiàngshēng de) xǐshì].

heurter vt ❶ (rentrer dans) 碰撞 [pèngzhuàng] ▸ **heurter l'arrière d'un véhicule** 撞在一辆车的后面 [zhuàng zài yí liàng chē de hòumian] ❷ (contrarier) 触犯 [chùfàn] ▸ **heurter la sensibilité de qqn** 触犯某人的敏感之处 [chùfàn mǒurén de míngǎn zhīchù].

▪ **se heurter à** vp+prép 遇到 [yùdào] ▸ **se heurter à des difficultés** 遇到困难 [yùdào kùnnan].

hexagone nm 六边形 [liùbiānxíng].

▪ **Hexagone** nm ▸ **l'Hexagone** 法国 [Fǎguó].

hexagramme nm (“易经”六十四卦的基本单位)爻 [(“Yì jīng” liùshísì guà de jīběn dānwèi) yáo].

hiatus nm *fig* (décalage) 间断 [jiànduàn] ▸ **il y a un hiatus entre la théorie et la pratique** 理论与实践脱节 [lǐlùn yǔ shíjiàn tuōjié].

hiberner vi 冬眠 [dōngmián].

hibiscus nm 芙蓉 [fúróng].

hibou, x nm (cl. 只 [zhī]) 猫头鹰 [māotóuyīng].

hideux, euse adj 难看至极的 [nánkàn zhìjí de].

hier adv 昨天 [zuótiān] ▸ **hier matin** 昨天早晨 [zuótiān zǎochen].

hiérarchie nf ❶ (subordination) 等级 [děngjí] ▸ **respecter la hiérarchie** 尊重等级制度 [zūnzhòng děngjí zhìdù] ▸ **hiérarchie sociale** 社会等级 [shèhuì děngjí] ▸ **hiérarchie militaire** 军衔等级 [jūnxián děngjí] ❷ (classement) 分级 [fēnjí] ▸ **la hiérarchie des salaires** 工资分级 [gōngzī fēnjí].

hilarant, e adj 好笑的 [hǎoxiào de]; 逗笑的 [dòuxiào de].

Himalaya npr ▸ **l'Himalaya** 喜马拉雅山 [Xímǎlāyǎ shān].

hindou, e adj 印度的 [Yìndù de].

▪ **Hindou, e** nm, f 印度人 [Yìndùrén].

hindouisme nm 印度教 [yìndùjiào].

hippocampe nm ZOOL (cl. 只 [zhī]) 海马 [háimǎ].

hippopotame nm (cl. 头 [tóu] ou 只 [zhī]) 河马 [hémǎ].

hirondelle nf (cl. 只 [zhī]) 燕子 [yànzi]
◊ **une hirondelle ne fait pas le printemps** 独燕不成春 [dú yàn bù chéngchūn]; 一叶未必知秋 [yíyè wèibì zhīqiū].

hirsute adj 乱蓬蓬的 [luànpēngpēng de] ▸ **cheveux hirsutes** 蓬乱的头发 [péngluàn de tóufa].

hispanique adj 西班牙的 [xībānyá de] ▸ **monde hispanique** 西班牙社会 [xībānyá shèhuì].

hisser vt ❶ (monter) 升起 [shēngqǐ] ▸ **hisser une voile** 升帆 [shēngfān] ▸ **hisser un drapeau** 升旗 [shēngqí] ❷ (tirer à soi) 拉 [lā] ▸ **il le hissa dans le bateau** 他把他拉上船 [tā bǎ tā lā shàng chuán].

▪ **se hisser** vp 攀登 [pāndēng] ▸ **se hisser sur** 爬到……上 [pá dào… shàng].

histoire nf ❶ 历史 [lìshǐ] ▸ **être en histoire** 是学历史的 [shì xué lìshǐ de] ▸ **professeur d'histoire** 历史老师 [lìshǐ lǎoshī] ▸ **laisser son nom dans l'histoire** 名垂青史 [míngchuí qīngshǐ] ▸ **histoire ancienne** 古代史 [gǔdài shǐ] ▸ **histoire de l'art** 艺术史 [yìshù shǐ] ▸ **histoire contemporaine** 当代史 [dāngdài shǐ] ▸ **histoire moderne** 现代史 [xiàndài shǐ] ❷ (récit) 故事 [gùshi] ▸ **raconter une histoire** 讲一个故事 [jiǎng yí ge gùshi] ▸ **histoire drôle** 笑话 [xiàohua] ❸ (mensonge) 谎话 [huǎnghuà] ▸ **raconter des histoires** 编故事 [biān gùshi] ❹ (aventure) ○ (cl. 件 [jiàn]) 事儿 [shìr] ▸ **c'est une histoire de fous!** 这真是件荒唐事儿！ [zhè zhēnshì jiàn huāngtang shìr!].

historique ♦ adj 历史的 [lìshǐ de] ▸ **événement historique** 历史事件 [lìshǐ shìjiàn] ▸ **un record historique** 一个历史纪录 [yí ge lìshǐ jìlù]. ♦ nm ❶ (exposé des faits) 纪事 [jìshì] ▸ **faire l'historique de qqch** 叙述某事的发展 [xùshù mǒushì de fāzhǎn] ❷ INFORM 历史记录 [lìshǐ jìlù].

hit-parade nm 排行榜 [páihángbǎng] ▸ **être au hit-parade** 进入排行榜 [jìnrù páihángbǎng] ▸ **premier au hit-parade de la chanson française** 法国歌曲排行榜榜首 [Fǎguó gēqǔ páihángbǎng bángshǒu].

HIV (abr de **human immuno deficiency virus**) nm 爱滋病病毒 [àizībìng bìngdú]; 人类免疫缺陷病毒 [rénlèi miǎnyì quēxiàn bìngdú]

▸ **être porteur du HIV** 爱滋病病毒携带者 [àizībìng bìngdú xiédàizhě] ▸ **un test HIV** 爱滋病病毒测试 [àizībìng bìngdú cèshì].

hiver nm 冬天 [dōngtiān] ▸ **en hiver** 在冬天 [zài dōngtiān] ▸ **hiver doux** 暖冬 [nuǎndōng] ▸ **hiver rigoureux** 严冬 [yándōng].

HLM (abr de **habitation à loyer modéré**) nm ou nf inv (cl. 所 [suǒ] ou 套 [tào]) 低租金住房 [dī zūjīn zhùfáng].

hocher vt 摇动 [yáodòng] ▸ **hocher la tête** 点头 [diǎntóu].

hockey nm SPORT 曲棍球 [qūgùnqiú] ▸ **faire du hockey** 打曲棍球 [dǎ qūgùnqiú] ▸ **hockey sur glace** 冰球 [bīng qiú].

hold-up nm inv 持械抢劫 [chíxiè qiǎngjié] ▸ **commettre un hold-up** 进行持械抢劫 [jìnxíng chíxiè qiǎngjié].

hollandais, e adj 荷兰的 [hélán de].
▪ **Hollandais, e** nm, f 荷兰人 [Hélánrén].

Hollande nf ▸ **la Hollande** 荷兰 [Hélán].

Holocauste nm ▸ **l'Holocauste** 二战时纳粹对犹太人的大屠杀 [èr zhàn shí Nàcuì duì Yóutàirén de dà túshā].

homard nm 龙虾 [lóngxiā].

homéopathe ♦ nmf 顺势疗法医生 [shùnshì liáofǎ yīshēng]. ♦ adj 主张顺势疗法的 [zhǔzhāng shùnshì liáofǎ de].

homicide nm 杀人 [shārén] ▸ **être condamné pour homicide** 因杀人而被判刑 [yīn shārén ér bèi pànxíng] ▸ **homicide involontaire** 过失杀人 [guòshī shārén] ▸ **homicide volontaire** 蓄意杀人 [xùyì shārén].

hommage nm 敬意 [jìngyì] ▸ **rendre hommage à** 向……表示敬意 [xiàng… biǎoshì jìngyì] ▸ **livre en hommage à qqn** 谨将此书献给某人 [jǐn jiāng cǐ shū xiàngěi mǒurén].

homme nm ❶ (être humain) 人类 [rénlèi] ▸ **homme de Cro-Magnon** 克罗马农人 [Kèluómǎnóngrén] ❷ (individu de sexe masculin) 男人 [nánren] ▸ **pour homme** 男士专用的 [nánshì zhuānyòng de] ▸ **homme d'affaires** 商人 [shāngrén] ▸ **homme politique** 政治家 [zhèngzhìjiā]; 政客 [zhèngkè] ▸ **l'homme de ma vie** 我的意中郎君 [wǒde yìzhōng lángjūn] ❸ (collaborateur) 手下 [shǒuxià] ▸ **le commissaire et ses hommes** 警察分局局长和他的手下 [jǐngchá fēnjú júzhǎng hé tāde shǒuxià].

homologue nmf 对等者 [duìděngzhě].

homophobe adj 反同性恋的 [fǎn tóngxìngliàn de].

homosexuel, elle ♦ nm, f (男/女)同性恋者 [(nán/nǚ) tóngxìngliànzhě]. ♦ adj (男/女)同性恋的 [(nán/nǚ) tóngxìngliàn de].

Honduras nm ▸ **le Honduras** 洪都拉斯 [Hóngdūlāsī].

Hongkong npr (ville) 香港 [Xiānggǎng].

Hongrie nf ▸ **la Hongrie** 匈牙利 [Xiōngyálì].

hongrois, e adj 匈牙利的 [xiōngyálì de].
▪ **hongrois** nm (langue) 匈牙利语 [xiōngyálìyǔ].
▪ **Hongrois, e** nm, f 匈牙利人 [Xiōngyálìrén].

honnête adj ❶ (intègre) 诚实的 [chéngshí de] ▸ **pour être honnête…** 说实话…… [shuō shíhuà…] ❷ (convenable) 真实的 [zhēnshí de] ▸ **prix honnête** 公道的价格 [gōngdào de jiàgé] ▸ **résultats honnêtes** 公正的结果 [gōngzhèng de jiéguǒ].

honnêtement adv ❶ (loyalement) 诚实地 [chéngshí de] ▸ **argent honnêtement gagné** 光明正大挣来的钱 [guāngmíng zhèngdà zhèng lái de qián] ❷ (franchement) 说实话 [shuō shíhuà] ▸ **honnêtement, auriez-vous accepté ?** 说实话，您会答应吗？ [shuō shíhuà, nín huì dāying ma?].

honnêteté nf 诚实 [chéngshí] ▸ **il nous a relaté la scène avec honnêteté** 他向我们如实地讲述了那个场面 [tā xiàng wǒmen rúshí de jiǎngshù le nà ge chǎngmiàn] ▸ **en toute honnêteté** 老实地 [lǎoshi de].

honneur nm ❶ (dignité, fierté) 荣誉 [róngyù] ▸ **défendre son honneur** 捍卫其荣誉 [hànwèi qí róngyù] ❷ (témoignage de respect) 尊敬 [zūnjìng] ▸ **faire honneur à qqn** 尊敬某人 [zūnjìng mǒurén] ▸ **faire honneur à un mets** 吃得津津有味 [chī de jīnjīn yǒuwèi] ▸ **organiser une réception en l'honneur de qqn** 为某人举行招待会 [wèi mǒurén jǔxíng zhāodàihuì] ▸ **être à l'honneur** 作嘉宾 [zuò jiābīn] ❸ (dans un mariage) ▸ **demoiselle/garçon**

d'honneur 女/男傧相 [nǚ/nánbīnxiàng]; 伴娘/郎 [bànniáng/láng] ❹ (privilège) 光荣 [guāngróng] ▸ **j'ai l'honneur de vous présenter le lauréat** 我荣幸地为您介绍获奖者 [wǒ róngxìng de wéi nín jièshào huòjiángzhě]

◊ **mettre un point d'honneur à faire qqch** 以名誉担保 [yǐ míngyù dānbǎo] ▸ **il met un point d'honneur à ne pas avoir de dettes** 他以名誉担保不欠债 [tā yǐ míngyù dānbǎo bú qiànzhài].

honorable adj ❶ (respectable) 令人尊敬的 [lìngrén zūnjìng de] ▸ **carrière honorable** 无量的前途 [wúliàng de qiántú] ❷ (convenable) 过得去的 [guòdeqù de] ▸ **note honorable** 过得去的成绩 [guòdeqù de chéngjì] ▸ **somme honorable** 足够的金额 [zúgòu de jīn'é].

honorablement adv 令人满意地 [lìngrén mǎnyì de] ▸ **gagner honorablement sa vie** 生活得不错 [shēnghuó de búcuò].

honoraire adj 名誉的 [míngyù de] ▸ **membre honoraire** 名誉会员 [míngyù huìyuán] ▸ **professeur honoraire** 名誉教授 [míngyù jiàoshòu].

▪ **honoraires** nmpl 酬金 [chóujīn].

honorer vt ❶ (attirer la considération sur) 尊敬 [zūnjìng] ▸ **honorer la mémoire de qqn** 纪念某人 [jìniàn mǒurén] ▸ **honorer une profession** 为职业争光 [wéi zhíyè zhēngguāng] ❷ (payer) 兑现 [duìxiàn] ▸ **honorer une dette** 兑现债务 [duìxiàn zhàiwù] ▸ **honorer un engagement** 履行承诺 [lǚxíng chéngnuò].

honte nf ❶ (sentiment) 羞耻 [xiūchǐ] ▸ **avoir honte de** 为……感到羞耻 [wéi… gǎndào xiūchǐ] ▸ **tu devrais avoir honte !** 你应该感到羞耻！ [nǐ yīnggāi gǎndào xiūchǐ!] ▸ **il n'y a pas de honte à faire qqch** 做某事并不可耻 [zuò mǒushì bìngbù kěchǐ] ▸ **rougir de honte** 因羞愧而脸红 [yīn xiūkuì ér liǎnhóng] ❷ (infamie) 耻辱 [chǐrǔ] ▸ **c'est une honte !** 这真是个耻辱！ [zhè zhēnshi ge chǐrǔ!].

honteux, euse adj ❶ (personne) 羞耻的 [xiūchǐ de] ❷ (odieux) 无耻的 [wúchǐ de] ▸ **c'est honteux** 这真无耻 [zhè zhēn wúchǐ].

hooligan, houligan nm 流氓 [liúmáng].

hôpital, aux nm (cl. 所 [suǒ] ou 家 [jiā] ou 个 [gè]) 医院 [yīyuàn] ▸ **aller à l'hôpital** 去医院 [qù yīyuàn]; 上医院 [shàng yīyuàn] ▸ **hôpital militaire** 军医院 [jūn yīyuàn] ▸ **hôpital psychiatrique** 精神病院 [jīngshénbìngyuàn].

hoquet nm 嗝 [gé] ▸ **avoir le hoquet** 打嗝 [dǎ gé].

horaire ♦ nm ❶ (tableau) 时刻表 [shíkèbiǎo] ▸ **consulter l'horaire des trains** 查阅列车时刻表 [cháyuè lièchē shíkèbiǎo] ❷ (de travail) (工作)时间 [(gōngzuò) shíjiān] ▸ **horaires d'ouverture** 开放时间 [kāifàng shíjiān] ▸ **avoir les mêmes horaires** 有相同的工作时间 [yǒu xiāngtóng de gōngzuò shíjiān]. ♦ adj 每小时的 [méixiǎoshí de] ▸ **tarif horaire** 每小时的收费价目 [méixiǎoshí de shōufèi jiàmù].

horizon nm ❶ (ligne imaginaire) 地平线 [dìpíngxiàn] ▸ **à l'horizon** 在地平线上 [zài dìpíngxiàn shàng] ▸ **scruter l'horizon** 仔细观察天边 [zǐxì guānchá tiānbiān] ❷ *fig* (perspective) ▸ **ouvrir de nouveaux horizons à une entreprise** 给一个企业开拓了新的前景 [gěi yí ge qǐyè kāituò le xīn de qiánjǐng] ▸ **ce livre nous ouvre des horizons** 这本书开拓了我们的眼界 [zhè běn shū kāituò le wǒmende yǎnjiè].

horizontal, e, aux adj 水平的 [shuǐpíng de] ▸ **tracer une ligne horizontale** 画一条横线 [huà yì tiáo héngxiàn].

horloge nf ❶ (pendule) 时钟 [shízhōng] ❷ (rythme) 节律 [jiélǜ] ▸ **horloge biologique/interne** 生物钟 [shēngwù zhōng].

hormis prép 除了 [chúle] ▸ **tous périrent hormis deux d'entre eux** 他们中除了两个人之外，其他人都遇难了 [tāmen zhōng chú le liǎng ge rén zhīwài, qítārén dōu yùnàn le].

hormone nf 荷尔蒙 [hé'ěrméng] ▸ **hormone de croissance** 生长激素 [shēngzhǎng jīsù].

horodateur nm (自动)时日打印器 [(zìdòng) shírì dǎyìnqì].

horoscope nm 占星 [zhānxīng] ▸ **lire l'horoscope** 看星座运程 [kàn xīngzuò yùnchéng].

horreur nf ❶ (terreur) 恐怖 [kǒngbù] ▸ **film d'horreur** 恐怖片 [kǒngbù piàn]; 恐怖电影 [kǒngbù diànyǐng] ▸ **un cri d'horreur** 惊声

尖叫 [jīngshēng jiānjiào] ❷ (répulsion) ▸ **avoir horreur de** 厌恶 [yànwù] ▸ **j'ai horreur de faire la vaisselle** 我讨厌洗碗 [wǒ tǎoyàn xíwǎn] ▸ **avoir horreur que** 反感…… [fángǎn…] ❸ (atrocité) 可怕 [kěpà] ▸ **quelle horreur !** 太可怕了！ [tài kěpà le!] ❹ (personne ou chose laide) 丑陋的 [chǒulòu de] ▸ **quelle horreur cette robe !** 这条裙子真难看！ [zhè tiáo qúnzi zhēn nánkàn!] ▸ **ce film est une horreur !** 这个电影是个失败之作！ [zhè ge diànyǐng shì ge shībài zhī zuò!].

▪ **horreurs** nfpl ❶ (atrocités) 残暴 [cánbào] ▸ **les horreurs de la guerre** 战争的残暴 [zhànzhēng de cánbào] ❷ (calomnies) 诽谤的话 [fěibàng de huà] ▸ **raconter des horreurs** 中伤 [zhòngshāng].

horrible adj ❶ (affreux) 可怕的 [kěpà de] ▸ **c'est horrible !** 太可怕了！ [tài kěpà le!] ❷ *fig* (insupportable) 极端的 [jíduān de] ▸ **j'ai un horrible mal de tête** 我的头疼得要命 [wǒde tóu téng de yàomìng].

horriblement adv 极其 [jíqí] ▸ **horriblement cher** 非常昂贵 [fēicháng ángguì] ▸ **il a été horriblement défiguré** 他被严重地毁容了 [tā bèi yánzhòng de huǐróng le].

horrifié, e adj 骇人听闻的 [hàirén tīngwén de].

horripiler vt 惹火 [rěhuǒ].

hors prép 在……之外 [zài… zhīwài] ▸ **hors antenne** 在节目之外 [zài jiémù zhīwài] ▸ **hors jeu** 越位犯规的 [yuèwèi fànguī de] ▸ **hors service** 故障 [gùzhàng] ▸ **hors sujet** 离题的 [lítí de] ▸ **hors taxe(s)** 免税的 [miǎnshuì de] ▸ **mettre qqch hors circuit** 把某物的电源切断 [bǎ mǒuwù de diànyuán qiēduàn].

▪ **hors de** loc prép 在……之外 [zài… zhīwài] ▸ **hors de la ville** 在城外 [zài chéngwài] ▸ **hors de danger** 脱离危险 [tuōlí wēixiǎn] ▸ **hors de prix** 贵得离谱 [guì de lípǔ] ▸ **hors d'usage** 不能使用 [bùnéng shǐyòng] ▸ **hors de question** 不可能 [bùkěnéng].

hors-d'œuvre nm inv 冷菜 [lěngcài]; 凉菜 [liángcài].

hortensia nm (cl. 棵 [kē] ou 朵 [duǒ]) 绣球花 [xiùqiúhuā].

horticulture nf 园艺 [yuányì].

hospice nm *péj* (cl. 间 [jiān] ou 个 [gè]) 收容所 [shōuróngsuǒ] ▸ **aller à l'hospice** 去收容所 [qù shōuróngsuǒ].

hospitalier, ère adj ❶ (accueillant) 好客的 [hàokè de] ▸ **peuple hospitalier** 好客的人民 [hàokè de rénmín] ❷ (relatif aux hôpitaux) 医院的 [yīyuàn de] ▸ **établissement hospitalier** 医疗机构 [yīliáo jīgòu].

hospitalisation nf 住院 [zhùyuàn] ▸ **hospitalisation à domicile** 家庭护理 [jiātíng hùlǐ].

hospitaliser vt 送进医院 [sòngjìn yīyuàn] ▸ **faire hospitaliser qqn** 把某人送进医院 [bǎ mǒurén sòngjìn yīyuàn].

hospitalité nf 招待 [zhāodài] ▸ **merci de votre hospitalité** 谢谢您的招待 [xièxie nín de zhāodài] ▸ **offrir l'hospitalité à qqn** 留宿某人 [liúsù mǒurén].

hostile adj 敌对的 [díduì de] ▸ **être hostile à** 反对 [fǎnduì] ▸ **regard hostile** 敌视的目光 [díshì de mùguāng].

hostilité nf 敌对 [díduì] ▸ **manifester de l'hostilité envers qqn** 敌视某人 [díshì mǒurén].

▪ **hostilités** nfpl ▸ **les hostilités** 战争 [zhànzhēng] ▸ **reprendre les hostilités** 重新交战 [chóngxīn jiāozhàn].

hôte, hôtesse nm, f (personne qui reçoit) ○ (cl. 个 [gè] ou 位 [wèi]) 主人 [zhǔrén] ▸ **hôtesse de l'air** 空中小姐 [kōngzhōng xiáojiě].

▪ **hôte** nmf (invité, client d'hôtel) ○ (cl. 个 [gè] ou 位 [wèi]) 客人 [kèren].

hôtel nm ❶ (d'hébergement) ○ (cl. 家 [jiā] ou 个 [gè] ou 座 [zuò]) 酒店 [jiǔdiàn]; 旅馆 [lǚguǎn]; 饭店 [fàndiàn] ▸ **descendre à l'hôtel** 下榻酒店 [xiàtà jiǔdiàn] ▸ **hôtel trois étoiles** 三星级酒店 [sānxīng jí jiǔdiàn] ❷ (demeure) ○ (cl. 座 [zuò]) 公馆 [gōngguǎn]; 府邸 [fúdǐ] ▸ **hôtel particulier** 私人府邸 [sīrén fúdǐ] ❸ (mairie) ▸ **l'hôtel de ville** 市政厅 [shìzhèng tīng].

Houhehot npr (ville) 呼和浩特 [Hūhéhàotè].

houiller, ère adj 煤炭的 [méitàn de] ▸ **bassin houiller** 煤田 [méitián] ▸ **industrie houillère** 煤炭工业 [méitàn gōngyè].

housse nf 布套 [bùtào] ▸ **housse de couette** 被套 [bèitào].

houx nm (cl. 棵 [kē]) 冬青 [dōngqīng].

HS (abr de **hors service**) adj *fam* 停用 [tíngyòng] ▸ **ascenseur HS** 电梯停用 [diàntī tíng yòng] ▸ **je suis HS** 我不行了 [wǒ bùxíng le].

HT adj ❶ (abr écrite de **hors taxe**) 免税的 [miǎnshuì de] ❷ (abr écrite de **haute tension**) 高压 [gāoyā] ▸ **une ligne HT** 一条高压线 [yì tiáo gāoyāxiàn].

Huai nf (fleuve) 淮河 [Huáihé].

Huangpu nm (fleuve) 黄浦江 [HuángpǔJiāng].

Hubei npr (province) 湖北 [Húběi].

hublot nm (de bateau, d'avion) 舷窗 [xiánchuāng].

huer vt 讥笑 [jīxiào] ▸ **huer un adversaire** 讥笑一个对手 [jīxiào yí ge duìshǒu] ▸ **huer un spectacle** 为一场演出喝倒彩 [wèi yì chǎng yǎnchū hèdàocǎi] ▸ **se faire huer** 被喝倒彩 [bèi hèdàocǎi].

Hui npr (peuple) 回族 [Huízú].

huile nf ❶ CULIN 油 [yóu] ▸ **à l'huile** 用油 [yòng yóu] ▸ **huile d'olive** 橄榄油 [gánlǎnyóu] ❷ (graisse) 护肤油 [hùfū yóu] ▸ **huile solaire** 防晒油 [fángshài yóu] ❸ (peinture) ○ (cl. 幅 [fú]) 油画 [yóuhuà].

huissier nm DR (cl. 位 [wèi] ou 个 [gè]) 传达员 [chuándá yuán] ▸ **huissier de justice** 执达员 [zhídá yuán].

huit ♦ adj num inv ❶ (chiffre) 八个 [bā ge] ▸ **dans huit jours** 八天之后 [bā tiān zhī hòu] ▸ **nous avons rendez-vous jeudi en huit** 我们下周四见 [wǒmen xiàzhōu sì jiàn] ❷ (dans une série) 八世 [bāshì] ▸ **Henri VIII** 亨利八世 [Hēnglì bāshì]. ♦ nm inv ❶ (chiffre) 八 [bā] ❷ (période de huit heures) ▸ **les trois huit** 三班倒 [sānbāndǎo]
◊ **le grand huit** 翻滚过山车 [fāngǔn guòshānchē].

huitième ♦ adj num & nmf 第八(个) [dìbā (ge)]. ♦ nm 八分之一 [bāfēn zhīyī] ▸ **les huitièmes de finale** 八分之一决赛 [bāfēn zhīyī juésài].

huître nf (cl. 只 [zhī] ou 个 [gè]) 牡蛎 [mǔlì].

Hu Jintao npr POLIT 胡锦涛 [Hú Jǐntāo].

hukou nm (état civil) 户口 [hùkǒu].

humain, e adj ❶ (relatif à l'homme) 人的 [rén de] ▸ **corps humain** 人体 [réntǐ] ▸ **genre humain** 人类 [rénlèi] ❷ (sensible) 人道的 [réndào de] ▸ **se montrer humain** 显得很人道 [xiǎn de hěn réndào].

■ **humain** nm (homme) 人 [rén] ▸ **vivre séparé du reste des humains** 过着与世隔绝的生活 [guòzhe yǔ shì géjué de shēnghuó].

humanitaire adj 人道主义的 [réndàozhǔyì de] ▸ **aide humanitaire** 人道主义援助 [réndàozhǔyì yuánzhù] ▸ **organisation humanitaire** 人道主义组织 [réndàozhǔyì zǔzhī].

humanité nf ❶ (espèce humaine) 人类 [rénlèi] ▸ **évolution de l'humanité** 人类进化 [rénlèi jìnhuà] ❷ (bonté) 人情味 [rénqíngwèi] ▸ **un homme plein d'humanité** 一个富有人情味的男子 [yí ge fùyǒu rénqíngwèi de nánzǐ].

humble adj ❶ (socialement) 卑微的 [bēiwēi de] ▸ **les gens humbles** 卑微的人 [bēiwēi de rén] ❷ (moralement) 谦逊的 [qiānxùn de] ▸ **rester humble** 保持谦逊 [bǎochí qiānxùn].

humeur nf ❶ (disposition) 心情 [xīnqíng] ▸ **être de bonne humeur** 心情好 [xīnqíng hǎo] ▸ **être de mauvaise humeur** 情绪低落 [qíngxù dīluò] ▸ **être d'humeur à** 有兴趣...... [yǒu xìngqu…] ❷ (caractère) 性情 [xìngqíng] ▸ **être d'humeur changeante** 喜怒无常 [xǐnù wúcháng].

humide adj ❶ MÉTÉOR 潮湿的 [cháoshī de] ▸ **climat humide** 潮湿的气候 [cháoshī de qìhòu] ❷ (mouillé) 湿润的 [shīrùn de] ▸ **herbe humide** 湿漉漉的草 [shīlùlù de cǎo] ▸ **terre humide** 湿润的土地 [shīrùn de tǔdì] ▸ **yeux humides** 湿润的眼睛 [shīrùn de yǎnjing].

humidité nf 潮湿 [cháoshī] ▸ **humidité de l'air** 空气的湿度 [kōngqì de shīdù] ▸ **humidité d'un climat** 气候的潮湿 [qìhòu de cháoshī] .

humiliation nf 侮辱 [wúrǔ] ▸ **infliger une humiliation à qqn** 使某人蒙受侮辱 [shí mǒurén méngshòu wúrǔ].

humilier vt 侮辱 [wúrǔ] ▸ **elle a été humiliée en public** 她当众受辱 [tā dāngzhòng shòurǔ].

■ **s'humilier** vp 谦卑 [qiānbēi] ▸ **s'humilier devant qqn** 在某人面前卑躬屈膝 [zài mǒurén miànqián bēigōng qūxī].

humilité nf 谦虚 [qiānxū] ▸ **avec humilité** 谦虚地 [qiānxū de] ▸ **faire preuve d'humilité** 表现得谦逊 [biǎoxiàn de qiānxùn].

humoristique adj 幽默的 [yōumò de] ▸ **dessin humoristique** 漫画 [mànhuà].

humour nm 幽默 [yōumò] ▸ **avoir (le sens) de l'humour** 有幽默感 [yǒu yōumògǎn] ▸ **manquer d'humour** 缺乏幽默感 [quēfá yōumògǎn] ▸ **humour noir** 黑色幽默 [hēisè yōumò].

Hunan npr (province) 湖南 [Húnán].

hurlement nm 号叫 [háojiào] ▸ **pousser des hurlements** 发出号叫 [fāchū háojiào] ▸ **hurlement de douleur** 痛苦的叫声 [tòngkǔ de jiàoshēng] ▸ **hurlement de joie** 欢呼 [huānhū] ▸ **hurlement du loup** 狼嗥 [lángháo].

hurler vi ❶ (personne) 嚷嚷 [rāngrang] ▸ **faire hurler qqn de rire** 让某人哈哈大笑 [ràng mǒurén hāha dàxiào] ▸ **hurler de peur** 惊声尖叫 [jīngshēng jiānjiào] ▸ **hurler de rage** 怒吼 [nùhǒu] ❷ (chien, loup) 叫 [jiào] ▸ **hurler à la mort** 拼命叫 [pīnmìng jiào].

hutte nf (cl. 间 [jiān] ou 座 [zuò] ou 个 [gè]) 茅屋 [máowū].

Hu Yaobang npr POLIT 胡耀邦 [Hú Yàobāng].

hydratant, e adj 滋润的 [zīrun de] ▸ **crème hydratante** 润肤霜 [rùnfū shuāng] ▸ **lotion hydratante** 爽肤水 [shuǎngfū shuǐ].

hydravion nm (cl. 架 [jià]) 水上飞机 [shuǐshàng fēijī].

hydrocarbure nm 碳氢化合物 [tànqīng huàhéwù].

hydroélectrique adj 水力发电的 [shuǐlì fādiàn de] ▸ **centrale hydroélectrique** 水力发电站 [shuǐlì fādiàn zhàn].

hydroglisseur nm (cl. 艘 [sōu]) 滑行艇 [huáxíng tǐng].

hyène nf (cl. 只 [zhī] ou 条 [tiáo]) 鬣狗 [liègǒu].

hygiène nf 卫生 [wèishēng] ▸ **observer des règles d'hygiène** 遵守卫生规范 [zūnshǒu wèishēng guīfàn] ▸ **hygiène alimentaire** 饮食卫生 [yǐnshíwèishēng] ▸ **manque d'hygiène** 卫生条件欠缺 [wèishēng tiáojiàn qiànquē] ▸ **par mesure d'hygiène** 出于卫生措施 [chūyú wèishēng cuòshī] ▸ **avoir une bonne hygiène de vie** 拥有健康的生活 [yōngyǒu jiànkāng de shēnghuó].

hygiénique adj 卫生的 [wèishēng de].

hymne nm (cl. 首 [shǒu] ou 曲 [qǔ] ou 支 [zhī]) 赞歌 [zàngē] ▸ **cette poésie est un hymne à la beauté** 这首诗是一曲美的赞歌 [zhè shǒu shī shì yì qǔ měi de zàngē] ▸ **hymne national** (cl. 首 [shǒu]) 国歌 [guógē].

hypermarché nm (cl. 家 [jiā] ou 个 [gè]) 大超市 [dà chāoshì] ▸ **être vendu en hypermarché** 在大超市出售 [zài dà chāoshì chūshòu].

hypermétrope adj & nmf 远视的 [yuǎnshì de]; 远视患者 [yuǎnshì huànzhě].

hypertexte adj INFORM 超文本 [chāowénběn] ▸ **un lien hypertexte** 一个超文本链接 [yí ge chāowénběn liànjiē].

hypnotiser vt ❶ (endormir) 催眠 [cuīmián] ❷ *fig* (fasciner) 迷住 [mízhù] ▸ **il était hypnotisé par sa beauté** 他被她的美貌迷住了 [tā bèi tāde měimào mízhù le].

hypocrisie nf 虚伪 [xūwěi] ▸ **avec** ou **par hypocrisie** 虚伪地 [xūwěi de].

hypocrite ♦ adj 虚伪的 [xūwěi de]. ♦ nmf 伪君子 [wěijūnzǐ].

hypoglycémie nf 低血糖 [dīxuètáng] ▸ **être en hypoglycémie** 处于低血糖状态 [chǔyú dīxuètáng zhuàngtài].

hypothèque nf DR 抵押 [dǐyā] ▸ **mettre qqch sous hypothèque** 抵押某物 [dǐyā mǒuwù] ▸ **tous ses biens sont sous hypothèque** 他所有的财产都被抵押了 [tā suóyǒu de cáichǎn dōu bèi dǐyā le].

hypothèse nf 假设 [jiǎshè] ▸ **émettre une hypothèse** 提出一个假设 [tíchū yí ge jiǎshè].

hystérique ♦ adj 歇斯底里的 [xiēsīdǐlǐ de] ▸ **rire hystérique** 歇斯底里的笑 [xiēsīdǐlǐ de xiào] ▸ **il me rend hystérique** 他把我气得歇斯底里 [tā bǎ wǒ qì de xiēsīdǐlǐ]. ♦ nmf 癔病患者 [yìbìng huànzhě].

i

i, I nm inv 法语字母表中第九个字母 [fáyǔ zìmúbiǎo zhōng dìjiǔ ge zìmǔ].

iceberg nm (cl. 座 [zuò]) 冰山 [bīngshān] ◊ **la partie émergée de l'iceberg** 问题的表面 [wèntí de biǎomiàn].

ici adv ❶ (sens spatial) 这里 [zhèli] ▸ **viens ici** 到这儿来 [dào zhèr lái] ▸ **d'ici au village il y a deux kilomètres** 从这儿到村里有两公里的路 [cóng zhèr dào cūnlǐ yǒu liǎng gōnglǐ de lù] ▸ **par ici** 从这边 [cóng zhèbiān] ❷ (sens temporel) ▸ **d'ici demain…** 从现在起到明天 [cóng xiànzài qǐ dào míngtiān] ▸ **d'ici là** 在那以前 [zài nà yǐqián] ▸ **d'ici lundi** 从现在到星期一 [cóng xiànzài dào xīngqīyī] ▸ **jusqu'ici** 直到现在 [zhídào xiànzài] ❸ (au téléphone) 我是…… [wǒ shì…] ▸ **allô, ici Caroline** 你好，我是卡罗利娜 [nǐhǎo, wǒ shì Kǎluólìnà].

icône nf ❶ RELIG (cl. 尊 [zūn]) 圣像 [shèngxiàng] ❷ INFORM 图标 [túbiāo] ▸ **cliquer sur l'icône « mes documents »** 点击"我的文档"图标 [diǎnjī "wǒde wéndàng" tú biāo] ❸ (modèle) 偶像 [ǒuxiàng].

idéal, e adj 理想的 [líxiǎng de] ▸ **femme idéale** 理想的女人 [líxiǎng de nǚrén] ▸ **c'est la solution idéale** 这是理想的解决办法 [zhè shì líxiǎng de jiějué bànfǎ].

▪ **idéal** nm 理想 [líxiǎng] ▸ **dans l'idéal** 理论上 [lǐlùn shàng].

idéaliste ⧫ adj 唯心主义的 [wéixīnzhǔyì de] ▸ **une philosophie idéaliste** 唯心主义哲学 [wéixīnzhǔyì zhéxué]. ⧫ nmf 理想主义者 [líxiǎngzhǔyì zhě].

idée nf ❶ (notion, conception) 观念 [guānniàn] ▸ **avoir une certaine idée du bonheur** 对幸福有某种理解 [duì xìngfú yǒu móuzhǒng lǐjiě] ▸ **à quelle heure comptes-tu rentrer ? — aucune idée !** 你打算几点回来？—不知道！ [nǐ dǎsuan jídiǎn huílai? — bùzhīdào!] ▸ **rien qu'à l'idée de manger, j'ai la nausée** 光想到要吃饭，我就恶心 [guāng xiǎngdào yào chīfàn, wǒ jiù ěxin] ▸ **se faire une idée de** 对……有一个了解 [duì… yǒu yí ge liáojiě] ▸ **se faire à l'idée que** 接受…… [jiēshòu…] ▸ **se faire des idées** 胡思乱想 [húsī luànxiǎng] ❷ (pensée) 想法 [xiángfǎ] ▸ **quelle idée !** 好奇怪的想法！ [hǎo qíguài de xiángfǎ!] ▸ **se changer les idées** 换换脑筋 [huàn nǎojīn] ▸ **ça ne me viendrait pas à l'idée** 我不会想到这个的 [wǒ bú huì xiǎngdào zhè ge de] ❸ (projet) 设想 [shèxiǎng] ▸ **une bonne idée** 一个很好的设想 [yí ge hén hǎo de shèxiǎng] ▸ **avoir une idée derrière la tête** 别有用心 [biéyǒu yòngxīn] ▸ **donner des idées à qqn** 给某人灵感 [géi mǒurén línggǎn] ▸ **être une fausse bonne idée** 是一个馊点子 [shì yí ge sōu diǎnzi] ❹ (opinion) 看法 [kànfa] ▸ **je n'adhère pas du tout à ses idées** 我根本不同意他的看法 [wǒ gēnběn bùtóngyì tāde kànfa] ▸ **idée reçue** 成见 [chéngjiàn].

identifiant nm INFORM 用户名 [yònghùmíng] ▸ **saisir son identifiant** 输入用户名 [shūrù yònghùmíng].

identifier vt ❶ (trouver l'identité de, reconnaître) 识别 [shíbié] ▸ **identifier un criminel** 识别一个罪犯 [shíbié yí ge zuìfàn] ▸ **identifier un cadavre** 辨认一具尸体 [biànrèn yí jù shītǐ] ❷ (trouver l'origine de) 判定 [pàndìng] ▸ **identifier un bruit** 判定一个声响 [pàndìng yí ge shēngxiǎng] ❸ (après avoir cherché) 查明 [chámíng] ▸ **j'ai identifié la panne** 我查明了故障 [wǒ chámíng le gùzhàng] ❹ (assimiler) 视为同一 [shìwéi tóngyī] ▸ **identifier qqn à** 把某人和……混同 [bá mǒurén hé… hùntóng].
■ **s'identifier** vp ❶ (s'assimiler) 成为同一 [chéngwéi tóngyī] ▸ **s'identifier à qqn** 把自己看作某人 [bǎ zìjǐ kànzuò mǒurén] ❷ INFORM 验证身份 [yànzhèng shēnfen].

identique adj 同样的 [tóngyàng de] ▸ **être identique à** 和……是一样的 [hé…shì yí yàng de] ▸ **à l'identique** 忠实于原作品的 [zhōngshí yú yuánzuòpǐn de].

identité nf ❶ (état civil) 身份 [shēnfen] ▸ **décliner son identité** 指明身份 [zhǐmíng shēnfen] ▸ **carte d'identité** 身份证 [shēnfen zhèng] ❷ PSYCHO 自我认知 [zìwǒ rènzhī] ▸ **identité sexuelle** 性别认知 [xìngbié rènzhī].

idéogramme nm 表意文字 [biǎoyì wénzì].

idéologie nf 思想 [sīxiǎng] ▸ **idéologie révolutionnaire** 革命思想 [gémìng sīxiǎng].

idéophonogramme nm 形声字 [xíngshēngzì].

idiomatique adj 惯用语的 [guànyòngyǔ de] ▸ **expression idiomatique** 成语[chéngyǔ]; 惯用语 [guànyòngyǔ].

idiot, e ♦ adj 愚蠢的 [yúchǔn de]. ♦ nm, f 白痴 [báichī] ▸ **faire l'idiot** 装傻 [zhuāngshǎ].

idole nf ❶ (divinité) 崇拜的对象 [chóngbài de duìxiàng] ❷ *fig* (vedette) 偶像 [ǒuxiàng] ▸ **c'est l'idole des jeunes** 这是年轻人的偶像 [zhè shì niánqīngrén de ǒuxiàng].

idylle nf 纯朴温柔的爱情 [chúnpǔ wēnróu de àiqíng] ▸ **avoir une idylle avec qqn** 和某人产生纯美的爱情 [hé mǒurén chǎnshēng chúnměi de àiqíng].

if nm (arbre, bois) ○ (cl. 棵 [kē]) 紫杉 [zǐshān].

ignare ♦ adj 毫无学识的 [háowú xuéshí de] ▸ **je suis complètement ignare en la matière** 我对这方面一窍不通 [wǒ duì zhè fāngmiàn yíqiào bùtōng]. ♦ nmf 毫无学识的人 [háowú xuéshí de rén].

ignoble adj ❶ (atroce) 无耻的 [wúchǐ de] ▸ **crime ignoble** 无耻的罪行 [wúchǐ de zuìxíng] ❷ (immangeable) 极难吃的 [jí nánchī de] ▸ **nourriture ignoble** 极难吃的食物 [jí nánchī de shíwù].

ignorance nf 无知 [wúzhī] ▸ **par ignorance** 由于无知 [yóuyú wúzhī].

ignorant, e ♦ adj 不知道的 [bùzhīdào de] ▸ **être ignorant de** 对……知之甚少 [duì… zhīzhī shènshǎo] ▸ **être ignorant en** 对……不懂的 [duì… bùdǒng de]. ♦ nm, f 愚昧的人 [yúmèi de rén].

ignorer vt ❶ (ne pas savoir) 不知道 [bùzhīdào] ▸ **j'ignore où elle habite** 我不知道她住在哪 [wǒ bùzhīdào tā zhù zài nǎ] ▸ **ignorer que** 不知道…… [bùzhīdào…] ❷ (ne pas tenir compte de) 瞧不起 [qiáobuqǐ] ▸ **elle m'a superbement ignoré** 她特别瞧不起我 [tā tèbié qiáobuqǐ wǒ].

il pron pers ❶ (sujet) 他/它 [tā/tā] ▸ **est-il rentré ?** 他回来了吗? [tā huílai le ma?] ▸ **le cheval galope : il est content** 马跑起来了: 它很高兴 [má pǎo qǐlái le: tā hěn gāoxìng] ❷ (sujet d'un verbe impersonnel) ▸ **il manque un élève** 少一个学生 [shǎo yí ge xuésheng] ▸ **il pleut** 下雨了 [xiàyǔ le].
■ **ils** pron pers pl 他们/它们 [tāmen/tāmen] ▸ **les spectateurs sont ravis et ils applaudissent** 观众们非常高兴, 他们鼓起掌来 [guānzhòngmen fēicháng gāoxìng, tāmen gúqǐ zhǎng lái].

île nf ❶ GÉOGR (cl. 座 [zuò]) 岛 [dǎo] ▸ **les îles Britanniques** 大不列颠群岛 [Dàbùlièdiān qúndǎo] ▸ **l'île Maurice** 毛里裘斯岛 [Máolǐqiúsī dǎo] ▸ **vivre sur une île** 在一座岛上生活 [zài yí zuò dǎo shàng shēnghuó] ❷ CULIN ▸ **île flottante** 用奶油和蛋清做成的甜食 [yòng nǎiyóu hé dànqīng zuòchéng de tiánshí].

Île-de-France nf 大巴黎区 [Dà Bālí qū].

illégal, e adj 非法的 [fēifǎ de] ▸ **il est totalement illégal de vendre ce produit** 出售这种产品是完全非法的 [chūshòu zhè zhǒng chánpǐn shì wánquán fēifǎ de] ▸ **disposition illégale** 非法条款 [fēifǎ tiáokuǎn].

illégitime adj ❶ (naturel) 私生的 [sīshēng de] ▸ **enfant illégitime** 私生子 [sīshēngzǐ] ❷ (non justifié) 不合理的 [bùhélǐ de] ▸ **crainte illégitime** 没有理由的害怕 [méiyǒu lǐyóu de hàipà] ▸ **prétention illégitime** 不合理的要求 [bùhélǐ de yāoqiú].

illettré, e ♦ adj 不识字的 [bùshízì de]. ♦ nm, f 文盲 [wénmáng].

illicite adj 违法的 [wéifǎ de] ▸ **commerce illicite** 非法贸易 [fēifǎ màoyì] ▸ **pratique illicite** 非法行为 [fēifǎ xíngwéi].

illimité, e adj 无限的 [wúxiàn de] ▸ **durée illimitée** 无限期 [wúxiànqī] ▸ **forfait Internet illimité** 不限时上网合同 [búxiànshí shàngwǎng hétong].

illisible adj ❶ (indéchiffrable) 难以辨认的 [nányǐ biànrèn de] ▸ **écriture illisible** 难以辨认的笔迹 [nányǐ biànrèn de bǐjì] ❷ (incompréhensible) 晦涩难懂的 [huìsè nándǒng de] ▸ **cet ouvrage est illisible** 这部作品晦涩难懂 [zhè bù zuòpǐn huìsè nándǒng].

illuminer vt ❶ (éclairer) 照亮 [zhàoliàng] ▸ **la tour Eiffel est illuminée tous les soirs** 埃菲尔铁塔每天晚上都灯火辉煌 [Āifēi'ěr Tiětǎ měitiān wǎnshang dōu dēnghuǒ huīhuáng] ❷ (donner de l'éclat) 使……焕发 [shǐ… huànfā] ▸ **la joie illumine son visage** 喜悦的心情让他容光焕发 [xǐyuè de xīnqíng ràng tā róngguāng huànfā].

▪ **s'illuminer** vp 闪耀 [shǎnyào] ▸ **les yeux de l'enfant s'illuminèrent de joie** 孩子的眼睛中闪耀着喜悦的光芒 [háizi de yǎnjing zhōng shǎnyàozhe xǐyuè de guāngmáng].

illusion nf ❶ (fausse impression, leurre) 幻想 [huànxiǎng] ▸ **se faire des illusions** 抱幻想 [bào huànxiǎng] ▸ **illusion d'optique** 视错觉 [shì cuòjué] ❷ (rêve, utopie) 梦想 [mèngxiǎng].

illustration nf ❶ (image) 插图 [chātú] ❷ (preuve) 例证 [lìzhèng] ▸ **c'est l'illustration exacte de ce que je disais** 这正是我所说的话的确切例证 [zhè zhèng shì wǒ suǒ shuō de huà díquè qiē lìzhèng].

illustre adj 著名的 [zhùmíng de] ▸ **écrivain illustre** 著名的作家 [zhùmíng de zuòjiā] ▸ **invité illustre** 贵客 [guìkè].

illustrer vt ❶ (orner d'images) 加插图 [jiāchātú] ▸ **illustrer un ouvrage** 给一部作品画插图 [gěi yí bù zuòpǐn huà chātú] ❷ (rendre plus clair, évident) 阐明 [chǎnmíng] ▸ **il a illustré sa démonstration d'exemples** 他用例子阐明他的论证 [tā yòng lìzi chǎnmíng tāde lùnzhèng] ▸ **cela illustre bien ce que je viens de dire** 这充分印证了我刚刚说的话 [zhè chōngfèn yìnzhèng le wǒ gānggāng shuō de huà].

▪ **s'illustrer** vp 出名 [chūmíng] ▸ **l'équipe s'est illustrée dans ce championnat** 这个队在这次锦标赛中名声大振 [zhè ge duì zài zhè cì jǐnbiāosài zhōng míngshēng dàzhèn] ▸ **il s'est illustré par sa vulgarité** 他因粗俗而臭名远扬 [tā yīn cūsú ér chòumíng yuǎnyáng].

image nf ❶ (reflet) 像 [xiàng] ▸ **voir son image dans la glace** 在镜子中看到自己的映像 [zài jìngzi zhōng kàndào zìjǐ de yìngxiàng] ▸ **à l'image de** 和……一样 [hé… yíyàng] ▸ **ce livre est à l'image de son auteur** 这本书是作者本人的写照 [zhè běn shū shì zuòzhě běnrén de xiězhào] ❷ (représentation) 图片 [túpiàn] ▸ **livre d'images** 画册 [huàcè] ▸ **image de synthèse** 合成图像 [héchéng túxiàng] ❸ (notoriété) 形象 [xíngxiàng] ▸ **soigner son image** 注意形象 [zhùyì xíngxiàng] ▸ **image de marque** 品牌形象 [pǐnpái xíngxiàng].

imaginaire adj 虚构的 [xūgòu de] ▸ **maladie imaginaire** 想象出的疾病 [xiǎngxiàng chū de jíbìng] ▸ **personnage imaginaire** 虚构的人物 [xūgòu de rénwù].

imagination nf 想象力 [xiǎngxiànglì] ▸ **c'est son imagination qui lui joue des tours** 是他的幻想在捉弄他 [shì tāde huànxiǎng zài zhuōnòng tā] ▸ **avoir de l'imagination** 具有想象力 [jùyǒu xiǎngxiànglì].

imaginer vt ❶ (supposer, croire) 想象 [xiǎngxiàng] ▸ **je ne peux pas imaginer qu'elle ait disparu** 我想象不到她竟然失踪了 [wǒ xiǎngxiàng búdào tā jìngrán shīzōng le] ❷ (trouver)

想出 [xiǎngchū] ▸ **imaginer un stratagème** 想出一个计策 [xiǎngchū yí ge jìcè].

▪ **s'imaginer** vp ❶ (se voir) 想象自己 [xiǎngxiàng zìjǐ] ▸ **je m'imagine bien dans cette robe** 我想象自己穿这条裙子会很好看 [wǒ xiǎngxiàng zìjǐ chuān zhè tiáo qúnzi huì hén hǎokàn] ❷ (croire) 以为 [yǐwéi] ▸ **s'il s'imagine que je vais céder** 他要是以为我会让步 [tā yàoshi yǐwéi wǒ huì ràngbù].

imam nm 伊玛目 [yīmǎmù]; 伊斯兰教教长 [yīsīlánjiào jiàozhǎng].

imbattable adj 不可击败的 [bùkě jībài de] ▸ **aux échecs, il est imbattable** 他是国际象棋方面的常胜将军 [tā shì guójì xiàngqí fāngmiàn de chángshèngjiāngjūn].

imbécile nmf 傻瓜 [shǎguā] ▸ **quel imbécile !** 这个傻瓜！ [zhè ge shǎguā!] ▸ **prendre qqn pour un imbécile** 当某人是个傻瓜 [dāng mǒurén shì ge shǎguā].

imberbe adj 无胡须的 [wúhúxū de].

imbiber vt 浸透 [jìntòu] ▸ **imbiber une compresse d'alcool** 用酒精浸泡纱布 [yòng jiǔjīng jìnpào shābù].

imbu, e adj ▸ **être imbu de soi** 自以为了不起 [zìyǐwéi liǎobuqǐ].

imbuvable adj 不能喝的 [bùnénghē de] ▸ **un café imbuvable** 一杯难喝的咖啡 [yì bēi nán hē de kāfēi].

imitation nf ❶ (mime) 模仿 [mófǎng] ▸ **son imitation du président était très réussie** 他对总统的模仿非常成功 [tā duì zóngtǒng de mófǎng fēicháng chénggōng] ❷ (contrefaçon) 仿造品 [fǎngzào pǐn] ▸ **ce n'est pas un original, juste une imitation** 这不是正品，只是个仿造品 [zhè bú shì zhèngpǐn, zhǐ shì ge fǎngzào pǐn] ▸ **imitation cuir** 人造革 [rénzàogé].

imiter vt ❶ (s'inspirer de) 模仿 [mófǎng] ▸ **imiter le style d'un écrivain** 模仿一位作家的风格 [mófǎng yí wèi zuòjiā de fēnggé] ❷ (contrefaire) 伪造 [wěizào] ▸ **imiter une signature** 伪造一个签名 [wěizào yí ge qiānmíng].

immatriculation nf 注册 [zhùcè] ▸ **numéro d'immatriculation d'une voiture** 一辆车的车牌号 [yí liàng chē de chēpái hào] ▸ **numéro d'immatriculation à la Sécurité sociale** 社会福利注册号 [shèhuì fúlì zhùcè hào].

immédiat, e adj 立刻的 [lìkè de] ▸ **l'effet de ce médicament est immédiat** 这种药立时见效 [zhè zhǒng yào lìshí jiànxiào].

▪ **immédiat** nm ▸ **dans l'immédiat** 目前 [mùqián].

immédiatement adv 马上 [mǎshàng].

immense adj ❶ (vaste) 无边的 [wúbiān de] ▸ **terrain immense** 辽阔的土地 [liáokuò de tǔdì] ❷ (considérable) 巨大的 [jùdà de] ▸ **une immense fortune** 巨额财富 [jù'é cáifù] ▸ **un immense talent** 才华横溢 [cáihuá héngyì].

immerger ▪ **s'immerger** vp ▸ **s'immerger dans** 融入……当中 [róngrù… dāngzhōng] ▸ **pour apprendre une langue étrangère, il faut s'immerger dans la culture** 为了学习一种外语，必须融入其文化当中 [wèile xuéxí yì zhǒng wàiyǔ, bìxū róngrù qí wénhuà dāngzhōng].

immeuble nm (cl. 座 [zuò]) 大楼 [dàlóu] ▸ **un immeuble de trente étages** 一座三十层的大楼 [yí zuò sānshí céng de dàlóu].

immigration nf 移民 [yímín] ▸ **immigration clandestine** 非法移民 [fēifǎ yímín] ▸ **immigration de travailleurs** 劳工移民 [láogōng yímín].

immigré, e ♦ adj 移民的 [yímín de] ▸ **les travailleurs immigrés** 移民劳动者 [yímín láodòngzhě]. ♦ nm, f 移民 [yímín] ▸ **immigré clandestin** 非法移民 [fēifǎ yímín] ▸ **immigré de la première génération** 第一代移民 [dì yī dài yímín].

immigrer vi 移民 [yímín] ▸ **immigrer en France** 移民到法国 [yímín dào Fǎguó].

imminent, e adj 逼近的 [bījìn de] ▸ **le départ du train est imminent** 火车马上要开了 [huǒchē mǎshàng yào kāi le].

immiscer ▪ **s'immiscer** vp ▸ **s'immiscer dans qqch** 干涉某事 [gānshè mǒushì] ▸ **s'immiscer dans une conversation** 插入一段谈话 [chārù yí duàn tánhuà].

immobile adj 不动的 [búdòng de] ▸ **un lac immobile** 一个平静的湖 [yí ge píngjìng de hú] ▸ **se tenir immobile** 一动不动 [yí dòng bú dòng].

immobilier, ère adj 房产的 [fángchǎn de] ▸ **agent immobilier** 房产代理人 [fángchǎn dàilǐrén] ▸ **biens immobiliers** 不动产 [búdòngchǎn] ▸ **prêt immobilier** 房产贷款 [fángchǎn dàikuǎn].

immobiliser vt ❶ (empêcher de bouger) 使......无法活动 [shǐ... wúfǎ huódòng] ▸ **son accident l'a immobilisé pendant deux mois** 他经历的那场事故使他两个月不能活动 [tā jīnglì de nà chǎng shìgù shǐ tā liǎng ge yuè bùnéng huódòng] ❷ (bloquer) 固定 [gùdìng] ▸ **capitaux immobilisés** 固定资产 [gùdìng zīchǎn].

immoler ▪ **s'immoler** vp ▸ **s'immoler par le feu** 自焚 [zìfén].

immonde adj ❶ (sale) 肮脏的 [āngzāng de] ▸ **un taudis immonde** 污秽不堪的陋室 [wūhuìbùkān de lòushì] ❷ (abject) 卑鄙的 [bēibǐ de].

immoral, e, aux adj 不道德的 [búdàodé de] ▸ **conduite immorale** 不道德的行为 [búdàodé de xíngwéi] ▸ **propos immoraux** 淫秽的言词 [yínhuì de yáncí].

immortaliser vt 使......永远被人记住 [shǐ... yóngyuǎn bèirén jìzhu] ▸ **n'oubliez pas votre appareil photo pour immortaliser ce moment** 不要忘了用您的照相机拍下这个瞬间以留作永久纪念 [búyào wàng le yòng nínde zhàoxiàngjī pāixia zhè ge shùnjiān yǐ liúzuò yóngjiǔ jìniàn].

immortel, elle adj 不死的 [bùsǐ de] ▸ **dieux immortels** 不死的神 [bùsǐ de shén] ▸ **amour immortel** 永恒的爱情 [yǒnghéng de àiqíng].

immuniser vt 使......免疫 [shí... miǎnyì] ▸ **un vaccin qui immunise contre la rubéole** 一种抗风疹的疫苗 [yì zhǒng kàng fēngzhěn de yìmiáo] ▸ **il est immunisé contre les illusions** 他不会被幻想所左右 [tā bú huì bèi huànxiǎng suó zuǒyòu].

immunité nf ❶ (biologique) 免疫性 [miǎnyìxìng] ❷ *fig* (privilège) 豁免权 [huòmiǎnquán] ▸ **immunité diplomatique** 外交豁免权 [wàijiāo huòmiǎnquán] ▸ **immunité parlementaire** 议员豁免权 [yìyuán huòmiǎnquán].

impact nm 碰撞 [pèngzhuàng] ▸ **l'impact entre les deux voitures a été violent** 两辆车猛烈地撞到一起 [liǎng liàng chē měngliè de zhuàng dào yì qǐ] ▸ **avoir de l'impact sur** 对......有影响 [duì... yǒu yíngxiǎng].

impair, e adj 单数的 [dānshù de] ▸ **jour impair** 逢单的日子 [féngdān de rìzi] ▸ **nombre impair** 奇数 [jīshù].

▪ **impair** nm (faux-pas) ○ (cl. 件 [jiàn]) 蠢事 [chǔnshì] ▸ **commettre un impair** 办了一件蠢事 [bàn le yí jiàn chǔnshì].

imparable adj 无法避开的 [wúfǎ bìkāi de] ▸ **coup imparable** 躲不过的一击 [duǒbuguò de yìjī] ▸ **argument imparable** 无法反驳的论据 [wúfǎ fǎnbó de lùnjù].

imparfait, e ♦ adj 不完善的 [bùwánshàn de] ▸ **la connaissance imparfaite d'une langue** 对一种语言的部分了解 [duì yì zhǒng yǔyán de bùfen liáojiě] ▸ **l'homme est imparfait** 人无完人 [rén wú wánrén]. ♦ nm GRAMM 未完成过去时 [wèiwánchéng guòqùshí].

impartial, e, aux adj 公正的 [gōngzhèng de] ▸ **jugement impartial** 公正的审判 [gōngzhèng de shěnpàn].

impasse nf ❶ (rue) 死胡同 [sǐhútòng] ❷ *fig* (difficulté) 绝境 [juéjìng] ▸ **être dans une impasse** 走投无路 [zǒutóu wúlù] ▸ **les négociations de paix sont actuellement dans une impasse** 和平谈判目前陷入僵局 [hépíng tánpàn mùqián xiànrù jiāngjú] ❸ SCOL ▸ **faire l'impasse sur** 忽略...... [hūlüè...] ▸ **au bac, j'ai fait l'impasse sur l'anglais** 我准备会考时没有复习英语 [wǒ zhǔnbèi huìkǎo shí méiyǒu fùxí yīngyǔ].

impassible adj 镇定的 [zhèndìng de] ▸ **rester impassible** 保持镇定 [bǎochí zhèndìng].

impatience nf 不耐烦 [búnàifán] ▸ **son impatience le rend parfois insupportable** 他的急躁有时候让人受不了 [tāde jízào yǒushíhou ràng rén shòubuliǎo].

impatient, e adj 急躁的 [jízào de] ▸ **être impatient de** 急于做某事 [jíyú zuò mǒushì].

impatienter vt 使……失去耐心 [shǐ… shīqù nàixīn] ▸ **sa lenteur m'impatiente** 他那样慢条斯理使我很不耐烦 [tā nàyàng màntiáo sīlǐ shí wǒ hěn búnàifán].

▪ **s'impatienter** vp 急于 [jíyú].

impayé, e adj 未付的 [wèifù de] ▸ **facture impayée** 未付的发票 [wèifù de fāpiào].

impeccable adj ❶ (parfait) 完美的 [wánměi de] ▸ **travail impeccable** 完美的工作 [wánměi de gōngzuò] ❷ (propre) 干净的 [gānjìng de] ▸ **d'une propreté impeccable** 十分干净 [shífēn gānjìng].

impensable adj 难以想象的 [nányǐ xiǎngxiàng de] ▸ **cela aurait été impensable il y a encore quelques années** 这在几年前是不可想象的 [zhè zài jǐnián qián shì bùkě xiǎngxiàng de].

impératif, ive adj (obligatoire) ▸ **il est impératif d'être là à 8 heures** 8点钟必须到那儿 [8 diǎnzhōng bìxū dào nàr] ▸ **rendez-vous impératif** 强制性约会 [qiángzhìxìng yuēhui].

▪ **impératif** nm ❶ GRAMM 命令式 [mìnglìngshì] ❷ (obligation) 迫切需要 [pòqiè xūyào] ▸ **j'ai un impératif** 我有个任务 [wǒ yǒu ge rènwu] ▸ **impératifs économiques** 经济的迫切需要 [jīngjì de pòqiè xūyào].

impératrice nf ❶ (femme d'un empereur) 皇后 [huánghòu] ❷ (souveraine) 女皇 [nǚhuáng].

impérialisme nm 帝国主义 [dìguózhǔyì].

imperméable ♦ adj 不透水的 [bútòushuǐ de] ▸ **matériau imperméable** 不透水的材料 [bútòushuǐ de cáiliào] ▸ **tissu imperméable** 防水布 [fángshuǐbù]. ♦ nm (cl. 件 [jiàn]) 雨衣 [yǔyī].

impertinence nf 放肆的言行 [fàngsì de yánxíng] ▸ **un auteur réputé pour son impertinence** 一个以言行放肆而著名的作家 [yí ge yǐ yánxíng fàngsì ér zhùmíng de zuòjiā] ▸ **quelle impertinence !** 真是放肆！ [zhēnshi fàngsì!].

impertinent, e ♦ adj 鲁莽的 [lúmǎng de]. ♦ nm, f 无礼的人 [wúlǐ de rén].

impitoyable adj 冷酷的 [lěngkù de] ▸ **jugement impitoyable** 无情的审判 [wúqíng de shěnpàn] ▸ **univers impitoyable** 冷酷的世界 [lěngkù de shìjiè].

implacable adj 不可缓和的 [bùkě huǎnhé de] ▸ **haine implacable** 无比仇恨 [wúbǐ chóuhèn] ▸ **logique implacable** 不可改变的逻辑 [bùkě gǎibiàn de luóji].

implanter vt 插入 [chārù] ▸ **implanter une puce** 插入一个芯片 [chārù yí ge xīnpiàn] ▸ **implanter une entreprise** 建立一个公司 [jiànlì yí ge gōngsī].

▪ **s'implanter** vp 被建立 [bèi jiànlì] ▸ **entreprise qui s'implante à l'étranger** 在国外建立的公司 [zài guówài jiànlì de gōngsī] ▸ **cet usage s'est implanté au XIXe siècle** 这个习俗是19世纪形成的 [zhè ge xísú shì 19 shìjì xíngchéng de].

implication nf 卷入 [juǎnrù] ▸ **implication dans qqch** 卷入到某事中 [juǎnrù dào mǒushì zhōng].

▪ **implications** nfpl 后果 [hòuguǒ].

implicite ♦ adj 不言明的 [bùyánmíng de] ▸ **garantie implicite** 隐含担保 [yǐnhán dānbǎo] ▸ **reconnaissance implicite** 默认 [mòrèn]. ♦ nm 暗示 [ànshì].

impliquer vt ❶ (compromettre) 牵连 [qiānlián] ▸ **être impliqué dans** 被卷入……中 [bèi juǎnrù… zhōng] ❷ (requérir, entraîner) 意味着 [yìwèizhe] ▸ **votre participation implique le secret absolu** 您的加入意味着绝对保密 [nínde jiārù yìwèizhe juéduì bǎomì].

▪ **s'impliquer dans** vp 积极参与…… [jījí cānyù…] ▸ **il s'est beaucoup impliqué dans le projet** 他积极参与了这个计划 [tā jījí cānyù le zhè ge jìhuà].

implorer vt 乞求 [qǐqiú] ▸ **implorer le pardon** 乞求原谅 [qǐqiú yuánliàng].

impoli, e adj 不礼貌的 [bùlǐmào de].

importance nf ❶ (valeur) 重要 [zhòngyào] ▸ **attacher de l'importance à qqch** 非常重视某事 [fēicháng zhòngshì mǒushì] ▸ **se donner de l'importance** 自认为了不起 [zì rènwèi liǎobuqǐ] ❷ (gravité) 严重 [yánzhòng] ▸ **l'importance des dégâts** 损失的严重性 [sǔnshī de yánzhòngxìng] ▸ **cela n'a pas d'importance** 没关系 [méi guānxi] ▸ **aucune importance** 不要紧 [bú yàojǐn] ❸ (taille) 大小 [dàxiǎo] ▸ **une agglomération de moyenne**

importance 一座中等城市 [yí zuò zhōngděng chéngshì].

important, e adj ❶ (conséquent) 重要的 [zhòngyào de] ▸ **changement important** 巨大的变化 [jùdà de biànhuà] ▸ **découverte importante** 重大的发现 [zhòngdà de fāxiàn] ❷ (connu) 显要的 [xiǎnyào de] ▸ **personnage important** 重要的人物 [zhòngyào de rénwù] ❸ (en grand nombre) 大量的 [dàliàng de] ▸ **collection importante** 大量的收集 [dàliàng de shōují] ▸ **quantité importante** 数量极多 [shùliàng jíduō] ▸ **somme importante** 巨款 [jùkuǎn] ❹ (grave) 严重的 [yánzhòng de] ▸ **les dommages sont importants** 损失惨重 [sǔnshī cǎnzhòng].

importation nf ❶ COMM 进口 [jìnkǒu] ▸ **produits d'importation** 进口产品 [jìnkǒu chánpǐn] ❷ (marchandises importées) ○ (cl. 批 [pī]) 进口货 [jìnkǒuhuò] ▸ **une baisse des importations** 进口货有所减少 [jìnkǒuhuò yóusuǒ jiánshǎo].

importer ♦ vt ❶ (faire entrer sur le territoire) 进口 [jìnkǒu] ▸ **importer des bananes** 进口香蕉 [jìnkǒu xiāngjiāo] ❷ INFORM 输入 [shūrù] ▸ **importer des données** 输入一些数据 [shūrù yìxiē shùjù]. ♦ v impers ▸ **importer (à qqn)** (对某人)具有重要性 [(duì mǒurén) jùyǒu zhòngyàoxìng] ▸ **ton opinion m'importe beaucoup** 你的意见对我很重要 [nǐde yìjiàn duì wǒ hěn zhòng yào] ▸ **il importe que** 重要的是...... [zhòngyào de shì...] ▸ **peu importe !** 没什么关系！ [méishénme guānxi!] ▸ **n'importe qui** 无论是谁 [wúlùn shì shéi] ▸ **elle laisse n'importe qui entrer chez elle** 她允许任何人进她的家 [tā yúnxǔ rènhé rén jìn tāde jiā] ▸ **n'importe quoi** 无论什么东西 [wúlùn shénme dōngxī] ▸ **raconter n'importe quoi** 随便乱讲 [suíbiàn luànjiǎng] ▸ **n'importe où** 无论什么地方 [wúlùn shénme dìfang] ▸ **je veux bien aller n'importe où, ça m'est égal** 我去什么地方都行，对我来说无所谓 [wǒ qù shénme dìfang dōuxíng, duì wǒ láishuō wúsuǒwèi] ▸ **n'importe quand** 无论何时 [wúlùn héshí] ▸ **on peut aller au restaurant n'importe quand, je suis libre** 咱们什么时候去吃饭都可以，我有时间 [zánmen shénme shíhòu qù chīfàn dōu kéyǐ, wǒ yǒushíjiān].

import-export nm 进出口贸易 [jìnchūkǒu màoyì] ▸ **une société d'import-export** 一家进出口贸易公司 [yì jiā jìnchūkǒu màoyì gōngsī] ▸ **travailler dans l'import-export** 从事进出口贸易 [cóngshì jìnchūkǒu màoyì].

importuner vt 纠缠 [jiūchán] ▸ **cesse de l'importuner avec tes questions** 别再拿你那些问题纠缠他了 [bié zài ná nǐ nàxiē wèntí jiūchán tā le].

imposable adj 可征税的 [kě zhēngshuì de] ▸ **personne imposable** 应课税的人 [yìng kèshuì de rén] ▸ **revenu imposable** 可征税的收入 [kě zhēngshuì de shōurù].

imposant, e adj ❶ (impressionnant) 壮观的 [zhuàngguān de] ▸ **bâtiment imposant** 雄伟的建筑 [xióngwěi de jiànzhù] ▸ **somme imposante** 数额可观的费用 [shù'é kěguān de fèiyòng] ❷ (corpulent) 肥胖的 [féipàng de].

imposer vt ❶ (infliger) 强加 [qiángjiā] ▸ **imposer qqn/qqch à qqn** 强迫某人接受某人/某物 [qiǎngpò mǒurén jiēshòu mǒurén/mǒuwù] ❷ (taxer) 征税 [zhēngshuì] ▸ **imposer les contribuables** 向纳税人征税 [xiàng nàshuìrén zhēngshuì] ▸ **imposer les produits** 对产品征税 [duì chánpǐn zhēngshuì].

▪ **s'imposer** vp ❶ (se faire admettre) 使人接受 [shǐrén jiēshòu] ▸ **elle s'est très vite imposée comme chef** 她很快树立了领导的威望 [tā hěn kuài shùlì le língdǎo de wēiwàng] ❷ (imposer sa présence) 强制自己做某事 [qiángzhì zìjǐ zuò mǒushì] ▸ **je ne voudrais pas m'imposer, mais je crois que...** 我不想强迫自己做什么，但是我想...... [wǒ bùxiǎng qiǎngpò zìjǐ zuò shénme, dànshì wǒ xiǎng...] ❸ (être nécessaire) 成为必要 [chéngwéi bìyào] ▸ **un tel choix ne s'imposait pas** 没有必要做这样的选择 [méiyǒu bìyào zuò zhèyàng de xuǎnzé].

impossible ♦ adj ❶ (irréalisable) 不可能的 [bùkěnéng de] ▸ **un travail impossible à faire** 一项不能完成的工作 [yí xiàng bùnéng wánchéng de gōngzuò] ▸ **impossible de me libérer demain, désolé** 明天我抽不出身来，不好意思 [míngtiān wǒ chōu bùchū shēn lái, bùhǎoyìsi] ▸ **c'est impossible !** 这是不可能的！ [zhè shì bùkěnéng de!] ❷ (insupportable) 难以忍受的 [nányǐ rěnshòu de] ▸ **enfant impossible** 讨人厌的孩子 [tǎorényàn de háizi] ▸ **situation impossible** 艰难的处境 [jiānnán de chǔjìng]. ♦ nm (cl. 件 [jiàn]) 不可能的事 [bùkěnéng de shì] ▸ **faire l'impossible** 尽一切可能 [jìn yíqiē kěnéng] ▸ **je ferai l'impossible pour qu'elle vienne** 我会尽我所能让她过来的 [wǒ huì jìn wǒ suǒnéng ràng tā guòlai de] ▸ **tenter l'impossible** 尽一切可能 [jìn yíqiē kěnéng].

imposteur nm 骗子 [piànzi].

impôt nm 税 [shuì] ▸ **payer ses impôts** 付税 [fù shuì] ▸ **soumettre à l'impôt** 纳税 [nàshuì] ▸ **impôt direct** 直接税 [zhíjiēshuì] ▸ **impôt indirect** 间接税 [jiànjiēshuì] ▸ **impôt sur le revenu** 所得税 [suǒdéshuì].

impraticable adj 难以实行的 [nányǐ shíxíng de] ▸ **une route impraticable** 一条不能通车的公路 [yì tiáo bùnéng tōngchē de gōnglù].

imprégner vt (imbiber) 使……浸透 [shǐ… jìntòu] ▸ **imprégner qqch de qqch** 用某物浸透某物 [yòng mǒuwù jìntòu mǒu wù].
▪ **s'imprégner de** vp (s'imbiber de) 浸透 [jìntòu].

impression nf ❶ (sentiment) 感觉 [gǎnjué] ▸ **se fier à sa première impression** 相信自己的第一感觉 [xiāngxìn zìjǐ de dìyī gǎnjué] ▸ **avoir l'impression que** 觉得…… [jué de…] ❷ (effet) 印象 [yìnxiàng] ▸ **faire bonne impression** 留下好印象 [liúxia hǎo yìnxiàng] ❸ (reproduction) 印刷 [yìnshuā] ▸ **impression en couleur** 彩色印刷 [cǎisè yìnshuā] ▸ **impression en noir et blanc** 黑白印刷 [hēibái yìnshuā].

impressionnant, e adj ❶ (imposant) 巨大的 [jùdà de] ▸ **un impressionnant dispositif de surveillance policière** 一套庞大的警察监控督设备 [yí tào pángdà de jǐngchá jiānkòng shèbèi] ❷ (frappant) 给人印象深刻的 [gěi rén yìnxiàng shēnkè de] ▸ **des effets spéciaux impressionnants** 让人震撼的特技 [ràng rén zhènhàn de tèjì].

impressionner vt ❶ (frapper) 给人以深刻印象 [gěi rén yǐ shēnkè yìnxiàng] ▸ **le concert a impressionné le public** 这场音乐会给听众留下了深刻的印象 [zhè chǎng yīnyuèhuì gěi tīngzhòng liúxia le shēnkè de yìnxiàng] ❷ (intimider) 吓唬 [xiàhu] ▸ **ne te laisse pas impressionner par lui** 你不要被他吓住了 [nǐ búyào bèi tā xiàzhù le].

impressionnisme nm ART 印象主义 [yìnxiàngzhǔyì].

imprévisible adj 无法预料的 [wúfǎ yùliào de].

imprévu, e ♦ adj 出乎意料的 [chūhū yìliào de] ▸ **dépense imprévue** 意料之外的支出 [yìliào zhīwài de zhīchū] ▸ **événement imprévu** 意外事件 [yìwài shìjiàn]. ♦ nm 意外 [yìwài] ▸ **j'ai eu un imprévu** 我出了个意外 [wǒ chū le ge yìwài].

imprimante nf (cl. 台 [tái]) 打印机 [dǎyìnjī] ▸ **imprimante à jet d'encre** 喷墨打印机 [pēnmò dǎyìnjī] ▸ **imprimante laser** 激光打印机 [jīguāng dǎyìnjī].

imprimé nm ❶ (formulaire) ○ (cl. 张 [zhāng]) 表格 [biǎogé] ❷ (tissu) 印花 [yìn huā].

imprimer vt ❶ (reproduire) 印刷 [yìnshuā] ▸ **imprimer un texte** 印课文 [yìn kèwén] ▸ **imprimer un tissu** 压印花布 [yāyìn huābù] ❷ (laisser) 留下 [liúxia] ▸ **imprimer un souvenir dans la mémoire de qqn** 在某人的记忆中留下一个回忆 [zài mǒurén de jìyì zhōng liúxia yí ge huíyì].

imprimerie nf ❶ (technique) 印刷术 [yìnshuāshù] ❷ (atelier, usine) 印刷厂 [yìnshuāchǎng].

improbable adj 不大可能的 [búdà kěnéng de] ▸ **succès improbable** 不大可能的成功 [búdà kěnéng de chénggōng].

impropre adj 不得体的 [bùdétǐ de] ▸ **mot impropre** 不恰当的用词 [búqiàdàng de yòngcí] ▸ **tournure impropre** 不得体的措辞 [bùdétǐ de cuòcí] ▸ **être impropre à** 不适合于…… [búshìhé yú…] ▸ **ce produit est impropre à la consommation** 这个产品不宜使用 [zhè ge chánpǐn búyí shǐyòng].

improviser ♦ vt 临时准备 [línshí zhǔnbèi] ▸ **improviser un dîner** 临时安排一顿晚餐 [línshí ānpái yí dùn wǎncān] ▸ **improviser un discours** 即兴发言 [jíxìng fāyán]. ♦ vi 即兴发挥 [jíxìng fāhuī] ▸ **la chanteuse**

improvise sur la musique 这个女歌手随着音乐即兴演唱 [zhè ge nǚgēshǒu suízhe yīnyuè jíxìng yǎnchàng].

improviste ■ **à l'improviste** loc adv 突然地 [tūrán de].

imprudence nf 冒失 [màoshi].

imprudent, e adj 轻率的 [qīngshuài de].

impuissant, e adj ❶ (incapable) 无能为力的 [wúnéng wéilì de] ❷ (sexuellement) 阳萎的 [yángwěi de].

impulsif, ive adj 冲动的 [chōngdòng de].

impulsion nf ❶ (incitation) 推动 [tuīdòng] ▸ **donner une impulsion à qqch** 推动某事 [tuīdòng mǒushì] ❷ (influence) 驱动 [qūdòng] ▸ **sous l'impulsion de qqch** 在……的驱动下 [zài… de qūdòng xià].

impunément adv (sans châtiment) 不受处罚地 [búshòu chǔfá de].

imputer vt (attribuer) ▸ **imputer qqch à** 将某事归咎于…… [jiāng mǒushì guījiù yú…].

inabordable adj ❶ (lieu) 难以靠近的 [nányǐ kàojìn de] ❷ (personne) 难以接近的 [nányǐ jiējìn de] ❸ (prix) 买不起的 [mǎibuqǐ de].

inacceptable adj 不能接受的 [bùnéng jiēshòu de].

inaccessible adj ❶ (difficile à atteindre) 达不到的 [dábúdào de] ▸ **objectif inaccessible** 达不到的目标 [dábúdào de mùbiāo] ▸ **poste inaccessible** 得不到的职位 [débudào de zhíwèi] ❷ (difficile à comprendre) 难以理解的 [nányǐ lǐjiě de] ▸ **philosophie inaccessible** 难以理解的哲学 [nányǐ lǐjiě de zhéxué].

inactif, ive adj ❶ (oisif) 无所事事的 [wúsuǒ shìshì de] ▸ **rester inactif** 处于无所事事的状态 [chǔyú wúsuǒ shìshì de zhuàngtài] ❷ (sans emploi) 未就业的 [wèi jiùyè de].

inadapté, e adj 不适合的 [búshìhé de] ▸ **être inadapté à** 不适合……的 [búshìhé… de].

inadmissible adj 无法接受的 [wúfǎ jiēshòu de] ▸ **propos inadmissibles** 让人无法接受的言词 [ràng rén wúfǎ jiēshòu de yáncí].

inadvertance nf *sout* 疏忽 [shūhu] ▸ **par inadvertance** 由于疏忽 [yóuyú shūhu].

inanition nf 饥饿 [jī'è] ▸ **mourir d'inanition** 饿死 [èsǐ].

inaperçu, e adj ▸ **passer inaperçu** 不被人注意 [búbèirén zhùyì].

inappréciable adj (précieux) 极其宝贵的 [jíqí bǎoguì de] ▸ **soutien inappréciable** 极其宝贵的支持 [jíqí bǎoguì de zhīchí].

inattaquable adj ❶ (imprenable) 难以攻破的 [nányǐ gōngpò de] ▸ **une forteresse inattaquable** 一座难以攻破的堡垒 [yí zuò nányǐ gōngpò de báolěi] ❷ (irréfutable) 无可非议的 [wúkě fēiyì de] ▸ **un scrutin inattaquable** 一次无可非议的选举 [yí cì wúkě fēiyì de xuánjǔ].

inattendu, e adj 意外的 [yìwài de] ▸ **un événement inattendu** 一起意外事件 [yì qǐ yìwài shìjiàn] ▸ **une rencontre inattendue** 一次邂逅 [yí cì xièhòu] ▸ **un résultat inattendu** 一个出乎意料的结果 [yí ge chūhū yìliào de jiéguǒ].

inattention nf 疏忽 [shūhu] ; ➤ **faute**.

inaudible adj ❶ (impossible à entendre) 难以听见的 [nányǐ tīngjiàn de] ▸ **un murmure inaudible** 难以听见的低语声 [nányǐ tīngjiàn de dīyǔ shēng] ❷ (inécoutable) 十分难听的 [shífēn nántīng de] ▸ **je trouve la musique contemporaine inaudible** 我觉得现代音乐难听极了 [wǒ jué de xiàndài yīnyuè nántīng jíle] ▸ **disque inaudible** 不能听的唱片 [bùnéng tīng de chàngpiàn].

inauguration nf (cérémonie) ○ (cl. 场 [chǎng]) 开幕典礼 [kāimùdiánlǐ] ▸ **inauguration d'une galerie** 一家画廊的开幕典礼 [yì jiā huàláng de kāimùdiánlǐ].

inaugurer vt 举行……开幕典礼 [jǔxíng… kāimùdiánlǐ] ▸ **inaugurer un monument** 举行一座纪念碑的落成仪式 [jǔxíng yí zuò jìniànbēi de luòchéng yíshì] ▸ **inaugurer une ère** 开始一个纪元 [kāishǐ yí ge jìyuán].

incalculable adj ❶ (indéterminable) 数不清的 [shǔbuqīng de] ▸ **le nombre des étoiles est incalculable** 星星的数目是数不清的 [xīngxīng de shùmù shì shǔbuqīng de] ❷ (considérable) 难以估计的 [nányǐ gūjì de] ▸ **conséquences incalculables** 难以估计的后果 [nányǐ gūjì de hòuguǒ].

incapable ♦ adj ▸ **être incapable de faire qqch** 不会做某事 [búhuì zuò mǒushì]. ♦ nmf 无能的人 [wúnéng de rén].

incarcération nf 监禁 [jiānjìn] ▸ **procéder à l'incarcération de qqn** 对某人执行监禁 [duì mǒurén zhíxíng jiānjìn].

incarner vt ❶ (personnifier) 表现 [biǎoxiàn] ▸ **il incarne la générosité** 他表现出宽宏大量 [tā biǎoxiàn chū kuānhóng dàliàng] ❷ CINÉ & THÉÂTRE 扮演 [bànyǎn] ▸ **incarner un personnage à l'écran** 在银幕上扮演一个人物 [zài yínmù shàng bànyǎn yí ge rénwù].

incassable adj 不易碎的 [búyìsuì de] ▸ **verres incassables** 不易碎的玻璃 [búyìsuì de bōli].

incendie nm (cl. 场 [chǎng]) 火灾 [huǒzāi] ▸ **l'incendie a été maîtrisé** 火势被控制住了 [huǒshì bèikòngzhìzhù le] ▸ **un incendie s'est déclaré dans la forêt** 森林里爆发了一场火灾 [sēnlín lǐ bàofā le yì chǎng huǒzāi] ▸ **incendie criminel** 纵火 [zònghuǒ] ▸ **incendie de forêt** 森林火灾 [sēnlín huǒzāi].

incendier vt ❶ (mettre le feu à) 烧毁 [shāohuǐ] ▸ **incendier un magasin** 烧毁一家商店 [shāohuǐ yì jiā shāngdiàn] ❷ *fam* (réprimander) 狠狠地责备 [hénhěn de zébèi].

incertain, e adj ❶ (qui n'est pas connu) 不确定的 [búquèdìng de] ▸ **avenir incertain** 不确定的前途 [búquèdìng de qiántú] ▸ **réussite incertaine** 没有把握的成功 [méiyǒu bǎwò de chénggōng] ❷ (peu sûr) 犹豫的 [yóuyù de] ▸ **il avançait d'un pas incertain** 他犹豫地向前走了一步 [tā yóuyù de xiàngqián zǒu le yí bù] ❸ (variable) 多变的 [duōbiàn de] ▸ **date incertaine** 不确定的日期 [búquèdìng de rìqī] ▸ **temps incertain** 多变的天气 [duōbiàn de tiānqì].

incertitude nf ❶ (caractère aléatoire) 不确定 [búquèdìng] ▸ **l'incertitude d'un résultat** 一个结果的不确定 [yí ge jiéguǒ de búquèdìng] ❷ (hasard) 无法预料的 [wúfǎ yùliào de] ▸ **les incertitudes du lendemain** 未来的无法预料 [wèilái de wúfǎ yùliào] ❸ (doute) 犹豫 [yóuyù] ▸ **être dans l'incertitude** 犹豫不决 [yóuyù bùjué].

incessamment adv 马上 [mǎshàng] ▸ **il arrive incessamment** 他马上就到 [tā mǎshàng jiù dào].

incessant, e adj 不断的 [búduàn de] ▸ **bavardages incessants** 不断的闲聊 [bùduàn de xiánliáo] ▸ **bruit incessant** 连续不断的噪音 [liánxù búduàn de zàoyīn] ▸ **disputes incessantes** 不断的争吵 [búduàn de zhēngchǎo].

inceste nm 乱伦 [luànlún] ▸ **être coupable d'inceste** 犯乱伦罪 [fàn luànlún zuì].

incidence nf 后果 [hòuguǒ] ▸ **il n'a pas mesuré les incidences de sa décision** 他没有考量自己决定的后果 [tā méiyǒu kǎoliàng zìjǐ juédìng de hòuguǒ] ▸ **avoir une incidence sur qqch** 对某事有影响 [duì mǒushì yǒu yíngxiǎng].

incident, e nm (difficulté) 意外事件 [yìwài shìjiàn] ▸ **en cas d'incident** 遇到意外事故时 [yùdào yìwài shìgù shí] ▸ **incident diplomatique** 外交事件 [wàijiāo shìjiàn] ▸ **incident de parcours** 意外的麻烦 [yìwài de máfan].

incinérer vt 火化 [huǒhuà] ▸ **se faire incinérer** 使自己被火化 [shǐ zìjǐ bèi huǒhuà].

incisif, ive adj 尖锐的 [jiānruì de] ▸ **remarque incisive** 尖锐的评语 [jiānruì de píngyǔ] ▸ **ton incisif** 尖刻的口气 [jiānkè de kǒuqì].

▪ **incisive** nf (cl. 颗 [kē]) 切牙 [qiēyá].

inciter vt 促使 [cùshǐ] ▸ **inciter qqn à faire qqch** 促使某人做某事 [cùshǐ mǒurén zuò mǒu shì].

incliner vt (pencher) 弯下 [wānxia] ▸ **incliner la tête** 低头 [dītóu] ▸ **le vent incline les arbres** 风吹弯了树 [fēng chuīwān le shù].

▪ **s'incliner** vp ❶ (se pencher) 倾斜 [qīngxié] ▸ **le mât s'inclinait au gré du vent** 桅杆随着风的方向而倾斜 [wéigān suízhe fēng de fāngxiàng ér qīngxié] ❷ (se soumettre) 认输 [rènshū] ▸ **il s'est incliné en trois sets** 他输了三局 [tā shū le sān jú] ▸ **d'accord, je m'incline** 好了，我认输 [hǎo le, wǒ rènshū] ▸ **s'incliner devant qqn/qqch** - a) (s'avouer vaincu) 屈服于某人/某事 [qūfú yú mǒurén/mǒushì] - b) (respecter) 敬佩某人/某事 [jìngpèi mǒurén/mǒushì] ▸ **je m'incline devant votre courage** 我敬佩您的勇气 [wǒ jìngpèi nín de yǒngqì].

inclure vt ❶ (contenir) 包括 [bāokuò] ▸ **le forfait inclut les repas** 承包定额中包括餐费 [chéngbāo dìng'é zhōng bāokuò cānfèi] ❷ (joindre) 加入 [jiārù] ▸ **inclure un nouveau paragraphe dans un texte** 在文章中加入一个新的段落 [zài wénzhāng zhōng jiārù yí ge xīn de duànluò].

inclus, e adj MÉD 包括在内的 [bāokuò zàinèi de] ▸ **les taxes ne sont pas incluses dans le prix** 税费不包括在价钱中 [shuìfèi bù bāokuò zài jiàqian zhōng] ▸ **jusqu'à jeudi inclus** 直到星期四，包括该日在内 [zhídào xīngqīsì, bāokuò gāirì zàinèi].

incognito ♦ adv 微服 [wēifú] ▸ **voyager incognito** 微服出行 [wēifú chūxíng]. ♦ nm 隐姓埋名 [yǐnxìng máimíng].

incohérent, e adj 缺乏条理的 [quēfá tiáolǐ de] ▸ **c'est totalement incohérent!** 这根本缺乏条理！ [zhè gēnběn quēfá tiáolǐ!] ▸ **attitude incohérente** 前后不一致的态度 [qiánhòu bù yízhì de tàidu] ▸ **histoire incohérente** 内容不连贯的故事 [nèiróng bùliánguàn de gùshi] ▸ **texte incohérent** 缺乏条理的文章 [quēfá tiáolǐ de wénzhāng].

incolore adj 无色的 [wúsè de] ▸ **incolore, inodore et sans saveur** 无色，无臭，无味 [wúsè, wúxiù, wúwèi] ▸ **vernis incolore** 无色清漆 [wúsè qīngqī].

incomber ▪ **incomber à** v+prép ▸ **incomber à qqn** 落到某人身上 [luòdào mǒurén shēnshang] ▸ **cette tâche lui incombe** 这件任务落到他身上了 [zhè jiàn rènwu luòdào tā shēnshang le] ▸ **il incombe à qqn de faire qqch** 该由某人去做某事 [gāi yóu mǒurén qù zuò mǒushì].

incommoder vt *sout* 使……不舒服 [shǐ… bùshūfú] ▸ **l'odeur du tabac vous incommode-t-elle ?** 烟草的气味让您不舒服吗？ [yāncǎo de qìwèi ràng nín bùshūfu ma?].

incomparable adj ❶ (différent) 无从比较的 [wúcóng bǐjiào de] ▸ **deux choses complètement incomparables** 两件完全无从比较的东西 [liǎng jiàn wánquán wúcóng bǐjiào de dōngxi] ❷ (inégalable) 无比的 [wúbǐ de] ▸ **elle est d'une beauté incomparable** 她美丽无比 [tā měilì wúbǐ].

incompatible adj ❶ (que l'on ne peut associer) 不相容的 [bùxiāngróng de] ▸ **des caractères totalement incompatibles** 完全不相容的性格 [wánquán bùxiāngróng de xìnggé] ❷ MÉD 不匹配的 [bù pǐpèi de] ▸ **des groupes sanguins incompatibles** 不匹配的血型 [bù pǐpèi de xuèxíng] ❸ INFORM 不兼容的 [bù jiānróng de] ▸ **programmes incompatibles** 不兼容的程序 [bù jiānróng de chéngxù].

incompétent, e adj (incapable) 不称职的 [búchènzhí de] ▸ **ce président est incompétent** 这个总统不称职 [zhè ge zóngtǒng búchènzhí] ▸ **être incompétent en qqch** 对某事外行 [duì mǒushì wàiháng].

incomplet, ète adj 不完整的 [bùwánzhěng de] ▸ **une œuvre restée incomplète** 一部不完整的作品 [yí bù bùwánzhěng de zuòpǐn].

incompréhensible adj 不可理解的 [bùkě lǐjiě de] ▸ **une disparition incompréhensible** 一起不可理解的失踪 [yì qǐ bùkě lǐjiě de shīzōng] ▸ **un discours incompréhensible** 一次难懂的演说 [yí cì nándǒng de yǎnshuō].

incompréhensif, ive adj 理解的 [bùlǐjiě de] ▸ **tu es incompréhensif avec les autres** 你对别人不理解 [nǐ duì biéren bùlǐjiě].

incompris, e ♦ adj ❶ (méprisé) 不受赏识的 [búshòu shǎngshí de] ▸ **un artiste incompris** 一个不受赏识的艺术家 [yí ge búshòu shǎngshí de yìshùjiā] ❷ (non compris) 不被理解的 [búbèi lǐjiě de] ▸ **un texte incompris** 一篇不被理解的文章 [yì piān búbèi lǐjiě de wénzhāng]. ♦ nm, f 不受赏识的人 [búshòu shǎngshí de rén].

inconcevable adj 不可思议的 [bùkěsīyì de] ▸ **une chose inconcevable** 一件不可思议的事 [yí jiàn bùkěsīyì de shì] ▸ **une cruauté inconcevable** 一件难以想象的暴行 [yí jiàn nányǐ xiǎngxiàng de bàoxíng].

inconciliable adj 不可调和的 [bùkětiáohe de] ▸ **des objectifs inconciliables** 不可调和的目标 [bùkětiáohe de mùbiāo].

inconfortable adj ❶ (peu confortable) 不舒服的 [bùshūfu de] ▸ **un siège inconfortable** 一个不舒服的座位 [yí ge bùshūfu de zuòwèi] ❷ *fig* (embarrassant) 困难的 [kùnnan de]

▸ **une situation inconfortable** 一个困难的处境 [yí ge kùnnan de chǔjìng].

incongru, e adj 不恰当的 [búqiàdàng de] ▸ **une remarque incongrue** 一个不恰当的评语 [yí ge búqiàdàng de píngyǔ] ▸ **une situation incongrue** 一个不适宜的场面 [yí ge búshìyí de chǎngmiàn].

inconnu, e ♦ adj ❶ (étranger) 陌生的 [mòshēng de] ▸ **ce visage ne m'est pas inconnu** 这张面孔对我来说不陌生 [zhè zhāng miànkǒng duì wǒ láishuō bú mòshēng] ▸ **un visiteur inconnu** 一个陌生的访客 [yí ge mòshēng de fǎngkè] ▸ **inconnu à cette adresse** 收件人不住在这个地址 [shōujiànrén búzhùzài zhè ge dìzhǐ] ❷ (non célèbre) 不知名的 [bùzhīmíng de] ▸ **écrivain inconnu** 不知名的作家 [bùzhīmíng de zuòjiā] ❸ (indéfini) 不明的 [bùmíng de] ▸ **les causes de la mort sont encore inconnues** 死亡原因尚且不明 [sǐwáng yuányīn shàngqiě bùmíng] ▸ **né de père inconnu** 生身父亲不明 [shēngshēn fùqin bùmíng]. ♦ nm, f 陌生人 [mòshēngrén] ▸ **un illustre inconnu** 一个默默无闻的人 [yí ge mòmò wúwén de rén].

▪ **inconnu** nm 未知的事物 [wèizhī de shìwù] ▸ **l'inconnu ne lui fait pas peur** 未知的事物不会让他害怕 [wèizhī de shìwù búhuì ràng tā hàipà].

inconsciemment adv 不自觉地 [búzìjué de].

inconscient, e adj ❶ (évanoui) 昏迷的 [hūnmí de] ▸ **le blessé est resté inconscient quelques minutes** 伤者昏迷了几分钟 [shāngzhě hūnmí le jǐ fēnzhōng] ❷ (irresponsable) 轻率的 [qīngshuài de] ▸ **tu es complètement inconscient de rouler si vite !** 你开车这么快真是太轻率了！ [nǐ kāichē zhème kuài zhēn shì tài qīngshuài le!] ❸ (machinal) 无意识的 [wúyìshi de] ▸ **geste inconscient** 无意识的动作 [wúyìshi de dòngzuò].

▪ **inconscient** nm PSYCHO 无意识 [wúyìshi] ▸ **l'inconscient collectif** 集体无意识 [jítǐ wúyìshi].

incontestable adj 毫无疑问的 [háowúyíwèn de] ▸ **il a fait des efforts, c'est incontestable** 他曾努力过，这是毫无疑问的 [tā céng nǔlì guò, zhè shì háowúyíwèn de] ▸ **une preuve incontestable** 一个确凿的证据 [yí ge quèzáo de zhèngjù].

incontinent, e ♦ adj MÉD (大小便)失禁的 [(dàxiǎobiàn) shījìn de] ▸ **mon grand-père est incontinent** 我祖父大小便失禁 [wǒ zǔfù dàxiǎobiàn shījìn]. ♦ nm, f 大小便失禁患者 [dàxiǎobiàn shījìn huànzhě].

incontournable adj 无法回避的 [wúfǎ huíbì de] ▸ **une question incontournable** 无法回避的问题 [wúfǎ huíbì de wèntí].

inconvénient nm ❶ (objection) 不便 [búbiàn] ▸ **si vous n'y voyez pas d'inconvénient** 如果您不觉得有什么不便的话 [rúguǒ nín bùjué de yǒu shénme búbiàn de huà] ❷ (désavantage) 缺点 [quēdiǎn].

incorrect, e adj ❶ (fautif) 错误的 [cuòwù de] ▸ **une phrase incorrecte** 错误的句子 [cuòwù de jùzi] ❷ (inconvenant) 不礼貌的 [bùlǐmào de] ▸ **c'était incorrect de leur part de ne pas prévenir** 他们没有提前通知是他们不礼貌 [tāmen méiyǒu tíqián tōngzhī shì tāmen bùlǐmào] ▸ **être incorrect avec qqn** 对某人不礼貌 [duì mǒurén bùlǐmào].

incorrigible adj 无可救药的 [wúkě jiùyào de] ▸ **une incorrigible curiosité** 一种无可救药的好奇心 [yì zhǒng wúkě jiùyào de hàoqíxīn].

incorruptible adj (intègre) 廉洁的 [liánjié de] ▸ **un juge incorruptible** 廉洁的法官 [liánjié de fǎguān].

incriminer vt 指控 [zhǐkòng] ▸ **incriminer des innocents** 指控无辜的人 [zhǐkòng wúgū de rén] ▸ **le texte incriminé sera retiré de la circulation** 这篇受指控的文章将被禁止传播 [zhè piān shòu zhǐkòng de wénzhāng jiāng bèi jìnzhǐ chuánbō].

incroyable adj ❶ (invraisemblable) 难以置信的 [nányǐ zhìxìn de] ▸ **une histoire incroyable** 一个难以置信的故事 [yí ge nányǐ zhìxìn de gùshi] ❷ (inouï) 希罕的 [xīhan de] ▸ **une chance incroyable** 一个希罕的运气 [yí ge xīhan de yùnqi] ❸ (étonnant) 非同一般的 [fēitóng yìbān de] ▸ **ce garçon est incroyable, il a un culot infernal** 这个男孩非同一般，他有惊人的胆量 [zhè ge nánhái fēitóng yìbān, tā yǒu jīngrén de dǎn liáng].

incruster vt (insérer) ▸ **incruster qqch dans qqch** 把某物镶嵌到某物中 [bá mǒuwù xiāngqiàn dào mǒuwù zhōng] ▸ **incruster de la nacre dans l'ébène** 将珍珠层镶嵌到乌木中 [jiāng zhēnzhūcéng xiāngqiàn dào wūmù zhōng].

▪ **s'incruster** vp ▸ **s'incruster dans qqch** 嵌进某物之中 [qiànjìn mǒuwù zhīzhōng] ▸ **le tartre s'est incrusté dans le fond de la marmite** 锅底结了水垢 [guōdǐ jié le shuǐgòu].

incubation nf ❶ (couvaison) 孵化 [fūhuà] ❷ MÉD 潜伏期 [qiánfúqī] ▸ **l'incubation dure trois jours** 潜伏期持续三天 [qiánfúqī chíxù sān tiān].

inculpation nf 被控 [bèikòng] ▸ **inculpation pour trahison** 被控叛变 [bèikòng pànbiàn].

inculpé, e nm, f 被告人 [bèigàorén].

inculper vt 控告 [kònggào] ▸ **inculper qqn de qqch** 以某事控告某人 [yí mǒushì kònggào mǒurén] ▸ **il a été inculpé de vol** 他因盗窃而被控告 [tā yīn dàoqiè ér bèi kònggào].

inculquer vt 反复灌输 [fǎnfù guànshū] ▸ **inculquer qqch à qqn** 给某人反复灌输某事 [géi mǒurén fǎnfù guànshū mǒushì].

incurable adj 不治的 [búzhì de] ▸ **une maladie incurable** 不治之症 [búzhì zhīzhèng].

Inde nf ▸ **l'Inde** 印度 [Yìndù].

indécent, e adj 下流的 [xiàliú de] ▸ **une conduite indécente** 下流的举止 [xiàliú de júzhǐ] ▸ **un gaspillage indécent** 过度的浪费 [guòdù de làngfèi] ▸ **des propos indécents** 下流话 [xiàliúhuà] ▸ **une tenue indécente** 不雅的穿着 [bùyǎ de chuānzhuó].

indécis, e ♦ adj ❶ (hésitant) 犹豫的 [yóuyù de] ❷ (flou) 未定的 [wèidìng de] ▸ **une victoire indécise** 未定的胜利 [wèidìng de shènglì]. ♦ nm, f 犹豫不决的人 [yóuyù bùjué de rén].

indéfini, e adj ❶ (illimité) 无限的 [wúxiàn de] ▸ **espace/temps indéfini** 无限的空间/时间 [wúxiàn de kōngjiān/shíjiān] ❷ (imprécis) 不明确的 [bùmíngquè de] ❸ GRAMM 不定的 [búdìng de] ▸ **adjectif indéfini** 泛指形容词 [fànzhǐ xíngróngcí] ▸ **article indéfini** 不定冠词 [búdìng guāncí] ▸ **pronom indéfini** 泛指代词 [fànzhǐ dàicí].

indéfiniment adv 无限期地 [wúxiànqī de] ▸ **nous ne pouvons pas rester ici indéfiniment** 我们不能无限期地呆在这里 [wǒmen bùnéng wúxiànqī de dāizài zhèli].

indélébile adj ❶ (ineffaçable) 擦不掉的 [cābudiào de] ▸ **encre indélébile** 擦不掉的墨水 [cābudiào de mòshuǐ] ❷ *fig* (impérissable) 难以磨灭的 [nányǐ mómiè de] ▸ **souvenir indélébile** 难以磨灭的记忆 [nányǐ mómiè de jìyì].

indemne adj 安然无恙的 [ānrán wúyàng de] ▸ **sortir indemne de qqch** 经历某事而安然无恙 [jīnglì mǒushì ér ānrán wúyàng].

indemniser vt ❶ (dédommager) 赔偿 [péicháng] ▸ **indemniser un chômeur** 补偿一个失业者 [bǔcháng yí ge shīyèzhě] ▸ **indemniser une victime** 赔偿一个受害者 [péicháng yí ge shòuhàizhě] ❷ (défrayer) (为某人)支付 [(wèi mǒurén) zhīfù] ▸ **indemniser qqn de qqch** 为某人支付某物 [wèi mǒurén zhīfù mǒuwù] ▸ **vous serez indemnisés de vos frais de transport** 您的交通费会被支付的 [nínde jiāotōng fèi huì bèi zhīfù de].

indemnité nf 赔偿金 [péichángjīn] ▸ **verser une indemnité** 缴纳一笔赔偿金 [jiǎonà yì bǐ péichángjīn] ▸ **indemnité de licenciement** 解雇补贴 [jiěgù bǔtiē].

▪ **indemnités** nfpl 津贴 [jīntiē] ▸ **indemnités de chômage** 失业补贴 [shīyè bǔtiē] ▸ **indemnités journalières** 日津贴 [rì jīntiē].

indémodable adj 不会过时的 [búhuì guòshí de].

indéniable adj 不能否认的 [bùnéng fǒurèn de] ▸ **une preuve indéniable** 不能否认的证据 [bùnéng fǒurèn de zhèngjù] ▸ **un témoignage indéniable** 不能否认的证词 [bùnéng fǒurèn de zhèngcí].

indépendamment ▪ **indépendamment de** prép ❶ (en faisant abstraction de) 撇开 [piēkāi] ▸ **indépendamment de son statut, il est apprécié de tous** 撇开他的职位，所有的人都赏识他 [piēkāi tāde zhíwèi, suóyǒu de rén dōu shǎngshí tā] ❷ (outre) 除……之外 [chú… zhīwài] ▸ **indépendamment de mon travail, j'étudie la comptabilité** 工作之

余，我还学习会计 [gōngzuò zhī yú, wǒ hái xuéxí kuàijì].

indépendance nf ❶ (liberté, autonomie) 独立 [dúlì] ▸ **prendre son indépendance** 取得独立 [qǔ de dúlì] ▸ **l'indépendance de la justice** 司法独立 [sīfǎ dúlì] ❷ (décolonisation) 独立自主 [dúlì zìzhǔ] ▸ **accéder à l'indépendance** 实现独立自主 [shíxiàn dúlì zìzhǔ].

indépendant, e adj ❶ (autonome) 自立的 [zìlì de] ▸ **femme indépendante** 自立的女人 [zìlì de nǚrén] ❷ (à son compte) 个体的 [gètǐ de] ▸ **travailleur indépendant** 个体劳动者 [gètǐ láodòngzhě] ❸ (libre) 独立的 [dúlì de] ▸ **institution indépendante** 独立的机构 [dùlì de jīgòu] ▸ **pays indépendant** 独立自主的国家 [dúlì zìzhǔ de guójiā] ❹ (non lié) 不取决于 [bùqǔjué yú] ▸ **pour des raisons indépendantes de ma volonté** 出于不取决于我的意愿的原因 [chūyú bùqǔjué yú wǒde yìyuàn de yuányīn] ❺ GRAMM 独立的 [dúlì de] ▸ **proposition indépendante** 独立句 [dúlì jù].

indescriptible adj 无法形容的 [wúfǎ xíngróng de] ▸ **éprouver une joie indescriptible** 感受到一种无法形容的喜悦 [gǎnshòu dào yì zhǒng wúfǎ xíngróng de xǐyuè].

indestructible adj ❶ (inaltérable) 无法销毁的 [wúfǎ xiāohuǐ de] ▸ **matériau indestructible** 无法销毁的材料 [wúfǎ xiāohuǐ de cáiliào] ❷ *fig* (éternel) 坚不可摧的 [jiānbùkěcuī de] ▸ **une amitié indestructible** 坚不可摧的友谊 [jiānbùkěcuī de yǒuyì].

indéterminé, e adj 未确定的 [wèi quèdìng de] ▸ **date indéterminée** 未确定的日期 [wèi quèdìng de rìqī] ▸ **durée indéterminée** 未确定的期限 [wèi quèdìng de qīxiàn] ▸ **une quantité indéterminée** 未确定的数量 [wèi quèdìng de shùliàng].

index nm ❶ (doigt) 食指 [shízhǐ] ▸ **montrer de l'index** 伸出食指指向 [shēnchū shízhǐ zhǐxiàng] ❷ (liste) 索引 [suóyǐn] ▸ **index alphabétique** 按字母顺序编排的索引 [àn zìmǔ shùnxù biānpái de suóyǐn].

indexer vt ÉCON ▸ **indexer qqch sur qqch** 按某物指数计算某物 [àn mǒuwù zhǐshù jìsuàn mǒuwù] ▸ **indexer les salaires sur le coût de la vie** 按生活费指数计算薪金 [àn shēnghuófèi zhǐshù jìsuàn xīnjīn].

indicateur, trice ♦ adj (signalisation) 指示的 [zhǐshì de] ▸ **panneau indicateur** 指示牌 [zhǐshì pái] ▸ **poteau indicateur** 路标 [lùbiāo]. ♦ nm ❶ (guide) 指南 [zhǐnán] ▸ **l'indicateur des chemins de fer** 铁路指南 [tiělù zhǐnán] ❷ ÉCON 指数 [zhǐshù] ▸ **les indicateurs de l'économie** 经济指数 [jīngjì zhǐshù] ❸ TECHNOL 指示器 [zhǐshìqì] ▸ **indicateur de pression** 压力指示器 [yālì zhǐshìqì] ❹ (de police) 眼线 [yǎnxiàn].

indicatif, ive adj 指示的 [zhǐshì de] ▸ **bibliographie indicative** 指示性的参考书目 [zhǐshì xìng de cānkǎo shūmù] ▸ **prix indicatif** 指标价格 [zhǐbiāo jiàgé] ▸ **à titre indicatif** 作为参考 [zuòwéi cānkǎo].

▪ **indicatif** nm ❶ TÉLÉCOM 代码 [dàimǎ] ▸ **composer l'indicatif avant le numéro** 在号码前加拨代码 [zài hàomǎ qián jiābō dàimǎ] ▸ **indicatif téléphonique** 电话代码 [diànhuà dàimǎ] ❷ GRAMM ▸ **l'indicatif** 直陈式 [zhíchén shì].

indication nf ❶ (renseignement) ○ (cl. 个 [gè] ou 条 [tiáo] ou 则 [zé]) 消息 [xiāoxi] ▸ **donner des indications** 提供消息 [tígōng xiāoxi] ❷ (mention) 注明 [zhùmíng] ▸ **indication d'origine** 产地注明 [chǎndì zhùmíng] ▸ **indication de prix** 价格注明 [jiàgé zhùmíng] ▸ **indication scénique** 脚本 [jiáoběn] ❸ (directive) 指示 [zhǐshì] ▸ **sauf indication contraire du médecin** 违背医生指示的除外 [wéibèi yīshēng zhǐshì de chúwài].

indice nm ❶ (signe, trace) 迹象 [jìxiàng] ▸ **être un indice de qqch** 是某事的迹象 [shì mǒushì de jìxiàng] ❷ (dans une enquête) 线索 [xiànsuǒ] ▸ **fournir un indice** 提供一个线索 [tígōng yí ge xiànsuǒ] ❸ (mesure) 指数 [zhǐshù] ▸ **indice boursier** 证券交易指数 [zhèngquàn jiāoyì zhǐshù] ▸ **indice du coût de la vie** 生活费指数 [shēnghuófèi zhǐshù].

indicible adj *sout* 说不出的 [shuōbuchū de] ▸ **une joie indicible** 一种说不出的喜悦 [yì zhǒng shuōbuchū de xǐyuè].

indien, enne adj 印度的 [yìndù de].

▪ **Indien, enne** nm, f ❶ (d'Inde) 印度人 [Yìndùrén] ❷ (d'Amérique) 印第安人 [Yìndì'ānrén].

indifféremment adv 无区别地 [wúqūbié de].

indifférence nf 冷淡 [lěngdàn] ▸ **rencontrer l'indifférence générale** 受到普遍冷淡 [shòudào pǔbiàn lěngdàn].

indifférent, e adj ❶ (égal) 无所谓的 [wúsuǒwèi de] ▸ **cela m'est indifférent** 这对我来说无所谓 [zhè duì wǒ láishuō wúsuǒwèi] ❷ (insensible) 漠不关心的 [mò bù guānxīn de] ▸ **laisser qqn indifférent** 使某人不感兴趣 [shǐ mǒurén bùgǎn xìngqù] ▸ **être indifférent à qqch** 对某事漠不关心 [duì mǒu shì mò bù guānxīn].

indigestion nf 消化不良 [xiāohuà bùliáng] ▸ **j'ai eu une indigestion à cause du poulet** 我因吃了鸡肉而消化不良 [wǒ yīn chī le jīròu ér xiāohuà bùliáng].

indigne adj ❶ (honteux) 可耻的 [kěchǐ de] ▸ **conduite indigne** 可耻的行为 [kěchǐ de xíngwéi] ▸ **propos indignes** 侮辱性的话 [wǔrǔ xìng de huà] ❷ (qui n'est pas digne de son rôle) 不尽责的 [bújìnzé de] ▸ **parents indignes** 不尽责的父母 [bújìnzé de fùmǔ] ❸ (qui ne mérite pas) 不值得的 [bùzhídé de] ▸ **être indigne de confiance** 不值得信任 [bùzhídé xìnrèn].

indigné, e adj 气愤的 [qìfèn de] ▸ **d'un air indigné** 气愤的表情 [qìfèn de biǎoqíng].

indigner vt 激起愤怒 [jīqǐ fènnù] ▸ **ils ont été indignés par mon comportement** 他们被我的行为激怒了 [tāmen bèi wǒde xíngwéi jīnù le].

▪ **s'indigner** vp ▸ **s'indigner de qqch** 对某事感到愤慨 [duì mǒushì gǎndào fènkǎi].

indigo ♦ nm 靛蓝 [diànlán]. ♦ adj inv 靛蓝色的 [diànlánsè de].

indiquer vt ❶ (afficher) 指示 [zhǐshì] ▸ **la pendule indique l'heure juste** 挂钟指示准确的时间 [guàzhōng zhǐshì zhǔnquè de shíjiān] ▸ **le panneau indique la direction** 路标指示方向 [lùbiāo zhǐshì fāngxiàng] ❷ (signaler) 标明 [biāomíng] ▸ **merci d'indiquer clairement vos coordonnées** 请您清楚地标明您的联系方式 [qǐng nín qīngchu de biāomíng nínde liánxì fāngshì] ❸ (recommander) 介绍 [jièshào] ▸ **indiquer qqch à qqn** 给某人介绍某事 [gěi mǒurén jièshào mǒushì] ❹ (donner, renseigner sur) 告诉 [gàosu] ▸ **pourriez-vous m'indiquer l'heure s'il vous plaît ?** 您能告诉我几点了吗？ [nín néng gàosu wǒ jǐdiǎn le ma?].

indirect, e adj (qui fait des détours) 间接的 [jiànjiē de] ▸ **itinéraire indirect** 间接的路线 [jiànjiē de lùxiàn] ▸ **dire qqch d'une manière indirecte** 以一种间接的方式说话 [yǐ yì zhǒng jiànjiē de fāngshì shuōhuà].

indiscret, ète adj ❶ (curieux) 冒昧的 [màomèi de] ▸ **si ce n'est pas indiscret** 如果不冒昧的话 [rúguǒ bú màomèi de huà] ▸ **une question indiscrète** 冒昧的问题 [màomèi de wèntí] ❷ (bavard) 嘴不严的 [zuǐbuyán de] ▸ **elle a été indiscrète, tout le monde est au courant** 大家都知道她嘴不严 [dàjiā dōu zhīdào tā zuǐbuyán].

indiscrétion nf ❶ (curiosité) 冒昧 [màomèi] ▸ **pardonnez mon indiscrétion, mais...** 请原谅我的冒昧，但是…… [qǐng yuánliàng wǒde màomèi, dànshì…] ▸ **sans indiscrétion** 不冒昧地 [bú màomèi de] ❷ (révélation) 泄露 [xièlù].

indiscutable adj 无可置疑的 [wúkě zhìyí de] ▸ **preuve indiscutable** 确凿的证据 [quèzáo de zhèngjù] ▸ **succès indiscutable** 无可置疑的成功 [wúkě zhìyí de chénggōng].

indispensable ♦ adj ❶ (irremplaçable) 必不可少的 [bìbù kěshǎo de] ▸ **être indispensable à qqn/qqch** 对于某人/某事是必不可少的 [duìyú mǒurén/mǒushì shì bìbù kěshǎo de] ❷ (obligatoire) 必须的 [bìxū de] ▸ **il est indispensable de** *(+ indicatif)* 必须…… [bìxū…] ▸ **il est indispensable que** *(+ subjonctif)* ……是必要的 […shì bìyào de]. ♦ nm ▸ **l'indispensable** 必要的东西 [bìyào de dōngxi] ▸ **n'emportez que l'indispensable** 只带走必要的东西 [zhǐ dàizǒu bìyào de dōngxi].

indisponible adj ❶ (produit) 无权处分的 [wúquán chǔfèn de] ❷ (personne) 没有空闲的 [méiyǒu kòngxián de].

individu nm ❶ (être humain) 个人 [gèrén] ▸ **les droits de l'individu** 个人的权利 [gèrén de quánlì] ❷ *péj* (personne) 家伙 [jiāhuo] ▸ **qui est cet individu ?** 这家伙是谁？ [zhè jiāhuo shì shéi?] ▸ **un individu peu recommandable** 一个不值得一提的家伙 [yí ge bùzhí de yì tí de jiāhuo].

individuel, elle adj ❶ (personnel) 个别的 [gèbié de] ▸ **cas individuel** 个别情况 [gèbié qíngkuàng] ❷ (pour une personne) 单人的 [dānrén de] ▸ **chambre individuelle** 单人房间 [dānrén fángjiān] ▸ **portion individuelle** 单人的份量 [dānrén de fènliáng] ❸ (propre à l'individu) 个人的 [gèrén de] ▸ **liberté individuelle** 个人自由 [gèrén zìyóu].

indolore adj 无痛的 [wútòng de].

Indonésie nf ▸ **l'Indonésie** 印度尼西亚 [Yìndùníxīyà].

indonésien, enne adj 印度尼西亚的 [yìndùníxīyà de].

▪ **Indonésien, enne** nm, f 印度尼西亚人 [Yìndùníxīyàrén].

induire vt ▸ **induire qqn à faire qqch** 引诱某人做某事 [yǐnyòu mǒurén zuò mǒushì] ▸ **induire qqn en erreur** 引诱某人上当 [yǐnyòu mǒurén shàngdàng] ▸ **induire qqch de qqch** 从某事中归纳出某事 [cóng mǒushì zhōng guīnàchū mǒushì].

indulgence nf 宽容 [kuānróng] ▸ **demander l'indulgence du jury** 请求陪审团的宽容 [qǐngqiú péishěntuán de kuānróng] ▸ **faire preuve d'indulgence** 表现出宽容 [biǎoxiàn chū kuānróng] ▸ **avec indulgence** 宽容地 [kuānróng de].

indulgent, e adj 宽容的 [kuānróng de] ▸ **être indulgent avec qqn** 对某人宽容 [duì mǒurén kuānróng] ▸ **des parents indulgents** 宽容子女的父母 [kuānróng zínǚ de fùmǔ].

industrialisé, e adj 工业化的 [gōngyèhuà de] ▸ **les pays industrialisés** 工业化的国家 [gōngyèhuà de guójiā].

industrialiser vt 使……工业化 [shǐ… gōngyèhuà] ▸ **industrialiser un pays** 使一个国家工业化 [shǐ yí ge guójiā gōngyèhuà].

▪ **s'industrialiser** vp 工业化 [gōngyèhuà].

industrie nf ❶ (secteur) 工业 [gōngyè] ▸ **travailler dans l'industrie** 在工业部门工作 [zài gōngyè bùmén gōngzuò] ▸ **industrie automobile** 汽车工业 [qìchē gōngyè] ▸ **industrie de pointe** 尖端工业 [jiānduān gōngyè] ❷ (usine) ○ (cl. 家 [jiā]) 企业 [qǐyè].

industriel, elle adj ❶ (pourvu d'industries) 工业的 [gōngyè de] ▸ **équipement industriel** 工业设备 [gōngyè shèbèi] ▸ **produits industriels** 工业产品 [gōngyè chánpǐn] ▸ **ville industrielle** 工业城市 [gōngyè chéngshì] ❷ (produit en grande quantité) ▸ **en quantité industrielle** *fam* 大批 [dàpī].

▪ **industriel** nm (cl. 个 [gè] ou 位 [wèi] ou 名 [míng]) 企业家 [qǐyèjiā].

inébranlable adj 坚定不移的 [jiāndìng bùyí de] ▸ **son courage est inébranlable** 他的勇气坚定不移 [tāde yǒngqì jiāndìng bùyí] ▸ **foi inébranlable** 坚定不移的信念 [jiāndìng bùyí de xìnniàn].

inédit, e adj ❶ (non publié) 未出版过的 [wèi chūbǎnguò de] ▸ **un roman inédit** 一本未出版过的小说 [yì běn wèi chūbǎn guò de xiǎoshuō] ❷ (nouveau) 新的 [xīn de] ▸ **situation inédite** 新局面 [xīn júmiàn].

inégal, e, aux adj ❶ (différent) 不等的 [bùděng de] ▸ **segments de longueur inégale** 长度不等的线段 [chángdù bùděng de xiànduàn] ❷ (irrégulier) 不一致的 [bùyízhì de] ▸ **une humeur inégale** 变化无常的性格 [biànhuà wúcháng de xìnggé] ▸ **un travail inégal** 不同节奏的工作 [bùtóng jiézòu de gōngzuò] ❸ (accidenté) 不平坦的 [bùpíngtǎn de] ▸ **un terrain inégal** 不平坦的地面 [bùpíngtǎn de dìmiàn] ❹ (disproportionné) 不均等的 [bùjūnděng de] ▸ **un combat inégal** 双方实力不均等的战斗 [shuāngfāng shílì bùjūnděng de zhàndòu].

inégalité nf ❶ (disproportion) 不平等 [bùpíngděng] ▸ **inégalité des chances** 机会不平等 [jīhuì bùpíngděng] ▸ **inégalités entre les salaires** 工资不平等 [gōngzī bùpíngděng] ▸ **inégalités sociales** 社会的不平等 [shèhuì de bùpíngděng] ❷ (irrégularité) 变化无常 [biànhuà wúcháng] ▸ **inégalité d'humeur** 情绪变化无常 [qíngxù biànhuà wúcháng] ❸ (aspérité) 不平 [bùpíng] ▸ **inégalité d'un mur** 一面墙的不平 [yí miàn qiáng de bùpíng].

inéligible adj 无被选资格的 [wú bèi xuǎn zīge de] ▸ **être déclaré inéligible** 被宣布无被选资格 [bèi xuānbù wú bèi xuǎn zīge].

inéluctable adj 不可避免的 [bùkě bìmiǎn de] ▸ **conséquence inéluctable** 不可避免的后果 [bùkě bìmiǎn de hòuguǒ] ▸ **évolution inéluctable** 不可避免的变化 [bùkě bìmiǎn de biànhuà].

ineptie nf 愚蠢 [yúchǔn] ▸ **dire des inepties** 说蠢话 [shuō chǔnhuà].

inerte adj ❶ (corps, membre) 不动的 [búdòng de] ▸ **il gisait là, inerte** 他躺在那儿，一动不动 [tā tǎngzài nàr, yídòng búdòng] ❷ (personne) 呆滞的 [dāizhì de] ▸ **esprit inerte** 呆滞的头脑 [dāizhì de tóunǎo] ▸ **visage inerte** 呆滞的表情 [dāizhì de biǎoqíng] ❸ PHYS 惰性的 [duòxìng de] ▸ **matière inerte** 惰性物质 [duòxìng wùzhì].

inertie nf 惰性 [duòxìng] ▸ **l'inertie de l'administration** 行政机构的惰性 [xíngzhèng jīgòu de duòxìng] ▸ **rien ne le fait sortir de son inertie** 什么都不能使他脱离萎靡不振 [shénme dōu bùnéng shǐ tā tuōlí wěimǐ búzhèn].

inestimable adj ❶ (incalculable) 无法估价的 [wúfǎ gūjià de] ▸ **d'une valeur inestimable** 无法估价的 [wúfǎ gūjià de] ❷ (précieux) 极珍贵的 [jí zhēnguì de] ▸ **une amitié inestimable** 一份极珍贵的友谊 [yí fèn jí zhēnguì de yǒuyì].

inévitable adj 不可避免的 [bùkě bìmiǎn de] ▸ **l'accident était inévitable** 那场事故是不可避免的 [nà chǎng shìgù shì bùkě bìmiǎn de] ▸ **une conséquence inévitable** 一个不可避免的结果 [yí ge bùkě bìmiǎn de jiéguǒ].

inexact, e adj 不确切的 [búquèqiè de] ▸ **c'est tout à fait inexact** 根本不对 [gēnběn búduì] ▸ **un renseignement inexact** 一个不确切的消息 [yí ge búquèqiè de xiāoxi].

inexorable adj 无法避免的 [wúfǎ bìmiǎn de] ▸ **déclin inexorable** 无法避免的衰退 [wúfǎ bìmiǎn de shuāituì] ▸ **événement inexorable** 无法避免的事情 [wúfǎ bìmiǎn de shìqing].

in extremis loc adv 最后时刻 [zuìhòu shíkè] ▸ **il est arrivé in extremis** 他在最后那一刻赶到了 [tā zài zuìhòu nà yí kè gǎndào le] ▸ **un accord signé in extremis** 最后一刻签署的协定 [zuìhòu yí kè qiānshǔ de xiédìng].

inextricable adj 混乱的 [hùnluàn de] ▸ **être dans une situation inextricable** 处在混乱的局面之中 [chǔzài hùnluàn de júmiàn zhīzhōng].

infaillible adj ❶ (qui a les résultats escomptés) 可靠的 [kěkào de] ▸ **moyen infaillible** 可靠的方法 [kěkào de fāngfǎ] ▸ **remède infaillible** 有效的药方 [yǒuxiào de yàofāng] ❷ (qui ne peut faillir) 不会犯错误的 [bú huì fàn cuòwu de] ▸ **la science n'est pas infaillible** 科学是会犯错误的 [kēxué shì huì fàn cuòwu de].

infâme adj ❶ (répugnant) 污秽的 [wūhuì de] ▸ **taudis infâme** 污秽的住房 [wūhuì de zhùfáng] ❷ (ignoble) 可耻的 [kěchǐ de] ▸ **crime infâme** 可耻的罪行 [kěchǐ de zuìxíng] ▸ **individu infâme** 卑鄙的人 [bēibǐ de rén].

infantile adj ❶ (de l'enfant) 婴儿的 [yīng'ér de] ▸ **médecine infantile** 儿科学 [érkēxué] ❷ (puéril) 幼稚的 [yòuzhì de].

infarctus nm inv MÉD 梗塞 [gěngsè] ▸ **infarctus du myocarde** 心肌梗塞 [xīnjī gěngsè].

infect, e adj ❶ (très mauvais) 恶臭的 [èchòu de] ▸ **une nourriture infecte** 一种恶臭的食物 [yì zhǒng èchòu de shíwù] ▸ **une odeur infecte** 一股恶臭 [yì gǔ èchòu] ❷ (désagréable) 令人讨厌的 [lìngrén tǎoyàn de] ▸ **un type infect** 一个讨厌的家伙 [yí ge tǎoyàn de jiāhuo] ▸ **être infect avec qqn** 下流地对待某人 [xiàliú de duìdài mǒurén].

infecter vt ❶ (contaminer) 使……感染 [shǐ… gánrǎn] ▸ **infecter une plaie** 使伤口感染 [shǐ shāngkǒu gánrǎn] ▸ **infecter l'eau** 使水受到污染 [shǐ shuǐ shòudào wūrǎn] ❷ INFORM 侵害 [qīnhài] ▸ **un virus a infecté mon ordinateur** 一种病毒侵害了我的电脑 [yì zhǒng bìngdú qīnhài le wǒde diànnǎo].

▪ **s'infecter** vp 感染 [gánrǎn] ▸ **la blessure s'est infectée** 伤口感染了 [shāngkǒu gánrǎn le].

infectieux, euse adj 传染性的 [chuánrǎnxìng de] ▸ **maladie infectieuse** 传染病 [chuánrǎn bìng].

infection nf ❶ MÉD 感染 [gánrǎn] ▸ **faire une infection** 感染 [gánrǎn] ▸ **une infection urinaire** 泌尿感染 [mìniào gánrǎn] ❷ *fig* (puanteur) 臭气 [chòuqì] ▸ **c'est une infection !** 真是臭气熏天！ [zhēn shì chòuqì xūn tiān!].

inférieur, eure adj ❶ (situé au-dessous de) 下面的 [xiàmiàn de] ▸ **étages inférieurs** 下面的楼层 [xiàmiàn de lóucéng] ▸ **mâchoire inférieure** 下领骨 [xià hégǔ] ❷ (moindre) 低级的 [dījí de] ▸ **de qualité inférieure** 质量低的 [zhìliàng dī de] ▸ **être inférieur à...** 比......低 [bǐ... dī].

infériorité nf ❶ (comparatif) 劣势 [lièshì] ▸ **infériorité numérique** 数量上的劣势 [shùliàng shàng de lièshì] ▸ **être en position d'infériorité** 处于劣势地位 [chǔyú lièshì dìwèi] ❷ PSYCHO 自卑感 [zìbēigǎn] ▸ **éprouver un sentiment d'infériorité** 感到自卑 [gǎndào zìbēi].

infernal, e, aux adj 难以忍受的 [nányǐ rěnshòu de] ▸ **chaleur infernale** 酷热 [kùrè] ▸ **enfant infernal** 叫人难以忍受的孩子 [jiào rén nányǐ rěnshòu de háizi].

infester vt 侵扰 [qīnrǎo] ▸ **une plage infestée de moustiques** 一片受到蚊子侵扰的海滩 [yí piàn shòudào wénzi qīnrǎo de hǎitān] ▸ **une mer infestée de requins** 一片鲨鱼横行的海域 [yí piàn shāyú héngxíng de hǎiyù].

infidèle adj ❶ (en amour, en amitié) 不忠诚的 [bù zhōngchéng de] ▸ **être infidèle à qqn** 对某人不忠实 [duì mǒurén bù zhōngshí] ❷ (inexact) 不准确的 [bù zhǔnquè de] ▸ **une description infidèle de la réalité** 一个与事实不符的描述 [yí ge yǔ shìshí bùfú de miáoshù].

infiltrer vt 潜入 [qiánrù] ▸ **infiltrer un réseau de contrebande** 潜入一个走私团伙 [qiánrù yí ge zǒusī tuánhuǒ].

▪ **s'infiltrer** vp (s'introduire) 透过 [tòuguò] ▸ **la lumière s'infiltrait par les fentes** 阳光透过缝隙照射进来 [yángguāng tòuguò fèngxì zhàoshè jìnlai] ▸ **l'eau s'infiltre dans ce terrain** 水渗入到这片土地里 [shuǐ shènrù dào zhè piàn tǔdì lǐ] ▸ **des espions se sont infiltrés dans le parti** 间谍潜入到党内 [jiàndié qiánrù dào dǎng nèi].

infime adj 极小的 [jíxiǎo de] ▸ **une part infime** 极少部分 [jíshǎo bùfen].

infini, e adj ❶ (interminable) 无限的 [wúxiàn de] ▸ **une étendue infinie** 一个无限大的范围 [yí ge wúxiàn dà de fànwéi] ▸ **un nombre d'étoiles infini** 无数的星星 [wúshù de xīngxing] ❷ (extrême) 极大的 [jídà de].

▪ **infini** nm MATH 无穷 [wúqióng] ▸ **calcul de l'infini** 无穷的计算 [wúqióng de jìsuàn] ▸ **à l'infini** 无穷的 [wúqióng de].

infiniment adv 非常 [fēicháng] ▸ **je regrette infiniment** 我非常后悔 [wǒ fēicháng hòuhuǐ] ▸ **merci infiniment** 非常感谢 [fēicháng gǎnxiè].

infinité nf 无数 [wúshù] ▸ **infinité de gens** 无数人 [wúshù rén].

infinitif, ive adj GRAMM 不定式的 [búdìngshì de] ▸ **mode infinitif** 不定式 [búdìng shì] ▸ **proposition infinitive** 不定式句 [búdìngshì jù].

▪ **infinitif** nm GRAMM ▸ **l'infinitif** 不定式 [búdìngshì].

infirme ♦ adj 残疾的 [cánjí de]. ♦ nmf 残疾人 [cánjírén] ▸ **un infirme de naissance** 一个先天性残疾的人 [yí ge xiāntiānxìng cánjí de rén].

infirmer vt 撤消 [chèxiāo] ▸ **infirmer un témoignage** 撤消一个证词 [chèxiāo yí ge zhèngcí].

infirmerie nf (cl. 间 [jiān]) 医务室 [yīwùshì].

infirmier, ère ♦ nm, f (cl. 个 [gè] ou 名 [míng]) 护士 [hùshi] ▸ **infirmier à domicile** 上门护理病人的护士 [shàngmén hùlǐ bìngrén de hùshi] ▸ **infirmier de nuit** 巡夜护士 [xúnyè hùshi]. ♦ adj 护士的 [hùshi de] ▸ **le personnel infirmier** 护士人员 [hùshi rényuán].

infirmité nf 残疾 [cánjí] ▸ **infirmité congénitale** 先天性残疾 [xiāntiānxìng cánjí].

inflammable adj 易燃的 [yìrán de] ▸ **produits inflammables** 易燃产品 [yìrán chǎnpǐn].

inflation nf ÉCON (cl. 次 [cì]) 通货膨胀 [tōnghuò péngzhàng] ▸ **inflation monétaire** 货币的通货膨胀 [huòbì de tōnghuò péngzhàng] ▸ **l'inflation recule** 通货膨胀减弱 [tōnghuò péngzhàng jiǎnruò].

infléchir vt 使......改变方向 [shǐ... gǎibiàn fāngxiàng] ▸ **infléchir une politique** 使一项政策改变方向 [shǐ yí xiàng zhèngcè gǎibiàn fāngxiàng].

inflexible adj 坚强的 [jiānqiáng de] ▸ **se montrer inflexible** 表现得坚强不屈 [biǎoxiàn de jiānqiáng bùqū].

infliger vt ▸ **infliger qqch à qqn** 使某人遭受某事 [shǐ mǒurén zāoshòu mǒushì] ▸ **infliger sa présence** 忍受某人 [rěnshòu mǒurén].

influençable adj 易受影响的 [yì shòu yíngxiǎng de].

influence nf ❶ (pouvoir) ○ (cl. 种 [zhǒng]) 影响 [yíngxiǎng] ▸ **avoir de l'influence sur qqn** 对某人有影响 [duì mǒurén yǒu yíngxiǎng] ▸ **avoir une bonne influence** 有好的影响 [yǒu hǎo de yíngxiǎng] ▸ **avoir une mauvaise influence** 有不良的影响 [yǒu bùliáng de yíngxiǎng] ❷ (effet) 作用 [zuòyòng] ▸ **l'influence de la lune sur les marées** 月球对潮汐的影响 [yuèqiú duì cháoxì de yíngxiǎng] ▸ **il a agi sous l'influence de l'alcool** 他是在酒精的作用下这样做的 [tā shì zài jiǔjīng de zuòyòng xià zhèyàng zuò de].

influencer vt 影响 [yíngxiǎng] ▸ **je ne voudrais pas influencer votre opinion** 我不愿意影响您的看法 [wǒ bú yuànyì yíngxiǎng nín de kànfǎ] ▸ **se laisser influencer** 受影响 [shòu yíngxiǎng].

influer vi ▸ **influer sur…** 对……有影响 [duì… yǒu yíngxiǎng] ▸ **la solitude a beaucoup influé sur son caractère** 孤独感对他的性格有很大影响 [gūdúgǎn duì tāde xìnggé yǒu hěn dà yíngxiǎng].

informaticien, enne nm, f (cl. 位 [wèi] ou 个 [gè] ou 名 [míng]) 电脑工程师 [diànnǎo gōngchéngshī].

information nf ❶ (renseignement) 咨询 [zīxún] ▸ **pourriez-vous me donner quelques informations ?** 您能向我提供一些咨询吗？ [nín néng xiàng wǒ tígōng yīxiē zīxún ma?] ▸ **réunion d'information** 咨询会议 [zīxún huìyì] ❷ (nouvelle) ○ (cl. 则 [zé] ou 条 [tiáo]) 消息 [xiāoxi] ▸ **une information de dernière minute** 一则最新的消息 [yì zé zuìxīn de xiāoxi].

▪ **informations** nfpl (à la télévision) 新闻报道 [xīnwén bàodào] ▸ **les informations de 20 h** 20点新闻 [20 diǎn xīnwén] ▸ **passer aux informations** 在新闻报道中出现 [zài xīnwén bàodào zhōng chūxiàn].

informatique ♦ adj 信息处理的 [xìnxī chúlǐ de] ▸ **système informatique** 信息处理系统 [xìnxī chúlǐ xìtǒng] ▸ **réseau informatique** 计算机网络 [jìsuànjī wǎngluò]. ♦ nf 计算机技术 [jìsuànjī jìshù] ▸ **faire de l'informatique** 从事计算机方面的工作 [cóngshì jìsuànjī fāngmiàn de gōngzuò].

informatiser vt 使……信息化 [shǐ… xìnxīhuà] ▸ **informatiser la production** 使生产信息化 [shǐ shēngchǎn xìnxīhuà].

informe adj ❶ (sans forme) 无定形的 [wú dìngxíng de] ▸ **une masse informe de matériaux** 一团无定形的物体 [yì tuán wú dìngxíng de wùtǐ] ❷ (incomplet) 未完成的 [wèi wánchéng de].

informel, elle adj 非正式的 [fēizhèngshì de] ▸ **réunion informelle** 非正式会议 [fēizhèngshì huìyì].

informer vt 提供消息 [tígōng xiāoxi] ▸ **informer le public** 向公众提供消息 [xiàng gōngzhòng tígōng xiāoxi] ▸ **informer qqn que…** 告诉某人…… [gàosu mǒurén…] ▸ **nous vous informons que le train aura une heure de retard** 请注意火车将晚点一小时 [qǐng zhùyì huǒchē jiāng wǎndiǎn yì xiǎoshí] ▸ **informer qqn d'une décision** 通知某人一个决定 [tōngzhī mǒurén yí ge juédìng].

▪ **s'informer** vp 搜集情况 [sōují qíngkuàng] ▸ **s'informer sur un sujet particulier** 了解一个特殊问题的情况 [liǎojiě yí ge tèshū wèntí de qíngkuàng].

infortune nf *litt* (mauvaise fortune) 不幸 [búxìng] ▸ **compagnon d'infortune** 难友 [nànyǒu].

infos (abr de **informations**) nfpl *fam* ▸ **les infos** 新闻报道 [xīnwén bàodào].

infraction nf (cl. 次 [cì]) 违章 [wéizhāng] ▸ **commettre une infraction** 违章 [wéizhāng].

infranchissable adj 不可逾越的 [bùkě yúyuè de] ▸ **une barrière infranchissable** 一个不可逾越的障碍 [yí ge bùkě yúyuè de zhàng'ài].

infrarouge ♦ adj 红外线的 [hóngwàixiàn de] ▸ **caméra infrarouge** 红外线摄像机 [hóngwàixiàn shèxiàngjī] ▸ **rayon infrarouge** 红外线 [hóngwàixiàn]. ♦ nm 红外线 [hóngwàixiàn].

infrastructure nf ❶ (fondations d'une construction) 基础工程 [jīchǔ gōngchéng] ▸ **infrastructure routière** 公路的基础工程 [gōnglù de jīchǔ gōngchéng] ❷ (installations, équipements) 设施 [shèshī].

infructueux, euse adj 没有结果的 [méiyǒu jiéguǒ de] ▸ **recherche infructueuse** 没有结果的调查 [méiyǒu jiéguǒ de diàochá] ▸ **tentative infructueuse** 徒劳无益的尝试 [túláo wúyì de chángshì].

infusion nf (cl. 杯 [bēi]) 浸泡饮料 [jìnpào yǐnliào] ▸ **boire une infusion de tilleul** 喝一杯椴花茶 [hē yì bēi duànhuā chá].

ingénier ▪ **s'ingénier à** vp 尽力设法…… [jìnlì shèfǎ …] ▸ **ils se sont ingéniés à nous faire comprendre leur théorie** 他们想方设法使我们理解他们的理论 [tāmen xiǎngfāng shèfǎ shǐ wǒmen lǐjiě tāmen de lǐlùn].

ingénieur nm (cl. 位 [wèi] ou 个 [gè] ou 名 [míng]) 工程师 [gōngchéngshī] ▸ **faire des études d'ingénieur** 学习工程师课程 [xuéxí gōngchéngshī kèchéng] ▸ **ingénieur commercial** 销售工程师 [xiāoshòu gōngchéngshī] ▸ **ingénieur du son** 录音师 [lùyīnshī].

ingénieux, euse adj 灵巧的 [língqiǎo de] ▸ **enfant ingénieux** 灵巧的孩子 [língqiǎo de háizi] ▸ **procédé ingénieux** 巧妙的办法 [qiǎomiào de bànfǎ].

ingénu, e ♦ adj 纯朴的 [chúnpǔ de] ▸ **air ingénu** 纯朴的样子 [chúnpǔ de yàngzi]. ♦ nm, f 天真的人 [tiānzhēn de rén] ▸ **jouer les ingénus** 装天真 [zhuāng tiānzhēn].

ingérer vt 吃下 [chīxià] ▸ **ingérer des aliments** 吃食物 [chī shíwù] ▸ **ingérer des stupéfiants** 吸食毒品 [xīshí dúpǐn].

ingrat, e adj ❶ (qui n'est pas reconnaissant) 忘恩负义的 [wàng'ēn fùyì de] ▸ **être ingrat envers qqn** 对某人忘恩负义 [duì mǒurén wàng'ēn fùyì] ❷ (infructueux) 徒劳的 [túláo de] ▸ **un sol ingrat** 一块贫瘠的土地 [yí kuài pínjí de tǔdì] ▸ **une tâche ingrate** 一项徒劳的工作 [yí xiàng túláo de gōngzuò] ❸ (disgracieux) 可憎的 [kězēng de] ▸ **un visage ingrat** 一张可憎的面孔 [yì zhāng kězēng de miànkǒng].

ingrédient nm ❶ CULIN 配料 [pèiliào] ▸ **mélanger tous les ingrédients** 把所有这些配料混合在一起 [bǎ suóyǒu zhèxiē pèiliào hùnhé zài yìqǐ] ❷ *fig* (élément) 要素 [yàosù] ▸ **tous les ingrédients sont réunis pour faire un grand film** 所有要素汇集起来制作一部大片 [suóyǒu yàosù huìjíqǐlái zhìzuò yí bù dà piān].

ingurgiter vt ❶ (avaler) 吞 [tūn] ▸ **ingurgiter un repas** 大吃一顿 [dà chī yí dùn] ❷ *fig* (mémoriser) 囫囵吞枣地学习 [húlúntūnzǎo de xuéxí] ▸ **ingurgiter des connaissances** 囫囵吞枣地学知识 [húlúntūnzǎo de xué zhīshi].

inhérent, e adj ▸ **être inhérent à…** 是……固有的 [shì… gùyǒu de] ▸ **les responsabilités inhérentes à une fonction** 一个职位固有的责任 [yí ge zhíwèi gùyǒu de zérèn].

inhumer vt 埋葬 [máizàng] ▸ **faire inhumer qqn** 让人埋葬某人 [ràng rén máizàng mǒurén].

inimitié nf 敌意 [díyì] ▸ **éprouver de l'inimitié contre qqn** 对某人怀有敌意 [duì mǒurén huáiyǒu díyì].

inintelligible adj 不懂的 [bùdǒng de].

initial, e, aux adj 最初的 [zuìchū de] ▸ **consonne initiale** 词首的辅音 [cí shǒu de fǔyīn] ▸ **projet initial** 最初的计划 [zuìchū de jìhuà].

▪ **initiale** nf 姓名的首字母 [xìngmíng de shǒu zìmǔ] ▸ **inscrire ses initiales** 登记自己姓名的首字母 [dēngjì zìjǐ xìngmíng de shǒu zìmǔ].

initiateur, trice nm, f (cl. 位 [wèi]) 倡导者 [chàngdáozhě] ▸ **être l'initiateur d'un projet** 是一项计划的倡导者 [shì yí xiàng jìhuà de chàngdáozhě] ▸ **être l'initiateur de qqn en qqch** 是某人在某方面的引导人 [shì mǒurén zài mǒu fāngmiàn de yíndǎorén].

initiation nf 入门 [rùmén] ▸ **cours d'initiation à…** ……的入门课 [… de rùmén kè].

initiative nf ❶ (proposition) 首创 [shǒuchuàng] ▸ **à l'initiative de qqn** 应某人的倡导 [yìng mǒurén de chàngdǎo] ▸ **prendre l'initiative de** 带头…… [dàitóu…] ❷ (qualité) 主动性 [zhǔdòngxìng] ▸ **faire preuve d'initiative** 表现主动性 [biǎoxiàn zhǔdòngxìng]

▸ **manquer d'initiative** 缺乏主动性 [quēfá zhǔdòngxìng] ❸ POLIT 创议 [chuàngyì] ▸ **initiative de paix** 和平创议 [hépíng chuàngyì] ▸ **initiative parlementaire** 议会法案创制权 [yìhuì fǎ'àn chuàngzhì quán].

initié, e nm, f 内行人 [nèihángrén] ▸ **ouvrage réservé aux initiés** 只有内行才能读懂的作品 [zhíyǒu nèiháng cáinéng dú dǒng de zuòpǐn].

initier vt 启动 [qǐdòng] ▸ **initier un projet** 启动一项计划 [qǐdòng yí xiàng jìhuà]
◊ **initier qqn à qqch** 使某人知晓某事 [shǐ mǒurén zhīxiǎo mǒushì] ▸ **initier qqn à un secret** 告诉某人一个秘密 [gàosu mǒurén yí ge mìmì].

▪ **s'initier** vp ▸ **s'initier à qqch** 初学…… [chūxué…] ▸ **s'initier à une pratique** 实践入门 [shíjiàn rùmén].

injecter vt (administrer) 注射 [zhùshè].

injoignable adj 无法联系的 [wúfǎ liánxì de] ▸ **je serai injoignable toute la journée** 整整一天都将无法联系到我 [zhéngzhěng yì tiān dōu jiāng wúfǎ liánxì dào wǒ].

injure nf 脏话 [zānghuà] ▸ **dire des injures** 骂人 [màrén] ▸ **couvrir qqn d'injures** 大肆辱骂某人 [dàsì rǔmà mǒurén].

injurier vt 骂 [mà].

injurieux, euse adj 侮辱的 [wúrǔ de] ▸ **tenir des propos injurieux** 说侮辱的话 [shuō wúrǔ de huà].

injuste adj 不公平的 [bùgōngpíng de] ▸ **être injuste envers qqn** 对某人不公平 [duì mǒurén bùgōngpíng] ▸ **décision injuste** 不公平的裁决 [bùgōngpíng de cáijué] ▸ **punition injuste** 没有理由的惩罚 [méiyǒu lǐyóu de chéngfá].

injustice nf ❶ (manque d'équité) 不公平 [bùgōngpíng] ▸ **les injustices de la société** 社会的不公平 [shèhuì de bùgōngpíng] ❷ (acte) 不公平的行为 [bùgōngpíng de xíngwéi] ▸ **commettre une injustice envers qqn** 做一件对某人不公正的事 [zuò yí jiàn duì mǒurén bùgōngzhèng de shì] ▸ **réparer une injustice** 纠正一件不公平的事 [jiūzhèng yí jiàn bùgōngpíng de shì].

inlassable adj (infatigable) 坚持不懈的 [jiānchí búxiè de].

inné, e adj 天生的 [tiānshēng de] ▸ **avoir un goût inné pour la musique** 对音乐有天生的爱好 [duì yīnyuè yǒu tiānshēng de àihào] ▸ **avoir un sens inné de qqch** 对某事有天生的悟性 [duì mǒushì yǒu tiānshēng de wùxing].

innocence nf ❶ DR 无辜 [wúgū] ▸ **clamer son innocence** 鸣冤 [míngyuān] ▸ **prouver l'innocence de qqn** 证明某人的清白 [zhèngmíng mǒurén de qīngbái] ❷ (naïveté) 天真 [tiānzhēn] ▸ **abuser de l'innocence de qqn** 利用某人的天真 [lìyòng mǒurén de tiānzhēn].

innocent, e ♦ adj ❶ DR 无罪的 [wúzuì de] ▸ **déclarer qqn innocent** 宣告某人无罪 [xuāngào mǒurén wúzuì] ▸ **être innocent d'un crime** 与一项罪行无关 [yǔ yí xiàng zuìxíng wúguān] ❷ (irresponsable) 无辜的 [wúgū de] ▸ **faire d'innocentes victimes** 造成无辜的伤亡 [zàochéng wúgū de shāngwáng] ❸ (irréprochables) 无恶意的 [wú èyì de] ▸ **baiser innocent** 纯真的吻 [chúnzhēn de wěn] ▸ **jeu innocent** 无伤大雅的游戏 [wú shāng dàyǎ de yóuxì] ❹ (crédule, naïf) 天真的 [tiānzhēn de] ▸ **prendre un air innocent** 装出一副天真的样子 [zhuāngchū yí fù tiānzhēn de yàngzi]. ♦ nm, f (candide) 老实人 [lǎoshirén] ▸ **faire l'innocent** 假装天真 [jiǎzhuāng tiānzhēn] ▸ **jouer les innocents** 装老实人 [zhuāng lǎoshírén].

innovant, e adj 创新的 [chuàngxīn de] ▸ **un projet innovant** 一个创新的设想 [yí ge chuàngxīn de shèxiǎng].

innovation nf 革新 [géxīn] ▸ **innovation technologique** 技术革新 [jìshù géxīn].

innover vi 改革 [gǎigé].

inoccupé, e adj ❶ (vacant) 空着的 [kōngzhe de] ▸ **appartement inoccupé** 无人住的公寓 [wú rén zhù de gōngyù] ▸ **siège inoccupé** 空着的位子 [kōngzhe de wèizi] ❷ (oisif) 空闲的 [kòngxián de].

inodore adj 无气味的 [wú qìwèi de] ▸ **gaz inodore** 无味气体 [wú wèi qìtǐ].

inoffensif, ive adj 不伤害人的 [bù shānghài rén de] ▸ **animal inoffensif** 不伤害人的

动物 [bù shānghài rén de dòngwù] ▸ **personne inoffensive** 与人无争的人 [yǔ rén wú zhēng de rén].

inondation nf ❶ (crue) 洪水 [hóngshuǐ] ▸ **une digue contre les inondations** 抗洪大坝 [kànghóng dà bà] ❷ (submersion) 水灾 [shuǐzāi] ❸ (débordement) 大量溢出 [dàliàng yìchū] ▸ **l'inondation de la salle de bain** 浴室里大量溢出的水 [yùshì lǐ dàliàng yìchū de shuǐ].

inonder vt ❶ (submerger) 淹没 [yānmò] ▸ **la crue du fleuve a inondé la région** 河流涨水淹没了村庄 [héliú zhǎng shuǐ yānmò le cūnzhuāng] ❷ (tremper) 浸湿 [jìnshī] ▸ **inonder la cuisine en faisant la vaisselle** 洗餐具时把厨房浸湿了 [xǐ cānjù shí bǎ chúfáng jìnshī le] ❸ (baigner) 充满 [chōngmǎn] ▸ **une pièce inondée de soleil** 房间里充满阳光 [fángjiān lǐ chōngmǎn yángguāng] ❹ (envahir) 充斥 [chōngchì] ▸ **les manifestants inondaient les rues** 示威者充斥了街道 [shìwēizhě chōngchì le jiēdào] ▸ **inonder un marché de nouveaux produits** 用新产品占领一个市场 [yòng xīn chánpǐn zhànlǐng yí ge shìchǎng].

inopiné, e adj 意外的 [yìwài de] ▸ **une mort inopinée** 一次意外死亡 [yí cì yìwài sǐwáng] ▸ **une rencontre inopinée** 一次邂逅 [yí cì xièhòu].

inouï, e adj 罕见的 [hǎnjiàn de] ▸ **la tempête est d'une violence inouïe** 这场暴风雨真是出奇的猛烈 [zhè chǎng bàofēngyǔ zhēnshì chūqí de měngliè].

Inox® nm inv & adj inv 不锈钢的 [búxiùgāng de] ▸ **couverts en Inox** 不锈钢餐具 [búxiùgāng cānjù].

inoxydable adj 不生锈的 [bùshēngxiù de] ▸ **acier inoxydable** 不锈钢 [búxiùgāng].

inquiet, ète ♦ adj ❶ (préoccupé) 担心的 [dānxīn de] ▸ **je suis inquiet pour lui** 我为他担心 [wǒ wéi tā dānxīn] ❷ (anxieux) 忧虑的 [yōulǜ de] ▸ **caractère inquiet** 忧虑的性格 [yōulǜ de xìnggé]. ♦ nm, f 爱操心的人 [ài cāoxīn de rén].

inquiétant, e adj (préoccupant) 令人担心的 [lìngrén dānxīn de] ▸ **ça devient inquiétant** 这真让人担心 [zhè zhēn ràng rén dānxīn].

inquiéter vt ❶ (alarmer) 使……不安 [shǐ… bù'ān] ▸ **ça m'inquiète** 这件事让我不安 [zhè jiàn shì ràng wǒ bù'ān] ▸ **tu m'inquiètes** 你让我担心 [nǐ ràng wǒ dānxīn] ❷ (tourmenter) 追究 [zhuījiū] ▸ **la police l'a inquiété à plusieurs reprises** 警察多次追究他 [jǐngchá duō cì zhuījiū tā].

▪ **s'inquiéter** vp 担心 [dānxīn] ▸ **je m'inquiète toujours lorsqu'elle rentre tard** 当她回来晚时，我总是很担心 [dāng tā huílai wǎn shí, wǒ zǒngshì hěn dānxīn] ▸ **s'inquiéter pour…** 为……而担心 [wèi… ér dānxīn].

▪ **s'inquiéter de** vp+prép ❶ (s'intéresser à) 关注 [guānzhù] ▸ **s'inquiéter de la santé de qqn** 关注某人的身体健康 [guānzhù mǒurén de shēntǐ jiànkāng] ❷ (se soucier de) 费心 [fèixīn] ▸ **ne vous inquiétez de rien, je m'occupe de tout** 您不必费心，一切由我来负责 [nín búbì fèixīn, yíqiè yóu wǒ lái fùzé].

inquiétude nf 担心 [dānxīn] ▸ **n'ayez aucune inquiétude** 丝毫不担心 [sīháo bù dānxīn] ▸ **être fou d'inquiétude** 万分焦急 [wànfēn jiāojí].

insalubre adj 不卫生的 [búwèishēng de] ▸ **logement insalubre** 不卫生的住房 [búwèishēng de zhùfáng].

inscription nf ❶ ADMIN 报名 [bàomíng] ▸ **inscription à un concours** 竞赛的报名 [jìngsài de bàomíng] ▸ **inscription à l'université** 在大学注册 [zài dàxué zhùcè] ▸ **inscription sur les listes électorales** 在选举名册上登记 [zài xuánjǔ míngcè shàng dēngjì] ❷ (écrit) 题词 [tící] ▸ **des inscriptions sur le mur d'un temple** 一座寺庙墙上的题词 [yí zuò sìmiào qiáng shàng de tící] ▸ **inscription sur carapace de tortue** (刻在龟甲上的)甲骨文 [(kè zài guījiǎ shàng de) jiágǔwén] ▸ **inscription sur os de bovidé** (刻在牛骨上的)甲骨文 [(kè zài niúgǔ shàng de) jiágǔwén] ▸ **inscription sur bronze** (刻在青铜器上的)金文 [(kè zài qīngtóngqì shàng de) jīnwén].

inscrire vt ❶ (enregistrer) 登记 [dēngjì] ▸ **inscrire qqn à la cantine** 给某人在食堂登记搭伙 [gěi mǒurén zài shítáng dēngjì dāhuǒ] ▸ **je suis inscrite sur une liste d'attente** 我被登记在等候名单上 [wǒ bèi dēngjì zài děnghòu míngdān shàng] ❷ (noter) 记 [jì] ▸ **ins-**

crire une adresse dans un carnet 把一个地址记在一个记事本上 [bǎ yí ge dìzhǐ jì zài yí ge jìshìběn shàng].

■ **s'inscrire** vp ❶ ADMIN 登记 [dēngjì] ▸ **s'inscrire au chômage** 失业登记 [shīyè dēngjì] ▸ **s'inscrire sur les listes électorales** 在选民名单上登记 [zài xuǎnmín míngdān shàng dēngjì] ▸ **s'inscrire dans un club de sport** 加入一个体育俱乐部 [jiārù yí ge tǐyù jùlèbù] ❷ (rentrer) 回归 [huíguī] ▸ **s'inscrire dans une tradition** 回归一种传统 [huíguī yì zhǒng chuántǒng] ▸ **s'inscrire dans le cadre de…** 被纳入……范畴之中 [bèi nàrù… fànchóu zhīzhōng].

inscrit, e ♦ adj 已登记的 [yǐdēngjì de] ▸ **les candidats inscrits** 已登记的候选人 [yǐdēngjì de hòuxuǎnrén] ▸ **être inscrit à…** 被登记在…… [bèi dēngjì zài…] ▸ **être inscrit sur un registre** 被登记入册 [bèi dēngjì rùcè]. ♦ nm, f 登记的选民 [dēngjì de xuǎnmín].

insecte nm (cl. 只 [zhī]) 昆虫 [kūnchóng].

insémination nf 授精 [shòujīng] ▸ **par insémination** 通过授精的方式 [tōngguò shòujīng de fāngshì] ▸ **insémination artificielle** 人工授精 [réngōng shòujīng].

insensé, e adj ❶ (non réaliste) 荒唐的 [huāngtang de] ▸ **un espoir insensé** 一个荒唐的希望 [yí ge huāngtang de xīwàng] ❷ (incroyable) 难以相信的 [nányǐ xiāngxìn de] ▸ **c'est quand même insensé de voir ça !** 看到这个还真是让人难以相信呢！ [kàndào zhè ge hái zhēnshì ràng rén nányǐ xiāngxìn ne!].

insensible adj ❶ (indifférent) 冷漠的 [lěngmò de] ▸ **être insensible aux compliments** 对恭维的话无动于衷 [duì gōngwéi de huà wúdòngyúzhōng] ❷ (résistant) 无感觉的 [wúgǎnjué de] ▸ **être insensible à la douleur** 对疼痛无感觉 [duì téngtòng wúgǎnjué].

inséparable adj 不可分开的 [bùkě fēnkāi de] ▸ **ils sont vraiment inséparables, ces deux-là !** 他们俩可真是形影不离！ [tāmen liǎ kě zhēnshì xíngyǐng bùlí!].

insérer vt ❶ (ajouter) 插入 [chārù] ▸ **insérer un paragraphe dans un texte** 在一篇文章中插入一段话 [zài yì piān wénzhāng zhōng chārù yí duàn huà] ▸ **il a inséré une annonce dans le journal** 他在报纸上刊登了一则广告 [tā zài bàozhǐ shàng kāndēng le yì zé guǎnggào] ❷ (intégrer) 融入 [róng rù] ▸ **être inséré dans la société** 融入社会 [róng rù shèhuì].

■ **s'insérer** vp 融入 [róng rù] ▸ **s'insérer dans qqch** 融入……之中 [róng rù… zhīzhōng].

insidieusement adv 阴险地 [yīnxiǎn de].

insigne nm (badge) ○ (cl. 枚 [méi]) 徽章 [huīzhāng] ▸ **l'insigne d'un club sportif** 一个体育俱乐部的徽章 [yí ge tǐyù jùlèbù de huīzhāng].

insignifiant, e adj 无关紧要的 [wúguān jǐnyào de] ▸ **cet homme est insignifiant** 这个男人没个性 [zhè ge nánren méi gèxìng] ▸ **détail insignifiant** 无关紧要的细节 [wúguān jǐnyào de xìjié].

insinuation nf 影射 [yǐngshè] ▸ **insinuation mensongère** 捏造的影射 [niēzào de yǐngshè].

insinuer vt 暗示 [ànshì] ▸ **que voulez-vous insinuer ?** 您到底在暗示什么？ [nín dàodǐ zài ànshì shénme?].

insipide adj 淡的 [dàn de] ▸ **un plat insipide** 一道味道淡的菜 [yí dào wèidao dàn de cài].

insister vi 坚持 [jiānchí] ▸ **inutile d'insister** 坚持也没有用 [jiānchí yě méiyǒu yòng] ▸ **j'insiste pour qu'il me reçoive** 我坚持要求他接见我 [wǒ jiānchí yāoqiú tā jiējiàn wǒ].

insolation nf 日射病 [rìshèbìng] ▸ **avoir une insolation** 患日射病 [huàn rìshèbìng].

insolence nf 蛮横 [mánhèng] ▸ **répondre avec insolence** 蛮横无礼地回答 [mánhèng wúlǐ de huídá] ▸ **avoir l'insolence de…** 蛮横无礼地…… [mánhèng wúlǐ de…].

insolent, e ♦ adj (effronté) 无礼的 [wúlǐ de] ▸ **être insolent avec qqn** 对某人放肆无礼 [duì mǒurén fàngsì wúlǐ] ▸ **ton insolent** 蛮横无礼的口吻 [mánhèng wúlǐ de kóuwěn]. ♦ nm, f 粗鲁无礼的人 [cūlǔ wúlǐ de rén].

insolite adj 奇怪的 [qíguài de].

insomnie nf 失眠症 [shīmiánzhèng] ▸ **avoir des insomnies** 患有失眠症 [huànyǒu shīmiánzhèng] ▸ **souffrir d'insomnie** 患失眠症 [huàn shīmiánzhèng].

insouciance nf 无忧无虑 [wúyōu wúlǜ] ▸ **être plein de gaieté et d'insouciance** 充满快乐且无忧无虑 [chōngmǎn kuàilè qiě wúyōu wúlǜ].

insouciant, e adj 无忧无虑的 [wúyōu wúlǜ de].

insoumis, e adj 不屈服的 [bùqūfú de] ▸ **enfant insoumis** 倔强的孩子 [juéjiàng de háizi] ▸ **un peuple insoumis** 一个不屈服的民族 [yí ge bùqūfú de mínzú].

insoupçonné, e adj 想象不到的 [xiǎngxiàng búdào de] ▸ **avoir des qualités insoupçonnées** 具有想象不到的才能 [jùyǒu xiǎngxiàng búdào de cáinéng].

inspecter vt 检查 [jiǎnchá] ▸ **inspecter les lieux** 检查现场 [jiǎnchá xiànchǎng].

inspecteur, trice nm, f (cl. 位 [wèi] ou 个 [gè] ou 名 [míng]) 监察员 [jiāncháyuán] ▸ **inspecteur d'Académie** 学区督学 [xuéqū dūxué] ▸ **inspecteur des impôts** 税务监察员 [shuìwù jiāncháyuán] ▸ **inspecteur de police** 便衣警察 [biànyī jǐngchá] ▸ **inspecteur du travail** 劳动监察员 [láodòng jiāncháyuán].

inspection nf ❶ (contrôle) ○ (cl. 次 [cì]) 查看 [chákàn] ▸ **faire l'inspection d'un bâtiment** 查看一座建筑 [chákàn yí zuò jiànzhù] ▸ **faire une inspection des bagages** 检查行李 [jiǎnchá xíngli] ▸ **inspection des lieux** 地点的勘察 [dìdiǎn de kānchá] ❷ ADMIN 监察 [jiānchá] ▸ **inspection académique** 学区监察部门 [xuéqū jiānchá bùmén] ▸ **inspection du travail** 劳动监察局 [láodòng jiānchá jú].

inspiration nf ❶ (aspiration) 吸气 [xīqì] ▸ **prendre une longue inspiration** 长吸一口气 [cháng xī yì kǒu qì] ❷ (influence) 影响 [yíngxiǎng] ▸ **un roman d'inspiration romantique** 一本受浪漫主义影响的小说 [yì běn shòu làngmàn zhǔyì yíngxiǎng de xiǎoshuō] ❸ (idée) 灵感 [línggǎn] ▸ **avoir de l'inspiration** 有灵感 [yǒu línggǎn] ▸ **puiser son inspiration dans qqch** 从……中吸取灵感 [cóng… zhōng xīqǔ línggǎn].

inspirer vt ❶ (aspirer) 吸气 [xīqì] ▸ **inspirez très fort** 用力吸气 [yòng lì xīqì] ❷ (influencer) 给予创作灵感 [jíyǔ chuàngzuò línggǎn] ▸ **Paris a inspiré de nombreux peintres** 巴黎给了许多画家灵感 [Bālí gěi le xǔduō huàjiā línggǎn] ❸ (susciter) 唤起 [huànqǐ] ▸ **inspirer confiance à qqn** 唤起某人的信任 [huànqǐ mǒurén de xìnrèn] ❹ *hum* (plaire) 使……感兴趣 [shǐ … gǎn xìngqu] ▸ **ça ne m'inspire pas beaucoup, ton histoire !** 你说的事不太让我感兴趣！ [nǐ shuō de shì bú tài ràng wǒ gǎn xìngqu!].

▪ **s'inspirer de** vp 从……中得到启发 [cóng … zhōng dédào qǐfā] ▸ **il s'est inspiré des films des grands maîtres** 他从大师们的电影中得到启发 [tā cóng dàshīmen de diànyǐng zhōng dédào qǐfā].

instable ♦ adj ❶ (branlant) 不稳 [bùwěn] ▸ **cette table est instable** 这个桌子不稳 [zhè ge zhuōzi bùwěn] ❷ (changeant) 不稳定的 [bùwěndìng de] ▸ **avoir une vie instable** 过不稳定的生活 [guò bùwěndìng de shēnghuó] ▸ **équilibre instable** 不稳定平衡 [bùwěndìng pínghéng] ▸ **régime instable** 不稳定的制度 [bùwěndìng de zhìdù] ❸ (variable) 变化无常 [biànhuàwúcháng] ▸ **le temps sera instable** 天气依然会变化无常 [tiānqì yīrán huì biànhuàwúcháng]. ♦ nmf 朝三暮四的人 [zhāosānmùsì de rén].

installation nf ❶ (équipement) 安装 [ānzhuāng] ▸ **guide d'installation** 安装说明 [ānzhuāng shuōmíng] ▸ **l'installation d'une chaudière** 一个锅炉的安装 [yí ge guōlú de ānzhuāng] ▸ **installation électrique** 电气设备 [diànqì shèbèi] ❷ (emménagement) 安顿 [āndùn] ▸ **ils ont à peine fini leur installation** 他们刚安顿下来 [tāmen gāng āndùn xiàlai] ▸ **l'installation d'un magistrat** 一位大法官的就任 [yí wèi dà fǎguān de jiùrèn].

installer vt ❶ (loger) 安顿 [āndùn] ▸ **ils nous ont installés dans la chambre d'amis** 他们把我们安顿在客房 [tāmen bǎ wǒmen āndùn zài kèfáng] ▸ **ils sont bien installés** 他们好好安顿下来了 [tāmen háohǎo āndùn xiàlai le] ❷ (équiper) 安装 [ānzhuāng] ▸ **installer l'électricité** 安装电气设备 [ānzhuāng diànqì shèbèi] ▸ **installer un logiciel** 安装一个软件 [ānzhuāng yí ge ruǎnjiàn].

■ **s'installer** vp ❶ (emménager) 定居 [dìngjū] ▸ **il s'est installé en province** 他在外省定居了 [tā zài wàishěng dìngjū le] ▸ **il s'est installé chez moi pour quelques jours** 他在我家住了几天 [tā zài wǒ jiā zhù le jǐtiān] ❷ (se placer) ▸ **installe-toi confortablement** 你找个舒适的地方坐吧 [nǐ zhǎo ge shūshì de dìfang zuò ba] ▸ **installe-toi à mon bureau pour travailler** 你呆在我的办公室里工作吧 [nǐ dāi zài wǒde bàngōngshì lǐ gōngzuò ba] ❸ (s'imposer dans l'esprit) ▸ **le doute s'est installé en lui** 怀疑在他心中出现并扎根了 [huáiyí zài tā xīn zhōng chūxiàn bìng zhāgēn le].

instamment adv 恳切地 [kěnqiè de] ▸ **je vous prie instamment de…** 我恳求您…… [wǒ kěnqiú nín…].

instance nf ❶ (autorité) 决策机关 [juécè jīguān] ▸ **les instances internationales** 国际决策机构 [guójì juécè jīgòu] ❷ DR (cl. 起 [qǐ]) 诉讼 [sùsòng] ▸ **introduire une instance** 提出诉讼 [tíchū sùsòng] ▸ **être en instance de divorce** 打离婚 [dǎ líhūn].

instant, e nm 瞬间 [shùnjiān] ▸ **attendre un instant** 稍等片刻 [shāoděng piànkè] ▸ **je l'ai vu à l'instant** 我刚刚看见了他 [wǒ gānggāng kànjian le tā] ▸ **à l'instant où** 在……这一刻 [zài… zhè yí kè] ▸ **à l'instant où je vous parle, il aura franchi la frontière** 在我和您讲话的这会儿，他已经越过边境了 [zài wǒ hé nín jiǎnghuà de zhèhuìr, tā yǐjīng yuèguò biānjìng le] ▸ **pour l'instant il n'y a pas lieu de s'inquiéter** 目前不用担心 [mùqián búyòng dānxīn].

instantané, e adj ❶ (immédiat) 瞬间的 [shùnjiān de] ▸ **la mort a été instantanée** 死亡是瞬间发生的 [sǐwáng shì shùnjiān fāshēng de] ❷ (soluble) 速溶的 [sùróng de] ▸ **chocolat instantané** 速溶巧克力 [sùróng qiǎokèlì] ▸ **nouilles instantanées** 方便面 [fāngbiànmiàn] ➤ **café**.

■ **instantané** nm PHOTO 快照 [kuàizhào].

instaurer vt 建立 [jiànlì] ▸ **instaurer un dialogue entre deux parties** 在双方之间建立对话 [zài shuāngfāng zhījiān jiànlì duìhuà] ▸ **instaurer la paix** 建立和平 [jiànlì hépíng] ▸ **instaurer un régime** 建立一种制度 [jiànlì yì zhǒng zhìdù].

■ **s'instaurer** vp 形成了 [xíngchéng le] ▸ **une complicité s'est instaurée entre eux** 一种默契在他们之间形成 [yì zhǒng mòqì zài tāmen zhījiān xíngchéng].

instinct nm 本能 [běnnéng] ▸ **instinct maternel** 母性本能 [mǔxìng běnnéng] ▸ **instinct de survie** 生存本能 [shēngcún běnnéng] ▸ **d'instinct** 本能地 [běnnéng de] ▸ **avoir de l'instinct** 有天分 [yǒu tiānfèn] ▸ **se fier à son instinct** 相信自己的直觉 [xiāngxìn zìjǐ de zhíjué].

instinctif, ive adj 本能的 [běnnéng de] ▸ **comportement instinctif** 本能行为 [běnnéng xíngwéi] ▸ **réaction instinctive** 本能反应 [běnnéng fǎnyìng].

instituer vt (établir) ▸ **instituer une règle** 设立一条规则 [shèlì yì tiáo guīzé].

institut nm ❶ (établissement culturel, de recherche ou d'enseignement) ○ (cl. 所 [suǒ]) 学院 [xuéyuàn] ▸ **Institut d'Études politiques** 政治学院 [zhèngzhì xuéyuàn] ▸ **institut médico-légal** 法医学院 [fǎyī xuéyuàn] ❷ (établissement commercial) 院 [yuàn] ▸ **institut de beauté** 美容院 [měiróng yuàn].

instituteur, trice nm, f (cl. 位 [wèi] ou 个 [gè] ou 名 [míng]) 小学教师 [xiǎoxué jiàoshī].

institution nf ❶ (mise en place) 设立 [shèlì] ▸ **l'institution du suffrage universel** 普选的设立 [pǔ xuǎn de shèlì] ❷ SCOL (cl. 所 [suǒ]) 私立学校 [sīlì xuéxiào] ▸ **faire ses études dans une institution** 在一所私立学校学习 [zài yì suǒ sīlì xuéxiào xuéxí] ❸ (règle) ○ (cl. 种 [zhǒng]) 制度 [zhìdù] ▸ **le mariage est une institution** 婚姻是一种制度 [hūnyīn shì yì zhǒng zhìdù].

■ **institutions** nfpl 体制 [tǐzhì] ▸ **les institutions européennes** 欧洲的体制 [ōuzhōu de tǐzhì].

instructif, ive adj 有教育意义的 [yǒu jiàoyù yìyì de].

instruction nf ❶ (enseignement) 教育 [jiàoyù] ▸ **instruction civique** 公民教育 [gōngmín jiàoyù] ▸ **instruction gratuite et obligatoire** 免费义务教育 [miǎnfèi yìwù jiàoyù] ❷ DR 预审 [yùshěn] ▸ **ouvrir une instruction** 开始预审 [kāishǐ yùshěn] ➤ **juge**.

■ **instructions** nfpl ❶ (ordres) 指示 [zhǐshì] ▸ **donner des instructions** 作指示 [zuò zhǐshì] ▸ **suivre les instructions** 遵从指示 [zūncóng zhǐshì] ❷ (mode d'emploi) 产品使用说明 [chánpǐn shǐyòng shuōmíng].

instruit, e adj 有教养的 [yǒu jiàoyǎng de].

instrument nm ❶ (outil) ○ (cl. 件 [jiàn]) 工具 [gōngjù] ▸ **instrument de mesure** 度量工具 [dùliàng gōngjù] ▸ **instrument de travail** 工作用具 [gōngzuò yòngjù] ❷ MUS (cl. 件 [jiàn]) 乐器 [yuèqì] ▸ **jouer d'un instrument** 演奏一种乐器 [yǎnzòu yì zhǒng yuèqì] ▸ **instrument à cordes** 弦乐器 [xián yuèqì] ▸ **instrument à percussion** 打击乐器 [dǎjī yuèqì] ▸ **instrument à vent** 管乐器 [guǎn yuèqì] ❸ *fig* (personne) ▸ **être l'instrument de** 是......的工具 [shì... de gōngjù] ▸ **j'ai été l'instrument de sa vengeance** 我曾是他的报复工具 [wǒ céng shì tāde bàofu gōngjù].

insu ■ **à l'insu de** loc prép ▸ **faire qqch à l'insu de qqn** 不让谁知道 [bú ràng shuí zhīdào] ▸ **il a réussi à filer à l'insu de tous** 他成功地溜走了，没让任何人知道 [tā chénggōng de liūzǒu le, méi ràng rènhé rén zhīdào].

insuffisance nf ❶ (carence) 不足 [bùzú] ▸ **insuffisance de ressources** 资源不足 [zīyuán bùzú] ❷ MÉD 机能不全 [jīnéng bùquán] ▸ **insuffisance cardiaque** 心力衰竭 [xīnlì shuāijié] ▸ **insuffisance rénale** 肾功能衰竭 [shèngōngnéng shuāijié].

insuffisant, e adj ❶ (pas assez nombreux) 不足的 [bùzú de] ▸ **disposer d'un personnel insuffisant** 支配人数不足的职员 [zhīpèi rénshù bùzú de zhíyuán] ▸ **en nombre insuffisant** 数量不够 [shùliàng búgòu] ❷ (médiocre) 不够格的 [búgòugé de] ▸ **votre travail est nettement insuffisant** 您的工作明显不够好 [nín de gōngzuò míngxiǎn búgòu hǎo].

insuffler vt ❶ MÉD 把......注入 [bǎ... zhùrù] ▸ **insuffler de l'oxygène dans les poumons** 把氧气注入肺里 [bǎ yǎngqì zhùrù fèi lǐ] ❷ (inspirer) 激起 [jīqǐ] ▸ **il m'a insufflé le courage de me battre** 他激起了我战斗的勇气 [tā jīqǐ le wǒ zhàndòu de yǒngqì].

insulaire ♦ adj GÉOGR 岛屿的 [dáoyǔ de] ▸ **climat insulaire** 岛屿气候 [dáoyǔ qìhou]. ♦ nmf 岛民 [dǎomín].

insuline nf 胰岛素 [yídǎosù].

insulte nf ❶ (parole) 辱骂 [rǔmà] ▸ **proférer des insultes** 放声咒骂 [fàngshēng zhòumà] ❷ (affront) 损害 [sǔnhài] ▸ **une telle attitude est une insulte à sa mémoire** 这种态度是对其身后之名的损害 [zhè zhǒng tàidu shì duì qí shēnhòu zhī míng de sǔnhài].

insulter vt 辱骂 [rǔmà] ▸ **se faire insulter** 被辱骂 [bèi rǔmà].

insupportable adj ❶ (intolérable) 难以忍受的 [nányǐ rěnshòu de] ▸ **cette douleur est insupportable** 这种疼痛让人难以忍受 [zhè zhǒng téngtòng ràng rén nányǐ rěnshòu] ❷ (odieux) 讨厌的 [tǎoyàn de] ▸ **mes élèves sont insupportables** 我的学生们很讨厌 [wǒde xuéshēngmen hěn tǎoyàn].

insurger ■ **s'insurger** vp (s'élever contre) ▸ **s'insurger contre** 反对 [fǎnduì] ▸ **un peuple qui s'insurge contre un tyran** 起来反抗暴君的人民 [qǐlái fǎnkàng bàojūn de rénmín].

insurmontable adj 不可克服的 [bùkě kèfú de] ▸ **des difficultés insurmontables** 一些克服不了的困难 [yìxiē kèfú bùliǎo de kùnnan] ▸ **peur insurmontable** 难以克制的恐惧 [nányǐ kèzhì de kǒngjù].

insurrection nf (cl. 次 [cì]) 暴动 [bàodòng] ▸ **l'armée a réprimé l'insurrection** 军队镇压了暴动 [jūnduì zhènyā le bàodòng].

intact, e adj 未受损坏的 [wèi shòu sǔnhuài de] ▸ **le colis est arrivé intact** 包裹完好无损地寄到了 [bāoguǒ wánhǎo wúsǔn de jì dào le] ▸ **sa réputation est intacte** 他的名声完好无损 [tāde míngshēng wánhǎo wúsǔn].

intégral, e, aux adj ❶ (total) 全部的 [quánbù de] ▸ **remboursement intégral** 全额偿还 [quán'é chánghuán] ❷ (complet) 完整的 [wánzhěng de] ▸ **texte intégral** 完整的文章 [wánzhěng de wénzhāng].

intégration nf ❶ (assimilation) 同化 [tónghuà] ▸ **une politique d'intégration** 同化政策 [tónghuà zhèngcè] ▸ **intégration sociale** 社会融合 [shèhuì rónghé] ❷ (unification) 一体化 [yìtǐhuà] ▸ **intégration économique des**

pays européens 欧洲国家的经济一体化 [ōuzhōu guójiā de jīngjì yìtǐhuà].

intègre adj 正直的 [zhèngzhí de].

intégré, e adj ❶ (incorporé) 组合的 [zǔhé de] ▸ **un circuit intégré** 集成电路 [jíchéng diànlù] ▸ **une cuisine intégrée** 一个组合厨房 [yí ge zǔhé chúfáng] ❷ (assimilé) 融入的 [róngrù de] ▸ **il est bien intégré dans le groupe** 他很好地融入了这个团体 [tā hěn hǎo de róngrù le zhè ge tuántǐ].

intégrer vt ❶ (incorporer) 纳入 [nàrù] ▸ **votre forfait intègre de nombreux services** 您的统包价合同包括很多服务 [nínde tǒngbāojià hétong bāokuò hěnduō fúwù] ▸ **intégrer un nouveau paragraphe à un chapitre** 把新的一段编入一章中 [bǎ xīn de yí duàn biānrù yì zhāng zhōng] ▸ **intégrer une personne dans un service** 接纳某人进入某个部门 [jiēnà mǒurén jìnrù mǒu ge bùmén] ❷ (entrer dans) 考上 [kǎoshang] ▸ **il a intégré Harvard** 他考上了哈佛大学 [tā kǎoshang le Hāfó-dàxué].

▪ **s'intégrer** vp ❶ (s'incorporer) 协调 [xiétiáo] ▸ **s'intégrer à qqch** 与……协调 [yǔ… xiétiáo] ❷ (s'adapter) 融合 [rónghé] ▸ **il n'a jamais réussi à s'intégrer** 他从没有成功地融合进去 [tā cóng méi yǒu chénggōng de rónghé jìnqu] ▸ **s'intégrer dans qqch** 融入…… [róngrù…].

intégriste ♦ adj 原教旨主义的 [yuánjiàozhǐ zhǔyì de] ▸ **militant intégriste** 原教旨主义的激进分子 [yuánjiàozhǐ zhǔyì de jījìn fènzi] ▸ **thèse intégriste** 原教旨主义的论题 [yuánjiàozhǐ zhǔyì de lùntí]. ♦ nmf (cl. 位 [wèi] ou 个 [gè] ou 名 [míng]) 原教旨主义者 [yuánjiàozhǐ zhǔyìzhě].

intégrité nf ❶ (honnêteté) 完整 [wánzhěng] ▸ **l'intégrité du territoire** 领土的完整 [lǐngtǔ de wánzhěng] ❷ (honnêteté) 正直 [zhèngzhí] ▸ **l'intégrité est l'une de ses plus grandes qualités** 正直是他最重要的优点之一 [zhèngzhí shì tā zuì zhòngyào de yōudiǎn zhīyī] ◊ **intégrité physique** 人身权 [rénshēn quán].

intellectuel, elle ♦ adj ▸ **facultés intellectuelles** 智力 [zhìlì] ▸ **fatigue intellectuelle** 用脑过度 [yòng nǎo guòdù] ▸ **supériorité intellectuelle** 智力优势 [zhìlì yōushì] ♦ nm, f 知识分子 [zhīshi fènzǐ] ▸ **un intellectuel de gauche** 一个左翼知识分子 [yí ge zuǒyì zhīshi fènzǐ].

intelligence nf ❶ (discernement) 智慧 [zhìhui] ▸ **être d'une intelligence exceptionnelle** 智慧超群 [zhìhui chāoqún] ▸ **avoir l'intelligence de** 明白该…… [míngbai gāi …] ▸ **faire preuve d'intelligence** 表现出聪明 [biǎoxiàn chū cōngming] ▸ **manquer d'intelligence** 缺少才智 [quēshǎo cáizhì] ❷ INFORM 智能 [zhìnéng] ▸ **intelligence artificielle** 人工智能 [réngōng zhìnéng].

intelligent, e adj (perspicace) 聪明的 [cōngming de] ▸ **avoir l'air intelligent** 看起来聪明 [kànqǐlái cōngming].

intendance nf ❶ (organisation) 管理 [guǎnlǐ] ▸ **ici l'intendance est parfaite** 这里的管理很完善 [zhèli de guǎnlǐ hěn wánshàn] ❷ (bureau) 总务处 [zǒngwùchù].

intense adj ❶ (fort) ▸ **chaleur intense** 酷暑 [kùshǔ] ▸ **douleur intense** 剧烈的疼痛 [jùliè de téngtòng] ▸ **lumière intense** 强烈的光亮 [qiángliè de guāngliàng] ❷ (vif) 鲜艳的 [xiānyàn de] ▸ **un rouge intense** 鲜红色 [xiān hóngsè] ❸ (actif) 格外紧张的 [géwài jǐnzhāng de] ▸ **une période de travail intense** 一段工作格外紧张的时期 [yí duàn gōngzuò géwài jǐnzhāng de shíqī].

intensif, ive adj 密集的 [mìjí de] ▸ **cours intensif** 速成课程 [sùchéng kèchéng] ▸ **un stage intensif** 集训 [jíxùn].

intensifier vt 加强 [jiāqiáng].

▪ **s'intensifier** vp 加紧 [jiājǐn] ▸ **les combats se sont intensifiés** 战斗激化了 [zhàndòu jīhuà le].

intensité nf ❶ (degré) 强度 [qiángdù] ▸ **intensité électrique** 电的强度 [diàn de qiángdù] ▸ **intensité lumineuse** 光亮强度 [guāngliàng qiángdù] ❷ (ardeur) 强烈 [qiángliè] ▸ **une œuvre pleine d'intensité** 一部扣人心弦的作品 [yí bù kòurén xīnxián de zuòpǐn].

intenter vt DR 提起 [tíqǐ] ▸ **intenter un procès à qqn** 对某人提起诉讼 [duì mǒurén tíqǐ sùsòng] ▸ **intenter une action en justice** 起诉 [qǐsù].

intention nf ❶ (volonté) 意图 [yìtú] ▸ **son intention n'était pas de nuire** 他并不是

恶意的 [tā bìng bú shì èyì de] ▸ **partir d'une bonne intention** 出自善意 [chūzì shànyì] ❷ (projet) 企图 [qǐtú] ▸ **avoir l'intention de** 打算 [dǎsuan] ❸ (destination) ▸ **faire un sourire à l'intention de qqn** 给某人一个微笑 [gěi mǒurén yí ge wēixiào] ▸ **document à l'intention de tous les étudiants** 提供给全体学生的资料 [tígōng gěi quántǐ xuésheng de zīliào].

interactif, ive adj INFORM 互动的 [hùdòng de] ▸ **encyclopédie interactive** 对话式百科全书 [duìhuà shì bǎikē quánshū] ▸ **un jeu interactif** 互动游戏 [hùdòng yóuxì].

intercaler vt 插入 [chārù] ▸ **intercaler un rendez-vous entre deux réunions** 在两次会议之间插一个约见 [zài liǎng cì huìyì zhījiān chā yí ge yuējiàn] ▸ **intercaler qqch dans** 在……中插入…… [zài… zhōng chārù…].

intercepter vt ❶ (s'emparer de) 截取 [jiéqǔ] ▸ **intercepter une lettre** 截取一封信 [jiéqǔ yì fēng xìn] ❷ (capter) 窃听 [qiètīng] ▸ **la police a intercepté l'appel** 警察窃听了电话 [jǐngchá qiètīng le diànhuà] ❸ SPORT 截球 [jiéqiú] ▸ **le gardien a intercepté le ballon** 守门员把球截住了 [shǒuményuán bǎ qiú jiézhù le].

interclasse nm 课间休息 [kèjiān xiūxi].

interdiction nf ❶ (prohibition) 禁止 [jìnzhǐ] ▸ **j'ai l'interdiction de sortir** 我被禁止出门 [wǒ bèi jìnzhǐ chūmén] ▸ **interdiction de fumer** 禁止吸烟 [jìnzhǐ xīyān] ❷ (suspension) 禁令 [jìnlìng] ▸ **interdiction de séjour** 剥夺居留权 [bōduó jūliúquán].

interdire vt ❶ (défendre) 禁止 [jìnzhǐ] ▸ **interdire l'usage de la drogue** 禁止使用毒品 [jìnzhǐ shǐyòng dúpǐn] ▸ **le médecin lui a interdit de boire** 医生禁止他喝酒 [yīshēng jìnzhǐ tā hējiǔ] ❷ (bloquer) 阻止 [zúzhǐ] ▸ **une porte blindée interdit l'accès aux coffres** 一扇安全门阻止人靠近保险箱 [yí shàn ānquánmén zúzhǐ rén kàojìn bǎoxiǎnxiāng] ❸ (exclure) 使……不能 [shǐ… bùnéng] ▸ **son état de santé lui interdit tout déplacement** 他的健康状况不允许他行走 [tāde jiànkāng zhuàngkuàng bù yúnxǔ tā xíngzǒu].

interdit, e adj 被禁止的 [bèi jìnzhǐ de] ▸ **être interdit bancaire** 银行业务被禁止 [yínháng yèwù bèi jìnzhǐ] ▸ **être interdit de séjour** 居留权被剥夺 [jūliúquán bèi bōduó] ▸ **un film interdit aux moins de 16 ans** 一部16岁以下禁止观看的影片 [yí bù 16 suì yǐxià jìnzhǐ guānkàn de yǐngpiàn] ▸ **'accès interdit'** 禁止进入 [jìnzhǐ jìnrù] ▸ **'stationnement interdit'** 禁止停车 [jìnzhǐ tíngchē].

intéressant, e adj ❶ (avantageux) 有利的 [yǒulì de] ▸ **une affaire intéressante** 一笔有利可图的生意 [yì bǐ yǒulì kětú de shēngyì] ▸ **des conditions intéressantes** 一些有利条件 [yìxiē yǒulì tiáojiàn] ▸ **un prix intéressant** 一个诱人的价格 [yí ge yòurén de jiàgé] ❷ (passionnant) 有趣的 [yǒuqù de] ▸ **un livre intéressant** 有趣的书 [yǒuqù de shū] ▸ **une personne intéressante** 有意思的人 [yǒu yìsi de rén].

intéressé, e ♦ adj ❶ (qui cherche son intérêt personnel) 追求个人利益的 [zhuīqiú gèrén lìyì de] ▸ **son aide était intéressée** 他的帮忙是有所图的 [tāde bāngmáng shì yǒu suǒ tú de] ❷ (concerné) 当事的 [dāngshì de] ▸ **les personnes intéressées peuvent nous contacter** 当事人可以和我们联系 [dāngshì rén kéyǐ hé wǒmen liánxì]. ♦ nm, f (cl. 位 [wèi] ou 个 [gè] ou 名 [míng]) 当事人 [dāngshìrén] ▸ **le principal intéressé** 主要当事人 [zhǔyào dāngshìrén].

intéresser vt ❶ (passionner) 使……感兴趣 [shǐ … gǎn xìngqu] ▸ **ta proposition m'intéresse** 你的建议让我感兴趣 [nǐde jiànyì ràng wǒ gǎn xìngqu] ▸ **être intéressé par qqch** 对某事感兴趣 [duì mǒushì gǎn xìngqu] ▸ **intéresser qqn à qqch** 使某人对某事感兴趣 [shǐ mǒurén duì mǒushì gǎn xìngqu] ❷ (concerner) 与……有关 [yǔ … yǒuguān] ▸ **cette loi intéresse tous les enseignants** 这条法律和所有的老师都有关 [zhè tiáo fǎlǜ hé suóyǒu de lǎoshī dōu yǒuguān].

▪ **s'intéresser à** vp+prép 对……感兴趣 [duì… gǎn xìngqu] ▸ **je m'intéresse à tout** 我对一切都感兴趣 [wǒ duì yíqiè dōu gǎn xìngqu].

intérêt nm ❶ (curiosité) 兴趣 [xìngqu] ▸ **c'est avec intérêt que j'ai lu son livre** 我兴致勃勃地读了他的书 [wǒ xìngzhì bóbó de dú le tāde shū] ▸ **son intérêt pour le cinéma s'est éveillé très tôt** 他对电影的兴趣产生

得很早 [tā duì diànyǐng de xìngqu chǎnshēng de hěn zǎo] ❷ (qui éveille la curiosité) 意义 [yìyì] ▸ **c'est sans intérêt** 这毫无意义 [zhè háowú yìyì] ❸ (avantage) 好处 [hǎochu] ▸ **l'intérêt de cette formule c'est qu'on gagne du temps** 这种方法的好处就是节省时间 [zhè zhǒng fāngfǎ de hǎochu jiù shì jiéshěng shíjiān] ❹ (au profit de) 利益 [lìyì] ▸ **dans l'intérêt de qqn** 为某人的利益 [wèi mǒurén de lìyì] ▸ **cet avocat agit dans l'intérêt de son client** 这位律师为其客户的利益行事 [zhè wèi lǜshī wèi qí kèhù de lìyì xíngshì] ▸ **dans l'intérêt général** 为了整体利益 [wèi le zhěngtǐ lìyì] ▸ **avoir intérêt à** *(+ infinitif)* 最好 [zuìhǎo] ▸ **tu as intérêt à réserver au plus vite** 你最好快点预定 [nǐ zuìhǎo kuài diǎn yùdìng].

▪ **intérêts** nmpl 利息 [lìxī] ▸ **payer des intérêts** 付利息 [fùlìxī].

interface nf ❶ INFORM 界面 [jièmiàn] ▸ **interface graphique** 图形界面 [túxíng jièmiàn] ▸ **interface utilisateur** 用户界面 [yònghù jièmiàn] ❷ (intermédiaire) ○ (cl. 位 [wèi] ou 个 [gè] ou 名 [míng]) 接洽人 [jiēqiàrén] ▸ **l'interface entre la direction et les autorités** 领导层和政府部门间的接洽人 [lǐngdǎocéng hé zhèngfǔ bùmén jiān de jiēqiàrén].

interférer vi ▸ **interférer avec** 同……相互冲突 [tóng… xiānghù chōngtū] ▸ **un choix qui interfère avec la vie privée** 一个与私人生活有冲突的选择 [yí ge yǔ sīrén shēnghuó yǒu chōngtū de xuǎnzé] ▸ **interférer dans une décision** 干涉决定 [gānshè juédìng].

intérieur, e adj ❶ (dans un lieu) 内面的 [nèimian de] ▸ **cour intérieure** 内院 [nèi yuàn] ▸ **décoration intérieure** 内部装饰 [nèibù zhuāngshì] ❷ (interne) 内部的 [nèibù de] ▸ **affaires intérieures** 内政 [nèi zhèng] ▸ **règlement intérieur** 内部条例 [nèibù tiáolì] ▸ **vol intérieur** 国内航班 [guónèi hángbān].

▪ **intérieur** nm ❶ (le dedans) 内部 [nèibù] ▸ **l'intérieur d'une pièce** 房间内部 [fángjiān nèibù] ❷ (d'une maison) 室内 [shìnèi] ▸ **un intérieur confortable** 舒适的室内 [shūshì de shìnèi] ▸ **à l'intérieur de** 在……里面 [zài… lǐmian].

intérim nm ❶ (période de remplacement) 代理职务 [dàilǐ zhíwù] ▸ **assurer l'intérim** 确保职务代理 [quèbǎo zhíwù dàilǐ] ▸ **ministre par intérim** 代理部长 [dàilǐ bùzhǎng] ❷ (travail temporaire) 临时劳动 [línshí láodòng] ▸ **travailler en intérim** 做临时工 [zuò línshígōng] ▸ **agence d'intérim** 职业中介所 [zhíyè zhōngjiè suǒ].

intérimaire ♦ adj 代理的 [dàilǐ de] ▸ **fonction intérimaire** 代理职务 [dàilǐ zhíwù] ▸ **gouvernement intérimaire** 临时政府 [línshí zhèngfǔ]. ♦ nmf (employé) 临时雇佣者 [línshí gùyōngzhě] ▸ **travailler comme intérimaire** 当临时工 [dāng línshígōng].

intérioriser vt 藏在心里 [cángzàixīnlǐ] ▸ **intérioriser un sentiment** 把感觉闷在心里 [bǎ gǎnjué mènzàixīnlǐ].

interligne nm 行距 [hángjù].

interlocuteur, trice nm, f (cl. 位 [wèi] ou 个 [gè] ou 名 [míng]) 对话者 [duìhuàzhě] ▸ **un interlocuteur privilégié** 一位可靠的对话者 [yí wèi kěkào de duìhuàzhě].

intermédiaire ♦ adj ❶ (entre deux éléments) 中间的 [zhōngjiān de] ▸ **un prix intermédiaire** 中间价格 [zhōngjiān jiàgé] ❷ (compromis) 折衷的 [zhézhōng de] ▸ **trouver une solution intermédiaire** 找到一种折衷的解决办法 [zhǎodào yì zhǒng zhézhōng de jiějué bànfǎ]. ♦ nmf (médiateur) 中间人 [zhōngjiānrén] ▸ **sans intermédiaire** 直接地 [zhíjiē de] ▸ **servir d'intermédiaire** 当中间人 [dāng zhōngjiānrén]. ♦ nm (entremise) 中间阶段 [zhōngjiān jiēduàn] ▸ **par l'intermédiaire de** 通过 [tōngguò].

interminable adj 无休止的 [wúxiūzhǐ de] ▸ **attente interminable** 漫长的等待 [màncháng de děngdài] ▸ **conversation interminable** 无休止的交谈 [wúxiūzhǐ de jiāotán] ▸ **film interminable** 冗长的电影 [rǒngcháng de diànyǐng].

internat nm ❶ (scolaire) 寄宿 [jìsù] ▸ **faire ses études à l'internat** 寄宿学习 [jìsù xuéxí] ❷ (concours, stage) 住院实习医生考试 [zhùyuàn shíxí yīshēng kǎoshì] ▸ **passer l'internat des hôpitaux de Paris** 参加巴黎医院的住院实习医生考试 [cānjiā Bālí yīyuàn de zhùyuàn shíxí yīshēng kǎoshì] ▸ **faire son internat** 做住院医生实习 [zuò zhùyuàn yīshēng shíxí].

international, e, aux ♦ adj ❶ (d'envergure mondiale) 国际的 [guójì de] ▸ **compétition internationale** 国际比赛 [guójì bǐsài] ▸ **conflit international** 国际冲突 [guójì chōngtū] ❷ (extérieur) 诸国间的 [zhūguójiān de] ▸ **vol international** 国际航班 [guójì hángbān]. ♦ nm, f (cl. 位 [wèi] ou 个 [gè] ou 名 [míng]) 国际工作者 [guójì gōngzuòzhě] ▸ **les internationaux envoyés dans les zones de conflit** 派赴冲突地区的国际工作者们 [pàifù chōngtū dìqū de guójì gōngzuòzhěmen].

internaute nmf INFORM 互联网用户 [hùliánwǎng yònghù].

interne ♦ adj ❶ ANAT 体内的 [tǐnèi de] ▸ **hémorragie interne** 内出血 [nèi chūxuè] ▸ **l'oreille interne** 内耳 [nèi ěr] ❷ (dans l'entreprise) 内部的 [nèibù de] ▸ **en interne** 内部 [nèibù]. ♦ nmf ❶ (pensionnaire) ○ (cl. 个 [gè] ou 名 [míng]) 寄宿生 [jìsùshēng] ▸ **il a été interne entre 15 et 18 ans** 他15岁到18岁时过的是寄宿生活 [tā 15 suì dào 18 suì shí guò de shì jìsù shēnghuó] ❷ MÉD (cl. 个 [gè] ou 名 [míng]) 住院实习医生 [zhùyuàn shíxí yīshēng] ▸ **interne des hôpitaux de Paris** 巴黎医院的住院实习医生 [Bālí yīyuàn de zhùyuàn shíxí yīshēng].

interner vt ▸ **interner un malade en psychiatrie** 把一个精神病患者关进精神病院 [bǎ yí ge jīngshénbìng huànzhě guān jìn jīngshénbìngyuàn] ▸ **interner dans un camp** 监禁在营房里 [jiānjìn zài yíngfáng lǐ].

Internet, internet nm ▸ **(l')Internet** 互联网/因特网 [hùliánwǎng/yīntèwǎng] ▸ **utiliser l'Internet** 使用互联网 [shǐyòng hùliánwǎng].

interpeller vt ❶ (apostropher) 招呼并询问 [zhāohu bìng xúnwèn] ▸ **interpeller un passant** 招呼并询问一个行人 [zhāohu bìng xúnwèn yí ge xíngrén] ❷ (arrêter pour questionner) 传讯 [chuánxùn] ▸ **la police a interpellé deux suspects** 警察传讯两个嫌疑犯 [jǐngchá chuánxùn liǎng ge xiányífàn] ❸ (susciter l'intérêt de) 引起注意 [yǐnqǐ zhùyì] ▸ **un sujet qui nous interpelle tous** 一个引起我们所有人注意的主题 [yí ge yínqǐ wǒmen suóyǒu rén zhùyì de zhǔtí].

Interphone® nm 对讲机 [duìjiǎngjī] ▸ **notre immeuble a un Interphone** 我们楼里有对讲机 [wǒmen lóu lǐ yǒu duìjiǎngjī].

interposer ▪ **s'interposer** vp 插在中间 [chā zài zhōngjiān] ▸ **il s'est interposé pour l'empêcher de me frapper** 他插在中间以阻止他打我 [tā chā zài zhōngjiān yǐ zúzhǐ tā dǎ wǒ] ▸ **s'interposer dans une conversation** 加入到谈话中 [jiārù dào tánhuà zhōng].

interprète nmf ❶ (traducteur) ○ (cl. 个 [gè] ou 名 [míng]) 口译员 [kǒuyìyuán] ▸ **il est interprète au Parlement européen** 他是欧洲议会的口译员 [tā shì Ōuzhōu Yìhuì de kǒuyìyuán] ❷ CINÉ, MUS & THÉÂTRE 表演者 [biǎoyánzhě] ▸ **l'interprète d'une chanson** 一首歌的演唱者 [yì shǒu gē de yǎnchàngzhě].

interpréter vt ❶ (commenter) 解释 [jiěshì] ▸ **interpréter un rêve** 解梦 [jiě mèng] ❷ (comprendre) 理解 [lǐjiě] ▸ **interpréter un texte** 理解一篇文章 [lǐjiě yì piān wénzhāng] ❸ (exécuter) 表演 [biáoyǎn] ▸ **interpréter un morceau de musique** 演奏一段乐曲 [yǎnzòu yí duàn yuèqǔ] ▸ **interpréter un rôle** 扮演一个角色 [bànyǎn yí ge juésè].

interrogation nf ❶ (pour questionner) 讯问 [xùnwèn] ▸ **l'interrogation des témoins** 对证人的讯问 [duì zhèngrén de xùnwèn] ❷ (examen scolaire) ○ (cl. 套 [tào]) 考题 [kǎotí] ▸ **interrogation écrite** 笔试 [bǐ shì] ▸ **interrogation orale** 口试 [kǒu shì].

interrogatoire nm 审讯 [shěnxùn] ▸ **subir un interrogatoire** 受到审讯 [shòudào shěnxùn].

interroger vt ❶ (questionner) 讯问 [xùnwèn] ▸ **interroger les témoins de la scène** 讯问目击证人 [xùnwèn mùjī zhèngrén] ▸ **interroger qqn sur qqch** 讯问某人关于某事 [xùnwèn mǒurén guānyú mǒushì] ❷ (examiner) 提问 [tíwèn] ▸ **interroger les élèves sur la leçon précédente** 就上一课的内容对学生们提问 [jiù shàng yí kè de nèiróng duì xuéshēngmen tíwèn].

▪ **s'interroger** vp 考虑 [kǎolǜ] ▸ **je ne sais pas si j'y vais, je m'interroge encore** 我不知道是否要去，我还在考虑 [wǒ bù zhīdào shìfǒu yào qù, wǒ hái zài kǎolǜ] ▸ **je m'interroge** beaucoup sur lui 我仔细琢磨他 [wǒ zǐxì zhuómo tā].

interrompre vt ❶ (arrêter) 中断 [zhōngduàn] ▸ **interrompre le travail** 中断工作 [zhōngduàn gōngzuò] ▸ **interrompre ses études** 中断学业 [zhōngduàn xuéyè] ❷ (couper la parole) 打断谈话 [dǎduàn tánhuà] ▸ **veuillez m'excuser, je vous ai interrompu** 请原谅，我打断了你们的谈话 [qǐng yuánliàng, wǒ dǎduàn le nǐmen de tánhuà] ❸ (déranger) 打搅 [dájiǎo] ▸ **il l'a interrompu dans sa lecture** 他打搅了他的阅读 [tā dájiǎo le tāde yuèdú]. ■ **s'interrompre** vp 停止 [tíngzhǐ] ▸ **l'orateur s'est interrompu pour répondre aux questions** 演说者停下来回答问题 [yǎnshuōzhě tíng xiàlai huídá wèntí].

interrupteur nm ÉLECTR 开关 [kāiguān] ▸ **appuyer sur l'interrupteur** 按开关 [àn kāiguān].

interruption nf 中断 [zhōngduàn] ▸ **veuillez excuser l'interruption momentanée de nos programmes** 请原谅我们节目的暂时中断 [qǐng yuánliàng wǒmen jiémù de zànshí zhōngduàn] ▸ **sans interruption** 不停地 [bùtíng de] ▸ **interruption volontaire de grossesse** 人工流产 [réngōng liúchǎn].

intersection nf 交叉点 [jiāochādiǎn].

intervalle nm ❶ (espace) 间距 [jiānjù] ▸ **un intervalle de trois mètres** 三米的间距 [sān mǐ de jiānjù] ❷ (intermède) 间隔 [jiàngé] ▸ **un intervalle d'une heure** 一小时的间隔 [yìxiǎoshí de jiàngé] ▸ **dans l'intervalle** 在……期间 [zài… qījiān] ❸ MUS 音程 [yīnchéng] ▸ **intervalle musical** 音程 [yīn chéng].

intervenir vi ❶ (se produire) 发生 [fāshēng] ❷ (s'interposer) 介入 [jièrù] ▸ **il a préféré ne pas intervenir** 他宁愿不介入 [tā nìngyuàn bú jièrù] ❸ (participer) 参与 [cānyù] ▸ **intervenir dans une négociation** 参与一项谈判 [cānyù yí xiàng tánpàn] ▸ **faire intervenir qqn** 让某人参与 [ràng mǒurén cānyù] ❹ (entrer en ligne de compte) 起作用 [qǐzuòyòng] ▸ **les éléments qui interviennent lors d'une décision** 在作决定时起作用的那些因素 [zài zuò juédìng shí qǐzuòyòng de nàxiē yīnsù].

intervention nf ❶ (participation) 参与 [cānyù] ▸ **sans votre intervention, je tombais** 没有您的参与，我就垮了 [méiyǒu nínde cānyù, wǒ jiù kuǎ le] ❷ (discours) 讲话 [jiǎnghuà] ▸ **son intervention au parlement a été très remarquée** 他在议会发表的讲话很引人注意 [tā zài yìhuì fābiǎo de jiǎnghuà hěn yǐn rén zhùyì] ❸ ÉCON & POLIT 干涉 [gānshè] ▸ **intervention armée** 武装干涉 [wǔzhuāng gānshè] ❹ (action) 介入 [jièrù] ▸ **intervention de la police** 警方的介入 [jǐngfāng de jièrù] ▸ **intervention des pompiers** 消防员的出动 [xiāofángyuán de chūdòng] ❺ MÉD 手术 [shǒushù] ▸ **subir une intervention** 接受一个手术 [jiēshòu yí ge shǒushù] ▸ **une intervention chirurgicale** 外科手术 [wàikē shǒushù].

intervertir vt 颠倒次序 [diāndǎo cìxù] ▸ **intervertir les rôles** 颠倒身份 [diāndǎo shēnfen].

interview nf (cl. 次 [cì]) 采访 [cǎifǎng] ▸ **accorder une interview à un journaliste** 接受一个记者采访 [jiēshòu yí ge jìzhě cǎifǎng] ▸ **une interview exclusive** 专访 [zhuān fǎng].

interviewer[1] vt 采访 [cǎifǎng] ▸ **il a été interviewé par les télévisions étrangères** 他曾被外国电视台采访 [tā céng bèi wàiguó diànshìtái cǎifǎng].

interviewer[2], **intervieweur, euse** nm (cl. 位 [wèi] ou 个 [gè] ou 名 [míng]) 采访记者 [cǎifǎng jìzhě].

intestin nm ANAT (cl. 根 [gēn] ou 条 [tiáo]) 肠 [cháng] ▸ **gros intestin** 大肠 [dà cháng] ▸ **intestin grêle** 小肠 [xiǎo cháng].

intime ♦ adj ❶ (proche) 亲密的 [qīnmì de] ▸ **un ami intime** 密友 [mìyǒu] ❷ (privé) 私人的 [sīrén de] ▸ **journal intime** 个人日记 [gèrén rìjì]. ♦ nmf (cl. 位 [wèi] ou 个 [gè] ou 名 [míng]) 好朋友 [hǎo péngyou] ▸ **c'est un intime** 他是我的一个好朋友 [tā shì wǒde yí ge hǎo péngyou] ▸ **nous n'avons invité que les intimes au mariage** 我们只邀请了挚亲好友来参加婚礼 [wǒmen zhǐ yāoqǐng le zhìqīn háoyǒu lái cānjiā hūnlǐ].

intimider vt ❶ (troubler) 使……不安 [shǐ… bù'ān] ▸ **ça m'intimide de parler dans un**

micro 用麦克风讲话让我不安 [yòng màikèfēng jiǎnghuà ràng wǒ bù'ān] ❷ (faire peur) 使……恐慌 [shǐ… kǒnghuāng] ▸ **cet examinateur intimide les candidats** 这个主考人让应试者们恐慌 [zhè ge zhúkǎorén ràng yìngshìzhěmen kǒnghuāng] ▸ **ne pas se laisser intimider par des menaces** 不要被威胁吓倒 [búyào bèi wēixié xiàdǎo].

intimité nf ❶ (familiarité) 亲密 [qīnmì] ❷ (vie privée) 私人生活 [sīrén shēnghuó] ▸ **préserver son intimité** 保护自己的私人生活 [bǎohù zìjǐ de sīrén shēnghuó] ▸ **dans l'intimité** 在熟人之间 [zài shúrén zhījiān].

intitulé nm 标题 [biāotí].

intituler vt 取……名 [qǔ… míng] ▸ **intituler un article** 给文章取个名 [gěi wénzhāng qǔ ge míng].

▪ **s'intituler** vp (avoir pour titre) 题名为 [tímíng wéi] ▸ **l'ouvrage s'intitule « New York New York »** 题名为«纽约纽约»的作品 [tímíng wéi «Niǔyuē Niǔyuē» de zuòpǐn].

intolérable adj ❶ (insupportable) 难以忍受的 [nányǐ rěnshòu de] ▸ **chaleur intolérable** 难以忍受的炎热 [nányǐ rěnshòu de yánrè] ▸ **douleur intolérable** 难以忍受的疼痛 [nányǐ rěnshòu de téngtòng] ❷ (inadmissible) 不能容忍的 [bùnéng róngrěn de] ▸ **conduite intolérable** 不能容忍的行为 [bùnéng róngrěn de xíngwéi].

intolérant, e adj 排斥的 [páichì de] ▸ **mon père est intolérant avec les jeunes** 我的父亲对年轻人很排斥 [wǒde fùqin duì niánqīngrén hěn páichì].

intonation nf ❶ LING 语调 [yǔdiào] ▸ **intonation descendante** 降调 [jiàngdiào] ▸ **intonation montante** 升调 [shēngdiào] ❷ (inflexion) 抑扬 [yìyáng] ▸ **l'intonation d'une voix** 声音的抑扬 [shēngyīn de yìyáng].

intoxication nf MÉD 中毒 [zhòngdú] ▸ **intoxication alimentaire** 食物中毒 [shíwù zhòngdú] ▸ **une intoxication au plomb** 铅中毒 [qiān zhòngdú].

intoxiquer vt 使……中毒 [shǐ… zhòngdú] ▸ **il a été intoxiqué par des champignons vénéneux** 他曾由于毒蘑菇中毒 [tā céng yóuyú dú mógu zhòngdú].

▪ **s'intoxiquer** vp (s'empoisonner) 毒害自己 [dúhài zìjǐ].

intransigeant, e adj 不妥协的 [bùtuǒxié de].

intraveineux, euse adj MÉD 静脉内的 [jìngmàinèi de] ▸ **administration par voie intraveineuse** 静脉血管内用药 [jìngmài xuèguǎnnèi yòngyào].

▪ **intraveineuse** nf MÉD 静脉注射 [jìngmài zhùshè] ▸ **injection par intraveineuse de qqch** 静脉注射某物 [jìngmài zhùshè mǒuwù].

intrépide adj 勇敢的 [yónggǎn de] ▸ **voyageur intrépide** 勇敢的旅行者 [yónggǎn de lǚxíngzhě].

intrigue nf 手段 [shǒuduàn] ▸ **intrigue policière** 治安手段 [zhì'ān shǒuduàn] ▸ **intrigue politique** 政治手腕 [zhèngzhì shǒuwàn] ▸ **l'intrigue du film est très bien construite** 影片的情节构建得很好 [yǐngpiàn de qíngjié gòujiàn de hén hǎo].

intriguer vt 使……好奇 [shǐ … hàoqí] ▸ **sa disparition m'intriguait** 他的失踪让我好奇 [tāde shīzōng ràng wǒ hàoqí] ▸ **ce qui m'intrigue, c'est que…** 使我所好奇的事，是…… [shí wǒ suǒ hàoqí de shì, shì…].

introduction nf ❶ (insertion) 引进 [yǐnjìn] ▸ **l'introduction d'une sonde dans l'organisme** 将导管插入体内 [jiāng dáoguǎn chārù tǐnèi] ❷ (début) 引言 [yǐnyán] ▸ **tout exposé doit commencer par une introduction** 所有的报告都应由一个引言开始 [suóyǒu de bàogào dōu yìng yóu yí ge yǐnyán kāishǐ] ▸ **introduction à** 入门 [rùmén] ▸ **cet ouvrage constitue une bonne introduction à la chimie** 这部作品是很好的化学入门读物 [zhè bù zuòpǐn shì hénhǎo de huàxué rùmén dúwù].

introduire vt ❶ (faire entrer) 插入 [chārù] ▸ **introduire la clef dans la serrure** 把钥匙插入锁内 [bǎ yàoshi chārù suǒnèi] ❷ (commencer) 引入 [yǐnrù] ▸ **introduire le sujet avec une question** 用一个问题引入主题 [yòng yí ge wèntí yǐnrù zhǔtí] ❸ (présenter) 介绍 [jièshào] ▸ **introduire un invité** 介绍一位客人 [jièshào yí wèi kèren] ❹ (importer) 引进 [yǐnjìn] ▸ **introduire un produit sur le marché** 将一种产品引进市场 [jiāng yì zhǒng chánpǐn yǐnjìn shìchǎng] ❺ (faire adopter) 使……采纳 [shǐ… cǎinà] ▸ **c'est lui qui a introduit cette réforme** 是他使这次改革得到采纳 [shì tā shǐ zhè cì gǎigé dédào cǎinà].

▪ **s'introduire** vp ❶ (pénétrer) 进入 [jìnrù] ▸ **les voleurs se sont introduits par la fenêtre** 小偷们从窗户钻进来 [xiǎotōumen cóng chuānghu zuānjìn lái] ▸ **s'introduire dans un lieu** 进入一个地方 [jìnrù yí ge dìfang] ❷ (s'implanter) 侵入 [qīnrù] ▸ **le doute s'est introduit dans mon esprit** 我头脑里产生了怀疑 [wǒ tóunǎo lǐ chǎnshēng le huáiyí].

introuvable adj 找不到的 [zhǎobúdào de] ▸ **son livre est introuvable en France** 他的书在法国是找不到的 [tāde shū zài Fǎguó shì zhǎobúdào de] ▸ **le voleur reste introuvable** 小偷还是没找到 [xiǎotōu háishì méizhǎodào].

introverti, e adj 内向的 [nèixiàng de].

intrus, e nm, f 闯入者 [chuǎngrùzhě].

intrusion nf 闯入 [chuǎngrù] ▸ **intrusion dans la vie privée** 闯入私人生活 [chuǎngrù sīrén shēnghuó] ▸ **l'intrusion d'un État dans les affaires intérieures de ses voisins** 一个国家对其邻国内政的干涉 [yí ge guójiā duì qí línguó nèizhèng de gānshè].

intuitif, ive adj ❶ 直觉的 [zhíjué de] ▸ **elle est intuitive, elle se trompe rarement** 她很有直觉，很少弄错 [tā hényǒu zhíjué, hénshǎo nòngcuò] ❷ INFORM 直观的 [zhíguān de] ▸ **logiciel intuitif** 直观的软件 [zhíguān de ruǎnjiàn].

intuition nf 直觉 [zhíjué] ▸ **avoir une bonne intuition** 有准确的直觉 [yóu zhǔnquè de zhíjué] ▸ **l'intuition féminine** 女性的直觉 [nǚxìng de zhíjué] ▸ **avoir l'intuition que** 预感到…… [yùgǎndào…] ▸ **se fier à son intuition** 相信自己的直觉 [xiāngxìn zìjǐ de zhíjué].

inutile adj 没用的 [méiyòng de] ▸ **des efforts inutiles** 徒劳 [túláo] ▸ **inutile de** 做……是没用的 [zuò…shì méiyòng de].

inutilisable adj 不能用的 [bùnéngyòng de].

inutilité nf 无效 [wúxiào] ▸ **cela démontre l'inutilité de nos efforts** 这表明我们努力的无效 [zhè biǎomíng wǒmen nǔlì de wúxiào].

invalide ♦ adj MÉD 残废的 [cánfèi de] ▸ **rester invalide après un accident** 一次事故后就残废了 [yí cì shìgù hòu jiù cánfèi le]. ♦ nmf 残废者 [cánfèizhě] ▸ **un invalide de guerre** 一个残废军人 [yí ge cánfèi jūnrén] ▸ **un invalide du travail** 一个因公残废者 [yí ge yīngōng cánfèizhě].

invariable adj ❶ (immuable) 不变的 [búbiàn de] ▸ **les lois invariables de la nature** 自然不变的法则 [zìrán búbiàn de fǎzé] ❷ GRAMM 不变化的 [búbiànhuà de] ▸ **les adverbes sont invariables** 副词是没有变化的 [fùcí shì méiyǒu biànhuà de].

invasion nf ❶ MIL 入侵 [rùqīn] ▸ **les invasions des Romains** 古罗马人的入侵 [Gǔluómărén de rùqīn] ❷ (irruption massive) 大量涌进 [dàliàng yǒngjìn] ▸ **l'invasion de produits sur le marché** 商品大量涌进市场 [shāngpǐn dàliàng yǒngjìn shìchǎng] ▸ **l'invasion des criquets en Afrique** 蝗虫在非洲的侵害 [huángchóng zài Fēizhōu de qīnhài].

inventaire nm ❶ (dénombrement) 清查 [qīngchá] ▸ **faire l'inventaire des ressources touristiques d'une région** 清查一个地区的旅游资源 [qīngchá yí ge dìqū de lǚyóu zīyuán] ❷ COMM 盘点 [pándiǎn] ▸ **faire l'inventaire** 盘点 [pándiǎn] ▸ **fermer pour inventaire** 闭门盘点 [bìmén pándiǎn].

inventer vt ❶ (créer) 发明 [fāmíng] ❷ (imaginer) 虚构的 [xūgòu de] ▸ **une histoire inventée de toutes pièces** 一个完全虚构的故事 [yí ge wánquán xūgòu de gùshi] ▸ **je n'invente rien !** 我没胡说！ [wǒ méi húshuō!] ▸ **qu'est-ce que tu vas inventer ?** 你还想编点什么？ [nǐ hái xiǎng biān diǎn shénme?].

inventeur, trice nm, f (cl. 位 [wèi] ou 个 [gè] ou 名 [míng]) 发明者 [fāmíngzhě] ▸ **l'inventeur de la machine à vapeur** 蒸汽机的发明者 [zhēngqìjī de fāmíngzhě].

invention nf ❶ (création) 发明 [fāmíng] ▸ **l'invention du téléphone** 电话的发明 [diànhuà de fāmíng] ❷ (mensonge) 捏造 [niēzào] ▸ **c'est de la pure invention** 这纯属捏造 [zhè chúnshǔ niēzào].

inverse ♦ adj 相反的 [xiāngfǎn de] ▸ **en sens inverse** 朝相反的方向 [cháo xiāngfǎn de fāngxiàng] ▸ **dans le sens inverse des aiguilles d'une montre** 按逆时针方向 [àn nì shízhēn fāngxiàng]. ♦ nm 相反的事 [xiāngfǎn de shì] ▸ **j'ai fait l'inverse de ce qui était demandé** 我做了和要求相反的事 [wǒ zuò le hé yāoqiú xiāngfǎn de shì] ▸ **à l'inverse de** 与……相反 [yǔ… xiāngfǎn].

inversement adv 相反地 [xiāngfǎn de] ▸ **tu peux l'aider et inversement** 你能帮助他，他也能帮助你 [nǐ néng bāngzhù tā, tā yě néng bāngzhù nǐ] ▸ **ou inversement** 或者相反 [huòzhě xiāngfǎn].

inverser vt ❶ (intervertir) 颠倒 [diāndǎo] ▸ **inverser l'ordre de deux choses** 颠倒了两个东西的顺序 [diāndǎo le liǎng ge dōngxi de shùnxù] ▸ **n'inverse pas les rôles !** 别搞错了！ [bié gǎocuò le!] ❷ (renverser) 逆转 [nìzhuǎn] ▸ **inverser la tendance** 逆转趋势 [nìzhuǎn qūshì].

investir vt ❶ (placer) 投入 [tóurù] ▸ **investir de l'argent** 投资 [tóuzī] ▸ **investir à court/long terme** 短期/长期投入 [duǎnqī/chángqī tóurù] ▸ **investir dans l'immobilier** 进行不动产投资 [jìnxíng búdòngchǎn tóuzī] ❷ (s'engager) 倾注 [qīngzhù] ▸ **il a beaucoup investi dans sa relation** 他在交往中倾注了很多感情 [tā zài jiāowǎng zhōng qīngzhù le hěnduō gǎnqíng] ❸ (charger) 授予 [shòuyǔ] ▸ **on l'a investi de tous les pouvoirs** 他被授予了一切权力 [tā bèi shòuyǔ le yí qiè quánlì].

▪ **s'investir dans** vp+prép 投身于…… [tóushēn yú…] ▸ **s'investir dans son métier** 投身于自己的工作中 [tóushēn yú zìjǐ de gōngzuò zhōng].

investissement nm ❶ FIN 投资 [tóuzī] ▸ **un bon investissement** 一笔有收益的投资 [yì bǐ yǒu shōuyì de tóuzī] ▸ **rentabiliser un investissement** 使一笔投资赢利 [shǐ yì bǐ tóuzī yínglì] ❷ (engagement) 倾注 [qīngzhù] ▸ **un investissement dans qqch** 努力做某事 [nǔlì zuò mǒushì].

investisseur, euse nm, f FIN (cl. 位 [wèi] ou 个 [gè] ou 名 [míng]) 投资者 [tóuzīzhě].

invincible adj 不可战胜的 [bùkě zhànshèng de] ▸ **une équipe invincible** 一支不可战胜的队伍 [yì zhī bùkě zhànshèng de duìwu] ▸ **elle est invincible aux échecs** 她抗住了失败 [tā káng zhù le shībài].

invisible adj ❶ (imperceptible) 看不见的 [kànbujiàn de] ▸ **invisible à l'œil nu** 肉眼看不见的 [ròuyǎn kànbujiàn de] ▸ **l'homme invisible** 隐形人 [yǐnxíng rén] ❷ (qui se dérobe) 见不到的 [jiànbudào de].

invitation nf ❶ (action d'inviter) 邀请 [yāoqǐng] ▸ **invitation à déjeuner** 吃午饭的邀请 [chī wǔfàn de yāoqǐng] ▸ **décliner une invitation** 谢绝一个邀请 [xièjué yí ge yāoqǐng] ❷ (carte, lettre) ○ (cl. 张 [zhāng]) 请柬 [qǐngjiǎn] ▸ **j'ai reçu une invitation à son mariage** 我收到了他的结婚请柬 [wǒ shōudào le tāde jiéhūn qíngjiǎn].

invité, e nm, f (cl. 位 [wèi] ou 个 [gè] ou 名 [míng]) 客人 [kèren] ▸ **être l'invité de qqn** 是某人的客人 [shì mǒurén de kèren] ▸ **invité d'honneur** 荣誉嘉宾 [róngyù jiābīn].

inviter vt 邀请 [yāoqǐng] ▸ **je l'ai invité pour le week-end** 我邀请了他来过周末 [wǒ yāoqǐng le tā láiguò zhōumò] ▸ **inviter qqn à un repas** 邀请某人吃饭 [yāoqǐng mǒurén chīfàn].

invivable adj 难以相处的 [nányǐ xiāngchǔ de] ▸ **personne invivable** 难以相处的人 [nányǐ xiāngchǔ de rén] ▸ **situation invivable** 生活不下去的状况 [shēnghuó búxiàqù de zhuàngkuàng].

involontaire adj 无意的 [wúyì de] ▸ **erreur involontaire** 无意犯的错误 [wúyì fàn de cuòwù] ▸ **mouvement involontaire** 无意的动作 [wúyì de dòngzuò].

invoquer vt 引用 [yǐnyòng] ▸ **invoquer la loi** 引用法律 [yǐnyòng fǎlǜ] ▸ **invoquer un prétexte** 找借口 [zhǎo jièkǒu].

invraisemblable adj 不可靠的 [bùkěkào de] ▸ **une histoire invraisemblable** 一个不可靠的故事 [yí ge bùkěkào de gùshi].

invulnérable adj ❶ (qu'on ne peut blesser physiquement) 身体不会被伤害的 [shēntǐ búhuì bèi shānghài de] ❷ (qu'on ne peut blesser moralement) 坚强的 [jiānqiáng de] ▸ **il est invulnérable aux critiques** 他不怕批评 [tā búpà pīpíng].

Irak, Iraq nm ▸ **l'Irak** 伊拉克 [Yīlākè].

irakien, enne, iraquien, enne adj 伊拉克的 [yīlākè de].
▪ **Irakien, enne, Iraquien, enne** nm, f 伊拉克人 [Yīlākèrén].

Iran nm ▸ **l'Iran** 伊朗 [Yīlǎng].

iranien, enne adj 伊朗的 [yīlǎng de].
▪ **Iranien, enne** nm, f 伊朗人 [Yīlǎngrén].

Iraq = **Irak**

iraquien, enne = **irakien**

irascible adj 容易发火的 [róngyì fāhuǒ de].

iris nm inv ❶ BOT 鸢尾 [yuānwěi] ▸ **un bouquet d'iris** 一束鸢尾花 [yí shù yuānwěihuā] ❷ ANAT 虹膜 [hóngmó] ▸ **l'iris et la pupille** 虹膜和瞳孔 [hóngmó hé tóngkǒng].

irlandais, e adj 爱尔兰的 [Ài'ěrlán de].
▪ **Irlandais, e** nm, f 爱尔兰人 [Ài'ěrlánrén].

Irlande nmf ▸ **l'Irlande** 爱尔兰 [Ài'ěrlán] ▸ **l'Irlande du Nord** 北爱尔兰 [Běi Ài'ěrlán].

IRM (abr de **Imagerie par résonance magnétique**) nf MÉD 磁共振成像 [cígòngzhèn chéngxiàng] ▸ **passer une IRM** 做磁共振 [zuò cígòngzhèn].

ironie nf 讽刺 [fěngcì] ▸ **faire de l'ironie** 嘲讽 [cháofěng] ▸ **ironie du sort** 命运的嘲弄 [mìngyùn de cháonòng].

ironique adj 讽刺的 [fěngcì de] ▸ **un air ironique** 一副讽刺的神态 [yí fù fěngcì de shéntài] ▸ **un ton ironique** 一种讽刺的语调 [yì zhǒng fěngcì de yǔdiào].

irrationnel, elle adj 不合理的 [bùhélǐ de] ▸ **sa peur est complètement irrationnelle** 他的恐惧完全是没道理的 [tāde kǒngjù wánquán shì méi dàolǐ de].

irrécupérable adj ❶ (irrécouvrable) 无法收回的 [wúfǎ shōuhuí de] ▸ **une somme irrécupérable** 一笔无法收回的钱 [yì bǐ wúfǎ shōuhuí de qián] ❷ (irréparable) 没法修理的 [méifǎ xiūlǐ de] ▸ **cette voiture est irrécupérable** 这辆车没法修理了 [zhè liàng chē méifǎ xiūlǐ le] ❸ (incorrigible) 无法纠正的 [wúfǎ jiūzhèng de] ▸ **un joueur irrécupérable** 嗜赌成性的人 [shìdǔ chéngxìng de rén].

irréel, elle adj 不真实的 [bùzhēnshí de].

irrégulier, ère adj ❶ (non uniforme) 不规则的 [bùguīzé de] ▸ **écriture irrégulière** 不整齐的字体 [bùzhěngqí de zìtǐ] ▸ **traits irréguliers** 不端正的相貌 [bùduānzhèng de xiàngmào] ❷ (à fréquence variable) 无规律的 [wúguīlǜ de] ▸ **les bus passent à des horaires irréguliers** 公共汽车经过的时间没什么规律 [gōnggòngqìchē jīngguò de shíjiān méi shénme guīlǜ] ❸ (non constant) 不稳定的 [bùwěndìng de] ▸ **cet élève est irrégulier dans son travail** 这名学生学习成绩不稳定 [zhè míng xuésheng xuéxí chéngjì bùwěndìng] ❹ (non conforme) 不正常的 [búzhèngcháng de] ▸ **des personnes en situation irrégulière** 一些处于不正常状况下的人们 [yìxiē chǔyú búzhèngcháng zhuàngkuàng xià de rénmen] ❺ GRAMM 不规则的 [bùguīzé de] ▸ **les verbes irréguliers** 不规则动词 [bùguīzé dòngcí].

irréparable adj ❶ (définitivement hors d'usage) 无法修理的 [wúfǎ xiūlǐ de] ❷ (irrémédiable) 无法弥补的 [wúfǎ míbǔ de] ▸ **des pertes irréparables** 一些无法弥补的损失 [yìxiē wúfǎ míbǔ de sǔnshī].

irréprochable adj ❶ (parfait) 无可指责的 [wúkě zhǐzé de] ▸ **c'est un collaborateur irréprochable** 他是一位无可指责的合作者 [tā shì yí wèi wúkě zhǐzé de hézuòzhě] ❷ (impeccable) 无懈可击的 [wúxiè kějī de] ▸ **sa technique de chant est irréprochable** 他的演唱技巧是无懈可击的 [tāde yǎnchàng jìqiǎo shì wúxiè kějī de].

irrésistible adj ❶ (incoercible) 不可抵抗的 [bùkě dǐkàng de] ▸ **une tentation irrésistible** 一种不可抵抗的趋势 [yì zhǒng bùkě dǐkàng de qūshì] ❷ (très séduisant) 诱惑人的 [yòuhuòrén de] ▸ **une femme irrésistible** 一个充满诱惑的女人 [yí ge chōngmǎn yòuhuò de nǚrén].

irrespirable adj ❶ (étouffant) 无法呼吸的 [wúfǎ hūxī de] ▸ **l'air de cette pièce est irrespirable** 这屋子里的空气很浑浊 [zhè wūzi lǐ de kōngqì hěn húnzhuó] ❷ *fig* (oppressant) 令人窒息的 [lìngrén zhìxī de] ▸ **une atmosphère irrespirable** 一种令人窒息的气氛 [yì zhǒng lìngrén zhìxī de qìfen].

irresponsable ♦ nmf ❶ (dénué du sens des responsabilités) 无责任心的人 [wúzérènxīn de rén]

❷ DR 无能力承担法律责任者 [wúnénglì chéngdān fǎlǜ zérènzhě] ▸ **un irresponsable pénal** 一位无能力承担刑事责任者 [yí wèi wúnénglì chéngdān xíngshì zérèn zhě]. ♦ adj ❶ (dénué du sens des responsabilités) 不负责的 [búfùzé de] ▸ **une conduite irresponsable** 一种不负责的行为 [yì zhǒng búfùzé de xíngwéi] ❷ DR 无能力承担法律责任的 [wúnénglì chéngdān fǎlǜ zérèn de] ▸ **être déclaré irresponsable** 被宣布为无能力承担法律责任的 [bèi xuānbù wéi wúnénglì chéngdān fǎlǜ zérèn de].

irrigation nf ❶ 灌溉 [guàngài] ▸ **un système d'irrigation** 一个灌溉系统 [yí ge guàngài xìtǒng] ❷ ANAT 输送血液 [shūsòng xuèyè] ▸ **l'irrigation des tissus par les vaisseaux sanguins** 通过血管向人体组织输送血液 [tōngguò xuèguǎn xiàng réntǐ zǔzhī shūsòng xuèyè].

irriguer vt ❶ 灌溉 [guàngài] ❷ ANAT 输送血液 [shūsòng xuèyè] ▸ **irriguer le cerveau** 给大脑组织输送血液 [gěi dànǎo zǔzhī shūsòng xuèyè].

irritation nf ❶ 恼怒 [nǎonù] ▸ **être au comble de l'irritation** 愤怒到极点 [fènnù dào jídiǎn] ❷ MÉD 轻度发炎 [qīngdù fāyán] ▸ **irritation de la gorge** 嗓子轻度发炎 [sǎngzi qīngdù fāyán] ▸ **provoquer une irritation** 引起轻度发炎 [yínqǐ qīngdù fāyán].

irriter vt ❶ 激怒 [jīnù] ▸ **un rien l'irrite** 一点小事都能激怒他 [yì diǎn xiǎoshì dōunéng jīnù tā] ❷ MÉD 刺激 [cìjī] ▸ **j'ai la gorge irritée** 我嗓子发炎了 [wǒ sǎngzi fāyán le] ▸ **irriter les yeux** 刺激双眼 [cìjī shuāngyǎn].

▪ **s'irriter** vp 生气 [shēngqì] ▸ **s'irriter contre qqn** 对某人发怒 [duì mǒurén fānù].

islam nm 伊斯兰教 [yīsīlánjiào] ▸ **se convertir à l'islam** 信奉伊斯兰教 [xìnfèng yīsīlánjiào].

islamique adj 伊斯兰教的 [yīsīlánjiào de] ▸ **loi islamique** 伊斯兰教的教律 [yīsīlánjiào de jiàolǜ].

islandais, e ♦ adj 冰岛的 [bīngdǎo de]. ♦ nm (langue) 冰岛语 [bīngdǎoyǔ].

▪ **Islandais, e** nm, f 冰岛人 [Bīngdǎorén].

Islande nf ▸ **l'Islande** 冰岛 [Bīngdǎo].

isolation nf 隔离 [gélí] ▸ **isolation acoustique** 隔音 [géyīn] ▸ **isolation thermique** 隔热 [gérè] ▸ **nous avons un bon système d'isolation** 我们有很好的隔音设施 [wǒmen yǒu hénhǎo de géyīn shèshī].

isolé, e adj ❶ (à l'écart) 孤独的 [gūdú de] ▸ **un cas isolé** 一种独特的情况 [yì zhǒng dútè de qíngkuàng] ▸ **un village isolé** 一个偏僻的村庄 [yí ge piānpì de cūnzhuāng] ▸ **vivre isolé** 孤独的生活 [gūdú de shēnghuó] ❷ (protégé du froid) 供暖的 [gōngnuǎn de] ▸ **une maison mal isolée** 一栋供暖不好的房子 [yí dòng gōng nuǎn bùhǎo de fángzi] ❸ (protégé du bruit) 隔音的 [géyīn de].

isoler vt ❶ (séparer d'un groupe) 隔离 [gélí] ▸ **isoler un prisonnier** 隔离一个囚犯 [gélí yí ge qiúfàn] ❷ (abstraire) 孤立 [gūlì] ▸ **isoler qqch de** 从……孤立…… [cóng… gūlì…] ▸ **isoler une phrase de son contexte** 离开上下文孤立地看一个句子 [líkāi shàngxiàwén gūlì de kàn yí ge jùzi] ❸ (protéger avec un isolant) 使……隔离（热，声音）[shǐ…gélí (rè, shēngyīn)] ▸ **isoler du bruit** 隔音 [géyīn] ▸ **isoler du froid** 隔冷 [gé lěng] ▸ **je dois faire isoler mon toit** 我要让人来给我的房顶做隔冷 [wǒ yào ràng rén lái géi wǒ de fángdǐng zuò gélěng] ❹ CHIM & MÉD 分离 [fēnlí] ▸ **isoler un métal** 分离一种金属 [fēnlí yì zhǒng jīnshǔ] ▸ **isoler un virus** 分离一种病毒 [fēnlí yì zhǒng bìngdú].

▪ **s'isoler** vp ❶ (s'éloigner des autres) 脱离 [tuōlí] ▸ **il préfère s'isoler du groupe pour travailler** 他更喜欢脱离小组工作 [tā gèng xǐhuān tuōlí xiáozǔ gōngzuò] ❷ (faire un aparté) 独处 [dúchǔ] ▸ **pourrions-nous nous isoler un instant ?** 我们能单独待一会儿吗？[wǒmen néng dāndú dāi yíhuìr ma?].

Israël nm 以色列 [Yǐsèliè].

israélien, enne adj 以色列的 [yǐsèliè de].

▪ **Israélien, enne** nm, f 以色列人 [Yǐsèlièrén].

israélite adj 犹太的 [yóutài de] ▸ **communauté israélite** 犹太社群 [yóutài shèqún].

issu, e adj ❶ (résultant de) ▸ **être issu de** 来自于 [láizì yú] ▸ **voici les résultats issus de nos dernières recherches** 这些是我们最新实验的结果 [zhèxiē shì wǒmen zuìxīn shíyàn de jiéguǒ] ❷ (né de) ▸ **être issu de** 出身于 [chūshēn yú] ▸ **il est issu d'une famille aisée** 他出身于一个富裕的家庭 [tā chūshēnyú yí ge fùyù de jiātíng].

■ **issue** nf ❶ (sortie) 出口 [chūkǒu] ▸ **bloquer les issues** 封锁出口 [fēngsuǒ chūkǒu] ▸ **une rue sans issue** 一条死巷 [yì tiáo sǐxiàng] ▸ **issue de secours** 紧急出口 [jǐnjí chūkǒu] ❷ (échappatoire) 出路 [chūlù] ▸ **la seule issue est la fuite** 惟一的出路就是逃跑 [wéiyī de chūlù jiùshì táopǎo] ▸ **situation sans issue** 没有出路的情况 [méiyǒu chūlù de qíngkuàng] ❸ (terme) 结果 [jiéguǒ] ▸ **l'issue du combat est incertaine** 战斗的结果还不确定 [zhàndòu de jiéguǒ hái búquèdìng] ▸ **à l'issue du match** 比赛结束后 [bǐsài jiéshù hòu].

Italie nf ▸ **l'Italie** 意大利 [Yìdàlì].

italien, enne adj 意大利的 [yìdàlì de].

■ **italien** nm (langue) 意大利语 [yìdàlìyǔ].

■ **Italien, enne** nm, f 意大利人 [Yìdàlìrén].

italique nm TYPO 斜体字 [xiétǐzì] ▸ **mettre un mot en italique** 把一个词设置成斜体 [bǎ yí ge cí shèzhì chéng xiétǐ].

itinéraire nm 路线 [lùxiàn] ▸ **suivre un itinéraire** 走一条路线 [zǒu yì tiáo lùxiàn] ▸ **se tromper d'itinéraire** 搞错路线 [gǎocuò lùxiàn].

IVG (abr de **interruption volontaire de grossesse**) nf inv 人工流产 [réngōng liúchǎn] ▸ **pratiquer une IVG** 实行人工流产 [shíxíng réngōng liúchǎn] ▸ **des commandos anti-IVG** 反人工流产组织 [fǎn réngōng liúchǎn zǔzhī].

ivoire nm ❶ (matière) ○ (cl. 颗 [kē]) 象牙 [xiàngyá] ▸ **le trafic de l'ivoire est interdit** 买卖象牙是被禁止的 [mǎimài xiàngyá shì bèi jìnzhǐ de] ▸ **un peigne en ivoire** 一把象牙梳 [yì bǎ xiàngyá shū] ❷ (couleur) 象牙色 [xiàngyásè] ❸ ANAT 象牙质 [xiàngyázhì] ▸ **l'ivoire des dents** 牙本质 [yáběnzhì].

ivoirien, enne adj 象牙海岸的 [xiàngyá hǎi'àn de].

■ **Ivoirien, enne** nm, f 象牙海岸人 [Xiàngyá hǎi'àn rén].

ivre adj 喝醉的 [hēzuì de] ▸ **être ivre** 喝醉 [hēzuì] ▸ **ivre mort** 烂醉如泥 [lànzuì rúní].

ivresse nf 醉酒 [zuìjiǔ] ▸ **être en état d'ivresse** 醉酒状态 [zuìjiǔ zhuàngtài].

ivrogne ♦ nmf 酒鬼 [jiǔguǐ]. ♦ adj 酗酒的 [xùjiǔ de].

j

j, J nm inv 法语字母表中第十个字母 [fáyǔ zìmúbiǎo zhōng dìshí ge zìmǔ].

jacinthe nf (cl. 棵 [kē] ou 株 [zhū]) 风信子 [fēngxìnzǐ].

jade nm ❶ (pierre) 玉 [yù] ▸ **un pendentif en jade** 项链坠子 [xiàngliàn zhuìzi] ❷ (objet) 玉器 [yùqì] ▸ **une exposition de jades chinois** 玉器展 [yùqì zhǎn].

jadéite nf 翡翠 [fěicuì].

jadis adv 从前 [cóngqián] ▸ **la ville a conservé sa splendeur de jadis** 这座城市保留了它从前的荣耀 [zhè zuò chéngshì bǎoliú le tā cóngqián de róngyào].

jaguar nm (cl. 只 [zhī]) 美洲豹 [měizhōubào].

jaillir vi ❶ (gicler) 喷出 [pēnchū] ▸ **jaillir de** 从……喷出 [cóng… pēnchū] ▸ **le sang jaillit de sa plaie** 血从伤口喷出 [xuè cóng shāngkǒu pēnchū] ❷ (surgir) 突然发出 [tūrán fāchū] ▸ **un cri jaillit de la nuit** 夜里突然发出的一声喊叫 [yèlǐ tūrán fāchū de yì shēng hǎnjiào].

jalon nm ▸ **poser les premiers jalons** 打下基础 [dǎxià jīchǔ].

jalonner vt 立在 [lìzài] ▸ **des peupliers jalonnent l'allée** 一些杨树立在小路旁 [yìxiē yángshù lìzài xiǎolù páng] ▸ **un parcours jalonné de succès** 一段立满丰碑的历程 [yí duàn lìmǎn fēngbēi de lìchéng].

jalousie nf ❶ (envie) 嫉妒 [jídù] ❷ (possessivité) 妒忌 [dùjì] ▸ **il est d'une jalousie maladive** 他有种病态的妒忌心 [tā yóu zhǒng bìngtài de dùjìxīn] ▸ **faire une scène de jalousie** 出于妒忌而发脾气 [chūyú dùjì ér fā píqi].

jaloux, ouse ♦ adj ❶ (envieux) 嫉妒的 [jídù de] ▸ **il est jaloux de ton succès** 他嫉妒你的成功 [tā jídù nǐde chénggōng] ❷ (possessif) 妒忌的 [dùjì de] ▸ **son mari est très jaloux** 他丈夫妒忌心重 [tā zhàngfu dùjìxīn zhòng] ▸ **rendre qqn jaloux** 让某人妒忌 [ràng mǒurén dùjì]. ♦ nm, f 嫉妒者 [jídùzhě] ▸ **faire des jaloux** 让人嫉妒 [ràng rén jídù].

jamaïcain, e, jamaïquain, e adj 牙买加的 [Yámǎijiā de].

■ **Jamaïcain, e, Jamaïquain, e** nm, f 牙买加人 [yámǎijiārén].

Jamaïque nf ▸ **la Jamaïque** 牙买加 [Yámǎijiā].

jamais adv ❶ (sens négatif) 从来没有 [cónglái méiyǒu] ▸ **il n'a jamais fait aussi froid** 天气从来没有这么冷过 [tiānqì cónglái méiyǒu zhème lěngguò] ▸ **tu lui pardonneras ? — jamais !** 你会跟他道歉？— 决不！ [nǐ huì gēn tā dàoqiàn? — juébù!] ▸ **on ne sait jamais** 谁能料得准呢 [shéi néng liào de zhǔn ne] ▸ **plus jamais** 再也不 [zàiyěbù] ▸ **sans jamais** 从不曾 [cóngbucéng] ❷ (sens positif) 要是 [yàoshì] ▸ **si jamais il m'appelle, je te préviens** 要是他给我打电话我就通知你 [yàoshì tā géi wǒ dǎ diànhuà wǒ jiù tōngzhī nǐ]
◊ **jamais deux sans trois** 有二就有三 [yǒu èr jiùyǒu sān].

■ **à jamais** loc adv *sout* 永远 [yóngyuǎn] ▸ **ils se sont dit adieu à jamais** 他们永远分手了 [tāmen yóngyuǎn fēnshǒu le].

jambe nf (cl. 条 [tiáo]) 腿 [tuǐ] ▸ **croiser les jambes** 跷着腿 [qiāozhe tuǐ] ▸ **courir à toutes jambes** 拼命跑 [pīnmìng pǎo]
◊ **tenir la jambe à qqn** 缠住某人聊个没完 [chánzhù mǒurén liáo ge méiwán].

jambon nm ❶ (viande) ○ (cl. 片 [piàn] ou 块 [kuài]) 火腿 [huǒtuǐ] ▸ **jambon blanc** 熟火腿 [shú huǒtuǐ] ▸ **jambon fumé** 烟熏火腿 [yānxūn huǒtuǐ] ▸ **une tranche de jambon** 一片火腿 [yí piàn huǒtuǐ] ❷ (sandwich) 火腿三明治 [huǒtuǐ sānmíngzhì] ▸ **un jambon beurre** 一个黄油火腿三明治 [yí ge huángyóu huǒtuǐ sānmíngzhì].

janvier nm 一月 [yīyuè].

Japon nm ▸ **le Japon** 日本 [Rìběn].

japonais, e adj 日本的 [rìběn de].

▪ **japonais** nm (langue) 日语 [rìyǔ].

▪ **Japonais, e** nm, f 日本人 [Rìběnrén].

japper vi 尖声叫 [jiānshēngjiào].

jardin nm ❶ 园子 [yuánzi] ▸ **cultiver un jardin** 耕种园地 [gēngzhòng yuándì] ▸ **jardin botanique** 植物园 [zhíwùyuán] ▸ **jardin potager** 菜园 [càiyuán] ❷ (public) 公园 [gōngyuán].

jardinage nm 园艺 [yuányì] ▸ **faire du jardinage** 在菜园里种菜 [zài càiyuán lǐ zhòngcài].

jardinier, ère nm, f (cl. 位 [wèi] ou 个 [gè] ou 名 [míng]) 园艺师 [yuányìshī].

▪ **jardinière** nf ❶ (bac à fleurs) 花箱 [huāxiāng] ▸ **une jardinière d'œillets** 一花箱的康乃馨 [yì huā xiāng de kāngnǎixīn] ❷ CULIN 蔬菜什锦 [shūcài shíjǐn] ▸ **jardinière de légumes** 蔬菜什锦 [shūcài shíjǐn].

jargon nm ❶ (langage spécialisé) 专门用语 [zhuānmén yòngyǔ] ▸ **jargon scientifique** 科学专门用语 [kēxué zhuānmén yòngyǔ] ❷ (charabia) 莫名其妙的话 [mòmíng qímiào de huà] ▸ **il parlait dans un jargon incompréhensible** 他用费解的莫名其妙的话来说 [tā yòng fèijiě de mòmíng qímiào de huà láishuō].

jaser vi ❶ (faire des commérages) 说闲话 [shuō xiánhuà] ▸ **ça va jaser** 这会招来闲话 [zhè huì zhāolái xiánhuà] ❷ (oiseau) 吱吱喳喳 [zhīzhī zhāzhā].

jasmin nm (cl. 朵 [duǒ]) 茉莉花 [mòlihuā] ▸ **du thé au jasmin** 茉莉花茶 [mòlihuāchá].

jauge nf 计量器 [jìliàngqì] ▸ **jauge d'essence** 汽油油量表 [qìyóu yóuliàngbiǎo] ▸ **jauge de niveau d'huile** 机油油量表 [jīyóu yóuliàngbiǎo].

jaune ♦ adj 黄色的 [huángsè de] ▸ **un pull jaune** 一件黄色的羊毛套衫 [yí jiàn huángsè de yángmáo tàoshān]. ♦ nm 黄色 [huángsè].

▪ **jaune d'œuf** nm 蛋黄 [dànhuáng] ▸ **séparer les jaunes d'œufs des blancs** 把蛋黄和蛋清分开 [bǎ dànhuáng hé dànqīng fēnkāi].

jaunir ♦ vi 变黄 [biànhuáng] ▸ **les arbres jaunissent en automne** 秋天树变黄了 [qiūtian shù biànhuáng le] ▸ **une photo jaunie** 一张泛黄的照片 [yì zhāng fànhuáng de zhàopiàn]. ♦ vt 染黄 [rǎn huáng] ▸ **il a les doigts jaunis par la nicotine** 他的手指被尼古丁染黄了 [tāde shǒuzhǐ bèi nígǔdīng rǎn huáng le].

Javel® ▪ **(eau de) Javel®** nf 漂白水 [piǎobáishuǐ] ▸ **utiliser de la Javel** 使用漂白水 [shǐyòng piǎobáishuǐ] ▸ **faire tremper dans l'eau de Javel** 使其浸在漂白水里 [shǐqí jìnzài piǎobáishuǐ lǐ].

javelot nm SPORT (cl. 支 [zhī]) 标枪 [biāoqiāng] ▸ **un lancer de javelot** 投掷标枪 [tóuzhì biāoqiāng].

jazz nm 爵士乐 [juéshìyuè] ▸ **chanteur de jazz** 爵士歌手 [juéshì gēshǒu] ▸ **écouter du jazz** 听爵士乐 [tīng juéshìyuè].

J.-C., J-C (abr écrite de **Jésus-Christ**) 耶稣基督 [Yēsū Jīdū] ▸ **351 av. J-C** 公元前351年 [gōngyuán qián 351 nián] ▸ **826 ap. J-C** 公元826年 [gōngyuán 826 nián].

je pron pers 我 [wǒ] ▸ **je lis beaucoup** 我读书很多 [wǒ dúshū hěn duō] ▸ **j'y vais demain** 我明天去那儿 [wǒ míngtiān qù nàr] ▸ **que dois-je faire ?** 我该怎么办？ [wǒ gāi zěnme bàn?].

jean, jeans nm (cl. 条 [tiáo]) 牛仔裤 [niúzǎikù] ▸ **porter des jeans** 穿牛仔裤 [chuān niúzǎikù] ▸ **une veste en jean** 一件牛仔上衣 [yí jiàn niúzǎi shàngyī].

Jeep® nf (cl. 辆 [liàng]) 吉普车 [jípǔchē].

Jésus(-Christ) npr 耶稣 [Yēsū].

jet[1] nm ❶ (action de jeter) 扔 [rēng] ▸ **jet de pierres** 扔石头 [rēng shítou] ❷ (jaillissement) 喷 [pēn]

▸ **passer au jet** 用水冲 [yòng shuǐ chōng] ▸ **jet d'eau** 喷出的水 [pēnchū de shuǐ]
◊ **premier jet** 初稿 [chūgǎo].

jet² nm (avion) ○ (cl. 架 [jià]) 喷气式飞机 [pēnqìshì fēijī].

jetable adj 一次性的 [yícìxìng de] ▸ **appareil photo jetable** 一次性照相机 [yícìxìng zhàoxiàngjī] ▸ **rasoir jetable** 一次性剃刀 [yícìxìng tìdāo].

jetée nf (cl. 条 [tiáo]) 堤 [dī] ▸ **le long de la jetée** 沿着大堤 [yánzhe dàdī] ▸ **sur la jetée** 在大堤上 [zài dàdī shàng].

jeter vt ❶ (lancer) 扔 [rēng] ▸ **jeter des cailloux dans l'eau** 把一些石子扔进水里 [bǎ yìxiē shízǐ rēngjìn shuǐ lǐ] ▸ **jeter qqch à qqn** 把某物扔给某人 [bá mǒuwù rēnggěi mǒurén] ▸ **jeter un coup d'œil à qqch** 看一眼某物 [kàn yì yǎn mǒurén] ❷ (lâcher) 扔 [rēng] ▸ **jeter qqch par terre** 把某物扔在地上 [bá mǒuwù rēngzài dìshang] ❸ (se débarrasser de) 扔掉 [rēngdiào] ▸ **ce manteau est bon à jeter** 这件大衣该扔掉了 [zhè jiàn dàyī gāi rēngdiào le] ▸ **jeter qqch à la poubelle** 把某物扔进垃圾桶 [bá mǒuwù rēngjìn lājītǒng] ▸ **jeter qqn dehors** 把某人赶出门 [bá mǒurén gǎnchū mén] ❹ (poser) 奠定 [diàndìng] ▸ **jeter les fondements** 奠定基础 [diàndìng jīchǔ] ❺ *fam* (envoyer balader) 赶走 [gánzǒu] ▸ **se faire jeter** 被赶走 [bèi gánzǒu]
◊ **jeter un sort à qqn** 对某人施魔法 [duì mǒurén shī mófǎ].

▪ **se jeter** vp ❶ (se précipiter) 投入 [tóurù] ▸ **se jeter dans les bras de qqn** 投入某人的怀抱 [tóurù mǒurén de huáibào] ▸ **se jeter par la fenêtre** 从窗户跳出 [cóng chuānghu tiàochū] ▸ **se jeter sur** 扑向 [pūxiàng] ❷ (se déverser) ▸ **se jeter dans** 流入 [liúrù] ❸ (oser) ▸ **se jeter à l'eau** 下决心 [xià juéxīn].

jeton nm 筹码 [chóumǎ] ▸ **changer de l'argent contre des jetons** 用钱换些筹码 [yòng qián huàn xiē chóumǎ].

jeu, x nm ❶ (divertissement) 游戏 [yóuxì] ▸ **les enfants ont inventé un jeu** 孩子们发明了一个游戏 [háizimen fāmíng le yí ge yóuxì] ▸ **ce n'est qu'un jeu** 这只是小事一桩 [zhè zhǐshì xiǎoshì yì zhuāng] ❷ (régi par des règles) 游戏 [yóuxì] ▸ **jeu de cartes** 纸牌游戏 [zhǐpái yóuxì] ▸ **jeu d'échecs** 国际象棋赛 [guójì xiàngqí sài] ▸ **jeu de hasard** 碰运气的赌博 [pèng yùnqì de dǔbó] ▸ **jeu de société** 集体游戏 [jítǐ yóuxì] ▸ **jeu vidéo** 电子游戏 [diànzǐ yóuxì] ❸ (série) 一套 [yí tào] ▸ **un jeu de clés** 一套钥匙 [yí tào yàoshi] ❹ (interprétation) 表演 [biáoyǎn] ▸ **son jeu n'est pas naturel** 他的表演不自然 [tāde biáoyǎn bú zìrán] ❺ (tennis) 局 [jú] ▸ **trois jeux forment un set** 三局是一场 [sān jú shì yì chǎng] ❻ SPORT 踢法 [tī fǎ] ▸ **jeu de jambes** 步法 [bùfǎ] ❼ (casino) 赌博 [dǔbó] ▸ **il a tout perdu au jeu** 他在赌博中全输进去了 [tā zài dǔbó zhōng quán shūjìnqù le] ▸ **faites vos jeux !** 下赌注吧 [xià dǔzhù ba] ❽ (stratégie) 战略 [zhànlüè] ▸ **cacher son jeu** 不露马脚 [búlù májiǎo] ▸ **être pris à son propre jeu** 自作自受 [zìzuò zìshòu] ❾ (défaut) 间隙 [jiànxì] ▸ **la porte a du jeu** 门有间隙 [mén yǒu jiànxì]
◊ **être en jeu** 关系到 [guānxìdào] ▸ **c'est sa carrière/son honneur qui est en jeu** 这关系到他的职业/名誉 [zhè guānxìdào tāde zhíyè/míngyù] ▸ **un jeu d'enfants** 儿戏 [érxì].

▪ **jeu de mots** nm 文字游戏 [wénzì yóuxì] ▸ **il adore faire des jeux de mots** 他喜欢玩文字游戏 [tā xǐhuān wán wénzì yóuxì].

▪ **les Jeux Olympiques** nmpl 奥林匹克运动会 [Àolínpǐkè Yùndònghuì].

jeudi nm 星期四 [xīngqīsì].

jeun ▪ **à jeun** loc adv & loc adj inv 空腹 [kōngfù] ▸ **être à jeun** 空腹 [kōngfù] ▸ **un médicament à prendre à jeun** 一种空腹服用的药 [yì zhǒng kōngfù fúyòng de yào].

jeune ♦ adj ❶ 年轻的 [niánqīng de] ▸ **jeune femme** 年轻的女人 [niánqīng de nǚrén] ▸ **les jeunes filles et les jeunes gens** 姑娘和小伙子 [gūniang hé xiáo huǒzi] ▸ **jeune homme** 小伙子 [xiáohuǒzi] ▸ **jeune public** 低年龄段观众 [dī niánlíngduàn guānzhòng] ❷ (juvénile) 朝气蓬勃的 [zhāoqì péngbó de] ▸ **être jeune d'esprit** 思想年轻 [sīxiǎng niánqīng] ❸ (vert) 新近的 [xīnjìn de] ▸ **ce vin est un peu jeune** 这酒比较新 [zhè jiǔ bǐjiào xīn].
♦ nmf 青年人 [qīngniánrén] ▸ **activités pour les jeunes** 青年人的活动 [qīngniánrén de huódòng].

jeûne nm ❶ RELIG 斋戒 [zhāijiè] ▸ **observer le jeûne** 守斋 [shǒu zhāi] ❷ (diète) 禁食 [jìnshí] ▸ **le médecin lui a prescrit un jeûne de 24 heures** 医生嘱咐他禁食24小时 [yīshēng zhǔfù tā jìnshí 24 xiǎoshí].

jeunesse nf ❶ 青春 [qīngchūn] ▸ **l'éclat de la jeunesse** 青春的光彩 [qīngchūn de guāngcǎi] ❷ (adolescence) 青少年时期 [qīngshàonián shíqī] ▸ **passer sa jeunesse à l'étranger** 在国外度过青少年时期 [zài guówài dùguò qīngshàonián shíqī] ❸ (les jeunes) 青少年 [qīngshàonián] ▸ **une œuvre destinée à la jeunesse** 一部给青少年看的作品 [yí bù gěi qīngshàonián kàn de zuòpǐn] ▸ **émission pour la jeunesse** 青少年广播节目 [qīngshàonián guǎngbō jiémù].

Jiang Jieshi npr POLIT 蒋介石 [Jiǎng Jièshí].

Jiang Qing npr POLIT 江青 [Jiāng Qīng].

Jiangsu npr (province) 江苏 [Jiāngsū].

Jiangxi npr (province) 江西 [Jiāngxī].

Jiang Zemin npr POLIT 江泽民 [Jiāng Zémín].

Jilin npr (province) 吉林省 [Jílínshěng].

Jilin npr (ville) 吉林 [Jílín].

Jinan npr (ville) 济南 [Jǐnán].

Jingdezhen npr (ville) 景德镇 [Jǐngdézhèn].

JO (abr de **Jeux Olympiques**) nmpl 奥运会 [Àoyùnhuì] ▸ **le Comité d'organisation des JO de 2008** 2008年奥运组委会 [2008 nián Àoyùn zúwěihuì].

job *fam* nm ❶ (travail temporaire) 短工 [duǎngōng] ▸ **job d'été** 夏季工 [xiàjì gōng] ❷ (métier) 活儿 [huór].

jockey nm (cl. 位 [wèi] ou 个 [gè] ou 名 [míng]) 赛马骑师 [sàimǎ qíshī].

jogging nm ❶ (sport) 慢跑 [mànpǎo] ▸ **faire du jogging** 慢跑 [màn pǎo] ❷ (vêtement) ○ (cl. 件 [jiàn]) 跑步服 [pǎobùfú].

joie nf 高兴 [gāoxìng] ▸ **avec joie** 高兴地 [gāoxìng de] ▸ **avoir la joie d'annoncer qqch à qqn** 高兴地通知某人某事 [gāoxìng de tōngzhī mǒurén mǒushì] ▸ **se faire une joie de** 乐于做 [lèyú zuò] ▸ **avoir une fausse joie** 空欢喜 [kōng huānxǐ] ▸ **respirer la joie de vivre** 生活的喜悦溢于言表 [shēnghuó de xǐyuè yìyú yánbiǎo].

joindre vt ❶ (ajouter, adjoindre) 附 [fù] ▸ **joindre qqch à** 在……里附上某物 [zài...lǐ fùshang mǒuwù] ▸ **je joins à ma lettre un exemplaire de mon CV** 我在信里附上一份我的简历 [wǒ zài xìnli fùshang yí fèn wǒde jiǎnlì] ❷ (assembler) 连接 [liánjiē] ▸ **joindre les mains** 双手合十 [shuāngshǒu héshí] ❸ (par téléphone) 联系 [liánxì] ❹ INFORM 附上 [fùshàng] ▸ **joindre un fichier** 附上一份文件 [fùshàng yí fèn wénjiàn]

◊ **joindre les deux bouts** 收支平衡 [shōuzhī pínghéng].

▪ **se joindre à** vp+prép 和某人一起 [hé mǒurén yìqǐ].

joint nm ❶ (d'étanchéité) 垫圈 [diànquān] ▸ **le joint de ce robinet est usé** 这个水龙头的垫圈坏了 [zhè ge shuǐlóngtóu de diànquān huài le] ▸ **joint de culasse** 汽缸垫 [qìgāng diàn] ❷ *fam* (cannabis) 大麻卷烟 [dàmá juǎnyān].

joker nm (carte à jouer) ○ (cl. 张 [zhāng]) (纸牌中的)百搭 [(zhǐpái zhòng de) bǎidā] ▸ **utiliser son joker** 打出百搭 [dǎchū bǎidā].

joli, e ◆ adj 漂亮的 [piàoliang de]. ◆ nm *iron* ▸ **c'est du joli !** 这下可好！ [zhèxià kéhǎo!].

joliment adv 好看地 [hǎokàn de] ▸ **c'est joliment aménagé ici** 这里布置得很好看 [zhèli bùzhì de hěn hǎokàn].

jonction nf 交叉口 [jiāochākǒu] ▸ **à la jonction de** 在……交叉口 [zài… jiāochākǒu] ▸ **faire la jonction** 连接 [liánjiē].

jongler vi ❶ 耍把戏 [shuábǎxì] ▸ **il jongle bien** 他耍的很好 [tā shuǎ de hénhǎo] ❷ *fig* 擅长对付 [shàncháng duìfu] ▸ **jongler avec les difficultés** 对困难应付自如 [duì kùnnan yìngfuzìrú].

jongleur, euse nm, f (cl. 位 [wèi] ou 个 [gè] ou 名 [míng]) 杂耍演员 [záshuǎ yǎnyuán] ▸ **un numéro de jongleurs** 杂耍演员的一个节目 [záshuǎ yǎnyuán de yí ge jiémù].

jonquille nf 黄水仙 [huángshuǐxiān].

Jordanie nf ▸ **la Jordanie** 约旦 [Yuēdàn].

jordanien, enne adj 约旦的 [yuēdàn de].

▪ **Jordanien, enne** nm, f 约旦人 [Yuēdànrén].

joue nf 面颊 [miànjiá] ▸ **ils dansaient joue contre joue** 他们跳贴面舞 [tāmen tiào tiēmiànwǔ].

jouer ♦ vi ❶ (s'amuser) 玩耍 [wánshuǎ] ▸ **jouer avec** 和……玩耍 [hé… wánshuǎ] ▸ **jouer à qqch** 玩某物 [wán mǒuwù] ▸ **il ne sait jouer à aucun jeu de cartes** 他不会玩任何纸牌游戏 [tā bú huì wán rènhé zhǐpái yóuxì] ❷ CINÉ & THÉÂTRE 表演 [biáoyǎn] ▸ **jouer dans un film** 出演一部电影 [chūyǎn yí bù diànyǐng] ❸ MUS 演奏 [yǎnzòu] ▸ **jouer d'un instrument** 演奏乐器 [yǎnzòu yuèqì] ▸ **jouer du piano** 弹奏钢琴 [tánzòu gāngqín] ▸ **jouer de la clarinette** 吹奏单簧管 [chuīzòu dānhuángguǎn] ❹ SPORT ▸ **jouer au football** 踢足球 [tī zúqiú] ▸ **jouer au handball** 玩手球 [wán shǒuqiú] ▸ **jouer au tennis** 打网球 [dá wǎngqiú] ❺ (avoir une influence) 有影响 [yǒu yíngxiǎng] ▸ **jouer en faveur de qqn** 对某人有利 [duì mǒurén yǒulì] ❻ (abuser) ▸ **jouer avec sa santé** 拿健康开玩笑 [ná jiànkāng kāiwánxiào] ▸ **jouer sur les mots** 玩文字游戏 [wán wénzì yóuxì]. ♦ vt ❶ (parier) ▸ **jouer toutes ses économies** 投入所有积蓄 [tóurù suóyǒu jīxù] ▸ **il a gagné beaucoup d'argent en jouant en bourse** 他炒股票赚了很多钱 [tā cháo gǔpiào zhuàn le hěnduō qián] ❷ (mettre en péril) 拿……冒险 [ná… màoxiǎn] ▸ **c'est ton avenir que tu joues en ce moment** 你现在是在拿自己的前途冒险 [nǐ xiànzài shì zài ná zìjǐ de qiántú màoxiǎn] ❸ (interpréter) 扮演 [bànyǎn] ▸ **elle a joué Antigone** 她扮演了安提歌尼 [tā bànyǎn le Āntígēní] ❹ *fig* (se prendre pour) 假装 [jiǎzhuāng] ▸ **jouer les victimes** 假装是受害者 [jiǎzhuāng shì shòuhàizhě].

jouet nm ❶ (jeu) 玩具 [wánjù] ❷ *fig* (proie) 玩弄对象 [wánnòng duìxiàng] ▸ **j'ai été le jouet de mon imagination/de mes illusions** 我被自己的想象/幻想愚弄了 [wǒ bèi zìjǐ de xiǎngxiàng/huànxiǎng yúnòng le].

joueur, euse nm, f ❶ SPORT (cl. 位 [wèi] ou 个 [gè] ou 名 [míng]) 运动员 [yùndòngyuán] ▸ **joueur de basket** 篮球运动员 [lánqiú yùndòngyuán] ▸ **joueur de football** 足球运动员 [zúqiú yùndòngyuán] ❷ MUS (cl. 位 [wèi] ou 个 [gè] ou 名 [míng]) 演奏者 [yǎnzòuzhě] ▸ **joueur de guitare** 吉他演奏者 [jítā yǎnzòuzhě] ❸ (participant) ○ (cl. 位 [wèi] ou 个 [gè] ou 名 [míng]) 玩家 [wánjiā] ▸ **chaque joueur possède six cartes** 每个玩家有六张牌 [měi ge wánjiā yǒu liù zhāng pái] ▸ **c'est un joueur invétéré** 他是个积习很深的赌徒 [tā shì ge jīxí hěnshēn de dǔtú].

joufflu, e adj 面颊丰满的 [miànjiá fēngmǎn de].

jouir vi ❶ (profiter) 享受 [xiǎngshòu] ▸ **ils savent jouir de la vie** 他们懂得享受生活 [tāmen dǒng de xiǎngshòu shēnghuó] ▸ **jouir d'avantages** 享受利益 [xiǎngshòu lìyì] ❷ (avoir un orgasme) 达到性高潮 [dádào xìnggāocháo].

jouissance nf ❶ (possession) 使用权 [shǐyòngquán] ▸ **avoir la jouissance d'un bien** 有对一笔财产的使用权 [yǒu duì yì bǐ cáichǎn de shǐyòngquán] ❷ (sexuelle) 性欲高潮的快感 [xìngyù gāocháo de kuàigǎn].

jour nm ❶ (journée) 天 [tiān] ▸ **en août, les jours diminuent** 八月，白天变短了 [bāyuè, báitiān biànduǎn le] ❷ (date) ▸ **l'autre jour** 那天 [nàtiān] ▸ **dans quinze jours** 两周后 [liǎngzhōu hòu] ▸ **dans trois jours** 三天后 [sān tiān hòu] ▸ **il y a trois jours** 三天前 [sān tiān qián] ▸ **le jour de l'An** 元旦 [Yuándàn] ▸ **jour de congé** 休息日 [xiūxi rì] ▸ **jour férié** 假日 [jiàrì] ▸ **le jour où** 那一天 [nà yì tiān] ▸ **le jour où je l'ai rencontré, il pleuvait** 我碰见他的那一天下着雨 [wǒ pèngjiàn tāde nà yì tiān xiàzhe yǔ] ▸ **nous avions trois cours par jour** 我们过去每天有三堂课 [wǒmen guòqù měitiān yǒu sān táng kè] ▸ **quel jour sommes-nous ?** 今天星期几？ [jīntiān xīngqījǐ?] ▸ **je vais courir tous les jours** 我每天都跑步 [wǒ měitiān dōu pǎobù] ❸ (lumière) 阳光 [yángguāng] ▸ **de jour** 白天 [báitiān] ▸ **jour et nuit** 日日夜夜 [rìrì yèyè] ▸ **il fait jour** 天亮了 [tiānliàng le] ▸ **laisser entrer le jour** 让阳光进来 [ràng yángguāng jìnlai]

◊ **du jour au lendemain** 转眼之间 [zhuányǎn zhījiān].

▪ **de nos jours** loc adv 如今 [rújīn].

journal, aux nm ❶ (presse écrite) ○ (cl. 张 [zhāng]) 报纸 [bàozhǐ] ▸ **lire le journal** 看报纸 [kàn bàozhǐ] ❷ RADIO & TV (每日的)新闻节目 [(měirì de) xīnwén jiémù] ▸ **journal télévisé**

电视新闻 [diànshì xīnwén] ▸ **le journal de 20 heures** 20点的新闻联播 [20 diǎn de xīnwén liánbō] ❸ (écrit) ○ (cl. 篇 [piān]) 日记 [rìjì] ▸ **journal intime** 个人日记 [gèrén rìjì] ▸ **tenir un journal** 记日记 [jì rìjì].

journalier, ère adj 每日的 [měirì de] ▸ **indemnités journalières** 每日津贴 [měirì jīntiē].

journaliste nmf (cl. 位 [wèi] ou 个 [gè] ou 名 [míng]) 记者 [jìzhě] ▸ **être interviewé par un journaliste** 被一名记者采访 [bèi yì míng jìzhě cǎifǎng] ▸ **journaliste de télévision** 电视记者 [diànshì jìzhě].

journée nf 白天 [báitiān] ▸ **la journée est passée très vite** 白天过得很快 [báitiān guò de hěn kuài] ▸ **travailler toute la journée** 工作了一整天 [gōngzuò le yì zhěngtiān] ▸ **journée de formation** 研修日 [yánxiū rì] ▸ **journée portes ouvertes** 对公众开放日 [duì gōngzhòng kāifàngrì] ▸ **journée de repos** 休息日 [xiūxi rì].

joyau, x nm ❶ 金银珠宝 [jīnyín zhūbǎo] ▸ **les joyaux de la couronne** 皇室财宝 [huángshì cáibǎo] ❷ *fig* 珍品 [zhēnpǐn] ▸ **cette machine est un pur joyau de la technique** 这台机器是一个纯粹的技术珍品 [zhè tái jīqì shì yí ge chúncuì de jìshù zhēnpǐn].

joyeux, euse adj 快乐的 [kuàilè de] ▸ **elle est très joyeuse** 她很快乐 [tā hěn kuàilè] ▸ **il a un caractère joyeux** 他性格爽朗 [tā xìnggé shuǎnglǎng] ▸ **un air joyeux** 一副快乐的样子 [yí fù kuàilè de yàngzi]

◊ **joyeuses fêtes !** 节日快乐！ [jiérì kuàilè!] ▸ **joyeux Noël !** 圣诞快乐！ [shèngdàn kuàilè!].

jubiler vi *fam* 高兴得发狂 [gāoxìng de fākuáng] ▸ **il jubilait à l'idée de partir** 想到要启程，他高兴得发狂 [xiǎngdào yào qǐchéng, tā gāoxìng de fākuáng].

jucher vt ▸ **être juché sur** 处于……的高处 [chǔyú… de gāochù] ▸ **elle était juchée sur ses hauts talons** 她脚穿高跟鞋站着 [tā jiǎo-chuān gāogēnxié zhànzhe] ▸ **la maison était juchée en haut d'une colline** 房子坐落在一座小山顶 [fángzi zuòluò zài yí zuò xiǎoshāndǐng] ▸ **il jucha son fils sur ses épaules** 他让儿子骑在自己的肩膀上 [tā ràng érzi qízài zìjǐ de jiānbǎng shàng].

▪ **se jucher** vp 栖息在高处 [qīxī zài gāochù] ▸ **l'oiseau se jucha sur le toit** 鸟在屋顶上栖息 [niǎo zài wūdǐng shàng qīxī].

judaïsme nm 犹太教 [yóutàijiào].

judas nm 窥视孔 [kuīshìkǒng] ▸ **regarder par le judas** 从门眼看 [cóng ményǎn kàn].

judiciaire adj 司法的 [sīfǎ de] ▸ **enquête judiciaire** 司法审查 [sīfǎ shěnchá] ▸ **erreur judiciaire** 误判 [wùpàn] ▸ **pouvoir judiciaire** 司法权 [sīfǎ quán].

judicieux, euse adj 明智的 [míngzhì de] ▸ **c'est très judicieux de votre part** 您这样做，是十分明智的 [nín zhèyàng zuò, shì shífēn míngzhì de].

judo nm 柔道 [róudào] ▸ **faire du judo** 练柔道 [liàn róudào] ▸ **une prise de judo** 柔道的一种抓法 [róudào de yì zhǒng zhuāfǎ] ▸ **il est ceinture noire de judo** 他是柔道黑带 [tā shì róudào hēidài].

juge nm ❶ DR (cl. 位 [wèi] ou 个 [gè] ou 名 [míng]) 法官 [fǎguān] ▸ **aller devant le juge** 上法庭 [shàng fǎtíng] ▸ **juge des enfants** 少年庭法官 [shàoniántíng fǎguān] ▸ **juge d'instruction** 预审法官 [yùshěn fǎguān] ❷ SPORT (cl. 位 [wèi] ou 个 [gè] ou 名 [míng]) 裁判员 [cáipànyuán] ▸ **juge de ligne** 司线员 [sīxiàn yuán] ▸ **juge de touche** 巡边员 [xúnbiān yuán] ❸ *fig* (qui exprime une opinion) ○ (cl. 位 [wèi] ou 个 [gè] ou 名 [míng]) 裁决者 [cáijuézhě] ▸ **tu es seul juge** 你只能自己来裁决 [nǐ zhǐ néng zìjǐlái cáijué] ▸ **être juge et partie** 既是裁决者又是当事人 [jìshì cáijuézhě yòushì dāngshìrén].

jugement nm ❶ (condamnation, sentence) 判决 [pànjué] ▸ **le jury a rendu son jugement** 陪审团做出了判决 [péishěntuán zuòchū le pànjué] ▸ **passer en jugement** 受审判 [shòu shěnpàn] ▸ **faire appel d'un jugement** 对判决提出上诉 [duì pànjué tíchū shàngsù] ▸ **jugement d'un accusé** 对一名被告的判决 [duì yì míng bèigào de pànjué] ❷ (opinion) 意见 [yìjiàn] ▸ **formuler des jugements de valeur** 作出价值判断 [zuòchū jiàzhí pànduàn] ❸ (discernement) 判断 [pànduàn] ▸ **une erreur de jugement** 一个判断错误 [yí ge pànduàn cuòwù] ▸ **j'ai confiance en son jugement** 我对他的判断有信心 [wǒ duì tāde pànduàn yǒu xìnxīn]

◊ **le Jugement dernier** RELIG 最后的审判 [zuìhòu de shěnpàn].

juger ◆ vt ❶ DR 审理 [shěnlǐ] ▸ **juger une affaire** 审理一桩案件 [shěnlǐ yì zhuāng ànjiàn] ▸ **juger un accusé** 审理一名被告 [shěnlǐ yì míng bèigào] ❷ (estimer) 认为 [rènwéi] ▸ **j'ai jugé qu'il valait mieux ne pas insister** 我认为最好不要坚持了 [wǒ rènwéi zuìhǎo búyào jiānchí le] ❸ (décider) 决定 [juédìng] ▸ **à vous de juger** 由您来决定 [yóu nín lái juédìng]. ◆ vi 想像 [xiǎngxiàng] ▸ **juger de qqch** 想像某事 [xiǎngxiàng mǒushì] ▸ **à en juger par** 根据……来看 [gēnjù… láikàn].

juif, juive adj 犹太的 [yóutài de].
▪ **Juif, Juive** nm, f ❶ (du peuple juif) 犹太人 [Yóutàirén] ❷ (de religion juive) 犹太教徒 [Yóutài jiàotú] ▸ **un Juif orthodoxe** 一名正统犹太教徒 [yì míng zhèngtǒng Yóutài jiàotú].

juillet nm 七月 [qīyuè] ▸ **la fête du 14 juillet** 7月14日法国国庆节 [7 yuè 14 rì Fǎguó guóqìngjié].

juin nm 六月 [liùyuè].

juke-box nm inv (cl. 台 [tái]) 自动电唱机 [zìdòng diànchàngjī].

jumeau, jumelle ◆ adj ❶ (enfants) 孪生的 [luánshēng de] ▸ **c'est ma sœur jumelle** 这是我的孪生姐妹 [zhè shì wǒde luánshēng jiěmèi] ▸ **ils sont frères jumeaux** 他们是孪生兄弟 [tāmen shì luánshēng xiōngdì] ❷ (semblable) 成对的 [chéngduì de]. ◆ nm, f 双胞胎 [shuāngbāotāi] ▸ **faux jumeaux** 异卵双胞 [yìluǎn shuāngbāo] ▸ **vrais jumeaux** 同卵双胞 [tóngluǎn shuāngbāo].
▪ **jumelles** nfpl (optique) 望远镜 [wàngyuǎnjìng].

jumelé, e adj 建立友好关系的 [jiànlì yǒuhǎo guānxì de] ▸ **villes jumelées** 姊妹城市 [zǐmèi chéngshì].

jument nf (cl. 匹 [pǐ]) 母马 [múmǎ].

jungle nf 丛林 [cónglín] ▸ **la jungle tropicale** 热带丛林 [rèdài cónglín] ▸ **la loi de la jungle** 弱肉强食的法则 [ruòròu qiángshí de fǎzé].

junior ◆ adj inv ❶ (qui concerne les jeunes) 青少年的 [qīngshàonián de] ▸ **la mode junior** 青少年时装 [qīngshàonián shízhuāng] ❷ SPORT 青年级的 [qīngniánjí de] ▸ **catégorie junior** 青年级别 [qīngnián jíbié] ▸ **équipe junior** 青年队 [qīngnián duì] ❸ (débutant) ▸ **entreprise junior** 成立不久的企业 [chénglì bùjiǔ de qǐyè] ▸ **ingénieur junior** 初级工程师 [chūjí gōngchéngshī]. ◆ nmf SPORT 青年级运动员 [qīngniánjí yùndòngyuán].

jupe nf (cl. 条 [tiáo]) 裙子 [qúnzi] ▸ **mettre une jupe plissée** 穿一条褶裥裙 [chuān yì tiáo zhějiǎn qún] ▸ **jupe portefeuille** 前开衩裙子 [qián kāichà qúnzi]
◊ **toujours être dans les jupes de sa mère** 粘在母亲身边 [nián zài mǔqin shēnbiān].

Jupiter npr ❶ (dieu) 朱庇特 [Zhūbìtè] ❷ (planète) 木星 [Mùxīng].

Jürchen npr (tribu) ▸ **les Jürchen** 女真族 [Nǚzhēnzú].

juré, e ◆ adj 不共戴天的 [búgòng dàitiān de] ▸ **c'est son ennemi juré** 这是他的死敌 [zhè shì tāde sǐdí]. ◆ nm, f (cl. 位 [wèi] ou 个 [gè] ou 名 [míng]) 陪审团成员 [péishěntuán chéngyuán] ▸ **les jurés ont rendu leur verdict** 陪审团给出了他们的裁决 [péishěntuán gěichū le tāmen de cáijué].

jurer ◆ vt ❶ (promettre) 发誓 [fāshì] ▸ **j'ai juré de ne rien dire** 我发誓什么也不说 [wǒ fāshì shénme yě bù shuō] ▸ **jurer à qqn que** 对某人发誓说 [duì mǒurén fāshì shuō] ❷ (assurer) 保证 [bǎozhèng] ▸ **je vous jure que ce n'est pas moi** 我向您保证那不是我 [wǒ xiàng nín bǎozhèng nà bú shì wǒ] ❸ (miser sur) 担保 [dānbǎo] ▸ **jurer de qqch** 担保某事 [dānbǎo mǒushì] ❹ (admirer) 信从 [xìncóng] ▸ **ne jurer que par** 狂热相信 [kuángrè xiāngxìn]. ◆ vi ❶ (blasphémer) 咒骂 [zhòumà] ❷ (ne pas aller ensemble) 不搭配 [bù dāpèi] ▸ **ces couleurs jurent** 这些颜色不协调 [zhèxiē yánsè bùxiétiáo] ▸ **le tapis jure avec les rideaux** 地毯和窗帘不搭配 [dìtǎn hé chuānglián bùdāpèi].

juridique adj 法律的 [fǎlǜ de] ▸ **ceci n'a aucune valeur juridique** 这没有任何法律效力 [zhè méiyǒu rènhé fǎlǜ xiàolì] ▸ **vide juridique** 法律上的空白 [fǎlǜ shàng de kòngbái].

jurisprudence nf DR 判例 [pànlì] ▸ **faire jurisprudence** 具有权威性 [jùyǒu quánwēi xìng].

juriste nmf (cl. 位 [wèi] ou 个 [gè] ou 名 [míng]) 法学家 [fǎxuéjiā] ▸ **formation de juriste** 法学专业 [fǎxué zhuānyè].

juron nm (cl. 句 [jù]) 粗话 [cūhuà] ▸ **lâcher un juron** 说了句粗话 [shuō le jù cūhuà].

jury nm 评审委员会 [píngshěn wěiyuánhuì] ▸ **le jury délibère** 评审委员会评议 [píngshěn wěiyuánhuì píngyì] ▸ **jury de concours** 竞赛的评审委员会 [jìngsài de píngshěn wěiyuánhuì] ▸ **le jury du festival de Cannes** 嘎纳电影节评委会 [Gānà diànyǐngjié píngwěi huì].

jus nm inv ❶ (boisson) 果汁 [guǒzhī] ▸ **boire un jus d'orange** 喝杯橙汁 [hē bēi chéngzhī] ❷ (sauce) 汁 [zhī] ▸ **mélanger les légumes au jus de la viande** 把蔬菜与肉汁混合 [bǎ shūcài yǔ ròuzhī hùnhé] ❸ *fam* (courant) 电流 [diànliú] ▸ **se prendre un coup de jus** 触电 [chùdiàn].

jusque, jusqu' ▪ **jusqu'à** loc prép ❶ (sens temporel) 直到 [zhídào] ▸ **jusqu'à la dernière minute** 直到最后一分钟 [zhídào zuìhòu yì fēnzhōng] ▸ **jusqu'à hier** 直到昨天 [zhídào zuótiān] ▸ **ça ne l'intéressait pas, mais il est resté jusqu'au bout** 他对这不感兴趣，但还是呆到了最后 [tā duì zhè bùgǎn xìngqù, dàn háishi dāidào le zuìhòu] ❷ (sens spatial) 直到 [zhídào] ▸ **allez jusqu'au bout du champ** 一直走到田地的尽头 [yìzhí zǒudào tiándì de jìntóu] ❸ (même) 甚至 [shènzhì] ▸ **tous, jusqu'au dernier** 所有人，甚至最后一个 [suóyǒurén, shènzhì zuìhòu yí ge] ▸ **elle avait du sable jusque dans les cheveux** 她连头发里都是沙子 [tā lián tóufa lǐ dōu shì shāzi]

▪ **jusqu'à ce que** loc conj 直到……时 [zhídào …shí].

▪ **jusqu'en** loc prép 直至…… [zhízhì…] ▸ **je resterai à l'étranger jusqu'en mai 2010** 我将在国外一直待到2010年五月 [wǒ jiāng zài guówài yìzhí dàidào 2010 nián wǔyuè].

▪ **jusqu'ici** loc adv (spatial) 直到这里 [zhídào zhèli] ▸ **la route vient jusqu'ici** 路一直到这里 [lù yìzhí dào zhèli]; (temporel) 迄今为止 [qìjīn wéizhǐ] ▸ **jusqu'ici tout va bien** 到此刻为止，一切顺利 [dào cǐkè wéizhǐ, yíqiè shùnlì].

▪ **jusque-là** loc adv ❶ (temporel) 直到那时 [zhídào nàshí] ▸ **jusque-là, il n'avait rien osé dire** 直到那时，他什么都没敢说 [zhídào nàshí, tā shénme dōu méi gǎn shuō] ❷ (spatial) 直到那边 [zhídào nàbian] ▸ **mon jardin va jusque-là** 我的花园一直到那边 [wǒde huāyuán yìzhí dào nàbian].

juste ♦ adj ❶ (équitable) 公平的 [gōngping de] ▸ **il est juste que chacun ait sa chance** 每个人都有机会，这是很公平的 [měi ge rén dōuyǒu jīhuì, zhè shì hěn gōngping de] ▸ **décision juste** 公正的决定 [gōngzhèng de juédìng] ❷ (exact) 正确的 [zhèngquè de] ▸ **ce qu'il dit est tout à fait juste** 他说的完全正确 [tā shuō de wánquán zhèngquè] ❸ (étriqué) 小的 [xiǎo de] ▸ **cette robe est trop juste pour toi** 这条裙子对于你来说太小了 [zhè tiáo qúnzi duìyú nǐ láishuō tài xiǎo le]. ♦ adv ❶ (avec justesse) 正确地 [zhèngquè de] ▸ **chanter juste** 唱得准 [chàng de zhǔn] ❷ (précisément) ▸ **j'habite juste à côté** 我就住在旁边 [wǒ jiù zhùzài pángbiān] ❸ (seulement) 只 [zhǐ] ▸ **j'ai bu juste un verre** 我只喝了一杯 [wǒ zhǐhē le yì bēi].

justement adv ❶ (précisément) 正好 [zhènghǎo] ▸ **justement, j'allais vous appeler** 我正要给您打电话呢 [wǒ zhèngyào gěi nín dǎ diànhuà ne] ❷ (avec raison) 有理由地 [yóu lǐyóu de] ▸ **elle m'a justement fait remarquer que…** 她有理由让我注意到…… [tā yóu lǐyóu ràng wǒ zhùyìdào…] ❸ (servant de réponse) 正因如此 [zhèng yīn rúcǐ] ▸ **elle sait à peine l'anglais — justement, elle fera des progrès** 她几乎不懂英语 — 正因如此，她会有进步 [tā jīhūbù dǒng yīng yǔ — zhèng yīn rúcǐ, tā huì yǒu jìnbù] ❹ (équitablement) 公平地 [gōngping de] ▸ **les fonds récoltés ont été justement redistribués** 收取的资金被公平地重新分配 [shōuqǔ de zījīn bèi gōngping de chóngxīn fēnpèi].

justesse nf ❶ (exactitude) 精确 [jīngquè] ▸ **la justesse d'un calcul** 计算的精确 [jìsuàn de jīngquè] ❷ (précision) 及时 [jíshí] ▸ **avec justesse** 及时地 [jíshí de]

◊ **de justesse** 差点儿没 [chàdiǎnr méi] ▸ **j'ai attrapé mon train de justesse** 我差点儿没赶上火车 [wǒ chàdiǎnr méi gǎnshang huǒchē].

justice nf ❶ (principe moral) 正义 [zhèngyì] ▸ **agir selon la justice** 根据正义行事 [gēnjù zhèngyì xíngshì] ❷ (exercice du droit) ▸ **demander justice** 要求公正处理 [yāoqiú gōngzhèng chúlǐ] ▸ **passer en justice** 出庭 [chūtíng] ▸ **rendre la justice** 进行审判 [jìnxíng shěnpàn] ❸ (équité) 公平 [gōngping] ▸ **il a remporté la victoire et ce n'est que justice** 他得到了胜利，这是非常公平的 [tā dédào le shènglì, zhè shì fēicháng gōngping de] ▸ **rendre justice à qqn** 还某人公道 [huán mǒurén gōngdào].

justicier, ère nm, f 申张正义的人 [shēnzhāng zhèngyì de rén].

justificatif, ive adj 证明的 [zhèngmíng de] ▸ **pièce justificative** 证明文件 [zhèngmíng wénjiàn].

■ **justificatif** nm 凭证 [píngzhèng] ▸ **fournir un justificatif** 提供凭证 [tígōng píngzhèng] ▸ **justificatif de domicile** 住房凭证 [zhùfáng píngzhèng].

justifier vt ❶ (excuser, légitimer) 说明理由 [shuōmíng lǐyóu] ▸ **pouvez-vous justifier votre choix ?** 您能说明一下您所作选择的理由吗？[nín néng shuōmíng yí xià nín suǒ zuò xuǎnzé de lǐyóu ma?] ▸ **des craintes justifiées** 有理由的恐惧 [yóu lǐyóu de kǒngjù] ❷ (apporter la preuve matérielle) 证明 [zhèngmíng] ▸ **il devra justifier qu'il était absent ce jour-là** 他需要证明自己那天不在场 [tā xūyào zhèngmíng zìjǐ nàtiān bùzài chǎng] ▸ **justifier de** 证明...... [zhèngmíng...] ❸ INFORM 调整 [tiáozhěng] ▸ **justifier à gauche/à droite** 向左/向右调整 [xiàngzuǒ/xiàngyòu tiáozhěng]

◊ **la fin justifie les moyens** 为达目的可以不择手段 [wèi dá mùdì kéyǐ bùzé shǒuduàn].

■ **se justifier** vp ❶ (légitimer) 为自己辩解 [wèi zìjǐ biànjiě] ▸ **c'est en vain que j'ai tenté de me justifier** 我试图为自己辩解，却没有成功 [wǒ shìtú wèi zìjǐ biànjiě, què méiyǒu chénggōng] ❷ (être fondé) 有根据 [yǒu gēnjù] ▸ **ce prix ne se justifie pas** 这个价钱是站不住脚的 [zhè ge jiàqian shì zhànbuzhù jiǎo de].

juteux, euse adj ❶ (qui apporte du jus) 多汁的 [duōzhī de] ▸ **fruit juteux** 多汁的水果 [duōzhī de shuíguǒ] ❷ (lucratif) 有利可图的 [yǒulì kětú de] ▸ **une affaire juteuse** 一笔有利可图的生意 [yì bǐ yǒulì kětú de shēngyì].

juvénile adj ❶ (jeune) 青春的 [qīngchūn de] ▸ **charme juvénile** 青春的魅力 [qīngchūn de mèilì] ❷ (d'un mineur) 未成年人的 [wèichéngniánrén de] ▸ **délinquance juvénile** 未成年人犯罪 [wèichéngniánrén fànzuì].

juxtaposer vt 并列 [bìngliè] ▸ **des mots juxtaposés** 并列词 [bìngliè cí] ▸ **juxtaposer des couleurs** 罗列几种颜色 [luóliè jízhǒng yánsè].

k

k, K nm inv 法语字母表中第十一个字母 [fáyǔ zìmúbiǎo zhōng dìshíyī ge zìmǔ].

Kachgar npr (ville) 喀什 [Kāshí].

kaki ♦ adj inv 土黄色的 [tǔhuángsè de] ▸ **une veste kaki** 一件土黄色的上衣 [yí jiàn tǔhuángsè de shàngyī]. ♦ nm ❶ (couleur) 土黄色 [tǔhuángsè] ❷ (fruit) 柿子 [shìzi].

kaléidoscope nm 万花筒 [wànhuātǒng].

kangourou nm (cl. 只 [zhī]) 袋鼠 [dàishǔ].

Kangxi npr (empereur) 康熙 [Kāngxī].

Kang Youwei npr POLIT 康有为 [Kāng Yǒuwéi].

Karakorum npr (massif montagneux) 卡拉木齐 [Kǎlāmùqí].

karaoké nm 卡拉OK [kǎlāOK] ▸ **faire un karaoké** 唱卡拉OK [chàng kǎlāOK].

karaté nm 空手道 [kōngshǒudào] ▸ **faire du karaté** 练空手道 [liàn kōngshǒudào] ▸ **il est ceinture noire de karaté** 他是空手道黑带 [tā shì kōngshǒudào hēidài].

kayak nm ○ (cl. 只 [zhī]) 皮艇 [pítǐng] ▸ **faire du kayak** 划小艇 [huá pítǐng].

Kazakhs npr (peuple) ▸ **les Kazakhs** 哈扎克族 [Kāzhākè zú].

Kenya nm ▸ **le Kenya** 肯尼亚 [Kěnníyà].

képi nm (cl. 顶 [dǐng]) 法国军帽 [Fǎguó jūnmào] ▸ **les officiers portent un képi** 军官们戴着军帽 [jūnguānmen dàizhe jūnmào].

kermesse nf 露天赈济游艺会 [lùtiānzhènjì yóuyìhuì].

kérosène nm 煤油 [méiyóu].

ketchup nm 蕃茄沙司 [fānqié shāsī].

keuf nm *fam* 警察 [jǐngchá].

keum nm *fam* 男的 [nán de].

kg (abr écrite de **kilogramme**) 公斤 [gōngjīn]; 千克 [qiānkè].

kidnapper vt 劫持 [jiéchí] ▸ **le groupe armé a kidnappé des journalistes** 武装团伙劫持了一些记者 [wǔzhuāng tuánhuǒ jiéchí le yìxiē jìzhě].

kidnappeur, euse nm, f (cl. 个 [gè] ou 名 [míng]) 绑匪 [bángfěi].

kidnapping nm 绑架 [bǎngjià] ▸ **organiser un kidnapping** 组织一次绑架 [zǔzhī yí cì bǎngjià].

kilo nm 公斤 [gōngjīn]; 千克 [qiānkè].

kilogramme nm 公斤 [gōngjīn]; 千克 [qiānkè].

kilométrage nm 行车里程 [xíngchē lǐchéng].

kilomètre nm ❶ 公里 [gōnglǐ]; 千米 [qiānmǐ] ❷ *fig* (énorme quantité) 大量的 [dàliàng de] ▸ **des kilomètres de pellicule** 大量的胶片 [dàliàng de jiāopiàn].

▪ **kilomètre heure, kilomètres heure** nm 时速多少公里 [shísù duōshao gōnglǐ] ▸ **rouler à cent trente kilomètres heure** 以一百

三十公里时速行驶 [yǐ yībǎi sānshí gōnglǐ shísù xíngshǐ].

kilo-octet nm INFORM 千字节 [qiānzìjié].

kilt nm (cl. 条 [tiáo]) 苏格兰短裙 [Sūgélán duǎnqún].

kimono nm ❶ (de judo) ○ (cl. 件 [jiàn]) 柔道服 [róudàofú] ❷ (costume traditionnel japonais) 和服 [héfú] ❸ (peignoir) 和服式晨衣 [héfúshì chényī].

kiné *fam* ♦ nmf (abr de **kinésithérapeute**) (cl. 位 [wèi] ou 个 [gè] ou 名 [míng]) 体疗医师 [tǐliáo yīshī]. ♦ nf (abr de **kinésithérapie**) 体疗 [tǐliáo] ▸ **faire cinq séances de kiné** 进行五次体疗 [jìnxíng wǔ cì tǐliáo].

kinésithérapeute nmf (cl. 位 [wèi] ou 个 [gè] ou 名 [míng]) 体疗医师 [tǐliáo yīshī].

kiosque nm ❶ (pavillon) 亭台 [tíngtái] ▸ **un kiosque à musique** 音乐演奏亭 [yīnyuè yǎnzòu tíng] ❷ (point de vente) 售货亭 [shòuhuò tíng] ▸ **kiosque à journaux** 卖报亭 [màibàotíng].

kit nm 成套元件 [chéngtào yuánjiàn] ▸ **en kit** 成套的 [chéngtào de] ▸ **kit mains libres** 移动电话耳机 [yídòng diànhuà ěrjī] ▸ **kit de survie** 生存手册 [shēngcún shǒucè].

kitchenette nf 小厨房 [xiǎochúfáng].

kiwi nm ❶ (fruit) 猕猴桃 [míhóutáo] ❷ (animal) ○ (cl. 只 [zhī]) 鹬鸵 [yùtuó]; 几维 [jǐwéi]; 基维 [jīwéi].

Klaxon® nm 汽车喇叭 [qìchē lǎba] ▸ **donner un coup de Klaxon** 按下喇叭 [àn xià lǎba].

klaxonner vi 按汽车喇叭 [àn qìchē lǎba] ▸ **interdiction de klaxonner** 禁止按喇叭 [jìnzhǐ àn lǎba].

kleptomane, cleptomane nmf 有偷窃癖的人 [yǒu tōuqièpǐ de rén].

km (abr écrite de **kilomètre**) 公里 [gōnglǐ]; 千米 [qiānmǐ].

km/h (abr écrite de **kilomètre/heure**) 千米/小时 [qiānmǐ/xiǎoshí].

Ko (abr écrite de **kilo-octet**) 千字节 [qiānzìjié].

K.-O. nm 击倒在地 [jīdǎo zàidì] ▸ **mettre qqn K.-O.** 把某人击倒在地 [bá mǒurén jīdǎo zàidì] ▸ **être K.-O.** 被击倒在地 [bèi jīdǎo zàidì].

koala nm (cl. 只 [zhī]) 树袋熊[shùdàixióng]; 考拉 [kǎolā].

Kosovo nm ▸ **le Kosovo** 科索沃 [Kēsuǒwò].

Koweït nm (pays, ville) 科威特 [Kēwēitè] ▸ **le Koweït** 科威特 [Kēwēitè].

Kowloon npr (partie de Hongkong) 九龙 [Jiǔlóng].

Koxinga npr POLIT 郑成功 [Zhèng Chénggōng].

krach nm (cl. 次 [cì]) 暴跌 [bàodiē] ▸ **krach boursier** 股票暴跌 [gǔpiào bàodiē].

kung-fu nm 功夫 [gōngfu].

Kunming npr (ville) 昆明 [Kūnmíng].

kurde ♦ adj 库尔德人的 [kù'ěrdérén de]. ♦ nm (langue) 库尔德语 [kù'ěrdé yǔ].

■ **Kurde** nmf (cl. 个 [gè] ou 名 [míng]) 库尔德人 [Kù'ěrdérén].

K-way® nm inv (cl. 件 [jiàn]) 风雨衣 [fēngyǔyī].

kyrielle nf ▸ **une kyrielle d'enfants** 一大群孩子 [yí dà qún háizi] ▸ **une kyrielle de malheurs** 一连串厄运 [yì liánchuàn èyùn].

kyste nm MÉD 囊肿 [nángzhǒng] ▸ **kyste du sein** 乳房囊肿 [rǔfáng nángzhǒng].

L

l, L nm inv 法语字母表中第十二个字母 [fáyǔ zìmúbiǎo zhōng dìshí'èr ge zìmǔ].

l (abr écrite de **litre**) 升 [shēng].

L (abr de **littéraire**) SCOL 文科 [wénkē] ▸ **faire un bac L** 参加文科会考 [cānjiā wénkē huìkǎo].

la nm inv ❶ MUS (note) A调 [A tiào] ❷ MUS (ton) 唱名"拉" [chàngmíng "lā"] ▸ **donner le la** 定调 [dìngdiào] ▸ **dans le monde de la mode, c'est lui qui donne le la** 在时尚界，是由他来主导的 [zài shíshàng jiè, shì yóu tā lái zhúdǎo de].

là adv ❶ (dans l'espace) 那里 [nàli] ▸ **c'est là que je travaille** 我是在那里工作 [wǒ shì zài nàli gōngzuò] ▸ **à trois kilomètres de là** 距那里三公里远 [jù nàli sāngōnglǐ yuǎn] ▸ **de là** 从那里 [cóng nàli] ❷ (temps) 那时 [nàshí] ▸ **c'est là qu'il a dit qu'on ne se verrait plus** 他是在那时说以后我们不再见面的 [tā shì zài nàshí shuō yǐhòu wǒmen búzài jiànmiàn de] ❸ (dans cela) 所在 [suǒzài] ▸ **le racisme, là est le vrai problème** 种族歧视是真正的问题所在 [zhǒngzú qíshì shì zhēnzhèng de wèntí suǒzài] ❹ (à ce point) ▸ **en arriver là** 到那种地步 [dào nà zhǒng dìbù] ▸ **en rester là** 到此为止 [dàocǐ wéi zhǐ] ❺ (employé comme particule) 那 [nà] ▸ **celui-là** 那人[nà rén]；那个东西 [nà ge dōngxi] ▸ **je préfère ce pull-là** 我更喜欢那件羊毛套衫 [wǒ gèng xǐhuān nà jiàn yángmáo tàoshān]
◊ **de là à** 就凭这就 [jiù píng zhè jiù].
▪ **çà et là** loc adv 从这到那[cóng zhè dào nà]；到处 [dàochù].
▪ **de-ci de-là** loc adv 时常 [shícháng].
▪ **d'ici là** loc adv 在那以前 [zài nà yǐqián].
▪ **par là** loc adv (sens spatial) 从那儿 [cóng nàr].

là-bas adv 在那儿 [zài nàr].

label nm ❶ (norme) 标签 [biāoqiān] ▸ **label de qualité** 质量检验标签 [zhìliàng jiǎnyàn biāoqiān] ❷ (maison de disques) ○ (cl. 家 [jiā] ou 个 [gè]) 唱片公司 [chàngpiàn gōngsī] ▸ **un label indépendant** 一个独立唱片公司 [yí ge dúlì chàngpiàn gōngsī].

labo (abr de **laboratoire**) nm *fam* 实验室 [shíyànshì] ▸ **labo de langues** 语音室 [yǔyīnshì] ▸ **labo photo** 照片冲洗室 [zhàopiàn chōngxǐ shì].

laboratoire nm 实验室 [shíyànshì] ▸ **laboratoire d'analyses** 化验室 [huàyàn shì] ▸ **laboratoire de langues** 语音实验室 [yǔyīn shíyànshì] ▸ **laboratoire pharmaceutique** 药厂 [yàochǎng].

laborieux, euse adj ❶ (difficile) 艰难的 [jiānnán de] ❷ (qui travaille) 劳动的 [láodòng de] ▸ **les classes laborieuses** 劳动阶级 [láodòngjiējí].

labourer vt 耕 [gēng].

labyrinthe nm 迷宫 [mígōng].

lac nm 湖 [hú] ▸ **le lac Léman** 莱蒙湖 [Láiméng hú].

lacer vt 系紧 [jìjǐn] ▸ **lacer ses chaussures** 系紧自己的鞋带 [jìjǐn zìjǐ de xiédài].

lacérer vt 撕 [sī] ▸ **lacérer la peau** 撕裂了皮肤 [sīliè le pífū] ▸ **il avait le visage lacéré par**

les ronces 他的脸被荆棘划破了 [tāde liǎn bèi jīngjí huápò le].

lacet nm ❶ (cordon) 带 [dài] ▸ **faire ses lacets** 系好自己的鞋带 [jìhǎo zìjǐ de xiédài] ▸ **chaussures à lacets** 系带的鞋 [jìdài de xié] ❷ (collet) 曲折 [qūzhé] ▸ **une route en lacet** 一条曲折的路 [yì tiáo qūzhé de lù].

lâche ♦ adj ❶ (peureux) 懦弱的 [nuòruò de] ▸ **c'est lâche de ta part** 你这样做很懦弱 [nǐ zhèyàng zuò hěn nuòruò] ▸ **un homme lâche** 一个懦夫 [yí ge nuòfū] ❷ (mou) 软的 [ruǎn de]. ♦ nmf 懦夫 [nuòfū] ▸ **tu n'es qu'un lâche** 你只是个懦夫 [nǐ zhǐshì ge nuòfū].

lâcher ♦ vt ❶ (laisser tomber) 松 [sōng] ▸ **elle lâcha le vase qui se brisa au sol** 她松开了花瓶，花瓶摔在地上碎了 [tā sōngkāi le huāpíng, huāpíng shuāi zài dìshang suì le] ▸ **lâcher qqch sur** 向……投下某物 [xiàng… tóuxia mǒuwù] ❷ (laisser échapper) 发出 [fāchū] ▸ **lâcher un juron** 发出一声咒骂 [fāchū yì shēng zhòumà] ▸ **lâcher les chiens** 放出狗 [fàngchū gǒu] ❸ *fam* (plaquer) 抛弃 [pāoqì] ▸ **lâcher ses amis** 抛弃朋友 [pāoqì péngyou]. ♦ vi (se rompre) 断 [duàn] ▸ **la corde a lâché** 绳子断了 [shéngzi duàn le].

▪ **se lâcher** vp *fam* (moins se contrôler) 放松 [fàngsōng] ▸ **à la soirée, il s'est un peu lâché** 在晚会上，他放松了一些 [zài wǎnhuì shàng, tā fàngsōng le yìxiē].

lâcheté nf 怯懦 [qiènuò] ▸ **fuir avec lâcheté** 怯懦地逃跑了 [qiènuò de táopǎo le].

lacrymogène adj 催泪的 [cuīlèi de] ▸ **bombe lacrymogène** 催泪弹 [cuīlèidàn] ▸ **gaz lacrymogène** 催泪瓦斯 [cuīlèi wǎsī].

lacune nf ❶ (imperfection) 缺点 [quēdiǎn] ❷ (manque de connaissances) ○ (cl. 处 [chù]) 知识空白 [zhīshi kòngbái] ▸ **avoir des lacunes** 有几处知识空白 [yóu jǐ chù zhīshi kòngbái].

là-dedans adv ❶ (dans ce lieu) 在这里面 [zài zhè lǐmian] ▸ **mettez vos outils là-dedans** 把您的工具放在这里面 [bǎ nínde gōngjù fàngzài zhè lǐmian] ❷ *fig* 这其中 [zhè qízhōng] ▸ **il n'y a rien de choquant là-dedans** 这其中没什么好惊讶的 [zhè qízhōng méishénme hǎo jīngyà de].

là-dessous adv ❶ (sous cet objet) 在这下边 [zài zhè xiàbian] ▸ **cherchons là-dessous** 我们在这下边找找吧 [wǒmen zài zhè xiàbian zhǎozhǎo ba] ❷ *fig* 在这背后 [zài zhè bèihòu] ▸ **méfie-toi, il y a une ruse là-dessous** 当心，在这背后有花招 [dāngxīn, zài zhè bèihòu yǒu huāzhāo].

là-dessus adv ❶ (sur cela) 在这上面 [zài zhè shàngmian] ▸ **pose ton verre là-dessus** 把你的杯子放在这上面 [bá nǐde bēizi fàngzài zhè shàngmian] ❷ *fig* 在这点上 [zài zhè diǎn shàng] ▸ **je suis d'accord là-dessus** 在这点上，我同意 [zài zhè diǎn shàng, wǒ tóngyì].

lagune nf 泻湖 [xièhú].

là-haut adv 在那上面 [zài nà shàngmian].

laïc, laïque adj & nm, f 非宗教的 [fēizōngjiào de] ▸ **école laïque** 非教会学校 [fēijiàohuì xuéxiào] ▸ **état laïc** 政教分离的国家 [zhèngjiào fēnlí de guójiā].

laid, e adj 丑的 [chǒu de].

laideron, onne nm, f 丑姑娘 [chǒugūniang].

laine nf ❶ (toison) 羊毛 [yángmáo] ▸ **pure laine vierge** 纯羊毛 [chún yángmáo] ❷ (matière) ▸ **laine à tricoter** 毛线 [máoxiàn].

laisse nf 牵狗绳 [qiāngǒushéng] ▸ **tenir son chien en laisse** 用绳牵着自己的狗 [yòng shéng qiānzhe zìjǐ de gǒu].

laisser ♦ v aux ❶ (autoriser à) 让 [ràng] ▸ **laisse-le parler!** 让他说！ [ràng tā shuō!] ▸ **ils ne le laissent pas sortir** 他们不让他出去 [tāmen búràng tā chūqu] ❷ (agir de façon incontrôlée) 任由 [rènyóu] ▸ **elle a laissé voir sa tristesse** 她任由忧伤流露在外 [tā rènyóu yōushāng liúlù zàiwài] ▸ **il a laissé tomber le nouveau vase** 他任由新花瓶掉地上了 [tā rènyóu xīn huāpíng diào dì shàng le]
◊ **laisse faire!** 随他便吧！ [suí tā biàn ba!] ▸ **laisse tomber!** 算了吧！ [suàn le ba!]. ♦ vt ❶ 留 [liú] ▸ **ils m'ont laissé leur chat pour le week-end** 周末他们把猫留给了我 [zhōumò tāmen bǎ māo liúgěi le wǒ] ▸ **laisse-moi un morceau de gâteau** 给我留一块蛋糕 [géi wǒ liú yí kuài dàngāo] ❷ (perdre) 留 [liú] ▸ **il y a laissé la vie** 他把生命留在了那里 [tā bǎ shēngmìng liúzài le nàli] ❸ (oublier) 拉 [lā] ▸ **elle a laissé ses clés à la maison** 她把

钥匙拉在家里了 [tā bǎ yàoshi là zài jiāli le] ❹ (faire demeurer) 听任 [tīngrèn] ▸ **ils m'ont laissé dans l'erreur** 他们听任我犯错 [tāmen tīngrèn wǒ fàncuò] ▸ **ça l'a laissé indifférent** 这让他无动于衷 [zhè ràng tā wúdòng yúzhōng].

▪ **se laisser** vp (indique un relâchement) 让自己 [ràng zìjǐ] ▸ **ne te laisse pas décourager!** 别让自己泄气！[bié ràng zìjǐ xièqì!] ▸ **tu ne devrais pas te laisser aller** 你不应该放任自己 [nǐ bù yīnggāi fàngrèn zìjǐ] ▸ **elle s'est laissé persuader d'y aller** 她禁不住劝说去了那里 [tā jīnbuzhù quànshuō qù le nàli].

laisser-aller nm inv 随便 [suíbiàn] ▸ **il y a du laisser-aller dans la classe** 这个班太随便了 [zhè ge bān tài suíbiàn le].

laissez-passer nm inv 通行证 [tōngxíngzhèng].

lait nm ❶ (boisson) 牛奶 [niúnǎi] ▸ **café au lait** 加奶咖啡 [jiānǎi kāfēi] ▸ **lait concentré** 炼乳 [liànrǔ] ▸ **lait écrémé** 脱脂牛奶 [tuōzhī niúnǎi] ▸ **lait entier** 全脂牛奶 [quánzhī niúnǎi] ▸ **thé au lait** 奶茶 [nǎichá] ❷ (produit des mammifères) 乳汁 [rǔzhī] ▸ **lait maternel** 母乳 [múrǔ] ❸ (suc) 汁 [zhī] ▸ **lait de coco** 椰汁 [yē zhī] ❹ (produit de beauté) 乳液 [rǔyè] ▸ **lait démaquillant** 卸妆乳液 [xièzhuāng rǔyè].

laitage nm 乳制品 [rǔzhìpǐn].

laitier, ère adj ❶ (secteur, produit) 乳的 [rǔ de]; 奶的 [nǎi de] ▸ **les produits laitiers** 乳制品 [rǔzhìpǐn] ❷ (élevé pour son lait) 产乳的 [chánrǔ de] ▸ **vache laitière** (cl. 头 [tóu] ou 只 [zhī]) 奶牛 [nǎiniú].

laiton nm 黄铜 [huángtóng].

laitue nf (cl. 棵 [kē]) 生菜 [shēngcài] ▸ **des cœurs de laitue** 生菜心 [shēngcài xīn].

lama nm ❶ ZOOL (cl. 头 [tóu] ou 只 [zhī]) 羊驼 [yángtuó] ❷ RELIG 喇嘛 [Lǎma].

lambeau, x nm ❶ (morceau) 碎片 [suìpiàn] ▸ **lambeau de papier** 碎纸片 [suì zhǐpiàn] ▸ **tomber en lambeaux** 旧得七零八碎 [jiù de qīlíngbāsuì] ❷ *fig* (fragment) 片段 [piànduàn].

lame nf ❶ (bande) ○ (cl. 块 [kuài]) 薄板 [báobǎn] ▸ **lame de parquet** 木地板镶板 [mùdìbǎn xiāngbǎn] ❷ (de fer) 薄片 [báopiàn] ▸ **lame de couteau** 刀刃 [dāorèn] ▸ **lame de rasoir** 刮胡刀刀片 [guāhúdāo dāopiàn] ❸ (vague) 波浪 [bōlàng] ▸ **lame de fond** 突来的巨浪 [tūlái de jùlàng].

lamelle nf ❶ (petite lame) 薄层 [báocéng] ▸ **lamelle de verre** 载玻片 [zàibō piàn] ❷ (fine tranche) 小薄片 [xiǎobáopiàn] ▸ **découpez les champignons en lamelles** 把蘑菇切成小薄片 [bǎ mógu qiēchéng xiǎobáopiàn].

lamentable adj 可悲的 [kěbēi de] ▸ **des résultats lamentables** 可悲的结果 [kěbēi de jiéguǒ].

lamenter ▪ **se lamenter** vp 哀叹 [āitàn] ▸ **inutile de se lamenter, c'est trop tard** 叹气也没用，太晚了 [tànqì yě méiyòng, tài wǎn le] ▸ **se lamenter sur son sort** 哀叹命苦 [āitàn mìngkǔ].

laminer vt ❶ (amincir) 轧制 [zházhì] ▸ **laminer un bloc de métal** 轧制一块金属 [zházhì yí kuài jīnshǔ] ❷ *fig* (détruire) 垮 [kuǎ] ▸ **il est sorti de cette histoire complètement laminé** 他经过这件事后完全垮了 [tā jīngguò zhè jiàn shì hòu wánquán kuǎ le].

lampadaire nm (cl. 盏 [zhǎn]) 路灯 [lùdēng].

lampe nf ❶ (appareil d'éclairage) ○ (cl. 盏 [zhǎn]) 灯 [dēng] ▸ **allumer une lampe** 开灯 [kāi dēng] ▸ **lampe de poche** 手电 [shǒudiàn] ❷ (ampoule) 灯泡 [dēngpào] ▸ **une lampe de 60 watts** 一个60瓦的灯泡 [yí ge 60 wǎ de dēngpào].

lampion nm 小油灯 [xiǎo yóudēng].

lance nf ❶ (tube) 喷管 [pēnguǎn] ▸ **lance à eau** 水枪 [shuǐqiāng] ▸ **lance d'incendie** 消防水枪 [xiāofáng shuǐqiāng] ❷ (arme) ○ (cl. 杆 [gǎn]) 长矛 [chángmáo].

lance-flammes nm inv 喷火器 [pēnhuǒqì].

lancement nm ❶ (départ) 发射 [fāshè] ▸ **le lancement d'une fusée** 火箭的发射 [huǒjiàn de fāshè] ❷ (mise sur le marché) 推出 [tuīchū] ▸ **prix de lancement** 新品推广价 [xīnpǐn tuīguǎng jià].

lance-pierre(s) nm inv ❶ (fronde) 弹弓 [dàngōng] ❷ (locution) ▸ **être payé au lance-pierre** *fam* 报酬很低 [bàochou hěn dī].

lancer ♦ vt ❶ (jeter) 扔 [rēng] ▸ **lancer un ballon** 扔出一只球 [rēngchū yì zhī qiú] ▸ **lan-**

cer qqch sur 向……扔某物 [xiàng….rēng mǒuwù] ❷ (faire démarrer) 发射 [fāshè] ▸ **la fusée a été lancée à 10 heures** 火箭在10点发射了 [huǒjiàn zài 10 diǎn fāshè le] ▸ **lancer une application informatique** 启动一个应用程序 [qǐdòng yí ge yìngyòng chéngxù] ❸ (projeter) 射出 [shèchū] ▸ **ses yeux lançaient des éclairs** 他的眼睛射出电光 [tāde yǎnjing shèchū diànguāng] ❹ (promouvoir) 推出 [tuīchū] ▸ **ce produit vient à peine d'être lancé** 这种产品才刚被推出 [zhè zhǒng chánpǐn cáigāng bèi tuīchū] ▸ **lancer un artiste** 推捧一位艺术家 [tuīpěng yí wèi yìshùjiā] ▸ **lancer une mode** 推出一种时尚 [tuīchū yì zhǒng shíshàng] ❺ (engager) 开始 [kāishǐ] ▸ **la police a lancé les recherches** 警察开始了搜寻工作 [jǐngchá kāishǐ le sōuxún gōngzuò] ▸ **son frère l'a lancé dans la pub** 他哥哥使他开始从事广告工作 [tā gēge shǐ tā kāishǐ cóngshì guǎnggào gōngzuò] ▸ **lancer la conversation** 掀起谈话 [xiānqǐ tánhuà] ▸ **être lancé** 说起来 [shuōqilai]. ♦ nm SPORT ▸ **lancer de disque** 掷铁饼 [zhì tiébǐng] ▸ **lancer franc** 发任意球 [fā rènyì qiú] ▸ **lancer de javelot** 投标枪 [tóu biāoqiāng] ▸ **lancer de poids** 掷铅球 [zhì qiānqiú].

▪ **se lancer** vp (se précipiter) 冲上去 [chōngshangqù] ▸ **se lancer à la poursuite de qqn** 冲上去追某人 [chōngshangqù zhuī mǒurén].

lancinant, e adj ❶ (aigu) 刺通的 [cìtòng de] ▸ **une douleur lancinante** 一阵刺痛 [yí zhèn cìtòng] ❷ (répétitif et désagréable) 刺耳的 [cì'ěr de] ▸ **une musique lancinante** 一种刺耳的音乐 [yì zhǒng cì'ěr de yīnyuè].

landau nm (cl. 辆 [liàng]) 有篷童车 [yǒupéng tóngchē].

lande nf (cl. 片 [piàn]) 荒野 [huāngyě].

langage nm ❶ (système de communication) 语言 [yǔyán] ▸ **troubles du langage** 语言障碍 [yǔyán zhàng'ài] ❷ (jargon) 用语 [yòngyǔ] ▸ **langage courant** 日常用语 [rìcháng yòngyǔ] ▸ **langage gestuel** 身体语言 [shēntǐ yǔyán] ▸ **langage technique** 技术用语 [jìshù yòngyǔ] ❸ INFORM 语言 [yǔyán] ▸ **langage informatique** 计算机语言 [jìsuànjī yǔyán].

langoureux, euse adj 无精打采的 [wújīng dácǎi de]; 萎靡不振的 [wéimí búzhèn de] ▸ **air langoureux** 萎靡不振的神态 [wéimíbúzhèn de shéntài] ▸ **regard langoureux** 无精打采的眼神 [wújīng dácǎi de yǎnshén].

langouste nf (cl. 只 [zhī]) 龙虾 [lóngxiā] ▸ **pêcher la langouste** 捕龙虾 [bǔ lóngxiā].

langoustine nf (cl. 只 [zhī]) 海螯虾 [hǎiáoxiā].

langue nf ❶ ANAT 舌头 [shétou] ▸ **tirer la langue** 伸舌头 [shēn shétou] ❷ CULIN (cl. 条 [tiáo]) 舌 [shé] ▸ **langue de bœuf** 牛舌 [niúshé] ❸ LING 语言 [yǔyán] ▸ **la langue française** 法语 [fáyǔ] ▸ **langue maternelle** 母语 [múyǔ] ▸ **langue morte** 死语 [síyǔ] ▸ **langue officielle** 官方语言 [guānfāng yǔyán] ▸ **langue vivante** 现被使用的语言 [xiàn bèi shǐyòng de yǔyán] ❹ (style) 用语 [yòngyǔ] ▸ **langue de bois** 套话 [tàohuà] ▸ **langue pauvre** 语言贫乏 [yǔyán pínfá] ❺ (jargon) 术语 [shùyǔ] ▸ **la langue des avocats** 律师术语 [lǜshī shùyǔ] ❻ (locution) ▸ **avoir qqch sur le bout de la langue** 某事就在嘴边却说不上来 [mǒushì jiùzài zuǐbiān què shuōbushànglái] ▸ **mauvaise langue** 爱嚼舌头的人 [àijiáo shétou de rén]; ➤ **chat**.

langue-de-chat nf (cl. 块 [kuài]) 舌形饼干 [shéxíng bǐnggān].

languette nf ▸ **languette de chaussure** 鞋舌 [xiéshé] ▸ **tirez sur la languette pour ouvrir la canette** 拉住拉环打开易拉罐 [lā zhù lāhuán dǎkāi yìlāguàn].

languir ▪ **faire languir** vi 干等 [gānděng] ▸ **ne nous fais pas languir plus longtemps** 让我们都等不及了 [ràng wǒmen dōu děngbují le].

▪ **se languir** vp ▸ **se languir de qqn** 思念某人 [sīniàn mǒurén].

lanière nf (cl. 条 [tiáo]) 带子 [dàizi] ▸ **un sac à lanières** 一个有带子的包 [yí ge yǒu dàizi de bāo].

lanterne nf 灯笼 [dēnglong] ▸ **la fête des lanternes** 元宵节 [Yuánxiāojié]
◊ **être la lanterne rouge** 是最后一名 [shì zuìhòu yì míng].

Lanzhou npr (ville) 兰州 [Lánzhōu].

Laos nm ▸ **le Laos** 老挝 [Lǎowō].

Lao She npr (écrivain) 老舍 [Lǎo Shě].

Laozi, Lao-Tseu npr (philosophe) 老子 [Lǎozi].

laper vt 舔食 [tiǎnshí].

lapider vt 用石块打死 [yòng shíkuài dásǐ].

lapin, e nm, f ZOOL (cl. 只 [zhī]) 兔子 [tùzi] ▸ **lapin d'élevage** 家兔 [jiātù] ▸ **lapin de garenne** 野兔 [yětù].

▪ **lapin** nm CULIN 兔肉 [tùròu] ▸ **cuisse de lapin** 兔腿肉 [tùtuǐ ròu]

◊ **poser un lapin** 放鸽子 [fàng gēzi]; 失约 [shīyuē].

Laponie nf ▸ **la Laponie** 拉普兰 [Lāpǔlán].

laps nm ▸ **(dans) un laps de temps** (在)一段时间 [(zài) yí duàn shíjiān].

lapsus nm inv 口误 [kǒuwù] ▸ **faire un lapsus** 犯了一个口误 [fàn le yí ge kǒuwù] ▸ **lapsus révélateur** 说漏了 [shuōlòu le].

laque ♦ nf ❶ (vernis) 漆 [qī] ▸ **la carrosserie est recouverte de laque** 车身打了漆 [chēshēn dǎ le qī] ❷ (produit pour la coiffure) 定型发胶 [dìngxíng fàjiāo]. ♦ nm (objet) 漆器 [qīqì].

lard nm ❶ (graisse de porc) 肥肉 [féiròu] ❷ (viande) 猪肉 [zhūròu] ▸ **lard fumé** 熏猪肉 [xūn zhūròu].

lardon nm CULIN 猪肉丁 [zhūròudīng].

large ♦ adj ❶ (dimension) 宽的 [kuān de] ▸ **le couloir est large, on peut faire passer l'armoire** 走廊很宽，能把衣橱抬过去 [zǒuláng hěn kuān, néng bǎ yīchú tái guòqu] ▸ **une pièce large de 5 m** 一间宽5米的房间 [yì jiān kuān 5 mǐ de fángjiān] ▸ **avoir les hanches larges** 胯很宽 [kuà hěn kuān] ▸ **il est large d'épaules** 他有个宽肩膀 [tā yǒu ge kuān jiānbǎng] ❷ (généreux) 慷慨的 [kāngkǎi de] ▸ **se montrer large** 表现得很慷慨 [biǎoxiàn de hěn kāngkǎi] ❸ (ample) 肥大的 [féidà de] ▸ **un vêtement trop large** 一件过于肥大的上衣 [yí jiàn guòyú féidà de shàngyī] ❹ (non borné) ▸ **avoir l'esprit large** 思想开放 [sīxiǎng kāifàng]. ♦ nm ❶ (largeur) 宽 [kuān] ▸ **la cuisine fait 3 mètres de large** 厨房宽3米 [chúfáng kuān 3 mǐ] ❷ (mer) ▸ **respirer l'air du large** 呼吸远海的气息 [hūxī yuánhǎi de qìxī] ▸ **au large de** 在……海域 [zài… hǎiyù]

◊ **prendre le large** 逃开 [táokāi].

♦ adv (amplement) ▸ **voir large** 做……绰绰有余 [zuò ... chuòchuò yǒuyú].

largement adv ❶ (généreusement) 宽绰地 [kuānchuo de] ▸ **il a été largement récompensé** 他被大大地予以奖赏 [tā bèi dàdà de yúyǐ jiángshǎng] ❷ (de loin) 远远 [yuányuǎn]; 大大地 [dàdà de] ▸ **les résultats dépassent largement nos espérances** 结果远远超出了我们的期望 [jiéguǒ yuányuǎn chāochū le wǒmende qīwàng] ❸ (au moins) 至少 [zhìshǎo] ▸ **elle est largement aussi intelligente que lui** 她至少和他一样聪明 [tā zhìshǎo hé tā yíyàng cōngming] ❹ (amplement) 充分地 [chōngfèn de] ▸ **nous avons largement le temps** 我们有充裕的时间 [wǒmen yǒu chōngyù de shíjiān].

largeur nf ❶ (dimension) 宽度 [kuāndù] ▸ **largeur d'une pièce** 一个房间的宽度 [yí ge fángjiān de kuāndù] ▸ **de largeur** 宽 [kuān] ▸ **la cuisine fait trois mètres de largeur** 厨房宽三米 [chúfáng kuān sān mǐ] ▸ **plier dans le sens de la largeur** 横折 [héng zhé] ❷ *fig* (ouverture) 宽容大度 [kuānróng dàdù] ▸ **largeur d'esprit** 心胸宽广 [xīnxiōng kuānguǎng].

larguer vt ❶ NAUT 松 [sōng]; 放 [fàng] ▸ **larguer les amarres** 放揽 [fàng lǎn] ❷ (lâcher) 投下 [tóuxià] ▸ **larguer une bombe** 投下一枚炸弹 [tóuxià yì méi zhàdàn] ❸ *fam* (quitter) 甩 [shuǎi] ▸ **larguer qqn** 甩了某人 [shuǎile mǒurén] ▸ **se faire larguer** 被甩 [bèi shuǎi].

larme nf (cl. 滴 [dī]) 眼泪 [yǎnlèi] ▸ **avoir les larmes aux yeux** 含着眼泪 [hánzhe yǎnlèi]; 热泪盈眶 [rèlèi yíngkuàng] ▸ **être en larmes** 泪流满面 [lèiliú mǎnmiàn] ▸ **fondre en larmes** 哭成泪人 [kūchéng lèirén] ▸ **rire aux larmes** 笑出眼泪 [xiàochū yǎnlèi].

larmoyer vi 流泪 [liúlèi].

larve nf (cl. 只 [zhī]) 幼虫 [yòuchóng]; 幼体 [yòutǐ].

larynx nm ANAT 喉 [hóu].

las, lasse adj ❶ *sout* (dégoûté, ennuyé) 厌倦 [yànjuàn] ▸ **être las de** 厌倦…… [yànjuàn…] ❷ *sout* (fatigué physiquement) 疲倦的 [píjuàn de] ▸ **je me sens lasse, j'ai trop travaillé** 我觉得

很疲倦，我工作太多了 [wǒ jué de hěn píjuàn, wǒ gōngzuò tài duō le].

lascar nm *fam* 狡猾的人 [jiǎohuá de rén] ▸ **un drôle de lascar** 一个极狡猾的人 [yí ge jí jiǎohuá de rén].

laser ♦ nm (cl. 束 [shù]) 激光 [jīguāng] ▸ **traitement au laser** 激光治疗 [jīguāng zhìliáo]. ♦ adj inv 激光的 [jīguāng de] ▸ **imprimante laser** 激光打印机 [jīguāng dǎyìnjī] ▸ **rayon laser** 激光射线 [jīguāng shèxiàn].

lassant, e adj 令人厌倦的 [lìngrén yànjuàn de].

lasser vt 疲倦 [píjuàn] ▸ **tu me lasses avec tes questions** 你的那些问题让我疲倦 [nǐde nàxiē wèntí ràng wǒ píjuàn].

▪ **se lasser de** vp+prép 厌倦 [yànjuàn] ▸ **je me suis lassée de toujours lui courir après** 我厌倦了总是跟在他后面跑 [wǒ yànjuàn le zǒngshì gēnzài tā hòumian pǎo].

lassitude nf *sout* ❶ (fatigue) 疲倦 [píjuàn] ▸ **éprouver une grande lassitude** 感觉十分疲倦 [gǎnjué shífēn píjuàn] ❷ (découragement) 气馁 [qìněi].

latent, e adj 潜伏的 [qiánfú de] ▸ **un conflit latent** 一场潜伏的冲突 [yì chǎng qiánfú de chōngtu] ▸ **à l'état latent** 在潜伏状态 [zài qiánfú zhuàngtài].

latéral, e, aux adj 旁边的 [pángbiān de] ▸ **prendre la sortie latérale** 走旁门 [zǒu pángmén].

latin, e adj ❶ (du latin) 拉丁语的 [lādīngyǔ de] ▸ **langue latine** 拉丁语 [lādīngyǔ] ❷ (des pays latins) 拉丁民族的 [lādīng mínzú de] ▸ **le tempérament latin** 拉丁气质 [lādīng qìzhì].

▪ **latin** nm (langue) 拉丁语 [lādīngyǔ].

latiniste nmf ❶ (spécialiste) ○ (cl. 位 [wèi] ou 个 [gè] ou 名 [míng]) 拉丁语学者 [lādīngyǔ xuézhě] ❷ (étudiant en latin) ○ (cl. 位 [wèi] ou 个 [gè] ou 名 [míng]) 学拉丁语的学生 [xué lādīngyǔ de xuéshēng].

latino-américain, e adj 拉丁美洲的 [lādīng měizhōu de].

▪ **Latino-Américain, e** nm, f 拉丁美洲人 [Lādīng Měizhōu rén].

latitude nf ❶ GÉOGR 纬度 [wěidù] ▸ **Paris est à quarante-huit degrés de latitude nord** 巴黎在北纬四十八度 [Bālí zài běiwěi sìshí bā dù] ❷ (région) 地区 [dìqū] ▸ **cette plante se cultive sous toutes les latitudes** 这种植物在所有地区都能耕种 [zhè zhǒng zhíwù zài suóyǒu dìqū dōu néng gēngzhòng] ❸ (liberté) 自由 [zìyóu] ▸ **laisser toute latitude à qqn** 让某人有完全的自由 [ràng mǒurén yǒu wánquán de zìyóu] ▸ **avoir toute latitude de faire qqch** 完全可以做某事 [wánquán kéyǐ zuò mǒushì].

lauréat, e ♦ adj 获奖的 [huòjiǎng de] ▸ **voici l'étudiante lauréate du concours** 这是竞赛获奖的女大学生 [zhè shì jìngsài huòjiǎng de nǚ dàxuéshēng]. ♦ nm, f (cl. 位 [wèi] ou 个 [gè] ou 名 [míng]) 获奖者 [huòjiángzhě] ▸ **le lauréat du prix Nobel** 诺贝尔奖的获奖者 [Nuòbèi'ěr jiǎng de huòjiángzhě].

laurier nm BOT (cl. 棵 [kē]) 月桂树 [yuèguìshù].

laurier-rose nm (cl. 棵 [kē]) 欧洲夹竹桃 [ōuzhōu jiāzhútáo].

lavable adj 可洗的 [kéxǐ de] ▸ **lavable en machine** 可机洗的 [kějīxǐ de].

lavabo nm 洗手池 [xíshǒuchí].

lavage nm 洗涤 [xǐdí] ▸ **lavage d'estomac** 洗胃 [xǐ wèi] ▸ **lavage en machine** 机洗 [jī xǐ] ▸ **lavage à la main** 手洗 [shóu xǐ] ▸ **partir au lavage** 洗去 [xǐ qù]; 洗掉 [xǐ diào] ▸ **rétrécir au lavage** 缩水 [suōshuǐ].

lavande ♦ nf ❶ BOT 薰衣草 [xūnyīcǎo] ❷ (essence) 薰衣草香精 [xūnyīcǎo xiāngjīng]. ♦ adj inv (couleur) 淡紫蓝色的 [dànzǐ lánsè de].

lave nf 熔岩 [róngyán] ▸ **des coulées de lave** 熔岩流 [róngyán liú].

lave-linge nm inv (cl. 台 [tái]) 洗衣机 [xǐyījī].

laver ♦ vt ❶ (nettoyer) 洗 [xǐ] ▸ **mettre à laver** 洗涤 [xǐdí] ▸ **laver les cheveux de qqn** 给某人洗头 [géi mǒurén xǐtóu] ❷ MÉD 清洗 [qīngxǐ] ▸ **il faut laver la plaie** 必须清洗伤口 [bìxū qīngxǐ shāngkǒu] ❸ (faire disparaître) 洗去 [xǐqù] ▸ **laver une tache** 洗去一块污渍 [xǐqù yí kuài wūzì] ▸ **laver la honte** 雪耻 [xuéchǐ] ▸ **ce témoignage l'a lavé des accusations contre lui** 这个证据洗刷了对他的指控 [zhè ge zhèngjù xǐshuā le duì tāde zhǐkòng].

▪ se laver vp 洗 [xǐ] ▸ **va te laver, tu es tout sale** 去洗一洗，你全身都脏了 [qù xǐyìxǐ, nǐ quánshēn dōu zàng le] ▸ **se laver les cheveux** 洗头 [xǐtóu] ▸ **se laver les mains** 洗手 [xíshǒu] ▸ **se laver les mains de** 甩手不管…… [shuáishǒu búguǎn…].

laverie nf (cl. 家 [jiā] ou 间 [jiān] ou 个 [gè]) 洗衣店 [xǐyīdiàn] ▸ **laverie automatique** 自助洗衣店 [zìzhù xǐyīdiàn].

lave-vaisselle nm inv (cl. 台 [tái]) 洗碗机 [xíwǎnjī].

laxatif, ive ♦ adj 轻泻的 [qīngxiè de] ▸ **tisane laxative** 轻泻汤剂 [qīngxiè tāngjì]. ♦ nm, f 轻泻剂 [qīngxièjì].

laxiste adj 宽容的 [kuānróng de] ▸ **des parents laxistes** 宽容的父母 [kuānróng de fùmǔ].

layette nf 新生儿的衣着用品 [xīnshēng'ér de yīzhuó yòngpǐn].

le, la, les ♦ art déf ❶ (avec un nom commun) ▸ **les tomates que j'ai achetées hier** 我昨天买的那些西红柿 [wǒ zuótiān mǎi de nàxiē xīhóngshì] ▸ **le chien est un animal domestique** 狗是一种宠物 [gǒu shì yì zhǒng chǒngwù] ▸ **le docteur reçoit le lundi** 医生每周一看病 [yīshēng měizhōu yī kànbìng] ▸ **2 euros le mètre** 每米2欧元 [mé mǐ 2 ōuyuán] ❷ (avec un nom propre) 定冠词限定专有名词 [dìngguàncí xiàndìng zhuānyǒu míngcí] ▸ **la France** 法国 [Fǎguó] ▸ **l'Océan indien** 印度洋 [Yìndùyáng]. ♦ pron pers ❶ (représente une personne, une chose ou un animal) 他 [tā]; 她 [tā]; 它 [tā]; 他们 [tāmen]; 她们 [tāmen]; 它们 [tāmen] ▸ **je le connais bien** 我很了解他 [wǒ hěn liáojiě tā] ▸ **je l'ai vue hier** 我昨天看见她了 [wǒ zuótiān kànjian tā le] ▸ **tu dois avoir la clé, donne-la-moi** 你应该有钥匙，把它给我 [nǐ yīnggāi yǒu yàoshi, bǎ tā géi wǒ] ▸ **je me demande où sont mes clés. Ah ! les voilà** 我在想我的钥匙在哪儿。啊！它们在这儿 [wǒ zài xiǎng wǒde yàoshi zài nǎr. Ā! tāmen zài zhèr] ❷ (représente une proposition) 这个 [zhè ge] ▸ **je le sais bien** 这个我知道 [zhè ge wǒ zhīdào].

lèche-bottes nmf inv *fam* 马屁精 [mǎpìjīng].

lécher vt (passer la langue sur) 舔 [tiǎn] ▸ **la chatte lèche ses petits** 母猫舔自己的小猫 [mǔmāo tiǎn zìjǐ de xiǎomāo] ▸ **lécher un timbre pour le coller** 舔一下邮票好把它粘上 [tiǎn yí xià yóupiào háo bǎ tā zhānshang].

lèche-vitrines nm inv 闲逛看橱窗 [xiánguàng kàn chúchuāng] ▸ **faire du lèche-vitrines** 闲逛看橱窗 [xiánguàng kàn chúchuāng].

leçon nf ❶ (cours) ○ (cl. 节 [jié] ou 堂 [táng]) 课 [kè] ▸ **leçons particulières** 私人授课 [sīrén shòukè] ▸ **une leçon de piano** 一节钢琴课 [yì jié gāngqín kè] ▸ **prendre/donner des leçons de conduite** 上/教驾驶课 [shàng/jiāo jiàshǐ kè] ▸ **tu as appris ta leçon ?** 你复习课程了吗？ [nǐ fùxí kèchéng le ma?] ❷ (conseil) 忠告 [zhōnggào] ▸ **donner des leçons à qqn** 给某人些忠告 [géi mǒurén xiē zhōnggào] ❸ (enseignement moral) 教训 [jiàoxun] ▸ **tirer les leçons d'une expérience** 从一次经历中得到教训 [cóng yícì jīnglì zhōng dédào jiàoxùn].

lecteur, trice nm, f ❶ (de livres) ○ (cl. 位 [wèi] ou 个 [gè] ou 名 [míng]) 读者 [dúzhě] ▸ **un lecteur de romans** 一个小说读者 [yí ge xiǎoshuō dúzhě] ❷ UNIV (cl. 位 [wèi] ou 个 [gè] ou 名 [míng]) 外教 [wàijiào].

▪ lecteur nm ❶ (hi-fi) ○ (cl. 台 [tái]) 播放机 [bōfàngjī] ▸ **lecteur CD** 光盘播放机 [guāngpán bōfàngjī]; CD机 [CD jī] ❷ ÉLECTRON & INFORM 驱动器 [qūdòng qì] ▸ **lecteur de CD-ROM** 光驱 [guāngqū].

lecture nf ❶ (art de lire) 阅读 [yuèdú] ▸ **l'apprentissage de la lecture** 学习阅读 [xuéxí yuèdú] ❷ (fait de lire) ○ (cl. 本 [běn]) 读物 [dúwù] ▸ **quelles lectures me conseillez-vous ?** 您建议我读哪些读物？ [nín jiànyì wǒ dú nǎxiē dúwù?] ❸ (déchiffrage) 解读 [jiědú] ▸ **la lecture d'une partition** 识谱 [shí pǔ] ❹ (délibération) 审读 [shěndú] ▸ **loi adoptée en première lecture** 第一次审读就通过的法律 [dìyī cì shěndú jiù tōngguò de fǎlǜ] ❺ TECHNOL 读 [dú] ▸ **lecture rapide** 快进 [kuài jìn].

ledit, ladite adj 上述 [shàngshù] ▸ **ledit acheteur est d'accord pour signer le contrat** 上述购买者同意签合同 [shàngshù gòumǎizhě tóngyì qiān hétong].

légal, e adj ❶ (réglementaire) 合法的 [héfǎ de] ▸ **le cannabis est légal aux Pays-Bas** 大麻在

荷兰是合法的 [dàmá zài Hélán shì héfǎ de] ❷ (fixé par la loi) 法定的 [fǎdìng de] ▸ **âge légal** 法定年龄 [fǎdìng niánlíng] ▸ **le cours légal d'une monnaie** 货币的法定汇率 [huòbì de fǎdìng huìlǜ] ▸ **dispositions légales** 法律条款 [fǎlǜ tiáokuǎn].

légalement adv 依法地 [yīfǎ de].

légaliser vt 使……合法 [shǐ… héfǎ] ▸ **légaliser l'avortement** 使堕胎合法 [shǐ duòtāi héfǎ].

légataire nmf (cl. 位 [wèi] ou 个 [gè] ou 名 [míng]) 受馈赠人 [shòukuìzèng rén] ▸ **légataire universel** 所有财产的受馈赠人 [suóyǒu cáichǎn de shòukuìzèng rén].

légendaire adj ❶ (mythique) 传说的 [chuánshuō de] ▸ **un animal légendaire** 一种传说中的动物 [yì zhǒng chuánshuō zhōng de dòngwù] ❷ (célèbre) 传奇式的 [chuánqíshì de] ▸ **le légendaire chapeau de Napoléon 1er** 拿破仑一世那顶传奇的帽子 [Nápòlún yīshì nà dǐng chuánqí de màozi] ▸ **sa paresse est légendaire** 他的懒惰是出了名的 [tāde lǎnduò shì chū le míng de].

légende nf ❶ (fable) 传说 [chuánshuō] ▸ **contes et légendes de Lorraine** 洛兰的故事和传说 [Luòlán de gùshi hé chuánshuō] ❷ (histoire) 传奇 [chuánqí] ▸ **entrer dans la légende** 成为传奇 [chéngwéi chuánqí] ▸ **une actrice de légende** 一位传奇的女演员 [yí wèi chuánqí de nǚyǎnyuán] ❸ (explication) ○ (cl. 段 [duàn]) 说明文字 [shuōmíng wénzì] ▸ **légende d'une photo** 一张照片的说明文字 [yì zhāng zhàopiàn de shuōmíng wénzì].

léger, ère adj ❶ (poids) 轻的 [qīng de] ▸ **ce carton est plus léger que l'autre** 这个纸箱比另一个轻 [zhè ge zhǐxiāng bǐ lìng yí ge qīng] ❷ (modéré) 轻微的 [qīngwēi de] ▸ **un léger accent** 轻微的口音 [qīngwēi de kǒuyīn] ❸ (fin) 轻盈的 [qīngyíng de] ▸ **une robe légère** 一条轻盈的裙子 [yì tiáo qīngyíng de qúnzi] ❹ (peu important) 细微的 [xìwēi de] ▸ **faute légère** 轻微过失 [qīngwēi guòshī] ▸ **une légère différence** 一种细微的差异 [yì zhǒng xìwēi de chāyì] ❺ (faiblement concentré) 清淡的 [qīngdàn de] ▸ **elle fume des cigarettes légères** 她吸清淡型香烟 [tā xī qīngdànxíng xiāngyān] ▸ **parfum léger** 清香 [qīngxiāng] ▸ **un repas léger** 清淡的一餐 [qīngdàn de yì cān] ❻ (superficiel) 肤浅的 [fūqiǎn de] ▸ **livre léger** 肤浅的书 [fūqiǎn de shū] ❼ (divertissant) 轻松的 [qīngsōng de] ▸ **un film léger** 一部轻松的影片 [yí bù qīngsōng de yǐngpiàn] ❽ (insuffisant) 单薄 [dānbáo] ▸ **c'est un peu léger comme excuse** 这作为借口有点单薄 [zhè zuòwéi jièkǒu yóudiǎn dānbáo].

légèrement adv ❶ (un peu) 略微地 [lüèwēi de] ▸ **boiter légèrement** 微跛 [wēi bǒ] ▸ **une boisson légèrement alcoolisée** 一种略含酒精的饮料 [yì zhǒng lüè hán jiǔjīng de yǐnliào] ▸ **c'est légèrement trop piquant** 这稍微有点太辣了 [zhè shāowēi yǒudiǎn tài là le] ❷ (avec peu de vêtements) 单薄地 [dānbáo de] ▸ **s'habiller légèrement** 穿得单薄 [chuān de dānbáo].

légiférer vi 制定法律 [zhìdìng fǎlǜ] ▸ **le Parlement a légiféré sur l'euthanasie** 议会制定了关于安乐死的法律 [Yìhuì zhìdìng le guānyú ānlèsǐ de fǎlǜ].

légion nf MIL 军团 [jūntuán].

▪ **Légion étrangère** nf 外籍军团 [Wàijí jūntuán] ▸ **s'engager dans la Légion étrangère** 应募外籍军团 [yìngmù Wàijí jūntuán].

légionnaire nm (cl. 位 [wèi] ou 个 [gè] ou 名 [míng]) 外籍军团士兵 [wàijí jūntuán shìbīng].

législatif, ive adj 立法的 [lìfǎ de] ▸ **élections législatives** 国民议会选举 [guómínyìhuì xuánjǔ] ▸ **pouvoir législatif** 立法权 [lìfǎquán].

▪ **législatives** nfpl ▸ **les législatives** 国民议会选举 [guómínyìhuì xuánjǔ].

législation nf 法律 [fǎlǜ] ▸ **la législation française** 法国的法律 [Fǎguó de fǎlǜ] ▸ **la législation du travail** 劳动法 [láodòng fǎ].

légisme nm (doctrine) 法家 [fǎjiā].

légiste nmf (cl. 位 [wèi] ou 个 [gè] ou 名 [míng]) 法医 [fǎyī] ▸ **le légiste pratique des autopsies** 法医剖检尸体 [fǎyī pōujiǎn shītǐ].

légitime adj ❶ (légal) 合法的 [héfǎ de] ▸ **enfant légitime** 合法子女 [héfǎ zínǚ] ❷ DR ▸ **légitime défense** 正当防卫 [zhèngdàng fángwèi] ❸ (justifié) 合理的 [hélǐ de] ▸ **c'est**

une demande tout à fait légitime 这是个完全合理的要求 [zhè shì ge wánquán hélǐ de yāoqiú].

legs nm DR 遗赠 [yízèng] ▸ **faire un legs à qqn** 向某人遗赠 [xiàng mǒurén yízèng].

léguer vt ❶ DR 遗赠 [yízèng] ▸ **il lui a légué sa fortune** 他把财富遗赠给了她 [tā bǎ cáifù yízèng gěi le tā] ❷ (transmettre) 传给 [chuángěi] ▸ **léguer qqch à qqn** 把某物传给某人 [bá mǒuwù chuángěi mǒurén].

légume nm 蔬菜 [shūcài] ▸ **légumes surgelés** 速冻蔬菜 [sùdòng shūcài]
◊ **être un légume** 是个植物人 [shì ge zhíwùrén].

leitmotiv nm 主旋律 [zhǔxuánlǜ] ▸ **le développement est leur leitmotiv** 发展是他们的主旋律 [fāzhǎn shì tāmende zhǔxuánlǜ].

Léman ➤ **lac**

lendemain nm ❶ (jour qui suit) 次日 [cìrì] ▸ **le lendemain de son départ** 他离开的次日 [tā líkāi de cìrì] ▸ **le lendemain matin** 次日早晨 [cìrì zǎochen] ❷ (avenir) 将来 [jiānglái] ▸ **sans penser au lendemain** 不考虑将来 [bù kǎolǜ jiānglái] ▸ **une aventure sans lendemain** 一次没有结果的艳遇 [yí cì méiyǒu jiéguǒ de yànyù].

▪ **du jour au lendemain** loc adv 一夜之间 [yí yè zhījiān] ▸ **changer d'avis du jour au lendemain** 一夜之间改变了主意 [yíyè zhījiān gǎibiàn le zhǔyi].

lénifiant, e adj *fig* 安抚的 [ānfǔ de] ▸ **tenir des propos lénifiants sur la pauvreté** 在贫穷问题上说些安抚话 [zài pínqióng wèntí shàng shuō xiē ānfǔ huà].

lent, e adj 慢的 [màn de] ▸ **un enfant lent dans son travail** 一个在学习上迟钝的孩子 [yí ge zài xuéxí shàng chídùn de háizi] ▸ **mourir d'une mort lente** 缓慢地死去 [huǎnmàn de sǐqù].

lentement adv 缓慢地 [huǎnmàn de] ▸ **conduire lentement** 缓慢行驶 [huǎnmàn xíngshǐ].

lenteur nf ❶ (manque de rapidité) 缓慢 [huǎnmàn] ▸ **marcher avec lenteur** 慢慢走 [mànmàn zǒu] ▸ **les lenteurs de l'administration** 行政部门的拖沓 [xíngzhèng bùmén de tuōtà] ❷ (manque de vivacité) 迟钝 [chídùn] ▸ **lenteur d'esprit** 思维迟钝 [sīwéi chídùn].

lentille nf ❶ BOT & CULIN 小扁豆 [xiáobiǎndòu] ❷ (d'optique) 隐形眼镜 [yǐnxíng yǎnjìng] ▸ **porter des lentilles (de contact)** 戴隐形眼镜 [dài yǐnxíng yǎnjìng] ▸ **lentilles dures/souples** 硬/软式隐形眼镜 [yìng/ruǎnshì yǐnxíng yǎnjìng] ▸ **lentilles jetables** 一次性隐形眼镜 [yícìxìng yǐnxíng yǎnjìng].

léopard nm (cl. 头 [tóu] ou 只 [zhī]) 非洲豹 [fēizhōubào] ▸ **une veste en léopard** 一件豹皮上衣 [yíjiàn bàopí shàngyī].

lèpre nf MÉD 麻风病 [máfēngbìng] ▸ **être atteint de la lèpre** 得了麻风病 [dé le máfēngbìng].

lequel, laquelle (mpl **lesquels**, fpl **lesquelles**) *(à + lequel* = auquel, *à + lesquels* = auxquels, *à + lesquelles* = auxquelles, *de + lequel* = duquel, *de + lesquels* = desquels, *de + lesquelles* = desquelles*)* ♦ pron rel (complément) 那个 [nà ge]; 那些 [nàxiē] ▸ **la maison dans laquelle j'ai grandi** 我在那里长大的那栋房子 [wǒ zài nàlǐ zhǎngdà de nà dòng fángzi] ▸ **les gens au nom desquels je parle** 我以其名义讲话的那些人 [wǒ yǐ qí míngyì jiǎnghuà de nàxiē rén] ▸ **des réactions auxquelles je ne m'attendais pas** 我没料到的那些反应 [wǒ méi liàodào de nàxiē fǎnyìng]. ♦ pron interr ▸ **lequel ?** 哪个？ [nǎ ge?] ▸ **laquelle d'entre vous ?** 你们中的哪一个？ [nǐmen zhōng de nǎ yí ge?] ▸ **lesquels préfères-tu ?** 你更喜欢哪些？ [nǐ gèng xǐhuān nǎxiē?].

lesbienne nf 女同性恋者 [nǚ tóngxìngliàn zhe].

léser vt 损害 [sǔnhài] ▸ **être lésé dans un partage** 分的时候受损失了 [fēn de shíhou shòu sǔnshī le].

Leshan npr (ville) 乐山 [Lèshān].

lésion nf MÉD 病变 [bìngbiàn] ▸ **lésion interne** 内部病变 [nèibù bìngbiàn].

Lesotho nm ▸ **le Lesotho** 莱索托 [Láisuǒtuō].

lessive nf ❶ (produit) 洗涤产品 [xǐdí chánpǐn] ▸ **lessive liquide** 洗涤液 [xǐdíyè] ▸ **lessive en poudre** 洗衣粉 [xǐyīfěn] ❷ (linge) (待洗或洗好的)衣服 [(dàixǐ huò xǐhǎo de) yīfu]

▸ **étendre la lessive** 晾衣服 [liàng yīfu] ▸ **faire la lessive** 洗衣服 [xǐ yīfu] ▸ **mettre une lessive en route** 开始洗衣服 [kāishǐ xǐ yīfu].

leste adj 轻快的 [qīngkuài de] ▸ **marcher d'un pas leste** 步伐轻快地行走 [bùfá qīngkuài de xíngzǒu].

lester vt 装压舱物 [zhuāng yācāngwù] ▸ **lester un navire** 给船装压舱物 [gěi chuán zhuāng yācāngwù].

léthargie nf 昏睡 [hūnshuì] ▸ **tomber en léthargie** 陷入昏睡状态 [xiànrù hūnshuì zhuàngtài] ▸ **la sonnerie du téléphone m'a tirée de ma léthargie** 电话铃把我从昏睡中叫醒了 [diànhuà líng bá wǒ cóng hūnshuì zhōng jiàoxǐng le].

letton, onne, one adj 拉脱维亚的 [lātuōwéiyà de].

▪ **letton** nm (langue) 拉脱维亚语 [lātuōwéiyà yǔ].

▪ **Letton, onne, one** nm, f 拉脱维亚人 [Lātuōwéiyà rén].

Lettonie nf ▸ **la Lettonie** 拉脱维亚 [Lātuōwéiyà].

lettre nf ❶ (caractère) 字母 [zìmǔ] ▸ **les lettres de l'alphabet** 字母表中的字母 [zìmúbiǎo zhōng de zìmǔ] ▸ **un mot de neuf lettres** 一个有九个字母的单词 [yí ge yóu jiǔ ge zìmǔ de dāncí] ▸ **en toutes lettres** 一字不差地 [yí zì bú chā de] ❷ (correspondance) ◦ (cl. 封 [fēng]) 信 [xìn] ▸ **envoyer une lettre à qqn** 给某人寄一封信 [géi mǒurén jì yì fēng xìn] ▸ **par lettre** 书面的 [shūmiàn de] ▸ **lettre d'amour** 情书 [qíngshū] ▸ **lettre de motivation** 动机信 [dòngjī xìn] ▸ **lettre recommandée** 挂号信 [guàhào xìn] ❸ INFORM ▸ **lettre d'information** (cl. 封 [fēng]) 电子快讯 [diànzǐ kuàixùn] ❹ (sens strict des mots) ▸ **à la lettre** 一字不差地 [yí zì bú chā de] ▸ **prendre qqch au pied de la lettre** 抠字眼 [kōu zìyǎn]

◊ **passer comme une lettre à la poste** 顺利地被接受 [shùnlì de bèi jiēshòu].

▪ **lettres** nfpl ❶ (culture littéraire) 文学 [wénxué] ▸ **un homme de lettres** 一个文人 [yí ge wénrén] ❷ UNIV 文学 [wénxué] ▸ **lettres classiques** 古典文学 [gúdiǎn wénxué] ▸ **lettres modernes** 现代文学 [xiàndài wénxué].

leucémie nf 白血病 [báixuèbìng] ▸ **avoir une leucémie** 患白血病 [huàn báixuèbìng].

leur pron pers inv 他们 [tāmen] ▸ **je leur écrirai** 我将给他们写信 [wǒ jiāng gěi tāmen xiěxìn].

▪ **leur** adj poss 他们的 [tāmende] ▸ **c'est leur tour** 轮到他们了 [lúndào tāmen le] ▸ **leurs livres** 他们的书 [tāmende shū].

▪ **le leur, la leur, les leurs** pron poss 他们的 [tāmende] ▸ **c'est notre problème, pas le leur** 这是我们的问题，不是他们的 [zhè shì wǒmende wèntí, bú shì tāmende].

leurrer vt 诱骗 [yòupiàn] ▸ **se laisser leurrer** 受骗上当 [shòupiàn shàngdàng].

▪ **se leurrer** vp 自欺欺人 [zìqī qīrén].

levant adj 升起的 [shēngqǐ de] ▸ **au soleil levant** 日出时分 [rìchū shífēn].

lever ♦ nm ❶ (montée) 升起 [shēngqǐ] ▸ **le lever du jour** 破晓 [pòxiǎo] ▸ **lever de soleil** 日出 [rìchū] ❷ (réveil) 起床 [qǐchuáng] ▸ **lever à six heures** 六点起床 [liù dián qǐchuáng]. ♦ vt ❶ (élever) 举起 [júqǐ] ▸ **lever la main** 举手 [júshǒu] ▸ **lever la tête** 抬头 [táitóu] ▸ **levons nos verres à la réussite du projet** 让我们为计划成功干杯 [ràng wǒmen wèi jìhuà chénggōng gānbēi] ❷ (tirer vers le haut) 拉开 [lākāi] ▸ **lever le rideau** 拉开窗帘 [lākāi chuānglián] ❸ (percevoir) 征收 [zhēngshōu] ▸ **lever les impôts** 征税 [zhēngshuì] ❹ (mettre fin à) 撤销 [chèxiāo] ▸ **lever l'embargo** 撤销出港禁令 [chèxiāo chūgǎng jìnlìng] ▸ **la séance est levée** 散会了 [sànhuì le] ❺ (ralentir) 放慢 [fàngmàn] ▸ **lever le pied** 放慢速度 [fàngmàn sùdù]. ♦ vi (fermenter) 发酵 [fājiào] ▸ **la levure fait lever la pâte** 酵母使面团发酵 [jiàomǔ shǐ miàntuán fājiào].

▪ **se lever** vp ❶ (se mettre debout) 站起 [zhànqǐ] ▸ **se lever de sa chaise** 从椅子上站起来 [cóng yǐzi shàng zhànqǐlái] ▸ **se lever de table** 离席 [líxí] ❷ (se réveiller) 起床 [qǐchuáng] ▸ **demain je me lève à 8 h** 明天我8点起床 [míngtiān wǒ 8 diǎn qǐchuáng] ❸ (se mouvoir vers le haut) 升起 [shēngqǐ] ▸ **le soleil se lève** 太阳升起 [tàiyáng shēngqǐ] ▸ **le rideau se lève** 窗帘拉开 [chuānglián lākāi] ▸ **tous les regards se levèrent sur elle** 所有的目光都投向她 [suóyǒu de mùguāng dōu tóuxiàng tā] ❹ (commencer à souffler) 刮起 [guāqǐ] ▸ **le vent se lève** 起风了 [qǐfēng le].

levier nm ❶ (barre) ○ (cl. 根 [gēn]) 撬棍 [qiàogùn] ❷ (manette) ○ (cl. 根 [gēn]) 杠杆 [gànggǎn] ▸ **levier de vitesses** 变速杆 [biànsù gǎn].

lévitation nf 悬浮 [xuánfú] ▸ **entrer en lévitation** 进入悬浮状态 [jìnrù xuánfú zhuàngtài] ▸ **un train à lévitation magnétique** 磁悬浮列车 [cíxuánfú lièchē].

lèvre nf ANAT 嘴唇 [zuǐchún] ▸ **avoir les lèvres gercées** 嘴唇裂开 [zuǐchún lièkai] ▸ **lèvre inférieure** 下唇 [xiàchún] ▸ **lèvre supérieure** 上唇 [shàngchún].

lévrier, levrette nm, f (cl. 只 [zhī]) 猎兔狗 [liètùgǒu].

levure nf 酵母 [jiàomǔ] ▸ **levure chimique** 化学酵母 [huàxué jiàomǔ].

lexique nm ❶ (dictionnaire) ○ (cl. 本 [běn]) 小词典 [xiǎocídiǎn] ▸ **un lexique d'informatique** 一本信息科学小词典 [yì běn xìnxī kēxué xiǎocídiǎn] ❷ (vocabulaire) 词汇 [cíhuì] ▸ **le lexique et la grammaire d'une langue** 一种语言的词汇和语法 [yì zhǒng yǔyán de cíhuì hé yúfǎ].

lézard nm (cl. 只 [zhī]) 蜥蜴 [xīyì] ▸ **faire le lézard** 懒洋洋地晒太阳 [lǎnyāngyāng de shài tàiyáng].

lézarder vt (fissurer) 使……裂开 [shǐ… lièkāi].

Lhassa npr (ville) 拉萨 [Lāsà].

li nm (unité de mesure) 里 [lǐ].

liaison nf ❶ LING 联诵 [liánsòng] ▸ **faire la liaison** 联诵 [lián sòng] ▸ **mot de liaison** 关联词 [guānliáncí] ❷ TÉLÉCOM 通讯 [tōngxùn] ▸ **liaison téléphonique** 电话通讯 [diànhuà tōngxùn] ❸ INFORM 连接 [liánjiē] ▸ **liaison haut-débit** 宽带连接 [kuāndài liánjiē] ❹ (transport) 交通 [jiāotōng] ▸ **liaison aérienne** 空中交通 [kōngzhōng jiāotōng] ▸ **liaison maritime** 海上交通 [hǎishàng jiāotōng] ❺ (relation amoureuse) 私情 [sīqíng] ▸ **avoir une liaison avec qqn** 与某人有私情 [yú mǒurén yǒu sīqíng].

liane nf 藤本植物 [téngběn zhíwù].

Liaoning npr (province) 辽宁 [Liáoníng].

liasse nf 沓 [dá] ▸ **liasse de billets** 一沓钞票 [yì dá chāopiào].

Li Bai, Li Bo, Li Taibo npr (poète) 李白 [Lǐ Bái].

Liban nm ▸ **le Liban** 黎巴嫩 [Líbānèn].

libanais, e adj 黎巴嫩的 [líbānèn de].
▪ **Libanais, e** nm, f 黎巴嫩人 [Líbānènrén].

libeller vt ❶ (un chèque) 填写 [tiánxiě] ▸ **libeller un chèque au nom de qqn** 以某人的名义填写支票 [yí mǒurén de míngyì tiánxiě zhīpiào] ❷ DR 起草 [qícǎo] ▸ **libeller un acte** 起草一份文件 [qícǎo yí fèn wénjiàn].

libellule nf (cl. 只 [zhī]) 蜻蜓 [qīngtíng].

libéral, e, aux ♦ adj ❶ POLIT & ÉCON 自由主义的 [zìyóuzhǔyì de] ▸ **l'économie libérale** 自由主义经济 [zìyóuzhǔyì jīngjì] ▸ **parti libéral** 自由党 [zìyóudǎng] ❷ (indépendant) 自由的 [zìyóu de] ▸ **profession libérale** 自由职业 [zìyóu zhíyè] ❸ (tolérant) 开明的 [kāimíng de] ▸ **une éducation libérale** 一种开明的教育 [yì zhǒng kāimíng de jiàoyù].
♦ nm, f ❶ POLIT (cl. 位 [wèi] ou 个 [gè] ou 名 [míng]) 自由党人 [zìyóudǎng rén] ❷ ÉCON (cl. 位 [wèi] ou 个 [gè] ou 名 [míng]) 自由主义者 [zìyóuzhǔyì zhě].

libéralisme nm 自由主义 [zìyóuzhǔyì].

libération nf ❶ (mise en liberté) 释放 [shìfàng] ▸ **libération anticipée** 提早释放 [tízǎo shìfàng] ❷ (délivrance) 解脱 [jiětuō] ▸ **son départ a été une libération pour tous** 他的离开对所有人来说都是一种解脱 [tāde líkāi duì suóyǒu rén láishuō dōushì yì zhǒng jiětuō] ❸ (émancipation, fin de l'occupation) 解放 [jiěfàng] ▸ **la libération de la femme** 妇女解放 [fùnǚ jiěfàng] ▸ **la Libération** (法国)解放 [(Fǎguó) jiěfàng].

libérer vt ❶ (relâcher) 释放 [shìfàng] ▸ **libérer un prisonnier** 释放一名囚犯 [shìfàng yì míng qiúfàn] ❷ (délivrer) 解除 [jiěchú] ▸ **libérer qqn d'un souci** 解除某人的忧虑 [jiěchú mǒurén de yōulǜ] ❸ (dégager) 释放 [shìfàng] ▸ **libérer de l'énergie** 释放能量 [shìfàng néngliàng] ❹ (quitter) 腾出 [téngchū] ▸ **libérer un appartement** 腾出一套公寓房 [téngchū yí tào gōngyùfáng] ▸ **libérer une chambre d'hôtel** 退掉旅馆的一个房间 [tuìdiào lǚguǎn de yí ge fángjiān].

■ **se libérer** vp ❶ (se rendre disponible) ▸ **je peux me libérer à midi** 我中午能够抽出身来 [wǒ zhōngwǔ nénggòu chōuchū shēn lái] ▸ **plusieurs postes se sont libérés à l'université** 大学里有一些空缺职位 [dàxué lǐ yǒu yìxiē kòngquē zhíwèi] ❷ (se dégager) 摆脱 [bǎituō] ▸ **se libérer de qqch** 摆脱某物 [bǎituō mǒuwù] ▸ **je me suis libéré d'un poids** 我体重减轻了点 [wǒ tǐzhòng jiǎnqīng le diǎn] ❸ (s'échapper) 释放 [shìfàng] ▸ **des gaz toxiques qui se sont libérés** 释放出的毒气 [shìfàng chū de dúqì].

liberté nf ❶ (indépendance) 独立 [dúlì] ▸ **après cinq ans de mariage, il a repris sa liberté** 结婚五年后，他离婚了 [jiéhūn wǔ nián hòu, tā líhūn le] ❷ (absence de contrainte) 自由 [zìyóu] ▸ **avoir toute liberté pour faire qqch** 能随心所欲地做某事 [néng suíxīn suǒyù de zuò mǒushì] ▸ **en toute liberté** 完全自由地 [wánquán zìyóu de] ❸ (non-incarcération) 释放 [shìfàng] ▸ **mettre en liberté** 释放 [shìfàng] ▸ **liberté conditionnelle** 有条件释放 [yǒu tiáojiàn shìfàng] ▸ **liberté provisoire** 假释 [jiǎshì] ▸ **liberté sous caution** 保释 [bǎoshì] ❹ (droit) 自由 (权利) [zìyóu (quánlì)] ▸ **liberté d'expression** 言论自由 [yánlùn zìyóu] ▸ **liberté d'opinion** 观点自由 [guāndiǎn zìyóu] ▸ **liberté de la presse** 出版自由 [chūbǎn zìyóu].

■ **libertés** nfpl 自由散漫 [zìyóu sǎnmàn] ▸ **prendre des libertés avec** 对于……自由散漫 [duìyú… zìyóu sǎnmàn].

libidineux, euse adj 淫荡的 [yíndàng de].

libido nf 力比多 [lì bǐ duō] 性欲 [xìngyù].

libraire nmf (cl. 位 [wèi] ou 个 [gè] ou 名 [míng]) 书商 [shūshāng].

librairie nf (cl. 家 [jiā] ou 个 [gè]) 书店 [shūdiàn] ▸ **disponible en librairie** 书店有售 [shūdiàn yǒushòu].

libre adj ❶ (non captif) 自由的 [zìyóu de] ▸ **le prisonnier est libre** 囚犯自由了 [qiúfàn zìyóu le] ❷ (indépendant) 随意的 [suíyì de] ▸ **être libre de** 可以随意地…… [kéyǐ suíyì de…] ❸ (non occupé) 空闲的 [kòngxián de] ▸ **vous êtes libre ce soir ?** 您今晚有空吗？ [nín jīnwǎn yǒukòng ma?] ▸ **avoir du temps libre** 有空闲时间 [yǒu kòngxián shíjiān] ▸ **place libre** 空着的位子 [kòngzhe de wèizi] ▸ **taxi libre** 空的出租车 [kōng de chūzūchē] ❹ (célibataire) 单身的 [dānshēn de] ❺ COMM ▸ **entrée libre** 免费入场 [miǎnfèi rùchǎng] ❻ (non étatisé) 私立的 [sīlì de] ▸ **école libre** 私立学校 [sīlì xuéxiào] ❼ (non entravé) 畅通的 [chàngtōng de] ▸ **la voie est libre** 道路畅通 [dàolù chàngtōng].

libre-échange nm 自由贸易 [zìyóu màoyì] ▸ **pratiquer le libre-échange** 实行自由贸易 [shíxíng zìyóu màoyì].

librement adv ❶ (sans contrainte) 自由地 [zìyóu de] ▸ **circuler librement** 自由通行 [zìyóu tōngxíng] ❷ (avec franchise) 坦率地 [tǎnshuài de] ▸ **parler librement** 坦率地讲 [tǎnshuài de jiǎng].

libre-service nm (magasin) ○ (cl. 家 [jiā]) 自助店 [zìzhù diàn] ▸ **en libre-service** 自助销售 [zìzhù xiāoshòu].

Libye nf ▸ **la Libye** 利比亚 [Lìbǐyà].

libyen, enne adj 利比亚的 [lìbǐyà de].

■ **Libyen, enne** nm, f 利比亚人 [Lìbǐyàrén].

licence nf ❶ (permis) ○ (cl. 张 [zhāng] ou 个 [gè]) 许可证 [xúkězhèng] ▸ **obtenir une licence** 获得一个许可证 [huòdé yí ge xúkězhèng] ▸ **licence d'exploitation** 经营许可 [jīngyíng xúkě] ❷ UNIV (高中毕业+3年)学士学位 [(gāozhōng bìyè +3 nián) xuéshì xuéwèi] ▸ **j'ai une licence d'histoire** 我有历史学学士学位 [wǒ yǒu lìshǐxué xuéshì xuéwèi] ❸ SPORT 比赛许可证 [bǐsài xǔkězhèng].

licenciement nm 解雇 [jiěgù]; 开除 [kāichú] ▸ **licenciement abusif** 无理解雇 [wúlǐ jiěgù] ▸ **licenciement économique** 因经济原因解雇 [yīn jīngjì yuányīn jiěgù] ▸ **licenciement pour faute** 过失开除 [guòshī kāichú].

licencier vt ÉCON 辞退 [cítuì] ▸ **se faire licencier** 被辞退 [bèi cítuì] ▸ **licencier qqn pour qqch** 由于某事辞退某人 [yóuyú mǒushì cítuì mǒurén].

Li Dazhao npr POLIT 李大钊 [Lǐ Dàzhāo].

Liechtenstein nm ▸ **le Liechtenstein** 列支敦士登 [Lièzhīdūnshìdēng].

liège nm (cl. 块 [kuài]) 软木 [ruǎnmù] ▸ **de ou en liège** 软木的 [ruǎnmù de].

lien nm 关系 [guānxi] ▸ **lien de cause à effet** 因果关系 [yīnguǒ guānxi] ▸ **liens du mariage** 婚姻关系 [hūnyīn guānxi] ▸ **liens de parenté** 亲属关系 [qīnshǔ guānxi].

▪ **liens** nmpl (ce qui sert à attacher) ○ (cl. 条 [tiáo]) 锁链 [suǒliàn] ▸ **défaire ses liens** 解开锁链 [jiěkāi suǒliàn].

lier vt ❶ (attacher) 系 [jì] ❷ (relier) 联系 [liánxì] ▸ **lier la cause à l'effet** 把原因同结果联系起来 [bǎ yuányīn tóng jiéguǒ liánxì qǐlái] ❸ (unir) 结合 [jiéhé] ▸ **l'intérêt nous lie** 兴趣把我们结合在一起 [xìngqù bá wǒmen jiéhé zài yìqǐ] ▸ **être lié par** 被……约束 [bèi… yuēshù] ▸ **lier qqch/qqn à** 使某物/某人受……约束 [shǐ mǒuwù/mǒurén shòu… yuēshù] ❹ (commencer) 结下 [jiéxià] ▸ **lier amitié avec qqn** 与某人结下友谊 [yú mǒurén jiéxià yǒuyì] ❺ CULIN 勾芡 [gōuqiàn] ▸ **lier une sauce** 给调味汁勾芡 [gěi tiáowèizhī gōuqiàn].

▪ **se lier** vp (s'attacher) 结下 [jiéxià] ▸ **se lier d'amitié avec qqn** 与某人结下友谊 [yǔ mǒurén jiéxia yǒuyì].

lierre nm (cl. 棵 [kē] ou 片 [piàn]) 长春藤 [chángchūnténg].

lieu, x nm ❶ LING 地点(词) [dìdiǎn (cí)] ▸ **« ici » est un adverbe de lieu** "这里"是一个地点副词 ["zhèli" shì yí ge dìdiǎn fùcí] ❷ (endroit) 地方 [dìfāng] ▸ **lieu de naissance** 出生地 [chūshēngdì] ▸ **lieu public** 公共场所 [gōnggòng chǎngsuǒ] ▸ **lieu de travail** 工作地 [gōngzuòdì] ▸ **mettre qqch en lieu sûr** 把某物放在安全的地方 [bá mǒuwù fàngzài ānquán de dìfāng]

◊ **avoir lieu** 举行 [jǔxíng] ▸ **avoir lieu de** 有必要…… [yǒu bìyào…] ▸ **donner lieu à** 引起…… [yínqǐ…].

▪ **lieu commun** nm 陈词滥调 [chéncí làndiào].

▪ **au lieu de** loc prép 而不…… [ér bù…] ▸ **écoute au lieu de dormir** 听着而不睡觉 [tīngzhe ér bú shuìjiào].

lieutenant nm MIL (cl. 名 [míng] ou 个 [gè]) 中尉 [zhōngwèi].

lièvre nm (cl. 只 [zhī]) 野兔 [yětù].

lifter vt ❶ TENNIS 挑 [tiāo] ▸ **lifter la balle** 挑球 [tiāo qiú] ❷ (chirurgie esthétique) 拉皮 [lāpí] ▸ **se faire lifter** 做拉皮 [zuò lāpí].

lifting nm (de la peau) (面部)拉皮手术 [(miànbù) lāpí shǒushù].

ligament nm 韧带 [rèndài].

ligne nf ❶ (trait) ○ (cl. 条 [tiáo]) 线 [xiàn] ▸ **ligne d'arrivée** 终点线 [zhōngdiǎnxiàn] ▸ **ligne courbe** 曲线 [qūxiàn] ▸ **ligne droite** 直线 [zhíxiàn] ▸ **ligne de touche** 边线 [biānxiàn] ❷ (file) 排 [pái]; 行 [háng] ▸ **des arbres plantés en ligne** 成排种植的树木 [chéngpái zhòngzhí de shùmù] ▸ **se mettre en ligne** 排队 [páiduì] ❸ (forme) 外形 [wàixíng] ▸ **lignes d'une voiture** 一辆轿车的外形 [yí liàng jiàochē de wàixíng] ▸ **garder la ligne** 保持身材 [bǎochí shēncái] ❹ (direction) ○ (cl. 条 [tiáo]) 路线 [lùxiàn] ▸ **ligne directrice** 主导路线 [zhúdǎo lùxiàn] ▸ **dans les grandes lignes** 在大方向上 [zài dàfāngxiàng shàng] ❺ (transport) ○ (cl. 条 [tiáo]) 线路 [xiànlù] ▸ **prendre la ligne 12** 乘12号线车 [chéng 12 hào xiàn chē] ▸ **grandes lignes** 铁路 [tiělù] ▸ **ligne aérienne** 航线 [hángxiàn] ❻ (suite de caractères) 行 [háng] ▸ **aller à la ligne** 另起一行 [lìng qǐ yì háng] ▸ **lire entre les lignes** 领会字里行间的含义 [lǐnghuì zìlǐ hángjiān de hányì] ❼ TÉLÉCOM (电话)线路 [(diànhuà) xiànlù] ▸ **la ligne est occupée** (电话)占线 [(diànhuà) zhànxiàn] ▸ **rester en ligne** 不要挂电话 [búyào guà diànhuà] ▸ **être en ligne** 正在通话 [zhèngzài tōnghuà] ▸ **ligne à haute tension** 高压线 [gāoyā xiàn] ❽ COMM 系列 [xìliè] ▸ **sortir une nouvelle ligne de produits** 推出一个新的产品系列 [tuīchū yí ge xīn de chánpǐn xìliè] ❾ (plan) 前线 [qiánxiàn] ▸ **être en première ligne** 在最前线 [zài zuì qiánxiàn] ❿ (rainure) 掌纹 [zhǎngwén] ▸ **lire les lignes de la main** 看手相 [kàn shǒuxiàng] ▸ **la ligne de vie** 生命线 [shēngmìng xiàn].

lignée nf ❶ (familiale) 世系 [shìxì] ▸ **laisser une longue lignée** 留下众多后代 [liúxià zhòngduō hòudài] ❷ *fig* (spirituelle) 派系 [pàixì] ▸ **s'inscrire dans la lignée de** 属于……派 [shǔyú… pài].

ligoter vt 捆绑 [kúnbǎng] ▸ **ligoter qqn à qqch** 把某人捆在某物上 [bá mǒurén kǔnzài mǒuwù shàng].

ligue nf ❶ (association d'États) 联盟 [liánméng] ▸ **la Ligue arabe** 阿拉伯联盟 [ālābó Liánméng] ❷ (association de personnes) 协会 [xiéhuì] ▸ **la Ligue des droits de l'Homme** 人权协会 [Rénquán Xiéhuì] ❸ SPORT 联队 [liánduì] ▸ **Ligue des Champions** 冠军联队 [Guànjūn Liánduì] ▸ **jouer en ligue 1** 参加甲级联赛 [cānjiā jiǎjí liánsài].

liguer ■ **se liguer** vp ▸ **se liguer contre qqn** 联合起来反对某人 [liánhé qǐlái fǎnduì mǒurén].

lilas ♦ nm (cl. 棵 [kē] ou 株 [zhū]) 丁香 [dīngxiāng]. ♦ adj inv (couleur) 淡紫色 [dànzǐsè].

limace nf ZOOL (cl. 只 [zhī]) 鼻涕虫 [bítìchóng].

limande nf (cl. 条 [tiáo]) 比目鱼 [bǐmùyú]; 鲽鱼 [diéyú].

lime nf (cl. 把 [bǎ]) 锉刀 [cuòdāo] ▸ **lime à ongles** 指甲锉 [zhǐjia cuò].

limer vt ❶ (polir) 锉 [cuò] ▸ **limer une planche** 锉一块板 [cuò yí kuài bǎn] ❷ (couper) 锉断 [cuò duàn] ▸ **limer un barreau** 锉断一个铁条 [cuòduàn yí ge tiětiáo].

■ **se limer** vp ▸ **se limer les ongles** 锉指甲 [cuò zhǐjia].

limitation nf ❶ (restriction) 限定 [xiàndìng] ▸ **la limitation de vitesse** 限速 [xiàn sù] ❷ (contrôle) 限制 [xiànzhì] ▸ **limitation des armements** 军备限制 [jūnbèi xiànzhì] ▸ **limitation des naissances** 节育 [jiéyù] ▸ **limitation des prix** 价格限制 [jiàgé xiànzhì].

limite ♦ nf ❶ (frontière) ○ (cl. 条 [tiáo]) 边界 [biānjiè] ▸ **tracer les limites d'un terrain** 标明一块地的边界 [biāomíng yí kuài dì de biānjiè] ❷ (borne) 限度 [xiàndù] ▸ **sa toute-puissance a des limites** 他的至高无上的权力也是有限度的 [tāde zhìgāo wúshàng de quánlì yěshì yǒu xiàndù de] ▸ **sa bêtise n'a pas de limite** 他蠢得没边 [tā chǔn de méi biān] ▸ **limite d'âge** 最大年龄限度 [zuìdà niánlíng xiàndù] ▸ **être à la limite de qqch** 到某事的极限 [dào mǒushì de jíxiàn] ▸ **il est à la limite de l'insolence** 他傲慢到了极限 [tā àomàn dào le jíxiàn] ❸ (terme, échéance) 限期 [xiànqī] ▸ **demain, dernière limite** 明天是最后期限 [míngtiān shì zuìhòu qīxiàn]. ♦ adj 限定的 [xiàndìng de] ▸ **date limite** 限定日期 [xiàndìng rìqī]. ♦ adj inv ❶ *fam* (de mauvais goût) 出格的 [chūgé de] ▸ **ses plaisanteries sont un peu limite** 他的玩笑有点出格了 [tāde wánxiào yóudiǎn chūgé le] ❷ *fam* (insuffisant) 有限的 [yǒuxiàn de].

limiter vt ❶ (borner) 限制 [xiànzhì] ▸ **limiter le pouvoir de qqn** 限制某人的权力 [xiànzhì mǒurén de quánlì] ❷ (restreindre) 限定 [xiàndìng] ▸ **limiter la vitesse de circulation** 交通限速 [jiāotōng xiànsù] ▸ **limiter les dégâts** 控制损失程度 [kòngzhì sǔnshī chéngdù].

■ **se limiter à** vp+prép 限于 [xiànyú] ▸ **se limiter à l'essentiel** 仅限主要部分 [jǐnxiàn zhǔyào bùfèn].

limitrophe adj 接壤的 [jiērǎng de]; 交界的 [jiāojiè de]; 毗邻的 [pílín de] ▸ **les pays limitrophes** 毗邻国家 [pílín guójiā] ▸ **l'Espagne est limitrophe du Portugal** 西班牙和葡萄牙接壤 [Xībānyá hé Pútaoyá jiērǎng].

limoger vt 罢免 [bàmiǎn].

limonade nf (cl. 杯 [bēi] ou 瓶 [píng]) 汽水 [qìshuǐ].

limousine nf (cl. 辆 [liàng]) 加长豪华轿车 [jiācháng háohuá jiàochē].

limpide adj ❶ (pur) 清澈的 [qīngchè de] ▸ **ciel limpide** 明朗的天空 [mínglǎng de tiānkōng] ▸ **eau limpide** 清澈的水 [qīngchè de shuǐ] ❷ (compréhensible) 清晰的 [qīngxī de] ▸ **explication limpide** 清晰的解释 [qīngxī de jiěshì].

lin nm ❶ BOT 亚麻 [yàmá] ❷ (tissu) ○ (cl. 块 [kuài]) 亚麻布 [yàmábù].

Lin Biao npr POLIT 林彪 [Lín Biāo].

linge nm ❶ (lessive) ○ (cl. 件 [jiàn]) 衣物 [yīwù] ▸ **le linge sale** 脏衣服 [zàng yīfu] ▸ **laver son linge sale en famille** 家丑不外扬 [jiāchǒu búwàiyáng] ❷ (morceau de tissu) 日用织物 [rìyòng zhīwù] ▸ **armoire à linge** 衣柜 [yīguì] ▸ **linge de maison** 家用织物 [jiāyòng zhīwù].

lingerie nf (cl. 件 [jiàn]) 女式内衣 [nǚshì nèiyī].

lingot nm ▸ **lingot d'or** (cl. 根 [gēn]) 金条 [jīntiáo].

linguistique ♦ nf (cl. 门 [méng] ou 种 [zhǒng]) 语言学 [yǔyánxué]. ♦ adj 语言的 [yǔyán de] ▸ **séjour linguistique** 语言培训旅游 [yǔyán péixùn lǚyóu].

lion, lionne nm, f ZOOL (cl. 头 [tóu] ou 只 [zhī]) 狮子 [shīzi]

◊ **se tailler la part du lion** 把最好最大的一份留给自己 [bǎ zuìhǎo zuìdà de yí fèn liúgěi zìjǐ] ▸ **tourner comme un lion en cage** 坐立不安 [zuòlì bù'ān].

■ **Lion** nm ASTROL 狮子座 [Shīzizuò].

Li Peng npr POLIT 李鹏 [Lǐ Péng].

lipide nm 脂类 [zhīlèi].

liquéfié adj 液化的 [yèhuà de] ▸ **gaz de pétrole liquéfié** 液化石油气 [yèhuà shíyóuqì].

liquéfier vt 使……液化 [shǐ… yèhuà].

liqueur nf (cl. 杯 [bēi] ou 瓶 [píng]) 利口酒 [lìkǒujiǔ]; 甜酒 [tiánjiǔ] ▸ **des chocolats à la liqueur** 酒心巧克力 [jiǔxīn qiǎokèlì].

liquidation nf ❶ DR 清算 [qīngsuàn] ▸ **liquidation judiciaire** 司法清理 [sīfǎ qīnglǐ] ❷ (vente) 廉价处理 [liánjià chúlǐ] ▸ **liquidation des stocks** 存货的廉价处理 [cúnhuò de liánjià chúlǐ] ❸ (assassinat) 除掉 [chúdiào] ▸ **la liquidation des témoins gênants** 除掉一些碍事的证人 [chúdiào yìxiē àishì de zhèngrén].

liquide ♦ nm ❶ (fluide) 液体 [yètǐ] ▸ **liquide inflammable** 易燃液体 [yìrán yètǐ] ▸ **liquide vaisselle** 洗洁精 [xǐjié jīng] ❷ (monnaie) 现金 [xiànjīn] ▸ **payer en liquide** 现金支付 [xiànjīn zhīfù]. ♦ adj (fluide) 液体的 [yètǐ de] ▸ **l'état liquide** 液体状态 [yètǐ zhuàngtài].

liquider vt ❶ DR 清算 [qīngsuàn] ▸ **liquider une société** 清算一家公司 [qīngsuàn yì jiā gōngsī] ❷ (solder) 清掉 [qīngdiào] ▸ **liquider les stocks** 清货 [qīnghuò] ▸ **liquider une dette** 清还一笔债务 [qīnghuán yì bǐ zhàiwù] ❸ *fam* (tuer) 干掉 [gàndiào] ▸ **il a liquidé son rival** 他干掉了他的对手 [tā gàndiào le tāde duìshǒu].

liquidité nf (cl. 笔 [bǐ]) 流动资产 [liúdòngzīchǎn] ▸ **la liquidité d'une entreprise** 一家企业的流动资产 [yījiā qǐyè de liúdòngzīchǎn].

■ **liquidités** nfpl BANQUE 现金 [xiànjīn].

lire vt ❶ (prendre connaissance) 阅读 [yuèdú] ▸ **lire en diagonale** 匆匆浏览 [cōngcōng liúlǎn] ▸ **lire le journal** 看报纸 [kàn bàozhǐ] ▸ **lire une lettre** 读一封信 [dú yì fēng xìn] ❷ (déchiffrer) 识字 [shízì] ▸ **il ne sait ni lire ni écrire** 他既不识字也不会写字 [tā jì bù shízì yě bú huì xiězì] ▸ **lire une partition** 识谱 [shí pǔ] ❸ (faire la lecture) 朗读 [lǎngdú] ▸ **lire qqch à qqn** 给某人朗读某物 [géi mǒurén lǎngdú mǒuwù] ❹ (deviner) 看出 [kànchū] ▸ **on lisait la peur dans ses yeux** 从他的眼睛里看得出恐惧 [cóng tāde yǎnjīng lǐ kàndechū kǒngjù] ❺ INFORM 读 [dú] ▸ **mon ordinateur ne peut pas lire ton fichier** 我的电脑读不出你的文件 [wǒde diànnǎo dúbuchū nǐde wénjiàn] ❻ ▸ **'lu et approuvé'** ADMIN 已阅并同意 [yǐyuè bìng tóngyì].

lis, lys nm BOT (cl. 朵 [duǒ] ou 支 [zhī]) 百合 [bǎihé]

◊ **fleur de lis** (cl. 枚 [méi]) 百合花徽 [bǎihé huāhuī].

Lisbonne npr 里斯本 [Lǐsīběn].

lisible adj ❶ (facile à déchiffrer) 清晰的 [qīngxī de] ▸ **écriture très lisible** 十分清晰的笔迹 [shífēn qīngxī de bǐjì] ❷ (compréhensible) 可以读懂的 [kéyǐ dúdǒng de].

lisse adj 光滑的 [guānghuá de] ▸ **surface lisse** 光滑的表面 [guānghuá de biǎomiàn].

lisser vt ▸ **lisser les cheveux** 把头发捋顺 [bǎ tóufa lǚshùn] ▸ **lisser les plumes** 梳理羽毛 [shūlǐ yǔmáo].

liste nf (cl. 张 [zhāng] ou 份 [fèn]) 单子 [dānzi] ▸ **faire la liste des courses** 列购物清单 [liè gòuwù qīngdān] ▸ **liste alphabétique** 按字母顺序排列的名单 [àn zìmǔ shùnxù páiliè de míngdān] ▸ **liste d'attente** 候补名单 [hòubǔ míngdān] ▸ **liste électorale** 选民名册 [xuǎnmín míngcè] ▸ **liste de mariage** 结婚礼品单 [jiéhūn lípǐn dān] ▸ **liste noire** 黑名单 [hēi míngdān] ▸ **liste rouge** 保密电话号码单 [bǎomì diànhuà hàomǎ dān] ▸ **je suis sur liste rouge** 我的电话号码是保密的 [wǒde diànhuà hàomǎ shì bǎomì de].

lister vt ❶ (faire une liste de) 列单子 [lièdānzi] ▸ **lister les noms des participants** 列出参加

者名单 [lièchū cānjiāzhě míngdān] ❷ INFORM 打印(数据)列表 [dǎyìn (shùjù) lièbiǎo] ▸ **lister les noms des fichiers** 打印文件名列表 [dǎyìn wénjiàn mínglièbiǎo].

listing nm INFORM (cl. 份 [fèn] ou 个 [gè]) 列表 [lièbiǎo].

lit nm ❶ (meuble) ○ (cl. 张 [zhāng]) 床 [chuáng] ▸ **être cloué au lit** 卧床不起 [wòchuáng bùqǐ] ▸ **faire son lit** 铺床 [pūchuáng] ▸ **lit de camp** 行军床 [xíngjūn chuáng] ▸ **lit deux personnes** 双人床 [shuāngrén chuáng] ▸ **lits jumeaux** 两张单人床 [liǎng zhāng dānrén chuáng] ▸ **lits superposés** 上下铺 [shàngxiàpù] ▸ **se mettre au lit** 睡觉 [shuìjiào] ❷ CULIN 层 [céng] ▸ **une crème sur un lit de fruits** 在水果层上面的奶油 [zài shuíguǒ céng shàngmian de nǎiyóu] ❸ GÉOGR 河床 [héchuáng].

litchi nm (cl. 颗 [kē] ou 枚 [méi]) 荔枝 [lìzhī].

literie nf (cl. 件 [jiàn]) 床上用品 [chuángshàng yòngpǐn] ▸ **changer la literie** 更换床上用品 [gēnghuàn chuángshàng yòngpǐn].

litige nm (cl. 场 [chǎng] ou 次 [cì]) 争议 [zhēngyì] ▸ **être en litige avec qqn** 和某人产生争议 [hé mǒurén chǎnshēng zhēngyì].

litigieux, euse adj 有争议的 [yǒuzhēngyì de] ▸ **un point litigieux** 一个有争议的问题 [yí ge yǒuzhēngyì de wèntí].

litre nm 升 [shēng].

littéraire ♦ nmf (cl. 个 [gè] ou 名 [míng]) 文科生 [wénkēshēng]. ♦ adj 文学的 [wénxué de] ▸ **prix littéraire** 文学奖 [wénxué jiǎng].

littéral, e, aux adj ❶ (conforme à l'original) 逐字的 [zhúzì de] ▸ **traduction littérale** 直译 [zhíyì] ❷ (propre) 字面的 [zìmiàn de] ▸ **au sens littéral du terme** 词语的字面意思 [cíyǔ de zìmiàn yìsi] ❸ (classique) ▸ **arabe littéral** 阿拉伯书面语 [ālābó shūmiànyǔ].

littérature nf ❶ (écrits) 文学 [wénxué] ▸ **littérature comparée** 比较文学 [bǐjiào wénxué] ❷ (bibliographie) ○ (cl. 部 [bù]) 文献 [wénxiàn] ▸ **il existe une abondante littérature sur ce sujet** 关于这个主题有大量文献 [guānyú zhè ge zhǔtí yǒu dàliàng wénxiàn].

littoral, e, aux ♦ adj 沿海的 [yánhǎi de] ▸ **région littorale** 沿海地区 [yánhǎi dìqū]. ♦ nm 沿海(地带) [yánhǎi (dìdài)] ▸ **le littoral méditerranéen** 地中海沿岸 [dìzhōnghǎi yán'àn].

Lituanie nf ▸ **la Lituanie** 立陶宛 [Lìtáowǎn].

lituanien, enne adj 立陶宛的 [lìtáowǎn de]. ▪ **lituanien** nm (langue) 立陶宛语 [lìtáowányǔ]. ▪ **Lituanien, enne** nm, f 立陶宛人 [Lìtáowǎnrén].

Liu Shaoqi npr POLIT 刘少奇 [Liú Shàoqí].

livide adj 苍白的 [cāngbái de] ▸ **avoir le teint livide** 面色苍白 [miànsè cāngbái].

livraison nf 送货 [sònghuò] ▸ **livraison à domicile** 送货上门 [sònghuò shàngmén] ▸ **payer à la livraison** 货到付款 [huòdào fùkuǎn].

livre ♦ nm ❶ (ouvrage) ○ (cl. 本 [běn]) 书 [shū] ▸ **écrire un livre** 写一本书 [xiě yì běn shū] ▸ **livre de chevet** 枕边书 [zhěnbiān shū] ▸ **livre de cuisine** 烹饪书 [pēngrèn shū] ▸ **livre de poche** 口袋书 [kǒudài shū] ❷ (édition et imprimerie) 图书出版业 [túshū chūbǎn yè] ▸ **l'industrie du livre** 图书出版业 [túshū chūbǎn yè] ❸ (division d'un ouvrage) 卷 [juàn] ❹ (registre) ○ (cl. 本 [běn]) 簿子 [bùzi] ▸ **livre de comptes** 账簿 [zhàngbù] ▸ **livre d'or** 来宾留言簿 [láibīn liúyán bù]. ♦ nf ❶ (mesure) 斤 [jīn] ❷ (monnaie) 镑 [bàng] ▸ **livre sterling** 英镑 [yīngbàng].

livrer vt ❶ COMM 交(货) [jiāo (huò)] ▸ **livrer une commande** 交付定货 [jiāofù dìnghuò] ❷ (dénoncer) 告发 [gàofā] ▸ **il a livré son complice à la police** 他向警察告发了自己的同谋 [tā xiàng jǐngchá gàofā le zìjǐ de tóngmóu] ❸ (abandonner) ▸ **être livré à soi-même** 无人照管 [wúrén zhàoguǎn] ▸ **livrer une ville au pillage** 使一座城市遭受掠夺 [shǐ yí zuò chéngshì zāoshòu lüèduó] ❹ (dévoiler) 说出 [shuōchū] ▸ **livrer un secret** 说出一个秘密 [shuōchū yí ge mìmì] ❺ (mener) ▸ **livrer bataille** 作战 [zuòzhàn] ▸ **livrer bataille contre le tabagisme** 与吸烟作战 [yǔ xīyān zuòzhàn].

▪ **se livrer à** vp+prép ❶ (se rendre à) 投降 [tóuxiáng] ▸ **se livrer à l'ennemi** 向敌人投降 [xiàng dírén tóuxiáng] ▸ **se livrer à la police** 向警察局自首 [xiàng jǐngchájú zìshǒu] ❷ (se confier à) 吐露心声 [tǔlù xīnshēng] ▸ **se livrer à ses amis** 向朋友们吐露心声 [xiàng péngyoumen tǔlù xīnshēng] ❸ (se consacrer à) 致力 [zhìlì] ▸ **se livrer à un travail** 致力于一项工作 [zhìlì yú yí xiàng gōngzuò].

livret nm ❶ (carnet) ○ (cl. 本 [běn]) 簿子 [bùzi] ▸ **livret de famille** 户口簿 [hùkǒubù] ▸ **livret scolaire** 学籍簿 [xuéjí bù] ❷ (catalogue) ○ (cl. 本 [běn]) 说明书 [shuōmíngshū] ▸ **le livret d'une exposition** 展览会说明书 [zhánlǎnhuìshuō-míngshū] ❸ BANQUE 存折 [cúnzhé].

livreur, euse nm, f (cl. 名 [míng] ou 个 [gè]) 送货员 [sònghuò yuán].

Ljubljana npr 卢布尔雅那 [Lúbù'ěryǎnà].

lobby nm 集团 [jítuán].

lobe nm ANAT 叶 [yè] ▸ **lobe de l'oreille** 耳垂 [ěrchuí] ▸ **lobe du poumon** 肺叶 [fèiyè].

local, e, aux adj ❶ (régional) 地方的 [dìfang de] ▸ **l'économie locale** 地方经济 [dìfang jīngjì] ❷ (localisé) 局部的 [júbù de] ▸ **traitement local** 局部疗法 [júbù liáofǎ].

▪ **local** nm 场所 [chángsuǒ] ▸ **local d'habitation** 住宅 [zhù zhái].

localiser vt ❶ (repérer) 确定位置 [quèdìng wèizhì] ▸ **localiser une rue sur un plan** 在一张地图上确定一条街的位置 [zài yì zhāng dìtú shàng quèdìng yì tiáo jiē de wèizhì] ❷ (circonscrire) 使……局部化 [shǐ… júbù huà] ▸ **localiser un conflit** 使冲突局部化 [shǐ chōngtū júbù huà].

localité nf (cl. 座 [zuò] ou 个 [gè]) 市镇 [shìzhèn] ▸ **une localité de la Côte d'Azur** 蓝色海岸的一座小城 [Lánsè Hǎi'àn de yí zuò xiǎo chéng].

locataire nmf (cl. 位 [wèi] ou 个 [gè] ou 名 [míng]) 房客 [fángkè].

location nf ❶ (louage) 租赁 [zūlìn] ▸ **prendre une location pour les vacances** 为假期租一套房 [wèi jiàqī zū yí tào fáng] ▸ **location de voitures** 汽车租赁 [qìchē zūlìn] ❷ (bail) 承租 [chéngzū] ▸ **en location** 承租的 [chéngzū de] ▸ **mettre en location** 出租 [chūzū] ❸ (réservation) 预定 [yùdìng].

locomotive nf (cl. 架 [jià] ou 台 [tái]) 机车 [jīchē].

loft nm 由厂房改装住房 [yóu chǎngfáng gǎizhuāng zhùfáng].

loge nf ❶ (pièce d'un immeuble) 门房 [ménfáng] ▸ **loge du concierge** 门房 [ménfáng] ❷ (coulisses) ○ (cl. 间 [jiān]) 化妆室 [huàzhuāngshì] ❸ (spectacle) 包厢 [bāoxiāng] ▸ **être aux premières loges** 处于第一线 [chǔyú dìyī xiàn].

logement nm (cl. 套 [tào] ou 间 [jiān]) 住房 [zhùfáng] ▸ **logement de fonction** 公务住房 [gōngwù zhùfáng].

loger ♦ vi (habiter) 居住 [jūzhù]. ♦ vt ❶ (héberger) 留宿 [liúsù] ▸ **cette auberge peut loger plus de cent personnes** 这个旅馆能够留宿一百多人 [zhè ge lǚguǎn nénggòu liúsù yì bǎi duō rén] ▸ **être nourri, logé, blanchi** 包吃、包住、包换洗卧具 [bāochī、bāozhù、bāo huànxǐ wòjù] ❷ (introduire) 放进 [fàngjìn] ▸ **loger un livre sur une étagère** 把一本书插到架子上 [bǎ yì běn shū chādào jiàzi shàng] ▸ **loger une balle dans la cible** 把一颗子弹射入靶子 [bǎ yì kē zǐdàn shèrù bǎzi].

▪ **se loger** vp ❶ (trouver un logement) 栖身 [qīshēn] ▸ **il est difficile de se loger à Paris** 在巴黎很难找到栖身之所 [zài Bālí hěn nán zhǎodào qīshēn zhī suǒ] ❷ (se placer) 射入 [shèrù].

logeur, euse nm, f (cl. 位 [wèi] ou 个 [gè]) 房东 [fángdōng].

logiciel nm INFORM 软件 [ruǎnjiàn] ▸ **installer un logiciel** 安装一个软件 [ānzhuāng yí ge ruǎnjiàn] ▸ **logiciel libre** 免费软件 [miǎnfèi ruǎnjiàn] ▸ **logiciel de traitement de texte** 文字处理软件 [wénzì chúlǐ ruǎnjiàn].

logique ♦ nf 逻辑 [luóji] ▸ **être dans la logique des choses** 是合乎逻辑的 [shì hé hū luóji de] ▸ **manquer de logique** 缺乏逻辑性 [quēfá luóji xìng]. ♦ adj 必然的 [bìrán de] ▸ **la suite logique de qqch** 某事的必然后果 [mǒushì de bìrán hòuguǒ] ▸ **raisonnement logique** 合乎逻辑的推理 [héhū luóji de tuīlǐ].

logiquement adv ❶ (avec cohérence) 合乎逻辑地 [héhū luóji de] ❷ (normalement) 按理说 [ànlǐshuō] ▸ **logiquement, les choses devraient s'arranger** 按理说，事情应该会得到解决的 [ànlǐshuō, shìqing yīnggāi huì dédào jiějué de].

logistique ♦ nf 后勤 [hòuqín] ▸ **spécialiste logistique** 后勤专业人员 [hòuqín zhuānyè rényuán]. ♦ adj 后勤的 [hòuqín de] ▸ **soutien logistique** 后勤支持 [hòuqín zhīchí].

logo nm (symbole graphique) 标志 [biāozhì].

loi nf ❶ DR & POLIT (cl. 条 [tiáo] ou 部 [bù] ou 项 [xiàng]) 法律 [fǎlǜ] ▸ **voter une loi** 投票通过一项法律 [tóupiào tōngguò yí xiàng fǎlǜ] ▸ **loi constitutionnelle** 宪法 [xiànfǎ] ❷ (règle) ◦ (cl. 条 [tiáo]) 规则 [guīzé] ▸ **loi de la gravitation** 万有引力定律 [wànyóuyǐnlì dìnglǜ] ▸ **la loi de l'offre et de la demande** 供求规律 [gōngqiú guīlǜ] ▸ **loi du silence** 缄默规则 [jiānmò guīzé] ❸ (domination) 命令 [mìnglìng] ▸ **faire la loi** 发号施令 [fāhào shīlìng].

loin adv ❶ (spatial) 远 [yuǎn] ▸ **habiter loin** 住得远 [zhù de yuǎn] ▸ **voir plus loin (dans le texte)** 见下文 [jiàn xià wén] ▸ **loin devant** 遥遥领先 [yáoyáo lǐngxiān] ❷ (temporel) 久远 [jiúyuǎn] ▸ **les années de lycée, c'est loin tout ça !** 中学年代已经都很久远了！ [zhōngxué niándài yǐjīng dōu hěn jiúyuǎn le!] ▸ **Noël n'est plus très loin** 圣诞节离的不太远了 [Shèngdànjié lí de bú tài yuǎn le]
◊ **aller loin** 做得过分 [zuò de guòfèn] ▸ **tu vas un peu loin !** 你做得有点过了！ [nǐ zuò de yǒu diǎn guò le!] ▸ **aller plus loin** 超越 [chāoyuè] ▸ **aller plus loin que ses prédécesseurs** 超越前人 [chāoyuè qiánrén].

▪ **au loin** loc adv (à une grande distance) 远远地 [yuányuǎn de] ▸ **on voyait les montagnes au loin** 人们遥望群山 [rénmen yáowàng qúnshān].

▪ **de loin** loc adv ❶ (depuis une grande distance) 从远处 [cóng yuǎnchù] ▸ **de loin, on dirait une montagne** 从远处看，似乎是座山 [cóng yuǎnchù kàn, sìhu shì zuò shān] ❷ (de beaucoup) 显然 [xiǎnrán] ▸ **il est de loin le plus grand** 他明显是最高的 [tā míngxiǎn shì zuì gāo de].

▪ **loin de** loc prép ❶ (à une grande distance de) 远离 [yuǎnlí] ▸ **ils habitent loin d'ici** 他们住得离这儿很远 [tāmen zhù de lí zhèr hěn yuǎn] ▸ **non loin de** 在……不远处 [zài… bù yuǎnchù] ▸ **tu es loin de la réussite** 你离成功还差得远呢 [nǐ lí chénggōng hái chà de yuǎn ne] ❷ (au lieu de) 非但……还…… [fēidàn… hái…] ▸ **loin de lui en vouloir, il comprenait parfaitement** 他非但没有怨恨他，还十分理解 [tā fēidàn méiyǒu yuànhèn tā, hái shífēn lǐjiě]
◊ **loin de là !** 远非如此！ [yuǎnfēi rúcǐ!] ▸ **pas loin de** 将近 [jiāngjìn] ▸ **il n'est pas loin de 9 h** 将近9点了 [jiāngjìn 9 diǎn le].

lointain, e adj ❶ 遥远的 [yáoyuǎnde] ▸ **avenir lointain** 遥远的未来 [yáoyuǎn de wèilái] ▸ **une contrée lointaine** 一个遥远的地方 [yí ge yáoyuǎn de dìfang] ❷ (vague) 隐约的 [yǐnyuē de] ▸ **une lointaine ressemblance** 有点像 [yǒu diǎn xiàng].

Loire nf ▸ **la Loire** 卢瓦尔河 [Lúwá'ěrhé] ▸ **Pays de (la) Loire** 卢瓦尔河地区 [Lúwá'ěrhé Dìqū].

loisir nm 空闲 [kòngxián] ▸ **avoir le loisir de faire qqch** 有空做某事 [yǒu kòng zuò mǒushì] ▸ **heures de loisir** 空闲时间 [kòngxián shíjiān].

▪ **loisirs** nmpl 休闲（活动）[xiūxián (huódòng)] ▸ **quels sont vos loisirs ?** 您的休闲活动有哪些？ [nínde xiūxián huódòng yǒu nǎxiē?].

londonien, enne adj 伦敦的 [lúndūn de].

▪ **Londonien, enne** nm, f 伦敦人 [Lúndūnrén].

Londres npr 伦敦 [Lúndūn].

long, longue adj ❶ (grand en longueur) 长的 [cháng de] ▸ **vêtement à manches longues** 长袖衣服 [cháng xiù yīfu] ▸ **écrire une longue lettre** 写一封长信 [xiě yì fēng cháng xìn] ▸ **une rue longue de 3 km** 一条长3公里的街道 [yì tiáo cháng 3 gōnglǐ de jiēdào] ❷ (qui dure) 漫长的 [màncháng de] ▸ **long discours** 漫长的演讲 [màncháng de yǎnjiǎng] ▸ **une longue journée** 漫长的一天 [màncháng de yì tiān] ▸ **longue maladie** 久病 [jiǔbìng] ❸ (lent) 慢的 [màn de] ▸ **être long à faire qqch** 做某事很慢 [zuò mǒushì hěn màn] ▸ **je ne serai pas longue, j'en ai pour 5 minutes** 我不会很久，只需要5分钟 [wǒ bú huì hěn jiǔ, zhǐ xūyào 5 fēnzhōng].

▪ **long** ♦ nm ❶ (longueur) 长度 [chángdù] ▸ **le long de la rivière** 沿着河 [yánzhe hé] ▸ **quatre mètres de long** 四米长 [sì mǐ cháng] ❷ (durée) 期间 [qījiān] ▸ **tout au long de** 在整个……期间 [zài zhěnggè… qījiān]. ♦ adv (beaucoup) 许多 [xǔduō] ▸ **son regard en disait** long 他的一眼含义深长 [tāde yì yǎn hányì shēncháng].

▪ **de long en large** loc adv 遍 [biàn] ▸ **nous avons arpenté la ville de long en large** 我们已经走遍了这个城市 [wǒmen yǐjīng zǒubiàn le zhè ge chéngshì].

longer vt ❶ (border) 沿着……伸展 [yánzhe… shēnzhǎn] ▸ **la route longe la côte** 这条路沿着海岸伸展 [zhè tiáo lù yánzhe hǎi'àn shēnzhǎn] ❷ (marcher le long de) 沿着……走 [yánzhe… zǒu] ▸ **longer un mur** 沿着一面墙走 [yánzhe yí miàn qiáng zǒu].

longévité nf ❶ (longue durée de vie) 长寿 [chángshòu] ▸ **présenter ses vœux de longévité à qqn** 祝某人长寿 [zhù mǒurén chángshòu] ❷ (durée de vie) 寿命 [shòumìng].

longitude nf 经度 [jīngdù] ▸ **sur quelle longitude se trouve Paris ?** 巴黎位于什么经度？ [Bālí wèiyú shénme jīngdù?] ▸ **70° de longitude est** 东经70度 [dōngjīng 70 dù].

longtemps adv 长久 [chángjiǔ] ▸ **attendre longtemps** 等得久 [děng de jiǔ] ▸ **avant longtemps** 马上 [mǎshàng] ▸ **il ne reviendra pas avant longtemps** 他不会马上回来 [tā bú huì mǎshàng huílai] ▸ **en avoir pour longtemps** 需要很长时间 [xūyào hěn cháng shíjiān] ▸ **depuis longtemps** 很久 [hěn jiǔ] ▸ **mettre longtemps pour faire qqch** 花很长时间做某事 [huā hěncháng shíjiān zuò mǒushì] ▸ **vivre longtemps** 活得长 [huó de cháng].

longuement adv ❶ (longtemps) 长久地 [chángjiǔ de] ▸ **un projet longuement mûri** 一个经过长久酝酿的计划 [yí ge jīngguò chángjiǔ yùnniàng de jìhuà] ❷ (en détail) 详尽地 [xiángjìn de] ▸ **je lui ai longuement expliqué le travail à faire** 我给他详尽地讲解了要做的工作 [wǒ gěi tā xiángjìn de jiángjiě le yào zuò de gōngzuò].

longueur nf ❶ (étendue, dimension) 长度 [chángdù] ▸ **10 cm de longueur** 10厘米长 [10 límǐ cháng] ▸ **la longueur d'une pièce** 一个房间的长度 [yí ge fángjiān de chángdù] ▸ **la longueur d'une route** 一条公路的长度 [yì tiáo gōnglù de chángdù] ❷ (durée) ▸ **à longueur de** 在……整个期间 [zài … zhěnggè qījiān] ▸ **il pleut à longueur de journée** 下了一整天的雨 [xià le yì zhěng tiān de yǔ] ▸ **la longueur des jours** 白天的长短 [báitiān de chángduǎn] ▸ **ce film est d'une longueur désespérante** 这部影片十分冗长令人讨厌 [zhè bù yǐngpiàn shífēn rǒngcháng lìngrén tǎoyàn] ❸ SPORT 身长(的距离) [shēncháng (de jùlí)] ▸ **il l'a emporté d'une longueur** 他赢了他一个身长的距离 [tā yíng le tā yí ge shēncháng de jùlí]

◊ **avoir une longueur d'avance** 更优秀 [gèng yōuxiù] ▸ **être sur la même longueur d'onde** 性情相投 [xìngqíng xiāngtóu].

longue-vue nf (cl. 个 [gè] ou 台 [tái]) 望远镜 [wàngyuǎnjìng].

look nm 形象 [xíngxiàng] ▸ **avoir un look de** 看上去像…… [kànshangqu xiàng…] ▸ **changer de look** 改变形象 [gǎibiàn xíngxiàng].

loquace adj 话多的 [huàduō de] ▸ **une fille peu loquace** 一个寡言少语的姑娘 [yí ge guǎyán shǎoyǔ de gūniang].

loquet nm 门栓 [ménshuān].

lorgner vt 觊觎 [jìyú].

lors ▪ **lors de** loc prép *sout* (pendant) 在……期间 [zài… qījiān].

▪ **dès lors** loc adv 从那时起 [cóng nà shí qǐ].

lorsque conj (quand) 当……时 [dāng… shí].

losange nm 菱形 [língxíng].

lot nm ❶ (ensemble) 批 [pī] ▸ **la livraison d'un lot de chaussures** 一批鞋到货 [yì pī xié dàohuò] ❷ (prix) ○ (cl. 项 [xiàng] ou 份 [fèn]) 奖 [jiǎng] ▸ **tirer le gros lot** 中大奖 [zhòng dà jiǎng]; 中头彩 [zhòng tóu cǎi] ❸ *fig* (destin) 避免不了的经历 [bìmiǎn bù liǎo de jīnglì].

loterie nf (jeu) ○ (cl. 场 [chǎng] ou 次 [cì] ou 项 [xiàng]) 博彩 [bócǎi] ▸ **billet de loterie** 彩票 [cǎipiào].

loti, e adj ▸ **être bien loti** 运气好 [yùnqi hǎo] ▸ **être mal loti** 倒霉 [dǎoméi].

lotion nf (cl. 瓶 [píng]) 洗剂 [xǐjì] ▸ **lotion après-rasage** 剃须后爽肤水 [tìxū hòu shuǎngfū shuǐ] ▸ **lotion capillaire** 洗发水 [xǐfà shuǐ] ▸ **lotion hydratante** 润肤水 [rùnfū shuǐ].

lotissement nm 小区 [xiǎoqū].

loto nm ❶ (jeu de société) 罗多游戏 [luó duō yóuxì] ❷ (loterie) ○ (cl. 张 [zhāng]) 彩票 [cǎipiào] ▸ **jouer au Loto** 买彩票 [mǎi cǎipiào] ▸ **le Loto sportif** 体育彩票 [tǐyù cǎipiào].

louche ♦ adj 不可信的 [bùkěxìn de] ▸ **c'est plutôt louche ton affaire** 你这事不太可信 [nǐ zhè shì bú tài kěxìn] ▸ **cet homme a l'air louche** 这个人看上去不可信 [zhè ge rén kànshangqu bùkěxìn]. ♦ nf (cl. 把 [bǎ] ou 支 [zhī]) 长柄大汤勺 [cháng bǐng dà tāngsháo].

loucher vi ❶ (par strabisme) 患斜视症 [huàn xiéshì zhèng] ❷ *fig* (lorgner) ▸ **loucher sur** 觊觎 [jìyú].

louer vt ❶ (prendre en location) 租 [zū] ▸ **louer une voiture** 租一辆汽车 [zū yí liàng qìchē] ▸ **maison à louer** 房屋待租 [fángwū dài zū] ❷ (donner en location) 出租 [chūzū] ▸ **louer qqch à qqn** 把某物出租给某人 [bǎ mǒuwù chūzū gěi mǒurén].

loup nm ○ (cl. 匹 [pǐ] ou 只 [zhī]) 狼 [láng] ▸ **avoir une faim de loup** 饿极了 [è jí le].

loupe nf (optique) 放大镜 [fàngdàjìng] ▸ **regarder à la loupe** 十分仔细地看 [shífēn zǐxì de kàn].

louper vt *fam* ❶ (rater) 搞砸 [gǎozá] ▸ **j'ai loupé mon gâteau** 我把蛋糕搞砸了 [wǒ bǎ dàngāo gǎozá le] ❷ (manquer) 错过 [cuòguò] ▸ **louper son train** 错过火车 [cuòguò huǒchē].

lourd, e adj ❶ (pesant) 重的 [zhòng de] ▸ **un gaz plus lourd que l'air** 一种比空气重的气体 [yì zhǒng bǐ kōngqì zhòng de qìtǐ] ❷ (fatigué) 沉重的 [chénzhòng de] ▸ **avoir les jambes lourdes** 双腿沉重 [shuāngtuǐ chénzhòng] ❸ (indigeste) 难消化的 [nán xiāohuà de] ▸ **un plat lourd** 一道难消化的菜 [yí dào nán xiāohuà de cài] ❹ (orageux) 沉闷的 [chénmèn de] ▸ **un temps lourd** 沉闷的天气 [chénmèn de tiānqì] ❺ (fatiguant) 烦人的 [fánrén de] ▸ **ce que tu peux être lourd !** 你可真够烦人的！ [nǐ kě zhēn gòu fánrén de!].

▪ **lourd** adv ▸ **peser lourd** 分量重 [fènliàng zhòng] ▸ **il fait lourd** 天气沉闷 [tiānqì chénmèn].

Louvre npr ▸ **le Louvre** 卢浮宫 [Lúfúgōng].

loyal, e adj ❶ (fidèle) 忠实的 [zhōngshí de] ▸ **ami loyal** 忠实的朋友 [zhōngshí de péngyou] ❷ (juste) 公正的 [gōngzhèng de] ▸ **concurrence loyale** 光明正大的竞争 [guāngmíng zhèngdà de jìngzhēng].

loyauté nf 忠诚 [zhōngchéng] ▸ **faire preuve de loyauté envers qqn** 表现出对某人的忠诚 [biǎoxiàn chū duì mǒurén de zhōngchéng].

loyer nm (cl. 笔 [bǐ] ou 份 [fèn]) 房租 [fángzū].

lubie nf 怪念头 [guài niàntou] ▸ **avoir une nouvelle lubie** 突发奇想 [tūfā qíxiǎng].

lubrifiant ♦ nm (cl. 种 [zhǒng]) 润滑油 [rùnhuáyóu]. ♦ adj 润滑的 [rùnhuá de].

lucarne nf ❶ (fenêtre) ○ (cl. 扇 [shàn]) 天窗 [tiānchuāng] ❷ FOOTBALL 球门上边角 [qiúmén shàngbiān jiǎo] ▸ **envoyer le ballon dans la lucarne** 将球从球门上边角射进 [jiāng qiú cóng qiúmén shàngbiān jiǎo shèjìn].

lucide adj 清醒的 [qīngxǐng de] ▸ **garder l'esprit lucide** 保持清醒的头脑 [bǎochí qīngxǐng de tóunǎo] ▸ **il n'est pas encore lucide** 他还没清醒 [tā hái méi qīngxǐng].

lucidité nf ❶ (clairvoyance) 清晰 [qīngxī] ▸ **une analyse d'une grande lucidité** 高度清晰的分析 [gāodù qīngxī de fēnxī] ❷ (conscience) 神志清醒 [shénzhì qīngxǐng] ▸ **avoir toute sa lucidité** 神志十分清醒 [shénzhì shífēn qīngxǐng].

luciole nf (cl. 只 [zhī]) 萤火虫 [yínghuǒchóng].

lucratif, ive adj 赚钱的 [zhuànqián de] ▸ **à but non lucratif** 非营利性的 [fēi yínglì xìngde] ▸ **travail lucratif** 赚钱的工作 [zhuànqián de gōngzuò].

lueur nf ❶ (lumière) ○ (cl. 缕 [lǚ] ou 线 [xiàn]) 微光 [wēiguāng] ▸ **il aperçut une lueur au loin** 他远远地看到一缕微光 [tā yuányuǎn de kàndào yì lǚ wēiguāng] ▸ **lire à la lueur d'une bougie** 在烛光下看书 [zài zhúguāng xià kànshū] ❷ *fig* (un peu) 一线 [yí xiàn] ; 一丝 [yì sī] ▸ **avoir une lueur d'espoir** 有一线希望 [yǒu yí xiàn xīwàng].

luge nf 小雪橇 [xiǎo xuěqiāo] ▸ **faire de la luge** 乘小雪橇滑行 [chéng xiǎo xuěqiāo huáxíng].

lugubre adj 凄凉的 [qīliáng de] ▸ **atmosphère lugubre** 凄凉的气氛 [qīliáng de qìfen].

lui pron pers ❶ (pour le masculin) 他 [tā] ▸ **je lui ai parlé** 我和他说了 [wǒ hé tā shuō le] ▸ **c'est encore lui ?** 还是他？ [háishì tā?] ▸ **et lui, qu'est-ce qu'il en pense ?** 他啊，他是怎么想的？ [tā a, tā shì zěnme xiǎng de?] ▸ **si j'étais lui…** 如果我是他…… [rúguǒ wǒ shì tā…] ▸ **elle n'écoute que lui** 她只听他的 [tā zhǐ tīng tāde] ▸ **lui, tout le monde le connaît** 他，所有人都认识他 [tā, suóyǒu rén dōu rènshi tā] ▸ **elle est fière de lui** 她以他为荣 [tā yǐ tā wéi róng] ▸ **elle est plus jeune que lui** 她比他年轻 [tā bǐ tā niánqīng] ❷ (pour le féminin) 她 [tā] ▸ **il lui a plu** 他很讨她喜欢 [tā hěn tǎo tā xǐhuān].

▪ **lui-même** pron pers 他自己 [tā zìjǐ] ▸ **il me l'a dit lui-même** 他自己对我说的这件事 [tā zìjǐ duì wǒ shuō de zhè jiàn shì].

luire vi (briller) 发亮 [fāliàng] ▸ **le soleil luit** 阳光照耀 [yángguāng zhàoyào].

luisant, e adj ❶ (brillant) 发亮的 [fāliàng de] ▸ **poil luisant** 发亮的皮毛 [fāliàng de pímáo] ❷ ZOOL ▸ **ver luisant** (cl. 只 [zhī]) 萤火虫 [yínghuǒchóng].

lumière nf ❶ (lampe) 灯 [dēng] ▸ **allumer/éteindre la lumière** 开/关灯 [kāi/guān dēng] ❷ (éclairage) 光线 [guāngxiàn] ❸ (personne intelligente) 才智出众的人 [cáizhì chūzhòng de rén] ▸ **ne pas être une lumière** 不怎么聪明 [bù zěnme cōngming] ❹ (explication) 说明 [shuōmíng] ▸ **je n'y comprends rien, j'ai besoin de vos lumières** 我对此完全不懂，我需要您的说明 [wǒ duì cǐ wánquán bù dǒng, wǒ xūyào nín de shuōmíng] ▸ **mettre qqch en lumière** 把某事阐述清楚 [bǎ mǒushì chǎnshù qīngchu] ▸ **à la lumière de** 考虑到……的情况 [kǎolǜdào… de qíngkuàng].

▪ **Lumières** nfpl ▸ **les Lumières** 启蒙哲学家 [Qǐméngzhéxuéjiā].

lumineux, euse adj ❶ (qui émet de la lumière) 发光的 [fāguāng de] ▸ **une enseigne lumineuse** 霓虹灯 [níhóngdēng] ❷ (clair) 明亮的 [míngliàng de] ▸ **une pièce lumineuse** 一个明亮的房间 [yí ge míngliàng de fángjiān] ❸ (brillant) 明智的 [míngzhì de] ▸ **idée lumineuse** 高明的主意 [gāomíng de zhǔyi].

lunatique adj & nmf 喜怒无常的(人) [xǐnù wúcháng de (rén)].

lundi nm 星期一 [xīngqīyī].

lune nf 月 [yuè] ▸ **nouvelle lune** (cl. 牙 [yá]) 新月 [xīn yuè] ▸ **la pleine lune** (cl. 轮 [lún]) 满月 [mǎn yuè]
◊ **lune de miel** 蜜月 [mì yuè] ▸ **demander la lune** 水中捞月 [shuǐzhōnglāoyuè]; 异想天开 [yìxiǎng tiānkāi] ▸ **être dans la lune** 心不在焉 [xīnbúzàiyān].

lunette nf ❶ (ouverture) ○ (cl. 扇 [shàn]) 后窗 [hòuchuāng] ▸ **lunette arrière** 汽车后窗 [qìchē hòuchuāng] ▸ **la lunette des W-C** 马桶圈 [mǎtǒng quān] ❷ ASTRON (cl. 架 [jià] ou 台 [tái]) 望远镜 [wàngyuǎnjìng].

▪ **lunettes** nfpl (verres) ○ (cl. 副 [fù]) 眼镜 [yǎnjìng] ▸ **lunettes de soleil** 墨镜 [mò jìng] ▸ **porter des lunettes** 戴眼镜 [dài yǎnjìng].

Luoyang npr (ville) 洛阳 [Luòyáng].

lustre nm ○ (cl. 盏 [zhǎn]) 吊灯 [diàodēng].

▪ **lustres** nmpl ▸ **depuis des lustres** 很久以来 [hěn jiǔ yǐlái].

lustrer vt 使……有光泽 [shǐ… yǒu guāngzé] ▸ **le chat lustre ses poils** 猫让自己的毛焕发光泽 [māo ràng zìjǐ de máo huànfā guāngzé] ▸ **lustrer une carrosserie** 把车身擦得发亮 [bǎ chēshēn cā de fāliàng].

lutte nf ❶ (cl. 场 [chǎng] ou 次 [cì]) 斗争 [dòuzhēng] ▸ **lutte armée** 武装斗争 [wǔzhuāng dòuzhēng] ▸ **lutte des classes** 阶级斗争 [jiējí dòuzhēng] ▸ **la lutte contre le sida** 与爱滋病作斗争 [yǔ àizībìng zuò dòuzhēng] ❷ SPORT (cl. 场 [chǎng]) 摔跤 [shuāijiāo] ▸ **pratiquer la lutte** 摔跤 [shuāijiāo].

lutter vi 斗争 [dòuzhēng] ▸ **lutter contre** 同……作斗争 [tóng… zuò dòuzhēng] ▸ **lutter pour** 为……而斗争 [wéi… ér dòuzhēng].

luxation nf MÉD 脱臼 [tuōjiù].

luxe nm ❶ (richesse) 奢侈 [shēchǐ] ▸ **produit de luxe** 奢侈品 [shēchǐ pǐn] ▸ **vivre dans le luxe** 生活奢侈 [shēnghuó shēchǐ] ❷ (plaisir coûteux) 奢华享受 [shēhuá xiǎngshòu] ▸ **le cinéma est mon seul luxe** 电影是我唯一的奢侈享受 [diànyǐng shì wǒ wéiyī de shēchǐ xiǎngshòu].

Luxembourg nm ❶ (pays) ▸ **le Luxembourg** 卢森堡 [Lúsēnbǎo] ❷ (ville) 卢森堡 [Lúsēnbǎo].

luxembourgeois, e adj 卢森堡的 [lúsēnbǎo de].

▪ **Luxembourgeois, e** nm, f 卢森堡人 [Lúsēnbǎorén].

luxueux, euse adj 豪华的 [háohuá de].

Lu Xun npr (écrivain) 鲁迅 [Lǔ Xùn].

luxure nf 淫乱 [yínluàn] ▸ **se vautrer dans la luxure** 沉溺于淫乱的生活 [chénnì yú yínluàn de shēnghuó].

lycée nm (cl. 所 [suǒ]) 高中 [gāozhōng] ▸ **aller au lycée** 上高中 [shàng gāozhōng] ▸ **lycée d'enseignement général** 普通高中 [pǔtōng gāozhōng] ▸ **lycée professionnel** 职业高中 [zhíyè gāozhōng] ▸ **lycée technique** 技校 [jì xiào].

lycéen, enne nm, f (cl. 名 [míng] ou 个 [gè] ou 位 [wèi]) 高中生 [gāozhōngshēng].

lyncher vt 群殴 [qún'ōu] ▸ **se faire lyncher** 遭到群殴 [zāodào qún'ōu].

lyophilisé, e adj 冻干的 [dònggān de] ▸ **soupe lyophilisée** 冻干汤粉 [dònggān tāngfěn].

lyrique adj ❶ MUS & THÉÂTRE ▸ **chanteur lyrique** 歌剧演唱者 [gējù yǎnchàngzhě] ▸ **théâtre lyrique** 歌剧 [gējù] ❷ LITTÉR 抒情的 [shūqíng de] ▸ **poésie lyrique** 抒情诗 [shūqíng shī].

lys = **lis**

m

m, M nm inv 法语字母表中第十三个字母 [fáyǔ zìmúbiǎo zhōng dìshísān ge zìmǔ].

m ❶ (abr écrite de **mètre**) 米 [mǐ] ❷ (abr écrite de **milli**) 毫 [háo].

M ❶ (abr écrite de **Monsieur**) 先生 [xiānsheng] ▸ **M. Bourbon** 布尔邦先生 [Bù'ěrbāng xiānsheng] ❷ (abr écrite de **million**) 百万 [bǎiwàn].

m^2 (abr écrite de **mètre carré**) 平方米 [píngfāng mǐ]; 平米 [píng mǐ] ▸ **une pièce de 20 m^2** 一间20平方米的房间 [yì jiān 20 píngfāng mǐ de fángjiān].

m^3 (abr écrite de **mètre cube**) 立方米 [lìfāng mǐ].

macabre adj 令人毛骨悚然的 [lìngrén máogǔ sǒngrán de] ▸ **danse macabre** 死神舞 [sǐshén wǔ] ▸ **découverte macabre** 骇人听闻的发现 [hàirén tīngwén de fāxiàn] ▸ **histoire macabre** 令人毛骨悚然的故事 [lìngrén máogǔ sǒngrán de gùshi].

Macao npr (région) 澳门 [Àomén].

macédoine nf CULIN (cl. 份 [fèn] ou 道 [dào]) 什锦 [shíjǐn]; (cl. 份 [fèn] ou 道 [dào]) 拼盘 [pīnpán] ▸ **macédoine de légumes** 蔬菜什锦 [shūcài shíjǐn].

Macédoine nf ▸ **la Macédoine** 马其顿 [Mǎqídùn].

mâche nf CULIN 野苣 [yějù] ▸ **salade de mâche et de lardons** (cl. 道 [dào] ou 份 [fèn]) 肉丁野苣沙拉 [ròudīng yějù shālā].

mâcher vt 嚼 [jiáo] ▸ **mâcher un chewing-gum** 嚼口香糖 [jiáo kǒuxiāngtáng] ▸ **mâchez longuement avant d'avaler** 细嚼慢咽 [xìjiáomànyàn].

machiavélique adj 不讲信义的 [bù jiǎng xìnyì de].

machin nm *fam* ❶ (chose) 玩意儿 [wányìr]; 东西 [dōngxi] ▸ **qu'est-ce que c'est que ce machin ?** 这是什么玩意儿？ [zhè shì shénme wányìr?] ❷ (personne) ▸ **machin (chouette)** 那人 [nà rén]; 那谁 [nà shéi].

machinal, e adj 机械的 [jīxiè de] ▸ **geste machinal** 机械的动作 [jīxiè de dòngzuò].

machinalement adv 机械地 [jīxiè de].

machination nf 阴谋 [yīnmóu].

machine nf TECHNOL (cl. 台 [tái]) 机器 [jīqì] ▸ **lavage en machine** 机洗 [jī xǐ] ▸ **je dois faire une machine, je n'ai plus rien à me mettre** 我得洗衣服了，我都没的可穿了 [wǒ děi xǐ yīfu le, wǒ dōu méide kě chuān le] ▸ **machine à coudre** 缝纫机 [féngrèn jī] ▸ **machine à écrire** 打字机 [dǎzì jī] ▸ **machine à laver** 洗衣机 [xǐyī jī].

machisme nm 大男子主义 [dànánzízhǔyì].

macho *péj* nm 大男子主义者 [dànánzízhǔyìzhě].

mâchoire nf ANAT 颌 [hé] ▸ **mâchoire inférieure** 下颌 [xià hé] ▸ **mâchoire supérieure** 上颌 [shàng hé].

mâchonner vt 咬 [yǎo].

maçon nm (cl. 个 [gè] ou 名 [míng]) 泥瓦匠 [níwǎjiàng].

maçonnerie nf 砖瓦工程 [zhuānwǎ gōngchéng].

maculer vt 弄脏 [nòngzāng].

Madagascar npr 马达加斯加 [Mǎdájiāsījiā].

madame nf ❶ (pour s'adresser à une femme mariée) ○ (cl. 位 [wèi]) 太太 [tàitai]; 夫人 [fūrén] ▸ **que puis-je pour vous, madame ?** 有什么我可以为您效劳的吗，夫人？ [yǒu shénme wǒ kéyǐ wèi nín xiàoláo de ma, fūrén?] ▸ **Monsieur et Madame Li** 李先生和李太太 [Lǐ Xiānsheng hé Lǐ Tàitai] ❷ (titre respectueux) ○ (cl. 位 [wèi]) 女士 [nǚshì] ▸ **madame la Directrice** 经理女士 [Jīnglǐ nǚshì].

mademoiselle nf (cl. 位 [wèi]) 小姐 [xiǎojie].

Madrid npr 马德里 [Mǎdélǐ].

mafia, maffia nf 黑手党 [hēishóudǎng].

mafieux, euse nm, f (cl. 名 [míng] ou 个 [gè]) 黑手党份子 [hēishóudǎng fènzǐ].

magasin nm (cl. 家 [jiā] ou 个 [gè] ou 间 [jiān]) 商店 [shāngdiàn] ▸ **faire les magasins** 逛商店 [guàng shāngdiàn] ▸ **grand magasin** 百货商场 [bǎihuò shāngchǎng] ▸ **magasin de sport** 运动品商店 [yùndòngpǐn shāngdiàn].

magazine nm (cl. 本 [běn] ou 期 [qī]) 杂志 [zázhì] ▸ **magazine féminin** 女性杂志 [nǚxìng zázhì].

mage adj RELIG ▸ **les rois mages** (耶稣诞生时前来朝拜的)东方三王 [(Yēsū dànshēng shí qiánlái cháobài de) dōngfāng sānwáng].

Maghreb nm ▸ **le Maghreb** 马格里布 [Mǎgélǐbù].

maghrébin, e adj 马格里布的 [mǎgélǐbù de].

▪ **Maghrébin, e** nm, f 马格里布人 [Mǎgélǐbùrén].

magicien, enne nm, f (cl. 位 [wèi] ou 个 [gè] ou 名 [míng]) 魔术师 [móshùshī].

magie nf ❶ (sorcellerie) 魔法 [mófǎ] ▸ **comme par magie** 像变戏法一样 [xiàng biànxìfǎ yíyàng] ▸ **magie noire** 巫术 [wūshù] ❷ *fig* (charme) 魔力 [mólì] ▸ **la magie du cinéma** 电影的魔力 [diànyǐng de mólì].

magique adj ❶ (occulte) 魔法的 [mófǎ de] ▸ **une formule magique** 一条咒语 [yì tiáo zhòuyǔ] ▸ **pouvoirs magiques** 魔力 [mólì] ❷ (merveilleux) 奇妙的 [qímiào de] ▸ **un voyage magique** 一次奇妙的旅行 [yí cì qímiào de lǚxíng].

magistral, e adj ❶ (excellent) 出色的 [chūsè de] ▸ **une interprétation magistrale** 一场出色的演出 [yì chǎng chūsè de yǎnchū] ❷ UNIV ▸ **cours magistral** 教授主讲课 [jiàoshòu zhújiǎng kè].

magistrat nm (cl. 位 [wèi] ou 个 [gè] ou 名 [míng]) 司法官员 [sīfǎ guānyuán].

magistrature nf (corps des magistrats) 司法界 [sīfǎjiè].

magnanime adj *sout* 宽宏大量的 [kuānhóng dàliàng de] ▸ **se montrer magnanime envers qqn** 对某人显得宽宏大量 [duì mǒurén xiǎn de kuānhóng dàliàng].

magnétique adj PHYS 磁的 [cí de] ▸ **bande magnétique** 磁带 [cí dài] ▸ **carte magnétique** 磁卡 [cí kǎ] ▸ **champ magnétique** 磁场 [cí chǎng].

magnétisme nm ❶ PHYS 磁性 [cíxìng] ▸ **le magnétisme terrestre** 地磁 [dì cí] ❷ *fig* (fascination) 吸引力 [xīyǐnlì] ▸ **il exerce un puissant magnétisme** 他有着强大的吸引力 [tā yǒuzhe qiángdà de xīyǐnlì].

magnétophone nm (cl. 台 [tái]) 录音机 [lùyīnjī] ▸ **enregistrer qqch sur magnétophone** 用录音机录下某事 [yòng lùyīnjī lù xià mǒushì].

magnétoscope nm (cl. 台 [tái]) 录像机 [lùxiàngjī].

magnifique adj ❶ (somptueux) 华丽的 [huálì de] ▸ **un palais magnifique** 一座华丽的宫殿 [yí zuò huálì de gōngdiàn] ❷ (très beau) 极美的 [jíměi de] ▸ **c'est une femme magnifique** 这是个绝色美女 [zhè shì ge juésè méinǚ] ▸ **temps magnifique** 极好的天气 [jíhǎo de tiānqì] ▸ **vue magnifique** 美不胜收的景色 [měibúshèngshōu de jǐngsè].

magnolia nm BOT (cl. 棵 [kē]) 玉兰 [yùlán]; 木兰 [mùlán] ▸ **une fleur de magnolia** 一朵玉兰花 [yì duǒ yùlán huā].

mah-jong nm 麻将 [májiàng] ▸ **jouer au mah-jong** 打麻将 [dǎ májiàng].

mai nm (mois) 五月 [wǔyuè].

maigre adj ❶ (très mince) 瘦的 [shòu de] ▸ **il est trop maigre** 他太瘦了 [tā tài shòu le] ❷ (non gras) 低脂的 [dīzhī de] ▸ **fromage maigre** 低脂奶酪 [dīzhī nǎilào] ❸ (insuffisant) ▸ **un maigre repas** 一顿粗劣的饭菜 [yí dùn cūliè de fàncài] ▸ **un maigre salaire** 微薄的薪水 [wēibó de xīnshuǐ].

maigrir vi 消瘦 [xiāoshòu] ▸ **elle a beaucoup maigri** 她消瘦了很多 [tā xiāoshòu le hěn duō] ▸ **maigrir de 3 kilos** 瘦了3公斤 [shòu le 3 gōngjīn].

mail nm INFORM (cl. 封 [fēng]) 电子邮件 [diànzǐ yóujiàn] ▸ **envoyer un mail à qqn** 给某人发一封电子邮件 [gěi mǒurén fā yì fēng diànzǐ yóujiàn].

mailing nm (cl. 批 [pī] ou 封 [fēng]) 群发邮件 [qún fā yóujiàn] ▸ **faire un mailing** 发群发邮件 [fā qúnfā yóujiàn].

maille nf ❶ (tricot) (编织的)线圈 [(biānzhī de) xiànquān] ▸ **tricoter en mailles serrées** 密针编织 [mì zhēn biānzhī] ❷ (pêche) 网眼 [wángyǎn] ▸ **un filet à mailles larges** 一张大网眼的渔网 [yì zhāng dà wángyǎn de yúwǎng] ▸ **passer à travers les mailles du filet** 漏网 [lòu wǎng].

maillet nm (cl. 把 [bǎ]) 双头锤 [shuāngtóuchuí].

maillon nm ❶ 环 [huán] ▸ **passer le cadenas dans un maillon de la chaîne** 把扣锁穿进链子上的一个环里 [bǎ kòu suǒ chuān jìn liànzi shàng de yí ge huán lǐ] ❷ *fig* 环节 [huánjié].

maillot nm ❶ (vêtement) ○ (cl. 件 [jiàn]) 运动衫 [yùndòngshān] ❷ (épilation) 阴毛 [yīnmáo] ▸ **se faire épiler le maillot** 除去阴毛 [chúqù yīnmáo].

▪ **maillot de bain** nm (cl. 件 [jiàn]) 泳衣 [yǒngyī] ▸ **maillot (de bain) une pièce** 连体泳衣 [liántǐ yǒngyī] ▸ **maillot (de bain) deux pièces** 比基尼式泳衣 [bǐjīní shì yǒngyī].

main nf ❶ ANAT (cl. 只 [zhī]) 手 [shǒu] ▸ **à la main** 用手 [yòng shǒu] ▸ **à main armée** 持械 [chí xiè] ▸ **les cinq doigts de la main** 五根手指 [wǔ gēn shóuzhǐ] ▸ **demander la main de qqn** 向某人求婚 [xiàng mǒurén qiúhūn] ▸ **lever la main sur qqn** 抬手打某人 [tái shǒu dǎ mǒurén] ▸ **main dans la main** 手拉手 [shǒu lā shǒu] ▸ **voter à main levée** 举手表决 [jǔ shǒu biǎojué] ❷ (tour) 庄家 [zhuāngjia] ▸ **perdre la main** 下庄 [xià zhuāng] ▸ **prendre la main** 坐庄 [zuò zhuāng].

▪ **de la main** loc adv 做手势 [zuò shǒushì] ▸ **saluer qqn de la main** 招手致意 [zhāo shǒu zhìyì].

main-d'œuvre nf ❶ (travail) 人工 [réngōng] ▸ **frais de main-d'œuvre** 人工费 [réngōng fèi] ▸ **une journée de main-d'œuvre** 一天的人工 [yì tiān de réngōng] ❷ (salariés) 人手 [rénshǒu] ▸ **manquer de main-d'œuvre** 缺人手 [quē rénshǒu].

mainmise nf 操控 [cāokòng] ▸ **avoir la mainmise sur qqch** 操控某物 [cāokòng mǒuwù].

maintenance nf 维护 [wéihù] ▸ **assurer la maintenance d'une machine** 保障一台机器的维护 [bǎozhàng yì tái jīqì de wéihù] ▸ **technicien de maintenance** 维修技术人员 [wéixiū jìshù rényuán].

maintenant adv 现在 [xiànzài] ▸ **il y a maintenant dix ans** 到现在有十年了 [dào xiànzài yǒu shí nián le] ▸ **c'est maintenant ou jamais** 不趁现在就没机会了 [bú chèn xiànzài jiù méi jīhuì le] ▸ **à partir de maintenant** 从现在开始 [cóng xiànzài kāishǐ].

▪ **maintenant que** loc conj 既然……就…… [jìrán… jiù…] ▸ **maintenant qu'elle est guérie elle peut sortir** 她既然痊愈了，就能出去了 [tā jìrán quányù le, jiù néng chūqu le].

maintenir vt ❶ (soutenir) 支撑 [zhīchēng] ▸ **les poutres maintiennent la charpente** 房梁支撑着屋架 [fángliáng zhīchēngzhe wūjià] ❷ (garder) 维持 [wéichí] ▸ **maintenir l'ordre** 维持秩序 [wéichí zhìxù] ▸ **maintenir qqn en vie** 维持某人的生命 [wéichí mǒurén de shēngmìng] ❸ (confirmer) 坚持 [jiānchí] ▸ **maintenir une accusation** 坚持一项指控 [jiānchí yí xiàng zhǐkòng] ▸ **je maintiens qu'il a tort** 我坚持认为他错了 [wǒ jiānchí rènwéi tā cuò le].

▪ **se maintenir** vp ❶ (durer) 持续 [chíxù] ▸ **la paix s'est maintenue pendant vingt ans** 和平持续了二十年 [hépíng chíxù le èrshí nián] ❷ (rester) 保持 [bǎochí] ▸ **il se maintient parmi les trois premiers** 他保持在前三

名中 [tā bǎochí zài qián sān míng zhōng] ▸ **se maintenir au second tour** 坚持到第二轮 [jiānchí dào dì'èr lún].

maintien nm (conservation) 维持 [wéichí] ▸ **maintien des prix** 对物价的维持 [duì wùjià de wéichí].

maire nm (cl. 名 [míng] ou 个 [gè] ou 位 [wèi]) 市长 [shìzhǎng].

mairie nf 市政府 [shìzhèngfǔ].

mais ♦ conj ❶ (introduisant une opposition) 而是 [ér shì] ▸ **ce n'est pas 123 mais 124** 这不是123而是124 [zhè bú shì 123 ér shì 124] ❷ (introduisant une objection, une précision, une restriction) 但 [dàn] ▸ **il viendra, mais il ne sait pas quand** 他会来的，但不知道什么时候 [tā huì lái de, dàn bù zhīdào shénme shíhou] ▸ **j'ai trouvé le même, mais moins cher** 我找到了一样的，但要便宜些 [wǒ zhǎodào le yíyàng de, dàn yào piányi xiē] ▸ **mais non !** 才不是呢！ [cái bú shì ne!] ❸ (introduisant une transition) 那 [nà] ▸ **mais tu l'as vu ou non ?** 那你见到他没有呢？ [nà nǐ jiàndào tā méiyǒu ne?] ❹ (exprimant la colère, l'étonnement, la joie) 可 [kě] ▸ **mais c'est Paul !** 可那是保罗啊！ [kě nà shì Bǎoluó a!]. ♦ adv 那 [nà] ▸ **vous êtes prêts ? — mais bien sûr !** 你们准备好了吗？— 那当然了！ [nǐmen zhǔnbèi hǎo le ma? — nà dāngrán le!].

▪ **non seulement… mais (encore ou aussi)** loc correlative 不仅……而且…… [bùjǐn… érqiě…] ▸ **elle est non seulement jolie, mais aussi intelligente** 她不仅漂亮，而且聪明 [tā bùjǐn piàoliang, érqiě cōngming].

maïs nm inv 玉米 [yùmǐ] ▸ **épi de maïs** 玉米棒子 [yùmǐ bàngzi] ▸ **grain de maïs** 玉米粒 [yùmǐ lì] ▸ **maïs transgénique** 转基因玉米 [zhuǎnjīyīn yùmǐ].

maison ♦ nf ❶ (habitation) ◦ (cl. 座 [zuò] ou 所 [suǒ] ou 个 [gè]) 房屋 [fángwū] ▸ **habiter une maison de 5 pièces** 住一所5居室的房子 [zhù yì suǒ 5 jūshì de fángzi] ▸ **maison de campagne** 乡间别墅 [xiāngjiān biéshù] ❷ (logis) 家 [jiā] ▸ **ce soir, nous sommes à la maison** 今晚，我们在家 [jīnwǎn, wǒmen zài jiā] ❸ COMM ▸ **la maison ne fait pas crédit** 本店不接受赊帐 [běn diàn bù jiēshòu shēzhàng] ▸ **maison d'édition** 出版社 [chūbǎn shè] ❹ (institut) 所 [suǒ] ▸ **maison d'arrêt** 拘留所 [jūliú suǒ] ▸ **maison de retraite** 养老院 [yánglǎo yuàn]. ♦ adj inv (artisanalement) (本店)自制的 [(běn diàn) zìzhì de] ▸ **gâteau fait maison** 本店自制糕点 [běn diàn zìzhì gāodiǎn].

maître, maîtresse ♦ nm, f ❶ (enseignant) ◦ (cl. 名 [míng] ou 个 [gè] ou 位 [wèi]) 教师 [jiàoshī] ▸ **maître (d'école)** 老师 [lǎoshī] ▸ **maître d'arts martiaux** 武术师傅 [wǔshù shīfu] ▸ **maître de conférence** 大学副教授 [dàxué fùjiàoshòu] ▸ **maître nageur** 游泳教练 [yóuyǒng jiàoliàn] ❷ (artiste) ◦ (cl. 个 [gè] ou 位 [wèi]) 大师 [dàshī] ▸ **un maître de la Renaissance** 一位文艺复兴时的大师 [yí wèi Wényì Fùxīng shí de dàshī] ▸ **une toile de maître** 一幅大师级的画 [yí fú dàshī jí de huà] ❸ (propriétaire) 主人 [zhǔrén] ▸ **être maître de soi** 能够把握自己 [nénggòu bǎwò zìjǐ]. ♦ adj (principal, essentiel) 主要的 [zhǔyào de] ▸ **idée maîtresse** 主要思想 [zhǔyào sīxiǎng].

▪ **maîtresse** nf (amante) 情妇 [qíngfù].

▪ **Maître** nm (titre) 律师[lǜshī]; 执达官[zhídáguān]; 公证员 [gōngzhèngyuán] ▸ **les honoraires de Maître Durand sont élevés** 杜朗律师的收费很高 [Dùlǎng lǜshī de shōufèi hěn gāo].

maîtrise nf ❶ (sang-froid) 控制 [kòngzhì] ▸ **maîtrise de soi** 自制力 [zìzhìlì] ❷ (connaissance) 掌握 [zhǎngwò] ▸ **sa maîtrise du chinois est remarquable** 他对中文的掌握很出色 [tā duì zhōngwén de zhǎngwò hěn chūsè] ❸ (habileté) 精通 [jīngtōng] ▸ **faire preuve d'une grande maîtrise en qqch** 表现出对某事的精通 [biǎoxiàn chū duì mǒushì de jīngtōng] ❹ UNIV 硕士学位 [shuòshì xuéwèi].

maîtriser vt ❶ (soumettre par la force) 制服 [zhìfú] ▸ **ils ont réussi à maîtriser le forcené** 他们成功制服了疯子 [tāmen chénggōng zhìfú le fēngzi] ❷ (dominer) 克制 [kèzhì] ▸ **maîtriser son émotion** 克制自己的情绪 [kèzhì zìjǐ de qíngxù] ❸ (savoir utiliser) 掌握 [zhǎngwò] ▸ **nous maîtrisons l'énergie solaire** 我们掌握了太阳能 [wǒmen zhǎngwò le tàiyáng néng] ❹ (contrôler) 控制 [kòngzhì] ▸ **maîtriser les dépenses** 控制开支 [kòngzhì kāizhī].

■ **se maîtriser** vp (se dominer) 克制自己 [kèzhì zìjǐ] ▸ **il s'est maîtrisé à temps** 他及时地克制住了自己 [tā jíshí de kèzhì zhù le zìjǐ].

majesté nf ❶ (dignité) 威严 [wēiyán] ▸ **une démarche pleine de majesté** 一种威严的步伐 [yì zhǒng wēiyán de bùfá] ❷ (titre) ▸ **Sa ou Votre Majesté** 陛下 [Bìxià].

majestueux, euse adj ❶ (solennel) 庄重的 [zhuāngzhòng de] ▸ **air majestueux** 庄重的神情 [zhuāngzhòng de shénqíng] ❷ (monumental) 庄严的 [zhuāngyán de].

majeur, e adj ❶ (adulte) 成年人的 [chéngniánrén de] ▸ **je suis majeure, je peux voter** 我是成年人，可以投票了 [wǒ shì chéngniánrén, kéyǐ tóupiào le] ❷ (principal) 较大的 [jiàodà de] ▸ **la majeure partie du temps** 大部分时间 [dà bùfen shíjiān] ❸ MUS 大调 [dàdiào].

■ **majeur** nm (doigt) ○ (cl. 根 [gēn]) 中指 [zhōngzhǐ].

majorer vt 抬高 [táigāo] ▸ **majorer un prix** 抬高价格 [táigāo jiàgé].

majorette nf (cl. 个 [gè] ou 名 [míng]) 穿制服表演的女孩 [chuān zhìfú biáoyǎn de nǚhái].

majoritaire adj 多数的 [duōshù de] ▸ **être majoritaire dans qqch** 在某领域里占多数 [zài mǒu lǐngyù lǐ zhàn duōshù] ▸ **associé majoritaire** 联合多数派 [liánhé duōshù pài] ▸ **scrutin majoritaire** 多数选举制 [duōshù xuánjǔ zhì].

majorité nf ❶ (âge) 成年 [chéngnián] ▸ **atteindre la majorité** 已经成年 [yǐjīng chéngnián] ❷ (majeure partie) 大多数 [dàduōshù] ▸ **la majorité des blessés a survécu** 大多数的伤员都活下来了 [dàduōshù de shāngyuán dōu huó xiàlái le] ▸ **ils sont en grande majorité d'origine étrangère** 他们中的大部分都是外来人 [tāmen zhōng de dà bùfen dōu shì wàiláirén] ❸ POLIT 多数选票 [duōshù xuǎnpiào] ▸ **la majorité soutient le gouvernement** 多数派支持政府 [duōshù pài zhīchí zhèngfǔ] ▸ **majorité absolue** 绝对多数 [juéduì duōshù] ▸ **majorité relative** 相对多数 [xiāngduì duōshù].

majuscule ♦ nf TYPO 大写 [dàxiě] ▸ **en majuscules** 用大写字母 [yòng dàxiě zìmǔ]. ♦ adj 大写的 [dàxiě de] ▸ **un « a » majuscule** 一个大写字母"A" [yí ge dàxiězìmǔ "A"].

mal, maux nm ❶ (ce qui est contraire à la morale) 不好 [bùhǎo] ▸ **le bien et le mal** 好与坏 [hǎo yǔ huài] ▸ **c'est mal de mentir** 撒谎是不好的 [sāhuǎng shì bùhǎo de] ❷ (souffrance physique, maladie) 疼 [téng] ▸ **avoir le mal de mer** 晕船 [yùn chuán] ▸ **avoir le mal des transports** 晕车 [yùn chē] ▸ **des maux d'estomac** 胃疼 [wèi téng] ❸ (effort, difficulté) 困难 [kùnnan] ▸ **avoir du mal à faire qqch** 做某事有困难 [zuò mǒushì yǒu kùnnan] ▸ **j'ai du mal à le croire** 我很难相信他 [wǒ hěn nán xiāngxìn tā] ▸ **se donner du mal pour** 为了……不辞辛苦 [wèile… bù cí xīnkǔ] ❹ (douleur morale) 伤害 [shānghài] ▸ **faire du mal à qqn** 伤害某人 [shānghài mǒurén] ❺ (choses défavorables) 过错 [guòcuò] ▸ **le mal est fait** 错已造成 [cuò yǐ zàochéng].

■ **mal** adv ❶ (douleur) 疼 [téng] ▸ **avoir mal** 难受 [nánshòu] ▸ **avoir mal à la tête/à la gorge/au ventre** 头/嗓子/肚子疼 [tóu/sǎngzi/dùzi téng] ▸ **avoir mal au cœur** 想吐 [xiǎng tǔ] ▸ **faire mal à qqn** 弄疼某人 [nòng téng mǒurén] ▸ **se sentir mal** 觉得不舒服 [jué de bùshūfú] ❷ (avec difficulté) 困难 [kùnnan] ▸ **il respire mal** 他呼吸困难 [tā hūxī kùnnán] ❸ (de façon mauvaise) 不好 [bùhǎo] ▸ **aller mal** 情况不好 [qíngkuàng bùhǎo] ▸ **aller mal à qqn** 不适合某人 [bú shìhé mǒurén] ▸ **mal tourner** 搞糟了 [gǎo zāo le] ▸ **je parle mal anglais** 我英语说的不好 [wǒ yīngyǔ shuō de bùhǎo] ▸ **s'y prendre mal avec qqn** 处理不好与某人的关系 [chúlǐ bùhǎo yǔ mǒurén de guānxi] ❹ (de façon erronée) 错误地 [cuòwù de] ▸ **mal prendre qqch** 曲解某事 [qūjiě mǒushì] ❺ (de façon répréhensible) 差 [chà] ▸ **être mal élevé** 没有教养 [méiyǒu jiàoyǎng] ▸ **il s'est très mal conduit** 他表现得很差 [tā biǎoxiàn de hěn chà] ❻ (au mauvais moment) 不巧 [bùqiǎo] ▸ **tomber mal** 来的不巧 [lái de bùqiǎo].

■ **mal à l'aise** loc adj 不自在 [búzìzài] ▸ **être mal à l'aise** 觉得不自在 [jué de búzìzài] ▸ **se sentir mal à l'aise** 感到不舒服 [gǎndào bùshūfú].

■ **pas mal** *fam* ♦ loc adv (beaucoup) 不少 [bùshǎo] ▸ **on a pas mal mangé** 大家吃了不少

[dàjiā chī le bùshǎo] ▸ **il y avait du monde ? — pas mal** 人多吗？— 不少 [rén duō ma? — bùshǎo]. ♦ loc adj 不错的 [búcuò de] ▸ **elle est plutôt pas mal comme fille** 她还算是个挺不错的女孩 [tā háisuàn shì ge tǐng búcuò de nǚhái] ▸ **elle est pas mal ton idée** 你的主意还不错 [nǐde zhǔyi hái búcuò].

▪ **pas mal de** loc prép (beaucoup de) 不少的 [bùshǎo de] ▸ **il y avait pas mal de monde à l'exposition** 展览会上有不少人 [zhǎnlǎnhuì shàng yǒu bùshǎo rén].

malade ♦ nmf 病人 [bìngrén] ▸ **malade mental** 精神病人 [jīngshén bìngrén]. ♦ adj ❶ (souffrant) 患病的 [huànbìng de] ▸ **tomber malade** 生病 [shēngbìng] ❷ *fam* (fou) 有病的 [yǒu bìng de] ▸ **il est malade, ce type !** 他有病，这家伙！ [tā yǒu bìng, zhè jiāhuo!] ▸ **malade d'inquiétude** 急疯了 [jí fēng le] ❸ (inquiet) ▸ **se rendre malade pour qqch** 被某事急坏了 [bèi mǒushì jíhuài le].

maladie nf ❶ MÉD (cl. 种 [zhǒng]) 疾病 [jíbìng] ▸ **couver une maladie** 显出一种疾病的初期症状 [xiǎnchū yì zhǒng jíbìng de chūqī zhèngzhuàng] ▸ **maladie d'Alzheimer** 阿尔茨海默氏病 [Ā'ěrcíhǎimòshì bìng]; 老年痴呆症 [lǎonián chīdāizhèng] ▸ **la maladie l'a beaucoup affaiblie** 疾病使他虚弱了很多 [jíbìng shǐ tā xūruò le hěnduō] ▸ **maladie contagieuse** 传染病 [chuánrǎnbìng] ▸ **maladie mentale** 精神病 [jīngshén bìng] ▸ **maladie de Parkinson** 帕金森病 [Pàjīnsēn bìng] ▸ **maladie sexuellement transmissible** 性病 [xìng bìng] ❷ (passion, manie) 癖好 [pǐhào]

◊ **en faire une maladie** 气出病 [qì chū bìng] ▸ **n'en fais pas une maladie !** 你可别气出病了！ [nǐ kě bié qì chū bìng le!].

maladresse nf ❶ (inhabileté) 笨拙 [bènzhuō] ❷ (bévue) 蠢事 [chǔnshì] ▸ **commettre des maladresses** 做蠢事 [zuò chǔnshì].

maladroit, e adj ❶ (malhabile) 笨的 [bèn de] ❷ (mal à propos) 不懂事的 [bùdǒngshì de].

malaise nm ❶ (indisposition) ○ (cl. 阵 [zhèn]) 不适 [búshì] ▸ **avoir un malaise** 感到不适 [gǎndào búshì] ❷ (trouble) ○ (cl. 阵 [zhèn]) 不安 [bù'ān] ▸ **un grand malaise régnait dans l'assemblée** 不安笼罩着议会 [bù'ān lǒngzhàozhe yìhuì] ❸ (crise) ○ (cl. 种 [zhǒng]) 不满（情绪）[bùmǎn (qíngxù)] ▸ **il y a un malaise chez les médecins** 医生们有种不满情绪 [yīshēngmen yǒu zhǒng bùmǎn qíngxù] ▸ **malaise social** 社会动荡 [shèhuì dòngdàng].

Malaisie nf ▸ **la Malaisie** 马来西亚 [Mǎláixīyà].

malaria nf 疟疾 [nüèji] ▸ **attraper la malaria** 得了疟疾 [dé le nüèji].

malchance nf 倒霉 [dǎoméi] ▸ **jouer de malchance** 不走运 [bù zǒuyùn] ▸ **par malchance** 倒霉的是 [dǎoméi de shì].

malchanceux, euse adj 不走运的 [bù zǒuyùn de].

Maldives nfpl ▸ **les (îles) Maldives** 马尔代夫(岛) [Mǎ'ěrdàifū (dǎo)].

mâle ♦ adj ❶ (de sexe masculin) 雄的 [xióng de] ▸ **fleur mâle** 雄蕊 [xióng ruǐ] ▸ **hormone mâle** 雄性荷尔蒙 [xióngxìng hé'ěrméng] ❷ TECHNOL 插件 [chājiàn] ▸ **une prise mâle** 一个插头 [yí ge chātóu]. ♦ nm ▸ **ma tortue est un mâle** 我的乌龟是公的 [wǒde wūguī shì gōngde].

malédiction nf ❶ (malchance) 倒霉 [dǎoméi] ▸ **c'est une malédiction** 这真倒霉 [zhè zhēn dǎoméi] ❷ *sout* RELIG 诅咒 [zǔzhòu].

malentendant, e nm, f (cl. 名 [míng] ou 个 [gè] ou 位 [wèi]) 听障患者 [tīngzhàng huànzhě].

malentendu nm (cl. 个 [gè] ou 场 [chǎng]) 误会 [wùhuì] ▸ **il y a eu un malentendu** 发生了一场误会 [fāshēng le yì chǎng wùhuì].

malfaiteur nm (cl. 名 [míng] ou 个 [gè]) 歹徒 [dǎitú].

malfamé, e, mal famé, e adj 声名狼藉的 [shēngmíng lángjí de] ▸ **quartier malfamé** 声名狼藉的街区 [shēngmíng lángjí de jiēqū].

malformation nf 畸形 [jīxíng] ▸ **malformation congénitale** 先天性畸形 [xiāntiān xìng jīxíng] ▸ **souffrir d'une malformation de** 患有……畸形 [huànyǒu… jīxíng].

malgré prép ❶ (contre le gré de) 不顾 [búgù] ▸ **j'ai tout entendu malgré moi** 尽管无心，我还是都听到了 [jǐnguǎn wúxīn, wǒ háishì dōu tīngdào le] ❷ (en dépit de) 尽管 [jǐnguǎn]

▸ **malgré tout** 无论如何 [wúlùn rúhé] ▸ **sortir malgré la pluie** 尽管下雨还是出去 [jǐnguǎn xiàyǔ háishì chūqu].

malheur nm ❶ (événement pénible) 不幸 [búxìng] ▸ **un malheur est si vite arrivé !** 不幸这么快就来了！[búxìng zhème kuài jiù lái le!] ❷ (malchance) 倒霉 [dǎoméi] ▸ **le 12 me porte malheur** 12对我不吉利 [12 duì wǒ bù jílì] ▸ **par malheur** 倒霉的是 [dǎoméi de shì] ▸ **porter malheur (à qqn)** (对某人)不吉利 [(duì mǒurén) bù jílì] ❸ (succès) ▸ **faire un malheur** 大获成功 [dà huò chénggōng].

malheureusement adv 可惜 [kěxī].

malheureux, euse ♦ adj ❶ (triste) 不开心的 [bùkāixīn de] ▸ **air malheureux** 愁眉苦脸 [chóuméi kǔliǎn] ▸ **rendre qqn malheureux** 让某人难过 [ràng mǒurén nánguò] ❷ (malchanceux) 不走运的 [bù zǒuyùn de] ▸ **être malheureux en amour** 情场不走运 [qíngchǎng bù zǒuyùn] ▸ **être malheureux au jeu** 赌场不走运 [dǔchǎng bù zǒuyùn] ❸ (sans valeur) 微不足道的 [wēibùzúdào de] ▸ **une malheureuse petite erreur** 一个微不足道的小错误 [yí ge wēibùzúdào de xiǎo cuòwù]. ♦ nm, f (infortuné) 不幸的人 [búxìng de rén].

malhonnête adj 不道德的 [búdàodé de] ▸ **un commerçant malhonnête** 一个奸商 [yí ge jiān shāng] ▸ **une transaction malhonnête** 一项不道德交易 [yí xiàng búdàodé jiāoyì].

malhonnêteté nf 奸诈 [jiānzhà].

Mali nm ▸ **le Mali** 马里 [Málǐ].

malice nf ▸ **un enfant plein de malice** 一个十分调皮的孩子 [yí ge shífēn tiáopí de háizi] ▸ **elle a un regard plein de malice** 她的目光十分狡黠 [tāde mùguāng shífēn jiǎoxiá].

malicieux, euse adj 狡黠的 [jiǎoxiá de] ▸ **sourire malicieux** 狡黠的微笑 [jiǎoxiá de wēixiào].

malin, igne ♦ adj ❶ (malicieux) 恶意的 [èyì de] ▸ **éprouver un malin plaisir à faire qqch** 做某事时感受到一种恶意的快感 [zuò mǒushì shí gǎnshòu dào yì zhǒng èyì de kuàigǎn] ❷ (intelligent) 聪明的 [cōngming de] ▸ **ce n'est pas malin d'avoir répondu ça** 这样回答可不够聪明 [zhèyàng huídá kě bú gòu cōngming] ❸ MÉD 恶性 [èxìng] ▸ **une tumeur maligne** 一个恶性肿瘤 [yí ge èxìng zhǒngliú]. ♦ nm, f (rusé) 狡猾的人 [jiǎohuá de rén] ▸ **c'est un petit malin** 这是个小滑头 [zhè shì ge xiǎo huátóu] ▸ **faire le malin** 装聪明 [zhuāng cōngming].

malle nf (cl. 只 [zhī] ou 个 [gè]) 箱子 [xiāngzi].

mallette nf (cl. 只 [zhī] ou 个 [gè]) 小手提箱 [xiǎo shǒutíxiāng].

malmener vt ❶ (brutaliser) 粗暴对待 [cūbào duìdài] ❷ (éreinter) 抨击 [pēngjī] ▸ **être malmené par la presse** 受到新闻界的抨击 [shòudào xīnwénjiè de pēngjī] ❸ (mettre en difficulté) 重创 [zhòngchuāng] ▸ **malmener son adversaire** 给对手以重创 [gěi duìshǒu yǐ zhòngchuāng].

malnutrition nf 营养不良 [yíngyǎng bùliáng] ▸ **souffrir de malnutrition** 营养不良 [yíngyǎng bùliáng].

malotru, e nm, f 粗人 [cūrén] ▸ **espèce de malotru !** 粗鲁的家伙！[cūlǔ de jiāhuo!].

malpoli, e adj 没礼貌的 [méilǐmào de].

malsain, e adj ❶ (nocif) 有害的 [yǒuhài de] ▸ **climat malsain** 有害的气候 [yǒuhài de qìhou] ❷ (pernicieux) 不良的 [bùliáng de] ▸ **comportement malsain** 不良行为 [bùliáng xíngwei].

malt nm 麦芽 [màiyá] ▸ **bière au malt** 麦芽啤酒 [màiyá píjiǔ].

maltais, e adj 马尔他的 [mǎ'ěrtā de].

▪ **maltais** nm (langue) 马耳他语 [mǎ'ěrtāyǔ].

▪ **Maltais, e** nm, f 马耳他人 [Mǎ'ěrtārén].

Malte npr 马耳他 [Mǎ'ěrtā].

maltraiter vt (brutaliser) 虐待 [nüèdài].

malversation nf 贪污 [tānwū] ▸ **être coupable de malversations** 犯贪污罪 [fàn tānwū zuì].

malvoyant, e ♦ adj 视障的 [shìzhàng de] ▸ **être malvoyant de naissance** 有先天性视障 [yǒu xiāntiānxìng shìzhàng]. ♦ nm, f (cl. 名 [míng] ou 个 [gè] ou 位 [wèi]) 视障患者 [shìzhàng huànzhě].

maman nf 妈妈 [māma].

mamelle nf (organe) 乳房 [rǔfáng].

mamie nf ❶ (grand-mère paternelle) 奶奶 [nǎinai] ❷ (grand-mère maternelle) 姥姥 [lǎolao].

mammifère nm (cl. 只 [zhī] ou 头 [tóu] ou 种 [zhǒng]) 哺乳动物 [bǔrǔ dòngwù].

mammouth nm (cl. 只 [zhī] ou 头 [tóu]) 猛犸象 [méngmǎxiàng]; 长毛象 [chángmáoxiàng].

management nm 管理 [guánlǐ].

manager[1] vt 管理 [guánlǐ] ▸ **manager une équipe** 管理一个团队 [guánlǐ yí ge tuánduì].

manager[2] nm (cl. 名 [míng] ou 个 [gè] ou 位 [wèi]) 经理人 [jīnglǐrén].

manche ♦ nf ❶ (de vêtement) ○ (cl. 只 [zhī] ou 个 [gè]) 袖子 [xiùzi] ▸ **retrousser ses manches** 挽起袖子 [wánqǐ xiùzi] ▸ **sans manches** 无袖 [wú xiù] ▸ **veste à manches courtes** 短袖衣服 [duǎn xiù yīfu] ❷ SPORT 局 [jú] ▸ **il a été battu à la troisième manche** 他在第三局被击败了 [tā zài dì sān jú bèi jībài le] ❸ (mendicité) ▸ **faire la manche** 乞讨 [qǐtǎo]. ♦ nm (tige) 柄 [bǐng] ▸ **manche à balai** 扫帚柄 [sàozhou bǐng] ▸ **manche de guitare** 吉他的琴颈 [jítā de qín jǐng].

▪ **Manche** nf ▸ **la Manche** 英吉利海峡 [Yīngjílì hǎixiá].

manchette nf ❶ (revers) ○ (cl. 只 [zhī] ou 个 [gè]) 袖口 [xiùkǒu] ▸ **boutons de manchette** 袖扣 [xiù kòu] ❷ SPORT (cl. 只 [zhī] ou 个 [gè]) 护腕 [hùwàn] ❸ (presse) 头版头条 [tóubǎn tóutiáo] ▸ **faire la manchette** 成了头版头条 [chéng le tóubǎn tóutiáo].

manchot, e nm, f ❶ (estropié) 独臂人 [dúbìrén] ❷ (oiseau) ○ (cl. 只 [zhī]) 企鹅 [qǐ'é].

mandarin nm ❶ (haut fonctionnaire) 官员 [guānyuán] ❷ (intellectuel) 文人 [wénrén] ❸ (langue chinoise) 普通话 [pǔtōnghuà].

mandarine nf 橘子 [júzi].

mandat nm ❶ (titre postal) ○ (cl. 张 [zhāng] ou 份 [fèn]) 汇票 [huìpiào] ▸ **envoyer un mandat (postal)** 寄一张汇票 [jì yì zhāng huìpiào] ❷ (procuration) 委托 [wěituō] ▸ **donner mandat à qqn pour faire qqch** 委托某人做某事 [wěituō mǒurén zuò mǒushì] ❸ DR (cl. 张 [zhāng]) 证 [zhèng] ▸ **lancer un mandat d'arrêt à l'encontre de qqn** 对某人发出逮捕证 [duì mǒurén fāchū dàibǔ zhèng] ▸ **mandat de perquisition** 搜查证 [sōuchá zhèng] ❹ POLIT (cl. 届 [jiè]) 任期 [rènqī] ▸ **mandat présidentiel** 总统任期 [zǒngtǒng rènqī] ▸ **renouveler son mandat** 连任 [liánrèn].

Mandchous npr (peuple) ▸ **les Mandchous** 满族 [Mǎnzú].

manège nm ❶ (attraction foraine) 旋转木马 [xuánzhuǎn mùmǎ] ▸ **faire un tour de manège** 骑旋转木马玩一圈 [qí xuánzhuǎn mùmǎ wán yì quān] ❷ (lieu de dressage des chevaux) 骑马场 [qímáchǎng] ❸ (manœuvre) 伎俩 [jìliǎng] ▸ **méfiez-vous du manège de vos adversaires** 警惕您对手的伎俩 [jǐngtì nín duìshǒu de jìliǎng].

manette nf 操纵手柄 [cāozòng shǒubǐng] ▸ **être aux manettes d'un avion** 操纵一架飞机 [cāozòng yí jià fēijī] ▸ **manette de jeu** 游戏手柄 [yóuxì shǒubǐng].

mangeable adj 可以吃的 [kéyǐ chī de].

manger ♦ vt ❶ (se nourrir de) 吃 [chī] ▸ **il faut manger de tout** 应该什么都吃点儿 [yīnggāi shénme dōu chī diǎnr] ▸ **manger trop** 吃撑了 [chī chēng le] ❷ (abîmer en rongeant) 啃 [kěn] ▸ **manger ses ongles** 啃指甲 [kěn zhǐjia] ❸ (ne pas articuler) 含糊 [hánhu] ▸ **manger ses mots** 说话含糊不清 [shuōhuà hánhu bùqīng]. ♦ vi 吃 [chī] ▸ **faire à manger** 做些吃的 [zuò xiē chī de] ▸ **inviter qqn à manger** 请某人吃饭 [qǐng mǒurén chīfàn].

▪ **se manger** vp ❶ (se consommer) 吃 [chī] ▸ **ça se mange chaud ou froid ?** 这要热着吃还是凉着吃? [zhè yào rèzhe chī háishì liángzhe chī?] ❷ (être comestible) 能吃 [néngchī] ▸ **ces champignons ne se mangent pas** 这些蘑菇不能吃 [zhèxiē mógu bù néngchī].

mangue nf 芒果 [mángguǒ] ▸ **à la mangue** 芒果味的 [mángguǒ wèi de].

maniable adj 顺手的 [shùnshǒu de].

maniaque ♦ nmf ❶ (fou) 有怪癖的人 [yǒu guàipǐ de rén] ▸ **un maniaque sexuel** 一个有性怪癖的人 [yí ge yǒu xìngguàipǐ de rén] ❷ (méticuleux) 有癖的 [yǒu pǐ de] ▸ **être un maniaque de qqch** 是一个有某种癖的人 [shì yí ge yǒu móuzhǒng pǐ de rén] ▸ **mania-**

que de la propreté 有洁癖的人 [yǒu jiépǐ de rén]. ♦ adj (méticuleux) 谨小慎微的 [jǐnxiǎo shènwēi de].

manie nf 癖 [pǐ] ▸ **avoir la manie de** 有……的嗜好 [yǒu… de shìhào].

maniement nm 操作 [cāozuò] ▸ **appareil d'un maniement très simple** 一台操作极简易的仪器 [yì tái cāozuò jí jiǎnyì de yíqì] ▸ **maniement d'une arme** 武器的使用 [wǔqì de shǐyòng].

manier vt ❶ (manipuler) 摆弄 [bǎinòng] ▸ **manier qqch avec précaution** 小心地摆弄某物 [xiǎoxīn de bǎinòng mǒuwù] ❷ (utiliser) 使用 [shǐyòng] ▸ **un instrument difficile à manier** 一件不好用的器具 [yí jiàn bù hǎo yòng de qìjù] ❸ *fig* (utiliser habilement) 巧用 [qiǎoyòng] ▸ **il manie l'ironie avec finesse** 他不失细腻地巧用讽刺 [tā bù shī xìnì de qiǎoyòng fěngcì] ▸ **savoir manier qqch** 精通某物 [jīngtōng mǒuwù].

manière nf ❶ (façon) ○ (cl. 种 [zhǒng]) 方式 [fāngshì] ▸ **adverbe de manière** 方式副词 [fāngshì fùcí] ▸ **je n'aime pas la manière dont il me parle** 我不喜欢他和我说话的方式 [wǒ bù xǐhuān tā hé wǒ shuōhuà de fāngshì] ▸ **de cette manière** 这样 [zhè yàng] ❷ (méthode) ○ (cl. 种 [zhǒng] ou 个 [gè]) 方法 [fāngfǎ] ▸ **employer la manière forte** 使用强制方法 [shǐyòng qiángzhì fāngfǎ].

▪ **manières** nfpl (cl. 套 [tào]) 做派 [zuòpài] ▸ **je n'aime pas ses manières** 我不喜欢他的那套做派 [wǒ bù xǐhuān tāde nà tào zuòpài] ▸ **les bonnes manières** 礼貌 [lǐmào] ▸ **faire des manières** 客气 [kèqi].

▪ **de manière à** loc prép 以至于 [yǐzhìyú].

▪ **de manière à ce que** loc conj 以至于 [yǐzhìyú].

▪ **de toute manière** loc adv 无论如何 [wúlùnrúhé].

▪ **d'une manière générale** loc adv 通常 [tōngcháng].

maniéré, e adj 做作的 [zuòzuo de].

manif (abr de **manifestation**) nf *fam* (cl. 次 [cì]) 游行 [yóuxíng].

manifestant, e nm, f (cl. 名 [míng] ou 个 [gè] ou 位 [wèi]) 游行者 [yóuxíngzhě].

manifestation nf ❶ (témoignage) ○ (cl. 种 [zhǒng]) 表示 [biǎoshì] ▸ **manifestation d'amitié** 友谊的表示 [yǒuyì de biǎoshì] ❷ (mouvement collectif) ○ (cl. 次 [cì]) 示威游行 [shìwēi yóuxíng] ▸ **manifestation pour la paix** 支持和平的示威游行 [zhīchí hépíng de shìwēi yóuxíng] ▸ **aller à une manifestation contre le nucléaire** 去参加反对核武器的示威游行 [qù cānjiā fǎnduì héwǔqì de shìwēi yóuxíng] ❸ (apparition) ○ (cl. 种 [zhǒng]) 症状 [zhèngzhuàng] ▸ **les manifestations cliniques d'une maladie** 一种疾病的临床症状 [yì zhǒng jíbìng de línchuáng zhèngzhuàng].

manifester ♦ vt (exprimer) 表示 [biǎoshì] ▸ **manifester sa colère** 表示愤怒 [biǎoshì fènnù]. ♦ vi (participer à une manifestation) 游行 [yóuxíng] ▸ **appel à manifester** 号召游行 [hàozhào yóuxíng].

▪ **se manifester** vp ❶ (donner signe de vie) 露面 [lòumiàn] ▸ **personne ne s'est manifesté ?** 没人露过面吗？ [méirén lòu guò miàn ma?] ❷ (apparaître) 显示出来 [xiǎnshì chūlái].

manigancer vt *fam* 打坏主意 [dǎ huàizhǔyi] ▸ **qu'est-ce que tu manigances ?** 你在打什么坏主意？ [nǐ zài dǎ shénme huàizhǔyi?].

manipulation nf ❶ (maniement) 操作 [cāozuò] ▸ **la manipulation de ces substances est dangereuse** 对这些物质进行操作是危险的 [duì zhèxiē wùzhì jìnxíng cāozuò shì wēixiǎn de] ▸ **manipulation génétique** 基因工程 [jīyīn gōngchéng] ❷ (manœuvre pour tromper) 骗局 [piànjú] ▸ **manipulation électorale** 选举的骗局 [xuǎnjǔ de piànjú] ❸ (propagande) 操纵 [cāozòng] ▸ **manipulation des foules** 对群众的操纵 [duì qúnzhòng de cāozòng].

manipuler vt ❶ (manier) 操作 [cāozuò] ▸ **manipuler un appareil** 操作一台仪器 [cāozuò yì tái yíqì] ❷ (manœuvrer) 利用 [lìyòng] ▸ **se faire manipuler par qqn** 受到某人的利用 [shòudào mǒurén de lìyòng] ❸ (trafiquer) 歪曲 [wāiqū] ▸ **manipuler le résultat d'un sondage** 歪曲统计结果 [wāiqū tǒngjì jiéguǒ].

manivelle nf 手柄 [shóubǐng] ▸ **tourner la manivelle** 转动手柄 [zhuàndòng shóubǐng].

mannequin nm ❶ (modèle) ◦ (cl. 名 [míng] ou 个 [gè] ou 位 [wèi]) 模特 [mótè] ❷ (statue) 人体模型 [réntǐ móxíng].

manœuvre ♦ nf ❶ (maniement d'un appareil, d'un véhicule) 驾驶操作 [jiàshǐ cāozuò] ▸ **faire des manœuvres** 进行变换操作 [jìnxíng biànhuàn cāozuò] ▸ **fausse manœuvre** 操作错误 [cāozuò cuòwù] ❷ (exercice militaire) ◦ (cl. 场 [chǎng]) 演习 [yǎnxí] ❸ (machination) ◦ (cl. 场 [chǎng] ou 个 [gè]) 阴谋 [yīnmóu] ▸ **manœuvres politiques** 政治阴谋 [zhèngzhì yīnmóu]. ♦ nm (ouvrier) ◦ (cl. 名 [míng] ou 个 [gè] ou 位 [wèi]) 小工 [xiǎogōng].

manœuvrer ♦ vi (faire une manœuvre) 驾驶操作 [jiàshǐ cāozuò]. ♦ vt ❶ (faire fonctionner) 操控 [cāokòng] ▸ **manœuvrer une machine** 操控一台机器 [cāokòng yì tái jīqì] ❷ (manipuler) 操纵 [cāozòng] ▸ **tu t'es laissé manœuvrer par cet homme** 你让这个人操纵了 [nǐ ràng zhè ge rén cāozòng le].

manoir nm (cl. 座 [zuò] ou 个 [gè]) 庄园 [zhuāngyuán].

manquant, e adj 缺少的 [quēshǎo de] ▸ **les pièces manquantes du dossier** 文件中缺少的材料 [wénjiàn zhōng quēshǎo de cáiliào].

manque nm ❶ (insuffisance) 缺少 [quēshǎo] ▸ **manque d'argent** 缺钱 [quē qián] ▸ **manque de main-d'œuvre** 缺少人工 [quēshǎo réngōng] ▸ **par manque de qqch** 由于缺少某物 [yóuyú quēshǎo mǒuwù] ❷ (défaut) 没 [méi] ▸ **manque de chance** 没运气 [méi yùnqi] ▸ **(être) en manque de qqch** 缺乏某物 [quēfá mǒuwù].

manqué, e adj ▸ **attentat manqué** 未遂行凶事件 [wèisuì xíngxiōng shìjiàn] ▸ **objectif manqué** 没能实现的目标 [méi néng shíxiàn de mùbiāo] ▸ **occasion manquée** 错过的机会 [cuòguò de jīhuì].

manquer ♦ vi ❶ (faire défaut) 缺 [quē] ▸ **il manque une bouteille de champagne** 缺一瓶香槟酒 [quē yì píng xiāngbīnjiǔ] ▸ **le courage lui manque** 他缺少勇气 [tā quēshǎo yǒngqì] ▸ **manquer de qqch** 缺少某物 [quēshǎo mǒuwù] ▸ **il ne manquait plus que ça** 真是倒霉透了 [zhēnshì dǎoméi tòu le] ❷ (échouer) 失败 [shībài] ▸ **l'expérience a encore manqué** 实验又失败了 [shíyàn yòu shībài le] ▸ **ne pas manquer de** 不会忘记...... [bú huì wàngjì...] ❸ (regretter l'absence) 想 [xiǎng] ▸ **elle lui manque beaucoup** 他很想她 [tā hěn xiǎng tā] ❹ (faillir) ▸ **manquer de** *(+ infinitif)* 差点...... [chàdiǎn...] ▸ **il a manqué de se noyer** 他差点就淹死了 [tā chàdiǎn jiù yānsǐ le] ❺ (ne pas respecter) ▸ **manquer à** 没有履行...... [méiyǒu lǚxíng...] ▸ **elle a manqué à sa parole** 她食言了 [tā shíyán le]. ♦ vt ❶ (louper) 没有命中 [méiyǒu mìngzhòng] ▸ **manquer son coup** 落空 [luòkōng] ▸ **manquer une cible** 没射中靶子 [méi shèzhòng bǎzi] ❷ (rater) 错过 [cuòguò] ▸ **manquer l'école** 没有到校 [méiyǒu dào xiào] ▸ **manquer son train** 误了火车 [wù le huǒchē] ▸ **manquer une bonne occasion** 错过一个好机会 [cuòguò yí ge hǎo jīhuì].

mansarde nf (cl. 间 [jiān]) 顶楼房 [dǐnglóufáng].

mante ▪ **mante religieuse** nf (cl. 只 [zhī]) 螳螂 [tángláng].

manteau, x nm (cl. 件 [jiàn]) 大衣 [dàyī] ◊ **sous le manteau** 私下 [sīxià] ▸ **circuler sous le manteau** 私下交易 [sīxià jiāoyì].

manucure ♦ nf (soins) ◦ (cl. 次 [cì]) 美甲 [měijiǎ]. ♦ nmf (cl. 名 [míng] ou 个 [gè] ou 位 [wèi]) 美甲师 [měijiǎshī].

manuel, elle ♦ adj ❶ (physique) 体力的 [tǐlì de] ▸ **travail manuel** 体力劳动 [tǐlì láodòng] ❷ (artisanal) 手工的 [shǒugōng de] ▸ **je ne suis pas très manuel** 我的手工不太行 [wǒde shǒugōng bùtài xíng] ❸ (qui n'est pas automatique) 人工的 [réngōng de] ▸ **passer en manuel** 用人工方式 [yòng réngōng fāngshì]. ♦ nm, f (personne) ◦ (cl. 名 [míng] ou 个 [gè] ou 位 [wèi]) 体力劳动者 [tǐlì láodòngzhě].

▪ **manuel** nm ▸ **manuel scolaire** (cl. 本 [běn]) 教科书 [jiàokēshū] ▸ **manuel d'utilisation** (cl. 本 [běn] ou 份 [fèn]) 使用说明书 [shǐyòng shuōmíngshū].

manufacture nf (cl. 家 [jiā]) 手工工场 [shǒugōng gōngchǎng].

manufacturé, e adj 手工制作的 [shǒugōng zhìzuò de] ▸ **produit manufacturé** 手工制品 [shǒugōng zhìpǐn].

manuscrit, e adj 手写的 [shóuxiě de] ▸ **lettre manuscrite** 手写的信 [shóuxiě de xìn].

▪ **manuscrit** nm ❶ (ouvrage écrit à la main) ○ (cl. 份 [fèn] ou 部 [bù]) 手稿 [shóugǎo] ▸ **un manuscrit datant du Moyen-Âge** 一部中世纪的手稿 [yí bù Zhōngshìjì de shóugǎo] ❷ (original) ○ (cl. 部 [bù]) 原稿 [yuángǎo] ▸ **l'éditeur a refusé son manuscrit** 出版商拒绝了他的原稿 [chūbǎnshāng jùjué le tāde yuángǎo].

manutention nf 搬运 [bānyùn].

manutentionnaire nmf (cl. 名 [míng] ou 个 [gè]) 搬运工 [bānyùngōng].

Mao Dun npr (écrivain) POLIT 茅盾 [Máo Dùn].

maoïsme nm 毛泽东主义 [Máo Zédōng zhǔyì].

maoïste ♦ adj 毛泽东主义的 [Máo Zédōng zhǔyì de]. ♦ nmf 毛泽东主义者 [Máo Zédōng zhǔyìzhě].

Mao Zedong npr POLIT 毛泽东 [Máo Zédōng].

mappemonde nf (cl. 张 [zhāng] ou 幅 [fú] ou 份 [fèn]) 世界地图 [shìjiè dìtú].

maquereau nm ❶ ZOOL (cl. 条 [tiáo]) 鲭鱼 [qīngyú] ❷ *tfam* (proxénète) 皮条客 [pítiáokè].

maquerelle nf *tfam* 鸨母 [bǎomǔ].

maquette nf ❶ (ébauche) ○ (cl. 份 [fèn] ou 张 [zhāng]) 草样 [cǎoyàng] ▸ **la maquette d'un journal** 一份报纸的草样 [yí fèn bàozhǐ de cǎoyàng] ❷ (modèle réduit) 模型 [móxíng] ▸ **faire des maquettes d'avions** 做飞机模型 [zuò fēijī móxíng].

maquillage nm ❶ (produits pour se maquiller) ○ (cl. 套 [tào]) 化妆品 [huàzhuāngpǐn] ▸ **une grande marque de maquillage** 一个化妆品大品牌 [yí ge huàzhuāngpǐn dà pǐnpái] ▸ **maquillage de clown** 小丑的扮相 [xiǎochǒu de bànxiàng] ❷ (falsification) 伪装 [wěizhuāng].

maquiller vt ❶ (farder) 化妆 [huàzhuāng] ▸ **maquiller les comédiens** 给演员们化妆 [gěi yǎnyuánmen huàzhuāng] ❷ (falsifier, fausser) 伪装 [wěizhuāng] ▸ **maquiller la vérité** 伪装真相 [wěizhuāng zhēnxiàng] ▸ **maquiller qqch en qqch** 把某事伪装成...... [bǎ mǒushì wěizhuāng chéng...].

▪ **se maquiller** vp (se farder) 化妆 [huàzhuāng].

maraîcher, ère ♦ adj 蔬菜的 [shūcài de] ▸ **culture maraîchère** 蔬菜种植 [shūcài zhòngzhí] ▸ **produits maraîchers** 蔬菜产品 [shūcài chánpǐn]. ♦ nm, f (cl. 名 [míng] ou 个 [gè]) 菜农 [càinóng].

marais nm inv (cl. 片 [piàn]) 沼泽 [zhǎozé] ▸ **marais salant** (cl. 块 [kuài] ou 片 [piàn]) 盐田 [yán tián].

▪ **Marais** nm inv ▸ **le Marais** (巴黎的)马莱区 [(Bālí de) Mǎláiqū]; (巴黎的)沼泽区 [(Bālí de) Zhǎozéqū].

marasme nm 萧条 [xiāotiáo] ▸ **être en plein marasme** 处于萧条之中 [chǔyú xiāotiáo zhīzhōng] ▸ **sortir du marasme** 摆脱萧条状态 [bǎituō xiāotiáo zhuàngtài].

marathon ♦ nm ❶ (course à pied) ○ (cl. 次 [cì]) 马拉松 [mǎlāsōng] ▸ **courir le marathon** 跑马拉松 [pǎo mǎlāsōng] ❷ *fig* (séance longue et difficile) ○ (cl. 场 [chǎng]) 长跑 [chángpǎo] ▸ **le marathon budgétaire** 预算的长跑 [yùsuàn de chángpǎo]. ♦ adj inv 马拉松式的 [mǎlāsōngshì de] ▸ **un débat marathon** 一场马拉松式的辩论 [yì chǎng mǎlāsōngshì de biànlùn]..

marâtre nf 继母 [jìmǔ].

marbre nm ❶ (roche) ○ (cl. 块 [kuài]) 大理石 [dàlǐshí] ▸ **une statue de ou en marbre** 一个大理石雕像 [yí ge dàlǐshí diāoxiàng] ❷ (objet) ○ (cl. 件 [jiàn]) 大理石制品 [dàlǐshí zhìpǐn]

◊ **rester de marbre** 无动于衷 [wúdòngyúzhōng].

marc nm ❶ (résidu de fruits) 果渣 [guǒzhā] ▸ **marc de raisin** 葡萄果渣 [pútao guǒzhā] ❷ (résidu laissé après infusion) 渣滓 [zhāzi] ▸ **marc de café** 咖啡渣滓 [kāfēi zhāzi].

marchand, e ♦ nm, f (cl. 名 [míng] ou 个 [gè] ou 位 [wèi]) 商人 [shāngrén] ▸ **marchand de fruits et légumes** 蔬菜水果商 [shūcài shuíguǒ shāng] ▸ **marchand de journaux** 报贩 [bào fàn]. ♦ adj 商品的 [shāngpǐn de] ▸ **valeur marchande** 商品价值 [shāngpǐn jiàzhí].

marchander ♦ vt (négocier) 为......讨价还价 [wèi... tǎojià huánjià]. ♦ vi 砍价 [kǎnjià].

marchandise nf (cl. 批 [pī]) 货 [huò] ▸ **livrer la marchandise** 交货 [jiāo huò].

marche nf ❶ (degré d'escalier) 台阶 [táijiē] ▸ **descendre les marches** 下台阶 [xià táijiē] ▸ **monter les marches** 上台阶 [shàng táijiē] ❷ (manifestation) ○ (cl. 次 [cì]) 游行 [yóuxíng] ▸ **marche silencieuse** 静默游行 [jìngmò yóuxíng] ❸ (mode de locomotion) 走路 [zǒulù] ▸ **à deux heures de marche** 走路两个小时 [zǒulù liǎng ge xiǎoshí] ▸ **marche à pied** 步行 [bù xíng] ▸ **la Longue marche** 长征 [Chángzhēng] ❹ (déplacement, mouvement) 行驶 [xíngshǐ] ▸ **s'asseoir dans le sens de la marche** 面向行驶的方向坐 [miànxiàng xíngshǐ de fāngxiàng zuò] ▸ **faire marche arrière** 倒车 [dàochē] ❺ (fonctionnement) 运行 [yùnxíng] ▸ **en état de marche** 可以运行的 [kéyǐ yùnxíng de] ▸ **marche à suivre** *fig* 流程 [liúchéng] ▸ **se mettre en marche** 开始运行 [kāishǐ yùnxíng] ▸ **mettre qqch en marche** 使某物运行起来 [shǐ mǒuwù yùnxíngqǐlái] ▸ **les réformes sont en marche** 改革正在进行 [gǎigé zhèngzài jìnxíng].

marché ♦ nm ❶ (contrat) ○ (cl. 项 [xiàng]) 交易 [jiāoyì] ▸ **conclure un marché** 达成一项交易 [dáchéng yí xiàng jiāoyì] ❷ (lieu de vente) 集市 [jíshì] ▸ **aller au marché** 去集市 [qù jíshì] ▸ **faire son marché** 赶集 [gǎnjí] ▸ **marché aux puces** 跳蚤市场 [tiàozǎo shìchǎng] ❸ ÉCON 市场 [shìchǎng] ▸ **marché des changes** 外汇市场 [wàihuì shìchǎng] ▸ **le Marché commun** 共同市场 [gòngtóng shìchǎng] ▸ **les marchés financiers** 金融市场 [jīnróng shìchǎng] ▸ **marché noir** 黑市 [hēi shì] ▸ **le marché du travail** 劳务市场 [láowù shìchǎng] ▸ **le Marché unique** 统一市场 [tǒngyī shìchǎng] ▸ **mettre sur le marché** 上市 [shàng shì] ▸ **y a-t-il un marché pour ce type de produits ?** 这类产品有市场吗？ [zhè lèi chánpǐn yǒu shìchǎng ma?]. ♦ adj inv ▸ **bon marché** 便宜的 [piányi de] ▸ **meilleur marché** 更便宜的 [gèng piányi de].

marchepied nm 踏板 [tàbǎn].

marcher vi ❶ (se déplacer à pied) 走 [zǒu] ▸ **marcher vite** 走得快 [zǒu de kuài] ▸ **j'aime marcher** 我喜欢走路 [wǒ xǐhuān zǒulù] ▸ **marcher à quatre pattes** 爬 [pá] ▸ **marcher sur le pied de qqn** 踩某人的脚 [cǎi mǒurén de jiǎo] ▸ **marcher dans une flaque d'eau** 踩到一个水坑 [cǎi dào yí ge shuǐkēng] ❷ (fonctionner) 运行 [yùnxíng] ▸ **la radio ne marche pas** 收音机不响了 [shōuyīnjī bù xiǎng le] ▸ **je ne sais pas faire marcher le lecteur DVD** 我不会用DVD机 [wǒ bú huì yòng DVDjī] ▸ **un radiateur qui marche à l'électricité** 一个用电的暖气 [yí ge yòng diàn de nuǎnqì] ❸ (être d'accord) ▸ **ça n'a jamais marché entre eux** 他们的关系一直不好 [tāmen de guānxi yìzhí bùhǎo] ▸ **ça marche !** 行！ [xíng!] ❹ (réussir) 进行 [jìnxíng] ▸ **leur mariage marche très bien** 他们的婚礼进行得很顺利 [tāmende hūnlǐ jìnxíng de hěn shùnlì]
◊ **faire marcher qqn** 让某人上当 [ràng mǒurén shàngdàng].

mardi nm 星期二 [xīngqī'èr] ▸ **mardi gras** (四旬斋期前的狂欢节)嘉年华 [(sìxún zhāiqī qián de kuánghuānjié) jiāniánhuá].

mare nf ❶ (étendue d'eau) 水塘 [shuǐtáng] ❷ (grande quantité de liquide) 滩 [tān] ▸ **mare de sang** 一滩血 [yì tān xuè].

marécage nm 泥塘 [nítáng].

maréchal, aux nm MIL (cl. 名 [míng] ou 个 [gè] ou 位 [wèi]) 元帅 [yuánshuài].

marée nf ❶ (mouvement de la mer) ○ (cl. 次 [cì]) 潮汐 [cháoxī] ▸ **marée haute** 涨潮 [zhǎng cháo] ▸ **marée basse** 退潮 [tuì cháo] ❷ (foule) 人潮 [réncháo]
◊ **marée noire** 浮油 [fú yóu].

margarine nf 人造奶油 [rénzàonǎiyóu].

marge nf ❶ (d'une page) ○ (cl. 处 [chù]) 页边 [yèbiān] ▸ **écrire dans la marge** 在页边上书写 [zài yèbiān shàng shūxiě] ❷ (disponibilité, possibilité) 余地 [yúdì] ▸ **avoir de la marge** 有余地 [yǒu yúdì] ▸ **marge de manœuvre** 操作余地 [cāozuò yúdì] ▸ **marge d'erreur** 误差 [wùchā] ▸ **marge de sécurité** 安全裕度 [ānquán yùdù]
◊ **en marge de qqch** 在某物的边缘 [zài mǒuwù de biānyuán] ▸ **il a toujours vécu en marge de la société** 他总是生活在社会的边缘 [tā zǒngshì shēnghuó zài shèhuì de biānyuán].

marginal, e, aux ♦ adj ❶ (secondaire) 次要的 [cìyào de] ▸ **c'est un problème marginal** 这是一个次要的问题 [zhè shì yí ge cìyào de wèntí] ❷ (asocial) 边缘的 [biānyuán de] ▸ **mener une vie marginale** 过着边缘生活 [guòzhe biānyuán shēnghuó]. ♦ nm, f 边缘人 [biānyuánrén].

marguerite nf BOT (cl. 支 [zhī] OU 朵 [duǒ]) 雏菊 [chújú].

mari nm 丈夫 [zhàngfu].

mariage nm ❶ (institution) 婚姻 [hūnyīn] ▸ **dix ans de mariage** 十年的婚姻 [shínián de hūnyīn] ▸ **il est contre le mariage** 他反对结婚 [tā fǎnduì jiéhūn] ❷ (cérémonie) 婚礼 [hūnlǐ] ▸ **être invité à un mariage** 被邀请参加婚礼 [bèi yāoqǐng cānjiā hūnlǐ] ▸ **mariage civil** 世俗婚礼 [shìsú hūnlǐ]; 民事婚礼 [mínshì hūnlǐ] ▸ **mariage religieux** 宗教婚礼 [zōngjiào hūnlǐ] ❸ *fig* (association de choses) 结合 [jiéhé] ▸ **mariage des couleurs** 色彩的结合 [sècǎi de jiéhé].

marié, e ♦ adj 已婚的 [yǐhūn de] ▸ **être marié avec qqn** 和某人结婚 [hé mǒurén jiéhūn]. ♦ nm, f ▸ **les jeunes mariés** 一对年青的新人 [yí duì niánqīng de xīnrén].

marier vt ❶ (unir par le mariage) 主持婚礼 [zhǔchí hūnlǐ] ▸ **le maire les a mariés mardi** 市长在星期二为他们主持了婚礼 [shìzhǎng zài xīngqī'èr wèi tāmen zhǔchí le hūnlǐ] ❷ (donner en mariage) 给……成亲 [gěi…chéngqīn] ▸ **son père veut à tout prix la marier** 她的父亲不惜一切代价想把她嫁出去 [tāde fùqin bùxī yíqiè dàijià xiǎng bǎ tā jiàchūqù] ▸ **ses parents l'ont marié à une fille du village** 他的父母给他娶了个村里的姑娘 [tāde fùmǔ gěi tā qǔ le ge cūn lǐ de gūniang] ❸ *fig* (associer) 使……结合 [shǐ…jiéhé] ▸ **marier les épices** 调味 [tiáo wèi].

▪ **se marier** vp ❶ (s'unir par le mariage) 结婚 [jiéhūn] ▸ **se marier avec qqn** 与某人结婚 [yǔ mǒurén jiéhūn] ❷ (aller ensemble) 搭配 [dāpèi] ▸ **le rouge et le orange se marient bien** 红色和橘黄色很搭配 [hóngsè hé júhuángsè hěn dāpèi].

marin, e adj 海的 [hǎi de] ▸ **air marin** 海风 [hǎi fēng] ▸ **météo marine** 海洋气象预报 [hǎiyáng qìxiàng yùbào] ▸ **mille marin** 海里 [hǎi lǐ] ▸ **sel marin** 海盐 [hǎi yán].

▪ **marin** nm (cl. 名 [míng] OU 个 [gè] OU 位 [wèi]) 海员 [hǎiyuán] ▸ **un marin pêcheur** 一个航海捕鱼者 [yí ge hánghǎi bǔyúzhě].

▪ **marine** ♦ adj inv 海员的 [hǎiyuán de] ▸ **bleu marine** 海军蓝色 [hǎijūnlánsè]. ♦ nf 海军 [hǎijūn] ▸ **s'engager dans la marine** 参加海军 [cānjiā hǎijūn] ▸ **marine marchande** 商船队 [shāngchuánduì] ▸ **marine nationale** 国家海军 [guójiā hǎijūn]. ♦ nm MIL ▸ **les Marines** 海军陆战队 [Hǎijūn Lùzhànduì].

mariner vi ❶ CULIN 腌 [yān] ▸ **faire mariner qqch** 腌制某物 [yānzhì mǒuwù] ❷ (attendre) 苦等 [kúděng] ▸ **faire mariner qqn** 让某人苦等 [ràng mǒurén kúděng].

marinier ▪ **marinière** adj 海的 [hǎi de] ▸ **moules marinières** 洋葱白酒汁贻贝 [yángcōng báijiǔ zhī yíbèi].

marionnette nf 木偶 [mù'ǒu] ▸ **un spectacle de marionnettes** 一场木偶戏 [yì chǎng mù'ǒuxì].

marital, e, aux adj 夫妻般的 [fūqī bān de] ▸ **vie maritale** 同居生活 [tóngjū shēnghuó].

maritime adj 海上的 [hǎishàng de] ▸ **commerce maritime** 海上贸易 [hǎishàng màoyì] ▸ **transport maritime** 海上交通 [hǎishàng jiāotōng].

marjolaine nf BOT 牛至 [niúzhì].

marketing nm 市场营销 [shìchǎng yíngxiāo] ▸ **marketing direct** 直销 [zhí xiāo].

marmelade nf 果酱 [guǒjiàng] ▸ **marmelade d'oranges** 橙子酱 [chéngzi jiàng].

marmite nf 锅 [guō].

marmonner vt 嘟囔 [dūnang] ▸ **marmonner des excuses** 嘟囔着道歉 [dūnangzhe dàoqiàn].

marmotte nf ZOOL (cl. 只 [zhī]) 旱獭 [hàntǎ].

Maroc nm ▸ **le Maroc** 摩洛哥 [Móluògē].

marocain, e adj 摩洛哥的 [móluògē de].

▪ **marocain** nm (langue) 摩洛哥语 [móluògēyǔ].

▪ **Marocain, e** nm, f 摩洛哥人 [Móluògērén].

maroquinerie nf ❶ (articles) ○ (cl. 件 [jiàn] ou 个 [gè]) 皮制品 [pízhìpǐn] ❷ (magasin) ○ (cl. 家 [jiā] ou 个 [gè] ou 间 [jiān]) 皮件店 [píjiàndiàn] ❸ (activité) 皮件加工业 [píjiàn jiāgōng yè].

marquant, e adj 引人注目的 [yǐnrén zhùmù de] ▸ **un événement marquant** 一个引人注目的事件 [yí ge yǐnrén zhùmù de shìjiàn] ▸ **les faits marquants de l'actualité** 焦点时事事件 [jiāodiǎn shíshì shìjiàn].

marque nf ❶ (trace) 印记 [yìnjì] ▸ **des marques de doigt sur la peinture** 油漆涂层上的一些手指印记 [yóuqī túcéng shàng de yìxiē shóuzhǐ yìnjì] ❷ (témoignage) ○ (cl. 种 [zhǒng] ou 个 [gè]) 表示 [biǎoshì] ▸ **marque de confiance** 信任的表示 [xìnrèn de biǎoshì] ❸ (label) 商标 [shāngbiāo] ▸ **marque déposée** 注册商标 [zhùcè shāngbiāo] ❹ (fabricant) 牌子 [páizi] ▸ **de quelle marque est ta veste ?** 你的上衣是什么牌子的？ [nǐde shàngyī shì shénme páizi de?] ▸ **une grande marque** 一个名牌 [yí ge míng pái] ❺ *(gén pl)* (repère) 位置 [wèizhì] ▸ **trouver ses marques** 找到自己的位置 [zhǎodào zìjǐ de wèizhì]

◊ **à vos marques, prêts, partez !** 各就各位，预备，跑！ [gèjiùgèwèi, yùbèi, pǎo!].

marquer ♦ vt ❶ (influer sur) (深刻地)影响 [(shēnkè de) yíngxiǎng] ▸ **cet artiste a marqué son époque** 这位艺术家深刻地影响了他的那个时代 [zhè wèi yìshùjiā shēnkè de yíngxiǎng le tāde nà ge shídài] ❷ (indiquer) 指示 [zhǐshì] ▸ **cette montre ne marque pas les secondes** 这只手表没有指示秒的功能 [zhè zhī shóubiǎo méi yǒu zhǐshì miǎo de gōngnéng] ❸ SPORT ▸ **marquer un but** 进了一球 [jìn le yì qiú] ▸ **marquer un point** 得了一分 [dé le yì fēn]

◊ **marquer le coup** (fêter qqch) 庆祝一下 [qìngzhù yí xià].

♦ vi ❶ (laisser une marque) 留下深刻印象 [liúxia shēnkè yìnxiàng] ❷ SPORT 得分 [défēn] ▸ **il a marqué à la dernière minute** 他在临结束前得了一分 [tā zài lín jiéshù qián dé le yì fēn].

marqueur nm (crayon) ○ (cl. 支 [zhī]) 记号笔 [jìhào bǐ] ▸ **marqueur permanent** 永久记号笔 [yóngjiǔ jìhào bǐ].

marquis, e nm, f (cl. 位 [wèi] ou 个 [gè]) 侯爵 [hóujué].

marraine nf ❶ (lors du baptême) 教母 [jiàomǔ] ❷ (qui soutient) ○ (cl. 位 [wèi] ou 个 [gè]) 女赞助人 [nǚ zànzhùrén].

marrant, e adj *fam* 逗乐的 [dòulè de] ▸ **histoire marrante** 笑话 [xiào hua].

marre adv *fam* ▸ **en avoir marre (de)** (对……)受够了 [(duì…) shòu gòu le] ▸ **j'en ai marre de tes bêtises** 我对你的蠢事受够了 [wǒduì nǐde chǔnshì shòu gòu le].

marrer ▪ **se marrer** vp *fam* 捧腹大笑 [pěngfù dàxiào].

marron ♦ adj inv 栗色的 [lìsè de] ▸ **des yeux marron** 栗色的眼睛 [lìsè de yǎnjing]. ♦ nm ❶ (fruit) 栗子 [lìzi] ▸ **marron chaud** 热栗子 [rè lìzi] ▸ **marron glacé** 冰糖栗子 [bīngtáng lìzi] ❷ (couleur) 栗色 [lìsè].

marronnier nm (cl. 棵 [kē]) 栗树 [lìshù].

mars nm 三月 [sānyuè].

▪ **Mars** npr ❶ (mythologie) (战神)马尔斯 [(zhàn shén) Má'ěrsī] ❷ (planète) 火星 [huǒxīng].

Marseillais, e nm, f 马赛人 [Mǎsàirén].

▪ **Marseillaise** npr ▸ **la Marseillaise** 马赛曲 [Mǎsàiqǔ].

Marseille npr 马赛 [Mǎsài].

marteau, x nm ❶ (outil) ○ (cl. 把 [bǎ]) 锤子 [chuízi] ❷ SPORT (cl. 只 [zhī]) 链球 [liànqiú] ▸ **le lancer du marteau** 掷链球 [zhì liànqiú].

marteau-piqueur nm (cl. 台 [tái]) 风镐 [fēnggǎo].

marteler vt ❶ (frapper à coups de marteau) 锻造 [duànzào] ❷ (articuler) 推敲 [tuīqiāo] ▸ **marteler ses phrases** 推敲句子 [tuīqiāo jùzi].

martial, e, aux adj ❶ MIL 军事的 [jūnshì de] ▸ **cour martiale** 军事法庭 [jūnshì fǎtíng] ▸ **loi martiale** 军事法 [jūnshì fǎ] ❷ SPORT ▸ **arts martiaux** 武术 [wǔshù].

Martien, enne nm, f 火星人 [Huǒxīngrén].

martiniquais, e adj 马提尼克岛的 [mǎtíníkèdǎo de].

▪ **Martiniquais, e** nm, f 马提尼克岛人 [Mǎtíníkèdǎorén].

Martinique nf ▸ **la Martinique** 马提尼克岛 [Mătíníkèdăo].

martyr, e ♦ adj 受虐待的 [shòu nüèdài de] ▸ **un enfant martyr** 一个受虐待的孩子 [yí ge shòu nüèdài de háizi]. ♦ nm, f (cl. 位 [wèi] ou 个 [gè]) 殉难者 [xùnnànzhě] ▸ **martyrs chrétiens** 基督教殉道者 [Jīdūjiào xùndàozhě] ▸ **martyrs de la Résistance** 抵抗运动的殉难者 [Dǐkàng yùndòng de xùnnànzhě].

▪ **martyre** nm (supplice) 折磨 [zhémo] ▸ **souffrir le martyre** 受到折磨 [shòudào zhémo].

martyriser vt 折磨 [zhémo].

mascara nm 睫毛膏 [jiémáogāo] ▸ **mascara waterproof** 防水睫毛膏 [fángshuǐ jiémáogāo].

masculin, e adj ❶ 男性的 [nánxìng de] ▸ **la mode masculine** 男装时尚 [nánzhuāng shíshàng] ▸ **sexe masculin** 男性 [nánxìng] ▸ **voix masculine** 男性嗓音 [nánxìng sǎngyīn] ❷ GRAMM 阳性的 [yángxìng de] ▸ **forme masculine** 阳性形式 [yángxìng xíngshì].

▪ **masculin** nm GRAMM 阳性 [yángxìng] ▸ **au masculin** 阳性形式的 [yángxìng xíngshì de].

maso *fam* adj 受虐狂的 [shòunüèkuáng de].

masque nm ❶ (pour couvrir le visage) ○ (cl. 副 [fù] ou 个 [gè]) 面具 [miànjù] ▸ **masque d'opéra** 戏剧脸谱 [xìjù liánpǔ] ❷ (appareil protecteur) 面罩 [miànzhào] ▸ **masque à oxygène** 氧气罩 [yǎngqì zhào] ▸ **masque de plongée** 潜水面罩 [qiánshuǐ miànzhào] ❸ (crème) 面膜 [miànmó] ▸ **se faire un masque** 做面膜 [zuò miànmó].

masquer vt ❶ (dissimuler) 掩盖 [yǎngài] ▸ **masquer la vérité** 掩盖真相 [yǎngài zhēnxiàng] ❷ (cacher à la vue) 挡住 [dǎngzhù] ▸ **ces arbres masquent la maison** 这些树挡住了房子 [zhèxiē shù dǎngzhù le fángzi].

massacre nm (cl. 场 [chǎng]) 屠杀 [túshā] ▸ **perpétrer un massacre** 进行一场屠杀 [jìnxíng yì chǎng túshā].

massacrer vt ❶ (tuer) 屠杀 [túshā] ▸ **se faire massacrer** 遭到屠杀 [zāodào túshā] ❷ *fig* (mettre à mal) 痛击 [tòngjī] ▸ **il a massacré son adversaire** 他痛击了他的对手 [tā tòngjī le tāde duìshǒu] ❸ *fig* (défigurer) 糟蹋 [zāota] ▸ **massacrer une chanson** 糟蹋一支歌曲 [zāota yì zhī gēqǔ].

massage nm 按摩 [ànmó] ▸ **faire un massage à qqn** 给某人做按摩 [gěi mǒurén zuò ànmó]

◊ **massage cardiaque** 心脏按摩 [xīnzàng ànmó] ▸ **massage plantaire/des pieds** 足部按摩 [zúbù ànmó].

masse nf ❶ (ensemble) 体 [tǐ] ▸ **masse d'air** 气体 [qì tǐ] ▸ **la masse d'un édifice** 整个建筑物 [zhěnggè jiànzhùwù] ❷ (multitude constituant un ensemble) 总量 [zǒngliàng] ▸ **masse monétaire** 货币总量 [huòbì zǒngliàng] ❸ (poids) 质量 [zhìliàng] ▸ **l'unité de masse est le kilogramme** 质量的单位是千克 [zhìliàng de dānwèi shì qiānkè] ❹ *fam* (personne robuste) 块头 [kuàitóu] ▸ **ce boxeur, quelle masse !** 这个拳击手，这块头！ [zhè ge quánjīshǒu, zhè kuàitóu!].

▪ **masses** nfpl (le peuple) 群众 [qúnzhòng].

masser vt ❶ (rassembler) 集结 [jíjié] ▸ **les troupes sont massées à la frontière** 队伍都集结在边境上了 [duìwu dōu jíjié zài biānjìng shàng le] ❷ (frotter) 按摩 [ànmó] ▸ **masser une jambe endolorie** 按摩一条肿痛的腿 [ànmó yì tiáo zhǒngtòng de tuǐ] ▸ **se faire masser** 让人给自己按摩 [ràng rén gěi zìjǐ ànmó].

▪ **se masser** vp ❶ (se réunir) 聚集 [jùjí] ▸ **la foule se massait devant l'église** 人群在教堂前聚集起来 [rénqún zài jiàotáng qián jùjíqǐlái] ❷ (se faire un massage) 自己揉一揉 [zìjǐ róu yì róu] ▸ **se masser le crâne** 自己揉一揉头 [zìjǐ róu yì róu tóu].

masseur, euse nm, f (cl. 名 [míng] ou 个 [gè] ou 位 [wèi]) 按摩师 [ànmóshī].

massif, ive adj ❶ (plein) 实心的 [shíxīn de] ▸ **chêne massif** 实心橡木 [shíxīn xiàngmù] ▸ **or massif** 纯金 [chún jīn] ❷ (en masse) 大批 [dàpī] ▸ **une dose massive** 大剂量 [dà jìliàng] ▸ **licenciements massifs** 大批解雇 [dàpī jiěgù].

▪ **massif** nm GÉOL 高地 [gāodì] ▸ **massif de fleurs** 花坛 [huātán] ▸ **massif montagneux** 山地 [shāndì].

massue nf ❶ (bâton) ○ (cl. 根 [gēn]) 大棒 [dàbàng] ▸ **donner un coup de massue à qqn**

给某人一大棒 [gěi mǒurén yí dàbàng] ❷ *fig* (cl. 次 [cì]) 打击 [dǎjī] ▸ **cet accident a été un coup de massue pour lui** 这次事故对他是一次沉重的打击 [zhè cì shìgù duì tā shì yí cì chénzhòng de dǎjī].

masturbation nf (cl. 次 [cì]) 手淫 [shǒuyín].

masturber ▪ **se masturber** vp 手淫 [shǒuyín].

mat, e adj ❶ (non brillant) 无光的 [wúguāng de] ▸ **papier mat** 亚光纸 [yàguāng zhǐ] ❷ (foncé) 暗色的 [ànsè de] ▸ **peau mate** 暗色的皮肤 [ànsè de pífū].

▪ **mat** adj inv (aux échecs) ▸ **échec et mat** 将死 [jiāng sǐ].

mât nm (cl. 根 [gēn]) 桅杆 [wéigān] ▸ **un voilier à quatre mâts** 一条四桅帆船 [yì tiáo sì wéi fānchuán].

match nm (cl. 场 [chǎng]) 比赛 [bǐsài] ▸ **faire match nul** 打成了平局 [dǎchéng le píngjú] ▸ **match amical** 友谊赛 [yǒuyì sài] ▸ **match aller/retour** 客场/主场比赛 [kèchǎng/zhúchǎng bǐsài].

matelas nm inv 床垫 [chuángdiàn] ▸ **matelas gonflable** 充气床垫 [chōngqì chuángdiàn].

matelot nm (cl. 名 [míng] ou 个 [gè]) 水手 [shuíshǒu].

mater vt ❶ (dompter) 制服 [zhìfú] ▸ **mater un enfant rebelle** 制服一个叛逆的孩子 [zhìfú yí ge pànnì de háizi] ❷ (réprimer) 镇压 [zhènyā] ▸ **mater une révolte** 镇压一场起义 [zhènyā yì chǎng qǐyì] ❸ *fam* (regarder) 瞧 [qiáo] ▸ **arrête un peu de mater les filles !** 别老盯着姑娘们瞧！ [bié lǎo dīngzhe gūniangmen qiáo!].

matérialiser vt 实现 [shíxiàn] ▸ **matérialiser un projet** 实现一个计划 [shíxiàn yí ge jìhuà].

matérialiste ♦ adj 唯物主义的 [wéiwùzhǔyì de] ▸ **philosophie matérialiste** 唯物主义哲学 [wéiwùzhǔyì zhéxué]. ♦ nmf PHILO (cl. 位 [wèi] ou 个 [gè] ou 名 [míng]) 唯物主义者 [wéiwùzhǔyìzhě].

matériau, x nm (cl. 种 [zhǒng]) 材料 [cáiliào] ▸ **matériaux de construction** 建筑材料 [jiànzhù cáiliào].

matériel, elle adj ❶ (formé de matière) 物质的 [wùzhì de] ▸ **l'univers matériel** 物质世界 [wùzhì shìjiè] ❷ (tangible) 实物的 [shíwù de] ▸ **preuve matérielle** 物证 [wùzhèng] ❸ (financier) 功利的 [gōnglì de] ▸ **avantage matériel** 实惠 [shíhuì].

▪ **matériel** nm (équipement) ○ (cl. 套 [tào] ou 台 [tái] ou 件 [jiàn]) 设备 [shèbèi] ▸ **matériel de bureau** 办公设备 [bàngōng shèbèi] ▸ **matériel de guerre** 作战装备 [zuòzhàn zhuāngbèi].

maternel, elle adj ❶ (propre à la mère) 母性的 [mǔxìng de] ▸ **instinct maternel** 母性本能 [mǔxìng běnnéng] ▸ **lait maternel** 母乳 [mǔ rǔ] ❷ (du côté de la mère) ▸ **grand-mère maternelle** 外婆 [wàipó].

▪ **maternelle** nf SCOL (cl. 所 [suǒ]) 幼儿园 [yòu'éryuán] ▸ **aller à la maternelle** 上幼儿园 [shàng yòu'éryuán].

maternité nf ❶ (établissement) ○ (cl. 家 [jiā]) 妇产医院 [fùchǎn yīyuàn] ❷ (qualité de mère) 身为人母 [shēnwéi rén mǔ] ; ➤ **congé**.

mathématique adj 数学的 [shùxué de] ▸ **formule mathématique** 数学公式 [shùxué gōngshì].

▪ **mathématiques** nfpl 数学 [shùxué] ▸ **faire des mathématiques** 搞数学 [gǎo shùxué].

maths (abr de **mathématiques**) nfpl ❶ (discipline) 数学 [shùxué] ▸ **être bon en maths** 数学很好 [shùxué hěn hǎo] ❷ (classe préparatoire) ▸ **maths spé** 专业数学预科班 [zhuānyè shùxué yùkē bān] ▸ **maths sup** 高等数学预科班 [gāoděng shùxué yùkē bān].

matière nf ❶ (substance) ○ (cl. 种 [zhǒng]) 物质 [wùzhì] ▸ **matière organique** 有机物质 [yǒujī wùzhì] ▸ **matière vivante** 活性物质 [huóxìng wùzhì] ▸ **sans matière grasse** 无脂 [wú zhī] ❷ (matériau) 材料 [cáiliào] ▸ **matière plastique** 可塑材料 [kě sù cáiliào] ▸ **matière première** 原材料 [yuán cáiliào] ❸ (discipline) ○ (cl. 门 [mén]) 学科 [xuékē] ▸ **un élève fort dans toutes les matières** 一个所有学科都很强的学生 [yí ge suóyǒu xuékē dōu hěn qiáng de xuésheng] ▸ **matière littéraire** 文科 [wén kē] ▸ **matière scientifique** 理科 [lǐ kē] ❹ (sujet) 素材 [sùcái] ▸ **donner matière à** 给……提供素材 [gěi… tígōng sùcái].

▪ **en matière de** loc prép 在……方面 [zài… fāngmiàn].

Matignon npr ▸ **(l'hôtel) Matignon** (法国总理府)马蒂尼翁宫 [(Fǎguó zónglǐ fǔ) Mǎdiníwēnggōng].

matin nm ❶ (au lever) 早晨 [zǎochen] ▸ **je suis du matin** 我是早起的人 [wǒ shì zǎoqǐ de rén] ▸ **à prendre matin, midi et soir** 早晨，中午和晚上吃 [zǎochen, zhōngwǔ hé wǎnshang chī] ❷ (première partie de la journée) 上午 [shàngwǔ] ▸ **le matin** 上午 [shàngwǔ] ▸ **ce matin** 今天早上 [jīntiān zǎoshang] ▸ **du matin au soir** 从早到晚 [cóng zǎo dào wǎn].

matinal, e adj ❶ (du matin) 早晨的 [zǎochen de] ▸ **brouillard matinal** 晨雾 [chén wù] ❷ (qui se lève tôt) 起床早的 [qǐchuáng zǎo de].

matinée nf ❶ (matin) 上午 [shàngwǔ] ▸ **toute la matinée** 整个上午 [zhěnggè shàngwǔ] ▸ **en début de matinée** 一大早 [yí dà zǎo] ▸ **en fin de matinée** 快到中午时 [kuài dào zhōngwǔ shí] ▸ **faire la grasse matinée** 睡懒觉 [shuìlǎnjiào] ❷ (spectacle) 日场 [rìchǎng].

matraque nf (cl. 根 [gēn]) 警棍 [jǐnggùn] ▸ **à coups de matraque** 用警棍 [yòng jǐnggùn].

matraquer vt *fig* (diffusion à répétition) 循环播放 [xúnhuán bōfàng] ▸ **on nous matraque de pubs à la télé** 电视向我们循环播放广告 [diànshì xiàng wǒmen xúnhuán bōfàng guǎnggào].

matricule nm 编号 [biānhào] ▸ **le prisonnier matricule 100** 囚犯编号100 [qiúfàn biānhào 100].

matrimonial, e adj ❶ (relatif au mariage) 婚姻的 [hūnyīn de] ▸ **régime matrimonial** 婚姻制度 [hūnyīn zhìdù] ❷ (de rencontre) 婚介的 [hūnjiè de] ▸ **agence matrimoniale** 婚介所 [hūnjiè suǒ].

mature adj 成熟的 [chéngshú de] ▸ **un enfant mature** 一个成熟的孩子 [yí ge chéngshú de háizi].

maturité nf 成熟 [chéngshú] ▸ **manquer de maturité** 不够成熟 [búgòu chéngshú].

maudire vt 诅咒 [zǔzhòu].

maudit, e adj (réprouvé) 被诅咒的 [bèi zǔzhòu de] ▸ **les poètes maudits** 被咒诗人 [bèi zhòu shīrén].

maugréer vi 低声埋怨 [dīshēng mányuàn] ▸ **maugréer contre qqch/qqn** 低声埋怨某事/某人 [dīshēng mányuàn mǒushì/mǒurén].

Maurice ➤ **île**

Mauritanie nf ▸ **la Mauritanie** 毛里塔尼亚 [Máolítǎníyà].

maussade adj ❶ (de mauvaise humeur) 阴郁的 [yīnyù de] ▸ **air maussade** 阴郁的样子 [yīnyù de yàngzi] ❷ (gris) 阴沉的 [yīnchén de] ▸ **temps maussade** 阴沉的天气 [yīnchén de tiānqì].

mauvais, e adj ❶ (incapable) 差的 [chà de] ▸ **être mauvais en** 在某方面很差 [zài mǒu fāngmiàn hěn chà] ▸ **un mauvais acteur** 一个很差的演员 [yí ge hěn chà de yǎnyuán] ▸ **un mauvais père** 一个坏父亲 [yí ge huài fùqin] ❷ (abîmé) 破损的 [pòsǔn de] ▸ **en mauvais état** 处于破损状态 [chǔyú pòsǔn zhuàngtài] ▸ **mauvaise récolte** 糟糕的收成 [zāogāo de shōucheng] ▸ **route mauvaise** 糟糕的路 [zāogāo de lù] ❸ (erroné) 错的 [cuò de] ▸ **faire un mauvais numéro** 拨错了号 [bō cuò le hào] ❹ (inapproprié) 不适当的 [bú shìdāng de] ▸ **c'est la mauvaise saison pour partir au ski** 这不是去滑雪的季节 [zhè bú shì qù huáxuě de jìjié] ▸ **tu arrives au mauvais moment** 你到的不是时候 [nǐ dào de bú shì shíhou] ❺ (désagréable) 坏 [huài] ▸ **mauvaise nouvelle** 坏消息 [huài xiāoxi] ▸ **mauvaise odeur** 臭味 [chòu wèi] ▸ **mauvais repas** 饭菜差 [fàncài chà] ▸ **mauvais temps** 坏天气 [huài tiānqì] ▸ **pas mauvais !** 不错！ [búcuò!] ▸ **si je le trouve il va passer un mauvais quart d'heure** 要是我找到他就有他受的了 [yàoshi wǒ zhǎodào tā jiù yǒu tā shòu de le] ❻ (dangereux) 有害的 [yǒuhài de] ▸ **être mauvais pour qqch** 对某物是有害的 [duì mǒuwù shì yǒuhài de] ❼ (méchant) 恶劣的 [èliè de] ▸ **être mauvaise langue** 是饶舌的人 [shì ráoshé de rén] ▸ **jouer un mauvais tour** 恶作剧 [èzuòjù].

▪ **mauvais** ♦ adv ❶ (maussade) ▸ **il fait mauvais** 天气不好 [tiānqì bùhǎo] ❷ (odeur désagréable) ▸ **sentir mauvais** 有臭味 [yǒu chòuwèi]. ♦ nm

坏（的方面）[huài (de fāngmiàn)] ▸ **il y a du bon et du mauvais** 有好也有坏 [yǒu hǎo yě yǒu huài].

mauve ♦ adj 淡紫色的 [dànzǐsè de]. ♦ nm 淡紫色 [dànzǐsè].

max. (abr écrite de **maximum**) 最大程度的 [zuìdà chéngdù de] ▸ **conserver à 3 degrés max.** 最高3度保存 [zuìgāo 3 dù bǎocún] ▸ **je resterai 3 jours max.** 我最多呆三天 [wǒ zuìduō dāi sān tiān].

maximal, e adj 最大程度的 [zuìdà chéngdù de] ▸ **peine maximale** 最重处罚 [zuìzhòng chǔfá] ▸ **températures maximales** 最高温度 [zuìgāo wēndù].

maxime nf 格言 [géyán] ▸ **citer une maxime** 引用一个格言 [yǐnyòng yí ge géyán].

maximum ♦ nm 最大限度 [zuìdà xiàndù] ▸ **faire le maximum** 尽量去做 [jìnliàng qù zuò]. ♦ adj 最大程度的 [zuìdà chéngdù de] ▸ **vitesse maximum autorisée** 允许的最高时速 [yúnxǔ de zuìgāo shísù].

maya adj 玛雅的 [máyǎ de].

■ **Maya** nmf ▸ **les Mayas** 玛雅人 [Máyǎrén].

mayonnaise nf 蛋黄酱 [dànhuángjiàng].

mazout nm 重油 [zhòngyóu].

Mazu npr (archipel) 妈祖 [Māzǔ].

me, m' pron pers ❶ 我 [wǒ] ▸ **elle me regarde** 她看着我 [tā kànzhe wǒ] ▸ **il ne m'a pas parlé** 他没有对我讲话 [tā méiyǒu duì wǒ jiǎnghuà] ▸ **me voici** 我在这 [wǒ zài zhè] ❷ (dans un verbe pronominal) ▸ **je me suis lavé** 我洗过澡了 [wǒ xǐ guò zǎo le].

méandre ■ **méandres** nmpl 曲折 [qūzhé] ▸ **les méandres de la pensée** 思想的曲折 [sīxiǎng de qūzhé].

mec nm *fam* ❶ (homme) 男的 [nán de] ▸ **je n'aime pas ce mec** 我不喜欢这个男的 [wǒ bù xǐhuān zhè ge nán de] ▸ **un beau mec** 一个帅哥 [yí ge shuài gē] ❷ (petit ami) 男友 [nányǒu] ▸ **elle est venue avec son mec** 她是和她的男友来的 [tā shì hé tāde nányǒu lái de].

mécanicien, enne nm, f (cl. 名 [míng] ou 个 [gè] ou 位 [wèi]) 技工 [jìgōng].

mécanique ♦ adj 机械的 [jīxiè de] ▸ **énergie mécanique** 机械能 [jīxiè néng] ▸ **geste mécanique** 机械的动作 [jīxiè de dòngzuò] ▸ **panne mécanique** 机械故障 [jīxiè gùzhàng]. ♦ nf ❶ (science) 力学 [lìxué] ▸ **un ingénieur en mécanique** 一位力学工程师 [yí wèi lìxué gōngchéngshī] ❷ (assemblage) 机械装置 [jīxiè zhuāngzhì] ▸ **mécanique d'une montre** 一块手表的机械装置 [yí kuài shóubiǎo de jīxiè zhuāngzhì].

mécanisme nm ❶ TECHNOL (cl. 套 [tào] ou 组 [zǔ]) 机械结构 [jīxiè jiégòu] ▸ **démonter un mécanisme** 拆开一套机械结构 [chāikāi yí tào jīxiè jiégòu] ❷ (processus) 机制 [jīzhì] ▸ **les mécanismes économiques** 经济机制 [jīngjì jīzhì] ▸ **mécanismes de défense** 防卫机制 [fángwèi jīzhì].

mécène nm (cl. 位 [wèi] ou 个 [gè] ou 名 [míng]) (文学/艺术)资助者 [(wénxué/yìshù) zīzhùzhě].

méchamment adv 恶意地 [èyì de].

méchanceté nf 恶意 [èyì] ▸ **agir par pure méchanceté** 纯粹出于恶意所为 [chúncuì chūyú èyì suǒwéi] ▸ **méchanceté gratuite** 无缘由的恶意 [wú yuányóu de èyì].

méchant, e ♦ adj ❶ (cruel) 凶狠的 [xiōnghěn de] ▸ **'attention chien méchant'** 当心凶犬 [dāngxīn xiōng quǎn] ▸ **un air méchant** 一副凶狠的样子 [yí fù xiōnghěn de yàngzi] ▸ **un homme méchant** 一个凶狠的人 [yí ge xiōnghěn de rén] ❷ (grave) 严重的 [yánzhòng de] ▸ **une méchante grippe** 重感冒 [zhòng gǎnmào]. ♦ nm, f (scélérat) 坏人 [huàirén] ▸ **les bons et les méchants** 好人和坏人 [hǎorén hé huàirén].

mèche nf ❶ (cordon) ○ (cl. 根 [gēn]) 芯 [xīn] ▸ **mèche de bougie** 烛芯 [zhú xīn] ❷ (cheveu) ○ (cl. 撮 [cuō] ou 绺 [liǔ]) 发绺 [fàliǔ] ▸ **mèche blonde** 金色发绺 [jīnsè fàliǔ] ▸ **se faire faire des mèches** 挑染头发 [tiáorǎn tóufa]

◊ **vendre la mèche** 泄密 [xièmì].

mécontent, e ♦ adj 不满意 [bùmǎnyì] ▸ **ne pas être mécontent de** 对……还算满意 [duì… háisuàn mǎnyì] ▸ **ne pas être mécontent que** *(+ subjonctif)* 挺高兴…… [tǐng gāoxìng…]. ♦ nm, f 不满的人 [bùmǎn de rén]

▸ **faire des mécontents** 使一些人不满 [shǐ yìxiē rén bùmǎn].

Mecque nf ▸ **La Mecque** 麦加 [Màijiā].

médaille nf ❶ (décoration) ○ (cl. 块 [kuài]) 奖牌 [jiǎngpái] ▸ **médaille d'or/d'argent/de bronze** 金/银/铜牌 [jīn/yín/tóng pái] ▸ **remporter une médaille** 获得一块奖牌 [huòdé yí kuài jiǎngpái] ❷ (pièce) ○ (cl. 枚 [méi]) 纪念章 [jìniànzhāng] ▸ **frapper une médaille** 打造一枚纪念章 [dǎzào yì méi jìniànzhāng] ❸ (bijou) 佩饰 [pèishì].

médaillon nm (bijou) (镶有肖像/头发的)颈饰 [(xiāng yǒu xiāoxiàng/tóufa de) jǐng shì].

médecin nm (docteur) ○ (cl. 位 [wèi] ou 个 [gè]) 医生 [yīshēng] ▸ **aller chez le médecin** 去看医生 [qù kàn yīshēng] ▸ **Médecins du monde** 世界医生组织 [Shìjiè yīshēng zǔzhī] ▸ **Médecins sans frontières** 无国界医生组织 [Wú guójiè yīshēng zǔzhī] ▸ **médecin traitant** 主治医生 [zhǔzhì yīshēng] ▸ **prendre rendez-vous chez le médecin** 和医生预约 [hé yīshēng yùyuē].

médecine nf ❶ (science) 医学 [yīxué] ▸ **médecine du travail** 职业病学 [zhíyèbìng xué] ▸ **médecine générale** 内科医学 [nèikē yīxué] ▸ **médecines douces** 顺势医学 [shùnshì yīxué] ▸ **médecine occidentale** 西医 [xīyī] ▸ **médecine traditionnelle (chinoise)** 中医 [zhōngyī] ▸ **pratiquer la médecine** 行医 [xíng yī] ❷ UNIV 医学系 [yīxué xì] ▸ **faire médecine** 在医学系学习 [zài yīxué xì xuéxí].

Medef (abr de **Mouvement des entreprises de France**) nm 法国企业运动联盟 [Fǎguó qǐyè yùndòng liánméng].

média nm ▸ **les médias** 媒体 [méitǐ].

médian, e adj 正中的 [zhèngzhōng de] ▸ **ligne médiane** 中心线 [zhōngxīn xiàn].

médiateur, trice nm ADMIN (cl. 名 [míng] ou 个 [gè] ou 位 [wèi]) 调停者 [tiáotíngzhě] ▸ **nommer un médiateur dans un conflit** 任命一位冲突调停者 [rènmìng yí wèi chōngtū tiáotíngzhě].

médiathèque nf 音像资料中心 [yīnxiàng zīliào zhōngxīn].

médiatique adj 大众传媒的 [dàzhòng chuánméi de] ▸ **couverture médiatique** 媒体报道 [méitǐ bàodào] ▸ **personnage médiatique** 焦点人物 [jiāodiǎn rénwù].

médiatiser vt 通过媒体大力宣传 [tōngguò méitǐ dàlì xuānchuán] ▸ **médiatiser un événement** 通过媒体大力宣传一个事件 [tōngguò méitǐ dàlì xuānchuán yí ge shìjiàn].

médical, e, aux adj ❶ (relatif aux médecins) 医务的 [yīwù de] ▸ **corps médical** 医学界 [yīxué jiè] ❷ (relatif à la santé) 医疗的 [yīliáo de] ▸ **traitement médical** 医疗 [yīliáo] ▸ **visite médicale** 检查身体 [jiǎnchá shēntǐ].

médicament nm (cl. 种 [zhǒng] ou 副 [fù] ou 剂 [jì]) 药 [yào] ▸ **prendre un médicament** 吃药 [chī yào] ▸ **prescrire un médicament** 开药 [kāi yào].

médico-légal, e adj 法医学的 [fǎ yīxué de] ▸ **institut médico-légal** 法医鉴定机构 [fǎyī jiàndìng jīgòu].

médiéval, e adj 中世纪的 [zhōngshìjì de] ▸ **histoire médiévale** 中世纪历史 [zhōngshìjì lìshǐ].

médiocre adj ❶ (insuffisant) 不够好的 [búgòuhǎo de] ▸ **des résultats médiocres** 一些不够好的结果 [yìxiē búgòuhǎo de jiéguǒ] ▸ **être médiocre en qqch** 在某方面不够好 [zài mǒu fāngmiàn búgòuhǎo] ❷ (de mauvaise qualité) 平庸的 [píngyōng de] ▸ **un roman médiocre** 一部平庸的小说 [yí bù píngyōng de xiǎoshuō].

médiocrité nf 平庸 [píngyōng].

médire vi ▸ **médire de qqn** 说某人的坏话 [shuō mǒurén de huàihuà].

médisant, e adj 恶语伤人的 [èyǔ shāngrén de].

méditation nf ❶ (réflexion) 沉思 [chénsī] ▸ **être plongé dans la méditation** 陷入沉思之中 [xiànrù chénsī zhīzhōng] ❷ (bouddhisme) 入定 [rùdìng] ▸ **un stage de méditation** 一次修炼 [yí cì xiūliàn].

méditer ♦ vt ❶ (projeter) 酝酿 [yùnniàng] ▸ **méditer une œuvre** 酝酿一部作品 [yùnniàng yí bù zuòpǐn] ❷ (réfléchir à) 思考 [sīkǎo] ▸ **méditez mon conseil** 思考一下我

的建议 [sīkǎo yí xià wǒde jiànyì]. ♦ vi (réfléchir) 思索 [sīsuǒ] ▸ **méditer sur qqch** 思索某事 [sīsuǒ mǒushì].

Méditerranée nf ▸ **la (mer) Méditerranée** 地中海 [dìzhōnghǎi].

méditerranéen, enne adj 地中海的 [dìzhōnghǎi de] ▸ **bassin méditerranéen** 地中海沿岸 [dìzhōnghǎi yán'àn] ▸ **climat méditerranéen** 地中海气候 [dìzhōnghǎi qìhou].

médium nm (personne) ◦ (cl. 位 [wèi] ou 个 [gè]) 通灵者 [tōnglíngzhě].

méduse nf (cl. 只 [zhī]) 海蜇 [hǎizhé] ▸ **se faire piquer par une méduse** 被海蜇蜇了 [bèi hǎizhé zhé le].

meeting nm (cl. 次 [cì] ou 个 [gè]) 大会 [dàhuì] ▸ **meeting d'athlétisme** 田径运动会 [tiánjìng yùndòng huì] ▸ **meeting électoral** 选举大会 [xuǎnjǔ dàhuì].

méfait nm ❶ (acte) ◦ (cl. 桩 [zhuāng] ou 个 [gè] ou 项 [xiàng]) 罪行 [zuìxíng] ▸ **commettre un méfait** 犯下一桩罪行 [fànxià yì zhuāng zuìxíng] ❷ *(au pl) fig* (conséquence) 害处 [hàichu] ▸ **les méfaits de l'alcool** 酒精的害处 [jiǔjīng de hàichu].

méfiance nf 怀疑 [huáiyí] ▸ **éveiller la méfiance de qqn** 引起了某人的怀疑 [yínqǐ le mǒurén de huáiyí] ▸ **éprouver de la méfiance envers** 对……感到怀疑 [duì… gǎndào huáiyí] ▸ **regarder qqn avec méfiance** 怀疑地看着某人 [huáiyí de kànzhe mǒurén].

méfiant, e adj 多疑的 [duōyí de].

méfier ▪ **se méfier** vp 怀疑 [huáiyí] ▸ **je me méfie de ce genre de personnes** 我对这种人持有怀疑 [wǒ duì zhè zhǒng rén chíyǒu huáiyí] ▸ **méfie-toi** 当心点 [dāngxīn diǎn].

mégalomane ♦ adj 狂妄自大的 [kuángwàng zìdà de]. ♦ nmf 狂妄的人 [kuángwàng de rén].

mégarde ▪ **par mégarde** loc adv 不留神 [bùliúshén].

mégot nm 烟头 [yāntóu].

meilleur, e ♦ adj ❶ (comparatif de supériorité de bon) 更好的 [gènghǎo de] ▸ **il n'y a rien de meilleur** 没有更好的了 [méiyǒu gènghǎo de le] ▸ **elle est meilleure que moi en anglais** 她在英语方面比我好 [tā zài yīngyǔ fāngmiàn bǐ wǒ hǎo] ❷ (superlatif de bon) 最好的 [zuìhǎo de] ▸ **mes meilleurs amis** 我最好的朋友们 [wǒ zuìhǎo de péngyoumen] ▸ **meilleurs vœux** 美好的祝愿 [měihǎo de zhùyuàn]. ♦ nm, f 最优秀的 [zuìyōuxiù de] ▸ **le meilleur de la classe** 班里最优秀的学生 [bān lǐ zuìyōuxiù de xuésheng] ▸ **le meilleur en qqch** 在某方面最优秀的 [zài mǒu fāngmiàn zuìyōuxiù de] ▸ **nous ne prendrons que les meilleurs** 我们只要最优秀的 [wǒmen zhǐyào zuìyōuxiù de].

▪ **meilleur** nm 最好的部分 [zuìhǎo de bùfen] ▸ **donner le meilleur de soi-même** 展示自己最好的部分 [zhǎnshì zìjǐ zuìhǎo de bùfen] ▸ **unis pour le meilleur et pour le pire** 同甘共苦 [tónggān gòngkǔ].

Mékong npr (fleuve) ▸ **le Mékong** 湄公河 [Méigōnghé].

mél nm INFORM (cl. 封 [fēng]) 电子邮件 [diànzǐ yóujiàn].

mélancolie nf 伤感 [shānggǎn] ▸ **elle pense au passé avec mélancolie** 她满怀伤感地回想着过去 [tā mǎnhuái shānggǎn de huíxiǎngzhe guòqù].

mélancolique adj 忧伤的 [yōushāng de] ▸ **elle est mélancolique** 她多愁善感 [tā duōchóu shàngǎn] ▸ **musique mélancolique** 忧伤的音乐 [yōushāng de yīnyuè].

mélange nm ❶ (combinaison) ◦ (cl. 种 [zhǒng]) 混合物 [hùnhéwù] ▸ **attention aux mélanges d'alcool** 注意酒精的混合物 [zhùyì jiǔjīng de hùnhéwù] ▸ **mélange homogène** 均匀混合物 [jūnyún hùnhéwù] ❷ (résultat) 混合 [hùnhé] ▸ **le curry est un mélange d'épices** 咖喱是辛辣味香料的混合 [gālí shì xīnlà wèi xiāngliào de hùnhé].

mélanger vt ❶ (remuer) 搅拌 [jiǎobàn] ▸ **mélanger la salade** 拌沙拉 [bàn shālā] ▸ **mélanger qqch à** 把某物搅和在……里 [bǎ mǒuwù jiǎohuo zài… lǐ] ❷ (mettre en désordre) 弄乱 [nòngluàn] ▸ **on a mélangé mes papiers** 有人弄乱了我的文件 [yǒu rén nòngluàn le wǒde wénjiàn] ▸ **mélanger les cartes** 洗牌 [xǐ pái] ❸ (mettre ensemble) 混合在一起 [hùnhé zài yìqǐ] ▸ **mélanger les filles et les garçons**

把男孩和女孩混在一起 [bǎ nánhái hé nǚhái hùn zài yìqǐ] ❹ (confondre) 搞混 [gǎohùn] ▸ **elle mélange les dates** 她把日期搞混了 [tā bǎ rìqī gǎohùn le].

■ **se mélanger** vp (se brouiller) 混在一起 [hùn zài yìqǐ] ▸ **tout se mélange dans ma tête** 我脑袋里混成一团 [wǒ nǎodai lǐ hùn chéng yì tuán].

mêlée nf ❶ (combat) ○ (cl. 场 [chǎng]) 混战 [hùnzhàn] ▸ **dans la mêlée** 在混战中 [zài hùnzhàn zhōng] ❷ SPORT 争球 [zhēngqiú] ▸ **mêlée ouverte** 公开争球 [gōngkāi zhēngqiú].

mêler vt ❶ (joindre) ▸ **mêler qqch à qqch** 把某物与某物相结合 [bǎ mǒuwù yǔ mǒuwù xiāng jiéhé] ❷ (impliquer) ▸ **mêler qqn à qqch** 把某人搅进某事 [bǎ mǒurén jiǎojìn mǒushì] ▸ **il a été mêlé à une affaire de drogue** 他被搅进一件毒品事件里 [tā bèi jiǎojìn yí jiàn dúpǐn shìjiàn lǐ].

■ **se mêler** vp (s'ingérer) ▸ **se mêler de qqch** 介入某事 [jièrù mǒushì] ▸ **mêle-toi de tes affaires !** 少管闲事！ [shǎo guǎn xiánshì!].

mélodie nf (cl. 段 [duàn]) 旋律 [xuánlǜ].

mélodieux, euse adj 动听的 [dòngtīng de].

mélodrame nm ❶ THÉÂTRE & CINÉ (cl. 场 [chǎng] ou 个 [gè]) 情节剧 [qíngjiéjù] ❷ *fig* (situation) 戏剧性 [xìjùxìng] ▸ **la soirée tourna au mélodrame** 晚会变得富有戏剧性了 [wǎnhuì biàn de fùyǒu xìjùxìng le].

melon nm BOT 甜瓜 [tiánguā].

membrane nf ANAT & BIOL (cl. 片 [piàn] ou 层 [céng]) 膜 [mó] ▸ **membrane d'une cellule** 细胞膜 [xìbāo mó] ▸ **membrane du tympan** 鼓膜 [gǔ mó].

membre nm ❶ ANAT 肢 [zhī] ▸ **membre antérieur/postérieur** 前/后肢 [qián/hòu zhī] ▸ **membre supérieur/inférieur** 上/下肢 [shàng/xià zhī] ❷ (personne) ○ (cl. 位 [wèi] ou 个 [gè] ou 名 [míng]) 成员 [chéngyuán] ▸ **membre actif** 正式成员 [zhèngshì chéngyuán] ▸ **membre d'une association** 会员 [huì yuán] ▸ **membre d'équipage** 队员 [duì yuán] ▸ **un membre de la famille** 一名家庭成员 [yí míng jiātíng chéngyuán]

◊ **État membre** 成员国 [Chéngyuánguó].

même ♦ adj indéf ❶ (indique une identité) 同样的 [tóngyàng de] ▸ **nous avons eu les mêmes résultats à l'examen** 我们在考试中得到了相同的成绩 [wǒmen zài kǎoshì zhōng dédào le xiāngtóng de chéngjì] ▸ **c'est cela même** 这就是这样 [zhè jiù shì zhèyàng] ❷ (sert à souligner) 本身的 [běnshēn de] ▸ **ce sont ses paroles mêmes** 这是他的原话 [zhè shì tāde yuánhuà] ▸ **elle est la bonté même** 她是善良的化身 [tā shì shànliáng de huàshēn]. ♦ pron indéf ▸ **le/la même** 同样的 [tóngyàng de]. ♦ adv ❶ (renforce un adverbe de temps, de lieu) 当 [dāng] ▸ **aujourd'hui même** 今天当天 [jīntiān dāng tiān] ▸ **ici même** 这里当场 [zhè lǐ dāng chǎng] ❷ (positif, marque un renchérissement) 甚至 [shènzhì] ▸ **elle est même riche !** 她甚至很有钱！ [tā shènzhì hěn yǒuqián!] ❸ (négatif, pour insister) 甚至都 [shènzhì dōu] ▸ **il n'a même pas appelé** 他甚至都没有打电话 [tā shènzhì dōu méiyǒu dǎ diànhuà].

■ **à même** loc prép 直接地 [zhíjiē de] ▸ **s'asseoir à même le sol** 直接坐在地上 [zhíjiē zuò zài dìshang].

■ **à même de** loc prép 能够 [nénggòu] ▸ **elle est à même de faire ce travail** 她能够做这项工作 [tā nénggòu zuò zhè xiàng gōngzuò].

■ **de même** loc adv 一样地 [yíyàng de] ▸ **il en va de même pour lui** 这对他也是一样 [zhè duì tā yě shì yíyàng].

■ **de même que** loc conj 跟……一样 [gēn… yíyàng].

■ **même quand** loc conj 甚至……时，也…… [shènzhì… shí, yě…] ▸ **elle sort même quand il pleut** 她甚至下雨时也出去 [tā shènzhì xiàyǔ shí yě chūqu].

■ **même si** loc conj 即使……也…… [jíshǐ… yě…] ▸ **j'irai même s'il ne fait pas beau** 即使天气不好我也会去 [jíshǐ tiānqì bùhǎo wǒ yě huì qù].

mémé nf ❶ (grand-mère paternelle) 奶奶 [nǎinai] ❷ (grand-mère maternelle) 姥姥 [lǎolao].

mémo nm (cl. 本 [běn] ou 个 [gè]) 记事本 [jìshìběn].

mémoire ♦ nf ❶ (faculté) 记忆力 [jìyìlì] ▸ **avoir (une) bonne/mauvaise mémoire** 记忆力好/差 [jìyìlì hǎo/chà] ▸ **avoir une mémoire d'éléphant** 有很强的记忆力 [yǒu hěn qiáng de jìyìlì] ▸ **de mémoire** 凭记忆 [píng jìyì] ▸ **mémoire visuelle** 视觉记忆 [shìjué jìyì] ▸ **perdre la mémoire** 失忆 [shī yì] ❷ *sout* (souvenir, réputation) 纪念 [jìniàn] ▸ **à la mémoire de** 为纪念…… [wèi jìniàn…] ❸ INFORM 内存 [nèicún] ▸ **512 Mo de mémoire** 512兆内存 [512 zhào nèicún] ▸ **mémoire virtuelle** 虚拟内存 [xūnǐ nèicún]. ♦ nm UNIV (cl. 篇 [piān]) 论文 [lùnwén].

▪ **mémoires** nmpl (cl. 部 [bù]) 回忆录 [huíyìlù].

mémorable adj 难忘的 [nánwàng de] ▸ **événement mémorable** 难忘的事件 [nánwàng de shìjiàn].

mémorial, aux nm ❶ (monument) ○ (cl. 座 [zuò] ou 个 [gè]) 纪念碑 [jìniànbēi] ❷ (musée) ○ (cl. 个 [gè] ou 座 [zuò]) 纪念堂 [jìniàntáng].

menaçant, e adj 威胁的 [wēixié de] ▸ **nuage menaçant** 滚滚乌云 [gúngǔn wūyún] ▸ **regard menaçant** 恐吓的目光 [kǒnghè de mùguāng].

menace nf ❶ (intimidation) 恐吓 [kǒnghè] ▸ **menace de mort** 以死相逼 [yǐ sǐ xiāng bī] ▸ **ses menaces ne me font pas peur** 他的恐吓吓不倒我 [tāde kǒnghè xià bù dǎo wǒ] ▸ **sous la menace** 迫于恐吓 [pòyú kǒnghè] ❷ (danger) 威胁 [wēixié].

menacer ♦ vt ❶ (intimider) 恐吓 [kǒnghè] ▸ **menacer qqn de qqch** 用某事来要挟某人 [yòng mǒushì lái yāoxié mǒurén] ▸ **tu auras beau me menacer, je ne céderai pas** 你恐吓我也没用，我是不会让步的 [nǐ kǒnghè wǒ yě méiyòng, wǒ shì bú huì ràngbù de] ❷ (mettre en danger) 威胁 [wēixié] ▸ **ce nouvel attentat menace le processus de paix** 这次新的袭击事件威胁着和平的进程 [zhè cì xīn de xíjī shìjiàn wēixiézhe hépíng de jìnchéng]. ♦ vi (laisser craindre) ▸ **menacer de** 以……相要挟 [yǐ… xiāng yāoxié] ▸ **les murs menacent de tomber** 墙有倒塌的危险 [qiáng yǒu dǎotā de wēixiǎn].

ménage nm ❶ (nettoyage) 家务 [jiāwù] ▸ **faire le ménage** 干家务 [gàn jiāwù] ▸ **homme/femme de ménage** 男/女佣 [nán/nǚ yōng] ❷ (relation) 关系 [guānxi] ▸ **faire bon ménage** 和睦相处 [hémù xiāngchǔ] ▸ **un ménage sans enfant** 一对没有孩子的夫妇 [yí duì méiyǒu háizi de fūfù] ❸ ÉCON 户 [hù] ▸ **un ménage sur deux est équipé d'un ordinateur** 每两户中有一户拥有一部计算机 [měi liǎng hù zhōng yǒu yí hù yōngyǒu yí bù jìsuànjī].

ménagement nm 关怀 [guānhuái] ▸ **il la traite avec le plus grand ménagement** 他对她关怀备至 [tā duì tā guānhuái bèizhì] ▸ **sans ménagement** 毫不掩饰 [háobù yǎnshì].

ménager[1], ère adj 家用的 [jiāyòng de] ▸ **appareil ménager** 家用电器 [jiāyòng diànqì] ▸ **produit ménager** 家用产品 [jiāyòng chánpǐn] ▸ **tâche ménagère** 家务 [jiāwù].

ménager[2] vt ❶ (épargner) 照顾 [zhàogù] ▸ **il me ménage car je suis fatiguée** 他照顾我是因为我很累 [tā zhàogù wǒ shì yīnwèi wǒ hěn lèi] ▸ **ménager son adversaire** 让着自己的对手 [ràngzhe zìjǐ de duìshǒu] ▸ **ménager la susceptibilité de qqn** 迁就某人的敏感易怒 [qiānjiù mǒurén de míngǎn yìnù] ❷ (économiser) 保留 [bǎoliú] ▸ **elle ne ménage pas ses efforts** 她不惜余力 [tā bùxī yúlì] ❸ (préparer) 准备 [zhǔnbèi] ▸ **ménager un espace** 腾出一些地方 [téngchū yìxiē dìfang].

▪ **se ménager** vp 量力而行 [liànglì'érxíng] ▸ **tu as l'air fatiguée, tu devrais te ménager** 你看上去很累了，应该量力而行 [nǐ kànshàngqu hěn lèi le, yīnggāi liànglì'érxíng].

ménagerie nf (zoo) 动物园 [dòngwùyuán].

Mencius npr (philosophe) 孟子 [Mèngzǐ].

mendiant, e nm, f (cl. 个 [gè] ou 名 [míng]) 乞丐 [qǐgài].

mendier vt ❶ (faire appel à la charité) 乞讨 [qítǎo] ❷ (solliciter) 拉 [lā] ▸ **mendier des voix à l'élection** 拉选票 [lā xuǎnpiào].

mener ♦ vt ❶ (accéder à) 通向 [tōngxiàng] ▸ **cette route mène à la ville** 这条路通向城里 [zhè tiáo lù tōngxiàng chéng lǐ] ▸ **tous les chemins mènent à Rome** 条条大路通罗马 [tiáotiao dàlù tōng Luómǎ] ▸ **ne mener à rien** 什么都干不成 [shénme dōu gàn bù chéng] ❷ (diriger) 指挥 [zhǐhuī] ▸ **mener qqn par le bout du nez** 牵着某人的鼻子走 [qiānzhe mǒurén de bízi zǒu] ▸ **mener les**

débats 主持一场辩论 [zhǔchí yì chǎng biànlùn] ▸ **mener une coalition** 率领联盟 [shuàilǐng liánméng] ❸ (conduire) 进行 [jìnxíng] ▸ **mener qqch à bien** 搞好某事 [gǎohǎo mǒushì] ▸ **mener une enquête** 组织一次调查 [zǔzhī yí cì diàochá] ▸ **il mène une vie errante** 他过着一种流浪的生活 [tā guòzhe yì zhǒng liúlàng de shēnghuó]
◊ **mener la vie dure à qqn** 折磨某人 [zhémo mǒurén].
♦ vi SPORT 领先 [lǐngxiān] ▸ **l'équipe mène à la mi-temps** 这队在上半场时领先 [zhè duì zài shàng bànchǎng shí lǐngxiān].

meneur, euse nm, f (chef) ○ (cl. 名 [míng] ou 个 [gè] ou 位 [wèi]) 领头人 [lǐngtóurén] ▸ **meneur de jeu** 领队 [lǐng duì].

ménopause nf 更年期 [gēngniánqī].

menotte ▪ **menottes** nfpl (cl. 副 [fù]) 手铐 [shǒukào] ▸ **passer les menottes à qqn** 给某人戴手铐 [gěi mǒurén dài shǒukào].

mensonge nm (propos) 谎话 [huǎnghuà] ▸ **dire des mensonges** 说谎 [shuō huǎng].

mensonger, ère adj 骗人的 [piànrén de] ▸ **accusation mensongère** 捏造的指控 [niēzào de zhǐkòng] ▸ **publicité mensongère** 虚假广告 [xūjiǎ guǎnggào].

mensualiser vt ▸ **être mensualisé** 按月支付的 [ànyuè zhīfù de] ▸ **pour les impôts, je suis mensualisé** 关于税收，我是按月缴的 [guānyú shuìshōu, wǒ shì ànyuè jiǎo de].

mensualité nf (traite) 每月支付款项 [měiyuè zhīfù kuǎnxiàng] ▸ **payer par mensualités** 按月支付 [àn yuè zhīfù].

mensuel, elle adj 每月的 [měiyuè de] ▸ **réunion mensuelle** 每月例会 [měiyuè lìhuì] ▸ **revue mensuelle** 月刊 [yuè kān] ▸ **salaire mensuel** 月工资 [yuè gōngzī].
▪ **mensuel** nm (cl. 份 [fèn] ou 本 [běn]) 月刊 [yuèkān].

mensurations nfpl (身体尺寸)测量 [(shēntǐ chǐcùn) cèliáng] ▸ **le tailleur a pris mes mensurations** 裁缝量了我的尺寸 [cáifeng liáng le wǒde chǐcùn] ▸ **avec ses mensurations, elle pourrait être mannequin** 以她的三围，她可以当模特 [yǐ tāde sānwéi, tā kéyǐ dāng mótè].

mental, e, aux adj 精神的 [jīngshén de] ▸ **calcul mental** 心算 [xīn suàn] ▸ **état mental** 精神状态 [jīngshén zhuàngtài] ▸ **handicap mental** 智障 [zhì zhàng].
▪ **mental** nm ▸ **le mental** 心理素质 [xīnlǐ sùzhì].

mentalité nf (cl. 种 [zhǒng]) 精神状态 [jīngshén zhuàngtài] ▸ **changer les mentalités** 改变精神状态 [gǎibiàn jīngshén zhuàngtài].

menteur, euse nm, f 骗子 [piànzi].

menthe nf ❶ (feuille) ○ (cl. 片 [piàn]) 薄荷叶 [bòheyè] ▸ **menthe fraîche** 鲜薄荷叶 [xiān bòheyè] ▸ **thé à la menthe** 薄荷茶 [bòhe chá] ❷ (essence) 薄荷 [bòhe] ▸ **boire une menthe à l'eau** 喝杯薄荷汁 [hē bēi bòhe zhī] ▸ **bonbon à la menthe** 薄荷糖 [bòhe táng].

mention nf ❶ (citation) 提及 [tíjí] ▸ **faire mention de qqch** 提到某事 [tídào mǒushì] ❷ (indication) 批注 [pīzhù] ▸ **rayer la mention inutile** 划去没有用的批注 [huà qù méiyǒu yòng de pīzhù] ❸ SCOL & UNIV 评注 [píngzhù] ▸ **mention assez bien/bien/très bien** 评注及格/良好/优秀 [píngzhù jígé/liánghǎo/yōuxiù].

mentir vi 撒谎 [sāhuǎng] ▸ **mentir à qqn** 对某人撒谎 [duì mǒurén sāhuǎng].

menton nm ANAT 下巴 [xiàba] ▸ **menton pointu** 尖下巴 [jiān xiàba] ▸ **double menton** 双下巴 [shuāng xiàba].

menu, e adj 瘦小的 [shòuxiǎo de] ▸ **elle est toute menue** 她很瘦小 [tā hěn shòuxiǎo].
▪ **menu** ♦ adv ▸ **hacher menu** 切碎 [qiēsuì] ▸ **hachez menu les oignons** 把洋葱切碎 [bǎ yángcōng qiēsuì]. ♦ nm ❶ (liste de plats) ○ (cl. 份 [fèn]) 菜单 [càidān] ❷ (repas à prix fixe) ○ (cl. 份 [fèn] ou 个 [gè]) 套餐 [tàocān] ▸ **menu du jour** 当日套餐 [dāngrì tàocān] ▸ **menu touristique** 旅游套餐 [lǚyóu tàocān] ❸ INFORM 菜单 [càidān] ▸ **choisir « copier » dans le menu « édition »** 在“编辑”菜单中选择“复制” [zài “biānjí” càidān zhōng xuǎnzé “fùzhì”].

menuisier nm (cl. 位 [wèi] ou 个 [gè]) 木匠 [mùjiang].

méprendre ▪ **se méprendre** vp *sout* 搞错 [gǎocuò] ▸ **ne nous méprenons pas** 我们

不要搞错了 [wǒmen búyào gǎocuò le] ▸ **se méprendre sur** 误会…… [wùhuì…] ▸ **à s'y méprendre** (像得)让人分不出来 [(xiàng de) ràng rén fēn bù chūlái].

mépris nm 鄙视 [bǐshì] ▸ **avoir du mépris pour** 鄙视…… [bǐshì…] ▸ **traiter qqn avec mépris** 以鄙视的态度对待某人 [yǐ bǐshì de tàidu duìdài mǒurén].

▪ **au mépris de** loc prép 无视 [wúshì].

méprisant, e adj 轻蔑的 [qīngmiè de] ▸ **se montrer méprisant envers qqn** 对某人态度轻蔑 [duì mǒurén tàidu qīngmiè].

mépriser vt ❶ (dédaigner) 鄙视 [bǐshì] ▸ **il méprise tout le monde** 他鄙视所有的人 [tā bǐshì suóyǒu de rén] ❷ (ne pas tenir compte de) 无视 [wúshì] ▸ **mépriser le danger** 无视危险 [wúshì wēixiǎn].

mer nf ❶ (océan) 海 [hǎi] ▸ **haute mer** 远海 [yuánhǎi] ▸ **mer agitée** 波涛汹涌的大海 [bōtāo xiōngyǒng de dàhǎi] ▸ **mer calme** 平静的大海 [píngjìng de dàhǎi] ❷ (zone côtière) 海边 [hǎibiān] ▸ **à la mer** 在海边 [zài hǎibiān].

▪ **mer de Chine méridionale** nf 南海 [Nán hǎi].

▪ **mer de Chine orientale** nf 东海 [Dōng hǎi].

▪ **mer Jaune** nf 黄海 [Huáng hǎi].

mercantile adj *péj* 唯利是图的 [wéilìshìtú de] ▸ **esprit mercantile** 唯利是图的想法 [wéilìshìtú de xiángfǎ].

mercerie nf (cl. 家 [jiā]) 缝纫用品店 [féngrèn yòngpǐn diàn].

merci ♦ interj 谢谢 [xièxie] ▸ **merci pour ta longue lettre** 谢谢你的长信 [xièxie nǐde cháng xìn] ▸ **merci beaucoup** 多谢 [duō xiè] ▸ **merci mille fois** 万分感谢 [wànfēn gǎnxiè]. ♦ nm (parole de remerciement) 谢谢 [xièxie] ▸ **dire merci à qqn** 向某人道谢 [xiàng mǒurén dàoxiè].

▪ **merci de** loc adv 劳驾 [láojià] ▸ **merci d'éteindre votre portable** 劳驾关上您的手机 [láojià guānshang nínde shǒujī] ▸ **merci d'avoir répondu si vite** 感谢及时答复 [gǎnxiè jíshí dáfù].

mercredi nm 星期三 [xīngqīsān].

mercure nm 水银 [shuǐyín] ▸ **un thermomètre à mercure** 一支水银温度计 [yì zhī shuǐyín wēndùjì].

▪ **Mercure** npr 水星 [Shuǐxīng].

merde *tfam* ♦ nf ❶ (excrément) ○ (cl. 堆 [duī] ou 滩 [tān] ou 泡 [pāo]) 屎 [shǐ] ▸ **une merde de chien** 一堆狗屎 [yì duī gǒu shǐ] ❷ (chose de mauvaise qualité) 狗屎 [gǒushǐ] ▸ **elle passe son temps à grignoter des merdes** 她成天不停地吃乱七八糟的零食 [tā chéng tiān bùtíng de chī luànqībāzāo de língshí] ▸ **quelle merde, cette chanson !** 真是狗屎，这首歌！ [zhēnshì gǒu shǐ, zhè shǒu gē!] ❸ (situation problématique) 麻烦 [máfan] ▸ **être dans la merde** 有麻烦了 [yǒu máfan le]. ♦ interj 他妈的 [tāmāde] ▸ **merde ! j'ai oublié mes clés** 他妈的！我忘带钥匙了 [tāmāde! wǒ wàng dài yàoshi le].

mère nf ❶ (maman) ○ (cl. 位 [wèi] ou 个 [gè]) 母亲 [mǔqin] ▸ **mère adoptive** 养母 [yǎngmǔ] ▸ **mère biologique** 生母 [shēng mǔ] ▸ **mère célibataire** 单身母亲 [dānshēnmǔqin] ▸ **mère de famille** 家庭主妇 [jiātíng zhǔfù] ❷ RELIG (宗教团体)女主持 [(zōngjiào tuántǐ) nǚ zhǔchí] ▸ **mère supérieure** 女修道院院长 [nǚ xiūdàoyuàn yuànzhǎng].

merguez nf inv (cl. 根 [gēn]) 辣味小香肠 [làwèi xiǎo xiāngcháng].

méridien, enne nf ❶ ASTRON 子午线 [zíwǔxiàn] ▸ **le méridien de Greenwich** 格林威治子午线 [Gélínwēizhì zíwǔxiàn] ❷ MÉD 经络 [jīngluò].

méridional, e adj (du Sud) 南面的 [nánmiàn de] ▸ **accent méridional** 法国南方口音 [Fǎguó nánfāng kǒuyīn] ▸ **la côte méridionale de la Grande-Bretagne** 英国南海岸 [Yīngguó nán hǎiàn].

meringue nf 蛋白酥 [dànbáisū].

mérite nm ❶ (vertu) 功绩 [gōngjì] ▸ **avoir du mérite à faire qqch** 功劳在于做某事 [gōngláo zàiyú zuò mǒushì] ▸ **sa remarque a le mérite d'être claire** 要承认他的意见是清晰的 [yào chéngrèn tāde yìjiàn shì qīngxī de] ▸ **vanter les mérites de qqch** 鼓吹某事的功绩 [gǔchuī mǒushì de gōngjì] ❷ (gloire) 功德 [gōngdé] ▸ **tout le mérite de l'affaire**

vous revient 此事的全部功德都属于您 [cǐ shì de quánbù gōngdé dōu shǔyú nín].

mériter vt ❶ (être digne de) 配 [pèi] ▸ **ils ne méritent pas que l'on s'intéresse à eux** 他们不配受到人们的关注 [tāmen bú pèi shòudào rénmen de guānzhù] ▸ **mériter des compliments** 对称赞当之无愧 [duì chēngzàn dāng zhī wúkuì] ❷ (valoir) 值得 [zhíde] ▸ **ceci mérite réflexion** 这个值得深思 [zhège zhíde shēnsī] ▸ **mériter le détour** 不虚此行 [bù xū cǐ xíng].

merlan nm ZOOL (cl. 条 [tiáo]) 牙鳕 [yáxuě].

merle nm ZOOL (cl. 只 [zhī]) 乌鸫 [wūdōng].

merveille nf ❶ (splendeur) 奇观 [qíguān] ▸ **quelle merveille ce palais!** 这座宫殿真是个奇观！ [zhè zuò gōngdiàn zhēnshì ge qíguān!] ▸ **les Sept Merveilles du monde** 世界七大奇观 [shìjiè Qīdà Qíguān] ❷ (miracle) 奇迹 [qíjì] ▸ **ce mécanisme est une merveille d'ingéniosité** 这套机械真是巧夺天工 [zhè tào jīxiè zhēnshì qiǎoduó tiāngōng] ▸ **faire des merveilles** 创造奇迹 [chuàngzào qíjì]
◊ **à merveille** 好极了 [hǎo jí le] ▸ **je me porte à merveille** 我的身体好极了 [wǒde shēntǐ hǎo jí le].

merveilleux, euse adj 绝妙的 [juémiào de].

mésange nf ZOOL (cl. 只 [zhī]) 山雀 [shānquè].

mésaventure nf 不幸遭遇 [búxìng zāoyù].

mesquin, e adj 小心眼的 [xiǎoxīnyǎn de].

mesquinerie nf 小心眼 [xiǎoxīnyǎn].

message nm 口信 [kǒuxìn] ▸ **écouter les messages sur son répondeur** 听录音电话上的留言 [tīng lùyīn diànhuà shàng de liúyán] ▸ **laisser un message à qqn** 给某人留个口信 [gěi mǒurén liú ge kǒuxìn].

messager, ère nm, f (cl. 位 [wèi] ou 个 [gè] ou 名 [míng]) 信使 [xìnshǐ].

messagerie nf 信息 [xìnxī] ▸ **messagerie électronique** 电子邮箱 [diànzǐ yóuxiāng] ▸ **messagerie instantanée** 即时聊天软件 [jíshí liáotiān ruǎnjiàn] ▸ **messagerie vocale** 语音留言 [yǔyīn liúyán].

messe nf RELIG (cl. 场 [chǎng] ou 次 [cì]) 弥撒 [mísa] ▸ **aller à la messe** 去参加弥撒 [qù cānjiā mísa] ▸ **dire la messe** 念弥撒祷文 [niàn mísa dǎowén]
◊ **faire des messes basses** 咬耳朵 [yǎo ěrduo].

mesure nf ❶ (disposition, acte) ○ (cl. 项 [xiàng] ou 个 [gè]) 措施 [cuòshī] ▸ **mesure d'hygiène** 卫生措施 [wèishēng cuòshī] ▸ **mesures de sécurité** 安全措施 [ānquán cuòshī] ▸ **par mesure de** 根据……措施 [gēnjù… cuòshī] ▸ **prendre des mesures** 采取一些措施 [cáiqǔ yìxiē cuòshī] ❷ (évaluation) 测定 [cèdìng] ▸ **mesure de vitesse** 速度测定 [sùdù cèdìng] ▸ **unité de mesure** 计量单位 [jìliàng dānwèi] ❸ (dimension) 尺寸 [chǐcùn] ▸ **faire faire un vêtement sur mesure** 定做一件衣服 [dìngzuò yí jiàn yīfú] ▸ **prendre les mesures de qqn** 量一下身体尺寸 [liáng yí xià shēntǐ chǐcùn] ❹ (modération) 分寸 [fēncun] ▸ **manquer de mesure** 没有分寸 [méiyǒu fēncun] ❺ MUS 节拍 [jiépāi] ▸ **battre la mesure** 打拍子 [dǎ pāizi] ▸ **mesure à quatre temps** 四拍 [sì pāi]
◊ **dans la mesure du possible** 在尽可能的范围内 [zài jìn kěnéng de fànwéi nèi] ▸ **être en mesure de** 能够 [nénggòu].
▪ **outre mesure** loc adv 过分地 [guòfèn de].

mesurer ♦ vt ❶ (déterminer la grandeur de) 测量 [cèliáng] ▸ **mesurer la taille d'un mur** 测量一面墙的高度 [cèliáng yí miàn qiáng de gāodù] ❷ (déterminer la valeur de) 评估 [pínggū] ▸ **mesurer les risques** 评估风险 [pínggū fēngxiǎn] ❸ (modérer) 斟酌 [zhēnzhuó] ▸ **mesurer ses mots** 斟酌字句 [zhēnzhuó zìjù]. ♦ vi (avoir pour taille) 高 [gāo] ▸ **je mesure un mètre soixante-cinq** 我身高一米六五 [wǒ shēngāo yì mǐ liù wǔ] ▸ **le mur mesure deux mètres de haut** 墙有两米高 [qiáng yǒu liǎng mǐ gāo].
▪ **se mesurer à** vp 与……比 [yǔ… bǐ] ▸ **il cherche à se mesurer aux autres pour se rassurer** 他老想与别人比来得到自信 [tā lǎo xiǎng yǔ biéren bǐ lái dédào zìxìn] ▸ **ne te mesure pas à lui, il est ceinture noire** 你别跟他较量，他可是格斗黑带 [nǐ bié gēn tā jiàoliàng, tā kěshì gédòu hēi dài].

métal, aux nm ❶ (cl. 种 [zhǒng]) 金属 [jīnshǔ] ▸ **métal précieux** 贵重金属 [guìzhòng jīnshǔ] ▸ **en métal** 用金属做的 [yòng jīnshǔ zuò de] ❷ MUS 重金属 [zhòngjīnshǔ].

métallique adj 金属的 [jīnshǔ de] ▸ **une grille métallique** 一道金属栅栏 [yí dào jīnshǔ zhàlan].

métallurgie nf 冶金 [yějīn].

métamorphose nf ❶ BIOL 蜕变 [tuìbiàn] ▸ **la métamorphose du papillon** 蜕变成蝴蝶 [tuìbiàn chéng húdié] ❷ *fig* (transformation) 变化 [biànhuà].

métaphore nf 隐喻 [yǐnyù].

métaphysique ♦ adj PHILO 形而上学的 [xíng'érshàngxué de] ▸ **des questions métaphysiques** 一些形而上学的问题 [yìxiē xíng'érshàngxué de wèntí]. ♦ nf PHILO 形而上学 [xíng'érshàngxué].

métastase nf 转移 [zhuǎnyí].

métayer, ère nm, f 佃农 [diànnóng].

météo (abr de **météorologie**) nf 天气预报 [tiānqì yùbào].

météore nm ASTRON (cl. 颗 [kē]) 流星 [liúxīng].

météorite nm ou nf (cl. 块 [kuài]) 陨石 [yǔnshí].

météorologie nf 气象学 [qìxiàngxué].

méthode nf ❶ (procédé) 方法 [fāngfǎ] ▸ **une nouvelle méthode d'enseignement** 一种新的教学方法 [yì zhǒng xīn de jiàoxué fāngfǎ] ▸ **je n'approuve pas du tout ces méthodes** 我根本不赞同这些做法 [wǒ gēnběn bú zàntóng zhèxiē zuòfǎ] ❷ (organisation) 条理 [tiáolǐ] ▸ **manquer de méthode** 缺乏条理 [quēfá tiáolǐ] ▸ **travailler avec méthode** 有条理地工作 [yǒu tiáolǐ de gōngzuò] ❸ (ouvrage pour apprendre) ○ (cl. 本 [běn]) 学习教材 [xuéxí jiàocái] ▸ **acheter une méthode de chinois** 买一本学习中文的教材 [mǎi yì běn xuéxí zhōngwén de jiàocái].

méthodologie nf 方法论 [fāngfǎlùn].

méticuleux, euse adj 用心的 [yòngxīn de] ▸ **apporter un soin méticuleux à une tâche** 对一项任务用心仔细 [duì yí xiàng rènwu yòngxīn zǐxì].

métier nm ❶ (profession) 职业 [zhíyè] ▸ **quel métier exercez-vous ?** 您是从事什么职业的？ [nín shì cóngshì shénme zhíyè de?] ▸ **les gens du métier** 内行的人 [nèiháng de rén] ❷ (machine) ○ (cl. 台 [tái]) 机器 [jīqì] ▸ **métier à tisser** 织布机 [zhībùjī].

▪ **de métier** loc adj 专职的 [zhuānzhí de] ▸ **avoir 30 ans de métier** 从业30年 [cóngyè 30 nián] ▸ **armée de métier** 职业军队 [zhíyè jūnduì] ▸ **corps de métier** 职业行会 [zhíyè hánghuì].

métis, isse ♦ adj 混血的 [hùnxuè de] ▸ **un enfant métis** 混血儿 [hùnxuè'ér]. ♦ nm, f 混血儿 [hùnxuè'ér].

mètre nm ❶ (mesure) 米 [mǐ] ▸ **mètre carré** 平方米 [píngfāngmǐ] ▸ **mètre cube** 立方米 [lìfāngmǐ] ▸ **trois mètres** 三米 [sān mǐ] ❷ (instrument) ○ (cl. 根 [gēn] ou 个 [gè]) 米尺 [míchǐ] ▸ **utiliser un mètre pour mesurer les longueurs** 用米尺来量长度 [yòng míchǐ lái liáng chángdù].

métro nm 地铁 [dìtiě] ▸ **dernier métro** 末班地铁 [mòbān dìtiě] ▸ **premier métro** 头班地铁 [tóubān dìtiě] ▸ **prendre le métro** 乘地铁 [chéng dìtiě] ▸ **station de métro** 地铁站 [dìtiě zhàn] ▸ **ticket de métro** 地铁票 [dìtiě piào]

◊ **métro, boulot, dodo** 坐地铁，上班，睡觉 [zuòdìtiě, shàngbān, shuìjiào].

métropole nf ❶ (ville) 大都市 [dàdūshì] ▸ **les grandes métropoles économiques** 经济大都市 [jīngjì dàdūshì] ❷ (pays) 本土 [běntǔ] ▸ **vivre en métropole** 在本国生活 [zài běnguó shēnghuó].

métropolitain, e adj ADMIN 本土的 [běntǔ de] ▸ **la France métropolitaine** 法国本土 [Fǎguó běntǔ].

mets nm inv *sout* CULIN (cl. 道 [dào]) 菜肴 [càiyáo] ▸ **un mets raffiné** 一道精美的菜肴 [yí dào jīngměi de càiyáo].

metteur nm THÉÂTRE & CINÉ ▸ **metteur en scène** (cl. 名 [míng] ou 个 [gè] ou 位 [wèi]) 导演 [dǎoyǎn].

mettre vt ❶ (placer) 放 [fàng] ▸ **mettre ses enfants à l'école** 把孩子放到学校里 [bǎ háizi fàng dào xuéxiào lǐ] ▸ **une affiche au mur** 把一张招贴贴在墙上 [bǎ yì zhāng zhāotiē tiē zài qiáng shàng] ▸ **mettre la table** 摆桌 [bǎizhuō] ❷ (revêtir) 穿 [chuān] ▸ **je n'ai**

plus rien à me mettre 我没什么可穿的了 [wǒ méishénme kě chuān de le] ▸ **mettre ses chaussures** 穿鞋 [chuānxié] ▸ **mettre un chapeau** 戴帽子 [dài màozi] ❸ (allumer) 开 [kāi] ▸ **mettre le chauffage** 开暖气 [kāi nuǎnqì] ❹ (installer) 安 [ān] ▸ **mettre l'électricité** 安电 [ān diàn]

◊ **mettre du temps à** *(+ infinitif)* 花时间…… [huā shíjiān…] ▸ **mettre sa montre à l'heure** 把表对准了 [bǎ biǎo duìzhǔn le].

▪ **se mettre** vp ❶ (se placer) 走/站到 [zǒu/zhàn dào] ▸ **se mettre derrière qqn** 走到某人后面 [zǒudào mǒurén hòumian] ❷ (se vêtir) 穿 [chuān] ▸ **une chemise blanche se met avec tout** 白衬衣可以随便搭配穿 [bái chènyī kéyǐ suíbiàn dāpèi chuān]

◊ **se mettre d'accord** 达成一致 [dáchéng yízhì] ▸ **se mettre à faire qqch** 开始做某事 [kāishǐ zuò mǒushì] ▸ **s'y mettre** 开始去做 [kāishǐ qù zuò].

meuble ♦ adj ❶ AGRIC & GÉOL 疏松的 [shūsōng de] ▸ **terre meuble** 疏松的土地 [shūsōng de tǔdì] ❷ DR 可移动的 [kěyídòng de] ▸ **bien meuble** 动产 [dòngchǎn]. ♦ nm (cl. 件 [jiàn]) 家具 [jiājù] ▸ **meuble ancien** 旧式家具 [jiùshì jiājù] ▸ **meuble de bureau** 办公家具 [bàngōng jiājù].

meublé, e adj 带家具的 [dài jiājù de] ▸ **appartement meublé** 带家具的公寓 [dài jiājù de gōngyù].

▪ **meublé** nm 带家具住房 [dài jiājù zhùfáng].

meubler vt 配备家具 [pèibèi jiājù] ▸ **meubler un appartement** 给一套公寓配备家具 [gěi yí tào gōngyù pèibèi jiājù]

◊ **meubler la conversation** 找话题说 [zhǎo huàtí shuō].

meuf nf *fam* 女的 [nǚ de].

meugler vi 哞哞叫 [mōumōujiào].

meule nf ❶ (pierre) ○ (cl. 块 [kuài]) 磨石 [móshí] ❷ (botte) 垛 [duò] ▸ **meule de foin** 干草垛 [gāncǎoduò].

meurtre nm 杀人 [shārén] ▸ **commettre un meurtre** 犯杀人罪 [fàn shārénzuì] ▸ **meurtre avec préméditation** 预谋杀人 [yùmóu shārén] ▸ **meurtres en série** 系列凶杀案 [xìliè xiōngshā'àn].

meurtrier, ère ♦ adj 造成死亡的 [zàochéng sǐwáng de] ▸ **attentat meurtrier** 造成死亡的恐怖暴力事件 [zàochéng sǐwáng de kǒngbù bàolì shìjiàn]. ♦ nm, f (cl. 名 [míng] ou 个 [gè]) 凶手 [xiōngshǒu].

meurtrir vt ❶ (contusionner) 打肿 [dázhǒng] ❷ (blesser) 伤害 [shānghài].

meurtrissure nf 青肿 [qīngzhǒng].

meute nf 猎犬群 [lièquǎn qún] ▸ **une meute de chiens** 狗群 [gǒu qún].

mexicain, e adj 墨西哥的 [mòxīgē de].

▪ **Mexicain, e** nm, f 墨西哥人 [Mòxīgērén].

Mexico npr 墨西哥 [Mòxīgē].

Mexique nm ▸ **le Mexique** 墨西哥 [Mòxīgē].

mezzanine nf (cl. 层 [céng]) 阁楼 [gélóu].

mg (abr écrite de **milligramme**) 毫克 [háokè].

mi nm inv MUS 咪 [mī].

mi- préf 半的 [bàn de] ▸ **à la mi-janvier** 在一月中 [zài yīyuè zhōng].

Miao npr (peuple) ▸ **les Miao** 苗族 [Miáozú].

miaulement nm 喵喵叫声 [miāomiāo jiàoshēng].

miauler vi 猫叫 [māojiào].

mi-chemin ▪ **à mi-chemin** loc adv 在半路上 [zài bànlù shàng] ▸ **à mi-chemin entre la maison et le parc** 在家和公园之间的半路上 [zài jiā hé gōngyuán zhījiān de bànlù shàng].

mi-clos, e adj 半开的 [bànkāi de] ▸ **avoir les yeux mis-clos** 眼睛半睁开着 [yǎnjing bàn zhēngkāizhe].

micro (abr de **microphone**) nm (cl. 支 [zhī] ou 个 [gè]) 话筒 [huàtǒng].

microbe nm 细菌 [xìjūn].

micro-informatique nf 微机信息处理 [wēijī xìnxī chúlǐ].

micro-ondes nm (cl. 台 [tái]) 微波炉 [wēibōlú].

micro-ordinateur nm (cl. 台 [tái]) 微型电脑 [wēixíng diànnǎo].

microphone nm 话筒 [huàtǒng].

microprocesseur nm INFORM (cl. 台 [tái]) 微处理器 [wēichúlǐqì].

microscope nm (cl. 台 [tái]) 显微镜 [xiǎnwēijìng] ▸ **observer au microscope** 用显微镜观察 [yòng xiǎnwēijìng guānchá] ▸ **un microscope qui grossit mille fois** 一台可以放大一千倍的显微镜 [yì tái kéyǐ fàngdà yì qiān bèi de xiǎnwēijìng].

midi nm 中午 [zhōngwǔ] ▸ **à midi** (在)中午 [(zài) zhōngwǔ] ▸ **il est midi** 是中午了 [shì zhōngwǔ le] ▸ **le repas de midi** 午饭 [wǔfàn]
◊ **chercher midi à quatorze heures** 没事找事 [méishìzhǎoshì].

▪ **Midi** nm ▸ **le Midi** 法国南方 [Fǎguó nánfāng].

mie nf 面包心 [miànbāo xīn].

miel nm 蜂蜜 [fēngmì] ▸ **au miel** 加蜂蜜的 [jiā fēngmì de].

mien, mienne pron poss *sout* 我的 [wǒde] ▸ **j'ai fait miens ces propos** 这些话也是我的看法 [zhèxiē huà yěshì wǒde kànfǎ].

▪ **le mien, la mienne** (mpl **les miens**, fpl **les miennes**) pron poss 我的 [wǒde] ▸ **ce n'est pas votre parapluie, c'est le mien** 这不是您的雨伞，是我的 [zhè bú shì nín de yúsǎn, shì wǒde] ▸ **puis-je prendre ta voiture ? la mienne est au garage** 我能开你的车吗？我的在修呢 [wǒ néng kāi nǐde chē ma? wǒde zài xiū ne] ▸ **y mettre du sien** 从中努力 [cóngzhōng nǔlì].

miette nf ❶ (petit morceau) 渣 [zhā] ▸ **miette de pain** 面包渣 [miànbāo zhā] ❷ (débris) 粉碎 [fěnsuì] ▸ **mettre qqch en miettes** 把某物弄得粉碎 [bǎ mǒuwù nòngde fěnsuì] ❸ (locution) ▸ **ne pas perdre une miette de qqch** 不放过任何细节 [bú fàngguò rènhé xìjié].

mieux ♦ adv ❶ (comparatif) 更好 [gènghǎo] ▸ **il nage mieux que son frère** 他比他哥哥/弟弟游泳更好 [tā bǐ tā gēge/dìdi yóuyǒng gèng hǎo] ▸ **faire mieux de** *(au conditionnel)* 还是……的好 [háishi… de hǎo] ▸ **tu ferais mieux de te taire** 你还是闭嘴的好 [nǐ háishi bìzuǐ de hǎo] ❷ (modifié par un adv) ▸ **beaucoup mieux** 好多了 [hǎoduō le] ▸ **un peu mieux** 好些了 [hǎoxiē le] ❸ (superlatif) ▸ **le mieux** 最好的 [zuìhǎo de] ▸ **il est le mieux payé de tous** 他是所有人中薪水最高的 [tā shì suóyǒu rén zhōng xīnshui zuìgāo de].
♦ adj 更好些 [gènghǎoxiē] ▸ **c'est mieux** 这样更好些 [zhèyàng gènghǎo xiē] ▸ **tu seras mieux dans cette chambre** 你住在这间卧室里会更好些 [nǐ zhù zài zhè jiān wòshì lǐ huì gènghǎoxiē].
♦ nm ❶ (sans déterminant) 更好些 [gènghǎoxiē] ▸ **j'espérais mieux** 我希望更好些 [wǒ xīwàng gènghǎoxiē] ▸ **faute de mieux** 在没有更好的情况下 [zài méiyǒu gènghǎo de qíngkuàng xià] ❷ (avec déterminant) 最好 [zuìhǎo] ▸ **le mieux, c'est de** 最好，是…… [zuìhǎo, shì…] ▸ **il y a du mieux** 有进步 [yǒu jìnbù] ▸ **il y a un mieux** 有好转 [yǒu háozhuǎn] ▸ **faire de son mieux** 尽力去做 [jìnlì qù zuò].

▪ **au mieux** loc adv 充其量 [chōngqíliàng] ▸ **au mieux, la vente de sa voiture lui rapportera 500 euros** 充其量，他卖汽车能拿到500欧元 [chōngqíliàng, tā mài qìchē néng nádào 500 ōuyuán].

▪ **au mieux de** loc prép 在最好的……下 [zài zuìhǎo de… xià] ▸ **il est au mieux de sa forme** 他正在最好的状态下 [tā zhèngzài zuìhǎo de zhuàngtài xià].

▪ **de mieux en mieux** loc adv 越来越好 [yuèlái yuèhǎo] ▸ **aller de mieux en mieux** 身体越来越好 [shēntǐ yuèlái yuèhǎo].

▪ **pour le mieux** loc adv 最好的 [zuìhǎo de] ▸ **tout va pour le mieux dans le meilleur des mondes** 一切都十全十美 [yíqiè dōu shíquán shíměi].

▪ **tant mieux** loc adv 更好 [gèng hǎo] ▸ **tant mieux pour lui** 对他来说更好 [duì tā láishuō gèng hǎo] ▸ **s'il vient, tant mieux, sinon tant pis** 如果他来，更好，否则就算了 [rúguǒ tā lái, gèng hǎo, fǒuzé jiù suàn le].

mièvre adj 虚情假意的 [xūqíngjiǎyì de].

Mi Fu npr (lettré) 米芾 [Mǐ Fú].

mignon, onne adj 娇小可爱的 [jiāoxiǎo kě'ài de].

migraine nf 偏头疼 [piān tóuténg] ▸ **avoir la migraine** 偏头疼 [piāntóuténg] ▸ **donner la migraine à qqn** 让某人偏头疼 [ràng mǒurén piān tóuténg].

migrant adj & nmf 移民 [yímín].

migrateur, trice adj 迁徙的 [qiānxǐ de] ▸ **oiseau migrateur** 候鸟 [hòuniǎo].

migration nf 迁徙 [qiānxǐ] ▸ **les grandes migrations** 大迁徙 [dà qiānxǐ] ▸ **les migrations internationales** 国际大迁徙 [guójì dà qiānxǐ].

mijoter ♦ vt ❶ CULIN 炖 [dùn] ▸ **mijoter de bons petits plats** 炖制美味菜肴 [dùnzhì měiwèi càiyáo] ❷ (tramer) 秘密酝酿 [mìmì yùnniàng] ▸ **j'aimerais bien savoir ce qu'il mijote !** 我倒是真想知道他在打什么主意！ [wǒ dàoshì zhēnxiǎng zhīdào tā zài dǎ shénme zhǔyi!]. ♦ vi (cuire lentement) 炖 [dùn] ▸ **faire mijoter** 炖上 [dùnshang] ▸ **laisser mijoter** 连续炖 [liánxù dùn].

milice nf 民兵 [mínbīng] ▸ **milice armée** 武装民兵 [wǔzhuāng mínbīng].

milicien, enne nm, f (cl. 名 [míng] ou 个 [gè]) 民兵 [mínbīng].

milieu, x nm ❶ (centre) 中间 [zhōngjiān] ▸ **au milieu** 在中间 [zài zhōngjiān] ▸ **en milieu de journée** 在一天的中午时分 [zài yì tiān de zhōngwǔ shífèn] ▸ **le milieu de la pièce** 房屋的中央 [fángwū de zhōngyāng] ▸ **le milieu du siècle** 世纪中叶 [shìjì zhōngyè] ▸ **en plein milieu de** 在……正中 [zài… zhèngzhōng] ❷ (intermédiaire) ▸ **le juste milieu** 正中 [zhèngzhōng] ❸ BIOL 环境 [huánjìng] ▸ **dans un milieu tropical humide** 在一个潮湿的热带环境 [zài yí ge cháoshī de rèdài huánjìng] ❹ (groupe social) ▸ **être issu du même milieu** 是出身于同一阶层 [shì chūshēn yú tóngyì jiēcéng] ▸ **milieu familial** 家族圈子 [jiāzú quānzi] ▸ **milieu politique** 政治界 [zhèngzhì jiè] ▸ **milieu professionnel** 职业圈子 [zhíyè quānzi] ❺ SPORT ▸ **milieu de terrain** (cl. 名 [míng] ou 个 [gè] ou 位 [wèi]) 中场队员 [zhōngchǎng duìyuán].

▪ **au milieu de** loc prép ❶ (au centre de) 在……中间 [zài… zhōngjiān] ▸ **au milieu de la foule** 在人群中间 [zài rénqún zhōngjiān] ▸ **au milieu de la nuit** 在半夜里 [zài bànyè lǐ] ❷ (parmi, entouré de) 在……中 [zài… zhōng] ▸ **il trouve le bonheur au milieu des siens** 他在家中找到幸福 [tā zài jiā zhōng zhǎodào xìngfú] ▸ **travailler au milieu du bruit** 在噪音环境中工作 [zài zàoyīn huánjìng zhōng gōngzuò] ▸ **vivre au milieu des livres** 生活在书的海洋里 [shēnghuó zài shū de hǎiyáng lǐ].

militaire ♦ nmf (cl. 名 [míng] ou 个 [gè] ou 位 [wèi]) 军人 [jūnrén] ▸ **militaire de carrière** 职业军人 [zhíyè jūnrén]. ♦ adj 军事的 [jūnshì de] ▸ **opération militaire** 军事演习 [jūnshì yǎnxí] ➤ **service**.

militant, e ♦ adj 积极的 [jījí de] ▸ **engagement militant** 积极参与 [jījí cānyù]. ♦ nm, f (cl. 名 [míng] ou 个 [gè]) 活动分子 [huódòngfènzǐ] ▸ **militant des droits de l'homme** 人权活动分子 [rénquán huódòngfènzǐ] ▸ **militant d'un parti** 一个政党的活动分子 [yí ge zhèngdǎng de huódòngfènzǐ].

militer vi ❶ (être membre actif) 积极活动 [jījí huódòng] ▸ **militer à qqch** 为某事积极活动 [wèi mǒushì jījí huódòng] ▸ **il militait au parti communiste** 他为共产党积极活动 [tā wèi gòngchǎndǎng jījí huódòng] ❷ (lutter pour une cause) 积极活动 [jījí huódòng] ▸ **militer pour qqch** 为某事而积极活动 [wèi mǒushì ér jījí huódòng] ▸ **militer pour la paix dans le monde** 为了实现世界和平而积极活动 [wèile shíxiàn shìjiè hépíng ér jījí huódòng] ▸ **militer contre qqch** 为反对某事而积极活动 [wèi fǎnduì mǒushì ér jījí huódòng].

mille ♦ adj num inv ❶ (un millier de) 千 [qiān] ▸ **deux mille hommes** 两千人 [liǎng qiān rén] ❷ (grand nombre) 无数 [wúshù] ▸ **mille excuses** 实在是抱歉 [shízài shì bàoqiàn] ▸ **mille fois** 无数次 [wúshù cì] ▸ **en mille morceaux** 成了无数碎片 [chéngle wúshù suìpiàn] ▸ **sur mille** 千分之 [qiān fēn zhī] ▸ **il y a une chance sur mille de réussir** 有千分之一的成功机会 [yǒu qiān fēn zhī yī de chénggōng jīhuì]. ♦ nm inv ❶ (chiffre) 千 [qiān] ❷ NAUT & AÉRON 海里 [hǎilǐ] ▸ **un mille marin** 一海里 [yì hǎilǐ] ❸ (centre) 靶心 [bǎxīn] ▸ **mettre (en plein) dans le mille** 射中靶心 [shèzhòng bǎxīn].

mille-feuille nm CULIN 奶油千层糕 [nǎiyóu qiān céng gāo].

millénaire ♦ nm 千年 [qiānnián] ▸ **au cours du dernier millénaire** 在最近的一千年中 [zài zuìjìn de yì qiān nián zhōng]. ♦ adj 千年的 [qiān nián de].

mille-pattes nm inv (cl. 只 [zhī]) 蜈蚣 [wúgong].

millésimé, e adj 有酿造年份的 [yǒu niàngzào niánfèn de] ▸ **vin millésimé** 有酿造年份的葡萄酒 [yǒu niàngzào niánfèn de pútaojiǔ].

milliard nm (mille millions) 十亿 [shíyì] ▸ **des milliards** 几十亿 [jǐshí yì] ▸ **un milliard de** 十亿的 [shíyì de].

milliardaire ♦ nmf (cl. 位 [wèi] ou 个 [gè]) 亿万富翁 [yìwàn fùwēng]. ♦ adj 富豪的 [fùháo de].

millième ♦ adj 第一千 [dìyìqiān]. ♦ nmf 第一千个 [dìyìqiān ge]. ♦ nm 千分之一 [qiān fēn zhī yī] ▸ **au millième** 以千分之一比例 [yǐ qiān fēn zhī yī bǐlì] ▸ **un millième de seconde** 千分之一秒 [qiān fēn zhī yī miǎo].

millier nm 千 [qiān] ▸ **par milliers** 不计其数 [bújì qíshù] ▸ **des milliers de** 数千的 [shùqiān de].

milligramme nm 毫克 [háokè].

millilitre nm 毫升 [háoshēng].

millimètre nm 毫米 [háomǐ] ▸ **au millimètre près** 分毫不差 [fēnháobúchà].

million nm 百万 [bǎiwàn] ▸ **un million de** 一百万的 [yì bǎiwàn de] ▸ **des millions de** 数百万的 [shù bǎiwàn de].

millionnaire ♦ nmf 百万富翁 [bǎiwàn fùwēng]. ♦ adj 拥有百万钱财的 [yōngyǒu bǎiwàn qiáncái de].

mime ♦ nm (spectacle) ○ (cl. 场 [chǎng]) 哑剧 [yǎjù] ▸ **faire du mime** 表演哑剧 [biáoyǎn yǎjù]. ♦ nmf (acteur) ○ (cl. 名 [míng] ou 个 [gè] ou 位 [wèi]) 哑剧演员 [yǎjù yǎnyuán].

mimer vt 模仿 [mófǎng] ▸ **mimer qqn** 模仿某人 [mófǎng mǒurén] ▸ **mimer un rôle** 表演一个哑剧角色 [biáoyǎn yí ge yǎjù juésè].

mimétisme nm 模仿 [mófǎng].

mimique nf 表情 [biǎoqíng] ▸ **il s'est fait comprendre par une mimique très expressive** 他用一个很有表现力的表情使别人理解了自己 [tāyòng yí ge hěn yǒu biǎoxiànlì de biǎoqíng shǐ biéren lǐjiě le zìjǐ].

mimosa nm (cl. 棵 [kē]) 含羞草 [hánxiūcǎo].

min (abr écrite de **minute**) 分钟 [fēnzhōng].

min. (abr écrite de **minimum**) 最低 [zuìdī].

minable adj ❶ (misérable) 可怜的 [kělián de] ▸ **hôtel minable** 破旧的旅馆 [pòjiù de lǚguǎn] ▸ **salaire minable** 微薄的工资 [wēibó de gōngzī] ❷ (médiocre) 平庸的 [píngyōng de] ▸ **un exposé minable** 平庸的报告 [píngyōng de bàogào].

minaret nm (cl. 座 [zuò]) 清真寺的尖塔 [qīngzhēnsì de jiāntǎ].

mince adj ❶ (maigre) 苗条的 [miáotiao de] ▸ **elle a toujours été mince** 她以前一直是很苗条的 [tā yǐqián yìzhí shì hěn miáotiao de] ❷ (peu épais) 薄的 [báo de] ▸ **des lèvres minces** 一副薄嘴唇 [yí fù báo zuǐchún] ❸ (insignifiant) 微不足道的 [wēibù zúdào de] ▸ **ce n'est pas une mince affaire** 这不是一件微不足道的事 [zhè bú shì yí jiàn wēibù zúdào de shì] ▸ **ses connaissances sont bien minces** 他的知识不多 [tāde zhīshi bùduō].

minceur nf ❶ (maigreur) 苗条 [miáotiao] ▸ **elle est d'une minceur !** 她真苗条 [tā zhēn miáotiao] ▸ **minceur d'une silhouette** 苗条的身材 [miáotiao de shēncái] ▸ **cuisine minceur** 减肥餐 [jiǎnféi cān] ▸ **produit minceur** 减肥产品 [jiǎnféi chánpǐn] ❷ (finesse) 薄 [báo] ▸ **la minceur d'une feuille** 叶子的薄度 [yèzi de báodù].

mincir vi 瘦 [shòu].

mine nf ❶ (aspect) 气色 [qìsè] ▸ **avoir bonne mine** 气色很好 [qìsè hénhǎo] ▸ **avoir mauvaise mine** 气色难看 [qìsè nánkàn] ▸ **faire mine de** 装做……的样子 [zhuāngzuò… de yàngzi] ❷ (gisement, exploitation) 矿 [kuàng] ▸ **descendre dans la mine** 下矿井 [xià kuàngjǐng] ▸ **mine de charbon** 煤矿 [méikuàng] ▸ **mine d'or** 金矿 [jīnkuàng] ❸ MIL (cl. 颗 [kē] ou 个 [gè]) 地雷 [dìléi] ▸ **sauter sur une mine** 触爆了地雷 [chùbào le dìléi] ▸ **mine antipersonnel** 杀伤性地雷 [shāshāngxìng dìléi] ❹ (pointe) 铅笔尖 [qiānbǐ jiān] ▸ **tailler la mine d'un crayon** 削尖铅笔尖 [xiāojiān qiānbǐ jiān]

◊ **être une mine de** 是一座……的宝库 [shì yí zuò… de bǎokù] ▸ **c'est une mine de rensei-**

gnements 这是一座信息宝库 [zhè shì yí zuò xìnxī bǎokù].

miner vt ❶ *fig* (ronger) 折磨 [zhémo] ▸ **être miné par qqch** 被某事折磨 [bèi mǒushì zhémo] ▸ **le chagrin le mine** 忧伤折磨着他 [yōushāng zhémozhe tā] ▸ **miner l'autorité de qqn** 损害某人威望 [sǔnhài mǒurén wēiwàng] ❷ MIL 布雷 [bùléi] ▸ **miner un terrain** 在一片开阔地上布雷 [zài yí piàn kāikuòdì shàng bùléi].

minerai nm (cl. 块 [kuài]) 矿石 [kuàngshí] ▸ **minerai de cuivre** 铜矿石 [tóngkuàng shí] ▸ **minerai de fer** 铁矿石 [tiě kuàngshí].

minéral, e, aux adj 矿物的 [kuàngwù de] ▸ **matières minérales** 矿物质 [kuàngwùzhì] ▸ **ressources minérales** 矿物资源 [kuàngwù zīyuán]; ➤ **eau**.

■ **minéral** nm 矿物 [kuàngwù] ▸ **extraire des minéraux** 开采矿物 [kāicǎi kuàngwù].

minéralogie nf 矿物学 [kuàngwùxué].

minéralogique adj ❶ AUTO ▸ **numéro/plaque minéralogique** 车牌号 [chēpái hào] ❷ GÉOL 矿物学的 [kuàngwùxué de] ▸ **composition minéralogique** 矿物构成 [kuàngwù gòuchéng].

mineur, e ♦ adj ❶ (secondaire) 次要的 [cìyào de] ▸ **délit mineur** 轻罪 [qīngzuì] ▸ **problème mineur** 次要问题 [cìyào wèntí] ❷ MUS 小调 [xiǎodiào] ▸ **sonate en fa mineur** F小调奏鸣曲 [F xiǎodiào zòumíngqǔ] ❸ DR 未成年的 [wèichéngnián de] ❹ GÉOGR ▸ **Asie Mineure** 小亚细亚 [Xiǎoyàxìyà]. ♦ nm, f DR 未成年人 [wèichéngniánrén].

■ **mineur** nm (ouvrier) ○ (cl. 名 [míng] ou 个 [gè] ou 位 [wèi]) 矿工 [kuànggōng] ▸ **mineur de fond** 井下开采矿工 [jǐngxià kāicǎi kuànggōng].

Ming npr (dynastie) 明 [Míng].

mingong nmf (travailleur) 民工 [míngōng].

miniature ♦ nf ART (cl. 件 [jiàn]) 微型艺术品 [wēixíng yìshùpǐn] ▸ **en miniature** 微型的 [wēixíng de] ▸ **une collection de miniatures** 微型艺术品收藏 [wēixíng yìshùpǐn shōucáng]. ♦ adj 微型的 [wēixíng de] ▸ **un train miniature** 一辆微型火车 [yí liàng wēixíng huǒchē].

minichaîne nf (cl. 套 [tào]) 迷你音响 [mínǐ yīnxiǎng].

minier, ère adj 矿山的 [kuàngshān de] ▸ **industrie minière** 采矿工业 [cǎikuàng gōngyè] ▸ **exploitation minière** 矿藏的开采 [kuàngcáng de kāicǎi] ▸ **bassin minier** 含矿盆地 [hánkuàng péndì].

minijupe nf (cl. 条 [tiáo]) 超短裙 [chāoduǎnqún] ▸ **porter une minijupe** 穿一条超短裙 [chuān yì tiáo chāoduǎnqún].

minimal, e adj 最少/短/低的 [zuìshǎo/duǎn/dī de] ▸ **durée minimale** 最短时间 [zuìduǎn shíjiān] ▸ **température minimale** 最低温度 [zuìdī wēndù].

minime ♦ nmf SPORT 少年 [shàonián] ▸ **un match de minimes** 一场少年比赛 [yì chǎng shàonián bǐsài]. ♦ adj (infime) 极小的 [jíxiǎo de] ▸ **la différence est minime** 差异极小 [chāyì jíxiǎo] ▸ **une somme minime** 一笔很少的钱 [yì bǐ hěnshǎo de qián].

minimiser vt 缩小 [suōxiǎo] ▸ **minimiser les risques** 缩小风险 [suōxiǎo fēngxiǎn].

minimum ♦ nm ❶ (un peu) 一点点 [yìdiándiǎn] ▸ **s'il avait un minimum de bon sens,...** 如果他还有一点点见识的话，...... [rúguǒ tā hái yǒu yìdiándiǎn jiànshi de huà,...] ❷ (le moins possible) 最低限度 [zuìdī xiàndù] ▸ **réduire qqch au minimum** 把某事减少到最低限度 [bǎ mǒushì jiánshǎo dào zuìdī xiàndù]

◊ **au minimum** 至少 [zhìshǎo] ▸ **le minimum vital** 最低生活用品 [zuìdī shēnghuó yòngpǐn].

♦ adj (minimal) 最起码的 [zuì qímǎ de] ▸ **âge minimum** 最低年龄 [zuìdī niánlíng] ▸ **salaire minimum interprofessionnel de croissance/ SMIC** 法定最低工资 [fǎdìng zuìdī gōngzī] ▸ **service minimum** 基本服务 [jīběn fúwù].

ministère nm ❶ (département) 部委 [bùwěi] ▸ **elle travaille dans un ministère** 她在一个部委里工作 [tā zài yí ge bùwěi lǐ gōngzuò] ▸ **il travaille au ministère de la Culture** 他在文化部工作 [tā zài Wénhuàbù gōngzuò] ❷ (cabinet) 内阁 [nèigé].

ministériel, elle adj 部委的 [bùwěi de] ▸ **arrêté ministériel** 部委决定 [bùwěi juédìng] ▸ **cabinet ministériel** 部委办公室 [bùwěi bàngōngshì] ▸ **remaniement ministériel** 部委改组 [bùwěi gáizǔ].

ministre nm (cl. 位 [wèi] ou 个 [gè]) 部长 [bùzhǎng] ▸ **ministre délégué à ......**的部长级代表 [...de bùzhǎngjí dàibiǎo] ▸ **Premier ministre** 总理 [Zónglǐ].

Minitel® nm 视频文字终端机 [Shìpín wénzì zhōngduānjī] ▸ **chercher des coordonnées sur le minitel** 在视频文字终端机上找联络方式 [zài shìpín wénzì zhōngduānjī shàng zhǎo liánluò fāngshì].

minoritaire adj 少数派的 [shǎoshùpài de].

minorité nf ❶ DR 未成年期 [wèichéngnián qī] ❷ (groupe) 少数 [shǎoshù] ▸ **être en minorité** 是少数派 [shì shǎoshùpài] ▸ **une minorité de** 少数的 [shǎoshù de] ▸ **minorité ethnique** 少数民族 [shǎoshù mínzú] ▸ **la Chine compte officiellement cinquante-six minorités ethniques** 中国国家认可地拥有五十六个民族 [Zhōngguó guójiā rènkě de yōngyǒu wǔshíliù gè mínzú].

minuit nm 夜里十二点 [yèli shí'èr diǎn] ▸ **il est minuit moins le quart** 现在是夜里十二点差一刻 [xiànzài shì yèli shí'èr diǎn chà yí kè] ▸ **à minuit** 在午夜 [zài wǔyè].

minuscule ♦ adj ❶ (écriture) 小写的 [xiáoxiě de] ▸ **les lettres minuscules** 小写字母 [xiáoxiězìmǔ] ❷ (très petit) 极小的 [jíxiǎo de]. ♦ nf 小写 [xiáoxiě] ▸ **écrire en minuscules** 用小写 [yòng xiáoxiě].

minute nf ❶ (unité de temps) 分钟 [fēnzhōng] ▸ **observer une minute de silence** 默哀一分钟 [mò'āi yì fēnzhōng] ❷ (instant) 一会儿 [yíhuìr] ▸ **j'arrive dans une minute** 我一会儿就到 [wǒ yíhuìr jiù dào] ▸ **il y a une minute** 刚才 [gāngcái] ▸ **d'une minute à l'autre** 马上 [mǎshàng]
◊ **il n'y a pas une minute à perdre** 不能再等了 [bùnéng zài děng le].

minuter vt 限定时间 [xiàndìng shíjiān].

minutie nf 细心 [xìxīn] ▸ **avec minutie** 细心地 [xìxīn de].

minutieux, euse adj 细致的 [xìzhì de] ▸ **elle a toujours été très minutieuse** 她以前一直都很细致 [tā yǐqián yìzhí dōu hěn xìzhì] ▸ **description minutieuse** 细致的描写 [xìzhì de miáoxiě] ▸ **examen minutieux** 仔细检查 [zǐxì jiǎnchá].

miracle ♦ nm 奇迹 [qíjì] ▸ **croire aux miracles** 相信奇迹的出现 [xiāngxìn qíjì de chūxiàn] ▸ **faire des miracles** 使出现奇迹 [shǐ chūxiàn qíjì] ▸ **miracle économique** 经济奇迹 [jīngjì qíjì] ▸ **par miracle** 奇迹般地 [qíjìbān de]. ♦ adj inv 神奇的 [shénqí de] ▸ **médicament miracle** 神奇的药 [shénqí de yào] ▸ **solution miracle** 神奇的办法 [shénqí de bànfǎ].

mirador nm MIL 瞭望台 [liàowàngtái].

mirage nm ❶ (phénomène d'optique) 海市蜃楼 [hǎishì shènlóu] ❷ *fig* (illusion) 幻想 [huànxiǎng].

mire nf ▸ **être dans la ligne de mire de** 在......的瞄准线里 [zài... de miáozhǔn xiàn lǐ] ▸ **être le point de mire de** 是......瞄准的目标 [shì... miáozhǔn de mùbiāo].

mirobolant, e adj *hum* (美妙而)令人难以置信的 [(měimiào ér) lìngrén nányǐ zhìxìn de] ▸ **salaire mirobolant** 令人难以置信的高薪 [lìngrén nányǐ zhìxìn de gāoxīn].

miroir nm ❶ (glace) ○ (cl. 面 [miàn]) 镜子 [jìngzi] ▸ **se regarder dans le miroir** 照镜子 [zhào jìngzi] ❷ *fig* (reflet) 反映 [fǎnyìng] ▸ **être le miroir de qqch** 是某事的反映 [shì mǒushì de fǎnyìng].

miroiter vi 引诱 [yǐnyòu] ▸ **faire miroiter qqch à qqn** 用某物来引诱某人 [yòng mǒuwù lái yǐnyòu mǒurén].

misanthrope ♦ adj 孤僻的 [gūpì de]. ♦ nmf 愤世嫉俗者 [fènshì jísú zhě] .

mise nf ❶ (action de mettre) ▸ **mise au point sur qqch** 总结某事 [zǒngjié mǒushì] ▸ **mise en application de qqch** 执行某事 [zhíxíng mǒushì] ▸ **mise en place de qqch** 安装某物 [ānzhuāng mǒuwù] ❷ (d'argent) 股金 [gǔjīn] ▸ **augmenter la mise** 增加股金 [zēngjiā gǔjīn] ▸ **doubler sa mise** 股金涨一倍 [gǔjīn zhǎng yí bèi]
◊ **mise à jour** 更新 [gēngxīn] ▸ **mise à mort** 杀死 [shāsǐ] ▸ **mise en page** 排版 [páibǎn] ▸ **mise au point** 对焦 [duìjiāo] ▸ **mise en scène** 导演 [dáoyǎn].

miser ▪ **miser sur** v+prép ❶ (parier sur) 下赌注 [xià dǔzhù] ▸ **il a misé 100 euros sur le numéro 16** 他在16号上下了100欧元的赌注 [tā zài 16 hào shàng xià le 100 ōuyuán de dǔzhù] ❷ (compter sur) 指望 [zhǐwàng] ▸ **miser sur qqch/qqn** 指望靠某物/某人 [zhǐwàng kào mǒuwù/mǒurén] ▸ **il mise sur la fatigue de son adversaire pour l'emporter** 他指望靠对手的疲乏来取胜 [tā zhǐwàng kào duìshǒu de pífá lái qǔshèng].

misérable adj ❶ (pauvre) 贫穷的 [pínqióng de] ▸ **quartier misérable** 贫穷的区 [pínqióng de qū] ❷ (infime) 少得可怜的 [shǎo de kělián de] ▸ **salaire misérable** 微薄的工资 [wēibó de gōngzī].

misère nf ❶ (indigence) 苦难 [kǔnàn] ▸ **vivre dans la misère** 生活在苦难之中 [shēnghuó zài kǔnàn zhīzhōng] ▸ **misère noire** 赤贫 [chìpín] ❷ *fig* (bagatelle) 铜板 [tóngbǎn] ▸ **gagner une misère** 挣几个铜板 [zhèng jǐ ge tóngbǎn] ▸ **se fâcher pour une misère** 因一点鸡毛蒜皮的小事发火 [yīn yìdiǎn jīmáo suànpí de xiǎoshì fāhuǒ] ▸ **je l'ai eu pour une misère** 我花几个钱就把这买下了 [wǒ huā jǐ ;ge qián jiù bǎ zhè mǎixia le].

misogyne ♦ adj 瞧不起妇女的 [qiáobuqǐ fùnǚ de]. ♦ nmf 歧视妇女的人 [qíshì fùnǚ de rén].

missile nm (cl. 颗 [kē]) 导弹 [dǎodàn] ▸ **lancer un missile** 发射一颗导弹 [fāshè yì kē dǎodàn] ▸ **missile balistique** 弹道导弹 [dàndào dǎodàn] ▸ **missile nucléaire** 核导弹 [hédǎodàn].

mission nf ❶ (charge) ○ (cl. 项 [xiàng]) 任务 [rènwu] ▸ **remplir une mission** 完成一项任务 [wánchéng yí xiàng rènwu] ▸ **partir en mission** 出差去了 [chūchāi qù le] ▸ **mission accomplie** 任务完成了 [rènwu wánchéng le] ❷ (groupe) 团 [tuán] ▸ **mission diplomatique** 外交使团 [wàijiāo shǐtuán] ▸ **mission scientifique** 科学考察团 [kēxué kǎochátuán] ❸ RELIG 传教会 [chuánjiào huì] ▸ **les missions catholiques** 天主教传教会 [tiānzhǔjiào chuánjiào huì].

mi-temps ♦ nf inv ❶ (période) 半场 [bànchǎng] ▸ **première mi-temps** 上半场 [shàng bànchǎng] ▸ **seconde mi-temps** 下半场 [xià bànchǎng] ❷ (pause) 半场休息 [bànchǎng xiūxi] ▸ **la mi-temps dure quinze minutes** 半场休息有十五分钟 [bànchǎng xiūxi yǒu shíwǔ fēnzhōng] ▸ **à la mi-temps** 到上半场结束时 [dào shàng bànchǎng jiéshù shí] ▸ **siffler la mi-temps** 吹哨结束上半场 [chuīshào jiéshù shàng bànchǎng]. ♦ nm 半日工 [bànrì gōng] ▸ **faire un mi-temps** 干半日工 [gàn bànrì gōng].

▪ **à mi-temps** ♦ loc adv 半日制 [bànrì zhì] ▸ **travailler à mi-temps** 干半日制工作 [gàn bànrì zhì gōngzuò]. ♦ loc adj 半日制 [bànrì zhì].

mitigé, e adj ❶ (plutôt défavorable) 有保留的 [yǒu bǎoliú de] ▸ **un bilan mitigé** 一份有保留的总结 [yí fèn yǒu bǎoliú de zǒngjié] ❷ (mélangé) 复杂的 [fùzá de] ▸ **sentiments mitigés** 复杂的感觉 [fùzá de gǎnjué].

mitoyen, enne adj 共有的 [gòngyǒu de] ▸ **jardin mitoyen** 共有花园 [gòngyǒu huāyuán] ▸ **mur mitoyen** 共有墙 [gòngyǒu qiáng].

mitrailler vt ❶ MIL 扫射 [sǎoshè] ❷ *fam* (photographier) 疯狂地拍摄 [fēngkuáng de pāishè].

mitraillette nf (cl. 把 [bǎ]) 冲锋枪 [chōngfēngqiāng] ▸ **être abattu à la mitraillette** 被冲锋枪打死 [bèi chōngfēngqiāng dǎsi].

mixer vt ❶ CINÉ, MUS & RADIO 混音 [hùnyīn] ▸ **mixer des morceaux** 合成一些片段 [héchéng yìxiē piànduàn] ▸ **mixer des sons** 混音 [hùn yīn] ❷ CULIN 搅拌 [jiǎobàn] ▸ **mixer les légumes** 搅拌蔬菜 [jiǎobàn shūcài].

mixeur, mixer nm CULIN (cl. 台 [tái]) 食品搅拌器 [shípǐn jiǎobànqì] ▸ **au mixeur** 用食品搅拌器 [yòng shípǐn jiǎobànqì].

mixte adj ❶ (qui mélange les hommes et les femmes) 男女混合的 [nánnǚ hùnhé de] ▸ **école mixte** 男女和校 [nánnǚ hé xiào] ❷ (de citoyennetés, ethnies ou religions différentes) 异国/族/教的 [yìguó/zú/jiào de] ▸ **couple mixte** 异国/族/教通婚夫妻 [yìguó/zú/jiào tōnghūn fūqī].

mixture nf *péj* (mélange) 大杂烩 [dàzáhuì].

MJC (abr de **maison des jeunes et de la culture**) nf 青年及文化中心 [qīngnián jí wénhuà zhōngxīn].

Mlle (abr écrite de **Mademoiselle**) 小姐 [xiǎojie].

mm (abr écrite de **millimètre**) 毫米 [háomǐ].

MM (abr écrite de **Messieurs**) 先生们 [xiānshengmen].

Mme (abr écrite de **Madame**) 夫人 [fūrén].

mnémotechnique adj 记忆术的 [jìyìshù de] ▸ **moyen mnémotechnique** 记忆术的方法 [jìyìshù de fāngfǎ].

Mo (abr écrite de **mégaoctet**) 兆 [zhào].

mobile ♦ nm (motivation) 动机 [dòngjī] ▸ **le mobile du crime** 犯罪动机 [fànzuì dòngjī]. ♦ adj ❶ (déplaçable) 可移动的 [kěyídòng de] ▸ **la partie mobile d'un instrument** 一个器械的可移动部分 [yí ge qìxiè de kěyídòng bùfen] ❷ (itinérant) 流动的 [liúdòng de] ▸ **des populations mobiles** 流动人口 [liúdòng rénkǒu].

mobilier, ère adj DR 动产的 [dòngchǎn de] ▸ **propriété mobilière** 动产 [dòng chǎn] ▸ **valeur mobilière** 有价证券 [yǒu jià zhèngquàn].

▪ **mobilier** nm ❶ (de maison, de bureau) ◦ (cl. 套 [tào]) 家具 [jiājù] ▸ **changer le mobilier** 换家具 [huàn jiājù] ▸ **mobilier de bureau** 办公室家具 [bàngōngshì jiājù] ❷ (d'extérieur, de lieux publics) 设施 [shèshī] ▸ **mobilier urbain** 市政设施 [shìzhèng shèshī] ▸ **mobilier de jardin** 花园的设施 [huāyuán de shèshī].

mobilisation nf 动员 [dòngyuán] ▸ **mobilisation des citoyens** 对全体公民的动员 [duì quántǐ gōngmín de dòngyuán] ▸ **mobilisation générale** 总动员 [zǒng dòngyuán] ▸ **mobilisation internationale** 国际动员 [guójì dòngyuán].

mobiliser vt ❶ MIL 动员 [dòngyuán] ❷ (physiquement) 调动 [diàodòng] ▸ **mobiliser les foules** 调动所有人群 [diàodòng suóyǒu rénqún] ❸ (moralement) 发挥作用 [fāhuī zuòyòng] ▸ **mobiliser l'opinion** 发挥舆论的作用 [fāhuī yúlùn de zuòyòng] ▸ **mobiliser ses connaissances** 发挥知识的作用 [fāhuī zhīshi de zuòyòng] ▸ **mobiliser toute son attention** 集中全部的注意力 [jízhōng quánbù de zhùyìlì].

mobilité nf 活动能力 [huódòng nénglì] ▸ **mobilité géographique** 野外活动能力 [yěwài huódòng nénglì] ▸ **mobilité réduite** 衰退的活动能力 [shuāituì de huódòng nénglì] ▸ **mobilité sociale** 社会活动能力 [shèhuì huódong nénglì].

Mobylette® nf (cl. 辆 [liàng]) 轻便摩托车 [qīngbiàn mótuōchē] ▸ **faire de la mobylette** 骑轻便摩托车 [qí qīngbiàn mótuōchē].

mocassin nm 无带低帮轻便鞋 [wúdài dībāng qīngbiàn xié].

moche adj *fam* ❶ (laid) 难看的 [nánkàn de] ❷ (triste) 阴的 [yīn de] ▸ **il fait moche** 天阴了 [tiān yīn le] ❸ (mesquin) 恶劣的 [èliè de] ▸ **c'est moche de sa part d'avoir agi comme ça** 他那么做是恶劣的 [tā nàme zuò shì èliè de].

modalité nf ❶ (convention) ◦ (cl. 种 [zhǒng]) 方式 [fāngshì] ▸ **fixer les modalités de qqch** 约定某事的方式 [yuēdìng mǒushì de fāngshì] ▸ **les modalités du contrat** 合同方式 [hétong fāngshì] ▸ **modalités de paiement** 付款的方式 [fùkuǎn de fāngshì] ❷ GRAMM 语式 [yǔshì] ▸ **un adverbe de modalité** 语式副词 [yǔshì fùcí].

mode ♦ nf ❶ (secteur) 时装业 [shízhuāngyè] ▸ **travailler dans la mode** 在时装界工作 [zài shízhuāngjiè gōngzuò] ❷ (tendance) ◦ (cl. 种 [zhǒng]) 流行 [liúxíng] ▸ **c'est la mode des restaurants japonais** 现在流行日本料理 [xiànzài liúxíng rìběn liàolǐ] ▸ **lancer une mode** 兴起一股潮流 [xīngqǐ yì gǔ cháoliú] ▸ **à la mode** 时髦 [shímáo]

◊ **à la mode de qqch** 某种风味的 [móuzhǒng fēngwèi de].

♦ nm ❶ (méthode) ◦ (cl. 种 [zhǒng]) 方法 [fāngfǎ] ▸ **déterminer un mode d'action** 制定一种行动方法 [zhìdìng yì zhǒng xíngdòng fāngfǎ] ▸ **mode d'emploi** 使用说明 [shǐyòng shuōmíng] ▸ **mode de paiement** 付款方法 [fùkuǎn fāngfǎ] ▸ **mode de vie** 生活方式 [shēnghuó fāngshì] ❷ GRAMM (cl. 种 [zhǒng]) 语式 [yǔshì] ▸ **conjuguer un verbe au mode indicatif** 按直陈式来变位一个动词 [àn zhíchén shì lái biànwèi yí ge dòngcí].

modèle ♦ nm ❶ (référence) 样子 [yàngzi] ▸ **être le ou un modèle de qqch** 是某事的典范 [shì mǒushì de diǎnfàn] ▸ **prendre modèle sur qqn** 以某人为榜样 [yǐ mǒurén wéi bǎngyàng] ❷ ART 模特 [mótè] ▸ **poser comme**

modèle 当模特 [dāng mótè] ❸ (prototype) 样式 [yàngshì] ▸ **acheter le dernier modèle** 买最新样式 [mǎi zuìxīn yàngshì] ❹ (schéma) 模式 [móshì] ▸ **modèle économique** 经济模式 [jīngjì móshì] ❺ (reproduction) 型号 [xínghào]. ♦ adj (exemplaire) 模范的 [mófàn de] ▸ **un enfant modèle** 模范孩子 [mófàn háizi].

modélisme nm 模型设计制作 [móxíng shèjì zhìzuò].

modem nm 调制解调器 [tiáozhì jiětiáoqì].

modération nf ❶ (tempérance morale) 稳重 [wěnzhòng] ▸ **agir avec modération** 稳重行事 [wěnzhòng xíngshì] ▸ **faire preuve de modération dans qqch** 在某事里表现出稳重 [zài mǒushì lǐ biǎoxiàn chū wěnzhòng] ❷ (tempérance physique) 适度 [shìdù] ▸ **'consommer avec modération'** 适度饮用 [shìdù yǐnyòng].

modéré, e ♦ adj ❶ (raisonnable) 适中的 [shìzhōng de] ▸ **un prix modéré** 一个适中的价格 [yí ge shìzhōng de jiàgé] ▸ **rouler à une allure modérée** 以适当的速度行驶 [yǐ shìdàng de sùdù xíngshǐ] ❷ POLIT 温和的 [wēnhé de] ▸ **l'aile modérée du parti** 政党中的温和派 [zhèngdǎng zhōng de wēnhépài]. ♦ nm, f POLIT 温和派 [wēnhépài].

modérer vt ❶ (tempérer) 克制 [kèzhì] ▸ **modérer son enthousiasme** 克制自己的激情 [kèzhì zìjǐ de jīqíng] ▸ **modérer ses propos** 说话克制 [shuōhuà kèzhì] ❷ (ralentir) 控制 [kòngzhì] ▸ **modérer ses dépenses** 控制花费 [kòngzhì huāfèi].

▪ **se modérer** vp (se calmer) 自我克制 [zìwǒ kèzhì].

moderne adj ❶ (contemporain) 现代的 [xiàndài de] ▸ **un mobilier moderne** 一套现代家具 [yí tào xiàndài jiājù] ▸ **le monde moderne** 现代世界 [xiàndài shìjiè] ▸ **la société moderne** 现代社会 [xiàndài shèhuì] ❷ (récent) 新式的 [xīnshì de] ▸ **avoir une télévision moderne** 有一台新式电视机 [yǒu yì tái xīnshì diànshìjī].

moderniser vt 使……现代化 [shǐ… xiàndàihuà] ▸ **moderniser un appartement** 使公寓现代化 [shǐ gōngyù xiàndàihuà] ▸ **moderniser un service** 使服务现代化 [shǐ fúwù xiàndàihuà].

▪ **se moderniser** vp 现代化 [xiàndàihuà].

modeste adj ❶ (humble) 谦虚的 [qiānxū de] ▸ **avoir de modestes ambitions** 有些适当的愿望 [yǒu xiē shìdàng de yuànwang] ❷ (simple) 简朴的 [jiánpǔ de] ▸ **mener un train de vie modeste** 过简朴的生活 [guò jiánpǔ de shēnghuó] ▸ **un modeste présent** 一份薄礼 [yí fèn bólǐ] ❸ (pauvre) 卑微的 [bēiwēi de] ▸ **être d'origine modeste** 出身卑微 [chūshēn bēiwēi] ▸ **avoir des revenus modestes** 有些微薄的收入 [yǒu xiē wēibó de shōurù].

modestement adv 谦虚地 [qiānxū de] ▸ **vivre modestement** 生活简单 [shēnghuó jiǎndān] ▸ **répondre modestement** 谦虚地回答 [qiānxū de huídá].

modestie nf 谦虚 [qiānxū] ▸ **faire preuve de modestie** 表现出谦虚 [biǎoxiàn chū qiānxū] ▸ **fausse modestie** 假谦虚 [jiǎ qiānxū].

modification nf ❶ (évolution) 改变 [gǎibiàn] ▸ **modification du paysage** 风景的改变 [fēngjǐng de gǎibiàn] ▸ **modification du comportement** 行为的改变 [xíngwéi de gǎibiàn] ❷ (rectification) 修改 [xiūgǎi] ▸ **apporter des modifications à qqch** 对某事加以修改 [duì mǒushì jiāyǐ xiūgǎi] ▸ **modification d'un texte** 一篇文章的修改 [yì piān wénzhāng de xiūgǎi]
◊ **modification génétique** 基因变体 [jīyīn biàntǐ].

modifier vt ❶ (changer) 改变 [gǎibiàn] ▸ **modifier son comportement** 改变行为 [gǎibiàn xíngwéi] ▸ **modifier génétiquement** 进行基因方面的改变 [jìnxíng jīyīn fāngmiàn de gǎibiàn] ❷ (rectifier) 修改 [xiūgǎi] ▸ **modifier un manuscrit** 修改一份手稿 [xiūgǎi yí fèn shóugǎo].

▪ **se modifier** vp 改变 [gǎibiàn].

modique adj 微薄的 [wēibó de] ▸ **un salaire modique** 微薄的工资 [wēibó de gōngzī] ▸ **pour la modique somme de…** 只需区区……钱 [zhǐxū qūqū… qián].

module nm UNIV & SCOL 课程模块 [kèchéng mókuài].

moelle nf ANAT & CULIN 髓 [suǐ] ▸ **moelle osseuse** 骨髓 [gúsuǐ] ▸ **os à moelle** 带骨髓的骨头 [dài gúsuǐ de gǔtou].

■ **moelle épinière** nf 脊髓 [jǐ suǐ].

moelleux, euse adj ❶ (mou) 柔软的 [róuruǎn de] ▸ **un coussin moelleux** 一个柔软的靠垫 [yí ge róuruǎn de kàodiàn] ❷ (onctueux) 醇厚的 [chúnhòu de] ▸ **un vin moelleux** 醇厚的葡萄酒 [chúnhòu de pútaojiǔ].

■ **moelleux** nm ❶ (vin) 醇香的葡萄酒 [chúnxiāng de pútaojiǔ] ❷ (gâteau) ▸ **moelleux (au chocolat)** 松软的(巧克力)蛋糕 [sōngruǎn de (qiǎokèlì) dàngāo].

mœurs nfpl ❶ (coutume) 风俗习惯 [fēngsú xíguàn] ▸ **entrer dans les mœurs** 成为风俗习惯 [chéngwéi fēngsú xíguàn] ❷ DR 习俗 [xísú] ▸ **contraire aux bonnes mœurs** 违背优良习俗 [wéibèi yōuliáng xísú].

moi pron pers 我 [wǒ] ▸ **aide-moi** 帮帮我 [bāngbang wǒ] ▸ **donne-le moi** 把这个给我 [bǎ zhè ge gěi wǒ] ▸ **c'est moi !** 是我！ [shì wǒ!] ▸ **moi aussi** 我也是 [wǒ yě shì] ▸ **moi non plus** 我也不 [wǒ yě bù] ▸ **moi, je ne suis pas d'accord** 我啊，我不同意 [wǒ a, wǒ bù tóngyì] ▸ **il nous a invités, ma femme et moi** 他邀请了我们，我妻子和我 [tā yāoqǐng le wǒmen, wǒ qīzi hé wǒ] ▸ **viens avec moi** 跟我来 [gēn wǒ lái] ▸ **un ami à moi** 我的一个朋友 [wǒde yí ge péngyou] ▸ **il est plus âgé que moi** 他比我年龄大 [tā bǐ wǒ niánlíng dà].

■ **moi-même** pron pers 我自己 [wǒ zìjǐ] ▸ **j'irai moi-même** 我自己去 [wǒ zìjǐ qù].

moignon nm (cl. 段 [duàn]) 残肢 [cánzhī].

moindre ♦ adj superl ❶ (phrase affirmative) 最小的 [zuìxiǎo de] ▸ **la moindre des choses** 算不得什么的小事 [suànbudé shénme de xiǎoshì] ▸ **dans les moindres détails** 在细微末节 [zài xìwēi mòjié] ❷ (avec négation) 毫(无) [háo (wú)] ▸ **il n'y a pas le moindre doute** 毫无疑问 [háowú yíwèn] ▸ **je n'en ai pas la moindre idée !** 我对此一无所知！ [wǒ duì cǐ yīwúsuǒzhī!]. ♦ adj compar 较小的 [jiàoxiǎo de] ▸ **à moindre prix** 以比较便宜的价格 [yǐ bǐjiào piányí de jiàgé].

moine nm (cl. 位 [wèi] ou 个 [gè]) 僧人 [sēngrén] ▸ **un moine bouddhiste** 和尚 [héshang].

moineau, x nm (cl. 只 [zhī]) 麻雀 [máquè].

moins ♦ adv ❶ (pour indiquer la quantité) 少 [shǎo] ▸ **ils ont accepté de gagner moins** 他们同意挣少点钱 [tāmen tóngyì zhèng shǎo diǎn qián] ▸ **un peu moins de lait** 少一点牛奶 [shǎo yì diǎn niúnǎi] ▸ **redonne-m'en, mais un peu moins** 再给我些，但少一点 [zài gěi wǒ xiē, dàn shǎo yì diǎn] ▸ **je l'ai fait en moins de 10 minutes** 我用了不到10分钟就把它做完了 [wǒ yòng le búdào 10 fēnzhōng jiù bǎ tā zuòwán le] ❷ (comparatif) 不如 [bùrú] ▸ **il est moins vieux que ton frère** 他不如你兄弟老 [tā bùrú nǐ xiōngdì lǎo] ▸ **il vient moins souvent que ma sœur** 他来的不如我姐妹勤 [tā láide bùrú wǒ jiěmèi qín] ▸ **il est bien moins grand que toi** 他比你矮多了 [tā bǐ nǐ ǎi duō le] ▸ **tu peux aller moins vite ?** 你能走的慢些吗？ [nǐ néng zǒu de màn xiē ma?] ❸ (superlatif) 最少的 [zuìshǎo de] ▸ **le moins riche des hommes** 最不富有的人 [zuì bú fùyǒu de rén] ▸ **c'est lui qui travaille le moins** 是他工作得最少 [shì tā gōngzuò de zuìshǎo] ▸ **le moins possible** 尽量少地 [jǐnliàng shǎo de] ❹ (pour indiquer une corrélation) 越少 [yuè shǎo] ▸ **moins il dort, plus il travaille** 他睡得越少，工作就越多 [tā shuì de yuè shǎo, gōngzuò jiù yuè duō] ❺ (dans des expressions) ▸ **c'est le moins qu'on puisse dire** 这是最起码可以说的 [zhè shì zuì qǐmǎ kéyǐ shuōde] ▸ **ça ne me dérange pas le moins du monde** 这一点也不妨碍我 [zhè yì diǎn yě bù fáng'ài wǒ] ▸ **plus ou moins** 或多或少 [huòduō huòshǎo]. ♦ prép ❶ (dans une soustraction) 减 [jiǎn] ▸ **dix moins huit égale deux** 十减八等于二 [shí jiǎn bā děngyú èr] ❷ (pour indiquer l'heure) 差 [chà] ▸ **il est 3 heures moins le quart** 现在3点差一刻 [xiànzài 3 diǎn chà yí kè] ❸ (pour indiquer la température) 零下 [língxià] ▸ **il fait moins vingt** 现在是零下二十度 [xiànzài shì língxià èrshí dù]. ♦ nm (en mathématiques) 减号 [jiǎnhào].

■ **à moins de** loc adv ❶ (pour moins cher) 低于…… [dī yú…] ▸ **vous ne le trouverez pas à moins de 10 euros** 这个您找不到低于10欧元的 [zhè ge nín zhǎo bú dào dī yú 10 ōuyuán de] ❷ (sauf) 除非 [chúfēi] ▸ **à moins d'un imprévu** 除非发生意外 [chúfēi fāshēng yìwài].

■ **à moins que** loc conj 除非 [chúfēi] ▸ **à moins que j'y aille moi-même** 除非我自己去 [chúfēi wǒ zìjǐ qù].

■ **au moins** loc adv 至少 [zhìshǎo] ▸ **sa robe vaut au moins 300 euros** 她的连衣裙至少值300欧元 [tāde liányīqún zhìshǎo zhí 300 ōuyuán].

■ **pour le moins** loc adv 至少 [zhìshǎo] ▸ **son attitude est pour le moins surprenante** 他的态度至少是让人吃惊的 [tāde tàidu zhìshǎo shì ràng rén chījīng de].

mois nm inv ❶ (laps de temps) 月 [yuè] ▸ **pendant le mois de janvier** 在一月里 [zài yīyuè lǐ] ▸ **à la fin du mois** 在月底 [zài yuè dǐ] ▸ **au début du mois** 月初 [yuèchū] ▸ **dans un mois** 一个月后 [yí ge yuè hòu] ❷ (salaire) 工资 [gōngzī] ▸ **le treizième mois** 第十三个月的工资 [dì shísān gè yuè de gōngzī].

moisi, e adj 发霉的 [fāméi de].

■ **moisi** nm 发霉部分 [fāméi bùfen].

moisir vi ❶ (pourrir) 发霉 [fāméi] ▸ **les fruits ont moisi** 水果都发霉了 [shuǐguǒ dōu fāméi le] ❷ *fam* (attendre longtemps) 滞留 [zhìliú] ▸ **moisir en prison** 在监狱里滞留 [zài jiānyù lǐ zhìliú].

moisissure nf (cl. 块 [kuài]) 霉斑 [méibān] ▸ **couvert de moisissures** 布满了霉斑 [bùmǎn le méibān].

moisson nf (travail, récolte) 收获 [shōuhuò] ▸ **faire la moisson** 收获 [shōuhuò] ▸ **une moisson abondante** 一个大丰收 [yí ge dà fēng shōu].

moissonner vt (récolter) 收割 [shōugē] ▸ **moissonner un champ** 收割一块地 [shōugē yí kuài dì].

moite adj 潮湿的 [cháoshī de] ▸ **avoir les mains moites** 双手出汗 [shuāngshǒu chūhàn].

moitié nf ❶ (fraction égale, partie) 半 [bàn] ▸ **la première moitié du XIXe siècle** 十九世纪上半叶 [shíjiǔ shìjì shàng bàn yè] ▸ **il a passé la moitié de sa vie à l'étranger** 他在外国度过了他的半生 [tā zài wàiguó dùguò le tāde bàn shēng] ▸ **faire moitié-moitié** 平分 [píngfēn] ❷ (milieu) 半截 [bànjié] ▸ **arrivé à la moitié du livre, j'ai abandonné** 书看了半截，我就放弃了 [shū kàn le bànjié, wǒ jiù fàngqì le]

◊ **moitié prix** 半价 [bànjià].

■ **à moitié** loc adv (en partie) 半 [bàn] ▸ **elle est à moitié folle** 她都半疯了 [tā dōu bàn fēng le] ▸ **faire les choses à moitié** 半途而废 [bàntú'érfèi].

moka nm ❶ (café) 摩卡咖啡 [mókǎ kāfēi] ❷ (gâteau) 咖啡奶油蛋糕 [kāfēi nǎiyóu dàngāo].

molaire nf (cl. 颗 [kē]) 臼齿 [jiùchǐ].

molécule nf CHIM 分子 [fēnzǐ].

mollement adv ❶ (sans conviction) 无力地 [wúlì de] ❷ (paresseusement) 懒洋洋地 [lǎnyángyáng de].

mollet nm ANAT 小腿肚 [xiǎotuǐdù].

mollir vi ❶ (physiquement) 变软 [biànruǎn] ❷ NAUT 减弱 [jiǎnruò] ▸ **le vent mollit** 风减弱了 [fēng jiǎnruò le].

mollusque nm 软体动物 [ruǎntǐ dòngwù].

molosse nm 牧羊犬 [mùyángquǎn].

môme nmf *fam* (enfant) 小孩 [xiǎohái].

moment nm ❶ (instant) 一会儿 [yíhuìr] ▸ **un moment, s'il vous plaît** 请您等一会儿 [qǐng nín děng yíhuìr] ▸ **à tout moment** 随时 [suíshí] ▸ **au moment de ou où** 在……的时候 [zài… de shíhou] ▸ **avoir un moment** 有一会儿时间 [yǒu yíhuìr shíjiān] ▸ **dans un moment** 一会儿后 [yíhuìr hòu] ▸ **d'un moment à l'autre** 随时 [suíshí] ❷ (laps de temps) ◦ (cl. 段 [duàn]) 时光 [shíguāng] ▸ **un mauvais moment à passer** 要度过一段艰难的时光 [yào dùguò yí duàn jiānnán de shíguāng] ▸ **passer un bon moment** 度过一段美好的时光 [dùguò yí duàn méihǎo de shíguāng] ▸ **passer un moment avec qqn** 和某人在一起待一会儿 [hé mǒurén zài yìqǐ dāi yíhuìr] ❸ (occasion) 时候 [shíhou] ▸ **arriver au bon moment** 到得正是时候 [dào de zhèng shì shíhou] ▸ **arriver au mauvais moment** 到得不是时候 [dào de bú shì shíhou] ▸ **ce n'est pas le moment** 没到时候 [méi dào shíhou] ▸ **c'est le moment ou jamais** 现在不做就晚了 [xiànzài bú zuò jiù wǎn le] ❹ (temps présent) 会儿 [huìr] ▸ **en ce moment** 在这会儿 [zài zhè huìr] ▸ **pour le moment** 眼下 [yǎnxià].

▪ **du moment que** loc prép 既然 [jìrán].

momentané, e adj 暂时的 [zànshí de] ▸ **un arrêt momentané** 暂停 [zàn tíng] ▸ **une situation momentanée** 一个暂时的情况 [yí ge zànshí de qíngkuàng].

momentanément adv 暂时地 [zànshí de] ▸ **momentanément absent** 暂时缺席 [zànshí quēxí].

momie nf 木乃伊 [mùnǎiyī].

mon, ma, mes adj poss 我的 [wǒde] ▸ **mes frères et sœurs** 我的兄弟姐妹 [wǒde xiōngdi jiěmèi] ▸ **ma mère** 我母亲 [wǒ mǔqin] ▸ **mon travail** 我的工作 [wǒde gōngzuò].

Monaco npr ▸ **(la principauté de) Monaco** 摩纳哥 [Mónàgē].

monarchie nf 君主制 [jūnzhǔzhì] ▸ **monarchie absolue** 君主专制制度 [jūnzhǔ zhuānzhì zhìdù] ▸ **monarchie constitutionnelle** 君主立宪制 [jūnzhǔ lìxiànzhì].

monarque nm (cl. 位 [wèi] ou 个 [gè]) 君王 [jūnwáng].

monastère nm (cl. 座 [zuò]) 寺院 [sìyuàn] ▸ **un monastère de lamas** 喇嘛寺 [lǎma sì].

monceau, x nm (tas) 堆 [duī] ▸ **un monceau d'ordures** 一堆垃圾 [yì duī lājī].

mondain, e adj (qui touche à la vie de société) 上流社会的 [shàngliú shèhuì de] ▸ **une soirée mondaine** 一个上流社会晚会 [yí ge shàngliú shèhuì wǎnhuì].

mondanités nfpl 社交活动 [shèjiāohuódòng].

monde nm ❶ (terre habitée) 世界 [shìjiè] ▸ **le monde entier** 全世界 [quán shìjiè] ▸ **le monde est petit** 世界很小 [shìjiè hěn xiǎo] ▸ **mettre un enfant au monde** 生下一个孩子 [shēngxià yí ge háizi] ▸ **venir au monde** 来到人间 [láidào rénjiān] ❷ *fig* (univers personnel) 世界 [shìjiè] ▸ **il est dans son monde** 他在自己的世界里 [tā zài zìjǐ de shìjiè lǐ] ❸ (gens) 人 [rén] ▸ **tout le monde** 所有的人 [suóyǒu de rén] ▸ **il y a du monde, ce soir** 有不少人，今天晚上 [yǒu bùshǎo rén, jīntiān wǎnshang] ▸ **beaucoup de monde** 很多人 [hěnduō rén] ▸ **peu de monde** 很少人 [hénshǎo rén] ❹ (domaine) 界 [jiè] ▸ **le monde des arts** 艺术界 [yìshù jiè] ▸ **le monde végétal** 植物界 [zhíwù jiè] ❺ (espace, époque) 时代 [shídài] ▸ **le monde moderne** 现代 [xiàn dài] ❻ (milieu social) 阶层 [jiēcéng] ▸ **le quart monde** 赤贫阶层/国家 [chìpín jiēcéng/guójiā] ❼ RELIG 世间 [shìjiān] ▸ **l'autre monde** 阴间 [yīnjiān]

◊ **pour rien au monde** 无论如何 [wúlùn rúhé].

mondial, e ♦ adj 世界的 [shìjiè de] ▸ **économie mondiale** 世界经济 [shìjiè jīngjì] ▸ **production mondiale** 世界生产 [shìjiè shēngchǎn]; ➤ **guerre**. ♦ nm SPORT ▸ **le Mondial** 世界杯 [Shìjièbēi].

mondialement adv 世界地 [shìjiè de] ▸ **mondialement connu** 世界闻名 [shìjiè wénmíng].

mondialisation nf 全球化 [quánqiúhuà] ▸ **mondialisation du marché** 市场全球化 [shìchǎng quánqiúhuà].

monétaire adj 货币的 [huòbì de] ▸ **inflation monétaire** 通货膨胀 [tōnghuò péngzhàng] ▸ **système monétaire** 货币制度 [huòbì zhìdù].

mongol, e adj 蒙古的 [méngggǔ de].

▪ **mongol** nm (langue) 蒙古语 [měngggúyǔ].

▪ **Mongol, e** nm, f 蒙古人 [Ménggǔrén].

Mongolie nf ▸ **la Mongolie** 蒙古 [Ménggǔ].

Mongolie Intérieure npr (région de Chine) 内蒙古 [Nèiménggǔ].

mongolien, enne ♦ adj MÉD 畸形的 [jīxíng de]. ♦ nm, f 畸形人 [jīxíngrén].

Mongols npr (peuple) ▸ **les Mongols** 蒙古族 [Ménggǔzú].

moniteur, trice nm, f ❶ (qui enseigne) ○ (cl. 名 [míng] ou 个 [gè] ou 位 [wèi]) 教练 [jiàoliàn] ▸ **moniteur d'auto-école** 驾校教练 [jiàxiào jiàoliàn] ▸ **moniteur de ski** 滑雪教练 [huáxuě jiàoliàn] ❷ (qui encadre) ○ (cl. 名 [míng] ou 个 [gè] ou 位 [wèi]) 辅导员 [fúdǎoyuán] ▸ **être moniteur dans une colonie de vacances** 在夏令营里当辅导员 [zài xiàlìngyíng lǐ dāng fúdǎoyuán].

▪ **moniteur** nm INFORM (cl. 台 [tái]) 显示器 [xiǎnshìqì].

monnaie nf ❶ (unité monétaire) 货币 [huòbì] ▸ **l'euro est la monnaie commune de l'UE** 欧元是欧洲共同体的通用货币 [ōuyuán shì Ōuzhōu Gòngtóngtǐ de tōngyòng huòbì] ▸ **fausse monnaie** 假币 [jiǎ bì] ▸ **monnaie faible** 疲软货币 [píruǎn huòbì] ▸ **monnaie forte** 坚挺货币 [jiāntǐng huòbì] ❷ (pièces) 零钱 [língqián] ▸ **avoir de la monnaie** 有零钱 [yǒu língqián] ▸ **faire (de) la monnaie** 换零钱 [huàn língqián] ❸ (reste) 找回的钱 [zhǎohuí de qián] ▸ **rendre la monnaie à qqn** 找给某人零钱 [zhǎo gěi mǒurén língqián]
◊ **monnaie courante** 通常的 [tōngcháng de].

monnayer vt *fig* 变卖 [biànmài].

monologue nm (cl. 段 [duàn]) 独白 [dúbái].

monoparental, e adj 单亲的 [dānqīn de] ▸ **une famille monoparentale** 一个单亲家庭 [yí ge dānqīn jiātíng].

monopole nm ÉCON (cl. 项 [xiàng]) 独家专卖 [dújiā zhuānmài] ▸ **avoir le monopole de qqch** 拥有某物的独家专卖权 [yōngyǒu mǒuwù de dújiā zhuānmàiquán] ▸ **un monopole d'État** 国家专营 [Guójiā zhuānyíng].

monopoliser vt *fig* 独占 [dúzhàn] ▸ **monopoliser l'attention** 占据注意力 [zhànjù zhùyìlì] ▸ **monopoliser la parole** 垄断话语权 [lǒngduàn huàyǔ quán].

monoski nm 单滑板 [dānhuábǎn].

monospace nm (voiture) ○ (cl. 辆 [liàng]) 单厢车 [dānxiāngchē].

monotone adj 单调的 [dāndiào de] ▸ **vie monotone** 单调的生活 [dāndiào de shēnghuó].

monseigneur nm (titre) 阁下 [géxià].

monsieur nm 先生 [xiānsheng] ▸ **monsieur le maire** 市长先生 [shìzhǎng xiānsheng] ▸ **monsieur Martin** 马丁先生 [Mǎdīng xiānsheng] ▸ **mesdames et messieurs, bonjour** 女士们先生们，大家好 [nǚshìmen xiānshengmen, dàjiā hǎo].

monstre ♦ adj *fam* (énorme) 巨大的 [jùdà de] ▸ **une foule monstre** 一个巨大的人群 [yí ge jùdà de rénqún]. ♦ nm ❶ (être fantastique ou anormal) 魔鬼 [móguǐ] ❷ ▸ **petit monstre** 小捣蛋鬼 [xiǎo dǎodàn guǐ]
◊ **monstre sacré** (cl. 位 [wèi] OU 个 [gè]) 大腕儿 [dà wànr].

monstrueux, euse adj ❶ (difforme) 畸形的 [jīxíng de] ❷ (horrible) 极可怕的 [jí kěpà de] ▸ **un crime monstrueux** 一桩滔天的罪行 [yì zhuāng tāotiān de zuìxíng] ▸ **c'est monstrueux** 太可恶了 [tài kěwù le] ❸ *fig* (énorme) 巨大的 [jùdà de] ▸ **gagner des sommes monstrueuses** 挣了巨额的钱 [zhèng le jù'é de qián].

mont nm GÉOGR (cl. 座 [zuò]) 山 [shān] ▸ **gravir un mont** 爬山 [pá shān] ▸ **mont Emei** 峨眉山 [Éméi shān] ▸ **mont Heng** - a) (dans le Shanxi) 恒山 [Héng shān] - b) (dans le Hunan) 衡山 [Héng shān] ▸ **mont Hua** 华山 [Huà shān] ▸ **mont Jiuhua** 九华山 [Jiǔhuá shān] ▸ **mont Putuo** 普陀山 [Pǔtuó shān] ▸ **mont Song** 嵩山 [Sōng shān] ▸ **mont Tai** 泰山 [Tài shān] ▸ **mont Wutai** 五台山 [Wǔtái shān] ▸ **le mont Blanc** 博朗峰 [Bólǎng fēng].

montage nm ❶ (assemblage) 安装 [ānzhuāng] ▸ **le montage d'une bibliothèque** 书橱的安装 [shūchú de ānzhuāng] ❷ PHOTO 剪接 [jiǎnjiē] ▸ **faire un montage** 做剪接 [zuò jiǎnjiē] ❸ CINÉ 剪辑 [jiǎnjí] ▸ **le montage d'un film** 一部影片的剪辑 [yí bù yǐngpiàn de jiǎnjí] ▸ **un montage vidéo** 录象剪辑 [lùxiàng jiǎnjí].

montagnard, e ♦ adj 山区的 [shānqū de]. ♦ nm, f 山里人 [shānlǐrén].

montagne nf ❶ (relief) 群山 [qúnshān] ▸ **en haute montagne** 在高山上 [zài gāoshān shàng] ▸ **la haute montagne** 高山 [gāoshān] ▸ **escalader une montagne** 爬一座山 [pá yí zuò shān] ▸ **une ville entourée de montagnes** 一座被群山环绕的城市 [yí zuò bèi qúnshān huánrào de chéngshì] ❷ (région) 山区 [shānqū] ▸ **à la montagne** 在山区 [zài shānqū] ▸ **les montagnes Jaunes** 黄山(区) [Huángshān (qū)] ❸ *fig* (tas) 堆 [duī] ▸ **une montagne de friandises** 一堆甜品 [yì duī tiánpǐn]
◊ **se faire une montagne de qqch** 对某事小题大作 [duì mǒushì xiǎotídàzuò].

montant, e adj ❶ (qui s'élève) 上升的 [shàngshēng de] ▸ **chemin montant** 上坡路

[shàngpō lù] ▸ **marée montante** 涨潮 [zhǎng cháo] ❷ (haut) 高的 [gāo de] ▸ **chaussures montantes** 高腰鞋 [gāo yāo xié].

■ **montant** nm ❶ (élément) 框 [kuàng] ▸ **les montants d'une échelle** 梯脚 [tī jiǎo] ▸ **les montants d'une porte** 门框 [mén kuàng] ❷ (somme) 金额 [jīn'é] ▸ **une facture d'un montant de 120 euros** 一张金额为120欧元的发票 [yì zhāng jīn'é wéi 120 ōuyuán de fāpiào].

montée nf ❶ (élévation) 上升 [shàngshēng] ▸ **la montée des eaux** 水的上涨 [shuǐ de shàngzhǎng] ▸ **la montée des prix** 价格的上涨 [jiàgé de shàngzhǎng] ▸ **la montée des températures** 温度的上升 [wēndù de shàngshēng] ❷ (ascension) 上山 [shàngshān] ▸ **la montée a été rude ; reposons-nous** 上山很艰难，让我们休息一下 [shàngshān hěn jiānnán, ràng wǒmen xiūxi yí xià] ❸ (pente ascendante) 上坡 [shàngpō] ▸ **en montée** 上坡 [shàngpō] ❹ (intensification) 上升 [shàngshēng] ▸ **la montée du fascisme** 法西斯主义的抬头 [fǎxīsīzhǔyì de táitóu]

◊ **'la montée se fait par la porte avant'** 从前门上车 [cóng qiánmén shàng chē].

Monténégro nm ▸ **le Monténégro** 黑山共和国 [Hēishān gònghéguó].

monter ♦ vi ❶ (s'élever, entrer dans un véhicule, venir) 上 [shàng] ▸ **allez, monte, je t'emmène jusqu'à la gare** 来，上来，我把你一直送到车站 [lái, shànglái, wǒ bǎ nǐ yìzhí sòngdào chēzhàn] ▸ **monter dans un train** 上火车 [shàng huǒchē] ▸ **monter par l'ascenseur** 乘电梯上去 [chéng diàntī shàngqù] ▸ **tu peux monter une minute ?** 你能上来待一会儿吗？ [nǐ néng shànglái dāi yíhuìr ma?] ▸ **monter à** 上 [shàng] ▸ **monter à l'échelle** 登梯子 [dēngtī zi] ▸ **monter à pied** 走上去 [zǒu shàngqu] ▸ **monter au troisième (étage)** 上四楼 [shàng sì lóu] ▸ **les larmes me montent aux yeux** 泪水涌上了我的眼眶 [lèishuǐ yǒng shàng le wǒde yǎnkuàng] ❷ (s'élever) 升 [shēng] ▸ **la fumée monte vers le ciel** 烟升向天空 [yān shēng xiàng tiānkōng] ▸ **la mer monte** 海涨了 [hǎi zhǎng le] ❸ (grimper, augmenter en valeur, s'intensifier, gagner de l'importance) 上升 [shàngshēng] ▸ **la route monte jusqu'au refuge** 道路一直上升到营地 [dàolù yìzhí shàngshēng dào yíngdì] ▸ **monter sur un vélo** 骑上自行车 [qí shàng zìxíngchē] ▸ **monter sur une chaise** 站到椅子上 [zhàn dào yǐzi shàng] ▸ **la température monte** 气温上升 [qìwēn shàngshēng] ▸ **les prix montent** 价格上涨 [jiàgé shàngzhǎng] ▸ **la colère monte dans les quartiers défavorisés** 在穷人的居民区里怒火在上升 [zài qióngrén de jūmínqū lǐ nùhuǒ zài shàngshēng] ▸ **le ton monte** 声调在上升 [shēngdiào zài shàngshēng] ▸ **monter dans les sondages** 在民意测验中上升 [zài mínyì cèyàn zhōng shàngshēng] ▸ **monter en grade** 升级 [shēngjí] ❹ (faire du cheval) 骑马 [qímǎ] ▸ **elle monte deux fois par semaine** 她一周骑两次马 [tā yì zhōu qí liǎng cì mǎ]

◊ **monter à la tête** 使……头晕 [shǐ… tóuyūn] ▸ **monter dans l'estime de qqn** 越来越受到某人尊重 [yuèláiyuè shòudào mǒurén zūnzhòng].

♦ vt ❶ (gravir) 上 [shàng] ▸ **monter les étages** 上楼 [shàng lóu] ❷ (élever) 放大 [fàngdà] ▸ **monter le son** 放大声音 [fàngdà shēngyīn] ❸ (porter) 拿 [ná] ▸ **je vais monter la valise dans la chambre** 我去把旅行箱拿到房间来 [wǒ qù bǎ lǚxíng xiāng nádào fángjiān lái] ❹ (assembler) 组装 [zǔzhuāng] ▸ **monter un meuble** 组装一件家具 [zǔzhuāng yí jiàn jiājù] ▸ **monter un moteur** 组装发动机 [zǔzhuāng fādòngjī] ❺ CINÉ 剪辑 [jiǎnjí] ▸ **monter un film** 剪辑一部电影 [jiǎnjí yí bù diànyǐng] ❻ THÉÂTRE 排演 [páiyǎn] ▸ **monter une pièce** 排演一个剧目 [páiyǎn yí ge jùmù] ❼ (fonder) 开 [kāi] ▸ **monter une affaire** 开一桩买卖 [kāi yì zhuāng mǎimai] ❽ (inventer) 捏造 [niēzào] ▸ **monter qqch de toutes pièces** 捏造出来某事 [niēzào chūlái mǒushì] ❾ CULIN 打成 [dǎchéng] ▸ **monter les blancs d'œufs en neige** 把蛋清打成雪状 [bǎ dànqīng dǎchéng xuě zhuàng] ❿ (équitation) 骑 [qí] ▸ **monter un cheval** 骑马 [qímǎ].

■ **se monter** vp 组装 [zǔzhuāng].

montgolfière nf 热气球 [rèqìqiú].

montre nf (cl. 块 [kuài]) 手表 [shóubiǎo] ▸ **montre mécanique** 机械手表 [jīxiè shóubiǎo] ▸ **montre à quartz** 石英表 [shíyīng biǎo] ▸ **montre en main** *fig* 精确地说 [jīngquè de shuō]

◊ **course contre la montre** 与时间赛跑 [yǔ shíjiān sàipǎo].

montrer vt ❶ (faire voir) ▸ **montrer qqch à qqn** 让某人看某物 [ràng mǒurén kàn mǒuwù] ▸ **il nous a montré son nouvel appartement** 他让我们看了他的新公寓 [tā ràng wǒmen kàn le tāde xīn gōngyù] ❷ (désigner) 指 [zhǐ] ▸ **montrer le chemin** 指路 [zhǐ lù] ▸ **montrer du doigt** 用手指 [yòng shóuzhǐ] ❸ (présenter) 出示 [chūshì] ▸ **montrez-moi les papiers du véhicule** 请您出示一下与车子相关的证件 [qǐng nín chūshì yí xià yǔ chēzi xiāngguān de zhèngjiàn] ❹ (manifester) 表现出 [biǎoxiàn chū] ▸ **montrer sa joie** 表现出他的喜悦 [biǎoxiàn chū tāde xǐyuè] ❺ (démontrer) 证明 [zhèngmíng] ▸ **je vais vous montrer que j'ai raison** 我要向你们证明我是对的 [wǒ yào xiàng nǐmen zhèngmíng wǒ shì duì de] ❻ (expliquer) 教 [jiāo] ▸ **montre-moi comment faire** 教教我怎么做 [jiāojiao wǒ zěnme zuò].

▪ **se montrer** ◆ vp ❶ (se faire voir) 出现 [chūxiàn] ▸ **elle s'est montrée au balcon** 她出现在阳台上 [tā chūxiàn zài yángtái shàng] ▸ **le soleil a fini par se montrer** 太阳终于出来了 [tàiyáng zhōngyú chūlái le] ❷ (se présenter) 表现 [biǎoxiàn] ▸ **il n'hésite pas à se montrer tel qu'il est** 他大胆地表现自己 [tā dàdǎn de biǎoxiàn zìjǐ]. ◆ v att (se révéler) 表现 [biǎoxiàn] ▸ **il s'est montré digne de notre confiance** 他表现出值得我们的信任 [tā biǎoxiàn chū zhídé wǒmende xìnrèn].

monture nf ❶ (animal) ◦ (cl. 匹 [pǐ]) 马 [mǎ] ▸ **enfourcher sa monture** 跨上马 [kuàshang mǎ] ❷ (armature) 架 [jià] ▸ **la monture d'une bague** 一枚戒指的上托座 [yì méi jièzhi de shàngtuōzuò] ▸ **la monture d'une paire de lunettes** 一副眼镜架 [yí fù yǎnjìng jià].

monument nm ❶ (édifice) ◦ (cl. 座 [zuò]) 纪念性建筑物 [jìniànxìng jiànzhùwù] ▸ **monument historique** 历史建筑物 [lìshǐ jiànzhùwù] ▸ **les monuments d'une ville** 一个城市的纪念性建筑物 [yí ge chéngshì de jìniànxìng jiànzhùwù] ❷ ARCHIT (cl. 座 [zuò]) 纪念碑 [jìniànbēi] ▸ **un monument aux morts** 一座为死者而建的纪念碑 [yí zuò wèi sízhě ér jiàn de jìniànbēi].

monumental, e, aux adj ❶ (très grand) 巨大的 [jùdà de] ▸ **un tableau monumental** 一幅巨型画作 [yì fú jùxíng huàzuò] ❷ (énorme) 极大的 [jídà de] ▸ **une erreur monumentale** 一个极大的错误 [yí ge jídà de cuòwù].

moquer ▪ **se moquer de** vp+prép ❶ (tourner en dérision) 嘲笑 [cháoxiào] ▸ **ils se sont moqués de moi** 他们嘲笑了我 [tāmen cháoxiào le wǒ] ❷ (ne pas se soucier de) 不在乎 [búzàihu] ▸ **je me moque de ce que tu penses !** 我不在乎你想什么！ [wǒ búzàihu nǐ xiǎng shénme!] ❸ (duper) 骗 [piàn].

moquerie nf 嘲笑的话 [cháoxiào de huà] ▸ **elle n'apprécie pas les moqueries** 她不喜欢那些嘲笑的话 [tā bù xǐhuān nàxiē cháoxiào de huà].

moquette nf 地毯 [dìtǎn] ▸ **poser de la moquette** 铺地毯 [pū dìtǎn].

moqueur, euse adj ❶ (qui aime se moquer) 喜欢嘲笑人的 [xǐhuān cháoxiào rén de] ▸ **elle a toujours été un peu moqueuse envers lui** 她以前一直有点喜欢嘲笑他 [tā yǐqián yìzhí yóudiǎn xǐhuān cháoxiào tā] ❷ (malicieux) 讥讽的 [jīfěng de] ▸ **un sourire moqueur** 讥笑 [jīxiào].

moral, e, aux adj ❶ (relatif aux mœurs) 道德的 [dàodé de] ▸ **le sens moral** 道德意识 [dàodé yìshi] ▸ **les valeurs morales** 道德价值观 [dàodé jiàzhíguān] ❷ (conforme aux bonnes mœurs) 有道德的 [yǒudàodé de] ▸ **cette affaire n'est pas très morale** 这件事不太道德 [zhè jiàn shì bú tài dàodé] ❸ (relatif à l'esprit) 精神上的 [jīngshén shàng de] ▸ **avoir une grande force morale** 有一股强大的精神力量 [yǒu yì gǔ qiángdà de jīngshén lìliang].

▪ **moral** nm 精神 [jīngshén] ▸ **avoir le moral** 精神状态好 [jīngshén zhuàngtài hǎo] ▸ **ne pas avoir le moral** 情绪低落 [qíngxù dīluò] ▸ **remonter le moral de qqn** 改善某人的情绪 [gǎishàn mǒurén de qíngxù].

▪ **morale** nf ❶ (ensemble de valeurs) 伦理道德 [lúnlǐ dàodé] ▸ **ses parents ont une morale stricte** 他父母有一套严格的伦理道德思想 [tā fùmǔ yǒu yí tào yángé de lúnlǐ dàodé sīxiǎng] ❷ (leçon) 寓意 [yùyì] ▸ **quelle est la morale de l'histoire ?** 这个故事的寓意是什么？ [zhè ge gùshi de yùyì shì shénme?]

◊ **faire la morale à qqn** 训诫某人 [xùnjiè mǒurén].

moraliste nmf (cl. 名 [míng] ou 个 [gè] ou 位 [wèi]) 伦理学家 [lúnlǐxuéjiā].

moralité nf ❶ (honnêteté) 道德规范 [dàodé guīfàn] ▸ **un homme sans moralité** 一个没道德的人 [yí ge méi dàodé de rén] ▸ **la moralité de nos actes** 我们行为的道德规范 [wǒmen xíngwéi de dàodé guīfàn] ❷ (conclusion) 寓意 [yùyì] ▸ **la moralité d'une histoire** 一个故事的寓意 [yí ge gùshi de yùyì].

morbide adj 病态的 [bìngtài de] ▸ **une imagination morbide** 一种病态的想象力 [yì zhǒng bìngtài de xiǎngxiànglì].

morceau, x nm ❶ (partie) 块 [kuài] ▸ **un morceau de bois** 一块木头 [yí kuài mùtou] ▸ **un morceau de sucre** 一块糖 [yí kuài táng] ▸ **un morceau de viande** 一块肉 [yí kuài ròu] ❷ (fragment d'une œuvre) 作品的片段 [zuòpǐn de piànduàn].

morceler vt 分成块 [fēnchéng kuài] ▸ **morceler un terrain** 把一块土地分成块 [bǎ yí kuài tǔdì fēnchéng kuài].

mordant, e adj ❶ (vif) 刺骨的 [cìgǔ de] ▸ **un froid mordant** 刺骨的寒冷 [cìgǔ de hánlěng] ❷ (incisif) 尖锐的 [jiānruì de] ▸ **une ironie mordante** 一个尖锐的讽刺 [yí ge jiānruì de fěngcì].

mordiller vt 轻轻地咬 [qīngqīng de yǎo] ▸ **mordiller un brin d'herbe** 轻轻地咬一根草茎 [qīngqīng de yǎo yì gēn cǎojīng].

mordre ♦ vt ❶ (blesser) 咬 [yǎo] ▸ **votre chien m'a mordu** 您的狗咬了我 [nín de gǒu yǎo le wǒ] ❷ (croquer) 啃 [kěn] ▸ **mordre une pomme** 啃一个苹果 [kěn yí ge píngguǒ] ❸ (ronger) 啃 [kěn] ▸ **mordre son crayon** 啃他的铅笔 [kěn tāde qiānbǐ]. ♦ vi (croquer) ▸ **mordre dans** 咬 [yǎo]

◊ **mordre à l'hameçon** 上钩 [shànggōu].

▪ **se mordre** vp 咬自己 [yǎo zìjǐ] ▸ **il s'est mordu la lèvre** 他咬自己嘴唇了 [tā yǎo zìjǐ zuǐchún le]

◊ **se mordre les doigts de qqch** 对做了某事感到后悔 [duì zuò le mǒushì gǎndào hòuhuǐ].

mordu, e ♦ adj *fam* (amoureux) 迷恋的 [míliàn de]. ♦ nm, f *fam* (passionné) ▸ **un mordu de foot** 足球迷 [zúqiú mí].

morfondre ▪ **se morfondre** vp 苦苦等待 [kúkǔ děngdài] ▸ **se morfondre dans sa chambre** 在他的房间里苦苦等待 [zài tāde fángjiān lǐ kúkǔ děngdài].

morgue nf ○ (cl. 间 [jiān]) 停尸房 [tíngshīfáng] ▸ **aller reconnaître un corps à la morgue** 去停尸房认尸体 [qù tíngshīfáng rèn shītǐ].

morne adj ❶ (triste) 忧郁的 [yōuyù de] ▸ **un regard morne** 一个忧郁的眼神 [yí ge yōuyù de yǎnshén] ❷ (sinistre) 阴郁的 [yīnyù de] ▸ **un paysage morne** 一处阴郁的风景 [yí chù yīnyù de fēngjǐng] ❸ (maussade) 阴沉的 [yīnchén de] ▸ **un temps morne** 阴沉的天气 [yīnchén de tiānqì].

morose adj 忧郁的 [yōuyù de] ▸ **une humeur morose** 忧郁的心情 [yōuyù de xīnqíng].

morphine nf 吗啡 [mǎfēi].

mors nm inv (cl. 副 [fù]) 马嚼子 [mǎjiáozi].

morse nm ❶ (animal) ○ (cl. 头 [tóu]) 海象 [hǎixiàng] ❷ (code) 莫尔斯电码 [mò'ěrsī diànmǎ] ▸ **envoyer des messages en morse** 用莫尔斯电码发信息 [yòng mò'ěrsī diànmǎ fā xìnxī].

morsure nf ❶ (action de mordre) 咬 [yǎo] ▸ **la morsure d'un chien** 狗咬 [gǒu yǎo] ❷ (sensation douloureuse) ○ (cl. 处 [chù]) 咬伤 [yǎoshāng] ▸ **les morsures du froid** 冻伤 [dòngshāng].

mort, e ♦ adj ❶ (sans vie) 死亡的 [sǐwáng de] ▸ **un arbre mort** 一棵枯树 [yì kē kūshù] ▸ **des feuilles mortes** 一些落叶 [yìxiē luòyè] ▸ **une personne morte** 一个死人 [yí ge sǐrén] ▸ **on l'a retrouvé mort** 人们发现他已经死了 [rénmen fāxiàn tā yǐjīng sǐ le] ❷ (qui n'existe plus) 废弃的 [fèiqì de] ▸ **une langue morte** 废弃的语言 [fèiqì de yǔyán] ❸ (désert) 冷清的 [lěngqing de] ▸ **une ville morte** 一座冷清的城市 [yí zuò lěngqing de chéngshì] ❹ *fam* (hors d'usage) 废旧的 [fèijiù de] ▸ **les piles sont mortes** 这都是废旧的电池 [zhè dōushì fèijiù de diànchí]

◊ **mort de fatigue** 累得要死 [lèide yàosǐ] ▸ **mort de peur** 吓得要死 [xiàde yàosǐ].

♦ nm, f ❶ (défunt) 死人 [sǐrén] ▸ **enterrer un mort** 埋葬一个死人 [máizàng yí ge sǐrén] ❷ (victime) 死亡之人 [sǐwáng zhī rén] ▸ **l'accident a fait quatre morts** 这场事故造成了四人死亡 [zhè chǎng shìgù zàochéng le sì rén sǐwáng]

◊ **faire le mort** 装死 [zhuāngsǐ].

■ **mort** nf ❶ (décès) 死 [sǐ] ▸ **il n'a pas peur de la mort** 他不怕死 [tā bú pà sǐ] ▸ **la mort d'un proche** 一个亲友的亡故 [yí ge qīnyǒu de wánggù] ❷ (arrêt d'activité) 结束 [jiéshù] ▸ **la mort d'une entreprise** 一个公司的破产 [yí ge gōngsī de pòchǎn]

◊ **à mort** 致死 [zhìsǐ] ▸ **donner la mort** 杀死 [shāsǐ] ▸ **la mort dans l'âme** 心灰意冷 [xīnhuī yìlěng].

mortalité nf 死亡 [sǐwáng] ▸ **mortalité infantile** 婴儿的死亡率 [yīng'ér de sǐwánglǜ] ▸ **taux de mortalité** 死亡率 [sǐwánglǜ].

mortel, elle ♦ adj ❶ (sujet à la mort) 要死的 [yàosǐ de] ▸ **tous les hommes sont mortels** 人都是要死的 [rén dōushì yàosǐ de] ❷ (qui cause la mort) 致命的 [zhìmìng de] ▸ **un coup mortel** 致命的一击 [zhìmìng de yì jī] ▸ **une dose mortelle** 致死剂量 [zhìsǐ jìliàng] ❸ (ennuyeux) 枯燥的 [kūzào de] ▸ **quelle soirée mortelle !** 晚会真枯燥啊！ [wǎnhuì zhēn kūzào a!].

♦ nm, f 人 [rén].

mort-né, e adj 死产的 [síchǎn de] ▸ **un bébé mort-né** 一个死产婴儿 [yí ge síchǎn yīng'ér].

morue nf (cl. 条 [tiáo]) 鳕鱼 [xuěyú] ▸ **la morue fraîche** 鲜鳕鱼 [xiān xuěyú].

mosaïque nf (décoration) 镶嵌艺术 [xiāngqiàn yìshù] ▸ **une table en mosaïque** 一张镶嵌而成的桌子 [yì zhāng xiāngqiàn ér chéng de zhuōzi].

Moscou npr 莫斯科 [Mòsīkē].

mosquée nf (cl. 座 [zuò]) 清真寺 [qīngzhēnsì].

mot nm ❶ (élément de phrase) 词 [cí] ▸ **un mot difficile à prononcer** 一个很难发音的词 [yí ge hěn nán fāyīn de cí] ▸ **un mot mal orthographié** 一个拼写有错的词 [yí ge pīnxiě yǒu cuò de cí] ❷ (court énoncé) ○ (cl. 句 [jù]) 话 [huà] ▸ **j'ai un mot à te dire** 我有句话要跟你说 [wǒ yǒu jù huà yào gēn nǐ shuō] ❸ (message) ○ (cl. 张 [zhāng]) 便条 [biàntiáo] ▸ **j'ai laissé un mot sur la porte** 我在门上留了一张便条 [wǒ zài ménshang liú le yì zhāng biàntiáo] ▸ **il m'a écrit un petit mot** 他给我写了一张简短的便条 [tā gěi wǒ xiě le yì zhāng jiǎnduǎn de biàntiáo]

◊ **avoir le dernier mot** 在争论中获胜 [zài zhēnglùn zhōng huòshèng] ▸ **gros mot** 脏话 [zānghuà] ▸ **mot à mot** 逐字地 [zhúzì de].

■ **mot de passe** nm INFORM 密码 [mìmǎ].

motard nm ❶ *fam* (motocycliste) 摩托车手 [mótuōchē shǒu] ▸ **une bande de motards** 一帮摩托车手 [yì bāng mótuōchē shǒu] ❷ (policier) 摩托车骑警 [mótuōchē qíjǐng] ▸ **les motards de la gendarmerie** 摩托车骑警 [mótuōchē qíjǐng].

motel nm 汽车旅馆 [qìchē lǚguǎn] ▸ **passer la nuit dans un motel** 在一个汽车旅馆里过夜 [zài yí ge qìchē lǚguǎn lǐ guòyè].

moteur, trice adj ❶ (qui permet le mouvement) 驱动的 [qūdòng de] ▸ **un véhicule à quatre roues motrices** 一辆四轮驱动车 [yí liàng sì lún qūdòng chē] ❷ (qui permet de bouger) 运动的 [yùndòng de] ▸ **un handicapé moteur** 一个运动机能有残疾的人 [yí ge yùndòng jīnéng yǒu cánjí de rén].

■ **moteur** nm ❶ (mécanisme) ○ (cl. 台 [tái]) 发动机 [fādòngjī] ▸ **un moteur électrique** 一台电动机 [yì tái diàndòngjī] ▸ **le moteur d'une voiture** 一辆汽车的发动机 [yí liàng qìchē de fādòngjī] ❷ INFORM ▸ **moteur de recherche** 搜索引擎 [sōusuǒ yǐnqíng] ❸ *fig* (élément actif) 动力 [dònglì] ▸ **la réussite est le moteur de ses actions** 成功就是他所作所为的动力 [chénggōng jiùshì tā suózuò suǒwéi de dònglì].

motif nm ❶ (raison) 原因 [yuányīn] ▸ **quel est le motif de ton retard ?** 你迟到的原因是什么？ [nǐ chídào de yuányīn shì shénme?] ❷ (dessin) 图案 [tú'àn] ▸ **les motifs d'un papier peint** 一种墙纸上的图案 [yì zhǒng qiángzhǐ shàng de tú'àn].

motion nf POLIT (cl. 项 [xiàng]) 提案 [tí'àn] ▸ **motion de censure** 不信任案 [búxìnrèn àn] ▸ **voter une motion** 投票通过一项提案 [tóupiào tōngguò yí xiàng tí'àn].

motivation nf ❶ (justification) 动机 [dòngjī] ▸ **les motivations d'un acte** 一个行为的动

机 [yí ge xíngwéi de dòngjī] ❷ (encouragement) 主动性 [zhǔdòngxìng] ▸ **cet élève manque de motivation** 这个学生缺乏主动性 [zhè ge xuésheng quēfá zhǔdòngxìng].

motivé, e adj 积极主动的 [jījí zhǔdòng de] ▸ **une étudiante très motivée** 一个非常积极主动的学生 [yí ge fēicháng jījí zhǔdòng de xuésheng].

motiver vt ❶ (expliquer) 促使 [cùshǐ] ▸ **qu'est-ce qui a motivé votre décision ?** 是什么促使您作出决定的？ [shì shénme cùshǐ nín zuòchū juédìng de?] ❷ (stimuler) 激励 [jīlì] ▸ **vos encouragements l'ont beaucoup motivé** 你们的鼓舞大大地激励了他 [nǐmen de gǔwǔ dàdàde jīlì le tā].

moto nf (cl. 辆 [liàng]) 摩托车 [mótuōchē] ▸ **faire de la moto** 骑摩托车 [qí mótuōchē].

motocross nm inv SPORT (cl. 场 [chǎng] ou 次 [cì]) 摩托车场地障碍赛 [mótuōchē chǎngdì zhàng'ài sài].

motocyclisme nm 摩托车运动 [mótuōchē yùndòng].

motocycliste nmf 骑摩托车的人 [qí mótuōchē de rén].

motricité nf 运动机能 [yùndòng jīnéng] ▸ **avoir des problèmes de motricité** 有运动机能方面的问题 [yǒu yùndòng jīnéng fāngmiàn de wèntí].

motte nf 块 [kuài] ▸ **une motte de beurre** 一大块黄油 [yí dà kuài huángyóu] ▸ **des mottes de terre** 一些土块 [yìxiē tǔkuài].

mou, molle adj ❶ (sans consistance) 软的 [ruǎn de] ▸ **du beurre mou** 软黄油 [ruǎn huángyóu] ❷ (souple) 软的 [ruǎn de] ▸ **un chapeau mou** 一顶呢帽 [yì dǐng nímào] ❸ *fam* (sans dynamisme) 发软 [fāruǎn] ▸ **je me sens molle aujourd'hui** 我今天感到全身发软 [wǒ jīntiān gǎndào quánshēn fāruǎn].

▪ **mou** nm (abats) 肺 [fèi] ▸ **du mou de veau** 小牛肺 [xiǎoniú fèi].

mouchard, e nm, f *fam* & *péj* (dénonciateur) 告密者 [gàomìzhě].

mouche nf ○ (cl. 只 [zhī]) 苍蝇 [cāngying] ◊ **prendre la mouche** 生气 [shēngqì].

moucher vt ❶ (nettoyer) 擤鼻涕 [xǐng bítì] ▸ **moucher le nez d'un enfant** 替一个孩子擤鼻涕 [tì yí ge háizi xǐng bítì] ❷ *fam* (faire taire) 使……无言以对 [shǐ… wúyán yǐduì] ▸ **se faire moucher** 被人教训一顿 [bèirén jiàoxun yí dùn].

▪ **se moucher** vp 擤鼻涕 [xǐng bítì].

moucheron nm (cl. 只 [zhī]) 小蝇 [xiǎoyíng].

mouchoir nm (cl. 条 [tiáo] ou 块 [kuài]) 手绢 [shǒujuàn] ▸ **un mouchoir en papier** 一张纸巾 [yì zhāng zhǐjīn].

moudre vt 磨碎 [mósuì] ▸ **moudre du blé** 磨小麦 [mó xiǎomài] ▸ **moudre du café** 磨咖啡 [mó kāfēi].

moue nf 撅嘴 [juēzuǐ] ▸ **faire la moue** 撇嘴 [piézuǐ] ▸ **une moue boudeuse** 不满地撅着嘴 [bùmǎn de juēzhe zuǐ].

mouette nf (cl. 只 [zhī]) 海鸥 [hǎi'ōu].

moufle nf 连指手套 [liánzhǐ shǒutào] ▸ **une paire de moufles** 一副连指手套 [yí fù liánzhǐ shǒutào].

mouillé, e adj 潮湿的 [cháoshī de] ▸ **elle a glissé sur le trottoir mouillé** 她在潮湿的人行道上滑了一下 [tā zài cháoshī de rénxíngdào shàng huá le yí xià].

mouiller ◆ vt ❶ (humidifier) 弄湿 [nòngshī] ▸ **se faire mouiller** 被淋湿 [bèi línshī] ❷ (ajouter un liquide) 浇 [jiāo] ▸ **mouiller la viande avec du vin** 往肉上浇葡萄酒 [wǎng ròu shàng jiāo pútaojiǔ] ❸ *fam* (compromettre) 牵连 [qiānlián] ▸ **il a été mouillé dans cette affaire** 他在这件事情当中受了牵连 [tā zài zhè jiàn shìqing dāngzhōng shòu le qiānlián]. ◆ vi NAUT 投入水中 [tóurù shuǐ zhōng].

▪ **se mouiller** vp ❶ (se tremper) 被淋湿 [bèi línshī] ❷ *fam* (s'impliquer) 受牵连 [shòu qiānlián].

moulant, e adj 紧身的 [jǐnshēn de] ▸ **un pantalon moulant** 一条紧身裤 [yì tiáo jǐnshēn kù].

moule ◆ nm (objet creux) 铸模 [zhùmú] ▸ **moule à gâteau** 糕点模子 [gāodiǎn múzi]. ◆ nf (mollusque) 贻贝 [yíbèi].

mouler vt ❶ (fabriquer par moulage) 铸造 [zhùzào] ▸ **mouler une cloche** 铸一口钟 [zhù yì kǒu zhōng] ❷ (serrer) 勾勒 [gōulè] ▸ **sa robe moulait ses rondeurs** 她的裙子勾勒出了她的曲线 [tāde qúnzi gōulè chū le tāde qūxiàn].

moulin nm ❶ (appareil) ○ (cl. 台 [tái]) 磨 [mò] ▸ **moulin à café** 咖啡磨 [kāfēimò] ▸ **moulin à poivre** 胡椒磨 [hújiāo mò] ❷ (bâtiment) ○ (cl. 间 [jiān]) 磨坊 [mòfáng] ▸ **moulin à eau** 水磨 [shuǐmò] ▸ **moulin à vent** (cl. 架 [jià]) 风车 [fēngchē]
◊ **moulin à paroles** *fam* 饶舌者 [ráoshé zhě].

moulu, e adj (en poudre) 磨碎的 [mósuì de] ▸ **du café moulu** 磨碎的咖啡 [mósuì de kāfēi].

mourant, e ♦ adj ❶ (agonisant) 垂死的 [chuísǐ de] ▸ **elle est mourante** 她快要死了 [tā kuàiyào sǐ le] ❷ (faible) 有气无力 [yǒuqì wúlì] ▸ **une voix mourante** 有气无力的嗓音 [yǒuqì wúlì de sǎngyīn]. ♦ nm, f 临死的人 [línsǐ de rén].

mourir vi ❶ (décéder) 死 [sǐ] ▸ **il est mort pendant son sommeil** 他在睡觉时死了 [tā zài shuìjiào shí sǐ le] ❷ (disparaître) 灭亡 [mièwáng] ▸ **une civilisation qui meurt** 一个正在消亡的文明 [yí ge zhèngzài xiāowáng de wénmíng] ❸ (s'éteindre) 熄灭 [xīmiè] ▸ **le feu mourait lentement** 火慢慢熄灭了 [huǒ mànmàn xīmiè le]
◊ **mourir de faim/mourir de soif** 饿得要死/渴得要死 [è de yàosǐ/kě de yàosǐ] ▸ **mourir de rire** 笑得要死 [xiào de yàosǐ].

mousse ♦ nf ❶ (plante) 苔藓 [táixiǎn] ▸ **un mur couvert de mousse** 一面长满苔藓的墙 [yí miàn zhángmǎn táixiǎn de qiáng] ❷ (substance) 泡沫 [pàomò] ▸ **mousse à raser** 剃须皂沫 [tìxū zàomò] ❸ CULIN ▸ **mousse au chocolat** 巧克力木司 [qiǎokèlì mùsī] ❹ (matière plastique) 塑料泡沫 [sùliào pàomò] ▸ **un matelas en mousse** 塑料泡沫床垫 [sùliào pàomò chuángdiàn]. ♦ nm NAUT 小水手 [xiǎoshuishǒu].

mousser vi ❶ (faire de la mousse) 起泡沫 [qǐpàomò] ❷ *fam* (vanter) ▸ **faire mousser qqn** 吹嘘某人 [chuīxū mǒurén] ▸ **se faire mousser** *fam* 自吹自擂 [zìchuī zìléi].

mousseux, euse adj ❶ (qui fait de la mousse) 起泡沫的 [qǐpàomò de] ▸ **du shampooing mousseux** 起泡沫的洗发水 [qǐpàomò de xǐfàshuǐ] ❷ (pétillant) 起泡的 [qǐpào de] ▸ **du vin mousseux** 起泡的葡萄酒 [qǐpào de pútaojiǔ].
■ **mousseux** nm 汽酒 [qìjiǔ] ▸ **boire du mousseux** 喝汽酒 [hē qìjiǔ].

moustache nf ❶ (poils d'homme) 小胡子 [xiǎohúzi] ▸ **avoir de la moustache** 长胡子 [zhǎng húzi] ▸ **porter la moustache** 留小胡子 [liú xiǎohúzi] ❷ (trace) 胡子样的痕迹 [húzi yàng de hénjì].
■ **moustaches** nfpl (poils d'animaux) 胡须 [húxū] ▸ **les moustaches d'un chat** 一只猫的胡须 [yì zhī māo de húxū].

moustachu, e adj 长小胡子的 [zhǎng xiǎohúzi de].

moustique nm (cl. 只 [zhī]) 蚊子 [wénzi].

moutarde nf (condiment) 芥末 [jièmo]
◊ **la moutarde lui monte au nez** 他发火了 [tā fāhuǒ le].

mouton nm ❶ (animal) ○ (cl. 只 [zhī]) 绵羊 [miányáng] ▸ **un troupeau de moutons** 一群绵羊 [yì qún miányáng] ❷ (viande) ○ (cl. 块 [kuài] ou 片 [piàn]) 羊肉 [yángròu] ▸ **un gigot de mouton** 一块羊腿肉 [yí kuài yángtuǐ ròu]
◊ **compter les moutons** 数数 [shǔ shù].

mouture nf (poudre) 粉 [fěn] ▸ **la mouture de café** 咖啡粉 [kāfēi fěn].

mouvant, e adj (qui s'affaisse) 疏松的 [shūsōng de] ▸ **des sables mouvants** 流沙 [liúshā].

mouvement nm ❶ (déplacement) 移动 [yídòng] ▸ **un mouvement de foule** 人群的移动 [rénqún de yídòng] ❷ (geste) 动作 [dòngzuò] ▸ **faire un mouvement** 做一个动作 [zuò yí ge dòngzuò] ▸ **un mouvement de danse** 一个舞蹈动作 [yí ge wǔdǎo dòngzuò] ❸ (impulsion) 冲动 [chōngdòng] ▸ **un mouvement d'humeur** 情绪冲动 [qíngxù chōngdòng] ❹ (action collective) 运动 [yùndòng] ▸ **un mouvement de grève** 一次罢工运动 [yí cì bàgōng yùndòng] ❺ (mécanisme) 运动 [yùndòng] ▸ **le mouvement d'une pendule** 一个钟摆的运动 [yí ge zhōngbǎi de yùndòng].

mouvementé, e adj 动荡的 [dòngdàng de] ▸ **une vie mouvementée** 动荡的生活 [dòngdàng de shēnghuó].

mouvoir vt (bouger) 活动 [huódòng] ▸ **mouvoir son bras** 活动他的胳膊 [huódòng tāde gēbo].

▪ **se mouvoir** vp 行动 [xíngdòng].

moyen, enne adj ❶ (intermédiaire) 中间的 [zhōngjiān de] ▸ **une femme de taille moyenne** 一个中等身材的女人 [yí ge zhōngděng shēncái de nǚrén] ▸ **un homme d'âge moyen** 一个中年男子 [yí ge zhōngnián nánzǐ] ❷ (médiocre) 一般的 [yìbān de] ▸ **un élève moyen** 一个成绩一般的学生 [yí ge chéngjì yìbān de xuésheng] ▸ **des résultats moyens** 中等成绩 [zhōngděng chéngjì].

▪ **moyen** nm (procédé) 方式 [fāngshì] ▸ **moyen de communication** 交流方式 [jiāoliú fāngshì] ▸ **moyen de transport** 交通工具 [jiāotōng gōngjù].

▪ **moyens** nmpl ❶ (ressources) 经济条件 [jīngjì tiáojiàn] ▸ **avoir les moyens (de)** 有(干……的)钱 [yǒu (gàn…de) qián] ▸ **vivre selon ses moyens** 生活量入为出 [shēnghuó liàngrù wéichū] ❷ (capacités) 能力 [nénglì] ▸ **perdre ses moyens** 手足无措 [shǒuzú wúcuò].

▪ **moyenne** nf ❶ (niveau moyen) 中等 [zhōngděng] ❷ (note) 及格分数 [jígé fēnshù] ▸ **avoir la moyenne** 及格 [jígé] ❸ MATH 平均的 [píngjūn de] ▸ **calculer une moyenne** 计算平均数 [jìsuàn píngjūnshù].

▪ **au moyen de** loc prép 借助 [jièzhù].

Moyen Âge nm ▸ **le Moyen Âge** 中世纪 [Zhōngshìjì].

Moyen-Orient nm ▸ **le Moyen-Orient** 中东 [Zhōngdōng].

Mozambique nm ▸ **le Mozambique** 莫桑比克 [Mòsāngbǐkè].

Mozi npr (philosophe) 墨子 [Mòzǐ].

MST nf inv ❶ MÉD (abr de **maladie sexuellement transmissible**) 性病 [xìngbìng] ▸ **attraper une MST** 得了一种性病 [dé le yì zhǒng xìngbìng] ❷ UNIV (abr de **maîtrise de sciences et techniques**) 科学技术硕士 [kēxué jìshù shuòshì].

mue nf ❶ (transformation) 脱换 [tuōhuàn] ▸ **la mue d'un animal** 动物换毛 [dòngwù huànmáo] ❷ (changement de la voix) 变声 [biànshēng] ▸ **la mue d'un garçon** 一个男孩的变声 [yí ge nánhái de biànshēng].

muer vi ❶ (renouveler sa peau) 换毛 [huànmáo] ▸ **les oiseaux muent** 鸟换羽毛 [niǎo huàn yǔmáo] ❷ (changer de voix) 变声 [biànshēng] ▸ **un garçon mue** 一个男孩变声 [yí ge nánhái biànshēng] ▸ **sa voix est en train de muer** 他正处于变声期 [tā zhèng chǔyú biànshēng qī].

muet, ette ♦ adj ❶ (qui ne peut pas parler) 哑的 [yǎ de] ▸ **il est sourd et muet de naissance** 他生下来就又聋又哑 [tā shēngxiàlái jiù yòulóng yòuyǎ] ❷ (silencieux) 缄默的 [jiānmò de] ▸ **elle est restée muette sur cette affaire** 她在这件事上保持缄默 [tā zài zhè jiàn shì shàng bǎochí jiānmò] ❸ (qui ne se prononce pas) 不发音的 [bù fāyīn de] ▸ **une lettre muette** 一个不发音的字母 [yí ge bù fāyīn de zìmǔ]. ♦ nm, f 哑巴 [yǎba].

mufle nm ❶ (bout du museau) 鼻尖 [bíjiān] ▸ **le mufle d'une vache** 一头母牛的鼻尖 [yì tóu mǔniú de bíjiān] ❷ *fig* (goujat) 粗鲁的人 [cūlǔ de rén] ▸ **se conduire comme un mufle** 举止像一个粗鲁的人 [júzhǐ xiàng yí ge cūlǔ de rén].

mugir vi ❶ (beugler) 哞哞叫 [mōumōujiào] ❷ (hurler) 呼啸 [hūxiào] ▸ **le vent mugit dans la cheminée** 风在烟囱里呼啸 [fēng zài yāncōng lǐ hūxiào].

muguet nm 铃兰 [línglán] ▸ **un brin de muguet** 一支铃兰 [yì zhī línglán].

mule nf ❶ (animal) ○ (cl. 头 [tóu]) 母骡 [mǔluó] ❷ (pantoufle) 拖鞋 [tuōxié]

◊ **têtu comme une mule** 像骡子一样倔 [xiàng luózi yíyàng juè].

mulet nm ❶ (âne) ○ (cl. 头 [tóu]) 公骡 [gōngluó] ❷ (poisson) ○ (cl. 条 [tiáo]) 鲻鱼 [zīyú].

multicolore adj 五颜六色的 [wǔyán liùsè de] ▸ **une robe multicolore** 一条五颜六色的裙子 [yì tiáo wǔyán liùsè de qúnzi].

multifonction adj 多功能的 [duōgōngnéng de] ▸ **une télécommande multifonction** 一个多功能的遥控器 [yí ge duōgōngnéng de yáokòngqì].

multilatéral, e, aux adj 多边的 [duōbiān de] ▸ **un accord multilatéral** 一个多边协定 [yí ge duōbiānxiédìng].

multimedia adj INFORM 多媒体的 [duōméitǐ de] ▸ **un logiciel multimédia** 一个多媒体软件 [yí ge duōméitǐ ruǎnjiàn].

multinational, e, aux adj 多国的 [duōguó de] ▸ **un accord multinational** 一个多国协定 [yí ge duōguó xiédìng] ▸ **une société multinationale** 一家跨国公司 [yì jiā kuàguógōngsī].

▪ **multinationale** nf (cl. 家 [jiā]) 跨国公司 [kuàguógōngsī].

multiple ♦ nm MATH 倍数 [bèishù] ▸ **9 est un multiple de 3** 9是3的一个倍数 [9 shì 3 de yí ge bèishù]. ♦ adj ❶ (nombreux) 多的 [duō de] ▸ **il souffre de multiples fractures** 他忍受着多处骨折 [tā rěnshòuzhe duōchù gǔzhé] ❷ (divers) 各种各样的 [gèzhǒng gèyàng de] ▸ **de multiples raisons** 各种各样的原因 [gèzhǒng gèyàng de yuányīn].

multiplication nf ❶ (accroissement) 增多 [zēngduō] ▸ **une multiplication des vols** 盗窃行为的增多 [dàoqiè xíngwéi de zēngduō] ❷ MATH 乘法 [chéngfǎ] ▸ **faire une multiplication** 做一个乘法运算 [zuò yí ge chéngfǎ yùnsuàn].

multiplier vt ❶ (augmenter) 增加 [zēngjiā] ▸ **multiplier les efforts** 加倍努力 [jiābèi nǔlì] ❷ MATH 乘 [chéng] ▸ **quand on multiplie 2 par 5, on obtient 10** 2乘以5等于10 [2 chéngyǐ 5 děngyú 10].

multitude nf 许多 [xǔduō] ▸ **une multitude de gens** 许多人 [xǔduō rén].

municipal, e, aux adj 市的 [shì de] ▸ **un conseiller municipal** 一个市议员 [yí ge shì yìyuán].

▪ **municipales** nfpl 市议会普选 [shì yìhuì púxuǎn] ▸ **se présenter aux municipales** 参加市议会普选 [cānjiā shì yìhuì púxuǎn].

municipalité nf 市政府 [shìzhèngfǔ] ▸ **la municipalité va faire construire une école** 市政府将下令修建一所学校 [shìzhèngfǔ jiāng xiàlìng xiūjiàn yì suǒ xuéxiào].

munir vt 装备 [zhuāngbèi] ▸ **munir le bureau d'un ordinateur** 给办公室装一台电脑 [gěi bàngōngshì zhuāng yì tái diànnǎo].

▪ **se munir de** vp+prép 带...... [dài...] ▸ **se munir d'un parapluie** 带一把雨伞 [dài yì bǎ yúsǎn].

munitions nfpl 弹药 [dànyào] ▸ **des munitions de guerre** 军需品 [jūnxūpǐn].

mur ♦ nm ❶ (cloison) ○ (cl. 面 [miàn] ou 堵 [dǔ]) 墙 [qiáng] ▸ **un mur de pierre** 一面石墙 [yí miàn shí qiáng] ▸ **repeindre les murs d'une maison** 给一所房子重新粉刷墙壁 [gěi yì suǒ fángzi chóngxīn fěnshuā qiángbì] ❷ (obstacle) 隔阂 [géhé] ▸ **un mur d'incompréhension** 不理解的障碍 [bù lǐjiě de zhàng'ài]

◊ **faire le mur** 私自外出 [sīzì wàichū].

♦ nmpl (enceinte d'un bâtiment) 围墙 [wéiqiáng].

mûr, e adj ❶ (arrivé à maturité) 熟的 [shú de] ▸ **un fruit mûr** 一个熟苹果 [yí ge shú píngguǒ] ❷ (réfléchi) 成熟的 [chéngshú de] ▸ **elle est très mûre pour son âge** 就年龄而言她显得很成熟 [jiù niánlíng éryán tā xiǎnde hěn chéngshú].

muraille nf (cl. 座 [zuò]) 城墙 [chéngqiáng] ▸ **la Grande Muraille (de Chine)** (中国的)长城 [(Zhōngguó de) Chángchéng].

mûre nf (cl. 串 [chuàn]) 桑葚 [sāngshèn] ▸ **confiture de mûres** 桑葚果酱 [sāngshèn guǒjiàng].

murer vt (boucher) 堵 [dǔ].

mûrir ♦ vi ❶ (devenir mûr) 熟了 [shúle] ▸ **les fraises mûrissent au soleil** 在阳光照射下草莓熟了 [zài yángguāng zhàoshè xià cǎoméi shúle] ❷ (acquérir de la sagesse) 成熟 [chéngshú] ▸ **elle a beaucoup mûri** 她成熟了许多 [tā chéngshú le xǔduō]. ♦ vt ❶ (rendre mûr) 使......成熟 [shǐ... chéngshú] ▸ **le soleil mûrit le raisin** 阳光促使葡萄成熟 [yángguāng cùshǐ pútao chéngshú] ❷ (préparer) 准备就绪 [zhǔnbèi jiùxù] ▸ **ils ont bien mûri leur plan** 他们的计划已经准备就绪了 [tāmende jìhuà yǐjīng zhǔnbèi jiùxù le].

murmure nm ❶ (chuchotement) 轻声地说 [qīngshēng de shuō] ▸ **le murmure de sa voix la rassurait** 他悄悄的说话声使她放心 [tā qiāoqiāo de shuōhuà shēng shǐ tā fàngxīn] ❷ (bruit léger) 轻轻的响声 [qīngqīng de xiǎngshēng] ▸ **le murmure du vent dans les feuilles** 风吹树叶沙沙响 [fēng chuī shùyè shāshā xiǎng].

murmurer ◆ vt (chuchoter) 低声说 [dīshēng shuō] ▸ **elle lui murmura quelques mots à l'oreille** 她在他耳边低声说了几句话 [tā zài tā ěrbiān dīshēng shuō le jǐ jù huà]. ◆ vi 低声谈论 [dīshēng tánlùn] ▸ **des élèves murmuraient au fond de la classe** 一些学生在教室后面悄声说话 [yìxiē xuésheng zài jiàoshì hòumian qiǎoshēng shuōhuà].

muscade nf 肉豆蔻 [ròudòukòu].

muscle nm 肌肉 [jīròu] ▸ **contracter un muscle** 使肌肉收缩 [shǐ jīròu shōusuō].

musclé, e adj ❶ (personne) 肌肉发达的 [jīròu fādá de] ▸ **un sportif musclé** 一个肌肉发达的运动员 [yí ge jīròu fādá de yùndòngyuán] ❷ (énergique) 强有力的 [qiángyǒulì de] ▸ **une politique musclée** 强硬的政策 [qiángyìng de zhèngcè].

muscler vt 使肌肉发达 [shǐ jīròu fādá] ▸ **l'exercice muscle le corps** 锻炼使身体肌肉发达 [duànliàn shǐ shēntǐ jīròu fādá].

musculation nf ▸ **faire de la musculation** 锻炼肌肉 [duànliàn jīròu].

museau nm (tête d'un animal) 嘴脸 [zuíliǎn] ▸ **le museau d'un chien** 狗嘴 [gǒu zuǐ].

musée nm (cl. 家 [jiā]) 博物馆 [bówùguǎn] ▸ **visiter un musée** 参观一家博物馆 [cānguān yì jiā bówùguǎn].

musical, e, aux adj ❶ (de musique) 音乐的 [yīnyuè de] ▸ **un critique musical** 一位音乐评论家 [yí wèi yīnyuè pínglùnjiā] ❷ (qui comporte de la musique) 有音乐的 [yǒu yīnyuè de] ▸ **une soirée musicale** 一场音乐晚会 [yì chǎng yīnyuè wǎnhuì] ❸ (mélodieux) 悦耳的 [yuè'ěr de] ▸ **une voix musicale** 悦耳的嗓音 [yuè'ěr de sǎngyīn].

musicien, enne ◆ adj 懂音乐的 [dǒng yīnyuè de] ▸ **il est très musicien** 他很懂音乐 [tā hěn dǒng yīnyuè]. ◆ nm, f (cl. 名 [míng] ou 位 [wèi]) 音乐家 [yīnyuèjiā] ▸ **un grand musicien** 一位伟大的音乐家 [yí wèi wěidà de yīnyuèjiā].

musique nf ❶ ART 音乐 [yīnyuè] ▸ **prendre des cours de musique** 上音乐课 [shàng yīnyuè kè] ❷ (mélodie) 乐曲 [yuèqǔ] ▸ **j'aime beaucoup cette musique** 我很喜欢这首曲子 [wǒ hěn xǐhuān zhè shǒu qǔzi].

musulman, e ◆ adj 穆斯林的 [mùsīlín de]; 信奉伊斯兰教的 [xìnfèng yīsīlánjiào de] ▸ **la religion musulmane** 伊斯兰教 [yīsīlánjiào]. ◆ nm, f 穆斯林 [mùsīlín].

mutant, e nm, f 变形金刚 [biànxíng jīngāng].

mutation nf ❶ (transformation) 变更 [biàngēng] ▸ **les grandes mutations technologiques** 重大的技术变更 [zhòngdà de jìshù biàngēng] ▸ **une mutation génétique** 遗传突变 [yíchuán tūbiàn] ❷ (changement d'affectation) 调动 [diàodòng] ▸ **la mutation d'un enseignant** 一名教师的调动 [yì míng jiàoshī de diàodòng].

muter vt 调动 [diàodòng] ▸ **se faire muter à l'étranger** 调到国外工作 [diào dào guówài gōngzuò] ▸ **muter un fonctionnaire** 调动一名公务员 [diàodòng yì míng gōngwùyuán].

mutilation nf (perte d'un membre) (肢体)残缺 [(zhītǐ) cánquē] ▸ **subir une mutilation** 受伤致残 [shòushāng zhìcán].

mutiler vt (estropier) 使……残废 [shǐ… cánfèi] ▸ **il a été mutilé dans un accident** 一场事故使他成了残疾人 [yì chǎng shìgù shǐ tā chéng le cánjírén].

mutinerie nf 反叛 [fǎnpàn] ▸ **la mutinerie des soldats** 士兵的反叛 [shìbīng de fǎnpàn].

mutisme nm 沉默 [chénmò] ▸ **s'enfermer dans un mutisme complet** 保持绝对的沉默 [bǎochí juéduì de chénmò].

mutuel, elle adj 互相 [hùxiāng] ▸ **un respect mutuel** 互相尊重 [hùxiāng zūnzhòng].

▪ **mutuelle** nf 互助保险公司 [hùzhù bǎoxiǎn gōngsī] ▸ **prendre une mutuelle** 购买互助保险 [gòumǎi hùzhù bǎoxiǎn].

mutuellement adv 相互地 [xiānghù de] ▸ **elles se sont mutuellement félicitées** 她们相互表示祝贺 [tāmen xiānghù biǎoshì zhùhè].

Myanmar ▪ **Union de Myanmar** npr 缅甸 [Miǎndiàn].

mycose nf 真菌病 [zhēnjūn bìng].

myope ♦ nmf (cl. 名 [míng] ou 个 [gè] ou 位 [wèi]) 近视患者 [jìnshi huànzhě]. ♦ adj 近视的 [jìnshi de] ▸ **un enfant myope** 一个眼睛近视的孩子 [yí ge yǎnjing jìnshi de háizi].

myopie nf 近视 [jìnshi].

myosotis nm inv 勿忘草 [wùwàngcǎo].

myrtille nf 蓝莓 [lánméi] ▸ **une tarte aux myrtilles** 蓝莓馅饼 [lánméi xiànbǐng].

mystère nm ❶ (secret) 秘密 [mìmì] ▸ **il n'y a aucun mystère entre eux** 他们之间没有任何秘密 [tāmen zhījiān méiyǒu rènhé mìmì] ❷ (énigme) 谜 [mí] ▸ **sa disparition est un mystère** 他的失踪是个谜 [tāde shīzōng shì ge mí].

mystérieux, euse adj ❶ (inexplicable) 奇怪的 [qíguài de] ▸ **une affaire mystérieuse** 一件怪事 [yí jiàn guài shì] ❷ (impénétrable) 神秘的 [shénmì de] ▸ **un personnage mystérieux** 一位神秘人物 [yí wèi shénmì rénwù] ▸ **un regard mystérieux** 捉摸不透的目光 [zhuōmo bútòu de mùguāng].

mystique adj 神奇的 [shénqí de] ▸ **une expérience mystique** 一次神奇的经历 [yí cì shénqí de jīnglì].

mythe nm ❶ (récit) 神话 [shénhuà]; 传说 [chuánshuō] ▸ **les mythes grecs** 希腊神话 [xīlà shénhuà] ❷ (légende) 传奇 [chuánqí] ▸ **le mythe napoléonien** 拿破仑传奇 [nápòlún chuánqí] ❸ (illusion) 幻想 [huànxiǎng]; 虚构 [xūgòu] ▸ **sa fortune est un mythe** 他的财富全然是虚构的 [tāde cáifù quánrán shì xūgòu de].

mythique adj 传说的 [chuánshuō de] ▸ **un personnage mythique** 传说中的人物 [chuánshuō zhōng de rénwù].

mythologie nf 神话 [shénhuà] ▸ **la mythologie grecque** 希腊神话 [xīlà shénhuà].

mythomane ♦ nmf 有说谎癖的人 [yǒu shuōhuǎngpǐ de rén]. ♦ adj 有说谎癖的 [yǒu shuōhuǎngpǐ de].

拉鲁斯 n

n, N nm inv 法语字母表中第十四个字母 [fáyǔ zìmúbiǎo zhōng dìshísì ge zìmǔ].

N (abr écrite de **nord**) 北 [běi].

nième= **énième**

nacre nf 螺钿 [luódiàn] ▸ **des boutons de nacre** 螺钿纽扣 [luódiàn niǔkòu].

nage nf (natation) 游泳 [yóuyǒng] ▸ **il a rejoint la rive à la nage** 他游回到岸上 [tā yóuhuí dào ànshàng]
◊ **être en nage** 浑身是汗 [húnshēn shì hàn].

nageoire nf 鳍 [qí] ▸ **les nageoires d'un poisson** 鱼鳍 [yúqí].

nager ♦ vi ❶ (se déplacer dans l'eau) 游泳 [yóuyǒng] ▸ **apprendre à nager** 学习游泳 [xuéxí yóuyǒng] ▸ **savoir nager** 会游泳 [huì yóuyǒng] ❷ (être rempli de) 沉浸在……中 [chénjìn zài… zhōng] ▸ **il nage dans la joie** 他沉浸在欢乐中 [tā chénjìn zài huānlè zhōng]
◊ **nager dans un vêtement** 在衣服中逛荡 [zài yīfu zhōng guàngdang].
♦ vt 游（某种式样）[yóu (mǒu zhǒng shìyàng)] ▸ **nager le crawl** 游自由泳 [yóu zìyóuyǒng].

nageur, euse nm, f 会游泳的人 [huì yóuyǒng de rén] ▸ **c'est une très bonne nageuse** 她是个游泳好手 [tā shì ge yóuyǒng háoshǒu].

naïf, ïve adj ❶ (ingénu) 天真的 [tiānzhēn de] ▸ **une jeune fille naïve** 一个天真的女孩 [yí ge tiānzhēn de nǚhái] ❷ (niais) 幼稚的 [yòuzhì de] ▸ **une remarque naïve** 一个幼稚的意见 [yí ge yòuzhì de yìjiàn].

nain, e ♦ adj 矮小的 [áixiǎo de] ▸ **un arbre nain** 一棵矮树 [yì kē ǎishù]. ♦ nm, f ❶ (personne de petite taille) 矮子 [ǎizi] ❷ (figurine) ▸ **nain de jardin** 花园里的小塑像 [huāyuán lǐ de xiǎo sùxiàng].

naissance nf ❶ (début de la vie) 出生 [chūshēng] ▸ **donner naissance à** 生出 [shēng chū] ▸ **elle a donné naissance à deux jumeaux** 她生下了双胞胎 [tā shēngxia le shuāngbāotāi] ❷ (apparition, début) 出现 [chūxiàn] ▸ **la naissance du jour** 日出 [rìchū] ▸ **la naissance d'une mode** 一种时尚的问世 [yì zhǒng shíshàng de wènshì].
▪ **de naissance** loc prép 天生的 [tiānshēng de] ▸ **être aveugle de naissance** 天生失明 [tiānshēng shīmíng].

naissant, e adj 开始出现的 [kāishǐ chūxiàn de] ▸ **le jour naissant** 拂晓 [fúxiǎo].

naître vi ❶ (venir au monde) 出生 [chūshēng] ▸ **un enfant qui vient de naître** 刚出生的婴儿 [gāng chūshēng de yīng'ér] ❷ (commencer à pousser) 开花 [kāihuā]
◊ **faire naître** 引发出 [yǐnfā chū] ▸ **faire naître un sourire** 引发出一个微笑 [yǐnfā chū yí ge wēixiào].

naïveté nf 天真 [tiānzhēn] ▸ **la naïveté des enfants** 孩子们的天真 [háizimen de tiānzhēn] ▸ **j'ai eu la naïveté de croire qu'il me rembourserait** 我曾幼稚地认为他会还我钱 [wǒ céng yòuzhì de rènwéi tā huì huán wǒ qián].

Namibie nf ▸ **la Namibie** 纳米比亚 [Nàmíbǐyà].

nana nf *fam* 女的 [nǚde]; 女人 [nǚrén].

Nanchang npr (ville) 南昌 [Nánchāng].

Nankin npr (ville) 南京 [Nánjīng].

Nanning npr (ville) 南宁 [Nánníng].

nanti, e nm, f 富人 [fùrén].

nappe nf ❶ (tissu) ○ (cl. 块 [kuài]) 台布 [táibù] ▸ **une nappe brodée** 一块绣花台布 [yí kuài xiùhuā táibù] ❷ (étendue) 一大片 [yí dàpiàn] ▸ **une nappe de brouillard** 一大片雾 [yí dàpiàn wù] ▸ **une nappe d'eau** 一大片水 [yí dàpiàn shuǐ].

nappé, e adj 浇了一层……的 [jiāo le yì céng… de] ▸ **un gâteau nappé de chocolat** 浇了一层巧克力的蛋糕 [jiāo le yì céng qiǎokèlì de dàngāo].

narcisse nm 水仙花 [shuǐxiānhuā].

narguer vt 嘲弄 [cháonòng] ▸ **il nous nargue avec sa nouvelle voiture** 他向我们炫耀他的新车 [tā xiàng wǒmen xuànyào tāde xīn chē].

narine nf 鼻孔 [bíkǒng].

narquois, e adj 讥讽的 [jīfěng de] ▸ **un sourire narquois** 讥笑 [jīxiào].

narrateur, trice nm, f 讲述者 [jiǎngshùzhě].

narrer vt *sout* 讲述 [jiǎngshù] ▸ **narrer une histoire** 讲述一个故事 [jiǎngshù yí ge gùshi].

naseau nm 鼻孔 [bíkǒng].

natal, e, als adj 出生的 [chūshēng de] ▸ **sa terre natale** 他的出生地 [tāde chūshēngdì].

natalité nf 出生率 [chūshēnglǜ] ▸ **la baisse de la natalité** 出生率的降低 [chūshēnglǜ de jiàngdī].

natation nf 游泳 [yóuyǒng] ▸ **faire de la natation** 游泳 [yóuyǒng].

natif, ive ♦ adj 出生于某地的 [chūshēng yú mǒudì de] ▸ **il est natif du Hunan** 他生于湖南 [tā shēng yú Húnán]. ♦ nm, f 本地人 [běndìrén] ▸ **les natifs d'un pays** 一个地方的本地人 [yí ge dìfang de běndìrén].

nation nf ❶ (État) 国家 [guójiā] ▸ **les grandes nations** 大国 [dàguó] ❷ (communauté humaine) 民族 [mínzú] ▸ **les représentants de la nation** 民族代表 [mínzú dàibiǎo].

▪ **les Nations unies** nfpl 联合国 [Liánhéguó] = **ONU**.

national, e, aux adj 国家的 [guójiā de] ▸ **l'hymne national** 国歌 [guó gē] ▸ **la presse nationale** 国家新闻媒体 [guójiā xīnwén méitǐ].

▪ **nationale** nf 国道 [guódào] ▸ **prendre la nationale** 走国道 [zǒu guódào].

nationaliser vt 使……国有化 [shǐ… guóyǒuhuà] ▸ **nationaliser des entreprises** 使一些企业国有化 [shǐ yìxiē qǐyè guóyǒuhuà].

nationalisme nm 民族主义 [mínzúzhǔyì].

nationalité nf (citoyenneté) 国籍 [guójí] ▸ **avoir la nationalité française** 拥有法国国籍 [yōngyǒu Fǎguó guójí] ▸ **être de nationalité espagnole** 是西班牙籍 [shì Xībānyá jí].

natte nf ❶ (tresse) 辫子 [biànzi] ▸ **faire une natte** 梳辫子 [shū biànzi] ❷ (tissu de paille) 席子 [xízi].

naturaliser vt (donner la nationalité) 使……入籍 [shǐ… rùjí] ▸ **se faire naturaliser** 取得某国国籍 [qǔdé mǒuguó guójí].

nature ♦ nf ❶ (végétation, paysage) 自然界 [zìránjiè] ▸ **aimer la nature** 喜爱大自然 [xǐ'ài dàzìrán] ❷ (essence, caractère) 天性 [tiānxìng] ▸ **il est d'une nature optimiste** 他天性乐观 [tā tiānxìng lèguān] ▸ **la nature de l'homme** 人的天性 [rén de tiānxìng] ▸ **quelle est la nature du problème ?** 这个问题的性质是什么？ [zhè ge wèntí de xìngzhì shì shénme?]

◊ **en nature** 用实物 [yòng shíwù] ▸ **payer en nature** 以实物支付 [yǐ shíwù zhīfù].

♦ adj inv ❶ (sans mélange) 原味的 [yuánwèi de] ▸ **un thé nature** 清茶 [qīngchá] ▸ **un yaourt nature** 原味酸奶 [yuánwèi suānnǎi] ❷ (simple) 淳朴的 [chúnpǔ de] ▸ **une fille nature** 淳朴的女孩 [chúnpǔ de nǚhái].

naturel, elle adj ❶ (du monde physique) 自然界的 [zìránjiè de] ▸ **un phénomène naturel** 自然现象 [zìrán xiànxiàng] ❷ (qui vient de la nature) 天然的 [tiānrán de] ▸ **du gaz naturel** 天然气 [tiānránqì] ❸ (sincère) 自然的 [zìrán de] ▸ **un rire naturel** 自然的笑 [zìrán de xiào].

■ **naturel** nm (tempérament) 天性 [tiānxìng] ▸ **mon père est d'un naturel inquiet** 我爸爸生性多虑 [wǒ bàba shēngxìng duōlǜ]
◊ **au naturel** 用白水煮(不添加作料) [yòng báishuǐ zhǔ (bù tiānjiā zuóliao)] ▸ **du thon au naturel** 清炖金枪鱼 [qīngdùn jīnqiāngyú].

naturellement adv ❶ (spontanément) 自然地 [zìrán de] ▸ **cette réponse lui est venue naturellement** 他自然而然地想到了这个答案 [tā zìrán érrán de xiǎngdào le zhè ge dá'àn] ❷ (évidemment) 当然 [dāngrán] ▸ **naturellement, c'est moi qu'on accuse !** 大家责怪的当然是我! [dàjiā zéguài de dàngrán shì wǒ!] ❸ (de façon non artificielle) 自然地 [zìrán de] ▸ **des cheveux naturellement frisés** 自然卷曲的头发 [zìrán juǎnqū de tóufa].

naturiste nmf 天体主义者 [tiāntǐ zhǔyìzhě] ▸ **un village naturiste** 天体村 [tiāntǐ cūn].

naufrage nm (船舶)失事 [(chuánbó) shīshì] ▸ **le naufrage d'un voilier** 一艘帆船失事 [yì sōu fānchuán shīshì]
◊ **faire naufrage** 沉没 [chénmò].

nausée nf 恶心 [ěxin] ▸ **avoir la nausée** 感到恶心 [gǎndào ěxin] ▸ **cette odeur me donne la nausée** 这种气味使我恶心 [zhè zhǒng qìwèi shǐ wǒ ěxin].

nautique adj ❶ (relatif à la navigation) 水上的 [shuǐshàng de] ▸ **le ski nautique** 滑水 [huáshuǐ] ❷ (relatif à la technique de la navigation) 航海的 [hánghǎi de] ▸ **carte nautique** 航海图 [hánghǎi tú].

naval, e, als adj ❶ (qui concerne les bateaux) 船舶的 [chuánbó de] ▸ **un chantier naval** 一个造船厂 [yí ge zàochuánchǎng] ❷ MIL 海军的 [hǎijūn de] ▸ **des combats navals** 海战 [hǎizhàn].

navet nm ❶ (plante) 萝卜 [luóbo] ❷ *fam* (œuvre sans valeur) 平庸的作品 [píngyōng de zuòpǐn] ▸ **ce film est un navet** 这部电影拍得枯燥无味 [zhè bù diànyǐng pāide kūzào wúwèi].

navette nf (véhicule) 班车 [bānchē] ▸ **une navette relie la gare à l'aéroport** 火车站和机场间有班车 [huǒchēzhàn hé jīchǎng jiàn yǒu bānchē]
◊ **faire la navette** 来往于……之间 [láiwǎng yú… zhījiān] ▸ **il fait souvent la navette entre Pékin et Shanghai** 他经常来往于北京和上海之间 [tā jīngcháng láiwǎng yú Běijīng hé Shanghǎi zhījiān].
■ **navette spatiale** nf AÉRON (cl. 架 [jià]) 航天飞机 [hángtiān fēijī].

navigateur, trice nm, f (marin) ○ (cl. 名 [míng] ou 位 [wèi]) 航海家 [hánghǎijiā] ▸ **les grands navigateurs** 伟大的航海家们 [wěidà de hánghǎijiāmen].

navigation nf (voyage) 航行 [hángxíng] ▸ **la navigation aérienne** 航空 [hángkōng] ▸ **la navigation maritime** 航海 [hánghǎi].

naviguer vi 航行 [hángxíng] ▸ **mon père a beaucoup navigué** 我父亲航行过很长时间 [wǒ fùqin hángxíng guò hěncháng shíjiān].

navire nm (cl. 艘 [sōu]) 船 [chuán] ▸ **un navire de guerre** 军舰 [jūn jiàn] ▸ **un navire marchand** 商船 [shāng chuán].

navré, e adj 抱歉 [bàoqiàn] ▸ **je suis navré d'avoir oublié notre rendez-vous** 我很抱歉忘记了我们的约会 [wǒ hěn bàoqiàn wàngjì le wǒmen de yuēhuì].

navrer vt 使……不快 [shǐ… búkuài] ▸ **son attitude me navre** 他的态度让我不快 [tāde tàidu ràng wǒ búkuài].

Naxi npr (peuple) ▸ **les Naxi** 纳西族 [Nàxīzú].

nazi, e adj & nm, f 纳粹(的) [nàcuì (de)] ▸ **le parti nazi** 纳粹党 [nàcuìdǎng].

NB (abr de **nota bene**) 注意 [zhùyì].

ne adv ❶ (marque une négation) 不 [bù] ▸ **il ne l'aime plus** 他不再爱她 [tā búzài ài tā] ▸ **il n'a rien dit** 他什么也没说 [tā shénme yě méi shuō] ▸ **il ne veut pas** 他不愿意 [tā bú yuànyì] ❷ (marque la restriction) ▸ **ne… que** 只…… [zhǐ…] ▸ **il ne pense qu'à sa carrière** 他只想着自己的前程 [tā zhǐ xiǎngzhe zìjǐ de qiánchéng].

né, e adj ❶ (venu au monde) 出生的 [chūshēng de] ▸ **né le 12 janvier** 一月十二日生的 [yīyuè shí'èr rì shēngde] ▸ **né à Pékin** 在北京出生 [zài Běijīng chūshēng] ❷ (de naissance) 天生的 [tiānshēng de] ▸ **un comédien-né** 一个天生的演员 [yí ge tiānshēng de yǎnyuán].

néanmoins adv 然而 [rán'ér].

néant nm 无 [wú] ▸ **réduire à néant** 化为乌有 [huàwéi wūyǒu] ▸ **sortir du néant** 从无到有 [cóng wú dào yǒu].

nébuleux, euse adj ❶ (nuageux) 阴沉的 [yīnchén de] ▸ **un ciel nébuleux** 阴天 [yīntiān] ❷ (obscur) 晦涩难懂的 [huìsè nándǒng de] ▸ **des théories nébuleuses** 一些晦涩难懂的理论 [yìxiē huìsè nándǒng de lǐlùn].

nécessaire ♦ adj ❶ (essentiel) 必需的 [bìxū de] ▸ **l'eau est nécessaire à la vie** 水是生命所必需的 [shuǐ shì shēngmìng suǒ bìxū de] ❷ (indispensable) 必需做某事 [bìxū zuò mǒushì] ▸ **il n'est pas nécessaire de s'affoler** 不必惊慌失措 [búbì jīnghuāng shīcuò] ▸ **il est nécessaire que vous vous fassiez vacciner** 你们必需要打预防针 [nǐmen bìxū yào dǎ yùfángzhēn]. ♦ nm ❶ (ce qui est indispensable) 必需品 [bìxūpǐn] ▸ **manquer du nécessaire** 缺少必需品 [quēshǎo bìxūpǐn] ❷ (ce qui est important) ▸ **faire le nécessaire** 做好必须做的事 [zuòhǎo bìxū zuòde shì].

nécessité nf 必要(性) [bìyào (xìng)] ▸ **savoir lire est une nécessité** 会读书识字是起码的事情 [huì dúshū shízì shì qímǎ de shìqing]

◊ **de première nécessité** 必不可少的 [bìbù kěshǎo de] ▸ **produit de première nécessité** 必需品 [bìxūpǐn].

nécessiter vt 需要 [xūyào] ▸ **cette mission nécessite un grand courage** 完成这项任务需要很大的勇气 [wánchéng zhè xiàng rènwu xūyào hěn dà de yǒngqì] ▸ **nécessiter de** *(+ infinitif)* 需要做某事 [xūyào zuò mǒushì] ▸ **nécessiter que** *(+ subjonctif)* 使……成为必需的 [shǐ… chéngwéi bìxū de].

nécrologique adj 有关死亡者的 [yǒuguān sǐwángzhě de] ▸ **la rubrique nécrologique du journal** 报纸的讣告专栏 [bàozhǐ de fùgào zhuānlán].

nectar nm (jus de fruits) 果汁饮料 [guǒzhī yǐnliào] ▸ **un nectar d'abricot** 一瓶杏子露 [yì píng xìngzilù].

nectarine nf 油桃 [yóutáo].

néerlandais, e adj 荷兰的 [hélán de].

▪ **néerlandais** nm (langue) 荷兰语 [hélányǔ].

▪ **Néerlandais, e** nm, f 荷兰人 [Hélánrén].

nef nf (partie d'église) (教堂的)殿 [(jiàotáng de) diàn] ▸ **la nef centrale** 中殿 [zhōng diàn].

néfaste adj ❶ (nocif) 有害的 [yǒuhài de] ▸ **une influence néfaste** 有害的影响 [yǒuhài de yíngxiǎng] ❷ (funeste) 凶险的 [xiōngxiǎn de] ▸ **un événement néfaste** 一起凶险的事件 [yì qǐ xiōngxiǎn de shìjiàn].

négatif, ive adj ❶ (pessimiste) 消极的 [xiāojí de] ▸ **attitude négative** 消极态度 [xiāojí tàidù] ❷ (nul) 阴性的 [yīnxìng de] ▸ **les analyses médicales étaient négatives** 化验结果阴性 [huàyàn jiéguǒ yīnxìng] ❸ (inférieur à zéro) 零下的 [língxià de] ▸ **températures négatives** 零下的气温 [língxià de qìwēn].

▪ **négatif** nm PHOTO 底片 [dǐpiàn].

négation nf ❶ (rejet) 否认 [fǒurèn] ❷ GRAMM 否定词 [fǒudìngcí].

négligé, e adj 随便的 [suíbiàn de] ▸ **une tenue négligée** 一身随便的打扮 [yì shēn suíbiàn de dǎban].

négligeable adj 微不足道的 [wēibù zúdào de] ▸ **la différence de prix est négligeable** 差价微不足道 [chājià wēibù zúdào].

négligemment adv 随便地 [suíbiàn de].

négligence nf 粗心大意 [cūxīn dàyì].

négligent, e adj 不经意的 [bùjīngyì de] ▸ **un élève négligent** 一个粗心大意的学生 [yí ge cūxīn dàyì de xuésheng] ▸ **un geste négligent** 一个不经意的动作 [yí ge bùjīngyì de dòngzuò].

négliger vt ❶ (délaisser) 忽视 [hūshì] ▸ **négliger ses amis** 忽视自己的朋友们 [hūshì zìjǐ de péngyoumen] ▸ **négliger son travail** 忽视自己的工作 [hūshì zìjǐ de gōngzuò] ❷ (ignorer) 无视 [wúshì] ▸ **négliger les avertissements** 无视警告 [wúshì jǐnggào].

▪ **se négliger** vp 不修边幅 [bùxiū biānfú].

négoce nm 交易 [jiāoyì] ▸ **le négoce des matières premières** 原材料交易 [yuáncáiliào jiāoyì].

négociant, e nm, f 批发商 [pīfāshāng] ▸ **un négociant en vins** 葡萄酒批发商 [pútaojiǔ pīfāshāng].

négociation nf (discussion) 谈判 [tánpàn] ▸ **entamer des négociations** 开始谈判

[kāishǐ tánpàn] ▸ **rompre des négociations** 中止谈判 [zhōngzhǐ tánpàn].

négocier vt (discuter) 谈判 [tánpàn] ▸ **négocier un prix avec un fournisseur** 与供应商洽谈价格 [yǔ gōngyìngshāng qiàtán jiàgé] ▸ **négocier un traité de paix** 商订和约 [shāngdìng héyuē].

nègre, négresse nm, f ❶ *(terme raciste) injur* (personne de couleur) 黑人 [hēirén] ❷ (personne qui rédige anonymement pour le compte d'un auteur) ○ (cl. 名 [míng]) 代笔人 [dàibǐrén].

neige nf 雪 [xuě] ▸ **une couche de neige** 一层雪 [yì céng xuě]
◊ **en neige** 打成泡沫状的(蛋清) [dǎchéng pàomòzhuàng de (dànqīng)] ▸ **battre des œufs en neige** 把蛋清打成沫状 [bǎ dànqīng dǎchéng mòzhuàng].

neiger v impers ▸ **il neige** 下雪了 [xiàxuě le].

neigeux, euse adj ❶ (couvert de neige) 积雪的 [jīxuě de] ▸ **des pentes neigeuses** 积雪的山坡 [jīxuě de shānpō] ❷ (qui prévoit des chutes de neige) 下雪的 [xiàxuě de] ▸ **un temps neigeux** 下雪的天气 [xiàxuě de tiānqì].

nénuphar nm 睡莲 [shuìlián].

néon nm (éclairage) 霓虹灯 [níhóngdēng] ▸ **un tube au néon** 一根霓虹灯管 [yì gēn níhóngdēng guǎn].

néo-zélandais, e adj 新西兰的 [xīnxīlán de].

Népal nm ▸ **le Népal** 尼泊尔 [Nípō'ěr].

nerf nm ❶ (ligament) 神经 [shénjīng] ❷ (énergie) 精力 [jīnglì] ▸ **avoir du nerf** 有精力 [yǒu jīnglì] ▸ **avoir les nerfs à vif** 爱发火 [ài fāhuǒ] ▸ **manquer de nerf** 无精打采 [wújīng dǎcǎi].

nerveux, euse ♦ adj ❶ (qui concerne un nerf) 神经的 [shénjīng de] ▸ **une maladie nerveuse** 一个神经系统疾病 [yí ge shénjīng xìtǒng jíbìng] ❷ (émotif, irritable) 神经质的 [shénjīngzhì de] ▸ **une personne nerveuse** 一个神经质的人 [yí ge shénjīngzhì de rén].
♦ nm, f 神经过敏的人 [shénjīng guòmǐn de rén].

nervosité nf 烦躁 [fánzào] ▸ **montrer des signes de nervosité** 表现出一些焦躁不安的迹象 [biǎoxiàn chū yìxiē jiāozào bù'ān de jìxiàng].

n'est-ce pas adv interr 不是吗 [búshìma] ▸ **vous me croyez, n'est-ce pas ?** 您相信我，不是吗？ [nín xiāngxìn wǒ, búshìma?].

net, nette adj ❶ (propre) 干净的 [gānjìng de] ▸ **un carrelage net et luisant** 光洁的磁砖地 [guāngjié de cízhuān dì] ❷ (catégorique) 明确的 [míngquè de] ▸ **une réponse nette** 一个明确的答复 [yí ge míngquè de dáfù] ❸ (après déduction) ▸ **poids net** 净重 [jìngzhòng] ▸ **salaire net** 净工资 [jìng gōngzī].

■ **net** adv ❶ (tout d'un coup) 突然 [tūrán] ▸ **s'arrêter net** 突然停住 [tūrán tíngzhù] ❷ (franchement) 直截了当 [zhíjié liǎodàng] ▸ **refuser net** 断然拒绝 [duànrán jùjué].

nettement adv ❶ (clairement) 清晰地 [qīngxī de] ▸ **les frontières sont nettement délimitées** 界线清晰地划分出来 [jièxiàn qīngxī de huàfēn chūlái] ❷ (franchement) 清楚地 [qīngchu de] ▸ **dire les choses nettement** 把事情说得清清楚楚 [bǎ shìqing shuōde qīngqīng chúchǔ] ❸ (beaucoup) 明显地 [míngxiǎn de] ▸ **c'est nettement mieux** 明显地好多了 [míngxiǎn de hǎoduō le].

netteté nf 清晰 [qīngxī] ▸ **l'image manque de netteté** 照片不够清晰 [zhàopiàn búgòu qīngxī].

nettoyage nm 清扫 [qīngsǎo] ▸ **le nettoyage du sol** 清扫地面 [qīngsǎo dìmiàn].

nettoyer vt 打扫 [dásǎo] ▸ **nettoyer une pièce** 打扫一间房间 [dásǎo yì jiān fángjiān] ▸ **faire nettoyer un vêtement** 拿衣服让人洗 [ná yīfu ràng rén xǐ].

neuf[1], neuve adj ❶ (nouveau) 新的 [xīn de] ▸ **acheter une voiture neuve** 买一辆新车 [mǎi yí liàng xīn chē] ▸ **porter des vêtements neufs** 穿新衣服 [chuān xīn yīfu] ❷ (récent) 新的 [xīn de] ▸ **une ville neuve** 新城市 [xīn chéngshì].

■ **neuf** nm 新东西 [xīn dōngxi]
◊ **à neuf** 翻新 [fānxīn] ▸ **l'appartement a été refait à neuf** 套间翻新过了 [tàojiān fānxīn guò le].

neuf[2] ♦ adj num inv ❶ (chiffre) 九个 [jiǔ ge] ▸ **il a neuf ans** 他九岁了 [tā jiǔ suì le] ❷ (neuvième) 第九 [dì jiǔ] ▸ **le chapitre neuf** 第九章 [dì jiǔ zhāng]. ♦ nm inv 九 [jiǔ].

neutraliser vt ❶ (annuler l'effet) 抵消 [dǐxiāo] ▸ **le médicament a neutralisé l'effet du poison** 这药抵消了毒药的作用 [zhè yào dǐxiāo le dúyào de zuòyòng] ▸ **les forces de l'ordre ont réussi à neutraliser les terroristes** 治安人员成功地制服了所有恐怖分子 [zhì'ān rényuán chénggōng de zhìfú le suóyǒu kǒngbùfènzǐ] ❷ CHIM 中和 [zhōnghé].

neutralité nf (impartialité) 中立 [zhōnglì] ▸ **la neutralité d'un arbitre** 裁判的中立立场 [cáipàn de zhōnglì lìchǎng].

neutre adj (impartial) 中立的 [zhōnglì de] ▸ **rester neutre dans une discussion** 在争论中保持中立的态度 [zài zhēnglùn zhōng bǎochí zhōnglì de tàidu].

neuvième adj num &nmf 第九(个) [dì jiǔ (ge)].

neveu nm ❶ (fils de la sœur) 外甥 [wàisheng] ❷ (fils du frère) 侄子 [zhízi].

névrosé, e adj &nm, f 患神经官能症的(人) [huàn shénjīng guānnéngzhèng de (rén)].

New York npr ❶ (ville) 纽约 [Niǔyuē] ❷ (état) 纽约州 [Niǔyuēzhōu].

new-yorkais, e adj 纽约的 [niǔyuē de].

nez nm 鼻子 [bízi] ▸ **avoir le nez bouché** 鼻子不通气 [bízi bùtōngqì] ▸ **un nez pointu** 一个尖鼻子 [yí ge jiān bízi]
◊ **mettre son nez partout** 到处打探 [dàochù dǎtàn] ▸ **avoir du nez** 嗅觉灵敏 [xiùjué língmǐn] ▸ **nez à nez** 面对面 [miànduìmiàn] ▸ **se trouver nez à nez avec qqn** 和某人迎面相遇 [hé mǒurén yíngmiàn xiāngyù].

ni conj 也没 [yěméi] ▸ **je n'ai jamais rien mangé ni bu d'aussi bon** 我从来没有吃过喝过这么好的东西 [wǒ cónglái méiyǒu chīguò hēguò zhème hǎo de dōngxi].

▪ **ni… ni** loc correlative 既不……，也不…… [jì bù…, yě bù…] ▸ **ni l'un ni l'autre** 既不是这个，也不是那个 [jì búshì zhè ge, yě búshì nà ge] ▸ **il ne sait ni lire, ni écrire** 他既不会读，也不会写 [tā jì búhuì dú, yě búhuì xiě].

niais, e adj 傻的 [shǎ de] ▸ **un sourire niais** 傻笑 [shǎxiào].

Nicaragua nm ▸ **le Nicaragua** 尼加拉瓜 [Níjiālāguā].

niche nf (abri) 窝 [wō] ▸ **niche de chien** 狗窝 [gǒuwō].

nicher vi 筑巢 [zhùcháo].

nicotine nf 尼古丁 [nígǔdīng].

nid nm ❶ (abri) 窝 [wō] ▸ **faire son nid** 搭窝 [dāwō] ▸ **un nid d'hirondelle** 燕窝 [yànwō] ❷ (habitation) 巢穴 [cháoxué].

nid-de-poule nm 路面小坑 [lùmiàn xiǎokēng].

nièce nf ❶ (fille d'un frère) 侄女 [zhínǚ] ❷ (fille d'une sœur) 甥女 [shēngnǚ].

nier vt 否认 [fǒurèn] ▸ **il nie avoir commis ce meurtre** 他否认杀了人 [tā fǒurèn shā le rén].

Niger nm (fleuve, État) ▸ **le Niger** 尼日尔 [Nírì'ěr].

Nigeria nm ▸ **le Nigeria** 尼日利亚 [Nírìlìyà].

n'importe adv 随便 [suíbiàn] ▸ **tu veux du thé ou du café ? — n'importe ! j'aime les deux** 你要茶还是咖啡？—随便！两个我都爱喝 [nǐ yào chá háishi kāfēi? — suíbiàn! liǎng ge wǒ dōu ài hē].

▪ **n'importe lequel, n'importe laquelle** (mpl **n'importe lesquels**, fpl **n'importe lesquelles**) pron indéf 随便哪个 [suíbiàn nǎ ge] ▸ **choisis une carte, n'importe laquelle** 请任选一张牌 [qǐng rènxuǎn yì zhāng pái].

▪ **n'importe où** loc adv 不论在哪里 [búlùn zài nǎli].

▪ **n'importe quand** loc adv 不论什么时候 [búlùn shénme shíhòu].

▪ **n'importe qui** pron indéf 不论是谁 [búlùn shì shéi].

▪ **n'importe quoi** pron indéf 不论是什么 [búlùn shì shénme] ▸ **dire n'importe quoi** 胡说八道 [húshuō bādào] ▸ **n'importe quoi fera l'affaire** 什么都能管用 [shénme dōu néng guǎnyòng].

Ningxia npr (région) 宁夏回族自治区 [Níngxià Huízú Zìzhìqū].

nippon, one adj 日本的 [rìběn de].

niveau nm ❶ (étage) 层 [céng] ▸ **la gare comprend trois niveaux** 这个火车站有三层 [zhè ge huǒchēzhàn yǒu sān céng] ❷ (hauteur) 位 [wèi] ▸ **le niveau d'une rivière** 河水水位 [héshuǐ shuǐwèi] ❸ (degré) 水平 [shuǐpíng] ▸ **le niveau de production** 生产水平 [shēngchǎn shuǐpíng] ▸ **le niveau scolaire** 学历 [xuélì] ▸ **niveau de vie** 生活水平 [shēnghuó shuǐpíng].

niveler vt ❶ (aplanir) 平整 [píngzhěng] ▸ **niveler un terrain** 平整场地 [píngzhěng chǎngdì] ❷ *fig* (égaliser qqch) 把……拉平 [bǎ... lāpíng] ▸ **niveler les salaires par le bas** 把薪金从基层拉平 [bǎ xīnjīn cóng jīcéng lāpíng].

noble adj ❶ (aristocratique) 贵族的 [guìzú de] ▸ **une famille noble** 贵族家庭 [guìzú jiātíng] ❷ (généreux) 高尚的 [gāoshàng de] ▸ **un geste noble** 高尚的行为 [gāoshàng de xíngwéi] ❸ (supérieur) ▸ **des métaux nobles** 贵金属 [guìjīnshǔ] ▸ **du vin noble** 高级酒 [gāojí jiǔ].

noblesse nf ❶ (condition de noble) 贵族 [guìzú] ▸ **un titre de noblesse** 贵族称号 [guìzú chēnghào] ❷ (générosité) 高尚 [gāoshàng] ▸ **agir avec noblesse** 以高尚的方式行事 [yǐ gāoshàng de fāngshì xíngshì] ▸ **la noblesse du cœur** 心灵高尚 [xīnlíng gāoshàng].

noce nf ❶ (cérémonie) 婚礼 [hūnlǐ] ▸ **noces d'argent** 银婚 [yínhūn] ▸ **noces d'or** 金婚 [jīnhūn] ▸ **nuit de noces** 新婚之夜 [xīnhūn zhī yè] ▸ **voyage de noces** 蜜月旅游 [mìyuè lǚyóu] ❷ (ensemble des personnes qui participent au mariage) 参加婚礼的人 [cānjiā hūnlǐ de rén].

nocif, ive adj 有害的 [yǒuhài de] ▸ **le tabac est nocif pour la santé** 烟草对健康是有害的 [yāncǎo duì jiànkāng shì yǒu hài de].

noctambule adj & nmf 喜爱晚上出去玩的(人) [xǐ'ài wǎnshang chūqu wán de (rén)].

nocturne adj 夜间的 [yèjiān de] ▸ **une promenade nocturne** 一次夜游 [yí cì yèyóu].

Noël nm ou nf 圣诞节 [Shèngdànjié] ▸ **joyeux Noël** 圣诞节快乐 [Shèngdànjié kuàilè] ▸ **passer Noël en famille** 全家过圣诞节 [quánjiā guò Shèngdànjié] ▸ **le Père Noël** 圣诞老人 [Shèngdàn Lǎorén].

nœud nm ❶ (boucle, enlacement) 结 [jié] ▸ **avoir des nœuds dans les cheveux** 头发打结了 [tóufa dǎjié le] ▸ **faire/défaire un nœud** 打/解开一个结 [dǎ/jiěkāi yí ge jié] ▸ **nœud de cravate** 领带结 [lǐngdài jié] ▸ **nœud papillon** 领结 [lǐngjié] ❷ (point essentiel) 关键 [guānjiàn] ▸ **le nœud du problème** 问题的关键 [wèntí de guānjiàn].

noir, e adj ❶ (couleur) 黑的 [hēi de] ▸ **une robe noire** 黑色连衣裙 [hēisè liányīqún] ❷ (obscur, sombre) 黑暗的 [hēi'àn de] ▸ **un ciel noir** 漆黑的天空 [qīhēi de tiānkōng] ❸ (triste) 悲观的 [bēiguān de] ▸ **avoir des idées noires** 有一些悲观的思想 [yǒu yìxiē bēiguān de sīxiǎng].

■ **Noir, e** nm, f 黑人 [hēirén].

■ **noir** nm (couleur) 黑色 [hēisè] ▸ **porter du noir** 穿黑服 [chuān hēifú]

◊ **noir sur blanc** 白纸黑字 [báizhǐ hēizì].

■ **au noir** loc adv & loc adj 非法地 [fēifǎ de] ▸ **le travail au noir** 黑工 [hēi gōng] ▸ **payer qqn au noir** 非法雇佣某人 [fēifǎ gùyōng mǒurén].

noisette ♦ nf ❶ (fruit) 榛子 [zhēnzi] ▸ **casser des noisettes** 砸开榛子 [zákāi zhēnzi] ❷ (petite quantité) 榛子大小 [zhēnzi dàxiǎo] ▸ **une noisette de beurre** 一块榛子大小的黄油 [yí kuài zhēnzi dàxiǎo de huángyóu]. ♦ adj inv 浅褐色的 [qiǎnhèsè de] ▸ **des yeux noisette** 浅褐色的眼睛 [qiǎnhèsè de yǎnjing].

noix nf inv (fruit) 核桃 [hétao] ▸ **noix de cajou** 腰果 [yāoguǒ] ▸ **noix de coco** 椰果 [yē guǒ]

◊ **à la noix** *fam* 差劲的 [chàjìn de].

nom nm ❶ (patronyme) 姓名 [xìngmíng] ▸ **nom de famille** 姓 [xìng] ❷ (appellation) 名字 [míngzi] ❸ GRAMM 名词 [míngcí] ▸ **nom commun** 普通名词 [pǔtōngmíngcí] ▸ **nom propre** 专有名词 [zhuānyǒu míngcí]

◊ **au nom de qqn** 以某人的名义 [yǐ mǒurén de míngyì] ▸ **se faire un nom** 成名 [chéngmíng].

nomade ♦ adj 游牧的 [yóumù de] ▸ **un peuple nomade** 一个游牧民族 [yí ge yóumù mínzú]. ♦ nmf 游牧者 [yóumùzhě].

nombre nm ❶ (ensemble de chiffres) 数字 [shùzì] ▸ **nombre pair/impair** 双数/单数 [shuāngshù/dānshù] ▸ **un nombre à trois chiffres** 一个三位数 [yí ge sān wèi shù] ❷ (quantité)

数量 [shùliàng] ▸ **être en nombre suffisant** 数量是足够了 [shùliàng shì zúgòu le] ▸ **un grand nombre de personnes** 许多人 [xǔduō rén]

◊ **(bon) nombre de** 许多的 [xǔduō de] ▸ **en nombre** 大量地 [dàliàng de].

nombreux, euse adj ❶ (en grand nombre) 众多的 [zhòngduō de] ▸ **une foule nombreuse** 一大群人 [yí dà qún rén] ❷ (beaucoup de) 许多的 [xǔduō de] ▸ **avoir de nombreux amis** 有着许多的朋友 [yǒuzhe xǔduō de péngyou]

◊ **une famille nombreuse** 一个人口多的家庭 [yí ge rénkǒu duō de jiātíng].

nombril nm 肚脐 [dùqí].

nomination nf ❶ (désignation) 任命 [rènmìng] ▸ **la nomination d'un nouveau directeur** 一位新领导的任命 [yí wèi xīn lǐngdǎo de rènmìng] ❷ (sélection) 选拔 [xuǎnbá] ▸ **obtenir plusieurs nominations aux oscars** 多次受到奥斯卡奖提名 [duō cì shòudào àosīkǎjiǎng tímíng].

nommé, e ♦ adj 名叫 [míngjiào]. ♦ nm, f 叫 [jiào] ▸ **elle fréquente un nommé Paul** 她经常与一个叫保尔的人来往 [tā jīngcháng yǔ yí ge jiào Báoěr de rén láiwǎng].

nommément adv 指名地 [zhǐmíng de].

nommer vt ❶ (appeler) 起名 [qǐmíng] ❷ (citer) 说出名字 [shuōchū míngzi] ❸ (promouvoir) 任命 [rènmìng] ▸ **nommer qqn directeur** 任命某人为经理 [rènmìng mǒurén wéi jīnglǐ] ❹ (qualifier) 把……称为 [bǎ… chēngwéi] ▸ **ce que l'on nomme le bonheur** 这就是所谓的幸福 [zhè jiùshì suǒwèi de xìngfú].

▪ **se nommer** vp 名字是 [míngzi shì].

non ♦ adv ❶ (sert à nier) 没有 [méiyǒu] ▸ **as-tu mangé ? — non** 你吃饭了吗？— 没有 [nǐ chīfàn le ma? — méiyǒu] ❷ (sert à refuser) 不 [bù] ▸ **voulez-vous du thé ? — non, merci** 您要喝点茶吗？—不用了，谢谢 [nín yào hē diǎn chá ma? — búyòng le, xièxie] ❸ (sert à demander une confirmation) 不是吗？ [búshima?] ▸ **c'est une bonne idée, non ?** 这是一个好主意，不是吗？ [zhè shì yí ge hǎo zhǔyi, búshima?]

◊ **non plus** 也不 [yě bù].

♦ nm inv ▸ **un non catégorique** 一个干脆的拒绝 [yí ge gāncuì de jùjué] ▸ **les non au référendum** 公民投票后的否决票 [gōngmín tóupiào hòu de fǒujué piào].

nonchalance nf (mollesse) 漫不经心 [mànbù jīngxīn] ▸ **faire preuve de nonchalance** 表现出漫不经心 [biǎoxiàn chū mànbù jīngxīn].

non-fumeur, euse nm, f 不吸烟者 [bù xīyānzhě] ▸ **une salle non-fumeurs** 无烟厅 [wúyān tīng].

non-lieu nm DR 不予起诉 [búyǔ qǐsù].

nonne nf ❶ (catholique) 修女 [xiūnǚ] ❷ (bouddhiste) 尼姑 [nígū].

non-voyant, e nm, f 盲人 [mángrén].

nord ♦ adj inv 北部的 [běibù de] ▸ **la frontière nord d'un pays** 国家北部的边境线 [guójiā běibù de biānjìngxiàn]. ♦ nm inv 北 [běi] ▸ **le vent du nord** 北风 [běifēng].

▪ **Nord** nm 北方 [běifāng] ▸ **le Grand Nord** 北极地带 [Běijí dìdài]

◊ **perdre le nord** 迷失方向 [míshī fāngxiàng].

nord-africain, e adj 北非的 [běifēi de] ▸ **les pays nord-africains** 北非国家 [běfēi guójiā].

nord-américain, e adj 北美的 [běiměi de] ▸ **la population nord-américaine** 北美人口 [běiměi rénkǒu].

nord-est ♦ adj inv 东北的 [dōngběi de] ▸ **la région nord-est** 东北部 [dōngběi bù]. ♦ nm inv 东北 [dōngběi] ▸ **le vent de nord-est** 东北风 [dōngběi fēng] ▸ **le Nord-Est** 东北地区 [Dōngběi dìqū].

nordique adj 北欧的 [běi'ōu de] ▸ **les langues nordiques** 北欧的语言 [běi'ōu de yǔyán].

nord-ouest ♦ adj inv 西北的 [xīběi de]. ♦ nm inv 西北 [xīběi] ▸ **le Nord-Ouest** 西北地区 [Xīběi dìqū].

normal, e, aux adj ❶ (ordinaire) 正常的 [zhèngcháng de] ▸ **une vie tout à fait normale** 一种非常正常的生活 [yì zhǒng fēicháng zhèngcháng de shēnghuó] ▸ **des températures normales** 正常的气温 [zhèngcháng de qìwēn] ❷ (compréhensible) 自然的 [zìrán de] ▸ **c'est normal de pleurer quand on a du cha-**

grin 当我们悲伤时，流泪是自然的 [dāng wǒmen bēishāng shí, liúlèi shì zìrán de].

▪ **normale** nf 正常的 [zhèngcháng de] ▸ **retour à la normale** 恢复正常 [huīfù zhèngcháng].

normalement adv ❶ (de manière normale) 正常地 [zhèngcháng de] ▸ **tout s'est passé normalement** 一切都正常地运作 [yíqiè dōu zhèngcháng de yùnzuò] ❷ (habituellement) 通常 [tōngcháng] ▸ **normalement je rentre tôt, mais ce soir j'ai beaucoup de travail** 通常我回家早，但是今晚我有很多活要干 [tōngcháng wǒ huíjiā zǎo, dànshì jīnwǎn wǒ yǒu hěnduō huó yào gān].

normaliser vt (faire revenir à la normale) 使……正常化 [shǐ… zhèngchánghuà].

▪ **se normaliser** vp 正常化 [zhèngchánghuà] ▸ **la situation s'est normalisée** 情况正常了 [qíngkuàng zhèngcháng le].

Normandie nf ▸ **la Normandie** 诺曼底地区 [Nuòmàndǐ dìqū].

norme nf ❶ (ce qui est habituel) 正常 [zhèngcháng] ▸ **être dans la norme** 符合正常 [fúhé zhèngcháng] ❷ (règle) 标准 [biāozhǔn] ▸ **la norme sociale** 社会标准 [shèhuì biāozhǔn] ▸ **des normes de sécurité** 一些安全标准 [yìxiē ānquán biāozhǔn].

Norvège nf ▸ **la Norvège** 挪威 [Nuówēi].

norvégien, enne adj 挪威的 [nuówēi de].

▪ **norvégien** nm (langue) 挪威语 [nuówēiyǔ].

▪ **Norvégien, enne** nm, f 挪威人 [Nuówēirén].

nostalgie nf (regret) 怀念 [huáiniàn] ▸ **avec nostalgie** 伤感地 [shānggǎn de] ▸ **avoir la nostalgie de** 怀念…… [huáiniàn …].

notable ♦ adj 显著的 [xiǎnzhù de] ▸ **faire des progrès notables** 有了明显的进步 [yǒu le míngxiǎn de jìnbù] ▸ **jouer un rôle notable** 扮演重要的角色 [bànyǎn zhòngyào de juésè]. ♦ nm 要人 [yàorén] ▸ **les notables de la ville** 城里的要人们 [chéngli de yàorénmen].

notaire nm 公证员 [gōngzhèng yuán].

notamment adv 尤其 [yóuqí].

note nf ❶ (trace écrite) 笔记 [bǐjì] ▸ **prendre note de qqch** 记下某事 [jìxià mǒushì] ▸ **prendre des notes** 记笔记 [jì bǐjì] ▸ **relire ses notes** 复习自己的笔记 [fùxí zìjǐ de bǐjì] ❷ (commentaire) 注释 [zhùshì] ▸ **note de bas de page** 页下注 [yè xià zhù] ❸ (évaluation) 成绩 [chéngjì] ▸ **avoir une bonne/mauvaise note** 获得好/不好的成绩 [huòdé hǎo/bùhǎo de chéngjì] ❹ (addition, facture) 账单 [zhàngdān] ▸ **note de frais** 费用的账单 [fèiyòng de zhàngdān] ❺ MUS 乐谱 [yuèpǔ] ▸ **apprendre à lire les notes** 学习读乐谱 [xuéxí dú yuèpǔ]

◊ **donner la note** 树立榜样 [shùlì bǎngyàng].

noter vt ❶ (écrire) 记下 [jìxia] ❷ (remarquer) 注意 [zhùyì] ❸ (évaluer) 打分 [dǎfēn] ▸ **noter un devoir** 给一份作业打分 [gěi yí fèn zuòyè dǎfēn].

notice nf 说明书 [shuōmíngshū] ▸ **notice d'emploi** 使用说明书 [shǐyòng shuōmíngshū].

notion nf ❶ (conscience) 观念 [guānniàn] ▸ **perdre la notion du temps** 丧失时间观念 [sàngshī shíjiān guānniàn] ❷ (concept) 概念 [gàiniàn] ▸ **la notion de bonheur** 幸福的概念 [xìngfú de gàiniàn].

▪ **notions** nfpl (connaissances) 知识 [zhīshi] ▸ **les notions de base** 基础知识 [jīchǔ zhīshi].

notoire adj ❶ (connu de tous, évident) 人所共知的 [rénsuǒ gòngzhī de] ▸ **un fait notoire** 人所共知的事实 [rénsuǒ gòngzhī de shìshí] ❷ (célèbre) 著名的 [zhùmíng de] ▸ **un criminel notoire** 一个著名的罪犯 [yí ge zhùmíng de zuìfàn].

notre (pl **nos**) adj poss 我们的 [wǒmende] ▸ **nos enfants** 我们的孩子 [wǒmende háizi] ▸ **notre maison** 我们的房子 [wǒmende fángzi].

nôtre ▪ **le nôtre, la nôtre** (pl **les nôtres**) pron poss 我们的 [wǒmende] ▸ **les nôtres** 我们自己的人 [wǒmen zìjǐ de rén] ▸ **être des nôtres** 和我们在一起的人 [hé wǒmen zài yìqǐ de rén]

◊ **y mettre du nôtre** 付出我们的努力 [fùchū wǒmende nǔlì].

nouer vt ❶ (attacher) 系 [jì] ▸ **nouer une corde** 系一条绳子 [jì yí tiáo shéngzi] ▸ **nouer ses lacets** 系鞋带 [jì xiédài] ❷ (établir) 建立 [jiànlì] ▸ **nouer la conversation** 与某人交

谈 [yǔ mǒurén jiāotán] ▸ **nouer des liens** 建立些联系 [jiànlì xiē liánxì] ❸ *fig* ▸ **nouer la gorge/l'estomac** (由于激动)喉咙/胃像打了结似的说不出话来 [(yóuyú jīdòng) hóulóng/wèi xiàng dǎ le jié shì de shuōbuchū huà lái] ▸ **l'angoisse lui nouait la gorge** 焦虑使他激动得说不出话来 [jiāolǜ shǐ tā jīdòng de shuōbuchū huà lái].

nougat nm 牛轧糖 [niúgátáng].

nouille nf ❶ (pâte) 面条 [miàntiáo] ▸ **des nouilles sautées** 炒面 [chǎomiàn] ▸ **un plat de nouilles** 一盘面条 [yì pán miàntiáo] ❷ *fam* (imbécile) 窝囊废 [wōnangfèi].

nourrice nf ❶ (garde d'enfant) 保姆 [báomǔ] ❷ (femme qui allaite) 奶妈 [nǎimā].

nourrir vt ❶ (alimenter) 喂 [wèi] ▸ **nourrir son bébé** 喂她的婴儿 [wèi tāde yīng'ér] ▸ **nourrir son chien** 喂他的狗 [wèi tāde gǒu] ❷ (faire vivre) 养活 [yǎnghuo] ▸ **avoir une famille à nourrir** 有一家子人要养活 [yǒu yì jiāzi rén yào yǎnghuo] ❸ (entretenir en soi) 对自己抱着…… [duì zìjǐ bàozhe…] ▸ **nourrir un espoir/un projet** 抱着希望/筹备一项计划 [bàozhe xīwàng/chóubèi yí xiàng jìhuà].

▪ **se nourrir** vp (s'alimenter) 吸收营养 [xīshōu yíngyǎng] ▸ **il faut te nourrir!** 你要吸收营养呀! [nǐ yào xīshōu yíngyǎng yā!] ▸ **se nourrir de** 吃…… [chī…].

nourrissant, e adj 有营养的 [yǒu yíngyǎng de] ▸ **un aliment nourrissant** 有营养的食物 [yǒu yíngyǎng de shíwù].

nourrisson nm 婴儿 [yīng'ér].

nourriture nf (aliments) 饮食 [yǐnshí] ▸ **une nourriture saine et équilibrée** 健康和均衡的饮食 [jiànkāng hé jūnhéng de yǐnshí].

nous pron pers ❶ (sujet) 我们 [wǒmen] ❷ (complément d'objet) 我们 [wǒmen] ❸ (dans un verbe pronominal) 我们 [wǒmen] ▸ **ne nous énervons pas!** 我们别生气! [wǒmen bié shēngqì!].

▪ **nous-mêmes** pron pers 我们自己 [wǒmen zìjǐ] ▸ **nous le ferons nous-mêmes** 我们自己就会去做的 [wǒmen zìjǐ jiùhuì qù zuò de].

nouveau, elle, x ♦ adj ❶ (récent) 最近的 [zuìjìn de] ▸ **des faits nouveaux** 一些最近的事情 [yìxiē zuìjìn de shìqing] ▸ **un nouveau modèle** 一个新型 [yí ge xīnxíng] ❷ (qui succède) 新的 [xīn de] ▸ **un nouvel appartement** 一间新的公寓 [yì jiān xīn de gōngyù] ▸ **un nouveau directeur** 新来的主任 [xīnlái de zhǔrèn]. ♦ nm, f 新来的人 [xīnlái de rén].

▪ **nouveau** nm 新情况 [xīnqíngkuàng] ▸ **tu as du nouveau pour ton contrat?** 关于你的合同，你有新消息吗? [guānyú nǐde hétong, nǐ yǒu xīn xiāoxi ma?].

▪ **à nouveau** loc adv 再一次 [zài yí cì] ▸ **reconsidérer à nouveau la question** 再考虑一次这个问题 [zài kǎolǜ yí cì zhè ge wèntí].

▪ **de nouveau** loc adv ❶ (dans le passé) 又一次 [yòu yí cì] ▸ **il est de nouveau arrivé en retard** 他又一次迟到了 [tā yòu yí cì chídào le] ❷ (dans le futur) 再一次 [zài yí cì] ▸ **on se verra de nouveau demain** 我们明天将再一次见面 [wǒmen míngtiān jiāng zài yí cì jiànmiàn].

▪ **nouvelle** nf ❶ (annonce) 消息 [xiāoxi] ▸ **une bonne/mauvaise nouvelle** 一个好/坏消息 [yí ge hǎo/huài xiāoxi] ❷ (court récit) 短篇小说 [duǎnpiān xiǎoshuō].

▪ **nouvelles** nfpl ❶ (renseignements) 情况 [qíngkuàng] ▸ **donner de ses nouvelles** 提供有关他最近的情况 [tígōng yǒuguān tā zuìjìn de qíngkuàng] ❷ (informations) 新闻 [xīnwén] ▸ **écouter les nouvelles à la radio** 听广播新闻 [tīng guǎngbō xīnwén].

nouveau-né, e nm, f 新生儿 [xīnshēng'ér].

nouveauté nf ❶ (innovation) 新事物 [xīnshìwù] ▸ **il n'aime pas la nouveauté** 他不喜欢新事物 [tā bù xǐhuān xīnshìwù] ❷ (chose nouvelle) 新产品 [xīnchánpǐn] ▸ **toutes les nouveautés sont en vitrine** 所有的新产品都在橱窗里 [suóyǒu de xīnchánpǐn dōu zài chúchuāng lǐ].

Nouvelle-Calédonie nf ▸ **la Nouvelle-Calédonie** 新喀里多尼亚 [Xīnkālǐduōníyà].

Nouvelle-Guinée nf ▸ **la Nouvelle-Guinée** 新几内亚 [Xīnjǐnèiyà].

Nouvelle-Zélande nf ▸ **la Nouvelle-Zélande** 新西兰 [Xīnxīlán].

novateur, trice ♦ adj 敢于创新的 [gǎnyú chuàngxīn de] ▸ **un artiste novateur** 一位敢于创新的艺术家 [yí wèi gǎnyú chuàngxīn de yìshùjiā] ▸ **un esprit novateur** 敢于创新

的精神 [gǎnyú chuàngxīn de jīngshén]. ♦ nm, f 创新者 [chuàngxīn zhě].

novembre nm 十一月 [shíyīyuè].

noyade nf 溺水 [nìshuǐ] ▸ **sauver qqn de la noyade** 救助某个溺水的人 [jiùzhù mǒu ge nìshuǐ de rén].

noyau, x nm ❶ (partie dure d'un fruit) 核 [hé] ▸ **noyau d'un fruit** 水果核儿 [shuǐguǒ húr] ❷ (partie la plus importante) 核心 [héxīn] ▸ **le noyau d'une collection** 丛书中的核心 [cóngshū zhōng de héxīn] ❸ (petit groupe) 小团体 [xiǎotuántǐ] ▸ **un noyau d'amis** 小集团的朋友 [xiǎojítuán de péngyou] ▸ **un noyau de dissidents** 异端分子们的核心 [yìduān fènzimen de héxīn] ❹ ASTRON, BIOL & PHYS 核 [hé].

noyer vt ❶ (faire mourir par noyade) 淹死 [yānsǐ] ❷ (inonder) 淹没 [yānmò]

◊ **noyer son chagrin** 解愁 [jiěchóu] ▸ **noyer son chagrin dans l'alcool** 借酒浇愁 [jièjiǔ jiāochóu].

▪ **se noyer** vp ❶ (mourir par noyade) 淹死 [yānsǐ] ❷ (se perdre) 纠缠在……中不知所措 [jiūchán zài… zhōng bùzhī suǒcuò] ▸ **se noyer dans les détails** 纠缠在细节中不知所措 [jiūchán zài xìjié zhōng bùzhī suǒcuò].

nu, e adj ❶ (sans habits) 光的 [guāng de] ▸ **marcher pieds nus** 光脚走 [guāngjiǎo zǒu] ▸ **sortir tête nue** 光着头就出去了 [guāngzhe tóu jiù chūqu le] ❷ (sans ornement) 无饰的 [wúshì de]

◊ **à mains nues** 徒手地 [túshǒu de] ▸ **mettre à nu** 揭露 [jiēlù] ▸ **à l'œil nu** 用肉眼 [yòng ròuyǎn].

▪ **nu** nm ART 裸体像 [luótǐxiàng].

nuage nm ❶ (amas de gouttes) 云 [yún] ❷ (masse) 一大片 [yí dàpiàn] ▸ **un nuage de fumée** 一大片烟雾 [yí dàpiàn yānwù] ▸ **un nuage de poussière** 一大片尘土 [yí dàpiàn chéntǔ] ❸ (petite quantité) ▸ **un nuage de lait** 少量的奶 [shǎoliàng de nǎi]

◊ **être dans les nuages** 心不在焉 [xīnbú zàiyān].

nuageux, euse adj 多云的 [duōyún de] ▸ **un ciel nuageux** 多云的天空 [duōyún de tiānkōng].

nuance nf ❶ (gradation) 色调变化 [sèdiào biànhuà] ❷ (différence) 细微差别 [xìwēi chābié] ▸ **apporter une nuance aux propos de qqn** 对某人的话做细微修正 [duì mǒurén de huà zuò xìwēi xiūzhèng] ▸ **nuances entre les synonymes** 同义词之间的细微差别 [tóngyìcí zhījiān de xìwēi chābié].

nucléaire ♦ nm 核能工业 [hénéng gōngyè]. ♦ adj PHYS 核的 [hé de] ▸ **une centrale nucléaire** 一座核电站 [yí zuò hédiànzhàn] ▸ **l'énergie nucléaire** 核能 [hénéng].

nudisme nm 裸体主义 [luótǐ zhǔyì] ▸ **faire du nudisme** 实行裸体主义 [shíxíng luótǐ zhǔyì].

nudiste nmf 裸体主义者 [luótǐ zhǔyìzhě] ▸ **un camp de nudistes** 裸体主义者的营地 [luótǐ zhǔyìzhě de yíngdì].

nuire ▪ **nuire à** v+prép 损害 [sǔnhài] ▸ **l'alcool nuit à la santé** 酒精损害健康 [jiǔjīng sǔnhài jiànkāng].

nuisance nf 危害 [wēihài] ▸ **les nuisances sonores** 噪音危害 [zàoyīn wēihài].

nuisible adj 有害的 [yǒuhài de].

nuit nf ❶ (obscurité) 夜 [yè] ▸ **faire nuit** 天黑了 [tiānhēi le] ▸ **en pleine nuit** 深夜 [shēnyè] ❷ (période de sommeil) 睡眠 [shuìmián] ▸ **passer une bonne nuit** 好好睡 [háohǎo shuì]

◊ **de nuit** 在夜里 [zài yèli] ▸ **un gardien de nuit** 夜间的守卫 [yèjiān de shǒuwèi] ▸ **nuit et jour** 日夜 [rìyè].

nuitée nf 在旅馆住宿的一夜 [zài lǚguǎn zhùsù de yí yè].

nul, nulle ♦ adj indéf 一点没有的 [yì diǎn méiyǒu de] ▸ **n'ayez nulle crainte** 一点都不怕 [yì diǎn dōu búpà] ▸ **nul doute** 无疑 [wúyí] ▸ **nulle part** 一处也没有 [yí chù yě méiyǒu]. ♦ adj ❶ (égal à zéro) 毫无 [háowú] ▸ **une différence nulle** 毫无区别 [háowú qūbié] ❷ (mauvais) ▸ **être nul** 极差 [jíchà] ▸ **être nul en maths** 在数学方面极差 [zài shùxué fāngmiàn jíchà]. ♦ pron indéf *sout* (personne) 任何人 [rènhé rén].

nullement adv 根本不 [gēnběn bù].

numérique adj ❶ (qui se rapporte aux nombres) 数字的 [shùzì de] ❷ INFORM 数码的 [shùmǎ de].

numéro nm ❶ (chiffre, ordre) 号 [hào] ▸ **habiter au numéro 27** 住在27号 [zhù zài 27 hào] ▸ **numéro de téléphone** 电话号码 [diànhuà hàomǎ] ❷ (parution) 期号 [qīhào] ▸ **numéro spécial** 特刊 [tèkān] ❸ *fam* (pour les personnes) 古怪的人 [gǔguài de rén] ▸ **c'est un sacré numéro !** 这真是个绝顶的怪人 [zhè zhēnshi ge juédǐng de guàirén].

numéroter vt 编号码 [biānhàomǎ] ▸ **numéroter des pages** 编页码 [biān yèmǎ].

nuptial, e, aux adj 婚礼的 [hūnlǐ de] ▸ **chambre nuptiale** 新房 [xīnfáng] ▸ **marche nuptiale** 婚礼进行曲 [hūnlǐ jìnxíngqǔ].

nuque nf 颈背 [jǐngbèi].

nurse nf 保姆 [báomǔ].

Nylon® nm 尼龙 [Nílóng].

nympho(mane) adj & nf 患求偶狂的 (女性或雌性动物) [huàn qiú'ǒu kuáng de (nǚxìng huò cíxìng dòngwù)].

O

o, O nm inv 法语字母表中第十五个字母 [fǎyǔ zìmúbiǎo zhōng dìshíwǔ gè zìmǔ].

O (abr écrite de **ouest**) 西 [xī].

oasis nf inv ❶ (région fertile) 绿洲 [lǜzhōu] ❷ *fig* 宜人的地方或时刻 [yírén de dìfang huò shíkè] ▸ **une oasis de fraîcheur** 凉爽的地方 [liángshuǎng de dìfang].

obéir vi (se soumettre) ▸ **obéir à qqn** 服从某人 [fúcóng mǒurén] ▸ **obéir à qqch** 遵守某事 [zūnshǒu mǒushì] ▸ **obéir au règlement** 遵守规章 [zūnshǒu guīzhāng].

obéissance nf 服从 [fúcóng].

obéissant, e adj 听话的 [tīnghuà de] ▸ **un enfant obéissant** 一个听话的孩子 [yí ge tīnghuà de háizi].

obèse ♦ nmf 胖子 [pàngzi]. ♦ adj 肥胖的 [féipàng de].

objectif, ive adj (impartial) 客观的 [kèguān de] ▸ **un journaliste objectif** 一名客观的记者 [yì míng kèguān de jìzhě] ▸ **un observateur objectif** 一位客观的观察家 [yí wèi kèguān de guānchájiā].

▪ **objectif** nm ❶ (but) 目标 [mùbiāo] ▸ **atteindre son objectif** 达到目标 [dádào mùbiāo] ▸ **avoir pour objectif qqch/de** *(+ infinitif)* 以……为目标 [yǐ … wéi mùbiāo] ❷ (d'un appareil photo) 镜头 [jìngtóu].

objection nf (critique) 反对意见 [fǎnduì yìjiàn] ▸ **soulever des objections** 引起反对意见 [yínqǐ fǎnduì yìjiàn].

objet nm ❶ (chose) ○ (cl. 件 [jiàn]) 物品 [wùpǐn] ❷ (sujet) 对象 [duìxiàng] ▸ **un objet de recherches** 研究的对象 [yánjiū de duìxiàng] ❸ (but) 目的 [mùdì] ▸ **avoir pour objet de** *(+ infinitif)* 目的在于…… [mùdì zàiyú…].

obligation nf ❶ (devoir) 责任 [zérèn] ▸ **avoir une obligation envers qqn** 对某人负有责任 [duì mǒurén fùyǒu zérèn] ▸ **être dans l'obligation de faire qqch** 必须要做某事 [bìxū yào zuò mǒushì] ▸ **des obligations professionnelles** 工作职责 [gōngzuò zhízé] ❷ (contrainte) 义务 [yìwù] ▸ **obligation légale** 法定义务 [fǎdìng yìwù].

obligatoire adj ❶ (imposé par la loi) 义务的 [yìwù de] ❷ (impératif) 强制性的 [qiángzhìxìng de].

obligé, e adj ❶ (contraint) ▸ **être obligé de faire qqch** 必须要做某事 [bìxū yào zuò mǒushì] ❷ *sout* (reconnaissant) 感激的 [gǎnji de] ▸ **je vous serais obligé de** *(+ infinitif)* 我会感激您……的 [wǒ huì gǎnjī nín … de].

obligeance nf *sout* 客气 [kèqi] ▸ **avoir l'obligeance de faire qqch** 劳驾做某事 [láojià zuò mǒushì] ▸ **personne d'une extrême obligeance** 非常客气的人 [fēicháng kèqi de rén].

obliger vt ❶ (forcer) ▸ **être obligé de faire qqch** 必须做某事 [bìxū zuò mǒushì] ▸ **obliger qqn à faire qqch** 强迫某人做某事 [qiǎngpò mǒurén zuò mǒushì] ❷ *sout* (rendre service à) 感激某人做某事 [gǎnji mǒurén zuò mǒushì].

■ **s'obliger à** vp+prép 规定自己 [guīdìng zìjǐ].

oblique adj 斜的 [xié de] ▸ **une ligne oblique** 一条斜线 [yì tiáo xié xiàn] ▸ **en oblique** 斜着 [xiézhe].

oblitérer vt 盖邮戳 [gài yóuchuō] ▸ **oblitérer un timbre** 给一张邮票盖邮戳 [gěi yì zhāng yóupiào gài yóuchuō].

obscène adj 下流的 [xiàliú de] ▸ **images obscènes** 淫秽的画 [yínhuì de huà] ▸ **propos obscènes** 下流话 [xiàliú huà].

obscur, e adj ❶ (sombre) 阴暗的 [yīn'àn de] ▸ **une pièce obscure** 一间阴暗的房间 [yì jiān yīn'àn de fángjiān] ❷ (confus, douteux) 不清不楚的 [bùqīng bùchǔ de] ▸ **une affaire obscure** 一件不清不楚的事情 [yí jiàn bùqīng bùchǔ de shìqing].

obscurcir vt 使……阴暗 [shǐ… yīn'àn] ▸ **les nuages noirs obscurcissent le ciel** 乌云使天空阴暗起来 [wūyún shǐ tiānkōng yīn'ànqǐlái].

■ **s'obscurcir** vp 变得阴暗 [biànde yīn'àn] ▸ **le ciel s'obscurcit** 天空变得阴暗起来 [tiānkōng biànde yīn'ànqǐlái].

obscurité nf 黑暗 [hēi'àn] ▸ **une obscurité totale** 一片漆黑 [yí piàn qīhēi].

obsédé, e ♦ adj ▸ **être obsédé par qqch** 被某事所困扰 [bèi mǒushì suǒ kùnrǎo] ▸ **il est obsédé par ses problèmes d'argent** 他被自己的经济问题所困扰 [tā bèi zìjǐ de jīngjì wèntí suǒ kùnrǎo]. ♦ nm, f 痴迷者 [chīmízhě] ▸ **un obsédé du rangement** 一个酷爱收拾东西的人 [yí ge kù'ài shōushi dōngxi de rén] ▸ **obsédé sexuel** 色鬼 [sè guǐ].

obséder vt 困扰 [kùnrǎo]; 纠缠 [jiūchán] ▸ **le souvenir de son accident m'obsède** 关于他出事的记忆困扰着我 [guānyú tā chūshì de jìyì kùnrǎozhe wǒ].

obsèques nfpl 葬礼 [zànglǐ].

obséquieux, euse adj 卑躬屈膝的 [bēigōng qūxī de] ▸ **des manières obséquieuses** 卑躬屈膝的举止 [bēigōng qūxī de júzhǐ].

observateur, trice ♦ adj 善于观察的 [shànyú guānchá de]. ♦ nm, f (témoin) ○ (cl. 名 [míng] ou 位 [wèi] ou 个 [gè]) 旁观者 [pángguānzhě] ▸ **il a assisté à la réunion en simple observateur** 他作为一名普通的旁观者参加了会议 [tā zuòwéi yì míng pǔtōng de pángguānzhě cānjiā le huìyì].

observation nf ❶ (regard, étude) 观察 [guānchá] ▸ **avoir l'esprit d'observation** 具有观察力 [jùyǒu guānchálì] ❷ (commentaire) ○ (cl. 条 [tiáo]) 意见 [yìjiàn] ▸ **j'ai une petite observation à vous faire sur votre conduite** 我要对您的做法发表一点小意见 [wǒ yào duì nínde zuòfǎ fābiǎo yì diǎn xiǎo yìjiàn].

observer vt ❶ (épier) 监视 [jiānshì] ▸ **les policiers observent les faits et gestes des suspects** 警察监视着嫌疑犯们的一举一动 [jǐngchá jiānshìzhe xiányífànmen de yì jǔ yí dòng] ❷ (étudier) 观察 [guānchá] ▸ **observer le cours des astres** 观测天体的运行 [guāncè tiāntǐ de yùnxíng] ▸ **observer qqch au microscope** 在显微镜下观察某物 [zài xiǎnwēijìng xià guānchá mǒuwù] ❸ (se conformer à) 遵守 [zūnshǒu] ▸ **observer un règlement** 遵守规章 [zūnshǒu guīzhāng] ❹ (constater) ▸ **observer que** 注意到 [zhùyìdào].

obsession nf (cl. 块 [kuài] ou 个 [gè]) 顽念 [wánniàn].

obsolète adj 废弃的 [fèiqì de] ▸ **matériel obsolète** 废弃物资 [fèiqì wùzī].

obstacle nm ❶ (qui empêche le passage) 障碍物 [zhàng'àiwù] ▸ **la voiture a fait un écart pour éviter l'obstacle** 汽车躲了一下避开障碍物 [qìchē duǒ le yí xià bìkāi zhàng'àiwù] ❷ (difficulté) 阻碍 [zǔ'ài]; 障碍 [zhàng'ài] ▸ **rencontrer un obstacle** 遇到了一个障碍 [yùdào le yí ge zhàng'ài].

obstination nf 固执 [gùzhí].

obstiné, e adj ❶ (persévérant) 坚韧的 [jiānrèn de] ❷ (têtu) 固执的 [gùzhí de].

obstiner ■ **s'obstiner** vp 坚持 [jiānchí] ▸ **s'obstiner à** 执意要做…… [zhíyì yào zuò…] ▸ **s'obstiner dans** 顽固地坚持 [wángù de jiānchí] ▸ **il s'obstine dans son opinion** 固执己见 [gùzhíjǐjiàn].

obstruer vt ❶ (boucher) 堵塞 [dǔsè] ▸ **obstruer une canalisation** 堵塞一个管道 [dǔsè yí ge guǎndào] ❷ (entraver) 挡住 [dǎngzhù] ▸ **obstruer la vue** 挡住视线 [dǎngzhù shìxiàn].

obtempérer vi 服从 [fúcóng] ▸ **obtempérer à** 服从…… [fúcóng…].

obtenir vt ❶ (acquérir) 获得 [huòdé] ▸ **obtenir qqch de qqn** 从某人那里获得某物 [cóng mǒurén nàlǐ huòdé mǒuwù] ▸ **j'ai obtenu de mes parents la permission de sortir** 我从父母那里获得了外出的准许 [wǒ cóng fùmǔ nàlǐ huòdé le wàichū de zhúnxǔ] ❷ (atteindre) 得到 [dédào] ▸ **quel total obtiens-tu ?** 你得出的和数是什么？ [nǐ déchū de héshù shì shénme?].

obtus, e adj ❶ (borné) 迟钝的 [chídùn de] ▸ **un esprit obtus** 头脑迟钝 [tóunǎo chídùn] ❷ MATH ▸ **angle obtus** 钝角 [dùn jiǎo].

obus nm inv 炸弹 [zhàdàn] ▸ **un éclat d'obus** 一块弹片 [yí kuài dàn piàn].

occasion nf ❶ (opportunité) 机会 [jīhuì] ▸ **venez nous voir, à l'occasion** 有机会的时候，来看我们 [yǒu jīhuì de shíhou, lái kàn wǒmen] ❷ (circonstance) 场合 [chǎnghé] ▸ **dans les grandes occasions** 在重大场合中 [zài zhòngdà chǎnghé zhōng] ▸ **à l'occasion de** 在……的时候 [zài… de shíhou] ❸ (objet de seconde main) 旧货 [jiùhuò] ▸ **le marché de l'occasion** 旧货市场 [jiùhuò shìchǎng].

▪ **d'occasion** loc adv & loc adj 二手的 [èrshǒu de] ▸ **voiture d'occasion** 二手汽车 [èrshǒu qìchē].

occasionnel, elle adj 临时的 [línshí de] ▸ **un travail occasionnel** 一份临时工作 [yí fèn línshí gōngzuò].

occasionner vt 造成 [zàochéng].

occident nm ❶ (ouest) 西 [xī] ❷ ▸ **l'Occident** 西方 [Xīfāng].

occidental, e, aux adj ❶ (à l'ouest) 西部的 [xībù de] ▸ **les côtes occidentales de l'Afrique** 非洲的西海岸 [Fēizhōu de xī hǎi'àn] ❷ (de l'Occident) 西方的 [xīfāng de] ▸ **les traditions occidentales** 西方的传统 [xīfāng de chuántǒng].

▪ **Occidental, e, aux** nm, f ▸ **les Occidentaux** 西方人 [Xīfāngrén].

occlusion nf MÉD 梗阻 [géngzǔ] ▸ **occlusion intestinale** 肠梗阻 [cháng géngzǔ].

occulte adj ❶ (secret) 秘密的 [mìmì de] ▸ **financements occultes** 秘密资金 [mìmì zījīn] ❷ (ésotérique) 神秘的 [shénmì de] ▸ **les sciences occultes** 神秘学 [shénmì xué].

occulter vt (cacher) 隐藏 [yǐncáng].

occupation nf ❶ (activité) 工作 [gōngzuò] ▸ **trouver une occupation** 找到一个工作 [zhǎodào yí ge gōngzuò] ▸ **vaquer à ses occupations** 忙于自己的事务 [mángyú zìjǐ de shìwù] ❷ (fait d'habiter) 占据 [zhànjù] ▸ **l'occupation d'un lieu** 占据一个地方 [zhànjù yí ge dìfang].

occupé, e adj ❶ (affairé) 忙 [máng] ▸ **il est très occupé** 他很忙 [tā hěn máng] ▸ **être occupé à** 正忙着…… [zhèng mángzhe…] ▸ **il est occupé à faire la vaisselle** 他正忙着洗碗 [tā zhèng mángzhe xǐ wǎn] ❷ (habité) 有人居住的 [yǒu rén jūzhù de] ▸ **un appartement occupé** 一套有人居住的公寓 [yí tào yǒu rén jūzhù de gōngyù] ❸ (non disponible) 占了的 [zhàn le de] ▸ **cette place est occupée** 这个座位有人占了 [zhè ge zuòwèi yǒu rén zhàn le] ▸ **la ligne téléphonique est occupée** 电话占线 [diànhuà zhàn xiàn].

occuper vt ❶ (exercer une fonction) 担任 [dānrèn] ▸ **occuper un poste de directeur** 担任经理职位 [dānrèn jīnglǐ zhíwèi] ❷ (habiter) 占据 [zhànjù] ❸ (remplir un espace) 占 [zhàn] ▸ **cette armoire occupe trop de place** 这个衣柜太占地方了 [zhè ge yīguì tài zhàn dìfang le] ❹ (accaparer) 使……忙碌 [shǐ… mánglù] ▸ **ses études l'occupent entièrement** 学习使他忙得不可开交 [xuéxí shǐ tā máng de bù kě kāijiāo].

▪ **s'occuper** vp ❶ (s'activer) 忙于 [mángyú] ▸ **s'occuper à (faire) qqch** 忙于(做)某事 [mángyú (zuò) mǒushì] ❷ (se charger de) ▸ **s'occuper de** 照料 [zhàoliào] ▸ **mon mari s'occupe du ménage et moi des courses** 我丈夫负责家务而我负责购物 [wǒ zhàngfu fùzé jiāwù ér wǒ fùzé gòuwù].

occurrence ▪ **en l'occurrence** loc adv 事实上 [shìshíshang] ▸ **j'ai vu hier un film, un thriller en l'occurrence** 我昨天看了部电影，其实是部恐怖片 [wǒ zuótiān kàn le bù diànyǐng, qíshí shì bù kǒngbù piàn].

océan nm ❶ (étendue d'eau) 海洋 [hǎiyáng] ▸ **l'océan et les continents** 海洋和大陆 [hǎiyáng hé dàlù] ❷ (mer) 大洋 [dàyáng] ▸ **l'océan Atlantique** 大西洋 [Dàxīyáng].

Océanie nf ▸ **l'Océanie** 大洋洲 [Dàyángzhōu].

océanien, enne adj 大洋洲的 [dàyángzhōu de].

océanique adj 海洋的 [hǎiyáng de] ▸ **le climat océanique** 海洋性气候 [hǎiyángxìng qìhòu].

ocre adj inv 赭石的 [zhěshí de].

octet nm INFORM 八位二进制数位组 [bāwèi èrjìnzhì shùwèi zǔ].

octobre nm 十月 [shíyuè].

octogone nm 八边形 [bābiānxíng].

octroyer vt ▸ **octroyer qqch à qqn** 授予某人某物 [shòuyǔ mǒurén mǒuwù] ▸ **on lui a octroyé une bourse pour ses études** 他被授予了一份助学金 [tā bèi shòuyǔ le yí fèn zhùxué jīn].

▪ **s'octroyer** vp 给自己 [gěi zìjǐ] ▸ **elle s'est octroyé un mois de vacances** 她给自己放了一个月的假 [tā gěi zìjǐ fàng le yí ge yuè de jià].

oculaire adj ❶ (relatif à l'œil) 眼睛的 [yǎnjing de] ▸ **des troubles oculaires** 眼疾 [yǎn jí] ❷ (qui a vu) ▸ **témoin oculaire** 目击证人 [mùjī zhèngrén].

oculiste nmf (cl. 位 [wèi] ou 个 [gè] ou 名 [míng]) 眼科医生 [yǎnkē yīshēng].

odeur nf (cl. 股 [gǔ] ou 种 [zhǒng]) 气味 [qìwèi] ▸ **une mauvaise odeur** 一股难闻的气味 [yì gǔ nánwén de qìwèi] ▸ **odeur agréable** 香气 [xiāng qì]; 香味 [xiāng wèi].

odieux, euse adj ❶ (infâme) 令人发指的 [lìngrén fàzhǐ de] ▸ **un crime odieux** 令人发指的罪行 [lìngrén fàzhǐ de zuìxíng] ❷ (insupportable) 讨厌的 [tǎoyàn de].

odorat nm 嗅觉 [xiùjué] ▸ **avoir l'odorat développé** 拥有发达的嗅觉 [yōngyǒu fādá de xiùjué].

œdème nm 水肿 [shuǐzhǒng] ▸ **avoir un œdème pulmonaire** 患了肺水肿 [huàn le fèi shuǐzhǒng].

œil, yeux nm ❶ (organe) ◦ (cl. 只 [zhī]) 眼睛 [yǎnjing] ▸ **avoir mal aux yeux** 眼睛疼 [yǎnjing téng] ❷ (regard) 眼神 [yǎnshén] ▸ **il me fixait d'un œil narquois** 他用讥讽的眼神盯着我 [tā yòng jīfěng de yǎnshén dīngzhe wǒ]

◊ **à l'œil** 免费的 [miǎnfèi de] ▸ **à l'œil nu** 裸视 [luǒ shì] ▸ **avoir à l'œil** 盯着 [dīngzhe] ▸ **je t'ai à l'œil !** 我可盯着你呢！ [wǒ kě dīngzhe nǐ ne!].

œillère nf ◦ (cl. 副 [fù]) 马眼罩 [mǎyǎnzhào].

œillet nm ❶ (fleur) ◦ (cl. 朵 [duǒ] ou 支 [zhī]) 康乃馨 [kāngnǎixīn]; (cl. 棵 [kē] ou 株 [zhū]) 石竹 [shízhú] ❷ (trou) 扣眼 [kòuyǎn].

œsophage nm 食道 [shídào].

œuf nm (cl. 只 [zhī] ou 个 [gè]) 蛋 [dàn] ▸ **une douzaine d'œufs** 一打鸡蛋 [yì dá jīdàn] ▸ **œuf à la coque** 煮鸡蛋 [zhǔ jīdàn] ▸ **œufs au plat** 荷包蛋 [hébāo dàn] ▸ **œuf de poule** 鸡蛋 [jī dàn].

œuvre nf ❶ (production) ◦ (cl. 部 [bù] ou 件 [jiàn]) 作品 [zuòpǐn] ▸ **œuvre d'art** 一件艺术作品 [yí jiàn yìshù zuòpǐn] ▸ **publier ses œuvres** 发表其著作 [fābiǎo qí zhùzuò] ❷ (résultat) ▸ **être l'œuvre de qqn/qqch** 是某人/某事造成的 [shì mǒurén/mǒushì zàochéng de] ▸ **ce crime est l'œuvre d'un maniaque** 这桩罪行是一个变态狂人犯下的 [zhè zhuāng zuìxíng shì yí ge biàntài kuángrén fànxia de] ❸ (organisation) ▸ **œuvre de bienfaisance** 慈善机构 [císhàn jīgòu]

◊ **mettre en œuvre** 使用 [shǐyòng] ▸ **il a tout mis en œuvre pour réussir** 为了成功，他办法用尽 [wèi le chénggōng, tā bànfǎ yòngjìn].

offense nf 冒犯 [màofàn] ▸ **faire offense à qqn** 冒犯某人 [màofàn mǒurén].

offenser vt (froisser) 得罪 [dézuì] ▸ **sans vouloir vous offenser** 没有得罪您的意思 [méiyǒu dézuì nínde yìsi].

▪ **s'offenser** vp ▸ **s'offenser de qqch** 被某事触怒 [bèi mǒushì chùnù].

offensif, ive adj 进攻性的 [jìngōngxìng de] ▸ **des armes offensives** 进攻性武器 [jìngōngxìng wǔqì].

■ **offensive** nf MIL (cl. 次 [cì]) 进攻 [jìngōng] ▸ **lancer une offensive** 发起一次进攻 [fāqǐ yí cì jìngōng].

office nm ❶ (bureau) 办事处 [bànshìchù] ▸ **office de tourisme** 旅游办事处 [lǚyóu bànshìchù] ❷ RELIG (célébration) 弥撒 [mísa] ▸ **aller à l'office de 10 heures** 去参加10点的弥撒 [qù cānjiā 10 diǎn de mísa]
◊ **d'office** 强迫的 [qiǎngpò de] ▸ **il a été envoyé d'office au tableau** 他被点名到黑板前 [tā bèi diǎnmíng dào hēibǎn qián] ▸ **elle lui fait office de mère** 她充当他的母亲 [tā chōngdāng tāde mǔqin].

officiel, elle adj 官方的 [guānfāng de] ▸ **une rencontre officielle** 一次官方会见 [yí cì guānfāng huìjiàn].

officiellement adv 正式地 [zhèngshì de] ▸ **le ministre entrera officiellement en fonction mardi** 部长将于周二正式就职 [bùzhǎng jiāng yú zhōu'èr zhèngshì jiùzhí].

officier nm ❶ (titulaire d'une charge) ○ (cl. 名 [míng] ou 个 [gè] ou 位 [wèi]) 官员 [guānyuán] ▸ **officier de l'état civil** 民事官员 [mínshì guānyuán] ▸ **officier de police** 警官 [jǐng guān] ❷ (militaire) ○ (cl. 名 [míng] ou 个 [gè] ou 位 [wèi]) 军官 [jūnguān] ▸ **officier supérieur** 高级军官 [gāojí jūnguān].

officieux, euse adj 非正式的 [fēizhèngshì de] ▸ **une nouvelle officieuse** 一条非正式消息 [yì tiáo fēizhèngshì xiāoxi].

offrande nf (cl. 份 [fèn]) 祭品 [jìpǐn] ▸ **faire une offrande** 奉上一份祭品 [fèngshàng yí fèn jìpǐn].

offre nf 提议 [tíyì] ▸ **faire une offre** 开价 [kāijià] ▸ **offre d'emploi** 招聘启事 [zhāopìn qǐshì] ▸ **offre promotionnelle** 优惠赠送 [yōuhuì zèngsòng].

offrir ♦ vt ❶ (donner) 赠送 [zèngsòng] ▸ **offrir qqch à qqn** 把某物送给某人 [bǎ mǒuwù sònggěi mǒurén] ▸ **il m'a offert une montre** 他送了我一块手表 [tā sòng le wǒ yí kuài shóubiǎo] ❷ (proposer) 提供 [tígōng] ▸ **offrir son aide à qqn** 对某人提供帮助 [duì mǒurén tígōng bāngzhù] ❸ (présenter) 呈现 [chéngxiàn] ▸ **cette solution offre de nombreux avantages** 这个解决方法呈现出众多优越性 [zhè ge jiějué fāngfǎ chéngxiàn chū zhòngduō yōuyuèxìng]. ♦ vi (proposer) ▸ **offrir à qqn de** 向某人提议…… [xiàng mǒurén tíyì…] ▸ **elle m'a offert de l'accompagner** 她向我提出让我陪着她 [tā xiàng wǒ tíchū ràng wǒ péizhe tā].

■ **s'offrir** vp (apparaître) 出现 [chūxiàn] ▸ **de nombreuses opportunités se sont offertes à elle** 许多机遇都出现在她面前 [xǔduō jīyù dōu chūxiàn zài tā miànqián].

offusquer vt 使……反感 [shǐ… fǎngǎn].

■ **s'offusquer** vp ▸ **s'offusquer de** 对……感到不快 [duì… gǎndào bú kuài].

OGM (abr de **organisme génétiquement modifié**) nm 转基因 [zhuǎn jīyīn].

ogre nm ❶ (géant) 妖怪 [yāoguài] ❷ (personne vorace) 贪吃鬼 [tānchī guǐ] ▸ **avoir un appétit d'ogre** 胃口大开 [wèikǒu dà kāi].

oh interj 噢 [ō].

oie nf ❶ (oiseau) ○ (cl. 只 [zhī]) 鹅 [é] ▸ **oie sauvage** 大雁 [dàyàn] ❷ ▸ **jeu de l'oie** 鹅棋 [é qí].

oignon nm ❶ (légume) ○ (cl. 头 [tóu]) 洋葱 [yángcōng] ▸ **faire revenir des oignons** 煎洋葱 [jiān yángcōng] ❷ (bulbe) ○ (cl. 头 [tóu] ou 个 [gè]) 球根 [qiúgēn]; 鳞茎 [línjīng].

oiseau, x nm (cl. 只 [zhī]) 鸟 [niǎo] ▸ **oiseau migrateur** 候鸟 [hòu niǎo].

oisif, ive adj 无所事事的 [wúsuǒshìshì de] ▸ **une vie oisive** 游手好闲的生活 [yóushǒu hàoxián de shēnghuó].

oisiveté nf 无所事事 [wúsuǒshìshì].

oléagineux, euse adj 含油的 [hányóu de] ▸ **plante oléagineuse** 油料作物 [yóuliào zuòwù].

oléoduc nm 输油管线 [shūyóu guǎnxiàn].

olive nf 橄榄 [gánlǎn] ▸ **olive noire** 黑橄榄 [hēi gánlǎn] ▸ **olive verte** 青橄榄 [qīng gánlǎn].

olivier nm (cl. 棵 [kē]) 橄榄树 [gánlǎnshù].

olympique adj SPORT 奥林匹克的 [àolínpǐkè de] ▸ **un champion olympique** 一位奥林匹克冠军 [yí wèi àolínpǐkè guànjūn] ▸ **les jeux Olympiques** 奥林匹克运动会 [Àolínpǐkè yùndònghuì] ▸ **une piscine olympi-**

que 一个奥运标准游泳池 [yí ge àoyùn biāozhǔn yóuyǒngchí].

Oman npr 阿曼 [Āmàn] ▸ **le sultanat d'Oman** 阿曼苏丹国 [Āmàn sūdānguó].

ombilical, e, aux adj ANAT 脐的 [qí de] ▸ **cordon ombilical** 脐带 [qí dài].

ombragé, e adj 绿树成荫的 [lǜshù chéngyīn de] ▸ **une allée ombragée** 一条林荫道 [yì tiáo línyīndào].

ombre nf ❶ (zone sombre) 暗处 [ànchù] ▸ **la pièce est plongée dans l'ombre** 房间沉入阴影里 [fángjiān chén rù yīnyǐng lǐ] ❷ (forme) 影子 [yǐngzi].

▪ **ombres chinoises** nfpl 中国皮影 [Zhōngguó píyǐng] ▸ **un spectacle d'ombres chinoises** 一场中国皮影戏 [yì chǎng Zhōngguó píyǐngxì].

ombrelle nf (cl. 把 [bǎ]) (女式)阳伞 [(nǚshì) yángsǎn] ▸ **ouvrir son ombrelle** 打开她的阳伞 [dǎkāi tāde nǚshì yángsǎn] ▸ **fermer son ombrelle** 收起她的阳伞 [shōuqǐ tāde nǚshì yángsǎn].

omelette nf (cl. 份 [fèn] ou 个 [gè]) 鸡蛋卷 [jīdànjuǎn] ▸ **une omelette au jambon** 一份火腿鸡蛋卷 [yí fèn huǒtuǐ jīdànjuǎn].

omettre vt ❶ (oublier) 遗漏 [yílòu] ▸ **elle a omis de vous transmettre le dossier** 她忘记把文档交给您了 [tā wàngjì bǎ wéndàng jiāogěi nín le] ▸ **il a omis un détail important** 他漏掉了一个重要的细节 [tā lòudiào le yí ge zhòngyào de xìjié] ❷ (négliger) 忽略 [hūlüè] ▸ **pour ne pas lui faire de peine, il a omis certains détails** 为了不使他痛苦，他略去了某些细节 [wèi le bù shǐ tā tòngkǔ, tā lüèqù le mǒuxiē xìjié].

omission nf 忽略 [hūlüè] ▸ **mentir par omission** 隐瞒 [yǐnmán] ▸ **sauf omission** 除非有所遗漏 [chúfēi yǒu suǒ yílòu] ▸ **tout est en ordre, sauf omission de ma part** 除非我有所遗漏，一切都正常 [chúfēi wǒ yǒu suǒ yílòu, yíqiè dōu zhèngcháng].

omnibus nm (cl. 辆 [liàng]) 公交车 [gōngjiāochē].

omniprésent, e adj 无处不在的 [wúchù búzài de] ▸ **être omniprésent dans qqch** 在某处无处不在 [zài mǒuchù wúchù búzài].

omnisports adjinv 多项体育运动的 [duōxiàng tǐyù yùndòng de] ▸ **salle omnisports** 多功能运动厅 [duōgōngnéng yùndòng tīng].

omnivore adj 杂食的 [záshí de] ▸ **animal omnivore** 杂食动物 [záshí dòngwù].

omoplate nf 肩胛 [jiānjiǎ].

on pron indéf ❶ (les gens en général) 人们 [rénmen] ▸ **en Chine, on mange avec des baguettes** 在中国，人们吃饭用筷子 [zài Zhōngguó, rénmen chīfàn yòng kuàizi] ❷ (quelqu'un) 有人 [yǒu rén] ▸ **on frappe à la porte** 有人敲门 [yǒu rén qiāomén] ❸ (nous) 咱们 [zánmen]; 我们 [wǒmen] ▸ **on s'en va** 咱们走吧 [zánmen zǒu ba].

oncle nm ❶ (frère cadet du père) 叔叔 [shūshu] ❷ (frère aîné du père) 伯伯 [bóbo] ❸ (mari de la sœur du père) 姑夫 [gūfu] ❹ (frère de la mère) 舅舅 [jiùjiu] ❺ (mari de la sœur de la mère) 姨夫 [yífu].

onctueux, euse adj 油润的 [yóurùn de].

onde nf PHYS 波 [bō] ▸ **ondes électromagnétiques** 电磁波 [diàncí bō]

◊ **être sur la même longueur d'onde** 有共同语言 [yǒu gòngtóng yǔyán].

on-dit nm inv 流言 [liúyán] ▸ **se méfier des on-dit** 警惕流言 [jǐngtì liúyán].

onduler ♦ vi 飘动 [piāodòng] ▸ **le drapeau ondule** 旗帜飘动 [qízhì piāodòng]. ♦ vt 使……呈波浪形 [shǐ… chéng bōlàng xíng] ▸ **onduler ses cheveux** 烫发 [tàng fà].

onéreux, euse adj 昂贵的 [ángguì de] ▸ **un voyage onéreux** 一次昂贵的旅游 [yí cì ángguì de lǚyóu]

◊ **à titre onéreux** *sout* 有偿地 [yǒucháng de].

ONG (abr de **organisation non gouvernementale**) nf 非政府组织机构 [fēizhèngfǔ zǔzhī jīgòu] ▸ **travailler pour une ONG** 为一个非政府组织机构工作 [wéi yí ge fēizhèngfǔ zǔzhī jīgòu gōngzuò].

ongle nm ❶ (des mains) 指甲 [zhījia] ❷ (des pieds) 趾甲 [zhǐjiǎ].

ONU, Onu (abr de **Organisation des Nations unies**) nf inv 联合国 [Liánhéguó] ▸ **le Conseil de sécurité de l'ONU** 联合国安理会 [Liánhéguó Ānlǐhuì].

onze ♦ adj num inv ❶ (chiffre) 十一个 [shíyī ge] ❷ (onzième) 第十一 [dìshíyī] ▸ **le chapitre onze** 第十一章 [dìshíyī zhāng]. ♦ nm inv 十一 [shíyī] ▸ **le onze du mois** 这月的十一日 [zhè yuè de shíyī rì].

onzième adj num & nmf 第十一(个) [dìshíyī (ge)].

OPA (abr de **offre publique d'achat**) nf inv 公开叫价收购 [gōngkāi jiàojià shōugòu] ▸ **lancer une OPA** 进行公开叫价收购 [jìnxíng gōngkāi jiàojià shōugòu].

opaque adj 不透明的 [bútòumíng de].

opéra nm ❶ (œuvre) ○ (cl. 场 [chǎng]) 歌剧 [gējù] ▸ **l'opéra de Pékin** 京剧 [Jīngjù] ❷ (théâtre) 歌剧院 [gējùyuàn] ▸ **aller à l'opéra** 去歌剧院 [qù gējùyuàn].

opération nf ❶ (calcul) 运算 [yùnsuàn] ▸ **poser une opération** 写下一个运算 [xiěxià yí ge yùnsuàn] ❷ (suite d'actions) ○ (cl. 次 [cì]) 行动 [xíngdòng] ▸ **une opération militaire** 一次军事行动 [yí cì jūnshì xíngdòng] ❸ MÉD (intervention) ○ (cl. 次 [cì]) 手术 [shǒushù] ▸ **pratiquer une opération** 做手术 [zuò shǒushù]; 施行手术 [shīxíng shǒushù] ▸ **subir une opération** 做手术 [zuò shǒushù]; 接受手术 [jiēshòu shǒushù].

opérationnel, elle adj (efficace) ▸ **après son stage elle sera opérationnelle** 实习后，她就会操作了 [shíxí hòu, tā jiùhuì cāozuò le] ▸ **la nouvelle usine sera opérationnelle en mai** 新工厂五月份可以启动 [xīn gōngchǎng wǔyuèfèn kéyǐ qǐdòng].

opérer ♦ vt ❶ (accomplir) 进行 [jìnxíng] ▸ **opérer un choix** 进行选择 [jìnxíng xuǎnzé] ❷ MÉD 施行手术 [shīxíng shǒushù] ▸ **se faire opérer** 接受手术 [jiēshòu shǒushù] ▸ **opérer qqn de qqch** 给某人的某处做手术 [gěi mǒurén de mǒuchù zuò shǒushù]. ♦ vi (faire effet) 起作用 [qǐzuòyòng] ▸ **son charme opère en toutes situations** 他的魅力在任何情况下都起作用 [tāde mèilì zài rènhé qíngkuàng xià dōu qǐzuòyòng] ▸ **le calmant commence à opérer** 镇定剂开始生效了 [zhèndìngjì kāishǐ shēngxiào le].

ophtalmologiste nmf 眼科医生 [yǎnkē yīshēng].

opinion nf ❶ (avis) 意见 [yìjiàn] ▸ **donner son opinion sur qqn/qqch** 对某人/某事提出己见 [duì mǒurén/mǒushì tíchū jǐjiàn] ❷ (jugement) 看法 [kànfa] ▸ **avoir son opinion sur qqn** 关于某人有自己的看法 [guānyú mǒurén yǒu zìjǐ de kànfa] ▸ **l'opinion publique** 公众舆论 [gōngzhòng yúlùn].

opportuniste nmf 机会主义者 [jīhuìzhǔyìzhě]; 投机份子 [tóujī fènzi].

opportunité nf ❶ (bien-fondé) 适时 [shìshí] ▸ **s'interroger sur l'opportunité d'une démarche** 质疑一项措施的适时性 [zhìyí yí xiàng cuòshī de shìshí xìng] ❷ (occasion) 机会 [jīhuì]; 机遇 [jīyù] ▸ **saisir une opportunité** 抓住一个机会 [zhuāzhù yí ge jīhuì].

opposant, e nm, f 反对者 [fǎnduìzhě] ▸ **les opposants au régime** 社会制度的反对者 [shèhuì zhìdù de fǎnduìzhě].

opposé, e adj ❶ (vis-à-vis) 对面的 [duìmiàn de] ▸ **côtés opposés** 对面 [duìmiàn] ❷ (contraire) 相反的 [xiāngfǎn de] ▸ **caractères totalement opposés** 完全相反的性格 [wánquán xiāngfǎn de xìnggé].

■ **opposé** nm 对立面 [duìlìmiàn] ▸ **le bien est l'opposé du mal** 好是坏的对立面 [hǎo shì huài de duìlìmiàn]

◊ **à l'opposé de** 与......相反 [yǔ... xiāngfǎn] ▸ **à l'opposé de tous, je pense que c'est une bonne idée** 与大家相反，我认为这是个好主意 [yǔ dàjiā xiāngfǎn, wǒ rènwéi zhè shì ge hǎo zhǔyi].

opposer vt ❶ (confronter) 使......对立 [shǐ... duì lì] ▸ **opposer qqn à** 使某人对立于 [shǐ mǒurén duìlì yú] ▸ **opposer deux équipes** 使两队交锋 [shǐ liǎng duì jiāofēng] ❷ (comparer) 对比 [duìbǐ] ▸ **opposer le noir au blanc** 使黑与白形成对比 [shǐ hēi yǔ bái xíngchéng duìbǐ] ❸ (objecter) ▸ **opposer qqch à qqn** 以某事反对某人 [yǐ mǒushì fǎnduì mǒurén] ▸ **il n'y a rien à opposer à cela** 对此没有什么可反对的 [duì cǐ méiyǒu shénme kě fǎnduì de].

■ **s'opposer** vp ❶ (être contre) ▸ **s'opposer à qqn/qqch** 对抗某人/某事 [duìkàng mǒurén/mǒushì] ▸ **je m'y oppose formellement** 我明确反对 [wǒ míngquè fǎnduì] ❷ (diverger) 截然相反 [jiérán xiāngfǎn].

opposition nf ❶ (contraste) 反差 [fǎnchā] ▸ **une opposition de caractères** 性格的反差 [xìnggé de fǎnchā] ▸ **une opposition de couleurs** 颜色的反差 [yánsè de fǎnchā] ❷ (conflit) ▸ **être en opposition avec qqn** 与某人作对 [yǔ mǒurén zuòduì] ❸ POLIT 反对派 [fǎnduìpài] ▸ **les partis de l'opposition** 反对党 [fǎnduì dǎng].

▪ **par opposition à** loc prép 与……对照 [yǔ… duìzhào].

oppresser vt ❶ (étouffer) 使……气闷 [shǐ… qìmèn] ▸ **la chaleur m'oppresse** 炎热使我感到气闷 [yánrè shǐ wǒ gǎndào qìmèn] ❷ (tourmenter) 压抑 [yāyì] ▸ **les souvenirs l'oppressent** 回忆压抑着他 [huíyì yāyìzhe tā].

oppression nf ❶ (asservissement) 压迫 [yāpò] ❷ (malaise) 气闷 [qìmēn] ▸ **souffrir d'oppression à cause de la chaleur** 由于炎热而感到气闷 [yóuyú yánrè ér gǎndào qìmēn].

opprimé, e adj 被压迫的 [bèi yāpò de] ▸ **peuple opprimé** 被压迫的民族 [bèi yāpò de mínzú].

opprimer vt (asservir) 压迫 [yāpò].

opter vi ▸ **opter pour qqch** 选择某事 [xuǎnzé mǒushì].

opticien, enne nm, f (cl. 位 [wèi] ou 个 [gè]) 眼镜商 [yǎnjìngshāng].

optimal, e, aux adj 最佳的 [zuìjiā de] ▸ **la température optimale d'une pièce** 一个房间的最佳温度 [yí ge fángjiān de zuìjiā wēndù].

optimiser vt 优化 [yōuhuà].

optimisme nm 乐观 [lèguān] ▸ **avec optimisme** 以乐观的态度 [yǐ lèguān de tàidu].

optimiste adj 乐观的 [lèguān de] ▸ **être d'un naturel optimiste** 生性乐观 [shēngxìng lèguān].

option nf (cl. 种 [zhǒng]) 选择 [xuǎnzé] ▸ **être en option** 可选的 [kě xuǎn de] ▸ **plusieurs options s'offrent à nous** 多种选择呈现在我们面前 [duō zhǒng xuǎnzé chéngxiàn zài wǒmen miànqián].

optique ♦ nf ❶ (science) 光学 [guāngxué] ❷ (point de vue) 观点 [guāndiǎn] ▸ **dans l'optique de** 从……来看 [cóng… lái kàn] ▸ **dans l'optique de l'examen, tu devrais partir te perfectionner à l'étranger** 从考试来看，你是该去国外进修 [cóng kǎoshì lái kàn, nǐ shì gāi qù guówài jìnxiū]. ♦ adj (relatif aux yeux) 视觉的 [shìjué de] ▸ **le nerf optique** 视觉神经 [shìjué shénjīng].

opulence nf (richesse) 富裕 [fùyù] ▸ **vivre dans l'opulence** 生活富裕 [shēnghuó fùyù].

or[1] nm (métal) 金子 [jīnzi] ▸ **or massif** 金块 [jīn kuài] ▸ **une montre en or** 金表 [jīn biǎo]

◊ **en or** 宝贵的 [bǎoguì de] ▸ **une occasion en or** 一个宝贵的机会 [yí ge bǎoguì de jīhuì].

or[2] conj 不过 [búguò]；然而 [rán'ér].

orage nm ○ (cl. 场 [chǎng] ou 阵 [zhèn]) 暴风雨 [bàofēngyǔ] ▸ **l'orage va bientôt éclater** 暴风雨就要来了 [bàofēngyǔ jiùyào lái le]

◊ **il y a de l'orage dans l'air** 空气中有火药味 [kōngqì zhōng yǒu huǒyàowèi].

orageux, euse adj ❶ (qui prévoit de l'orage) 暴风雨的 [bàofēngyǔ de] ▸ **temps orageux** 暴风雨天气 [bàofēngyǔ tiānqì] ❷ (agité) 激烈的 [jīliè de] ▸ **une discussion orageuse** 一场激烈的讨论 [yì chǎng jīliè de tǎolùn].

oral, e, aux adj ❶ (verbal) 口头的 [kǒutóu de] ▸ **un examen oral** 一门口试 [yì mén kǒu shì] ▸ **la langue orale** 口语 [kóuyǔ] ▸ **une tradition orale** 口头流传下来的传统 [kǒutóu liúchuán xiàlai de chuántǒng] ❷ (buccal) 口腔 [kǒuqiāng] ▸ **par voie orale** 口服 [kǒu fú].

▪ **oral** nm (cl. 门 [mén]) 口试 [kǒushì] ▸ **avoir un oral à passer** 有一门口试要过 [yǒu yì mén kǒushì yào guò]

◊ **à l'oral** 口头 [kǒutóu] ▸ **il s'en sort mieux à l'écrit qu'à l'oral** 他笔头要比口头好 [tā bǐtóu yào bǐ kǒutóu hǎo].

oralement adv 口头地 [kǒutóu de].

orange ♦ nf (fruit) 橙子 [chéngzi] ▸ **des oranges pressées** 鲜榨橙汁 [xiān zhà chéngzhī]. ♦ nm (couleur) 橙色 [chéngsè]. ♦ adj inv 橙色的 [chéngsè de].

orangé, e adj 橙色的 [chéngsè de].

orangeade nf 橙汁 [chéngzhī].

oranger nm (cl. 棵 [kē]) 橙树 [chéngshù] ▸ **les fleurs d'oranger** 橙子花 [chéngzi huā].

orateur, trice nm, f 演说者 [yǎnshuōzhě]; 演讲者 [yánjiǎngzhě].

orbite nf ❶ ANAT 眼眶 [yǎnkuàng] ❷ ASTRON 轨道 [guǐdào] ▸ **mettre un satellite sur orbite** 把一颗人造卫星送入轨道 [bǎ yì kē rénzào wèixīng sòngrù guǐdào].

orchestre nm (cl. 支 [zhī] ou 个 [gè]) 乐队 [yuèduì] ▸ **un orchestre de jazz** 一个爵士乐乐队 [yí ge juéshìyuè yuèduì].

orchidée nf (cl. 株 [zhū] ou 棵 [kē]) 兰花 [lánhuā].

ordinaire ♦ adj ❶ (banal) 普通的 [pǔtōng de] ▸ **un homme ordinaire** 一个平常的人 [yí ge píngcháng de rén] ▸ **du papier ordinaire** 普通的纸 [pǔtōng de zhǐ] ❷ (usuel) 惯常的 [guàncháng de] ▸ **il a emprunté le trajet ordinaire** 他走的是惯常的路线 [tā zǒu de shì guàncháng de lùxiàn]. ♦ nm (commun) 普通 [pǔtōng] ▸ **sortir de l'ordinaire** 与众不同 [yǔ zhòng bùtóng]
◊ **d'ordinaire** 通常 [tōngcháng].

ordinal, e, aux adj 顺序的 [shùnxù de] ▸ **un adjectif numéral ordinal** 序数词 [xù shù cí].

ordinateur nm (cl. 台 [tái]) 计算机 [jìsuànjī]; 电脑 [diànnǎo] ▸ **ordinateur portable** 笔记本电脑 [bǐjìběn diànnǎo].

ordonnance nf MÉD 处方 [chǔfāng] ▸ **un médicament vendu sans ordonnance** 一种非处方药 [yì zhǒng fēi chǔfāng yào].

ordonné, e adj ❶ (rangé) 整齐的 [zhěngqí de] ▸ **une maison ordonnée** 一个收拾整齐的房屋 [yí ge shōushi zhěngqí de fángwū] ❷ (soigneux) 有条理的 [yǒu tiáolǐ de] ▸ **un élève ordonné** 一个有条理的学生 [yí ge yǒu tiáolǐ de xuésheng].

ordonner vt ❶ (commander) 命令 [mìnglìng] ▸ **ordonner à qqn de** 命令某人…… [mìnglìng mǒurén…] ❷ (organiser) 整理 [zhénglǐ] ▸ **ordonner ses idées** 整理思绪 [zhénglǐ sīxù].

Ordos npr (plateau) 鄂尔多斯 [È'ěrduōsī].

ordre nm ❶ (organisation) 次序 [cìxù] ▸ **en ordre** 有序 [yǒu xù] ▸ **mettre de l'ordre dans qqch** 整理某物 [zhénglǐ mǒuwù] ❷ (classement) 理顺 [lǐshùn] ▸ **(par)ordre alphabétique** (按)字母顺序 [(àn) zìmǔ shùnxù] ▸ **classer des livres par ordre alphabétique** 按字母顺序整理书籍 [àn zìmǔ shùnxù zhénglǐ shūjí] ❸ (commandement) ○ (cl. 道 [dào] ou 条 [tiáo] ou 个 [gè]) 命令 [mìnglìng] ▸ **donner un ordre à qqn** 给某人下命令 [gěi mǒurén xià mìnglìng] ▸ **donner à qqn l'ordre de** *(+ infinitif)* 给某人下……的命令 [gěi mǒurén xià… de mìnglìng] ▸ **être aux ordres de qqn** 听某人的指挥 [tīng mǒurén de zhǐhuī] ▸ **exécuter un ordre** 执行命令 [zhíxíng mìnglìng] ❹ (calme) 秩序 [zhìxù] ▸ **rentrer dans l'ordre** 恢复秩序 [huīfù zhìxù].
■ **ordre du jour** nm 日程 [rìchéng] ▸ **ce projet est à l'ordre du jour** 这项计划在日程上 [zhè xiàng jìhuà zài rìchéng shàng].

ordures nfpl 垃圾 [lājī] ▸ **les ordures ménagères** 生活垃圾 [shēnghuó lājī] ▸ **mettre qqch aux ordures** 把某物扔进垃圾堆 [bǎ mǒuwù rēng jìn lājīduī] ▸ **ramasser les ordures** 检垃圾 [jiǎn lājī].

orée ■ **à l'orée de** loc prép *litt* 在……边上 [zài… biānshang] ▸ **le champ s'arrête à l'orée du bois** 这块地截止在树林边上 [zhè kuài dì jiézhǐ zài shùlín biānshang].

oreille nf ❶ (organe) ○ (cl. 只 [zhī] ou 双 [shuāng] ou 对 [duì]) 耳朵 [ěrduo] ▸ **avoir les oreilles décollées** 长着招风耳 [zhǎngzhe zhāofēng ěr] ❷ (ouïe) 听觉 [tīngjué] ▸ **elle a encore l'oreille fine pour son âge** 到这个年纪她的听觉还是挺灵的 [dào zhè ge niánjì tāde tīngjué háishi tǐng líng de]
◊ **prêter l'oreille** 注意听 [zhùyì tīng].

oreiller nm 枕头 [zhěntou].

oreillons nmpl (cl. 只 [zhī] ou 对 [duì] ou 副 [fù]) 护耳 [hù'ěr] ▸ **avoir les oreillons** 带着护耳 [dàizhe hù'ěr].

organe nm (partie du corps) 器官 [qìguān] ▸ **les organes génitaux** 生殖器官 [shēngzhí qìguān].

organigramme nm 组织结构图 [zǔzhījiégòu tú] ▸ **l'organigramme d'une entreprise** 一个企业的组织结构图 [yí ge qǐyè de zǔzhī jiégòu tú].

organisateur, trice nm, f (cl. 名 [míng] ou 个 [gè] ou 位 [wèi]) 组织者 [zǔzhīzhě].

organisation nf ❶ (préparation) 筹备 [chóubèi] ▸ **l'organisation d'une fête** 一个庆祝活动的筹备 [yí ge qìngzhù huódòng de chóubèi] ❷ (organisme) 组织 [zǔzhī] ▸ **organisation caritative** 慈善组织 [císhàn zǔzhī] ▸ **organisation non gouvernementale**= **ONG**.

organisé, e adj ❶ (ordonné) 有条理的 [yǒu tiáolǐ de] ▸ **une personne organisée** 一个有条理的人 [yí ge yǒu tiáolǐ de rén] ❷ (préparé) 有组织的 [yǒu zǔzhī de] ▸ **un voyage organisé** 一次有组织的旅游 [yí cì yǒu zǔzhī de lǚyóu].

organiser vt ❶ (préparer) 组织 [zǔzhī] ❷ (structurer) 安排 [ānpái] ▸ **organiser son travail** 安排自己的工作 [ānpái zìjǐ de gōngzuò].

▪ **s'organiser** vp (s'arranger) 安排(自己的活动) [ānpái (zìjǐ de huódòng)] ▸ **elle ne sait pas s'organiser** 她不会安排自己的生活 [tā bú huì ānpái zìjǐ de shēnghuó].

organisme nm ❶ (ensemble des organes) 身体 [shēntǐ] ▸ **être bon/mauvais pour l'organisme** 对身体有益/害 [duì shēntǐ yǒuyì/hài] ❷ (institution) 机构 [jīgòu] ▸ **un organisme public** 国家机构 [guójiā jīgòu].

orgasme nm (cl. 次 [cì]) 性高潮 [xìng gāocháo] ▸ **avoir un orgasme** 达到一次性高潮 [dádào yí cì xìng gāocháo].

orge nf 大麦 [dàmài] ▸ **sucre d'orge** 麦芽糖 [màiyá táng].

orgie nf ❶ (abondance) 大量的 [dàliàng de] ▸ **une orgie de gâteaux** 大量的糕点 [dàliàng de gāodiǎn] ❷ (débauche) 狂欢 [kuánghuān].

orgue nm (cl. 架 [jià] ou 台 [tái]) 管风琴 [guǎnfēngqín] ▸ **jouer de l'orgue** 演奏管风琴 [yǎnzòu guǎnfēngqín] ▸ **orgue électronique** 电子琴 [diànzǐ qín].

orgueil nm ❶ (prétention) 傲慢 [àomàn] ❷ (fierté) 自尊 [zìzūn] ▸ **être l'orgueil de qqn** 是某人的骄傲 [shì mǒurén de jiāo'ào] ▸ **cet enfant est l'orgueil de ses parents** 这个孩子是他父母的骄傲 [zhè ge háizi shì tā fùmǔ de jiāo'ào] ▸ **par orgueil** 出于自尊 [chūyú zìzūn].

orgueilleux, euse adj 傲慢的 [àomàn de].

orient nm ❶ (est) 东 [dōng] ▸ **le soleil se lève à l'orient** 太阳从东边升起 [tàiyáng cóng dōngbian shēngqǐ] ❷ ▸ **l'Orient** 东方 [Dōngfāng].

oriental, e, aux adj ❶ (à l'est) 东部的 [dōngbù de] ❷ (de l'Orient) 东方的 [dōngfāng de] ▸ **un pays oriental** 一个东方国家 [yí ge dōngfāng guójiā].

▪ **Oriental** nm ▸ **les Orientaux** 东方人 [Dōngfāng rén].

orientation nf ❶ (position) 朝向 [cháoxiàng] ▸ **l'orientation d'une maison** 一座房屋的朝向 [yí zuò fángwū de cháoxiàng] ❷ (action de se repérer) 方向 [fāngxiàng] ▸ **avoir le sens de l'orientation** 有方向感 [yǒu fāngxiàng gǎn] ❸ SCOL (action de diriger vers) 导向 [dǎoxiàng] ▸ **une orientation professionnelle** 就业导向 [jiùyè dǎoxiàng].

orienter vt ❶ (diriger) 定方向 [dìng fāngxiàng] ▸ **orienter une maison** 给一个房屋定朝向 [gěi yí ge fángwū dìng cháoxiàng] ▸ **orienter un projecteur** 调控一盏聚光灯 [tiáokòng yì zhǎn jùguāngdēng] ❷ (guider) ▸ **orienter qqn vers** 引导某人去...... [yíndǎo mǒurén qù…] ▸ **orienter un élève vers une filière scientifique** 引导学生去学理科 [yíndǎo xuésheng qù xué lǐkē].

▪ **s'orienter** vp (se repérer) 辨别方向 [biànbié fāngxiàng].

orifice nm 开口 [kāikǒu] ▸ **boucher un orifice** 堵住一个开口 [dǔzhù yí ge kāikǒu].

origan nm 牛至 [niúzhì].

originaire adj ▸ **être originaire de** 是......裔 [shì… yì] ▸ **il est originaire de Pologne** 他是波兰裔 [tā shì Bōlán yì].

original, e, aux adj ❶ (initial) 最初的 [zuìchū de] ▸ **une édition originale** 第一版 [dìyī bǎn] ▸ **un texte original** 一篇原文 [yì piān yuánwén] ❷ (inédit) 独创的 [dúchuàng de] ▸ **un caractère original** 一种独特的性格 [yì zhǒng dútè de xìnggé] ▸ **une idée originale** 一个新颖的想法 [yí ge xīnyǐng de xiángfǎ].

▪ **original, aux** nm (premier exemplaire) ○ (cl. 份 [fèn] ou 张 [zhāng] ou 个 [gè]) 原件 [yuánjiàn] ▸ **l'original d'un document** 一份材料的原件 [yí fèn cáiliào de yuánjiàn].

originalité nf ❶ (nouveauté) 创新 [chuàngxīn] ▸ **une œuvre d'une grande originalité** 一个

别有新意的作品 [yí ge biéyǒuxīnyì de zuòpǐn] ❷ (fantaisie) 独创性 [dúchuàngxìng] ▸ **manquer d'originalité** 缺少独创性 [quēshǎo dúchuàngxìng].

origine nf ❶ (commencement) 起初 [qǐchū] ▸ **à l'origine** 最初 [zuìchū] ▸ **d'origine** 原来的 [yuánlái de] ▸ **nous avons conservé la disposition d'origine** 我们保留了原来的布局 [wǒmen bǎoliú le yuánlái de bùjú] ❷ (cause) 起因 [qǐyīn] ▸ **l'origine d'une maladie** 一种疾病的起因 [yì zhǒng jíbìng de qǐyīn] ❸ (souche) 源于 [yuányú] ▸ **ce mot a une origine latine** 这个词源于拉丁语 [zhè ge cí yuányú lādīngyǔ] ▸ **mon père a des origines grecques** 我父亲有希腊血统 [wǒ fùqin yǒu xīlà xuètǒng].

ORL ♦ nmf (abr de **oto-rhino-laryngologiste**) (cl. 名 [míng] ou 个 [gè] ou 位 [wèi]) 耳鼻喉科医生 [ěrbíhóukē yīshēng] ▸ **consulter un ORL** 看耳鼻喉科医生 [kàn ěrbíhóukē yīshēng]. ♦ nf inv (abr de **oto-rhino-laryngologie**) 耳鼻喉科 [ěrbíhóukē].

orner vt ❶ (décorer) 装饰 [zhuāngshì] ▸ **orner un salon de tableaux** 用画来装饰一个大厅 [yòng huà lái zhuāngshì yí ge dàtīng] ❷ (servir d'ornement à) 点缀 [diǎnzhuì] ▸ **des fleurs ornaient sa coiffure** 鲜花点缀着她的发型 [xiānhuā diǎnzhuì zhe tāde fàxíng].

orphelin, e nm, f 孤儿 [gū'ér] ▸ **être orphelin de père** 是个失去父亲的孩子 [shìge shīqù fùqin de háizi].

orphelinat nm (cl. 所 [suǒ] ou 个 [gè]) 孤儿院 [gū'éryuàn].

orteil nm 脚趾 [jiǎozhǐ] ▸ **le gros orteil** 大脚趾 [dà jiǎozhǐ].

orthodontiste nmf (cl. 名 [míng] ou 个 [gè] ou 位 [wèi]) 正牙医生 [zhèngyá yīshēng].

orthodoxe adj ❶ RELIG 东正教的 [dōngzhèngjiào de] ❷ (conforme) 正统的 [zhèngtǒng de].

orthographe nf 拼写法 [pīnxiěfǎ] ▸ **faute d'orthographe** 拼写错误 [pīnxiě cuòwù] ▸ **l'orthographe d'un mot** 一个词的拼写 [yí ge cí de pīnxiě].

orthophoniste nmf (cl. 名 [míng] ou 个 [gè] ou 位 [wèi]) 正音科医生 [zhèngyīnkē yīshēng].

ortie nf (cl. 棵 [kē]) 荨麻 [qiánmá] ▸ **une piqûre d'ortie** 荨麻刺 [qiánmá cì].

os nm ◦ (cl. 根 [gēn] ou 块 [kuài]) 骨头 [gǔtou] ▸ **les os du crâne** 头盖骨 [tóugài gǔ] ▸ **de la viande avec/sans os** 带着/去掉骨头的肉 [dàizhe/qùdiào gǔtou de ròu].

oscar nm CINÉ (cl. 项 [xiàng] ou 个 [gè] ou 届 [jiè]) 奥斯卡金像奖 [àosīkǎ jīnxiàngjiǎng] ▸ **recevoir un oscar** 领一项奥斯卡金像奖 [lǐng yí xiàng àosīkǎ jīnxiàngjiǎng].

osciller vi ❶ (se balancer) 摆动 [bǎidòng] ▸ **le pendule oscille** 钟摆摆动着 [zhōngbǎi bǎidòngzhe] ❷ (hésiter) 游移 [yóuyí] ▸ **osciller entre deux avis** 游移于两种意见之间 [yóuyí yú liǎng zhǒng yìjiàn zhījiān].

osé, e adj ❶ (risqué) 大胆的 [dàdǎn de] ▸ **une tentative osée** 一个大胆的尝试 [yí ge dàdǎn de chángshì] ❷ (à la limite de l'indécence) 放肆的 [fàngsì de] ▸ **une plaisanterie osée** 一个放肆的玩笑 [yí ge fàngsì de wánxiào].

oser vt 敢 [gǎn] ▸ **elle n'ose pas parler en public** 她不敢当众讲话 [tā bù gǎn dāng zhòng jiǎnghuà] ▸ **après tout ce que j'ai fait pour toi, tu oses te plaindre ?** 就凭我为你做的事，你还敢抱怨？ [jiù píng wǒ wèi nǐ zuò de shì, nǐ hái gǎn bàoyuàn?].

Oslo npr 奥斯陆 [Àosīlù].

osseux, euse adj ❶ (des os) 骨头的 [gǔtou de] ▸ **une maladie osseuse** 一种骨头的疾病 [yì zhǒng gǔtou de jíbìng] ❷ (dont les os sont apparents) 骨感的 [gúgǎn de] ▸ **des mains osseuses** 一双瘦骨嶙峋的手 [yì shuāng shòugǔlínxún de shǒu].

ostensible adj 招摇过市的 [zhāoyáo guòshì de] ▸ **elle s'affichait de façon ostensible avec ce garçon** 她与这个小伙子招摇过市 [tā yǔ zhè ge xiáohuǒzi zhāoyáo guòshì].

ostentation nf 炫耀 [xuànyào] ▸ **agir avec ostentation** 卖弄 [màinong].

ostéopathe nmf (cl. 名 [míng] ou 个 [gè] ou 位 [wèi]) 骨科医生 [gǔkē yīshēng].

otage nm (cl. 名 [míng] ou 个 [gè]) 人质 [rénzhì] ▸ **prendre qqn en otage** 拿某人作人质 [ná mǒurén zuò rénzhì].

OTAN, Otan (abr de **Organisation du Traité de l'Atlantique Nord**) nf inv 北约组织 [Běiyuē Zǔzhī].

otarie nf (cl. 头 [tóu] ou 只 [zhī]) 海狮 [hǎishī].

ôter vt ❶ (enlever) 拿走 [názǒu] ▸ **ôter un tableau du mur** 从墙上拿走一副画 [cóng qiáng shàng názǒu yí fù huà] ❷ (débarrasser de) 脱去 [tuōqù] ▸ **ôter son manteau** 脱去大衣 [tuōqù dàyī] ❸ (soustraire) 减 [jiǎn] ▸ **six ôté de dix, reste quatre** 十减六，剩四 [shí jiǎn liù, shèng sì] ❹ (déposséder) 打消 [dǎxiāo] ▸ **j'aimerais lui ôter cette idée de la tête** 我真想打消他脑瓜里的这个想法 [wǒ zhēn xiǎng dǎxiāo tā nǎoguā lǐ de zhè ge xiángfǎ].

otite nf 耳炎 [ěryán] ▸ **avoir une otite** 患耳炎 [huàn ěryán].

oto-rhino(-laryngologiste) nmf 耳鼻喉科医生 [ěrbíhóukē yīshēng].

ou conj ❶ (dans les déclaratives) 或者 [huòzhě] ▸ **tourne à gauche ou continue tout droit, c'est pareil** 你向左转或者继续直走，是一样的 [nǐ xiàng zuǒ zhuǎn huòzhě jìxù zhízǒu, shì yíyàng de] ❷ (dans les questions) 还是 [háishi] ▸ **tu viens ou non ?** 你来还是不来？ [nǐ lái háishi bù lái?] ❸ (indique une approximation) ▸ **ils étaient cinq ou six** 他们有五六个 [tāmen yǒu wǔ liù gè] ❹ (sinon) 要不 [yàobù].

où ♦ pron rel (indique le lieu, le temps) 那 [nà] ▸ **le jour où je suis allée au cinéma** 我去看电影的那天 [wǒ qù kàn diànyǐng de nà tiān] ▸ **la maison où j'habite** 我住的那所房子 [wǒ zhù de nà suǒ fángzi]. ♦ adv ❶ (indique le lieu) 地方 [dìfang] ❷ (indique le temps) 那会儿 [nàhuìr] ▸ **au moment où il arrivera, nous serons prêts** 他到的那会儿，我们将已准备好了 [tā dào de nàhuìr, wǒmen jiāng yǐ zhǔnbèi hǎo le]. ♦ adv interr 哪里 [nálǐ] ▸ **où vas-tu ?** 你到哪里去？ [nǐ dào nálǐ qù?] ▸ **d'où viens-tu ?** 你从哪里来的？ [nǐ cóng nálǐ láide?].

▪ **d'où** loc adv (indique la conséquence) (这就是)为什么 [(zhè jiù shì) wèishénme].

ouate nf 棉 [mián].

oubli nm 遗忘 [yíwàng] ▸ **l'oubli d'une date** 忘记一个日子 [wàngjì yí ge rìzi]

◊ **tomber dans l'oubli** 被世人遗忘 [bèi shìrén yíwàng].

oublier vt ❶ (ne pas se souvenir) 忘记 [wàngjì] ▸ **j'ai oublié le titre de ce film** 我忘记这个电影的名字了 [wǒ wàngjì zhè ge diànyǐng de míngzi le] ❷ (omettre) 忘 [wàng] ▸ **j'ai oublié de lui téléphoner** 我忘了给他打电话 [wǒ wàng le gěi tā dǎ diànhuà] ❸ (laisser par inadvertance) 落 [là] ▸ **il a oublié ses clefs dans la voiture** 他把自己钥匙落在汽车里了 [tā bǎ zìjǐ yàoshi là zài qìchē lǐ le] ❹ (cesser de penser à) 忘掉 [wàngdiào] ▸ **oublier ses amis** 忘掉朋友 [wàngdiào péngyou].

oubliettes nfpl 遗忘 [yíwàng] ▸ **tomber dans les oubliettes** 彻底被遗忘 [chèdǐ bèi yíwàng].

ouest ♦ nm inv ❶ (point cardinal) 西 [xī] ▸ **le soleil se couche à l'ouest** 太阳从西方落下 [tàiyáng cóng xīfāng luòxia] ▸ **un vent d'ouest** 一阵西风 [yí zhèn xī fēng] ❷ (région occidentale) ▸ **l'Ouest** 西部 [Xībù] ▸ **il est originaire de l'Ouest de la France** 他是法国西部的人 [tā shì Fǎguó Xībù de rén]. ♦ adj inv (occidental) 西面的 [xīmiàn de].

ouf interj 唉呦 [āiyōu].

Ouganda nf ▸ **l'Ouganda** 乌干达 [Wūgāndá].

oui ♦ adv 是 [shì] ▸ **je pense que oui** 我想是的 [wǒ xiǎng shì de] ▸ **oui, c'est bien, continue comme ça** 对，很好，就这样继续下去 [duì, hénhǎo, jiù zhèyàng jìxù xiàqu]. ♦ nm inv 赞成 [zànchéng] ▸ **il y a eu 5 oui et 2 non** 有5票赞成2票反对 [yǒu 5 piào zànchéng 2 piào fǎnduì].

ouï-dire nm inv 道听途说 [dàotīng túshuō] ▸ **par ouï-dire** 通过道听途说 [tōngguò dàotīng túshuō].

ouïe nf 听觉 [tīngjué] ▸ **avoir l'ouïe fine** 听觉灵敏 [tīngjué língmǐn] ▸ **être tout ouïe** *fam* 竖着耳朵听 [shùzhe ěrduo tīng].

ouragan nm (tempête) ○ (cl. 场 [chǎng] ou 次 [cì]) 飓风 [jùfēng].

ourlet nm (cl. 道 [dào]) 折边 [zhébiān] ▸ **faire un ourlet à un pantalon** 给一条裤子折个边 [gěi yì tiáo kùzi zhé ge biān].

Ouroumtsi npr (ville) 乌鲁木齐 [Wūlǔmùqí].

ours nm inv ❶ (animal) ◦ (cl. 只 [zhī] ou 头 [tóu]) 熊 [xióng] ▸ **un ours blanc** 一只白熊 [yì zhī bái xióng] ▸ **un ours brun** 一头棕熊 [yì tóu zōng xióng] ❷ (jouet) 玩具熊 [wánjù xióng] ▸ **un ours en peluche** 一个绒毛熊 [yí ge róngmáo xióng].

oursin nm (cl. 只 [zhī] ou 个 [gè]) 海胆 [háidǎn].

ourson nm (cl. 只 [zhī] ou 头 [tóu]) 小熊 [xiǎo-xióng].

outil nm 工具 [gōngjù] ▸ **boîte à outils** 工具箱 [gōngjù xiāng] ▸ **outils de bricolage** 修理工具 [xiūlǐ gōngjù].

outrage nm (offense) 侮辱 [wúrǔ].

outrance nf (exagération) 夸张 [kuāzhāng] ▸ **l'outrance d'un propos** 话语的夸张 [huàyǔ de kuāzhāng]
◊ **à outrance** 拼命地 [pīnmìng de].

outre[1] nf 羊皮袋 [yángpí dài].

outre[2] ♦ prép 除了 [chú le] ▸ **outre son travail régulier, elle fait du bénévolat** 除了平常工作外，她还做义工 [chú le píngcháng gōngzuò wài, tā hái zuò yìgōng]. ♦ adv ▸ **passer outre** 不予理睬 [bùyǔ lícǎi]
◊ **outre mesure** 过度 [guòdù].
▪ **en outre** loc adv 此外 [cǐwài].

outré, e adj (scandalisé) 愤慨的 [fènkǎi de] ▸ **être outré par qqch** 被某事激怒 [bèi mǒushì jīnù].

outre-Atlantique adv 北美 [Běiměi].

outre-Manche adv 英国 [Yīngguó]; 英吉利海峡彼岸 [Yīngjílì hǎixiá bǐ'àn].

outre-mer loc adv 海外 [hǎiwài].

outrepasser vt 超出 [chāochū] ▸ **outrepasser ses droits** 超出自己的权利 [chāochū zìjǐ de quánlì].

outrer vt (scandaliser) 激怒 [jīnù] ▸ **vos paroles l'ont outré** 您的话激怒了他 [nínde huà jīnù le tā].

ouvert, e adj ❶ (laissant libre passage) 打开的 [dǎkāi de] ▸ **une fenêtre ouverte** 一扇打开的窗户 [yí shàn dǎkāi de chuānghu] ▸ **un robinet ouvert** 一个打开的水龙头 [yí ge dǎkāi de shuǐlóngtóu] ❷ (compréhensif) 开通的 [kāitōng de] ▸ **un homme ouvert** 一个开通的男人 [yí ge kāitōng de nánren]
◊ **avoir l'esprit ouvert** 具有开放的思想 [jùyǒu kāifàng de sīxiǎng].

ouvertement adv 坦诚地 [tǎnchéng de] ▸ **parler ouvertement** 坦诚地讲话 [tǎnchéng de jiǎnghuà].

ouverture nf ❶ (action d'ouvrir) 开 [kāi] ▸ **l'ouverture d'un magasin** 一家商店的开张 [yì jiā shāngdiàn de kāizhāng] ❷ (début) 开始 [kāishǐ] ▸ **ouverture de la chasse** 狩猎开始 [shòuliè kāishǐ].

ouvrable adj ▸ **jour ouvrable** 工作日 [gōngzuò rì].

ouvrage nm ❶ (travail) ◦ (cl. 项 [xiàng] ou 个 [gè]) 工作 [gōngzuò] ▸ **avoir de l'ouvrage** 有活儿干 [yǒu huór gàn] ▸ **se mettre à l'ouvrage** 开始工作 [kāishǐ gōngzuò] ❷ (livre) ◦ (cl. 本 [běn] ou 部 [bù]) 作品 [zuòpǐn].

ouvré, e adj ▸ **jour ouvré** 工作日 [gōngzuò rì].

ouvre-boîtes nm inv 开罐器 [kāiguànqì].

ouvre-bouteilles nm inv 开瓶器 [kāipíngqì].

ouvrier, ère ♦ adj 工人的 [gōngrén de] ▸ **la classe ouvrière** 工人阶级 [gōngrén jiējí]. ♦ nm, f (travailleur) ◦ (cl. 名 [míng] ou 个 [gè] ou 位 [wèi]) 工人 [gōngrén] ▸ **ouvrier agricole** 农业工人 [nóngyè gōngrén] ▸ **ouvrier qualifié** 技术工人 [jìshù gōngrén].

ouvrir ♦ vt 开 [kāi] ▸ **ouvrir un livre** 打开一本书 [dǎkāi yì běn shū] ▸ **ouvrir une porte** 开门 [kāi mén] ▸ **ouvrir les yeux** 睁开眼睛 [zhēngkāi yǎnjing]. ♦ vi ❶ (donner accès) ▸ **ouvrir sur qqch** 朝向 [cháoxiàng] ▸ **cette porte ouvre sur le jardin** 这扇门朝向花园 [zhè shàn mén cháoxiàng huāyuán] ❷ (être ouvert) 开门 [kāimén] ▸ **ce magasin ouvre le dimanche** 这家商店星期天开门 [zhè jiā shāngdiàn xīngqītiān kāimén].
▪ **s'ouvrir** vp ❶ (laisser une ouverture) 开 [kāi] ▸ **l'armoire ne s'ouvre pas** 衣橱打不开 [yīchú dǎ bù kāi] ❷ (se blesser) 弄破 [nòngpò] ▸ **il s'est ouvert le genou en tombant** 他摔破了膝盖 [tā shuāipò le xīgài].

Ouyang Xiu npr (écrivain et historien) 欧阳修 [Ōuyáng Xiū].

Ouzbeks npr (peuple) ▸ **les Ouzbeks** 乌兹别克 [Wūzībiékè].

ovaire nm ANAT 卵巢 [luǎncháo].

ovale ♦ adj 椭圆形的 [tuǒyuánxíng de] ▸ **un ballon ovale** 一个橄榄球 [yí ge gánlǎn qiú] ▸ **une table ovale** 一张椭圆形的桌子 [yì zhāng tuǒyuánxíng de zhuōzi]. ♦ nm 椭圆形 [tuǒyuánxíng].

ovation nf 欢呼 [huānhū] ▸ **faire une ovation à qqn** 向某人欢呼 [xiàng mǒurén huānhū].

overdose nf 服药过量 [fúyào guòliàng] ▸ **faire une overdose** 过量服用药物 [guòliàng fúyòng yàowù] ▸ **mourir d'une overdose** 死于服药过量 [sǐ yú fúyào guòliàng].

ovin, e adj ZOOL 羊类的 [yáng lèi de] ▸ **la race ovine** 羊类 [yáng lèi].

OVNI, Ovni (abr de **objet volant non identifié**) nm 不明飞行物 [bùmíng fēixíngwù].

ovulation nf 排卵 [páiluǎn].

oxydation nf CHIM 氧化 [yǎnghuà] ▸ **l'oxydation des métaux** 金属氧化 [jīnshǔ yǎnghuà].

oxyde nm 氧化物 [yǎnghuàwù] ▸ **oxyde de carbone** 一氧化碳 [yīyǎnghuàtàn].

oxygène nm 氧气 [yǎngqì].

oxygéné, e adj 含氧的 [hányǎng de] ▸ **eau oxygénée** 双氧水 [shuāngyǎng shuǐ].

ozone nm 臭氧 [chòuyǎng] ▸ **couche d'ozone** 臭氧层 [chòuyǎng céng].

p

p, P nm inv 法语字母表中第十六个字母 [fáyǔ zìmúbiǎo zhōng dìshíliù ge zìmǔ].

pacifier vt 平定 [píngdìng].

pacifique adj 和平的 [hépíng de] ▸ **entretenir des relations pacifiques** 保持和平的关系 [bǎochí hépíng de guānxi].

▪ **Pacifique** nm GÉOGR 太平洋 [Tàipíngyáng] ▸ **le Pacifique** ou **l'océan Pacifique** 太平洋 [Tàipíngyáng].

pacifiste adj & nmf 和平主义的(人) [hépíngzhǔyì de (rén)].

pack nm (lot de bouteilles) (饮料)箱 [(yǐnliào) xiāng] ▸ **un pack de bières** 一箱啤酒 [yì xiāng píjiǔ].

PACS (abr de **Pacte civil de solidarité**) nm (cl. 份 [fèn] ou 个 [gè]) 同居协议 [tóngjū xiéyì].

pacsé, e nm, f *fam* (cl. 个 [gè] ou 名 [míng]) 签了同居协议的人 [qiān le tóngjū xiéyì de rén].

pacser ▪ **se pacser** vp *fam* 缔结同居协议 [dìjié tóngjū xiéyì].

pacte nm (cl. 项 [xiàng] ou 个 [gè] ou 份 [fèn]) 条约 [tiáoyuē] ▸ **faire un pacte avec qqn** 和某人签订一项条约 [hé mǒurén qiāndìng yí xiàng tiáoyuē] ▸ **signer un pacte** 签署一项条约 [qiānshǔ yí xiàng tiáoyuē].

pactiser vi 缔结条约 [dìjié tiáoyuē] ▸ **pactiser avec le diable** 和魔鬼缔约 [hé móguǐ dìyuē] ▸ **pactiser avec l'ennemi** 和敌人勾结 [hé dírén gōujié].

pagaille, pagaye, pagaïe *fam* nf (cl. 场 [chǎng]) 混乱 [hùnluàn] ▸ **ma chambre est en pagaille !** 我的房间乱七八糟！ [wǒde fángjiān luànqī bāzāo!] ▸ **quelle pagaille !** 乱死了！ [luàn sǐ le!].

page ♦ nf (feuille) 页 [yè] ▸ **déchirer une page** 撕下一页 [sīxià yí yè] ▸ **ouvrez votre livre à la page 10** 打开书翻到第十页 [dǎkāi shū fān dào dìshí yè] ▸ **les pages d'un livre** 一本书的书页 [yì běn shū de shū yè]

◊ **être à la page** *fam* 紧跟时尚 [jǐngēn shíshàng].

♦ nm (serviteur) 年轻侍从 [niánqīng shìcóng].

pagode nf 宝塔 [báotǎ].

paie, paye nf (cl. 份 [fèn]) 工资 [gōngzī] ▸ **recevoir sa paie** 领取工资 [língqǔ gōngzī].

paiement, payement nm 付款 [fùkuǎn] ▸ **un paiement par chèque** 用支票付款 [yòng zhīpiào fùkuǎn].

païen, enne ♦ adj (non chrétien) 异教的 [yìjiào de] ▸ **une religion païenne** 一种异教 [yì zhǒng yìjiào]. ♦ nm, f (cl. 名 [míng] ou 个 [gè]) 异教徒 [yìjiàotú].

paillasson nm (cl. 块 [kuài]) 门毡 [ménzhān] ▸ **s'essuyer les pieds sur le paillasson** 在门毡上擦鞋 [zài ménzhān shàng cā xié].

paille nf ❶ (tige des céréales) ○ (cl. 根 [gēn]) 稻草 [dàocǎo] ▸ **une meule de paille** 一个稻草堆 [yí ge dàocǎo duī] ❷ (tige en plastique) ○ (cl. 根 [gēn]) 吸管 [xīguǎn]

◊ **sur la paille** 破产 [pòchǎn].

paillette nf 亮片 [liàngpiàn] ▸ **une robe à paillettes** 一条镶有亮片的连衣裙 [yì tiáo xiāngyǒu liàngpiàn de liányīqún].

pain nm 面包 [miànbāo] ▸ **un morceau de pain** 一块面包 [yí kuài miànbāo] ▸ **pain au chocolat** 巧克力面包 [qiǎokèlì miànbāo] ▸ **pain d'épice(s)** 香料蜜糖面包 [xiāngliào mìtáng miànbāo] ▸ **pain de mie** 软面包 [ruǎn miànbāo] ▸ **une tranche de pain grillé** 一片烤面包 [yí piàn kǎo miànbāo].

pair, e adj 偶数的 [ǒushù de] ▸ **un nombre pair** 一个偶数 [yí ge ǒushù].

▪ **pair** nm ◊ **aller de pair** 并驾齐驱 [bìngjià qíqū] ▸ **sa bêtise va de pair avec sa paresse** 他既蠢又懒 [tā jì chǔn yòu lǎn] ▸ **au pair** 帮忙做家务换取免费膳宿 [bāngmáng zuò jiāwù huànqǔ miǎnfèi shànsù] ▸ **hors pair** 独一无二的 [dúyī wú'èr de].

▪ **paire** nf 对 [duì] ▸ **une paire de boucles d'oreilles** 一对耳坠 [yí duì ěr zhuì] ▸ **une paire de chaussures** 一双鞋 [yì shuāng xié] ▸ **une paire de ciseaux** 一把剪刀 [yì bǎ jiǎndāo] ▸ **une paire de gants** 一副手套 [yí fù shǒutào] ▸ **une paire de lunettes** 一副眼镜 [yí fù yǎnjìng].

paisible adj ❶ (d'humeur douce) 平和的 [pínghé de] ▸ **un air paisible** 一副心平气和的样子 [yí fù xīnpíng qìhé de yàngzi] ❷ (tranquille) 安定的 [āndìng de] ▸ **mener une vie paisible** 过着安定的生活 [guòzhe āndìng de shēnghuó].

paître ♦ vt 吃 [chī] ▸ **les moutons paissent l'herbe** 羊在吃草 [yáng zài chī cǎo]. ♦ vi 吃草 [chīcǎo] ▸ **les vaches paissent dans les prés** 牛在牧场上吃草 [niú zài mùchǎng shàng chīcǎo].

paix nf inv ❶ (absence de conflit) 和平 [hépíng] ▸ **le maintien de la paix** 维持和平 [wéichí hépíng] ▸ **vivre en paix avec qqn** 和某人和睦相处 [hé mǒurén hémù xiāngchǔ] ❷ (tranquillité) 安宁 [ānníng] ▸ **avoir la paix** 得到安宁 [dédào ānníng]

◊ **faire la paix (avec qqn)** (与某人)和解 [(yǔ mǒurén) héjiě].

Pakistan nm ▸ **le Pakistan** 巴基斯坦 [Bājīsītǎn].

pakistanais, e adj 巴基斯坦的 [bājīsītǎn de].

palace nm (cl. 家 [jiā] ou 个 [gè]) 豪华酒店 [háohuá jiǔdiàn].

palais nm inv ❶ (demeure de souverain) 宫殿 [gōngdiàn] ▸ **le palais d'Été** 颐和园 [Yíhéyuán] ▸ **le palais Impérial** 故宫 [Gùgōng] ▸ **palais présidentiel** 总统府 [zóngtǒng fǔ] ▸ **palais royal** 王宫 [wáng gōng] ❷ (grand édifice) 高大华丽的建筑 [gāodà huálì de jiànzhù] ▸ **le palais des Expositions** 展览馆 [zhánlǎn guǎn] ▸ **palais de justice** 法院 [fǎ yuàn] ▸ **le palais des Sports** 体育馆 [tǐyù guǎn] ❸ (paroi de la bouche) 上颚 [shàng'è].

palanquin nm (chaise à porteur) 轿子 [jiàozi].

pâle adj ❶ (blafard) 苍白的 [cāngbái de] ❷ (clair) 浅淡的 [qiǎndàn de] ▸ **un jaune pâle** 淡黄色 [dàn huángsè].

Palestine nf ▸ **la Palestine** 巴勒斯坦 [Bālèsītǎn].

palestinien, enne adj 巴勒斯坦的 [bālèsītǎn de].

palette nf ❶ (manutention) ◦ (cl. 块 [kuài]) 托板 [tuōbǎn] ❷ (plaque) 调色板 [tiáosèbǎn].

palier nm ❶ (plate-forme) 楼梯平台 [lóutīpíngtái] ▸ **voisins de palier** 同一层楼的邻居 [tóng yì céng lóu de línjū] ❷ (niveau) 水平 [shuǐpíng] ▸ **par paliers** 逐步地 [zhúbù de] ▸ **les prix ont atteint un nouveau palier** 价格上了一个新台阶 [jiàgé shàng le yí ge xīn táijiē].

pâlir vi 脸色发白 [liǎnsè fābái] ▸ **il pâlit de colère** 他气得脸色发白 [tā qì de liǎnsè fābái].

palliatif, ive adj 减缓症状的 [jiánhuǎn zhèngzhuàng de] ▸ **soins palliatifs** 减缓症状的治疗 [jiánhuǎn zhèngzhuàng de zhìliáo].

▪ **palliatif** nm 权宜之计 [quányí zhī jì].

pallier vt 掩饰 [yǎnshì] ▸ **pallier un inconvénient** 掩饰缺陷 [yǎnshì quēxiàn] ▸ **pallier un manque** 掩盖不足 [yǎngài bùzú].

palmarès nm inv 排行榜 [páihángbǎng] ▸ **avoir de nombreuses victoires à son palmarès** 获得很多奖项 [huòdé hěnduō jiǎngxiàng] ▸ **palmarès d'un concours** 竞赛

优胜榜 [jìngsài yōushèng bǎng] ▸ **palmarès des plus grosses fortunes** 富豪排行榜 [fùháo páihángbǎng].

palme nf ❶ (feuille de palmier) ○ (cl. 片 [piàn]) 棕榈叶 [zōnglǘyè] ❷ (nageoire en caoutchouc) 脚蹼 [jiáopǔ] ▸ **nager avec des palmes** 带着脚蹼游泳 [dàizhe jiáopǔ yóuyǒng].

palmier nm (cl. 棵 [kē]) 棕榈树 [zōnglǘshù].

palper vt 按压 [ànyā] ▸ **le médecin lui a palpé le bras** 医生按压他的手臂作诊断 [yīshēng ànyā tāde shǒubì zuò zhěnduàn].

palpiter vi 急速跳动 [jísù tiàodòng].

paludisme nm MÉD 疟疾 [nüèji].

pâmer ▪ **se pâmer** vp *litt* (s'extasier) 发狂 [fākuáng] ▸ **se pâmer d'admiration** 崇拜得发狂 [chóngbài de fākuáng] ▸ **se pâmer de plaisir** 欣喜若狂 [xīnxǐ ruò kuáng].

Pamir npr (massif montagneux) ▸ **le Pamir** 帕密儿 [Pàmì'ěr].

pamplemousse nm 柚子 [yòuzi] ▸ **pamplemousse rose** 西柚 [xī yòu].

pan ♦ nm ❶ (morceau de vêtement) 下摆 [xiàbǎi] ▸ **un pan de chemise** 一件衬衫的下摆 [yí jiàn chènshān de xiàbǎi] ❷ (partie d'un mur) ▸ **pan de mur** 墙面 [qiáng miàn]. ♦ interj 砰 [pēng].

panaché, e adj (varié) 混合的 [hùnhé de] ▸ **une glace panachée** 一个什锦冰淇淋 [yí ge shíjǐn bīngqilín].
▪ **panaché** nm (bière) 柠檬啤酒 [níngméng píjiǔ].

Panamá, Panama ♦ nm (pays) ▸ **le Panamá** 巴拿马 [Bānámǎ]. ♦ npr (ville) ▸ **(à) Panamá** (在)巴拿马城 [(zài) Bānámǎchéng].

pancarte nf (cl. 块 [kuài]) 布告牌 [bùgàopái].

pancréas nm ANAT 胰腺 [yíxiàn].

panda nm ZOOL (cl. 只 [zhī]) 熊猫 [xióngmāo].

pané, e adj CULIN 裹面包粉的 [guǒ miànbāofěn de].

panier nm ❶ (corbeille) 篮子 [lánzi] ▸ **un panier de fraises** 一篮子草莓 [yì lánzi cǎoméi] ▸ **panier à provisions** 食物采购篮 [shíwù cǎigòu lán] ❷ SPORT 球篮 [qiúlán].

panique ♦ nf (cl. 场 [chǎng] ou 阵 [zhèn]) 恐慌 [kǒnghuāng] ▸ **être pris de panique** 慌了神 [huāng le shén]. ♦ adj ▸ **peur panique** 惊恐 [jīngkǒng].

paniquer ♦ vt 使……惊慌失措 [shǐ… jīnghuāng shīcuò]. ♦ vi 惊慌失措 [jīnghuāng shīcuò] ▸ **ne panique pas** 不要慌 [búyào huāng].

panne nf 故障 [gùzhàng] ▸ **panne d'électricité** 停电 [tíng diàn] ▸ **panne d'essence** 没汽油 [méi qìyóu].

panneau, x nm ❶ (pancarte) ○ (cl. 块 [kuài]) 指示牌 [zhǐshìpái] ▸ **panneau publicitaire** 广告牌 [guǎnggào pái] ▸ **panneau de signalisation** 信号板 [xìnhào bǎn] ▸ **suivez les panneaux** 顺着指示牌走 [shùnzhe zhǐshì pái zǒu] ❷ (élément plan) ○ (cl. 块 [kuài]) 板 [bǎn].

panoplie nf ❶ (déguisement) ○ (cl. 套 [tào]) 装束 [zhuāngshù] ▸ **une panoplie de cow-boy** 一套牛仔的装束 [yí tào niúzǎi de zhuāngshù] ❷ (ensemble d'instruments) ○ (cl. 套 [tào]) 工具 [gōngjù].

panorama nm (cl. 幅 [fú]) 全景 [quánjǐng].

panoramique adj 全景的 [quánjǐng de] ▸ **un écran panoramique** 一个宽屏幕 [yí ge kuān píngmù].

pansement nm 包扎 [bāozā] ▸ **faire un pansement** 进行包扎 [jìnxíng bāozā].

panser vt ❶ (mettre un pansement) 包扎 [bāozā] ▸ **panser une blessure** 包扎一个伤口 [bāozā yí ge shāngkǒu] ❷ (nettoyer) 洗刷 [xǐshuā] ▸ **panser un cheval** 把一匹马洗刷干净 [bǎ yì pǐ mǎ xǐshuā gānjìng].

pantalon nm (cl. 条 [tiáo]) 裤子 [kùzi].

panthère nf (cl. 只 [zhī]) 豹 [bào] ▸ **panthère noire** 黑豹 [hēi bào].

pantin nm 牵线木偶 [qiānxiàn mù'ǒu].

pantoufle nf (cl. 只 [zhī]) 棉拖鞋 [miántuōxié] ▸ **une paire de pantoufles** 一双棉拖鞋 [yì shuāng miántuōxié].

paon nm (cl. 只 [zhī]) 孔雀 [kǒngquè].

papa nm 爸爸 [bàba].

pape nm (cl. 位 [wèi] ou 个 [gè]) 教皇 [jiàohuáng].

paperasse nf *péj* (papiers administratifs) ○ (cl. 份 [fèn] ou 张 [zhāng]) 无价值的文件 [wújiàzhí de wénjiàn].

papeterie nf (magasin) ○ (cl. 个 [gè] ou 家 [jiā]) 文具店 [wénjùdiàn].

papi nm ❶ (paternel) 爷爷 [yéye] ❷ (maternel) 姥爷 [lǎoye].

papier nm ❶ (matière) ○ (cl. 张 [zhāng] ou 页 [yè]) 纸 [zhǐ] ▸ **papier alu** ou **aluminium** 铝箔 [lǚbó] ▸ **papier découpé** 剪纸 [jiǎnzhǐ] ▸ **papier hygiénique** 卫生纸 [wèishēng zhǐ] ▸ **papier à lettres** 信纸 [xìn zhǐ] ▸ **papier peint** 墙纸 [qiáng zhǐ] ❷ (écrit, imprimé) ○ (cl. 份 [fèn] ou 页 [yè]) 文件 [wénjiàn].

▪ **papiers** nmpl 证件 [zhèngjiàn] ▸ **les papiers d'identité** 身份证件 [shēnfen zhèngjiàn] ▸ **les papiers d'un véhicule** 车辆的证件 [chēliàng de zhèngjiàn].

papille nf 乳头 [rǔtóu] ▸ **papille gustative** 味蕾 [wèi lěi].

papillon nm ❶ (insecte) ○ (cl. 只 [zhī]) 蝴蝶 [húdié] ❷ (nage) 蝶泳 [diéyǒng] ▸ **nager le papillon** 游蝶泳 [yóu diéyǒng].

papoter *fam* vi 闲聊 [xiánliáo].

paprika nm 匈牙利辣椒 [xiōngyálì làjiāo].

paquebot nm (cl. 艘 [sōu]) 客轮 [kèlún] ▸ **un paquebot de croisière** 一艘豪华客轮 [yì sōu háohuá kèlún].

pâquerette nf (cl. 朵 [duǒ]) 雏菊 [chújú].

Pâques nm & nfpl 复活节 [Fùhuójié] ▸ **joyeuses pâques!** 复活节快乐！ [fùhuójié kuàilè!] ▸ **le lundi de Pâques** 复活节后的星期一 [Fùhuójié hòu de xīngqīyī] ▸ **les œufs de Pâques** 复活节彩蛋 [Fùhuójié cǎidàn].

paquet nm ❶ (colis) 包裹 [bāoguǒ] ▸ **envoyer un paquet par la poste** 邮递一个包裹 [yóudì yí ge bāoguǒ] ❷ (emballage) 包 [bāo] ▸ **paquet-cadeau** 礼品套装 [lǐpǐn tàozhuāng] ▸ **un paquet de sucre** 一包糖 [yì bāo táng].

par prép ❶ (indique le lieu) 从 [cóng] ▸ **passons par là!** 咱们从那边走！ [zánmen cóng nàbian zǒu!] ▸ **par devant/derrière** 从前面/后面 [cóng qiánmian/hòumian] ▸ **par la gauche** 从左边 [cóng zuǒbian] ❷ (indique le temps) 在……的时候 [zài… de shíhou] ▸ **par moments** 时而 [shí'ér] ▸ **par un beau jour d'été** 在夏天一个晴朗的日子里 [zài xiàtiān yí ge qínglǎng de rìzi lǐ] ❸ (indique le moyen, la manière) 通过 [tōngguò] ▸ **envoyer un colis par avion** 空运一个包裹 [kōngyùn yí ge bāoguǒ] ▸ **par ordre alphabétique** 按字母表顺序 [àn zìmúbiǎo shùnxù] ▸ **par la poste** 以邮寄的方式 [yǐ yóujì de fāngshì] ❹ (indique la cause) 出于 [chūyú] ▸ **agir par intérêt** 出于利益而为 [chūyú lìyì ér wéi] ▸ **faire qqch par habitude** 出于习惯做某事 [chūyú xíguàn zuò mǒushì] ▸ **par erreur** 由于疏忽 [yóuyú shūhu] ▸ **par hasard** 偶然地 [ǒurán de] ❺ (indique le complément d'agent) 被 [bèi] ▸ **les récoltes ont été dévastées par la grêle** 收成被冰雹毁掉了 [shōucheng bèi bīngbáo huǐdiào le] ▸ **je me suis fait couper les cheveux par ma mère** 我让母亲给我剪了头发 [wǒ ràng mǔqin gěi wǒ jiǎn le tóufa] ❻ (indique la distribution) 每 [měi] ▸ **une heure par jour** 每天一小时 [měi tiān yì xiǎoshí] ▸ **trois fois par semaine** 每周三次 [měi zhōu sān cì].

▪ **par-ci par-là** loc adv 到处 [dàochù].

parachever vt 圆满完成 [yuánmǎn wánchéng].

parachute nm 降落伞 [jiàngluòsǎn] ▸ **sauter en parachute** 跳伞 [tiào sǎn].

parachutiste nmf (cl. 名 [míng] ou 个 [gè]) 跳伞员 [tiàosǎnyuán].

parade nf (défilé militaire) 阅兵 [yuèbīng] ▸ **la parade du 14 Juillet** 7月14日（法国国庆）阅兵仪式 [7 yuè 14 rì (Fǎguó guóqìng) yuèbīng yíshì].

paradis nm inv ❶ RELIG 天堂 [tiāntáng] ▸ **aller au paradis** 上天堂 [shàng tiāntáng] ❷ (lieu enchanteur) 乐园 [lèyuán]; 天堂 [tiāntáng].

paradoxal, e, aux adj (contradictoire) 相悖的 [xiāngbèi de] ▸ **une attitude paradoxale** 一个反常的态度 [yí ge fǎncháng de tàidu] ▸ **un raisonnement paradoxal** 一种悖论 [yì zhǒng bèilùn].

paradoxe nm 悖论 [bèilùn]; 自相矛盾 [zìxiāng máodùn].

parages nmpl 附近 [fùjìn]
◊ **dans les parages** 在附近 [zài fùjìn].

paragraphe nm 段落 [duànluò].

Paraguay nm ▸ **le Paraguay** 巴拉圭 [Bālāguī].

paraître ♦ v att (sembler) 看上去 [kànshangqu] ▸ **elle paraît plus jeune qu'elle n'est** 她看上去比实际年轻 [tā kànshangqu bǐ shíjì niánqīng] ▸ **il paraît fiévreux** 他好像发烧了 [tā hǎoxiàng fāshāo le]. ♦ vi ❶ (apparaître) 出现 [chūxiàn] ▸ **il parut sur le seuil** 他出现在了门口 [tā chūxiàn zài le ménkǒu] ▸ **le soleil paraît à l'horizon** 太阳从地平线上露出来 [tàiyáng cóng dìpíngxiàn shàng lòu chūlái] ❷ (être publié) 出版 [chūbǎn].

▪ **il paraît que** v impers 据说 [jùshuō].

parallèle ♦ adj ❶ GÉOM (à distance égale) 平行的 [píngxíng de] ▸ **deux lignes parallèles** 两条平行线 [liǎng tiáo píngxíng xiàn] ❷ (semblable) 相似的 [xiāngsì de] ▸ **deux phénomènes parallèles** 两个相似的现象 [liǎng ge xiāngsì de xiànxiàng]. ♦ nm ❶ (cercle imaginaire) ○ (cl. 条 [tiáo]) 纬线 [wěixiàn] ❷ (comparaison) 对照 [duìzhào] ▸ **établir un parallèle entre deux sujets** 将两个问题进行对照 [jiāng liǎng ge wèntí jìnxíng duìzhào]. ♦ nf GÉOM (cl. 条 [tiáo]) 平行线 [píngxíngxiàn].

paralyser vt ❶ (empêcher de se mouvoir) 使……瘫痪 [shǐ… tānhuàn] ▸ **il a le bras paralysé depuis son accident** 他的手臂在事故后瘫痪了 [tāde shǒubì zài shìgù hòu tānhuàn le] ▸ **paralyser un nerf** 使一根神经麻痹了 [shǐ yì gēn shénjīng mábì le] ❷ (immobiliser) 使……陷入瘫痪 [shǐ… xiànrù tānhuàn] ▸ **la grève paralyse les transports** 罢工使运输陷入了瘫痪 [bàgōng shǐ yùnshū xiànrù le tānhuàn].

paralysie nf 瘫痪 [tānhuàn] ▸ **être frappé de paralysie** 患了瘫痪症 [huàn le tānhuàn zhèng] ▸ **une paralysie de la jambe** 下肢瘫痪 [xiàzhī tānhuàn] ▸ **une paralysie des transports** 交通瘫痪 [jiāotōng tānhuàn].

paramètre nm (donnée) 参量 [cānliàng].

parano (abr de **paranoïaque**) adj *fam* 偏执狂的 [piānzhíkuáng de] ▸ **il est complètement parano** 他完全是一个偏执狂 [tā wánquán shì yí ge piānzhíkuáng].

paranoïa nf 偏执狂 [piānzhíkuáng] ▸ **être atteint de paranoïa** 患了偏执狂 [huàn le piānzhíkuáng].

paranoïaque adj 偏执狂的 [piānzhíkuáng de].

parapente nm (cl. 次 [cì]) 山崖跳伞 [shānyá tiàosǎn] ▸ **faire du parapente** 进行山崖跳伞 [jìnxíng shānyá tiàosǎn].

paraphrase nf (cl. 段 [duàn] ou 篇 [piān]) 释义 [shìyì] ▸ **faire de la paraphrase** 加以释义 [jiāyǐ shìyì].

paraplégique adj & nmf MÉD 截瘫的(人) [jiétān de (rén)].

parapluie nm (cl. 把 [bǎ]) 雨伞 [yúsǎn] ▸ **ouvrir un parapluie** 撑开一把雨伞 [chēngkai yì bǎ yúsǎn].

parasite ♦ adj ❶ BIOL 寄生的 [jìshēng de] ▸ **une plante parasite** 一种寄生植物 [yì zhǒng jìshēng zhíwù] ❷ (gênant) 干扰的 [gānrǎo de] ▸ **des bruits parasites** 干扰噪声 [gānrǎo zàoshēng]. ♦ nm ❶ BIOL (cl. 条 [tiáo] ou 只 [zhī]) 寄生虫 [jìshēngchóng] ❷ *péj* (personne) 食客 [shíkè]; 寄生虫 [jìshēngchóng].

▪ **parasites** nmpl (bruits) 杂音 [záyīn].

parasol nm (cl. 把 [bǎ]) 太阳伞 [tàiyáng sǎn].

paratonnerre nm (cl. 根 [gēn]) 避雷针 [bìléizhēn].

parc nm ❶ (jardin) ○ (cl. 座 [zuò] ou 个 [gè]) 公园 [gōngyuán] ▸ **parc national** (cl. 片 [piàn] ou 个 [gè]) 国家自然保护区 [guójiā zìrán bǎohùqū] ▸ **parc public** 公园 [gōng yuán] ❷ (enclos pour bébés) ○ (cl. 处 [chù]) 幼儿活动园地 [yòu'ér huódòng yuándì] ❸ (parking) ▸ **parc de stationnement** 停车场 [tíngchē chǎng].

parcelle nf ❶ (partie de terrain) 小块土地 [xiǎo kuài tǔdì] ▸ **une parcelle de vigne** 一小块葡萄园 [yì xiǎo kuài pútaoyuán] ❷ (petite partie) 少量 [shǎoliàng] ▸ **une parcelle de vérité** 一丁点儿实话 [yì dīngdiǎnr shíhuà].

parce que loc conj 因为 [yīnwèi].

parchemin nm HIST 羊皮纸文稿 [yángpízhǐ wéngǎo].

parcimonie nf (économie) ▸ **avec parcimonie** 精打细算地 [jīngdǎ xìsuàn de] ▸ **donner des compliments avec parcimonie** 十分吝惜地给予赞赏 [shífēn lìnxī de jíyǔ zànshǎng].

parcmètre nm 停车计时器 [tíngchē jìshíqì] ▸ **payer le parcmètre** 付停车费 [fù tíngchē fèi].

parcourir vt ❶ (traverser, visiter) 走遍 [zǒubiàn] ❷ (effectuer) 经过 [jīngguò] ▸ **quelle est la distance parcourue par le cycliste ?** 这个自行车手经过的路程有多远？ [zhè ge zìxíngchēshǒu jīngguò de lùchéng yǒu duō yuǎn?] ❸ (lire rapidement) 浏览 [liúlǎn] ▸ **parcourir un texte** 浏览一篇课文 [liúlǎn yì piān kèwén].

parcours nm inv (cl. 条 [tiáo]) 路线 [lùxiàn] ▸ **le parcours d'un bus** 一辆公共汽车的路线 [yí liàng gōnggòng qìchē de lùxiàn] ▸ **il a fait le parcours en deux heures** 他用两个小时跑完了全程 [tā yòng liǎng ge xiǎoshí pǎo wán le quánchéng].

par-delà prép 在......的那边 [zài... de nàbian] ▸ **par-delà de l'Atlantique** 大西洋彼岸 [Dàxīyáng bǐ'àn] ▸ **par-delà les frontières** 在国界之外 [zài guójiè zhīwài].

par-derrière adv ❶ (par le côté arrière) 从后面 [cóng hòumian] ❷ (en cachette) 在背后 [zài bèihòu] ▸ **dire du mal de qqn par-derrière** 在背后说某人坏话 [zài bèihòu shuō mǒurén huàihuà].

par-dessous prép 从下面 [cóng xiàmian].

pardessus nm inv (vêtement) ○ (cl. 件 [jiàn]) 外套 [wàitào] ▸ **enfiler son pardessus** 穿上外套 [chuānshang wàitào].

par-dessus prép 从上面 [cóng shàngmian] ◊ **par-dessus tout** 极度地 [jídù de] ▸ **aimer qqn/qqch par-dessus tout** 对某人/某物情有独钟 [duì mǒurén/mǒuwù qíngyǒu dúzhōng].

par-devant adv 从前面 [cóng qiánmian].

pardon ♦ nm (action de pardonner) 原谅 [yuánliàng] ▸ **demander pardon à qqn** 请求某人原谅 [qǐngqiú mǒurén yuánliàng]. ♦ interj (formule de politesse) 对不起 [duìbuqǐ].

pardonner ♦ vt (accorder son pardon) 原谅 [yuánliàng] ▸ **se faire pardonner** 得到原谅 [dédào yuánliàng] ▸ **pardonner une infidélité** 宽恕一个不忠的行为 [kuānshù yí ge bùzhōng de xíngwéi] ▸ **pardonnez-moi si je suis indiscrète** 若有冒失之处，请您原谅 [ruòyǒu màoshī zhīchù, qǐng nín yuánliàng] ▸ **pardonner qqch à qqn** 原谅某人的某事 [yuánliàng mǒurén de mǒushì] ▸ **il lui a pardonné ses maladresses** 他原谅了他的笨手笨脚 [tā yuánliàng le tāde bèn shǒu bèn jiǎo]. ♦ vi (accorder son pardon) ▸ **pardonner (à) qqn** 原谅某人 [yuánliàng mǒurén] ▸ **je lui ai pardonné** 我原谅他了 [wǒ yuánliàng tā le].

paré, e adj (protégé) 有准备的 [yǒu zhǔnbèi de] ▸ **être paré contre le froid** 有御寒的准备 [yǒu yùhán de zhǔnbèi].

pare-balles adj inv (cl. 件 [jiàn]) 防弹衣 [fángdànyī] ▸ **un gilet pare-balles** 一件防弹背心 [yí jiàn fángdàn bèixīn].

pare-brise nm inv (cl. 块 [kuài]) 挡风玻璃 [dǎngfēng bōli].

pare-chocs nm inv (cl. 台 [tái] ou 个 [gè]) 减震器 [jiǎnzhènqì].

pareil, eille ♦ adj ❶ (semblable) 相似的 [xiāngsì de] ▸ **je n'ai jamais rien vu de pareil** 我从来没有见过任何类似的东西 [wǒ cónglái méi yǒu jiàn guò rènhé lèisì de dōngxi] ▸ **vous êtes tous pareils !** 你们都一样！ [nǐmen dōu yíyàng!] ▸ **pareil à** 同......一样 [tóng... yíyàng] ▸ **on n'a jamais vu une insolence pareille à celle-là** 我们从来没有见过如此蛮横无礼的行为 [wǒmen cónglái méiyǒu jiàn guò rúcǐ mánhèng wúlǐ de xíng wéi] ❷ (tel) 这样的 [zhèyàng de] ▸ **un talent pareil est rare** 这样的人才是少有的 [zhèyàng de réncái shì shǎoyǒu de]. ♦ nm, f (semblable) 同类 [tónglèi].

parent, e ♦ adj (uni par des liens familiaux) 亲缘的 [qīnyuán de] ▸ **nous sommes parents** 我们是亲戚 [wǒmen shì qīnqi]. ♦ nm, f (membre de la famille) 亲戚 [qīnqi] ▸ **un parent éloigné/proche** 一个远/近亲 [yí ge yuǎn/jìn qīn].

■ **parents** nmpl (père et mère) 父母 [fùmǔ] ▸ **des parents adoptifs** 养父母 [yǎng fùmǔ].

parenté nf ❶ (lien familial) 亲属关系 [qīnshǔ guānxi] ▸ **les liens de parenté** 亲属关系 [qīnshǔ guānxi] ❷ (points communs) 相近 [xiāngjìn] ▸ **la parenté entre deux tableaux** 两幅画的相似之处 [liǎng fú huà de xiāngsì zhīchù].

parenthèse nf 括号 [kuòhào] ▸ **entre parenthèses** 附带说 [fùdài shuō] ▸ **ouvrir/fermer la parenthèse** 加左/右括号 [jiā zuǒ/yòu kuòhào].

parer vt (esquiver) 闪避 [shǎnbì] ▸ **parer un coup** 避开一击 [bìkāi yì jī].

▪ **parer à** v+prép (faire face à) 防备 [fángbèi] ▸ **nous avons paré à tout incident** 我们对一切变故都有了防备 [wǒmen duì yíqiè biàngù dōu yǒu le fángbèi]

◊ **parer au plus pressé** 准备应付最紧急的情况 [zhǔnbèi yìngfu zuì jǐnjí de qíngkuàng].

▪ **se parer** vp 打扮 [dǎban].

paresse nf 懒惰 [lǎnduò] ▸ **avoir la paresse de faire qqch** 懒得做某事 [lǎn de zuò mǒushì].

paresser vi 悠闲 [yōuxián] ▸ **paresser au soleil** 悠闲地晒太阳 [yōuxián de shài tàiyáng].

paresseux, euse adj & nm, f 懒惰的(人) [lǎnduò de (rén)].

▪ **paresseux** nm inv (animal) ○ (cl. 只 [zhī]) 树懒 [shùlǎn].

parfait, e adj ❶ (sans défauts) 完美的 [wánměi de] ▸ **il est parfait dans ce rôle** 他非常胜任这个角色 [tā fēicháng shēngrèn zhè ge juésè] ▸ **ce travail est parfait** 这个工作做得无懈可击 [zhè ge gōngzuò zuòde wúxiè kějī] ❷ (excellent) 十分的 [shífēn de] ▸ **être en parfaite santé** 十分健康 [shífēn jiànkāng].

parfaitement adv ❶ (admirablement) 极好地 [jíhǎo de] ▸ **connaître parfaitement une langue** 精通一门语言 [jīngtōng yì mén yǔyán] ❷ (totalement) 十分 [shífēn] ▸ **être parfaitement heureux** 十分幸福 [shífēn xìngfú].

parfois adv 有时候 [yǒushíhou].

parfum nm ❶ (odeur) ○ (cl. 阵 [zhèn] ou 股 [gǔ]) 芳香 [fāngxiāng] ❷ (eau de toilette) ○ (cl. 瓶 [píng]) 香水 [xiāngshuǐ] ▸ **un flacon de parfum** 一小瓶香水 [yì xiǎo píng xiāngshuǐ] ❸ (goût aromatisé) 口味 [kǒuwèi] ▸ **des glaces à tous les parfums** 各种口味的冰淇淋 [gè zhǒng kǒuwèi de bīngqilín].

parfumer vt (embaumer) 熏香 [xūnxiāng].

▪ **se parfumer** vp 给自己喷香水 [gěi zìjǐ pēn xiāngshuǐ] ▸ **elle se parfume légèrement** 她给自己稍微喷了点香水 [tā gěi zìjǐ shāowēi pēn le diǎn xiāngshuǐ].

parfumerie nf (cl. 家 [jiā] ou 个 [gè]) 化妆品店 [huàzhuāngpǐndiàn].

pari nm 打赌 [dádǔ] ▸ **faire un pari** 打一个赌 [dǎ yí ge dǔ] ▸ **gagner/perdre un pari** 赌赢/输 [dǔ yíng/shū].

paria nm 被排斥的人 [bèi páichì de rén] ▸ **traiter qqn en paria** 排斥某人 [páichì mǒurén].

parier vt ❶ (miser) 压注 [yāzhù] ▸ **je parie trente euros qu'elle ne viendra pas** 我压三十欧元赌她不会来 [wǒ yā sānshí ōuyuán dǔ tā bú huì lái] ❷ (affirmer) ▸ **parier que** 打赌 [dádǔ] ▸ **je parie qu'il ne viendra pas** 我打赌他是不会来了 [wǒ dádǔ tā shì bú huì lái le].

Paris npr 巴黎 [Bālí].

parisien, enne adj 巴黎的 [bālí de] ▸ **la banlieue parisienne** 巴黎郊区 [bālí jiāoqū].

▪ **Parisien, enne** nm, f 巴黎人 [Bālírén].

parité nf (équivalence) 均等 [jūnděng] ▸ **la parité des salaires** 工资均等 [gōngzī jūnděng].

parjure nm (faux serment) 伪誓 [wěishì] ▸ **commettre un parjure** 背弃誓言 [bèiqì shìyán].

parjurer ▪ **se parjurer** vp ❶ (violer son serment) 违背誓言 [wéibèi shìyán] ❷ (faire un faux serment) 立伪誓 [lì wěishì] ▸ **le témoin s'est parjuré** 证人立了伪誓 [zhèngrén lì le wěishì].

parking nm 停车场 [tíngchēchǎng] ▸ **une place de parking** 一个停车位 [yí ge tíngchē wèi].

parlant, e adj (éloquent) 有说服力的 [yǒu shuōfúlì de] ▸ **un exemple parlant** 一个有说服力的例子 [yí ge yǒu shuōfúlì de lìzi].

parlement nm POLIT 议会 [yìhuì] ▸ **le Parlement européen** 欧洲议会 [Ōuzhōu yìhuì].

parlementaire adj 议会的 [yìhuì de] ▸ **les débats parlementaires** 议会讨论 [yìhuì tǎolùn] ▸ **un régime parlementaire** 议会制 [yìhuì zhì].

parlementer vi (négocier) 交涉 [jiāoshè] ▸ **parlementer avec l'ennemi** 和敌人交涉 [hé dírén jiāoshè].

parler ♦ vi ❶ (prononcer des mots) 说话 [shuōhuà] ▸ **parler fort** 大声说话 [dàshēng shuōhuà] ▸ **il parle trop** 他说得太多了 [tā shuō de tài duō le] ❷ (communiquer) 表达 [biǎodá]

▸ **parler par gestes** 用手势表达思想 [yòng shǒushì biǎodá sīxiǎng] ❸ (s'exprimer) 讲话 [jiǎnghuà] ▸ **parler en public** 当众讲话 [dāngzhòng jiǎnghuà] ❹ (discuter) 谈论 [tánlùn] ▸ **parler avec qqn** 与某人谈话 [yǔ mǒurén tánhuà] ▸ **parler de qqch/qqn à qqn** 对某人谈某事/某人 [duì mǒurén tán mǒushì/mǒurén] ▸ **je lui ai parlé de mes problèmes familiaux** 我对他谈了我的家庭问题 [wǒ duì tā tán le wǒde jiātíng wèntí] ❺ (traiter) ▸ **parler de qqch/qqn** 讲述某事/某人 [jiǎngshù mǒushì/mǒurén] ▸ **de quoi parle ce livre ?** 这本书讲的什么？ [zhè běn shū jiǎng de shénme?]. ♦ vt ❶ (s'exprimer dans une langue) 说 [shuō] ▸ **parler l'anglais** 说英语 [shuō yīngyǔ] ❷ (discuter de) 谈论 [tánlùn] ▸ **parler politique** 谈论政治 [tánlùn zhèngzhì]. ♦ nm (dialecte) ○ (cl. 种 [zhǒng]) 方言 [fāngyán].

parmi prép ❶ (au milieu de) 在......之中 [zài... zhīzhōng] ▸ **parmi les arbres** 在树林中 [zài shùlín zhōng] ❷ (dans le groupe de) 在......中 [zài... zhōng] ▸ **c'est une solution parmi d'autres** 这是所有解决办法中的一个 [zhè shì suóyǒu jiějué bànfǎ zhōng de yí ge] ▸ **l'inégalité parmi les hommes** 人与人之间的不平等 [rén yǔ rén zhījiān de bùpíngděng].

parodie nf 恶搞 [ègǎo].

paroi nf ❶ (cloison, mur) ○ (cl. 面 [miàn]) 墙壁 [qiángbì] ▸ **les parois d'une chambre** 一个房间的墙壁 [yí ge fángjiān de qiángbì] ❷ (surface de rocher) 岩壁 [yánbì] ▸ **paroi rocheuse** 峭壁 [qiào bì].

paroisse nf 教区 [jiàoqū] ▸ **aller à la paroisse** 去教区 [qù jiàoqū].

parole nf ❶ (faculté de parler) 说话能力 [shuōhuà nénglì] ▸ **perdre l'usage de la parole** 丧失说话能力 [sàngshī shuōhuà nénglì] ❷ (fait de parler) 话 [huà] ▸ **adresser la parole à qqn** 对某人说话 [duì mǒurén shuōhuà] ▸ **couper la parole à qqn** 打断某人的话 [dǎduàn mǒurén de huà] ▸ **prendre la parole** 发言 [fāyán] ❸ (promesse, honneur) 诺言 [nuòyán] ▸ **n'avoir qu'une parole** 说话算数 [shuōhuà suànshù] ▸ **donner sa parole** 许下诺言 [xǔxià nuòyán].

▪ **paroles** nfpl (texte d'une chanson) 歌词 [gēcí].

paroxysme nm 极点 [jídiǎn] ▸ **atteindre son paroxysme** 到达极点 [dàodá jídiǎn].

parquet nm ❶ (plancher) 地板 [dìbǎn] ▸ **un parquet en chêne** 一块橡木地板 [yí kuài xiàngmù dìbǎn] ❷ DR ▸ **parquet populaire** 人民检察机关 [rénmín jiǎnchá jīguān].

parrain nm ❶ RELIG 教父 [jiàofù] ❷ (celui qui présente qqn dans un club) 介绍人 [jièshàorén] ▸ **le parrain d'un membre de club** 一个俱乐部成员的介绍人 [yí ge jùlèbù chéngyuán de jièshàorén].

parrainer vt 赞助 [zànzhù] ▸ **parrainer un candidat** 赞助一个候选人 [zànzhù yí ge hòuxuǎnrén] ▸ **parrainer un projet** 赞助一项计划 [zànzhù yí xiàng jìhuà].

parsemer vt ❶ (recouvrir) ▸ **parsemer qqch de qqch** 在某物上洒满某物 [zài mǒuwù shàng sǎ mǎn mǒuwù] ❷ (être éparpillé) 散落 [sànluò] ▸ **des feuilles mortes parsèment l'allée** 枯叶散落在小路上 [kūyè sànluò zài xiǎolù shàng].

part nf 份 [fèn] ▸ **couper une tarte en huit parts** 把一块馅饼切成八份 [bǎ yí kuài xiànbǐng qiēchéng bā fèn]

◊ **faire part de qqch à qqn** 把某事告诉某人 [bǎ mǒushì gàosu mǒurén] ▸ **pour ma part** 至于我 [zhìyú wǒ] ▸ **prendre part à** 参加 [cānjiā].

▪ **à part** loc adv 另外 [lìngwài] ▸ **prendre qqn à part** 把某人拉到一边 [bǎ mǒurén lā dào yì biān] ▸ **servir la sauce à part** 分开上调味汁 [fēnkāi shàng tiáowèizhī].

▪ **autre part** loc adv 别处 [biéchù].

▪ **d'autre part** loc adv 另一方面 [lìng yì fāngmiàn].

▪ **de part et d'autre de** loc prép 在每一边 [zài měi yì biān].

▪ **d'une part..., d'autre part** loc correlative 一方面......, 另一方面 [yì fāngmiàn..., lìng yì fāngmiàn].

▪ **nulle part** loc adv 无处 [wúchù].

▪ **quelque part** loc adv 某个地方 [mǒuge dìfang].

partage nm 分 [fēn] ▸ **le partage d'un gâteau** 分一块蛋糕 [fēn yí kuài dàngāo] ▸ **le partage des tâches** 任务的分配 [rènwu de fēnpèi].

partager vt ❶ (répartir) 分 [fēn] ▸ **partager une pomme en deux** 把一个苹果分成两半 [bǎ yí ge píngguǒ fēnchéng liǎng bàn] ▸ **partager le travail** 分配工作 [fēnpèi gōngzuò] ▸ **partager un héritage** 分割一份遗产 [fēngē yí fèn yíchǎn] ❷ (mettre en commun) 分享 [fēnxiǎng] ▸ **partager qqch avec qqn** 和某人分享某物 [hé mǒurén fēnxiǎng mǒuwù].

▪ **se partager** vp (répartir) ▸ **se partager qqch** 共同分享某物 [gòngtóng fēnxiǎng mǒuwù].

partant, e ♦ adj ▸ **être partant (pour)** 准备好…… [zhǔnbèi hǎo…]. ♦ nm, f 起跑者 [qípǎo zhě].

partenaire nmf ❶ (coéquipier) 搭档 [dādàng] ▸ **le patineur et sa partenaire** 滑冰者和他的搭档 [huábīngzhě hé tāde dādàng] ▸ **elle a été sa partenaire dans ce film** 她曾在这部电影中作他的搭档 [tā céng zài zhè bù diànyǐng zhōng zuò tāde dādàng] ❷ (associé) 合作者 [hézuòzhě] ▸ **un partenaire financier** 金融合作者 [jīnróng hézuòzhě] ❸ (collectivité) 伙伴国 [huǒbànguó] ▸ **les partenaires européens** 欧洲的伙伴国 [ōuzhōu de huǒbànguó].

partenariat nm 合作伙伴关系 [hézuò huǒbàn guānxi] ▸ **établir un partenariat** 建立一个合作伙伴关系 [jiànlì yí ge hézuò huǒbàn guānxi].

parti nm POLIT 政党 [zhèngdǎng] ▸ **parti communiste (chinois)** (中国)共产党 [(Zhōngguó) gòngchǎn dǎng] ▸ **parti socialiste** 社会党 [shèhuì dǎng]

◊ **parti pris** (avoir un préjugé) 成见 [chéngjiàn] ▸ **prendre le parti de qqn** 拥护某人 [yōnghù mǒurén] ▸ **prendre le parti de faire qqch** 决定做某事 [juédìng zuò mǒushì] ▸ **prendre parti** (prendre position) 表态 [biǎotài] ▸ **tirer parti de** (utiliser) 使用…… [shǐyòng…].

partial, e, aux adj 有偏见的 [yǒu piānjiàn de] ▸ **un juge partial** 一位有偏见的法官 [yí wèi yǒu piānjiàn de fǎguān].

participant, e ♦ adj 参加的 [cānjiā de] ▸ **une équipe participante** 参与的团队 [cānyù de tuánduì]. ♦ nm, f (personne qui participe) 参加者 [cānjiāzhě] ▸ **les participants à une compétition** 参加比赛的人 [cānjiā bǐsài de rén].

participation nf 参与 [cānyù] ▸ **compter sur la participation de qqn** 依靠某人的参与 [yīkào mǒurén de cānyù].

participe nm (forme verbale) ▸ **participe passé** 过去分词 [guòqù fēncí] ▸ **participe présent** 现在分词 [xiànzài fēncí].

participer ▪ **participer à** v+prép 参加 [cānjiā] ▸ **participer à une compétition** 参加一场比赛 [cānjiā yì chǎng bǐsài] ▸ **participer à une dépense** 分担一笔费用 [fēndān yì bǐ fèiyòng].

particularité nf 特点 [tèdiǎn] ▸ **particularité d'une langue** 一种语言的特色 [yì zhǒng yǔyán de tèsè] ▸ **particularité d'une personne** 一个人的特点 [yí ge rén de tèdiǎn] ▸ **particularité d'une machine** 一台机器的特性 [yì tái jīqì de tèxìng].

particule nf ❶ (petite quantité) 微粒 [wēilì] ▸ **les particules élémentaires** 基本粒子 [jīběn lìzǐ] ▸ **une particule de poussière** 一粒灰尘 [yí lì huīchén] ❷ (préposition) 表示贵族的介词 [biǎoshì guìzú de jiècí] ▸ **un nom à particule** 一个贵族姓氏 [yí ge guìzú xìngshì].

particulier, ère adj ❶ (spécifique, singulier) 特有的 [tèyǒu de] ▸ **avec cet air qui lui est particulier** 以他特有的举止 [yǐ tā tèyǒu de júzhǐ] ▸ **un signe particulier** 一个外貌特征 [yí ge wàimào tèzhēng] ❷ (individuel) 个别的 [gèbié de] ▸ **un cas particulier** 个别情况 [gèbié qíngkuàng] ▸ **des cours particuliers** 个别授课 [gèbié shòukè] ❸ (personnel) 私人的 [sīrén de] ▸ **une secrétaire particulière** 一个私人秘书 [yí ge sīrén mìshū].

▪ **en particulier** loc adv ❶ (seul à seul) 单独地 [dāndú de] ❷ (surtout) 尤其 [yóuqí].

particulièrement adv 特别 [tèbié] ▸ **il est particulièrement doué en dessin** 他在绘画上特别有天赋 [tā zài huìhuà shàng tèbié yǒu tiānfù] ▸ **tout particulièrement** 特别地 [tèbié de].

partie nf ❶ (élément, portion) 部分 [bùfen] ▸ **les parties du corps** 身体的各个部分 [shēntǐ de gège bùfen] ❷ (totalité des coups à jouer) 场 [chǎng] ▸ **faire une partie de tennis** 打一场网球 [dǎ yì chǎng wǎngqiú]

◊ **faire partie de** (appartenir à) 属于…… [shǔyú…].

▪ **en partie** loc adv 部分地 [bùfen de] ▸ **en grande partie** 大部分 [dà bùfen] ▸ **la ville a été en partie détruite** 这座城市被部分摧毁了 [zhè zuò chéngshì bèi bùfen cuīhuǐ le].

partiel, elle adj 部分的 [bùfen de] ▸ **des résultats partiels** 部分成果 [bùfen chéngguǒ] ▸ **travailler à temps partiel** 兼职 [jiān zhí].

▪ **partiel** nm UNIV 阶段考试 [jiēduàn kǎoshì] ▸ **avoir des partiels à passer** 要参加几次阶段考试 [yào cānjiā jǐ cì jiēduàn kǎoshì].

partir vi ❶ (s'en aller) 出发 [chūfā] ▸ **partir en voyage** 出发去旅行 [chūfā qù lǚxíng] ▸ **le train part dans une heure** 火车一小时后出发 [huǒchē yì xiǎoshí hòu chūfā] ❷ (commencer) 开始 [kāishǐ] ▸ **votre devoir est bien parti** 你们的作业已经发出去了 [nǐmen de zuòyè yǐjīng fā chūqù le] ▸ **partir de** 从……开始 [cóng… kāishǐ] ▸ **la conversation est partie de banalités** 从一些平淡的琐事开始谈起 [cóng yìxiē píngdàn de suǒshì kāishǐ tánqǐ] ❸ (disparaître) 消失 [xiāoshī] ▸ **la tache est partie au lavage** 污渍被洗掉了 [wūzì bèi xǐdiào le].

▪ **à partir de** loc prép ❶ (à dater de) 从……起 [cóng… qǐ] ▸ **à partir d'aujourd'hui** 从今天起 [cóng jīntiān qǐ] ❷ (depuis un lieu) 从……开始 [cóng… kāishǐ] ▸ **à partir de cet endroit** 从这个地方开始 [cóng zhè ge dìfang kāishǐ].

partisan nm 支持者 [zhīchízhě].

partition nf MUS (cl. 张 [zhāng] ou 本 [běn]) 乐谱 [yuèpǔ] ▸ **déchiffrer une partition** 识谱 [shí pǔ].

partout adv 到处 [dàochù] ▸ **il y a du monde partout** 到处都是人 [dàochù dōu shì rén].

parure nf (ensemble de bijoux) ○ (cl. 件 [jiàn]) 首饰 [shǒushi] ▸ **une parure de diamants** 一件钻石的首饰 [yí jiàn zuànshí de shǒushi].

parution nf 出版 [chūbǎn] ▸ **la parution d'un livre** 一本书的出版 [yì běn shū de chūbǎn].

parvenir ▪ **parvenir à** vp+prép ❶ (réussir) ▸ **parvenir à faire qqch** 能够做某事 [nénggòu zuò mǒushì] ❷ (arriver à destination) 到达 [dàodá] ▸ **ma lettre lui est parvenue** 他收到我的信了 [tā shōudào wǒde xìn le].

parvis nm (cl. 座 [zuò]) 广场 [guángchǎng] ▸ **le parvis d'une église** 一座教堂前的广场 [yí zuò jiàotáng qián de guángchǎng].

pas[1] adv (exprime la négation) 不 [bù] ▸ **elle n'a pas mangé** 她没吃饭 [tā méi chīfàn] ▸ **il ne viendra pas** 他不会来 [tā bú huì lái].

pas[2] nm inv ❶ (trace de pied) 脚印 [jiǎoyìn] ▸ **il y a des pas dans la neige** 雪地上有脚印 [xuědì shàng yǒu jiǎoyìn] ❷ (mouvement) 步 [bù] ▸ **faire ses premiers pas** 走出第一步 [zǒuchū dìyī bù] ▸ **marcher à grands pas** 大步前进 [dà bù qiánjìn]

◊ **à deux pas** 在附近 [zài fùjìn] ▸ **faire le premier pas** 主动 [zhǔdòng] ▸ **pas à pas** 一步一步地 [yí bù yí bù de].

passable adj 过得去的 [guòdequ de] ▸ **une note passable** 一个过得去的成绩 [yí ge guòdequ de chéngjì].

passage nm ❶ (venue) 经过 [jīngguò] ▸ **lors de mon prochain passage à Lyon** 在我下次经过里昂的时候 [zài wǒ xià cì jīngguò Lǐ'áng de shíhou] ▸ **le passage du facteur** 邮递员的到来 [yóudìyuán de dàolái] ❷ (franchissement) 通过 [tōngguò] ▸ **le passage de la frontière** 越过边境 [yuèguò biānjìng] ▸ **passage interdit** 禁止通过 [jìnzhǐ tōngguò] ▸ **le passage d'un pont** 过一座桥 [guò yí zuò qiáo] ❸ (endroit où passer) ○ (cl. 条 [tiáo]) 通道 [tōngdào] ▸ **passage clouté** 人行横道 [rénxíng héngdào] ▸ **passage à niveau** 平交道口 [píngjiāo dàokǒu] ▸ **passage souterrain** 地下通道 [dìxià tōngdào] ▸ **un passage secret** 秘密通道 [mìmì tōngdào] ❹ (extrait) 段落 [duànluò] ▸ **lire un passage du texte** 读一段课文 [dú yí duàn kèwén]

◊ **de passage** 路过的 [lùguò de].

passager, ère ♦ adj (momentané) 短暂的 [duǎnzàn de] ▸ **une douleur passagère** 短暂的疼痛 [duǎnzàn de téngtòng] ▸ **un doute passager** 短暂的迟疑 [duǎnzàn de chíyí].
♦ nm, f (cl. 名 [míng] ou 个 [gè] ou 位 [wèi]) 乘客 [chéngkè] ▸ **passager d'un avion** 飞机的乘客 [fēijī de chéngkè] ▸ **passager clandestin** 偷渡客 [tōudù kè].

passant, e ♦ adj (fréquenté) 行人很多的 [xíngrén hěn duō de] ▸ **une rue très passante** 一条交通非常繁忙的街道 [yì tiáo jiāotōng fēicháng fánmáng de jiēdào]. ♦ nm, f 过路人 [guòlùrén] ▸ **demander son chemin à un passant** 向一个过路人问路 [xiàng yí ge guòlùrén wèn lù].

passe ♦ nm = **passe-partout**. ♦ nf ❶ SPORT 传球 [chuánqiú] ▸ **faire une passe (à qqn)** (给某人)传球 [(gěi mǒurén) chuánqiú] ❷ GÉOGR 关 [guān] ▸ **la passe Jiayu (de la Grande Muraille)** (长城的)嘉峪关 [(Chángchéng de) Jiāyù guān]

◊ **une mauvaise passe** 不利的境况 [búlì de jìngkuàng] ▸ **en passe de** 即将 [jíjiāng].

passé, e adj (qui n'est plus) 过去的 [guòqù de] ▸ **l'an passé** 去年 [qù nián].

▪ **passé** ♦ nm ❶ (période) 过去 [guòqù] ▸ **cela fait partie du passé** 这是过去的事了 [zhè shì guòqù de shì le] ❷ GRAMM 过去时 [guòqùshí] ▸ **passé simple** 简单过去时 [jiǎndān guòqùshí] ▸ **passé composé** 复合过去时 [fùhé guòqùshí]

◊ **par le passé** 在过去 [zài guòqù].

♦ prép 超过 [chāoguò] ▸ **passé ce délai, vous serez éliminé** 超过这个期限，您就被淘汰了 [chāoguò zhè ge qīxiàn, nín jiù bèi táotài le].

passe-partout nm (clé) ◦ (cl. 把 [bǎ]) 万能钥匙 [wànnéng yàoshi].

passeport nm (cl. 本 [běn]) 护照 [hùzhào] ▸ **présenter son passeport** 出示护照 [chūshì hùzhào].

passer ♦ v att ◊ **passer pour** 被当成 [bèi dàngchéng] ▸ **passer pour imbécile** 被当成傻瓜 [bèi dàngchéng shǎguā].

♦ vi ❶ (traverser) 经过 [jīngguò] ▸ **on est passés par Paris** 我们经过了巴黎 [wǒmen jīngguò le Bālí] ❷ (avancer sans s'arrêter) 过 [guò] ▸ **une voiture passa à toute vitesse** 一辆汽车飞驰而过 [yí liàng qìchē fēichí ér guò] ❸ (franchir) 通过 [tōngguò] ▸ **ne laissez passer personne !** 不让任何人通过！ [bú ràng rènhé rén tōngguò!] ❹ (aller quelque part) 去 [qù] ▸ **passer chez le boucher** 去肉铺 [qù ròupù] ▸ **le médecin passera dans la matinée** 医生将在上午过来 [yīshēng jiāng zài shàngwǔ guòlai] ❺ (s'écouler) 过去 [guòqù] ▸ **le temps passe vite** 时光飞逝 [shíguāng fēishì] ❻ (disparaître) 消失 [xiāoshī] ▸ **la douleur va passer** 疼痛会消失的 [téngtòng huì xiāoshī de] ❼ (être admis) 进入 [jìnrù] ▸ **il est passé en sixième** 他上初一了 [tā shàng chūyī le]. ♦ vt ❶ (franchir) 越过 [yuèguò] ▸ **passer la frontière** 越过边境 [yuèguò biānjìng] ❷ (consacrer du temps) 度过 [dùguò] ▸ **passer des vacances à la mer** 到海边度假 [dào hǎibiān dùjià] ❸ (transmettre) 传递 [chuándì] ▸ **peux-tu me passer le pain ?** 你可以递给我面包吗？ [nǐ kéyǐ dì gěi wǒ miànbāo ma?] ❹ (diffuser) 上映 [shàngyìng] ▸ **passer un film** 放一部电影 [fàng yí bù diànyǐng].

▪ **se passer** vp ❶ (avoir lieu, arriver) 发生 [fāshēng] ▸ **qu'est-ce qui se passe ?** 发生了什么？ [fāshēng le shénme?] ❷ (se priver) 不…… [bù…] ▸ **je me passerais bien d'aller à cette soirée** 我可以不去参加这个晚会 [wǒ kéyǐ bú qù cānjiā zhè ge wǎnhuì].

passerelle nf ❶ (pont) ◦ (cl. 座 [zuò]) 天桥 [tiānqiáo] ❷ (escalier mobile) ◦ (cl. 架 [jià]) 舷梯 [xiántī] ▸ **passerelle d'un bateau** 轮船上的舷梯 [lúnchuán shàng de xiántī] ▸ **relever la passerelle** 升起舷梯 [shēngqǐ xiántī].

passe-temps nm inv (cl. 种 [zhǒng]) 消遣 [xiāoqiǎn].

passible adj ▸ **être passible de** 应受……的惩罚 [yīng shòu… de chéngfá].

passif, ive adj ❶ (sans réaction) 消极的 [xiāojí de] ▸ **rester passif devant qqch** 对某事无动于衷 [duì mǒushì wúdòngyúzhōng] ❷ GRAMM 被动的 [bèidòng de] ▸ **la voix passive** 被动态 [bèidòng tài].

▪ **passif** nm GRAMM 被动态 [bèidòngtài].

passion nf ❶ (amour) 爱情 [àiqíng] ▸ **s'aimer avec passion** 热恋 [rè liàn] ▸ **vivre une passion avec qqn** 和某人处于热恋之中 [hé mǒurén chǔyú rè liàn zhīzhōng] ❷ (sentiment exarcerbé) 激情 [jīqíng] ▸ **un roman plein de passion** 充满激情的小说 [chōngmǎn jīqíng de xiǎoshuō] ❸ (inclination) 酷爱 [kù'ài] ▸ **la passion du sport** 对运动的热衷 [duì yùndòng de rèzhōng].

passionnant, e adj 动人的 [dòngrén de] ▸ **une histoire passionnante** 一个引人入胜的故事 [yí ge yǐnrénrùshèng de gùshi].

passionné, e ♦ adj 多情的 [duōqíng de] ▸ **des amoureux passionnés** 多情的恋人 [duōqíng de liànrén] ▸ **être passionné de qqch** 热衷于某事 [rèzhōng yú mǒushì]. ♦ nm, f ▸ **être un passionné de qqch** 是……迷 [shì… mí].

passionnel, elle adj 为情所做的 [wèi qíng suǒ zuò de] ▸ **un crime passionnel** 一桩情杀罪 [yì zhuāng qíng shā zuì].

passionner vt 打动 [dǎdòng] ▸ **cette histoire me passionne** 这个故事很打动我 [zhè ge gùshi hěn dǎdòng wǒ].

▪ **se passionner** vp ▸ **se passionner pour** 热衷于…… [rèzhōng yú…].

passoire nf 滤锅 [lǜguō].

pastel ♦ nm (crayon) ○ (cl. 支 [zhī]) 彩色铅笔 [cǎisè qiānbǐ] ▸ **un dessin au pastel** 一幅彩色铅笔画 [yì fú cǎisè qiānbǐ huà] ▸ **peindre au pastel** 用彩色铅笔画画 [yòng cǎisè qiānbǐ huà huà]. ♦ adj inv 淡的 [dàn de] ▸ **un jaune pastel** 淡黄色 [dàn huángsè].

pastèque nf 西瓜 [xīguā].

pasteur nm RELIG (cl. 位 [wèi]) 牧师 [mùshī].

pasteurisé, e adj 消毒的 [xiāodú de] ▸ **du lait pasteurisé** 消毒牛奶 [xiāodú niúnǎi].

pastille nf (bonbon) ○ (cl. 块 [kuài]) 糖块 [tángkuài] ▸ **des pastilles pour la gorge** 润喉糖 [rùn hóu táng].

patate nf *fam* (pomme de terre) 土豆 [tǔdòu] ▸ **patate douce** (cl. 块 [kuài]) 白薯 [bái shǔ].

patauger vi (涉水)行走 [(shèshuǐ) xíngzǒu] ▸ **patauger dans la boue** 在泥里行走 [zài ní lǐ xíngzǒu].

patch nm MÉD (cl. 片 [piàn] ou 块 [kuài]) 药贴 [yàotiē].

pâte nf ❶ (à base de farine) ○ (cl. 块 [kuài]) 面团 [miàntuán] ▸ **pâte feuilletée** 和好的成层的面团 [huóhǎo de chéng céng de miàntuán] ▸ **pétrir la pâte** 和面 [huó miàn] ❷ (mélange) 糊状物 [húzhuàngwù] ▸ **pâte de fruits** 果酱 [guǒjiàng] ▸ **pâte à modeler** 橡皮泥 [xiàngpí ní].

▪ **pâtes** nfpl 面条 [miàntiáo].

pâté nm (hâchis de viande) 肉酱 [ròujiàng] ▸ **du pâté de foie** 肝酱 [gān jiàng].

▪ **pâté de maisons** nm 建筑群 [jiànzhù qún].

pâtée nf 食料 [shíliào] ▸ **de la pâtée pour chiens** 狗食 [gǒu shí].

paternel, elle adj ❶ (du père) 父亲的 [fùqin de] ▸ **l'amour paternel** 父爱 [fù ài] ▸ **les grands-parents paternels** 祖父母 [zǔ fùmǔ] ❷ (protecteur) 慈祥的 [cíxiáng de] ▸ **un ton paternel** 慈祥的语气 [cíxiáng de yǔqì].

paternité nf 为人父 [wéi rén fù].

pathétique ♦ adj 感人的 [gǎnrén de] ▸ **une scène pathétique** 感人的一幕 [gǎnrén de yí mù]. ♦ nm 感人 [gǎnrén] ▸ **le pathétique d'une situation** 一个场面的感人 [yí ge chǎngmiàn de gǎnrén].

pathologie nf 病理学 [bìnglǐxué] ▸ **une pathologie humaine** 人体病理学 [réntǐ bìnglǐxué].

patience nf ❶ (capacité à endurer) 忍耐力 [rěnnàilì] ▸ **faire preuve de patience** 表现出忍耐力 [biǎoxiàn chū rěnnàilì] ❷ (capacité à attendre) 耐心 [nàixīn] ▸ **perdre patience** 失去耐心 [shīqù nàixīn].

patient, e ♦ adj 有耐心的 [yǒu nàixīn de]. ♦ nm, f MÉD 病人 [bìngrén].

patienter vi (attendre) 等 [děng].

patin nm (chaussure) ○ (cl. 只 [zhī]) 溜冰鞋 [liūbīng xié] ▸ **des patins à glace** 一双溜冰鞋 [yì shuāng liūbīngxié] ▸ **des patins à roulettes** 一双旱冰鞋 [yì shuāng hànbīngxié].

patinage nm SPORT 溜冰 [liūbīng] ▸ **patinage artistique** 花样溜冰 [huāyàng liūbīng].

patiner vi (faire du patin) 溜冰 [liūbīng].

patinoire nf 溜冰场 [liūbīngchǎng].

pâtisserie nf ❶ (gâteau) ○ (cl. 块 [kuài]) 糕点 [gāodiǎn] ▸ **des pâtisseries orientales** 阿拉伯糕点 [ālābó gāodiǎn] ❷ (magasin) ○ (cl. 家 [jiā]) 糕点铺 [gāodiǎnpù].

pâtissier, ère nm, f (cl. 位 [wèi] ou 名 [míng]) 糕点师傅 [gāodiǎn shīfu].

patois nm inv (cl. 种 [zhǒng]) 方言 [fāngyán].

patriarche nm (vieil homme) ○ (cl. 位 [wèi]) 家/族中长者 [jiā/zú zhōng zhángzhě].

patrie nf 祖国 [zǔguó].

patrimoine nm (cl. 份 [fèn] ou 笔 [bǐ]) 遗产 [yíchǎn] ▸ **patrimoine culturel** 文化遗产 [wénhuà yíchǎn] ▸ **le patrimoine familial** 家产 [jiā chǎn].

patriote ♦ adj 爱国的 [àiguó de]. ♦ nmf 爱国者 [àiguózhě].

patriotique adj 爱国的 [àiguó de] ▸ **un chant patriotique** 一首爱国歌曲 [yì shǒu àiguó gēqǔ].

patron, onne nm, f (chef) 老板 [láobǎn] ▸ **le patron d'une usine** 工厂的老板 [gōngchǎng de láobǎn].

▪ **patron** nm COUT 图样 [túyàng].

patronal, e, aux adj (des employeurs) 雇主的 [gùzhǔ de] ▸ **un syndicat patronal** 雇主公会 [gùzhǔ gōnghuì].

patronat nm 资方 [zīfāng].

patronyme nm *sout* 姓氏 [xìngshì].

patrouille nf (ronde d'agents) ○ (cl. 次 [cì]) 巡逻 [xúnluó] ▸ **patrouille de police** 警察的巡逻 [jǐngchá de xúnluó].

patte nf (membre d'un animal) ○ (cl. 只 [zhī]) 爪子 [zhuǎzi] ▸ **marcher à quatre pattes** 爬行 [pá xíng] ▸ **les pattes d'un oiseau** 鸟的爪子 [niǎo de zhuǎzi] ▸ **retomber sur ses pattes** 脱身 [tuōshēn].

paume nf (intérieur de la main) 手掌 [shóuzhǎng].

paumé, e adj ❶ (isolé) 偏僻的 [piānpì de] ▸ **un coin paumé** 偏僻的角落 [piānpì de jiǎoluò] ❷ *fam* (perdu) 迷路的 [mílù de] ▸ **je me suis paumé** 我迷路了 [wǒ mílù le].

paupière nf 眼皮 [yǎnpí] ▸ **battre des paupières** 眨眼 [zhǎ yǎn].

pause nf (arrêt) 停顿 [tíngdùn] ▸ **faire une pause** 做一个停顿 [zuò yí ge tíngdùn] ▸ **la pause café** 工作中的休息时间 [gōngzuò zhōng de xiūxi shíjiān].

pauvre ♦ adj 贫穷的 [pínqióng de] ▸ **une famille pauvre** 一个贫穷的家庭 [yí ge pínqióng de jiātíng]. ♦ nmf 穷人 [qióngrén] ▸ **aider les pauvres** 帮助穷人 [bāngzhù qióngrén].

pauvreté nf 穷苦 [qióngkǔ] ▸ **vivre dans la pauvreté** 生活穷苦 [shēnghuó qióngkǔ].

pavaner ▪ **se pavaner** vp 趾高气扬地走 [zhǐgāo qìyáng de zǒu].

pavé nm (bloc de pierre) 石块 [shíkuài] ▸ **des pavés de rue** 铺路石块 [pūlù shíkuài].

pavillon nm ❶ (maison) ○ (cl. 栋 [dòng] ou 幢 [zhuàng]) 房屋 [fángwū] ❷ (kiosque) 亭子 [tíngzi] ❸ (drapeau) ○ (cl. 面 [miàn]) 旗帜 [qízhì] ▸ **hisser le pavillon** 升旗 [shēng qí].

pavot nm (cl. 棵 [kē]) 罂粟 [yīngsù].

payant, e adj ❶ (qu'il faut payer) 要付款的 [yào fùkuǎn de] ▸ **l'entrée du musée est payante** 进这个博物馆是要买票的 [jìn zhè ge bówùguǎn shì yào mǎi piào de] ❷ (profitable) 有收益的 [yǒu shōuyì de] ▸ **ses efforts ont été payants** 他的努力得到了回报 [tāde nǔlì dédào le huíbào].

payer ♦ vt ❶ (verser de l'argent) 支付 [zhīfù] ▸ **payer une facture** 支付一张发票 [zhīfù yì zhāng fāpiào] ▸ **payer ses dettes** 偿还他的债款 [chánghuán tāde zhàikuǎn] ❷ (rémunérer) 付给报酬 [fùgěi bàochou] ▸ **payer un employé** 给一个雇员付工资 [gěi yí ge gùyuán fù gōngzī]. ♦ vi 支付 [zhīfù] ▸ **payer en liquide** 现金支付 [xiànjīn zhīfù].

pays nm inv ❶ (État) 国家 [guójiā] ▸ **les pays européens** 欧洲国家 [ōuzhōu guójiā] ❷ (population) 全国人民 [quánguó rénmín] ❸ (région) 地区 [dìqū] ▸ **un vin du pays** 本地葡萄酒 [běndì pútaojiǔ] ❹ (lieu d'origine) 家乡 [jiāxiāng] ▸ **avoir le mal du pays** 得思乡病 [dé sīxiāng bìng] ▸ **rentrer au pays** 回到家乡 [huídào jiāxiāng].

paysage nm (cl. 道 [dào]) 风景 [fēngjǐng] ▸ **un paysage urbain** 市容 [shì róng].

paysan, anne ♦ adj (rural) 农民的 [nóngmín de]. ♦ nm, f (agriculteur) 农民 [nóngmín].

Pays-Bas nmpl ▸ **les Pays-Bas** 荷兰 [Hélán].

PC nm ❶ POLIT (abr de **Parti communiste**) 共产党 [Gòngchándǎng] ▸ **être inscrit au PC** 加入共产党 [jiārù Gòngchándǎng] ❷ INFORM (abr de **personal computer**) (cl. 台 [tái]) 个人电脑 [gèrén diànnǎo] ▸ **l'utilisateur d'un PC** 电脑用户 [diànnǎo yònghù].

PCV (abr de **à percevoir**) nm 对方付款 [duìfāng fùkuǎn] ▸ **un appel téléphonique(en) PCV** 一次对方付款的电话呼叫 [yí cì duìfāng fùkuǎn de diànhuà hūjiào].

PDG (abr de **président-directeur général**) nm inv (cl. 位 [wèi] ou 名 [míng] ou 个 [gè]) 总经理 [zǒngjīnglǐ].

péage nm ❶ (frais) 通行费 [tōngxíngfèi] ▸ **une autoroute à péage** 收费高速公路 [shōufèi gāosù gōnglù] ❷ (station) 收费站 [shōufèi zhàn] ▸ **un péage routier** 一个公路收费站 [yí ge gōnglù shōufèi zhàn].

peau nf ❶ (enveloppe humaine) 皮肤 [pífū] ▸ **avoir la peau sèche** 皮肤干燥 [pífū gānzào] ❷ (cuir) 皮 [pí] ▸ **une veste en peau de mouton** 一件羊皮上衣 [yí jiàn yáng pí shàngyī] ❸ (pelure) 果皮 [guǒpí] ▸ **peau de pêche** 桃子皮 [táozi pí].

peaufiner vt 精益求精 [jīngyìqiújīng] ▸ **peaufiner un travail** 对一项工作精益求精 [duì yí xiàng gōngzuò jīngyìqiújīng].

pêche nf ❶ (fruit) 桃子 [táozi] ❷ (action de pêcher) 钓鱼 [diàoyú] ▸ **aller à la pêche** 去钓鱼 [qù diàoyú]

◊ **avoir la pêche** *fam* 有精神 [yǒu jīngshén].

péché nm RELIG (cl. 宗 [zōng] ou 种 [zhǒng]) 罪 [zuì] ▸ **commettre un péché** 犯下一宗罪 [fànxia yì zōng zuì] ▸ **vivre dans le péché** 活在罪孽之中 [huó zài zuìniè zhīzhōng].

pécher vi 犯错误 [fàn cuòwu] ▸ **pécher par qqch** 犯某种错误 [fàn móuzhǒng cuòwù] ▸ **pécher par gourmandise** 犯贪食之罪 [fàn tānshí zhī zuì].

pêcher[1] nm (arbre) ○ (cl. 棵 [kē]) 桃树 [táoshù].

pêcher[2] vt ❶ (prendre du poisson) 钓鱼 [diàoyú] ❷ *fam* (trouver) 搞到 [gǎodào] ▸ **mais où as-tu pêché ce chapeau ?** 你是从哪里搞到的这顶帽子？ [nǐ shì cóng nǎli gǎodào de zhè dǐng màozi?].

pécheur, eresse ♦ adj 犯罪的 [fànzuì de]. ♦ nm, f 罪人 [zuìrén].

pêcheur, euse nm, f 渔民 [yúmín] ▸ **un pêcheur à la ligne** 一个垂钓者 [yí ge chuídiào zhě].

pectoral, e adj 胸部的 [xiōngbù de].

▪ **pectoraux** nmpl 胸肌 [xiōngjī].

pécuniaire adj 金钱上的 [jīnqián shàng de].

pédagogie nf ❶ (science) 教育学 [jiàoyùxué] ❷ (méthode) 教学法 [jiàoxuéfǎ] ❸ (qualité) 教学才能 [jiàoxué cáinéng] ▸ **faire preuve de pédagogie** 证明教学很有才能 [zhèngmíng jiàoxué hěn yǒu cáinéng].

pédale nf 踏板 [tàbǎn] ▸ **pédale d'accélérateur** 油门 [yóu mén] ▸ **appuyer sur la pédale d'accélérateur** 踩油门 [cǎi yóu mén] ▸ **pédale de frein** 刹车 [shā chē] ▸ **les pédales d'un piano** 一架钢琴的踏板 [yí jià gāngqín de tàbǎn]

◊ **perdre les pédales** *fam* 不知所措 [bùzhīsuǒcuò].

pédaler vi 骑车 [qíchē].

Pédalo® nm (cl. 条 [tiáo] ou 只 [zhī]) 脚踏船 [Jiǎotàchuán] ▸ **faire du Pédalo** 蹬脚踏船 [dēng Jiǎotàchuán].

pédant, e *péj* adj & nm, f 卖弄学问的(人) [màinong xuéwen de (rén)] ▸ **prendre un ton pédant** 咬文嚼字 [yǎowén jiáozì].

pédéraste nm (恋青年男子的) 男同性恋者 [(liàn qīngnián nánzǐ de) nán tóngxìngliànzhě].

pédiatre nmf MÉD 儿科学 [érkēxué].

pédicure nmf (cl. 名 [míng] ou 个 [gè] ou 位 [wèi]) 修脚师 [xiūjiǎoshī].

peigne nm ❶ (démêloir) ○ (cl. 把 [bǎ]) 梳子 [shūzi] ▸ **un peigne fin** 一把篦子 [yì bǎ bìzi] ❷ (barrette) ○ (cl. 把 [bǎ] ou 个 [gè]) 压发梳 [yāfàshū]

◊ **se donner un coup de peigne** 迅速地梳下头 [xùnsù de shū xià tóu] ▸ **passer qqch au peigne fin** 一丝不漏地检查某物 [yìsī búlòu de jiǎnchá mǒuwù].

peigner vt (coiffer) 梳头 [shūtóu] ▸ **peigner qqn** 给某人梳头 [gěi mǒurén shūtóu].

▪ **se peigner** vp 梳头 [shūtóu].

peignoir nm (vêtement de bain) ○ (cl. 件 [jiàn]) 浴衣 [yùyī].

peindre vt ❶ (recouvrir de peinture) 粉刷 [fěnshuā] ▸ **peindre un mur** 粉刷一面墙 [fěnshuā yí miàn qiáng] ▸ **peindre en bleu** 刷成蓝色

[shuā chéng lánsè] ❷ ART 画 [huà] ▸ **peindre des paysages** 画风景画 [huà fēngjǐng huà].

peine nf ❶ (chagrin) 难过 [nánguò] ▸ **avoir de la peine** 感到难过 [gǎndào nánguò] ▸ **il a beaucoup de peine** 他感到很难过 [tā gǎndào hěn nánguò] ▸ **faire de la peine à qqn** 使某人伤心 [shǐ mǒurén shāngxīn] ❷ (difficulté) 困难 [kùnnan] ▸ **avoir de la peine à** 难于...... [nányú...] ▸ **sans peine** 容易地 [róngyì de] ▸ **valoir la peine** 值得 [zhídé] ❸ (punition) ○ (cl. 种 [zhǒng]) 刑罚 [xíngfá]
◊ **être la peine de** 有必要...... [yǒu bìyào...].

▪ **à peine** loc adv ❶ (très peu) 几乎不 [jīhū bù] ▸ **il y avait à peine de quoi manger** 几乎没有吃的东西了 [jīhū méiyǒu chī de dōngxi le] ❷ (tout juste) 刚刚 [gānggāng] ▸ **j'ai à peine commencé** 我刚刚开始 [wǒ gānggāng kāishǐ] ▸ **c'est à peine si** *(+ indicatif)* 勉强...... [miánqiǎng...] ▸ **c'est à peine s'il m'a remercié** 他勉强谢了我 [tā miánqiǎng xiè le wǒ].

peiner ♦ vt (attrister) 使......难过 [shǐ... nánguò]. ♦ vi (éprouver de la difficulté) 费劲 [fèijìn].

peintre nm ❶ (ouvrier) 油漆工 [yóuqīgōng] ▸ **un peintre en bâtiment** 一个建筑油漆工 [yí ge jiànzhù yóuqīgōng] ❷ (artiste) ○ (cl. 名 [míng] ou 个 [gè] ou 位 [wèi]) 画家 [huàjiā].

peinture nf ❶ (produit pour peindre un tableau) 颜料 [yánliào] ▸ **un tube de peinture** 一管颜料 [yì guǎn yánliào] ❷ (produit pour un revêtement) 油漆 [yóuqī] ▸ **la peinture s'écaille** 油漆剥落 [yóuqī bōluò] ▸ **un pot de peinture** 一罐油漆 [yí guàn yóuqī] ❸ (art) 绘画 [huìhuà] ▸ **une exposition de peinture** 一次画展 [yí cì huà zhǎn] ▸ **prendre des cours de peinture** 上绘画课 [shàng huìhuà kè].

péjoratif, ive adj 贬义的 [biǎnyì de] ▸ **un mot péjoratif** 一个贬义词 [yí ge biǎnyì cí].

Pékin npr 北京 [Běijīng].

pékinois, e adj 北京的 [běijīng de].

▪ **pékinois** nm ❶ (chien) ○ (cl. 只 [zhī]) 哈巴狗 [hābagǒu] ❷ (dialecte) 北京话 [běijīnghuà].

▪ **Pékinois, e** nm, f 北京人 [Běijīngrén].

pêle-mêle adv 乱七八糟地 [luànqī bāzāo de].

peler ♦ vt 去皮 [qùpí] ▸ **peler un fruit** 削水果 [xiāo shuíguǒ]. ♦ vi 脱皮 [tuōpí].

pèlerin nm (cl. 位 [wèi] ou 个 [gè] ou 名 [míng]) 朝圣者 [cháoshèngzhě].

pèlerinage nm 朝圣 [cháoshèng] ▸ **faire un pèlerinage** 去朝圣 [qù cháoshèng].

pélican nm (cl. 只 [zhī]) 鹈鹕 [tíhú].

pelle nf (cl. 把 [bǎ]) 铲子 [chǎnzi] ▸ **pelle mécanique** (cl. 台 [tái]) 挖土机 [wātǔ jī] ▸ **creuser un trou à la pelle** 用铲子挖一个洞 [yòng chǎnzi wā yí ge dòng]
◊ **à la pelle** *fam* 一大堆 [yí dà duī] ▸ **il a reçu des cadeaux à la pelle** 他收到了一大堆礼物 [tā shōudào le yí dà duī lǐwù].

pellicule nf ❶ PHOTO & CINÉ (cl. 卷 [juǎn] ou 张 [zhāng]) 胶片 [jiāopiàn] ▸ **faire développer une pellicule** 冲洗胶片 [chōngxǐ jiāopiàn] ❷ (couche mince) 薄层 [báocéng] ▸ **une pellicule de givre** 一层霜 [yì céng shuāng].

▪ **pellicules** nfpl (écailles de peau) 头皮屑 [tóupíxiè] ▸ **un shampoing contre les pellicules** 一瓶去屑洗发水 [yì píng qù xiè xǐfàshuǐ].

pelote nf (boule de fils) 线团 [xiàntuán] ▸ **pelote de laine** 毛线团 [máo xiàntuán].

peloton nm ❶ (ensemble de coureurs) (速度比赛中的)选手组 [(sùdù bǐsài zhōng de) xuánshǒu zǔ] ▸ **le peloton de tête** 领先的一组选手 [lǐngxiān de yì zǔ xuánshǒu] ▸ **sortir du peloton** 超过其他选手 [chāoguò qítā xuǎnshǒu] ❷ (groupe de soldats) 分队 [fēnduì] ▸ **peloton d'exécution** 行刑队 [xíngxíng duì].

pelotonner ▪ **se pelotonner** vp 蜷缩 [quánsuō] ▸ **se pelotonner dans son lit** 蜷缩在床上 [quánsuō zài chuáng shàng].

pelouse nf (cl. 块 [kuài] ou 片 [piàn]) 草坪 [cǎopíng] ▸ **tondre la pelouse** 修剪草坪 [xiūjiǎn cǎopíng].

peluche nf ❶ (jouet) 毛绒玩具 [máoróng wánjù] ❷ (tissu) 长毛绒(织物) [chángmáoróng (zhīwù)].

pénal, e, aux adj DR 刑事的 [xíngshì de] ▸ **le code pénal** 刑法典 [xíngfǎ diǎn] ▸ **le droit pénal** 刑法 [xíngfǎ].

pénaliser vt ❶ (désavantager) 使……受损失 [shǐ… shòu sǔnshī] ▸ **ces mesures pénalisent les employés** 这些措施对职员不利 [zhè xiē cuòshī duì zhíyuán búlì] ❷ SPORT 罚 [fá].

penalty nm SPORT 罚点球 [fá diǎnqiú] ▸ **siffler un penalty** 吹哨罚点球 [chuīshào fá diǎnqiú] ▸ **tirer un penalty** 射点球 [shè diǎnqiú].

penaud, e adj (confus) 尴尬的 [gāngà de] ▸ **se sentir penaud** 感到羞愧 [gǎndào xiūkuì].

penchant nm (inclination) 倾向 [qīngxiàng] ▸ **avoir un penchant à** 有……的倾向 [yǒu… de qīngxiàng] ▸ **avoir un penchant pour** 爱上…… [àishang…] ▸ **elle a un sérieux penchant pour l'alcool** 她嗜酒成性 [tā shìjiǔ chéngxìng].

pencher ♦ vi ❶ (être incliné) 歪斜 [wāixié] ▸ **le tableau penche à droite** 这幅画向右歪 [zhè fú huà xiàng yòu wāi] ❷ (préférer) ▸ **pencher pour** 倾向于…… [qīngxiàng yú…]. ♦ vt (incliner) 使……倾斜 [shǐ… qīngxié] ▸ **pencher la tête** 歪着头 [wāizhe tóu].

▪ **se pencher** vp ❶ (se baisser) 弯腰 [wānyāo] ▸ **se pencher par la fenêtre** 把头伸出窗外 [bǎ tóu shēnchū chuāng wài] ❷ (analyser) ▸ **se pencher sur** 关注…… [guānzhù…].

pendaison nf 绞刑 [jiǎoxíng] ▸ **être exécuté par pendaison** 被处以绞刑 [bèi chúyǐ jiǎoxíng].

pendant[1], e adj (qui pend) 下垂的 [xiàchuí de] ▸ **avoir les bras pendants** 垂着手臂 [chuízhe shǒubì] ▸ **la langue pendante du chien** 狗耷拉着的舌头 [gǒu dālazhe de shétou].

▪ **pendant** nm (bijou) ▸ **pendant d'oreille** (cl. 个 [gè]) 耳坠 [ěr zhuì] ▸ **une paire de pendants d'oreilles** 一对耳坠 [yí duì ěr zhuì].

pendant[2] prép 在……期间 [zài… qījiān] ▸ **je l'ai attendu pendant une heure** 我等了他一个小时 [wǒ děng le tā yí ge xiǎoshí] ▸ **je suis partie au Canada pendant les vacances** 我假期去了加拿大 [wǒ jiàqī qù le Jiānádà].

▪ **pendant que** loc conj 在……时 [zài… shí] ▸ **je suis sortie pendant que tu dormais** 我在你睡觉时出去了 [wǒ zài nǐ shuìjiào shí chūqu le].

pendentif nm 坠子 [zhuìzi].

penderie nf (挂衣服的)壁橱 [(guà yīfu de) bìchú].

pendre ♦ vi ❶ (être suspendu) 悬挂 [xuánguà] ▸ **les fruits pendent aux branches** 果子挂在树枝上 [guǒzi guà zài shùzhī shàng] ❷ (descendre trop bas) 下垂 [xiàchuí]. ♦ vt ❶ (suspendre) 挂 [guà] ▸ **pendre un lustre au plafond** 在天花板挂一盏吊灯 [zài tiānhuābǎn guà yì zhǎn diàodēng] ❷ (mettre à mort) 绞死 [jiáosǐ].

▪ **se pendre** vp (se suicider) 上吊自缢 [shàngdiào zìyì]

◊ **se pendre au bras de qqn** 挽住某人的胳膊 [wǎn zhù mǒurén de gēbo] ▸ **se pendre au cou de qqn** 紧紧搂住某人的脖子 [jínjǐn lǒuzhù mǒurén de bózi].

pendu, e ♦ adj (accroché) 挂着的 [guàzhe de]

◊ **être pendu aux lèvres de qqn** 聚精会神地听某人讲话 [jùjīng huìshén de tīng mǒurén jiǎnghuà] ▸ **être pendu au téléphone** 抱着电话不放 [bàozhe diànhuà bú fàng].

♦ nm, f (mort par pendaison) 自缢者 [zìyìzhě].

pendule ♦ nm (objet qui oscille) 摆锤 [bǎichuí] ▸ **le pendule d'une horloge** 钟摆 [zhōng bǎi]. ♦ nf (horloge) 座钟 [zuòzhōng] ▸ **régler une pendule** 校准一个座钟 [jiàozhǔn yí ge zuòzhōng].

pénétrer ♦ vi (s'introduire) 进入 [jìnrù] ▸ **pénétrer dans une pièce** 进入一个房间 [jìnrù yí ge fángjiān]. ♦ vt (passer à travers) 浸透 [jìntòu] ▸ **le froid nous pénétra jusqu'aux os** 我们感到寒冷刺骨 [wǒmen gǎndào hánlěng cìgǔ].

Peng Dehuai npr POLIT 彭德怀 [Péng Déhuái].

pénible adj ❶ (difficile) 费力的 [fèilì de] ❷ (attristant) 令人难过的 [lìngrén nánguò de].

péniche nf (cl. 条 [tiáo] ou 只 [zhī] ou 艘 [sōu]) 驳船 [bóchuán].

pénicilline nf 青霉素 [qīngméisù].

péninsule nf 半岛 [bàndǎo] ▸ **la péninsule Ibérique** 伊比利亚半岛 [Yībǐlìyà bàndǎo].

pénis nm inv (cl. 根 [gēn]) 阴茎 [yīnjīng].

pénitence nf RELIG 忏悔 [chànhuǐ] ▸ **faire pénitence** 赎罪 [shúzuì].

pénitencier nm 苦役监狱 [kǔyì jiānyù].

pénombre nf 幽暗的光线 [yōu'àn de guāngxiàn] ▸ **la pièce était plongée dans la pénombre** 房间陷入了幽暗的光线中 [fángjiān xiànrù le yōu'àn de guāngxiàn zhōng].

pense-bête nm 备忘记号 [bèiwàng jìhào].

pensée nf ❶ (raisonnement) 思维 [sīwéi] ❷ (rêverie) 思考 [sīkǎo] ▸ **avoir une pensée pour qqn** 牵挂某人 [qiānguà mǒurén] ▸ **être perdu dans ses pensées** 陷入沉思之中 [xiànrù chénsī zhīzhōng] ❸ (opinion) 想法 [xiángfǎ] ▸ **exprimer sa pensée** 表达想法 [biǎodá xiángfǎ] ❹ (fleur) ○ (cl. 朵 [duǒ]) 蝴蝶花 [húdiéhuā].

penser ♦ vi ❶ (réfléchir) 思考 [sīkǎo] ▸ **penser tout haut** 自言自语 [zìyán zìyǔ] ▸ **un film qui donne à penser** 一部发人深省的电影 [yí bù fārénshēnxǐng de diànyǐng] ❷ (songer) 想 [xiǎng] ▸ **penser à qqn/qqch** 想某人/某物 [xiǎng mǒurén/mǒuwù] ▸ **faire penser à** 使……想起 [shǐ… xiángqǐ] ❸ (se rappeler) 记得 [jì de]. ♦ vt 认为 [rènwéi] ▸ **penser que** *(+ indicatif)* 认为…… [rènwéi…].

pensif, ive adj 沉思的 [chénsī de] ▸ **un air pensif** 一副沉思的样子 [yí fù chénsī de yàngzi].

pension nf ❶ (hébergement) ○ (cl. 笔 [bǐ] ou 份 [fèn]) 膳宿费 [shànsùfèi] ▸ **pension complète** 包三餐的膳宿费 [bāo sān cān de shànsùfèi] ❷ (internat) ○ (cl. 所 [suǒ] ou 个 [gè]) 寄宿学校 [jìsù xuéxiào] ▸ **être en pension** 是寄宿生 [shì jìsùshēng] ❸ (allocation) ○ (cl. 笔 [bǐ]) 抚恤金 [fǔxùjīn] ▸ **pension alimentaire** 生活费 [shēnghuó fèi].

pensionnaire nmf ❶ (élève) ○ (cl. 名 [míng] ou 个 [gè]) 寄宿生 [jìsùshēng] ❷ (hôte payant) 包餐寄宿者 [bāocān jìsùzhě].

pensionnat nm (internat) ○ (cl. 所 [suǒ] ou 个 [gè]) 寄宿学校 [jìsù xuéxiào].

pensivement adv 沉思地 [chénsī de].

pente nf 倾斜 [qīngxié] ▸ **une descente en pente douce** 一个平缓的下坡 [yí ge pínghuǎn de xiàpō] ▸ **un terrain en pente** 一个斜坡 [yí ge xiépō] ▸ **des pentes enneigées** 积雪的斜坡 [jīxuě de xiépō]
◊ **remonter la pente** 有好转 [yǒu háozhuǎn].

Pentecôte nf (fête juive ou chrétienne) 圣灵降临节 [Shènglíng jiànglínjié].

pénurie nf 匮乏 [kuìfá] ▸ **une pénurie alimentaire** 食物短缺 [shíwù duǎnquē].

pépé nm *fam* ❶ (paternel) 爷爷 [yéye] ❷ (maternel) 姥爷 [lǎoye].

pépin nm ❶ (graine) ○ (cl. 粒 [lì] ou 颗 [kē]) 籽 [zǐ] ❷ *fam* (ennui) 麻烦 [máfan].

pépinière nf 苗圃 [miáopǔ].

pépite nf 块 [kuài] ▸ **pépite de chocolat** 巧克力粒 [qiǎokèlì lì] ▸ **pépite d'or** 天然金块 [tiānrán jīnkuài].

perçant, e adj ❶ (aigu) 刺耳的 [cì'ěr de] ▸ **des cris perçants** 尖叫声 [jiānjiào shēng] ❷ (vif) 刺骨的 [cìgǔ de] ▸ **un froid perçant** 刺骨的寒冷 [cìgǔ de hánlěng] ❸ (d'une grande acuité) 锐利的 [ruìlì de] ▸ **une vue perçante** 锐利的眼光 [ruìlì de yǎnguāng].

percepteur, trice nm, f (cl. 个 [gè] ou 名 [míng]) 税务员 [shuìwùyuán].

perception nf ❶ (vision) ○ (cl. 种 [zhǒng] ou 个 [gè]) 感觉 [gǎnjué] ▸ **la perception des couleurs** 色彩感 [sècǎi gǎn] ▸ **la perception d'une situation** 对一个情况的认识 [duì yí ge qíngkuàng de rènshi] ❷ (recouvrement) 征收 [zhēngshōu] ▸ **la perception des impôts** 征税 [zhēng shuì].

percer ♦ vt ❶ (faire un trou) 穿透 [chuāntòu] ▸ **percer une fenêtre** 打通一扇窗户 [dǎtōng yí shàn chuānghu] ▸ **se faire percer les oreilles** 打耳洞 [dǎ ěr dòng] ❷ (découvrir) 识破 [shípò] ▸ **percer un mystère** 识破一个秘密 [shípò yí ge mìmì]. ♦ vi (apparaître) 透过 [tòuguò] ▸ **le soleil perce à travers les nuages** 阳光透过云层 [yángguāng tòuguò yúncéng].

perceuse nf (cl. 把 [bǎ]) 钻 [zuàn] ▸ **perceuse électrique** 电钻 [diàn zuàn].

percevoir vt ❶ (distinguer, entendre) 觉察 [juéchá] ▸ **percevoir des sons** 听到声音 [tīngdào shēngyīn] ❷ (comprendre) 领会 [lǐnghuì] ❸ (recevoir de l'argent) 收取 [shōuqǔ] ▸ **j'ai perçu une grosse somme pour ce travail** 我在这份工作上挣了一大笔钱 [wǒ zài zhè fèn gōngzuò shàng zhèng le yí dà bǐ qián].

perche nf ❶ (poisson) ○ (cl. 条 [tiáo]) 鲈鱼 [lúyú] ❷ (tige en bois ou en métal) 杆 [gǎn]
◊ **tendre la perche à qqn** 拉某人一把 [lā mǒurén yì bǎ].

percher ■ **se percher** vp 栖息 [qīxī].

percolateur nm 大咖啡壶 [dà kāfēihú].

percussion nf ▸ **instrument à percussion** (cl. 件 [jiàn]) 打击乐器 [dǎjī yuèqì].

percutant, e adj 有冲击力的 [yǒu chōngjīlì de].

percuter ♦ vt (heurter) 碰撞 [pèngzhuàng] ▸ **le camion a percuté l'arbre** 卡车撞到树上 [kǎchē zhuàng dào shù shàng]. ♦ vi (heurter violemment) 撞击 [zhuàngjī] ▸ **percuter contre** 撞击…… [zhuàngjī…].

perdant, e ♦ adj 输的 [shū de]. ♦ nm, f 输家 [shūjia].

perdre ♦ vt ❶ (ne plus avoir) 失去 [shīqù] ▸ **perdre son emploi** 失去工作 [shīqù gōngzuò] ▸ **perdre un parent** 失去一个亲属 [shīqù yí ge qīnshǔ] ▸ **perdre la mémoire** 失忆 [shī yì] ❷ (égarer) 丢失 [diūshī] ▸ **perdre ses clés** 丢失钥匙 [diūshī yàoshi] ❸ (gaspiller) 浪费 [làngfèi] ▸ **perdre son temps** 浪费时间 [làngfèi shíjiān] ▸ **perdre son énergie** 耗费精力 [hàofèi jīnglì] ❹ (être vaincu) 输 [shū] ▸ **perdre un procès** 败诉 [bàisù] ▸ **perdre un match** 输掉一场比赛 [shū diào yì chǎng bǐsài]. ♦ vi 失败 [shībài].
■ **se perdre** vp ❶ (s'égarer) 迷路 [mílù] ❷ (cesser d'exister) 消失 [xiāoshī].

perdu, e adj ❶ (introuvable, égaré) 遗失的 [yíshī de] ▸ **objet perdu** 遗失的物件 [yíshī de wùjiàn] ❷ (gaspillé) 浪费的 [làngfèi de] ❸ (isolé) 偏僻的 [piānpì de] ▸ **un village perdu** 一个偏远的村庄 [yí ge piānyuǎn de cūnzhuāng].

perdurer vi 持续 [chíxù].

père nm (cl. 位 [wèi] ou 个 [gè]) 父亲 [fùqin] ▸ **père de famille** 一家之主 [yì jiā zhī zhǔ].

péremptoire adj 断然的 [duànrán de].

perfection nf 完美 [wánměi] ▸ **atteindre la perfection** 尽善尽美 [jìnshàn jìnměi]
◊ **à la perfection** 完美地 [wánměi de] ▸ **il joue du piano à la perfection** 他钢琴弹得无懈可击 [tā gāngqín tán de wúxiè kějī].

perfectionnement nm 改善 [gǎishàn] ▸ **cours de perfectionnement** 进修班 [jìnxiū bān].

perfectionner vt 改进 [gǎijìn].
■ **se perfectionner** vp 进修 [jìnxiū] ▸ **se perfectionner en anglais** 进修英语 [jìnxiū yīngyǔ].

perfide adj 阴险的 [yīnxiǎn de] ▸ **des propos perfides** 一些阴险的话 [yìxiē yīnxiǎn de huà].

perforer vt 钻孔 [zuànkǒng] ▸ **la balle lui a perforé le poumon** 子弹穿透了他的肺 [zǐdàn chuāntòu le tāde fèi] ▸ **perforer un coffre-fort** 钻开保险箱 [zuàn kāi bǎoxiǎn xiāng].

performance nf ❶ SPORT (cl. 项 [xiàng] ou 个 [gè]) 成绩 [chéngjì] ❷ (exploit) ○ (cl. 桩 [zhuāng] ou 个 [gè]) 成就 [chéngjiù].
■ **performances** nfpl TECHNOL 性能 [xìngnéng].

performant, e adj 出色的 [chūsè de] ▸ **un employé performant** 一个出色的职员 [yí ge chūsè de zhíyuán] ▸ **une voiture performante** 一辆高性能的汽车 [yí liàng gāo xìngnéng de qìchē].

perfusion nf MÉD 输液 [shūyè] ▸ **être sous perfusion** 在输液中 [zài shūyè zhōng].

péril nm *sout* 危险 [wēixiǎn] ▸ **mettre qqn/qqch en péril** 把某人/某物置于险地 [bǎ mǒurén/mǒuwù zhìyú xiǎndì] ▸ **ce conducteur met en péril ses passagers** 这个司机置乘客的安全于不顾 [zhè ge sījī zhì chéngkè de ānquán yú búgù] ▸ **au péril de sa vie** 冒着生命危险 [màozhe shēngmìng wēixiǎn].

périlleux, euse adj 危险的 [wēixiǎn de].

périmé, e adj 过期的 [guòqī de] ▸ **un passeport périmé** 一个过期的护照 [yí ge guòqī de hùzhào] ▸ **des produits alimentaires périmés** 过期的食品 [guòqī de shípǐn].

périmètre nm ❶ (contour) 周长 [zhōucháng] ▸ **le périmètre d'un champ** 一块地的周长 [yí kuài dì de zhōucháng] ❷ (zone) 区域 [qūyù] ▸ **périmètre de sécurité** 安全区域 [ānquán qūyù].

période nf 期间 [qījiān] ▸ **une période d'un mois** 一个月的时间 [yí ge yuè de shíjiān]

▸ **la période de vacances** 度假期间 [dùjià qījiān].

périodique ♦ nm (journal) ○ (cl. 本 [běn] ou 份 [fèn]) 期刊 [qīkān]. ♦ adj (à intervalles réguliers) 定期的 [dìngqī de] ▸ **un phénomène périodique** 一个周期性的现象 [yí ge zhōuqīxìng de xiànxiàng] ▸ **une publication périodique** 定期出版 [dìngqī chūbǎn].

péripéties nfpl (aventure) 波折 [bōzhé].

périphérie nf 郊区 [jiāoqū].

périphérique ♦ nm (route) ○ (cl. 条 [tiáo]) 环城公路 [huánchéng gōnglù] ▸ **prendre le périphérique** 走环城公路 [zǒu huánchéng gōnglù]. ♦ adj 外围的 [wàiwéi de] ▸ **boulevard périphérique** 环城大道 [huánchéng dàdào].

périphrase nf LING 代用语 [dàiyòngyǔ].

périple nm (voyage) 旅行 [lǚxíng].

périr vi *sout* (mourir) 丧生 [sàngshēng].

périssable adj 易变质的 [yìbiànzhì de].

perle nf ❶ (boule de nacre) ○ (cl. 颗 [kē]) 珍珠 [zhēnzhū] ▸ **un collier de perles** 一条珍珠项链 [yì tiáo zhēnzhū xiàngliàn] ❷ (boule décorative) ○ (cl. 颗 [kē] ou 个 [gè]) 珠子 [zhūzi] ▸ **enfiler des perles** 穿珠子 [chuān zhūzi] ❸ (personne irréprochable) 无可挑剔的人 [wúkě tiāoti de rén] ▸ **ma secrétaire est une perle** 我的秘书是个无可挑剔的人 [wǒde mìshū shì ge wúkě tiāoti de rén]

◊ **la rivière des Perles** 珠江 [Zhūjiāng].

permanence nf ❶ (continuité) 持久性 [chíjiǔxìng] ▸ **en permanence** 一直 [yìzhí] ▸ **ils se chamaillent en permanence** 他们老是争吵 [tāmen lǎoshi zhēngchǎo] ❷ (service) 值班 [zhíbān] ▸ **une permanence téléphonique** 电话值班 [diànhuà zhíbān] ▸ **assurer une permanence** 值班 [zhí bān] ❸ (salle d'étude) ○ (cl. 间 [jiān]) 自习室 [zìxíshì].

permanent, e adj 持续的 [chíxù de] ▸ **un bruit permanent** 连续的声音 [liánxù de shēngyīn] ▸ **une douleur permanente** 持续的疼痛 [chíxù de téngtòng].

▪ **permanente** nf (coiffure) 烫发 [tàngfà] ▸ **faire une permanente** 烫一下头发 [tàng yíxià tóufa].

permettre vt ❶ (autoriser) 允许 [yúnxǔ] ▸ **permettre à qqn de faire qqch** 允许某人做某事 [yúnxǔ mǒurén zuò mǒushì] ▸ **permettre que** *(+ subjonctif)* 允许...... [yúnxǔ...] ❷ (rendre possible) 使......能够 [shǐ... nénggòu] ▸ **ces vacances m'ont permis de me reposer** 假期让我得以休息 [jiàqī ràng wǒ déyǐ xiūxi].

▪ **se permettre** vp ▸ **se permettre qqch** 允许自己做某事 [yúnxǔ zìjǐ zuò mǒushì] ▸ **se permettre de faire qqch** 竟敢做某事 [jìnggǎn zuò mǒushì] ▸ **elle se permet d'être en retard** 她竟敢迟到 [tā jìnggǎn chídào].

permis nm 执照 [zhízhào] ▸ **permis de conduire** 驾驶执照 [jiàshǐ zhízhào].

permission nf ❶ (autorisation) 许可 [xúkě] ▸ **demander la permission de sortir** 申请出去的许可 [shēnqǐng chūqu de xúkě] ❷ MIL (congé) (军人的)休假 [(jūnrén de) xiūjià] ▸ **être en permission** 在休军假 [zài xiū jūnjià].

Pérou nm ▸ **le Pérou** 秘鲁 [Bìlǔ].

perpendiculaire ♦ nf (cl. 条 [tiáo]) 垂直线 [chuízhíxiàn] ▸ **tracer une perpendiculaire** 画一条垂直线 [huà yì tiáo chuízhíxiàn]. ♦ adj 垂直的 [chuízhí de] ▸ **une droite perpendiculaire** 一条垂直的直线 [yì tiáo chuízhí de zhíxiàn].

perpétrer vt *sout* 犯 [fàn] ▸ **perpérter un crime** 犯罪 [fàn zuì].

perpétuel, elle adj ❶ (incessant) 无休止的 [wúxiūzhǐ de] ▸ **plaintes perpétuelles** 没完没了的抱怨 [méiwán méiliǎo de bàoyuàn] ❷ (fréquent) 频繁的 [pínfán de] ▸ **des disputes perpétuelles** 频繁的争吵 [pínfán de zhēngchǎo].

perpétuer vt 使......永远流传 [shǐ... yóngyuǎn liúchuán].

▪ **se perpétuer** vp 流传 [liúchuán].

perpétuité nf ▸ **à perpétuité** 永久地 [yóngjiǔ de] ▸ **condamnation à perpétuité** 无期徒刑 [wúqī túxíng].

perplexe adj 困惑的 [kùnhuò de] ▸ **laisser qqn perplexe** 使某人茫然无措 [shǐ mǒurén mángrán wúcuò] ▸ **rester perplexe** 困惑不已 [kùnhuò bùyǐ].

perquisition nf (cl. 次 [cì] ou 个 [gè] ou 场 [chǎng]) 搜查 [sōuchá] ▸ **effectuer une perquisition** 进行搜查 [jìnxíng sōuchá].

perroquet nm (cl. 只 [zhī]) 鹦鹉 [yīngwǔ].

perruche nf (cl. 只 [zhī]) 虎皮鹦鹉 [hǔpí-yīngwǔ].

perruque nf (cl. 顶 [dǐng] ou 个 [gè] ou 头 [tóu]) 假发 [jiǎfà] ▸ **mettre une perruque** 戴假发 [dài jiǎfà].

persan, e adj 波斯的 [bōsī de] ▸ **un tapis persan** 一块波斯地毯 [yí kuài bōsī dìtǎn].

▪ **persan** nm (chat) ○ (cl. 只 [zhī]) 波斯猫 [bōsīmāo].

persécuter vt ❶ (martyriser) 迫害 [pòhài] ❷ (harceler) 纠缠 [jiūchán].

persécution nf (cl. 种 [zhǒng] ou 次 [cì] ou 场 [chǎng]) 迫害 [pòhài] ▸ **être victime de persécutions** 受迫害 [shòu pòhài].

persévérant, e adj 坚持的 [jiānchí de] ▸ **des efforts persévérants** 坚持不懈地努力 [jiānchí bú xiè de nǔlì].

persévérer vi 坚持 [jiānchí] ▸ **persévérer malgré les difficultés** 尽管有困难但仍然坚持 [jínguǎn yǒu kùnnan dàn réngrán jiānchí].

persil nm 香芹 [xiāngqín].

persister vi ❶ (s'obstiner) 坚持 [jiānchí] ▸ **je persiste à croire qu'il s'est trompé** 我坚持认为他搞错了 [wǒ jiānchí rènwéi tā gǎocuò le] ▸ **elle persiste dans son erreur** 她坚持她的错误 [tā jiānchí tāde cuòwù] ❷ (durer) 持续 [chíxù] ▸ **la fièvre a persisté** 发烧一直持续 [fāshāo yìzhí chíxù].

personnage nm ❶ (personnalité) 人物 [rénwù] ▸ **un personnage haut placé** 一个显要人物 [yí ge xiǎnyào rénwù] ❷ (protagoniste) 角色 [juésè] ▸ **personnage principal** 主角 [zhǔjué] ▸ **personnage secondaire** 配角 [pèijué] ❸ (individu) 人 [rén] ▸ **un odieux personnage** 一个讨厌的人 [yí ge tǎoyàn de rén].

personnaliser vt 使……个性化 [shǐ… gèxìnghuà].

personnalité nf ❶ (caractère) 个性 [gèxìng] ▸ **avoir une forte personnalité** 有很强的个性 [yǒu hěn qiáng de gèxìng] ▸ **avoir des troubles de la personnalité** 有人格障碍 [yǒu réngé zhàng'ài] ▸ **culte de la personnalité** 个人崇拜 [gèrén chóngbài] ❷ (personne importante) ○ (cl. 位 [wèi]) 重要人物 [zhòngyào rénwù] ▸ **les personnalités ont été installées au premier rang** 重要人物在第一排就座 [zhòngyào rénwù zài dìyī pái jiùzuò].

personne[1] pron indéf ❶ (quiconque) 人 [rén] ▸ **tu sais cela mieux que personne** 你比别人都更清楚这件事 [nǐ bǐ biéren dōu gèng qīngchu zhè jiàn shì] ❷ (aucun) 没人 [méirén] ▸ **personne ne viendra** 没有人会来 [méiyǒu rén huì lái].

personne[2] nf ❶ (être) 人 [rén] ▸ **en personne** 亲自 [qīnzì] ▸ **les personnes âgées** 老年人 [lǎoniánrén] ❷ GRAMM 人称 [rénchēng] ▸ **la première personne du pluriel** 第一人称复数 [dìyī rénchēng fùshù].

personnel, elle adj (privé, intime) 个人的 [gèrén de] ▸ **des affaires personnelles** 个人物品 [gèrén wùpǐn] ▸ **des problèmes personnels** 个人问题 [gèrén wèntí].

▪ **personnel** nm (employés) 职员 [zhíyuán] ▸ **manquer de personnel** 缺少职员 [quēshǎo zhíyuán].

personnellement adv ❶ (en personne) 亲自 [qīnzì] ▸ **l'avez-vous vu personnellement ?** 您亲眼看到他了吗？ [nín qīnyǎn kàndào tā le ma?] ❷ (quant à soi) 就个人而言 [jiù gèrén éryán] ▸ **personnellement, je crois que tu as eu tort** 就个人而言，我认为你错了 [jiù gèrén éryán, wǒ rènwéi nǐ cuò le].

personnifier vt 体现 [tǐxiàn].

perspective nf ❶ (représentation de l'espace) 透视 [tòushì] ▸ **les lois de la perspective** 透视法 [tòushì fǎ] ❷ (point de vue) 观点 [guāndiǎn] ▸ **dans une perspective historique** 从历史的观点看 [cóng lìshǐ de guāndiǎn kàn] ❸ (projet) 前景 [qiánjǐng] ▸ **ouvrir de nouvelles perspectives** 展开新的前景 [zhǎnkāi xīn de qiánjǐng] ▸ **en perspective** 在望 [zàiwàng] ▸ **des perspectives d'avenir** 未来的前景 [wèilái de qiánjǐng].

perspicace adj 有洞察力的 [yǒu dòngchálì de].

persuader vt 说服 [shuōfú] ▸ **persuader qqn de qqch** 使某人相信某事 [shǐ mǒurén xiāngxìn mǒushì] ▸ **elle l'a persuadé de revenir** 她说服了他回来 [tā shuōfú le tā huílai] ▸ **être persuadé de qqch** 对……深信[duì… shēnxìn] ▸ **je suis persuadé de sa bonne foi** 我对他的诚实深信不疑 [wǒ duì tāde chéngshí shēnxìn bùyí] ▸ **être persuadé que** *(+ indicatif)* 深信…… [shēnxìn…] ▸ **elle est persuadée qu'il reviendra** 她深信他会回来 [tā shēnxìn tā huì huílai].

persuasif, ive adj 有说服力的 [yǒu shuōfúlì de] ▸ **se montrer persuasif** 表现得有说服力 [biǎoxiànde yǒu shuōfúlì].

persuasion nf 说服 [shuōfú].

perte nf ❶ (fait d'égarer) 遗失 [yíshī] ▸ **la perte d'un document** 遗失一份资料 [yíshī yí fèn zīliào] ❷ (argent perdu) 亏损 [kuīsǔn] ▸ **subir de lourdes pertes** 遭受巨大亏损 [zāoshòu jùdà kuīsǔn] ❸ (échec) 败 [bài] ▸ **la perte d'un procès** 败诉 [bàisù] ❹ (gaspillage) 浪费 [làngfèi] ▸ **une perte de temps** 浪费时间 [làngfèi shíjiān] ❺ (mort) 死亡 [sǐwáng] ▸ **la perte d'un être cher** 一个亲友的亡故 [yí ge qīnyǒu de wánggù]
◊ **à perte** 亏本 [kuīběn] ▸ **à perte de vue** 一望无际 [yíwàng wújì].
■ **pertes** nfpl (morts) 伤亡 [shāngwáng] ▸ **des pertes civiles et militaires** 军民的伤亡 [jūnmín de shāngwáng].

pertinent, e adj 中肯的 [zhòngkěn de] ▸ **une remarque pertinente** 一个中肯的意见 [yí ge zhòngkěn de yìjiàn].

perturbation nf ❶ (dérèglement) 扰乱 [rǎoluàn] ▸ **les perturbations de la circulation routière** 公路交通混乱 [gōnglù jiāotōng hùnluàn] ❷ (atmosphérique) 大气扰动 [dàqì rǎodòng].

perturber vt ❶ (empêcher) 扰乱 [rǎoluàn] ▸ **perturber une réunion** 扰乱一个会议 [rǎoluàn yí ge huìyì] ❷ (troubler) 搅乱 [jiǎoluàn].

péruvien, enne adj 秘鲁的 [bìlǔ de].

pervers, e ♦ adj 邪恶的 [xié'è de] ▸ **des effets pervers** 事与愿违的结果 [shìyǔ yuànwéi de jiéguǒ] ▸ **un homme pervers** 一个恶人 [yí ge èrén]. ♦ nm, f 生理本能反常者 [shēnglǐ běnnéng fǎncháng zhě] ▸ **un pervers sexuel** 一个性欲反常者 [yí ge xìngyù fǎncháng zhě].

perversité nf 邪恶 [xié'è].

pervertir vt 毒害 [dúhài] ▸ **pervertir la jeunesse** 毒害青少年 [dúhài qīngshàonián].

pesamment adv 笨重地 [bènzhòng de] ▸ **marcher pesamment** 笨重地走 [bènzhòng de zǒu].

pesant, e adj ❶ (lourd) 沉重的 [chénzhòng de] ▸ **avancer d'un pas pesant** 拖着沉重的步伐 [tuōzhe chénzhòng de bùfá] ▸ **une valise pesante** 一个沉重的箱子 [yí ge chénzhòng de xiāngzi] ❷ (écrasant) 沉闷的 [chénmèn de] ▸ **une atmosphère pesante** 沉闷的气氛 [chénmèn de qìfen].

pesanteur nf ❶ PHYS 重力 [zhònglì] ▸ **les lois de la pesanteur** 万有引力 [wànyǒu yǐnlì] ❷ (lourdeur) 沉重 [chénzhòng] ▸ **les pesanteurs administratives** 政府部门的迟钝 [zhèngfǔ bùmén de chídùn] ▸ **pesanteur d'esprit** 精神沉重 [jīngshén chénzhòng] ▸ **des pesanteurs d'estomac** 胃部滞重 [wèibù zhìzhòng].

pèse-personne nm 体重计 [tǐzhòng jì].

peser ♦ vt (déterminer le poids) 称 [chēng] ▸ **peser un paquet** 称一个包裹 [chēng yí ge bāoguǒ] ▸ **peser un enfant** 给孩子称体重 [gěi háizi chēng tǐzhòng]. ♦ vi ❶ (avoir tel poids) 重 [zhòng] ▸ **elle pèse trente kilos** 她重三十公斤 [tā zhòng sānshí gōngjīn] ❷ (appuyer) 压 [yā] ▸ **peser contre une porte** 压在门上 [yā zài mén shàng] ▸ **peser sur l'estomac** 压住胃部 [yāzhù wèibù] ❸ (accabler moralement) ▸ **peser sur** 使……有重负之感 [shǐ… yǒu zhòngfù zhī gǎn] ▸ **le remords pèse sur sa conscience** 他受到良心的谴责 [tā shòudào liángxīn de qiǎnzé] ❹ (avoir de l'importance) 影响 [yíngxiǎng] ▸ **vos conseils ont pesé sur sa décision** 您的意见影响了他的决定 [nín de yìjiàn yíngxiǎng le tāde juédìng] ❺ (être pénible) 使……难以忍受 [shǐ… nányǐ rěnshòu] ▸ **son arrogance me pèse !** 他的傲慢使我难以忍受！ [tāde àomàn shǐ wǒ nányǐ rěnshòu!]

◊ **peser le pour et le contre** 权衡利弊 [quánhéng lìbì] ▸ **peser ses mots** 斟酌词句 [zhēnzhuócíjù].

pessimisme nm 悲观 [bēiguān].

pessimiste adj & nmf 悲观的(人) [bēiguān de (rén)] ▸ **être pessimiste sur** 对……悲观 [duì… bēiguān].

peste nf ❶ (maladie) 鼠疫 [shǔyì] ▸ **les épidémies de peste** 鼠疫的蔓延 [shǔyì de mànyán] ❷ *fam* (personne odieuse) 害人精 [hàirénjīng].

pet nm *fam* 屁 [pì].

pétale nm 花瓣 [huābàn].

pétanque nf 滚铁球游戏 [gǔn tiěqiú yóuxì] ▸ **une boule de pétanque** 滚铁球游戏中的铁球 [gǔn tiěqiú yóuxì zhōng de tiěqiú].

pétarader vi 发爆音 [fā bàoyīn].

pétard nm (petit explosif) 爆竹 [bàozhú] ▸ **allumer des pétards** 点爆竹 [diǎn bàozhú].

péter *fam* ♦ vi ❶ (faire un pet) 放屁 [fàngpì] ❷ (se casser) 断 [duàn] ▸ **le câble a pété** 缆绳断了 [lǎnshéng duàn le]. ♦ vt (casser) 打碎 [dǎsuì] ▸ **j'ai pété la lampe** 我打碎了灯泡 [wǒ dǎsuì le dēngpào].

pétiller vi ❶ (crépiter) 噼啪响 [pīpā xiǎng] ▸ **le bois pétille dans la cheminée** 木柴在壁炉里噼啪响 [mùchái zài bìlú lǐ pīpā xiǎng] ❷ (faire des bulles) 冒气泡 [mào qìpào] ❸ (briller) 闪 [shǎn] ▸ **ses yeux pétillent de joie** 他的眼睛里闪着喜悦的光芒 [tāde yǎnjing lǐ shǎnzhe xǐyuè de guāngmáng].

petit, e ♦ adj 小的 [xiǎode] ▸ **une petite maison** 一间小屋 [yì jiān xiǎo wū] ▸ **elle a des petits soucis** 她遇到了一些小麻烦 [tā yùdào le yìxiē xiǎo máfan] ▸ **tu es trop petit pour sortir avec nous** 你还太小不能和我们一起出去 [nǐ hái tài xiǎo bùnéng hé wǒmen yìqǐ chūqu]. ♦ nm, f (enfant) 小孩 [xiǎohái].

▪ **petit** ♦ nm (jeune animal) 崽儿 [zǎir]. ♦ adv 稍微地 [shāowēi de] ▸ **un petit peu avant minuit** 差几分钟午夜 [chà jǐ fēnzhōng wǔyè] ▸ **un petit peu de sel** 一点点盐 [yì diándiǎn yán]
◊ **en petit** 缩小地 [suōxiǎo de].

▪ **petit à petit** loc adv 渐渐地 [jiànjiàn de].

petit déjeuner nm 早餐 [zǎocān].

▪ **petit-déjeuner** vi 吃早餐 [chī zǎocān].

petite-fille nf ❶ (côté maternel) 外孙女 [wàisūnnǚ] ❷ (côté paternel) 孙女 [sūnnǚ].

petitement adv ❶ (chichement) 拮据地 [jiéjū de] ▸ **vivre petitement** 生活拮据 [shēnghuó jiéjū] ❷ (mesquinement) 卑鄙地 [bēibǐ de] ▸ **se venger petitement** 卑鄙地报复 [bēibǐ de bàofu].

petitesse nf ❶ (faible dimension) 狭小 [xiáxiǎo] ▸ **la petitesse d'un appartement** 房屋的狭小 [fángwū de xiáxiǎo] ❷ (mesquinerie) 狭窄 [xiázhǎi] ▸ **la petitesse d'esprit** 心胸狭窄 [xīnxiōng xiázhǎi].

petit-fils nm ❶ (côté maternel) 外孙 [wàisūn] ❷ (côté paternel) 孙子 [sūnzi].

petit-four nm (cl. 块 [kuài]) 小糕点 [xiǎo gāodiǎn].

pétition nf 请愿书 [qǐngyuànshū] ▸ **faire circuler une pétition** 传递一份请愿书 [chuándì yí fèn qǐngyuànshū] ▸ **signer une pétition** 在请愿书上签字 [zài qǐngyuànshū shàng qiānzì].

petits-enfants nmpl ❶ (côté maternel) 外孙子们[wàisūnzi men]; 外孙女们 [wàsūnnǚ men] ❷ (côté paternel) 孙子们[sūnzi men]; 孙女们 [sūnnǚ men].

petit-suisse nm (cl. 块 [kuài]) 鲜干酪 [xiāngānlào].

pétrifier vt ❶ (changer en pierre) 使……石化 [shǐ… shíhuà] ▸ **des ossements pétrifiés** 石化的骸骨 [shíhuà de háigǔ] ❷ *fig* (paralyser) 使……发呆 [shǐ… fādāi] ▸ **être pétrifié de peur** 被吓呆了 [bèi xiàdāi le].

pétrole nm 石油 [shíyóu] ▸ **un gisement de pétrole** 一个石油矿层 [yí ge shíyóu kuàngcéng].

pétrolier, ère adj 石油的 [shíyóu de] ▸ **l'industrie pétrolière** 石油工业 [shíyóu gōngyè].

pétunia nm 矮牵牛 [ǎiqiānniú].

peu ♦ adv ❶ (avec un verbe) 少 [shǎo] ▸ **je le connais peu** 我了解他很少 [wǒ liáojiě tā hénshǎo] ▸ **il travaille peu** 他工作很少 [tā gōngzuò hénshǎo] ❷ (avec un adjectif) 有点 [yóudiǎn] ▸ **elle est un peu sotte** 她有点蠢

[tā yóudiǎn chǔn] ▸ **ils sont peu nombreux** 他们人数不多 [tāmen rénshù bùduō] ❸ (avec un adverbe) 不太 [bútài] ▸ **peu après** 过了一会儿 [guò le yíhuìr] ▸ **peu souvent** 不太经常 [bútài jīngcháng] ❹ (avec un nom) 少的 [shǎo de] ▸ **cela a peu d'importance** 那不怎么重要 [nà bù zěnme zhòngyào] ▸ **il nous reste peu de temps** 我们时间不多了 [wǒmen shíjiān bùduō le] ❺ (pour indiquer un moment) 不久 [bùjiǔ] ▸ **depuis peu** 没多久 [méi duōjiǔ] ▸ **il y a peu** 不久以前 [bùjiǔ yǐqián]. ♦ nm sing 很少 [hénshǎo] ▸ **le peu qu'il dit est intéressant** 他说的话有意思的很少 [tā shuōde huà yǒu yìsi de hénshǎo] ▸ **je peux avoir encore un peu de soupe ?** 我能再要一点汤吗？ [wǒ néng zài yào yìdiǎn tāng ma?].

▪ **à peu près** loc adv 大概 [dàgài].

▪ **de peu** loc adv 差一点 [chà yidiǎn].

▪ **peu à peu** loc adv 渐渐地 [jiànjiàn de].

▪ **pour peu que** loc conj 只要稍微...... [zhǐyào shāowēi...].

peuple nm ❶ (population) 人民 [rénmín] ▸ **le peuple français** 法国人民 [fǎguó rénmín] ❷ (communauté) 民族 [mínzú] ▸ **les peuples nomades** 游牧民族 [yóumù mínzú] ❸ (prolétariat) 老百姓 [láobǎixìng] ▸ **un homme du peuple** 一个老百姓 [yí ge láobǎixìng].

peuplement nm ❶ (installation d'habitants) 人口 [rénkǒu] ▸ **le peuplement d'une région** 一个地区的人口 [yí ge dìqū de rénkǒu] ❷ (nombre d'habitants) 人口密度 [rénkǒu mìdù] ▸ **un peuplement faible** 人口密度低 [rénkǒu mìdù dī].

peupler vt ❶ (établir une population) 向......移民 [xiàng... yímín] ▸ **peupler une région** 向一个地区移民 [xiàng yí ge dìqū yímín] ❷ (habiter) 居住 [jūzhù] ▸ **les Indiens peuplaient l'Amérique** 印第安人那时居住在美洲 [Yìndì'ānrén nàshí jūzhù zài Měizhōu].

peuplier nm (cl. 棵 [kē]) 杨树 [yángshù].

peur nf ❶ (frayeur) 恐惧 [kǒngjù] ▸ **avoir peur de** 害怕...... [hàipà...] ▸ **faire peur** 使......害怕 [shǐ... hàipà] ▸ **prendre peur** 受惊 [shòujīng] ❷ (inquiétude) 担心 [dānxīn] ▸ **j'ai peur qu'il pleuve** 我担心会下雨 [wǒ dānxīn huì xiàyǔ] ▸ **il a menti de peur d'être puni** 他因怕被惩罚而说谎 [tā yīn pà bèi chéngfá ér shuōhuǎng] ▸ **il n'est pas venu par peur d'être déçu** 他因怕失望而没来 [tā yīn pà shīwàng ér méi lái].

peureux, euse ♦ adj 胆小的 [dánxiǎo de]. ♦ nm, f 胆小鬼 [dánxiǎoguǐ].

peut-être adv 也许 [yéxǔ] ▸ **peut-être voulait-il dire autre chose ?** 也许他本想说别的事？ [yéxǔ tā běn xiǎng shuō biéde shì?] ▸ **tu viens demain ? — peut-être** 明天你来吗？— 可能吧 [míngtiān nǐ lái ma? — kěnéng ba] ▸ **peut-être que** 也许...... [yéxǔ...] ▸ **peut-être que j'ai tort de lui en vouloir ?** 也许我不该怨恨他？ [yéxǔ wǒ bùgāi yuànhèn tā?].

phantasme = **fantasme**

pharaon nm (cl. 位 [wèi]) 法老 [fálǎo].

pharaonique adj 巨大的 [jùdà de].

phare nm ❶ (tour) ◦ (cl. 座 [zuò]) 塔 [tǎ] ❷ AUTO (cl. 盏 [zhǎn]) 前灯 [qiándēng] ▸ **allumer ses phares** 打开前灯 [dǎkāi qiándēng] ▸ **faire des appels de phares** 打前灯示意 [dǎ qiándēng shìyì] ▸ **phare antibrouillard** (cl. 盏 [zhǎn]) 雾灯 [wù dēng].

pharmaceutique adj 制药的 [zhìyào de] ▸ **un laboratoire pharmaceutique** 一个制药厂 [yí ge zhìyào chǎng] ▸ **un produit pharmaceutique** 一种药品 [yì zhǒng yàopǐn].

pharmacie nf ❶ (science) 药剂学 [yàojìxué] ▸ **des études de pharmacie** 学习药剂学 [xuéxí yàojìxué] ❷ (magasin) 药店 [yàodiàn] ▸ **une pharmacie de garde** 值班药店 [zhíbān yàodiàn] ❸ (armoire) 药品箱 [yàopǐnxiāng].

pharmacien, enne nm, f (cl. 名 [míng] ou 位 [wèi]) 药剂师 [yàojìshī].

phase nf 阶段 [jiēduàn] ▸ **notre plan se réalisera en trois phases** 我们的计划将分三个阶段实施 [wǒmende jìhuà jiāng fēn sān ge jiēduàn shíshī].

phénix nm 凤凰 [fènghuáng].

phénoménal, e, aux adj 惊人的 [jīngrén de] ▸ **une force phénoménale** 惊人的力量 [jīngrén de lìliang] ▸ **un succès phénoménal** 惊人的成功 [jīngrén de chénggōng].

phénomène nm 现象 [xiànxiàng] ▸ **un phénomène économique** 经济现象 [jīngjì xiànxiàng] ▸ **un phénomène naturel** 自然现象 [zìrán xiànxiàng].

philanthrope nmf (cl. 位 [wèi]) 慈善家 [císhànjiā].

philatélie nf 集邮 [jíyóu].

philatéliste nmf (cl. 位 [wèi]) 集邮者 [jíyóuzhě].

philharmonique adj 爱乐的 [àiyuè de] ▸ **un orchestre philharmonique** 一个交响乐团 [yí ge jiāoxiǎngyuè tuán].

Philippines nfpl ▸ **les Philippines** 菲律宾 [Fēilǜbīn].

philosophe ♦ adj 豁达的 [huòdá de] ▸ **rester philosophe** 保持豁达 [bǎochí huòdá]. ♦ nmf (cl. 位 [wèi]) 哲学家 [zhéxuéjiā] ▸ **les philosophes grecs** 希腊哲学家 [xīlà zhéxuéjiā].

philosophie nf ❶ (doctrine, pensée) 哲学 [zhéxué] ▸ **un cours de philosophie** 哲学课 [zhéxué kè] ❷ (sagesse) 达观 [dáguān] ▸ **affronter les épreuves avec philosophie** 以达观的态度迎接挑战 [yǐ dáguān de tàidu yíngjiē tiǎozhàn].

phobie nf 恐怖症 [kǒngbùzhèng] ▸ **avoir la phobie du vide** 有恐高症 [yǒu kǒnggāozhèng].

phonétique ♦ adj 语音的 [yǔyīn de] ▸ **l'alphabet phonétique** 音标 [yīnbiāo]. ♦ nf 语音表示 [yǔyīn biǎoshì].

phoque nm (cl. 只 [zhī]) 海豹 [hǎibào].

phosphorescent, e adj 磷光的 [línguāng de] ▸ **un animal phosphorescent** 发磷光的动物 [fā línguāng de dòngwù].

photo ♦ adj inv 摄影的 [shèyǐng de] ▸ **un album photo** 一本相册 [yì běn xiàngcè] ▸ **un appareil photo** 一个照相机 [yí ge zhàoxiàngjī]. ♦ nf (cl. 张 [zhāng]) 照片 [zhàopiàn] ▸ **faire des photos** 拍照片 [pāi zhàopiàn] ▸ **photo d'identité** (cl. 张 [zhāng]) 身份照片 [shēnfen zhàopiàn] ▸ **prendre qqn en photo** 给某人拍照片 [gěi mǒurén pāi zhàopiàn].

photocopie nf 复印件 [fùyìnjiàn] ▸ **faire une photocopie** 复印一份文件 [fùyìn yí fèn wénjiàn].

photocopier vt 复印 [fùyìn].

photocopieur nm (cl. 台 [tái]) 复印机 [fùyìnjī].

photocopieuse nf (cl. 台 [tái]) 复印机 [fùyìnjī].

photogénique adj 上相的 [shàngxiàng de] ▸ **être photogénique** 上相 [shàngxiàng].

photographe nmf (cl. 名 [míng] ou 位 [wèi]) 摄影师 [shèyǐngshī] ▸ **un photographe professionnel** 一个专业摄影师 [yí ge zhuānyè shèyǐngshī].

photographie nf ❶ (activité) 摄影 [shèyǐng] ▸ **faire de la photographie** 照相 [zhàoxiàng] ❷ (cliché) 照片 [zhàopiàn] ▸ **une photographie en couleurs** 一张彩色照片 [yì zhāng cǎisè zhàopiàn] ▸ **prendre une photographie de qqch** 给某物拍照片 [gěi mǒuwù pāi zhàopiàn].

photographier vt 拍照 [pāizhào] ▸ **se faire photographier** 被别人拍照 [bèi biéren pāizhào] ▸ **photographier un paysage** 拍一张风景照片 [pāi yì zhāng fēngjǐng zhàopiàn].

Photomaton® nm 自助摄影亭 [zìzhù shèyǐng tíng].

phrase nf 句子 [jùzi] ▸ **une phrase interrogative** 一个问句 [yí ge wènjù] ▸ **une phrase simple** 一个简单句 [yí ge jiǎndān jù].

physicien, enne nm, f (cl. 位 [wèi]) 物理学家 [wùlǐxuéjiā].

physiologique adj 生理的 [shēnglǐ de].

physionomie nf ❶ (air, mine) 容貌 [róngmào] ▸ **une physionomie joyeuse** 一张快活的面容 [yì zhāng kuàihuo de miànróng] ❷ (aspect) 面貌 [miànmào] ▸ **la physionomie d'un pays** 一个地区的面貌 [yí ge dìqū de miànmào].

physionomiste adj & nmf 善于辨认人的(人) [shànyú biànrèn rén de (rén)].

physique ♦ adj ❶ (relatif au corps humain) 身体的 [shēntǐ de] ▸ **une douleur physique** 肉体的痛苦 [ròutǐ de tòngkǔ] ▸ **l'éducation physique** 体育 [tǐyù] ❷ (relatif à la nature) 物理的

[wùlǐ de] ▸ **les propriétés physiques d'un corps** 一个物体的物理性能 [yí ge wùtǐ de wùlǐ xìngnéng]. ♦ nf (science) 物理 [wùlǐ]. ♦ nm (apparence) 相貌 [xiàngmào] ▸ **avoir un physique avantageux** 相貌长得好 [xiàngmào zhǎngde hǎo].

physiquement adv 身体上 [shēntǐ shàng] ▸ **être diminué physiquement** 体力衰退 [tǐlì shuāituì].

piaffer vi ❶ (frapper le sol) 踢蹬前蹄 [tīdēng qiántí] ❷ (trépigner) ▸ **piaffer d'impatience** 急得跺脚 [jíde duòjiǎo].

piailler vi ❶ (pousser des cris) 叽叽喳喳叫 [jījī zhāzhā jiào] ❷ *fam* (crier) 叫嚷 [jiàorǎng].

pianiste nmf (cl. 位 [wèi]) 钢琴家 [gāngqínjiā].

piano ♦ nm (cl. 架 [jià]) 钢琴 [gāngqín] ▸ **jouer du piano** 弹钢琴 [tán gāngqín]. ♦ adv MUS (doucement) 轻轻地 [qīngqīng de] ▸ **jouer piano** 轻轻地演奏 [qīngqīng de yǎnzòu].

PIB (abr de **produit intérieur brut**) nm inv 国民生产总值 [guómín shēngchǎn zǒngzhí].

pic nm ❶ (oiseau) ○ (cl. 只 [zhī]) 啄木鸟 [zhuómùniǎo] ❷ (outil) ○ (cl. 把 [bǎ]) 镐 [gǎo] ▸ **pic à glace** (cl. 把 [bǎ]) 破冰镐 [pòbīng gǎo] ❸ (montagne) ○ (cl. 座 [zuò]) 山峰 [shānfēng] ▸ **des pics enneigés** 白雪皑皑的山峰 [báixuě ái'ái de shānfēng].

pichet nm 罐 [guàn] ▸ **pichet de vin** 酒罐 [jiǔ guàn].

pickpocket nm 扒手 [páshǒu].

picorer vt 觅食 [mìshí].

picotement nm 刺痒 [cìyang] ▸ **avoir des picotements aux yeux** 感到眼睛刺痒 [gǎndào yǎnjing cìyang].

pie ♦ adj inv (couleur) 有黑白和红白两色毛皮的 [yǒu hēibái hé hóngbái liǎng sè máopí de] ▸ **un cheval pie** 一匹花斑马 [yì pǐ huābānmǎ] ▸ **une vache pie** 一头黑花母牛 [yì tóu hēihuā mǔniú]. ♦ nf (oiseau) ○ (cl. 只 [zhī]) 喜鹊 [xǐque].

pièce nf ❶ (partie de maison) 房间 [fángjiān] ▸ **un appartement de quatre pièces** 有四个房间的套房 [yǒu sì ge fángjiān de tàofáng] ❷ (monnaie) ○ (cl. 个 [gè] ou 枚 [méi]) 硬币 [yìngbì] ▸ **une pièce d'un euro** 一枚一欧元的硬币 [yì méi yì ōuyuán de yìngbì] ❸ (élément) 块 [kuài] ▸ **pièce détachée** 零件 [língjiàn] ▸ **les pièces d'un puzzle** 一个拼图的各个拼块 [yí ge pīntú de gège pīnkuài] ▸ **une pièce de viande** 一块肉 [yí kuài ròu] ❹ (unité) 件 [jiàn]; 个 [gè] ▸ **cet article coûte 1 euro pièce** 每件商品1欧元 [měi jiàn shāngpǐn 1 ōuyuán] ▸ **les melons sont vendus à la pièce** 甜瓜论个儿卖 [tiánguā lùn gèr mài] ❺ (morceau) 碎片 [suìpiàn] ▸ **mettre en pièces** 打得粉碎 [dǎde fěnsuì] ❻ (document) ○ (cl. 份 [fèn]) 文件 [wénjiàn] ▸ **pièce d'identité** 身份证件 [shēnfen zhèngjiàn] ❼ (œuvre) 剧本 [jùběn] ▸ **pièce de théâtre** 一出戏剧 [yì chū xìjù].

pied nm ❶ (membre) ○ (cl. 只 [zhī]) 脚 [jiǎo] ▸ **donner un coup de pied** 踢一脚 [tī yì jiǎo] ▸ **marcher pieds nus** 光脚走路 [guāngjiǎo zǒulù] ❷ (base d'un objet) 支撑物 [zhīchēng wù] ▸ **les pieds d'une table** 桌子腿 [zhuōzi tuǐ] ▸ **un verre à pied** 一只高脚杯 [yì zhī gāojiǎobēi] ❸ (partie d'une plante) 根部 [gēnbù] ▸ **le pied d'un arbre** 树根 [shùgēn] ▸ **un pied de vigne** 葡萄根 [pútao gēn]

◊ **à pied** 步行 [bùxíng] ▸ **au pied de** 在……的脚下 [zài… de jiǎo xià] ▸ **au pied du mur** 墙根下 [qiánggēn xià] ▸ **avoir pied** 站得住 [zhàndezhù] ▸ **être sur pied** 恢复健康 [huīfù jiànkāng] ▸ **mettre sur pied** 建立 [jiànlì].

piédestal, aux nm 底座 [dǐzuò]

◊ **mettre qqn sur un piédestal** 为某人捧场 [wèi mǒurén pěngchǎng].

piège nm ❶ (dispositif) 捕兽器 [bǔshòuqì] ▸ **piège à rats** 捕鼠器 [búshǔ qì] ❷ (traquenard) 圈套 [quāntào] ▸ **être pris au piège** 中圈套 [zhòng quāntào] ▸ **tendre un piège** 布下圈套 [bùxia quāntào] ▸ **tomber dans un piège** 上当 [shàngdàng].

piéger vt ❶ (attraper) 用捕兽器捕捉 [yòng bǔshòuqì bǔzhuō] ▸ **piéger une souris** 用捕兽器捉一只老鼠 [yòng bǔshòuqì zhuō yì zhī lǎoshu] ❷ (mettre dans une situation délicate) 为难 [wéinán] ❸ (doter d'un explosif) 装爆炸物 [zhuāng bàozhàwù] ▸ **un colis piégé** 一个装了炸弹的包裹 [yí ge zhuāng le zhàdàn de bāoguǒ] ▸ **piéger une voiture** 给车装爆炸物 [gěi chē zhuāng bàozhàwù].

piercing nm 钉饰 [dīngshì].

pierre nf ❶ (matière) ○ (cl. 块 [kuài]) 石头 [shítou] ▸ **un bloc de pierre** 一个石块 [yí ge shíkuài] ▸ **une maison en pierre** 一个石头砌的房子 [yí ge shítou qì de fángzi] ❷ (caillou, rocher) ○ (cl. 块 [kuài]) 石子 [shízi] ▸ **un tas de pierres** 一堆石子 [yì duī shízi].

▪ **pierre à encre** nf 砚(台) [yàn(tai)].

piété nf RELIG 虔诚 [qiánchéng].

piétiner ♦ vi ❶ (avancer très peu) 踏步 [tàbù] ❷ (trépigner) 顿足 [dùnzú] ▸ **piétiner d'impatience** 急得跺脚 [jíde duòjiǎo] ❸ (stagner) 毫无进展 [háowú jìnzhǎn] ▸ **les négociations piétinent** 谈判毫无进展 [tánpàn háowú jìnzhǎn]. ♦ vt (écraser) 踩 [cǎi].

piéton, onne ♦ nm, f 行人 [xíngrén]. ♦ adj 步行的 [bùxíng de] ▸ **une rue piétonne** 一条步行街 [yì tiáo bùxíngjiē].

piétonnier, ère adj 步行的 [bùxíng de] ▸ **une zone piétonnière** 一个步行区 [yí ge bùxíng qū].

pieu nm 木桩 [mùzhuāng].

pieuvre nf (cl. 条 [tiáo]) 章鱼 [zhāngyú].

pieux, euse adj 虔诚的 [qiánchéng de] ◊ **un pieux mensonge** 一个善意的谎言 [yí ge shànyì de huǎngyán].

pif nm *fam* (nez) 鼻子 [bízi] ◊ **au pif** 胡乱地 [húluàn de].

pigeon nm (cl. 只 [zhī]) 鸽子 [gēzi].

pile ♦ nf ❶ (dispositif) ○ (cl. 节 [jié] ou 块 [kuài]) 电池 [diànchí] ▸ **une pile rechargeable** 一块充电电池 [yí kuài chōngdiàn diànchí] ❷ (tas) 堆 [duī] ▸ **une pile de dossiers** 一堆文件 [yì duī wénjiàn] ❸ (côté d'une pièce) (硬币)反面 [(yìngbì) fǎnmiàn] ▸ **pile ou face** 抛硬币猜正反面 [pāo yìngbì cāi zhèngfǎn miàn]. ♦ adv *fam* (exactement) 正好 [zhènghǎo] ▸ **arriver pile** 到得正好 [dàode zhènghǎo] ▸ **tu arrives pile à l'heure !** 你来得真准时！ [nǐ láide zhēn zhǔnshí!] ▸ **commencer à 7 h pile** 7点整开始 [7 diǎn zhěng kāishǐ] ▸ **il a tiré pile au milieu** 他正好射中靶心 [tā zhènghǎo shèzhòng bǎxīn] ▸ **tomber pile** 到得正巧 [dàode zhèngqiǎo].

piler ♦ vt (broyer) 捣碎 [dǎosuì] ▸ **piler des noix** 捣碎核桃 [dǎosuì hétao]. ♦ vi *fam* (freiner) 突然刹车 [tūrán shāchē].

pileux, euse adj 毛发的 [máofà de] ▸ **le système pileux** 毛发系统 [máofà xìtǒng].

pilier nm ❶ (colonne) 支柱 [zhīzhù] ▸ **les piliers d'une église** 一个教堂的立柱 [yí ge jiàotáng de lìzhù] ❷ (défenseur) 中流砥柱 [zhōngliú dǐzhù] ▸ **c'était lui le véritable pilier de l'entreprise** 他是公司真正的中流砥柱 [tā shì gōngsī zhēnzhèng de zhōngliú dǐzhù].

pillard, e *péj* nm, f 强盗 [qiángdào].

piller vt 抢劫 [qiǎngjié].

pilon nm ❶ (instrument) ○ (cl. 把 [bǎ] ou 根 [gēn]) 杵 [chǔ] ❷ (partie de volaille) 家禽腿的下部 [jiāqín tuǐ de xiàbù].

pilonner vt 捣碎 [dǎosuì] ▸ **pilonner de l'ail** 捣蒜 [dǎosuàn].

pilotage nm 驾驶 [jiàshǐ] ▸ **pilotage automatique** 自动驾驶 [zìdòng jiàshǐ].

pilote ♦ nm (conducteur) ○ (cl. 位 [wèi] ou 名 [míng] ou 个 [gè]) 驾驶员 [jiàshǐyuán] ▸ **un pilote de course** 一个赛车驾驶员 [yí ge sàichē jiàshǐyuán] ▸ **pilote de ligne** 民航飞行员 [mínháng fēixíngyuán]. ♦ adj (expérimental) 试点的 [shìdiǎn de].

piloter vt ❶ (conduire) 驾驶 [jiàshǐ] ▸ **piloter un avion** 驾驶一架飞机 [jiàshǐ yí jià fēijī] ❷ (guider) 领导 [lǐngdǎo].

pilotis nm 桩基 [zhuāngjī] ▸ **sur pilotis** 在桩基上 [zài zhuāngjī shàng].

pilule nf ❶ MÉD (cl. 粒 [lì] ou 颗 [kē]) 药丸 [yàowán] ▸ **prendre des pilules** 吃药丸 [chī yàowán] ❷ (contraceptif) ○ (cl. 粒 [lì] ou 片 [piàn]) 避孕药 [bìyùnyào] ▸ **prendre la pilule** 服用避孕药 [fúyòng bìyùnyào].

piment nm ❶ (plante, condiment) 辣椒 [làjiāo] ▸ **du piment doux** 甜椒 [tiánjiāo] ▸ **le piment rouge** 红辣椒 [hónglàjiāo] ❷ *fig* (piquant) 刺激 [cìjī] ▸ **donner** ou **mettre du piment à qqch** 让某事更刺激些 [ràng mǒushì gèng cìjī xiē].

pimenté, e adj 辣的 [là de].

pimenter vt ❶ (assaisonner) 加辣椒调味 [jiā làjiāo tiáowèi] ▸ **pimenter un plat** 在菜中加辣椒 [zài cài zhōng jiā làjiāo] ❷ *fig* (corser) 使……更刺激 [shǐ… gèng cìjī] ▸ **pimenter un récit** 让一个故事更加刺激 [ràng yí ge gùshi gèngjiā cìjī].

pin nm (cl. 棵 [kē]) 松树 [sōngshù] ▸ **un meuble en pin** 一件松木家具 [yí jiàn sōngmù jiājù] ▸ **pin sylvestre** 欧洲赤松 [ōuzhōu chìsōng].

pince nf ❶ (outil, instrument) ○ (cl. 把 [bǎ]) 钳子 [qiánzi] ▸ **pince à cheveux** 发夹 [fàjiā] ▸ **pince à épiler** 拔毛钳 [bámáo qián] ▸ **pince à linge** 衣夹 [yī jiā] ❷ (patte de crustacé) ○ (cl. 只 [zhī]) 螯 [áo] ▸ **les pinces d'un crabe** 蟹螯 [xiè'áo].

pinceau nm ❶ (de peinture) ○ (cl. 支 [zhī] ou 把 [bǎ] ou 个 [gè]) 刷子 [shuāzi] ❷ (de calligraphie) 毛笔 [máobǐ].

pincée nf 撮 [cuō] ▸ **une pincée de sel** 一撮盐 [yì cuō yán].

pincer vt ❶ (serrer entre les doigts) 掐 [qiā] ▸ **pincer qqn jusqu'au sang** 狠命地掐某人 [hěnmìng de qiā mǒurén] ▸ **se faire pincer** 被夹住 [bèi jiāzhù] ❷ *fam* (surprendre) 逮住 [dǎizhù].

pingouin nm (cl. 只 [zhī]) 企鹅 [qǐ'é].

ping-pong nm 乒乓球 [pīngpāngqiú] ▸ **jouer au ping-pong** 打乒乓球 [dǎ pīngpāngqiú].

pintade nf (cl. 只 [zhī]) 珍珠鸡 [zhēnzhūjī].

pinyin nm (transcription phonétique du chinois) 拼音 [pīnyīn].

pioche nf ❶ (outil) ○ (cl. 把 [bǎ]) 十字镐 [shízìgǎo] ❷ (tas de cartes) ○ (cl. 摞 [luò] ou 叠 [dié]) 牌 [pái] ▸ **tirer une carte dans la pioche** 从一摞牌中抽出一张 [cóng yí luò pái zhōng chōuchū yì zhāng].

piocher ♦ vt ❶ (creuser) 刨 [páo] ▸ **piocher la terre** 刨地 [páodì] ❷ (prendre au hasard) 摸(牌) [mō (pái)] ▸ **piocher une carte** 摸一张牌 [mō yì zhāng pái]. ♦ vi (prendre) ▸ **piocher dans** 在……中翻找 [zài… zhōng fānzhǎo] ▸ **depuis qu'il n'a plus de salaire, il pioche dans ses réserves** 他没有工资后，就动用储备金 [tā méiyǒu gōngzī hòu, jiù dòngyòng chǔbèijīn].

pion, onne nm, f *fam* SCOL (surveillant) ○ (cl. 位 [wèi] ou 个 [gè]) 学监 [xuéjiān].

■ **pion** nm (pièce) 棋子 [qízǐ] ▸ **avancer un pion** 进卒 [jìn zú].

pionnier, ère nm, f *fig* (initiateur) ○ (cl. 位 [wèi] ou 个 [gè] ou 名 [míng]) 先驱 [xiānqū]; 先锋 [xiānfēng] ▸ **les pionniers de l'aviation** 航空业的先驱 [hángkōngyè de xiānqū].

pipe nf (cl. 支 [zhī] ou 个 [gè]) 烟斗 [yāndǒu] ▸ **fumer la pipe** 抽烟斗 [chōu yāndǒu].

pipi nm *fam* (cl. 泡 [pāo]) 尿 [niào] ▸ **faire pipi** 撒尿 [sā niào].

piquant, e adj ❶ (qui pique) 有刺的 [yǒucì de] ❷ (épicé) 辣的 [là de].

■ **piquant** nm ❶ (épine) ○ (cl. 根 [gēn]) 刺 [cì] ❷ *fig* (drôle) 有趣之处 [yǒuqù zhīchù].

pique ♦ nf (arme) ○ (cl. 把 [bǎ] ou 支 [zhī]) 长矛 [chángmáo]

◊ **lancer des piques à qqn** 对某人说带刺的话 [duì mǒurén shuō dàicì de huà].

♦ nm (couleur des cartes) 黑桃 [hēitáo].

pique-nique nm (cl. 次 [cì] ou 顿 [dùn] ou 场 [chǎng]) 野餐 [yěcān] ▸ **faire un pique-nique** 进行一次野餐 [jìnxíng yí cì yěcān].

piquer ♦ vt ❶ (enfoncer avec une pointe) 刺 [cì] ▸ **piquer qqn avec une aiguille** 用一根针刺某人 [yòng yì gēn zhēn cì mǒurén] ❷ (enfoncer son dard) 蜇 [zhē] ▸ **une guêpe m'a piqué** 一只胡蜂蜇了我 [yì zhī húfēng zhē le wǒ] ❸ (irriter) 刺激 [cìjī] ▸ **piquer les yeux** 刺痛眼睛 [cìtòng yǎnjing] ❹ *fam* (voler) 偷 [tōu]. ♦ vi ❶ (faire une piqûre) 打针 [dǎzhēn] ❷ (descendre) 往下直冲 [wàngxià zhíchōng]

◊ **piquer une crise** 突然发火 [tūrán fāhuǒ] ▸ **piquer du nez** 打瞌睡 [dǎkēshuì].

piquet nm ❶ (petit pieu) ○ (cl. 根 [gēn]) 小木桩 [xiǎomùzhuāng] ❷ ▸ **piquet de grève** 罢工者组成的强行停工纠察队 [bàgōngzhě zǔchéng de qiángxíng tínggōng jiūchádùi].

piqûre nf ❶ (petite plaie) 叮咬 [dīng yǎo] ▸ **piqûre de méduse** 海蜇蜇伤 [hǎizhé zhéshāng] ▸ **piqûre de moustique** 蚊子叮的包 [wénzi dīng de bāo] ❷ (injection) 打针 [dǎzhēn] ▸ **faire une piqûre à qqn** 给某人打一针 [gěi mǒurén dǎ yì zhēn].

piratage nm 盗版 [dàobǎn] ▸ **piratage informatique** 黑客行为 [hēikè xíngwéi].

pirate ♦ nm (bandit) ○ (cl. 名 [míng] ou 个 [gè]) 海盗 [hǎidào] ▸ **pirate de l'air** 劫机者 [jiéjīzhě]. ♦ adj 盗版的 [dàobǎn de] ▸ **un DVD pirate** 盗版影碟 [dàobǎn yǐngdié].

pirater vt 盗用 [dàoyòng] ▸ **pirater un logiciel** 盗用一个软件 [dàoyòng yí ge ruǎnjiàn].

pire ♦ adj ❶ (superlatif) 最坏的 [zuìhuài de] ▸ **mon pire ennemi** 我最坏的敌人 [wǒ zuìhuài de dírén] ❷ (comparatif) 更坏的 [gènghuài de] ▸ **il est pire qu'avant** 他比以前更坏 [tā bǐ yǐqián gènghuài]. ♦ nm ▸ **le pire** 最糟的事情 [zuìzāo de shìqing] ▸ **au pire** 在最坏的情况 [zài zuìhuài de qíngkuàng].

pirogue nf (cl. 条 [tiáo] ou 只 [zhī]) 独木舟 [dúmùzhōu].

pirouette nf 单脚原地旋转 [dānjiǎo yuándì xuánzhuǎn] ▸ **faire une pirouette** 单脚着地旋转一圈 [dānjiǎo zhuódì xuánzhuǎn yì quān].

pis[1] adv (pire) 更坏地 [gènghuài de] ◊ **de mal en pis** 每况愈下 [měikuàng yùxià] ▸ **la situation va de mal en pis** 情况越来越糟 [qíngkuàng yuèlái yuèzāo].

pis[2] nm (mamelle) ○ (cl. 只 [zhī]) 乳房 [rǔfáng].

piscine nf 游泳池 [yóuyǒngchí] ▸ **aller à la piscine** 去游泳 [qù yóuyǒng] ▸ **piscine couverte/découverte** 室内/露天游泳池 [shìnèi/lùtiān yóuyǒngchí].

pissenlit nm (cl. 株 [zhū] ou 棵 [kē] ou 支 [zhī]) 蒲公英 [púgōngyīng].

pisser ♦ vt *tfam* ▸ **pisser du sang** 尿血 [niàoxuè]. ♦ vi 撒尿 [sāniào].

pistache ♦ nf 开心果 [kāixīnguǒ] ▸ **pistaches grillées** 炒开心果 [chǎo kāixīnguǒ]. ♦ adj inv (couleur) ▸ **vert pistache** 浅黄绿色 [qiǎnhuáng lǜsè].

piste nf ❶ (trace) 踪迹 [zōngjì] ❷ (direction) ○ (cl. 条 [tiáo]) 线索 [xiànsuǒ] ▸ **suivre une piste** 跟踪一条线索 [gēnzōng yì tiáo xiànsuǒ] ▸ **se lancer sur la piste d'un voleur** 投入对一个小偷的追踪 [tóurù duì yí ge xiǎotōu de zhuīzōng] ❸ (chemin) ○ (cl. 条 [tiáo]) 小道 [xiǎodào] ▸ **piste cyclable** 自行车道 [zìxíngchē dào] ❹ (terrain aménagé) ○ (cl. 条 [tiáo]) 跑道 [pǎodào] ▸ **piste d'athlétisme** 田径跑道 [tiánjìng pǎodào] ▸ **piste d'atterrissage** 着陆跑道 [zhuólù pǎodào] ▸ **piste de ski** 滑雪坡道 [huáxuě pōdào].

pistil nm BOT 雌蕊 [círuǐ].

pistolet nm ❶ (arme) ○ (cl. 把 [bǎ]) 手枪 [shǒuqiāng] ▸ **pistolet mitrailleur** (cl. 把 [bǎ] ou 支 [zhī] ou 杆 [gǎn]) 冲锋枪 [chōngfēngqiāng] ❷ (instrument) ○ (cl. 把 [bǎ]) 喷枪 [pēnqiāng] ▸ **pistolet à eau** (jouet) 水枪 [shuǐqiāng] ▸ **pistolet à essence** 汽油枪 [qìyóu qiāng] ▸ **pistolet à peinture** 喷漆枪 [pēnqī qiāng].

piston nm ❶ (mécanisme) 活塞 [huósāi] ▸ **les pistons d'un moteur** 一台发动机的活塞 [yì tái fādòngjī de huósāi] ▸ **pistons d'une trompette** 喇叭的音栓 [lǎba de yīnshuān] ❷ *fam* (appui) 靠山 [kàoshān] ▸ **par piston** 走后门 [zǒu hòumén].

pistonner *fam* vt 给……找门路 [gěi…zhǎo ménlù] ▸ **pistonner un ami** 给一个朋友找门路 [gěi yí ge péngyou zhǎo ménlù] ▸ **se faire pistonner** 走后门 [zǒu hòumén] ▸ **il s'est fait pistonner par quelqu'un d'influent** 他通过某个有影响的人走了后门 [tā tōngguò mǒu ge yǒu yǐngxiǎng de rén zǒu le hòumén].

pitié nf 怜悯 [liánmǐn] ▸ **avoir pitié de qqn** 怜悯某人 [liánmǐn mǒurén] ▸ **éprouver de la pitié** 生发恻隐之情 [shēngfā cèyǐn zhīqíng] ▸ **faire pitié à qqn** 令某人可怜 [lìng mǒurén kělián] ▸ **par pitié** 处于同情 [chǔyú tóngqíng] ▸ **arrêtez ce bruit, par pitié** 发发慈悲，停下这噪音吧 [fāfa cíbēi, tíngxià zhè zàoyīn ba] ▸ **sans pitié** 冷酷无情 [lěngkù wúqíng].

pitoyable adj 可悲的 [kěbēi de].

pitre nm 小丑 [xiǎochǒu] ▸ **faire le pitre** 做怪相 [zuò guàixiàng].

pittoresque adj ❶ (beau, original) 风景如画的 [fēngjǐng rúhuà de] ❷ (vivant, imagé) 生动的 [shēngdòng de].

pivoine nf BOT (cl. 株 [zhū] ou 棵 [kē]) 牡丹 [mǔdān].

pivot nm ❶ (pièce mécanique) 枢轴 [shūzhóu] ▸ **le pivot d'une boussole** 一个指南针的中轴 [yí ge zhǐnánzhēn de zhōngzhóu] ❷ *fig* (élément principal) 轴心 [zhóuxīn] ▸ **il est le pivot de son entreprise** 他是他公司的轴心人物 [tā shì tā gōngsī de zhóuxīn rénwù].

pivoter vi 旋转 [xuánzhuǎn] ▸ **la porte pivote sur ses gonds** 门绕着合页转动 [mén ràozhe héyè zhuàndòng] ▸ **elle pivota sur ses talons et quitta le bureau** 她抬脚转身离开了办公室 [tā tái jiǎo zhuǎnshēn líkāi le bàngōngshì].

pixel nm INFORM 像素 [xiàngsù].

pizza nf (cl. 张 [zhāng] ou 块 [kuài]) 比萨饼 [bǐsàbǐng].

pizzeria nf (cl. 家 [jiā] ou 个 [gè] ou 间 [jiān]) 比萨饼店 [bǐsàbǐngdiàn].

placard nm ❶ (armoire) 壁橱 [bìchú] ▸ **placard de cuisine** 碗橱 [wǎnchú] ❷ (affiche) ◦ (cl. 张 [zhāng]) 招贴 [zhāotiē] ▸ **un placard publicitaire** 一张广告招贴 [yì zhāng guǎnggào zhāotiē].

place nf ❶ (espace) 广场 [guángchǎng] ▸ **la place du village** 村子里的广场 [cūnzi lǐ de guángchǎng] ❷ (emplacement) 位置 [wèizhì] ▸ **un cinéma de 500 places** 一个500个位子的电影院 [yí ge 500 ge wèizi de diànyǐngyuàn] ▸ **une voiture à cinq places** 一辆五座汽车 [yí liàng wǔ zuò qìchē] ▸ **prendre place** 入座 [rùzuò] ❸ (endroit) 地方 [dìfang] ▸ **changer qqch de place** 把某物换个地方 [bǎ mǒuwù huàn ge dìfang] ▸ **remettre qqch à sa place** 把某物放回原处 [bǎ mǒuwù fànghuí yuánchù] ❹ (rang) 名次 [míngcì] ▸ **il a eu la deuxième place** 他得了第二名 [tā dé le dì'èr míng]

◊ **à la place de** 代替 [dàitì] ▸ **il est allé à la réunion à ma place** 他替我去开会 [tā tì wǒ qù kāihuì] ▸ **à ta/votre place** 我要是你/您 [wǒ yào shì nǐ/nín].

▪ **sur place** loc adv 在现场 [zài xiànchǎng] ▸ **se rendre sur place** 到现场 [dào xiànchǎng].

placement nm (investissement) ◦ (cl. 笔 [bǐ] ou 项 [xiàng]) 投资 [tóuzī] ▸ **faire un placement financier** 做一笔金融投资 [zuò yì bǐ jīnróng tóuzī].

placer vt ❶ (disposer) 放置 [fàngzhì] ▸ **placer un bouquet sur la table** 在桌上放一束花 [zài zhuō shàng fàng yí shù huā] ▸ **placer des invités** 安排客人就坐 [ānpái kèren jiùzuò] ❷ (investir) 投资 [tóuzī] ▸ **placer de l'argent** 投资 [tóuzī] ❸ (trouver un emploi) 安排(工作) [ānpái (gōngzuò)] ▸ **placer qqn à la tête d'une entreprise** 把某人安排到一家公司作领导 [bǎ mǒurén ānpái dào yì jiā gōngsī zuò lǐngdǎo] ❹ (introduire) 插入 [chārù] ▸ **placer un mot** 插入一句话 [chārù yí jù huà].

▪ **se placer** vp ❶ (prendre place) 被放置 [bèi fàngzhì] ▸ **ce fauteuil se place près de la cheminée** 这个扶手椅被放在壁炉旁边 [zhè ge fúshouyǐ bèi fàng zài bìlú pángbiān] ❷ (se classer) 名列于 [mínglié yú] ▸ **se placer parmi les premiers** 名列前茅 [mínglié qiánmáo].

plafond nm ❶ (surface) ◦ (cl. 个 [gè] ou 面 [miàn]) 天花板 [tiānhuābǎn] ❷ (limite) 最高限度 [zuìgāoxiàndù] ▸ **le plafond des salaires** 最高工资 [zuìgāo gōngzī].

plafonner vi 达到极限 [dádào jíxiàn] ▸ **ma voiture plafonne à 220 km/h** 我轿车的最高时速为220公里 [wǒ jiàochē de zuìgāo shísù wéi 220 gōnglǐ].

plage nf ❶ (bord de l'eau) ◦ (cl. 个 [gè] ou 片 [piàn]) 海滩 [hǎitān]; (cl. 个 [gè] ou 片 [piàn]) 沙滩 [shātān] ❷ AUTO ▸ **plage arrière** (汽车)后窗板 [(qìchē) hòuchuāngbǎn].

plagier vt 抄袭 [chāoxí] ▸ **plagier un écrivain** 抄袭一个作家 [chāoxí yí ge zuòjiā] ▸ **plagier une œuvre** 剽窃一部作品 [piāoqiè yí bù zuòpǐn].

plaider ♦ vt DR 为……辩护 [wèi… biànhù] ▸ **plaider une affaire** 为一宗案件辩护 [wèi yì zōng ànjiàn biànhù] ▸ **plaider coupable/non coupable** 认罪/无罪辩护 [rènzuì/wúzuì biànhù]. ♦ vi (soutenir) ▸ **plaider pour** 主张…… [zhǔzhāng…] ▸ **plaider en faveur de qqn** 对某人有利 [duì mǒurén yǒulì].

plaidoyer nm (cl. 篇 [piān]) 辩护词 [biànhùcí].

plaie nf 伤口 [shāngkǒu].

plaindre vt 同情 [tóngqíng] ▸ **être à plaindre** 值得同情 [zhídé tóngqíng] ▸ **ne pas être à plaindre** 没什么可抱怨的 [méi shénme kě bàoyuàn de] ▸ **avec ce que tu gagnes, tu n'es vraiment pas à plaindre !** 凭你挣的钱,

你实在没什么可抱怨的 [píng nǐ zhèng de qián, nǐ shízài méi shénme kě bàoyuàn de].

■ **se plaindre** vp 抱怨 [bàoyuàn] ▸ **se plaindre que** *(+ indicatif)* 抱怨...... [bàoyuàn...] ▸ **se plaindre de qqn/qqch** 埋怨某人/某事 [mányuàn mǒurén/mǒushì].

plaine nf (cl. 个 [gè] ou 片 [piàn]) 平原 [píngyuán].

plainte nf ❶ (gémissement) ○ (cl. 声 [shēng] ou 阵 [zhèn]) 呻吟 [shēnyín] ❷ DR (dénonciation) 指控 [zhǐkòng] ▸ **porter plainte contre** 控告...... [kònggào...].

plaintif, ive adj 哀怨的 [āiyuàn de].

plaire ♦ vi ▸ **plaire à qqn** 使某人喜欢 [shǐ mǒurén xǐhuān] ▸ **ce livre m'a beaucoup plu** 我很喜欢这本书 [wǒ hěn xǐhuān zhè běn shū]. ♦ v impers ❶ (faire plaisir) ▸ **plaire de** *(+ infinitif)* 乐意...... [lèyì...] ❷ ➤ **plaît**.

■ **se plaire** vp ❶ (éprouver de l'attirance) 相爱 [xiāng'ài] ▸ **ils se sont plu immédiatement** 他们一见钟情 [tāmen yíjiàn zhōngqíng] ❷ (se trouver bien) 感到惬意 [gǎndào qièyì] ▸ **ils se plaisent à la campagne** 他们在乡下很惬意 [tāmen zài xiāngxia hěn qièyì] ▸ **elle se plaît bien avec lui** 她喜欢和他在一起 [tā xǐhuān hé tā zài yìqǐ].

plaisance ■ **de plaisance** loc adj 供娱乐的 [gōng yúlè de] ▸ **un bateau de plaisance** 一艘游船 [yì sōu yóuchuán].

plaisanter vi 开玩笑 [kāiwánxiào].

plaisanterie nf 玩笑 [wánxiào] ▸ **faire une plaisanterie** 开一个玩笑 [kāi yí ge wánxiào].

plaisir nm ❶ (contentement) 愉快 [yúkuài] ▸ **j'ai eu le plaisir de faire sa connaissance** 我很高兴认识他 [wǒ hěn gāoxìng rènshi tā] ▸ **faire plaisir à qqn** 使某人高兴 [shǐ mǒurén gāoxìng] ▸ **ta visite m'a fait plaisir** 你的来访让我很高兴 [nǐde láifǎng ràng wǒ hěn gāoxìng] ▸ **avec plaisir** 乐意地 [lèyì de] ▸ **reprendrez-vous du gâteau ? — avec plaisir** 您还要点蛋糕吗？— 非常乐意 [nín hái yàodiǎn dàngāo ma? — fēicháng lèyì] ❷ (bonheur) 乐趣 [lèqù]

◊ **se faire un plaisir de** *(+ infinitif)* 很高兴...... [hěn gāoxìng...].

plaît ■ **s'il te plaît, s'il vous plaît** loc adv ❶ (politesse) 请 [qǐng] ▸ **pourriez-vous me passer le sel, s'il vous plaît ?** 劳驾，您能把盐递给我吗？ [láojià, nín néng bǎ yán dìgěi wǒ ma?] ▸ **prête-moi ton stylo s'il te plaît** 请把你的钢笔借给我 [qǐng bǎ nǐde gāngbǐ jiègěi wǒ] ❷ (pour demander une faveur) 求你/您了 [qiú nǐ/nín le] ▸ **peux-tu me ramener chez moi, s'il te plaît ?** 求你了，能带我回家吗？ [qiú nǐ le, néngdài wǒ huíjiā ma?].

plan, e adj 平的 [píng de] ▸ **une surface plane** 一个平面 [yí ge píngmiàn].

■ **plan** nm ❶ (dessin) ○ (cl. 张 [zhāng]) 地图 [dìtú] ▸ **un plan de métro** 一张地铁线路图 [yì zhāng dìtiě xiànlùtú] ▸ **le plan d'une ville** 一个城市的地图 [yí ge chéngshì de dìtú] ❷ (surface) 平面 [píngmiàn] ▸ **un plan incliné** 一个斜面 [yí ge xiémiàn] ▸ **plan de travail** (烹饪)操作台 [(pēngrèn) cāozuò tái] ❸ (projet) 计划 [jìhuà] ▸ **avoir un plan** 有一个打算 [yǒu yí ge dǎsuan] ▸ **faire des plans d'avenir** 制定未来的计划 [zhìdìng wèilái de jìhuà] ❹ (éloignement) 景 [jǐng] ▸ **on voit au premier plan un immeuble et au second plan la tour Eiffel** 我们看到前景是一栋大楼，稍远是埃菲尔铁塔 [wǒmen kàndào qiánjǐng shì yí dòng dàlóu, shāo yuǎn shì Āifēi'ěr tiětǎ] ❺ CINÉ 镜头 [jìngtóu] ▸ **gros plan** 特写镜头 [tèxiě jìngtóu]

◊ **laisser en plan** *fam* 把......撇在一边 [bǎ... piē zài yì biān].

planche nf (cl. 块 [kuài]) 木板 [mùbǎn] ▸ **planche à repasser** 烫衣板 [tàng yī bǎn] ▸ **planche à roulettes** 滑板 [huá bǎn] ▸ **planche à voile** 帆板 [fān bǎn]

◊ **faire la planche** 仰浮在水面上 [yǎng fú zài shuǐmiàn shàng].

plancher[1] nm ❶ (parquet) ○ (cl. 块 [kuài]) 地板 [dìbǎn] ▸ **plancher en bois** 木质地板 [mùzhì dìbǎn] ❷ (limite) 底限 [dǐxiàn] ▸ **le plancher des impôts** 最低税额 [zuìdī shuì'é]

◊ **débarrasser le plancher** *fam* 走开 [zǒukāi] ▸ **débarrassez-moi le plancher !** 你们给我走开！ [nǐmen gěi wǒ zǒukāi!].

plancher[2] vi *arg scol* (avoir une interrogation) 被提问 [bèi tíwèn] ▸ **plancher sur qqch** 扎在某事里 [zhā zài mǒushì lǐ].

planer vi ❶ (voler) 滑翔 [huáxiáng] ▸ **l'aigle plane au-dessus de sa proie** 鹰在它的猎物上方翱翔 [yīng zài tāde lièwù shàngfāng áoxiáng] ❷ (flotter) 飘荡 [piāodàng] ▸ **de la fumée plane au-dessus de la ville** 烟雾弥漫在城市上空 [yānwù mímàn zài chéngshì shàngkōng] ❸ (constituer une menace) 笼罩 [lǒngzhào] ▸ **un mystère plane sur cette affaire** 在这件事上笼罩着一种神秘的气氛 [zài zhè jiàn shì shàng lǒngzhàozhe yì zhǒng shénmì de qìfēn] ▸ **un danger plane** 危机四伏 [wēijī sì fú].

planétaire adj ❶ ASTRON 行星的 [xíngxīng de] ▸ **mouvement planétaire** 行星运动 [xíngxīng yùndòng] ❷ (mondial) 全球的 [quánqiú de] ▸ **conflit planétaire** 全球性的冲突 [quánqiúxìng de chōngtū] ▸ **à l'échelle planétaire** 全球范围内的 [quánqiú fànwéi nèi de].

planète nf (cl. 颗 [kē]) 行星 [xíngxīng].

planeur nm (cl. 架 [jià]) 滑翔机 [huáxiángjī] ▸ **un vol en planeur** 一次滑翔飞行 [yí cì huáxiáng fēixíng].

planifier vt 计划 [jìhuà] ▸ **planifier ses vacances** 拟定假期计划 [nǐdìng jiàqī jìhuà].

planning nm (plan de travail) ○ (cl. 项 [xiàng] ou 个 [gè]) 工作计划 [gōngzuò jìhuà] ▸ **établir un planning** 制定一项工作计划 [zhìdìng yí xiàng gōngzuò jìhuà]

◊ **planning familial** 计划生育 [jìhuà shēngyù].

planque nf *fam* ❶ (cachette) 藏人或物的隐秘之地 [cáng rén huò wù de yǐnmì zhī dì] ❷ (sinécure) 清闲的差事 [qīngxián de chāishi].

plant nm ❶ (jeune plante) ○ (cl. 棵 [kē] ou 株 [zhū]) 幼苗 [yòumiáo] ❷ (culture) ○ (cl. 片 [piàn] ou 个 [gè]) 苗圃 [miáopǔ].

plante nf ❶ (végétal) ○ (cl. 种 [zhǒng] ou 株 [zhū] ou 棵 [kē]) 植物 [zhíwù] ▸ **plante verte** 绿色植物 [lǜsè zhíwù] ❷ ANAT ▸ **plante des pieds** 脚掌 [jiáozhǎng].

planter vt ❶ (mettre en terre) 种植 [zhòngzhí] ▸ **planter un arbre** 种一棵树 [zhòng yì kē shù] ❷ (enfoncer) 钉入 [dīng rù] ▸ **planter un clou** 钉一个钉子 [dīng yí ge dīngzi] ❸ (installer) 搭置 [dāzhì] ▸ **planter une tente** 搭一个帐篷 [dā yí ge zhàngpeng] ▸ **planter un décor** 搭一个布景 [dā yí ge bùjǐng].

plantureux, euse adj 丰盛的 [fēngshèng de].

plaque nf ❶ (feuille d'un matériau) ○ (cl. 块 [kuài]) 板 [bǎn] ▸ **une plaque de métal** 一块金属板 [yí kuài jīnshǔ bǎn] ❷ (objet plat) ○ (cl. 块 [kuài]) 牌 [pái] ▸ **plaque d'immatriculation** 车牌 [chēpái] ❸ (tache colorée) ○ (cl. 块 [kuài]) 斑 [bān] ❹ (couche) 层 [céng] ▸ **une plaque de verglas** 一层薄冰 [yì céng báobīng].

plaqué, e adj 包有贵重金属的 [bāo yǒu guìzhòng jīnshǔ de] ▸ **plaqué or** 包金 [bāojīn].

▪ **plaqué** nm (métal) 包金 [bāojīn].

plaquer vt ❶ (presser) 按 [àn] ▸ **plaquer qqch/qqn contre/sur** 把某物/某人按在……上 [bǎ mǒuwù/mǒu rén àn zài… shàng] ❷ (aplatir) 压平 [yāpíng] ▸ **plaquer ses cheveux** 把头发压平 [bǎ tóufa yāpíng] ❸ *fam* (quitter) 甩 [shuǎi] ▸ **il s'est fait plaquer la semaine dernière** 他上星期让人甩了 [tā shàngxīngqī ràng rén shuǎi le].

plaquette nf ❶ (petite plaque) 小块 [xiǎokuài] ▸ **une plaquette de beurre** 一小片黄油 [yì xiǎopiàn huángyóu] ▸ **une plaquette de chocolat** 一小块巧克力 [yì xiǎokuài qiǎokèlì] ❷ (petit livre) ○ (cl. 本 [běn] ou 个 [gè]) 小册子 [xiǎocèzi] ▸ **plaquette publicitaire** 小宣传册 [xiǎo xuānchuán cè].

plastique ♦ adj ❶ ART ▸ **arts plastiques** 造型艺术 [zàoxíng yìshù] ❷ (synthétique) 塑料的 [sùliào de]. ♦ nf (beauté physique) 形体美 [xíngtǐ měi]. ♦ nm (matière) 塑料 [sùliào].

plastiquer vt 用塑性炸药炸毁 [yòng sùxìng zhàyào zhàhuǐ].

plat, e adj ❶ (sans relief) 平的 [píng de] ▸ **un terrain plat** 一块平地 [yí kuài píngdì] ❷ (peu recourbé) 扁平的 [biǎnpíng de] ▸ **une assiette plate** 一个浅底餐盘 [yí ge qiǎndǐ cānpán] ▸ **un nez plat** 一个塌鼻子 [yí ge tābízi] ❸ (peu élevé) 低的 [dī de] ▸ **des chaussures plates** 平跟鞋 [pínggēnxié]

◊ **à plat** 铺开 [pū kāi] ▸ **à plat ventre** 趴着 [pāzhe] ▸ **être à plat** 用完 [yòngwán] ▸ **mon pneu est à plat** 我的轮胎没气了 [wǒde lúntāi méi qì le].

■ **plat** nm ❶ (récipient) 盘子 [pánzi] ▸ **plat à four** 烤箱托盘 [kǎoxiāng tuōpán] ❷ (repas) ○ (cl. 道 [dào]) 菜 [cài] ▸ **plat du jour** 当日例菜 [dāngrì lìcài] ▸ **plat de résistance** 主菜 [zhǔ cài] ❸ ANAT ▸ **plat de la main** 手掌 [shóuzhǎng].

platane nm BOT (cl. 棵 [kē]) 法国梧桐 [fǎguó wútóng].

plateau nm ❶ (support plat) 托盘 [tuōpán] ▸ **plateau de fromages** 什锦奶酪拼盘 [shíjǐn nǎilào pīnpán] ▸ **plateau-repas** 盘式套餐 [pánshì tàocān] ❷ (disque de balance) (天平)秤盘 [(tiānpíng) chèngpán] ❸ (étendue de terrain) 高原 [gāoyuán].

plate-bande nf 花坛 [huātán]
◊ **marcher sur les plates-bandes de qqn** 侵犯某人的地盘 [qīnfàn mǒurén de dìpán].

plate-forme nf 平台 [píngtái] ▸ **une plate-forme élévatrice** 一个提升平台 [yí ge tíshēng píngtái] ▸ **la plate-forme de lancement d'une fusée** 火箭发射平台 [huǒjiàn fāshè píngtái] ▸ **plate-forme pétrolière** 石油钻井平台 [shíyóu zuànjǐng píngtái].

platine ♦ adj inv (couleur) ▸ **blond platine** 淡金黄色的 [dàn jīnhuángsè de]. ♦ nm (métal) 白金 [báijīn]. ♦ nf (appareil) (唱片机)转盘 [(chàngpiàn jī) zhuànpán] ▸ **platine laser** (cl. 台 [tái]) CD播放机 [CD bōfàng jī].

platonique adj 柏拉图式的 [bólātú shì de] ▸ **un amour platonique** 柏拉图式的恋爱 [bólātúshì de liàn'ài].

plâtre nm ❶ (matériau) 石膏 [shígāo] ❷ (bandage) 石膏绷带 [shígāobēngdài] ▸ **avoir la jambe dans le plâtre** 腿被打石膏 [tuǐ bèi dǎ shígāo].

plausible adj 说得过去的 [shuōde guòqù de] ▸ **une excuse plausible** 一个说得过去的借口 [yí ge shuōde guòqù de jièkǒu].

play-back nm inv 对口型 [duì kǒuxíng] ▸ **chanter en play-back** 假唱 [jiǎ chàng].

plein, e adj ❶ (rempli) 满的 [mǎn de] ▸ **la bouteille est pleine** 瓶子是满的 [píngzi shì mǎn de] ▸ **une boîte pleine de bonbons** 一个装满糖果的盒子 [yí ge zhuāngmǎn tángguǒ de hézi] ❷ (au milieu de) 正值 [zhèngzhí] ▸ **être réveillé en pleine nuit** 在大半夜醒来 [zài dàbànyè xǐnglái].

■ **plein** ♦ adv (beaucoup) 很多 [hěnduō] ▸ **as-tu des crayons ? — j'en ai plein** 你有铅笔吗？—我有的是 [nǐ yǒu qiānbǐ ma? — wǒ yǒu de shì] ▸ **il y a plein de poussière sous le lit** 床下面满是尘土 [chuáng xiàmian mǎn shì chéntǔ]. ♦ prép (beaucoup) 满是 [mǎnshì] ▸ **il y a des taches plein la nappe** 台布上满是污渍 [táibù shàng mǎnshì wūzì]. ♦ nm (contenu d'un réservoir) 满 [mǎn] ▸ **faire le plein d'essence** 加满汽油 [jiā mǎn qìyóu].

plein air ■ **de plein air** loc adj 户外的 [hùwài de] ▸ **des jeux de plein air** 户外游戏 [hùwài yóuxì].

■ **en plein air** loc adv 露天 [lùtiān] ▸ **déjeuner en plein air** 露天午餐 [lùtiān wǔcān].

plein-temps nm 全职工作 [quánzhí gōngzuò] ▸ **à plein-temps** 全日制 [quánrì zhì] ▸ **faire un plein-temps** 做全工 [zuò quán gōng].

plénitude nf *sout* ❶ (totalité) 全部 [quánbù] ❷ (épanouissement) ○ (cl. 种 [zhǒng]) 充实 [chōngshí].

pleurer ♦ vi ❶ (verser des larmes) 哭 [kū] ▸ **pleurer de joie** 喜极而泣 [xǐ jí ér qì] ▸ **pleurer à chaudes larmes** 热泪盈眶 [rèlèi yíngkuàng] ❷ (se lamenter) ▸ **pleurer sur** 哀叹…… [āitàn…] ▸ **pleurer sur son sort** 哀叹自己的命运 [āitàn zìjǐ de mìngyùn]. ♦ vt (regretter la disparition) 哀悼 [āidào] ▸ **pleurer un proche** 哀悼一位亲友 [āidào yí wèi qīnyǒu].

pleurnicher vi 动不动就哭 [dòngbudòng jiù kū] ▸ **elle pleurniche pour pas grand-chose** 她为点小事动不动就哭 [tā wèi diǎn xiǎoshì dòngbudòng jiù kū].

pleuvoir ♦ v impers ▸ **il pleut** 下雨 [xiàyǔ] ▸ **il pleut à verse** 下倾盆大雨 [xià qīngpén dàyǔ]. ♦ vi (s'abattre) 雨点般落下 [yúdiǎn bān luòxia] ▸ **les insultes pleuvent** 辱骂劈头盖脸而来 [rǔmà pītóu gàiliǎn érlái] ▸ **les coups pleuvaient sur le dos des prisonniers** 击打雨点般地落到囚犯的背上 [jīdǎ yúdiǎn bān de luò dào qiúfàn de bēi shàng].

pli nm ❶ (de tissu) ○ (cl. 道 [dào] ou 条 [tiáo]) 褶皱 [zhězhòu] ▸ **le pli d'un pantalon** 一条裤

子的裤线 [yì tiáo kùzi de kùxiàn] ❷ (lettre) 信封 [xìnfēng] ▸ **mettre des documents sous pli** 把文件装入信封 [bǎ wénjiàn zhuāngrù xìnfēng]

◊ **faux pli** 褶子 [zhězi].

pliant, e adj 折叠式的 [zhédiéshì de] ▸ **une chaise pliante** 一把折叠椅 [yì bǎ zhédiéyǐ].

plier ♦ vt ❶ (rabattre) 折叠 [zhédié] ▸ **plier des vêtement** 叠衣服 [dié yīfu] ▸ **plier une feuille en deux** 把一张纸对折 [bǎ yì zhāng zhǐ duìzhé] ❷ (fléchir) 使……弯曲 [shǐ… wānqū] ▸ **plier le bras** 使手臂弯曲 [shǐ shǒubì wānqū] ▸ **plier les genoux** 屈膝 [qūxī]. ♦ vi ❶ (se courber) 弯曲 [wānqū] ▸ **plier sous le poids de** 在……的重压下弯曲 [zài… de zhòngyā xià wānqū] ❷ *fig* (céder) 屈服于…… [qūfú yú…] ▸ **plier devant l'autorité** 屈服于权威 [qūfú yú quánwēi].

▪ **se plier** vp ❶ (être pliable) 折叠 [zhédié] ▸ **ce lit se plie** 这张床能折叠 [zhè zhāng chuáng néng zhédié] ❷ (se soumettre) ▸ **se plier à** 屈从…… [qūcóng…].

plissé, e adj 有褶的 [yóuzhě de] ▸ **une jupe plissée** 一条褶裙 [yì tiáo zhě qún].

plisser vt 弄皱 [nòngzhòu] ▸ **j'ai plissé ma jupe durant le voyage** 我在旅行中把裙子弄皱了 [wǒ zài lǚxíng zhōng bǎ qúnzi nòngzhòu le]

◊ **plisser les yeux** 眯起眼睛 [mí qǐ yǎnjing].

plomb nm ❶ (métal) 铅 [qiān] ▸ **un soldat de plomb** 一个铅制的玩具兵 [yí ge qiānzhì de wánjùbīng] ▸ **un tuyau de plomb** 一根铅管 [yì gēn qiān guǎn] ❷ (fusible) ◦ (cl. 根 [gēn]) 保险丝 [báoxiǎnsī] ▸ **les plombs ont sauté** 保险丝烧断了 [báoxiǎnsī shāoduàn le] ❸ (balle d'arme à feu) ◦ (cl. 颗 [kē] ou 枚 [méi]) 铅弹 [qiāndàn] ▸ **une décharge de plombs** 铅弹齐发 [qiāndàn qífā]

◊ **de plomb** 沉重的 [chénzhòng de] ▸ **un sommeil de plomb** 沉睡 [chénshuì].

plombage nm 补牙的填充物 [bǔyá de tiánchōngwù] ▸ **faire un plombage** 补牙 [bǔyá].

plombier nm (cl. 名 [míng] ou 个 [gè]) 管道工 [guǎndàogōng].

plonge nf 洗餐具 [xǐcānjù].

plongée nf (cl. 次 [cì]) 潜水 [qiánshuǐ] ▸ **faire de la plongée** 潜水 [qián shuǐ] ▸ **plongée sous-marine** 海底潜水 [háidǐ qiánshuǐ] ▸ **un sous-marin en plongée** 一艘水下的潜艇 [yì sōu shuǐxià de qiántǐng].

plongeoir nm 跳台 [tiàotái].

plongeon nm (cl. 次 [cì]) 跳水 [tiàoshuǐ].

plonger ♦ vt ❶ (immerger) 浸入 [jìnrù] ▸ **plonger le linge dans l'eau** 将衣物浸入水中 [jiāng yīwù jìnrù shuǐ zhōng] ▸ **plonger des pommes de terre dans l'huile** 把土豆放入油中 [bǎ tǔdòu fàngrù yóu zhōng] ❷ (précipiter) 使……陷入 [shǐ… xiànrù] ▸ **plonger qqn dans l'embarras** 使某人陷入尴尬 [shǐ mǒurén xiànrù gāngà]. ♦ vi (sauter dans l'eau) 跳水 [tiàoshuǐ].

▪ **se plonger dans** vp+prép 沉浸在 [chénjìn zài] ▸ **se plonger dans son travail** 埋头工作 [máitóu gōngzuò] ▸ **se plonger dans un livre** 沉醉于一本书 [chénzuì yú yì běn shū].

ployer *sout* ♦ vt 使……弯曲 [shǐ… wānqū]. ♦ vi 变弯 [biàn wān].

pluie nf ❶ (chute d'eau) ◦ (cl. 场 [chǎng] ou 阵 [zhèn]) 雨 [yǔ] ▸ **une pluie fine** 毛毛雨 [máomaoyǔ] ❷ (grande quantité) 大量 [dàliàng] ▸ **une pluie de cadeaux** 大量的礼物 [dàliàng de lǐwù] ▸ **une pluie de coups** 一阵拳打脚踢 [yí zhèn quándǎ jiǎotī] ▸ **une pluie d'injures** 一顿臭骂 [yí dùn chòumà].

plume nf ❶ (duvet) ◦ (cl. 根 [gēn]) 羽毛 [yǔmáo] ▸ **une plume de canard** 一根鸭毛 [yì gēn yā máo] ❷ (lame de métal) 钢笔尖 [gāngbǐ jiān] ▸ **un stylo avec une plume en or** 一支金尖钢笔 [yì zhī jīn jiān gāngbǐ] ▸ **stylo plume** (cl. 支 [zhī]) 羽毛笔 [yǔmáo bǐ].

plumer vt 煺毛 [tuìmáo] ▸ **plumer une volaille** 给一只家禽煺毛 [gěi yì zhī jiāqín tuìmáo].

plupart ▪ **la plupart** nf 大多数 [dàduōshù].

▪ **la plupart de** loc prép 大部分的 [dàbùfen de] ▸ **la plupart du temps** 大部分时间 [dàbùfen shíjiān] ▸ **la plupart du temps, je quitte le bureau à 8 h** 通常说来，我8点钟下班 [tōngcháng shuōlái, wǒ 8 diǎnzhōng xiàbān].

▪ **pour la plupart** loc adv 大多数 [dàduōshù].

pluriel nm GRAMM 复数 [fùshù] ▸ **mettre un mot au pluriel** 把一个名词变成复数形式 [bǎ yí ge míngcí biànchéng fùshù xíngshì].

plus ♦ adv ❶ (pour indiquer la quantité) 更多 [gèngduō] ▸ **il a plus de travail cette année** 今年他有更多的工作 [jīnnián tā yǒu gèngduō de gōngzuò] ▸ **il y a plus de 15 ans** 有15年多了 [yǒu 15 nián duō le] ▸ **tu en veux plus ?** 你还想再多要点吗？ [nǐ hái xiǎng zài duō yàodiǎn ma?] ❷ (comparatif de supériorité) 更 [gèng] ▸ **l'avion va plus vite que le train** 飞机比火车更快 [fēijī bǐ huǒchē gèng kuài] ▸ **elle est plus grande que moi** 她比我高 [tā bǐ wǒ gāo] ▸ **je mange plus que mon frère** 我比我的兄弟吃得更多 [wǒ bǐ wǒde xiōngdì chīde gèng duō] ❸ (superlatif de supériorité) 最 [zuì] ▸ **c'est le plus grand des deux** 两个中最大的 [liǎng ge zhōng zuì dà de] ▸ **le plus loin** 最远 [zuì yuǎn] ▸ **le plus souvent** 最经常 [zuì jīngcháng] ▸ **le plus vite possible** 尽快 [jǐnkuài] ❹ (dans une négation) 不再 [búzài] ▸ **je n'en veux plus** 我不再想要了 [wǒ búzài xiǎngyào le] ▸ **il n'y a plus personne** 一个人都没有了 [yí ge rén dōu méiyǒu le]. ♦ conj (dans une addition) 加 [jiā] ▸ **trois plus trois égale six** 三加三等于六 [sān jiā sān děngyú liù].

▪ **de plus** loc adv ❶ (en supplément) 再 [zài] ▸ **mets deux couverts de plus** 再加两套餐具 [zàijiā liǎng tào cānjù] ▸ **une fois de plus, tu es en retard** 你又一次迟到了 [nǐ yòu yí cì chídào le] ❷ (en outre) 而且 [érqiě].

▪ **de plus en plus de** loc prép 越来越多 [yuèlái yuèduō].

▪ **en plus** loc adv ❶ (en supplément) 多 [duō] ▸ **il m'a donné un euro en plus** 他多给了我一欧元 [tā duō gěi le wǒ yì ōuyuán] ❷ (en outre) 而且 [érqiě] ▸ **elle a une excellente technique et, en plus, elle a de la force** 她技术高超，而且体力很好 [tā jìshù gāochāo, érqiě tǐlì hěn hǎo].

▪ **en plus de** loc prép 除……之外 [chú… zhīwài] ▸ **en plus du squash, elle fait du tennis** 除壁球之外，她还打网球 [chú bìqiú zhīwài, tā hái dǎ wǎngqiú].

▪ **et plus** loc adv 及……以上 [jí… yǐshàng] ▸ **les enfants de dix ans et plus** 十岁及十岁以上的孩子 [shí suì jí shí suì yǐshàng de háizi].

▪ **ni plus ni moins** loc adv 不多不少地 [bùduō bùshǎo de] ▸ **elle a appliqué les consignes, ni plus ni moins** 她执行了那些命令，不多也不少 [tā zhíxíng le nàxiē mìnglìng, bùduō yě bùshǎo].

▪ **plus ou moins** loc adv 多多少少 [duōduo shǎoshǎo] ▸ **ça coûte plus ou moins deux euros** 这多少值两欧元 [zhè duōshǎo zhí liǎng ōuyuán].

▪ **plus que** loc adv 不仅 [bù jǐn] ▸ **c'est plus qu'une simple victoire** 这不止是一次简单的胜利 [zhè bùzhǐ shì yí cì jiǎndān de shènglì] ▸ **il est plus qu'ennuyeux** 他烦透了 [tā fán tòu le] ▸ **j'en ai plus qu'assez** 我再也受不了了 [wǒ zài yě shòubuliǎo le].

▪ **sans plus** loc adv 仅此而已 [jǐncǐ éryǐ].

▪ **(tout) au plus** loc adv 最多 [zuì duō] ▸ **elle est partie 5 minutes tout au plus** 她离开最多有5分钟 [tā líkāi zuì duō yǒu 5 fēnzhōng].

plusieurs adj indéf pl 好几个 [háo jǐ ge] ▸ **ils sont déjà venus plusieurs fois** 他们已经来过好几次了 [tāmen yǐjīng láiguò háojǐ cì le].

plus-que-parfait nm GRAMM 愈过去时 [yù guòqù shí].

plus-value nf 增值 [zēngzhí] ▸ **la plus-value d'un appartement** 一套公寓的增值 [yí tào gōngyù de zēngzhí].

Pluton npr ASTRON 冥王星 [Míngwángxīng].

plutôt adv ❶ (de préférence) 最好 [zuìhǎo] ▸ **mets plutôt du bleu** 还是穿蓝色的吧 [háishi chuān lánsè de ba] ❷ (au lieu de) 不如 [bùrú] ▸ **demande plutôt à un spécialiste** 不如问一个专家 [bùrú wèn yí ge zhuānjiā] ▸ **plutôt que de** *(+ infinitif)* 与其……不如…… [yǔqí… bùrú…] ▸ **plutôt que de me regarder, aide-moi** 与其看着我，不如帮我一把 [yǔqí kànzhe wǒ, bùrú bāng wǒ yì bǎ] ❸ (plus exactement) 而是 [érshi] ▸ **il n'est pas bête, plutôt paresseux** 他不是愚蠢，而是懒惰 [tā búshì yúchǔn, érshì lǎnduò] ❹ (assez) 相当 [xiāngdāng].

pluvieux, euse adj 多雨的 [duōyǔ de] ▸ **une journée pluvieuse** 阴雨绵绵的一天 [yīnyǔ miánmián de yì tiān].

PME (abr de **petite et moyenne entreprise**) nf inv (cl. 家 [jiā] ou 个 [gè]) 中小企业 [zhōngxiǎo qǐyè].

PMI (abr de **petite et moyenne industrie**) nf inv ÉCON (cl. 家 [jiā] ou 个 [gè]) 中小型工业企业 [zhōngxiǎoxíng gōngyè qǐyè].

PNB (abr de **produit national brut**) nm inv 国民生产总值 [guómín shēngchǎn zǒngzhí] ▸ **le PNB par habitant** 人均国民生产总值 [rénjūn guómín shēngchǎn zǒngzhí].

pneu nm 轮胎 [lúntāi] ▸ **pneu avant/arrière** 前/后轮胎 [qián/hòu lúntāi] ▸ **pneus cloutés** 防滑轮胎 [fánghuá lúntāi].

pneumatique ♦ nm 轮胎 [lúntāi]. ♦ adj 充气的 [chōngqì de] ▸ **un matelas pneumatique** 一个充气床垫 [yí ge chōngqì chuángdiàn].

pneumonie nf MÉD (cl. 场 [chǎng] ou 次 [cì]) 肺炎 [fèiyán] ▸ **avoir une pneumonie** 得肺炎 [dé fèiyán].

poche nf ❶ (pièce cousue) 口袋 [kǒudài] ❷ (compartiment) 夹袋 [jiádài] ▸ **la poche intérieure d'un sac à mains** 一个手提包的内袋 [yí ge shǒutíbāo de nèidài] ❸ (sac) 袋 [dài] ▸ **une poche en plastique** 一个塑料袋 [yí ge sùliào dài] ❹ (cernes) 眼袋 [yǎndài] ▸ **avoir des poches sous les yeux** 眼睛底下有眼袋 [yǎnjing dǐxià yǒu yǎndài]
◊ **de poche** 袖珍的 [xiùzhēn de] ▸ **une lampe de poche** 一个手电筒 [yí ge shǒudiàntǒng].

pochette nf ❶ (sachet, enveloppe) 小纸袋 [xiáozhǐdài] ❷ (mouchoir) ○ (cl. 块 [kuài]) 小手帕 [xiáoshǒupà].

pochoir nm (cl. 块 [kuài] ou 个 [gè]) 刷字板 [shuāzìbǎn] ▸ **peindre des lettres au pochoir** 用刷字板描字母 [yòng shuāzìbǎn miáo zìmǔ].

podium nm 领奖台 [lǐngjiǎngtái].

poêle ♦ nf (ustensile) ○ (cl. 只 [zhī] ou 个 [gè]) 平底锅 [píngdǐguō] ▸ **poêle à frire** 煎锅 [jiān guō]. ♦ nm (chauffage) 火炉 [huǒlú] ▸ **un poêle à charbon** 一个烧煤的炉子 [yí ge shāoméi de lúzi].

poème nm (cl. 首 [shǒu]) 诗 [shī] ▸ **un poème en vers/en prose** 一首韵文/散文诗 [yì shǒu yùnwén/sǎnwénshī].

poésie nf ❶ (genre littéraire) ○ (cl. 首 [shǒu]) 诗歌 [shīgē] ❷ (pièce écrite) ○ (cl. 首 [shǒu]) 诗 [shī] ▸ **réciter une poésie** 朗诵一首诗 [lǎngsòng yì shǒu shī].

poète nm (cl. 位 [wèi] ou 个 [gè]) 诗人 [shīrén].

poids nm inv ❶ (masse) 重量 [zhòngliàng] ▸ **perdre du poids** 体重减轻 [tǐzhòng jiǎnqīng] ▸ **prendre du poids** 体重增加 [tǐzhòng zēngjiā] ▸ **poids brut** 毛重 [máo zhòng] ▸ **poids net** 净重 [jìng zhòng] ❷ (masse de métal) 砝码 [fámǎ] ▸ **des poids en fonte** 生铁秤砣 [shēngtiě chèngtuó] ❸ SPORT 体重级别 [tǐzhòng jíbié] ▸ **poids lọurd** 重量级 [zhòng liàngjí] ▸ **poids plume** 次轻量级 [cìqīng liàngjí] ❹ AUTO ▸ **poids lourd** 重型卡车 [zhòngxíng kǎchē]
◊ **de poids** 重要的 [zhòngyào de].

poignard nm (cl. 把 [bǎ]) 匕首 [bǐshǒu].

poignarder vt 用刀捅 [yòngdāo tǒng] ▸ **se faire poignarder** 被刺伤 [bèi cìshāng].

poignée nf ❶ (partie d'un objet) 把手 [báshǒu] ❷ (contenu de la main) 把 [bǎ] ▸ **une poignée de sel** 一把盐 [yì bǎ yán] ❸ (petit nombre) 少数 [shǎoshù].

■ **poignée de main** nf 握手 [wòshǒu] ▸ **échanger des poignées de main** 互相握手 [hùxiāng wòshǒu] ▸ **donner une poignée de main à qqn** 和某人握手 [hé mǒurén wòshǒu].

poignet nm ❶ (partie du corps) ○ (cl. 只 [zhī] ou 个 [gè]) 手腕 [shǒuwàn] ❷ (manche d'un vêtement) ○ (cl. 只 [zhī] ou 个 [gè]) 袖口 [xiùkǒu].

poil nm (cl. 根 [gēn]) 毛 [máo] ▸ **un manteau en poil de chameau** 一件骆驼毛的大衣 [yí jiàn luòtuo máo de dàyī] ▸ **des poils de barbe** 胡子 [húzi] ▸ **poils du corps humain** 汗毛 [hànmáo] ▸ **poil d'un pinceau** 画笔上的毛 [huàbǐ shàng de máo]
◊ **un poil de** *fam* 少量的 [shǎoliàng de].

poilu, e adj 长着浓毛的 [zhǎngzhe nóngmáo de].

poinçonner vt ❶ (marquer) 打钢印 [dǎgāngyìn] ▸ **poinçonner un bijou** 在首饰上压印 [zài shǒushi shàng yāyìn] ❷ (perforer) 轧票 [yàpiào] ▸ **poinçonner un titre de transport** 轧一张车票 [yà yì zhāng chēpiào].

poing nm (cl. 个 [gè] ou 记 [jì]) 拳头 [quántou] ▸ **donner un coup de poing à qqn** 打某人一拳 [dǎ mǒurén yì quán]
◊ **dormir à poings fermés** 熟睡 [shúshuì].

point ♦ nm ❶ (signe de ponctuation) 标点 [biāodiǎn] ▸ **une phrase se termine par un point** 一个句子以句号结束 [yí ge jùzi yǐ jùhào jiéshù] ▸ **point d'exclamation** 感叹号 [gǎntàn hào] ▸ **point d'interrogation** 问号 [wèn hào] ▸ **points de suspension** 省略号 [shěnglüè hào] ❷ (signe graphique) 小圆点 [xiǎoyuándiǎn] ❸ (petite tache) 小点 [xiáodiǎn] ▸ **la coccinelle a des points noirs sur le dos** 瓢虫的背上长着黑点 [piáochóng de bēishàng zhǎngzhe hēidiǎn] ❹ (notation, score) 分数 [fēnshù] ▸ **l'exercice est noté sur cinq points** 这个练习以五分制评分 [zhè ge liànxí yǐ wǔ fēnzhì píngfēn] ▸ **sa cote de popularité est remontée d'un point** 他的人气指数又上升了一个百分点 [tāde rénqì zhǐshù yòu shàngshēng le yí ge bǎifēndiǎn] ❺ (endroit) 地点 [dìdiǎn] ▸ **point de départ** 起点 [qídiǎn] ❻ MÉD ▸ **point de suture** 缝合的针 [fénghé de zhēn] ❼ (moment) 时刻 [shíkè] ▸ **au point où nous en sommes** 在现在这一时刻 [zài xiànzài zhè yì shíkè] ❽ (question) 问题 [wèntí] ▸ **certains points sont à revoir** 某些问题要重新审核 [mǒuxiē wèntí yào chóngxīn shěnhé]
◊ **à point** 正好 [zhènghǎo] ▸ **saignant ou à point ?** 带血的还是火候正好的？ [dài xuè de háishi huǒhou zhènghǎo de?] ▸ **au point** 调整好 [tiáozhěng hǎo] ▸ **mettre au point un projet** 调整一个计划 [tiáozhěng yí ge jìhuà] ▸ **être sur le point de** 正要…… [zhèngyào…] ▸ **point noir** 黑头粉刺 [hēitóu fěncì].
♦ adv *vieilli & sout* (pas) 不 [bù].

▪ **à ce point** loc adv 如此地 [rúcǐ de] ▸ **ça te fait mal à ce point ?** 它让你疼成这样？ [tā ràng nǐ téng chéng zhèyàng?].

▪ **au point de** loc prép 到……地步 [dào… dìbù] ▸ **je ne suis quand même pas naïve au point de croire ça** 我还没天真到相信这件事 [wǒ hái méi tiānzhēn dào xiāngxìn zhè jiàn shì].

▪ **au point que, à tel point que** loc conj 如此……以致…… [rúcǐ… yǐzhì…].

▪ **point de vue** nm ❶ (opinion, aspect) 观点 [guāndiǎn] ▸ **adopter un point de vue différent** 采纳一个不同的观点 [cǎinà yí ge bùtóng de guāndiǎn] ❷ (panorama) 视点 [shìdiǎn].

pointe nf ❶ (extrémité pointue) 尖 [jiān] ▸ **un feutre à pointe fine** 一支细尖毡笔 [yì zhī xìjiān zhānbǐ] ▸ **tailler la pointe d'un crayon** 削一支铅笔 [xiāo yì zhī qiānbǐ] ▸ **en pointe** 尖形的 [jiānxíng de] ❷ (petite quantité) 少量 [shǎoliàng] ▸ **ajouter une pointe d'ail** 加入少量的蒜 [jiārù shǎoliàng de suàn]
◊ **à la pointe de** 最前沿的 [zuì qiányán de] ▸ **sur la pointe des pieds** 踮起脚尖 [diánqǐ jiǎojiān].

▪ **de pointe** loc adj ❶ (maximum d'intensité) 最极限的 [zuì jíxiàn de] ▸ **les heures de pointe** 高峰时段 [gāofēng shíduàn] ▸ **la vitesse de pointe** 最快速度 [zuìkuài sùdù] ❷ (novateur) 高尖的 [gāojiān de].

pointer ♦ vt ❶ (marquer) 用记号标出 [yòng jìhao biāochū] ▸ **pointer les noms d'une liste** 在一张名单的姓名上作记号 [zài yì zhāng míngdān de xìngmíng shàng zuò jìhao] ❷ (diriger) ▸ **pointer qqch vers ou sur qqch/qqn** 把某物指向某物/某人 [bǎ mǒuwù zhǐxiàng mǒuwù/mǒurén] ▸ **il pointa son arme vers moi** 他把武器对准了我 [tā bǎ wǔqì duìzhǔn le wǒ]. ♦ vi ❶ (apparaître) 出现 [chūxiàn] ▸ **le jour pointait à l'horizon** 天边泛起了鱼肚白 [tiānbiān fàn qǐ le yúdùbái] ❷ (enregistrer les horaires de travail) (上班)打卡 [(shàngbān) dákǎ] ❸ (à la pétanque) (滚球游戏中)把木球滚近目标球 [(gǔnqiú yóuxì zhōng) bǎ mùqiú gǔnjìn mùbiāoqiú].

pointillé nm (cl. 条 [tiáo]) 虚线 [xūxiàn] ▸ **découper selon les pointillés** 沿虚线剪开 [yán xūxiàn jiǎnkāi] ▸ **en pointillé** 虚线的 [xūxiàn de].

pointu, e adj ❶ (forme) 尖的 [jiān de] ▸ **un chapeau pointu** 一顶尖顶帽 [yì dǐng jiāndǐng mào] ▸ **des dents pointues** 尖牙 [jiānyá] ❷ (aigu) 尖锐的 [jiānruì de] ▸ **une voix pointue** 尖锐的嗓音 [jiānruì de sǎngyīn].

pointure nf 尺码 [chímǎ] ▸ **pointure de chaussures** 鞋码 [xié mǎ].

point-virgule nm 分号 [fēnhào].

poire nf ❶ (fruit) 梨 [lí] ▸ **poire Belle-Hélène** 杏仁奶油巧克力浇香草冰淇淋盖梨 [xìngrén nǎiyóu qiǎokèlì jiāo xiāngcǎo bīngqilín gài lí] ❷ *fam* (personne naïve) 傻瓜 [shǎguā].

poireau, x nm (cl. 根 [gēn]) 葱 [cōng].

poirier nm BOT (cl. 棵 [kē] ou 株 [zhū]) 梨树 [líshù] ▸ **des meubles en poirier** 梨木家具 [límù jiājù]
◊ **faire le poirier** 倒立 [dàolì].

pois nm ❶ (légume) ○ (cl. 颗 [kē] ou 粒 [lì]) 豌豆 [wāndòu] ▸ **petits pois** 青豆 [qīngdòu] ▸ **pois chiche** 鹰嘴豆 [yīngzuǐ dòu] ❷ *fig* (motif) 小圆点花纹 [xiǎoyuándiǎn huāwén] ▸ **une robe à pois** 一条小圆点连衣裙 [yì tiáo xiǎoyuándiǎn liányīqún].

poison ♦ nm (substance nocive) ○ (cl. 种 [zhǒng] ou 副 [fù] ou 剂 [jì]) 毒药 [dúyào]. ♦ nmf *fam* (personne insupportable) 讨厌的人 [tǎoyàn de rén].

poisson nm ❶ (animal) ○ (cl. 条 [tiáo]) 鱼 [yú] ▸ **poisson rouge** 金鱼 [jīnyú] ❷ CULIN 鱼肉 [yúròu] ▸ **poisson pané** 裹了面包屑的鱼肉 [guǒ le miànbāoxiè de yúròu].
▪ **Poissons** nmpl ASTROL 双鱼星座 [Shuāngyú xīngzuò] ▸ **être Poissons** 是双鱼座 [shì Shuāngyúzuò].

poissonnerie nf 水产市场 [shuíchǎn shìchǎng].

poitrine nf ❶ (thorax) 胸部 [xiōngbù] ▸ **avoir mal à la poitrine** 胸口疼 [xiōngkǒu téng] ▸ **gonfler la poitrine** 挺起胸膛 [tíngqǐ xiōngtáng] ❷ (seins) 乳房 [rǔfáng] ▸ **avoir de la poitrine** 胸部丰满 [xiōngbù fēngmǎn] ▸ **une forte poitrine** 大胸 [dà xiōng] ❸ (viande) 胸脯肉 [xiōngpú ròu].

poivre nm 胡椒 [hújiāo].

poivrière nf 胡椒瓶 [hújiāopíng].

poivron nm 柿子椒 [shìzijiāo] ▸ **poivron rouge** 红柿子椒 [hóng shìzijiāo] ▸ **poivron vert** 青椒 [qīng jiāo].

polar nm *fam* (cl. 本 [běn] ou 部 [bù]) 侦探小说 [zhēntàn xiǎoshuō].

pôle nm ❶ GÉOGR 地极 [dìjí] ▸ **le pôle Nord** 北极 [Běijí] ▸ **le pôle Sud** 南极 [Nánjí] ❷ ÉLECTR 电极 [diànjí] ▸ **le pôle positif** 正极 [zhèng jí] ▸ **le pôle négatif** 负极 [fù jí].

polémique ♦ adj 笔战的 [bǐzhàn de] ▸ **un écrivain polémique** 一个笔战作家 [yí ge bǐzhàn zuòjiā]. ♦ nf 论战 [lùnzhàn] ▸ **engager une polémique avec qqn** 和某人进行论战 [hé mǒurén jìnxíng lùnzhàn].

poli, e adj ❶ (courtois) 礼貌的 [lǐmào de] ▸ **des voisins très polis** 非常有礼貌的邻居 [fēicháng yǒu lǐmào de línjū] ❷ (lisse) 光滑的 [guānghuá de].

police nf ❶ (forces de l'ordre) 警方 [jǐngfāng] ▸ **appeler la police** 报警 [bàojǐng] ▸ **dénoncer qqn à la police** 向警方告发某人 [xiàng jǐngfāng gàofā mǒurén] ▸ **entrer dans la police** 当警察 [dāng jǐngchá] ▸ **police secours** 紧急救援队 [jǐnjí jiùyuán duì] ❷ (contrat) ○ (cl. 张 [zhāng]) 保单 [bǎodān] ▸ **police d'assurance** 保险单 [báoxiǎn dān].

policier, ère adj ❶ (de la police) 警方的 [jǐngfāng de] ▸ **une enquête policière** 一个警方调查 [yí ge jǐngfāng diàochá] ❷ CINÉ & LITTÉR 侦探的 [zhēntàn de].
▪ **policier** nm (cl. 名 [míng] ou 个 [gè] ou 位 [wèi]) 警察 [jǐngchá] ▸ **un policier en civil** 一名便衣警察 [yì míng biànyī jǐngchá].

polio (abr de **poliomyélite**) nf *fam* 骨髓灰质炎 [gúsuǐ huīzhì yán].

politesse nf 礼貌 [lǐmào] ▸ **une formule de politesse** 一句礼貌用语 [yí jù lǐmào yòngyǔ] ▸ **une visite de politesse** 一次礼节性的拜访 [yí cì lǐjiéxìng de bàifǎng].

politicien, enne nm, f (cl. 位 [wèi] ou 个 [gè] ou 名 [míng]) 政治家 [zhèngzhìjiā].

politique ♦ adj (relatif à l'organisation du pouvoir) 政治的 [zhèngzhì de] ▸ **le pouvoir politique** 政治权利 [zhèngzhì quánlì]. ♦ nf ❶ (manière de diriger un État) 政治 [zhèngzhì] ▸ **faire de la politique** 搞政治 [gǎo zhèngzhì] ▸ **politique de contrôle des naissances** 计划生育 [jìhuà shēngyù] ▸ **politique d'ouverture** 开放政策 [kāifàng zhèngcè] ❷ (pratiques, faits et institutions du gouvernement) 政策 [zhèngcè] ▸ **la politique intérieure** 对内政策 [duìnèi zhèngcè] ▸ **la politique extérieure** 对外政策 [duìwài zhèngcè].

pollen nm BOT 花粉 [huāfěn].

pollué, e adj 被污染的 [bèi wūrăn de] ▸ **de l'air pollué** 被污染的空气 [bèi wūrăn de kōngqì].

polluer vt 污染 [wūrăn] ▸ **polluer l'atmosphère** 污染大气 [wūrăn dàqì] ▸ **polluer l'environnement** 污染环境 [wūrăn huánjìng].

pollution nf 污染 [wūrăn].

polo nm ❶ SPORT 马球 [măqiú] ▸ **jouer au polo** 打马球 [dă măqiú] ❷ (chemise) ○ (cl. 件 [jiàn]) 翻领套头T恤衫 [fānlĭng tàotóu tīxùshān].

Pologne nf ▸ **la Pologne** 波兰 [Bōlán].

polonais, e adj 波兰的 [bōlán de].

▪ **polonais** nm (langue) 波兰语 [bōlányŭ].

▪ **Polonais, e** nm, f 波兰人 [Bōlánrén].

polycopié, e adj 油印的 [yóuyìn de] ▸ **un cours polycopié** 一份油印讲义 [yí fèn yóuyìn jiăngyì].

▪ **polycopié** nm (cl. 份 [fèn]) 大学复印讲义 [dàxué fùyìn jiăngyì].

polygame nm 有多个妻子的人 [yŏu duō ge qīzi de rén].

polygamie nf 一夫多妻制 [yífū duōqīzhì].

Polynésie nf ▸ **la Polynésie** 波利尼西亚 [Bōlìníxīyà].

polynésien, enne adj 波利尼西亚的 [bōlìníxīyà de].

▪ **polynésien** nm (langue) 波利尼西亚语 [bōlìníxīyàyŭ].

▪ **Polynésien, enne** nm, f 波利尼西亚人 [Bōlìníxīyàrén].

polystyrène nm 聚苯乙烯 [jùbĕnyĭxī].

Polytechnique npr ▸ **l'École Polytechnique** 巴黎综合工科学校 [Bālí zōnghé gōngkē xuéxiào].

polyvalent, e adj ❶ (qui a des compétences variées) 具有多种才能的 [jùyŏu duōzhŏng cáinéng de] ▸ **employé polyvalent** 多技能的职员 [duō jìnéng de zhíyuán] ❷ (qui a plusieurs usages) 多功能的 [duōgōngnéng de] ▸ **salle polyvalente** 多功能厅 [duōgōngnéng tīng].

pommade nf (cl. 管 [guăn] ou 盒 [hé]) 药膏 [yàogāo] ▸ **mettre de la pommade** 涂药膏 [tú yàogāo] ▸ **une pommade pour les brûlures** 一管治疗烧伤的药膏 [yí guăn zhìliáo shāoshāng de yàogāo].

pomme nf ❶ (fruit) 苹果 [píngguŏ] ▸ **pomme d'amour** 冰糖苹果 [bīngtáng píngguŏ] ❷ (jet d'eau) 喷头 [pēntóu] ▸ **une pomme de douche** 淋浴喷头 [línyù pēntóu]

◊ **pomme d'Adam** 喉结 [hóujié] ▸ **pomme de pin** 松果 [sōngguŏ] ▸ **tomber dans les pommes** *fam* 昏倒 [hūndăo].

pomme de terre nf 马铃薯 [mălíngshŭ].

pommette nf (cl. 块 [kuài]) 颧骨 [quángŭ] ▸ **des pommettes saillantes** 高颧骨 [gāo quángŭ].

pommier nm (cl. 棵 [kē]) 苹果树 [píngguŏ shù].

pompe nf ❶ (appareil) 泵 [bèng] ▸ **pompe à essence** 加油器 [jiāyóu qì] ▸ **pompe à incendie** 消防泵 [xiāofáng bèng] ▸ **pompe à vélo** 自行车气筒 [zìxíngchē qìtŏng] ❷ (magnificence) ▸ **en grande pompe** 铺张地 [pūzhāng de].

▪ **pompes funèbres** nfpl 殡仪馆 [bìnyíguăn].

pomper vt 用泵抽 [yòng bèng chōu] ▸ **pomper de l'eau dans un puits** 用泵从一口井里抽水 [yòng bèng cóng yí kŏu jĭng lĭ chōushuĭ].

pompeux, euse adj 夸张的 [kuāzhāng de] ▸ **un style pompeux** 夸张的文笔 [kuāzhāng de wénbĭ].

pompier nm (cl. 个 [gè] ou 名 [míng] ou 位 [wèi]) 消防员 [xiāofángyuán] ▸ **appeler les pompiers** 叫消防员来 [jiào xiāofángyuán lái].

pompon nm 绒球 [róngqiú] ▸ **un bonnet à pompons** 带绒球的软帽 [dài róngqiú de ruănmào].

poncer vt 磨光 [móguāng] ▸ **poncer un mur** 磨光一面墙 [móguāng yí miàn qiáng] ▸ **poncer un parquet** 磨光地板 [móguāng dìbăn] ▸ **poncer de la peinture** 磨光油漆 [móguāng yóuqī].

ponctuation nf 标点 [biāodiăn] ▸ **les signes de ponctuation** 标点符号 [biāodiăn fúhào].

ponctuel, elle adj ❶ (à l'heure) 守时的 [shŏushí de] ▸ **un employé ponctuel** 一名守时的雇员 [yì míng shŏushí de gùyuán] ❷ (isolé) 局限的 [júxiàn de] ▸ **une action ponctuelle**

一项局限的行动 [yí xiàng júxiàn de xíngdòng].

pondre vt 下蛋 [xiàdàn].

poney nm (cl. 匹 [pǐ]) 小种马 [xiáozhóngmǎ].

pont nm ❶ CONSTR (cl. 座 [zuò]) 桥 [qiáo] ▸ **pont mobile** 活动桥 [huódòng qiáo] ▸ **traverser un pont** 过一座桥 [guò yí zuò qiáo] ❷ (plancher) 甲板 [jiábǎn] ▸ **le pont d'un navire** 一艘船的甲板 [yì sōu chuán de jiábǎn]
◊ **faire le pont** 连着休假 [liánzhe xiūjià].

pont-levis nm inv (cl. 座 [zuò]) 吊桥 [diào-qiáo].

ponton nm (cl. 座 [zuò]) 浮桥 [fúqiáo].

pop ♦ nm ou nf 流行音乐 [liúxíng yínyuè] ▸ **un festival de pop** 一个流行音乐节 [yí ge liúxíng yīnyuè jié]. ♦ adj 流行的 [liúxíng de] ▸ **une chanteuse pop** 一名流行女歌手 [yì míng liúxíng nǚgēshǒu].

pop-corn nm inv 爆玉米花 [bào yùmǐhuā].

populaire adj ❶ (du peuple) 民众的 [mínzhòng de] ▸ **un mouvement populaire** 一场民众运动 [yì chǎng mínzhòng yùndòng] ❷ (qui s'adresse au peuple) 民间的 [mínjiān de] ▸ **une chanson populaire** 一首民歌 [yì shǒu míngē] ▸ **un quartier populaire** 一个居民区 [yí ge jūmínqū] ❸ (demandé, apprécié) 受欢迎的 [shòuhuānyíng de] ▸ **un chanteur populaire** 一个受欢迎的歌手 [yí ge shòuhuānyíng de gēshǒu].

populariser vt ❶ (répandre, vulgariser) 推广 [tuī-guǎng] ▸ **populariser une théorie dans les journaux** 在报纸上推广一种理论 [zài bàozhǐ shàng tuīguǎng yì zhǒng lǐlùn] ❷ (rendre populaire) ▸ **populariser qqn/qqch** 使某人/某事大受欢迎 [shǐ mǒurén/mǒushì dàshòu huānyíng] ▸ **les médias ont popularisé les vedettes du sport** 新闻媒介使运动明星大受欢迎 [xīnwén méijiè shǐ yùndòng míngxīng dàshòu huānyíng].

popularité nf 名声 [míngshēng] ▸ **la popularité d'une actrice** 一个女演员的名声 [yí ge nǚyǎnyuán de míngshēng].

population nf 人口 [rénkǒu] ▸ **population active** 就业人口 [jiùyè rénkǒu] ▸ **la population agricole** 农业人口 [nóngyè rénkǒu] ▸ **la population mondiale/locale** 世界/当地人口 [shìjiè/dāngdì rénkǒu] ▸ **population rurale** 农村人口 [nóngcūn rénkǒu] ▸ **population urbaine** 城市人口 [chéngshì rénkǒu].

porc nm ❶ (animal) ○ (cl. 头 [tóu] ou 只 [zhī] ou 口 [kǒu]) 猪 [zhū] ▸ **un élevage de porcs** 养猪 [yǎng zhū] ❷ (viande) 猪肉 [zhūròu] ▸ **un rôti de porc** 一块烤猪肉 [yí kuài kǎo zhūròu].

porcelaine nf ❶ (matière) 瓷 [cí] ▸ **de la vaisselle en porcelaine** 瓷餐具 [cí cānjù] ▸ **porcelaine émaillée** 珐琅瓷 [fàláng cí] ▸ **porcelaine peinte** 漆瓷 [qī cí] ▸ **porcelaine de Chine** 中国瓷 [Zhōngguó cí] ▸ **porcelaine de Limoges** 利摩日瓷 [Lìmórì cí] ❷ (objet) 瓷器 [cíqì] ▸ **une collection de porcelaines de Chine** 中国瓷器收藏 [Zhōngguó cíqì shōucáng].

porche nm (cl. 座 [zuò]) 门廊 [ménláng] ▸ **s'abriter sous un porche** 躲避在门廊下 [duǒbì zài ménláng xià].

pore nm ANAT 毛孔 [máokǒng] ▸ **les pores de la peau** 皮肤的毛孔 [pífū de máokǒng].

poreux, euse adj 多细孔的 [duōxìkǒng de] ▸ **une roche poreuse** 一块多细孔的岩石 [yí kuài duōxìkǒng de yánshí] ▸ **un sol poreux** 一块易渗水的土地 [yí kuài yì shènshuǐ de tǔdì].

porno *fam* ♦ adj (pornographique) 黄色的 [huáng-sè de] ▸ **un film porno** 一部黄色电影 [yí bù huángsè diànyǐng]. ♦ nm ❶ (genre pornographique) 色情 [sèqíng] ▸ **une star du porno** 一个色情女明星 [yí ge sèqíng nǚmíngxīng] ❷ (film) 色情的 [sèqíng de] ▸ **regarder un porno** 看一部色情片 [kàn yí bù sèqíngpiàn].

port nm ❶ (lieu d'amarrage des bateaux) 港口 [gángkǒu] ▸ **port maritime** 海港 [hái gǎng] ▸ **port de pêche** 渔港 [yúgǎng] ▸ **rentrer au port** 进港 [jìn gǎng] ❷ (ville) 港市 [gǎngshì] ▸ **le port de Marseille** 马赛港 [Mǎsài gǎng] ❸ (prix du transport) 邮资 [yóuzī] ▸ **frais de port inclus** 邮资包括在内 [yóuzī bāokuò zàinèi] ❹ (fait de porter) 戴 [dài] ▸ **le port d'un casque** 戴安全帽 [dài ānquánmào] ❺ (allure) 仪态 [yítài] ▸ **un port altier** 高傲的姿态 [gāo'ào de zītài].

portable ♦ adj ❶ (portatif) 便携的 [biànxié de] ▸ **un ordinateur portable** 一部便携计算机 [yí bù biànxié jìsuànjī] ▸ **un téléphone portable** 一部便携电话 [yí bù biànxié diànhuà] ❷ (mettable) 可以穿的 [kéyǐ chuān de]. ♦ nm ❶ (téléphone) ○ (cl. 部 [bù]) 手机 [shǒujī] ❷ (ordinateur) 手提电脑 [shǒutí diànnǎo].

portail nm (cl. 扇 [shàn]) 大门 [dàmén] ▸ **le portail du jardin** 公园的大门 [gōngyuán de dàmén].

Port-Arthur npr (ville) 旅顺 [Lǚshùn].

portatif, ive adj 手提的 [shǒutí de] ▸ **un téléviseur portatif** 一台手提电视机 [yì tái shǒutí diànshìjī].

porte nf ❶ (ouverture) ○ (cl. 扇 [shàn] ou 座 [zuò]) 门 [mén] ▸ **porte blindée** 安全门 [ānquán mén] ▸ **porte d'entrée** 进口 [jìn kǒu] ▸ **porte d'une maison** 房门 [fáng mén] ▸ **porte de voiture** 汽车门 [qìchē mén] ❷ (enceinte dune ville) 城门 [chéngmén]
◊ **mettre qqn à la porte** 把某人赶出门外 [bǎ mǒurén gǎnchū ménwài].

porte-avions nm inv (cl. 艘 [sōu]) 航空母舰 [hángkōng mǔjiàn].

porte-bagages nm inv 行李架 [xínglijià].

porte-bonheur nm inv 吉祥物 [jíxiángwù].

porte-clefs, porte-clés nm inv 钥匙链 [yàoshiliàn].

portée nf ❶ (distance) 射程 [shèchéng] ▸ **la portée d'un tir** 发射距离 [fāshè jùlí] ❷ (conséquence) 影响 [yíngxiǎng] ▸ **mesurer la portée d'un événement** 衡量一个事件的影响 [héngliáng yí ge shìjiàn de yíngxiǎng] ❸ (ensemble de petits) 一胎生的小动物 [yì tāi shēng de xiǎodòngwù] ▸ **la portée d'une femelle** 母动物的一胎生的小动物 [mǔdòngwù de yì tāi shēng de xiǎodòngwù] ▸ **une portée de chatons** 同一胎生的小猫 [tóng yì tāi shēng de xiǎomāo]
◊ **à portée de** 可以……的 [kéyǐ… de] ▸ **à portée de main** 可以够着的 [kéyǐ gòuzháo de] ▸ **à la portée de qqn** - a) (qui peut être atteint) 某人可以拿到的 [mǒurén kéyǐ nádào de] - b) (qui peut être compris) 某人可以看懂的 [mǒurén kéyǐ kàndǒng de] ▸ **un ouvrage à la portée de tous** 一部所有人都可以看懂的著作 [yí bù suóyǒu rén dōu kéyǐ kàndǒng de zhùzuò].

porte-fenêtre nf (cl. 扇 [shàn]) 落地窗 [luòdìchuāng].

portefeuille nm 钱夹 [qiánjiā] ▸ **un portefeuille en cuir** 一个皮夹子 [yí ge píjiāzi].

portemanteau nm 衣架 [yījià].

porte-monnaie nm inv 小钱包 [xiǎoqiánbāo].

porte-parole nmf inv (cl. 个 [gè] ou 名 [míng] ou 位 [wèi]) 发言人 [fāyánrén] ▸ **le porte-parole du gouvernement** 政府发言人 [zhèngfǔ fāyánrén].

porter ♦ vt ❶ (soutenir un poids) 拿 [ná] ▸ **porter ses valises** 拿自己的行李箱 [ná zìjǐ de xínglixiāng]; (à la main) 提 [tí]; (dans ses bras) 抱 [bào] ▸ **porter un enfant dans ses bras** 抱着一个孩子 [bàozhe yí ge háizi]; (sur son dos) 背 [bēi]; (sur l'épaule) 扛 [káng] ❷ (avoir sur soi) 戴 [dài] ▸ **porter des lunettes** 戴眼镜 [dài yǎnjìng] ❸ (un vêtement) 穿 [chuān] ▸ **porter une robe rouge** 穿一条红连衣裙 [chuān yì tiáo hóng liányīqún] ❹ (avoir tel nom) 用 [yòng] ▸ **elle porte toujours son nom de jeune fille** 她还是用她做姑娘时的名字 [tā háishi yòng tā zuò gūniang shí de míngzì] ❺ (diriger) 投向 [tóuxiàng] ▸ **porter son regard sur qqch** 把目光投向某物 [bǎ mùguāng tóuxiàng mǒuwù]
◊ **porter bonheur/malheur** 带来幸福/不幸 [dàilái xìngfú/búxìng] ▸ **porter secours** 救助 [jiùzhù].
♦ vi ❶ (traiter) ▸ **porter sur qqn/qqch** 针对某人/某事 [zhēnduì mǒurén/mǒushì] ▸ **la discussion porte sur la politique** 讨论针对政治 [tǎolùn zhēnduì zhèngzhì] ❷ (que l'on entend au loin) 传得远 [chuándeyuǎn] ▸ **avoir une voix qui porte** 有一副传得远的嗓子 [yǒu yí fù chuándeyuǎn de sǎngzi].
■ **se porter** vp (avoir tel état de santé) 身体状况 [shēntǐ zhuàngkuàng] ▸ **comment vous portez-vous ?** 您的身体状况怎样？ [nín de shēntǐ zhuàngkuàng zěnyàng?].

porteur, euse ♦ adj ❶ (qui sert de support) 承重的 [chéngzhòng de] ▸ **un mur porteur** 一面承重墙 [yí miàn chéngzhòngqiáng] ❷ (qui

peut transmettre) 带……的 [dài… de] ▸ **être porteur de** 是带……的 [shì dài… de] ▸ **porteur d'une maladie** 带一种疾病的 [dài yì zhǒng jíbìng de]
◊ **mère porteuse** 代孕母亲 [dàiyùn mǔqin].
♦ nm, f (métier) ○ (cl. 个 [gè] ou 名 [míng] ou 位 [wèi]) 行李员 [xíngliyuán] ▸ **porteur de chaise** 椅子搬运员 [yǐzi bānyùn yuán].

portier nm 门卫 [ménwèi] ▸ **le portier d'un hôtel** 一个旅店的门卫 [yí ge lǚdiàn de ménwèi].

portière nf (cl. 个 [gè] ou 扇 [shàn]) 车门 [chēmén] ▸ **la portière d'une voiture** 一辆车的车门 [yí liàng chē de chēmén] ▸ **les portières avant/arrière** 前/后门 [qián/hòumén].

portillon nm (cl. 道 [dào]) 小门 [xiǎomén] ▸ **franchir un portillon** 通过一道小门 [tōngguò yí dào xiǎomén].

portion nf ❶ (partie) 段 [duàn] ▸ **une portion d'autoroute** 一段高速公路 [yí duàn gāosù gōnglù] ❷ (ration) 份 [fèn] ▸ **une portion de gâteau** 一份蛋糕 [yí fèn dàngāo].

portrait nm ❶ (représentation) ○ (cl. 幅 [fú]) 肖像 [xiàoxiàng] ▸ **peindre un portrait** 画一幅肖像 [huà yì fú xiàoxiàng] ▸ **faire le portrait de qqn** 为某人画像 [wéi mǒurén huàxiàng] ❷ (description) 描绘 [miáohuì].

portrait-robot nm 人像拼图 [rénxiàng pīntú].

portuaire adj 港口的 [gángkǒu de] ▸ **une zone portuaire** 一个港口区 [yí ge gángkǒu qū].

portugais, e adj 葡萄牙的 [pútaoyá de].
▪ **portugais** nm (langue) 葡萄牙语 [pútaoyáyǔ].
▪ **Portugais, e** nm, f 葡萄牙人 [Pútaoyárén].

Portugal nm ▸ **le Portugal** 葡萄牙 [Pútaoyá].

pose nf ❶ (fait de poser) 铺放 [pūfàng] ▸ **la pose d'une moquette** 一块地毯的铺放 [yí kuài dìtǎn de pūfàng] ❷ (attitude) 姿势 [zīshì] ▸ **garder la pose** 保持一个姿势 [bǎochí yí ge zīshì] ▸ **prendre une pose** 摆一个姿势 [bǎi yí ge zīshì].

posé, e adj 沉稳的 [chénwěn de] ▸ **une jeune fille posée** 一个稳重的姑娘 [yí ge wěnzhòng de gūniang] ▸ **un ton posé** 用沉稳的语气 [yòng chénwěn de yǔqì].

poser ♦ vt ❶ (placer) 放 [fàng] ▸ **poser le vase sur la table** 把花瓶放在桌子上 [bǎ huāpíng fàng zài zhuōzi shàng] ❷ (installer) 铺 [pū] ▸ **poser du carrelage** 铺地板 [pū dìbǎn] ▸ **poser du papier peint** 贴壁纸 [tiē bìzhǐ] ▸ **poser de la moquette** 铺地毯 [pū dìtǎn] ❸ (formuler) 提 [tí] ▸ **poser une question (à qqn)** (向某人)提一个问题 [(xiàng mǒurén) tí yí ge wèntí] ▸ **poser un problème** 成问题 [chéngwèntí] ❹ (présenter, proposer) 提出 [tíchū] ▸ **poser sa candidature** 提出自己当候选人 [tíchū zìjǐ dāng hòuxuǎnrén] ❺ MATH 写 [xiě] ▸ **poser une opération** 写一道算式 [xiě yí dào suànshì] ▸ **je pose 3 et je retiens 5** 我写3记5 [wǒ xiě 3 jì 5]. ♦ vi ❶ (garder une attitude) 摆姿式 [bǎi zīshì] ▸ **poser pour la photo souvenir** 为拍照留念摆姿式 [wéi pāizhào liúniàn bǎi zīshì] ❷ (faire du mannequinat) 作模特 [zuò mótè] ▸ **elle pose pour des magazines de mode** 她为几家时装杂志作模特 [tā wéi jǐ jiā shízhuāng zázhì zuò mótè].
▪ **se poser** vp ❶ (cesser de voler) 停落 [tíng luò] ❷ (atterrir) 降落 [jiàngluò] ▸ **l'avion se pose sur la piste** 飞机降落在跑道上 [fēijī jiàngluò zài pǎodào shàng] ❸ (exister, apparaître) 存在 [cúnzài] ▸ **ce problème s'est déjà posé** 这个问题已经存在了 [zhè ge wèntí yǐjīng cúnzài le].

positif, ive adj ❶ (affirmatif) 肯定的 [kěndìng de] ▸ **avoir une réponse positive** 有一个肯定的答复 [yǒu yí ge kěndìng de dáfù] ❷ (optimiste) 务实的 [wùshí de] ▸ **un esprit positif** 一个务实的人 [yí ge wùshí de rén].

position nf ❶ (posture) 姿势 [zīshì] ▸ **changer de position** 改变姿势 [gǎibiàn zīshì] ▸ **être en position assise** 是坐着的姿势 [shì zuòzhe de zīshì] ❷ (place) 位置 [wèizhì] ▸ **il est arrivé en deuxième position** 他到达了第二的位置 [tā dàodá le dì'èr de wèizhì] ❸ (point de vue) 立场 [lìchǎng]
◊ **prendre position** 表明立场 [biǎomíng lìchǎng].

posologie nf 计量 [jìliàng] ▸ **respecter la posologie prescrite** 遵照所写计量服用 [zūnzhào suǒ xiě jìliàng fúyòng].

posséder vt ❶ (avoir) 拥有 [yōngyǒu] ▸ **posséder des biens** 拥有一些财产 [yōngyǒu yìxiē cáichǎn] ❷ (avoir en soi) 具有 [jùyǒu] ▸ **posséder une excellente mémoire** 具有极好的记性 [jùyǒu jíhǎo de jìxing].

possessif, ive adj ❶ (jaloux) 占有欲强的 [zhànyǒuyù qiáng de] ▸ **une mère possessive** 一个占有欲强的母亲 [yí ge zhànyǒuyù qiáng de mǔqin] ❷ GRAMM 主有的 [zhúyǒu de] ▸ **un adjectif possessif** 一个主有形容词 [yí ge zhúyǒu xíngróngcí] ▸ **un pronom possessif** 一个主有代词 [yí ge zhúyǒu dàicí].

▪ **possessif** nm GRAMM 主有词 [zhúyǒ cí].

possession nf 拥有 [yōngyǒu] ▸ **avoir qqch en sa possession** 拥有某物 [yōngyǒu mǒuwù] ▸ **il a beaucoup de biens en sa possession** 他拥有很多的财产 [tā yōngyǒu hěnduō de cáichǎn] ▸ **être en possession de qqch** 拥有某物 [yōngyǒu mǒuwù] ▸ **la possession d'une maison** 一座房子的拥有 [yí zuò fángzi de yōngyǒu].

possibilité nf ❶ (éventualité) 可能性 [kěnéngxìng] ❷ (occasion, pouvoir) 机会 [jīhuì] ▸ **avoir la possibilité de** *(+ infinitif)* 有做……的机会 [yǒu zuò… de jīhuì] ❸ (chose possible) 可能发生的情况 [kěnéng fāshēng de qíngkuàng] ▸ **il existe une autre possibilité** 存在另外一种可能发生的情况 [cúnzài lìngwài yì zhǒng kěnéng fāshēng de qíngkuàng] ▸ **envisager toutes les possibilités** 考虑所有可能发生的情况 [kǎolǜ suóyǒu kěnéng fāshēng de qíngkuàng].

▪ **possibilités** nfpl (aptitudes) ◦ (cl. 种 [zhǒng]) 潜力 [qiánlì] ▸ **cet enfant a de grandes possibilités** 这个孩子很有潜力 [zhè ge háizi hěn yǒu qiánlì].

possible ♦ adj ❶ (envisageable) 可行的 [kěxíng de] ▸ **un accident est toujours possible** 事故总是可能发生的 [shìgù zǒngshì kěnéng fāshēng de] ▸ **une solution possible** 一个可行的解决办法 [yí ge kěxíng de jiějué bànfǎ] ▸ **il est possible que** *(+ subjonctif)* 有可能…… [yǒu kěnéng…] ❷ (réalisable) 可能的 [kěnéng de] ▸ **il n'est pas possible de vous livrer avant demain** 明天以前给您交货是不可能的 [míngtiān yǐqián gěi nín jiāohuò shì bù kěnéng de]. ♦ nm 可能 [kěnéng] ▸ **les limites du possible** 尽其可能 [jìnqí kěnéng] ▸ **faire (tout) son possible** 尽一切可能 [jìn yíqiè kěnéng]

◊ **le plus/le moins possible** 尽量多/少 [jǐnliàng duō/shǎo] ▸ **faites le moins d'erreurs possible !** 尽量少出错！ [jǐnliàng shǎo chūcuò!].

▪ **au possible** loc adv (extrêmement) 极其 [jíqí].

postal, e adj 邮政的 [yóuzhèng de] ▸ **les services postaux** 邮政部门 [yóuzhèng bùmén] ; ➤ **carte** ; ➤ **code**.

poste ♦ nf ❶ (services) 邮政 [yóuzhèng] ▸ **expédier une lettre par la poste** 邮寄一封信 [yóujì yì fēng xìn] ▸ **la poste aérienne** 航空邮政 [hángkōng yóuzhèng] ❷ (bureau) ◦ (cl. 个 [gè] ou 家 [jiā]) 邮局 [yóujú] ▸ **aller à la poste** 去邮局 [qù yóujú]. ♦ nm ❶ (appareil) ▸ **poste de radio** (cl. 台 [tái] ou 架 [jià]) 收音机 [shōuyīnjī] ▸ **poste de télévision** (cl. 台 [tái]) 电视机 [diànshìjī] ❷ (emploi) 职位 [zhíwèi] ❸ (commissariat) ▸ **poste de police** 警察局 [jǐngchá jú].

poster vt ❶ (mettre à la poste) 寄 [jì] ▸ **poster un courrier/un colis** 寄个邮件/包裹 [jì ge yóujiàn/bāoguǒ] ▸ **poster une lettre** 寄封信 [jì fēng xìn] ❷ (placer) 布置 [bùzhì] ▸ **poster des policiers** 布置一些警察 [bùzhì yìxiē jǐngchá].

▪ **se poster** vp (se placer) 守侯 [shǒuhòu].

postérieur, e adj ❶ (futur) 以后的 [yǐhòu de] ❷ (de derrière) 后面的 [hòumian de] ▸ **les pattes postérieures d'un animal** 一只动物的后腿 [yì zhī dòngwù de hòutuǐ].

posteriori ▪ **a posteriori** loc adv 凭经验地 [píng jīngyàn de].

postériorité nf 在……后 [zài… hòu] ▸ **établir la postériorité d'un fait par rapport à un autre** 确立一件事情在另一件的后面发生 [quèlì yí jiàn shìqing zài lìng yí jiàn de hòumian fāshēng].

postérité nf 后代 [hòudài] ▸ **travailler pour la postérité** 为了后代工作 [wèile hòudài gōngzuò].

posthume adj 死后的 [sǐhòu de] ▸ **célébrité posthume** 死后的名气 [sǐhòu de míngqi] ▸ **une œuvre posthume** 一部遗作 [yí bù yízuò].

postiche ♦ adj (faux) 假的 [jiǎ de] ▸ **des cheveux postiches** 假发 [jiǎ fà]. ♦ nm (perruque) 假发 [jiǎ fà] ▸ **porter un postiche** 戴假发 [dài jiǎfà].

postier, ère nm, f (cl. 个 [gè] ou 名 [míng] ou 位 [wèi]) 邮局职员 [yóujú zhíyuán].

postillonner *fam* vi 唾沫四溅 [tuòmo sìjiàn].

post-scriptum nm inv 附言 [fùyán].

postuler vi ▸ **postuler à** ou **pour un poste** ou **un emploi** 申请一个职位 [shēnqǐng yí ge zhíwèi].

posture nf ❶ (position) 姿势 [zīshì] ▸ **être assis dans une posture inconfortable** 以一个不舒服的姿势坐着 [yǐ yí ge bùshūfú de zīshì zuòzhe] ❷ (situation) ▸ **être en bonne/en mauvaise posture** 处境好/不好 [chǔjìng hǎo/bùhǎo].

pot nm ❶ (récipient) 罐子 [guànzi] ▸ **un pot de confiture** 一罐果酱 [yí guàn guǒjiàng] ▸ **pot de fleur** 花盆 [huāpén] ▸ **un pot de yaourt** 一罐酸奶 [yí guàn suānnǎi] ❷ AUTO ▸ **pot d'échappement** 排气消音器 [páiqì xiāoyīnqì] ❸ *fam* (verre, consommation) ▸ **prendre un pot** 喝一杯 [hē yì bēi].

potable adj 可饮用的 [kě yǐnyòng de] ▸ **de l'eau potable** 饮用水 [yǐnyòng shuǐ].

potage nm CULIN 浓汤 [nóngtāng] ▸ **un potage aux légumes** 一种浓菜汤 [yì zhǒng nóng càitāng].

potager nm 菜园 [càiyuán].

pot-au-feu nm inv 蔬菜炖牛肉 [shūcài dùn niúròu].

pot-de-vin nm 贿赂 [huìlù] ▸ **recevoir/offrir des pots de vin** 接受/赠送一些贿赂 [jiēshòu/zèngsòng yìxiē huìlù].

poteau, x nm (cl. 根 [gēn]) 杆 [gǎn] ▸ **un poteau électrique** 一根电线杆 [yì gēn diànxiàngān].

potentiel, elle ♦ adj 潜在的 [qiánzài de] ▸ **un acheteur potentiel** 一位潜在的购买者 [yí wèi qiánzài de gòumǎizhě]. ♦ nm 潜力 [qiánlì] ▸ **potentiel économique/industriel/militaire** 经济/工业/军事潜力 [jīngjì/gōngyè/jūnshì qiánlì].

poterie nf ❶ (art) 陶瓷 [táocí] ▸ **faire de la poterie** 做陶瓷 [zuò táocí] ❷ (objet) ○ (cl. 个 [gè] ou 件 [jiàn]) 陶瓷器 [táocíqì] ▸ **des poteries décorées** 一些彩陶 [yìxiē cǎitáo].

potiche nf (vase) 大瓷花瓶 [dàcíhuāpíng] ▸ **une potiche chinoise** 一个中国制的大瓷花瓶 [yí ge zhōngguó zhì de dàcíhuāpíng].

potin nm *fam* 闲话 [xiánhuà] ▸ **les potins mondains** 社交闲话 [shèjiāo xiánhuà].

potion nf 药 [yào] ▸ **une potion magique** 一种灵丹妙药 [yì zhǒng língdān miàoyào].

potiron nm 笋瓜 [sǔnguā].

pot-pourri nm 杂花熏香 [záhuā xūnxiāng] ▸ **un pot-pourri à la rose** 玫瑰熏香 [méigui xūnxiāng].

pou nm (cl. 只 [zhī]) 虱子 [shīzi] ▸ **avoir des poux** 有虱子 [yǒu shīzi].

poubelle nf (cl. 个 [gè] ou 只 [zhī]) 垃圾桶 [lājītǒng] ▸ **jeter/mettre qqch à la poubelle** 扔/放某物到垃圾桶 [rēng/fàng mǒuwù dào lājītǒng] ▸ **sortir les poubelles** 把垃圾桶拿出去 [bǎ lājītǒng náchūqù].

pouce nm ❶ (doigt) 拇指 [múzhǐ] ❷ (orteil) 大脚趾 [dàjiáozhǐ].

poudre nf ❶ (substance moulue) 粉 [fěn] ▸ **en poudre** 粉状的 [fěnzhuàng de] ▸ **du sucre en poudre** 砂糖 [shātáng] ❷ (maquillage) 香粉 [xiāngfěn] ▸ **se mettre de la poudre** 扑些香粉 [pū xiē xiāngfěn] ❸ (substance explosive) 火药 [huǒyào].

poudreux, euse adj 粉状的 [fěnzhuàng de] ▸ **la neige poudreuse** 粉末状雪 [fěnmòzhuàng xuě].

▪ **poudreuse** nf (neige) 雪粉 [xuéfěn].

pouffer vi 噗嗤一声 [pūchī yì shēng] ▸ **pouffer de rire** 噗嗤一笑 [pūchī yí xiào].

poulailler nm 鸡舍 [jīshè].

poulain nm (cl. 匹 [pǐ]) 小马 [xiáomǎ].

poule nf ❶ (oiseau) ○ (cl. 只 [zhī]) 母鸡 [mǔjī] ▸ **une poule qui picore** 一只在觅食的母

鸡 [yì zhī zài mìshí de mǔjī] ❷ (viande) 鸡肉 [jīròu]
◊ **mère poule** (cl. 个 [gè] ou 位 [wèi]) 护犊子的母亲 [hù dúzi de mǔqin].

poulet nm (cl. 只 [zhī]) 鸡 [jī] ▸ **un poulet fermier** 一只农家鸡 [yì zhī nóngjiā jī] ▸ **un poulet rôti** 一只烤鸡 [yì zhī kǎo jī].

poulie nf (cl. 组 [zǔ]) 滑轮 [huálún].

poulpe nm (cl. 只 [zhī]) 章鱼 [zhāngyú].

pouls nm 脉搏 [màibó] ▸ **prendre le pouls de qqn** 给某人诊脉 [gěi mǒurén zhěnmài].

poumon nm ANAT 肺 [fèi] ▸ **une maladie du poumon** 一种肺病 [yì zhǒng fèibìng] ▸ **le poumon droit/gauche** 左/右肺 [zuǒ/yòu fèi].

poupée nf 娃娃 [wáwa] ▸ **jouer à la poupée** 玩娃娃 [wán wáwa] ▸ **une poupée en porcelaine** 一个瓷娃娃 [yí ge cí wáwa].

poupon nm ❶ (bébé) 婴儿 [yīng'ér] ▸ **allaiter un poupon** 给一个婴儿喂奶 [gěi yí ge yīng'ér wèinǎi] ❷ (jouet) 娃娃 [wáwa].

pour ♦ prép ❶ (indique le but) 为了 [wèile] ▸ **je suis venu pour te voir** 我来是为了看你 [wǒ lái shì wèile kànnǐ] ❷ (indique une destination) 去 [qù] ▸ **partir pour l'Italie** 出发去意大利 [chūfā qù Yìdàlì] ❸ (à l'attention de) 给 [gěi] ▸ **j'ai acheté un cadeau pour toi** 我给你买了一件礼物 [wǒ gěi nǐ mǎi le yí jiàn lǐwù] ❹ (à l'égard de) 对 [duì] ▸ **j'ai de l'affection pour lui** 我对他很有好感 [wǒ duì tā hěn yǒu háogǎn] ❺ (indique un rapport) 就……而言 [jiù… éryán] ▸ **pour ma part** 就我而言 [jiùwǒ éryán] ▸ **pour ce qui est de…** 就……而言 [jiù… éryán] ▸ **il est mature pour son âge** 他比他的年龄成熟 [tā bǐ tāde niánlíng chéngshú] ❻ (indique la cause) 因 [yīn] ▸ **il a été condamné pour vol** 他因盗窃被判了刑 [tā yīn dàoqiè bèi pàn le xíng] ▸ **je suis désolé pour dimanche** 星期日的事我很抱歉 [xīngqīrì de shì wǒ hěn bàoqiàn] ▸ **merci pour tout** 谢谢这一切 [xièxie zhè yíqiè] ❼ (indique la durée) ▸ **être à Paris pour deux mois** 在巴黎待两个月 [zài Bālí dài liǎng ge yuè] ▸ **partir pour dix jours** 出门十天 [chūmén shí tiān] ▸ **pour toujours** 永远 [yóngyuǎn] ❽ (indique un délai) 在 [zài] ▸ **pour le 10 mai** 在五月十号 [zài wǔyuè shí hào] ▸ **retournez-moi ce dossier pour lundi** 把这个文件星期一还给我 [bǎ zhè ge wénjiàn xīngqīyī huángěi wǒ] ❾ (en faveur de) 向 [xiàng] ▸ **être pour qqch** 同意某事 [tóngyì mǒushì] ▸ **être pour qqn** 向着某人 [xiàngzhe mǒurén] ▸ **voter pour qqn** 票投向某人 [piào tóuxiàng mǒurén] ❿ (suivi d'une somme) 以 [yǐ] ▸ **j'en ai eu pour 20 euros** 我以20欧元买下了这些 [wǒ yǐ 20 ōuyuán mǎixia le zhèxiē]. ♦ adv 赞成 [zànchéng] ▸ **je suis pour !** 我赞成！ [wǒ zànchéng!]. ♦ nm ▸ **(peser) le pour et le contre** (权衡)利与弊 [(quánhéng) lì yǔ bì].

▪ **pour que** loc conj ❶ (indique le but) 为了 [wèile] ▸ **je te le dis pour que tu saches comment faire** 我跟你说这些是为了让你知道怎么去做 [wǒ gēn nǐ shuō zhèxiē shì wèile ràng nǐ zhīdào zěnme qù zuò] ❷ (indique la conséquence) 以致于 [yǐzhìyú] ▸ **il parle trop pour qu'on ait envie de l'écouter** 他说得太多了以致于大家不想听了 [tā shuóde tàiduō le yǐzhì yú dàjiā bùxiǎng tīng le] ▸ **ma voiture est assez grande pour que tout le monde puisse y tenir** 我的车子大得让大家都坐得下 [wǒde chēzi dàde ràng dàjiā dōu zuòdexià].

pourboire nm (cl. 份 [fèn]) 小费 [xiǎofèi] ▸ **laisser un pourboire au serveur** 给服务员留一份小费 [gěi fúwùyuán liú yí fèn xiǎofèi].

pourcentage nm 百分比 [bǎifēnbǐ] ▸ **calculer un pourcentage** 计算一个百分比 [jìsuàn yí ge bǎifēnbǐ].

pourchasser vt 追捕 [zhuībǔ] ▸ **pourchasser des voleurs** 追捕一些小偷 [zhuībǔ yìxiē xiǎotōu].

pourparlers nmpl 谈判 [tánpàn] ▸ **engager des pourparlers** 进行谈判 [jìnxíng tánpàn].

pourpre ♦ nm 紫红色 [zǐhóngsè]. ♦ adj 紫红色的 [zǐhóngsè de].

pourquoi ♦ adv 为什么 [wèishénme] ▸ **pourquoi as-tu refusé ?** 你为什么拒绝了？ [nǐ wèishénme jùjué le?] ▸ **je me demande pourquoi tu l'as fait** 我在想为什么你要这样做 [wǒ zài xiǎng wèishénme nǐ yào zhèyàng zuò] ▸ **pourquoi pas ?** 为什么不呢？ [wèishénme bù ne?] ▸ **c'est pourquoi** 因此 [yīncǐ]. ♦ nm inv (raison) 原因 [yuányīn].

pourri, e adj ❶ (avarié) 烂的 [làn de] ▸ **des fruits pourris** 一些烂水果 [yìxiē làn shuíguǒ] ❷ *fam* (gâté) 惯坏了的 [guànhuài le de] ▸ **un enfant pourri** 一个惯坏了的孩子 [yí ge guànhuài le de háizi] ❸ *fam* (mauvais) 糟糕的 [zāogāo de] ▸ **quel temps pourri !** 天气真糟糕！ [tiānqì zhēn zāogāo!].

pourrir ♦ vt *fam* (gâter) 惯坏 [guànhuài] ▸ **il pourrit ses enfants** 他惯坏自己的孩子们 [tā guànhuài zìjǐ de háizimen]. ♦ vi (se putréfier) 烂 [làn] ▸ **les fruits ont pourri** 水果都烂了 [shuíguǒ dōu làn le].

pourriture nf (putréfaction) 腐烂 [fǔlàn] ▸ **une odeur de pourriture** 一股腐烂的味 [yì gǔ fǔlàn de wèi].

poursuite nf ❶ (d'une personne) 追 [zhuī] ▸ **courir à la poursuite de qqn** 跑去追某人 [pǎoqù zhuī mǒurén] ▸ **se lancer à la poursuite de qqn** 猛跑起来追某人 [měng pǎo qǐlái zhuī mǒurén] ❷ (d'argent, de la vérité, d'un idéal) 追求 [zhuīqiú] ▸ **être à la poursuite d'un idéal** 对理想的追求 [duì lǐxiǎng de zhuīqiú] ❸ (de négociations, d'une affaire) 继续进行 [jìxù jìnxíng] ▸ **la poursuite des fouilles nécessite de nouveaux capitaux** 挖掘的继续进行需要新的资金 [wājué de jìxù jìnxíng xūyào xīn de zījīn].

▪ **poursuites** nfpl DR 起诉 [qǐsù] ▸ **engager des poursuites contre qqn** 对某人进行起诉 [duì mǒurén jìnxíng qǐsù].

poursuivre ♦ vt ❶ (pourchasser) 追捕 [zhuībǔ] ▸ **poursuivre qqn/qqch** 追捕某人/某物 [zhuībǔ mǒurén/mǒuwù] ❷ (viser) 追求 [zhuīqiú] ▸ **poursuivre un rêve impossible** 追求一个不现实的梦想 [zhuīqiú yí ge búxiànshí de mèngxiǎng] ❸ (continuer) 继续 [jìxù] ▸ **poursuivre les négociations** 继续谈判 [jìxù tánpàn] ❹ DR 追究 [zhuījiū] ▸ **poursuivre qqn en justice** 对某人进行法律追究 [duì mǒurén jìnxíng fǎlǜ zhuījiū]. ♦ vi (continuer) 继续 [jìxù].

pourtant adv 然而 [rán'ér].

pourvoir vt ❶ (munir) ▸ **pourvoir qqn/qqch de qqch** 使某人/某物具有某物 [shǐ mǒurén/mǒuwù jùyǒu mǒuwù] ▸ **la nature l'a pourvue d'une grande générosité** 大自然使她具有慷慨大度 [dàzìrán shǐ tā jùyǒu kāngkǎi dàdù] ❷ (subvenir) ▸ **pourvoir à qqch** 提供某物 [tígōng mǒuwù] ▸ **pourvoir aux besoins de sa famille** 供养自己家庭 [gòngyǎng zìjǐ jiātíng].

pourvu ▪ **pourvu que** loc conj ❶ (à condition que) 只要…… [zhǐyào…] ❷ (en espérant que) 但愿…… [dànyuàn…].

pousser ♦ vt ❶ (faire avancer, bousculer) 推 [tuī] ▸ **aide-moi à pousser la voiture** 帮我推一下汽车 [bāng wǒ tuī yí xià qìchē] ▸ **il a poussé sa sœur et elle est tombée** 他推了他的姐姐于是她就摔倒了 [tā tuī le tāde jiějie yúshì tā jiù shuāidǎo le] ❷ (inciter) ▸ **pousser qqn à qqch/à faire qqch** 促使某人做某事 [cùshǐ mǒurén zuò mǒushì] ▸ **pousser qqn au crime** 促使某人犯罪 [cùshǐ mǒurén fànzuì] ❸ (émettre) 发出 [fāchū] ▸ **pousser un cri** 发出一声叫喊 [fāchū yì shēng jiàohǎn] ▸ **pousser un soupir** 发出一声叹息 [fāchū yì shēng tànxī] ❹ *fig* (faire aller jusqu'à un certain point) 使……到 [shǐ… dào] ▸ **pousser un travail jusqu'à la perfection** 使一份工作做到完美 [shǐ yí fèn gōngzuò zuòdào wánměi] ▸ **il a poussé la plaisanterie un peu trop loin** 他玩笑开到有点过分 [tā wánxiào kāidào yǒu diǎn guòfèn]. ♦ vi ❶ (grandir) 长 [zhǎng] ▸ **des cheveux qui poussent** 在长的头发 [zài zhǎng de tóufa] ▸ **se laisser pousser la barbe** 留胡子 [liú húzi] ▸ **l'herbe a poussé** 草长高了 [cǎo zhǎnggāo le] ❷ *fam* (exagérer) 夸张 [kuāzhāng] ▸ **faut pas pousser !** 不要夸张！ [búyào kuāzhāng!].

▪ **se pousser** vp (se déplacer) 挪动 [nuódòng] ▸ **allez, pousse-toi un peu !** 去，你挪一下！ [qù, nǐ nuó yí xià!].

poussette nf 儿童推车 [értóng tuīchē].

poussière nf 灰尘 [huīchén] ▸ **avoir une poussière dans l'œil** 眼睛里进了灰 [yǎnjing lǐ jìn le huī] ▸ **essuyer** ou **faire la poussière** 擦灰 [cā huī] ▸ **un nuage de poussière** 一团灰尘 [yì tuán huīchén].

poussiéreux, euse adj 满是灰尘的 [mǎn shì huīchén de] ▸ **un meuble poussiéreux** 一件满是灰尘的家具 [yí jiàn mǎn shì huīchén de jiājù] ▸ **une route poussiéreuse** 一条满是灰尘的道路 [yì tiáo mǎn shì huīchén de dàolù].

poussin nm (cl. 只 [zhī]) 小鸡 [xiǎojī].

poutre nf CONSTR (cl. 根 [gēn]) 大梁 [dàliáng] ▸ **une poutre métallique** 一根金属大梁 [yì gēn jīnshǔ dàliáng].

pouvoir ♦ vt ❶ (avoir la possibilité de) 能 [néng] ▸ **peux-tu me raccompagner à la maison ?** 你能把我送回家吗？ [nǐ néng bǎ wǒ sònghuí jiā ma?] ❷ (parvenir à) 有办法 [yǒubànfǎ] ▸ **je ne peux pas ouvrir la fenêtre** 我没办法打开窗户 [wǒ méi bànfǎ dǎkāi chuānghu] ❸ (avoir la permission de) 可以 [kéyǐ] ▸ **je peux prendre la voiture ce soir ?** 我今晚可以用汽车吗？ [wǒ jīnwǎn kéyǐ yòng qìchē ma?] ❹ (risquer de) 可能 [kěnéng] ▸ **la crise peut durer longtemps** 危机可能长时间继续 [wēijī kěnéng chángshíjiān jìxù]. ♦ nm ❶ (faculté) 能力 [nénglì] ▸ **elle a un pouvoir magique** 她具有一种神奇的能力 [tā jùyǒu yì zhǒng shénqí de nénglì] ❷ (gouvernement) 政权 [zhèngquán] ▸ **pouvoir exécutif** 行政权 [xíngzhèng quán] ▸ **pouvoir judiciaire** 司法权 [sīfǎ quán] ▸ **pouvoir législatif** 立法权 [lìfǎ quán] ▸ **prendre le pouvoir** 掌握政权 [zhǎngwò zhèngquán].

▪ **il se peut que** *(+ subjonctif)* v impers 可能…… [kěnéng…] ▸ **il se peut que nous arrivions en retard** 我们可能会迟到 [wǒmen kěnéng huì chídào].

pragmatique adj 务实的 [wùshí de].

Prague npr 布拉格 [Bùlāgé].

prairie nf (cl. 片 [piàn]) 牧场 [mùchǎng].

praline nf ❶ (amande) 糖衣杏仁 [tángyī xìngrén] ❷ *(en Belgique)* (chocolat) 巧克力夹心糖 [qiǎokèlì jiāxīntáng] ▸ **des pralines à la crème** 一些奶油巧克力夹心糖 [yìxiē nǎiyóu qiǎokèlì jiāxīntáng].

praliné nm 杏仁巧克力 [xìngrén qiǎokèlì] ▸ **une glace au praliné** 一个杏仁巧克力冰淇淋 [yí ge xìngrén qiǎokèlì bīngqilín].

praticable adj 可通行的 [kě tōngxíng de] ▸ **une route praticable en voiture** 一条可通行汽车的道路 [yì tiáo kě tōngxíng qìchē de dàolù].

pratique ♦ adj ❶ (maniable, commode) 方便的 [fāngbiàn de] ▸ **un outil très pratique** 一个很方便的工具 [yí ge hěn fāngbiàn de gōngjù] ❷ (pragmatique) 务实的 [wùshí de] ▸ **avoir l'esprit pratique** 有务实的头脑 [yǒu wùshí de tóunǎo]. ♦ nf ❶ (fait d'exercer une activité) 从事 [cóngshì] ▸ **la pratique de la médecine** 从事医疗工作 [cóngshì yīliáo gōngzuò] ▸ **la pratique d'un sport** 从事一项体育活动 [cóngshì yí xiàng tǐyù huódòng] ❷ (expérience) 实践 [shíjiàn] ▸ **acquérir des connaissances par la pratique** 通过实践获得知识 [tōngguò shíjiàn huòdé zhīshi] ❸ (habitude) ○ (cl. 种 [zhǒng]) 风气 [fēngqì]

◊ **en pratique** 实际上 [shíjìshàng] ▸ **mettre qqch en pratique** 实践某事 [shíjiàn mǒushì].

pratiquement adv ❶ (en fait) 实际上 [shíjìshàng] ❷ (quasiment) 几乎 [jīhū].

pratiquer vt ❶ (exercer) 从事 [cóngshì] ▸ **pratiquer la médecine** 从事医疗工作 [cóngshì yīliáo gōngzuò] ▸ **pratiquer un sport** 从事一项体育活动 [cóngshì yí xiàng tǐyù huódòng] ❷ (une langue) 运用 [yùnyòng] ▸ **pratiquer le chinois** 运用汉语 [yùnyòng hànyǔ] ❸ RELIG 参加……活动 [cānjiā… huódòng] ▸ **pratiquer une religion** 参加宗教活动 [cānjiā zōngjiào huódòng].

pré nm (cl. 片 [piàn]) 牧场 [mùchǎng].

préalable ♦ adj 事先的 [shìxiān de]. ♦ nm ▸ **au préalable** 事先 [shìxiān].

préambule nm 开场白 [kāichǎngbái].

préau, x nm (cl. 座 [zuò]) 风雨操场 [fēngyǔcāochǎng].

préavis nm 预先通知 [yùxiān tōngzhī] ▸ **déposer un préavis de grève** 提交一个罢工的预先通知 [tíjiāo yí ge bàgōng de yùxiān tōngzhī] ▸ **un préavis de trois mois** 一个提前三个月的预先通知 [yí ge tíqián sān ge yuè de yùxiān tōngzhī].

précaire adj ❶ (fragile) 虚弱的 [xūruò de] ▸ **une santé précaire** 虚弱的身体 [xūruò de shēntǐ] ❷ (instable) 不稳定的 [bùwěndìng de] ▸ **un emploi précaire** 一份不稳定的工作 [yí fèn bùwěndìng de gōngzuò].

précaution nf 预防措施 [yùfáng cuòshī] ▸ **avec précaution** 小心地 [xiǎoxīn de] ▸ **par précaution** 预防着 [yùfángzhe] ▸ **prendre des précautions d'hygiène** 采取卫生的措施 [cáiqǔ wèishēng de cuòshī].

précédent, e adj 上一个 [shàng yí ge] ▸ **la semaine précédente** 上一个星期 [shàng yí ge xīngqī] ▸ **son précédent film était meilleur** 他上一个电影要好些 [tā shàng yí ge diànyǐng yào hǎoxiē].

▪ **précédent** nm 先例 [xiānlì]

◊ **sans précédent** 无先例的 [wú xiānlì de].

précéder vt ❶ (venir avant) 在……之前 [zài… zhī qián] ▸ **les locataires qui nous ont précédés dans l'appartement** 那些在我们之前住这套公寓套房的房客们 [nàxiē zài wǒmen zhī qián zhù zhè tào gōngyù tàofáng de fángkèmen] ❷ (marcher devant) 走在……前面 [zǒu zài… qiánmian].

prêcher vt ❶ RELIG 布讲 [bùjiǎng] ▸ **prêcher l'Évangile** 布讲福音 [bùjiǎng Fúyīn] ❷ (conseiller) 劝说 [quànshuō] ▸ **prêcher qqch à qqn** 向某人劝说某事 [xiàng mǒurén quànshuō mǒushì] ▸ **prêcher la prudence aux automobilistes** 向驾车人劝说要谨慎 [xiàng jiàchērén quànshuō yào jǐnshèn].

précieux, euse adj 宝贵的 [bǎoguì de] ▸ **des métaux précieux** 一些贵金属 [yìxiē guìjīnshǔ] ▸ **des pierres précieuses** 一些宝石 [yìxiē bǎoshí] ▸ **de précieux conseils** 一些宝贵的建议 [yìxiē bǎoguì de jiànyì].

précipice nm 悬崖 [xuányá] ▸ **tomber au fond d'un précipice** 掉到一个悬崖底 [diào dào yí ge xuányá dǐ].

précipitation nf 迅速 [xùnsù] ▸ **partir avec précipitation** 迅速出发 [xùnsù chūfā].

▪ **précipitations** nfpl MÉTÉOR 降水量 [jiàngshuǐliàng].

précipiter vt ❶ (faire tomber) ▸ **précipiter qqn/qqch** 猛推某人/某物 [měng tuī mǒurén/mǒuwù] ▸ **il a précipité la voiture du haut de la falaise** 他把汽车从峭壁上猛推了下去 [tā bǎ qìchē cóng qiàobì shàng měng tuī le xiaqu] ❷ (hâter) 赶快 [gǎnkuài] ▸ **précipiter son départ** 赶快动身 [gǎnkuài dòngshēn].

▪ **se précipiter** vp ❶ (se ruer) 扑向 [pū xiàng] ▸ **se précipiter vers qqn** 扑向某人 [pū xiàng mǒurén] ▸ **elle se précipita dans ses bras pour l'embrasser** 她扑向他的怀里抱吻他 [tā pū xiàng tāde huáili bào wěn tā] ❷ (s'accélérer) 加速 [jiāsù] ▸ **les événements se précipitèrent** 事情加速了 [shìqing jiāsù le] ▸ **ne nous précipitons pas !** 不要催我们！ [búyào cuī wǒmen!].

précis, e adj ❶ (exact) 确切的 [quèqiè de] ▸ **il est arrivé à 6 heures précises** 他是六点整到达的 [tā shì liù diǎnzhěng dàodá de] ▸ **y a-t-il une heure précise où nous pourrions vous joindre ?** 有没有一个确切的时间我们可以联系到您？ [yǒuméiyǒu yí ge quèqiè de shíjiān wǒmen kéyǐ liánxì dào nín?] ❷ (clair, net) 明确的 [míngquè de] ▸ **donner une indication précise** 给一个明确的指示 [gěi yí ge míngquè de zhǐshì].

▪ **précis** nm inv (livre) ○ (cl. 篇 [piān] ou 本 [běn]) 摘要 [zhāiyào] ▸ **un précis de grammaire** 一本语法摘要 [yì běn yúfǎ zhāiyào].

précisément adv ❶ (exactement) 确切地 [quèqiè de] ❷ (justement) 恰巧 [qiàqiǎo] ▸ **mon père est arrivé précisément quand on parlait de lui** 我父亲恰巧就在大家谈论他的时候到了 [wǒ fùqin qiàqiǎo jiù zài dàjiā tánlùn tāde shíhou dào le].

préciser vt 确定 [quèdìng].

▪ **se préciser** vp (devenir plus clair) 变得清晰 [biànde qīngxī] ▸ **ses intentions se précisent** 他的打算变得清晰 [tāde dǎsuan biànde qīngxī].

précision nf ❶ (exactitude, rigueur) 准确 [zhǔnquè] ▸ **la précision d'un calcul** 计算的准确 [jìsuàn de zhǔnquè] ▸ **la précision des gestes** 动作的准确 [dòngzuò de zhǔnquè] ❷ (détail) 详细情况 [xiángxì qíngkuàng] ▸ **apporter** ou **donner des précisions** 提供一些详细情况 [tígōng yìxiē xiángxì qíngkuàng].

précoce adj ❶ (hâtif) 早的 [zǎo de] ▸ **les abricots étaient précoces cette année** 今年杏子成熟得早 [jīnnián xìngzi chéngshúde zǎo] ▸ **un hiver précoce** 早来的冬天 [zǎolái de dōngtiān] ▸ **un mariage précoce** 早婚 [zǎo hūn] ❷ (en avance sur son âge) 早熟的 [zǎoshú de] ▸ **un enfant précoce** 一个早熟的孩子 [yí ge zǎoshú de háizi].

préconçu, e adj *péj* 先入的 [xiānrù de] ▸ **avoir des idées préconçues** 有先入之见 [yǒu xiānrù zhījiàn].

préconiser vt ▸ **préconiser de** *(+ infinitif)* 主张做…… [zhǔzhāng zuò…] ▸ **les méde-**

cins préconisent de pratiquer un sport 医生们都主张要从事一项体育活动 [yīshēngmen dōu zhǔzhāng yào cóngshì yí xiàng tǐyù huódòng] ▸ **préconiser que** *(+ subjonctif)* 主张…… [zhǔzhāng…].

précurseur ♦ nm 先驱 [xiānqū]. ♦ adj 前兆的 [qiánzhào de] ▸ **des signes précurseurs** 一些预兆 [yìxiē yùzhào].

prédateur, trice adj & nm 捕食性的(动物) [bǔshíxìng de (dòngwù)].

prédécesseur nm (cl. 个 [gè] ou 位 [wèi]) 前任 [qiánrèn].

prédestiner vt 注定 [zhùdìng] ▸ **être prédestiné à qqch/faire qqch** 注定什么/做某事 [zhùdìng shénme/zuò mǒushì].

prédicateur, trice nm, f (cl. 个 [gè] ou 名 [míng] ou 位 [wèi]) 说教者 [shuōjiàozhě].

prédiction nf 预言 [yùyán] ▸ **faire des prédictions** 预言 [yùyán].

prédilection nf ▸ **avoir une prédilection pour qqch/qqn** 偏爱某事/某人 [piān'ài mǒushì/mǒurén]
◊ **de prédilection** 最喜欢的 [zuì xǐhuān de] ▸ **mon sport de prédilection est la natation** 我最喜欢的运动是游泳 [wǒ zuì xǐhuān de yùndòng shì yóuyǒng].

prédire vt 预言 [yùyán] ▸ **prédire l'avenir** 预言前途 [yùyán qiántú] ▸ **prédire une victoire** 预言一次胜利 [yùyán yí cì shènglì].

prédisposition nf ▸ **avoir des prédispositions pour qqch/à qqch/à faire qqch** 有做某事的天赋 [yǒu zuò mǒushì de tiānfù] ▸ **avoir des prédispositions pour la danse** 有跳舞的天赋 [yǒu tiàowǔ de tiānfù].

prédominer vt 占主导地位 [zhàn zhǔdǎo dìwèi] ▸ **le tourisme prédomine dans la région** 旅游在这地区占主导地位 [lǚyóu zài zhè dìqū zhàn zhǔdǎo dìwèi].

préfabriqué, e adj CONSTR 预制的 [yùzhì de] ▸ **une maison préfabriquée** 一座用预制件搭的房子 [yí zuò yòng yùzhìjiàn dā de fángzi].

▪ **préfabriqué** nm 预制构件 [yùzhì gòujiàn].

préface nf (cl. 篇 [piān]) 前言 [qiányán].

préfecture nf ADMIN 省政府(办公楼) [shěngzhèngfǔ (bàngōnglóu)] ▸ **préfecture de police** 警察局 [jǐngchájú].

préférable adj 更好的 [gènghǎo de].

préféré, e ♦ adj 最喜欢的 [zuìxǐhuān de] ▸ **mon livre préféré** 我最喜欢的书 [wǒ zuìxǐhuān de shū]. ♦ nm, f 最喜欢的人/事 [zuìxǐhuān de rén/shì].

préférence nf 偏爱 [piān'ài] ▸ **avoir une préférence pour** 偏爱…… [piān'ài…] ▸ **elle a une préférence pour la danse classique** 她偏爱传统舞蹈 [tā piān'ài chuántǒng wúdǎo]
◊ **de préférence** 宁可 [nìngkě].

préférentiel, elle adj 优惠的 [yōuhuì de] ▸ **un tarif préférentiel** 优惠价 [yōuhuì jià].

préférer vt ❶ (aimer mieux) 宁可 [nìngkě] ▸ **je préfère rentrer, je suis fatiguée** 我累了，宁可回去的好 [wǒ lèi le, nìngkě huíqu de hǎo] ▸ **préférer qqch à qqch** 跟某事比更喜欢某事 [gēn mǒushì bǐ gèng xǐhuan mǒu shì] ▸ **je préfère le tennis au ski nautique** 跟滑水比我更喜欢网球 [gēn huáshuǐ bǐ wǒ gèng xǐhuan wǎngqiú] ❷ *fig* (affectionner) 喜欢 [xǐhuan] ▸ **ces plantes préfèrent les sols sablonneux** 这些植物喜欢沙质土 [zhèxiē zhíwù xǐhuan shāzhì tǔ].

préfet nm (cl. 个 [gè] ou 名 [míng] ou 位 [wèi]) 省长 [shéngzhǎng].

préfixe nm 前缀 [qiánzhuì].

préhistoire nf 史前史 [shǐqiánshǐ].

préhistorique adj 史前的 [shǐqián de].

préjudice nm 损害 [sǔnhài] ▸ **porter préjudice à qqn** 给某人造成损害 [gěi mǒurén zàochéng sǔnhài] ▸ **subir un préjudice** 受到一个损害 [shòudào yí ge sǔnhài].

préjugé nm 成见 [chéngjiàn] ▸ **avoir un préjugé contre qqn/qqch** 对某人/某事有成见 [duì mǒurén/mǒushì yǒu chéngjiàn].

préjuger vt ▸ **préjuger de qqch** 预料某事 [yùliào mǒushì] ▸ **il ne faut pas préjuger de sa culpabilité** 不应该预料他有罪 [bù yīnggāi yùliào tā yǒuzuì].

prélasser ▪ **se prélasser** vp 尽情地放松 [jìnqíng de fàngsōng] ▸ **se prélasser au soleil**

尽情地放松晒太阳 [jìnqíng de fàngsōng shài tàiyáng].

prélèvement nm ❶ MÉD 抽取 [chōuqǔ] ▸ **un prélèvement d'organe** 器官的抽取 [qìguān de chōuqǔ] ▸ **un prélèvement de sang** 血样的抽取 [xuèyàng de chōuqǔ] ❷ BANQUE ▸ **prélèvement automatique** 自动划帐 [zìdòng huàzhàng].

prélever vt ❶ BANQUE 提取 [tíqǔ] ▸ **prélever qqch sur** 在……上提取某物 [zài… shàng tíqǔ mǒuwù] ▸ **prélever 100 euros sur son compte** 在自己的帐户上提取100欧元 [zài zìjǐ de zhànghù shàng tíqǔ 100 ōuyuán] ❷ MÉD 抽取 [chōuqǔ] ▸ **prélever du sang** 抽取血样 [chōuqǔ xuèyàng].

préliminaire adj 预备性的 [yùbèixìng de] ▸ **un entretien préliminaire** 一次预备性会谈 [yí cì yùbèixìng huìtán].

▪ **préliminaires** nmpl 准备阶段 [zhǔnbèi jiēduàn].

prélude nm MUS (cl. 首 [shǒu]) 前奏曲 [qiánzòuqǔ].

prématuré, e ♦ adj ❶ (hâtif) 过早的 [guòzǎo de] ▸ **une décision prématurée** 一个过早的决定 [yí ge guòzǎo de juédìng] ❷ MÉD 早产的 [zǎochǎn de] ▸ **un enfant prématuré** 一个早产儿 [yí ge zǎochǎn'ér]. ♦ nm, f MÉD 早产婴儿 [zǎochǎn yīng'ér].

préméditation nf ▸ **avec préméditation** 预谋 [yùmóu].

prémédité, e adj 预谋的 [yùmóu de] ▸ **un crime prémédité** 一项预谋罪行 [yí xiàng yùmóu zuìxíng].

premier, ère ♦ adj ❶ (le plus ancien, placé avant les autres) 第一的 [dìyī de] ▸ **s'asseoir au premier rang** 坐在第一排 [zuò zài dìyī pái] ▸ **faire ses premiers pas** 迈出自己的第一步 [màichū zìjǐ de dìyī bù] ▸ **habiter au premier étage** 住在第一层 [zhù zài dìyī céng] ▸ **la première fois** 第一次 [dìyī cì] ❷ (le meilleur) 最好的 [zuìhǎo de] ▸ **obtenir le premier rôle dans un film** 获得扮演一部电影中的主角 [huòdé bànyǎn yí bù diànyǐng zhòng de zhǔjué] ▸ **de premier choix** 优质的 [yōuzhì de]. ♦ nm, f ❶ (personne qui est avant les autres) 第一个 [dìyī ge] ▸ **il est arrivé le premier** 他第一个到 [tā dìyī ge dào] ▸ **la première de la classe** 全班第一名 [quánbān dìyī míng] ❷ CINÉ & THÉÂTRE ▸ **jeune premier/première** 演多情主角的男/女演员 [yǎn duōqíng zhǔjué de nán/nǚyǎnyuán].

▪ **première** nf ❶ (catégorie la plus chère) 头等仓 [tóuděngcāng] ▸ **voyager en première** 乘坐头等仓旅行 [chéngzuò tóuděngcāng lǚxíng] ❷ (événement) 首例 [shǒulì] ❸ SCOL 高中二年级 [gāozhōng èr niánjí] ❹ AUTO 一档速度 [yī dǎng sùdù].

▪ **en premier** loc adv 首先 [shǒuxiān].

premièrement adv 第一 [dìyī].

prémonition nf 预感 [yùgǎn] ▸ **avoir une prémonition** 有一个预感 [yǒu yí ge yùgǎn].

prémunir vt ▸ **prémunir qqn contre qqch** 使某人提防某事 [shǐ mǒurén dīfang mǒushì] ▸ **prémunir les jeunes contre les dangers de la drogue** 使青年人提防毒品的危害 [shǐ qīngniánrén dīfang dúpǐn de wēihài].

▪ **se prémunir** vp ▸ **se prémunir contre qqch** 提防某事 [dīfang mǒushì] ▸ **se prémunir contre les épidémies** 提防流行病 [dīfang liúxíngbìng].

prendre ♦ vt ❶ (attraper, saisir) 拿 [ná] ▸ **prendre un stylo pour écrire** 拿一支钢笔来写 [ná yì zhī gāngbǐ lái xiě] ❷ (emporter) 带 [dài] ▸ **prendre un parapluie** 带上一把雨伞 [dàishang yì bǎ yúsǎn] ❸ (consommer) 吃 [chī] ▸ **prendre une boisson** 喝一种饮料 [hē yì zhǒng yǐnliào] ▸ **prendre des médicaments** 吃药 [chīyào] ▸ **prendre un repas** 吃一顿饭 [chī yí dùn fàn] ❹ (utiliser) 乘坐 [chéngzuò] ▸ **prendre l'avion** 坐飞机 [zuò fēijī] ▸ **prendre le bus** 坐公共汽车 [zuò gōnggòngqìchē] ❺ (acheter) 买 [mǎi] ▸ **prends du pain en rentrant** 回来的时候去买些面包 [huílai de shíhou qù mǎixiē miànbāo] ❻ (aller chercher) 接 [jiē] ▸ **ma mère est passée me prendre à la gare** 我母亲到火车站接我 [wǒ mǔqin dào huǒchēzhàn jiē wǒ] ❼ (attraper, surprendre) 抓住 [zhuāzhù] ▸ **je l'ai pris sur le fait** 我当场抓住了他 [wǒ dāngchǎng zhuāzhù le tā] ▸ **se faire prendre** 被抓住 [bèi zhuāzhù] ❽ (acquérir) 增加 [zēngjiā] ▸ **prendre du poids** 体重增加 [tǐzhòngzēngjiā] ▸ **prendre de l'âge** 年

龄增加 [niánlíng zēngjiā] ❾ (faire) ▸ **prendre un bain** 洗个澡 [xǐ ge zǎo] ▸ **prendre une photo** 拍张照片 [pāi zhāng zhàopiàn] ▸ **prendre des notes** 记笔记 [jì bǐjì] ❿ (occuper le temps) 花 [huā] ▸ **le voyage a pris des heures** 旅途花了好几个小时 [lǚtú huā le hǎo jǐ ge xiǎoshí] ▸ **ce travail prend beaucoup de temps** 这个工作很花时间 [zhè ge gōngzuò hěn huā shíjiān]. ♦ vi ❶ (s'épaissir) 凝结 [níngjié] ▸ **la mayonnaise a pris** 蛋黄酱凝结起来了 [dànhuángjiàng níngjié qǐlái le] ▸ **le ciment prend très vite** 水泥凝固得很快 [shuǐní nínggù de hěn kuài] ❷ (commencer à brûler) 着 [zháo] ▸ **le feu ne veut pas prendre** 火着不起来 [huǒ zháobuqǐlái] ▸ **prendre feu** 着火 [zháohuǒ] ❸ (se diriger) 走 [zǒu] ▸ **prenez la première à droite** 走第一街向右拐 [zǒu dìyī jiē xiàng yòuguǎi].

▪ **se prendre** vp ▸ **se prendre pour qqn** 把自己当成某人 [bǎ zìjǐ dàngchéng mǒurén] ▸ **il se prend pour un héros** 他把自己当成是英雄了 [tā bǎ zìjǐ dàngchéng shì yīngxióng le].

▪ **s'en prendre** vp ▸ **s'en prendre à qqn** 怪罪某人 [guàizuì mǒurén].

▪ **s'y prendre** vp 做 [zuò] ▸ **elle sait s'y prendre avec les enfants** 她懂得该如何对待小孩子们 [tā dǒngde gāi rúhé duìdài xiǎoháizimen].

prénom nm 名字 [míngzì] ▸ **un prénom féminin/masculin** 一个女/男性的名字 [yí ge nǚ/nánxìng de míngzì].

prénommer vt 给……取名 [gěi… qǔmíng].

▪ **se prénommer** vp 名叫 [míngjiào].

préoccupation nf (cl. 件 [jiàn]) 操心的事 [cāoxīn de shì].

préoccupé, e adj 操心的 [cāoxīn de] ▸ **avoir l'air préoccupé** 看起来有心事 [kànqilai yǒu xīnshì].

préoccuper vt 让……操心 [ràng… cāoxīn] ▸ **l'avenir de son fils la préoccupe** 他儿子的前途让她操心 [tā érzi de qiántú ràng tā cāoxīn].

▪ **se préoccuper de** vp+prép 担心 [dānxīn] ▸ **se préoccuper de sa santé** 担心自己的健康 [dānxīn zìjǐ de jiànkāng].

préparatifs nmpl 准备工作 [zhǔnbèi gōngzuò] ▸ **les préparatifs de mariage** 结婚的准备工作 [jiéhūn de zhǔnbèi gōngzuò] ▸ **les préparatifs d'un voyage** 一次旅行的准备工作 [yí cì lǚxíng de zhǔnbèi gōngzuò].

préparation nf 准备 [zhǔnbèi] ▸ **la préparation d'une fête** 一次节日的准备 [yí cì jiérì de zhǔnbèi] ▸ **la préparation d'un repas** 一顿饭的准备 [yí dùn fàn de zhǔnbèi] ▸ **la préparation d'un voyage** 一次旅行的准备 [yí cì lǚxíng de zhǔnbèi].

préparatoire adj 预备的 [yùbèi de] ▸ **une réunion préparatoire** 一次预备会议 [yí cì yùbèi huìyì].

préparer vt ❶ (disposer, apprêter, étudier) 准备 [zhǔnbèi] ▸ **préparer ses bagages** 准备自己的行李 [zhǔnbèi zìjǐ de xíngli] ▸ **préparer un examen** 准备一门考试 [zhǔnbèi yì mén kǎoshì] ▸ **préparer le repas** 准备饭菜 [zhǔnbèi fàncài] ❷ (organiser) 策划 [cèhuà] ▸ **préparer une surprise à qqn** 给某人准备一件意外礼物 [gěi mǒurén zhǔnbèi yí jiàn yìwài lǐwù] ▸ **préparer un voyage** 策划一个旅行 [cèhuà yí ge lǚxíng]
◊ **préparer qqn à qqch** 使某人对某事有心里准备 [shǐ mǒurén duì mǒu shì yǒu xīnlǐ zhǔnbèi] ▸ **préparer qqn à une mauvaise nouvelle** 使某人对坏消息有心里准备 [shǐ mǒurén duì huài xiāoxi yǒu xīnlǐ zhǔnbèi].

▪ **se préparer** vp ❶ (s'entraîner) ▸ **se préparer à qqch/faire qqch** 准备某事/做某事 [zhǔnbèi mǒushì/zuò mǒushì] ▸ **je me prépare à partir** 我准备要出发 [wǒ zhǔnbèi yào chūfā] ❷ (être proche) 即将来临 [jíjiāng láilín] ▸ **un orage se prépare** 暴风雨即将来临 [bàofēngyǔ jíjiāng láilín].

préposé, e nm, f (cl. 个 [gè] ou 名 [míng] ou 位 [wèi]) 职员 [zhíyuán] ▸ **la préposée au vestiaire** 衣帽间女职员 [yīmàojiān nǚzhíyuán].

préposition nf GRAMM 介词 [jiècí].

préretraite nf 提前退休 [tíqián tuìxiū] ▸ **être en préretraite** 提前退休了 [tíqián tuìxiū le].

prérogative nf (cl. 个 [gè] ou 项 [xiàng]) 特权 [tèquán] ▸ **les prérogatives d'un ministre** 一位部长的特权 [yí wèi bùzhǎng de tèquán].

près adv 近 [jìn] ▸ **il habite tout près** 他住得很近 [tā zhùde hěn jìn].

■ **de près** loc adv 靠近地 [kàojìn de] ▸ **regarder qqch de près** 近细地看某物 [jìnxì de kàn mǒuwù] ▸ **suivre qqn de près** 紧跟某人 [jǐngēn mǒurén].

■ **à peu près** loc adv 大约 [dàyuē] ▸ **nous étions à peu près cinquante** 我们大约有五十人 [wǒmen dàyuē yǒu wǔshí rén].

■ **près de** loc prép ❶ (indique la proximité dans l'espace) 附近 [fùjìn] ▸ **être près de qqn** 在某人旁边 [zài mǒurén pángbiān] ▸ **elle habite près de Paris** 她住在巴黎附近 [tā zhù zài Bālí fùjìn] ▸ **près d'ici** 在这附近 [zài zhè fùjìn] ❷ (indique la proximité dans le temps) 快要 [kuàiyào] ▸ **on est près des vacances** 快要放假了 [kuàiyào fàngjià le] ❸ (presque) 将近 [jiāngjìn] ▸ **il y a près d'une heure que je t'attends** 我等你将近一小时了 [wǒ děng nǐ jiāngjìn yì xiǎoshí le].

présage nm 征兆 [zhēngzhào] ▸ **un mauvais présage** 一个坏征兆 [yí ge huài zhēngzhào].

présager vt 预兆 [yùzhào].

presbyte nmf & adj 老花眼的(人) [lǎohuāyǎn de (rén)] ▸ **être presbyte** 是老花眼 [shì lǎohuāyǎn].

presbytère nm (cl. 处 [chù]) 神父住宅 [shénfu zhùzhái].

prescription nf ❶ MÉD (recommandation) 处方 [chǔfāng] ▸ **suivre les prescriptions du médecin** 遵照医生处方 [zūnzhào yīshēng chǔfāng] ❷ DR 时效 [shíxiào] ▸ **on ne peut le poursuivre, il y a prescription** 我们不能起诉他，因为有时效 [wǒmen bùnéng qǐsù tā, yīnwéi yǒu shíxiào].

prescrire vt MÉD 规定 [guīdìng] ▸ **prescrire beaucoup de repos** 规定好好休息 [guīdìng háohǎo xiūxi] ▸ **prescrire un médicament** 开一种药 [kāi yì zhǒng yào].

présence nf 出席 [chūxí] ▸ **je compte sur ta présence à ma soirée** 我期待你出席我的晚会 [wǒ qīdài nǐ chūxí wǒde wǎnhuì] ▸ **en présence de qqch** 面对某事 [miànduì mǒushì] ▸ **se trouver en présence de difficultés insurmontables** 面对着难以克服的困难 [miànduìzhe nányǐ kèfú de kùnnan] ▸ **en présence de qqn** 当着某人的面 [dāngzhe mǒurén de miàn] ▸ **je ne parlerai qu'en présence de mon avocat** 我只有当着我律师的面才讲 [wǒ zhíyǒu dāngzhe wǒ lǜshī de miàn cái jiǎng]

◊ **présence d'esprit** 机智 [jīzhì].

présent, e adj ❶ (qui est là) 到场的 [dàochǎng de] ▸ **tous nos amis ici présents** 我们所有到场的朋友 [wǒmen suóyǒu dàochǎng de péngyou] ▸ **Sylvain Dupont ? — présent !** 司利凡·杜邦？—到！ [Sīlìfán Dùbāng? — dào!] ❷ (actuel) 目前的 [mùqián de] ▸ **dans les circonstances présentes** 在目前的情况下 [zài mùqián de qíngkuàng xià] ▸ **l'instant présent** 现在 [xiànzài].

■ **présent** nm ❶ (période) 眼下 [yǎnxià] ❷ GRAMM 现在时 [xiànzàishí] ▸ **conjuguer un verbe au présent** 把一个动词变位成现在时 [bǎ yì ge dòngcí biànwèi chéng xiànzàishí] ▸ **présent de l'indicatif** 直陈式现在时 [zhíchénshì xiànzàishí] ❸ *sout* (cadeau) ○ (cl. 个 [gè] ou 份 [fèn]) 礼物 [lǐwù] ▸ **faire un présent à qqn** 送给某人一份礼物 [sònggěi mǒurén yí fèn lǐwù].

■ **à présent** loc adv 现在 [xiànzài].

■ **dès à présent** loc adv 从现在起 [cóng xiànzài qǐ].

■ **jusqu'à présent** loc adv 直到现在 [zhídào xiànzài].

présentable adj 象样儿的 [xiàngyàngr de] ▸ **mon gâteau n'est pas très présentable, mais il est bon** 我的蛋糕不太象样儿的，但很好吃 [wǒde dàngāo bútài xiàngyàngr de, dàn hěn hǎochī] ▸ **arrange-toi pour être présentable au rendez-vous** 你收拾一下好象个样子去见人 [nǐ shōushi yí xià hǎo xiàng ge yàngzi qù jiànrén].

présentateur, trice nm, f TV (cl. 个 [gè] ou 名 [míng] ou 位 [wèi]) 主持人 [zhǔchírén] ▸ **présentateur sportif** 体育节目主持人 [tǐyù jiémù zhǔchírén].

présentation nf ❶ (allure) ○ (cl. 个 [gè] ou 副 [fù]) 外表 [wàibiǎo] ▸ **soigner sa présentation** 修饰自己外表 [xiūshì zìjǐ wàibiǎo] ❷ (exhibition, exposé) 展示 [zhǎnshì] ▸ **la présentation d'une nouvelle collection** 一个新系列产品的展示 [yí ge xīn xìliè chánpǐn de zhǎnshì]

▸ **la présentation d'un projet** 一个计划的介绍 [yí ge jìhuà de jièshào].

▪ **présentations** nfpl ▸ **faire les présentations** 作介绍 [zuò jièshào].

présenter vt ❶ (faire connaître) 介绍 [jièshào] ▸ **je vous présente ma femme** 我向您介绍我的妻子 [wǒ xiàng nín jièshào wǒde qīzi] ❷ (montrer) 出示 [chūshì] ▸ **présenter ses papiers d'identité** 出示自己的身份证件 [chūshì zìjǐ de shēnfen zhèngjiàn] ❸ (animer) 主持 [zhǔchí] ▸ **présenter le journal télévisé** 主持电视新闻节目 [zhǔchí diànshì xīnwén jiémù] ❹ (formuler) ▸ **présenter qqch à qqn** 向某人表示什么 [xiàng mǒurén biǎoshì shénme] ▸ **présenter ses excuses à qqn** 向某人表示歉意 [xiàng mǒurén biǎoshì qiànyì] ❺ (comporter) 显示 [xiǎnshì] ▸ **la situation présente certains avantages** 形势显示某些好处 [xíngshì xiǎnshì mǒuxiē hǎochu].

▪ **se présenter** vp ❶ (être candidat) ▸ **se présenter à qqch** 参加某事 [cānjiā mǒushì] ▸ **il s'est présenté aux élections municipales** 他参加了市政竞选 [tā cānjiā le shìzhèng jìngxuǎn] ❷ (se rendre à) 去 [qù] ▸ **se présenter au commissariat** 去警察局 [qù jǐngchájú] ❸ (survenir) 来到 [láidào] ▸ **l'occasion ne s'est pas présentée** 机会没有来到 [jīhuì méiyǒu láidào] ❹ (apparaître) 看起来 [kànqǐlái] ▸ **se présenter bien/mal** 看起来好/不好 [kànqǐlái hǎo/bùhǎo].

préservatif nm (cl. 只 [zhī]) 安全套 [ānquántào].

préserver vt (garder) 保留 [bǎoliú] ▸ **préserver sa liberté** 保住自己的自由 [bǎozhù zìjǐ de zìyóu] ▸ **préserver qqn/qqch de** 保护某人/某物不受 [bǎohù mǒurén/mǒuwù bú shòu] ▸ **son manteau la préservait mal de la pluie** 她的大衣难以保护她不受雨淋 [tāde dàyī nányǐ bǎohù tā bú shòu yǔlín].

▪ **se préserver** vp ▸ **se préserver de qqch** (se protéger de qqch) 预防某事 [yùfáng mǒushì].

présidence nf 总统职位 [zóngtǒng zhíwèi] ▸ **la présidence d'une assemblée** 一个议会的主席职位 [yí ge yìhuì de zhǔxí zhíwèi] ▸ **la présidence d'une association** 一个协会的主席职位 [yí ge xiéhuì de zhǔxí zhíwèi] ▸ **la présidence de la République** 共和国总统职位 [gònghéguó zóngtǒng zhíwèi].

président, e nm, f (cl. 个 [gè] ou 名 [míng] ou 位 [wèi]) 主席 [zhǔxí] ▸ **Président-directeur général** 总经理 [zǒngjīnglǐ] ▸ **le président du jury** 评审团主席 [píngshěn tuán zhǔxí] ▸ **Président de la République** 共和国总统 [gònghéguó zóngtǒng].

présidentiel, elle adj 总统的 [zóngtǒng de] ▸ **les élections présidentielles** 总统选举 [zóngtǒng xuǎnjǔ].

présider ♦ vt 主持 [zhǔchí] ▸ **présider une assemblée** 主持一个议会 [zhǔchí yí ge yìhuì] ▸ **présider une réunion** 主持一个会议 [zhǔchí yí ge huìyì]. ♦ vi ▸ **présider à qqch** 负责某事 [fùzé mǒushì] ▸ **il a présidé à la construction de l'autoroute** 他负责了高速公路的修建 [tā fùzé le gāosù gōnglù de xiūjiàn].

présomption nf 推测 [tuīcè] ▸ **je ne fais que des présomptions** 我所做的只不过是一些推测 [wǒ suǒ zuò de zhǐ búguò shì yìxiē tuīcè] ▸ **présomption d'innocence** DR 无罪推定 [wúzuì tuīdìng].

présomptueux, euse adj 自以为是的 [zìyǐwéishì de].

presque adv 将近 [jiāngjìn] ▸ **cela fait presque trois heures** 这快有三个小时了 [zhè kuài yǒu sān ge xiǎoshí le] ▸ **j'ai presque fini mon travail** 我几乎完成了工作 [wǒ jīhū wánchéng le gōngzuò].

presqu'île nf 半岛 [bàndǎo].

pressant, e adj 急迫的 [jípò de] ▸ **une envie pressante** 一个迫切的渴望 [yí ge pòqiè de kěwàng] ▸ **un pressant besoin d'argent** 急需用钱 [jíxū yòng qián].

presse nf ❶ (média) 新闻界 [xīnwénjiè] ▸ **la presse écrite** 纸面刊物 [zhǐmiàn kānwù] ❷ (journaux) ◦ (cl. 份 [fèn]) 报纸 [bàozhǐ] ▸ **la presse à scandale** 八卦小报 [bāguà xiǎobào] ❸ (machine) ◦ (cl. 台 [tái]) 冲压机 [chōngyājī] ▸ **mettre sous presse** 用冲压机压 [yòng chōngyājī yā].

pressé, e adj ❶ (urgent) 紧急的 [jǐnjí de] ❷ (avoir hâte) 急 [jí] ▸ **être pressé de** (*+ infinitif*) 急于…… [jíyú…] ❸ (écrasé) 榨干的 [zhàgān de] ▸ **un citron pressé** 一杯柠檬汁 [yí bēi níng méng zhī].

presse-citron nm (cl. 台 [tái]) 榨汁机 [zhàzhījī].

pressentiment nm 预感 [yùgǎn].

presse-papiers nm inv 镇纸 [zhènzhǐ].

presser vt ❶ (comprimer) 榨 [zhà] ▸ **presser des oranges** 榨橙汁 [zhà chéngzhī] ❷ (appuyer sur) 按 [àn] ▸ **presser le bouton pour appeler l'ascenseur** 按按纽叫电梯 [àn ànniǔ jiào diàntī] ❸ (hâter) 催促 [cuīcù] ▸ **presser le pas** 加快脚步 [jiākuài jiǎobù].

▪ **se presser** vp ❶ (se dépêcher) 赶快 [gǎnkuài] ❷ (se tasser) 拥挤 [yōngjǐ] ▸ **se presser autour de qqn/qqch** 围拢在某人/某物周围 [wéilǒng zài mǒurén/mǒuwù zhōuwéi].

pressing nm (cl. 家 [jiā] ou 个 [gè]) 洗熨店 [xǐyùndiàn] ▸ **apporter ses vêtements au pressing** 把衣服送到洗熨店 [bǎ yīfu sòng dào xǐ yùn diàn].

pression nf ❶ (action de presser) 压按 [yā'àn] ▸ **exercer une pression de la main** 用手按 [yòng shǒu àn] ❷ (influence) 压力 [yālì] ▸ **faire pression sur qqn** 给某人施加压力 [gěi mǒurén shījiā yālì] ❸ PHYS 压力 [yālì] ▸ **la pression d'air des pneus** 轮胎的气压 [lúntāi de qìyā] ❹ (bouton) 按扣 [ànkòu].

pressoir nm (machine) ○ (cl. 台 [tái]) 榨汁机 [zhàzhījī].

pressurisé, e adj 增压的 [zēngyā de] ▸ **une cabine pressurisée** 增压舱 [zēngyā cāng].

prestance nf 仪表 [yíbiǎo] ▸ **avoir de la prestance** 仪表堂堂 [yíbiǎotángtáng].

prestataire nmf ▸ **prestataire de service** 服务业人士 [fúwùyè rénshì].

prestation nf ❶ (service) ○ (cl. 项 [xiàng]) 服务 [fúwù] ▸ **les prestations d'un hôtel** 一家旅馆的服务项目 [yì jiā lǚguǎn de fúwù xiàngmù] ❷ (action) 出场 [chūchǎng] ▸ **offrir une belle prestation** 精彩亮相 [jīngcǎi liàngxiàng] ❸ (somme d'argent) 补助 [bǔzhù] ▸ **les prestations sociales** 社会补助 [shèhuì bǔzhù].

prestidigitateur, trice nm, f (cl. 名 [míng] ou 个 [gè] ou 位 [wèi]) 魔术师 [móshùshī].

prestige nm 声誉 [shēngyù] ▸ **jouir d'un grand prestige** 享有很高的威望 [xiǎngyǒu hěngāo de wēiwàng] ▸ **le prestige de l'uniforme** 制服的殊荣 [zhìfú de shūróng].

prestigieux, euse adj 享有盛名的 [xiǎngyǒu shèngmíng de].

présumé, e adj 被推定为 [bèi tuīdìng wéi] ▸ **être présumé coupable/innocent** 推定有罪/无罪 [tuī dìng yǒuzuì/wúzuì] ▸ **les causes présumées d'un accident** 一场事故的假定原因 [yì chǎng shìgù de jiǎdìng yuányīn].

présumer vt ▸ **présumer que** *(+ indicatif)* 推想 [tuīxiǎng].

prêt[1], e adj 准备好的 [zhǔnbèi hǎo de] ▸ **le dossier est prêt** 文件准备好了 [wénjiàn zhǔnbèi hǎo le] ▸ **prêt à** *(+ infinitif)* 准备...... [zhǔnbèi...].

prêt[2] nm ❶ (fait de prêter) 出借 [chūjiè] ❷ FIN (cl. 项 [xiàng] ou 笔 [bǐ]) 贷款 [dàikuǎn] ▸ **accorder un prêt (à qqn)** (给某人)提供一项贷款 [(gěi mǒurén) tígōng yí xiàng dàikuǎn] ▸ **un prêt bancaire** 一项银行贷款 [yí xiàng yínháng dàikuǎn].

prêt-à-porter nm (cl. 件 [jiàn]) 成衣 [chéngyī].

prétendant nm ❶ (qui aspire à une fonction) 觊觎者 [jìyúzhě] ▸ **un prétendant au trône** 一个觊觎王位者 [yí ge jìyú wángwèizhě] ❷ (amoureux) 追求者 [zhuīqiúzhě].

prétendre ◆ vt ❶ (affirmer) 声称 [shēngchēng] ▸ **il prétend que sa famille est riche** 他声称家里很富有 [tā shēngchēng jiā lǐ hěn fùyǒu] ▸ **je prétends qu'il a menti** 我说他撒了谎 [wǒ shuō tā sā le huǎng] ▸ **prétendre** *(+ infinitif)* 声称 [shēngchēng] ▸ **il prétend être l'auteur d'un roman célèbre** 他声称是一本著名小说的作者 [tā shēngchēng shì yì běn zhùmíng xiǎoshuō de zuòzhě] ❷ *(+ infinitif)* (exiger) 坚决要求 [jiānjué yāoqiú] ▸ **je prétends être obéi au doigt et à l'œil** 我坚决要求对我言听计从 [wǒ jiānjué yāoqiú duì wǒ yántīng jìcóng]. ◆ vi (aspirer à) 谋求 [móuqiú] ▸ **prétendre à un poste** 谋求一个职位 [móuqiú yí ge zhíwèi].

prétendu, e adj 所谓的 [suǒwèi de] ▸ **ses prétendus talents d'acteur** 他那些所谓

的演员天赋 [tā nàxiē suǒwèi de yǎnyuán tiānfù].

prétentieux, euse adj 自命不凡的 [zìmìng bùfán de].

prétention nf ❶ (vanité) 自负 [zìfù] ▸ **être plein de prétention** 极其自负 [jíqí zìfù] ▸ **sans prétentions** 不浮夸 [bù fúkuā] ❷ (ambition) 奢望 [shēwàng] ▸ **avoir la prétention de** *(+ infinitif)* 有……的奢望 [yǒu… de shēwàng].

prêter vt ❶ (mettre à la disposition) ▸ **prêter qqch à qqn** 把某物借给某人 [bǎ mǒuwù jiègěi mǒurén] ❷ (attribuer) ▸ **prêter qqch à qqn** 把某事扣在某人头上 [bǎ mǒushì kòu zài mǒurén tóu shàng]

◊ **prêter attention** 注意 [zhùyì] ▸ **prêter l'oreille à qqch** 注意听某事 [zhùyì tīng mǒushì].

prétérit nm GRAMM 过去时 [guòqùshí].

prêteur, euse adj 爱借东西给人的 [ài jiè dōngxi gěi rén de].

prétexte nm (excuse) 借口 [jièkǒu] ▸ **sous prétexte de** *(+ infinitif)* 以……为借口 [yǐ… wéi jièkǒu] ▸ **sous prétexte de travailler, il s'enfermait dans sa chambre tous les soirs** 以工作为借口，他每晚都把自己关在房间里 [yǐ gōngzuò wéi jièkǒu, tā měi wǎn dōu bǎ zìjǐ guān zài fángjiān lǐ] ▸ **sous prétexte que** *(+ indicatif)* 借着……的理由 [jièzhe… de lǐyóu] ▸ **sous prétexte qu'il gagne de l'argent, il n'en fait qu'à sa tête** 他借着他挣钱的理由为所欲为 [tā jièzhe tā zhèng qián de lǐyóu wéisuǒyùwéi].

prêtre nm RELIG (cl. 名 [míng] ou 个 [gè] ou 位 [wèi]) 教士 [jiàoshì].

preuve nf ❶ (qui établit la vérité) 证据 [zhèngjù] ▸ **j'ai la preuve qu'il ment** 我有他撒谎的证据 [wǒ yǒu tā sāhuǎng de zhèngjù] ❷ (marque, témoignage) 证明 [zhèngmíng] ▸ **donner une preuve d'amour** 做出一个爱情的证明 [zuò chū yí ge àiqíng de zhèngmíng] ▸ **faire preuve de** (montrer) 表现出 [biǎoxiàn chū]

◊ **faire ses preuves** 经受考验 [jīngshòu kǎoyàn].

prévaloir vi *sout* (dominer) 占上风 [zhàn shàngfēng] ▸ **prévaloir sur** 胜过 [shèngguò].

prévenir vt ❶ (informer) ▸ **prévenir qqn de qqch** 事先告知某人某事 [shìxiān gàozhī mǒurén mǒushì] ❷ (avertir) 警告 [jǐnggào] ▸ **je te préviens : c'est la dernière fois !** 我警告你：这可是最后一次！ [wǒ jǐnggào nǐ: zhè kěshì zuìhòu yí cì!] ▸ **prévenez la police !** 报警！ [bào jǐng!] ❸ (éviter) 预防 [yùfáng].

préventif, ive adj 预防的 [yùfáng de] ▸ **la médecine préventive** 预防医学 [yùfáng yīxué].

prévention nf (cl. 项 [xiàng]) 预防 [yùfáng] ▸ **prendre des mesures de prévention** 采取预防措施 [cáiqǔ yùfáng cuòshī] ▸ **prévention routière** 预防交通事故的措施 [yùfáng jiāotōng shìgù de cuòshī].

prévenu, e nm, f DR (inculpé) ○ (cl. 名 [míng] ou 个 [gè]) 被告 [bèigào].

prévision nf ❶ (chose prévue) 预测 [yùcè] ▸ **mes prévisions se sont révélées exactes** 我的预测显示出是准确的 [wǒde yùcè xiǎnshì chū shì zhǔnquè de] ▸ **prévisions météorologiques** 天气预报 [tiānqì yùbào] ❷ (action de prévoir) ▸ **en prévision de** 以防…… [yǐ fáng…].

prévoir vt ❶ (prédire) 预见 [yùjiàn] ▸ **prévoir l'avenir** 预见未来 [yùjiàn wèilái] ❷ (envisager) 预备 [yùbèi] ▸ **prévoir de** *(+ infinitif)* 准备…… [zhǔnbèi…] ❸ (programmer) 规划 [guīhuà].

prévoyant, e adj 有先见之明的 [yǒu xiān jiàn zhī míng de].

prier ♦ vt ❶ RELIG 祈祷 [qídǎo] ▸ **prier Dieu** 祈祷上帝 [qídǎo Shàngdì] ❷ (implorer) 乞求 [qǐqiú] ▸ **prier qqn de** *(+ infinitif)* 恳求某人…… [kěnqiú mǒurén…] ▸ **se faire prier** 摆架子 [bǎi jiàzi]. ♦ vi RELIG 祷告 [dǎogào] ▸ **il prie tous les soirs** 他每晚都祷告 [tā měi wǎn dōu dǎogào] ▸ **prier sur la tombe de qqn** 在某人的墓前祷告 [zài mǒurén de mù qián dǎogào] ▸ **prier pour la paix** 为和平祈祷 [wèi hépíng qídǎo].

▪ **je vous en prie** loc verbale (formule de politesse) 不客气[búkèqi]；不用谢 [búyòngxiè].

prière nf ❶ RELIG 祈祷 [qídǎo] ▸ **dire une prière** 念祷文 [niàn dǎowén] ▸ **faire une prière** 做祷告 [zuò dǎogào] ❷ (demande) 肯求 [kěnqiú] ▸ **céder aux prières de qqn** 在某人的恳

求下让步 [zài mǒurén de kěnqiú xià ràngbù] ▸ **'prière de ne pas fumer'** 请勿吸烟 [qǐngwù xīyān].

primaire adj ❶ SCOL 小学的 [xiǎoxué de] ▸ **l'école primaire** (cl. 所 [suǒ] ou 个 [gè]) 小学 [xiǎo xué] ▸ **l'enseignement primaire** 小学教学 [xiǎoxué jiàoxué] ❷ (fondamental) 基础的 [jīchǔ de] ▸ **les couleurs primaires** 原色 [yuán sè].

prime ♦ nf (gratification) ○ (cl. 份 [fèn] ou 笔 [bǐ]) 奖金 [jiǎngjīn] ▸ **une prime de fin d'année** 一份年终奖 [yí fèn nián zhōng jiǎng] ▸ **une prime de transport** 一份交通津贴 [yí fèn jiāotōng jīntiē]

◊ **en prime** 作为奖品 [zuòwéi jiángpǐn].

♦ adj (premier) ▸ **de prime abord** 首先 [shǒuxiān].

primer ♦ vt (récompenser) 奖励 [jiǎnglì] ▸ **ce film a été primé trois fois** 这部电影三次获奖 [zhè bù diànyǐng sān cì huòjiǎng]. ♦ vi (dominer) 优先 [yōuxiān] ▸ **primer sur** 胜过 [shèngguò].

primeur nf 第一个 [dìyī ge] ▸ **avoir la primeur de qqch** 是第一个获知某事的 [shì dìyī ge huòzhī mǒushì de].

primeurs nfpl 时鲜(蔬果) [shíxiān (shūguǒ)] ▸ **un marchand de primeurs** 时鲜蔬果商 [shíxiān shūguǒ shāng].

primitif, ive adj ❶ (originel) 原来的 [yuánlái de] ❷ (archaïque) 原始的 [yuánshǐ de] ▸ **société primitive** 原始社会 [yuánshǐ shèhuì].

primordial, e, aux adj 首要的 [shǒuyào de].

prince nm (cl. 位 [wèi] ou 个 [gè]) 王子 [wángzǐ] ▸ **le prince héritier** 王储 [wáng chǔ].

princesse nf (cl. 位 [wèi] ou 个 [gè]) 公主 [gōngzhǔ].

principal, e, aux adj (le plus important) 主要的 [zhǔyào de] ▸ **le personnage principal** 主要人物 [zhǔyào rénwù].

▪ **principal** nm ❶ (l'important) 首要 [shǒuyào] ▸ **le principal, c'est que vous soyez arrivé à l'heure** 重要的是您能按时到达 [zhòngyào de shì nín néng ànshí dàodá] ❷ SCOL (cl. 名 [míng] ou 个 [gè] ou 位 [wèi]) (初中)校长 [(chūzhōng) xiàozhǎng].

principalement adv 主要地 [zhǔyào de].

principe nm ❶ (règle de conduite) ○ (cl. 项 [xiàng] ou 个 [gè] ou 条 [tiáo]) 原则 [yuánzé] ❷ (hypothèse) 假定 [jiǎdìng] ▸ **je pars du principe que nous aurons fini dans les temps** 我的出发点是假定我们将按时完成 [wǒde chūfādiǎn shì jiǎdìng wǒmen jiāng ànshí wán chéng] ❸ (notion) ○ (cl. 条 [tiáo] ou 个 [gè]) 原理 [yuánlǐ] ▸ **les principes de la géométrie** 几何原理 [jǐhé yuánlǐ].

▪ **en principe** loc adv (théoriquement) 原则上 [yuánzéshàng].

printemps nm inv 春天 [chūntiān] ▸ **fête du printemps** 春节 [Chūn Jié].

priori ▪ **a priori** ♦ loc adv 初看起来 [chū kànqǐlái]. ♦ nm inv (préjugé) 偏见 [piānjiàn].

prioritaire adj ❶ (principal) 首要的 [shǒuyào de] ❷ (qui a priorité) 有优先权的 [yǒu yōuxiānquán de] ▸ **véhicule prioritaire** 享有优先权的车 [xiángyǒu yōuxiānquán de chē].

priorité nf (droit de passer avant) 优先 [yōuxiān] ▸ **laisser la priorité aux autobus** 让公共汽车优先 [ràng gōnggòngqìchē yōuxiān] ▸ **priorité à droite** 右行车辆优先 [yòu xíng chēliàng yōuxiān]

◊ **en priorité** 首先 [shǒuxiān].

pris, e adj ❶ (occupé) 忙 [máng] ▸ **il est très pris en ce moment** 他最近很忙 [tā zuìjìn hěn máng] ❷ (réservé) 被预定了 [bèi yùdìng le] ▸ **toutes les chambres sont prises** 所有的房间都被预定了 [suóyǒu de fángjiān dōu bèi yùdìng le] ❸ (encombré) 不适 [búshì] ▸ **avoir le nez pris** 鼻子不适 [bízi búshì].

▪ **prise** nf ❶ (action de prendre) 获取 [huòqǔ] ▸ **une prise d'otages** 绑架人质 [bǎngjià rénzhì] ▸ **la prise d'une ville** 对一座城市的攻占 [duì yí zuò chéngshì de gōngzhàn] ❷ SPORT 抓法 [zhuāfǎ] ▸ **faire une prise à qqn** 揪了某人一下 [jiū le mǒurén yí xià] ▸ **une prise de judo** 柔道的一种抓法 [róudào de yì zhǒng zhuāfǎ] ❸ (ce qui permet de se tenir) 抓的地方 [zhuā de dìfang] ▸ **ne pas avoir de prise** 没有抓的地方 [méi yǒu zhuā de dìfang] ❹ ÉLECTR 插头 [chātóu] ▸ **prise de courant** 电源插头 [diànyuán chātóu]

◊ **prise de sang** (cl. 次 [cì]) 抽血 [chōuxiě] ▸ **lâcher prise** 松手 [sōng shǒu].

prisé, e adj 受推崇的 [shòu tuīchóng de].

prison nf ❶ (établissement) ○ (cl. 所 [suǒ] ou 座 [zuò] ou 个 [gè]) 监狱 [jiānyù] ▸ **mettre qqn en prison** 把某人关进监狱 [bǎ mǒurén guān jìn jiānyù] ▸ **sortir de prison** 出狱 [chū yù] ❷ (réclusion) 监禁 [jiānjìn] ▸ **être condamné à 6 mois de prison** 被判6个月的监禁 [bèi pàn 6 ge yuè de jiānjìn].

prisonnier, ère ♦ adj *fig* (privé de liberté) ▸ **être prisonnier de** 被……所困 [bèi… suǒ kùn] ▸ **être prisonnier de ses sentiments** 为情所困 [wèi qíng suǒ kùn]. ♦ nm, f ❶ (détenu) ○ (cl. 名 [míng] ou 个 [gè]) 囚犯 [qiúfàn] ▸ **prisonnier de guerre** 战犯 [zhàn fàn] ▸ **prisonnier politique** 政治犯 [zhèngzhì fàn] ❷ (captif) ○ (cl. 名 [míng] ou 个 [gè]) 俘虏 [fúlǔ] ▸ **faire qqn prisonnier** 俘虏某人 [fúlǔ mǒurén].

privation nf 缺憾 [quēhàn].

▪ **privations** nfpl 贫困 [pínkùn] ▸ **les privations en temps de guerre** 战争时期的贫困 [zhànzhēng shíqī de pínkùn].

privatisation nf 私有化 [sīyǒuhuà].

privatiser vt 使……私有化 [shǐ… sīyǒuhuà] ▸ **privatiser une entreprise** 使一个企业私有化 [shǐ yí ge qǐyè sīyǒuhuà].

privé, e adj ❶ (personnel) 私人的 [sīrén de] ▸ **conversation privée** (cl. 次 [cì] ou 场 [chǎng] ou 段 [duàn]) 私人谈话 [sīrén tánhuà] ❷ (libre) 私立的 [sīlì de] ▸ **école privée** (cl. 所 [suǒ] ou 个 [gè]) 私立学校 [sīlì xuéxiào] ❸ (non public) 私有的 [sīyǒu de] ▸ **propriété privée** (cl. 处 [chù] ou 个 [gè]) 私有财产 [sīyǒu cáichǎn].

priver vt ▸ **priver qqn de qqch** 剥夺某人某物 [bōduó mǒurén mǒuwù] ▸ **priver un enfant de sortie** 禁止一个孩子出门 [jìnzhǐ yí ge háizi chūmén].

privilège nm (cl. 项 [xiàng] ou 个 [gè]) 特权 [tèquán] ▸ **j'ai eu le privilège de le voir sur scène** 我曾有幸看他演出 [wǒ céng yǒu xìng kàn tā yǎnchū] ▸ **les privilèges de la noblesse** 贵族的特权 [guìzú de tèquán].

privilégié, e ♦ adj (avantagé) 享有特权的 [xiángyǒu tèquán de] ▸ **une enfance privilégiée** 一个优越的童年 [yí ge yōuyuè de tóngnián] ▸ **tarif privilégié** 优惠价格 [yōuhuì jiàgé] ▸ **un traitement privilégié** 一个优待 [yí ge yōudài]. ♦ nm, f (favorisé) 享有特权的人 [xiángyǒu tèquán de rén] ▸ **seuls quelques privilégiés ont pu la voir** 只有几个特殊的人能够看到她 [zhíyǒu jǐ ge tèshū de rén nénggòu kàndào tā].

prix nm inv ❶ (exprimé en monnaie) 价格 [jiàgé] ▸ **quel est le prix de ce pull ?** 这件套头衫的价格是多少？ [zhè jiàn tàotóushān de jiàgé shì duōshao?] ▸ **hors de prix** 天价 [tiān jià] ❷ (valeur relative) 代价 [dàijià] ▸ **au prix de** 以……为代价 [yǐ… wéi dàijià] ▸ **à tout prix** 不惜一切代价 [bùxī yíqiè dàijià] ▸ **le prix du succès** 成功的代价 [chénggōng de dàijià] ❸ (récompense) ○ (cl. 项 [xiàng]) 奖 [jiǎng] ▸ **remporter un prix à un concours** 在一场比赛中获奖 [zài yì chǎng bǐsài zhōng huò jiǎng].

probabilité nf (éventualité) 可能性 [kěnéngxìng] ▸ **la probabilité d'une hypothèse** 一个假设的可能性 [yí ge jiǎshè de kěnéngxìng] ▸ **la probabilité que nous prenions le même avion est infime** 我们乘坐同一架飞机的概率是极小的 [wǒmen chéngzuò tóng yí jià fēijī de gàilǜ shì jíxiǎo de].

probable adj 很可能的 [hénkěnéng de] ▸ **il est peu probable que** 不太可能 [bú tài kěnéng] ▸ **il est peu probable qu'il arrive ce soir** 他今晚不太可能到 [tā jīnwǎn bú tài kěnéng dào].

probablement adv 很可能 [hénkěnéng].

problématique adj (incertain) 不确定的 [búquèdìng de] ▸ **un avenir problématique** 一个不确定的未来 [yí ge búquèdìng de wèilái].

problème nm ❶ (exercice) ○ (cl. 道 [dào]) 题 [tí] ▸ **problème de maths** 数学题 [shùxué tí] ▸ **résoudre un problème** 解一道题 [jiě yí dào tí] ❷ (difficulté) 问题 [wèntí] ▸ **problèmes d'argent** 钱的问题 [qián de wèntí].

procédé nm ❶ (méthode) 过程 [guòchéng] ▸ **procédé de fabrication** 生产过程 [shēngchǎn guòchéng] ❷ (conduite) 举止 [júzhǐ].

procéder vi ❶ (effectuer) ▸ **procéder à qqch** 进行某事 [jìnxíng mǒushì] ❷ (agir) 着手 [zhuóshǒu] ▸ **procéder par élimination** 从淘汰着手 [cóng táotài zhuóshǒu].

procédure nf ❶ (marche à suivre) ○ (cl. 套 [tào]) 程序 [chéngxù] ❷ DR (cl. 套 [tào]) 程序 [chéngxù] ▸ **une procédure de divorce** 一套离婚的程序 [yí tào líhūn de chéngxù].

procès nm inv DR (cl. 次 [cì] ou 场 [chǎng]) 诉讼 [sùsòng] ▸ **intenter un procès à qqn** 对某人提起诉讼 [duì mǒurén tíqǐ sùsòng].

procession nf RELIG (cl. 次 [cì]) 列队游行 [lièduì yóuxíng].

processus nm inv (cl. 套 [tào] ou 项 [xiàng] ou 个 [gè]) 进程 [jìnchéng] ▸ **processus de fabrication** 生产进程 [shēngchǎn jìnchéng].

procès-verbal nm ❶ (contravention) ○ (cl. 张 [zhāng] ou 份 [fèn]) 违章罚单 [wéizhāng fádān] ▸ **dresser un procès-verbal à qqn** 给某人开一张违章罚单 [gěi mǒurén kāi yì zhāng wéizhāng fádān] ❷ (compte rendu) ○ (cl. 份 [fèn] ou 张 [zhāng]) 记录 [jìlù] ▸ **établir le procès-verbal d'une réunion** 做一份会议记录 [zuò yí fèn huìyì jìlù].

prochain, e adj ❶ (suivant) 下个 [xiàge] ▸ **dimanche prochain** 下星期天 [xià xīngqītiān] ▸ **la prochaine fois** 下次 [xià cì] ▸ **descendre au prochain arrêt** 在下一站下车 [zài xià yí zhàn xiàchē] ❷ (imminent) 临近的 [línjìn de] ▸ **sentir sa mort prochaine** 感到自己快要死了 [gǎndào zìjǐ kuài yào sǐ le].

■ **prochain** nm *sout* (semblable) 同类 [tónglèi] ▸ **aimer son prochain** 爱自己的同类 [ài zìjǐ de tónglèi].

prochainement adv 即将 [jíjiāng].

proche adj ❶ (imminent) 临近的 [línjìn de] ▸ **l'hiver est proche** 冬天快到了 [dōngtiān kuài dào le] ▸ **un travail proche de la fin** 工作快结束了 [gōngzuò kuài jiéshù le] ❷ (rapproché) 近 [jìn] ▸ **la station de métro la plus proche** 最近的地铁站 [zuìjìn de dìtiě zhàn] ❸ (récent) 最近的 [zuìjìn de] ❹ (intime) 亲密的 [qīnmì de] ❺ (semblable) 相似的 [xiāngsì de] ▸ **nous avons des goûts proches** 我们有相似的癖好 [wǒmen yǒu xiāngsì de pǐhào] ▸ **un portrait proche de la réalité** 一幅逼真的画像 [yì fú bīzhēn de huàxiàng].

■ **proches** nmpl 亲朋好友 [qīnpéng háoyǒu].

Proche-Orient nm ▸ **le Proche-Orient** 近东 [Jìn Dōng].

proclamer vt ❶ (affirmer) 表明 [biǎomíng] ▸ **proclamer son innocence** 声明自己的无辜 [shēngmíng zìjǐ de wúgū] ❷ (déclarer) 宣告 [xuāngào] ▸ **proclamer l'indépendance** 宣告独立 [xuāngào dúlì].

procréation nf 生育 [shēngyù].

procréer vt *sout* 生育 [shēngyù].

procuration nf 代理 [dàilǐ] ▸ **donner une procuration** 授予代理权 [shòuyǔ dàilǐ quán] ▸ **par procuration** 通过代理 [tōngguò dàilǐ].

procurer vt ❶ (fournir) 提供 [tígōng] ❷ (causer) 给予 [jíyǔ].

■ **se procurer** vp 弄到 [nòngdào].

procureur nm 检查官 [jiǎnchá guān] ▸ **procureur général** (cl. 名 [míng] ou 个 [gè] ou 位 [wèi]) 总检察长 [zǒng jiǎncházhǎng].

prodige nm ❶ (miracle) 奇迹 [qíjì] ▸ **faire des prodiges** 创造奇迹 [chuàngzào qíjì] ❷ (génie) 奇才 [qícái] ▸ **un enfant prodige** 一个神童 [yí ge shén tóng].

prodigieux, euse adj 奇迹般的 [qíjì bān de].

prodiguer vt 尽量给 [jǐnliàng gěi] ▸ **prodiguer des soins à un malade** 尽量照顾一个病人 [jǐnliàng zhàogù yí ge bìngrén].

producteur, trice ♦ adj 生产的 [shēngchǎn de] ▸ **les pays producteurs de pétrole** 生产石油的国家 [shēngchǎn shíyóu de guójiā]. ♦ nm, f ❶ (fabricant) ○ (cl. 名 [míng] ou 个 [gè] ou 位 [wèi]) 生产者 [shēngchǎnzhě] ▸ **les producteurs de blé** 小麦的生产者 [xiǎomài de shēngchǎnzhě] ❷ CINÉ & TV (cl. 名 [míng] ou 个 [gè] ou 位 [wèi]) 制片人 [zhìpiànrén].

productif, ive adj 高产的 [gāochǎn de] ▸ **un sol productif** 一块高产的土地 [yí kuài gāochǎn de tǔdì].

production nf ❶ (fabrication) ○ (cl. 项 [xiàng]) 生产 [shēngchǎn] ▸ **la production de machines** 机器生产 [jīqì shēngchǎn] ❷ (produits) 产品 [chánpǐn] ▸ **la production agricole** 农业生产 [nóngyè shēngchǎn] ❸ (formation) 产生 [chǎnshēng] ▸ **la production de chaleur** 热量的产生 [rèliàng de chǎnshēng].

productivité nf 生产力 [shēngchǎnlì] ▸ **augmenter la productivité** 提高生产力 [tígāo shēngchǎnlì].

produire vt ❶ (fabriquer) 生产 [shēngchǎn] ▸ **produire des voitures** 生产汽车 [shēngchǎn qìchē] ❷ (provoquer) 产生 [chǎnshēng] ▸ **produire de bons résultats** 产生好的结果 [chǎnshēng hǎo de jiéguǒ].

▪ **se produire** vp (avoir lieu) 发生 [fāshēng].

produit nm ❶ (cl. 种 [zhǒng] ou 个 [gè]) 产品 [chánpǐn] ▸ **produit agricole** 农产品 [nóng chánpǐn] ▸ **produit de beauté** 美容产品 [měiróng chánpǐn] ▸ **produit d'entretien** 保洁产品 [bǎojié chánpǐn] ▸ **produit industriel** 工业产品 [gōngyè chánpǐn] ❷ MATH 积 [jī] ▸ **21 est le produit de 7 par 3** 21是7乘以3的积 [21 shì 7 chéng yǐ 3 de jī].

prof nmf *fam* (cl. 名 [míng] ou 个 [gè] ou 位 [wèi]) 老师 [lǎoshī].

profane ♦ adj ❶ (laïc) 世俗的 [shìsú de] ▸ **la musique profane** 世俗音乐 [shìsú yīnyuè] ❷ (ignorant) 外行的 [wàiháng de] ▸ **être profane en la matière** 在这方面是外行 [zài zhè fāngmiàn shì wàiháng]. ♦ nmf ❶ (non religieux) 教外人士 [jiào wài rénshì] ❷ (novice) 外行人 [wàihángrén].

profaner vt 亵渎 [xièdú].

proférer vt 高喊 [gāohǎn] ▸ **proférer des menaces de mort** 高喊要某人的命 [gāohǎn yào mǒurén de mìng] ▸ **proférer qqch contre qqn** 冲某人高喊什么 [chòng mǒurén gāohǎn shénme] ▸ **proférer des insultes contre qqn** 大骂某人 [dà mà mǒurén].

professeur nm (cl. 名 [míng] ou 个 [gè] ou 位 [wèi]) 老师 [lǎoshī] ▸ **un professeur d'anglais** 一位英语老师 [yí wèi yīngyǔ lǎoshī] ▸ **un professeur des écoles** 一位小学老师 [yí wèi xiǎoxué lǎoshī].

profession nf ❶ (métier) 职业 [zhíyè] ▸ **exercer une profession** 从事一个职业 [cóngshì yí ge zhíyè] ▸ **profession libérale** 自由职业 [zìyóu zhíyè] ▸ **quelle est votre profession ?** 您的职业是什么？ [nínde zhíyè shì shénme?] ❷ (corps de métier) 行业 [hángyè] ▸ **ils sont tous âgés dans la profession** 他们都是这个行业的元老了 [tāmen dōu shì zhè ge hángyè de yuánlǎo le].

professionnel, elle ♦ adj ❶ (relatif au métier) 行业的 [hángyè de] ▸ **une activité professionnelle** 一种行业活动 [yì zhǒng hángyè huódòng] ❷ (non amateur) 专业的 [zhuānyè de] ▸ **un sportif professionnel** 一名专业运动员 [yì míng zhuānyè yùndòngyuán]. ♦ nm, f (spécialiste) ○ (cl. 名 [míng] ou 个 [gè] ou 位 [wèi]) 专业人员 [zhuānyè rényuán] ▸ **faire appel à un professionnel** 叫一名专业人员来 [jiào yì míng zhuānyè rényuán lái] ▸ **jouer en professionnel dans une équipe** 在一个队里任专业运动员 [zài yí ge duì lǐ rèn zhuānyè yùndòngyuán].

profil nm ❶ (visage) ○ (cl. 副 [fù]) 面容 [miànróng] ▸ **avoir un joli profil** 长着一副漂亮的面容 [zhǎngzhe yí fù piàoliang de miànróng] ▸ **de profil** 侧面 [cèmiàn] ❷ (aspect) 轮廓 [lúnkuò] ▸ **le profil d'un bâtiment** 一幢楼的轮廓 [yí zhuàng lóu de lúnkuò] ❸ (caractéristiques) 特点 [tèdiǎn] ▸ **avoir le profil voulu pour un poste** 具有一个职位所需要的特点 [jùyǒu yí ge zhíwèi suǒ xūyào de tèdiǎn] ▸ **profil psychologique** 心理特点 [xīnlǐ tèdiǎn].

profiler ▪ **se profiler** vp 显现出来 [xiǎnxiàn chūlái].

profit nm ❶ (avantage) 好处 [hǎochu] ▸ **au profit de qqn/qqch** 为了某人/某事的利益 [wèile mǒurén/mǒushì de lìyì] ▸ **ce stage lui a été d'un grand profit** 这次实习对他是极有好处的 [zhè cì shíxí duì tā shì jí yǒu hǎochu de] ▸ **tirer profit de** 从……中获益 [cóng… zhōng huòyì] ▸ **un concert au profit de la recherche médicale** 一场为了医药研究义演的音乐会 [yì chǎng wèile yīyào yánjiū yìyǎn de yīnyuèhuì] ❷ (bénéfice) 利润 [lìrùn] ▸ **faire des profits** 获得利润 [huòdé lìrùn].

profitable adj 有益处的 [yǒuyìchù de] ▸ **être profitable à qqn** 对某人有益处的 [duì mǒurén yǒuyìchù de].

profiter vi ❶ (jouir de) ▸ **profiter de qqch** 享受 [xiǎngshòu] ▸ **profiter des vacances** 享受假期 [xiǎngshòu jiàqī] ❷ (tirer un avantage) ▸ **profiter de qqch pour** (+ *infinitif*) 利用什么

做...... [lìyòng shénme zuò…] ▸ **il a profité de l'occasion pour filer !** 他利用这个机会溜了！ [tā lìyòng zhè ge jīhuì liū le!].

profond, e adj ❶ (qui pénètre loin) 深的 [shēn de] ▸ **un placard profond** 一个深的壁橱 [yí ge shēn de bìchú] ▸ **un puits profond de 20 mètres** 一口20米深的井 [yì kǒu 20 mǐ shēn de jǐng] ▸ **une profonde cicatrice** 一道深疤 [yí dào shēn bā] ❷ (intense) 深深的 [shēnshēn de] ▸ **un profond silence** 一片沉寂 [yí piàn chénjì] ▸ **un profond sommeil** 沉睡 [chénshuì] ▸ **une profonde tristesse** 深深的哀伤 [shēnshēn de āishāng].

■ **au plus profond de** loc prép 在最深处 [zài zuì shēnchù] ▸ **au plus profond de la forêt** 在树林的最深处 [zài shùlín de zuì shēnchù].

profondément adv ❶ (de manière profonde) 深 [shēn] ▸ **creuser profondément** 深挖 [shēn wā] ❷ (intensément) 深深地 [shēnshēn de] ▸ **être profondément endormi** 睡得沉 [shuì de chén] ▸ **respirer profondément** 深深地呼吸 [shēnshēn de hūxī].

profondeur nf ❶ (mesure) 深度 [shēndù] ▸ **la profondeur de la mer** 海的深度 [hǎi de shēndù] ▸ **la profondeur d'un meuble** 一个家具的深度 [yí ge jiājù de shēndù] ▸ **la profondeur d'un puits** 一口井的深度 [yì kǒu jǐng de shēndù] ❷ (intensité) 深沉的 [shēnchén de] ▸ **la profondeur d'un regard** 目光的深沉 [mùguāng de shēnchén].

profusion nf 大量 [dàliàng] ▸ **une profusion de détails** 大量的细节 [dàliàng de xìjié].

programmation nf ❶ INFORM 编制程序 [biānzhì chéngxù] ▸ **faire de la programmation** 进行程序编制 [jìnxíng chéngxù biānzhì] ❷ RADIO & TV 节目安排 [jiémù ānpái] ▸ **le directeur de la programmation** 节目部主任 [jiémù bù zhǔrèn].

programme nm ❶ CINÉ, RADIO & TV (liste) 节目表 [jiémùbiǎo] ▸ **le programme de télévision** 电视节目表 [diànshì jiémùbiǎo] ❷ (projet) ○ (cl. 个 [gè]) 纲领 [gānglǐng] ▸ **le programme électoral** 竞选纲领 [jìngxuǎn gānglǐng] ❸ (enseignement) 课程 [kèchéng] ▸ **être au programme** 在课程中 [zài kèchéng zhōng] ▸ **le programme de terminale** 高中毕业课程 [gāozhōng bìyè kèchéng].

programmer vt ❶ (organiser) 安排 [ānpái] ▸ **programmer ses vacances** 安排自己的假期 [ānpái zìjǐ de jiàqī] ❷ (diffuser) 安排播出 [ānpái bōchū] ▸ **programmer une émission** 安排播出一个节目 [ānpái bōchū yí ge jiémù].

progrès nm ❶ (amélioration) 改进 [gǎijìn] ▸ **être en progrès** 正在改进 [zhèngzài gǎijìn] ▸ **faire des progrès** 进行改进 [jìnxíng gǎijìn] ❷ (avancée) 进步 [jìnbù] ▸ **les progrès de la médecine** 医学的进步 [yīxué de jìnbù] ❸ (extension) 进展 [jìnzhǎn] ▸ **les progrès de la maladie** 病情的进展 [bìngqíng de jìnzhǎn].

progresser vi ❶ (s'améliorer) 进步 [jìnbù] ▸ **il a beaucoup progressé en mathématiques** 他在数学方面进步很大 [tā zài shùxué fāngmiàn jìnbù hěndà] ❷ (avancer) 发展 [fāzhǎn] ▸ **la maladie a beaucoup progressé** 病情发展很快 [bìngqíng fāzhǎn hěnkuài].

progressif, ive adj 逐渐的 [zhújiàn de] ▸ **une hausse progressive** 逐渐上升 [zhújiàn shàngshēng].

progression nf ❶ (évolution) 发展 [fāzhǎn] ▸ **la progression d'une enquête** 一项调查的进展 [yí xiàng diàochá de jìnzhǎn] ▸ **la progression des mentalités** 思想的发展 [sīxiǎng de fāzhǎn] ❷ (avancée) 推进 [tuījìn] ▸ **la progression des troupes** 队伍的推进 [duìwǔ de tuījìn] ❸ (propagation) 扩展 [kuòzhǎn] ▸ **la progression d'une épidémie** 一种疫情的扩展 [yì zhǒng yìqíng de kuòzhǎn] ❹ (augmentation) 级数 [jíshù] ▸ **progression arithmétique** 算术级数 [suànshù jíshù].

progressivement adv 逐渐地 [zhújiàn de] ▸ **réduire progressivement sa vitesse** 逐渐地降低速度 [zhújiàn de jiàngdī sùdù].

prohibé, e adj 禁止的 [jìnzhǐ de] ▸ **des armes prohibées** 一些禁止使用的武器 [yìxiē jìnzhǐ shǐyòng de wǔqì].

prohiber vt *sout* 禁止 [jìnzhǐ] ▸ **prohiber la vente d'une marchandise** 禁止出售一种商品 [jìnzhǐ chūshòu yì zhǒng shāngpǐn].

proie nf (animal) 猎物 [lièwù] ▸ **le chat guette sa proie** 猫窥视着自己的猎物 [māo kuīshìzhe zìjǐ de lièwù] ▸ **un oiseau de proie** 猛禽 [měng qín]

◊ **être en proie à** 被……折磨着 [bèi… zhémozhe] ▸ **être en proie à un sentiment** 被一种情感折磨着 [bèi yì zhǒng qínggǎn zhémozhe].

projecteur nm (cl. 盏 [zhǎn]) 照明灯 [zhàomíngdēng] ▸ **être éclairé par des projecteurs** 被照明灯照亮 [bèi zhàomíngdēng zhàoliàng].

projectile nm 发射物 [fāshèwù] ▸ **lancer des projectiles** 发射些发射物 [fāshè xiē fāshèwù].

projection nf ❶ (passage) 放映 [fàngyìng] ▸ **la projection d'un film** 放映一部电影 [fàngyìng yí bù diànyǐng] ▸ **une projection d'images** 投影一些画面 [tóuyǐng yìxiē huàmiàn] ❷ (jet) 投 [tóu] ▸ **une projection d'eau** 喷水 [pēnshuǐ] ▸ **des projections de pierres** 投掷石块 [tóuzhì shíkuài].

projet nm ❶ (programme) ◦ (cl. 项 [xiàng] ou 个 [gè]) 计划 [jìhuà] ▸ **avoir des projets pour les vacances** 对假期有几个计划 [duì jiàqī yǒu jǐ ge jìhuà] ❷ (ébauche) ◦ (cl. 项 [xiàng] ou 个 [gè]) 草案 [cǎo'àn] ▸ **présenter un projet** 提出一个草案 [tíchū yí ge cǎo'àn] ▸ **un projet de construction** 工程草图 [gōngchéng cǎotú] ▸ **un projet de loi** 法律草案 [fǎlǜ cǎo'àn].

projeter vt ❶ (envisager) ◦ (cl. 项 [xiàng] ou 个 [gè]) 计划 [jìhuà] ▸ **projeter un voyage pour l'été** 计划一次夏季旅游 [jìhuà yí cì xiàjì lǚyóu] ▸ **projeter de** *(+ infinitif)* 打算 [dǎsuan] ▸ **projeter d'acheter un appartement** 打算买一套公寓房 [dǎsuan mǎi yí tào gōngyùfáng] ❷ (lancer) 推 [tuī] ▸ **il a été projeté au sol** 他被推倒在地 [tā bèi tuīdǎo zài dì] ❸ (diffuser) 放映 [fàngyìng] ▸ **projeter un film** 放映一部电影 [fàngyìng yí bù diànyǐng].

prolétaire adj & nmf 无产者(的) [wúchǎnzhě (de)] ▸ **le milieu prolétaire** 无产者阶层 [wúchǎnzhě jiēcéng].

proliférer vi 迅速繁衍 [xùnsù fányǎn] ▸ **les lapins prolifèrent dans la région** 兔子在这个地区迅速繁衍起来 [tùzi zài zhè ge dìqū xùnsù fányǎn qǐlái].

prologue nm (cl. 篇 [piān]) 序言 [xùyán] ▸ **lire le prologue d'un roman** 看一部小说的序言 [kàn yí bù xiǎoshuō de xùyán].

prolongation nf (continuation) 延续 [yánxù] ▸ **prolongation d'un contrat** 延续合同 [yánxù hétong] ▸ **prolongation d'un séjour** 延续居住期 [yánxù jūzhùqī].

▪ **prolongations** nfpl SPORT (cl. 场 [chǎng]) 延时赛 [yánshísài] ▸ **jouer les prolongations** 进行延时赛 [jìnxíng yánshísài].

prolongement nm 延伸 [yánshēn] ▸ **dans le prolongement de** 在……上 [zài… shàng] ▸ **la maison se trouve dans le prolongement de la rue** 房屋就在这条街上 [fángwū jiù zài zhè tiáo jiē shàng] ▸ **le prolongement d'une route** 一条道路的延伸 [yì tiáo dàolù de yánshēn].

prolonger vt ❶ (augmenter la durée) 延长 [yáncháng] ▸ **prolonger ses vacances** 延长假期 [yáncháng jiàqī] ❷ (augmenter la longueur) 续建 [xùjiàn] ▸ **prolonger une route** 续建一条路 [xùjiàn yì tiáo lù].

promenade nf ❶ (balade) 散步 [sànbù] ▸ **faire une promenade** 去散步 [qù sànbù] ❷ (allée) ◦ (cl. 条 [tiáo]) 小路 [xiǎolù] ▸ **une promenade bordée d'arbres** 一条两边是树的小路 [yì tiáo liǎng biān shì shù de xiǎolù].

promener vt 遛 [liù] ▸ **promener son chien** 遛自己的狗 [liù zìjǐ de gǒu] ▸ **promener ses enfants** 带自己的孩子们去散步 [dài zìjǐ de háizimen qù sànbù].

▪ **se promener** vp 散步 [sànbù].

promesse nf ❶ (engagement) 诺言 [nuòyán] ▸ **faire une promesse** 许下一个诺言 [xǔxià yí ge nuòyán] ▸ **tenir sa promesse** 遵守自己的诺言 [zūnshǒu zìjǐ de nuòyán] ❷ (espoir) 前途 [qiántú] ▸ **un enfant plein de promesses** 一个大有前途的孩子 [yí ge dàyǒu qiántú de háizi].

prometteur, euse adj 有前程的 [yǒu qiánchéng de] ▸ **faire des débuts prometteurs** 初露锋芒 [chūlùfēngmáng].

promettre ◆ vt ❶ (s'engager) 答应 [dāying] ▸ **promettre qqch à qqn** 答应给某人某物 [dāying gěi mǒurén mǒuwù] ▸ **promettre à qqn de** *(+ infinitif)* 答应某人做某事

[dāying mǒurén zuò mǒushì] ▸ **promettre à qqn que** *(+ indicatif)* 保证 [bǎozhèng] ❷ (annoncer, prévoir) 敢说 [gǎn shuō] ▸ **je vous promets une excellente soirée** 我敢向你们说晚会肯定精彩 [wǒ gǎn xiàng nǐmen shuō wǎnhuì kěndìng jīngcǎi] ▸ **la météo promet du beau temps** 气象预报断言是好天 [qìxiàng yùbào duànyán shì hǎo tiān]. ♦ vi (donner des espérances) 有前途 [yǒu qiántú] ▸ **un jeune auteur qui promet** 一个有前途的年轻作者 [yí ge yǒu qiántú de niánqīng zuòzhě].

promis, e adj ❶ (ce qui a été promis) 答应给的 [dāying gěi de] ❷ (destiné à) ▸ **être promis à** 肯定会 [kěndìng huì] ▸ **elle est promise à une brillante carrière** 她肯定会有一个辉煌的职业生涯 [tā kěndìng huì yǒu yí ge huīhuáng de zhíyè shēngyá].

promiscuité nf 拥挤混杂 [yōngjǐ hùnzá] ▸ **vivre dans la promiscuité** 生活在拥挤混杂的环境中 [shēnghuó zài yōngjǐ hùnzá de huánjìng zhōng].

promotion nf ❶ (avancement) ○ (cl. 次 [cì]) 晋升 [jìnshēng] ▸ **obtenir une promotion** 获得一次晋升 [huòdé yí cì jìnshēng] ❷ (ensemble d'élèves) 届 [jiè] ▸ **c'est un élève de ma promotion** 这是一个和我同届的校友 [zhè shì yí ge hé wǒ tóng jiè de xiàoyǒu] ❸ (réclame) 促销 [cùxiāo] ▸ **un article en promotion** 一件正在促销的商品 [yí jiàn zhèngzài cùxiāo de shāngpǐn] ▸ **faire la promotion d'un produit** 促销一种产品 [cùxiāo yì zhǒng chánpǐn].

promouvoir vt ❶ (nommer) 提升 [tíshēng] ▸ **être promu chef de service** 被提升为部门主管 [bèi tíshēng wéi bùmén zhǔguǎn] ❷ (favoriser) 推动 [tuīdòng] ▸ **promouvoir la recherche** 推动研究 [tuīdòng yánjiū].

promulguer vt DR (publier) 颁布 [bānbù] ▸ **promulguer une loi** 颁布一条法律 [bānbù yì tiáo fǎlǜ].

prôner vt *sout* 鼓吹 [gǔchuī] ▸ **prôner une idée** 鼓吹一种思想 [gǔchuī yì zhǒng sīxiǎng] ▸ **prôner les vertus d'un produit** 宣传一种产品的功效 [xuānchuán yì zhǒng chánpǐn de gōngxiào].

pronom nm GRAMM 代词 [dàicí] ▸ **pronom indéfini** 泛指代词 [fànzhǐ dàicí] ▸ **pronom personnel** 人称代词 [rénchēng dàicí] ▸ **pronom refléchi** 自反代词 [zìfǎn dàicí] ▸ **pronom relatif** 关系代词 [guānxi dàicí].

prononcer vt ❶ (articuler) 发音 [fāyīn] ▸ **un nom difficile à prononcer** 一个不好发音的名字 [yí ge bùhǎo fāyīn de míngzì] ❷ (dire) 说 [shuō] ▸ **émue, elle ne pouvait prononcer le moindre mot** 由于激动，她一句话都说不出来了 [yóuyú jīdòng, tā yí jù huà dōu shuō bù chū lái le].

■ **se prononcer** vp ❶ (être dit) 发音 [fāyīn] ▸ **comment ce mot se prononce-t-il ?** 这个词怎么发音？ [zhè ge cí zěnme fāyīn?] ❷ (donner son opinion) 发表意见 [fābiǎo yìjiàn] ▸ **je ne me prononcerai pas sur ce sujet** 对这个问题我不发表意见 [duì zhè ge wèntí wǒ bù fābiǎo yìjiàn].

prononciation nf (façon de prononcer) 发音 [fāyīn] ▸ **avoir une mauvaise prononciation** 发音不准确 [fāyīn bù zhǔnquè] ▸ **la prononciation d'un mot** 一个词的发音 [yí ge cí de fāyīn].

pronostic nm 预测 [yùcè] ▸ **les pronostics du tiercé** 赌马的预测 [dǔmǎ de yùcè].

propagande nf (endoctrinement) 宣传 [xuānchuán] ▸ **faire de la propagande** 进行宣传 [jìnxíng xuānchuán].

propager vt 传播 [chuánbō] ▸ **propager une nouvelle** 传播一条新闻 [chuánbō yì tiáo xīnwén].

prophète, prophétesse nm, f RELIG (cl. 位 [wèi] ou 个 [gè]) 先知 [xiānzhī].

propice adj 合适的 [héshì de] ▸ **choisir le moment propice** 选择合适的时机 [xuǎnzé héshì de shíjī].

proportion nf ❶ (taux) 比例 [bǐlì] ▸ **la proportion d'illettrés est en diminution** 文盲的比例在下降 [wénmáng de bǐlì zài xiàjiàng] ❷ (rapport) 匀称 [yúnchèn] ▸ **en proportion de** 根据…… [gēnjù…] ▸ **elle est payée en proportion du travail effectué** 她根据所做的工作拿到钱了 [tā gēnjù suǒ zuò de gōngzuò nádào qián le] ❸ *(souvent au pluriel)* (dimension) 规模 [guīmó] ▸ **ce bâtiment a des proportions énormes** 这幢楼的规模宏大 [zhè zhuàng lóu de guīmó hóngdà] ▸ **cette sculpture**

a des proportions harmonieuses 这件雕塑和谐匀称 [zhè jiàn diāosù héxié yúnchèn].

proportionnel, elle adj 成比例的 [chéngbǐlì de] ▸ **proportionnel à** 与……成比例 [yǔ … chéngbǐlì].

propos nm inv ❶ (parole) ○ (cl. 句 [jù]) 话 [huà] ▸ **tenir des propos incohérents** 说一些前言不搭后语的话 [shuō yìxiē qiányán bù dā hòu yǔ de huà] ❷ (but) 目的 [mùdì] ▸ **mon propos n'est pas de vous convaincre** 我没有打算说服你们 [wǒ méiyǒu dǎsuan shuōfú nǐmen] ▸ **quel est le propos de sa visite ?** 他来的目的是什么？ [tā láide mùdì shì shénme?]

◊ **hors de propos** 不合适地 [bùhéshì de].

▪ **à propos** loc adv 及时地 [jíshí de] ▸ **tu arrives fort à propos** 你到得真及时 [nǐ dào de zhēn jíshí].

▪ **à propos de** loc prép 至于 [zhìyú] ▸ **je n'ai rien à dire à propos de cette affaire** 至于这件事我没有什么要说的 [zhìyú zhè jiàn shì wǒ méi yǒu shénme yàoshuō de].

proposer vt ❶ (suggérer) 建议 [jiànyì] ▸ **proposer à qqn de** *(+ infinitif)* 向某人建议…… [xiàng mǒurén jiànyì…] ▸ **il m'a proposé d'emmener les enfants** 他建议我陪孩子们去 [tā jiànyì wǒ péi háizimen qù] ▸ **proposer que** *(+ subjonctif)* 提议 [tíyì] ▸ **je propose que nous y allions ensemble** 我提议咱们一起去 [wǒ tíyì zánmen yìqǐ qù] ❷ (présenter) 推荐 [tuījiàn] ▸ **proposer un poste d'assistant** 推荐一个助理的职位 [tuījiàn yí ge zhùlǐ de zhíwèi] ▸ **proposer une candidature** 推荐候选人 [tuījiàn hòuxuǎnrén].

proposition nf ❶ (suggestion) 建议 [jiànyì] ▸ **faire une proposition** 提一个建议 [tí yí ge jiànyì] ❷ GRAMM 句子 [jùzi] ▸ **la proposition principale** 主句 [zhǔ jù].

propre ♦ adj ❶ (nettoyé) 干净的 [gānjìng de] ▸ **avoir les mains propres** 手是干净的 [shǒu shì gānjìng de] ▸ **mettre un pantalon propre** 穿条干净的裤子 [chuān tiáo gānjìng de kùzi] ❷ (particulier, personnel) 本人的 [běnrén de] ▸ **propre à qqn** 特有的 [tèyǒu de] ▸ **cette façon de faire est propre aux habitants de la région** 这种做法是这个地区居民所特有的 [zhè zhǒng zuòfǎ shì zhè ge dìqū jūmín suǒ tèyǒu de] ▸ **remettre un paquet en mains propres** 把一个包裹交到本人手中 [bǎ yí ge bāoguǒ jiāo dào běnrén shǒu zhōng]. ♦ nm (caractéristique) ▸ **le propre de qqn/qqch** 某人/某物的特性 [mǒurén/mǒuwù de tèxìng] ▸ **la raison est le propre de l'homme** 理智是人的特性 [lǐzhì shì rén de tèxìng]

◊ **mettre au propre** 誊清 [téngqīng].

proprement adv 干净地 [gānjìng de] ▸ **manger proprement** 吃东西干净 [chī dōngxi gānjìng]

◊ **à proprement parler** 确切地说 [quèqiè de shuō] ▸ **proprement dit** 准确地说 [zhǔnquè de shuō].

propreté nf 整洁 [zhěngjié].

propriétaire nmf 主人 [zhǔrén] ▸ **le propriétaire d'un appartement** 一套公寓的主人 [yí tào gōngyù de zhǔrén].

propriété nf ❶ (domaine) ○ (cl. 块 [kuài]) 地产 [dìchǎn] ▸ **avoir une propriété au bord de la mer** 在海边有一块地产 [zài hǎibiān yǒu yí kuài dìchǎn] ▸ **propriété privée** 私人财产 [sīrén cáichǎn] ❷ (particularité) 特性 [tèxìng] ▸ **l'eau de source a des propriétés bénéfiques sur la santé** 泉水具有对健康有益的特性 [quánshuǐ jùyǒu duì jiànkāng yǒuyì de tèxìng].

propulser vt ❶ (faire avancer) 驱动 [qū dòng] ▸ **propulser un moteur** 驱动一个发动机 [qūdòng yí ge fādòngjī] ❷ (projeter) 推 [tuī] ▸ **le choc de l'explosion nous a propulsés contre le mur** 爆炸的力量把我们推到了墙上 [bàozhà de lìliang bǎ wǒmen tuī dào le qiáng shàng].

prorata ▪ **au prorata de** loc prép 按比例地 [àn bǐlì de].

prosaïque adj 平凡的 [píngfán de] ▸ **mener une vie prosaïque** 过着一种平凡的生活 [guòzhe yì zhǒng píngfán de shēnghuó].

prose nf ▸ **en prose** (cl. 篇 [piān]) 散文 [sǎnwén] ▸ **écrire en prose** 写散文 [xiě sǎnwén].

prospecter vt ❶ (explorer) 勘察 [kānchá] ▸ **prospecter un terrain** 勘察一块土地 [kānchá yí kuài tǔdì] ❷ COMM 招徕 [zhāolái] ▸ **prospecter une clientèle par téléphone** 通

过电话招徕顾客 [tōngguò diànhuà zhāolái gùkè].

prospectus nm (cl. 张 [zhāng] ou 份 [fèn]) 小广告 [xiáoguǎnggào] ▸ **distribuer des prospectus** 散发小广告 [sànfā xiáoguǎnggào].

prospère adj 兴旺的 [xīngwàng de] ▸ **les affaires sont prospères** 买卖兴旺 [mǎimai xīngwàng] ▸ **avoir une mine prospère** 容光焕发 [róngguāng huànfā] ▸ **vivre dans une région prospère** 生活在一个繁荣的地区 [shēnghuó zài yí ge fánróng de dìqū].

prospérité nf 繁荣兴旺 [fánróng xīngwàng] ▸ **la prospérité d'une entreprise** 一个企业的繁荣兴旺 [yí ge qǐyè de fánróng xīngwàng].

prosterner ▪ **se prosterner** vp RELIG (s'incliner) ▸ **se prosterner devant qqn/qqch** 在某人/某物前磕头 [zài mǒurén/mǒuwù qián kētóu].

prostituée nf 妓女 [jìnǚ].

prostituer ▪ **se prostituer** vp 卖淫 [màiyín].

prostitution nf 卖淫 [màiyín].

protagoniste nmf 主角 [zhǔjué] ▸ **protagoniste d'un film/un roman** 一部电影/一本小说的主角 [yí bù diànyǐng/yì běn xiǎoshuō de zhǔjué].

protecteur, trice ♦ adj (défenseur) 防护的 [fánghù de] ▸ **des mesures protectrices** 一些防护措施 [yìxiē fánghù cuòshī]. ♦ nm, f (défenseur) ○ (cl. 名 [míng] ou 个 [gè] ou 位 [wèi]) 保护者 [bǎohùzhě] ▸ **un protecteur de la nature** 一位大自然的保护者 [yí wèi dàzìrán de bǎohùzhě].

protection nf ❶ (défense) 保护 [bǎohù] ▸ **assurer la protection de qqn** 负责保护某人 [fùzé bǎohù mǒurén] ▸ **prendre qqn sous sa protection** 负责保护某人 [fùzé bǎohù mǒurén] ❷ (renfort) 防护用品 [fánghù yòngpǐn] ▸ **jouer au football avec des protections** 带着防护用品踢足球 [dàizhe fánghù yòngpǐn tī zúqiú].

protège-cahier nm 作业本皮 [zuòyèběn pí].

protéger vt 保护 [bǎohù] ▸ **des policiers sont chargés de protéger le ministre** 一些警察负责保护部长 [yìxiē jǐngchá fùzé bǎohù bùzhǎng] ▸ **un étui pour protéger les lunettes** 一个保护眼镜的盒子 [yí ge bǎohù yǎnjìng de hézi] ▸ **protéger la nature** 保护大自然 [bǎohù dàzìrán].

▪ **se protéger de** vp+prép 抵御…… [dǐyù…] ▸ **se protéger du froid** 抵御寒冷 [dǐyù hánlěng].

protéine nf 蛋白质 [dànbáizhì] ▸ **un aliment riche en protéines** 一种富含蛋白质的食品 [yì zhǒng fùhán dànbáizhì de shípǐn].

protestant, e adj RELIG 新教的 [xīnjiào de] ▸ **le culte protestant** 新教派 [xīnjiào pài].

protestantisme nm RELIG 新教 [xīnjiào].

protestation nf 抗议 [kàngyì] ▸ **un mouvement de protestation** 一个抗议运动 [yí ge kàngyì yùndòng].

protester vi (contester) 反对 [fǎnduì] ▸ **protester contre une injustice** 反对不公正 [fǎnduì bù gōngzhèng].

prothèse nf 假器 [jiǎqì] ▸ **une prothèse dentaire** 一副假牙 [yí fù jiǎ yá].

protocole nm ❶ (ensemble de conventions) ○ (cl. 套 [tào]) 程式汇编 [chéngshì huìbiān] ▸ **un protocole de rédaction** 一套公文程式汇编 [yī tào gōngwén chéngshì huìbiān] ❷ (traité) 外交会议决议 [wàijiāo huìyì juéyì] ▸ **un protocole d'accord entre deux pays** 两国之间的外交会议协议 [liǎng guó zhījiān de wàijiāo huìyì xiéyì] ❸ (étiquette) 礼仪 [lǐyí] ▸ **respecter le protocole** 尊守礼仪 [zūnshǒu lǐyí].

prototype nm 样机 [yàngjī] ▸ **un prototype de voiture** 一辆车的样机 [yí liàng chē de yàngjī].

prouesse nf (cl. 项 [xiàng]) 功绩 [gōngjì] ▸ **accomplir des prouesses** 创建一些功绩 [chuàngjiàn yìxiē gōngjì] ▸ **une prouesse sportive** 一项体育运动的好成绩 [yí xiàng tǐyù yùndòng de hǎo chéngjì].

prouver vt ❶ (démontrer) 证明 [zhèngmíng] ▸ **les faits prouvent son innocence** 这些事实证明了他的清白 [zhèxiē shìshí zhèngmíng le tāde qīngbái] ▸ **prouver que** *(+ indicatif)* 证明…… [zhèngmíng…] ❷ (témoigner) 表示

[biǎoshì] ▸ **prouver un sentiment à qqn** 对某人表示一种情感 [duì mǒurén biǎoshì yì zhǒng qínggǎn].

provenance nf 出处 [chūchù] ▸ **des marchandises de provenance étrangère** 一些产自国外的商品 [yìxiē chǎnzì guówài de shāngpǐn] ▸ **en provenance de** 从……出发的 [cóng… chūfā de].

provençal, e adj 普罗旺斯的 [pǔluówàngsī de] ▸ **la cuisine provençale** 普罗旺斯菜肴 [pǔluówàngsī de càiyáo].

provenir ▪ **provenir de** v+prép ❶ (venir de) 来自 [láizì] ▸ **ce vin provient d'Italie** 这种葡萄酒产自意大利 [zhè zhǒng pútaojiǔ chǎnzì Yìdàlì] ❷ (résulter de) 来自于 [láizì yú] ▸ **l'essence provient du pétrole** 汽油来自于石油 [qìyóu láizì yú shíyóu].

proverbe nm 谚语 [yànyǔ] ▸ **un vieux proverbe chinois** 一句古老的中国谚语 [yí jù gúlǎo de zhōngguó yànyǔ].

proverbial, e adj 谚语式的 [yànyǔshì de] ▸ **une locution proverbiale** 一条谚语式词组 [yì tiáo yànyǔshì cízǔ].

providence nf RELIG 天意 [tiānyì] ▸ **la providence divine** 神意 [shén yì].

province nf ❶ (région) 省 [shěng] ▸ **les provinces françaises** 法国各省 [Fǎguó gè shěng] ❷ (campagne) 外省 [wàishěng] ▸ **vivre en province** 在外省生活 [zài wàishěng shēnghuó] ❸ (division territoriale) 行省 [xíngshěng] ▸ **province de la Belgique** 比利时行省 [Bǐlìshí xíngshěng] ▸ **province du Canada** 加拿大行省 [Jiānádà xíngshěng].

provincial, e ♦ adj (hors de la région parisienne) 外省的 [wàishěng de] ▸ **la vie provinciale** 外省的生活 [wàishěng de shēnghuó]. ♦ nm, f 外省人 [wàishěngrén].

proviseur nm (cl. 名 [míng] ou 个 [gè] ou 位 [wèi]) 校长 [xiàozhǎng] ▸ **un proviseur de lycée** 一位中学校长 [yì wèi zhōngxué xiàozhǎng].

provision nf ❶ (réserve) 储备 [chǔbèi] ▸ **avoir une provision de bois pour l'hiver** 有过冬木柴的储备 [yǒu guò dōng mùchái de chǔbèi] ❷ (somme d'argent) 款 [kuǎn] ▸ **un chèque sans provision** 一张空头支票 [yì zhāng kōng tóu zhīpiào].

▪ **provisions** nfpl (produits alimentaires) 食物 [shíwù] ▸ **faire ses provisions** 购买食物 [gòumǎi shíwù].

provisoire adj (temporaire) 临时的 [línshí de] ▸ **une solution provisoire** 一个暂时的解决办法 [yí ge zànshí de jiějué bànfǎ] ▸ **une construction provisoire** 一个临时的建筑 [yí ge línshí de jiànzhù].

provocant, e adj ❶ (choquant) 挑衅的 [tiǎoxìn de] ▸ **un discours provocant** 一场挑衅的演说 [yì chǎng tiǎoxìn de yǎnshuō] ❷ (aguicheur) 挑逗的 [tiǎodòu de] ▸ **une tenue provocante** 一身挑逗的服装 [yì shēn tiǎodòu de fúzhuāng].

provocation nf (incitation, défi) 挑衅 [tiǎoxìn] ▸ **faire de la provocation** 进行挑衅 [jìnxíng tiǎoxìn] ▸ **ne pas répondre aux provocations** 不理睬挑衅 [bù lícǎi tiǎoxìn].

provoquer vt ❶ (défier) 向……挑衅 [xiàng… tiǎoxìn] ▸ **c'est lui qui m'a provoqué en insultant ma mère!** 是他以侮辱我母亲来向我挑衅的！ [shì tā yǐ wúrǔ wǒ mǔqin lái xiàng wǒ tiǎoxìn de!] ▸ **provoquer qqn en duel** 向某人挑战决斗 [xiàng mǒurén tiǎozhàn juédòu] ❷ (entraîner) 引起 [yínqǐ] ▸ **provoquer un accident** 引起一个事故 [yínqǐ yí ge shìgù] ▸ **provoquer l'indignation** 引起气愤 [yínqǐ qìfèn].

proxénète nmf (cl. 个 [gè] ou 名 [míng]) 拉皮条的人 [lāpítiáo de rén].

proximité nf ❶ (faible distance) 邻近 [línjìn] ▸ **la proximité de la mer** 大海的邻近 [dàhǎi de línjìn] ❷ (imminence) 临近 [línjìn] ▸ **la proximité du danger** 危险的临近 [wēixiǎn de línjìn].

▪ **à proximité de** loc prép 在……附近 [zài… fùjìn] ▸ **à proximité de l'école** 在学校附近 [zài xuéxiào fùjìn].

▪ **de proximité** loc adj 附近的 [fùjìn de] ▸ **commerce de proximité** 附近的商店 [fùjìn de shāngdiàn].

prude ♦ adj 假正经的 [jiǎzhèngjing de]. ♦ nmf 假正经的女人 [jiǎzhèngjing de nǚrén] ▸ **faire la prude** 装作假正经的女人 [zhuāngzuò jiǎzhèngjing de nǚrén].

prudemment adv 谨慎地 [jǐnshèn de] ▸ **conduire prudemment** 谨慎地驾驶 [jǐnshèn de jiàshǐ].

prudence nf 谨慎 [jǐnshèn] ▸ **avec prudence** 谨慎地 [jǐnshèn de] ▸ **faire preuve de prudence** 表现出谨慎 [biǎoxiàn chū jǐnshèn] ▸ **redoubler de prudence** 加倍谨慎 [jiābèi jǐnshèn].

prudent, e adj 谨慎的 [jǐnshèn de] ▸ **un chauffeur prudent** 一名谨慎的司机 [yì míng jǐnshèn de sījī].

prune nf 李子 [lǐzi].

pruneau nm 李子干 [lǐzi gān].

PS[1] (abr de **Parti socialiste**) nm inv 社会党 [Shèhuìdǎng] ▸ **le secrétaire du PS** 社会党秘书 [Shèhuìdǎng mìshū].

PS[2], **P-S** (abr de **post-scriptum**) nm 附言 [fùyán].

pseudonyme nm 假名 [jiǎmíng].

psy (abr de **psychiatre**) nmf *fam* (cl. 个 [gè] ou 位 [wèi] ou 名 [míng]) 精神病科医生 [jīngshénbìngkē yīshēng] ▸ **aller voir un psy** 去看精神病科医生 [qù kàn jīngshénbìngkē yīshēng].

psychanalyse nf 精神分析法 [jīngshén fēnxī fǎ] ▸ **faire des études de psychanalyse** 学习精神分析法 [xuéxí jīngshén fēnxī fǎ].

psychanalyste nmf (cl. 个 [gè] ou 位 [wèi] ou 名 [míng]) 精神分析学家 [jīngshén fēnxī xuéjiā] ▸ **consulter un psychanalyste** 咨询一位精神分析学家 [zīxún yí wèi jīngshén fēnxī xuéjiā].

psychiatre nmf (cl. 个 [gè] ou 位 [wèi] ou 名 [míng]) 精神病科医生 [jīngshénbìngkē yīshēng].

psychiatrie nf 精神病学 [jīngshénbìngxué].

psychique adj 精神的 [jīngshén de] ▸ **les troubles psychiques** 精神障碍 [jīngshén zhàng'ài].

psychologie nf ❶ (science) 心理学 [xīnlǐxué] ▸ **être étudiant en psychologie** 心理学学生 [xīnlǐxué xuésheng] ❷ (connaissance empirique des sentiments d'autrui) 善解人意 [shànjiěrényì] ▸ **manquer de psychologie** 不善解人意 [bú shànjiěrényì] ❸ (caractéristiques) 心理分析 [xīnlǐ fēnxī] ▸ **la psychologie d'un auteur** 一位作家的心理分析 [yí wèi zuòjiā de xīnlǐ fēnxī] ❹ (état d'esprit) 心理 [xīnlǐ] ▸ **la psychologie des Chinois** 中国人的心理 [Zhōngguórén de xīnlǐ].

psychologique adj 心理的 [xīnlǐ de].

psychologue nmf (cl. 个 [gè] ou 位 [wèi] ou 名 [míng]) 心理学家 [xīnlǐxuéjiā].

psychose nf MÉD 精神病 [jīngshénbìng] ▸ **une personne atteinte de psychose** 一个精神病患者 [yí ge jīngshénbìng huànzhě].

psychothérapie nf 精神疗法 [jīngshénliáofǎ] ▸ **faire une psychothérapie** 接受精神疗法 [jiēshòu jīngshénliáofǎ].

puant, e adj 发臭的 [fāchòu de].

puanteur nf 臭味 [chòuwèi].

pub[1] (abr de **publicité**) nf *fam* (cl. 则 [zé]) 广告 [guǎnggào].

pub[2] nm (bar) ○ (cl. 家 [jiā]) 酒吧 [jiǔbā].

pubère adj 青春期的 [qīngchūnqī de] ▸ **un adolescent pubère** 一个青春期的少年 [yí ge qīngchūnqī de shàonián].

puberté nf 青春期 [qīngchūnqī] ▸ **l'âge de la puberté** 青春期的年龄 [qīngchūnqī de niánlíng].

pubis nm 阴阜 [yīnfù].

public, ique adj ❶ (d'une collectivité) 公共的 [gōnggòng de] ▸ **un jardin public** 一个公园 [yí ge gōng yuán] ▸ **l'opinion publique** 舆论 [yúlùn] ❷ (de l'État) 公立的 [gōnglì de] ▸ **l'école publique** 公立学校 [gōnglì xuéxiào] ▸ **la fonction publique** 公职 [gōng zhí].

■ **public** nm ❶ (population) 公众 [gōngzhòng] ▸ **une salle interdite au public** 一个不对公众开放的场所 [yí ge bú duì gōngzhòng kāifàng de chángsuǒ] ❷ (auditoire) 观众 [guānzhòng]

◊ **en public** 在公开场合 [zài gōngkāi chǎnghé] ▸ **s'embrasser en public** 在公开场合互相亲吻 [zài gōngkāi chǎnghé hùxiāng qīnwěn].

publication nf ❶ (d'un livre) 出版 [chūbǎn] ▸ **la publication d'un roman** 一本小说的出版 [yì běn xiǎoshuō de chūbǎn] ; (d'un journal, d'une revue) 发行 [fāxíng] ❷ (d'une liste, de résultats, d'une loi) 公布 [gōngbù] ▸ **la publication des résultats d'examen** 考试成绩的公布 [kǎoshì chéngjì de gōngbù] ❸ (ouvrage) ○ (cl. 本 [běn]) 刊物 [kānwù] ▸ **publication pour enfants** 少儿刊物 [shào'ér kānwù].

publicitaire ♦ adj 广告的 [guǎnggào de] ▸ **un slogan publicitaire** 一条广告标语 [yì tiáo guǎnggào biāoyǔ]. ♦ nmf (cl. 个 [gè] ou 位 [wèi] ou 名 [míng]) 广告代理人 [guǎnggào dàilǐrén].

publicité nf ❶ (promotion) ○ (cl. 则 [zé]) 宣传 [xuānchuán] ▸ **faire de la publicité pour qqn/qqch** 为某人/某物作宣传 [wèi mǒurén/mǒuwù zuò xuānchuán] ❷ (réclame) ○ (cl. 则 [zé]) 广告 [guǎnggào] ▸ **le film commence après les publicités** 影片在广告后开始 [yǐngpiàn zài guǎnggào hòu kāishǐ].

publier vt ❶ (un livre) 出版 [chūbǎn] ▸ **publier un roman** 出版一本小说 [chūbǎn yì běn xiǎoshuō] ❷ (un communiqué, un article) 发表 [fābiǎo].

puce nf ❶ (animal) ○ (cl. 只 [zhī]) 跳蚤 [tiàozao] ❷ INFORM (cl. 块 [kuài]) 芯片 [xīnpiàn] ▸ **une carte à puce** 一张智能卡 [yì zhāng zhìnéng kǎ] ▸ **puce électronique** 集成电路片 [jíchéng diànlù piàn] ❸ (terme affectueux) 宝贝儿 [bǎobèir]

◊ **mettre la puce à l'oreille de qqn** 引起某人的疑虑 [yínqǐ mǒurén de yílǜ].

▪ **puces** nfpl ▸ **le marché aux puces** ou **les puces** 跳蚤市场 [tiàozao shìchǎng].

puceau ♦ adj m *fam* 童男的 [tóngnán de]. ♦ nm 童男 [tóngnán].

pucelle *fam* ♦ adj f 童女的 [tóngnǚ de]. ♦ nf 童女 [tóngnǚ].

pudeur nf ❶ (gêne) 害羞 [hàixiū] ▸ **avoir de la pudeur** 害羞 [hàixiū] ▸ **par pudeur** 出于害羞 [chūyú hàixiū] ❷ (discrétion) 谨慎 [jǐnshèn] ▸ **avec pudeur** 谨慎地 [jǐnshèn de].

pudique adj (gêné, réservé) 害羞的 [hàixiū de].

puer *tfam* vi 发出臭味 [fāchū chòuwèi] ▸ **puer le vin** 发出酒味 [fāchū jiǔwèi].

puéricultrice nf (cl. 个 [gè] ou 位 [wèi] ou 名 [míng]) 保育员 [bǎoyùyuán].

puéril, e adj 幼稚的 [yòuzhì de].

puis adv (ensuite) 然后 [ránhòu]

◊ **et puis** 再说 [zàishuō].

puiser vt (prendre) 取 [qǔ] ▸ **puiser de l'eau** 取水 [qǔ shuǐ]

◊ **puiser (qqch) dans qqch** 从……中取出…… [cóng … zhōng qǔchū …] ▸ **puiser dans ses économies** 取出自己的积蓄 [qǔchū zìjǐ de jīxù].

puisque, puisqu' conj 既然 [jìrán].

puissance nf ❶ (pouvoir) 权力 [quánlì] ▸ **la puissance d'un juge** 法官的权力 [fǎguān de quánlì] ❷ (Etat) 强国 [qiángguó] ▸ **une puissance économique** 一个经济强国 [yí ge jīngjì qiángguó] ❸ (capacité) 功率 [gōnglǜ] ▸ **la puissance d'une voiture** 一辆车的功率 [yí liàng chē de gōnglǜ].

puissant, e adj ❶ (influent) 强大的 [qiángdà de] ▸ **une nation puissante** 一个强国 [yí ge qiángguó] ❷ (fort) 强有力的 [qiángyǒulì de] ▸ **un moteur puissant** 一个大功率的发动机 [yí ge dàgōnglǜ de fādòngjī] ▸ **des muscles puissants** 强有力的肌肉 [qiángyǒulì de jīròu].

puits nm (cl. 口 [kǒu]) 井 [jǐng] ▸ **creuser un puits d'eau** 掘一口水井 [jué yì kǒu shuǐ jǐng] ▸ **puits de pétrole** 油井 [yóu jǐng].

pull nm (cl. 件 [jiàn]) 羊毛套衫 [yángmáo tàoshān].

pull-over nm (cl. 件 [jiàn]) 羊毛套衫 [yángmáo tàoshān].

pulmonaire adj 肺的 [fèi de] ▸ **une maladie pulmonaire** 一种肺病 [yì zhǒng fèi bìng].

pulpe nf 果肉 [guǒròu].

pulsation nf 跳动 [tiàodòng] ▸ **les pulsations cardiaques** 心脏的跳动 [xīnzàng de tiàodòng].

pulsion nf 冲动 [chōngdòng] ▸ **pulsion sexuelle** 性冲动 [xìng chōngdòng].

pulvériser vt ❶ (vaporiser) 喷洒 [pēnsǎ] ▸ **pulvériser du désodorisant** 喷洒除臭剂 [pēnsǎ chúchòujì] ❷ (détruire) 摧毁 [cuīhuǐ] ▸ **la voiture à été complètement pulvérisée** 汽车完全被毁了 [qìchē wánquán bèi huǐ le] ❸ (dépasser) 打破 [dǎpò] ▸ **pulvériser un record** 打破一项纪录 [dǎpò yí xiàng jìlù].

puma nm (cl. 头 [tóu]) 美洲狮 [měizhōushī].

punaise nf ❶ (clou) ○ (cl. 颗 [kē]) 图钉 [túdīng] ❷ (insecte) ○ (cl. 只 [zhī]) 臭虫 [chòuchóng].

punir vt ❶ (châtier) 惩办 [chéngbàn] ▸ **punir un coupable** 惩办一个罪犯 [chéngbàn yí ge zuìfàn] ▸ **se faire punir** 被惩办 [bèi chéngbàn] ❷ (sanctionner) 惩处 [chéngchǔ] ▸ **punir un crime** 惩处一项罪行 [chéngchǔ yí xiàng zuìxíng].

punition nf 处分 [chǔfèn] ▸ **donner une punition** 予以处分 [yúyǐ chǔfèn].

pupille nf ❶ ANAT 瞳孔 [tóngkǒng] ▸ **pupilles dilatées** 扩张的瞳孔 [kuòzhāng de tóngkǒng] ❷ (orphelin) 受监护的未成年孤儿 [shòu jiānhù de wèichéngnián gū'ér] ▸ **pupille de la Nation** 由国家抚养的孤儿 [yóu guójiā fúyǎng de gū'ér].

pupitre nm (support) 斜面托架 [xiémiàn tuōjià] ▸ **un pupitre de chef d'orchestre** 乐队指挥的乐谱架 [yuèduì zhǐhuī de yuèpǔjià] ▸ **un pupitre d'écolier** 一张小学生的斜面课桌 [yì zhāng xiǎoxuéshēng de xiémiàn kèzhuō].

pur, e adj ❶ (qui n'est pas mélangé) 纯的 [chún de] ▸ **du vin pur** 纯葡萄酒 [chún pútaojiǔ] ▸ **pur coton** 纯棉 [chún mián] ❷ (propre) 洁净的 [jiéjìng de] ▸ **l'air pur de la montagne** 山上洁净的空气 [shān shàng jiéjìng de kōngqì] ❸ (authentique) 纯粹的 [chúncuì de] ▸ **c'est un pur mensonge** 这纯粹是个谎言 [zhè chúncuì shì ge huǎngyán].

purée nf 泥 [ní] ▸ **une purée de pommes de terre** 一盘土豆泥 [yì pán tǔdòu ní].

purement adv 完全 [wánquán] ▸ **agir purement par intérêt** 完全凭兴趣做事 [wánquán píng xìngqu zuòshì]
◊ **purement et simplement** 完完全全地 [wánwán quánquán de].

pureté nf 纯度 [chúndù] ▸ **un diamant d'une grande pureté** 一颗高纯度的钻石 [yì kē gāo chúndù de zuànshí] ▸ **la pureté de l'air** 空气的洁净 [kōngqì de jiéjìng].

purgatoire nm RELIG 炼狱 [liànyù].

purger vt ❶ (débarrasser) 让……服泻药 [ràng… fú xièyào] ▸ **purger un malade** 让一个病人服泻药 [ràng yí ge bìngrén fú xièyào] ❷ (vider) 排除……内的水汽 [páichú… nèi de shuǐqì] ▸ **purger un radiateur** 排除散热器内的水汽 [páichú sànrèqì nèi de shuǐqì] ❸ (subir) ▸ **purger une peine** 服刑 [fú xíng].

purifier vt (nettoyer) 使……净化 [shǐ… jìnghuà] ▸ **purifier l'air/l'eau** 净化空气/水 [jìnghuà kōngqì/shuǐ].

puritain, e adj ❶ (austère) 严格的 [yángé de] ▸ **une éducation puritaine** 一种严格的教育 [yì zhǒng yángé de jiàoyù] ❷ RELIG 清教徒的 [qīngjiàotú de].

pur-sang nm inv (cl. 匹 [pǐ]) 纯种马 [chúnzhǒng mǎ].

pus nm 脓 [nóng] ▸ **une plaie infectée de pus** 一个感染化脓的伤口 [yí ge gǎnrǎn huànóng de shāngkǒu].

putain ◆ nf *vulg* (prostituée) 妓女 [jìnǚ]. ◆ interj *vulg* 该死的 [gāisǐ de].

Puyi npr (empereur) 溥仪 [Pǔ Yí].

puzzle nm (jeu) 拼图游戏 [pīntú yóuxì] ▸ **faire un puzzle** 玩一种拼图游戏 [wán yì zhǒng pīntú yóuxì].

P-V (abr de **procès-verbal**) nm inv ❶ (amende) ○ (cl. 张 [zhāng]) 违警通知书 [wéijǐng tōngzhīshū] ▸ **mettre un P-V à qqn** 给某人开一张违警通知书 [gěi mǒurén kāi yì zhāng wéijǐng tōngzhīshū] ❷ (compte-rendu) 记录 [jìlù].

pyjama nm (cl. 套 [tào]) 睡衣 [shuìyī].

pylône nm (cl. 座 [zuò]) 天线塔 [tiānxiàntǎ].

pyramide nf ❶ GÉOM 棱锥体 [léngzhuītǐ] ❷ ARCHIT 金字塔 [jīnzìtǎ].

Pyrénées npr ▸ **les Pyrénées** 比利牛斯山脉 [Bǐlìniúsī shānmài].

python nm (cl. 条 [tiáo]) 巨蟒 [jùmǎng].

q

q, Q nm inv 法语字母表中第十七个字母 [fáyǔ zìmúbiǎo zhōng dìshíqī ge zìmǔ].

Qatar, Katar nm ▸ **le Qatar** 卡塔尔 [Kǎtǎ'ěr].

QCM (abr de **questionnaire à choix multiple**) nm inv 多项选择题问卷 [duōxiàng xuǎnzétí wènjuàn] ▸ **répondre à un QCM** 回答一个多项选择题问卷 [huídá yí ge duōxiàng xuǎnzétí wènjuàn].

QG (abr de **quartier général**) nm inv 总部 [zǒngbù].

Qianlong npr (empereur) 乾隆 [Qiánlóng].

Qi Baishi npr (peintre) 齐白石 [Qí Báishí].

qi gong nm 气功 [qìgōng] ▸ **les adeptes du qi gong s'entraînent dans les parcs** 气功爱好者在公园里操练 [qìgōng àihàozhě zài gōngyuán lǐ cāoliàn].

Qin npr (dynastie) 秦 [Qín].

Qing npr (dynastie) 清 [Qīng].

Qingdao npr (ville) 青岛 [Qīngdǎo].

Qinghai npr (province) 青海 [Qīnghǎi].

Qin Shi Huangdi npr (empereur) 秦始皇 [Qínshǐhuáng].

qqch (abr écrite de **quelque chose**) 某事 [mǒushì].

qqn (abr écrite de **quelqu'un**) 某人 [mǒurén].

quad nm (moto) ○ (cl. 辆 [liàng]) 小型四轮驱动越野车 [xiǎoxíng sì lún qūdòng yuèyěchē].

quadrilatère nm GÉOM 四边形 [sìbiānxíng].

quadruple nm 四倍 [sì bèi].

quadruplés, es nm, f pl 四胞胎 [sì bāotāi].

quai nm ❶ (de port) 码头 [mǎtou] ▸ **être à quai** 停靠在码头 [tíngkào zài mǎtou] ▸ **le quai d'un port** 一个港口码头 [yí ge gángkǒu mǎtou] ❷ (de gare) 站台 [zhàntái] ▸ **le quai du métro** 地铁站台 [dìtiě zhàntái] ❸ (de fleuve) 河岸 [hé'àn] ▸ **les quais de la Seine** 塞纳河畔 [Sàinàhé pàn].

qualificatif, ive adj GRAMM 品质的 [pǐnzhì de] ▸ **un adjectif qualificatif** 一个品质形容词 [yí ge pǐnzhì xíngróngcí].

qualification nf ❶ (compétence) 资格 [zīgé] ▸ **les qualifications professionnelles** 专业资格 [zhuānyè zīgé] ❷ (admission) 竞赛资格 [jìngsài zīgé] ▸ **une épreuve de qualification** 竞赛资格检验 [jìngsài zīgé jiǎnyàn].

qualifié, e adj 有资格的 [yǒu zīgé de] ▸ **un ouvrier qualifié** 一名技工 [yì míng jìgōng].

qualifier vt ❶ (caractériser) 描述 [miáoshù] ▸ **qualifier qqn/qqch de** 把某人/某事看作 [bǎ mǒurén/mǒushì kànzuò] ❷ (avoir les compétences) ▸ **être qualifié pour** 胜任 [shèngrèn] ▸ **vous n'êtes pas qualifié pour ce poste** 您不能胜任这个职位 [nín bùnéng shēngrèn zhè ge zhíwèi].

▪ **se qualifier** vp SPORT 获得资格 [huòdé zīgé] ▸ **se qualifier pour la finale** 获得决赛资格 [huòdé juésài zīgé].

qualitatif, ive adj 质量的 [zhìliàng de].

qualité nf ❶ (état caractéristique) 质量 [zhìliàng] ▸ **de bonne/mauvaise qualité** 质量好/差 [zhìliàng hǎo/chà] ▸ **la qualité d'un produit** 一

个产品的质量 [yí ge chánpǐn de zhìliàng] ❷ (mérite) 优点 [yōudiǎn] ▸ **la patience est l'une de ses principales qualités** 耐心是他的主要优点之一 [nàixīn shì tāde zhǔyào yōudiǎn zhīyī].

quand ♦ conj ❶ (lorsque) 当……的时候 [dāng… de shíhou] ▸ **réveille-moi quand tu partiras** 当你走的时候叫醒我 [dāng nǐ zǒu de shíhou jiàoxǐng wǒ] ❷ (alors que) 既然 [jìrán] ▸ **pourquoi rester enfermé quand il fait si beau dehors ?** (既然)外面天气这么好为什么还呆在家里？ [(jìrán) wàimiàn tiānqì zhème hǎo wèishénme hái dāi zài jiā lǐ?]. ♦ adv interr 什么时候 [shénme shíhou] ▸ **depuis quand es-tu là ?** 你从什么时候起在那儿的？ [nǐ cóng shénme shíhou qǐ zài nàr de?] ▸ **jusqu'à quand restez-vous ?** 您要待到什么时候？ [nín yào dāidào shénme shíhou?] ▸ **quand arriveras-tu ?** 你什么时候会到？ [nǐ shénme shíhou huì dào?].

▪ **quand bien même** *(+ conditionnel)* loc conj *sout* 即使 [jíshǐ] ▸ **quand bien même vous insisteriez, je n'accepterais pas** 即使您要坚持，我也不会接受的 [jíshǐ nín yào jiānchí, wǒ yě búhuì jiēshòu de].

▪ **quand même** loc adv 仍然 [réngrán] ▸ **il était malade mais il est venu quand même** 他病了，但是他仍然来了 [tā bìng le, dànshì tā réngrán lái le].

quant ▪ **quant à** loc prép 关于 [guānyú] ▸ **je partage votre opinion quant à ses capacités** 关于他的能力我赞同您的看法 [guānyú tāde nénglì wǒ zàntóng nínde kànfǎ].

quantifier vt 用数量表示 [yòng shùliàng biǎoshì].

quantitatif, ive adj 数量的 [shùliàng de] ▸ **une différence quantitative** 一种数量上的差异 [yì zhǒng shùliàng shàng de chāyì].

quantité nf 量 [liàng] ▸ **évaluer la quantité de gaz consommée** 评估消耗的煤气量 [pínggū xiāohào de méiqì liàng] ▸ **en grande/petite quantité** 大/少量的 [dà/shǎo liàng de].

▪ **quantité de** loc adj 很多的 [hěnduō de] ▸ **elle a reçu quantité de lettres** 她收到很多的信 [tā shōudào hěnduō de xìn] ▸ **quantité de gens** 很多人 [hěnduō rén].

quarantaine nf ❶ (nombre approximatif) 四十左右 [sìshí zuǒyòu] ▸ **une quarantaine de personnes** 四十个人左右 [sìshí ge rén zuǒyòu] ❷ (âge) 四十岁左右 [sìshí suì zuǒyòu] ▸ **avoir la quarantaine** 四十岁左右 [sìshí suì zuǒyòu] ❸ (isolement) 隔离 [gélí] ▸ **mettre qqn/qqch en quarantaine** 隔离某人/某物 [gélí mǒurén/mǒuwù].

quarante ♦ adj num inv 四十个 [sìshí ge]. ♦ nm inv 四十 [sìshí].

quarantième adj num inv & nmf 第四十(个) [dìsìshí (ge)].

quart nm ❶ (fraction) 四分之一 [sì fēn zhī yī] ▸ **un quart de fromage** 四分之一的奶酪 [sì fēn zhī yī de nǎilào] ❷ (exprime l'heure) 一刻钟 [yí kèzhōng] ▸ **et quart** (过)一刻 [(guò) yí kè] ▸ **moins le quart** 差一刻 [chà yí kè] ▸ **un quart d'heure** 一刻钟 [yí kèzhōng] ❸ (bouteille) 小瓶 [xiǎo píng] ▸ **un quart de vin** 一小瓶酒 [yì xiǎo píng jiǔ].

quartier nm ❶ (portion) 块 [kuài] ▸ **un quartier de fruit** 一块水果 [yí kuài shuíguǒ] ❷ (partie d'une ville) 街区 [jiēqū] ▸ **un quartier populaire** 一个平民区 [yí ge píngmín qū] ▸ **un quartier résidentiel** 一个住宅区 [yí ge zhùzhái qū] ❸ (phase de la lune) 月相 [yuèxiàng] ❹ MIL ▸ **quartier général** 司令部 [sīlìngbù].

quartz nm inv 石英 [shíyīng] ▸ **à quartz** 石英的 [shíyīng de].

quasi adv 几乎 [jīhū].

quasiment *fam* adv 几乎 [jīhū].

quatorze ♦ adj num inv ❶ (chiffre) 十四个 [shísì ge] ❷ (quatorzième) 第十四 [dìshísì] ▸ **chapitre quatorze** 第十四章 [dìshísì zhāng] ❸ (dans une série) 十四世 [shísì shì] ▸ **Louis XIV** 路易十四 [Lùyì shísì]. ♦ nm inv 十四 [shísì].

quatorzième adj num inv & nmf 第十四(个) [dìshísì (ge)].

quatre ♦ adj num inv ❶ (chiffre) 四个 [sì ge] ❷ (quatrième) 第四 [dìsì] ▸ **page quatre** 第四页 [dìsì yè] ❸ (dans une série) 四世 [sì shì] ▸ **Henri IV** 亨利四世 [Hēnglì sì shì].

◊ **quatre à quatre** 急忙地 [jímáng de] ▸ **se mettre en quatre** 竭尽全力 [jiéjìn quánlì].

♦ nm inv 四 [sì].

quatre-quatre, 4x4 nm inv (cl. 辆 [liàng]) 四轮驱动车 [sì lún qūdòngchē].

quatre-vingt= **quatre-vingts**

quatre-vingt-dix ♦ adj numinv九十个[jiǔshí ge]. ♦ nm inv 九十 [jiǔshí].

quatre-vingt-dixième adj num inv & nmf 第九十(个) [dìjiǔshí (ge)].

quatre-vingtième adj num inv & nmf 第八十(个) [dìbāshí (ge)].

quatre-vingts ♦ adj num 八十个 [bāshí ge]. ♦ nm inv 八十 [bāshí].

quatrième ♦ adj num & nmf 第四(个) [dìsì (ge)]. ♦ nf ❶ SCOL 初中三年级 [chūzhōng sān niánjí] ▸ **être en quatrième** 念三年级 [niàn sān niánjí] ❷ AUTO 四档速度[sì dǎng sùdù].

que ♦ conj ❶ (introduit une subordonnée sujet ou complément) ▸ **qu'il ait réussi ne m'étonne pas** 我一点都不奇怪他能成功 [wǒ yì diǎn dōu bù qíguài tā néng chénggōng] ▸ **je ne veux pas qu'il vienne** 我不想让他来 [wǒ bù xiǎng ràng tā lái] ❷ (exprime un ordre) ▸ **que tout le monde sorte !** 大家都出去！ [dàjiā dōu chūqu!] ❸ (introduit une interrogation indirecte) ▸ **je me demande que faire** 我寻思着做什么 [wǒ xúnsizhe zuò shénme] ❹ (reprend une autre conjonction) ▸ **s'il fait beau et que nous avons le temps...** 如果天气好而且我们又有时间的话...... [rúguǒ tiānqì hǎo érqiě wǒmen yòu yǒu shíjiān dehuà...] ❺ (introduit une comparaison) 比 [bǐ] ▸ **elle travaille mieux que moi** 她比我干得好 [tā bǐ wǒ gàn de hǎo] ❻ (exprime une restriction) 只 [zhǐ] ▸ **je n'ai qu'une sœur** 我只有一个姐妹 [wǒ zhǐ yǒu yí ge jiěmèi]. ♦ pron rel ❶ (complément d'objet direct) ......的 [... de] ▸ **l'homme que j'aime** 我喜欢的男人 [wǒ xǐhuān de nánren] ❷ (introduit une valeur temporelle) ▸ **cela fait 2 heures que j'attends** 我等了两小时 [wǒ děng le liǎng xiǎoshí]. ♦ adv excl ❶ (indique la qualité) 多么 [duōme] ▸ **qu'elle est belle !** 她多美丽啊！ [tā duō měilì a!] ❷ (indique la quantité) 这么多 [zhème duō] ▸ **que de monde !** 这么多人！ [zhème duō rén!]. ♦ pron interr 什么 [shénme] ▸ **que faire ?** 怎么办？ [zěnmebàn?] ▸ **que se passe-t-il ?** 发生什么事了？ [fāshēng shénme shì le?].

▪ **ce que** pron rel ▸ **je me demande ce que tu en penses** 我寻思着你怎么想这件事 [wǒ xúnsizhe nǐ zěnme xiǎng zhè jiàn shì].

▪ **c'est que** loc conj 是因为 [shì yīnwèi] ▸ **si je ne suis pas en forme, c'est que j'ai mal dormi** 我没精神，是因为没睡好 [wǒ méi jīngshén, shì yīnwèi méi shuì hǎo].

▪ **qu'est-ce que** pron interr 什么 [shénme] ▸ **qu'est-ce que tu veux encore ?** 你还想要什么？ [nǐ hái xiǎng yào shénme?].

▪ **qu'est-ce qui** pron interr 什么 [shénme] ▸ **qu'est-ce qui ne va pas ?** 怎么了？ [zěnme le?].

Québec ♦ nm (province) ▸ **le Québec** 魁北克省 [Kuíběikèshěng]. ♦ npr (ville) ▸ **(à) Québec** 魁北克 [Kuíběikè].

québécois, e adj 魁北克的 [kuíběikè de].

▪ **Québécois, e** nm, f 魁北克人 [Kuíběikèrén].

quel, quelle ♦ adj interr ❶ (pour définir) 什么 [shénme] ▸ **de quelle couleur est son pull ?** 他的羊毛套衫是什么颜色？ [tāde yángmáo tàoshān shì shénme yánsè?] ❷ (quand il y a plusieurs possibilités) 哪一个 [nǎ yí ge] ▸ **de quel côté es-tu ?** 你在哪一边？ [nǐ zài nǎ yì biān?] ❸ (pour l'heure, le jour, l'âge) 几 [jǐ] ▸ **quel âge as-tu ?** 你几岁了？ [nǐ jǐ suì le?] ▸ **quelle heure est-il ?** 几点了？ [jǐ diǎn le?] ▸ **quel jour sommes-nous ?** 今天星期几？ [jīntiān xīngqī jǐ?] ❹ (pour une situation, le temps) 怎么样 [zěnmeyàng] ▸ **quel temps fait-il ?** 天气怎么样？ [tiānqì zěnmeyàng?]. ♦ pron interr ❶ (pour définir) 什么 [shénme] ▸ **quelle était votre question ?** 您的问题是什么？ [nínde wèntí shì shénme?] ❷ (quand il y a plusieurs possibilités) 哪一个 [nǎ yí ge] ▸ **quel est le plus jeune ?** 哪一个最年轻？ [nǎ yí ge zuì niánqīng?]. ♦ adj excl 多么 [duōme] ▸ **quel dommage !** 多么可惜啊！ [duōme kěxī a!] ▸ **quelle honte !** 多么可耻啊！ [duōme kěchǐ a!]. ♦ adj indéf ▸ **quel que** 不管什么样的 [bùguǎn shénme yàng de] ▸ **il refuse de voir les nouveaux arrivants, quels qu'ils soient** 不管新到的人是谁，他都不要见 [bùguǎn xīn dào de rén shì shéi, tā dōu búyào jiàn].

quelconque adj indéf ❶ (n'importe quel) 任何一个 [rènhé yí ge] ▸ **pour une raison quelconque, il ne peut pas venir** 出于某个原因，他不能来了 [chūyú mǒu gè yuányīn, tā bùnéng lái le] ❷ *fam* (ordinaire) 普通的 [pǔtōng de] ▸ **un homme très quelconque** 一个极其普通的人 [yí ge jíqí pǔtōng de rén].

quelque ♦ adj indéf ❶ *(au singulier)* (indique une quantité ou une identité indéterminée) 某个 [mǒu ge] ▸ **pendant quelque temps** 一段时间 [yí duàn shíjiān] ▸ **quelque village perdu** 某个偏僻的村庄 [mǒu ge piānpì de cūnzhuāng] ❷ *(au pluriel)* (indique un petit nombre) 几个 [jǐge] ▸ **je ne peux rester que quelques jours** 我只能待几天 [wǒ zhǐ néng dāi jǐ tiān] ▸ **j'ai quelques lettres à écrire** 我有几封信要写 [wǒ yǒu jǐ fēng xìn yào xiě] ❸ *(après un nom de nombre)* ▸ **et quelques** 多 [duō] ▸ **elle a trente ans et quelques** 她三十多岁 [tā sānshí duō suì]. ♦ adv (indique une approximation) 大约 [dàyuē] ▸ **il y a quelque trente ans** 大约三十年以前 [dàyuē sānshí nián yǐqián].

quelquefois adv 有时 [yǒushí].

quelques-uns, quelques-unes pron indéf pl 一些 [yìxiē] ▸ **quelques-uns d'entre nous** 我们当中的一些人 [wǒmen dāngzhōng de yìxiē rén].

quelqu'un pron indéf inv ❶ (personne indéterminée) 有人 [yǒu rén] ▸ **si quelqu'un téléphone, réponds** 如果有人打电话，接一下 [rúguǒ yǒu rén dǎ diànhuà, jiēyíxià] ❷ (personne qui a telle qualité) 人 [rén] ▸ **c'est quelqu'un de bien** 这是个好人 [zhè shì ge hǎorén].

querelle nf (cl. 场 [chǎng]) 争吵 [zhēngchǎo] ▸ **une querelle d'amoureux** 一场恋人之间的争吵 [yì chǎng liànrén zhījiān de zhēngchǎo].

quereller ▪ **se quereller** vp 争吵 [zhēngchǎo] ▸ **ils n'arrêtent pas de se quereller** 他们不停地争吵 [tāmen bù tíng de zhēngchǎo] ▸ **se quereller avec qqn** 和某人争吵 [hé mǒurén zhēngchǎo].

qu'est-ce qui ➤ **que**

question nf (interrogation, sujet) 问题 [wèntí] ▸ **nous aborderons cette question plus tard** 我们晚一点讨论这个问题 [wǒmen wǎn yì diǎn tǎolùn zhè ge wèntí] ▸ **poser une question à qqn** 向某人提一个问题 [xiàng mǒurén tí yí ge wèntí]

◊ **en question** 提到的 [tídào de] ▸ **il n'en est pas question** 绝对不行 [juéduì bùxíng].

questionnaire nm (cl. 张 [zhāng] ou 份 [fèn]) 调查表 [diàochábiǎo] ▸ **remplir un questionnaire** 填写一份调查表 [tiánxiě yí fèn diàochábiǎo].

questionner vt 问 [wèn] ▸ **questionner qqn sur** 问某人...... [wèn mǒurén...] ▸ **se faire questionner** 被询问 [bèi xúnwèn].

quête nf ❶ (aumône, collecte) 募捐 [mùjuān] ▸ **faire la quête à l'église** 在教堂募捐 [zài jiàotáng mùjuān] ▸ **faire la quête dans le métro** 在地铁里乞讨 [zài dìtiě lǐ qǐtǎo] ▸ **faire une quête pour qqch** 为某事进行募捐 [wèi mǒushì jìnxíng mùjuān] ❷ *sout* (recherche) 寻找 [xúnzhǎo] ▸ **la quête de la vérité** 寻找真理 [xúnzhǎo zhēnlǐ]

◊ **en quête de qqch** 寻找某物 [xúnzhǎo mǒuwù].

queue nf ❶ (extrémité) ◦ (cl. 条 [tiáo]) 尾巴 [wěiba] ▸ **la queue d'un chat** 一只猫的尾巴 [yì zhī māo de wěiba] ▸ **la queue d'une pie** 一只喜鹊的尾巴 [yì zhī xǐque de wěiba] ❷ (manche) 把儿 [bàr] ▸ **la queue d'une casserole** 一只锅的把儿 [yì zhī guō de bàr] ❸ (d'un fruit, d'une fleur) 蒂 [dì] ▸ **la queue d'une cerise** 樱桃蒂 [yīngtáo dì] ❹ (bout, fin) 末尾 [mòwěi] ▸ **la queue d'un train** 一列火车的尾部 [yí liè huǒchē de wěibù] ▸ **monter dans le wagon de queue** 登上火车尾部的车厢 [dēngshang huǒchē wěibù de chēxiāng] ❺ (dernière partie) 后部 [hòubù] ▸ **la queue d'un cortège** 行列的后部 [hángliè de hòubù] ❻ (file d'attente) 队伍 [duìwǔ] ▸ **faire la queue** 排队 [páiduì].

queue-de-cheval nf 马尾辫 [máwěi biàn] ▸ **se faire une queue-de-cheval** 梳一个马尾辫 [shū yí ge máwěi biàn].

qui ♦ pron rel ❶ (sujet) ▸ **l'homme qui parle** 说话的那个人 [shuōhuà de nà ge rén] ▸ **je l'ai vu qui passait par là** 我看见他从那儿过去了 [wǒ kànjiàn tā cóng nàr guòqù le] ❷ (complément d'objet direct) ▸ **invite qui tu veux** 邀请你想邀请的人 [yāoqǐng nǐ xiǎng yāoqǐng de rén] ❸ (complément d'objet indirect) ▸ **la personne à qui j'ai parlé** 和我讲话的那个人 [hé wǒ jiǎnghuà de nà ge rén] ▸ **les gens avec qui tu travailles** 和你一起工作的这些人 [hé nǐ yìqǐ gōngzuò de zhèxiē rén] ❹ (indéfini) ▸ **qui que tu sois** 不管你是谁 [bùguǎn nǐ shi shéi]. ♦ pron interr ❶ (sujet) 谁 [shéi] ▸ **je voudrais savoir qui est là** 我想知道谁在那儿 [wǒ xiǎng zhīdào shéi zài nàr] ▸ **qui es-tu ?** 你是谁？ [nǐ shi shéi?] ❷ (complément d'objet direct) 谁 [shéi] ▸ **dis-moi qui t'a dit ça** 告诉我谁跟你讲的这件事 [gàosu wǒ shéi gēn nǐ jiǎng de zhè jiàn shì] ▸ **qui demandez-vous ?** 您找谁？ [nín zhǎo shéi?] ❸ (complément d'objet indirect) 谁 [shéi] ▸ **à qui vas-tu donner ce livre ?** 你要把这本书给谁？ [nǐ yào bǎ zhè běn shū gěi shéi?].

▪ **ce qui** pron rel 什么 [shénme] ▸ **il m'a raconté ce qui s'est passé** 他跟我讲了所发生的事 [tā gēn wǒ jiǎng le suǒ fāshēng de shì].

▪ **n'importe qui** pron indéf 无论是谁 [wúlùn shì shéi] ▸ **n'importe qui pourrait le faire** 无论是谁都能做这件事 [wúlùn shì shéi dōu néng zuò zhè jiàn shì].

quiche nf (cl. 块 [kuài]) 奶油火腿馅饼 [nǎiyóu huótuǐ xiànbǐng] ▸ **quiche lorraine** 洛林火腿馅饼 [luòlín huótuǐ xiànbǐng].

quiconque ♦ pron indéf 任何人 [rènhérén] ▸ **il est parti sans en avertir quiconque** 他没有告知任何人就出去了 [tā méiyǒu gàozhī rènhérén jiù chūqu le]. ♦ pron rel 任何人 [rènhérén] ▸ **pour quiconque aime lire, ce livre est indispensable** 对于任何喜爱阅读的人，这本书都是必不可少的 [duìyú rènhé xǐ'ài yuèdú de rén, zhè běn shū dōu shì bìbù kěshǎo de].

quille nf (jeu) 九柱戏的小木柱 [jiǔzhùxì de xiǎomùzhù] ▸ **jouer aux quilles** 玩九柱戏 [wán jiǔzhùxì].

quincaillerie nf ❶ (ustensiles) 五金制品 [wǔjīn zhìpǐn] ▸ **la quincaillerie de bâtiment** 建筑五金制品 [jiànzhù wǔjīn zhìpǐn] ❷ (magasin) ○ (cl. 家 [jiā]) 五金制品店 [wǔjīn zhìpǐndiàn].

quinquennat nm 五年期间 [wǔnián qījiān].

quintal nm 担 [dàn] ▸ **un quintal de blé** 一担小麦 [yí dàn xiǎomài].

quinte nf ▸ **quinte de toux** 阵咳 [zhèn ké].

quintuple nm 五倍 [wǔbèi] ▸ **j'ai misé 10 euros et ai gagné le quintuple** 我下了10欧元注赢了五倍 [wǒ xià le 10 ōuyuán zhù yíng le wǔbèi].

quinzaine nf ❶ (environ quinze) 十五个左右 [shíwǔ ge zuǒyòu] ▸ **une quinzaine de personnes** 十五个人左右 [shíwǔ ge rén zuǒyòu] ❷ (deux semaines) 两星期 [liǎng xīngqī] ▸ **nous partons en vacances dans une quinzaine** 两星期后我们出去度假 [liǎng xīngqī hòu wǒmen chūqu dùjià] ▸ **la première quinzaine de juin** 六月的前两个星期 [liùyuè de qián liǎng ge xīngqī].

quinze ♦ adj num inv ❶ (numéral) 十五个 [shíwǔ ge] ❷ (dans une série) 十五世 [shíwǔ shì] ▸ **Louis XV** 路易十五 [Lùyì shíwǔ]. ♦ nm (chiffre) 十五 [shíwǔ].

quinzième adj num inv & nmf 第十五(个) [dì shíwǔ (ge)].

quittance nf (cl. 张 [zhāng]) 收据 [shōujù] ▸ **quittance de loyer** 房租收据 [fángzū shōujù].

quitter vt ❶ (partir) 离开 [líkāi] ▸ **quitter le bureau à 18 heures** 在18点离开办公室 [zài 18 diǎn líkāi bàngōngshì] ▸ **il est tard, je dois vous quitter** 不早了，我该走了 [bù zǎo le, wǒ gāi zǒu le] ❷ (renoncer) 离 [lí] ▸ **quitter son emploi** 离职 [lí zhí] ❸ (abandonner) 离开 [líkāi] ▸ **il a quitté sa femme** 他离开了他妻子 [tā líkāi le tā qīzi]

◊ **ne quittez pas** *(au téléphone)* 请等一下 [qǐng děng yí xià].

▪ **se quitter** vp 分手 [fēnshǒu] ▸ **ils se sont quittés il y a plus d'un an** 他们分手已经一年多了 [tāmen fēnshǒu yǐjīng yì nián duō le].

qui-vive nm inv ▸ **être sur le qui-vive** 保持警惕 [bǎochí jǐngtì].

quoi ♦ pron rel 什么 [shénme] ▸ **avez-vous de quoi écrire ?** 您有什么可以写字的吗？ [nín yǒu shénme kěyǐ xiězì de ma?] ▸ **ce à quoi j'ai pensé** 这正是我想到的那个 [zhè zhèngshì wǒ xiǎng dào de nà ge] ▸ **merci — il n'y a pas de quoi** 谢谢 — 不客气

[xièxie — búkèqi]. ♦ pron interr 什么 [shénme] ▸ **à quoi bon ?** 有什么用呢？ [yǒu shénme yòng ne?] ▸ **à quoi penses-tu ?** 你想什么呢？ [nǐ xiǎng shénme ne?] ▸ **c'est quoi ?** 这是什么？ [zhè shì shénme?] ▸ **je ne sais pas quoi dire** 我不知道说什么 [wǒ bùzhīdào shuō shénme] ▸ **quoi de neuf ?** 有什么新闻吗？ [yǒu shénme xīnwén ma?]. ♦ adv excl 什么！ [shénme!].

▪ **quoi que** loc conj 不管什么 [bùguǎn shénme] ▸ **quoi qu'il arrive** 不管发生什么 [bùguǎn fāshēng shénme] ▸ **quoi qu'il dise** 不管他说什么 [bùguǎn tā shuō shénme] ▸ **quoi qu'il en soit** 不管怎样 [bùguǎn zěnyàng].

▪ **n'importe quoi** pron indéf 不论什么 [búlùn shénme] ▸ **achète n'importe quoi pour le dîner ça ira** 晚饭不论买什么都可以 [wǎnfàn búlùn mǎi shénme dōu kéyǐ] ▸ **arrête de dire n'importe quoi !** 别胡说八道啦！ [bié húshuō bādào la!] ▸ **il ferait n'importe quoi pour obtenir ce poste** 他用尽一切办法想要获得这个职位 [tā yòngjìn yíqiè bànfǎ xiǎngyào huòdé zhè ge zhíwèi].

quoique conj 尽管 [jínguǎn] ▸ **quoique riche, il n'est pas généreux** 尽管富有，但他并不慷慨 [jínguǎn fùyǒu, dàn tā bìng bù kāngkǎi].

quota nm 限额 [xiàn'é].

quotidien, enne adj 日常的 [rìcháng de] ▸ **la vie quotidienne** 日常生活 [rìcháng shēnghuó].

▪ **quotidien** nm ❶ (vie de tous les jours) 日常生活 [rìcháng shēnghuó] ❷ (journal) ○ (cl. 份 [fèn]) 日报 [rìbào] ▸ **acheter un quotidien** 买一份日报 [mǎi yí fèn rìbào].

quotient nm ❶ MATH 商 [shāng] ❷ ▸ **quotient intellectuel** 智商 [zhìshāng].

Qu Yuan npr (poète) 屈原 [Qūyuán].

r

r, R nm inv 法语字母表中第十八个字母 [fáyǔ zìmúbiǎo zhōng dìshíbā ge zìmǔ].

rabâcher *fam* vt 反反复复地讲 [fánfǎn fùfù de jiǎng].

rabais nm 折扣 [zhékòu] ▸ **obtenir un rabais** 得到一个折扣 [dédào yí ge zhékòu] ▸ **un rabais de 15%** 15%的折扣 [15% de zhékòu].

rabaisser vt (déprécier) 贬低 [biǎndī] ▸ **il cherche à me rabaisser devant les autres** 他力图在他人面前贬低我 [tā lìtú zài tārén miànqián biǎndī wǒ].

rabat nm (partie rabattue) 折叠的部分 [zhédié de bùfen] ▸ **une poche à rabat** 一个有盖的衣袋 [yí ge yǒu gài de yīdài].

rabattre vt ❶ (replier) 折叠 [zhédié] ▸ **rabattre son col de chemise** 翻下衬衣领 [fān xià chènyī lǐng] ❷ (décompter) 减价 [jiǎnjià] ▸ **rabattre un prix** 减价 [jiǎnjià].

■ **se rabattre** vp ❶ (se replier) 折叠 [zhédié] ▸ **un siège qui se rabat** 一个折叠座位 [yí ge zhédié zuòwèi] ❷ (déboîter) 突然转弯 [tūrán zhuǎnwān] ▸ **la voiture s'est rabattue après avoir doublé** 汽车超车后突然转弯了 [qìchē chāochē hòu tūrán zhuǎnwān le] ❸ (se contenter de) ▸ **se rabattre sur qqch** 不得已而选择 [bùdéyǐ ér xuǎnzé].

rabbin nm (cl. 位 [wèi] ou 个 [gè] ou 名 [míng]) 犹太教教士 [yóutàijiào jiàoshì].

raboter vt 刨平 [bàopíng] ▸ **raboter une planche** 刨平一块木板 [bàopíng yí kuài mùbǎn] ▸ **raboter une porte** 刨平一扇门 [bàopíng yí shàn mén].

rabrouer vt 粗暴地对待 [cūbào de duìdài] ▸ **se faire rabrouer par qqn** 被某人粗暴地对待 [bèi mǒurén cūbào de duìdài].

raccommoder vt ❶ (repriser) 缝补 [féngbǔ] ▸ **raccommoder un vêtement** 缝补一件衣服 [féngbǔ yí jiàn yīfu] ❷ *fam* (réconcilier) 使......和解 [shǐ… héjiě] ▸ **le temps a fini par raccommoder les deux amis** 最后这两个朋友终于和解了 [zuìhòu zhè liǎng ge péngyou zhōngyú héjiě le].

raccompagner vt 陪送某人回去 [péisòng mǒurén huíqu] ▸ **il m'a raccompagnée en voiture** 他把我送上了车 [tā bǎ wǒ sòngshang le chē] ▸ **se faire raccompagner** 被送到 [bèi sòng dào].

raccorder vt 连接 [liánjiē] ▸ **raccorder deux tuyaux** 连接两根管 [liánjiē liǎng gēn guǎn] ▸ **raccorder des fils électriques** 连接电线 [liánjiē diànxiàn] ▸ **raccorder l'imprimante à l'ordinateur** 连接电脑和打印机 [liánjiē diànnǎo hé dǎyìnjī].

■ **se raccorder** vp 相连接 [xiāngliánjiē] ▸ **les deux bâtiments se raccordent par une passerelle** 两栋建筑物通过一个天桥相连接 [liǎng dòng jiànzhùwù tōngguò yí ge tiānqiáo xiāngliánjiē] ▸ **se raccorder à** (être relié) 相关联 [xiāngguānlián] ▸ **ce fil se raccorde forcément à quelque chose** 这根线和某个东西相关 [zhè gēn xiàn hé mǒu ge dōngxi xiāngguān].

raccourci nm (cl. 条 [tiáo]) 近路 [jìnlù] ▸ **prendre un raccourci** 抄近路 [chāo jìnlù].

raccourcir ♦ vt 缩短 [suōduǎn] ▸ **raccourcir un texte** 缩短一篇文章 [suōduǎn yì piān wénzhāng] ▸ **raccourcir un vêtement** 缩短一件衣服 [suōduǎn yí jiàn yīfu]. ♦ vi 变短 [biànduǎn] ▸ **les journées raccourcissent** 日子变短了 [rìzi biànduǎn le].

raccrocher ♦ vt (attacher de nouveau) 重新挂上 [chóngxīn guàshang] ▸ **raccrocher un rideau** 重新挂上一个帘 [chóngxīn guàshang yí ge lián] ▸ **raccrocher un tableau** 把一幅画重新挂上 [bǎ yì fú huà chóngxīn guàshang]. ♦ vi (au téléphone) 挂电话 [guà diànhuà] ▸ **raccrocher au nez de qqn** 挂断某人的电话 [guàduàn mǒurén de diànhuà].

▪ **se raccrocher** vp ❶ (se rattraper) 使劲抓住 [shǐjìn zhuāzhù] ▸ **se raccrocher à une branche** 使劲抓住一根树枝 [shǐjìn zhuāzhù yì gēn shùzhī] ❷ (trouver du réconfort) ▸ **se raccrocher à qqch/qqn** 依靠 [yīkào] ▸ **elle se raccroche à ses souvenirs** 她从自己的回忆中得到安慰 [tā cóng zìjǐ de huíyì zhōng dédào ānwèi].

race nf 种族 [zhǒngzú] ▸ **les différentes races bovines** 牛的不同品种 [niú de bùtóng pǐnzhǒng] ▸ **race animale** 物种 [wùzhǒng] ▸ **race humaine** 人种 [rénzhǒng] ▸ **de race** 纯种的 [chúnzhǒng de] ▸ **un chien de race** 一只纯种狗 [yì zhī chúnzhǒng gǒu].

racheter vt ❶ (acheter à nouveau) 再买 [zàimǎi] ▸ **il faudrait racheter du pain** 应该再买面包 [yīnggāi zàimǎi miànbāo] ❷ (acheter d'occasion) 买下 [mǎixia] ▸ **je lui ai racheté sa voiture** 我买下了他的汽车 [wǒ mǎixia le tāde qìchē] ❸ (faire pardonner) 弥补 [míbǔ] ▸ **racheter ses fautes** 弥补自己的缺点 [míbǔ zìjǐ de quēdiǎn].

▪ **se racheter** vp (se faire pardonner) 补过 [bǔ guò].

rachitique adj (chétif) 瘦小的 [shòuxiǎo de].

racial, e adj 种族的 [zhǒngzú de] ▸ **discriminations raciales** 种族歧视 [zhǒngzú qíshì].

racine ♦ nf ❶ BOT 根 [gēn] ▸ **les racines d'un arbre** 一棵树的根部 [yì kē shù de gēnbù] ▸ **racine de lotus** 莲藕 [lián'ǒu] ▸ **la racine des plantes** 植物的根 [zhíwù de gēn] ❷ ANAT 根部 [gēnbù] ▸ **la racine des cheveux** 头发根 [tóufa gēn] ▸ **la racine d'une dent** 一颗牙的牙根 [yì kē yá de yágēn] ❸ MATH 根 [gēn] ▸ **la racine carrée d'un nombre** 一个数的平方根 [yí ge shù de píngfānggēn]. ♦ nfpl (origines) 根 [gēn] ▸ **retrouver ses racines** 寻根 [xún gēn].

racisme nm 种族主义 [zhǒngzúzhǔyì].

raciste adj 种族主义的 [zhǒngzúzhǔyì de].

racketter vt 诈骗 [zhàpiàn] ▸ **se faire racketter** 被诈骗 [bèi zhàpiàn].

raclée nf *fam* 痛打 [tòngdǎ] ▸ **flanquer une raclée à qqn** 把某人彻底打败 [bǎ mǒurén chèdǐ dǎbài] ▸ **prendre une raclée** 彻底失败 [chèdǐ shībài].

racler vt 刮 [guā] ▸ **racler le fond d'une casserole** 刮锅底 [guā guōdǐ].

▪ **se racler** vp ▸ **se racler la gorge** 清嗓子 [qīng sǎngzi].

racoler vt *fam & péj* 招徕 [zhāolái] ▸ **racoler des clients** 招徕一些顾客 [zhāolái yìxiē gùkè].

racontar nm *fam & péj* 无稽之谈 [wújī zhītán].

raconter vt (dire, relater) 讲述 [jiǎngshù] ▸ **raconter une histoire** 讲述一个故事 [jiǎngshù yí ge gùshi] ▸ **raconter qqch à qqn** 告诉某人某事 [gàosu mǒurén mǒushì].

radar nm 雷达 [léidá].

radeau nm (cl. 只 [zhī]) 木筏 [mùfá] ▸ **un radeau de sauvetage** 一只救生筏 [yì zhī jiùshēngfá].

radiateur nm ❶ (chauffage) 暖气 [nuǎnqì] ▸ **radiateur électrique** 电暖气 [diàn nuǎnqì] ❷ AUTO (réservoir) 水箱 [shuǐxiāng] ▸ **mettre de l'antigel dans le radiateur** 把防冻液加进水箱里 [bǎ fángdòng yè jiājìn shuǐxiāng lǐ].

radiation nf ❶ (rayonnement) 辐射 [fúshè] ▸ **être exposé à des radiations** 受到辐射 [shòudào fúshè] ❷ (élimination) 划掉 [huàdiào] ▸ **demander la radiation de qqn** 要求把一个人除名 [yāoqiú bǎ yí ge rén chúmíng].

radical, e adj ❶ (total) 根本的 [gēnběn de] ▸ **un changement radical** 一种根本变化 [yì zhǒng gēnběn biànhuà] ❷ (efficace) 强有力

的 [qiángyǒulì de] ▸ **des mesures radicales** 一些强有力的措施 [yìxiē qiángyǒulì de cuòshī] ❸ (en politique) 激进的 [jījìn de] ▸ **parti radical** 激进党 [jījìn dǎng].

▪ **radical** nm GRAMM 词根 [cígēn] ▸ **le radical d'un verbe** 一个动词的词根 [yí ge dòngcí de cígēn].

radier vt 划去 [huàqu] ▸ **radier d'une liste** 从一张名单上划去名字 [cóng yì zhāng míngdān shàng huàqu míngzì] ▸ **radier d'une profession** 从一个行业中除名 [cóng yí ge hángyè zhōng chúmíng].

radieux, euse adj ❶ (éclatant) 光芒四射的 [guāngmáng sìshè de] ▸ **un soleil radieux** 一轮光芒四射的太阳 [yì lún guāngmáng sìshè de tàiyáng] ❷ *fig* (rayonnant) 容光焕发的 [róngguāng huànfā de] ▸ **un sourire radieux** 喜笑颜开 [xǐxiào yánkāi].

radin, e adj *fam* & *péj* 吝啬的 [lìnsè de] ▸ **il est radin** 他很吝啬 [tā hěn lìnsè].

radio nf ❶ (diffusion) 广播 [guǎngbō] ▸ **écouter la radio** 听广播 [tīng guǎngbō] ▸ **faire de la radio** 主持广播节目 [zhǔchí guǎngbō jiémù] ❷ (récepteur) 收音机 [shōuyīnjī] ▸ **allumer la radio** 打开收音机 [dǎkāi shōuyīnjī] ▸ **éteindre la radio** 关上收音机 [guānshang shōuyīnjī] ❸ (rayons X) ▸ **passer une radio** 照X光 [zhào Xguāng].

radioactif, ive adj 放射性的 [fàngshèxìng de] ▸ **des déchets radioactifs** 一些核废料 [yìxiē héfèiliào].

radiographie nf MÉD (cl. 张 [zhāng]) X光片 [Xguāngpiàn] ▸ **faire une radiographie des poumons** 照一张肺部的X光片 [zhào yì zhāng fèibù de Xguāngpiàn].

radiologue, radiologiste nmf (cl. 位 [wèi] ou 名 [míng]) 放射科医生 [fàngshèkē yīshēng].

radioréveil, radio-réveil nm 收音机闹钟 [shōuyīnjī nàozhōng] ▸ **éteindre le radio-réveil** 关上收音机闹钟 [guānshang shōuyīnjī nàozhōng].

radis nm 红皮白萝卜 [hóngpí báiluóbo] ▸ **un radis noir** 一个黑皮白萝卜 [yí ge hēipí báiluóbo].

radoter vi 唠叨 [láodao].

radoucir vt 使……暖和 [shǐ…nuǎnhuo] ▸ **la pluie a radouci la température** 雨水使气候暖和 [yúshuǐ shǐ qìhòu nuǎnhuo].

▪ **se radoucir** vp ❶ (se calmer) 平静下来 [píngjìng xiàlai] ▸ **il avait un ton cassant, mais il s'est vite radouci** 他语气粗暴，但是很快就平静下来了 [tā yǔqì cūbào, dànshì hěnkuài jiù píngjìng xiàlai le] ❷ (devenir plus doux) 变得暖和 [biànde nuǎnhuo] ▸ **le temps se radoucit** 天气变得暖和了 [tiānqì biànde nuǎnhuo le].

rafale nf ❶ (coup de vent) 阵风 [zhènfēng] ▸ **rafale de pluie** 一阵雨 [yí zhèn yǔ] ▸ **en rafale** 一阵阵的 [yí zhènzhèn de] ❷ (salve) 连发射击 [liánfā shèjī] ▸ **des tirs en rafale** 一阵阵连射 [yí zhènzhèn liánshè] ❸ *fig* (manifestation bruyante) 爆发 [bàofā] ▸ **une rafale d'applaudissements** 爆发一阵掌声 [bàofā yí zhèn zhǎngshēng].

raffinage nm 提炼 [tíliàn] ▸ **raffinage du pétrole** 石油的提炼 [shíyóu de tíliàn].

raffiné, e adj ❶ (élégant) 文雅的 [wényǎ de] ▸ **avoir des manières raffinées** 举止文雅 [júzhǐ wényǎ] ❷ (fin, délicat) 精致的 [jīngzhì de] ▸ **un mets raffiné** 精致的菜肴 [jīngzhì de càiyáo].

raffinement nm 文雅 [wényǎ] ▸ **le raffinement des manières** 举止的文雅 [júzhǐ de wényǎ].

raffiner vt 提炼 [tíliàn] ▸ **raffiner un matériau** 提炼一种材料 [tíliàn yì zhǒng cáiliào] ▸ **raffiner du sucre** 精制糖 [jīngzhì táng].

raffinerie nf 提炼厂 [tíliàn chǎng] ▸ **raffinerie de pétrole** 石油提炼厂 [shíyóu tíliàn chǎng].

raffoler ▪ **raffoler de** v+prép 酷爱 [kù'ài] ▸ **je raffole du chocolat** 我酷爱巧克力 [wǒ kù'ài qiǎokèlì].

raffut nm *fam* 吵闹 [chǎonào] ▸ **faire du raffut** 大吵大闹 [dàchǎo dànào].

rafistoler vt *fam* 凑合地修理 [còuhe de xiūlǐ] ▸ **rafistoler un vieux meuble** 凑合地修理一件旧家具 [còuhe de xiūlǐ yí jiàn jiù jiājù].

rafle nf ❶ *fam* (vol) 洗劫一空 [xǐjié yìkōng] ▸ **faire une rafle dans une bijouterie** 把一家珠宝店洗劫一空 [bǎ yì jiā zhūbǎodiàn xǐjié yìkōng] ❷ (arrestation) 突然大逮捕 [tūrán dàdàibǔ] ▸ **être pris dans une rafle** 在一次突然大逮捕中被抓 [zài yí cì tūrán dàdàibǔ zhōng bèi zhuā].

rafler vt *fam* ❶ (s'emparer de) 囊括 [nángkuò] ▸ **ce concurrent a raflé tous les prix** 这个竞赛选手囊括了所有的奖 [zhè ge jìngsài xuánshǒu nángkuò le suóyǒu de jiǎng] ❷ (piller) 洗劫一空 [xǐjié yìkōng].

rafraîchir ⧫ vt ❶ (refroidir) 使……凉爽 [shǐ… liángshuǎng] ▸ **la pluie a rafraîchi l'atmosphère** 雨水使空气凉爽了 [yúshuǐ shǐ kōngqì liángshuǎng le] ❷ (rénover) 使……焕然一新 [shǐ… huànrán yìxīn] ▸ **rafraîchir les peintures** 使这些画焕然一新 [shǐ zhèxiē huà huànrán yìxīn]

◊ **rafraîchir la mémoire** *fam* 提醒 [tíxǐng].

⧫ vi 变得清凉 [biànde qīngliáng] ▸ **mettre du vin à rafraîchir** 把葡萄酒冰镇一下 [bǎ pútaojiǔ bīngzhèn yíxià].

▪ **se rafraîchir** vp ❶ (se refroidir) 变得凉爽 [biànde liángshuǎng] ▸ **le temps s'est rafraîchi** 天气变凉爽了 [tiānqì biàn liángshuǎng le] ❷ (se désaltérer) 喝冷饮 [hē léngyǐn].

rafraîchissant, e adj ❶ (frais) 凉爽的 [liángshuǎng de] ▸ **une brise rafraîchissante** 一阵凉爽的微风 [yí zhèn liángshuǎng de wēifēng] ❷ (désaltérant) 清凉解渴的 [qīngliáng jiékě de] ▸ **une boisson rafraîchissante** 一杯清凉饮料 [yì bēi qīngliáng yǐnliào].

rafraîchissement nm ❶ (action de rafraîchir) 变凉爽 [biànliángshuǎng] ▸ **le rafraîchissement des températures** 气候变凉爽 [qìhòu biànliángshuǎng] ❷ (boisson) 清凉解渴的饮料 [qīngliáng jiékě de yǐnliào] ▸ **prendre un rafraîchissement** 喝一杯清凉解渴的饮料 [hē yì bēi qīngliáng jiékě de yǐnliào].

raft, rafting nm (cl. 只 [zhī]) 筏子 [fázi] ▸ **faire du rafting** 划筏 [huá fá].

rage nf ❶ (maladie) 狂犬病 [kuángquǎnbìng] ▸ **avoir la rage** 得狂犬病 [dé kuángquǎnbìng] ❷ (fureur) 狂 [kuáng] ▸ **être fou de rage** 气得发狂 [qìde fākuáng] ▸ **mettre qqn en rage** 使某人发狂 [shǐ mǒurén fākuáng].

▪ **rage de dents** nf 剧烈的牙痛 [jùliè de yátòng].

rager *fam* vi 气愤 [qìfèn] ▸ **faire rager qqn** 让某人愤怒 [ràng mǒurén fènnù].

ragot nm *(gén pl) fam* 流言蜚语 [liúyán fēiyǔ].

ragoût nm 炖菜 [dùncài] ▸ **un ragoût de mouton** 羊肉炖菜 [yángròu dùncài].

raide ⧫ adj ❶ (tendu) 绷紧的 [bēngjǐn de] ▸ **avoir les jambes raides** 僵直的腿 [jiāngzhí de tuǐ] ▸ **une corde raide** 绷紧的绳子 [bēngjǐn de shéngzi] ❷ (qui ne frise pas) 硬直的 [yìngzhí de] ▸ **des cheveux raides** 硬直的头发 [yìngzhí de tóufa] ❸ (abrupte) 陡的 [dǒu de] ▸ **une pente raide** 一个陡坡 [yí ge dǒupō].

⧫ adv (brutalement) 突然 [tūrán] ▸ **tomber raide mort** 突然死去 [tūrán sǐqù].

raideur nf (manque de souplesse) 生硬 [shēngyìng] ▸ **danser avec raideur** 动作生硬地跳舞 [dòngzuò shēngyìng de tiàowǔ].

raidir vt 绷紧 [bēngjǐn] ▸ **raidir ses muscles** 绷紧肌肉 [bēngjǐn jīròu].

raie nf ❶ (rayure) 条纹 [tiáowén] ❷ (coiffure) 分缝 [fēnfèng] ▸ **se faire une raie** 头发分缝 [tóufa fēnfèng] ▸ **une raie sur le côté** 头发偏分 [tóufa piān fēn] ▸ **une raie au milieu** 头发中分 [tóufa zhōng fēn] ❸ (poisson) ○ (cl. 条 [tiáo]) 鳐鱼 [yáoyú].

rail nm (bande d'acier) ○ (cl. 根 [gēn]) 铁轨 [tiěguǐ] ▸ **rail de voie ferrée** 铁路的铁轨 [tiělù de tiěguǐ] ▸ **poser des rails** 铺设铁轨 [pūshè tiěguǐ].

railler vt *sout* 嘲笑 [cháoxiào] ▸ **se faire railler** 被嘲笑 [bèi cháoxiào].

raisin nm (fruit) ○ (cl. 串 [chuàn] ou 粒 [lì]) 葡萄 [pútao] ▸ **une grappe de raisin** 一串葡萄 [yí chuàn pútao] ▸ **du raisin blanc** 白葡萄 [bái pútao] ▸ **des raisins secs** 葡萄干 [pútaogān].

raison nf ❶ (motif) 理由 [lǐyóu] ▸ **a-t-il donné la raison de son départ ?** 他说出离开的理由了吗？ [tā shuōchū líkāi de lǐyóu le ma?] ▸ **son travail est sa raison de vivre** 他的工作是他活着的理由 [tāde gōngzuò shì tā huózhe de lǐyóu] ▸ **en raison de** 由于 [yóuyú] ❷ (bon sens) 道理 [dàoli] ▸ **avoir raison** 有理 [yóulǐ] ▸ **avoir raison de** *(+ infinitif)* ......是正确的 [... shì zhèngquè de] ▸ **tu as eu raison de partir** 你离开是正确的 [nǐ líkāi shì zhèngquè de] ▸ **donner raison à qqn** 证明某人有理 [zhèngmíng mǒurén yóulǐ] ❸ (sagesse) 理智 [lǐzhì] ▸ **perdre la raison** 丧失理智 [sàngshī lǐzhì] ▸ **ramener qqn à la raison** 使某人恢复理智 [shǐ mǒurén huīfù lǐzhì].

raisonnable adj ❶ (sensé) 适当的 [shìdàng de] ▸ **une décision raisonnable** 一个适当的决定 [yí ge shìdàng de juédìng] ❷ (acceptable) 公平的 [gōngping de] ▸ **un prix raisonnable** 一个公平的价格 [yí ge gōngping de jiàgé].

raisonné, e adj 深思熟虑的 [shēnsī shúlǜ de] ▸ **faire un choix raisonné** 做一个深思熟虑的选择 [zuò yí ge shēnsī shúlǜ de xuǎnzé].

raisonnement nm (argumentation) 想法 [xiángfǎ] ▸ **ton raisonnement est faux** 你的想法是错误的 [nǐde xiángfǎ shì cuòwù de].

raisonner ♦ vt (convaincre) 劝 [quàn] ▸ **j'ai cherché à le raisonner, en vain** 我试图劝他，可是枉费心机 [wǒ shìtú quàn tā, kěshì wǎngfèi xīnjī]. ♦ vi ❶ (penser) 进行思考 [jìnxíng sīkǎo] ▸ **raisonner avant d'agir** 先思而后行 [xiānsī ér hòuxíng] ❷ (déduire) 推断 [tuīduàn] ▸ **raisonner de façon rationnelle** 合理地推断 [hélǐ de tuīduàn].

rajeunir ♦ vt ❶ (faire paraître jeune) 使......显得年轻 [shǐ... xiǎnde niánqīng] ▸ **cette coupe de cheveux te rajeunit** 这发型让你显得年轻了 [zhè fàxíng ràng nǐ xiǎnde niánqīng le] ❷ (rénover) 更新 [gēngxīn] ▸ **rajeunir les équipements** 更新装备 [gēngxīn zhuāngbèi] ❸ (abaisser l'âge moyen) 使......年轻化 [shǐ... niánqīnghuà] ▸ **rajeunir l'équipe** 使队伍年轻化 [shǐ duìwǔ niánqīng huà]. ♦ vi 显得年轻 [xiǎnde niánqīng].

rajouter vt 再加 [zàijiā] ▸ **rajouter un peu de sel** 再加一点儿盐 [zàijiā yì diǎnr yán]
◊ **en rajouter** *fam* (exagérer) 添枝加叶 [tiānzhī jiāyè].

rajuster vt (remettre en place) 再整理 [zàizhénglǐ] ▸ **rajuster sa cravate** 再整理一下自己的领带 [zàizhénglǐ yí xià zìjǐ de lǐngdài].

râle nm (respiration) 喘息 [chuǎnxī] ▸ **pousser un râle** 发出一声喘息 [fāchū yì shēng chuǎnxī].

ralenti ▪ **au ralenti** loc adv 慢速地 [mànsù de] ▸ **revoir un but au ralenti** 用慢镜头再看一遍进球 [yòng mànjìngtóu zài kàn yí biàn jìnqiú] ▸ **rouler au ralenti** 慢速行驶 [mànsù xíngshǐ].

ralentir ♦ vt 放慢 [fàngmàn] ▸ **ralentir l'allure d'une voiture** 放慢一辆车的速度 [fàngmàn yí liàng chē de sùdù]. ♦ vi 减速行驶 [jiǎnsù xíngshǐ] ▸ **'attention école : ralentir !'** 注意学校：车辆缓行！ [zhùyì xuéxiào: chēliàng huǎnxíng!].

ralentissement nm 减慢 [jiǎnmàn] ▸ **le ralentissement du rythme cardiaque** 心率减慢 [xīnlǜ jiǎnmàn].

râler vi *fam* 发牢骚 [fā láosāo].

râleur, euse adj & nm, f *fam* 爱发牢骚的(人) [àifā láosāo de (rén)].

ralliement nm ❶ (rassemblement) 集合 [jíhé] ▸ **point de ralliement** 集合地点 [jíhé dìdiǎn] ❷ (adhésion) 参加 [cānjiā] ▸ **le ralliement à une cause** 参与一项事业 [cānyù yí xiàng shìyè].

rallier vt ❶ (rassembler) 重新集合 [chóngxīn jíhé] ▸ **rallier ses troupes** 重新集合自己的部队 [chóngxīn jíhé zìjǐ de bùduì] ❷ (convaincre) 争取支持 [zhēngqǔ zhīchí] ▸ **rallier qqn à** 使某人同意 [shǐ mǒurén tóngyì].
▪ **se rallier** vp 站到一起 [zhàn dào yìqǐ] ▸ **se rallier à** 与......站在一起 [yǔ... zhàn zài yìqǐ] ▸ **il s'est rallié à l'avis général** 他同意了大家的意见 [tā tóngyì le dàjiā de yìjiàn].

rallonge nf (cl. 块 [kuài]) 活动桌板 [huódòng zhuōbǎn] ▸ **une table à rallonge** 一张带活动桌板的桌子 [yì zhāng dài huódòng zhuō bǎn de zhuōzi] ▸ **une rallonge électrique** 一块接线板 [yí kuài jiēxiàn bǎn].

rallonger ♦ vt 延长 [yáncháng] ▸ **rallonger un manteau** 放长一件大衣 [fàngcháng yí jiàn dàyī] ▸ **rallonger un trajet** 延长行程

[yáncháng xíngchéng]. ♦ vi 变长 [biàncháng] ▸ **les jours rallongent** 日子变长了 [rìzi biàncháng le].

rallumer vt 重新点燃 [chóngxīn diǎnrán] ▸ **rallumer un feu** 重新点燃一把火 [chóngxīn diǎnrán yì bǎ huǒ] ▸ **rallumer une lampe** 重新点燃一盏灯 [chóngxīn diǎnrán yì zhǎn dēng].

rallye nm (course automobile) ○ (cl. 场 [chǎng]) 拉力赛 [lālìsài] ▸ **un rallye automobile** 一场汽车拉力赛 [yì chǎng qìchē lālìsài] ▸ **un pilote de rallye** 一个拉力赛车手 [yí ge lālìsài chēshǒu].

ramadan nm RELIG (伊斯兰教的)斋戒 [(yīsīlánjiào de) zhāijiè] ▸ **faire le ramadan** (伊斯兰教的)守斋 [(yīsīlánjiào de) shǒu zhāi].

ramassage nm 回收 [huíshōu] ▸ **le ramassage des ordures** 垃圾回收 [lājī huíshōu] ▸ **ramassage scolaire** 用车接送学生 [yòngchē jiēsòng xuésheng].

ramasser vt ❶ (prendre par terre) 收拢 [shōulǒng] ▸ **ramasser les feuilles mortes** 收拢枯叶 [shōulǒng kūyè] ▸ **ramasser un mouchoir** 收紧一条围巾 [shōujǐn yì tiáo wéijīn] ❷ (rassembler) 收集 [shōují] ▸ **ramasser les copies des élèves** 收学生的考卷 [shōu xuésheng de kǎojuàn].

rambarde nf 扶手 [fúshou] ▸ **s'appuyer sur une rambarde** 靠着一个扶手 [kàozhe yí ge fúshou].

rame nf ❶ (barre de bois) ○ (cl. 支 [zhī]) 船桨 [chuánjiǎng] ▸ **rame d'une embarcation** 一只小船的桨 [yì zhī xiǎochuán de jiǎng] ▸ **une paire de rames** 一副船桨 [yí fù chuánjiǎng] ❷ (ensemble de wagons) 列车 [lièchē] ▸ **rame de métro** 地铁列车 [dìtiě lièchē] ▸ **rame de train** 火车列车 [huǒchē lièchē] ❸ (ensemble de feuilles) ▸ **rame de papier** 一令纸 [yì lǐng zhǐ].

rameau nm 小树枝 [xiǎoshùzhī] ▸ **un rameau d'olivier** 一个橄榄枝 [yí ge gánlǎnzhī].

ramener vt ❶ (amener de nouveau) 带回去 [dàihuíqu] ▸ **j'ai dû ramener la voiture au garage** 我不得不把车开回修车厂 [wǒ bùdébù bǎ chē kāihuí xiūchēchǎng] ❷ (reconduire) 带回来 [dàihuílái] ▸ **ramener qqn chez lui** 把某人带回他家 [bǎ mǒurén dàihuí tā jiā] ❸ (rétablir) 恢复 [huīfù] ▸ **ramener le calme** 恢复平静 [huīfù píngjìng] ▸ **ramener qqn à** 使某人恢复…… [shǐ mǒurén huīfù…] ▸ **ramener qqn à la vie** 救活某人 [jiùhuó mǒurén].

ramer vi (pagayer) 划船 [huáchuán] ▸ **se mettre à ramer** 划起船来 [huá qǐ chuán lái].

ramification nf ❶ (division) 分枝 [fēnzhī] ▸ **les ramifications d'une voie ferrée** 一条铁路的支线 [yì tiáo tiělù de zhīxiàn] ▸ **les ramifications d'un nerf** 一束神经的分枝 [yí shù shénjīng de fēnzhī] ▸ **les ramifications d'un végétal** 植物分枝 [zhíwù fēnzhī] ❷ (subdivision) 分支机构 [fēnzhī jīgòu] ▸ **les ramifications d'un groupe à l'étranger** 一个小组的国外分支机构 [yí ge xiǎozǔ de guówài fēnzhī jīgòu].

ramolli, e adj 变软的 [biànruǎn de] ▸ **du beurre ramolli** 变软的黄油 [biànruǎn de huángyóu].

ramollir vt 使……变软 [shǐ… biànruǎn] ▸ **la chaleur ramollit le beurre** 高温使黄油变软 [gāowēn shǐ huángyóu biànruǎn].

■ **se ramollir** vp 变软 [biànruǎn] ▸ **la terre se ramollit avec la pluie** 雨水使土地变软 [yúshuǐ shǐ tǔdì biànruǎn].

ramoner vt 清扫 [qīngsǎo] ▸ **ramoner une cheminée** 清扫烟囱 [qīngsǎo yāncōng].

rampant, e adj 爬行的 [páxíng de] ▸ **un animal rampant** 一只爬行动物 [yì zhī páxíng dòngwù] ▸ **une plante rampante** 一种匍匐植物 [yì zhǒng púfú zhíwù].

rampe nf ❶ (balustrade) 扶手 [fúshou] ▸ **rampe d'escalier** 楼梯扶手 [lóutī fúshou] ❷ (plan incliné) 斜坡 [xiépō] ▸ **rampe d'accès** 斜坡道 [xiépō dào].

ramper vi 爬 [pá] ▸ **les serpents se déplacent en rampant** 蛇爬行 [shé páxíng] ▸ **le militaire rampe pour passer sous les barbelés** 军人在有刺铁丝网下匍匐穿过 [jūnrén zài yǒucì tiěsīwǎng xià púfú chuānguò].

rance ♦ nm 哈喇味 [hālawèi] ▸ **une odeur de rance** 一种哈喇味 [yì zhǒng hālawèi] ▸ **sentir le rance** 闻到哈喇味 [wén dào hālawèi].

♦ adj 哈喇的 [hāla de] ▸ **du beurre rance** 哈喇味黄油 [hāla wèi huángyóu].

rancœur nf 怨恨 [yuànhèn] ▸ **avoir de la rancœur contre qqn** 对某人怀有怨恨 [duì mǒurén huáiyǒu yuànhèn].

rançon nf (cl. 笔 [bǐ]) 赎金 [shújīn] ▸ **demander une rançon** 要一笔赎金 [yào yì bǐ shújīn] ▸ **payer une rançon** 付一笔赎金 [fù yì bǐ shújīn].

rancune nf (cl. 种 [zhǒng]) 恨 [hèn] ▸ **garder rancune à qqn de** 对某人怀恨在心 [duì mǒurén huáihèn zài xīn]
◊ **sans rancune !** 和好吧！ [héhǎo ba!].

rancunier, ère ♦ adj 记仇的 [jìchóu de]. ♦ nm, f 记仇的人 [jìchóu de rén].

randonnée nf (cl. 次 [cì]) 徒步越野 [túbù yuèyě] ▸ **faire une randonnée** 做一次徒步越野 [zuò yí cì túbù yuèyě] ▸ **randonnée à cheval** 骑马越野 [qímǎ yuèyě].

rang nm ❶ (rangée) 排 [pái] ▸ **s'asseoir au premier rang** 坐在第一排 [zuò zài dìyī pái] ▸ **se mettre en rang** 排成队 [pái chéng duì] ❷ (place) 等级 [děngjí] ▸ **ce pays est au premier rang des producteurs de café** 这个国家是一流的咖啡生产国 [zhè ge guójiā shì yīliú de kāfēi shēngchǎn guó].

rangée nf 排 [pái] ▸ **une rangée de tables** 一排桌子 [yì pái zhuōzi].

rangement nm (action de ranger) 整理 [zhénglǐ] ▸ **faire du rangement** 整理 [zhénglǐ].

ranger vt ❶ (mettre de l'ordre) 整理 [zhénglǐ] ▸ **ranger sa chambre** 整理房间 [zhénglǐ fángjiān] ❷ (remettre à sa place) 收拾 [shōushi] ▸ **va ranger tes jouets, s'il te plaît** 请你收拾一下你的玩具 [qǐng nǐ shōushi yí xià nǐde wánjù] ❸ (classer) 排序 [páixù] ▸ **ranger par ordre alphabétique** 按照字母顺序排序 [ànzhào zìmǔ shùnxù páixù].

▪ **se ranger** vp ❶ (se garer) 停靠 [tíngkào] ▸ **le taxi s'est rangé le long du trottoir** 出租车停靠在人行道边上 [chūzūchē tíngkào zài rénxíngdào biān shàng] ❷ (se rallier) 站到……一边 [zhàn dào… yìbiān] ▸ **se ranger à l'avis de qqn** 赞同某人的意见 [zàntóng mǒurén de yìjiàn].

ranimer vt ❶ (redonner vie) 使……复活 [shǐ… fùhuó] ▸ **ranimer un blessé** 救活一个伤员 [jiùhuó yí ge shāngyuán] ❷ (attiser) 使……活跃起来 [shǐ… huóyuè qǐlái] ▸ **ranimer un feu** 使火旺起来 [shǐ huǒ wàng qǐlái].

rap nm 说唱乐 [shuōchàngyuè] ▸ **un chanteur de rap** 一位说唱乐歌手 [yí wèi shuōchàngyuè gēshǒu].

rapace nm ZOOL 猛禽类 [měngqínlèi].

rapatrier vt 遣返回国 [qiánfǎn huíguó] ▸ **rapatrier une personne** 遣返一个人回国 [qiánfǎn yí ge rén huíguó] ▸ **se faire rapatrier** 回国 [huíguó].

râpe nf 礤床 [cǎchuáng] ▸ **râpe à fromage** 擦奶酪的礤床 [cā nǎilào de cǎchuáng].

râpé, e adj ❶ CULIN 擦成丝的 [cāchéngsī de]; 擦成碎末的 [cāchéng suìmò de] ▸ **carottes râpées** 胡萝卜丝 [húluóbo sī] ▸ **gruyère râpé** 干酪末 [gānlào mò] ❷ (usagé) 磨损的 [mósǔn de] ▸ **un vieux manteau râpé** 一件磨损的旧大衣 [yí jiàn mósǔn de jiù dàyī].

râper vt CULIN 擦成丝[cā chéng sī]; 擦成碎末 [cā chéng suìmò] ▸ **râper du céleri** 擦芹菜丝 [cā qíncài sī].

rapetisser ♦ vt 使……显得小 [shǐ… xiǎnde xiǎo] ▸ **la distance rapetisse les objets** 距离远就使物体显得小 [jùlí yuǎn jiùshǐ wùtǐ xiǎnde xiǎo]. ♦ vi 缩短 [suōduǎn] ▸ **les jours rapetissent** 白天缩短了 [báitiān suōduǎn le] ▸ **mon pull a rapetissé au lavage** 我的羊毛套衫洗后缩短了 [wǒde yángmáo tàoshān xǐ hòu suōduǎn le].

râpeux, euse adj 表面粗糙的 [biǎomiàn cūcāo de] ▸ **les chats ont la langue râpeuse** 猫有粗糙的舌头 [māo yǒu cūcāo de shétou] ▸ **un tissu râpeux** 一种表面粗糙的布料 [yì zhǒng biǎomiàn cūcāo de bùliào].

rapide adj ❶ (qui va vite) 快的 [kuài de] ▸ **une voiture rapide** 一辆开得快的汽车 [yí liàng kāide kuài de qìchē] ❷ (prompt) 迅速的 [xùnsù de] ▸ **une guérison rapide** 迅速的康复 [xùnsù de kāngfù].

rapidement adv 快地 [kuài de].

rapidité nf 迅速 [xùnsù] ▸ **la rapidité du guépard** 猎豹的敏捷 [lièbào de mǐnjié] ▸ **la**

rapidité d'un véhicule 车速 [chēsù] ▸ **travailler avec rapidité** 工作迅速 [gōngzuò xùnsù].

rappel nm ❶ (action de faire revenir) 召回 [zhàohuí] ▸ **battre le rappel** 打集合鼓 [dǎ jíhégǔ] ▸ **le rappel d'un ambassadeur** 大使的召回 [dàshǐ de zhàohuí] ❷ (sur scène) 要求演员上场谢幕的鼓掌 [yāoqiú yǎnyuán shàngchǎng xièmù de gúzhǎng] ❸ (action d'évoquer à nouveau) 提醒 [tíxǐng] ▸ **lettre de rappel de paiement** 提醒付费的信 [tíxǐng fùfèi de xìn] ❹ (action de faire revenir à un état antérieur) ▸ **rappel à l'ordre** 恢复秩序 [huīfù zhìxù] ▸ **rappel à la raison** 恢复理智 [huīfù lǐzhì] ❺ (souvenir) 回想 [huíxiǎng] ▸ **elle s'émeut au rappel du jour de son mariage** 她因为回想起婚礼那天的情景而激动 [tā yīnwèi huíxiǎng qǐ hūnlǐ nàtiān de qíngjǐng ér jīdòng] ❻ (vaccin) 重复 [chóngfù] ▸ **piqûre de rappel** 重复注射 [chóngfù zhùshè].

rappeler vt ❶ (appeler de nouveau) 叫 [jiào] ▸ **j'étais déjà dans l'escalier lorsqu'il m'a rappelé** 他叫我时，我已经走到楼梯了 [tā jiào wǒ shí, wǒ yǐjīng zǒudào lóutī le] ❷ (téléphoner de nouveau) 再打电话 [zài dǎ diànhuà] ▸ **je te rappelle dans dix minutes** 我十分钟后再给你打电话 [wǒ shífēn zhōng hòu zài gěi nǐ dǎ diànhuà] ❸ (remettre en mémoire) 提醒 [tíxǐng] ▸ **je te rappelle que tu as rendez-vous chez le médecin** 我提醒你约好了要去看病 [wǒ tíxǐng nǐ yuē hǎo le yào qù kànbìng] ❹ (faire penser à) 使……想起 [shǐ… xiángqǐ] ▸ **il me rappelle son père** 他让我想起了他的父亲 [tā ràng wǒ xiǎng qǐ le tāde fùqin] ▸ **ce paysage me rappelle mon village** 这景色让我想起了我所住的村庄 [zhè jǐngsè ràng wǒ xiǎng qǐ le wǒ suǒ zhù de cūnzhuāng].

▪ **se rappeler** vp (se souvenir de) 记起 [jìqǐ].

rapport nm ❶ (lien) 关系 [guānxi] ▸ **avoir rapport avec qqch** 与某事有关系 [yǔ mǒushì yǒu guānxi] ▸ **quel est le rapport entre ces deux événements ?** 这两件事之间有什么关系？ [zhè liǎng jiàn shì zhījiān yǒu shénme guānxi?] ❷ (compte rendu) ○ (cl. 份 [fèn]) 报告 [bàogào] ▸ **faire un rapport sur qqch** 作一份关于某事的报告 [zuò yí fèn guānyú mǒushì de bàogào] ▸ **rédiger un rapport** 起草一份报告 [qǐcǎo yí fèn bàogào].

▪ **par rapport à** loc prép (en comparaison avec) 与……相比 [yǔ… xiāngbǐ] ▸ **elle gagne peu par rapport au travail qu'elle fournit** 与她干的工作相比，她挣的钱少了 [yǔ tā gān de gōngzuò xiāngbǐ, tā zhèng de qián shǎo le].

▪ **rapports** nmpl 关系 [guānxi] ▸ **avoir des rapports sexuels** 有性关系 [yǒu xìng guānxi] ▸ **entretenir de bons rapports avec ses voisins** 与自己的邻居们保持良好的关系 [yǔ zìjǐ de línjūmen bǎochí liánghǎo de guānxi].

rapporter vt ❶ (apporter avec soi) 带回 [dàihuí] ▸ **rapporter qqch à qqn** 给某人带回某物 [gěi mǒurén dàihuí mǒuwù] ❷ (produire) 赚得 [zhuàndé] ▸ **rapporter de l'argent** 赚钱 [zhuànqián] ❸ (raconter) 汇报 [huìbào] ▸ **il a rapporté les faits avec précision** 他详细汇报了发生的事 [tā xiángxì huìbào le fāshēng de shì].

▪ **se rapporter à** vp+prép 和……有关 [hé… yǒuguān] ▸ **ta réponse ne se rapporte pas à la question** 你的回答和问题无关 [nǐde huídá hé wèntí wúguān].

rapporteur, euse adj & nm, f 爱告密的(人) [ài gàomì de (rén)] ▸ **un enfant rapporteur** 一个爱告密的孩子 [yí ge ài gàomì de háizi].

▪ **rapporteur** nm GÉOM 量角器 [liángjiǎoqì].

rapprochement nm ❶ (action de s'approcher) 靠近 [kàojìn] ❷ (réconciliation) 和睦 [hémù] ▸ **le rapprochement entre deux pays** 两个国家的和睦 [liǎng ge guójiā de hémù] ❸ (comparaison) 比较 [bǐjiào] ▸ **je n'avais pas fait le rapprochement entre les deux événements** 我没有比较过这两个事件 [wǒ méiyǒu bǐjiào guò zhè liǎng ge shìjiàn].

rapprocher vt ❶ (mettre plus près) 使……靠近 [shǐ… kàojìn] ▸ **rapprocher deux chaises** 把两把椅子靠近一些 [bǎ liǎng bǎ yǐzi kàojìn yìxiē] ▸ **rapproche un peu ta chaise de la table** 把你的椅子挪近桌子一点 [bǎ nǐde yǐzi nuó jìn zhuōzi yì diǎn] ▸ **chaque jour nous rapproche des vacances** 每过一天，我们就离假期更近一点 [měi guò yì tiān, wǒmen jiù lí jiàqī gèng jìn yì diǎn] ❷ (réunir) 使……关系接近 [shǐ… guānxi jiējìn] ▸ **ce mariage a rapproché les deux familles** 这场

婚礼使两家人关系更近了 [zhè chǎng hūnlǐ shǐ liǎng jiā rén guānxi gèng jìn le].

■ **se rapprocher** vp ❶ (venir plus près) 变得更近 [biànde gèngjìn] ▸ **l'orage se rapproche** 暴风雨更近了 [bàofēngyǔ gèngjìn le] ▸ **se rapprocher de qqch/qqn** 靠近某物/某人 [kàojìn mǒuwù/mǒurén] ❷ (se réconcilier) 变得亲近 [biànde qīnjìn] ▸ **il s'est rapproché de ses enfants** 他和他的孩子们变得亲近了 [tā hé tāde háizimen biànde qīnjìn le].

rapt nm 诱拐 [yòuguǎi].

raquette nf ❶ SPORT (cl. 只 [zhī]) 球拍 [qiúpāi] ▸ **raquette de tennis** 网球球拍 [wǎngqiú qiúpāi] ❷ (semelle) ○ (cl. 双 [shuāng]) 雪鞋 [xuě xié] ▸ **à ou en raquettes** 穿雪鞋 [chuān xuěxié].

rare adj ❶ (peu courant) 罕见的 [hǎnjiàn de] ▸ **une espèce rare** 稀有物种 [xīyǒu wùzhǒng] ▸ **un timbre rare** 罕见的邮票 [hǎnjiàn de yóupiào] ❷ (peu fréquent) 少有的 [sháoyǒu de] ▸ **de rares visites** 少有的参观 [sháoyǒu de cānguān].

raréfier ■ **se raréfier** vp 变稀薄 [biàn xībó].

rarement adv 难得 [nándé].

rareté nf 罕见 [hǎnjiàn] ▸ **un objet d'une grande rareté** 一件十分罕见的物品 [yí jiàn shífēn hǎnjiàn de wùpǐn].

ras, e ♦ adj ❶ (tondu) 剪齐的 [jiǎnqí de] ▸ **avoir les cheveux ras** 平头 [píngtóu] ▸ **un chien à poil ras** 一只短毛狗 [yì zhī duǎnmáo gǒu] ❷ (court) 不高的（植物）[bùgāo de (zhíwù)] ▸ **herbe rase** 浅草 [qiǎn cǎo] ❸ (jusqu'au bord) 装到齐边的 [zhuāng dào qíbiān de] ▸ **une cuiller rase de farine** 平平的一汤匙面粉 [píngpíng de yì tāngchí miànfěn]

◊ **à ras bord** 平平地装 [píngpíng de zhuāng] ▸ **remplir un verre à ras bord** 平平地装一杯 [píngpíng de zhuāng yì bēi].

♦ adv 短地 [duǎn de] ▸ **une herbe coupée ras** 一片浅草地 [yí piàn qiǎn cǎodì].

rasé, e adj 刮过胡子的 [guāguò húzi de] ▸ **être mal rasé** 胡子刮得不干净 [húzi guāde bùgānjìng] ▸ **rasé de près** 仔细刮胡子 [zǐxì guāhúzi].

raser vt (couper) 剃 [tì]；刮 [guā] ▸ **raser les cheveux** 剃头发 [tì tóufa] ▸ **raser les poils** 刮毛 [guā máo].

■ **se raser** vp 自己刮 [zìjǐ guā] ▸ **se raser la barbe** 自己刮胡子 [zìjǐ guā húzi] ▸ **se raser le crâne** 自己剃头顶的头发 [zìjǐ tì tóudǐng de tóufa].

rasoir nm 剃刀 [tìdāo] ▸ **rasoir électrique** 电动剃须刀 [diàndòng tìxūdāo].

rassasier vt 使……吃饱 [shǐ… chībǎo].

rassemblement nm 集合 [jíhé] ▸ **rassemblement d'objets** 物品的收集 [wùpǐn de shōují] ▸ **rassemblement de personnes** 人员的集合 [rényuán de jíhé].

rassembler vt (réunir) 聚集 [jùjí] ▸ **rassembler la famille autour de la table** 一家人在桌边聚集起来 [yì jiā rén zài zhuōbiān jùjí qǐlái] ▸ **rassembler ses affaires** 集中自己的衣物 [jízhōng zìjǐ de yīwù].

■ **se rassembler** vp (se réunir) 聚集 [jùjí].

rasseoir ■ **se rasseoir** vp 重新坐下 [chóngxīn zuòxià].

rassis, e adj 不新鲜的 [bù xīnxian de] ▸ **du pain rassis** 不新鲜的面包 [bù xīnxian de miànbāo].

rassurant, e adj 放心的 [fàngxīn de] ▸ **un geste rassurant** 让人放心的手势 [ràng rén fàngxīn de shǒushì] ▸ **des nouvelles rassurantes** 让人放心的消息 [ràng rén fàngxīn de xiāoxi].

rassurer vt 使……放心 [shǐ… fàngxīn] ▸ **sa présence me rassure** 他在场就使我放心了 [tā zài chǎng jiù shǐ wǒ fàngxīn le].

rat, e nm, f (cl. 只 [zhī]) 鼠 [shǔ] ▸ **un rat d'égout** 一只家鼠 [yì zhī jiāshǔ].

rate nf (organe) 脾脏 [pízàng].

raté, e *fam* nm, f (personne) 一事无成的人 [yíshì wúchéng de rén].

râteau nm (outil) ○ (cl. 把 [bǎ]) 耙 [bà].

rater ♦ vt ❶ (manquer) 误 [wù] ▸ **rater son train** 误了火车 [wù le huǒchē] ▸ **rater un rendez-vous** 误了一个约见 [wù le yí ge yuējiàn] ▸ **rater la cible** 没击中目标 [méi jīzhòng mùbiāo] ❷ *fam* (ne pas réussir) 没有成功

[méiyǒu chénggōng] ▸ **rater un gâteau** 蛋糕没做好 [dàngāo méi zuòhǎo] ▸ **rater un examen** 一次考试没通过 [yí cì kǎoshì méi tōngguò]. ♦ vi (échouer) 失败 [shībài] ▸ **l'affaire a raté** 事情失败了 [shìqing shībài le] ▸ **il a tout fait rater** 他把一切都搞砸了 [tā bǎ yíqiè dōu gǎozá le].

ratification nf 批准 [pīzhǔn] ▸ **la ratification d'un traité** 一个条约的批准 [yí ge tiáoyuē de pīzhǔn].

ratifier vt 批准 [pīzhǔn] ▸ **ratifier un projet de loi** 批准一个法律草案 [pīzhǔn yí ge fǎlǜ cǎo'àn].

ration nf 定量 [dìngliàng] ▸ **ration alimentaire** 日需食物 [rìxū shíwù].

rationaliser vt (organiser) 使……合理化 [shǐ… hélǐhuà] ▸ **rationaliser la production** 使生产合理化 [shǐ shēngchǎn hélǐhuà].

rationnel, elle adj ❶ (logique) 明事理的 [míngshìlǐ de] ▸ **un esprit rationnel** 一个明事理的人 [yí ge míngshìlǐ de rén] ❷ (raisonnable) 合理的 [hélǐ de] ▸ **une idée rationnelle** 合理的想法 [hélǐ de xiǎngfǎ].

rationnement nm 定量配给 [dìngliàng pèijǐ] ▸ **le rationnement de l'eau** 水的定量配给 [shuǐ de dìngliàng pèijǐ].

rationner vt 定量配给 [dìngliáng pèijǐ] ▸ **rationner la nourriture** 定量配给食物 [dìngliàng pèijǐ shíwù].

ratisser vt 耙干净 [bàgānjìng] ▸ **ratisser les feuilles mortes** 把枯叶耙干净 [bǎ kūyè bàgānjìng] ▸ **ratisser une allée** 把一条小路耙干净 [bǎ yì tiáo xiǎolù bàgānjìng].

raton nm ZOOL (cl. 只 [zhī]) 小鼠 [xiáoshǔ] ▸ **raton laveur** (cl. 只 [zhī]) 浣熊 [huànxióng].

RATP (abr de **Régie autonome des transports parisiens**) nf inv 巴黎独立运输公司 [Bālí dúlì yùnshū gōngsī].

rattachement nm 归并 [guībìng] ▸ **demander son rattachement à un service** 要求归并于一个部门 [yāoqiú guībìng yú yí ge bùmén].

rattacher vt ❶ (attacher de nouveau) 重新系 [chóngxīn jì] ▸ **rattachez vos ceintures** 重新系好您的安全带 [chóngxīn jìhǎo nín de ānquándài] ▸ **rattacher des lacets** 重新系鞋带 [chóngxīn jì xiédài] ❷ (relier) 连接 [liánjiē] ▸ **rattacher un fil à une prise** 把一根线连接到一个插座上 [bǎ yì gēn xiàn liánjiē dào yí ge chāzuò shàng] ❸ (faire dépendre) ▸ **rattacher qqch à** 使……归并于 [shǐ… guībìngyú] ▸ **rattacher une province à un État** 把一个省归并于一个国家 [bǎ yí ge shěng guībìng yú yí ge guójiā].

▪ **se rattacher** vp ▸ **se rattacher à** (être relié à) 与……有关 [yǔ… yǒuguān] ▸ **ce problème se rattache à celui du chômage** 这个问题与失业有关 [zhè ge wèntí yǔ shīyè yǒuguān].

rattrapage nm SCOL 补习 [bǔxí] ▸ **cours de rattrapage** 补习课 [bǔxí kè].

rattraper vt ❶ (reprendre) 重新逮住 [chóngxīn dǎizhù] ▸ **rattraper un prisonnier** 重新逮住一个囚犯 [chóngxīn dǎizhù yí ge qiúfàn] ❷ (retenir) 抓住 [zhuāzhù] ▸ **rattraper un ballon** 抓住一只球 [zhuāzhù yì zhī qiú] ❸ (rejoindre) 赶上 [gǎnshang] ▸ **partez d'abord, je vous rattraperai** 您先走，我会赶上的 [nín xiān zǒu, wǒ huì gǎnshang de] ❹ (combler) 弥补 [míbǔ] ▸ **rattraper le temps perdu** 弥补失去的时光 [míbǔ shīqù de shíguāng] ▸ **rattraper un retard** 弥补迟到 [míbǔ chídào].

▪ **se rattraper** vp ❶ (se raccrocher) ▸ **se rattraper à qqch** 抓住某物 [zhuāzhù mǒuwù] ▸ **se rattraper aux branches lors d'une chute** 跌落时，抓住一根树枝 [diēluò shí, zhuāzhù yì gēn shùzhī] ❷ (corriger) 纠正 [jiūzhèng] ▸ **il a dit une bêtise, il s'est rattrapé ensuite** 他说了句傻话，随后就纠正过来了 [tā shuō le jù shǎhuà, suíhòu jiù jiūzhèng guòlai le] ❸ (compenser) 弥补 [míbǔ] ▸ **j'ai peu dormi hier, je me rattraperai demain** 昨天我睡得很少，明天我要补上 [zuótiān wǒ shuìde hénshǎo, míngtiān wǒ yào bǔshang].

rature nf (cl. 道 [dào]) 杠子(涂改用的) [gàngzi (túgǎi yòng de)] ▸ **un devoir plein de ratures** 一份画满杠子的作业 [yí fèn huàmǎn gàngzi de zuòyè] ▸ **faire une rature** 画一杠 [huà yí gàng].

raturer vt 划掉 [huádiào] ▸ **raturer un mot** 划掉一个词 [huádiào yí ge cí].

rauque adj 沙哑的 [shāyǎ de] ▸ **une voix rauque** 沙哑的嗓音 [shāyǎ de sǎngyīn].

ravage nm (dégâts) 灾害 [zāihài] ▸ **causer des ravages** 造成灾害 [zàochéng zāihài] ▸ **les ravages de la guerre** 战争的创伤 [zhànzhēng de chuāngshāng] ▸ **les ravages d'une tempête** 暴风雨带来的灾害 [bàofēngyǔ dàilái de zāihài].

ravager vt 毁坏 [huǐhuài] ▸ **ravager les récoltes** 毁坏了收成 [huǐhuài le shōucheng].

ravalement nm 整修 [zhěngxiū] ▸ **ravalement d'une façade** 整修门面 [zhěngxiū ménmian] ▸ **ravalement d'un immeuble** 整修一栋楼 [zhěngxiū yí dòng lóu].

ravaler vt ❶ (remettre à neuf) 整修 [zhěngxiū] ▸ **ravaler une façade** 整修门面 [zhěngxiū ménmian] ▸ **ravaler un immeuble** 整修一栋楼 [zhěngxiū yí dòng lóu] ❷ (avaler de nouveau) 咽下 [yànxia] ▸ **ravaler sa salive** 咽下唾液 [yànxia tuòyè] ❸ *fig* (retenir) 忍住 [rěnzhù] ▸ **ravaler sa colère** 忍住怒火 [rěnzhù nùhuǒ].

ravi, e adj 高兴的 [gāoxìng de] ▸ **elle était ravie de faire ce voyage** 她对这次旅行感到很高兴 [tā duì zhè cì lǚxíng gǎndào hěn gāoxìng] ▸ **ravi de faire votre connaissance** 很高兴认识您 [hěn gāoxìng rènshi nín].

ravigoter vt *fam* 使……恢复精力 [shǐ… huīfù jīnglì] ▸ **cette douche froide m'a ravigoté** 冷水浴使我恢复了精力 [léngshuǐ yù shǐ wǒ huīfù le jīnglì].

ravin nm (cl. 道 [dào]) 沟 [gōu] ▸ **tomber dans un ravin** 跌入一道沟里 [diē rù yí dào gōu lǐ].

ravioli nm 饺子 [jiǎozi] ▸ **des raviolis au porc** 猪肉馅饺子 [zhūròuxiàn jiǎozi] ▸ **raviolis à l'eau** 水饺 [shuǐjiǎo] ▸ **raviolis à la vapeur** 蒸饺 [zhēng jiǎo] ▸ **raviolis grillés** 锅贴 [guōtiē] ▸ **soupe de raviolis** 馄饨 [húntun].

ravir vt ❶ (voler, enlever) 抢走 [qiángzǒu] ▸ **les cambrioleurs lui ont ravi tous ses bijoux** 盗贼抢走了她所有的首饰 [dàozéi qiángzǒu le tā suóyǒu de shǒushi] ▸ **ravir un marché à la concurrence** 在竞争中抢走市场 [zài jìngzhēng zhōng qiángzǒu shìchǎng] ❷ (enchanter) 使……出神 [shǐ… chūshén] ▸ **ce spectacle m'a ravi** 这场演出让我看得出神 [zhè chǎng yǎnchū ràng wǒkànde chūshén] ▸ **être ravi de qqch** 对某事感到高兴 [duì mǒushì gǎndào gāoxìng] ▸ **être ravi de** *(+ infinitif)* ……感到高兴 [… gǎndào gāoxìng] ▸ **être ravi que** *(+ subjonctif)* 很高兴…… [hěngāoxìng …]
◊ **à ravir** 绝妙地 [juémiào de] ▸ **cette robe vous va à ravir** 这条裙子配您再合适不过了 [zhè tiáo qúnzi pèi nín zài héshì búguò le].

raviser ▪ **se raviser** vp (changer d'avis) 改变主意 [gǎibiàn zhǔyi] ▸ **se raviser au dernier moment** 在最后一刻改变主意 [zài zuìhòu yí kè gǎibiàn zhǔyi].

ravissant, e adj 迷人的 [mírén de] ▸ **une femme ravissante** 一个迷人的女人 [yí ge mírén de nǚrén] ▸ **une robe ravissante** 一条美极了的裙子 [yì tiáo měi jí le de qúnzi].

ravissement nm 出神 [chūshén] ▸ **regarder qqch avec ravissement** 出神地盯着某物 [chūshén de dīngzhe mǒuwù].

ravisseur, euse nm, f (kidnappeur) 绑架者 [bǎngjiàzhě].

ravitaillement nm ❶ (approvisionnement) 供应 [gōngyìng] ▸ **ravitaillement d'un avion** 一架飞机的燃料供应 [yí jià fēijī de ránliào gōngyìng] ▸ **ravitaillement de la population** 居民的粮食供应 [jūmín de liángshi gōngyìng] ❷ (provisions) 粮食 [liángshi] ▸ **nous avons du ravitaillement pour une semaine** 我们有够吃一个星期的粮食 [wǒmen yǒu gòuchī yí ge xīngqī de liángshi].

ravitailler vt ❶ (fournir des vivres) 提供 [tígōng] ▸ **ravitailler une ville en eau** 为一个城市供水 [wèi yí ge chéngshì gōng shuǐ] ❷ (fournir du carburant) 供应燃料 [gōngyìng ránliào] ▸ **ravitailler un avion en vol** 为一架飞行中的飞机加燃料 [wèi yí jià fēixíng zhōng de fēijī jiā ránliào].

raviver vt ❶ (ranimer) 使……更旺 [shǐ… gèngwàng] ▸ **raviver un feu** 使火更旺 [shǐ huǒ gèngwàng] ❷ (rafraîchir) 使……更鲜艳 [shǐ… gèngxiānyàn] ▸ **raviver une couleur** 使颜色更鲜艳 [shǐ yánsè gèng xiānyàn].

rayé, e adj ❶ (à rayures) 有条纹的 [yǒutiáowén de] ▸ **une chemise rayée** 一件条纹衬衫 [yí jiàn tiáowén chènshān] ❷ (éraflé) 有划痕的 [yǒu huáhén de] ▸ **le disque est rayé** 唱片

被划了 [chàngpiàn bèi huá le] ▸ **une voiture rayée** 一辆有划痕的汽车 [yí liàng yǒu huáhén de qìchē].

rayer vt ❶ (faire des rayures) 划伤 [huáshāng] ▸ **rayer une vitre** 划伤一块窗玻璃 [huáshāng yí kuài chuāngbōli] ❷ (barrer) 圈去 [quānqù] ▸ **rayer un mot** 圈去一个词 [quān qù yí ge cí] ▸ **rayer qqn d'une liste** 从名单中删掉某个人的名字 [cóng míngdān zhōng shāndiào mǒu ge rén de míngzì].

rayon nm ❶ (trace de lumière) ○ (cl. 束 [shù]) 光线 [guāngxiàn] ▸ **un rayon de soleil** 一缕阳光 [yì lǚ yángguāng] ❷ (radiation) ○ (cl. 束 [shù]) 射线 [shèxiàn] ▸ **rayon laser** 激光束 [jīguāng shù] ❸ (partie d'un magasin) 部门 [bùmén] ▸ **le rayon des vêtements** 服装部 [fúzhuāng bù] ❹ (d'un cercle) 半径 [bànjìng] ▸ **rayon d'une roue** 车轮的半径 [chēlún de bànjìng] ❺ (zone) 范围 [fànwéi] ▸ **rayon d'action** 续驶里程 [xùshǐ lǐchéng].

rayonnage nm 架子 [jiàzi] ▸ **les rayonnages d'une bibliothèque** 图书馆的架子 [túshūguǎn de jiàzi].

rayonnant, e adj *fig* 容光焕发的 [róngguāng huànfā de] ▸ **un visage rayonnant** 一张容光焕发的脸 [yì zhāng róngguāng huànfā de liǎn] ▸ **rayonnant de** 洋溢着 [yángyìzhe] ▸ **elle était rayonnante de joie** 她喜气洋洋的 [tā xǐqì yángyáng de].

rayonner vi (briller) 流露 [liúlù] ▸ **rayonner de** 流露…… [liúlù…].

rayure nf ❶ (raie) 条纹 [tiáowén] ▸ **une chemise à rayures** 一件条纹衬衫 [yí jiàn tiáowén chènshān] ❷ (éraflure) ○ (cl. 道 [dào]) 刮痕 [guāhén] ▸ **rayure sur un disque** 一张唱片上的刮痕 [yì zhāng chàngpiàn shàng de guāhén] ▸ **rayure sur un meuble** 一件家具上的刮痕 [yí jiàn jiājù shàng de guāhén].

raz ▪ **raz de marée, raz-de-marée** nm inv (vague) ○ (cl. 场 [chǎng]) 海啸 [hǎixiào].

RDV (abr écrite de **rendez-vous**) 约会 [yuēhui].

ré nm inv MUS 唻/D音 [Lāi/Dī yīn].

réacteur nm (moteur) 喷气式发动机 [pēnqìshì fādòngjī] ▸ **un avion à deux réacteurs** 一架有两个喷气式发动机的飞机 [yí jià yǒu liǎng ge pēnqìshì fādòngjī de fēijī] ▸ **un réacteur nucléaire** 核反应堆 [héfǎnyìngduī].

réaction nf 反应 [fǎnyìng] ▸ **avoir des réactions violentes** 有强烈的反应 [yǒu qiángliè de fǎnyìng] ▸ **une réaction chimique** 一种化学反应 [yì zhǒng huàxué fǎnyìng].

réactionnaire *péj* adj 反动派的 [fǎndòngpài de] ▸ **un parti réactionnaire** 一个反动党派 [yí ge fǎndòng dǎngpài].

réactualiser vt 更新 [gēngxīn] ▸ **réactualiser un texte** 更新一篇文章 [gēngxīn yì piān wénzhāng].

réadapter vt 重新适应 [chóngxīn shìyìng].

▪ **se réadapter** vp 重新适应 [chóngxīnshìyìng] ▸ **il s'est vite réadapté à la vie à la campagne** 他很快就重新适应了乡村生活 [tā hěnkuài jiù chóngxīn shìyìng le xiāngcūn shēnghuó].

réagir vi (avoir une réaction) 反应 [fǎnyìng] ▸ **comment a-t-il réagi ?** 他有什么反应？ [tā yǒu shénme fǎnyìng?] ▸ **ne te laisse pas faire, réagis !** 别任人摆布，反击啊！ [bié rènrén bǎibù, fǎnjī a!] ▸ **réagir contre** 抵制 [dǐzhì].

réajuster = **rajuster**

réalisateur, trice nm, f (cl. 位 [wèi] ou 个 [gè] ou 名 [míng]) 导演 [dáoyǎn] ▸ **le réalisateur d'un film** 一部影片的导演 [yí bù yǐngpiàn de dáoyǎn].

réaliser vt ❶ (accomplir) 实现 [shíxiàn] ▸ **réaliser un projet** 实现一个计划 [shíxiàn yí ge jìhuà] ▸ **réaliser un rêve** 实现一个梦想 [shíxiàn yí ge mèngxiǎng] ❷ (se rendre compte) 意识到 [yìshidào] ▸ **il n'a pas encore réalisé qu'il est ruiné** 他还没有意识到自己已经破产了 [tā hái méiyǒu yìshidào zìjǐ yǐjīng pòchǎn le].

▪ **se réaliser** vp (se produire) 实现 [shíxiàn] ▸ **ses rêves se sont réalisés** 他的梦想都实现了 [tāde mèngxiǎng dōu shíxiàn le].

réaliste adj 现实的 [xiànshí de] ▸ **un homme réaliste** 一个现实的人 [yí ge xiànshí de rén].

réalité nf 现实 [xiànshí] ▸ **la réalité dépasse la fiction** 现实超出想像 [xiànshí chāochū xiǎngxiàng]

◊ **en réalité** 其实 [qíshí].

réaménagement nm 重新布置 [chóngxīn bùzhì] ▸ **le réaménagement d'un local** 一个地方的重新布置 [yí ge dìfang de chóngxīn bùzhì].

réanimation nf 救护 [jiùhù] ▸ **en réanimation** 在重症监护室 [zài zhòngzhèng jiānhùshì].

réanimer vt 抢救 [qiǎngjiù] ▸ **réanimer un malade** 抢救一个病人 [qiǎngjiù yí ge bìngrén].

réapparaître vi 又出来 [yòuchūlái] ▸ **le soleil a réapparu après la pluie** 太阳在雨后又出来了 [tàiyáng zài yǔhòu yòuchūlái le].

rébarbatif, ive adj 令人讨厌的 [lìngrén tǎoyàn de] ▸ **un travail rébarbatif** 一份令人讨厌的工作 [yí fèn lìngrén tǎoyàn de gōngzuò].

rebelle ♦ adj ❶ (insurgé) 叛乱的 [pànluàn de] ▸ **les troupes rebelles** 叛乱部队 [pànluàn bùduì] ❷ (indiscipliné) 难处理的 [nán chúlǐ de] ▸ **une mèche rebelle** 一绺难理顺的头发 [yì liǔ nán lǐshùn de tóufa]. ♦ nmf (cl. 名 [míng]) 叛乱分子 [pànluànfènzǐ].

rebeller ▪ **se rebeller** vp (se révolter) 不服从 [bùfúcóng] ▸ **se rebeller contre qqn/qqch** 不服从某人/某事 [bùfúcóng mǒurén/mǒushì] ▸ **se rebeller contre l'autorité** 不服从当局 [bùfúcóng dāngjú].

rébellion nf 叛乱 [pànluàn].

reboiser vt 植树造林 [zhíshù zàolín] ▸ **reboiser une région** 在一个地区植树造林 [zài yí ge dìqū zhíshù zàolín].

rebond nm 弹起 [tánqǐ] ▸ **au rebond** 弹起时 [tánqǐ shí] ▸ **les rebonds d'une balle** 一个球的弹起 [yí ge qiú de tánqǐ].

rebondir vi (faire un bond) 弹起 [tánqǐ].

rebondissement nm (développement nouveau) 活跃起来 [huóyuè qǐlái] ▸ **l'enquête connaît de nouveaux rebondissements** 调查又活跃起来 [diàochá yòu huóyuè qǐlái].

rebord nm 边缘 [biānyuán] ▸ **le rebord de la fenêtre** 窗台 [chuāng tái] ▸ **le rebord de la table** 桌沿 [zhuō yán].

reboucher vt 塞住 [sāizhù] ▸ **reboucher une bouteille** 塞住一个瓶子 [sāizhù yí ge píngzi] ▸ **reboucher un stylo** 套上笔帽 [tàoshang bǐmào] ▸ **reboucher un trou** 填平一个洞 [tiánpíng yí ge dòng].

rebours ▪ **à rebours** loc adv 反向 [fǎnxiàng] ▸ **compte à rebours** 倒计数 [dào jìshù] ▸ **lire une liste à rebours** 从下往上读一个名单 [cóng xià wàng shàng dú yí ge míngdān].

reboutonner vt 扣上纽扣 [kòushang niǔkòu] ▸ **reboutonner une veste** 扣上一件上衣的纽扣 [kòushang yí jiàn shàngyī de niǔkòu].

rebrousser vt (relever) 使……倒竖 [shǐ… dàoshù] ▸ **rebrousser les cheveux** 头发倒竖 [tóufa dàoshù] ▸ **rebrousser les poils** 戗着毛 [qiāngzhe máo]
◊ **rebrousser chemin** 折回 [zhéhuí].

rebuter vt (déplaire) 使……不愉快 [shǐ… bù yúkuài] ▸ **ses manières me rebutent** 他的态度让我不愉快 [tāde tàidu ràng wǒ bù yúkuài].

récalcitrant, e ♦ adj 不驯服的 [bú xùnfú de] ▸ **un cheval récalcitrant** 一匹不驯服的马 [yì pǐ bú xùnfú de mǎ] ▸ **se montrer récalcitrant** 表现固执 [biǎoxiàn gùzhí]. ♦ nm, f (cl. 名 [míng] ou 个 [gè]) 顽抗者 [wánkàng zhě].

récapitulatif, ive adj 摘要的 [zhāiyào de] ▸ **un tableau récapitulatif** 一个摘要表 [yí ge zhāiyào biǎo].

récapituler vt (énumérer) 摘要重述 [zhāiyào chóngshù] ▸ **elle a récapitulé les points essentiels de son exposé** 她把自己报告的重点重述了一遍 [tā bǎ zìjǐ bàogào de zhòngdiǎn chóngshù le yí biàn] ▸ **récapitulons : il nous faut du papier, des feutres, des ciseaux,…** 再说一遍：需要纸，白板笔，剪刀…… [zàishuō yí biàn: xūyào zhǐ, báibǎn bǐ, jiǎndāo…].

recel nm 窝藏 [wōcáng] ▸ **le recel d'objets volés** 窝藏赃物 [wōcáng zāngwù].

récemment adv 最近 [zuìjìn].

recensement nm ❶ (dénombrement) 普查 [pǔchá] ▸ **le recensement de la population** 人口普查 [rénkǒu pǔchá] ❷ (inventaire) 清查 [qīngchá] ▸ **le recensement des pièces d'un**

musée 博物馆展厅的清查 [bówùguǎn zhǎntīng de qīngchá].

recenser vt (dénombrer) 普查 [pǔchá] ▸ **recenser la population** 普查人口 [pǔchá rénkǒu].

récent, e adj 最近的 [zuìjìn de] ▸ **un événement récent** 最近的一个事件 [zuìjìn de yí ge shìjiàn].

récepteur, trice adj 接收的 [jiēshōu de] ▸ **un poste récepteur** 一个接收机 [yí ge jiēshōujī].

▪ **récepteur** nm 接收机 [jiēshōujī] ▸ **un récepteur téléphonique** 一个电话听筒 [yí ge diànhuà tīngtǒng] ▸ **un récepteur de télévision** 一个电视机 [yí ge diànshìjī].

réception nf ❶ (fait de recevoir) 收到 [shōudào] ▸ **la réception d'une commande** 收到订货 [shōudào dìnghuò] ❷ (fête) 招待会 [zhāodàihuì] ▸ **donner une réception** 举办一个招待会 [jǔbàn yí ge zhāodàihuì] ▸ **être invité à une réception** 被邀请参加一个招待会 [bèi yāoqǐng cānjiā yí ge zhāodàihuì] ❸ (accueil) 接待处 [jiēdàichù] ▸ **s'adresser à la réception** 去接待处询问 [qù jiēdàichù xúnwèn] ▸ **réception d'une entreprise** 一家公司的接待处 [yì jiā gōngsī de jiēdàichù].

réceptionniste nmf (cl. 位 [wèi] ou 个 [gè] ou 名 [míng]) 接待员 [jiēdàiyuán].

récession nf 衰退 [shuāituì] ▸ **un pays en pleine récession** 一个经济完全衰退的国家 [yí ge jīngjì wánquán shuāituì de guójiā] ▸ **une période de récession** 一个衰退期 [yí ge shuāituì qī].

recette nf ❶ (gain) 收入 [shōurù] ▸ **compter la recette du jour** 清点当日收入 [qīngdiǎn dàngrì shōurù] ❷ CULIN 烹调法 [pēngtiáofǎ] ▸ **un livre de recettes** 一本烹调书 [yì běn pēngtiáoshū] ▸ **la recette du gâteau au chocolat** 巧克力蛋糕的做法 [qiǎokèlì dàngāo de zuòfǎ] ❸ (méthode) 秘诀 [mìjué] ▸ **quelle est votre recette pour être toujours en forme ?** 您保持健康的秘诀是什么？ [nín bǎochí jiànkāng de mìjué shì shénme?].

receveur, euse nm, f ADMIN (cl. 位 [wèi] ou 个 [gè] ou 名 [míng]) 税务员 [shuìwùyuán] ▸ **receveur des postes** 邮局局长 [yóujú júzhǎng].

recevoir vt ❶ (obtenir) 收到 [shōudào] ▸ **recevoir un cadeau** 收到一份礼物 [shōudào yí fèn lǐwù] ▸ **recevoir une lettre** 收到一封信 [shōudào yì fēng xìn] ▸ **recevoir un appel** 听一个电话 [tīng yí ge diànhuà] ❷ (accueillir) 迎接 [yíngjiē] ▸ **recevoir des invités** 迎接客人们 [yíngjiē kèrénmen] ❸ (admettre) 接受 [jiēshòu] ▸ **elle a été reçue à son concours** 她成功通过了会考 [tā chénggōng tōngguò le huìkǎo] ❹ (subir) 挨 [ái] ▸ **recevoir un coup** 挨了一下 [ái le yí xià].

rechange ▪ **de rechange** adj 备用的 [bèiyòng de] ▸ **pneu de rechange** 一个备用轮胎 [yí ge bèiyòng lúntāi] ▸ **vêtement de rechange** 替换衣服 [tìhuàn yīfu].

réchapper vi ▸ **réchapper à** 躲过 [duǒguò] ▸ **réchapper à un accident de voiture** 躲过一场车祸 [duǒguò yì chǎng chēhuò] ▸ **réchapper de** 熬过 [áoguò] ▸ **réchapper d'une maladie** 熬过一场病 [áoguò yì chǎng bìng].

recharge nf (cl. 件 [jiàn] ou 个 [gè]) 重装物 [zhòngzhuāngwù] ▸ **une recharge d'encre** 一个墨盒 [yí ge mòhé].

rechargeable adj 可重新充满的 [kě chóngxīn chōngmǎn de] ▸ **piles rechargeables** 充电电池 [chōngdiàn diànchí].

recharger vt 重新充满 [chóngxīn chōngmǎn] ▸ **recharger un téléphone** 给一个电话充电 [gěi yí ge diànhuà chōngdiàn].

réchaud nm 小炉子 [xiǎolúzi] ▸ **réchaud à gaz** 小煤气炉 [xiǎo méiqìlú].

réchauffement nm 变暖 [biànnuǎn] ▸ **le réchauffement de la planète** 全球变暖 [quánqiú biànnuǎn].

réchauffer vt ❶ (chauffer de nouveau) 重新加热 [chóngxīn jiārè] ❷ (donner chaud) 使......暖和 [shǐ… nuǎnhuo].

▪ **se réchauffer** vp 取暖 [qǔnuǎn].

rêche adj (rugueux) 粗糙的 [cūcāo de] ▸ **draps rêches** 粗呢 [cūní].

recherche nf ❶ (quête) 寻找 [xúnzhǎo] ▸ **être à la recherche de qqch/qqn** 寻找某物/某人 [xúnzhǎo mǒuwù/mǒurén] ▸ **être à la recherche d'un emploi** 找工作 [zhǎo gōngzuò] ❷ (étude) ○ (cl. 项 [xiàng] ou 个 [gè]) 研究 [yánjiū].

rechercher vt (tenter de trouver) 寻找 [xúnzhǎo] ▸ **rechercher des informations** 寻找信息 [xúnzhǎo xìnxī] ▸ **rechercher un malfaiteur** 追查一名罪犯 [zhuīchá yì míng zuìfàn].

rechute nf MÉD (cl. 次 [cì]) (疾病的)复发 [(jíbìng de) fùfā] ▸ **faire une rechute** 病再次复发 [bìng zàicì fùfā].

rechuter vi 复发 [fùfā].

récidive nf DR (cl. 次 [cì]) 重犯 [chóngfàn].

récidiver vi 重犯 [chóngfàn].

récif nm (cl. 块 [kuài]) 暗礁 [ànjiāo].

récipient nm 容器 [róngqì].

réciproque adj 相互的 [xiānghù de] ▸ **un amour réciproque** 互相爱慕 [hùxiāng àimù].

réciproquement adv 相互 [xiānghù] ▸ **et réciproquement** 反之亦然 [fǎnzhī yìrán] ▸ **ce document ne vaut rien sans le second, et réciproquement** 没有第二个文件，这个文件一文不值，反之亦然 [méiyǒu dì'èr ge wénjiàn, zhè ge wénjiàn yìwén bùzhí, fǎnzhī yìrán].

récit nm (cl. 段 [duàn] ou 篇 [piān] ou 个 [gè]) 记叙 [jìxù] ▸ **faire le récit de qqch** 讲述某事 [jiǎngshù mǒushì].

réciter vt 朗诵 [lǎngsòng] ▸ **réciter un poème** 朗诵一首诗 [lǎngsòng yì shǒu shī] ▸ **réciter une leçon** 背诵一篇课文 [bèisòng yì piān kèwén].

réclamation nf 要求 [yāoqiú] ▸ **faire une réclamation** 提出一个要求 [tíchū yí ge yāoqiú].

réclame nf 广告 [guǎnggào] ▸ **en réclame** 在进行促销 [zài jìnxíng cùxiāo].

réclamer vt (exiger) 要求 [yāoqiú] ▸ **réclamer qqch (à qqn)** (向某人)要求某物 [(xiàng mǒurén) yāoqiú mǒuwù].

réclusion nf DR 监禁 [jiānjìn] ▸ **la réclusion criminelle** 徒刑 [túxíng] ▸ **réclusion à perpétuité** 无期徒刑 [wúqī túxíng].

recoiffer ▪ **se recoiffer** vp 重新梳头 [chóngxīn shūtóu].

recoin nm (cl. 个 [gè] ou 处 [chù]) 隐蔽的角落 [yǐnbì de jiǎoluò].

recoller vt 重新粘补 [chóngxīn zhānbǔ].

récolte nf ❶ (cueillette) 收获 [shōuhuò] ▸ **la récolte des pommes** 苹果的收获 [píngguǒ de shōuhuò] ❷ (produits cueillis) 收成 [shōucheng].

récolter vt (cueillir) 收获 [shōuhuò] ▸ **récolter le blé** 收割小麦 [shōugē xiǎomài].

recommandable adj 值得称道的 [zhídé chēngdào de].

recommandation nf (conseil, consigne) 叮嘱 [dīngzhǔ] ▸ **sa mère lui fait beaucoup de recommandations** 他妈妈对他反复叮嘱 [tā māma duì tā fǎnfù dīngzhǔ].

recommandé, e ♦ adj (envoi) 挂号的 [guàhào de] ▸ **une lettre recommandée** 一封挂号信 [yì fēng guàhàoxìn]. ♦ nm 挂号 [guàhào] ▸ **envoyer qqch en recommandé** 挂号邮寄某物 [guàhào yóujì mǒuwù].

recommander vt (conseiller, signaler) 推荐 [tuījiàn] ▸ **recommander qqn à qqn** 把某人推荐给某人 [bǎ mǒurén tuījiàn gěi mǒurén] ▸ **recommander (à qqn) de** 劝告(某人)...... [quàngào (mǒurén)...] ▸ **je vous recommande de vous coucher tôt** 我劝您早点休息 [wǒ quàn nín zǎodiǎn xiūxi].

recommencer ♦ vt ❶ (refaire) 重复 [chóngfù] ▸ **recommencer la même erreur** 重犯同样的错误 [chóngfàn tóngyàng de cuòwù] ❷ (reprendre) 重新开始 [chóngxīn kāishǐ] ▸ **recommencer à faire qqch** 重新开始做某事 [chóngxīn kāishǐ zuò mǒushì]. ♦ vi (reprendre) 再开始 [zài kāishǐ].

récompense nf (cl. 份 [fèn] ou 个 [gè] ou 笔 [bǐ]) 奖赏 [jiǎngshǎng].

récompenser vt 奖励 [jiǎnglì].

réconcilier vt (raccommoder) 使......和好 [shǐ... héhǎo] ▸ **rien ne peut les réconcilier** 什么也不能让他们重归于好 [shénme yě bùnéng ràng tāmen chóngguī yúhǎo] ▸ **réconcilier qqn avec qqn** 使某人与某人和好 [shǐ mǒurén yǔ mǒurén héhǎo].

■ **se réconcilier** vp 和好 [héhǎo] ▸ **se réconcilier avec qqn** 和某人和好 [hé mǒurén héhǎo].

reconduire vt (raccompagner) 陪送 [péisòng].

réconfort nm 安慰 [ānwèi] ▸ **être d'un grand réconfort** 是一个莫大的安慰 [shì yí ge mòdà de ānwèi].

réconforter vt 鼓舞 [gúwǔ].

reconnaissable adj 可认出的 [kě rènchū de] ▸ **être reconnaissable à qqch** 从某物可以认出 [cóng mǒuwù kéyǐ rènchū].

reconnaissance nf (gratitude) 感谢 [gǎnxiè] ▸ **avoir de la reconnaissance envers qqn** 对某人心怀感激 [duì mǒurén xīnhuái gǎnji] ◊ **aller** ou **partir en reconnaissance** 探察 [tànchá].

reconnaissant, e adj 感激的 [gǎnji de] ▸ **être reconnaissant à qqn de** *(+ infinitif)* 感激某人…… [gǎnji mǒurén…].

reconnaître vt ❶ (identifier) 认出 [rènchū] ▸ **reconnaître qqn/qqch à** 从……认出某人/某物 [cóng… rènchū mǒurén/mǒuwù] ❷ (admettre) 承认 [chéngrèn] ▸ **reconnaître ses torts** 承认自己的过错 [chéngrèn zìjǐ de guòcuò] ▸ **reconnaître que** *(+ indicatif)* 承认…… [chéngrèn…] ▸ **reconnaître** *(+ infinitif)* 承认…… [chéngrèn…].

reconnu, e adj (incontestable) 不容置辩的 [bùróng zhìbiàn de].

reconsidérer vt 重新考虑 [chóngxīn kǎolǜ] ▸ **reconsidérer un problème** 重新考虑一个难题 [chóngxīn kǎolǜ yí ge nántí].

reconstituer vt (reformer) 重新构成 [chóngxīn gòuchéng] ▸ **reconstituer un puzzle** 拼拼图 [pīn pīntú].

reconvertir ■ **se reconvertir** vp 改行 [gǎiháng] ▸ **il s'est reconverti dans l'informatique** 他改行搞电脑了 [tā gǎiháng gǎo diànnǎo le].

recopier vt 重抄 [chóngchāo] ▸ **recopier ses notes** 重抄笔记 [chóngchāo bǐjì].

record nm SPORT (cl. 项 [xiàng] ou 个 [gè]) 最高纪录 [zuìgāo jìlù] ▸ **battre un record** 打破一项纪录 [dǎpò yí xiàng jìlù] ▸ **record du monde** 世界纪录 [shìjiè jìlù].

recoucher vt 使……重新睡下 [shǐ… chóngxīn shuìxia].

■ **se recoucher** vp 重新睡下 [chóngxīn shuìxia].

recoudre vt 重新缝合 [chóngxīn fénghé] ▸ **recoudre un bouton** 重钉一颗纽扣 [chóngdīng yì kē niǔkòu].

recoupement nm 印证 [yìnzhèng] ▸ **par recoupements** 通过印证 [tōngguò yìnzhèng].

recouper vt (couper de nouveau) 重新切割 [chóngxīn qiēgē] ▸ **recouper du pain** 再切面包 [zài qiē miànbāo].

■ **se recouper** vp (coïncider) 互相吻合 [hùxiāng wěnhé] ▸ **témoignages qui se recoupent** 互相吻合的证词 [hùxiāng wěnhé de zhèng cí].

recourir vi ❶ (courir de nouveau) 重新跑 [chóngxīnpǎo] ❷ ▸ **recourir à qqn** 求助于某人 [qiúzhù yú mǒurén] ▸ **recourir à qqch** 凭借某物 [píngjiè mǒuwù] ▸ **recourir à la force** 诉诸武力 [sùzhū wǔlì].

recours nm (action de faire appel à) 依靠 [yīkào] ▸ **avoir recours à qqch** 借助于某物 [jièzhù yú mǒuwù] ▸ **avoir recours à qqn** 求助于某人 [qiúzhù yú mǒurén].

recouvrir vt ❶ (couvrir de nouveau) 重新覆盖 [chóngxīn fùgài] ▸ **recouvrir qqch de** 给某物重新盖上…… [gěi mǒuwù chóngxīn gàishang…] ❷ (couvrir entièrement) 盖满 [gàimǎn] ▸ **la neige recouvre le sol** 白雪覆盖了地面 [báixuě fùgài le dìmiàn] ❸ (ajouter une couverture) 重新盖上被子 [chóngxīn gàishang bèizi].

récréatif, ive adj 娱乐的 [yúlè de].

récréation nf SCOL 课间休息 [kèjiān xiūxi].

recréer vt (reconstituer) 使……再现 [shǐ… zàixiàn] ▸ **recréer une atmosphère** 再现一种气氛 [zàixiàn yì zhǒng qìfēn].

récrimination nf 指责 [zhǐzé].

récrire, réécrire vt 重写 [chóngxiě].

recroqueviller ■ **se recroqueviller** vp (se replier sur soi) 蜷曲 [quánqū] ▸ **elle s'est recroquevillée sous les draps** 她在被单里蜷成一团 [tā zài bèidān lǐ quán chéng yì tuán].

recrudescence nf (regain) 再爆发 [zài bàofā] ▸ **la recrudescence des vols** 盗窃行为的卷土重来 [dàoqiè xíngwéi de juántǔ chónglái].

recrue nf 新成员 [xīn chéngyuán] ▸ **une nouvelle recrue** 一位新成员 [yí wèi xīn chéngyuán].

recrutement nm (cl. 项 [xiàng] ou 次 [cì]) 招聘 [zhāopìn] ▸ **le recrutement de personnel** 人员招聘 [rényuán zhāopìn].

recruter vt (embaucher) 招聘 [zhāopìn].

rectangle nm GÉOM 长方形 [chángfāngxíng].

recteur nm SCOL (cl. 位 [wèi] ou 个 [gè] ou 名 [míng]) 学区区长 [xuéqū qūzhǎng].

rectificatif, ive adj 更正的 [gēngzhèng de] ▸ **une note rectificative** 一篇更正通知 [yì piān gēngzhèng tōngzhī].

rectifier vt 更正 [gēngzhèng] ▸ **rectifier un calcul** 更正一次计算 [gēngzhèng yí cì jìsuàn] ▸ **rectifier une erreur** 修正一个错误 [xiūzhèng yí ge cuòwù].

rectiligne adj 笔直的 [bǐzhí de].

recto nm 正面 [zhèngmiàn].

▪ **recto verso** loc adj & adv 正反面 [zhèngfǎn miàn].

rectorat nm 学区管理处 [xuéqū guánlǐchù].

reçu nm (récépissé) ○ (cl. 张 [zhāng]) 收据 [shōujù].

recueil nm (cl. 本 [běn] ou 部 [bù]) 集 [jí] ▸ **recueil de poèmes** 诗集 [shījí].

recueillement nm 冥想 [míngxiǎng] ▸ **un lieu de recueillement** 静心之所 [jìngxīn zhī suǒ].

recueillir vt (collecter) 收集 [shōují] ▸ **recueillir des fonds** 筹集资金 [chóují zījīn] ▸ **recueillir des témoignages** 搜集证据 [sōují zhèngjù].

▪ **se recueillir** vp 默想 [mòxiǎng] ▸ **aller se recueillir sur la tombe de qqn** 在某人的墓前默哀 [zài mǒurén de mùqián mò'āi].

recul nm ❶ (éloignement) 距离 [jùlí] ▸ **prendre du recul** 拉开距离 [lākāi jùlí] ❷ (repli) 后退 [hòutuì] ▸ **un mouvement de recul** 倒退 [dàotuì].

reculé, e adj 遥远的 [yáoyuǎn de] ▸ **un endroit reculé** 一个遥远的地方 [yí ge yáoyuǎn de dìfang] ▸ **une époque reculée** 一个遥远的时代 [yí ge yáoyuǎn de shídài].

reculer ♦ vt ❶ (déplacer vers l'arrière) 使……后退 [shǐ… hòutuì] ▸ **reculer sa voiture** 倒车 [dàochē] ❷ (différer) 推迟 [tuīchí] ▸ **reculer un rendez-vous** 推迟一个约会 [tuīchí yí ge yuēhuì]. ♦ vi (déplacer vers l'arrière) 后退 [hòutuì] ▸ **reculer d'un pas** 后退一步 [hòutuì yí bù].

reculons ▪ **à reculons** loc adv 倒退着 [dàotuìzhe] ▸ **s'éloigner à reculons** 倒退着离开 [dàotuìzhe líkāi].

récupérer ♦ vt ❶ (reprendre) 收回 [shōuhuí] ▸ **récupérer un objet prêté** 收回一件借出的物品 [shōuhuí yí jiàn jiè chū de wùpǐn] ❷ (recueillir) 回收 [huíshōu] ▸ **récupérer du matériel** 回收材料 [huíshōu cáiliào]. ♦ vi (se remettre) 恢复体力 [huīfù tǐlì].

recyclage nm 回收利用 [huíshōu lìyòng] ▸ **recyclage du verre** 玻璃的回收利用 [bōli de huíshōu lìyòng].

recycler vt 回收利用 [huíshōu lìyòng] ▸ **recycler du papier** 回收利用纸张 [huíshōu lìyòng zhǐzhāng].

rédacteur, trice nm, f (cl. 位 [wèi] ou 个 [gè] ou 名 [míng]) 编辑 [biānjí] ▸ **rédacteur en chef** 主编 [zhǔbiān].

rédaction nf ❶ (action de rédiger) 编撰 [biānzhuàn] ▸ **la rédaction d'un article** 一篇文章的编撰 [yì piān wénzhāng de biānzhuàn] ❷ SCOL 作文 [zuòwén] ▸ **faire une rédaction** 写一篇作文 [xiě yì piān zuòwén] ❸ PRESSE 编辑部 [biānjíbù].

redemander vt 再要求 [zài yāoqiú] ▸ **redemander du pain** 再要块面包 [zài yào kuài miànbāo].

redescendre vi 再下来 [zàixiàlai] ▸ **les températures ont redescendu** 温度又下降了 [wēndù yòu xiàjiàng le].

redevable adj ▸ **être redevable de qqch à qqn** 欠某人某物 [qiàn mǒurén mǒuwù] ▸ **elle lui est redevable de sa réussite** 她的成功多亏了他 [tāde chénggōng duōkuī le tā].

redevance nf (taxe) ○ (cl. 笔 [bǐ]) 使用费 [shǐyòngfèi] ▸ **payer une redevance** 付一笔使用费 [fù yì bǐ shǐyòngfèi].

redevenir v att 重新成为 [chóngxīn chéngwéi].

rédhibitoire adj 可造成严重阻碍的 [kě zàochéng yánzhòng zǔ'ài de] ▸ **un prix rédhibitoire** 一个令人不敢问津的高价 [yí ge lìngrén bùgǎn wènjīn de gāojià].

rediffusion nf TV & RADIO 重播节目 [chóngbō jiémù].

rédiger vt 撰写 [zhuànxiě] ▸ **rédiger un article** 撰写一篇文章 [zhuànxiě yì piān wénzhāng].

redire vt (répéter) 重说 [chóngshuō]
◊ **avoir ou trouver à redire (à)** (critiquer) 对……挑剔 [duì… tiāoti].

redondance nf 冗言赘词 [rǒngyán zhuìcí].

redonner vt ❶ (donner de nouveau) 再给 [zàigěi] ▸ **redonner qqch à qqn** 再给某人某物 [zàigěi mǒurén mǒuwù] ❷ (rendre) 使……恢复 [shǐ… huīfù] ▸ **redonner confiance à qqn** 使某人恢复信心 [shǐ mǒurén huīfù xìnxīn].

redoublant, e nm, f (cl. 名 [míng] ou 个 [gè]) 留级生 [liújíshēng].

redoubler ♦ vt ❶ (augmenter) 加倍 [jiābèi] ▸ **redoubler ses efforts** 加倍努力 [jiābèi nǔlì] ▸ **redoubler de prudence** 加倍谨慎 [jiābèi jǐnshèn] ❷ SCOL 留级 [liújí] ▸ **il a redoublé la sixième** 他重读了初一 [tā chóngdú le chūyī]. ♦ vi 倍增 [bèizēng] ▸ **la pluie redouble** 雨势愈发猛烈了 [yǔshì yùfā měngliè le].

redoutable adj 厉害的 [lìhai de] ▸ **un adversaire redoutable** 一个厉害的对手 [yí ge lìhai de duìshǒu].

redouter vt 害怕 [hàipà] ▸ **redouter qqn/qqch** 害怕某人/某物 [hàipà mǒurén/mǒuwù] ▸ **redouter de** *(+ infinitif)* 害怕…… [hàipà…] ▸ **redouter que** *(+ subjonctif)* 害怕…… [hàipà…].

redressement nm (amélioration) 复兴 [fùxīng] ▸ **le redressement de l'économie** 经济的复苏 [jīngjì de fùsū].

redresser vt ❶ (relever) 重新竖起 [chóngxīn shùqǐ] ▸ **redresser un poteau** 重新竖起一根杆子 [chóngxīn shùqǐ yì gēn gānzi] ❷ (remettre droit) 重新弄直 [chóngxīn nòng zhí] ▸ **redresser un guidon** 扭转车把 [niúzhuǎn chēbǎ].

■ **se redresser** vp (se relever) 挺直 [tǐngzhí].

réducteur, trice adj 缩减的 [suōjiǎn de].

réduction nf ❶ (diminution) 缩减 [suōjiǎn] ▸ **une réduction des dépenses** 开支的缩减 [kāizhī de suōjiǎn] ❷ (rabais) 折扣 [zhékòu] ▸ **faire une réduction de 10%** 打10%的折扣 [dǎ 10% de zhékòu].

réduire vt ❶ (diminuer) 减少 [jiǎnshǎo] ▸ **réduire la vitesse** 减速 [jiǎn sù] ▸ **réduire ses frais** 缩减费用 [suōjiǎn fèiyòng] ❷ (transformer) 转化 [zhuǎnhuà] ▸ **réduire qqch en qqch** 使某物成为某物 [shǐ mǒuwù chéngwéi mǒuwù]
◊ **réduire qqch en miettes** 把某物弄得粉碎 [bǎ mǒuwù nòngde fěnsuì].

réduit, e adj ❶ (plus petit) 缩小的 [suōxiǎo de] ▸ **modèle réduit** 缩小的模型 [suōxiǎo de móxíng] ❷ (moins cher) 降低的 [jiàngdī de] ▸ **tarif réduit** 降低的价钱 [jiàngdī de jiàqian].

réécrire vt 重写 [chóngxiě].

rééducation nf MÉD 康复训练 [kāngfù xùnliàn] ▸ **faire de la rééducation** 进行康复训练 [jìnxíng kāngfù xùnliàn].

réel, elle ♦ adj (authentique) 真实的 [zhēnshí de] ▸ **un fait réel** 一件真事 [yí jiàn zhēnshì] ▸ **un réel plaisir** 一种由衷的快乐 [yì zhǒng yóuzhōng de kuàilè]. ♦ nm 现实 [xiànshí].

réellement adv 确实 [quèshí].

réessayer vt 重新试 [chóngxīn shì] ▸ **j'ai réessayé de l'appeler** 我再次试了给他打电话 [wǒ zàicì shì le gěi tā dǎ diànhuà].

réexpédier vt 退回 [tuìhuí].

réf. (abr écrite de **référence**) 参考 [cānkǎo].

refaire vt (recommencer) 重做 [chóngzuò] ▸ **ce travail est à refaire** 这项工作得重做 [zhè xiàng gōngzuò děi chóngzuò].

réfection nf (cl. 项 [xiàng] ou 次 [cì]) 翻修 [fānxiū] ▸ **réfection d'une route** 一条道路

的翻修 [yì tiáo dàolù de fānxiū] ▸ **des travaux de réfection** 翻修工程 [fānxiū gōngchéng].

réfectoire nm (cl. 所 [suǒ] ou 个 [gè]) 食堂 [shítáng].

référence nf (repère, renvoi) 参考 [cānkǎo] ▸ **un ouvrage de référence** 一本参考书 [yì běn cānkǎoshū] ▸ **faire référence à qqch/qqn** 参照某物/某人 [cānzhào mǒuwù/mǒurén].

référencer vt 加注……的出处 [jiāzhù… de chūchù] ▸ **référencer des citations** 加注引文的出处 [jiāzhù yǐnwén de chūchù].

référendum nm 全民公决 [quánmín gōngjué].

référer vi 参照 [cānzhào] ▸ **en référer à qqn** 向某人请示 [xiàng mǒurén qǐngshì].

▪ **se référer** vp ▸ **se référer à qqch** 涉及 [shèjí] ▸ **ce passage se réfère à l'enfance de l'auteur** 这一片断涉及到作者的童年 [zhè yí piànduàn shèjí dào zuòzhě de tóngnián].

refermer vt 再关上 [zài guānshang] ▸ **refermer une porte** 再把一扇门关上 [zài bǎ yí shàn mén guānshang] ▸ **refermer une valise** 再合上一只箱子 [zài héshang yì zhī xiāngzi].

▪ **se refermer** vp 再关闭 [zài guānbì].

réfléchi, e adj (raisonnable) 审慎的 [shěnshèn de] ▸ **une personne réfléchie** 一个审慎的人 [yí ge shěnshèn de rén].

réfléchir ♦ vt (refléter) 反射 [fǎnshè] ▸ **les miroirs réfléchissent la lumière** 镜子反射光线 [jìngzi fǎnshè guāngxiàn]. ♦ vi ❶ (méditer) 深思熟虑 [shēnsī shúlǜ] ▸ **il faut réfléchir avant d'agir** 三思而后行 [sānsī ér hòuxíng] ❷ (examiner) ▸ **réfléchir à** 考虑 [kǎolǜ] ▸ **réfléchir sur** 思考 [sīkǎo].

▪ **se réfléchir** vp 映照 [yìngzhào] ▸ **son visage se réfléchissait dans l'eau** 他的面孔映在水中 [tāde miànkǒng yìng zài shuǐ zhōng].

reflet nm ❶ (image) 倒影 [dàoyǐng] ❷ (nuance) 光泽 [guāngzé] ▸ **des cheveux aux reflets roux** 带有红棕色光泽的头发 [dàiyǒu hóngzōngsè guāngzé de tóufa].

refléter vt (exprimer) 反映 [fǎnyìng].

▪ **se refléter** vp (se réfléchir) 倒映 [dàoyìng].

réflexe nm 反应 [fǎnyìng] ▸ **avoir de bons réflexes** 反应迅速 [fǎnyìng xùnsù] ▸ **avoir le réflexe de** *(+ infinitif)* 做出……的反应 [zuòchū… de fǎnyìng].

réflexion nf ❶ (méditation) 思考 [sīkǎo] ❷ (remarque) 意见 [yìjiàn] ▸ **faire une réflexion désagréable** 提出一个令人不快的意见 [tíchū yí ge lìngrén búkuài de yìjiàn].

réflexologie nf 反射疗法 [fǎnshè liáofǎ] ▸ **réflexologie plantaire** 足部反射疗法 [zúbù fǎnshè liáofǎ].

refluer vi ❶ (remonter) 倒流 [dàoliú] ❷ (revenir) 涌回 [yǒnghuí].

reflux nm inv (mouvement de la mer) ○ (cl. 次 [cì]) 退潮 [tuìcháo].

réforme nf (cl. 次 [cì] ou 项 [xiàng]) 改革 [gǎigé] ▸ **une réforme politique** 一次政治改革 [yí cì zhèngzhì gǎigé] ▸ **réforme économique** 经济改革 [jīngjì gǎigé].

réformé, e nm (cl. 位 [wèi] ou 个 [gè] ou 名 [míng]) 退役军人 [tuìyì jūnrén].

reformer vt 重新组成 [chóngxīn zǔchéng] ▸ **reformer une équipe** 重新组建一个队 [chóngxīn zǔjiàn yí ge duì].

réformer vt ❶ (modifier) 改革 [gǎigé] ❷ MIL 使……退役 [shǐ… tuìyì] ▸ **se faire réformer** 退役 [tuìyì].

refouler vt ❶ (repousser) 驱逐 [qūzhú] ▸ **refouler les envahisseurs** 击退入侵者 [jītuì rùqīnzhě] ▸ **se faire refouler** 被驱逐 [bèi qūzhú] ❷ (réprimer) 克制 [kèzhì] ▸ **refouler ses larmes** 忍住眼泪 [rěnzhù yǎnlèi] ▸ **refouler sa colère** 压住怒火 [yāzhù nùhuǒ].

réfractaire adj (rebelle) 不服从的 [bùfúcóng de] ▸ **un élève réfractaire** 一个叛逆的学生 [yí ge pànnì de xuésheng] ▸ **être réfractaire à** 不服从 [bùfúcóng].

réfraction nf PHYS 折射 [zhéshè].

refrain nm ❶ MUS 副歌 [fùgē] ▸ **reprendre le refrain** 重复副歌部分 [chóngfù fùgē bùfen] ❷ *fig* (rengaine) ○ (cl. 套 [tào]) 老调 [lǎodiào] ▸ **c'est toujours le même refrain** 总是老调重弹 [zǒngshì lǎodiào chóngtán].

refréner vt 抑制 [yìzhì] ▸ **refréner sa colère** 抑制愤怒 [yìzhì fènnù].

réfrigérateur nm (cl. 台 [tái]) 冰箱 [bīngxiāng].

refroidir ♦ vt (réfrigérer) 使……变凉 [shǐ… biàn liáng]. ♦ vi (devenir froid) 冷却 [lěngquè].

refroidissement nm (baisse de température) ○ (cl. 次 [cì]) 降温 [jiàngwēn].

refuge nm ❶ (abri) 庇护所 [bìhùsuǒ] ▸ **trouver refuge** 找到藏身之地 [zhǎodào cángshēnzhīdì] ❷ (maison) (山中)小屋 [(shān zhōng) xiǎowū] ▸ **passer la nuit dans un refuge** 在一个山中小屋里过夜 [zài yí ge shān zhōng xiǎowū lǐ guò yè].

réfugié, e ♦ adj 避难的 [bìnàn de]. ♦ nm, f (cl. 个 [gè] ou 名 [míng]) 避难者 [bìnànzhě] ▸ **réfugié politique** 政治避难者 [zhèngzhì bìnànzhě].

réfugier ▪ **se réfugier** vp (s'abriter) 躲避 [duǒbì] ▸ **se réfugier sous un arbre** 躲在一棵树下 [duǒ zài yì kē shù xià].

refus nm 拒绝 [jùjué] ▸ **essuyer un refus** 遭到拒绝 [zāodào jùjué].

refuser vt ❶ (décliner, repousser) 拒绝 [jùjué] ▸ **refuser une invitation** 拒绝一个邀请 [jùjué yí ge yāoqǐng] ▸ **refuser de** *(+ infinitif)* 拒绝…… [jùjué…] ▸ **refuser que** *(+ subjonctif)* 反对…… [fǎnduì…] ▸ **refuser qqch à qqn** 拒绝给予某人某物 [jùjué jíyǔ mǒurén mǒuwù] ❷ (rejeter à une sélection) 拒收 [jùshōu] ▸ **il a été refusé à son examen** 他考试没有被录取 [tā kǎoshì méiyǒu bèi lùqǔ].
▪ **se refuser** vp 被拒绝 [bèi jùjué] ▸ **une telle offre ne se refuse pas** 这样一个提议让人无法拒绝 [zhèyàng yí ge tíyì ràng rén wúfǎ jùjué] ▸ **se refuser à** *(+ infinitif)* 拒绝…… [jùjué…] ▸ **elle se refuse à admettre qu'elle a tort** 她拒绝承认自己犯错 [tā jùjué chéngrèn zìjǐ fàncuò].

réfuter vt 反驳 [fǎnbó] ▸ **réfuter un argument** 反驳一个论据 [fǎnbó yí ge lùnjù].

regagner vt ❶ (reprendre) 重新获得 [chóngxīn huòdé] ▸ **regagner l'estime de qqn** 重新获得某人的器重 [chóngxīn huòdé mǒurén de qìzhòng] ❷ (revenir) 返回 [fǎnhuí] ▸ **il a regagné la côte à la nage** 他又游回了岸边 [tā yòu yóu huí le ànbiān] ▸ **regagner sa place** 回到自己的座位 [huídào zìjǐ de zuòwèi].

regain nm (reprise) 恢复 [huīfù] ▸ **regain d'activité** 恢复活动 [huīfù huódòng] ▸ **regain d'énergie** 恢复精力 [huīfù jīnglì] ▸ **regain de popularité** 恢复名望 [huīfù míngwàng].

régal nm (délice) ○ (cl. 种 [zhǒng]) 享受 [xiǎngshòu].

régaler ▪ **se régaler** vp ❶ (se délecter) 大饱口福 [dà bǎo kǒufú] ▸ **ce gâteau est délicieux, je me régale** 这蛋糕真是美味，我大饱口福 [zhè dàngāo zhēn shì měiwèi, wǒ dà bǎo kǒufú] ❷ (apprécier) 得到很好的享受 [dédào hénhǎo de xiǎngshòu] ▸ **ses amis se sont régalés en l'écoutant jouer du piano** 听他弹钢琴朋友们都很享受 [tīng tā tán gāngqín péngyoumen dōu hěn xiǎngshòu].

regard nm (cl. 道 [dào]) 目光 [mùguāng] ▸ **attirer les regards** 引人注目 [yǐnrén zhùmù] ▸ **chercher qqn/qqch du regard** 用目光搜寻某人/某物 [yòng mùguāng sōuxún mǒurén/mǒuwù] ▸ **parcourir du regard** 扫视 [sǎo shì] ▸ **un regard tendre** 一道温柔的目光 [yí dào wēnróu de mùguāng].

regardant, e adj ❶ *fam* (économe) 小气的 [xiǎoqi de] ❷ (attentif) 仔细的 [zǐxì de].

regarder vt ❶ (observer) 看 [kàn] ▸ **regarder le paysage** 看风景 [kàn fēngjǐng] ▸ **regarder une émission à la télévision** 观看电视节目 [guānkàn diànshì jiémù] ❷ (concerner) 与……有关系 [yǔ… yǒu guānxi] ▸ **mes affaires ne te regardent pas !** 我的事和你没关系！ [wǒde shì hé nǐ méi guānxi!].
▪ **regarder à** v+prép 重视 [zhòngshì] ▸ **regarder à la dépense** 对花费斤斤计较 [duì huāfèi jīnjīn jìjiào].
▪ **se regarder** vp (soi-même) 打量自己 [dǎliang zìjǐ] ▸ **se regarder dans le miroir** 照镜子 [zhào jìngzi].

régénérer vt (reconstituer) 使……再生 [shǐ… zàishēng] ▸ **une crème qui régénère la peau** 一种使皮肤再生的面霜 [yì zhǒng shǐ pífū zàishēng de miànshuāng].

régent, e nm, f HIST (cl. 位 [wèi] ou 个 [gè] ou 名 [míng]) 摄政者 [shèzhèngzhě].

reggae ♦ nm 瑞格音乐 [ruìgé yīnyuè] ▸ **écouter un disque de reggae** 听瑞格唱片 [tīng ruìgé chàngpiàn]. ♦ adj 瑞格音乐

的 [ruìgé yīnyuè de] ▸ **un groupe reggae** 一个瑞格乐队 [yí ge ruìgé yuèduì].

régie nf ❶ (entreprise nationalisée) ○ (cl. 家 [jiā] ou 个 [gè]) 国营企业 [guóyíng qǐyè] ❷ CINÉ, RADIO & TV 控制室 [kòngzhìshì].

régime nm ❶ (forme de gouvernement) ○ (cl. 种 [zhǒng]) 政体 [zhèngtǐ] ▸ **un régime politique** 一种政治体制 [yì zhǒng zhèngzhì tǐzhì] ❷ ADMIN (cl. 种 [zhǒng]) 制度 [zhìdù] ▸ **régime fiscal** 税收制度 [shuìshōu zhìdù] ❸ (diète) ○ (cl. 种 [zhǒng]) 饮食制度 [yǐnshí zhìdù] ▸ **être au régime** 控制饮食 [kòngzhì yǐnshí] ▸ **faire** ou **suivre un régime** 节食 [jiéshí] ❹ (ensemble de fruits) 串 [chuàn] ▸ **régime de bananes** 一串香蕉 [yí chuàn xiāngjiāo].

régiment nm MIL 团 [tuán] ▸ **un régiment d'infanterie** 一个步兵团 [yí ge bùbīng tuán].

région nf ❶ (étendue de pays) 地区 [dìqū] ▸ **une région agricole** 一个农业地区 [yí ge nóngyè dìqū] ❷ (division administrative) 大区 [dàqū].

régional, e, aux adj 地方的 [dìfāng de] ▸ **une coutume régionale** 一个地方习俗 [yí ge dìfāng xísú].

régir vt (déterminer) 决定 [juédìng].

registre nm ❶ (répertoire) ○ (cl. 本 [běn]) 登记簿 [dēngjìbù] ▸ **inscrire qqn sur** ou **dans un registre** 在登记簿上为某人注册 [zài dēngjìbù shàng wèi mǒurén zhùcè] ▸ **le registre de l'état civil** 户籍簿 [hùjí bù] ▸ **tenir un registre** 登记在册 [dēngjì zài cè] ❷ (niveau de langue) 语级 [yǔ jí] ▸ **le registre familier** 俗语 [sú yǔ].

réglable adj 可调节的 [kě tiáojié de] ▸ **un siège réglable** 一个可调节的座位 [yí ge kě tiáojié de zuòwèi].

réglage nm 调节 [tiáojié] ▸ **réglage d'un appareil photo** 一部相机的调节 [yí bù xiàngjī de tiáojié].

règle nf ❶ (instrument) ○ (cl. 把 [bǎ]) 尺子 [chǐzi] ▸ **une règle graduée** 一把刻度尺 [yì bǎ kèdù chǐ] ❷ (principe, loi) ○ (cl. 条 [tiáo]) 规则 [guīzé] ▸ **être en règle** 合法 [héfǎ] ▸ **les règles d'un jeu** 一个游戏的规则 [yí ge yóuxì de guīzé].

■ **règles** nfpl (menstruation) 月经 [yuèjīng] ▸ **avoir ses règles** 来月经 [lái yuèjīng] ▸ **des règles douloureuses** 痛经 [tòng jīng].

règlement nm ❶ (résolution) 解决 [jiějué] ▸ **règlement de compte(s)** 复仇 [fù chóu] ▸ **le règlement d'un conflit** 一场冲突的解决 [yì chǎng chōngtū de jiějué] ❷ (règles) ○ (cl. 项 [xiàng] ou 条 [tiáo] ou 个 [gè]) 规章制度 [guīzhāng zhìdù] ▸ **transgresser le règlement** 违反规章制度 [wéifǎn guīzhāng zhìdù] ❸ (paiement) 支付 [zhīfù] ▸ **le règlement d'un achat** 为一件商品付款 [wèi yí jiàn shāngpǐn fùkuǎn].

réglementaire adj (imposé) 规定的 [guīdìng de] ▸ **une tenue réglementaire** 一套规定的服装 [yí tào guīdìng de fúzhuāng].

réglementation nf (action de réglementer) 管理 [guǎnlǐ] ▸ **la réglementation des prix** 物价管理 [wùjià guǎnlǐ].

régler vt ❶ (réguler) 调整 [tiáozhěng] ▸ **régler le four à 200°** 把炉温调到200度 [bǎ lúwēn tiáo dào 200 dù] ▸ **régler une montre** 校准一块表 [jiàozhǔn yí kuài biǎo] ❷ (résoudre) 解决 [jiějué] ▸ **régler un problème** 解决一个问题 [jiějué yí ge wèntí] ❸ (payer) 支付 [zhīfù] ▸ **régler par chèque** 支票支付 [zhīpiào zhīfù] ▸ **régler en espèces** 现金支付 [xiànjīn zhīfù] ▸ **régler une facture** 结算一张发票 [jiésuàn yì zhāng fāpiào].

réglisse ♦ nf (plante) ○ (cl. 棵 [kē] ou 株 [zhū]) 甘草 [gāncǎo] ▸ **mâcher un bâton de réglisse** 嚼一根甘草 [jiáo yì gēn gāncǎo]. ♦ nm (bonbon) ○ (cl. 块 [kuài]) 甘草糖 [gāncǎo táng].

règne nm (gouvernement) 统治(时期) [tǒngzhì (shíqī)] ▸ **sous le règne de qqn** 在某人统治时期 [zài mǒurén tǒngzhì shíqī].

régner vi ❶ (gouverner) 执政 [zhízhèng] ❷ (exister) 统治 [tǒngzhì] ▸ **l'ordre régnait dans les provinces** 外省秩序井然 [wàishěng zhìxù jǐngrán].

regorger ■ **regorger de** v+prép 充满 [chōngmǎn] ▸ **les magasins regorgent de marchandises** 商店里货物繁多 [shāngdiàn lǐ huòwù fánduō] ▸ **des terres qui regorgent d'eau** 水流泛滥的土地 [shuǐliú fànlàn de tǔdì] ▸ **un pays qui regorge de ressources naturelles**

一个自然资源丰富的国家 [yí ge zìrán zīyuán fēngfù de guójiā].

régresser vi 下降 [xiàjiàng] ▸ **le chiffre d'affaires a régressé** 营业额下降了 [yíngyè'é xiàjiàng le] ▸ **sous l'effet des médicaments la douleur régressait** 药效作用下疼痛消退了 [yàoxiào zuòyòng xià téngtòng xiāotuì le].

régression nf (recul) 下降 [xiàjiàng] ▸ **l'industrie automobile est en pleine régression** 汽车工业正在全面倒退 [qìchē gōngyè zhèngzài quánmiàn dàotuì] ▸ **la régression de la mortalité infantile** 幼儿死亡率的下降 [yòu'ér sǐwánglǜ de xiàjiàng].

regret nm ❶ (remords) 后悔 [hòuhuǐ] ▸ **avoir des regrets** 后悔 [hòuhuǐ] ❷ (excuse) 遗憾 [yíhàn] ▸ **à mon grand regret** 我深感遗憾 [wǒ shēngǎn yíhàn] ▸ **avoir le** ou **être au regret de** 很遗憾…… [hěn yíhàn …] ▸ **j'ai le regret de vous informer que** 我很遗憾地通知您…… [wǒ hěn yíhàn de tōngzhī nín …]
◊ **à regret** 勉强地 [miánqiǎng de].

regrettable adj ❶ (fâcheux) 令人遗憾的 [lìngrén yíhàn de] ▸ **un incident regrettable** 一个令人遗憾的事件 [yí ge lìngrén yíhàn de shìjiàn] ❷ (dommage) ▸ **c'est regrettable que** *(+ subjonctif)* 可惜…… [kěxī…].

regretter vt ❶ (éprouver de la peine) 怀念 [huáiniàn] ▸ **regretter son enfance** 怀念自己的童年 [huáiniàn zìjǐ de tóngnián] ▸ **regretter un ami disparu** 悼念一位逝去的朋友 [dàoniàn yí wèi shìqù de péngyou] ❷ (se repentir de) ▸ **regretter qqch** 后悔某事 [hòuhuǐ mǒushì] ▸ **regretter de** *(+ infinitif)* 后悔…… [hòuhuǐ…] ❸ (déplorer) 遗憾 [yíhàn] ▸ **regretter que** *(+ subjonctif)* 遗憾…… [yíhàn…].

regrouper vt 再集合 [zài jíhé] ▸ **le guide regroupe les touristes** 导游把游客再次集合起来 [dǎoyóu bǎ yóukè zài cì jíhéqǐlái].
▪ **se regrouper** vp 重新聚集 [chóngxīn jùjí] ▸ **les manifestants se regroupent sur la place** 示威者们重新聚集在广场上了 [shìwēizhěmen chóngxīn jùjí zài guángchǎng shàng le].

régulariser vt (mettre en règle) 使……合乎规定 [shǐ… héhū guīdìng] ▸ **faire régulariser son passeport** 使自己的护照合法 [shǐ zìjǐ de hùzhào héfǎ].

régularité nf (constance) 规律性 [guīlǜxìng] ▸ **faire preuve de régularité dans son travail** 工作有条不紊 [gōngzuò yǒutiáo bùwěn].

réguler vt 调节 [tiáojié] ▸ **réguler le trafic routier** 调度路面交通 [diàodù lùmiàn jiāotōng].

régulier, ère adj ❶ (uniforme) 有规律的 [yǒuguīlǜ de] ▸ **une vitesse régulière** 匀速 [yún sù] ❷ (fixe) 固定的 [gùdìng de] ▸ **manger à des heures régulières** 按时吃饭 [ànshí chīfàn] ▸ **des revenus réguliers** 固定收入 [gùdìng shōurù] ▸ **un travail régulier** 一份固定工作 [yí fèn gùdìng gōngzuò].

régulièrement adv 按时地 [ànshí de] ▸ **il faut arroser les plantes régulièrement** 要定时浇灌植物 [yào dìngshí jiāoguàn zhíwù].

réhabiliter vt ❶ (rendre ses droits) 使……恢复权利 [shǐ… huīfù quánlì] ▸ **réhabiliter une victime d'une erreur judiciaire** 给被冤枉者昭雪 [gěi bèi yuānwang zhě zhāoxuě] ❷ (rénover) 重建 [chóngjiàn] ▸ **réhabiliter un quartier** 重建一个街区 [chóngjiàn yí ge jiēqū].

rein nm ANAT 肾 [shèn].
▪ **reins** nmpl (partie du dos) 腰 [yāo].

réincarnation nf (cl. 轮 [lún] ou 次 [cì]) 转世 [zhuǎnshì] ▸ **croire à la réincarnation** 相信轮回转世 [xiāngxìn lúnhuí zhuǎnshì].

reine nf ❶ (souveraine) ○ (cl. 位 [wèi] ou 个 [gè]) 女王 [nǚwáng] ▸ **la reine d'Angleterre** 英国女王 [Yīngguó nǚwáng] ❷ (femme du roi) 王后 [wánghòu] ❸ (pièce, figure) ▸ **la reine de trèfle** (扑克牌的)梅花Q [(pūkèpái de) méihuā Q].

réinsertion nf 再接纳 [zài jiēnà] ▸ **réinsertion sociale** 社会生活的重新安置 [shèhuì shēnghuó de chóngxīn ānzhì].

rejaillir vi (retomber sur) 波及 [bōjí] ▸ **rejaillir sur qqn** 波及到某人 [bōjí dào mǒurén].

rejet nm (refus) 拒绝 [jùjué] ▸ **le rejet d'un projet de loi** 对一个法律草案的否决 [duì yí ge fǎlǜ cǎo'àn de fǒujué].

rejeter vt ❶ (renvoyer) 抛回 [pāohuí] ▸ **rejeter un poisson dans l'eau** 把一条鱼抛回水里 [bǎ yì tiáo yú pāohuí shuǐ lǐ] ❷ (décliner) 拒

绝 [jùjué] ▸ **rejeter une offre** 拒绝一项提议 [jùjué yí xiàng tíyì] ❸ (renier) 抛弃 [pāoqì] ▸ **être rejeté par ses amis** 被自己的朋友们所抛弃 [bèi zìjǐ de péngyoumen suǒ pāoqì].

rejoindre vt ❶ (retrouver) 重聚 [chóngjù] ▸ **il est parti rejoindre sa femme** 他出发去和自己的妻子碰头 [tā chūfā qù hé zìjǐ de qīzi pèngtóu] ❷ (regagner) 重返 [chóngfǎn] ▸ **rejoindre sa place** 返回自己的座位 [fǎnhuí zìjǐ de zuòwèi].

■ **se rejoindre** vp ❶ (se rencontrer) 碰头 [pèngtóu] ❷ (se réunir) 交接 [jiāojiē] ▸ **ces deux routes se rejoignent** 这两条路会合在一起 [zhè liǎng tiáo lù huìhé zài yìqǐ].

réjouir vt 使……高兴 [shǐ… gāoxìng].

■ **se réjouir** vp 高兴 [gāoxìng] ▸ **se réjouir de qqch** 为某事感到高兴 [wèi mǒushì gǎndào gāoxìng] ▸ **se réjouir de** *(+ infinitif)* 很高兴…… [hěn gāoxìng…] ▸ **je me réjouis de partir en vacances avec toi** 我很高兴和你去度假 [wǒ hěn gāoxìng hé nǐ qù dùjià] ▸ **se réjouir que** *(+ subjonctif)* 很高兴…… [hěn gāoxìng…].

réjouissance nf 喜悦 [xǐyuè].

relâcher vt ❶ (libérer) 释放 [shìfàng] ▸ **relâcher un prisonnier** 释放一个囚犯 [shìfàng yí ge qiúfàn] ❷ (diminuer) 放松 [fàngsōng] ▸ **relâcher ses efforts** 松懈努力 [sōngxiè nǔlì].

■ **se relâcher** vp (faiblir) 减弱 [jiǎnruò].

relais nm ❶ (auberge) ○ (cl. 家 [jiā] ou 个 [gè]) 酒店 [jiǔdiàn] ▸ **un relais gastronomique** 一个高级饭店 [yí ge gāojí fàndiàn] ❷ (succession) 接替 [jiētì] ▸ **prendre le relais (de qqn)** 接替某人 [jiētì mǒurén] ❸ SPORT 接力 [jiēlì] ▸ **une course de relais** 一场接力赛跑 [yì chǎng jiēlì sàipǎo].

relance nf (reprise) 复兴 [fùxīng] ▸ **une relance économique** 经济复兴 [jīngjì fùxīng].

relancer vt ❶ (lancer de nouveau) 抛回 [pāohuí] ▸ **relancer la balle** 把球抛回 [bǎ qiú pāohuí] ❷ (donner un essor) 重新推动 [chóngxīn tuīdòng] ▸ **relancer l'activité économique** 重新推动经济业务 [chóngxīn tuīdòng jīngjì yèwù].

relater vt *sout* 详述 [xiángshù] ▸ **relater des faits dans la presse** 报上详细报导事实 [bàoshàng xiángxì bàodǎo shìshí].

relatif, ive adj ❶ (qui concerne) ▸ **relatif à** 关于……的 [guānyú… de] ❷ (subjectif) 相对的 [xiāngduì de].

relation nf ❶ (rapport, lien) ○ (cl. 个 [gè] ou 种 [zhǒng] ou 段 [duàn]) 关系 [guānxi] ▸ **une relation amicale** 一种友好关系 [yì zhǒng yǒuhǎo guānxi] ❷ (personne fréquentée) 熟人 [shúrén].

■ **relations** nfpl (contacts) 关系 [guānxi] ▸ **avoir de bonnes relations avec qqn** 与某人关系好 [yǔ mǒurén guānxi hǎo] ▸ **relations professionnelles** 工作关系 [gōngzuò guānxi] ▸ **relations sexuelles** 两性关系 [liǎngxìng guānxi]
◊ **avoir des relations** 有门路 [yǒu ménlu].

relationnel, elle adj 人际关系的 [rénjì guānxi de].

relativement adv 相对地 [xiāngduì de] ▸ **elle est relativement bien payée** 付给她的相对较多 [fùgěi tāde xiāngduì jiàoduō].

■ **relativement à** loc prép 与……相比 [yǔ… xiāngbǐ] ▸ **ce n'est pas cher relativement à ce qu'on a payé précédemment** 与先前买的那个比，这个不贵 [yǔ xiānqián mǎi de nà ge bǐ, zhè ge bú guì].

relativiser ♦ vt 使……相对化 [shǐ… xiāngduì huà]. ♦ vi 相对地看 [xiāngduì de kàn].

relaxation nf 放松活动 [fàngsōng huódòng] ▸ **faire de la relaxation** 做放松运动 [zuò fàngsōng yùndòng].

relaxer ■ **se relaxer** vp 放松 [fàngsōng] ▸ **cette musique me relaxe** 这音乐让我很放松 [zhè yīnyuè ràng wǒ hěn fàngsōng].

relayer vt 接替 [jiētì] ▸ **relayer un collègue** 接替一位同事 [jiētì yí wèi tóngshì].

■ **se relayer** vp 轮流 [lúnliú] ▸ **se relayer auprès d'un malade** 轮流看护一位病人 [lúnliú kānhù yí wèi bìngrén].

relecture nf (cl. 次 [cì]) 重读 [chóngdú].

reléguer vt (mettre à l'écart) 打发 [dǎfa] ▸ **on le relégua dans la chambre du fond** 人们把他打发到最里面的房间 [rénmen bǎ tā dǎfa dào zuì lǐmian de fángjiān] ▸ **elle se sent**

reléguée au second plan 她觉得被降到了次要位置 [tā juéde bèi jiàng dào le cìyào wèizhì].

relent nm *péj* (odeur) 难闻的气味 [nánwén de qìwèi] ▸ **des relents de friture** 油炸的难闻气味 [yóuzhá de nánwén qìwèi].

relève nf 接替 [jiētì] ▸ **prendre la relève (de qqn)** 接(某人的)班 [jiē (mǒurén de) bān] ▸ **la relève de la garde** 换岗 [huàn gǎng].

relevé, e adj ❶ (épicé) 辣的 [là de] ❷ (soutenu) 高雅的 [gāoyǎ de].

▪ **relevé** nm (cl. 段 [duàn] ou 份 [fèn]) 记录 [jìlù] ▸ **relevé de compte** BANQUE 账户单 [zhànghù dān] ▸ **relevé de notes** 笔记的抄录 [bǐjì de chāolù].

relever vt ❶ (redresser) 使……起来 [shǐ… qǐlái] ▸ **relever la tête** 抬起头 [táiqǐ tóu] ▸ **relever une chaise tombée** 扶起一把翻倒的椅子 [fúqǐ yì bǎ fāndǎo de yǐzi] ❷ (remonter) 升起 [shēngqǐ] ▸ **relever la vitre** 摇起车窗玻璃 [yáoqǐ chē chuāngbōli] ▸ **relever le bas de son pantalon** 挽起裤脚 [wǎnqǐ kùjiǎo] ▸ **relever son col** 竖起领子 [shùqǐ lǐngzi] ❸ (noter) 指出 [zhǐchū] ▸ **relever des erreurs** 指出错误 [zhǐchū cuòwù].

▪ **relever de** v+prép 属于……的范围 [shǔyú… de fànwéi].

▪ **se relever** vp (se mettre debout) 重新站起来 [chóngxīn zhànqǐlái].

relief nm ❶ (aspérité) ◦ (cl. 种 [zhǒng]) 立体感 [lìtǐgǎn] ▸ **une carte en relief** 一张立体卡片 [yì zhāng lìtǐ kǎpiàn] ❷ GÉOGR (地势)起伏 [(dìshì) qǐfú]

◊ **mettre en relief** 突出 [tūchū].

relier vt 连接 [liánjiē] ▸ **relier des fils** 连接几条线 [liánjiē jǐ tiáo xiàn] ▸ **relier deux villes** 连接两个城市 [liánjiē liǎng ge chéngshì] ▸ **relier qqch à** 把某物连接到…… [bǎ mǒuwù liánjiē dào…].

religieux, euse ♦ adj 宗教的 [zōngjiào de] ▸ **mariage religieux** 宗教婚礼 [zōngjiào hūnlǐ]. ♦ nm (cl. 位 [wèi] ou 个 [gè] ou 名 [míng]) 修道士 [xiūdàoshì]. ♦ nf (cl. 位 [wèi] ou 个 [gè] ou 名 [míng]) 修女 [xiūnǚ] ▸ **un couvent de religieuses** 一个修道院 [yí ge xiūdàoyuàn].

▪ **religieuse** nf(gâteau) 双球奶油蛋糕 [shuāngqiú nǎiyóu dàngāo].

religion nf (croyance) 宗教 [zōngjiào] ▸ **pratiquer une religion** 修行一种宗教 [xiūxíng yì zhǒng zōngjiào] ▸ **la religion chrétienne** 基督教 [jīdū jiào].

relire vt 重读 [chóngdú] ▸ **relire un paragraphe** 重读一段 [chóngdú yí duàn].

▪ **se relire** vp 校阅自己的文稿 [jiàoyuè zìjǐ de wéngǎo] ▸ **relisez-vous avant de rendre votre copie** 你们交作业之前检查一下 [nǐmen jiāo zuòyè zhī qián jiǎnchá yí xià].

reliure nf 封面 [fēngmiàn].

reluisant, e adj 发光的 [fāguāng de] ▸ **un meuble reluisant** 一件发亮的家具 [yí jiàn fāliàng de jiājù] ▸ **peu reluisant** *fam* 平庸的 [píngyōng de].

remaniement nm 改动 [gǎidòng] ▸ **un remaniement ministériel** 政府的一次重组 [zhèngfǔ de yí cì chóngzǔ] ▸ **le remaniement d'un projet** 一项计划的修改 [yí xiàng jìhuà de xiūgǎi].

remarier ▪ **se remarier** vp 再婚 [zàihūn].

remarquable adj 出色的 [chūsè de] ▸ **un homme remarquable** 一个杰出的人 [yí ge jiéchū de rén] ▸ **un travail remarquable** 一项出色的工作 [yí xiàng chūsè de gōngzuò].

remarque nf ❶ (observation) ◦ (cl. 条 [tiáo]) 评注 [píngzhù] ▸ **une remarque pertinente** 一条中肯的批注 [yì tiáo zhòngkěn de pīzhù] ❷ (critique) 批评 [pīpíng] ▸ **faire une remarque à qqn** 给某人提意见 [gěi mǒurén tí yìjiàn] ▸ **une remarque désobligeante** 责难 [zénàn].

remarquer vt ❶ (constater) 注意到 [zhùyìdào] ▸ **remarquer que** (+ *indicatif*) 注意到…… [zhùyìdào…] ❷ (distinguer) 看到 [kàndào] ▸ **remarquer qqn dans la rue** 在街上看到某人 [zài jiē shàng kàndào mǒurén] ▸ **se faire remarquer** 惹人注目 [rěrén zhùmù].

▪ **se remarquer** vp 被人注意 [bèi rén zhùyì] ▸ **le défaut se remarque à peine** 错误才刚被人注意到 [cuòwù cáigāng bèi rén zhùyì dào].

rembobiner vt 重新绕 [chóngxīn rào] ▸ **rembobiner une cassette** 倒一盘磁带 [dào yì pán cídài].

remboursement nm (cl. 项 [xiàng]) 清偿 [qīngcháng] ▸ **remboursement d'un achat** 货款的清偿 [huòkuǎn de qīngcháng] ▸ **remboursement d'une dette** 一笔债务的偿还 [yì bǐ zhàiwù de chánghuán].

rembourser vt 偿还 [chánghuán] ▸ **je te rembourserai demain** 我明天还给你钱 [wǒ míngtiān huángěi nǐ qián] ▸ **je me suis fait rembourser la caution** 我收回了押金 [wǒ shōuhuí le yājīn] ▸ **rembourser qqn de qqch** 偿还某人某物 [chánghuán mǒurén mǒuwù] ▸ **sa société lui rembourse le pressing** 他的公司给他报销洗熨费 [tāde gōngsī gěi tā bàoxiāo xǐyùn fèi].

rembrunir ■ **se rembrunir** vp 变得阴沉 [biànde yīnchén] ▸ **son visage s'est rembruni lorsqu'il a appris la nouvelle** 当他听到这个消息时脸沉了下来 [dāng tā tīngdào zhè ge xiāoxi shí liǎn chén le xiàlai].

remède nm ❶ (médicament) ○ (cl. 种 [zhǒng] ou 副 [fù] ou 剂 [jì]) 药 [yào] ▸ **un remède contre la toux** 一种止咳药 [yì zhǒng zhǐké yào] ❷ (solution) 灵丹妙药 [língdān miàoyào] ▸ **chercher un remède contre la crise économique** 寻求一种抑制经济危机的灵丹妙药 [xúnqiú yì zhǒng yìzhì jīngjì wēijī de língdān miàoyào].

remédier ■ **remédier à** v+prép 纠正 [jiūzhèng] ▸ **remédier à un problème** 纠正一个问题 [jiūzhèng yí ge wèntí] ▸ **remédier à une situation** 补救一种情况 [bǔjiù yì zhǒng qíngkuàng].

remerciement nm 感谢 [gǎnxiè] ▸ **une lettre de remerciement** 一封感谢信 [yì fēng gǎnxiè xìn].

remercier vt ❶ (exprimer sa gratitude) 感谢 [gǎnxiè] ▸ **remercier qqn de** ou **pour** 感谢某人…… [gǎnxiè mǒurén…] ❷ (licencier) 辞退 [cítuì].

remettre vt ❶ (mettre de nouveau) 重新穿戴 [chóngxīn chuāndài] ▸ **remettre un vêtement** 重新穿上一件衣服 [chóngxīn chuānshang yí jiàn yīfu] ▸ **remettre sa montre** 重新戴上手表 [chóngxīn dàishang shóubiǎo] ❷ (ajouter) 再加 [zàijiā] ▸ **remettre du sel** 再加点盐 [zàijiā diǎn yán] ❸ (replacer) 放回 [fànghuí] ▸ **remettre qqch à sa place** 把某物放回原处 [bǎ mǒuwù fànghuí yuánchù] ❹ (donner) 交给 [jiāogěi] ▸ **remettre qqch à qqn** 把某物交给某人 [bǎ mǒuwù jiāogěi mǒurén] ▸ **je lui ai remis cette lettre en mains propres** 我亲手把这封信交给了他 [wǒ qīnshǒu bǎ zhè fēng xìn jiāogěi le tā] ❺ (ajourner) 推迟 [tuīchí].

■ **se remettre** vp ❶ (recommencer) ▸ **se remettre à (faire) qqch** 重新开始(做)某事 [chóngxīn kāishǐ (zuò) mǒushì] ❷ (se rétablir) ▸ **se remettre (de)** (从……)恢复平静 [(cóng…) huīfù píngjìng] ▸ **il s'est bien remis de son opération** 手术后他复原得很好 [shǒushù hòu tā fùyuán de hěn hǎo].

réminiscences nfpl *sout* 模糊的记忆 [móhu de jìyì] ▸ **je n'ai que des réminiscences des premières années de mon enfance** 我对我的童年早期只有些模糊的记忆 [wǒ duì wǒde tóngnián zǎoqī zhíyǒu xiē móhu de jìyì].

remise nf ❶ (réduction) 折扣 [zhékòu] ▸ **consentir une remise de 30%** 打个30%的折扣 [dǎ ge 30% de zhékòu] ❷ (distribution, livraison) 送交 [sòngjiāo] ▸ **la remise d'une lettre à son destinataire** 把一封信送交收信人 [bǎ yì fēng xìn sòngjiāo shōuxìnrén] ▸ **la remise des prix** 颁奖 [bānjiǎng] ❸ (action de remettre dans son état antérieur) 恢复 [huīfù] ▸ **remise en cause** 质疑 [zhìyí] ▸ **remise en état** 恢复原状 [huīfù yuánzhuàng] ▸ **remise en marche** 恢复运转 [huīfù yùnzhuǎn].

remonte-pente nm 吊缆 [diàolǎn] ▸ **prendre le remonte-pente** 搭吊缆 [dā diàolǎn].

remonter ♦ vt ❶ (parcourir de nouveau vers le haut) 重新上 [chóngxīnshàng] ▸ **remonter les escaliers** 重上楼梯 [chóngshàng lóutī] ❷ (porter de nouveau en haut) 起 [qǐ]; 上 [shàng] ❸ (monter à nouveau ce qui était démonté) 安装 [ānzhuāng] ▸ **remonter un moteur** 安装发动机 [ānzhuāng fādòngjī] ▸ **remonter un meuble** 安装衣橱 [ānzhuāng yīchú] ❹ (relever) 使……起 [shǐ… qǐ] ▸ **remonter la vitre** 摇起车窗 [yáo qǐ chēchuāng] ❺ (tendre un mécanisme) 上发条

[shàngfātiáo] ▸ **remonter un réveil** 给闹钟上发条 [gěi nàozhōng shàngfātiáo]
◊ **remonter le moral à qqn** 给某人鼓气 [gěi mǒurén gǔqì].
♦ vi ❶ (monter) 上 [shàng] ❷ (s'élever) 上升 [shàngshēng] ❸ (augmenter) 上升 [shàngshēng] ▸ **la température remonte** 温度回升 [wēndù huíshēng] ▸ **les prix remontent** 物价又上涨 [wùjià yòu shàngzhǎng] ❹ (aller vers l'origine) 追溯 [zhuīsù] ▸ **remonter dans le temps** 追溯历史 [zhuīsù lìshǐ].
▪ **remonter à** v+prép 始于 [shǐyú] ▸ **l'origine de cette fête remonte au Moyen Âge** 这个节日起始于中世纪 [zhè ge jiérì qǐshǐ yú Zhōngshìjì].

remords nm 后悔 [hòuhuǐ] ▸ **avoir des remords** 感到后悔 [gǎndào hòuhuǐ].

remorque nf (véhicule tiré par un autre) ○ (cl. 辆 [liàng]) 挂车 [guàchē].

remorquer vt 拖 [tuō] ▸ **remorquer une voiture** 拖一辆小汽车 [tuō yí liàng xiǎoqìchē].

rempart nm (fortifications) ○ (cl. 堵 [dǔ]) 城墙 [chéngqiáng] ▸ **les remparts de la ville** 城市的城墙 [chéngshì de chéngqiáng].

remplaçant, e nm, f ❶ (au travail) ○ (cl. 位 [wèi] ou 个 [gè]) 临时代替者 [línshí dàitì zhě] ❷ SPORT 替补 [tìbǔ].

remplacement nm (d'une chose par une autre) 换掉 [huàndiào].

remplacer vt ❶ (changer) 取代 [qǔdài] ▸ **remplacer un carreau cassé** 更换破损的玻璃 [gēnghuàn pòsǔn de bōli] ❷ (prendre un remplaçant) 接替 [jiētì] ▸ **remplacer quelqu'un qui part à la retraite** 接替退休者的工作 [jiētì tuìxiūzhě de gōngzuò] ❸ (suppléer temporairement) 替换 [tìhuàn].

rempli, e adj 装满的 [zhuāngmǎn de]; 盛满的 [chéngmǎn de] ▸ **un verre rempli** 一个装满的杯子 [yí ge zhuāngmǎn de bēizi] ▸ **une journée bien remplie** 安排很满的一天 [ānpái hěnmǎn de yì tiān].

remplir vt ❶ (rendre plein) 装满 [zhuāngmǎn] ▸ **remplir un verre** 装满一个杯子 [zhuāngmǎn yí ge bēizi] ❷ (compléter un document) 填写 [tiánxiě] ▸ **remplir un formulaire** 填写一份表格 [tiánxiě yí fèn biǎogé] ▸ **remplir un chèque** 填写一张支票 [tiánxiě yì zhāng zhīpiào] ❸ (occuper entièrement) 使……满 [shǐ… mǎn] ▸ **les spectateurs remplissent la salle** 大厅里坐满了观众 [dàtīng lǐ zuòmǎn le guānzhòng].
▪ **se remplir** vp 充满 [chōngmǎn] ▸ **le restaurant se remplit** 餐馆里坐满了 [cānguǎn lǐ zuò mǎn le].

remporter vt ❶ (reprendre) 带回 [dàihuí] ❷ (obtenir) 取得 [qǔdé] ▸ **remporter une victoire** 取得胜利 [qǔdé shènglì] ▸ **remporter une compétition** 赢得比赛 [yíngdé bǐsài].

remuer ♦ vt ❶ (bouger) 活动 [huódòng] ▸ **remuer les jambes** 活动双腿 [huódòng shuāngtuǐ] ❷ (mélanger) 搅动 [jiǎodòng] ▸ **remuer son café** 搅动咖啡 [jiǎodòng kāfēi]
◊ **remuer ciel et terre** 竭尽所能 [jiéjìn suǒnéng].
♦ vi ❶ (gesticuler) 动 [dòng] ❷ (bouger) 动 [dòng].

rémunération nf (cl. 份 [fèn]) 酬金 [chóujīn].

rémunérer vt 付给……酬金 [fùgěi … chóujīn].

renard nm (cl. 只 [zhī]) 狐狸 [húli].

renchérir vi (dire plus qu'un autre) 加码 [jiāmǎ].

rencontre nf ❶ (de deux personnes) ○ (cl. 次 [cì]) 相遇 [xiāngyù]; 见面 [jiànmiàn] ▸ **aller à la rencontre de qqn** 向某人迎上去 [xiàng mǒurén yíngshangqu] ▸ **faire la rencontre de qqn** 与某人见面 [yǔ mǒurén jiànmiàn] ❷ SPORT (cl. 场 [chǎng]) 比赛 [bǐsài].

rencontrer vt ❶ (croiser qqn) 遇见 [yùjiàn] ❷ (faire la connaissance de qqn) 见到 [jiàndào] ❸ (se heurter à) 遇到 [yùdào] ▸ **rencontrer un obstacle** 遇到一个障碍 [yùdào yí ge zhàng'ài] ▸ **rencontrer des difficultés** 遇到一些困难 [yùdào yìxiē kùnnan].
▪ **se rencontrer** vp ❶ (se croiser) 相遇 [xiāngyù] ❷ (faire connaissance) 相识 [xiāngshí].

rendement nm ❶ (productivité) 出产 [chūchǎn] ▸ **le rendement à l'hectare** 每公顷的产量 [měi gōngqǐng de chǎnliàng] ❷ (gain) ○ (cl. 笔 [bǐ]) 收益 [shōuyì] ▸ **ce placement a un bon rendement** 这笔投资带来了好收益 [zhè bǐ tóuzī dàilái le hǎo shōuyì].

rendez-vous nm (rencontre) ○ (cl. 次 [cì]) 约会 [yuēhuì] ▸ **avoir rendez-vous** 有约会 [yǒu yuēhuì] ▸ **décommander un rendez-vous** 取消约会 [qǔxiāo yuēhuì] ▸ **donner rendez-vous à qqn quelque part** 与某人约定在某处见面 [yǔ mǒurén yuēdìng zài mǒuchù jiànmiàn] ▸ **prendre un rendez-vous** 接受约会 [jiēshòu yuēhuì].

rendormir ■ **se rendormir** vp 又睡着 [yòu shuìzháo].

rendre ♦ vt ❶ (restituer) 归还 [guīhuán] ▸ **rendre qqch à qqn** 把某物还给某人 [bǎ mǒuwù huángěi mǒurén] ▸ **rendre la monnaie à qqn** 给某人找零钱 [gěi mǒurén zhǎo líng qián] ❷ (faire devenir) 使 [shǐ] ▸ **fumer peut rendre malade** 吸烟会使人生病 [xīyān huì shǐrén shēngbìng]. ♦ vi (produire, avoir un rendement) 收成 [shōucheng].

■ **se rendre** ♦ vp ❶ (obéir, capituler) 投降 [tóuxiáng] ❷ (aller) 去 [qù] ▸ **se rendre à l'étranger** 出国 [chūguó]. ♦ v att (devenir) 使自己 [shǐ zìjǐ] ▸ **se rendre utile** 让自己有用 [ràng zìjǐ yǒuyòng] ▸ **se rendre malade** 使自己生病 [shǐ zìjǐ shēngbìng].

renégocier vt 重新谈判 [chóngxīn tánpàn] ▸ **renégocier un contrat** 重新谈一个合同 [chóngxīn tán yí ge hétong].

renfermer vt (contenir) 装 [zhuāng].

■ **se renfermer** vp 关闭 [guānbì] ▸ **se renfermer sur soi-même** 自我封闭 [zìwǒ fēngbì].

renflouer vt ❶ (remettre en état de naviguer) 打捞 [dǎlāo] ▸ **renflouer un bateau** 打捞一条船 [dǎlāo yì tiáo chuán] ❷ *fig* (sauver de difficultés financières en fournissant de l'argent) 接济 [jiējì] ▸ **renflouer une entreprise** 接济一家企业 [jiējì yì jiā qǐyè].

renforcer vt ❶ (consolider) 加固 [jiāgù] ▸ **renforcer un mur** 加固一面墙 [jiāgù yí miàn qiáng] ❷ (accroître les effectifs) 加强 [jiāqiáng].

renfort nm (assistance) 援助 [yuánzhù] ▸ **demander des renforts** 请求援助 [qǐngqiú yuánzhù] ▸ **envoyer des renforts** 派增援部队 [pài zēngyuán bùduì].

renier vt ❶ (une personne) 不认 [búrèn] ▸ **renier sa famille** 不认自己的家人 [búrèn zìjǐ de jiārén] ▸ **renier un ami** 不认朋友 [búrèn péngyou] ❷ (abjurer, désavouer) 否认 [fǒurèn] ▸ **renier ses opinions** 不承认自己的观点 [bùchéngrèn zìjǐ de guāndiǎn] ▸ **renier sa religion** 背弃自己的宗教 [bèiqì zìjǐ de zōngjiào].

renifler ♦ vi 用鼻子吸 [yòng bízi xī]. ♦ vt (sentir) 闻 [wén].

Renminbi nm (monnaie) 人民币 [Rénmínbì].

renne nm (cl. 头 [tóu]) 驯鹿 [xùnlù].

renommé, e adj 有名的 [yǒumíng de] ▸ **un vin renommé** 一种名酒 [yì zhǒng míngjiǔ] ▸ **la cuisine chinoise est renommée dans le monde entier** 中国菜在全世界享有盛名 [zhōngguócài zài quánshìjiè xiángyǒu shèngmíng].

■ **renommée** nf 声誉 [shēngyù].

renoncer vi 放弃 [fàngqì].

■ **renoncer à** vt ❶ (abandonner un droit) 放弃 [fàngqì] ▸ **renoncer à une succession** 放弃继承权 [fàngqì jìchéngquán] ❷ (abandonner l'idée de) 放弃 [fàngqì] ▸ **renoncer à un projet** 放弃一项计划 [fàngqì yí xiàng jìhuà].

renouveau, x nm 复兴 [fùxīng].

renouvelable adj ❶ (qui peut être renouvelé) 可续订的 [kěxùdìng de] ❷ (non limité) 可再生的 [kězàishēng de] ▸ **les énergies renouvelables** 可再生能源 [kězàishēng néngyuán].

renouveler vt ❶ (changer, remplacer) 更新 [gēngxīn] ▸ **renouveler l'eau de la piscine** 更换游泳池的水 [gēnghuàn yóuyǒngchí de shuǐ] ❷ (prolonger la validité) 续 [xù] ▸ **renouveler sa carte de séjour** 给居留证续期 [gěi jūliúzhèng xù qī] ❸ (réitérer) 重申 [chóngshēn] ▸ **renouveler une demande** 再次提出一项要求 [zài cì tíchū yí xiàng yāoqiú].

■ **se renouveler** vp (se reproduire) 再发生 [zàifāshēng].

renouvellement nm ❶ (remplacement) 更新 [gēngxīn] ▸ **le renouvellement d'un stock** 更新库存 [gēngxīn kùcún] ❷ (reconduction) 续订 [xùdìng] ▸ **le renouvellement d'un bail** 续订房租合同 [xùdìng fángzū hétong] ▸ **le renouvellement d'un abonnement** 办理一项续订手续 [bànlǐ yí xiàng xùdìng shǒuxù].

rénovation nf (remise à neuf) 翻修 [fānxiū] ▸ **la rénovation d'une église** 翻新一座教堂

[fānxīn yí zuò jiàotáng] ▸ **des travaux de rénovation** 改造工程 [gǎizào gōngchéng].

rénover vt (remettre à neuf) 翻修 [fānxiū] ▸ **rénover un immeuble** 改造一座建筑 [gǎizào yí zuò jiànzhù].

renseignement nm 有关信息 [yǒuguān xìnxī] ▸ **demander un renseignement** 询问情况 [xúnwèn qíngkuàng] ▸ **donner un renseignement** 提供信息 [tígōng xìnxī].
■ **renseignements (téléphoniques)** nmpl TÉLÉCOM 问讯处 [wènxùnchù] ▸ **appeler les renseignements** 打电话给问讯处 [dǎ diànhuà gěi wènxùnchù].

renseigner vt 提供信息 [tígōng xìnxī].
■ **se renseigner** vp 打听 [dǎting] ▸ **se renseigner auprès de qqn sur les horaires** 向某人打听时间 [xiàng mǒurén dǎting shíjiān].

rentabiliser vt 使……获得收益 [shǐ… huòdé shōuyì] ▸ **rentabiliser ses investissements** 使他的投资获得收益 [shǐ tāde tóuzī huòdé shōuyì].

rentabilité nf (cl. 项 [xiàng]) 收益 [shōuyì].

rentable adj ÉCON 有收益的 [yǒu shōuyì de] ▸ **un investissement rentable** 一项有收益的投资 [yí xiàng yǒu shōuyì de tóuzī].

rente nf ❶ (revenu périodique d'un capital) ○ (cl. 项 [xiàng]) 定期收入 [dìngqī shōurù] ❷ (somme d'argent versée à qqn) ○ (cl. 笔 [bǐ]) 款项 [kuǎnxiàng]
◊ **vivre de ses rentes** 靠吃利息过日子 [kào chī lìxī guò rìzi].

rentier, ère nm, f (cl. 名 [míng] ou 个 [gè]) 不劳动而有定期收入的人 [bùláodòng ér yǒu dìngqī shōurù de rén].

rentrée nf ❶ (reprise des activités après les vacances) (节后，假期后)上班 [(jié hòu, jiàqī hòu) shàngbān] ❷ (reprise des cours) ▸ **la rentrée (des classes)** 开学 [kāixué] ❸ (somme d'argent) ○ (cl. 项 [xiàng]) 进款 [jìnkuǎn] ▸ **une rentrée d'argent** 一项进款 [yí xiàng jìnkuǎn].

rentrer ♦ vi ❶ (entrer de nouveau) 返回 [fǎnhuí] ❷ (revenir chez soi) 回家 [huíjiā] ▸ **je rentre pour les vacances** 我回家度假 [wǒ huíjiā dùjià] ❸ (entrer) 进入 [jìnrù] ▸ **rentrer par la fenêtre** 从窗户进入 [cóng chuānghu jìnrù] ❹ (s'emboîter) 插进 [chājìn] ▸ **les verres rentrent les uns dans les autres** 杯子一个一个套在一起 [bēizi yí ge yí ge tào zài yìqǐ]. ♦ vt ❶ (mettre à l'abri) 收进 [shōujìn] ▸ **rentrer le linge** 把衣服收回来 [bǎ yīfu shōu huílai] ❷ (faire pénétrer) 放进 [fàngjìn] ▸ **rentrer la clé dans la serrure** 将钥匙插进锁里 [jiāng yàoshi chājìn suǒ lǐ].

renversant, e adj 令人震惊的 [lìngrén zhènjīng de] ▸ **une nouvelle renversante** 一条令人震惊的消息 [yì tiáo lìngrén zhènjīng de xiāoxi].

renverse ■ **à la renverse** adv 仰面 [yǎngmiàn] ▸ **tomber à la renverse** 仰面摔倒 [yǎngmiàn shuāidǎo].

renversement nm ❶ (changement complet) 彻底改变 [chèdǐ gǎibiàn] ▸ **un renversement de situation** 局面的彻底改变 [júmiàn de chèdǐ gǎibiàn] ❷ (chute, écroulement) 推翻 [tuīfān] ▸ **le renversement d'un gouvernement** 一个政府被推翻 [yí ge zhèngfǔ bèi tuīfān].

renverser vt ❶ (faire tomber) 打翻 [dǎfān] ▸ **se faire renverser par une voiture** 被一辆汽车撞倒了 [bèi yí liàng qìchē zhuàngdǎo le] ❷ (stupéfier) 惊呆 [jīngdāi] ❸ (obliger à démissionner) 推翻 [tuīfān] ▸ **renverser le gouvernement** 推翻政府 [tuīfān zhèngfǔ].

renvoi nm ❶ (action de renvoyer) 辞退 [cítuì] ▸ **le renvoi d'un élève** 开除一名学生 [kāichú yì míng xuésheng] ▸ **le renvoi des marchandises abîmées** 退回损坏商品 [tuìhuí sǔnhuài shāngpǐn] ❷ (référence) 注释符号 [zhùshì fúhào].

renvoyer ♦ vt ❶ (faire retourner qqn où il était) 打发回去 [dǎfa huíqu] ❷ (mettre qqn à la porte) 解雇 [jiěgù] ❸ (réexpédier) 退回 [tuìhuí] ▸ **renvoyer une lettre** 退回一封信 [tuìhuí yì fēng xìn]. ♦ vi (référer) 指示参阅 [zhǐshì cānyuè].

réorganiser vt 重组 [chóngzǔ].

repaire nm ❶ (pour des animaux sauvages) 窝 [wō] ❷ (pour des individus) ○ (cl. 处 [chù] ou 个 [gè]) 老窝 [lǎowō] ▸ **un repaire de malfaiteurs** 歹徒藏身的老窝 [dǎitú cángshēn de lǎowō].

répandre vt ❶ (verser, renverser sur) 播撒 [bōsǎ] ❷ (diffuser, dégager) 散发 [sànfā] ▸ **répandre une odeur** 散发一种气味 [sànfā yì zhǒng qìwèi] ❸ (faire connaître) 传播 [chuánbō] ▸ **répandre une nouvelle** 传播一条消息 [chuánbō yì tiáo xiāoxi].

■ **se répandre** vp ❶ (couler, s'étendre) 散开 [sànkāi] ❷ (se propager) 蔓延 [mànyán] ▸ **la maladie se répand** 疾病蔓延 [jíbìng mànyán] ▸ **la nouvelle se répand** 消息传开了 [xiāoxi chuánkāi le].

répandu, e adj 广为流传的 [guǎngwéi liúchuán de] ▸ **idée répandue** 广为流传的思想 [guǎngwéi liúchuán de sīxiǎng].

réparation nf ❶ (remise en état) 修理 [xiūlǐ] ❷ (dédommagement) 补偿 [bǔcháng].

réparer vt ❶ (remettre en état) 修理 [xiūlǐ] ❷ (corriger) 纠正 [jiūzhèng].

repartie, répartie nf 机敏的答复 [jīmǐn de dáfù] ▸ **faire preuve de répartie** 应答敏捷 [yìngdá mǐnjié].

repartir vi ❶ (s'en retourner) 动身返回 [dòngshēn fǎnhuí] ▸ **repartir chez soi** 动身回家 [dòngshēn huíjiā] ❷ (partir de nouveau) 重新出发 [chóngxīn chūfā] ▸ **l'autobus repart** 汽车又开了 [qìchē yòu kāi le] ❸ *fig* (recommencer) 又开始 [yòu kāishǐ].

répartir vt ❶ (partager) 分配 [fēnpèi] ▸ **répartir un héritage** 分配遗产 [fēnpèi yíchǎn] ▸ **répartir le travail** 分配工作 [fēnpèi gōngzuò] ❷ (étaler dans le temps) 安排在……时间内 [ānpái zài… shíjiān nèi] ❸ (classer, diviser) 划分 [huàfēn].

■ **se répartir** vp ❶ (se diviser) 被划分 [bèi huàfēn] ❷ (partager) 分担 [fēndān].

répartition nf ❶ (attribution) 分摊 [fēntān] ▸ **la répartition des richesses** 财富分配 [cáifù fēnpèi] ▸ **la répartition des tâches** 分派任务 [fēnpài rènwu] ❷ (distribution) 分布 [fēnbù] ▸ **la répartition des animaux sur le continent** 动物在陆地上的分布 [dòngwù zài lùdì shàng de fēnbù].

repas nm inv (cl. 顿 [dùn]) 饭 [fàn] ▸ **préparer le repas** 做饭 [zuòfàn] ▸ **un repas d'affaires** 一顿工作餐 [yí dùn gōngzuòcān].

repassage nm (vêtement) 熨 [yùn].

repasser ♦ vt ❶ (du linge) 熨烫 [yùntàng] ▸ **repasser un vêtement** 熨一件外衣 [yùn yí jiàn wàiyī] ❷ (essayer d'obtenir à nouveau) 重做一边 [chóng zuò yì biān] ▸ **repasser un examen** 补考 [búkǎo]. ♦ vi ❶ (revenir) 再来 [zài lái]; 再去 [zài qù] ❷ (être joué à nouveau) 重播 [chóngbō].

repentir nm 悔恨 [huǐhèn].

repérage nm 定位 [dìngwèi].

répercussions nfpl (effet, conséquence) 影响 [yíngxiǎng] ▸ **avoir des répercussions sur** 对……造成影响 [duì… zàochéng yíngxiǎng].

répercuter ■ **se répercuter** vp (influer) 造成影响 [zàochéng yíngxiǎng] ▸ **la fatigue se répercute sur la santé** 疲劳影响健康 [píláo yíngxiǎng jiànkāng].

repère nm (cl. 处 [chù] ou 个 [gè]) 标志 [biāozhì] ▸ **un point de repère** 基准点 [jīzhǔndiǎn].

repérer vt ❶ (marquer) 打标记 [dǎbiāojì] ❷ (localiser) 定位 [dìngwèi] ❸ *fam* (découvrir) 注意到 [zhùyìdào] ▸ **repérer un ami dans la foule** 在人群中认出了一位朋友 [zài rénqún zhōng rènchū le yí wèi péngyou].

■ **se repérer** vp 确定自己的位置 [quèdìng zìjǐ de wèizhì] ▸ **se repérer avec un plan** 根据地图确定自己的位置 [gēnjù dìtú quèdìng zìjǐ de wèizhi].

répertoire nm ❶ (carnet) ◦ (cl. 本 [běn]) 目录 [mùlù] ▸ **un répertoire alphabétique** 按字母顺序排列的目录 [àn zìmǔ shùnxù páiliè de mùlù] ❷ (ensemble des œuvres d'un artiste) ◦ (cl. 套 [tào]) 保留节目 [bǎoliú jiémù] ▸ **ajouter de nouvelles chansons à son répertoire** 在保留曲目中增加新歌 [zài bǎoliú qūmù zhōng zēngjiā xīn gē].

répéter vt ❶ (redire) 重复 [chóngfù] ❷ (rapporter) 传 [chuán] ▸ **répéter un secret** 把一个秘密说出去 [bǎ yí ge mìmì shuō chūqù] ❸ (recommencer) 重做 [chóngzuò] ❹ (s'exercer) 排练 [páiliàn] ▸ **répéter une scène** 排练一个场面 [páiliàn yí ge chǎngmiàn].

répétitif, ive adj 重复性的 [chóngfùxìng de] ▸ **un travail répétitif** 一项重复性的工作 [yí xiàng chóngfùxìng de gōngzuò].

répétition nf ❶ (redite) ◦ (cl. 次 [cì]) 重复 [chóngfù] ▸ **éviter les répétitions** 避免重复

[bìmiǎn chóngfù] ❷ (recommencement, réitération) ○ (cl. 次 [cì]) 反复 [fǎnfù] ❸ (exercice) ○ (cl. 次 [cì]) 排练 [páiliàn] ▸ **la répétition d'un spectacle** 一场节目的排练 [yì chǎng jiémù de páiliàn] ▸ **répétition générale** 彩排 [cǎipái].

répit nm 缓解 [huánjiě] ▸ **un moment de répit** 喘息的时间 [chuǎnxī de shíjiān].

replacer vt ❶ (remettre en place) 放回原处 [fànghuí yuánchù] ▸ **replacer un livre sur une étagère** 把书放回书架 [bǎ shū fànghuí shūjià] ❷ (situer) 放到…… [fàngdào…].

repli nm ❶ (pli profond) 褶子 [zhězi] ❷ (recul, retraite) 撤退 [chètuì].

replier vt (plier ce qui est déplié) 折叠 [zhédié] ▸ **replier un journal** 折叠一份报纸 [zhédié yí fèn bàozhǐ].

▪ **se replier** vp ❶ MIL (reculer) 撤退 [chètuì] ❷ *fig* (se renfermer) 反省 [fǎnxǐng] ▸ **se replier sur soi-même** 自我反省 [zìwǒ fǎnxǐng].

réplique nf ❶ ART (copie) ○ (cl. 件 [jiàn]) 复制品 [fùzhìpǐn] ❷ CINÉ & THÉÂTRE 对白 [duìbái] ▸ **donner la réplique à qqn** 陪某人练对白 [péi mǒurén liàn duìbái].

répliquer ♦ vt (répondre vivement) 反驳 [fǎnbó] ▸ **répliquer qqch à qqn** 就某事反驳某人 [jiù mǒushì fǎnbó mǒurén]. ♦ vi *fig* (riposter) 辩驳 [biànbó].

replonger vi ❶ (plonger de nouveau) 再次潜入水中 [zàicì qiánrù shuǐ zhōng] ❷ *fig* (s'enfoncer à nouveau) 重新陷入 [chóngxīn xiànrù] ❸ *fig* (récidiver) 重犯（过去犯过的罪，过去犯过的老毛病）[chóngfàn (guòqù fànguò de zuì, guòqù fàn guò de lǎomáobìng)].

répondeur nm 录音电话机 [lùyīn diànhuàjī] ▸ **laisser un message sur le répondeur de qqn** 在某人的录音电话机上留言 [zài mǒurén de lùyīn diànhuàjī shàng liúyán].

répondre ♦ vi ❶ (donner une réponse) 回答 [huídá] ▸ **répondre à une lettre** 回信 [huíxìn] ▸ **répondre à une question** 回答一个问题 [huídá yí ge wèntí] ❷ (réagir à un appel) 回应 [huíyìng]. ♦ vt 回话 [huíhuà].

▪ **répondre à** v+prép (correspondre à) 符合 [fúhé] ▸ **répondre à des besoins** 满足需要 [mǎnzú xūyào].

réponse nf ❶ (action de répondre) 答复 [dáfù] ▸ **donner une réponse** 给予答复 [jǐyǔ dáfù] ❷ (solution) 答案 [dá'àn] ▸ **trouver la bonne réponse** 找到好的答案 [zhǎodào hǎo de dá'àn].

report nm (ajournement) 延期 [yánqī] ▸ **le report d'une réunion** 会议的延期 [huìyì de yánqī].

reportage nm (article, enquête) ○ (cl. 篇 [piān] ou 个 [gè]) 报道 [bàodào] ▸ **diffuser des reportages** 播送报道 [bōsòng bàodào].

reporter[1] nm (cl. 名 [míng] ou 个 [gè] ou 位 [wèi]) 现场记者 [xiànchǎng jìzhě].

reporter[2] vt ❶ (différer) 推迟日期 [tuīchí rìqī] ▸ **reporter une réunion** 推迟会议日期 [tuīchí huìyì rìqī] ❷ (recopier) 过帐 [guòzhàng] ▸ **reporter qqch sur qqch** 将……结转到…… [jiāng… jiézhuǎn dào…] ❸ (transférer) 转移 [zhuǎnyí] ▸ **reporter son choix sur qqn** 选择某人 [xuǎnzé mǒurén].

▪ **se reporter à** vp (se référer à) 参照 [cānzhào] ▸ **se reporter à un document** 参照一份文件 [cānzhào yí fèn wénjiàn].

repos nm ❶ (détente, congé) 休息 [xiūxi] ▸ **prendre des jours de repos** 休息几天 [xiūxi jǐtiān] ❷ (immobilité, inaction) 静止 [jìngzhǐ].

reposer ♦ vt ❶ (poser de nouveau) 放回 [fànghuí] ❷ (appuyer sur) 使……靠在 [shǐ… kào zài] ▸ **reposer sa jambe sur un coussin** 将腿放在垫子之上 [jiāng tuǐ fàng zài diànzi zhīshàng] ❸ (délasser) 使……感到舒适 [shǐ… gǎndào shūshì]. ♦ vi CULIN (rester au repos) 醒(面团) [xǐng (miàntuán)].

▪ **reposer sur** v+prép ❶ (être établi, posé sur) 放在……基础之上 [fàng zài… jīchǔ zhīshàng] ❷ (être fondé sur) 建立在 [jiànlì zài] ▸ **reposer sur une grande expérience** 建立在丰富的经验基础之上 [jiànlì zài fēngfù de jīngyàn jīchǔ zhīshàng].

▪ **se reposer** vp 休息 [xiūxi].

▪ **se reposer sur qqn** vp+prép 完全信赖某人 [wánquán xìnlài mǒurén].

repoussant, e adj 令人厌恶的 [lìngrén yànwù de].

repousser ♦ vi (pousser de nouveau) 又长出来 [yòu zhǎngchūlái] ▸ **les feuilles repoussent** 树

叶又长了出来 [shùyè yòu zhǎng le chūlái] ▸ **sa barbe a repoussé** 他的胡子又长出来了 [tāde húzi yòu zhǎngchūlái le]. ♦ vt ❶ (pousser en arrière) 击退 [jītuì] ▸ **repousser l'ennemi** 击退敌人 [jītuì dírén] ❷ (ne pas accepter) 拒绝 [jùjué] ▸ **repousser une proposition** 不接受建议 [bù jiēshòu jiànyì] ❸ (différer) 推迟 [tuīchí] ▸ **repousser un rendez-vous** 推迟约会 [tuīchí yuēhui].

répréhensible adj 应受责备的 [yīngshòu zébèi de] ▸ **acte répréhensible** 应受指责的行为 [yīngshòu zhǐzé de xíngwéi].

reprendre ♦ vt ❶ (récupérer) 取回 [qǔhuí] ❷ (se resservir) 再吃[zài chī]; 再喝 [zài hē] ▸ **reprendre de qqch** 再来点儿…… [zài lái diǎnr…] ❸ (recommencer, poursuivre) 重新开始 [chóngxīn kāishǐ] ▸ **reprendre la route** 重新上路 [chóngxīn shànglù] ▸ **reprendre ses études** 重操学业 [chóngcāo xuéyè] ❹ (recouvrer) 恢复 [huīfù] ▸ **reprendre courage** 重新鼓起勇气 [chóngxīn gǔqǐ yǒngqì]. ♦ vi ❶ (retrouver de la vie, de la vigueur) 复苏 [fùsū] ▸ **les affaires reprennent** 生意又好起来了 [shēngyì yòu hǎo qǐlái le] ❷ (recommencer) 重新开始 [chóngxīn kāishǐ].

représailles nfpl (cl. 次 [cì]) 报复 [bàofu].

représentant, e nm, f ❶ (délégué) ○ (cl. 名 [míng] ou 个 [gè] ou 位 [wèi]) 代表 [dàibiǎo] ▸ **un représentant syndical** 一位工会代表 [yí wèi gōnghuì dàibiǎo] ❷ COMM (cl. 名 [míng] ou 个 [gè] ou 位 [wèi]) 代理商 [dàilǐshāng] ▸ **un représentant de commerce** 商务代理 [shāngwù dàilǐ].

représentatif, ive adj 具有代表性的 [jùyǒu dàibiǎoxìng de].

représentation nf ❶ (illustration) ○ (cl. 种 [zhǒng]) 表示 [biǎoshì] ❷ (spectacle) ○ (cl. 场 [chǎng]) 演出 [yǎnchū] ▸ **donner des représentations** 表演 [biáoyǎn].

représenter vt ❶ (figurer) 象征 [xiàngzhēng] ❷ (dépeindre) 表现 [biǎoxiàn] ▸ **représenter un paysage** 描绘一处景色 [miáohuì yí chù jǐngsè] ❸ (constituer) 相当于 [xiāngdāngyú].

répression nf ❶ (punition) 惩治 [chéngzhì] ▸ **la répression d'un crime** 惩治犯罪 [chéngzhì fànzuì] ❷ (écrasement) ○ (cl. 次 [cì] ou 场 [chǎng]) 镇压 [zhènyā].

réprimande nf 斥责 [chìzé] ▸ **faire des réprimandes à qqn** 斥责某人 [chìzé mǒurén].

réprimander vt 训斥 [xùnchì] ▸ **se faire réprimander par qqn** 受到某人的训斥 [shòudào mǒurén de xùnchì].

réprimer vt ❶ (réfréner) 克制 [kèzhì] ▸ **réprimer sa colère** 克制自己的愤怒 [kèzhì zìjǐ de fènnù] ❷ (punir) 镇压 [zhènyā].

repris nm ▸ **un repris de justice** (cl. 名 [míng] ou 个 [gè]) 惯犯 [guànfàn].

reprise nf ❶ (poursuite après une pause) 恢复 [huīfù] ▸ **la reprise des cours** 返校上课 [fǎnxiào shàngkè] ▸ **la reprise des négociations** 恢复谈判 [huīfù tánpàn] ❷ (nouvel essor après une crise) 复兴 [fùxīng] ❸ (accélération) 加速 [jiāsù].

▪ **à plusieurs reprises** loc adv 多次 [duōcì] ▸ **rencontrer quelqu'un à plusieurs reprises** 多次见到某人 [duōcì jiàndào mǒurén].

repriser vt 缝补 [féngbǔ] ▸ **repriser des chaussettes** 缝补袜子 [féngbǔ wàzi].

réprobateur, trice adj 谴责的 [qiǎnzé de] ▸ **un regard réprobateur** 谴责的目光 [qiǎnzé de mùguāng].

réprobation nf 谴责 [qiǎnzé].

reproche nm 指责 [zhǐzé] ▸ **adresser des reproches à qqn** 责备某人 [zébèi mǒurén].

reprocher vt 责备 [zébèi] ▸ **reprocher son comportement à qqn** 责备某人的行为 [zébèi mǒurén de xíngwéi] ▸ **reprocher à qqn de faire qqch** 责备某人干了某事 [zébèi mǒurén gàn le mǒushì].

▪ **se reprocher** vp 自责 [zìzé].

reproducteur, trice adj 生殖的 [shēngzhí de] ▸ **les organes reproducteurs** 生殖器官 [shēngzhí qìguān].

reproduction nf ❶ (génération) 繁殖 [fánzhí] ❷ (imitation) ○ (cl. 件 [jiàn]) 复制品 [fùzhìpǐn] ❸ (copie) 翻印 [fānyìn].

reproduire vt ❶ (restituer fidèlement) 复制 [fùzhì] ❷ (copier une œuvre) 复制 [fùzhì] ▸ reproduire un tableau 复制一幅画 [fùzhì yì fú huà] ❸ (recommencer) 重复 [chóngfù].

▪ **se reproduire** vp ❶ (engendrer) 繁殖 [fánzhí] ❷ (survenir de nouveau) 再现 [zàixiàn].

réprouver vt (blâmer) 谴责 [qiǎnzé] ▸ **réprouver l'attitude de qqn** 谴责某人的态度 [qiǎnzé mǒurén de tàidu].

reptile nm (cl. 只 [zhī]) 爬行动物 [páxíng dòngwù].

repu, e adj (rassasié) 吃饱的 [chībǎo de].

républicain, e ♦ adj ❶ (qui appartient à la république) 共和国的 [gònghéguó de] ❷ (qui est partisan de la république) 共和主义的 [gònghézhǔyì de] ❸ (relatif au parti américain) (美国)共和党的 [(Měiguó) Gònghédǎng de]. ♦ nm, f ❶ (partisan de la république) ○ (cl. 名 [míng] ou 个 [gè] ou 位 [wèi]) 共和主义者 [gònghézhǔyì zhě] ❷ (membre du parti américain) ○ (cl. 名 [míng] ou 个 [gè] ou 位 [wèi]) (美国)共和党党员 [(Měiguó) Gònghédǎng dǎngyuán].

république nf 共和国 [gònghéguó] ▸ **une république fédérale** 联邦共和国 [liánbāng gònghéguó] ▸ **la République française** 法兰西共和国 [Fǎlánxī Gònghéguó] ▸ **la République populaire de Chine** 中华人民共和国 [Zhōnghuá rénmín Gònghéguó].

répudier vt (renvoyer sa femme) 离弃(妻子) [líqì (qīzi)] ▸ **se faire répudier** 被离弃 [bèi líqì].

répugnance nf 反感 [fángǎn] ▸ **avoir de la répugnance pour** 对……反感 [duì… fángǎn].

répugnant, e adj 令人厌恶的 [lìngrén yànwù de] ▸ **une odeur répugnante** 一股令人恶心的气味 [yì gǔ lìngrén ěxīn de qìwèi].

répugner vi 令人厌恶 [lìngrén yànwù].

répulsion nf 厌恶 [yànwù] ▸ **éprouver de la répulsion envers** 对……反感 [duì… fángǎn]

réputation nf 名声 [míngshēng] ▸ **connaître qqn de réputation** 听说过某人的名声 [tīngshuō guò mǒurén de míngshēng] ▸ **jouir d'une bonne réputation** 享有好名声 [xiángyǒu hǎo míngshēng] ▸ **sa réputation est mauvaise** 他/她的名声不好 [tā/tāde míngshēng bùhǎo].

réputé, e adj 著名的 [zhùmíng de] ▸ **un pianiste réputé** 著名钢琴家 [zhùmíng gāngqínjiā].

requérir vt ❶ DR (réclamer au nom de la loi) 依法请求 [yīfǎ qǐngqiú] ❷ (nécessiter) 要求 [yāoqiú].

requête nf ❶ DR 诉状 [sùzhuàng] ▸ **adresser une requête à un juge** 向法官提交诉状 [xiàng fǎguān tíjiāo sùzhuàng] ❷ *sout* (prière) ○ (cl. 项 [xiàng]) 请求 [qǐngqiú].

requin nm (cl. 条 [tiáo]) 鲨鱼 [shāyú].

réquisitionner vt ADMIN 征用 [zhēngyòng].

réquisitoire nm *fig* (discours violent) 指控 [zhǐkòng].

RER (abr de **réseau express régional**) nm inv (巴黎地区)高速铁路 [(Bālí dìqū) gāosù tiělù] ▸ **prendre le RER** 乘坐高速地铁 [chéngzuò gāosù dìtiě].

rescapé, e nm, f (cl. 名 [míng] ou 个 [gè] ou 位 [wèi]) 幸免于难的人 [xìngmiǎn yúnàn de rén].

rescousse nf 援助 [yuánzhù] ▸ **appeler qqn à la rescousse** 向某人求救 [xiàng mǒurén qiújiù] ▸ **aller à la rescousse de qqn** 救援某人 [jiùyuán mǒurén].

réseau, x nm ❶ (ensemble des voies de communication) ○ (cl. 张 [zhāng]) 网 [wǎng] ▸ **réseau ferroviaire** 铁路网 [tiělù wǎng] ▸ **réseau routier** 公路网 [gōnglù wǎng] ❷ (ensemble de personnes) 人际关系网 [rénjì guānxì wǎng].

réservation nf 预定 [yù dìng] ▸ **effectuer une réservation** 预定 [yùdìng].

réserve nf ❶ (restriction) 保留 [bǎoliú] ▸ **émettre des réserves** 保留意见 [bǎoliú yìjiàn] ❷ (provision) 储备 [chǔbèi] ▸ **faire des réserves de nourriture** 储备粮食 [chǔbèi liángshi] ❸ (local de stockage) 仓库 [cāngkù] ❹ (territoire) ○ (cl. 块 [kuài]) 保留地 [bǎoliúdì] ▸ **réserve indienne** 印地安人保留地 [yìndiānrén bǎoliúdì] ▸ **réserve naturelle** 自然保护区 [zìrán bǎohùqū].

réservé, e adj ❶ (discret) 谨慎的 [jǐnshèn de] ❷ (attribué exclusivement) 被预订的 [bèi yùdìng de].

réserver vt ❶ (louer) 预订 [yùdìng] ❷ (affecter exclusivement à) 预留 [yùliú] ▸ **réserver qqch à qqn** 为某人预留…… [wèi mǒurén yùliú…].

▪ **se réserver** vp ❶ (s'autoriser) 为自己保留 [wèi zìjǐ bǎoliú] ❷ (se ménager) 等待时机 [děngdài shíjī].

réservoir nm (récipient) 容器 [róngqì]; 库 [kù] ▸ **un réservoir d'eau** 一座水库 [yí zuò shuǐkù] ▸ **un réservoir d'essence** 油库[yóu kù]; 油箱 [yóu xiāng].

résidence nf ❶ (demeure) ○ (cl. 处 [chù] ou 个 [gè]) 住所 [zhùsuǒ]; (cl. 处 [chù] ou 个 [gè]) 住房 [zhùfáng]; (cl. 处 [chù] ou 个 [gè]) 住处 [zhùchù] ▸ **résidence principale** 常年居住处 [chángnián jūzhùchù] ▸ **résidence secondaire** 别墅 [biéshù] ❷ (destinées à des personnes données) ○ (cl. 处 [chù] ou 个 [gè]) 公寓 [gōngyù] ▸ **Résidence universitaire** 大学生公寓 [dàxuéshēng gōngyù] ▸ **Résidence pour personnes âgées** 老年人公寓 [lǎoniánrén gōngyù] ❸ (groupe d'immeubles résidentiels) ○ (cl. 处 [chù] ou 个 [gè]) 公寓楼 [gōngyùlóu].

résident, e nm, f (cl. 个 [gè] ou 位 [wèi]) 居民 [jūmín].

résidentiel, elle adj 豪华的 [háohuá de].

résider vi 居住 [jūzhù].

résidu nm 残渣 [cánzhā].

résigner ▪ **se résigner** vp 顺从 [shùncóng] ▸ **se résigner à qqch** 甘心于…… [gānxīn yú…] ▸ **se résigner à faire qqch** 心甘情愿地做某事 [xīngān qíngyuàn de zuò mǒushì].

résilier vt 解除 [jiěchú] ▸ **résilier un contrat** 解除一项合同 [jiěchú yí xiàng hétong].

résistance nf ❶ (solidité) 抗力 [kànglì] ▸ **la résistance au choc** 抗冲击力 [kàng chōngjīlì] ❷ (endurance) 耐力 [nàilì] ▸ **elle a une grande résistance physique** 她很有耐力 [tā hěn yǒu nàilì] ❸ (opposition) 抵制 [dǐzhì] ▸ **la résistance au changement** 反对变革 [fǎnduì biàngé] ❹ HIST 抵抗运动 [Dǐkàng yùndòng] ▸ **la Résistance** 抵抗运动 [Dǐkàng yùndòng] ▸ **s'engager dans la Résistance** 参加抵抗运动 [cānjiā Dǐkàng yùndòng].

résistant, e ♦ adj ❶ (qui résiste à l'usure) 耐用的 [nàiyòng de] ▸ **un matériau résistant** 耐磨的布料 [nàimó de bùliào] ❷ (endurant) 有耐力的 [yǒu nàilì de]. ♦ nm, f (de la Seconde Guerre mondiale) ○ (cl. 名 [míng] ou 个 [gè] ou 位 [wèi]) 抵抗运动成员 [Dǐkàng yùndòng chéngyuán].

résister ▪ **résister à** vi ❶ (s'opposer par la force à) 抵抗 [dǐkàng] ▸ **résister à un agresseur** 抵抗侵略者 [dǐkàng qīnlüèzhě] ❷ (supporter) 经的起 [jīngdeqǐ] ▸ **résister au choc** 经得起打击 [jīngdeqǐ dǎjī] ▸ **résister à la tempête** 抵抗风暴 [dǐkàng fēngbào] ❸ (endurer) 耐 [nài] ▸ **résister à la fatigue** 耐劳 [nàiláo] ❹ (ne pas céder) 经得住 [jīngdezhù] ▸ **résister à la tentation** 经得住诱惑 [jīngdezhù yòuhuò].

résolu, e adj 坚决的 [jiānjué de].

résolument adv 坚定地 [jiāndìng de].

résolution nf ❶ (décision volontaire) 决心 [juéxīn] ▸ **prendre de bonnes résolutions** 立下雄心壮志 [lìxia xióngxīn zhuàngzhì] ❷ (détermination) 果断 [guǒduàn] ▸ **agir avec résolution** 做事果断 [zuòshì guǒduàn] ❸ (solution) 解决 [jiějué] ▸ **la résolution d'un problème** 解决一个问题 [jiějué yí ge wèntí].

résonance nf 共鸣 [gòngmíng] ▸ **la résonance d'une cloche** 一口钟的共鸣 [yì kǒu zhōng de gòngmíng].

résonner vi ❶ (produire un son) 鸣响 [míngxiǎng] ❷ (renvoyer le son) 回响 [huíxiǎng].

résorber vt 使……消除 [shǐ… xiāochú].

▪ **se résorber** vp 消失 [xiāoshī].

résoudre vt (trouver la solution) 解决 [jiějué] ▸ **résoudre une affaire criminelle** 破案 [pò'àn].

▪ **se résoudre à** vp+prép (se décider à) 决心…… [juéxīn…].

respect nm 尊敬 [zūnjìng]; 遵守 [zūnshǒu] ▸ **avoir du respect pour qqn** 尊敬某人 [zūnjìng mǒurén] ▸ **manquer de respect à qqn** 不尊敬某人 [bù zūnjìng mǒurén] ▸ **le respect des lois** 尊重法律 [zūnzhòng fǎlǜ].

respectable adj 值得尊敬的 [zhíde zūnjìng de].

respecter vt ❶ (considérer avec respect) 尊敬 [zūnjìng]; 尊重 [zūnzhòng] ▸ **dans la vie, il faut savoir se faire respecter** 在生活中，应该懂得如何获得他人的尊重 [zài shēnghuó zhōng, yīnggāi dǒngde rúhé huòdé tārén de zūnzhòng] ▸ **respecter la tranquillité des autres** 尊重他人的安宁 [zūnzhòng tārén de ānníng] ❷ (ne pas porter atteinte à) 遵守 [zūnshǒu] ▸ **respecter la loi** 遵守法律 [zūnshǒu fǎlǜ].

respectif, ive adj 各自的 [gèzì de].

respectivement adv 分别地 [fēnbié de].

respectueux, euse adj 恭敬的 [gōngjìng de].

respiration nf 呼吸 [hūxī] ▸ **retenir sa respiration** 屏住呼吸 [píngzhù hūxī].

respiratoire adj 呼吸的 [hūxī de] ▸ **l'appareil respiratoire** 呼吸系统 [hūxīxìtǒng] ▸ **avoir des troubles respiratoires** 呼吸障碍 [hūxī zhàng'ài].

respirer ♦ vi ❶ (inspirer, expirer) 呼吸 [hūxī] ▸ **respirer par la bouche** 用嘴呼吸 [yòng zuǐ hūxī] ▸ **respirer par le nez** 用鼻子呼吸 [yòng bízi hūxī] ❷ *fig* (se détendre) 松口气 [sōngkǒuqì]. ♦ vt (dégager une impression de) 显得 [xiǎnde] ▸ **respirer la santé** 显得身体好 [xiǎnde shēntǐ hǎo].

resplendissant, e adj 闪光的 [shǎnguāng de] ▸ **une mine resplendissante** 容光焕发 [róngguāng huànfā] ▸ **un sourire resplendissant** 灿烂的微笑 [cànlàn de wēixiào].

responsabiliser vt 使……负责任 [shǐ… fù zérèn].

responsabilité nf 责任 [zérèn] ▸ **prendre ses responsabilités** 承担责任 [chéngdān zérèn] ▸ **assumer un poste à responsabilité** 承担负责人的职位 [chéngdān fùzérén de zhíwèi] ▸ **faire preuve de responsabilité** 表现出有责任心 [biǎoxiàn chū yǒu zérènxīn].

responsable ♦ adj ❶ (qui a commis une faute) 有责任的 [yǒu zérèn de] ❷ (qui est chargé de prendre des décisions) 负责的 [fùzé de] ❸ (qui est la cause de) 是导致……的原因 [shì dǎozhì… de yuányīn] ▸ **l'alcool est responsable de nombreux accidents de la route** 酒精是车祸的元凶之一 [jiǔjīng shì chēhuò de yuánxiōng zhī yī] ❹ (raisonnable) 负责任的 [fùzérèn de] ▸ **adopter une attitude responsable** 采取负责任的态度 [cǎiqǔ fùzérèn de tàidu]. ♦ nmf ❶ (auteur, coupable) ○ (cl. 位 [wèi] ou 个 [gè]) 责任人 [zérènrén] ❷ (dirigeant) ○ (cl. 名 [míng] ou 个 [gè] ou 位 [wèi]) 负责人 [fùzérén].

ressaisir ▪ **se ressaisir** vp 恢复镇静 [huīfù zhènjìng].

ressasser vt 反复讲 [fǎnfù jiǎng].

ressemblant, e adj 相像的 [xiāngxiàng de] ▸ **un portrait ressemblant** 一幅逼真的肖像 [yì fú bīzhēn de xiàoxiàng].

ressembler ▪ **ressembler à** v+prép ❶ (physiquement, moralement, visuellement) 与……相像 [yǔ… xiāngxiàng] ❷ (être conforme à) 与……符合 [yǔ… fúhé] ▸ **oublier un rendez-vous, ça ne lui ressemble pas** 忘记赴约，不像是他所为 [wàngjì fùyuē, búxiàng shì tā suǒwéi].

▪ **se ressembler** vp 相像 [xiāngxiàng].

ressentiment nm 怨恨 [yuànhèn].

ressentir vt 感到 [gǎndào] ▸ **ressentir une douleur au bras** 感到胳膊上一阵疼痛 [gǎndào gēbo shàng yí zhèn téngtòng] ▸ **ressentir une joie profonde** 感到由衷的快乐 [gǎndào yóuzhōng de kuàilè].

resserrer vt (serrer davantage) 使……更紧 [shǐ… gèngjǐn] ▸ **resserrer un boulon** 将螺栓再扭紧 [jiāng luóshuān zài niújǐn] ▸ **resserrer une ceinture** 把皮带再系紧点儿 [bǎ pídài zài jì jǐn diǎnr] ▸ **resserrer un nœud** 把结再系紧 [bǎ jié zài jì jǐn].

▪ **se resserrer** vp (devenir étroit) 变窄 [biànzhǎi].

resservir ♦ vt (servir de nouveau) 再添些(饭菜) [zài tiānxiē (fàncài)] ▸ **resservir un plat à qqn** 为某人添菜 [wèi mǒurén tiāncài] ▸ **elle a resservi de la viande à tous ses invités** 她又为每位客人添了一些肉 [tā yòu wèi měi wèi kèrén tiān le yìxiē ròu]. ♦ vi (être utile) 再可以使用 [zài kéyǐ shǐyòng].

▪ **se resservir** vp ❶ (utiliser de nouveau) 再使用 [zài shǐyòng] ▸ **se resservir de qqch** 再次使用某物 [zài cì shǐyòng mǒuwù] ❷ (à table) 给自己添饭/菜 [gěi zìjǐ tiān fàn/cài].

ressort nm 弹簧 [tánhuáng] ▸ **un matelas à ressorts** 弹簧床垫 [tánhuáng chuángdiàn] ◊ **être du ressort de qqn** 属于某人管辖 [shǔyú mǒurén guǎnxiá].

ressortir ♦ vi ❶ (sortir à nouveau) 再出来 [zài chūlái]; 再出去 [zài chūqù] ❷ *fig* (être bien visible) 明显 [míngxiǎn] ▸ **faire ressortir qqch** 使……突出 [shǐ… tūchū]. ♦ vt (livre) 重新出版 [chóngxīn chūbǎn]; (film) 重新上映 [chóngxīn shàngyìng]; (pièce) 重新上演 [chóngxīn shàngyǎn].

▪ **ressortir de** v+prép (résulter de) 从……得出结论 [cóng… déchū jiélùn].

ressortissant, e nm, f (cl. 名 [míng] ou 个 [gè] ou 位 [wèi]) 侨民 [qiáomín].

ressource nf (recours) 办法 [bànfǎ] ▸ **aide moi ! tu es ma dernière ressource** 帮帮我！你是我最后的指望 [bāngbang wǒ! nǐ shì wǒ zuìhòu de zhǐwàng]

◊ **avoir de la ressource** 有精力 [yǒu jīnglì].

▪ **ressources** nfpl ❶ (moyens matériels de vivre) 财源 [cáiyuán] ▸ **une famille sans ressources** 没有生活来源的家庭 [méiyǒu shēnghuó láiyuán de jiātíng] ❷ (moyens dont dispose une collectivité) 资源 [zīyuán] ▸ **les ressources humaines** 人力资源 [rénlì zīyuán] ▸ **les ressources naturelles** 自然资源 [zìrán zīyuán].

ressurgir = **resurgir**

ressusciter ♦ vi 复活 [fùhuó]. ♦ vt 使……复活 [shǐ… fùhuó].

restaurant nm (cl. 家 [jiā]) 餐馆 [cānguǎn] ▸ **aller au restaurant** 去餐馆吃饭 [qù cānguǎn chīfàn].

restauration nf ❶ CULIN 餐饮业 [cānyǐnyè] ❷ (remise en état) 修复 [xiūfù] ▸ **restauration de monuments historiques** 纪念建筑的修复 [jìniàn jiànzhù de xiūfù] ▸ **restauration de tableaux** 画的修复 [huà de xiūfù].

restaurer vt ❶ (remettre en état) 修复 [xiūfù] ▸ **restaurer une maison** 修复一所房子 [xiūfù yì suǒ fángzi] ▸ **restaurer un tableau** 修复一幅画 [xiūfù yì fú huà] ❷ *sout* (rétablir) 恢复 [huīfù].

▪ **se restaurer** vp (manger) 用餐 [yòngcān].

reste nm ❶ (excédent) 其余 [qíyú] ▸ **un reste de viande** 其余的肉 [qíyú de ròu] ❷ (solde, restant) 剩余 [shèngyú] ▸ **le reste du temps** 剩余时间 [shèngyú shíjiān].

▪ **restes** nmpl ❶ (de repas) 剩饭 [shèngfàn] ▸ **manger les restes** 吃剩饭 [chī shèngfàn] ❷ (d'un défunt) 遗骸 [yíhái].

rester ♦ v att 仍然处于(某状态) [réngrán chǔyú (mǒu zhuàngtài)] ▸ **rester debout** 站着 [zhànzhe] ▸ **rester tranquille** 保持平静 [bǎochí píngjìng]. ♦ vi ❶ (demeurer) 呆在 [dāi zài] ▸ **rester au lit** 卧床 [wòchuáng] ❷ (subsister) 残留 [cánliú] ❸ (en tournure impersonnelle) 剩下 [shèngxia] ▸ **il ne reste plus personne** 一个人也没有了 [yí ge rén yě méiyǒu le] ▸ **il reste des provisions** 还剩下一些食物 [hái shèngxia yìxiē shíwù].

restituer vt ❶ (rendre) 归还 [guīhuán] ▸ **restituer un objet volé** 归还偷窃的物品 [guīhuán tōuqiè de wùpǐn] ❷ (reproduire fidèlement) 复原 [fùyuán].

resto nm *fam* (cl. 家 [jiā]) 餐馆 [cānguǎn] ▸ **aller au resto** 去餐馆吃饭 [qù cānguǎn chīfàn].

restreindre vt 缩减 [suōjiǎn] ▸ **restreindre ses dépenses** 缩减开支 [suōjiǎn kāizhī].

▪ **se restreindre** vp 缩减开支 [suōjiǎn kāizhī].

restriction nf 限制 [xiànzhì].

▪ **restrictions** nfpl 定量配给 [dìngliàng pèijǐ].

restructuration nf 调整结构 [tiáozhěng jiégòu] ▸ **la restructuration d'une entreprise** 企业结构的调整 [qǐyè jiégòu de tiáozhěng].

résultat nm ❶ (réalisation concrète) ○ (cl. 个 [gè]) 结果 [jiéguǒ] ❷ (solution) 得数 [déshù] ▸ **le résultat d'une addition** 加法之和 [jiāfǎ zhī hé] ❸ (réussite ou échec) 结果 [jiéguǒ] ▸ **résultat d'un examen** 考试结果 [kǎoshì jiéguǒ].

résulter ▪ **résulter de** v+prép (découler de) 是……的结果 [shì… de jiéguǒ] ▸ **son succès résulte de ses efforts** 她的成功是她努力的结果 [tāde chénggōng shì tā nǔlì de jiéguǒ].

résumé nm 梗概 [gěnggài] ▸ **lire le résumé d'un roman** 阅读一部小说的梗概 [yuèdú yí bù xiǎoshuō de gěnggài].

▪ **en résumé** adv 总之 [zǒngzhī].

résumer vt 概述 [gàishù] ▸ **résumer l'histoire en quelques lignes** 用几句话概述这个故事 [yòng jǐ jù huà gàishù zhè ge gùshi].

résurrection nf RELIG 复活 [fùhuó].

rétablir vt ❶ (faire exister de nouveau) 恢复 [huīfù] ▸ **rétablir le courant électrique** 恢复供电 [huīfù gōngdiàn] ❷ (remettre en bonne santé) 使……康复 [shǐ… kāngfù].

■ **se rétablir** vp ❶ (retrouver la santé) 痊愈 [quányù]; 恢复健康 [huīfù jiànkāng] ❷ (revenir) 恢复 [huīfù].

rétablissement nm ❶ (remise en fonction) 恢复 [huīfù] ▸ **le rétablissement d'une ligne téléphonique** 恢复一条电话线路 [huīfù yì tiáo diànhuà xiànlù] ❷ (guérison) 康复 [kāngfù] ▸ **bon rétablissement !** 早日康复！ [zǎorì kāngfù!].

retard nm ❶ (fait d'arriver trop tard) 延误 [yánwù] ▸ **arriver en retard quelque part** 延误到达某处 [yánwù dàodá mǒuchù] ▸ **avoir dix minutes de retard** 晚点十分钟 [wándiǎn shí fēnzhōng] ▸ **être en retard** 迟到 [chí dào] ❷ (écart de développement) 落后 [luòhòu] ▸ **être en retard pour son âge** 迟缓 [chíhuǎn].

retardement nm 定时 [dìngshí] ▸ **un mécanisme de retardement** 定时装置 [dìngshí zhuāngzhì].

retarder ♦ vt ❶ (mettre en retard) 耽搁 [dānge] ▸ **l'embouteillage nous a retardés** 堵车把我们耽搁了 [dǔchē bǎ wǒmen dānge le] ❷ (ajourner) 推迟 [tuīchí] ▸ **retarder son départ** 推迟动身 [tuīchí dòngshēn]. ♦ vi (horloge, montre) 慢 [màn] ▸ **cette montre retarde de 10 minutes** 这表慢10分钟 [zhè biǎo màn 10 fēnzhōng].

retenir vt ❶ (se souvenir de) 记住 [jìzhu] ▸ **retenir l'essentiel** 记住主要东西 [jìzhu zhǔyào dōngxi] ❷ (tirer en arrière) 拽 [zhuài] ❸ (garder) 留住 [liúzhù] ❹ (réserver) 预订 [yùdìng] ▸ **retenir une chambre d'hôtel** 在旅馆预订一个房间 [zài lǚguǎn yùdìng yí ge fángjiān] ❺ (réprimer) 忍住 [rěnzhù] ❻ (opter pour) 采纳 [cǎinà] ▸ **retenir un projet** 采纳一项计划 [cǎinà yí xiàng jìhuà].

■ **se retenir** vp ❶ (s'accrocher) 拽住 [zhuàizhù] ▸ **se retenir à qqn** 拽住某人 [zhuàizhù mǒurén] ▸ **se retenir à qqch** 抓住某物 [zhuāzhù mǒuwù] ❷ (résister à une envie) 忍住 [rěnzhù] ▸ **se retenir de pleurer** 忍住哭泣 [rěnzhù kūqì] ▸ **se retenir de rire** 忍住笑 [rěnzhù xiào] ❸ (se conserver dans la mémoire) 被记住 [bèi jìzhu].

rétention nf ❶ (accumulation dans l'organisme) 潴留 [zhūliú] ▸ **rétention d'eau** 水潴留 [shuǐ zhūliú] ❷ (action de garder pour soi) 封锁 [fēngsuǒ] ▸ **rétention d'informations** 封锁消息 [fēngsuǒ xiāoxi].

retentir vi 发出强烈响声 [fāchū qiángliè xiǎngshēng] ▸ **la sonnette retentit** 铃声大响起来 [língshēng dà xiǎngqǐlái].

retentissant, e adj ❶ (qui fait beaucoup de bruit) 响亮的 [xiǎngliàng de] ▸ **une voix retentissante** 响亮的嗓音 [xiǎngliàng de sǎngyīn] ❷ (dont on parle beaucoup) 引起轰动的 [yínqǐ hōngdòng de] ▸ **un scandale retentissant** 引起轰动的丑闻 [yínqǐ hōngdòng de chǒuwén].

retentissement nm ❶ (séries de conséquences) 强烈反响 [qiángliè fǎnxiǎng] ❷ (fait d'attirer l'attention) 轰动 [hōngdòng].

réticence nf 迟疑 [chíyí] ▸ **montrer une certaine réticence** 表现出有些迟疑 [biǎoxiàn chū yǒuxiē chíyí].

réticent, e adj 迟疑不决的 [chíyí bùjué de] ▸ **se montrer réticent** 表现得犹豫不决 [biǎoxiànde yóuyù bùjué].

retiré, e adj ❶ (personne) 隐居的 [yǐnjū de] ▸ **vivre retiré du monde** 过着远离世尘的生活 [guòzhe yuǎnlí shìchén de shēnghuó] ❷ (lieu) 偏僻的 [piānpì de].

retirer vt ❶ (enlever) 去掉 [qùdiào] ▸ **retirer ses chaussures** 脱掉鞋子 [tuōdiào xiézi] ▸ **retirer qqch à qqn** 从某人那里收回某物 [cóng mǒurén nàli shōuhuí mǒuwù] ❷ (annuler) 撤消 [chèxiāo] ▸ **retirer une plainte** 撤消一项诉讼 [chèxiāo yí xiàng sùsòng] ❸ (argent) 取 [qǔ] ▸ **retirer de l'argent au distributeur** 在自动取款机上取钱 [zài zìdòng qúkuǎnjī shàng qǔqián].

■ **se retirer** vp ❶ (cesser une activité) 退出 [tuìchū] ▸ **se retirer de la compétition** 退出比赛 [tuìchū bǐsài] ❷ (s'isoler) 隐居 [yǐnjū] ▸ **se retirer à la campagne** 隐居在乡下 [yǐnjū zài xiāngxia].

retomber ♦ v att (être de nouveau) 重新陷入 [chóngxīn xiànrù] ▸ **retomber amoureux** 又恋爱了 [yòu liàn'ài le] ▸ **retomber enceinte** 再次怀孕 [zài cì huáiyùn] ▸ **retomber malade** 又病了 [yòu bìng le]. ♦ vi ❶ (toucher terre après s'être élevé) 重新落地 [chóngxīn luòdì] ▸ **retomber sur ses pieds** 两脚着地跳下来 [liángjiǎo zháodì tiào xiàlai] ❷ (tomber après s'être élevé) 落 [luò] ❸ (pendre) 垂落 [chuíluò].

▪ **retomber sur** vp+prép (être rejeté sur) 落在某人身上 [luò zài mǒurén shēn shàng] ▸ **faire retomber la responsabilité sur quelqu'un** 使责任落到某人身上 [shǐ zérèn luò dào mǒurén shēn shàng].

rétorquer vt 反驳 [fǎnbó].

retour nm ❶ (réapparition) 回来 [huílai] ▸ **je serai de retour dans une heure** 我一小时后回来 [wǒ yì xiǎoshí hòu huílai] ❷ (trajet, billet) 回程[huíchéng]; 回程票 [huíchéngpiào] ❸ (à un état habituel, antérieur) 恢复 [huīfù] ▸ **retour au calme** 恢复平静 [huīfù píngjìng].

retourner ♦ vt ❶ (mettre à l'envers) 翻转 [fānzhuǎn] ❷ CULIN 翻搅 [fānjiǎo] ❸ (réexpédier) 退回 [tuìhuí] ❹ *fig* (bouleverser) 使……心神不宁 [shǐ… xīnshén bùníng]. ♦ vi (aller de nouveau) 返回 [fǎnhuí] ▸ **retourner chez soi** 回家 [huíjiā].

▪ **se retourner** vp ❶ (basculer) 翻倒 [fāndǎo] ▸ **la voiture s'est retournée** 小汽车翻了 [xiǎoqìchē fān le] ❷ (tourner la tête) 转身 [zhuǎnshēn] ❸ (se tourner sur l'autre côté) 翻身 [fānshēn] ▸ **se retourner sur le dos** 翻过身仰卧 [fānguò shēn yǎngwò] ❹ (combattre) 转而反对 [zhuǎn'ér fǎnduì] ▸ **se retourner contre qqn** 转而反对某人 [zhuǎn'ér fǎnduì mǒurén].

rétracter vt (contracter) 缩回 [suōhuí].

▪ **se rétracter** vp (revenir sur ce que l'on a dit) 变卦 [biànguà] ▸ **le témoin s'est rétracté** 证人又变了卦 [zhèngrén yòu biàn le guà].

retrait nm ❶ (action de retirer qqch) 吊销 [diàoxiāo] ▸ **le retrait du permis de conduire** 吊销驾驶执照 [diàoxiāo jiàshǐ zhízhào] ▸ **faire un retrait (d'argent)** 提取钱 [tíqǔ qián] ❷ (récupération) 取出 [qǔchū].

retraite nf ❶ (cessation d'activité) 退休 [tuìxiū] ▸ **prendre sa retraite** 退休 [tuìxiū] ❷ (revenu) ○ (cl. 笔 [bǐ]) 退休金 [tuìxiūjīn] ▸ **avoir une bonne retraite** 有一笔丰厚的退休金 [yǒu yì bǐ fēnghòu de tuìxiūjīn] ❸ (fuite) 撤退 [chètuì] ▸ **battre en retraite** 撤退 [chè tuì] ▸ **les soldats ont finalement battu en retraite** 士兵们最终撤退了 [shìbīngmen zuìzhōng chètuì le].

retraité, e ♦ nm, f (cl. 名 [míng] ou 个 [gè] ou 位 [wèi]) 退休人员 [tuìxiū rényuán]. ♦ adj 退休的 [tuìxiū de].

retraitement nm 再处理 [zài chúlǐ] ▸ **retraitement des déchets** 废料的再处理 [fèiliào de zài chúlǐ].

retrancher vt (soustraire) 扣除 [kòuchú].

▪ **se retrancher** vp (se mettre à l'abri) ▸ **se retrancher derrière...** 躲避在…… [duǒbì zài…].

retransmission nf TV 转播 [zhuǎnbō] ▸ **retransmission en différé** 录象/录音转播 [lùxiàng/lùyīn zhuǎnbō] ▸ **retransmission en direct** 直播 [zhí bō].

rétrécir ♦ vt 使……变窄 [shǐ… biànzhǎi]. ♦ vi 收缩 [shōusuō] ▸ **rétrécir au lavage** (衣服)洗涤缩水 [(yīfu) xǐdí suōshuǐ].

rétribution nf (cl. 份 [fèn]) 报酬 [bàochou] ▸ **percevoir une rétribution** 收取报酬 [shōuqǔ bàochou] ▸ **la rétribution de ce travail est correcte** 这份工作报酬是合理的 [zhè fèn gōngzuò bàochou shì hélǐ de].

rétrograde adj 倒退的 [dàotuì de].

rétrograder vi ❶ AUTO (passer la vitesse inférieure) 使……降级 [shǐ… jiàngjí] ❷ (perdre ce que l'on avait acquis) 衰退 [shuāituì].

rétroprojecteur nm (cl. 台 [tái]) 投影仪 [tóuyǐngyí].

rétrospective nf (cl. 次 [cì] ou 场 [chǎng]) 回顾展 [huígùzhǎn].

rétrospectivement adv 回想起来 [huíxiǎng qǐlái] ▸ **j'ai eu peur rétrospectivement** 我在事后回想起来感到害怕了 [wǒ zài shìhòu huíxiǎng qǐlái gǎndào hàipà le].

retrousser vt 挽起 [wǎnqǐ] ▸ **retrousser son pantalon** 挽起裤腿儿 [wǎnqǐ kùtuǐr]

◊ **retrousser ses manches** *fig* 干活吧 [gànhuó ba].

retrouvailles nfpl 重逢 [chóngféng].

retrouver vt ❶ (récupérer) 找回 [zhǎohuí] ▸ **j'ai retrouvé mes clés** 我找回了钥匙 [wǒ zhǎohuí le yàoshi] ❷ (jouir à nouveau de) 重新获得 [chóngxīn huòdé] ▸ **retrouver l'appétit** 又

有了胃口 [yòu yǒu le wèikǒu] ▸ **retrouver son calme** 恢复了镇静 [huīfù le zhènjìng] ❸ (avoir de nouveau) 重新找到 [chóngxīn zhǎodào] ▸ **retrouver du travail** 又有了工作 [yòu yǒu le gōngzuò] ❹ (personne) 认出 [rènchū] ❺ (rejoindre) 与某人见面 [yǔ mǒurén jiànmiàn] ▸ **retrouver ses copains au cinéma** 与朋友在电影院见面 [yǔ péngyou zài diànyǐngyuàn jiànmiàn].

■ **se retrouver** vp ❶ (être à nouveau avec quelqu'un) 再见面 [zàijiànmiàn] ▸ **ce soir on se retrouve à 9 heures** 我们今晚9点再见 [wǒmen jīnwǎn 9 diǎn zàijiàn] ▸ **retrouvons-nous à 10 heures au café** 我们10点在咖啡馆见面 [wǒmen 10 diǎn zài kāfēiguǎn jiànmiàn] ❷ (se trouver tout à coup dans une situation) 突然处于 [tūrán chǔyú] ▸ **se retrouver seul** 突然变得孤独了 [tūrán biànde gūdú le] ▸ **se retrouver au chômage** 突然就失业了 [tūrán jiù shīyè le].

rétroviseur nm (cl. 面 [miàn] ou 个 [gè]) 后视镜 [hòushìjìng] ▸ **regarder dans le rétroviseur** 看后视镜 [kàn hòushìjìng].

réunification nf 统一 [tǒngyī].

réunion nf ❶ (rassemblement) ◦ (cl. 次 [cì]) 团聚 [tuánjù] ▸ **une réunion de famille** 家庭团聚 [jiātíng tuánjù] ❷ (séance de travail) ◦ (cl. 次 [cì]) 会议 [huìyì] ▸ **avoir une réunion** 有一个会 [yǒu yí ge huì] ▸ **être en réunion** 正在开会 [zhèngzài kāihuì].

Réunion nf ▸ **(l'île de) La Réunion** 留尼汪(岛) [Liúníwāng (dǎo)].

réunir vt ❶ (rassembler) 搜集 [sōují] ▸ **réunir des preuves** 搜集证据 [sōují zhèngjù] ▸ **réunir les fonds nécessaires à un projet** 为一个项目筹集必要的资金 [wèi yí ge xiàngmù chóují bìyào de zījīn] ❷ (mettre ensemble) 聚集 [jùjí] ▸ **réunir des amis pour un anniversaire** 集合朋友来庆祝生日 [jíhé péngyou lái qìngzhù shēngrì] ❸ (comporter) 汇集 [huìjí].

■ **se réunir** vp ❶ (se retrouver, se rencontrer) 聚会 [jùhuì] ▸ **se réunir entre amis** 与朋友聚会 [yǔ péngyou jùhuì] ❷ (se joindre) 汇集 [huìjí].

réussi, e adj 成功的 [chénggōng de].

réussir ♦ vi ❶ (avoir une heureuse issue) 获得成功 [huòdé chénggōng] ▸ **l'opération a réussi** 手术获得了成功 [shǒushù huòdé le chénggōng] ❷ (obtenir un bon résultat) 成功地做…… [chénggōng de zuò…] ▸ **réussir à un examen** 成功通过考试 [chénggōng tōngguò kǎoshì] ❸ (avoir du succès) 取得成功 [qǔdé chénggōng] ❹ (être bénéfique à) 对……有益 [duì… yǒuyì]. ♦ vt (exécuter avec succès) 做成功 [zuòchénggōng] ▸ **réussir un plat** 做好一道菜 [zuòhǎo yí dào cài] ▸ **réussir ses examens** 通过考试 [tōngguò kǎoshì].

réussite nf ❶ (succès) ◦ (cl. 次 [cì]) 成功 [chénggōng] ❷ (jeu de cartes) 纸牌占卜 [zhǐpái zhānbǔ] ▸ **faire une réussite** 用纸牌占卜 [yòng zhǐpái zhānbǔ].

revanche nf ❶ (vengeance) 报复 [bàofu] ▸ **prendre sa revanche** 进行报复 [jìnxíng bàofu] ❷ (partie) (比赛的)扳回局 [(bǐsài de) bānhuí jú].

■ **en revanche** loc adv 相反地 [xiāngfǎn de].

rêvasser vi 胡思乱想 [húsī luànxiǎng].

rêve nm ❶ (activité psychique) ◦ (cl. 场 [chǎng] ou 个 [gè]) 梦 [mèng] ▸ **faire un mauvais rêve** 做了一个不好的梦 [zuò le yí ge bùhǎo de mèng] ❷ (désir, illusion) 梦想 [mèngxiǎng] ▸ **il a réalisé son rêve** 他实现了自己的梦想 [tā shíxiàn le zìjǐ de mèngxiǎng] ▸ **un voyage de rêve** 梦幻般的旅行 [mènghuànbān de lǚxíng].

rêvé, e adj (idéal) 理想的 [lǐxiǎng de] ▸ **c'est l'endroit rêvé pour un pique-nique** 这是个理想的野餐之处 [zhè shì ge lǐxiǎng de yěcān zhīchù].

revêche adj 难以相处的 [nányǐ xiāngchǔ de].

réveil nm ❶ (après le sommeil) 醒 [xǐng] ❷ (pendule) 闹钟 [nàozhōng] ▸ **mettre le réveil à 7 heures** 把闹钟拨到7点 [bǎ nàozhōng bōdào 7 diǎn].

réveiller vt ❶ (tirer du sommeil) 叫醒 [jiàoxǐng] ▸ **réveille-moi à 7 heures** 7点叫醒我 [7 diǎn jiàoxǐng wǒ] ❷ (faire renaître) 唤醒 [huànxǐng].

■ **se réveiller** vp ❶ (sortir du sommeil) 醒来 [xǐnglái] ▸ **se réveiller tôt** 醒得早 [xǐngde zǎo] ▸ **se réveiller tard** 醒得晚 [xǐngde wǎn] ❷ (se ranimer) 被唤醒 [bèi huànxǐng] ▸ **la douleur s'est réveillée** 痛苦被唤醒了 [tòngkǔ bèi huànxǐng le] ▸ **de vieux souvenirs se sont réveillés** 一些陈旧的记忆被唤醒了 [yìxiē chénjiù de jìyì bèi huànxǐng le].

réveillon nm 年夜饭 [niányèfàn] ▸ **le réveillon de Noël** 圣诞节年夜饭 [Shèngdànjié niányèfàn] ▸ **le réveillon du jour de l'An** 除夕夜聚餐 [Chúxī yè jùcān].

révélateur, trice adj 显露的 [xiǎnlù de].

révélation nf ❶ (divulgation) 泄露 [xièlòu] ▸ **la révélation d'un secret** 泄露秘密 [xièlòu mìmì] ▸ **faire des révélations à la police** 向警察揭发 [xiàng jǐngchá jiēfā] ❷ (prise de conscience soudaine) 启示 [qǐshì] ▸ **être une révélation pour qqn** 使某人豁然开朗 [shǐ mǒurén huòrán kāilǎng] ❸ (personne) ○ (cl. 位 [wèi] ou 个 [gè]) 新秀 [xīnxiù].

révéler vt ❶ (divulguer) 泄露 [xièlòu] ▸ **révéler son identité** 披露自己的身份 [pīlù zìjǐ de shēnfen] ▸ **révéler un secret** 泄露秘密 [xièlòu mìmì] ❷ (laisser deviner) 表现出 [biǎoxiàn chū].

▪ **se révéler** ♦ vp 显现出来 [xiǎnxiàn chūlái]. ♦ v att (s'avérer) 显得 [xiǎnde].

revenant, e nm, f 鬼 [guǐ].

revendication nf (cl. 项 [xiàng] ou 个 [gè]) 要求 [yāoqiú].

revendiquer vt ❶ (demander avec force) 强烈要求 [qiángliè yàoqiú] ❷ (assumer) 自愿承担 [zìyuàn chéngdān].

revendre vt 转卖 [zhuǎnmài] ▸ **j'ai revendu ma voiture** 我把我的车转卖了 [wǒ bǎ wǒ de chē zhuǎnmài le].

revenir vi ❶ (venir de nouveau) 回来 [huílai] ▸ **je reviendrai demain** 我明天就回来 [wǒ míngtiān jiù huílai] ❷ (rentrer) 回 [huí] ▸ **je reviens vers 19 h** 我19点左右回来 [wǒ 19 diǎn zuǒyòu huílai] ❸ (au point de départ) 退回 [tuìhuí] ❹ (se présenter de nouveau) 又来到 [yòu láidào] ▸ **le calme est revenu** 平静恢复了 [píngjìng huīfù le] ❺ (coûter) 花费 [huāfèi] ▸ **revenir cher** 花很多钱 [huā hěnduō qián] ❻ CULIN 油煎 [yóujiān] ▸ **faire revenir des oignons** 用油煎洋葱 [yòng yóujiān yángcōng].

▪ **revenir à** v+prép ❶ (coûter) 花费 [huāfèi] ❷ (retourner à) 回到 [huídào] ▸ **revenons à notre conversation** 回到我们的谈话 [huídào wǒmende tánhuà] ▸ **revenir à soi** 恢复知觉 [huīfù zhījué] ❸ (se présenter de nouveau à l'esprit de qqn) 记起 [jìqǐ] ❹ (équivaloir) 等于 [děngyú] ▸ **cela revient au même** 这是一回事 [zhè shì yì huíshì].

▪ **revenir de** v+prép (rentrer de) 从……回来 [cóng… huílai].

▪ **revenir sur** v+prép 重新考虑 [chóngxīn kǎolǜ] ▸ **revenir sur ma décision** 改变我的决定 [gǎibiàn wǒde juédìng].

revenu nm (rétribution) ○ (cl. 笔 [bǐ] ou 份 [fèn]) 收入 [shōurù] ▸ **avoir de gros revenus** 收入丰厚 [shōurù fēnghòu] ▸ **avoir de faibles revenus** 收入微薄 [shōurù wēibó].

rêver vi ❶ (faire des rêves) 做梦 [zuòmèng] ▸ **je rêve rarement** 我很少做梦 [wǒ hénshǎo zuòmèng] ▸ **rêver de qqch** 梦见…… [mèngjian…] ▸ **rêver de qqn** 梦见某人 [mèngjian mǒurén] ❷ (souhaiter) 渴望 [kěwàng] ▸ **rêver de (faire) qqch** 渴望(做)…… [kěwàng (zuò)…].

réverbération nf 反光 [fǎnguāng].

réverbère nm (cl. 盏 [zhǎn]) 路灯 [lùdēng].

révérence nf 尊敬 [zūnjìng] ▸ **faire la révérence** 行屈膝礼 [xíng qūxīlǐ].

rêverie nf 幻想 [huànxiǎng] ▸ **se laisser aller à la rêverie** 任自己陷入幻想 [rèn zìjǐ xiànrù huànxiǎng].

revers nm ❶ (côté opposé) 背面 [bèimiàn] ▸ **le revers de la main** 手背 [shǒu bèi] ❷ (d'un vêtement) 翻边 [fānbiān] ▸ **le revers d'une veste** 上衣的翻领 [shàngyī de fānlǐng] ❸ TENNIS 反手球 [fǎnshǒuqiú] ▸ **le revers de ce joueur est redoutable** 这个球员的反手球很厉害 [zhè ge qiúyuán de fánshǒuqiú hěn lìhai] ◊ **le revers de la médaille** 事物不利的一面 [shìwù búlì de yí miàn].

réversible adj 两面穿的 [liǎngmiàn chuān de] ▸ **une veste réversible** 两面穿上衣 [liǎngmiàn chuān shàngyī].

revêtement nm 路面 [lùmiàn] ▸ **le revêtement d'une route** 一条路的路面 [yì tiáo lù de lùmiàn] ▸ **un revêtement de sol** 地板覆盖层 [dìbǎn fùgàicéng].

revêtir vt ❶ (mettre sur soi) 穿上 [chuānshang] ❷ (recouvrir) 覆盖 [fùgài] ▸ **revêtir un mur de papier peint** 用墙纸糊墙 [yòng qiángzhǐ húqiáng].

rêveur, euse ♦ adj 爱幻想的 [àihuànxiǎng de] ▸ **un enfant rêveur** 爱幻想的孩子 [àihuànxiǎng de háizi] ▸ **un air rêveur** 迷茫的神态 [mímáng de shéntài]. ♦ nm, f 幻想家 [huànxiǎngjiā].

réviser vt ❶ (réexaminer, modifier) 修正 [xiūzhèng] ▸ **réviser à la baisse** 调低 [tiáodī] ▸ **réviser à la hausse** 调高 [tiáogāo] ❷ (vérifier le fonctionnement de) 检修 [jiǎnxiū] ▸ **faire réviser sa voiture** 让人检修自己的汽车 [ràng rén jiǎnxiū zìjǐ de qìchē] ❸ SCOL 复习 [fùxí] ▸ **réviser une leçon** 复习课文 [fùxí kèwén].

révision nf ❶ (réexamen, modification) 修改 [xiūgǎi] ▸ **la révision d'un procès** 诉讼的审核 [sùsòng de shěnhé] ❷ AUTO (vérification) 检修 [jiǎnxiū] ▸ **faire une** ou **la révision** 进行检修 [jìnxíng jiǎnxiū].

▪ **révisions** nfpl SCOL 复习 [fùxí] ▸ **faire des révisions** 复习 [fùxí].

revivre ♦ vi (reprendre des forces) 重新振作起来 [chóngxīn zhènzuòqǐlái] ▸ **je revis depuis que j'ai eu de ses nouvelles** 自从得到了他的消息，我就振作起来了 [zìcóng dédào le tāde xiāoxi, wǒ jiù zhènzuòqǐlái le]. ♦ vt (vivre à nouveau) 再经历 [zài jīnglì].

revoir vt ❶ (voir à nouveau) 再见面 [zài jiànmiàn] ▸ **j'aimerais bien te revoir** 我很希望再见到你 [wǒ hěn xīwàng zài jiàndào nǐ] ▸ **revoir la maison de son enfance** 重新回到自己儿时的房屋 [chóngxīn huídào zìjǐ érshí de fángwū] ▸ **revoir un film** 再看一部电影 [zài kàn yí bù diànyǐng] ❷ (réviser) 复习 [fùxí].

▪ **se revoir** vp 再见面 [zài jiànmiàn].

▪ **au revoir** interj 再见 [zàijiàn] ▸ **au revoir, à demain!** 再见，明天见！ [zàijiàn, míngtiān jiàn!].

révoltant, e adj 令人反感的 [lìngrén fángǎn de] ▸ **une attitude révoltante** 令人反感的态度 [lìngrén fángǎn de tàidu].

révolte nf (cl. 次 [cì] ou 场 [chǎng]) 暴乱 [bàoluàn] ▸ **une révolte a éclaté** 爆发了一场暴乱 [bàofā le yì chǎng bàoluàn].

révolté, e ♦ adj 造反的 [zàofǎn de]. ♦ nm, f (cl. 名 [míng] ou 个 [gè]) 暴乱分子 [bàoluàn fènzǐ].

révolter vt 激起愤慨 [jīqǐ fènkǎi] ▸ **cette injustice me révolte** 这种不公正的事情激起了我的愤慨 [zhè zhǒng bù gōngzhèng de shìqing jīqǐ le wǒde fènkǎi].

▪ **se révolter** vp ❶ (se soulever) 造反 [zàofǎn] ▸ **les minorités se révoltent** 少数派造反了 [shǎoshùpài zàofǎn le] ❷ (s'indigner) 感到气愤 [gǎndào qìfèn].

révolu, e adj 过去的 [guòqù de] ▸ **c'est une époque révolue** 这是一个过去了的时代 [zhè shì yí ge guòqù le de shídài].

révolution nf (cl. 次 [cì] ou 场 [chǎng] ou 个 [gè]) 革命 [gémìng] ▸ **faire la révolution** 从事革命 [cóngshì gémìng] ▸ **la révolution a éclaté** 革命爆发了 [gémìng bàofā le].

▪ **Révolution** nf HIST 大革命 [Dàgémìng] ▸ **la Révolution culturelle** 文化大革命 [Wénhuà Dàgémìng] ▸ **la Révolution française** 法国大革命 [Fǎguó Dàgémìng].

révolutionnaire ♦ adj ❶ (qui a le caractère d'une révolution) 革命的 [gémìng de] ▸ **des chants révolutionnaires** 革命歌曲 [gémìng gēqǔ] ▸ **un mouvement révolutionnaire** 革命运动 [gémìng yùndòng] ❷ (qui apporte des changements considérables) 革命性的 [gémìngxìng de] ▸ **une découverte révolutionnaire** 革命性的发现 [gémìngxìng de fāxiàn] ▸ **un médicament révolutionnaire** 创新性药物 [chuàngxīn xìng yàowù]. ♦ nmf (cl. 位 [wèi] ou 个 [gè]) 革命家 [gémìngjiā].

revolver nm (cl. 把 [bǎ] ou 支 [zhī]) 手枪 [shǒuqiāng] ▸ **sortir son revolver** 拔出他的手枪 [báchū tāde shǒuqiāng] ▸ **tirer un coup de revolver** 打了一枪 [dǎ le yì qiāng].

révoquer vt ❶ (destituer) 撤职 [chèzhí] ▸ **révoquer un fonctionnaire** 撤一个官员的职 [chè yí ge guānyuán de zhí] ❷ (annuler) 撤消 [chèxiāo] ▸ **révoquer son testament** 撤消自己的遗嘱 [chèxiāo zìjǐde yízhǔ].

revue nf ❶ (inventaire) ▸ **revue de presse** 报刊摘要 [bàokān zhāiyào] ❷ (magazine) ○ (cl. 份 [fèn] ou 本 [běn]) 杂志 [zázhì] ▸ **une revue féminine** 一份女性杂志 [yí fèn nǚxìng zázhì]
◊ **passer en revue** 详细核查 [xiángxì héchá].

révulsé, e adj 双眼翻白的 [shuāngyǎn fānbái de] ▸ **avoir les yeux révulsés** 两眼翻白 [liángyǎn fānbái].

rez-de-chaussée nm inv 底楼 [dǐlóu] ▸ **habiter au rez-de-chaussée** 住在底楼 [zhù zài dǐlóu].

RFA (abr de **République fédérale d'Allemagne**) nf 德意志联邦共和国 [Déyìzhì liánbāng gònghéguó].

rhabiller ▪ **se rhabiller** vp 重新穿上衣服 [chóngxīn chuānshang yīfu].

rhétorique nf 修辞学 [xiūcíxué].

Rhin nm ▸ **le Rhin** 莱茵河 [Láiyīnhé].

rhinocéros nm (cl. 头 [tóu]) 犀牛 [xīniú].

Rhône nm ▸ **le Rhône** 罗讷河 [Luónèhé].

rhubarbe nf 大黄 [dàihuáng] ▸ **une tarte à la rhubarbe** 一块大黄馅饼 [yí kuài dàihuáng xiànbǐng].

rhum nm 朗姆酒 [lángmǔjiǔ] ▸ **boire un verre de rhum** 喝一杯朗姆酒 [hē yì bēi lángmǔjiǔ].

rhumatisme nm 风湿病 [fēngshībìng]

rhume nm 感冒 [gánmào] ▸ **attraper** ou **avoir un rhume** 患感冒 [huàn gánmào].

RIB, Rib (abr de **relevé d'identité bancaire**) nm inv (cl. 张 [zhāng]) 银行证单 [yínháng zhèngdān].

ricaner vi 傻笑 [shǎxiào].

riche ♦ nmf 富人 [fùrén]. ♦ adj ❶ (fortuné, prospère) 富有的 [fùyǒu de] ❷ (qui contient beaucoup d'éléments) 丰富的 [fēngfù de] ▸ **une terre riche** 肥沃的土地 [féiwò de tǔdì] ▸ **un aliment riche en vitamines** 富含维生素的食物 [fùhán wéishēngsù de shíwù].

richesse nf ❶ (fortune) 财产 [cáichǎn] ❷ (magnificence) 华丽 [huálì] ❸ (abondance) 丰富 [fēngfù].
▪ **richesses** nfpl ❶ (biens, ressources) 财富 [cáifù] ❷ (ressources naturelles) 资源 [zīyuán].

ricochet nm 水漂 [shuǐpiāo] ▸ **faire des ricochets** 打水漂 [dǎ shuǐpiāo].

rictus nm 咧嘴 [liézuǐ].

ride nf (de la peau) ○ (cl. 道 [dào] ou 条 [tiáo]) 皱纹 [zhòuwén] ▸ **un front couvert de rides** 布满皱纹的额头 [bùmǎn zhòuwén de étóu] ▸ **avoir des rides** 有皱纹 [yǒu zhòuwén].

rideau, x nm ❶ (pièce d'étoffe) ○ (cl. 条 [tiáo]) 帘 [lián] ▸ **ouvrir les rideaux** 拉开帘子 [lākāi liánzi] ❷ (écran) 屏障 [píngzhàng] ▸ **un rideau de fumée** 烟幕 [yānmù].

rider ▪ **se rider** vp 起皱纹 [qǐ zhòuwén].

ridicule ♦ nm 嘲笑 [cháoxiào]
◊ **tourner qqn en ridicule** 使某人显得滑稽可笑 [shǐ mǒurén xiǎnde huájì kěxiào].
♦ adj ❶ (risible) 可笑的 [kěxiào de] ▸ **un chapeau ridicule** 滑稽的帽子 [huáji de màozi] ▸ **se sentir ridicule** 感到自己可笑 [gǎndào zìjǐ kěxiào] ❷ (absurde) 荒唐的 [huāngtang de] ❸ (dérisoire) 微不足道的 [wēibù zúdào de] ▸ **un prix ridicule** 微不足道的价钱 [wēibù zúdào de jiàqian].

ridiculiser vt 嘲笑 [cháoxiào].
▪ **se ridiculiser** vp 使自己出丑 [shǐ zìjǐ chūchǒu].

rien ♦ pron indéf ❶ (en contexte négatif) 什么都没有 [shénme dōu méiyǒu] ▸ **ça ne sert à rien** 这一点用都没有 [zhè yìdiǎn yòng dōu méiyǒu] ▸ **ce n'est rien** 这没什么 [zhè méi shénme] ❷ (aucune chose) 没有什么(东西) [méiyǒu shénme (dōngxi)] ▸ **ne penser à rien** 什么都不想 [shénme dōu bùxiǎng] ▸ **merci — de rien !** 谢谢 —不客气！ [xièxie — búkèqi!]. ♦ nm 微不足道的事物 [wēibù zúdào de shìwù].

Riga npr 里加 [Lǐjiā].

rigide adj ❶ (dur) 硬直的 [yìngzhí de] ❷ (strict) 严格的 [yángé de].

rigole nf (cl. 条 [tiáo]) 细流 [xìliú].

rigoler vi *fam* ❶ (rire) 玩耍 [wánshuǎ] ▸ **faire rigoler qqn** 逗某人开心 [dòu mǒurén kāixīn] ❷ (plaisanter) 开玩笑 [kāiwánxiào] ▸ **dire qqch pour rigoler** 以说某事来开玩笑 [yǐ shuō mǒushì lái kāiwánxiào].

rigolo, ote *fam* adj 好笑的 [hǎoxiào de] ▸ **c'est pas rigolo !** 这并不好笑！ [zhè bìngbù hǎoxiào!].

rigoureux, euse adj ❶ (très précis, plein de rigueur) 严谨的 [yánjǐn de] ❷ (rude) 严酷的 [yánkù de] ▸ **un hiver rigoureux** 严冬 [yándōng].

rigueur nf ❶ (précision, sérieux) 严谨 [yánjǐn] ❷ (dureté) 严酷 [yánkù] ▸ **la rigueur de l'hiver** 冬季的严寒 [dōngjì de yánhán]
◊ **tenir rigueur de qqch à qqn** 因某事对某人怀恨在心 [yīn mǒushì duì mǒurén huáihèn zàixīn].
■ **à la rigueur** adv 必要时 [bìyào shí].

rime nf 韵 [yùn] ▸ **faire des rimes** 押韵 [yāyùn].

rimer vi 押韵 [yāyùn].

rinçage nm 漂洗 [piáoxǐ].

rincer vt (enlever le savon de) 漂洗 [piáoxǐ] ▸ **rincer le linge** 漂洗内衣 [piáoxǐ nèiyī] ▸ **rincer la vaisselle** 冲洗碗碟 [chōngxǐ wǎndié].
■ **se rincer** vp 冲洗(自己) [chōngxǐ (zìjǐ)].

riposter ♦ vt (répondre) 反驳 [fǎnbó]. ♦ vi ❶ (répondre) 回击 [huíjī] ❷ (contre-attaquer) 反击 [fǎnjī] ▸ **l'ennemi a riposté** 敌人进行了反击 [dírén jìnxíng le fǎnjī].

rire ♦ nm 笑 [xiào] ▸ **pouffer de rire** 噗嗤一笑 [pūchī yí xiào] ▸ **des éclats de rire** 阵阵大笑 [zhènzhèn dàxiào] ▸ **avoir un fou rire** 狂笑 [kuángxiào]. ♦ vi ❶ (s'esclaffer) 笑 [xiào] ▸ **faire rire qqn** 使某人高兴 [shǐ mǒurén gāoxìng] ▸ **être mort de rire** 笑得要死 [xiàode yào sǐ] ❷ (plaisanter) 开玩笑 [kāiwánxiào] ❸ (se moquer) 嘲笑 [cháoxiào].

risée nf 笑柄 [xiàobǐng] ▸ **être la risée de...** 是......的笑柄 [shì... de xiàobǐng].

risible adj 引人发笑的 [yǐnrén fāxiào de].

risque nm 危险 [wēixiǎn] ▸ **prendre des risques** 冒险 [mào xiǎn] ▸ **courir un risque** 冒险 [mào xiǎn].

risqué, e adj 危险的 [wēixiǎn de].

risquer vt ❶ (mettre en danger) 冒......的危险 [mào... de wēixiǎn] ▸ **risquer sa vie** 冒生命危险 [mào shēngmìng wēixiǎn] ❷ (encourir) 有......危险 [yǒu... wēixiǎn].
■ **risquer de** v+prép 有可能...... [yǒu kěnéng...].
■ **se risquer à** vp 冒险...... [màoxiǎn...].

rite nm RELIG 宗教仪式 [zōngjiào yíshì].

rituel, elle ♦ adj ❶ (qui constitue un rite ou s'y rapporte) 礼仪的 [lǐyí de] ▸ **un chant rituel** 圣礼中的歌 [shènglǐ zhōng de gē] ❷ *fig* (immuable) 习惯性的 [xíguànxìng de]. ♦ nm 规矩 [guīju].

rivage nm 海岸 [hǎi'àn].

rival, e, aux ♦ adj 敌对的 [díduì de]. ♦ nm, f (concurrent) 对手 [duìshǒu].

rivaliser vi 竞争 [jìngzhēng] ▸ **rivaliser avec** 和......竞争 [hé... jìngzhēng] ▸ **rivaliser de** 在......方面竞争 [zài... fāngmiàn jìngzhēng].

rivalité nf 竞争 [jìngzhēng].

rive nf 岸 [àn] ▸ **rive d'un fleuve** 河岸 [hé'àn].

riverain, e nm, f ❶ (d'une rue) 沿街居民[yánjiē jūmín] ▸ **'accès réservé aux riverains'** 沿街居民专用入口 [yánjiē jūmín zhuānyòng rùkǒu] ❷ (d'un cours d'eau) 河边居民 [hébiān jūmín]; 湖边居民 [húbiān jūmín].

rivière nf (cl. 条 [tiáo]) 河 [hé].

riz nm ❶ (céréale) 水稻 [shuǐdào] ❷ (aliment) 米(饭) [mǐ (fàn)] ▸ **manger du riz** 吃米饭 [chī mǐfàn].

RMI (abr de **revenu minimum d'insertion**) nm inv 待业生活保障金 [dàiyè shēnghuó bǎozhàngjīn] ▸ **toucher le RMI** 领待业生活保障金 [lǐng dàiyè shēnghuó bǎozhàngjīn].

RN (abr de **route nationale**) nf inv (cl. 条 [tiáo]) 国道 [guódào].

robe nf ❶ (vêtement féminin) ○ (cl. 条 [tiáo]) 连衣裙 [liányīqún] ▸ **robe de mariée** (cl. 件 [jiàn]) 婚纱 [hūn shā] ▸ **porter une robe** 穿连衣裙 [chuān liányīqún] ❷ (féminin ou masculin) ▸ **robe de chambre** (cl. 件 [jiàn]) 睡袍 [shuìpáo] ❸ (d'un cheval) 毛皮 [máopí] ❹ (d'un vin) 色泽 [sèzé].

robinet nm 开关 [kāiguān] ▸ **robinet d'eau** 水龙头 [shuǐlóngtou] ▸ **ouvrir le robinet** 打开龙头 [dǎkāi lóngtou] ▸ **fermer le robinet** 关闭龙头 [guānbì lóngtou].

robot nm ❶ (de science-fiction) 机器人 [jīqìrén] ❷ (appareil ménager) ○ (cl. 台 [tái]) 家用电器 [jiāyòng diànqì] ▸ **un robot mixeur** 食品搅拌器 [shípǐn jiǎobànqì].

robuste adj 强壮的 [qiángzhuàng de].

roc nm (cl. 块 [kuài]) 岩石 [yánshí]

◊ **être solide comme un roc** 像岩石一样结实 [xiàng yánshí yíyàng jiēshi].

rocade nf (cl. 条 [tiáo]) 环形路 [huánxínglù] ▸ **prendre la rocade** 走环形路 [zǒu huánxínglù].

rocailleux, euse adj 多石的 [duōshí de] ▸ **un chemin rocailleux** 一条多石的路 [yì tiáo duōshí de lù].

roche nf (cl. 块 [kuài]) 岩石 [yánshí] ▸ **une roche volcanique** 火山岩 [huǒshān yán].

rocher nm (cl. 块 [kuài]) 悬岩 [xuányán] ▸ **un rocher abrupt** 陡峭的悬岩 [dǒuqiào de xuányán] ▸ **escalader les rochers** 攀登悬岩 [pāndēng xuányán].

rocheux, euse adj 岩石的 [yánshí de] ▸ **une paroi rocheuse** 岩壁 [yánbì].

rock ♦ nm ❶ MUS 摇滚乐 [yáogǔnyuè] ▸ **un concert de rock** 一场摇滚音乐会 [yì chǎng yáogǔn yīnyuèhuì] ❷ (danse) 摇摆舞 [yáobǎiwǔ] ▸ **danser le rock** 跳摇摆舞 [tiào yáobǎiwǔ]. ♦ adj inv 摇滚乐的 [yáogǔnyuè de] ▸ **la musique rock** 摇滚乐 [yáogǔnyuè] ▸ **un groupe rock** 一个摇滚乐队 [yí ge yáogǔn yuèduì].

roder vt (véhicule) 磨合（汽车等）[móhé (qìchē děng)].

rôder vi 闲逛 [xiánguàng].

rôdeur, euse nm, f 游荡的人 [yóudàng de rén].

rogne nf 愤怒 [fènnù] ▸ **être en rogne** 发怒 [fā nù].

roi nm ❶ (monarque) ○ (cl. 个 [gè] ou 位 [wèi]) 国王 [guówáng] ❷ (aux échecs) 王 [wáng] ❸ (aux cartes) 老K [lǎo K] ▸ **roi de pique** 黑桃K [hēitáo K].

rôle nm ❶ (d'un acteur) 角色 [juésè] ▸ **rôle principal** 主角 [zhǔ jué] ▸ **second rôle** 配角 [pèi jué] ❷ (fonction) 作用 [zuòyòng].

roller nm (cl. 双 [shuāng]) 旱冰鞋 [hànbīngxié] ▸ **faire du roller** 滑旱冰 [huá hànbīng].

romain, e adj 古罗马的 [gǔluómǎ de].

■ **Romain, e** nm, f ❶ (de la Rome moderne) 罗马人 [Luómǎrén] ❷ HIST ▸ **les Romains** 古罗马人 [Gǔluómǎrén].

roman, e adj ❶ (langue) 罗曼语的 [luómànyǔ de] ▸ **les langues romanes** 罗曼语 [luómànyǔ] ❷ (art) 罗曼风格的 [luómàn fēnggé de] ▸ **une église romane** 罗曼式教堂 [luómànshì jiàotáng].

■ **roman** nm (cl. 部 [bù] ou 本 [běn]) 小说 [xiǎoshuō] ▸ **un roman policier** 侦探小说 [zhēntàn xiǎoshuō] ▸ **lire un roman** 读小说 [dú xiǎoshuō].

romance nf (chanson sentimentale) ○ (cl. 首 [shǒu]) 抒情歌曲 [shūqíng gēqǔ].

romancier, ère nm, f (cl. 位 [wèi] ou 个 [gè]) 小说家 [xiǎoshuōjiā].

romantique adj ❶ ART 浪漫派的 [làngmànpài de] ❷ (site) 浪漫的 [làngmàn de] ❸ (sentimental) 浪漫的 [làngmàn de].

romarin nm 迷迭香 [mídiéxiāng].

Rome npr 罗马 [Luómǎ] ▸ **la Rome antique** 古罗马 [Gǔluómǎ].

rompre ♦ vt ❶ *sout* (casser) 打破 [dǎpò] ❷ (interrompre) 终止 [zhōngzhǐ] ▸ **rompre ses fiançailles** 退婚 [tuì hūn] ▸ **rompre le silence** 打破沉寂 [dǎpò chénjì]. ♦ vi ❶ (casser) 断裂 [duànliè] ❷ *fig* (se séparer de) 关系破裂 [guānxi pòliè] ▸ **rompre avec qqn** 与某人绝交 [yǔ mǒurén juéjiāo].

■ **se rompre** vp (se casser) 折断 [zhéduàn].

ronchonner vi *fam* 嘟嘟囔囔发牢骚 [dūdū nāngnāng fā láosāo].

rond, e adj ❶ (circulaire) 圆的 [yuán de] ❷ (grassouillet) 圆胖的 [yuánpàng de] ▸ **une jeune fille ronde** 丰满的女孩 [fēngmǎn de nǚhái] ▸ **un ventre rond** 滚圆的肚子 [gǔnyuán de dùzi] ❸ (net) 完整的 [wánzhěng de] ▸ **un chiffre rond** 整数 [zhěngshù].

■ **rond** nm ❶ (cercle) 圆 [yuán] ▸ **s'asseoir en rond** 坐成一圈 [zuò chéng yì quān] ❷ *fam* (argent) 钱币 [qiánbì] ▸ **je n'ai plus un rond** 我一分钱也没有了 [wǒ yì fēn qián yě méiyǒu le].

ronde nf ❶ (de surveillance) 巡逻 [xúnluó] ❷ (danse) ○ (cl. 支 [zhī]) 圆舞 [yuánwǔ].

rondelle nf (tranche) 圆形小薄片 [yuánxíng xiǎo báopiàn] ▸ **une rondelle de saucisson** 红肠片 [hóngcháng piàn] ▸ **une rondelle de citron** 柠檬片 [níngméng piàn].

rondeur nf ❶ (forme) 圆 [yuán] ❷ (partie charnue) 丰满 [fēngmǎn] ▸ **avoir des rondeurs** 身材丰满 [shēncái fēngmǎn].

rond-point nm (交叉路口的)圆形广场 [(jiāochā lùkǒu de) yuánxíng guángchǎng].

ronflement nm (de dormeur) 鼾声 [hānshēng].

ronfler vi (dormeur) 打呼噜 [dǎ hūlu].

ronger vt ❶ (grignoter) 啃 [kěn] ❷ (détruire peu à peu) 腐蚀 [fǔshí] ❸ *fig* (miner) 折磨 [zhémo].

▪ **se ronger** vp (grignoter) 咬自己 [yǎo zìjǐ] ▸ **se ronger les ongles** 啃手指甲 [kěn shǒuzhījia].

ronronner vi 发出嗡嗡响声 [fāchū wēngwēng xiǎngshēng] ▸ **le chat ronronne** 猫发出呼噜声 [māo fāchū hūlu shēng].

rosace nf ❶ (vitrail) 圆花窗 [yuánhuāchuāng] ❷ (figure) 圆花饰 [yuánhuāshì].

rosbif nm 烤牛肉 [kǎoniúròu] ▸ **manger du rosbif** 吃烤牛肉 [chī kǎoniúròu] ▸ **une tranche de rosbif** 一片烤牛肉 [yí piàn kǎoniúròu].

rose ♦ nf (fleur) ○ (cl. 朵 [duǒ] OU 支 [zhī]) 玫瑰花 [méiguihuā] ▸ **un bouquet de roses** 一束玫瑰花 [yí shù méiguihuā]. ♦ nm (couleur) 玫瑰色 [méiguisè]; 粉红色 [fěnhóngsè]. ♦ adj (couleur) 玫瑰色的 [méiguisè de]; 粉红色的 [fěnhóngsè de] ▸ **une robe rose** 一条粉红色连衣裙 [yì tiáo fěnhóngsè liányīqún].

rosé, e adj (vin) 玫瑰红的 [méiguihóng de] ▸ **du vin rosé** 玫瑰红葡萄酒 [méiguihóng pútaojiǔ].

▪ **rosé** nm (vin) 玫瑰红葡萄酒 [méiguihóng pútaojiǔ].

rosier nm 蔷薇 [qiángwēi].

rossignol nm (cl. 只 [zhī]) 夜莺 [yèyīng].

rot nm 嗝儿 [gér].

rotation nf ❶ (mouvement) 转动 [zhuàndòng] ❷ (alternance) 轮换 [lúnhuàn].

roter vi *fam* 打嗝 [dǎgé].

rôti, e adj CULIN 烤的 [kǎo de] ▸ **du poulet rôti** 烤鸡肉 [kǎo jīròu].

▪ **rôti** nm CULIN (cl. 片 [piàn] OU 块 [kuài]) 烤肉 [kǎoròu] ▸ **un rôti de porc** 一块烤猪肉 [yí kuài kǎo zhūròu].

rôtir ♦ vt CULIN 烤 [kǎo] ▸ **rotir de la viande** 烤肉 [kǎo ròu]. ♦ vi CULIN 被烤 [bèikǎo] ▸ **faire rôtir un poulet** 烤一只鸡 [kǎo yì zhī jī].

rotule nf (cl. 块 [kuài]) 髌骨 [bìngǔ] ▸ **se casser la rotule** 髌骨骨折 [bìngǔ gǔzhé].

rouage nm ❶ (d'un mécanisme) 齿轮 [chǐlún] ▸ **les rouages d'une montre** 一块表的齿轮 [yí kuài biǎo de chǐlún] ❷ *fig* (partie) 机关的部门/成员 [jīguān de bùmén/chéngyuán] ▸ **les rouages de l'administration** 政府的各个机关 [zhèngfǔ de gège jīguān].

rouble nm 卢布 [lúbù].

roucouler vi (pigeon, colombe) (鸽子等)咕咕叫 [(gēzi děng) gūgū jiào].

roue nf ❶ (d'un véhicule) ○ (cl. 只 [zhī] OU 个 [gè]) 轮子 [lúnzi] ▸ **roue de secours** 备用轮 [bèiyòng lún] ▸ **changer une roue** 换车轮 [huàn chēlún] ❷ (de fête foraine, de loterie) 游乐转轮 [yóulè zhuànlún] ▸ **la grande roue** 游乐大转轮 [yóulè dà zhuànlún] ❸ (en gymnastique) 侧空翻 [cèkōngfān] ▸ **faire la roue** 侧翻筋斗 [cèfān jīndou].

rouer vt 痛打 [tòngdǎ] ▸ **rouer qqn de coups** 把某人痛打一顿 [bǎ mǒurén tòngdǎ yí dùn].

rouge ♦ nm ❶ (couleur) 红色 [hóngsè] ❷ (feu de signalisation) 红色交通信号灯 [hóngsè jiāotōngxìnhào dēng] ▸ **passer au rouge** 闯红灯 [chuǎng hóngdēng] ❸ (fard) 红色化妆品 [hóngsè huàzhuāng pǐn] ▸ **rouge à lèvres** (cl. 支 [zhī] OU 管 [guǎn]) 口红 [kǒuhóng]. ♦ adj ❶ (couleur) 红色的 [hóngsè de] ▸ **un stylo rouge** 红色钢笔 [hóngsè gāngbǐ] ▸ **un verre de vin rouge** 一杯红葡萄酒 [yì bēi hóng pútaojiǔ] ❷ (visage) 脸红的 [liǎnhóng de] ▸ **être rouge de colère** 因生气而脸红 [yīn shēngqì ér liǎnhóng] ▸ **être rouge de honte** 因羞愧而脸红 [yīn xiūkuì ér liǎnhóng].

rouge-gorge nm (cl. 只 [zhī]) 红喉雀 [hónghóuquè].

rougeole nf 麻疹 [mázhěn].

rougeur nf (tache sur la peau) 红斑 [hóngbān].

rougir vi ❶ (devenir rouge) 变红 [biànhóng] ❷ (sous l'effet d'une émotion) 脸红 [liǎnhóng]

▸ **faire rougir qqn** 让某人脸红 [ràng mǒurén liǎnhóng].

rouille nf ❶ (oxyde) 锈 [xiù] ❷ CULIN (aïoli) (用红辣椒制成的)鱼汤佐料 [(yòng hónglàjiāo zhìchéng de) yútāng zuǒliào].

rouiller vi (s'oxyder) 生锈 [shēngxiù].

rouleau nm ❶ TECHNOL ▸ **rouleau compresseur** 压路机 [yālùjī] ❷ (de papier) 卷 [juǎn] ▸ **un rouleau de papier peint** 一卷墙纸 [yì juǎn qiángzhǐ] ▸ **un rouleau de papier toilette** 一卷卫生纸 [yì juǎn wèishēngzhǐ] ❸ (à pâtisserie) ▸ **rouleau à pâtisserie** (cl. 根 [gēn]) 擀面杖 [gǎnmiànzhàng] ❹ (pour peindre) 上色滚筒 [shàngsè gúntǒng] ▸ **peindre au rouleau** 用滚筒刷漆 [yòng gúntǒng shuāqī] ❺ CULIN 卷 [juǎn] ▸ **rouleau de printemps** 生春卷 [shēng chūnjuǎn].

rouler ♦ vt ❶ (enrouler) 卷 [juǎn] ▸ **rouler une cigarette** 卷一根烟 [juǎn yì gēn yān] ▸ **rouler un tapis** 卷起一块地毯 [juǎnqǐ yí kuài dìtǎn] ❷ LING 卷舌 [juǎnshé] ▸ **rouler les r** 小舌颤动发r音 [xiǎoshé chàndòng fā 'r' yīn] ❸ *fam* (duper) 欺骗 [qīpiàn] ▸ **rouler qqn** 欺骗某人 [qīpiàn mǒurén] ▸ **se faire rouler** 被骗 [bèi piàn]. ♦ vi ❶ (tourner sur soi) 滚动 [gǔndòng] ❷ (véhicule) 行驶 [xíngshǐ] ▸ **rouler vite** 车开得快 [chē kāide kuài] ▸ **rouler à moto** 开摩托车 [kāi mótuōchē].

▪ **se rouler** vp 打滚 [dágǔn].

roulette nf ❶ (petite roue) 小轮 [xiǎolún] ▸ **une chaise à roulettes** 转椅 [zhuànyǐ] ❷ (du dentiste) 牙钻 [yázuàn] ❸ (jeu) 轮盘赌 [lúnpándǔ].

roulotte nf (cl. 辆 [liàng]) 篷车 [péngchē].

roumain, e adj 罗马尼亚的 [luómǎníyà de].

▪ **roumain** nm (langue) 罗马尼亚语 [luómǎníyàyǔ].

▪ **Roumain, e** nm, f 罗马尼亚人 [Luómǎníyàrén].

Roumanie nf ▸ **la Roumanie** 罗马尼亚 [Luómǎníyà].

rouquin, e nm, f *fam* 长着棕红色头发的人 [zhǎngzhe zōnghóngsè tóufa de rén].

rouspéter *fam* vi 发牢骚 [fāláosāo].

rousseur nf 橙黄色 [chénghuángsè] ▸ **avoir des taches de rousseur** 长有雀斑 [zhǎng yǒu quèbān].

route nf ❶ (voie de communication) ○ (cl. 条 [tiáo]) 公路 [gōnglù] ▸ **route départementale** 省级公路 [shěngjí gōnglù] ▸ **route nationale** 国道 [guódào] ❷ (chemin, direction à suivre) 道路 [dàolù] ▸ **se tromper de route** 走错路 [zǒucuò lù] ▸ **demander sa route** 问路 [wèn lù] ▸ **montrer la route à qqn** 给某人指路 [gěi mǒurén zhǐ lù] ❸ (voyage) 路程 [lùchéng] ▸ **bonne route !** 一路顺风！ [yílù shùnfēng!] ▸ **allez, en route !** 走吧，上路！ [zǒu ba, shànglù!]

◊ **mettre en route** 起动 [qǐdòng] ▸ **ne pas tenir la route** 不可行的 [bù kěxíng de].

routier, ère adj 道路的 [dàolù de].

▪ **routier** nm (chauffeur) ○ (cl. 名 [míng]) 长途卡车司机 [chángtú kǎchē sījī].

routine nf 常规 [chángguī] ▸ **métro, boulot, dodo : c'est la routine** 乘地铁、上班、睡觉：天天都是老一套 [chéng dìtiě、shàngbān、shuìjiào: tiāntiān dōu shì lǎo yí tào].

▪ **de routine** loc adv 例行的 [lìxíng de] ▸ **contrôle de routine** 例行检查 [lìxíng jiǎnchá].

rouvrir vt 重新打开 [chóngxīn dǎkāi] ▸ **rouvrir une porte** 再次把门打开 [zài cì bǎ mén dǎkāi] ▸ **rouvrir une plaie** 重新揭起伤疤 [chóngxīn jiēqǐ shāngbā] ▸ **rouvrir un débat** 重新展开辩论 [chóngxīn zhǎnkāi biànlùn].

▪ **se rouvrir** vp 再开 [zàikāi] ▸ **la porte se rouvre** 门又开了 [mén yòu kāi le] ▸ **la plaie se rouvre** 伤疤又开了 [shāngbā yòu kāi le].

roux, rousse ♦ adj 红棕色的 [hóngzōngsè de] ▸ **avoir les cheveux roux** 长着红棕色的头发 [zhǎngzhe hóngzōngsè de tóufa]. ♦ nm, f 长着红棕色头发的人 [zhǎngzhe hóngzōngsè tóufa de rén].

royal, e, aux adj ❶ (du roi) 王室的 [wángshì de] ▸ **la famille royale** 王室 [wáng shì] ▸ **le palais royal** 皇宫 [huáng gōng] ❷ (digne d'un roi) 巨大的 [jùdà de] ▸ **un salaire royal** 一笔可观的薪金 [yì bǐ kěguān de xīnjīn].

royaliste ♦ adj 保皇派的 [bǎohuángpài de] ▸ **un journal royaliste** 一份保皇派的报

纸 [yí fèn bǎohuángpài de bàozhǐ]. ♦ nmf 保皇分子 [bǎohuáng fēnzǐ].

royaume nm 王国 [wángguó].

Royaume-Uni nm ▸ **le Royaume-Uni** 英国 [yīngguó].

RSVP (abr de **répondez s'il vous plaît**) 请回复 [qǐng huífù].

Ruanda, Rwanda nm ▸ **le Ruanda** 卢旺达 [Lúwàngdá].

▪ **ruanda, rwanda** nm (langue) 卢旺达语 [lúwàngdáyǔ].

ruban nm (cl. 条 [tiáo]) 带子 [dàizi] ▸ **du ruban adhésif** 胶带 [jiāo dài].

rubéole nf 风疹 [fēngzhěn] ▸ **avoir la rubéole** 长风疹 [zhǎng fēngzhěn].

rubrique nf (d'un journal) (报纸)专栏 [(bàozhǐ) zhuānlán] ▸ **la rubrique sportive** 体育专栏 [tǐyù zhuānlán].

ruche nf (abri pour les abeilles) 蜂箱 [fēngxiāng].

rude adj ❶ (simple et un peu brutal) 粗鲁的 [cūlǔ de] ▸ **un homme rude** 粗鲁的男人 [cūlǔ de nánrén] ▸ **un ton rude** 粗鲁的口气 [cūlǔ de kǒuqì] ❷ (pénible, difficile) 严酷的 [yánkù de] ▸ **l'hiver sera rude** 这将是一个严冬 [zhè jiāngshi yí ge yándōng] ▸ **une rude épreuve** 严峻的考验 [yánjùn de kǎoyàn].

rudement adv ❶ (brutalement) 粗暴地 [cūbào de] ❷ *fam* (très) 极其 [jíqí].

rudesse nf 严厉 [yánlì].

rudimentaire adj 基本的 [jīběn de].

rue nf (cl. 条 [tiáo]) 街道 [jiēdào] ▸ **une rue piétonne** 一条人行道 [yì tiáo rénxíngdào] ▸ **se promener dans les rues** 在街上散步 [zài jiēshang sànbù]

◊ **mettre qqn à la rue** 将某人赶出门 [jiāng mǒurén gǎnchū mén] ▸ **être à la rue** 无家可归 [wújiā kěguī].

ruée nf 蜂拥而上 [fēngyōng érshàng] ▸ **la ruée vers l'or** 淘金热潮 [táojīn rècháo].

ruelle nf (cl. 条 [tiáo]) 小巷 [xiǎoxiàng].

ruer vi (cheval) 尥蹶子 [liàojuězi].

▪ **se ruer** vp (se précipiter) 涌 [yǒng] ▸ **se ruer sur qqn** 扑向某人 [pū xiàng mǒurén] ▸ **se ruer sur qqch** 冲向某物 [chōng xiàng mǒuwù].

rugby nm (cl. 场 [chǎng]) 橄榄球(赛) [gǎnlǎnqiú (sài)] ▸ **jouer au rugby** 打橄榄球 [dǎ gǎnlǎnqiú].

rugir vi 吼叫 [hǒujiào].

rugueux, euse adj 粗糙的 [cūcāo de] ▸ **une peau rugueuse** 粗糙的皮肤 [cūcāo de pífū].

ruine nf ❶ (vieille bâtisse) 倒塌 [dǎotā] ▸ **un château en ruine** 一座倒塌的城堡 [yí zuò dǎotā de chéngbǎo] ▸ **tomber en ruine** 倒塌 [dǎo tā] ❷ (financière) 破产 [pòchǎn].

▪ **ruines** nfpl (antiques) ◦ (cl. 处 [chù]) 遗迹 [yíjī].

ruiner vt (financièrement) 使……破产 [shǐ… pòchǎn].

▪ **se ruiner** vp ❶ (perdre son argent) 花费过多 [huāfèi guòduō] ❷ (altérer, user) 损害 [sǔnhài] ▸ **se ruiner la santé** 损害自己的健康 [sǔnhài zìjǐ de jiànkāng].

ruisseau nm (cours d'eau) ◦ (cl. 条 [tiáo]) 小溪 [xiǎoxī].

ruisseler vi (couler) 流淌 [liútǎng].

rumeur nf (cl. 则 [zé]) 谣言 [yáoyán] ▸ **faire courir une rumeur** 传播谣言 [chuánbō yáoyán].

ruminer vt ❶ (vache) 反刍 [fǎnchú] ❷ *fig* (ressasser) 反复思考 [fǎnfù sīkǎo] ▸ **ruminer sa vengeance** 反复考虑报复之事 [fǎnfù kǎolǜ bàofu zhī shì].

rupture nf ❶ (cassure) 断裂 [duànliè] ▸ **la rupture d'un câble** 电缆断了 [diànlǎn duàn le] ❷ (arrêt brusque) 中断 [zhōngduàn] ▸ **la rupture d'un contrat** 合同的解除 [hétong de jiěchú] ▸ **la rupture des négociations** 谈判的中断 [tánpàn de zhōngduàn] ❸ (séparation) 分手 [fēnshǒu].

rural, e, aux adj 乡村的 [xiāngcūn de] ▸ **la vie rurale** 乡村生活 [xiāngcūn shēnghuó].

ruse nf 诡计 [guǐjì].

rusé, e adj 狡猾的 [jiǎohuá de]

◊ **être rusé comme un renard** *fam* 像狐狸一样狡猾 [xiàng húli yīyàng jiǎohuá].

russe ♦ adj 俄罗斯的 [éluósī de]. ♦ nm (langue) 俄语 [éyǔ].
■ **Russe** nmf 俄罗斯人 [Éluósīrén].

Russie nf ▸ **la Russie** 俄罗斯 [Éluósī].

rustre *péj* adj 粗俗的 [cūsú de].

rwanda, Rwanda = **ruanda, Ruanda**

rythme nm ❶ MUS 节奏 [jiézòu] ▸ **avoir le sens du rythme** 有节奏感 [yǒu jiézòu gǎn] ❷ (mouvement régulier) 有规律的运动 [yǒu guīlǜ de yùndòng] ▸ **le rythme cardiaque** 心律 [xīn lǜ] ❸ (allure) 节奏 [jiézòu] ▸ **le rythme de travail** 工作节奏 [gōngzuò jiézòu].

S

s, S nm inv 法语字母表中第十九个字母 [fáyǔ zìmúbiǎo zhōng dìshíjiǔ ge zìmǔ].

S (abr écrite de **sud**) 南 [nán].

SA (abr de **société anonyme**) nf inv (cl. 家 [jiā]) 股份有限公司 [gǔfèn yǒuxiàn gōngsī] ▸ **créer une SA** 创建一个股份有限公司 [chuàngjiàn yí ge gǔfèn yǒuxiàn gōngsī].

sable nm 沙 [shā] ▸ **une plage de sable fin** 细沙滩 [xì shā tān] ▸ **sables mouvants** 流沙 [liú shā].

sablé, e adj CULIN 粗面的 [cūmiàn de] ▸ **pâte sablée** 粗面面团 [cūmiàn miàntuán].

■ **sablé** nm CULIN (gâteau) ○ (cl. 块 [kuài]) 香酥饼干 [xiāngsū bǐnggān].

sablonneux, euse adj 沙质的 [shāzhì de] ▸ **une plage sablonneuse** 沙滩 [shā tān].

sabot nm ❶ (chaussure) ○ (cl. 只 [zhī]) 木鞋 [mùxié] ▸ **mettre des sabots** 穿木鞋 [chuān mùxié] ❷ (d'un cheval) 蹄 [tí].

saboter vt ❶ (détériorer) 破坏 [pòhuài] ▸ **saboter une voiture** 破坏一辆汽车 [pòhuài yí liàng qìchē] ❷ (faire échouer) 破坏 [pòhuài] ▸ **saboter un projet** 破坏一项计划 [pòhuài yí xiàng jìhuà].

sac nm ❶ (pour transporter) 包 [bāo] ▸ **sac à dos** 背包 [bēi bāo] ▸ **sac à main** 手提包 [shǒutí bāo] ▸ **sac (en) plastique** 塑料袋 [sùliào dài] ▸ **sac de sport** 体育用品包 [tǐyùyòngpǐn bāo] ▸ **sac de voyage** 旅行袋 [lǚxíng dài] ❷ (contenu) 一包之量 [yì bāo zhī liàng]; 一袋之量 [yí dài zhī liàng] ▸ **un sac de riz** 一袋大米 [yí dài dàmǐ]

◊ **vider son sac** 和盘托出 [hépántuōchū].

■ **sac de couchage** nm 睡袋 [shuìdài].

saccager vt ❶ (piller) 洗劫 [xǐjié] ❷ (dévaster) 破坏 [pòhuài].

sacerdoce nm ❶ RELIG (d'un prêtre) 神职 [shénzhí] ▸ **exercer son sacerdoce** 从事神职 [cóngshì shénzhí] ❷ *fig* (dévouement) 神圣的职业 [shénshèng de zhíyè].

sachet nm 小袋 [xiǎodài] ▸ **un sachet de thé** 一袋茶 [yí dài chá] ▸ **un sachet de bonbons** 一小袋糖果 [yì xiǎodài tángguǒ].

sacoche nf (sac solide) 挎包 [kuàbāo] ▸ **sacoche de facteur** 邮件包 [yóujiàn bāo].

sac-poubelle nm 垃圾袋 [lājī dài].

sacre nm (couronnement) 加冕礼 [jiāmiǎnlǐ] ▸ **le sacre de l'empereur/du roi** 皇帝的/国王的加冕礼 [huángdì de/guówáng de jiāmiǎnlǐ].

sacré, e adj ❶ (saint) 神圣的 [shénshèng de] ▸ **un lieu sacré** 圣地 [shèng dì] ▸ **un livre sacré** 一本圣经 [yì běn shèngjīng] ❷ (digne d'un respect absolu) 不可侵犯的 [bù kě qīnfàn de] ❸ *fam* (pour renforcer) 绝顶的 [juédǐng de].

sacrement nm RELIG 圣事 [shèngshì] ▸ **les derniers sacrements** 临终圣事 [línzhōng shèngshì] ▸ **le sacrement du baptême** 洗礼圣事 [xǐlǐ shèngshì].

sacrément adv *fam & vieilli* 非常 [fēicháng].

sacrer vt (consacrer qqn par le sacre) 为某人加冕 [wéi mǒurén jiāmiǎn] ▸ **sacrer un empereur/roi** 为一位皇帝/国王加冕 [wéi yí wèi huángdì/guówáng jiāmiǎn].

sacrifice nm ❶ RELIG (offrande) 祭品 [jìpǐn] ▸ **offrir qqch en sacrifice** 把某物祭献 [bǎ mǒuwù jì xiàn] ❷ *fig* (renoncement) 牺牲 [xīshēng] ▸ **faire des sacrifices** 做出牺牲 [zuòchū xīshēng].

sacrifier vt ❶ RELIG 祭献 [jìxiàn] ❷ (abandonner) 牺牲 [xīshēng].
■ **se sacrifier** vp (se dévouer) 献身 [xiànshēn].

sacrilège nm 渎圣 [dúshèng].

sadique ♦ adj 虐待狂的 [nüèdàikuáng de]. ♦ nmf 虐待狂 [nüèdàikuáng].

safari nm 狩猎远征 [shòuliè yuǎnzhēng] ▸ **faire un safari** 进行狩猎远征 [jìnxíng shòuliè yuǎnzhēng].

sage ♦ adj ❶ (avisé) 明智的 [míngzhì de] ❷ (docile) 乖的 [guāi de] ▸ **un enfant sage** 一个乖孩子 [yí ge guāi háizi]. ♦ nm (cl. 位 [wèi] ou 个 [gè] ou 名 [míng]) 智者 [zhìzhě].

sage-femme nf (cl. 位 [wèi] ou 个 [gè] ou 名 [míng]) 助产士 [zhùchǎnshì].

sagement adv ❶ (avec bon sens) 谨慎地 [jǐnshèn de] ❷ (docilement) 规矩地 [guījù de].

sagesse nf ❶ (bon sens) 谨慎 [jǐnshèn] ❷ (docilité) 乖巧 [guāiqiǎo].

Sagittaire nm ASTROL 人马座 [Rénmǎzuò] ▸ **être Sagittaire** 是人马座 [shì Rénmǎzuò].

saignant, e adj CULIN (viande) 流血的 [liúxuè de] ▸ **un steak saignant** 一块带血的牛排 [yí kuài dàixuè de niúpái].

saigner ♦ vt (égorger) 宰杀 [zǎishā] ▸ **saigner un animal** 杀一头牲畜 [shā yì tóu shēngchù]. ♦ vi (blessure) 流血 [liúxuè] ▸ **saigner du nez** 流鼻血 [liú bíxuè].

sain, e adj ❶ (en bonne santé) 健康的 [jiànkāng de] ▸ **un corps sain** 健康的身体 [jiànkāng de shēntǐ] ▸ **des dents saines** 好牙齿 [hǎo yáchǐ] ❷ (bon pour la santé) 有益于健康的 [yǒuyì yú jiànkāng de] ▸ **une alimentation saine** 一种有益健康的食物 [yì zhǒng yǒuyì jiànkāng de shíwù] ❸ (moralement) 健康的 [jiànkāng de] ▸ **des lectures saines** 健康的读物 [jiànkāng de dúwù]
◊ **sain et sauf** 安然无恙 [ānrán wúyàng].

saint, e ♦ adj (sacré) 神圣的 [shénshèng de] ▸ **une ville sainte** 一座圣城 [yí zuò shèng chéng]. ♦ nm, f (chrétien béatifié) ○ (cl. 位 [wèi] ou 个 [gè] ou 名 [míng]) 圣徒 [shèngtú].

sainteté nf 神圣 [shénshèng] ▸ **Sa Sainteté** 教皇陛下 [Jiàohuáng bìxià].

Saint-Marin npr 圣马力诺 [Shèngmǎlìnuò].

saisie nf ❶ DR 扣押 [kòuyā] ▸ **une saisie immobilière** 不动产扣押 [búdòngchǎn kòuyā] ❷ INFORM 输入 [shūrù] ▸ **faire la saisie des données** 输入数据 [shūrù shùjù] ▸ **faire la saisie d'un texte** 录入文稿 [lùrù wéngǎo].

saisir vt ❶ (attraper) 抓紧 [zhuājǐn] ▸ **saisir le ballon** 抓住球 [zhuāzhù qiú] ▸ **saisir l'occasion** 抓住机会 [zhuāzhù jīhuì] ▸ **saisir un outil** 握住工具 [wòzhù gōngjù] ▸ **saisir qqn par le bras** 抓住某人的胳膊 [zhuāzhù mǒurén de gēbo] ❷ (comprendre) 理解 [lǐjiě] ▸ **saisir les explications de qqn** 理解某人的解释 [lǐjiě mǒurén de jiěshì] ❸ DR (procéder à la saisie de) 扣押 [kòuyā] ▸ **saisir des biens** 扣押财产 [kòuyā cáichǎn] ❹ INFORM 输入 [shūrù] ▸ **saisir des données** 输入数据 [shūrù shùjù] ▸ **saisir du texte** 录入文稿 [lùrù wéngǎo].

saison nf ❶ (division de l'année) 季节 [jìjié] ▸ **la saison des pluies** 雨季 [yǔ jì] ❷ (touristique) 旅游季节 [lǚyóu jìjié] ▸ **la basse saison** 旅游淡季 [lǚyóu dàn jì] ▸ **la haute saison** 旅游旺季 [lǚyóu wàng jì].

saisonnier, ère adj 季节的 [jìjié de] ▸ **travail saisonnier** 季节性工作 [jìjiéxìng gōngzuò] ▸ **travailleur saisonnier** 季节工 [jìjié gōng].

salade nf ❶ (plante) 生菜 [shēngcài] ▸ **planter des salades** 种植生菜 [zhòngzhí shēngcài] ❷ (plat froid) 色拉 [sèlā] ▸ **salade composée** 色拉拼盘 [sèlā pīnpán] ▸ **salade de fruits** 水果色拉 [shuǐguǒ sèlā] ▸ **salade de tomates** 西红柿色拉 [xīhóngshì sèlā].

saladier nm 色拉盆 [sèlāpén].

salaire nm (rémunération) ○ (cl. 份 [fèn]) 工资 [gōngzī] ▸ **avoir un bon salaire** 工资丰厚

[gōngzī fēnghòu] ▸ **salaire brut** 毛工资 [máo gōngzī] ▸ **salaire net** 净工资 [jìng gōngzī].

salarial, e, aux adj 工资的 [gōngzī de] ▸ **l'entreprise accroît sa masse salariale** 企业加大工资总额 [qǐyè jiādà gōngzī zǒng'é].

salarié, e ♦ adj 领取工资的 [língqǔ gōngzī de] ▸ **travail salarié** 雇佣劳动 [gùyōng láodòng] ▸ **travailleur salarié** 领取工资者 [língqǔ gōngzīzhě]. ♦ nm, f (cl. 位 [wèi] ou 个 [gè] ou 名 [míng]) 领取工资者 [língqǔ gōngzīzhě].

sale adj ❶ (pas propre) 肮脏的 [āngzāng de] ▸ **le linge sale** 脏的内衣 [zāng de nèiyī] ▸ **la vaisselle sale** 用过的餐具 [yòng guò de cānjù] ❷ *fam* (détestable) 阴晦的 [yīnhuì de] ▸ **sale temps** 恶劣的天气 [èliè de tiānqì] ❸ *péj* (méprisable) 卑鄙的 [bēibǐ de] ▸ **jouer un sale tour à qqn** 捉弄某人 [zhuōnòng mǒurén].

salé, e adj ❶ (contenant du sel) 咸的 [xián de] ❷ (assaisonné avec du sel) 咸味的 [xiánwèi de] ▸ **beurre salé** 咸味黄油 [xiánwèi huángyóu].

saler vt ❶ (assaisonner) 加盐 [jiāyán] ❷ (une route) 在马路上撒盐 [zài mǎlù shàng sǎ yán].

saleté nf (malpropreté) 肮脏 [āngzāng].

salière nf (pour le sel) 盐瓶 [yánpíng].

salir vt ❶ (tacher) 弄脏 [nòngzāng] ❷ *fig* (déshonorer) 玷污 [diànwū] ▸ **salir la réputation de qqn** 玷污某人的名誉 [diànwū mǒurén de míngyù].

■ **se salir** vp 变脏 [biàn zàng] ▸ **se salir les mains** 弄脏了手 [nòngzāng le shǒu].

salive nf 唾液 [tuòyè].

salle nf ❶ (dans une habitation privée ou une entreprise) ○ (cl. 间 [jiān]) 厅 [tīng]; (cl. 间 [jiān]) 室 [shì] ▸ **salle de bains** 浴室 [yù shì] ▸ **salle à manger** 餐厅 [cān tīng] ▸ **salle de réunion** 会议厅 [huìyì tīng] ❷ (dans un édifice ouvert au public) ○ (cl. 个 [gè]) 室 [shì]; (cl. 个 [gè]) 厅 [tīng]; (cl. 个 [gè]) 场 [chǎng] ▸ **salle d'attente** 接待室 [jiēdài shì] ▸ **salle (de cinéma)** 放映厅 [fàngyìng tīng] ▸ **salle de classe** 教室 [jiào shì] ▸ **salle d'embarquement** 候机大厅 [hòujī dàtīng] ▸ **salle d'opération** 手术室 [shǒushù shì].

salon nm ❶ (d'une maison, d'un appartement) 客厅 [kètīng] ❷ (commerce) 店 [diàn] ▸ **salon de beauté** 美容院 [měiróng yuàn] ▸ **salon de coiffure** 理发店 [lǐfà diàn] ▸ **salon de thé** 茶馆 [chá guǎn] ❸ (manifestation commerciale) 展览会 [zhǎnlǎnhuì] ▸ **le salon de l'automobile** 汽车展览会 [qìchē zhǎnlǎnhuì].

salopette nf (cl. 条 [tiáo]) 背带裤 [bēidàikù] ▸ **porter une salopette** 穿一条背带裤 [chuān yì tiáo bēidàikù].

saluer vt ❶ (dire bonjour ou au revoir à) 向……致意 [xiàng… zhìyì] ❷ (s'incliner devant le public) 谢幕 [xièmù] ❸ *fig* (accueillir) 喝彩 [hècǎi].

salut ♦ nm ❶ (signe) 致意 [zhìyì] ▸ **faire un salut de la main à qqn** 向某人挥手致意 [xiàng mǒurén huīshǒu zhìyì] ❷ (sauvegarde) 得救 [déjiù]. ♦ interj *fam* ❶ (bonjour) 你好 [nǐhǎo] ❷ (au revoir) 再见 [zàijiàn].

salutations nfpl (à la fin d'une lettre) 敬意 [jìngyì] ▸ **'sincères salutations'** 真诚的敬意 [zhēnchéng de jìngyì].

Salvador nm ▸ **le Salvador** 萨尔瓦多 [Sà'ěrwǎduō].

samedi nm 星期六 [xīngqīliù] ▸ **nous sommes samedi** 今天星期六 [jīntiān xīngqīliù] ▸ **samedi dernier** 上星期六 [shàng xīngqīliù] ▸ **samedi prochain** 下星期六 [xià xīngqīliù] ▸ **tous les samedis** 每个星期六 [měi ge xīngqīliù].

SAMU, Samu (abr de **Service d'aide médicale d'urgence**) nm inv 医疗急救队 [yīliáo jíjiù duì] ▸ **appeler le SAMU** 呼叫医疗急救队 [hūjiào yīliáo jíjiù duì].

sanction nf ❶ SCOL 处分 [chǔfèn] ❷ DR 惩罚 [chéngfá] ▸ **prendre des sanctions contre qqn** 惩罚某人 [chéngfá mǒurén].

sanctionner vt ❶ SCOL 处分 [chǔfèn] ▸ **sanctionner un élève** 处分一名学生 [chǔfèn yì míng xuésheng] ❷ DR 惩罚 [chéngfá] ▸ **sanctionner une infraction** 惩罚违法行为 [chéngfá wéifǎ xíngwéi].

sanctuaire nm RELIG 神圣的殿堂 [shénshèng de diàntáng].

sandale nf (cl. 只 [zhī]) 凉鞋 [liángxié] ▸ **une paire de sandales** 一双凉鞋 [yì shuāng liángxié].

sandwich nm 三明治 [sānmíngzhì].

sang nm ❶ ANAT 血 [xuè] ▸ **être en sang** 浑身是血 [húnshēn shì xuè] ▸ **donner son sang** 献血 [xiàn xiě] ▸ **perdre du sang** 失血 [shī xuè] ❷ (famille, descendance) 血统 [xuètǒng] ▸ **les liens du sang** 血缘关系 [xuèyuán guānxi]

◊ **avoir qqch dans le sang** 天生对……入迷 [tiānshēng duì… rùmí] ▸ **bon sang !** 该死！[gāisǐ!] ▸ **se faire du mauvais sang** 焦虑不安 [jiāolǜ bù'ān].

sanglant, e adj ❶ (couvert de sang) 带血的 [dàixuè de] ▸ **une épée sanglante** 一把带血的剑 [yì bǎ dàixuè de jiàn] ❷ (où coule le sang) 流血的 [liúxuè de] ▸ **une bataille sanglante** 一次血腥的战役 [yí cì xuèxīng de zhànyì].

sanglier nm (cl. 头 [tóu]) 野猪 [yězhū].

sanglot nm 啜泣 [chuòqì] ▸ **éclater en sanglots** 抽噎地哭起来 [chōuyē de kūqǐlái].

sangloter vi 抽噎 [chōuyē].

sanguin, e adj ANAT 血液的 [xuèyè de] ▸ **groupe sanguin** 血型 [xuèxíng] ▸ **transfusion sanguine** 输血 [shū xuè] ▸ **vaisseaux sanguins** 血管 [xuè guǎn].

sanguinaire adj 嗜血成性的 [shìxuè chéngxìng de] ▸ **un tyran sanguinaire** 嗜血成性的暴君 [shìxuè chéngxìng de bàojūn].

sanitaire adj ❶ MÉD 卫生的 [wèishēng de] ▸ **prendre des mesures sanitaires** 采取卫生措施 [cǎiqǔ wèishēng cuòshī] ❷ (plomberie) 卫生设备的 [wèishēng shèbèi de] ▸ **une installation sanitaire** 卫生设施 [wèishēng shèshī].

▪ **sanitaires** nmpl (installations hygiéniques) 卫生设备 [wèishēng shèbèi].

sans ♦ prép ❶ (exprime le manque, la privation, l'absence) 没有 [méiyǒu] ▸ **sans arrêt** 不停 [bù tíng] ▸ **sans doute** 也许 [yéxǔ] ❷ (suivi de l'infinitif) 不 [bù] ▸ **'entrez sans frapper'** 请进，无须敲门 [qǐng jìn, wúxū qiāomén]. ♦ adv 没有 [méiyǒu].

▪ **sans que** loc conj 没有 [méiyǒu].

sans-abri nmf inv 无家可归的人 [wújiākěguī de rén].

sans-plomb nm inv 无铅汽油 [wúqiān qìyóu] ▸ **rouler au sans-plomb** 使用无铅汽油驾车 [shǐyòng wúqiān qìyóu jiàchē].

santé nf ❶ (équilibre) 健康 [jiànkāng] ▸ **état de santé** 健康状况 [jiànkāng zhuàngkuàng] ▸ **être bon/mauvais pour la santé** 有益/有害于健康 [yǒu yì/yǒu hài yú jiànkāng] ▸ **être en bonne/mauvaise santé** 身体好/不好 [shēntǐ hǎo/bùhǎo] ❷ (en trinquant) (为健康)干杯 [(wèi jiànkāng) gānbēi] ▸ **à votre santé !** 祝您健康！[zhù nín jiànkāng!] ▸ **boire à la santé de qqn** 举杯祝某人健康 [jǔbēi zhù mǒurén jiànkāng].

saoul, e, soûl, e = **soûl**

saouler = **soûler**

sapèque nm (monnaie, pièce) 铜钱 [tóngqián].

sapin nm ❶ (arbre) ○ (cl. 棵 [kē]) 冷杉 [lěngshān]; 枞树 [cōngshù] ▸ **une forêt de sapins** 冷杉林 [lěngshān lín] ▸ **le sapin de Noël** 圣诞树 [Shèngdàn shù] ❷ (bois) 冷杉木 [lěngshānmù]; 枞木 [cōngmù] ▸ **un meuble en sapin** 冷杉木家具 [lěngshānmù jiājù]; 枞木家具 [cōngmù jiājù].

sarcasme nm 讥讽话 [jīfěnghuà].

sarcastique adj 讽刺的 [fěngcì de] ▸ **un ton sarcastique** 讽刺的口吻 [fěngcì de kóuwěn].

Sardaigne nf ▸ **la Sardaigne** 撒丁岛 [Sādīngdǎo].

sardine nf (poisson) ○ (cl. 条 [tiáo]) 沙丁鱼 [shādīngyú] ▸ **une boîte de sardines** 一罐沙丁鱼 [yí guàn shādīngyú]

◊ **être serrés comme des sardines** 拥挤得像罐头里的沙丁鱼 [yōngjǐ de xiàng guàntou lǐ de shādīngyú].

SARL, Sarl (abr de **société à responsabilité limitée**) nf inv (cl. 家 [jiā]) 有限责任公司 [yǒuxiàn zérèn gōngsī] ▸ **créer une SARL** 创建一家有限责任公司 [chuàngjiàn yì jiā yǒuxiàn zérèn gōngsī].

satellite nm ❶ ASTRON (astre qui tourne autour d'une planète) ○ (cl. 颗 [kē]) 卫星 [wèixīng] ❷ AÉRON (engin spatial qui tourne autour d'un astre) ○ (cl. 颗 [kē]) 人造卫星 [rénzào wèixīng] ▸ **un satellite artificiel** 一颗人造卫星 [yì kē rénzào wèixīng].

satiété nf 饱 [bǎo] ▸ **boire à satiété** 喝了个够 [hē le ge gòu].

satin nm (cl. 块 [kuài]) 缎子 [duànzi] ▸ **une robe en satin** 缎子连衣裙 [duànzi liányīqún].

satire nf (critique) 讽刺 [fěngcì].

satisfaction nf ❶ (contentement) 满意 [mǎnyì] ▸ **donner entière satisfaction à qqn** 使某人十分满意 [shǐ mǒurén shífēn mǎnyì] ❷ (gain de cause) 满足 [mǎnzú] ▸ **obtenir satisfaction** 得到满足 [dédào mǎnzú].

satisfaire vt ❶ (contenter) 使……满意 [shǐ… mǎnyì] ❷ (assouvir) 满足 [mǎnzú] ▸ **satisfaire la demande** 满足要求 [mǎnzú yāoqiú].

satisfaisant, e adj 令人满意的 [lìngrén mǎnyì de] ▸ **des résultats satisfaisants** 令人满意的成果 [lìngrén mǎnyì de chéngguǒ].

satisfait, e adj (content) 满意的 [mǎnyì de].

saturation nf 饱和 [bǎohé] ▸ **l'aéroport arrive à saturation** 机场已经饱和了 [jīchǎng yǐjīng bǎohé le] ▸ **saturation du réseau** 网络的饱和 [wǎngluò de bǎohé].

Saturne npr (planète) 土星 [Tǔxīng].

sauce nf 调味汁 [tiáowèizhī] ▸ **préparer la sauce** 制作调味汁 [zhìzuò tiáowèizhī] ▸ **sauce tomate** 番茄酱 [fānqié jiàng].

saucisse nf (cl. 根 [gēn]) 香肠 [xiāngcháng] ▸ **manger des saucisses grillées** 吃烤香肠 [chī kǎo xiāngcháng].

saucisson nm (cl. 根 [gēn]) 粗香肠 [cū xiāngcháng] ▸ **une rondelle de saucisson** 香肠圆切片 [xiāngcháng yuán qiēpiàn].

sauf[1] prép ❶ (excepté) 除了 [chúle] ▸ **ils sont tous venus sauf lui** 除了他，大家都来了 [chúle tā, dàjiā dōu lái le] ❷ (sous réserve de) 除非 [chúfēi] ▸ **sauf erreur** 除非有错误 [chúfēi yǒu cuòwù].

■ **sauf que** loc conj *(+ indicatif)* 除……以外 [chú… yǐwài].

sauf[2]**, sauve** adj ❶ (sauvé) 安然脱险的 [ānrán tuōxiǎn de] ▸ **être sain et sauf** 安然无恙 [ānrán wúyàng] ▸ **laisser la vie sauve à qqn** 给某人留条活命 [gěi mǒurén liú tiáo huómìng] ❷ *fig* (intact) 未受损害的 [wèi shòu sǔnhài de].

sauge nf 鼠尾草 [shǔwěicǎo].

saule nm (cl. 棵 [kē]) 柳树 [liǔshù] ▸ **saule pleureur** 垂柳 [chuí liǔ].

saumon nm ❶ ZOOL (cl. 条 [tiáo]) 鲑鱼 [guīyú] ❷ CULIN 鲑鱼肉 [guīyú ròu] ▸ **du saumon frais** 生鲑鱼肉 [shēng guīyú ròu] ▸ **du saumon fumé** 熏鲑鱼 [xūn guīyú].

sauna nm (cl. 次 [cì] ou 间 [jiān]) 桑拿(浴) [sāngná(yù)] ▸ **aller au sauna** 去洗桑拿浴 [qù xǐ sāngnáyù].

saut nm ❶ (bond) 跳 [tiào] ▸ **faire un saut** 跳跃 [tiàoyuè] ❷ (sport où l'on saute) 跳跃运动 [tiàoyuè yùndòng] ▸ **saut en hauteur** 跳高 [tiào gāo] ▸ **saut en longueur** 跳远 [tiào yuǎn] ▸ **saut en parachute** 跳伞 [tiào sǎn]

◊ **au saut du lit** 起床时 [qǐchuáng shí] ▸ **faire un saut quelque part** 去某处转一圈 [qù mǒu chù zhuàn yì quān].

sauté, e adj CULIN 煎炒的 [jiānchǎo de] ▸ **des pommes de terre sautées** 煎土豆 [jiān tǔdòu].

saute-mouton nm inv 跳山羊游戏 [tiào shānyáng yóuxì] ▸ **jouer à saute-mouton** 玩跳山羊游戏 [wán tiào shānyáng yóuxì].

sauter ♦ vi ❶ (quitter le sol) 跳跃 [tiàoyuè] ▸ **le chat a sauté sur le mur** 猫跃上了墙头 [māo yuèshang le qiángtóu] ▸ **sauter par la fenêtre** 从窗户跳出 [cóng chuānghu tiào chū] ▸ **sauter en parachute** 跳伞 [tiàosǎn] ▸ **sauter de joie** 高兴得跳起来 [gāoxìngde tiàoqǐlái] ❷ (se précipiter sur) 扑上去 [pū shàngqù] ▸ **sauter sur qqn** 扑向某人 [pū xiàng mǒurén] ▸ **sauter au cou de qqn** 扑上去搂住某人的脖子 [pū shàngqù lǒuzhù mǒurén de bózi] ❸ (exploser) 爆炸 [bàozhà] ▸ **faire sauter un pont** 炸毁一座桥梁 [zhàhuǐ yí zuò qiáoliáng] ❹ ÉLECTR 烧断 [shāoduàn] ▸ **les plombs ont sauté** 保险丝烧断了 [bǎoxiǎnsī shāoduàn le] ❺ (être projeté) 脱落 [tuōluò] ▸ **le bouchon de la bouteille a sauté** 瓶塞儿蹦掉了 [píngsāir bèngdiào le] ❻ (par intermittence) 突变 [tūbiàn] ▸ **l'image de la télé saute** 电视图像乱跳 [diànshì túxiàng luàntiào] ❼ *fam* ▸ **faire sauter qqn** (renvoyer) 使某人丢掉饭碗 [shǐ mǒurén diūdiào fànwǎn] ❽ (être annulé) 被取消 [bèi qǔxiāo] ▸ **faire sauter une contravention** 取消违警通知 [qǔxiāo wéijǐng tōngzhī]. ♦ vt ❶ (franchir) 跃过 [yuèguò] ▸ **sauter un obstacle** 跃过一个障碍 [yuèguò yí ge zhàng'ài] ❷ (omettre) 跳

过 [tiàoguò] ▸ **sauter une page** 跳过一页 [tiàoguò yí yè] ▸ **sauter un repas** 少吃一顿饭 [shǎochī yí dùn fàn].

sauterelle nf (cl. 只 [zhī]) 蚱蜢 [zhàměng].

sautiller vi 蹦跳 [bèngtiào].

sauvage adj ❶ (non apprivoisé) 野生的 [yěshēng de] ▸ **animaux sauvages** 野兽 [yěshòu] ❷ (sans culture) 野生的 [yěshēng de] ▸ **plantes sauvages** 野生植物 [yěshēng zhíwù] ❸ (peu fréquenté) 荒无人烟的 [huāngwúrényān de] ▸ **site sauvage** 荒凉的景色 [huāngliáng de jǐngsè] ❹ *fig* (réservé, farouche) 孤僻的 [gūpì de] ❺ (non contrôlé) 不符合规定的 [bùfúhé guīdìng de] ▸ **grève sauvage** 自发罢工 [zìfā bàgōng].

sauvegarde nf ❶ (protection) 保护 [bǎohù] ▸ **la sauvegarde de l'environnement** 环境的保护 [huánjìng de bǎohù] ❷ INFORM 保存 [bǎocún] ▸ **faire une sauvegarde des données** 保存数据 [bǎocún shùjù].

sauvegarder vt ❶ (protéger) 保护 [bǎohù] ▸ **sauvegarder les monuments historiques** 保护历史遗迹 [bǎohù lìshǐ yíjī] ❷ INFORM 保存 [bǎocún] ▸ **sauvegarder un fichier** 保存一份文件 [bǎocún yí fèn wénjiàn].

sauver vt ❶ (tirer du péril) 救 [jiù] ▸ **elle a sauvé son fils de la noyade** 她救了溺水的儿子 [tā jiù le nìshuǐ de érzi] ▸ **sauver la vie à qqn** 挽救某人的性命 [wǎnjiù mǒurén de xìngmìng] ❷ (rendre la santé à) 救治 [jiùzhì] ▸ **sauver un malade** 救治一位病人 [jiùzhì yí wèi bìngrén] ❸ *fig* (empêcher la ruine de) 拯救 [zhěngjiù] ▸ **ce héros a sauvé son pays** 这位英雄拯救了他的国家 [zhè wèi yīngxióng zhěngjiù le tāde guójiā].

▪ **se sauver** vp ❶ (fuir) 逃跑 [táopǎo] ▸ **se sauver à temps** 及时逃脱 [jíshí táotuō] ▸ **l'animal s'est sauvé en nous voyant** 动物看到我们就逃走了 [dòngwù kàndào wǒmen jiù táozǒu le] ❷ (partir rapidement) 赶紧走掉 [gǎnjǐn zǒudiào] ▸ **je me sauve car je suis en retard** 我得赶紧走了，因为我要迟到了 [wǒ děi gǎnjǐn zǒu le, yīnwèi wǒ yào chídào le].

savant, e adj ❶ (érudit) 学识渊博的 [xuéshí yuānbó de] ❷ (animal dressé) 经过训练的 [jīngguò xùnliàn de] ▸ **un chien savant** 一条经过训练的狗 [yì tiáo jīngguò xùnliàn de gǒu].

▪ **savant** nm (scientifique) ○ (cl. 位 [wèi] OU 个 [gè] OU 名 [míng]) 学者 [xuézhě].

saveur nf 味道 [wèidao] ▸ **un plat sans saveur** 一道淡而无味的菜 [yí dào dàn ér wúwèi de cài].

savoir ♦ vt ❶ (avoir connaissance de) 知道 [zhīdào] ▸ **je ne sais pas** 我不知道 [wǒ bù zhīdào] ▸ **je n'en sais rien** 对此我一无所知 [duì cǐ wǒ yīwúsuǒzhī] ▸ **faire savoir qqch à qqn** 将某事告知某人 [jiāng mǒushì gàozhī mǒurén] ▸ **si j'avais su,...** 我要是早知道，...... [wǒ yào shì zǎo zhīdào, ...] ▸ **on ne sait jamais ce qui peut arriver** 我们永远不可能知道会发生什么 [wǒmen yóngyuǎn bùkěnéng zhīdào huì fāshēng shénme] ▸ **sachez que...** 要知道...... [yào zhīdào...] ❷ (être conscient de) 意识到 [yìshidào] ▸ **il ne sait plus ce qu'il dit** 他已经意识不到自己在说什么了 [tā yǐjīng yìshi búdào zìjǐ zài shuō shénme le] ▸ **tu ne sais pas ce que tu veux** 你都不知道自己要什么 [nǐ dōu bù zhīdào zìjǐ yào shénme] ❸ (connaître par l'étude) 熟记 [shújì] ▸ **savoir sa leçon** 熟记课文 [shújì kèwén] ❹ (être capable de faire qqch) 会 [huì] ▸ **savoir nager** 会游泳 [huì yóuyǒng] ▸ **il ne sait pas encore lire** 他还不识字 [tā hái bù shí zì]. ♦ nm 知识 [zhīshi].

▪ **se savoir** vp ❶ (en parlant d'une personne) 意识到自己...... [yìshidào zìjǐ...] ❷ (en parlant d'une chose) 被知道 [bèi zhīdào] ▸ **tout finit par se savoir** 一切终将大白于天下 [yíqiè zhōngjiāng dàbái yú tiānxià].

savon nm (cl. 块 [kuài]) 肥皂 [féizào] ▸ **savon liquide** 液体肥皂 [yètǐ féizào] ▸ **se laver les mains avec du savon** 用肥皂洗手 [yòng féizào xǐshǒu]

◊ **passer un savon à qqn** 严厉训斥某人 [yánlì xùnchì mǒurén].

savonner vt 用肥皂洗 [yòng féizào xǐ].

▪ **se savonner** vp 用肥皂洗澡 [yòng féizào xízǎo] ▸ **se savonner sous la douche** 用肥皂洗个淋浴 [yòng féizào xǐ ge línyù].

savonnette nf (cl. 块 [kuài]) 香皂 [xiāngzào].

savourer vt ❶ (déguster) 品尝 [pǐncháng] ▸ **savourer un vin** 品尝葡萄酒 [pǐncháng pútaojiǔ] ▸ **savourer un repas** 津津有味地

吃饭 [jīnjīn yǒuwèi de chīfàn] ❷ *fig* (jouir de) 享受 [xiǎngshòu] ▸ **savourer la joie de la victoire** 享受胜利的快乐 [xiǎngshòu shènglì de kuàilè].

savoureux, euse adj ❶ (succulent) 美味可口的 [měiwèi kékǒu de] ▸ **un repas savoureux** 美味可口的一餐 [měiwèi kékǒu de yì cān] ❷ *fig* (piquant) 饶有趣味的 [ráoyǒu qùwèi de] ▸ **une plaisanterie savoureuse** 饶有趣味的玩笑 [ráoyǒu qùwèi de wánxiào].

saxophone nm (cl. 只 [zhī]) 萨克斯管 [sàkèsīguǎn] ▸ **jouer du saxophone** 吹奏萨克斯管 [chuīzòu sàkèsīguǎn].

scabreux, euse adj (indécent) 下流的 [xiàliú de] ▸ **raconter des histoires scabreuses** 讲下流故事 [jiǎng xiàliú gùshi].

scandale nm ❶ (grave affaire publique) ○ (cl. 件 [jiàn] OU 桩 [zhuāng] OU 起 [qǐ]) 丑闻 [chǒuwén] ▸ **un scandale financier** 金融丑闻 [jīnróng chǒuwén] ❷ (indignation) 公愤 [gōngfèn] ▸ **c'est un scandale!** 这是件引起公愤的事！[zhè shì jiàn yínqǐ gōngfèn de shì!] ▸ **faire scandale** 引起公愤 [yínqǐ gōngfèn] ❸ *fam* (scène) 大吵大闹 [dàchǎo dànào] ▸ **faire un scandale** 大吵大闹 [dàchǎo dànào].

scandaleux, euse adj 令人气愤的 [lìngrén qìfèn de] ▸ **des prix scandaleux** 过高的价格 [guògāo de jiàgé] ▸ **des propos scandaleux** 令人气愤的话语 [lìngrén qìfèn de huàyǔ] ▸ **c'est scandaleux!** 太过分了！[tài guòfēn le!].

scandaliser vt 使……愤慨 [shǐ… fènkǎi] ▸ **cette affaire a scandalisé l'opinion publique** 这件事引起了公众的愤慨 [zhè jiàn shì yínqǐ le gōngzhòng de fènkǎi].

scandinave adj 斯堪迪纳维亚的 [sīkāndí'nàwéiyà de].

Scandinavie nf ▸ **la Scandinavie** 斯堪迪纳维亚 [Sīkāndí'nàwéiyà].

scanner[1] vt INFORM 扫描 [sǎomiáo] ▸ **scanner des photos** 扫描照片 [sǎomiáo zhàopiàn].

scanner[2], scanneur nm ❶ INFORM (cl. 台 [tái]) 扫描仪 [sǎomiáoyí] ❷ MÉD (cl. 台 [tái]) X线断层扫描仪[X xiàn duàncéng sǎomiáoyí]; CT机 [CT jī] ▸ **passer un scanner** 做CT检查 [zuò CT jiǎnchá].

scarabée nm (cl. 只 [zhī]) 金龟子 [jīnguīzǐ].

scarlatine nf MÉD 猩红热 [xīnghóngrè] ▸ **avoir la scarlatine** 患猩红热 [huàn xīnghóngrè].

scarole nf BOT (cl. 株 [zhū]) 苦苣 [kǔjù].

sceau nm ❶ (cachet) 印章 [yìnzhāng] ▸ **apposer son sceau** 盖章 [gàizhāng] ❷ (objet) 图章 [túzhāng] ▸ **faire graver un sceau** 刻图章 [kè túzhāng].

scénario nm CINÉ 电影剧本 [diànyǐng jùběn] ▸ **écrire le scénario d'un film** 写电影剧本 [xiě diànyǐng jùběn].

scène nf ❶ (estrade) 舞台 [wǔtái] ▸ **les comédiens sont sur scène** 演员们在舞台上 [yǎnyuánmen zài wǔtái shàng] ▸ **mettre en scène** 上演 [shàngyǎn] ▸ **monter sur scène** 登上舞台 [dēngshang wǔtái] ❷ (séquence) 剧中情景 [jùzhōng qíngjǐng] ▸ **la scène se passe à Montréal** 剧中情景发生在蒙特利尔 [jùzhōng qíngjǐng fāshēng zài Méngtèlì'ěr] ❸ (partie d'une pièce de théâtre) 场 [chǎng] ▸ **ouvrez vos livres à l'acte II, scène 1** 把剧本打开到第二幕第一场 [bǎ jùběn dǎkāi dào dìèr mù dìyī chǎng] ❹ (contexte) 舞台 [wǔtái] ▸ **la scène politique** 政治舞台 [zhèngzhì wǔtái] ❺ (événement) 现场 [xiànchǎng] ▸ **les témoins ont assisté à toute la scène** 证人们目击了整个现场 [zhèngrénmen mùjī le zhěnggè xiànchǎng] ❻ (dispute) 争吵 [zhēngchǎo] ▸ **faire une scène à qqn** 同某人争吵 [tóng mǒurén zhēngchǎo] ▸ **une scène de ménage** 夫妻吵架 [fūqī chǎojià].

sceptique adj (incrédule) 持怀疑态度的 [chí huáiyí tàidu de] ▸ **rester sceptique** 抱怀疑态度 [bào huáiyí tàidu] ▸ **un air sceptique** 一副怀疑的样子 [yí fù huáiyí de yàngzi].

sceptre nm (cl. 根 [gēn]) 权杖 [quánzhàng].

schéma nm (cl. 幅 [fú]) 示意图 [shìyìtú] ▸ **faire un schéma du système respiratoire** 画一幅呼吸系统的示意图 [huà yì fú hūxī xìtǒng de shìyìtú].

schématique adj 示意图的 [shìyìtú de] ▸ **un croquis schématique** 一幅草图 [yì fú cǎotú].

schisme nm RELIG 分裂 [fēnliè].

schizophrène ♦ adj MÉD 患精神分裂症的 [huàn jīngshén fēnlièzhèng de]. ♦ nmf MÉD

精神分裂症患者 [jīngshén fēnlièzhèng huànzhě].

scie nf (cl. 把 [bǎ]) 锯 [jù] ▸ **couper du bois avec une scie** 用锯锯木头 [yòng jù jù mùtou]
◊ **en dents de scie** 不稳定的 [bùwěndìng de].

science nf 科学 [kēxué] ▸ **les sciences exactes** 精确科学 [jīngquè kēxué] ▸ **les sciences expérimentales** 实验科学 [shíyàn kēxué] ▸ **les sciences humaines** 人文科学 [rénwén kēxué] ▸ **je suis meilleure en sciences qu'en littérature** 我的理科比文科好 [wǒde lǐkē bǐ wénkē hǎo].

science-fiction nf 科学幻想 [kēxué huànxiǎng] ▸ **un livre de science-fiction** 一本科幻书 [yì běn kēhuàn shū].

scientifique ♦ adj 科学的 [kēxué de] ▸ **la recherche scientifique** 科学研究 [kēxué yánjiū] ▸ **une revue scientifique** 一本科学杂志 [yì běn kēxué zázhì]. ♦ nmf (cl. 位 [wèi] ou 个 [gè] ou 名 [míng]) 科学家 [kēxuéjiā].

scier vt ❶ (couper) 锯 [jù] ▸ **scier une planche** 锯木板 [jù mùbǎn] ❷ *fam* (stupéfier) 使……大吃一惊 [shǐ… dàchīyìjīng] ▸ **sa réaction m'a scié !** 他的反应让我大吃一惊！ [tāde fǎnyìng ràng wǒ dàchīyìjīng!].

scinder vt 划分 [huàfēn] ▸ **scinder un groupe en deux** 把一个组分成两部分 [bǎ yí ge zǔ fènchéng liǎng bùfen].
▪ **se scinder** vp 分裂 [fēnliè].

scintiller vi 闪光 [shǎnguāng] ▸ **les bijoux scintillent** 珠宝闪闪发光 [zhūbǎo shánshǎn fāguāng] ▸ **les étoiles scintillent dans le ciel** 星星在天空中闪烁 [xīngxing zài tiānkōng zhōng shǎnshuò].

scission nf 分裂 [fēnliè].

scléroser ▪ **se scléroser** vp ❶ MÉD (être atteint de sclérose) 硬化 [yìnghuà] ▸ **ses artères se sont sclérosées** 他的动脉硬化了 [tāde dòngmài yìnghuà le] ❷ (ne plus évoluer, se figer) 僵化 [jiānghuà] ▸ **ce parti politique est en train de se scléroser** 这个政党正在走向僵化 [zhège zhèngdǎng zhèngzài zǒuxiàng jiānghuà].

scolaire adj 学校的 [xuéxiào de] ▸ **l'année scolaire** 学年 [xuénián] ▸ **un établissement scolaire** 一所学校 [yì suǒ xuéxiào] ▸ **résultats scolaires** 学习成绩 [xuéxí chéngjì].

scolarité nf 就学 [jiùxué] ▸ **un certificat de scolarité** 学业证书 [xuéyè zhèngshū] ▸ **en France, la scolarité est obligatoire de 6 à 16 ans** 在法国，接受义务教育的年龄为6–16岁 [zài Fǎguó, jiēshòu yìwù jiàoyù de niánlíng wéi 6-16 suì].

scooter nm (cl. 辆 [liàng]) 轻型摩托 [qīngxíng mótuō] ▸ **rouler en scooter** 骑轻型摩托 [qí qīngxíng mótuō] ▸ **scooter des mers** 水上摩托 [shuǐshàng mótuō] ▸ **scooter des neiges** 机动雪橇 [jīdòng xuěqiāo].

score nm ❶ SPORT 比分 [bǐfēn] ▸ **quel est le score du match ?** 比赛的比分是多少？ [bǐsài de bǐfēn shì duōshao?] ▸ **le score final est de 3 à 2** 最后比分是3比2 [zuìhòu bǐfēn shì 3 bǐ 2] ❷ POLIT 得票 [dépiào].

scorpion nm ZOOL (cl. 只 [zhī]) 蝎子 [xiēzi] ▸ **être piqué par un scorpion** 被蝎子蜇 [bèi xiēzi zhē].
▪ **Scorpion** nm 天蝎座 [Tiānxiēzuò].

scotch nm (alcool) 苏格兰威士忌酒 [sūgélán wēishìjì jiǔ].
▪ **Scotch®** nm (adhésif) 透明胶带 [tòumíngjiāodài] ▸ **recoller qqch avec du Scotch®** 用透明胶带粘某物 [yòng tòumíngjiāodài zhān mǒuwù] ▸ **un rouleau de Scotch®** 一卷透明胶带 [yì juǎn tòumíngjiāodài].

scout, e nm, f 童子军 [tóngzǐjūn].

scrupule nm ❶ (cas de conscience) 顾虑 [gùlǜ] ▸ **j'ai des scrupules à agir ainsi** 这样做我有顾虑 [zhèyàng zuò wǒ yǒu gùlǜ] ▸ **être sans scrupule** 毫无顾忌 [háowú gùjì] ❷ *sout* (rigueur) 认真 [rènzhēn] ▸ **un travail effectué avec scrupule** 做得很认真的工作 [zuòde hěn rènzhēn de gōngzuò].

scruter vt 仔细观察 [zǐxì guānchá].

scrutin nm (cl. 次 [cì]) 投票选举 [tóupiào xuǎnjǔ] ▸ **être élu au deuxième tour de scrutin** 在第二轮投票中当选 [zài dì'èr lún tóupiào zhōng dāngxuǎn].

sculpteur nm (cl. 位 [wèi] ou 个 [gè] ou 名 [míng]) 雕刻家 [diāokèjiā].

sculpture nf ❶ (art) 雕刻 [diāokè] ▸ **faire de la sculpture** 雕刻 [diāo kè] ▸ **sculpture sur**

bois 木雕 [mù diāo] ▸ **sculpture sur pierre** 石雕 [shí diāo] ❷ (objet) ○ (cl. 件 [jiàn]) 雕刻品 [diāokèpǐn] ▸ **une sculpture de Rodin** 一件罗丹的雕刻作品 [yí jiàn Luódān de diāokè zuòpǐn].

SDF (abr de **sans domicile fixe**) nmf 无固定住所的人 [wú gùdìng zhùsuǒ de rén].

se pron pers ❶ (dans un verbe pronominal) 自己 [zìjǐ]；相互 [xiānghù] ▸ **elle s'en va** 她走了 [tā zǒu le] ▸ **elle se regarde dans le miroir** 她照镜子 [tā zhào jìngzi] ▸ **il se parle à lui-même** 他自言自语 [tā zìyán zìyǔ] ▸ **elles se sont parlé** 她们交谈过 [tāmen jiāotán guò] ▸ **ils se sont rencontrés hier** 他们昨天见过面 [tāmen zuótiān jiàn guò miàn] ▸ **ce produit se vend bien** 这种产品卖得不错 [zhè zhǒng chánpǐn màide búcuò] ❷ (remplace l'adjectif possessif) 自己 [zìjǐ] ▸ **elle s'est cassé la jambe** 她弄断了自己的腿 [tā nòngduàn le zìjǐ de tuǐ].

séance nf ❶ (réunion) 会议 [huìyì] ▸ **assister à une séance** 出席会议 [chūxí huìyì] ▸ **lever la séance** 散会 [sànhuì] ▸ **ouvrir la séance** 宣布会议开始 [xuānbù huìyì kāishǐ] ❷ CINÉ (représentation) 场 [chǎng] ▸ **aller à la séance de 20 heures** 去看晚上8点的电影 [qù kàn wǎnshang 8 diǎn de diànyǐng] ❸ (moment consacré à une activité) 次 [cì]

◊ **séance tenante** 立即 [lìjí].

seau, x nm 桶 [tǒng] ▸ **mettre de l'eau dans un seau** 把水灌进桶里 [bǎ shuǐ guàn jìn tǒng lǐ] ▸ **un seau d'eau** 一桶水 [yì tǒng shuǐ].

sec, sèche adj ❶ (sans humidité) 干旱的 [gānhàn de] ▸ **le climat de cette région est sec** 这个地区的气候干燥 [zhè ge dìqū de qìhòu gānzào] ▸ **la terre est trop sèche** 地太干了 [dì tài gàn le] ❷ (non mouillé) 晾干的 [liànggān de] ▸ **le linge est sec** 衣服干了 [yīfu gān le] ❸ (séché) 晒干的 [shàigān de] ▸ **des fruits secs** 水果干 [shuíguǒ gān] ❹ (mince, noueux) 干瘦的 [gānshòu de] ▸ **un homme grand et sec** 一个又高又瘦的男人 [yí ge yòu gāo yòu shòu de nánren] ❺ (desséché) 干燥的 [gānzào de] ▸ **j'ai les cheveux secs** 我是干性头发 [wǒ shì gānxìng tóufa] ▸ **j'ai la peau sèche** 我的皮肤干燥 [wǒde pífū gānzào] ❻ (qui manque de douceur) 含糖量不高的 [hántángliáng bùgāo de] ▸ **du vin blanc sec** 干白葡萄酒 [gānbái pútaojiǔ] ❼ (qui manque de sensibilité) 生硬的 [shēngyìng de] ▸ **répondre d'un ton sec** 以生硬的语调回答 [yǐ shēngyìng de yǔdiào huídá].

■ **sec** nm ▸ **au sec** 在干燥的地方 [zài gānzào de dìfang] ▸ **'à conserver au sec'** 在干燥处保存 [zài gānzào chù bǎocún] ▸ **à sec** 无水 [wúshuǐ] ▸ **'nettoyage à sec'** 干洗 [gānxǐ].

sécateur nm (cl. 把 [bǎ]) 整枝剪 [zhěngzhī jiǎn].

sécession nf 分裂 [fēnliè] ▸ **faire sécession** 搞分裂 [gǎo fēnliè] ▸ **la guerre de Sécession** 美国南北战争 [Měiguó nánběi zhànzhēng].

sèche-cheveux nm inv 电吹风 [diànchuīfēng].

sèche-linge nm inv (cl. 台 [tái]) 烘干机 [hōnggānjī] ▸ **mettre le sèche-linge en route** 开动烘干机 [kāidòng hōnggānjī].

sèchement adv 冷淡地 [lěngdàn de] ▸ **elle m'a répondu sèchement** 她冷淡地回答了我 [tā lěngdàn de huídá le wǒ].

sécher ♦ vt (rendre sec) 使……干燥 [shǐ… gānzào] ▸ **faire sécher qqch** 使……干燥 [shǐ… gānzào] ▸ **faire sécher le linge** 晾干衣服 [liànggān yīfu]

◊ **sécher un cours** *arg scol* 旷课 [kuàng kè].

♦ vi ❶ (devenir sec) 变干 [biàngān] ▸ **les maillots de bain sèchent au soleil** 太阳使游泳衣变干 [tàiyáng shǐ yóuyǒngyī biàngān] ❷ (se déshydrater) 枯萎 [kūwěi] ▸ **les fleurs ont séché** 花枯萎了 [huā kūwěi le].

■ **se sécher** vp 弄干 [nònggān] ▸ **se sécher les cheveux** 擦干自己的头发 [cāgān zìjǐ de tóufa] ▸ **sèche-toi vite !** 赶快把你身上擦干！ [gǎnkuài bǎ nǐ shēnshang cāgān!].

sécheresse nf ❶ (état de ce qui manque d'eau) 干燥 [gānzào] ▸ **la sécheresse du sol** 土壤的干燥 [túrǎng de gānzào] ❷ (absence de pluie) ○ (cl. 场 [chǎng]) 干旱 [gānhàn] ▸ **nous redoutons une forte sécheresse** 我们担心有大旱 [wǒmen dānxīn yǒu dàhàn].

séchoir nm ❶ (pour étendre le linge) 晾衣架 [liàngyījià] ▸ **étendre le linge sur le séchoir** 把衣物晾到晾衣架上 [bǎ yīwù liàng dào liàngyījià shàng] ❷ (sèche-cheveux) 电吹风 [diànchuīfēng].

second, e ♦ adj 第二 [dì'èr] ▸ **j'habite au second étage** 我住三楼 [wǒ zhù sān lóu] ▸ **je voyage en seconde classe** 我乘二等车厢旅行 [wǒ chéng èrděng chēxiāng lǚxíng]. ♦ nmf 第二个 [dì'èr ge].

▪ **seconde** nf ❶ (unité de temps) 秒 [miǎo] ❷ (instant) 一会儿 [yí huìr] ▸ **je reviens dans une seconde** 我一会儿就回来 [wǒ yí huìr jiù huílai] ❸ SCOL 高中一年级 [gāozhōng yī niánjí] ❹ (classe de transport) 二等车厢 [èrděng chēxiāng] ▸ **il voyage en seconde** 他乘二等车厢旅行 [tā chéng èrděng chēxiāng lǚxíng] ❺ AUTO 二档速度 [èr dǎng sùdù] ▸ **passer en seconde** 挂二档 [guà èr dǎng].

secondaire ♦ nm ❶ SCOL (l'enseignement secondaire) 中等教育 [zhōngděng jiàoyù] ▸ **elle est prof dans le secondaire** 她是中学教师 [tā shì zhōngxué jiàoshī] ❷ GÉOL (l'ère secondaire) 中生代 [zhōngshēngdài]. ♦ adj ❶ (accessoire) 次要的 [cìyào de] ▸ **c'est tout à fait secondaire** 这完全是次要的 [zhè wánquán shì cìyào de] ▸ **jouer un rôle secondaire** 扮演次要角色 [bànyǎn cìyào juésè] ❷ (qui se produit dans un deuxième temps) 副的 [fù de] ▸ **les effets secondaires d'un médicament** 一种药的副作用 [yì zhǒng yào de fù zuòyòng] ❸ SCOL 中等的 [zhōngděng de] ▸ **l'enseignement secondaire** 中等教育 [zhōngděng jiàoyù] ❹ GÉOL 中生代的 [zhōngshēngdài de].

seconder vt 协助 [xiézhù] ▸ **ma collaboratrice me seconde dans mon travail** 我的女合作人协助我工作 [wǒde nǚhézuòrén xiézhù wǒ gōngzuò].

secouer vt ❶ (agiter) 摇动 [yáodòng] ▸ **secouer un arbre** 摇一棵树 [yáo yì kē shù] ▸ **secouer un flacon** 摇动瓶子 [yáodòng píngzi] ❷ (pour dépoussiérer) 抖动 [dǒudòng] ▸ **secouer un tapis par la fenêtre** 在窗外抖地毯 [zài chuāngwài dǒu dìtǎn] ❸ (ébranler) 使……震动 [shǐ… zhèndòng] ▸ **ces mauvaises nouvelles l'ont fortement secoué** 这些坏消息对他震动很大 [zhèxiē huài xiāoxi duì tā zhèndòng hěn dà] ❹ *fam* (réprimander) 刺激 [cìjī] ▸ **il faut le secouer pour qu'il travaille** 必须刺激一下他，他得干活 [bìxū cìjī yíxià tā, tā děi gànhuó].

▪ **se secouer** vp *fam* (se décider à l'action) 振作 [zhènzuò] ▸ **secouez-vous, au travail !** 振作起来，干活吧！[zhènzuòqǐlái, gànhuó ba!].

secourir vt 援救 [yuánjiù] ▸ **secourir un blessé** 抢救伤员 [qiǎngjiù shāngyuán] ▸ **secourir des skieurs perdus en montagne** 援救迷失在山里的滑雪者 [yuánjiù míshī zài shān lǐ de huáxuě zhě].

secouriste nmf (cl. 位 [wèi] ou 个 [gè] ou 名 [míng]) 急救员 [jíjiùyuán].

secours nm inv ❶ (aide) 救助 [jiùzhù] ▸ **appeler au secours** 呼救 [hūjiù] ▸ **au secours !** 救命！[jiùmìng!] ▸ **porter secours à qqn** 给予援助 [jíyǔ yuánzhù] ❷ (renfort, troupes) 救援队 [jiùyuánduì] ▸ **attendre les secours** 等待救援 [děngdài jiùyuán] ❸ (soins) 救治 [jiùzhì] ▸ **donner les premiers secours** 实施初步救治 [shíshī chūbù jiùzhì] ❹ (dons) 救济 [jiùjì] ▸ **envoyer des secours à des sinistrés** 向灾民发放救济 [xiàng zāimín fāfàng jiùjì].

▪ **de secours** loc adj 应急的 [yìngjí de] ▸ **roue de secours** 备用车轮 [bèiyòng chēlún] ▸ **sortie de secours** 安全出口 [ānquán chūkǒu].

secousse nf ❶ (mouvement brusque) 震动 [zhèndòng] ❷ (tremblement de terre) 地震 [dìzhèn].

secret, ète adj ❶ (confidentiel) 机密的 [jīmì de] ▸ **un document secret** 机密文件 [jīmìwénjiàn] ❷ (caché) 隐藏的 [yǐncáng de] ▸ **des pensées secrètes** 秘而不宣的想法 [mì'érbùxuān de xiǎngfǎ] ▸ **une porte secrète** 一道暗门 [yí dào ànmén] ❸ (réservé) 内向的 [nèixiàng de].

▪ **secret** nm ❶ (confidence) 秘密 [mìmì] ▸ **confier un secret à qqn** 把秘密告知某人 [bǎ mìmì gàozhī mǒurén] ▸ **garder un secret** 保守秘密 [bǎoshǒu mìmì] ❷ (moyen d'obtenir une chose) 秘方 [mìfāng] ▸ **un secret de fabrication** 制作秘方 [zhìzuò mìfāng] ▸ **le secret de la réussite** 成功的秘诀 [chénggōng de mìjué] ❸ (silence qui entoure quelque chose) 保密 [bǎomì] ▸ **dans le plus grand secret** 最为秘密地 [zuìwéi mìmì de] ▸ **le secret professionnel** 职业秘密 [zhíyè mìmì].

▪ **en secret** loc adv 秘密地 [mìmì de].

secrétaire ♦ nmf ❶ (assistante) ○ (cl. 位 [wèi] ou 个 [gè] ou 名 [míng]) 秘书 [mìshū] ▸ **une secrétaire bilingue** 一位双语秘书 [yí wèi shuāngyǔ mìshū] ❷ POLIT ▸ **secrétaire d'État** 国务秘书 [guówù mìshū]. ♦ nm (meuble) ○ (cl. 张 [zhāng]) 写字台 [xiězìtái].

secrétariat nm ❶ (fonction) 秘书的职务 [mìshū de zhíwù] ▸ **elle fait du secrétariat** 她从事秘书工作 [tā cóngshì mìshū gōngzuò] ❷ (bureau, service de gestion administrative) 秘书处 [mìshūchù] ▸ **adressez-vous au secrétariat** 请您咨询秘书处 [qǐng nín zīxún mìshūchù].

sécrétion nf 分泌物 [fēnmìwù].

sectaire adj 偏执的 [piānzhí de].

secte nf 宗派 [zōngpài] ▸ **appartenir à une secte** 属于一个宗派 [shǔyú yí ge zōngpài].

secteur nm ❶ *fam* (environs) 地段 [dìduàn] ▸ **il habite dans le secteur de la gare** 他住在火车站一带 [tā zhù zài huǒchēzhàn yídài] ❷ ÉLECTR 区域 [qūyù] ▸ **fonctionner sur secteur** 使用交流电 [shǐyòng jiāoliúdiàn] ▸ **une panne de secteur** 区域性故障 [qūyùxìng gùzhàng] ❸ ÉCON 领域 [lǐngyù] ▸ **un secteur d'activité** 经济部门 [jīngjì bùmén] ▸ **le secteur de l'automobile** 汽车领域 [qìchē lǐngyù] ▸ **le secteur privé** 私营部门 [sīyíng bùmén] ▸ **le secteur public** 国营部门 [guóyíng bùmén].

section nf ❶ (action de couper, fait d'être coupé) 切断 [qiēduàn] ▸ **une section de la moelle épinière** 脊髓被切断 [jísuǐ bèi qiēduàn] ❷ (partie d'un trajet) 段 [duàn] ▸ **les lignes de métro sont divisées en sections** 地铁线路被分成段 [dìtiě xiànlù bèi fēnchéng duàn] ❸ (partie d'un tout) 路段 [lùduàn] ▸ **cette section de l'autoroute est fermée** 这段高速公路被关闭了 [zhè duàn gāosù gōnglù bèi guānbì le] ❹ (au lycée) 门类 [ménlèi] ▸ **un élève de section scientifique** 理科类中学生 [lǐkē lèi zhōngxuéshēng].

sectionner vt 切断 [qiēduàn].

sécu (abr de **Sécurité sociale**) nf inv = **Sécurité sociale**.

séculaire adj 百年的 [bǎinián de] ▸ **un arbre séculaire** 一棵百年老树 [yì kē bǎinián lǎoshù] ▸ **une coutume séculaire** 古老的传统 [gúlǎo de chuántǒng].

sécuriser vt ❶ (donner un sentiment de sécurité à) 给……以安全感 [gěi… yǐ ānquángǎn] ▸ **sécuriser un enfant** 让孩子感到安心 [ràng háizi gǎndào ānxīn] ❷ INFORM (protéger) 使……更可靠 [shǐ… gèng kěkào] ▸ **sécuriser le paiement électronique** 使电子付款更可靠 [shǐ diànzǐ fùkuǎn gèng kěkào].

sécurité nf 安全 [ānquán] ▸ **assurer la sécurité** 保障安全 [bǎozhàng ānquán] ▸ **être en sécurité** 处于安全状态 [chǔyú ānquán zhuàngtài] ▸ **faire qqch en toute sécurité** 完全放心地做某事 [wánquán fàngxīn de zuò mǒushì] ▸ **la sécurité routière** 道路安全保障 [dàolù ānquán bǎozhàng].

■ **de sécurité** loc adv 安全的 [ānquán de] ▸ **ceinture de sécurité** 安全带 [ānquándài].

Sécurité sociale nf 社会保险 [shèhuì báoxiǎn] ▸ **se faire rembourser par la Sécurité sociale** 由社会保险代付 [yóu shèhuì báoxiǎn dàifù].

sédentaire adj ❶ (qui vit toujours au même endroit) 定居的 [dìngjū de] ▸ **un peuple sédentaire** 定居民族 [dìngjū mínzú] ❷ (qui n'oblige pas à se déplacer) 不出差的 [bù chūchāi de] ▸ **un travail sédentaire** 不出差的工作 [bù chūchāi de gōngzuò].

séducteur, trice nm, f 诱惑者 [yòuhuòzhě] ▸ **cet acteur est un grand séducteur** 这位演员非常有魅力 [zhè wèi yǎnyuán fēicháng yǒu mèilì].

séduire vt ❶ (faire la cour à) 迷惑 [míhuo] ❷ (plaire à) 吸引 [xīyǐn] ▸ **j'ai été séduite par ce projet** 我被这项计划吸引了 [wǒ bèi zhè xiàng jìhuà xīyǐn le].

séduisant, e adj ❶ (personne) 有魅力的 [yǒu mèilì de] ❷ (chose) 吸引人的 [xīyǐnrén de] ▸ **un projet séduisant** 吸引人的计划 [xīyǐnrén de jìhuà].

segment nm 段 [duàn].

ségrégation nf 隔离 [gélí] ▸ **lutter contre la ségrégation sociale** 与社会歧视作斗争 [yǔ shèhuì qíshì zuò dòuzhēng].

seigle nm 黑麦 [hēimài].

seigneur nm 大贵族 [dàguìzú]

◊ **vivre en grand seigneur** 过豪华生活 [guò háohuá shēnghuó] ▸ **les Seigneurs de la guerre** 大元帅 [dàyuánshuài].

▪ **Seigneur** nm RELIG ▸ **le Seigneur** 上帝 [Shàngdì].

sein nm ANAT (cl. 只 [zhī] OU 个 [gè]) 乳房 [rǔfáng] ▸ **donner le sein (à un enfant)** (给婴儿) 喂奶 [(gěi yīng'ér) wèinǎi].

▪ **au sein de** loc prép 在……里 [zài… lǐ].

Seine nf ▸ **la Seine** 塞纳河 [Sàinàhé].

séisme nm (cl. 场 [chǎng]) 地震 [dìzhèn].

seize ♦ adj num inv 十六个 [shíliù ge]. ♦ nm inv 十六 [shíliù].

seizième ♦ adj num inv 第十六 [dìshíliù]. ♦ nmf 第十六个 [dìshíliù ge].

séjour nm ❶ (fait de séjourner quelque part) 逗留 [dòuliú] ▸ **j'ai fait de nombreux séjours à l'étranger** 我经常在国外小住 [wǒ jīngcháng zài guówài xiǎozhù] ▸ **prolonger son séjour** 延长逗留期 [yáncháng dòuliú qī] ❷ (temps assez long que l'on passe dans un lieu) 居住期 [jūzhùqī] ▸ **être interdit de séjour** 禁止居留 [jìnzhǐ jūliú] ▸ **obtenir une carte de séjour** 得到居留证 [dédào jūliúzhèng] ❸ (pièce) 客厅 [kètīng].

séjourner vi 旅居 [lǚjū] ▸ **séjourner aux États-Unis pendant six mois** 在美国住了六个月 [zài Měiguó zhù le liù ge yuè].

sel nm 盐 [yán] ▸ **il faut rajouter du sel** 要再加点盐 [yào zàijiā diǎn yán] ▸ **gros sel** 粗盐 [cū yán] ▸ **sel fin** 精盐 [jīng yán].

sélection nf ❶ (choix) 选择 [xuǎnzé] ▸ **faire une sélection** 作出选择 [zuòchū xuǎnzé] ▸ **des critères de sélection** 选择的标准 [xuǎnzé de biāozhǔn] ❷ (ensemble de choses choisies) 精选品 [jīngxuǎnpǐn] ❸ SPORT 选拔 [xuǎnbá] ▸ **un match de sélection** 选拔赛 [xuǎnbá sài] ❹ ZOOL ▸ **la sélection naturelle** 自然淘汰 [zìrán táotài].

sélectionner vt 选择 [xuǎnzé].

self-service nm (cl. 家 [jiā]) 自助餐厅 [zìzhù-cāntīng].

selle nf ❶ (de cheval) 鞍 [ān] ▸ **monter sur la selle** 上马 [shàngmǎ] ❷ (de bicyclette) 车座 [chēzuò].

selon prép ❶ (conformément à) 遵照 [zūnzhào] ❷ (en fonction de) 根据 [gēnjù] ▸ **choisir un itinéraire selon la météo** 根据天气选择路线 [gēnjù tiānqì xuǎnzé lùxiàn] ▸ **selon toute probabilité,…** 十之八九…… [shí zhī bā jiǔ…] ▸ **selon toute probabilité, il devrait accepter** 他十之八九会同意 [tā shí zhī bā jiǔ huì tóngyì] ▸ **selon ses forces** 根据自己的实力 [gēnjù zìjǐ de shílì] ❸ (d'après) 依……观点 [yī… guāndiǎn] ▸ **selon lui, je ne devrais pas accepter** 依他的观点，我不应该接受 [yī tāde guāndiǎn, wǒ bù yīnggāi jiēshòu].

▪ **selon que** loc conj *(+ indicatif)* 根据……而 [gēnjù… ér] ▸ **selon qu'il viendra ou non, nous verrons ce que nous ferons** 我们要根据他来还是不来确定我们做什么 [wǒmen yào gēnjù tā lái háishi bùlái quèdìng wǒmen zuò shénme].

semaine nf ❶ (période de sept jours) 周 [zhōu]; 星期 [xīngqī] ▸ **une fois par semaine** 每周一次 [měi zhōu yí cì] ▸ **la semaine dernière** 上周 [shàng zhōu]; 上个星期 [shàng ge xīngqī] ▸ **la semaine prochaine** 下周 [xià zhōu]; 下个星期 [xià ge xīngqī] ▸ **toutes les deux semaines** 每两周 [měi liǎng zhōu] ▸ **je vais prendre une semaine de vacances** 我要去度一周的假 [wǒ yào qù dù yì zhōu de jià] ▸ **nous repartons dans une semaine** 我们一周后再出门 [wǒmen yì zhōu hòu zài chūmén] ❷ (jours ouvrables) 一周的工作时间 [yì zhōu de gōngzuò shíjiān] ▸ **avoir une semaine chargée** 一周工作排得满满的 [yì zhōu gōngzuò páide mánmǎn de] ▸ **la semaine de 35 heures** 一周35小时工作制 [yì zhōu 35 xiǎoshí gōngzuòzhì].

sémantique nf LING 语义学 [yǔyìxué].

semblable ♦ nm (prochain) 同类 [tónglèi] ▸ **aimer son semblable** 爱其同类 [àiqí tónglèi] ▸ **s'occuper de ses semblables** 照顾自己的同伙 [zhàogù zìjǐ de tónghuǒ]. ♦ adj (analogue) 相似的 [xiāngsì de] ▸ **des envies semblables** 相同的愿望 [xiāngtóng de yuànwàng] ▸ **semblable à** 同……相似 [tóng… xiāngsì].

semblant nm 勉强算作 [miánqiǎng suànzuò] ▸ **faire semblant (de)** 假装(……) [jiǎzhuāng

(…)] ▸ **un semblant de…** 勉强算是…… [miánqiǎng suànshì…].

sembler ♦ v att (avoir l'air) 好像 [hǎoxiàng] ▸ **il semble honnête** 他好像很诚实 [tā hǎoxiàng hěn chéngshí] ▸ **il semble aller mieux** 他好像好点了 [tā hǎoxiàng hǎo diǎn le]. ♦ v impers 似乎 [sìhu] ▸ **il semble impossible de se passer de lui** 似乎不能没有他 [sìhu bùnéng méiyǒu tā] ▸ **il m'a semblé entendre frapper à la porte** 我似乎听见敲门声了 [wǒ sìhu tīngjiàn qiāomén shēng le] ▸ **il semble qu'il soit déjà parti** 他好像已经走了 [tā hǎoxiàng yǐjīng zǒu le] ▸ **il me semble que vous étiez absent hier** 我以为您昨天没来 [wǒ yǐwéi nín zuótiān méi lái] ▸ **elle n'assiste au cours que quand bon lui semble** 她高兴什么时候上课就什么时候上课 [tā gāoxìng shénme shíhòu shàngkè jiù shénme shíhòu shàngkè] ▸ **je fréquente qui bon me semble** 我高兴和谁来往就和谁来往 [wǒ gāoxīng hé shéi láiwǎng jiù hé shéi láiwǎng] ▸ **tu feras comme bon te semble** 你想怎么做就怎么做 [nǐ xiǎng zěnme zuò jiù zěnme zuò].

semelle nf ❶ (sous une chaussure) 鞋底 [xiédǐ] ▸ **des semelles en caoutchouc** 橡胶鞋底 [xiàngjiāo xiédǐ] ❷ (à l'intérieur d'une chaussure) ○ (cl. 只 [zhī]) 鞋垫 [xiédiàn] ▸ **mettre une semelle dans ses chaussures** 往自己的鞋里放鞋垫 [wǎng zìjǐ de xié lǐ fàng xiédiàn] ▸ **des semelles orthopédiques** 矫形鞋垫 [jiǎoxíng xiédiàn]

◊ **ne pas quitter qqn d'une semelle** 寸步不离地跟着某人 [cùnbù bùlí de gēnzhe mǒurén].

semer vt ❶ (planter) 播种 [bōzhòng] ▸ **semer du blé dans un champ** 在田里播种小麦 [zài tián lǐ bōzhòng xiǎomài] ❷ *fam* (se débarrasser de) 甩掉 [shuǎidiào] ▸ **semer qqn** 甩掉某人 [shuǎidiào mǒurén]

◊ **on récolte ce qu'on a semé** 种瓜得瓜，种豆得豆 [zhòng guā dé guā, zhòng dòu dé dòu] ▸ **semer la terreur** 散布恐怖情绪 [sànbù kǒngbù qíngxù] ▸ **semer la zizanie** 制造不和 [zhìzào bùhé].

semestre nm ❶ (période de six mois) 半年 [bànnián] ▸ **passer un semestre à l'étranger** 在国外度过半年 [zài guówài dùguò bànnián] ❷ SCOL 学期 [xuéqī] ▸ **le premier semestre** 第一学期 [dìyī xuéqī].

semestriel, elle adj ❶ (qui a lieu tous les six mois) 每半年的 [měi bànnián de] ▸ **une publication semestrielle** 每半年出版一次 [měi bànnián chūbǎn yí cì] ❷ (qui dure six mois) 学期的 [xuéqī de].

séminaire nm ❶ RELIG (cl. 所 [suǒ]) 神学院 [shénxuéyuàn] ▸ **faire des études au séminaire** 在神学院读书 [zài shénxuéyuàn dúshū] ❷ (colloque) 研讨会 [yántǎohuì] ▸ **participer à un séminaire de master** 上研究生讨论课 [shàng yánjiūshēng tǎolùn kè] ▸ **un séminaire sur Marcel Proust** 一个关于马塞尔·普鲁斯特的研讨会 [yí ge guānyú Mǎsāi'ěr Púlǔsītè de yántǎohuì].

séminariste nm (cl. 名 [míng]) 神学院学生 [shénxuéyuàn xuésheng].

semi-remorque nm (cl. 辆 [liàng]) 牵引挂车 [qiānyǐn guàchē].

Sénat nm 参议院 [Cānyìyuàn] ▸ **être élu au Sénat** 当选为参议员 [dāngxuǎn wéi cānyìyuán].

sénateur, trice nm, f (cl. 位 [wèi] ou 个 [gè] ou 名 [míng]) 参议员 [cānyìyuán].

Sénégal nm ▸ **le Sénégal** 塞内加尔 [Sàinèijiā'ěr].

sénile adj MÉD 衰老的 [shuāilǎo de].

sénilité nf 衰老 [shuāilǎo] ▸ **être atteint de sénilité** 衰老 [shuāilǎo].

sens ♦ nm inv ❶ (fonction) 官能 [guānnéng] ▸ **les cinq sens** 五种官能 [wǔ zhǒng guānnéng] ❷ (instinct) 意识 [yìshi] ▸ **avoir le sens des affaires** 有做生意的天赋 [yǒu zuò shēngyì de tiānfù] ▸ **avoir le sens de l'humour** 有幽默感 [yǒu yōumò gǎn] ❸ (raison, sagesse) 见解 [jiànjiě] ▸ **avoir du bon sens** 合乎情理 [héhū qínglǐ] ❹ (direction) 方向 [fāngxiàng] ▸ **sens unique** 单行道 [dānxíng dào] ▸ **sens interdit** (此方向)禁止通行 [(cǐ fāngxiàng) jìnzhǐ tōngxíng] ▸ **sens dessus dessous** 乱七八糟 [luànqībāzāo] ❺ (signification) 意思 [yìsi] ▸ **quel est le sens du mot… ?** ……这个词是什么意思？ [… zhè ge cí shì shénme yìsi?] ▸ **certains mots ont plusieurs sens** 有些

词有多种意思 [yǒu xiē cí yǒu duō zhǒng yìsi]. ♦ nmpl 肉欲 [ròuyù] ▸ **les plaisirs des sens** 肉体快感 [ròutǐ kuàigǎn].

sensation nf ❶ (perception) ○ (cl. 种 [zhǒng]) 感觉 [gǎnjué] ▸ **éprouver une sensation de faim** 感到饥饿 [gǎndào jī'è] ❷ (impression) 感觉 [gǎnjué] ▸ **avoir la sensation d'être suivi par qqn** 感觉被人跟踪 [gǎnjué bèi rén gēnzōng] ▸ **avoir la sensation d'avoir fait une gaffe** 感觉做了一桩蠢事 [gǎnjué zuò le yì zhuāng chǔnshì].

▪ **à sensation** loc adv 引起轰动的 [yínqǐ hōngdòng de] ▸ **un journal à sensation** 追求轰动效应的报纸 [zhuīqiú hōngdòng xiàoyìng de bàozhǐ].

sensationnel, elle adj ❶ (impressionnant) 引起轰动的 [yínqǐ hōngdòng de] ▸ **un événement sensationnel** 引起轰动的事件 [yínqǐ hōngdòng de shìjiàn] ❷ *fam* (merveilleux) 了不起的 [liǎobuqǐ de] ▸ **c'est une idée sensationnelle !** 这是个了不起的主意！ [zhè shì ge liǎobuqǐ de zhǔyi!].

sensé, e adj 明智的 [míngzhì de] ▸ **une personne sensée** 明智的人 [míngzhì de rén] ▸ **des propos sensés** 合乎情理的话 [héhū qínglǐ de huà].

sensibiliser vt *fig* (faire connaître) 使……关注 [shǐ… guānzhù] ▸ **il faut sensibiliser les jeunes au problème du sida** 应该使年轻人关注爱滋病问题 [yīnggāi shǐ niánqīngrén guānzhù àizībìng wèntí].

sensibilité nf ❶ (d'une personne) 敏感(性) [míngǎn (xìng)] ▸ **avoir beaucoup de sensibilité** 感情丰富 [gǎnqíng fēngfù] ▸ **manquer de sensibilité** 感情迟钝 [gǎnqíng chídùn] ❷ (d'un appareil) 灵敏度 [língmǐndù] ▸ **la sensibilité d'une balance** 天平的灵敏度 [tiānpíng de língmǐndù].

sensible ♦ adj ❶ (capable de percevoir des sensations, émotif, délicat) 敏感的 [míngǎn de] ▸ **il est sensible au froid** 他很畏寒 [tā hěn wèi hán] ▸ **c'est un enfant très sensible** 这是个十分敏感的孩子 [zhè shì ge shífēn míngǎn de háizi] ▸ **un dossier sensible** 一个敏感的案子 [yí ge míngǎn de ànzi] ❷ (fragile) 过敏的 [guòmǐn de] ▸ **avoir la peau sensible** 皮肤过敏 [pífū guòmǐn] ❸ (appareil) 灵敏的 [língmǐn de] ▸ **cette balance est très sensible** 这个天平很灵敏 [zhè ge tiānpíng hěn língmǐn] ❹ PHOTO 具感光性能的 [jù gǎnguāng xìngnéng de] ▸ **des pellicules photographiques sensibles à la lumière** 摄影感光胶片 [shèyǐng gǎnguāng jiāopiàn]. ♦ nmf 易动感情的人 [yì dòng gǎnqíng de rén] ▸ **c'est un grand sensible** 这是个很容易动感情的人 [zhè shì ge hěn róngyì dòng gǎnqíng de rén].

sensiblement adv ❶ (à peu près) 差不多 [chàbuduō] ▸ **ces deux vases sont sensiblement les mêmes** 这两个花瓶差不多一样 [zhè liǎng ge huāpíng chàbuduō yíyàng] ❷ (de façon notable) 明显地 [míngxiǎn de] ▸ **mes résultats scolaires ont sensiblement progressé** 我的学习成绩明显进步了 [wǒde xuéxí chéngjì míngxiǎn jìnbù le].

sensuel, elle adj 追求感官享受的 [zhuīqiú gǎnguān xiǎngshòu de] ▸ **il est très sensuel** 他极追求感官享受 [tā jí zhuīqiú gǎnguān xiǎngshòu].

sentence nf 判决 [pànjué] ▸ **prononcer une sentence** 宣读判决 [xuāndú pànjué].

senteur nf *sout* (cl. 股 [gǔ]) 香味 [xiāngwèi] ▸ **la senteur des fleurs** 花朵的芳香 [huāduǒ de fāngxiāng].

sentier nm (cl. 条 [tiáo]) 小路 [xiǎolù] ▸ **un sentier mène à la rivière** 通向河边的小路 [tōngxiàng hébiān de xiǎolù] ▸ **un sentier de randonnée** 长途远足用的小路 [chángtú yuǎnzú yòng de xiǎolù]

◊ **sortir des sentiers battus** 另辟蹊径 [lìngpì xījìng].

sentiment nm ❶ (ce que l'on éprouve) 感情 [gǎnqíng] ▸ **éprouver un sentiment de liberté** 感到自由 [gǎndào zìyóu] ▸ **éprouver des sentiments pour qqn** 对某人怀有感情 [duì mǒurén huáiyǒu gǎnqíng] ▸ **'veuillez agréer, Monsieur, l'expression de mes sentiments distingués'** 尊敬的先生，请接受我的崇高敬意 [zūnjìng de xiānsheng, qǐng jiēshòu wǒde chónggāo jìngyì] ❷ (opinion) 看法 [kànfǎ] ▸ **il ne partage pas votre sentiment** 他不同意您的看法 [tā bù tóngyì nínde kànfǎ] ❸ (impression) 感觉 [gǎnjué] ▸ **j'ai le sentiment de l'avoir déjà rencontré** 我觉得曾经见过他 [wǒ juéde céngjīng jiàn guò tā].

sentimental, e, aux ♦ adj (sensible, romanesque) 多愁善感的 [duōchóu shàngăn de] ▸ **c'est un jeune homme très sentimental** 这是个多愁善感的年轻人 [zhè shì ge duōchóu shàngăn de niánqīngrén]. ♦ nm, f 多愁善感的人 [duōchóu shàngăn de rén] ▸ **c'est une grande sentimentale** 她是个很多愁善感的人 [tā shì ge hěn duōchóu shàngăn de rén].

sentinelle nf (cl. 名 [míng]) 哨兵 [shàobīng].

sentir ♦ vt ❶ (par l'odorat, le goût) 闻 [wén] ▸ **est-ce que tu sens l'odeur du pot-au-feu ?** 你闻到炖牛肉汤的味道了吗？ [nǐ wén dào dùn niúròutāng de wèidao le ma?] ▸ **on sent bien la cannelle dans ce dessert** 这道点心里的桂皮味儿一下就闻到了 [zhè dào diǎnxin lǐ de guìpí wèir yíxià jiù wén dào le] ❷ (exhaler) 散发出……味道 [sànfā chū… wèidao] ▸ **ce bouquet sent le jasmin** 这束花散发出茉莉味儿 [zhè shù huā sànfā chū mòli wèir] ❸ (percevoir) 感到 [gǎndào] ▸ **sentir la fatigue** 感到累 [gǎndào lèi] ▸ **faire sentir qqch à qqn** 使某人感到…… [shǐ mǒurén gǎndào…] ❹ (pressentir) 觉察到 [juéchá dào] ▸ **elle sentait que les choses allaient mal tourner** 她觉察到事情进展会很不顺利 [tā juéchá dào shìqing jìnzhǎn huì hěn bú shùnlì] ▸ **je sens que ce livre te plaira** 我料想到这本书会让你感兴趣 [wǒ liàoxiǎng dào zhè běn shū huì ràng nǐ gǎn xìngqu]

◊ **ne pas pouvoir sentir qqn** 厌恶某人 [yànwù mǒurén].

♦ vi 散发气味 [sànfā qìwèi] ▸ **ça sent bon** 这很香 [zhè hěn xiāng] ▸ **ça sent mauvais** 这很难闻 [zhè hěn nánwén] ▸ **ça sent le brûlé** 有股焦味儿 [yǒu gǔ jiāo wèir] ▸ **ça sent fort** 这味道很冲 [zhè wèidào hěn chòng].

▪ **se sentir** ♦ vp ❶ (être perceptible) 能被感觉到 [néng bèi gǎnjué dào] ▸ **10 degrés en moins, ça se sent !** 差了10度呢，能感觉到的！ [chà le 10 dù ne, néng gǎnjué dào de!] ▸ **il est heureux, ça se sent** 他很开心，显而易见 [tā hěn kāixīn, xiǎn'éryìjiàn] ❷ (avoir l'impression de) 觉得(自己) [juéde (zìjǐ)] ▸ **il s'est senti revivre après sa maladie** 病后，他觉得自己像是重生了 [bìng hòu, tā juéde zìjǐ xiàngshì chóngshēng le]. ♦ v att 感觉 [gǎnjué] ▸ **se sentir bien** 感觉很好 [gǎnjué hěn hǎo] ▸ **se sentir mal** 感觉不舒服 [gǎnjué bù shūfú] ▸ **se sentir fatigué** 感到累 [gǎndào lèi].

séparation nf ❶ (action de séparer) 分离 [fēnlí] ▸ **la séparation de l'Église et de l'État** 政教分离 [zhèng jiào fēnlí] ❷ (délimitation) 分隔 [fēngé] ▸ **servir de séparation** 作分隔用 [zuò fēngé yòng] ❸ (rupture) 分手 [fēnshǒu] ▸ **depuis la séparation de ses parents, ses résultats scolaires ont baissé** 自从父母分手，他的学习成绩就下滑了 [zìcóng fùmǔ fēnshǒu, tāde xuéxí chéngjì jiù xiàhuá le].

séparé, e adj ❶ (distinct) 分别的 [fēnbié de] ▸ **les époux ont des comptes séparés** 夫妻俩分别有自己的帐户 [fūqī liǎ fēnbié yǒu zìjǐ de zhànghù] ❷ DR 分居的 [fēnjū de] ▸ **mes parents sont séparés** 我父母分居了 [wǒ fùmǔ fēnjū le].

séparer vt ❶ (mettre des choses à part) 使……分开 [shǐ… fēnkāi] ▸ **séparer son travail de sa vie privée** 把工作与私生活分开 [bǎ gōngzuò yǔ sīshēnghuó fēnkāi] ❷ (faire que des personnes ne soient plus ensemble) 使……疏离 [shǐ… shūlí] ❸ (constituer une séparation entre) 分隔 [fēngé] ▸ **la Manche sépare la France et l'Angleterre** 英吉利海峡把法国和英国分隔开来 [Yīngjílì hǎixiá bǎ Fǎguó hé Yīngguó fēngé kāilái].

▪ **se séparer** vp ❶ (se défaire de) 与……分离 [yǔ… fēnlí] ▸ **il ne se sépare jamais de son appareil photo** 他从未离开过自己的照相机 [tā cóngwèi líkāi guò zìjǐ de zhàoxiàngjī] ❷ (quitter) 分手 [fēnshǒu] ▸ **elle s'est séparée de son mari l'année dernière** 她去年和丈夫分手了 [tā qù nián hé zhàngfu fēnshǒu le] ❸ (se disperser) 分散 [fēnsàn] ▸ **ils se sont séparés pour faire les recherches** 他们分头进行研究 [tāmen fēntóu jìnxíng yánjiū] ❹ (se disjoindre) 分叉 [fēn chā] ▸ **au croisement, la route se sépare en deux** 在交叉口，路分成了两条 [zài jiāochākǒu, lù fēnchéng le liǎng tiáo].

sept ♦ adj num inv ❶ (nombre) 七个 [qī ge] ▸ **les sept jours de la semaine** 一星期的七天 [yì xīngqī de qī tiān] ▸ **les sept merveilles du monde** 世界七大奇观 [shìjiè qī dà qíguān] ❷ (septième) 第七 [dìqī] ▸ **la ligne sept** 第七行 [dìqī háng] ❸ (dans une série) 七世 [qī shì]

▸ **Charles VII** 查理七世 [Chálǐ qī shì]. ♦ nm inv 七 [qī] ▸ **nous sommes le 7 octobre** 今天是十月七日 [jīntiān shì shí yuè qī rì] ▸ **il a tiré le sept de pique** 他出了黑桃七 [tā chū le hēitáo qī].

septembre nm 九月 [jiǔyuè] ▸ **le premier septembre** 九月一号/日 [jiǔyuè yī hào/rì] ▸ **au mois de** ou **en septembre** 在九月 [zài jiǔyuè] ▸ **au début du mois de septembre** ou **début septembre** 九月初 [jiǔyuè chū] ▸ **à la fin du mois de septembre** ou **fin septembre** 九月末 [jiǔyuè mò].

septennat nm 七年任期 [qī nián rènqī].

septième ♦ adj num inv 第七 [dìqī]. ♦ nmf 第七个 [dìqī ge].

sépulcre nm (cl. 座 [zuò]) 坟墓 [fénmù] ▸ **le Saint Sépulcre** 圣墓 [Shèng Mù].

sépulture nf (cl. 块 [kuài]) 墓地 [mùdì].

séquelle nf ❶ (troubles qui persistent après une maladie ou un accident) 后遗症 [hòuyízhèng] ❷ (contrecoup fâcheux d'un évènement) 恶果 [èguǒ] ▸ **la guerre a laissé des séquelles dans le pays** 战争给国家留下了恶果 [zhànzhēng gěi guójiā liúxià le èguǒ].

séquence nf CINÉ 一组镜头 [yì zǔ jìngtóu] ▸ **tourner la première séquence d'un film** 拍摄影片的第一组镜头 [pāishè yǐngpiàn de dìyī zǔ jìngtóu].

séquestrer vt (enfermer) 非法监禁 [fēifǎ jiānjìn] ▸ **les grévistes ont séquestré le directeur pendant 24 heures** 罢工者非法监禁经理24小时 [bàgōngzhě fēifǎ jiānjìn jīnglǐ 24 xiǎoshí].

séquoia nm (cl. 棵 [kē]) 巨杉 [jùshān].

serbe ♦ adj 塞尔维亚的 [sài'ěrwéiyà de]. ♦ nm (langue) 塞尔维亚语 [sài'ěrwéiyàyǔ].

Serbie nf ▸ **la Serbie** 塞尔维亚 [Sài'ěrwéiyà].

serein, e adj ❶ (beau et calme) 晴朗的 [qínglǎng de] ▸ **un ciel serein** 晴朗的天空 [qínglǎng de tiānkōng] ❷ (calme moralement) 安详的 [ānxiáng de] ▸ **un homme serein** 一个安详的人 [yí ge ānxiáng de rén].

sérénade nf ❶ MUS (cl. 支 [zhī] ou 首 [shǒu]) 小夜曲 [xiǎoyèqǔ] ▸ **donner la sérénade à une femme** 向一位女子献上小夜曲 [xiàng yí wèi nǚzǐ xiànshang xiǎoyèqǔ] ❷ *fam* (jérémiades) 责骂 [zémà] ▸ **jouer sa sérénade habituelle** (他)又在没完没了的吵闹 [(tā) yòu zài méiwán méiliǎo de chǎonào].

sérénité nf 安详 [ānxiáng] ▸ **sérénité d'un visage** 表情的安详 [biǎoqíng de ānxiáng] ▸ **avec sérénité** 从容地 [cóngróng de].

sergent nm MIL (cl. 位 [wèi] ou 个 [gè] ou 名 [míng]) 中士 [zhōngshì].

série nf ❶ (succession) 一连串 [yì liánchuàn] ▸ **une série de questions** 一连串问题 [yì liánchuàn wèntí] ▸ **une série d'attentats terroristes** 一连串恐怖暴力事件 [yì liánchuàn kǒngbù bàolì shìjiàn] ▸ **en série** 成批地 [chéngpī de] ❷ TV (cl. 部 [bù]) 电视连续剧 [diànshì liánxùjù] ▸ **une série qui passe tous les jours à la télévision** 一部每天都在电视上播出的连续剧 [yí bù měi tiān dōu zài diànshì shàng bōchū de liánxùjù] ❸ COMM (dans l'industrie) 批/套 [pī/tào] ▸ **la fabrication en série** 批量生产 [pīliàng shēngchǎn] ▸ **une voiture de série** 批量生产的汽车 [pīliàng shēngchǎn de qìchē] ▸ **une série limitée** 限量版 [xiàn liàng bǎn].

sérieusement adv ❶ (sans plaisanter) 严肃地 [yánsù de] ▸ **parler sérieusement** 严肃地说话 [yánsù de shuōhuà] ❷ (avec application) 认真地 [rènzhēn de] ▸ **travailler sérieusement** 认真地工作 [rènzhēn de gōngzuò] ❸ (gravement) 严重的 [yánzhòng de] ▸ **il est sérieusement blessé** 他伤得很重 [tā shāngde hěn zhòng].

sérieux, euse adj ❶ (exempt de frivolité) 严肃的 [yánsù de] ▸ **un air sérieux** 严肃的神情 [yánsù de shénqíng] ❷ (consciencieux) 认真的 [rènzhēn de] ▸ **un élève sérieux dans son travail** 学习认真的学生 [xuéxí rènzhēn de xuésheng] ❸ (raisonnable) 理性 [lǐxìng] ▸ **rouler toute la nuit, ce n'est pas sérieux** 开一整夜的车，太不理性了 [kāi yì zhěngyè de chē, tài bù lǐxìng le] ❹ (digne de foi) 可信的 [kěxìn de] ▸ **une enquête sérieuse** 可信的调查 [kěxìn de diàochá] ▸ **on peut compter sur lui, il est très sérieux** 我们可以信任他，他十分可靠 [wǒmen kéyǐ xìnrèn tā, tā shífēn kěkào] ▸ **'pas sérieux, s'abstenir'** 拿不稳，就不要做 [ná bù wěn, jiù bú yào zuò] ▸ **c'est sérieux, tu pars ?** 真的吗，你要

走？[zhēn de ma, nǐ yào zǒu?] ❺ (grave) 严重的 [yánzhòng de] ▸ **une maladie sérieuse** 重病 [zhòng bìng] ▸ **avoir de sérieux ennuis** 极度苦恼 [jídù kǔnǎo].

■ **sérieux** nm ❶ (application) 认真 [rènzhēn] ▸ **cet élève manque de sérieux dans son travail** 这个学生学习不认真 [zhè ge xuésheng xuéxí bú rènzhēn] ❷ (fait de ne pas rire) 严肃 [yánsù] ▸ **garder son sérieux** 保持严肃 [bǎochí yánsù]

◊ **prendre qqch au sérieux** 认真对待某事 [rènzhēn duìdài mǒushì]; 重视某事 [zhòngshì mǒushì] ▸ **se prendre au sérieux** 自以为了不起 [zìyǐwéi liǎobuqǐ].

seringue nf (cl. 支 [zhī]) 注射器 [zhùshèqì] ▸ **faire une piqure avec une seringue** 用注射器打针 [yòng zhùshèqì dǎzhēn].

serment nm ❶ (affirmation solennelle) 发誓 [fāshì] ▸ **prêter serment** 宣誓 [xuān shì] ▸ **témoigner sous serment** 宣誓作证 [xuānshì zuòzhèng] ❷ (promesse) 誓言 [shìyán] ▸ **j'ai fait le serment de ne rien dire** 我发誓什么也不说 [wǒ fāshì shénme yě bù shuō].

sermon nm ❶ RELIG 布道 [bùdào] ▸ **le curé a fait son sermon** 神甫布道 [shénfu bùdào] ❷ *péj* (remontrance) 喋喋不休的说教 [diédié bùxiū de shuōjiào] ▸ **faire un sermon à qqn** 喋喋不休地教训某人 [diédié bùxiū de jiàoxun mǒurén].

séropositif, ive ♦ adj 血清反应阳性的 [xuèqīng fǎnyìng yángxìng de]. ♦ nm, f 血清反应阳性的人 [xuèqīng fǎnyìng yángxìng de rén].

serpent nm (cl. 条 [tiáo]) 蛇 [shé] ▸ **un serpent à sonnette** 响尾蛇 [xiángwěi shé] ▸ **se faire mordre par un serpent** 被蛇咬 [bèi shé yǎo].

serpenter vi 蜿蜒延伸 [wānyán yánshēn] ▸ **le sentier serpente dans la montagne** 小路在山中蜿蜒 [xiǎolù zài shān zhōng wānyán].

serpillière nf (cl. 把 [bǎ]) 粗布拖把 [cūbù tuōbǎ] ▸ **passer la serpillière sur le carrelage** 用粗布拖把拖瓷砖 [yòng cūbù tuōbǎ tuō cízhuān].

serre nf (cl. 间 [jiān]) 温室 [wēnshì] ▸ **les serres d'un jardin botanique** 植物园的温室 [zhíwù yuán de wēnshì] ▸ **des plantes cultivées sous serre** 生长在温室里的植物 [shēngzhǎng zài wēnshì lǐ de zhíwù].

■ **serres** nfpl (griffes) ○ (cl. 只 [zhī]) 爪 [zhuǎ] ▸ **les serres d'un rapace** 猛禽的爪子 [měngqín de zhuǎzi].

serré, e adj ❶ (étroit) 紧绷的 [jǐnbēng de] ▸ **une veste serrée** 紧绷的上衣 [jǐnbēng de shàngyī] ❷ (avec un faible écart) 势均力敌的 [shìjūn lìdí de] ▸ **la partie d'échecs est très serrée** 这盘棋下得很激烈 [zhè pán qí xiàde hěn jīliè] ▸ **score serré** 不相上下的比分 [bù xiāng shàng xià de bǐfēn] ▸ **match serré** 势均力敌的比赛 [shìjūn lìdí de bǐsài].

serrer ♦ vt ❶ (tenir en pressant) 紧握 [jǐnwò] ▸ **serrer la main à qqn** 握住某人的手 [wòzhù mǒurén de shǒu] ❷ (étreindre) 紧抱 [jǐnbào] ▸ **serrer qqn dans ses bras** 把某人紧抱在怀里 [bǎ mǒurén jǐnbào zài huái lǐ] ❸ (comprimer) 裹紧 [guǒjǐn] ▸ **un pantalon qui serre** 紧绷的裤子 [jǐnbēng de kùzi] ▸ **des chaussures qui serrent** 夹脚的鞋 [jiājiǎo de xié] ❹ (fermer) 拧紧 [nìngjǐn] ▸ **serrer une vis** 拧紧一个螺丝 [nìngjǐn yí ge luósī] ▸ **serrer un nœud** 将一个结系紧 [jiāng yí ge jié jìjǐn] ▸ **serrer sa ceinture** 勒紧自己的腰带 [lēijǐn zìjǐ de yāodài]. ♦ vi AUTO 靠近 [kàojìn] ▸ **serrer à droite** 向右靠 [xiàng yòu kào].

■ **se serrer** vp ❶ (se rapprocher) 紧靠 [jǐnkào] ▸ **se serrer contre qqn** 紧靠某人 [jǐnkào mǒurén] ❷ (se contracter) 挤 [jǐ].

serre-tête nm inv (cl. 根 [gēn]) 发带 [fàdài] ▸ **mettre un serre-tête** 扎上发带 [zāshang fàdài].

serrure nf (cl. 把 [bǎ]) 锁 [suǒ] ▸ **laisser la clé dans la serrure** 把钥匙留在锁里 [bǎ yàoshi liú zài suǒ lǐ].

serrurier nm (cl. 位 [wèi] ou 个 [gè] ou 名 [míng]) 锁匠 [suǒjiàng] ▸ **appeler le serrurier** 叫来一位锁匠 [jiào lái yí wèi suǒjiàng].

servante nf (cl. 个 [gè] ou 名 [míng]) 女仆 [nǚpú].

serveur, euse nm, f (cl. 位 [wèi] ou 个 [gè] ou 名 [míng]) 侍者 [shìzhě]; (cl. 位 [wèi] ou 个 [gè] ou 名 [míng]) 服务员 [fúwùyuán] ▸ **serveur de bar** 酒吧侍者 [jiǔbā shìzhě] ▸ **serveur de restaurant** 餐馆服务员 [cānguǎn fúwùyuán] ▸ **demander l'addition au serveur** 让侍者结账 [ràng shìzhě jiézhàng].

▪ **serveur** nm INFORM (cl. 台 [tái] ou 个 [gè]) 服务器 [fúwùqì] ▸ **un serveur Internet** 互联网的服务器 [Hùliánwǎng de fúwùqì].

serviable adj 乐于助人的 [lèyú zhùrén de] ▸ **c'est un homme très serviable** 这是个非常乐于助人的人 [zhè shì ge fēicháng lèyú zhùrén de rén].

service nm ❶ (travail) 工作 [gōngzuò] ▸ **prendre son service** 上班 [shàng bān] ▸ **être de service** 值班 [zhíbān] ❷ (fonctionnement) 运行 [yùnxíng] ▸ **être en service** 在运行中 [zài yùnxíng zhōng] ▸ **hors service** 停止使用 [tíngzhǐ shǐyòng] ▸ **l'ascenseur est hors service** 电梯停用 [diàntī tíng yòng] ❸ (dans une entreprise) 处 [chù] ▸ **le service après vente** 售后服务部 [shòuhòu fúwù bù] ▸ **le service commercial** 商务处 [shāngwù chù] ▸ **le service comptabilité** 财务处 [cáiwù chù] ❹ (dans un hôpital) 科室 [kēshì] ▸ **le service des urgences** 急诊科 [jízhěn kē] ❺ ADMIN ▸ **service public** 公用事业 [gōngyòng shìyè] ❻ (action de servir) 服务 [fúwù] ▸ **la qualité du service est irréprochable dans ce restaurant** 这家餐馆的服务无可挑剔 [zhè jiā cānguǎn de fúwù wúkě tiāoti] ❼ (pourboire) 小费 [xiǎofèi] ▸ **service compris** 包括小费 [bāokuò xiǎofèi] ❽ (aide) 帮助 [bāngzhù] ▸ **demander un service à qqn** 请求某人帮忙 [qǐngqiú mǒurén bāngmáng] ▸ **rendre un service à qqn** 给某人帮忙 [gěi mǒurén bāngmáng] ❾ MIL ▸ **service (militaire)** 服(军)役 [fú (jūn) yì] ❿ SPORT 发球 [fāqiú] ▸ **cette joueuse a un excellent service** 这个女运动员发球很漂亮 [zhè ge nǚ yùndòngyuán fāqiú hěn piàoliang] ⓫ (assortiment) 全套餐具 [quántào cānjù] ▸ **service à café** 全套咖啡用具 [quántào kāfēi yòngjù].

serviette nf ❶ (de table) ◦ (cl. 条 [tiáo]) 餐巾 [cānjīn] ▸ **une serviette en papier** 一张餐巾纸 [yì zhāng cānjīn zhǐ] ❷ (pièce de tissu) ◦ (cl. 条 [tiáo]) 毛巾 [máojīn] ▸ **une serviette de bain** 浴巾 [yù jīn] ❸ (porte-documents) 公文包 [gōngwénbāo] ▸ **je range le dossier dans ma serviette** 我把文件放进公文包 [wǒ bǎ wénjiàn fàngjìn gōngwénbāo].

▪ **serviette hygiénique** nf 卫生巾 [wèishēngjīn] ▸ **mettre une serviette hygiénique** 垫卫生巾 [diàn wèishēngjīn].

servir ♦ vt ❶ (quelqu'un) 接待 [jiēdài] ▸ **servir des invités** 接待来客 [jiēdài láikè] ❷ (quelque chose) 上菜 [shàngcài] ▸ **elle nous a servi un très bon rôti** 她给我们端上了美味的烤肉 [tā gěi wǒmen duānshang le měiwèi de kǎoròu] ▸ **le dîner est servi** 晚饭摆好了 [wǎnfàn báihǎo le] ▸ **je vous sers un peu de vin ?** 我给您来点酒？ [wǒ gěi nín lái diǎn jiǔ?]

◊ **on n'est jamais si bien servi que par soi-même** 求人不如求己 [qiú rén bù rú qiú jǐ].

♦ vi ❶ (avoir un usage) 使用 [shǐyòng] ▸ **ce manteau a beaucoup servi** 这件大衣穿很久了 [zhè jiàn dàyī chuān hěn jiǔ le] ▸ **servir à** 用于...... [yòng yú...] ▸ **servir de** 作为...... [zuòwéi...] ❷ SPORT 发球 [fāqiú] ▸ **servir au tennis** 网球发球 [wǎngqiú fāqiú] ❸ (jeu de cartes) 发牌 [fāpái] ▸ **c'est à toi de servir les cartes** 该你发牌了 [gāi nǐ fāpái le].

▪ **se servir** vp ❶ (prendre) 自己取食 [zìjǐ qǔshí] ▸ **elle se sert de la purée** 她给自己盛了些土豆泥 [tā gěi zìjǐ chéng le xiē tǔdòuní] ▸ **je me suis servi un verre de whisky** 我给自己倒了一杯威士忌 [wǒ gěi zìjǐ dào le yì bēi wēishìjì] ❷ (utiliser) 使用 [shǐyòng] ▸ **se servir de qqch** 使用某物 [shǐyòng mǒuwù] ❸ (être mangé, bu) (被)吃/喝 [(bèi) chī/hē] ▸ **le vin rouge se sert chambré** 红葡萄酒应在室温下饮用 [hóng pútaojiǔ yīng zài shìwēn xià yǐnyòng].

serviteur nm *vieilli* (cl. 个 [gè] ou 名 [míng]) 仆人 [púrén].

sésame nm (cl. 粒 [lì]) 芝麻 [zhīma] ▸ **des graines de sésame** 芝麻粒 [zhīma lì] ▸ **du pain au sésame** 芝麻面包 [zhīma miànbāo].

session nf UNIV (examen) 考试期 [kǎoshìqī] ▸ **la session de rattrapage** 补考期 [bǔ kǎo qī].

set nm ❶ SPORT 一局 [yì jú] ▸ **il a remporté le premier set** 他赢了第一局 [tā yíng le dìyī jú] ❷ (napperon) ▸ **set de table** (cl. 块 [kuài] ou 套 [tào]) 小台布 [xiǎotáibù].

seuil nm ❶ (d'une porte) 门槛 [ménkǎn] ▸ **franchir le seuil de la maison** 跨过门槛 [kuàguò ménkǎn] ❷ *fig* (limite minimale) 最低限度 [zuìdī xiàndù] ▸ **seuil de pauvreté** 贫困线 [pínkùn xiàn].

▪ **au seuil de** loc adv (au commencement de) 在......开始之际 [zài... kāishǐ zhījì] ▸ **être au seuil d'une révolution technologique** 在技术革命的前夕 [zài jìshù gémìng de qiánxī].

seul, e ♦ adj ❶ (sans compagnie) 孤独的 [gūdú de] ▸ **cet homme a l'air très seul** 这个男人看起来很孤独 [zhè ge nánren kànqǐlái hěn gūdú] ▸ **il vit seul** 他独自生活 [tā dúzì shēnghuó] ▸ **tout(e) seul(e)** 独自地 [dúzì de] ❷ (unique) 唯一的 [wéiyī de] ▸ **c'est le seul moyen d'y parvenir** 这是到达那里的唯一途径 [zhè shì dàodá nàlǐ de wéiyī tújìng] ▸ **elle est sa seule amie** 她是他唯一的女朋友 [tā shì tā wéiyī de nǚpéngyou] ❸ (uniquement) 只有 [zhíyǒu] ▸ **seul Pierre a refusé** 只有皮埃尔拒绝了 [zhíyǒu Pí'āi'ěr jùjué le] ▸ **seules ses sœurs sont venues** 只有她的姐妹们来了 [zhíyǒu tāde jiěmèi men lái le]. ♦ nm, f 一个 [yí ge] ▸ **le seul/la seule** 唯一的人 [wéiyī de rén] ▸ **il est le seul à m'avoir aidé** 他是唯一帮助过我的人 [tā shì wéiyī bāngzhù guò wǒde rén] ▸ **un(e) seul(e)** 一个 [yí ge] ▸ **pas une seule de ses amies n'est venue** 她的女朋友一个都没来 [tāde nǚpéngyou yí ge dōu méi lái].

seulement adv ❶ (pas davantage) 只 [zhǐ] ▸ **nous étions seulement quatre dans la salle de cinéma** 电影院里只有我们四个人 [diànyǐngyuàn lǐ zhíyǒu wǒmen sì gè rén] ❷ (exclusivement) 仅仅 [jǐnjǐn]; 只 [zhǐ] ▸ **parler seulement de l'actualité** 只谈现实意义 [zhǐ tán xiànshí yìyì] ❸ (juste) 刚刚 [gānggāng] ▸ **il est parti seulement à l'instant** 他刚刚离开 [tā gānggāng líkāi].

▪ **non seulement... mais en plus** loc adv 不仅......而且/还 [bùjǐn... érqiě/hái] ▸ **non seulement elle a gagné la course, mais en plus elle a battu le record** 她不仅赢了赛跑，还破了纪录 [tā bùjǐn yíng le sàipǎo, hái pò le jìlù].

▪ **si seulement** loc adv 要是......就好了 [yàoshi... jiùhǎo le] ▸ **si seulement j'avais un peu plus d'argent!** 要是我有更多的钱就好了！ [yàoshi wǒ yǒu gèng duō de qián jiù hǎo le!].

sève nf 汁 [zhī]; 液 [yè] ▸ **une branche pleine de sève** 浆液丰富的树枝 [jiāngyè fēngfù de shùzhī].

sévère adj ❶ (autoritaire) 严厉的 [yánlì de] ▸ **des parents sévères** 严厉的父母 [yánlì de fùmǔ] ▸ **être sévère avec qqn** 对某人很严厉 [duì mǒurén hěn yánlì] ❷ (strict) 严格的 [yángé de] ▸ **un règlement sévère** 严格的规定 [yángé de guīdìng] ❸ (grave) 严重的 [yánzhòng de] ▸ **ils ont subi une sévère défaite** 他们遭受了惨重的失败 [tāmen zāoshòu le cǎnzhòng de shībài].

sévérité nf ❶ (dureté) 严格 [yángé] ▸ **élever ses enfants avec sévérité** 严格地教养孩子 [yángé de jiàoyǎng háizi] ❷ (rigueur) 严厉 [yánlì] ▸ **la sévérité d'une mesure** 一个措施的严厉 [yí ge cuòshī de yánlì].

sévices nmpl 虐待 [nüèdài] ▸ **être victime de sévices** 遭受虐待 [zāoshòu nüèdài] ▸ **infliger des sévices à qqn** 虐待某人 [nüèdài mǒurén].

sévir vi ❶ (punir) 严惩 [yánchéng] ▸ **le directeur sévit contre les retardataires** 经理严惩迟到的人 [jīnglǐ yánchéng chídào de rén] ❷ (causer des ravages) 肆虐 [sìnüè] ▸ **la tempête sévit sur la côte** 暴风雨曾在海岸肆虐 [bàofēngyǔ céng zài hǎi'àn sìnüè].

sevrer vt 给......断奶 [gěi... duànnǎi] ▸ **sevrer un animal** 给动物断奶 [gěi dòngwù duànnǎi] ▸ **sevrer un enfant** 给孩子断奶 [gěi háizi duànnǎi].

sexe nm ❶ (catégorie) 性别 [xìngbié] ▸ **un enfant de sexe féminin** 一个女孩儿 [yí ge nǚháir] ▸ **un enfant de sexe masculin** 一个男孩儿 [yí ge nánháir] ▸ **se battre pour l'égalité des sexes** 为男女平等而作斗争 [wèi nánnǚ píngděng ér zuò dòuzhēng] ❷ (sexualité) 性 [xìng] ▸ **cet auteur ne parle que de sexe** 这位作家只谈性 [zhè wèi zuòjiā zhǐ tán xìng] ❸ (organe) 生殖器 [shēngzhíqì] ▸ **le sexe de la femme** 女性生殖器 [nǚxìng shēngzhíqì] ▸ **le sexe de l'homme** 男性生殖器 [nánxìng shēngzhíqì].

sexiste ♦ adj 性别歧视的 [xìngbié qíshì de] ▸ **des propos sexistes** 性别歧视的言论 [xìngbié qíshì de yánlùn]. ♦ nmf 性别歧视者 [xìngbié qíshì zhě] ▸ **son mari est un sexiste** 他

丈夫是个性别歧视者 [tā zhàngfu shì ge xìngbié qíshì zhě].

sexualité nf 性行为 [xìngxíngwéi] ▸ **parler de la sexualité reste tabou** 谈论性行为仍是个禁忌 [tánlùn xìngxíngwéi réngshì ge jìnjì].

sexuel, elle adj 性的 [xìng de] ▸ **les organes sexuels** 性器官 [xìng qìguān] ▸ **avoir des rapports sexuelles** 发生性关系 [fāshēng xìng guānxi].

sexy adj inv *fam* 性感的 [xìnggǎn de] ▸ **cette actrice est très sexy** 这位女演员很性感 [zhè wèi nǚyǎnyuán hěn xìnggǎn].

Seychelles nfpl ▸ **les Seychelles** 塞舌尔 [Sàishé'ěr].

Shaanxi npr (province) 陕西 [Shǎnxī].

shampooing, shampoing nm ❶ (produit) 洗发水 [xǐfàshuǐ] ▸ **une bouteille de shampooing** 一瓶洗发水 [yì píng xǐfàshuǐ] ▸ **un shampooing antipelliculaire** 去屑洗发水 [qù xiè xǐfàshuǐ] ❷ (lavage) 洗发 [xǐfà] ▸ **se faire un shampooing** 用洗发水洗发 [yòng xǐfàshuǐ xǐfà] ▸ **faire un shampooing à qqn** 用洗发水给某人洗发 [yòng xǐfàshuǐ gěi mǒurén xǐfà].

Shandong npr (province) 山东 [Shāndōng].

Shang npr (dynastie) 商 [Shāng].

Shanghai npr (ville) 上海 [Shànghǎi].

Shanxi npr (province) 山西 [Shānxī].

Shenyang npr (ville) 沈阳 [Shěnyáng].

Shenzhen npr (ville) 深圳 [Shēnzhèn].

Shijiazhuang npr (ville) 石家庄 [Shíjiāzhuāng].

shinto, shintoïsme nm 神道 [shéndào].

Shi Tao npr (peintre) 石涛 [Shítāo].

shopping nm 在商店购物 [zài shāngdiàn gòuwù] ▸ **faire du shopping** 逛商店购物 [guàng shāngdiàn gòuwù].

short nm (cl. 条 [tiáo]) 短运动裤 [duǎn yùndòngkù] ▸ **être en short** 穿着短运动裤 [chuānzhe duǎn yùndòngkù].

si ♦ adv ❶ (pour renforcer) 如此 [rúcǐ] ▸ **elle est si belle** 她如此美丽 [tā rúcǐ měilì] ▸ **il roulait si vite qu'il a eu un accident** 他开得那么快，以致于出了车祸 [tā kāide nàme kuài, yǐzhì yú chū le chēhuò] ▸ **c'est un garçon si gentil que tout le monde l'aime** 这个男孩人极好，人人喜欢他 [zhè ge nánhái rén jí hǎo, rénrén xǐhuan tā] ▸ **ce n'est pas si facile que ça** 这事儿远没有这么简单 [zhè shìr yuǎn méiyǒu zhème jiǎndān] ❷ (« oui » dans les réponses à des phrases interrogatives négatives) 不 [bù] ▸ **tu n'aimes pas le café ? — si** 你不喜欢咖啡？— 不是的 [nǐ bù xǐhuān kāfēi? — bú shì de] ▸ **je n'y arriverai jamais — mais si !** 我根本做不到 — 不对！ [wǒ gēnběn zuò bú dào — búduì!] ❸ (introduit une concession) 尽管 [jǐnguǎn] ▸ **si vieux qu'il soit, il comprend parfaitement ce que tu dis** 尽管他很老了，他还是十分理解你说的话 [jǐnguǎn tā hěn lǎo le, tā háishi shífēn lǐjiě nǐ shuō de huà] ▸ **si gentiment qu'il ait parlé, il n'a convaincu personne** 虽然他说得那么好，还是没人相信他 [suīrán tā shuō de nàme hǎo, háishi méi rén xiāngxìn tā]. ♦ conj ❶ (exprime une condition, une éventualité) 如果 [rúguǒ] ▸ **s'il fait beau demain, nous irons à la plage** 如果明天天气好，我们就去海滩 [rúguǒ míngtiān tiānqì hǎo, wǒmen jiù qù hǎitān] ▸ **si tu veux, on y va** 如果你愿意，我们就去 [rúguǒ nǐ yuànyì, wǒmen jiù qù] ❷ (exprime une hypothèse) 假如 [jiǎrú] ▸ **si j'avais de l'argent, j'achèterais une belle maison pour mes parents** 假如我有钱，我就给父母买一栋漂亮的房子 [jiǎrú wǒ yǒu qián, wǒ jiù gěi fùmǔ mǎi yí dòng piàoliang de fángzi] ▸ **et s'il ne venait pas ?** 那他要是不来呢？ [nà tā yào shi bù lái ne?] ▸ **si j'avais su, je t'aurais téléphoné** 我要是知道，就给你打电话了 [wǒ yào shi zhīdào, jiù gěi nǐ dǎ diànhuà le] ❸ (dans une question indirecte) 是否 [shìfǒu] ▸ **dites-moi si vous venez** 告诉我您是否来 [gàosu wǒ nín shìfǒu lái] ❹ (permet d'expliciter un fait) 之所以 [zhī suóyǐ] ▸ **s'il ne t'aide pas, c'est qu'il n'en a pas envie** (之所以)他不帮你，是他不愿意 [(zhī suóyǐ) tā bù bāng nǐ, shì tā bú yuànyì] ▸ **c'est un miracle s'il est encore en vie** 他还活着，这简直是个奇迹 [tā hái huózhe, zhè jiǎnzhí shì ge qíjì] ❺ (permet d'exprimer une opposition) 如果说 [rúguǒ shuō] ▸ **si lui est adroit, son frère, en revanche, casse tout**

ce qu'il touche 如果说他很灵巧的话，那么他兄弟却笨手笨脚，任何东西一到他手，就会被弄坏 [rúguǒ shuō tā hěn língqiǎo de huà, nàme tā xiōngdi què bènshǒu bènjiǎo, rènhé dōngxi yí dào tā shǒu, jiù huì bèi nònghuài].

Sibérie npr (région) ▸ **la Sibérie** 西伯利亚 [Xībólìyà].

Sichuan npr (province) ▸ **le Sichuan** 四川 [Sìchuān].

Sicile nf ▸ **la Sicile** 西西里岛 [Xīxīlǐdǎo].

SIDA, sida (abr de **syndrome immuno-déficitaire acquis**) nm inv 爱滋病 [àizībìng] ▸ **le virus du SIDA** 爱滋病病毒 [àizībìng bìngdú] ▸ **être atteint du SIDA** 感染了爱滋病 [gǎnrǎn le àizībìng].

side-car nm (cl. 辆 [liàng]) 跨斗摩托车 [kuàdǒu mótuōchē] ▸ **rouler en side-car** 骑跨斗摩托车 [qí kuàkǒu mótuōchē].

sidéen, enne ♦ adj 患爱滋病的 [huàn àizībìng de] ▸ **les malades sidéens** 爱滋病患者 [àizībìng huànzhě]. ♦ nm, f (cl. 位 [wèi] ou 个 [gè] ou 名 [míng]) 爱滋病患者 [àizībìng huànzhě].

sidérer vt 使......惊呆 [shǐ... jīng dāi] ▸ **cette attitude m'a sidéré** 这种态度令我吃惊 [zhè zhǒng tàidu lìng wǒ chījīng].

sidérurgie nf 钢铁工业 [gāngtiěgōngyè] ▸ **travailler dans la sidérurgie** 在钢铁业工作 [zài gāngtiěyè gōngzuò].

siècle nm ❶ (période de cent ans) 世纪 [shìjì] ▸ **le XXIᵉ siècle** 21世纪 [21 shìjì] ❷ (durée de cent années) 百年 [bǎinián] ▸ **pendant plusieurs siècles** 在数百年间 [zài shù bǎi niánjiān] ▸ **ce monument a plus de deux siècles** 这座纪念性建筑有两百多年历史 [zhè zuò jìniàn xìng jiànzhù yǒu liǎng bǎi duō nián lìshǐ] ❸ *fam* (temps très long) 很久 [hénjiǔ] ▸ **ça fait des siècles que ...** 做......已经有很长时间 [zuò... yǐjīng yǒu hěncháng shíjiān].

siège nm ❶ (meuble) ◦ (cl. 个 [gè]) 座位 [zuòwèi] ▸ **les poufs, les chaises et les tabourets sont des sièges** 软垫儿、椅子和凳子都是座儿 [ruǎndiàr、yǐzi hé dèngzi dōu shì zuòr] ▸ **asseyez-vous sur ce siège** 请坐在这个座位上 [qǐng zuò zài zhè ge zuòwèi shàng] ❷ POLIT 席位 [xíwèi] ▸ **un siège de député** 议员的席位 [yìyuán de xíwèi] ❸ (d'une entreprise) 总公司 [zǒnggōngsī]; 总行 [zǒngháng] ▸ **siège social** 总公司 [zǒnggōngsī].

siéger vi ❶ (faire partie d'une assemblée) 占有席位 [zhànyǒu xíwèi] ▸ **il siège au Sénat** 他在参议院占有席位 [tā zài Cānyìyuàn zhànyǒu xíwèi] ❷ (se réunir) 开会 [kāihuì] ▸ **le tribunal ne siégera pas aujourd'hui** 法庭今天不开庭 [fǎtíng jīntiān bù kāitíng] ❸ (se situer) 位于 [wèiyú] ▸ **l'OMS siège à Genève** 世界卫生组织设在日内瓦 [Shìjiè Wèishēng Zǔzhī shèzài Rìnèiwǎ].

sien ■ **le sien, la sienne** pron poss 他的 [tāde]; 她的 [tāde]; 它的 [tāde] ▸ **j'avais oublié mon livre, Pierre m'a prêté le sien** 我忘记带书了，皮埃尔把他的借给了我 [wǒ wàng jì dài shū le, Pí'āi'ěr bǎ tā de jiègěi le wǒ] ▸ **ma voiture roule plus vite que la sienne** 我的车跑得比他的快 [wǒde chē pǎode bǐ tāde kuài] ▸ **cette voiture n'est pas la sienne** 这辆车不是他的 [zhè liàng chē bú shì tāde]

◊ **faire des siennes** 干蠢事 [gàn chǔnshì] ▸ **y mettre du sien** 用心对待...... [yòngxīn duìdài...]. ■ **les siens** nmpl 家人 [jiārén] ▸ **il aime bien se retrouver le soir auprès des siens** 晚上，他喜欢跟家人在一起 [wǎnshang, tā xǐhuan gēn jiārén zài yìqǐ].

sieste nf 午睡 [wǔshuì] ▸ **faire la** ou **une sieste** 午睡 [wǔshuì].

sifflement nm ❶ (de personne) 口哨声 [kǒushàoshēng] ❷ (d'oiseau) 鸣叫声 [míngjiàoshēng] ❸ (du vent) 呼啸声 [hūxiàoshēng].

siffler ♦ vi (émettre un son aigu) 吹哨 [chuīshào] ▸ **l'oiseau siffle** 鸟儿在鸣叫 [niǎor zài míngjiào] ▸ **le vent siffle dans les arbres** 风儿在树梢呼啸 [fēngr zài shùshāo hūxiào]. ♦ vt ❶ (reproduir en sifflant) 用口哨吹出 [yòng kǒushào chuīchū] ▸ **siffler un air** 用口哨吹奏曲子 [yòng kǒushào chuīzòu qǔzi] ❷ (appeler) 吹哨呼唤 [chuīshào hūhuàn] ▸ **siffler son chien** 吹哨呼唤他的狗 [chuīshào hūhuàn tāde gǒu] ❸ (signaler) 吹哨宣布 [chuīshào xuānbù] ▸ **l'arbitre siffle la fin de la partie** 裁判吹哨宣布比赛结束 [cáipàn chuīshào xuānbù bǐsài jiéshù] ❹ (huer) 向某人喝倒彩

[xiàng mǒurén hèdàocǎi] ▸ **siffler un acteur** 向一位演员喝倒彩 [xiàng yí wèi yǎnyuán hèdàocǎi].

sifflet nm ❶ (instrument) 哨子 [shàozi] ▸ **un arbitre a toujours son sifflet sur lui pendant un match** 比赛中，裁判总是哨子不离身 [bǐsài zhōng, cáipàn zǒngshì shàozi bù lí shēn] ❷ (huée) 喝倒彩声 [hèdàocǎi shēng] ▸ **les sifflets du public** 观众的喝倒彩声 [guānzhòng de hèdàocǎi shēng].

siffloter ♦ vt 轻轻地用口哨吹出 [qīngqīng de yòng kǒushào chuīchū] ▸ **siffloter une chanson à la mode** 轻轻地用口哨吹一首流行曲 [qīngqīng de yòng kǒushào chuī yì shǒu liúxíng qǔ]. ♦ vi 轻轻地吹口哨 [qīngqīng de chuī kǒushào] ▸ **marcher en sifflotant** 边走边轻轻地吹口哨 [biān zǒu biān qīngqīng de chuī kǒushào].

sigle nm 首字母缩略词 [shǒu zìmǔ suōlüè cí] ▸ **le sigle ONU désigne l'Organisation des Nations Unies** 缩略语ONU的意思是"联合国" [suōlüèyǔ ONU de yìsi shì "Liánhéguó"].

signal, aux nm ❶ (geste, bruit) 信号 [xìnhào] ▸ **on le voyait faire des signaux au loin** 人们远远地看见他发出了信号 [rénmen yuányuǎn de kànjian tā fāchū le xìnhào] ❷ (appareil qui produit un son) 警报器 [jǐngbàoqì] ▸ **tirer le signal d'alarme** 拉响警报器 [lā xiǎng jǐngbàoqì].

signalement nm 体貌特征 [tǐmào tèzhēng] ▸ **fournir le signalement de qqn** 提供某人的体貌特征 [tígōng mǒurén de tǐmào tèzhēng].

signaler vt ❶ (indiquer) 指示 [zhǐshì] ▸ **un panneau signale l'entrée de la ville** 一块路牌指示城市入口 [yíkuài lùpái zhǐshì chéngshì rùkǒu] ▸ **rien à signaler** 没有什么需要特别说明 [méiyǒu shénme xūyào tèbié shuōmíng] ❷ (attirer l'attention sur) 指出 [zhǐchū] ▸ **le pilote signale un problème de moteur** 飞行员指出发动机有问题 [fēixíngyuán zhǐchū fādòngjī yǒu wèntí] ❸ (dénoncer) 告发 [gàofā] ▸ **ils l'ont signalé à la police** 他们向警察局告发了他 [tāmen xiàng jǐngchájú gàofā le tā].

signalisation nf 信号 [xìnhào] ▸ **un panneau de signalisation** 信号牌 [xìnhào pái] ▸ **la signalisation est claire** 信号很清楚 [xìnhào hěn qīngchu].

signataire nmf 签字人 [qiānzìrén] ▸ **le signataire d'un contrat** 一份合同的签字人 [yí fèn hétong de qiānzìrén] ▸ **les signataires d'une pétition** 一份请愿书的签字人 [yí fèn qǐngyuànshū de qiānzìrén].

signature nf ❶ (nom) 签名 [qiānmíng] ▸ **apposer sa signature au bas d'une lettre** 在一封信的末尾签名 [zài yì fēng xìn de mòwěi qiānmíng] ❷ (acte) 签署 [qiānshǔ] ▸ **la signature du contrat a eu lieu aujourd'hui** 合同于今天签署 [hétong yú jīntiān qiānshǔ].

signe nm ❶ (indice) 征兆 [zhēngzhào] ▸ **un signe d'amélioration** 好转的迹象 [háozhuǎn de jìxiàng] ▸ **son essoufflement est un signe de sa fatigue** 气喘吁吁是疲劳的征象 [qìchuǎn xūxū shì píláo de zhēngxiàng] ▸ **c'est bon signe** 这是好兆头 [zhè shì hǎo zhàotou] ▸ **c'est mauvais signe** 这是坏兆头 [zhè shì huài zhàotou] ❷ (geste) 示意 [shìyì] ▸ **un signe de la tête** 一次点头 [yí cì diǎntóu] ▸ **un signe de la main** 一个手势 [yí ge shǒushì] ❸ MATH 数学符号 [shùxué fúhào] ▸ **le signe de l'addition** 加号 [jiāhào] ❹ (représentation de qqch) ▸ **signes de ponctuation** 标点符号 [biāodiǎn fúhào] ❺ ASTROL 宫 [gōng] ▸ **les signes du zodiaque** 黄道十二宫 [huángdào shí'èr gōng].

signer vt 签名 [qiānmíng] ▸ **signer un chèque** 在一张支票上签名 [zài yì zhāng zhīpiào shàng qiānmíng] ▸ **signer un contrat** 签署一份合同 [qiānshǔ yí fèn hétong] ▸ **signer une lettre** 在一封信上签名 [zài yì fēng xìn shàng qiānmíng] ▸ **signer une pétition** 在一份请愿书上签字 [zài yí fèn qǐngyuànshū shàng qiānzì].

■ **se signer** vp 划十字 [huàshízì] ▸ **ce joueur se signe avant d'entrer sur le terrain** 这位球员进入赛场前在胸前划十字 [zhè wèi qiúyuán jìnrù sàichǎng qián zài xiōngqián huàshízì].

significatif, ive adj 意味深长的 [yìwèi shēncháng de] ▸ **l'écart des salaires entre hommes et femmes est significatif** 男女工资差

别说明了某种问题 [nánnǔ gōngzī chābié shuōmíng le móuzhǒng wèntí].

signification nf 意思 [yìsi] ▸ **je ne connais pas la signification de ce mot** 我不明白这个词的意思 [wǒ bù míngbai zhè ge cí de yìsi].

signifier vt ❶ (avoir le sens de) 表示 [biǎoshì] ▸ **le mot latin « murus » signifie « mur »** 拉丁词 "murus" 表示 "墙" 的意思 [lādīng cí "murus" biǎoshì "qiáng" de yìsi] ❷ (indiquer expréssement) 申明 [shēnmíng] ▸ **il a signifié son désaccord par écrit** 他以书面形式申明自己不同意 [tā yǐ shūmiàn xíngshì shēnmíng zìjǐ bùtóngyì].

silence nm ❶ (absence de bruit) 寂静 [jìjìng] ▸ **le silence de la nuit** 夜的寂静 [yè de jìjìng] ❷ (fait de se taire) 沉默 [chénmò] ▸ **observer une minute de silence** 默哀一分钟 [mò'āi yì fēnzhōng] ❸ (secret) 保密 [bǎomì] ▸ **le ministre exige le silence absolu sur cette affaire** 部长要求对此事绝对保密 [bùzhǎng yāoqiú duì cǐshì juéduì bǎomì] ▸ **passer qqch sous silence** 闭口不谈某事 [bìkǒu bùtán mǒushì].

silencieux, euse adj ❶ (muet) 沉默的 [chénmò de] ▸ **ils sont restés silencieux pendant tout le film** 整个影片播放期间他们都一声不响 [zhěnggè yǐngpiàn bōfàng qījiān tāmen dōu yìshēng bùxiǎng] ❷ (paisible) 安静的 [ānjìng de] ▸ **un appartement silencieux** 一套安静的公寓房 [yí tào ānjìng de gōngyù fáng] ❸ (peu bruyant) 静音的 [jìngyīn de] ▸ **un lave-vaisselle silencieux** 静音洗碗机 [jìngyīn xíwǎnjī].

■ **silencieux** nm (d'une arme) 消音器 [xiāoyīnqì].

silhouette nf ❶ (ligne) 体型 [tǐxíng] ▸ **cette robe met en valeur sa silhouette** 这条连衣裙显现了她的身材 [zhè tiáo liányīqún xiǎnxiàn le tāde shēncái] ❷ (forme) 轮廓 [lúnkuò] ▸ **la silhouette du clocher se détache sur l'horizon** 钟楼的轮廓映印在天际 [zhōnglóu de lúnkuò yìng yìn zài tiānjì] ▸ **distinguer une silhouette dans le brouillard** 在浓雾中辨别出轮廓 [zài nóngwù zhōng biànbié chū lúnkuò].

silicone nf 硅酮 [guītóng].

Sima Qian npr (écrivain) 司马迁 [Sīmǎ Qiān].

similaire adj 相似的 [xiāngsì de] ▸ **leurs compétences sont similaires** 他们的能力相当 [tāmende nénglì xiāngdāng].

similitude nf 相似 [xiāngsì] ▸ **on a relevé des similitudes entre ces projets** 人们指出了这些计划的类似之处 [rénmen zhǐchū le zhèxiē jìhuà de lèisì zhīchù].

simple ♦ adj ❶ (formé d'un seul élément) 单一的 [dānyī de] ▸ **une feuille simple** 单叶 [dān yè] ❷ (facile à comprendre) 简单的 [jiǎndān de] ▸ **cet appareil est simple à utiliser** 这台机器使用起来很简单 [zhè tái jīqì shǐyòng qǐlái hěn jiǎndān] ❸ (naturel, sans façon) 简朴的 [jiánpǔ de] ▸ **ils veulent un cérémonie simple** 他们希望仪式能够简单一些 [tāmen xīwàng yíshì nénggòu jiǎndān yìxiē] ▸ **un homme simple** 朴实的人 [pǔshí de rén] ❹ (qui est seulement ce que son titre indique) 普通的 [pǔtōng de] ▸ **je ne peux répondre à cette demande, je ne suis qu'un simple employé** 我无法回答这个请求，我只是一个普通职员 [wǒ wúfǎ huídá zhè ge qǐngqiú, wǒ zhǐ shì yí ge pǔtōng zhíyuán]. ♦ nm 简单 [jiǎndān] ▸ **aller du simple au plus compliqué** 由简到繁 [yóu jiǎn dào fán] ▸ **les prix sont passés du simple au double en quelques mois** 仅仅几个月内，物价就翻了一番 [jǐnjǐn jǐ ge yuè nèi, wùjià jiù fān le yì fān].

simplement adv ❶ (seulement) 只是 [zhǐshì] ▸ **raconte-moi simplement le début** 只跟我说说开头 [zhǐ gēn wǒ shuōshuo kāitóu] ❷ (avec simplicité) 简单地 [jiǎndān de] ▸ **elle s'habille simplement** 她衣着简朴 [tā yīzhuó jiánpǔ].

simplicité nf ❶ (facilité) 简单 [jiǎndān] ▸ **la simplicité d'un calcul** 计算的简单 [jìsuàn de jiǎndān] ❷ (sobriété) 朴实的 [pǔshí de] ▸ **en toute simplicité** 简单地 [jiǎndān de].

simplifier vt 使……简单 [shǐ… jiǎndān] ▸ **le téléphone portable simplifie les déplacements** 手机使旅行变得简单 [shǒujī shǐ lǚxíng biànde jiǎndān] ▸ **il faut simplifier les formalités** 应当简化手续 [yīngdāng jiǎnhuà shǒuxù].

simulateur, trice nm, f *péj* 假装的 [jiǎzhuāng de].

simuler vt (feindre) 假装 [jiǎzhuāng] ▸ **simuler un malaise** 假装不舒服 [jiǎzhuāng bùshūfu].

sincère adj ❶ (franc) 直率的 [zhíshuài de] ▸ **sois sincère, dis-moi ce que tu penses de lui** 说实话，你觉得他怎么样 [shuō shíhuà, nǐ juéde tā zěnmeyàng] ❷ (véritable) 真诚的 [zhēnchéng de] ▸ **des excuses sincères** 由衷的歉意 [yóuzhōng de qiànyì] ▸ **une amitié sincère** 真挚的友谊 [zhēnzhì de yǒuyì] ▸ **'veuillez agréer mes sincères remerciements'** 请接受我真诚的谢意 [qǐng jiēshòu wǒ zhēnchéng de xièyì].

sincèrement adv (franchement) 坦率地 [tǎnshuài de] ▸ **répondez-moi sincèrement** 请坦率地回答我 [qǐng tǎnshuài de huídá wǒ] ▸ **sincèrement, ça ne valait pas le coup d'aller à cette soirée** 说实话，去参加这个晚会真不值 [shuō shíhuà, qù cānjiā zhège wǎnhuì zhēn bù zhí].

Singapour npr 新加坡 [Xīnjiāpō].

singe nm (cl. 只 [zhī]) 猴子 [hóuzi] ◊ **faire le singe** 做鬼脸 [zuò guíliǎn].

singulariser ▪ **se singulariser** vp 使自己与众不同 [shǐ zìjǐ yǔzhòng bùtóng] ▸ **c'est pour se singulariser qu'il refuse d'utiliser Internet** 他拒绝使用互联网是为了显示自己与众不同 [tā jùjué shǐyòng hùliánwǎng shì wèile xiǎnshì zìjǐ yǔzhòng bùtóng].

singularité nf *sout* 独特之处 [dútè zhīchù] ▸ **la singularité d'une tenue** 一套衣服的独特之处 [yí tào yīfu de dútè zhīchù] ▸ **la singularité d'une idée** 一个想法的独特之处 [yí ge xiǎngfǎ de dútè zhīchù].

singulier, ère adj 独特的 [dútè de] ▸ **cet acteur a un parcours très singulier** 这个演员的人生经历非常奇特 [zhè ge yǎnyuán de rénshēng jīnglì fēicháng qítè].

▪ **singulier** nm GRAMM 单数 [dānshù] ▸ **un mot au singulier** 一个单数的词 [yí ge dānshù de cí] ▸ **la première personne du singulier** 单数第一人称 [dānshù dìyī rénchēng].

singulièrement adv ❶ (beaucoup) 极大地 [jídà de] ▸ **cette technique a singulièrement changé en deux ans** 这项技术在两年内得到了很大改进 [zhè xiàng jìshù zài liǎng nián nèi dédào le hěndà gǎijìn] ❷ (bizarrement) 古怪地 [gǔguài de] ▸ **il a réagi singulièrement** 他的反应很古怪 [tāde fǎnyìng hěn gǔguài].

sinisant, e ♦ adj (外国的)学中文的 [(wàiguó de) xuézhōngwén de]. ♦ nm, f (外国的)中文学者 [(wàiguó de) zhōngwén xuézhě].

sinisation nf 中国化 [zhōngguóhuà].

siniser vt 中国化 [zhōngguóhuà] ▸ **siniser une région** 对一个地区进行中国化 [duì yí ge dìqū jìnxíng zhōngguóhuà].

sinistre ♦ adj ❶ (inquiétant) 不祥的 [bùxiáng de] ▸ **un individu sinistre** 一个可怕的家伙 [yí ge kěpà de jiāhuo] ▸ **un cri sinistre s'élève dans la nuit** 夜里响起可怕的叫喊声 [yèli xiángqǐ kěpà de jiàohǎn shēng] ❷ (triste, ennuyeux) 凄惨的 [qīcǎn de] ▸ **un repas sinistre** 一顿令人悲伤的饭 [yí dùn lìngrén bēishāng de fàn] ▸ **c'est vraiment sinistre chez eux** 他们家真凄惨 [tāmen jiā zhēn qīcǎn]. ♦ nm (catastrophe) ○ (cl. 场 [chǎng]) 灾难 [zāinàn] ▸ **le bilan du sinistre est encore inconnu** 受灾损失尚不清楚 [shòuzāi sǔnshī shàng bùqīngchu].

sinistré, e ♦ adj 受灾的 [shòuzāi de]. ♦ nm, f 灾民 [zāimín] ▸ **il a fallu évacuer les sinistrés vers les hôpitaux les plus proches** 应该把灾民疏散到最近的医院去 [yīnggāi bǎ zāimín shūsǎn dào zuìjìn de yīyuàn qù].

sinologie nf 汉学 [hànxué] ▸ **département de sinologie** 中文系 [zhōngwén xì].

sinologue nm, f 汉学家 [hànxuéjiā].

sinon conj ❶ (autrement) 否则 [fǒuzé] ▸ **obéissez, sinon je vais me fâcher** 还是服从吧，否则我要生气了 [háishi fúcóng ba, fǒuzé wǒ yào shēngqì le] ▸ **mange bien à midi parce que sinon tu auras faim** 中午要吃好，不然你会饿的 [zhōngwǔ yào chī hǎo, bùrán nǐ huì è de] ❷ (sauf) 除了 [chúle] ▸ **il ne sent rien, sinon une douleur à la jambe** 除了腿痛，他什么也感觉不到 [chúle tuǐ tòng, tā shénme yě gǎnjué búdào,].

sinophone ♦ adj 说中文的 [shuō zhōngwén de]. ♦ nm, f 说中文的人 [shuō zhōngwén de rén].

sinueux, euse adj 弯弯曲曲的 [wānwān qūqū de] ▸ **une route de montagne sinueuse** 弯弯曲曲的山路 [wānwān qūqū de shānlù].

sirène nf ❶ (être mythologique) ○ (cl. 条 [tiáo]) 美人鱼 [měirényú] ▸ **le chant des sirènes** 危险的诱惑 [wēixiǎn de yòuhuò] ❷ (appareil) 汽笛 [qìdí] ▸ **sirène d'alarme** 警报器 [jǐngbàoqì] ▸ **la sirène d'alarme a retenti** 警报器响了 [jǐngbàoqì xiǎng le] ▸ **sirène de pompiers** 消防警报器 [xiāofáng jǐngbàoqì] ▸ **sirène d'un navire** 船上的汽笛 [chuánshàng de qìdí].

sirop nm ❶ (liquide sucré) 浓缩果汁 [nóngsuō guǒzhī] ▸ **sirop de grenadine** 浓缩石榴汁 [nóngsuō shíliuzhī] ❷ (médicament) 糖浆 [tángjiāng] ▸ **sirop contre la toux** 止咳糖浆 [zhǐké tángjiāng].

site nm ❶ (lieu) 遗址 [yízhǐ] ▸ **site archéologique** 考古现场 [kǎogǔ xiànchǎng] ▸ **site classé** 列入国家保护名单的名胜古迹 [lièrù guójiā bǎohù míngdān de míngshèng gǔjì] ❷ INFORM ▸ **site Internet** 网站 [wǎngzhàn] ▸ **consulter un site Internet** 上网查询 [shàngwǎng cháxún].

sitôt adv 一……，就 [yī..., jiù] ▸ **sitôt levée, elle s'est mise au travail** 她一起床就开始工作 [tā yì qǐchuáng jiù kāishǐ gōngzuò] ▸ **pas de sitôt** 不会很快 [búhuì hěn kuài] ▸ **il ne reviendra pas de sitôt** 他不会很快回来 [tā bú huì hěn kuài huílai].

▪ **sitôt que** loc conj 一……就…… [yī... jiù...] ▸ **on pourra repeindre le balcon sitôt qu'il fera meilleur** 天气一晴，就可以粉刷阳台了 [tiānqì yì qíng, jiù kéyǐ fěnshuā yángtái le] ▸ **je te le dirai sitôt que je l'aurai vu** 我一看见他，就告诉你 [wǒ yí kànjian tā, jiù gàosu nǐ].

situation nf ❶ (contexte) 状况 [zhuàngkuàng] ▸ **je suis dans une situation difficile** 我的处境很艰难 [wǒde chǔjìng hěn jiānnán] ▸ **la situation économique du pays** 国家经济状况 [guójiā jīngjì zhuàngkuàng] ▸ **indiquez votre situation de famille sur le formulaire** 请在表格里填写您的家庭状况 [qǐng zài biǎogé lǐ tiánxiě nínde jiātíng zhuàngkuàng] ❷ (emploi) 职位 [zhíwèi] ▸ **avoir une bonne situation** 有个好职位 [yǒu ge hǎo zhíwèi] ▸ **perdre sa situation** 失去职位 [shīqù zhíwèi] ❸ (emplacement) 位置 [wèizhì] ▸ **la situation de cet hôtel près de la mer est excellente** 这家旅馆靠近大海，位置很好 [zhè jiā lǚguǎn kàojìn dàhǎi, wèizhì hěn hǎo].

situé, e adj 位于……的 [wèiyú...de] ▸ **bien situé** 位置好的 [wèizhì hǎo de] ▸ **une maison bien située** 一座位置很好的房子 [yí zuò wèizhì hénhǎo de fángzi] ▸ **mal situé** 位置不好的 [wèizhì bùhǎo de].

situer vt ❶ (placer) 位于…… [wèiyú...] ▸ **où est situé votre magasin ?** 您的商店在哪里？ [nínde shāngdiàn zài nǎli?] ❷ (localiser) 确定位置/时间 [quèdìng wèizhì/shíjiān] ▸ **situer qqch dans l'espace** 确定某物在空间的位置 [quèdìng mǒuwù zài kōngjiān de wèizhì] ▸ **situer une ville sur une carte** 在一张地图上确定一个城市的位置 [zài yì zhāng dìtú shàng quèdìng yí ge chéngshì de wèizhì] ▸ **situer qqch dans le temps** 确定……的时间 [quèdìng... de shíjiān] ▸ **on situe la naissance de Mahomet vers 570** 穆罕默德的出生时间被确定在570年左右 [Mùhǎnmòdé de chūshēng shíjiān bèi quèdìng zài 570 nián zuǒyòu].

▪ **se situer** vp ❶ (se placer dans l'espace) 位于…… [wèiyú...] ▸ **où se situe ton université ?** 你的学校位于哪里？ [nǐde xuéxiào wèiyú nǎli?] ❷ (dans le temps) 发生于 [fāshēng yú] ▸ **l'action du film se situe au début du XXe siècle** 这部影片的故事发生在二十世纪初 [zhè bù yǐngpiàn de gùshi fāshēng zài èrshí shìjì chū].

six ♦ adj num inv ❶ (cardinal) 六个 [liù ge] ▸ **il a six ans** 他六岁了 [tā liù suì le] ▸ **six cents** 六百 [liù bǎi] ▸ **six mille** 六千 [liù qiān] ▸ **six millions** 六百万 [liù bǎiwàn] ▸ **six pour cent** 百分之六 [bǎifēn zhī liù] ❷ (ordinal) 六 [liù] ▸ **le six janvier** 一月六号 [yīyuè liù hào] ▸ **il est six heures** 六点了 [liù diǎn le]. ♦ nm inv ❶ (chiffre) 六 [liù] ▸ **six fois six égale trente-six** 六乘六等于三十六 [liù chéng liù děngyú sānshí liù] ❷ (carte à jouer) 六点 [liùdiǎn] ▸ **le six de pique** 黑桃六 [hēitáo liù] ❸ (dans une adresse) 六号 [liù hào] ▸ **elle habite (au) six rue**

de Valois 她住在瓦卢瓦街六号 [tā zhù zài Wălúwă jiē liù hào] ❹ (sixième) 第六 [dìliù] ▸ chapitre six 第六章 [dìliù zhāng] ❺ (dans une série) 六世 [liù shì] ▸ Charles VI 查理六世 [Chálǐ liù shì] ❻ SCOL (note) 六分 [liùfēn] ▸ elle a eu un six en maths 她数学得了六分 [tā shùxué dé le liùfēn] ❼ SPORT (score) 六分 [liùfēn] ▸ ils ont perdu six à neuf 他们以六比九输掉了比赛 [tāmen yǐ liù bǐ jiǔ shū diào le bǐsài]. ♦ pron inv 六 [liù] ▸ j'en veux six 我想要六个 [wǒ xiăng yào liù ge] ▸ nous sommes venus à six 我们来了六个人 [wǒmen lái le liù ge rén].

sixième ♦ adj num 第六 [dìliù] ▸ arriver sixième 第六个到达 [dì liù ge dàodá]. ♦ nmf ❶ 第六个 [dìliù ge] ▸ ma sœur, c'est la sixième à partir de la gauche 左边起第六个是我姐姐/妹妹 [zuǒbian qǐ dìliù ge shì wǒ jiějie/mèimei] ▸ il est le sixième de sa classe en mathématiques 他的数学在班上排名第六 [tāde shùxué zài bān shàng páimíng dìliù]. ♦ nf SCOL 初中一年级 [chūzhōng yīniánjí] ▸ être en sixième 上初一 [shàng chūyī]. ♦ nm ❶ (fraction) 六分之一 [liùfēn zhīyī] ▸ un ou le sixième de 六分之一的…… [liùfēn zhīyī de...] ▸ cinq sixièmes 六分之五 [liùfēn zhīwǔ] ❷ (arrondissement d'une ville) 第六区 [dìliù qū] ▸ il habite dans le sixième 他住在第六区 [tā zhù zài dìliù qū] ❸ (étage) 七楼 [qīlóu] ▸ la dame du sixième 住在七楼的太太 [zhù zài qīlóu de tàitai].

skate(board) nm (cl. 个 [gè]) 轮滑板 [lúnhuábăn] ▸ faire du skate(board) 玩滑板 [wán huábăn].

sketch nm (cl. 出 [chū]) 短喜剧 [duánxǐjù] ▸ les sketchs de Coluche me font toujours rire 科吕什的短喜剧总能让我发笑 [Kēlǚshí de duánxǐjù zǒngnéng ràng wǒ fāxiào].

ski nm ❶ (patin) ○ (cl. 个 [gè]) 滑雪板 [huáxuěbăn] ▸ chausser ses skis 套上滑雪板 [tàoshang huáxuěbăn] ❷ SPORT 滑雪 [huá xuě] ▸ ski alpin ou de piste 高山滑雪 [gāoshān huáxuě] ▸ ski de fond 越野滑雪 [yuèyě huáxuě] ▸ ski nautique 滑水 [huáshuǐ] ▸ faire du ski 滑雪 [huáxuě].

skier vi 滑雪 [huáxuě] ▸ je ne sais pas skier 我不会滑雪 [wǒ bú huì huáxuě].

slalom nm ❶ (à ski) 障碍滑雪 [zhàng'ài huáxuě] ▸ une championne de slalom 女障碍滑雪冠军 [nǚzhàng'ài huáxuě guànjūn] ❷ (zigzaguer) 迂回 [yūhuí] ▸ le motard fait du slalom entre les voitures 摩托车手在汽车之间穿行 [mótuōchēshǒu zài qìchē zhījiān chuānxíng].

slave ♦ adj 斯拉夫的 [sīlāfū de]. ♦ nm (groupe de langues) 斯拉夫语 [sīlāfūyǔ].

slip nm (sous-vêtement masculin) ○ (cl. 条 [tiáo]) 三角裤 [sānjiăokù] ▸ porter un slip 穿三角裤 [chuān sānjiăokù].

slogan nm 口号 [kǒuhào] ▸ un slogan publicitaire 宣传口号 [xuānchuán kǒuhào].

slovaque ♦ adj 斯洛伐克的 [sīluòfákè de]. ♦ nm (langue) 斯洛伐克语 [sīluòfákèyǔ].
▪ **Slovaque** nmf 斯洛伐克人 [Sīluòfákèrén].

Slovaquie nf ▸ la Slovaquie 斯洛伐克 [Sīluòfákè].

slovène ♦ adj 斯洛文尼亚的 [sīluòwénníyà de]. ♦ nm (langue) 斯洛文语 [sīluòwényǔ].
▪ **Slovène** nmf 斯洛文尼亚人 [Sīluòwénníyà rén].

Slovénie nf ▸ la Slovénie 斯洛文尼亚 [Sīluòwénníyà].

SMIC, Smic (abr de salaire minimum interprofessionnel de croissance) nm inv 法定最低工资 [fădìng zuìdī gōngzī] ▸ toucher le SMIC 领取最低工资 [língqǔ zuìdī gōngzī].

smiley nm 表情符号 [biăoqíng fúhào] ▸ envoyer un smiley à qqn 给某人发个表情符号 [gěi mǒurén fā ge biăoqíng fúhào].

smoking nm (cl. 套 [tào]) 男式便礼服 [nánshì biànlǐfú] ▸ porter un smoking 穿男式便礼服 [chuān nánshì biànlǐfú].

SNCF (abr de Société nationale des chemins de fer français) nf 法国国家铁路公司 [Făguó guójiā tiělù gōngsī] ▸ le réseau SNCF 法国国家铁路网 [Făguó guójiā tiělù wăng] ▸ les usagers de la SNCF 法国国家铁路公司的乘客 [Făguó guójiā tiělù gōngsī de chéngkè].

snob ♦ adj 冒充高雅的 [màochōng gāoyă de] ▸ c'est un homme très snob 这是个极力冒充高雅的男人 [zhè shì ge jílì màochōng gāoyă de nánrén] ▸ il a des goûts snobs 他

有冒充高雅的嗜好 [tā yǒu màochōng gāoyǎ de shìhào]. ♦ nmf 冒充高雅的人 [màochōng gāoyǎ de rén] ▸ **je n'aime pas les snobs** 我不喜欢冒充高雅的人 [wǒ bù xǐhuān màochōng gāoyǎ de rén].

snober vt 对……摆架子 [duì… bǎi jiàzi].

snobisme nm 冒充高雅 [màochōng gāoyǎ] ▸ **c'est du snobisme !** 这是在冒充高雅！[zhè shì zài màochōng gāoyǎ!].

sobre adj ❶ (qui boit ou mange avec modération) 有节制的 [yǒujiézhì de] ❷ (simple) 朴素的 [pǔsù de] ▸ **une tenue sobre** 朴素的衣着 [pǔsù de yīzhuó] ▸ **une décoration sobre** 朴素的装饰 [pǔsù de zhuāngshì].

sobriété nf ❶ (modération) 有节制 [yǒujiézhì] ❷ (simplicité) 朴素 [pǔsù].

sociable adj 随和的 [suíhe de] ▸ **c'est une femme très sociable** 这是个很随和的女人 [zhè shì ge hěn suíhe de nǚrén].

social, e, aux adj ❶ (relatif à la société) 社会的 [shèhuì de] ▸ **les rapports sociaux** 社会关系 [shèhuì guānxi] ▸ **les logements sociaux** 社会福利住房 [shèhuì fúlì zhùfáng] ▸ **les inégalités sociales** 社会的不平等 [shèhuì de bùpíngděng] ▸ **les classes sociales défavorisées** 社会底层 [shèhuì dǐcéng] ▸ **un conflit social** 一起社会冲突 [yì qǐ shèhuì chōngtū] ▸ **la Sécurité sociale** 社会保险 [shèhuì bǎoxiǎn] ❷ COMM 公司的 [gōngsī de] ▸ **le siège social d'une entreprise** 企业总部 [qǐyè zǒngbù].

socialisme nm 社会主义 [shèhuìzhǔyì] ▸ **ce courant dérive du socialisme** 这个流派产生自社会主义 [zhè ge liúpài chǎnshēng zì shèhuìzhǔyì].

socialiste ♦ adj 社会党的 [shèhuìdǎng de] ▸ **parti socialiste** 社会党 [shèhuìdǎng]. ♦ nmf 社会党人 [shèhuìdǎng rén] ▸ **le maire de cette commune est socialiste** 这个市镇的市长是个社会党人 [zhè ge shìzhèn de shìzhǎng shì ge shèhuìdǎng rén].

société nf ❶ (communauté) 群居 [qúnjū] ❷ (groupe de personnes) 社会 [shèhuì] ▸ **une société primitive** 原始社会 [yuánshǐ shèhuì] ❸ (classe sociale) 社交界 [shèjiāojiè] ▸ **la haute société** 上流社会 [shàngliú shèhuì] ❹ COMM & FIN (cl. 家 [jiā]) 公司 [gōngsī] ▸ **société anonyme** 股份有限公司 [gǔfèn yǒuxiàn gōngsī] ▸ **créer ou monter une société** 成立一家公司 [chénglì yì jiā gōngsī].

sociologie nf 社会学 [shèhuìxué] ▸ **faire des études de sociologie** 学习社会学 [xuéxí shèhuìxué].

socle nm 底座 [dǐzuò] ▸ **le socle d'une statue** 一座雕像的底座 [yí zuò diāoxiàng de dǐzuò].

socquette nf (cl. 双 [shuāng]) 短袜 [duǎnwà] ▸ **porter des socquettes** 穿短袜 [chuān duǎnwà].

soda nm (cl. 瓶 [píng] ou 罐 [guàn]) 汽水 [qìshuǐ] ▸ **boire un soda à l'orange** 喝一瓶橙汁汽水 [hē yì píng chéngzhī qìshuǐ].

sœur nf ❶ (parente) 姐妹[jiěmèi]; 姊妹 [zǐmèi] ▸ **grande sœur** 姐姐 [jiějie] ▸ **petite sœur** 妹妹 [mèimei] ▸ **c'est ma sœur jumelle** 这是我的孪生姐妹 [zhè shì wǒde luánshēng jiěmèi] ❷ RELIG 嬷嬷 [mómo] ▸ **bonjour, ma sœur !** 你好，嬷嬷！[nǐhǎo, mómo!].

sofa nm 长沙发 [chángshāfā] ▸ **s'asseoir sur un sofa** 坐在长沙发上 [zuò zài chángshāfā shàng].

Sofia npr 索菲亚 [Suǒfēiyà].

soi pron pers 自己 [zìjǐ] ▸ **être content de soi** 自满 [zìmǎn] ▸ **il ne faut pas penser qu'à soi** 不该只想着自己 [bù gāi zhǐ xiǎngzhe zìjǐ] ▸ **rester chez soi pendant les vacances** 假期呆在自己家里不出门 [jiàqī dāi zài zìjǐ jiāli bùchūmén]

◊ **cela va de soi** 这是当然的 [zhè shì dāngrán de].

▪ **soi-même** pron pers 自己 [zìjǐ] ▸ **ce meuble est à monter soi-même** 这个家具需要自己安装 [zhè ge jiājù xūyào zìjǐ ānzhuāng].

soi-disant ♦ adj inv ❶ (prétendu) 自称的 [zìchēng de] ❷ (supposé) 所谓的 [suǒwèi de] ▸ **le soi-disant « monstre » n'était en fait qu'une chauve-souris** 这个所谓"怪兽"实际上不过是只蝙蝠 [zhè ge suǒwèi "guàishòu" shíjì shàng búguò shì zhī biānfú]. ♦ adv *fam* 自称 [zìchēng] ▸ **il avait soi-disant arrêté de boire** 他说是不喝酒了 [tā shuō shì bù hējiǔ le].

soie nf 丝 [sī] ▸ **une robe en** ou **de soie** 丝质连衣裙 [sī zhì liányīqún] ▸ **porter de la soie** 穿丝绸衣物 [chuān sīchóu yīwù].

soif nf ❶ (envie de boire) 渴 [kě] ▸ **avoir soif** 感到渴 [gǎndào kě] ▸ **donner soif** 使……口渴 [shǐ… kǒukě] ❷ *fig* (désir) 渴望 [kěwàng] ▸ **avoir soif de vengeance** 渴望复仇 [kěwàng fùchóu] ▸ **avoir soif d'apprendre** 渴望学习 [kěwàng xuéxí].

soigné, e adj ❶ (en parlant d'une personne) 注意仪表的 [zhùyì yíbiǎo de] ▸ **une personne très soignée** 特别注意仪表的人 [tèbié zhùyì yíbiǎo de rén] ❷ (en parlant d'une chose) 做得认真的 [zuòde rènzhēn de] ▸ **une présentation soignée** 认真细致的介绍 [rènzhēn xìzhì de jièshào].

soigner vt ❶ (traiter) 治疗 [zhìliáo] ▸ **soigner une blessure** 治疗一处伤 [zhìliáo yí chù shāng] ▸ **soigner une maladie** 治疗一种疾病 [zhìliáo yì zhǒng jíbìng] ▸ **soigner un malade** 治疗一个病人 [zhìliáo yí ge bìngrén] ▸ **il a été très bien soigné par ce médecin** 他得到了这位医生很好的治疗 [tā dédào le zhè wèi yīshēng hěn hǎo de zhìliáo] ❷ (choyer, entretenir) 款待 [kuǎndài] ▸ **soigner ses hôtes** 款待客人 [kuǎndài kèren] ❸ (parfaire) 精心做某事 [jīngxīn zuò mǒushì] ▸ **soigner son écriture** 锤炼文笔 [chuíliàn wénbǐ].

▪ **se soigner** vp ❶ (s'occuper de sa santé) 照料自己 [zhàoliào zìjǐ] ▸ **tu devrais te soigner, ça fait des semaines que tu es enrhumé** 你得注意一下自己的身体了，你已经感冒几个星期了 [nǐ děi zhùyì yí xià zìjǐ de shēntǐ le, nǐ yǐjīng gǎnmào jǐ ge xīngqī le.] ❷ (au passif) 被治疗 [bèi zhìliáo] ▸ **cette maladie se soigne facilement** 这种病很容易治疗 [zhè zhǒng bìng hěn róngyì zhìliáo].

soigneusement adv (méticuleusement) 仔细地 [zǐxì de] ▸ **il a soigneusement rangé sa chambre** 他仔细地整理了房间 [tā zǐxì de zhénglǐ le fángjiān].

soigneux, euse adj ❶ (méticuleux) 细心的 [xìxīn de] ▸ **il est très soigneux dans son travail** 他工作很细心 [tā gōngzuò hěn xìxīn] ❷ (minutieux) 细致的 [xìzhì de] ▸ **un examen soigneux n'a pas révélé la cause de la panne** 经过仔细检查，还是没有找到故障的原因 [jīngguò zǐxì jiǎnchá, háishi méiyǒu zhǎodào gùzhàng de yuányīn].

soin nm ❶ (application) 仔细 [zǐxì] ▸ **avec soin** 仔细地 [zǐxì de] ▸ **prendre soin de ses vêtements** 注意自己的衣着 [zhùyì zìjǐ de yīzhuó] ❷ (souci, préoccupation) 注意 [zhùyì] ▸ **prenez soin d'éteindre les lumières en sortant** 出门时请注意关灯 [chūmén shí qǐng zhùyì guāndēng] ❸ (sollicitude) 照顾 [zhàogù] ▸ **ne t'inquiète pas, je prendrai bien soin de ta fille** 别担心，我会照顾好你的女儿的 [bié dānxīn, wǒ huì zhàogù hǎo nǐde nǚ'ér de] ❹ (responsabilité) 照管 [zhàoguǎn] ▸ **je te laisse le soin de la raccompagner** 我就委托你陪伴她了 [wǒ jiù wěituō nǐ péibàn tā le].

▪ **soins** nmpl MÉD 治疗 [zhìliáo] ▸ **soins dentaires** 牙齿的护理 [yáchǐ de hùlǐ] ▸ **soins médicaux** 治疗 [zhìliáo].

soir nm ❶ (moment de la journée) 晚上 [wǎnshang] ▸ **il viendra mardi soir** 他会在周二晚上来 [tā huì zài zhōu'èr wǎnshang lái] ▸ **tous les dimanches soirs** 每个周日晚上 [měi ge zhōurì wǎnshang] ▸ **à six heures du soir** 在晚上六点 [zài wǎnshang liù diǎn] ▸ **ce soir** 今晚 [jīn wǎn] ▸ **hier soir** 昨晚 [zuó wǎn] ▸ **tous les soirs** 每晚 [měi wǎn] ❷ (nuit) 夜晚 [yèwǎn] ▸ **le soir** 晚上 [wǎnshang] ▸ **le soir tombe** 夜幕降临 [yèmù jiànglín].

soirée nf ❶ (moment de la journée) 晚上 [wǎnshang] ▸ **il a lu toute la soirée** 整个晚上他都在读书 [zhěnggè wǎnshang tā dōu zài dúshū] ▸ **en début de soirée** 在夜晚开始时 [zài yèwǎn kāishǐ shí] ▸ **en fin de soirée** 在夜晚结束时 [zài yèwǎn jiéshù shí] ▸ **bonne soirée !** 晚间愉快！ [wǎnjiān yúkuài!] ❷ (réception) 晚会 [wǎnhuì] ▸ **faire une soirée** 举办一个晚会 [jǔbàn yí ge wǎnhuì] ▸ **aller à une soirée** 去参加一个晚会 [qù cānjiā yí ge wǎnhuì] ▸ **une tenue de soirée** 一套晚礼服 [yí tào wánlǐfú] ❸ (spectacle) 夜场演出 [yèchǎng yǎnchū] ▸ **aller au théâtre en soirée** 去看夜场戏 [qù kàn yèchǎng xì].

soit ♦ conj ❶ (c'est-à-dire) 即 [jí] ▸ **il a perdu toute sa fortune, soit plusieurs millions d'euros** 他输了自己所有的财产，有好几百万欧元 [tā shū le zìjǐ suóyǒu de cáichǎn, yǒu háojǐ bǎiwàn ōuyuán] ❷ (étant donné) 假设有 [jiǎshèyǒu] ▸ **soit deux droites parallèles** 假设有两条平行直线 [jiǎshèyǒu liǎng tiáo píngxíng zhíxiàn]. ♦ adv *sout* (d'accord) 好吧 [hǎoba] ▸ **soit, je vais vous accompagner** 好吧，我去送您 [hǎoba, wǒ qù sòng nín].

▪ **soit... soit** loc correlative 或者......，或者...... [huòzhě..., huòzhě...] ▸ **cet été nous partirons soit à la mer, soit à la montagne** 今年夏天，我们或者去海边，或者去山里 [jīnnián xiàtiān, wǒmen huòzhě qù hǎibiān, huòzhě qù shān lǐ].

soixante ♦ adj num inv ❶ (cardinal) 六十个 [liùshí ge] ▸ **il pèse soixante kilos** 他有六十公斤重 [tā yǒu liùshí gōngjīn zhòng] ▸ **ma grand-mère a soixante ans** 我祖母/外祖母六十岁了 [wǒ zúmǔ/wàizǔmǔ liùshí suì le] ▸ **soixante et un** 六十一 [liùshí yī] ▸ **soixante-deux** 六十二 [liùshí èr] ▸ **soixante mille** 六万 [liù wàn] ▸ **soixante millions** 六千万 [liù qiānwàn] ❷ (ordinal) 第六十 [dìliùshí] ▸ **les années soixante** 六十年代 [liùshí niándài]. ♦ nm inv ❶ (chiffre) 六十 [liùshí] ▸ **quarante plus vingt égale soixante** 四十加二十等于六十 [sìshí jiā èrshí děngyú liùshí] ❷ (dans une adresse) 六十号 [liùshí hào] ▸ **il habite (au) soixante rue Michelet** 他住在米什莱街六十号 [tā zhù zài Mǐshílái jiē liùshí hào].

soixante-dix ♦ adj num inv 七十个 [qīshí ge]. ♦ nm inv 七十 [qīshí].

soixante-dixième ♦ adj num 第七十 [dìqīshí]. ♦ nmf 第七十个 [dìqīshí ge].

soixantième ♦ adj num 第六十 [dìliùshí]. ♦ nmf 第六十个 [dìliùshí ge].

soja nm (plante) 大豆 [dàdòu] ▸ **pousses** ou **germes de soja** 豆芽 [dòuyá] ▸ **huile de soja** 豆油 [dòu yóu] ▸ **lait de soja** 豆浆 [dòu jiāng] ▸ **sauce (de) soja** 酱油 [jiàngyóu].

sol ♦ nm ❶ (surface de la terre) 地面 [dìmiàn] ▸ **le sol est recouvert de neige** 地面被雪覆盖 [dìmiàn bèi xuě fùgài] ❷ (terrain) 土地 [tǔdì] ▸ **un sol fertile** 肥沃的土地 [féiwò de tǔdì] ▸ **un sol aride** 干旱的土地 [gānhàn de tǔdì] ❸ (plancher) 地面 [dìmiàn] ▸ **le sol du garage** 车库的地面 [chēkù de dìmiàn] ❹ (territoire) 领土 [lǐngtǔ] ▸ **naître sur un sol étranger** 出生在外国的领土上 [chūshēng zài wàiguó de lǐngtǔ shàng]. ♦ nm inv MUS G调 [G diào].

solaire adj ❶ (relatif au soleil) 太阳的 [tàiyáng de] ▸ **l'énergie solaire** 太阳能 [tàiyáng néng] ▸ **le système solaire** 太阳系 [tàiyáng xì] ❷ (qui fonctionne grâce au soleil) 太阳能的 [tàiyángnéng de] ▸ **un chauffe-eau solaire** 太阳能热水器 [tàiyángnéng rèshuǐqì] ❸ (qui protège du soleil) 防晒的 [fángshài de] ▸ **mettre de la crème solaire** 擦防晒霜 [cā fángshài shuāng].

soldat nm ❶ MIL (cl. 名 [míng]) 士兵 [shìbīng] ▸ **les soldats surveillent la frontière** 士兵守护国境 [shìbīng shǒuhù guójìng] ❷ (jouet) 玩具兵 [wánjùbīng] ▸ **jouer avec des soldats de plomb** 玩铅制玩具兵 [wán qiānzhì wánjùbīng].

solde nm ❶ BANQUE (d'un compte) 差额 [chā'é] ▸ **solde créditeur** 贷方差额 [dàifāng chā'é] ▸ **solde débiteur** 借方差额 [jièfāng chā'é] ❷ (reste à payer) 尾欠 [wěiqiàn] ▸ **le solde d'une facture** 一张发票的尾欠 [yì zhāng fāpiào de wěiqiàn] ❸ COMM (rabais) 削价出售的商品 [xuējià chūshòu de shāngpǐn] ▸ **en solde** 削价出售 [xuējià chūshòu].

▪ **soldes** nmpl COMM 打折商品 [dǎzhé shāngpǐn] ▸ **faire les soldes** 买打折商品 [mǎi dǎzhé shāngpǐn].

solder vt ❶ BANQUE 结清 [jiéqīng] ▸ **solder un compte bancaire** 结清一个银行账户 [jiéqīng yí ge yínháng zhànghù] ❷ COMM (liquider) 削价出售 [xuējià chūshòu] ▸ **solder des articles** 削价出售商品 [xuējià chūshòu shāngpǐn] ▸ **solder un stock de marchandises** 削价出售存货 [xuējià chūshòu cúnhuò].

▪ **se solder par** vp+prép (aboutir à) 以......告终 [yǐ... gàozhōng] ▸ **le match s'est soldé par la victoire de notre club** 比赛以我们俱乐部的胜利结束 [bǐsài yǐ wǒmen jùlèbù de shènglì jiéshù].

sole nf (cl. 条 [tiáo]) 鳎 [tǎ] ▸ **une sole meunière** 一条面拖鳎 [yì tiáo miàntuōtǎ] ▸ **un filet de sole** 一块鳎鱼肉 [yí kuài tǎyú ròu].

soleil nm ❶ (astre) 太阳 [tàiyáng] ▸ **la Terre tourne autour du Soleil** 地球绕着太阳转 [dìqiú ràozhe tàiyáng zhuàn] ▸ **le soleil brille** 太阳光芒四射 [tàiyáng guāngmáng sìshè] ▸ **le**

soleil se lève 太阳升起 [tàiyáng shēngqǐ] ▸ le soleil se couche 太阳落山 [tàiyáng luòshān] ▸ soleil couchant 落日 [luòrì] ❷ (source lumineuse) 阳光 [yángguāng] ▸ au soleil 在阳光下 [zài yángguāng xià] ▸ se protéger du soleil 避免日晒 [bìmiǎn rìshài] ▸ être en plein soleil 在大太阳照射下 [zài dà tàiyáng zhàoshè xià] ▸ se mettre à l'abri du soleil 避免阳光照射 [bìmiǎn yángguāng zhàoshè] ❸ BOT (fleur de tournesol) 向日葵 [xiàngrìkuí] ▸ un bouquet de soleils 一束向日葵 [yí shù xiàngrìkuí].

solennel, elle adj ❶ (cérémonieux) 隆重的 [lóngzhòng de] ▸ faire un discours solennel 发表隆重的演讲 [fābiǎo lóngzhòng de yánjiǎng] ❷ (grave) 庄严的 [zhuāngyán de] ▸ il m'a annoncé la nouvelle d'un ton solennel 他用庄严的语气向我宣布了这个消息 [tāyòng zhuāngyán de yǔqì xiàng wǒ xuānbù le zhè ge xiāoxi].

solidaire adj 团结一致的 [tuánjié yízhì de] ▸ être solidaire de qqn 与某人团结一致 [yǔ mǒurén tuánjié yízhì].

solidarité nf 团结 [tuánjié] ▸ par solidarité avec les sans-abri, des dizaines de personnes ont dormi dehors 为了与那些无家可归的人们团结一致，有几十个人在露天睡觉 [wèile yǔ nàxiē wújiā kěguī de rénmen tuánjié yízhì, yǒu jǐshí ge rén zài lùtiān shuìjiào].

solide ♦ adj ❶ (par opp. à liquide) 固体的 [gùtǐ de] ❷ (robuste) 牢固的 [láogù de] ❸ (fort) 健壮的 [jiànzhuàng de] ▸ il a la santé solide, il n'est jamais malade 他的身体很健壮，从来不生病 [tāde shēntǐ hěn jiànzhuàng, cónglái bù shēngbìng] ❹ (sérieux) 可靠的 [kěkào de] ▸ des arguments solides 充分的理由 [chōngfèn de lǐyóu] ▸ des preuves solides 可靠的证据 [kěkào de zhèngjù] ▸ avoir de solides connaissances en économie 具有扎实的经济学知识 [jùyǒu zhāshi de jīngjìxué zhīshi]. ♦ nm PHYS 固体 [gùtǐ] ▸ étudier la physique des solides 学习固体物理 [xuéxí gùtǐ wùlǐ]
◊ c'est du solide ! 这可结实了！ [zhè kě jiēshi le!].

solidifier ▪ se solidifier vp 使……凝固 [shǐ… nínggù] ▸ l'eau se solidifie à 0°C 水在零度时凝固 [shuǐ zài líng dù shí nínggù].

solitaire ♦ adj ❶ (trait de caractère) 孤僻的 [gūpì de] ❷ (esseulé) 孤独的 [gūdú de] ▸ mener une vie solitaire 过着独居的生活 [guòzhe dújū de shēnghuó] ❸ (retiré) 偏远的 [piānyuǎn de] ▸ un endroit solitaire 偏远的地方 [piānyuǎn de dìfang]. ♦ nmf (individu) 孤独的人 [gūdú de rén] ▸ c'est un habitué des navigations en solitaire 这是个习惯独自航海的人 [zhè shì ge xíguàn dúzì hánghǎi de rén]. ♦ nm ❶ (jeu) 滚珠游戏 [gǔnzhū yóuxì] ▸ faire un solitaire 玩滚珠游戏 [wán gǔnzhū yóuxì] ❷ (diamant) ○ (cl. 颗 [kē]) 独粒钻石 [dúlì zuànshí].

solitude nf 孤独 [gūdú] ▸ vivre dans la solitude 生活在孤独之中 [shēnghuó zài gūdú zhīzhōng].

solliciter vt ❶ (demander) 请求 [qǐngqiú] ▸ solliciter un entretien 请求面谈 [qǐngqiú miàntán] ❷ (attirer) 引起 [yínqǐ] ▸ solliciter l'attention du public 引起公众的注意 [yínqǐ gōngzhòng de zhùyì] ❸ (faire appel à) 请求 [qǐngqiú] ▸ j'ai été sollicité pour le poste de directeur 有人向我请求过经理一职 [yǒu rén xiàng wǒ qǐngqiú guò jīnglǐ yì zhí].

sollicitude nf 关怀 [guānhuái] ▸ votre sollicitude me touche beaucoup 您的关怀让我很感动 [nínde guānhuái ràng wǒ hěn gǎndòng].

solo nm MUS 独唱 [dúchàng]; 独奏 [dúzòu] ▸ exécuter un solo de guitare 表演吉他独奏曲 [biáoyǎn jítā dúzòu qū] ▸ chanter en solo 独唱 [dú chàng].

soluble adj 可溶解的 [kěróngjiě de] ▸ les sels de bains sont solubles dans l'eau 浴盐在水中可以溶解 [yù yán zài shuǐ zhōng kéyǐ róngjiě] ▸ du café soluble 速溶咖啡 [sùróng kāfēi].

solution nf ❶ (opération par laquelle on résoud un problème) 解 [jiě] ▸ solution d'une équation 方程式的解 [fāngchéngshì de jiě] ▸ trouver la solution d'un problème 找到问题的解 [zhǎodào wèntí de jiě] ❷ (moyen) 解决办法 [jiějué bànfǎ] ▸ il va falloir trouver une solution

应该要找到一个解决办法 [yīnggāi yào zhǎodào yí ge jiějué bànfǎ].

solvable adj 有支付能力的 [yǒu zhīfù nénglì de] ▸ **son locataire n'est plus solvable** 他的房客再也付不起房费了 [tāde fángkè zàiyě fù bùqǐ fángfèi le].

Somalie nf ▸ **la Somalie** 索马里 [Suómǎlǐ].

sombre adj ❶ (peu éclairé) 阴暗的 [yīn'àn de] ▸ **une pièce sombre** 一间阴暗的房间 [yì jiān yīn'àn de fángjiān] ❷ (foncé) 深暗色的 [shēnànsè de] ▸ **porter des vêtements sombres** 穿深色的衣服 [chuān shēnsè de yīfu] ❸ (soucieux) 沮丧的 [jǔsàng de] ▸ **avoir un air sombre** 一副沮丧的样子 [yí fù jǔsàng de yàngzi].

sombrer vi ❶ (bateau) 沉 [chén] ▸ **le pétrolier a sombré** 油轮沉了 [yóulún chén le] ❷ *fig* (personne) 陷于 [xiànyú] ▸ **sombrer dans la dépression** 陷于抑郁之中 [xiànyú yìyù zhīzhōng].

sommaire ♦ adj ❶ (succinct) 简短的 [jiǎnduǎn de] ▸ **un compte-rendu sommaire** 一份简短的报告 [yí fèn jiǎnduǎn de bàogào] ❷ (expéditif) 立即的 [lìjí de] ▸ **une exécution sommaire** 立即处决 [lìjí chǔjué]. ♦ nm (table des matières) 目录 [mùlù] ▸ **le sommaire d'un livre** 一本书的目录 [yì běn shū de mùlù].

sommairement adv 扼要地 [èyào de].

sommation nf 警告 [jǐnggào].

somme ♦ nf ❶ (addition) 和 [hé] ▸ **calculer la somme de deux nombres** 计算两个数的和 [jìsuàn liǎng ge shù de hé] ❷ (d'argent) ○ (cl. 笔 [bǐ]) 款项 [kuǎnxiàng] ▸ **la somme de cent euros** 一百欧元的款项 [yìbǎi ōuyuán de kuǎnxiàng] ▸ **une somme considérable** 一笔可观的款项 [yì bǐ kěguān de kuǎnxiàng]

◊ **en somme** 总之 [zǒngzhī].

♦ nm (sieste) 睡觉 [shuìjiào].

sommeil nm 困 [kùn] ▸ **avoir sommeil** 感到困 [gǎndào kùn] ▸ **manquer de sommeil** 缺觉 [quējiào] ▸ **tomber de sommeil** 倒头便睡 [dǎo tóu biàn shuì].

sommet nm ❶ (haut) 顶 [dǐng] ▸ **le sommet de l'arbre** 树的顶端 [shù de dǐngduān] ▸ **le sommet d'une colline** 一个山丘的顶 [yí ge shānqiū de dǐng] ▸ **le plus haut sommet du monde** 世界最高峰 [shìjiè zuì gāofēng] ▸ **au sommet de qqch** 在某物的顶端 [zài mǒuwù de dǐngduān] ▸ **monter au sommet (de qqch)** 上到(某物的)顶端 [shàng dào (mǒuwù de) dǐngduān] ▸ **atteindre le sommet (de qqch)** 到达(某物的)顶端 [dàodá (mǒuwù de) dǐngduān] ❷ *fig* (degré le plus haut) 顶点 [díngdiǎn] ▸ **le sommet de la hiérarchie** 等级制度的顶点 [děngjí zhìdù de díngdiǎn] ▸ **le sommet de la gloire** 荣誉的颠峰 [róngyù de diānfēng] ❸ GÉOM 顶点 [díngdiǎn] ▸ **le sommet d'un angle** 一个角的顶点 [yí ge jiǎo de díngdiǎn].

somnambule ♦ adj 梦游的 [mèngyóu de]. ♦ nmf (cl. 位 [wèi] ou 个 [gè]) 梦游者 [mèngyóuzhě].

somnifère nm 安眠药 [ānmiányào] ▸ **prendre des somnifères** 吃些安眠药 [chī xiē ānmiányào].

somnoler vi 打瞌睡 [dǎkēshuì].

somptueux, euse adj 奢华的 [shēhuá de] ▸ **une somptueuse villa** 一座豪华别墅 [yí zuò háohuá biéshù].

son[1], sa, ses adj poss ❶ (possesseur défini - homme) 他的 [tāde] ▸ **son père et sa mère** 他的父亲和母亲 [tāde fùqin hé mǔqin]; (- femme) 她的 [tāde] ▸ **elle a perdu son chien** 她丢了她的狗 [tā diū le tāde gǒu]; (- chose, animal) 它的 [tāde] ▸ **la louve et ses petits** 母狼和它的小崽 [mǔláng hé tāde xiáozǎi] ❷ (possesseur indéfini) (après « chacun », « on », « personne », « tout le monde », etc) 他的 [tāde]; 自己的 [zìjǐ de] ▸ **personne ne connaît son avenir** 没人知道他的/自己的将来 [méirén zhīdào tāde/zìjǐ de jiānglái].

son[2] nm ❶ (bruit) ○ (cl. 种 [zhǒng]) 声音 [shēngyīn] ▸ **le son des pas sur le carrelage** 地板上的脚步声 [dìbǎn shàng de jiǎobùshēng] ❷ (volume sonore) 音量 [yīnliàng] ▸ **baisser le son** 把音量开小 [bǎ yīnliàng kāi xiǎo] ▸ **peux-tu monter le son du téléviseur ?** 你能把电视的音量开大些吗？ [nǐ néng bǎ diànshì de yīnliàng kāi dà xiē ma?] ❸ PHYS 音 [yīn] ▸ **la vitesse du son** 音速 [yīnsù].

son[3] nm (céréale) 麸皮 [fūpí] ▸ **pain au son** 麸皮面包 [fūpí miànbāo].

sondage nm ❶ (enquête) ○ (cl. 次 [cì]) 民意测验 [mínyì cèyàn] ▸ **faire un sondage auprès de qqn** 对某人进行一次民意测验 [duì mǒurén jìnxíng yí cì mínyì cèyàn] ▸ **selon les derniers sondages, ...** 根据最新的民意测验，...... [gēnjù zuìxīn de mínyì cèyàn,...] ❷ TECHNOL (cl. 次 [cì]) 探测 [tàncè] ▸ **un sondage des fonds sous-marins** 一次海底探测 [yí cì háidǐ tàncè].

sonde nf ❶ MÉD (cl. 根 [gēn]) 窥镜 [kuījìng] ▸ **une sonde gastrique** 一根胃窥镜 [yì gēn wèi kuījìng] ❷ TECHNOL (cl. 根 [gēn]) 钻头 [zuàntóu] ❸ AÉRON (cl. 台 [tái]) 探测器 [tàncèqì] ▸ **une sonde spatiale** 一台宇宙探测器 [yì tái yǔzhòu tàncèqì].

sonder vt ❶ (mesurer à l'aide d'une sonde) 探测 [tàncè] ▸ **sonder le lit d'un fleuve** 探测河床 [tàncè héchuáng] ❷ (interroger) 试探 [shìtàn] ▸ **essaie de le sonder pour savoir ce qui s'est vraiment passé** 想法试探一下他以便知道究竟发生了什么 [xiángfǎ shìtàn yí xià tā yǐbiàn zhīdào jiūjìng fāshēng le shénme] ◊ **sonder le terrain** 仔细研究形势 [zǐxì yánjiū xíngshì].

songe nm *sout* 梦 [mèng] ▸ **faire un songe** 做一个梦 [zuò yí ge mèng].

songer ▪ **songer à** v+prép *sout* ❶ (penser à) 考虑 [kǎolǜ] ▸ **il n'a pas songé aux conséquences** 他没考虑到后果 [tā méi kǎolǜ dào hòuguǒ] ❷ (se préoccuper de) 想着 [xiǎngzhe] ▸ **il se fait tard, il faudrait songer à partir** 时候不早了，该想着走了 [shíhou bù zǎo le, gāi xiǎngzhe zǒu le] ❸ (projeter de) 打算 [dǎsuan] ▸ **je songe sérieusement à prendre ma retraite** 我真打算退休了 [wǒ zhēn dǎsuan tuìxiū le].

▪ **songer que** vt *(+ indicatif) sout* (prendre conscience que) 考虑...... [kǎolǜ...] ▸ **songez qu'il y va de votre intérêt** 该考虑到这对您将是极重要的 [gāi kǎolǜdào zhè duì nín jiāngshi jí zhòngyào de].

sonner ♦ vt ❶ (actionner) 敲响 [qiāoxiǎng] ▸ **sonner les cloches** 敲响钟声 [qiāoxiǎng zhōngshēng] ❷ *fam* (assommer) 使......蒙了 [shǐ... mēng le] ▸ **la nouvelle l'a complètement sonnée** 这个消息使她完全蒙了 [zhè ge xiāoxi shǐ tā wánquán mēng le] ❸ *fam* (appeler) 叫 [jiào] ▸ **je ne t'ai pas sonné !** 我没叫你！（这不关你的事！）[wǒ méi jiào nǐ! (zhè bùguān nǐde shì!)]

◊ **sonner les cloches à qqn** *fam* 教训某人 [jiàoxun mǒurén].

♦ vi ❶ (résonner) 响起来 [xiángqǐlái] ▸ **les cloches sonnent** 钟声响了起来 [zhōngshēng xiǎng le qǐlái] ▸ **midi a sonné à l'église** 教堂午时的钟声已经响过了 [jiàotáng wǔshí de zhōngshēng yǐjīng xiǎng guò le] ❷ (retentir) 响 [xiǎng] ▸ **le téléphone sonne** 电话响了 [diànhuà xiǎng le] ▸ **le réveil sonne** 闹钟响了 [nàozhōng xiǎng le] ❸ (carillonner) 按铃 [ànlíng] ▸ **qui a sonné à la porte ?** 谁按门铃了？[shéi àn ménlíng le?] ▸ **'sonnez avant d'entrer'** 进门前请按铃 [jìnmén qián qǐng ànlíng].

sonnerie nf (cl. 种 [zhǒng] ou 阵 [zhèn]) 铃声 [língshēng] ▸ **la sonnerie du réveil** 闹钟的铃声 [nàozhōng de língshēng] ▸ **la sonnerie du téléphone** 电话铃声 [diànhuà língshēng].

sonnette nf 铃 [líng] ▸ **appuyer sur la sonnette d'entrée** 按门铃 [àn ménlíng] ▸ **tirer la sonnette d'alarme** 拉警报铃 [lā jǐngbào líng].

sonore adj ❶ (qui produit un son) 音响的 [yīnxiǎng de] ▸ **un signal sonore** 一个发声信号 [yí ge fāshēng xìnhào] ❷ (retentissant) 洪亮的 [hóngliàng de] ▸ **une voix sonore** 一副洪亮的嗓门 [yí fù hóngliàng de sǎngmén] ❸ (qui renvoie bien le son) 音响效果好的 [yīnxiǎng xiàoguǒ hǎo de] ▸ **une pièce sonore** 音响效果差的房间 [yīnxiǎng xiàoguǒ chà de fángjiān].

sophistiqué, e adj ❶ (très raffiné) 打扮讲究的 [dǎban jiǎngjiu de] ▸ **une tenue sophistiquée** 一身讲究的打扮 [yì shēn jiǎngjiu de dǎban] ▸ **une femme sophistiquée** 一个打扮讲究的女人 [yí ge dǎban jiǎngjiu de nǚrén] ❷ (très perfectionné) 完善的 [wánshàn de] ▸ **un téléphone portable très sophistiqué** 一部设计很完善的手机 [yí bù shèjì hěn wánshàn de shǒujī].

soporifique ♦ adj ❶ (qui endort) 催眠的 [cuīmián de] ❷ *fig* (ennuyeux) 快让人睡着了 [kuài ràng rén shuìzháo le] ▸ **ce concert était vrai-**

ment soporifique ! 这场音乐会真快让人睡着了！ [zhè chǎng yīnyuèhuì zhēn kuài ràng rén shuìzháo le!]. ♦ nm (somnifère) 催眠药 [cuīmiányào].

soprano ♦ nm MUS 高音 [gāoyīn]. ♦ nmf MUS (personne) ○ (cl. 名 [míng] ou 个 [gè] ou 位 [wèi]) 高音歌唱家 [gāoyīn gēchàngjiā].

sorbet nm (cl. 杯 [bēi]) (果汁)冰糕 [(guǒzhī) bīnggāo].

sorcellerie nf 巫术 [wūshù].

sorcier ♦ nm (cl. 名 [míng] ou 个 [gè] ou 位 [wèi]) 巫师 [wūshī]. ♦ adj 难的 [nán de] ▸ **ce n'est pas sorcier** 这不难 [zhè bù nán].

▪ **sorcière** nf 巫婆 [wūpó] ▸ **une méchante sorcière** 一个恶毒的巫婆 [yí ge èdú de wūpó].

sordide adj ❶ (très sale) 肮脏的 [āngzāng de] ▸ **elle vit dans un immeuble sordide** 她住在一幢肮脏的楼里 [tā zhù zài yí zhuàng āngzāng de lóu lǐ] ❷ (abject) 可耻的 [kéchǐ de] ▸ **une sordide histoire d'argent** 一个关于钱的可耻的事情 [yí ge guānyú qián de kéchǐ de shìqing] ▸ **un crime sordide** 一桩可耻的罪行 [yì zhuāng kéchǐ de zuìxíng].

sort nm ❶ (maléfice) ○ (cl. 种 [zhǒng]) 魔法 [mófǎ] ▸ **jeter un sort (à qqn)** (向某人)施魔法 [(xiàng mǒurén) shī mófǎ] ❷ (destinée) 命运 [mìngyùn] ▸ **les coups du sort** 命运的打击 [mìngyùn de dǎjī] ▸ **mon sort est entre vos mains** 我的命运就掌握在您的手中 [wǒde mìngyùn jiù zhǎngwò zài nín de shǒuzhōng] ❸ (condition) 生存状况 [shēngcún zhuàngkuàng] ▸ **améliorer le sort de qqn** 改善某人的生存状况 [gǎishàn mǒurén de shēngcún zhuàngkuàng] ❹ (hasard) 命 [mìng] ▸ **tirer au sort** 抽签(决定) [chōuqiān (juédìng)].

sorte nf 种 [zhǒng] ▸ **nous avons plusieurs sortes de modèles** 我们有许多种样式 [wǒmen yǒu xǔduō zhǒng yàngshì] ▸ **elle portait une sorte de robe** 她当时穿着一种连衣裙 [tā dāngshí chuānzhe yì zhǒng liányīqún] ▸ **tu n'avais pas à lui répondre de la sorte** 你不应该以这种方式来回答他 [nǐ bù yīnggāi yǐ zhè zhǒng fāngshì lái huídá tā].

▪ **de (telle) sorte que** loc conj 以致于…… [yǐzhìyú…].

▪ **en quelque sorte** loc adv 也可以说 [yě kéyǐ shuō].

▪ **en sorte de** loc adv ▸ **faire en sorte de** 尽量…… [jǐnliàng…] ▸ **je ferai en sorte d'arriver à l'heure** 我会尽量按时到达的 [wǒ huì jǐnliàng ànshí dàodá de].

▪ **en sorte que** loc adv ▸ **faire en sorte que** 尽量使…… [jǐnliàng shǐ…] ▸ **l'important est de faire en sorte qu'il ne se rende compte de rien** 重要的是尽量使他不要有所察觉 [zhòngyào de shì jǐnliàng shǐ tā búyào yóusuǒ chájué].

sortie nf ❶ (issue) 出口 [chūkǒu] ▸ **indiquer la sortie à qqn** 给某人指示出口 [gěi mǒurén zhǐshì chūkǒu] ▸ **sortie de secours** 紧急出口 [jǐnjí chūkǒu] ❷ (fait de quitter) 离开 [líkāi] ▸ **la sortie des bureaux** 下班 [xiàbān] ▸ **la sortie des écoles** 放学 [fàng xué] ▸ **à sa sortie de prison,...** 他出狱之后，…… [tā chūyù zhī hòu,…] ❸ (parution) 出版 [chūbǎn] ▸ **la sortie d'un livre** 一本书的出版 [yì běn shū de chūbǎn] ❹ (loisir) ○ (cl. 次 [cì]) 出去玩 [chūqu wán].

sortilège nm 巫术 [wūshù].

sortir ♦ vi ❶ (quitter un lieu) 出去 [chūqu] ▸ **sortir d'une pièce** 走出一个房间 [zǒuchū yí ge fángjiān] ▸ **sortir faire des courses** 出去购物 [chūqu gòuwù] ❷ (s'échapper) ▸ **la fumée sort par la cheminée** 烟从烟囱里出去 [yān cóng yāncōng lǐ chūqu] ▸ **le voleur est sorti par la fenêtre** 小偷是从窗户出去的 [xiǎotōu shì cóng chuānghu chūqu de] ❸ (flirter) ▸ **sortir avec qqn** 和某人有恋爱关系 [hé mǒurén yǒu liàn'ài guānxi] ❹ (sur la route) 下 [xià] ▸ **sortir de l'autoroute** 下高速公路 [xià gāosù gōnglù] ❺ (se distraire) 出去玩 [chūquwán] ▸ **on sort ce soir ?** 咱们今晚出去玩怎么样？ [zánmen jīnwǎn chūqu wán zěnmeyàng?] ❻ (paraître) ▸ **leur disque vient de sortir** 他们的唱片刚问世 [tāmende chàngpiàn gāng wènshì] ▸ **son dernier film n'est pas encore sorti en France** 他最新的电影还没有在法国上映 [tā zuìxīn de diànyǐng hái méiyǒu zài Fǎguó shàngyìng] ▸ **son livre sort en septembre** 他的书九月出版 [tāde shū jiǔyuè chūbǎn] ❼ (apparaître) 长出 [zhǎngchū] ▸ **les boutons**

de rose sont sortis 玫瑰长出花苞 [méigui zhǎngchū huābāo]. ♦ vt ❶ (promener) 带……外出 [dài … wàichū] ▸ **sortir son chien** 遛自己的狗 [liù zìjǐ de gǒu] ❷ (mettre dehors) 出来 [chūlai] ▸ **sortir la voiture** 把汽车开出来 [bǎ qìchē kāi chūlai].

■ **sortir de** v+prép ❶ 出 [chū] ▸ **sortir de chez soi** 出门 [chū mén] ▸ **sortir de l'école** 放学 [fàng xué] ▸ **sortir de l'hôpital** 出院 [chū yuàn] ❷ (tirer de) 摆脱 [bǎituō] ▸ **sortir qqn d'une situation délicate** 使某人摆脱一个微妙的处境 [shǐ mǒurén bǎituō yí ge wēimiào de chǔjìng] ❸ (se tirer de) 摆脱 [bǎituō] ▸ **il est sorti indemne de l'accident** 他在这场事故中安然脱险 [tā zài zhè chǎng shìgù zhōng ānrán tuōxiǎn] ▸ **nous sortons d'une période difficile** 我们走过了一个艰难的阶段 [wǒmen zǒuguò le yí ge jiānnán de jiēduàn] ❹ (être issu de) 来自 [láizì] ▸ **elle sort d'un milieu aisé** 她来自一个富裕的阶层 [tā láizì yí ge fùyù de jiēcéng].

■ **se sortir de** vp+prép 摆脱 [bǎituō] ▸ **comment va-t-on se sortir de cette situation ?** 我们怎么能摆脱这一局面? [wǒmen zěnme néng bǎituō zhè yì júmiàn?].

■ **s'en sortir** vp *fam* 摆脱困境 [bǎituō kùnjìng] ▸ **j'espère qu'il arrivera à s'en sortir** 我希望他最终能够摆脱困境 [wǒ xīwàng tā zuìzhōng nénggòu bǎituō kùnjìng] ▸ **avec mon salaire, j'ai du mal à m'en sortir** 靠自己的工资，我很难摆脱困境 [kào zìjǐ de gōngzī, wǒ hěn nán bǎituō kùnjìng].

sosie nm 与……长得很像的人 [yǔ…zhǎngde hěn xiàng de rén].

sot, sotte ♦ adj 愚蠢的 [yúchǔn de]. ♦ nm, f 笨蛋 [bèndàn] ▸ **pauvre sotte !** 倒霉的笨蛋！ [dǎoméi de bèndàn!].

sottise nf ❶ (bêtise) 愚蠢 [yúchǔn] ▸ **j'ai eu la sottise de lui pardonner** 我原谅了他，真是愚蠢 [wǒ yuánliàng le tā, zhēnshi yúchǔn] ❷ (acte) ○ (cl. 件 [jiàn]) 蠢事 [chǔnshì] ▸ **faire des sottises** 干蠢事 [gān chǔnshì] ❸ (parole) ○ (cl. 句 [jù]) 蠢话 [chǔnhuà] ▸ **dire des sottises** 说蠢话 [shuō chǔnhuà].

sou nm 钱 [qián] ▸ **je n'ai plus de sous !** 我没钱了！ [wǒ méi qián le!]

◊ **être près de ses sous** 抠门 [kōu mén] ▸ **être sans le sou** 身无分文 [shēnwú fènwén].

souche nf ❶ (d'un arbre) 树桩 [shùzhuāng] ❷ (origine) 祖先 [zǔxiān] ▸ **de souche paysanne** 祖上是农民 [zǔshàng shì nóngmín] ❸ (d'un chéquier) (票据的)存根 [(piàojù de) cúngēn].

souci nm ❶ (préoccupation) 操心 [cāoxīn] ▸ **se faire du souci (pour qqn)** (为某人)操心 [(wèi mǒurén) cāoxīn] ❷ (problème) 问题 [wèntí] ▸ **des soucis financiers** 一些财政问题 [yìxiē cáizhèng wèntí] ▸ **des soucis de santé** 一些健康问题 [yìxiē jiànkāng wèntí] ▸ **j'ai un petit souci avec mon ordinateur** 我的电脑有个小问题 [wǒde diànnǎo yǒu ge xiǎo wèntí].

soucier ■ **se soucier de** vp+prép (se préoccuper de) 为……操心 [wèi… cāoxīn] ▸ **il ne s'est jamais soucié de son fils** 他从不为他的儿子操心 [tā cóngbú wèi tāde érzi cāoxīn].

soucoupe nf ❶ (assiette) ○ (cl. 只 [zhī] ou 个 [gè]) (杯子)托盘 [(bēizi) tuōpán] ❷ (vaisseau) ▸ **soucoupe volante** 飞碟 [fēidié].

soudain, e adj 突然的 [tūrán de] ▸ **un départ soudain** 突然动身 [tūrán dòngshēn].

■ **soudain** adv 突然 [tūrán].

Soudan nm ▸ **le Soudan** 苏丹 [Sūdān].

souder vt ❶ TECHNOL 焊接 [hànjiē] ❷ *fig* (unir) 使……团结 [shǐ… tuánjié] ▸ **cet événement les a soudés** 这起事件使他们团结起来了 [zhè qǐ shìjiàn shǐ tāmen tuánjié qǐlái le].

soudoyer vt 收买 [shōumǎi].

soudure nf 焊料 [hànliào].

souffle nm ❶ (respiration) 喘气 [chuǎnqì] ▸ **un souffle régulier** 均匀的喘气 [jūnyún de chuǎnqì] ▸ **je n'ai plus de souffle !** 我喘不过气来了！ [wǒ chuǎnbuguò qì lái le!] ❷ (force pour souffler) 吹 [chuī] ▸ **éteindre une bougie d'un souffle** 一口气吹灭一根蜡烛 [yì kǒuqì chuīmiè yì gēn làzhú] ❸ (vent) ○ (cl. 阵 [zhèn]) 微风 [wēifēng] ❹ (explosion) ○ (cl. 股 [gǔ]) 气浪 [qìlàng] ▸ **les vitres ont volé en éclat sous le souffle de l'explosion** 在爆炸气浪的推动下玻璃一下都纷纷飞了出去 [zài bàozhà qìlàng de tuīdòng xià bōli yí xià dōu fēnfēn fēi le chūqu]

◊ **avoir le souffle coupé** 惊诧不已 [jīngchà bùyǐ] ▸ **couper le souffle à qqn** 令某人惊诧不已 [lìng mǒurén jīngchà bùyǐ] ▸ **être à bout de souffle** 筋疲力尽 [jīnpílìjìn].

souffler ♦ vt ❶ (éteindre) 吹灭 [chuīmiè] ▸ **souffler une bougie** 吹灭一根蜡烛 [chuīmiè yì gēn làzhú] ❷ (dire à voix basse) 小声说 [xiǎoshēng shuō] ▸ **souffler la réponse au candidat** 小声地把答案告诉应试人 [xiǎoshēng de bǎ dá'àn gàosu yìngshìrén] ❸ (gonfler) 吹制 [chuīzhì] ▸ **souffler le verre** 吹制玻璃 [chuīzhì bōli]. ♦ vi ❶ (expirer) 吹气 [chuīqì] ▸ **souffler sur un aliment pour le faire refroidir** 对着一样食物吹气让它凉下来 [duìzhe yí yàng shíwù chuī qì ràng tā liáng xiàlai] ❷ (respirer) 喘气 [chuǎnqì] ▸ **elle souffle tellement qu'elle n'arrive pas à parler** 她喘得厉害以致说不出话来 [tā chuǎnde lìhai yǐzhì shuōbuchū huà lái] ❸ *fig* (se reposer) 喘息 [chuǎnxī] ▸ **au bureau, on n'a pas le temps de souffler** 在办公室里，我们都没有喘息的时间 [zài bàngōngshì lǐ, wǒmen dōu méiyǒu chuǎnxī de shíjiān] ❹ (vent) 刮 [guā] ▸ **le vent soufflera sur tout le pays** 全国将刮起大风 [quánguó jiāng guā qǐ dàfēng] ▸ **ça souffle, aujourd'hui !** 今天风刮得真大！ [jīntiān fēng guāde zhēn dà!].

soufflet nm (instrument) 风箱 [fēngxiāng].

souffrance nf 痛苦 [tòngkǔ].

souffrant, e adj 身体不适的 [shēntǐ búshì de].

souffre-douleur nm inv 出气筒 [chūqìtǒng].

souffrir ♦ vt ❶ (endurer) 遭受 [zāoshòu] ▸ **souffrir le martyre** 遭受折磨 [zāoshòu zhémo] ❷ *litt* (supporter) 忍受 [rěnshòu] ▸ **je ne peux souffrir le mensonge** 我不能忍受谎言 [wǒ bùnéng rěnshòu huǎngyán]. ♦ vi ❶ (physiquement) 疼痛 [téngtòng] ▸ **je souffre du dos** 我背疼 [wǒ bèi téng] ▸ **il souffre de diabète** 他患有糖尿病 [tā huànyǒu tángniàobìng] ❷ (moralement) 感到苦恼 [gǎndào kǔnǎo] ▸ **il souffre d'être incompris** 他因不被理解而感到苦恼 [tā yīn bú bèi lǐjiě ér gǎndào kǔnǎo] ❸ (éprouver un dommage) 受到侵害 [shòudào qīnhài] ▸ **ces arbres ont souffert de la tempête** 这些树受到了暴风的侵害 [zhèxiē shù shòudào le bàofēng de qīnhài].

souhait nm 愿望 [yuànwang] ▸ **c'est mon souhait le plus cher** 这是我最殷切的愿望 [zhè shì wǒ zuì yīnqiè de yuànwàng] ▸ **à tes/vos souhaits !** (打喷嚏时的祝语)一百岁！ [(dǎpēntì shí de zhù yǔ) yìbǎi suì!].

souhaiter vt ❶ (désirer) 希望 [xīwàng] ▸ **souhaiter le bonheur de qqn** 希望某人幸福 [xīwàng mǒurén xìngfú] ▸ **je souhaite qu'elle vienne** 我希望她来 [wǒ xīwàng tā lái] ▸ **je souhaite vous rencontrer demain** 我希望明天能见到您 [wǒ xīwàng míngtiān néng jiàndào nín] ❷ (exprimer un vœu) 祝愿 [zhùyuàn] ▸ **je te souhaite un joyeux anniversaire** 我祝愿你生日快乐 [wǒ zhùyuàn nǐ shēngri kuàilè] ▸ **je te souhaite de réussir dans la vie** 我祝愿你生活美满 [wǒ zhùyuàn nǐ shēnghuó měimǎn].

soûl, e, saoul, e adj *fam* (喝)醉的 [(hē) zuì de].

soulager vt ❶ (calmer) 减轻 [jiǎnqīng] ▸ **soulager la douleur** 减轻痛苦 [jiǎnqīng tòngkǔ] ❷ (alléger moralement) 宽慰 [kuānwèi] ▸ **je suis soulagé de savoir que tu vas mieux** 知道你现在好了，我感到很宽慰 [zhīdào nǐ xiànzài hǎo le, wǒ gǎndào hěn kuānwèi].

soûler, saouler vt ❶ *fam* (enivrer) 灌醉 [guànzuì] ❷ *fig & péj* (agacer) 使……头晕 [shǐ … tóuyūn].

▪ **se soûler** vp *fam* 喝醉 [hēzuì] ▸ **il s'est soûlé à la soirée** 他在晚会上喝得大醉 [tā zài wǎnhuì shàng hēde dà zuì].

soulèvement nm ❶ (fait de soulever) 起 [qǐ] ▸ **le soulèvement des flots** 起浪 [qǐ làng] ❷ (révolte) ○ (cl. 次 [cì] ou 场 [chǎng]) 起义 [qǐyì] ▸ **un soulèvement populaire** 一场人民起义 [yì chǎng rénmín qǐyì].

soulever vt ❶ (élever) 掀起 [xiānqǐ] ▸ **soulever le capot de la voiture** 掀起汽车的发动机盖 [xiānqǐ qìchē de fādòngjī gài] ❷ (provoquer) 引起 [yǐnqǐ] ▸ **son refus a soulevé des problèmes** 他的拒绝引起了一些问题 [tāde jùjué yǐnqǐ le yìxiē wèntí].

▪ **se soulever** vp ❶ (s'élever) 站起 [zhànqǐ] ❷ (se révolter) 暴动 [bàodòng].

souligner vt ❶ (par un trait) 在……划线 [zài … huàxiàn] ▸ **souligner les mots importants dans un texte** 在一篇文章的重点词下划线 [zài yì piān wénzhāng de zhòngdiǎn cí xià huàxiàn] ❷ (mettre l'accent sur) 强调 [qiángdiào].

soumettre vt ❶ (dominer, vaincre) 制服 [zhìfú] ▸ **soumettre l'ennemi** 制服敌人 [zhìfú dírén] ❷ (proposer) 提交 [tíjiāo] ▸ **soumettre qqch à qqn** 向某人提交什么 [xiàng mǒurén tíjiāo shénme] ▸ **soumettre un projet** 提交一项计划 [tíjiāo yí xiàng jìhuà] ▸ **je lui soumettrai votre demande** 我向他呈报您的要求 [wǒ xiàng tā chéngbào nín de yāoqiú] ❸ (faire subir) 使……经受 [shǐ… jīngshòu] ▸ **soumettre un candidat à une épreuve** 让一个申请者经受一项考验 [ràng yí ge shēnqǐngzhě jīngshòu yí xiàng kǎoyàn].

▪ **se soumettre** vp ❶ (céder) 屈服 [qūfú] ▸ **les insurgés se sont soumis** 暴动者们屈服了 [bàodòngzhěmen qūfú le] ❷ (obéir) 服从 [fúcóng] ▸ **se soumettre à** 服从…… [fúcóng…] ▸ **se soumettre à la décision de qqn** 服从某人的决定 [fú cóng mǒurén de juédìng].

soumis, e adj 听话的 [tīnghuà de] ▸ **des enfants soumis** 一些听话的孩子 [yìxiē tīnghuà de háizi].

soumission nf 屈从 [qūcóng] ▸ **la soumission d'un peuple à son envahisseur** 一个民族对于它的侵略者的屈从 [yí ge mínzú duìyú tāde qīnlüèzhě de qūcóng].

soupçon nm ❶ (suspicion) 怀疑 [huáiyí] ▸ **de graves soupçons pèsent sur lui** 他受到严重的怀疑 [tā shòudào yánzhòng de huáiyí] ▸ **avoir des soupçons sur qqn** 对某人有些怀疑 [duì mǒurén yǒuxiē huáiyí] ▸ **être au-dessus ou à l'abri de tout soupçon** 无可怀疑 [wúkě huáiyí] ❷ (très faible quantité) 少许 [shǎoxǔ] ▸ **ajoutez un soupçon de cannelle** 加少许肉桂 [jiā shǎoxǔ ròuguì].

soupçonner vt ❶ (suspecter) 怀疑 [huáiyí] ▸ **il est soupçonné de meurtre** 他被怀疑杀了人 [tā bèi huáiyí shā le rén] ▸ **on le soupçonne d'avoir détourné un million d'euros** 他被怀疑侵吞了一百万欧元 [tā bèi huáiyí qīntūn le yìbǎi wàn ōuyuán] ❷ (pressentir) 揣测 [chuǎicè].

soupe nf 汤 [tāng] ▸ **une soupe de légumes** 一个蔬菜汤 [yí ge shūcài tāng] ▸ **manger de la soupe** 喝汤 [hē tāng].

souper ♦ nm 夜宵 [yèxiāo]. ♦ vi 吃夜宵 [chīyèxiāo].

soupeser vt 掂量 [diānliang].

soupière nf (cl. 只 [zhī] ou 个 [gè]) (带盖的)大汤碗 [(dài gài de) dàtāngwǎn].

soupir nm (cl. 声 [shēng]) 叹气 [tànqì] ▸ **pousser des soupirs** 发出叹气声 [fāchū tànqìshēng] ▸ **rendre le dernier soupir** 咽气 [yànqì].

soupirail, aux nm (cl. 扇 [shàn] ou 个 [gè]) (地下室的)通气窗 [(dìxiàshì de) tōngqì chuāng].

soupirant nm *sout* (cl. 名 [míng] ou 个 [gè]) 追求者 [zhuīqiúzhě].

soupirer vi 叹气 [tànqì].

souple adj ❶ (agile) (肢体)柔软的 [(zhītǐ) róuruǎn de] ❷ (flexible) 软的 [ruǎn de] ▸ **ce livre a une couverture souple** 这本书的封皮是软的 [zhè běn shū de fēngpí shì ruǎn de] ❸ (conciliant) 好说话的 [hǎoshuōhuà de] ▸ **le chef de service est assez souple** 部门的头挺好说话的 [bùmén de tóu tǐng hǎoshuōhuà de].

souplesse nf ❶ (agilité) 柔韧性 [róurèn xìng] ❷ (capacité à s'adapter) 灵活性 [línghuóxìng].

source nf ❶ (d'eau) 源泉 [yuánquán] ▸ **eau de source** 泉水 [quánshuǐ] ▸ **la Seine prend sa source dans l'Est de la France** 塞纳河的源泉在法国的东部 [Sàinàhé de yuánquán zài Fǎguó de dōngbù] ❷ (cause) 源泉 [yuánquán] ▸ **une source de plaisir** 一个快乐的源泉 [yí ge kuàilè de yuánquán] ❸ (origine) 来源 [láiyuán] ▸ **citer ses sources** 列举消息来源 [lièjǔ xiāoxi láiyuán] ▸ **de source sûre** 确切的消息来源 [quèqiè de xiāoxi láiyuán] ❹ *fig* (foyer) 源 [yuán] ▸ **une source de chaleur** 一处热源 [yí chù rèyuán] ▸ **une source de lumière** 一处光源 [yí chù guāngyuán].

sourcil nm (cl. 条 [tiáo] ou 道 [dào]) 眉毛 [méimao] ▸ **froncer les sourcils** 皱眉头 [zhòu méitou].

sourciller vi 皱眉 [zhòuméi] ▸ **il n'a pas sourcillé quand ils l'ont insulté** 他们辱骂他

时，他面无表情 [tāmen rǔmà tā shí, tā miàn wú biǎoqíng].

sourd, e ♦ adj 聋的 [lóng de] ▸ **il est sourd de naissance** 他天生就是聋子 [tā tiānshēng jiùshì lóngzi] ▸ **il devient sourd en vieillissant** 老了，他的耳朵也聋了 [lǎo le, tāde ěrduo yě lóng le]. ♦ nm, f 聋子 [lóngzi].

sourd-muet ♦ adj 聋哑的 [lóngyǎ de]. ♦ nm, f (cl. 名 [míng] ou 个 [gè] ou 位 [wèi]) 聋哑人 [lóngyǎrén].

souriant, e adj 微笑的 [wēixiào de] ▸ **elle est toujours très souriante** 她总是微笑着 [tā zǒngshì wēixiàozhe].

sourire ♦ vi 微笑 [wēixiào]. ♦ nm 微笑 [wēixiào] ▸ **avoir le sourire** 微笑 [wēixiào] ▸ **faire un sourire à qqn** 对某人微笑 [duì mǒurén wēixiào].

souris nf ❶ (animal) ○ (cl. 只 [zhī]) 老鼠 [láoshǔ] ❷ INFORM 鼠标 [shǔbiāo] ▸ **une souris sans fil** 无线鼠标 [wúxiàn shǔbiāo].

sournois, e adj 奸诈的 [jiānzhà de] ▸ **il a un regard sournois** 他有着奸诈的眼神 [tā yǒuzhe jiānzhà de yǎnshén].

sous prép ❶ (dessous, marque la soumission ou une dépendance) 下 [xià] ▸ **il s'est caché sous la table** 他藏在了桌子底下 [tā cáng zài le zhuōzi dǐxia] ▸ **elle a une vingtaine de personnes sous ses ordres** 她的手下有二十多人 [tāde shǒuxià yǒu èrshí duō rén] ▸ **parler sous la torture** 在拷打下作供 [zài kǎodǎ xià zuògòng] ▸ **sous hypnose** 在催眠术下 [zài cuīmiánshù xià] ❷ (derrière) 后 [hòu] ▸ **sous son air calme, c'est un grand nerveux** 在平静的样子后面，他实际上是个很神经质的人 [zài píngjìng de yàngzi hòumian, tā shíjìshàng shì ge hěn shénjīngzhì de rén] ❸ (à l'époque de) 在……时 [zài… shí] ▸ **sous la dynastie Ming…** 在明朝…… [zài Míngcháo…] ❹ (dans un délai de) 在……之内 [zài… zhīnèi] ▸ **sous huit jours** 在八天之内 [zài bā tiān zhīnèi] ❺ (marque la manière) 以……(的方式) [yǐ… (de fāngshì)] ▸ **être libéré sous caution** 以交保的方式被释放 [yǐ jiāobǎo de fāngshì bèi shìfàng] ▸ **se présenter sous un faux nom** 以假名作自我介绍 [yǐ jiǎmíng zuò zìwǒ jièshào].

sous-alimenté, e adj 营养不良的 [yíngyǎng bùliáng de].

souscription nf ❶ (engagement) 预定 [yùdìng] ▸ **vendu par souscription** 通过预定出售的 [tōngguò yùdìng chūshòu de] ❷ (somme d'argent) ○ (cl. 笔 [bǐ]) 订金 [dìngjīn] ▸ **envoyer une souscription de 300 euros** 寄出一笔300欧元的订金 [jìchū yì bǐ 300 ōuyuán de dìngjīn].

souscrire vt (contracter) 签署 [qiānshǔ] ▸ **souscrire un abonnement** 签署一份定约 [qiānshǔ yí fèn dìngyuē] ▸ **souscrire un emprunt** 签署一份借据 [qiānshǔ yí fèn jièjù].

■ **souscrire à** vi (s'abonner à) 预定 [yùdìng] ▸ **souscrire à une revue** 订阅一份杂志 [dìngyuè yí fèn zázhì].

sous-développé, e adj 不发达的 [bùfādá de] ▸ **les pays sous-développés** 所有不发达国家 [suóyǒu bùfādá guójiā].

sous-directeur, trice nm, f (cl. 名 [míng] ou 个 [gè] ou 位 [wèi]) 副经理 [fù jīnglǐ].

sous-entendre vt 暗示 [ànshì] ▸ **qu'est-ce que vous sous-entendez par là ?** 您通过这个在暗示什么？ [nín tōngguò zhè ge zài ànshì shénme?].

sous-entendu nm 言外之意 [yánwài zhī yì].

sous-estimer vt 低估 [dīgū] ▸ **il sous-estime les compétences de ses collaborateurs** 他低估了合作伙伴的能力 [tā dīgū le hézuò huǒbàn de nénglì].

sous-louer vt 转租 [zhuǎnzū] ▸ **elle sous-loue son appartement à un étudiant étranger** 她将她的公寓转租给了一个留学生 [tā jiāng tāde gōngyù zhuǎnzū gěi le yí ge liúxuéshēng].

sous-marin, e adj 水下的 [shuǐ xià de] ▸ **les fonds sous-marins** 海底 [hǎi dǐ] ▸ **la plongée sous-marine** 潜水 [qián shuǐ].

■ **sous-marin** nm 潜水艇 [qiánshuǐtǐng].

sous-préfecture nf ❶ (subdivision territoriale) 专区 [zhuānqū] ❷ (ensemble de services) 专区政府 [zhuānqū zhèngfǔ].

soussigné, e ♦ adj DR 签字于下的 [qiānzì yú xià de] ▸ **'je soussignée, Nicole Martel,**

déclare que...' 具名人，尼克拉·马尔泰尔证明...... [jùmíng rén, Níkèlā Mǎ'ěrtài'ěr, zhèngmíng...] ▸ les témoins soussignés 签字于下的证人 [qiānzì yú xià de zhèngrén]. ♦ nm, f 签字人 [qiānzìrén].

sous-sol nm ❶ (naturel) 地下 [dìxià] ▸ exploiter les richesses du sous-sol 开采丰富的地下资源 [kāicǎi fēngfù de dìxià zīyuán] ❷ (de bâtiment) ○ (cl. 间 [jiān]) 地下室 [dìxiàshì] ▸ le sous-sol d'une maison 住宅的地下室 [zhùzhái de dìxiàshì].

sous-titre nm 字幕 [zìmù] ▸ les sous-titres sont écrits en blanc 字幕呈白色 [zìmù chéng báisè].

soustraction nf MATH 减法 [jiǎnfǎ] ▸ faire une soustraction 做一次减法 [zuò yí cì jiǎnfǎ].

soustraire vt MATH 减去 [jiǎnqù] ▸ soustraire 10 de 30 从30中减去10 [cóng 30 zhōng jiǎnqù 10].

▪ **se soustraire à** vp+prép (échapper à) 逃避 [táobì] ▸ il a réussi à se soustraire à sa punition 他得以逃避惩罚 [tā déyǐ táobì chéngfá].

sous-traitant, e adj 分包的 [fēnbāo de] ▸ une entreprise sous-traitante 分包企业 [fēnbāo qǐyè].

▪ **sous-traitant** nm (cl. 名 [míng] OU 个 [gè]) 分包人 [fēnbāo rén] ▸ faire appel à un sous-traitant 招一名分包商 [zhāo yì míng fēnbāo shāng].

sous-verre nm inv ❶ (protection) 杯子垫 [bēizi diàn] ▸ mettre des sous-verre sur la table 在桌子上放些杯子垫 [zài zhuōzi shàng fàng xiē bēizi diàn] ❷ (gravure, photo) ○ (cl. 副 [fù]) 镜框 [jìngkuàng].

sous-vêtement nm (cl. 件 [jiàn]) 内衣 [nèiyī] ▸ sous-vêtements féminins 女式内衣 [nǚ shì nèiyī] ▸ sous-vêtements masculins 男式内衣 [nánshì nèiyī] ▸ sous-vêtements en dentelle 有花边的内衣 [yǒu huābiān de nèiyī].

soute nf ▸ soute à bagages 行李仓 [xíngli cāng] ▸ la soute d'un bateau 船舱 [chuán cāng].

soutenance nf UNIV (cl. 次 [cì] OU 场 [chǎng]) 答辩 [dábiàn] ▸ assister à une soutenance de thèse 参加一次论文答辩 [cānjiā yí cì lùnwén dábiàn].

soutenir vt ❶ (porter) 支撑 [zhīchēng] ▸ les fondations soutiennent l'immeuble 地基支撑着建筑物 [dìjī zhīchēngzhe jiànzhùwù] ❷ (aider à se tenir debout) 扶住 [fúzhù] ▸ elle s'est évanouie, j'ai dû la soutenir 她昏倒了，我只好扶着她 [tā hūndǎo le, wǒ zhíhǎo fúzhe tā] ❸ (réconforter, aider) 援助 [yuánzhù] ▸ il m'a beaucoup soutenu pendant ma maladie 在我生病的时候，他常帮我 [zài wǒ shēngbìng de shíhou, tā cháng bāng wǒ] ❹ (encourager) 支持 [zhīchí] ▸ soutenir une équipe de football 支持一支足球队 [zhīchí yì zhī zúqiúduì] ▸ soutenir un candidat aux élections 支持一名候选人 [zhīchí yì míng hòuxuǎnrén] ❺ (affirmer) 断定 [duàndìng] ▸ il soutient que je mens ! 他断定我在说谎！ [tā duàndìng wǒ zài shuōhuǎng!] ❻ UNIV 答辩 [dábiàn] ▸ soutenir une thèse 进行论文答辩 [jìnxíng lùnwén dábiàn].

souterrain, e adj (sous terre) 地下的 [dìxia de] ▸ un passage souterrain 地下通道 [dìxia tōngdào].

▪ **souterrain** nm (cl. 条 [tiáo]) 地道 [dìdào] ▸ emprunter un souterrain 走一条地道 [zǒu yì tiáo dìdào].

soutien nm ❶ (appui) 支持 [zhīchí] ▸ je vous remercie pour votre soutien 我感谢您对我的支持 [wǒ gǎnxiè nín duì wǒde zhīchí] ▸ apporter son soutien à... 支持...... [zhīchí...] ❷ (aide) 支柱 [zhīzhù] ▸ elle n'a d'autre soutien que son fils 她只有儿子作为支柱 [tā zhíyǒu érzi zuòwéi zhīzhù] ▸ soutien financier 经济支持 [jīngjì zhīchí] ▸ soutien scolaire 补习课 [bǔxí kè].

soutien-gorge nm (cl. 件 [jiàn]) 胸罩 [xiōngzhào].

soutirer vt ❶ (extorquer) 骗取 [piànqǔ] ▸ soutirer de l'argent à ses parents 骗取他父母的钱 [piànqǔ tā fùmǔ de qián] ▸ soutirer des informations à un témoin 从一名目击者口中套出情报 [cóng yì míng mùjīzhě kǒuzhōng tàochū qíngbào] ❷ (transvaser) 滗清 [bìqīng] ▸ soutirer du vin 滗清葡萄酒 [bìqīng pútaojiǔ].

souvenir[1] nm ❶ (réminiscence) 回忆 [huíyì] ▸ souvenir d'enfance 童年的回忆 [tóngnián de huíyì] ▸ souvenir de vacances 假期的回

忆 [jiàqī de huíyì] ▸ **garder un bon souvenir de qqch** 对某事留有美好的回忆 [duì mǒushì liúyǒu méihǎo de huíyì] ▸ **en souvenir (de...)** 为了纪念(......) [wèi le jìniàn (...)] ▸ **elle garde ce foulard en souvenir (de moi)** 她保存着这条围巾是为了纪念(我) [tā bǎocúnzhe zhè tiáo wéijīn shì wèi le jìniàn (wǒ)] ❷ (objet) 纪念品 [jìniànpǐn] ▸ **une boutique de souvenirs** 纪念品商店 [jìniànpǐn shāngdiàn].

souvenir[2] ▪ **se souvenir de** vp+prép (ne pas oublier) 记得 [jìde] ▸ **je ne me souviens pas de son adresse** 我不记得他的地址了 [wǒ bú jìde tāde dìzhǐ le] ▸ **je me souviens très bien de ton frère** 我还清楚地记得你兄弟 [wǒ hái qīngchǔ de jìde nǐ xiōngdi] ▸ **je me souviens que c'était en été** 我记得那是在一个夏天 [wǒ jìde nà shì zài yí ge xiàtiān].

souvent adv ❶ (fréquemment) 经常 [jīngcháng] ▸ **il va souvent au travail à vélo** 他经常骑自行车上班 [tā jīngcháng qí zìxíngchē shàngbān] ▸ **je la croise très souvent ici** 我常常在这儿碰到他 [wǒ chángcháng zài zhèr pèngdào tā] ❷ (généralement) 通常 [tōngcháng] ▸ **c'est souvent la remarque que l'on me fait** 这通常是别人对我的评语 [zhè tōngcháng shì biéren duì wǒde píngyǔ] ▸ **le plus souvent** 更多的时候 [gèng duō de shíhou].

souverain, e ♦ adj 至上的 [zhìshàng de] ▸ **dans les démocraties, le peuple est souverain** 在民主制度下，人民至上 [zài mínzhǔ zhìdù xià, rénmín zhìshàng] ▸ **un État souverain** 一个主权国家 [yí ge zhǔquán guójiā]. ♦ nm, f (monarque) ○ (cl. 位 [wèi] ou 个 [gè]) 君主 [jūnzhǔ] ▸ **les Anglais respectent leur souveraine** 英国人很尊敬他们的英国女王 [Yīngguórén hěn zūnjìng tāmende Yīngguó nǚwáng].

soviétique adj 苏维埃的 [sūwéi'āi de] ▸ **l'ex-Union soviétique** 前苏联 [qián Sūlián].

spacieux, euse adj 宽敞的 [kuānchang de] ▸ **un appartement spacieux** 一套宽敞的公寓 [yí tào kuānchang de gōngyù] ▸ **une salle spacieuse** 一间宽敞的大厅 [yì jiān kuānchang de dàtīng].

sparadrap nm (cl. 贴 [tiē]) 橡皮膏 [xiàngpígāo] ▸ **mettre du sparadrap** 用橡皮膏 [yòng xiàngpígāo].

spasme nm MÉD 痉挛 [jìngluán] ▸ **avoir des spasmes** 痉挛 [jìngluán].

spatial, e, aux adj 太空的 [tàikōng de] ▸ **la conquête spatiale** 对太空的征服 [duì tàikōng de zhēngfú] ▸ **une navette spatiale** 太空飞船 [tàikōng fēichuán].

spatule nf ❶ (outil) ○ (cl. 把 [bǎ]) 抹刀 [mǒdāo] ▸ **étaler une pâte à l'aide d'une spatule** 用抹刀涂酱 [yòng mǒdāo tú jiàng] ❷ SPORT 翘角 [qiàojiǎo] ▸ **la spatule d'un ski** 滑雪板翘角 [huáxuěbǎn qiàojiǎo].

spécial, e, aux adj ❶ (particulier) 专用的 [zhuānyòng de] ▸ **des aménagements spéciaux pour les handicapés** 残疾人专用的设施 [cánjírén zhuānyòng de shèshī] ❷ (exceptionnel) 特别的 [tèbié de] ▸ **une édition spéciale** 特别版 [tèbié bǎn] ❸ (étrange) 特别的 [tèbié de] ▸ **c'est quelqu'un d'un peu spécial** 这是个有点特别的人 [zhè shì ge yǒu diǎn tèbié de rén] ▸ **il a des goûts spéciaux** 他有一些特别的爱好 [tā yǒu yìxiē tèbié de àihào].

spécialement adv ❶ (exprès) 特地 [tèdì] ▸ **j'ai fait ce gâteau spécialement pour toi** 我特地为你制作了这个蛋糕 [wǒ tèdì wèi nǐ zhìzuò le zhè ge dàngāo] ❷ (spécifiquement) 专门 [zhuānmén] ▸ **nous nous sommes préparés spécialement pour cette course** 为了这次比赛，我们进行了专门的准备 [wèi le zhè cì bǐsài, wǒ men jìnxíng le zhuānmén de zhǔnbèi] ❸ (particulièrement) 特别 [tèbié] ▸ **je n'ai pas spécialement envie d'y aller** 我不是特别想去 [wǒ bú shì tèbié xiǎng qù].

spécialiser ▪ **se spécialiser** vp 专门从事 [zhuānmén cóngshì] ▸ **il faut se spécialiser pour trouver un travail intéressant** 为了找到一份好的工作，应该学一项专门的技术 [wèi le zhǎodào yí fèn hǎo de gōngzuò, yīnggāi xué yí xiàng zhuānmén de jìshù] ▸ **il s'est spécialisé dans la robotique** 他是专门从事机器人技术研究的 [tā shì zhuānmén cóngshì jīqìrén jìshù yánjiū de].

spécialiste nmf ❶ (expert) 专家 [zhuānjiā] ▸ **faire appel à un spécialiste** 招一名专家 [zhāo yì míng zhuānjiā] ❷ (médecin) 专科医生

[zhuānkē yīshēng] ▸ **consulter un spécialiste** 去看一个专科医生 [qù kàn yí ge zhuānkē yīshēng].

spécialité nf ❶ (domaine) 专业 [zhuānyè] ▸ **la neurologie est une spécialité de la médecine** 神经学是医学的一个专业 [shénjīngxué shì yīxué de yí ge zhuānyè] ▸ **l'informatique est sa spécialité** 他的专业是计算机 [tāde zhuānyè shì jìsuànjī] ❷ CULIN 特色菜 [tèsècài] ▸ **goûter les spécialités d'une région** 尝一个地区的特色菜 [cháng yí ge dìqū de tèsècài].

spécifique adj 独特的 [dútè de].

spécimen nm ❶ (représentant) 样本 [yàngběn] ▸ **le dernier spécimen d'une espèce** 一个物种的最后的样本 [yí ge wùzhǒng de zuìhòu de yàngběn] ❷ (exemplaire, échantillon) 样品 [yàngpǐn] ▸ **spécimen d'un produit cosmétique** 化妆品的样品 [huàzhuāng pǐn de yàngpǐn] ▸ **spécimen d'un quotidien** 一份日报的大样 [yí fèn rìbào de dàyàng].

spectacle nm ❶ (représentation) ○ (cl. 场 [chǎng] ou 出 [chū]) 表演 [biáoyǎn] ▸ **un spectacle de marionnettes** 木偶戏 [mù'ǒu xì] ▸ **aller voir un spectacle** 去看一场表演 [qù kàn yì chǎng biáoyǎn] ▸ **monter un spectacle** 准备一台节目 [zhǔnbèi yì tái jiémù] ❷ (tableau) 景象 [jǐngxiàng] ▸ **leur appartement saccagé offrait un triste spectacle** 他们被洗劫的公寓呈现出一片凄凉的景象 [tāmen bèi xǐjié de gōngyù chéngxiàn chū yí piàn qīliáng de jǐngxiàng]
◊ **se donner en spectacle** 招摇 [zhāoyáo].

spectaculaire adj 惊人的 [jīngrén de] ▸ **faire un saut spectaculaire** 做惊人的一跳 [zuò jīngrén de yí tiào] ▸ **faire des progrès spectaculaires** 取得了引人注目的进步 [qǔdé le yǐnrén zhùmù de jìnbù] ▸ **ce match était spectaculaire** 那场比赛十分引人入胜 [nà chǎng bǐsài shífēn yǐnrén rùshèng].

spectateur, trice nm, f ❶ (d'un spectacle) ○ (cl. 名 [míng] ou 个 [gè] ou 位 [wèi]) 观众 [guānzhòng] ❷ (témoin) ○ (cl. 位 [wèi] ou 个 [gè]) 目击者 [mùjīzhě].

spéculation nf (商业或金融)投机活动 [(shāngyè huò jīnróng) tóujī huódòng] ▸ **ses spéculations l'ont enrichi** 他的投机活动使他致富 [tāde tóujī huódòng shǐ tā zhìfù].

spéculer vi 进行投机买卖 [jìnxíng tóujī mǎimài] ▸ **spéculer à la ou en Bourse** 在证券市场上进行投机买卖 [zài zhèngquàn shìchǎng shàng jìnxíng tóujī mǎimài].

spermatozoïde nm 精子 [jīngzǐ].

sperme nm 精液 [jīngyè].

spermicide nm 杀精剂 [shājīngjì].

sphère nf ❶ (boule) 球 [qiú] ▸ **la Terre a la forme d'une sphère** 地球是个球体 [Dìqiú shì ge qiútǐ] ▸ **calculer le volume d'une sphère** 计算一个球的体积 [jìsuàn yí ge qiú de tǐjī] ❷ (domaine) 领域 [lǐngyù] ▸ **la sphère de la vie mondaine** 社交生活领域 [shèjiāo shēnghuó lǐngyù] ▸ **les hautes sphères de la politique** 政界上层 [zhèngjiè shàng céng].

spirale nf 螺旋形 [luóxuánxíng] ▸ **un cahier à spirales** 活页笔记本 [huóyè bǐjìběn] ▸ **un escalier en spirale** 螺旋形楼梯 [luóxuánxíng lóutī].

spirituel, elle adj ❶ (vif d'esprit) 机智的 [jīzhì de] ▸ **un homme spirituel** 一个机智的人 [yí ge jīzhì de rén] ▸ **une remarque spirituelle** 一句机智的评注 [yí jù jīzhì de píngzhù] ❷ (de l'esprit) 精神的 [jīngshén de] ▸ **la vie spirituelle** 精神生活 [jīngshén shēnghuó].

splendide adj 辉煌的 [huīhuáng de] ▸ **une femme splendide** 一位光彩夺目的女士 [yí wèi guāngcǎi duómù de nǚshì] ▸ **un panorama splendide** 一个壮丽的景色 [yí ge zhuànglì de jǐngsè] ▸ **un temps splendide** 一个辉煌的时代 [yí ge huīhuáng de shídài].

sponsor nm (cl. 名 [míng] ou 个 [gè] ou 位 [wèi]) 赞助者 [zànzhùzhě].

sponsoriser vt 赞助 [zànzhù] ▸ **sponsoriser un programme télévisé** 赞助一台电视节目 [zànzhù yì tái diànshì jiémù].

spontané, e adj ❶ (instinctif) 本能的 [běnnéng de] ▸ **une réponse spontanée** 一个本能的回答 [yí ge běnnéng de huídá] ❷ (direct, franc) 直率的 [zhíshuài de].

spontanéité nf 自发性 [zìfāxìng] ▸ **manquer de spontanéité** 缺乏自发性 [quēfá zìfāxìng] ▸ **répondre avec spontanéité** 不加思索地回答 [bù jiā sīsuǒ de huídá].

sport nm ❶ (exercice physique) ○ (cl. 项 [xiàng]) (体育)运动 [(tǐyù) yùndòng] ▸ **faire du sport** 做(体育)运动 [zuò (tǐyù) yùndòng] ▸ **une tenue de sport** 运动服 [yùndòng fú] ▸ **une salle de sport** 健身房 [jiànshēn fáng] ❷ (discipline) 运动项目 [yùndòng xiàngmù] ▸ **pratiquer un sport** 进行一项体育运动 [jìnxíng yí xiàng tǐyù yùndòng] ▸ **un sport de combat** 搏击运动 [bójī yùndòng] ▸ **un sport d'équipe** 团队项目 [tuánduì xiàngmù] ▸ **les sports d'hiver** 冬季运动项目 [dōngjì yùndòng xiàngmù] ▸ **un sport individuel** 个人运动项目 [gèrén yùndòng xiàngmù] ▸ **un sport nautique** 水上运动 [shuǐshàng yùndòng].

sportif, ive ♦ adj ❶ (qui fait du sport) 爱运动的 [ài yùndòng de] ▸ **je ne suis pas très sportive** 我不很爱运动 [wǒ bù hěn ài yùndòng] ❷ (qui concerne le sport) 体育的 [tǐyù de] ▸ **une activité sportive** 一项体育活动 [yí xiàng tǐyù huódòng] ▸ **un événement sportif** 一个体育事件 [yí ge tǐyù shìjiàn] ▸ **un journaliste sportif** 一名体育记者 [yì míng tǐyù jìzhě]. ♦ nm, f (cl. 名 [míng] ou 个 [gè] ou 位 [wèi]) 运动员 [yùndòngyuán] ▸ **un sportif de haut niveau** 一位高水平的运动员 [yí wèi gāoshuǐpíng de yùndòngyuán].

spot nm ❶ (lampe) ○ (cl. 盏 [zhǎn] ou 个 [gè]) 聚光灯 [jùguāngdēng] ▸ **mettre des spots dans une pièce** 在一间房间装聚光灯 [zài yì jiān fángjiān zhuāng jùguāngdēng] ❷ (message publicitaire) ▸ **un spot publicitaire** (cl. 条 [tiáo]) 广告短片 [guǎnggào duǎnpiàn].

square nm (cl. 座 [zuò] ou 个 [gè]) 小公园 [xiǎogōngyuán].

squash nm 壁球 [bìqiú] ▸ **faire du squash** 打壁球 [dǎ bìqiú].

squatter ♦ vi 擅自占用 [shànzì zhànyòng] ▸ **des sans-papiers squattent cet appartement** 一些无身份证件的人擅自占用了这套公寓 [yìxiē wú shēnfen zhèngjiàn de rén shànzì zhànyòng le zhè tào gōngyù]. ♦ nm 擅自占住空房的人 [shànzì zhàn zhù kōngfáng de rén] ▸ **l'immeuble est occupé par des squatters** 大楼被一些人擅自占住了 [dàlóu bèi yìxiē rén shànzì zhàn zhù le].

squelette nm ❶ (d'un homme) ○ (cl. 副 [fù] ou 具 [jù]) 骨骼 [gǔgé] ❷ (d'un animal) ○ (cl. 副 [fù] ou 具 [jù]) 骨架 [gǔjià].

squelettique adj 骨瘦如柴的 [gǔshòu-rúchái de] ▸ **il a des jambes squelettiques** 他的双腿骨瘦如柴 [tāde shuāng tuǐ gǔshòurúchái].

Sri Lanka nm ▸ **le Sri Lanka** 斯里兰卡 [Sīlǐ-lánkǎ].

St abr écrite de **saint**

stabiliser vt 稳定 [wěndìng] ▸ **stabiliser une situation** 稳定一个局势 [wěndìng yí ge júshì].

▪ **se stabiliser** vp (被)稳定 [(bèi) wěndìng] ▸ **les prix se sont stabilisés en juin** 物价在六月份的时候稳定下来了 [wùjià zài liùyuèfèn de shíhou wěndìng xiàlai le].

stabilité nf ❶ (aplomb) 稳定性 [wěndìngxìng] ▸ **la stabilité d'un échafaudage** 脚手架的稳定性 [jiáoshǒujià de wěndìngxìng] ❷ (continuité, équilibre) 稳定 [wěndìng] ▸ **la stabilité d'une monnaie** 货币的稳定 [huòbì de wěndìng] ▸ **la stabilité d'un gouvernement** 政府的稳固 [zhèngfǔ de wěngù] ▸ **il manque de stabilité sur le plan professionnel** 他在工作方面不稳定 [tā zài gōngzuò fāngmiàn bù wěndìng].

stable adj ❶ (d'aplomb, durable, constant) 稳定的 [wěndìng de] ▸ **le piédestal de la statue est stable** 这座雕像的底座稳定 [zhè zuò diāoxiàng de dǐzuò wěndìng] ▸ **un gouvernement stable** 稳定的政府 [wěndìng de zhèngfǔ] ▸ **une monnaie stable** 稳定的货币 [wěndìng de huòbì] ❷ (équilibré) 稳重的 [wěnzhòng de] ▸ **ce n'est pas quelqu'un de très stable** 这个人不是很稳重 [zhè ge rén bú shì hěn wěnzhòng].

stade nm ❶ (terrain) 体育场 [tǐyùchǎng] ❷ (étape) 阶段 [jiēduàn] ▸ **tu es à quel stade de tes études ?** 你的学习到哪一个阶段了？ [nǐde xuéxí dào nǎ yí ge jiēduàn le?] ▸ **à ce stade, je ne peux plus rien faire** 到这个阶段了，我再不能无动于衷了 [dào zhè ge jiēduàn le, wǒ zài bù néng wúdòng yú zhōng le].

stage nm 实习 [shíxí] ▸ **faire un stage en entreprise** 在公司实习 [zài gōngsī shíxí]

▸ **suivre un stage d'informatique** 参加电脑培训 [cānjiā diànnǎo péixùn].

stagiaire adj (cl. 名 [míng] ou 个 [gè] ou 位 [wèi]) 实习生 [shíxíshēng] ▸ **il est stagiaire dans une maison d'édition** 他是一个出版社的实习生 [tā shì yí ge chūbǎnshè de shíxíshēng] ▸ **un avocat stagiaire** 一名见习律师 [yì míng jiànxí lǜshī].

stagner vi ❶ (croupir) 静止 [jìngzhǐ] ▸ **l'eau stagne au fond du puits** 水静止在井底 [shuǐ jìngzhǐ zài jǐng dǐ] ❷ *fig* (rester inerte) 萧条 [xiāotiáo] ▸ **cette industrie stagne** 这一行业萧条 [zhè yì hángyè xiāotiáo] ▸ **je stagne** 我一蹶不振 [wǒ yìjuébúzhèn].

stand nm ❶ (d'exposition) 展台 [zhǎntái] ▸ **tenir un stand** 负责一个展台 [fùzé yí ge zhǎntái] ❷ (de fête) 摊位 [tānwèi]
◊ **stand de tir** 射击场 [shèjī chǎng].

standard ♦ adj inv (normalisé) 标准 [biāozhǔn] ▸ **une taille standard** 标准尺寸 [biāozhǔn chǐcùn]. ♦ nm TÉLÉCOM (电话)总机 [(diànhuà) zǒngjī] ▸ **le standard est saturé** 总机爆满了 [zǒngjī bàomǎn le].

standardiste nmf TÉLÉCOM 接线员 [jiēxiànyuán].

star nf 明星 [míngxīng] ▸ **une star internationale** 国际明星 [guójì míngxīng] ▸ **une star du football** 足球明星 [zúqiú míngxīng].

station nf ❶ (arrêt) 站 [zhàn] ▸ **une station de bus** 汽车站 [qìchē zhàn] ▸ **une station de métro** 地铁站 [dìtiě zhàn] ❷ (lieu de séjour) 场 [chǎng]; 地 [dì] ▸ **une station de sports d'hiver** 冬季运动场 [dōngjì yùndòng chǎng] ▸ **une station thermale** 温泉疗养地 [wēnquán liáoyǎng dì] ❸ RADIO 电台 [diàntái] ▸ **tu veux écouter quelle station ?** 你想听哪个台？ [nǐ xiǎng tīng nǎge tái?].

stationnaire adj 稳定的 [wěndìng de] ▸ **l'état du blessé est stationnaire** 伤员的状况稳定了 [shāngyuán de zhuàngkuàng wěndìng le].

stationnement nm 停车 [tíngchē] ▸ **stationnement interdit** 禁止停车 [jìnzhǐ tíngchē] ▸ **stationnement payant** 收费停车 [shōufèi tíngchē].

stationner vi 停车 [tíngchē] ▸ **il est interdit de stationner sur le passage pour piétons** 禁止在人行横道停车 [jìnzhǐ zài rénxíng héngdào tíngchē].

station-service nf 加油站 [jiāyóuzhàn].

statistique nf 统计 [tǒngjì] ▸ **les statistiques du chômage** 失业率统计 [shīyèlǜ tǒngjì] ▸ **faire des statistiques** 作统计 [zuò tǒngjì].

statue nf (cl. 尊 [zūn]) 塑像 [sùxiàng] ▸ **une statue de bronze** 铜像 [tóng xiàng] ▸ **une statue de marbre** 大理石像 [dàlǐshí xiàng] ▸ **une statue équestre** 骑士塑像 [qíshì sùxiàng].

stature nf ❶ (taille) 身高 [shēngāo] ▸ **un homme de petite stature** 一个小个子男人 [yí ge xiǎo gèzi nánren] ❷ *fig* (valeur) 水平 [shuǐpíng] ▸ **il n'a pas la stature d'un dirigeant** 他不够水平做领导人 [tā bú gòu shuǐpíng zuò lǐngdǎorén].

statut nm 身份 [shēnfen]; 地位 [dìwèi] ▸ **le statut des cadres** 管理员身份 [guǎnlǐyuán shēnfen] ▸ **le statut de la femme** 妇女地位 [fùnǚ dìwèi].

▪ **statuts** nmpl COMM 条例 [tiáolì] ▸ **les statuts d'une association** 协会的章程 [xiéhuì de zhāngchéng] ▸ **les statuts d'une entreprise** 公司的章程 [gōngsī de zhāngchéng].

Ste abr écrite de **sainte**

Sté abr écrite de **société**

steak nm 牛排 [niúpái] ▸ **un steak haché** 一块碎肉牛排 [yí kuài suìròu niúpái].

stéréo ♦ adj inv 立体声的 [lìtǐshēng de] ▸ **un enregistrement stéréo** 一个立体声录音 [yí ge lìtǐshēng lùyīn]. ♦ nf ▸ **en stéréo** 立体声的 [lìtǐshēng de] ▸ **écouter un concert en stéréo à la radio** 在广播里听立体声音乐会 [zài guǎngbō lǐ tīng lìtǐshēng yīnyuèhuì].

stéréotype nm 老套 [lǎotào] ▸ **un article plein de stéréotypes** 一篇充满套话的文章 [yì piān chōngmǎn tàohuà de wénzhāng].

stérile adj ❶ (infécond) 不生育的 [bù shēngyù de] ▸ **son mari est stérile** 他的丈夫没有生育能力 [tāde zhàngfu méiyǒu shēngyù nénglì] ❷ (infertile) 不毛之地 [bùmáo zhī dì] ▸ **terre stérile** 不毛之地 [bùmáo zhī dì] ❸ (sans microbe) 无菌的 [wújūn de] ▸ **une chambre**

stérile 无菌室 [wújūn shì] ▸ **des gants stériles** 消毒手套 [xiāodú shǒutào] ❹ (vain) 无结果的 [wújiéguǒ de] ▸ **une discussion stérile** 无结果的讨论 [wújiéguǒ de tǎolùn].

stérilet nm 子宫环 [zǐgōng huán] ▸ **se faire poser un stérilet** 安子宫环 [ān zǐgōng huán].

stériliser vt ❶ (rendre stérile) 使……绝育 [shǐ… juéyù] ▸ **stériliser un chien** 使一条狗绝育 [shǐ yì tiáo gǒu juéyù] ❷ (désinfecter) 给……消毒 [gěi… xiāodú] ▸ **stériliser un biberon** 给奶瓶消毒 [gěi nǎipíng xiāodú].

stérilité nf ❶ (infécondité) 不育症 [búyùzhèng] ▸ **la stérilité d'une femme** 女性的不育症 [nǚxìng de búyùzhèng] ❷ (improductivité) 贫瘠 [pínjí] ▸ **la stérilité d'un sol** 土地的贫瘠 [tǔdì de pínjí] ❸ (absence de germes) 消毒 [xiāodú] ▸ **la stérilité des instruments chirurgicaux** 外科手术器械的消毒 [wàikē shǒushù qìxiè de xiāodú].

steward nm (cl. 名 [míng] ou 个 [gè] ou 位 [wèi]) 服务员 [fúwùyuán].

stimuler vt ❶ (motiver) 鼓舞 [gǔwǔ] ▸ **les encouragements stimulent le coureur** 加油声鼓舞了赛跑运动员 [jiāyóu shēng gǔwǔ le sàipǎo yùndòngyuán] ❷ (exciter) 刺激 [cìjī] ▸ **stimuler l'appétit** 刺激食欲 [cìjī shíyù] ❸ (intensifier) 刺激 [cìjī] ▸ **stimuler l'activité économique** 刺激经济活动 [cìjī jīngjì huódòng].

stipuler vt 规定 [guīdìng] ▸ **le contrat stipule que les deux parties sont responsables** 合同规定双方都应承担责任 [hétong guīdìng shuāng fāng dōu yīng chéngdān zérèn].

stock nm COMM (réserve) 库存 [kùcún] ▸ **ne plus avoir de produits en stock** 不再有商品库存 [bú zài yǒu shāngpǐn kùcún] ▸ **être en rupture de stock** 库存缺货 [kùcún quē huò].

stocker vt 储存 [chǔcún] ▸ **stocker du vin dans une cave** 将葡萄酒储存在酒窖里 [jiāng pútaojiǔ chǔcún zài jiǔjiào lǐ].

Stockholm npr 斯德哥尔摩 [Sīdégē'ěrmó].

stop ◆ interj 停 [tíng] ▸ **stop ! n'avancez plus !** 停！别再往前走了！ [tíng! bié zài wǎng qián zǒu le!]. ◆ nm ❶ (feux) 停车信号灯 [tíngchē xìnhàodēng] ▸ **les stops d'une voiture** 汽车的停车信号灯 [qìchē de tíngchē xìnhàodēng] ❷ (panneau) 标有停字的路标 [biāo yǒu tíng zì de lùbiāo] ▸ **s'arrêter au stop** 在标有停字的路标前停 [zài biāo yǒu tíng zì de lùbiāo qián tíng] ▸ **griller** ou **brûler un stop** 不理会标有停字的路标 [bù lǐhuì biāo yǒu tíng zì de lùbiāo] ❸ (auto-stop) 搭顺风车 [dā shùnfēng chē] ▸ **faire du stop** 搭顺风车 [dā shùnfēng chē].

stopper ◆ vt ❶ (arrêter) 停止 [tíngzhǐ] ▸ **stopper une hémorragie** 止血 [zhǐ xuè] ▸ **stopper un véhicule** 让车辆停下 [ràng chēliàng tíng xià] ❷ (interrompre) 制止 [zhìzhǐ] ▸ **ces mesures ont stoppé le développement de l'économie** 这些措施阻止了经济的发展 [zhèxiē cuòshī zúzhǐ le jīngjì de fāzhǎn]. ◆ vi (s'arrêter) 停下 [tíngxià] ▸ **le bus stoppe au feu rouge** 公共汽车在红灯前停下 [gōnggòngqìchē zài hóngdēng qián tíngxià] ▸ **stopper net** 急刹车 [jí shāchē].

store nm 窗帘 [chuānglián] ▸ **baisser le store** 拉下窗帘 [lāxià chuānglián].

STP abr écrite de **s'il te plaît** ; ➤ **plaît.**

strapontin nm 翻椅 [fānyǐ].

stratégique adj 战略上的 [zhànlüè shàng de] ▸ **ce fort est un endroit stratégique** 这座堡垒是一个战略要地 [zhè zuò bǎolěi shì yí ge zhànlüè yàodì].

stress nm inv 压力 [yālì] ▸ **le stress du travail** 工作压力 [gōngzuò yālì] ▸ **il faut savoir gérer son stress** 应该懂得如何缓解压力 [yīnggāi dǒngde rúhé huǎnjiě yālì].

stressant, e adj 紧张的 [jǐnzhāng de] ▸ **un travail stressant** 紧张的工作 [jǐnzhāng de gōngzuò] ▸ **des conditions de vie stressantes** 紧张的生活条件 [jǐnzhāng de shēnghuó tiáojiàn].

stressé, e adj *fam* 紧张的 [jǐnzhāng de] ▸ **il est toujours stressé en période d'examens** 考试期间他总是很紧张 [kǎoshì qījiān tā zǒngshì hěn jǐnzhāng].

stresser ◆ vi 紧张 [jǐnzhāng] ▸ **je stresse en pensant à mon entretien d'embauche** 一想到求职面试，我就紧张 [yì xiǎngdào qiúzhí miànshì, wǒ jiù jǐnzhāng]. ◆ vt 造成紧张 [zàochéng jǐnzhāng] ▸ **son nouveau travail**

le stresse 他的新工作让他紧张 [tāde xīn gōngzuò ràng tā jǐnzhāng].

strict, e adj ❶ (sévère) 严格的 [yángé de] ▸ **une éducation stricte** 严格的教育 [yángé de jiàoyù] ▸ **un règlement très strict** 严格的规定 [yángé de guīdìng] ❷ (austère, sobre) 正规的 [zhèngguī de] ▸ **une tenue stricte** 正规的服装 [zhèngguī de fúzhuāng] ❸ (absolu) 绝对的 [juéduì de] ▸ **c'est la stricte vérité** 这是千真万确的事实 [zhè shì qiānzhēn wànquè de shìshí] ▸ **prendre le strict nécessaire** 带上最起码的必需品 [dàishang zuì qímǎ de bìxūpǐn] ▸ **dans la plus stricte intimité** 在至爱亲朋中 [zài zhì'ài qīnpéng zhōng].

strictement adv 严格地 [yángé de] ▸ **il est strictement défendu de marcher sur les pelouses** 严格禁止在草地穿行 [yángé jìnzhǐ zài cǎodì chuānxíng].

string nm 丁字裤 [dīngzìkù].

strophe nf (诗歌的)节 [(shīgē de) jié] ▸ **un poème composé de quatre strophes** 一首有四节的诗 [yì shǒu yǒu sì jié de shī].

structure nf 结构 [jiégòu] ▸ **la structure d'un édifice** 建筑的结构 [jiànzhù de jiégòu] ▸ **la structure d'une entreprise** 公司的结构 [gōngsī de jiégòu] ▸ **la structure d'un gouvernement** 政府的体系 [zhèngfǔ de tǐxì] ▸ **la structure d'un roman** 小说的结构 [xiǎoshuō de jiégòu].

studieux, euse adj ❶ (appliqué) 用功的 [yònggōng de] ▸ **un élève studieux** 用功的学生 [yònggōng de xuésheng] ❷ (consacré à l'étude) 用于学习的 [yòng yú xuéxí de] ▸ **des vacances studieuses** 用于学习的假期 [yòng yú xuéxí de jiàqī].

studio nm ❶ CINÉ & TV 摄影棚 [shèyǐngpéng] ❷ MUS 录音棚 [lùyīnpéng] ❸ (appartement) 单间公寓 [dān jiān gōngyù] ▸ **louer un studio** 租一个单间公寓 [zū yí ge dān jiān gōngyù].

stupéfaction nf 惊愕 [jīng'è] ▸ **avec stupéfaction** 惊讶地 [jīngyà de].

stupéfait, e adj 惊讶的 [jīngyà de] ▸ **je suis stupéfait de sa réaction** 他的反应令我惊讶 [tāde fǎnyìng lìng wǒ jīngyà] ▸ **je suis stupéfaite qu'on ne m'ait pas prévenue** 没人通知我，很让我惊讶 [méi rén tōngzhī wǒ, hěn ràng wǒ jīngyà].

stupéfiant, e adj (ahurissant) 令人惊讶的 [lìngrén jīngyà de] ▸ **une révélation stupéfiante** 一则令人惊讶的消息 [yì zé lìngrén jīngyà de xiāoxi].

▪ **stupéfiant** nm (drogue) 麻醉品 [mázuìpǐn] ▸ **le trafic de stupéfiants** 毒品贩卖 [dúpǐn fànmài].

stupide adj 傻的 [shǎ de] ▸ **une erreur stupide** 一个很傻的错误 [yí ge hěn shǎ de cuòwù] ▸ **tu es vraiment stupide !** 你实在太傻了！ [nǐ shízài tài shǎ le!].

stupidité nf ❶ (imbécillité) 愚蠢 [yúchǔn] ▸ **sa stupidité est sans bornes** 他真是不可思议地愚蠢 [tā zhēnshi bùkěsīyì de yúchǔn] ❷ (ânerie) 蠢话 [chǔnhuà] ▸ **dire des stupidités** 说蠢话 [shuō chǔnhuà].

style nm ❶ (écriture) 文风 [wénfēng] ▸ **elle a beaucoup travaillé son style** 她对她的文风下了很多工夫 [tā duì tāde wénfēng xià le hěn duō gōngfu] ▸ **style familier** 通俗的文风 [tōngsú de wénfēng] ▸ **style recherché** 讲究的文风 [jiǎngjiu de wénfēng] ❷ ART & SPORT 风格 [fēnggé] ▸ **le style gothique** 哥特式 [gētè shì] ▸ **le style d'un peintre** 一位画家的风格 [yí wèi huàjiā de fēnggé] ▸ **le style d'une joueuse de tennis** 一位网球女运动员的风格 [yí wèi wǎngqiú nǚ yùndòngyuán de fēnggé] ❸ (manière d'être) ○ (cl. 种 [zhǒng]) 方式 [fāngshi] ▸ **un style de vie** 一种生活方式 [yì zhǒng shēnghuó fāngshi] ▸ **c'est bien son style !** 这真是他的风格！ [zhè zhēnshi tāde fēnggé!] ❹ (élégance) 格调 [gédiào] ▸ **avoir du style** 有格调 [yǒu gédiào].

stylo nm (cl. 支 [zhī]) 钢笔 [gāngbǐ] ▸ **écrire au stylo** 用钢笔写字 [yòng gāngbǐ xiězì] ▸ **un stylo-bille** 圆珠笔 [yuánzhū bǐ] ▸ **un stylo-plume** 自来水笔 [zìláishuǐ bǐ].

suave adj 美妙的 [měimiào de] ▸ **une voix suave** 美妙的嗓音 [měimiào de sǎngyīn] ▸ **un parfum suave** 怡人的香味 [yí rén de xiāngwèi].

subalterne ♦ adj ❶ (subordonné à qqn) 下级的 [xiàjí de] ▸ **un officier subalterne** 下级军官 [xiàjí jūnguān] ❷ (hiérarchiquement inférieur) 次要的 [cìyào de]; 低级的 [dījí de] ▸ **un employé**

subalterne 一名低级职员 [yì míng dījí zhíyuán] ▸ **un rôle subalterne** 一个次要的角色 [yí ge cìyào de juésè]. ♦ nmf 下属 [xiàshǔ] ▸ **il traite ses subalternes avec dédain** 他轻蔑地对待他的下属 [tā qīngmiè de duìdài tāde xiàshǔ].

subir vt ❶ (endurer) 遭受 [zāoshòu] ▸ **subir des violences** 遭受暴力 [zāoshòu bàolì] ▸ **subir des tortures** 遭受酷刑 [zāoshòu kùxíng] ❷ (être soumis à) 接受 [jiēshòu] ▸ **subir une fouille à la douane** 接受海关的搜查 [jiēshòu hǎiguān de sōuchá] ▸ **subir une opération** 接受手术 [jiēshòu shǒushù] ❸ (être l'objet de) 受到 [shòudào] ▸ **la voiture a subi des dommages irréparables** 这辆车受到的损害是无法修复的 [zhè liàng chē shòudào de sǔnhài shì wúfǎ xiūfù de] ▸ **les prix ont subi une hausse** 物价上涨了 [wùjià shàngzhǎng le].

subitement adv 突然地 [tūrán de].

subjectif, ive adj 主观的 [zhǔguān de] ▸ **ta vision du problème est subjective** 你看待问题的角度很主观 [nǐ kàndài wèntí de jiǎodù hěn zhǔguān].

subjonctif nm GRAMM 虚拟式 [xūnǐ shì] ▸ **conjuguer un verbe au subjonctif** 对一个动词进行虚拟式变位 [duì yí ge dòngcí jìnxíng xūnǐ shì biànwèi].

subjuguer vt 使……着迷 [shǐ… zháomí] ▸ **je suis subjugué par la beauté de cette femme** 我为这个女人的美丽而着迷 [wǒ wèi zhè ge nǚrén de měilì ér zháomí] ▸ **le chanteur a subjugué le public** 这个歌星使公众着迷 [zhè ge gēxīng shǐ gōngzhòng zháomí].

sublime adj 卓越的 [zhuóyuè de] ▸ **une femme sublime** 一位卓越的妇女 [yí wèi zhuóyuè de fùnǚ] ▸ **un film sublime** 一部杰出的电影 [yí bù jiéchū de diànyǐng].

submerger vt ❶ (inonder) 淹没 [yānmò] ▸ **le fleuve a submergé les champs** 河水淹没了田野 [héshuǐ yānmò le tiányě] ❷ (accabler) 使……应付不过来 [shǐ… yìngfu bú guò lái] ▸ **son patron la submerge de travail** 她老板给予的工作压得她喘不过气来 [tā láobǎn jíyǔ de gōngzuò yāde tā chuǎn bú guò qì lái] ▸ **se laisser submerger** 应付不过来 [yìngfu bú guò lái].

subordination nf ❶ (soumission) 隶属关系 [lìshǔ guānxi] ▸ **la subordination d'un employé à son chef** 职员与主管之间的隶属关系 [zhíyuán yǔ zhúguǎn zhījiān de lìshǔ guānxi] ❷ GRAMM 主从关系 [zhǔcóngguānxi] ▸ **une conjonction de subordination** 从属连词 [cóngshǔ liáncí].

subordonné, e ♦ adj GRAMM 从属的 [cóngshǔ de] ▸ **une proposition subordonnée** 从句 [cóng jù]. ♦ nm, f (subalterne) 下属 [xiàshǔ].

▪ **subordonnée** nf GRAMM 从句 [cóngjù] ▸ **une subordonnée relative** 关系从句 [guānxi cóngjù].

subrepticement adv 偷偷摸摸地 [tōutōu mōmō de].

subsister vi ❶ (rester) 继续存在 [jìxù cúnzài] ▸ **une erreur subsiste** 仍然存在着一个错误 [réngrán cúnzàizhe yí ge cuòwù] ❷ (survivre) 生存 [shēngcún] ▸ **il doit travailler la nuit pour subsister** 他为了生存不得不深夜工作 [tā wèi le shēngcún bùdébù shēnyè gōngzuò].

substance nf ❶ (matière) ○ (cl. 种 [zhǒng]) 物质 [wùzhì] ▸ **substance liquide** 液体 [yè tǐ] ▸ **substance solide** 固体 [gù tǐ] ❷ (essence) 精华 [jīnghuá] ▸ **la substance d'une œuvre** 一部作品的精华 [yí bù zuòpǐn de jīnghuá] ▸ **un discours vide de toute substance** 一次毫无要点的空洞演说 [yí cì háowú yàodiǎn de kōngdòng yǎnshuō]

◊ **en substance** 大体上 [dàtǐshàng].

substituer ▪ **se substituer à** vp 代替 [dàitì] ▸ **le match de foot s'est substitué au téléfilm prévu** 足球比赛替代了预备好的电视剧 [zúqiú bǐsài tìdài le yùbèi hǎo de diànshìjù].

subtil, e adj ❶ (perspicace) 敏锐的 [mǐnruì de] ▸ **une personne subtile** 一个头脑敏锐的人 [yí ge tóunǎo mǐnruì de rén] ❷ (plein de finesse) 巧妙的 [qiǎomiào de] ▸ **une remarque subtile** 巧妙的评注 [qiǎomiào de píngzhù] ❸ (ténu) 细微的 [xìwēi de] ❹ (délicat) 清淡的 [qīngdàn de] ▸ **un parfum subtil** 清淡的香味 [qīngdàn de xiāngwèi].

subtilité nf ❶ (d'une personne) 敏锐 [mǐnruì] ▸ **une femme d'une grande subtilité** 一个非常

敏锐的女人 [yí ge fēicháng mǐnruì de nǚrén] ❷ (d'une chose, d'une remarque) 精妙 [jīngmiào] ▸ **la subtilité d'un raisonnement** 一个推理的精妙 [yí ge tuīlǐ de jīngmiào].

subvenir ▪ **subvenir à** v+prép 供给 [gōngjǐ] ▸ **subvenir aux besoins de qqn** 养某人 [yǎng mǒurén].

subvention nf 津贴 [jīntiē] ▸ **verser une subvention** 支付津贴 [zhīfù jīntiē].

subventionner vt 补助 [bǔzhù] ▸ **subventionner un festival** 资助一次节日活动 [zīzhù yí cì jiérì huódòng].

subversif, ive adj 颠覆性的 [diānfù xìng de] ▸ **des écrits subversifs** 一些具有颠覆性的作品 [yìxiē jùyǒu diānfù xìng de zuòpǐn].

succéder ▪ **succéder à** v+prép 接替 [jiētì] ▸ **succéder à qqn** 接替某人 [jiētì mǒurén] ▸ **il a succédé au directeur** 他接替了经理职位 [tā jiētì le jīnglǐ zhíwèi] ▸ **succéder à qqch** 接着……而来 [jiēzhe… érlái] ▸ **l'automne succède à l'été** 夏天之后紧接着是秋天 [xiàtiān zhī hòu jǐnjiēzhe shì qiūtian].

▪ **se succéder** vp 相继而来 [xiāngjì érlái] ▸ **les clients se sont succédés toute la journée** 顾客整天络绎不绝 [gùkè zhěng tiān luòyì bùjué].

succès nm inv ❶ (réussite, triomphe) 成功 [chénggōng] ▸ **l'opération est un succès total** 手术取得了彻底的成功 [shǒushù qǔdé le chèdǐ de chénggōng] ▸ **avec succès** 成功地 [chénggōng de] ▸ **sans succès** 没成功 [méi chénggōng] ▸ **ils fêtent leur succès aux élections** 他们庆祝他们的选举成功 [tāmen qìngzhù tāmende xuánjǔ chénggōng] ▸ **avoir du succès** 取得成功 [qǔdé chénggōng] ❷ (séduction) (受到的)欢迎 [(shòudào de) huānyíng] ▸ **elle a beaucoup de succès auprès de ses camarades** 她在同学中极受欢迎 [tā zài tóngxué zhōng jí shòu huānyíng].

successeur nm (cl. 位 [wèi] ou 个 [gè]) 接班人 [jiēbānrén] ▸ **désigner son successeur** 任命自己的接班人 [rènmìng zìjǐ de jiēbānrén] ▸ **le successeur du directeur** 经理的继任者 [jīnglǐ de jìrènzhě].

successif, ive adj 接连的 [jiēlián de] ▸ **il y a eu trois coups de feu successifs** 有过连续三声枪响 [yǒu guò liánxù sān shēng qiāng xiǎng].

succession nf ❶ (série) 一连串 [yìliánchuàn] ▸ **une succession d'incidents** 一连串事件 [yìliánchuàn shìjiàn] ❷ DR (héritage) ○ (cl. 份 [fèn]) 遗产 [yíchǎn] ▸ **se partager une succession** 分享一份遗产 [fēnxiǎng yí fèn yíchǎn] ❸ (remplacement) 继承 [jìchéng] ▸ **prendre la succession de qqn** 继承某人 [jìchéng mǒurén].

succinct, e adj 简短的 [jiǎnduǎn de] ▸ **faire un résumé succinct du roman** 对小说做简短的概述 [duì xiǎoshuō zuò jiǎnduǎn de gàishù] ▸ **sa réponse a été très succincte** 他的回答太简短了 [tāde huídá tài jiǎnduǎn le].

succomber vi ❶ (mourir) 死 [sǐ] ▸ **il a succombé à la suite d'un infarctus** 他因心肌梗塞而死 [tā yīn xīnjī gěngsè ér sǐ] ❷ (ne pas résister à) 屈服 [qūfú] ▸ **succomber à la tentation** 屈服于诱惑 [qūfú yú yòuhuò] ▸ **il a succombé aux charmes de cette femme** 他抵挡不住这个女人的魅力 [tā dǐdàng bú zhù zhè ge nǚrén de mèilì].

succursale nf ÉCON (cl. 家 [jiā] ou 个 [gè]) 分公司 [fēngōngsī].

sucer vt ❶ (aliment) 吮吸 [shǔnxī] ▸ **sucer un bonbon** 吮吸糖果 [shǔnxī tángguǒ] ❷ (téter) 嘬 [zuō] ▸ **sucer son pouce** 嘬拇指 [zuō múzhǐ] ❸ (aspirer) 吸 [xī] ▸ **la tique suce le sang** 壁虱吸血 [bìshī xī xuè].

sucette nf 棒棒糖 [bàngbàngtáng].

sucre nm ❶ (produit alimentaire) 糖 [táng] ▸ **sucre brun ou roux** 红糖 [hóng táng] ▸ **sucre de canne** 蔗糖 [zhè táng] ▸ **du sucre en morceaux** 块状糖 [kuàizhuàng táng] ▸ **du sucre en poudre** 砂糖 [shā táng] ❷ (morceau de sucre) ○ (cl. 块 [kuài]) 糖 [táng] ▸ **tu veux combien de sucres dans ton café ?** 你要在咖啡中加多少糖？ [nǐ yào zài kāfēi zhōng jiā duōshao táng?]

◊ **casser du sucre sur le dos de qqn** 背后说人坏话 [bèihòu shuō rén huàihuà].

sucré, e adj ❶ (naturellement) 甜的 [tián de] ▸ **cette poire est très sucrée** 这个梨很甜

[zhè ge lí hěn tián] ❷ (artificiellement) 加糖的 [jiātáng de] ▸ **il aime le thé bien sucré** 他喜欢加很多糖的茶 [tā xǐhuan jiā hěn duō táng de chá].

sucrer vt ❶ (mettre du sucre) 加糖 [jiātáng] ▸ **sucrer son thé** 在自己的茶里加糖 [zài zìjǐ de chá lǐ jiātáng] ❷ *fam* (supprimer) 没收 [mòshōu] ▸ **on m'a sucré mon permis de conduire !** 我的驾照被没收了！ [wǒde jiàzhào bèi mòshōu le!].

Sucrette® nf 低脂糖 [Dīzhītáng].

sucrier nm 糖罐 [tángguàn].

sud ♦ adj inv 南的 [nán de] ▸ **la partie sud de l'île** 岛的南部 [dǎo de nán bù] ▸ **le versant sud de la montagne** 山的南坡 [shān de nán pō]. ♦ nm inv ❶ (point cardinal) 南面 [nánmiàn] ▸ **aller vers le sud** 朝南面走 [cháo nánmiàn zǒu] ▸ **il habite au sud de Paris** 他住在巴黎的南边 [tā zhù zài Bālí de nánbiān] ▸ **le salon est exposé au sud** 客厅朝向南面 [kètīng cháo xiàng nánmiàn] ❷ (région) 南部 [nánbù] ▸ **le Sud de la Chine** 中国南部 [Zhōngguó Nánbù].

sud-africain, e adj 南非的 [nánfēi de].
■ **Sud-Africain, e** nm, f 南非人 [Nánfēirén].

sud-américain, e adj 南美洲的 [nánměizhōu de].
■ **Sud-Américain, e** nm, f 南美洲人 [Nánměizhōurén].

sud-est nm inv ❶ (point cardinal) 东南 [dōngnán] ▸ **un vent de sud-est** 东南风 [dōngnán fēng] ❷ (région) 东南部 [dōngnánbù] ▸ **le sud-est de Paris** 巴黎的东南部 [Bālí de dōngnánbù].

sud-ouest nm inv ❶ (point cardinal) 西南 [xīnán] ▸ **un vent de sud-ouest** 西南风 [xīnán fēng] ❷ (région) 西南部 [xīnánbù] ▸ **le sud-ouest de Pékin** 北京的西南部 [Běijīng de xīnánbù].

Suède nf ▸ **la Suède** 瑞典 [Ruìdiǎn].

suédois, e adj 瑞典的 [ruìdiǎn de].
■ **suédois** nm (langue) 瑞典语 [ruìdiǎnyǔ].
■ **Suédois, e** nm, f 瑞典人 [Ruìdiǎnrén].

suer vi 出汗 [chūhàn] ▸ **elle sue énormément** 她出汗很多 [tā chūhàn hěnduō]
◊ **faire suer qqn** *fam* 使某人厌烦 [shǐ mǒurén yànfán] ▸ **se faire suer** *fam* 没劲 [méijìn].

sueur nf 汗水 [hànshuǐ] ▸ **être en sueur** 浑身是汗 [húnshēn shì hàn] ▸ **mon tee-shirt est trempé de sueur** 我的T恤都湿透了 [wǒde Tīxù dōu shītòu le]
◊ **à la sueur de son front** 靠血汗 [kào xuèhàn] ▸ **avoir des sueurs froides** 出冷汗 [chū lěng hàn].

suffire ♦ vi ❶ (être suffisant) 足够 [zúgòu] ▸ **dix euros, ça te suffit ?** 十欧元，够吗？ [shí ōuyuán, gòu ma?] ▸ **cette somme suffira pour acheter l'appartement** 这些钱足够买这套房子 [zhèxiē qián zúgòu mǎi zhè tào fángzi] ▸ **un jour suffira pour tout préparer** 一天就足够准备好一切 [yì tiān jiù zúgòu zhǔnbèi hǎo yíqiè] ▸ **ça suffit !** 够了！ [gòu le!] ❷ (satisfaire) 满足 [mǎnzú] ▸ **ce petit appartement me suffit** 我有这套小公寓就满足了 [wǒ yǒu zhè tào xiǎo gōngyù jiù mǎnzú le]. ♦ v impers 只需……就够了 [zhǐxū… jiù gòu le] ▸ **il suffit que vous lui écriviez** 您只要写信给他就够了 [nín zhǐyào xiěxìn gěi tā jiù gòu le] ▸ **il suffirait de quelques efforts pour y arriver** 只需努力一点就能做到 [zhǐxū nǔlì yì diǎn jiù néng zuòdào].

suffisamment adv 足够地 [zúgòu de] ▸ **nous avons suffisamment de chaises pour recevoir dix personnes** 我们有足够的椅子接待十个人 [wǒmen yǒu zúgòu de yǐzi jiēdài shí ge rén] ▸ **j'ai suffisamment mangé, merci** 我吃得很饱了，谢谢 [wǒ chīde hěn bǎo le, xièxie].

suffisant, e adj ❶ (qui suffit) 足够的 [zúgòu de] ▸ **je n'ai pas la somme suffisante pour acheter cet appartement** 我的钱不够买这套房子 [wǒde qián bú gòu mǎi zhè tào fángzi] ▸ **il n'a pas le temps suffisant pour arriver à temps** 他没有足够的时间来按时到达 [tā méi yǒu zúgòu de shíjiān lái ànshí dàodá] ▸ **c'est une raison suffisante pour qu'il accepte** 这个理由足以让他接受 [zhè ge lǐyóu zúyǐ ràng tā jiēshòu] ▸ **sa retraite est suffisante pour deux** 他的退休金足够两个人的生活 [tāde tuìxiūjīn zúgòu liǎng ge rén de shēnghuó] ❷ *péj* (vaniteux) 自负的 [zìfù de] ▸ **un homme suffisant** 一个自负的人 [yí ge zìfù de rén] ▸ **un ton suffisant** 一种自命不凡的口气 [yì zhǒng zìmìng bùfán de kǒuqì].

suffixe nm GRAMM 后缀 [hòuzhuì].

suffoquer ♦ vt (stupéfier) 让……目瞪口呆 [ràng… mùdèng kǒudāi] ▸ **son insolence m'a suffoqué** 他的傲慢让我目瞪口呆 [tāde àomàn ràng wǒ mùdèng kǒudāi]. ♦ vi (étouffer) 窒息 [zhìxī].

suffrage nm ❶ (système de vote) 选举 [xuǎnjǔ] ▸ **le suffrage universel** 普选 [pǔ xuǎn] ❷ (voix) 选票 [xuǎnpiào] ▸ **obtenir la majorité des suffrages** 获得大多数的选票 [huòdé dàduōshù de xuǎnpiào].

suggérer vt 建议 [jiànyì] ▸ **suggérer à qqn de faire qqch** 建议某人做某事 [jiànyì mǒurén zuò mǒushì] ▸ **suggérer que…** 提议…… [tíyì…].

suggestion nf 建议 [jiànyì] ▸ **faire une suggestion** 提出一个建议 [tíchū yí ge jiànyì].

Sui npr (dynastie) 隋 [Suí].

suicidaire adj ❶ (prédisposé au suicide) 有自杀倾向的 [yǒu zìshā qīngxiàng de] ▸ **un jeune suicidaire** 一个有自杀倾向的小伙子 [yí ge yǒu zìshā qīngxiàng de xiáohuǒzi] ❷ (qui mène à l'échec) 自杀的 [zìshā de] ▸ **c'est suicidaire de se lancer dans un tel projet** 投入到这样的计划中无异于自杀 [tóurù dào zhèyàng de jìhuà zhōng wúyìyú zìshā].

suicide nm 自杀 [zìshā] ▸ **faire une tentative de suicide** 企图自杀 [qǐtú zìshā].

suicider ▪ **se suicider** vp 自杀 [zìshā].

suisse adj 瑞士的 [ruìshì de].

▪ **Suisse** ♦ nf ▸ **la Suisse** 瑞士 [Ruìshì]. ♦ nm, f 瑞士人 [Ruìshìrén].

suite nf ❶ (ce qui vient après) 接下来的部分 [jiēxiàlái de bùfen] ▸ **j'attends la suite de votre travail** 我期待您接下来的作品 [wǒ qīdài nín jiēxiàlái de zuòpǐn] ▸ **prendre la suite de qqn** 继承某人 [jìchéng mǒurén] ▸ **je te raconterai la suite demain** 我明天给你讲述下文 [wǒ míngtiān gěi nǐ jiǎngshù xiàwén] ❷ (série) 一连串 [yì liánchuàn] ▸ **une suite d'événements** 一连串的事件 [yì liánchuàn de shìjiàn] ❸ (répercussion) 后果 [hòuguǒ] ▸ **à la suite de qqch** (在)……之后 [(zài) … zhī hòu] ▸ **suite à votre lettre, je me permets de vous contacter** 继您的来函之后，请允许我和您联系 [jì nínde láihán zhī hòu, qǐng yúnxǔ wǒ hé nín liánxì] ▸ **c'est la suite logique de sa décision** 这是他的决定的必然后果 [zhè shì tāde juédìng de bìrán hòuguǒ] ▸ **elle est morte des suites de ses blessures** 她受伤致死 [tā shòushāng zhìsǐ] ❹ (escorte) 随从人员 [suícóng rényuán] ▸ **le roi et sa suite** 国王和他的随从 [guówáng hé tāde suícóng] ❺ (appartement) 套间 [tàojiān] ▸ **réserver une suite dans un hôtel** 在旅店预定一个套间 [zài lǚdiàn yùdìng yí ge tàojiān].

▪ **de suite** loc adv ❶ (immédiatement) 立即 [lìjí] ▸ **je reviens de suite !** 我马上回来！ [wǒ mǎshàng huílai!] ❷ (d'affilée) 连续地 [liánxù de] ▸ **la nageuse a fait dix longueurs de suite** 游泳运动员连续地游了十个来回 [yóuyǒng yùndòngyuán liánxù de yóu le shí ge láihuí].

▪ **(et) ainsi de suite** loc adv 就这样继续下去 [jiù zhèyàng jìxù xiaqu].

▪ **par la suite** loc adv 在这之后 [zài zhè zhī hòu].

suivant, e ♦ adj 下 [xià] ▸ **le personnage apparaît dans la scène suivante** 人物会在下一幕出现 [rénwù huì zài xià yí mù chūxiàn] ▸ **le mois suivant** 下个月 [xià ge yuè] ▸ **il a tenu les propos suivants :…** 他的讲话如下：…… [tāde jiǎnghuà rúxià:…]. ♦ nm, f 下一个 [xià yí ge] ▸ **au suivant !** 下一个！ [xià yí ge!] ▸ **ses arguments sont les suivants :…** 他的论点如下：…… [tāde lùndiǎn rúxià:…].

▪ **suivant** prép 按照 [ànzhào] ▸ **découper suivant le pointillé** 沿着虚线剪 [yánzhe xūxiàn jiǎn] ▸ **suivant son habitude** 按照他的习惯 [ànzhào tāde xíguàn].

suivi, e adj (régulier) 经常的 [jīngcháng de] ▸ **correspondance suivie** 经常通信 [jīngcháng tōngxìn].

▪ **suivi** nm 跟踪 [gēnzōng] ▸ **s'occuper du suivi d'un dossier** 负责文档跟踪 [fùzé wéndàng gēnzōng] ▸ **le suivi médical d'un patient** 对一个病人的跟踪治疗 [duì yí ge bìngrén de gēnzōng zhìliáo].

suivre ♦ vt ❶ (poursuivre) 跟 [gēn] ▸ **suivez le guide !** 请跟着导游走！ [qǐng gēnzhe dǎoyóu zǒu!] ▸ **les policiers ont suivi les tra-**

fiquants 警察跟踪了走私贩 [jǐngchá gēnzōng le zǒusī fàn] ❷ (accompagner) 跟 [gēn] ▸ **suivez-moi dans mon bureau, s'il vous plaît** 请跟我到我的办公室来 [qǐng gēn wǒ dào wǒde bàngōngshì lái] ▸ **arrête de me suivre partout !** 别到处跟着我！ [bié dàochù gēnzhe wǒ!] ❸ (succéder à) 在……之后 [zài… zhī hòu] ▸ **la réunion sera suivie d'une collation** 会议之后将有一个小型餐点 [huìyì zhī hòu jiāng yǒu yí ge xiǎoxíng cāndiǎn] ❹ (aller dans une direction) 沿着 [yánzhe] ▸ **suivez la rue jusqu'au prochain feu rouge** 沿着这条路一直到下个红绿灯 [yánzhe zhè tiáo lù yìzhí dào xià ge hónglǜdēng] ❺ (prendre) 上 [shàng] ▸ **suivre des cours de piano** 上钢琴课 [shàng gāngqín kè] ❻ (se conformer à) ▸ **suivre un conseil** 听取一个建议 [tīngqǔ yí ge jiànyì] ▸ **suivre la mode** 赶时髦 [gǎn shímáo] ▸ **suivre un régime** 控制饮食 [kòngzhì yǐnshí] ❼ (s'occuper de) 负责 [fùzé] ▸ **être suivi par un médecin** 由一位医生负责跟踪治疗 [yóu yí wèi yīshēng fùzé gēnzōng zhìliáo] ❽ (rester attentif à) 关注 [guānzhù] ▸ **suivre l'actualité** 关注时事 [guānzhù shíshì] ❾ (comprendre) 理解 [lǐjiě] ▸ **je ne suis pas ton raisonnement** 我无法理解你的推理 [wǒ wúfǎ lǐjiě nǐde tuīlǐ] ▸ **avoir du mal à suivre qqn** 不能理解某人的话 [bù néng lǐjiě mǒurén de huà]. ♦ vi SCOL (avoir le niveau) 跟得上 [gēndeshàng] ▸ **il suit bien en classe** 他跟得上课 [tā gēndeshàng kè].

■ **se suivre** vp ❶ (l'un après l'autre) 一个接一个 [yí ge jiē yí ge] ▸ **les trois coureurs se suivent de près** 三个跑步运动员一个紧挨一个 [sān ge pǎobù yùndòngyuán yí ge jǐn āi yí ge] ❷ (venir après) 随后而来 [suíhòu érlái] ▸ **les jours se suivent et ne se ressemblent pas** 日复一日，但却各不相同 [rì fù yí rì, dàn què gè bù xiāngtóng].

sujet, ette ♦ adj 易……的 [yì… de] ▸ **être sujet au mal de mer** 易晕船 [yì yùnchuán]. ♦ nm, f (d'un souverain) 臣民 [chénmín].

■ **sujet** nm ❶ (thème) 主题 [zhǔtí] ▸ **changeons de sujet !** 我们换个话题吧！ [wǒmen huàn ge huàtí ba!] ▸ **sujet d'actualité** 热门话题 [rèmén huàtí] ▸ **sujet de conversation** 谈话的主题 [tánhuà de zhǔtí] ❷ SCOL 题目 [tímù] ▸ **ce sujet est tombé au bac** 这个题目在高中毕业会考中出现了 [zhè ge tímù zài gāozhōng bìyè huìkǎo zhōng chūxiàn le] ❸ GRAMM 主语 [zhúyǔ]
◊ **au sujet de** 关于…… [guānyú…] ▸ **c'est à quel sujet ?** 这是关于什么事？ [zhè shì guānyú shénme shì?].

Sun Yat-sen npr POLIT 孙中山 [Sūn Zhōngshān].

super ♦ adj inv *fam* 太好的 [tàihǎo de] ▸ **c'est une fille super** 这是一个极好的女孩 [zhè shì yí ge jíhǎo de nǚhái] ▸ **c'est super que tu sois là** 你在那儿真是太好了 [nǐ zài nàr zhēnshi tàihǎo le] ▸ **cette soirée est vraiment super !** 这个晚会真的太棒了！ [zhè ge wǎnhuì zhēn de tài bàng le!]. ♦ nm (carburant) 无铅汽油 [wúqiān qìyóu] ▸ **faire un plein de super** 加满油 [jiā mǎn yóu].

superbe adj 美极了的 [měi jí le de] ▸ **elle a des yeux superbes** 她的眼睛真是美极了 [tāde yǎnjing zhēnshi měi jí le] ▸ **nous avons fait un superbe voyage** 我们做了一个极美好的旅行 [wǒmen zuò le yí ge jí méihǎo de lǚxíng].

superficie nf 面积 [miànjī] ▸ **la superficie d'une figure géométrique** 几何图形的面积 [jǐhé túxíng de miànjī] ▸ **la superficie d'un pays** 一个国家的面积 [yí ge guójiā de miànjī].

superficiel, elle adj ❶ (qui ne touche que la surface) 表面的 [biǎomiàn de] ▸ **une brûlure superficielle** 表面烧伤 [biǎomiàn shāoshāng] ❷ *fig* (futile) 肤浅的 [fūqiǎn de] ▸ **c'est une femme très superficielle** 这是一个非常肤浅的女人 [zhè shì yí ge fēicháng fūqiǎn de nǚrén].

superflu, e adj 多余的 [duōyú de] ▸ **une dépense superflue** 多余的花费 [duōyú de huāfèi] ▸ **perdre ses kilos superflus** 减去多余的体重 [jiǎnqù duōyú de tǐzhòng].

supérieur, e ♦ adj ❶ (du dessus) 上面的 [shàngmian de] ▸ **mon frère vit à l'étage supérieur** 我哥哥/弟弟住在上面一层 [wǒ gēge/dìdi zhù zài shàngmian yì céng] ❷ (plus grand que) ▸ **supérieur à** 大于……的 [dàyú... de]; 高于……的 [gāoyú... de] ▸ **un nombre supérieur à 10** 大于10的数 [dàyú 10 de shù] ▸ **une température supérieure à la normale**

高于正常值的温度 [gāoyú zhèngcháng zhí de wēndù] ❸ (éminent) 优越的 [yōuyuè de] ▸ **se croire supérieur aux autres** 自认为比别人优越 [zì rènwéi bǐ biéren yōuyuè] ▸ **une intelligence supérieure** 卓越才智 [zhuóyuè cáizhì] ❹ (condescendant) 傲慢的 [àomàn de] ▸ **ne prends pas cet air supérieur avec moi !** 别对我摆架子！ [bié duì wǒ bǎi jiàzi!]. ♦ nm, f (chef) 上级 [shàngjí] ▸ **il s'entend très bien avec son supérieur** 他和他的上司相处的很好 [tā hé tāde shàngsi xiāngchǔ de hěn hǎo].

supériorité nf ❶ (suprématie) 优势 [yōushì] ▸ **la supériorité d'un logiciel sur un autre** 一种软件相对于另一种的优势 [yì zhǒng ruǎnjiàn xiāngduì yú lìng yì zhǒng de yōushì] ❷ (arrogance) 傲慢 [àomàn] ▸ **avoir un air de supériorité** 摆架子 [bǎi jiàzi].

superlatif nm GRAMM 最高级 [zuìgāojí].

supermarché nm (cl. 家 [jiā]) 超市 [chāoshì].

superposer vt 叠放 [diéfàng] ▸ **superposer des livres sur une étagère** 将书叠放在书架上 [jiāng shū diéfàng zài shūjià shàng].

superstitieux, euse adj 迷信的 [míxìn de].

superstition nf 迷信 [míxìn] ▸ **j'évite de passer sous les échelles par superstition** 出于迷信我避免从梯子底下过 [chūyú míxìn wǒ bìmiǎn cóng tīzi dǐxia guò].

suppléant, e ♦ adj 代理的 [dàilǐ de] ▸ **un juge suppléant** 代理法官 [dàilǐ fǎguān]. ♦ nm, f 代替的 [dàiti de] ▸ **ce professeur est un suppléant** 这个老师是来代替上课的 [zhè ge lǎoshī shì lái dàitì shàngkè de].

supplément nm ❶ (surplus) 额外部分 [éwài bùfen] ▸ **demander un supplément d'informations** 打听额外的信息 [dǎting éwài de xìnxī] ❷ (somme) 补充费用 [bǔchōng fèiyòng] ▸ **payer un supplément** 付补充费用 [fù bǔchōng fèiyòng].

supplémentaire adj 额外的 [éwài de] ▸ **accorder un délai supplémentaire** 允许额外延期 [yúnxǔ éwài yánqī] ▸ **faire des heures supplémentaires** 额外加班 [éwài jiābān].

supplice nm ❶ (peine corporelle) 刑 [xíng] ▸ **le supplice de la roue** 车轮刑 [chēlún xíng] ❷ *fig* (souffrance) 受罪 [shòuzuì] ▸ **ce mal de dents est un véritable supplice !** 牙疼真是受罪！[yáténg zhēnshi shòuzuì!].

supplier vt 恳求 [kěnqiú] ▸ **je t'en supplie, ne m'en veux pas** 我恳求你不要恨我 [wǒ kěnqiú nǐ bú yào hèn wǒ] ▸ **aidez-moi, je vous en supplie** 我恳求您帮助我 [wǒ kěnqiú nín bāngzhù wǒ].

support nm ❶ (socle) 架子 [jiàzi] ▸ **poser un vase sur son support** 把花瓶放在它的架子上 [bǎ huāpíng fàng zài tāde jiàzi shàng] ❷ *fig* (de communication) ▸ **support pédagogique** 教学材料 [jiàoxué cáiliào] ▸ **support publicitaire** 广告载体 [guǎnggào zàitǐ].

supporter ♦ vt ❶ (soutenir) 支撑 [zhīchēng] ▸ **quatre piliers supportent l'édifice** 四个柱子支撑着建筑物 [sì ge zhùzi zhīchēngzhe jiànzhùwù] ❷ (endurer, tolérer) 忍受 [rěnshòu] ▸ **supporter la douleur** 忍受痛苦 [rěnshòu tòngkǔ] ▸ **supporter une épreuve** 经受一场考验 [jīngshòu yì chǎng kǎoyàn] ▸ **elle ne supporte pas les critiques** 她受不了批评 [tā shòubuliǎo pīpíng] ▸ **il m'énerve, je ne le supporte plus !** 他让我恼火，我再也忍受不了他了！ [tā ràng wǒ nǎohuǒ, wǒ zài yě rěnshòu bùliǎo tā le!] ❸ (résister à) 经得起 [jīngdeqǐ] ▸ **ce livre ne supporte pas l'examen** 这本书经不起推敲 [zhè běn shū jīngbuqǐ tuīqiāo] ▸ **des plantes qui supportent le froid** 耐寒的植物 [nàihán de zhíwù] ❹ (encourager) 支持 [zhīchí] ▸ **supporter une équipe de foot** 支持一个足球队 [zhīchí yí ge zúqiú duì]. ♦ nm (partisan) 支持者 [zhīchízhě] ▸ **les supporters de l'équipe de France** 法国队的支持者 [Fǎguó duì de zhīchízhě].

▪ **se supporter** vp (se tolérer) 互相容忍 [hùxiāng róngrěn] ▸ **ils se sont séparés parce qu'ils ne se supportaient plus** 他们由于不能互相容忍而分开了 [tāmen yóuyú bùnéng hùxiāng róngrěn ér fēnkāi le].

supposer vt ❶ (présumer) 猜想 [cāixiǎng] ▸ **je suppose qu'elle aura bientôt fini son travail** 我猜想她不久将完成她的工作 [wǒ cāixiǎng tā bùjiǔ jiāng wánchéng tāde gōngzuò] ▸ **sa réponse laisse supposer qu'il est au courant** 他的回答让人觉得他是了解内情的 [tāde huídá ràng rén juéde tā shì liáojiě nèiqíng de] ❷ (imaginer) 假设 [jiǎshè] ▸ **suppo-**

sons que je gagne au loto 假设我中了彩票 [jiǎshè wǒ zhòng le cǎipiào].

supposition nf 假设 [jiǎshè] ▸ **faire des suppositions** 作一些假设 [zuò yìxiē jiǎshè].

suppositoire nm MÉD 栓剂 [shuānjì] ▸ **mettre un suppositoire** 使用栓剂 [shǐyòng shuānjì].

suppression nf 废除 [fèichú] ▸ **la suppression de la peine de mort** 死刑的废除 [sǐxíng de fèichú] ▸ **des suppressions d'emplois** 解除雇佣关系 [jiěchú gùyōng guānxi].

supprimer vt ❶ (faire disparaître) 消除 [xiāochú] ▸ **les antalgiques suppriment la douleur** 镇痛药能消除痛苦 [zhèntòngyào néng xiāochú tòngkǔ] ▸ **supprimer des bidonvilles** 拆除棚户区 [chāichú pénghùqū] ❷ (annuler) 废除 [fèichú] ▸ **supprimer un décret** 废除一项法令 [fèichú yí xiàng fǎlìng] ▸ **supprimer des emplois** 削减工作岗位 [xuējiǎn gōngzuò gǎngwèi] ❸ (retirer) 删除 [shānchú] ▸ **supprimer un paragraphe** 删去一段 [shānqù yí duàn] ❹ (tuer) 杀死 [shāsǐ] ▸ **le meurtrier a supprimé ses complices** 杀手杀死了他的同谋者们 [shāshǒu shāsǐ le tāde tóngmóuzhěmen].

suprématie nf (domination) 最高权利 [zuìgāo quánlì] ▸ **la suprématie militaire d'un État** 一个国家的最高军事权力 [yí ge guójiā de zuìgāo jūnshì quánlì].

suprême adj ❶ (au-dessus de tout) 最高的 [zuìgāo de] ▸ **le pouvoir suprême** 最高权力 [zuìgāo quánlì] ❷ (extrême) 极其的 [jíqí de] ❸ (dernier) 最后的 [zuìhòu de] ▸ **un suprême effort** 最后的努力 [zuìhòu de nǔlì].

sur prép ❶ (indique une position, sans idée de mouvement) 在……上 [zài… shàng] ▸ **le livre est sur la table** 书在桌上 [shū zài zhuō shàng] ▸ **repérer une ville sur la carte** 在地图上找到一个城市的位置 [zài dìtú shàng zhǎodào yí ge chéngshì de wèizhi] ❷ (indique une position, avec une idée de mouvement) 在……外面 [zài… wàimian] ▸ **mets un couvercle sur la casserole** 在锅上盖一个盖子 [zài guō shàng gài yí ge gàizi] ▸ **mets un pull sur ton tee-shirt** 在你的T恤外面穿一件套衫 [zài nǐde Tīxù wàimian chuān yí jiàn tàoshān] ❸ (indique une direction) ▸ **la cathédrale est sur votre gauche** 教堂在您的左边 [jiàotáng zài nínde zuǒbian] ▸ **il est revenu sur Paris hier** 昨天他回到了巴黎 [zuótiān tā huídào le Bālí] ❹ (indique une distance) 在……上 [zài… shàng] ▸ **il y a des travaux sur 10 kilomètres** 在10公里地段上施工 [zài 10 gōnglǐ dìduàn shàng shīgōng] ❺ (en fonction de) 根据 [gēnjù] ▸ **juger qqn sur son apparence physique** 根据某人的外表来评判这个人 [gēnjù mǒurén de wàibiǎo lái píngpàn zhè ge rén] ❻ (grâce à) 靠 [kào] ▸ **il vit sur les revenus de ses parents** 他靠父母的收入生活 [tā kào fùmǔ de shōurù shēnghuó] ❼ (indique un thème) 关于 [guānyú] ▸ **c'est un film sur l'esclavage** 这是一部关于奴隶制度的电影 [zhè shì yí bù guānyú núlì zhìdù de diànyǐng] ❽ (indique un rapport de proportion) 在……中 [zài… zhōng] ▸ **9 élèves sur 10 ont choisi le premier sujet** 10个学生中有9个都选择了第一个题目 [10 ge xuésheng zhōng yǒu 9 ge dōu xuǎnzé le dìyī ge tímù] ▸ **j'ai eu 14 sur 20** 我在20分中得了14分 [wǒ zài 20 fēn zhōng dé le 14 fēn] ▸ **un jour sur deux** 每两天 [měi liǎng tiān] ❾ (indique une relation de supériorité) 对 [duì] ▸ **son chef a beaucoup d'influence sur lui** 他的上司对他影响很大 [tāde shàngsi duì tā yǐngxiǎng hěndà] ❿ (indique une approximation) 即将 [jíjiāng] ▸ **être sur le départ** 即将出发 [jíjiāng chūfā].

sûr, e ♦ adj ❶ (certain) 确信的 [quèxìn de] ▸ **être sûr de soi** 自信 [zì xìn] ▸ **je suis sûr de ce que je dis** 我确信我说的话 [wǒ quèxìn wǒ shuōde huà] ▸ **je suis sûre qu'il viendra** 我确信他会来 [wǒ quèxìn tā huì lái] ❷ (sans risque) 安全的 [ānquán de] ▸ **cette rue n'est pas très sûre le soir** 这条街晚上不太安全 [zhè tiáo jiē wǎnshang bú tài ānquán] ❸ (digne de confiance) 信得过的 [xìndeguò de] ▸ **un ami sûr** 信得过的朋友 [xìndeguò de péngyou] ❹ (fiable) 可靠的 [kěkào de] ▸ **des informations sûres** 可靠的消息 [kěkào de xiāoxi]. ♦ adv 当然 [dāngrán] ▸ **bien sûr !** 当然！ [dāngrán!].

surcharger vt ❶ (charger d'un poids trop lourd) 使……超载 [shǐ... chāozài] ▸ **surcharger une voiture** 使汽车超载 [shǐ qìchē chāozài] ❷ (accabler) 使负担过重 [shǐ fùdān guòzhòng] ▸ **être surchargé de travail** 工作负担过重 [gōngzuò fùdān guòzhòng].

surchauffer vt 使……过热 [shǐ… guòrè] ▸ **surchauffer une pièce** 使一间房间暖气过热 [shǐ yì jiān fángjiān nuǎnqì guòrè].

surdité nf MÉD 聋 [lóng] ▸ **être atteint de surdité** 聋了 [lóng le].

surdoué, e ♦ adj 超智商的 [chāozhìshāng de]. ♦ nm, f 超智商儿童 [chāozhìshāng értóng].

sûrement adv ❶ (certainement) 肯定 [kěndìng] ▸ **alors, tu viens ? — sûrement pas !** 那么，你来吗？—当然不来！[nàme, nǐ lái ma? — dāngrán bù lái!] ▸ **je serai sûrement en retard** 我肯定要迟到了 [wǒ kěndìng yào chídào le] ❷ (de manière inéluctable) 必然 [bìrán] ▸ **la ruine vient lentement, mais sûrement** 破产来的很慢，但必然会来 [pòchǎn láide hěnmàn, dàn bìrán huì lái] ❸ (sans risque) 稳当地 [wěndang de] ▸ **conduire sûrement** 稳当地驾驶 [wěndang de jiàshǐ].

surestimer vt 高估 [gāogū] ▸ **surestimer ses capacités** 高估他的能力 [gāogū tāde nénglì].

▪ **se surestimer** vp 高估自己 [gāogū zìjǐ].

sûreté nf (sécurité) 安全 [ānquán] ▸ **la sûreté des banques** 银行的安全 [yínháng de ānquán] ▸ **mettre des papiers importants en sûreté** 把重要文件放到安全的地方 [bǎ zhòngyào wénjiàn fàng dào ānquán de dìfang].

surf nm SPORT 冲浪 [chōnglàng] ▸ **faire du surf** 冲浪 [chōnglàng].

surface nf ❶ (partie extérieure) 表面 [biǎomiàn] ▸ **le sous-marin a fait surface** 潜水艇浮出水面 [qiánshuǐtǐng fúchū shuǐmiàn] ▸ **la surface de la Terre** 地球表面 [Dìqiú biǎomiàn] ❷ (apparence) 表面 [biǎomiàn] ▸ **une amabilité de surface** 表面的亲切 [biǎomiàn de qīnqiè] ❸ (superficie) 面积 [miànjī] ▸ **calculer la surface d'une figure géométrique** 计算一个几何图形的面积 [jìsuàn yí ge jǐhé túxíng de miànjī] ▸ **la surface d'un terrain** 一块地的面积 [yí kuài dì de miànjī]

◊ **refaire surface** - a) (réapparaître) 东山再起 [dōngshān zài qǐ] - b) (recouvrer ses forces, sa santé) 恢复 [huīfù].

▪ **grande surface** nf (supermarché) ○ (cl. 家 [jiā]) 超级市场 [chāojí shìchǎng].

surfait, e adj 被过高评价的 [bèi guògāo píngjià de] ▸ **une réputation surfaite** 被过分吹捧的声誉 [bèi guòfèn chuīpěng de shēngyù] ▸ **un roman surfait** 被过高评价的小说 [bèi guògāo píngjià de xiǎoshuō].

surfer vi ❶ SPORT 冲浪 [chōnglàng] ▸ **surfer sur les vagues** 在浪尖上冲浪 [zài làngjiān shàng chōnglàng] ❷ INFORM 网上冲浪 [wǎng shàng chōnglàng] ▸ **surfer sur Internet** 在网上浏览 [zài Wǎng shàng liúlǎn].

surgelé, e adj 速冻的 [sùdòng de] ▸ **les produits surgelés** 速冻产品 [sùdòng chánpǐn].

▪ **surgelé** nm 速冻品 [sùdòngpǐn] ▸ **manger des surgelés** 吃速冻食品 [chī sùdòng shípǐn].

surgir vi ❶ (apparaître) 突然出现 [tūrán chūxiàn] ▸ **un homme menaçant a surgi devant eux** 一个气势汹汹的男人突然出现在他们面前 [yí ge qìshì xiōngxiōng de nánren tūrán chūxiàn zài tāmen miànqián] ❷ *fig* (se manifester) 产生 [chǎnshēng] ▸ **de nouveaux problèmes surgissent chaque jour** 每天都有新的问题产生 [měi tiān dōu yǒu xīn de wèntí chǎnshēng].

Suriname, Surinam nm ▸ **le Suriname** 苏里南 [Sūlǐnán].

sur-le-champ adv 立刻 [lìkè] ▸ **partir sur-le-champ** 立刻出发 [lìkè chūfā].

surlendemain nm 第三天 [dìsāntiān] ▸ **il est parti le surlendemain** 他是第三天离开的 [tā shì dìsāntiān líkāi de].

surligner vt 用荧光笔划出 [yòng yíngguāngbǐ huàchū] ▸ **surligner les mots importants** 用荧光笔划出重点词 [yòng yíngguāngbǐ huàchū zhòngdiǎn cí].

surmenage nm 劳累过度 [láolèi guòdù] ▸ **un surmenage dû à un excès de travail** 由于超负荷工作引起的劳累过度 [yóuyú chāo fùhè gōngzuò yínqǐ de láolèi guòdù].

surmené, e adj 劳累过度的 [láolèi guòdù de] ▸ **il est surmené, il devrait se reposer** 他劳累过度，最好休息一下 [tā láolèi guòdù, zuìhǎo xiūxi yí xià].

surmener vt 使……劳累过度 [shǐ… láolèi guòdù].

▪ **se surmener** vp 过度工作 [guòdù gōngzuò] ▸ **tu ne devrais pas te surmener ainsi** 你不应

该这样过度工作 [nǐ bù yīnggāi zhèyàng guòdù gōngzuò].

surmonter vt ❶ (vaincre) 克服 [kèfú] ▸ **surmonter sa peur** 克服恐惧 [kèfú kǒngjù] ▸ **surmonter un obstacle** 克服障碍 [kèfú zhàng'ài] ❷ (être placé au-dessus de) 在……上面 [zài… shàngmian] ▸ **une enseigne surmonte la porte du magasin** 一个招牌在商店的门上面 [yí ge zhāopai zài shāngdiàn de mén shàngmian].

surnaturel, elle adj 超自然的 [chāozìrán de] ▸ **des pouvoirs surnaturels** 超自然的力量 [chāozìrán de lìliang].

surnom nm 外号 [wàihào] ▸ **donner un surnom à qqn** 给某人取外号 [gěi mǒurén qǔ wàihào].

surnommer vt 起外号 [qǐwàihào].

surpasser vt 超过 [chāoguò] ▸ **il surpasse tous ses camarades** 他胜过了他所有的同学 [tā shèngguò le tā suóyǒu de tóngxué].

▪ **se surpasser** vp 做得比以往好 [zuòde bǐ yíwǎng hǎo] ▸ **pour son dernier roman, elle s'est surpassée** 她的最后一部小说写得比以往都要好 [tāde zuìhòu yí bù xiǎoshuō xiěde bǐ yíwǎng dōu yào hǎo].

surpeuplé, e adj 人口过多的 [rénkǒu guòduō de] ▸ **un pays surpeuplé** 一个人口过多的国家 [yí ge rénkǒu guòduō de guójiā].

surplomber vt 伸出于……上 [shēnchū yú… shàng] ▸ **des rochers surplombent la mer** 峭壁伸出到海面上 [qiàobì shēnchū dào hǎimiàn shàng].

surprenant, e adj ❶ (étonnant) 惊人的 [jīngrén de] ▸ **il a pris une décision surprenante** 他做出了一个惊人的决定 [tā zuòchū le yí ge jīngrén de juédìng] ❷ (remarquable) 出色的 [chūsè de].

surprendre vt ❶ (prendre sur le fait) 当场撞见 [dāngchǎng zhuàngjiàn] ▸ **je l'ai surpris à fouiller dans mon sac** 我撞见他在翻我的包 [wǒ zhuàngjiàn tā zài fān wǒde bāo] ▸ **se faire surprendre** 被当场捉住 [bèi dāngchǎng zhuōzhù] ❷ (étonner) 使……惊讶 [shǐ… jīngyà] ▸ **la nouvelle l'a surpris** 这个消息使他惊讶 [zhè ge xiāoxi shǐ tā jīngyà] ▸ **je suis surpris de te voir ici** 在这儿见到你让我感到吃惊 [zài zhèr jiàndào nǐ ràng wǒ gǎndào chījīng] ❸ (entendre, voir par hasard) 无意中听见/看见 [wúyì zhōng tīngjiàn/kànjiàn] ▸ **surprendre une conversation** 无意中听见一个谈话 [wúyì zhōng tīngjiàn yí ge tánhuà] ▸ **il les a surpris en train de s'embrasser** 他无意中看见他们在接吻 [tā wúyì zhōng kànjiàn tāmen zài jiēwěn] ❹ (prendre au dépourvu) 突然出现 [tūrán chūxiàn] ▸ **il m'a surprise en pyjama** 他突然出现，我正穿着睡衣 [tā tūrán chūxiàn, wǒ zhèng chuānzhe shuìyī] ▸ **nous avons été surpris par la pluie** 我们遭到了一场大雨 [wǒmen zāodào le yì chǎng dàyǔ].

surprise nf ❶ (étonnement) 惊讶 [jīngyà] ▸ **à ma grande surprise, il a réussi son examen** 令我很惊讶的是，他通过了考试 [lìng wǒ hěn jīngyà de shì, tā tōngguò le kǎoshì] ▸ **la nouvelle a causé une grande surprise** 这条消息引起了极大的惊奇 [zhè tiáo xiāoxi yínqǐ le jídà de jīngqí] ❷ (événement inattendu) 意外 [yìwài] ▸ **faire une surprise à qqn** 给某人一个意外 [gěi mǒurén yí ge yìwài] ▸ **attaquer l'ennemi par surprise** 出其不意地攻击敌人 [chūqíbúyì de gōngjī dírén] ▸ **une bonne surprise** 一件意想不到的喜事 [yí jiàn yìxiǎng bú dào de xǐshì]; 一个惊喜 [yí ge jīngxǐ] ▸ **une mauvaise surprise** 一个料想不到的麻烦 [yí ge liàoxiǎng bú dào de máfan] ❸ (cadeau) ○ (cl. 份 [fèn] ou 件 [jiàn]) 意想不到的礼物 [yìxiǎng bú dào de lǐwù] ▸ **j'ai une surprise pour toi** 我给你准备了件意想不到的礼物 [wǒ gěi nǐ zhǔnbèi le jiàn yìxiǎng bú dào de lǐwù] ❹ *(en apposition)* (inattendu) 突然的 [tūrán de] ▸ **une visite surprise** 一次突然的到访 [yí cì tūrán de dàofǎng].

sursaut nm ❶ (mouvement brusque) 惊吓 [jīngxià] ▸ **avoir un sursaut de peur** 受到惊吓 [shòudào jīngxià] ▸ **se réveiller en sursaut** 惊醒 [jīng xǐng] ❷ (regain) (突然的)奋起 [(tūrán de) fènqǐ] ▸ **un sursaut d'énergie** 一下子的振奋 [yí xiàzi de zhènfèn] ▸ **un sursaut d'orgueil** 奋起的自尊心 [fènqǐ de zìzūnxīn].

sursauter vi 吓一跳 [xià yí tiào].

sursis nm inv ❶ DR 缓期 [huǎnqī] ▸ **il a été condamné à un an de prison avec sursis** 他被判一年监禁缓期执行 [tā bèi pàn yì nián jiānjìn huǎnqī zhíxíng] ❷ *fig* (délai) 延期 [yánqī] ▸ **bénéficier d'un sursis d'un mois** 获得一个月的延期 [huòdé yí ge yuè de yánqī].

surtout adv ❶ (spécialement) 尤其 [yóuqí] ▸ **il aime le sport, surtout le football** 他热爱体育，尤其是喜欢足球 [tā rè'ài tǐyù, yóuqí shì xǐhuān zúqiú] ❷ (essentiellement) 主要 [zhǔyào] ▸ **il y avait surtout des touristes dans la salle** 大厅里主要是游客 [dàtīng lǐ zhǔyào shì yóukè] ▸ **je lis beaucoup de romans, surtout italiens** 我读了很多的小说，主要是意大利小说 [wǒ dú le hěnduō de xiǎoshuō, zhǔyào shì yìdàlì xiǎoshuō] ❸ (pour renforcer) 特别是 [tèbié shì] ▸ **surtout, dis-lui bien que je viendrai demain** 特别是要告诉他我明天会来的 [tèbié shì yào gàosu tā wǒ míngtiān huì lái de] ▸ **je ne veux surtout pas d'histoires avec eux** 我特别不愿意跟他们有什么纠葛 [wǒ tèbié bú yuànyì gēn tāmen yǒu shénme jiūgé].

▪ **surtout que** loc conj *fam* 况且 [kuàngqiě] ▸ **tu aurais pu venir, surtout qu'il y avait des amis à toi** 你本来应该来的，况且那里还有你的一些朋友 [nǐ běnlái yīnggāi lái de, kuàngqiě nàlǐ hái yǒu nǐde yìxiē péngyou].

surveillance nf 监督 [jiāndū] ▸ **les enfants sont sous la surveillance de leurs parents** 孩子们都在父母的监督之下 [háizimen dōu zài fùmǔ de jiāndū zhīxià] ▸ **mettre qqn sous haute surveillance** 使某人处于严密监视之下 [shǐ mǒurén chǔyú yánmì jiānshì zhīxià].

surveillant, e nm, f ❶ (gardien) ○ (cl. 名 [míng] ou 个 [gè] ou 位 [wèi]) 看守 [kānshǒu] ▸ **un surveillant de prison** 监狱看守 [jiānyù kānshǒu] ❷ SCOL (cl. 名 [míng] ou 个 [gè] ou 位 [wèi]) 学监 [xuéjiān] ▸ **un surveillant de lycée** 中学的学监 [zhōngxué de xuéjiān].

surveiller vt ❶ (garder) 看管 [kānguǎn] ▸ **peux-tu surveiller mon sac un instant ?** 你能帮我看管一下我的包吗？ [nǐ néng bāng wǒ kānguǎn yí xià wǒde bāo ma?] ▸ **surveiller un enfant** 看管孩子 [kānguǎn háizi] ▸ **surveiller un malade** 看护一个病人 [kānhù yí ge bìngrén] ❷ (être attentif à) 注意 [zhùyì] ▸ **surveiller son poids** 注意自己的体重 [zhùyì zìjǐ de tǐzhòng] ▸ **surveiller la cuisson d'un gâteau** 注意烤蛋糕 [zhùyì kǎo dàngāo].

survenir vi 突然发生 [tūrán fāshēng] ▸ **un tremblement de terre est survenu dans le sud du pays** 该国南部地区突然发生了地震 [gāi guó nánbù dìqū tūrán fāshēng le dìzhèn] ▸ **des problèmes sont survenus** 一些问题突然出现了 [yìxiē wèntí tūrán chūxiàn le].

survêtement nm (cl. 套 [tào]) 厚运动服 [hòu yùndòngfú].

survie nf ❶ (fait de se maintenir en vie) 存活 [cúnhuó] ▸ **quelles sont les chances de survie du blessé ?** 伤者存活的机率是多少？ [shāngzhě cúnhuó de jīlǜ shì duōshao?] ❷ *fig* (fait de continuer à exister) 残存 [cáncún] ▸ **la survie d'une entreprise** 一个企业的残存 [yí ge qǐyè de cáncún].

survivant, e nm, f (cl. 名 [míng] ou 个 [gè] ou 位 [wèi]) 幸存者 [xìngcúnzhě] ▸ **les survivants d'un incendie** 一场火灾的幸存者们 [yì chǎng huǒzāi de xìngcúnzhěmen].

survivre vi ❶ (continuer à vivre) 活了下来 [huó le xiàlai] ▸ **survivre à un accident** 在一场事故中活了下来 [zài yì chǎng shìgù zhōng huó le xiàlai] ❷ *fig* (continuer à exister) 继续存在 [jìxù cúnzài] ▸ **cette coutume a survécu à travers les siècles** 经过许多世纪这种习俗仍然继续存在 [jīngguò xǔduō shìjì zhè zhǒng xísú réngrán jìxù cúnzài].

survoler vt ❶ (voler au dessus de) 飞过 [fēiguò] ▸ **l'avion survole la mer** 飞机飞过大海 [fēijī fēiguò dàhǎi] ❷ (examiner rapidement) 粗略地做某事 [cūlüè de zuò mǒushì] ▸ **vous n'avez fait que survoler le problème** 你们只是粗略地了解了问题 [nǐmen zhǐ shì cūlüè de liáojiě le wèntí].

survolté, e adj (très excité) 极兴奋的 [jíxīngfèn de] ▸ **j'étais survolté à l'idée de le rencontrer** 我一想到要见到他就极兴奋 [wǒ yì xiǎngdào yào jiàndào tā jiù jíxīngfèn] ▸ **une foule survoltée** 兴奋的人群 [xīngfèn de rénqún].

susceptible adj ❶ (qui se vexe facilement) 容易生气的 [róngyì shēngqì de] ❷ (en mesure de) 可能 [kěnéng] ▸ **ce candidat est susceptible de remporter le concours** 这个候选人可能

会取得竞争的胜利 [zhè ge hòuxuǎnrén kěnéng huì qǔdé jìngzhēng de shènglì] ▸ **cette proposition est susceptible de t'intéresser** 这个建议可能会让你感兴趣 [zhè ge jiànyì kěnéng huì ràng nǐ gǎn xìngqu].

susciter vt 引起 [yǐnqǐ] ▸ **susciter la révolte** 引起反抗 [yǐnqǐ fǎnkàng].

Su Shi, Su Dongpo npr (poète) 苏轼 [Sū Shì]; 苏东坡 [Sū Dōngpō].

suspect, e ♦ adj (qui fait naître des soupçons) 可疑的 [kěyí de] ▸ **un individu suspect** 一个可疑的人 [yí ge kěyí de rén]. ♦ nm, f (cl. 名 [míng] ou 个 [gè]) 嫌疑犯 [xiányífàn] ▸ **la police a arrêté les suspects** 警察抓住了所有嫌疑犯 [jǐngchá zhuāzhù le suóyǒu xiányífàn].

suspecter vt (soupçonner) 怀疑 [huáiyí] ▸ **la police le suspecte d'être le meurtrier** 警察怀疑他是凶手 [jǐngchá huáiyí tā shì xiōngshǒu].

suspendre vt ❶ (accrocher) 挂 [guà] ▸ **suspendre un tableau au mur** 把一幅画挂在墙上 [bǎ yì fú huà guà zài qiáng shàng] ❷ (interrompre) 暂停 [zàntíng] ▸ **le juge a suspendu l'audience** 法官暂停了庭讯 [fǎguān zàntíng le tíngxùn] ▸ **suspendre la publication d'un journal** 暂时停止一家报纸的发行 [zànshí tíngzhǐ yì jiā bàozhǐ de fāxíng] ❸ (destituer) 暂时停某人的职 [zànshí tíng mǒurén de zhí] ▸ **suspendre un juge** 暂停一个法官的职权 [zàntíng yí ge fǎguān de zhíquán] ▸ **suspendre un joueur de foot** 暂时停止一个足球运动员比赛 [zànshí tíngzhǐ yí ge zúqiú yùndòngyuán bǐsài].

suspens ▪ **en suspens** loc adv & loc adj 悬而未决的 [xuán'érwèijué de] ▸ **cette question reste en suspens** 这个问题依然是悬而未决 [zhè ge wèntí yīrán shì xuán'érwèijué] ▸ **projet en suspens** 悬而未定的计划 [xuán'érwèidìng de jìhuà].

suspense nm 悬念 [xuánniàn].

suspension nf ❶ (interruption momentanée) 暂停 [zàntíng] ▸ **la suspension d'une audience** 暂停庭讯 [zàntíng tíngxùn] ❷ (fait de retirer ses fonctions à qqn) ▸ **la suspension d'un maire** 市长的停职 [shìzhǎng de tíngzhí] ▸ **la suspension du permis de conduire** 暂扣驾驶执照 [zàn kòu jiàshǐ zhízhào] ❸ (état d'une chose suspendue) 吊 [diào] ▸ **les alpinistes sont en suspension au-dessus du vide** 登山运动员被吊在半空中 [dēngshān yùndòngyuán bèi diào zài bànkōng zhōng] ❹ (d'un véhicule) 悬挂装置 [xuánguà zhuāngzhì] ▸ **cette voiture a une bonne suspension** 这辆车的悬挂装置很好 [zhè liàng chē de xuánguà zhuāngzhì hěn hǎo] ❺ (lustre) 悬挂式分枝吊灯 [xuánguà shì fēnzhī diàodēng].

Suzhou npr (ville) 苏州 [Sūzhōu].

svelte adj 瘦长的 [shòucháng de] ▸ **une silhouette svelte** 瘦长的身材 [shòucháng de shēncái].

SVP abr de **s'il vous plaît** ; ➤ **plaît.**

Swaziland nm ▸ **le Swaziland** 斯威士兰 [Sīwēishìlán].

sweat-shirt, sweat nm (cl. 件 [jiàn] ou 套 [tào]) 运动套衫 [yùndòng tàoshān].

syllabe nf 音节 [yīnjié].

symbole nm ❶ (représentation) 象征 [xiàngzhēng] ▸ **la balance est le symbole de la justice** 天平是公正的象征 [tiānpíng shì gōngzhèng de xiàngzhēng] ❷ (signe) 符号 [fúhào] ▸ **un symbole chimique** 化学符号 [huàxué fúhào].

symbolique ♦ adj ❶ (qui sert de symbole) 象征性的 [xiàngzhēngxìng de] ▸ **la balance a une signification symbolique** 天平有一个象征性的意义 [tiānpíng yǒu yí ge xiàngzhēngxìng de yìyì] ❷ (qui repose sur des symboles) 符号的 [fúhào de] ▸ **écriture symbolique** 图象文字 [túxiàng wénzì] ▸ **langage symbolique** 符号语言 [fúhào yǔyán] ❸ (qui vaut par ce qu'il représente) 具有象征意义的 [jùyǒu xiàngzhēng yìyì de] ▸ **un geste purement symbolique** 一个具有象征意义的举动 [yí ge jùyǒu xiàngzhēng yìyì de jǔdòng]. ♦ nf (système de symboles) 象征意义 [xiàngzhēng yìyì] ▸ **la symbolique des fleurs** 花的象征意义 [huā de xiàngzhēng yìyì] ▸ **la symbolique des nombres** 数字的象征意义 [shùzì de xiàngzhēng yìyì].

symboliser vt 象征 [xiàngzhēng].

symétrie nf 对称 [duìchèn] ▸ **la parfaite symétrie des fenêtres sur une façade** 正面墙上那些窗户的完美对称性 [zhèngmiàn qiáng shàng nàxiē chuānghu de wánměi duìchèn xìng].

sympa (abr de **sympathique**) adj *fam* ❶ (sympathique) 讨人喜欢的 [tǎorén xǐhuān de] ▸ **c'est une femme très sympa** 这是个很讨人喜欢的女人 [zhè shì ge hěn tǎorén xǐhuan de nǚrén] ❷ (agréable) ▸ **je connais un restaurant sympa dans le quartier** 我认识附近一家不错的餐馆 [wǒ rènshi fùjìn yì jiā búcuò de cānguǎn] ▸ **leur appartement est très sympa** 他们的公寓房很舒服 [tāmende gōngyùfáng hěn shūfu] ▸ **on a passé une soirée très sympa** 我们度过一个非常愉快的夜晚 [wǒmen dùguò yí ge fēicháng yúkuài de yèwǎn].

sympathie nf ❶ (amitié, bienveillance) 好感 [háogǎn] ▸ **avoir ou éprouver de la sympathie pour qqn** 对某人有好感 [duì mǒurén yǒu háogǎn] ❷ (condoléances) 慰问 [wèiwèn] ▸ **recevoir des témoignages de sympathie** 接受慰问 [jiēshòu wèiwèn] ❸ (bonne disposition) 同感 [tónggǎn] ▸ **accueillir un projet avec sympathie** 对一项计划有同感 [duì yí xiàng jìhuà yǒu tónggǎn].

sympathique adj ❶ (personne) 和气可亲的 [héqi kěqīn de] ▸ **une femme très sympathique** 一个非常和气可亲的女人 [yí ge fēicháng héqi kěqīn de nǚrén] ❷ (agréable) 愉快的 [yúkuài de] ▸ **passer une soirée sympathique** 度过一个愉快的夜晚 [dùguò yí ge yúkuài de yèwǎn] ❸ MÉD 交感神经系统的 [jiāogǎn shénjīng xìtǒng de].

sympathiser vi 彼此产生好感 [bícǐ chǎnshēng háogǎn] ▸ **nous avons tout de suite sympathisé** 我们马上就彼此产生了好感 [wǒmen mǎshàng jiù bícǐ chǎnshēng le háogǎn].

symphonie nf MUS (cl. 场 [chǎng]) 交响乐 [jiāoxiǎngyuè] ▸ **jouer une symphonie de Beethoven** 演奏一场贝多芬的交响乐 [yǎnzòu yì chǎng Bèiduōfēn de jiāoxiǎngyuè].

symptôme nm MÉD 症状 [zhèngzhuàng] ▸ **les symptômes de la grippe** 感冒的各种症状 [gǎnmào de gè zhǒng zhèngzhuàng].

synagogue nf RELIG (cl. 座 [zuò]) 犹太教堂 [yóutài jiàotáng].

synchroniser vt 使......同步 [shǐ... tóngbù] ▸ **synchroniser des mouvements** 使运动同步 [shǐ yùndòng tóngbù].

syndicaliste nmf (cl. 名 [míng] ou 个 [gè] ou 位 [wèi]) 工会干部 [gōnghuì gànbù].

syndicat nm ❶ (pour la défense d'intérêts professionnels) 工会 [gōnghuì] ▸ **un syndicat ouvrier** 一个工人工会 [yí ge gōngrén gōnghuì] ▸ **les syndicats ont voté la grève** 工会投票通过罢工 [gōnghuì tóupiào tōngguò bàgōng] ❷ (pour le développement du tourisme) ▸ **le syndicat d'initiative** 旅游服务处 [lǚyóu fúwù chù].

synonyme ♦ adj 同义的 [tóngyì de] ▸ **des termes synonymes** 一些同义词 [yìxiē tóngyì cí]. ♦ nm 同义词 [tóngyìcí].

synthèse nf ❶ (exposé d'ensemble) 概括 [gàikuò] ▸ **avoir l'esprit de synthèse** 有概括能力 [yǒu gàikuò nénglì] ▸ **faire la synthèse de qqch** 概括某事 [gàikuò mǒushì] ❷ CHIM 合成 [héchéng] ▸ **un produit de synthèse** 一个合成产品 [yí ge héchéng chánpǐn].

synthétique adj ❶ (qui constitue une synthèse, analytique) 综合的 [zōnghé de] ▸ **il nous a fait un exposé synthétique de la situation** 他给我们作了一个综合形势报告 [tā gěi wǒmen zuò le yí ge zōnghé xíngshì bàogào] ▸ **avoir un esprit synthétique** 有综合能力 [yǒu zōnghé nénglì] ❷ (obtenu par synthèse) 合成的 [héchéng de] ▸ **une fibre synthétique** 一种合成纤维 [yì zhǒng héchéng xiānwéi].

synthétiseur nm MUS (cl. 台 [tái]) 电子合成器 [diànzǐ héchéng qì] ▸ **jouer du synthétiseur** 弹电子琴 [dàn diànzǐqín].

Syrie nf ▸ **la Syrie** 叙利亚 [Xùlìyà].

syrien, enne adj 叙利亚的 [xùlìyà de].

■ **Syrien, enne** nm, f (cl. 名 [míng] ou 个 [gè]) 叙利亚人 [Xùlìyàrén].

systématique adj ❶ (méthodique) 系统的 [xìtǒng de] ▸ **une fouille systématique** 一次系统的搜查 [yí cì xìtǒng de sōuchá] ❷ (répété, habituel) 一贯的 [yíguàn de] ▸ **quand je dis oui, il dit non, c'est systématique !** 我说是，他就说不，一贯都是这

样！ [wǒ shuō shì, tā jiù shuō bù, yíguàn dōu shì zhèyàng!].

système nm ❶ (ensemble d'éléments) 系 [xì] ▸ **un système solaire** 太阳系 [tàiyáng xì] ❷ (ensemble d'institutions) 制度 [zhìdù] ▸ **système scolaire** 学校教育制度 [xuéxiào jiàoyù zhìdù] ▸ **système politique** 政治制度 [zhèngzhì zhìdù] ❸ (dispositif) ○ (cl. 套 [tào]) 系统 [xìtǒng] ▸ **système d'alarme** 警报系统 [jǐngbào xìtǒng] ❹ (ensemble de méthodes) 方法 [fāngfǎ] ▸ **un système d'éducation** 教育方法 [jiàoyù fāngfǎ] ❺ (moyen ingénieux) 巧妙的办法 [qiǎomiào de bànfǎ] ▸ **un bon système pour entrer sans payer** 能免费进去的巧妙办法 [néng miǎnfèi jìnqu de qiǎomiào bànfǎ] ▸ **le système D** 临时解决问题的妙计 [línshí jiějué wèntí de miàojì] ❻ ANAT 系统 [xìtǒng] ▸ **le système nerveux** 神经系统 [shénjīng xìtǒng].

t

t, T nm inv 法语字母表中第二十个字母 [fáyǔ zìmúbiǎo zhōng dì'èrshí ge zìmǔ].

tabac nm ❶ (plante) 烟草 [yāncǎo] ▸ **une plantation de tabac** 烟草种植 [yāncǎo zhòngzhí] ❷ (produit manufacturé) ○ (cl. 根 [gēn]) 烟丝 [yānsī] ▸ **tabac blond** 黄烟丝 [huáng yānsī] ▸ **tabac brun** 黑烟丝 [hēi yānsī] ▸ **fumer du tabac** 抽烟 [chōu yān] ❸ (magasin) 烟草专卖店 [yāncǎo zhuānmàidiàn].

tabagisme nm 烟草中毒 [yāncǎo zhòngdú] ▸ **la lutte contre le tabagisme passif** 反对被动吸烟的斗争 [fǎnduì bèidòng xīyān de dòuzhēng].

table nf ❶ (destinée aux repas) ○ (cl. 张 [zhāng]) 餐桌 [cānzhuō] ▸ **à table !** 吃饭了！ [chīfàn le!] ▸ **débarrasser la table** 收拾餐桌 [shōushi cānzhuō] ▸ **être à table** 在吃饭 [zài chīfàn] ▸ **linge de table** 餐桌的布制品 [cānzhuō de bùzhìpǐn] ▸ **mettre la table** 摆餐桌 [bǎi cānzhuō] ▸ **se mettre à table** 入席就餐 [rùxí jiùcān] ▸ **sortir de table** 离开餐桌 [líkāi cānzhuō] ▸ **vin de table** 餐用葡萄酒 [cān yòng pútaojiǔ] ❷ (destinée à d'autres usages) ▸ **table à langer** 婴儿架 [yīng'ér jià] ▸ **table de nuit ou de chevet** 床头柜 [chuángtóu guì] ▸ **table d'opération** 手术台 [shǒushù tái] ▸ **table de ping-pong** 乒乓球台 [pīngpāngqiú tái] ▸ **table à repasser** 熨衣板 [yùnyībǎn].

▪ **table des matières** nf 目录 [mùlù] ▸ **consulter la table des matières d'un livre** 查看一本书的目录 [chákàn yì běn shū de mùlù].

▪ **table de multiplication** nf 乘法表 [chéngfǎbiǎo] ▸ **apprendre ses tables de multiplications par cœur** 背乘法表 [bèi chéngfǎbiǎo].

tableau nm ❶ (peinture) ○ (cl. 幅 [fú]) 画 [huà] ▸ **accrocher un tableau au mur** 把一幅画挂在墙上 [bǎ yì fú huà guà zài qiáng shàng] ❷ SCOL ▸ **tableau (noir)** (cl. 块 [kuài]) 黑板 [hēibǎn] ❸ (panneau) 公告牌 [gōnggào pái] ▸ **tableau d'affichage** 告示牌 [gàoshi pái] ▸ **tableau de bord** 仪表板 [yíbiǎo bǎn] ❹ (liste organisée) ○ (cl. 张 [zhāng] ou 个 [gè]) 表 [biǎo] ▸ **un tableau de conjugaison** 一张动词变位表 [yì zhāng dòngcí biànwèi biǎo].

tablette nf ❶ (petite étagère) 架子 [jiàzi] ❷ (aliment sous forme de plaque) 板 [bǎn] ▸ **une tablette de chocolat** 一板巧克力 [yì bǎn qiǎokèlì].

tablier nm 围裙 [wéiqún].

tabou, e adj 忌讳的 [jìhuì de] ▸ **un sujet tabou** 一个忌讳的话题 [yí ge jìhuì de huàtí].

▪ **tabou** nm 禁忌 [jìnjì] ▸ **les tabous sexuels** 性禁忌 [xìng jìnjì].

tabouret nm 凳子 [dèngzi] ▸ **un tabouret de piano** 钢琴凳 [gāngqín dèng].

tache nf ❶ (marque naturelle) 斑点 [bāndiǎn] ▸ **les taches du léopard** 豹子的斑点 [bàozi de bāndiǎn] ▸ **des taches de rousseur** 雀斑 [què bān] ❷ (saleté) ○ (cl. 块 [kuài]) 污迹 [wūjì] ▸ **enlever une tache** 去掉污迹 [qùdiào wūjì] ▸ **faire une tache** 弄上了一块污迹 [nòng shàng le yí kuài wūjì] ▸ **une tache d'encre** 一

块墨迹 [yí kuài mòjì] ▸ **une tache de vin** 一块葡萄酒的污迹 [yí kuài pútaojiǔ de wūjì].

tâche nf (besogne) ○ (cl. 项 [xiàng]) 任务 [rènwu] ▸ **remplir sa tâche** 完成了自己使命 [wánchéng le zìjǐ shǐmìng] ▸ **les tâches ménagères** 家务 [jiā wù].

tacher vt 弄脏 [nòngzāng] ▸ **il a taché la moquette** 他弄脏了地毯 [tā nòngzāng le dìtǎn].

■ **se tacher** vp ❶ (faire des taches sur ses vêtements) 给自己弄上污迹 [gěi zìjǐ nòng shàng wūjì] ▸ **je me suis encore taché** 我又给自己弄上了污迹 [wǒ yòu gěi zìjǐ nòng shàng le wūjì] ❷ (recevoir des taches) 被弄脏 [bèi nòngzāng] ▸ **ce tissu se tache facilement** 这种布料容易被弄脏 [zhè zhǒng bùliào róngyì bèi nòngzāng].

tâcher de v+prép 尽力 [jìnlì] ▸ **je vais tâcher de finir ce travail pour demain** 我将尽力在明天完成这项工作 [wǒ jiāng jìnlì zài míngtiān wánchéng zhè xiàng gōngzuò].

tacheté, e adj (couvert de taches naturelles) 有斑点的 [yǒu bāndiǎn de] ▸ **le léopard a une robe tachetée** 豹子有一身有斑点的毛皮 [bàozi yǒu yì shēn yǒu bāndiǎn de máopí].

tacite adj 默示的 [mòshì de] ▸ **un accord tacite** 默许 [mòxǔ].

taciturne adj 沉默寡言的 [chénmò guǎyán de].

tact nm 分寸 [fēncun] ▸ **avoir du tact** 有分寸 [yǒu fēncùn] ▸ **manquer de tact** 缺少分寸 [quēshǎo fēncun].

tactique nf ❶ (stratégie sportive ou militaire) 战术 [zhànshù] ▸ **avoir une bonne tactique** 有一项好的战术 [yǒu yí xiàng hǎo de zhànshù] ❷ (ensemble de moyens, procédure) ○ (cl. 项 [xiàng] ou 套 [tào] ou 个 [gè]) 策略 [cèlüè] ▸ **la tactique électorale d'un parti** 一个政党的参选策略 [yí ge zhèngdǎng de cānxuǎn cèlüè].

taël nm (monnaie, pièce) 两(银子) [liǎng (yínzi)].

tag nm (cl. 处 [chù]) 标记 [biāojì] ▸ **un mur couvert de tags** 一面布满标记的墙 [yí miàn bùmǎn biāojì de qiáng].

taïchi, taiji nm (art martial) 太极拳 [tàijíquán].

taie nf ▸ **une taie d'oreiller** 一个枕头套 [yí ge zhěntou tào].

taïkonaute nm, f ASTRON 太空人 [tàikōngrén].

taille nf ❶ (action de tailler) 修剪 [xiūjiǎn] ▸ **la taille des rosiers** 修剪玫瑰 [xiūjiǎn méigui] ❷ (stature) 身材 [shēncái] ▸ **un homme de petite taille** 一个身材矮小的男人 [yí ge shēncái áixiǎo de nánren] ▸ **il est à peu près de ma taille** 他身材差不多和我一样高 [tā shēncái chàbuduō hé wǒ yíyàng gāo] ❸ (dimensions) 大小 [dàxiǎo] ▸ **quelle est la taille de ton appartement ?** 你的套间有多大? [nǐde tàojiān yǒu duō dà?] ❹ (mesure d'un vêtement) 号 [hào] ▸ **vous faites quelle taille en pantalon ?** 您穿多少号的裤子? [nín chuān duōshao hào de kùzi?] ▸ **ce pull est à ma taille** 这件套头衫是我穿的号 [zhè jiàn tàotóushān shì wǒ chuān de hào] ▸ **il me faudrait la taille au-dessus** 我得穿大一号的 [wǒ děi chuān dà yí hào de] ❺ (milieu du corps) 腰 [yāo] ▸ **avoir la taille fine** 腰细 [yāo xì] ▸ **quel est votre tour de taille ?** 您的腰围是多少? [nínde yāowéi shì duōshao?].

taille-crayon nm (cl. 把 [bǎ] ou 个 [gè]) 削铅笔刀 [xiāo qiānbǐ dāo].

tailler vt ❶ (ciseler) 雕琢 [diāozhuó] ▸ **tailler un diamant** 雕琢一块钻石 [diāozhuó yí kuài zuànshí] ❷ (raccourcir) 修剪 [xiūjiǎn] ▸ **tailler les rosiers** 修剪这些玫瑰 [xiūjiǎn zhèxiē méigui] ▸ **tailler un crayon** 削铅笔 [xiāo qiānbǐ] ❸ (confectionner) 裁剪 [cáijiǎn] ▸ **tailler une robe** 裁剪一条连衣裙 [cáijiǎn yì tiáo liányīqún].

tailleur nm ❶ (couturier) ○ (cl. 名 [míng] ou 个 [gè] ou 位 [wèi]) 裁缝 [cáifeng] ❷ (vêtement) ○ (cl. 身 [shēn]) 女式套装 [nǚ shì tàozhuāng] ❸ (ouvrier qui taille) ○ (cl. 名 [míng] ou 个 [gè] ou 位 [wèi]) 琢磨工 [zhuómogōng] ▸ **un tailleur de diamants** 一位钻石琢磨工 [yí wèi zuànshí zhuómogōng] ▸ **un tailleur de pierres** 一位石匠 [yí wèi shí jiàng]

◊ **s'asseoir en tailleur** 盘腿而坐 [pántuǐ ér zuò].

taire vt (passer sous silence) 不说 [bùshuō] ▸ **taire le nom de qqn** 不说某人的名字 [bùshuō mǒurén de míngzi] ▸ **faire taire qqn** 让某人沉默 [ràng mǒurén chénmò].

■ **se taire** vp 不作声 [bú zuòshēng] ▸ **confiez-vous à moi, je saurai me taire** 您可以向我吐露一切，我会保持沉默的 [nín kéyǐ xiàng wǒ tǔlù yíqiè, wǒ huì bǎochí chénmò de] ▸ **tais-toi !** 闭嘴！ [bìzuǐ!].

Taiwan npr 台湾 [Táiwān].

Taiyuan npr (ville) 太原 [Tàiyuán].

Takla-Makan (désert du) npr 塔克拉马干 [Tǎkèlāmǎgān].

talc nm 爽身粉 [shuǎngshēnfěn] ▸ **elle a mis du talc sur les fesses de son bébé** 她给她孩子的屁股上抹些爽身粉 [tā gěi tā háizi de pìgu shàng mǒ xiē shuǎngshēnfěn].

talent nm ❶ (habileté, don) 才能 [cáinéng] ▸ **elle a du talent pour le jardinage** 她在园艺方面很有才能 [tā zài yuányì fāngmiàn hěn yǒu cáinéng] ▸ **ce jeune comédien a beaucoup de talent** 这个年轻演员很有才华 [zhè ge niánqīng yǎnyuán hěn yǒu cáihuá] ❷ (personne talentueuse) 有才能的人 [yǒucáinéng de rén].

talon nm ❶ ANAT (du pied) 脚后跟 [jiǎohòugēn] ▸ **j'ai une ampoule au talon** 我的脚后跟上起了一个泡 [wǒde jiǎohòugēn shàng qǐ le yí ge pào] ❷ (d'une chaussure) 跟 [gēn] ▸ **des chaussures à talons** 带跟的鞋 [dài gēn de xié] ▸ **des talons hauts** 高跟 [gāo gēn] ▸ **des talons plats** 平跟 [píng gēn] ❸ (d'un chèque) 存根 [cúngēn].

talus nm inv 斜坡 [xiépō] ▸ **un talus borde la route** 路旁是一个斜坡 [lùpáng shì yí ge xiépō].

tambour nm ❶ (instrument) ○ (cl. 面 [miàn] ou 个 [gè]) 鼓 [gǔ] ▸ **jouer du tambour** 敲鼓 [qiāo gǔ] ❷ (musicien) ○ (cl. 名 [míng] ou 个 [gè] ou 位 [wèi]) 鼓手 [gúshǒu] ▸ **les tambours sont en tête du défilé** 鼓手们走在队伍的前面 [gúshǒumen zǒu zài duìwǔ de qiánmian] ❸ (cylindre) 滚筒 [gúntǒng] ▸ **le tambour d'une machine à laver** 洗衣机的滚筒 [xǐyījī de gúntǒng].

tambourin nm MUS (cerceau à grelots) ○ (cl. 面 [miàn] ou 个 [gè]) 铃鼓 [línggǔ].

Tamise nf ▸ **la Tamise** 泰晤士河 [Tàiwù-shìhé].

tamisé, e adj ❶ (passé au tamis) 筛 [shāi] ▸ **de la farine tamisée** 筛过的面粉 [shāi guò de miànfěn] ❷ (adouci) 柔和的 [róuhe de] ▸ **une lumière tamisée** 一道柔和的光 [yí dào róuhe de guāng].

tamiser vt ❶ (passer au tamis) 筛 [shāi] ❷ (adoucir) 使……变得柔和 [shǐ… biànde róuhe] ▸ **ces rideaux tamisent la lumière** 窗帘使光线变得柔和 [chuānglián shǐ guāngxiàn biànde róuhe].

tampon nm ❶ (hygiénique) 卫生棉条 [wèi-shēng miántiáo] ❷ (cachet) 戳 [chuō] ▸ **le tampon d'une entreprise** 一个企业的印章 [yí ge qǐyè de yìnzhāng] ▸ **le tampon de la poste** 邮戳 [yóu chuō].

tamponner vt (apposer un tampon) 盖戳 [gài-chuō] ▸ **tamponner une facture** 给一张发票盖戳 [gěi yì zhāng fāpiào gàichuō].

tandem nm ❶ (vélo) ○ (cl. 辆 [liàng]) 双人自行车 [shuāngrén zìxíngchē] ▸ **faire du tandem** 骑双人自行车 [qí shuāngrén zìxíngchē] ❷ (duo) 两人一组 [liǎng rén yì zǔ] ▸ **travailler en tandem** 两人一组工作 [liǎng rén yì zǔ gōngzuò].

tandis ■ **tandis que** loc conj ❶ (pendant que) 当……的时候 [dāng… de shíhou] ▸ **nous sommes arrivés tandis qu'ils déjeunaient** 当他们在吃午饭的时候，我们到了 [dāng tāmen zài chī wǔfàn de shíhou, wǒmen dào le] ❷ (alors que) 然而 [rán'ér] ▸ **elle aime l'opéra tandis que lui préfère le jazz** 她喜欢歌剧，而他却喜欢爵士乐 [tā xǐhuān gējù, ér tā què xǐhuān juéshìyuè].

Tang npr (dynastie) 唐 [Táng].

tangent, e adj MATH 相切的 [xiāngqiē de] ▸ **tracer une droite tangente à un cercle** 画一条与一个圆相切的直线 [huà yì tiáo yǔ yí ge yuán xiāngqiē de zhíxiàn].

■ **tangente** nf MATH (cl. 条 [tiáo]) 切线 [qiēxiàn] ▸ **tangente d'un angle** 角的正切线 [jiǎo de zhèngqiē xiàn].

Tang Gaozu npr (empereur) 唐高祖 [Táng Gāozǔ].

tangible adj (concret) 切实的 [qièshí de] ▸ **une preuve tangible** 一个切实的证据 [yí ge qièshí de zhèngjù].

Tang Xuanzong npr (empereur) 唐玄宗 [Táng Xuánzōng].

tank nm MIL (cl. 辆 [liàng]) 坦克 [tǎnkè].

tanner vt 鞣制 [róuzhì] ▸ **tanner une peau** 鞣制一张皮 [róuzhì yì zhāng pí].

tant adv ❶ (tellement) 那么(多) [nàme (duō)] ▸ **il travaille tant qu'il n'a pas le temps de voir ses enfants** 他工作那么多以致于没有时间去看他的孩子们 [tā gōngzuò nàme duō yǐzhì yú méiyǒu shíjiān qù kàn tāde háizimen] ▸ **je voudrais tant y aller** 我那么想去 [wǒ nàme xiǎng qù] ▸ **tant de** 那么多的 [nàme duō de] ▸ **elle a tant de livres qu'elle ne sait plus où les mettre** 她有那么多的书以致于她不知道该往哪儿放 [tā yǒu nàme duō de shū yǐzhì yú tā bùzhīdào gāi wǎng nǎr fàng] ❷ (une valeur indéfinie) 若干 [ruògān] ▸ **ça coûte tant** 这个价值若干 [zhè ge jiàzhí ruògān] ▸ **il gagne tant de l'heure** 他每小时挣若干工资 [tā měi xiǎoshí zhèng ruògān gōngzī] ❸ (comparatif) 不论 [búlùn] ▸ **pour des raisons tant économiques que politiques** 出于不论是经济还是政治的原因 [chūyú búlùn shì jīngjì háishi zhèngzhì de yuányīn].

▪ **en tant que** loc conj 作为 [zuòwéi] ▸ **en tant que citoyens, nous devons voter** 作为公民，我们应该投票 [zuòwéi gōngmín, wǒmen yīnggāi tóupiào].

▪ **tant bien que mal** loc adv 好歹 [háodǎi] ▸ **ils ont fini par y arriver tant bien que mal** 他们好歹总算是做成了 [tāmen háodǎi zǒngsuàn shì zuòchéng le].

▪ **tant mieux** loc adv 那么更好 [nàme gèng hǎo] ▸ **s'il vient, tant mieux, sinon tant pis** 如果他来，那么更好，不来就算了 [rúguǒ tā lái, nàme gèng hǎo, bù lái jiù suàn le].

▪ **tant pis** loc adv 那就算了 [nà jiù suàn le] ▸ **s'il n'est pas là, tant pis, je reviendrai demain** 如果他不在，那就算了，我明天再来 [rúguǒ tā bú zài, nà jiù suàn le, wǒ míngtiān zài lái].

▪ **tant que** loc conj 只要 [zhǐyào] ▸ **je ne partirai pas tant que tu n'auras pas répondu à ma question** 你只要不回答我的问题，我就不走 [nǐ zhǐyào bù huídá wǒde wèntí, wǒ jiù bù zǒu].

tante nf (cl. 位 [wèi] ou 个 [gè]) ❶ (sœur du père) 姑姑 [gūgu] ❷ (sœur de la mère) 姨妈 [yímā] ❸ (femme du frère du père) 婶婶 [shěnshen] ❹ (femme du frère de la mère) 舅妈 [jiùmā].

tantôt adv (parfois) 有时 [yǒushí] ▸ **tantôt..., tantôt...** 有时......，有时...... [yǒushí..., yǒushí...] ▸ **il est tantôt aimable, tantôt désagréable** 他有时和气可亲，有时惹人讨厌 [tā yǒushí héqi kěqīn, yǒushí rě rén tǎoyàn].

Tanzanie nf ▸ **la Tanzanie** 坦桑尼亚 [Tǎnsāngníyà].

tao nm PHILO 道 [dào] ▸ **la voie du tao** 道 [dào].

taoïsme nm (philosophie) 道家 [dàojiā].

taoïste adj 道家的 [dàojiā de] ▸ **un moine taoïste** 道士 [dàoshi].

Tao Qian, Tao Yuanming npr (poète) 陶潜 [Táo Qián]; 陶渊明 [Táo Yuānmíng].

tapage nm 喧闹 [xuānnào] ▸ **tapage nocturne** 深夜喧闹 [shēnyè xuānnào]
◊ **faire du tapage autour de qqch** 对某事大肆宣传 [duì mǒushì dàsì xuānchuán].

tape nf (de la main) ○ (cl. 下 [xià] ou 记 [jì]) 拍 [pāi] ▸ **son père lui a donné une petite tape sur la joue** 他的父亲在他的脸颊上轻轻地拍了一下 [tāde fùqin zài tāde liǎnjiá shàng qīngqīng de pāi le yí xià].

taper ♦ vt ❶ (frapper) 打 [dǎ] ▸ **je ne veux plus que tu tapes ta petite sœur** 我不容许你再打你的妹妹 [wǒ bù róngxǔ nǐ zài dǎ nǐde mèimei] ❷ (écrire) 打(字) [dǎ (zì)] ▸ **taper un texte sur un ordinateur** 用计算机打一篇文章 [yòng jìsuànjī dǎ yì piān wénzhāng] ▸ **'veuillez taper votre code confidentiel'** 请输入您的密码 [qǐng shūrù nínde mìmǎ].
♦ vi ❶ (donner un coup) 击 [jī] ▸ **taper dans ses mains** 鼓掌 [gǔ zhǎng] ❷ *fig* (chauffer très fort) 晒人 [shàirén] ▸ **le soleil tape** 太阳晒人 [tàiyáng shàirén].

tapis nm inv ❶ (d'ameublement) ○ (cl. 块 [kuài]) 地毯 [dìtǎn] ▸ **un tapis de bain** 浴室地毯 [yùshì dìtǎn] ❷ (utilitaire) ○ (cl. 条 [tiáo]) 带 [dài] ▸ **un tapis roulant** 一条传送带 [yì tiáo chuánsòng dài].

tapisser vt (couvrir de tissu ou de papier peint) 用挂毯装饰 [yòng guàtǎn zhuāngshì] ▸ **tapisser**

les murs avec du papier peint 用壁纸贴墙 [yòng bìzhǐ tiē qiáng].

tapisserie nf ❶ (papier peint) 壁纸 [bìzhǐ] ▸ **ils ont refait toutes les tapisseries de l'appartement** 他们重新贴了房子的壁纸 [tāmen chóngxīn tiē le fángzi de bìzhǐ] ❷ (panneau décoratif) ○ (cl. 块 [kuài] ou 张 [zhāng]) 挂毯 [guàtǎn] ▸ **les tapisseries des Gobelins** 戈贝林的挂毯 [Gēbèilín de guàtǎn] ❸ (art) 绒绣 [róngxiù] ▸ **faire de la tapisserie** 制作绒绣 [zhìzuò róngxiù].

taquiner vt 逗弄 [dòunong] ▸ **il aime bien taquiner sa petite sœur** 他很喜欢逗弄他的小妹妹 [tā hěn xǐhuan dòunong tāde xiǎo mèimei].

tard adv 晚 [wǎn] ▸ **se coucher tard** 晚睡 [wǎn shuì] ▸ **se lever tard** 起床晚 [qǐchuáng wǎn] ▸ **tu arrives trop tard** 你来得太晚了 [nǐ láide tài wǎn le] ▸ **veuillez rappeler plus tard** 请您晚些时候再打过来 [qǐng nín wǎn xiē shíhou zài dǎ guòlái] ▸ **il sera là dans deux heures au plus tard** 他最晚两个小时后到那里 [tā zuì wǎn liǎng ge xiǎoshí hòu dào nàlǐ].

tarder ♦ vi (mettre longtemps) ▸ **sa décision a un peu tardé** 他的决定有点晚了 [tāde juédìng yǒu diǎn wǎn le] ▸ **il ne va pas tarder à arriver** 他快到了 [tā kuài dào le] ▸ **ça ne devrait pas tarder** 快了 [kuài le]. ♦ v impers (exprime l'impatience) 急于 [jíyú] ▸ **il me tarde de le revoir** 我急于再见到他 [wǒ jíyú zàijiàn dào tā] ▸ **il me tarde qu'il arrive** 我急于要他来 [wǒ jíyú yào tā lái].

tarif nm 价 [jià] ▸ **un billet à tarif réduit** 一张优惠票 [yì zhāng yōuhuì piào] ▸ **un billet plein tarif** 一张全价票 [yì zhāng quán jià piào] ▸ **le boulanger a augmenté ses tarifs** 面包店老板涨了价 [miànbāodiàn lǎobǎn zhǎng le jià] ▸ **demi-tarif** 半价 [bàn jià] ▸ **quels sont vos tarifs ?** 您开的价是多少？ [nín kāi de jià shì duōshao?].

Tarim npr (fleuve) 塔里木 [Tǎlǐmù].

tarir ▪ **se tarir** vp 枯竭 [kūjié] ▸ **la rivière s'est tarie à cause de la sécheresse** 河流由于干旱而枯竭了 [héliú yóuyú gānhàn ér kūjié le].

tarot nm (cl. 副 [fù]) 塔罗纸牌 [tǎluózhǐpái] ▸ **jouer au tarot** 玩塔罗纸牌 [wán tǎluózhǐpái] ▸ **faire une partie de tarot** 玩一盘塔罗纸牌 [wán yì pán tǎluózhǐpái].

tarte nf ❶ (sucrée) ○ (cl. 个 [gè] ou 块 [kuài]) 塔饼 [tǎbǐng] ❷ (salée) ○ (cl. 张 [zhāng] ou 块 [kuài]) 馅饼 [xiànbǐng].

tartine nf (de pain) ○ (cl. 块 [kuài]) 面包片 [miànbāopiàn] ▸ **beurrer ses tartines** 给面包片抹黄油 [gěi miànbāopiàn mǒ huángyóu] ▸ **une tartine grillée** 一块烤面包片 [yí kuài kǎo miànbāopiàn].

tartiner vt 抹 [mǒ] ▸ **elle a tartiné son pain de confiture** 她用果酱抹面包 [tā yòng guǒjiàng mǒ miànbāo].

tas nm ❶ (amas) 堆 [duī] ▸ **un tas de sable** 一堆沙子 [yì duī shāzi] ❷ (grand nombre) 许多 [xǔduō] ▸ **il y avait un tas de gens à sa soirée** 他的晚会上有许多人 [tāde wǎnhuì shàng yǒu xǔduō rén] ▸ **je me pose un tas de questions à son sujet** 我考虑了许多关于他的问题 [wǒ kǎolǜ le xǔduō guānyú tāde wèntí].

tasse nf (cl. 只 [zhī] ou 个 [gè]) 杯子 [bēizi] ▸ **une tasse à thé** 一个茶杯 [yí ge chá bēi] ▸ **une tasse de thé** 一杯茶 [yì bēi chá].

tasser vt (comprimer) 装 [zhuāng] ▸ **tasser du tabac dans une pipe** 在一只烟斗里装上烟叶 [zài yì zhī yāndǒu lǐ zhuāngshang yānyè] ▸ **tasser du foin** 把干草压实 [bǎ gāncǎo yāshí] ▸ **tasser des vêtements dans une valise** 把衣服塞进行李箱 [bǎ yīfu sāijìn xíngli xiāng].

▪ **se tasser** vp ❶ (s'affaisser) 下沉 [xiàchén] ▸ **le terrain se tasse** 土地下沉 [tǔdì xiàchén] ❷ (se voûter) 驼背 [tuóbèi] ▸ **son grand-père s'est un peu tassé avec l'âge** 他的祖父随着年事增高而驼背了 [tāde zǔfù suízhe niánshì zēnggāo ér tuóbèi le] ❸ (se serrer) 挤在 [jǐ zài] ▸ **se tasser à six sur une banquette** 六人挤在一条长凳上 [liù rén jǐ zài yì tiáo chángdèng shàng].

tâter vt (toucher) 摸 [mō] ▸ **tâter les fruits pour voir s'ils sont mûrs** 把摸水果看看是否熟了 [bǎmō shuíguǒ kànkan shìfǒu shóu le] ▸ **tâter le pouls d'un malade** 给一个病人把脉 [gěi yí ge bìngrén bǎmài]

◊ **tâter le terrain** 探探底 [tàntàn dǐ].

tâtonner vi ❶ (pour se diriger) 摸索 [mōsuo] ▸ **tâtonner dans le noir** 在黑暗中摸索 [zài hēi'àn zhōng mōsuo] ❷ *fig* (faire différents essais) 探索 [tànsuǒ] ▸ **nous avons pas mal tâtonné avant de trouver la bonne méthode** 我们不断探索才找到了好方法 [wǒmen búduàn tànsuǒ cái zhǎodào le hǎo fāngfǎ].

tâtons ▪ **à tâtons** loc adv (en tâtonnant) 摸索着 [mōsuozhe] ▸ **il avançait à tâtons dans l'obscurité** 在黑暗中他摸索着往前走 [zài hēi'àn zhōng tā mōsuozhe wǎng qián zǒu].

tatouage nm (cl. 个 [gè] ou 幅 [fú] ou 处 [chù]) 文身 [wénshēn] ▸ **un tatouage au henné** 一处散沫花刺青 [yí chù sànmòhuā cìqīng].

tatouer vt 文身 [wénshēn] ▸ **se faire tatouer** 让人给自己文身 [ràng rén gěi zìjǐ wénshēn].

taudis nm inv ❶ (logement misérable) ○ (cl. 处 [chù] ou 间 [jiān]) 破屋 [pò wū] ▸ **ces pauvres gens vivent dans un taudis** 这些穷人们就生活在一间破屋里 [zhèxiē qióngrénmen jiù shēnghuó zài yì jiān pòwū lǐ] ❷ *fig* & *péj* (maison ou pièce mal tenue) ○ (cl. 处 [chù] ou 间 [jiān]) 狗窝 [gǒuwō] ▸ **sa chambre est un vrai taudis** 他的住处简直就是狗窝 [tāde zhùchù jiǎnzhí jiù shì gǒuwō].

taupe nf ❶ ZOOL (cl. 只 [zhī]) 鼹鼠 [yǎnshǔ] ❷ *fig* (espion) 密探 [mìtàn].

taureau, x nm (animal) ○ (cl. 头 [tóu] ou 只 [zhī]) 公牛 [gōngniú].

▪ **Taureau** nm ASTROL 金牛座 [Jīnniúzuò] ▸ **être Taureau** 是金牛座 [shì Jīnniúzuò].

taux nm ❶ FIN (cours) 率 [lǜ] ▸ **taux de change** 汇率 [huì lǜ] ▸ **taux d'intérêt** 利率 [lì lǜ] ❷ (pourcentage) 百分比率 [bǎifēnbǐ lǜ] ▸ **taux de cholestérol** 胆固醇指数 [dǎngùchún zhǐshù] ▸ **taux de natalité** 出生率 [chūshēng lǜ].

taxe nf (cl. 笔 [bǐ]) 税款 [shuìkuǎn] ▸ **taxe d'habitation** 居住税 [jūzhù shuì] ▸ **taxe sur la valeur ajoutée** 增值税 [zēngzhí shuì] ▸ **hors taxe** 免税 [miǎn shuì] ▸ **toutes taxes comprises** 计税价 [jì shuì jià] ▸ **payer une taxe** 纳税 [nà shuì].

taxer vt ❶ (faire payer une taxe sur) 征税 [zhēngshuì] ▸ **l'État taxe les cigarettes** 国家对烟草征税 [guójiā duì yāncǎo zhēngshuì] ❷ *fam* (emprunter) 要 [yào] ▸ **taxer une cigarette à qqn** 跟某人要根烟 [gēn mǒurén yào gēn yān].

taxi nm ❶ (voiture) ○ (cl. 辆 [liàng]) 出租汽车 [chūzūqìchē] ▸ **appeler un taxi par téléphone** 打电话叫一辆出租汽车 [dǎ diànhuà jiào yí liàng chūzūqìchē] ▸ **prendre un taxi** 乘出租汽车 [chéng chūzūqìchē] ❷ *fam* (chauffeur) ○ (cl. 位 [wèi] ou 个 [gè] ou 名 [míng]) 出租汽车司机 [chūzūqìchēsījī].

TB, tb (abr écrite de **très bien**) ❶ 优 [yōu] ▸ **obtenir son bac avec mention TB** 中学毕业会考得了优 [zhōngxué bìyè huìkǎo dé le yōu].

Tchad nm ▸ **le Tchad** 乍得 [Zhàdé].

Tchang Kaï-chek npr POLIT 蒋介石 [Jiǎng Jièshí].

tchécoslovaque adj 捷克斯洛伐克的 [jiékèsīluòfákè de].

▪ **Tchécoslovaque** nmf 捷克斯洛伐克人 [Jiékèsīluòfákèrén].

Tchécoslovaquie nf HIST ▸ **l'ex-Tchécoslovaquie** 前捷克斯洛伐克 [qián Jiékèsīluòfákè].

tchèque ♦ adj 捷克的 [jiékè de]. ♦ nm (langue) 捷克语 [jiékèyǔ].

▪ **Tchèque** nmf 捷克人 [Jiékèrén].

tchétchène adj 车臣的 [chēchén de].

▪ **Tchétchène** nmf 车臣人 [Chēchénrén].

te pron pers 你 [nǐ] ▸ **je te vois** 我看见你了 [wǒ kànjiàn nǐ le] ▸ **on te l'avait dit** 有人曾对你说过这件事 [yǒu rén céng duì nǐ shuō guò zhè jiàn shì] ▸ **tu ne t'es pas lavé** 你没洗澡 [nǐ méi xízǎo] ▸ **te voilà enfin!** 你可来了！ [nǐ kě lái le!].

technicien, enne nm, f (cl. 位 [wèi] ou 个 [gè] ou 名 [míng]) 技术员 [jìshùyuán].

technique ♦ adj ❶ (spécialisé) 专门的 [zhuānmén de] ▸ **un terme technique** 一个专门用语 [yí ge zhuānmén yòngyǔ] ❷ (qui concerne les applications de la technique) 技术性的 [jìshùxìng de] ▸ **son fils est dans un lycée technique** 他儿子在一所技术中学学习 [tā érzi zài yì suǒ jìshù zhōngxué xuéxí] ❸ (mécanique) 技

术的 [jìshù de] ▸ **un incident technique** 一个技术故障 [yí ge jìshù gùzhàng]. ♦ nf ❶ (manière de faire) 技巧 [jìqiǎo] ▸ **tu n'as pas la bonne technique, tu n'y arriveras pas** 你没有技巧，就做不了 [nǐ méiyǒu jìqiǎo, jiù zuòbuliǎo] ❷ (de production) 技术 [jìshù] ▸ **la technique a fait d'énormes progrès** 技术带来了巨大的进步 [jìshù dàilái le jùdà de jìnbù].

techno ♦ adj 电子的(音乐) [diànzǐ de (yīnyuè)] ▸ **la musique techno** 电子音乐 [diànzǐ yīnyuè]. ♦ nf 电子音乐 [diànzǐ yīnyuè] ▸ **écouter de la techno** 听电子音乐 [tīng diànzǐ yīnyuè].

technologie nf ❶ (étude des techniques) 工艺学 [gōngyìxué] ▸ **un cours de technologie** 一门工艺学的课 [yì mén gōngyìxué de kè] ❷ (technique) 工艺 [gōngyì] ▸ **les nouvelles technologies** 新工艺 [xīn gōngyì].

technologique adj 工艺的 [gōngyì de] ▸ **le progrès technologique** 工艺的进步 [gōngyì de jìnbù].

tee-shirt, T-shirt nm (cl. 件 [jiàn]) T恤衫 [Txùshān].

teindre vt (colorer) 染 [rǎn] ▸ **teindre un vêtement en rouge** 把一件衣服染成红色 [bǎ yí jiàn yīfu rǎn chéng hóngsè] ▸ **se faire teindre les cheveux** (让人给自己)染头发 [(ràng rén gěi zìjǐ) rǎn tóufa].

teint, e adj (coloré) 染过的 [rǎnguò de] ▸ **elle a les cheveux teints** 她头发染过了 [tā tóufa rǎnguò le].

■ **teint** nm (carnation) 肤色 [fūsè] ▸ **avoir le teint clair** 肤色白 [fūsè bái] ▸ **avoir le teint mat** 肤色暗 [fūsè àn] ▸ **mettre du fond de teint** 上粉底霜 [shàng fěndǐshuāng]; 化底妆 [huà dǐ zhuāng].

teinte nf (couleur) 色彩 [sècǎi] ▸ **une robe aux teintes vives** 一条色彩鲜艳的裙子 [yì tiáo sècǎi xiānyàn de qúnzi].

teinté, e adj (coloré) 有色的 [yǒusè de] ▸ **des verres teintés** 有色眼镜 [yǒusè yǎnjìng] ▸ **des vitres teintées** 有色玻璃窗 [yǒusè bōlichuāng].

teinture nf ❶ (action de teindre) 染色 [rǎnsè] ▸ **la coiffeuse fait une teinture à sa cliente** 女理发师给客人染发 [nǚ lǐfàshī gěi kèren rǎnfà] ❷ (produit) 染液 [rǎnyè].

teinturerie nf (cl. 家 [jiā]) 洗染店 [xǐrǎndiàn] ▸ **laisser un vêtement à la teinturerie** 把一件衣服放在洗染店 [bǎ yí jiàn yīfu fàng zài xǐrǎndiàn].

tel, telle ♦ adj ❶ (valeur indéterminée) 什么样的 [shénmeyàng de] ▸ **ça m'est égal que tel ou tel candidat soit élu** 选上什么样的候选人对我来说无所谓 [xuǎnshàng shénmeyàng de hòuxuǎnrén duì wǒ láishuō wúsuǒwèi] ❷ (semblable) 这样的 [zhèyàng de] ▸ **tu ne retrouveras jamais une telle occasion** 你再也不会遇到这样的机会了 [nǐ zài yě bú huì yùdào zhèyàng de jīhuì le] ▸ **je n'ai rien dit de tel** 我没说过任何这样的话 [wǒ méi shuō guò rènhé zhèyàng de huà] ❸ (reprend ce qui a été énoncé) 这种的 [zhè zhǒng de] ▸ **il n'est pas roi mais il se fait passer pour tel** 他虽不是国王却作出这种样子 [tā suī bú shì guówáng què zuòchū zhè zhǒng yàngzi] ❹ (valeur emphatique ou intensive) 非常的 [fēicháng de] ▸ **c'est un tel honneur pour nous de vous recevoir !** 我们能够接待您非常地荣幸！ [wǒmen nénggòu jiēdài nín fēicháng de róngxìng!] ❺ (introduit un exemple ou une énumération) ▸ **tel (que)** 像……一样 [xiàng… yíyàng] ▸ **des métaux tels (que) le cuivre et le fer** 一些像铜和铁一样的金属 [yìxiē xiàng tóng hé tiě yíyàng de jīnshǔ] ❻ (introduit une comparaison) 像……一样 [xiàng… yíyàng] ▸ **il est tel que je l'avais toujours rêvé** 他就像我以前想象的一样 [tā jiù xiàng wǒ yǐqián xiǎngxiàng de yíyàng] ▸ **telle que je la connais, elle va être en retard !** 正如我对她的了解，她会迟到的！ [zhèngrú wǒ duì tāde liáojiě, tā huì chídào de!]

◊ **tel père, tel fils** 有其父，必有其子 [yǒu qí fù, bì yǒu qí zǐ].

♦ adj indéf ▸ **tel quel** 原样的 [yuányàng de] ▸ **tu peux manger les huîtres telles quelles ou avec du citron** 你可以生吃牡蛎或者加点柠檬汁 [nǐ kéyǐ shēng chī mǔlì huòzhě jiā diǎn níngméngzhī] ▸ **tel que** 真实地 [zhēnshí de] ▸ **il faut accepter les autres tels qu'ils sont** 应该接受他人真实的情况 [yīnggāi jiēshòu tārén zhēnshí de qíngkuàng]. ♦ pron indéf (évoque une personne) ▸ **un tel** 那个人 [nà ge rén] ▸ **une telle** 那个女人 [nà ge nǚrén].

▪ **à tel point que** loc conj 非常……以致于…… [fēicháng… yǐzhì yú…] ▸ **il s'ennuyait à tel point qu'il est parti** 他非常厌倦以致于走了 [tā fēicháng yànjuàn yǐzhì yú zǒu le] ▸ **elle souffre à un tel point qu'ils lui ont donné de la morphine** 她非常地痛以致于他们给她注射了吗啡 [tā fēicháng de tòng yǐzhì yú tāmen gěi tā zhùshè le mǎfēi].

▪ **de telle manière que** loc conj ❶ *(+ indicatif)* (indique la conséquence) 以致于 [yǐzhì yú] ▸ **il a argumenté de telle manière qu'on ne pouvait le contester** 他的论据非常充分以致于没人能和他争辩 [tāde lùnjù fēicháng chōngfèn yǐzhì yú méi rén néng hé tā zhēngbiàn] ❷ *(+ subjonctif)* (indique le but) 使得 [shǐde] ▸ **présentez le dossier de telle manière qu'il soit très clair** 您来介绍一下这个案子使它明白易懂 [nín lái jièshào yí xià zhè ge ànzi shǐ tā míngbai yìdǒng].

tél. abr écrite de **téléphone**

télé (abr de **télévision**) nf *fam* (cl. 台 [tái]) 电视机 [diànshìjī] ▸ **regarder la télé** 看电视 [kàn diànshì] ▸ **passer à la tété** 出现在电视上 [chūxiàn zài diànshì shàng].

téléchargement nm INFORM 下载 [xiàzài] ▸ **le téléchargement d'un fichier** 一份文件的下载 [yí fèn wénjiàn de xiàzài].

télécharger vt INFORM 下载 [xiàzài] ▸ **télécharger un fichier** 下载一份文件 [xiàzài yí fèn wénjiàn].

télécommande nf 遥控器 [yáokòngqì] ▸ **tu peux me passer la télécommande ?** 你能把遥控器递给我吗？ [nǐ néng bǎ yáokòngqì dìgěi wǒ ma?].

télécommunication nf 电信 [diànxìn] ▸ **les moyens de télécommunication** 电信手段 [diànxìn shǒuduàn] ▸ **il travaille dans les télécommunications** 他在电信机构工作 [tā zài diànxìn jīgòu gōngzuò].

télécopie nf (电话)传真 [(diànhuà) chuánzhēn] ▸ **envoyer un document par télécopie** 传真一份文件 [chuánzhēn yí fèn wénjiàn].

télécopieur nm (cl. 部 [bù]) (电话)传真机 [(diànhuà) chuánzhēnjī].

téléfilm nm TV (cl. 部 [bù]) 电视影片 [diànshìyǐngpiàn].

télégramme nm (cl. 封 [fēng]) 电报 [diànbào] ▸ **envoyer un télégramme à qqn** 给某人发一封电报 [gěi mǒurén fā yì fēng diànbào].

télégraphier vt 打电报告诉 [dǎdiànbào gàosu] ▸ **il nous a télégraphié qu'il arriverait demain** 他打了电报告诉我们他明天到 [tā dǎ le diànbào gàosu wǒmen tā míngtiān dào].

téléguider vt 遥控 [yáokòng] ▸ **un avion téléguidé** 一架遥控飞机 [yí jià yáokòng fēijī].

télépathie nf 心灵感应 [xīnlíng gǎnyìng] ▸ **communiquer par télépathie** 通过心灵感应交流 [tōngguò xīnlíng gǎnyìng jiāoliú].

téléphérique nm (cl. 架 [jià]) 缆车 [lǎnchē] ▸ **prendre le téléphérique** 乘缆车 [chéng lǎnchē].

téléphone nm (cl. 部 [bù]) 电话 [diànhuà] ▸ **téléphone fixe** 固定电话 [gùdìng diànhuà] ▸ **téléphone portable** 手机 [shǒu jī] ▸ **faire une réservation par téléphone** 用电话预定 [yòng diànhuà yùdìng].

téléphoner vi 打电话 [dǎ diànhuà] ▸ **j'ai téléphoné à ma mère hier** 我昨天给妈妈打了电话 [wǒ zuótiān gěi māma dǎ le diànhuà].

▪ **se téléphoner** vp (互相)通电话 [(hùxiāng) tōngdiànhuà] ▸ **ils se sont téléphonés hier** 他们昨天通了电话 [tāmen zuótiān tōng le diànhuà].

téléphonique adj 电话的 [diànhuà de] ▸ **un appel téléphonique** 一次电话 [yí cì diànhuà] ▸ **une cabine téléphonique** 一个电话亭 [yí ge diànhuà tíng].

télescope nm ASTRON (cl. 架 [jià] ou 个 [gè]) 望远镜 [wàngyuǎnjìng].

télésiège nm (cl. 辆 [liàng]) 坐椅缆车 [zuòyǐ lǎnchē] ▸ **prendre le télésiège** 乘坐椅缆车 [chéng zuòyǐ lǎnchē].

téléski nm (cl. 根 [gēn]) (把滑雪者送上坡的)吊缆 [(bǎ huáxuězhě sòngshàng pō de) diàolǎn] ▸ **prendre le téléski** 乘吊缆 [chéng diàolǎn].

téléspectateur, trice nm, f (cl. 位 [wèi] ou 个 [gè] ou 名 [míng]) 电视观众 [diànshì guānzhòng].

télévisé, e adj 电视播送的 [diànshì bōsòng de] ▸ **regarder le journal télévisé** 看电视新闻 [kàn diànshì xīnwén].

téléviseur nm (cl. 台 [tái]) 电视机 [diànshìjī] ▸ **il a acheté un nouveau téléviseur** 他买了一台新的电视机 [tā mǎi le yì tái xīn de diànshìjī].

télévision nf ❶ (téléviseur) ◦ (cl. 台 [tái]) 电视机 [diànshìjī] ▸ **allumer la télévision** 打开电视 [dǎkāi diànshì] ▸ **éteindre la télévision** 关闭电视 [guānbì diànshì] ❷ (technique) 电视 [diànshì] ▸ **télévision par câble** 有线电视 [yǒuxiàn diànshì] ▸ **télévision par satellite** 卫星电视 [wèixīng diànshì] ❸ (ensemble des programmes) 电视节目 [diànshì jiémù] ▸ **regarder la télévision** 看电视节目 [kàn diànshì jiémù] ▸ **qu'est-ce qu'il y a ce soir à la télévision ?** 今晚有什么电视节目？ [jīnwǎn yǒu shénme diànshì jiémù?].

tellement adv ❶ (si) 非常地 [fēicháng de] ▸ **ce serait tellement mieux si tu lui parlais** 如果你和他说的话就会真的更好了 [rúguǒ nǐ hé tā shuō de huà jiù huì zhēn de gèng hǎo le] ▸ **j'ai tellement pleuré quand il m'a quitté** 他离开我的时候我大哭了一场 [tā líkāi wǒde shíhou wǒ dà kū le yì chǎng] ❷ (tant) 那么 [nàme] ▸ **on ne comprend rien à ce qu'il dit, tellement il parle vite** 我们一点也没听懂他说的话，他说的那么快 [wǒmen yì diǎn yě méi tīngdǒng tā shuōde huà, tā shuōde nàme kuài] ▸ **tellement... que** 如此地……以致于 [rúcǐ de… yǐzhì yú] ▸ **il y avait tellement de monde qu'on n'a pas eu de places** 那里有那么多的人以致于我们没有位子了 [nàlǐ yǒu nàme duō de rén yǐzhì yú wǒmen méiyǒu wèizi le] ❸ (avec négation) ▸ **ne... plus tellement** *fam* 不怎么 [bùzěnme] ▸ **ce modèle ne se fait plus tellement** 这种型号不怎么生产了 [zhè zhǒng xínghào bùzěnme shēngchǎn le] ▸ **pas tellement** *fam* 不怎么地 [bùzěnme de] ▸ **je n'aime pas tellement qu'on me dise ça** 我不怎么喜欢别人对我说这个 [wǒ bùzěnme xǐhuān biéren duì wǒ shuō zhège] ❹ ▸ **tellement de** (tant de) 那么多的 [nàme duō de] ▸ **j'ai tellement de choses à faire dans cette maison** 在这栋房子里，我有那么多的事要做 [zài zhè dòng fángzi lǐ, wǒ yǒu nàme duō de shì yào zuò].

téméraire adj ❶ (imprudent) 鲁莽的 [lúmǎng de] ▸ **il est courageux, mais pas téméraire** 他很勇敢，但并不鲁莽 [tā hěn yónggǎn, dàn bìng bù lúmǎng] ❷ (hasardeux) 冒险的 [màoxiǎn de] ▸ **un projet téméraire** 一项冒险的计划 [yí xiàng màoxiǎn de jìhuà].

témérité nf 鲁莽 [lúmǎng] ▸ **la témérité d'un projet** 一项计划的冒险之处 [yí xiàng jìhuà de màoxiǎn zhīchù] ▸ **il a agi avec témérité** 他行事鲁莽 [tā xíngshì lúmǎng].

témoignage nm DR (cl. 份 [fèn]) 证词 [zhèngcí] ▸ **un témoignage accablant** 一份不可辩驳的证词 [yí fèn bù kě biànbó de zhèngcí] ▸ **un faux témoignage** 一份伪证 [yí fèn wěi zhèng].

témoigner ♦ vt ❶ (laisser paraître) 表示 [biǎoshì] ▸ **témoigner de la sympathie à qqn** 对某人表示出同情 [duì mǒurén biǎoshì chū tóngqíng] ❷ (attester) DR ▸ **témoigner que** 证明…… [zhèngmíng…] ▸ **il a témoigné qu'il n'avait jamais vu cet homme** 他证明自己从未见过这个男人 [tā zhèngmíng zìjǐ cóng wèi jiàn guò zhè ge nánren]. ♦ vi DR 作证 [zuòzhèng] ▸ **il a été appelé à témoigner devant la cour** 他被传唤在法庭上作证 [tā bèi chuánhuàn zài fǎtíng shàng zuòzhèng] ▸ **témoigner en faveur de qqn** 为某人作证 [wèi mǒurén zuòzhèng] ▸ **témoigner contre qqn** 作不利于某人的证明 [zuò búlì yú mǒurén de zhèngmíng].

▪ **témoigner de** v+prép ❶ (confirmer la vérité de) 证明…… [zhèngmíng…] ▸ **je peux témoigner de sa bonne foi** 我能够证明他的诚实 [wǒ nénggòu zhèngmíng tāde chéngshí] ▸ **tout le monde était là, je peux en témoigner** 当时大家都在，我可以为此作证 [dāngshí dàjiā dōu zài, wǒ kéyǐ wèicǐ zuòzhèng] ❷ (être le signe de) 表现出…… [biǎoxiàn chū…] ▸ **son attitude témoigne d'une grande générosité** 他的态度表现出极大的宽宏大量 [tāde tàidu biǎoxiàn chū jídà de kuānhóng dàliàng].

témoin nm ❶ (spectateur) ◦ (cl. 位 [wèi] ou 个 [gè] ou 名 [míng]) 目击者 [mùjīzhě] ▸ **je suis le seul témoin de l'accident** 我是事故的唯

一目击者 [wǒ shì shìgù de wéiyī mùjīzhě] ❷ DR (cl. 位 [wèi] ou 个 [gè] ou 名 [míng]) 证人 [zhèngrén] ▸ **un témoin oculaire** 一位目击证人 [yí wèi mùjī zhèngrén] ▸ **être cité comme témoin** 作为证人被传唤 [zuòwéi zhèngrén bèi chuánhuàn] ❸ (d'un mariage) ○ (cl. 位 [wèi] ou 个 [gè] ou 名 [míng]) 证婚人 [zhènghūnrén].

tempe nf ANAT 太阳穴 [tàiyángxué].

tempérament nm (cl. 种 [zhǒng]) 性格 [xìnggé] ▸ **il a un tempérament anxieux** 他生性忧虑 [tā shēngxìng yōulǜ].

température nf ❶ (degré de chaleur) 温度 [wēndù] ▸ **la température de cette pièce est trop basse** 这间房的温度太低了 [zhè jiān fáng de wēndù tài dī le] ▸ **la température de l'eau est fraîche** 水温很凉 [shuǐwēn hěn liáng] ❷ MÉTÉOR 气温 [qìwēn] ▸ **demain, les températures seront inférieures à la normale saisonnière** 明天，气温将比这个季节正常的温度低 [míngtiān, qìwēn jiāng bǐ zhè ge jìjié zhèngcháng de wēndù dī] ▸ **on prévoit une chute des températures** 预报气温要下降 [yùbào qìwēn yào xiàjiàng] ❸ (fièvre) 体温 [tǐwēn] ▸ **prendre sa température** 量体温 [liáng tǐwēn] ▸ **avoir de la température** 发烧 [fāshāo].

tempéré, e adj GÉOGR 气候温和的 [qìhou wēnhé de] ▸ **la France a un climat tempéré** 法国气候温和 [Fǎguó qìhou wēnhé].

tempête nf MÉTÉOR (cl. 场 [chǎng]) 暴风雨 [bàofēngyǔ] ▸ **la tempête s'est abattue sur la région** 暴风雨袭击了这个地区 [bàofēngyǔ xíjī le zhè ge dìqū] ▸ **une tempête de neige** 一场暴风雪 [yì chǎng bàofēng xuě].

temple nm ❶ HIST (de l'Antiquité) ○ (cl. 座 [zuò]) 神殿 [shéndiàn] ▸ **les temples grecs** 希腊神殿 [xīlà shéndiàn] ❷ RELIG (protestant) ○ (cl. 座 [zuò]) 教堂 [jiàotáng] ▸ **aller au temple** 去教堂作礼拜 [qù jiàotáng zuò lǐbài] ❸ RELIG (bouddhique) ○ (cl. 座 [zuò]) 寺庙 [sìmiào]
◊ **le temple du Ciel** 天坛 [Tiān tán].

temporaire adj 临时的 [línshí de] ▸ **un emploi temporaire** 一份临时工作 [yí fèn línshí gōngzuò].

temporairement adv 临时地 [línshí de] ▸ **elle vit temporairement à l'hôtel** 她临时地住在旅馆 [tā línshí de zhù zài lǚguǎn].

temps nm inv ❶ (écoulement des jours, durée indéfinie ou mesurable) 时间 [shíjiān] ▸ **comme le temps passe !** 时间过得真快呀！ [shíjiān guòde zhēn kuài yā!] ▸ **gagner du temps** 赢得时间 [yíngdé shíjiān] ▸ **perdre du temps** 浪费时间 [làngfèi shíjiān] ▸ **mettre du temps à...** 花时间来...... [huā shíjiān lái...] ▸ **passer son temps à...** 把时间花在......上 [bǎ shíjiān huā zài... shàng] ▸ **temps de cuisson** 烘烤时间 [hōngkǎo shíjiān] ▸ **temps de travail** 工作时间 [gōngzuò shíjiān] ▸ **(ne pas) avoir le temps de...** (没)有时间...... [(méi) yǒu shíjiān...] ❷ (époque) 时代 [shídài] ▸ **les temps ont changé** 时代变了 [shídài biàn le] ▸ **les temps sont durs** 这一时期很艰苦 [zhè yì shíqī hěn jiānkǔ] ❸ (période) 时期 [shíqī] ▸ **temps libre** 空闲时间 [kòngxián shíjiān] ❹ (moment favorable) 时候 [shíhou] ▸ **il est grand temps de se mettre au travail** 现在是开始工作的时候了 [xiànzài shì kāishǐ gōngzuò de shíhou le] ▸ **il était temps !** 是时候了！ [shì shíhou le!] ❺ MÉTÉOR 天气 [tiānqì] ▸ **quel temps fait-il ?** 天气怎样？ [tiānqì zěnyàng?] ▸ **avoir du beau temps** 天气晴朗 [tiānqì qínglǎng] ▸ **avoir du mauvais temps** 天气糟糕 [tiānqì zāogāo] ❻ (saison) 季节 [jìjié] ▸ **le temps des vendanges** 收获葡萄的季节 [shōuhuò pútao de jìjié] ❼ GRAMM 时态 [shítài] ▸ **les temps du passé** 过去时态 [guòqù shítài] ▸ **la concordance des temps** 时态的一致 [shítài de yízhì] ❽ MUS 拍子 [pāizi].

▪ **à temps** loc adv 及时 [jíshí].

▪ **de temps en temps** loc adv 时常 [shícháng].

▪ **tout le temps** loc adv 总是 [zǒngshì] ▸ **on est resté tout le temps à l'intérieur** 我们总是待在室内 [wǒmen zǒngshì dāi zài shì nèi].

tenable adj 可忍受的 [kě rěnshòu de] ▸ **il fait trop chaud, ce n'est pas tenable** 天气太热了，真是受不了 [tiānqì tài rè le, zhēnshi shòubuliǎo] ▸ **la situation n'est plus tenable** 这形势真是让人再也受不了了 [zhè xíngshì zhēnshi ràng rén zài yě shòubuliǎo le].

tenace adj ❶ (dont on a du mal à se débarrasser) 持久的 [chíjiǔ de] ▸ **une douleur tenace** 一种持

续的疼痛 [yì zhǒng chíxù de téngtòng] ▸ **une odeur tenace** 一股持久不散的味道 [yì gǔ chíjiǔ bú sàn de wèidao] ▸ **une tache tenace** 一块很难弄掉的污迹 [yí kuài hěn nán nòng diào de wūjì] ❷ (qui persévère) 固执的 [gùzhí de] ▸ **c'est une personne tenace** 这是一个固执的人 [zhè shì yí ge gùzhí de rén].

tenailler vt 折磨 [zhémo] ▸ **la faim me tenaille** 饥饿折磨着我 [jī'è zhémozhe wǒ] ▸ **l'inquiétude le tenaille** 忧虑折磨着他 [yōulǜ zhémozhe tā].

tendance ♦ nf ❶ (disposition) 趋势 [qūshì] ▸ **j'ai tendance à grossir si je ne fais pas attention** 如果我不注意就有发胖的趋势 [rúguǒ wǒ bú zhùyì jiù yǒu fāpàng de qūshì] ▸ **elle a toujours tendance à exagérer** 她总是趋于夸张 [tā zǒngshì qūyú kuāzhāng] ▸ **les prix ont tendance à monter** 价格趋于上涨 [jiàgé qūyú shàngzhǎng] ❷ (orientation) 倾向 [qīngxiàng] ▸ **un homme politique de tendance marxiste** 一个倾向于马克思主义的政治家 [yí ge qīngxiàng yú mǎkèsīzhǔyì de zhèngzhìjiā]. ♦ adj inv (à la mode) 时尚的 [shíshàng de] ▸ **des bijoux très tendance** 很时尚的首饰 [hěn shíshàng de shǒushi].

tendeur nm (de bicyclette) 调紧器 [tiáojǐnqì].

tendinite nf 腱炎 [jiànyán] ▸ **avoir une tendinite au genou** 膝盖处患有腱炎 [xīgài chù huànyǒu jiànyán].

tendon nm ANAT 肌腱 [jījiàn].

tendre[1] adj ❶ (non dur) 嫩的 [nèn de] ▸ **de la viande tendre** 嫩肉 [nèn ròu] ❷ (affectueux) 慈爱的 [cí'ài de] ▸ **ma mère a toujours été très tendre avec moi** 那时候我妈妈对我总是很慈爱 [nà shíhou wǒ māma duì wǒ zǒngshì hěn cí'ài] ❸ (plein de douceur) 温柔的 [wēnróu de] ▸ **des gestes tendres** 温柔的动作 [wēnróu de dòngzuò] ▸ **dire des mots tendres à qqn** 对某人说一些温柔体贴的话 [duì mǒurén shuō yìxiē wēnróu tǐtiē de huà].

tendre[2] vt ❶ (soumettre à une tension, contracter) 绷紧 [bēngjǐn] ▸ **tendre une corde** 绷紧一根绳子 [bēngjǐn yì gēn shéngzi] ▸ **tendre ses muscles** 绷紧肌肉 [bēngjǐn jīròu] ❷ (déployer) 张开 [zhāngkāi] ▸ **les pêcheurs tendent leurs filets** 渔民们在张网 [yúmínmen zài zhāng wǎng] ❸ (présenter) 递 [dì] ▸ **tendre qqch à qqn** 把某物递给某人 [bǎ mǒuwù dìgěi mǒurén] ▸ **il m'a tendu un billet de cent euros** 他递给了我一张一百欧元的钞票 [tā dìgěi le wǒ yì zhāng yìbǎi ōuyuán de chāopiào] ❹ (étendre) 伸出 [shēnchū] ▸ **elle a tendu les bras vers lui** 她向他伸出了双臂 [tā xiàng tā shēnchū le shuāngbì] ▸ **il m'a tendu la main pour me saluer** 他伸出手向我致意 [tā shēnchū shǒu xiàng wǒ zhìyì] ❺ (préparer) 设置 [shèzhì] ▸ **tendre un piège (à qqn)** (给某人)设置一个陷阱 [(gěi mǒurén) shèzhì yí ge xiànjǐng].

▪ **tendre à** v+prép ❶ (viser) 力求 [lìqiú] ▸ **ces mesures tendent à dynamiser le secteur de l'industrie** 这些措施力求激励工业部门 [zhèxiē cuòshī lìqiú jīlì gōngyè bùmén] ❷ (avoir tendance à) 趋于 [qūyú] ▸ **cette tradition tend à disparaître** 这种传统趋于消失了 [zhè zhǒng chuántǒng qūyú xiāoshī le].

▪ **tendre vers** v+prép (converger) 朝向 [cháoxiàng] ▸ **tous nos efforts tendent vers le même but** 我们所有努力都朝着同一个目标 [wǒmen suóyǒu nǔlì dōu cháozhe tóng yí ge mùbiāo].

tendresse nf (sentiment) 温情 [wēnqíng] ▸ **avoir ou éprouver de la tendresse pour qqn** 对某人怀有温情 [duì mǒurén huáiyǒu wēnqíng] ▸ **un regard plein de tendresse** 饱含温情的一瞥 [bǎohán wēnqíng de yìpiē].

tendu, e adj ❶ (droit par traction) 绷紧的 [bēngjǐn de] ▸ **une corde bien tendue** 一根绷得很紧的绳子 [yì gēn běng de hěn jǐn de shéngzi] ❷ (préoccupé, difficile) 紧张的 [jǐnzhāng de] ▸ **il était très tendu avant de passer son examen** 在参加考试之前他很紧张 [zài cānjiā kǎoshì zhī qián tā hěn jǐnzhāng] ▸ **une atmosphère tendue** 一种紧张的气氛 [yì zhǒng jǐnzhāng de qìfen] ▸ **des relations tendues** 紧张的关系 [jǐnzhāng de guānxi] ❸ (que l'on avance) 伸出的 [shēnchū de] ▸ **il s'avança vers moi la main tendue** 他伸出手走向我 [tā shēnchū shǒu zǒuxiàng wǒ].

ténèbres nfpl *sout* 黑暗 [hēi'àn].

teneur nf ❶ (contenu) 内容 [nèiróng] ▸ **la teneur d'un discours** 一篇演说的内容 [yì piān yǎnshuō de nèiróng] ❷ (quantité) 浓度 [nóngdù]

▸ **la teneur en alcool d'un vin** 一种酒的酒精浓度 [yì zhǒng jiǔ de jiǔjīng nóngdù].

tenir ♦ vt ❶ (avoir à la main, dans ses bras) 拿着 [názhe] ▸ **tu peux tenir mon sac, s'il te plaît ?** 麻烦你，能拿着我的包吗？ [máfan nǐ, néng názhe wǒde bāo ma?] ▸ **tenir un enfant par la main** 手拉着一个孩子 [shǒu lāzhe yí ge háizi] ❷ (respecter) 遵守 [zūnshǒu] ▸ **il n'a pas tenu sa promesse** 他没有遵守他的诺言 [tā méiyǒu zūnshǒu tāde nuòyán] ❸ (gérer) 经营 [jīngyíng] ▸ **il tient un restaurant dans la vieille ville** 他在这座古城里经营一家餐馆 [tā zài zhè zuò gǔ chéng lǐ jīngyíng yì jiā cānguǎn] ❹ (retenir) 系住 [jìzhù] ▸ **l'amarre qui tenait le bateau s'est rompue** 系船的缆绳断了 [jì chuán de lǎnshéng duàn le] ❺ (garder) 保持 [bǎochí] ▸ **tenir les yeux fermés** 保持双眼紧闭 [bǎochí shuāngyǎn jǐnbì] ❻ (conserver) 存放 [cúnfàng] ▸ **tenir un plat au frais** 把一道菜存放在凉处 [bǎ yí dào cài cúnfàng zài liáng chù] ❼ (détenir) 掌握 [zhǎngwò] ▸ **je tiens la solution du problème** 我掌握了解决问题的办法 [wǒ zhǎngwò le jiějué wèntí de bànfǎ] ❽ (maîtriser) 控制 [kòngzhì] ▸ **un professeur doit savoir tenir sa classe** 一位老师应该懂得控制自己的班 [yí wèi lǎoshī yīnggāi dǒng de kòngzhì zìjǐ de bān] ❾ (apprendre) 获得 [huòdé] ▸ **je tiens le nouvelle de lui** 我从他那里获得了这一消息 [wǒ cóng tā nàlǐ huòdé le zhè yì xiāoxi] ❿ (considérer) 当作 [dāngzuò] ▸ **je le tiens pour un homme honnête** 我把他当作是个诚实的人 [wǒ bǎ tā dāngzuò shì ge chéngshí de rén]. ♦ vi ❶ (résister) 持久 [chíjiǔ] ▸ **la réparation n'a pas tenu** 修理之后没有持久 [xiūlǐ zhī hòu méiyǒu chíjiǔ] ▸ **tenir bon** 坚持住 [jiānchí zhù] ❷ (durer) 持续 [chíxù] ▸ **leur mariage a l'air de tenir** 他们的婚礼看样子是要持续下去 [tāmende hūnlǐ kànyàngzi shì yào chíxù xiaqu] ❸ (pouvoir être contenu) 容纳 [róngnà] ▸ **on tient à combien dans cette salle ?** 这个大厅能容纳多少人？ [zhè ge dàtīng néng róngnà duōshao rén?] ❹ (vouloir absolument) 坚持要 [jiānchí yào] ▸ **je tiens à ce que tu viennes** 我坚持要你来 [wǒ jiānchí yào nǐ lái]
◊ **tenir debout** 说得通 [shuó de tōng] ▸ **tenir à qqn/qqch** 珍视某人/某事 [zhēnshì mǒurén/mǒushì] ▸ **tenir de qqn** 像某人 [xiàng mǒurén].

▪ **se tenir** vp ❶ (avoir lieu) 举行 [jǔxíng] ▸ **la réunion se tiendra dans la grande salle** 会议将在大厅里举行 [huìyì jiāng zài dàtīng lǐ jǔxíng] ❷ (emploi réciproque) (互相)拉着 [(hùxiāng) lāzhe] ▸ **ils se tenaient par la main** 他们手拉着手 [tāmen shǒu lāzhe shǒu] ❸ (s'accrocher) 靠着 [kàozhe] ▸ **se tenir à la rampe** 靠在楼梯栏杆上 [kào zài lóutī lángān shàng] ▸ **tiens-toi à moi !** (你)靠着我！ [(nǐ) kàozhe wǒ!] ❹ (rester) 保持 [bǎochí] ▸ **se tenir droit/debout** 站直 [zhàn zhí] ▸ **se tenir tranquille** 保持安静 [bǎochí ānjìng] ❺ (se comporter) 表现 [biǎoxiàn] ▸ **tiens-toi bien !** 表现好点！ [biǎoxiàn hǎo diǎn!] ▸ **il ne sait pas se tenir en société** 他不懂在公众场合如何表现 [tā bù dǒng zài gōngzhòng chǎnghé rúhé biǎoxiàn] ❻ (être cohérent) 站得住脚 [zhàndezhù jiǎo] ▸ **sa théorie ne se tient pas** 他的理论站不住脚 [tāde lǐlùn zhànbuzhù jiǎo]
◊ **se tenir sur ses gardes** 保持警惕 [bǎochí jǐngtì] ▸ **je m'en tiendrai là** 我就到这儿了 [wǒ jiù dào zhèr le].

tennis ♦ nm inv (sport) 网球 [wǎngqiú] ▸ **jouer au tennis** 打网球 [dǎ wǎngqiú]. ♦ nfpl (chaussures) ○ (cl. 双 [shuāng]) 网球鞋 [wǎngqiúxié].

▪ **tennis de table** nm inv 乒乓球 [pīngpāngqiú] ▸ **jouer au tennis de table** 打乒乓球 [dǎ pīngpāngqiú].

ténor nm ❶ (chanteur) ○ (cl. 位 [wèi] ou 个 [gè] ou 名 [míng]) 男高音 [nángāoyīn] ❷ *fig* (vedette) ○ (cl. 位 [wèi] ou 个 [gè] ou 名 [míng]) 头面人物 [tóumiàn rénwù] ▸ **les ténors de la politique** 政治头面人物 [zhèngzhì tóumiàn rénwù].

tension nf ❶ (contraction) 紧张度 [jǐnzhāng dù] ▸ **la tension d'une corde** 一条绳子的松紧 [yì tiáo shéngzi de sōngjǐn] ❷ (désaccord) 紧张 [jǐnzhāng] ▸ **il y a des tensions entre ces deux pays** 这两个国家之间关系紧张 [zhè liǎng ge guójiā zhījiān guānxi jǐnzhāng] ❸ MÉD 血压 [xuèyā] ▸ **tension artérielle** 动脉压 [dòngmài yā] ▸ **avoir de la tension** 血压高 [xuèyā gāo] ❹ ÉLECTR 电压 [diànyā] ▸ **basse tension** 低压 [dī yā] ▸ **haute tension** 高压 [gāo yā].

tentacule nm (cl. 只 [zhī]) 触手 [chùshǒu].

tentant, e adj 诱人的 [yòurén de] ▸ **ces gâteaux sont très tentants** 这些蛋糕很诱人 [zhèxiē dàngāo hěn yòurén] ▸ **une proposition très tentante** 一个十分诱人的提议 [yí ge shífēn yòurén de tíyì] ▸ **c'est très tentant !** 这太诱人啦！ [zhè tài yòurén la!].

tentation nf 诱惑 [yòuhuò] ▸ **résister à la tentation** 抵制诱惑 [dǐzhì yòuhuò] ▸ **succomber** ou **céder à la tentation** 屈服于诱惑 [qūfú yú yòuhuò].

tentative nf 企图 [qǐtú] ▸ **notre tentative de réconciliation a échoué** 我们寻求和解的企图失败了 [wǒmen xúnqiú héjiě de qǐtú shībài le] ▸ **échapper à une tentative de meurtre** 逃过一次谋杀企图 [táo guò yí cì móushā qǐtú] ▸ **faire une tentative de suicide** 企图自杀 [qǐtú zìshā] ▸ **faire une dernière tentative** 做最后一次尝试 [zuò zuìhòu yí cì chángshì].

tente nf (cl. 顶 [dǐng]) 帐篷 [zhàngpeng] ▸ **monter sa tente** 搭帐篷 [dā zhàngpeng] ▸ **dormir sous la tente** 在帐篷里睡觉 [zài zhàngpeng lǐ shuìjiào].

tenter vt ❶ (attirer) 引诱 [yǐnyòu] ▸ **arrête de le tenter avec tes propositions !** 别再用你的提议去引诱他！ [bié zài yòng nǐde tíyì qù yǐnyòu tā!] ▸ **la vue de ces gâteaux me tente** 看到这些蛋糕，我被诱惑住了 [kàndào zhè xiē dàngāo, wǒ bèi yòuhuò zhù le] ▸ **être tenté de...** 想...... [xiǎng...] ▸ **être tenté par qqch** 被某事所吸引 [bèi mǒushì suǒ xīyǐn] ▸ **se laisser tenter par qqch** 经不住某物的诱惑 [jīngbuzhù mǒuwù de yòuhuò] ❷ (essayer) 试图 [shìtú] ▸ **nous avons tout tenté pour le sauver** 为了救他，我们什么都试过了 [wèi le jiù tā, wǒmen shénme dōu shì guò le] ▸ **tenter une expérience** 做一个实验 [zuò yí ge shíyàn].

▪ **tenter de** v+prép 力图做 [lìtú zuò] ▸ **il a tenté d'éteindre le feu, mais en vain** 他曾力图扑灭大火，但是没能成功 [tā céng lìtú pūmiè dàhuǒ, dànshì méinéng chénggōng].

tenu, e adj ❶ (en ordre) 被收拾的 [bèi shōushi de] ▸ **une maison bien tenue** 一座被收拾得干净整洁的房子 [yí zuò bèi shōushi de gānjìng zhěngjié de fángzi] ❷ (obligé) 必须 [bìxū] ▸ **les médecins sont tenus au secret professionnel** 医生必须保守职业秘密 [yīshēng bìxū bǎoshǒu zhíyè mìmì] ▸ **les soldats sont tenus de porter l'uniforme** 士兵们必须穿制服 [shìbīngmen bìxū chuān zhìfú].

ténu, e adj ❶ (fin) 纤细的 [xiānxì de] ▸ **un fil ténu** 一根细线 [yì gēn xì xiàn] ❷ (léger) 微妙的 [wēimiào de] ▸ **une différence ténue** 一点微妙的差异 [yì diǎn wēimiào de chāyì].

tenue nf ❶ (fait d'avoir lieu) 召开 [zhàokāi] ▸ **la tenue d'une réunion** 一次会议的召开 [yí cì huìyì de zhàokāi] ❷ (gestion) 管理 [guǎnlǐ] ▸ **la tenue des comptes** 一些帐务的管理 [yìxiē zhàngwù de guǎnlǐ] ▸ **la tenue d'un hôtel** 一家旅馆的管理 [yì jiā lǚguǎn de guǎnlǐ] ❸ (habillement) ○ (cl. 套 [tào]) 服装 [fúzhuāng] ▸ **tenue de soirée** 晚礼服 [wǎn lǐfú] ▸ **tenue de sport** 运动服 [yùndòng fú].

ter adj (troisième) 丙 [bǐng] ▸ **il habite au 12 ter de la rue Molière** 他住在莫里哀路12号丙 [tā zhù zài Mòlǐ'āi lù 12 hào bǐng].

terme nm ❶ (mot) 词 [cí] ▸ **un terme technique** 一个技术术语 [yí ge jìshù shùyǔ] ▸ **chercher le terme exact pour désigner qqch** 找一个确切的词来称某物 [zhǎo yí ge quèqiè de cí lái chēng mǒu wù] ▸ **en d'autres termes, ...** 换言之，...... [huànyánzhī, ...] ❷ (fin) 结束 [jiéshù] ▸ **nous voici au terme de notre voyage** 我们旅行结束了 [wǒmen lǚxíng jiéshù le] ▸ **mettre un terme à qqch** 终止某事 [zhōngzhǐ mǒushì] ▸ **au terme de qqch** 在某事结束时 [zài mǒushì jiéshù shí] ▸ **mener qqch à son terme** 完成某事 [wánchéng mǒushì] ❸ (de la grossesse) 正常分娩日期 [zhèngcháng fēnmiǎn rìqī] ▸ **naître à terme** 足月分娩 [zúyuè fēnmiǎn] ▸ **naître avant terme** 早产 [zǎo chǎn] ❹ (délai) 期限 [qīxiàn] ▸ **à court terme** 短期 [duǎn qī] ▸ **à moyen terme** 中期 [zhōng qī] ▸ **à long terme** 长期 [cháng qī].

▪ **termes** nmpl ❶ (formulation) 术语 [shùyǔ] ▸ **les termes d'un contrat** 一份合同的术语 [yí fèn hétong de shùyǔ] ❷ (relations) 关系 [guānxi] ▸ **être en bons/mauvais termes avec qqn** 和某人关系好/不好 [hé mǒurén guānxi hǎo/bùhǎo].

terminaison nf GRAMM 词尾 [cíwěi].

terminal, e adj 末尾的 [mòwěi de] ▸ **le malade est en phase terminale** 病人已经是末期了 [bìngrén yǐjīng shì mò qī le].

▪ **terminal, aux** nm (aérogare) 终点站 [zhōngdiǎnzhàn] ▸ **l'avion décollera du terminal 2** 飞机将在2号站台起飞 [fēijī jiāng zài 2 hào zhàntái qǐfēi].

▪ **terminale** nf SCOL 高中三年级 [gāozhōng sānniánjí] ▸ **sa fille est en terminale** 他女儿在念高三 [tā nǚ'ér zài niàn gāosān].

terminer vt ❶ (mener à terme) 结束 [jiéshù] ▸ **terminer son travail** 完成自己的工作 [wánchéng zìjǐ de gōngzuò] ❷ (passer la fin de) 度过……(的最后时光) [dùguò… (de zuìhòu shíguāng)] ▸ **terminer la soirée dans un bar** 在一个酒吧里度过晚会 [zài yí ge jiǔbā lǐ dùguò wǎnhuì] ❸ (former le dernier élément de) ▸ **terminer qqch par…** 以……结束某事 [yǐ… jiéshù mǒushì] ▸ **terminer ses vacances par un séjour à la campagne** 以在乡下的小住结束自己的假期 [yǐ zài xiāngxia de xiǎozhù jiéshù zìjǐ de jiàqī].

▪ **se terminer** vp ❶ (prendre fin, se conclure) 结束 [jiéshù] ▸ **les vacances se terminent** 假期结束了 [jiàqī jiéshù le] ▸ **comment ça se termine ?** 这是怎么结束的呢？ [zhè shì zěnme jiéshù de ne?] ▸ **le film se termine bien** 电影结尾不错 [diànyǐng jiéwěi búcuò] ▸ **tout cela s'est mal terminé pour lui** 所有这一切对他来说都是不好的结局 [suóyǒu zhè yíqiè duì tā láishuō dōu shì bùhǎo de jiéjú] ❷ (être fini par) ▸ **se terminer par ou en…** 以……结束 [yǐ… jiéshù] ▸ **la soirée s'est terminée en bagarre** 晚会以争吵结束了 [wǎnhuì yǐ zhēngchǎo jiéshù le].

terminus nm inv 终点站 [zhōngdiǎnzhàn] ▸ **descendre au terminus** 在终点站下车 [zài zhōngdiǎnzhàn xiàchē] ▸ **terminus ! tout le monde descend !** 终点站了！大家都下车吧！ [zhōngdiǎnzhàn le! dàjiā dōu xiàchē ba!].

termite nf ZOOL (cl. 只 [zhī]) 白蚁 [báiyǐ].

terne adj 暗淡的 [àndàn de] ▸ **des couleurs ternes** 一些暗淡的颜色 [yìxiē àndàn de yánsè].

ternir vt ❶ (rendre terne) 使……褪色 [shǐ… tuìsè] ▸ **la lumière ternit le papier peint** 光照使墙纸褪色了 [guāngzhào shǐ qiángzhǐ tuìsè le] ▸ **cette lessive ternit le linge** 这种洗涤剂会让衣物褪色 [zhè zhǒng xǐdíjì huì ràng yīwù tuìsè] ❷ *fig* (salir) 败坏 [bàihuài] ▸ **ternir la réputation de qqn** 败坏某人的名声 [bàihuài mǒurén de míngshēng].

terrain nm ❶ (espace de terre) ○ (cl. 块 [kuài]) 地 [dì] ▸ **nous avons acheté un terrain** 我们买了一块地 [wǒmen mǎi le yí kuài dì] ❷ (emplacement) 场地 [chǎngdì] ▸ **un terrain de camping** 一块宿营场地 [yí kuài sùyíng chǎngdì] ▸ **un terrain de football** 一个足球场 [yí ge zúqiú chǎng]
◊ **gagner du terrain** 蔓延 [mànyán].

terrasse nf ❶ (grand balcon) 大阳台 [dà yángtái] ▸ **un appartement avec terrasse** 一套带大阳台的套房 [yí tào dài dà yángtái de tàofáng] ❷ (devant un café, un restaurant) 露天座 [lùtiānzuò] ▸ **on s'assoit en terrasse ?** 咱们坐在露天座？ [zánmen zuò zài lùtiānzuò?].

terrasser vt ❶ (vaincre) 把某人击倒在地 [bǎ mǒurén jīdǎo zài dì] ▸ **le boxeur a terrassé son adversaire** 拳击手把对手击倒在地 [quánjīshǒu bǎ duìshǒu jīdǎo zài dì] ❷ *fig* (foudroyer) 压垮 [yākuǎ] ▸ **être terrassé par la fièvre** 被高烧压垮 [bèi gāoshāo yākuǎ].

terre nf ❶ (sol) 地 [dì] ▸ **s'asseoir par terre** 坐在地上 [zuò zài dì shàng] ▸ **sous terre** 在地下 [zài dì xià] ❷ (matière) 土 [tǔ] ▸ **terre cuite** 陶土 [táo tǔ] ▸ **labourer la terre** 耕地 [gēng dì] ❸ (propriété) 土地 [tǔdì] ▸ **posséder des terres** 拥有土地 [yōngyǒu tǔdì] ❹ (territoire) 陆地 [lùdì] ▸ **une bande de terre avance dans la mer** 一块狭长的陆地延伸进了大海 [yí kuài xiácháng de lùdì yánshēn jìn le dàhǎi] ▸ **terre natale** 故土 [gù tǔ] ▸ **terre d'accueil** 好客之乡 [hàokè zhī xiāng] ❺ (planète) ▸ **la Terre** 地球 [Dìqiú].

Terre-Neuve npr 纽芬兰 [Niǔfēnlán].

terre-plein nm ▸ **terre-plein central** 中央隔离带 [zhōngyāng gélídài].

terrestre adj ❶ (de la planète) 地球的 [dìqiú de] ▸ **le globe terrestre** 地球 [dìqiú] ❷ (du sol) 陆地的 [lùdì de] ▸ **les animaux terrestres** 陆地动物 [lùdì dòngwù] ▸ **les transport terrestres** 陆上交通 [lùshàng jiāotōng].

terreur nf ❶ (épouvante) 恐惧 [kǒngjù] ▸ **inspirer la terreur** 引起恐惧 [yínqǐ kǒngjù] ▸ **il vit dans la terreur d'être agressé** 他生活在随时遭受袭击的恐惧中 [tā shēnghuó zài suíshí zāoshòu xíjī de kǒngjù zhōng] ▸ **parler en public, c'est ma terreur** 当众讲话，让我感到恐惧 [dāngzhòng jiǎnghuà, ràng wǒ gǎndào kǒngjù] ❷ POLIT 恐怖 [kǒngbù] ▸ **gouverner par la terreur** 恐怖统治 [kǒngbù tǒngzhì] ❸ *fam* (voyou) 霸王 [bàwáng] ▸ **cet enfant est la terreur du quartier** 这孩子是街区的霸王 [zhè háizi shì jiēqū de bàwáng].

terrible adj ❶ (effrayant, épouvantable) 可怕的 [kěpà de] ▸ **j'ai entendu un cri terrible** 我听到了一声可怕的叫声 [wǒ tīngdào le yì shēng kěpà de jiàoshēng] ▸ **ils ont eu un terrible accident de voiture** 他们出了一次可怕的车祸 [tāmen chū le yí cì kěpà de chēhuò] ▸ **une terrible sécheresse s'est abattue sur la région** 一场极其严重的旱情袭击了这个地区 [yì chǎng jíqí yánzhòng de hànqíng xíjī le zhè ge dìqū] ❷ (sans pitié) 冷酷的 [lěngkù de] ▸ **un terrible dictateur** 一位冷酷的独裁者 [yí wèi lěngkù de dúcáizhě] ❸ (très fort) 极其的 [jí qí de] ▸ **il fait un froid terrible** 天气极冷 [tiānqì jí lěng] ❹ (pénible) 令人厌烦的 [lìngrén yànfán de] ▸ **les enfants ont été terribles aujourd'hui** 孩子们今天很让人受不了 [háizimen jīntiān hěn ràng rén shòubuliǎo] ▸ **c'est terrible d'être obligé de répéter 10 fois la même chose!** 必须把同一件事重复十次是很令人厌烦的！ [bìxū bǎ tóng yí jiàn shì chóngfù shí cì shì hěn lìngrén yànfán de!] ❺ *fam* (formidable) 极好的 [jíhǎo de] ▸ **je vais te montrer un truc terrible** 我要给你看一样极好的东西 [wǒ yào gěi nǐ kàn yí yàng jíhǎo de dōngxi] ▸ **c'est un film terrible!** 这部电影真棒！ [zhè bù diànyǐng zhēn bàng!] ▸ **c'est pas terrible!** 这不怎么样！ [zhè bù zěnmeyàng!].

terriblement adv 非常地 [fēicháng de] ▸ **j'ai terriblement froid** 我非常冷 [wǒ fēicháng lěng].

terrien, enne ♦ adj (qui possède la terre) 占有土地的 [zhànyǒu tǔdì de] ▸ **un propriétaire terrien** 一位地主 [yí wèi dìzhǔ]. ♦ nm, f (habitant de la planète Terre) 地球人 [dìqiúrén] ▸ **dans ce film de science-fiction, les terriens sont attaqués par les martiens** 在这部科幻影片中，地球人被火星人袭击了 [zài zhè bù kēhuàn yǐngpiàn zhōng, dìqiúrén bèi huǒxīngrén xíjī le].

terrier nm 洞穴 [dòngxué].

terrifier vt 使……恐怖 [shǐ… kǒngbù] ▸ **la perspective d'une nouvelle guerre terrifie la population** 一场新战争的预测使人们感到恐怖 [yì chǎng xīn zhànzhēng de yùcè shǐ rénmen gǎndào kǒngbù].

terrine nf ❶ (récipient) ○ (cl. 口 [kǒu]) 砂锅 [shāguō] ▸ **faire cuire un pâté dans une terrine** 在砂锅里烧肉糜 [zài shāguō lǐ shāo ròumí] ❷ CULIN (pâté) 肉酱 [ròujiàng] ▸ **une terrine de foie gras** 一罐鹅肝酱 [yí guàn égān jiàng].

territoire nm ❶ (pays) 领土 [lǐngtǔ] ▸ **le territoire national français** 法国国土 [fǎguó guótǔ] ▸ **l'ennemi a envahi notre territoire** 敌人侵犯了我们的领土 [dírén qīnfàn le wǒmende lǐngtǔ] ❷ (d'un animal) 地盘 [dìpán] ▸ **marquer son territoire** 标出自己的地盘 [biāo chū zìjǐ de dìpán].

territorial, e, aux adj 领土的 [lǐngtǔ de] ▸ **les eaux territoriales** 领水 [lǐng shuǐ].

terroir nm 乡土 [xiāngtǔ] ▸ **des produits du terroir** 具有地方特色的产品 [jùyǒu dìfang tèsè de chánpǐn] ▸ **un vin du terroir** 具有地方特色的葡萄酒 [jùyǒu dìfang tèsè de pútaojiǔ].

terroriser vt 使……害怕 [shǐ… hàipà] ▸ **ce professeur terrorise les élèves** 这名老师让学生们很害怕 [zhè míng lǎoshī ràng xuéshēngmen hěn hàipà] ▸ **il est complètement terrorisé par son chef** 他完全地被自己的主管吓坏了 [tā wánquán de bèi zìjǐ de zhǔguǎn xià huài le].

terrorisme nm 恐怖主义 [kǒngbùzhǔyì] ▸ **commettre un acte de terrorisme** 采取恐怖行动 [cáiqǔ kǒngbù xíngdòng].

terroriste ♦ adj 恐怖主义的 [kǒngbùzhǔyì de] ▸ **un attentat terroriste** 一起恐怖事件 [yì qǐ kǒngbù shìjiàn]. ♦ nmf 恐怖分子 [kǒngbùfènzǐ] ▸ **les terroristes ont revendiqué l'attentat** 恐怖分子宣称对这起恐怖

事件负责 [kǒngbùfènzǐ xuānchēng duì zhè qǐ kǒngbù shìjiàn fùzé].

tertiaire ♦ adj GÉOL & ÉCON 第三的 [dìsān de] ▸ **l'ère tertiaire** 第三纪 [dìsān jì]; 第三系 [dìsān xì] ▸ **le secteur tertiaire** 第三产业 [dìsān chǎnyè]. ♦ nm ÉCON 第三产业 [dìsān chǎnyè] ▸ **travailler dans le tertiaire** 从事第三产业 [cóngshì dìsān chǎnyè].

test nm ❶ (épreuve) ○ (cl. 次 [cì]) 测验 [cèyàn] ▸ **un test d'anglais** 一次英语测验 [yí cì yīngyǔ cèyàn] ▸ **passer un test** 通过一次测验 [tōngguò yí cì cèyàn] ❷ PSYCHO 测试 [cèshì] ▸ **test de personnalité** 人格测试 [réngé cèshì] ❸ MÉD 检验 [jiǎnyàn] ▸ **test de dépistage** 测试检验 [cèshì jiǎnyàn] ▸ **test de grossesse** 妊娠检验 [rènshēn jiǎnyàn].

testament nm ❶ DR (cl. 份 [fèn]) 遗嘱 [yízhǔ] ▸ **faire son testament** 立遗嘱 [lì yízhǔ] ❷ RELIG ▸ **l'Ancien Testament** 旧约全书 [Jiùyuē Quánshū] ▸ **le Nouveau Testament** 新约全书 [Xīnyuē Quánshū].

tester vt ❶ (contrôler) 对……进行测验 [duì… jìnxíng cèyàn] ▸ **tester les connaissances des élèves** 对学生们的知识进行测验 [duì xuéshēngmen de zhīshi jìnxíng cèyàn] ❷ (essayer) 对……进行检验 [duì… jìnxíng jiǎnyàn] ▸ **tester un produit** 对一种产品进行检验 [duì yì zhǒng chánpǐn jìnxíng jiǎnyàn].

testicule nm ANAT 睾丸 [gāowán].

tétanos nm MÉD 破伤风 [pòshāngfēng] ▸ **se faire vacciner contre le tétanos** 接种防破伤风疫苗 [jiēzhòng fáng pòshāngfēng yìmiáo].

têtard nm (cl. 只 [zhī]) 蝌蚪 [kēdǒu].

tête nm ❶ ANAT 头 [tóu] ▸ **avoir mal à la tête** 头痛 [tóu tòng] ▸ **mettre un chapeau sur sa tête** 把一顶帽子戴在头上 [bǎ yì dǐng màozi dài zài tóu shàng] ❷ (visage) 相貌 [xiàngmào] ▸ **elle a une tête sympathique** 她的相貌讨人喜欢 [tāde xiàngmào tǎorén xǐhuān] ▸ **il a une drôle de tête** 他长相古怪 [tā zhǎngxiàng gǔguài] ❸ (partie supérieure) 顶部 [dǐngbù] ▸ **la tête d'un clou** 一颗钉子的头 [yì kē dīngzi de tóu] ❹ (première place) 开头部分 [kāitóu bùfen] ▸ **être en tête d'affiche** 在海报的打头部分 [zài hǎibào de dǎtóu bùfen] ▸ **être en tête du classement** 排名第一 [páimíng dìyī] ▸ **être en tête de liste** 在名单上列第一 [zài míngdān shàng liè dìyī] ▸ **être en tête du peloton** 在比赛队伍的领先位置 [zài bǐsài duìwǔ de lǐngxiān wèizhì] ▸ **passer en tête** 处于领先位置 [chǔyú lǐngxiān wèizhì] ❺ (chef) ○ (cl. 位 [wèi] ou 个 [gè] ou 名 [míng]) 首领 [shóulǐng] ▸ **c'est lui la tête du groupe de terroristes** 就是他，那个恐怖主义集团的头目 [jiù shì tā, nà ge kǒngbùzhǔyì jítuán de tóumù] ▸ **être à la tête de** 是……的头头 [shì … de tóutou] ❻ (esprit) 头脑 [tóunǎo] ▸ **se mettre en tête (l'idée) de faire qqch** 下定决心做某事 [xiàdìng juéxīn zuò mǒushì] ▸ **avoir toute sa tête** 神智清醒 [shénzhì qīngxǐng] ▸ **je n'ai plus son nom en tête** 我记不得他的名字了 [wǒ jìbude tāde míngzi le] ▸ **c'est une femme de tête** 她是个聪明又果断的女人 [tā shì ge cōngming yòu guǒduàn de nǚrén] ▸ **calculer de tête** 心算 [xīn suàn] ❼ SPORT 顶球 [dǐngqiú] ▸ **faire une tête** 开头球 [kāi tóuqiú] ▸ **marquer de la tête** 头球得分 [tóuqiú défēn]

◊ **en tête à tête** 单独地 [dāndú de] ▸ **ils se sont vus en tête à tête** 他们单独会面了 [tāmen dāndú huìmiàn le] ▸ **en avoir par-dessus la tête** 厌烦 [yànfán] ▸ **avoir la grosse tête** 狂妄自大 [kuángwàng zìdà] ▸ **être tête en l'air** 漫不经心 [màn bù jīngxīn] ▸ **avoir la tête ailleurs** 想着别的事 [xiǎngzhe bié de shì] ▸ **faire la tête** 板起脸 [bǎn qǐ liǎn] ▸ **se casser la tête** 绞尽脑汁 [jiǎojìn nǎozhī].

tête-à-queue nm inv 突然掉头 [tūrán diàotóu] ▸ **la voiture a fait un tête-à-queue** 汽车突然掉了头 [qìchē tūrán diào le tóu].

tête-à-tête nm inv (cl. 次 [cì]) 单独会面 [dāndú huìmiàn] ▸ **il a eu un tête-à-tête avec le directeur** 他和经理有过一次单独会面 [tā hé jīnglǐ yǒu guò yí cì dāndú huìmiàn].

tétine nf ❶ (du biberon) 奶嘴 [náizuǐ] ❷ (sucette) 橡皮奶头 [xiàngpí nǎitou].

tétraplégique adj MÉD 患四肢麻痹症的 [huàn sìzhī mábìzhèng de].

têtu, e adj 固执的 [gùzhí de]

◊ **être têtu comme une mule** 像骡子一样倔 [xiàng luózi yíyàng juè].

texte nm ❶ (écrit) ○ (cl. 篇 [piān]) 正文 [zhèngwén] ▸ **un texte de loi** 法律条文 [fǎlǜ tiáowén] ▸ **traduire un texte** 翻译一篇文章 [fānyì yì piān wénzhāng] ❷ (fragment d'une œuvre littéraire) 片段 [piànduàn] ▸ **des textes inédits** 一些未发表的片段 [yìxiē wèi fābiǎo de piànduàn] ▸ **un recueil de textes choisis** 一本选集 [yì běn xuǎnjí] ❸ MUS 歌词 [gēcí] ▸ **le texte d'une chanson** 一首歌的歌词 [yì shǒu gē de gēcí] ❹ THÉÂTRE & CINÉ 台词 [táicí] ▸ **apprendre son texte** 背台词 [bèi táicí].

textile ♦ adj 纺织的 [fǎngzhī de] ▸ **l'industrie textile** 纺织业 [fǎngzhī yè] ▸ **une matière textile** 一种纺织原料 [yì zhǒng fǎngzhī yuánliào]. ♦ nm ❶ (matière) 纺织纤维 [fǎngzhī xiānwéi] ▸ **un textile naturel** 一种天然纤维 [yì zhǒng tiānrán xiānwéi] ▸ **un textile synthétique** 一种合成纤维 [yì zhǒng héchéng xiānwéi] ❷ (industrie) 纺织业 [fǎngzhīyè] ▸ **travailler dans le textile** 在纺织业工作 [zài fǎngzhīyè gōngzuò].

TGV (abr de **train à grande vitesse**) nm 高速火车 [gāosù huǒchē].

thaïlandais, e adj 泰国的 [tàiguó de]. ■ **Thaïlandais, e** nm, f 泰国人 [Tàiguórén].

Thaïlande nf ▸ **la Thaïlande** 泰国 [Tàiguó].

Thaïs npr (peuple) ▸ **les Thaïs** 傣族 [Dǎizú].

thalassothérapie nf 海水浴疗法 [háishuǐyù liáofǎ] ▸ **faire une cure de thalassothérapie** 进行海水浴治疗 [jìnxíng háishuǐyù zhìliáo].

thé nm 茶 [chá] ▸ **thé au citron** 柠檬茶 [níngméng chá] ▸ **thé à la menthe** 薄荷茶 [bòhe chá] ▸ **thé nature** 清茶 [qīng chá] ▸ **thé noir** 红茶 [hóng chá] ▸ **thé vert** 绿茶 [lǜ chá] ▸ **prendre le thé** 吃茶点 [chī chádiǎn].

théâtral, e, aux adj 话剧的 [huàjù de] ▸ **une représentation théâtrale** 一场话剧表演 [yì chǎng huàjù biáoyǎn].

théâtre nm ❶ (bâtiment) ○ (cl. 家 [jiā]) 剧院 [jùyuàn] ▸ **aller au théâtre** 去看话剧 [qù kàn huàjù] ❷ (art dramatique) 戏剧艺术 [xìjù yìshù] ▸ **une pièce de théâtre** 一出戏 [yì chū xì] ▸ **faire du théâtre** 当演员 [dāng yǎnyuán] ❸ (ensemble d'œuvres) 戏剧作品 [xìjù zuòpǐn] ▸ **le théâtre de Molière** 莫里哀戏剧作品 [Mòlǐ'āi xìjù zuòpǐn] ❹ (lieu où se passe un événement) 现场 [xiànchǎng] ▸ **cette vallée a été le théâtre de sanglantes batailles** 这个山谷是血战现场 [zhè ge shāngǔ shì xuèzhàn xiànchǎng].

théière nf (cl. 只 [zhī]) 茶壶 [cháhú].

thème nm ❶ (sujet) 主题 [zhǔtí] ▸ **le thème d'un film** 一部电影的主题 [yí bù diànyǐng de zhǔtí] ▸ **le thème d'un roman** 一本小说的主题 [yì běn xiǎoshuō de zhǔtí] ❷ SCOL (traduction) 翻译练习 [fānyì liànxí] ▸ **elle est très forte en thème** 她在翻译练习方面很强 [tā zài fānyì liànxí fāngmiàn hěn qiáng] ❸ MUS 主旋律 [zhǔxuánlǜ] ▸ **le thème revient plusieurs fois** 主旋律反复了几次 [zhǔxuánlǜ fǎnfù le jǐ cì].

théorème nm MATH (cl. 条 [tiáo]) 定理 [dìnglǐ] ▸ **le théorème de Pythagore** 毕达哥拉斯定理 [Bìdágēlāsī dìnglǐ].

théorie nf ❶ (doctrine, système) ○ (cl. 种 [zhǒng]) 论说 [lùnshuō] ▸ **la théorie de la relativité** 相对论 [xiāngduì lùn] ▸ **élaborer une théorie** 创立一个学说 [chuànglì yí ge xuéshuō] ❷ (par opposition à la pratique) 理论 [lǐlùn] ▸ **passer de la théorie à la pratique** 从理论到实践 [cóng lǐlùn dào shíjiàn] ▸ **en théorie** 在理论上 [zài lǐlùn shàng].

théorique adj 理论的 [lǐlùn de] ▸ **un cours théorique** 一堂理论课 [yì táng lǐlùn kè].

théoriquement adv (normalement) 从理论上说 [cóng lǐlùn shàng shuō] ▸ **théoriquement, il devrait arriver vers 20 h** 按理说来，他应该会在20点左右到 [àn lǐ shuō lái, tā yīnggāi huì zài 20 diǎn zuǒyòu dào].

thérapeutique adj 治疗的 [zhìliáo de] ▸ **un effet thérapeutique** 一种疗效 [yì zhǒng liáoxiào].

thérapie nf 治疗 [zhìliáo] ▸ **suivre une thérapie contre le SIDA** 进行抗艾滋病治疗 [jìnxíng kàng àizībìng zhìliáo].

thermal, e, aux adj 温泉的 [wēnquán de] ▸ **une cure thermale** 一种温泉疗法 [yì zhǒng wēnquán liáofǎ] ▸ **une station thermale** 一个温泉疗养区 [yí ge wēnquán liáoyǎng qū].

thermomètre nm ❶ MÉTÉOR (cl. 支 [zhī]) 温度计 [wēndùjì] ▸ **le thermomètre indique 30 degrés** 温度计上指示30度 [wēndùjì shàng zhǐshì 30 dù] ❷ MÉD (cl. 支 [zhī]) 体温计 [tǐwēnjì] ▸ **prendre sa température avec un thermomètre** 用一支体温计量自己的体温 [yòng yì zhī tǐwēnjì liáng zìjǐ de tǐwēn].

Thermos® nm ou nf 暖瓶 [Nuǎnpíng].

thermostat nm 温度调节器 [wēndù tiáojiéqì] ▸ **régler le thermostat d'un four sur 120 degrés** 把炉子的温度调节器调到120度 [bǎ lúzi de wēndù tiáojiéqì tiáo dào 120 dù].

thèse nf ❶ (recherche universitaire) ▸ **thèse (de doctorat)** (cl. 篇 [piān]) (博士)论文 [(bóshì) lùnwén] ❷ (opinion) 论点 [lùndiǎn] ▸ **je ne suis pas d'accord avec sa thèse** 我不同意他的论点 [wǒ bù tóngyì tāde lùndiǎn] ▸ **les enquêteurs ont retenu la thèse de l'accident** 调查者们采纳了关于事故的论断 [diàocházhěmen cǎinà le guānyú shìgù de lùnduàn].

thon nm (cl. 条 [tiáo]) 金枪鱼 [jīnqiāngyú] ▸ **thon en boîte** 罐头装金枪鱼 [guàntou zhuāng jīnqiāngyú] ▸ **thon à l'huile** 油煎金枪鱼 [yóujiān jīnqiāngyú] ▸ **thon au naturel** 野生金枪鱼 [yěshēng jīnqiāngyú].

thorax nm inv 胸 [xiōng].

thym nm 百里香 [báilǐxiāng].

Tianjin npr (ville) 天津 [Tiānjīn].

Tibet nm ▸ **le Tibet** 西藏 [Xīzàng].

tibia nm 胫骨 [jìnggǔ] ▸ **il a une fracture du tibia** 他胫骨骨折了 [tā jìnggǔ gǔzhé le].

tic nm 怪癖 [guàipǐ] ▸ **avoir un tic** 有个怪癖 [yǒu ge guàipǐ].

ticket nm (cl. 张 [zhāng]) 票 [piào] ▸ **ticket de bus** 公共汽车票 [gōnggòngqìchē piào] ▸ **ticket de métro** 地铁票 [dìtiě piào].

tiède ♦ adj 温的 [wēn de] ▸ **mon café est tiède** 我的咖啡是温的 [wǒde kāfēi shì wēn de] ▸ **il fait tiède aujourd'hui** 今天天气很温和 [jīntiān tiānqì hěn wēnhé]. ♦ adv 温的 [wēn de] ▸ **le saké se boit tiède** 日本清酒要喝温的 [rìběn qīngjiǔ yào hē wēn de].

tien ■ **le tien, la tienne** (mpl **les tiens**, fpl **les tiennes**) pron poss 你的 [nǐde] ▸ **ce parapluie est le tien** 这把雨伞是你的 [zhè bǎ yúsǎn shì nǐde] ▸ **mes enfants sont plus âgés que les tiens** 我的几个孩子都比你的大 [wǒde jǐ ge háizi dōu bǐ nǐde dà]

◊ **à la tienne !** 祝你健康！ [zhù nǐ jiànkāng!].

tiercé nm (赛马中的)前三名独赢的赌博 [(sàimǎ zhōng de) qián sān míng dú yíng de dǔbó] ▸ **jouer au tiercé** 参加前三名独赢的赌博 [cānjiā qián sān míng dú yíng de dǔbó].

tiers, tierce adj 第三的 [dìsān de] ▸ **une tierce personne** 一个第三者 [yí ge dìsān zhě].

■ **tiers** nm ❶ (fraction) 三分之一 [sān fēn zhī yī] ▸ **le tiers de...** 三分之一的…… [sān fēn zhī yī de…] ▸ **les deux tiers de...** 三分之二的…… [sān fēn zhī èr de…] ❷ (personne étrangère) 外人 [wàirén] ▸ **j'ai appris la nouvelle par un tiers** 我从一个外人那得知了这个消息 [wǒ cóng yí ge wàirén nà dézhī le zhè ge xiāoxi].

tiers-monde nm 第三世界 [dìsān shìjiè] ▸ **les pays du tiers-monde** 第三世界各国 [dìsān shìjiè gè guó].

tige nf ❶ (de plante) 茎 [jīng] ❷ (objet long et mince) ○ (cl. 根 [gēn]) 杆 [gǎn] ▸ **une tige de bois** 一根木杆 [yì gēn mù gǎn] ▸ **une tige de métal** 一根金属杆 [yì gēn jīnshǔ gǎn].

tigre nm (cl. 只 [zhī]) 老虎 [lǎohǔ].

tilleul nm ❶ (arbre) ○ (cl. 棵 [kē]) 椴树 [duànshù] ❷ (infusion) 椴花茶 [duànhuāchá].

timbale nf ❶ (gobelet de métal) ○ (cl. 只 [zhī]) 金属杯 [jīnshǔbēi] ▸ **une timbale en argent** 一只银杯 [yì zhī yín bēi] ❷ MUS (cl. 只 [zhī]) 定音鼓 [dìngyīngǔ].

timbre nm ❶ (de la poste) ○ (cl. 张 [zhāng]) 邮票 [yóupiào] ▸ **coller un timbre sur une enveloppe** 在一个信封上贴一张邮票 [zài yí ge xìnfēng shàng tiē yì zhāng yóupiào] ▸ **collectionner les timbres** 集邮 [jí yóu] ❷ ADMIN ▸ **timbre fiscal** 印花税票 [yìnhuā shuìpiào] ❸ (tampon) ○ (cl. 枚 [méi]) 印章 [yìnzhāng] ▸ **les cartes d'identité portent le timbre de la préfecture de police** 身份证上带有警察局

的印章 [shēnfenzhèng shàng dàiyǒu jǐngchájú de yìnzhāng] ❹ (sonorité) 音色 [yīnsè] ▸ **le timbre d'un instrument de musique** 一种乐器的音色 [yì zhǒng yuèqì de yīnsè] ▸ **un timbre de voix** 嗓音 [sǎng yīn].

timbrer vt 贴邮票 [tiē yóupiào] ▸ **timbrer une lettre** (给一封信)贴邮票 [(gěi yì fēng xìn) tiē yóupiào].

timide adj 羞怯的 [xiūqiè de] ▸ **un sourire timide** 一个羞怯的微笑 [yí ge xiūqiè de wēixiào] ▸ **une jeune fille timide** 一个害羞的年轻女孩 [yí ge hàixiū de niánqīng nǚhái].

timidité nf 羞怯 [xiūqiè] ▸ **surmonter sa timidité** 克服羞怯心理 [kèfú xiūqiè xīnlǐ].

timoré, e adj 胆小怕事的 [dánxiǎo pàshì de].

tintement nm 叮叮声 [dīngdīngshēng] ▸ **on entend le tintement des cloches** 人们听到钟声 [rénmen tīngdào zhōng shēng].

tique nf (cl. 只 [zhī]) 壁虱 [bìshī].

tir nm ❶ (d'une arme) 射击 [shèjī] ▸ **les policiers s'entraînent au tir** 警察们在射击场练习 [jǐngchámen zài shèjī chǎng liànxí] ▸ **tir à l'arc** 射箭 [shè jiàn] ❷ (trajectoire) 弹道 [dàndào] ▸ **le chasseur ajuste son tir** 猎人校正自己的弹道 [lièrén jiàozhèng zìjǐ de dàndào] ❸ SPORT 射球 [shèqiú] ▸ **un très beau tir** 十分漂亮的一球 [shífēn piàoliang de yì qiú] ▸ **tir au but** 射门 [shèmén].

tirage nm ❶ (impression) 印刷 [yìnshuā] ▸ **un tirage sur papier glacé** 光面纸印刷 [guāngmiàn zhǐ yìnshuā] ❷ (copies tirées) 发行量 [fāxíng liàng] ▸ **le tirage d'un livre** 一本书的发行量 [yì běn shū de fāxíng liàng] ▸ **un tirage de 10 000 exemplaires** 一次发行量为10000份 [yí cì fāxíng liàng wéi 10000 fèn] ▸ **le Monde est un quotidien à grand tirage** 《世界报》是一份发行量很大的日报 [Shìjièbào shì yí fèn fāxíng liàng hěn dà de rìbào] ❸ (désignation) 抽 [chōu] ▸ **le tirage du loto** 摸彩票 [mō cǎipiào] ▸ **tirage au sort** 抽签 [chōu qiān] ❹ (d'une cheminée) 通风 [tōngfēng].

tiraillement nm ❶ (douleur, crampe) 痉挛 [jìngluán] ▸ **avoir des tiraillements d'estomac** 胃痉挛 [wèi jìngluán] ❷ (désaccord) 争执 [zhēngzhí] ▸ **il y a des tiraillements dans le parti** 党内存在争执 [dǎng nèi cúnzài zhēngzhí].

tirailler vt *fig* (être partagé) 使……左右为难 [shǐ… zuǒyòu wéinán] ▸ **il est tiraillé entre son travail et sa famille** 他在工作和家庭之间左右为难 [tā zài gōngzuò hé jiātíng zhījiān zuǒyòu wéinán].

tire-bouchon nm 螺丝起子 [luósī qǐzi].

tirelire nf 储蓄罐 [chǔxùguàn]

◊ **casser sa tirelire** 花费所有积蓄 [huāfèi suóyǒu jīxù].

tirer ♦ vt ❶ (étirer, tendre, attirer vers soi) 拉 [lā] ▸ **tirer les cheveux à qqn** 拉某人的头发 [lā mǒurén de tóufa] ▸ **tirer la porte** 拉门 [lā mén] ▸ **tirer qqn par la manche** 拉某人的衣袖 [lā mǒurén de yīxiù] ❷ (au jeu) 抽 [chōu] ▸ **tirer une carte au hasard** 随便地抽一张牌 [suíbiàn de chōu yì zhāng pái] ▸ **tirer au sort** 抽签 [chōu qiān] ❸ (remorquer) 拉 [lā] ▸ **la voiture tire une caravane** 汽车拉着一辆旅行挂车 [qìchē lāzhe yí liàng lǚxíng guàchē] ▸ **tirer une charrette** 拖着一辆大车 [tuōzhe yí liàng dàchē] ❹ (pour actionner) 拉 [lā] ▸ **tirer la chasse d'eau** 拉抽水马桶水箱阀 [lā chōushuǐ mátǒng shuǐxiāng fá] ❺ (tracer) 划 [huà] ▸ **tirer un trait** 划一条线 [huà yì tiáo xiàn] ❻ (imprimer) 印 [yìn] ▸ **tirer une photo** 印一张照片 [yìn yì zhāng zhàopiàn] ▸ **un magazine tiré à 200 000 exemplaires** 一本印了200000份的杂志 [yì běn yìn le 200000 fèn de zázhì] ❼ (avec une arme) ▸ **tirer un coup de fusil** 开一枪 [kāi yì qiāng] ▸ **tirer une flèche** 射一箭 [shè yí jiàn] ▸ **tirer un feu d'artifice** 放烟火 [fàng yānhuǒ] ❽ SPORT 射门 [shèmén] ▸ **tirer un but** 射入一球 [shè rù yì qiú] ▸ **tirer un penalty** 射入一个点球 [shè rù yí ge diǎnqiú] ❾ (faire sortir) 使……脱离 [shǐ… tuōlí] ▸ **le malade est tiré d'affaire** 病人脱离了险境 [bìngrén tuōlí le xiǎnjìng] ▸ **tirez-moi de là !** 请让我从那儿摆脱出来！ [qǐng ràng wǒ cóng nàr bǎituō chūlái!] ❿ (extraire) 提取 [tíqǔ] ▸ **de nombreux produits sont tirés du pétrole** 很多产品都是从石油中提取的 [hěnduō chánpǐn dōu shì cóng shíyóu zhōng tíqǔ de] ▸ **ce poème est tiré d'un recueil de Victor Hugo** 这首诗选自维克多·雨果的一本文集 [zhè shǒu shī xuǎnzì

Wéikèduō Yúguǒ de yì běn wénjí] ⓫ (obtenir un avantage) 得到 [dédào] ▸ **elle a su tirer profit de la situation** 她懂得从这种形势中得到好处 [tā dǒngde cóng zhè zhǒng xíngshì zhōng dédào hǎochu] ▸ **il tire des revenus des appartements qu'il loue** 他租房子获得一些收入 [tā zū fángzi huòdé yìxiē shōurù]

◊ **tirer qqch au clair** 弄清某事 [nòngqīng mǒushì].

♦ vi ❶ (exercer une traction) 拉 [lā] ▸ **tirer sur une corde** 拉一根绳 [lā yì gēn shéng] ▸ **tirer sur une cigarette** 用力吸一根烟 [yòng lì xī yì gēn yān] ❷ (fonctionner) 通风 [tōngfēng] ▸ **cette cheminée tire bien** 这个烟囱通风良好 [zhè ge yāncōng tōngfēng liánghǎo] ❸ (arme) 射 [shè] ▸ **tirer à l'arc** 射箭 [shè jiàn] ▸ **tirer au pistolet** 用手枪射击 [yòng shǒuqiāng shèjī] ▸ **il lui a tiré dans les jambes** 他射中了他的腿 [tā shèzhòng le tāde tuǐ] ▸ **ne tirez pas!** 别开枪！ [bié kāiqiāng!] ❹ SPORT 射门 [shèmén] ▸ **il a tiré, mais n'a pas marqué le but** 他射门了，但并没有进 [tā shèmén le, dàn bìng méiyǒu jìn] ❺ (muscle, peau) 绷紧 [bēngjǐn] ▸ **j'ai la peau qui tire** 我皮肤紧绷 [wǒ pífū jǐnbēng].

▪ **se tirer** vp ❶ (se sortir de) 摆脱 [bǎituō] ▸ **se tirer d'affaire** 摆脱麻烦 [bǎituō máfan] ❷ *fam* (s'en aller) 走开 [zǒukāi] ▸ **tire-toi!** 走开！ [zǒukāi!] ▸ **il s'est tiré de chez lui** 他离开了家 [tā líkāi le jiā] ❸ (emploi passif) 被……拉着 [bèi... lāzhe] ▸ **le store se tire avec une petite corde** 帘子被一小段绳子拉着 [liánzi bèi yì xiǎo duàn shéngzi lāzhe].

▪ **s'en tirer** vp ❶ (se sortir de) 脱身 [tuōshēn] ▸ **bien s'en tirer** 很好地脱身 [hěn hǎo de tuōshēn] ▸ **il s'en est tiré de justesse** 他勉强对付过去了 [tā miánqiǎng duìfu guòqù le] ▸ **tu ne t'en tireras pas comme ça!** 你这样是不能脱身的！ [nǐ zhèyàng shì bùnéng tuōshēn de!] ❷ (survivre) ▸ **avec 1 000 euros par mois, on n'arrive pas à s'en tirer** 每月1000欧元，光是吃喝都不够 [měi yuè 1000 ōuyuán, guāng shì chīhē dōu bú gòu] ▸ **il a eu un grave accident de voiture, mais il s'en est tiré** 他出了一场可怕的车祸，但是他侥幸脱险了 [tā chū le yì chǎng kěpà de chēhuò, dànshì tā jiǎoxìng tuōxiǎn le].

tiret nm 短破折号 [duǎn pòzhéhào].

tiroir nm 抽屉 [chōutì].

tisane nf 药茶 [yàochá].

tisser vt 织 [zhī] ▸ **tisser la laine** 织毛线 [zhī máoxiàn] ▸ **tisser un vêtement** 织一件衣服 [zhī yí jiàn yīfu] ▸ **un métier à tisser** 一台织布机 [yì tái zhībùjī] ▸ **l'araignée tisse sa toile** 蜘蛛结网 [zhīzhū jié wǎng].

tissu nm ❶ (étoffe) 布料 [bùliào] ▸ **un tissu d'ameublement** 一种装饰布料 [yì zhǒng zhuāngshì bùliào] ▸ **un tissu synthétique** 一种合成布料 [yì zhǒng héchéng bùliào] ▸ **une nappe en tissu** 一块布桌布 [yí kuài bù zhuōbù] ▸ **acheter six mètres de tissu** 买六米布 [mǎi liù mǐ bù] ❷ BIOL 组织 [zǔzhī] ▸ **le tissu musculaire** 肌肉组织 [jīròu zǔzhī] ▸ **le tissu osseux** 骨组织 [gǔ zǔzhī].

titre nm ❶ (d'une œuvre) 名 [míng] ▸ **le titre d'une chanson** 一首歌的名字 [yì shǒu gē de míngzi] ▸ **le titre d'un film** 一部电影的名字 [yí bù diànyǐng de míngzi] ▸ **le titre d'un roman** 一本小说的书名 [yì běn xiǎoshuō de shūmíng] ❷ (de presse) 标题 [biāotí] ▸ **le titre d'un article** 一篇文章的标题 [yì piān wénzhāng de biāotí] ▸ **faire les gros titres des journaux** 成为报纸的大字标题 [chéngwéi bàozhǐ de dàzì biāotí] ❸ (dénomination) 头衔 [tóuxián] ▸ **il a des titres de noblesse** 他有贵族的头衔 [tā yǒu guìzú de tóuxián] ▸ **il a le titre de directeur** 他有主任的头衔 [tā yǒu zhǔrèn de tóuxián] ❹ SPORT 称号 [chēnghào] ▸ **remporter le titre de champion du monde** 获得世界冠军的称号 [huòdé shìjiè guànjūn de chēnghào] ❺ (certificat) 学历 [xuélì] ▸ **un titre universitaire** 大学学历 [dàxué xuélì] ❻ (écrit juridique) 证书 [zhèngshū] ▸ **un titre de propriété** 一份财产证书 [yí fèn cáichǎn zhèngshū] ❼ FIN 证券 [zhèngquàn] ▸ **il a acheté des titres** 他购买了证券 [tā gòumǎi le zhèngquàn]

◊ **à titre amical** 作为朋友 [zuòwéi péngyou] ▸ **à titre exceptionnel** 例外地 [lìwài de] ▸ **vous pouvez partir plus tôt, à titre exceptionnel** 您可以早点走，下不为例 [nín kéyǐ zǎo diǎn zǒu, xià bù wéi lì] ▸ **à titre gracieux** 无偿地 [wúcháng de].

▪ **à juste titre** loc adv 有理由地 [yǒu lǐyóu de] ▸ **les manifestants protestent à juste titre** contre ces mesures 示威者们是有理由地反对这些措施的 [shìwēizhěmen shì yǒu lǐyóu de fǎnduì zhèxiē cuòshī de].

■ **au même titre que** loc conj 和……相同 [hé… xiāngtóng] ▸ **j'ai droit à cette réduction au même titre que vous** 我在折扣方面和您有相同的权力 [wǒ zài zhékòu fāngmiàn hé nín yǒu xiāngtóng de quánlì].

■ **titre de transport** nm 交通凭证 [jiāotōng píngzhèng] ▸ **les voyageurs doivent conserver leur titre de transport** 旅客们应该保管好自己的交通凭证 [lǚkèmen yīnggāi báoguǎn hǎo zìjǐ de jiāotōng píngzhèng].

tituber vi 踉跄地走路 [liàngqiàng de zǒulù].

titulaire ♦ adj ❶ (nommé) 正式的 [zhèngshì de] ▸ **un professeur titulaire** 一位正式教师 [yí wèi zhèngshì jiàoshī] ❷ (possesseur) 拥有……的 [yōngyǒu… de] ▸ **être titulaire du permis de conduire** 有驾驶执照的人 [yǒu jiàshǐ zhízhào de rén]. ♦ nmf ❶ (enseignant) ○ (cl. 位 [wèi] ou 个 [gè] ou 名 [míng]) 正式教授 [zhèngshì jiàoshòu] ▸ **les titulaires sont mieux payés que les suppléants** 正式教师比代理教师薪水高 [zhèngshì jiàoshī bǐ dàilǐ jiàoshī xīnshuǐ gāo] ❷ (possesseur) 持有人 [chíyǒurén] ▸ **les titulaires du baccalauréat** 中学毕业文凭持有人 [zhōngxué bìyè wénpíng chíyǒurén].

titulariser vt 任用 [rènyòng] ▸ **titulariser un fonctionnaire** 任用一位公务员 [rènyòng yí wèi gōngwùyuán].

toboggan nm (cl. 座 [zuò]) 滑梯 [huátī] ▸ **les enfants font du toboggan** 孩子们玩滑梯 [háizimen wán huátī].

toc ♦ interj 笃笃 [dǔdǔ] ▸ **toc ! toc ! — qui est là ?** 笃！笃！— 谁啊？ [dǔ! dǔ! — shéi a?]. ♦ nm *fam* 假货 [jiǎhuò] ▸ **des bijoux en toc** 一些假首饰 [yìxiē jiǎ shǒushi] ▸ **c'est du toc !** 这是假货！ [zhè shì jiǎhuò!].

tofu nm (pâte de soja) 豆腐 [dòufu] ▸ **tofu fermenté** 臭豆腐 [chòu dòufu] ▸ **tofu frais** 白豆腐 [bái dòufu].

Togo nm ▸ **le Togo** 多哥 [Duōgē].

toi pron pers 你 [nǐ] ▸ **c'est toi ?** 是你吗？ [shì nǐ ma?] ▸ **toi aussi** 你也是 [nǐ yěshì] ▸ **toi non plus** 你也是 [nǐ yěshì] ▸ **je lui ai parlé de toi** 我跟他谈起过你 [wǒ gēn tā tánqǐ guò nǐ] ▸ **j'ai un cadeau pour toi** 我有一份礼物给你 [wǒ yǒu yí fèn lǐwù gěi nǐ] ▸ **je veux que ce soit toi qui y ailles** 我希望是你去那儿 [wǒ xīwàng shì nǐ qù nàr] ▸ **réveille-toi !** (你)醒醒！ [(nǐ) xǐng xǐng!] ▸ **dépêche-toi !** (你)快点！ [(nǐ) kuài diǎn!].

■ **toi-même** pron pers 你自己 [nǐ zìjǐ] ▸ **tu pourrais le faire toi-même !** 你可以自己做这件事！ [nǐ kéyǐ zìjǐ zuò zhè jiàn shì!].

toile nf ❶ (étoffe) ○ (cl. 块 [kuài]) 布 [bù] ▸ **il porte un costume d'été en toile** 他穿着一套麻布夏季西服 [tā chuānzhe yí tào mábù xiàjì xīfú] ▸ **toile cirée** 漆布 [qī bù] ❷ (tableau) ○ (cl. 幅 [fú]) 画 [huà] ▸ **ce tableau est une toile de maître** 这是一幅大师画作 [zhè shì yì fú dàshī huàzuò].

■ **toile d'araignée** nf (cl. 张 [zhāng]) 蜘蛛网 [zhīzhū wǎng].

toilette nf (soins de propreté) 梳妆 [shūzhuāng] ▸ **des produits de toilette** 一些梳洗用品 [yìxiē shūxǐ yòngpǐn] ▸ **une trousse de toilette** 一个梳洗用品包 [yí ge shūxǐ yòngpǐn bāo] ▸ **je vais faire ma toilette avant de m'habiller** 我在穿衣前要先梳洗 [wǒ zài chuān yī qián yào xiān shūxǐ] ▸ **la maman fait la toilette de son bébé** 妈妈在给自己的宝宝清洗 [māma zài gěi zìjǐ de báobǎo qīngxǐ] ▸ **le chat fait sa toilette** 猫在理毛 [māo zài lǐmáo].

■ **toilettes** nfpl 洗手间 [xíshǒujiān] ▸ **les toilettes pour femmes** 女洗手间 [nǚ xíshǒujiān] ▸ **les toilettes pour hommes** 男洗手间 [nán xíshǒujiān] ▸ **aller aux toilettes** 去洗手间 [qù xíshǒujiān] ▸ **où sont les toilettes, s'il vous plaît ?** 请问，洗手间在哪儿？ [qǐngwèn, xíshǒujiān zài nǎr?].

toit nm ❶ (toiture) 屋顶 [wūdǐng] ▸ **un toit d'ardoises** 一个石板瓦屋顶 [yí ge shíbǎnwǎ wūdǐng] ▸ **faire réparer le toit** 修屋顶 [xiū wūdǐng] ❷ *fig* (maison) ○ (cl. 处 [chù]) 住所 [zhùsuǒ] ▸ **être sans toit** 无家可归 [wú jiā kě guī] ▸ **vivre sous le même toit** 住在一起 [zhù zài yìqǐ] ▸ **recevoir qqn sous son toit** 在自家接待某人 [zài zìjiā jiēdài mǒurén] ❸ AUTO 顶棚 [dǐngpéng] ▸ **un toit ouvrant** 一个天窗 [yí ge tiān chuāng].

toiture nf 屋顶 [wūdǐng].

Tokyo npr 东京 [Dōngjīng].

tôle nf 铁皮 [tiěpí] ▸ **tôle ondulée** 瓦楞铁皮 [wăléng tiěpí].

tolérance nf 宽容 [kuānróng] ▸ **faire preuve de tolérance** 表现宽容 [biǎoxiàn kuānróng].

tolérant, e adj 宽容的 [kuānróng de].

tolérer vt ❶ (autoriser) 容许 [róngxǔ] ▸ **le stationnement sur le trottoir n'est pas toléré** 在人行道上停车是不被容许的 [zài rénxíngdào shàng tíng chē shì bú bèi róngxǔ de] ❷ (supporter) 容忍 [róngrěn] ▸ **je ne tolère pas son insolence** 我不能容忍他的蛮横无礼 [wǒ bùnéng róngrěn tāde mánhèng wúlǐ] ▸ **il ne tolère pas que sa fille sorte le soir** 他不能容忍自己的女儿在夜间出门 [tā bùnéng róngrěn zìjǐ de nǚ'ér zài yèjiān chūmén].

tollé nm 抗议声 [kàngyìshēng] ▸ **soulever un tollé général** 激起公愤 [jīqǐ gōngfèn].

tomate nf 番茄 [fānqié]; 西红柿 [xīhóngshì] ▸ **tomate cerise** 樱桃番茄 [yīngtáo fānqié] ▸ **tomates farcies** 瓤番茄 [ráng fānqié] ▸ **des pâtes à la sauce tomate** 茄汁面 [qié zhī miàn].

tombal, e adj 坟墓的 [fénmù de] ▸ **une pierre tombale** 一块墓碑 [yí kuài mùbēi].

tombe nf ❶ (fosse) ○ (cl. 座 [zuò]) 坟墓 [fénmù] ▸ **aller sur la tombe de qqn** 去某人的墓前 [qù mǒurén de mù qián] ▸ **fleurir une tombe** 在墓前摆放鲜花 [zài mù qián bǎifàng xiānhuā] ❷ (pierre tombale) ○ (cl. 块 [kuài]) 墓碑 [mùbēi] ▸ **un nom est gravé sur la tombe** 一个名字刻在了墓碑上 [yí ge míngzi kè zài le mùbēi shàng].

tombeau, x nm (cl. 块 [kuài] ou 座 [zuò]) 陵墓 [língmù].

tombée nf 降下 [jiàngxià] ▸ **à la tombée de la nuit** 夜幕降临之时 [yèmù jiànglín zhī shí].

tomber ♦ vi ❶ (choir) 倒下 [dǎoxià] ▸ **le tabouret est tombé** 凳子倒了 [dèngzi dǎo le] ▸ **tomber par terre** 摔在地上 [shuāi zài dì shàng] ▸ **tomber dans l'escalier** 摔倒在楼梯上 [shuāidǎo zài lóutī shàng] ▸ **faire tomber qqch** 把……摔下 [bǎ… shuāi xià] ▸ **j'ai fait tomber mes lunettes** 我把自己的眼镜给摔了 [wǒ bǎ zìjǐ de yǎnjìng gěi shuāi le] ❷ (s'écrouler) 倒下 [dǎoxià] ▸ **tomber de fatigue** 累倒 [lèi dǎo] ▸ **tomber de sommeil** 困倒 [kùn dǎo] ❸ (se détacher) 脱落 [tuōluò] ▸ **en automne, les feuilles tombent** 在秋天，叶子落下来了 [zài qiūtian, yèzi luòxialái le] ▸ **ses cheveux commencent à tomber** 他的头发开始脱落了 [tāde tóufa kāishǐ tuōluò le] ❹ (s'abattre) 降下 [jiàngxià] ▸ **la pluie tombe** 下雨了 [xiàyǔ le] ▸ **la nuit est tombée** 黑夜降临了 [hēiyè jiànglín le] ❺ (capituler, perdre le pouvoir) 垮台 [kuǎtái] ▸ **le gouvernement est tombé ce matin** 政府今早垮台了 [zhèngfǔ jīnzǎo kuǎtái le] ❻ (diminuer) 减弱 [jiǎnruò] ▸ **le vent est tombé** 风小了 [fēng xiǎo le] ▸ **la fièvre est tombée** 烧退了 [shāo tuì le] ❼ (arriver) 赶上 [gǎnshang] ▸ **son anniversaire tombe un mardi** 他的生日正赶上一个星期二 [tāde shēngri zhèng gǎnshang yí ge xīngqī'èr] ▸ **tomber bien** 来得适时 [láide shìshí] ▸ **mal tomber** 来得不巧 [láide bùqiǎo] ▸ **tomber juste** 计算准确 [jìsuàn zhǔnquè] ❽ (trouver par hasard) 不期而遇 [bùqī ér yù] ▸ **tomber sur qqn** 与某人不期而遇 [yǔ mǒurén bùqī ér yù] ▸ **en sortant du cinéma, je suis tombée sur une vieille amie** 走出电影院时，我和一位老朋友不期而遇 [zǒuchū diànyǐngyuàn shí, wǒ hé yí wèi lǎo péngyou bùqī ér yù] ▸ **tomber sur qqch** 偶然发现什么 [ǒurán fāxiàn shénme] ▸ **je suis tombé sur un article intéressant** 我偶然发现一篇有趣的文章 [wǒ ǒurán fāxiàn yì piān yǒuqù de wénzhāng] ❾ (indique une déchéance) 陷入 [xiànrù] ▸ **tomber dans la dépression** 陷入抑郁之中 [xiànrù yìyù zhīzhōng] ▸ **tomber dans l'oubli** 被打入冷宫 [bèi dǎrù lěnggōng]

◊ **tomber sous le coup de la loi** 在法律上有规定 [zài fǎlǜ shàng yǒu guīdìng] ▸ **tomber de haut** 非常惊讶 [fēicháng jīngyà] ▸ **tomber bas** 堕落 [duòluò].

♦ v att ▸ **tomber amoureux** 爱上 [àishang] ▸ **tomber enceinte** 怀孕 [huáiyùn] ▸ **tomber malade** 得病 [débìng].

tombola nf 摇彩 [yáocǎi] ▸ **jouer à la tombola** 玩摇彩 [wán yáocǎi].

tome nm 卷 [juàn] ▸ **une encyclopédie en dix tomes** 一部十卷的百科全书 [yí bù shí juàn de bǎikē quánshū].

ton¹, ta, tes adj poss 你的 [nǐde] ▸ **ton numéro de téléphone** 你的电话号码 [nǐde diànhuà hàomǎ] ▸ **ta mère** 你母亲 [nǐ mǔqin] ▸ **tes parents** 你的父母 [nǐde fùmǔ] ▸ **ton armoire** 你的衣橱 [nǐde yīchú].

ton² nm ❶ (hauteur de la voix) 声调 [shēngdiào] ▸ **je n'aime pas le ton de sa voix** 我不喜欢他的声调 [wǒ bù xǐhuān tāde shēngdiào] ❷ (intonation) 语气 [yǔqì] ▸ **parler d'un ton sec** 以一种生硬的语气说话 [yǐ yì zhǒng shēngyìng de yǔqì shuōhuà] ▸ **dire qqch sur le ton de la plaisanterie** 说某事是开玩笑的 [shuō mǒushì shì kāiwánxiào de] ▸ **ne me parle pas sur ce ton !** 别用这种语气对我说话！ [bié yòng zhè zhǒng yǔqì duì wǒ shuōhuà!] ❸ MUS 调 [diào] ▸ **donner le ton** 定调 [dìngdiào] ❹ (couleur) 色调 [sèdiào] ▸ **je n'aime pas les tons trop vifs** 我不喜欢太鲜艳的色调 [wǒ bù xǐhuān tài xiānyàn de sèdiào].

tonalité nf ❶ MUS 音调 [yīndiào] ▸ **la tonalité d'un morceau** 一段曲子的音调 [yí duàn qǔzi de yīndiào] ❷ (au téléphone) 拨号音 [bōhàoyīn] ▸ **il n'y a pas de tonalité** 没有拨号音 [méiyǒu bōhàoyīn].

tondeuse nf ❶ (à gazon) ○ (cl. 台 [tái]) 轧草机 [yàcǎojī] ▸ **passer la tondeuse** 修剪草坪 [xiūjiǎn cǎopíng] ❷ (pour cheveux) ○ (cl. 把 [bǎ]) 推剪 [tuījiǎn] ❸ (pour animal) 剪毛器 [jiǎnmáoqì].

tondre vt ❶ (gazon) 修剪 [xiūjiǎn] ▸ **j'ai tondu la pelouse** 我修剪了草坪 [wǒ xiūjiǎn le cǎopíng] ❷ (animal) 剪毛 [jiǎnmáo] ▸ **le berger a tondu les moutons** 牧羊人给羊剪毛 [mùyángrén gěi yáng jiǎnmáo] ❸ (personne) 理短发 [lǐ duǎnfà] ▸ **il a les cheveux tondus** 他理了个平头 [tā lǐ le ge píngtóu].

tong nf (cl. 只 [zhī]) 人字拖鞋 [rénzì tuōxié].

tonifier vt 使……有弹性 [shǐ… yǒu tánxìng] ▸ **l'eau froide tonifie la peau** 凉水使皮肤有弹性 [liángshuǐ shǐ pífū yǒu tánxìng] ▸ **ce shampooing tonifie les cheveux** 这种洗发水使头发有弹性 [zhè zhǒng xǐfàshuǐ shǐ tóufa yǒu tánxìng].

tonique adj ❶ (revigorant) 使人振作的 [shǐrén zhènzuò de] ▸ **l'air de la mer est très tonique** 海的气息很让人振作 [hǎi de qìxī hěn ràng rén zhènzuò] ▸ **une lotion tonique pour le visage** 一种用于脸部的紧肤水 [yì zhǒng yòng yú liǎnbù de jǐnfū shuǐ] ❷ LING 重读的 [zhòngdú de] ▸ **l'accent tonique** 重音 [zhòng yīn].

Tonkin (golfe du) npr 北圻 [Běi Qí].

tonne nf ❶ (1000 kg) 吨 [dūn] ▸ **quinze tonnes de blé** 十五吨小麦 [shíwǔ dūn xiǎomài] ▸ **un (camion de) 38 tonnes** 载重为38吨(的卡车) [zàizhòng wéi 38 dūn (de kǎchē)] ❷ *fam* (grande quantité) 大量 [dàliàng] ▸ **j'ai des tonnes de bouquins** 我有大量的书 [wǒ yǒu dàliàng de shū] ▸ **j'ai encore une tonne de boulot à faire** 我还有一大堆活儿要干 [wǒ hái yǒu yídàduī huór yào gān]

◊ **en faire des tonnes** 添油加醋 [tiānyóu jiācù].

tonneau, x nm ❶ (baril) 木桶 [mùtǒng] ▸ **un tonneau de cidre** 一桶苹果酒 [yì tǒng píngguǒjiǔ] ▸ **mettre le vin en tonneau** 把酒灌进桶里 [bǎ jiǔ guàn jìn tǒng lǐ] ❷ (accident) 翻滚 [fāngǔn] ▸ **la voiture a fait un tonneau** 汽车翻滚了下去 [qìchē fāngǔn le xiàqu].

tonner vi MÉTÉOR 打雷 [dǎléi].

tonnerre nm ❶ (bruit de la foudre) 雷 [léi] ▸ **un coup de tonnerre** 一声雷响 [yì shēng léi xiǎng] ❷ (bruit très fort) 雷鸣般的 [léimíngbān de] ▸ **un tonnerre d'applaudissements** 一阵雷鸣般的掌声 [yí zhèn léimíngbān de zhǎngshēng].

tonte nf 剪毛 [jiǎnmáo] ▸ **la tonte des moutons** 剪羊毛 [jiǎn yángmáo].

tonus nm inv (dynamisme) 精气神 [jīngqìshén] ▸ **avoir du tonus** 有精气神 [yǒu jīngqìshén] ▸ **manquer de tonus** 缺乏精气神 [quēfá jīngqìshén].

top model nmf (cl. 名 [míng] ou 个 [gè] ou 位 [wèi]) 超级模特 [chāojí mótè].

torche nf ▸ **une torche électrique** (cl. 只 [zhī] ou 个 [gè]) 手电筒 [shǒudiàntǒng].

torchon nm ❶ (serviette) ○ (cl. 块 [kuài]) 抹布 [mābù] ❷ *péj* (journal sans valeur) ▸ **ce journal est un vrai torchon !** 这份报纸真是够滥的！ [zhè fèn bàozhǐ zhēnshi gòu làn de!].

tordre vt ❶ (essorer) 拧 [nǐng] ▸ **tordre du linge pour l'essorer** 拧干衣物 [nínggān yīwù]

❷ (retourner) 拧住 [nǐngzhù] ▸ **tordre le bras à qqn** 拧住某人的胳膊 [nǐngzhù mǒurén de gēbo] ❸ (plier) 拧弯 [nǐngwān] ▸ **tordre une barre de fer** 拧弯一根铁条 [nǐngwān yì gēn tiětiáo].

■ **se tordre** vp ❶ (membre) 崴 [wǎi] ▸ **se tordre la cheville** 崴了脚腕 [wǎi le jiǎowàn] ❷ (se plier en deux) 缩成一团 [suō chéng yì tuán] ▸ **se tordre de douleur** 疼得缩成一团 [téng de suō chéng yì tuán].

tordu, e ♦ adj *fam* ❶ (de travers) 罗圈的 [luóquān de] ▸ **avoir les jambes tordues** 长着罗圈腿 [zhǎngzhe luóquān tuǐ] ❷ (bizarre, fou) 变态的 [biàntài de] ▸ **avoir l'esprit tordu** 想法变态 [xiángfǎ biàntài]. ♦ nm, f *fam péj* (fou) 变态 [biàntài].

tornade nf (cl. 场 [chǎng] ou 阵 [zhèn]) 龙卷风 [lóngjuǎnfēng] ▸ **la région a été complètement dévastée par une tornade** 这个地区被一场龙卷风完全摧毁了 [zhè ge dìqū bèi yì chǎng lóngjuǎnfēng wánquán cuīhuǐ le].

torrent nm ❶ (cours d'eau) ○ (cl. 道 [dào]) 湍流 [tuānliú] ▸ **le torrent descend de la montagne** 湍流从山上流下来 [tuānliú cóng shān shàng liúxiàlai] ❷ (écoulement rapide) 流 [liú] ▸ **un torrent de boue** 泥石流 [níshí liú] ▸ **un torrent de lave** 熔岩流 [róngyán liú]

◊ **il pleut à torrents** 下起了倾盆大雨 [xiàqǐ le qīngpén dàyǔ].

torrentiel, elle adj 激流的 [jīliú de] ▸ **des pluies torrentielles** 倾盆大雨 [qīngpén dàyǔ].

torride adj 酷热的 [kùrè de] ▸ **une ambiance torride** 火热的气氛 [huǒrè de qìfen] ▸ **une chaleur torride** 酷热 [kù rè].

torse nm 胸脯 [xiōngpú] ▸ **il a le torse poilu** 他的胸脯长满了毛 [tāde xiōngpú zhángmǎn le máo] ▸ **se mettre torse nu** 光着膀子 [guāngzhe bǎngzi].

tort nm ❶ (erreur) 错 [cuò] ▸ **avoir tort** 错了 [cuò le] ▸ **c'est un tort** 这是个错误 [zhè shì ge cuòwù] ▸ **être dans son tort** 违反法规 [wéifǎn fǎguī] ▸ **donner tort à qqn** 表明某人是错的 [biǎomíng mǒurén shì cuò de] ▸ **on l'a accusé à tort** 人们错怪了他 [rénmen cuòguài le tā] ▸ **reconnaître ses torts** 承认自己错了 [chéngrèn zìjǐ cuò le] ▸ **tu as tort de ne pas venir te baigner, la mer est bonne** 你不下海是错了，海水很好 [nǐ bú xià hǎi shì cuò le, hǎishuǐ hěn hǎo] ❷ (préjudice) 损害 [sǔnhài] ▸ **causer du tort à qqn** 损害某人 [sǔnhài mǒurén] ▸ **il faut réparer les torts qu'on a causés** 应该补偿给人家带来的损害 [yīnggāi bǔcháng gěi rénjiā dàilái de sǔnhài]

◊ **à tort et à travers** 胡乱地 [húluàn de].

torticolis nm inv 落枕 [làozhěn] ▸ **avoir un torticolis** 脖子落枕了 [bózi làozhěn le].

tortiller vt 捻 [niǎn] ▸ **tortiller sa moustache** 捻着自己的小胡子 [niǎnzhe zìjǐ de xiǎo húzi].

■ **se tortiller** vp 扭来扭去 [niǔlái niǔqù] ▸ **je le voyais se tortiller sur sa chaise** 我看见他在椅子上扭来扭去 [wǒ kànjiàn tā zài yǐzi shàng niǔlái niǔqù].

tortionnaire nmf (cl. 名 [míng] ou 个 [gè]) 施刑者 [shīxíngzhě].

tortue nf ZOOL (cl. 只 [zhī]) 龟 [guī] ▸ **tortue marine** 海龟 [hǎi guī] ▸ **tortue terrestre** 陆龟 [lù guī].

tortueux, euse adj (sinueux) 弯弯曲曲的 [wānwān qūqū de] ▸ **une rue tortueuse** 一条弯弯曲曲的路 [yì tiáo wānwān qūqū de lù].

torture nf (supplice) ○ (cl. 种 [zhǒng]) 酷刑 [kùxíng] ▸ **avouer sous la torture** 在酷刑下招供 [zài kùxíng xià zhāogòng] ▸ **infliger des tortures à qqn** 拷打某人 [kǎodǎ mǒurén].

torturer vt (supplicier) 拷打 [kǎodǎ].

tôt adv 早 [zǎo] ▸ **se coucher tôt** 早睡 [zǎo shuì] ▸ **se lever tôt** 早起 [zǎo qǐ] ▸ **les arbres ont fleuri tôt cette année** 今年树木开花早 [jīnnián shùmù kāihuā zǎo] ▸ **il fallait y penser plus tôt** 早该想到这个 [zǎogāi xiǎngdào zhè ge] ▸ **il est arrivé plus tôt que prévu** 他提前到了 [tā tíqián dào le] ▸ **le plus tôt possible** 尽早 [jìnzǎo] ▸ **tôt ou tard** 早晚 [zǎo wǎn].

■ **au plus tôt** loc adv 最早 [zuìzǎo] ▸ **j'aurai fini ce travail dans 15 jours au plus tôt** 我最早在15天之后能完成这项工作 [wǒ zuìzǎo zài 15 tiān zhīhòu néng wánchéng zhè xiàng gōngzuò].

total, e, aux adj ❶ (pris dans son entier) 总的 [zǒng de] ▸ **le prix total** 总价 [zǒng jià] ❷ (complet) 全面的 [quánmiàn de] ▸ **c'est une réussite totale** 这是一次全面的成功 [zhè shì yí cì quánmiàn de chénggōng] ▸ **j'ai une totale confiance en lui** 我完全信任他 [wǒ wánquán xìnrèn tā].

▪ **total** ♦ nm 总和 [zǒnghé] ▸ **au total** 总共 [zǒnggòng] ▸ **ça fait 80 euros au total** 这总共80欧元 [zhè zǒnggòng 80 ōuyuán] ▸ **faire ou calculer le total** 计算总和 [jìsuàn zǒnghé]. ♦ adv *fam* 总之 [zǒngzhī] ▸ **total, il faut tout recommencer !** 总之，都得重新开始！[zǒngzhī, dōu děi chóngxīn kāishǐ!].

totalement adv 完全地 [wánquán de] ▸ **je suis totalement d'accord avec vous** 我和您意见完全一致 [wǒ hé nín yìjiàn wánquán yízhì].

totaliser vt (réunir au total) 总计 [zǒngjì] ▸ **cette équipe de foot totalise quinze victoires** 这个足球队总计十五场胜利 [zhè ge zúqiú duì zǒngjì shíwǔ chǎng shènglì].

totalitaire adj 极权的 [jíquán de] ▸ **régime totalitaire** 极权制 [jíquán zhì].

totalité nf 全部 [quánbù] ▸ **il a perdu la totalité de sa fortune au jeu** 他在赌博中失去了自己的全部财产 [tā zài dǔbó zhōng shīqù le zìjǐ de quánbù cáichǎn] ▸ **le village a été détruit en totalité par l'inondation** 这个村子全部被洪水冲毁了 [zhè ge cūnzi quánbù bèi hóngshuǐ chōnghuǐ le].

touchant, e adj 感人的 [gǎnrén de] ▸ **la dernière scène du film est très touchante** 影片的最后一幕很感人 [yǐngpiàn de zuìhòu yí mù hěn gǎnrén].

touche nf ❶ (petit levier sur un clavier) 按键 [ànjiàn] ▸ **les touches blanches du piano** 钢琴的白键 [gāngqín de bái jiàn] ▸ **les touches d'un téléphone** 电话的按键 [diànhuà de ànjiàn] ❷ SPORT (cl. 条 [tiáo]) 边线 [biānxiàn] ▸ **rester sur la touche** 没上场 [méi shàngchǎng].

toucher[1] nm (l'un des cinq sens) 触觉 [chùjué].

toucher[2] vt ❶ (tâter) 触摸 [chùmō] ▸ **toucher une mangue pour savoir si elle est mûre** 摸一个芒果来看它是否熟了 [mō yí ge mángguǒ lái kàn tā shìfǒu shóu le] ❷ (entrer en contact avec) 碰 [pèng] ▸ **la flèche n'a même pas touché la cible** 飞镖连靶子都没碰到 [fēibiāo lián bǎzi dōu méi pèngdào] ▸ **ne me touchez pas !** 别碰我！[bié pèng wǒ!] ❸ (être très proche de) 紧靠 [jǐnkào] ▸ **leur maison touche la nôtre** 他们房子紧挨着我们的 [tāmen fángzi jǐn'āizhe wǒmende] ❹ (affecter) 影响 [yíngxiǎng] ▸ **la marée noire a touché tout le littoral** 黑潮影响到了整个沿海地带 [hēicháo yíngxiǎng dào le zhěnggè yánhǎi dìdài] ▸ **cette région est fortement touchée par le chômage** 这个地区严重受到失业的影响 [zhè ge dìqū yánzhòng shòudào shīyè de yǐngxiǎng] ❺ (recevoir) 领取 [língqǔ] ▸ **toucher un chèque** 兑现一张支票 [duìxiàn yì zhāng zhīpiào] ▸ **toucher un salaire** 领取一份工资 [língqǔ yí fèn gōngzī] ❻ (émouvoir) 感动 [gǎndòng] ▸ **tes compliments me touchent beaucoup** 你的称赞使我很感动 [nǐde chēngzàn shǐ wǒ hěn gǎndòng] ❼ (concerner) 有关 [yǒuguān] ▸ **cette histoire nous touche de près** 这件事与我们关系很大 [zhè jiàn shì yǔ wǒmen guānxi hěn dà].

▪ **toucher à** v+prép ❶ (porter la main sur) 碰 [pèng] ▸ **les enfants ne doivent pas toucher aux allumettes** 孩子们不应该碰火柴 [háizimen bù yīnggāi pèng huǒchái] ▸ **ne touchez pas à mes enfants !** 别碰我的孩子们！[bié pèng wǒde háizimen!] ❷ (entamer) 动 [dòng] ▸ **le malade n'a pas touché à son repas** 病人没有动他的饭 [bìngrén méiyǒu dòng tāde fàn] ❸ (atteindre, arriver) 接近 [jiējìn] ▸ **notre voyage touche à sa fin** 我们的旅程接近了尾声 [wǒmende lǚchéng jiējìn le wěishēng].

▪ **se toucher** vp 紧密相邻 [jǐnmì xiānglín] ▸ **nos maisons se touchent** 我们的房子紧密相邻 [wǒmende fángzi jǐnmì xiānglín].

touffe nf ▸ **une touffe de cheveux** 一绺头发 [yì liǔ tóufa] ▸ **une touffe d'herbe** 一丛草 [yì cóng cǎo] ▸ **une touffe de poils** 一绺毛 [yì liǔ máo].

touffu, e adj (dense) 浓密的 [nóngmì de] ▸ **un arbre touffu** 一棵枝叶茂密的树 [yì kē zhīyè màomì de shù] ▸ **une barbe touffue** 浓密的胡子 [nóngmì de húzi] ▸ **une forêt touffue** 一片茂密的树林 [yí piàn màomì de shùlín].

toujours adv ❶ (indique une répétition) 总是 [zǒngshì] ▸ **il est toujours en retard** 他总是迟到 [tā zǒngshì chídào] ❷ (indique une continuité, une persistance dans le présent) 一直 [yìzhí] ▸ **il aime toujours sa femme** 他一直爱着自己的妻子 [tā yìzhí àizhe zìjǐ de qīzi] ▸ **cette rue est toujours encombrée** 这条街一直都是很堵 [zhè tiáo jiē yìzhí dōu shì hěn dǔ] ❸ (de façon définitive) 永远 [yóngyuǎn] ▸ **ils s'aimeront toujours** 他们将永远相爱 [tāmen jiāng yóngyuǎn xiāng'ài] ▸ **il est parti pour toujours** 他走了永远不再回来 [tā zǒu le yóngyuǎn bú zài huílai] ❹ (de toute façon) 还是 [háishi] ▸ **essayez toujours, il vous répondra peut-être** 还是试试吧，他也许会接您的电话 [háishi shìshi ba, tā yéxǔ huì jiē nínde diànhuà].

▪ **toujours est-il que** loc conj 总而言之 [zǒng'éryánzhī] ▸ **toujours est-il qu'il n'est pas venu** 总之他是没有来 [zǒngzhī tā shì méiyǒu lái].

▪ **toujours moins** loc adv 越来越（少）[yuèláiyuè (shǎo)] ▸ **elle est toujours moins disponible à cause de son travail** 由于工作她越来越没有时间了 [yóuyú gōngzuò tā yuèláiyuè méiyǒu shíjiān le].

▪ **toujours plus** loc adv 越来越（多）[yuèláiyuè (duō)] ▸ **il est toujours plus beau** 他越来越帅了 [tā yuèláiyuè shuài le].

▪ **de toujours** loc adj 永远的 [yóngyuǎn de] ▸ **ce sont des amis de toujours** 这是永远的朋友 [zhè shì yóngyuǎn de péngyou].

toupet nm *fam* & *fig* (audace) 胆量 [dǎnliàng] ▸ **avoir du toupet** 有胆量 [yǒu dǎnliàng] ▸ **ne pas manquer de toupet** 胆子大 [dǎnzi dà] ▸ **quel toupet !** 胆子够大的！ [dǎnzi gòu dà de!].

toupie nf (jeu d'enfant) 陀螺 [tuóluó].

tour ♦ nm ❶ (périmètre, parcours) 圈 [quān] ▸ **faire le tour du jardin** 绕花园转一圈 [rào huāyuán zhuàn yì quān] ▸ **faire le tour du monde** 周游世界 [zhōuyóu shìjiè] ▸ **faire un tour de manège** 坐一回旋转木马 [zuò yì huí xuánzhuǎn mùmǎ] ▸ **il fait beau, allons faire un tour !** 天气好，咱们出去转转！ [tiānqì hǎo, zánmen chūqu zhuànzhuan!] ▸ **fermer la porte à double tour** 把门锁紧 [bǎ mén suǒ jǐn] ❷ (mensuration) 围 [wéi] ▸ **tour de poitrine** 胸围 [xiōng wéi] ▸ **tour de taille** 腰围 [yāo wéi] ❸ (attraction, plaisanterie) 玩笑 [wánxiào] ▸ **jouer un mauvais tour à qqn** 对某人搞恶作剧 [duì mǒurén gǎo èzuòjù] ▸ **un tour de magie** 变魔术 [biàn móshù] ❹ (rang) 轮到 [lúndào] ▸ **à tour de rôle** 轮流 [lúnliú] ▸ **c'est à mon tour de jouer** 轮到我了 [lúndào wǒ le] ▸ **chacun parlera à son tour** 每个人轮流发言 [měi ge rén lúnliú fāyán] ❺ POLIT 轮 [lún] ▸ **le premier tour (de scrutin)** 第一轮(投票) [dìyī lún (tóupiào)] ❻ (machine-outil) 转轮 [zhuǎnlún] ▸ **le tour du potier** 陶轮 [táo lún]. ♦ nf ❶ ARCHIT (cl. 座 [zuò]) 塔 [tǎ] ▸ **les tours d'un château** 一座城堡的塔楼 [yí zuò chéngbǎo de tǎlóu] ▸ **la tour Eiffel** 艾菲尔铁塔 [Àifēi'ěr tiětǎ] ❷ (gratte-ciel) ○ (cl. 座 [zuò] ou 个 [gè]) 大厦 [dàshà] ▸ **la tour Montparnasse** 蒙帕纳斯大厦 [Méngpànàsī dàshà] ▸ **il habite au neuvième étage d'une tour** 他住在一座高楼的九层 [tā zhù zài yí zuò gāolóu de jiǔ céng] ❸ (aux échecs) 车 [chē].

▪ **tour de contrôle** nf (cl. 座 [zuò] ou 个 [gè]) 指挥塔 [zhǐhuī tǎ].

tourbillon nm ❶ (vent très fort qui souffle en tournoyant) ○ (cl. 阵 [zhèn] ou 场 [chǎng]) 旋风 [xuànfēng] ❷ (mouvement tournant et rapide d'un liquide) 旋涡 [xuánwō] ▸ **l'eau fait des tourbillons** 水流形成了一些旋涡 [shuǐliú xíngchéng le yìxiē xuánwō].

Tourfan npr (ville) 吐鲁番 [Tǔlǔfān].

tourisme nm ❶ (fait de voyager) 旅游 [lǚyóu] ▸ **faire du tourisme** 旅游 [lǚyóu] ❷ (commerce) 旅游业 [lǚyóuyè] ▸ **notre région vit essentiellement du tourisme** 我们地区主要靠旅游业 [wǒmen dìqū zhǔyào kào lǚyóuyè].

touriste nmf (cl. 名 [míng] ou 个 [gè] ou 位 [wèi]) 游客 [yóukè].

touristique adj 旅游的 [lǚyóu de] ▸ **un guide touristique** 一本旅游指南 [yì běn lǚyóu zhǐnán] ▸ **une ville touristique** 一个旅游城市 [yí ge lǚyóu chéngshì].

tourmenter vt ❶ (causer du souci) 纠缠 [jiūchán] ▸ **cette idée le tourmente** 这个想法纠缠着他 [zhè ge xiángfǎ jiūchánzhe tā] ❷ (martyriser) 折磨 [zhémo] ▸ **arrêtez de tourmenter ce**

pauvre insecte ! 别再折腾这只可怜的虫子了！ [bié zài zhēténg zhè zhī kělián de chóngzi le!].

tournage nm CINÉ (cl. 次 [cì] ou 轮 [lún] ou 个 [gè]) 拍摄 [pāishè] ▸ **le tournage du film a duré quatre mois** 影片的拍摄用了四个月的时间 [yǐngpiàn de pāishè yòng le sì ge yuè de shíjiān].

tournant nm ❶ (virage) 弯 [wān] ▸ **prendre un tournant** 转一个弯 [zhuǎn yí ge wān] ❷ *fig* (moment décisif) 转折点 [zhuǎnzhédiǎn] ▸ **il est à un tournant de sa carrière** 他正处于职业生涯的转折点 [tā zhèng chǔyú zhíyè shēngyá de zhuǎnzhédiǎn].

tournée nf ❶ (voyage de travail) ○ (cl. 次 [cì] ou 场 [chǎng]) 巡回 [xúnhuí] ▸ **le facteur a fait sa tournée** 邮递员作了巡回 [yóudìyuán zuò le xúnhuí] ❷ (d'un artiste, d'une troupe de théâtre) ○ (cl. 次 [cì]) 巡回演出 [xúnhuí yǎnchū] ▸ **être en tournée** 正在巡回演出 [zhèngzài xúnhuí yǎnchū] ▸ **partir/être en tournée** 去/在作巡回演出 [qù/zài zuò xúnhuí yǎnchū] ❸ (tour) 串 [chuàn] ▸ **faire la tournée des bars** 串酒巴 [chuàn jiǔbā] ❹ *fam* (consommations) 做东 [zuòdōng] ▸ **c'est ma tournée !** 我做东！ [wǒ zuòdōng!].

tourner ♦ vt ❶ (imprimer un mouvement à) 转动 [zhuàndòng] ▸ **il a tourné la tête vers moi** 他把头转向了我 [tā bǎ tóu zhuǎnxiàng le wǒ] ▸ **tourner la clé dans la serrure** 在锁里转动钥匙 [zài suǒ lǐ zhuàndòng yàoshi] ▸ **tourner les pages d'un livre** 翻动一本书的页 [fāndòng yì běn shū de yè] ❷ (mélanger) 搅拌 [jiǎobàn] ▸ **tourner la salade** 搅拌沙拉 [jiǎobàn shālā] ❸ CINÉ 拍摄 [pāishè] ▸ **tourner un film** 拍一部电影 [pāi yí bù diànyǐng]. ♦ vi ❶ (faire un cercle/une courbe) 转 [zhuàn] ▸ **tourner autour de qqch** 围着某物转 [wéizhe mǒuwù zhuàn] ▸ **la Terre tourne autour du Soleil** 地球围着太阳转 [Dìqiú wéizhe Tàiyáng zhuàn] ▸ **la route tourne** 道路转弯了 [dàolù zhuǎnwān le] ▸ **tournez à gauche** 向左转 [xiàng zuǒ zhuǎn] ❷ (s'altérer) 变质 [biànzhì] ▸ **le lait a tourné** 牛奶变质了 [niúnǎi biànzhì le] ❸ (fonctionner) 运转 [yùnzhuǎn] ▸ **faire tourner le moteur d'une voiture** 启动一辆汽车的发动机 [qǐdòng yí liàng qìchē de fādòngjī] ❹ (bien marcher) 经营得很好 [jīngyíng de hěn hǎo] ▸ **c'est une entreprise qui tourne** 这是家经营得很好的企业 [zhè shì jiā jīngyíngde hěn hǎo de qǐyè] ◊ **avoir la tête qui tourne** 头晕 [tóuyūn] ▸ **mal tourner** 进行得不好 [jìnxíngde bùhǎo].
■ **se tourner** vp 转 [zhuǎn] ▸ **tourne-toi un peu** 你稍微转一点 [nǐ shāowēi zhuǎn yì diǎn] ▸ **se tourner vers** 转向…… [zhuǎnxiàng…].

tournesol nm BOT (cl. 棵 [kē] ou 株 [zhū]) 向日葵 [xiàngrìkuí] ▸ **huile de tournesol** 瓜子油 [guāzǐ yóu].

tournevis nm inv (cl. 把 [bǎ]) 螺丝刀 [luósīdāo] ▸ **dévisser les vis avec un tournevis** 用螺丝刀来拧出螺丝钉 [yòng luósīdāo lái nǐng chū luósīdīng].

tourniquet nm (entrée, passage) 转杆入口 [zhuǎn gǎn rùkǒu].

tournis nm inv *fam* 头晕 [tóuyūn] ▸ **avoir le tournis** 感到头晕 [gǎndào tóuyūn] ▸ **donner le tournis à qqn** 使某人头晕 [shǐ mǒurén tóuyūn].

tournoi nm ❶ (compétition) ○ (cl. 轮 [lún] ou 场 [chǎng] ou 次 [cì] ou 个 [gè] ou 盘 [pán]) 联赛 [liánsài] ▸ **un tournoi d'échecs** 一场象棋联赛 [yì chǎng xiàngqí liánsài] ▸ **un tournoi de tennis** 一次网球巡回赛 [yí cì wǎngqiú xúnhuí sài] ❷ HIST (cl. 场 [chǎng]) 比武 [bǐwǔ] ▸ **un tournoi de chevaliers** 一场骑士比武 [yì chǎng qíshì bǐwǔ].

tournure nf ❶ (allure, évolution) 趋势 [qūshì] ▸ **prendre tournure** 发展 [fāzhǎn] ▸ **tout dépend de la tournure que prendront les événements** 一切都取决于事件的发展 [yíqiè dōu qǔjué yú shìjiàn de fāzhǎn] ❷ (formulation) 表达方式 [biǎodá fāngshì] ▸ **une tournure de phrase** 一个句子的表达方式 [yí ge jùzi de biǎodá fāngshì].

tourterelle nf ZOOL (cl. 只 [zhī]) 斑鸠 [bānjiū].

Toussaint nf RELIG ▸ **la Toussaint** 诸圣瞻礼节 [Zhūshèngzhānlǐjié].

tousser vi 咳嗽 [késou].

tout, toute, tous ♦ adj ❶ (avec un substantif singulier déterminé) 整个的 [zhěnggè de] ▸ **toute la journée** 一整天 [yì zhěng tiān] ▸ **toute la nuit** 一整夜 [yì zhěng yè] ❷ (avec un pronom démonstratif) 所有的 [suóyǒu de] ▸ **tout ce qu'il y a d'ingénieurs** 所有的工程师 [suóyǒu de gōngchéngshī] ▸ **tout ceci/cela** 所有这些/那些 [suóyǒu zhèxiē/nàxiē] ❸ (unique) 全部的 [quánbù de] ▸ **c'est tout l'effet que ça te fait ?** 这就是给你造成的全部影响？ [zhè jiù shì gěi nǐ zàochéng de quánbù yíngxiǎng?] ❹ (avec une valeur emphatique) 大的 [dà de] ▸ **il m'a fait toute une histoire** 他跟我大闹一通 [tā gēn wǒ dà nào yì tōng]. ♦ adj indéf ❶ (exprime la totalité) 所有 [suóyǒu] ▸ **tous les deux** 两个都 [liǎng ge dōu] ▸ **tous nos enfants** 我们所有的孩子 [wǒmen suóyǒu de háizi] ❷ (chaque) 每 [měi] ▸ **tous les jours** 每天 [měi tiān] ▸ **tous les 100 mètres** 每100米 [měi 100 mǐ] ❸ (n'importe quel) 任何的 [rènhé de] ▸ **tout homme** 任何人 [rènhé rén] ▸ **en toute occasion** 在任何场合 [zài rènhé chǎnghé]. ♦ pron indéf 一切 [yíqiè] ▸ **c'est tout** 就这些 [jiù zhèxiē] ▸ **c'est tout ou rien** 要么全要，要么什么都别要 [yàome quán yào, yàome shénme dōu bié yào] ▸ **dis-moi tout** 告诉我一切 [gàosu wǒ yíqiè] ▸ **et tout et tout** *fam* 等等等等 [déngděng déngděng]. ♦ adv ❶ (très) 非常 [fēicháng] ▸ **elle était tout émue** 她非常激动 [tā fēicháng jīdòng] ❷ (totalement) 完全地 [wánquánde] ▸ **ils étaient tout seuls** 完全只有他们自己 [wánquán zhíyǒu tāmen zìjǐ] ▸ **la ville tout entière** 整个城市 [zhěnggè chéngshì] ❸ (avec un adv ou une loc adv) ▸ **tout en bas/haut** 最下/上面 [zuì xià/shàngmian] ▸ **tout contre** 紧靠着 [jǐnkàozhe] ▸ **tout au début** 一开始 [yì kāishǐ] ▸ **tout près** 紧接着 [jǐnjiēzhe] ❹ *(avec un gérondif)* ▸ **ils parlaient tout en marchant** 他们一边说一边走 [tāmen yì biān shuō yì biān zǒu]. ♦ nm ▸ **former un tout** 形成一个整体 [xíngchéng yí ge zhéngtǐ] ▸ **risquer le tout pour le tout** 孤注一掷 [gūzhùyízhì] ▸ **le tout est de ne pas se tromper** 关键是不要搞错 [guānjiàn shì búyào gǎocuò].

▪ **du tout** loc adv 一点儿也（不） [yìdiǎnr yě (bù)] ▸ **je n'ai pas du tout peur** 我一点儿也不怕 [wǒ yìdiǎnr yě bú pà] ▸ **il ne comprend rien du tout** 他一点儿也不懂 [tā yìdiǎnr yě bù dǒng].

▪ **du tout au tout** loc adv 彻底地 [chèdǐ de] ▸ **il a changé du tout au tout** 他彻底改变了 [tā chèdǐ gǎibiàn le].

▪ **tout à fait** loc adv ❶ (complètement) 完全 [wánquán] ▸ **je vous comprends tout à fait** 我完全理解您 [wǒ wánquán lǐjiě nín] ▸ **je n'ai pas tout à fait fini** 我没有完全结束 [wǒ méi yǒu wánquán jiéshù] ❷ (exactement) 正是 [zhèngshì] ▸ **c'est tout à fait ce que je cherche** 这正是我所找的 [zhè zhèngshì wǒ suǒ zhǎo de] ❸ (pour acquiescer) 正是如此！ [zhèng shì rúcǐ!] ▸ **tu pars demain ? — tout à fait !** 你明天走？—正是如此！ [nǐ míngtiān zǒu? — zhèng shì rúcǐ!].

▪ **tout de suite** loc adv 马上 [mǎshàng] ▸ **j'arrive tout de suite** 我马上到 [wǒ mǎshàng dào].

tout-à-l'égout nm inv (cl. 套 [tào]) 排水系统 [páishuǐ xìtǒng].

toutefois adv 尽管如此......还 [jǐnguǎn rúcǐ... hái] ▸ **il a beaucoup de travail, toutefois il compte partir en vacances** 他工作很多，尽管如此，他还是打算去度假 [tā gōngzuò hěn duō, jǐnguǎn rúcǐ, tā háishi dǎsuan qù dùjià].

tout-petit nm 婴幼儿 [yīngyòu'ér] ▸ **c'est un livre pour les tout-petits** 这是本给婴幼儿看的书 [zhè shì běn gěi yīngyòu'ér kàn de shū].

tout-puissant, toute-puissante adj 万能的 [wànnéng de].

tout-terrain ♦ adj inv 越野的 [yuèyě de] ▸ **un véhicule tout-terrain** 一辆越野车 [yí liàng yuèyě chē] ▸ **un vélo tout-terrain** 一辆山地自行车 [yí liàng shāndì zìxíngchē]. ♦ nm inv (cl. 辆 [liàng]) 越野车 [yuèyěchē].

toux nf inv (cl. 阵 [zhèn] ou 次 [cì] ou 声 [shēng]) 咳嗽 [késou] ▸ **avoir une toux grasse** 因有痰而咳嗽 [yīn yǒu tán ér késou] ▸ **avoir une toux sèche** 干咳 [gān ké].

toxicomane nmf (cl. 名 [míng] ou 个 [gè]) 吸毒上瘾者 [xīdú shàngyǐn zhě].

toxique adj 有毒的 [yǒudú de] ▸ **un gaz toxique** 毒气 [dú qì].

trac nm (cl. 阵 [zhèn] ou 次 [cì]) 怯场 [qièchǎng] ▸ **avoir le trac** 感到怯场 [gǎndào qièchǎng].

tracas nm inv 烦恼 [fánnǎo] ▸ **causer du tracas à qqn** 给某人带来烦恼 [gěi mǒurén dàilái fánnǎo].

tracasser vt 使……担心 [shǐ… dānxīn] ▸ **cet examen médical le tracasse** 这次体检使他担心 [zhè cì tǐjiǎn shǐ tā dānxīn].

▪ **se tracasser** vp 担心 [dānxīn] ▸ **ne vous tracassez pas, tout ira bien** 不要担心，一切都会好的 [búyào dānxīn, yíqiè dōu huì hǎo de].

trace nf ❶ (empreinte, marque) ◦ (cl. 个 [gè] ou 块 [kuài] ou 处 [chù]) 印迹 [yìnjī] ▸ **traces de pas** 脚印 [jiǎo yìn] ▸ **trace de sang** 血迹 [xuèjī] ❷ (indice) 痕迹 [hénjì] ▸ **ils ont disparu sans laisser de traces** 他们没有留下任何痕迹地消失了 [tāmen méiyǒu liúxia rènhé hénjì de xiāoshī le] ❸ (vestige) ◦ (cl. 处 [chù]) 遗迹 [yíjī] ▸ **les traces d'une civilisation disparue** 一个已消失文明的遗迹 [yí ge yǐ xiāoshī wénmíng de yíjī] ❹ (très petite quantité) 微量 [wēiliàng] ▸ **les médecins ont trouvé des traces stupéfiants dans ses urines** 医生们在他的尿液中发现了微量毒品 [yīshēngmen zài tāde niàoyè zhōng fāxiàn le wēiliàng dúpǐn].

tracé nm 轨迹 [guǐjì] ▸ **le tracé d'une route** 一条道路的走向 [yì tiáo dàolù de zǒuxiàng].

tracer vt ❶ (dessiner) 画 [huà] ▸ **tracer un cercle au compas** 用圆规画一个圆 [yòng yuánguī huà yí ge yuán] ❷ (frayer) 开辟 [kāipì] ▸ **tracer une ligne de chemin de fer** 开辟一条铁路线 [kāipì yì tiáo tiě lù xiàn].

tract nm (cl. 张 [zhāng] ou 份 [fèn]) 传单 [chuándān] ▸ **distribuer des tracts** 散发传单 [sànfā chuándān].

tractations nfpl (cl. 笔 [bǐ]) 交易 [jiāoyì].

tracteur nm (cl. 辆 [liàng]) 拖拉机 [tuōlājī].

tradition nf 传统 [chuántǒng] ▸ **une tradition familiale** 一个家族传统 [yí ge jiāzú chuántǒng] ▸ **être attaché aux traditions** 注重传统 [zhùzhòng chuántǒng].

traditionnel, elle adj (fondé sur la tradition) 传统的 [chuántǒng de] ▸ **une fête traditionnelle** 一个传统节日 [yí ge chuántǒng jiérì].

traducteur, trice nm, f (cl. 名 [míng] ou 个 [gè] ou 位 [wèi]) 翻译 [fānyì].

traduction nf ❶ (acte de traduire) ◦ (cl. 篇 [piān] ou 个 [gè] ou 次 [cì]) 翻译 [fānyì] ▸ **faire une traduction** 做翻译 [zuò fānyì] ▸ **traduction simultanée** 同声传译 [tóngshēng chuányì] ❷ (ouvrage traduit) ◦ (cl. 篇 [piān] ou 本 [běn] ou 部 [bù]) 译文 [yìwén] ▸ **une traduction des œuvres de Dostoievski** 一本陀思妥耶夫斯基作品的译文 [yì běn Tuósītuǒyéfūsījī zuòpǐn de yìwén].

traduire vt 翻译 [fānyì] ▸ **ce roman est traduit de l'espagnol** 这本小说是从西班牙文翻译过来的 [zhè běn xiǎoshuō shì cóng xībānyáwén fānyì guòlai de] ▸ **je traduis ce texte italien en français** 我把这篇文章从意大利语翻译成法语 [wǒ bǎ zhè piān wénzhāng cóng yìdàlìyǔ fānyì chéng fǎyǔ].

▪ **se traduire** vp ❶ (être traduit) 翻译 [fānyì] ▸ **comment se traduit ce mot en chinois ?** 这个词怎么翻译成中文？ [zhè ge cí zěnme fānyì chéng zhōngwén?] ❷ (prendre la forme) 表现为 [biǎoxiàn wéi] ▸ **la crise économique se traduit par une baisse du pouvoir d'achat** 经济危机表现为购买力下降 [jīngjì wēijī biǎoxiàn wéi gòumǎilì xiàjiàng].

trafic nm ❶ (commerce clandestin) ◦ (cl. 笔 [bǐ] ou 个 [gè]) 非法交易 [fēifǎ jiāoyì] ▸ **trafic d'armes** 军火贩卖 [jūnhuǒ fànmài] ▸ **trafic de drogue** 贩毒 [fàn dú] ❷ (circulation) 交通 [jiāotōng] ▸ **le trafic aérien/ferroviaire/maritime** 航空/铁路/海上交通 [hángkōng/tiělù/hǎishàng jiāotōng].

trafiquant, e nm, f (cl. 名 [míng] ou 个 [gè]) 非法商贩 [fēifǎ shāngfàn] ▸ **trafiquants de drogue** 毒品贩子 [dúpǐn fànzi].

trafiquer ♦ vt (falsifier) 做手脚 [zuò shóujiǎo] ▸ **il a trafiqué le compteur kilométrique de la voiture** 他在汽车的计程器上做了手脚 [tā zài qìchē de jìchéngqì shàng zuò le shóujiǎo]. ♦ vi (faire du trafic) 做非法买卖 [zuò fēifǎ mǎimai] ▸ **il s'est enrichi en trafiquant pendant la guerre** 在战争期间他靠做非法买卖发了财 [zài zhànzhēng qījiān tā kào zuò fēifǎ mǎimai fā le cái].

tragédie nf ❶ THÉÂTRE (cl. 场 [chǎng] ou 部 [bù] ou 个 [gè]) 悲剧 [bēijù] ▸ **une tragédie de Racine** 拉辛的一部悲剧 [Lāxīn de yí bù bēijù] ❷ *fig* (événement dramatique) ◦ (cl. 场 [chǎng] ou 个 [gè] ou 幕 [mù]) 惨剧 [cǎnjù] ▸ **ce tremblement de terre est une véritable tragédie** 这次地震真是一场惨剧 [zhè cì dìzhèn zhēnshi yì chǎng cǎnjù].

tragique adj ❶ (au théâtre) 悲剧的 [bēijù de] ▸ **un auteur tragique** 一位悲剧作家 [yí wèi bēijù zuòjiā] ❷ (dramatique) 悲惨的 [bēicǎn de] ▸ **ils ont eu un tragique accident de voiture** 他们遇到了一场悲惨的车祸 [tāmen yùdào le yì chǎng bēicǎn de chēhuò].

tragiquement adv 悲剧性地 [bēijùxìng de].

trahir vt ❶ (abandonner ou dénoncer) 出卖 [chūmài] ▸ **trahir ses complices** 出卖自己的同谋 [chūmài zìjǐ de tóngmóu] ▸ **trahir son pays** 叛国 [pàn guó] ❷ (cesser d'être fidèle à) 背叛 [bèipàn] ▸ **trahir ses amis** 背叛朋友 [bèipàn péngyou] ▸ **trahir sa femme** 背叛自己的妻子 [bèipàn zìjǐ de qīzi] ❸ (révéler) 泄露 [xièlòu] ▸ **trahir un secret** 泄露一个秘密 [xièlòu yí ge mìmì].

▪ **se trahir** vp 露出真相 [lòuchu zhēnxiàng] ▸ **elle s'est trahie en posant cette question** 提这个问题使她露了马脚 [tí zhè ge wèntí shǐ tā lòu le mǎjiǎo].

trahison nf ❶ (envers son pays) 叛变 [pànbiàn] ▸ **l'espion a été exécuté pour trahison** 间谍因叛变被处决 [jiàndié yīn pànbiàn bèi chǔjué] ❷ (envers ses engagements) 背叛 [bèipàn] ▸ **elle ne supporte plus les trahisons de son mari** 她不能再忍受她丈夫的背叛了 [tā bùnéng zài rěnshòu tā zhàngfu de bèipàn le].

train nm ❶ (moyen de transport) ○ (cl. 辆 [liàng] ou 列 [liè]) 火车 [huǒchē] ▸ **prendre le train** 乘火车 [chéng huǒchē] ▸ **je suis venu en train** 我是坐火车来的 [wǒ shì zuò huǒchē lái de] ▸ **un train à grande vitesse** 高速列车 [gāosù lièchē] ▸ **un train de marchandises** 货车 [huò chē] ❷ AÉRON ▸ **train d'atterrissage** 起落架 [qǐluòjià] ❸ (rythme) 速度 [sùdù] ▸ **à ce train là, il n'aura jamais fini à temps** 以这样的速度，他根本不能按时完成 [yǐ zhèyàng de sùdù, tā gēnběn bùnéng ànshí wánchéng] ❹ (manière de vivre par rapport aux revenus) ▸ **train de vie** 生活排场 [shēnghuó páichǎng] ▸ **ils ont un train de vie très élevé** 他们的生活排场很贵 [tāmende shēnghuó páichǎng hěn guì].

▪ **en train de** loc prép 正在 [zhèngzài] ▸ **tu ne me déranges pas, j'étais en train de lire** 你没有打搅我，我正在看书 [nǐ méiyǒu dájiǎo wǒ, wǒ zhèngzài kànshū].

traîne nf (cl. 条 [tiáo]) 拖地后摆 [tuōdì hòubǎi] ▸ **la mariée porte une robe à traîne** 新娘穿着一条后摆拖地的连衣裙 [xīnniáng chuānzhe yì tiáo hòubǎi tuōdì de liányīqún].

traîneau, x nm (cl. 架 [jià]) 雪橇 [xuěqiāo] ▸ **faire une randonnée en traîneau** 乘一架雪橇出游 [chéng yí jià xuěqiāo chūyóu].

traînée nf (trace) ○ (cl. 条 [tiáo]) 条痕 [tiáohén] ▸ **il y a des traînées de sang sur le sol** 地面上有些血痕 [dìmiàn shàng yǒu xiē xuèhén] ▸ **la traînée lumineuse d'une comète** 一颗彗星发光的慧尾 [yì kē huìxīng fāguāng de huì wěi].

traîner ♦ vt ❶ (tirer) 拖 [tuō] ▸ **la voiture traîne une caravane** 汽车拖着一辆旅行挂车 [qìchē tuōzhe yí liàng lǚxíng guàchē] ❷ (emmener avec soi) 拉 [lā] ▸ **on a réussi à le traîner au concert** 大家成功地把他拉到了音乐会 [dàjiā chénggōng de bǎ tā lā dào le yīnyuèhuì]. ♦ vi ❶ (toucher le sol) 拖 [tuō] ▸ **son manteau traîne par terre** 他的大衣拖在了地上 [tāde dàyī tuō zài le dì shàng] ❷ (s'attarder, errer) 逛 [guàng] ▸ **des enfants traînent dans la rue** 一些孩子在街上逛 [yìxiē háizi zài jiē shàng guàng] ❸ (durer trop longtemps) 拖延 [tuōyán] ▸ **la réunion a traîné** 会议拖延了 [huìyì tuōyán le] ▸ **traîner en longueur** 拖来拖去 [tuō lái tuō qù] ❹ (être éparpillé) 乱放 [luànfàng] ▸ **ses affaires traînaient partout** 他的东西到处乱放 [tāde dōngxi dàochù luànfàng].

traire vt 挤奶 [jǐnǎi] ▸ **machine à traire** 挤奶器 [jǐnǎi qì].

trait nm ❶ (ligne) ○ (cl. 条 [tiáo] ou 道 [dào]) 线 [xiàn] ▸ **tracer un trait à la règle** 用尺子划一条线 [yòng chǐzi huà yì tiáo xiàn] ▸ **un trait d'union** 连字符 [liánzìfú] ❷ (d'un catactère chinois) 笔划 [bǐhuà] ▸ **un caractère à huit traits** 一个有八笔的字 [yí ge yǒu bā bǐ de zì] ❸ (caractéristique) 特征 [tèzhēng] ▸ **un trait de caractère** 一种性格特征 [yì zhǒng xìnggé tèzhēng]

◊ **avoir trait à** 与……有关 [yǔ… yǒuguān].

■ **d'un trait** loc adv (en une seule fois) 一下 [yí xià] ▸ **il a bu sa bière d'un trait** 他把他的啤酒一饮而尽 [tā bǎ tā de píjiǔ yìyǐn'érjìn].

■ **traits** nmpl (du visage) 脸部轮廓 [liǎnbù lúnkuò] ▸ **il a des traits fins et réguliers** 他的脸部轮廓细腻端正 [tāde liǎnbù lúnkuò xìnì duānzhèng].

traitant, e adj ❶ (produit de soin) 修护的 [xiūhù de] ▸ **un shampoing traitant contre les pellicules** 一种去屑洗发水 [yì zhǒng qù xiè xǐfà shuǐ] ❷ MÉD ▸ **médecin traitant** 主治医生 [zhǔzhì yīshēng].

traite nf ❶ (d'une vache) 挤奶 [jǐnǎi] ❷ COMM (cl. 张 [zhāng]) 汇票 [huìpiào] ▸ **avoir des traites à payer** 有汇票要支付 [yǒu huìpiào yào zhīfù] ❸ (trafic) 贩卖 [fànmài] ▸ **la traite d'enfants** 贩卖儿童 [fànmài értóng].

■ **d'une seule traite** loc adv (en une seule fois) 一口气 [yì kǒu qì] ▸ **faire un trajet d'une seule traite** 一口气赶一段路 [yì kǒu qì gǎn yí duàn lù].

traité nm ❶ (ouvrage) ◦ (cl. 本 [běn] ou 部 [bù]) 论著 [lùnzhù] ▸ **un traité de chimie** 一本化学专论 [yì běn huàxué zhuānlùn] ❷ POLIT (cl. 个 [gè] ou 份 [fèn]) 条约 [tiáoyuē] ▸ **les deux pays ont signé un traité** 两个国家签署了一个条约 [liǎng ge guójiā qiānshǔ le yí ge tiáoyuē] ▸ **un traité de non-prolifération nucléaire** 一个防止核武器扩散的合约 [yí ge fángzhǐ héwǔqì kuòsàn de héyuē] ▸ **un traité de paix** 一个和平条约 [yí ge hépíng tiáoyuē] ▸ **les traités inégaux** 不平等条约 [bùpíngděng tiáoyuē].

traitement nm ❶ (envers quelqu'un) 对待 [duìdài] ▸ **subir des mauvais traitements** 遭受虐待 [zāoshòu nüèdài] ❷ (médical) ◦ (cl. 种 [zhǒng]) 治疗 [zhìliáo] ▸ **prescrire un traitement à qqn** 给某人制定疗法 [gěi mǒurén zhìdìng liáofǎ] ▸ **suivre un traitement** 遵循一种治疗 [zūnxún yì zhǒng zhìliáo] ❸ (rémunération d'un fonctionnaire) ◦ (cl. 份 [fèn]) 薪水 [xīnshui] ▸ **recevoir son traitement** 领薪水 [lǐng xīnshuǐ] ❹ (manière de traiter, de modifier une matière) 处理 [chúlǐ] ▸ **le traitement des déchets** 废料处理 [fèiliào chúlǐ] ▸ **le traitement d'un minerai** 一种矿石的加工 [yì zhǒng kuàngshí de jiāgōng] ▸ **traitement de texte** 文字处理 [wénzì chúlǐ].

traiter vt ❶ (se comporter envers qqn) 对待 [duìdài] ▸ **ses parents le traitent comme un enfant** 他的父母亲把他当小孩对待 [tāde fùmǔqin bǎ tā dāng xiǎohái duìdài] ❷ (soigner) 治疗 [zhìliáo] ▸ **traiter une maladie** 治疗一种疾病 [zhìliáo yì zhǒng jíbìng] ▸ **traiter un patient** 治疗一个病人 [zhìliáo yí ge bìngrén] ❸ (aborder) 论述 [lùnshù] ▸ **traiter un sujet** 论述一个题目 [lùnshù yí ge tímù] ❹ (soumette à une action pour modifier ou protéger) 处理 [chúlǐ] ▸ **les déchets sont traités pour être recyclés** 废料被进行处理以再循环利用 [fèiliào bèi jìnxíng chúlǐ yǐ zàixúnhuán lìyòng].

■ **traiter de** vp+prép (qualifier de) 看待 [kàndài] ▸ **traiter qqn de** 把某人当…… [bǎ mǒurén dāng…] ▸ **il m'a traité d'imbécile !** 他把我当蠢货了！ [tā bǎ wǒ dāng chǔnhuò le!].

traître, esse nm, f (cl. 个 [gè] ou 名 [míng]) 叛徒 [pàntú].

trajectoire nf (cl. 条 [tiáo]) 轨迹 [guǐjì] ▸ **la trajectoire d'un avion** 一架飞机的航线 [yí jià fēijī de hángxiàn] ▸ **la trajectoire d'une balle** 一颗子弹的弹道 [yì kē zǐdàn de dàndào].

trajet nm ❶ (distance) ◦ (cl. 段 [duàn]) 路程 [lùchéng] ▸ **il a fait tout le trajet à pied** 整段路程他都是步行的 [zhěng duàn lùchéng tā dōu shì bùxíng de] ❷ (itinéraire) 路 [lù] ▸ **quel est le trajet pour aller là-bas ?** 去那儿的路怎么走？ [qù nàr de lù zěnme zǒu?] ❸ (voyage) 旅程 [lǚchéng] ▸ **j'ai dormi pendant tout le trajet** 整个旅程我都在睡觉 [zhěng gè lǚchéng wǒ dōu zài shuìjiào].

trame nf *fig* (déroulement des événements) ◦ (cl. 个 [gè] ou 段 [duàn]) 情节 [qíngjié] ▸ **la trame d'un roman** 一本小说的情节 [yì běn xiǎoshuō de qíngjié].

tramer vt (préparer en secret) 策划 [cèhuà] ▸ **tramer un complot** 策划一个阴谋 [cèhuà yí ge yīnmóu].

■ **se tramer** vp (se fomenter) 被策划 [bèi cèhuà].

trampoline nm (cl. 张 [zhāng]) 蹦床 [bèngchuáng] ▸ **faire du trampoline** 玩蹦床 [wán bèngchuáng].

tramway nm (cl. 辆 [liàng]) 有轨电车 [yóuguǐ diànchē].

tranchant, e adj 锋利的 [fēnglì de].

■ **tranchant** nm 刃 [rèn] ▸ **le tranchant d'un couteau** 刀刃 [dāorèn].

tranche nf ❶ (d'un aliment) 薄片 [báopiàn] ▸ **une tranche de pain** 一片面包 [yí piàn miànbāo] ❷ (partie) 阶段 [jiēduàn] ▸ **une tranche d'âge** 一个年龄段 [yí ge niánlíng duàn].

trancher ♦ vt ❶ (sectionner) 割断 [gēduàn] ▸ **l'assassin lui a tranché la gorge** 凶手割断了他的喉咙 [xiōngshǒu gēduàn le tāde hóulóng] ❷ (couper en tranches) 切 [qiē] ▸ **trancher du pain** 切面包 [qiē miànbāo]. ♦ vi (décider) 决定 [juédìng] ▸ **assez discuté, maintenant il faut trancher !** 讨论够了，现在得决定了！ [tǎolùn gòu le, xiànzài děi juédìng le!].

tranquille adj ❶ (paisible) 平静的 [píngjìng de] ▸ **un endroit tranquille** 一个清静的地方 [yí ge qīngjìng de dìfang] ▸ **mener une vie tranquille** 过一种平静的生活 [guò yì zhǒng píngjìng de shēnghuó] ❷ (personne) 安静的 [ānjìng de] ▸ **c'est un enfant tranquille** 这是个安静的孩子 [zhè shì ge ānjìng de háizi] ▸ **laisser qqn tranquille** 不再打扰某人 [búzài dárǎo mǒurén] ❸ (rassuré) 安心的 [ānxīn de] ▸ **soyez tranquille, je n'oublierai pas** 您放心，我不会忘记的 [nín fàngxīn, wǒ bú huì wàngjì de] ▸ **tant qu'elle ne sera pas rentrée, je ne serai pas tranquille** 只要她不回来，我就没法安心 [zhǐyào tā bù huílai, wǒ jiù méi fǎ ānxīn].

tranquillement adv 平静地 [píngjìng de].

tranquillisant nm MÉD (cl. 副 [fù]) 镇静剂 [zhènjìngjì] ▸ **prendre des tranquillisants** 服用镇静剂 [fúyòng zhènjìngjì].

tranquilliser vt 使……安心 [shǐ… ānxīn] ▸ **il a téléphoné à sa mère en arrivant pour la tranquilliser** 他到达时给他母亲打了电话让她放心 [tā dàodá shí gěi tā mǔqin dǎ le diànhuà ràng tā fàngxīn].

tranquillité nf ❶ (absence d'agitation) 安静 [ānjìng] ▸ **j'ai besoin de tranquillité pour travailler** 我需要安静以便工作 [wǒ xūyào ānjìng yǐbiàn gōngzuò] ❷ (sérénité) 安心 [ānxīn] ▸ **en toute tranquillité** 心情安稳地 [xīnqíng ānwěn de].

transaction nf COMM (cl. 笔 [bǐ] ou 项 [xiàng] ou 个 [gè]) 交易 [jiāoyì].

transatlantique ♦ adj NAUT 横渡大西洋的 [héngdù dàxīyáng de] ▸ **une course transatlantique** 横渡大西洋的帆船赛 [héngdù dàxīyáng de fānchuán sài]. ♦ nm (paquebot) ○ (cl. 艘 [sōu]) 横渡大西洋的客轮 [héngdù dàxīyáng de kèlún].

transcrire vt 改写 [gǎixiě] ▸ **transcrire un texte en braille** 把一篇文章改写为盲文 [bǎ yì piān wénzhāng gǎixiě wéi mángwén].

transférer vt ❶ (déplacer) 转移 [zhuǎnyí] ▸ **le prisonnier a été transféré à la prison** 囚犯被转移到监狱了 [qiúfàn bèi zhuǎnyí dào jiānyù le] ▸ **ce joueur de foot a été transféré dans un club italien** 这个足球运动员转会到一家意大利俱乐部了 [zhè ge zúqiú yùndòngyuán zhuǎn huì dào yì jiā yìdàlì jùlèbù le] ❷ INFORM 转发 [zhuǎnfā] ▸ **transférer un fichier** 转发一个文件 [zhuǎnfā yí ge wénjiàn].

transfert nm 转移 [zhuǎnyí] ▸ **un transfert de fonds** 资金转帐 [zījīn zhuǎnzhàng].

transfigurer vt 使……改变面貌 [shǐ… gǎibiàn miànmào] ▸ **l'amour l'a complètement transfiguré** 爱情让他完全变了样 [àiqíng ràng tā wánquán biàn le yàng] ▸ **le printemps a transfiguré la nature** 春天使大自然改变了面貌 [chūntiān shǐ dàzìrán gǎibiàn le miànmào].

transformation nf ❶ (changement) ○ (cl. 个 [gè] ou 次 [cì]) 改变 [gǎibiàn] ▸ **nous avons fait des transformations dans la maison** 我们在房子里做了些改变 [wǒmen zài fángzi lǐ zuò le xiē gǎibiàn] ▸ **quelle transformation !** 变化真大！ [biànhuà zhēn dà!] ❷ (conversion) 转化 [zhuǎnhuà] ▸ **la transformation de la chenille en papillon** 毛虫向蝴蝶的蜕化 [máochóng xiàng húdié de tuìhuà] ▸ **la transformation des matières premières** 原材料的转化 [yuáncáiliào de zhuǎnhuà].

transformer vt 改变 [gǎibiàn] ▸ **transformer un appartement** 改造一套公寓 [gǎizào yí tào gōngyù] ▸ **transformer qqch en** 将某物

变为…… [jiāng mǒuwù biànwéi…] ▸ **ils ont transformé une boucherie en restaurant** 他们把一个肉铺变成了餐馆 [tāmen bǎ yí ge ròupù biànchéng le cānguǎn] ▸ **la vie professionnelle l'a complètement transformé** 职业生活彻底改变了他 [zhíyè shēnghuó chèdǐ gǎibiàn le tā].

▪ **se transformer** vp 改变 [gǎibiàn] ▸ **se transformer en** 变成…… [biànchéng…].

transfuser vt 输（血）[shū (xuè)].

transfusion nf ▸ **transfusion de sang** ou **sanguine** 输血 [shūxuè] ▸ **faire une transfusion à qqn** 给某人输血 [gěi mǒurén shūxuè].

transgénique adj 转基因的 [zhuǎnjīyīn de].

transgresser vt 违犯 [wéifàn] ▸ **transgresser la loi** 违犯法律 [wéifàn fǎlǜ].

transi, e adj 僵住的 [jiāngzhù de] ▸ **être transi de froid** 被冻僵的 [bèi dòngjiāng de] ▸ **être transi de peur** 吓呆了 [xià dāi le].

transit nm ❶ (transport) 过境的 [guòjìng de] ▸ **voyageurs en transit** 过境旅客 [guòjìng lǚkè] ❷ MÉD ▸ **transit intestinal** 肠内运输 [cháng nèi yùnshū].

transitif, ive adj GRAMM 及物的 [jíwù de] ▸ **verbe transitif** 及物动词 [jíwù dòngcí].

transition nf 过渡 [guòdù] ▸ **le printemps est la transition entre l'hiver et l'été** 春天是冬夏之间的过渡 [chūntiān shì dōng xià zhījiān de guòdù] ▸ **sans transition** 直接 [zhíjiē].

▪ **de transition** loc adj 过渡的 [guòdù de] ▸ **gouvernement de transition** 过渡政府 [guòdù zhèngfǔ] ▸ **période de transition** 过渡期 [guòdù qī].

transmettre vt ❶ (léguer) 传给 [chuángěi] ▸ **transmettre un patrimoine à ses enfants** 把一笔家产传给自己的孩子们 [bǎ yì bǐ jiāchǎn chuángěi zìjǐ de háizimen] ▸ **mon père m'a transmis son goût pour le jazz** 我父亲把他对爵士乐的兴趣传给了我 [wǒ fùqin bǎ tā duì juéshìyuè de xìngqu chuán gěi le wǒ] ❷ (communiquer) 转达 [zhuǎndá] ▸ **je lui transmettrai votre message** 我会把您的消息转达给他的 [wǒ huì bǎ nín de xiāoxi zhuǎndá gěi tāde] ❸ (maladie) 传播 [chuánbō] ▸ **les moustiques transmettent le paludisme** 蚊子传播疟疾 [wénzi chuánbō nüèji].

▪ **se transmettre** vp (maladie) 被传染 [bèi chuánrǎn] ▸ **la rougeole se transmet très facilement** 麻疹很容易传染 [mázhěn hěn róngyì chuánrǎn].

transmissible adj 可传染的 [kě chuánrǎn de] ▸ **le sida est une maladie sexuellement transmissible** 艾滋病是一种性传染疾病 [àizībìng shì yì zhǒng xìng chuánrǎn jíbìng].

transmission nf 传播 [chuánbō] ▸ **la transmission d'une maladie** 一种疾病的传播 [yì zhǒng jíbìng de chuánbō].

transparaître vi ❶ (se montrer) 隐约可见 [yǐnyuē kějiàn] ▸ **la lune transparaît à travers les nuages** 月亮透过云层隐约可见 [yuèliang tòuguò yúncéng yǐnyuē kějiàn] ❷ (apparaître) 显露 [xiǎnlù] ▸ **ne pas laisser transparaître ses sentiments** 不让自己的情绪流露出来 [bú ràng zìjǐ de qíngxù liúlù chūlái].

transparence nf 透明 [tòumíng] ▸ **la transparence de l'eau** 水的透明度 [shuǐ de tòumíngdù] ▸ **la transparence de l'information sur le nucléaire** 核信息的透明 [hé xìnxī de tòumíng] ▸ **la transparence du verre** 玻璃的透明度 [bōli de tòumíngdù].

transparent, e adj 透明的 [tòumíng de] ▸ **un vêtement transparent** 一件透视装 [yí jiàn tòushì zhuāng].

transpercer vt ❶ (perforer) 穿透 [chuāntòu] ▸ **la balle lui a transpercé l'intestin** 子弹穿透了他的肠子 [zǐdàn chuāntòu le tāde chángzi] ❷ (passer au travers de) 透入 [tòurù] ▸ **la pluie transperce mon imperméable** 雨水渗透了我的雨衣 [yúshuǐ shèntòu le wǒde yǔyī].

transpiration nf 出汗 [chūhàn] ▸ **il sent la transpiration** 他感觉出汗了 [tā gǎnjué chūhàn le].

transpirer vi 出汗 [chūhàn].

transplanter vt ❶ (sortir de terre pour planter ailleurs) 移种 [yízhòng] ▸ **transplanter un arbre** 移种一棵树 [yízhòng yì kē shù] ❷ MÉD 移植 [yízhí] ▸ **transplanter un organe** 移植一个器官 [yízhí yí ge qìguān].

transport nm 运输 [yùnshū] ▸ **un moyen de transport** 一种运输工具 [yì zhǒng yùnshū gōngjù] ▸ **le transport aérien** 空运 [kōng yùn] ▸ **le transport ferroviaire** 铁路运输 [tiělù yùnshū] ▸ **le transport maritime** 海运 [hǎi yùn] ▸ **le transport routier** 公路运输 [gōnglù yùnshū]

◊ **les transports en commun** 公共交通 [gōnggòng jiāotōng] ▸ **prendre les transports en commun** 乘坐公共交通工具 [chéngzuò gōnggòng jiāotōng gōngjù].

transporter vt ❶ (marchandise, personne) 运输 [yùnshū] ▸ **que transportez-vous dans votre valise ?** 您的箱子里运的是什么？ [nín de xiāngzi lǐ yùn de shì shénme?] ▸ **transporter des marchandises par avion** 用飞机运输商品 [yòng fēijī yùnshū shāngpǐn] ❷ *fig* (par l'imagination) 带到 [dàidào] ▸ **la scène nous transporte au siècle dernier** 这幕戏把我们带到上个世纪 [zhè mù xì bǎ wǒmen dài dào shàng ge shìjì] ❸ *fig* (enthousiasmer) 使……十分激动 [shǐ… shífēn jīdòng] ▸ **ce livre l'a transporté** 这本书让他十分激动 [zhè běn shū ràng tā shífēn jīdòng].

transposer vt 搬移 [bānyí] ▸ **transposer l'intrigue d'une pièce de théâtre dans une autre époque** 把一部戏剧的情节搬到另一个时代背景中去 [bǎ yí bù xìjù de qíngjié bān dào lìng yí ge shídài bèijǐng zhōng qù] ▸ **transposer un roman à l'écran** 把一本小说搬上银幕 [bǎ yì běn xiǎoshuō bānshàng yínmù].

transvaser vt 倒 [dào] ▸ **transvaser la pâte dans un récipient** 把面糊倒进一个容器里 [bǎ miànhu dàojìn yí ge róngqì lǐ].

transversal, e, aux adj 横的 [héng de] ▸ **une rue transversale** 一条横向的路 [yì tiáo héngxiàng de lù].

trapèze nm ❶ (figure de géométrie) 梯形 [tīxíng] ❷ (de gymnastique) 高空秋千 [gāokōng qiūqiān] ▸ **les acrobates font du trapèze** 杂技演员在做高空秋千表演 [zájì yǎnyuán zài zuò gāokōng qiūqiān biáoyǎn].

trapéziste nmf (cl. 位 [wèi] ou 个 [gè] ou 名 [míng]) 空中杂技演员 [kōngzhōng zájì yǎnyuán].

trappe nf ❶ (ouverture) ○ (cl. 扇 [shàn]) 活板门 [huóbǎnmén] ▸ **descendre à la cave par une trappe** 通过一扇地板门下到地下室 [tōngguò yí shàn dìbǎnmén xià dào dìxiàshì] ❷ (piège) 陷阱 [xiànjǐng] ▸ **l'animal a été pris dans une trappe** 动物被困在了一个陷阱里 [dòngwù bèi kùn zài le yí ge xiànjǐng lǐ].

trapu, e adj 粗壮的 [cūzhuàng de] ▸ **c'est un homme petit et trapu** 他是个矮而粗壮的男人 [tā shì ge ǎi ér cūzhuàng de nánren].

traquer vt ❶ (un animal) 围捕 [wéibǔ] ▸ **traquer le gibier** 围捕猎物 [wéibǔ lièwù] ❷ (une personne) 追捕 [zhuībǔ] ▸ **le voleur est traqué par la police** 小偷被警察追捕 [xiǎotōu bèi jǐngchá zhuībǔ].

traumatiser vt 使……受伤 [shǐ… shòushāng] ▸ **la mort de son frère l'a traumatisé** 他兄弟的死让他很受创伤 [tā xiōngdi de sǐ ràng tā hěn shòu chuāngshāng].

traumatisme nm ❶ (physique) ○ (cl. 道 [dào] ou 个 [gè]) 外伤 [wàishāng] ▸ **un traumatisme crânien** 一道颅外伤 [yí dào lúwàishāng] ❷ (psychique) 精神创伤 [jīngshén chuāngshāng] ▸ **le divorce de ses parents a été un traumatisme pour lui** 他父母亲的离婚对他是个精神创伤 [tā fùmǔqin de líhūn duì tā shì ge jīngshén chuāngshāng].

travail nm ❶ ÉCON (activité, tâche) ○ (cl. 份 [fèn] ou 个 [gè] ou 件 [jiàn]) 工作 [gōngzuò] ▸ **il a beaucoup de travail** 他有很多工作 [tā yǒu hěn duō gōngzuò] ▸ **j'ai un travail à finir** 我有一件工作要完成 [wǒ yǒu yí jiàn gōngzuò yào wánchéng] ▸ **travail à plein temps** 全职工作 [quánzhí gōngzuò] ▸ **travail précaire** 不稳定的工作 [bùwěndìng de gōngzuò] ▸ **travail à temps partiel** 兼职工作 [jiānzhí gōngzuò] ❷ (lieu de travail) 工作地点 [gōngzuò dìdiǎn] ▸ **aller au travail** 去上班 [qù shàngbān] ❸ (labeur) 劳动 [láodòng] ▸ **se mettre au travail** 开始干活 [kāishǐ gànhuó] ▸ **ce projet va demander du travail** 这个计划需要付出劳动 [zhè ge jìhuà xūyào fùchū láodòng] ❹ SCOL 作业 [zuòyè] ▸ **as-tu fini ton travail ?** 你做完作业了吗？ [nǐ zuòwán zuòyè le ma?] ❺ (technique) 细工 [xìgōng] ▸ **le travail du bois** 细木工 [xìmùgōng] ❻ MÉD 分娩 [fēnmiǎn]

▸ **le travail n'a pas encore commencé** 分娩还没开始 [fēnmiǎn hái méi kāishǐ].

▪ **travaux** nmpl ❶ (d'aménagement) 工程 [gōngchéng] ▸ **il y a des travaux sur la voie publique** 公共道路上在进行一些工程 [gōnggòng dàolù shàng zài jìnxíng yìxiē gōngchéng] ▸ **leur maison est en travaux** 他们的房子在施工 [tāmende fángzi zài shīgōng] ❷ (tâche) 活计 [huójì] ▸ **travaux ménagers** 家务 [jiāwù] ❸ (recherche théorique) 研究 [yánjiū] ▸ **des travaux scientifiques** 科学研究 [kēxué yánjiū].

travailler ♦ vi ❶ (exercer un métier, fournir un travail) 工作 [gōngzuò] ▸ **travailler dans l'édition** 在出版业工作 [zài chūbǎnyè gōngzuò] ▸ **travailler chez IBM** 在IBM公司上班 [zài IBM gōngsī shàngbān] ▸ **laisse-moi tranquille, je travaille** 别打扰我，我在工作 [bié dárǎo wǒ, wǒ zài gōngzuò] ▸ **travailler dur** 辛勤工作 [xīnqín gōngzuò] ❷ (en classe) 用功 [yònggōng] ▸ **elle a très bien travaillé ce trimestre** 她这学期十分用功 [tā zhè xuéqī shífēn yònggōng] ❸ (fonctionner activement) 锻炼 [duànliàn] ▸ **dans ce sport, tous les muscles travaillent** 在这项运动中，全身肌肉都得到了锻炼 [zài zhè xiàng yùndòng zhōng, quánshēn jīròu dōu dédào le duànliàn]. ♦ vt ❶ (perfectionner) 练习 [liànxí] ▸ **il travaille son piano tous les jours** 他每天都练习钢琴 [tā měitiān dōu liànxí gāngqín] ❷ (tracasser) 困扰 [kùnrǎo] ▸ **cette idée me travaille depuis quelque temps** 这个想法已经困扰我一阵子了 [zhè ge xiǎngfǎ yǐjīng kùnrǎo wǒ yízhènzi le] ▸ **le remords le travaille** 内疚折磨着他 [nèijiù zhémozhe tā] ❸ (un matériau) 加工 [jiāgōng] ▸ **travailler le cuir** 加工皮革 [jiāgōng pígé].

travailleur, euse ♦ adj (appliqué) 勤劳的 [qínláo de] ▸ **c'est un enfant très travailleur** 这是个很勤奋的孩子 [zhè shì ge hěn qínfèn de háizi]. ♦ nm, f (cl. 位 [wèi] ou 个 [gè] ou 名 [míng]) 劳动者 [láodòngzhě] ▸ **les travailleurs de la métallurgie** 冶金工作者 [yějīn gōngzuòzhě].

travers nm CULIN (cl. 块 [kuài]) 肋条 [lèitiáo] ▸ **travers de porc** 猪肋 [zhū lèi].

▪ **à travers** loc adv & prép 穿过 [chuānguò] ▸ **on voit le jour à travers les rideaux** 透过窗帘看到天亮了 [tòuguò chuānglián kàndào tiānliàng le] ▸ **se frayer un passage à travers la foule** 在人群中挤出一条路 [zài rénqún zhōng jǐchū yì tiáo lù].

▪ **au travers** loc adv 透过 [tòuguò] ▸ **mes lunettes sont tellement sales que je ne vois rien au travers** 我的眼镜脏得什么都看不见 [wǒde yǎnjìng zàngde shénme dōu kànbujiàn].

▪ **de travers** loc adv ❶ (en biais) 斜着 [xiézhe] ▸ **marcher de travers** 斜着走 [xiézhe zǒu] ▸ **regarder qqn de travers** 斜着眼睛看某人 [xiézhe yǎnjing kàn mǒurén] ❷ (mal) 错误地 [cuòwù de] ▸ **avaler de travers** 噎住了 [yēzhù le] ▸ **comprendre qqch de travers** 错误地理解某事 [cuòwù de lǐjiě mǒushì].

▪ **en travers de** loc prép (perpendiculairement à) 横在……中央 [héng zài… zhōngyāng] ▸ **un arbre est tombé en travers de la route** 一棵树横倒在了马路中央 [yì kē shù héng dǎo zài le mǎlù zhōngyāng] ▸ **il s'est endormi en travers du lit** 他横在床上睡着了 [tā héng zài chuáng shàng shuìzháo le].

traversée nf ❶ (d'un lieu) 穿越 [chuānyuè] ▸ **une traversée du désert** 穿越沙漠 [chuānyuè shāmò] ❷ (en bateau) 横渡 [héngdù] ▸ **la traversée s'est bien passée** 航海很顺利 [hánghǎi hěn shùnlì].

traverser vt ❶ (aller d'un côté à un autre de) 穿过 [chuānguò] ▸ **traverser la rue** 过马路 [guò mǎlù] ▸ **j'ai traversé tout Paris pour la voir** 为了见她，我穿过了整个巴黎 [wèile jiàn tā, wǒ chuānguò le zhěnggè Bālí] ❷ (passer au travers de) 穿越 [chuānyuè] ▸ **le train traverse les montagnes** 火车穿山越岭 [huǒchē chuānshān yuèlǐng] ❸ (transpercer) 穿透 [chuāntòu] ▸ **le clou a traversé la cloison** 钉子穿透了隔板 [dīngzi chuāntòu le gébǎn] ❹ (passer par) 经历 [jīnglì] ▸ **traverser une période difficile** 经历一段艰难的时期 [jīnglì yí duàn jiānnán de shíqī].

travesti nm (cl. 个 [gè] ou 名 [míng]) 异装癖 [yìzhuāngpǐ].

travestir ▪ **se travestir** vp ❶ (pour un bal) 化装 [huàzhuāng] ❷ (s'habiller en femme) 装扮成女人 [zhuāngbàn chéng nǚrén].

trébucher vi ❶ (tomber) 绊 [bàn] ▸ **faire trébucher qqn** 使某人绊倒 [shǐ mǒurén bàndǎo] ▸ **trébucher contre qqch** 被某物绊到 [bèi mǒuwù bàndào] ❷ *fig* (buter sur) 被难住 [bèinànzhù] ▸ **trébucher sur un mot** 被一个词难住 [bèi yí ge cí nánzhù].

trèfle nm ❶ BOT (cl. 棵 [kē] ou 株 [zhū]) 苜蓿 [mùxu] ▸ **trèfle à quatre feuilles** 四叶苜蓿 [sì yè mùxu] ❷ (aux cartes) 梅花 [méihuā] ▸ **l'as de trèfle** 梅花尖 [méihuā jiān].

treize ♦ adj num inv 十三个 [shísān ge]. ♦ nm inv 十三 [shísān].

treizième ♦ adj num inv 第十三 [dìshísān]. ♦ nmf 第十三个 [dìshísān ge].

tréma nm 分音符 [fēnyīnfú].

tremblant, e adj 发抖的 [fādǒu de] ▸ **avoir les mains tremblantes** 双手颤抖 [shuāngshǒu chàndǒu] ▸ **être tremblant de froid** 冷得发抖 [lěngde fādǒu] ▸ **être tremblant de peur** 吓得发抖 [xiàde fādǒu] ▸ **parler d'une voix tremblante** 以一种颤抖的嗓音说话 [yǐ yì zhǒng chàndǒu de sǎngyīn shuōhuà].

tremblement nm ❶ (agitation du corps ou d'une partie du corps) 发抖 [fādǒu] ▸ **il a des tremblements dans les mains** 他的手在发抖 [tāde shǒu zài fādǒu] ❷ (mouvement de ce qui tremble) 颤动 [chàndòng] ▸ **le tremblement des feuilles** 叶子的颤动 [yèzi de chàndòng].

▪ **tremblement de terre** nm (cl. 次 [cì] ou 场 [chǎng]) 地震 [dìzhèn].

trembler vi ❶ (être agité de petits mouvements) 发抖 [fādǒu] ▸ **j'ai les jambes qui tremblent** 我的双腿在发抖 [wǒde shuāngtuǐ zài fādǒu] ▸ **trembler de froid** 冷得发抖 [lěngde fādǒu] ❷ (être affecté par un séisme) 震动 [zhèndòng] ▸ **la terre a tremblé cette nuit** 昨夜地震了 [zuóyè dìzhèn le].

trembloter vi 微微颤抖 [wēiwēi chàndǒu].

trémousser ▪ **se trémousser** vp 扭动 [niǔdòng] ▸ **elle danse en se trémoussant** 她扭动着跳舞 [tā niǔdòngzhe tiàowǔ].

trempe nf *fam* (gifle) 耳光 [ěrguāng].

trempé, e adj 湿透的 [shītòu de] ▸ **la route est trempée** 路全湿了 [lù quán shī le] ▸ **je suis trempé de sueur** 我浑身是汗 [wǒ húnshēn shì hàn].

tremper ♦ vt ❶ (mouiller) 使……湿透 [shǐ… shītòu] ▸ **il a trempé ses vêtements en jouant sous la pluie** 他在雨里玩，衣服都湿透了 [tā zài yǔ lǐ wán, yīfu dōu shītòu le] ❷ (plonger) 把……浸入 [bǎ… jìnrù] ▸ **tremper les pieds dans l'eau** 把脚浸到水里 [bǎ jiǎo jìn dào shuǐ lǐ] ▸ **tremper des biscuits dans le café** 把饼干浸在咖啡里 [bǎ bǐnggān jìn zài kāfēi lǐ]. ♦ vi (rester plongé dans un liquide) 浸泡 [jìnpào] ▸ **laisser du linge à tremper** 让衣服浸泡着 [ràng yīfu jìnpào zhe].

tremplin nm ❶ (dans un gymnase) ○ (cl. 块 [kuài]) 弹跳板 [tántiàobǎn] ❷ *fig* (moyen qui aide à réussir) 跳板 [tiàobǎn] ▸ **cette expérience professionnelle fut un tremplin dans sa carrière** 这次工作经验曾是他职业生涯中的跳板 [zhè cì gōngzuò jīngyàn céng shì tā zhíyè shēngyá zhōng de tiàobǎn].

trentaine nf ❶ (nombre) 三十来个 [sānshí lái ge] ▸ **une trentaine de personnes se sont présentées** 三十来个人到场了 [sānshí lái ge rén dàochǎng le] ❷ (âge) 三十来岁 [sānshí láisuì] ▸ **il a la trentaine** 他三十来岁 [tā sānshí láisuì].

trente ♦ adj num inv 三十个 [sānshí ge]. ♦ nm inv 三十 [sānshí].

trentième ♦ adj num 第三十 [dìsānshí]. ♦ nmf 第三十个 [dìsānshí ge].

trépidant, e adj 紧张的 [jǐnzhāng de] ▸ **avoir une vie trépidante** 过着一种紧张的生活 [guòzhe yì zhǒng jǐnzhāng de shēnghuó].

trépigner vi 跺脚 [duòjiǎo] ▸ **trépigner d'impatience** 急得直跺脚 [jíde zhí duòjiǎo].

très adv 很 [hěn]；非常 [fēicháng] ▸ **j'ai eu très peur** 我非常害怕 [wǒ fēicháng hàipà] ▸ **j'ai très faim** 我很饿 [wǒ hěn è] ▸ **elles sont très amies** 她们是很好的朋友 [tāmen shì hěn hǎo de péngyou] ▸ **ils sont arrivés très en retard** 他们迟到了很久 [tāmen chídào le hěn jiǔ] ▸ **tu as faim ? — oui, très** 你饿吗？— 是啊，非常饿 [nǐ è ma? — shì a, fēicháng è].

trésor nm ❶ (objets précieux) 珍宝 [zhēnbǎo] ▸ **découvrir un trésor** 发现一个宝藏 [fāxiàn yí ge bǎozàng] ▸ **les quatre trésors du**

lettré (pinceau, papier, encre et pierre à encre) 文房四宝 [wénfángsìbǎo] ❷ (ce qui est précieux) 珍品 [zhēnpǐn] ▸ **les trésors de la nature** 大自然的珍品 [dàzìrán de zhēnpǐn].

■ **Trésor** nm (de l'État) ▸ **le Trésor public** 国库 [guókù].

trésorier, ère nm (cl. 位 [wèi] ou 个 [gè] ou 名 [míng]) 财务主管 [cáiwù zhúguǎn].

tresse nf (cl. 根 [gēn]) 辫子 [biànzi] ▸ **se faire des tresses** 自己编辫子 [zìjǐ biān biànzi].

tresser vt ❶ (des cheveux) 编成辫子 [biānchéng biànzi] ▸ **elle a tressé ses cheveux** 她给自己编了辫子 [tā gěi zìjǐ biān le biànzi] ❷ (un objet) 编 [biān] ▸ **tresser un panier d'osier** 编一个柳枝篮 [biān yí ge liǔzhī lán].

trêve nf 休战 [xiūzhàn] ▸ **faire une trève** 停战 [tíng zhàn].

tri nm ❶ (action de trier) ○ (cl. 番 [fān] ou 次 [cì]) 挑选 [tiāoxuǎn] ▸ **il a fait le tri dans ses papiers** 他在文件中挑选了一番 [tā zài wénjiàn zhōng tiāoxuǎn le yì fān] ❷ (du courrier) 分拣 [fēnjiǎn] ▸ **le tri postal** 邮件分拣 [yóujiàn fēnjiǎn] ❸ (écologie) 分类 [fēnlèi] ▸ **le tri sélectif des déchets** 垃圾分类 [lājī fēnlèi].

triangle nm ❶ (figure géométrique) 三角形 [sānjiǎoxíng] ❷ MUS 三角铁 [sānjiǎotiě] ▸ **jouer du triangle** 敲三角铁 [qiāo sānjiǎotiě].

triangulaire adj 三角形的 [sānjiǎoxíng de] ▸ **un drapeau triangulaire** 一面三角形旗帜 [yí miàn sānjiǎoxíng qízhì].

triathlon nm SPORT 铁人三项赛 [tiěrén sānxiàngsài].

tribu nf 部落 [bùluò] ▸ **une tribu africaine** 一个非洲部落 [yí ge fēizhōu bùluò].

tribunal, tribunaux nm DR 法院 [fǎyuàn]; 法庭 [fǎtíng] ▸ **l'accusé a comparu devant le tribunal** 被告到庭了 [bèigào dàotíng le] ▸ **l'affaire a été portée devant les tribunaux** 案件被提交法院审理了 [ànjiàn bèi tíjiāo fǎyuàn shénlǐ le] ▸ **le témoin a été convoqué au tribunal** 证人被传唤出庭 [zhèngrén bèi chuánhuàn chūtíng] ▸ **tribunal populaire** 人民法院 [rénmín fǎyuàn].

tribune nf 看台 [kàntái] ▸ **le public est assis dans les tribunes** 观众们坐在看台上 [guānzhòngmen zuò zài kàntái shàng] ▸ **la tribune officielle** 主席台 [zhǔxí tái].

triceps nm inv ANAT 三头肌 [sāntóujī].

tricher vi ❶ (enfreindre les règles) 作弊 [zuòbì] ▸ **il a été surpris en train de tricher** 他在作弊时被抓到了 [tā zài zuòbì shí bèi zhuā dào le] ▸ **arrête de tricher !** 别作弊！ [bié zuòbì!] ❷ (tromper, mentir) 作假 [zuòjiǎ] ▸ **tricher sur son âge** 在年龄上作假 [zài niánlíng shàng zuòjiǎ].

tricheur, euse nm, f (cl. 个 [gè] ou 名 [míng]) 作弊者 [zuòbìzhě] ▸ **en amour comme en affaires, c'est un tricheur !** 在爱情和事业上，他都是骗子！ [zài àiqíng hé shìyè shàng, tā dōu shì piànzi!].

tricolore adj ❶ (à trois couleurs) 三色的 [sānsè de] ▸ **un feu tricolore** 三色信号灯 [sānsè xìnhàodēng] ❷ (français) 法国的 [Fǎguó de] ▸ **le drapeau tricolore** (红、白、蓝)三色旗 [(hóng、bái、lán) sānsè qí].

tricot nm ❶ (ouvrage) 编织 [biānzhī] ▸ **faire du tricot** 织毛活儿 [zhī máohuór] ❷ (étoffe tricotée) ○ (cl. 件 [jiàn]) 针织品 [zhēnzhīpǐn] ▸ **une robe en tricot** 一条针织连衣裙 [yì tiáo zhēnzhī liányīqún] ❸ (vêtement tricoté) ○ (cl. 件 [jiàn]) 毛衣 [máoyī].

tricoter ♦ vt 织 [zhī] ▸ **elle lui a tricoté un pull** 她给他织了一件套头衫 [tā gěi tā zhī le yí jiàn tàotóushān]. ♦ vi 织毛活儿 [zhī máohuór] ▸ **elle tricote devant la télé** 她边看电视边织毛活儿 [tā biān kàn diànshì biān zhī máohuór].

tricycle nm (cl. 辆 [liàng]) 三轮车 [sānlúnchē].

trier vt ❶ (classer) 分拣 [fēnjiǎn] ▸ **trier le courrier** 分拣信件 [fēnjiǎn xìnjiàn] ❷ (sélectionner) 挑选 [tiāoxuǎn] ▸ **trier les candidats** 挑选候选人 [tiāoxuǎn hòuxuǎnrén].

trigramme nm ASTROL (“易经”八卦中的)一卦 [(“Yì Jīng” bāguà zhōng de) yí guà].

trimestre nm 季度 [jìdù].

trimestriel, elle adj 每季度一次的 [měi jìdù yí cì de] ▸ **une revue trimestrielle** 一本季刊 [yì běn jìkān].

trinquer vi ❶ (boire) 干杯 [gānbēi] ▸ **je trinque à ta santé !** 我为你的健康干杯！ [wǒ wèi nǐde jiànkāng gānbēi!] ❷ *fig* (écoper) 倒

霉 [dǎoméi] ▸ **dans cette affaire, c'est encore moi qui vais trinquer!** 在这件事中，倒霉的还会是我！ [zài zhè jiàn shì zhōng, dǎoméi de hái huì shì wǒ!].

trio nm (cl. 首 [shǒu] ou 支 [zhī] ou 部 [bù]) 三重奏 [sānchóngzòu] ▸ **jouer un trio de Mozart** 演奏莫扎特的一首三重奏 [yǎnzòu Mòzhātè de yì shǒu sānchóngzòu] ▸ **le concert d'un trio de jazz** 一个爵士乐三重奏音乐会 [yí ge juéshìyuè sānchóngzòu yīnyuèhuì].

triomphal, e, aux adj ❶ (qui constitue une grande réussite) 辉煌的 [huīhuáng de] ▸ **remporter un succès triomphal** 获得了一个辉煌的成就 [huòdé le yí ge huīhuáng de chéngjiù] ❷ (acclamé) 热烈的 [rèliè de] ▸ **recevoir un accueil triomphal** 受到热烈的欢迎 [shòudào rèliè de huānyíng].

triomphe nm 胜利 [shènglì] ▸ **ce spectacle a fait un véritable triomphe** 这次演出获得了一个真正的胜利 [zhè cì yǎnchū huòdé le yí ge zhēnzhèng de shènglì].

triompher vi ❶ (s'imposer) 获胜 [huòshèng] ▸ **la justice finira bien par triompher** 正义最终会获胜 [zhèngyì zuìzhōng huì huòshèng] ❷ (réussir brillamment) 成功 [chénggōng] ▸ **cet acteur a triomphé dans ce rôle** 这个演员在这一角色中很成功 [zhè ge yǎnyuán zài zhè yì jiǎosè zhōng hěn chénggōng].

tripes nfpl CULIN 肠子 [chángzi]
◊ **prendre qqn aux tripes** 深深地打动某人 [shēnshēn de dǎdòng mǒurén].

triple ♦ adj ❶ (à trois éléments) 三个的 [sān ge de] ▸ **le triple champion du monde** 三次世界冠军的获得者 [sān cì shìjiè guànjūn de huòdézhě] ❷ (trois fois plus grand) 三倍 [sānbèi] ▸ **12 est un nombre triple de 4** 12是4的三倍 [12 shì 4 de sānbèi]. ♦ nm 三倍 [sānbèi] ▸ **c'est le triple du prix normal** 这是正常价格的三倍 [zhè shì zhèngcháng jiàgé de sānbèi].

tripler ♦ vt 使……翻三倍 [shǐ… fān sānbèi] ▸ **il a triplé son salaire en dix ans** 十年之内，他的工资翻了三倍 [shínián zhīnèi, tāde gōngzī fān le sānbèi]. ♦ vi 翻三倍 [fānsānbèi] ▸ **le prix de cet article a triplé** 这个商品的价格已经翻了三倍 [zhè ge shāngpǐn de jiàgé yǐjīng fān le sānbèi].

triplés, ées nm, f pl 三胞胎 [sānbāotāi].

tripoter vt 摆弄 [bǎinòng] ▸ **il n'arrête pas de tripoter son stylo** 他不停地摆弄他的钢笔 [tā bùtíngde bǎinòng tāde gāngbǐ].

triste adj ❶ (personne) 伤心的 [shāngxīn de] ▸ **avoir l'air triste** 看起来很伤心 [kànqǐlái hěn shāngxīn] ▸ **il est triste du départ de son ami** 他为朋友的离开而感到伤心 [tā wèi péngyou de líkāi ér gǎndào shāngxīn] ❷ (pénible) 悲惨的 [bēicǎn de] ▸ **j'ai une triste nouvelle à vous annoncer** 我有一个让人难过的消息要告诉您 [wǒ yǒu yí ge ràngrén nánguò de xiāoxi yào gàosù nín] ❸ (sans éclat) 阴暗的 [yīn'àn de] ▸ **des couleurs tristes** 暗淡的色彩 [àndàn de sècǎi] ▸ **un temps triste** 阴沉的天气 [yīnchén de tiānqì].

tristement adv ❶ (d'un air triste) 悲伤地 [bēishāng de] ❷ (de façon regrettable) 可悲地 [kěbēi de] ▸ **Hitler est tristement célèbre** 希特勒臭名昭著 [Xītèlè chòumíng zhāozhù].

tristesse nf ❶ (chagrin) 悲伤 [bēishāng] ▸ **sa tristesse fait peine à voir** 他的悲伤让人看了难受 [tāde bēishāng ràng rén kàn le nánshòu] ❷ (caractère triste) 凄凉 [qīliáng] ▸ **la tristesse d'une musique** 一种音乐的凄凉 [yì zhǒng yīnyuè de qīliáng] ▸ **la tristesse d'une ville** 一座城市的凄凉 [yí zuò chéngshì de qīliáng].

triturer vt 摆弄 [bǎinòng] ▸ **arrête de triturer tes clés!** 你别再摆弄你的钥匙了！ [nǐ bié zài bǎinòng nǐde yàoshi le!].

troc nm (cl. 笔 [bǐ] ou 次 [cì]) 易货交易 [yìhuòjiāoyì] ▸ **faire du troc** 以货易货 [yǐ huò yì huò].

trois ♦ adj num inv ❶ (chiffre) 三个 [sān ge] ❷ (troisième) 第三 [dìsān] ❸ (dans une série) 三世 [sān shì]. ♦ nm inv 三 [sān].

troisième ♦ adj 第三 [dìsān]. ♦ nmf 第三个 [dìsān ge]. ♦ nf ❶ SCOL 初中三年级 [chūzhōng sānniánjí] ▸ **il a redoublé sa troisième** 他重读了初三 [tā chóngdú le chūsān] ❷ AUTO 三档速度 [sān dǎng sùdù] ▸ **rétrograder en troisième** 把速度降到三档 [bǎ sùdù jiàng dào sāndǎng].

trombone nm ❶ (agrafe) 曲别针 [qūbiézhēn] ❷ MUS (cl. 把 [bǎ]) 长号 [chánghào] ▸ **jouer du trombone** 吹长号 [chuī chánghào].

trompe nf ❶ (instrument) ◦ (cl. 只 [zhī] ou 个 [gè]) 喇叭 [lǎba] ▸ **une trompe de chasse** 一个猎号 [yí ge lièhào] ❷ (d'éléphant) (大象的)长鼻 [(dàxiàng de) cháng bí].

tromper vt ❶ (berner) 欺骗 [qīpiàn] ▸ **le vendeur nous a trompés sur le prix** 销售员在价格上骗了我们 [xiāoshòuyuán zài jiàgéshàng piàn le wǒmen] ❷ (être infidèle à) 不忠于 [bùzhōngyú] ▸ **il trompe sa femme** 他对妻子不忠 [tā duì qīzi bùzhōng].

▪ **se tromper** vp ❶ (commettre une erreur) 出错 [chūcuò] ▸ **tout le monde peut se tromper** 所有的人都会出错 [suóyǒu de rén dūhuì chūcuò] ❷ (confondre) 弄错 [nòngcuò] ▸ **je me suis trompé d'adresse** 弄错了地址 [nòngcuò le dìzhǐ] ▸ **je me suis trompé de chemin** 我走错了路 [wǒ zǒucuò le lù].

trompette nf (cl. 把 [bǎ]) 小号 [xiǎohào] ▸ **jouer de la trompette** 吹小号 [chuī xiǎohào].

tronc nm ❶ (d'arbre) 树干 [shùgàn] ❷ ANAT 躯干 [qūgàn].

trône nm ❶ (siège) 御座 [yùzuò] ▸ **le roi est assis sur son trône** 国王坐在御座上 [guówáng zuò zài yù zuò shàng] ❷ (souveraineté) 王位 [wángwèi] ▸ **les prétendants au trône sont nombreux** 觊觎王位的人很多 [jìyú wángwèi de rén hěn duō].

trôner vi 君临威坐 [jūnlín wēizuò] ▸ **le roi trône au milieu de ses sujets** 国王君临威坐在他的臣民中间 [guówáng jūnlín wēizuò zài tāde chénmín zhōngjiān].

trop adv ❶ (à l'excès) 太 [tài] ▸ **je n'aime pas trop le chocolat** 我不太喜欢巧克力 [wǒ bútài xǐhuān qiǎokèlì] ▸ **il conduit trop vite** 他开得太快了 [tā kāide tài kuài le] ▸ **j'ai trop chaud/froid** 我太热/冷了 [wǒ tài rè/lěng le] ❷ (en quantité) 太多 [tàiduō] ▸ **il travaille trop** 他工作太多了 [tā gōngzuò tàiduō le] ▸ **nous étions trop** 我们当时人太多了 [wǒmen dāngshí rén tàiduō le].

▪ **trop de** loc adv 太多的 [tàiduō de] ▸ **j'ai acheté trop de pain** 我买了太多的面包 [wǒ mǎi le tàiduōde miànbāo] ▸ **il y a trop de monde dans cette salle** 这个大厅里有太多人 [zhè ge dàtīng lǐ yǒu tàiduō rén].

▪ **en trop, de trop** loc adv 多余的 [duōyú de] ▸ **deux euros de ou en trop** 多了两欧元 [duō le liǎng ōuyuán] ▸ **je sens que je suis de trop** 我感到我是多余的 [wǒ gǎndào wǒ shì duōyú de].

trophée nm 奖杯 [jiǎngbēi].

tropical, e, aux adj 热带的 [rèdài de] ▸ **un climat tropical** 一种热带气候 [yìzhǒng rèdài qìhòu] ▸ **une végétation tropicale** 一种热带植物 [yìzhǒng rèdài zhíwù].

tropique nm (cl. 条 [tiáo]) 回归线 [huíguīxiàn] ▸ **le tropique du Cancer** 北回归线 [Běi huíguīxiàn].

▪ **tropiques** nmpl 热带地区 [rèdài dìqū].

troquer vt 换取 [huànqǔ] ▸ **troquer qqch contre qqch** 以某物交换某物 [yǐ mǒuwù jiāohuàn mǒuwù] ▸ **j'ai troqué ma montre contre un tapis** 我用我的手表换一条地毯 [wǒ yòng wǒde shǒubiǎo huàn yítiáo dìtǎn].

trotter vi 小跑 [xiáopǎo]

◊ **trotter dans la tête** 在脑子里打转 [zài nǎozi lǐ dǎzhuàn] ▸ **cette idée me trotte dans la tête** 这个想法在我脑子里打转 [zhè ge xiángfǎ zài wǒ nǎozi lǐ dǎzhuàn].

trotteur, euse nm, f (cl. 匹 [pǐ]) 受过小跑训练的马 [shòu guò xiáopǎo xùnliàn de mǎ].

trottinette nf (cl. 辆 [liàng]) 踏板车 [tàbǎnchē].

trottoir nm (cl. 条 [tiáo]) 人行道 [rénxíng dào] ▸ **les piétons doivent marcher sur les trottoirs** 行人应该在人行道上行走 [xíngrén yīnggāi zài rénxíng dào shàng xíngzǒu]

◊ **faire le trottoir** *fam* (妓女)在街上拉客 [(jìnǚ) zài jiē shàng lākè].

trou nm ❶ (cavité) 洞 [dòng] ▸ **le trou de la couche d'ozone** 臭氧层空洞 [chòuyǎngcéng kōngdòng] ▸ **un trou de souris** 一个老鼠洞 [yí ge láoshǔ dòng] ❷ (ouverture, perforation) 孔 [kǒng] ▸ **le trou de la serrure** 锁眼 [suǒ yǎn] ❸ (déchirure) 窟窿 [kūlong] ▸ **tes chaussures sont pleines de trous** 你的鞋上满是窟窿 [nǐde xié shàng mǎnshì kūlong]

❹ (manque, espace vacant) 空 [kòng] ▸ **demain, j'ai un trou dans mon emploi du temps** 明天，我的时间表上有个空 [míngtiān, wǒde shíjiānbiǎo shàng yǒu ge kòng] ▸ **trou de mémoire** 记忆中的空白 [jìyì zhōng de kòngbái] ❺ *fam* (déficit) 漏洞 [lòudòng] ▸ **le trou de la Sécurité sociale** 社会保险上的漏洞 [shèhuì báoxiǎn shàng de lòudòng].

trouble ♦ adj ❶ (qui n'est pas limpide) 浑的 [hún de] ▸ **une eau trouble** 一潭浑水 [yì tán húnshuǐ] ❷ (qui n'est pas net) 模糊的 [móhu de] ▸ **une image trouble** 模糊的图像 [móhu de túxiàng] ❸ (louche) 可疑的 [kěyí de] ▸ **une affaire trouble** 一件可疑的事情 [yí jiàn kěyí de shìqing]. ♦ nm ❶ (désordre) 混乱 [hùnluàn] ▸ **semer le trouble** 引起骚动 [yínqǐ sāodòng] ❷ (émotion) 惶恐不安 [huángkǒng bù'ān] ▸ **il avait du mal à dissimuler son trouble** 他很难掩饰他的不安 [tā hěn nán yǎnshì tāde bù'ān].

▪ **troubles** nmpl ❶ (désordre, agitation) 动乱 [dòngluàn] ▸ **des troubles politiques** 政治动乱 [zhèngzhì dòngluàn] ❷ (dérèglement) 障碍 [zhàng'ài] ▸ **avoir des troubles respiratoires** 呼吸障碍 [hūxī zhàng'ài].

troubler vt ❶ (altérer la limpidité de) 搅浑 [jiǎohún] ▸ **troubler l'eau en remuant la vase** 挪动水瓶时把水弄浑了 [nuódong shuǐpíng shí bǎ shuǐ nònghún le] ❷ (rendre moins net) 使……模糊 [shǐ… móhu] ▸ **ses larmes lui troublaient la vue** 他的泪水模糊了他的视线 [tāde lèishuǐ móhu le tāde shìxiàn] ❸ (déranger) 扰乱 [rǎoluàn] ▸ **troubler le sommeil de qqn** 扰乱某人的睡眠 [rǎoluàn mǒurén de shuìmián] ▸ **troubler l'ordre public** 扰乱公共秩序 [rǎoluàn gōnggòng zhìxù] ❹ (déconcerter, inquiéter) 使……不安 [shǐ… bù'ān] ▸ **quelque chose me trouble dans cette histoire** 这件事中的有些东西让我不安 [zhè jiàn shì zhōng de yǒuxiē dōngxi ràng wǒ bù'ān] ❺ (émouvoir) 使……感动 [shǐ… gǎndòng] ▸ **ce film m'a beaucoup troublé** 这部电影让我很感动 [zhè bù diànyǐng ràng wǒ hěn gǎndòng].

trouer vt 穿破 [chuān pò] ▸ **son pantalon est troué** 他的裤子破了 [tāde kùzi pò le].

trouille nf *fam* 害怕 [hàipà] ▸ **avoir la trouille** 害怕 [hàipà].

troupe nf ❶ (force armée) ○ (cl. 支 [zhī]) 军队 [jūnduì] ▸ **nos troupes ont vaincu les troupes ennemies** 我们的军队挫败了敌军 [wǒmende jūnduì cuòbài le díjūn] ❷ THÉÂTRE 剧团 [jùtuán].

troupeau, x nm ❶ (d'animaux) 群 [qún] ▸ **un troupeau de moutons** 一群羊 [yì qún yáng] ❷ *péj* (de personnes) 批 [pī] ▸ **un troupeau de touristes est arrivé** 一批旅行者到了 [yì pī lǚxíngzhě dào le].

trousse nf 袋 [dài] ▸ **une trousse d'écolier** 文具袋 [wénjù dài] ▸ **une trousse de secours** 急救箱 [jíjiù xiāng] ▸ **une trousse de toilette** 化妆包 [huàzhuāng bāo].

trouver vt ❶ (découvrir, se procurer, inventer) 找到 [zhǎodào] ▸ **je ne trouve pas mes lunettes** 我找不到我的眼镜 [wǒ zhǎobudào wǒde yǎnjìng] ▸ **j'ai enfin trouvé un appartement** 我终于找到了一套公寓 [wǒ zhōngyú zhǎodào le yí tào gōngyù] ▸ **il faut trouver un moyen pour le convaincre** 得找个办法说服他 [dé zhǎo ge bànfǎ shuōfú tā] ▸ **trouver la solution d'un problème de maths** 找到一道数学题的解法 [zhǎodào yí dào shùxué tí de jiéfǎ] ▸ **je ne sais pas si je vais trouver le temps de le faire** 我不知道我是否能找到时间去做这个 [wǒ bù zhīdào wǒ shìfǒu néng zhǎodào shíjiān qù zuò zhè ge] ❷ (rencontrer) 遇到 [yùdào] ▸ **il a trouvé la femme de sa vie** 他遇到了他命中注定的女人 [tā yùdào le tā mìnzhōngzhùdìng de nǚrén] ❸ (juger) 觉得 [juéde] ▸ **je la trouve très sympathique** 我觉得她非常和善 [wǒ juéde tā fēicháng héshàn] ▸ **je trouve que tu exagères** 我认为你夸张了 [wǒ rènwéi nǐ kuāzhāng le].

▪ **se trouver** ♦ vp ❶ (être situé) 位于 [wèi yú]; 在 [zài] ▸ **où se trouve la gare ?** 火车站在哪儿？ [huǒchēzhàn zài nǎer?] ▸ **l'Etna se trouve en Sicile** 埃特纳火山位于西西里岛 [Āitènà huǒshān wèiyú Xīxīlǐdǎo] ❷ (introduit un état) 处于 [chǔyú] ▸ **je me trouve dans une situation difficile** 我处于困境之中 [wǒ chùyú kùnjìng zhīzhōng] ❸ (emploi impersonnel) ▸ **il se trouve que** 正巧…… [zhèngqiǎo…] ▸ **il se trouve que j'étais absente ce soir-là** 正

巧那天晚上我不在 [zhèngqiǎo nàtiān wǎnshang wǒ búzài] ▸ **si ça se trouve** 很可能 [hěn kěnéng] ▸ **si ça se trouve, il est déjà parti** 他很可能已经走了 [tā hěn kěnéng yǐjīng zǒu le]. ♦ v att (se sentir) 觉得自己 [juéde zìjǐ] ▸ **il se trouve très intelligent** 他自认为很聪明 [tā zìrènwéi hěn cōngming] ▸ **je me trouve moche en ce moment** 这时我觉得自己很丑陋 [zhèshí wǒ juéde zìjǐ hěn chǒulòu]
◊ **se trouver mal** 晕倒 [yūndǎo].

truc nm *fam* ❶ (combine) 窍门 [qiàomén] ▸ **je connais un truc pour rentrer sans payer** 我知道一个进门不用花钱的窍门 [wǒ zhīdào yí ge jìnmén búyòng huāqián de qiàomén] ❷ (chose précise) 事儿 [shìr] ▸ **j'ai encore plein de trucs à faire** 我还有很多事儿要做 [wǒ hái yǒu hěn duō shìr yào zuò] ▸ **il m'est arrivé un drôle de truc** 我遇到了一件奇怪的事儿 [wǒ yùdào le yí jiàn qíguài de shìr] ❸ (machin) 玩意儿 [wányìr] ▸ **qu'est-ce que c'est que ce truc?** 这玩意儿是什么？ [zhè wányìr shì shénme?]
◊ **c'est mon truc** 这个我拿手 [zhè ge wǒ náshǒu] ▸ **ce n'est pas mon truc** 我不玩这个/我不喜欢这个 [wǒ bù wán zhè ge/wǒ bù xǐhuān zhè ge].

trucage= **truquage**

truelle nf (cl. 把 [bǎ]) 泥刀 [nídāo].

truie nf (cl. 头 [tóu] ou 口 [kǒu] ou 只 [zhī]) 母猪 [mǔzhū].

truite nf (cl. 条 [tiáo]) 鳟鱼 [zūnyú].

truquage, trucage nm ❶ (fait de falsifier) 作弊 [zuòbì] ▸ **le truquage des élections** 选举中的作弊 [xuǎnjǔ zhōng de zuòbì] ❷ CINÉ 特技 [tèjì] ▸ **ce film fantastique est plein de truquages** 这部幻想影片里充满了特技 [zhè bù huànxiǎng yǐngpiàn lǐ chōngmǎn le tèjì].

truquer vt 作弊 [zuòbì] ▸ **le match de foot a été truqué** 这场足球赛作了假 [zhè chǎng zúqiúsài zuò le jiǎ].

tsar, tzar nm (cl. 位 [wèi] ou 个 [gè]) 沙皇 [shāhuáng].

T-shirt nm T恤 [Txù].

tsigane, tzigane ♦ adj 茨岗人的 [cígǎngrén de] ▸ **j'adore la musique tsigane** 我喜欢茨岗音乐 [wǒ xǐhuān cígǎng yīnyuè]. ♦ nmf 茨岗人 [cígǎngrén].

TTC (abr de **toutes taxes comprises**) adj 计税价 [jì shuì jià] ▸ **le prix est de 100 euros TTC** 计税价是100欧元 [jì shuì jià shì 100 ōuyuán].

tu pron pers 你 [nǐ].

tuba nm (tube respiratoire) 透气管 [tòuqìguǎn] ▸ **j'ai emporté mes palmes et mon tuba** 我带上了我的脚蹼和透气管 [wǒ dàishang le wǒde jiáopǔ hé tòuqìguǎn].

tube nm ❶ (emballage) 管 [guǎn] ▸ **un tube de colle** 一管胶水 [yì guǎn jiāoshuǐ] ❷ ANAT ▸ **le tube digestif** 消化道 [xiāohuà dào] ❸ *fam* (chanson) 流行歌曲 [liúxíng gēqǔ] ▸ **le tube de l'été** 今年夏季的流行歌曲 [jīnnián xiàjì de liúxíng gēqǔ].

tuer vt ❶ (faire mourir) 杀死 [shāsǐ] ▸ **le meurtrier a tué la victime d'un coup de couteau** 凶手一刀杀死了受害者 [xiōngshǒu yì dāo shāsǐ le shòuhàizhě] ▸ **il a été tué dans un accident de voiture** 他死于一场车祸 [tā sǐyú yì chǎng chēhuò] ▸ **le tremblement de terre a tué des centaines de personnes** 地震造成了数百人的死亡 [dìzhèn zàochéng le shùbǎi rén de sǐwáng] ❷ (emploi absolu) 损害（健康）[sǔnhài (jiànkāng)] ▸ **'fumer tue'** 吸烟有害健康 [xīyān yǒuhài jiànkāng].

■ **se tuer** vp ❶ (se suicider) 自杀 [zìshā] ▸ **il s'est tué en sautant par la fenêtre** 他从窗户跳出去自杀了 [tā cóng chuānghu tiào chūqu zìshā le] ❷ (mourir accidentellement) 死 [sǐ] ▸ **il s'est tué en voiture** 他因车祸而死 [tā yīn chēhuò ér sǐ] ❸ (s'épuiser) 劳累过度 [láolèi guòdù] ▸ **se tuer à la tâche/au travail** 因任务/工作而劳累过度 [yīn rènwu/gōngzuò ér láolèi guòdù].

tuerie nf (cl. 场 [chǎng] ou 次 [cì]) 屠杀 [túshā].

tue-tête ■ **à tue-tête** adv 扯着嗓子 [chězhe sǎngzi] ▸ **chanter à tue-tête** 扯着嗓子唱歌 [chězhe sǎngzi chànggē].

tueur, euse nm, f (personne qui tue) 杀人凶手 [shārén xiōngshǒu] ▸ **la police recherche le tueur** 警察在寻找杀人犯 [jǐngchá zài xúnzhǎo shārénfàn] ▸ **un tueur à gages** 雇佣杀手 [gùyōng shāshǒu] ▸ **un tueur en série** 连环杀手 [liánhuán shāshǒu].

tuile nf ❶ (sur un toit) ○ (cl. 片 [piàn] ou 块 [kuài]) 瓦片 [wǎpiàn] ▸ **un toit de tuiles** 铺瓦的房顶 [pū wǎ de fángdǐng] ❷ *fam* (cl. 件 [jiàn]) 倒霉事 [dǎoméishì] ▸ **il m'est encore arrivé une tuile !** 我又碰上了一件倒霉事！[wǒ yòu pèngshang le yí jiàn dǎoméishì!] ▸ **quelle tuile !** 真倒霉 [zhēn dǎoméi].

tulipe nf (cl. 朵 [duǒ]) 郁金香 [yùjīnxiāng].

tuméfié, e adj 肿的 [zhǒng de] ▸ **avoir le visage tuméfié** 脸肿了 [liǎn zhǒng le].

tumeur nf 肿瘤 [zhǒngliú] ▸ **avoir une tumeur au cerveau** 长了脑瘤 [cháng le nǎoliú] ▸ **une tumeur bénigne** 一个良性肿瘤 [yí ge liángxìng zhǒngliú] ▸ **une tumeur maligne** 一个恶性肿瘤 [yí ge èxìng zhǒngliú].

tunique nf 轻质宽松长衫 [qīngzhì kuānsōng chángshān].

Tunisie nf ▸ **la Tunisie** 突尼斯 [Tūnísī].

tunisien, enne adj 突尼斯的 [tūnísī de].
▪ **Tunisien, enne** nm, f 突尼斯人 [Tūnísīrén].
▪ **tunisien** nm (langue) 突尼斯语 [tūnísīyǔ].

tunnel nm (cl. 条 [tiáo]) 隧道 [suìdào] ▸ **le tunnel sous la Manche** 英吉利海峡海底隧道 [Yīngjílì Hǎixiá háidǐ suìdào].

turbo ⧫ nm (cl. 台 [tái]) 涡轮增压器 [wōlún zēngyāqì] ▸ **un moteur turbo** 涡轮发动机 [wōlún fādòngjī]. ⧫ nf (voiture) ○ (cl. 辆 [liàng]) 涡轮发动机汽车 [wōlún fādòngjī qìchē].

turbot nm (cl. 条 [tiáo]) 大菱鲆 [dàlíngpíng].

turbulence nf MÉTÉOR 湍流 [tuānliú] ▸ **l'avion traverse une zone de turbulences** 飞机穿越过一个湍流区 [fēijī chuānyuè guò yí ge tuānliú qū].

turbulent, e adj 好动的 [hàodòng de].

turc, turque adj 土耳其的 [tú'ěrqí de].
▪ **turc** nm (langue) 土耳其语 [túěrqíyǔ].
▪ **Turc, Turque** nm, f 土耳其人 [Tú'ěrqírén].

Turkestan npr (région) 图尔克斯坦 [Tú'ěrkèsītǎn].

Turkménistan nm ▸ **le Turkménistan** 土库曼斯坦 [Tǔkùmànsītǎn].

Turquie nf ▸ **la Turquie** 土耳其 [Tú'ěrqí].

turquoise ⧫ nf (pierre) 绿松石 [lǜsōngshí] ▸ **un collier de turquoises** 一条绿松石项链 [yì tiáo lǜsōngshí xiàngliàn]. ⧫ adj inv (couleur) 绿松石色的 [lǜsōngshísè de]; 青绿色的 [qīnglǜsè de].

tutelle nf ❶ DR 监护 [jiānhù] ▸ **être placé sous la tutelle de qqn** 处于某人的监护下 [chǔyú mǒurén de jiānhù xià] ▸ **le juge des tutelles** 监护法官 [jiānhù fǎguān] ❷ (dépendance) 控制 [kòngzhì] ▸ **il essaie de se libérer de la tutelle de sa famille** 他试图摆脱他家庭的控制 [tā shìtú bǎituō tā jiātíng de kòngzhì].

tuteur, trice nm, f DR (cl. 位 [wèi] ou 个 [gè]) 监护人 [jiānhùrén] ▸ **l'orphelin a été confié à un tuteur** 孤儿被委托给了一个监护人 [gū'ér bèi wěituō gěi le yí ge jiānhùrén].
▪ **tuteur** nm (pour plante) (苗木的)支柱 [(miáomù de) zhīzhù] ▸ **j'ai fixé la plante sur un tuteur** 我将植物固定在了支柱上 [wǒ jiāng zhíwù gùdìng zài le zhīzhù shàng].

tutoyer vt 用"你"称呼 [yòng "nǐ" chēnghu] ▸ **il tutoie ses collègues de travail** 他对同事以"你"相称 [tā duì tóngshì yǐ "nǐ" xiāngchèn].
▪ **se tutoyer** vp 互相称"你" [hùxiāng chēng "nǐ"] ▸ **nous nous sommes tout de suite tutoyés** 我们立即就以"你"互相称呼了 [wǒmen lìjí jiù yǐ "nǐ" hùxiāng chēnghu le].

tuyau nm ❶ (conduit) 管道 [guǎndào] ▸ **un tuyau d'arrosage** 浇灌管道 [jiāoguàn guǎndào] ▸ **un tuyau d'échappement** 排气管 [páiqì guǎn] ❷ *fam* (renseignement) 内部消息 [nèibù xiāoxi] ▸ **il m'a donné un tuyau pour trouver un appartement** 他给了我一个内部消息以找到公寓 [tā gěi le wǒ yí ge nèibù xiāoxi yǐ zhǎodào gōngyù].

tuyauterie nf 管道系统 [guǎndào xìtǒng].

TV (abr écrite de **télévision**) nf 电视 [diànshì].

TVA (abr de **taxe sur la valeur ajoutée**) nf 增值税 [zēngzhíshuì] ▸ **la TVA est incluse dans le prix** 增值税包含在价格中 [zēngzhíshuì bāohán zài jiàgé zhōng].

tympan nm ANAT 耳膜 [ěrmó].

type nm ❶ (représentant) 典型 [diǎnxíng] ▸ **Harpagon est le type même de l'avare** 阿巴贡是守财奴的典型化身 [Ābāgòng shì shǒucáinú de diǎnxíng huàshēn] ❷ (catégorie) 特

征 [tèzhēng] ▸ **avoir le type asiatique** 有亚洲人的特征 [yǒu yàzhōurén de tèzhēng] ❸ (modèle) 型 [xíng] ▸ **un type de voiture** 一款车型 [yì kuǎn chēxíng] ❹ *(en apposition)* 标准 [biāozhǔn] ▸ **un contrat type** 一份标准合同 [yí fèn biāozhǔn hétong] ❺ *fam* (individu) 家伙 [jiāhuo] ▸ **je n'aime pas ce type !** 我不喜欢这家伙！ [wǒ bù xǐhuān zhè jiāhuǒ!].

typé, e adj 典型的 [diǎnxíng de].

typique adj 典型的 [diǎnxíng de] ▸ **c'est un plat typique de la région** 这是这个地区的特色菜 [zhè shì zhè ge dìqū de tèsècài].

tyran nm 暴君 [bàojūn] ▸ **son père se conduit en tyran** 他的父亲表现得像个暴君 [tāde fùqin biǎoxiànde xiàng ge bàojūn].

U

u, U nm inv 法语字母表中第二十一个字母 [fáyǔ zìmúbiǎo zhōng dì'èr shí yī ge zìmǔ].

UE (abr de **Union européenne**) nf 欧盟 [Ōuméng] ▸ **les pays membres de l'UE** 欧盟成员国 [Ōuméng chéngyuán guó].

Ukraine nf ▸ **l'Ukraine** 乌克兰 [Wūkèlán].

ukrainien, ne adj 乌克兰的 [Wūkèlán de]. ■ **Ukrainien, ne** nm, f 乌克兰人 [Wūkèlánrén].

ulcère nm MÉD 溃疡 [kuìyáng] ▸ **avoir un ulcère à l'estomac** 患胃溃疡 [huàn wèikuìyáng].

ULM (abr de **ultra-léger motorisé**) nm 轻型飞机 [qīngxíngfēijī].

ultérieur, e adj 以后的 [yǐhòu de] ▸ **la réunion a été reportée à une date ultérieure** 会议被推后举行 [huìyì bèi tuīhòu jǔxíng].

ultérieurement adv 过后 [guòhòu] ▸ **nous vous contacterons ultérieurement** 我们日后会跟您联系 [wǒmen rìhòu huì gēn nín liánxì] ▸ **veuillez rappeler ultérieurement** 请稍后再打 [qǐng shāohòu zài dǎ].

ultimatum nm 最后通牒 [zuìhòu tōngdié] ▸ **lancer un ultimatum** 发出最后通牒 [fāchū zuìhòu tōngdié] ▸ **l'ultimatum expire à minuit** 最后通牒于午夜失效 [zuìhòu tōngdié yú wǔyè shīxiào].

ultime adj 最后的 [zuìhòu de].

ultramoderne adj 最新式的 [zuìxīnshì de].

un, une (pl **des**) ♦ art indéf ❶ (par opposition à l'article défini) 一个 [yí ge]; 一些 [yìxiē] ▸ **il a fait l'acquisition d'un Picasso** 他购得了一幅毕加索的画 [tā gòudé le yì fú Bìjiāsuǒ de huà] ▸ **il y a des enfants qui jouent dans la rue** 一些孩子在街道上玩 [yìxiē háizi zài jiēdào shàng wán] ▸ **un homme est venu ce matin** 一个男人今早来了 [yí ge nánren jīnzǎo lái le] ▸ **je viens de recevoir une lettre** 我刚刚收到一封信 [wǒ gānggāng shōudào yì fēng xìn] ❷ (un seul) 一个 [yí ge]; 一些 [yí xiē] ▸ **j'accepte à une condition** 我的接受有一个条件 [wǒde jiēshòu yǒu yí ge tiáojiàn] ▸ **je ne peux faire entrer qu'une personne à la fois** 我一次只能让一个人进入 [wǒ yí cì zhī néng ràng yí ge rén jìnrù] ❸ (avec une valeur emphatique) ▸ **il fait un froid !** 天好冷！ [tiān hǎo lěng!]. ♦ pron indéf 一个 [yí ge]; 一些 [yìxiē] ▸ **appelle-moi un de ces jours** 这几天给我打电话 [zhè jǐ tiān gěi wǒ dǎ diànhuà] ▸ **c'est l'un de mes amis** 这是我的一个朋友 [zhè shì wǒde yí ge péngyou] ▸ **l'un..., l'autre...** 一个......，另一个...... [yí ge..., lìng yí ge...] ▸ **l'un est riche, l'autre pauvre** 一个富有，另一个贫穷 [yí ge fùyǒu, lìng yí ge pínqióng] ▸ **l'un ou l'autre** 一个或另一个 [yí ge huò lìng yí ge] ▸ **ni l'un ni l'autre** 不是这个也不是另一个 [búshì zhè ge yěbùshì lìng yí ge] ▸ **l'un d'entre vous doit venir avec moi** 你们中的一个人要跟我来 [nǐmen zhōng de yí ge rén yào gēn wǒ lái] ▸ **se séparer l'un de l'autre** 把一个和另一个分开 [bǎ yí ge hé lìng yí ge fēnkāi] ▸ **les uns..., les autres...** 一些......，另一些...... [yìxiē..., lìng yìxiē...] ▸ **les uns**

jouent, les autres travaillent 一些人玩耍，另一些人工作 [yìxiē rén wánshuǎ, lìng yìxiē rén gōngzuò]. ♦ adj num 一个 [yí ge] ▸ **ils se voient une fois par semaine** 他们每星期见一次 [tāmen měi xīngqī jiàn yí cì] ▸ **il y a deux hommes et une femme** 有两个男人和一个女人 [yǒu liǎng ge nánren hé yí ge nǚrén].

▪ **un** nm 一 [yī] ▸ **un et un font deux** 一加一等于二 [yī jiā yī děngyú èr].

▪ **une** nf PRESSE 头版 [tóubǎn] ▸ **faire la une des journaux** 上报纸的头版 [shàng bàozhǐ de tóubǎn].

unanime adj ❶ (général) 全体一致的 [quántǐ yízhì de] ▸ **le vote du Parlement a été unanime** 议会投票全体一致 [yìhuì tóupiào quántǐ yízhì] ❷ (qui sont tous du même avis) 意见一致的 [yìjiàn yízhì de] ▸ **les témoins de l'accident sont unanimes** 事故的目击者意见一致 [shìgù de mùjīzhě yìjiàn yízhì].

unanimité nf 一致 [yízhì] ▸ **être élu à l'unanimité** 全票当选 [quánpiào dāngxuǎn] ▸ **faire l'unanimité** 得到一致通过 [dédào yízhì tōngguò].

uni, e adj ❶ (en bonne entente) 和睦的 [hémù de] ▸ **c'est un couple très uni** 这是一对和睦的夫妻 [zhè shì yí duì hémù de fūqī] ❷ (de couleur, d'aspect uniforme) 单色的 [dānsè de] ▸ **une chemise unie** 单色衬衣 [dānsè chènyī].

unifier vt 统一 [tǒngyī].

uniforme nm ❶ (tenue militaire) ○ (cl. 套 [tào] ou 身 [shēn]) 军装 [jūnzhuāng] ▸ **les policiers portent un uniforme** 警察穿着军装 [jǐngchá chuānzhe jūnzhuāng] ❷ (vêtement réglementaire) ○ (cl. 套 [tào] ou 身 [shēn]) 制服 [zhìfú] ▸ **les hôtesses d'accueil portent un uniforme** 女接待员穿着制服 [nǚjiēdàiyuán chuānzhe zhìfú].

unilatéral, e, aux adj ❶ (qui ne concerne qu'un seul côté) 单侧的 [dāncè de] ▸ **dans cette rue, le stationnement est unilatéral** 这条街道单侧停车 [zhè tiáo jiēdào dāncè tíngchē] ❷ (qui provient d'une seule personne) 单方的 [dānfāng de] ▸ **une décision unilatérale** 一个单方决定 [yí ge dānfāng juédìng].

union nf ❶ (mariage) 结合 [jiéhé] ▸ **ils ont célébré leur union en toute intimité** 他们私下庆祝了两人的结合 [tāmen sīxia qìngzhù le liǎng rén de jiéhé] ❷ (regroupement) 联合会 [liánhéhuì] ▸ **une union de consommateurs** 一个消费者联合会 [yí ge xiāofèizhě liánhéhuì] ❸ (entente) 和睦 [hémù] ▸ **l'union règne dans leur famille** 他们的家庭很和睦 [tāmende jiātíng hěn hémù].

▪ **l'Union européenne** nf 欧洲联盟 [Ōuzhōu liánméng]; 欧盟 [Ōuméng].

unique adj ❶ (seul en son genre) 唯一的 [wéiyī de] ▸ **c'est mon unique jupe** 这是我唯一的裙子 [zhè shì wǒ wéiyī de qúnzi] ▸ **enfant unique** 独生子女 [dúshēng zínǚ] ❷ (qui est le même pour plusieurs choses) 统一的 [tǒngyī de] ▸ **l'euro est la monnaie unique dans l'Union européenne** 欧元是欧盟的统一货币 [ōuyuán shì Ōuméng de tǒngyī huòbì] ❸ (exceptionnel) 独一无二的 [dúyī wú'èr de] ▸ **c'est un lieu unique au monde** 这是世界上独一无二的地方 [zhè shì shìjiè shàng dúyī wú'èr de dìfang] ▸ **ce chanteur a un talent unique** 这个歌手有着无与伦比的才华 [zhè ge gēshǒu yǒuzhe wúyǔlúnbǐ de cáihuá].

uniquement adv 只 [zhǐ] ▸ **il pense uniquement à l'argent** 他只想钱 [tā zhǐ xiǎng qián].

unir vt ❶ (assembler, réunir) 团结 [tuánjié]; 联合 [liánhé] ▸ **unissons nos forces pour lutter contre l'oppression** 把我们的力量团结起来与压迫做斗争 [bǎ wǒmen de lìliang tuánjié qǐlái yǔ yāpò zuò dòuzhēng] ▸ **une grande amitié les unit** 深厚的友谊将他们联合起来 [shēnhòu de yǒuyì jiāng tāmen liánhé qǐlái] ❷ (marier) 使……结合 [shǐ… jiéhé] ▸ **c'est le prêtre qui les a unis** 是神甫使他们结合的 [shì shénfu shǐ tāmen jiéhé de].

▪ **s'unir** vp ❶ (s'associer) 团结 [tuánjié]; 联合 [liánhé] ▸ **s'unir contre l'envahisseur** 团结起来反对侵略者 [tuánjié qǐlái fǎnduì qīnlüèzhě] ▸ **s'unir pour former une association** 联合起来结成联盟 [liánhé qǐlái jiéchéng liánméng] ❷ (se lier par le mariage) 结合 [jiéhé] ▸ **s'unir pour le meilleur et pour le pire** 同甘共苦 [tónggān gòngkǔ].

unité nf ❶ (cohésion) 统一 [tǒngyī] ▸ **l'unité politique d'un pays** 一个国家的政治统

一 [yí ge guójiā de zhèngzhì tǒngyī] ❷ (élément simple) 个 [gè] ▸ **ces fruits sont vendus à l'unité** 这些水果是按个卖的 [zhèxiē shuíguǒ shì àn ge mài de] ▸ **quel est le prix à l'unité ?** 多少钱一个？ [duōshao qián yí ge?] ❸ (élément arithmétique) 个位 [gèwèi] ▸ **le chiffre des unités** 个位数字 [gèwèi shùzì] ❹ (de mesure) 单位 [dānwèi] ▸ **le mètre est une unité de longueur** "米"是一个长度单位 ["mǐ" shì yí ge chángdù dānwèi] ▸ **unité de travail** 工作单位 [gōngzuò dānwèi].

▪ **unité centrale** nf INFORM 主机 [zhǔjī].

univers nm inv ❶ ASTRON 宇宙 [yǔzhòu] ❷ (le monde entier) 全世界 [quánshìjiè] ❸ *fig* (milieu) 领域 [lǐngyù] ▸ **il travaille dans l'univers du cinéma** 他在电影领域工作 [tā zài diànyǐng lǐngyù gōngzuò] ▸ **cet auteur a un univers très particulier** 这个作家的个人世界很特别 [zhè ge zuòjiā de gèrén shìjiè hěn tèbié].

universel, elle adj 普遍的 [pǔbiàn de] ▸ **le suffrage universel** 普选 [púxuǎn].

universitaire adj 大学的 [dàxué de] ▸ **faire des études universitaires** 上大学 [shàng dàxué] ▸ **avoir un diplôme universitaire** 拥有大学文凭 [yōngyǒu dàxué wénpíng].

université nf (cl. 所 [suǒ] ou 个 [gè]) 大学 [dàxué] ▸ **s'inscrire à l'université** 注册上大学 [zhùcè shàng dàxué].

Uranus npr 天王星 [Tiānwángxīng].

urbain, e adj 城市的 [chéngshì de] ▸ **la population urbaine** 城市人口 [chéngshì rénkǒu] ▸ **les transports urbains** 城市交通 [chéngshì jiāotōng].

urbanisme nm 城市规划 [chéngshì guīhuà] ▸ **faire des études d'urbanisme** 学习城市规划 [xuéxí chéngshì guīhuà].

urgence nf ❶ (nécessité d'agir vite) 紧急 [jǐnjí] ▸ **il y a urgence !** 这很紧急！ [zhè hěn jǐnjí!] ▸ **en cas d'urgence, vous pouvez m'appeler** 在紧急情况下，您可以叫我 [zài jǐnjí qíngkuàng xià, nín kéyǐ jiào wǒ] ❷ MÉD 急诊 [jízhěn] ▸ **le chirurgien a été appelé pour une urgence** 外科医生被叫来处理急诊 [wàikē yīshēng bèi jiào lái chúlǐ jízhěn] ▸ **les urgences** 急诊室 [jízhěnshì] ▸ **être admis aux urgences** 被送进急诊室 [bèi sòngjìn jízhěnshì].

▪ **d'urgence** loc adv 紧急 [jǐnjí] ▸ **le blessé doit être opéré d'urgence** 应对伤者进行紧急手术 [yīng duì shāngzhě jìnxíng jǐnjí shǒushù] ▸ **venez d'urgence, c'est très grave !** 马上过来，这非常严重！ [mǎshàng guòlai, zhè fēicháng yánzhòng!].

urgent, e adj 紧急的 [jǐnjí de] ▸ **j'ai un besoin urgent d'argent** 我急需用钱 [wǒ jíxū yòng qián] ▸ **un travail urgent** 一项紧急工作 [yí xiàng jǐnjí gōngzuò].

urine nf 尿 [niào] ▸ **analyse d'urines** 尿液分析 [niàoyè fēnxī].

urne nf ❶ (vase) 瓮 [wèng] ▸ **une urne funéraire** 骨灰瓮 [gǔhuī wèng] ❷ (de vote) 投票箱 [tóupiàoxiāng] ▸ **déposer son bulletin de vote dans l'urne** 将选票放在投票箱内 [jiāng xuǎnpiào fàng zài tóupiàoxiāng nèi] ▸ **se rendre aux urnes** 去投票 [qù tóupiào].

URSS (abr de **Union des républiques socialistes soviétiques**) nf ▸ **l'(ex-)URSS** (前)苏联 [(qián) Sūlián].

urticaire nf MÉD 荨麻疹 [xúnmázhěn] ▸ **avoir une crise d'urticaire** 荨麻疹发作 [xúnmázhěn fāzuò].

Uruguay nm ▸ **l'Uruguay** 乌拉圭 [Wūlāguī].

USA (abr de **United States of America**) nmpl ▸ **les USA** 美国 [Měiguó].

usage nm ❶ (utilisation) 使用 [shǐyòng] ▸ **faire usage de stupéfiants** 使用毒品 [shǐyòng dúpǐn] ▸ **un médicament à usage externe** 外用药 [wàiyòng yào] ▸ **ma voiture est hors d'usage** 我的汽车不能用了 [wǒde qìchē bùnéng yòng le] ❷ (contrôle) 运用 [yùnyòng] ▸ **perdre l'usage d'un bras** 失去运用手臂的能力 [shīqù yùnyòng shǒubì de nénglì] ▸ **retrouver l'usage de la parole** 恢复语言功能 [huīfù yǔyán gōngnéng] ❸ (coutume) 习俗 [xísú] ▸ **c'est un usage qui se perd** 这是一个正在消失的习俗 [zhè shì yí ge zhèngzài xiāoshī de xísú] ▸ **ici, il est d'usage de se déchausser avant d'entrer** 这里，人们有进门前脱鞋的习惯 [zhèli, rénmen yǒu jìnmén qián tuōxié de xíguàn].

usagé, e adj ❶ (qui a déjà servi et ne peut plus être utilisé) 已用过的 [yǐyòngguò de] ▸ **un ticket de métro usagé** 一张作废的地铁票 [yì zhāng zuòfèi de dìtiě piào] ❷ (qui a beaucoup servi) 用旧的 [yòngjiù de] ▸ **un vêtement usagé** 一件旧衣服 [yí jiàn jiù yīfú].

usager nm (cl. 名 [míng] ou 个 [gè] ou 位 [wèi]) 使用者 [shǐyòngzhě] ▸ **les usagers du métro** 地铁乘客 [dìtiě chéngkè].

usé, e adj ❶ (détérioré) 磨损的 [mósǔn de] ▸ **ma veste est usée** 我的外衣破旧了 [wǒde wàiyī pòjiù le] ❷ (affaibli) 精力衰竭的 [jīnglì shuāijié de] ▸ **c'est un homme usé** 这是个精力衰竭的人 [zhè shì ge jīnglì shuāijié de rén].

user ♦ vt ❶ (abîmer) 磨损 [mósǔn] ▸ **user ses chaussures** 把鞋穿坏 [bǎ xié chuānhuài] ❷ (affaiblir) 使……衰竭 [shǐ… shuāijié] ▸ **le travail l'a usé** 工作把他累垮了 [gōngzuò bǎ tā lèikuǎ le]. ♦ vi ▸ **user de qqch** 利用某物 [lìyòng mǒuwù] ▸ **user de son charme** 利用魅力 [lìyòng mèilì].

■ **s'user** vp ❶ (s'abîmer) 被磨损 [bèi mósǔn] ❷ (se fatiguer) 累坏 [lèihuài] ▸ **il s'est usé les yeux à force de lire** 他读书过多累坏了眼睛 [tā dúshū guòduō lèihuài le yǎnjing].

usine nf (cl. 家 [jiā] ou 个 [gè] ou 座 [zuò]) 工厂 [gōngchǎng] ▸ **travailler à l'usine** 在工厂工作 [zài gōngchǎng gōngzuò] ▸ **une usine automobile** 汽车生产厂 [qìchē shēngchǎn chǎng] ▸ **une usine sidérurgique** 钢铁厂 [gāngtiě chǎng].

ustensile nm (cl. 套 [tào]) 用具 [yòngjù] ▸ **des ustensiles de cuisine** 一些厨房用具 [yìxiē chúfáng yòngjù].

usuel, elle adj 常用的 [chángyòng de] ▸ **un mot usuel** 一个常用词 [yí ge chángyòng cí].

usure nf ❶ (détérioration) 磨损 [mósǔn] ▸ **l'usure d'un vêtement** 衣服的磨损 [yīfu de mósǔn] ❷ (affaiblissement) 衰退 [shuāituì] ▸ **usure morale** 精神衰退 [jīngshén shuāituì] ❸ (érosion) 侵蚀 [qīnshí] ▸ **l'usure des roches** 岩石的侵蚀 [yánshí de qīnshí] ❹ (intérêt à un taux excessif) 高利贷 [gāolìdài] ▸ **prêter à usure** 放高利贷 [fàng gāolìdài].

usurper vt 篡夺 [cuànduó] ▸ **usurper le pouvoir** 篡夺政权 [cuànduó zhèngquán].

utérus nm inv ANAT 子宫 [zǐgōng].

utile adj 有用的 [yǒuyòng de] ▸ **des conseils utiles** 有用的建议 [yǒuyòng de jiànyì] ▸ **cette dépense n'était pas utile** 这项开支没有用 [zhè xiàng kāizhī méiyǒu yòng] ▸ **ce livre te sera utile** 这本书对你会有用的 [zhè běn shū duì nǐ huì yǒuyòng de].

utilisation nf 使用 [shǐyòng] ▸ **une notice d'utilisation** 使用说明 [shǐyòng shuōmíng] ▸ **cet appareil est très simple d'utilisation** 这个仪器的使用很简单 [zhè ge yíqì de shǐyòng hěn jiǎndān].

utiliser vt 用 [yòng] ▸ **utiliser un outil pour jardiner** 用一个工具来修剪园子 [yòng yí ge gōngjù lái xiūjiǎn yuánzi] ▸ **sais-tu utiliser un ordinateur ?** 你会用电脑吗？ [nǐ huì yòng diànnǎo ma?].

utilité nf ❶ (usage) ○ (cl. 种 [zhǒng]) 用处 [yòngchu] ▸ **ma voiture m'est d'une grande utilité** 我的汽车对我来说用处很大 [wǒde qìchē duì wǒ láishuō yòngchu hěn dà] ❷ (intérêt) 益处 [yìchu] ▸ **d'utilité publique** 公益的 [gōngyì de].

utopie nf 空想 [kōngxiǎng].

UV (abr de **ultraviolet**) nm inv 紫外线 [zǐwàixiàn] ▸ **faire des UV** 接受紫外线照射 [jiēshòu zǐwàixiàn zhàoshè].

V

v, V nm inv 法语字母表中第二十二个字母 [fáyǔ zìmúbiǎo zhōng dì'èrshí'èr ge zìmǔ].

vacance nf POLIT 空位 [kòngwèi] ▸ **vacance du pouvoir** 权利真空期 [quánlì zhēnkōng qī].

▪ **vacances** nfpl 假期 [jiàqī] ▸ **bonnes vacances !** 假期愉快！ [jiàqī yúkuài!] ▸ **les grandes vacances** 长假 [cháng jià] ▸ **partir en vacances** 去度假 [qù dùjià] ▸ **passer ses vacances à la mer** 到海边度假 [dào hǎibiān dùjià] ▸ **prendre des vacances** 度假 [dù jià] ▸ **rentrer de vacances** 度假回来 [dùjià huílai] ▸ **les vacances de Noël** 圣诞节假期 [Shèngdànjié jiàqī] ▸ **les vacances de Pâques** 复活节假期 [Fùhuójié jiàqī] ▸ **les vacances scolaires** 学校假期 [xuéxiào jiàqī].

vacancier, ère nm, f (cl. 名 [míng] ou 位 [wèi]) 度假的人 [dùjià de rén].

vacant, e adj ❶ (libre) 空缺的 [kòngquē de] ▸ **un poste vacant** 空缺的职位 [kòngquē de zhíwèi] ❷ (inoccupé) 空的 [kōng de] ▸ **un logement vacant** 一处空房 [yí chù kōngfáng].

vacarme nm 吵闹 [chǎonào] ▸ **qu'est-ce que c'est que ce vacarme ?** 这么吵闹怎么回事？ [zhème chǎonào zěnme huí shì?].

vacataire ♦ adj 临时的 [línshí de] ▸ **un professeur vacataire** 一位临时代课老师 [yí wèi línshí dàikè lǎoshī]. ♦ nmf (cl. 名 [míng] ou 位 [wèi]) 临时工 [línshígōng] ▸ **ce professeur est un vacataire** 这个老师是个临时工 [zhè ge lǎoshī shì ge línshígōng].

vaccin nm MÉD 疫苗 [yìmiáo] ▸ **faire un vaccin à qqn** 给某人接种疫苗 [gěi mǒurén jiēzhòng yìmiáo] ▸ **le vaccin contre le tétanos** 预防破伤风的疫苗 [yùfáng pòshāngfēng de yìmiáo].

vaccination nf 接种疫苗 [jiēzhòng yìmiáo] ▸ **un carnet de vaccination** 接种疫苗手册 [jiēzhòng yìmiáo shǒucè].

vacciner vt MÉD 接种疫苗 [jiēzhòng yìmiáo] ▸ **se faire vacciner** 打预防针 [dǎ yùfángzhēn] ▸ **vacciner qqn contre qqch** 给某人接种预防……的疫苗 [gěi mǒurén jiēzhòng yùfáng … de yìmiáo].

vache ♦ nf ZOOL (cl. 头 [tóu]) 奶牛 [nǎiniú]. ♦ adj *fam* (méchant, sévère) 狠的 [hěn de] ▸ **tu es vache avec lui !** 你对他真够狠的！ [nǐ duì tā zhēn gòu hěn de!].

vachement adv *fam* 极了 [jí le] ▸ **c'est vachement bien** 真是好极了 [zhēnshi hǎo jí le].

vaciller vi ❶ (tituber) 打晃 [dáhuǎng] ▸ **vaciller sur ses jambes** 站着打晃 [zhànzhe dáhuǎng] ❷ (trembler, scintiller faiblement) 晃动 [huàngdòng] ▸ **la flamme vacille** 火苗在晃动 [huǒmiáo zài huàngdòng].

va-et-vient nm inv 来来往往 [láilái wángwǎng] ▸ **il y a un va-et-vient perpétuel** 无休止的来来往往 [wúxiūzhǐ de láilái wángwǎng] ▸ **faire des va-et-vient** 来回跑 [láihuí pǎo].

vagabond, e nm, f (cl. 名 [míng]) 流浪者 [liúlàngzhě].

vagin nm ANAT 阴道 [yīndào].

vague ♦ adj ❶ (imprécis) 模糊的 [móhu de] ▸ **avoir une vague idée** 有一个模糊的想法 [yǒu yí ge móhu de xiángfǎ] ▸ **il est resté très vague dans ses explications** 他的解释仍很模糊 [tāde jiěshì réng hěn móhu] ❷ (vide) ▸ **terrain vague** 空地 [kòngdì]. ♦ nf ❶ (sur l'eau) 浪 [làng] ❷ *fig* (mouvement qui se développe) ○ (cl. 股 [gǔ]) 流 [liú] ▸ **une vague de chaleur** 热流 [rèliú] ▸ **une vague de froid** 寒流 [hánliú] ▸ **une vague de violence** 暴力的风潮 [bàolì de fēngcháo]
◊ **faire des vagues** 掀起风浪 [xiānqǐ fēnglàng].

vaguement adv 模模糊糊地 [mómo húhu de] ▸ **je le connais vaguement** 我对他的了解模模糊糊地 [wǒ duì tāde liáojiě mómo húhu de].

vaillant, e adj ❶ (vigoureux) 强壮的 [qiángzhuàng de] ▸ **à son âge, il n'est plus très vaillant** 他到了那个年纪已经不那么强壮了 [tā dào le nà ge niánjì yǐjīng bú nàme qiángzhuàng le] ❷ *litt* (brave) 英勇的 [yīngyǒng de] ▸ **de vaillants guerriers** 英勇的战士 [yīngyǒng de zhànshì].

vain, e adj 徒劳的 [túláo de] ▸ **une discussion vaine** 徒劳的争议 [túláo de zhēngyì] ▸ **de vains efforts** 徒劳的努力 [túláo de nǔlì].
▪ **en vain** adv 白白地 [báibái de] ▸ **j'ai protesté en vain** 我白抗议了 [wǒ bái kàngyì le] ▸ **j'ai essayé de le joindre, mais en vain** 我试着跟他联系过了，但没结果 [wǒ shìzhe gēn tā liánxì guò le, dàn méi jiéguǒ].

vaincre vt ❶ (battre) 击败 [jībài] ▸ **l'armée a vaincu l'ennemi** 军队击败了敌人 [jūnduì jībài le dírén] ❷ (surmonter) 战胜 [zhànshèng] ▸ **vaincre la maladie** 战胜疾病 [zhànshèng jíbìng].

vainement adv 徒劳地 [túláo de] ▸ **j'ai vainement essayé de le convaincre** 我徒劳地试图说服他 [wǒ túláo de shìtú shuōfú tā].

vainqueur nm (cl. 名 [míng] ou 位 [wèi]) 获胜者 [huòshèngzhě] ▸ **le vainqueur des élections** 选举获胜者 [xuǎnjǔ huòshèngzhě] ▸ **le vainqueur d'un match** 比赛的获胜者 [bǐsài de huòshèngzhě].

vaisseau nm ❶ AÉRON (cl. 架 [jià] ou 艘 [sōu]) 飞船 [fēichuán] ▸ **un vaisseau spatial** 宇宙飞船 [yǔzhòu fēichuán] ❷ ANAT (cl. 根 [gēn]) 血管 [xuèguǎn] ▸ **un vaisseau sanguin** 血管 [xuèguǎn].

vaisselle nf (cl. 套 [tào]) 餐具 [cānjù] ▸ **acheter de la vaisselle** 买餐具 [mǎi cānjù] ▸ **essuyer la vaisselle** 擦拭餐具 [cāshì cānjù] ▸ **faire la vaisselle** 洗碗 [xǐ wǎn].

valable adj ❶ (valide) 有效的 [yǒuxiào de] ▸ **mon passeport n'est plus valable** 我的护照失效了 [wǒde hùzhào shīxiào le] ❷ (acceptable) 正当的 [zhèngdàng de] ▸ **une excuse valable** 正当的理由 [zhèngdàng de lǐyóu].

valériane nf BOT 缬草 [xiécǎo].

valet nm ❶ (serviteur) ○ (cl. 名 [míng]) 侍从 [shìcóng] ❷ (aux cartes) 钩 [gōu] ▸ **le valet de carreau** 方片钩 [fāngpiàn gōu].

valeur nf ❶ (prix) 价值 [jiàzhí] ▸ **avoir beaucoup de valeur** 很有价值 [hěn yǒu jiàzhí] ▸ **avoir peu de valeur** 没有什么价值 [méiyǒu shénme jiàzhí] ▸ **prendre de la valeur** 升值 [shēngzhí] ❷ (mérite) 才华 [cáihuá] ▸ **c'est un écrivain de grande valeur** 这是一位很有才华的作家 [zhè shì yí wèi hěn yǒu cáihuá de zuòjiā] ❸ (critère de référence) ○ (cl. 条 [tiáo]) 规范 [guīfàn] ▸ **les valeurs familiales** 家规 [jiāguī] ▸ **les valeurs morales** 道德规范 [dàodé guīfàn].

validation nf 有效期 [yǒuxiàoqī] ▸ **la validation d'un titre de transport** 交通票据的有效期 [jiāotōng piàojù de yǒuxiàoqī].

valide adj ❶ (en bonne santé) 健康的 [jiànkāng de] ▸ **se sentir valide** 自我感觉很健康 [zìwǒ gǎnjué hěn jiànkāng] ❷ (valable) 有效的 [yǒuxiào de] ▸ **ma carte d'identité n'est plus valide** 我的身份证失效了 [wǒde shēnfenzhèng shīxiào le].

valider vt 使......生效 [shǐ... shēngxiào] ▸ **valider une élection** 使选举生效 [shǐ xuǎnjǔ shēngxiào].

validité nf 有效期 [yǒuxiàoqī] ▸ **durée de validité** 有效期限 [yǒuxiào qīxiàn].

valise nf (cl. 只 [zhī]) 旅行箱 [lǚxíngxiāng] ▸ **faire sa valise** 准备行李 [zhǔnbèi xínglǐ].

vallée nf (cl. 条 [tiáo]) 山谷 [shāngǔ].

vallonné, e adj 沟壑纵横的 [gōuhè zònghéng de].

valoir ♦ vi ❶ (coûter) 价值 [jiàzhí] ▸ **sa montre vaut cent euros** 他的手表价值一百欧元 [tāde shóubiǎo jiàzhí yìbǎi ōuyuán] ▸ **valoir cher** 价格贵 [jiàgé guì] ❷ (mériter) 值得 [zhídé] ▸ **cette exposition vaut le déplacement** 为看这个展览值得跑一趟 [wèi kàn zhè ge zhánlǎn zhídé pǎo yí tàng] ▸ **ça vaut la peine qu'ils viennent** 他们来一趟是值得的 [tāmen lái yí tàng shì zhídé de] ▸ **ça vaut la peine de faire un effort** 努力一下是值得的 [nǔlì yí xià shì zhídé de]. ♦ vt (dans une comparaison) 比得上 [bǐdeshàng] ▸ **rien ne vaut les confitures de ma grand-mère** 什么都比不上我祖母做的果酱 [shénme dōu bǐbushàng wǒ zúmǔ zuò de guǒjiàng]. ♦ v impers ▸ **ça vaut mieux** 这样比较好些 [zhèyàng bǐjiào hǎoxiē] ▸ **il vaut mieux partir tout de suite** 最好马上出发 [zuìhǎo mǎshàng chūfā] ▸ **il vaut mieux que tu viennes seul** 你最好一个人来 [nǐ zuìhǎo yí ge rén lái].

valoriser vt ❶ (faire prendre de la valeur à) 使……增值 [shǐ… zēngzhí] ▸ **valoriser un bien** 使财产增值 [shǐ cáichǎn zēngzhí] ❷ (augmenter le prestige de) 提高身价 [tígāo shēnjià] ▸ **son succès l'a valorisé auprès de ses amis** 他的成就使他在朋友面前提高了身价 [tāde chéngjiù shǐ tā zài péngyou miànqián tígāo le shēnjià].

valse nf ❶ (danse) ○ (cl. 曲 [qǔ]) 华尔兹(舞) [huá'ěrzī (wǔ)] ▸ **danser la valse** 跳一曲华尔兹 [tiào yì qǔ huá'ěrzī] ❷ MUS (cl. 首 [shǒu]) 圆舞曲 [yuánwúqǔ] ▸ **écouter une valse de Chopin** 听一首肖邦的圆舞曲 [tīng yì shǒu Xiàobāng de yuánwúqǔ].

valser vi 跳华尔兹 [tiào huá'ěrzī] ▸ **je voudrais apprendre à valser** 我想学跳华尔兹 [wǒ xiǎng xué tiào huá'ěrzī].

vampire nm ❶ (fantôme) 吸血鬼 [xīxuèguǐ] ❷ ZOOL (cl. 只 [zhī]) 吸血蝙蝠 [xīxuè biānfú].

vandalisme nm 故意毁坏文物 [gùyì huǐhuài wénwù] ▸ **commettre des actes de vandalisme** 做故意毁坏文物的事 [zuò gùyì huǐhuài wénwù de shì].

vanille nf 香草 [xiāngcǎo] ▸ **une glace à la vanille** 香草冰激凌 [xiāngcǎo bīngjīlíng].

vanité nf ❶ (orgueil) 自夸 [zìkuā] ▸ **tirer vanité de qqch** 以某事来自夸 [yǐ mǒushì lái zìkuā] ❷ *sout* (frivolité, futilité) 空虚 [kōngxū] ▸ **la vanité de ses propos est affligeante** 他话语的空洞令人难受 [tā huàyǔ de kōngdòng lìngrén nánshòu].

vaniteux, euse adj 虚荣的 [xūróng de].

vanne nf ❶ (panneau mobile) 闸门 [zhámén] ▸ **ouvrir les vannes d'une écluse** 打开船闸的闸门 [dǎkāi chuánzhá de zhámén] ❷ *fam* (remarque désagréable) 恶语 [èyǔ] ▸ **envoyer des vannes à qqn** 对某人恶语相加 [duì mǒurén èyǔ xiāngjiā].

vantard, e ♦ adj 爱吹牛的 [ài chuīniú de]. ♦ nm, f 爱吹牛的人 [ài chuīniú de rén] ▸ **quel vantard !** 真会吹牛！ [zhēn huì chuīniú!].

vanter vt 夸 [kuā] ▸ **le vendeur vante sa marchandise** 自卖自己 [zìmài zìkuā].

▪ **se vanter** vp 自吹 [zìchuī] ▸ **se vanter de qqch** 自吹某事 [zìchuī mǒushì] ▸ **se vanter de faire qqch** 自吹做了某事 [zìchuī zuò le mǒushì] ▸ **il n'y a pas de quoi se vanter !** 没什么可自吹的！ [méi shénme kě zìchuī de!].

vapeur nf ❶ (d'eau) 蒸汽 [zhēngqì] ▸ **faire cuire des légumes à la vapeur** 蒸蔬菜 [zhēng shūcài] ▸ **machine à vapeur** 蒸汽机 [zhēngqì jī] ❷ (émanation) 蒸气 [zhēngqì] ▸ **des vapeurs d'essence** 汽油的蒸气 [qìyóu de zhēngqì] ▸ **des vapeurs toxiques** 毒气 [dú qì].

vaporisateur nm 喷雾器 [pēnwùqì] ▸ **un vaporisateur de parfum** 香水喷雾器 [xiāngshuǐ pēnwùqì].

varappe nf 攀岩 [pānyán].

variable adj ❶ (changeant) 多变的 [duōbiàn de] ▸ **un temps variable** 多变的天气 [duōbiàn de tiānqì] ❷ (varié) 有差异的 [yǒu chāyì de] ▸ **les réactions sont très variables d'une personne à une autre** 人与人在反应上是有很大差异的 [rén yǔ rén zài fǎnyìng shàng shì yǒu hěn dà chāyì de] ❸ GRAMM 变化的

[biànhuà de] ▸ **l'adjectif qualificatif est variable en genre et en nombre** 品质形容词是根据性和数变化的 [pǐnzhì xíngróngcí shì gēnjù xìng hé shù biànhuà de].

variante nf 各种变化 [gèzhǒng biànhuà] ▸ **les variantes d'un mot** 一个词的各种变化 [yí ge cí de gèzhǒng biànhuà] ▸ **les variantes d'une recette de cuisine** 一个烹调菜谱的各种变化 [yí ge pēngtiáo càipǔ de gèzhǒng biànhuà].

variation nf 变化 [biànhuà] ▸ **des variations de température** 气温的种种变化 [qìwēn de zhóngzhǒng biànhuà].

varicelle nf 水痘 [shuǐdòu] ▸ **avoir la varicelle** 得了水痘 [dé le shuǐdòu].

varié, e adj 多样化的 [duōyànghuà de] ▸ **des paysages variés** 千变万化的风景 [qiānbiàn wànhuà de fēngjǐng] ▸ **ce théâtre a un programme très varié** 这个剧院有丰富多彩的节目 [zhè ge jùyuàn yǒu fēngfù duōcǎi de jiémù].

varier ♦ vt 使……多样化 [shǐ… duōyànghuà] ▸ **varier son alimentation** 使食品多样化 [shǐ shípǐn duōyànghuà]. ♦ vi 不等 [bùděng] ▸ **les prix varient de 50 à 100 euros** 价格从50到100欧元不等 [jiàgé cóng 50 dào 100 ōuyuán bùděng] ▸ **les mœurs varient d'un pays à l'autre** 国家与国家之间习俗不同 [guójiā yǔ guójiā zhījiān xísú bùtóng].

variété nf ❶ (diversité) 多种多样 [duōzhǒng duōyàng] ▸ **la variété de la végétation** 植物的多种多样 [zhíwù de duōzhǒng duōyàng] ❷ (catégorie, espèce) 品种 [pínzhǒng] ▸ **une variété de rose** 一个玫瑰品种 [yí ge méigui pínzhǒng].

▪ **variétés** nfpl 综艺演出 [zōngyì yǎnchū] ▸ **une émission de variétés** 综艺节目 [zōngyì jiémù].

Varsovie npr 华沙 [Huáshā].

vase ♦ nm (récipient) ○ (cl. 只 [zhī]) 花瓶 [huāpíng] ▸ **mettre des fleurs dans un vase** 把花插到花瓶里 [bǎ huā chā dào huāpíng lǐ]. ♦ nf (boue) 淤泥 [yūní] ▸ **un étang plein de vase** 一个满是淤泥的水塘 [yí ge mǎn shì yūní de shuǐtáng].

vaseline nf 凡士林 [fánshìlín] ▸ **un tube de vaseline** 一管凡士林 [yì guǎn fánshìlín].

vaste adj ❶ (très grand) 宽敞的 [kuānchang de] ▸ **leur appartement est très vaste** 他们的公寓很宽敞 [tāmende gōngyù hěn kuānchang] ❷ *(abstrait)* 丰富的 [fēngfù de] ▸ **avoir de vastes connaissances** 有丰富的知识 [yǒu fēngfù de zhīshi].

Vatican nm ▸ **le Vatican** 梵蒂冈 [Fàndìgāng].

vautour nm (cl. 只 [zhī]) 秃鹫 [tūjiù].

veau nm ❶ (animal) ○ (cl. 头 [tóu]) 小牛 [xiǎoniú] ❷ (viande) 小牛肉 [xiǎoniúròu] ▸ **un rôti de veau** 一份烤小牛肉 [yí fèn kǎo xiǎoniúròu].

vecteur nm (cl. 种 [zhǒng]) 媒介 [méijiè] ▸ **les vecteurs d'une maladie** 疾病的媒介 [jíbìng de méijiè] ▸ **la télévision est un important vecteur d'information** 电视是信息传递的重要媒介 [diànshì shì xìnxī chuándì de zhòngyào méijiè].

vécu, e adj 亲身经历的 [qīnshēn jīnglì de] ▸ **une histoire vécue** 一个亲身经历的故事 [yí ge qīnshēn jīnglì de gùshi].

vedette nf ❶ (célébrité) ○ (cl. 位 [wèi]) 明星 [míngxīng] ▸ **une vedette de cinéma** 一个电影明星 [yí ge diànyǐng míngxīng] ❷ *(en apposition)* (cl. 名 [míng] ou 位 [wèi]) 明星主持人 [míngxīng zhǔchírén] ▸ **le présentateur-vedette du journal télévisé** 电视新闻的明星主持人 [diànshì xīnwén de míngxīng zhǔchírén].

végétal, e, aux ♦ adj 植物的 [zhíwù de] ▸ **huile végétale** 植物油 [zhíwùyóu]. ♦ nm (cl. 种 [zhǒng]) 植物 [zhíwù].

végétalien, enne ♦ adj 纯素食的 [chúnsùshí de]. ♦ nm, f (cl. 名 [míng] ou 位 [wèi]) 纯素食者 [chúnsùshízhě].

végétarien, enne ♦ adj 素食的 [sùshí de]. ♦ nm, f (cl. 名 [míng] ou 位 [wèi]) 素食者 [sùshízhě].

végétation nf BOT 植物 [zhíwù] ▸ **la végétation de cette région est très dense** 这个地区的植物品种非常密集 [zhè ge dìqū de zhíwù pǐnzhǒng fēicháng mìjí].

▪ **végétations** nfpl MÉD 赘生物 [zhuìshēngwù] ▸ **se faire opérer des végétations** 做手术摘

除赘生物 [zuò shǒushù zhāichú zhuìshēng wù].

véhément, e adj 激烈的 [jīliè de] ▸ **tenir des propos véhéments** 言辞激烈 [yáncí jīliè].

véhicule nm (cl. 辆 [liàng]) 车 [chē] ▸ **un véhicule à moteur** 一辆带发动机的车 [yí liàng dài fādòngjī de chē] ▸ **un véhicule à trois roues** 一辆三轮车 [yí liàng sānlúnchē].

veille nf ❶ (jour précédent) 前一天 [qián yì tiān] ▸ **la veille d'un départ** 出发的前一天 [chūfā de qián yì tiān] ▸ **la veille au soir** 头天晚上 [tóutiān wǎnshang] ❷ (éveil) 醒 [xǐng] ▸ **être entre la veille et le sommeil** 在半睡半醒之间 [zài bànshuì bànxǐng zhījiān]
◊ **à la veille de…** 面临着…… [miànlínzhe…].

veillée nf ❶ (garde) 夜间照看 [yèjiān zhàokàn] ▸ **veillée funèbre** 守灵 [shǒulíng] ▸ **veillée d'un malade** 夜间照看一个病人 [yèjiān zhàokàn yí ge bìngrén] ❷ (soirée) 晚会 [wǎnhuì] ▸ **faire une veillée autour du feu** 组织一个篝火晚会 [zǔzhī yí ge gōuhuǒ wǎnhuì].

veiller vi ❶ (rester éveillé) 熬夜 [áoyè] ▸ **veiller tard** 熬夜到很晚 [áoyè dào hěn wǎn] ❷ (rester vigilant) 注意 [zhùyì] ▸ **il veille à mes intérêts** 他关注我的利益 [tā guānzhù wǒde lìyì] ▸ **veillez à bien fermer la porte en partant** 走的时候注意把门关好 [zǒu de shíhou zhùyì bǎ mén guān hǎo] ▸ **je veillerai à ce qu'elle arrive à l'heure** 我会注意让她准时到达的 [wǒ huì zhùyì ràng tā zhǔnshí dàodá de] ▸ **veiller sur un enfant** 照看一个孩子 [zhàokàn yí ge háizi] ▸ **veiller sur sa santé** 关心自己的健康 [guānxīn zìjǐ de jiànkāng].

veilleur nm ▸ **un veilleur de nuit** (cl. 名 [míng] ou 位 [wèi]) 夜班警卫 [yèbān jǐngwèi].

veinard, e ♦ adj *fam* 走运的 [zǒuyùn de].
♦ nm, f 有运气的人 [yǒu yùnqi de rén].

veine nf ❶ ANAT 静脉 [jìngmài] ❷ (veinure) 纹理 [wénlǐ] ▸ **les veines du bois** 木头的纹理 [mùtou de wénlǐ] ❸ (filon) 矿脉 [kuàngmài] ▸ **une veine de charbon** 一个煤层 [yí ge méicéng] ❹ (chance) 运气 [yùnqi]
◊ **avoir de la veine** 有运气 [yǒu yùnqi].

vélo nm (cl. 辆 [liàng]) 自行车 [zìxíngchē] ▸ **faire du vélo** 骑自行车锻炼 [qí zìxíngchē duànliàn] ▸ **un vélo tout-terrain** 一辆山地车 [yí liàng shāndìchē].

velours nm inv 天鹅绒 [tiān'éróng] ▸ **un pantalon en velours** 一条天鹅绒的裤子 [yì tiáo tiān'éróng de kùzi].

velu, e adj 多毛的 [duōmáo de].

vendange nf 葡萄收获 [pútao shōuhuò] ▸ **faire les vendanges** 收葡萄 [shōu pútao].

vendeur, euse nm, f ❶ (employé) ○ (cl. 名 [míng] ou 位 [wèi]) 售货员 [shòuhuòyuán] ▸ **elle est vendeuse dans une boutique** 她是一个小商店的售货员 [tā shì yí ge xiǎo shāngdiàn de shòuhuòyuán] ❷ (personne qui vend quelque chose) ○ (cl. 位 [wèi]) 卖主 [màizhǔ]; 卖方 [màifāng] ▸ **le vendeur de la maison cherche un acquéreur** 房子的卖主在找买主 [fángzi de màizhǔ zài zhǎo mǎizhǔ].

vendre vt ❶ (céder) 出售 [chūshòu] ▸ **'à vendre'** 出售 [chūshòu] ▸ **il a vendu sa maison** 他卖了自己的房子 [tā mài le zìjǐ de fángzi] ❷ (faire le commerce de) 卖 [mài] ▸ **elle vend des vêtements** 她卖服装 [tā mài fúzhuāng].

vendredi nm 星期五 [xīngqīwǔ].

vénéneux, euse adj 有毒的 [yǒudú de] ▸ **un champignon vénéneux** 毒蘑菇 [dú mógu].

vénération nf 敬重 [jìngzhòng] ▸ **avoir de la vénération pour qqn** 敬重某人 [jìngzhòng mǒurén].

vénérer vt ❶ RELIG 崇拜 [chóngbài] ▸ **vénérer un saint** 崇拜一个圣徒 [chóngbài yí ge shèngtú] ❷ (respecter) 敬重 [jìngzhòng] ▸ **il vénère son père** 他敬重自己的父亲 [tā jìngzhòng zìjǐ de fùqin].

vénérien, enne adj 性的 [xìng de] ▸ **une maladie vénérienne** 一种性病 [yì zhǒng xìngbìng].

Venezuela nm ▸ **le Venezuela** 委内瑞拉 [Wěinèiruìlā].

vénézuélien, enne adj 委内瑞拉的 [wěinèiruìlā de].

▪ **Vénézuélien, enne** nm, f 委内瑞拉人 [Wěinèiruìlārén].

vengeance nf 复仇 [fùchóu] ▸ **ma vengeance sera terrible** 我的复仇将会很可怕 [wǒde fùchóu jiāng huì hěn kěpà].

venger vt 为……复仇 [wèi… fùchóu] ▸ **venger un ami** 为一个朋友复仇 [wèi yí ge péngyou fùchóu].

▪ **se venger** vp 复仇 [fùchóu] ▸ **se venger de qqn** 向某人复仇 [xiàng mǒurén fùchóu].

venimeux, euse adj 毒的 [dú de] ▸ **un serpent venimeux** 一条毒蛇 [yì tiáo dúshé].

venin nm 毒液 [dúyè].

venir vi ❶ (indique un déplacement en direction du locuteur) 来 [lái] ▸ **ma mère vient chez moi tous les samedis** 我母亲每个星期六来我家 [wǒ mǔqin měi ge xīngqīliù lái wǒ jiā] ▸ **viens voir !** 快来看！ [kuàilái kàn!] ▸ **il ne vient jamais aux fêtes** 他从来都不来参加庆祝活动 [tā cónglái dōu bùlái cānjiā qìngzhù huódòng] ❷ (arriver jusqu'à un certain niveau) 达到 [dádào] ▸ **sa robe lui vient aux mollets** 她的连衣裙一直到腿肚子 [tāde liányīqún yìzhí dào tuǐdùzi] ❸ (indique la provenance, l'origine) 来自…… [láizì…] ▸ **ce riz vient du Japon** 这种米来自日本 [zhè zhǒng mǐ láizì Rìběn] ▸ **ce mot vient du suédois** 这个词来自瑞典语 [zhège cí láizì ruìdiǎnyǔ] ❹ (résulter) 起因于…… [qǐyīn yú…] ▸ **ton erreur vient d'un manque d'attention** 你的错误原因在于不够专心 [nǐde cuòwù yuányīn zàiyú búgòu zhuānxīn] ❺ (pour exprimer le passé proche) 刚 [gāng] ▸ **je viens de la voir** 我刚见过她 [wǒ gāng jiàn guò tā] ▸ **elle venait de téléphoner à son mari** 她刚给她丈夫打过电话 [tā gāng gěi tā zhàngfu dǎguò diànhuà] ❻ (pousser) 生长 [shēngzhǎng] ▸ **cette plante vient bien dans un sol riche** 这种植物在肥沃的土地上生长得很好 [zhè zhǒng zhíwù zài féiwò de tǔdì shàng shēngzhǎng de hénhǎo] ❼ (dans des expressions) 究竟 [jiūjìng] ▸ **où veux-tu en venir ?** 你究竟想干什么？ [nǐ jiūjìng xiǎng gàn shénme?].

▪ **venir à** vi ▸ **la situation empira quand l'eau vint à manquer** 当水短缺时，形势恶化了 [dāng shuǐ duǎnquē shí, xíngshì èhuà le] ▸ **que se passerait-il s'il venait à mourir ?** 他万一死了会发生什么事？ [tā wànyī sǐ le huì fāshēng shénme shì?].

vent nm (cl. 阵 [zhèn] ou 股 [gǔ]) 风 [fēng] ▸ **le vent se lève** 起风了 [qǐ fēng le] ▸ **le vent est tombé** 风停了 [fēng tíng le] ▸ **le vent a tourné** 风向变了 [fēngxiàng biàn le]
◊ **ce n'est que du vent** 这不过是空话 [zhè búguò shì kōnghuà].

vente nf 出售 [chūshòu] ▸ **ils ont mis leur appartement en vente** 他们要出售自己的公寓 [tāmen yào chūshòu zìjǐ de gōngyù] ▸ **vente par correspondance** 邮购 [yóu gòu] ▸ **vente au détail** 零售 [líng shòu] ▸ **vente aux enchères** 拍卖 [pāi mài] ▸ **vente en gros** 批发 [pīfā].

ventilateur nm (cl. 台 [tái]) 电扇 [diànshàn] ▸ **brancher le ventilateur** 开电扇 [kāi diànshàn] ▸ **éteindre le ventilateur** 关电扇 [guān diànshàn].

ventouse nf 吸盘 [xīpán].

ventre nm 肚子 [dùzi] ▸ **avoir mal au ventre** 肚子疼 [dùzi téng] ▸ **avoir du ventre** 发胖 [fā pàng] ▸ **dormir sur le ventre** 趴着睡觉 [pāzhe shuìjiào].

ventriloque nmf 会腹语的人 [huì fùyǔ de rén].

venue nf 来到 [láidào] ▸ **la venue au monde d'un bébé** 一个婴儿的降生 [yí ge yīng'ér de jiàngshēng].

Vénus nf inv ❶ (déesse) 维纳斯 [Wéinàsī] ❷ (planète) 金星 [Jīnxīng].

ver nm (cl. 条 [tiáo]) 蠕虫 [rúchóng] ▸ **un ver luisant** 萤火虫 [yínghuǒchóng] ▸ **un ver à soie** 蚕 [cán] ▸ **un ver de terre** 蚯蚓 [qiūyǐn].

véranda nf 玻璃阳台 [bōli yángtái].

verbe nm GRAMM 动词 [dòngcí] ▸ **verbe auxiliaire** 助动词 [zhù dòngcí] ▸ **verbe irrégulier** 不规则动词 [bùguīzé dòngcí] ▸ **verbe régulier** 规则动词 [guīzé dòngcí].

verdict nm DR 判决 [pànjué] ▸ **rendre un verdict** 作出判决 [zuòchū pànjué].

verdoyant, e adj 绿意盎然的 [lǜyì àngrán de].

verdure nf 绿色 [lǜsè].

véreux, euse adj ❶ (gâté par les vers) 被虫咬过的 [bèi chóng yǎo guò de] ▸ **une pomme véreuse** 一个被虫咬过的苹果 [yí ge bèi chóng yǎo guò de píngguǒ] ❷ *fig* (malhonnête) 不道德的 [búdàodé de] ▸ **un banquier véreux** 一个不道德的银行家 [yí ge búdàodé de yínhángjiā].

verge nf ANAT 阴茎 [yīnjīng].

verger nm 果园 [guǒyuán].

verglacé, e adj 结了薄冰的 [jié le báobīng de] ▸ **la route est verglacée** 道路结了薄冰 [dàolù jié le báobīng].

verglas nm inv 薄冰 [báobīng] ▸ **une plaque de verglas** 一层薄冰 [yì céng báobīng].

véridique adj 真实的 [zhēnshí de] ▸ **un récit véridique** 一个真实的故事 [yí ge zhēnshí de gùshi] ▸ **un témoignage véridique** 一个真实的证词 [yí ge zhēnshí de zhèngcí].

vérification nf 核实 [héshí] ▸ **faire des vérifications** 进行核实 [jìnxíng héshí].

vérifier vt 核实 [héshí] ▸ **je vais vérifier si l'avion est à l'heure** 我去核实一下飞机是否准点 [wǒ qù héshí yíxià fēijī shìfǒu zhǔn diǎn] ▸ **vérifie que tu as bien noté l'adresse** 你核实一下是否记好了地址 [nǐ héshí yí xià shìfǒu jì hǎo le dìzhǐ].

véritable adj ❶ (réel) 真实的 [zhēnshí de] ▸ **quel est son véritable nom ?** 他的真名是什么？ [tāde zhēnmíng shì shénme?] ❷ (authentique) 真的 [zhēnde] ▸ **ces bijoux sont en or véritable** 这些首饰都是真金的 [zhè xiē shǒushi dōu shì zhēnjīn de] ❸ (qui mérite son nom) 真正的 [zhēnzhèng de] ▸ **c'est un véritable ami** 这是一个真正的朋友 [zhè shì yí ge zhēnzhèng de péngyou] ▸ **c'est un véritable désastre** 这真是一场灾难 [zhè zhēn shi yì chǎng zāinàn].

véritablement adv 的的确确的 [dídíquèquè de] ▸ **le repas était véritablement délicieux** 饭菜的的确确很好吃 [fàncài dídíquèquè hěn hǎochī].

vérité nf 实话 [shíhuà] ▸ **dis-moi la vérité** 跟我说实话 [gēn wǒ shuō shíhuà].

▪ **en vérité** loc adv (en fait) 实际上 [shíjìshàng] ▸ **en vérité, je ne sais pas du tout ce qui s'est passé** 实际上，我根本不知道发生了什么事 [shíjìshàng, wǒ gēnběn bù zhīdào fāshēng le shénme shì].

vermicelles nmpl 粉丝 [fěnsī] ▸ **soupe aux vermicelles** 粉丝汤 [fěnsī tāng].

verni, e adj 上过漆的 [shàngguòqī de] ▸ **bois verni** 上过漆的木料 [shàngguòqī de mùliào] ▸ **chaussures vernies** 漆皮皮鞋 [qīpí píxié].

vernir vt 涂清漆 [tú qīngqī] ▸ **vernir un tableau** 给一幅画涂清漆 [gěi yì fú huà tú qīngqī].

vernis nm inv 清漆 [qīngqī] ▸ **vernis à bois** 木料用的清漆 [mùliào yòng de qīngqī] ▸ **vernis à ongles** 指甲油 [zhǐjia yóu].

vernissage nm (réception) 开幕式 [kāimùshì] ▸ **vernissage d'une exposition** 展览会的开幕式 [zhánlǎnhuì de kāimùshì].

verre nm ❶ (substance) 玻璃 [bōli] ▸ **une bouteille en verre** 一个玻璃瓶 [yí ge bōlipíng] ▸ **un morceau de verre** 一块玻璃 [yí kuài bōli] ❷ (récipient) ○ (cl. 只 [zhī]) 玻璃杯 [bōlibēi] ▸ **verre à pied** 高脚杯 [gāojiǎo bēi] ▸ **verre en cristal** 水晶杯 [shuǐjīng bēi] ❸ (contenu) 杯 [bēi] ▸ **un verre d'eau** 一杯水 [yì bēi shuǐ] ▸ **un verre de vin** 一杯酒 [yì bēi jiǔ] ❹ (boisson alcoolisée) 酒 [jiǔ] ▸ **boire un verre** 喝一杯酒 [hē yì bēi jiǔ].

▪ **verres** nmpl ▸ **verres de contact** 隐形眼镜 [yǐnxíng yǎnjìng].

verrou nm 闩 [shuān] ▸ **fermer le verrou** 插上门闩 [chāshàng ménshuān] ▸ **ouvrir le verrou** 打开门闩 [dǎkāi ménshuān]
◊ **être sous les verrous** 被关在牢里 [bèi guān zài láo lǐ].

verrouiller vt 插上 [chāshàng] ▸ **verrouiller la porte** 把门插上 [bǎ mén chāshàng].

verrue nf 瘊子 [hóuzi] ▸ **avoir une verrue** 长了瘊子 [chǎng le hóuzi] ▸ **une verrue plantaire** 足疣 [zú yóu].

vers[1] nm 诗句 [shījù] ▸ **un poème en vers** 韵文诗 [yùnwén shī].

vers[2] prép ❶ (dans la direction de) 朝 [cháo] ▸ **il se dirige vers la porte** 他朝门走去 [tā cháo mén zǒuqù] ❷ (aux environs de) 左右 [zuǒyòu] ▸ **il sera de retour vers la fin du mois** 他将在月底左右返回 [tā jiāng zài yuèdǐ zuǒyòu fǎnhuí].

versant nm (cl. 面 [miàn]) 山坡 [shānpō] ▸ **le versant d'une montagne** 一座山的山坡 [yí zuò shān de shānpō].

verse nf ▸ **à verse** 倾盆的 [qīngpén de] ▸ **il pleut à verse** 下倾盆大雨 [xià qīngpén dàyǔ].

Verseau nm ASTROL 水瓶座 [Shuǐpíngzuò].

versement nm 付款 [fùkuǎn] ▸ **faire un versement sur un compte bancaire** 通过银行账户付款 [tōngguò yínháng zhànghù fùkuǎn].

verser vt ❶ (un liquide) 倒 [dǎo] ❷ (payer) 支付 [zhīfù] ▸ **verser de l'argent sur un compte en banque** 通过银行账户付款 [tōngguò yínháng zhànghù fùkuǎn].

version nf ❶ (traduction) 译文 [yìwén] ▸ **faire une version latine** 译成拉丁文 [yìchéng lādīngwén] ❷ (interprétation) 看法 [kànfǎ] ▸ **le témoin a donné à la police sa version des faits** 证人跟警察说了他对事情的看法 [zhèngrén gēn jǐngchá shuō le tā duì shìqíng de kànfǎ] ❸ CINÉ ▸ **(en) version française** 法文版(的) [fǎwén bǎn (de)] ▸ **(en) version originale** 原版(的) [yuán bǎn (de)].

verso nm 背面 [bèimiàn].

vert, e adj ❶ (couleur) 绿色的 [lǜsè de] ❷ (frais, non sec) 没干的 [méigān de] ▸ **le bois est encore vert** 木柴还没干 [mùchái hái méigān] ❸ (pas mûr) 没熟的 [méishóu de] ▸ **un fruit vert** 没熟的水果 [méishóu de shuíguǒ].

■ **vert** nm (couleur) 绿色 [lǜsè].

■ **Verts** nmpl (parti politique) 绿党 [Lǜdǎng].

vertébral, e adj 椎骨的 [zhuīgǔ de] ▸ **la colonne vertébrale** 脊椎 [jǐ zhuī].

vertèbre nf ANAT 椎骨 [zhuīgǔ] ▸ **les vertèbres cervicales** 颈椎 [jǐng zhuī].

vertébré, e adj 脊椎的 [jǐzhuī de] ▸ **des animaux vertébrés** 脊椎动物 [jǐzhuī dòngwù].

vertical, e, aux adj 垂直的 [chuízhí de] ▸ **une ligne verticale** 垂直线 [chuízhí xiàn].

vertige nm ❶ (peur de tomber dans le vide) 恐高 [kǒnggāo] ▸ **avoir le vertige** 有恐高症 [yǒu kǒnggāozhèng] ❷ (étourdissement) 头晕 [tóuyūn] ▸ **avoir des vertiges** 感到头晕 [gǎndào tóuyūn].

vertigineux, euse adj ❶ (qui donne le vertige) 令人头晕的 [lìngrén tóuyūn de] ▸ **une hauteur vertigineuse** 令人头晕的高度 [lìngrén tóuyūn de gāodù] ❷ (très élevé) 极高的 [jígāo de] ▸ **des prix vertigineux** 极高的价格 [jígāo de jiàgé] ▸ **une vitesse vertigineuse** 极高的速度 [jígāo de sùdù].

vertu nf ❶ (morale) 美德 [měidé] ▸ **l'honnêteté est une vertu** 诚实是一种美德 [chéngshí shì yì zhǒng měidé] ❷ (pouvoir) 功效 [gōngxiào] ▸ **cette plante a des vertus médicinales** 这种植物有医学上的功效 [zhè zhǒng zhíwù yǒu yīxué shàng de gōngxiào].

vertueux, euse adj 高尚的 [gāoshàng de] ▸ **un homme vertueux** 一个高尚的人 [yí ge gāoshàng de rén].

vessie nf ANAT 膀胱 [pángguāng].

veste nf (cl. 件 [jiàn]) 上衣 [shàngyī] ▸ **une veste en lin** 一件亚麻的上衣 [yí jiàn yàmá de shàngyī].

vestiaire nm ❶ (lieu où l'on dépose ses vêtements) 衣物寄存处 [yīwù jìcún chù] ▸ **j'ai laissé mes affaires au vestiaire** 我把随身物品放在衣物寄存处了 [wǒ bǎ suíshēn wùpǐn fàng zài yīwù jìcún chù le] ❷ (local où l'on se change) ○ (cl. 间 [jiān]) 更衣室 [gēngyīshì] ▸ **les joueurs se préparent dans les vestiaires** 运动员们在更衣室里做准备 [yùndòngyuánmen zài gēngyīshì lǐ zuò zhǔnbèi].

vestiges nmpl 遗迹 [yíjī] ▸ **les vestiges d'un temple** 一座寺庙的遗迹 [yí zuò sìmiào de yíjī].

vêtement nm 服装 [fúzhuāng]; 衣服 [yīfu] ▸ **acheter des vêtements** 买衣服 [mǎi yīfu] ▸ **vêtements d'été** 夏装 [xià zhuāng] ▸ **vêtements d'hiver** 冬装 [dōng zhuāng].

vétérinaire nmf 兽医 [shòuyī] ▸ **aller chez le vétérinaire** 去看兽医 [qù kàn shòuyī].

vétuste adj 破旧的 [pòjiù de] ▸ **un appartement vétuste** 破旧的公寓 [pòjiù de gōngyù].

veuf, veuve ♦ adj 丧偶的 [sàng'ǒu de] ▸ **elle est veuve depuis dix ans** 她的配偶已经去世十年了 [tā de pèi'ǒu yǐjing qùshì shí nián le]. ♦ nm, f ❶ (homme) 鳏夫 [guānfū] ❷ (femme) 寡妇 [guǎfu].

vexant, e adj 伤人的 [shāngrén de] ▸ **une remarque vexante** 一句伤人的话 [yí jù shāngrén de huà].

vexer vt 使......恼火 [shǐ... náohuǒ] ▸ **tu as vexé ton ami en n'allant pas à sa fête** 你没有去参加你朋友的宴会，这使他很恼火 [nǐ méiyǒu qù cānjiā nǐ péngyou de yànhuì, zhè shǐ tā hěn náohuǒ].

▪ **se vexer** vp 生气 [shēngqì] ▸ **se vexer pour un rien** 为区区小事生气 [wèi qūqū xiǎoshì shēngqì].

V.F., VF (abr de **version française**) nf inv 法文版电影 [fǎwén bǎn diànyǐng] ▸ **regarder un film en VF** 看一部法文版电影 [kàn yí bù fǎwén bǎn diànyǐng].

via prép 经由 [jīngyóu] ▸ **ce train va à Strasbourg, via Nancy** 这列火车经由南锡开往斯特拉斯堡 [zhè liè huǒchē jīngyóu Nánxī kāiwǎng Sītèlāsībǎo].

viable adj ❶ (qui peut vivre) 能活的 [nénghuó de] ▸ **un enfant viable** 能成活的孩子 [néngchénghuó de háizi] ❷ (qui peut aboutir) 可行的 [kěxíng de] ▸ **un projet viable** 可行的方案 [kěxíng de fāng'àn].

viaduc nm 高架桥 [gāojiàqiáo].

viande nf 肉 [ròu] ▸ **manger de la viande** 吃肉 [chī ròu] ▸ **viande hachée** 肉末 [ròu mò] ▸ **viande de porc** 猪肉 [zhū ròu].

vibration nf 震动 [zhèndòng] ▸ **les vibrations d'une voiture** 汽车的震动 [qìchē de zhèndòng].

vibrer vi ❶ (trembler) 震动 [zhèndòng] ▸ **les fenêtres vibrent à cause des travaux dans la rue** 窗户由于马路上的施工而震动 [chuānghu yóuyú mǎlù shàng de shīgōng ér zhèndòng] ❷ *fig* (être ému) 激动 [jīdòng] ▸ **son cœur vibre lorsqu'elle l'aperçoit** 一见到他，她就心跳加快 [yí jiàndào tā, tā jiù xīntiào jiākuài] ▸ **cette musique me fait vibrer** 这个音乐使我激动 [zhè ge yīnyuè shǐ wǒ jīdòng].

vibreur nm TÉLÉCOM 震动的 [zhèndòng de] ▸ **mon portable est en mode vibreur** 我的手机放到了震动模式 [wǒde shǒujī fàng dào le zhèndòng móshì].

vice nm ❶ (mauvais penchant) 恶习 [èxí] ▸ **l'alcool est son vice** 喝酒是他的恶习 [hējiǔ shì tāde èxí] ❷ (défaut) 缺陷 [quēxiàn] ▸ **un vice de fabrication** 制造上的缺陷 [zhìzào shàng de quēxiàn].

vice-président, e nm, f 副总统 [fùzóngtǒng] ▸ **le vice-président des États-Unis** 美国副总统 [Měiguó fùzóngtǒng].

vice versa loc adv 反之亦然 [fǎnzhī yìrán].

vicieux, euse adj 坏的 [huài de] ▸ **un air vicieux** 一副坏样子 [yí fù huài yàngzi].

victime nf ❶ (mort, blessé) ○ (cl. 名 [míng] ou 个 [gè] ou 位 [wèi]) 受难者 [shòunànzhě] ▸ **la catastrophe a fait cent victimes** 这场灾难造成一百名受难者 [zhè chǎng zāinàn zàochéng yìbǎi míng shòunànzhě] ❷ (personne qui subit) ○ (cl. 名 [míng] ou 个 [gè] ou 位 [wèi]) 受害者 [shòuhàizhě] ▸ **elle a été victime d'un viol** 她曾是一次性暴力的受害者 [tā céng shì yí cì xìngbàolì de shòuhàizhě].

victoire nf (cl. 次 [cì]) 胜利 [shènglì] ▸ **l'armée ennemie a remporté la victoire** 敌军赢得胜利 [díjūn yíngdé shènglì] ▸ **l'équipe a remporté la victoire** 这个队获得胜利 [zhè ge duì huòdé shènglì].

vidange nf AUTO 更换机油 [gēnghuàn jīyóu] ▸ **faire la vidange d'une voiture** 更换汽车的机油 [gēnghuàn qìchē de jīyóu].

vide ♦ nm ❶ (absence de matière) 空处 [kōngchù] ▸ **se pencher au-dessus du vide** 向空处探出身去 [xiàng kōngchù tàn chū shēn qù] ❷ (espace sans air) 真空 [zhēnkōng] ▸ **un emballage sous vide** 真空包装 [zhēnkōng bāozhuāng]. ♦ adj 空的 [kōng de] ▸ **la bouteille est vide** 瓶子是空的 [píngzi shì kōng de] ▸ **depuis qu'ils ont déménagé, leur maison est vide** 自从他们搬家后，他们的房

子就空着 [zìcóng tāmen bānjiā hòu, tāmende fángzi jiù kòngzhe].

vidéo ♦ nf ❶ (système) 录像 [lùxiàng] ▸ **un film tourné en vidéo** 一部用录像拍的电影 [yí bù yòng lùxiàng pāi de diànyǐng] ❷ (cassette) ○ (cl. 部 [bù] ou 个 [gè]) 录像片 [lùxiàngpiàn] ▸ **regarder une vidéo** 看一部录像片 [kàn yí bù lùxiàngpiàn]. ♦ adj inv 录像的 [lùxiàng de] ▸ **une cassette vidéo** 一盘盒式录像带 [yì pán héshì lùxiàng dài].

vide-ordures nm inv 垃圾道 [lājī dào].

vider vt ❶ (ôter le contenu de) 放空 [fàngkōng] ▸ **vider la baignoire** 放空浴缸的水 [fàngkōng yùgāng de shuǐ] ▸ **vider un sac** 掏空一个包 [tāokōng yí ge bāo] ❷ (boire le contenu de) 喝光 [hē guāng] ▸ **il a vidé la bouteille d'un seul coup** 他一口气喝光了一瓶 [tā yìkǒuqì hē guāng le yì píng] ▸ **vider son verre** 喝光杯里的东西 [hē guāng bēi lǐ de dōngxi] ❸ (évacuer) 清场 [qīngchǎng] ▸ **vider une salle de spectacle** 为演出大厅清场 [wèi yǎnchū dàtīng qīngchǎng] ❹ CULIN 掏空 [tāokōng] ▸ **vider un poisson** 掏空鱼内脏 [tāo kōng yú nèizàng].

■ **se vider** vp ❶ (se jeter) 被排到 [bèi pái dào] ▸ **les eaux usées se vident dans la rivière** 废水被排到河里 [fèishuǐ bèi pái dào hé lǐ] ❷ (perdre son contenu) 排 [pái]; 清 [qīng] ▸ **la baignoire se vide** 浴缸在排水 [yùgāng zài páishuǐ] ▸ **la salle s'est vidée en un clin d'œil** 眨眼间大厅就被清空了 [zháyǎn jiān dàtīng jiù bèi qīng kōng le].

videur nm (de boîte de nuit) ○ (cl. 名 [míng] ou 个 [gè] ou 位 [wèi]) (夜总会)保安 [(yèzǒnghuì) bǎo'ān] ▸ **les videurs ne l'ont pas laissé entrer** 保安没让他进去 [bǎo'ān méi ràng tā jìnqu].

vie nf ❶ (existence) 生活 [shēnghuó] ▸ **avoir une vie intéressante** 过着有意思的生活 [guòzhe yǒu yìsi de shēnghuó] ▸ **être en vie** 还活着 [hái huózhe] ❷ (durée) 一生 [yìshēng] ▸ **il a passé toute sa vie à Paris** 他在巴黎度过了一生 [tā zài Bālí dùguò le yìshēng] ❸ (partie de la vie) 生活 [shēnghuó] ▸ **vie privée** 私生活 [sī shēnghuó] ▸ **vie professionnelle** 职业生活 [zhíyè shēnghuó] ❹ (subsistance) 生活开销 [shēnghuó kāixiāo] ▸ **gagner sa vie** 谋生 [móushēng] ▸ **la vie est chère à Paris** 在巴黎生活开销很大 [zài Bālí shēnghuó kāixiāo hěn dà]
◊ **la vie est belle !** 生活多美好！ [shēnghuó duō měihǎo!] ▸ **c'est la vie !** 这就是人生！ [zhè jiùshì rénshēng!].

vieillard nm (cl. 位 [wèi] ou 个 [gè]) 老人 [lǎorén].

vieillerie nf (cl. 件 [jiàn]) 旧货 [jiùhuò].

vieillesse nf 老 [lǎo] ▸ **mourir de vieillesse** 寿终正寝 [shòuzhōng zhèngqǐn].

vieillir ♦ vi ❶ (devenir vieux) 变老 [biànlǎo] ▸ **ma mère a beaucoup vieilli** 我母亲老了许多 [wǒ mǔqin lǎo le xǔduō] ❷ (vin) 变陈 [biànchén] ▸ **ce vin a bien vieilli** 这酒变陈了许多 [zhè jiǔ biànchén le xǔduō]. ♦ vt (faire paraître plus vieux) 使……显老 [shǐ… xiǎn lǎo] ▸ **cette robe te vieillit** 这条连衣裙使你显老 [zhè tiáo liányīqún shǐ nǐ xiǎn lǎo].

vieillissement nm 老化 [lǎohuà] ▸ **le vieillissement de la peau** 皮肤的老化 [pífū de lǎohuà] ▸ **le vieillissement de la population** 人口的老龄化 [rénkǒu de lǎolínghuà].

Vienne npr (en Autriche) 维也纳 [Wéiyěnà].

vierge adj ❶ (personne) 童贞的 [tóngzhēn de] ▸ **elle est toujours vierge** 她还是处女 [tā háishi chúnǚ] ❷ (intact) 没有记录的 [méiyǒu jìlù de] ▸ **un casier judiciaire vierge** 没有犯罪记录 [méiyǒu fànzuì jìlù] ▸ **une feuille vierge** 一张没有用过的纸 [yì zhāng méiyǒu yòng guò de zhǐ].

■ **Vierge** nf ❶ RELIG 圣母 [Shèngmǔ] ▸ **prier la Sainte Vierge** 向圣母祷告 [xiàng Shèngmǔ dǎogào] ❷ ASTROL 处女座 [Chúnǚzuò].

Vietnam, Viêt Nam, Viêt-Nam nm ▸ **le Vietnam** 越南 [Yuènán].

vieux, vieille ♦ adj ❶ (âgé, ancien) 老的 [lǎo de] ▸ **un vieil ami** 一个老朋友 [yí ge lǎo péngyou] ▸ **un vieil homme** 一个老头 [yí ge lǎotóu] ▸ **une vieille maison** 一座老房子 [yí zuò lǎo fángzi] ❷ (usé) 旧的 [jiù de] ▸ **un vieux manteau** 一件旧大衣 [yí jiàn jiù dàyī]. ♦ nm, f (personne âgée) ○ (cl. 位 [wèi] ou 个 [gè]) 老人 [lǎorén] ▸ **une petite vieille** 一个小老太太 [yí ge xiǎo lǎotàitai].

vif, vive adj ❶ (éveillé) 灵敏的 [língmǐn de] ▸ **avoir l'esprit vif** 头脑灵活 [tóunǎo línghuó] ▸ **un enfant vif et intelligent** 一个又聪明又灵敏的孩子 [yí ge yòu cōngming yòu língmǐn de háizi] ❷ (brillant, éclatant) 鲜艳的 [xiānyàn de] ▸ **des couleurs vives** 鲜艳的颜色 [xiānyàn de yánsè] ❸ (mordant, violent) 激烈的 [jīliè de] ▸ **une discussion vive** 激烈的讨论 [jīliè de tǎolùn].

vigie nf NAUT 浅海区 [qiánhǎiqū].

vigilant, e adj 警惕的 [jǐngtì de] ▸ **soyez vigilants !** 警惕点！ [jǐngtì diǎn!].

vigile nm (cl. 位 [wèi] ou 个 [gè]) 保安 [bǎo'ān].

vigne nf ❶ (plante) ○ (cl. 棵 [kē]) 葡萄树 [pútaoshù] ▸ **cultiver la vigne** 种植葡萄树 [zhòngzhí pútaoshù] ❷ (vignoble) 葡萄园 [pútaoyuán] ▸ **les vignes bordelaises** 波尔多的葡萄园 [bō'ěrduō de pútaoyuán].

vignette nf ❶ (de médicament) 药费报销贴票 [yàofèi bàoxiāo tiēpiào] ❷ AUTO 纳税证票 [nàshuì zhèngpiào] ▸ **vignette d'assurance** 保险的纳税证票 [báoxiǎn de nàshuì zhèngpiào].

vignoble nm ❶ (vigne) 葡萄种植 [pútao zhòngzhí] ▸ **une région de vignobles** 葡萄种植地区 [pútao zhòngzhí dìqū] ❷ (région) 葡萄种植园 [pútao zhòngzhíyuán] ▸ **le vignoble bourguignon** 勃艮第的葡萄种植园 [Bógèndì de pútao zhòngzhíyuán].

vigueur nf ❶ (énergie) 活力 [huólì] ▸ **la vigueur d'un jeune homme** 年轻人的活力 [niánqīngrén de huólì] ❷ (véhémence) 强烈 [qiángliè] ▸ **protester avec vigueur** 强烈抗议 [qiángliè kàngyì].

▪ **en vigueur** loc adv (en application) 生效的 [shēngxiào de] ▸ **entrer en vigueur** 开始生效 [kāishǐ shēngxiào].

vilain, e adj ❶ (méchant) 坏的 [huài de] ▸ **c'est très vilain de mentir** 撒谎是可耻的 [sāhuǎng shì kěchǐ de] ❷ (laid) 难看的 [nánkàn de] ▸ **il a de vilaines dents** 他的牙齿很难看 [tāde yáchǐ hěn nánkàn] ❸ (désagréable) 恶劣的 [èliè de] ▸ **il fait un vilain temps aujourd'hui** 今天的天气很恶劣 [jīntiān de tiānqì hěn èliè].

villa nf (cl. 套 [tào] ou 栋 [dòng] ou 座 [zuò]) 别墅 [biéshù] ▸ **une villa au bord de la mer** 海边的一套别墅 [hǎi biān de yí tào biéshù].

village nm ❶ (agglomération) 村子 [cūnzi] ▸ **il habite dans un petit village** 他住在一个小村子里 [tā zhù zài yí ge xiǎo cūnzi lǐ] ❷ (ensemble des habitants) 全村人 [quáncūnrén] ▸ **tout le village était présent à leur mariage** 全村人都参加了他们的婚礼 [quáncūnrén dōu cānjiā le tāmende hūnlǐ].

villageois, e nm, f (cl. 位 [wèi] ou 个 [gè]) 村民 [cūnmín] ▸ **tous les villageois ont assisté au mariage** 村民们都参加了婚礼 [cūnmínmen dōu cānjiā le hūnlǐ].

ville nf (cl. 座 [zuò] ou 个 [gè]) 城市 [chéngshì] ▸ **il habite en ville** 他住在城里 [tā zhù zài chéng lǐ].

Vilnius npr 维尔纽斯 [Wéi'ěrniǔsī].

vin nm 葡萄酒 [pútaojiǔ] ▸ **boire du vin** 喝葡萄酒 [hē pútáojiǔ] ▸ **un verre de vin** 一杯葡萄酒 [yì bēi pútaojiǔ] ▸ **vin blanc** 白葡萄酒 [bái pútaojiǔ] ▸ **vin rosé** 玫瑰红葡萄酒 [méiguihóng pútaojiǔ] ▸ **vin rouge** 红葡萄酒 [hóng pútaojiǔ].

vinaigre nm 醋 [cù] ▸ **vinaigre balsamique** 香脂醋 [xiāngzhī cù] ▸ **vinaigre de vin** 葡萄酒醋 [pútaojiǔ cù].

vinaigrette nf 酸醋调味汁 [suāncù tiáowèizhī].

vingt ♦ adj num inv 二十个 [èrshí ge]. ♦ nm inv 二十 [èrshí].

vingtaine nf 二十来个 [èrshí lái ge] ▸ **une vingtaine de personnes** 二十来个人 [èrshí lái ge rén].

vingtième ♦ adj num 第二十 [dì'èrshí]. ♦ nmf 第二十个 [dì'èrshí ge].

viol nm 强奸 [qiángjiān] ▸ **il a été condamné pour viol** 他由于强奸罪被判了刑 [tā yóuyú qiángjiānzuì bèi pàn le xíng].

violation nf ❶ (action d'enfreindre une loi) 违反 [wéifǎn] ▸ **violation de la loi** 违反法律 [wéifǎn fǎlǜ] ❷ (d'un lieu) 侵犯 [qīnfàn] ▸ **violation de domicile** 侵犯住宅 [qīnfàn zhùzhái].

violemment adv 狠狠地 [hénhěn de] ▸ **frapper violemment qqn** 狠狠地揍某人 [hénhěn de zòu mǒurén].

violence nf ❶ (force intense) 猛烈 [měngliè] ▸ **la violence du vent** 风的猛烈 [fēng de měngliè] ❷ (abus de force) 暴力 [bàolì] ▸ **user de violence** 使用暴力 [shǐyòng bàolì].

violent, e adj ❶ (fort) 狠狠的 [hénhěn de] ▸ **un coup violent** 狠狠的一击 [hénhěn de yì jī] ❷ (déchaîné) 猛烈的 [měngliè de] ▸ **un orage violent** 猛烈的暴风雨 [měngliè de bàofēngyǔ] ❸ (emporté) 粗暴 [cūbào] ▸ **un homme violent** 粗暴的男人 [cūbào de nánren].

violer vt ❶ (une personne) 强奸 [qiángjiān] ▸ **elle a été violée** 她被强奸过 [tā bèi qiángjiān guò] ❷ (enfreindre) 违反 [wéifǎn] ▸ **violer la loi** 违反法律 [wéifǎn fǎlǜ] ❸ (profaner) 侵犯 [qīnfàn] ▸ **violer une tombe** 侵犯一座坟墓 [qīnfàn yí zuò fénmù].

violet, ette adj 紫色的 [zǐsè de].

▪ **violet** nm (couleur) 紫色 [zǐsè].

▪ **violette** nf BOT 紫罗兰 [zǐluólán].

violeur nm (cl. 名 [míng] ou 个 [gè]) 强奸犯 [qiángjiānfàn].

violon nm (cl. 把 [bǎ]) 小提琴 [xiǎotíqín] ▸ **jouer du violon** 拉小提琴 [lā xiǎotíqín].

violoncelle nm (cl. 把 [bǎ]) 大提琴 [dàtíqín] ▸ **jouer du violoncelle** 拉大提琴 [lā dàtíqín].

violoniste nmf (cl. 名 [míng] ou 个 [gè] ou 位 [wèi]) 小提琴家 [xiǎotíqínjiā].

vipère nf (cl. 条 [tiáo]) 蝰蛇 [kuíshé].

virage nm 转弯 [zhuǎnwān] ▸ **'attention, virage dangereux'** 注意，转弯危险 [zhùyì, zhuǎnwān wēixiǎn] ▸ **prendre un virage** 转一个弯 [zhuǎn yí ge wān].

viral, e, aux adj 病毒的 [bìngdú de] ▸ **une maladie virale** 病毒性的疾病 [bìngdúxìng de jíbìng].

virement nm ❶ FIN 转帐 [zhuǎnzhàng] ▸ **virement bancaire** 银行转帐 [yínháng zhuǎnzhàng] ❷ NAUT 转向 [zhuǎnxiàng] ▸ **faire un virement de bord** 让船转一个方向 [ràng chuán zhuǎn yí ge fāngxiàng].

virer ♦ vi NAUT 转 [zhuǎn] ▸ **virer de bord** 让船转向 [ràng chuán zhuǎnxiàng]. ♦ vt ❶ FIN 转帐 [zhuǎnzhàng] ▸ **virer de l'argent sur un compte** 把钱转到一个帐户上 [bǎ qián zhuǎn dào yí ge zhànghù shàng] ❷ *fam* (renvoyer) 开除 [kāichú] ▸ **se faire virer** 被开除 [bèi kāichú].

virginité nf 贞洁 [zhēnjié] ▸ **perdre sa virginité** 失去贞洁 [shīqù zhēnjié].

virgule nf 逗号 [dòuhào].

viril, e adj 有男子气概的 [yǒu nánzǐ qìgài de].

virilité nf 男子气概 [nánzǐ qìgài] ▸ **manquer de virilité** 缺少男子气概 [quēshǎo nánzǐ qìgài].

virtuel, elle adj 虚拟的 [xūnǐ de] ▸ **une image virtuelle** 虚拟图像 [xūnǐ túxiàng].

virus nm inv 病毒 [bìngdú] ▸ **le virus du sida** 艾滋病病毒 [àizībìng bìngdú] ▸ **un virus (informatique)** (电脑)病毒 [(diànnǎo) bìngdú].

vis nf inv 螺丝钉 [luósīdīng].

Visa® nf ▸ **carte Visa®** Visa卡 [Visa kǎ].

visa nm 签证 [qiānzhèng] ▸ **demander un visa** 申请签证 [shēnqǐng qiānzhèng] ▸ **obtenir un visa** 得到签证 [dédào qiānzhèng].

visage nm (cl. 张 [zhāng]) 脸 [liǎn] ▸ **un visage allongé** 一张长脸 [yì zhāng cháng liǎn] ▸ **un visage rond** 一张圆脸 [yì zhāng yuán liǎn].

vis-à-vis nm inv 对面的东西/人 [duìmiàn de dōngxi/rén] ▸ **le vis-à-vis n'est pas très agréable** 对面的东西令人不太愉快 [duìmiàn de dōngxi lìngrén bú tài yúkuài] ▸ **un appartement sans vis-à-vis** 对面看不到别人窗户的公寓 [duìmiàn kàn bú dào biéren chuānghu de gōngyù].

▪ **vis-à-vis de** loc prép ❶ (à l'égard de) 对待 [duìdài] ▸ **il s'est mal comporté vis-à-vis de sa femme** 他对待他的妻子不好 [tā duìdài tāde qīzi bùhǎo] ❷ (par rapport à) 相比较 [xiāng bǐjiào] ▸ **mes résultats sont mauvais vis-à-vis des siens** 相比较他的结果，我的就很差了 [xiāng bǐjiào tāde jiéguǒ, wǒde jiù hěn chà le].

viser ♦ vt ❶ (une cible) 瞄准 [miáozhǔn] ▸ **le chasseur vise un lièvre** 猎人瞄准一只野兔 [lièrén miáozhǔn yì zhī yětù] ❷ *fig* (chercher à atteindre) 瞄准 [miáozhǔn] ▸ **il vise le poste de directeur** 他瞄准了主任的职务 [tā miáozhǔn le zhǔrèn de zhíwù] ▸ **cette décision vise à améliorer la condition des immigrés** 这个决定的目的是改善移民的状况 [zhè ge juédìng de mùdì shì gǎishàn yímín de zhuàngkuàng] ❸ (concerner) 关系到 [guānxi dào] ▸ **cette remarque vise tout le monde** 这个意见关系到所有人 [zhè ge yìjiàn guānxi dào suóyǒu rén]. ♦ vi (pour tirer) 瞄准 [miáozhǔn] ▸ **viser à la tête** 瞄准头部 [miáozhǔn tóubù]
◊ **viser haut** 定位高 [dìngwèi gāo].

visibilité nf 能见度 [néngjiàndù] ▸ **la visibilité est mauvaise** 能见度低 [néngjiàndù dī].

visible adj ❶ (perceptible) 看得到 [kàndedào] ▸ **sa cicatrice est à peine visible** 他的伤疤几乎看不到了 [tāde shāngbā jīhū kàn bú dào le] ❷ (évident) 看得出来的 [kàndechūlái de] ▸ **sa joie était visible** 他的喜悦是看得出来的 [tāde xǐyuè shì kàndechūlái de].

visiblement adv 明显地 [míngxiǎn de] ▸ **visiblement, il n'a pas envie de venir** 很明显，他不愿意来 [hěn míngxiǎn, tā bú yuàn yì lái].

visière nf 帽舌 [màoshé] ▸ **la visière d'une casquette** 鸭舌帽的帽舌 [yāshémào de màoshé].

vision nf ❶ (vue) 视力 [shìlì] ▸ **des troubles de la vision** 视力障碍 [shìlì zhàng'ài] ❷ (représentation) 观点 [guāndiǎn] ▸ **il a une vision du monde assez particulière** 他的世界观很独特 [tāde shìjiè guān hěn dútè] ❸ (mirage) 幻觉 [huànjué] ▸ **avoir des visions** 产生幻觉 [chǎnshēng huànjué].

visionnaire nmf (cl. 位 [wèi] ou 个 [gè]) 先知 [xiānzhī].

visionner vt 审查 [shěnchá] ▸ **visionner un film** 审查一部电影 [shěnchá yí bù diànyǐng].

visite nf ❶ (chez une personne) ○ (cl. 次 [cì]) 拜访 [bàifǎng] ▸ **avoir de la visite** 有人来访 [yǒu rén láifǎng] ▸ **rendre visite à qqn** 拜访某人 [bàifǎng mǒurén] ❷ (déplacement) ○ (cl. 次 [cì]) 出访 [chūfǎng] ▸ **une visite officielle** 一次正式出访 [yí cì zhèngshì chūfǎng] ❸ (d'un monument) 参观 [cānguān] ▸ **la visite du château dure deux heures** 参观城堡的时间是两个小时 [cānguān chéngbǎo de shíjiān shì liǎng ge xiǎoshí] ▸ **visite guidée** 有导游的游览 [yǒu dǎoyóu de yóulǎn] ❹ (examen médical) ▸ **visite médicale** 出诊 [chū zhěn].

visiter vt ❶ (pour le tourisme) 游览 [yóulǎn] ▸ **visiter un pays** 游览一个国家 [yóulǎn yí ge guójiā] ❷ (se rendre auprès de) 探望 [tànwàng] ▸ **visiter un malade** 探望一个病人 [tànwàng yí ge bìngrén].

visiteur, euse nm, f ❶ (touriste) ○ (cl. 名 [míng] ou 个 [gè] ou 位 [wèi]) 参观者 [cānguānzhě] ▸ **la galerie est ouverte aux visiteurs** 画廊对参观者开放 [huàláng duì cānguānzhě kāifàng] ❷ (personne qui rend visite à une autre) ○ (cl. 位 [wèi] ou 个 [gè]) 客人 [kèren] ▸ **reconduire des visiteurs à la porte** 把客人们送到门口 [bǎ kèrénmen sòng dào ménkǒu] ❸ (personne qui visite un prisonnier, un malade) 探访者 [tànfǎngzhě].

visser vt 拧紧 [níngjǐn] ▸ **visser un boulon** 拧紧螺丝钉 [níngjǐn luósīdīng] ▸ **visser un couvercle** 拧紧盖子 [níngjǐn gàizi].

visualiser vt 想象 [xiǎngxiàng].

visuel, elle adj 视觉的 [shìjué de] ▸ **la mémoire visuelle** 视觉记忆 [shìjué jìyì].

vital, e, aux adj ❶ (nécessaire à la vie) 生命的 [shēngmìng de] ▸ **un organe vital** 生命器官 [shēngmìng qìguān] ❷ *fig* (fondamental) 根本的 [gēnběn de] ▸ **un problème vital** 根本的问题 [gēnběn de wèntí].

vitalité nf 活力 [huólì].

vitamine nf 维生素 [wéishēngsù] ▸ **vitamine C** 维生素C [wéishēngsù C].

vite adv 快 [kuài] ▸ **tu manges trop vite** 你吃得太快了 [nǐ chīde tài kuài le] ▸ **vite ! dépêche-toi !** 快！赶快！ [kuài!gǎnkuài!].

vitesse nf ❶ (rapidité) 快 [kuài] ▸ **il a lu ce texte à toute vitesse** 他快速阅读了这篇作品 [tā kuàisù yuèdú le zhè piān zuòpǐn] ❷ (allure) 速度 [sùdù] ▸ **excès de vitesse** 超速 [chāo sù] ▸ **à quelle vitesse roulons nous ?** 我们行驶

的速度是多少？ [wǒmen xíngshǐ de sùdù shì duōshao?] ▸ **à toute vitesse** 全速 [quán sù] ❸ AUTO 速度档 [sùdù dàng] ▸ **changer de vitesse** 换档 [huàn dàng].

viticulteur, trice nm, f (cl. 位 [wèi] ou 个 [gè]) 种葡萄的人 [zhòng pútao de rén].

vitrail, aux nm (cl. 扇 [shàn]) 彩绘玻璃窗 [cǎihuì bōlichuāng].

vitre nf ❶ (carreau) 玻璃 [bōli] ▸ **casser une vitre** 打碎玻璃 [dǎsuì bōli] ▸ **nettoyer les vitres** 擦玻璃 [cā bōli] ▸ **vitre d'une fenêtre** 窗玻璃 [chuāng bōli] ❷ (glace d'un véhicule) 车窗玻璃 [chēchuāng bōli] ▸ **baisser la vitre** 降下车窗玻璃 [jiàngxià chēchuāng bōli] ▸ **remonter la vitre** 升起车窗玻璃 [shēngqǐ chēchuāng bōli] ▸ **vitre d'une voiture** 汽车窗玻璃 [qìchē chuāng bōli].

vitré, e adj 装上玻璃的 [zhuāngshàng bōli de] ▸ **baie vitrée** 观景窗 [guānjǐng chuāng].

vitrine nf 玻璃橱窗 [bōli chúchuāng].

vivable adj ❶ (avec qui l'on peut vivre) 容易相处的 [róngyì xiāngchǔ de] ▸ **cet homme n'est pas vivable** 这个男人不易相处 [zhè ge nánren bú yì xiāngchǔ] ❷ (où l'on peut vivre) 可以居住的 [kéyǐ jūzhù de] ▸ **ce studio est très petit, mais il est vivable** 这个公寓非常小，但还是可以住人的 [zhè ge gōngyù fēicháng xiǎo, dàn háishi kéyǐ zhù rén de].

vivacité nf ❶ (promptitude) 机敏 [jīmǐn] ▸ **vivacité d'esprit** 头脑灵活 [tóunǎo línghuó] ❷ (agressivité) 冲动 [chōngdòng] ❸ (éclat) 鲜艳 [xiānyàn] ▸ **la vivacité d'une couleur** 色彩的鲜艳 [sècǎi de xiānyàn].

vivant, e adj ❶ (en vie) 活着的 [huózhe de] ▸ **nous avons retrouvé votre fils vivant** 我们发现您的儿子还活着 [wǒmen fāxiàn nínde érzi hái huózhe] ❷ (vif) 活泼的 [huópo de] ▸ **c'est un enfant très vivant** 这是一个非常活泼的孩子 [zhè shì yí ge fēicháng huópo de háizi] ❸ (animé) 热闹的 [rènao de] ▸ **j'habite un quartier très vivant** 我住在一个非常热闹的区 [wǒ zhù zài yí ge fēicháng rènao de qū] ❹ (durable) 还在 [háizài] ▸ **le souvenir de son père est encore vivant** 他还在思念父亲 [tā háizài sīniàn fùqin].

vive¹ nf (poisson) ○ (cl. 条 [tiáo]) 龙鰧 [lóngténg].

vive² interj 万岁 [wànsuì] ▸ **vive les vacances !** 假期万岁！ [jiàqī wànsuì!].

vivement ♦ adv ❶ (promptement) 迅速地 [xùnsù de] ▸ **il s'est levé vivement** 他迅速地起来 [tā xùnsù de qǐlái] ❷ (d'un ton vif) 强烈地 [qiángliè de] ▸ **elle a répondu très vivement à ma question** 她语气强烈地回答了我的问题 [tā yǔqì qiángliè de huídá le wǒde wèntí] ❸ (profondément) 深深地 [shēnshēn de] ▸ **être vivement secoué par qqch** 被某事深深地震撼了 [bèi mǒushì shēnshēn de zhènhàn le]. ♦ interj (exprimant un souhait) 快来 [kuàilái] ▸ **vivement les vacances !** 假期快来吧！ [jiàqī kuàilái ba!].

vivre ♦ vi ❶ (exister) 活着 [huózhe] ▸ **il a cessé de vivre** 他死了 [tā sǐ le] ❷ (avoir une vie d'une certaine durée) 活 [huó] ▸ **son père a vécu très longtemps** 他的父亲活了很长时间 [tāde fùqin huó le hěn cháng shíjiān] ❸ (habiter) 生活 [shēnghuó] ▸ **elle vit à Paris** 她生活在巴黎 [tā shēnghuó zài Bālí] ▸ **ils vivent ensemble depuis deux ans** 他们生活在一起已经两年了 [tāmen shēnghuó zài yìqǐ yǐjīng liǎng nián le] ❹ (passer sa vie d'une certaine façon) 生活 [shēnghuó] ▸ **être difficile à vivre** 难以相处 [nányǐ xiāngchǔ] ▸ **être facile à vivre** 容易相处 [róngyì xiāngchǔ] ❺ (subsister) 生存 [shēngcún] ▸ **il faut travailler pour vivre** 应该为了生存而工作 [yīnggāi wèi le shēngcún ér gōngzuò]. ♦ vt ❶ (passer) 过 [guò] ▸ **vivre des jours heureux** 过着幸福的日子 [guòzhe xìngfú de rìzi] ❷ (éprouver) 经历 [jīnglì] ▸ **vivre un grand amour** 经历一段伟大的爱情 [jīnglì yí duàn wěidà de àiqíng] ▸ **vivre des moments difficiles** 经历一些艰难的时刻 [jīnglì yìxiē jiānnán de shíkè].

■ **vivres** nmpl (nourriture) 食物 [shíwù] ▸ **disposer d'un mois de vivres** 有一个月的食物 [yǒu yí ge yuè de shíwù]

◊ **couper les vivres à qqn** 不再养某人 [bùzài yǎng mǒurén].

V.O., VO (abr de **version originale**) nf 原版 [yuánbǎn] ▸ **un film en VO** 原版电影 [yuánbǎn diànyǐng].

vocabulaire nm ❶ (mots utilisés par une personne) 词汇量 [cíhuìliàng] ▸ **il n'a pas beaucoup**

de vocabulaire 他的词汇量不大 [tāde cíhuìliàng bú dà] ❷ (terminologie) 词汇 [cíhuì] ▸ **le vocabulaire de l'informatique** 电脑方面的词汇 [diànnǎo fāngmiàn de cíhuì].

vocation nf (与生俱来的)倾向 [(yǔshēngjùlái de) qīngxiàng] ▸ **avoir une vocation d'écrivain** 天生有当作家的倾向 [tiānshēng yǒu dāng zuòjiā de qīngxiàng] ▸ **suivre sa vocation** 顺从其与生俱来的倾向 [shùncóng qí yǔshēngjùlái de qīngxiàng].

vociférer ♦ vt 大喊大叫 [dàhǎn dàjiào] ▸ **vociférer des injures** 破口大骂 [pòkǒu dàmà]. ♦ vi 大喊大叫 [dàhǎn dàjiào] ▸ **vociférer contre qqn** 对某人大喊大叫 [duì mǒurén dàhǎn dàjiào].

vodka nf 伏特加酒 [fútèjiājiǔ].

vœu, x nm ❶ (souhait) 心愿 [xīnyuàn] ▸ **exaucer un vœu** 满足心愿 [mǎnzú xīnyuàn] ▸ **faire un vœu** 许愿 [xǔyuàn] ❷ RELIG 誓愿 [shìyuàn] ▸ **faire vœu de chasteté** 决心过清苦日子 [juéxīn guò qīngkǔ rìzi] ▸ **prononcer ses vœux** 宣读誓愿 [xuāndú shìyuàn].

▪ **vœux** nmpl 祝愿 [zhùyuàn] ▸ **présenter ses meilleurs vœux à qqn** 向某人表达最美好的祝愿 [xiàng mǒurén biǎodá zuì měihǎo de zhùyuàn] ▸ **tous mes vœux de bonheur** 祝愿幸福 [zhùyuàn xìngfú].

vogue nf 时尚 [shíshàng] ▸ **en vogue** 时尚的 [shíshàng de].

voici prép ❶ (spatial) 这是 [zhè shì] ▸ **voici mon frère** 这是我的兄弟 [zhè shì wǒde xiōngdì] ▸ **tu voulais les clés : les voici** 你找钥匙吧，在这儿呢 [nǐ zhǎo yàoshi ba, zài zhèr ne] ❷ (introduit ce dont on va parler) 这就是 [zhè jiù shì] ▸ **voici ce qui s'est passé** 这就是所发生的事 [zhè jiù shì suǒ fāshēng de shì] ▸ **je ne suis pas d'accord, et voici pourquoi** 这就是为什么我不同意 [zhè jiù shì wèishénme wǒ bù tóngyì].

voie nf ❶ (route, artère) ◦ (cl. 条 [tiáo]) 道路 [dàolù] ▸ **route à deux voies** 双车道 [shuāngchē dào] ▸ **voie de communication** 交通线 [jiāotōng xiàn] ▸ **voie publique** 大街 [dà jiē] ▸ **voie à sens unique** 单行道 [dānxíng dào] ❷ (de chemin de fer) ▸ **voie ferrée** (cl. 条 [tiáo]) 铁道 [tiě dào] ❸ (mode de communication) ◦ (cl. 条 [tiáo]) 道 [dào] ▸ **voie navigable** 航道 [háng dào] ❹ ANAT 腔 [qiāng]；道 [dào] ▸ **par voie orale** 通过口腔 [tōngguò kǒuqiāng] ▸ **voies respiratoires** 呼吸道 [hūxī dào] ❺ (moyen) 手段 [shǒuduàn] ▸ **la voie diplomatique** 外交手段 [wàijiāo shǒuduàn] ❻ *fig* (chemin) 道路 [dàolù] ▸ **choisir la bonne voie** 选择正确的道路 [xuǎnzé zhèngquè de dàolù] ▸ **la voie de la sagesse** 明智的道路 [míngzhì de dàolù]
◊ **être sur la bonne voie** 走对路 [zǒu duì lù] ▸ **trouver sa voie** 找到自己的人生道路 [zhǎodào zìjǐ de rénshēng dàolù].

▪ **en voie de** loc prép (en train de) 正在 [zhèngzài] ▸ **les espèces en voie de disparition** 濒临灭绝的物种 [bīnlín mièjué de wùzhǒng] ▸ **les pays en voie de développement** 发展中国家 [fāzhǎn zhōng guójiā] ▸ **en voie de guérison** 正在痊愈 [zhèngzài quányù].

voilà prép ❶ (spatial) 这儿 [zhèr]；那儿 [nàr] ▸ **voilà ma réponse** 这就是我的答案 [zhè jiù shì wǒde dá'àn] ▸ **les voilà qui arrivent** 他们到了 [tāmen dào le] ❷ (temporel) 终于 [zhōngyú] ▸ **le voilà endormi** 他终于睡着了 [tā zhōngyú shuìzháo le] ▸ **nous voilà enfin tranquilles** 我们终于得到安静了 [wǒmen zhōngyú dédào ānjìng le] ❸ (reprend ce dont on a parlé) 以上就是 [yǐshàng jiùshì] ▸ **voilà pourquoi je n'ai rien dit** 以上就是为什么我没有说话 [yǐshàng jiùshì wèishénme wǒ méiyǒu shuōhuà] ❹ (introduit ce dont on va parler) 以下就是 [yǐxià jiùshì] ▸ **voilà ce que j'en pense :...** 以下就是我的想法：...... [yǐxià jiùshì wǒ de xiángfǎ:...].

voile ♦ nf ❶ (de bateau) 帆 [fān] ▸ **un bateau à voiles** 一艘帆船 [yì sōu fānchuán] ▸ **hisser la voile** 扬帆 [yáng fān] ❷ SPORT 帆船 [fānchuán] ▸ **faire de la voile** 进行帆船运动 [jìnxíng fānchuán yùndòng]. ♦ nm ❶ (étoffe) ▸ **voile de mariée** 新娘的头纱 [xīnniáng de tóushā] ❷ RELIG 头巾 [tóujīn] ▸ **prendre le voile** 当修女 [dāng xiūnǚ] ▸ **voile islamique** 伊斯兰面纱 [yīsīlán miànshā] ❸ (ce qui rend la vision moins nette) 笼罩 [lǒngzhào] ▸ **un voile de brouillard** 云雾笼罩 [yúnwù lǒngzhào].

voilé, e adj ❶ (qui porte le voile) 戴面纱的 [dài miànshā de] ▸ **certaines femmes musulmanes sont voilées** 某些穆斯林妇女是戴面

纱的 [mǒuxiē mùsīlín fùnǚ shì dài miànshā de] ❷ (ciel) 灰暗的 [huī'àn de] ▸ **le ciel est voilé** 天空是灰暗的 [tiānkōng shì huī'àn de].

voiler vt ❶ (dissimuler) 隐瞒 [yǐnmán] ▸ **voiler la vérité à qqn** 向某人隐瞒真相 [xiàng mǒurén yǐnmán zhēnxiàng] ❷ (obscurcir) 使……变得灰暗 [shǐ… biànde huī'àn] ▸ **de gros nuages voilent le ciel** 厚厚的云使天空变得灰暗 [hòuhòu de yún shǐ tiānkōng biànde huī'àn].

▪ **se voiler** vp (s'obscurcir) 变得灰暗 [biànde huī'àn] ▸ **le ciel s'est voilé** 天空变得灰暗 [tiānkōng biànde huī'àn]

◊ **se voiler la face** 自欺欺人 [zìqīqīrén].

voilier nm (cl. 艘 [sōu]) 帆船 [fānchuán] ▸ **faire du voilier** 进行帆船运动 [jìnxíng fānchuán yùndòng].

voir vt ❶ (distinguer) 看见 [kànjian] ▸ **il fait trop sombre, on ne voit rien** 太暗了，我们什么也看不见 [tài àn le, wǒmen shénme yě kàn bú jiàn] ▸ **je ne vois pas très bien sans lunettes** 没有眼镜，我看不太清楚 [méiyǒu yǎnjìng, wǒ kàn bú tài qīngchu] ❷ (observer, assister à, constater, examiner) 看 [kàn] ▸ **fais-moi voir ton nouveau manteau !** 让我看看你的新大衣 [ràng wǒ kànkan nǐde xīn dàyī] ▸ **je l'ai vu entrer dans ce magasin** 我看见他进这个商场了 [wǒ kànjiàn tā jìn zhè ge shāngchǎng le] ▸ **je n'avais jamais vu cette pièce** 我从没看过这出戏 [wǒ cóng méi kànguò zhè chū xì] ▸ **leur bonheur fait plaisir à voir** 他们的幸福看着让人高兴 [tāmende xìngfú kànzhe ràng rén gāoxìng] ▸ **on verra bien** 看吧 [kàn ba] ▸ **tu vois, j'avais raison** 你看，还是我有理吧 [nǐ kàn, háishi wǒ yǒu lǐ ba] ▸ **je vais voir si je trouve une solution** 我去看看是否可以找到解决办法 [wǒ qù kànkan shìfǒu kéyǐ zhǎodào jiějué bànfǎ] ❸ (visiter) 参观 [cānguān] ▸ **je n'ai pas vu grand-chose de la ville** 在城里我没参观什么重要景点 [zài chéng lǐ wǒ méi cānguān shénme zhòngyào jǐngdiǎn] ❹ (savoir, comprendre) 明白 [míngbai] ▸ **je ne vois pas ce qu'on peut faire** 我不明白我们能做什么 [wǒ bù míngbai wǒmen néng zuò shénme] ▸ **tu vois ce que je veux dire ?** 你明白我要说的了吗？ [nǐ míngbai wǒ yào shuō de le ma?] ❺ (se reporter à) 参照 [cānzhào] ▸ **'voir ci-dessous'** 参照下文 [cānzhào xiàwén] ▸ **'voir ci-dessus'** 参照上文 [cānzhào shàngwén] ❻ (considérer) 看待 [kàndài] ▸ **voir les choses du bon côté** 从好的方面看问题 [cóng hǎo de fāngmiàn kàn wèntí] ❼ (fréquenter) 与某人来往 [yǔ mǒurén láiwǎng] ▸ **elle est sûre qu'il voit une autre femme** 她确信他和另一个女人来往 [tā quèxìn tā hé lìng yí ge nǚrén láiwǎng] ▸ **je vois régulièrement mon ex-mari** 我经常去看望我的前夫 [wǒ jīngcháng qù kànwàng wǒde qiánfū] ❽ (supporter) 见 [jiàn] ▸ **ne pas pouvoir voir qqn** 见不得某人 [jiànbudé mǒurén] ❾ (rendre visite) 看望 [kànwàng] ▸ **aller voir qqn** 去看望某人 [qù kànwàng mǒurén] ❿ (consulter) 咨询 [zīxún] ▸ **elle voit un psy depuis quelque temps** 她看心理医生已经有一段时间了 [tā kàn xīnlǐ yīshēng yǐjīng yǒu yí duàn shíjiān le] ▸ **je te conseille de voir un avocat** 我建议你去咨询一下律师 [wǒ jiànyì nǐ qù zīxún yí xià lǜshī].

▪ **se voir** ♦ vp ❶ (se regarder) 看自己 [kàn zìjǐ] ▸ **se voir dans une glace** 从镜子里看自己 [cóng jìngzi lǐ kàn zìjǐ] ❷ (se considérer) 自认为 [zìrènwéi] ▸ **ils se voyaient déjà champions du monde** 他们自认为已经是世界冠军了 [tāmen zìrènwéi yǐjīng shì shìjiè guànjūn le] ▸ **se voir dans l'obligation de faire qqch** 必须做某事 [bìxū zuò mǒushì] ❸ (se trouver) 看得到 [kàndedào] ▸ **ce genre d'appareil ne se voit plus de nos jours** 这种机器今天已经看不到了 [zhè zhǒng jīqì jīntiān yǐjīng kàn bú dào le] ❹ (se rencontrer) 见面 [jiànmiàn] ▸ **elles se voient tous les samedis** 她们每个周六见面 [tāmen měi ge zhōuliù jiànmiàn] ▸ **on se voit demain !** 我们明天见！ [wǒmen míngtiān jiàn!] ❺ (se remarquer) 看得出来 [kànde chūlái] ▸ **il est timide, mais ça ne se voit pas** 他很胆怯，但是表面上看不出来 [tā hěn dǎnqiè, dànshì biǎomiàn shàng kàn bù chūlái] ▸ **la cicatrice ne se voit presque plus** 伤疤几乎看不出来了 [shāngbā jīhū kàn bù chūlái le]. ♦ v att 发现自己 [fāxiàn zìjǐ] ▸ **elle s'est vue à la télé** 她发现自己上电视了 [tā fāxiàn zìjǐ shàng diànshì le].

voire adv 甚至 [shènzhì] ▸ **il risque dix ans de prison, voire davantage** 他冒着被判刑

十年甚至更久的危险 [tā màozhe bèi pànxíng shí nián shènzhì gèng jiǔ de wēixiǎn].

voisin, e ♦ adj ❶ (proche) 临近的 [línjìn de] ▸ **ils habitent dans la ville voisine** 他们住在临近的城市里 [tāmen zhù zài línjìn de chéngshì lǐ] ❷ (semblable) 类似的 [lèisì de] ▸ **nous avons des idées voisines** 我们有类似的想法 [wǒmen yǒu lèisì de xiángfǎ]. ♦ nm, f (cl. 位 [wèi] ou 个 [gè]) 邻居 [línjū] ▸ **un voisin de palier** 住在同一层楼的邻居 [zhù zài tóng yì céng lóu de línjū].

voisinage nm ❶ (ensemble des voisins) ○ (cl. 位 [wèi] ou 个 [gè]) 邻居 [línjū] ▸ **tout le voisinage a été dérangé par leur dispute** 所有的邻居都被他们的争吵搞得不得安宁 [suóyǒu de línjū dōu bèi tāmende zhēngchǎo gǎode bùdé ānníng] ❷ (relations avec les voisins) 邻里关系 [línlǐ guānxi] ▸ **vivre en bon voisinage avec qqn** 和某人的邻里关系很和睦 [hé mǒurén de línlǐ guānxi hěn hémù].

voiture nf ❶ (automobile) ○ (cl. 辆 [liàng]) 汽车 [qìchē] ▸ **nous y sommes allés en voiture** 我们是坐汽车去的 [wǒmen shì zuò qìchē qù de] ❷ (wagon) ○ (cl. 节 [jié]) 车厢 [chēxiāng] ▸ **le TGV est formé de 18 voitures** TGV高速火车是由18节车厢组成的 [TGVgāosù huǒchē shì yóu 18 jié chēxiāng zǔchéng de] ▸ **en voiture !** 快上火车！ [kuài shàng huǒchē!].

voix nf ❶ (organe) 声音 [shēngyīn] ▸ **à voix basse** 低声地 [dī shēng de] ▸ **à voix haute** 高声地 [gāo shēng de] ❷ (timbre) 音色 [yīnsè] ▸ **avoir une belle voix** 嗓音优美 [sǎngyīn yōuměi] ▸ **une voix de ténor** 一个男高音的嗓音 [yí ge nángāoyīn de sǎngyīn] ❸ (expression d'une opinion) 意见 [yìjiàn] ▸ **la voix du peuple** 民意 [mín yì] ❹ (suffrage) 票 [piào] ▸ **le projet a été accepté par quatre voix contre huit** 这个项目通过了，八票赞成，四票反对 [zhè ge xiàngmù tōngguò le, bā piào zànchéng, sì piào fǎnduì].

vol nm ❶ (d'un oiseau) 飞 [fēi] ▸ **l'oiseau prend son vol** 鸟类飞翔 [niǎolèi fēixiáng] ❷ (traversée d'un avion) 飞行 [fēixíng] ▸ **il faut compter 8 heures de vol** 要经过8小时的飞行 [yào jīngguò 8 xiǎoshí de fēixíng] ❸ (avion) ○ (cl. 次 [cì]) 航班 [hángbān] ▸ **mon vol a été annulé** 我的航班被取消了 [wǒde hángbān bèi qǔxiāo le] ❹ (groupe d'oiseaux) 鸟群 [niǎoqún] ▸ **un vol d'oies sauvages** 一群大雁 [yì qún dàyàn] ❺ (délit) 偷盗 [tōudào] ▸ **commettre un vol** 偷盗 [tōudào] ▸ **être victime d'un vol** 被偷盗者 [bèi tōudàozhě].

volaille nf (cl. 只 [zhī]) 家禽 [jiāqín].

volant[1], e adj (qui vole) 会飞的 [huìfēi de] ▸ **un insecte volant** 会飞的昆虫 [huìfēi de kūnchóng] ▸ **une soucoupe volante** 一个飞碟 [yí ge fēidié].

volant[2] nm ❶ (de voiture) 方向盘 [fāngxiàngpán] ▸ **être au volant** 在开车 [zài kāichē] ▸ **un as du volant** 一个驾驶汽车的能手 [yí ge jiàshǐ qìchē de néngshǒu] ❷ COUT 花边儿 [huābiānr] ▸ **une robe à volants** 一条带花边儿的裙子 [yì tiáo dài huābiānr de qúnzi] ❸ (de badminton) ○ (cl. 只 [zhī] ou 个 [gè]) 羽毛球 [yǔmáoqiú].

volatil, e adj 易挥发的 [yì huīfā de].

volatile nm (volaille) ○ (cl. 只 [zhī]) 家禽 [jiāqín].

volatiliser ■ **se volatiliser** vp ❶ (se transformer en vapeur) 挥发 [huīfā] ▸ **le soufre se volatilise vite** 硫磺挥发得很快 [liúhuáng huīfāde hěn kuài] ❷ *fig* (disparaître) 消失 [xiāoshī] ▸ **il s'est subitement volatilisé !** 他突然消失了！ [tā tūrán xiāoshī le!].

volcan nm (cl. 座 [zuò]) 火山 [huǒshān] ▸ **un volcan en activité** 一座活火山 [yí zuò huó huǒshān] ▸ **un volcan éteint** 死火山 [sǐ huǒshān] ▸ **le volcan est en éruption** 火山在爆发 [huǒshān zài bàofā].

volcanique adj 火山的 [huǒshān de] ▸ **une éruption volcanique** 一次火山爆发 [yí cì huǒshān bàofā] ▸ **une roche volcanique** 一个火山岩 [yí ge huǒshān yán].

voler ♦ vi (se déplacer dans l'air) 飞 [fēi] ▸ **les oiseaux volent dans le ciel** 鸟在天空飞翔 [niǎo zài tiānkōng fēixiáng] ▸ **l'avion vole à basse altitude** 飞机在低海拔处飞行 [fēijī zài dī hǎibá chù fēixíng]
◊ **voler au secours de qqn** 跑去救某人 [pǎoqù jiù mǒurén].
♦ vt (dérober) 偷 [tōu] ▸ **voler qqch** 偷某物 [tōu mǒuwù] ▸ **se faire voler qqch** 被偷了某物 [bèi tōu le mǒuwù].

volet nm (cl. 扇 [shàn]) 护窗板 [hùchuāngbǎn] ▸ **fermer les volets** 关上护窗板 [guānshàng hùchuāngbǎn] ▸ **ouvrir les volets** 打开护窗板 [dǎkāi hùchuāngbǎn].

voleur, euse nm, f 小偷 [xiǎotōu] ▸ **au voleur !** 抓小偷！ [zhuā xiǎotōu!].

volière nf 大鸟笼 [dà niǎolóng].

volley-ball nm 排球 [páiqiú] ▸ **jouer au volley-ball** 打排球 [dǎ páiqiú].

volontaire ♦ nmf (cl. 名 [míng] ou 个 [gè] ou 位 [wèi]) 志愿者 [zhìyuànzhě] ▸ **des volontaires aident les pompiers à combattre l'incendie** 志愿者们帮助消防员灭火 [zhìyuànzhěmen bāngzhù xiāofángyuán miè huǒ]. ♦ adj ❶ (délibéré) 故意的 [gùyì de] ▸ **une omission volontaire** 故意遗漏 [gùyì yílòu] ❷ (décidé) 坚决的 [jiānjué de] ▸ **c'est une femme très volontaire** 这是个非常有主见的女人 [zhè shì ge fēicháng yǒu zhǔjiàn de nǚrén] ❸ (qui fait qqch parce qu'il le veut bien) 自愿的 [zìyuàn de] ▸ **qui est volontaire pour faire la vaisselle ?** 谁自愿来洗碗？ [shéi zìyuàn lái xǐwǎn?].

volonté nf ❶ (désir, détermination) 愿望 [yuànwang] ▸ **agir contre la volonté de qqn** 违背某人的愿望 [wéibèi mǒurén de yuànwang] ▸ **les dernières volontés de qqn** 某人的遗言 [mǒurén de yíyán] ▸ **faire preuve de bonne volonté** 表现出良好的愿望 [biǎoxiàn chū liánghǎo de yuànwang] ▸ **à volonté** 随意地 [suíyì de] ❷ (force de caractère) 毅力 [yìlì] ▸ **il a beaucoup de volonté** 他很有毅力 [tā hěn yǒu yìlì] ▸ **avoir la volonté de faire qqch** 有决心做某事 [yǒu juéxīn zuò mǒushì].

volontiers adv 很愿意 [hěn yuànyì] ▸ **vous reprendrez un peu thé ? — volontiers !** 您再来点茶吗？— 非常乐意！ [nín zài lái diǎn chá ma? — fēicháng lèyì!].

volt nm 伏特 [fútè] ▸ **une tension de 220 volts** 220伏电压 [220 fú diànyā].

volume nm ❶ GÉOM (capacité) 体积 [tǐjī] ▸ **calculer le volume d'une sphère** 计算一个球体的体积 [jìsuàn yí ge qiútǐ de tǐjī] ❷ (intensité sonore) 音量 [yīnliàng] ▸ **baisser le volume** 关小音量 [guān xiǎo yīnliàng] ▸ **monter le volume** 开大音量 [kāi dà yīnliàng] ❸ (quantité globale) 总量 [zǒngliàng] ▸ **le volume des exportations a augmenté** 出口总量增加了 [chūkǒu zǒngliàng zēngjiā le] ❹ (tome) 卷 [juàn] ▸ **un dictionnaire en deux volumes** 这部字典有两卷 [zhè bù zìdiǎn yǒu liǎng juàn].

volumineux, euse adj 庞大的 [pángdà de] ▸ **une armoire volumineuse** 一个庞大的衣橱 [yí ge pángdà de yīchú].

vomi nm *fam* 呕吐物 [ǒutùwù].

vomir ♦ vt 呕吐 [ǒutù] ▸ **il a vomi son petit déjeuner** 他把早饭都吐出来了 [tā bǎ zǎofàn dōu tù chūlái le]. ♦ vi 呕吐 [ǒutù].

vote nm ❶ (manière de voter) ◦ (cl. 次 [cì]) 投票 [tóupiào] ▸ **vote à bulletin secret** 秘密投票 [mìmì tóupiào] ▸ **vote par procuration** 代理投票 [dàilǐ tóupiào] ❷ (action de voter) 选举 [xuǎnjǔ] ▸ **aller au bureau de vote** 去选举办公室 [qù xuǎnjǔ bàngōngshì] ▸ **mettre son bulletin de vote dans l'urne** 把他的选票放进投票箱里 [bǎ tāde xuǎnpiào fàngjìn tóupiàoxiāng lǐ].

voter ♦ vt 投票通过 [tóupiào tōngguò] ▸ **voter une loi** 投票通过一项法律 [tóupiào tōngguò yí xiàng fǎlǜ]. ♦ vi 投票 [tóupiào] ▸ **voter pour un candidat** 投候选人的票 [tóu hòuxuǎnrén de piào] ▸ **voter à droite** 投右派的票 [tóu yòupài de piào] ▸ **voter à gauche** 投左派的票 [tóu zuǒpài de piào].

votre adj poss ❶ (en s'adressant à plusieurs personnes) 你们的 [nǐmende] ▸ **votre maison est très jolie** 你们的家太漂亮了 [nǐmende jiā tài piàoliang le] ❷ (pluriel de politesse) 您的 [nínde] ▸ **comment vont vos enfants ?** 您的孩子们怎么样了？ [nínde háizimen zěnmeyàng le?].

vôtre ▪ **le vôtre, la vôtre** pron poss ❶ (en s'adressant à plusieurs personnes) 你们的 [nǐmende] ▸ **nos intérêts et les vôtres ne sont pas incompatibles** 我们的利益和你们的利益是不冲突的 [wǒmende lìyì hé nǐmende lìyì shì bù chōngtū de] ❷ (pluriel de politesse) 您的 [nínde] ▸ **ce livre n'est pas le vôtre** 这本书不是您的 [zhè běn shū bú shì nínde]
◊ **à la vôtre !** 祝您健康 [zhù nín jiànkāng].

vouer vt ❶ (consacrer) 献给 [xiàngěi] ▸ **vouer son temps libre au sport** 业余时间都用来运动 [yèyú shíjiān dōu yòng lái yùndòng] ❷ (porter un sentiment à qqn) 怀有 [huáiyǒu] ▸ **vouer une grande admiration à qqn** 对某人怀有崇高的敬意 [duì mǒurén huáiyǒu chónggāo de jìngyì] ❸ (destiner à un triste sort) 使……遭到 [shǐ… zāodào] ▸ **cette expérience est vouée à l'échec** 这个实验注定要失败 [zhè ge shíyàn zhùdìng yào shībài] ▸ **cet immeuble est voué à la démolition** 这座建筑要被拆除了 [zhè zuò jiànzhù yào bèi chāichú le].

▪ **se vouer** vp (se consacrer) 专心于 [zhuānxīn yú] ▸ **se vouer à qqch** 专心于某事 [zhuānxīn yú mǒushì].

vouloir ♦ vt ❶ (exiger) 要 [yào] ▸ **je veux qu'il parte d'ici** 我要他从这儿离开 [wǒ yào tā cóng zhèr líkāi] ▸ **je ne veux pas entendre parler de ça!** 我不要听这些! [wǒ bú yào tīng zhèxiē!] ❷ (souhaiter, désirer) 想 [xiǎng] ▸ **voulez-vous boire quelque chose?** 您想喝点什么? [nín xiǎng hē diǎn shénme?] ▸ **comme tu veux!** 随你便! [suí nǐ biàn!] ❸ (accepter) 愿意 [yuànyì] ▸ **je veux bien** 我很愿意 [wǒ hěn yuànyì] ▸ **ils n'ont pas voulu la recevoir** 他们不愿意接待她 [tāmen bú yuànyì jiēdài tā] ❹ (dans une demande formelle ou polie) 请 [qǐng] ▸ **veuillez m'excuser un instant** 请等一下 [qǐng děng yí xià] ▸ **veuillez agréer, Madame, l'expression de mes salutations distinguées** 尊敬的夫人, 请允许我向您表示崇高的敬意 [zūnjìng de fūrén, qǐng yúnxǔ wǒ xiàng nín biǎoshì chónggāo de jìngyì] ❺ (dans des expressions) ▸ **que veux-tu!** 你要怎么样呢! [nǐ yào wǒ zěnme yàng ne!] ▸ **quand on veut, on peut** 有志者事竟成 [yǒuzhìzhě shì jìng chéng]. ♦ vi 接受 [jiēshòu] ▸ **je ne veux pas d'animal à la maison** 我不能接受在家里养动物 [wǒ bù néng jiēshòu zài jiāli yǎng dòngwù] ▸ **elle ne veut plus de lui** 她不要他了 [tā bú yào tā le] ▸ **en vouloir à qqn** 怨恨某人 [yuànhèn mǒurén] ▸ **qu'est-ce que ça veut dire?** 这是什么意思? [zhè shì shénme yìsi?].

▪ **s'en vouloir** vp ❶ (emploi réfléchi) 后悔 [hòuhuǐ] ▸ **je m'en veux d'avoir été dur avec elle** 我后悔当初对她不好 [wǒ hòuhuǐ dāngchū duì tā bù hǎo] ❷ (emploi réciproque) 相互怨恨 [xiānghù yuànhèn] ▸ **elles s'en veulent à mort** 她们恨死对方了 [tāmen hènsǐ duìfāng le].

voulu, e adj (requis, exigé) 规定的 [guīdìng de] ▸ **vous aurez toutes les garanties voulues** 您将会得到规定中的所有保证 [nín jiāng huì dédào guīdìng zhōng de suóyǒu bǎozhèng] ▸ **au moment voulu** 在规定的时间 [zài guīdìng de shíjiān].

vous pron pers ❶ (groupe de personnes) 你们 [nǐmen] ▸ **on peut compter sur vous?** 我们可以信任你们吗? [wǒmen kéyǐ xìnrèn nǐmen ma?] ▸ **vous le saviez, vous?** 你们呢, 你们知道这吗? [nǐmen ne, nǐmen zhīdào zhè ma?] ❷ (forme de politesse) 您 [nín] ▸ **vous êtes le premier à avoir répondu** 您是第一个回答的 [nín shì dìyī ge huídá de] ▸ **il vous a tout de suite apprécié** 他一下子就欣赏您了 [tā yíxiàzi jiù xīnshǎng nín le] ❸ (dans un verbe pronominal à l'impératif positif) ▸ **habillez-vous!** 穿上衣服! [chuānshàng yīfu!] ▸ **réveillez-vous!** 醒醒! [xǐngxing!].

▪ **vous-même** pron pers 您自己 [nín zìjǐ] ▸ **vous-même me l'avez dit** 您自己对我这么说的 [nín zìjǐ duì wǒ zhème shuō de].

▪ **vous-mêmes** pron pers 你们自己 [nǐmen zìjǐ] ▸ **faites-le vous-mêmes** 你们自己做吧 [nǐmen zìjǐ zuò ba].

voûte nf ARCHIT 拱穹 [gǒngqióng].

voûté, e adj (dont le dos est courbé) 驼背 [tuóbèi].

vouvoyer vt 用 "您" 称呼 [yòng "nín" chēnghu] ▸ **les élèves vouvoient le professeur** 学生用 "您" 称呼老师 [xuésheng yòng "nín" chēnghu lǎoshī].

▪ **se vouvoyer** vp 互相称 "您" [hùxiāng chēng "nín"].

voyage nm (cl. 次 [cì]) 旅行 [lǚxíng] ▸ **bon voyage!** 旅行愉快! [lǚxíng yúkuài!] ▸ **partir en voyage** 去旅行 [qù lǚxíng] ▸ **revenir de voyage** 旅行归来 [lǚxíng guīlái] ▸ **voyage d'affaires** 出差 [chū chāi] ▸ **voyage de noces** 蜜月旅行 [mìyuè lǚxíng] ▸ **voyage organisé** 团体旅游 [tuántǐ lǚyóu].

voyager vi 旅行 [lǚxíng] ▸ **voyager en avion** 乘飞机旅行 [chéng fēijī lǚxíng] ▸ **voyager en train** 乘火车旅行 [chéng huǒchē lǚxíng].

voyageur, euse nm, f ❶ (passager) ○ (cl. 名 [míng] ou 个 [gè] ou 位 [wèi]) 旅客 [lǚkè] ▸ **accès réservé aux voyageurs munis de billets** 此入口只供持票旅客进入 [cǐ rùkǒu zhǐ gōng chí piào lǚkè jìnrù] ❷ (qui voyage) ○ (cl. 位 [wèi] ou 个 [gè]) 旅行者 [lǚxíngzhě] ▸ **c'est une grande voyageuse** 这是个大旅行家 [zhè shì ge dà lǚxíngjiā].

voyant, e ♦ adj (qui se voit de loin) 醒目的 [xǐngmù de] ▸ **une couleur voyante** 醒目的颜色 [xǐngmù de yánsè]. ♦ nm, f (personne qui prédit l'avenir) ○ (cl. 名 [míng] ou 个 [gè] ou 位 [wèi]) 占卜者 [zhānbǔzhě] ▸ **consulter une voyante** 找占卜者占卜 [zhǎo zhānbǔzhě zhānbǔ].

voyelle nf 元音 [yuányīn].

voyou nm 小流氓 [xiǎo liúmáng] ▸ **une bande de voyous** 一帮小流氓 [yì bāng xiǎo liúmáng].

vrai, e adj ❶ (exact, authentique) 真的 [zhēn de] ▸ **c'est vrai que tu n'as jamais pris l'avion ?** 你真的从来没有坐过飞机吗？ [nǐ zhēn de cónglái méiyǒu zuò guò fēijī ma?] ▸ **d'après moi, ce qu'il dit n'est pas vrai** 我认为他说的不是真的 [wǒ rènwéi tā shuō de bú shì zhēn de] ▸ **ce n'est pas un pseudonyme, mais son vrai nom** 这不是化名，这就是他的真名 [zhè bú shì huàmíng, zhè jiù shì tāde zhēnmíng] ❷ (véritable) 真实的 [zhēnshí de] ▸ **c'est une histoire vraie** 这是一个真实的故事 [zhè shì yí ge zhēnshí de gùshi] ▸ **c'est la vraie raison de son départ** 这就是他离开的真正原因 [zhè jiù shì tā líkāi de zhēnzhèng yuányīn] ❸ (avant le nom, avec une valeur intensive) 真的 [zhēn de] ▸ **ce tableau est un vrai chef-d'œuvre** 这幅画真是一个杰作 [zhè fú huà zhēn shì yí ge jiézuò] ▸ **c'est un vrai désastre !** 这真是一个灾难！ [zhè zhēn shì yí ge zāinàn].

■ **vrai** nm 真实 [zhēnshí] ▸ **distinguer le vrai du faux** 分辨真假 [fēnbiàn zhēnjiǎ] ▸ **il y a du vrai dans ce qu'elle dit** 她说的还是有道理的 [tā shuō de háishi yǒu dàolǐ de] ▸ **à vrai dire** 老实说 [lǎoshishuō] ▸ **être dans le vrai** 有道理 [yǒu dàolǐ] ▸ **en fait c'est lui qui est dans le vrai, nous devrions renoncer à ce projet** 实际上他是有道理，我们应该放弃这个计划 [shíjì shàng tā shì yǒu dàolǐ, wǒmen yīnggāi fàngqì zhè ge jìhuà].

vraiment adv ❶ (effectivement) 真的 [zhēn de] ▸ **il a vraiment trouvé un nouveau travail** 他真的找到新工作了 [tā zhēn de zhǎodào xīn gōngzuò le] ❷ (en intensif) 确实 [quèshí] ▸ **tu n'as vraiment rien compris** 你确实什么都没有明白 [nǐ quèshí shénme dōu méiyǒu míngbai] ❸ (pour exprimer le doute) 真的 [zhēn de] ▸ **vraiment ?** 真的吗？ [zhēn de ma?].

vraisemblable adj 像是真的 [xiàng shì zhēn de] ▸ **cette hypothèse est tout à fait vraisemblable** 这个假说完全可能是真的 [zhè e jiǎshuō wánquán kěnéng shì zhēn de].

VTT (abr de **vélo tout terrain**) nm (cl. 辆 [liàng]) 山地车 [shāndìchē] ▸ **faire du VTT** 骑山地车 [qí shāndìchē].

vu, e prép (compte tenu de) 考虑到 [kǎolǜdào] ▸ **vu ses résultats à l'école, il est puni** 考虑到他给学校造成的影响，学校惩罚了他 [kǎolǜdào tā gěi xuéxiào zàochéng de yíngxiǎng, xuéxiào chéngfá le tā].

■ **vu que** loc conj (attendu que) 由于 [yóuyú] ▸ **vu qu'il est en retard, nous allons commencer la réunion sans lui** 由于他迟到了，我们将不等他开始开会 [yóuyú tā chídào le, wǒmen jiāng bù děng tā kāishǐ kāihuì].

vue nf ❶ (sens) 视力 [shìlì] ▸ **avoir une bonne vue** 视力好 [shìlì hǎo] ▸ **avoir une mauvaise vue** 视力差 [shìlì chà] ▸ **ma vue a baissé** 我的视力下降了 [wǒde shìlì xiàjiàng le] ❷ (vision) 看到 [kàndào] ▸ **un joli panorama s'offrait à notre vue** 我们看到了一幅优美的全景 [wǒmen kàndào le yì fú yōuměi de quánjǐng] ▸ **à la vue du sang, elle s'évanouit** 一看到血，她就晕了 [yí kàndào xuè, tā jiù yūn le] ❸ (panorama) 景 [jǐng] ▸ **une chambre d'hôtel avec vue sur la mer** 饭店里的一个面向大海的房间 [fàndiàn lǐ de yí ge miànxiàng dàhǎi de fángjiān]

◊ **à première vue** 乍一看 [zhà yí kàn] ▸ **connaître qqn de vue** 见过某人 [jiàn guò mǒurén].

vulgaire adj ❶ (qui manque de distinction) 俗气的 [súqi de] ▸ **s'habiller de façon vulgaire** 穿得很俗气 [chuānde hěn súqi] ▸ **des manières vulgaires** 俗气的举止 [súqi de júzhǐ]

▸ **des mots vulgaires** 粗俗的词 [cūsú de cí] ❷ (courant) 通俗的 [tōngsú de] ▸ **nom vulgaire d'une plante** 一种植物的通俗叫法 [yì zhǒng zhíwù de tōngsú jiàofǎ].

vulgairement adv ❶ (grossièrement) 俗气地 [súqi de] ▸ **parler vulgairement** 讲话俗气 [jiǎnghuà súqi] ❷ (couramment) 通俗地 [tōngsú de].

vulgarité nf 粗俗 [cūsú].

vulnérable adj *fig* (sensible) 脆弱的 [cuìruò de] ▸ **son échec l'a rendu vulnérable** 失败让他变得很脆弱 [shībài ràng tā biànde hěn cuìruò] ▸ **un point vulnérable** 一个弱点 [yí ge ruòdiǎn].

vulve nf ANAT 外阴 [wàiyīn].

W X Y Z

w, W nm inv 法语字母表中第二十三个字母 [fáyǔ zìmúbiǎo zhōng dì'èrshísān ge zìmǔ].

wagon nm (cl. 节 [jié]) 车厢 [chēxiāng] ▸ **un wagon de marchandises** 一节货车 [yì jié huò chē].

wagon-lit nm (cl. 节 [jié]) 卧铺车厢 [wòpù chēxiāng] ▸ **voyager en wagon-lit** 乘卧铺车厢旅行 [chéng wòpù chēxiāng lǚxíng].

wagon-restaurant nm (cl. 节 [jié]) 餐车 [cān chē].

wallon, onne adj 瓦隆的 [wǎlóng de].
▪ **wallon** nm (langue) 瓦隆语 [wǎlóngyǔ].
▪ **Wallon, onne** nm, f 瓦隆人 [Wǎlóngrén].

Washington npr ❶ (ville) 华盛顿 [Huáshèngdùn] ❷ (État) 华盛顿州 [Huáshèngdùnzhōu].

water-polo nm 水球 [shuǐ qiú] ▸ **jouer au water-polo** 打水球 [dǎ shuǐ qiú].

watt nm 瓦特 [wǎtè] ▸ **cette ampoule a une puissance de 50 watts** 这个灯炮是50瓦的 [zhè ge dēngpào shì 50 wǎ de].

W.-C., W-C (abr de **water-closet**) nmpl 厕所 [cèsuǒ] ▸ **aller aux W-C** 去厕所 [qù cèsuǒ].

Web nm ▸ **le Web** 互联网 [Hùliánwǎng] ▸ **surfer sur le Web** 在网上浏览 [zài wǎngshàng liúlǎn].

week-end nm ❶ (fin de semaine) 周末 [zhōumò] ▸ **bon week-end !** 周末愉快！ [zhōumò yúkuài!] ❷ (séjour, voyage) ▸ **partir en week-end** 去度周末 [qù dù zhōumò].

Wenzhou npr (ville) 温州 [Wēnzhōu].

western nm 西部片 [xībùpiàn] ▸ **regarder un western** 看一部西部片 [kàn yí bù xībùpiàn].

whisky nm 威士忌酒 [wēishìjìjiǔ].

wok nm 铁锅 [tiěguō] ▸ **la cuisine au wok** 铁锅烹饪 [tiěguō pēngrèn].

Wuhan npr (conurbation) 武汉 [Wǔhàn].

wushu nm (art martial) 武术 [wǔshù].

Wu Zetian npr (impératrice) 武则天 [Wǔ Zétiān].

X

x, X nm inv 法语字母表中第二十四个字母 [fáyǔ zìmúbiǎo zhōng dì'èrshísì ge zìmǔ].

Xia npr (dynastie) 夏 [Xià].

Xi'an npr (ville) 西安 [Xī'ān].

Xining npr (ville) 西宁 [Xīníng].

Xinjiang npr (région) 新疆 [Xīnjiāng].

Xiongnu npr (peuple) 匈奴 [Xiōngnú].

xylophone nm (cl. 架 [jià]) 木琴 [mùqín] ▸ **jouer du xylophone** 弹木琴 [tán mùqín].

y

y, Y nm inv 法语字母表中第二十五个字母 [fáyǔ zìmúbiǎo zhōng dì'èrshíwǔ ge zìmǔ].

■ **y** ♦ adv 那儿 [nàr] ▸ **il est tard, j'y vais** 不早了，我走了 [bù zǎo le, wǒ zǒu le] ▸ **j'y suis allé l'année dernière** 我去年去过那儿了 [wǒ qùnián qù guò nàr le]. ♦ pron 那些 [nàxiē] ▸ **n'y pense plus** 别再想那些了 [bié zài xiǎng nàxiē le]

◊ **n'y être pour rien** 与此无关 [yǔ cǐ wúguān].

■ **il y a** loc impers ❶ (présentatif) 有 [yǒu] ▸ **il y a de nombreux problèmes à régler** 有很多问题要解决 [yǒu hěnduō wèntí yào jiějué] ❷ (temporel) ......(以)前 [... (yǐ) qián] ▸ **il y a dix ans** 十年以前 [shí nián yǐqián].

yacht nm (cl. 艘 [sōu]) 游艇 [yóutǐng] ▸ **faire une croisière en yacht** 坐游艇在海上旅行 [zuò yóutǐng zài hǎi shàng lǚxíng].

Yan'an npr (ville) 延安 [Yán'ān].

yang nm PHILO 阳 [yáng].

Yang Guifei npr (concubine de Tang Xuanzong) 杨贵妃 [Yáng Guìfēi].

Yangzhou npr (ville) 扬州 [Yángzhōu].

Yangzhou (les Huit Excentriques de) npr (peintres) 扬州八怪 [Yángzhōu bā guài].

yaourt, yogourt, yoghourt nm 酸奶 [suānnǎi] ▸ **un pot de yaourt** 一罐酸奶 [yí guàn suānnǎi] ▸ **un yaourt aux fruits** 水果酸奶 [shuíguǒ suānnǎi] ▸ **un yaourt nature** 原味酸奶 [yuánwèi suānnǎi].

Yémen nm ▸ **le Yémen** 也门 [Yěmén].

yen nm 日元 [Rìyuán].

Yi npr (peuple) ▸ **les Yi** 彝族 [Yízú].

yiddish ♦ adj inv 意第绪的 [yìdìxù de]. ♦ nm inv (langue) 意第绪语 [yìdìxùyǔ].

yin nm PHILO 阴 [yīn] ▸ **les principes du yin et du yang** 阴阳理论 [yīnyáng lǐlùn].

Yinchuan npr (ville) 银川 [Yínchuān].

yoga nm 瑜珈 [yújiā] ▸ **faire du yoga** 做瑜珈 [zuò yújiā].

yogourt, yoghourt = **yaourt**

yougoslave adj 南斯拉夫的 [nánsīlāfū de].

■ **Yougoslave** nmf 南斯拉夫人 [Nánsīlāfūrén].

Yougoslavie nf ▸ **l'ex-Yougoslavie** 前南斯拉夫 [qián Nánsīlāfū].

Yuan nm (monnaie) 元 [Yuán]; 圆 [Yuán] ▸ **ce thé coûte soixante Yuan les cinquante grammes** 这种茶价值每五十克六十元 [zhè zhǒng chá jiàzhí měi wǔshí kè liùshí Yuán].

Yuan Shikai npr POLIT 袁世凯 [Yuán Shìkǎi].

Yunnan npr (province) 云南 [Yúnnán].

z

z, Z nm inv 法语字母表中第二十六个字母 [fáyǔ zìmúbiǎo zhōng dì'èrshíliù ge zìmǔ].

Zaïre nm ▸ **le Zaïre** 扎伊尔 [Zhāyī'ěr].

Zambie nf ▸ **la Zambie** 赞比亚 [Zànbǐyà].

zapper vi (passer constamment d'une chaîne de télévision à une autre) 用遥控器换台 [yòng yáokòngqì huàn tái].

zèbre nm (cl. 匹 [pǐ]) 斑马 [bānmǎ].

zèle nm 热情 [rèqíng] ▸ **faire du zèle** 极力表现 [jílì biǎoxiàn] ▸ **travailler avec zèle** 热情地工作 [rèqíng de gōngzuò].

zénith nm ASTRON 天顶 [tiāndǐng] ▸ **le soleil est au zénith** 太阳在天顶处 [tàiyáng zài tiāndǐng chù]

◊ **être au zénith de qqch** 在什么的顶峰 [zài shénme de dǐngfēng].

zéro ♦ nm ❶ (chiffre, nombre) 零 [líng] ▸ **il manque un zéro avant la virgule** 小数点前面少了一个零 [xiǎoshùdiǎn qiánmian shǎo le yí

ge líng] ❷ (point de graduation) 零度 [língdù] ▸ **il fait 10 degrés au-dessous de zéro** 气温是零下10度 [qìwēn shì língxià 10 dù] ❸ SCOL (note) 零分 [língfēn] ▸ **j'ai eu un zéro en maths** 我的数学得了零分 [wǒde shùxué dé le língfēn] ❹ SPORT (score) 零分 [língfēn] ▸ **le score du match est de deux buts à zéro** 球赛比分是二比零 [qiúsài bǐfēn shì èr bǐ líng]
◊ **avoir le moral à zéro** 沮丧 [jǔsàng].
♦ adj num 没有 [méiyǒu] ▸ **j'ai fait zéro faute en maths** 数学考试我没有出一个错 [shùxué kǎoshì wǒ méiyǒu chū yí ge cuò].

zeste nm (橘，橙，柠檬等的)果皮 [(jú, chéng, níngméng děng de) guǒpí] ▸ **un zeste de citron** 一片柠檬皮 [yí piàn níngméng pí].

Zhang Yimou npr (cinéaste) 张艺谋 [Zhāng Yìmóu].

Zhao Kuangyin npr (empereur) 赵匡胤 [Zhào Kuāngyìn].

Zhejiang npr (province) 浙江 [Zhèjiāng].

Zhengzhou npr (ville) 郑州 [Zhèngzhōu].

Zhou npr (dynastie) 周 [Zhōu].

Zhou Enlai npr POLIT 周恩来 [Zhōu Ēnlái].

Zhuang npr (peuple) ▸ **les Zhuang** 壮族 [Zhuàngzú].

Zhu Da npr (peintre) 朱耷 [Zhū Tà].

Zhu De npr POLIT 朱德 [Zhū Dé].

zigzag nm 之字形 [zhīzìxíng] ▸ **le chemin fait des zigzags** 这条路有一些之字形弯道 [zhè tiáo lù yǒu yìxiē zhīzìxíng wāndào] ▸ **il marche en zigzag** 他走起了之字 [tā zǒu qǐ le zhī zì].

zigzaguer vi 曲折 [qūzhé] ▸ **la route zigzague** 道路曲曲折折 [dàolù qūqū zhézhé].

Zimbabwe nm ▸ **le Zimbabwe** 津巴布韦 [Jīnbābùwéi].

Zip® nm (fermeture Éclair) 拉链 [lāliàn] ▸ **ces chaussures se ferment avec un Zip** 这双鞋是用拉链系的 [zhè shuāng xié shì yòng lāliàn-jì de].

zizi nm *fam* 小鸡鸡 [xiǎojījī].

zodiaque nm ASTROL 黄道带 [huángdàodài] ▸ **les signes du zodiaque** (十二)星座 [(shí'èr) xīngzuò].

zone nf ❶ (surface délimitée) 区 [qū] ▸ **zone économique spéciale** 经济特区 [jīngjì tèqū] ▸ **zone industrielle** 工业区 [gōngyè qū] ▸ **zone piétonnière** 步行区 [bùxíng qū] ▸ **zone résidentielle** 住宅区 [zhùzhái qū] ▸ **zone de stationnement interdit** 禁止停车区 [jìnzhǐ tíngchē qū] ❷ GÉOGR 地带 [dìdài] ▸ **zone désertique** 沙漠地带 [shāmò dìdài] ▸ **zone forestière** 森林地带 [sēnlín dìdài] ▸ **zone tempérée** 温带 [wēn dài] ▸ **zone tropicale** 热带 [rè dài].

zoo nm 动物园 [dòngwùyuán].

zoom nm ❶ (objectif) 变焦镜头 [biànjiāo jìngtóu] ▸ **prendre une photo avec un zoom** 用变焦镜头拍照 [yòng biànjiāo jìngtóu pāi zhào] ❷ (gros plan) 拍特写 [pāi tèxiě] ▸ **faire un zoom sur** 给……拍特写 [gěi … pāi tèxiě].

zut interj 见鬼！ [jiànguǐ!] ▸ **zut ! je me suis trompé !** 见鬼！我搞错了！ [jiànguǐ! wǒ gǎo cuò le!].

Guide de communication

Être d'accord /ne pas être d'accord

absolument !
就是这样！ [jiù shì zhè yàng !]

pas de problème
没问题 [méi wèntí]

vous avez raison
您是对的 [nín shì duì de]

je suis d'accord avec toi
我同意你的意见 [wǒ tóngyì nǐde yìjiàn]

je ne suis pas d'accord
我不同意 [wǒ bù tóngyì]

je n'en suis pas convaincu
我还是不能肯定 [wǒ háishì bù néng kěndìng]

bon, d'accord
好，同意 [hǎo, tóngyì]

À l'aéroport

combien de temps met-on pour aller à l'aéroport ?
去机场要多长时间？ [qù jīchǎng yào duō cháng shíjiān?]

y a-t-il une navette pour l'aéroport ?
有去机场的班车吗？ [yǒu qù jīchǎng de bānchē ma?]

où se trouve la porte 2 ?
2号登机口在哪里？ [2 hào dēngjīkǒu zài nǎli?]

où dois-je enregistrer mes bagages ?
我该在哪里托运行李？ [wǒ gāi zaì nǎli tuōyùn xíngli?]

je voudrais une place côté couloir
我想要一个靠过道的位子 [wǒ xiǎng yào yí ge kào guòdào de wèizi]

où dois-je aller récupérer mes bagages ?
我该到哪里取行李？ [wǒ gāi dào nǎli qǔ xíngli?]

Aimer/ne pas aimer

j'aime beaucoup la cuisine chinoise
我很喜欢吃中餐 [wǒ hěn xǐhuan chī zhōngcān]

aimes-tu le cinéma ?
你喜欢看电影吗？ [nǐ xǐhuan kàn diànyǐng ma?]

je t'aime
我爱你 [wǒ ài nǐ]

je la trouve très sympathique
我觉得她很可爱 [wǒ juéde tā hěn kě'ài]

je déteste le foot
我讨厌足球 [wǒ tǎoyàn zúqiú]

je ne peux pas le supporter
我可受不了他 [wǒ kě shòubuliǎo tā]

je ne l'aime pas trop
我不是很喜欢他 [wǒ bù shì hěn xǐhuan tā]

À la banque

y a-t-il une banque près d'ici ?
附近有银行吗？ [fùjìn yǒu yínháng ma?]

les banques sont-elles ouvertes le samedi ?
银行星期六开门吗？ [yínháng xīngqīliù kāimén ma?]

je voudrais changer 100 euros
我想要换100欧元 [wǒ xiǎng yào huàn 100 ōuyuán]

en petites coupures, s'il vous plaît
请给我小面额的钞票 [qǐng gěi wǒ xiǎo miàn'é de chāopiào]

à combien est l'euro ?
欧元是什么价？ [ōuyuán shì shénme jià?]

acceptez-vous les chèques de voyage ?
您这里可以用旅行支票吗？ [nín zhèlǐ kéyǐ yòng lǚxíng zhīpiào ma?]

vous prenez une commission ?
您这收手续费吗？ [nín zhè shōu shǒuxùfèi ma?]

Dans une boutique

y a-t-il des boutiques sympas dans le quartier ?
这一带有不错的商店吗？ [zhè yídài yǒu búcuò de shāngdiàn ma?]

combien ça coûte ?
这个多少钱？ [zhè ge duōshǎo qián?]

est-ce que je peux essayer ce manteau ?
我能试试这件大衣吗？ [wǒ néng shìshi zhè jiàn dàyī ma?]

je fais du 38
我穿38码的 [wǒ chuān 38 mǎ de]

est-il possible de l'échanger ?
可以换一件吗？ [kéyǐ huàn yí jiàn ma?]

non, merci. je ne fais que regarder
不用，谢谢。我只是看看 [bú yòng, xièxie. wǒ zhǐ shì kànkan]

Au bureau de poste

il me faudrait dix timbres pour la France
我想要十张往法国寄信的邮票 [wǒ xiǎng yào shí zhāng wǎng Fǎguó jì xìn de yóupiào]

je voudrais envoyer ce paquet en recommandé
我想寄个挂号包裹 [wǒ xiǎng jì ge guàhào bāoguǒ]

je voudrais envoyer un colis par avion
我想寄个航空包裹 [wǒ xiǎng jì ge hángkōng bāoguǒ]

combien de temps ça va mettre pour arriver en France ?
要多少时间能到法国？ [yào duōshǎo shíjiān néng dào Fǎguó?]

je voudrais consulter l'annuaire
我想查查电话簿 [wǒ xiǎng chácha diànhuàbù]

Comprendre/ ne pas comprendre

j'arrive à comprendre l'anglais mais je ne le parle pas
我能听懂英语但不会说 [wǒ néng tīngdǒng yīngyǔ dàn bú huì shuō]

pourriez-vous parler plus lentement ?
您能说得更慢点儿吗？ [nín néng shuōde gèng màndiǎnr ma?]

pourriez-vous répéter ?
您能重复一下吗？ [nín néng chóngfù yí xià ma?]

est-ce que vous comprenez ?
您懂吗？ [nín dǒng ma ?]

excusez-moi, mais je n'ai pas compris
对不起，可我不明白 [duìbuqǐ, kě wǒ bù míngbái]

ça y est, j'ai compris maintenant
好了，我现在懂了 [hǎo le, wǒ xiànzài dǒng le]

ah d'accord !
啊，明白了！ [à, míngbái le!]

je ne comprends rien
我根本不懂 [wǒ gēnběn bù dǒng]

je suis un peu perdu, là...
我有点糊涂了，这个… [wǒ yǒudiǎn hútu le, zhè ge...]

Demander

je peux vous demander un renseignement ?
我可以向您打听点事吗？ [wǒ kéyǐ xiàng nín dǎtīng diǎn shì ma?]

est-ce que cette place est libre ?
这个位子有人吗？ [zhè ge wèizi yǒu rén ma?]

tu peux me donner un coup de main ?
你能帮我一下吗？ [ní néng bāng wǒ yí xià ma?]

tu ne pourrais pas me prêter 50 yuans ?
你能借我50元吗？ [nǐ néng jiè wǒ 50 yuán ma?]

Demander son chemin

où est la gare/le bureau de poste ?
火车站/邮局在哪里？ [huǒchēzhàn/yóujú zài nǎli?]

est-ce le bon chemin pour aller au musée ?
去博物馆是走这条路吗？ [qù bówùguǎn shì zǒu zhè tiáo lù ma?]

excusez-moi, je cherche le boulevard Chang'an
对不起，请问去长安街怎么走？ [duìbuqǐ, qǐng wèn qù cháng'ān jiē zěnme zǒu?]

est-ce loin d'ici ?
离这里远吗？ [lí zhèli yuǎn ma?]

peut-on y aller à pied ?
能走着去吗？ [néng zǒu zhe qù ma?]

pouvez-vous me montrer sur le plan où nous sommes ?
您能在地图上给我指出我们现在在哪里吗？ [nín néng zài dìtú shàng gěi wǒ zhǐchū wǒmen xiànzài zài nǎli ma?]

Se déplacer en ville

où puis-je trouver un plan de la ville ?
我到哪里可以找到城市的地图？ [wǒ dào nǎli kéyǐ zhǎodào chéngshì de dìtú?]

quel est le bus qui va à la gare ?
哪趟汽车去火车站？ [nǎ tàng qìchē qù huǒchēzhàn?]

je voudrais un ticket pour le centre-ville
我想要张去市中心的票 [wǒ xiǎng yào zhāng qù shìzhōngxīn de piào]

un carnet de tickets, s'il vous plaît
请给十张票 [qǐng gěi shí zhāng piào]

pourrez-vous me prévenir quand je devrai descendre ?
到站时您能告诉我一声吗？ [dào zhàn shí nín néng gàosù wǒ yì shēng ma?]

quel est le moyen le plus rapide pour se rendre à l'aéroport ?
去机场坐什么最快？ [qù jīchǎng zuò shénme zuìkuài?]

S'excuser

pardon !
对不起！ [duìbuqǐ!]

excuse-moi pour mon retard
对不起，我迟到了 [duìbuqǐ, wō chídào le]

excusez-moi de vous déranger
抱歉打扰您了 [bàoqiàn dárǎo nín le]

je m'excuse pour le malentendu
我对造成的误会表示遗憾 [wǒ duì zàochéng de wùhuì biǎoshì yíhàn]

je regrette de ne pas pouvoir venir samedi
我很遗憾周六不能来 [wǒ hěn yíhàn zhōuliù bù néng lái]

À la gare

où peut-on acheter des billets ?
在哪里买票？ [zài nǎli mǎi piào?]

pourriez-vous me renseigner sur les horaires des trains ?
您能告诉我火车的时间吗？ [nín néng gàosu wǒ huǒchē de shíjiān ma?]

quand part le prochain train pour Chengdu ?
下班去成都的火车什么时候走？ [xiàbān qù Chéngdū de huǒchē shénme shíhou zǒu?]

il n'y a pas un train plus tôt ?
没有早些的火车了？ [méiyǒu zǎo xiē de huǒchē le?]

s'agit-il d'un train direct ?
火车是直达的吗？ [huǒchē shì zhídá de ma?]

je voudrais réserver un billet
我想订张票 [wǒ xiǎng dìng zhāng piào]

je voudrais réserver une couchette
我想预订一个卧铺 [wǒ xiǎng yùdìng yí ge wòpù]

y a-t-il des billets de train à tarif réduit ?
有减价火车票吗？ [yǒu jiǎnjià huǒchēpiào ma?]

de quel quai part le train pour Huangshan ?
去黄山的火车在哪个站台发车？ [qù Huángshān de huǒchē zài nǎ ge zhàntái fāchē?]

ce train va bien à Chongqing ?
这趟火车是去重庆的吗？ [zhè tàng huǒchē shì qù Chóngqìng de ma?]

c'est bien la voiture 15 ?
这是十五号车厢吗？ [zhè shì 15 hào chēxiāng ma?]

savez-vous si le train a du retard ?
您知道火车晚点了没有？ [nín zhīdào huǒchē wándiǎn le méiyǒu?]

y a-t-il un compartiment fumeur dans ce train ?
这火车上有吸烟车厢吗？ [zhè huǒchē shàng yǒu xīyān chēxiāng ma?]

savez-vous s'il y a une voiture-restaurant dans ce train ?
您知道这趟火车有餐车吗？ [nín zhīdào zhè tàng huǒchē yǒu cānchē ma?]

j'ai raté ma correspondance
我误了班车 [wǒ wù le bānchē]

À l'hôtel

nous cherchons un hôtel
我们在找旅馆 [wǒmen zài zhǎo lǚguǎn]

y a-t-il des hôtels pas trop chers par ici ?
这里有便宜些的旅馆吗？ [zhèlǐ yǒu piányi xiē de lǚguǎn ma?]

nous voudrions une chambre double ou deux chambres simples
我们想要一个双人间或者两个单人间 [wǒmen xiǎngyào yí ge shuāngrénjiān huòzhě liǎng ge dānrénjiān]

j'ai réservé une chambre au nom de Picard
我用Picard的名字预订了一间房 [wǒ yòng Picard de míngzi yùdìng le yì jiān fáng]

pourriez-vous me réveiller à sept heures ?
您能在七点叫我吗？ [nín néng zài 7 diǎn jiào wǒ ma?]

à quelle heure est le petit déjeuner ?
早餐是几点？ [zǎocān shì jǐ diǎn?]

Interdictions

il est interdit de fumer ici
这里禁止吸烟 [zhèli jìnzhǐ xīyān]

je n'ai pas le droit de boire de l'alcool
我不能喝含酒精的东西 [wǒ bù néng hē hán jǐujīng de dōngxi]

vous n'avez pas à lui parler sur ce ton
您不该这样跟他说话 [nín bù gāi zhèyàng gēn tā shuōhuà]

Opinions

je ne partage pas votre opinion
我不同意您的看法 [wǒ bù tóngyì nín de kànfǎ]

je pense qu'il a raison
我想他是对的 [wǒ xiǎng tā shì duìde]

franchement, je trouve qu'il exagère
坦白地说，我认为他过分了 [tǎnbái de shuō, wǒ rènwéi tā guòfèn le]

à mon avis, il ment
在我看来，他在撒谎 [zài wǒ kànlái, tā zài sāhuǎng]

je ne sais pas trop
我了解的不多 [wǒ liáojiě de bù duō]

aucune idée !
说不清！ [shuōbuqīng!]

À la pharmacie

où se trouve la pharmacie la plus proche ?
最近的药店在哪里？ [zuìjìn de yàodiàn zài nǎli?]

pharmacie de garde
值班药店 [zhíbān yàodiàn]

je voudrais un médicament contre le mal de gorge/les maux de tête
我想要治嗓子/头疼的药 [wǒ xiǎngyào zhì sǎngzi/tóuténg de yào]

j'aurais besoin d'un sirop contre la toux
我需要瓶止咳糖浆 [wǒ xūyào píng zhǐkétángjiāng]

je voudrais de l'aspirine
我想要点阿司匹林 [wǒ xiǎngyào diǎn āsīpílín]

je me suis fait piquer par une guêpe
我被马蜂蜇了 [wǒ bèi mǎfēng zhē le]

pourriez-vous me recommander un médecin ?
您能为我推荐位医生吗？ [nín néng wèi wǒ tuījiàn wèi yīshēng ma?]

Plaintes/réclamations

je voudrais porter plainte pour vol
我被偷了，我要报失 [wǒ bèi tōu le, wǒ yào bàoshī]

je voudrais voir le directeur, s'il vous plaît
请您叫经理来 [qǐng nín jiào jīnglǐ lái]

j'ai une réclamation à faire
我要投诉 [wǒ yào tóusù]

il y a un problème avec le chauffage
暖气有问题了 [nuǎnqì yǒu wèntí le]

je compte sur vous pour régler ce problème
我相信您是能够解决这个问题的 [wǒ xiāngxìn nín shì nénggòu jiějué zhè ge wèntí de]

j'exige le remboursement intégral de mon billet
我要求全额退我的票 [wǒ yāoqiú quán'é tuì wǒde piào]

Préférences

je préfère la mer à la montagne
跟山比，我更喜欢大海 [gēn shān bǐ, wǒ gèng xǐhuan dàhǎi]

je préférerais qu'on aille se promener
我还是想我们去散步 [wǒ hái shì xiǎng wǒmen qù sànbù]

plutôt que de prendre le bus, on pourrait y aller à pied
与其坐车，还不如走着去 [yǔqí zuòchē, hái bù rú zǒu zhe qù]

samedi me conviendrait mieux
周六对我更合适些 [zhōuliù duì wǒ gèng héshì xiē]

ça m'arrangerait qu'on se retrouve ailleurs
在别处见面对我更方便些 [zài biéchù jiànmiàn duì wǒ gèng fāngbiàn xiē]

j'ai un faible pour le chocolat
我特喜欢巧克力 [wǒ tè xǐhuan qiǎokèlì]

Au restaurant

pouvez-vous nous recommander un bon restaurant dans le quartier ?
您能在附近给我们推荐个好餐馆吗？ [nín néng zài fùjìn gěi wǒmen tuījiàn ge hǎo cānguǎn ma?]

je voudrais réserver une table pour ce soir
我想在今晚订一桌 [wǒ xiǎng zài jīnwǎn dìng yì zhuō]

cette table est-elle libre ?
这张桌子没有人吧？ [zhè zhāng zhuōzi méiyǒu rén ba?]

pouvons-nous voir la carte ?
我们能看看菜单吗？ [wǒmen néng kànkan càidān ma?]

quelle est votre spécialité ?
你们的特色菜是什么？ [nǐmen de tèsècài shì shénme?]

s'il vous plaît !
请来人！ [qǐng lái rén!]

une autre bière, s'il vous plaît
请再来一杯啤酒 [qǐng zài lái yì bēi píjiǔ]

l'addition, s'il vous plaît !
请结帐！ [qǐng jiézhàng!]

Remerciements

merci beaucoup !
多谢！ [duōxiè!]

merci pour tout !
这一切都得谢谢您啦！ [zhè yíqiè dōu děi xièxie nín la!]

je vous remercie
我很感谢您 [wǒ hěn gǎnxiè nín]

merci, c'est très gentil à vous
谢谢，多亏了您了 [xièxie, duō kuī le nín le]

je ne sais comment vous remercier
我不知怎样表示我对您的感谢 wǒ bù zhī zěnyàng biǎoshì wǒ duì nínde gǎnxiè]

je vous remercie de votre aide
谢谢您的帮助 [xièxie nínde bāngzhù]

je voulais vous remercier de m'avoir invité
我谨对您的邀请表示感谢 [wǒ jǐn duì nínde yāoqǐng biǎoshì gǎnxiè]

Souhaits et regrets

je te souhaite un bon anniversaire !
祝你生日快乐！ [zhù nǐ shēngrì kuàilè!]

j'espère qu'il n'y aura pas trop de monde
我希望人不要太多 [wǒ xīwàng rén bú yào tài duō]

ce serait vraiment bien que tu restes !
你留下来多好啊！ [nǐ liú xià lái duō hǎo a!]

si seulement nous avions une voiture !
我们要是有辆车多好！ [wǒmen yàoshì yǒu liàng chē duō hǎo!]

pourvu qu'elle dise oui !
她要能同意就好了！ [tā yào néng tóngyì jiù hǎo le!]

je regrette vraiment que vous n'ayez pas pu venir
您没能来真是太遗憾了 [nín méi néng lái zhēn shì tài yíhàn le]

Prendre un taxi

pourriez-vous m'appeler un taxi, s'il vous plaît ?
请您给我叫辆出租车好吗？ [qǐng nín gěi wǒ jiào liàng chūzūchē hǎo ma?]

combien coûte un taxi d'ici à l'aéroport ?
从这里到机场出租车费是多少？ [cóng zhèlǐ dào jīchǎng chūzūchē fèi shì duōshao?]

à l'aéroport, s'il vous plaît !
请去机场！ [qǐng qù jīchǎng!]

arrêtez-vous au feu
请在红绿灯那停 [qǐng zài hónglǜdēng nà tíng]

pourriez-vous m'attendre quelques minutes ?
您能等我几分钟吗？ [nín néng děng wǒ jǐ fēnzhōng ma?]

combien je vous dois ?
多少钱？ [duōshǎo qián?]

gardez la monnaie
不用找钱了 [bùyòng zhǎoqián le]

Au téléphone

où puis-je acheter une carte de téléphone ?
在哪里可以买到电话卡？ [zài nǎli kéyǐ mǎi dào diànhuàkǎ?]

savez-vous où je peux trouver une recharge pour mon téléphone portable ?
请问在哪里能给我的手机找个充电器？ [qǐng wèn zài náli néng gěi wǒ de shǒujī zhǎo ge chōngdiànqì?]

une carte de téléphone de cent yuans, s'il vous plaît
请给张一百元的电话卡 [qǐng gěi zhāng yì bǎi yuán de diànhuàkǎ]

allô ?
喂？ [wéi?]

Henri Lebras à l'appareil
我是Henri Lebras [wǒ shì Henri Lebras]

je voudrais parler à monsieur Salet
我想找Salet先生 [wǒ xiǎng zhǎo Salet xiānsheng]

ne quittez pas, je vous le passe
稍等，我给您转过去 [shāoděng, wǒ gěi nín zhuǎn guòqù]

je peux lui laisser un message ?
您能给他传个口信吗？ [nín néng gěi tā chuán ge kǒuxìn ma?]

je crois que vous faites erreur
我想您是打错了 [wǒ xiǎng nín shì dǎ cuò le]

Vœux

tous mes vœux de bonheur !
祝愿幸福美满！ [zhùyuàn xìngfú méimǎn!]

fais un vœu !
许个愿！ [xǔ ge yuàn!]

joyeux anniversaire !
生日快乐！ [shēngrì kuàilè!]

joyeux Noël !
圣诞快乐！ [Shèngdàn kuàilè!]

bonne année !
新年快乐！ [xīnnián kuàilè!]

bon appétit !
多吃点儿！ [duō chī diǎnr!]

bonne nuit !
晚安！ [wǎn'ān!]

félicitations !
恭喜！ [gōngxǐ!]

En voiture

pouvez-vous nous aider à pousser la voiture ?
您能帮我们推车吗？ [nín néng bāng wǒmen tuī chē ma?]

est-ce que c'est loin en voiture ?
坐车去远吗？ [zuòchē qù yuǎn ma?]

je voudrais louer une voiture pour une semaine
我想租辆车用一个星期 [wǒ xiǎng zū liàng chē yòng yí ge xīngqī]

combien coûte la location d'une voiture pour le week-end ?
周末租辆车要多少钱？ [zhōumò zū liàng chē yào duōshao qián?]

est-il possible de rendre la voiture à l'aéroport ?
可以在机场还车吗？ [kéyǐ zài jīchǎng huán chē ma?]

05:00
cinq heures (du matin)
凌晨五点
[língchén wǔ diǎn]

07:05
sept heures cinq
七点零五分
[qī diǎn líng wǔ fēn]

08:10
huit heures dix
八点十分
[bā diǎn shí fēn]

09:15
neuf heures et quart
九点一刻
[jiǔ diǎn yí kè]

10:20
dix heures vingt
十点二十分
[shí diǎn èrshí fēn]

11:30
onze heures et demie
十一点半
[shíyī diǎn bàn]

12:00
midi
正午
[zhèng wǔ]

12:30
midi et demie
十二点半
[shí'èr diǎn bàn]

13:00
une heure
一点
[yì diǎn]

14:00
deux heures
两点
[liǎng diǎn]

15:45 **quatre heures moins le quart**
三点四十五分
[sān diǎn sìshíwǔ fēn]

17:21
cinq heures vingt et une
五点二十一分
[wǔ diǎn èrshíyī fēn]

24:00
minuit
零点
[língdiǎn]

01:00
une heure (du matin)
凌晨一点
[língchén yì diǎn]

Les nombres cardinaux

1	一,	壹 *	[yī]
2	二,	贰	[èr]
3	三,	叁	[sān]
4	四,	肆	[sì]
5	五,	伍	[wǔ]
6	六,	陆	[liù]
7	七,	柒	[qī]
8	八,	捌	[bā]
9	九,	玖	[jiǔ]
10	十,	拾	[shí]
11	十一,	拾壹	[shíyī]
12	十二,	拾贰	[shí'èr]
13	十三,	拾叁	[shísān]
14	十四,	拾肆	[shísì]
15	十五,	拾伍	[shíwǔ]
16	十六,	拾陆	[shíliù]
17	十七,	拾柒	[shíqī]
18	十八,	拾捌	[shíbā]
19	十九,	拾玖	[shíjiǔ]
20	二十,	贰拾	[èrshí]
21	二十一,	贰拾壹	[èrshíyī]
22	二十二,	贰拾贰	[èrshí'èr]
23	二十三,	贰拾叁	[èrshísān]
30	三十,	叁拾	[sānshí]
40	四十,	肆拾	[sìshí]
50	五十,	伍拾	[wǔshí]
60	六十,	陆拾	[liùshí]
70	七十,	柒拾	[qīshí]
80	八十,	捌拾	[bāshí]
90	九十,	玖拾	[jiǔshí]
100	百,	佰	[bǎi]
101	一百零一,	壹佰零壹	[yì bǎi líng yī]

110	一百一十，	壹佰壹拾	[yì bǎi yī shí]
1 000	千，	仟	[qiān]
1 001	一千零一，	壹仟零壹	[yì qiān líng yī]
3 000	三千，	叁仟	[sān qiān]
10 000	万，	万	[wàn]
100 000	十万，	拾万	[shí wàn]
un million	百万，	佰万	[bǎi wàn]
dix millions	千万，	仟万	[qiān wàn]
cent millions	亿，	亿	[yì]
un milliard	十亿，	拾亿	[shí yì]
dix milliards	百亿，	佰亿	[bǎi yì]
cent milliards	千亿，	仟亿	[qiān yì]

* Caractères non simplifiés utilisés principalement dans le domaine financier

Les nombres ordinaux

1	第一	[dìyī]
2	第二	[dì'èr]
3	第三	[dìsān]
4	第四	[dìsì]
5	第五	[dìwǔ]
6	第六	[dìliù]
7	第七	[dìqī]
8	第八	[dìbā]
9	第九	[dìjiǔ]
10	第十	[dìshí]
20	第二十	[dì'èrshí]
50	第五十	[dìwǔshí]
100	第一百	[dìyì bǎi]
1 000	第一千	[dìyì qiān]

Fractions et décimaux

1/2	二分之一	[èr fēn zhī yī]
1/3	三分之一	[sān fēn zhī yī]
1/4	四分之一	[sì fēn zhī yī]
1/10	十分之一	[shí fēn zhī yī]
2/3	三分之二	[sān fēn zhī èr]
3/4	四分之三	[sì fēn zhī sān]
0.1	零点一	[líng diǎn yī]
2.5	二点五	[èr diǎn wǔ]
6.03	六点零三	[liù diǎn líng sān]
-1	负一	[fùyī]
-12	负十二	[fùshí'èr]
10%	百分之十	[bǎi fēn zhī shí]
20%	百分之二十	[bǎi fēn zhī èrshí]
100%	百分百	[bǎi fēn bǎi]

Achevé d'imprimer en avril 2015 par Rodesa en Espagne
Dépôt légal : mai 2008
300893/03 - N° de projet : 11031146